D1135768

LE GUIDE
MICHELIN

2019

FRANCE

SOMMAIRE

Consultez le guide MICHELIN sur :
www.restaurant.michelin.fr
et écrivez-nous à :
leguidemichelin-france@tp.michelin.com

CHÈRE LECTRICE, CHER LECTEUR,

- *Nous sommes heureux de vous présenter l'édition 2019 du guide MICHELIN.*

- *Fruit d'un travail d'une année pendant laquelle nos équipes ont, avec passion et curiosité, sillonné l'ensemble du territoire français à la recherche des meilleures adresses, ce millésime perpétue l'ambition qui est la nôtre : faire de vos déplacements des moments uniques grâce aux meilleures tables et aux meilleurs hôtels que nos inspecteurs ont sélectionnés pour vous, en fonction de vos envies et de votre budget.*

- *Fidèles à la méthode des guides MICHELIN, nos inspecteurs se sont donc employés, cette année encore, à dénicher ou à confirmer dans la sélection les établissements gastronomiques les plus savoureux, ceux qui traduisent le goût en émotions et les saveurs en plaisir, ainsi que les hébergements les plus confortables.*

- *Résultat de cet exaltant travail de terrain : un millésime 2019 particulièrement attentif aux talents – aux nouveaux comme à ceux qui se confirment. Cette édition compte 632 restaurants étoilés, dont 75 nouveaux, qui portent la marque d'une gastronomie sans frontière. Cette année encore, les chefs étrangers se ménagent une place importante dans notre constellation d'étoiles.*

- *Quant aux Bib Gourmand, ils ont plus que jamais le vent en poupe. Le guide en compte 67 nouveaux cette année – 604 en tout : les gourmets soucieux de se régaler à prix modéré (menu à 33 € maximum en province, 37 € à Paris) vont pouvoir s'en donner à cœur joie.*

- *Nous n'oublierons pas de rendre hommage ici à tous les hôteliers-restaurateurs de France pour leur travail au quotidien. Cette sélection n'existerait pas sans eux, sans leur passion, leur détermination et leur énergie. Chacun d'entre eux contribue à faire de la France un paradis pour les papilles, et à assurer son rayonnement bien au-delà de nos frontières.*

Des femmes chefs toujours plus nombreuses

• *Dénicheur de talents, le guide MICHELIN attribue ses distinctions à l'ensemble du personnel d'un établissement, c'est-à-dire à une équipe d'artisans passionnés qui ont à cœur de faire vivre à leurs clients une expérience unique. C'est pourquoi le guide MICHELIN ne considère pas le type de cuisine, l'âge, ou bien même le genre d'un chef lorsqu'il remet une étoile à son établissement : seule la qualité de la prestation est évaluée. Si nos équipes n'envisagent aucunement de modifier cette position qui fait la force et la crédibilité de notre sélection, le guide MICHELIN est cependant attentif à mettre en avant les talents féminins qui parviennent, dans un milieu traditionnellement masculin, à se hisser aux postes les plus hauts.*

• *Cette année, ce sont donc 11 nouveaux établissements étoilés dirigés par des femmes qui rejoignent la sélection. Nous souhaitons ici leur rendre hommage et les mettre en avant afin de faire en sorte qu'elles puissent inspirer d'autres talents et susciter de nouvelles vocations.*

• *Chère lectrice, cher lecteur, ce guide est dédié à votre passion pour les bonnes tables.*

Préserver les ressources de notre planète

Le monde de la gastronomie n'échappe pas aux défis de son époque, et les combats environnementaux, déterminants pour notre avenir commun, sont menés par la communauté des chefs. La nécessité de préserver les ressources de notre planète est une priorité. Parmi les initiatives déjà mises en place figurent, par exemple, le locavorisme – consommer mieux, et au plus près –, la valorisation de produits plus authentiques ou encore l'objectif « zéro déchet » qui s'exprime notamment par l'utilisation en cuisine des parties moins nobles des ingrédients ou par la fabrication de compost qui fertilise les jardins des chefs. Pêche durable, respect des saisons, partenariats avec les producteurs locaux qui font vivre leur terroir : tels sont les grands enjeux environnementaux auxquels sont confrontés les chefs d'aujourd'hui.

Aussi, se veut-il le fidèle serviteur de votre gourmandise. Continuez, quant à vous, à nous faire part de vos découvertes et de vos coups de cœur : votre participation et nos échanges nous sont précieux pour affiner notre sélection et orienter les recherches de nos inspecteurs.

- ***Il ne nous reste qu'à vous souhaiter de prendre autant de plaisir à découvrir ces établissements que nous en avons eu à les sélectionner pour vous.***

- ***Belle lecture, bon appétit !***

PAUL BOCUSE ET JOËL ROBUCHON :

DEUX PÈRES FONDATEURS DE LA CUISINE MODERNE ONT TIRÉ LEUR RÉVÉRENCE EN 2018. **PORTRAITS.**

Bocuse, le mythe

Pendant une fraction de seconde, en plein cœur de l'hiver, la planète gastronomie a stoppé sa course. Le 20 janvier 2018, Paul Bocuse s'est éteint à l'âge de 91 ans. Choc immense, et pour cause : il était la grande figure tutélaire de la cuisine française. Sa disparition, c'est tout une époque qui bascule. Ses surnoms – primat des gueules, pape de la gastronomie – ne peuvent résumer ce chef hors pair, aussi fort aux fourneaux qu'en affaires, dont le décès laisse bien des toques orphelines. Il est celui par qui les brigades et leurs chefs sont passés de l'obscurité à la lumière : il est, en quelque sorte, le premier des modernes.

L'amour du geste

À Collonges-au-Mont-d'Or, derrière cette façade emblématique aux couleurs vives (pour qu'on la repère de loin !), « M. Paul » a cartographié la grande tradition française de façon incomparable. Dans la lignée de ses éminents formateurs, Eugénie Brazier et Fernand Point, il a été un trait d'union entre le grand classicisme et la gastronomie moderne. Plongez les yeux dans la carte : chaque plat porte sa part du mythe. Gratin de queues d'écrevisses ; soupe « VGE » au poulet, bœuf et truffes, créée en 1975 et dédiée au président Valéry Giscard d'Estaing ; fricassée de volaille de Bresse aux morilles et sauce madère… L'excellence de la table (trois étoiles sans interruption depuis 1965) a attiré sur les bords de Saône la France et le monde entier. Le charisme de Paul Bocuse, épicurien bigger than life, passionné et passionnant, a forgé le reste de la légende – sa part humaine.

La légende continue

Depuis sa disparition, la fidèle brigade d'élite de Collonges-au-Mont-d'Or (une poignée de Meilleurs Ouvriers de France, autant dire, des cadors) raconte la geste du grand chef avec dévotion. Les plats de légende sont toujours à la carte. Le ballet du service, rituel immuable et scrupuleux, continue d'éblouir les pèlerins de passage. Paul Bocuse est parti ; son héritage est partout. Dans le travail quotidien de milliers de cuisiniers et, par voie de conséquence, dans le guide que vous tenez entre les mains. Les amoureux de la grande cuisine lui sont à jamais redevables.

Robuchon, le passeur

À l'image de la disparition de Paul Bocuse, la mort de Joël Robuchon a ébranlé le monde de la haute gastronomie. Le « chef le plus étoilé du monde » laisse un empire, et plus encore : une certaine idée de la cuisine française. Car Joël Robuchon a toujours su s'adapter à son temps : de Paris à Macao, chefs et connaisseurs ont salué le départ d'un « génie de la gastronomie ». Ses parents le prédestinaient pourtant à embrasser la carrière de prêtre. Il préfèrera les sens à l'encens. Il en parlait souvent, avec un sourire amusé : son engagement religieux au petit séminaire de Mauléon dans les Deux-Sèvres l'a conduit vers la table. Ses rares moments de bonheur, il les vivait en cuisine, auprès des religieuses.

Après l'encens, les sens

À quinze ans, son choix est fait : il deviendra chef. Apprenti, puis compagnon du Devoir, on le retrouve à 29 ans à la tête d'une brigade de 90 cuisiniers à l'hôtel Concorde Lafayette (Paris). Il est sacré meilleur ouvrier de France en 1976, avant de décrocher deux étoiles au guide MICHELIN à l'hôtel Nikko, puis trois étoiles au Jamin. « Chef de l'année » en 1987, « cuisinier du siècle » en 1990 : les trophées s'accumulent… Mais l'homme est las, il a l'impression d'avoir tout obtenu, tout expérimenté. Tant et si bien qu'il prend sa retraite en 1995, à cinquante ans, pour se consacrer à la transmission des savoirs, notamment par le biais d'émissions culinaires, dont Bon appétit bien sûr, sur France 3.

L'Atelier de Joël Robuchon - St-Germain

Retour gagnant

Nous avons cru qu'il avait définitivement rangé sa toque au vestiaire… C'était mal le connaître ! L'année 2003 salue son retour, avec un concept innovant : « L'Atelier », qui fusionne les bars à tapas espagnols et à sushis japonais. Semi-pénombre étudiée, rouge et noir, cuisine centrale : les plats sont élaborés sous le regard des hôtes, assis au comptoir sur de hauts tabourets. Recettes millimétrées et incontournables de la maison (dont la célèbre purée de pomme de terre) scellent son succès international. Paris, Monaco, Las Vegas, Londres, Singapour, Hong Kong, Macao, Shanghai, Taipei, Bangkok… Son empire donne le tournis. La suite tient de la légende. Robuchon n'est plus, mais son exigence demeure : ses fidèles équipes continuent de régaler les gourmets du monde entier.

Degrés Farenheit - degresfarenheit.com/L'Atelier de Joël Robuchon - St-Germain

2019...
LE PALMARÈS !

3 ÉTOILES... ✿✿✿

Annecy (74)	**Le Clos des Sens N**
Le Castellet (83)	**Christophe Bacquié**
Chagny (71)	**Maison Lameloise**
Courchevel 1850 (73)	**Le 1947 au Cheval Blanc**
Eugénie-les-Bains (40)	**Les Prés d'Eugénie-Michel Guérard**
Fontjoncouse (11)	**Auberge du Vieux Puits**
Lyon (69)	**Paul Bocuse**
Marseille (13)	**Le Petit Nice**
Megève (74)	**Flocons de Sel**
Menton (06)	**Mirazur N**
Monte-Carlo (MC)	**Le Louis XV-Alain Ducasse**
Paris 4e	**L'Ambroisie**
Paris 6e	**Guy Savoy**
Paris 7e	**Arpège**
Paris 8e	**Alain Ducasse au Plaza Athénée**
Paris 8e	**Le Cinq**
Paris 8e	**Épicure au Bristol**
Paris 8e	**Alléno Paris au Pavillon Ledoyen**
Paris 8e	**Pierre Gagnaire**
Paris 16e	**Le Pré Catelan**
Reims (51)	**L'Assiette Champenoise**
Roanne / Ouches (42)	**Le Bois sans Feuilles - Troisgros**
Saint-Bonnet-le-Froid (43)	**Régis et Jacques Marcon**
Saint-Martin-de-Belleville (73)	**René et Maxime Meilleur**
Saint-Tropez (83)	**La Vague d'Or**
Valence (26)	**Pic**
Vonnas (01)	**Georges Blanc**

Découvrez toutes les étoiles 2019 en fin de guide, page 1456.

Le Clos des Sens

Laurent Petit

On peut désormais l'affirmer : Laurent Petit est un grand chef ! Son Clos des Sens, à Annecy, se voit auréolé d'une troisième étoile dans le guide MICHELIN. Récompense méritée pour ce fils de boucher-charcutier initié à l'amour du produit dès sa plus tendre enfance. Depuis, que de chemin parcouru ! Après être passé au Pied de Cochon, brasserie du cœur des Halles, il fait un passage chez Michel Guérard, à Eugénie-les-Bains. C'est un électrochoc : il sera chef ou rien. Mais c'est à cinquante ans passés qu'il fait son véritable « cooking-out » et réoriente son travail autour de denrées de premier choix (piochées dans un rayon de 100 km), avec un minimum de viandes et du bio à tous les étages. Omble chevalier, féra et écrevisses d'un autre lac, le Léman, sont travaillées avec légèreté, passion, et une maîtrise technique totale. Une cuisine de superbe facture : bienvenue dans les hautes sphères du goût.

✿✿✿ DEUX NOUVEAUX 3 ÉTOILES !

Matthieu Cellard/Le Clos des Sens

Le Mirazur

Mauro Colagreco

La cuisine de Mauro Colagreco lui ressemble : elle parle plusieurs langues. De profil, l'homme a quelque chose de Joaquin Phœnix – un talent, une folie. Et de tout cela, il en faut au chef argentin pour détourner l'attention des visiteurs, hypnotisés par la vue exceptionnelle que le Mirazur offre sur la Méditerranée.

Mauro naît en 1976 à La Plata, en Argentine. Élevé dans les parfums de cuisine de sa grand-mère Amalia, il rejoint la France – d'abord Saulieu (chez Bernard Loiseau, où il passera plusieurs semaines à... éplucher des pommes de terre) puis Paris (L'Arpège, le Plaza, Le Grand Véfour), avant de voler de ses propres ailes. Ce sera le Mirazur, à Menton, « dernière maison avant l'Italie », où il obtient sa première étoile en février 2007. En 2012, il rafle la deuxième... En 2019, aux côtés de son épouse Julia, il entre dans la légende.

Les Tables étoilées 2019

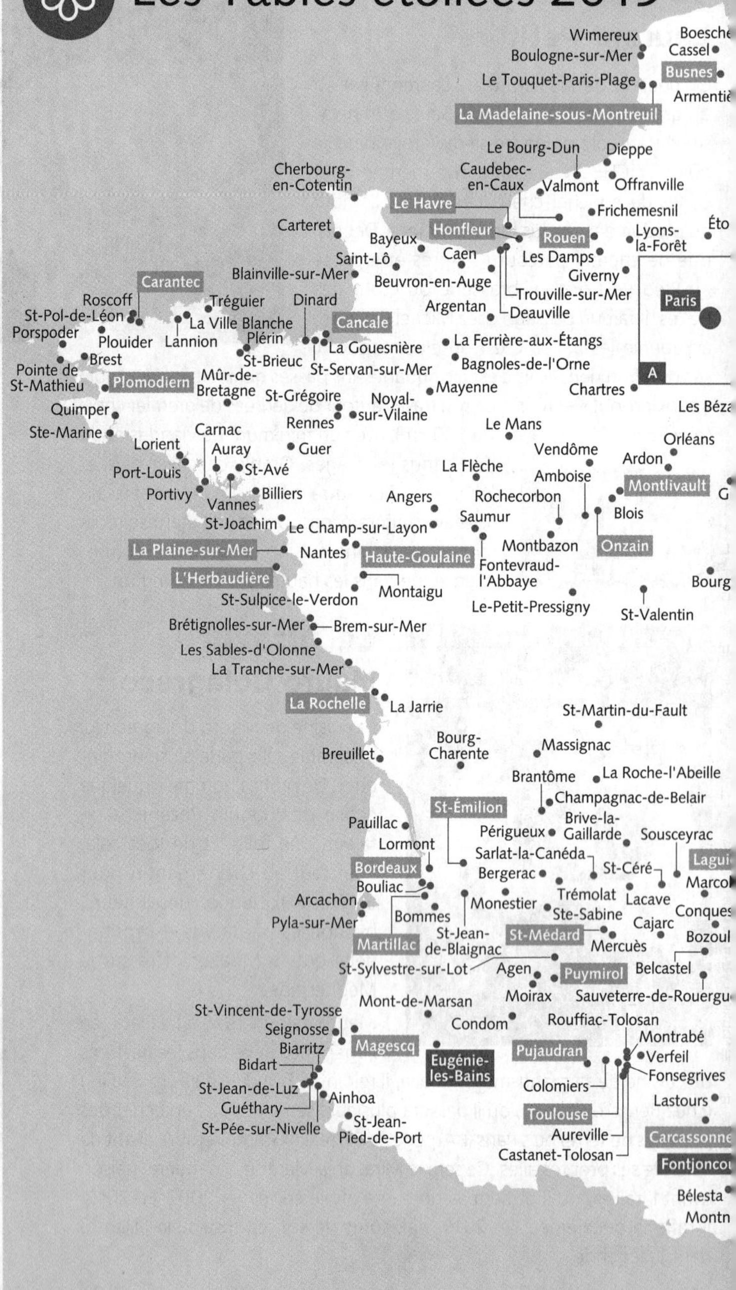

Wimereux
Boesche
Cassel
Boulogne-sur-Mer
Busnes
Le Touquet-Paris-Plage
Armentiè
La Madelaine-sous-Montreuil
Le Bourg-Dun
Dieppe
Cherbourg-en-Cotentin
Caudebec-en-Caux
Valmont
Offranville
Le Havre
Frichemesnil
Carteret
Honfleur
Rouen
Lyons-la-Forêt
Éto
Bayeux
Caen
Les Damps
Saint-Lô
Giverny
Blainville-sur-Mer
Beuvron-en-Auge
Carantec
Trouville-sur-Mer
Paris
Roscoff
Tréguier
Dinard
Argentan
Deauville
St-Pol-de-Léon
La Ville Blanche
Cancale
Porspoder
Plouider
Lannion
Plérin
La Gouesnière
La Ferrière-aux-Étangs
Brest
St-Brieuc
St-Servan-sur-Mer
Bagnoles-de-l'Orne
Pointe de St-Mathieu
Plomodiern
Mûr-de-Bretagne
A
Mayenne
Chartres
St-Grégoire
Noyal-sur-Vilaine
Quimper
Les Béza
Rennes
Ste-Marine
Carnac
Le Mans
Orléans
Lorient
Auray
Guer
Vendôme
Ardon
Port-Louis
St-Avé
La Flèche
Amboise
Montlivault
G
Portivy
Vannes
Billiers
Angers
Rochecorbon
Blois
St-Joachim
Saumur
Le Champ-sur-Layon
La Plaine-sur-Mer
Nantes
Haute-Goulaine
Montbazon
Onzain
Fontevraud-l'Abbaye
L'Herbaudière
Bourg
Montaigu
St-Sulpice-le-Verdon
Le-Petit-Pressigny
St-Valentin
Brétignolles-sur-Mer
Brem-sur-Mer
Les Sables-d'Olonne
La Tranche-sur-Mer
La Rochelle
La Jarrie
St-Martin-du-Fault
Bourg-Charente
Breuillet
Massignac
Brantôme
La Roche-l'Abeille
Champagnac-de-Belair
St-Émilion
Brive-la-Gaillarde
Pauillac
Périgueux
Sousceyrac
Lormont
Sarlat-la-Canéda
Lagui
Bordeaux
St-Céré
Bergerac
Marco
Bouliac
Trémolat
Lacave
Arcachon
Monestier
Conques
Bommes
Ste-Sabine
Pyla-sur-Mer
Cajarc
St-Jean-de-Blaignac
St-Médard
Bozoul
Martillac
Mercuès
St-Sylvestre-sur-Lot
Agen
Puymirol
Belcastel
Moirax
Sauveterre-de-Rouergu
St-Vincent-de-Tyrosse
Mont-de-Marsan
Condom
Rouffiac-Tolosan
Seignosse
Montrabé
Biarritz
Magescq
Eugénie-les-Bains
Pujaudran
Verfeil
Bidart
Fonsegrives
Colomiers
St-Jean-de-Luz
Ainhoa
Lastours
Guéthary
Toulouse
St-Jean-Pied-de-Port
St-Pée-sur-Nivelle
Aureville
Carcassonne
Castanet-Tolosan
Fontjoncou
Bélesta
Montn

La couleur correspond à l'établissement le plus étoilé de la localité.
Paris — La localité possède au moins un restaurant 3 étoiles
Rouen — La localité possède au moins un restaurant 2 étoiles
Rennes — La localité possède au moins un restaurant 1 étoile
Reims
Montchenot
Champillon
Épernay
Châlons-en-Champagne
Zoufftgen
Hagondange
Metz
Faulquemont
Stiring-Wendel
Sarreguemines
Wingen-sur-Moder
Bitche
Untermuhlthal
Lembach
Laubach
Sessenheim
Marlenheim
Schiltigheim
Strasbourg
Languimberg
Saverne
Nancy
Lunéville
Obernai
C
Kaysersberg
Illhaeusern
Colmar
Épinal
Colombey-les-Deux-Églises
Sens
Joigny
Courban
Mulhouse
Riedisheim
Sierentz
Rixheim
Vauchoux
Danjoutin
Altkirch
Montbéliard
Chamesol
Bonnétage
Villers-le-Lac
Vault-de-Lugny
Saulieu
Prenois
Dijon
Sampans
Dole
La Bussière-sur-Ouche
Beaune
Levernois
Arbois
Chagny
Malbuisson
Montceau-les-Mines
St-Rémy
Tournus
Ambierle
Roanne
Vichy
St-Amour-Bellevue
Vonnas
Veyrier-du-Lac
D
Manigod
Annecy
Chamonix-Mont-Blanc
Talloires
Megève
Lyon
Jongieux
Val-d'Isère
Issoire
Vienne
St Martin-de-Belleville
Courchevel 1850
St-Bonnet-le-Froid
Corrençon-en-Vercors
Les Deux-Alpes
Alleyras
Valence
Uriage-les-Bains
St-Crépin
Charmes-sur-Rhône
Crest
Granges-lès-Beaumont
St-Véran
Vals-les-Bains
Villeneuve-de-Berg
Pont-de-l'Isère
Grignan
B
Roubion
Menton
Les Vans
Les Baux-de-Provence
Moustiers-Ste-Marie
La Turbie
E
Monte-Carlo
Èze
Montpellier
Garons
Bonnieux
Callas
Nice
Lorgues
Le Cannet
Pézenas
Arles
Cannes
Sète
Marseille
Les Arcs
Cassis
Calvi
Le Castellet
St-Tropez
Île de Porquerolles
Ramatuelle
Bormes-les-Mimosas
Gigaro
Banyuls-s-Mer
Propriano
Murtoli
Porto-Vecchio

Les Tables étoilées 2019

La couleur correspond à l'établissement le plus étoilé de la localité.

Île-de-France

Provence

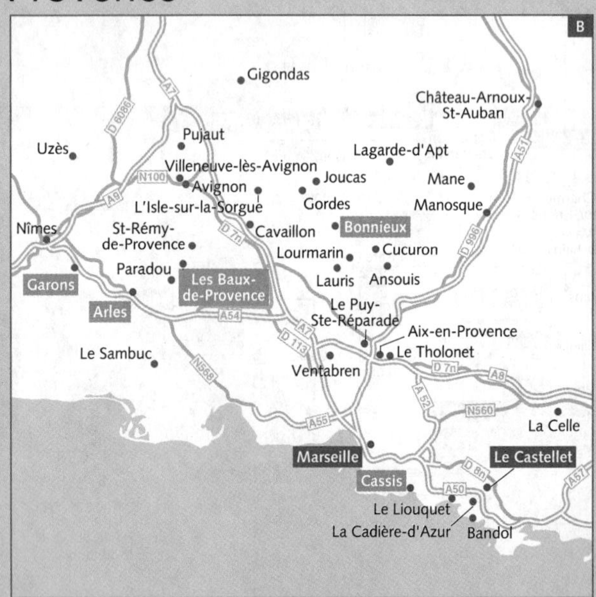

Alsace

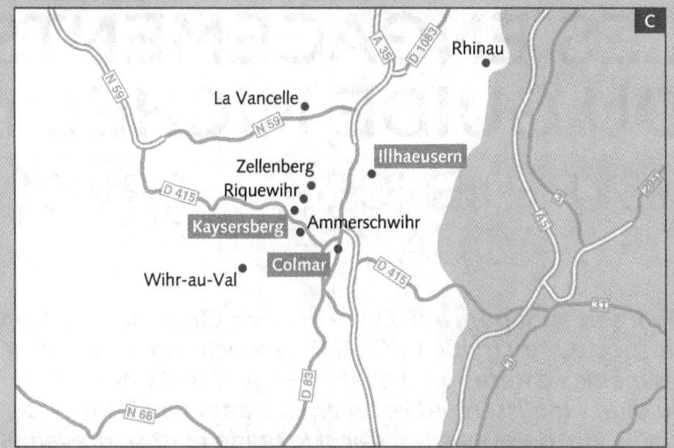
C
Rhinau
La Vancelle
Illhaeusern
Zellenberg
Riquewihr
Kaysersberg
Ammerschwihr
Colmar
Wihr-au-Val
N 59
D 415
A 35
D 1083
D 83
N 66
A5

Rhône-Alpes

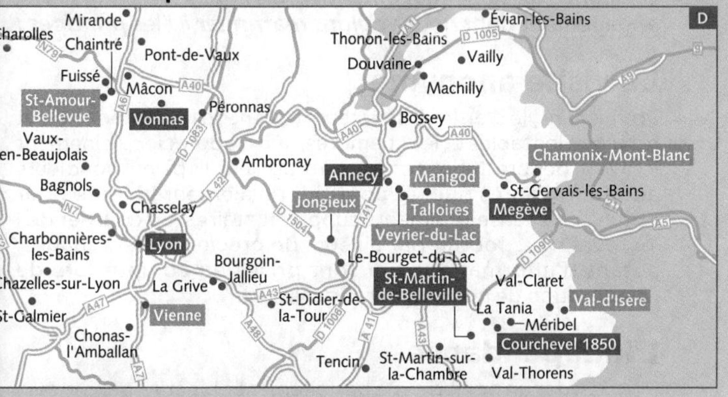
D
Mirande
Charolles
Chaintré
Pont-de-Vaux
Fuissé
Mâcon
St-Amour-Bellevue
Vonnas
Péronnas
Vaux-en-Beaujolais
Ambronay
Bagnols
Chasselay
Charbonnières-les-Bains
Lyon
Bourgoin-Jallieu
Chazelles-sur-Lyon
La Grive
St-Galmier
Vienne
Chonas-l'Amballan
Évian-les-Bains
Thonon-les-Bains
Douvaine
Vailly
Machilly
Bossey
Chamonix-Mont-Blanc
Annecy
Manigod
St-Gervais-les-Bains
Jongieux
Talloires
Megève
Veyrier-du-Lac
Le-Bourget-du-Lac
St-Martin-de-Belleville
Val-Claret
Val-d'Isère
St-Didier-de-la-Tour
La Tania
Méribel
Courchevel 1850
Tencin
St-Martin-sur-la-Chambre
Val-Thorens

Côte-d'Azur

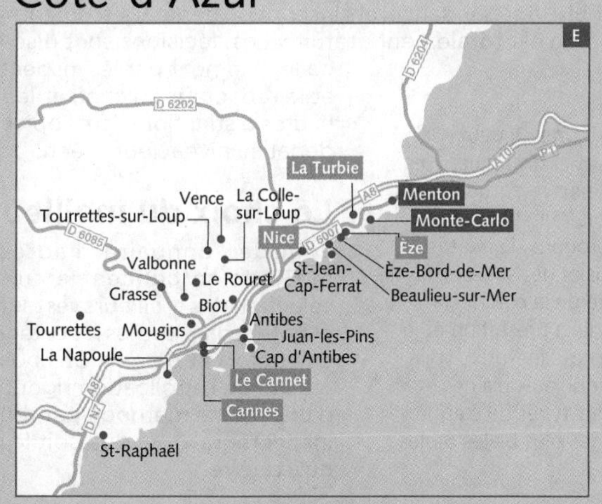
E
D 6202
D 6204
La Turbie
Vence
La Colle-sur-Loup
Menton
Tourrettes-sur-Loup
Monte-Carlo
Nice
Èze
Valbonne
St-Jean-Cap-Ferrat
Èze-Bord-de-Mer
Le Rouret
Grasse
Beaulieu-sur-Mer
Biot
Antibes
Tourrettes
Mougins
Juan-les-Pins
La Napoule
Cap d'Antibes
Le Cannet
Cannes
St-Raphaël

LES ENGAGEMENTS DU GUIDE MICHELIN

L'EXPÉRIENCE AU SERVICE DE LA QUALITÉ

Qu'il soit au Japon, aux Etats-Unis, en Chine ou en Europe, l'inspecteur du guide MICHELIN respecte exactement les mêmes critères pour évaluer la qualité d'une table ou d'un établissement hôtelier, et il applique les mêmes règles lors de ses visites. Car si le guide peut se prévaloir d'une notoriété mondiale, c'est notamment grâce à la constance de son engagement vis-à-vis de ses lecteurs. Un engagement dont nous voulons réaffirmer ici les principes :

La visite anonyme

Première règle d'or, les inspecteurs testent de façon anonyme et régulière les tables et les chambres, afin d'apprécier pleinement le niveau des prestations offertes à tout client. Ils paient donc leurs additions ; après quoi ils pourront révéler leur identité pour obtenir des renseignements supplémentaires. Le courrier des lecteurs nous fournit par ailleurs de précieux témoignages, autant d'informations qui sont prises en compte lors de l'élaboration de nos itinéraires de visites.

L'indépendance

Pour garder un point de vue parfaitement objectif – dans le seul intérêt du lecteur –, la sélection des établissements s'effectue en toute indépendance, et l'inscription des établissements dans le Guide est totalement gratuite. Les décisions sont discutées collégialement par les inspecteurs et le rédacteur en chef, et les plus hautes distinctions font l'objet d'un débat au niveau européen.

Le choix du meilleur

Loin de l'annuaire d'adresses, le Guide se concentre sur une sélection des meilleurs restaurants et hôtels, dans toutes les catégories de confort et de prix. Un choix qui résulte de l'application rigoureuse d'une même méthode par tous les inspecteurs, quel que soit le pays où il œuvre.

Nos étoiles – une ✿, deux ✿✿ ou trois ✿✿✿ – distinguent les cuisines les plus remarquables, quel que soit leur style. Le choix des produits, la maîtrise des cuissons et des saveurs, la personnalité de la cuisine, la constance de la prestation et le bon rapport qualité-prix : voilà les critères qui, au-delà des genres et des types de cuisine, définissent les plus belles tables.

✿✿✿ TROIS ÉTOILES MICHELIN

Une cuisine unique. Vaut le voyage !

La signature d'un très grand chef ! Produits d'exception, pureté et puissance des saveurs, équilibre des compositions : la cuisine est ici portée au rang d'art. Les assiettes, parfaitement abouties, s'érigent souvent en classiques.

✿✿ DEUX ÉTOILES MICHELIN

Une cuisine d'exception. Vaut le détour !

Les meilleurs produits magnifiés par le savoir-faire et l'inspiration d'un chef de talent, qui signe, avec son équipe, des assiettes subtiles et percutantes, parfois très originales.

✿UNE ÉTOILE MICHELIN

Une cuisine d'une grande finesse. Vaut l'étape !

Des produits de première qualité, une finesse d'exécution évidente, des saveurs marquées, une constance dans la réalisation des plats.

BIB GOURMAND

Nos meilleurs rapports qualité-prix.

Un moment de gourmandise à 33 € (37 € à Paris) : de bons produits bien mis en valeur, une addition mesurée, une cuisine d'un excellent rapport qualité-prix.

L'ASSIETTE MICHELIN

Une cuisine de qualité.

Qualité des produits et tour de main du chef : un bon repas tout simplement.

Une mise à jour annuelle

Les informations pratiques, les classements et distinctions sont tous revus et mis à jour chaque année, afin d'offrir l'information la plus fiable.

L'homogénéité de la sélection

Les critères de classification sont identiques pour tous les pays couverts par le guide MICHELIN. A chaque culture sa cuisine, mais la qualité se doit de rester un principe universel...

«L'aide à la mobilité»: c'est la mission que s'est donnée Michelin.

MODE D'EMPLOI...

COMMENT UTILISER LE GUIDE

RESTAURANTS

Les restaurants sont classés par qualité de cuisine :

Les Étoiles

✿✿✿ Une cuisine unique. Vaut le voyage !

✿✿ Une cuisine d'exception. Vaut le détour !

✿ Une cuisine d'une grande finesse. Vaut l'étape !

Bib Gourmand

Nos meilleurs rapports qualité-prix.
33 € en province,
37 € à Paris

L'Assiette

Une cuisine de qualité.

Dans chaque catégorie de qualité de cuisine, les établissements sont classés par standing (de XXXXX à X), puis par ordre alphabétique.

QUIMPER

29000 – 63 235 hab. – Carte régio
Carte Michelin 308-G7 – Guide Vert M

✿ **Mariontan** (Éric Mariontar
CRÉATIVE · ÉLÉGANT XXX Dar
soigné : l'accueil et le service, l
étoffée et la jolie terrasse... Le
→ Œuf de poule cuit à 65°C,
tous ses états. Dessert blanc.
Menu 27 € (déjeuner), 50/88
Plan : A2-s – *25 rue Louis-Vive*
– Fermé 25 avril-3 mai, samedi

Le Margeron
CRÉATIVE · RUSTIQUE XX In
charme ancien séduit d'emblé
des touches plus actuelles. C
d'huîtres au safran, ris de veau
Menu 17 € (déjeuner), 26/35€
Plan : A1-e – *52 rue des Gentils*
– www.lemargeron.com – Ferm

Ty Coat N
RÉGIONALE · AUBERGE X L
où l'on se régale de viandes r
Bretagne et organise des so
agréables et originales : leur t
Menu 13 € (déjeuner), 31/38 €
3 chambres – ☕6 €
23 rue René-d'Helbingue –
– www.tycoat.fr – Fermé 19 janv

Manoir de Locmaria
CHÂTEAU · GRAND STYLE V
cette belle demeure à archite
et des chambres garnies de r
qui change avec les marées...
18 chambres – 159/320 € –
Plan : C2-f – *3 venelle de la Pot*
– www.manoir-de-locmaria.com

HÔTELS

Les hôtels sont classés par catégories de confort, de 🏨 à 🏠, puis par ordre alphabétique.

Maison d'hôtes.

Les symboles en rouge ?
Nos plus belles adresses ! Du charme, du caractère, un supplément d'âme...

Localiser l'établissement

Les établissements sont situés sur les plans de ville, et leurs coordonnées indiquées dans leur adresse.

Mots-clés

Deux mots-clés pour identifier en un clin d'œil le type de cuisine (pour les restaurants), et le style (décor, ambiance...) de l'établissement.

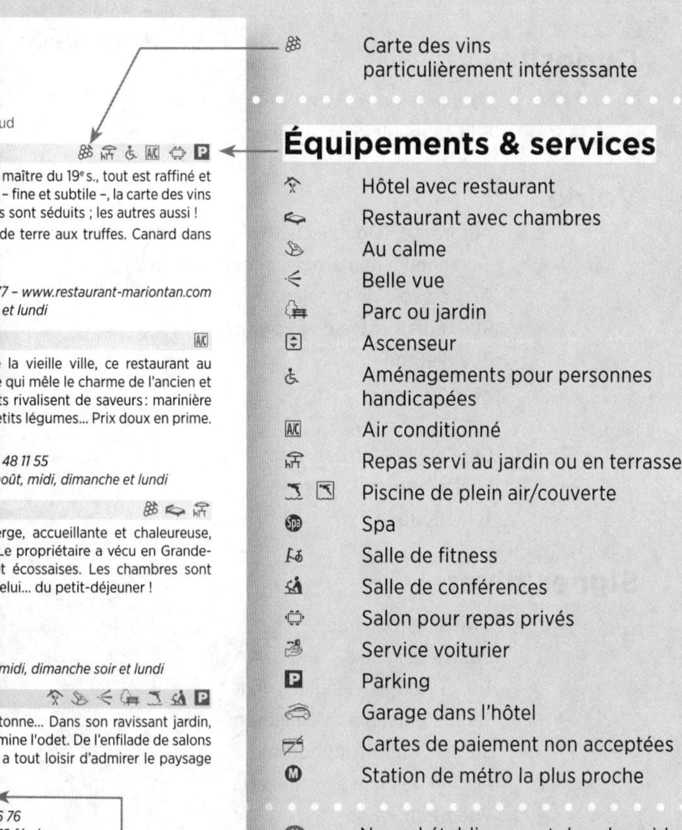

Sud
e maître du 19e s., tout est raffiné et
n - fine et subtile -, la carte des vins
ais sont séduits ; les autres aussi !
de terre aux truffes. Canard dans
77 - www.restaurant-mariontan.com
ir et lundi
le la vieille ville, ce restaurant au
le qui mêle le charme de l'ancien et
ats rivalisent de saveurs: marinière
etits légumes... Prix doux en prime.
3 48 11 55
août, midi, dimanche et lundi
erge, accueillante et chaleureuse,
Le propriétaire a vécu en Grande-
et écossaises. Les chambres sont
celui... du petit-déjeuner !
i midi, dimanche soir et lundi
etonne... Dans son ravissant jardin,
omine l'odet. De l'enfilade de salons
a tout loisir d'admirer le paysage
76 76
-12 février

Carte des vins particulièrement intéresssante

Équipements & services

Hôtel avec restaurant

Restaurant avec chambres

Au calme

Belle vue

Parc ou jardin

Ascenseur

Aménagements pour personnes handicapées

Air conditionné

Repas servi au jardin ou en terrasse

Piscine de plein air/couverte

Spa

Salle de fitness

Salle de conférences

Salon pour repas privés

Service voiturier

Parking

Garage dans l'hôtel

Cartes de paiement non acceptées

Station de métro la plus proche

Nouvel établissement dans le guide

Prix

Restaurants

Menu 35/60 € Carte 20/35 €	Prix mini/maxi des menus et à la carte

Hôtels

85/120 €	Prix mini/maxi d'une chambre pour deux personnes, petit-déjeuner compris
10 €	Petit-déjeuner en sus

LÉGENDE DES PLANS

- Hôtels
- Restaurants

Curiosités

Bâtiment intéressant
Édifice religieux intéressant

Voirie

Autoroute • Double chaussée de type autoroutier
Echangeurs numérotés: complet, partiels
Grande voie de circulation
Rue réglementée ou impraticable
Rue piétonne
Parking
Tunnel
Gare et voie ferrée
Funiculaire
Téléphérique

Signes divers

Office de tourisme
Édifice religieux
Tour • Ruines • Moulin à vent
Jardin, parc, bois • Cimetière
Stade • Golf • Hippodrome
Piscine de plein air, couverte
Vue • Panorama
Monument • Fontaine
Port de plaisance
Phare
Aéroport
Station de métro
Gare routière
Tramway
Transport par bateau :
passagers et voitures, passagers seulement
Bureau principal de poste restante
Hôtel de ville • Université, grande école

CONTENTS

Introduction

Consultez le guide MICHELIN sur :
www.restaurant.michelin.fr
et écrivez-nous à :
leguidemichelin-france@tp.michelin.com

DEAR READER,

We are delighted to present the 2019 edition of the MICHELIN guide. This edition is the culmination of a year of painstaking research, during which our teams have travelled the length and breadth of France, their curiosity and passion employed to bring you our selection of the best restaurants and hotels. Our aim is to transform your travels into unique moments, whatever your budget or desire.

- *Faithful to the MICHELIN guide method, once again this year, our inspectors have set out to discover the most delicious cuisine, dishes which translate flavour into emotion and texture into pleasure, along with the most comfortable guest accommodation.*

- *The result of this exhilarating fieldwork is a 2019 guide particularly focused on talent-new revelations and those whose potential has been confirmed. This edition comprises 632 starred restaurants, 75 of which are new, highlighting a food scene without frontiers. Once again this year, chefs from a myriad of cultures are represented in our constellation of stars.*

- *As for the Bib Gourmand ®, the award has never been so popular. The guide boasts 67 new entries this year, 604 in total and this is welcome news for all fans of great food at reasonable prices (3 courses for a maximum of 33€ in the regions, 37€ in Paris).*

- *We would like to take this opportunity to thank all the hoteliers and restaurateurs of France : without them, their passion, their energy and their determination, the guide would not exist. They contribute to an image of France as a food-lover's paradise, an image that extends well beyond our borders.*

More women chefs

- *As a talent-spotter, the MICHELIN guide rates the entire staff of an establishment, a passionate team whose aim is to make the customer's experience a unique one.*

- *For this reason, the MICHELIN guide does not take into consideration the type of cuisine, the age or the gender of the chef when a restaurant gains a star : simply the overall quality of the food.*

- *Although our teams have no plans to alter this approach, which ensures the strength and credibility of the selection, the MICHELIN guide recognises the talent of those women chefs, who within the context of a traditionally masculine industry, have managed to reach the highest levels.*

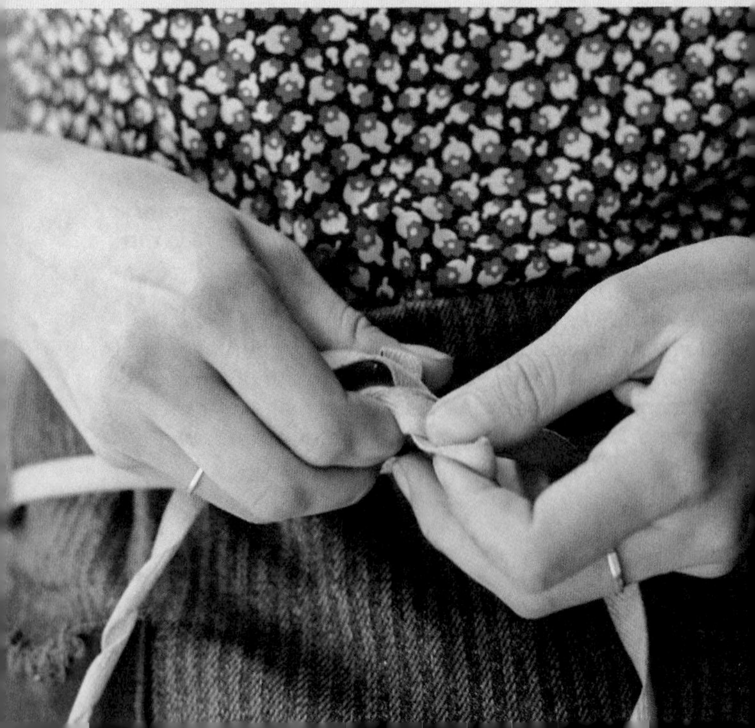

Preserving the resources of our planet

The restaurant world is not immune to the major concerns of the times. The necessity of preserving the natural resources of our planet is a priority and the chef community of chefs is at the forefront of the environmental challenge, key for our future. Among the existing initiatives for sustainable development are for example "locavorism", eating locally-produced food; and "zero waste", using all the parts of an ingredient, along with compost production to fertilise the chef's kitchen garden. Sustainable fishing, respecting the seasons and partnerships with local producers are at the heart of the challenges facing the chefs of today.

This year, 11 new starred restaurants are led by women and we wish to pay tribute to them here, hoping that their success will inspire others.

- ***This guide is dedicated to your love of good dining. As such, it aspires also to serve you. Please continue to share with us your discoveries, your favourite addresses and your comments, as your valuable contribution helps to continually improve the selection. All that remains is for us to wish you as much pleasure in discovering the 2019 selection as we have had in preparing it !***

- ***Enjoy the guide and "bon appétit" !***

THE MICHELIN GUIDE'S COMMITMENTS

EXPERIENCED IN QUALITY!

Whether they are in Japan, the USA, China or Europe, our inspectors apply the same criteria to judge the quality of each and every hotel and restaurant that they visit. The Michelin guide commands a worldwide reputation thanks to the commitments we make to our readers – and we reiterate these below:

Anonymous inspections

Our inspectors make regular and anonymous visits to hotels and restaurants to gauge the quality of products and services offered to an ordinary customer. They settle their own bill and may then introduce themselves and ask for more information about the establishment. Our readers' comments are also a valuable source of information, which we can follow up with a visit of our own.

Independence

To remain totally objective for our readers, the selection is made with complete independence. Entry into the guide is free. All decisions are discussed with the Editor and our highest awards are considered at a global level.

Our famous one ✿, two ✿✿ and three ✿✿✿ stars identify establishments serving the highest quality cuisine – taking into account the quality of ingredients, the mastery of techniques and flavours, the levels of creativity and, of course, consistency.

Selection and choice

The guide offers a selection of the best restaurants and hotels in every category of comfort and price. This is only possible because all the inspectors rigorously apply the same methods.

✿✿✿ THREE MICHELIN STARS

Exceptional cuisine, worth a special journey!

Our highest award is given for the superlative cooking of chefs at the peak of their profession. The ingredients are exemplary, the cooking is elevated to an art form and their dishes are often destined to become classics.

✿✿ TWO MICHELIN STARS

Excellent cooking, worth a detour!

The personality and talent of the chef and their team is evident in the expertly crafted dishes, which are refined, inspired and sometimes original.

✿ ONE MICHELIN STAR

High quality cooking, worth a stop!

Using top quality ingredients, dishes with distinct flavours are carefully prepared to a consistently high standard.

BIB GOURMAND

Good quality, good value cooking.

'Bibs' are awarded for simple yet skilful cooking for 33€ (37€ in Paris) for three courses.

THE MICHELIN ASSIETTE

Good cooking

Fresh ingredients, carefully prepared: simply a good meal.

Annual updates

All the practical information, classifications and awards are revised and updated every year to give the most reliable information possible.

Consistency

The criteria for the classifications are the same in every country covered by the MICHELIN guide.

The sole aim
of Michelin is to make
your travels safe
and enjoyable.

SEEK AND SELECT...

HOW TO USE THIS GUIDE

RESTAURANTS

Restaurants are classified by the quality of their cuisine:

Stars

✿✿✿ Exceptional cuisine, worth a special journey!

✿✿ Excellent cooking, worth a detour!

✿ High quality cooking, worth a stop!

Bib Gourmand

☺ Good quality, good value cooking.
Menu for 33€ in the regions
37€ in Paris

The Assiette

🍴 Good cooking.

Within each cuisine category, restaurants are listed by comfort, from XXXXX to X, and in alphabetical order.

Red: Our most delightful places.

HOTELS

Hotels are classified by categories of comfort, from ⌂⌂⌂⌂⌂ to ⌂, and in alphabetical order.

⌂ Guesthouses

Red: Our most delightful places.

Locating the establishment

Location and coordinates on the town plan, with main sights.

Key words

Each entry now comes with two key words, making it quick and easy to identify the type of establishment and/or the food that it serves.

QUIMPER
✉ 29000 – 63 235 hab. – Carte régi
Carte Michelin 308-G7 – Guide Vert

✿ **Mariontan** (Éric Marionta
CRÉATIVE · ÉLÉGANT XXX D
soigné : l'accueil et le service,
étoffée et la jolie terrasse... L
→ Œuf de poule cuit à 65°C
tous ses états. Dessert blanc.
Menu 27 € (déjeuner), 50/88
Plan : A2-s – *25 rue Louis-Viv*
– Fermé 25 avril-3 mai, samed

☺ **Le Margeron**
CRÉATIVE · RUSTIQUE XX
charme ancien séduit d'embl
des touches plus actuelles.
d'huîtres au safran, ris de vea
Menu 17 € (déjeuner), 26/35
Plan : A1-e – *52 rue des Genti*
– www.lemargeron.com – Ferr

🍴 **Ty Coat** Ⓝ
RÉGIONALE · AUBERGE X
où l'on se régale de viandes
Bretagne et organise des s
agréables et originales : leur
Menu 13 € (déjeuner), 31/38
3 chambres – ☕6 €
23 rue René-d'Helbingue –
– www.tycoat.fr – Fermé 19 jar

⌂ **Manoir de Locmaria**
CHÂTEAU · GRAND STYLE
cette belle demeure à l'archit
et des chambres garnies de
qui change avec les marées..
18 chambres – ††159/320 € –
Plan : C2-f – *3 venelle de la P*
– www.manoir-de-locmaria.co

de maître du 19e s., tout est raffiné et
on – fine et subtile –, la carte des vins
nais sont séduits ; les autres aussi !
e de terre aux truffes. Canard dans

9 77 – *www.restaurant-mariontan.com*
oir et lundi

de la vieille ville, ce restaurant au
lle qui mêle le charme de l'ancien et
lats rivalisent de saveurs : marinière
petits légumes… Prix doux en prime.

53 48 11 55
, août, midi, dimanche et lundi

berge, accueillante et chaleureuse,
. Le propriétaire a vécu en Grande-
et écossaises. Les chambres sont
celui… du petit-déjeuner !

di midi, dimanche soir et lundi

retonne… Dans son ravissant jardin,
omine l'odet. De l'enfilade de salons
on a tout loisir d'admirer le paysage

76 76
r-12 février

Particularly interesting wine list

Facilities & services

- Hotel with a restaurant
- Restaurant or pub with bedrooms
- Peaceful establishment
- Great view
- Garden or park
- Lift (elevator)
- Wheelchair access
- Air conditioning
- Outside dining available
- Swimming pool: outdoor or indoor
- Wellness centre
- Exercise room
- Conference room
- Private dining room
- Valet parking
- Car park
- Garage
- Credit cards not accepted
- Nearest Underground station

New establishment in the guide

Prices

Restaurants

Menu 35/60 €
Carte 20/35 € Lowest/highest price

Hotels

120/150 € Lowest/highest price for double room, breakfast included

10 € Breakfast price where not included in rate

TOWN PLAN KEY

- Hotels
- Restaurants

Sights

Place of interest
Interesting place of worship

Road

Motorway, dual carriageway
Junction: complete, limited
Main traffic artery
Unsuitable for traffic; street subject to restrictions
Pedestrian street
Car park
Tunnel
Station and railway
Funicular
Cable car, cable way

Various signs

Tourist Information Centre
Place of worship
Tower or mast • Ruins • Windmill
Garden, park, wood • Cemetery
Stadium • Golf course • Racecourse
Outdoor or indoor swimming pool
View • Panorama
Monument • Fountain
Pleasure boat harbour
Lighthouse
Airport
Underground station
Coach station
Tramway
Ferry services:
passengers and cars, passengers only
Main post office with poste restante
Town Hall • University, College

Cartes régionales

Regional Maps

Localité possédant au moins...

- ● un hôtel ou un restaurant
- ✿ une table étoilée
- ☺ un restaurant « Bib Gourmand »
- ⌂ un hôtel ou une maison d'hôtes de charme

Place with at least...

- ● a hotel or a restaurant
- ✿ a starred establishment
- ☺ a restaurant « Bib Gourmand »
- ⌂ particularly pleasant accommodation

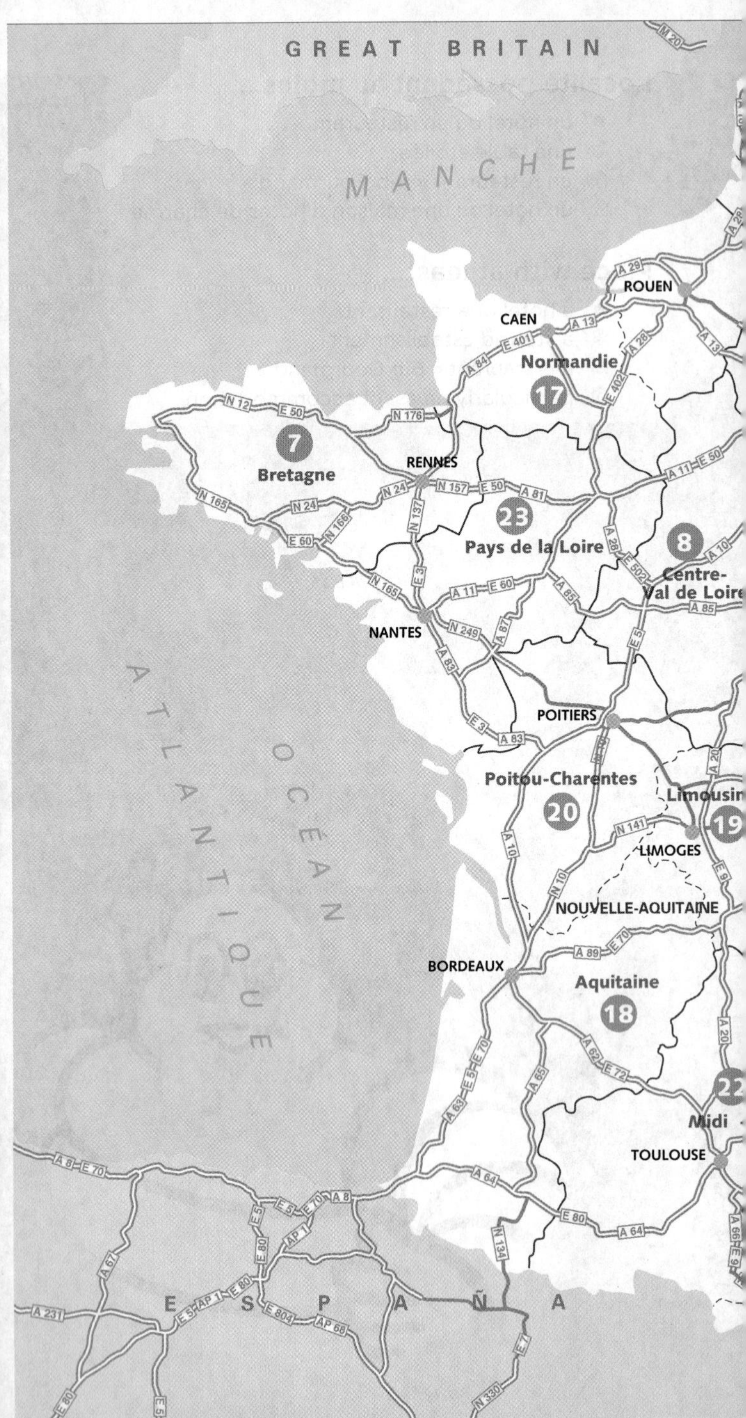
GREAT BRITAIN
MANCHE
ROUEN
CAEN
Normandie
17
7
Bretagne
RENNES
23
Pays de la Loire
8
Centre-Val de Loire
NANTES
POITIERS
Poitou-Charentes
20
Limousin
19
LIMOGES
NOUVELLE-AQUITAINE
BORDEAUX
Aquitaine
18
Midi
TOULOUSE
OCÉAN ATLANTIQUE
ESPAÑA

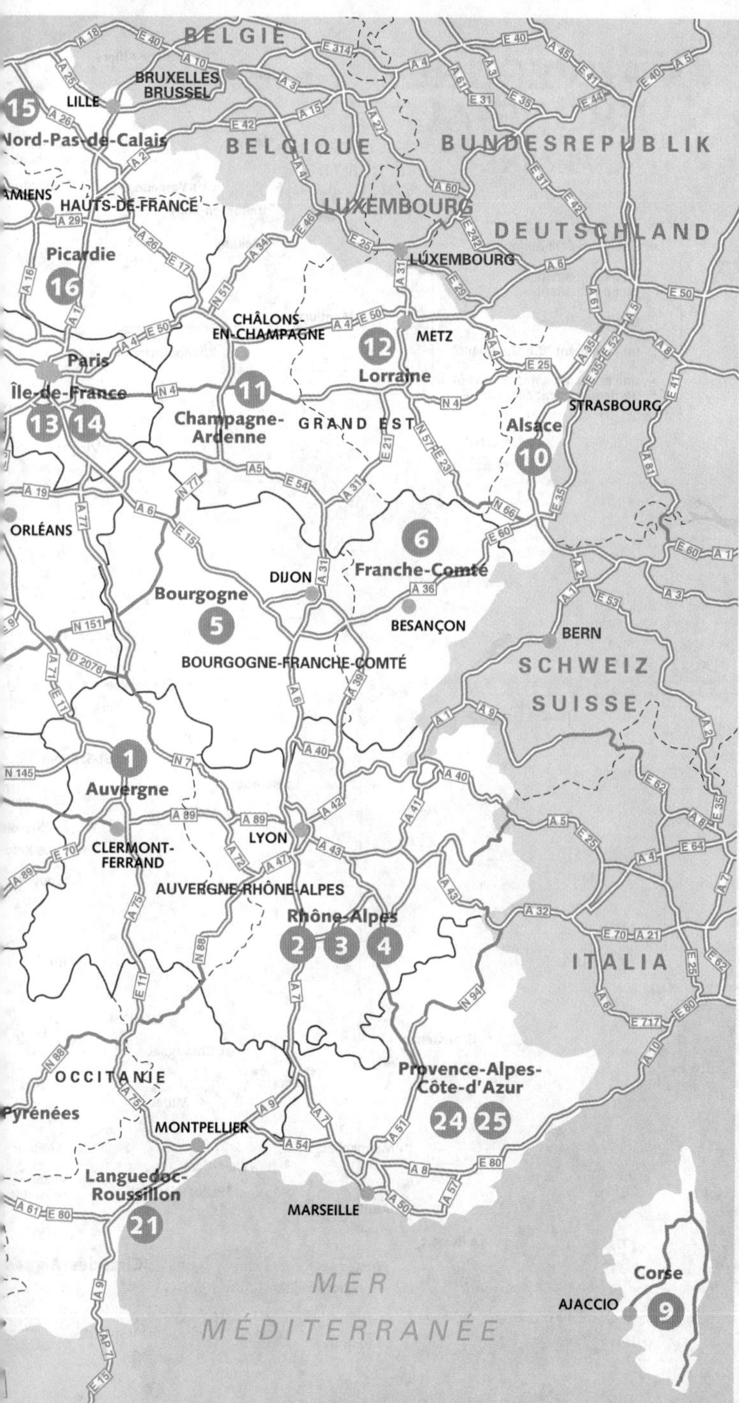

BELGIË
BRUXELLES
BRUSSEL
LILLE
15
Nord-Pas-de-Calais
BELGIQUE
BUNDESREPUBLIK
AMIENS
HAUTS-DE-FRANCE
LUXEMBOURG
DEUTSCHLAND
Picardie
16
LUXEMBOURG
CHÂLONS-
EN-CHAMPAGNE
12
METZ
Paris
Lorraine
Île-de-France
11
13
14
Champagne-
Ardenne
GRAND EST
Alsace
STRASBOURG
10
ORLÉANS
6
DIJON
Franche-Comté
Bourgogne
BESANÇON
5
BERN
BOURGOGNE-FRANCHE-COMTÉ
SCHWEIZ
SUISSE
1
Auvergne
LYON
CLERMONT-
FERRAND
AUVERGNE-RHÔNE-ALPES
Rhône-Alpes
2
3
4
ITALIA
OCCITANIE
Provence-Alpes-
Côte-d'Azur
Pyrénées
24
25
MONTPELLIER
Languedoc-
Roussillon
MARSEILLE
21
Corse
MER
AJACCIO
9
MÉDITERRANÉE

1 AUVERGNE-RHÔNE-ALPES

AUVERGNE

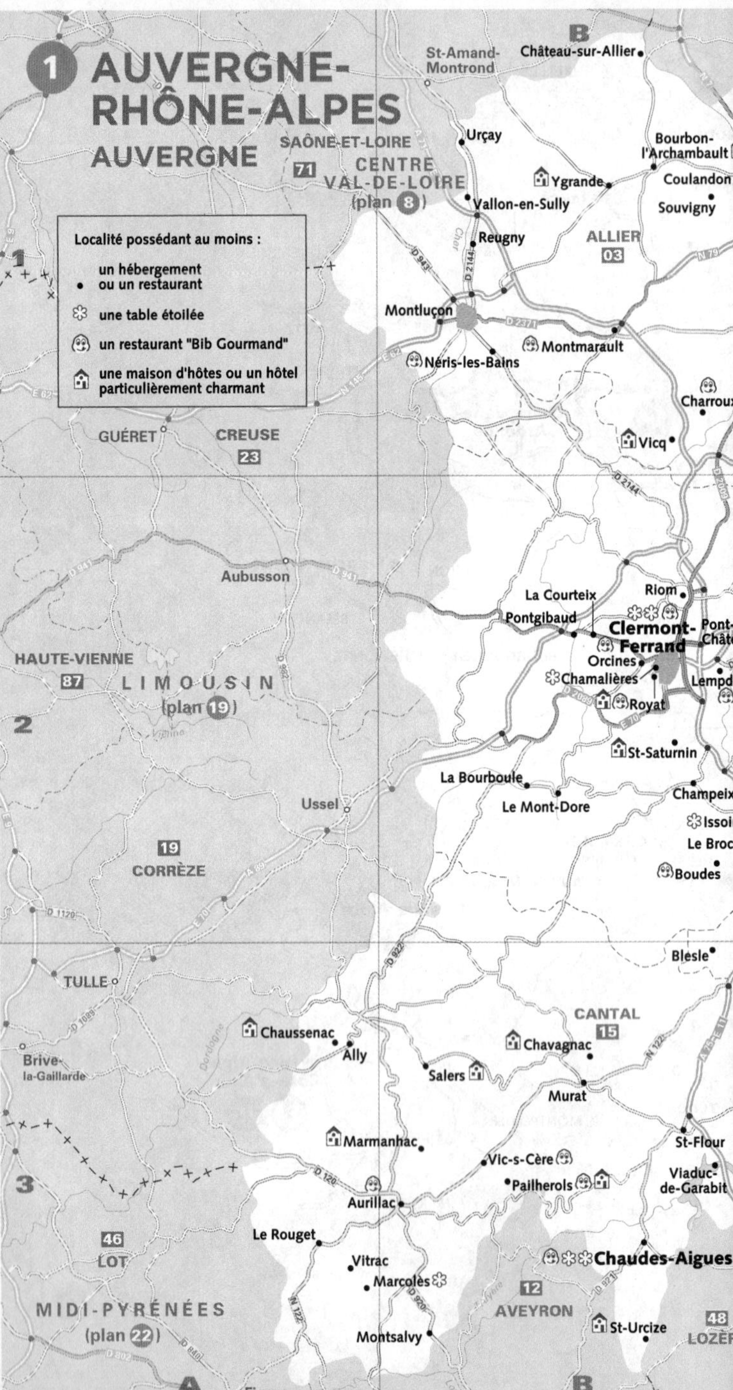

C
D
NIÈVRE
58
La Chapelle-aux-Chasses
Chevagnes
Moulins
SAÔNE-ET-LOIRE
71
BOURGOGNE
(plan 5)
Thionne
Charolles
1
MÂCON
Billy
Vichy
Bellerive-sur-Allier
AIN
01
RHÔNE
69
Roanne
Villefranche-s-Saône
Maringues
Lezoux
Thiers
Vollore-Ville
Bort-l'Étang
Augerolles
LYON
RHÔNE-ALPES
(plans 2 3 4)
2
Montbrison
63
PUY-DE-DÔME
Ambert
LOIRE
42
Vienne
ST-ÉTIENNE
ISÈRE
38
Vergongheon
Lavaudieu
Beauzac
Solignac-sous-Roche
Dunières
43
Salzuit
HAUTE-LOIRE
ST-BONNET-LE-FROID
Yssingeaux
Le Chambon-s-Lignon
Tournon-s-Rhône
Le Puy-en-Velay
St-Julien-Chapteuil
St-Front
Moudeyres
VALENCE
3
Saugues
Alleyras
ARDÈCHE
07
DRÔME
26
PRIVAS
LANGUEDOC-ROUSSILLON
(plan 21)
C
D

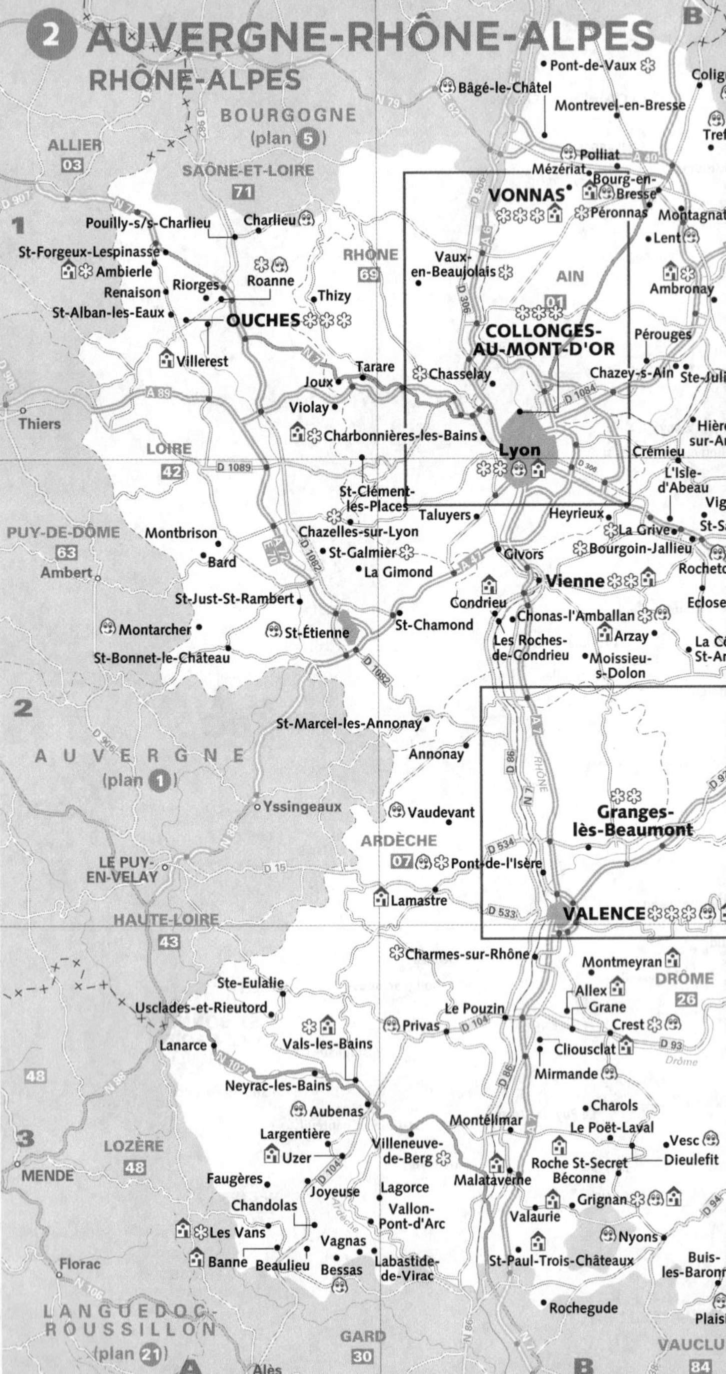
2 AUVERGNE-RHÔNE-ALPES
RHÔNE-ALPES
BOURGOGNE (plan 5)
ALLIER 03
SAÔNE-ET-LOIRE 71
RHÔNE 69
AIN 01
LOIRE 42
PUY-DE-DÔME 63
AUVERGNE (plan 1)
HAUTE-LOIRE 43
ARDÈCHE 07
DRÔME 26
LOZÈRE 48
48
LANGUEDOC-ROUSSILLON (plan 21)
GARD 30
VAUCLUSE 84
Pont-de-Vaux
Bâgé-le-Châtel
Montrevel-en-Bresse
Polliat
Mézériat
Bourg-en-Bresse
VONNAS
Péronnas
Montagnat
Lent
Ambronay
Vaux-en-Beaujolais
COLLONGES-AU-MONT-D'OR
Pérouges
Chazey-s-Ain
Chasselay
Lyon
Crémieu
L'Isle-d'Abeau
Heyrieux
La Grive
Bourgoin-Jallieu
Givors
Vienne
Condrieu
Chonas-l'Amballan
Les Roches-de-Condrieu
Arzay
Moissieu-s-Dolon
Taluyers
Pouilly-s/s-Charlieu
Charlieu
St-Forgeux-Lespinasse
Ambierle
Renaison
Riorges
Roanne
Thizy
St-Alban-les-Eaux
OUCHES
Villerest
Tarare
Joux
Violay
Charbonnières-les-Bains
Thiers
St-Clément-les-Places
Chazelles-sur-Lyon
St-Galmier
La Gimond
Montbrison
Bard
Ambert
St-Just-St-Rambert
St-Chamond
St-Étienne
Montarcher
St-Bonnet-le-Château
St-Marcel-les-Annonay
Annonay
Yssingeaux
Vaudevant
Granges-lès-Beaumont
Pont-de-l'Isère
LE PUY-EN-VELAY
Lamastre
VALENCE
Charmes-sur-Rhône
Montmeyran
Allex
Grane
Crest
Cliousclat
Mirmande
Ste-Eulalie
Usclades-et-Rieutord
Le Pouzin
Privas
Vals-les-Bains
Lanarce
Neyrac-les-Bains
Aubenas
Charols
Montélimar
Le Poët-Laval
Vesc
Dieulefit
Largentière
Uzer
Villeneuve-de-Berg
Roche St-Secret
Béconne
Malataverne
MENDE
Faugères
Joyeuse
Lagorce
Grignan
Chandolas
Vallon-Pont-d'Arc
Valaurie
Les Vans
Nyons
Banne
Beaulieu
Vagnas
Bessas
Labastide-de-Virac
St-Paul-Trois-Châteaux
Florac
Buis-les-Baronnies
Rochegude
Alès
A
B
1
2
3

C
D
RANCHE-COMTÉ
(plan 6)
URA
39
LÉMAN
LAC
Évian-les-Bains
Thonon-les-Bains
D 1005
Vailly
Douvaine
Machilly
Thoiry
GENÈVE
HAUTE-SAVOIE
74
SION
SUISSE
Montanges
Bossey
1
Argentière
Les Praz-de-Chamonix
Le Lavancher
Chamonix-Mont-Blanc
A 40
ANNECY
Manigod
St-Gervais-les-Bains
Veyrier-du-Lac
Talloires
MEGÈVE
AOSTA/AOSTE
Les Saisies
Jongieux
Faverges
Hauteluce
A 41
La Rosière-1850
Le-Bourget-du-Lac
Les Arcs
Aime
Aoste
Chambéry
73
A 43
Plagne-Bellecôte
St-Didier-de-la-Tour
D 1006
La Plagne
Tignes
Val-d'Isère
La Bâtie-Divisin
SAVOIE
Val-Claret
La Tania
ST-MARTIN-DE-BELLEVILLE
Méribel
COURCHEVEL 1850
St-Martin-sur-la-Chambre
Val-Thorens
Le Sappey-en-Chartreuse
2
Corenc
Grenoble
Valloire
Autrans
Uriage-les-Bains
Alpe-d'Huez
Villard-de-Lans
D 1091
ITALIA
Corrençon-en-Vercors
Les Deux-Alpes
St-Julien-en-Vercors
ISÈRE
38
Briançon
Gresse-en-Vercors
HAUTES-ALPES
05
PROVENCE-ALPES-CÔTE-D'AZUR
(plans 24 25)
GAP
D 994
D 993
D 1075
3
D 900
ALPES-DE-HTE-PROVENCE
04
Durance
Montbrun-les-Bains
C
D
Localité possédant au moins :
un hébergement ou un restaurant
une table étoilée
un restaurant "Bib Gourmand"
une maison d'hôtes ou un hôtel particulièrement charmant

3 AUVERGNE-RHÔNE-ALPES

RHÔNE-ALPES

Localité possédant au moins :

- un hébergement ou un restaurant
- une table étoilée
- un restaurant "Bib Gourmand"
- une maison d'hôtes ou un hôtel particulièrement charmant

E

1

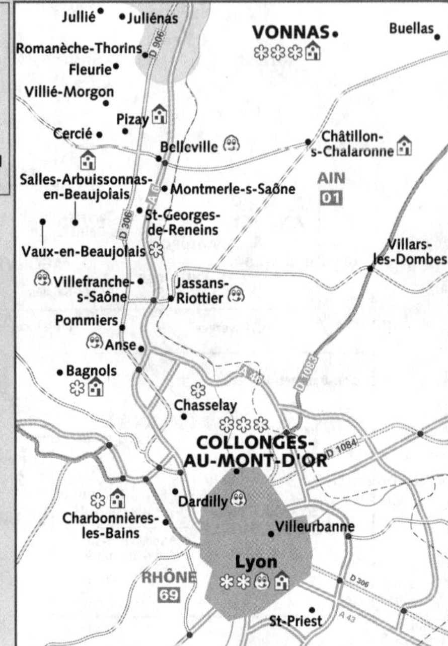

1

E

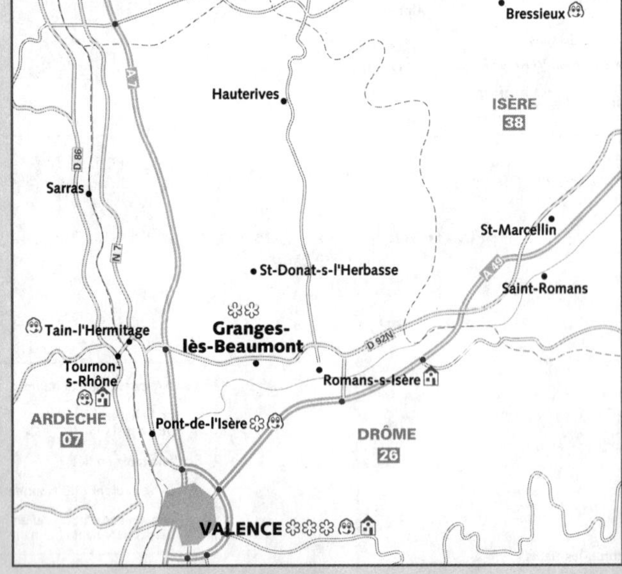

2

2

E

4

LÉMAN
LAC
Maxilly-sur-Léman
Évian-les-Bains
Yvoire
Col de La Faucille
Divonne-les-Bains
Messery
Thonon-les-Bains
A 1
D 1005
Gex
Grilly
La Chapelle-d'Abondance
Douvaine
Vailly
Crozet
Châtel
Machilly
Habère-Poche
GENÈVE
Annemasse
Lucinges
Morzine
Avoriaz
Bonne
HAUTE-SAVOIE
Les Gets
St-Julien-en-Genevois
74
1
A 40
Bossey
Reignier
Viuz-en-Sallaz
Mieussy
La Muraz
Vougy
Samoëns
Bonneville
E 25
Mont-Saxonnex
Les Carroz-d'Arâches
Cruseilles
Flaine
Groisy
A 40
Le Chinaillon
Le Grand-Bornand
Sallanches
Pringy
Cordon
La Clusaz
Combloux
ANNECY
Veyrier-du-Lac
SAVOIE
St-Gervais-les-Bains
Les Houches
Manigod
73
Menthon-St-Bernard
Talloires
Praz-s-Arly
MEGÈVE
Marigny-St-Marcel
Duingt
N-D-de-Bellecombe
Les Contamines-Montjoie

F

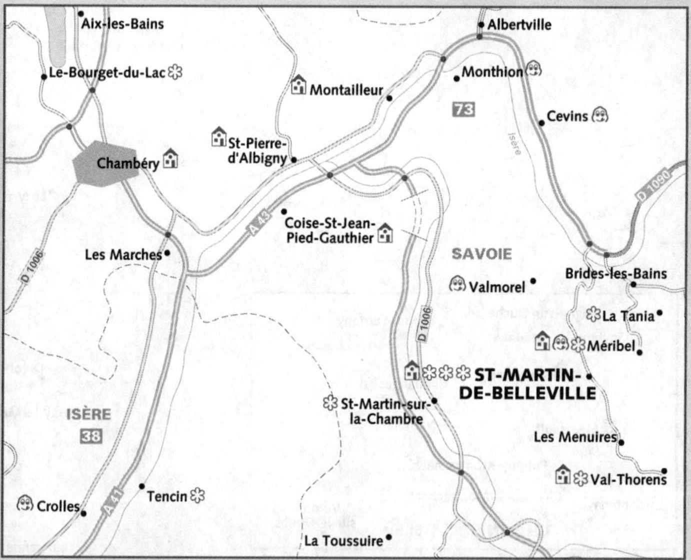

Aix-les-Bains
Albertville
Le-Bourget-du-Lac
Monthion
Montailleur
73
Cevins
St-Pierre-d'Albigny
Chambéry
Isère
D 1090
A 43
Coise-St-Jean-Pied-Gauthier
Les Marches
SAVOIE
2
D 1006
Brides-les-Bains
Valmorel
La Tania
Méribel
D 1006
ST-MARTIN-DE-BELLEVILLE
St-Martin-sur-la-Chambre
ISÈRE
38
Les Menuires
Val-Thorens
Crolles
A 41
Tencin
La Toussuire

F

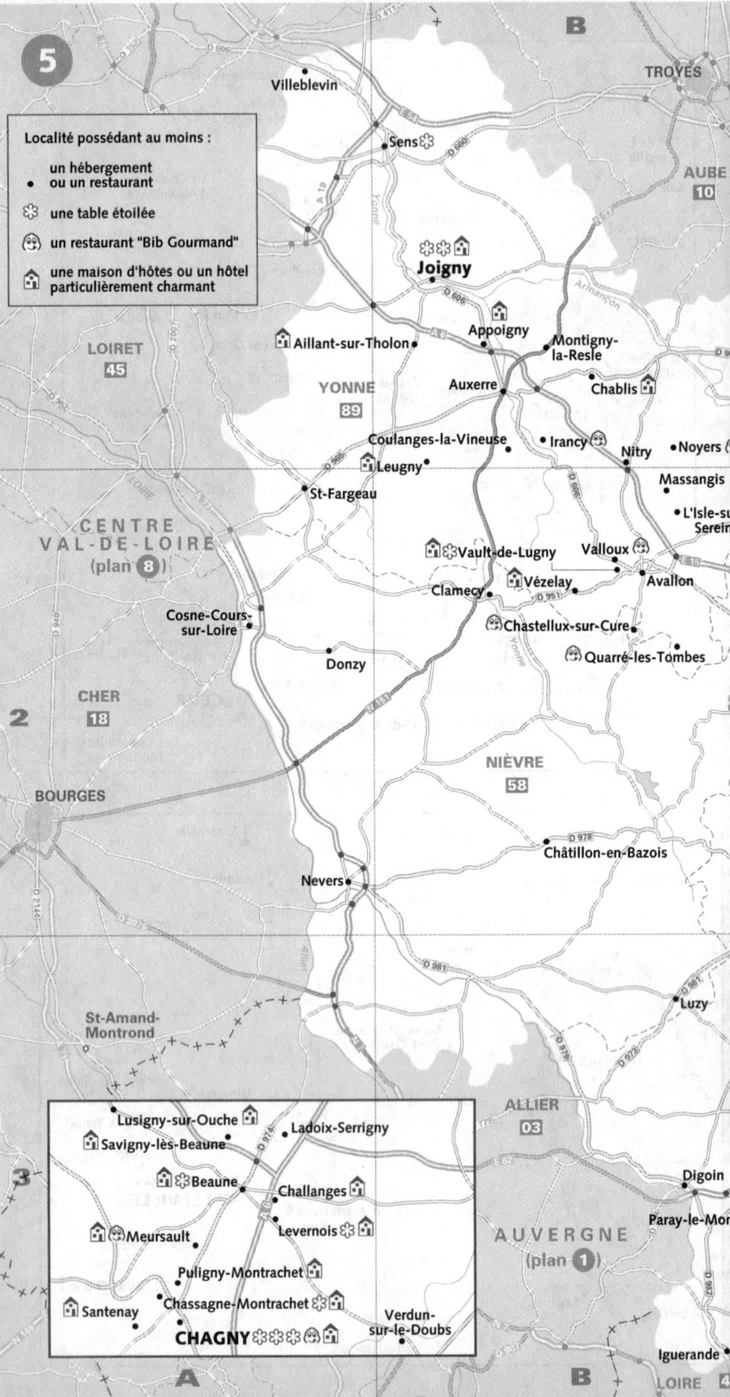

5
Localité possédant au moins :
un hébergement ou un restaurant
une table étoilée
un restaurant "Bib Gourmand"
une maison d'hôtes ou un hôtel particulièrement charmant
B
TROYES
AUBE
10
Villeblevin
Sens
Joigny
Appoigny
Aillant-sur-Tholon
Montigny-la-Resle
Auxerre
Chablis
LOIRET
45
YONNE
89
Coulanges-la-Vineuse
Irancy
Nitry
Noyers
Leugny
Massangis
St-Fargeau
L'Isle-sur-Serein
CENTRE
VAL-DE-LOIRE
(plan 8)
Vault-de-Lugny
Valloux
Vézelay
Avallon
Clamecy
Cosne-Cours-sur-Loire
Chastellux-sur-Cure
Quarré-les-Tombes
Donzy
CHER
18
2
NIÈVRE
58
BOURGES
Châtillon-en-Bazois
Nevers
Luzy
St-Amand-Montrond
ALLIER
03
Lusigny-sur-Ouche
Ladoix-Serrigny
Savigny-lès-Beaune
Beaune
Challanges
3
Levernois
Meursault
AUVERGNE
(plan 1)
Puligny-Montrachet
Chassagne-Montrachet
Santenay
Verdun-sur-le-Doubs
CHAGNY
Digoin
Paray-le-Monial
Iguerande
A
B
LOIRE
4

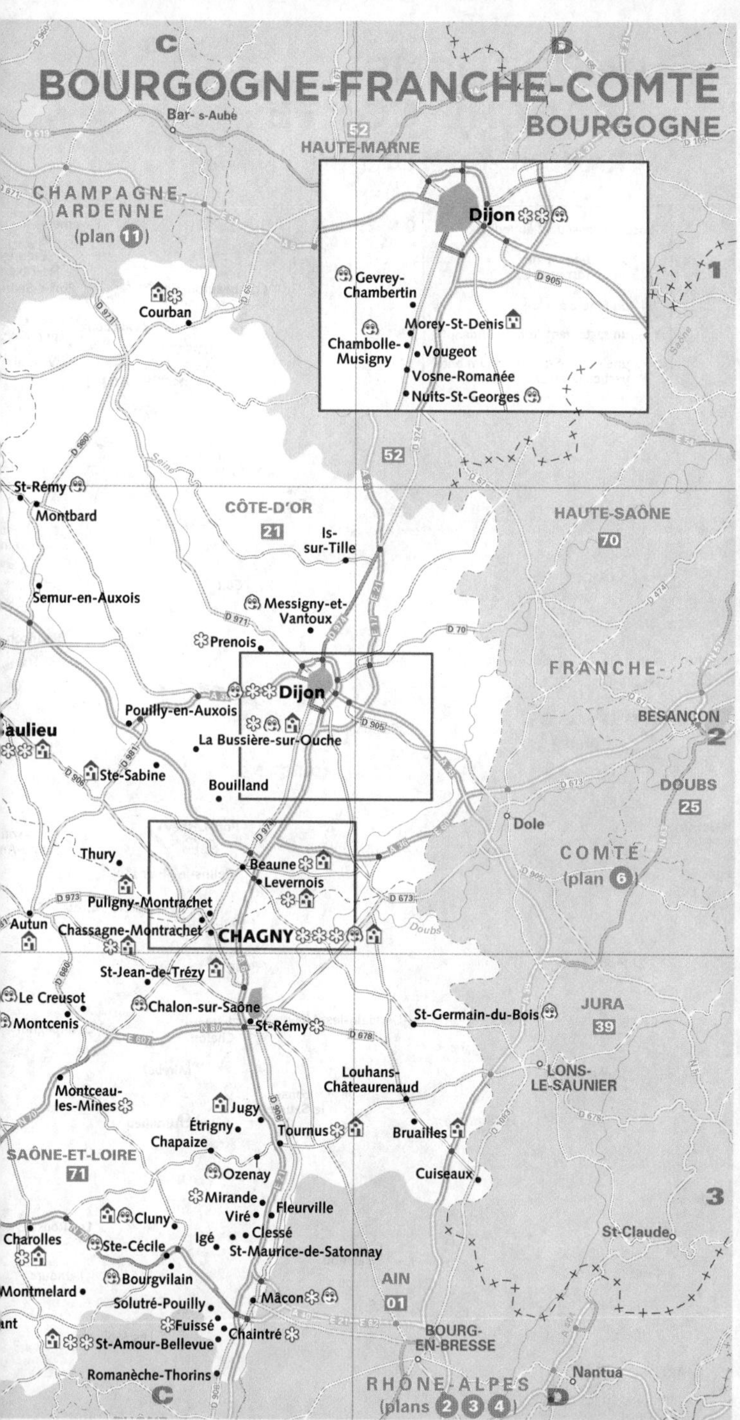

C
D
BOURGOGNE-FRANCHE-COMTÉ
BOURGOGNE
Bar-s-Aube
HAUTE-MARNE
52
CHAMPAGNE-ARDENNE
(plan 11)
Dijon
Gevrey-Chambertin
Morey-St-Denis
Chambolle-Musigny
Vougeot
Vosne-Romanée
Nuits-St-Georges
Courban
1
St-Rémy
Montbard
CÔTE-D'OR
21
Is-sur-Tille
HAUTE-SAÔNE
70
Semur-en-Auxois
Messigny-et-Vantoux
Prenois
FRANCHE-
Dijon
Pouilly-en-Auxois
BESANÇON
Saulieu
La Bussière-sur-Ouche
2
Ste-Sabine
DOUBS
25
Bouilland
Dole
COMTÉ
(plan 6)
Thury
Beaune
Levernois
Puligny-Montrachet
Autun
Chassagne-Montrachet
CHAGNY
St-Jean-de-Trézy
Le Creusot
Montcenis
Chalon-sur-Saône
St-Rémy
St-Germain-du-Bois
JURA
39
Louhans-Châteaurenaud
LONS-LE-SAUNIER
Montceau-les-Mines
Jugy
Étrigny
Tournus
Bruailles
Chapaize
SAÔNE-ET-LOIRE
71
Ozenay
Cuiseaux
Mirande
Fleurville
3
Viré
Cluny
Clessé
Charolles
Igé
St-Claude
Ste-Cécile
St-Maurice-de-Satonnay
Bourgvilain
AIN
01
Montmelard
Solutré-Pouilly
Mâcon
Fuissé
Chaintré
BOURG-EN-BRESSE
St-Amour-Bellevue
Romanèche-Thorins
Nantua
RHÔNE-ALPES
(plans 2 3 4)
C
D

6 BOURGOGNE-FRANCHE-COMTÉ
FRANCHE-COMTÉ
Localité possédant au moins :
un hébergement ou un restaurant
une table étoilée
un restaurant "Bib Gourmand"
une maison d'hôtes ou un hôtel particulièrement charmant
HAUTE-MARNE
52
CHAMPAGNE-ARDENNE
(plan 11)
HAUTE-SAÔNE
70
CÔTE-D'OR
21
BOURGOGNE
(plan 5)
SAÔNE-ET-LOIRE
71
JURA
39
RHÔNE-ALPES
(plans 2 3 4)
AIN
01
Faverney
Breurey-lès-Faverney
Port-s-Saône
Combeaufontaine
Vauchoux
Pusy-et-Épenoux
Vesoul
Rigny
Gray
Cult
Besançon
DIJON
Sampans
Dole
Ornans
Port-Lesney
Nans-sous-Sainte-Anne
Salins-les-Bains
Arbois
Pupillin
Beaune
Poligny
Chalon-s-Saône
St-Germain-lès-Arlay
Château-Chalon
Champagnol
Mirebel
Lons-le-Saunier
Louhans
Bonlieu
Les Rousses
Balanod
Lamoura
Pratz
Les Molunes
Gex
MÂCON
Saône
Doubs
D 417
N 19
E 54
D 67
D 474
N 57
D 971
D 974
E 17
E 21
D 70
A 38
D 905
A 39
D 673
E 60
A 36
N 83
A 6
A 39
N 80
D 678
D 906
D 1083
N 5
E 15
E 62
A 40
1
2
3
A
B

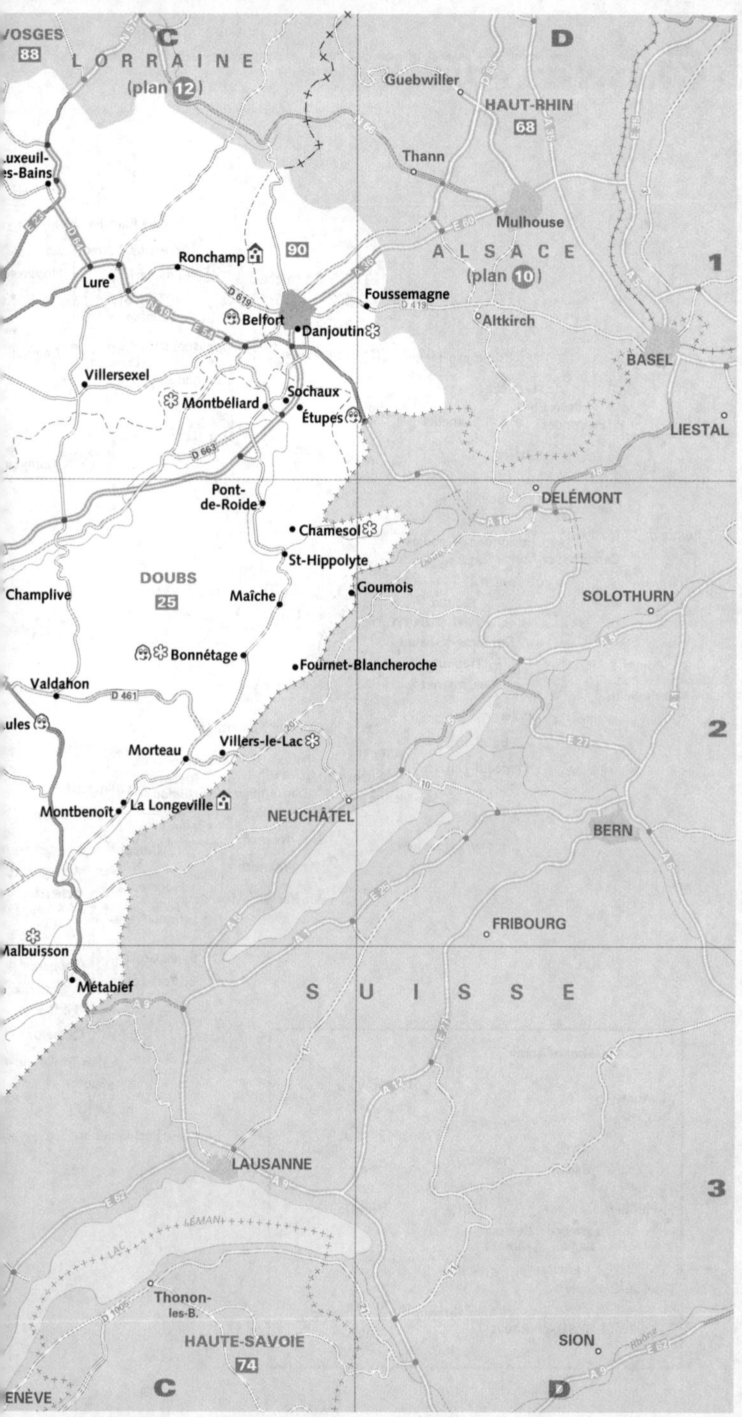

VOSGES
88
LORRAINE
(plan 12)
C
D
Guebwiller
HAUT-RHIN
68
Thann
Mulhouse
ALSACE
(plan 10)
1
Luxeuil-les-Bains
Ronchamp
90
Lure
Foussemagne
Belfort
Danjoutin
Altkirch
BASEL
Villersexel
Sochaux
Montbéliard
Étupes
LIESTAL
Pont-de-Roide
DELÉMONT
Chamesol
St-Hippolyte
DOUBS
25
Champlive
Maîche
Goumois
SOLOTHURN
Bonnétage
Fournet-Blancheroche
Valdahon
2
Morteau
Villers-le-Lac
Montbenoît
La Longeville
NEUCHÂTEL
BERN
FRIBOURG
Malbuisson
Métabief
SUISSE
LAUSANNE
3
LÉMAN
LAC
Thonon-les-B.
HAUTE-SAVOIE
74
SION
GENÈVE
C
D

7 BRETAGNE

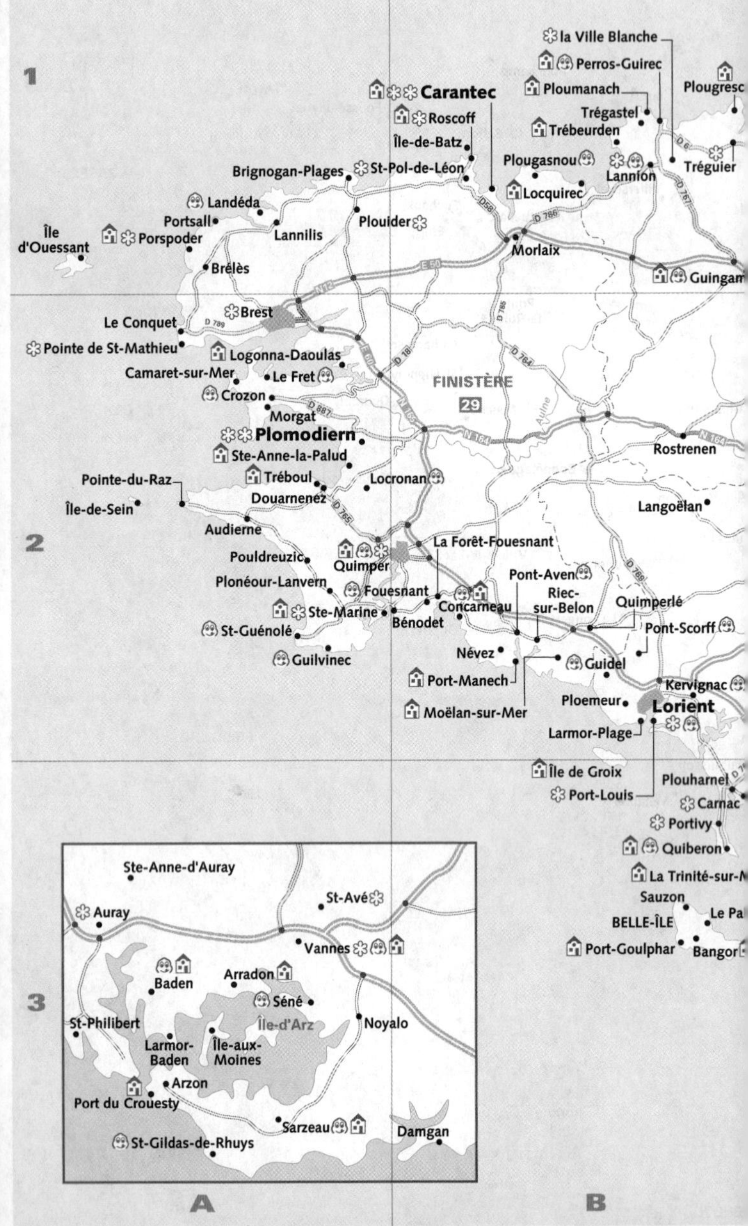

B
1
2
3
A
B
la Ville Blanche
Perros-Guirec
Plougresc
Ploumanach
Carantec
Trégastel
Roscoff
Trébeurden
Île-de-Batz
Tréguier
Plougasnou
Lannion
Brignogan-Plages
St-Pol-de-Léon
Locquirec
Landéda
Portsall
Plouider
Île d'Ouessant
Porspoder
Lannilis
Morlaix
Brélès
Guingam
Brest
Le Conquet
Pointe de St-Mathieu
Logonna-Daoulas
Camaret-sur-Mer
Le Fret
FINISTÈRE
29
Crozon
Morgat
Plomodiern
Rostrenen
Ste-Anne-la-Palud
Tréboul
Locronan
Pointe-du-Raz
Douarnenez
Île-de-Sein
Langoëlan
Audierne
La Forêt-Fouesnant
Pouldreuzic
Quimper
Pont-Aven
Plonéour-Lanvern
Riec-sur-Belon
Fouesnant
Quimperlé
Concarneau
Ste-Marine
Bénodet
Pont-Scorff
St-Guénolé
Névez
Guidel
Guilvinec
Port-Manech
Kervignac
Ploemeur
Lorient
Moëlan-sur-Mer
Larmor-Plage
Île de Groix
Plouharnel
Port-Louis
Carnac
Portivy
Quiberon
La Trinité-sur-M
Sauzon
BELLE-ÎLE
Le Pa
Port-Goulphar
Bangor
Ste-Anne-d'Auray
St-Avé
Auray
Vannes
Baden
Arradon
Séné
St-Philibert
Île-d'Arz
Noyalo
Larmor-Baden
Île-aux-Moines
Arzon
Port du Crouesty
Sarzeau
Damgan
St-Gildas-de-Rhuys

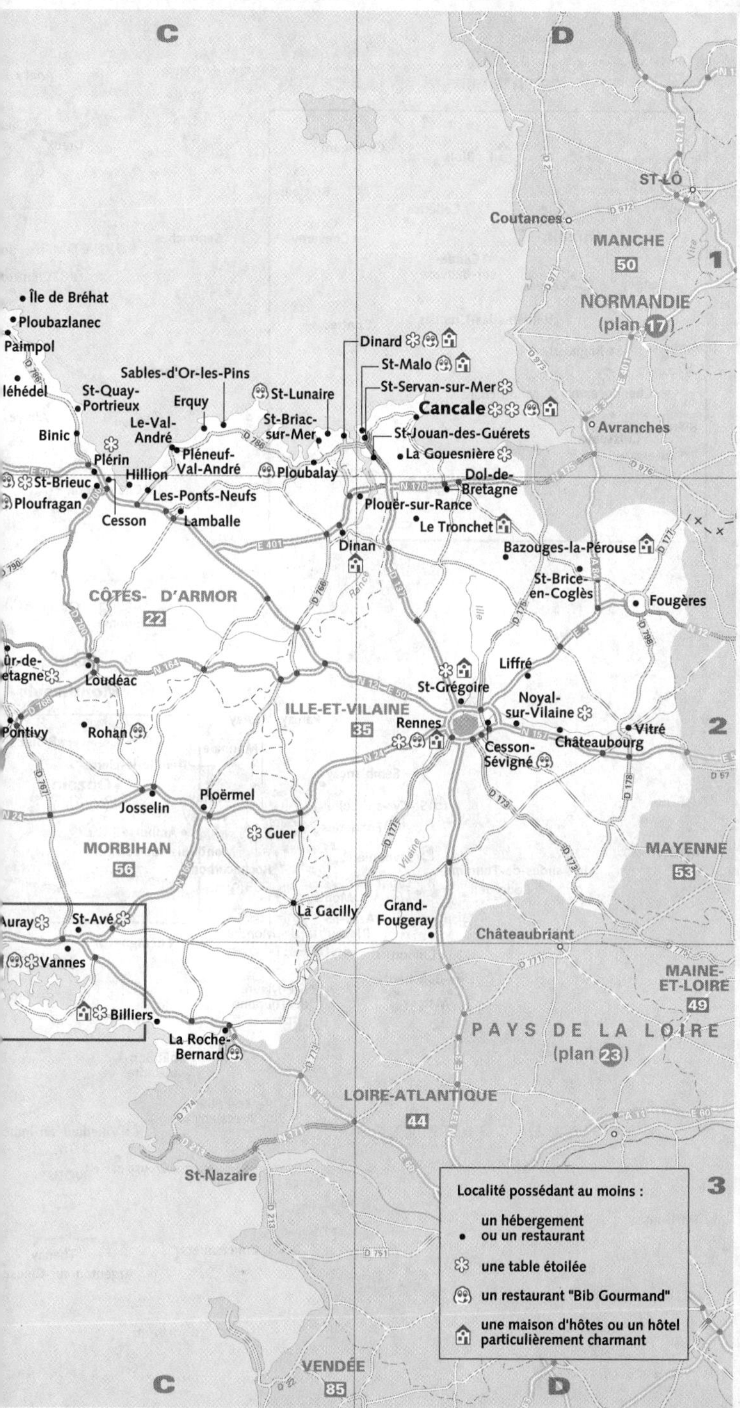
C
D
ST-LÔ
Coutances
MANCHE
50
1
NORMANDIE
(plan 17)
Avranches
Île de Bréhat
Ploubazlanec
Paimpol
léhédel
Sables-d'Or-les-Pins
St-Quay-Portrieux
Erquy
St-Lunaire
Dinard
St-Malo
St-Servan-sur-Mer
Cancale
St-Briac-sur-Mer
St-Jouan-des-Guérets
La Gouesnière
Binic
Le-Val-André
Pléneuf-Val-André
Plérin
Hillion
Ploubalay
St-Brieuc
Ploufragan
Cesson
Les-Ponts-Neufs
Lamballe
Dol-de-Bretagne
Plouër-sur-Rance
Le Tronchet
Dinan
Bazouges-la-Pérouse
St-Brice-en-Coglès
Fougères
CÔTES- D'ARMOR
22
Liffré
ûr-de-etagne
Loudéac
St-Grégoire
Noyal-sur-Vilaine
ILLE-ET-VILAINE
35
Rennes
Pontivy
Rohan
Cesson-Sévigné
Châteaubourg
Vitré
2
Josselin
Ploërmel
Guer
MORBIHAN
56
MAYENNE
53
Auray
St-Avé
La Gacilly
Grand-Fougeray
Châteaubriant
Vannes
MAINE-ET-LOIRE
49
Billiers
La Roche-Bernard
PAYS DE LA LOIRE
(plan 23)
LOIRE-ATLANTIQUE
44
St-Nazaire
3
VENDÉE
85
Localité possédant au moins :
un hébergement ou un restaurant
une table étoilée
un restaurant "Bib Gourmand"
une maison d'hôtes ou un hôtel particulièrement charmant
C
D

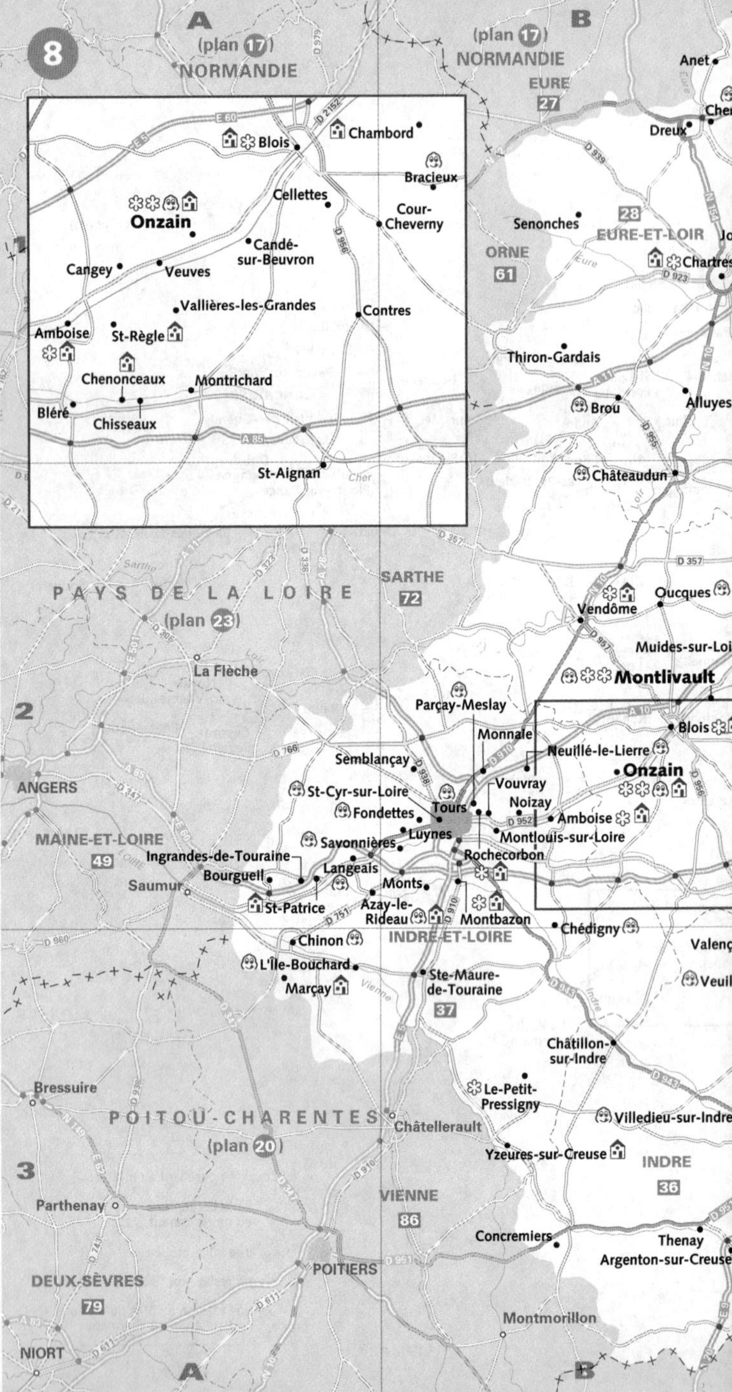
8
A
(plan 17)
NORMANDIE
B
(plan 17)
NORMANDIE
EURE
27
Anet
Dreux
Blois
Chambord
Bracieux
Cellettes
Cour-Cheverny
Onzain
Candé-sur-Beuvron
Cangey
Veuves
Vallières-les-Grandes
Contres
Amboise
St-Règle
Chenonceaux
Montrichard
Bléré
Chisseaux
St-Aignan
Senonches
28
EURE-ET-LOIR
Chartres
ORNE
61
Thiron-Gardais
Brou
Alluyes
Châteaudun
1
PAYS DE LA LOIRE
(plan 23)
SARTHE
72
La Flèche
Vendôme
Oucques
Muides-sur-Loi
Montlivault
2
Parçay-Meslay
Monnaie
Blois
Neuillé-le-Lierre
Onzain
Semblançay
ANGERS
St-Cyr-sur-Loire
Vouvray
Noizay
Tours
Fondettes
Amboise
Luynes
Montlouis-sur-Loire
MAINE-ET-LOIRE
49
Savonnières
Ingrandes-de-Touraine
Rochecorbon
Bourgueil
Langeais
Saumur
Monts
St-Patrice
Azay-le-Rideau
Montbazon
Chédigny
Chinon
INDRE-ET-LOIRE
Valenç
L'Île-Bouchard
Ste-Maure-de-Touraine
Veuil
Marçay
37
Châtillon-sur-Indre
Bressuire
Le-Petit-Pressigny
POITOU-CHARENTES
Châtellerault
Villedieu-sur-Indre
(plan 20)
Yzeures-sur-Creuse
INDRE
3
36
Parthenay
VIENNE
86
Concremiers
Thenay
Argenton-sur-Creuse
POITIERS
DEUX-SÈVRES
79
Montmorillon
NIORT
A
B

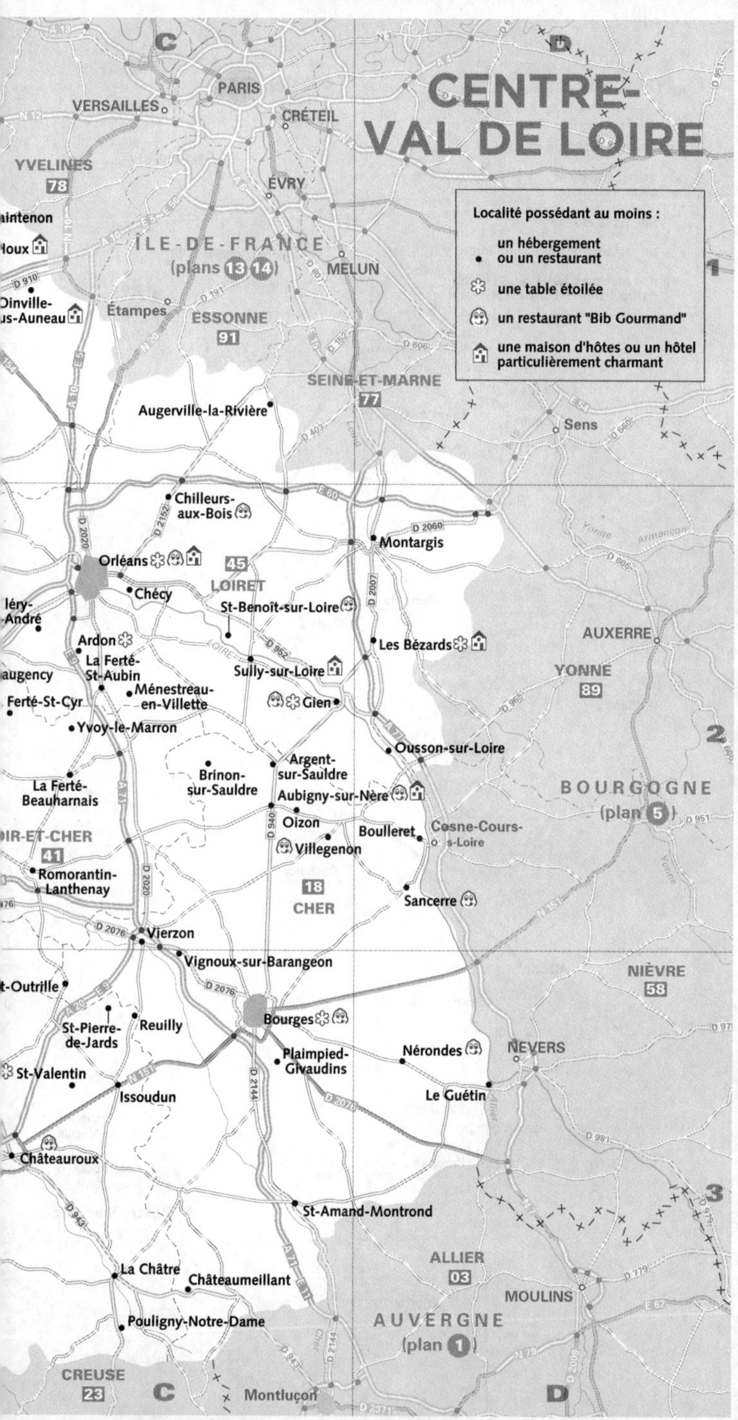

CENTRE-
VAL DE LOIRE
Localité possédant au moins :
un hébergement ou un restaurant
une table étoilée
un restaurant "Bib Gourmand"
une maison d'hôtes ou un hôtel particulièrement charmant
PARIS
VERSAILLES
CRÉTEIL
ÉVRY
MELUN
YVELINES
78
ÎLE-DE-FRANCE
(plans 13 14)
ESSONNE
91
SEINE-ET-MARNE
77
Étampes
Augerville-la-Rivière
Sens
Chilleurs-aux-Bois
Montargis
Orléans
Chécy
LOIRET
45
St-Benoît-sur-Loire
Les Bézards
AUXERRE
YONNE
89
Ardon
La Ferté-St-Aubin
Sully-sur-Loire
Ménestreau-en-Villette
Gien
Yvoy-le-Marron
Ousson-sur-Loire
Argent-sur-Sauldre
Brinon-sur-Sauldre
La Ferté-Beauharnais
Aubigny-sur-Nère
BOURGOGNE
(plan 5)
Oizon
Boulleret
Cosne-Cours-s-Loire
Villegenon
Romorantin-Lanthenay
41
18
CHER
Sancerre
Vierzon
Vignoux-sur-Barangeon
NIÈVRE
58
Bourges
St-Pierre-de-Jards
Reuilly
Plaimpied-Givaudins
Nérondes
NEVERS
St-Valentin
Issoudun
Le Guétin
Châteauroux
St-Amand-Montrond
ALLIER
03
La Châtre
Châteaumeillant
MOULINS
Pouligny-Notre-Dame
AUVERGNE
(plan 1)
CREUSE
23
Montluçon
C
D
1
2
3

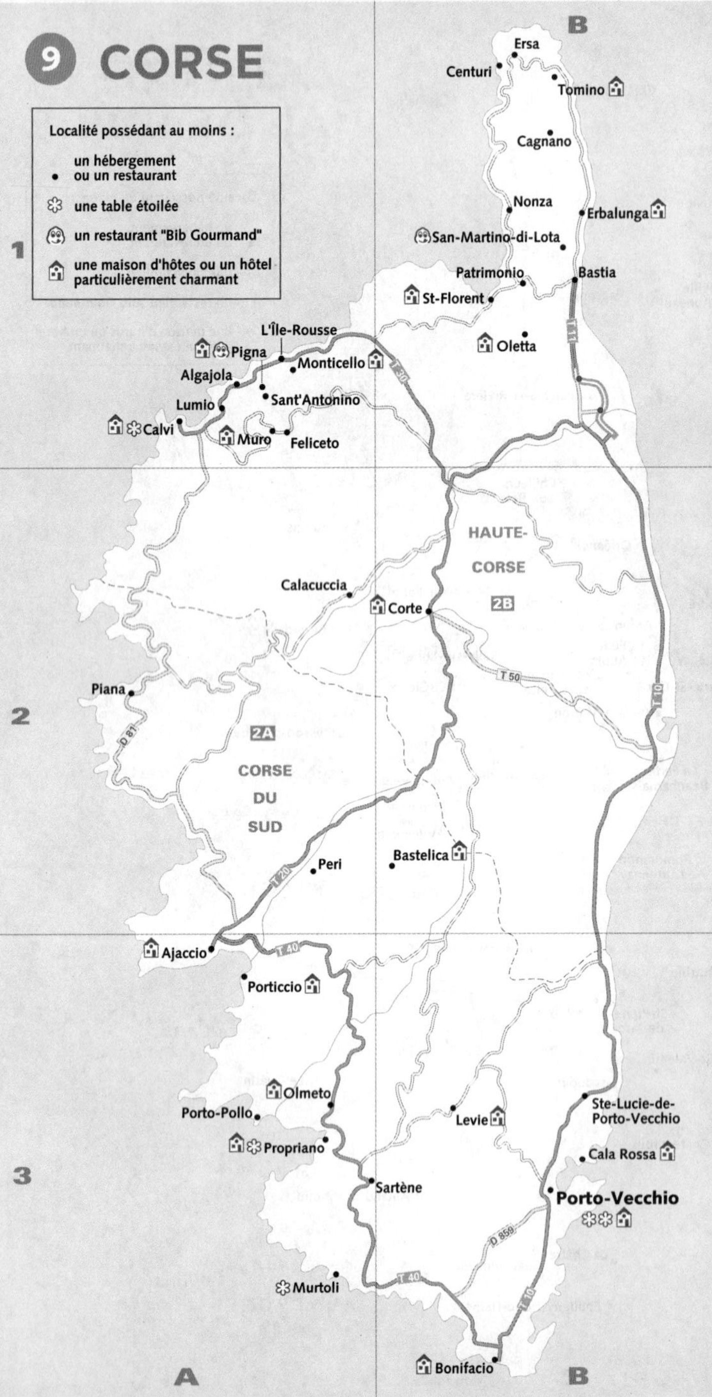
9 CORSE
Localité possédant au moins :
un hébergement ou un restaurant
une table étoilée
un restaurant "Bib Gourmand"
une maison d'hôtes ou un hôtel particulièrement charmant
A
B
1
2
3
Ersa
Centuri
Tomino
Cagnano
Nonza
Erbalunga
San-Martino-di-Lota
Patrimonio
Bastia
St-Florent
Oletta
L'Île-Rousse
Pigna
Monticello
Algajola
Sant'Antonino
Lumio
Calvi
Muro
Feliceto
T 30
T 11
HAUTE-CORSE
2B
Calacuccia
Corte
T 50
T 10
Piana
D 81
2A
CORSE DU SUD
Peri
Bastelica
T 20
Ajaccio
T 40
Porticcio
Olmeto
Porto-Pollo
Propriano
Sartène
Levie
Ste-Lucie-de-Porto-Vecchio
Cala Rossa
Porto-Vecchio
D 859
Murtoli
Bonifacio

10
A
B
MOSELLE 57
Obersteinbach
Niedersteinbach
Wissembourg
Lembach
Niederbronn-les-Bains
Merkwiller-Pechelbronn
Wingen-sur-Moder
Gundershoffen
Morsbronn-les-Bains
Hegeney
Altwiller
Laubach
Leutenheim
Roppenheim
La-Petite-Pierre
Pfaffenhoffen
Haguenau
Sessenheim
1
Graufthal
BAS-RHIN 67
Weyersheim
Sarrebourg
Saverne
Brumath
Kilstett
Gambsheim
Willgottheim
Pfulgriesheim
LORRAINE (plan 12)
Birkenwald
Marlenheim
Schiltigheim
Wangenbourg
Traenheim
Strasbourg
Dachstein
Illkirch-Graffenstaden
MEURTHE-ET-MOSELLE 54
Urmatt
Rosheim
Mollkirch
Griesheim-près-Molsheim
Klingenthal
Ottrott
Obernai
Fouday
Osthouse
Sand
Colroy-la-Roche
DEUTSCHLAND
Rhinau
St-Dié-des-Vosges
La Vancelle
Diebolsheim
2
Illhaeusern
Riquewihr
Zellenberg
VOSGES 88
Lapoutroie
Kaysersberg
Orbey
Ammerschwihr
Wihr-au-Val
Colmar
Hohrodberg
FREIBURG IM BREISGAU
Muhlbach-s-Munster
Munster
Metzeral
Hattstatt
Pfaffenheim
Westhalten
Rouffach
68 HAUT-RHIN
Murbach
Bergholtz
Guebwiller
Husseren
Jungholtz
St-Amarin
Moosch
Berrwiller
Ensisheim
Cernay
Thann
Mulhouse
Rixheim
Guewenheim
Riedisheim
Burnhaupt-le-Haut
Diefmatten
Landser
Sierentz
Kembs-Loéchlé
3
Bartenheim-la-Chaussée
Rosenau
BELFORT
90
TERRITOIRE DE BELFORT
Altkirch
St-Louis
BASEL
FRANCHE-COMTÉ (plan 6)
Feldbach
Mœrnach
Montbéliard
Winkel
SUISSE
Lucelle
Localité possédant au moins :
un hébergement ou un restaurant
une table étoilée
un restaurant "Bib Gourmand"
une maison d'hôtes ou un hôtel particulièrement charmant

GRAND EST
ALSACE

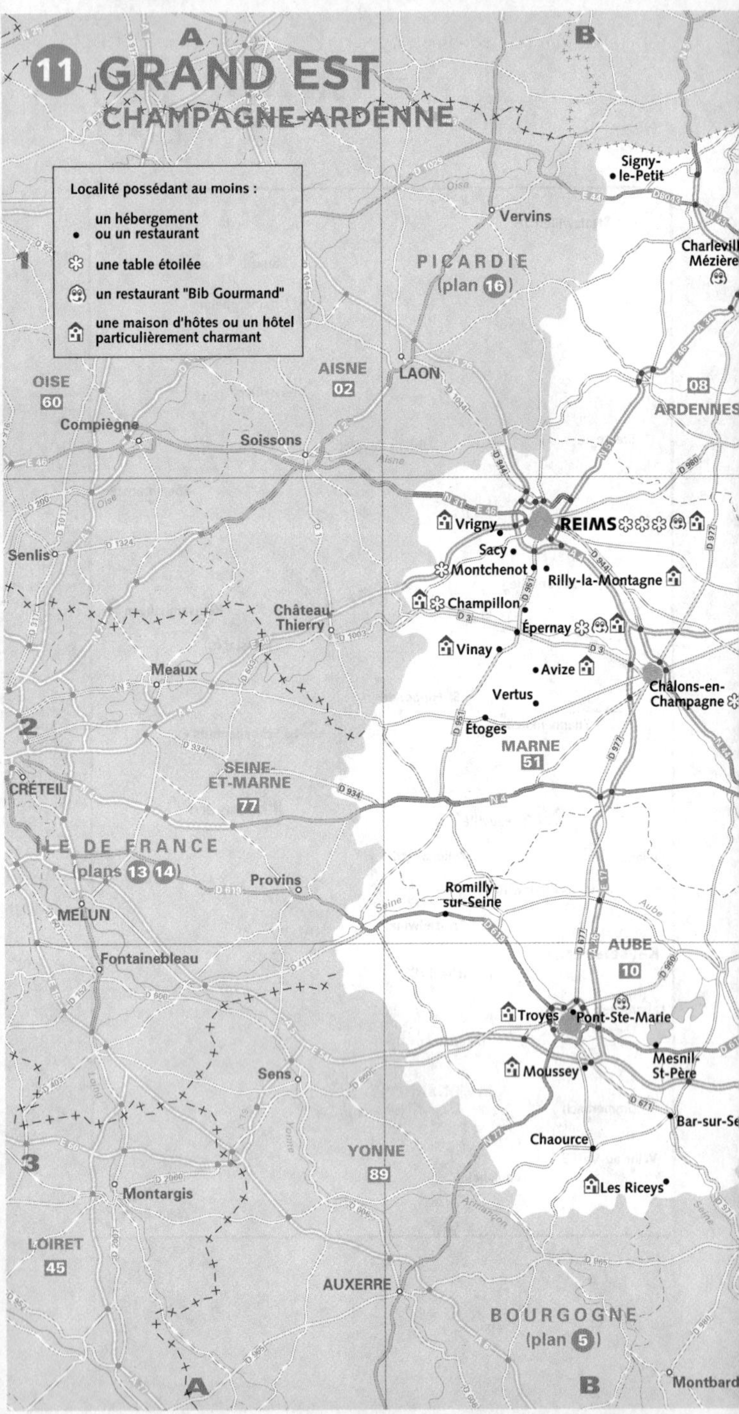
11 GRAND EST
CHAMPAGNE-ARDENNE
Localité possédant au moins :
un hébergement ou un restaurant
une table étoilée
un restaurant "Bib Gourmand"
une maison d'hôtes ou un hôtel particulièrement charmant
A
B
1
2
3
Signy-le-Petit
Vervins
Charleville-Mézières
PICARDIE
(plan 16)
AISNE
02
LAON
OISE
60
Compiègne
Soissons
08
ARDENNES
Vrigny
REIMS
Sacy
Montchenot
Rilly-la-Montagne
Champillon
Épernay
Vinay
Avize
Vertus
Étoges
Châlons-en-Champagne
MARNE
51
Senlis
Château-Thierry
Meaux
SEINE-ET-MARNE
77
CRÉTEIL
ÎLE DE FRANCE
(plans 13 14)
Provins
MELUN
Romilly-sur-Seine
AUBE
10
Fontainebleau
Troyes
Pont-Ste-Marie
Moussey
Mesnil-St-Père
Sens
Bar-sur-Seine
Chaource
YONNE
89
Les Riceys
Montargis
LOIRET
45
AUXERRE
BOURGOGNE
(plan 5)
Montbard

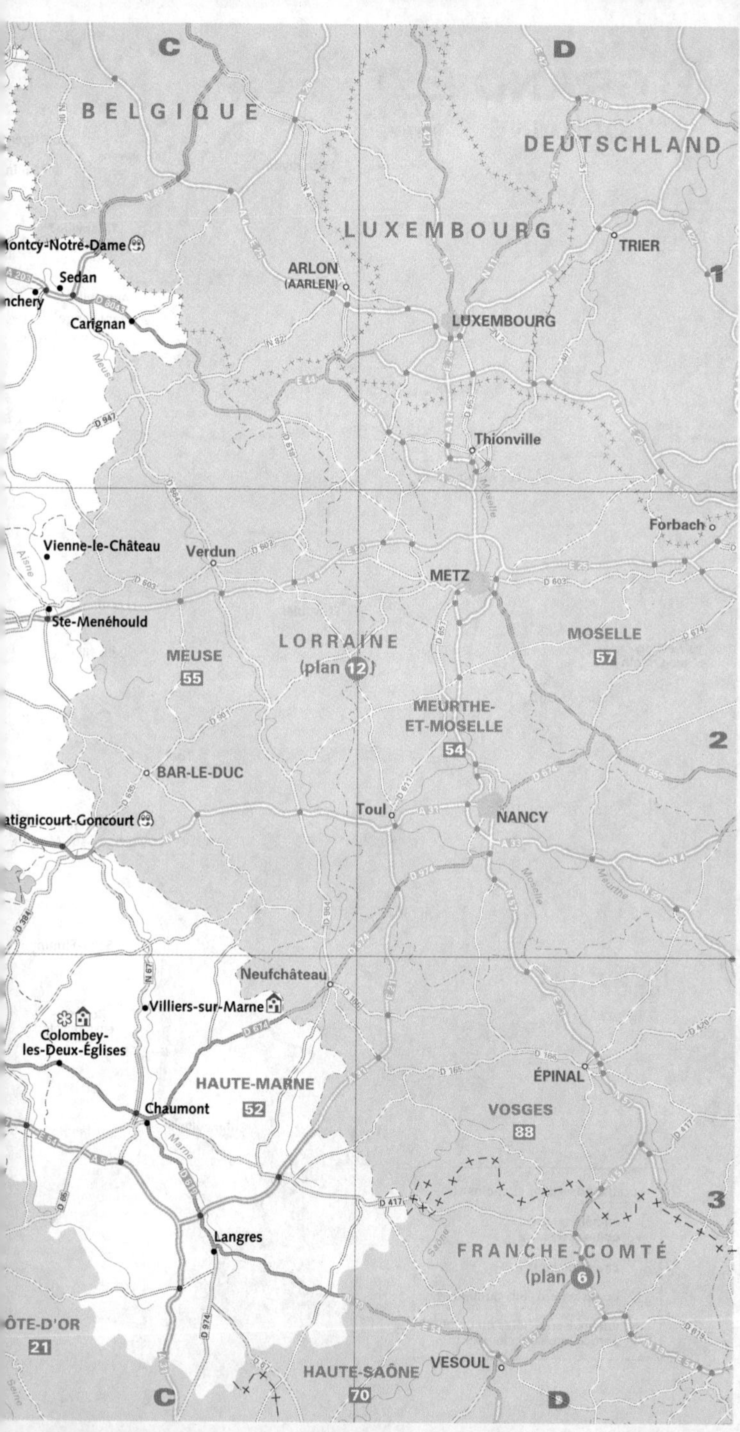
C
D
BELGIQUE
DEUTSCHLAND
LUXEMBOURG
TRIER
1
Montcy-Notre-Dame
Sedan
ARLON (AARLEN)
Carignan
LUXEMBOURG
Thionville
Forbach
Vienne-le-Château
Verdun
METZ
Ste-Menéhould
MOSELLE 57
LORRAINE (plan 12)
MEUSE 55
MEURTHE-ET-MOSELLE 54
2
BAR-LE-DUC
Toul
NANCY
Neufchâteau
Villiers-sur-Marne
Colombey-les-Deux-Églises
ÉPINAL
HAUTE-MARNE 52
Chaumont
VOSGES 88
3
Langres
FRANCHE-COMTÉ (plan 6)
CÔTE-D'OR 21
VESOUL
HAUTE-SAÔNE 70
C
D

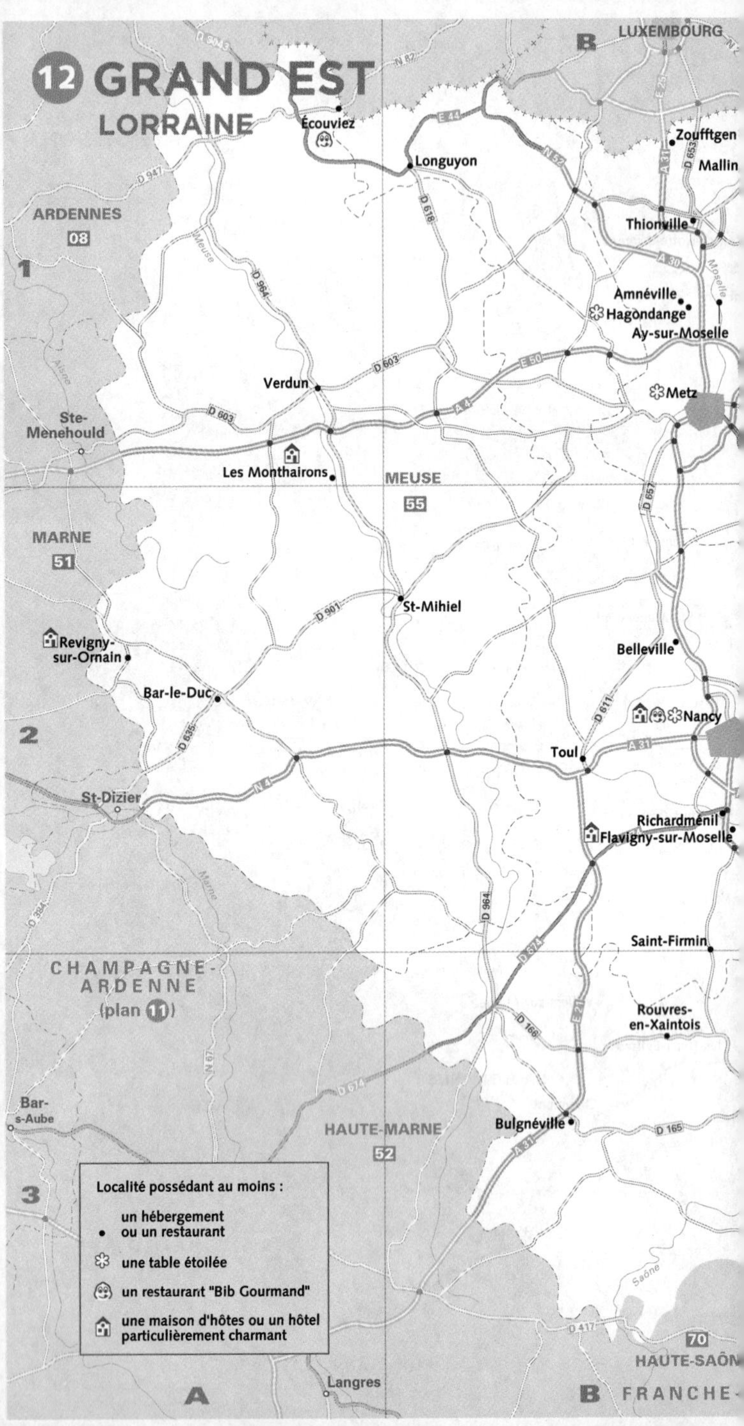
12 GRAND EST
LORRAINE
LUXEMBOURG
Écouviez
Longuyon
Zoufftgen
Mallin
Thionville
Amnéville
Hagondange
Ay-sur-Moselle
Verdun
Metz
Ste-Menehould
Les Monthairons
MEUSE
55
ARDENNES
08
MARNE
51
St-Mihiel
Belleville
Revigny-sur-Ornain
Bar-le-Duc
Nancy
Toul
St-Dizier
Richardménil
Flavigny-sur-Moselle
Saint-Firmin
CHAMPAGNE-ARDENNE
(plan 11)
Rouvres-en-Xaintois
Bar-s-Aube
HAUTE-MARNE
52
Bulgnéville
70
HAUTE-SAÔN
Langres
FRANCHE-
A
B
1
2
3
Localité possédant au moins :
un hébergement ou un restaurant
une table étoilée
un restaurant "Bib Gourmand"
une maison d'hôtes ou un hôtel particulièrement charmant

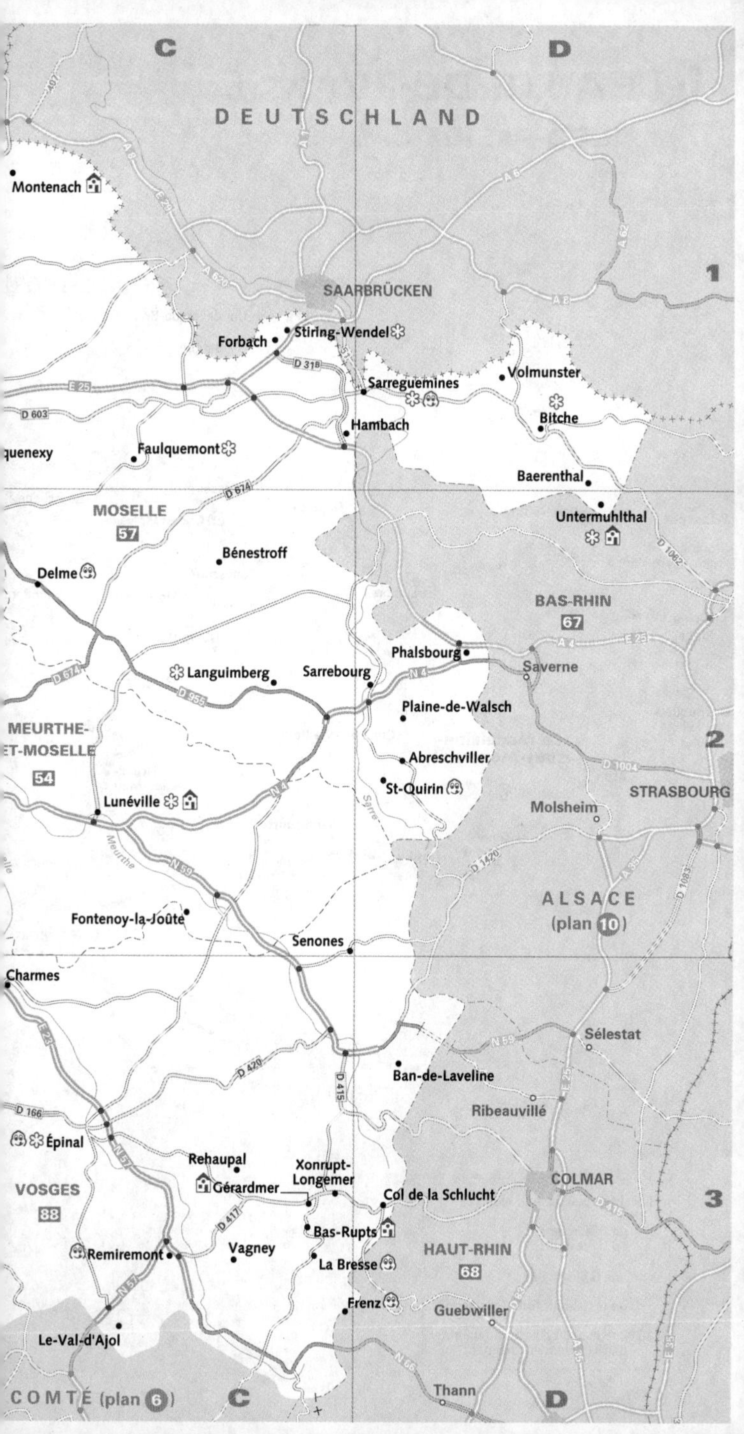
C
D
DEUTSCHLAND
Montenach
1
SAARBRÜCKEN
Forbach
Stiring-Wendel
Volmunster
Sarreguemines
Bitche
Hambach
quenexy
Faulquemont
Baerenthal
MOSELLE
57
Untermuhlthal
Bénestroff
Delme
BAS-RHIN
67
Phalsbourg
Saverne
Languimberg
Sarrebourg
Plaine-de-Walsch
MEURTHE-
ET-MOSELLE
54
2
Abreschviller
St-Quirin
STRASBOURG
Molsheim
Lunéville
ALSACE
(plan 10)
Fontenoy-la-Joûte
Senones
Charmes
Sélestat
Ban-de-Laveline
Ribeauvillé
Épinal
Rehaupal
Xonrupt-
Longemer
COLMAR
VOSGES
88
Gérardmer
Col de la Schlucht
3
Bas-Rupts
Vagney
HAUT-RHIN
68
Remiremont
La Bresse
Frenz
Guebwiller
Le-Val-d'Ajol
Thann
COMTÉ (plan 6)
C
D
A 8
E 29
A 620
A 6
A 62
A 8
D 318
E 25
D 603
D 674
D 1062
A 4
E 25
N 4
D 674
D 955
N 4
D 1004
N 59
D 1420
A 35
D 1083
N 59
E 25
D 420
D 415
D 166
N 57
D 417
D 415
N 57
N 66
A 35
D 83
E 35

13 HAUTS-DE-FRANCE

NORD-PAS-DE-CALAIS

Localité possédant au moins :

- un hébergement ou un restaurant
- une table étoilée
- un restaurant "Bib Gourmand"
- une maison d'hôtes ou un hôtel particulièrement charmant

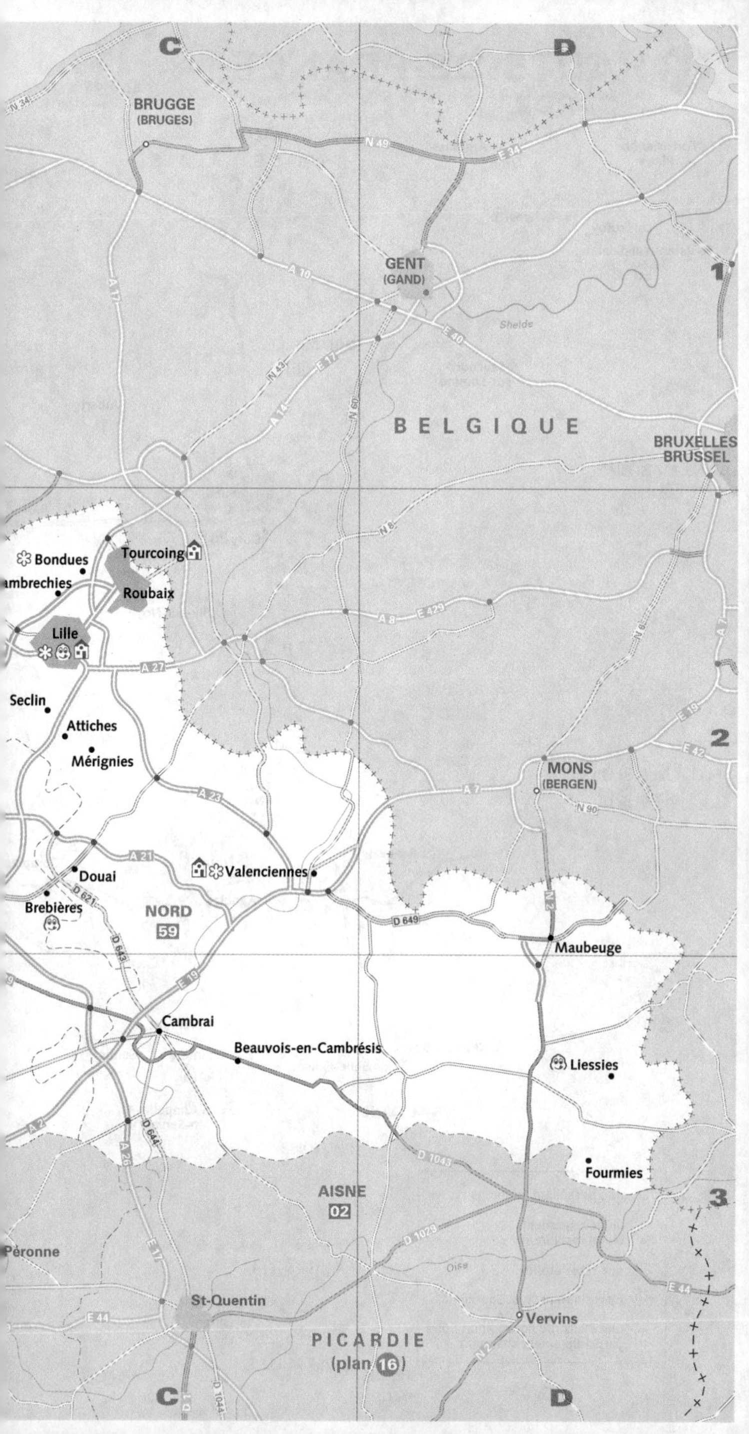

C
D
BRUGGE
(BRUGES)
N 49
E 34
N 34
GENT
(GAND)
A 10
A 17
Sheldе
E 40
N 43
E 17
A 14
N 60
BELGIQUE
BRUXELLES
BRUSSEL
1
N 8
Tourcoing
Bondues
ambrechies
Roubaix
Lille
A 8
E 429
A 27
Seclin
Attiches
Mérignies
E 19
2
E 42
MONS
(BERGEN)
A 7
N 90
A 23
A 21
Douai
Valenciennes
D 621
Brebières
NORD
59
D 649
D 643
Maubeuge
Cambrai
Beauvois-en-Cambrésis
Liessies
A 2
D 644
A 26
D 1043
Fourmies
AISNE
02
3
D 1029
Péronne
E 17
Oise
E 44
St-Quentin
Vervins
PICARDIE
(plan 16)
N 2
C
D
D 1044

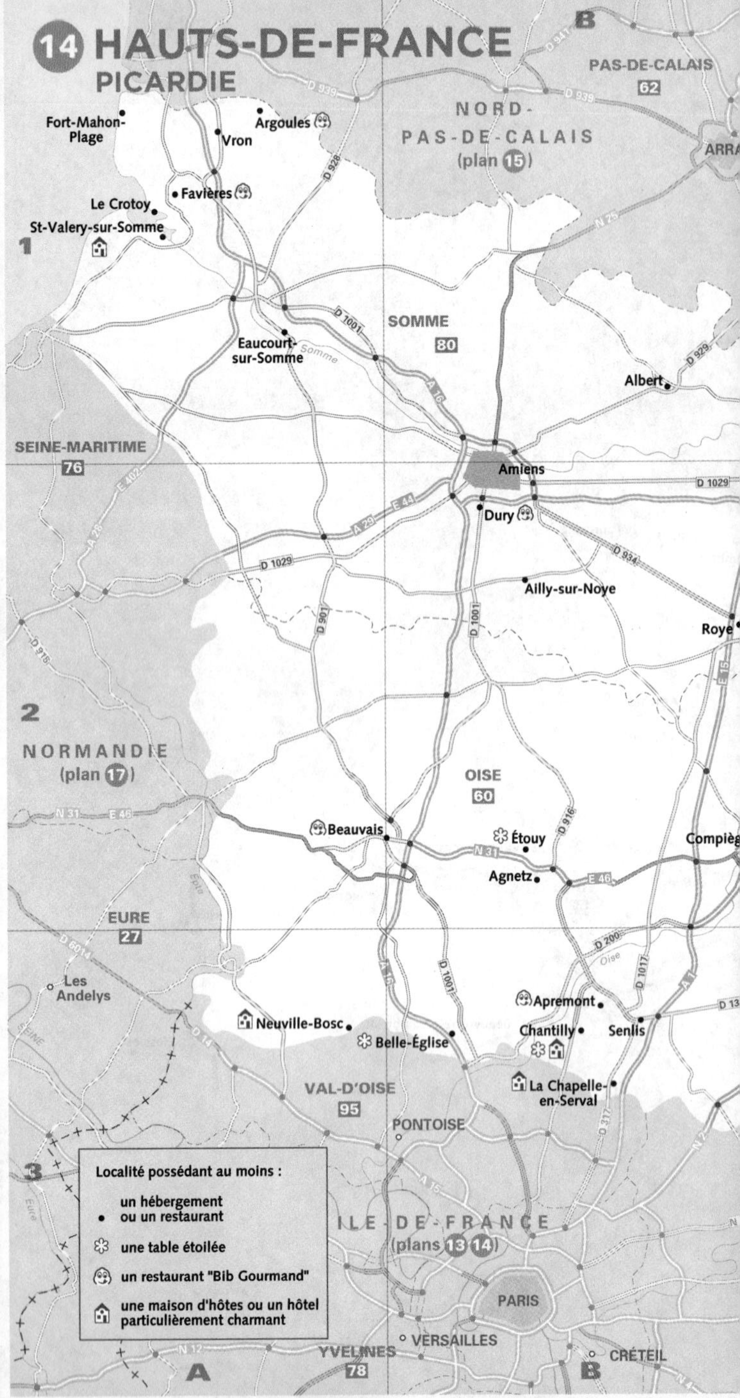

14 HAUTS-DE-FRANCE
PICARDIE
Fort-Mahon-Plage
Vron
Argoules
NORD-PAS-DE-CALAIS
(plan 15)
PAS-DE-CALAIS
62
Favières
Le Crotoy
St-Valery-sur-Somme
SOMME
80
Eaucourt-sur-Somme
Albert
SEINE-MARITIME
76
Amiens
Dury
Ailly-sur-Noye
Roye
NORMANDIE
(plan 17)
OISE
60
Beauvais
Étouy
Agnetz
EURE
27
Les Andelys
Neuville-Bosc
Belle-Église
Apremont
Chantilly
Senlis
La Chapelle-en-Serval
VAL-D'OISE
95
PONTOISE
ILE-DE-FRANCE
(plans 13 14)
PARIS
VERSAILLES
CRÉTEIL
YVELINES
78
Localité possédant au moins :
un hébergement ou un restaurant
une table étoilée
un restaurant "Bib Gourmand"
une maison d'hôtes ou un hôtel particulièrement charmant

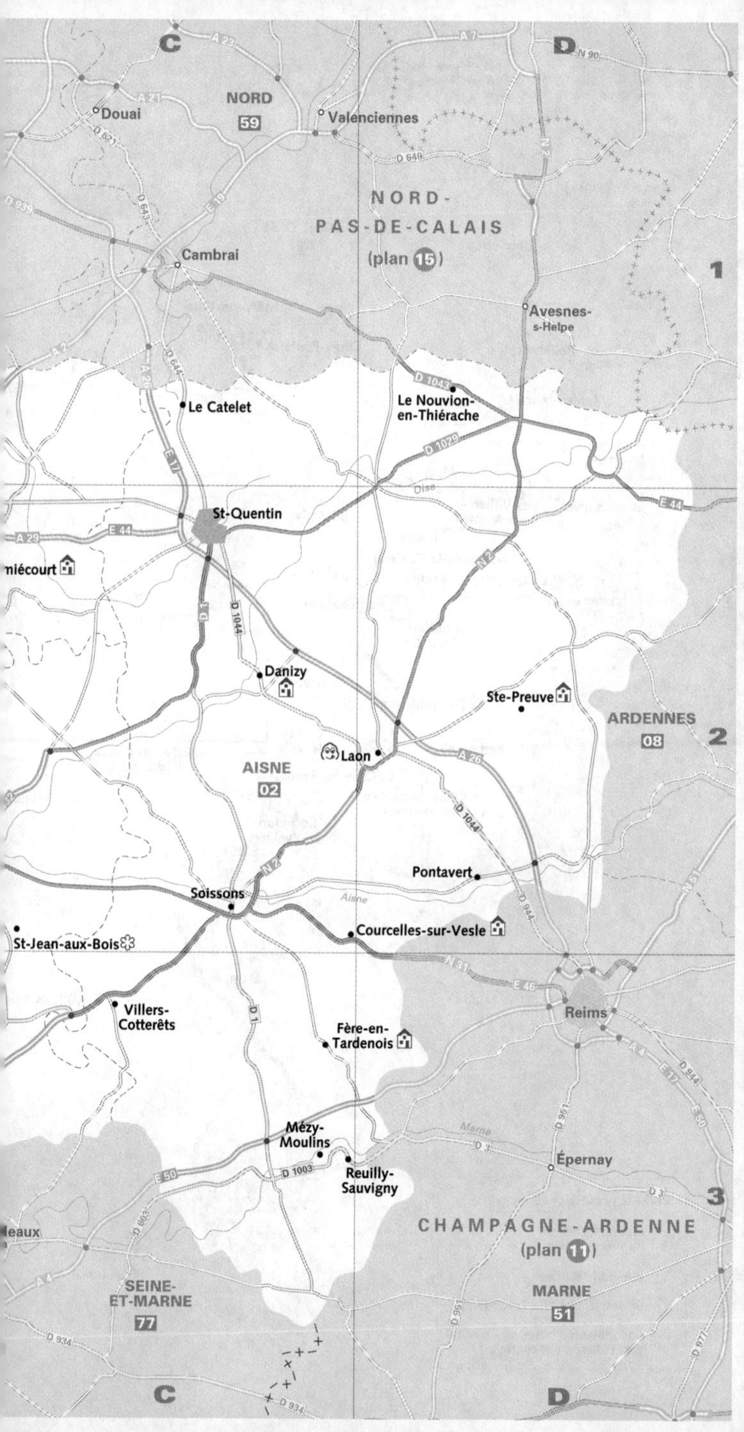

C
D
NORD
59
Douai
Valenciennes
NORD-
PAS-DE-CALAIS
(plan 15)
Cambrai
Avesnes-
s-Helpe
1
Le Catelet
Le Nouvion-
en-Thiérache
St-Quentin
miécourt
Danizy
Ste-Preuve
ARDENNES
08
2
Laon
AISNE
02
Pontavert
Soissons
Aisne
Courcelles-sur-Vesle
St-Jean-aux-Bois
Villers-
Cotterêts
Reims
Fère-en-
Tardenois
Mézy-
Moulins
Épernay
Reuilly-
Sauvigny
Marne
3
CHAMPAGNE-ARDENNE
(plan 11)
leaux
SEINE-
ET-MARNE
77
MARNE
51
C
D
A 23
A 7
N 90
A 21
D 621
D 649
N 2
D 939
D 643
E 19
A 2
A 26
D 644
D 1043
D 1029
E 17
Oise
E 44
A 29
E 44
D 1
D 1044
N 2
A 26
D 1044
N 2
D 944
N 51
N 31
E 46
A 4
E 17
D 944
E 50
D 951
D 3
D 1003
E 50
D 3
D 603
A 4
D 951
D 977
D 934
D 934

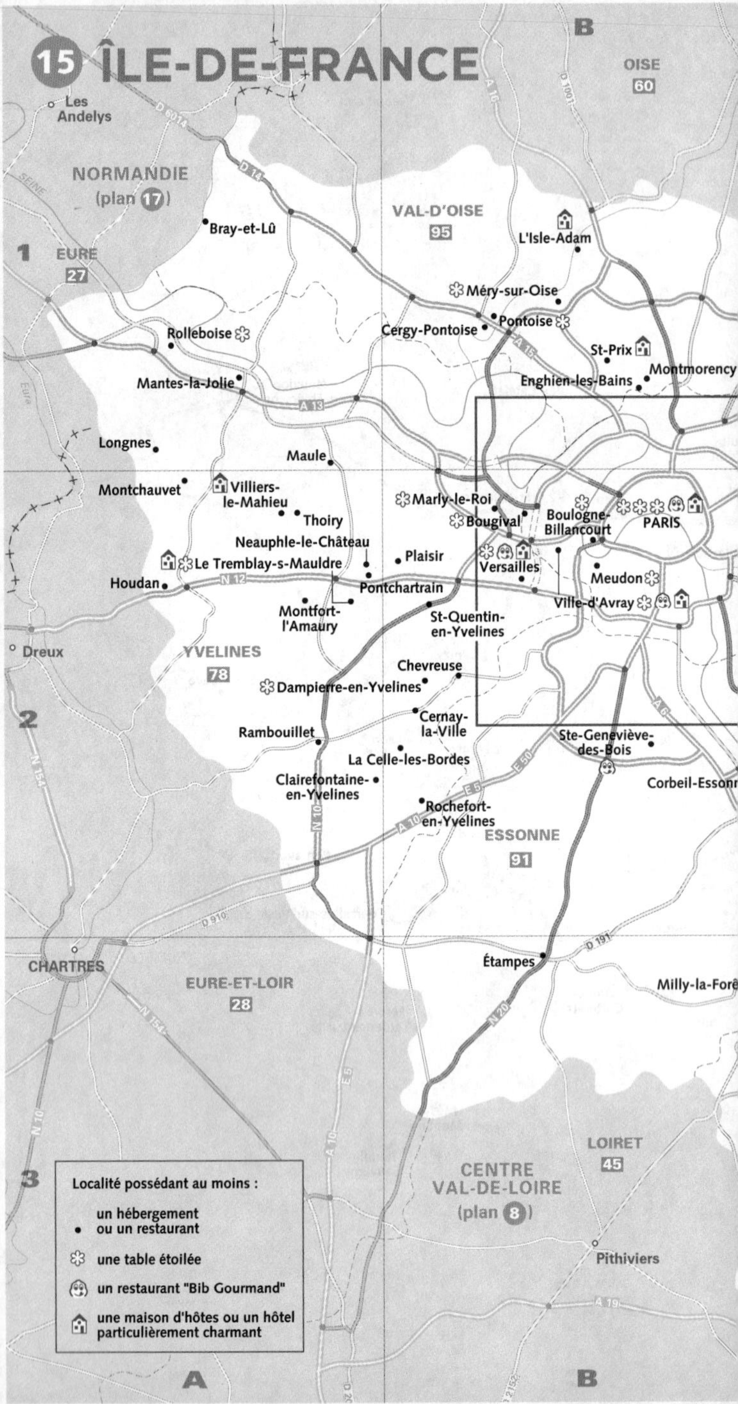
15 ÎLE-DE-FRANCE
A
B
1
2
3
Les Andelys
NORMANDIE
(plan 17)
EURE
27
OISE
60
VAL-D'OISE
95
Bray-et-Lû
L'Isle-Adam
Méry-sur-Oise
Pontoise
Cergy-Pontoise
Rolleboise
St-Prix
Montmorency
Enghien-les-Bains
Mantes-la-Jolie
Longnes
Maule
Montchauvet
Villiers-le-Mahieu
Thoiry
Marly-le-Roi
Bougival
Boulogne-Billancourt
PARIS
Neauphle-le-Château
Plaisir
Le Tremblay-s-Mauldre
Versailles
Houdan
Pontchartrain
Meudon
Ville-d'Avray
Montfort-l'Amaury
St-Quentin-en-Yvelines
Dreux
YVELINES
78
Chevreuse
Dampierre-en-Yvelines
Cernay-la-Ville
Rambouillet
Ste-Geneviève-des-Bois
La Celle-les-Bordes
Clairefontaine-en-Yvelines
Corbeil-Essonr
Rochefort-en-Yvelines
ESSONNE
91
CHARTRES
Étampes
EURE-ET-LOIR
28
Milly-la-Forê
LOIRET
45
CENTRE
VAL-DE-LOIRE
(plan 8)
Pithiviers
D 6014
D 14
A 16
D 1001
A 15
A 13
N 12
A 6
E 50
E 5
A 10
N 10
D 910
D 191
N 20
N 154
E 5
A 19
Localité possédant au moins :
• un hébergement ou un restaurant
une table étoilée
un restaurant "Bib Gourmand"
une maison d'hôtes ou un hôtel particulièrement charmant

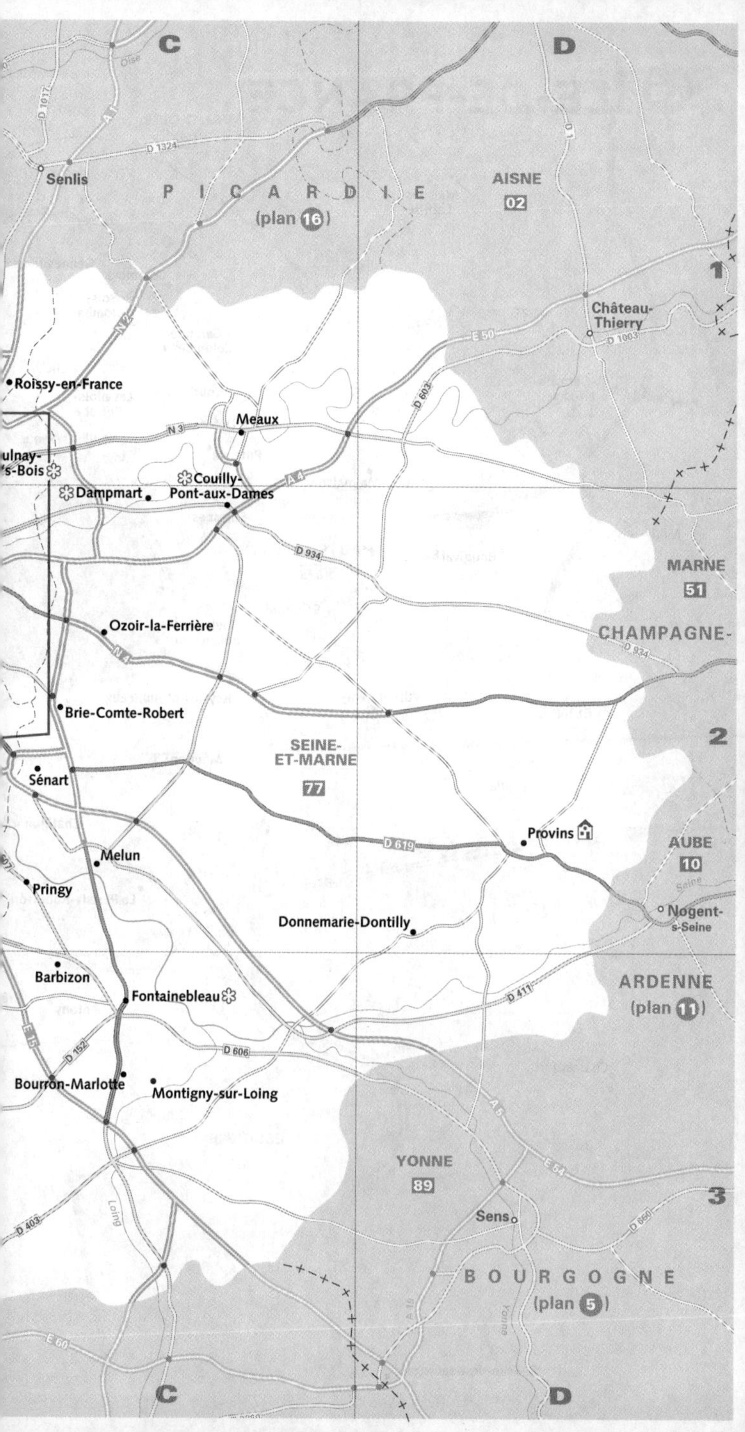

C
D
Oise
D 1017
A 1
D 1324
Senlis
P I C A R D I E
(plan 16)
AISNE
02
D 1
1
Château-Thierry
D 1003
E 50
N 2
Roissy-en-France
D 603
Meaux
N 3
ulnay-
's-Bois
Couilly-Pont-aux-Dames
Dampmart
A 4
D 934
MARNE
51
Ozoir-la-Ferrière
CHAMPAGNE-
D 934
N 4
Brie-Comte-Robert
2
SEINE-ET-MARNE
77
Sénart
Provins
AUBE
10
D 619
Melun
Pringy
Seine
Nogent-s-Seine
Donnemarie-Dontilly
ARDENNE
(plan 11)
Barbizon
Fontainebleau
D 411
E 15
D 152
D 606
Bourron-Marlotte
Montigny-sur-Loing
A 5
YONNE
89
E 54
3
Loing
Sens
D 403
D 660
B O U R G O G N E
(plan 5)
A 19
Yonne
E 60
C
D

16 ÎLE-DE-FRANCE

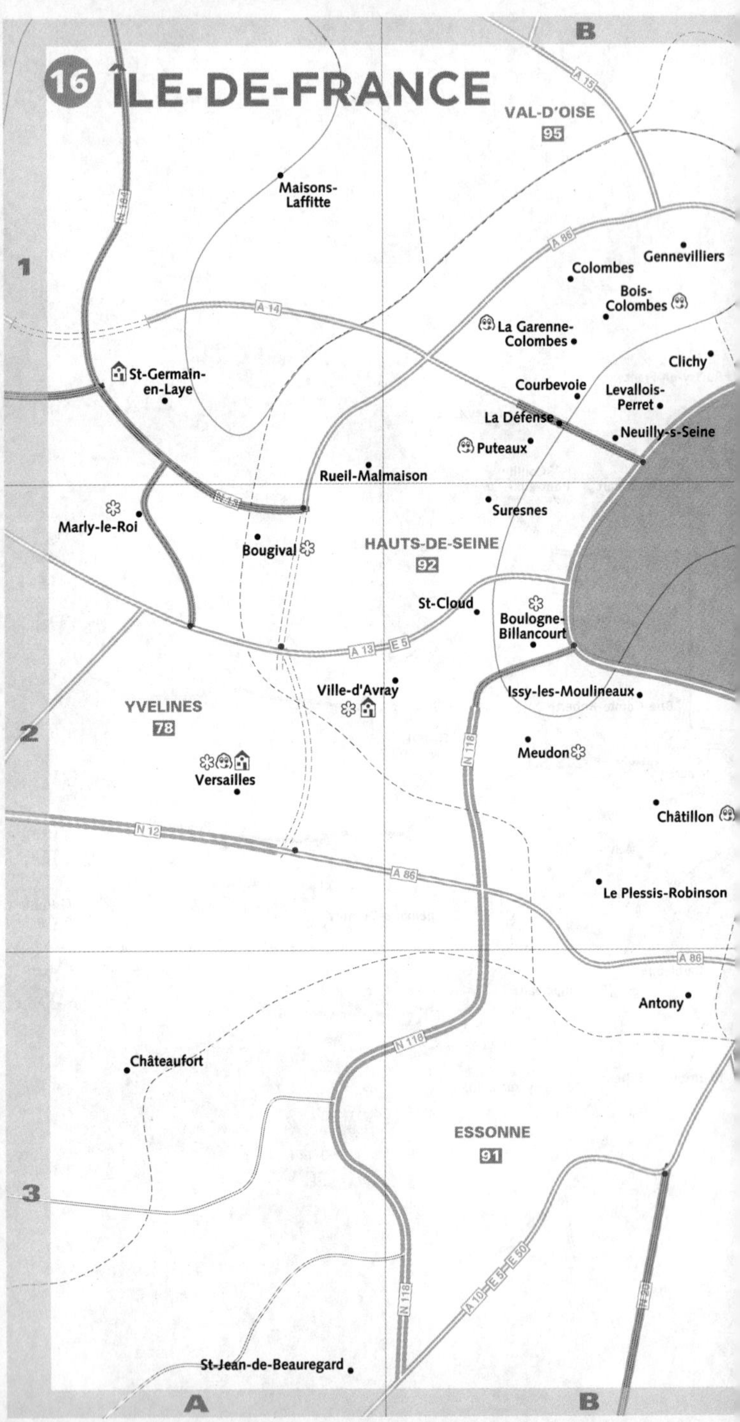

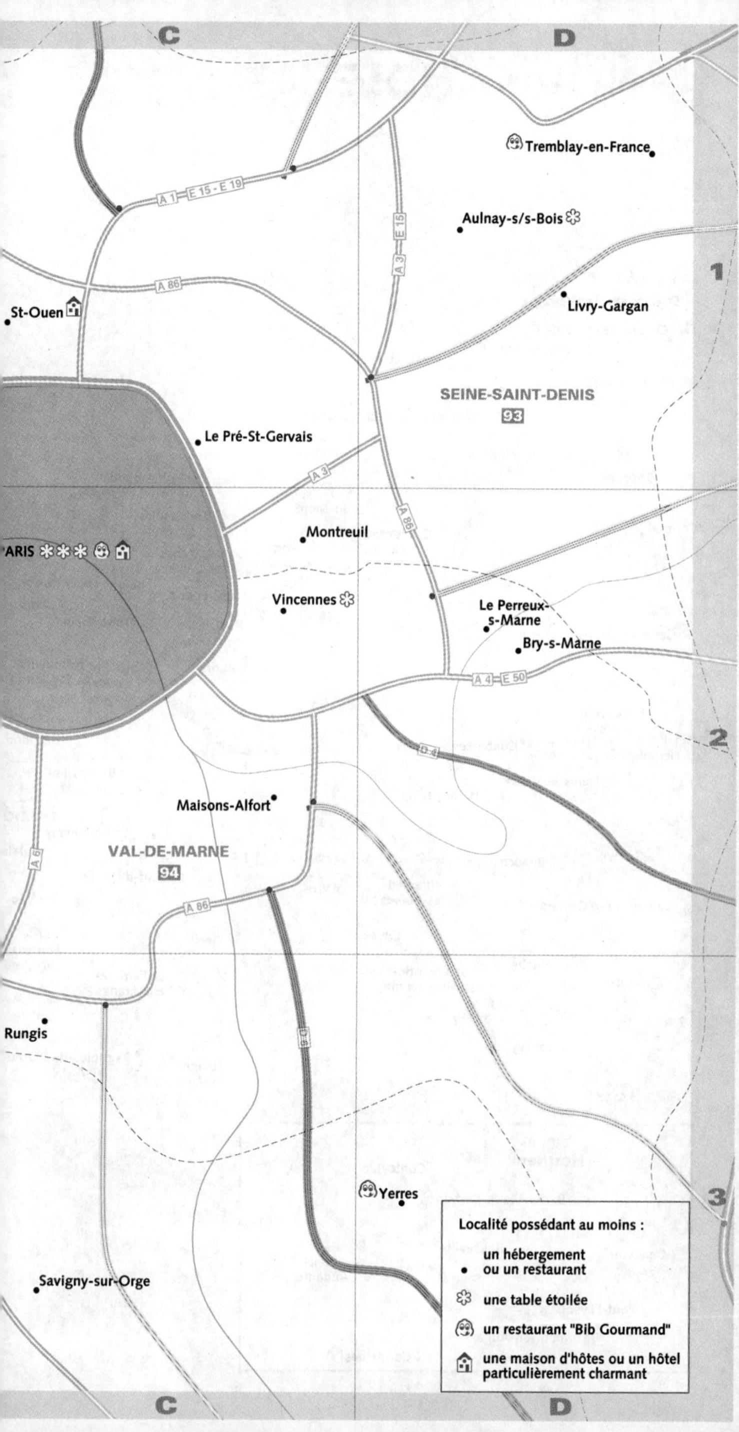

C
D
Tremblay-en-France
A 1
E 15 - E 19
Aulnay-s/s-Bois
E 15
A 3
1
A 86
St-Ouen
Livry-Gargan
SEINE-SAINT-DENIS
93
Le Pré-St-Gervais
A 3
A 86
Montreuil
PARIS
Vincennes
Le Perreux-s-Marne
Bry-s-Marne
A 4
E 50
D 4
2
Maisons-Alfort
VAL-DE-MARNE
94
A 6
A 86
Rungis
Yerres
3
Localité possédant au moins :
un hébergement ou un restaurant
une table étoilée
un restaurant "Bib Gourmand"
une maison d'hôtes ou un hôtel particulièrement charmant
Savigny-sur-Orge
C
D

17 NORMANDIE

B
M A N C H E
1
Auderville
St-Germain-des-Vaux
Omonville-la-Petite
Urville-Nacqueville
Barfleur
Cherbourg-en-Cotentin
La Pernelle
St-Vaast-la-Hougue
Négreville
Valognes
Bricquebec
Carteret
St-Pierre-du-Mont
Grandcamp-Maisy
Port-en-Bessin
Bernières-sur-Mer
Courseulles-sur-Mer
Arromanches-les-Bains
Houlga
Luc-sur-Mer
Crépon
Cabourg
Bayeux
Ouistreham
MANCHE
50
St-Germain-sur-Ay
Audrieu
Hérouville-St-Clair
Caen
St-Lô
Blainville-sur-Mer
2
Coutances
Mézidon
Heugueville-sur-Sienne
Bretteville-sur-Laize
St-Denis-le-Vêtu
Hambye
14
CALVADO
Clécy
La Pommeraye
Falais
Granville
Beauchamps
NORMANDIE
Pont-d'Ouilly
Villedieu-les-Poêles
Vire
La Lucerne-d'Outremer
Cuves
Flers
Fontenai-sur-Orne
Avranches
St-Quentin-sur-le-Homme
La Ferrière-aux-Étangs
Le Mont-St-Michel
Servon
Ducey
ILLE-ET-VILAINE
35
Vergoncey
BRETAGNE
(plan 23)
Juvigny-sous-Andaine
Bagnoles-de-l'Orne
Honfleur
Conteville
MAYENNE
53
3
Trouville-sur-Mer
Barneville-la-Bertran
Mayenne
Deauville
Beuzeville
Pont-Audemer
PAYS DE LA LOIR
(plan 18)
Pont-l'Évêque
Beaumont-en-Auge
Cormeilles
A
B

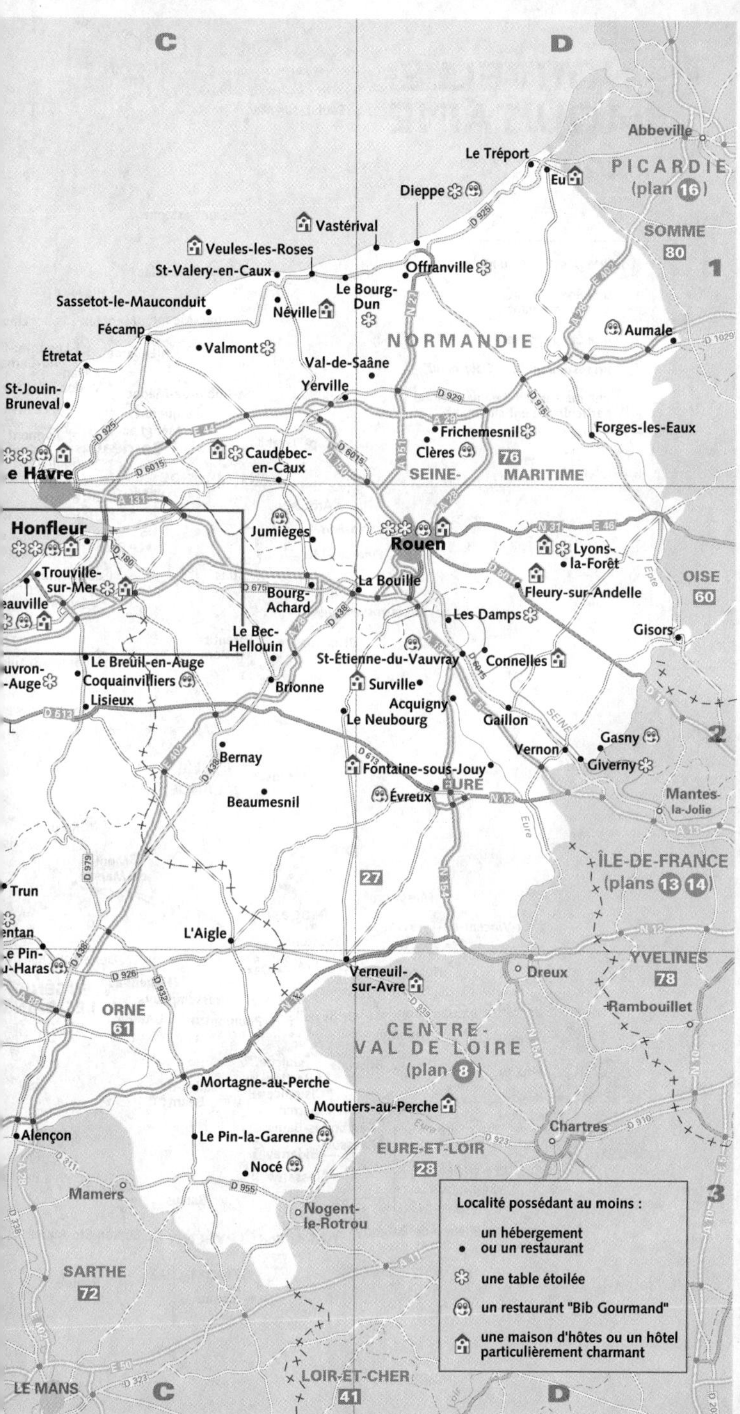
C
D
Abbeville
Le Tréport
Eu
PICARDIE
(plan 16)
Dieppe
Vastérival
Veules-les-Roses
SOMME
80
St-Valery-en-Caux
Offranville
1
Sassetot-le-Mauconduit
Le Bourg-Dun
Néville
Fécamp
Valmont
NORMANDIE
Aumale
Étretat
Val-de-Saâne
St-Jouin-Bruneval
Yerville
Frichemesnil
Forges-les-Eaux
Caudebec-en-Caux
Clères
76
le Havre
SEINE-
MARITIME
Honfleur
Jumièges
Rouen
Lyons-la-Forêt
Trouville-sur-Mer
La Bouille
Fleury-sur-Andelle
OISE
60
Bourg-Achard
Les Damps
Le Bec-Hellouin
Gisors
Le Breuil-en-Auge
St-Étienne-du-Vauvray
Connelles
Coquainvilliers
Brionne
Surville
Lisieux
Acquigny
Le Neubourg
Gaillon
2
Gasny
Bernay
Vernon
Giverny
Fontaine-sous-Jouy
EURE
Évreux
Mantes-la-Jolie
Beaumesnil
ÎLE-DE-FRANCE
(plans 13 14)
Trun
27
L'Aigle
Le Pin-au-Haras
Verneuil-sur-Avre
Dreux
YVELINES
78
Rambouillet
ORNE
61
CENTRE-
VAL DE LOIRE
(plan 8)
Mortagne-au-Perche
Moutiers-au-Perche
Chartres
Alençon
Le Pin-la-Garenne
EURE-ET-LOIR
28
Noce
3
Mamers
Nogent-le-Rotrou
SARTHE
72
LOIR-ET-CHER
41
LE MANS
C
D
Localité possédant au moins :
un hébergement ou un restaurant
une table étoilée
un restaurant "Bib Gourmand"
une maison d'hôtes ou un hôtel particulièrement charmant

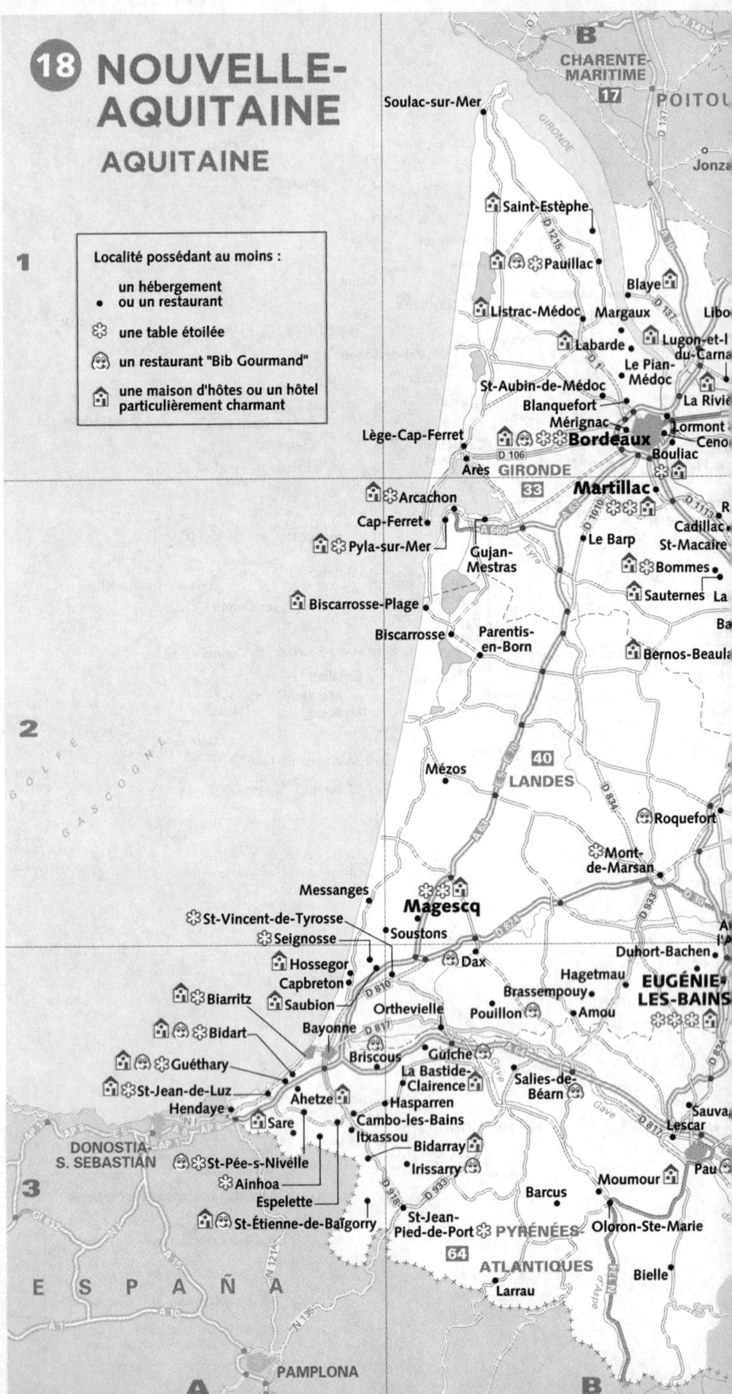
18 NOUVELLE-AQUITAINE
AQUITAINE
Localité possédant au moins :
un hébergement ou un restaurant
une table étoilée
un restaurant "Bib Gourmand"
une maison d'hôtes ou un hôtel particulièrement charmant
1
2
3
CHARENTE-MARITIME
17
POITOU
GIRONDE
Soulac-sur-Mer
Saint-Estèphe
Pauillac
Listrac-Médoc
Margaux
Blaye
Labarde
Lugon-et-l du-Carna
Le Pian-Médoc
St-Aubin-de-Médoc
Blanquefort
Mérignac
Lège-Cap-Ferret
Bordeaux
Bouliac
Arès
GIRONDE
33
Martillac
Arcachon
Cap-Ferret
Pyla-sur-Mer
Gujan-Mestras
Le Barp
Cadillac
St-Macaire
Bommes
Sauternes
Biscarrosse-Plage
Biscarrosse
Parentis-en-Born
Bernos-Beaul
GOLFE
GASCOGNE
Mézos
40
LANDES
Roquefort
Mont-de-Marsan
Messanges
Magescq
St-Vincent-de-Tyrosse
Soustons
Seignosse
Hossegor
Capbreton
Dax
Duhort-Bachen
Hagetmau
EUGÉNIE-LES-BAINS
Biarritz
Saubion
Brassempouy
Orthevielle
Pouillon
Amou
Bidart
Bayonne
Briscous
Guiche
Guéthary
La Bastide-Clairence
Salies-de-Béarn
St-Jean-de-Luz
Hendaye
Ahetze
Hasparren
Sare
Cambo-les-Bains
Itxassou
Lescar
DONOSTIA-S. SEBASTIÁN
St-Pée-s-Nivelle
Bidarray
Irissarry
Pau
Ainhoa
Moumour
Espelette
Barcus
St-Étienne-de-Baïgorry
St-Jean-Pied-de-Port
PYRÉNÉES-ATLANTIQUES
64
Oloron-Ste-Marie
Bielle
Larrau
E S P A Ñ A
PAMPLONA
A
B

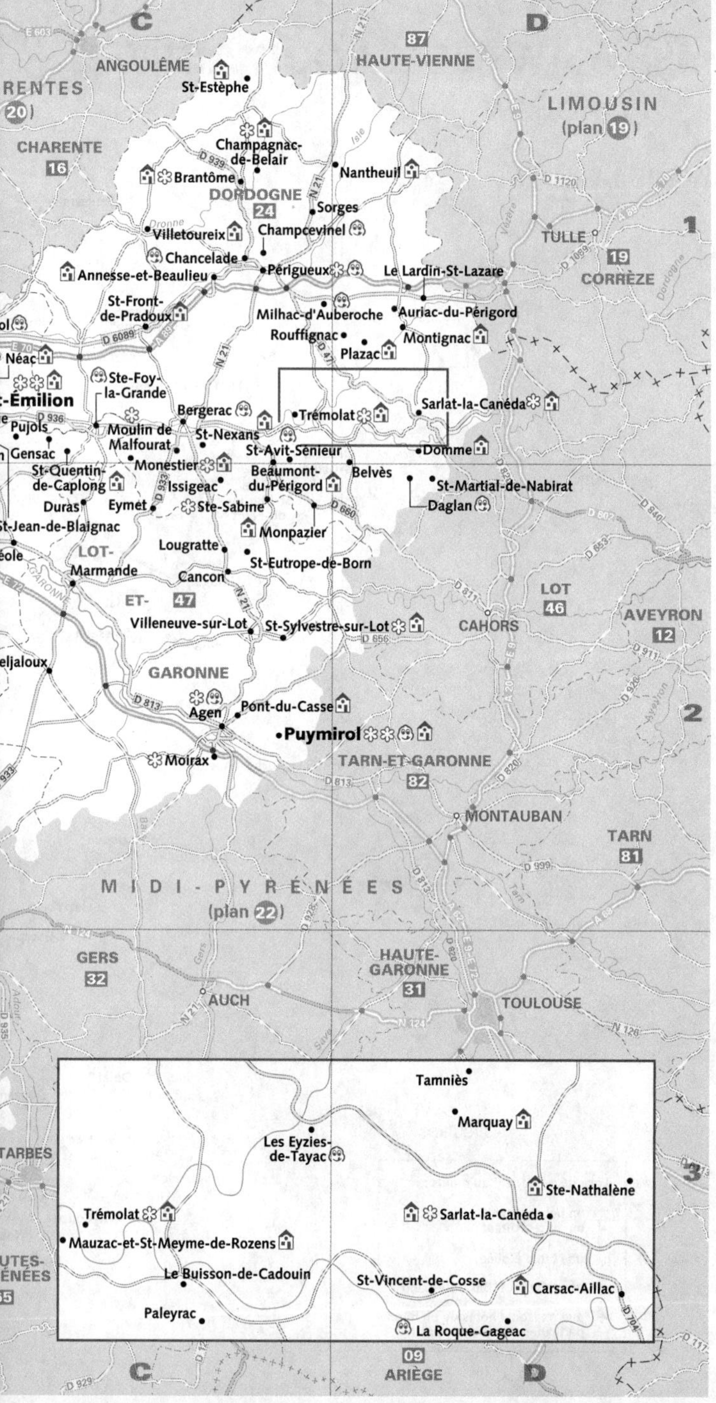

C
D
ANGOULÊME
St-Estèphe
HAUTE-VIENNE
87
LIMOUSIN
(plan 19)
CHARENTE
16
Champagnac-de-Belair
Brantôme
Nantheuil
DORDOGNE
24
Sorges
Villetoureix
Champcevinel
TULLE
19
CORRÈZE
Chancelade
Annesse-et-Beaulieu
Périgueux
Le Lardin-St-Lazare
St-Front-de-Pradoux
Milhac-d'Auberoche
Auriac-du-Périgord
Rouffignac
Montignac
Plazac
Néac
Ste-Foy-la-Grande
Bergerac
Trémolat
Sarlat-la-Canéda
Pujols
Moulin de Malfourat
St-Nexans
Gensac
St-Avit-Sénieur
Domme
St-Quentin-de-Caplong
Monestier
Beaumont-du-Périgord
Belvès
Issigeac
St-Martial-de-Nabirat
Duras
Eymet
Ste-Sabine
Daglan
St-Jean-de-Blaignac
Monpazier
Lougratte
LOT-
St-Eutrope-de-Born
Marmande
Cancon
ET-
47
LOT
46
Villeneuve-sur-Lot
St-Sylvestre-sur-Lot
CAHORS
AVEYRON
12
GARONNE
Agen
Pont-du-Casse
Puymirol
Moirax
TARN-ET-GARONNE
82
MONTAUBAN
TARN
81
MIDI-PYRÉNÉES
(plan 22)
GERS
32
HAUTE-GARONNE
31
AUCH
TOULOUSE
Tamniès
Marquay
Les Eyzies-de-Tayac
TARBES
Ste-Nathalène
Trémolat
Sarlat-la-Canéda
Mauzac-et-St-Meyme-de-Rozens
Le Buisson-de-Cadouin
St-Vincent-de-Cosse
Carsac-Aillac
Paleyrac
La Roque-Gageac
09
ARIÈGE
C
D
1
2
3

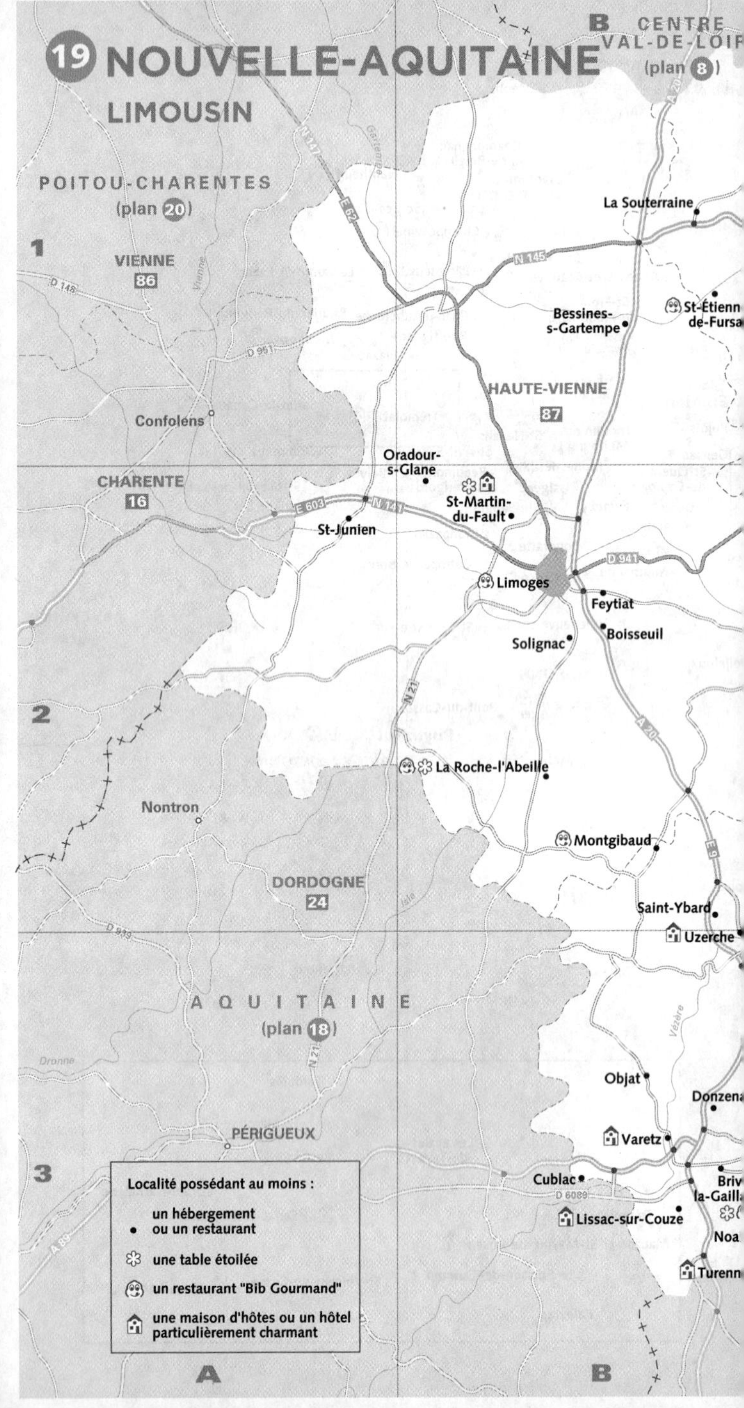
19 NOUVELLE-AQUITAINE
LIMOUSIN
B CENTRE VAL-DE-LOIR
(plan 8)
POITOU-CHARENTES
(plan 20)
1
VIENNE
86
La Souterraine
St-Étienn de-Fursa
Bessines-s-Gartempe
HAUTE-VIENNE
87
Confolens
Oradour-s-Glane
CHARENTE
16
St-Martin-du-Fault
St-Junien
Limoges
Feytiat
Boisseuil
Solignac
2
La Roche-l'Abeille
Nontron
Montgibaud
DORDOGNE
24
Saint-Ybard
Uzerche
A Q U I T A I N E
(plan 18)
Objat
Donzena
PÉRIGUEUX
Varetz
3
Cublac
Briv la-Gailla
Lissac-sur-Couze
Noa
Turenn
Localité possédant au moins :
un hébergement ou un restaurant
une table étoilée
un restaurant "Bib Gourmand"
une maison d'hôtes ou un hôtel particulièrement charmant
A
B

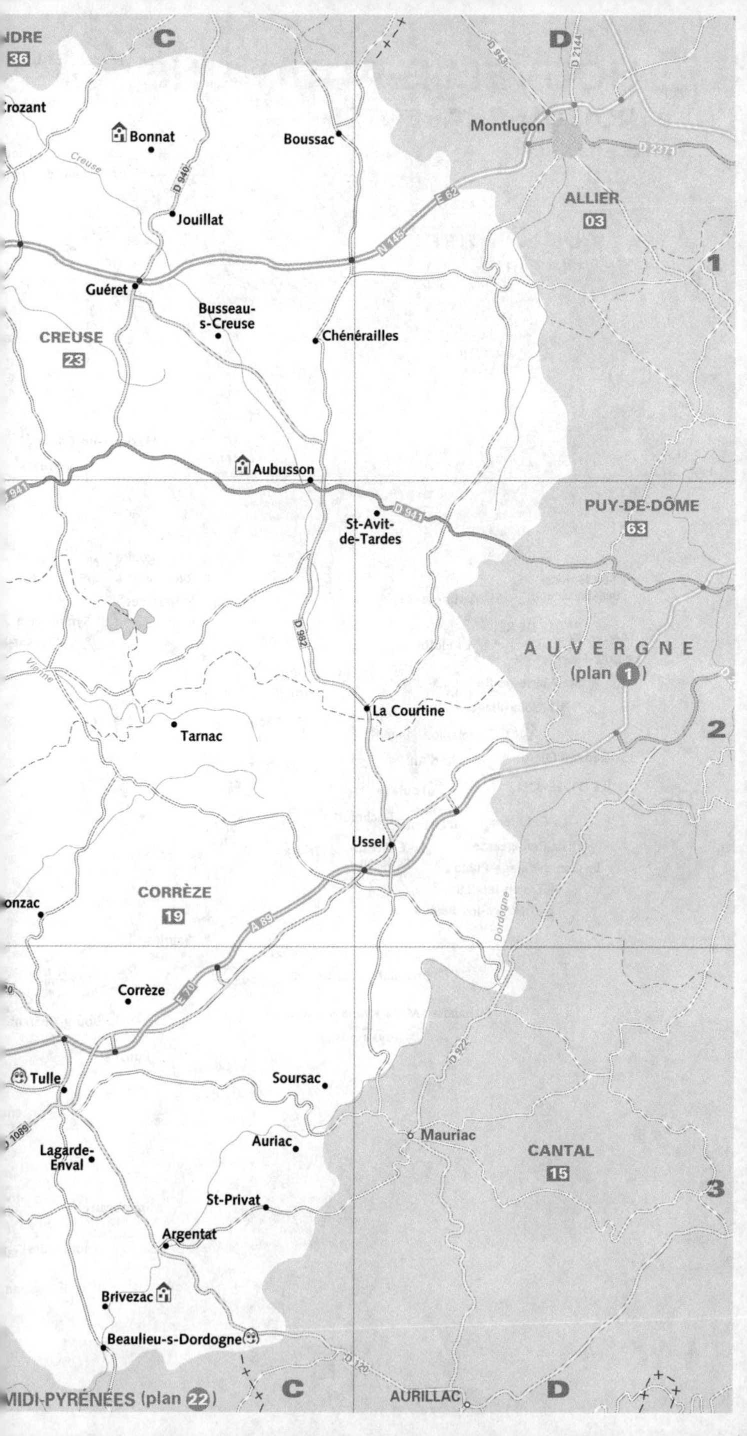

C
D
NDRE
36
Crozant
Bonnat
Boussac
Montluçon
D 943
D 2144
D 2371
Creuse
D 940
Jouillat
E 62
N 145
ALLIER
03
1
Guéret
Busseau-s-Creuse
Chénérailles
CREUSE
23
Aubusson
D 941
St-Avit-de-Tardes
PUY-DE-DÔME
63
D 982
Vienne
AUVERGNE
(plan 1)
La Courtine
Tarnac
2
Ussel
CORRÈZE
19
Dordogne
A 89
onzac
E 70
Corrèze
D 922
Tulle
Soursac
D 1089
Mauriac
Lagarde-Enval
Auriac
CANTAL
15
3
St-Privat
Argentat
Brivezac
Beaulieu-s-Dordogne
D 120
MIDI-PYRÉNÉES (plan 22)
C
AURILLAC
D

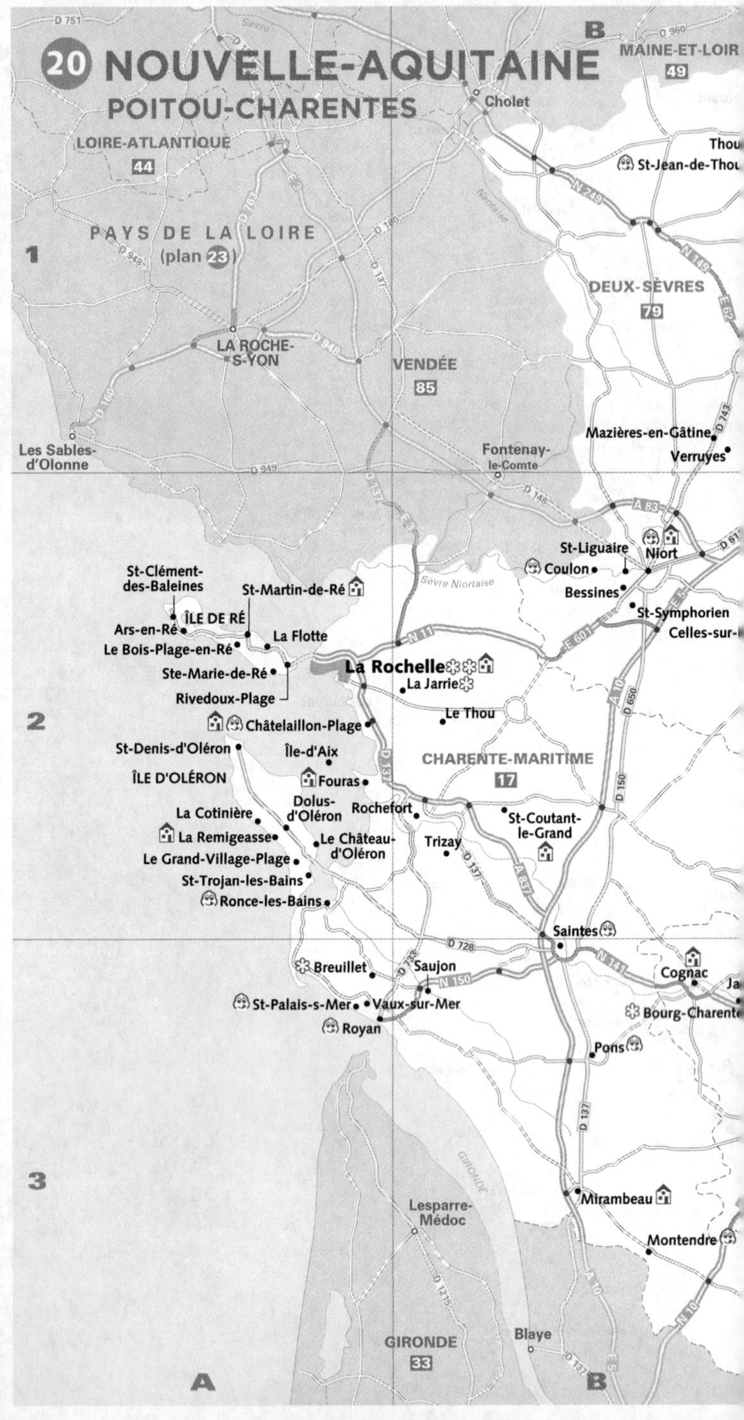
20 NOUVELLE-AQUITAINE
POITOU-CHARENTES
LOIRE-ATLANTIQUE
44
PAYS DE LA LOIRE
(plan 23)
MAINE-ET-LOIR
49
Cholet
St-Jean-de-Thou
DEUX-SÈVRES
79
LA ROCHE-S-YON
VENDÉE
85
Les Sables-d'Olonne
Fontenay-le-Comte
Mazières-en-Gâtine
Verruyes
St-Liguaire
Niort
Coulon
Bessines
St-Symphorien
Celles-sur-
St-Clément-des-Baleines
St-Martin-de-Ré
ÎLE DE RÉ
Ars-en-Ré
La Flotte
Le Bois-Plage-en-Ré
Ste-Marie-de-Ré
Rivedoux-Plage
La Rochelle
La Jarrie
Le Thou
Châtelaillon-Plage
St-Denis-d'Oléron
Île-d'Aix
ÎLE D'OLÉRON
Fouras
CHARENTE-MARITIME
17
La Cotinière
Dolus-d'Oléron
Rochefort
St-Coutant-le-Grand
La Remigeasse
Le Château-d'Oléron
Trizay
Le Grand-Village-Plage
St-Trojan-les-Bains
Ronce-les-Bains
Saintes
Breuillet
Saujon
Cognac
St-Palais-s-Mer
Vaux-sur-Mer
Bourg-Charente
Royan
Pons
Mirambeau
Lesparre-Médoc
Montendre
GIRONDE
33
Blaye
1
2
3
A
B

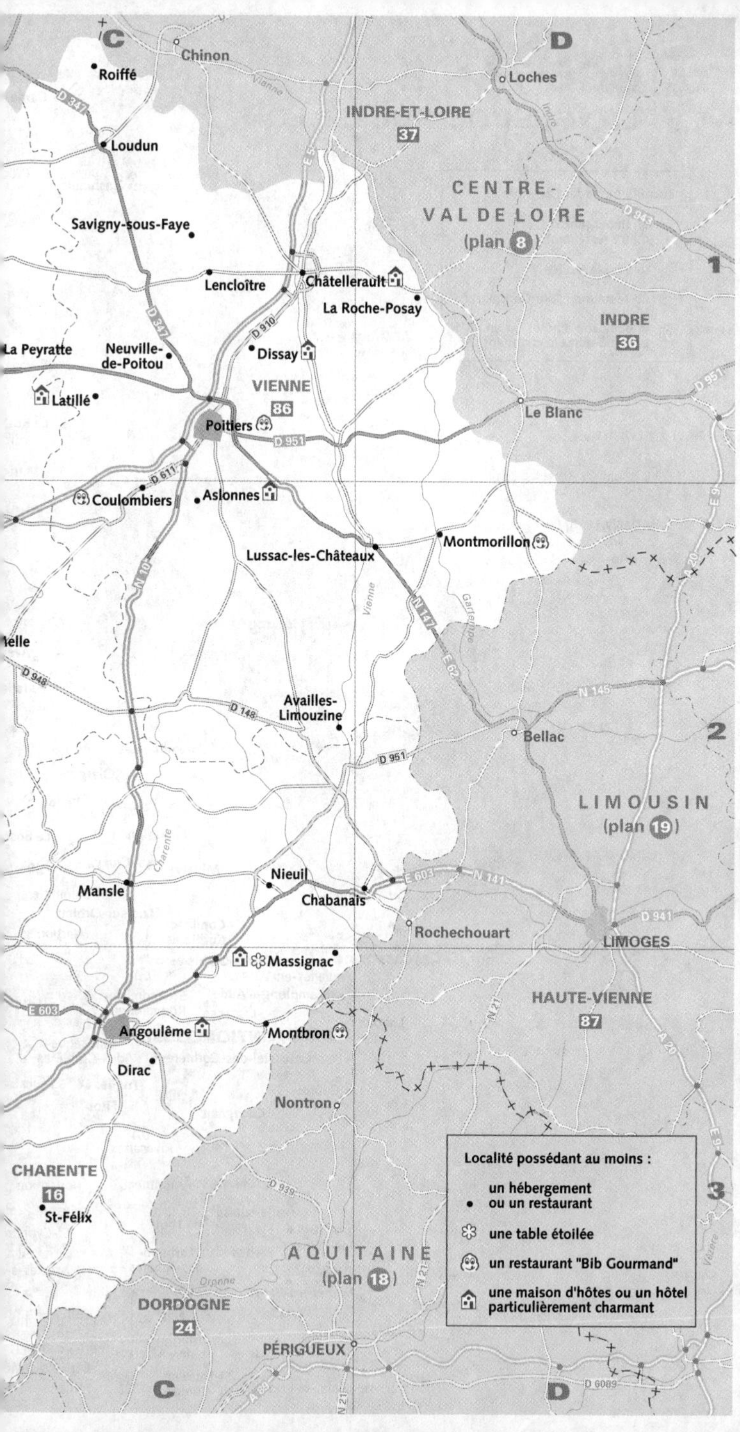
C
D
Chinon
Roiffé
Loches
INDRE-ET-LOIRE
37
Loudun
CENTRE-
VAL DE LOIRE
(plan 8)
Savigny-sous-Faye
1
Lencloître
Châtellerault
La Roche-Posay
INDRE
36
La Peyratte
Neuville-
de-Poitou
Dissay
VIENNE
86
Latillé
Le Blanc
Poitiers
Coulombiers
Aslonnes
Montmorillon
Lussac-les-Châteaux
Availles-
Limouzine
Bellac
2
LIMOUSIN
(plan 19)
Nieuil
Mansle
Chabanais
Rochechouart
LIMOGES
Massignac
HAUTE-VIENNE
87
Angoulême
Montbron
Dirac
Nontron
Localité possédant au moins :
un hébergement
ou un restaurant
une table étoilée
un restaurant "Bib Gourmand"
une maison d'hôtes ou un hôtel
particulièrement charmant
CHARENTE
16
3
St-Félix
AQUITAINE
(plan 18)
DORDOGNE
24
PÉRIGUEUX
C
D

21 OCCITANIE
LANGUEDOC-ROUSSILLON

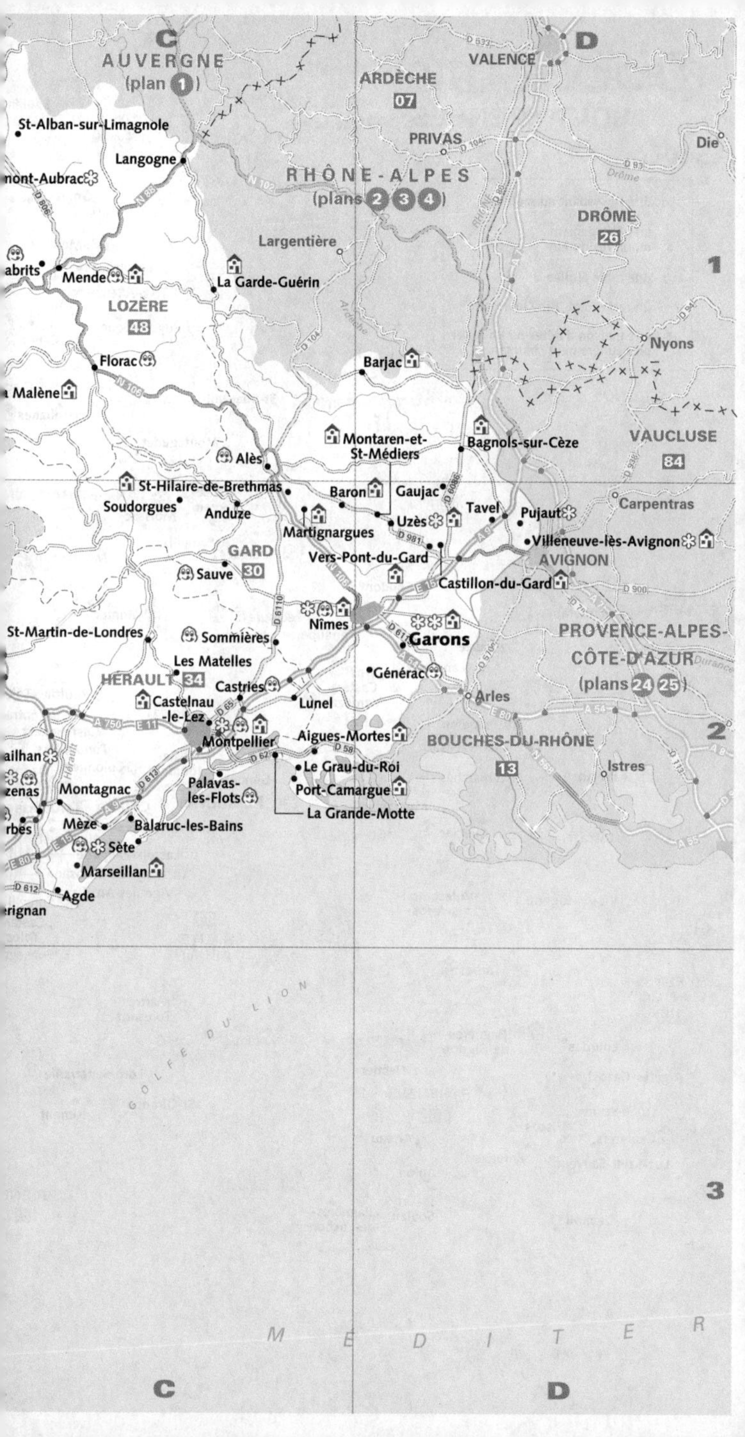
C
D
AUVERGNE
(plan 1)
VALENCE
ARDÈCHE
07
St-Alban-sur-Limagnole
PRIVAS
Die
Langogne
RHÔNE-ALPES
(plans 2 3 4)
DRÔME
26
Largentière
1
Mende
La Garde-Guérin
LOZÈRE
48
Nyons
Florac
Barjac
Malène
VAUCLUSE
84
Montaren-et-St-Médiers
Bagnols-sur-Cèze
Alès
St-Hilaire-de-Brethmas
Baron
Gaujac
Carpentras
Soudorgues
Anduze
Tavel
Pujaut
Uzès
Martignargues
Villeneuve-lès-Avignon
GARD
30
Vers-Pont-du-Gard
AVIGNON
Sauve
Castillon-du-Gard
Nîmes
St-Martin-de-Londres
Sommières
Garons
PROVENCE-ALPES-CÔTE-D'AZUR
(plans 24 25)
Les Matelles
Générac
HERAULT 34
Castries
Castelnau-le-Lez
Lunel
Arles
Montpellier
Aigues-Mortes
2
BOUCHES-DU-RHÔNE
13
Le Grau-du-Roi
Istres
Palavas-les-Flots
Montagnac
Port-Camargue
La Grande-Motte
Mèze
Balaruc-les-Bains
Sète
Marseillan
Agde
GOLFE DU LION
3
MEDITER
C
D

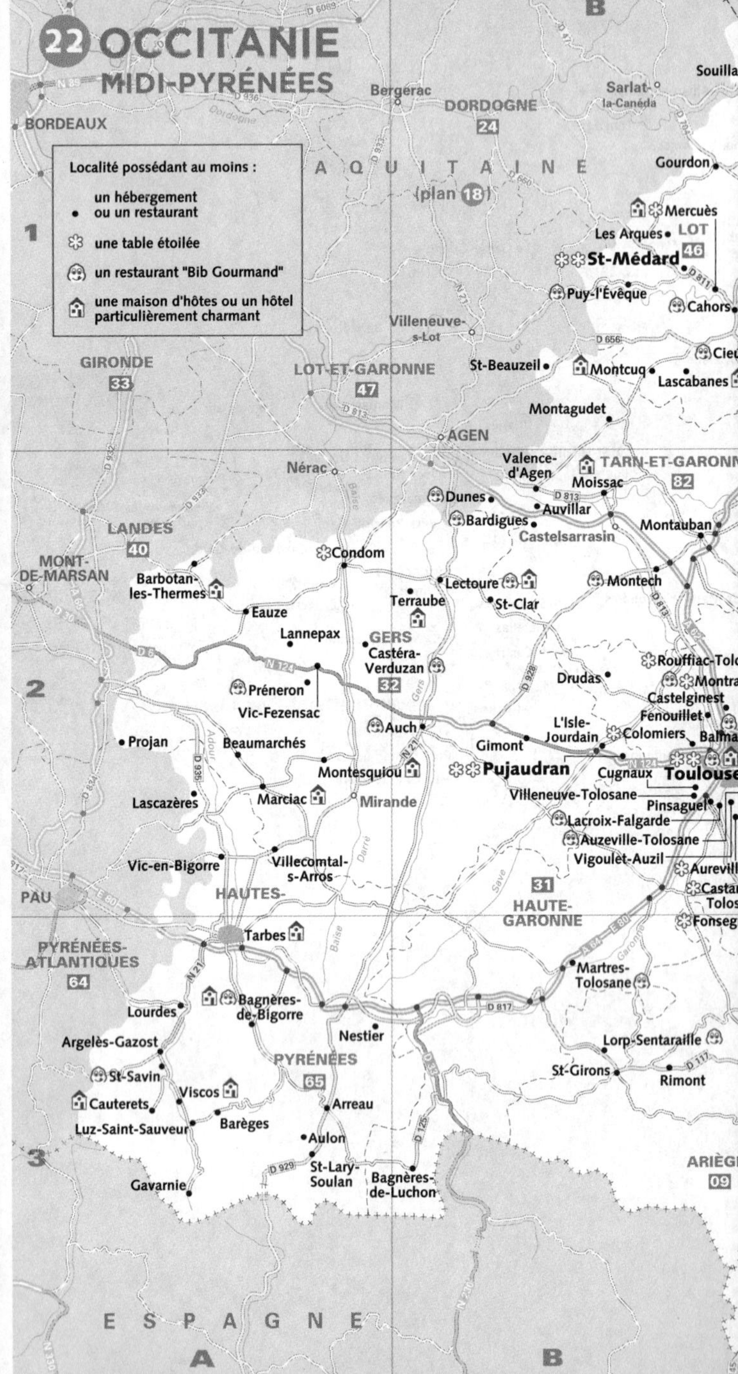

22 OCCITANIE
MIDI-PYRÉNÉES
Localité possédant au moins :
un hébergement ou un restaurant
une table étoilée
un restaurant "Bib Gourmand"
une maison d'hôtes ou un hôtel particulièrement charmant
BORDEAUX
Bergerac
DORDOGNE 24
Sarlat-la-Canéda
Souillac
Gourdon
AQUITAINE (plan 18)
Mercuès
Les Arques
LOT 46
St-Médard
Puy-l'Évêque
Cahors
Villeneuve-s-Lot
GIRONDE 33
LOT-ET-GARONNE 47
St-Beauzeil
Montcuq
Lascabanes
Montagudet
AGEN
Nérac
Valence-d'Agen
Moissac
TARN-ET-GARONNE 82
Dunes
Auvillar
Bardigues
Castelsarrasin
Montauban
LANDES 40
MONT-DE-MARSAN
Condom
Barbotan-les-Thermes
Eauze
Lectoure
Terraube
St-Clar
Montech
Lannepax
GERS
Castéra-Verduzan 32
Rouffiac-Tolo
Drudas
Préneron
Vic-Fezensac
Castelginest
Fenouillet
Auch
L'Isle-Jourdain
Colomiers
Balma
Projan
Beaumarchés
Gimont
Montesquiou
Pujaudran
Cugnaux
Toulouse
Lascazères
Marciac
Mirande
Villeneuve-Tolosane
Pinsaguel
Lacroix-Falgarde
Auzeville-Tolosane
Vigoulet-Auzil
Vic-en-Bigorre
Villecomtal-s-Arros
Aureville
PAU
HAUTES-
31
HAUTE-GARONNE
Castan Tolos.
Fonsegr
Tarbes
PYRÉNÉES-ATLANTIQUES 64
Martres-Tolosane
Bagnères-de-Bigorre
Lourdes
Nestier
Argelès-Gazost
PYRÉNÉES 65
Lorp-Sentaraille
St-Girons
Rimont
St-Savin
Viscos
Cauterets
Arreau
Luz-Saint-Sauveur
Barèges
Aulon
St-Lary-Soulan
Bagnères-de-Luchon
ARIÈGE 09
Gavarnie
ESPAGNE
A
B
1
2
3

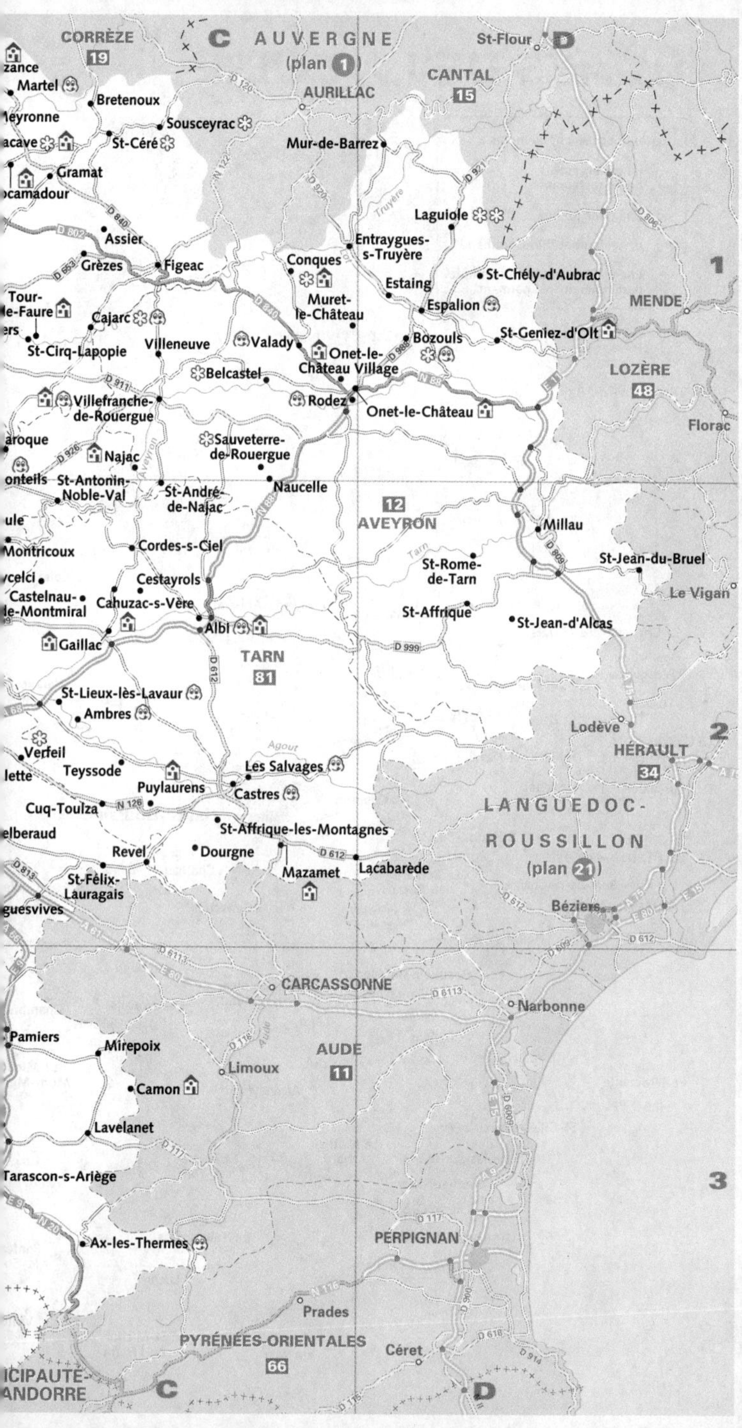

CORRÈZE
19
C
AUVERGNE
(plan 1)
St-Flour
D
CANTAL
15
AURILLAC
Martel
Bretenoux
Sousceyrac
St-Céré
Mur-de-Barrez
Gramat
Laguiole
Assier
Entraygues-s-Truyère
Figeac
Grèzes
Conques
St-Chély-d'Aubrac
Estaing
1
MENDE
Muret-le-Château
Espalion
Cajarc
Valady
Bozouls
St-Geniez-d'Olt
Villeneuve
St-Cirq-Lapopie
Onet-le-Château Village
Belcastel
LOZÈRE
48
Villefranche-de-Rouergue
Rodez
Onet-le-Château
Florac
Sauveterre-de-Rouergue
Najac
Naucelle
St-Antonin-Noble-Val
St-André-de-Najac
12
AVEYRON
Millau
Cordes-s-Ciel
St-Rome-de-Tarn
St-Jean-du-Bruel
Cestayrols
Le Vigan
Castelnau-de-Montmiral
Cahuzac-s-Vère
St-Affrique
St-Jean-d'Alcas
Albi
Gaillac
TARN
81
St-Lieux-lès-Lavaur
Ambres
Lodève
2
Verfeil
HÉRAULT
34
Teyssode
Les Salvages
Puylaurens
Castres
Cuq-Toulza
LANGUEDOC-ROUSSILLON
(plan 21)
St-Affrique-les-Montagnes
Revel
Dourgne
Mazamet
Lacabarède
St-Félix-Lauragais
Béziers
CARCASSONNE
Narbonne
Pamiers
Mirepoix
AUDE
11
Limoux
Camon
Lavelanet
3
Tarascon-s-Ariège
Ax-les-Thermes
PERPIGNAN
Prades
PYRÉNÉES-ORIENTALES
66
Céret
C
D

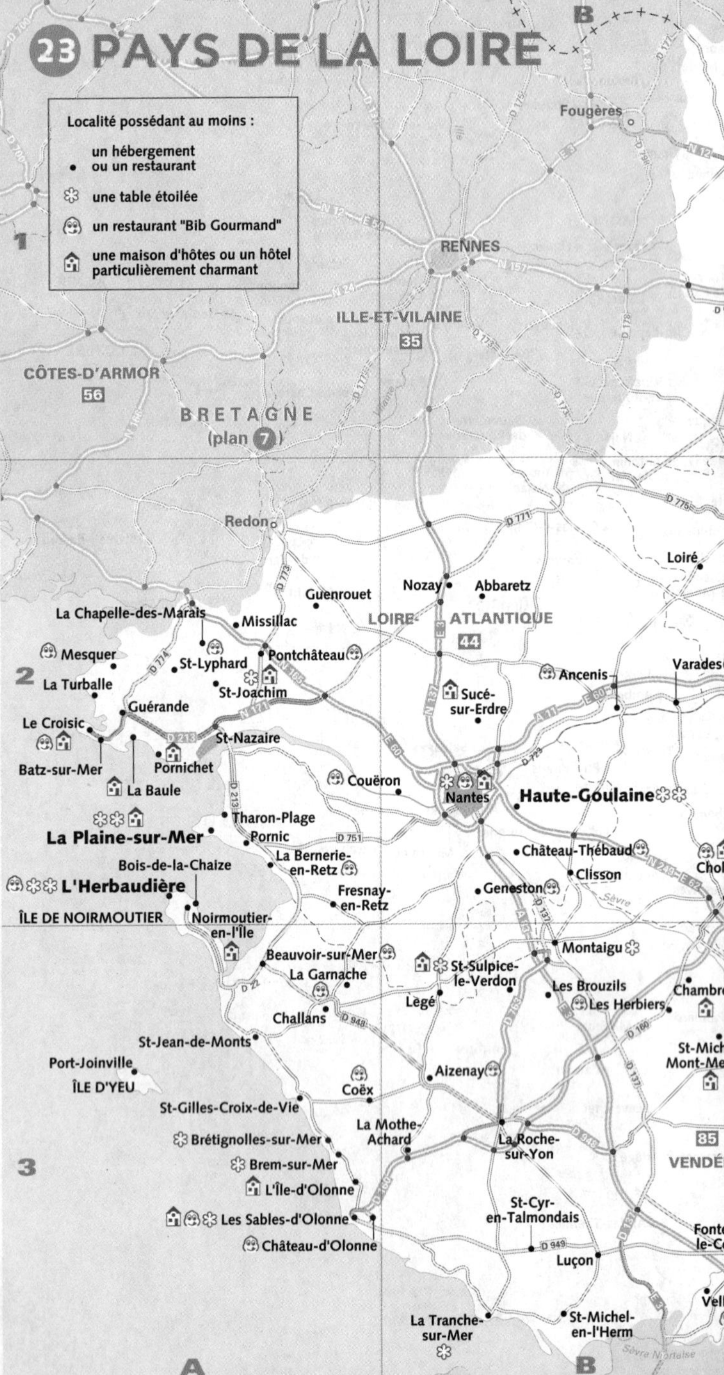
23 PAYS DE LA LOIRE
Localité possédant au moins :
un hébergement ou un restaurant
une table étoilée
un restaurant "Bib Gourmand"
une maison d'hôtes ou un hôtel particulièrement charmant
1
2
3
A
B
Fougères
RENNES
ILLE-ET-VILAINE
35
CÔTES-D'ARMOR
56
BRETAGNE
(plan 7)
Redon
Loiré
Nozay
Abbaretz
Guenrouet
LOIRE-ATLANTIQUE
44
La Chapelle-des-Marais
Missillac
Mesquer
Pontchâteau
St-Lyphard
La Turballe
St-Joachim
Ancenis
Varades
Sucé-sur-Erdre
Guérande
Le Croisic
St-Nazaire
Batz-sur-Mer
Pornichet
La Baule
Couëron
Nantes
Haute-Goulaine
Tharon-Plage
La Plaine-sur-Mer
Pornic
La Bernerie-en-Retz
Château-Thébaud
Chole
Bois-de-la-Chaize
Clisson
L'Herbaudière
Fresnay-en-Retz
Geneston
ÎLE DE NOIRMOUTIER
Noirmoutier-en-l'Île
Montaigu
Beauvoir-sur-Mer
St-Sulpice-le-Verdon
La Garnache
Les Brouzils
Chambre
Legé
Les Herbiers
Challans
St-Jean-de-Monts
St-Miche
Mont-Mer
Port-Joinville
ÎLE D'YEU
Aizenay
Coëx
St-Gilles-Croix-de-Vie
La Mothe-Achard
Brétignolles-sur-Mer
La Roche-sur-Yon
85
VENDÉE
Brem-sur-Mer
L'Île-d'Olonne
St-Cyr-en-Talmondais
Les Sables-d'Olonne
Château-d'Olonne
Fonte
le-Co
Luçon
Vellu
La Tranche-sur-Mer
St-Michel-en-l'Herm

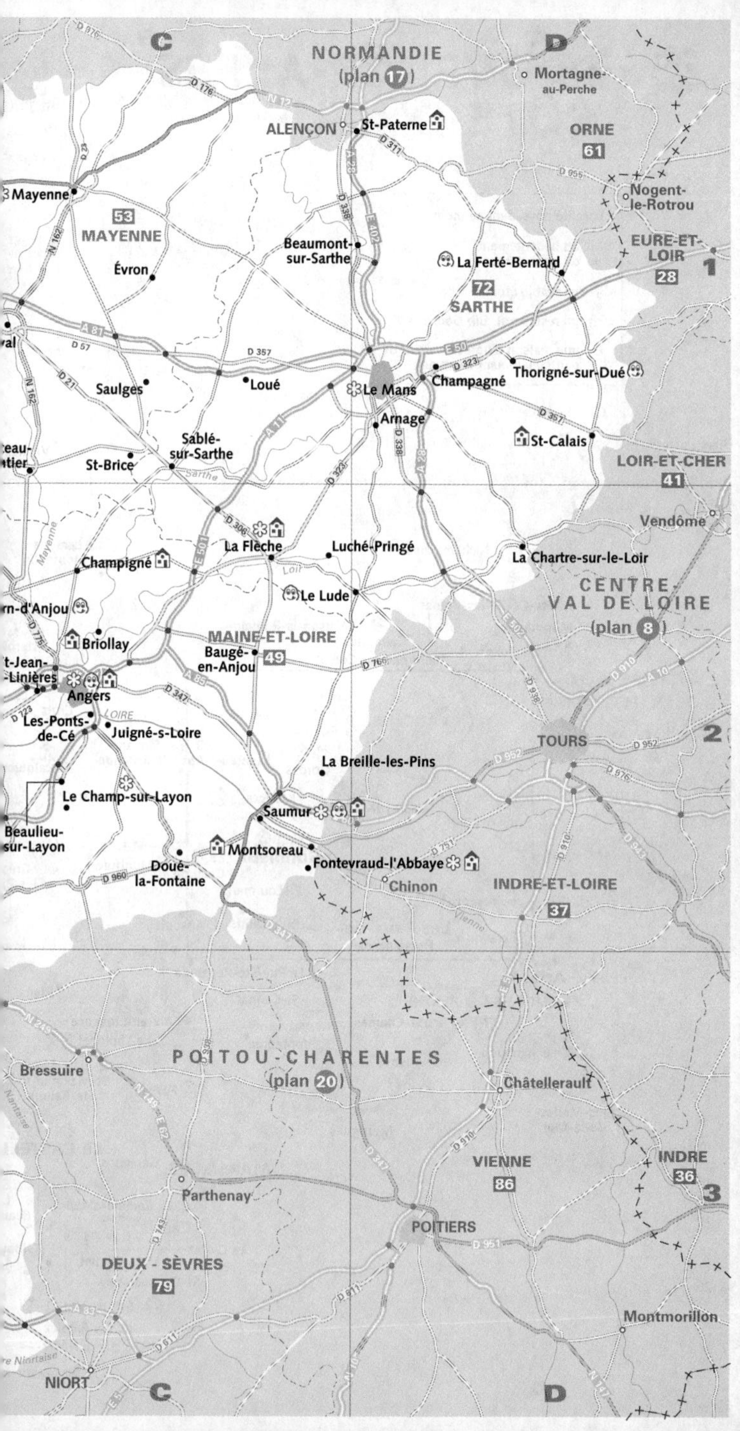

C
D
NORMANDIE
(plan 17)
Mortagne-au-Perche
ALENÇON
St-Paterne
ORNE
61
Nogent-le-Rotrou
Mayenne
53
MAYENNE
Beaumont-sur-Sarthe
EURE-ET-LOIR
28
Évron
La Ferté-Bernard
72
SARTHE
1
Saulges
Loué
Le Mans
Champagné
Thorigné-sur-Dué
Arnage
St-Calais
Sablé-sur-Sarthe
St-Brice
LOIR-ET-CHER
41
Vendôme
La Flèche
Luché-Pringé
Champigné
La Chartre-sur-le-Loir
Le Lude
CENTRE-VAL DE LOIRE
(plan 8)
Briollay
MAINE-ET-LOIRE
Baugé-en-Anjou
49
Angers
Les-Ponts-de-Cé
Juigné-s-Loire
TOURS
2
La Breille-les-Pins
Le Champ-sur-Layon
Saumur
Beaulieu-sur-Layon
Montsoreau
Fontevraud-l'Abbaye
Doué-la-Fontaine
Chinon
INDRE-ET-LOIRE
37
POITOU-CHARENTES
(plan 20)
Bressuire
Châtellerault
VIENNE
86
INDRE
36
3
Parthenay
POITIERS
DEUX - SÈVRES
79
Montmorillon
NIORT
C
D

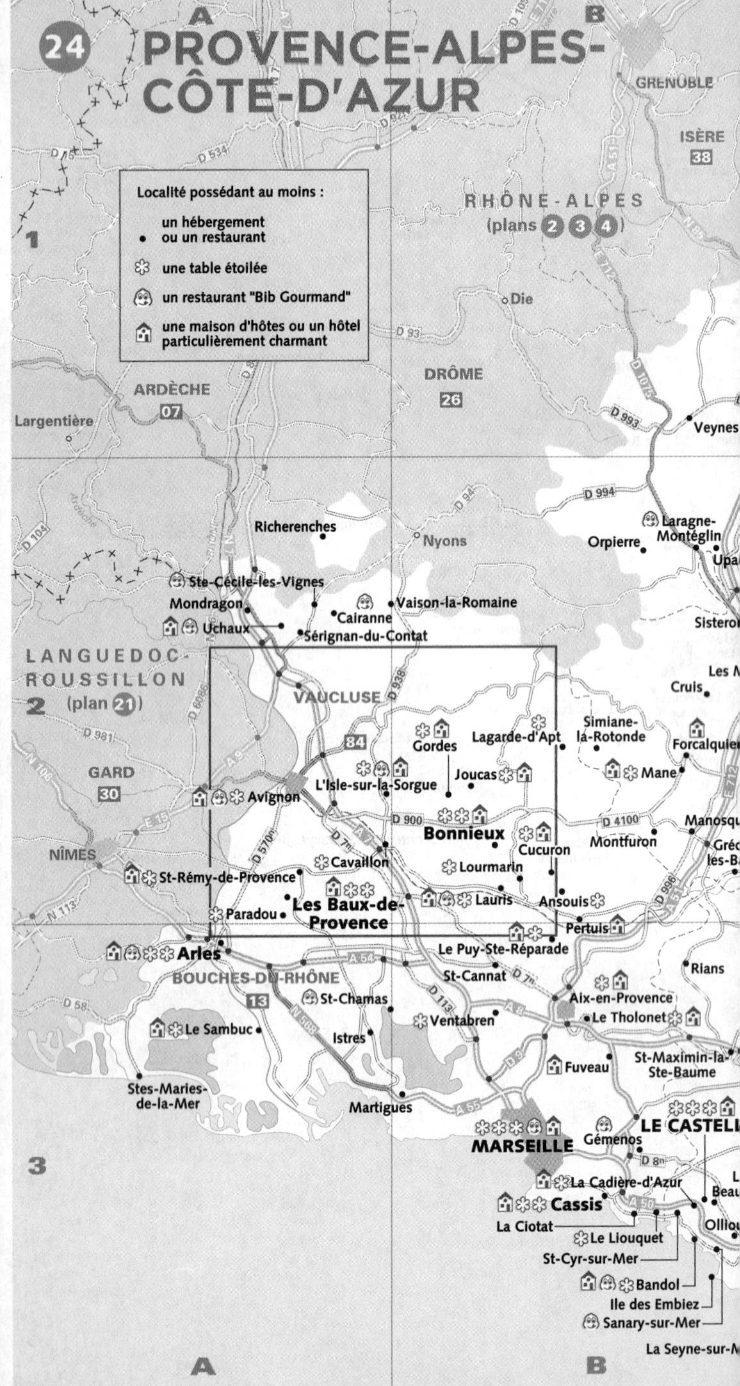

24
PROVENCE-ALPES-CÔTE-D'AZUR
Localité possédant au moins :
un hébergement ou un restaurant
une table étoilée
un restaurant "Bib Gourmand"
une maison d'hôtes ou un hôtel particulièrement charmant
A
B
1
2
3
GRENOBLE
ISÈRE
38
RHÔNE-ALPES
(plans 2 3 4)
Die
DRÔME
26
ARDÈCHE
07
Largentière
Veynes
Laragne-Montéglin
Orpierre
Richerenches
Nyons
Ste-Cécile-les-Vignes
Mondragon
Uchaux
Cairanne
Vaison-la-Romaine
Sérignan-du-Contat
Sisteron
LANGUEDOC-ROUSSILLON
(plan 21)
VAUCLUSE
84
Cruis
Simiane-la-Rotonde
Forcalquier
Gordes
Lagarde-d'Apt
GARD
30
Joucas
Mane
Avignon
L'Isle-sur-la-Sorgue
Bonnieux
Cucuron
Montfuron
Manosque
NÎMES
Cavaillon
Lourmarin
St-Rémy-de-Provence
Les Baux-de-Provence
Lauris
Ansouis
Paradou
Pertuis
Arles
Le Puy-Ste-Réparade
BOUCHES-DU-RHÔNE
13
St-Cannat
Rians
St-Chamas
Aix-en-Provence
Le Tholonet
Le Sambuc
Ventabren
Istres
Fuveau
St-Maximin-la-Ste-Baume
Stes-Maries-de-la-Mer
Martigues
MARSEILLE
Gémenos
LE CASTELL
La Cadière-d'Azur
Cassis
La Ciotat
Le Liouquet
St-Cyr-sur-Mer
Bandol
Ile des Embiez
Sanary-sur-Mer
La Seyne-sur-M
D 1092
D 534
D 93
D 993
D 994
D 94
D 938
D 981
D 900
D 4100
D 7n
D 570n
A 54
D 113
A 8
A 55
D 8n
A 50
N 113
N 106
D 104
D 6086
A 9
E 15
A 51
E 712
N 85
D 1075
D 996
N 568
D 58

C
D
SAVOIE
73
Névache
Chantemerle
Montgenèvre
Serre-Chevalier
Briançon
TORINO
HAUTES-ALPES
05
St-Crépin
St-Véran
Orcières
Guillestre
Vars
Col Bayard
Embrun
Chorges
Gap
Les Orres
ITALIA
1
Jausiers
Barcelonnette
CUNEO
ALPES-DE-
HTE-PROVENCE
04
Auron
Tende
Valberg
Roubion
St-Martin-Vésubie
La Colmiane
Digne-les-Bains
ALPES-
MARITIMES
2
Annot
Utelle
06
Moustiers-
Ste-Marie
La Palud-
sur-Verdon
Castellane
Châteauneuf-
Villevieille
La Turbie
Point
Sublime
Vence
La Colle-
sur-Loup
MENTON
MONTE-CARLO
Tourrettes-
sur-Loup
La Martre
Le Rouret
Nice
Èze
Fayence
Grasse
St-Jean-
Cap-Ferrat
Èze-Bord-de-Mer
Quinson
Aups
Seillans
Biot
Moissac-
Bellevue
Montferrat
Montauroux
Antibes
Juan-les-Pins
Tourtour
Callas
Mougins
Cap d'Antibes
Fox-Amphoux
Draguignan
Tourrettes
VAR
83
Cotignac
Cannes
Flayosc
Le Cannet
Lorgues
St-Raphaël
Les Arcs
La Napoule
Boulouris
Fréjus
Celle
Le Plan-
de-la-Tour
Ste-Maxime
Grimaud
Port-Grimaud
ST-TROPEZ
Collobrières
Cogolin
Gassin
3
La Croix-
Valmer
Ramatuelle
Bormes-
les-Mimosas
Gigaro
Rayol-Canadel-sur-Mer
Cavalière
Hyères
Le Lavandou
Pradet
Île de Porquerolles
C
D

25 PROVENCE-ALPES-CÔTE-D'AZUR

E

1

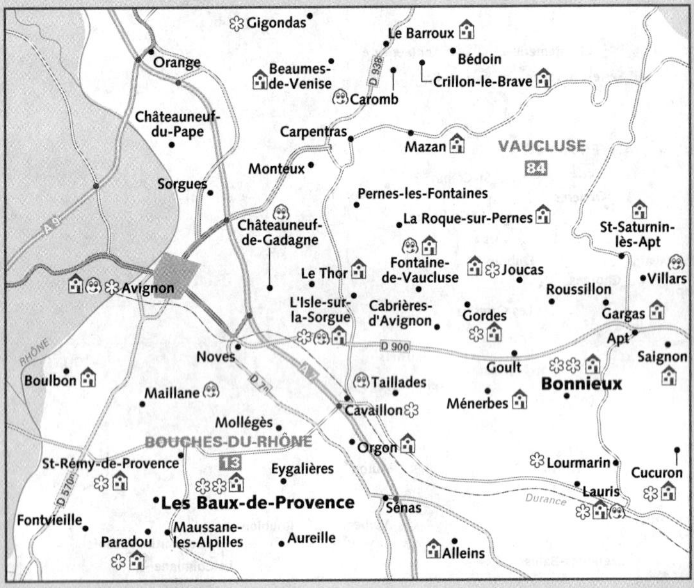

Gigondas
Le Barroux
Bédoin
Orange
Beaumes-de-Venise
D 938
Caromb
Crillon-le-Brave
Châteauneuf-du-Pape
Carpentras
Mazan
VAUCLUSE
84
Monteux
Sorgues
Pernes-les-Fontaines
A 9
Châteauneuf-de-Gadagne
La Roque-sur-Pernes
St-Saturnin-lès-Apt
Fontaine-de-Vaucluse
Joucas
Villars
Avignon
Le Thor
Roussillon
L'Isle-sur-la-Sorgue
Cabrières-d'Avignon
Gordes
Gargas
RHÔNE
Apt
D 900
Saignon
Noves
Goult
A 7
D 7n
Boulbon
Taillades
Bonnieux
Maillane
Ménerbes
Cavaillon
Mollégès
BOUCHES-DU-RHÔNE
Orgon
13
St-Rémy-de-Provence
Eygalières
Lourmarin
Cucuron
D 570n
Lauris
Les Baux-de-Provence
Durance
Sénas
Fontvieille
Maussane-les-Alpilles
Paradou
Aureille
Alleins

ALPES-MARITIMES
06
Peillon
MENTON
St-Roman-de-Bellet
La Turbie
Roquebrune
Vence
Monaco
MONTE-CARLO
Tourrettes-sur-Loup
Cap-d'Ail
St-Paul
Èze
Nice
Èze-Bord-de-Mer
Le Rouret
La Colle-sur-Loup
Beaulieu-sur-Mer
St-Laurent-du-Var
Grasse
St-Jean-Cap-Ferrat
Valbonne
Villefranche-sur-Mer
Biot
E 80
Cagnes-sur-Mer
Mouans-Sartoux
Le Cannet
Villeneuve-Loubet
Mougins
Vallauris
Antibes
Juan-les-Pins
Cap d'Antibes
2
Mandelieu
Cannes
DN 7
La Napoule
Île Ste-Marguerite
Théoule-sur-Mer
Miramar
VAR
83
Agay
Boulouris

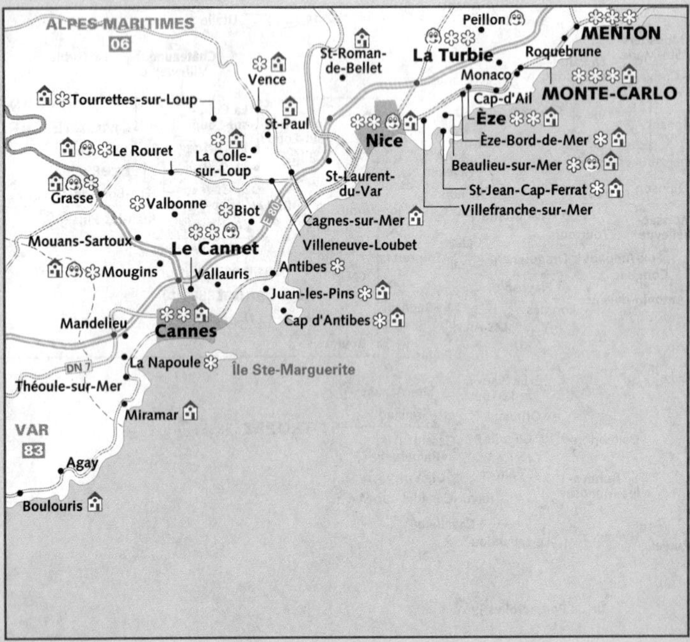

E

Restaurants & hôtels

Par localités de A à Z

ABBARETZ

✉ 44170 (Loire-Atlantique) – Carte régionale n° **23**–B2

Carte Michelin 316-G2

Jouffroy d'Abbans

CUISINE MODERNE • MAISON DE CAMPAGNE Au sein du Manoir de la Jahotière, en pleine nature, on découvre cette table qui ne laisse pas indifférent : le chef y propose une bonne cuisine du marché, renouvelée régulièrement. Une raison supplémentaire de venir profiter du charme de ces lieux...

Menu 25 € (déjeuner), 39/54 €

Le Manoir de la Jahotière, La Jahotière – ✆ 02 40 07 71 23 – www.lajahotiere.com – Fermé 23-30 décembre, lundi, dimanche soir

Le Manoir de la Jahotière

MAISON DE MAÎTRE • PERSONNALISÉ En plein cœur de la nature, à l'abri de l'agitation, cet ancien relais de chasse du 16e s. impressionne par son élégance et son confort. Les chambres, vastes et joliment meublées, ont un charme indéniable ; l'accueil est chaleureux et prévenant.

8 chambres – 95/149 € – 1 suite – 11 €

La Jahotière – ✆ 02 40 07 71 23 – www.lajahotiere.com – Fermé 24-30 décembre

Jouffroy d'Abbans – voir la sélection des restaurants

L'ABERGEMENT-CLÉMENCIAT

– 01 (Ain) ➜ voir Châtillon-sur-Chalaronne

ABRESCHVILLER

✉ 57560 (Moselle) – Carte régionale n° **12**–D2

Carte Michelin 307-N7

Auberge de la Forêt

CUISINE MODERNE • ÉLÉGANT Cette imposante auberge, nichée au cœur de la vallée d'Abreschviller, propose classicisme et modernité, du décor, cossu, à l'assiette, au goût du jour. Profitez de la belle terrasse couverte, face au jardin verdoyant.

Menu 17 € (déjeuner), 34/63 € – Carte 42/64 €

276 rue des Verriers, 0,5 km à Lettenbach – ✆ 03 87 03 71 78 – www.aubergedelaforet57.com – Fermé 14-25 octobre, 27 décembre-17 janvier, lundi, mardi soir

ACQUIGNY

✉ 27400 (Eure) – Carte régionale n° **17**–D2

Carte Michelin 304-H6 – Guide Vert Michelin Normandie Vallée de la Seine

L'Hostellerie d'Acquigny

CUISINE MODERNE • ÉLÉGANT Le bel exemple d'une auberge de village qui a su prendre le train de la modernité, sans oublier les fondamentaux : tons et aménagements contemporains d'un côté, recettes dans l'air du temps de l'autre, réunis par le savoir-faire d'un chef amoureux des beaux produits. Cinq chambres plaisantes, dont une avec double jacuzzi privé.

Menu 29 € (déjeuner), 38/69 € – Carte 48/70 €

1 rue d'Evreux – ✆ 02 32 50 20 05 – www.hostellerie-acquigny.fr – Fermé 1er-23 janvier, 8-24 juillet, lundi, mardi midi, mercredi midi, dimanche soir

AGAY

✉ 83530 (Var) – Carte régionale n° **25**–E2

Carte Michelin 340-Q5 – Guide Vert Michelin Côte d'Azur

Les Flots Bleus

CUISINE MODERNE • MÉDITERRANÉEN XX Au-dessus des flots bleus de la calanque d'Anthéor – seulement troublés par le passage des trains sur l'impressionnant viaduc voisin –, cet hôtel-restaurant joue la carte des saveurs régionales ou plus créatives, du farniente en terrasse et des nuits en toute simplicité. Les poissons, rôtis ou en soupe, sont à l'honneur !

Menu 24 € (déjeuner)/35 € – Carte 36/70 €

83 route de Saint-Barthélemy – ✆ 04 94 44 80 21 – www.hotel-cote-azur.com – Fermé 15 octobre-1er avril, lundi midi

AGDE

✉ 34300 (Hérault) – Carte régionale n° **21**-C2
Carte Michelin 339-F9

Le Bistro d'Hervé

CUISINE MODERNE • BISTRO XX Voilà un sympathique bistrot ! Dans un décor contemporain, on déguste une appétissante cuisine d'aujourd'hui : croque-monsieur de chair de crabe, fondue de tomates; dos de cabillaud, gremolata au chorizo, etc. Le bar à tapas se prête aux grignotages. Aux beaux jours, profitez de la terrasse ombragée.

Menu 32 €

47 rue Brescou – ✆ 04 67 62 30 69 – Fermé 24 décembre-8 janvier, lundi, dimanche

au Cap d'Agde 5 km au Sud-Est par D32E10 – ✉ 34300

Palmyra Golf Hôtel

TRADITIONNEL • CLASSIQUE Une architecture assez soignée de style méditerranéen (tons ocre, arcades) et un environnement très calme : les chambres, spacieuses, ouvrent sur le grand patio et le golf... Salles de massage et hammam vous attendent au sous-sol.

32 chambres – 135/275 € – 2 suites – 18 €

avenue des Alizés – ✆ 04 67 01 50 15 – www.palmyragolf.com – Fermé 1er janvier-5 avril

au Grau d'Agde 4 km au Sud-Ouest par D32E – ✉ 34300

Les Vagues

CUISINE MODERNE • CONVIVIAL X Que l'on se rassure : nulle vague ne viendra à bout de cette paillote installée sur l'une des plus belles plages de la station ! Évidemment, poissons et fruits de mer sont les stars de l'endroit, souvent cuisinés à la plancha, agrémentés de touches exotiques. Un petit régal.

Menu 49/60 €

chemin du Littoral-Prolongé – ✆ 04 67 39 08 63 – Fermé 20 octobre-1er avril, lundi, dimanche soir

AGEN

✉ 47000 (Lot-et-Garonne) – Carte régionale n° **18**-C2
Carte Michelin 336-F4 – Guide Vert Michelin Aquitaine

Mariottat (Éric Mariottat)

CUISINE MODERNE • ÉLÉGANT XXX Dans cette maison de maître du 19e s., tout est raffiné et soigné : l'accueil et le service, la cuisine de saison – fine et subtile –, la carte des vins étoffée et la jolie terrasse... Les gourmets agenais sont séduits ; les autres aussi !

→ Œuf de poule bio, purée légère et truffe. Assiette autour du canard. Monochrome vert

Menu 28 € (déjeuner), 52/89 € – Carte 76/80 €

25 rue Louis-Vivent – ✆ 05 53 77 99 77 – www.restaurant-mariottat.com – Fermé 2-22 janvier, 29 avril-9 mai, 28 octobre-13 novembre, lundi, samedi midi, dimanche soir

L'Atelier

CUISINE MODERNE • INTIME Dans cet atelier-là, c'est Marjorie qui cuisine et Stéphane qui veille sur la salle. Est-ce la touche féminine ? La cuisine est légère, tout en étant généreuse, et de saison. Gourmand !

Menu 18 € (déjeuner), 27/31 € - Carte 45/55 €

14 rue du Jeu-de-Paume - ✆ 05 53 87 89 22 - Fermé samedi midi, dimanche

La Table de Michel Dussau

CUISINE MODERNE • DESIGN Non loin du stade de rugby, la Table de Michel Dussau valorise saveurs et produits du terroir, avec une prédilection pour l'agriculture biologique. Et aussi : cave à vins vitrée, armoire de maturation des viandes, cours de cuisine, boutique. Le déjeuner est adapté à une clientèle pressée, carte plus étoffée le soir.

Menu 23/68 € - Carte 35/90 €

1350 avenue du Midi - ✆ 05 53 96 15 15 - www.la-table-agen.com - Fermé 11-26 août, lundi, dimanche

à Moirax 9 km par N21 et D268 - ✉ 47310

Auberge Le Prieuré (Benjamin Toursel)

CUISINE CRÉATIVE • CONVIVIAL Une cuisine spontanée, pleine d'audace et de saveurs, presque en mouvement ! On la déguste dans une belle maison de village plusieurs fois centenaire, qui a conservé le charme de l'ancien, ou sur la belle terrasse ombragée. Une maison attachante.

→ Grosses crevettes carabineros, fenouil, orange, aneth et mayonnaise des têtes. Bœuf Prim'Holstein maturé soixante jours laqué au whisky, pomme de terre au lait battu. Yaourt, concombre, safran et oseille

Menu 28 € (déjeuner), 60/80 €

4 Grand'Rue - ✆ 05 53 47 59 55 - www.aubergeleprieure.fr - Fermé 17-26 février, 19 octobre-4 novembre, lundi, mardi, dimanche soir

à Pont-du-Casse 6 km au Nord-Est par D656 - ✉ 47480

Château de Cambes

DEMEURE HISTORIQUE • PERSONNALISÉ À seulement 6 km du centre d'Agen, un beau château restauré par un couple de jeunes retraités passionnés par les vieilles pierres. L'immense parc, l'élégance subtile des très grandes chambres, les charmants salons, le calme, l'espace bien-être, les balades à vélo (prêt au château)... On se sent si bien !

5 chambres - 165 €

impasse de Gambillou (par D656 direction Cahors) - ✆ 05 53 95 38 73 - www.chateau-de-cambes.com - Fermé 1er janvier-15 mars, 15 novembre-31 décembre

AGNETZ

✉ 60600 (Oise) - Carte régionale n° **14**-B2
Carte Michelin 305-F4

J'Y Cours

CUISINE MODERNE • CONVIVIAL Une adresse sympathique, bien dans son époque, avec une cuisine au goût du jour de bonne facture. Les assiettes sont soignées, goûteuses, et sont servies dans une salle bistrot chic lumineuse et accueillante. On y court.

Menu 24/59 € - Carte 35/45 €

466 avenue Philippe-Courtial - ✆ 03 44 51 15 19 - www.auberge-du-j-y-cours.webnode.fr - Fermé lundi, mercredi soir, dimanche soir

Une bonne table sans se ruiner ? Repérez les Bib Gourmand.

AHETZE

64210 (Pyrénées-Atlantiques) - Carte régionale n° **18**-A3
Carte Michelin 342-C2

Harretchea

MAISON DE CAMPAGNE • COSY Sobriété, bon goût et accueil personnalisé caractérisent cet établissement chaleureux. Les chambres sont spacieuses, et la jolie terrasse éclaire votre petit-déjeuner d'une ondée rayonnante.

12 chambres - 70/190 € - 10 €

20 chemin d'Harretxea - 05 59 22 25 59 - www.hotel-harretchea.com - Fermé 6 janvier-8 février, 3 novembre-26 décembre

L'AIGLE

61300 (Orne) - Carte régionale n° **17**-C2
Carte Michelin 310-M2 - Guide Vert Michelin Normandie Vallée de la Seine

Hôtel du Dauphin

TRADITIONNEL • FONCTIONNEL En plein centre de L'Aigle, cet ancien relais de diligence (début 17e s.) est aujourd'hui une étape de choix : salon avec cheminée et canapés, chambres fonctionnelles, bon buffet de petit-déjeuner, restaurant ouvert sur un patio terrasse...

47 chambres - 69/89 € - 10 €

place de la Halle - 02 33 84 18 00 - www.hotel-dauphin.fr

AIGUEBELLE - 83 (Var) → voir Le Lavandou

AIGUES-MORTES

30220 (Gard) - Carte régionale n° **21**-C2
Carte Michelin 339-K7 - Guide Vert Michelin Languedoc

L'Atelier de Nicolas

CUISINE MODERNE • TENDANCE X Dans ce restaurant au style de loft industriel, avec porte vitrée en fer forgé, le chef Nicolas concocte une cuisine au goût du jour, qu'il agrémente de quelques touches asiatiques, glanées lors de ses séjours en Thaïlande. Le chef travaille volontiers les produits bio de la région ainsi qu'une petite sélection de vins nature.

Menu 23 € (déjeuner)/34 €

28 rue Alsace-Lorraine - 04 34 28 04 84 - Fermé mercredi, jeudi

Le Patio' Né

CUISINE MODERNE • CONVIVIAL X Poutres apparentes et décoration contemporaine dans cet agréable restaurant. Dans sa cuisine ouverte sur la salle, le chef exécute une honnête cuisine méditerranéenne, rehaussée de saveurs du monde. Agréable patio sur l'arrière et bar d'été.

Menu 39/79 € - Carte 45/55 €

16 rue Sadi-Carnot - 09 82 31 51 73 - Fermé 3 juin-4 juillet, 10-25 décembre, lundi midi, mardi midi, mercredi midi, jeudi midi, vendredi midi

Villa Mazarin

LUXE • PERSONNALISÉ Au cœur d'Aigues, une demeure du 15e s. tout en pierre blonde. Escalier à balustres, mobilier ancien, piscine intérieure, jardinet... on apprécie l'élégance et la discrétion des lieux.

23 chambres - 120/540 € - 18 €

35 boulevard Gambetta - 04 66 73 90 48 - www.villamazarin.com

AILLANT-SUR-THOLON

✉ 89110 (Yonne) - Carte régionale n° **5**-B1

Carte Michelin 319-D4

Domaine du Roncemay

MAISON DE CAMPAGNE • PERSONNALISÉ Idéal pour les golfeurs, au cœur d'un 18-trous, cet élégant château dispose de dépendances assez pittoresques. Les chambres sont d'un grand confort, certaines avec des salles de bains en pierre de Bourgogne. Le hammam est superbe. Buffets au déjeuner, et carte plus élaborée le soir.

15 chambres - 110/265 € - 3 suites - 18 €

Boisserelle (à 7 km) - ✆ 03 86 73 50 50 - www.roncemay.com - Fermé 1er janvier-17 avril

AILLY-SUR-NOYE

✉ 80250 (Somme) - Carte régionale n° **14**-B2

Carte Michelin 301-H9

Le Moulin des Écrevisses

CUISINE MODERNE • RUSTIQUE XX Une longue allée fleurie, un ancien moulin à grain, et dans l'assiette, une cuisine traditionnelle, au goût du jour, que l'on déguste, aux beaux jours, sur la terrasse surplombant le cours d'eau. Bucolique à souhait !

Menu 22/68 € - Carte 41/63 €

route de Boves - ✆ 06 03 12 81 28 - www.moulindesecrevisses.com - Fermé 24-31 décembre, lundi, samedi midi, dimanche soir

AIME

✉ 73210 (Savoie) - Carte régionale n° **2**-D2

Carte Michelin 333-M4

Union (N)

CUISINE MODERNE • BISTRO X Union, c'est celle du britannique Phil Howard (chef de The Square, puis Elystan Street, à Londres) avec Martin Cuchet, un ami français fondu de montagne. De décembre à avril, ils régalent dans une veine simple et généreuse, en plein dans les saisons : à titre d'exemple, brandade de cabillaud, œuf et truffe, ou encore *fool* à la rhubarbe, une spécialité anglaise... Réjouissant.

Menu 55 € - Carte 30/60 €

Vieux Village de Montalbert - ✆ 04 79 55 51 07 - www.unionmontalbert.com - Fermé 1er mai-30 novembre, lundi midi, dimanche

AINHOA

✉ 64250 (Pyrénées-Atlantiques) - Carte régionale n° **18**-A3

Carte Michelin 342-C5 - Guide Vert Michelin Pays Basque et Navarre

Ithurria (Xavier Isabal)

CUISINE MODERNE • AUBERGE XXX Le décor modernisé garde le cachet d'une maison basque traditionnelle. Dans ces lieux, on déguste une cuisine classique qui fait la part belle aux produits du terroir et du marché, travaillés avec grand soin.

→ Rossini de pied de porc et escalope de foie gras poêlée. Ragoût de queues de langoustines aux pâtes fraîches. Finger glacé aux amandes, crème chocolat praliné

Menu 45/90 € - Carte 60/85 €

place du Fronton - ✆ 05 59 29 92 11 - www.ithurria.com - Fermé 4 novembre-11 avril, mercredi, jeudi midi

Argi Eder

CUISINE CLASSIQUE · TRADITIONNEL XX Œuf piperade revisité ; veau de Mauléon en déclinaison ; tarte Argi Eder au caramel, vanille et citron jaune... Au menu de ce restaurant au cadre soigné, une fine cuisine aux accents du terroir basque, signée par un chef passionné par les produits locaux.

Menu 30/70 € - Carte 55/75 €

route de la Chapelle - ✆ 05 59 93 72 00 - www.argi-eder.com - Fermé 4 novembre-6 avril, lundi midi, mardi midi, mercredi, vendredi midi

La Maison Oppoca

CUISINE TRADITIONNELLE · COSY XX En rouge et blanc, une belle demeure typique (17e s.), idéale pour déguster une cuisine joliment ancrée dans la tradition régionale et renouvelée au fil des saisons : tartelette de pied de cochon, chipirons et haricots de maïs, ou pain d'épices d'Ainhoa façon pain perdu...

Menu 26 € (déjeuner), 32/68 € - Carte 39/54 €

rue Principale - ✆ 05 59 29 90 72 - www.oppoca.com - Fermé 4 janvier-15 mars, 15 novembre-20 décembre, jeudi

Argi Eder

FAMILIAL · CLASSIQUE À flanc de colline, une grande bâtisse régionale et sa piscine dans un parc arboré et fleuri. Vastes chambres d'esprit classique, avec balcon, et joli salon-bar (collection d'armagnacs). Pour l'anecdote, Argi Eder signifie "belle lumière".

19 chambres - 100/135 € - 7 suites - 14 €

route de la Chapelle - ✆ 05 59 93 72 00 - www.argi-eder.com - Fermé 4 novembre-6 avril

Argi Eder - voir la sélection des restaurants

Ithurria

FAMILIAL · COSY Un village typique, son incontournable fronton de pelote et... juste en face, cette ancienne ferme rouge et blanche (17e s.). On voudrait se coiffer d'un béret basque dans ce décor ! Belle parenthèse traditionnelle, donc, entre les murs de ce confortable hôtel-restaurant... À noter : un sympathique bistrot.

26 chambres - 135/165 € - 15 €

place du Fronton - ✆ 05 59 29 92 11 - www.ithurria.com - Fermé 4 novembre-4 avril

Ithurria - voir la sélection des restaurants

AIRE-SUR-LA-LYS

62120 (Pas-de-Calais) - Carte régionale n° **13**-B2
Carte Michelin 301-H4

à Isbergues 6 km au Sud-Est par D187 - 62330

Le Buffet

CUISINE MODERNE · ÉLÉGANT XX L'ancien buffet de la gare a aujourd'hui fière allure ! Dans un cadre élégant et cosy, on déguste une savoureuse cuisine créative et maîtrisée, qui suit le rythme des saisons : le chef, Thierry Wident, travaille avec les meilleurs producteurs locaux. Si besoin, de coquettes petites chambres permettent de prolonger l'étape.

Menu 20 € (déjeuner), 25/65 € - Carte 50/72 €

22 rue de la Gare - ✆ 03 21 25 82 40 - www.le-buffet.com - Fermé 29 juillet-22 août, lundi, dimanche soir

AIX (ÎLE-D') - 17 (Charente-Maritime) → voir Île-d'Aix

ON AIME...

Louison, à la Villa La Coste & Spa, pour une cuisine terre et mer "made in" Gérald Passédat. Le **Vintrépide** et **Pointe Noire**, les adresses qui montent à Aix, sans oublier **Yamato,** sa cuisine japonaise de haute volée, et **Francis Mallmann**, pour ceux qui aiment les viandes argentines grillées au barbecue.

AIX-EN-PROVENCE

✉ 13100 (Bouches-du-Rhône) – Carte régionale n° **24**–B3
Carte Michelin 340-H4 – Guide Vert Michelin Provence

Restaurants

✿ Pierre Reboul

CUISINE CRÉATIVE · ÉLÉGANT XX C'est un plaisir d'aller trouver Pierre Reboul dans cette imposante demeure du 18e s., située à la périphérie d'Aix. Il y confirme son talent avec cette cuisine originale et audacieuse, où l'agencement astucieux des saveurs est servi par une technique sans faille. Vaste terrasse à l'ombre des arbres.

→ Grenouilles françaises, billes de céleri vert. Flamby de foie gras au caramel. Le savon de Marseille et la pétanque

Menu 51 € (déjeuner), 79/139 € – Carte 85/155 €

Château de la Pioline, 260 rue Guillaume-du-Vair, 5 km au Sud-Ouest par D9 ou A51, sortie Les Milles – ✆ 04 82 75 72 60 – www.chateaudelapioline.com – Fermé lundi, dimanche

La Table du Pigonnet

CUISINE CLASSIQUE · ÉLÉGANT XXX Un endroit superbe ! La salle, élégante et immaculée, ouvre grand sur le charmant jardin, ses allées ombragées et ses massifs bien taillés... L'incarnation d'un bel art de vivre, dont témoigne aussi à sa manière la carte, inspirée par la tendance bistronomique.

Menu 38/68 € – Carte 70/110 €

Le Pigonnet, 5 avenue du Pigonnet – ✆ 04 42 59 61 07 – www.hotelpigonnet.com

Les Caves Henri IV by le Formal

CUISINE MODERNE · COSY XX Des inspirations classiques guident la main du chef de cette adresse, installée dans des caves voûtées datant du 15e s. Sa cuisine fleure bon la Provence et fait la part belle aux produits nobles : filet de bœuf en tartare coupé au couteau et salpicon de homard ; bouillabaisse de lotte aux favouilles...

Menu 28 € (déjeuner), 47/53 € – Carte 32/90 €

Plan : B2-w – *32 rue Espariat – ✆ 04 42 27 08 31 – www.restaurant-lescaveshenri4-byleformal.com – Fermé 29 avril-6 mai, 24 août-10 septembre, 22 décembre-2 janvier, lundi, samedi midi, dimanche*

Côté Cour

CUISINE MODERNE · TENDANCE XX Décor épuré aux matières naturelles, mur végétal, toit ouvrant, ambiance glamour et musique lounge : Ronan Kernen, ancien candidat de Top Chef, a su créer ici une atmosphère tout à fait particulière. On vient ici pour voir et être vu… mais surtout pour bien manger : la cuisine du chef ne manque pas de personnalité !

Menu 29 € (déjeuner), 47/75 € - Carte 13/55 €

Plan : B2-c - *19 cours Mirabeau*
- ✆ 04 42 93 12 51 - www.restaurantcotecour.fr -
Fermé 23 décembre-3 janvier, lundi, dimanche

Villa Gallici

CUISINE TRADITIONNELLE · COSY XX Luxe et tradition, sans ostentation. Au menu : une belle cuisine française gorgée de soleil, à déguster sur les tables basses des superbes salons, ou près des platanes sur la jolie terrasse… On a même aménagé un élégant caveau pour vous faire découvrir quelques grands crus. L'esprit du Sud !

Menu 75 € (déjeuner), 98/155 €

18 bis avenue de la Violette - ✆ 04 42 23 29 23 - www.villagallici.com -
Fermé 2 janvier-6 février, 19-28 décembre, lundi midi

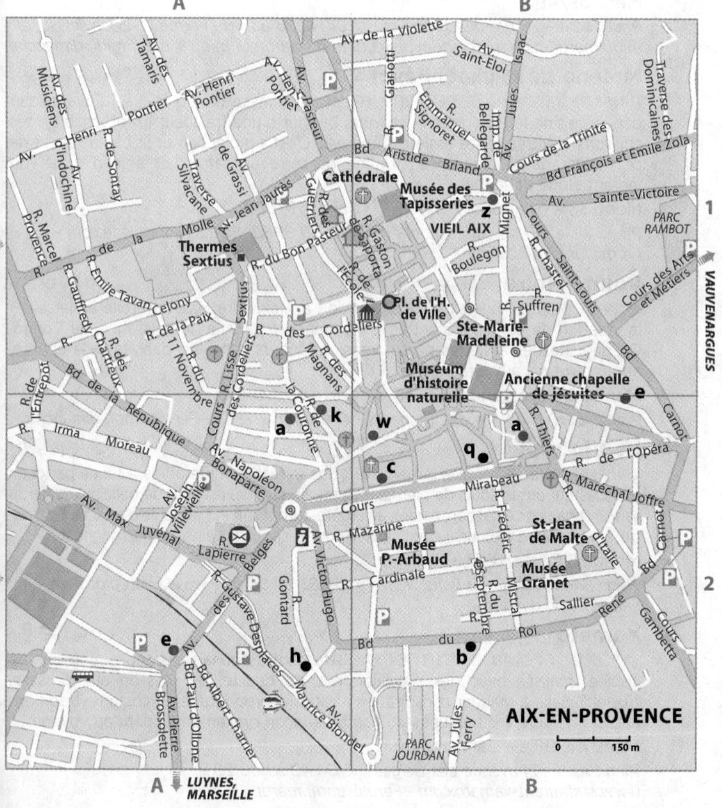

L'Épicurien

CUISINE TRADITIONNELLE • COSY Installé en retrait du centre-ville, un élégant Épicurien (tables en bois brut, cave apparente) dont la petite ardoise suit le marché. On se régale de cette cuisine de bistrot, franche, fraîche et généreuse ; aux beaux jours, direction la terrasse sous les canisses...

Menu 56 € – Carte 35/51 €

11 avenue Jean-et-Marcel-Fontenaille – 06 89 33 49 83 – Fermé lundi, mercredi midi, dimanche

Mickaël Féval

CUISINE MODERNE • ÉLÉGANT Ancien chef d'Antoine – restaurant parisien spécialisé dans la cuisine de la mer –, Mickaël Féval a posé ses valises dans cette maison du cœur d'Aix. Il associe les producteurs locaux à ses assiettes, où terre et mer vont main dans la main...

Menu 37 € (déjeuner), 68/95 € – Carte 75/95 €

Plan : B2-a – *11 Petite-Rue-Saint-Jean – 04 42 93 29 60 – www.mickaelfeval.com – Fermé 1er-17 janvier, 6-22 août, lundi, dimanche*

Mitch

CUISINE DU MARCHÉ • CONVIVIAL Dans ce centre-ville aux charmes innombrables – églises, fontaines, hôtels particuliers –, Mitch, le patron, vous accueille avec un grand sourire. La cuisine d'Erwan, son chef, séduit tout autant, grâce à des produits impeccables : légumes et fruits d'un maraîcher du Luberon, poisson de Bretagne, viande labellisée...

Menu 39/49 €

Plan : A2-k – *26 rue des Tanneurs – 04 42 26 63 08 – Fermé 1er-15 janvier, lundi midi, mardi midi, mercredi midi, jeudi midi, vendredi midi, samedi midi, dimanche*

Molène de Mickaël Féval N

POISSONS ET FRUITS DE MER • INTIME L'adresse bis de Mickaël Féval séduit par sa cuisine iodée (poisson et fruits de mer d'une fraîcheur irréprochable), ses cuissons précises et ses assiettes épurées. C'est simple, bon et lisible, à l'instar de ce maigre de méditerranée, pomme de terre au safran, et églefin fumé. Un vibrant éloge de la mer.

Menu 33 € (déjeuner), 57/77 € – Carte 69/88 €

Plan : B2-e – *31 bis rue Manuel – 04 42 39 81 88 – restaurantmolene.com – Fermé lundi, dimanche*

Pointe Noire

CUISINE MODERNE • BRANCHÉ On doit à Alexandre Mazzia (étoilé à Marseille) la création de ce lieu décontracté, hommage à sa ville de naissance, au Congo. On déguste des assiettes percutantes, volontiers canailles, dans la salle épurée, ou en terrasse, aux beaux jours.

Menu 28 € (déjeuner), 39/55 € – Carte 35/50 €

Plan : A2-a – *37 place des Tanneurs – 04 42 92 71 35 – Fermé lundi, dimanche*

Le Vintrépide

CUISINE TRADITIONNELLE • INTIME Une agréable petite adresse tenue par deux associés qui ont le souci de bien faire. L'un, en cuisine, prépare de délicieux plats de saison : ravioles de cochon, pigeon en croûte, turbot rôti et barigoule d'artichaut... L'autre, sommelier, a toujours le bon conseil pour le choix des vins. Un duo gagnant.

Menu 75 € – Carte 51/67 €

Plan : B1-z – *48 rue du Puits-Neuf – 09 83 88 96 59 – www.vintrepide.com – Fermé lundi, dimanche*

Yamato

CUISINE JAPONAISE • EXOTIQUE Cette table japonaise propose une cuisine ciselée, réalisée avec des produits frais de qualité, du poisson aux desserts "fusion". Salle à manger d'inspiration asiatique, propriétaire en costume traditionnel, et à l'étage, trois luxueuses chambres façon ryokan participent au voyage...

Menu 44/98 € – Carte 50/80 €

Plan : A2-e – *21 avenue des Belges – 04 42 38 00 20 – www.restaurant-yamato.com – Fermé lundi, mardi*

Hôtels

Villa Gallici

LUXE · ÉLÉGANT Cyprès, fontaine, jasmin et rosiers : voici quelques-uns des charmes du ravissant jardin provençal de cette discrète villa juchée sur les hauteurs d'Aix. Les chambres, au charme baroque, sont exclusives et raffinées. Un lieu à part !

17 chambres – 295/980 € – 6 suites – 34 €

18 bis avenue de la Violette – 04 42 23 29 23 – www.villagallici.com – Fermé 2 janvier-6 février, 19-28 décembre

Villa Gallici – voir la sélection des restaurants

Grand Hôtel Roi René

BUSINESS · CONTEMPORAIN Ce Grand Hôtel inspiré de l'architecture régionale des 17e et 18e s. est né en 1929 mais il n'a pas pris une ride ! Les chambres y sont cossues et très contemporaines – préférez celles donnant sur le patio et la piscine – et le restaurant arbore des accents lounge...

131 chambres – 135/440 € – 3 suites – 27 €

Plan : B2-b – *24 boulevard du Roi-René – 04 42 37 61 00 – www.grand-hotel-roi-rene-aix-en-provence.com*

Le Pigonnet

MAISON DE MAÎTRE · PERSONNALISÉ En périphérie d'Aix, dans un beau parc verdoyant, une imposante bastide dont les chambres cultivent le romantisme et l'élégance ; celles situées dans la partie "Résidence" adoptent un style moderne et chaleureux. Cézanne lui-même s'imprégna ici des parfums et couleurs de la Provence !

42 chambres – 195/495 € – 3 suites – 25 €

5 avenue du Pigonnet – 04 42 59 02 90 – www.hotelpigonnet.com

La Table du Pigonnet – voir la sélection des restaurants

Château de la Pioline

DEMEURE HISTORIQUE · TRADITIONNEL On accède par une allée de platanes à cette belle et vaste demeure classée du 18es. Jardin à la française, escalier d'honneur, terrasse sous les tilleuls, belle piscine... et des chambres qui cultivent cette forme de simplicité qui va si bien à l'esprit provençal.

18 chambres – 142/359 €

260 rue Guillaume-du-Vair, 5 km au Sud-Ouest par D9 ou A51, sortie Les Milles – 04 42 52 27 27 – www.chateaudelapioline.com

Pierre Reboul – voir la sélection des restaurants

Hôtel de Gantès

HISTORIQUE · DESIGN Emplacement rêvé sur le célèbre cours Mirabeau pour cet hôtel particulier de 1671. Surprise en haut de l'escalier d'honneur : les chambres se révèlent très contemporaines et sont autant de variations sur des thèmes originaux (cinéma, théâtre, Picasso, etc.), avec terrasse au dernier étage... Un fort bel ensemble.

11 chambres – 219/325 € – 15 €

Plan : B2-q – *1 rue Fabrot – 04 42 90 31 60 – www.hoteldegantes.fr*

Cézanne

URBAIN · DESIGN De belles chambres design pour cet hôtel situé entre la gare et le centre-ville. Business center, open bar, garage payant sur réservation, terrasse avec fontaine et petit-déjeuner maison servi jusqu'à midi. Accueil et service aux petits soins.

53 chambres – 115/400 € – 2 suites – 20 €

Plan : A2-h – *40 avenue Victor-Hugo – 04 42 91 11 11 – www.hotelaix.com*

à Celony 3 km par D7n – ✉ 13090

Le Mas d'Entremont

MAISON DE CAMPAGNE • CONTEMPORAIN Sur les hauteurs d'Aix, une bastide nichée dans un parc avec bassin, colonnes et jets d'eau. Les chambres y sont confortables et bien tenues ; plus spacieuses et modernes dans les maisonnettes du parc. Carte actuelle au restaurant.

20 chambres – 175/289 € – 6 suites – 20 €

315 route nationale 7 – ✆ 04 42 17 42 42 – www.masdentremont.com – Fermé 1er décembre-1er janvier

à Beaurecueil 10 km par N7 et D58 – ✉ 13100

La Table de Beaurecueil

CUISINE TRADITIONNELLE • COLORÉ XX Dans une ancienne bergerie au décor résolument contemporain, on apprécie une cuisine traditionnelle aux bons parfums de Provence. Jolie sélection de vin au verre.

Menu 33 € (déjeuner), 55/70 €

66 route de Meyreuil – ✆ 04 42 66 94 98 – www.latabledebeaurecueil.com – Fermé lundi, mercredi, dimanche soir

au Canet 8 km au Sud-Est par D7n – ✉ 13100

L'Auberge Provençale

CUISINE TRADITIONNELLE • RUSTIQUE XX Dans cette jolie auberge provençale, proche de la N 7, on apprécie une cuisine traditionnelle soignée, ancrée dans la région – pieds et paquets servis en cocotte, daube de joue de bœuf –, accompagnée d'un beau choix de vins issus de la France entière. Le succès est au rendez-vous, et c'est mérité !

Menu 29/55 € – Carte 48/61 €

impasse de Provence, au lieu-dit Le Canet-de-Meyreuil – ✆ 04 42 58 68 54 – www.auberge-provencale.fr – Fermé 15-31 juillet, 24-30 décembre, mardi, mercredi

au Puy-Ste-Réparade 14 km au Nord – ✉ 13610

Louison

CUISINE CRÉATIVE • DESIGN XXX Une ode à la Provence et à la Méditerranée : voici ce que nous offre Gérald Passédat. Le végétal est à la fête – extractions de jus à partir des produits du superbe potager –, l'exécution est précise et d'un grand raffinement... tout cela dans un cadre incomparable, écrin de verre où les œuvres de Louise Bourgeois diffusent leur aura de mystère.

→ Tourteau rôti de plusieurs poivres, infusion de menthe potagère. Poisson maturé arrosé d'un bouillon de pied de porc et congre fumé. Soufflé à la réglisse, glace fenouil et arlette

Menu 65 € (déjeuner), 95/165 €

Villa La Coste & Spa, 2750 route de la Cride – ✆ 04 42 50 50 00 – www.villalacoste.com – Fermé mardi, mercredi

Francis Mallmann en Provence

VIANDES • TENDANCE X La philosophie du célèbre chef argentin est ici respectée à la lettre : entrecôte fumée lentement au bout de son fil, pomme de terre écrasée et chimichurri ; agneau à la flamme dans notre dôme, aubergine, poivrons au feu... à déguster dans un cadre élégant et lumineux.

Carte 65/90 €

2750 route de la Cride – ✆ 04 42 91 37 37 – www.chateau-la-coste.com – Fermé lundi midi, mardi midi, mercredi midi, jeudi midi

Villa La Coste & Spa

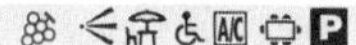

GRAND LUXE · CONTEMPORAIN Cet hôtel atypique, situé au cœur des vignes de Château La Coste, ne manque pas d'allure : les 28 Villa Suites (certaines avec piscine privative) offrent une vue exceptionnelle sur le Luberon. La terrasse accueille une belle piscine entourée de pins. Spa de 750 mètres carrés, et parcours thermal. Et les services d'un palace...

28 suites – 650/2800 €

2750 route de La Cride – 04 42 50 50 00 – www.villalacoste.com

Louison – voir la sélection des restaurants

au Tholonet 5 km à l'Est par D17 – 13100

Le Saint-Estève

CUISINE MODERNE · ÉLÉGANT XXX C'est donc dans ce domaine luxueux que l'on retrouve Mathias Dandine, chef provençal dont le talent est déjà bien connu. Sa philosophie peut se résumer ainsi : les meilleurs produits de saison, une certaine simplicité et des parfums marqués. Tout l'éclat des saveurs de la région !

→ Légumes primeurs des marchés de Provence, lasagne au vert et sauce bagna cauda. Pêche du jour, pomme de terre à l'anis, fenouil fondant et favouille farcie. Clafoutis aux abricots et amandes, taboulé aux fruits secs et basilic

Menu 80 € (déjeuner), 125/165 € – Carte 130/180 €

Les Lodges Sainte-Victoire, 2250 route Cézanne – 04 42 27 10 14 – www.leslodgessaintevictoire.com – Fermé 17 février-4 mars

Les Lodges Sainte-Victoire

LUXE · COSY Sur la route de la montagne Ste-Victoire chère à Cézanne, ce domaine inauguré en 2013 cultive une quiétude toute provençale... Dans la belle bastide du 18e s. comme dans les superbes lodges indépendants (avec piscine privée) règne la même alliance de modernité et d'esprit bourgeois : une montagne de confort !

27 chambres – 200/430 € – 8 suites – 25 €

2250 route Cézanne – 04 42 24 80 40 – www.leslodgessaintevictoire.com

Le Saint-Estève – voir la sélection des restaurants

AIX-LES-BAINS

73100 (Savoie) – Carte régionale n° **4**-F2
Carte Michelin 333-I3 – Guide Vert Michelin Alpes du Nord

Le 59 Restaurant

CUISINE MODERNE · TENDANCE X Dans la famille Campanella, je demande... le frère ! Cédric a succédé à Boris aux fourneaux de cette ancienne épicerie transformée en restaurant. Dans l'assiette, on retrouve le goût de la précision, et une cuisine actuelle, volontiers inventive. L'une des meilleures adresses de la ville.

Menu 29 € (déjeuner), 43/75 € – Carte 60/85 €

59 rue du Casino – 04 79 88 29 75 – www.restaurant-le59.fr – Fermé 24 février-9 mars, 30 juin-22 juillet, lundi, dimanche

Golden Tulip

BUSINESS · FONCTIONNEL À deux pas du casino où se produisirent jadis Sarah Bernhardt et Luis Mariano, cet bel hôtel contemporain propose des chambres fonctionnelles et très confortables. De quoi faire des rêves de paillettes... À moins que vous ne préfériez vous détendre dans le jardin japonais, ou au spa !

101 chambres – 99/280 € – 10 suites – 18 €

avenue Charles-de-Gaulle – 04 79 34 19 19 – www.hotelgardenaixlesbains.com

AIZENAY

✉ 85190 (Vendée) - Carte régionale n° **23**-B3
Carte Michelin 316-G7

La Sittelle

CUISINE CLASSIQUE • **BOURGEOIS** XX La sittelle ? C'est l'oiseau qui vit dans la forêt avoisinante. Pour tenter de l'entendre, faites une halte dans cette agréable demeure bourgeoise. La cuisine, classique, savoureuse et juste, témoigne du bien joli parcours du chef... et ravit les gourmands, tout simplement !

Menu 29/39 €

33 rue du Maréchal-Leclerc - ✆ 02 51 34 79 90 - Fermé 10 août-3 septembre, lundi, samedi

AJACCIO - 2A (Corse-du-Sud) ➜ voir Corse

ALBERT

✉ 80300 (Somme) - Carte régionale n° **14**-B1
Carte Michelin 301-I8

à Authuille 5 km au Nord par D50 - ✉ 80300

Auberge de la Vallée d'Ancre

CUISINE TRADITIONNELLE • **ÉLÉGANT** XX Perdue en pleine campagne, cette sympathique auberge de pays n'en est pas moins prisée ! L'accueil y est charmant ; dans sa cuisine ouverte aux regards, le chef prépare une généreuse cuisine traditionnelle, avec notamment quelques spécialités locales comme la ficelle picarde. Beau plateau de fromages.

Menu 25/30 € - Carte 28/45 €

6 rue du Moulin - ✆ 03 22 75 15 18 - Fermé 16 février-3 mars, 3-18 septembre, lundi, mercredi soir, dimanche soir

ALBERTVILLE

✉ 73200 (Savoie) - Carte régionale n° **4**-F2
Carte Michelin 333-L3 - Guide Vert Michelin Alpes du Nord

Million

CUISINE CLASSIQUE • **TRADITIONNEL** XXX Une hostellerie familiale qui cultive la tradition, aussi bien à sa table, autour de recettes classiques, que dans ses chambres au cadre gentiment suranné.

Menu 38 € (déjeuner), 60/80 € - Carte 100/120 €

8 place de la Liberté - ✆ 04 79 32 25 15 - www.hotelmillion.fr - Fermé 29 avril-14 mai, 29 juillet-13 août, 28 octobre-12 novembre, lundi, samedi midi, dimanche soir

à Monthion 7 km au Sud par rte de Chambéry (sortie 26) et D64 - ✉ 73200

Les 16 Clochers

CUISINE MODERNE • **RUSTIQUE** XX Depuis la terrasse, on jouit d'un superbe panorama sur les seize clochers de la vallée : qui dit mieux ? Mais on appréciera aussi la salle, rustique et chaleureuse. Plaisir aussi dans l'assiette : noix de Saint-Jacques et mousseline de topinambours, filet de bœuf sauce mondeuse... Bon rapport qualité-prix.

Menu 26 € (déjeuner), 33/69 € - Carte 50/75 €

91 chemin des 16 Clochers - ✆ 04 79 31 30 39 - www.les16clochers.fr - Fermé lundi, mardi, dimanche soir

ALBI

✉ 81000 (Tarn) – Carte régionale n° **22**-C2
Carte Michelin 338-E7

L'Épicurien

CUISINE MODERNE • BRANCHÉ XX C'est l'adresse branchée d'Albi, et à raison ! Ce n'est pas un hasard si la déco, au design épuré, témoigne d'un bel esprit nordique : le chef est d'origine suédoise, et il concocte de jolies assiettes dans l'air du temps, gourmandes, copieuses et bien ficelées. De quoi satisfaire plus d'un épicurien...

Menu 22 € (déjeuner), 32/46 € – Carte 38/58 €

Plan : D2-p – *42 place Jean-Jaurès – ✆ 05 63 53 10 70 – www.restaurantlepicurien.com – Fermé lundi, dimanche*

La Table du Sommelier

CUISINE MODERNE • BISTRO X Père et fils travaillent en duo dans ce sympathique bistrot contemporain. Le résultat ? Une cuisine savoureuse, qui revisite habilement le terroir, un imposant choix de vins (près de 400 références !), et, l'été, deux terrasses au choix : sous la pergola ou à ciel ouvert... Une adresse hautement recommandable !

Menu 18 € (déjeuner), 31/65 € – Carte 39/53 €

Plan : D1-m – *20 rue Porta – ✆ 05 63 46 20 10 – www.latabledusommelier.com – Fermé lundi, dimanche*

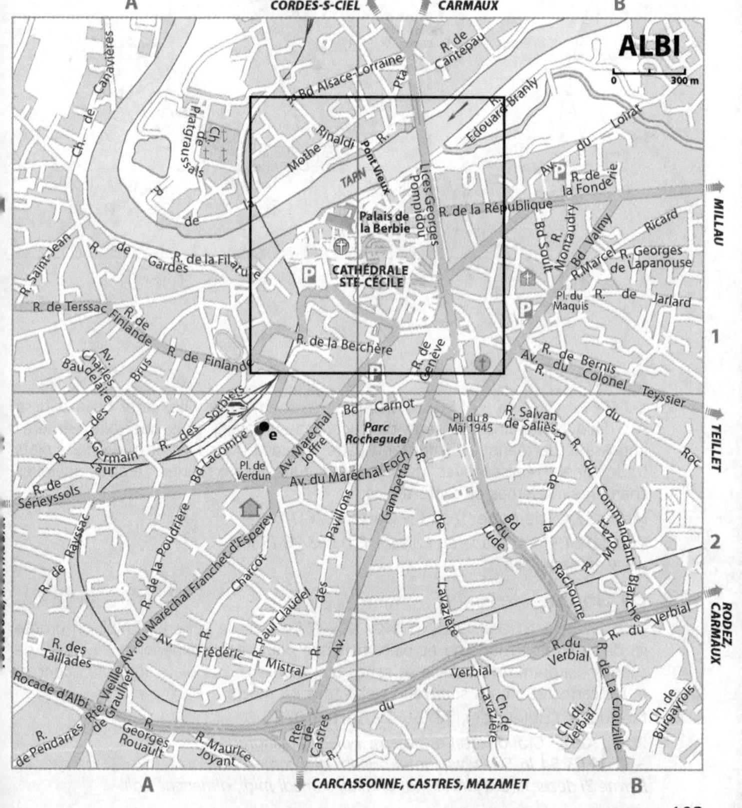

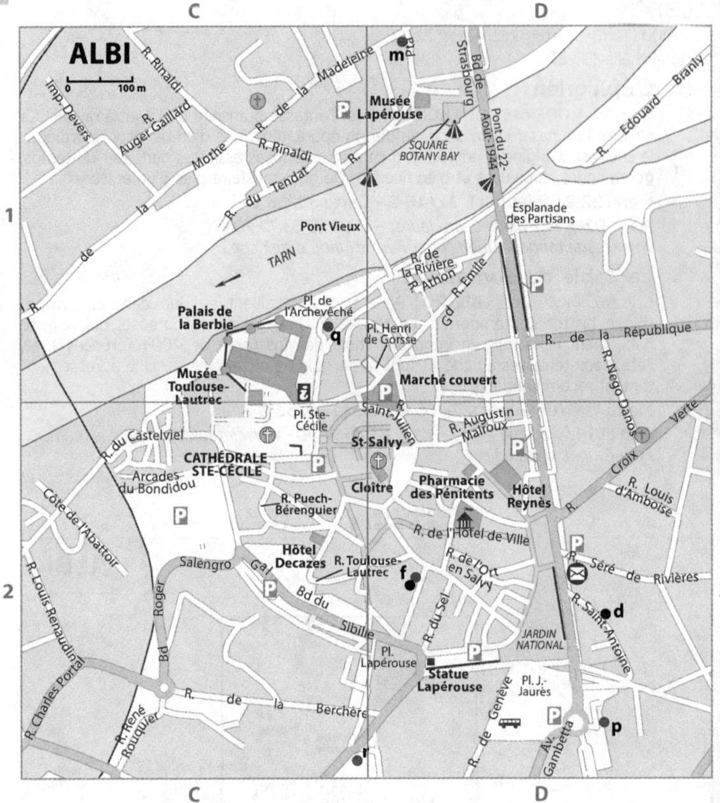

Alchimy

CUISINE MODERNE • ÉLÉGANT XX Au cœur de la vieille ville, cette belle bâtisse Art déco abrite une brasserie de style contemporain, sous une jolie verrière : impossible de manquer l'imposant lustre Murano ! Dans l'assiette, de bons plats traditionnels réalisés avec de beaux produits locaux ; pour l'étape, quelques chambres modernes et confortables.

Menu 27 € (déjeuner)/33 € – Carte 35/60 €

Plan : D2-f – *10-12 place du Palais* – *05 63 76 18 18* – *www.alchimyalbi.fr*

Le Goulu

CUISINE TRADITIONNELLE • TENDANCE XX En face de la gare, d'Albi, on profite ici de la cuisine moderne et bien maîtrisée d'un chef d'expérience. "Finger" de saumon, suprême de volaille et sauce aux morilles... Les plats sont bien conçus, et les cartes et menus sont renouvelés tous les mois.

Menu 21 € (déjeuner), 33/55 € – Carte 40/50 €

Plan : A2-e – *Grand Hôtel d'Orléans, 1 place Stalingrad* – *05 63 54 16 56* – *www.hotel-orleans-albi.com* – *Fermé 21 décembre-8 janvier, lundi midi, samedi midi, dimanche soir*

La Part des Anges

CUISINE MODERNE • DESIGN XX Au-dessus du Grand Théâtre, au dernier étage, cet établissement propose une cuisine au goût du jour maîtrisée – ainsi cette belle côte de bœuf maturée 30 jours ou le foie gras confit, pâte de coing et vin chaud – servie aux beaux jours sur la vaste terrasse dominant la ville. Un ange passe...

Menu 18 € (déjeuner), 26/45 € – Carte 35/55 €

Plan : C2-r – *rue des Cordeliers – ✆ 05 63 49 77 81 – www.lapartdesangesalbi.fr – Fermé dimanche soir*

Bruit en Cuisine

CUISINE TRADITIONNELLE • BISTRO X Comme son nom ne l'indique pas, cette jolie maison du cœur de la vieille ville ne fait pas de bruit... mais elle gagne à être connue ! Le chef y propose une savoureuse cuisine du marché, au meilleur de la tradition ; ne manquez pas la terrasse, et sa vue superbe sur la cathédrale Ste-Cécile...

Menu 17 € (déjeuner)/25 €

Plan : C1-q – *22 rue de la Souque – ✆ 05 63 36 70 31 – Fermé 1er janvier-10 février, lundi, dimanche*

La Réserve

LUXE • PERSONNALISÉ Dans un grand parc verdoyant au bord du Tarn, une villa pleine de charme ! Meubles chinés et contemporains, tissus et papiers peints élégants : les chambres sont raffinées et donnent sur la jolie piscine ou la rivière. Et quand l'heure du repas est venue, on n'est pas dépourvu...

18 chambres – 228/508 € – 2 suites – 20 €

81 route de Cordes, 3 km au Nord par D600 – ✆ 05 63 60 80 80 – www.lareservealbi.com – Fermé 14 octobre-4 mai

Hostellerie St-Antoine

BUSINESS • PERSONNALISÉ Cet hôtel fondé en 1734 – ce qui en fait l'un des plus vieux de France – cultive très joliment l'atmosphère cossue des maisons d'antan... Un confortable cocon.

41 chambres – 94/228 € – 3 suites – 15 €

Plan : D2-d – *17 rue St-Antoine – ✆ 05 63 54 04 04 – www.hotel-saint-antoine-albi.com – Fermé 2 novembre-1er avril*

Alchimy

BOUTIQUE HÔTEL • ÉLÉGANT Si le restaurant vous a plu, attendez un peu de découvrir les chambres, peut-être les plus jolies de la ville ! L'élégance est ici la règle (marbre blanc dans les salles de bains, meubles signés), dans une veine Art déco qui ne laisse pas indifférent... L'alchimie fonctionne pleinement.

10 chambres – 130/320 € – 12 €

Plan : D2-f – *10-12 place du Palais – ✆ 05 63 76 18 18 – www.alchimyalbi.fr*

Alchimy – voir la sélection des restaurants

Grand Hôtel d'Orléans

URBAIN • FONCTIONNEL Depuis 1902, de père en fils, on prend soin des voyageurs venus chercher la tranquillité au pays de Toulouse-Lautrec ! Les chambres sont fonctionnelles, dans un esprit contemporain, et, pour les hôtes studieux, on compte aussi de nombreuses salles de réunion.

56 chambres – 65/92 € – 2 suites – 11 €

Plan : A2-e – *1 place Stalingrad – ✆ 05 63 54 16 56 – www.hotel-orleans-albi.com – Fermé 21 décembre-8 janvier*

Le Goulu – voir la sélection des restaurants

L'Autre Rives

MAISON DE MAÎTRE • CONTEMPORAIN Cette maison de maître des années 1930 au toit d'ardoise, décorée avec goût dans un esprit tantôt scandinave, tantôt japonisant, propose des chambres spacieuses et confortables. Sauna, fitness et grande piscine, dans le beau jardin paysagé. Pour un séjour parfait en terres albigeoises.

5 chambres – 90/180 €

60 rue Cantepau – ✆ 06 75 47 01 51 – www.lautrerives.com – Fermé 5 novembre-1er décembre

à Castelnau-de-Lévis 7 km au Nord par D600 et D1 – ✉ 81150

La Taverne Besson

CUISINE MODERNE • BRANCHÉ XX Voici une Taverne originale avec son décor lumineux, d'une élégance toute contemporaine, et sa terrasse ouverte sur la campagne... On y déguste une cuisine séduisante, associant bons produits locaux et notes originales. On peut également réserver l'une des chambres, aménagées avec soin.

Menu 24 € (déjeuner), 54/72 € – Carte 38/64 €

rue Aubijoux – ✆ 05 63 60 90 16 – www.tavernebesson.com – Fermé lundi, mardi midi, dimanche soir

ALENÇON

✉ 61000 (Orne) – Carte régionale n° **17**-C3

Carte Michelin 310-J4 – Guide Vert Michelin Normandie Cotentin

L'Alezan

CUISINE MODERNE • ÉLÉGANT XX Entrez dans cette maison accueillante : dans la cheminée le feu crépite, on n'attend plus que vous... Un jeune couple est aux commandes : en cuisine, le chef propose une partition soignée et goûteuse – saumon en deux façons, faux-filet normand aux artichauts et betteraves, craquant à la mandarine – tandis qu'en salle son épouse assure un service de qualité.

Menu 26 € (déjeuner), 33/55 € – Carte 48/62 €

183 avenue du Général-Leclerc – ✆ 02 33 28 67 67 – www.lalezan-restaurant.com – Fermé 8-15 avril, 16 août-2 septembre, 24-30 décembre, lundi, samedi midi, dimanche soir

Rive Droite

CUISINE MODERNE • COSY XX Cette maison en pierres datant du 18ᵉ s. fut le QG du maréchal Leclerc lors de la libération d'Alençon en août 1944. Devenue le Rive Droite, elle continue d'écrire son histoire... culinaire, en proposant des assiettes voyageuses et bien dans l'air du temps. Le tout servi par une jeune équipe dynamique !

Menu 26 € (déjeuner)/35 €

31 rue du Pont-Neuf – ✆ 02 33 27 79 73 – www.rivedroiterestaurant.com – Fermé 1er-8 janvier, lundi, dimanche soir

à St-Paterne (72 Sarthe) 4 km au Sud par D311 – ✉ 72610

Château de Saint-Paterne

DEMEURE HISTORIQUE • PERSONNALISÉ Des toits élancés, de hautes cheminées : ce château est né entre Moyen Âge et Renaissance ! Jusqu'à nos jours il devait témoigner d'un certain art de vivre, car son décor plein de style a été porté à la pointe du goût contemporain... Le dîner est servi aux chandelles. Superbement romantique !

11 chambres – 145/265 € – 15 €

4 rue de la Gaieté – ✆ 02 33 27 54 71 – www.chateau-saintpaterne.com – Fermé 22 décembre-15 mars

ALÈS

✉ 30100 (Gard) – Carte régionale n° **21**-C1

Carte Michelin 339-J4 – Guide Vert Michelin Languedoc

Épices et Tout

CUISINE MODERNE • CONVIVIAL X Ce petit restaurant à la devanture discrète secoue les papilles. Cuisine soignée, produits frais, et des épices utilisées avec justesse comme avec ces asperges vertes rôties et vinaigrette wasabi. Autre spécialité : la souris d'agneau confite au vin rouge. Un menu appétissant à déguster en été sur la petite terrasse.

Menu 19 € (déjeuner), 30/37 € – Carte 41/50 €

15 avenue Carnot – ✆ 04 66 52 43 79 – www.epicesettout.fr – Fermé 4-17 mars, 27 mai-2 juin, 19 août-1er septembre, mercredi soir, samedi midi, dimanche

à St-Hilaire-de-Brethmas 3 km par D936 - ✉ 30560

 Comptoir St-Hilaire

LUXE · PERSONNALISÉ La décoratrice Catherine Painvin a entièrement repensé ce mas du 17^{e}s. : chambres et suites follement originales, luxe omniprésent mais discret, à l'unisson du superbe parc avec les Cévennes à perte de vue... À la table d'hôte, on apprécie la cuisine régionale dont quelques spécialités mettant la truffe à l'honneur.

5 chambres ☕ - ††250/325 €

Mas de la Rouquette, 2 km à l'Est - ✆ 06 04 59 94 66 - www.comptoir-saint-hilaire.com

ALGAJOLA - 2B (Haute-Corse) → voir Corse

ALLEINS

✉ 13980 (Bouches-du-Rhône) - Carte régionale n° **25**-E1
Carte Michelin 340-F3 - Guide Vert Michelin Provence

 Domaine de Méjeans 

FAMILIAL · ÉLÉGANT Une allée de peupliers mène à ce domaine paisible et raffiné : parc luxuriant, étang, piscine, cuisine d'été et... chambres aux noms et aux coloris délicats de friandises (calisson, nougat, etc.). Le tout idéalement situé entre le massif du Luberon et celui des Alpilles !

6 chambres - ††140/290 € - ☕ 15 €

quartier des Méjeans, 3 km par rte de Sénas D71B - ✆ 04 90 57 31 74 - www.domainedemejeans.com

ALLEX

✉ 26400 (Drôme) - Carte régionale n° **2**-B3
Carte Michelin 332-C5 - Guide Vert Michelin Ardèche Drôme

 La Petite Aiguebonne 

FAMILIAL · PERSONNALISÉ Zanzibar, Pondichéry, Louisiane... Dans cette ferme du 13^{e}s., la déco des chambres parcourt le monde ; tandis que dans le jardin une roulotte attend les plus téméraires. Et si, au réveil, vous avez envie de partir à l'aventure, pensez aux sentiers de la réserve naturelle de Ramières.

5 chambres ☕ - ††128/148 €

chemin d'Aiguebonne, 2 km à l'Est par D93 - ✆ 04 75 62 60 68 - www.petite-aiguebonne.com - Fermé 5 janvier-31 mars

ALLEYRAS

✉ 43580 (Haute-Loire) - Carte régionale n° **1**-C3
Carte Michelin 331-E4

 Le Haut-Allier (Philippe Brun)

CUISINE MODERNE · TENDANCE XX Dans ces rudes contrées, le cadre, raffiné et élégant, ne manque pas d'étonner. La cuisine est inventive, volontiers recherchée, et met en valeur de très beaux produits du terroir avec quelques touches asiatiques. Un régal !

→ Cappuccino de truffe, œuf cocotte et écrasé de pomme de terre. Pigeonneau au crumble de grué de cacao et cèpes. Fruits de saison, contraste de miel et de citron en différentes textures

Menu 105 € - Carte 68/98 €

le Pont d'Alleyras, au Nord par D40 - ✆ 04 71 57 57 63 - www.hotel-lehautallier.com - Fermé 12 novembre-16 mars, lundi, mardi

Le Haut-Allier

TRADITIONNEL • CONTEMPORAIN Aux confins des gorges de l'Allier, comme au bout du monde... Dans cet environnement, cet hôtel fait preuve d'un confort bourgeois sans ostentation, d'une tenue parfaite et d'un calme salutaire. Et il serait dommage de se priver du restaurant !

12 chambres - 95/150 € - 16 €

le Pont d'Alleyras, au Nord par D40 - 04 71 57 57 63 - www.hotel-lehautallier.com - Fermé 12 novembre-16 mars

Le Haut-Allier - voir la sélection des restaurants

ALLUY - 58 (Nièvre) → voir Châtillon-en-Bazois

ALLUYES

28800 (Eure-et-Loir) - Carte régionale n° **8**-B1

Carte Michelin 311-E6 - Guide Vert Michelin Châteaux de la Loire

Moulin de la Ronce

MAISON DE CAMPAGNE • PERSONNALISÉ Vous adorerez cet ancien moulin à eau du 16e s., niché au cœur d'un grand parc traversé par le Loir. Le développement durable est au cœur du projet de la propriétaire (potager bio, menuiseries réalisées par l'ébéniste du village, savon bio...) et l'on profite d'une panoplie d'activités de plein air : pêche, promenades en barque, etc. Un vrai bonheur !

2 chambres - 150/170 €

2 rue du Gué - 06 31 17 48 80 - www.moulin-de-la-ronce.com

ALOXE-CORTON - 21 (Côte-d'Or) → voir Beaune

ALPE-D'HUEZ

38750 (Isère) - Carte régionale n° **2**-C2

Carte Michelin 333-J7 - Guide Vert Michelin Alpes du Nord

Au Chamois d'Or

CUISINE CLASSIQUE • ÉLÉGANT XXX Cette jolie table n'est pas le moindre atout de l'hôtel Chamois d'Or : dans le décor chaleureux et feutré d'une salle tout en bois, on apprécie une belle cuisine classique – à tendance brasserie le midi –, composée avec un soin indéniable. L'atmosphère de l'endroit se fait même romantique le soir venu...

Menu 38 € (déjeuner)/44 € - Carte 40/85 €

169 rue Fontbelle (rond-point des pistes) - 04 76 80 31 32 - www.chamoisdor-alpedhuez.com - Fermé 27 avril-14 décembre

L'Espérance

CUISINE MODERNE • TENDANCE XX L'Espérance : le nom du restaurant évoque celui de l'établissement originel, qui appartenait à l'arrière-grand-père de l'actuelle propriétaire. La carte privilégie les circuits courts, et des plats travaillés. Les poissons arrivent directement de Concarneau, et les homards de leur vivier ! Deux bulles permettent de dîner sur la terrasse.

Menu 55 €

Les Grandes Rousses, 425 route du Signal - 04 76 80 33 11 - www.hotelgrandesrousses.com - Fermé 22 avril-31 mai, 16 septembre-28 novembre, lundi midi, mardi midi, mercredi midi, jeudi midi, vendredi midi, samedi midi, dimanche midi

Au Chamois d'Or

LUXE • PERSONNALISÉ Un grand chalet en bois aux balcons ciselés : sous la neige, une véritable image d'Épinal... Des feux crépitent, le décor évoque une demeure particulière, les enfants peuvent s'amuser dans "leur" salon (jeux, TV, etc.) et leurs parents profiter du spa : un vrai havre au cœur des Alpes...

40 chambres - 200/735 € - 2 suites

169 rue Fontbelle (rond-point des pistes) - 04 76 80 31 32 - www.chamoisdor-alpedhuez.com - Fermé 27 avril-1er décembre

Au Chamois d'Or - voir la sélection des restaurants

Les Grandes Rousses

TRADITIONNEL · MONTAGNARD Cet établissement est le fruit d'une histoire familiale, démarrée à Huez au début du 20e s. Le cuivre et le rouge sont le fil conducteur de cet intérieur montagnard d'une grande élégance ; les chambres, confortables, se parent de parquet et de pierre. Espace bien-être.

43 chambres – 100/570 € – 11 suites – 25 €

425 route du Signal – 04 76 80 33 11 – www.hotelgrandesrousses.com – Fermé 22 avril-31 mai, 16 septembre-28 novembre

L'Espérance – voir la sélection des restaurants

Le Pic Blanc

FAMILIAL · MONTAGNARD Grande construction moderne d'esprit chalet campée dans le quartier des Bergers, sur les hauteurs de la station. Les chambres spacieuses, de style anglais, sont dotées d'un balcon ; la salle à manger fait face aux montagnes... Solarium, piscine, sauna.

90 chambres – 89/545 € – 2 suites – 17 €

avenue du Rif Nel – 04 76 11 42 42 – www.hotel-picblanc-alpes.com – Fermé 20 avril-1er juin, 1er septembre-1er décembre

Royal Ours Blanc

TRADITIONNEL · DESIGN À 100 m des pistes, cet imposant hôtel tout en hauteur dévoile une déco moderne et design, qui multiplie les clins d'œil aux ursidés (pattes d'ours sur la moquette, imitations de nids d'abeilles)... Original et très accueillant !

44 chambres – 165/599 € – 2 suites

avenue des Jeux – 04 76 80 35 50 – www.hotelroyaloursblanc.com – Fermé 7 avril-20 juin

ALTENSTADT – 67 (Bas-Rhin) → voir Wissembourg

ALTKIRCH

68130 (Haut-Rhin) – Carte régionale n° **10**-A3

Carte Michelin 315-H11 – Guide Vert Michelin Alsace Vosges

L'Orchidée (N) (Chatchai Klanklong)

CUISINE THAÏLANDAISE · CONTEMPORAIN Cette Orchidée nous invite à un éblouissant voyage gastronomique : les produits thaïlandais (épices, notamment) y sont mis en valeur avec soin et élégance, dans une veine moderne parfaitement maîtrisée. On se régale d'un bout à l'autre du repas : une franche réussite.

→ Poire de bœuf au chalumeau, sauce nuoc-mâm, avocat et coriandre. Volaille fermière d'Alsace, asperges vertes, girolles, riz sauté et jus massaman. Ananas Victoria, rhum et noix de coco

Menu 18 € (déjeuner), 50/65 € – Carte 49/62 €

33 rue Gilardoni – 03 89 88 50 39 – www.orchidee-altkirch.com – Fermé lundi, dimanche

Auberge Sundgovienne

CUISINE MODERNE · ÉLÉGANT Ce restaurant d'hôtel est très sympathique : tout y est avenant, contemporain et cosy, et l'on y apprécie une bonne cuisine d'aujourd'hui, concoctée par un chef soucieux de bien faire.

Menu 17 € (déjeuner), 27/62 € – Carte 33/64 €

1 route de Belfort, 4 km à l'Ouest par D419 – 03 89 40 97 18 – www.auberge-sundgovienne.fr – Fermé 22-31 juillet, 22 décembre-24 janvier, lundi, mardi midi, dimanche soir

Auberge Sundgovienne

URBAIN · ÉLÉGANT La belle façade contemporaine invite à pousser les portes de cet établissement coquet et chaleureux. Le parc paysagé est idéal pour se mettre au vert, les chambres, urbaines et contemporaines, sont plaisantes et raffinées ; quant au restaurant, il se prête à la gourmandise.

27 chambres – 92/130 € – 1 suite – 14 €

1 route de Belfort, 4 km à l'Ouest par D419 – 03 89 40 97 18 – www.auberge-sundgovienne.fr – Fermé 22-31 juillet, 22 décembre-24 janvier

Auberge Sundgovienne – voir la sélection des restaurants

ALTWILLER

✉ 67260 (Bas-Rhin) – Carte régionale n° **10**–A1
Carte Michelin 315-F3

L'Écluse 16

CUISINE MODERNE • CONTEMPORAIN XX Cet ancien relais de chevaux de halage, bordant le canal des houillères de la Sarre, est installé à quelques pas… d'une écluse. Le chef, originaire du Morbihan, régale sa clientèle avec une jolie cuisine de saison, et utilise à l'occasion les produits du terroir local, qu'il agrémente de condiments, ou d'huiles aromatisées maison.

Menu 22 € (déjeuner), 38/52 € – Carte 32/39 €

route de Bonnefontaine, 3,5 km au Sud-Est – ✆ 03 88 00 90 42 – www.ecluse16.com – Fermé 17-27 février, 2-12 septembre, 26 décembre-4 janvier, lundi soir, mardi, mercredi

AMBERT

✉ 63600 (Puy-de-Dôme) – Carte régionale n° **1**–C2
Carte Michelin 326-J9 – Guide Vert Michelin Auvergne

Les Copains

CUISINE TRADITIONNELLE • FAMILIAL XX Voilà plus de 80 ans que la même famille tient les rênes de cette table située en face de la pittoresque mairie en rotonde célébrée par Jules Romains dans *Les Copains*. Au menu, une généreuse cuisine élaborée à partir de produits du terroir : agneau du pays, fourme d'Ambert… On passe un excellent moment.

Menu 15 € (déjeuner), 33/62 € – Carte 41/56 €

42 boulevard Henri-IV – ✆ 04 73 82 01 02 – www.hotelrestaurantlescopains.com – Fermé 23 février-4 mars, 22 avril-2 mai, 8 septembre-7 octobre, vendredi soir, samedi, dimanche soir

Le M N

CUISINE MODERNE • CONVIVIAL X On « M » ce bistrot contemporain branché, pour son accueil charmant, comme pour sa cuisine actuelle et goûteuse, proposée à l'ardoise et rythmée par les saisons. Les tarifs restent sages, plus encore le midi en semaine.

Menu 23 € (déjeuner), 29/33 €

1 place du Livradois – ✆ 04 73 82 28 91 – restaurantlemambert.com – Fermé lundi, dimanche soir

AMBIERLE

✉ 42820 (Loire) – Carte régionale n° **2**–A1
Carte Michelin 327-C3 – Guide Vert Michelin Lyon et sa région

Le Prieuré (Thierry Fernandes)

CUISINE MODERNE • CONTEMPORAIN XXX Au centre de ce village de vignerons, on se laisse surprendre par le terroir revu et corrigé selon Thierry Fernandes, chef créatif et inspiré. Quels que soient les plats proposés, la technique est au rendez-vous et les saveurs tout autant.

→ Carpaccio de noix de Saint-Jacques, arc-en-ciel de légumes croquants acidulés et huiles parfumées. Ris de veau rôti à la réglisse, jus au gamay. Sphère au chocolat noir

Menu 48/98 €

11 rue de la Mairie – ✆ 04 77 65 63 24 – www.leprieureambierle.fr – Fermé mardi, mercredi, dimanche soir

Demeure Bouquet

HÔTEL PARTICULIER • PERSONNALISÉ Au cœur du village, cette imposante demeure de 1790 trône au milieu d'un élégant jardin à la française, agrémenté d'une piscine d'été et d'une terrasse. À l'intérieur, l'escalier en pierre et fer forgé dessert cinq chambres confortables, avec tomettes et mobilier chic. Les hédonistes apprécieront.

5 chambres – 120/165 €

Rue de Faimes – ✆ 06 95 88 83 82 – www.demeurebouquet.com

✉ 37400 (Indre-et-Loire) – Carte régionale n° **8**-A1
Carte Michelin 317-O4 – Guide Vert Michelin Châteaux de la Loire

Château de Pray

CUISINE MODERNE • ÉLÉGANT XXX Décor châtelain et... salle troglodytique pour cet ancien chai proposant désormais une cuisine qui flirte joliment avec notre époque. Finesse d'exécution, équilibre des saveurs, approvisionnement auprès de producteurs locaux... en un mot, c'est bon !

→ Pieds de couteaux, brocoli, sarrasin et roquette. Pigeonneau du pays de Racan rôti, engrain bio des Corbières et mûres. Soufflé chaud au cassis de Touraine, sorbet au cassis frais

Menu 59/135 € – Carte 85/100 €

Rue du Cèdre, 3 km, route de Chargé au Nord-Est et D751 – ✆ 02 47 57 23 67 – www.chateaudepray.fr – Fermé 7 janvier-7 février, 24 novembre-6 décembre, lundi, mardi

Le Lion d'Or

CUISINE MODERNE • CONVIVIAL X Au pied du célébrissime château d'Amboise, ce restaurant résolument contemporain est niché dans une grande maison datant de 1880. Le chef y compose des assiettes dans l'air du temps, parfumées et colorées, où les beaux produits sont légion, le tout dans une ambiance conviviale. Bon rapport qualité-prix.

Menu 22 € (déjeuner), 33/70 € – Carte 47/58 €

17 quai Charles-Guinot – ✆ 02 47 57 00 23 – www.liondor-amboise.com – Fermé 3-10 janvier, 19 novembre-12 décembre, lundi, mardi midi, dimanche soir

Le Manoir Les Minimes

LUXE • CONTEMPORAIN Cette demeure du 18e s. située en bord de Loire vous accueille avec élégance. De superbes meubles de style habillent ses beaux salons bourgeois et ses chambres raffinées.

13 chambres – ††149/249 € – 2 suites – ☕ 21 €

34 quai Charles-Guinot – ✆ 02 47 30 40 40 – www.manoirlesminimes.com – Fermé 20 janvier-12 février

Au Charme Rabelaisien

HÔTEL PARTICULIER • HISTORIQUE Cette demeure bourgeoise qui abrita banque, école et étude notariale, est devenue un hôtel de charme. Les chambres sont confortables (celles du dernier étage disposent d'une vue sur le château), et l'accueil familial ; petit jardin avec piscine. Agréable espace bien-être.

10 chambres – ††150/250 € – ☕ 14 €

25 rue Rabelais – ✆ 02 47 57 53 84 – www.au-charme-rabelaisien.com – Fermé 21 janvier-4 février

Château de Pray

DEMEURE HISTORIQUE • GRAND LUXE D'imposantes tours rondes, un grand parc arboré, quelques lits à baldaquin... Sur des fondations médiévales, ce petit château date essentiellement du 17e s. : à la croisée des époques, caractère et agrément !

19 chambres – ††139/290 € – ☕ 19 €

rue du Cèdre, 3 km au Nord-Est, route de Chargé et D751 – ✆ 02 47 57 23 67 – www.chateaudepray.fr – Fermé 6 janvier-6 février, 24 novembre-6 décembre

Château de Pray – voir la sélection des restaurants

à St-Ouen-les-Vignes 6,5 km au Nord par D431 – ✉ 37530

L'Aubinière

CUISINE MODERNE • CONTEMPORAIN XXX Une belle salle contemporaine et lumineuse, une cuisine de saison qui ne triche pas sur la qualité des produits et une cave riche en vins régionaux : le restaurant de l'Aubinière a vraiment tout pour plaire.

Menu 20 € (déjeuner), 38/65 € – Carte 47/77 €

29 rue Jules-Gautier – ✆ 02 47 30 15 29 – www.aubiniere.com – Fermé 2 janvier-10 février, lundi, mardi midi, dimanche soir

L'Aubinière

SPA ET BIEN-ÊTRE • CONTEMPORAIN Six nouvelles chambres contemporaines spacieuses et confortables, un espace bien-être (sauna, hammam, spa à débordement) et une piscine chauffée... L'auberge de l'Aubinière évolue avec son temps et demeure une étape idéale pour se ressourcer dans le Val de Loire.

12 chambres - 138/315 € - 18 €

29 rue Jules-Gautier - 02 47 30 15 29 - www.aubiniere.com - Fermé 2 janvier-10 février

L'Aubinière - voir la sélection des restaurants

à St-Règle 3 km au Sud-Est par D31 - 37530

Château des Arpentis

DEMEURE HISTORIQUE • GRAND LUXE Un château entouré de douves, dans un parc de 30 ha, au grand calme. Les chambres sont raffinées et tendues de superbes tissus. Détail notable, une imposante piscine de 22 mètres de long... parfait pour les nageurs !

13 chambres - 145/355 € - 12 €

Château des Arpentis - 02 47 23 00 00 - www.chateaudesarpentis.com

AMBRES - 81 (Tarn) → voir Lavaur

AMBRONAY

01500 (Ain) - Carte régionale n° **2**-B1
Carte Michelin 328-F4 - Guide Vert Michelin Franche-Comté Jura

Auberge de l'Abbaye (Ivan Lavaux)

CUISINE MODERNE • TENDANCE XX Une auberge lumineuse, des produits de qualité sélectionnés avec minutie, souvent locaux, et de très beaux poissons, dont ce skrei céleri rémoulade et pomme gingembre. Beaucoup de soin, et point de superflu. Une adresse sûre.

→ Cuisine du marché

Menu 45 € (déjeuner), 60/130 €

47 place des Anciens-Combattants - 04 74 46 42 54 - www.aubergedelabbaye-ambronay.com - Fermé 28 juillet-22 août, 24 décembre-3 janvier, lundi, mercredi soir, dimanche soir

La Maison d'Ambronay

MAISON DE MAÎTRE • PERSONNALISÉ Cette école primaire, entièrement réhabilitée, du cœur du village, face à l'abbaye, est, aux dires de sa propriétaire, une véritable "malle à souvenir". Un grand escalier en pierre donne accès à des chambres contemporaines, décorées avec goût. On raconte que même les cancres y passent de paisibles nuits... Atypique et réussi.

4 chambres - 110/130 €

46 Grande-Rue - 07 82 32 90 79 - www.lamaisondambronay.fr

L'AMÉLIE-SUR-MER - 33 (Gironde) → voir Soulac-sur-Mer

AMIENS

80000 (Somme) - Carte régionale n° **14**-B2
Carte Michelin 301-G8 - Guide Vert Michelin Picardie

Les Orfèvres

CUISINE MODERNE • CONTEMPORAIN XX À deux pas de la célèbre cathédrale, un restaurant au décor de type atelier, épuré et moderne. Au menu : une cuisine qui connaît ses classiques, avec quelques touches plus modernes par-ci par-là... et une ambiance conviviale.

Menu 32 € (déjeuner), 45/83 € - Carte 60/80 €

14 rue des Orfèvres - 03 22 92 36 01 - www.lesorfevres.com - Fermé 15-27 janvier, mercredi, dimanche soir

Le Vivier

POISSONS ET FRUITS DE MER · CONVIVIAL XX Un vivier à crustacés, au centre de ce restaurant, donne le ton ! Ici, on célèbre la mer et ses saveurs avec raffinement : salade de foie gras aux langoustines, blanc de turbot aux girolles... Le cadre pour ce délicieux moment pourra être, au choix, un élégant jardin d'hiver, une salle bistrot ou plus feutrée.

Menu 22 € (déjeuner), 35/85 € - Carte 52/110 €

593 route de Rouen - 03 22 89 12 21 - www.restaurantlevivier-amiens.com - Fermé 28 juillet-20 août, 24 décembre-2 janvier, lundi, dimanche

L'Ail des Ours

CUISINE MODERNE · CONTEMPORAIN X Belle découverte que cet établissement contemporain et coloré. Le chef, Stéphane Bruyer, y propose une cuisine simple, inspirée de la nature, valorisant les produits de son terroir. La table dont tout le monde parle à Amiens... et l'on comprend pourquoi !

Menu 26 € (déjeuner)/36 €

11 rue Sire-Firmin-Leroux - 03 22 48 35 40 - Fermé lundi, dimanche

Marotte

HISTORIQUE · COSY Bel établissement inauguré fin 2012 au cœur de la ville. Il prend ses aises dans une bâtisse de brique rouge du 19e s. (avec une extension contemporaine), dont il conserve le cachet - boiseries, moulures, etc. - et même l'esprit de demeure privée. Élégance, atmosphère feutrée et accueil charmant...

12 chambres - 145/550 € - 22 €

3 rue Marotte - 03 60 12 50 00 - www.hotel-marotte.com - Fermé 10-28 février

à Dury 6 km au Sud par D1001 - 80480

La Bonne Auberge

CUISINE MODERNE · ÉLÉGANT XX Dans cette pimpante auberge, point de carte : on choisit parmi les suggestions du jour, gage de fraîcheur. Le jeune chef se montre assez audacieux dans sa cuisine, osant quelques accords de saveurs originaux (qui ne font pas de mal, dans cette région où la tradition règne en maître...). Service aimable et efficace, bon rapport qualité-prix.

Menu 24 € (déjeuner), 32/64 €

63 Route Nationale - 03 22 95 03 33 - www.labonneauberge80.com - Fermé 15-29 avril, 18 août-1er septembre, 31 décembre-13 janvier, lundi, dimanche

L'Aubergade

CUISINE MODERNE · CONTEMPORAIN XXX On a plaisir à s'attabler dans ce restaurant considéré comme la bonne table de la région. Le chef privilégie les produits de saison.

Menu 45/90 € - Carte 71/97 €

78 Route Nationale - 03 22 89 51 41 - www.aubergade-dury.com - Fermé 7-22 avril, 11-26 août, 23 décembre-7 janvier, lundi, dimanche

AMMERSCHWIHR

68770 (Haut-Rhin) - Carte régionale n° **10**-C2
Carte Michelin 315-H8

Julien Binz

CUISINE MODERNE · ÉLÉGANT XXX Julien Binz et sa compagne, Sandrine Kauffer, se sont installés en 2015 dans cette jolie maison alsacienne. Lui, en cuisine, saupoudre la tradition de quelques touches modernes, voire exotiques, du plus bel effet, et dévoile des assiettes savoureuses et bien maîtrisées ; elle, en salle, assure un service amical et efficace.

→ Langoustines en tartare, rôties et en crème chaude. Bar sauvage en écailles soufflées et sauce au jus de carotte moutardée. Sphère chocolat-caramel

Menu 48/93 € - Carte 65/100 €

7 rue des Cigognes - 03 89 22 98 23 - www.restaurantjulienbinz.com - Fermé lundi, mardi

Aux Armes de France

CUISINE CLASSIQUE • ÉLÉGANT XXX Dans ce beau village de la route des vins, une grande maison blanche qui cultive un certain esprit de tradition, entre décor bourgeois et cuisine classique (filets de sole aux nouilles, gratin de homard, choucroute garnie...). À l'étage, les chambres de style rustique permettent de faire étape.

Menu 30/59 € - Carte 60/90 €

1 Grand'Rue - 03 89 47 10 12 - www.armesfrance.fr - Fermé mercredi, jeudi

AMNÉVILLE

57360 (Moselle) - Carte régionale n° **12**-B1
Carte Michelin 307-H3

au Parc Thermal et de Loisirs 2,5 km au Sud, bois de Coulange - 57360

La Forêt

CUISINE TRADITIONNELLE • CONTEMPORAIN XX "Penser, c'est chercher des clairières dans une forêt." On pourra méditer cette trouvaille de Jules Renard en s'attablant dans cette maison conviviale, face au bois de Coulange. Les recettes y sont empreintes de classicisme (foie gras maison, choucroute de poissons, etc.) et s'accompagnent de jolis crus.

Menu 22/48 € - Carte 40/55 €

1 rue de la Source - 03 87 70 34 34 - www.restaurant-laforet.com - Fermé 29 juillet-13 août, 24 décembre-8 janvier, lundi, mardi, dimanche soir

Golden Tulip

BUSINESS • CONTEMPORAIN Cet hôtel, situé en plein cœur du parc thermal et de loisirs du bois de Coulange, est directement relié à une salle de spectacle. Le parti pris est contemporain, voire avant-gardiste : chambres et suites design, casino, espace détente, salles de séminaire, restaurant...

78 chambres - 85/295 € - 6 suites - 17 €

Parc de Coulange - 03 87 71 82 86 - www.goldentulipamneville.com

St Eloy

FAMILIAL • PERSONNALISÉ Un hôtel entouré de verdure, décoré sur le thème du cinéma. Il abrite de petites chambres bien aménagées (douches à l'italienne, écrans plats), avec un mobilier design. Au restaurant le 7ème art, les terrines sont faites maison, et le chef fume son saumon !

47 chambres - 84/89 € - 11 €

rue des Thermes - 03 87 70 32 62 - www.hotels-amneville.com

Il fait beau ? Repérez le symbole et attablez-vous en terrasse...

AMOU

40330 (Landes) - Carte régionale n° **18**-B3
Carte Michelin 335-G13 - Guide Vert Michelin Aquitaine

Le Commerce

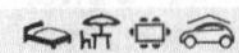

CUISINE TRADITIONNELLE • RUSTIQUE X Le charme des anciennes auberges de village, la touche contemporaine en plus... Pâté maison, foie gras chaud aux piquillos, lamproie en matelote, anguilles persillées, tourtière flambée aux pommes : à la carte, la cuisine landaise et les bonnes recettes sont à l'honneur ! Quelques jolies chambres pour passer la nuit.

Menu 31 € - Carte 34/54 €

2 place de la Poste (près de l'église) - 05 58 89 02 28 - www.hotel-commerce-darracq.com - Fermé 4-28 novembre, lundi, dimanche soir

ANCENIS

✉ 44150 (Loire-Atlantique) - Carte régionale n° **23**-B2
Carte Michelin 316-I3 - Guide Vert Michelin Pays de la Loire

La Toile à Beurre

CUISINE MODERNE • RUSTIQUE X Pierres, poutres et tomettes font le cachet rustique de cette maison de 1750, bordée d'une jolie terrasse. Le chef, Pierre-Yves Ladoire, y revisite la cuisine du terroir en y mêlant sa patte personnelle. Résultat : des recettes gourmandes, mettant notamment à l'honneur les poissons sauvages. Service aimable.

Menu 15 € (déjeuner), 30/55 €

82 rue Saint-Pierre - ✆ 02 40 98 89 64 - www.latoileabeurre.com - Fermé lundi, mercredi soir, dimanche soir

ANDUZE

✉ 30140 (Gard) - Carte régionale n° **21**-C2
Carte Michelin 339-I4

à Thoiras 8,5 km au Nord-Ouest par D907 et D258 - ✉ 30140

Le Mas de Prades

MAISON DE CAMPAGNE • COSY En pleine campagne, aux portes du parc national des Cévennes, ce mas tout en pierre est un vrai refuge. La belle piscine dans le parc parfaitement entretenu, les chambres très cosy, les salons où il fait bon prendre un livre, les vélos à disposition : tout invite à lâcher prise...

5 chambres ☕ - 👥100/120 €

hameau de Prades, 3 km au Nord-Ouest par D57 - ✆ 04 66 85 09 00 - www.masdeprades.com - Fermé 15 septembre-15 avril

ANET

✉ 28260 (Eure-et-Loir) - Carte régionale n° **8**-B1
Carte Michelin 311-E2 - Guide Vert Michelin Normandie Vallée de la Seine

Le Manoir d'Anet

CUISINE TRADITIONNELLE • ÉLÉGANT XX Un restaurant traditionnel idéalement situé face au château de Diane de Poitiers ! Dans la salle, rustique et coquette, on se régale de grands classiques du genre, réalisés avec de bons produits de saison. Une offre snacking est également proposée.

Menu 27/53 € - Carte 54/73 €

3 place du Château - ✆ 02 37 41 91 05 - www.lemanoirdanet.com - Fermé mardi, mercredi

Foodcollection/Getty Images

ON AIME...

Les belles chambres contemporaines de l'**hôtel 21 Foch**, et en son sein, Le **Favre d'Anne** et ses délicieux produits du terroir angevin. **Le Pois Gourmand**, pour sa goûteuse cuisine du marché et sa sélection de vins de Loire. Sans oublier que ça pétille aussi du côté de **Lait Thym Sel** qui prouve que la relève est assurée. Enfin, à la nuit venue, fermez les yeux aux **3 Lieux**, bercés par la douceur des bords de Loire.

ANGERS

✉ 49000 (Maine-et-Loire) – Carte régionale n° **23**-C2
Carte Michelin 317-F4 – Guide Vert Michelin Pays de la Loire

Restaurants

✿ Une Île (Gérard Bossé)

CUISINE MODERNE • **DESIGN** XXX Une île sobre et épurée, écrin inspirant pour un chef qui cultive avec simplicité et précision le goût du produit, et des sauces limpides. Madame, sommelière, suggère les accords mets et vins.

→ Anguille de Loire fumée et moelleux de sarrasin. Pigeonneau rôti et jus aux cinq parfums. Sablé caramel au beurre salé

Menu 39 € (déjeuner), 58/95 € – Carte 60/80 €

Plan : B3-g – *9 rue Max-Richard*
– ✆ 02 41 19 14 48 – www.une-ile.fr –
Fermé 12-21 mars, 13-29 août, lundi, dimanche

✿ Le Favre d'Anne (Pascal Favre d'Anne)

CUISINE CRÉATIVE • **ÉLÉGANT** XX Sis au premier étage d'un ancien hôtel particulier du 19e s., le Favre d'Anne associe avec bonheur les produits du terroir angevin aux saveurs glanées en voyage par le chef Pascal. Finesse et technicité vont main dans la main. Menu unique et belle carte des vins.

→ Foie gras de Nueil-sur-Layon, gaspacho de concombre et salicornes. Pigeon d'Anjou, carotte jaune et dim sum des cuisses confites. Carré d'ardoises au miel

Menu 40 € (déjeuner), 70/105 €

Plan : C3-g – *21 Foch, 21 boulevard du Maréchal-Foch (1er étage) –*
✆ 02 41 36 12 12 – www.lefavredanne.fr –
Fermé 28 juillet-14 août, 22 décembre-7 janvier, lundi, mardi, dimanche

✿ Lait Thym Sel (N) (Gaëtan Morvan)

CUISINE CRÉATIVE • CONTEMPORAIN Cette maison du 16ème siècle située dans le quartier de la Doutre, bénéficie de l'enthousiasme et du talent d'un jeune couple, passé par de prestigieuses maisons (Prés d'Eugénie, Louis XV, SaQuaNa...). Ils proposent un menu dégustation en 7 petits plats pour un maximum de 16 couverts, autour de produits de la région, et assortis de vins judicieusement choisis. Le tout à des prix raisonnables. On se régale.

→ Asperges blanches, polenta et jus au fruit de la passion. Pigeon, inflorescence de chou et huile de combava. Chocolat de Tanzanie

Menu 50 €

Plan : A1-a - *65 rue Beaurepaire - ✆ 02 41 72 08 64 - www.laitthymsel.fr - Fermé 11 mars-2 avril, 15 juillet-5 août, 22 octobre-4 novembre, lundi, mardi midi, mercredi midi, jeudi midi, vendredi midi, samedi midi, dimanche midi*

Le Relais

CUISINE TRADITIONNELLE • BRASSERIE Banquettes, sol en mosaïque, belles fresques sur le thème du vin et du "bien vivre" ajoutent à la chaleur de ce lieu élégant. Cuisine traditionnelle accompagnée d'une sélection de vins de Loire.

Menu 22/29 €

Plan : B3-k - *9 rue de la Gare - ✆ 02 41 88 42 51 - www.lerelaisangers.fr - Fermé 10-25 août, 23 décembre-3 janvier, samedi, dimanche*

Autour d'un Cep

CUISINE TRADITIONNELLE • BISTRO Ce "restaurant à vins" met le Val de Loire à l'honneur, autour des crus de petits propriétaires locaux et d'une "ardoise du jour" réécrite par le chef au gré du marché. Dans l'assiette, les produits ont le goût de ce qu'ils sont, dans le droit fil de la bonne tradition. Pourquoi faire compliqué quand on peut faire simple ?

Menu 27/33 €

Plan : B2-a - *9 rue Baudrière - ✆ 02 41 42 61 00 - Fermé 2-12 janvier, 17-29 juin, 2-14 septembre, lundi midi, mardi midi, mercredi midi, jeudi midi, vendredi midi, samedi midi, dimanche*

Casa Corneille

CUISINE MODERNE • COSY En cœur de ville, une rue piétonne étroite, une maison, parmi les plus anciennes de la ville, une salle décorée d'un lustre Murano, et dans l'assiette, une belle cuisine maraîchère, joliment travaillée. Poussez la porte de ce joli endroit discret, la gourmandise vous y a réservé une place.

Menu 23 € (déjeuner), 32/36 €

8 rue Corneille - ✆ 02 41 88 33 64 - Fermé 4-27 août, 22 décembre-3 janvier, lundi, samedi midi, dimanche

Chez Rémi

CUISINE TRADITIONNELLE • BISTRO Ici, on vient se régaler de bons petits plats de saison, proposés à l'ardoise (réécrite tous les jours) dans un agréable décor de bistrot (trophées de chasse, expo de tableau, vinyles). Tout est fait maison (produits frais et bio), et le succès est au rendez-vous.

Menu 19 € (déjeuner)/32 €

Plan : C2-s - *5 rue des Deux-Haies - ✆ 02 41 24 95 44 - Fermé lundi, samedi midi, dimanche*

Le Crêmet d'Anjou

CUISINE TRADITIONNELLE • BISTRO Sis dans une petite rue entre gare ferroviaire et château, le Crêmet propose une cuisine traditionnelle et généreuse à des prix raisonnables dans un cadre convivial - dont le crêmet d'Anjou, fameux dessert angevin à base de fromage frais (crème et blanc d'œuf), qui a donné son nom à cette maison.

Menu 17 € (déjeuner)/27 € - Carte 38/40 €

Plan : B3-e - *21 rue Delaâge - ✆ 02 41 88 38 38 - www.cremetdanjou-restaurant49.com - Fermé 29 juillet-11 août, samedi, dimanche*

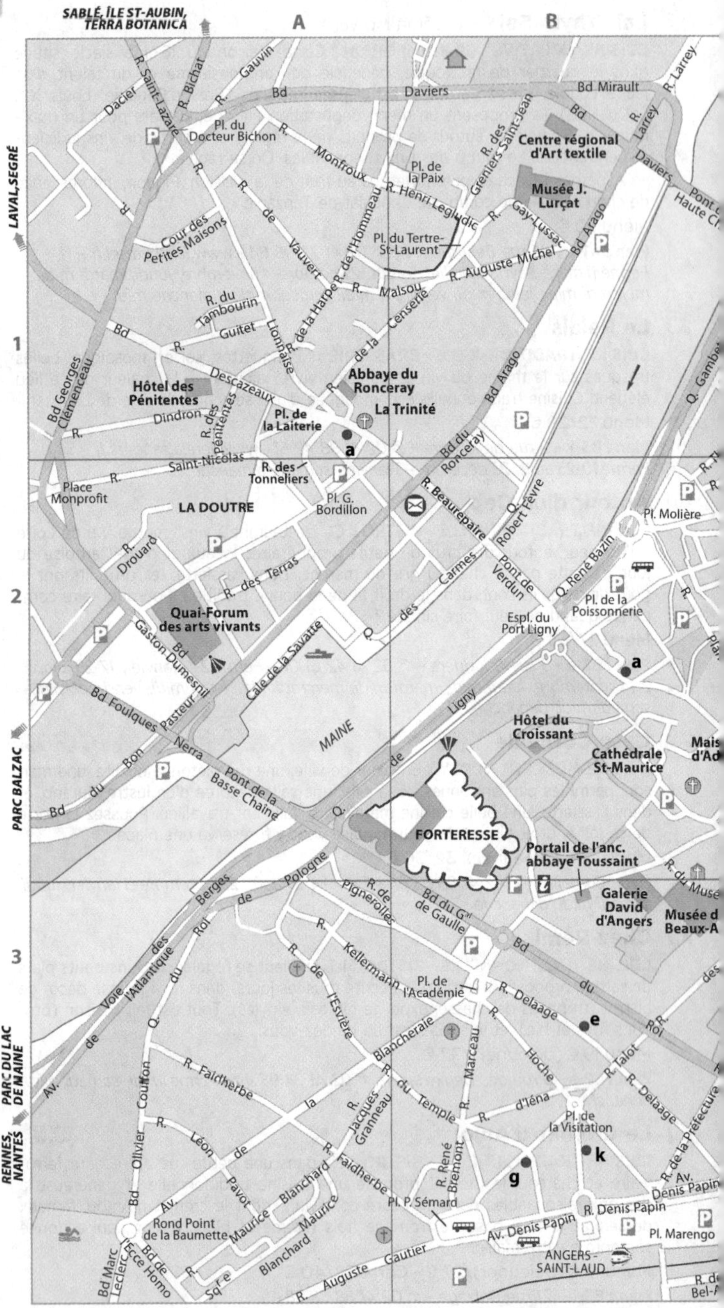

SABLÉ, ÎLE ST-AUBIN, TERRA BOTANICA

A

B

LAVAL, SEGRÉ

PARC BALZAC

PARC DU LAC DE MAINE

RENNES, NANTES

1

2

3

Bd Daviers
Bd Mirault
R. Larrey
Bd Daviers
Pont de la Haute Chaîne
R. Saint-Lazare
R. Bichat
R. Gauvin
Dacier
Pl. du Docteur Bichon
R. Monfroux
Pl. de la Paix
R. Henri Legludic
R. des Greniers Saint-Jean
Centre régional d'Art textile
Musée J. Lurçat
R. Gay-Lussac
Bd Arago
Pl. du Tertre-St-Laurent
R. Auguste Michel
R. de Vauvert
R. de l'Hommeau
R. de la Harpe
R. Malsou
R. de la Censerie
Cour des Petites Maisons
R. du Tambourin
R. Guitet
R. Lionnaise
Bd Descazeaux
Bd Georges Clémenceau
Hôtel des Pénitentes
R. des Pénitentes
R. Dindron
Abbaye du Ronceray
La Trinité
Pl. de la Laiterie
a
Bd du Ronceray
Q. Gambetta
R. Saint-Nicolas
R. des Tonneliers
Place Monprofit
LA DOUTRE
Pl. G. Bordillon
R. Beaurepaire
Q. Robert Fèvre
Pl. Molière
R. Drouard
R. des Terras
Q. René Bazin
Pl. de la Poissonnerie
Q. des Carmes
Pont de Verdun
Espl. du Port Ligny
Quai-Forum des arts vivants
Bd Gaston Dumesnil
Cale de la Savatte
a
Bd Foulques Nerra
Pasteur
MAINE
Q. de Ligny
Hôtel du Croissant
Cathédrale St-Maurice
Maison d'Ad
Bd du Bon Pasteur
Pont de la Basse Chaîne
FORTERESSE
Portail de l'anc. abbaye Toussaint
R. du Musée
Galerie David d'Angers
Musée des Beaux-Arts
Berges de Pologne
R. de Pignerolles
Bd du Gal de Gaulle
Voie de l'Atlantique
Bd du Roi de Pologne
R. Kellermann
Pl. de l'Académie
R. Delaage
e
Bd du Roi René
R. de l'Esvière
Blancheraie
R. Marceau
R. Hoche
R. Talot
R. Delaage
Av. de la Blancheraie
Q. Coufon
R. Faidherbe
R. du Temple
R. d'Iéna
Pl. de la Visitation
R. de la Préfecture
R. Jacques Granneau
R. Léon Pavot
R. René Bremont
k
g
Bd Olivier Couffon
R. de la Faidherbe
Av. Maurice Blanchard
Pl. P. Sémard
Av. Denis Papin
R. Denis Papin
Pl. Marengo
Rond Point de la Baumette
Av. Maurice Blanchard
Bd de l'Ecce Homo
Bd Marc Leclerc
Sq. e
R. Auguste Gautier
ANGERS-SAINT-LAUD
R. de Bel-Air

A

B

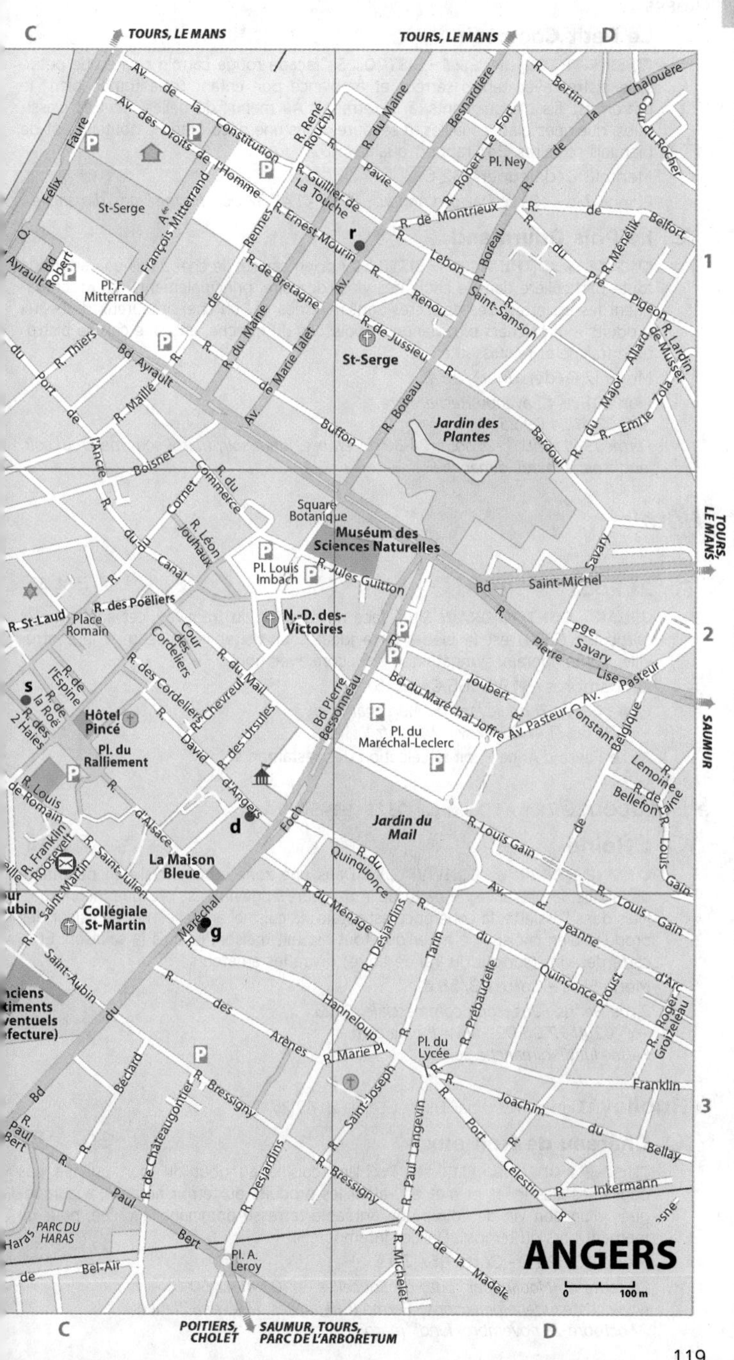

ANGERS
0
100 m
TOURS, LE MANS
TOURS, LE MANS
TOURS, LE MANS
SAUMUR
POITIERS, CHOLET
SAUMUR, TOURS, PARC DE L'ARBORETUM
St-Serge
Pl. F. Mitterrand
St-Serge
Jardin des Plantes
Square Botanique
Muséum des Sciences Naturelles
Pl. Louis Imbach
N.-D. des-Victoires
Place Romain
Hôtel Pincé
Pl. du Ralliement
Pl. du Maréchal-Leclerc
Jardin du Mail
La Maison Bleue
Collégiale St-Martin
Pl. Ney
Pl. du Lycée
Pl. A. Leroy
PARC DU HARAS
Bd Ayrault
Bd Saint-Michel
Bd du Maréchal Joffre
Bd Pierre Bessonneau
Av. Pasteur
Av. Jeanne d'Arc
R. Louis Gain
R. du Quinconce
R. de la Chalouère
R. Boreau
R. Bressigny
R. Paul Bert
R. des Arènes
R. Hanneloup
R. Saint-Julien
R. Saint-Aubin
R. d'Alsace
R. David d'Angers
R. du Mail
R. des Poëliers
R. St-Laud
R. des Cordeliers
R. Chevreul
R. des Ursulles
R. Jules Guitton
R. du Canal
R. Boisnet
R. du Commerce
R. Cornet
R. Léon Jouhaux
R. Buffon
R. Maillé
R. Thiers
R. de Bretagne
R. Ernest Mourin
R. Guillier de La Touche
R. René Rouchy
R. du Maine
R. Pavie
R. de Montrieux
R. Lebon
R. Renou
R. de Jussieu
R. Saint-Samson
R. Bardoul
R. du Pré
R. Pigeon
R. Ménélik
R. de Belfort
R. Robert Le Fort
R. Besnardière
R. Bertin
Cour du Rocher
R. Lardin de Musset
R. Allard
R. du Major
R. Emile Zola
R. Savary
Pge Savary
R. Lise
R. Joubert
R. Constant Lemoine
R. de Bellefontaine
R. Belgique
R. du Ménage
R. Desjardins
R. Tarin
R. Prébaudelle
R. Proust
R. Roger Groizeleau
R. Marie Pl.
R. Saint-Joseph
R. Paul Langevin
R. Joachim du Bellay
R. Port Célestin
R. Franklin
R. Inkermann
R. Michelet
R. de la Madele
R. de Châteaugontier
R. Béclard
R. Louis de Romain
R. Franklin Roosevelt
R. Saint-Martin
R. de l'Espine
R. de la Roë
R. des 2 Haies
R. du Port de l'Ancre
Av. de la Constitution
Av. des Droits de l'Homme
Av. Marie Talet
Av. François Mitterrand
Bd Félix Faure
Bd Robert
R. de Rennes
Cour des Cordeliers
Bel-Air
r
s
d
g
1
2
3
C
D

Le Petit Comptoir

CUISINE TRADITIONNELLE · BISTRO Sa façade rouge carmin cache une petite salle bistrot avec tables serrées et ambiance bon enfant (cela tombe bien : le patron est fils d'enseignants, à la retraite). Au menu : de belles recettes classiques, quelques plats canailles, à savourer dans une déco faite de bouteilles et de manuels scolaires. Bon rapport qualité-prix.

Menu 18 € (déjeuner)/32 €

Plan : C2-d - *40 rue David-d'Angers - 02 41 43 32 00 - Fermé lundi, dimanche*

Le Pois Gourmand

CUISINE TRADITIONNELLE · BISTRO Ancien caviste, le chef a mis une attention toute particulière dans le choix des vins (de Loire, principalement) qui accompagnent les assiettes. Ces dernières sont réalisées par un chef amoureux de beaux produits - maraîchers bio, viande et poissons du marché, etc. Une cuisine bistrotière fraîche et réjouissante.

Menu 17 € (déjeuner)/29 €

Plan : D1-r - *42 avenue Besnardière*
- 02 41 24 09 25 -
Fermé 15-21 avril, 1er-25 août, 24-30 décembre, lundi soir, mardi soir, mercredi soir, jeudi soir, samedi, dimanche

Hôtels

21 Foch

URBAIN · CONTEMPORAIN Situé face au passage du tramway, cet ancien hôtel particulier (1850) est le pied-à-terre idéal pour visiter le château et le centre-ville. Contemporain, sympathique et décoré avec goût.

12 chambres - 90/165 € - 15 €

Plan : C3-g - *21 boulevard du Maréchal-Foch*
- 02 30 31 41 00 - www.21foch.fr

Le Favre d'Anne - voir la sélection des restaurants

à Beaucouzé 7 km à l'Ouest par D323 - 49070

L'Hoirie

CUISINE MODERNE · CONVIVIAL Dans une zone commerciale en périphérie de la ville, la présence de cette belle demeure angevine est presque incongrue... Mais dans l'assiette, la cohérence est totale : la cuisine, actuelle, met en valeur des produits bien choisis - à noter que tout est fait maison, jusqu'à la salaison. Et la carte des vins (surtout du Val de Loire) ravira les amateurs !

Menu 59 € - Carte 48/58 €

2 rue Henris-Faris, zone commerciale, D723
- 02 41 72 06 09 - www.lhoirie.com -
Fermé lundi, dimanche soir

à Briollay 13 km au Nord par D50 et D52 - 49125

Château de Noirieux

CUISINE MODERNE · ÉLÉGANT Une cuisine au goût du jour, qui n'a pas oublié ses classiques et met en valeur les produits du terroir angevin, accompagnée d'un bon vin de Loire ; une agréable terrasse dominant la vallée, pour un moment hors du temps... Délices intemporels.

Menu 40/125 € - Carte 115/130 €

26 route du Moulin, par route de Soucelles - 02 41 42 50 05 -
www.chateaudenoirieux.com - Fermé 1er-9 janvier, 17 février-21 mars,
27 octobre-28 novembre, lundi, mardi

Château de Noirieux

DEMEURE HISTORIQUE • GRAND LUXE La douceur angevine n'est pas un mythe... Sous les frondaisons du parc, avec au loin le Loir qui apparaît entre des rideaux d'arbres, tout n'est que quiétude. Et dans les chambres – superbes dans le château du 17ᵉ s. comme dans le manoir du 15ᵉ s. –, l'on voudrait réciter : "Mignonne, allons voir si la rose..."

19 chambres – 120/340 € – 25 €

26 route du Moulin, par route de Soucelles – 02 41 42 50 05 – www.chateaudenoirieux.com – Fermé 1ᵉʳ-9 janvier, 17 février-21 mars, 27 octobre-28 novembre

Château de Noirieux – voir la sélection des restaurants

à Juigné-sur-Loire 10 km au Sud-Est par N260, D751 et rte secondaire – 49610

Loire et Sens

BUSINESS • FONCTIONNEL Au calme, en lisière de campagne, à quinze minutes à peine du centre d'Angers, cet ancien relais de chasse recèle des chambres et duplex spacieux, disposés autour d'un jardin. Terrasses, grande piscine couverte, espace bien-être, restaurant : un bon point de départ pour découvrir la région.

23 chambres – 120/200 € – 12 suites – 15 €

11 chemin du Bois-Guilloir – 02 41 66 30 03 – www.loireetsens.com

aux Ponts-de-Cé 6 km au Sud-Est par D952 puis D160 – 49130

Les 3 Lieux

CUISINE CRÉATIVE • TENDANCE XX Cuisine métissée et pleine de fougue, réalisée par un jeune chef qui propose un petit menu carte de 3 à 7 plats, où l'on appréciera par exemple une dorade sauvage en carpaccio, un paleron de bœuf Black Angus, ou une forêt noire revisitée. Soigné et maîtrisé.

Menu 32/72 € – Carte 49/68 €

10 rue du Port-des-Noues – 02 14 03 03 53 – www.les3lieux.com – Fermé 24-30 décembre, lundi, mardi midi, mercredi midi, dimanche soir

Les 3 Lieux

BUSINESS • CONTEMPORAIN En bordure de Loire, l'ancienne usine d'hameçons est aujourd'hui un hôtel aux multiples facettes. Des chambres modernes et confortables, un bel espace bien-être (hammam, aromathérapie, luminothérapie...), une décoration inspirée des métiers d'art, etc. Cette adresse a du cachet !

28 chambres – 85/240 € – 15 €

10 rue du Port-des-Noues – 02 14 03 03 53 – www.les3lieux.com – Fermé 23-30 décembre

Les 3 Lieux – voir la sélection des restaurants

à St-Jean-de-Linières 8 km à l'Ouest par D323 et D723 – 49070

Auberge de la Roche

CUISINE MODERNE • AUBERGE XX Thon albacore mariné aux herbes ; tranche de lard caramélisée au soja ; crémet d'Anjou aux fraises gariguettes... Une cuisine qui sent bon l'air du temps, dans cette petite auberge de province joliment fleurie. Côté véranda, ardoise plus simple le midi.

Menu 23 € (déjeuner), 31/40 € – Carte 38/63 €

10 Route Nationale 23 – 02 41 39 72 21 – www.auberge-de-la-roche.com – Fermé 15 août-5 septembre, lundi, dimanche soir

ANGON - 74 (Haute-Savoie) ➜ voir Talloires

ANGOULÊME

✉ 16000 (Charente) - Carte régionale n° **20**-C3
Carte Michelin 324-K6 - Guide Vert Michelin Poitou-Charentes

Le Terminus

POISSONS ET FRUITS DE MER · BRASSERIE XX Terminus, tout le monde descend ! Devant la gare, une halte s'impose dans cette brasserie contemporaine qui affectionne le terroir, et plus encore les produits de la mer, venus tout droit de l'Atlantique (sole meunière, préparée au guéridon, pavé de bar simplement grillé).

Menu 15 € (déjeuner), 28/38 € - Carte 48/83 €

3 place de la Gare - ✆ 05 45 95 27 13 - www.le-terminus.com -
Fermé 7 janvier-2 février, dimanche

Cokotte

CUISINE TRADITIONNELLE · ÉLÉGANT X Dans l'ancienne ruelle et ses maisons mitoyennes - avec leurs façades tout en pierre - réunies en un même espace, se cache un bistrot convivial : Cokotte ! Le concept est simple : le chef vous mitonne de bons plats mijotés dans des cocottes en fonte... Un bon moment en perspective.

Menu 19 € (déjeuner)/31 € - Carte 40/60 €

6 rue Trois-Notre-Dame - ✆ 05 45 95 15 19 - Fermé lundi, samedi midi, dimanche

Le Saint-Gelais

HISTORIQUE · CONTEMPORAIN Une maison de cachet dans un ancien prieuré : voici l'établissement qu'Angoulême attendait ! Les chambres, entre design et vintage, sont spacieuses et confortables : la garantie d'un séjour agréable.

12 chambres - 155/255 € - 1 suite - 12 €

12 rue du Père-Deval - ✆ 05 45 90 02 64 -
www.hotel-saint-gelais-angouleme.com

Mercure Hôtel de France

HÔTEL DE CHAÎNE · FONCTIONNEL Bien situé au centre de la ville, ce Mercure propose des chambres aussi fonctionnelles que pratiques. L'espace séminaire est bien conçu.

86 chambres - 120/240 € - 3 suites - 16 €

1 place des Halles-Centrales - ✆ 05 45 95 47 95 - www.mercure.com

à Dirac 8 km au Sud-Est par D939, D101 et rte secondaire - ✉ 16410

Domaine du Châtelard

CUISINE MODERNE · INTIME XX Dans cette belle "maison de campagne", le chef choisit bien ses produits et réalise une cuisine dans l'air du temps, fraîche et fine, avec parfois d'intéressantes influences italiennes. Le must ? Déjeuner sur la terrasse, avec vue sur le lac.

Menu 34 € (déjeuner), 45/65 €

1079 route du Châtelard - ✆ 05 45 70 76 76 - www.domaineduchatelard.com -
Fermé 1er-21 janvier, 20 octobre-5 novembre, lundi, dimanche soir

Domaine du Châtelard

MAISON DE CAMPAGNE · PERSONNALISÉ Des bois, des prairies, un lac... Le domaine est superbe (80 ha) et cette "gentilhommière" pleine de cachet ! Une véritable ode à la vie, au grand air et à la nature, avec des chambres mêlant classicisme et douceur champêtre... et un accueil charmant.

12 chambres - 92/176 € - 14 €

1079 route du Châtelard - ✆ 05 45 70 76 76 - www.domaineduchatelard.com -
Fermé 1er-21 janvier, 20 octobre-5 novembre

Domaine du Châtelard - voir la sélection des restaurants

à Roullet 14 km au Sud-Ouest par N10, dir. Bordeaux – ✉ 16440

La Vieille Étable

TRADITIONNEL · FONCTIONNEL Une "Vieille Étable" charentaise du 18e s., confortablement installée dans un grand parc arboré. Les chambres, à la fois rustiques et fonctionnelles, sont aménagées dans les dépendances, à la façon d'un motel. Avis aux amoureux, deux suites très chic se prêtent à de doux moments. Accueil familial.

31 chambres – 75/260 € – 15 €

route de Mouthiers – ✆ 05 45 66 31 75 – www.hotel-vieille-etable.com

à Soyaux 4 km au Sud-Est par D939 – ✉ 16800

La Cigogne

CUISINE MODERNE · TENDANCE XX Cette Cigogne pleine de charme a installé son nid sur les hauteurs, face à la vallée, à la sortie d'Angoulême. Cadre contemporain élégant, terrasse verdoyante, et une cuisine fraîche concoctée avec de bons produits locaux : agneau du Poitou grillé, lotte rôtie au lard, ris de veau croustillant au foie gras…

Menu 26 € (déjeuner), 32/55 € – Carte 67/91 €

5 impasse Cabane-Bambou, à la mairie, prendre rue Aristide-Briand et 1,5 km – ✆ 05 45 95 89 23 – www.la-cigogne-angouleme.com – Fermé 15-31 mars, 15-31 octobre, lundi, mercredi soir, dimanche soir

P. Jacques/hemis.fr

ON AIME...

L'univers lacustre et végétal du chef Petit au **Clos des Sens.** La rencontre entre Bretagne et Savoie, griffée **Yoann Conte,** et la vue splendide depuis la maison bleue. L'accueil charmant et la cuisine savoureuse du **1er Mets**.

ANNECY

✉ 74000 (Haute-Savoie) – Carte régionale n° **4**-F1
Carte Michelin 328-J5 – Guide Vert Michelin Alpes du Nord

Restaurants

✿✿✿ Le Clos des Sens (Laurent Petit)

CUISINE CRÉATIVE • DESIGN XXX Fils de boucher-charcutier, Laurent Petit a été familiarisé avec les produits dans la boutique familiale, dès sa plus tendre enfance. "La charcuterie m'attirait, explique-t-il, mais elle manquait de grâce : le désir de finesse m'entraînera vers la cuisine." Après être passé au Pied de Cochon, brasserie canaille du cœur des Halles, il découvre chez Michel Guérard, à Eugénie-les-Bains, la gastronomie dans ce qu'elle a de plus noble. Pour lui, c'est un électrochoc : il sera chef ou rien.

Au Clos des Sens, à Annecy-le-Vieux, il a peaufiné son art et franchi les échelons de la reconnaissance critique. Il s'épanouit aujourd'hui autour d'une "cuisine lacustre" de très haut niveau : exit les viandes ; place au bio, au poisson des lacs – notamment l'omble chevalier, la féra ou les écrevisses du lac Léman –, qu'il emmène dans les plus hautes sphères du goût. La patience et le travail quotidien ont fait leur œuvre : n'en déplaise à son patronyme, Laurent Petit est un grand chef !

→ L'écrevisse du lac d'Annecy et l'envolée de champignons. Omble chevalier sauvage et soupe de poutargue lacustre. Chicorée maison évanescente

Menu 80 € (déjeuner), 130/200 € – Carte 130/160 €

13 rue Jean-Mermoz – ✆ 04 50 23 07 90 – www.closdessens.com – Fermé 28 avril-6 mai, 1er-16 septembre, 23 décembre-7 janvier, lundi, mardi midi, dimanche

✿ L'Esquisse (Stéphane Dattrino)

CUISINE MODERNE • INTIME X L'Esquisse se métamorphose ! On apprécie son décor entièrement rénové, de même que les jolies trouvailles culinaires d'un chef qui sait où il va : produits de belle qualité, préparations pleines de goût et de finesse (jusque dans le dressage des assiettes), suivi scrupuleux des saisons et créativité bien maîtrisée...

→ Légumes de saison, fleurs et aromates de nos cueillettes. Cœur de ris de veau rôti. Tout choc'

Menu 39 € (déjeuner), 49/89 €

Plan : A2-f – *21 rue Royale – ✆ 04 50 44 80 59 – www.esquisse-annecy.fr – Fermé 26 août-4 septembre, 22 décembre-3 janvier, mercredi, dimanche*

Café Brunet

CUISINE TRADITIONNELLE · BISTRO X Un vrai havre de paix que ce café de 1875 qui a su conserver son âme de bistrot authentique et convivial. Sur la terrasse ombragée, on laisse le temps filer en savourant une sympathique cuisine canaille et de bons petits plats mijotés servis en cocotte... Bonne sélection de vins au verre.

Menu 33 €

18 place Gabriel-Fauré – ✆ 04 50 27 65 65 – www.cafebrunet.com – Fermé 27 avril-6 mai, 1er-16 septembre, 23 décembre-2 janvier, lundi, dimanche

Le Denti

CUISINE MODERNE · TRADITIONNEL X Ce restaurant, devenu la coqueluche des Annéciens, est tenu par un jeune couple d'amateurs de denti (poisson méditerranéen), deux fins cuisiniers tout-terrain ; ils proposent une savoureuse cuisine du marché, valorisant le poisson, suivant le rythme des saisons, loin de l'agitation touristique de la ville... Courez-y !

Menu 24 € (déjeuner), 33/48 € – Carte 43/55 €

25 bis avenue de Loverchy – ✆ 04 50 64 21 17 – Fermé mardi, mercredi, dimanche soir

Minami

CUISINE JAPONAISE · ÉPURÉ X Ce petit restaurant japonais fait le bonheur des habitués ! Le cadre est tout en épure et la cuisine, japonaise, se permet quelques incursions françaises. Un exemple : ces croustillants de lotte panée aux biscuits japonais, agrémentés d'une délicieuse sauce pimentée... Quelques tables en terrasse aux beaux jours.

Menu 20 € (déjeuner), 29/34 € – Carte 32/40 €

Plan : A2-x – *19 faubourg Sainte-Claire – ✆ 04 50 45 75 42 – Fermé 14-21 avril, 21 octobre-12 novembre, 23-30 décembre, lundi, dimanche*

1er Mets

CUISINE MODERNE · CONTEMPORAIN X Tout près de l'hôtel de ville, ce restaurant de poche est le repaire d'un jeune couple plein d'allant. Le chef imagine des assiettes pile dans la saison, modernes, savoureuses, à l'image de cette féra crue et fumée façon maki, condiment jaune d'œuf, Savora et estragon... Une jolie surprise, d'autant que le service est tout sourire.

Menu 24 € (déjeuner), 33/65 € – Carte 36/48 €

Plan : A2-e – *2 place St-Maurice – ✆ 04 57 09 10 54 – www.restaurant-1ermets.fr – Fermé 30 avril-8 mai, 15 août-5 septembre, 23 décembre-3 janvier, mardi, mercredi, dimanche soir*

Le Belvédère

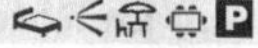

CUISINE CRÉATIVE · ÉLÉGANT XXX Dire que le cadre est agréable serait un euphémisme... depuis les hauteurs d'Annecy, la vue sur le lac est incomparable. Le chef, en bon professionnel, propose une cuisine de saison créative et soignée, et maîtrise bien son sujet – cuissons, assaisonnements.

Menu 36 € (déjeuner), 70/90 €

7 chemin du Belvédère, 2 km, route de Semnoz au Sud-Est par rue Marquisat – ✆ 04 50 45 04 90 – www.belvedere-annecy.com – Fermé 1er-31 janvier, mardi, mercredi, dimanche soir

La Ciboulette

CUISINE MODERNE · ÉLÉGANT XXX Une page se tourne, mais l'âme demeure ! Boiseries contemporaines en chêne, verrière, cour fleurie... Ce lieu feutré et élégant, presque intemporel, met en valeur une cuisine moderne, qui connaît bien ses classiques. Jolie carte des vins avec 400 références.

Menu 39 € (déjeuner), 65/82 € – Carte 80/100 €

Plan : A1-v – *10 rue Vaugelas (cour du Pré Carré) – ✆ 04 50 45 74 57 – www.laciboulette-annecy.com – Fermé lundi, dimanche*

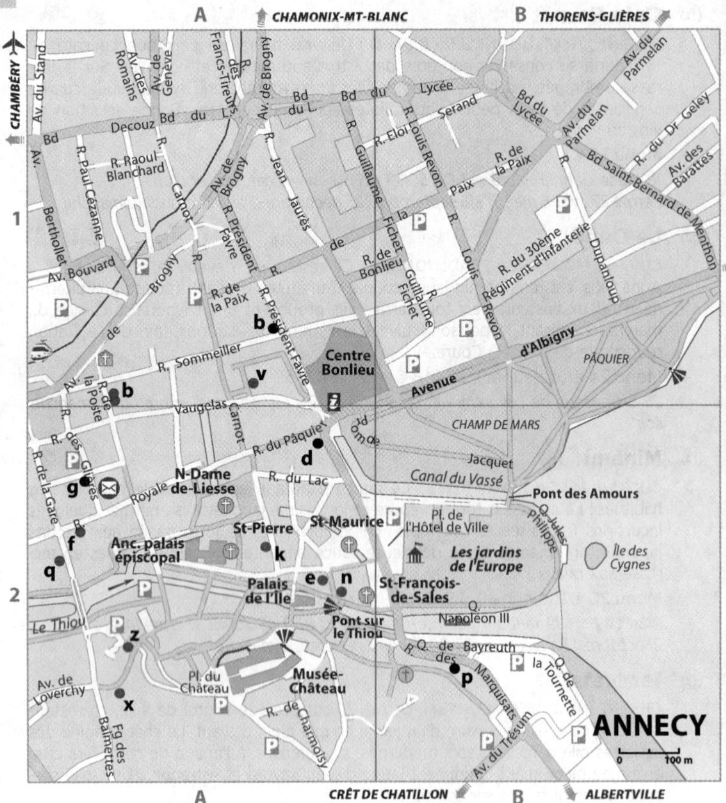

La Rotonde

CUISINE MODERNE • ÉLÉGANT XXX La grande verrière est un véritable belvédère surplombant le lac. Dans un décor chic – lustres en verre de Murano, salons avec piano –, on déguste une cuisine fine et créative : fera, ris de veau... Et la plupart des produits proviennent de la filière locavore !

Menu 37 € (déjeuner), 59/129 € – Carte 95/115 €

Les Trésoms, 15 boulevard de la Corniche – ☎ 04 50 51 43 84 – www.lestresoms.com – Fermé 4 novembre-14 décembre, lundi, samedi midi, dimanche soir

La Voile

CUISINE MODERNE • ÉLÉGANT XXX Un restaurant élégant, situé dans une charmante petite rotonde. Les plats soigneusement dressés de cette cuisine d'aujourd'hui se dégustent au rythme des saisons, en profitant de la jolie vue sur le lac.

Menu 45 € (déjeuner), 65/115 €

L'Impérial Palace, allée de l'Impérial – ☎ 04 50 09 31 08 – www.hotel-imperial-palace.com/fr/la-voile-149 – Fermé 6-24 janvier, lundi, mardi, dimanche soir

Auberge de Savoie

CUISINE MODERNE • ÉLÉGANT XX Cadre chaleureux et élégant pour cette auberge aux murs blanc et bleu pâle, adossée à l'église Saint-François. La carte fait la part belle au poisson, parfois entier, préparé devant le client... A l'été, on s'installe sur la terrasse, devant le restaurant.

Menu 27/67 € – Carte 55/75 €

Plan : A2-n – *1 place Saint-François-de-Sales – ✆ 04 50 45 03 05 – www.auberge-de-savoie.com – Fermé 2-9 janvier, 21 octobre-7 novembre, mardi, mercredi*

Kamouraska

CUISINE MODERNE • CONVIVIAL X Lui était artiste à Paris, elle Québécoise, tous deux autodidactes, animés par une même passion... la gastronomie et le vin, bien entendu ! Kamouraska ne dispose que d'une table, très grande, où l'on dîne, avec des inconnus, d'une cuisine moderne à partager, tendance locavore. Une adresse qui n'est pas sans rappeler les bistrots parisiens du 11e arrondissement. Aussi atypique que sympathique.

Carte 30/40 €

Plan : A2-k – *6 passage de la Cathédrale – ✆ 09 50 78 82 96 – Fermé lundi, mardi, mercredi midi, dimanche*

Le Bouillon

CUISINE TRADITIONNELLE • BISTRO X Le bouillon n'est pas uniquement de poule, c'est aussi l'appellation des premiers restaurants créés au 18e s. à Paris, et désormais le petit nom de ce bistrot au cadre moderne, qui réalise une sympathique cuisine du marché, comme cette épaule de cochon de cinq heures, polenta et abricots... Carte courte et produits frais.

Menu 27 € (déjeuner), 32/46 €

Plan : A2-q – *9 rue de la Gare – ✆ 04 50 77 31 02 – Fermé lundi, dimanche*

Brasserie Brunet N

CUISINE TRADITIONNELLE • COSY X Pâté en croûte "Brunet", tête de cochon caramélisée, bouillabaisse du lac... Avalanche de bonnes recettes dans une ambiance décontractée, à deux pas de la gare SNCF. Points importants : l'ouverture permanente (midi et soir, 7j/7), et l'agréable terrasse pour les beaux jours.

Menu 23 € (déjeuner)/33 € – Carte 35/62 €

Plan : A1-b – *10 rue de la Poste – ✆ 04 50 51 22 10 – www.brasseriebrunet.com*

Hôtels

L'Impérial Palace

LUXE • ART DÉCO 1913 : l'année de naissance de ce grand hôtel qui trône majestueusement dans un vaste parc, au bord du lac. L'Art déco et la sobriété contemporaine se mêlent harmonieusement ; les chambres, spacieuses, donnent pour la plupart sur les flots et tout est pensé pour votre agrément : spa et piscine pour le jour, casino pour le reste de la nuit...

104 chambres – ††160/740 € – 14 suites – ☕ 25 €

Allée de l'Impérial – ✆ 04 50 09 30 00 – www.hotel-imperial-palace.com

La Voile – voir la sélection des restaurants

Le Clos des Sens

LUXE • PERSONNALISÉ Beaux matériaux, équipements dernier cri, vue sur le lac ou la ville d'Annecy : on se sent comme chez soi dans les chambres de ce Clos des Sens. Le petit coin salon, avec sa cheminée et ses fauteuils clubs, ravira les lecteurs ; quant au beau couloir de piscine, il fera la joie de tous !

10 chambres – ††230/385 € – ☕ 25 €

13 rue Jean-Mermoz – ✆ 04 50 23 07 90 – www.closdessens.com – Fermé 28 avril-6 mai, 1er-16 septembre, 23 décembre-7 janvier

✿✿✿ **Le Clos des Sens** – voir la sélection des restaurants

Le Pré Carré

TRADITIONNEL · CONTEMPORAIN Près de la vieille ville et du lac, cet ancien cinéma est désormais un bel hôtel sobre et feutré. Les chambres, très confortables, disposent presque toutes d'un balcon. Design, élégance et farniente sont au rendez-vous dans ce lieu dont on ferait volontiers son Pré Carré.

27 chambres - 206/256 € - 2 suites - 16 €

Plan : A1-b - *27 rue Sommelier - 04 50 52 14 14 - www.hotel-annecy.net - Fermé 22-26 décembre*

Splendid

TRADITIONNEL · ÉLÉGANT Idéalement situé entre le centre historique et le lac, cet hôtel d'esprit Art déco se révèle très attachant. Les chambres les plus récentes se trouvent au dernier étage. Chic et chaleureux !

58 chambres - 99/177 € - 1 suite - 14 €

Plan : A2-d - *4 quai Eustache-Chappuis - 04 50 45 20 00 - www.splendidhotel.fr*

Les Trésoms

TRADITIONNEL · ART DÉCO Au-dessus du lac, dans un environnement boisé, cette demeure des années 1930 se modernise sans rien perdre de son charme Art déco ! Spa et piscines sont propices à la détente. Capteurs solaires ou places pour recharger sa voiture électrique : ici, la responsabilité écologique n'est pas un vain mot.

52 chambres - 120/450 € - 25 €

15 boulevard de la Corniche - 04 50 51 43 84 - www.lestresoms.com - Fermé 4 novembre-13 décembre

La Rotonde - voir la sélection des restaurants

Carlton

FAMILIAL · CONTEMPORAIN Tout près de la gare, cet hôtel début 20e s. est tenu par la même famille depuis plus de 50 ans ! Cela ne l'a pas empêché de faire peau neuve, dans une veine contemporaine, au style sobre et épuré.

55 chambres - 86/350 € - 16 €

Plan : A2-g - *5 rue des Glières - 04 50 10 09 09 - www.bestwestern-carlton.com*

Le Boutik Hôtel

HÔTEL PARTICULIER · DESIGN Cet hôtel atypique, décoré avec goût, très proche du centre-ville comme du lac, cultive une convivialité façon "maison hôte". Les chambres chinées, vintage ou design, sont joliment personnalisées. Petit jardin avec terrain de pétanque.

13 chambres - 110/250 €

Plan : B2-p - *2 rue des Marquisats - 04 50 44 04 40 - www.leboutikhotel.com*

à Pringy 8 km au Nord par D1203 et rte secondaire - 74370

Le Clos du Château

CUISINE MODERNE · TENDANCE XX Comme son nom l'indique, le Clos du Château jouxte le château local, au cœur du village de Pringy. Côté papilles, une carte courte et alléchante, concoctée par un chef doué, un menu du marché à prix très doux... A déguster sur l'agréable terrasse, à l'ombre des platanes.

Menu 27 € (déjeuner), 37/61 € - Carte 27/63 €

70 route de Cuvat, à Promery - 04 50 66 82 23 - www.le-clos-du-chateau.com - Fermé 28 juillet-20 août, 22 décembre-7 janvier, lundi, mercredi soir, dimanche soir

Un important déjeuner d'affaires ou un dîner entre amis ?
Le symbole vous signale les salons privés.

à Veyrier-du-Lac 5,5 km à l'Est par D909 - ✉ 74290

✿✿ Yoann Conte

CUISINE CRÉATIVE • ÉLÉGANT XXX Quel chemin parcouru par Yoann Conte, depuis sa première étoile en 2011, après seulement sept mois d'ouverture ! Une gageure, à la hauteur du défi, planté à Veyrier-du-Lac, par Marc Veyrat, son mentor. La seconde étoile, en 2013, couronne une trajectoire placée sous le sceau d'une inflexible liberté. C'est en mer que le Breton Yoann Conte découvre le sens de la fraternité et l'importance du "manger". Pas étonnant qu'il s'exprime en capitaine de navire, ce paquebot de bois massif et de vitres, et qui ouvre autant "la cuisine sur la salle que la salle sur la cuisine". Avec cette volonté de mettre la haute gastronomie au service de recettes brutes : "La cuisine de montagne doit rester simple : une gamelle et une cuiller, assis sur un rocher, face à la montagne."
De cette montagne, Yoann Conte puise énergie et inspiration. Adepte de randonnées extrêmes, il se penche avec tendresse sur son jardin aromatique, qu'il cultive en herboriste avisé au bord du lac. Sa cuisine lui ressemble : physique, terrienne, avec un soupçon d'aventure et un sourire en coin. Il suffit de goûter à son menu "Conte Vents et Marées" pour prendre la mesure de son talent fou, où la montagne charme l'océan, comme ce "Homard bleu de Bretagne fumé aux écorces de sapin, au bouillon de sarriette".

→ La carotte dans tous ses états. Homard entier de mes origines. "D.A.N.I." : dessert audacieux non identifié

Menu 98 € (déjeuner), 175/249 € - Carte 155/280 €

13 Vieille-Route-des-Pensières - ✆ 04 50 09 97 49 - www.yoann-conte.com - Fermé lundi, mardi

Auberge du Lac

CUISINE MODERNE • CONTEMPORAIN XX Ce restaurant situé en bordure du lac joue une solide partition, créative et moderne : omble chevalier confit, citron et verveine ; féra aux asperges, coquillages et purée de petit pois ; agneau de Sisteron au quinoa et fruits secs... Aux beaux jours, le déjeuner en terrasse sur le ponton est un instant privilégié.

Menu 59 € - Carte 78/89 €

2 route du Port - ✆ 04 50 60 10 15 - www.restaurant-aubergedulac.com - Fermé 1er janvier-15 mars, mardi soir, mercredi

Yoann Conte

LUXE • MONTAGNARD Cette superbe maison couleur lavande, accoudée à la montagne, se mire dans le lac d'Annecy. Les chambres et les suites, d'un style montagnard chic, possèdent toutes balcon et vue sur le lac. Terrasse somptueuse, sauna extérieur, bain norvégien, ponton avec transat, bateaux pour le ski nautique ou les navettes vers Annecy : l'élégance absolue, sans fausse note.

6 chambres - 250/900 € - 2 suites - 34 €

13 Vieille-Route-des-Pensières - ✆ 04 50 09 97 49 - www.yoann-conte.com

✿✿ **Yoann Conte** - voir la sélection des restaurants

ANNEMASSE

✉ 74100 (Haute-Savoie) - Carte régionale n° **4**-F1
Carte Michelin 328-K3 - Guide Vert Michelin Alpes du Nord

L'Amaryllis

CUISINE MODERNE • TENDANCE X Un restaurant en plein centre-ville, c'est déjà un atout ; et si en prime, on y mange bien, que dire ? Derrière les fourneaux, le chef réalise une cuisine bien dans son temps et respectueuse des saisons. Évidemment !

Menu 22 € (déjeuner), 50/69 € - Carte 73/79 €

5 rue Courriard - ✆ 04 50 87 17 27 - www.restaurant-lamaryllis.com - Fermé lundi soir, samedi midi, dimanche

à Gaillard 3 km au Sud-Ouest – ✉ 74240

La Pagerie

CUISINE CRÉATIVE • CONTEMPORAIN XX Le chef de ce restaurant au cadre contemporain est un passionné ! Originaire de Perpignan, il réalise une cuisine créative, inspirée des produits de la région (poissons du Léman, légumes, bœuf Simmental, escargots de Magland). Pour découvrir son talent, osez les menus "page blanche" en 4, 5 ou 7 plats.

Menu 34 € (déjeuner), 48/98 €

12 rue de la Libération – ✆ 04 50 38 34 00 – www.restaurant-lapagerie.com – Fermé 23 juin-2 juillet, 25 août-17 septembre, 24 décembre-2 janvier, lundi, mardi midi, mercredi midi, jeudi midi, vendredi midi, samedi midi, dimanche

ANNESSE-ET-BEAULIEU – 24 (Dordogne) → voir Périgueux

ANNONAY

✉ 07100 (Ardèche) – Carte régionale n° **2**-B2
Carte Michelin 331-K2 – Guide Vert Michelin Ardèche Drôme

au Golf de Gourdan 6,5 km au Nord par D519 et D820 – ✉ 07430

Domaine de Saint Clair

CUISINE CRÉATIVE • ÉLÉGANT XXX La table du Domaine de Saint-Clair met en avant une cuisine bien travaillée, présentée avec soin ; elle se déguste dans une grande salle moderne joliment agencée, ou sur l'espace véranda, prolongé d'une grande terrasse donnant sur la campagne ardéchoise.

Menu 28 € (déjeuner), 38/45 € – Carte 35/55 €

route du Golf – ✆ 04 75 67 01 00 – www.domainestclair.fr – Fermé 1er-15 janvier, dimanche soir

Domaine de Saint Clair

BUSINESS • CONTEMPORAIN Sur le site du golf 18 trous, très tranquille, ce complexe moderne dispose de chambres spacieuses et confortables, dont la moitié disposent d'un balcon. Espace détente avec cabines de massages, sauna et hammam.

54 chambres – 95/145 € – 14 €

route du Golf – ✆ 04 75 67 01 00 – www.domainestclair.fr – Fermé 1er-15 janvier

Domaine de Saint Clair – voir la sélection des restaurants

à St-Marcel-lès-Annonay 8,5 km au Nord-Ouest par D206 et D820 – ✉ 07100

Auberge du Lac

FAMILIAL • PERSONNALISÉ Un site superbe : cette grande villa ocre est nichée parmi les pins, à flanc de rocher au-dessus du lac du Ternay, avec pour horizon les collines verdoyantes du parc naturel du Pilat... Les chambres, décorées sur le thème des fleurs, prêtent à une agréable villégiature.

12 chambres – 89/199 € – 14 €

Le Ternay – ✆ 04 75 67 12 03 – www.aubergedulac.fr – Fermé 2-31 janvier, 15-25 octobre

ANNOT

✉ 04240 (Alpes-de-Haute-Provence) – Carte régionale n° **24**-C2
Carte Michelin 334-I9 – Guide Vert Michelin Alpes du Sud

L'Avenue 

FAMILIAL • CONTEMPORAIN Posez vos valises dans ce sympathique établissement familial à la tenue irréprochable. Les chambres sont agréables – et pratiques pour randonner aux Grès d'Annot !

9 chambres – ½ Pension seulement 70/99 € – 9 €

Avenue de la Gare – ✆ 04 92 83 22 07 – www.hotel-avenue.com – Fermé 15 décembre-15 février

ANSE

✉ 69480 (Rhône) – Carte régionale n° **3**-E1
Carte Michelin 327-H4

Au Colombier

CUISINE MODERNE • CONVIVIAL X En bord de Saône, une belle bâtisse du 18e s., entre guinguette branchée et maison de pays. La cuisine est résolument dans l'air du temps mais n'oublie pas les grands classiques, telles ces belles cuisses de grenouille poêlées. Du goût et du caractère, à déguster sur une terrasse paisible et cosy...

Menu 26 € (déjeuner), 33/69 € – Carte 45/63 €

126 allée Colombier (Pont St-Bernard) – ✆ 04 74 67 04 68 – www.aucolombier.com – Fermé 24 décembre-22 janvier, lundi, dimanche soir

ANSOUIS

✉ 84240 (Vaucluse) – Carte régionale n° **24**-B2
Carte Michelin 332-F11 – Guide Vert Michelin Provence

La Closerie (Olivier Alemany)

CUISINE PROVENÇALE • MÉDITERRANÉEN XX Cette Closerie est un hymne à la Provence ! Au piano, le chef compose des recettes riches en saveurs avec des produits d'une grande fraîcheur, que l'on accompagne de bons vins du Sud de la France. Une douce mélodie que les gourmands ne manquent pas d'apprécier, d'autant que l'accueil est charmant.

→ Salade de homard bleu et haricots verts du jardin. Pigeonneau rôti aux baies de cassis. Pain perdu caramélisé au sucre roux et sabayon glacé à la fleur d'oranger

Menu 36 € (déjeuner), 52/75 € – Carte 75/87 €

Boulevard des Platanes – ✆ 04 90 09 90 54 – www.lacloserieansouis.com – Fermé 23 décembre-15 janvier, mercredi, jeudi, dimanche soir

ANTHY-SUR-LÉMAN - 74 (Haute-Savoie) → voir Thonon-les-Bains

CABH

ON AIME...

Le **Figuier de St-Esprit**, installé sur les remparts près du musée Picasso. Le **44**, où la modernité est dans le décor et dans l'assiette. Le **P'tit Cageot**, étape gourmande dans la vieille ville. **L'Arazur**, pour la talentueuse équipe de ce restaurant de poche, et **L'Hôtel du Cap-Eden-Roc**, palace mythique.

ANTIBES

✉ 06600 (Alpes-Maritimes) - Carte régionale n° **25**-E2
Carte Michelin 341-D6 - Guide Vert Michelin Côte d'Azur

Restaurants

✿ Le Figuier de St-Esprit (Christian Morisset)

CUISINE PROVENÇALE • ÉLÉGANT XXX Dans le vieil Antibes, cette maison de pays embaume la Provence : en fureteur des goûts avisé, le chef revisite des recettes classiques, avec de beaux produits locaux. Saveurs fines, joli patio... Une bonne adresse.

➜ Cannelloni de supions et palourdes à l'encre de seiche, jus de coquillages. Selle d'agneau des Alpilles cuite en terre d'argile de Vallauris, jus à la fleur de thym. Fondant mi-cuit, cœur coulant mentholé, parfait glacé à la menthe poivrée

Menu 42 € (déjeuner), 92/142 € - Carte 110/200 €

Plan : D1-a - *14 rue St-Esprit - ✆ 04 93 34 50 12 - www.christianmorisset.fr - Fermé 28 octobre-23 novembre, lundi midi, mardi, mercredi midi*

Le Don Juan Chez Florent

POISSONS ET FRUITS DE MER • MÉDITERRANÉEN XX Spécialité de ce Don Juan : une cuisine provençale, inspirée de la production familiale (fleurs de courgette, tomates etc. du cousin du patron), poissons selon arrivage et glaces maison, le tout dans un agréable cadre méditerranée

Menu 39 € - Carte 50/65 €

Plan : D1-b - *17 rue Thuret - ✆ 04 93 34 58 63 - www.restaurantdonjuan.com - Fermé 29 octobre-7 mars*

Oscar's

CUISINE TRADITIONNELLE • MÉDITERRANÉEN XX Avec ses sculptures à la mode antique, le cadre un peu kitsch ravira les amateurs du genre ! L'accueil est charmant et, côté papilles, les spécialités italiennes et provençales vous font de bien gourmands appels du pied ; les pâtes sont faites maison. Si le temps le permet, on peut aller dîner sur la petite terrasse.

Menu 56 € - Carte 42/73 €

Plan : D1-s - *8 rue du Docteur-Rostan - ✆ 04 93 34 90 14 - www.restaurantoscars.fr - Fermé lundi, dimanche*

Le 44

CUISINE MODERNE • CONTEMPORAIN XX Au rez-de-chaussée d'un immeuble des années 1920 à la façade classée, non loin de la mer, ce restaurant au cadre épuré, tenu par un jeune chef passé par de belles maisons, propose une jolie carte de saison et quelques suggestions appétissantes.

Menu 46/79 € - Carte 64/100 €

Plan : D2-g - *44 boulevard Albert-1er - ✆ 09 73 29 41 85 - www.le44riviera.com - Fermé 15-30 octobre, lundi, mardi*

Le Vauban

CUISINE MODERNE • ÉLÉGANT XX Dans une rue animée du vieil Antibes, ce Vauban nous sert une bonne cuisine française dans l'air du temps, réalisée avec une technique sans faille, et évoluant au fil des saisons. La bonne réputation du restaurant n'est plus à faire et il affiche souvent complet : pensez à réserver !

Menu 25 € (déjeuner), 39/48 € - Carte 50/70 €

Plan : D1-v - *7 bis rue Thuret - ✆ 04 93 34 33 05 - www.levauban.fr - Fermé 10-18 mars, 23 juin-10 juillet, 20 octobre-14 novembre, lundi, mardi*

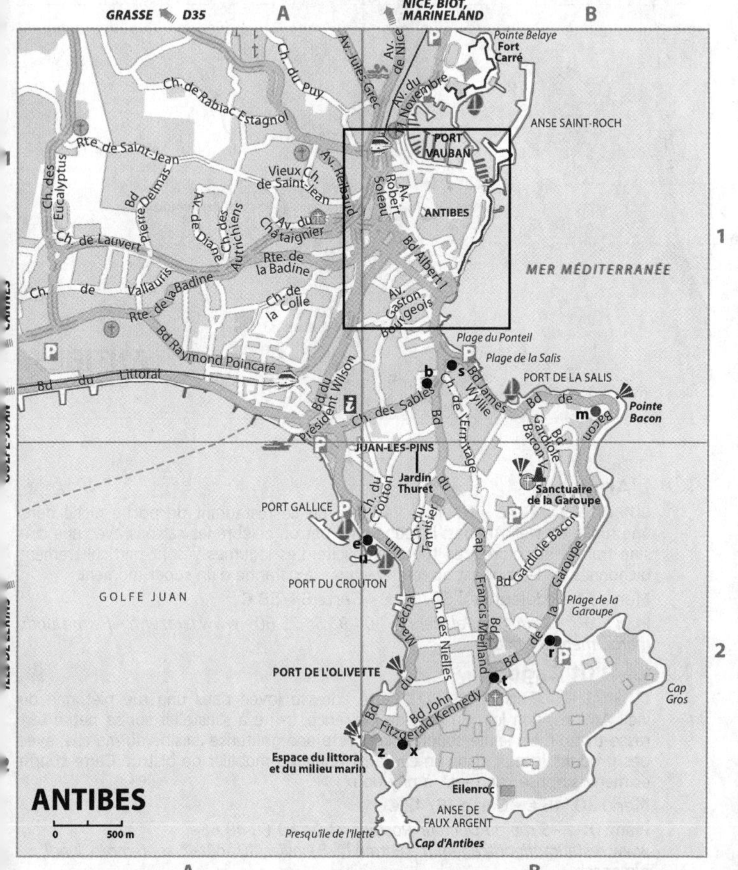

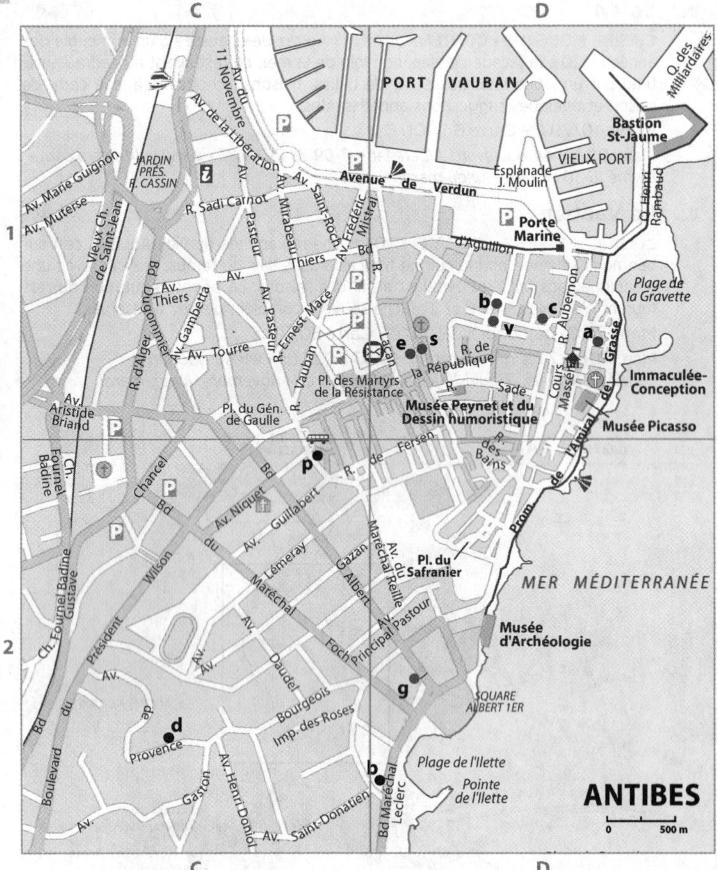

L'Arazur

CUISINE MODERNE • COSY À la barre de ce restaurant de poche niché dans une ruelle du vieil Antibes, le jeune chef-patron célèbre les saisons avec une cuisine fraîche et colorée, en toute simplicité. Les légumes y sont particulièrement bichonnés, et le goût est au rendez-vous : la garantie d'un super moment.

Menu 34 € (déjeuner), 50/60 € – Carte 54/58 €

Plan : D1-c – *6 rue des Palmiers – ✆ 04 93 34 75 60 – www.larazur.fr – Fermé lundi, mardi, mercredi midi*

Le P'tit Cageot

CUISINE MODERNE • BISTRO Cette adresse lovée dans une rue piétonne du vieil Antibes, non loin du port de plaisance, invite à s'installer sur sa petite terrasse-trottoir. Un jeune couple y concocte une goûteuse cuisine du marché, avec des produits locaux, dans un cadre rustique, au mobilier de bistrot. Carte courte et menu surprise : un régal, à prix doux !

Menu 30/46 € – Carte 36/42 €

Plan : D1-e – *5 rue du Docteur-Rostan – ✆ 04 89 68 48 66 – www.restaurantleptitcageot.fr – Fermé 1er-8 janvier, 10 août-1er septembre, lundi, dimanche*

Hôtels

Josse

TRADITIONNEL · CONTEMPORAIN Près de la plage du Ponteil – un emplacement privilégié –, dans une construction des années 1970 toute blanche, des chambres contemporaines et confortables, celles du premier étage ont même un balcon... et vue sur la Grande Bleue !

27 chambres – 95/380 € – 2 suites – 16 €

Plan : B1-s – *8 boulevard James-Wyllie – 04 92 93 38 38 – www.hotel-josse.com – Fermé 19 novembre-16 décembre*

Royal

BUSINESS · CONTEMPORAIN Excellent emplacement face à la mer pour cet hôtel contemporain. Chambres et suites, spa, restaurant, grande terrasse d'été et plage aménagée.

39 chambres – 85/500 € – 25 suites – 15 €

Plan : D2-b – *16 boulevard Maréchal-Leclerc – 04 83 61 91 91 – www.hotelroyal-antibes.com – Fermé 7-31 janvier*

Mas Djoliba

MAISON DE CAMPAGNE · CLASSIQUE Relaxez-vous entre palmiers et bougainvillées, à la piscine ou dans les jolies chambres de cette villa 1920 ; celle du dernier étage dispose d'une agréable terrasse offrant une vue exquise sur le cap. Atmosphère familiale.

13 chambres – 110/220 € – 1 suite – 12 €

Plan : C2-d – *29 avenue de Provence – 04 93 34 02 48 – www.hotel-djoliba.com – Fermé 1er novembre-11 mars*

La Place

BOUTIQUE HÔTEL · CONTEMPORAIN Sur cette place animée du centre d'Antibes, une agréable petite adresse, au décor sobre et de bon goût. Les chambres, confortables et bien tenues, voient leurs couleurs évoluer selon l'étage (parme, vert anis, gris...).

14 chambres – 99/205 € – 14 €

Plan : C2-p – *1 avenue du 24-août – 04 97 21 03 11 – www.la-place-hotel.com*

Le Petit Castel

FAMILIAL · COSY Un jeune couple est à la barre de ce petit pavillon blanc, à mi-chemin entre Antibes et Juan-les-Pins. Les chambres, petites et bien tenues, ont été rénovées avec goût ; on profite pleinement de l'agréable cour pour le petit-déjeuner. Coin bar à vin et terrain de pétanque.

16 chambres – 88/168 € – 10 €

Plan : B1-b – *22 chemin des Sables – 04 93 61 59 37 – www.lepetitcastel.fr – Fermé 15 novembre-1er mars*

Cap d'Antibes

06160 (Alpes-Maritimes) – Carte régionale n° **25**-E2

Les Pêcheurs

CUISINE MÉDITERRANÉENNE · DESIGN XXX Superbement ancrés au bord des flots, ces Pêcheurs mettent évidemment à l'honneur le poisson de la Méditerranée... et plus largement toutes les belles saveurs du Sud, délicatement ciselées ; on se régale dans une salle à manger élégante et moderne (béton et verre), ou sur la terrasse à l'abri des voiles. Un petit paradis très Côte d'Azur !

→ Poisson de pêche locale. Rouget et pistes de Méditerranée. Trois chocolats

Menu 90/150 € – Carte 94/162 €

Plan : B2-u – *Cap d'Antibes Beach Hôtel, 10 boulevard du Maréchal-Juin – 04 92 93 13 30 – www.ca-beachhotel.com – Fermé 15 octobre-31 mars, lundi midi, mardi midi, mercredi midi, jeudi midi, vendredi midi, samedi midi, dimanche midi*

Eden Roc

CUISINE MODERNE • LUXE XXXXX Serveurs en veste blanche, découpe et flambage en salle, espace salon avec pianiste : la French Riviera dans toute sa gloire ! À la carte, les grands classiques de la maison sont à l'honneur (steak Diane, buffet d'entrées), accompagnés de plats méditerranéens plus inventifs. Surtout, jetez un œil à la terrasse, absolument exquise, avec sa vue sur la baie de Cannes...

Carte 110/230 €

Plan : B2-z – *Hôtel du Cap-Eden-Roc, boulevard JF-Kennedy – ✆ 04 93 61 39 01 – www.hotel-du-cap-eden-roc.com*

Bacon

POISSONS ET FRUITS DE MER • MÉDITERRANÉEN XXX Une grande salle habillée de blanc, des œuvres d'art contemporain et une vue superbe sur la baie des Anges... La Méditerranée est reine ici, et plus encore dans l'assiette : un très beau choix de poissons, de prime fraîcheur. Une institution.

Menu 55 € (déjeuner)/85 € – Carte 84/280 €

Plan : B1-m – *664 boulevard de Bacon – ✆ 04 93 61 50 02 – www.restaurantdebacon.com – Fermé 1er novembre-1er mars, lundi, mardi midi*

Le Pavillon

CUISINE MODERNE • ROMANTIQUE XXX La terrasse sous les arbres est un hymne au romantisme, surtout éclairée à la bougie la nuit venue... Moment très agréable porté par une cuisine d'inspiration méditerranéenne, déclinée dans un menu unique au gré des saisons.

Menu 85 €

Plan : B2-r – *Impérial Garoupe, 770 chemin Garoupe – ✆ 04 92 93 31 64 – www.imperial-garoupe.com – Fermé 10 octobre-28 avril, mercredi*

Pavillon Beach

CUISINE MÉDITERRANÉENNE • CONVIVIAL XX Une carte méditerranéenne fraîche et raffinée, pour un restaurant de plage séduisant... et l'on est très vite happé par la vue sur la Grande Bleue.

Carte 45/85 €

Plan : B2-r – *Impérial Garoupe, 771 chemin Garoupe – ✆ 04 92 90 23 97 – www.imperial-garoupe.com – Fermé 15 septembre-15 juin, lundi soir, mardi soir, mercredi soir, jeudi soir, vendredi soir, samedi soir, dimanche soir*

Hôtel du Cap-Eden-Roc

PALACE • GRAND LUXE Dans un parc verdoyant et paisible, face à la mer, cet hôtel majestueux – désormais classé palace – conjugue luxe, espace et grand calme. Tout y a le goût du mythe : la piscine à débordement, idyllique, le délicieux bar Bellini, le club de tennis, les cabanes le long du littoral...

107 chambres – 600/2100 € – 11 suites

Plan : B2-x – *Boulevard JF-Kennedy – ✆ 04 93 61 39 01 – www.hotel-du-cap-eden-roc.com – Fermé 18 octobre-19 avril*

Eden Roc – voir la sélection des restaurants

Cap d'Antibes Beach Hôtel

LUXE • DESIGN Chic balnéaire contemporain, design épuré, jardin noyé sous les essences méditerranéennes, plage privée de sable fin et, depuis les chambres des étages supérieurs, une vue imprenable sur le cap et les îles de Lérins : une certaine idée du luxe...

35 chambres – 420/5900 €

Plan : B2-e – *10 boulevard Maréchal-Juin – ✆ 04 92 93 13 30 – www.ca-beachhotel.com – Fermé 15 octobre-31 mars*

Les Pêcheurs – voir la sélection des restaurants

Impérial Garoupe

LUXE • PERSONNALISÉ Au bout du cap, la Garoupe et cette belle demeure méditerranéenne au cœur d'une végétation luxuriante (cactus et plantes grasses). Toutes décorées différemment, les chambres sont agréables et bien tenues ; elles possèdent un balcon, une terrasse ou un jardinet privé.

31 chambres – 350/860 € – 4 suites – 42 €

Plan : B2-r – *770 chemin Garoupe – ✆ 04 92 93 31 61 – www.imperial-garoupe.com – Fermé 10 octobre-28 avril*

Le Pavillon • **Pavillon Beach** – voir la sélection des restaurants

Beau Site

FAMILIAL • MÉDITERRANÉEN Terrasse ombragée d'essences méditerranéennes, agréable piscine et chambres d'esprit classique ou provençal : un joli pavillon blanc aux volets bleus, pour un séjour très Sud !

30 chambres – 105/250 € – 15 €

Plan : B2-t – *141 boulevard JF-Kennedy – ✆ 04 93 61 53 43 – www.hotelbeausite.net – Fermé 15 octobre-10 mars*

ANTONNE-ET-TRIGONANT – 24 (Dordogne) → voir Périgueux

ANTONY – 92 (Hauts-de-Seine) → voir Autour de Paris

AOSTE

✉ 38490 (Isère) – Carte régionale n° **2**-C2
Carte Michelin 333-G4 – Guide Vert Michelin Alpes du Nord

Au Coq en Velours

CUISINE TRADITIONNELLE • ÉLÉGANT XXX Entre Bresse et Dauphiné, cette bonne auberge de village est tenue par la même famille depuis 1900. Ne passez pas à côté de la spécialité de la maison, le "coq en velours", un délicieux coq au vin servi dans une sauce crémeuse, au grain de... velours. Quelques chambres pour la nuit, bien au calme face au jardin.

Menu 33/68 € – Carte 37/70 €

1800 route de St-Genix – ✆ 04 76 31 60 04 – www.au-coq-en-velours.com – Fermé 1er-31 janvier, 16 août-1er septembre, lundi, jeudi soir, dimanche soir

APPOIGNY – 89 (Yonne) → voir Auxerre

APREMONT – 60 (Oise) → voir Chantilly

APT

✉ 84400 (Vaucluse) – Carte régionale n° **25**-E1
Carte Michelin 332-F10 – Guide Vert Michelin Provence

Le Couvent

HISTORIQUE • PERSONNALISÉ Cet ancien couvent (17e s.) typiquement provençal a perdu en austérité ce qu'il a gagné en sobre élégance. Chambres de charme, petit-déjeuner sous les voûtes du réfectoire.

5 chambres – 99/140 €

36 rue Barriol – ✆ 04 90 04 55 36 – www.loucouvent.com

à Saignon 4 km au Sud-Est par D48 – ✉ 84400

Chambre de Séjour avec Vue

MAISON DE CAMPAGNE Dans un charmant village, une maison d'hôtes atypique, à la fois lieu d'échange culturel et résidence d'artistes : la décoration évolue au gré des œuvres exposées ! De confortables chambres design, chic et sobrement meublées.

5 chambres – 100/130 €

rue de la Burgade – ✆ 04 90 04 85 01 – www.chambreavecvue.com – Fermé 30 octobre-1er avril

ARAGON - 11 (Aude) ➜ voir Carcassonne

ARBOIS

✉ 39600 (Jura) - Carte régionale n° **6**-B2

Carte Michelin 321-E5 - Guide Vert Michelin Franche-Comté Jura

✿✿ Maison Jeunet (Steven Naessens)

CUISINE CRÉATIVE • ÉLÉGANT XXX Reprendre une maison de renom, doublement étoilée, après le départ à la retraite de son fondateur... un pari trop risqué ? Ce n'est certainement pas l'avis de Steven Naessens, Belge de son état (Namurois, pour être précis), qui a longtemps secondé Jean-Paul Jeunet avant de lui succéder à la tête de son restaurant en 2016.

La recette de sa réussite ? Primo, il assume à fond l'héritage de son prédécesseur, qui lui a ouvert les portes du Jura et de ses trésors : herbes sauvages, champignons des bois, gibiers en tous genres, grenouilles et escargots... un matériau de premier choix. Secundo, il affirme sans hésitation sa propre identité de chef : s'il s'inscrit dans le sillage de la famille Jeunet, il revendique une "liberté totale" dans son travail quotidien.

Heureusement pour nous, cette (salutaire) révolution de palais a épargné certains grands classiques de la maison : on est ravis, par exemple, que la fameuse poularde de Bresse aux morilles et vin jaune soit toujours à la carte.

➜ Escargots du Petit-Mercey cuisinés selon la saison. Volaille de Bresse aux morilles et vin jaune. Gaudes et caramel

Menu 62 € (déjeuner), 122/152 € - Carte 110/160 €

9 rue de l'Hôtel-de-Ville - ✆ 03 84 66 05 67 - www.maison-jeunet.com - Fermé 15-30 janvier, 25 juin-3 juillet, 23 octobre-7 novembre, mardi, mercredi

Les Caudalies

CUISINE MODERNE • ÉLÉGANT XXX A la tête de cette maison bourgeoise sise au cœur des vignobles, œuvre un savant sommelier, Meilleur Ouvrier de France en 2015. En cuisine, sa belle-mère propose une cuisine délicate, féminine, alliant avec bonheur tradition et modernité à l'instar de cette volaille fermière de l'Ain aux morilles. Carte des vins de plus de 500 références.

Menu 20 € (déjeuner), 45/65 € - Carte 59/76 €

20 avenue Pasteur - ✆ 03 84 73 06 54 - www.lescaudalies.fr - Fermé 18 février-6 mars, 21 octobre-6 novembre, lundi, mardi

Le Bistronome

CUISINE TRADITIONNELLE • BISTRO X Ce Bistronome charme les papilles des gourmands grâce à des produits de qualité et des plats goûteux, accompagnés d'une belle sélection de vins nature du Jura. À déguster sur la jolie terrasse qui domine la Cuisance... Une affaire sérieuse et sympathique.

Menu 18 € (déjeuner), 25/35 € - Carte 46/57 €

62 rue de Faramand - ✆ 03 84 53 08 51 - Fermé lundi soir, mardi, dimanche soir

Les Caudalies

MAISON DE MAÎTRE • ÉLÉGANT Accueil courtois, chambres romantiques et bien décorées (parquets clairs, beaux meubles) : voici quelques-uns des attraits de ces Caudalies. L'ensemble est bien entretenu : une agréable étape.

9 chambres - 82/128 € - 13 €

20 avenue Pasteur - ✆ 03 84 73 06 54 - www.lescaudalies.fr - Fermé 18 février-6 mars, 21 octobre-6 novembre

Les Caudalies - voir la sélection des restaurants

Closerie les Capucines

HISTORIQUE • PERSONNALISÉ Ce couvent du 17e s. se niche dans une ruelle calme du centre-ville. Charme authentique, épure contemporaine dans les chambres, patio, jardin exquis... Un moment béni, une coupure salutaire !

5 chambres - 145/160 €

7 rue de la Bourgogne - ✆ 03 84 66 17 38 - www.closerielescapucines.com

à Pupillin 3 km au Sud par D469 et D248 – ✉ 39600

Le Grapiot

CUISINE MODERNE • DESIGN XX Grapiot, vous avez dit grapiot ? Oui, une "grimpette" ou un "petit chemin montant" en patois local. Le chef, passionné de couleurs et de saveurs, travaille autant la déco que les beaux produits, comme avec ce pavé de cabillaud rôti et beurre rouge. La carte change tous les mois ; chaque passage donne envie de revenir !

Menu 33/55 € – Carte 38/57 €

3 rue Bagier – ✆ 03 84 37 49 44 – www.legrapiot.com – Fermé 4-13 juillet, 22 décembre-24 janvier, mardi, mercredi

ARC 2000 – 73 (Savoie) → voir les Arcs

ARCACHON – 33 (Gironde) → voir Bassin d'Arcachon

ARCANGUES – 64 (Pyrénées-Atlantiques) → voir Biarritz

ARCINS – 33 (Gironde) → voir Margaux

ARCIZANS-AVANT – 65 (Hautes-Pyrénées) → voir Argelès-Gazost

LES ARCS

✉ 83460 (Var) – Carte régionale n° **24**–C3
Carte Michelin 340-N5

Le Relais des Moines (Sébastien Sanjou)

CUISINE MODERNE • AUBERGE XXX Une cuisine colorée et imaginative : voici la proposition du chef, Sébastien Sanjou, dans cette ancienne bergerie (16e s.) élégante et chaleureuse. Au cœur de chaque assiette trône un beau produit, travaillé avec soin dans le respect du goût ! La terrasse ajoute au plaisir. Excellent rapport qualité-prix du menu déjeuner.

→ Collection de tomates ramassées du jour, buratina des Pouilles et basilic. Chevreuil, courges, poivre timut et jus relevé de Chartreuse. Chocolat et café pure origine, mousseux et granité, ganache à la fève tonka

Menu 48 € (déjeuner), 75/130 € – Carte 96/114 €

route de Ste-Roseline, 1 km à l'Est – ✆ 04 94 47 40 93 – www.lerelaisdesmoines.com – Fermé 28 janvier-3 février, 3 novembre-3 décembre, lundi, mardi

LES ARCS

✉ 73700 (Savoie) – Carte régionale n° **2**–D2
Carte Michelin 333-N4 – Guide Vert Michelin Alpes du Nord

Aiguille Grive Chalets Hôtel

LUXE • CONTEMPORAIN Directement sur les pistes et à quelques minutes de la station d'Arc 1800, ce vaisseau de bois et de verre offre des vues spectaculaires sur le Mont Blanc. Beaux tissus, mobilier chic, terrasse ensoleillée : là, tout n'est qu'ordre et sportivité, luxe, calme et sommets enneigés.

18 chambres – ½ Pension seulement 350/420 €

Charmettoger – ✆ 04 79 40 20 30 – www.hotelaiguillegrive.com – Fermé 1er mai-30 juin, 1er septembre-14 décembre

à Arc 2000 7 km au Sud-Est – ✉ 73700

Taj-I Mah

BOUTIQUE HÔTEL • COSY Derrière ce nom d'origine indienne signifiant "couronne de lune" se dissimule un bel ensemble hôtelier, aux clins d'œil ethniques. Les chambres, confortables, bénéficient toutes de balcons avec vue sur le massif. Espace bien-être ; table gastro et bistrot.

43 chambres ☕ – ††250/1100 € – 5 suites

✆ 04 79 10 34 10 – www.hotel-tajimah.com – Fermé 20 avril-14 décembre

ARDON - 45 (Loiret) ➜ voir Orléans

ARÈS - 33 (Gironde) ➜ voir Bassin d'Arcachon

ARGELÈS-GAZOST

✉ 65400 (Hautes-Pyrénées) - Carte régionale n° **22**-A3
Carte Michelin 342-L6

Des Petits Pois Sont Rouges

CUISINE MODERNE • CONVIVIAL XX Pas besoin d'être résident de l'hôtel Miramont pour apprécier la cuisine de son chef. Ce dernier rend hommage au terroir pyrénéen, bien sûr, mais propose également de nombreux poissons à la carte. Côté déco, on baigne dans une ambiance résolument contemporaine : table centrale rehaussée, mobilier design...

Menu 24/29 € - Carte 40/47 €

Le Miramont, 44 avenue des Pyrénées - ✆ 05 62 97 01 26 - www.des-petits-pois-sont-rouges.com - Fermé 1er-30 novembre, mercredi

Le Miramont

FAMILIAL • FONCTIONNEL Cet hôtel-restaurant des années 1930 dénote par rapport au style architectural régional. Avec son joli jardin et ses chambres confortables de style contemporain, c'est un bon point de départ pour la visite de la vallée des Gaves ou une cure thermale.

18 chambres - 76/165 € - 13 €

44 avenue des Pyrénées - ✆ 05 62 97 01 26 - www.hotel-argeles-gazost.com - Fermé 1er-30 novembre

Des Petits Pois Sont Rouges - voir la sélection des restaurants

à Arcizans-Avant 4,5 km au Sud par D101 et D13 - ✉ 65400

Auberge Le Cabaliros

CUISINE TRADITIONNELLE • AUBERGE X Cette sympathique auberge villageoise, à mi-chemin entre les célèbres cols d'Aubisque et du Tourmalet, tutoie les sommets pyrénéens. Dans l'assiette, de bonnes recettes de tradition - pavé de porc noir de Bigorre, ris de veau braisé -, goûteuses et joliment présentées. Et de petites chambres coquettes pour l'étape !

Menu 25/36 € - Carte 33/50 €

16 rue de l'Église - ✆ 05 62 97 04 31 - www.auberge-cabaliros.com - Fermé 3 novembre-9 février, mardi, mercredi

à St-Savin 3 km au Sud par D101 - ✉ 65400

Le Viscos

CUISINE MODERNE • ÉLÉGANT XXX Aux fourneaux, Alexis (la septième génération de la maison !) régale avec des plats à la gloire du terroir, parsemés de touches plus modernes. C'est fin, juste et toujours travaillé dans le respect du produit ; les desserts, en particulier, se révèlent très bons.

Menu 17 € (déjeuner), 32/92 € - Carte 50/80 €

1 rue Lamarque - ✆ 05 62 97 02 28 - www.hotel-leviscos.com - Fermé 14 janvier-12 février, lundi, dimanche soir

ARGELÈS-SUR-MER

✉ 66700 (Pyrénées-Orientales) - Carte régionale n° **21**-B3
Carte Michelin 344-J7

La Bartavelle

CUISINE CRÉATIVE • COSY X C'est une adresse que les amoureux de la bonne chère s'échangent avec gourmandise - et pour cause : le chef, Thibaut Lesage, et son épouse Stéphanie, pâtissière, ravissent les papilles et revisitent les classiques avec une inspiration constante. Un régal ! Attention : réservation indispensable.

Menu 29/39 € - Carte 40/55 €

24 rue de la République - ✆ 06 19 25 70 13 - www.restaurant-labartavelle.fr - Fermé 20 avril-6 mai, 12-22 novembre

Auberge du Roua

CUISINE MODERNE • COSY XX Dans un cadre vraiment intime (pierres, poutres, voûtes...), on déguste une cuisine au goût du jour, personnalisée de petites touches régionales, et réalisée avec de bons produits... Des saveurs franches et fraîches !

Menu 32/59 € - Carte 49/64 €

46 chemin du Roua (à 1,5 km) - 04 68 95 85 85 - www.aubergeduroua.com - Fermé 5 janvier-6 février, 11 novembre-26 décembre, lundi midi, mardi midi, mercredi midi, jeudi midi, vendredi midi, samedi midi

Le Bistrot à la Mer

CUISINE MODERNE • DESIGN X Dans ce restaurant, situé à l'intérieur d'un hôtel dominant la route de la Corniche en allant vers Collioure, on se régale de bons produits locaux et de saison, au fil d'un menu d'inspiration méditerranéenne, imaginé par le nouveau chef. Le cadre, une jolie salle lumineuse, est à la hauteur de la cuisine.

Menu 24 € (déjeuner), 32/51 € - Carte 45/55 €

Grand Hôtel du Golfe, route de Collioure (La Corniche, à 4 km) - 04 68 81 14 73 - www.hoteldugolfe-argeles.com - Fermé 5 novembre-15 mars

Le Coup de Fourchette du Cayrou

CUISINE MODERNE • SIMPLE X Cette jolie maison doit son nom à la brique rouge traditionnelle fabriquée dans ces contrées catalanes... Dans l'agréable salle, simple et épurée, on déguste une bonne cuisine qui évolue au fil des saisons. Menu unique, midi et soir.

Menu 27 € (déjeuner), 35/42 € - Carte 44/52 €

18 rue du 14-Juillet - 04 68 81 34 08 - www.le-cayrou.net - Fermé dimanche

Auberge du Roua

MAISON DE CAMPAGNE • COSY La campagne, les vignes, une délicieuse piscine dans un jardin fleuri et... le calme ! Un joli programme pour un joli mas du 17e s., qui joue le contraste de l'authenticité et de l'épure contemporaine. En deux mots : du Sud et du style !

18 chambres - 79/199 € - 2 suites - 14 €

46 chemin du Roua (à 1,5 km) - 04 68 95 85 85 - www.aubergeduroua.com - Fermé 5 janvier-6 février, 11 novembre-26 décembre

Auberge du Roua - voir la sélection des restaurants

Le Cottage

TRADITIONNEL • COSY Dans une zone résidentielle, un hôtel avec des chambres coquettes, lumineuses et calmes, très souvent avec un balcon ou une terrasse donnant sur le joli jardin. Côté détente : un espace bien-être avec piscine, jacuzzi et hammam.

27 chambres - 85/330 € - 6 suites - 14 €

21 rue Arthur-Rimbaud - 04 68 81 07 33 - www.hotel-lecottage.com - Fermé 6 octobre-6 avril

Grand Hôtel du Golfe

TRADITIONNEL • CONTEMPORAIN Un bel hôtel sur la route de Collioure, face à la plage. Les chambres disposent de petits balcons offrant une vue imprenable sur la mer. De quoi faire des rêves de grandes traversées ou de voyages au long cours ! Espace détente (spa, hammam) et grande piscine chauffée.

36 chambres - 87/295 € - 12 €

route de Collioure (La Corniche, à 4 km) - 04 68 81 14 73 - www.grandhoteldugolfe.com - Fermé 5 novembre-15 mars

Le Bistrot à la Mer - voir la sélection des restaurants

Les Mouettes

TRADITIONNEL • FONCTIONNEL Face à la mer, au-dessus de la route de Collioure, un hôtel chaleureux, de facture classique, situé dans un beau jardin. Les chambres et studios ont tous une terrasse ou une loggia et, pour la détente, on profite du jacuzzi, du hammam et de la piscine.

33 chambres - 75/500 € - 14 €

La Corniche - 04 68 81 82 83 - www.hotel-lesmouettes.com - Fermé 1er novembre-31 mars

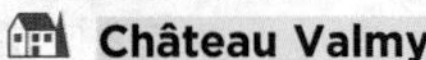

Château Valmy

DEMEURE HISTORIQUE · ÉLÉGANT Pour l'anecdote, ce beau château à l'allure majestueuse et peu commune a été érigé en 1900 par un architecte... danois. Aujourd'hui, c'est une maison de charme pour hôtes chic, au cœur d'un vignoble de 30 ha. Superbes chambres zen et épurées, vue splendide sur la mer et dégustation de vins au chai : quel style !

5 chambres ☕ – 👥220/390 €

chemin de Valmy – ✆ 04 68 81 25 70 – www.chateau-valmy.com – Fermé 1er décembre-30 avril

ARGENTAN

✉ 61200 (Orne) – Carte régionale n° **17**-C2

Carte Michelin 310-I2 – Guide Vert Michelin Normandie Cotentin

✿ La Renaissance (Arnaud Viel)

CUISINE MODERNE · ÉLÉGANT XXX Cette maison élégante et feutrée est incontestablement la meilleure table d'Argentan. Originaire de la région, Arnaud Viel signe une cuisine créative, à la fois sophistiquée et esthétique, en s'appuyant sur d'excellents produits – homard de Carteret, lotte de Port-en-Bessin, etc. Une perpétuelle Renaissance !

→ Œuf de poule cuit à 63°, émulsion de haddock et caviar. Ris de veau braisé au cidre et sarrasin, cromesquis de tête de veau. Pomme soufflée, mousse légère caramel au beurre salé et pomme caramélisée

Menu 34 € (déjeuner), 58/97 € – Carte 48/90 €

20 avenue de la 2ème-Division-Blindée – ✆ 02 33 36 14 20 – www.arnaudviel.com – Fermé 17-25 février, 28 juillet-23 août, lundi, dimanche

La Renaissance

FAMILIAL · CONTEMPORAIN Non loin du centre de la cité, cette imposante demeure d'après-guerre cache un hôtel confortable et feutré. Toutes les chambres ont été récemment rénovées dans un style contemporain et non moins cosy – préférez celles au calme, côté piscine. Une étape plaisante !

18 chambres – 👥98/138 € – ☕14 €

20 avenue de la 2ème-Division-Blindée – ✆ 02 33 36 14 20 – www.arnaudviel.com – Fermé 18-25 février, 28 juillet-23 août

✿ **La Renaissance** – voir la sélection des restaurants

à Fontenai-sur-Orne 4,5 km au Sud-Ouest – ✉ 61200

La Table de Catherine

CUISINE TRADITIONNELLE · AUBERGE XX Surprise derrière la façade traditionnelle : des couleurs vives et de grandes fleurs sur les murs... Un décor d'une certaine fraîcheur, à l'unisson de la cuisine de la chef, Catherine, ambassadrice des produits de la région. Sa spécialité : la tarte fine à l'andouille de Vire et au camembert !

Menu 25 € (déjeuner)/33 € – Carte 40/60 €

Le Faisan Doré, D924 – ✆ 02 33 67 18 11 – www.latabledecatherine.com – Fermé 1er-15 août, lundi midi, samedi midi, dimanche soir

Le Faisan Doré

FAMILIAL · PERSONNALISÉ Sur l'axe Argentan-Flers, on reconnaît cette auberge traditionnelle à sa façade à colombages. Les chambres sont peu à peu rénovées dans un style plus cosy et feutré ; préférez donc les plus récentes. Et dans le salon, vous pourrez même jouer du piano ! En résumé, l'adresse est tout indiquée pour une étape dans le pays d'Auge ornais.

16 chambres – 👥85/120 € – ☕11 €

D924 – ✆ 02 33 67 18 11 – www.lefaisandore.com – Fermé 2-6 janvier, 1er-15 août

La Table de Catherine – voir la sélection des restaurants

ARGENTAT

✉ 19400 (Corrèze) – Carte régionale n° **19**-C3
Carte Michelin 329-M5 – Guide Vert Michelin Limousin Berry

Saint-Jacques

CUISINE MODERNE • ÉLÉGANT XX En bon professionnel, le chef construit ses recettes autour des meilleurs produits de la région ; on profite même – les amateurs apprécieront – de gibier en saison. Tout cela se savoure dans une salle à la décoration élégante, ou sur la terrasse plus contemporaine.

Menu 20/65 € – Carte 63/80 €

39 avenue Foch – ✆ 05 55 28 89 87 – www.lesaintjacques-argentat.com – Fermé 4 mars-25 avril, 15-30 octobre, lundi, dimanche soir

ARGENTIÈRE – 74 (Haute-Savoie) ➜ voir Chamonix-Mont-Blanc

ARGENTON-SUR-CREUSE

✉ 36200 (Indre) – Carte régionale n° **8**-B3
Carte Michelin 323-F7 – Guide Vert Michelin Limousin Berry

Le Cheval Noir

CUISINE TRADITIONNELLE • CONVIVIAL XX Envie de tradition ? Sous ce nom qui fit autrefois florès sur les routes de France, un décor de bistrot contemporain et une carte qui fait la part belle aux produits du marché. Depuis la salle, on peut voir le chef s'affairer en cuisine ; aux beaux jours, on s'installe en terrasse. Formule déjeuner très attractive.

Menu 16 € (déjeuner), 29/35 € – Carte 30/40 €

27 rue Auclert-Descottes – ✆ 02 54 24 00 06 – www.le-chevalnoir.fr – Fermé lundi midi, dimanche soir

ARGENT-SUR-SAULDRE

✉ 18410 (Cher) – Carte régionale n° **8**-C2
Carte Michelin 323-K1 – Guide Vert Michelin Limousin Berry

Relais du Cor d'Argent

CUISINE TRADITIONNELLE • AUBERGE XX Un Cor d'Argent fleuri et attachant ! On s'installe dans une des salles, bien tenues, ou sur l'agréable terrasse pour savourer une cuisine traditionnelle variant selon le marché et les saisons. À moins que vous ne préfériez le menu végétarien...

Menu 23/60 € – Carte 44/73 €

39 rue Nationale – ✆ 02 48 73 63 49 – www.lecordargent.com – Fermé 18 février-23 mars, 24 juin-6 juillet, 15-26 octobre, mardi, mercredi

ARGILLIERS – 30 (Gard) ➜ voir Uzès

ARGOULES

✉ 80120 (Somme) – Carte régionale n° **14**-A1
Carte Michelin 301-E5

Auberge du Coq-en-Pâte

CUISINE TRADITIONNELLE • AUBERGE X Dans les années 1930, cette auberge typiquement régionale fut offerte par le châtelain d'Argoules à sa cuisinière. Plusieurs décennies plus tard, on perpétue l'amour de la bonne chère avec des plats qui magnifient le terroir picard, entre tradition et modernité. Une adresse sympathique.

Menu 20 € – Carte 28/48 €

37 Grande-Rue, route de Valloires – ✆ 03 22 29 92 09 – Fermé 13 janvier-1er février, 1er-10 avril, 2-16 septembre, lundi, mardi, dimanche soir

B. Kadic/age fotostock

ON AIME...

La **Fondation Luma**, nouvel emblème artistique de la ville, avec sa tour dessinée par l'architecte Franck Gehry. La **Chassagnette**, un agréable restaurant-jardin en pleine Camargue. Le **Gibolin**, son esprit bar à vins et sa cuisine de tradition. Sans oublier le bistrot **Chardon**, et son concept novateur de chefs en résidence. Enfin, **l'Hôtel du Cloître**, avec ses chambres colorées qui donnent sur la cathédrale Saint-Trophime...

ARLES

✉ 13200 (Bouches-du-Rhône) – Carte régionale n° **24**-A3
Carte Michelin 340-C3 – Guide Vert Michelin Provence

Restaurants

✿✿ L'Atelier de Jean-Luc Rabanel

CUISINE CRÉATIVE • CONTEMPORAIN XX Que de chemin parcouru par le truculent Jean-Luc Rabanel ! Pour ce Gascon natif de Villeneuve-sur-Lot, tout a commencé par le terroir du Sud-Ouest, ses foies gras mirifiques et ses pâtés superbes. Puis, à la recherche d'un nouveau souffle, il est venu s'installer à Arles, au cœur de la Provence. C'est là qu'est né son véritable projet de chef, projet de toute une vie : celui d'une cuisine de la verdure et de l'iode, du légume du jardin, de l'instinct et du geste.
Toujours sur la corde raide, le chef Rabanel remet tout en cause à chaque service, et n'a qu'une obsession : insuffler dans l'assiette son émotion du moment. Tagliatelles de salsifis et joli filet de maquereau poêlé ; tendre filet de taureau de Camargue accompagné des succulents légumes du marché, betterave crapaudine, carottes fanes et mini-fenouil... Plus qu'un repas, une véritable expérience.

➜ Petit artichaut bouquet snacké, puces de courgettes et pétales d'olive verte. Le tempo de la végétale, légumes rôtis et filet de taureau fumé au foin de la Crau. L'anarch'riz

Menu 55 € (déjeuner), 95/145 €

Plan : A2-k – *7 rue des Carmes – ✆ 04 90 91 07 69 – www.rabanel.com – Fermé lundi, mardi*

Bistro À Côté

CUISINE PROVENÇALE • BISTRO X À côté de son bel Atelier, Jean-Luc Rabanel a ouvert ce bistrot où règne une atmosphère décontractée : les plats sont souvent présentés dans leur poêle de cuisson ou à partager, et on expose fièrement vins et jambons. D'une recette à l'autre, on pense Espagne, Provence ou Italie ; c'est la Méditerranée que l'on célèbre !

Menu 32 €

Plan : A2-u – *21 rue des Carmes – ✆ 04 90 47 61 13 – www.bistro-acote.com – Fermé lundi, mardi*

Lou Marquès

CUISINE CLASSIQUE • COLORÉ XXX Au sein du bel hôtel Jules César redécoré par Christian Lacroix – arlésien s'il en est –, on déguste papeton d'aubergines ou risotto de riz rouge de Camargue sous d'anciennes boiseries, tandis que défilent, en ombres chinoises, taureaux et arlésiennes. Bistrot chic au déjeuner, gastronomique le soir.

Menu 33/75 €

Plan : A2-v – *Jules César, 9 rue des Lices – ✆ 04 90 52 52 52 – www.hotel-julescesar.fr – Fermé samedi midi, dimanche soir*

Chardon

CUISINE MODERNE • BISTRO X Laura Vidal et Harry Cummins, instigateurs du concept nomade "Paris Pop Up", accueillent au Chardon des cuisiniers en résidence temporaire (lors de notre passage, deux chefs australiens), avec une constante : l'utilisation de produits des environs. C'est frais, c'est bon, et ça se déguste dans un cadre de bistrot très chouette. Dans le mille !

Menu 29 € (déjeuner)/39 € – Carte 30/35 €

Plan : A2-b – *37 rue des Arènes – ✆ 09 72 86 72 04 – www.hellochardon.com – Fermé 1er janvier-1er mars, mardi, mercredi, jeudi midi*

Le Galoubet

CUISINE DU MARCHÉ • VINTAGE X Au cœur de la vieille ville, les connaisseurs se pressent dans ce joli bistrot à la décoration vintage. Bien sûr, ils ne viennent pas par hasard : cuisine du marché et recettes délicates, agréable terrasse sous la treille… la maison ne manque pas d'atouts.

Menu 27 € (déjeuner)/33 €

Plan : A2-n – *18 rue du Docteur-Fanton – ✆ 04 90 93 18 11 – Fermé lundi, dimanche*

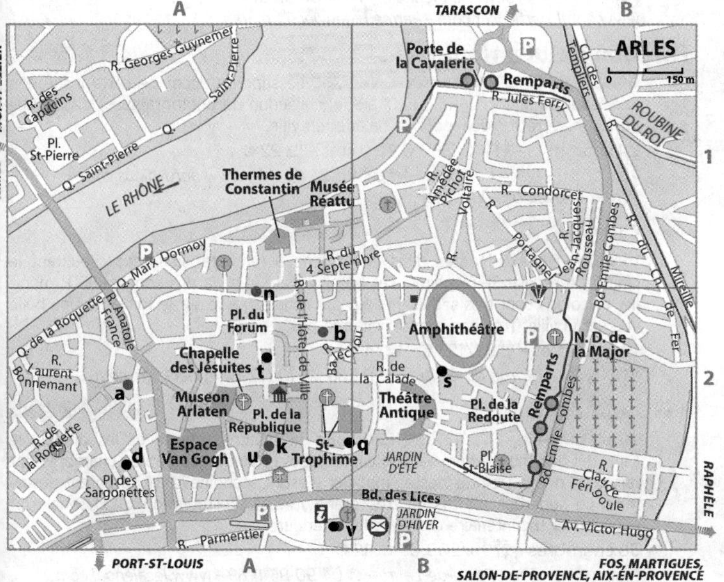

Le Gibolin

CUISINE DU MARCHÉ • BAR À VIN "Est-ce que t'as pris ton Gibolin ?" La boisson-star des Deschiens a servi d'inspiration à ce sympathique bistrot arlésien. La cuisine familiale du chef – croustillant de pied et tête de cochon, lotte rôtie et fenouil braisé à l'orange – est accompagnée de bons vins régionaux choisis par la patronne. On se régale.

Menu 35 €

Plan : A2-a – *13 rue des Porcelets* – *04 88 65 43 14* – *Fermé 13 janvier-12 février, lundi, dimanche*

Hôtels

Jules César

LUXE • MÉDITERRANÉEN Christian Lacroix, l'enfant du pays, a fait souffler un vent de fraîcheur sur le vénérable Jules César. Avalanche de couleurs vives (52 teintes en tout), jeux avec les formes et le style du mobilier, des escaliers et des luminaires... tout en respectant l'esprit des lieux. D'une fantaisie impériale !

45 chambres – 140/329 € – 7 suites – 20 €

Plan : A2-v – *9 boulevard des Lices*
– *04 90 52 52 52* – *www.hotel-julescesar.fr*

Lou Marquès – voir la sélection des restaurants

L'Hôtel Particulier

LUXE • PERSONNALISÉ Sous le soleil arlésien, on pousse la porte de ce superbe hôtel particulier du quartier de la Roquette, mariant l'ancien et le moderne avec élégance. Les chambres claires et luxueuses, sont tournées vers les jardins ; massages et soins.

5 chambres – 449/509 € – 5 suites – 26 €

Plan : A2-d – *4 rue de la Monnaie* – *04 90 52 51 40* –
www.hotel-particulier.com – *Fermé 1er janvier-1er mars*

Grand Hôtel Nord-Pinus

DEMEURE HISTORIQUE • PERSONNALISÉ Le superbe décor de cette institution arlésienne (mobilier signé du 20e siècle, collection de photographies) distille une atmosphère rétro. Idéal pour se balader en ville.

24 chambres – 170/380 € – 2 suites – 22 €

Plan : A2-t – *place du Forum* – *04 90 93 44 44* – *www.nord-pinus.com* –
Fermé 4 novembre-28 février

Cloître

URBAIN • DESIGN Montez dans la machine à remonter le temps ! Jouxtant le cloître de l'église St-Trophime, cet hôtel revisite le style des années 1950 : mobilier et coloris sont très séduisants. En prime, la terrasse sur le toit offre une belle vue sur la ville. Très bon rapport charme-prix.

19 chambres – 95/155 € – 14 €

Plan : A2-q – *18 rue du Cloître* – *04 88 09 10 00* – *www.lecloitre.com*

Le Calendal

TRADITIONNEL • MÉDITERRANÉEN Entre le théâtre antique et les arènes, le Calendal assume pleinement son esprit "cool et chic". Les petites chambres ont fait peau neuve (teintes pastel, mobilier d'esprit scandinave) et se parent désormais de superbes photos en très grand format. Restauration traditionnelle et micocoulier tricentenaire dans la cour intérieure...

38 chambres – 99/209 € – 12 €

Plan : B2-s – *5 rue Porte-de-Laure* – *04 90 96 11 89* – *www.lecalendal.com* –
Fermé 21-25 décembre

au Sambuc 17 km au Sud-Ouest par D570 et D36 – ✉ 13200

✿ La Chassagnette

CUISINE MODERNE • TENDANCE X Un lieu magique que cette ancienne bergerie réhabilitée en mas ! Ici, les légumes (bio, évidemment) sont rois, et Armand Arnal, le chef, est à leur service. Une cuisine épurée à déguster en terrasse, au pied du superbe potager-verger. Il réalise même son pain lui-même, avec de la farine de riz camarguais !

➜ Nage de galère, légumes légèrement acidulés et feuilles du jardin. Pigeon des Costières. Fraises du jardin, mousse de roquette et sorbet à la brousse du Rove

Menu 55 € (déjeuner), 85/135 €

route du Sambuc – ✆ 04 90 97 26 96 – www.chassagnette.fr –
Fermé 16 décembre-1er mars, lundi soir, mardi soir, mercredi soir, dimanche soir

Le Mas de Peint

CUISINE DU TERROIR • RÉGIONAL XX Avec de bons produits – légumes du potager, riz de la propriété et taureau de l'élevage –, le chef concocte une belle cuisine du marché. La terrasse sous la glycine est ravissante et ce Mas charmant... Cuisine à la plancha autour de la piscine en été. Une bonne adresse.

Menu 59/69 €

Le Mas de Peint, 2,5 km par route de Salins
– ✆ 04 90 97 20 62 – www.masdepeint.com –
Fermé 11 novembre-12 avril, jeudi

Le Mas de Peint

LUXE • ÉLÉGANT Dans un vaste domaine, ce superbe mas du 17e s. cultive la tradition camarguaise (promenades à cheval, arènes privées). La décoration est réussie, les chambres raffinées... Beaucoup d'élégance !

15 chambres – ††250/740 € – ☕ 22 €

Le Mas de Peint, 2,5 km par route de Salins
– ✆ 04 90 97 20 62 – www.masdepeint.com –
Fermé 11 novembre-12 avril

Le Mas de Peint – voir la sélection des restaurants

ARMENTIERES

✉ 59280 (Nord) – Carte régionale n° **13**-B2
Carte Michelin 302-F3 – Guide Vert Michelin Nord Pas-de-Calais

✿ Nature Ⓝ (Nicolas Gautier)

CUISINE MODERNE • ÉPURÉ XX Nicolas Gautier, ancien chef de La Laiterie, à Lambersart, a ouvert son propre restaurant en avril 2018. Libéré de tout carcan, il propose désormais une cuisine 100% nature, simple et authentique, en s'appuyant sur de jolis produits régionaux. Ne manquez pas le menu à 35€, d'un rapport qualité-prix à tomber à la renverse. Une maison attachante.

➜ Filet de canette au sel et chou-fleur caféiné, coques à la bière brune. Pigeonneau des Flandres fumé au genévrier et rôti à la braise, jus à la mûre sauvage. Picon, fleur de bière et cacahouètes chouchou

Menu 35/69 € – Carte 61/72 €

20 place de Saint-Vaast
– ✆ 03 20 87 93 05 – www.restaurant-nature.com –
Fermé 24 décembre-1er janvier, lundi, samedi midi, dimanche soir

Les prix indiqués devant le symbole † correspondent au prix le plus bas en basse saison puis au prix le plus élevé en haute saison, pour une chambre single. Même principe avec le symbole ††, cette fois pour une chambre double.

ARNAGE - 72 (Sarthe) → voir Le Mans

LES ARQUES

✉ 46250 (Lot) - Carte régionale n° **22**-B1
Carte Michelin 337-D4

La Récréation

CUISINE MODERNE • CONTEMPORAIN X L'école est finie ! Dans cette sympathique maison, l'ancienne salle de classe est devenue celle du restaurant, et le préau, une jolie terrasse. Mais ici point de nostalgie : le décor tout comme la cuisine sont bien dans l'air du temps.

Menu 27 € (déjeuner), 38/49 € - Carte 27/49 €

Le Bourg - ✆ 05 65 22 88 08 - www.la-recreation-restaurant.com - Fermé 5 novembre-14 février, mercredi, jeudi

ARRADON - 56 (Morbihan) → voir Vannes

ARRAS

✉ 62000 (Pas-de-Calais) - Carte régionale n° **13**-B2
Carte Michelin 301-J6

La Bulle d'O

CUISINE MODERNE • ÉPURÉ XX Après avoir travaillé dans des tables renommées de la région, Olivier Lainé a choisi de s'installer dans sa ville d'origine, à laquelle il a ainsi offert une vraie... bulle de fraîcheur. La carte est courte et renouvelée chaque mois, les recettes se révèlent souvent originales : sans doute la meilleure table d'Arras.

Carte 35/55 €

1 boulevard de Strasbourg - ✆ 03 21 16 19 47 - www.labulledo.com - Fermé lundi, mercredi soir, dimanche

La Corne d'Or

FAMILIAL • PERSONNALISÉ Au cœur de la cité, savourez l'atmosphère romantique et le doux raffinement de cet hôtel particulier dont la structure actuelle date du 18e s. En haut du magnifique escalier à tête de lion, on découvre de coquettes chambres classiques ou contemporaines ainsi qu'un loft mansardé. De belles nuits en perspective...

5 chambres ☕ - 👥125/145 €

1 place Guy-Mollet - ✆ 03 21 58 85 94 - www.lamaisondhotes.com - Fermé 10-25 août, 22 décembre-20 janvier

Hôtel Particulier

HÔTEL PARTICULIER • ÉPURÉ En plein cœur de la ville, non loin de la Grand'-Place, cet ancien hôtel particulier (19e s.) ne manque pas de cachet ! Chambres spacieuses et bien équipées, terrasse pour prendre son petit-déjeuner aux beaux jours, agréable petit jardin au calme... Délicieux, tout simplement.

5 chambres - 👥99/129 € - ☕ 10 €

8 rue du Péage - ✆ 09 66 81 79 27 - www.hotelparticulierarras.com

ARREAU

✉ 65240 (Hautes-Pyrénées) - Carte régionale n° **22**-A3
Carte Michelin 342-O7

Angleterre

FAMILIAL • CONTEMPORAIN Au calme d'un village à l'embranchement des vallées d'Aure et du Louron, sur la route des pistes, on trouve cette bâtisse de caractère datant de 1812. Les chambres, confortables et décorées dans un esprit actuel, sont desservies par un superbe escalier en chêne.

18 chambres - 👥95/180 € - ☕ 11 €

18 route de Luchon - ✆ 05 62 98 63 30 - www.hotel-angleterre-arreau.com - Fermé 1er avril-15 mai, 1er octobre-25 décembre

ARROMANCHES-LES-BAINS

✉ 14117 (Calvados) - Carte régionale n° **17**-B2
Carte Michelin 303-I3 - Guide Vert Michelin Normandie Cotentin

 **La Marine**

FAMILIAL • BORD DE MER Dans cet hôtel idéalement situé, la grande majorité des chambres offrent une vue imprenable sur la mer et les vestiges de l'immense port artificiel de 1944. Un ensemble bien tenu, dans un style marin accueillant.

32 chambres - 96/145 € - 12 €

1 quai du Canada - 02 31 22 34 19 - www.hotel-de-la-marine.fr - Fermé 5 novembre-8 février

ARS-EN-RÉ - 17 (Charente-Maritime) → voir Île de Ré

ARTRES - 59 (Nord) → voir Valenciennes

ARZAY

✉ 38260 (Isère) - Carte régionale n° **2**-B2
Carte Michelin 333-E5

 **Château d'Arzay** 

DEMEURE HISTORIQUE • CLASSIQUE Avec leurs meubles chinés, linge brodé et ciels de lit, les chambres de cette grande maison de maître du 19e s. allient cachet et romantisme... Au fond du parc, à la lisière de la forêt, se cache une ravissante chapelle (1750). Tout est réuni pour une charmante escapade, à mi-chemin entre Lyon et Grenoble.

3 chambres - 150 €

Domaine de Bonnevaux, 156 route de Vienne - 04 74 57 06 02 - www.chateaudarzay.fr - Fermé 24 décembre-2 janvier

ARZON

✉ 56640 (Morbihan) - Carte régionale n° **7**-A3
Carte Michelin 308-N9 - Guide Vert Michelin Bretagne Sud

au Port du Crouesty 2 km au Sud-Ouest - ✉ 56640

Le BE (N)

CUISINE MODERNE • CONTEMPORAIN XXX Marion Bouillot, chef pleine d'allant, propose un concept novateur : une cuisine bien-être, à la fois savoureuse et diététique, avec notamment ce beau filet de bar sauvage cuit à la perfection. Avec un mentor comme Michel Guérard et une telle énergie, nul doute que la gastronomie française entendra parler d'elle !

Menu 55/80 € - Carte 68/88 €

Miramar la Cigale, route du Petit-Mont - 02 97 53 49 13 - www.miramar-lacigale.com - Fermé 6-27 janvier, lundi midi, mardi midi, mercredi midi, jeudi midi, vendredi midi, samedi midi, dimanche

Miramar la Cigale

LUXE • ÉLÉGANT Arrimé à la pointe de la presqu'île de Rhuys, cet hôtel profilé comme un paquebot a été rénové dans un style design et épuré, du meilleur effet ! Centre de thalassothérapie et spa.

100 chambres - 306/612 € - 13 suites - 25 €

route du Petit-Mont - 02 97 53 49 13 - www.miramar-lacigale.com - Fermé 6-27 janvier

Le BE - voir la sélection des restaurants

Le Crouesty

TRADITIONNEL • CONTEMPORAIN Idéalement situé sur la presqu'île de Rhuys, tout près du port de plaisance d'Arzon et des plages. Les chambres sont décorées avec bon goût - ambiance jeune et moderne - et très bien tenues.

26 chambres - 69/159 € - 12 €

18 rue du Croisty - 02 97 53 87 91 - www.hotellecrouesty.com - Fermé 4 novembre-1er mars

à Port Navalo 3 km à l'Ouest - 56640

Grand Largue

POISSONS ET FRUITS DE MER • CLASSIQUE XXX À l'étage de cette villa, on savoure aussi bien la vue panoramique sur le golfe du Morbihan qu'une cuisine gastronomique basée sur les beaux produits de la mer (homard, bar de ligne, coquillages). Au rez-de-chaussée, un vent marin souffle sur le bistrot Le P'tit Zeph.

Menu 39/89 € - Carte 72/96 €

1 rue du Phare (à l'embarcadère) - 02 97 53 71 58 - www.grandlargue.fr - Fermé 7 janvier-13 février, 12 novembre-22 décembre, lundi, mardi

ASSIGNAN

34360 (Hérault) - Carte régionale n° **21**-B2
Carte Michelin 339-C8 - Guide Vert Michelin Languedoc

La Table de Castigno N

CUISINE MODERNE • TENDANCE XX La table gastronomique de ce village idyllique d'Occitanie. Cuisine tendance d'Europe du nord préparée à quatre mains par deux frères belges passés par de belles maisons. Menu surprise, produits d'exception, viandes maturées, crus du domaine (bio)... et du soleil (presque) toute l'année. Que vous faut-il de plus ?

→ Cuisine du marché

Menu 34 € (déjeuner), 52/83 €

Village Castigno, Carriera de la Teuliera - 04 67 24 34 95 - www.chateaucastigno.com - Fermé 1er janvier-4 avril, mardi

Village Castigno N

MAISON DE CAMPAGNE • INSOLITE On ne vient pas par hasard au village Castigno : place à la "détox " de wifi, d'images et de télévision (absents des chambres). Ici, on se promène à cheval dans les vignes, avant son cours de cuisine ou un massage balinais... Chambres élégantes et colorées, très bien équipées. Une expérience rare.

24 chambres - 130/490 € - 23 €

Carriera Dals Camps - 04 67 24 26 41 - www.chateaucastigno.com - Fermé 1er janvier-30 mars

La Table de Castigno - voir la sélection des restaurants

ASLONNES - 86 (Vienne) → voir Poitiers

ASSIER

46320 (Lot) - Carte régionale n° **22**-C1
Carte Michelin 337-H3 - Guide Vert Michelin Périgord Quercy

L'Assierois

CUISINE MODERNE • CONTEMPORAIN X Au centre du village, face à l'église et dotée d'une agréable terrasse ombragée, cette ancienne auberge offre désormais un cadre contemporain épuré. Le chef propose une cuisine rythmée par les saisons, assez simple le midi en semaine, beaucoup plus ambitieuse au dîner et le week-end, mais privilégiant toujours les produits locaux.

Menu 34/46 € - Carte 41/54 €

place de l'Église - 05 65 40 56 27 - www.lassierois.com - Fermé lundi, dimanche soir

ATTICHES

✉ 59551 (Nord) - Carte régionale n° **13**-C2
Carte Michelin 302-G4

L'Essentiel

CUISINE MODERNE • TENDANCE XX Une belle bâtisse en brique rouge au croisement de deux rues, dans le hameau du Petit Attiches. Terrasse et joli jardin à l'arrière : l'atmosphère est plaisante. Dans l'assiette, des plats actuels réalisés avec soin, à accompagner d'une jolie sélection de vins de vignerons. Soirées à thème bières et vins.

Menu 44/82 €

19 rue de Neuville (à Petit-Attiches) - ✆ 03 20 90 06 97 - www.essentiel-restaurant.fr - Fermé 1er-8 janvier, 30 avril-8 mai, 6-27 août, lundi, dimanche

ATTIN - 62 (Pas-de-Calais) ➜ voir Montreuil

AUBENAS

✉ 07200 (Ardèche) - Carte régionale n° **2**-A3
Carte Michelin 331-I6 - Guide Vert Michelin Ardèche Drôme

Les Coloquintes

CUISINE MODERNE • CLASSIQUE XX Ce restaurant, installé dans un ancien moulinage, et géré par un jeune couple - lui en cuisine, elle en salle - propose une cuisine contemporaine, respectueuse des circuits courts et des produits locaux, truite, châtaignes, fruits, etc. À l'été, profitez des tables à l'ombre des tilleuls, pour un dîner soyeux.

Menu 30/34 € - Carte 38/45 €

Quai de l'Ardèche - ✆ 04 75 93 58 33 - www.les-coloquintes.com - Fermé mardi soir, mercredi, samedi midi

L'Aubépine

CUISINE MODERNE • TRADITIONNEL X L'Aubépine s'épanouit grâce à un jeune couple de chercheurs reconvertis dans les saveurs… Pour Manuel, le chef, les choses sont claires : le circuit court est la règle, le jeu consistant à respecter à la fois les textures mais aussi les qualités nutritives des produits. Carte renouvelée toutes les semaines au gré du marché.

Menu 33/50 €

13 boulevard Jean-Mathon - ✆ 04 75 35 01 28 - www.restaurant-aubepine.fr - Fermé lundi, mardi midi, mercredi midi, jeudi midi, vendredi midi, samedi midi, dimanche

Notes de Saveurs

CUISINE MODERNE • TRADITIONNEL X Assis dans la salle voûtée en pierre, face aux ruines de l'ancien couvent bénédictin, on savoure une cuisine où les produits de qualité ont la part belle : dans l'assiette, c'est généreux, gourmand, parfumé et original. Une adresse conviviale et agréable, qui mérite amplement son succès !

Menu 30/45 € - Carte 35/49 €

16 rue Nationale - ✆ 04 75 93 94 46 - Fermé lundi, mardi soir, dimanche

Le Pierrot N

CUISINE MODERNE • TENDANCE X Le chef fraîchement installé en lieu et place du restaurant M propose une cuisine actuelle, moderne et créative, voire ludique (pot de fleur en guise d'amuse-bouches) sans pour autant en oublier l'essentiel : le goût. Ainsi cette chair de crabe et coques en croustillant, crème citron et citronnelle, crumble aux herbes, joliment réalisée. Goûteux.

Menu 23 € (déjeuner), 39/75 €

17 rue Champalbert - ✆ 04 75 36 41 66 - Fermé lundi, dimanche

La Villa Tartary

CUISINE MODERNE · BRANCHÉ De belles voûtes en pierres de taille, un mobilier design, une terrasse avec vue sur le château d'Aubenas... Cet ancien moulin à eau – qui intervenait dans la fabrication de la soie – ne manque pas de charme ! Belles saveurs à la carte.

Menu 24 € (déjeuner), 33/61 € – Carte 45/60 €

64 rue de Tartary – ✆ 04 75 35 23 11 – www.restaurant-ardeche.com – Fermé 1er-18 septembre, 23 décembre-6 janvier, lundi, dimanche

Villa Elisa M

TRADITIONNEL · PERSONNALISÉ Une jolie maison de style Art déco, datant des années 1930. Les chambres sont spacieuses et répondent chacune d'un thème précis : la cerise, le vin ou même la montagne... en hommage à Jean Ferrat, qui était un ami des propriétaires ! Un ensemble tout en raffinement.

8 chambres – 115/190 € – 15 €

rue Jean-Beaussier – ✆ 06 71 34 61 90 – www.villa-elisa-m.com

à Mercuer 6 km au Nord-Ouest par N102 et D223 – ✉ 07200

Aux Vieux Arceaux

CUISINE TRADITIONNELLE · CONVIVIAL Benoit Court a grandi dans cette auberge, créée par ses parents. Aujourd'hui, cet ardent défenseur de la gastronomie régionale porte le terroir avec passion, et puise dans le vaste potager de la maison. Au menu, cuisses de grenouilles en persillade, filet de bœuf aux pommes dauphine... Un régal. Chambres avec terrasse pour l'étape.

Menu 30/70 €

quartier Farges – ✆ 04 75 93 70 21 – www.auxvieuxarceaux.com – Fermé vendredi soir, dimanche soir

AUBIGNY-SUR-NÈRE

✉ 18700 (Cher) – Carte régionale n° **8**-C2

Carte Michelin 323-K2 – Guide Vert Michelin Limousin Berry

La Chaumière

CUISINE TRADITIONNELLE · CONVIVIAL Ne vous fiez pas à la sobriété extérieure de cet ancien relais de poste. Sitôt le pas-de-porte franchi, murs en brique et colombages composent un décor des plus chaleureux. Aux fourneaux, le chef concocte une cuisine fort agréable, qui met en valeur les saisons et les produits du marché.

Menu 24 € (déjeuner), 33/68 € – Carte 40/65 €

2 rue Paul-Lasnier – ✆ 02 48 58 04 01 – www.hotel-restaurant-la-chaumiere.com – Fermé 17 février-17 mars, 29 juillet-11 août, lundi, dimanche soir

La Chaumière

TRADITIONNEL · PERSONNALISÉ Cet ancien relais de poste du 19e s. soigne son image champêtre : les chambres, habillées de pierre et de bois, sont confortables et cosy. Cerise sur le gâteau, l'accueil est charmant.

19 chambres – 92/150 € – 12 €

2 rue Paul-Lasnier – ✆ 02 48 58 04 01 – www.hotel-restaurant-la-chaumiere.com – Fermé 17 février-17 mars, 29 juillet-11 août

La Chaumière – voir la sélection des restaurants

La Grange des Cardeux

DEMEURE HISTORIQUE · CONTEMPORAIN Au cœur de la ville, cet ancien relais de poste reconverti en chambre d'hôte chante les louanges de la langueur discrète dans l'atmosphère feutrée d'un intérieur chiné. Où les chambres se nomment Pomme d'Amour, les Angelots, la Rainette... Vous dormirez sur vos deux oreilles.

3 chambres – 87/95 €

6 avenue du Parc-des-Sports – ✆ 02 48 58 23 36 – www.lagrangedescardeux.com – Fermé 15-30 juin

AUBUSSON

✉ 23200 (Creuse) - Carte régionale n° **19**-C2

Carte Michelin 325-K5 - Guide Vert Michelin Limousin Berry

La Beauze

MAISON DE CAMPAGNE • CONTEMPORAIN C'est une maison en pierre, typique du pays creusois. Les chambres sont décorées avec goût, dans un style contemporain, et donnent toutes sur le jardin, en bordure de rivière, avec des arbres - séquoia, épicéa - plus que centenaires. Quiétude, sans aucun doute !

10 chambres - 73/100 € - 9 €

14 avenue de la République - ✆ 05 55 66 46 00 - www.hotellabeauze.fr - Fermé 16 février-3 mars

à St-Avit-de-Tardes 13 km à l'Est par D941 puis rte secondaire - ✉ 23200

Le Moulin de Teiteix

MAISON DE CAMPAGNE • PERSONNALISÉ Au pied d'une petite rivière poissonneuse et au grand calme, un moulin du 19ᵉ s. rustique et bucolique à souhait, où priment la simplicité et la convivialité. Les chambres sont spacieuses et agréables ; on a même aménagé, dans l'ancien four à pain, un charmant appartement sur deux niveaux.

4 chambres - 81 €

Le Moulin de Teiteix - ✆ 05 55 67 34 18 - www.lemoulindeteiteix.com

AUCH

✉ 32000 (Gers) - Carte régionale n° **22**-B2

Carte Michelin 336-F8

Domaine de Baulieu

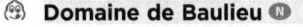

CUISINE MODERNE • CONTEMPORAIN X L'ancien chef de l'Hôtel Mirambeau (près de Bordeaux) réalise ici une cuisine moderne, bien ficelée, à base de produits locaux, mettant quelques classiques au goût du jour, ainsi ces gambas en spaghetti croustillant. Le cadre est élégant, le moment agréable.

Menu 21 € (déjeuner), 33/55 € - Carte 59/71 €

822 chemin de Lussan - ✆ 05 62 59 97 38 - www.ledomainedebaulieu.com - Fermé lundi midi, samedi, dimanche

Restaurant de l'Hôtel de France

CUISINE MODERNE • CLASSIQUE XX Cette institution du centre-ville reprend aujourd'hui vie sous l'égide d'une jeune équipe - trois frères réunis ici après diverses expériences internationales ! Si le cadre reste hautement classique, la cuisine joue une partition contemporaine fine et soignée : saint-pierre à la badiane, ris de veau en cocotte, soufflé à l'armagnac... Cuisine plus simple à la brasserie le 9ᵉ.

Menu 30 € (déjeuner), 45/60 € - Carte 50/77 €

place de la Libération - ✆ 05 62 61 71 71 - www.hoteldefrance-auch.com - Fermé lundi, mardi, dimanche soir

Le Daroles

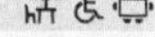

CUISINE MODERNE • BRASSERIE X Dans cette brasserie emblématique de la ville du début du 20ᵉ s., on célèbre le terroir gersois, mais pas seulement : saucisse de porc noir aux couennes confites, purée de pomme de terre et jus de serpolet ; cassoulet traditionnel... Les produits sont frais, les assiettes gourmandes : une bonne adresse.

Menu 27/39 € - Carte 29/45 €

4 place de la Libération - ✆ 05 62 05 00 51 - www.ledaroles.com

Domaine de Baulieu

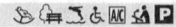

MAISON DE CAMPAGNE · CONTEMPORAIN Au cœur d'un domaine verdoyant, cette ancienne ferme gasconne en pierre blonde propose 18 chambres tout confort (avec rondins de bois en guise de table de nuit), ainsi que deux salles de séminaire dans un autre bâtiment. Belle piscine extérieure et espace bien-être.

18 chambres - 90/140 € - 1 suite - 12 €

chemin de Lussan - 05 62 59 97 38 - www.ledomainedebaulieu.com

Domaine de Baulieu - voir la sélection des restaurants

AUDERVILLE

50440 (Manche) - Carte régionale n° **17**-A1

Carte Michelin 303-A1 - Guide Vert Michelin Normandie Cotentin

Hôtel du Cap

TRADITIONNEL · FONCTIONNEL Cet hôtel, installé dans les dépendances d'une ancienne ferme à l'extrême pointe de la Hague, non loin du phare de Goury, se révèle un doux ermitage. Les chambres, fonctionnelles, ouvrent sur la mer, et aux beaux jours on prend son petit-déjeuner sur la terrasse.

12 chambres - 76/120 € - 11 €

rue de l'Église - 02 33 52 73 46 - www.hotelducap.net - Fermé 3 janvier-20 mars

AUDIERNE

29770 (Finistère) - Carte régionale n° **7**-A2

Carte Michelin 308-D6 - Guide Vert Michelin Bretagne Sud

Le Goyen

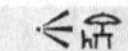

CUISINE MODERNE · ÉLÉGANT XXX Le restaurant est décoré dans un style actuel et lumineux, tout à fait en harmonie avec le travail du chef : ce dernier réalise une cuisine au goût du jour, qui met à l'honneur les artisans locaux et les produits de la mer achetés à la criée.

Menu 25 € (déjeuner), 39/89 € - Carte 50/70 €

place Jean-Simon - 02 98 70 08 88 - www.le-goyen.fr - Fermé 7 janvier-8 février, 5 novembre-13 décembre

Le Goyen

TRADITIONNEL · CLASSIQUE On repère facilement cette bâtisse imposante plantée sur les quais, face au port et à l'estuaire du Goyen. Les chambres, dont certaines ont un balcon, ont été rénovées dans un agréable style contemporain... Une étape de choix dans cette charmante localité.

21 chambres - 110/225 € - 16 €

place Jean-Simon - 02 98 70 08 88 - www.le-goyen.fr - Fermé 5 novembre-13 décembre

Le Goyen - voir la sélection des restaurants

Au Roi Gradlon

FAMILIAL · CONTEMPORAIN Un hôtel cubique, tout blanc, vraiment bien situé face à l'Atlantique ; d'ailleurs, la totalité des chambres - éblouissantes de blancheur - ont vue sur la mer. L'occasion de faire de belles balades et de s'oxygéner... La table met à l'honneur les produits de l'océan.

19 chambres - 85/120 € - 12 €

3 boulevard Manu-Brusq (à la plage) - 02 98 70 04 51 - www.auroigradlon.com - Fermé 15 décembre-5 février

AUDRIEU - 14 (Calvados) → voir Bayeux

AUGEROLLES

63930 (Puy-de-Dôme) - Carte régionale n° **1**-C2

Carte Michelin 326-I8

Les Chênes

CUISINE TRADITIONNELLE • AUBERGE X Les Chênes, c'est l'histoire d'une famille. Celle du chef qui, comme ses parents et grands-parents, défend les produits de sa région (viande label Rouge, miel, myrtilles, etc.). Les années passent, la tradition se perpétue... avec la certitude qu'il ne pouvait en être autrement !

Menu 21/43 €

route de Courpière, 1 km à l'Ouest par D42 – ✆ 04 73 53 50 34 – www.restaurant-les-chenes.com – Fermé 19 août-3 septembre, 24 décembre-3 janvier, lundi soir, mardi soir, mercredi soir, jeudi soir, vendredi soir, samedi soir, dimanche soir

AUGERVILLE-LA-RIVIÈRE

✉ 45330 (Loiret) – Carte régionale n° **8**-C1
Carte Michelin 318-L2

Le Jacques Cœur

CUISINE MODERNE • ROMANTIQUE XXX Si le château a déjà très fière allure, son restaurant n'est pas en reste : marqueteries aux murs, plafonds à la française, cheminée d'époque... Superbe ! Un écrin idéal pour la cuisine du chef : formé dans de belles maisons étoilées, il maîtrise parfaitement les fondamentaux et nous gratifie d'une cuisine fine et savoureuse.

Menu 65/95 € – Carte 55/70 €

Château Golf & Spa d'Augerville, place du Château – ✆ 02 38 32 12 07 – www.chateau-augerville.com – Fermé 24 février-10 mars, 22 décembre-7 janvier, lundi soir, dimanche soir

Château Golf & Spa d'Augerville

DEMEURE HISTORIQUE • CONTEMPORAIN Des chambres signées par l'architecte Patrick Ribes, un domaine de 100 ha et un parcours 18 trous : ce superbe château Renaissance (15e-17e s.) prête à mener grand train – que l'on soit golfeur ou non.

37 chambres – 150/265 € – 3 suites – ☕ 19 €

place du Château – ✆ 02 38 32 12 07 – www.chateau-augerville.com – Fermé 24 février-10 mars, 22 décembre-7 janvier

Le Jacques Cœur – voir la sélection des restaurants

AULNAY-SOUS-BOIS – 93 (Seine-Saint-Denis) ➜ voir Autour de Paris

AULON

✉ 65240 (Hautes-Pyrénées) – Carte régionale n° **22**-A3
Carte Michelin 342-N7

Auberge des Aryelets

CUISINE TRADITIONNELLE • AUBERGE X Il faudra grimper un peu pour rejoindre ce village haut perché des Pyrénées. Sur la place centrale, un jeune couple a repris cette maison avec allant, mettant à l'honneur la tradition et les produits de la région : cochon de lait basse température et jus corsé ; agneau confit de mon enfance, jus d'ail noir...

Menu 19 € (déjeuner), 25/30 € – Carte 32/55 €

place du Village – ✆ 05 62 39 95 59 – Fermé lundi, mardi, dimanche soir

AUMALE

✉ 76390 (Seine-Maritime) – Carte régionale n° **17**-D1
Carte Michelin 304-K3 – Guide Vert Michelin Normandie Vallée de la Seine

Villa des Houx

CUISINE CLASSIQUE • CONVIVIAL XX Quel cachet ! L'architecture tout en colombages (19e s.), l'enceinte de verdure, le calme... Au menu, une cuisine généreuse et savoureuse, amie du terroir : terrine de ris de veau, caille désossée en croûte de sel... Côté décor, on joue la carte du classicisme, que ce soit dans la salle à manger ou en terrasse.

Menu 17/46 € – Carte 40/70 €

6 avenue du Général-de-Gaulle – ✆ 02 35 93 93 30 – www.villa-des-houx.com – Fermé 1er-21 janvier, 29 juillet-9 août, lundi midi

AUMONT-AUBRAC

✉ 48130 (Lozère) – Carte régionale n° **21**–C1
Carte Michelin 330-H6

Cyril Attrazic

CUISINE MODERNE • TENDANCE Un restaurant élégant et bien dans son époque... pour un chef inspiré. Cyril Attrazic signe une belle cuisine créative, franche et expressive, colorée et parfumée, avec de magnifiques produits locaux (telles les viandes de son beau-père). Quant au décor, chic et chaleureux, il ne manque pas de séduire. Vive l'Aubrac !

→ Nouille de céleri, champignons et jus de pomme verte. Bœuf d'Aubrac au barbecue, beurre de pomme de terre muscade et aligot. Brioche à la fleur d'oranger

Menu 40 € (déjeuner), 60/115 € – Carte 70/90 €

10 route du Languedoc – ✆ 04 66 42 86 14 – www.camillou.com – Fermé 2 janvier-30 mars, lundi, mardi

Le Gabale – voir la sélection des restaurants

Le Gabale

CUISINE TRADITIONNELLE • BRASSERIE Cyril Attrazic tient avec cette brasserie le complément idéal à sa table gastronomique. Le décor moderne, paré de photos panoramiques des paysages d'Aubrac, est un bel écrin pour déguster des assiettes franches et bien réalisées ; on se régale le plus simplement du monde, à l'intérieur ou sur la jolie terrasse.

Menu 19 € (déjeuner)/29 € – Carte 36/53 €

10 route du Languedoc – ✆ 04 66 42 86 14 – www.camillou.com – Fermé lundi, mardi

Chez Camillou

AUBERGE • CONTEMPORAIN En léger retrait de la nationale, un hôtel récent avec des chambres agréables, d'esprit contemporain et frais. Les plus qui font la différence : un petit-déjeuner copieux (charcuteries et fromages locaux), et un accueil à la fois gentil et pro !

35 chambres – 104/154 € – 2 suites – 13 €

10 route du Languedoc – ✆ 04 66 42 80 22 – www.camillou.com – Fermé 1er janvier-15 mars, 1er-24 novembre

AUPS

✉ 83630 (Var) – Carte régionale n° **24**–C3
Carte Michelin 340-M4 – Guide Vert Michelin Côte d'Azur

Restaurant des Gourmets

CUISINE TRADITIONNELLE • FAMILIAL Agréable petite adresse familiale dans ce village célèbre pour son marché aux truffes. Cadre coloré (fresques évoquant la Provence), goûteuse cuisine traditionnelle où la "perle noire" est à l'honneur en saison.

Menu 39 €

5 rue Voltaire – ✆ 04 94 70 14 97 – www.restaurantdesgourmets.fr – Fermé 17 juin-5 juillet, 4-20 novembre, lundi, mardi midi, dimanche soir

à Moissac-Bellevue 7 km à l'Ouest par D9 – ✉ 83630

Bastide du Calalou

FAMILIAL • PERSONNALISÉ Une grande bastide dans un écrin de verdure. Les chambres distillent un joli esprit d'antan, avec leurs mobilier et tableaux chinés ; il fait bon se prélasser sous les oliviers, près de la belle piscine. Un cadre bucolique idéal pour la détente !

29 chambres – 129/335 € – 4 suites – 17 €

route de Baudinard, D9 – ✆ 04 94 70 17 91 – www.bastide-du-calalou.com

AURAY

✉ 56400 (Morbihan) – Carte régionale n° **7**–A3
Carte Michelin 308-N9 – Guide Vert Michelin Bretagne Sud

Terre-Mer (Anthony Jéhanno)

CUISINE MODERNE • COSY XX En 2019, Anthony et Anne-Sophie Jehanno ont quitté la rue du Jeu de Paume. Dans leur nouvelle maison, ils continuent de séduire avec cette cuisine aromatique et soignée, éminemment raffinée, qui est leur marque de fabrique. La terre épouse la mer... pour le meilleur !

→ Cuisine du marché

Menu 34 € (déjeuner), 45/85 €

20 rue Louis Billet – ✆ 02 97 56 63 60 – www.restaurant-terre-mer.fr – Fermé lundi, dimanche soir

Le Chaudron

CUISINE TRADITIONNELLE • BISTRO X Un jeune chef a rénové cette maison et y cuisine au fil de son humeur, avec un penchant certain pour les produits de la mer – par exemple, un menu est dédié au homard. C'est frais et plutôt bien tourné, sans prétention particulière : on se laisse embarquer.

Menu 18/49 €

3 route du Bono – ✆ 02 97 14 65 38 – Fermé lundi, mercredi midi, dimanche soir

Kabuki

CUISINE JAPONAISE • CONVIVIAL X Voilà une adresse comme on en voit rarement ! Le jeune chef, un Français passionné de cuisine japonaise, prépare sushis, makis et sashimis en utilisant les meilleurs poissons de la pêche bretonne... et sert le tout dans une salle de poche moderne et conviviale, au comptoir ou à table. Dans les deux cas, un régal !

Menu 22 € (déjeuner)/32 € – Carte 17/32 €

32 rue Barré – ✆ 02 97 59 39 92 – www.kabuki-le-resto-du-sushi.fr – Fermé 19-25 février, 20 juin-6 juillet, 28 octobre-5 novembre, lundi, samedi midi, dimanche

Best Western Auray le Loch

BUSINESS • CONTEMPORAIN Le matin, loin du tumulte, on prend son petit-déjeuner dans la véranda, avec vue sur la forêt et la rivière. Les chambres, ornées de tissus originaux peints par une artiste locale, sont confortables. Enfin, le service est efficace et souriant !

30 chambres – 70/169 € – 14 €

2 rue Guhur (La Forêt) – ✆ 02 97 56 48 33 – www.bestwesternaurayleloch.com

au golf de St-Laurent 10 km à l'Ouest par D22 et rte secondaire – ✉ 56400

Hôtel du Golf de St-Laurent

TRADITIONNEL • PERSONNALISÉ Sauna, hammam, billard et piscine à deux pas du golf : dans cet hôtel, la détente n'est pas en option ! Chambres fonctionnelles, avec balcon ou terrasse. Le calme à la campagne...

42 chambres – 74/160 € – 11 €

Golf de St-Laurent (Ploëmel) – ✆ 02 97 56 88 88 – www.hotel-golf-saint-laurent.com – Fermé 16 décembre-15 janvier

AUREILLE

✉ 13930 (Bouches-du-Rhône) – Carte régionale n° **25**-E1

Carte Michelin 340-E3

La Table Alonso

AUBERGE • COSY Après une belle carrière dans la restauration, Gérard et Josette Alonso ont pris leur retraite dans la région... avant de créer – à force d'ennui, disent-ils – cette maison d'hôtes. La bâtisse, du 17e s., allie charme et caractère, et la table d'hôte est incontournable : les produits du marché sont superbement travaillés par le chef qui n'a pas perdu la main... loin de là !

3 chambres – 80 €

22 rue de la Poste – ✆ 04 90 55 79 07 – www.latablealonso.fr – Fermé 1er février-1er avril

AUREVILLE

✉ 31320 (Haute-Garonne) – Carte régionale n° **22**-B2
Carte Michelin 343-G4

En Marge (Frank Renimel)

CUISINE CRÉATIVE · ÉLÉGANT XXX Cette ferme du 19e s., transformée en élégant restaurant, est le repaire du jeune chef Franck Renimel. Dans ce coin de campagne "En Marge" de la ville, il montre qu'il a toujours la même envie de surprendre : avec talent et audace, il jongle avec les saveurs et les textures... et fait mouche, sans dérouter !

→ Cappuccino de champignons et foie gras. Cassoulet. Yaourt à la violette
Menu 34 € (déjeuner), 66/140 € – Carte 105/145 €
1204 route de la Croix-Falgarde (lieu-dit Birol), sur D24 – ✆ 05 61 53 07 24 – www.restaurantenmarge.com – Fermé 24 décembre-1er janvier, dimanche soir

AURIAC

✉ 19220 (Corrèze) – Carte régionale n° **18**-C3
Carte Michelin 329-N4 – Guide Vert Michelin Limousin Berry

Les Jardins Sothys

CUISINE MODERNE · RUSTIQUE X Carrés d'herbes aromatiques, clos japonais, roseraie, etc. Ces jardins (entrée payante), dus à la célèbre marque de cosmétiques, mêlent poésie et culte des vertus de la nature. Au restaurant, le chef magnifie le terroir corrézien à grand renfort d'épices – il a longtemps travaillé en Asie et aux Antilles –, pour un résultat parfumé et maîtrisé.

Menu 30/55 € – Carte 32/55 €
route de Darazac – ✆ 05 55 91 96 89 – www.lesjardinssothys.com – Fermé 4 novembre-31 mars, lundi, mardi

AURIAC-DU-PÉRIGORD

✉ 24290 (Dordogne) – Carte régionale n° **18**-D1
Carte Michelin 329-H5

Le Moulin de Mitou

TRADITIONNEL · PERSONNALISÉ À deux pas des grottes de Lascaux, cet ancien moulin à eau, datant du 17e s., est un havre de confort... Les chambres, avec leur mobilier classique et leurs beaux tissus, ont ce supplément de caractère qui fait la différence, et la piscine et le parc nous éloignent encore davantage de l'âge de pierre.

16 chambres – ½ Pension seulement 110/173 € – ☕ 15 €
La Borie, route de Montignac – ✆ 05 53 50 37 53 – www.hotel-lemoulindemitou.com – Fermé 12 novembre-8 février

AURILLAC

✉ 15000 (Cantal) – Carte régionale n° **1**-B3
Carte Michelin 330-C5 – Guide Vert Michelin Auvergne

Quatre Saisons

CUISINE MODERNE · TRADITIONNEL X Fine et maligne : telle est la cuisine de Didier Guibert, qui ne travaille qu'avec des produits ultrafrais. La viande est fournie par ses deux frères, bouchers de leur état, et les légumes proviennent du potager des beaux-parents. Comment mieux célébrer les quatre saisons ? Une maison fort bien tenue !

Menu 33/78 € – Carte 53/63 €
10 rue Champeil – ✆ 04 71 64 85 38 – www.quatresaisons.onlc.fr – Fermé 18-24 août, lundi, mardi midi, dimanche soir

Le Cromesquis

CUISINE MODERNE • CONVIVIAL Après un joli parcours dans des tables étoilées en Suisse, le chef est revenu aux sources : son épouse est originaire de la région. Dans ce lieu atypique – une ancienne forge réaménagée à grand renfort de bois, béton et baies vitrées –, il propose des recettes modernes et goûteuses... avec, bien entendu, un cromesquis proposé chaque jour parmi les entrées !

Menu 18 € (déjeuner), 32/62 €

1 place du Salut – 04 71 62 34 80 – www.restaurant-cromesquis.fr – Fermé 21 août-2 septembre, lundi soir, mardi soir, mercredi soir, jeudi soir, dimanche

Grand Hôtel de Bordeaux

TRADITIONNEL • CLASSIQUE C'est sans doute le meilleur établissement de la ville : dans ce bel immeuble du début du 20e s. aux chambres claires et agréables, tout n'est qu'élégance et raffinement, avec une pointe d'originalité. À noter : la qualité de l'accueil.

34 chambres – 69/190 € – 2 suites – 12 €

2 avenue de la République – 04 71 48 01 84 – www.hotel-de-bordeaux.fr – Fermé 22 décembre-2 janvier

Hôtel des Carmes

URBAIN • CONTEMPORAIN Dans le centre-ville, cet hôtel propose des chambres contemporaines et personnalisées, ainsi que de nombreux services de qualité : piscine couverte avec sauna, bar, salle de réunion... Un ensemble confortable et chaleureux. Cuisine bistrotière au restaurant.

23 chambres – 65/134 € – 11 €

20 rue des Carmes – 04 71 48 01 69 – www.hoteldescarmes.fr

Décryptez bien nos prix pour les hôtels ... Petit-déjeuner compris ? La tasse suit directement le nombre de chambres.

à Vézac par 10 km au sud par D920 – 15130

Château de Salles

DEMEURE HISTORIQUE • CLASSIQUE Un séduisant château du 15e s. avec son parc, qui dévoile une vue ravissante sur les monts du Cantal. Les chambres, au calme, sont réparties dans plusieurs bâtiments ; on trouve aussi piscine, espace bien-être, billard et restaurant.

30 chambres – 75/199 € – 3 suites – 15 €

route du Château – 04 71 62 41 41 – www.chateausalles.com

AURON

06660 (Alpes-Maritimes) – Carte régionale n° **24**-C-D2

Carte Michelin 341-C2 – Guide Vert Michelin Alpes du Sud

Le Chalet d'Auron
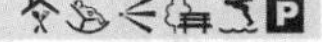

FAMILIAL • MONTAGNARD Un vrai chalet, douillet et confortable à souhait. Du bois, encore du bois, des tons chauds et des petits plats du terroir bien sympathiques après une journée de ski. La plupart des chambres bénéficient d'une jolie vue sur les massifs montagneux. Terrasse solarium.

15 chambres – 200/320 € – 2 suites – 18 €

voie du Berger – 04 93 23 00 21 – www.chaletdauron.com – Fermé 13 avril-30 juin, 1er septembre-15 décembre

AUTHUILLE – 80 (Somme) → voir Albert

AUTRANS

✉ 38880 (Isère) - Carte régionale n° **2**-C2
Carte Michelin 333-G6 - Guide Vert Michelin Alpes du Nord

Les Tilleuls

CUISINE MODERNE · AUBERGE XX Le patron et son gendre forment un duo efficace : ils concoctent à quatre mains une sympathique cuisine au goût du jour en utilisant de bons produits du terroir - avec une spécialité maison, la caillette ! On apprécie ces petits plats dans une grande salle où l'esprit montagnard se fait contemporain et lumineux...

Menu 28/50 €

111 rue de Puilboreau (La Côte) - ✆ 04 76 95 32 34 - www.hotel-tilleuls.com - Fermé 1er-25 avril, 21 octobre-14 novembre, mercredi soir, jeudi

La Poste

CUISINE TRADITIONNELLE · AUBERGE X Ravioles du Dauphiné à l'émulsion de Vercorais, ballotin de volaille et cœur de foie gras, tête de veau, gratin du Vercors... Le chef, souriant et dynamique, est un véritable passionné qui concocte une bonne cuisine ponctuée de notes régionales. Elle va comme un gant à l'élégant décor montagnard de la salle !

Menu 25/35 € - Carte 42/47 €

1 place Julien-Bertrand - ✆ 04 76 95 31 03 - www.hotel-barnier.com - Fermé 13 avril-10 mai, 14 octobre-2 décembre, lundi midi, mardi midi, dimanche soir

La Poste

FAMILIAL · MONTAGNARD Au cœur de ce village du Vercors, un sympathique hôtel-restaurant qui respire la tradition : il est tenu par la même famille depuis quatre générations ! Partout le bois domine, avec chaleur et... non sans fraîcheur.

28 chambres - 70/150 € - 11 €

1 place Julien-Bertrand - ✆ 04 76 95 31 03 - www.hotel-barnier.com - Fermé 13 avril-10 mai, 14 octobre-2 décembre

La Poste - voir la sélection des restaurants

Les Tilleuls

FAMILIAL · MONTAGNARD Dans une zone résidentielle assez tranquille, cette imposante maison de style régional compte de nombreux habitués. Suites familiales, bonne literie, rénovations régulières : une vraie satisfaction pour les clients.

18 chambres - 70/100 € - 2 suites - 11 €

111 rue de Puilboreau (La Côte) - ✆ 04 76 95 32 34 - www.hotel-tilleuls.com - Fermé 1er-25 avril, 21 octobre-14 novembre

Les Tilleuls - voir la sélection des restaurants

AUTUN

✉ 71400 (Saône-et-Loire) - Carte régionale n° **5**-C2
Carte Michelin 320-F8 - Guide Vert Michelin Bourgogne

Comptoir Cuisine

CUISINE MODERNE · COSY X Situé au pied de la cathédrale, ce Comptoir Cuisine propose une cuisine au goût du jour goûteuse et soignée - y compris visuellement ! -, qu'il renouvelle chaque semaine selon son inspiration et les retours du marché.

Menu 30 €

13 place du Terreau - ✆ 03 85 54 30 60 - Fermé 14-29 juillet, 30 décembre-7 janvier, lundi, dimanche

Moulin Renaudiots

MAISON DE CAMPAGNE · PERSONNALISÉ Un magnifique moulin couvert de vigne vierge, avec un jardin à la française. L'intérieur est élégamment minimaliste ; plusieurs fois par semaine, les propriétaires font table d'hôte, exprimant ainsi leur amour d'une chère raffinée. Beau fitness pour les sportifs.

5 chambres - 130/165 €

chemin du Vieux-Moulin, 5 km au Sud-Est par N80 et D978 - ✆ 03 85 86 97 10 - www.moulinrenaudiots.com - Fermé 11 novembre-27 février

AUVERS - 77 (Seine-et-Marne) ➜ voir Milly-la-Forêt (Essonne)

AUVILLAR

✉ 82340 (Tarn-et-Garonne) - Carte régionale n° **22**-B2
Carte Michelin 337-B7

à Bardigues 4 km au Sud par D11 - ✉ 82340

Auberge de Bardigues

CUISINE MODERNE • BRANCHÉ X Au cœur du village, cette bâtisse contemporaine est une sympathique halte bistronomique. En cuisine, Ciril (fou de légumes, fruits et poissons) concocte de bons petits plats. Son frère Fabien, directeur de salle, vous conseille de jolis crus. Très beau plateau de fromages. A l'été, on s'installe sur la grande terrasse ouverte sur la campagne.

Menu 23 € (déjeuner), 33/72 € - Carte 40/55 €

Le Bourg - ✆ 05 63 39 05 58 - www.aubergedebardigues.com - Fermé 20 avril-5 mai, 24 août-8 septembre, 28 octobre-4 novembre, lundi, mercredi soir, dimanche soir

AUXERRE

✉ 89000 (Yonne) - Carte régionale n° **5**-B1
Carte Michelin 319-E5 - Guide Vert Michelin Bourgogne

Le Jardin Gourmand

CUISINE MODERNE • ÉLÉGANT XX Cette ancienne maison de vigneron distille charme classique et fantaisie contemporaine... On y savoure une bonne cuisine du marché, qui varie avec les saisons. Raffiné.

Menu 59 € (déjeuner), 72/135 € - Carte 100/116 €

56 boulevard Vauban - ✆ 03 86 51 53 52 - www.lejardingourmand.com - Fermé 11-19 mars, 17 juin-2 juillet, 24 août-3 septembre, 11-26 novembre, lundi, mardi, dimanche soir

Le Bourgogne

CUISINE TRADITIONNELLE • TENDANCE X Cadre élégant et feutré, belle terrasse et petits plats du marché (salade de cœur d'artichaut, suprême de volaille fermier) pour cette sympathique adresse, en retrait du centre-ville.

Menu 26 € (déjeuner), 33/56 € - Carte 47/72 €

15 rue de Preuilly - ✆ 03 86 51 57 50 - www.lebourgogne.fr - Fermé 11-26 août, 23 décembre-7 janvier, lundi, dimanche

Bistro L'Aspérule

CUISINE MODERNE • ÉPURÉ X L'Aspérule, jolie fleur des bois, a donné son nom à ce restaurant du cœur de la cité bourguignonne, qui ne manque ni de fraîcheur ni de délicatesse. Produits locaux de qualité, saveurs bien maîtrisées : on passe un agréable moment.

Menu 22 € (déjeuner)/29 €

34 rue du Pont - ✆ 03 86 33 24 32 - www.restaurant-asperule.fr - Fermé 2-25 janvier, mercredi, jeudi

Le Rendez-Vous

CUISINE TRADITIONNELLE • CONVIVIAL X Amateurs de la tradition, ce restaurant est pour vous ! Au pied de l'église St-Pierre, le chef concocte de savoureuses spécialités bourguignonnes : jambon persillé, croustillant de pied de veau et autres plats mijotés... La générosité comme les saveurs sont au rendez-vous.

Menu 37/52 € - Carte 32/63 €

37 rue du Pont - ✆ 03 86 51 46 36 - www.restaurant-le-rendez-vous.com - Fermé 22-28 avril, 15-21 juillet, 23 décembre-6 janvier, lundi soir, mardi soir, mercredi soir, jeudi soir, samedi, dimanche

 **Le Parc des Maréchaux**

HÔTEL PARTICULIER • ÉLÉGANT Demeure Napoléon III aux jolies chambres cosy, meublées dans le style Empire ; plus de calme côté parc. Bar feutré habillé de velours rouge.

25 chambres – 69/119 € – 11 €

6 avenue Foch – 03 86 51 43 77 – www.hotel-parcmarechaux.com – Fermé 17 février-10 mars

Le Maxime

BUSINESS • CLASSIQUE Au 19e s., ce grenier à sel des bords de l'Yonne s'est mué en hôtel. Chambres coquettes et feutrées (tons gris, taupe…), avec vue sur le fleuve ou la cour.

26 chambres – 99/159 € – 1 suite – 14 €

2 quai de la Marine – 03 86 52 14 19 – www.hotel-lemaxime.com

à Appoigny 8 km au Nord par D606 – 89380

 **Le Puits d'Athie** 

MAISON DE CAMPAGNE • ÉLÉGANT Grand calme et confort sont les atouts principaux de cette demeure bourguignonne. On y profite toujours d'un agréable jardin, et d'une table d'hôtes avec de bonnes recettes traditionnelles – et sans gluten, sur demande. Une affaire sérieuse.

5 chambres – 90/165 €

1 rue de l'Abreuvoir – 03 86 53 10 59 – www.puitsdathie.com

à Vincelottes 16 km à l'Est par D606 et D38 – 89290

Auberge Les Tilleuls

CUISINE TRADITIONNELLE • AUBERGE XX Pause bucolique au bord de l'Yonne. Ici, le chef mise sur les bons produits et concocte une savoureuse cuisine traditionnelle ou des recettes plus actuelles. Terrasse à fleur d'eau et bon choix de bourgognes. Chambres pour l'étape.

Menu 32/68 € – Carte 55/100 €

12 quai de l'Yonne – 03 86 42 22 13 – www.auberge-les-tilleuls.com – Fermé 16 décembre-13 février, mardi, mercredi

AUZEVILLE-TOLOSANE – 31 (Haute-Garonne) ➔ voir Toulouse

AVAILLES-LIMOUZINE

86460 (Vienne) – Carte régionale n° **20**-C2
Carte Michelin 322-J8

 **La Chatellenie** 

AUBERGE • COSY Sortez des sentiers battus : ce petit relais de poste, tenu par un jeune couple dynamique, se prête à une escapade à l'ancienne, sur les chemins détournés qui relient Poitiers et Limoges. Viande et légumes du pays : au restaurant, tradition et touches d'inventivité. Parfait pour une étape qui sort de l'ordinaire.

9 chambres – 75/85 € – 9 €

1 rue du Commerce – 05 49 84 31 31 – www.lachatellenie.fr

AVALLON

89200 (Yonne) – Carte régionale n° **5**-B2
Carte Michelin 319-G7 – Guide Vert Michelin Bourgogne

Les Cordois Autrement

CUISINE TRADITIONNELLE • RUSTIQUE X Tenue par la même famille depuis 1910, cette maison est désormais adossée à une église du 12e s. ; on s'installe au choix à l'intérieur, lumineux et coloré, ou sur la terrasse ombragée, pour se régaler d'une cuisine régionale remise au goût du jour : escargots de Bourgogne, œufs en meurette, rognon de veau à la graine de moutarde…

Carte 29/51 €

21 rue Bocquillot – 03 86 33 11 79 – www.lescordois.fr – Fermé 2-25 janvier, mardi, mercredi

Le Gourmillon

CUISINE TRADITIONNELLE · TENDANCE Dans cette ancienne quincaillerie, les saveurs ne sont pas... en toc ! Au cœur de la cité, le Gourmillon décline produits du terroir et saveurs traditionnelles avec générosité (profiteroles d'escargots au beurre aillé, pavé de bœuf charolais aux morilles, etc.). Prix doux, accueil et service aux petits soins.

Menu 15 € (déjeuner), 18/34 € - Carte 20/35 €

8 rue de Lyon - 03 86 31 62 01 - www.legourmillon.com - Fermé 7-20 janvier, jeudi soir, dimanche soir

à Chastellux-sur-Cure 12 km au Sud par D944 - 89630

Le Chastellux

CUISINE MODERNE · CONVIVIAL D'abord, c'est un bar villageois, simple et chaleureux ; puis, derrière, une salle à manger lumineuse et accueillante, dont un côté ouvre sur une terrasse. Les préparations se révèlent soignées et hyper-parfumées, à l'image de ce carpaccio de tomates, tagliatelles de courgettes et jambon serrano... à des prix défiant toute concurrence.

Menu 23/27 €

Route du Lac (L'Huis Raquin) - 03 86 32 08 83 - www.lechastellux.com - Fermé 7 janvier-5 mars, lundi, mardi soir, mercredi soir, dimanche soir

à Pontaubert 5 km à l'Ouest par D606 et D957 - 89200

Les Fleurs

CUISINE TRADITIONNELLE · AUBERGE Voici une maison pleine de mérite, où l'on travaille de bons produits frais. Jambon persillé maison, noix de joue de porc au miel du Morvan, rognons à la moutarde : sur des bases traditionnelles, le chef concocte des plats d'une séduisante simplicité. Le tout servi avec le sourire ! Quelques chambres coquettes pour l'étape.

Menu 24/39 € - Carte 30/45 €

69 route de Vézelay - 03 86 34 13 81 - www.hotel-lesfleurs.com - Fermé 15 décembre-5 février, lundi midi, mardi midi, mercredi, jeudi

à Sauvigny-le-Bois 4 km au Nord-Est par D957 - 89200

Le Relais Fleuri

CUISINE TRADITIONNELLE · COSY Un certain esprit champêtre (cheminée, poutres, cuivres) règne dans cet ancien relais de poste, devenu le Relais Fleuri. On y apprécie une cuisine régionale soignée, traversée d'inspirations actuelles, et accompagnée si l'on souhaite de bons bourgognes. Un charme indéniable !

Menu 25/69 € - Carte 28/62 €

1 La Cerce - 03 86 34 02 85 - www.hotel-relais-fleuri.com

Le Relais Fleuri

BUSINESS · FONCTIONNEL Il suffit de sortir de l'autoroute A 6 (direction Avallon) pour trouver le repos dans ce Relais aux airs de motel de campagne (chambres de plain-pied, parc de 4 ha, piscine chauffée). Idéal pour une étape revigorante.

48 chambres - 94/106 € - 14 €

1 La Cerce - 03 86 34 02 85 - www.hotel-relais-fleuri.com

Le Relais Fleuri - voir la sélection des restaurants

à Valloux 6 km au Nord-Ouest par D606 - 89200

Auberge des Chenêts

CUISINE TRADITIONNELLE · ÉLÉGANT On oublie vite la route toute proche, lorsque l'on s'attable près de la cheminée de cette agréable auberge ! Au menu : de bons petits plats d'inspiration bourguignonne, joliment tournés et parfumés. La belle carte des vins fait honneur à la région.

Menu 29/65 €

10 route Nationale 6 - 03 86 34 23 34 - Fermé 11-20 mars, 17 juin-2 juillet, 11 novembre-3 décembre, lundi, mardi, dimanche soir

à Vault-de-Lugny 6 km au Nord-Ouest par D606 et D128 - ✉ 89200

✿ Château de Vault de Lugny

CUISINE MODERNE • HISTORIQUE XX Un cadre majestueux – dont une salle dans les anciennes cuisines du château ! – pour une carte élégante ; le chef, d'origine mauricienne, rend un juste hommage aux légumes du magnifique potager du domaine, et aux produits nobles en général, mâtinés de quelques touches exotiques... La carte des bourgognes est remarquable.

➜ Terrine de foie gras aux feuilles de nori, anguille fumée laquée au soja. Pressé de homard "Michel Houellebecq". Succès au cassis de notre verger

Menu 38 € (déjeuner), 47/110 € - Carte 86/103 €

11 rue du Château - ✆ 03 86 34 07 86 - www.lugny.fr - Fermé 11 novembre-26 mars

Château de Vault de Lugny

DEMEURE HISTORIQUE • GRAND LUXE Dans son immense parc aux arbres centenaires, à l'abri derrière ses douves en eau et ses tours crénelées, ce château du 16e s. n'est que raffinement : tentures, lits à baldaquin, objets d'art... sans oublier la piscine logée sous des voûtes de pierre séculaires. Mémorable !

15 chambres - ††190/770 € - 2 suites - ☕ 18 €

11 rue du Château - ✆ 03 86 34 07 86 - www.lugny.fr - Fermé 11 novembre-26 mars

✿ **Château de Vault de Lugny** - voir la sélection des restaurants

AVÈNE

✉ 34260 (Hérault) - Carte régionale n° **21**-B2

Carte Michelin 339-D6

Eau Thermale Avène-L'Hôtel

THERMAL • COSY Cet hôtel, qui accueille de nombreux curistes des thermes voisins, a été entièrement repensé : lumineux salon d'accueil pensé comme un jardin d'hiver, espace bibliothèque, chambres spacieuses et cosy, aux teintes douces... Parfait pour une étape dans la région.

56 chambres - ††150/175 € - 4 suites - ☕ 15 €

Les Bains-d'Avène, aux Thermes - ✆ 04 67 23 44 45 - www.eauthermaleavene-lhotel.com - Fermé 4 novembre-25 mars

P. Jacques/hemis.fr

ON AIME...

Le Carré du Palais, emplacement parfait et dégustation des crus de la vallée du Rhône. **L'Agape**, une adresse toujours tendance. **Pollen** parce qu'il fait bouger les lignes. **La Mirande** pour un savoureux repas explosant de saveurs dans un cadre 18ème. **La Divine Comédie**, superbe B&B bénéficiant du plus grand jardin privé de la ville. Et, bien sûr, les beautés de la cité : le **palais des papes**, le **rocher des Doms**, la **place de l'Horloge**...

AVIGNON

✉ 84000 (Vaucluse) – Carte régionale n° **25**-E1
Carte Michelin 332-B10 – Guide Vert Michelin Provence

Restaurants

✿ La Mirande

CUISINE CLASSIQUE • ÉLÉGANT XXX L'œuvre du soleil, le chatoiement des couleurs, la générosité : les assiettes, fines et savoureuses, respirent le Sud, ses produits et ses traditions. Le décor aussi est délicieux : superbe salle 18e s. ou ravissant jardin, entre les murs historiques de la Mirande, l'hôtel particulier qui touche le Palais des Papes. Le goût et l'élégance, réunis en un seul lieu.

→ Brioche feuilletée à l'amanite des Césars, jus d'oignon doux et foie gras mariné. Agneau des Alpilles de la tête au pied, jus au piment fermenté. Infiniment citron et sa glace à l'italienne

Menu 42 € (déjeuner), 60/85 € – Carte 103/113 €

Plan : B2-g – *4 place Amirande – ✆ 04 90 14 20 20 – www.la-mirande.fr – Fermé 8 janvier-7 février, 12-21 novembre, mardi, mercredi*

✿ Restaurant Christian Étienne (Guilhem Sevin)

CUISINE MODERNE • ÉLÉGANT XXX Le poids des ans ne semble avoir aucune prise sur cette belle table, qui comme le bon vin paraît se bonifier... À la suite de Christian Étienne, le chef y compose une partition moderne autour de trois menus, et profite du soutien d'une équipe jeune et motivée. Le tout dans le cadre unique d'une demeure médiévale chargée d'histoire.

→ Tartare de tomates green zebra, cœur de bœuf et ananas au basilic. Fritots d'huîtres de Port-Saint-Louis, riz noir de Camargue et tomates confites. Multicolore de carottes des sables en confit et en sorbet

Menu 35 € (déjeuner), 75/130 €

Plan : B2-h – *10 rue de Mons – ✆ 04 90 86 16 50 – www.christianetienne.fr – Fermé mercredi, jeudi*

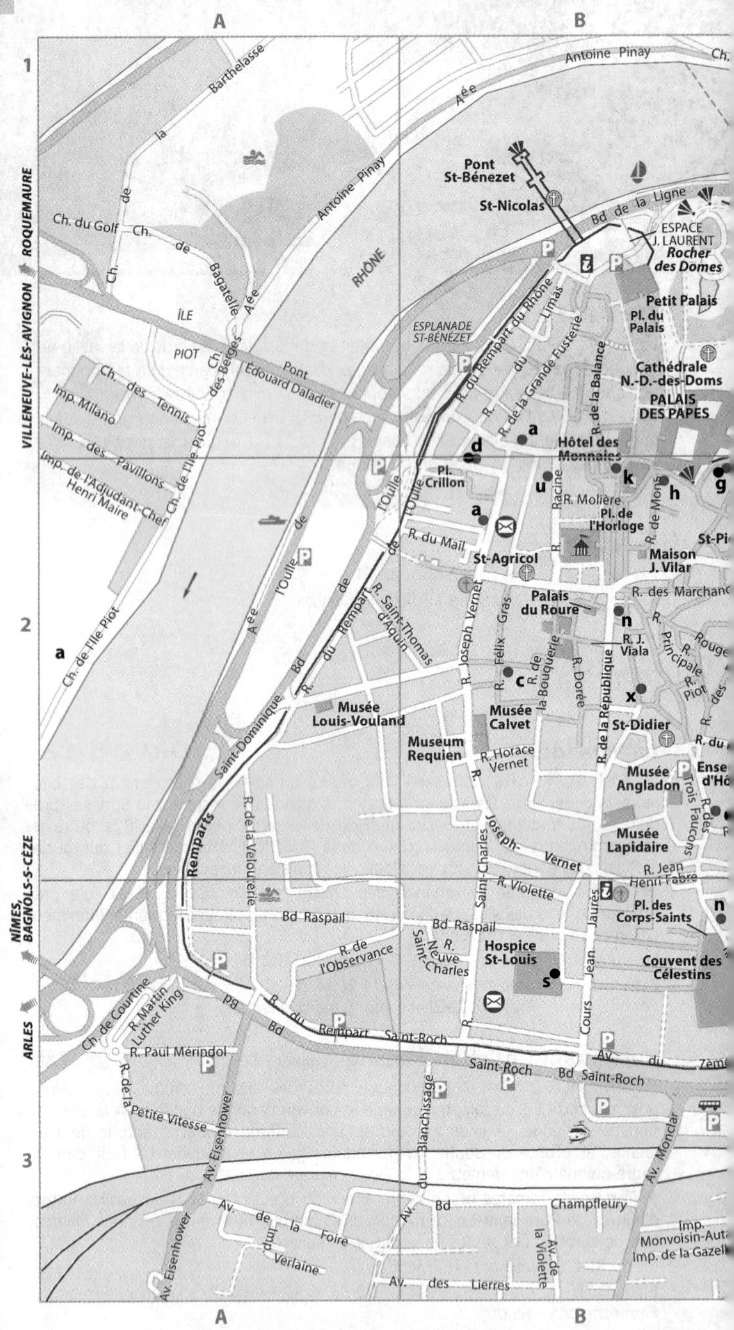

VILLENEUVE-LÈS-AVIGNON ROQUEMAURE
NÎMES, BAGNOLS-S-CÈZE
ARLES
RHÔNE
ÎLE PIOT
Pont St-Bénezet
St-Nicolas
ESPACE J. LAURENT
Rocher des Domes
Petit Palais
Pl. du Palais
ESPLANADE ST-BÉNEZET
Cathédrale N.-D.-des-Doms
PALAIS DES PAPES
Hôtel des Monnaies
Pl. Crillon
Pl. de l'Horloge
St-Agricol
Maison J. Vilar
Palais du Roure
St-Didier
Musée Louis-Vouland
Musée Calvet
Museum Requien
Musée Angladon
Musée Lapidaire
Pl. des Corps-Saints
Hospice St-Louis
Couvent des Célestins
Pont Édouard Daladier
Bd Saint-Dominique
Remparts
Bd Raspail
Bd Saint-Roch
Cours Jean Jaurès
R. de la République
R. Joseph Vernet
Av. Eisenhower
Av. Monclar
Bd Champfleury

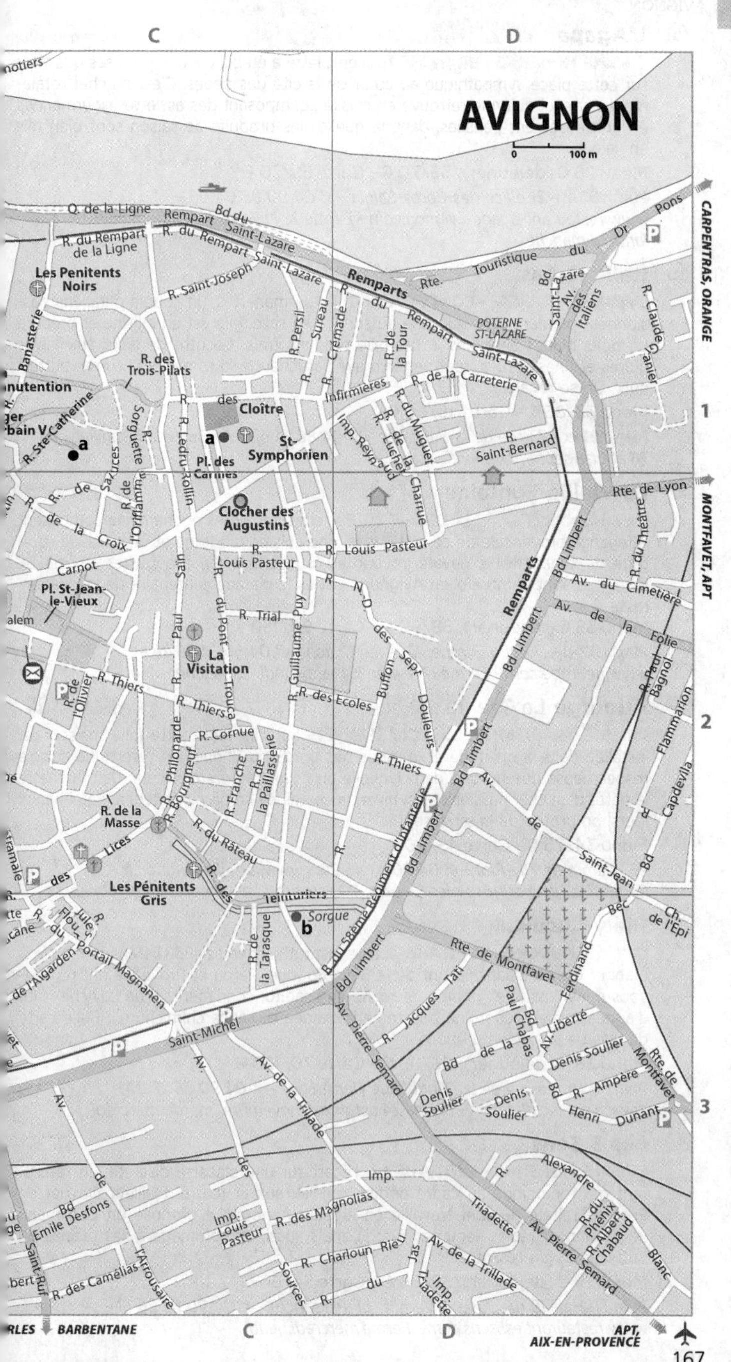
AVIGNON
0
100 m
C
D
1
2
3
CARPENTRAS, ORANGE
MONTFAVET, APT
APT, AIX-EN-PROVENCE
BARBENTANE
Remparts
Les Penitents Noirs
Cloître
St-Symphorien
Pl. des Carmes
Clocher des Augustins
La Visitation
Les Pénitents Gris
Pl. St-Jean-le-Vieux
POTERNE ST-LAZARE
Bd du Rempart Saint-Lazare
R. du Rempart Saint-Lazare
Q. de la Ligne
R. du Rempart de la Ligne
R. Saint-Joseph
R. des Trois-Pilats
R. Ste-Catherine
R. de la Carreterie
R. Saint-Bernard
R. Louis Pasteur
R. Thiers
R. des Ecoles
R. Cornue
R. du Râteau
R. des Teinturiers
Sorgue
Bd Limbert
Rte. de Lyon
Av. du Cimetière
Av. de la Folie
Av. de Saint-Jean
Rte. de Montfavet
Saint-Michel
Av. Pierre Semard
Av. de la Trillade
R. des Magnolias
R. Charloun Rieu
R. des Camélias
Bd Emile Desfons
R. Alexandre Triadette
R. Ampère
Denis Soulier
Henri Dunant
Bd Paul Chabas
Av. Liberté
R. Jacques Tati
R. du 58ème Régiment d'Infanterie
R. du Portail Magnanen

L'Agape

CUISINE MODERNE • BRANCHÉ Julien Gleize a établi, en juin 2014, ses quartiers sur cette place sympathique au cœur de la cité des papes. C'est en chef totalement épanoui qu'on le retrouve en cuisine, composant des assiettes gourmandes et judicieusement pensées, dans lesquelles les produits de saison sont bien mis en valeur.

Menu 26 € (déjeuner), 33/70 € - Carte 55/70 €

Plan : B3-n - *21 place des Corps-Saints - 04 90 85 04 06 - www.restaurant-agape-avignon.com - Fermé 28 juillet-6 août, 10-25 novembre, lundi, dimanche*

Italie là-bas

CUISINE ITALIENNE • CONTEMPORAIN Aux manettes, un couple d'Italiens passionnés : pendant qu'il s'occupe du service en salle, elle est en cuisine et prépare de bons plats transalpins, à base de produits frais. Cocotte de lapin aux olives noires et fines herbes, œuf perfetto avec artichaut à la romaine et crème butternut... On se régale.

Menu 33/85 € - Carte 45/60 €

Plan : B2-x - *23 rue de la Bancasse - 04 86 81 62 27 - Fermé 2-13 janvier, 26 août-8 septembre, lundi, mardi*

La Vieille Fontaine

CUISINE MODERNE • CLASSIQUE Boiseries, moulures et cheminée composent l'élégance provençale de ce restaurant. Une cuisine moderne et bien ficelée (poitrine de canard rôtie, navets, rhubarbe ; rouget barbet), à déguster aux beaux jours - ils sont nombreux en Avignon ! - sous le platane centenaire de la jolie terrasse.

Menu 38 € (déjeuner), 58/90 € - Carte 90/130 €

Plan : B2-d - *Hôtel d'Europe, 12 place Crillon - 04 90 14 76 76 - www.heurope.com - Fermé 17 février-15 mars, lundi, dimanche*

Auberge La Treille

CUISINE TRADITIONNELLE • CLASSIQUE Sur l'île Piot, cette jolie maison est installée dans la quiétude et le repos des bords du Rhône. On y sert une cuisine respectueuse des saisons, dans laquelle on devine au premier coup de fourchette la patte d'un chef passionné. En hiver, la cheminée crépite à l'intérieur ; aux beaux jours, on profite de la terrasse !

Menu 34/75 € - Carte 45/80 €

26 chemin de l'Ile-Piot - 04 90 16 46 20 - www.latreille-avignon.fr - Fermé 7-22 janvier, 18 février-12 mars, 20 octobre-12 novembre, lundi, dimanche

Hiély-Lucullus

CUISINE MODERNE • VINTAGE Une institution depuis 1938 ! Dans une salle à manger décorée dans l'esprit de la Belle Époque, Pérou et Provence ont rendez-vous dans l'assiette : poulpe de roche en tiradito, condiments d'un ceviche ; filet d'agneau grillé, aubergine à la tomate cramée et sauce chimichurri... Belle carte de vins de la vallée du Rhône.

Menu 35 € (déjeuner), 65/115 € - Carte 70/120 €

Plan : B2-n - *5 rue de la République (1er étage) - 04 90 86 17 07 - www.hiely-lucullus.com - Fermé 24 octobre-6 novembre, mardi, mercredi*

Les 5 Sens

CUISINE MODERNE • EXOTIQUE À l'écart sur une placette discrète, un restaurant gastronomique au cadre original, chaleureux et feutré. Meilleur Ouvrier de France Traiteur, le chef travaille en artisan. À noter : il propose un bon menu végétarien (céréales, légumes frais...), mais aussi, en hommage à ses racines du Sud-Ouest... un cassoulet !

Menu 29 € (déjeuner), 39/56 € - Carte 54/66 €

Plan : B2-a - *18 rue Joseph-Vernet (pl. Plaisance) - 04 90 85 26 51 - www.restaurantles5sens.com - Fermé mercredi, jeudi*

Au Jardin des Carmes

CUISINE PROVENÇALE • SIMPLE La jeune chef compose une cuisine provençale en toute simplicité : fraîcheur de courgette, brousse au citron confit et sirop de poivrons doux ; agneau confit, tomates de pays en crumble, pistou et olives... Jolie cour intérieure arborée, avec une trentaine de couverts.

Menu 35 €

Plan : C1-a - *18 place des Carmes - 09 54 25 10 67 - www.aujardindescarmes.fr - Fermé mardi, mercredi*

Avenio

CUISINE MODERNE • CONVIVIAL Au cœur d'Avignon, ce restaurant contemporain ouvert par un jeune couple passé par de belles maisons connaît un succès mérité : produits choisis, accueil chaleureux et excellent rapport qualité-prix autour d'une cuisine qui sait humer l'air du temps.

Menu 18 € (déjeuner), 33/45 € - Carte 39/66 €

Plan : B2-d - *19 rue des 3-Faucons - 04 90 03 14 41 - www.restaurant-avenio.fr - Fermé 10-26 février, 25 août-5 septembre, 21 octobre-6 novembre, lundi, dimanche*

Le Carré du Palais

CUISINE MODERNE • BRASSERIE Brasserie chic ? Bar à vins ? Les deux, mon capitaine ! En plein cœur de la cité des papes, cette adresse a tout pour donner le sourire : une carte des vins maousse (AOC de la Vallée du Rhône, 400 références en tout), une carte actuelle avec notamment des snacks et plats à partager (bœuf maturé, poisson de la Méditerranée)... sans oublier la terrasse.

Menu 30 € - Carte 30/95 €

Plan : B2-k - *1 place du Palais - 04 65 00 01 01 - www.carredupalais.fr*

La Fourchette

CUISINE TRADITIONNELLE • BISTRO Collection de fourchettes et de guides MICHELIN, vieilles photos : un bistrot au décor original et à l'ambiance chaleureuse. Au menu, une cuisine traditionnelle aux savoureux accents du Sud, avec, en dessert, l'une des spécialités de la maison : la meringue glacée au pralin... L'adresse affiche souvent complet !

Menu 38 €

Plan : B2-u - *17 rue Racine - 04 90 85 20 93 - www.la-fourchette.net - Fermé 2-11 février, 3-26 août, samedi, dimanche*

Le Goût du Jour

CUISINE MODERNE • CONTEMPORAIN De bonnes idées, du savoir-faire... Julien Chazal, jeune chef originaire d'Avignon, fait ici une jolie démonstration ! Sa cuisine, ancrée dans les saisons, se révèle en plus soignée visuellement, avec des dressages qui ne doivent rien au hasard. Et n'oublions pas le service souriant, d'une grande simplicité.

Menu 27 € (déjeuner), 32/37 €

Plan : B1-a - *20 rue Saint-Étienne - 04 32 76 32 16 - www.legoutdujour84.com - Fermé 8-18 janvier, 12-22 mars, mardi, mercredi*

Le Numéro 75 

CUISINE MODERNE • CONVIVIAL Une demeure bourgeoise du 19e s. noyée sous la glycine : joli décor pour un repas en terrasse... Cette adresse connaît un franc succès dans la ville : la faute à son cadre chaleureux et à sa cuisine du marché pleine de sincérité !

Menu 32 € (déjeuner)/39 € - Carte 35/50 €

Plan : C3-b - *75 rue Guillaume-Puy - 04 90 27 16 00 - www.numero75.com - Fermé lundi soir, samedi midi, dimanche*

Pollen

CUISINE CRÉATIVE · BRANCHÉ Jolie entrée en matière pour le jeune chef Mathieu Desmarest et son Pollen : une cuisine lisible, épurée, axée sur le produit. Cabillaud nacré, courgettes, pulpe de poivrons à l'huile d'olive ; langue de bœuf, fenouil, sauce charcutière, aneth. Des saveurs pures et franches. Percutant.

Menu 28 € (déjeuner), 39/58 €

Plan : B2-c – *3 bis rue de la Petite-Calade – ✆ 04 86 34 93 74 – www.pollen-restaurant.fr – Fermé samedi, dimanche*

Hôtels & maisons d'hôtes

La Mirande

GRAND LUXE · HISTORIQUE Cet hôtel particulier du 17e s. est absolument superbe : pierres ouvragées, déluge d'objets d'art et de tentures dans l'esprit provençal du 18e s. et un délicieux jardin clos, qui s'épanouit à l'ombre du palais des Papes. Raffinement exquis !

25 chambres – 395/760 € – 2 suites – 30 €

Plan : B2-g – *4 place Amirande – ✆ 04 90 14 20 20 – www.la-mirande.fr*

La Mirande – voir la sélection des restaurants

Hôtel d'Europe

HISTORIQUE · GRAND LUXE Près des remparts, cet hôtel particulier du 16e s. s'ouvrit à la clientèle dès 1799. Bonaparte, Hugo ou encore Dalí y séjournèrent. Les chambres se révèlent classiques et soigneusement tenues. Au dernier étage, les suites toisent le palais des Papes...

39 chambres – 255/590 € – 5 suites – 22 €

Plan : B1-d – *12 place Crillon – ✆ 04 90 14 76 76 – www.heurope.com – Fermé 17 février-15 mars, 25 août-2 septembre, 27 octobre-4 novembre*

La Vieille Fontaine – voir la sélection des restaurants

Cloître St-Louis

BUSINESS · CONTEMPORAIN Un bâtiment du 16[e]s. doublé d'une aile ultracontemporaine. Quel alliage ! S'il conserve beaucoup de son atmosphère recueillie d'antan, cet ancien noviciat jésuite – et son cloître tout en pierre – tutoie la modernité avec réussite. Belle escale à la croisée des époques, au cœur d'Avignon.

80 chambres – 80/380 € – 15 €

Plan : B3-s – *20 rue du Portail-Boquier – ✆ 04 90 27 55 55 – www.cloitre-saint-louis.com*

La Divine Comédie

HÔTEL PARTICULIER · ÉLÉGANT Imaginez donc un immense jardin privé et paysagé de 2 600 m², en plein cœur d'Avignon, où se côtoient des dizaines d'essences différentes, avec en son centre, une superbe piscine, une orangerie, et un espace bien-être. Un musée vous attend à l'intérieur de la bâtisse : sculptures, tableaux signés, gravures... On finirait par oublier de mentionner les chambres, raffinées et confortables. Un havre de paix et de goût. Incomparable.

5 chambres – 350/850 €

Plan : C1-a – *16 impasse Jean-Pierre-Gras – ✆ 06 77 06 85 40 – www.la-divine-comedie.com*

au Pontet 6 km à l'Est par rte de Lyon – ✉ 84130

Auberge de Cassagne

CUISINE CLASSIQUE · RUSTIQUE Poutres, tomettes, cheminée... Dans la tradition de ces auberges bourgeoises dédiées aux plaisirs de la table, le classicisme est ici de mise, de même les produits nobles et certaines recettes plus rustiques. Dans la cave, 700 références privilégient la vallée du Rhône méridionale.

Menu 42 € (déjeuner), 63/105 € – Carte 78/111 €

Auberge de Cassagne & Spa, 450 allée de Cassagne – ✆ 04 90 31 04 18 – www.aubergedecassagne.com – Fermé 6 janvier-1er février

 **Auberge de Cassagne & Spa** 

LUXE • MÉDITERRANÉEN Atmosphère chaleureuse dans cette bastide de 1850, qui préserve son charme champêtre aux abords d'Avignon – abords aujourd'hui urbanisés. Patio verdoyant, décors classiques, esprit provençal ou contemporain dans les chambres, spa de qualité, souci du client... Un havre fort agréable à l'écart de la ville.

36 chambres – 199/472 € – 7 suites – 26 €

450 allée de Cassagne – 04 90 31 04 18 – www.aubergedecassagne.com – Fermé 6 janvier-1er février

Auberge de Cassagne – voir la sélection des restaurants

AVIZE – 51 (Marne) → voir Épernay

AVORIAZ

74110 (Haute-Savoie) – Carte régionale n° **4**-F1

Carte Michelin 328-N3 – Guide Vert Michelin Alpes du Nord

Les Enfants Terribles

CUISINE CLASSIQUE • COSY X Contre toute attente, ces Enfants Terribles se révèlent plutôt... chaleureux et accueillants ! Noix de Saint-Jacques poêlées, côtes de veau aux morilles et ail confit. On se régale de bons produits cuisinés avec précision dans un esprit bistronomique.

Menu 55 € – Carte 55/75 €

Les Dromonts, 40 place des Dromonts (accès piétonnier) – 04 56 44 57 00 – www.hoteldesdromonts.com – Fermé 30 mars-13 décembre, lundi midi, mardi midi, mercredi midi, jeudi midi, vendredi midi, samedi midi, dimanche midi

La Réserve 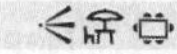

CUISINE DU TERROIR • MONTAGNARD X A mi-chemin entre le cœur de la station et le quartier de la "falaise", cet établissement est devenu un incontournable. Un succès à mettre sur le compte d'une gastronomie appétissante à dominante savoyarde, et d'une belle terrasse tournée vers le domaine skiable.

Carte 47/73 €

Immeuble Epicéa – 04 50 74 02 01 – www.la-reserve-avoriaz.com – Fermé 14 avril-13 décembre

 **Les Dromonts** 

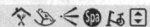

HISTORIQUE • COSY Un nouveau départ pour cet hôtel mythique d'Avoriaz, qui allie avec brio le style des années 1960 et l'esprit de chalet montagnard. Laine d'Italie et pierre de Morzine habillent élégamment les chambres, en faisant de véritables oasis de confort. Et les skieurs sont les bienvenus au restaurant Le Festival !

35 chambres – 230/840 € – 6 suites

40 place des Dromonts (accès piétonnier) – 04 56 44 57 00 – www.hoteldesdromonts.com – Fermé 30 mars-13 décembre

Les Enfants Terribles – voir la sélection des restaurants

AVRANCHES

50300 (Manche) – Carte régionale n° **17**-A3

Carte Michelin 303-D7 – Guide Vert Michelin Normandie Cotentin

La Croix d'Or 

CUISINE CLASSIQUE • RUSTIQUE XX Le chef, "ancien" de l'établissement, connaît sa partition sur le bout des spatules. Connaisseur ou non, on se retrempe avec bonheur dans l'esprit de la région, et l'on trempe avec encore plus de plaisir son pain dans les plats en sauce de la carte, évidemment traditionnelle.

Menu 20 € (déjeuner), 30/62 € – Carte 42/69 €

83 rue de la Constitution – 02 33 58 04 88 – www.hotel-restaurant-avranches-croix-dor.com – Fermé 1er-14 janvier

La Ramade

FAMILIAL • PERSONNALISÉ Une demeure bourgeoise des années 1950, sur la route de Granville. Les chambres, douillettes, portent des noms de fleurs ou, pour les plus récentes, de hauts lieux de la région : Chausey, Cancale, St-Malo... Salon de thé l'après-midi, cocktails et vins en soirée.

21 chambres – 79/219 € – 13 €

2 rue de la Côte, 1 km au Nord-Ouest, à Marcey-les-Grèves – 02 33 58 27 40 – www.laramade.fr – Fermé 30 décembre-7 janvier

La Croix d'Or

TRADITIONNEL • CLASSIQUE Façade à colombages, cuivres, mobilier ancien... un relais de poste du 17e s., une certaine image de la Normandie. Le décor des chambres (aménagées en partie dans les anciennes écuries) est plus actuel. Choisissez-les côté jardin !

27 chambres – 92/127 € – 12 €

83 rue de la Constitution – 02 33 58 04 88 – hotel-restaurant-avranches-croix-dor.com – Fermé 1er-14 janvier

La Croix d'Or – voir la sélection des restaurants

à St-Martin-des-Champs 3 km au Sud-Est par D47 – 50300

La Toque aux Vins

CUISINE MODERNE • DESIGN XX Trois associés – un frère, une sœur et un cousin ! – se sont associés pour ouvrir ce restaurant dans un village à deux pas d'Avranches. La lumineuse salle donne sur un parc joliment aménagé, avec des jeux pour les enfants ; la cuisine, soignée, se révèle parfaitement dans l'air du temps et change chaque semaine.

Menu 22/43 € – Carte 46/52 €

8 rue de la Mairie – 02 33 79 28 00 – www.latoqueauxvins.fr – Fermé 20 janvier-5 février, 28 juillet-13 août, lundi, mardi soir, dimanche

à St-Quentin-sur-le-Homme 5 km au Sud-Est par D78 – 50220

Le Gué du Holme

CUISINE MODERNE • ÉLÉGANT XX Juste en face de l'église, au centre du bourg, cette maison en pierre du pays est pour le moins engageante. En bon professionnel, le chef met à profit les meilleurs produits de la saison dans des assiettes gourmandes et harmonieuses... Bref, on se régale, y compris à midi en semaine avec une formule bistrot tout à fait alléchante.

Menu 24 € (déjeuner), 27/52 € – Carte 40/60 €

14 rue des Estuaires – 02 33 60 63 76 – www.le-gue-du-holme.com – Fermé 9-17 mars, 2-25 novembre, lundi, samedi midi, dimanche soir

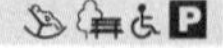

Le Gué du Holme

TRADITIONNEL • ÉLÉGANT Cet établissement, aux portes de la baie du Mont-Saint-Michel, propose des chambres dans un style cosy et feutré. Toutes sont impeccablement tenues et donnent sur un joli jardin. Une étape au grand calme !

10 chambres – 78/130 € – 12 €

14 rue des Estuaires – 02 33 60 63 76 – www.le-gue-du-holme.com – Fermé 9-17 mars, 2-25 novembre

Le Gué du Holme – voir la sélection des restaurants

AX-LES-THERMES

09110 (Ariège) – Carte régionale n° **22**-C3

Carte Michelin 343-J8

Le Chalet

CUISINE MODERNE • CONVIVIAL XX Asperges blanches et jambon noir de Bigorre, épaule d'agneau confite, croquant au chocolat amer... Dans ce Chalet contemporain, Frédéric Debèves revisite le terroir avec talent, jouant sur les saveurs et les textures, signant des assiettes fortement dosées en goût ! L'été, direction la terrasse, au-dessus de la rivière.

Menu 32/60 € - Carte 50 €

4 avenue Durandeau - ✆ 05 61 64 24 31 - www.le-chalet.fr - Fermé lundi, dimanche soir

Le Chalet

FAMILIAL • FONCTIONNEL Un hôtel sympathique à deux pas des télécabines conduisant aux pistes. Les chambres y sont fonctionnelles et confortables - certaines, plus récentes, offrent davantage d'espace ; pour prendre un grand bol d'air, préférez celles avec un balcon.

19 chambres - 60/85 € - 10 €

4 avenue Durandeau - ✆ 05 61 64 24 31 - www.le-chalet.fr

Le Chalet - voir la sélection des restaurants

AYGUESVIVES

31450 (Haute-Garonne) - Carte régionale n° **22**-C2

Carte Michelin 343-H4

La Pradasse

MAISON DE CAMPAGNE • VINTAGE Dans cette grange superbement restaurée, les chambres rivalisent de charme : brique, bois, fer forgé, baignoire sur pieds ou douche à l'italienne... Et le parc est délicieux, avec son étang.

5 chambres - 109/117 €

39 chemin de Toulouse, D16 - ✆ 06 19 21 36 71 - www.lapradasse.com

AY-SUR-MOSELLE

57300 (Moselle) - Carte régionale n° **12**-B1

Carte Michelin 307-I3

Le Martin Pêcheur

CUISINE CLASSIQUE • VINTAGE XX Entre le canal Camifémo et la Moselle, une ancienne maison de pêcheurs (1928), où règne un bel esprit d'auberge de campagne, agrémentée d'un adorable jardin estival. Ici, la tradition se mêle aux tendances actuelles, et la cave est bien fournie !

Menu 40 € (déjeuner)/60 € - Carte 58/76 €

1 route d'Hagondange - ✆ 03 87 71 42 31 - www.restaurant-martin-pecheur.fr - Fermé 18-25 février, 23-29 avril, 19 août-2 septembre, lundi, mardi soir, mercredi soir, jeudi soir, samedi midi, dimanche soir

AZAY-LE-RIDEAU

37190 (Indre-et-Loire) - Carte régionale n° **8**-A2

Carte Michelin 317-L5 - Guide Vert Michelin Châteaux de la Loire

L'Aigle d'Or

CUISINE CLASSIQUE • TRADITIONNEL XX À quelques centaines de mètres du château, voilà une adresse en or ! Dans cette maison de pays, on s'installe au coin de la cheminée ou sur la terrasse ombragée pour déguster une belle cuisine qui revisite la tradition. Au piano, le chef joue une savoureuse mélodie ! Le tout à petits prix.

Menu 33/62 € - Carte 37/63 €

10 avenue Adélaïde-Riche - ✆ 02 47 45 24 58 - www.laigle-dor.fr - Fermé 2 janvier-9 février, 3-13 septembre, 12-30 novembre, mardi, mercredi, dimanche soir

Auberge Pom'Poire

CUISINE MODERNE • CONVIVIAL XX Au milieu des poiriers et des pommiers se cache parfois une bonne adresse… Un joli fruit coloré et acidulé : voilà ce qui pourrait symboliser la cuisine du chef. Du peps, de la justesse, de la subtilité : ses assiettes, composées avec de beaux produits fermiers, débordent de saveurs ! Un hôtel-restaurant à croquer.

Menu 24 € (déjeuner), 33/68 € - Carte 35/70 €

21 route de Vallères (à 4 km) - ✆ 02 47 45 83 00 - www.aubergepompoire.fr - Fermé lundi midi, mardi midi, jeudi midi

Le Grand Monarque

TRADITIONNEL • CLASSIQUE À deux pas du château et au cœur de la ville, ce Grand Monarque cultive joliment son charme tourangeau : pierres et poutres apparentes, mobilier ancien, cour ombragée pour prendre le frais ou salon avec cheminée… Les résidents apprécient également le restaurant (cuisine au goût du jour).

35 chambres - 85/150 € - 13 €

3 Place de la République - ✆ 02 47 45 40 08 - www.legrandmonarque.com - Fermé 21 décembre-20 février

Hôtel de Biencourt

FAMILIAL • COSY Près du château, une maison tourangelle du 18e s., autrefois école primaire. Les chambres sont sobres, avec de beaux planchers. Agréable patio fleuri et petit-déjeuner soigné à base de produits régionaux.

17 chambres - 69/99 € - 12 €

7 rue Balzac - ✆ 02 47 45 20 75 - www.hotelbiencourt.fr - Fermé 2 janvier-15 mars, 12 novembre-19 décembre

à Saché 6,5 km à l'Est par D17 - ✉ 37190

Auberge du XIIe Siècle

CUISINE CLASSIQUE • AUBERGE XX À deux pas du château qui l'accueillit si souvent, Balzac avait ses habitudes dans cette vénérable auberge à colombages. Dans ce cadre historique préservé, on apprécie une cuisine empreinte de classicisme : homard sauté aux agrumes, œuf brouillé à la crème de morilles… Superbe terrasse en été et agréable cheminée pour l'hiver.

Menu 28/95 € - Carte 92/102 €

1 rue du Château - ✆ 02 47 26 88 77 - https://auberge12emesiecle.eatbu.com - Fermé 2-17 janvier, 2-18 janvier, 27 mai-6 juin, 2-12 septembre, lundi, mardi midi, dimanche soir

AZÉ - 53 (Mayenne) ➜ voir Château-Gontier

AZET - 65 (Hautes-Pyrénées) ➜ voir St-Lary-Soulan

BADEN

✉ 56870 (Morbihan) - Carte régionale n° **7**-A3

Carte Michelin 308-N9

Le Gavrinis

CUISINE MODERNE • CONVIVIAL XX L'enseigne rend hommage à l'île de Gavrinis toute proche. Il faut dire qu'ici on cultive l'âme bretonne et la fierté d'un terroir riche et vivant : filets de maquereaux et compotée d'oignons, poitrine de porc confite… À savourer dans un décor soigné où dominent le bois flotté et les teintes douces.

Menu 22 € (déjeuner), 33/43 € - Carte 42/63 €

1 rue de l'Ile-Gavrinis (à Toulbroch), 2 km par route de Vannes - ✆ 02 97 57 00 82 - www.gavrinis.com - Fermé 15 novembre-2 décembre, 23 décembre-31 janvier, lundi, samedi midi, dimanche soir

La Chaumière de Pomper

CUISINE BRETONNE • TENDANCE X Réputée dans la région, cette crêperie propose des galettes avec une farine de blé noir bio mélangée avec 10% de farine de froment, ainsi qu'une finesse de pâte et une cuisson les rendant davantage croustillantes que la moyenne… en breton, cela se nomme *kraz* ! Un conseil : optez pour les classiques, ce sont les meilleures… Belle carte de cidres.

Carte 18/25 €

Moulin de Pomper - 14 lieu-dit Kerhervé, 4 km par route d'Arradon - ✆ 02 97 58 59 66 - www.lachaumieredepomper.fr - Fermé 1er-7 janvier, 5-28 février, 25 juin-3 juillet, 17-25 septembre, lundi, dimanche

Le Gavrinis

FAMILIAL • FONCTIONNEL Cette maison néobretonne des années 1970, ceinte d'un beau jardin, dispose de chambres fraîches (bois blond, teintes claires), ou plus simples mais bien tenues.

17 chambres - 60/115 € - 11 €

1 rue de L'Île-Gavrinis (à Toulbroch), 2 km par rte de Vannes - ✆ 02 97 57 00 82 - www.gavrinis.com - Fermé 15 novembre-2 décembre, 23 décembre-31 janvier

Le Gavrinis - voir la sélection des restaurants

Le Val de Brangon

MAISON DE CAMPAGNE • COSY Avant d'embarquer pour l'île aux Moines, arrêtez-vous dans cette longère de 1824 admirablement restaurée. Décoration élégante (pierres d'origine, objets chinés, œuvres d'art), grand jardin et piscine chauffée.

5 chambres - 170/230 €

12 route de Brangon, 2 km à l'Est par D101 et C204 - ✆ 02 97 57 06 05 - www.levaldebrangon.com - Fermé 14 janvier-18 mars

BAERENTHAL

57230 (Moselle) - Carte régionale n° **12**-D1

Carte Michelin 307-Q5

à Untermuhlthal 4 km au Sud-Est par D87 - 57230

L'Arnsbourg (Fabien Mengus)

CUISINE MODERNE • ÉLÉGANT XXXX Fabien Mengus se montre tout à fait à son aise aux fourneaux de cette maison emblématique. Que ce soit côté salon ou près des baies vitrées donnant sur la forêt, on déguste une cuisine tout en variations, qui met à l'honneur de beaux produits. Un moment à part.

→ Foie gras d'oie et sa variation autour de la poire williams. Médaillon de homard bleu, croustillant au safran et jus de carcasse. Dôme au kalamensi, mousse combava et sorbet Perrier-citron

Menu 49 € (déjeuner), 79/139 € - Carte 91/115 €

18 Untermuhlthal - ✆ 03 87 06 50 85 - www.arnsbourg.com - Fermé 1er-22 janvier, 31 juillet-13 août, 28 octobre-5 novembre, lundi, mardi

L'Arnsbourg

GRAND LUXE • ÉPURÉ Ses lignes contemporaines et épurées constituent un magnifique contraste dans ce paysage où le bois domine. Les chambres, spacieuses et zen, avec balcon privatif, sont la promesse d'un doux repos. Une communion hi-tech avec la nature environnante…

8 chambres - 295/365 € - 4 suites - 22 €

5 Untermuhlthal - ✆ 03 87 27 05 60 - www.arnsbourg.com - Fermé 1er-22 janvier, 31 juillet-13 août, 28 octobre-5 novembre

L'Arnsbourg - voir la sélection des restaurants

LA BAFFE - 88 (Vosges) → voir Épinal

BÂGÉ-LE-CHÂTEL

✉ 01380 (Ain) – Carte régionale n° **2**-B1
Carte Michelin 328-C3

La Table Bâgésienne

CUISINE MODERNE • COSY XX La façade de cet ancien relais de poste est bien engageante ! Une fois passée la porte, on découvre une déco contemporaine (tons gris, lin et cacao) et une généreuse cuisine bressane que le chef n'hésite pas à interpréter à sa façon.

Menu 25 € (déjeuner), 33/79 € – Carte 49/75 €

19 Grande-Rue – ✆ 03 85 30 54 22 – www.latablebagesienne.com – Fermé 23-30 décembre, lundi, mardi

BAGNÈRES-DE-BIGORRE

✉ 65200 (Hautes-Pyrénées) – Carte régionale n° **22**-A3
Carte Michelin 342-M4

Le Jardin des Brouches

CUISINE MODERNE • CONTEMPORAIN XX La jolie maison blanche est installée juste en face de l'imposant casino de Bagnères-de-Bigorre. L'intérieur, lumineux, se pare de couleurs contemporaines ; dans l'assiette, on trouve de bons produits frais et pleins de saveurs, préparés avec amour par un chef épris d'herbes et d'épices. Séduisant.

Menu 21 € (déjeuner), 32/65 € – Carte 44/61 €

1 boulevard de l'Hypéron – ✆ 05 62 91 07 95 – www.lejardindesbrouches.fr – Fermé lundi, mercredi soir, dimanche soir

Les Petites Vosges

FAMILIAL • COSY Pimpante maison où meubles chinés et contemporains s'harmonisent avec originalité. Les chambres y sont confortables et bien tenues. La propriétaire saura vous conseiller de belles randonnées dans les environs.

4 chambres ☕ – 87/105 €

17 boulevard Carnot – ✆ 05 62 91 55 30 – www.lespetitesvosges.com – Fermé 12-28 octobre

à Lesponne 8 km au Sud par D935 et D29 – ✉ 65710

Domaine de Ramonjuan

MAISON DE CAMPAGNE • PERSONNALISÉ Cette ferme de montagne, muée en hôtel, dispose de bons équipements de loisirs. Chambres claires et joliment arrangées, beaucoup de matières et teintes naturelles (lin, rotin...). Cuisine de tradition dans la véranda ou sur la terrasse d'été.

15 chambres – 79/98 € – ☕ 10 €

✆ 05 62 91 75 75 – www.ramonjuan.com

BAGNÈRES-DE-LUCHON

✉ 31110 (Haute-Garonne) – Carte régionale n° **22**-B3
Carte Michelin 343-B8

L'Heptameron des Gourmets

CUISINE CLASSIQUE • ÉLÉGANT XX Original : le chef et sa femme vous reçoivent... chez eux, au rez-de-chaussée de leur maison, dans une atmosphère très raffinée. Monsieur concocte un menu unique du marché (en sept services) et vous propose de choisir votre vin à la cave.

Menu 65 €

3 boulevard Charles-de-Gaulle – ✆ 05 61 79 78 55 – www.heptamerondesgourmets.com – Fermé 1er-30 juin, 3 novembre-20 décembre, lundi, mardi midi, mercredi midi, jeudi midi, vendredi midi, samedi midi, dimanche

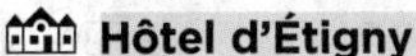

Hôtel d'Étigny

HÔTEL PARTICULIER • VINTAGE En face des thermes, cet ancien hôtel particulier (19e s.) est tenu par la même famille depuis quatre générations. Chambres classiques, peu à peu rénovées dans un style contemporain ; au restaurant, la carte est classique, elle aussi.

61 chambres – 70/135 € – 5 suites – 11 €

3 avenue Paul-Bonnemaison (face à l'établissement thermal) – 05 61 79 01 42 – www.hotel-etigny.com – Fermé 23 septembre-29 mai

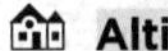

Alti

URBAIN • CONTEMPORAIN En plein centre-ville, cet hôtel répond aux attentes de la clientèle d'affaires et des vacanciers. Chambres agréables et bien équipées ; piscine intérieure idéale après le ski.

47 chambres – 97/113 € – 10 €

19 allees d'Etigny – 05 61 79 56 97 – www.altiluchon.com

BAGNOLES-DE-L'ORNE

61140 (Orne) – Carte régionale n° **17**-B3
Carte Michelin 310-G3 – Guide Vert Michelin Normandie Cotentin

Le Manoir du Lys (Franck Quinton)

CUISINE MODERNE • COSY XXX De la pierre, des boiseries claires et une terrasse agréable pour une atmosphère élégante et chaleureuse... Le chef concocte une cuisine fine et goûteuse qui valorise les beaux produits régionaux – en particulier les champignons de la forêt des Andaines !

→ Andouille de Vire, langoustine et camembert. Pigeonneau au sarrasin, girolles et abattis. Macaron, crème tendre, champignons des bois et sorbet trompette

Menu 49/99 € – Carte 52/86 €

route de Juvigny-sous-Andaine, 2 km au Nord-Ouest – 02 33 37 80 69 – www.manoir-du-lys.fr – Fermé 2 janvier-13 février, lundi, mardi midi, mercredi midi

Ô Gayot

CUISINE MODERNE • BISTRO X Une jolie maison en pierre et son bistrot, pile dans l'air du temps. Dans l'assiette, on trouve de bonnes recettes... bistrotières, comme il se doit ! Pavé de cabillaud à la plancha, fricassée de cocos ; tartare de bœuf coupé au couteau ; sablé au beurre et sa glace au caramel... Une certaine idée de la gourmandise.

Menu 27 € – Carte 26/54 €

2 avenue de la Ferté-Macé – 02 33 38 44 01 – www.ogayot.net – Fermé jeudi, dimanche soir

Le Manoir du Lys

TRADITIONNEL • PERSONNALISÉ Au milieu des bois et dans un superbe parc, cette belle demeure normande est empreinte de quiétude... Les chambres du manoir affichent un raffinement classique ou plus contemporain, toujours chaleureux ; dans le pavillon, des suites spacieuses.

23 chambres – 145/255 € – 7 suites – 18 €

route de Juvigny-sous-Andaine, 2 km au Nord-Ouest – 02 33 37 80 69 – www.manoir-du-lys.fr – Fermé 2 janvier-13 février

Le Manoir du Lys – voir la sélection des restaurants

Bois Joli

HISTORIQUE • ROMANTIQUE Élégante villa anglo-normande (19e s.) dans un parc arboré. Avec ses meubles anciens, ses lambris d'origine et ses chambres si romantiques, elle distille une vraie atmosphère rétro... Près de la cheminée en bois sculpté, on savoure une agréable cuisine traditionnelle.

20 chambres – 99/179 € – 12 €

12 avenue Philippe-du-Rozier – 02 33 37 92 77 – www.hotelboisjoli.com

Bagnoles Hôtel

TRADITIONNEL · FONCTIONNEL Au cœur de la station, un hôtel avec des chambres avant tout fonctionnelles mais agréables et colorées, le plus souvent avec balcon ou terrasse. Celles du 3e étage sont mansardées : bien plaisant.

20 chambres – 67/109 € – 9 €

6 place de la République – 02 33 37 86 79 – www.bagnoles-hotel.com

Nouvel Hôtel

TRADITIONNEL · FONCTIONNEL Une jolie villa de 1912 avec des chambres pratiques, plaisantes et bien insonorisées, ainsi qu'un restaurant adapté aux curistes (menus traditionnels, diététiques et végétariens). Petits plus charmants : le salon avec son piano et le jardin, si paisible...

30 chambres – 61/120 € – 11 €

8 avenue Docteur-Pierre-Noal – 02 33 30 75 00 – www.lenouvelhotel.fr – Fermé 1er novembre-15 mars

Ô Gayot

TRADITIONNEL · CONTEMPORAIN Au centre de la station thermale, hôtel au concept "tout en un" : chambres épurées sur le thème de l'eau ou de la forêt ; bar, salon de thé, boutique de produits régionaux et même un bistrot pour les gourmands.

16 chambres – 65/110 € – 10 €

2 avenue de la Ferté-Macé – 02 33 38 44 01 – www.ogayot.net

Ô Gayot – voir la sélection des restaurants

Le Normandie

TRADITIONNEL · CONTEMPORAIN Cet ancien relais de poste a su s'adapter au 21e s. avec une déco moderne et feutrée. Chambres confortables et bien dans l'air du temps (mobilier en bois patiné, couleurs pastel). Au restaurant, on apprécie les recettes d'aujourd'hui avec des produits de saison.

22 chambres – 75/140 € – 11 €

2 avenue du Docteur-Lemuet – 02 33 30 71 30 – www.hotel-le-normandie.com – Fermé 1er janvier-1er mars

BAGNOLS

69620 (Rhône) – Carte régionale n° **3**-E1

Carte Michelin 327-G4 – Guide Vert Michelin Lyon et sa région

1217

CUISINE MODERNE · CLASSIQUE XxX Un cadre d'exception que ce superbe château médiéval, qui semble cultiver des fastes immémoriaux... Sous le patronage d'une immense cheminée gothique délicatement sculptée, le repas se fait festin d'une belle finesse, et la tradition s'en trouve renouvelée.

→ Cuisses de grenouilles et escargots de Bourgogne persillés, crémeux de pomme de terre. Filet de rouget en écailles croustillantes, variation de courgettes et jus de bouillabaisse. Soufflé au vieux rhum et à la vanille Bourbon

Menu 35 € (déjeuner), 65/140 € – Carte 100/115 €

Château de Bagnols, Le Bourg – 04 74 71 40 00 – www.chateaudebagnols.com – Fermé 7 janvier-13 mars

Château de Bagnols

GRAND LUXE · HISTORIQUE Les mots manqueraient presque pour décrire la magnificence de ce château du 13e s. dominant le vignoble beaujolais. L'accès par le pont-levis au-dessus des douves, les décors historiques (mobilier d'art, cheminées monumentales...), le superbe parc et son verger : tout est unique... jusqu'au nouveau spa, agencé à la manière d'une cuverie !

27 chambres – 249/1899 € – 25 €

Le Bourg – 04 74 71 40 00 – www.chateaudebagnols.com – Fermé 7 janvier-13 mars

1217 – voir la sélection des restaurants

BAGNOLS-SUR-CÈZE

✉ 30200 (Gard) - Carte régionale n° **21**-D1

Carte Michelin 339-M4 - Guide Vert Michelin Languedoc

Bistro de Montcaud

CUISINE TRADITIONNELLE • BISTRO X Le nouveau bistrot chic du château de Montcaud propose une cuisine traditionnelle méridionale, où la priorité est donnée aux produits. La terrasse face au parc est agréable, l'accueil comme le service sont sympathiques.

Menu 26 € (déjeuner)/35 € - Carte 43/43 €

Château de Montcaud, Hameau de Combe - ✆ 04 66 33 20 15 - www.chateaudemontcaud.com

Château de Montcaud

LUXE • CONTEMPORAIN Cette noble demeure du 19e s., au cœur d'un parc arboré, est un havre de paix. Meubles de style et tons chauds rehaussent l'élégance des chambres. À l'heure des repas, on se régale d'une cuisine traditionnelle méridionale. Avis aux amateurs de la note bleue : le brunch dominical s'accompagne de concerts de jazz en été.

27 chambres - 135/470 € - 2 suites - 20 €

Hameau de Combe - ✆ 04 66 33 20 15 - www.chateaudemontcaud.com

Bistro de Montcaud - voir la sélection des restaurants

BAIE DES TRÉPASSÉS - 29 (Finistère) ➜ voir Pointe du Raz

BAILLARGUES - 34 (Hérault) ➜ voir Montpellier

BALANOD

✉ 39160 (Jura) - Carte régionale n° **6**-A3

Carte Michelin 321-C8

Philippe Bouvard

CUISINE TRADITIONNELLE • RUSTIQUE XX Une petite auberge chaleureuse et conviviale, portée par le chef Philippe Bouvard, passionné et généreux, qui... n'a pas la grosse tête ! Parmi ses spécialités, le soufflé au comté, mais il cherche à donner au terroir des accents de nouveauté. Une adresse où l'on se sent bien.

Menu 29/69 € - Carte 45/74 €

111 Grand-Rue - ✆ 03 84 48 73 65 - https://restaurantphilippebouvard.eatbu.com - Fermé lundi, mardi soir, mercredi soir, dimanche soir

BALARUC-LES-BAINS

✉ 34540 (Hérault) - Carte régionale n° **21**-C2

Carte Michelin 339-H8

Le St-Clair

POISSONS ET FRUITS DE MER • ÉLÉGANT XX Une maison élégante sur les quais ; la terrasse sous les palmiers ouvre sur le bassin de Thau... On y apprécie une bonne cuisine de la mer.

Menu 18/75 € - Carte 46/106 €

2bis Plan du Port - ✆ 0467484891 - www.restaurant-saintclair.com - Fermé lundi, mardi, mercredi, jeudi, vendredi, samedi, dimanche

BALDERSHEIM - 68 (Haut-Rhin) ➜ voir Mulhouse

BALMA - 31 (Haute-Garonne) ➜ voir Toulouse

BAN-DE-LAVELINE

✉ 88520 (Vosges) – Carte régionale n° **12**–D3
Carte Michelin 314-K3

Maison de Laveline

CUISINE TRADITIONNELLE • AUBERGE XX Cette auberge du pays vosgien, tenue par un jeune couple, propose une cuisine traditionnelle en prise sur les saisons (escargots au beurre persillé, cuisses de grenouilles rôties à l'ail et au persil, choucroute garnie, ou encore tête de veau et sa langue aux deux sauces). Chambres pour l'étape.

Menu 25/50 € – Carte 38/59 €

5 rue du 8-Mai – ✆ 03 29 51 78 17 – www.auberge-lorraine-bdl.biz – Fermé 11-15 mars, 1er-10 juillet, 25 août-4 septembre, lundi, dimanche soir

BANDOL

✉ 83150 (Var) – Carte régionale n° **24**–B3
Carte Michelin 340-J7 – Guide Vert Michelin Côte d'Azur

Les Oliviers

CUISINE MODERNE • ÉLÉGANT XXX Au sein de cet établissement d'exception, on découvre avec bonheur ces Oliviers gourmands... L'intérieur, lumineux et contemporain, possède une élégance rare. Saint-Pierre, rouget barbet : la cuisine prend (naturellement !) de beaux accents méditerranéens et provençaux. Saveurs et fraîcheur garanties.

→ Couteaux de plongée, pois chiches et tapenade de concombre. Loup de la baie du Lazaret rôti en croûte de sel et vadouvan. Truffes de la Saint-Jean, île flottante inversée aux noisettes caramélisées

Menu 58/98 € – Carte 77/117 €

Île Rousse - Thalazur, 25 boulevard Louis-Lumière – ✆ 04 94 29 33 12 – www.ile-rousse.com

L'Espérance

CUISINE MODERNE • COSY XX Légèrement en retrait du front de mer et de son agitation touristique, on s'attable dans ce petit restaurant discret, tenu par un couple charmant ; le chef, Gilles Pradines, y concocte une cuisine soignée et parfumée : ainsi, en guise d'entrée, cette délicieuse bisque à base de têtes de gambas, bien crémeuse et relevée au piment d'Espelette... Un régal !

Menu 33/76 € – Carte 54/66 €

21 rue du Docteur-Louis-Marçon – ✆ 04 94 05 85 29 – www.lesperance-bandol.com – Fermé 12-28 novembre, lundi, mardi

L'Atelier du Goût N

CUISINE MODERNE • CONTEMPORAIN X Loin de l'agitation touristique du front de mer, le jeune chef de cet Atelier concocte une cuisine moderne et sincère, au fort accent du Sud, avec un soin tout particulier apporté aux dressages. Accueil très sympathique.

Menu 33/55 € – Carte 51/65 €

2 rue Pons – ✆ 04 89 66 61 37 – www.atelier-du-gout-bandol.fr – Fermé 8-22 janvier, mardi, mercredi midi, jeudi midi

Île Rousse - Thalazur

LUXE • CONTEMPORAIN Une situation idéale pour cet hôtel chic, les pieds dans l'eau ! Tout séduit : le décor contemporain, le superbe centre de thalasso, le hall d'accueil ouvert sur la piscine d'eau de mer... sans oublier les deux plages où l'on prend le soleil en toute tranquillité.

59 chambres – 190/780 € – 8 suites

25 boulevard Louis-Lumière – ✆ 04 94 29 33 00 – www.ile-rousse.com – Fermé 7-13 janvier

Les Oliviers – voir la sélection des restaurants

BANGOR – 56 (Morbihan) → voir Belle-Ile-en-Mer

BANNE

✉ 07460 (Ardèche) – Carte régionale n° **2**-A3
Carte Michelin 331-G7 – Guide Vert Michelin Ardèche Drôme

Auberge de Banne

AUBERGE · ÉLÉGANT Sur sa colline à la frontière de l'Ardèche et du Gard, le village de Banne a tout d'une carte postale : un panorama superbe, un climat délicieux et... une ravissante auberge. Tombés amoureux de l'endroit, ses propriétaires ont tout repensé dans un bel esprit à la fois contemporain et rétro. Une réussite, à découvrir !
11 chambres – 125/465 € – 15 €
place du Fort – 04 75 89 07 78 – www.aubergedebanne.fr

BANYULS-SUR-MER

✉ 66650 (Pyrénées-Orientales) – Carte régionale n° **21**-B3
Carte Michelin 344-J8

Le Fanal (Pascal Borrell)

CUISINE MODERNE · COSY XX Juste devant le port de Banyuls, laissez-vous guider par les lumières de ce Fanal ! Pascal Borrell y signe des recettes créatives et épurées, pleines de relief, qui s'appuient sur des produits de première fraîcheur : le matin, les poissons sont livrés encore vivants en cuisine... À découvrir d'urgence.
➜ Cromesquis d'œuf de ferme à 63°, duxelles de champignons sauvages, soufflé à la truffe noire. Caneton croisé en croûte d'herbes fines et agrumes, royale des cuisses, jus pistache. Fraises du pays au banyuls, sorbet fraise, crumble sarrasin
Menu 35/86 € – Carte 90/105 €
18 avenue Pierre-Fabre – 04 68 98 65 88 – www.pascal-borrell.com

La Littorine

CUISINE MÉDITERRANÉENNE · TENDANCE XX Le pari de cette Littorine ouverte sur la mer ? "Entraîner le client dans un voyage gustatif aux saveurs méditerranéennes". À la carte, poissons et produits de la région, à l'instar de ce pavé de mérou au safran des Aspres.
Menu 27 € (déjeuner), 32/55 € – Carte 40/75 €
plage des Elmes – 04 68 88 03 12 – www.leselmes.com

BARBIZON

✉ 77630 (Seine-et-Marne) – Carte régionale n° **15**-C3
Carte Michelin 312-E5 – Guide Vert Michelin Île-de-France

L'Ermitage Saint-Antoine

CUISINE TRADITIONNELLE · BISTRO X On peut aimer la cuisine et être passionné par... les deux-roues ! À l'image du chef de ce sympathique bistrot qui expose certaines de ses pièces très rétro. Côté assiette, on se régale d'une bonne cuisine de bistrot : terrine de lapin, tortilla de confit de canard... Jolie terrasse dans le patio.
Carte 34/42 €
51 Grande-Rue – 01 64 81 96 96 – www.lermitagesaintantoine.com – Fermé mardi, mercredi

Les Pléiades

SPA ET BIEN-ÊTRE · CONTEMPORAIN Après une balade dans ce village aimé de Corot et de Millet, laissez-vous tenter par cet hôtel paisible et accueillant, dans une veine très contemporaine : design minimaliste, lignes épurées, espace bien-être et piscine, expositions diverses... Arty !
18 chambres – 120/290 € – 4 suites – 19 €
21 Grande-Rue – 01 60 66 40 25 – www.hotel-les-pleiades.com

BARBOTAN-LES-THERMES

✉ 32150 (Gers) – Carte régionale n° **22**-A2
Carte Michelin 336-B6 – Guide Vert Michelin Pyrénées Toulouse Gers

La Bastide

CUISINE MODERNE • ÉLÉGANT XXX Un lieu élégant, qui a une âme, et deux concepts culinaires : d'une part une cuisine santé destinée aux curistes (carte renouvelée tous les jours) ; de l'autre des mets "d'appétit" mêlant avec raffinement terroir et air du temps.

Menu 32 € (déjeuner), 52/75 € – Carte 61/85 €

La Bastide en Gascogne, avenue des Thermes – ✆ 05 62 08 31 00 – www.bastide-gasconne.com – Fermé 1er décembre-1er mars, lundi

La Bastide en Gascogne

LUXE • ÉLÉGANT Omniprésence de l'eau (avec de superbes fontaines dans les jardins à l'andalouse, une galerie menant aux thermes et au centre de balnéo) ; décor raffiné mêlant brique, bois, marbre et pierre ; chambres douillettes : cette bastide a un charme fou !

25 chambres – 195/250 € – 3 suites – ☕ 24 €

avenue des Thermes – ✆ 05 62 08 31 00 – www.bastide-gasconne.com – Fermé 1er décembre-1er mars

La Bastide – voir la sélection des restaurants

Beauséjour

FAMILIAL • PERSONNALISÉ Grande maison de style régional renfermant des chambres classiques, coquettement rénovées, et un petit salon d'esprit british. Joli jardin arboré. Un menu unique (cuisine traditionnelle) est prévu pour les pensionnaires. Réservation obligatoire pour les autres.

24 chambres – 70/80 € – ☕ 9 €

6 avenue des Thermes – ✆ 05 62 08 30 30 – www.hotel-barbotan.com – Fermé 23 novembre-10 mars

à Cazaubon 5 km au Sud-Ouest par N524 – ✉ 32150

Château Bellevue

DEMEURE HISTORIQUE • CLASSIQUE Dans un parc aux jolies frondaisons, ce castel du 19e s. dessine un havre tranquille et élégant. Derrière sa façade classique, les chambres associent tissus imprimés, mobilier de style et confort bourgeois. Quant au restaurant, il met à l'honneur les produits du terroir gascon.

20 chambres – 94/140 € – ☕ 13 €

19 rue Joseph-Cappin – ✆ 05 62 09 51 95 – www.chateaubellevue.org – Fermé 2 janvier-13 février

BARCELONNETTE

✉ 04400 (Alpes-de-Haute-Provence) – Carte régionale n° **24**-C2
Carte Michelin 334-H6 – Guide Vert Michelin Alpes du Sud

Azteca

FAMILIAL • MONTAGNARD Cette ancienne villa "mexicaine" de 1888 abrite aujourd'hui des chambres confortables, dont chacune est personnalisée dans un style contemporain. Dans les salons de l'hôtel, une galerie d'art accueille le travail de nombreux artistes.

27 chambres – 65/153 € – ☕ 10 €

3 rue François-Arnaud – ✆ 04 92 81 46 36 – www.azteca-hotel.fr – Fermé 11 novembre-2 décembre

à Jausiers 8 km au Nord-Est par D900 – ✉ 04850

Villa Morelia

CUISINE TRADITIONNELLE • BOURGEOIS XX Cette Villa Morelia distille un certain charme bourgeois... Un écrin flatteur pour une cuisine du marché, séduisante et fidèle à la tradition. De la fraîcheur, de belles saveurs : un moment gourmet et gourmand.

Menu 45 € (déjeuner)/90 €

Avenue des Mexicains – ✆ 04 92 84 67 78 – www.villa-morelia.com – Fermé 1er-30 avril, 15 octobre-27 décembre

 **Villa Morelia**

MAISON DE MAÎTRE • PERSONNALISÉ Construite en 1903, cette fière villa anglo-normande a conservé son cachet et propose des chambres chic, plus contemporaines au Pavillon. Jolie piscine pour une détente complète...
22 chambres – 125/280 € – 2 suites – 18 €
Avenue des Mexicains – 04 92 84 67 78 – www.villa-morelia.com – Fermé 1er-30 avril, 15 octobre-27 décembre
Villa Morelia – voir la sélection des restaurants

à St-Pons 2 km au Nord-Ouest par D900 et D9 – 04400

 **Domaine de Lara** 

FAMILIAL • RÉGIONAL Dans un parc avec une belle vue sur les sommets, une bastide provençale et de caractère, datant du 15e s. (poutres, tomettes, vieilles pierres, mobilier de famille, style cosy). Petit-déjeuner soigné.
5 chambres – 86/107 €
Domaine de Lara, D609 – 06 62 05 01 32 – www.domainedelara.com – Fermé 15-30 juin, 15-31 décembre

au Sauze 4 km au Sud-Est par D900 et D209 – 04400

 **Montana Chalet** 

FAMILIAL • MONTAGNARD Un beau chalet en bois blond juste au pied des pistes, une cheminée où un feu crépite, des chambres chaleureuses avec balcon, des recettes traditionnelles au restaurant (fermé en été) : l'équation montagnarde parfaite !
20 chambres – 90/160 € – 14 €
au centre de la station – 04 92 81 05 97 – www.montana-chalet.com – Fermé 15 avril-15 juin, 15 septembre-15 décembre

BARCUS

64130 (Pyrénées-Atlantiques) – Carte régionale n° **18**-B3
Carte Michelin 342-H5 – Guide Vert Michelin Pays Basque et Navarre

Chilo 

CUISINE CLASSIQUE • AUBERGE XX C'est ici, entre les murs de cette belle maison blanche aux volets bleus, que le destin de la famille Chilo s'écrit depuis 1937. Le chef réalise une cuisine traditionnelle avec les produits du terroir local ; à déguster dans une salle ouverte sur le jardin, face aux montagnes. Chambres coquettes.
Menu 15 € (déjeuner), 34/45 € – Carte 49/70 €
68 rue Principale – 05 59 28 90 79 – www.hotel-chilo.com – Fermé 2-30 janvier, lundi, mardi midi

BARD

42600 (Loire) – Carte régionale n° **2**-A2
Carte Michelin 327-D6

Auberge de la Grand'Font 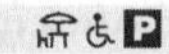

CUISINE MODERNE • AUBERGE XX Jolie surprise que cette auberge rustique nichée à côté d'une belle église du 12e s. que l'on peut admirer depuis la véranda. Aux commandes, un chef passionné et exigeant – il a été finaliste au concours du Meilleur Ouvrier de France – signe une cuisine appétissante, à la fois simple et originale...
Menu 23 € (déjeuner), 28/56 € – Carte 45/65 €
1 rue de la Grand'Font – 04 77 76 21 40 – www.auberge-lagrandfont-42.com – Fermé 18-26 février, 10-21 juillet, 28 août-3 septembre, 26 décembre-2 janvier, lundi, mardi

BARDIGUES

BARDIGUES – 82 (Tarn-et-Garonne) → voir Auvillar

BARÈGES

✉ 65120 (Hautes-Pyrénées) – Carte régionale n° **22**-A3
Carte Michelin 342-M5 – Guide Vert Michelin Pyrénées Toulouse Gers

Le Central

FAMILIAL • COSY Ce petit hôtel de style contemporain de 14 chambres est une étape aussi agréable que pratique : bien placé au départ des œufs dans cette station de ski qui relie la Mongie au domaine du Tourmalet, l'un des plus grands domaines skiables des Pyrénées. Espace bien-être.

13 chambres – ½ Pension seulement 80/100 € – ☕ 10 €

11 rue Ramond – ✆ 05 62 92 68 05 – www.central-tourmalet.com – Fermé 8 avril-23 mai, 7 octobre-28 novembre

BARFLEUR

✉ 50760 (Manche) – Carte régionale n° **17**-A1
Carte Michelin 303-E1 – Guide Vert Michelin Normandie Cotentin

Le Conquérant

TRADITIONNEL • FONCTIONNEL À deux pas du port, cette belle demeure en granit (17e s.) et son joli jardin à la française. Charmant accueil familial ; chambres classiques parfaitement tenues, plus au calme sur l'arrière.

10 chambres – 80/130 € – ☕ 12 €

18 rue St-Thomas-Becket – ✆ 02 33 54 00 82 – www.hotel-leconquerant.com – Fermé 1er octobre-31 mars

BARJAC

✉ 30430 (Gard) – Carte régionale n° **21**-D1
Carte Michelin 339-L3

Le Carré des Saveurs

CUISINE TRADITIONNELLE • TENDANCE Un intérieur résolument contemporain, une agréable terrasse dans une jolie cour intérieure : cadre charmant que celui de cette ancienne magnanerie cernée par les vignes. La cuisine cultive l'esprit du terroir et de la tradition, tout à l'honneur des produits locaux : le plaisir est complet.

Menu 29/38 € – Carte 49/58 €

Le Mas du Terme, Le Carré des Saveurs, 4 km au Sud-Est par D901 et rte secondaire – ✆ 04 66 24 56 31 – www.le-carre-des-saveurs.com – Fermé 15 décembre-13 mars

Le Mas du Terme

MAISON DE CAMPAGNE • CONTEMPORAIN Un jardin entouré de vignes et d'oliviers, de jolies piscines… Qu'il fait bon paresser au soleil de cette ancienne magnanerie et prendre le frais dans une chambre contemporaine (celles du bâtiment principal ont plus de caractère).

27 chambres – 94/400 € – ☕ 18 €

1770 chemin du Mas du Terme, 4 km au Sud-Est par D901 et rte secondaire – ✆ 04 66 24 56 31 – www.masduterme.com – Fermé 15 décembre-13 mars

Le Carré des Saveurs – voir la sélection des restaurants

BAR-LE-DUC

✉ 55000 (Meuse) – Carte régionale n° **12**-A2
Carte Michelin 307-B6

Bistro St-Jean

CUISINE MODERNE • BISTRO Cette ancienne épicerie est devenue un bistrot contemporain plein de saveurs et de couleurs, pile dans la tendance. Le patron, fils de pâtissier, réalise une cuisine du marché soignée, et dans l'air du temps, renouvelée au quotidien. Et toujours : le respect des produits. Service efficace et discret.

Menu 36 €

132 boulevard de la Rochelle – ✆ 03 29 45 40 40 – www.bistrosaintjean.fr – Fermé 1er-10 février, 12-31 juillet, lundi, jeudi soir, samedi midi, dimanche soir

BARNEVILLE-CARTERET

✉ 50270 (Manche) - Carte régionale n° **17**-A2
Carte Michelin 303-B3 - Guide Vert Michelin Normandie Cotentin

à Carteret - ✉ 50270

La Marine

CUISINE MODERNE · ÉLÉGANT XXX Contemporain, chic et très bord de mer. Vue panoramique sur les flots et superbe terrasse, au service d'une cuisine bien iodée et très soignée. Un beau moment de gastronomie.

→ Salade de homard façon caesar. Turbot cuit au plat, jus aux sucs de tomate, écorces de citron, épinards et risotto crémeux. Gaspacho de kiwi comme une île flottante, glace coco

Menu 45/92 € - Carte 80/120 €

11 rue de Paris - ✆ 02 33 53 83 31 - www.hotelmarine.com - Fermé 26 novembre-20 février, lundi, mardi

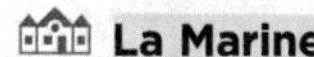

La Marine

TRADITIONNEL · ÉLÉGANT Quasiment les pieds dans l'eau ! Dans cette élégante maison immaculée, les chambres sont très contemporaines, dans un esprit bains de mer chic et épuré. Et côté plage, elles ont toutes une jolie terrasse... Du style, indéniablement.

26 chambres - 110/285 € - 18 €

11 rue de Paris - ✆ 02 33 53 83 31 - www.hotelmarine.com - Fermé 26 novembre-20 février

La Marine - voir la sélection des restaurants

Hôtel des Ormes

FAMILIAL · COSY Face au port de plaisance, cette jolie demeure du 19e s. a été rénovée avec raffinement. Les chambres, assez petites, sont délicieusement cosy (tons beige et ivoire, meubles patinés), sans parler du salon et du jardin verdoyant... Une belle adresse.

12 chambres - 90/159 € - 14 €

Promenade Barbey-d'Aurevilly - ✆ 02 33 52 23 50 - www.hotel-restaurant-les-ormes.fr

BARNEVILLE-LA-BERTRAN - 14 (Calvados) → voir Honfleur

BARON - 30 (Gard) → voir Uzès

LE BARP

✉ 33114 (Gironde) - Carte régionale n° **18**-B2
Carte Michelin 335-G7

Le Résinier

CUISINE TRADITIONNELLE · AUBERGE X Cette maison de pays, conviviale et sympathique, avec sa terrasse sous une vigne, a des airs d'auberge d'autrefois ; on y sert une cuisine de tradition, où tous les produits proviennent de la région. Chambres aux styles variés, modernes ou personnalisées.

Menu 16 € (déjeuner)/40 € - Carte 40/80 €

68 avenue des Pyrénées, D1010 - ✆ 05 56 88 60 07 - www.leresinier.com - Fermé dimanche soir

Envie de partir à la dernière minute ? Visitez les sites Internet des hôtels pour bénéficier de promotions tarifaires.

BARR

✉ 67140 (Bas-Rhin) - Carte régionale n° **10**-C1
Carte Michelin 315-I6 - Guide Vert Michelin Alsace Vosges

5 Terres Hôtel & Spa (N)

LUXE • ÉLÉGANT Ce bâtiment du 17e s. situé face à l'hôtel de ville a été transformé en hôtel de luxe en 2016. Les "5 Terres" font référence aux terroirs du vignoble, comme aux cinq grands crus du Bas-Rhin. Les chambres, plutôt spacieuses, conservent l'esprit "nature", grâce à la présence de matériaux bruts (bois, cuir, verre et pierre). Certaines disposent de terrasses. Agréable table bistronomique.

26 chambres - 229/389 € - 1 suite - 24 €

11 place de l'Hôtel-de-Ville - ✆ 03 88 08 28 44 - www.5terres-hotel.fr

LE BARROUX

✉ 84330 (Vaucluse) - Carte régionale n° **25**-E1
Carte Michelin 332-D9 - Guide Vert Michelin Provence

Gajulea

CUISINE PROVENÇALE • ÉLÉGANT XX Dans cet ancien entrepôt, on prend un verre entre potes au bistrot branché du rez-de-chaussée, avant de descendre d'un étage au restaurant gastronomique, plus cossu, avec terrasse sur les collines (ouvert uniquement le soir). On y découvre de belles saveurs provençales, renouvelées au plus près des saisons (menu truffe l'hiver, homard l'été).

Menu 49/130 €

rue Louise Raymond - ✆ 04 90 62 36 94 - www.gajulea.com - Fermé 11-28 mars, 5-25 novembre, lundi, mardi midi, mercredi midi, jeudi midi, vendredi midi, samedi midi, dimanche soir

L'Aube Safran

FAMILIAL • PERSONNALISÉ Marie et François ont tout quitté pour s'installer dans ce joli mas, au pied du mont Ventoux et face aux Dentelles, que l'on admire depuis le jardin. Ils cultivent le safran et accueillent leurs hôtes dans des chambres au décor sobre et raffiné. Deux cuisines sont à disposition.

5 chambres - 175/225 €

450 chemin du Patifiage, par route de Suzette - ✆ 04 90 62 66 91 - www.aube-safran.com - Fermé 1er octobre-1er avril

BAR-SUR-SEINE

✉ 10110 (Aube) - Carte régionale n° **11**-B3
Carte Michelin 313-G5 - Guide Vert Michelin Champagne Ardenne

à Magnant 8 km au Nord-Est par D443 - ✉ 10110

Le Val Moret

CUISINE MODERNE • CONVIVIAL XX Derrière des atours de restaurant traditionnel, apprécié pour une étape - l'échangeur est tout proche -, c'est avant tout une table sérieuse, menée par un jeune chef au bon parcours. Il aime revisiter les recettes du terroir, en cuisinant notamment les produits de la ferme attachée à l'établissement, comme les viandes.

Menu 18/69 € - Carte 34/60 €

rue du Maréchal Leclerc - ✆ 03 25 29 85 12 - www.le-val-moret.com

Le Val Moret

FAMILIAL • FONCTIONNEL Près de l'autoroute (mais sans nuisances sonores), quatre bâtiments de type motel, aux chambres fonctionnelles et plutôt grandes. Espace détente, salle de séminaire, aire de jeux : un hôtel adapté aux familles comme aux hommes d'affaires.

49 chambres - 77/120 € - 13 €

rue du Maréchal Leclerc - ✆ 03 25 29 85 12 - www.le-val-moret.com

Le Val Moret - voir la sélection des restaurants

BARTENHEIM-LA-CHAUSSÉE

✉ 68870 (Haut-Rhin) - Carte régionale n° **10**-B3
Carte Michelin 315-I11

Le Colombier

CUISINE MODERNE • **CONVIVIAL** Avec sa cuisine actuelle, saupoudrée de ce qu'il faut d'inventivité, pleine de couleurs et de saveurs, ainsi que ses excellents desserts, le chef de ce Colombier sait parler à nos papilles ! Quant au patron, il a le chic pour toujours nous proposer le vin idéal pour accompagner nos plats... Du bonheur, tout simplement.

Menu 18 € (déjeuner), 39/52 € - Carte 50/70 €

2 rue de la Libération - ☎ 03 89 68 30 66 - www.restaurant-lecolombier.fr

BAS-RUPTS - 88 (Vosges) ➜ voir Gérardmer

BASSAC - 16 (Charente) ➜ voir Jarnac

BASSE-GOULAINE - 44 (Loire-Atlantique) ➜ voir Nantes

J.D. Dallet/age fotostock

ON AIME...

À Arcachon, s'attabler dans l'une des cabanes de dégustation d'huîtres sur le port de la Teste-de-Buch. À la Hume, découvrir la cuisine créative du **Bistro'50**. À Pyla-sur-Mer, apprécier la vue à couper le souffle du restaurant de la **Co(o) rniche**. Au Cap-Ferret, au déjeuner, profiter du menu du marché au **Pinasse Café**, tout en admirant la dune... Enfin, se découvrir vegan chez **Ona**.

BASSIN D'ARCACHON

✉ 33 (Gironde) - Carte régionale n° **18**-B2
Carte Michelin 335-D7 - Guide Vert Michelin Aquitaine

Arcachon

✉ 33120 (Gironde)

✿ Le Patio (Thierry Renou)

CUISINE MODERNE • **ÉLÉGANT** XXX Asperge des Landes, agneau de Pauillac, huîtres du bassin, etc. Cette table honore les beaux produits aquitains, avec finesse et esthétisme. L'œuvre d'un chef passionné et généreux ! A déguster sous la superbe verrière.

→ Huîtres, sushi de tourteau et tonburi, gelée d'eau de mer. Bar d'Arcachon, biscuit éponge à l'encre et jaune d'œuf crémeux, jus tilleul-citron-basilic. Choco-framboise

Menu 48/115 € - Carte 108/120 €

10 boulevard de la Plage - ✆ 05 56 83 02 72 - www.lepatio-thierryrenou.com - Fermé 27 février-15 mars, 30 octobre-19 novembre, dimanche

Chez Pierre

POISSONS ET FRUITS DE MER • **BRASSERIE** XX Sur le front de mer, près du palais des congrès, cette brasserie est une institution locale. Cuisine de la mer, où le poisson du bassin joue les premiers rôles, aux côtés de l'huître, véritable diva, toujours fraîche.

Menu 30 € - Carte 50/90 €

Plan : D1-a - *1 boulevard Veyrier-Montagnères - ✆ 05 56 22 52 94 - www.cafedelaplage.com*

Ville d'Hiver

CUISINE TRADITIONNELLE • **COSY** X Dans l'un des meilleurs hôtels de la ville, un restaurant agréable et sympathique : le petit menu et les suggestions sont présentés à l'ardoise, et l'on profite d'une cuisine au goût du jour de bonne qualité... À déguster à l'intérieur - cadre cosy - ou sur la belle terrasse.

Menu 20 € (déjeuner) - Carte 35/65 €

Plan : D2-f - *20 avenue Victor-Hugo - ✆ 05 56 66 10 36 - www.hotelvilledhiver.com*

Ko-sometsuke 2K

CUISINE ASIATIQUE • SIMPLE Originaire du Cambodge, la famille Khong a posé ses valises à Arcachon, et désormais, c'est elle qui invite au voyage : de la Chine au Japon, et au sud-est asiatique, en utilisant des produits régionaux, à l'instar de ce pigeonneau aux cinq parfums. Courette terrasse sur l'arrière.

Menu 26/65 € - Carte 40/90 €

Plan : D1-b - *156 boulevard de la Plage - ✆ 05 56 83 67 69 - Fermé lundi, mardi, mercredi midi*

Les Bains d'Arguin

SPA ET BIEN-ÊTRE • CONTEMPORAIN Entre mer et pinède, un hôtel imposant associé à un centre de thalassothérapie. Les chambres, refaites à neuf, sont confortables, et l'on profite d'une belle piscine et d'un solarium. Côté restaurant, les produits de la mer et menus diététiques sont à l'honneur, autour d'une cuisine actuelle.

124 chambres - ††139/404 € - 15 suites - ☕ 19 €

9 avenue du Parc, 2 km au Sud-Ouest
- ✆ 05 57 72 06 72 - www.thalazur.fr

Ville d'Hiver

BOUTIQUE HÔTEL • COSY Dans un quartier plein de cachet, cet ancien bâtiment de la Compagnie Générale des Eaux est devenu un charmant hôtel, ceinturé d'un beau jardin. À l'image de la station, il cultive un style balnéaire à la fois chic et décontracté. Les chambres sont douillettes, l'espace détente invite au lâcher prise.

18 chambres - ††140/250 € - ☕ 13 €

Plan : D2-f - *20 avenue Victor-Hugo - ✆ 05 56 66 10 36 - www.hotelvilledhiver.com*

Ville d'Hiver - voir la sélection des restaurants

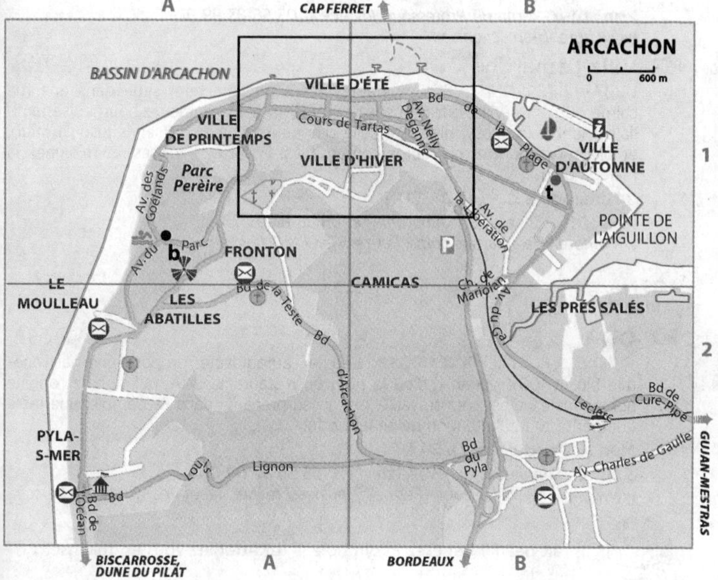

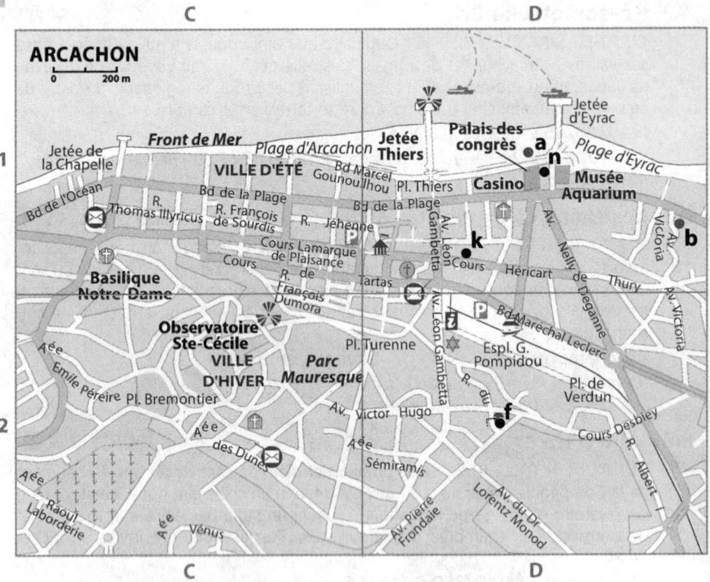

Le B

URBAIN • CONTEMPORAIN Un immeuble récent, idéalement situé en face de la plage et de la jetée d'Eyrac. Plusieurs chambres, toutes confortables, jouissent de balcons et de terrasses. Un hôtel d'aujourd'hui, pour un séjour balnéaire.

54 chambres – ††90/350 € – 2 suites – ☕15 €

Plan : D1-n – *4 rue du Professeur-Joylet – ✆ 05 56 83 99 91 – www.hotel-b-arcachon.com*

Villa Lamartine

URBAIN • PERSONNALISÉ Cet établissement de caractère, situé dans une rue calme du centre-ville, offre tous les agréments d'une demeure bourgeoise familiale : petit salon cosy, plaisante salle des petits-déjeuners (servis jusqu'à midi), et bien entendu, des chambres confortables. Posez vos valises, et rejoignez la mer... à pied.

24 chambres ☕ – ††110/350 €

Plan : D1-k – *28 avenue Lamartine – ✆ 05 56 83 95 77 – www.hotelvillalamartine.com – Fermé 5 janvier-9 février*

Arès

✉ 33740 (Gironde)

ONA

CUISINE VÉGÉTALIENNE • COSY ✗ La chef, autodidacte, propose une gastronomie bio et 100% vegan – d'où le nom du restaurant, ONA, qui signifie "origine non-animale". C'est bien travaillé, parfois surprenant : dans l'ensemble, une table qui mérite toute l'attention qu'on lui porte.

Menu 22 € (déjeuner)/54 €

3 bis rue Sophie-et-Paul-Wallerstein – ✆ 05 56 82 04 06 – www.ona.clairevallee.com – Fermé 1er janvier-7 février, lundi, mardi, dimanche soir

Il fait beau ? Repérez le symbole et attablez-vous en terrasse...

Cap-Ferret

✉ 33970 (Gironde)

Pinasse Café

POISSONS ET FRUITS DE MER · COSY Avec sa terrasse idyllique donnant sur les flots, ce restaurant est une ode au bassin et à la dune du Pilat ! Poissons et crustacés du cru sont à l'honneur (huître en tête) et, pour l'anecdote iodée, la pinasse est le bateau traditionnel du littoral arcachonnais.

Menu 35 € - Carte 45/70 €

2 bis avenue de l'Océan - 05 56 03 77 87 - www.pinasse-cafe.com

La Frégate

FAMILIAL · CONTEMPORAIN Autour d'une agréable piscine, ces deux maisons arborent un joli style balnéaire, chic et sobre à la fois. Préférez les chambres de l'aile plus récente. Un endroit plaisant, pour un bon rapport qualité-prix.

29 chambres - 65/220 € - 1 suite - 11 €

34 avenue de l'Océan - 05 56 60 41 62 - www.hotel-la-fregate.net - Fermé 12 novembre-5 février

Gujan-Mestras

✉ 33470 (Gironde)

Bistro' 50

CUISINE MODERNE · BRANCHÉ À 100 m de la plage et du port de la Hume, le chef propose une cuisine moderne et goûteuse, qui s'appuie sur une technique solide (cuissons, bouillons). Avec, comme on l'imagine, un certain penchant pour les produits marins – même si le pied de cochon ficelé à la pomme de terre demeure un incontournable. Une belle découverte !

Menu 18 € (déjeuner)/23 € - Carte 45/60 €

50 avenue de la Plage, à La Hume - 05 57 16 35 43 - www.bistro50.fr - Fermé 8 janvier-6 février, 20-29 novembre, mardi, mercredi

Lège-Cap-Ferret

✉ 33950 (Gironde)

Domaine du Ferret

RESORT · FONCTIONNEL En retrait de la route du Cap Ferret, dans un parc de 4 hectares qui borde la forêt domaniale de pins, ce complexe hôtelier abrite un grand centre de balnéothérapie (20 cabines de soin, une piscine couverte, une piscine extérieure), plusieurs chambres et appartements style bungalow, ainsi qu'un restaurant. Et quel calme !

96 chambres - 85/495 € - 4 suites - 16 €

40 avenue de Caperan - 05 57 17 71 77 - www.domaineduferret.com

Pyla-sur-Mer

✉ 33115 (Gironde)

Le Skiff Club

CUISINE MODERNE · ÉLÉGANT Le Skiff Club est un cocon, installé dans une coquette petite salle à manger, décorée façon yacht club. Le chef Stéphane Carrade y décline une délicieuse cuisine de "terroir progressif", inspirée du Sud-Ouest, en tirant le meilleur de beaux produits.

→ Cuisine du marché

Menu 100/130 € - Carte 100/150 €

Ha(a)ïtza, 1 avenue Louis-Gaume - 05 56 22 06 06 - www.haaitza.com - Fermé 7 janvier-1er février, lundi midi, mardi midi, mercredi midi, jeudi midi, vendredi midi, samedi midi

Café Ha(a)ïtza

CUISINE TRADITIONNELLE • DESIGN En face de l'hôtel du même nom, ce Café est également signé Starck et cela se voit : tables hautes, mobilier en bois clair, livres et photos anciennes partout, cuisine ouverte et colorée… Mais cela ne doit pas occulter les mérites culinaires du lieu, dont les recettes éclectiques et nature font mouche à tous les coups.

Menu 34 €

312 boulevard de l'Océan – ✆ 05 56 54 02 22 – www.haaitza.com – Fermé 7 janvier-1er février

La Co(o)rniche

CUISINE TRADITIONNELLE • TENDANCE On s'attable dans une grande salle lumineuse, décorée par Philippe Starck, entourée de baies vitrées, ouvertes sur l'immense terrasse. L'assiette n'a rien à envier au panorama : poissons et fruits de mer de première fraîcheur, à peine sortis de l'onde, dont la vue sur le banc d'Arguin et le Cap Ferret ne sauraient laisser indifférents que les butors.

Menu 63 €

46 avenue Louis-Gaume – ✆ 05 56 22 72 11 – www.lacoorniche-pyla.com – Fermé 7-31 janvier

La Co(o)rniche

LUXE • ÉLÉGANT Sur les hauteurs – entre sable et pinède – cette villa néobasque des années 1930 a été entièrement rénovée par Philippe Starck. Chambres d'une blancheur immaculée, échappées superbes sur le bassin ou les dunes, augmentées de seize autres, nichées dans la partie Village des Cabanes, contre la célèbre dune du Pyla. Un endroit très en vue !

29 chambres – 250/900 €

46 avenue Louis-Gaume – ✆ 05 56 22 72 11 – www.lacoorniche-pyla.com – Fermé 7-31 janvier

La Co(o)rniche – voir la sélection des restaurants

Ha(a)ïtza

LUXE • DESIGN Tout près de la célèbre dune du Pilat et de l'océan, cette villa des années 1930 en impose ! Intérieur design chaleureux et ultramoderne (signé Philippe Starck, excusez du peu), jolies chambres lumineuses décorées avec raffinement, piscine sous verrière et spa… Un lieu d'exception.

30 chambres – 235/545 € – 8 suites

1 avenue Louis-Gaume – ✆ 05 56 22 06 06 – www.haaitza.com

Le Skiff Club – voir la sélection des restaurants

BASTELICA – 2A (Corse-du-Sud) → voir Corse

BASTIA – 2B (Haute-Corse) → voir Corse

LA BASTIDE-CLAIRENCE

64240 (Pyrénées-Atlantiques) – Carte régionale n° **18**-B3
Carte Michelin 342-E2 – Guide Vert Michelin Pays Basque et Navarre

Maison Maxana

MAISON DE CAMPAGNE • COSY Rêveries, Voyages… Le nom des chambres de cette maison basque donne le ton. Le mariage réussi de meubles anciens, contemporains et d'œuvres d'arts premiers, offre à cette maison d'hôte une personnalité à part. Dans un esprit toujours zen.

5 chambres – 75/105 € – 8 €

rue Notre-Dame – ✆ 05 59 70 10 10 – www.maison-maxana.com – Fermé 1er novembre-1er avril

LA BÂTIE-DIVISIN

✉ 38490 (Isère) – Carte régionale n° **2**–C2
Carte Michelin 333-G4

L'Olivier

CUISINE MODERNE • CONVIVIAL ✗ À quelques minutes seulement du lac de Paladru, cette grosse maison moderne bénéficie de l'enthousiasme d'un couple dynamique au beau parcours. Le chef compose une cuisine actuelle parfumée et généreuse, en plus d'être visuellement très réussie ; il a un petit faible pour l'huile d'olive, que l'on retrouve logiquement dans plusieurs de ses préparations... Bon rapport qualité-prix.

Menu 19 € (déjeuner), 28/67 € – Carte 43/68 €

100 route du Vernay – ✆ 04 76 31 00 60 – www.restaurantlolivier.fr – Fermé lundi, mercredi soir, dimanche soir

BATZ (ÎLE DE) – 29 (Finistère) ➜ voir Île de Batz

BATZ-SUR-MER

✉ 44740 (Loire-Atlantique) – Carte régionale n° **23**–A2
Carte Michelin 316-B4 – Guide Vert Michelin Pays de la Loire

La Roche Mathieu

CUISINE TRADITIONNELLE • ÉLÉGANT ✗✗ Signe distinctif de cette maison: la formidable vue panoramique qu'elle offre sur les flots. À l'intérieur, le décor surprend et séduit (couleurs vives, collection d'objets hétéroclites) ; on apprécie aussi, bien sûr, la bonne cuisine de la mer, colorée, et agrémentée d'épices.

Menu 21 € (déjeuner), 31/53 € – Carte 40/70 €

28 rue du Golf – ✆ 02 40 23 92 12 – restaurant-roche-mathieu.fr – Fermé 28 janvier-8 février, 24 juin-5 juillet, 11-22 novembre, lundi

Le Lichen

TRADITIONNEL • FONCTIONNEL Sur la côte sauvage, cette villa néobretonne (1956) à l'architecture intelligente jouit du spectacle unique de l'océan, ce miroir infini. La moitié des chambres, certaines avec terrasse, donne sur les flots. Un endroit prisé par les surfeurs et les randonneurs. Plénitude au programme.

17 chambres – 70/260 € – 14 €

4 route de la Govelle, 2 km au Sud-Est par D45 – ✆ 02 40 23 91 92 – www.le-lichen.com

BAUGÉ-EN-ANJOU

✉ 49150 (Maine-et-Loire) – Carte régionale n° **23**–C2
Carte Michelin 317-I3 – Guide Vert Michelin Châteaux de la Loire

Ô Prestige

CUISINE MODERNE • ÉLÉGANT ✗✗ Au cœur de la ville, à l'écart de l'agitation du monde, un petit restaurant comme on les aime : un jeune couple sympathique, une cuisine soignée, des produits de belle fraîcheur comme ces Saint-Jacques rôties dans leur coquille, ou encore ces rognons de veau à la baugeoise.

Menu 26 € (déjeuner), 31/85 € – Carte 55/64 €

4 rue du Cygne – ✆ 02 41 89 82 12 – www.oprestige.com – Fermé 1er-15 janvier, 6-12 mai, 11-27 août, lundi, samedi midi, dimanche soir

LA BAULE

✉ 44500 (Loire-Atlantique) – Carte régionale n° **23**–A2
Carte Michelin 316-B4 – Guide Vert Michelin Pays de la Loire

Castel Marie-Louise

CUISINE MODERNE • ROMANTIQUE ✗✗✗ Dans ce manoir début de siècle très feutré, on dîne près des grandes baies ou en terrasse, sous les pins... L'image vivante d'une Belle Époque, pour une cuisine gastronomique inspirée par les produits du moment.

Menu 42/110 € – Carte 73/158 €

1 avenue Andrieu – ✆ 02 40 11 48 38 – www.castel-marie-louise.com – Fermé 2 janvier-8 février, lundi midi, mardi midi, mercredi midi, jeudi midi, vendredi midi, samedi midi

Fouquet's

CUISINE CLASSIQUE • LUXE XXX Une Rotonde chic qui satisfait tous les palais ! Le chef et sa brigade concoctent une cuisine diététique, ainsi que de bons mets traditionnels : curistes et gourmets sont ravis.

Menu 36 € (déjeuner), 49/55 € - Carte 50/80 €

Le Royal La Baule, 6 avenue Pierre-Loti - ✆ 02 40 11 48 48 - www.lucienbarriere.com - Fermé 19 novembre-20 décembre

Carpe Diem

CUISINE MODERNE • CONTEMPORAIN XX Sur la route du golf, faites étape dans ce restaurant ! Ici, le mobilier contemporain cohabite avec la cheminée et les poutres apparentes. La carte laisse le choix entre des plats traditionnels ou plus créatifs.

Menu 33/53 €

29 avenue Jean-Boutroux, 5 km au Nord-Est par rte du golf de la Baule - ✆ 02 40 24 13 14 - www.le-carpediem.fr - Fermé 4 février-5 mars, mardi soir, mercredi, dimanche soir

L'Eden Beach

POISSONS ET FRUITS DE MER • ÉLÉGANT XX Face à la baie et presque les pieds dans l'eau... la carte met logiquement à l'honneur le poisson et les fruits de mer. En saison, le menu homard est fort apprécié !

Menu 36 € - Carte 52/65 €

Hermitage Barrière, 5 Esplanade Lucien-Barrière - ✆ 02 40 11 46 45 - www.hermitage-barriere.com - Fermé 1er octobre-31 mars

Saint-Christophe

CUISINE MODERNE • BOURGEOIS XX Confortablement installé à l'abri d'une jolie villa d'architecture balnéaire, ce restaurant à l'atmosphère feutrée, colorée et dandy (banquettes en velours, moquette tigrée, portraits et tableaux) propose une séduisante cuisine terre-mer, ponctuée de touches exotiques, comme autant de souvenirs de voyages du chef.

Menu 21 € (déjeuner), 37/48 € - Carte 41/63 €

Le Saint-Christophe, place Notre-Dame - ✆ 02 40 62 40 00 - www.st-christophe.com - Fermé 15-28 janvier, 5-12 novembre

14 Avenue

POISSONS ET FRUITS DE MER • CONVIVIAL X Voilà une adresse dont les amateurs de poisson vont faire leur cantine ! D'emblée, on vous présente la pêche du jour, d'une fraîcheur sans faille : langoustes de gros calibre, soles, sardines de la Turballe... On se régale de ces beaux produits cuisinés dans le respect des saveurs.

Menu 18 € (déjeuner)/41 € - Carte 37/69 €

14 avenue Pavie - ✆ 02 40 60 09 21 - www.14avenue-labaule.com - Fermé 26 novembre-25 décembre, lundi, mardi, dimanche soir

Hermitage Barrière

PALACE • GRAND LUXE Malgré les modes et l'usure du temps, le charme reste intact dans ce palace des années 1920, dont la façade anglo-normande se dresse face à la plage, au milieu des pins. Des vastes chambres pleines de charme à la piscine chauffée et au hammam, tout ici conspire à votre bonheur...

192 chambres - 715/2165 € - 8 suites - 32 €

5 esplanade Lucien-Barrière - ✆ 02 40 11 46 46 - www.hermitage-barriere.com

L'Eden Beach - voir la sélection des restaurants

Le Royal La Baule

SPA ET BIEN-ÊTRE • CLASSIQUE Bien-être et confort dans cet hôtel monumental né en 1896 face à la plage. Chambres contemporaines, lumineuses et imposante suite royale. Sans oublier le bar feutré et le centre de thalasso : hérité de la Belle Époque, le mythe Royal n'est pas prêt de s'éteindre !

73 chambres - 245/1845 € - 14 suites - 32 €

6 avenue Pierre-Loti - ✆ 02 40 11 48 48 - www.lucienbarriere.com - Fermé 19 novembre-20 décembre

Fouquet's - voir la sélection des restaurants

Castel Marie-Louise

LUXE · ÉLÉGANT Le lieu reçut son nom en l'honneur d'une femme aimée, et il reste propice à la romance : architecture Belle Époque, tentures, mobilier ancien, table gastronomique, entre jardin arboré et bord de mer... Apposez-y à votre tour le nom de votre élu(e) !

29 chambres – 175/955 € – 2 suites – 28 €

1 avenue Andrieu – 02 40 11 48 38 – www.castel-marie-louise.com – Fermé 2 janvier-8 février

Castel Marie-Louise – voir la sélection des restaurants

Mercure Majestic

HÔTEL DE CHAÎNE · FONCTIONNEL L'esprit Art déco plane toujours sur cet hôtel né en 1930, en bord de plage ! Produits de la mer et tradition régionale au restaurant.

83 chambres – 109/485 € – 17 €

Esplanade Lucien-Barrière – 02 40 60 33 44 – www.hotelmercure-labaule.com

Brittany

TRADITIONNEL · CONTEMPORAIN Dans une rue tranquille non loin du front de mer, cette maison des années 1930 abrite des chambres personnalisées et bien équipées. Deux jolis atouts : le bar feutré, propice aux confidences ou aux solitudes pensives, et le très agréable solarium sur le toit-terrasse.

19 chambres – 59/210 € – 13 €

7 avenue des Impairs – 02 40 60 30 25 – www.hotel-brittany-la-baule.com

Le Saint-Christophe

TRADITIONNEL · PERSONNALISÉ Quatre villas nichées au creux d'un jardin verdoyant... Le charme agit : architectures 1900 (tourelles, balcons de bois), mobilier ancien, aquarelles signées par la maîtresse de maison, etc.

44 chambres – 69/299 € – 14 €

1 Avenue des Alcyons – 02 40 62 40 00 – www.st-christophe.com

Saint-Christophe – voir la sélection des restaurants

LES BAUX-DE-PROVENCE

13520 (Bouches-du-Rhône) – Carte régionale n° **25**-E1

Carte Michelin 340-D3 – Guide Vert Michelin Provence

L'Oustau de Baumanière

CUISINE MODERNE · LUXE Formidable ambassadeur de l'art de vivre méditerranéen, le domaine provençal de Baumanière compte un certain nombre de VIP parmi ses habitués : la reine Élisabeth II d'Angleterre, Jean Reno, Bono, Hugh Grant ou encore Pierre Arditi... qui viennent ici retrouver un mélange unique de repos, de rusticité et d'élégance.

Et en cuisine ? L'état d'esprit est le même. Glenn Viel, aux commandes depuis 2015, pioche dans la riche production locale (huile d'olive de la vallée des Baux, légumes bio du jardin de Baumanière) pour composer ses assiettes. Il donne un coup de jeune aux recettes mythiques – poularde aux morilles, agneau des Alpilles en croûte – et ajoute son grain de sel de fort belle manière.

On se souviendra de ces deux belles langoustines parfaitement cuites, avec crème de parmesan et julienne de jeunes courgettes, ou encore de ce tronçon d'omble chevalier à la chair moelleuse à souhait, poché dans un bouillon aromatique de belle facture... À déguster aux beaux jours sur la superbe terrasse ombragée, face aux Alpilles.

→ Rouget onctueux, crème fermière, écailles croustillantes et socca. Gigot d'agneau de lait, gratin dauphinois tradition Baumanière. Crêpe soufflée au Grand Marnier

Menu 100 € (déjeuner), 135/215 € – Carte 139/191 €

Mas de Baumanière – 04 90 54 33 07 – www.baumaniere.com – Fermé 7 janvier-7 mars

✿ L'Aupiho

CUISINE MODERNE • ÉLÉGANT XXX Une table soignée, rendant un vibrant hommage à la tradition régionale – comment pourrait-il en être autrement sur ces terres privilégiées, au pied des Alpilles et des Baux ? Les recettes sont subtiles, d'une grande précision ; la terrasse, sous des platanes centenaires, n'est pas moins délicieuse...

→ Carabineros de palamos rôties. Loup de ligne cuit en croûte. Baba des Pères Chartreux

Menu 87/130 € – Carte 90/120 €

Domaine de Manville, route de Mausanne (au golf) – ✆ 04 90 54 40 20 – www.domainedemanville.fr – Fermé 7 janvier-12 février, lundi, mardi, mercredi midi, jeudi midi, vendredi midi, samedi midi, dimanche midi

La Cabro d'Or

CUISINE PROVENÇALE • MÉDITERRANÉEN XXX Un site superbe, avec une terrasse à l'ombre de mûriers-platanes et une jolie vue sur ces éperons rocheux qui ont fait la célébrité de la cité et de ses environs... Une adresse enchanteresse.

Menu 59 € (déjeuner)/85 € – Carte 82/117 €

Baumanière, Mas de Baumanière, à 1 km – ✆ 04 90 54 33 07 – www.baumaniere.com

Le Bistrot de l'Aupiho

CUISINE TRADITIONNELLE • BISTRO X À l'étage, au-dessus de la réception de l'hôtel, le Bistrot vous accueille dans une ambiance simple et chic. Au programme, classiques provençaux, plats du jour inspirés par le marché... et savoureuses pâtisseries – baba au rhum, paris-brest, millefeuille, etc.

Carte 35/55 €

Domaine de Manville, route de Mausanne (au golf) – ✆ 04 90 54 40 20 – www.domainedemanville.fr

Domaine de Manville

SPA ET BIEN-ÊTRE • ÉLÉGANT Dans un ravissant vallon situé entre les Baux-de-Provence et Maussane-les-Alpilles, cet ancien domaine agricole a été magnifiquement reconverti : golf 18 trous, vastes chambres luxueuses, piscine, cinéma privé et spa... L'alliance du luxe, des vieilles pierres et de la nature provençale.

30 chambres – 325/455 € – 13 suites – 28 €

route de Mausanne (au golf) – ✆ 04 90 54 40 20 – www.domainedemanville.fr

✿ **L'Aupiho** • **Le Bistrot de l'Aupiho** – voir la sélection des restaurants

Baumanière

LUXE • CLASSIQUE L'Oustau, la Guigou, le Manoir, la Flora et la Carita : cinq demeures provençales composent ce domaine exceptionnel, situé aux pieds des rochers qui conduisent au Val d'enfer. Les chambres y sont confortables et raffinées ; on profite aussi d'un beau jardin avec piscine et spa. Mythique !

39 chambres – 225/1200 € – 15 suites – 30 €

Baumanière, à 1 km – ✆ 04 90 54 33 07 – www.baumaniere.com – Fermé 6 janvier-8 mars

La Cabro d'Or – voir la sélection des restaurants

Benvengudo

TRADITIONNEL • MÉDITERRANÉEN Dans son beau jardin paysager, cette bastide et son annexe "côté jardin" dissimulent des chambres d'inspiration provençale, aussi jolies que confortables. Cuisine régionale au restaurant.

20 chambres – 144/384 € – 8 suites – 20 €

Vallon de l'Arcoule, à 2 km, par D78F – ✆ 04 90 54 32 54 – www.benvengudo.com – Fermé 2 janvier-13 mars, 11 novembre-20 décembre

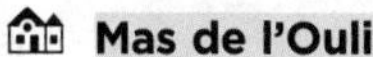

Mas de l'Oulivié

TRADITIONNEL · PERSONNALISÉ Bienvenue dans un mas qui voit la vie en... vert ! Les propriétaires utilisent autant que possible des produits écolo et locaux : mobilier de piscine créé à Maussane-les-Alpilles, savon de bain à l'huile des Baux, etc.

25 chambres – 147/369 € – 2 suites – 19 €

Les Arcoules, à 2 km, par D78F – 04 90 54 35 78 – www.masdeloulivie.com – Fermé 14 novembre-28 mars

BAYARD (COL) – 05 (Hautes-Alpes) ➜ voir Col Bayard

BAYEUX

14400 (Calvados) – Carte régionale n° **17**-B2

Carte Michelin 303-H4 – Guide Vert Michelin Normandie Cotentin

Château de Sully

CUISINE MODERNE · ÉLÉGANT XXX Dans le cadre classique et élégant de ce château du 18ᵉ s., on cultive le goût de la nature avec sensibilité : produits locaux – souvent bio –, créativité mesurée, finesse et harmonie... au rythme des saisons et de leurs caprices.

➜ Homard du Cotentin à l'huile pimentée, salade d'herbes et de fleurs. Pigeonneau normand en croûte de cumin et de ras-el-hanout, taboulé à la coriandre. Gâteau moelleux de chocolat noir bio, ganache et diplomate au citron jaune et coriandre

Menu 65/119 € – Carte 81/89 €

route de Port-en-Bessin – 02 31 22 29 48 – www.chateau-de-sully.com – Fermé 11 novembre-11 janvier, lundi midi, mardi midi, mercredi midi, jeudi midi, vendredi midi, samedi midi

L'Angle Saint-Laurent

CUISINE MODERNE · COSY XX Un cadre plein de fraîcheur, à l'angle des rues St-Laurent et des Bouchers : pierres apparentes, poutres peintes, éclairage tamisé. Les produits de la région ont la part belle à la carte (cochon de Bayeux, huîtres normandes, gruyère de Carrouges...), à travers des recettes savoureuses, originales et joliment ficelées. Voilà un Angle au carré !

Menu 33/44 € – Carte 45/60 €

2 rue des Bouchers – 02 31 92 03 01 – www.langlesaintlaurent.com – Fermé 10-25 février, lundi, samedi midi, dimanche soir

Au P'tit Bistrot

CUISINE CRÉATIVE · CONVIVIAL X Juste derrière la cathédrale, c'est l'adresse dont tout Bayeux raffole... Comment résister à ces prix d'amis, à cette cuisine du marché fraîche et bien tournée, à cet intérieur élégant et discrètement vintage – poutres, comptoir à l'ancienne –, à ce service tout sourire ? Pensez à réserver à l'avance : les places sont comptées.

Menu 17 € (déjeuner), 30/35 € – Carte 35/57 €

31 rue Larcher – 02 31 92 30 08 – Fermé 23 décembre-8 janvier, lundi midi, dimanche

Le Lion d'Or

CUISINE TRADITIONNELLE · CONVIVIAL XX Le Lion d'Or rugit plus que jamais. Le chef travaille les produits du terroir normand de belle manière, faisant preuve d'une bonne maîtrise des cuissons et des assaisonnements. Une vraie renaissance.

Menu 19 € (déjeuner), 29/35 € – Carte 59/78 €

71 rue St-Jean – 02 31 92 06 90 – www.liondor-bayeux.fr – Fermé 23 décembre-31 janvier, lundi, samedi midi

La Rapière

CUISINE MODERNE • COSY XX Cette maison du 15e s., nichée dans une ruelle pittoresque, a construit sa réputation autour de plats traditionnels, goûteux et parfumés. L'ensemble fleure bon le terroir, et s'enrichit même de touches asiatiques par endroits. En garde !

Menu 21 € (déjeuner), 36/49 € - Carte 40/65 €

53 rue St-Jean - 02 31 21 05 45 - www.larapiere.net - Fermé 13-28 janvier, 18 août-2 septembre, lundi midi, mardi midi, mercredi midi, dimanche

Château de Sully

DEMEURE HISTORIQUE • CLASSIQUE De lourdes grilles, une grande allée ; une très belle entrée en matière pour ce château du 18e s. plein de charme. Les chambres cultivent un luxe discret et l'on aime à flâner sous les frondaisons du parc. Piscine, jacuzzi… Histoire et détente !

21 chambres - 179/299 € - 2 suites - 21 €

route de Port-en-Bessin - 02 31 22 29 48 - www.chateau-de-sully.com

Château de Sully - voir la sélection des restaurants

Villa Lara

LUXE • ÉLÉGANT Cet hôtel récent se trouve à deux pas de la célèbre Tapisserie de Bayeux. Les chambres y sont raffinées et donnent toutes sur la cathédrale. Luxe discret et sens du détail concourent à faire de cette adresse l'un des meilleurs établissements de la ville. Copieux petit-déjeuner.

23 chambres - 220/340 € - 5 suites - 23 €

6 place de Québec - 02 31 92 00 55 - www.hotel-villalara.com - Fermé 1er novembre-28 février

Churchill

HISTORIQUE • PERSONNALISÉ Au cœur de la cité, cet hôtel a des allures de petit musée du 6 juin 1944 (photographies, documents, etc.). Les lieux ont une âme et les prestations sont agréables : mobilier de style, bar lumineux, chambres feutrées… dont 14, contemporaines, dans une extension récente.

46 chambres - 80/240 € - 14 €

place de Québec - 02 31 21 31 80 - www.hotel-churchill.fr - Fermé 1er décembre-14 février

Hôtel d'Argouges

HISTORIQUE • PERSONNALISÉ Un style très hôtel particulier ; on pénètre dans une cour en plein centre-ville pour découvrir une belle bâtisse blanche (18e s.) et son jardin fleuri. L'ensemble est cossu, élégant et de bon ton. Les salons, d'origine, sont magnifiques !

28 chambres - 85/165 € - 14 €

21 rue Saint-Patrice - 02 31 92 88 86 - www.hotel-dargouges.com - Fermé 12-31 janvier

Le Lion d'Or

TRADITIONNEL • PERSONNALISÉ Un porche, une cour pavée : l'endroit a du style ! Dans le salon trônent dédicaces et portraits des personnalités passées ici. Les clients d'aujourd'hui apprécient le calme, le restaurant et les chambres, sobres et confortables.

30 chambres - 89/229 € - 1 suite - 14 €

71 rue St-Jean - 02 31 92 06 90 - www.liondor-bayeux.fr - Fermé 7-30 janvier

Le Lion d'Or - voir la sélection des restaurants

Le Petit Matin

TRADITIONNEL • PERSONNALISÉ Cet hôtel particulier des 17e et 18e s. fait face aux superbes alignements de tilleuls de la place Charles-de-Gaulle - classés monuments naturels en 1932 ! La demeure allie beaux volumes et décors soignés ; les chambres, avec leur plancher de bois et leurs murs pastel, sont très reposantes… jusqu'au petit matin.

5 chambres - 80/130 €

9 rue des Terres (pl. Charles-de-Gaulle) - 02 31 10 09 27 - www.lepetitmatin.fr

Tardif Noble Guesthouse

HISTORIQUE · CLASSIQUE Amoureux de demeures historiques, cette adresse est pour vous ! Un parc aux arbres centenaires, une architecture remarquable (18e s.), le tout près de la belle cathédrale. Une maison très reposante, avec un cachet certain.

5 chambres – 115/245 €

57 rue Larcher – 02 31 92 67 72 – www.hoteltardif.com

à Audrieu 13 km au Sud-Est par D6 – 14250

Le Séran

CUISINE MODERNE · LUXE XXX Murs recouverts de boiseries, poutres et chaises d'époque : bienvenue en ce château du siècle des Lumières, pour un voyage gastronomique empreint de la noblesse des produits de la région. Créativité et vins de choix sont également au rendez-vous.

Menu 75/105 € – Carte 81/99 €

Château d'Audrieu, Le Séran – 02 31 80 21 52 – www.chateaudaudrieu.com – Fermé 1er décembre-28 février

Château d'Audrieu

DEMEURE HISTORIQUE · GRAND LUXE Superbe ! Un château du 18e s., classé monument historique, rénové dans l'esprit de l'époque, au sein d'un parc ravissant. Jardin de fleurs blanches, de roses, d'herbes... avec même une chambre-chalet suspendue dans les arbres... Avis aux amateurs.

26 chambres – 295/957 € – 4 suites – 27 €

Château d'Audrieu – 02 31 80 21 52 – www.chateaudaudrieu.com – Fermé 1er décembre-28 février

Le Séran – voir la sélection des restaurants

BAYONNE

64100 (Pyrénées-Atlantiques) – Carte régionale n° **18**-A3

Carte Michelin 342-D2 – Guide Vert Michelin Pays Basque et Navarre

Auberge du Cheval Blanc

CUISINE CLASSIQUE · ÉLÉGANT XX Ce relais de poste du 18e s. est tenu par la même famille depuis 1959. La salle arbore les couleurs blanc et rouge du Pays basque... et la cuisine revisite le répertoire régional, avec la complicité de bons produits bayonnais (sel, jambon, chocolat, irouléguy, etc.).

Menu 26/45 € – Carte 45/53 €

68 rue Bourgneuf – 05 59 59 01 33 – www.cheval-blanc-bayonne.com – Fermé 24 juin-4 juillet, lundi, samedi midi, dimanche soir

Goxoki

CUISINE TRADITIONNELLE · CLASSIQUE XX Le *goxoki*, c'est l'endroit chaleureux, en basque. Un nom tout indiqué pour ce restaurant du petit Bayonne où officie un chef au parcours solide – il a notamment passé vingt ans auprès de Jean Cousseau, à Magescq. Sa cuisine, très française, fait la part belle aux beaux produits de saison, locaux bien entendu, avec une belle carte de gibier. Le classicisme dans ce qu'il a de meilleur

Menu 24/65 € – Carte 56/82 €

24 rue Marengo – 05 59 59 49 89 – Fermé 17 février-3 mars, 10-23 septembre, lundi midi, mercredi, dimanche soir

La Grange

CUISINE TRADITIONNELLE · CONTEMPORAIN X Dans cette maison en plein cœur de la ville, les vieilles pierres se marient harmonieusement avec une déco plutôt contemporaine. Dans l'assiette, place à une cuisine du marché et quelques spécialités de bistrot à l'accent basque. Et l'été, profitez de la terrasse sous les arcades, au bord de la Nive...

Menu 26/40 € – Carte 50/60 €

26 quai Galuperie – 05 59 46 17 84

La Table - Sébastien Gravé

CUISINE DU SUD-OUEST · BRANCHÉ Après le succès de son Pottoka parisien (dans le 7e arrondissement), le chef revient à ses racines bayonnaises. Il compose des plats de bistrot inspirés du meilleur de la production du Sud-Ouest, dont la poitrine de cochon crousti-fondante pourrait devenir l'ambassadrice ! Convivial et chaleureux : indéniablement, la meilleure adresse de Bayonne.

Menu 26 € (déjeuner), 39/50 €

21 quai Amiral-Dubourdieu – 05 59 46 14 94 – www.latable-sebastiengrave.fr – Fermé 29 juillet-19 août, lundi, dimanche

Hôtel des Basses Pyrénées

HISTORIQUE · COSY Cet hôtel, entièrement décoré par sa propriétaire – dont c'est la passion –, ne manque pas de cachet ! Il est construit sur une partie de rempart datant de l'époque gallo-romaine, et aménagé dans un esprit alliant le classique (mobilier vintage) et le contemporain. On se restaure d'une carte courte et traditionnelle.

27 chambres – 80/190 € – 15 €

12 rue Tour-de-Salt – 05 59 25 70 88 – www.hotel-bassespyrenees-bayonne.com

Okko (N)

URBAIN · CONTEMPORAIN Dans un quartier en pleine mutation, cet hôtel de neuf étages rencontre un franc succès. La raison ? Sans doute ses chambres aux lignes brutes et modernes, au cachet indéniable, mais aussi son petit-déjeuner avec produits du terroir à volonté...

92 chambres – 90/169 €

22 boulevard du Bayonne-Anglet-Biarritz – 05 59 42 88 38 – www.okkohotels.com

BAZAS

33430 (Gironde) – Carte régionale n° **18**-B2
Carte Michelin 335-J8 – Guide Vert Michelin Aquitaine

à Bernos-Beaulac 6 km au Sud par D932 – 33430

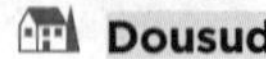

Dousud

MAISON DE CAMPAGNE · TRADITIONNEL Un nom tout trouvé pour cette jolie ferme landaise, au cœur d'un parc de 9 ha où trottent des chevaux, et picorent quelques poules. Les chambres disposent toutes d'une terrasse et, le soir, la propriétaire concocte une cuisine traditionnelle simple et saine. Un lieu charmant, idéal pour se mettre au vert en toute quiétude et à prix... doux !

5 chambres – 85/100 €

au Doux Sud – 05 56 25 43 23 – www.dousud.fr – Fermé 21-28 décembre

BAZINCOURT-SUR-EPTE - 27 (Eure) → voir Gisors

BAZOUGES-LA-PÉROUSE

35560 (Ille-et-Vilaine) – Carte régionale n° **7**-D2
Carte Michelin 309-M4 – Guide Vert Michelin Bretagne Nord

Château de la Ballue

DEMEURE HISTORIQUE · CLASSIQUE De superbes jardins d'esprit baroque et à la française entourent ce château du 17e s., dont les grandes chambres se révèlent raffinées : hauteur sous plafond, boiseries d'époque, mobilier ancien. N'oublions pas la superbe piscine avec son jardin zen... et la mare aux canards.

5 chambres – 230/305 € – 20 €

Château de la Ballue, 4 km au Nord-Est par D91 et rte secondaire – 02 99 97 47 86 – www.la-ballue.com

BEAUCHAMPS

50320 (Manche) – Carte régionale n° **17**-A2
Carte Michelin 303-D7

Les Sens à Scion

CUISINE MODERNE · AUBERGE XX Impossible de manquer cette imposante maison en pierre de pays, installée... en bordure de rond-point. Le chef, pâtissier de formation, multiplie les clins d'œil au terroir - queue de lotte à la sauce cidre et crème, turbot rôti et émulsion à l'andouille... et propose, évidemment, de délicieux desserts !

Menu 21/53 € - Carte 44/54 €

8 Le Scion - ✆ 02 33 50 80 54 - Fermé lundi, mercredi soir, dimanche soir

BEAUCOUZÉ - 49 (Maine-et-Loire) ➜ voir Angers

BEAUFORT - 59 (Nord) ➜ voir Maubeuge

BEAUGENCY

✉ 45190 (Loiret) - Carte régionale n° **8**-C2

Carte Michelin 318-G5 - Guide Vert Michelin Châteaux de la Loire

Le P'tit Bateau

CUISINE MODERNE · AUBERGE XX C'est au cœur de la cité médiévale que ce P'tit Bateau a mis le cap sur la gourmandise, et les produits frais, avec du poisson en arrivage direct des criées de Bretagne, mais aussi des viandes. Tout est généreux, précis, présenté avec soin et savoureux. À noter : le sympathique patio pour un repas à l'air libre. Une maison qui respire l'envie de bien faire !

Menu 42/75 €

54 rue du Pont - ✆ 02 38 44 56 38 - www.restaurant-lepetitbateau.fr - Fermé 2-29 janvier, lundi, mardi

L'Écu de Bretagne

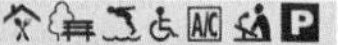

TRADITIONNEL · CONTEMPORAIN Au cœur de la cité médiévale, cet ancien relais de poste du 17e s. attire encore les voyageurs ! Les chambres, récemment rénovées, sont confortables et joliment décorées. Un petit jardin et une piscine chauffée sont à la disposition des clients.

33 chambres - 78/176 € - 13 €

place du Martroi - ✆ 02 38 44 67 60 - www.ecudebretagne.fr

à Tavers 3 km à l'Ouest par A10, E5 et E60 - ✉ 45190

La Tonnellerie

TRADITIONNEL · CLASSIQUE Cette maison de 1870 est bourrée de charme. Tout le mérite en revient à ses propriétaires, qui ont réussi leur pari initial : offrir tout le confort moderne (isolation et équipements des chambres) en préservant le charme classique des lieux. Agréable jardin avec piscine, et restaurant pour les résidents.

16 chambres - 80/190 € - 2 suites - 13 €

12 rue des Eaux-Bleues (près de l'église) - ✆ 02 38 44 68 15 - www.latonnelleriehotel.com

BEAULIEU

✉ 07460 (Ardèche) - Carte régionale n° **2**-A3

Carte Michelin 331-H7

La Santoline

AUBERGE · PERSONNALISÉ Une bâtisse du 16e s. entourée par la garrigue cévenole, dont les chambres sont décorées de meubles chinés et d'objets glanés au fil de voyages. Et à 900 m de là, le restaurant la Carabasse propose une cuisine du marché sous cave voûtée... N'hésitez pas à faire un petit plongeon dans la piscine.

4 chambres - 116 € - 14 €

Lieu-dit Bouchet, 1 km au Sud-Est de Beaulieu - ✆ 04 75 39 01 91 - www.lasantoline.com - Fermé 30 septembre-5 janvier

BEAULIEU-SUR-DORDOGNE

✉ 19120 (Corrèze) – Carte régionale n° **19**-C3
Carte Michelin 329-M6 – Guide Vert Michelin Limousin Berry

Le Turenne

CUISINE MODERNE • CONTEMPORAIN X Décoration minimaliste pour ce restaurant de l'hôtel Turenne. Le beau parcours du chef et le professionnalisme de son épouse se lisent dans les assiettes, goûteuses et maîtrisées, et le service en salle, attentionné. Mention spéciale au gaspacho de tomate et aux langoustines rôties. La terrasse, aux beaux jours, offre un prolongement rêvé à la gourmandise.

Menu 16 € (déjeuner), 27/37 € – Carte 13/25 €

1 boulevard St-Rodolphe-de-Turenne – ✆ 05 55 28 63 60 – www.leturenne.com – Fermé 21 décembre-8 janvier, lundi, mardi

Les Flots Bleus

CUISINE MODERNE • TENDANCE XX Un bon repas en perspective dans cet hôtel-restaurant installé en bordure de Dordogne : on y propose une cuisine dans l'air du temps, basée sur les bons produits de la région. Aux beaux jours, on profitera même de la terrasse donnant sur l'église du village.

Menu 22 € (déjeuner), 27/52 € – Carte 32/52 €

place du Monturu – ✆ 05 55 91 06 21 – www.hotel-flotsbleus.com – Fermé 15 novembre-1er mars

Le Turenne

TRADITIONNEL • PERSONNALISÉ Dans cette charmante bourgade médiévale, une superbe bâtisse datant du 12e s., réaménagée en hôtel. Les chambres, modernes et bien équipées, ont été personnalisées avec quelques touches colorées, ethniques ou baroques... et l'ensemble a du cachet !

9 chambres – ††75/160 € – ☕ 10 €

1 boulevard Saint-Rodolphe-de-Turenne – ✆ 05 55 91 94 72 – www.leturenne.com – Fermé 21 décembre-8 janvier

Le Turenne – voir la sélection des restaurants

à Brivezac 4 km rte d'Argentat par D940, D12 et rte secondaire – ✉ 19120

Château de la Grèze

DEMEURE HISTORIQUE • PERSONNALISÉ Au calme d'un parc, cette élégante demeure du 18e s. abrite des chambres spacieuses au décor soigné ; les tissus d'Indienne fleurissent sur les murs et la vue sur la vallée est imprenable. Piscine, promenades à pied, à cheval ou à vélo (à disposition) : on mène ici une vraie vie de gentilhomme.

3 chambres ☕ – ††113/134 €

Château de la Grèze – ✆ 05 55 91 08 68 – www.chateaudelagreze.com – Fermé 1er janvier-26 avril, 22 septembre-31 décembre

BEAULIEU-SUR-LAYON

✉ 49750 (Maine-et-Loire) – Carte régionale n° **23**-C2
Carte Michelin 317-F5

Château Soucherie

DEMEURE HISTORIQUE • COSY Sur les coteaux du Layon, un château au cœur d'un domaine viticole de 28 ha. Les chambres, situées dans les dépendances ("La Maison des Amis"), conjuguent à merveille mobilier ancien et confort moderne ! Le plus : une visite de la propriété, avec dégustation, est proposée aux nouveaux arrivants. Une adresse raffinée.

4 chambres ☕ – ††95/135 €

Chateau Soucherie, 2,5 km au Nord-Ouest par D54 et D209 – ✆ 02 41 78 31 18 – www.domaine-de-la-soucherie.fr

BEAULIEU-SUR-MER

✉ 06310 (Alpes-Maritimes) – Carte régionale n° **25**-E2
Carte Michelin 341-F5 – Guide Vert Michelin Côte d'Azur

Restaurant des Rois

CUISINE MODERNE • LUXE Au pied de ce véritable palais de bord de mer, une superbe terrasse face à la Méditerranée et, en guise de salle, une riche galerie ouverte sur les flots... Un superbe écrin pour la cuisine de Yannick Franques, cultivant la délicatesse et la générosité avec une maestria toute particulière !

→ Sériole grillée puis marinée, marmelade de cébette au Pitacou. Rouget "crispy", marmelade de courgette et pulpe de citron, velours d'olive à l'encre de seiche. Citron vert façon mojito, mousse de ziste et nashi givré

Menu 130/215 € – Carte 170/280 €

La Réserve de Beaulieu & Spa, 5 boulevard du Maréchal-Leclerc – ✆ 04 93 01 00 01 – www.reservebeaulieu.com – Fermé 13 octobre-21 décembre, lundi midi, mardi midi, mercredi midi, jeudi midi, vendredi midi, samedi midi, dimanche midi

La Table de la Réserve

CUISINE MÉDITERRANÉENNE • COLORÉ Cette Table apporte un plus indéniable à l'offre de restauration de ce superbe établissement. La carte, orientée terroir, fait aussi la part belle à la Méditerranée : cannelloni de légumes, pasta ou encore daurade royale rôtie... À déguster dans une ambiance conviviale et décontractée.

Menu 31 € – Carte 30/67 €

La Réserve de Beaulieu & Spa, 5 boulevard du Maréchal-Leclerc – ✆ 04 93 01 00 01 – www.reservebeaulieu.com – Fermé 13 octobre-21 décembre, lundi, mardi

L'eSCentiel

CUISINE TRADITIONNELLE • BISTRO Charles Séméria, c'est l'enfant du pays : berlugan et fier de l'être. Fini les grands hôtels de la Côte d'Azur, il revient aux fondamentaux dans ce restaurant de poche, situé à deux pas du centre et du port de plaisance. Les plats sont simples et goûteux, et les prix aussi doux qu'un soleil azuréen.

Carte 32/50 €

26 boulevard Maréchal-Leclerc – ✆ 04 93 01 17 33 – www.lescentielbeaulieu.com – Fermé 22 juin-14 juillet, 24 décembre-13 janvier, vendredi soir, samedi, dimanche

La Réserve de Beaulieu & Spa

GRAND LUXE • ÉLÉGANT Entre Nice et Monaco, cette architecture digne d'un palais florentin (1880) se détache magnifiquement sur les falaises tombant dans la Méditerranée... Avec ses décors fastueux (mobilier ancien, tapisseries, boiseries, etc.), sa superbe piscine en balcon sur la Grande Bleue, son ponton privé, etc., voilà bien l'une des plus belles adresses de la Riviera !

34 chambres – 190/2135 € – 5 suites – 45 €

5 boulevard du Maréchal-Leclerc – ✆ 04 93 01 00 01 – www.reservebeaulieu.com – Fermé 13 octobre-21 décembre

Restaurant des Rois • **La Table de la Réserve** – voir la sélection des restaurants

BEAUMARCHÉS

32160 (Gers) – Carte régionale n° **22**-A2
Carte Michelin 336-C8

à Cayron 5 km à l'Est par D946 – 32230

Relais du Bastidou

FAMILIAL • À LA CAMPAGNE Calme garanti dans cette ancienne ferme isolée en pleine nature. Les chambres, installées dans la grange, sont joliment décorées dans un style champêtre. Sauna et jacuzzi. Cuisine du terroir, simple et plaisante, faisant honneur aux beaux produits du Gers.

8 chambres – 75/90 € – 10 €

Relais du Bastidou, 2 km au Sud par route secondaire – ✆ 05 62 69 19 94 www.le-relais-du-bastidou.com – Fermé 18 novembre-3 janvier

BEAUMES-DE-VENISE – 84 (Vaucluse) → voir Carpentras

BEAUMESNIL

✉ 27410 (Eure) – Carte régionale n° **17**-C2

Carte Michelin 304-E7 – Guide Vert Michelin Normandie Vallée de la Seine

L'Étape Louis 13

CUISINE TRADITIONNELLE • AUBERGE XX Près du château de Beaumesnil, au superbe style Louis XIII, ce presbytère du 17e s. distille une ambiance intemporelle... Sous l'égide de ses jeunes propriétaires, il est idéal pour se mettre au parfum de la tradition normande : huîtres chaudes au camembert, soufflé léger au calvados, etc. Fraîcheur et saveurs sont au rendez-vous.

Menu 34/45 €

2 route de la Barre-en-Ouche – ✆ 02 32 45 17 27 – www.etapelouis13.fr – Fermé lundi soir, mardi

BEAUMONT-DU-PÉRIGORD

✉ 24440 (Dordogne) – Carte régionale n° **18**-C1

Carte Michelin 329-F7 – Guide Vert Michelin Périgord Quercy

Le Coteau de Belpech

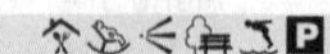

MAISON DE CAMPAGNE • PERSONNALISÉ De quoi être aux anges... Sur un coteau, une chapelle romane du 11e s. restaurée par un couple amoureux des vieilles pierres. Chambres soignées, dont l'une dans le clocher avec une vue à 360° ! Cuisine traditionnelle de qualité à la table d'hôte.

4 chambres – 115/170 €

lieu-dit Belpech – ✆ 05 53 22 87 58 – www.coteau-belpech.com

BEAUMONT-EN-AUGE

✉ 14950 (Calvados) – Carte régionale n° **17**-A3

Carte Michelin 303-M4 – Guide Vert Michelin Normandie Vallée de la Seine

Auberge de l'Abbaye

CUISINE MODERNE • AUBERGE X Cette auberge tient toutes ses promesses. Des produits du terroir bien travaillés, des dressages soignés, de la générosité et un goût pour les herbes fraîches, le tout évoluant au fil des saisons... sans oublier l'intérieur rustique, qui ne manque pas de cachet. Un vrai plaisir.

Menu 27/42 € – Carte 39/54 €

2 rue de la Libération – ✆ 02 31 64 82 31 – www.auberge-abbaye-beaumont.com – Fermé mardi, mercredi

BEAUMONT-SUR-SARTHE

✉ 72170 (Sarthe) – Carte régionale n° **23**-D1

Carte Michelin 310-J5

Auberge de la Croix Margot

CUISINE TRADITIONNELLE • AUBERGE XX Il ne faut pas hésiter à s'arrêter dans cette petite auberge située en bordure de route à la sortie de Beaumont ; deux frères jumeaux y sont à la manœuvre, réalisant une cuisine traditionnelle simple et goûteuse, qui privilégie les produits frais : volaille de Mayenne, canette de Challans...

Menu 28/45 € – Carte 35/49 €

122 avenue de la Division-Leclerc – ✆ 02 43 34 13 59 – www.auberge-la-croix-margot.fr – Fermé 2-16 janvier, 8-31 juillet, lundi soir, mardi, mercredi

fotostock

ON AIME...

Le Relais de Saulx, où Olivier Streiff, ex-Top Chef, fait chavirer les cœurs gourmands. **La Superb**, un "bar à manger" contemporain de la vieille ville. **Le Cep**, hôtel historique au cœur de la cité médiévale, doté d'un superbe spa, ou **L'Hostellerie de Levernois**, pour son restaurant gastronomique et son bistrot au bord de l'eau. Que la Bourgogne est belle !

BEAUNE

✉ 21200 (Côte-d'Or) – Carte régionale n° **5**–A3
Carte Michelin 320-I7 – Guide Vert Michelin Bourgogne

Restaurants

✿ Le Jardin des Remparts (Christophe Bocquillon)

CUISINE MODERNE • ÉLÉGANT XXX Dans cette élégante villa bourgeoise des années 1930, au pied des remparts, le jeune chef, Christophe Bocquillon, signe une cuisine tout en netteté et saveurs, où les meilleurs produits de saison dévoilent des accords originaux. Aux beaux jours, sachez que la terrasse est l'une des plus prisées de Beaune !

➜ Cuisine du marché

Menu 32 € (déjeuner), 65/85 € – Carte 91/102 €

Plan : A2-a – *10 rue de l'Hôtel-Dieu – ✆ 03 80 24 79 41 – www.le-jardin-des-remparts.com – Fermé 22-29 avril, 21-29 octobre, 23 décembre-15 janvier, lundi, dimanche*

✿ Loiseau des Vignes

CUISINE MODERNE • ÉLÉGANT XX La griffe "Loiseau" (sous la houlette de la maison mère de Saulieu), une belle carte des vins – avec un choix rare de 70 vins au verre –, un lieu au cachet sûr (poutres, pierres) et surtout des assiettes pleines de caractère : une multitude d'atouts pour cette bonne table au cœur de la gastronomie bourguignonne !

➜ Escargots de Fontaines, petits pois et farofa de manioc. Pigeonneau aux bourgeons de cassis. Crêpe soufflée abricot et myrtille, sorbet bonbon à l'anis

Menu 28 € (déjeuner), 59/119 € – Carte 90/160 €

Plan : A2-z – *31 rue Maufoux – ✆ 03 80 24 12 06 – www.bernard-loiseau.com – Fermé 27 janvier-26 février, lundi, dimanche*

Le Bénaton (Keishi Sugimura)

CUISINE CRÉATIVE • CONTEMPORAIN XX Aux fourneaux, Keishi Sugimura régale de beaux produits de saison avec une pointe de créativité, et nous gratifie d'une savoureuse spécialité maison : le pâté en croûte ! Quant au cadre, il mêle élégamment bois et pierres apparentes, avec une ravissante terrasse qui donne sur un jardin japonais.

→ Pâté en croûte aux cèpes, pigeon, ris de veau et foie gras. Filet de pigeon rôti et cuisse croustillante. Vacherin au chocolat, confiture d'orange et sorbet yaourt au thym

Menu 34 € (déjeuner), 62/96 € - Carte 85/110 €

Plan : A2-b - *25 rue du Faubourg-Bretonnière - ✆ 03 80 22 00 26 - www.lebenaton.com - Fermé 20-31 août, mercredi, jeudi midi, samedi midi*

Le Carmin (Christophe Quéant)

CUISINE MODERNE • CONTEMPORAIN XX Sur cette place Carnot toute proche de l'Hôtel-Dieu, un vivifiant Carmin ! Le chef, Christophe Quéant, met à profit son expérience pour réaliser de très bons plats au goût du jour, tout en simplicité et en franchise. Avec, en prime, un très bon rapport plaisir-prix.

→ Foie gras de canard, amandes et figue au poivre timut. Suprême et cuisse de pigeon caramélisés, mousseline de pomme de terre. Soufflé aux écorces d'agrumes confites et Cointreau

Menu 31 € (déjeuner), 55/95 € - Carte 75/110 €

Plan : A2-c - *4B place Carnot - ✆ 03 80 24 22 42 - www.restaurant-lecarmin.com - Fermé 18 février-5 mars, lundi, dimanche*

Le Clos du Cèdre

CUISINE MODERNE • ÉLÉGANT XXX Une élégante maison de maître, cossue et pleine de cachet, dans un jardin verdoyant où l'on installe quelques tables l'été venu... Un cadre parfait pour déguster une cuisine à la fois bien dans l'air du temps et solidement ancrée dans la tradition française.

Menu 58/94 € - Carte 74/110 €

Plan : A1-t - *Hostellerie Le Cèdre, 12 boulevard du Maréchal-Foch - ✆ 03 80 24 01 01 - www.lecedre-beaune.com - Fermé 6-28 janvier, dimanche*

Auberge du Cheval Noir

CUISINE MODERNE • CONTEMPORAIN XX On vous recommande vivement de faire une halte dans ce restaurant épuré, intime et convivial tout à la fois. L'assiette, pile dans l'air du temps, s'y montre généreuse et met en valeur les produits régionaux. Et au sous-sol, un caveau voûté parfait pour les repas de groupe.

Menu 24 € (déjeuner), 32/83 € - Carte 48/71 €

Plan : A2-t - *17 boulevard St-Jacques - ✆ 03 80 22 07 37 - www.restaurant-lechevalnoir.fr - Fermé 18 février-13 mars, mardi, mercredi*

L'Écusson

CUISINE MODERNE • CLASSIQUE XX Un Écusson aux couleurs de la gourmandise ! Le chef, passé par des maisons de renom, concocte une cuisine du marché fraîche, goûteuse et inspirée, à l'image de cette crème mousseuse de grenouilles aux morilles et ris de veau... En prime, la terrasse est agréable et la carte fait honneur aux beaux bourgognes.

Menu 25 € (déjeuner), 50/90 € - Carte 65/90 €

Plan : B2-f - *2 rue du Lieutenant-Dupuis - ✆ 03 80 24 03 82 - www.ecusson.fr - Fermé 16 février-20 mars, 27 juillet-4 août, lundi, dimanche*

21 Boulevard

CUISINE TRADITIONNELLE • ÉLÉGANT XX On aime l'élégance de ce restaurant installé dans d'anciennes caves voûtées du 15e s., dont une donne sur la cave à vins... avec ses 500 références de bourgognes et sa belle sélection de champagnes ! La cuisine fait la part belle à la tradition, avec notamment un menu 100% bourguignon. Salon-bar feutré et cosy pour prendre l'apéritif.

Menu 30/52 € - Carte 48/80 €

Plan : A2-e - *21 boulevard Saint-Jacques - ✆ 03 80 21 00 21 - www.21boulevard.com - Fermé 23-26 décembre, lundi, dimanche*

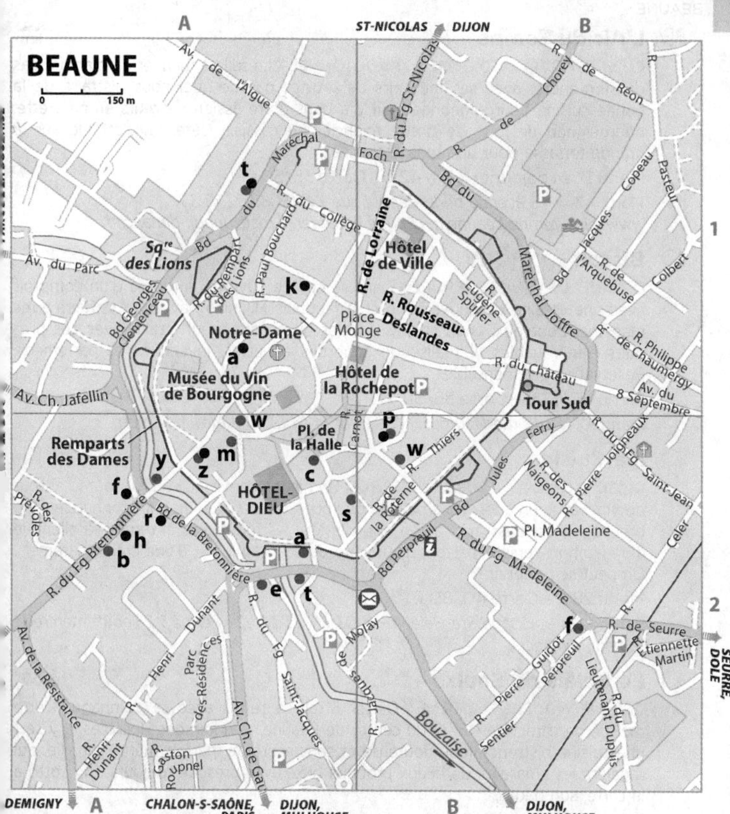

Bistro de l'Hôtel

CUISINE TRADITIONNELLE · CHIC Une élégante salle de style bistrot chic, au service d'une cuisine qui honore la tradition et les très beaux produits. La spécialité de la maison ? La volaille de Bresse rôtie ! Quant à la carte des vins, elle est tout simplement impressionnante...

Menu 95 € – Carte 50/120 €

Plan : B2-p – *L'Hôtel, 5 rue Samuel-Legay*
– ✆ 03 80 25 94 10 – www.lhoteldebeaune.com –
Fermé 9 décembre-6 janvier, lundi midi, mardi midi, mercredi midi, jeudi midi, vendredi midi, samedi midi, dimanche

La Superb

CUISINE MODERNE · CONVIVIAL Sis dans une petite rue commerçante proche de la place Carnot, au cœur de la vieille ville, ce "bar à manger" contemporain propose une cuisine du marché, rythmée par les saisons, habile à valoriser de beaux produits. Sans oublier le sympathique menu déjeuner ! Goûteux et sans superflu.

Menu 26 € – Carte 40/70 €

Plan : B2-w – *15 rue d'Alsace*
– ✆ 03 80 22 68 53 – Fermé lundi, dimanche

L'Air du Temps

CUISINE BOURGUIGNONNE • TRADITIONNEL La salle à manger ne manque pas de surprendre, avec ses faux airs de grotte ; pas de quoi nous distraire de la bonne cuisine bourguignonne qu'il y a dans notre assiette – œufs en meurette, bourguignon de joue de bœuf, financier au cassis... L'été, on s'attable sur la grande terrasse pour un repas ensoleillé !

Menu 17 € (déjeuner), 24/42 € – Carte 35/50 €

Plan : A2-w – *3 avenue de la République – 03 80 22 41 35 – www.lairdutemps-beaune.fr – Fermé 18 février-11 mars, lundi, dimanche*

Bissoh

CUISINE JAPONAISE • ÉPURÉ Dans sa cuisine ouverte, entourée d'un comptoir avec une dizaine de couverts, le chef japonais Mikihiko Sawahata s'affaire avec maestria. Couteaux, chou chinois, huîtres ou encore bœuf Ozaki : avec ces produits remarquables, il réalise de superbes assiettes, inventives et parfumées. Réservation indispensable !

Menu 35/63 € – Carte 35/50 €

Plan : A2-y – *42 rue Maufoux – 03 80 24 01 02 – Fermé lundi, mardi*

Ma Cuisine

CUISINE TRADITIONNELLE • BISTRO Un bistrot convivial, où tout tourne autour du vin... avec un choix hors pair de quelque 800 crus. Le chef, fin connaisseur de breuvages, est aussi très à son aise derrière les fourneaux : il régale sa clientèle d'un jambon persillé maison, d'une côte de veau au jus et d'une crème caramel... On peut se resservir ?

Menu 28 € – Carte 40/80 €

Plan : A2-s – *passage Ste-Hélène – 03 80 22 30 22 – Fermé 3-28 août, mercredi, samedi, dimanche*

Le Relais de Saulx

CUISINE MODERNE • INTIME Olivier Streiff a repris avec sa compagne cette maison de caractère (1673) du centre de Beaune, non loin des Hospices. Il y sert une cuisine bistronomique goûteuse et sans esbroufe, parfois même canaille, qui régalera les amateurs de beaux produits bio... avec presque toujours un risotto à la carte, son dada !

Menu 36 €

Plan : A2-m – *6 rue Louis-Véry – 03 80 22 01 35 – Fermé 15-30 septembre, lundi midi, samedi, dimanche*

Hôtels & maisons d'hôtes

Le Cep

LUXE • HISTORIQUE Le Cep ? Une myriade d'hôtels particuliers et de maisons anciennes (16e et 18e s.) dont les vastes chambres ont des airs de musée – lustres à pampilles, plafonds à la française et moulures... Avec, avantages non négligeables, un service conciergerie et un vaste spa.

44 chambres – 169/319 € – 20 suites – 22 €

Plan : A2-z – *27 rue Maufoux – 03 80 22 35 48 – www.hotel-cep-beaune.com*

Hostellerie Le Cèdre

LUXE • ÉLÉGANT Dans le jardin, un cèdre majestueux et... cette belle demeure bourgeoise (début 20e s.) empreinte de classicisme. Boiseries, moulures, mobilier de style et sens du confort : rien ne manque.

40 chambres – 198/380 € – 22 €

Plan : A1-t – *12 boulevard du Maréchal-Foch – 03 80 24 01 01 – www.lecedre-beaune.com*

Le Clos du Cèdre – voir la sélection des restaurants

L'Hôtel

LUXE · ÉLÉGANT Dans une rue assez calme du centre-ville, cette demeure bourgeoise du 19e s. appartenait à Louis Jadot, le négociant en vins. Elle cultive un bel art de vivre avec ses chambres spacieuses, meublées dans le style classique – plus modernes dans les maisons annexes. Et le service fait la différence !

13 chambres – 👫190/450 € – ☕ 25 €

Plan : B2-p – *5 rue Samuel-Legay – ✆ 03 80 25 94 14 – www.lhoteldebeaune.com – Fermé 9 décembre-6 janvier*

🍴 **Bistro de l'Hôtel** – voir la sélection des restaurants

Hôtel de la Poste

TRADITIONNEL · CLASSIQUE Un relais de poste du 19e s. intemporel et élégant ! Styles contemporain et Art déco se mêlent harmonieusement, le niveau de confort est très bon : un établissement plaisant à vivre. Au restaurant, la tradition régionale est à l'honneur.

33 chambres – 👫170/290 € – 3 suites – ☕ 16 €

Plan : A2-f – *5 boulevard Clemenceau – ✆ 03 80 22 08 11 – www.poste.najeti.fr*

Abbaye de Maizières

HISTORIQUE · PERSONNALISÉ On entre dans cette ancienne abbaye cistercienne (12e s.) par la cave-cellier, avec ses superbes voûtes à ogives : belle entrée en matière ! Escaliers à colimaçon en pierre, chambres portant le nom des moines ayant vécu ici… Un lieu chargé d'histoire.

10 chambres – 👫169/390 € – 3 suites – ☕ 23 €

Plan : A1-a – *19 rue Maizières – ✆ 03 80 24 74 64 – www.hotelabbayedemaizieres.com*

Belle Époque

TRADITIONNEL · CLASSIQUE Cette maison ancienne a du cachet : verrière 1900, chambres classiques (vieilles poutres et boiseries, tentures, etc.) donnant sur la cour intérieure et bar au charme… rétro, évidemment !

28 chambres – 👫79/117 € – ☕ 13 €

Plan : A2-h – *15 rue du Faubourg-Bretonnière – ✆ 03 80 24 66 15 – www.hotel-belleepoque-beaune.com – Fermé 15-26 décembre*

Grillon

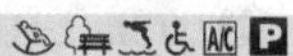

TRADITIONNEL · PERSONNALISÉ Une belle demeure bourgeoise de 1870 dans un jardin japonisant… et beaucoup de sérénité. Les chambres, d'un entretien sans faille, sont cosy côté maison et ultracontemporaines dans l'annexe. Et pour jouer les grillons, rendez-vous autour de la piscine !

12 chambres – 👫85/115 € – ☕ 11 €

21 route de Seurre, 1 km à l'Est par D973 – ✆ 03 80 22 44 25 – www.hotel-grillon.fr – Fermé 1er-28 février

Les Jardins de Loïs

FAMILIAL · ÉLÉGANT Dans cette élégante propriété du centre-ville (18e s.), juste derrière les Hospices, les chambres sont spacieuses et charmantes, dans un bel esprit maison de famille (mobilier ancien, tapisseries…). Dehors, un grand jardin (presque un demi-hectare !) planté d'arbres fruitiers… Et l'on déguste avec bonheur les vins du propriétaire.

5 chambres ☕ – 👫165/195 €

Plan : A2-r – *8 boulevard Bretonnière – ✆ 03 80 22 41 97 – www.jardinsdelois.com – Fermé 1er-31 janvier*

Maison Fatien

LUXE · PERSONNALISÉ Mobilier chiné, cheminées, lustres de Murano, baignoires sur pieds… le luxe sans tapage, dans une belle bâtisse en pierre. Au petit-déjeuner, on savoure de bons produits du terroir et, pour la détente, il est même possible de louer des vélos. L'une des meilleures adresses de Beaune !

4 chambres ☕ – 👫265/345 €

Plan : A1-k – *17 rue Ste-Marguerite – ✆ 03 80 22 82 84 – www.maisonfatien.com*

à Challanges 4 km à l'Est par D973 puis D111 – ✉ 21200

Château de Challanges

DEMEURE HISTORIQUE • PERSONNALISÉ Cette gentilhommière de 1870 a un charme fou : classicisme, élégance châtelaine ou style néobaroque dans les chambres ; parc ravissant avec un séquoia centenaire et de jolies maisons en bois (idéales pour les familles). Et en été, on organise des vols en montgolfière...

19 chambres – 125/235 € – 5 suites – 16 €

478 rue des Templiers – ✆ 03 80 26 32 62 – www.chateaudechallanges.com – Fermé 6 janvier-14 février

à Chorey-lès-Beaune 4,6 km au Nord-Est par D974 et D20 – ✉ 21200

Ermitage de Corton

CUISINE MODERNE • CONTEMPORAIN Actuelle et soignée : telle est la cuisine de ce doux Ermitage, qui n'oublie pas de célébrer aussi les indémodables de la Bourgogne – œufs en meurette, escargots... On savoure ce moment dans un décor élégant, ou sur la terrasse donnant sur les vignes.

Menu 30 € (déjeuner), 39/78 € – Carte 51/94 €

D974 – ✆ 03 80 22 05 28 – www.ermitagecorton.com – Fermé 20 janvier-7 février, 23-28 décembre, mercredi

Ermitage de Corton

TRADITIONNEL • PERSONNALISÉ Une vaste auberge entre nationale et vignoble, avec sa piscine, ses chambres et suites spacieuses, mélange harmonieux de style ancien et de facture contemporaine. Une étape bien agréable – et gourmande – sur la route de Dijon.

9 chambres – 125/250 € – 4 suites – 18 €

D974 – ✆ 03 80 22 05 28 – www.ermitagecorton.com – Fermé 20 janvier-7 février

Ermitage de Corton – voir la sélection des restaurants

à Aloxe-Corton 6 km au Nord par A6, E15, E60 – ✉ 21420

Villa Louise

MAISON DE CAMPAGNE • COSY Une belle demeure vigneronne du 17e s. avec sa piscine nichée dans le pigeonnier et son beau jardin se perdant dans les parcelles de Corton... L'ambiance est cosy à souhait, et les chambres, toutes différentes, dégagent un vrai charme !

14 chambres – 98/240 € – 17 €

9 rue Franche – ✆ 03 80 26 46 70 – www.hotel-villa-louise.fr – Fermé 11 janvier-20 février

à Bouze-lès-Beaune 6,5 km à l'Ouest par D970 – ✉ 21200

La Bouzerotte 

CUISINE TRADITIONNELLE • AUBERGE Une auberge de campagne à l'entrée d'un petit village. Ici, le chef fait lui-même son marché et prépare une cuisine régionale immuable et alléchante, ainsi que d'appétissants plats de saison. À titre d'exemple, foie gras poêlé et filet de bœuf aux morilles sont deux plats incontournables de la maison !

Menu 26/38 € – Carte 35/50 €

25 route de Beaune – ✆ 03 80 26 01 37 – www.labouzerotte.fr – Fermé 26 décembre-6 janvier, lundi, mardi

Un important déjeuner d'affaires ou un dîner entre amis ?
Le symbole ⟡ vous signale les salons privés.

à Ladoix-Serrigny 7 km au Nord par D974 – ✉ 21550

La Gremelle

CUISINE BOURGUIGNONNE • TRADITIONNEL XX Dans ce coin de campagne entre bois et vignoble, sur la route de Dijon, on trouve cet attachant restaurant tenu en famille. La cuisine régionale est à l'honneur dans l'assiette – œufs en meurette, bourguignon de joue de bœuf, poire au vin rouge sont les classiques de la maison –, avec de bons vins à prix doux.

Menu 27/59 € – Carte 35/60 €

6 route de Dijon – ✆ 03 80 26 40 56 – www.lagremelle.com – Fermé 1er-31 janvier, lundi, samedi midi, dimanche soir

Les Terrasses de Corton

CUISINE BOURGUIGNONNE • TRADITIONNEL XX Au cœur d'un charmant village viticole, on vient se régaler dans cette auberge tenue par la même famille que La Gremelle. Les recettes régionales sont bien sûr à l'honneur – œuf en meurette, jambon persillé, joue de bœuf –, sans oublier quelques préparations plus actuelles, à arroser d'un bon cru des environs.

Menu 29/35 € – Carte 38/51 €

N 74 – ✆ 03 80 26 42 37 – www.terrasses-de-corton.com – Fermé 1er février-3 mars, 23-29 décembre, mercredi, jeudi

à Levernois 5 km au Sud-Est par rte de Verdun-sur-le-Doubs, D970 et D111L – ✉ 21200

✿ Hostellerie de Levernois

CUISINE MODERNE • ÉLÉGANT XXXX Une cuisine de saison particulièrement raffinée, réalisée sur de belles bases classiques, dans un cadre à l'avenant : la maison est élégante (19e s.) ; la salle, contemporaine, donne sur le jardin à la française. Boutique et cave de dégustation.

→ Risotto acquerello au vert, cuisses de grenouilles et escargots de Bourgogne, crème d'ail doux. Volaille de Bresse au beurre d'herbes en deux services. Soufflé chaud au Grand Marnier, sorbet à l'orange sanguine

Menu 75/120 € – Carte 100/125 €

rue du Golf – ✆ 03 80 24 73 58 – www.levernois.com – Fermé 27 janvier-5 mars, lundi midi, mardi midi, mercredi midi, jeudi midi, vendredi midi, samedi midi

Le Bistrot du Bord de l'Eau

CUISINE TRADITIONNELLE • CHIC X Une belle âme rustique – des pierres, des poutres, une cheminée – pour une cuisine traditionnelle et des plats du terroir. Œufs façon meurette, poitrine de cochon, blanquette de veau, à déguster au coin du feu ou sur la terrasse, au bord de la rivière... Gourmand et appétissant !

Menu 30 € (déjeuner), 45/55 € – Carte 40/46 €

Hostellerie de Levernois, rue du Golf – ✆ 03 80 24 89 58 – www.levernois.com – Fermé 27 janvier-5 mars, 23-25 décembre, mardi soir, mercredi soir

Hostellerie de Levernois

LUXE • ÉLÉGANT Le chant de la rivière qui traverse le parc, une élégante gentilhommière du 19e s. et ses dépendances, un bistrot au bord de l'eau et un très bon "gastro"... Quant aux chambres, elles mêlent avec beaucoup de finesse le contemporain et l'ancien. Tenue parfaite, fonctionnement excellent, avec du style et du caractère !

22 chambres – 150/380 € – 4 suites – ☕ 25 €

rue du Golf – ✆ 03 80 24 73 58 – www.levernois.com – Fermé 27 janvier-5 mars

✿ **Hostellerie de Levernois** • **Le Bistrot du Bord de l'Eau** – voir la sélection des restaurants

Le Parc

TRADITIONNEL · COSY Quiétude champêtre ! Dans cette ferme du 18e s., couverte de lierre, les chambres sont classiques et douillettes, dans un style campagnard chic. Le beau parc, la cour fleurie... c'est plaisant, tout simplement.

17 chambres – 75/100 € – 9 €

13 rue du Golf – 03 80 24 63 00 – www.hotelleparc.fr – Fermé 27 janvier-5 mars

à Montagny-lès-Beaune 3 km au Sud par D113 – 21200

Le Clos

TRADITIONNEL · CLASSIQUE Dans cette belle propriété vigneronne (1779), le jardin est splendide, abondamment fleuri, et les chambres ont vraiment du cachet (meubles chinés, pierres et poutres). Dans une annexe, on en a même aménagé une autour d'un antique four à pain...

25 chambres – 110/180 € – 16 €

22 rue des Gravières – 0380259798 – www.hotelleclos.com – Fermé 23 décembre-6 janvier

à Pernand-Vergelesses 7 km au Nord par D18 – 21420

Le Charlemagne

CUISINE CRÉATIVE · CONTEMPORAIN XXX Une maison épurée, une terrasse face aux vignes dédiées à la production du corton-charlemagne : c'est dans ce lieu zen et contemporain que l'on découvre une cuisine fusion, célébrant la rencontre entre produits français et saveurs asiatiques.

Menu 37 € (déjeuner), 62/115 € – Carte 93/110 €

1 route des Vergelesses – 03 80 21 51 45 – www.lecharlemagne.fr – Fermé mardi, mercredi

à Pommard 4,5 km au Sud-Ouest par D974 – 21630

Auprès du Clocher

CUISINE MODERNE · CONTEMPORAIN XX Au cœur du village, ce restaurant contemporain donne sur... l'église ; c'est charmant, bien sûr, mais on vient et revient surtout pour la fine cuisine actuelle et les quelques recettes bourguignonnes du chef. De plus, la carte des vins met à l'honneur de nombreux vignobles des environs... Simple et agréable !

Menu 26 € (déjeuner) – Carte 58/79 €

1 rue de Nackenheim (près de l'église) – 03 80 22 21 79 – www.aupresduclocher.com – Fermé mardi, mercredi

Le Clos du Colombier

MAISON DE CAMPAGNE · PERSONNALISÉ Une belle demeure de maître (1835) raffinée – beaux parquets et moulures, trumeaux, mobilier ancien – et pleine de personnalité. L'espace bien-être (jacuzzi, sauna) donne directement sur les vignes qui entourent la maison... Nota bene : pas de télé !

11 chambres – 150/270 € – 17 €

1 rue du Colombier – 03 80 22 00 27 – www.closducolombier.com – Fermé 17-30 octobre, 1er décembre-29 février

à Savigny-lès-Beaune 7 km au Nord par D18 et D2 – 21420

Le Hameau de Barboron

MAISON DE CAMPAGNE · COSY Charmant si... on aime la campagne et le calme ! Au milieu d'une réserve de chasse de 450 hectares, de belles fermes fortifiées (16e s.) avec des chambres au cachet champêtre préservé.

15 chambres – 145/225 € – 15 €

Le Hameau de Barboron – 03 80 21 58 35 – www.hameau-barboron.com

à **Volnay** 5 km au Sud-Ouest par D974 – ✉ 21190

L'Agastache

CUISINE MODERNE • CONVIVIAL X Le bouche-à-oreille a imposé progressivement cette table dans la région, et c'est mérité : le chef est très attentif à la qualité de ses produits (veau de l'Aveyron, pigeonneau de Pornic, produits des fermes aux alentours) et sa cuisine se révèle aussi gourmande que bien équilibrée.

Menu 24 € (déjeuner), 40/45 €

1 rue de la Cave – ✆ 03 80 21 12 30 – www.lagastache-restaurant.com – Fermé lundi, dimanche

BEAURECUEIL – 13 (Bouches-du-Rhône) ➜ voir Aix-en-Provence

LE BEAUSSET

✉ 83330 (Var) – Carte régionale n° **24**-B3
Carte Michelin 340-J6

Auberge La Cauquière

CUISINE MODERNE • AUBERGE X Le chef-propriétaire de cette ancienne auberge mitonne une cuisine au goût du jour, soignée et parfumée : pressé de légumes confits et de brousse de brebis, quasi de veau cuit au sautoir à l'ail confit et artichaut barigoule... De quoi repartir du bon pied !

Menu 33/42 € – Carte 48/62 €

1 rue du Chanoine-Boeuf – ✆ 04 94 74 98 15 – www.lacauquiere.fr – Fermé 1er-28 février, 28 octobre-7 novembre, lundi, mardi, dimanche soir

BEAUVAIS

✉ 60000 (Oise) – Carte régionale n° **14**-B2
Carte Michelin 305-D4

La Baie d'Halong

CUISINE VIETNAMIENNE • EXOTIQUE X Fermez les yeux, vous êtes en Asie. Dans ce restaurant, le chef prépare une excellente cuisine vietnamienne alliant bons produits frais et savants dosages d'épices. Attention, l'adresse fait souvent salle comble le soir, d'autant que l'accueil, d'une gentillesse exquise, invite à prendre des habitudes...

Menu 29/45 €

49 rue de la Madeleine – ✆ 03 44 45 39 83 – Fermé 28 avril-15 mai, 11-22 août, 22 décembre-7 janvier, lundi, samedi midi, dimanche

Autrement

CUISINE MODERNE • TENDANCE XX Légèrement à l'écart du centre-ville, une petite adresse tranquille qui permet de voir la vie... autrement. Le chef, originaire de la région, maîtrise parfaitement cuissons et assaisonnements et travaille de bons produits ; sa cuisine, originale et colorée, a le mérite de la clarté... et son dessert signature fait toujours mouche : le paris-brest !

Menu 25 € (déjeuner)/60 € – Carte 40/75 €

128 rue de Paris (quartier Voisinlieu), 1,5 km à l'Est – ✆ 03 44 02 61 60 – www.autrement-restaurant.fr – Fermé 12 août-5 septembre, lundi, mercredi soir, samedi midi, dimanche soir

Le Senso

CUISINE MODERNE • ÉPURÉ XX Sur la place du marché, ce restaurant joue la carte de la simplicité, avec un décor contemporain aux tons noir et blanc. Quelques touches créatives à signaler dans les assiettes du chef, qui porte une attention toute particulière aux dressages. Ne manquez pas sa spécialité : le kouign amann !

Menu 25 € (déjeuner), 44/65 €

25 rue d'Agincourt – ✆ 03 64 19 69 06 – lesensorestaurant.free.fr – Fermé lundi, dimanche

BEAUVOIR-SUR-MER

✉ 85230 (Vendée) - Carte régionale n° **23**-A3
Carte Michelin 316-D6 - Guide Vert Michelin Poitou Vendée Charentes

Auberge des Étiers

CUISINE TRADITIONNELLE • RUSTIQUE Au cœur des marais, sur la route de Noirmoutier, un couple au parcours atypique – l'un, cuisinier de métier, l'autre... ancien libraire ! – met en valeur le terroir local (canette de Challans, jambon de Vendée) avec beaucoup de finesse et une pointe d'originalité. Résultat des courses, un franc succès : on affiche souvent complet le week-end.

Menu 18 € (déjeuner), 27/34 €

L'Ampan, 4 km au Sud-Ouest par D22, route de Fromentine - ✆ 02 51 68 75 41 - www.aubergedesetiers.com - Fermé lundi, mardi soir, mercredi soir, jeudi soir, dimanche soir

BEAUVOIS-EN-CAMBRÉSIS

✉ 59157 (Nord) - Carte régionale n° **13**-C3
Carte Michelin 302-I7

Le Contemporain

CUISINE MODERNE • TENDANCE Un couple expérimenté tient les rênes de cette maison de famille datant du 19e s., devenue un restaurant en 2008. Lui assure le service et l'accueil, en plus de l'entretien du potager ; elle, aux fourneaux, met en valeur cette production maison dans des assiettes savoureuses. Véranda moderne et lumineuse.

Menu 48 € - Carte 55/77 €

4 rue Jean-Jaurès - ✆ 03 27 76 03 17 - www.restaurant-lecontemporain.fr - Fermé 20-27 août, lundi, mardi soir, samedi midi, dimanche soir

BEAUZAC

✉ 43590 (Haute-Loire) - Carte régionale n° **1**-C3
Carte Michelin 331-G2

L'Air du Temps

CUISINE TRADITIONNELLE • CONVIVIAL Dans ce petit hameau de la vallée de la Loire, une accueillante maison de pays, très lumineuse. La chef y concocte une copieuse cuisine régionale ; une étape généreuse que l'on peut prolonger grâce à l'hôtel, coquet et confortable.

Menu 14 € (déjeuner), 25/60 € - Carte 42/65 €

L'Air du Temps, à Confolent, 4 km à l'Est par D461 - ✆ 04 71 61 49 05 - www.airdutemps-restaurant.fr - Fermé 2 janvier-5 février, 12-30 avril, 18 octobre-5 novembre, lundi, samedi midi, dimanche soir

LE BEC-HELLOUIN

✉ 27800 (Eure) - Carte régionale n° **17**-C2
Carte Michelin 304-E6 - Guide Vert Michelin Normandie Vallée de la Seine

Auberge de l'Abbaye

HISTORIQUE • PERSONNALISÉ Tout près de l'abbaye, cette vénérable auberge à colombages accueille les voyageurs depuis 350 ans ! L'âme normande cohabite ici avec des équipements contemporains ; on profite de l'apaisant patio et d'un restaurant traditionnel. Parfait pour un séjour dans la région.

10 chambres - 69/139 € - 13 €

12 place Guillaume-le-Conquérant - ✆ 02 32 44 86 02 - www.hotelbechellouin.com - Fermé 9 décembre-20 janvier

Question de standing : n'attendez pas le même service dans un X ou un ⌂ que dans un XXXXX ou un ⌂⌂⌂⌂⌂.

BÉDARIEUX

✉ 34600 (Hérault) – Carte régionale n° **21**-B2
Carte Michelin 339-D7

à Hérépian 6 km au Sud-Est par D908 – ✉ 34600

L'Ocre Rouge

CUISINE MODERNE • MÉDITERRANÉEN XX Un relais de poste à la façade... ocre rouge. Sous les voûtes des anciennes écuries ou dans la cour intérieure, on apprécie une cuisine de saison où dominent les produits frais et locaux. À déguster (au déjeuner) sur la terrasse. Quelques jolies chambres sous les toits, sans télévision.

Menu 35/37 €

12 place de la Croix – ✆ 04 67 95 06 93 – www.locrerouge.fr –
Fermé 3 décembre-18 janvier, lundi midi, mardi midi, mercredi midi, jeudi midi, vendredi midi, samedi midi, dimanche

à Villemagne-l'Argentière 8 km à l'Ouest par D908 et D922 – ✉ 34600

Auberge de l'Abbaye

CUISINE MODERNE • RUSTIQUE X Un petit village médiéval. Dans un recoin, une tour du 12ᵉ s. qui jette son ombre sur un mur en pierres. Et derrière ce mur, cette délicieuse auberge qui gagne à être connue. On y sert une bonne cuisine au goût du jour, qui privilégie les circuits courts. À déguster dans une atmosphère monastique.

Menu 32/50 €

4 place de l'Abbaye – ✆ 04 67 95 34 84 – www.aubergeabbaye.com –
Fermé 22-29 avril, 29 octobre-12 novembre, 24 décembre-14 janvier, lundi, mardi soir, mercredi, dimanche soir

BÉDOIN

✉ 84410 (Vaucluse) – Carte régionale n° **25**-E1
Carte Michelin 332-E9 – Guide Vert Michelin Provence

Hôtel des Pins

MAISON DE CAMPAGNE • PERSONNALISÉ Au calme d'une petite forêt de pins, un grand mas provençal, toits de tuile et volets rouges. Le propriétaire, ancien des Beaux-Arts, a fait de chaque chambre un univers singulier : œuvres abstraites de sa main, tons originaux (prune, olive, etc.), mobilier design ou plus classique... Une villégiature agréable et atypique.

27 chambres – 90/200 € – 11 €

171 chemin des Crans, 1 km à l'Est par route secondaire
– ✆ 04 90 65 92 92 – www.hoteldespins.net –
Fermé 1ᵉʳ novembre-15 mars

à Ste-Colombe 4 km à l'Est par rte du Mont-Ventoux – ✉ 84410

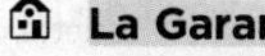

La Garance

FAMILIAL • CLASSIQUE Dans un hameau entre vignes et vergers, avec le Ventoux en ligne de mire, cette ancienne ferme provençale, simple et bien tenue, est prisée des randonneurs et... des cyclistes, désireux de revivre l'épreuve mythique du Tour de France ! À noter : certaines chambres jouissent de leur propre terrasse de plain-pied.

17 chambres – 85/120 € – 13 €

3863 route du Mont Ventoux - Hameau de Sainte Colombe
– ✆ 04 90 12 81 00 – www.lagarance.fr –
Fermé 20 novembre-20 mars

BELBERAUD

✉ 31450 (Haute-Garonne) – Carte régionale n° **22**–C2
Carte Michelin 343-H3

Au Goût des Autres

CUISINE MODERNE • CONTEMPORAIN Le chef, pâtissier de formation, a un solide parcours derrière lui, et cela se ressent tout au long du repas. Sa cuisine est à la fois simple et originale, avec d'audacieux accords de saveurs et une maîtrise technique incontestable.

Menu 15 € (déjeuner), 34/55 €

3 rue de Pierregrat (ZA de la Balme - supermarché U) – ✆ 05 61 54 53 64 – www.restaurantaugoutdesautres.fr – Fermé 1er-20 août, lundi, mardi soir, dimanche

BELCASTEL

✉ 12390 (Aveyron) – Carte régionale n° **22**–C1
Carte Michelin 338-G4

Vieux Pont (Nicole Fagegaltier et Bruno Rouquier)

CUISINE MODERNE • CONVIVIAL Dans ce ravissant village au bord de l'Aveyron, un vieux pont de pierre du 15e s. relie l'hôtel et son restaurant, au cadre moderne et élégant. Les beaux produits de la région y sont préparés avec harmonie, fraîcheur et une insolente légèreté ! Une adresse rare où il fait également bon passer la nuit.

→ Légumes du moment sous différentes formes et textures. Ris de veau poêlé, pulpe de chou-fleur et chou-fleur poêlé, beurre noisette-citron. Citron meringué, tuile croustillante, crème citron et sorbet agrumes

Menu 35 € (déjeuner), 58/95 € – Carte 65/83 €

✆ 05 65 64 52 29 – www.hotelbelcastel.com – Fermé 2 janvier-15 mars, lundi, mardi, dimanche soir

À l'hôtel, les prix des chambres peuvent beaucoup varier selon la saison. Les prix indiqués devant le symbole 👥, correspondent au prix le plus bas en basse saison puis au prix le plus élevé en haute saison, pour une chambre double.

BÉLESTA

✉ 66720 (Pyrénées-Orientales) – Carte régionale n° **21**–B3
Carte Michelin 344-G6

La Coopérative

CUISINE CRÉATIVE • DESIGN Cet ancien chai a conservé sa charpente métallique : l'endroit, très spacieux et confortable, a un charme fou ! Côté assiette, le chef nous régale avec des plats très inventifs, pleins de saveurs, faisant la part belle aux produits de saison... sans oublier de les accompagner de bons vins du village et de la région.

→ Pastèque confite, aubergine, lait d'amande, carotte lactique et pickles. Variation autour du cochon fermier catalan aux herbes, fricassée de légumes et boudin. Vieux pomélo, citron cannelé et citron doux

Menu 45/109 € – Carte 75/90 €

Riberach, 2 route de Caladroy – ✆ 04 68 50 30 10 – www.riberach.com – Fermé 1er janvier-1er avril, lundi, mardi

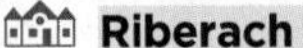

Riberach

LUXE • DESIGN Au pied du château médiéval, l'ancienne coopérative viticole s'est muée en hôtel de charme. Matériaux bruts, terrasses privatives : les chambres sont zen, design... avec vue sur les vignes. La piscine, filtrée naturellement, est ravissante.

16 chambres – 160/300 € – 2 suites – 18 €

2 route de Caladroy – 04 68 50 30 10 – www.riberach.com – Fermé 1er janvier-30 mars

La Coopérative – voir la sélection des restaurants

BELFORT

90000 (Territoire de Belfort) – Carte régionale n° **6**-C1

Carte Michelin 315-F11 – Guide Vert Michelin Franche-Comté Jura

Les Capucins

CUISINE MODERNE • COSY XX Râble de lapin français en ballotine farcie de citron confit au sel ; œuf cuit à 63°C comme une carbonara ; pied de cochon, foie gras poêlé et sauce Périgueux... Voici les belles spécialités que l'on déguste dans cet hôtel-restaurant installé dans les anciennes brasseries Wagner. Belle carte des vins (près de 500 références).

Menu 19 € (déjeuner), 33/43 € – Carte 40/65 €

20 faubourg de Montbéliard – 03 84 28 04 60 – www.hotellescapucins.com – Fermé 3-25 août, 21 décembre-5 janvier, samedi, dimanche

Le Dix'vins N

CUISINE MODERNE • BISTRO X Cuisine dans l'air du temps, bien tournée, aux cuissons justes, pour ce nouveau bistrot de Belfort. A noter quelques audaces sur les choix de produits ; poulpe, omble, médaillon de pied de porc et jus corsé. L'atmosphère est sympathique et le service avenant.

Menu 16 € (déjeuner)/32 € – Carte 37/52 €

3 bis rue du Comte-de-la-Suze – 09 67 58 39 50 – Fermé 12-25 août, lundi, dimanche

Le Pot au Feu

CUISINE TRADITIONNELLE • RUSTIQUE X Dans l'une des plus jolies rues de la vieille ville, au pied de la citadelle, un restaurant pittoresque, installé dans une belle cave tout en pierre, assez romantique le soir venu. Au menu, des recettes au goût d'autrefois, tels le pot-au-feu au foie gras et le baeckeofe, spécialités de la patronne. Belle carte des vins.

Menu 21 € (déjeuner), 26/35 € – Carte 30/50 €

27 bis Grande-Rue – 03 84 28 57 84 – www.lepotaufeu.fr – Fermé 1er-8 janvier, 4-18 août, lundi midi, samedi midi, dimanche

à Danjoutin 3 km au Sud – 90400

Le Pot d'Étain (Philippe Zeiger)

CUISINE MODERNE • CONTEMPORAIN XX L'adresse incontournable de Belfort a fait peau neuve, et se pare désormais d'un cadre contemporain et élégant. Il ne fait aucun doute que le chef maîtrise son art, comme en témoignent ces assiettes équilibrées et subtiles, où l'on rencontre des mariages de saveurs inédits... Très séduisant.

→ Œuf de ferme poché, girolles de pays au savagnin, copeaux de jambon et comté. Pavé de bar ikejime cuit au beurre d'algue, purée de chou-fleur caramélisé. Soufflé à la cazette de Bourgogne, glace pralin amande-noisette

Menu 35 € (déjeuner) – Carte 85/110 €

4 rue de la République – 03 84 28 31 95 – www.restaurant-potdetain.fr – Fermé lundi, samedi midi, dimanche soir

à Sevenans 5 Km à l'Ouest par N1019 et D437 – ✉ 90400

la Tour Penchée

CUISINE MODERNE • ÉLÉGANT XX Des produits frais de qualité, des préparations et dressages soignés : on sent dans cette maison la patte d'un cuisinier solide, qui a fréquenté plusieurs tables étoilées. Salade de tourteau des côtes bretonnes ou filet de turbot rôti aux herbes s'accompagnent d'une carte des vins bien fournie.

Menu 25 € (déjeuner)/55 € – Carte 75/110 €

2 rue de Delle – ✆ 03 84 56 06 52 – www.latourpenchee.com – Fermé lundi, mardi, dimanche soir

BELLE-ÉGLISE

✉ 60540 (Oise) – Carte régionale n° **14**-B3

Carte Michelin 305-E5

La Grange de Belle-Église (Marc Duval)

CUISINE CLASSIQUE • ÉLÉGANT XXX Des mets soignés et savoureux, des produits nobles de grande qualité, quelques notes d'invention, une belle cave de bordeaux et de champagnes : la bonne chère revêt ici ses plus beaux atours. Et le cadre ne manque pas de charmer : feutrée et élégante, la salle ouvre en partie sur un joli jardin.

→ Thon rouge des Maldives à la mangue. Homard rôti, semoule de quinoa et fleurs d'épices. Soufflé chaud au Grand Marnier

Menu 26 € (déjeuner), 63/84 € – Carte 110/150 €

28 boulevard René-Aimé-Lagabrielle – ✆ 03 44 08 49 00 – www.lagrangedebelleeglise.fr – Fermé 18-27 février, 5-20 août, lundi, mardi midi, dimanche soir

BELLE-ÎLE-EN-MER

✉ 56360 (Morbihan) – Carte régionale n° **7**-B3

Carte Michelin 308-L10 – Guide Vert Michelin Bretagne Sud

Bangor

✉ 56360 (Morbihan) – Carte régionale n° **7**-B3

La Table de la Désirade

CUISINE MODERNE • CONVIVIAL XX Sans doute l'une des meilleures tables de Belle-Île-en-Mer ! Derrière les fourneaux, le chef signe une cuisine dans l'air du temps en privilégiant les petits producteurs de l'île. Ainsi, dans un charmant décor, tout de bois et pierre vêtu, les désirs des gourmets ne tardent pas à devenir réalité...

Menu 34/79 €

La Désirade, Le Petit-Cosquet, 2 km à l'Ouest par rte Port-Goulphar – ✆ 02 97 31 70 70 – www.hotel-la-desirade.com – Fermé 4 novembre-5 avril, lundi midi, mardi midi, mercredi midi, jeudi midi, vendredi midi, samedi midi, dimanche midi

La Désirade

TRADITIONNEL • PERSONNALISÉ Un hôtel de charme réparti dans plusieurs maisons récentes de style néobreton. On savoure le calme dans un charmant salon cosy et des chambres habillées de lambris. Espace bien-être.

31 chambres – ††115/234 € – 1 suite – ☕ 17 €

2 km à l'Ouest par route Port-Goulphar – ✆ 02 97 31 70 70 – www.hotel-la-desirade.com – Fermé 4 novembre-5 avril

La Table de la Désirade – voir la sélection des restaurants

Le Palais

✉ 56360 (Morbihan)

La Table du Gouverneur

CUISINE MODERNE • HISTORIQUE XX Déjeuner à la table du gouverneur, au cœur de la citadelle Vauban, n'est pas donné à tout le monde : dans un cadre d'une luxueuse austérité, on s'adonne au plaisir d'une cuisine sous influence bretonne, à l'instar de ce maquereau au bouillon d'algues et coquillages… A part les mouettes, quel calme !

Menu 24 € (déjeuner), 35/65 € – Carte 45/71 €

Citadelle Vauban Hôtel-Musée – ✆ 02 97 31 84 17 – www.citadellevauban.com – Fermé 1er octobre-30 avril

L'Annexe

CUISINE BRETONNE • BISTRO X Dans cet ancien café de marins, datant des années 1950, le décor est resté retro ! On vient ici pour l'atmosphère conviviale et la qualité des crêpes, à l'instar de cette Palatine aux filets de sardines fraîches rôties, et concassé de tomate. Les habitués s'y pressent : c'est toujours bon signe.

Carte 15/25 €

3 quai de l'Arcadie – ✆ 02 97 31 81 53 – Fermé 1er janvier-31 mars, mercredi, jeudi midi

Le Goéland 

CUISINE TRADITIONNELLE • CONVIVIAL X Ce bistrot rétro propose une cuisine canaille et gourmande, autour des poissons (grillés, en croûte de sel, etc.) et des légumes bio, issus d'un producteur de l'île et du potager du patron (plus de 30 variétés de tomates !). Parmi les spécialités : sardines marinées, fricassée de palourdes, charcuterie de la mer.

Menu 30 € – Carte 29/71 €

3 Quai Vauban – ✆ 02 97 31 81 26

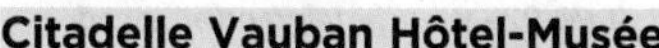

Citadelle Vauban Hôtel-Musée 

HISTORIQUE • INSOLITE Cet hôtel-musée a investi la citadelle Vauban. Les chambres, décorées sur le thème de la Compagnie des Indes, donnent presque toutes sur la mer et invitent à des rêves de voyage.

55 chambres – 122/370 € – 19 €

Citadelle Vauban Hôtel-Musée – ✆ 02 97 31 84 17 – www.citadellevauban.com – Fermé 1er octobre-30 avril

La Table du Gouverneur – voir la sélection des restaurants

Le Clos Fleuri

FAMILIAL • COSY Sur les hauteurs de la ville, cet hôtel typique de l'architecture locale abrite des petites chambres coquettes, certaines donnant sur le jardin, forcément fleuri !

18 chambres – 65/130 € – 12 €

route de Sauzon, à Bellevue – ✆ 02 97 31 45 45 – www.hotel-leclosfleuri.com – Fermé 6 janvier-7 février, 10 novembre-20 décembre

Port-Goulphar

✉ 56360 (Morbihan) – Carte régionale n° **7**-B3

Le 180° 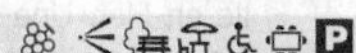

CUISINE CRÉATIVE • ÉLÉGANT XXX À la barre de ce bateau, avec vue imprenable sur l'anse de Goulphar, le chef concocte des recettes créatives, avec les meilleurs produits de l'île, comme ce beau menu homard. Une traversée vivifiante, pleine d'embruns, de talent et de fraîcheur.

Menu 59/140 € – Carte 70/100 €

Castel Clara Thalasso & Spa – ✆ 02 97 31 84 21 – www.castel-clara.com – Fermé 4 novembre-19 janvier, lundi midi, mardi midi, mercredi midi, jeudi midi, vendredi midi, samedi midi, dimanche midi

Le Marie Galante

CUISINE TRADITIONNELLE · CONVIVIAL XX On s'installe dans une élégante salle à manger, dont les larges baies vitrées dévoilent une superbe vue sur la mer, pour savourer une cuisine soignée aux accents marins, à l'instar de la raviole de homard au jambon ibérique, ou de la daurade royale en croûte de sel aux algues. Terrasse exquise.

Menu 30 € (déjeuner)/35 € – Carte 40/80 €

Le Grand Large, Lieu-dit port goulphar – ☎ 02 97 31 80 92 – www.hotelgrandlarge.com – Fermé 3 novembre-14 février, lundi midi, mardi midi

Castel Clara Thalasso & Spa

LUXE · PERSONNALISÉ Emplacement idyllique sur la côte sauvage, centre "thalasso", chambres et suites raffinées, beau panorama : le luxe discret... au bout du monde. Ou comment respirer l'air du large en gardant les pieds sur terre ! Restaurant gastronomique ; buffets de fruits de mer et de crustacés au Café Clara.

58 chambres – 140/475 € – 5 suites – 25 €

☎ 02 97 31 84 21 – www.castel-clara.com – Fermé 4 novembre-19 janvier

Le 180° – voir la sélection des restaurants

Le Grand Large

MAISON DE MAÎTRE · FONCTIONNEL Ce manoir, posé sur la Côte Sauvage, contemple l'océan et les aiguilles de Port-Coton. Les chambres, dont certaines ont un balcon, donnent sur les flots ou la lande. Restauration traditionnelle au Marie Galante.

34 chambres – 78/399 € – 17 €

lieu-dit Port-Goulphar – ☎ 02 97 31 80 92 – www.hotelgrandlarge.com – Fermé 3 novembre-14 février

Le Marie Galante – voir la sélection des restaurants

Sauzon

✉ 56360 (Morbihan)

Roz Avel

CUISINE MODERNE · TRADITIONNEL XX Derrière les fourneaux de cette maison de pays, le chef rend un bel hommage aux produits de la mer : ormeau snacké et rouelle de tête de veau, turbot en écaille de pomme de terre, crêpe soufflée au chouchen... De quoi en perdre le sens de l'orientation, s'il n'y avait le Roz Avel (rose des vents) !

Menu 33 € (déjeuner), 43/60 € – Carte 45/80 €

rue du Lieutenant Riou (derrière l'église) – ☎ 02 97 31 61 48 – Fermé 5 janvier-25 mars, 11 novembre-20 décembre, mercredi

Café de la Cale

POISSONS ET FRUITS DE MER · BISTRO X Face au port, ce bistrot marin, précédé d'une terrasse, propose de déguster poissons frétillants et coquillages, issus pour partie de la pêche locale. À la carte, seule subsiste une viande : l'agneau de Belle-Île-en-Mer. Une adresse conviviale et chaleureuse, où l'on s'enivre de cette précieuse âme bretonne.

Menu 24 € (déjeuner)/29 € – Carte 40/60 €

quai Guerveur – ☎ 02 97 31 65 74 – Fermé 1er mars-1er avril, 1er-15 octobre, 5 novembre-15 février

BELLÊME

✉ 61130 (Orne) – Carte régionale n° **17**-C3

Carte Michelin 310-M4 – Guide Vert Michelin Normandie Vallée de la Seine

à Nocé 8 km à l'Est par D203 - ✉ 61340

Auberge des 3 J

CUISINE MODERNE • AUBERGE XX Voilà plus de trente ans que le chef, Stéphan Joly, œuvre aux fourneaux : c'est dire s'il maîtrise son art ! Il signe assurément une belle cuisine, fondée sur la tradition - mais pas seulement - et le terroir local : les saveurs sont au rendez-vous... Et le cadre élégant de l'auberge ajoute au plaisir du repas.

Menu 28/50 €

1 place du Docteur-Gireaux - ✆ 02 33 73 41 03 - www.aubergeles3j.fr - Fermé 8-21 janvier, 15 septembre-2 octobre, lundi, mardi, mercredi

BELLERIVE-SUR-ALLIER - 03 (Allier) ➜ voir Vichy

BELLEVILLE

✉ 69220 (Rhône) - Carte régionale n° **3**-E1
Carte Michelin 327-H3 - Guide Vert Michelin Lyon et sa région

Le Beaujolais

CUISINE TRADITIONNELLE • CONVIVIAL X Ce Beaujolais se devait de faire honneur à cette région riche en saveurs et en bons vins ! Le sympathique couple à la tête de cette maison relève le défi avec une bonne cuisine traditionnelle. Un exemple ? L'andouillette beaujolaise pur porc cuite en cocotte, avec pommes de terre rissolées au thym.

Menu 19 € (déjeuner), 30/41 €

40 rue du Maréchal-Foch (près de la gare) - ✆ 04 74 66 05 31 - www.restaurant-le-beaujolais.com - Fermé 1er-25 août, lundi soir, mardi soir, mercredi, dimanche soir

à Pizay 5 km au Nord-Ouest par D18 et D69 - ✉ 69220

Château de Pizay

CUISINE MODERNE • CLASSIQUE XXX Le cadre, châtelain, mêle avec élégance charme historique et épure contemporaine. Un lieu majestueux, au service d'une cuisine actuelle, qui mise tout sur la fraîcheur des produits - à déguster l'été sur la terrasse de la cour d'honneur. Tous les vins du domaine sont présents sur la carte des vins.

Menu 59/84 € - Carte 87/175 €

route des Crus-du-Beaujolais - ✆ 04 74 66 51 41 - www.chateau-pizay.com - Fermé 18 décembre-6 janvier, lundi midi, mardi midi, mercredi midi, jeudi midi, vendredi midi

Château de Pizay

DEMEURE HISTORIQUE • CLASSIQUE Passé la grande allée bordée de platanes apparaît ce beau château (15e-17e s.) au cœur du vignoble. Charme classique (plafonds à la française) ou plus contemporain dans les chambres en duplex, avec leurs terrasses face aux vignes... Spa, tennis, grande piscine et même œnothèque pour découvrir les vins de la propriété.

62 chambres - 280/340 € - 23 €

route des Crus-du-Beaujolais - ✆ 04 74 66 51 41 - www.chateau-pizay.com - Fermé 18 décembre-6 janvier

Château de Pizay - voir la sélection des restaurants

BELLEVILLE

✉ 54940 (Meurthe-et-Moselle) - Carte régionale n° **12**-B2
Carte Michelin 307-H6

Le B

CUISINE CLASSIQUE • TRADITIONNEL XX Après plusieurs expériences dans des maisons étoilées, l'ancien chef exécutif du Bistroquet a repris les rênes de l'établissement, qu'il a rebaptisé B. Le nom change donc... mais l'identité demeure, du cadre bourgeois d'inspiration 1900 (miroirs, affiches et lustres) aux assiettes de retour du marché.

Menu 29/79 € - Carte 65/80 €

97 route Nationale - ✆ 03 83 24 90 12 - www.leb.website.com - Fermé lundi, mardi soir, samedi midi, dimanche soir

BELVES

✉ 24170 (Dordogne) - Carte régionale n° **18**-D1
Carte Michelin 329-H7 - Guide Vert Michelin Périgord Quercy

Clément V

BOUTIQUE HÔTEL • PERSONNALISÉ Voilà une adresse que n'aurait certainement pas dédaignée Clément V... Dans ce village médiéval, ancien fief du pape, cette coquette maison propose des chambres de caractère, dont l'une aménagée dans une cave voûtée du 11^{e}s. Petit-déjeuner servi sous la véranda ou dans la petite cour fleurie.

10 chambres - 135/265 € - 13 €

15 rue Jacques-Manchotte - 05 53 28 68 80 - www.clement5.com - Fermé 31 octobre-10 avril

BÉNESTROFF

✉ 57670 (Moselle) - Carte régionale n° **12**-C2
Carte Michelin 307-L5

La Toque Blanche

CUISINE MODERNE • TENDANCE XX L'ancien café du village a fait place à un lieu contemporain... et l'on peut dire que chef Thibault s'y entend en gourmandise ! Parmi les spécialités, gnocchi à la ricotta de l'abbaye de Vergaville ; joue de bœuf confite à la bière ; fricassée de homard. Des soirées jazz sont aussi organisées... de quoi faire swinguer les papilles.

Menu 32/55 € - Carte 42/52 €

49 Grand'Rue - 03 87 01 51 85 - www.latoque-blanche.fr - Fermé lundi, mardi, dimanche soir

BÉNODET

✉ 29950 (Finistère) - Carte régionale n° **7**-A2
Carte Michelin 308-G7 - Guide Vert Michelin Bretagne Sud

Kastel

TRADITIONNEL • CONTEMPORAIN À proximité de la plage et du centre de thalassothérapie, cet hôtel joue l'épure contemporaine et c'est réussi. Après un soin à l'Espace Hydromarin, rien ne vaut la vue sur la mer dont on jouit dans chaque chambre !

25 chambres - 79/249 € - 17 €

1 Corniche de la Plage - 02 98 57 05 01 - www.hotel-kastel.com - Fermé 4 novembre-3 mars

à Ste-Marine 5 km à l'Ouest par pont de Cornouaille - ✉ 29120

Les Trois Rochers

CUISINE MODERNE • TENDANCE XX Face au port de Bénodet, une adresse délicieuse, où la cuisine est fondée sur des produits locaux de belle qualité - langoustines, homard, agneau -, rehaussés d'épices et d'herbes fraîches. Aux beaux jours, on profite de la terrasse, très agréable !

→ Raviole de homard, bouillon de crustacés. Lieu jaune de ligne, jus d'herbes fraîches. Soufflé au yuzu

Menu 50/90 €

Villa Tri Men, 16 rue du Phare - 02 98 51 94 94 - www.trimen.fr - Fermé 6 janvier-14 mars, 3 novembre-26 décembre, lundi midi, mardi midi, mercredi midi, jeudi midi, vendredi midi, samedi midi, dimanche

Villa Tri Men

LUXE • ÉLÉGANT Le jardin de cette belle villa de 1913 descend en pente douce jusqu'à la mer, et l'on peut, en toute quiétude, y lire ou prendre un verre. L'intérieur, feutré et cossu, donne à l'ensemble un charme indéniable ; les chambres sont spacieuses et élégantes dans leur parti pris minimaliste.

19 chambres - 108/398 € - 17 €

16 rue du Phare - 02 98 51 94 94 - www.trimen.fr - Fermé 6 janvier-14 mars, 3 novembre-26 décembre

Les Trois Rochers - voir la sélection des restaurants

La Ferme Saint-Vennec

HISTORIQUE · PERSONNALISÉ Un lieu isolé, au grand calme, une vraie bouffée d'oxygène... Cette belle ferme de 1714, au milieu d'un grand parc, est divisée en plusieurs corps de bâtiment répartis autour d'une jolie cour parsemée de massifs de fleurs ; pour se ressourcer, on a le choix entre des chambres ou de superbes cottages bien entretenus. Charmant !

7 chambres – 90/380 € – 15 €

rue de la Clarté – 02 98 56 74 53 – www.lafermesaintvennec.com

BÉNOUVILLE – 14 (Calvados) → voir Caen

→ voir Caen

BERGERAC

24100 (Dordogne) – Carte régionale n° **18**-C1

Carte Michelin 329-D6 – Guide Vert Michelin Périgord Quercy

Le Bistro d'en Face (N)

CUISINE MODERNE · CONTEMPORAIN Le chef-patron Hugo Brégeon, épaulé par son épouse Aurore en salle, s'est installé dans une petite maison, dont la terrasse délivre un panorama imprenable sur la vieille ville, la Dordogne et ses gabarres. L'assiette, goûteuse et travaillée, est à la hauteur de la vue : une cuisine bistronomique pleine de fougue, qui revisite avec brio quelques classiques. Le tout pour un rapport plaisir/prix imbattable. Un "bib plein pot", comme on dit chez nous.

Menu 27 €

1 rue Fénelon – 05 53 61 34 06 – Fermé lundi soir, mardi soir, mercredi soir, jeudi soir, dimanche

L'Imparfait

CUISINE TRADITIONNELLE · RUSTIQUE Dans cette bâtisse médiévale du vieux Bergerac, on se régale d'une goûteuse cuisine inspirée du terroir périgourdin, à apprécier sur la terrasse en été, ou le reste de l'année, dans la salle à manger rustique près de la cheminée.

Menu 29 € (déjeuner), 39/49 € – Carte 35/70 €

8 rue des Fontaines – 05 53 57 47 92 – www.imparfait.com

La Table du Marché Couvert

CUISINE MODERNE · COSY Impossible de ne pas remarquer cette maison d'angle à la façade rouge, face aux halles ! Dans ce bistrot chic à l'élégance toute contemporaine – un cadre soigné –, les recettes s'inspirent du marché... évidemment.

Menu 26 € (déjeuner), 39/58 € – Carte 56/65 €

21 place Louis-de-la-Bardonnie – 05 53 22 49 46 – www.table-du-marche.com – Fermé 17 février-4 mars, 23 juin-8 juillet, lundi, dimanche

Le Vin'Quatre (N)

CUISINE MODERNE · CONVIVIAL Dans le cœur historique de Bergerac, avec quelques tables en terrasse, ce petit restaurant est tenu par un jeune couple charmant, Charlie Ray, chef britannique, épaulé de Mélanie en salle. Le menu varie au rythme des saisons, et les préparations soignées et goûteuses font mouche ! Autant dire que la réservation s'impose.

Menu 35 €

14 rue St-Clar – 05 53 22 37 26 – www.levinquatre.fr – Fermé lundi midi, mardi midi, mercredi, jeudi midi, vendredi midi

Hôtel de France

FAMILIAL · FONCTIONNEL En plein centre-ville, un hôtel face à la place du marché (mercredi et samedi). Préférez les chambres, plus calmes, côté piscine. Idéalement situé pour partir à la découverte de Bergerac.

20 chambres – 85/99 € – 10 €

18 place Gambetta – 05 53 57 11 61 – www.hoteldefrance-bergerac.com

Le Clos d'Argenson

HÔTEL PARTICULIER · ÉLÉGANT Séduisante, cette maison bourgeoise de 1883 installée en plein centre-ville, à deux pas de l'office du tourisme ! On apprécie le billard et la bibliothèque, les junior suites spacieuses et confortables... Sans oublier le petit-déjeuner servi en terrasse, ainsi que le jardin et la piscine.

4 chambres – 110/140 €

99 rue Neuve-d'Argenson – 06 12 90 59 58 – www.leclosdargenson.com – Fermé 5-27 avril, 2-30 novembre, 27 décembre-4 janvier

au Moulin de Malfourat 8 km au Sud par D933, dir. Mont-de-Marsan et rte secondaire – ✉ 24240

La Tour des Vents

CUISINE MODERNE · ÉLÉGANT XXX Priorité à la qualité des produits, des cuissons et des assaisonnements, pour une cuisine actuelle rythmée par les saisons, à apprécier dans une salle contemporaine qui embrasse, tout comme la terrasse, le vignoble de Monbazillac. Formules rapides et accessibles proposées en complément le midi en semaine au bistrot voisin.

➜ Foie gras poêlé, purée de coing, fruits du mendiant et caramel de soja au gingembre. Ris de veau croustillant en kadaïf et doré au sautoir. Douceur de fruits rouges, crème et biscuit spéculos

Menu 40 € (déjeuner), 51/93 € – Carte 70/100 €

05 53 58 30 10 – www.tourdesvents.com – Fermé 7-22 janvier, lundi, mardi

à St-Nexans 10 km au Sud par N21 et D19 – ✉ 24520

La Chartreuse du Bignac (N)

CUISINE MODERNE · ÉLÉGANT XX L'ancienne grange du domaine abrite désormais une salle à manger intime et cosy, augmentée d'une cuisine vitrée permettant d'observer le chef, en maître des fourneaux, concocter une cuisine actuelle, rythmée par les saisons. L'été, la terrasse offre un somptueux panorama.

Menu 35/90 €

Le Bignac – 05 53 22 12 80 – www.abignac.com – Fermé 17 décembre-17 février, lundi midi, mardi, mercredi midi, jeudi midi, vendredi midi, samedi midi

La Chartreuse du Bignac

LUXE · ÉLÉGANT Une belle chartreuse du 18es., posée sur un coteau dominant vignobles, vergers et bois... Quel site ! Il fait bon se prélasser dans le parc de 12 ha ou au bord de la piscine. Beaucoup de raffinement dans les chambres, dont certaines logées dans l'ancien moulin et la boulangerie, tous deux entièrement restaurés.

12 chambres – 115/400 € – 1 suite – 24 €

Le Bignac – 05 53 22 12 80 – www.abignac.com – Fermé 17 décembre-17 février

La Chartreuse du Bignac – voir la sélection des restaurants

BERGÈRES-LÈS-VERTUS – 51 (Marne) ➜ voir Vertus

BERGHOLTZ

✉ 68500 (Haut-Rhin) – Carte régionale n° **10**-A3

Carte Michelin 315-H9

La Petite Auberge

CUISINE MODERNE · AUBERGE XX Langoustines rôties, fraîcheur de tomate ; médaillon de porc noir, condiment olives et moutarde à l'ancienne... Le chef concocte une cuisine gastronomique 100 % maison, avec une envie : "Faire ce qu'on m'a appris depuis que j'ai commencé ce métier." Pari tenu et franc succès !

Menu 25 € (déjeuner), 45/82 € – Carte 59/73 €

4 rue de l'Église – 03 89 28 52 90 – www.lapetiteauberge.fr – Fermé 1er-9 janvier, 29 juin-19 juillet, mardi, mercredi

BERGUES

✉ 59380 (Nord) – Carte régionale n° **13**–B1
Carte Michelin 302-C2

Au Tonnelier

AUBERGE • FONCTIONNEL Une agréable hostellerie familiale, dans le village rendu célèbre par le film *Bienvenue chez les Ch'tis*. Chambres fonctionnelles et bien tenues ; cuisine du terroir au restaurant.

39 chambres – 80/90 € – 13 €

2-4 rue du Mont-de-Piété (près de l'église) – 03 28 68 70 05 – www.autonnelier.com – Fermé 23 décembre-5 janvier

BERLOU

✉ 34360 (Hérault) – Carte régionale n° **21**–B2
Carte Michelin 339-C8

Le Faitout

CUISINE MODERNE • COSY Qu'espérer du faitout d'un chef touche-à-tout ? Un maximum de gourmandise ! Frédéric Révilla, porté par sa passion pour la région, fait feu de tout bois : saveurs du jardin, veau catalan, chevreau du pays, navet de Pardailhan, vin de St-Chinian (le village est voisin) : tout s'associe avec soin et simplicité dans ses recettes à contre-courant, tout a du goût !

Menu 33/50 € – Carte 39/62 €

1 place du Pont – 04 67 24 16 99 – Fermé lundi, dimanche soir

BERMICOURT

✉ 62130 (Pas-de-Calais) – Carte régionale n° **13**–B2
Carte Michelin 301-G5

La Cour de Rémi

CUISINE TRADITIONNELLE • CONVIVIAL Après une première vie professionnelle menée tambour battant à l'étranger, le chef est revenu aux sources pour se consacrer à la cuisine, sa première passion. Cuissons millimétrées, assaisonnements au poil, bon rapport qualité-prix et vins naturels : il nous régale avec un enthousiasme communicatif !

Menu 32/36 €

1 rue Baillet – 03 21 03 33 33 – www.lacourderemi.com – Fermé 11-17 février, lundi, samedi midi, dimanche soir

La Cour de Rémi

FAMILIAL • PERSONNALISÉ Nous voici dans les dépendances d'un petit château du 19e s., au bout d'une allée bordée d'arbres… Les chambres, réparties dans la grange et les écuries, sont sobres et spacieuses. Quant à Rémi, il fut le dernier exploitant de la ferme. Un bien bel hommage !

10 chambres – 90/160 € – 15 €

1 rue Baillet – 03 21 03 33 33 – www.lacourderemi.com – Fermé 11-17 février

La Cour de Rémi – voir la sélection des restaurants

BERNAY

✉ 27300 (Eure) – Carte régionale n° **17**–C2
Carte Michelin 304-D7 – Guide Vert Michelin Normandie Vallée de la Seine

Le Moulin Fouret

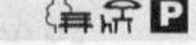

CUISINE MODERNE • AUBERGE Du moulin subsistent les rouages… mais on découvre avant tout une belle et grande maison couverte de vigne vierge, avec sa terrasse au calme d'un cours d'eau. Reprise en 2018 par le Chef Cédric Auger, cette auberge offre désormais un cadre plus cosy et une cuisine actuelle rythmée par les saisons.

Menu 26 € (déjeuner), 32/62 € – Carte 41/66 €

2 route du Moulin-Fouret, 3,5 km au Sud par rte de St-Quentin-des-Isles – 02 32 43 19 95 – www.lemoulinfouret.fr – Fermé lundi, mardi, dimanche soir

L'Odassiette

CUISINE MODERNE • COSY D'abord, on découvre l'agréable salle de bistrot moderne, décorée dans des tons blanc et bleu pastel. L'endroit parfait pour déguster une cuisine du marché simple et généreuse, avec, le soir, une jolie proposition de plats plus "nobles" : foie gras mi-cuit maison, pain d'épices aux pommes, cassolette d'escargots aux shiitakes... Une adresse attachante.

Menu 22 € – Carte 38/46 €

10 rue Gaston-Follope – ✆ 02 32 43 42 32 – www.odassiette.fr – Fermé lundi, samedi soir, dimanche

LA BERNERIE-EN-RETZ

✉ 44760 (Loire-Atlantique) – Carte régionale n° **23**–A2

Carte Michelin 316-D5

L'Artimon

CUISINE TRADITIONNELLE • FAMILIAL Cet Artimon porte haut les valeurs de la bonne cuisine, attirant de loin les amateurs : il faut dire que le chef travaille en vrai artisan de beaux produits locaux. La petite salle – toute simple et d'esprit marin – ne désemplit pas !

Menu 20 € (déjeuner), 32/44 €

17 rue Jean-du-Plessis – ✆ 02 51 74 61 60 – Fermé 25 septembre-15 octobre, lundi, mardi, mercredi, dimanche soir

BERNIÈRES-SUR-MER

✉ 14990 (Calvados) – Carte régionale n° **17**–B2

Carte Michelin 303-J4 – Guide Vert Michelin Normandie Cotentin

L'As de Trèfle

CUISINE MODERNE • COSY Légèrement en retrait des plages du Débarquement, nous voilà dans le repaire d'Anthony Vallette, un chef normand plein d'entrain. Au fil des saisons, il pioche dans le terroir local – poissons de la Manche, andouille de Vire, cochon de Bayeux – et compose des plats bien maîtrisés, avec juste ce qu'il faut d'audace !

Menu 26 € (déjeuner), 39/69 € – Carte 69/83 €

420 rue Léopold-Hettier – ✆ 02 31 97 22 60 – www.restaurantasdetrefle.com – Fermé lundi, mardi soir

BERNOS-BEAULAC – 33 (Gironde) ➔ voir Bazas

BERRWILLER

✉ 68500 (Haut-Rhin) – Carte régionale n° **10**–A3

Carte Michelin 315-H9

L'Arbre Vert

CUISINE MODERNE • ÉLÉGANT Cinquième génération et toujours très Vert ! Cet Arbre pourrait bien être généalogique, tant son histoire se confond avec celle de la famille Koenig... Au menu : toute la fraîcheur du terroir alsacien, avec de beaux vins du cru.

Menu 26/58 € – Carte 46/76 €

96 rue Principale – ✆ 03 89 76 73 19 – www.restaurant-koenig.com – Fermé 3-14 mars, lundi, jeudi soir, dimanche soir

Se régaler sans se ruiner ? Repérez les Bib Gourmand. Ils vous aideront à dénicher les bonnes tables sachant marier cuisine de qualité et prix ajustés !

BESANÇON

✉ 25000 (Doubs) – Carte régionale n° **6**-B2

Carte Michelin 321-G3 – Guide Vert Michelin Franche-Comté Jura

Le Manège

CUISINE MODERNE • TENDANCE XXX Une vraie bonne table que cet ancien manège militaire (au pied de la citadelle) entièrement redécoré en 2013 ; on y déguste une cuisine délicate et savoureuse, signée par un chef autodidacte et amoureux du travail bien fait. Une valeur sûre.

Menu 19 € (déjeuner), 33/49 € – Carte 40/52 €

2 faubourg Rivotte – ✆ 03 81 48 01 48 – www.restaurantlemanege.com – Fermé 2-24 janvier, 18 août-2 septembre, lundi, samedi midi, dimanche soir

Le St-Pierre

CUISINE TRADITIONNELLE • ÉLÉGANT XXX Une cuisine gastronomique mettant le poisson et les bons produits à l'honneur ; beaucoup de finesse relevée d'une pointe d'originalité ; un cadre élégant et cosy (pierres apparentes) : ce Saint-Pierre est un petit paradis des saveurs !

Menu 44/78 € – Carte 70/85 €

104 rue Battant – ✆ 03 81 81 20 99 – www.restaurant-saintpierre.com – Fermé 23 juillet-15 août, 23 décembre-3 janvier, samedi midi, dimanche

Les Bains Douches

CUISINE CRÉATIVE • ÉLÉGANT XX Une belle découverte que cette maison au cachet historique, installée en lieu et place des anciens bains-douches. Aux commandes, deux associés : Raphaël, en cuisine, qui revisite les produits du terroir avec ce qu'il faut de créativité et de finesse, et une belle maîtrise des cuissons ; Léo en salle, attentif et accueillant, dont la passion est communicative...

Menu 28 € (déjeuner), 37/69 € – Carte 33/67 €

4 rue Jean-Baptiste-Victor-Proudhon – ✆ 09 83 73 53 33 – www.lesbainsdouches-besancon.com – Fermé 23 décembre-14 janvier, lundi, dimanche

Le Poker d'As

CUISINE TRADITIONNELLE • RUSTIQUE XX Dans cette sympathique maison familiale, le respect de la tradition n'empêche pas l'évolution : si les tables sculptées sont toujours de mise, le décor se fait désormais plus moderne. Et dans l'assiette, on trouve toujours de bons produits du terroir régional, travaillés avec soin...

Menu 25/39 € – Carte 34/60 €

14 square St-Amour – ✆ 03 81 81 42 49 – Fermé 13 juillet-13 août, 23 décembre-3 janvier, lundi, dimanche

Le Saint Cerf (N)

CUISINE MODERNE • CONTEMPORAIN X Ce bistrot contemporain au cadre agréable propose une cuisine mâtinée d'influences diverses, dont des touches asiatiques, maîtrisée de bout en bout, sans ostentation, et goûteuse. Ajoutez à cela une tendance affichée au "nature" (saisonnalité, produits), saupoudrez de plats végétariens et vous obtenez une valeur sûre du renouveau bisontin.

Menu 21 € (déjeuner) – Carte 33/45 €

1 rue Megevand – ✆ 03 81 50 10 20 – Fermé 26 mai-3 juin, 28 juillet-19 août, 24 décembre-2 janvier, lundi, mardi soir, dimanche

Le Sauvage

HISTORIQUE • ÉLÉGANT Dans la vieille ville, le bâtiment est chargé d'histoire : couvent des minimes depuis le Moyen-Âge, saisi à la Révolution, il a été investi par les sœurs clarisses à partir de 1854... Salons intimes, belles boiseries et mobilier chiné, vues sur le Doubs et les remparts : les lieux ne sont qu'élégance et quiétude.

24 chambres – 99/350 € – 16 €

6 rue du Chapître – ✆ 03 81 82 00 21 – www.hotel-lesauvage.com

à Châtillon-le-Duc 10 km au Nord par D108 – ✉ 25870

Bistro Paul

CUISINE MODERNE • BISTRO Des produits honnêtes et bien mis en valeur, une exécution maîtrisée, une partition bistrotière séduisante, le tout réalisé par un jeune chef très compétent : voici ce qui vous attend dans cette maison toute de rouge vêtue, installée dans les environs de Besançon.

Menu 30 € – Carte 30/50 €

11 chemin des Maurapan – ☎ 03 81 88 59 95 – www.bistrotpaul.fr – Fermé 4-10 mars, 12 août-1er septembre, 25 décembre-2 janvier, lundi soir, mardi soir, dimanche

à École-Valentin 7 km au Nord de Besançon par N57 – ✉ 25480

Bistrot de Valentin

CUISINE TRADITIONNELLE • BISTRO Produits locaux de bonne qualité, assaisonnements et cuissons maîtrisés, assiettes aussi précises que gourmandes... L'esprit est gastronomique mais sans prétention, au gré d'une carte courte renouvelée au fil des saisons.

Menu 29/39 € – Carte 35/45 €

34 rue du Vallon – ☎ 03 81 80 03 90 – www.bistrotdevalentin.fr – Fermé 4 août-2 septembre, 23 décembre-3 janvier, lundi soir, mardi soir, mercredi soir, dimanche

à Geneuille 13 km au Nord par N57 et D1 – ✉ 25870

Château de la Dame Blanche

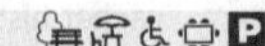

CUISINE MODERNE • CHIC Une grande dame que cette demeure à l'abri des regards, dont les décors cultivent un élégant classicisme. Le chef signe une cuisine gastronomique goûteuse et bien maîtrisée, à l'image de ce sandre d'inspiration du Doubs, sabayon au vin jaune et vieux comté râpé... Service courtois.

Menu 30 € (déjeuner), 48/90 € – Carte 60/75 €

1 chemin de la Goulotte – ☎ 03 81 57 64 64 – www.chateau-de-la-dame-blanche.com – Fermé 24 décembre-8 janvier, lundi midi, samedi midi, dimanche

Château de la Dame Blanche

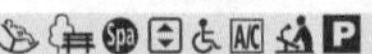

MAISON DE CAMPAGNE • PERSONNALISÉ Une superbe propriété dans la campagne bisontine, digne d'une image d'Épinal : cette belle demeure bourgeoise se dresse dans un grand parc boisé. Un lieu de douce villégiature : spa, grand calme et... pour les amoureux de nature, deux chambres perchées dans des cabanes en haut des arbres !

33 chambres – 95/174 € – 2 suites – 15 €

1 chemin de la Goulotte – ☎ 03 81 57 64 64 – www.chateau-de-la-dame-blanche.com

Château de la Dame Blanche – voir la sélection des restaurants

à Montfaucon 9 km au Sud-Est par D464 et D146 – ✉ 25660

La Cheminée

CUISINE CLASSIQUE • AUBERGE Pour une bouffée d'air pur en dehors de Besançon, voilà un chalet tout indiqué : sur les hauteurs du village, dominant les reliefs alentour, il offre un joli décor pour apprécier les spécialités régionales. En prime, une piscine ouverte aux clients du restaurant.

Menu 26 € (déjeuner), 37/63 € – Carte 67/83 €

3 rue de la Vue-des-Alpes – ☎ 03 81 81 17 48 – www.restaurantlacheminee.fr – Fermé 3-24 janvier, 28 août-17 septembre, lundi, mercredi soir, dimanche soir

BESSAS

✉ 07150 (Ardèche) – Carte régionale n° **2**-A3

Carte Michelin 331-H7

Auberge des Granges

CUISINE MODERNE • CONVIVIAL X Le jeune chef régale ses clients avec une cuisine liée aux produits du terroir, mais ne s'interdit pas des voyages à la mer, à partir du homard jusqu'aux Saint-Jacques. Autant de délices à déguster dans l'ambiance feutrée d'une ancienne grange. En été, profitez de la belle terrasse avec vue sur la campagne ardéchoise.

Menu 32/75 € – Carte 50/60 €

Au village – ✆ 04 75 38 02 01 – www.aubergedesgranges.com – Fermé lundi

BESSINES – 79 (Deux-Sèvres) ➜ voir Niort

BESSINES-SUR-GARTEMPE

✉ 87250 (Haute-Vienne) – Carte régionale n° **19**-B1
Carte Michelin 325-F4

Château Constant 

MAISON DE MAÎTRE • HISTORIQUE Une Salvadorienne, des voyages à travers le monde... et ce joli manoir du 19e s. dont elle a fait un lieu douillet et accueillant, à son image. Les chambres sont spacieuses et mêlent les styles avec caractère, et on a toujours de quoi s'occuper (instruments de musique, ping-pong), musarder (beau parc) et se repaître (table d'hôte). Sympathique !

5 chambres – 95 €

avenue du 11-novembre-1918 – ✆ 06 51 17 66 73 – www.chateau-constant.com

BÉTHUNE

✉ 62400 (Pas-de-Calais) – Carte régionale n° **13**-B2
Carte Michelin 301-I4

Au Départ

CUISINE MODERNE • ÉLÉGANT XXX La bonne table de Béthune, à deux pas de la gare. La salle, colorée et audacieuse, est en parfaite adéquation avec la cuisine du chef, gourmande et bien ficelée. L'un de ses plats phares : la Poularde du Nord, crème de betterave et risotto aux légumes verts... Belle carte des vins.

Menu 35/60 € – Carte 55/97 €

1 place François-Mitterrand – ✆ 03 21 57 18 04 – www.restaurant-depart.fr – Fermé 18-26 février, 12 août-4 septembre, lundi, mardi, samedi midi, dimanche soir

L'Art des Mets

CUISINE CLASSIQUE • CONVIVIAL X Ce restaurant de quartier bénéficie de tout l'enthousiasme du chef Olivier Duez, qui réalise une cuisine de base classique avec des produits de saison ; ainsi ce filet de poulet jaune, légumes oubliés et rattes du Touquet. Excellent rapport qualité-prix.

Menu 28/35 € – Carte 29/59 €

726 boulevard Raymond-Poincaré – ✆ 03 21 64 02 76 – www.art-des-mets.com – Fermé 15-23 avril, 2-25 août, lundi soir, mardi soir, mercredi, jeudi soir, samedi midi, dimanche soir

à Busnes 14 km au Nord-Ouest par D 943 et D187 – ✉ 62350

Meurin (Marc Meurin)

CUISINE MODERNE • ÉLÉGANT XXXX Bienvenue au Château de Beaulieu, splendide demeure en brique rouge nichée au cœur des Hauts-de-France, non loin de Busnes. Divine surprise, on y trouve (en plus d'une tranquillité à toute épreuve) un chef de grand talent, originaire de la région : Marc Meurin.
Installé en ces lieux depuis 2006, cet autodidacte pur jus a fait de son restaurant un mètre étalon de la gastronomie des Hauts-de-France. Avec "un bagage minimum", selon ses propres termes, il a su se hisser au rang des meilleurs cuisiniers du pays. Il faut dire que sa méthode est imparable : "la passion, le travail, beaucoup regarder, beaucoup apprendre".

Résultat des courses : une cuisine de haute volée, subtile et lisible, qui emprunte à la région ses meilleurs produits (on pense à la pomme de terre laurette) dans une démarche locavore cohérente et affirmée. Nos sens sont en ébullition, nos papilles en redemandent… jusqu'au chariot de mignardises qui, à lui tout seul, vaut carrément le détour.

→ Homard d'Audreselles, flan de poireau, févettes et céleri vivace. Ris de veau braisé, textures de carotte et condiment à la moutarde à l'ancienne. Parfum de rose

Menu 90/200 € – Carte 120/135 €

Le Château de Beaulieu, 1098 route de Lillers – ✆ 03 21 68 88 88 – www.lechateaudebeaulieu.fr – Fermé 2-15 janvier, 29 juillet-20 août, lundi, mardi midi, mercredi midi, jeudi midi, samedi midi, dimanche soir

Le Jardin d'Alice

CUISINE MODERNE • TENDANCE XX La seconde table du chef Marc Meurin, au sein du Château de Beaulieu, version bistrot coloré et décalé : nul doute que la pétillante héroïne de Lewis Carroll aurait apprécié l'endroit (déco branchée, parc) et plus encore la belle cuisine dans l'air du temps. C'est très souvent complet, pensez à réserver…

Menu 33/40 € – Carte 33/57 €

Le Château de Beaulieu, 1098 route de Lillers – ✆ 03 21 68 88 88 – www.lejardindalice.fr

Le Château de Beaulieu

DEMEURE HISTORIQUE • ÉLÉGANT Promesse d'un week-end de charme dans cette élégante demeure en brique de 1680, sise dans un grand parc (jardin aromatique, vignes). Élégantes et feutrées, les chambres sont très confortables et d'une quiétude incomparable. Grand espace séminaires.

16 chambres – ††170/280 € – 4 suites – ☕ 20 €

1098 route de Lillers – ✆ 03 21 68 88 88 – www.lechateaudebeaulieu.fr – Fermé 2-15 janvier, 29 juillet-20 août

✿✿ **Meurin** • **Le Jardin d'Alice** – voir la sélection des restaurants

à Gosnay 5 km au Sud-Ouest par D941 et D181 – ✉ 62199

Robert II

CUISINE CLASSIQUE • ÉLÉGANT XXX Le Robert II fait dans l'exercice de style avec la découpe au guéridon et le flambage devant le client. La cuisine privilégie les saisons et les produits nobles : ris de veau, homard, bar, turbot… Quant à la carte des vins, elle est exceptionnelle : plus de 800 appellations !

Menu 74/149 € – Carte 79/130 €

La Chartreuse du Val St-Esprit, 1 rue de Fouquières – ✆ 03 21 62 80 00 – www.ledomainedelachartreuse.com

La Chartreuse du Val St-Esprit

DEMEURE HISTORIQUE • CLASSIQUE Bâti sur les ruines d'une ancienne chartreuse dans un parc de 6 ha, ce château (1762) a beaucoup de charme et d'élégance. Les chambres arborent un style cossu : mobilier ancien, papiers peints et tentures dans la grande tradition… Un petit coin de paradis !

53 chambres – ††139/420 € – 1 suite – ☕ 20 €

1 rue de Fouquières – ✆ 03 21 62 80 00 – www.ledomainedelachartreuse.com

Robert II – voir la sélection des restaurants

La Métairie

BUSINESS • PERSONNALISÉ Une grande façade en briques rouges typiquement régionale, posée juste au bord de la route : impossible de manquer cette Métairie ! Les chambres sont confortables et fonctionnelles, l'ensemble est parfaitement tenu. Et pour dîner, direction la Distillerie et le Vasco.

40 chambres – ††121/208 € – ☕ 14 €

1 bis rue de Fouquières – ✆ 03 91 80 11 20 – www.hotel-lametairie.com

BEUVRON-EN-AUGE

✉ 14430 (Calvados) – Carte régionale n° **17**–C2
Carte Michelin 303-L4 – Guide Vert Michelin Normandie Vallée de la Seine

✿ Le Pavé d'Auge (Jérôme Bansard)

CUISINE CLASSIQUE • ÉLÉGANT XXX Chaleureux et typiquement normand (colombages, cheminée en pierre), ce restaurant occupe les anciennes halles du village. C'est ici une vocation que de susciter l'échange autour de bons produits ! Au menu, de beaux classiques préparés avec finesse et une interprétation savoureuse de la gastronomie régionale.

→ Noix de Saint-Jacques. Lièvre à la royale. Soufflé au Grand Marnier

Menu 45/83 €

✆ 02 31 79 26 71 – www.pavedauge.com – Fermé 18-24 février, 18 novembre-26 décembre, lundi, mardi

BEUZEVILLE

✉ 27210 (Eure) – Carte régionale n° **17**–A3
Carte Michelin 304-C5 – Guide Vert Michelin Normandie Vallée de la Seine

Hostellerie de la Hauquerie-Chevotel

MAISON DE CAMPAGNE • CLASSIQUE La particularité de cette adresse est d'être à la fois un hôtel... et un haras. Le cheval est à l'honneur dans l'intérieur feutré et confortable : nombreuses photos des "pensionnaires", cadres retraçant la généalogie de chevaux célèbres... De quoi piaffer de plaisir !

6 chambres – 110/165 € – 1 suite – ☕ 14 €

lieu-dit La Hocquerie (à 3 km par N175) – ✆ 02 31 65 62 40 – www.chevotel.com – Fermé 31 octobre-1er avril

Le Petit Castel & Spa

FAMILIAL • CONTEMPORAIN Un hôtel qui fait le buzz à Beuzeville : derrière sa façade bourgeoise traditionnelle, on découvre de jolies chambres, cosy et chaleureuses, ainsi qu'un charmant salon commun et un agréable espace bien-être. Autres atouts : Honfleur n'est qu'à 15 km et le pays d'Auge s'offre à vous !

16 chambres – 74/104 € – ☕ 12 €

32 rue Constant-Fouché – ✆ 02 32 20 48 95 – www.lepetitcastel.org

LES BÉZARDS

✉ 45290 (Loiret) – Carte régionale n° **8**–D2
Carte Michelin 318-N5

✿ Auberge des Templiers

CUISINE MODERNE • ÉLÉGANT XXX Certaines beautés ne se démodent jamais... C'est dans un décor immuable, de poutres et de cristal, et dans une salle ouvrant sur le magnifique parc, que l'on se régale d'une cuisine moderne et épurée, aux jeux de textures maîtrisés. Une belle adresse.

→ Foie gras de canard mi-cuit en soupe sèche, cassis et pomme tapée. Pigeon rôti, jus au cidre du Gâtinais. Soufflé Rothschild, glace à la vanille Bourbon

Menu 70 € (déjeuner), 120/160 € – Carte 110/150 €

20 Route Départementale 2007 (à Boismorand), 4 km de l'autoroute A77, sortie 19 – ✆ 02 38 31 80 01 – www.lestempliers.com – Fermé lundi, mardi midi

Auberge des Templiers

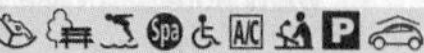

DEMEURE HISTORIQUE Une superbe architecture tout en colombages (17e s.), du mobilier d'époque, un cottage aux toits de chaume niché au milieu d'un parc, un accueil et des prestations dans la grande tradition française, sans oublier la belle piscine et le nouveau spa : tels sont les trésors de ces Templiers !

20 chambres – 155/360 € – 6 suites – ☕ 25 €

20 Route Départementale 2007 (à Boismorand), 4 km de l'autoroute A77, sortie 19 – ✆ 02 38 31 80 01 – www.lestempliers.com – Fermé 18 février-5 mars

✿ **Auberge des Templiers** – voir la sélection des restaurants

BÉZIERS

✉ 34500 (Hérault) – Carte régionale n° **21**-B2

Carte Michelin 339-E8

L'Ambassade

CUISINE MODERNE • ÉLÉGANT XXX Fraîcheur des produits, équilibre des assiettes : Patrick Olry, chef bien connu dans la région, fait ici la démonstration de son savoir-faire et de sa constance. Surtout, ne manquez pas les menus-dégustation sur la truffe, la Saint-Jacques ou le homard, qui ne sont pas pour rien dans la réputation de la maison.

Menu 32/130 € – Carte 55/90 €

22 boulevard de Verdun (face à la gare) – ✆ 04 67 76 06 24 – www.restaurant-lambassade.com – Fermé lundi, dimanche

Octopus

CUISINE MODERNE • CONTEMPORAIN XXX Moment de jolie gastronomie au cœur de Béziers, autour d'une belle cuisine de saison, signée Franck Radiu, accompagnée d'une sympathique sélection de vins "nature". Chaleureux décor contemporain et agréable terrasse en prime.

Menu 33/90 €

12 rue Boïeldieu – ✆ 04 67 49 90 00 – www.octopus-beziers.fr – Fermé lundi, dimanche

La Maison de Petit Pierre

CUISINE MODERNE • AUBERGE X Dans son restaurant non loin des arènes, Pierre Augé remporte un succès mérité. En véritable aubergiste, il compose une cuisine goûteuse et soignée, où les produits du marché sont en bonne place. L'ambiance et la convivialité font le reste : au final, une adresse vraiment sympathique.

Menu 25 € (déjeuner), 42/75 €

22 avenue Pierre-Verdier – ✆ 04 67 30 91 85 – www.lamaisondepetitpierre.fr – Fermé 16 août-6 septembre, 25 décembre-6 janvier, lundi midi, mardi midi, mercredi midi, jeudi, vendredi, samedi

In Situ

URBAIN • CONTEMPORAIN L'hôtel se pare de multiples œuvres contemporaines, pour la plupart réalisées par des artistes de la région, et propose des chambres modernes. Petite salle de fitness, sauna et hammam. Amateurs de street art, jetez un coup d'œil au garage...

24 chambres – 130/205 € – 15 €

67 avenue du 22-août-1944 – ✆ 04 67 80 08 07 – www.insituhotel.com

L'Hôtel Particulier

HÔTEL PARTICULIER Cette belle maison bourgeoise de 1892 a su préserver le charme de l'ancien (parquet, mosaïques de marbre) sans renoncer à la modernité (moulures retroéclairées, baignoires balnéo, bluetooth). Possibilité de massages en chambre. Petit-déjeuner jusqu'à midi. Une réussite !

9 chambres – 105/220 € – 15 €

65b avenue du 22-Août-1944 – ✆ 04 67 49 04 47 – www.hotelparticulierbeziers.com – Fermé 23 décembre-6 janvier

J.-D. Sudres/hemis.fr

ON AIME...

À **L'Entre Deux**, se laisser porter par les belles inspirations de Rémy Escale. Découvrir **Le Bistrot Gourmet** pour l'atmosphère, la cuisine et le cadre. Faire une escale à **L'Hôtel du Palais**, pour son art de vivre à la française.

BIARRITZ

✉ 64200 (Pyrénées-Atlantiques) – Carte régionale n° **18**–A3
Carte Michelin 342-C4 – Guide Vert Michelin Pays Basque et Navarre

Restaurants

✿ L'Impertinent (Fabian Feldmann)

CUISINE CRÉATIVE • CONTEMPORAIN XX Ici, point de conventions, le chef – d'origine allemande – laisse libre cours à sa créativité. Dans l'assiette, les produits, d'une fraîcheur revigorante, sont parfaitement cuisinés et assaisonnés avec originalité. On est (agréablement) surpris par les accords mets et vins, on se régale. Sans oublier le service, charmant.

→ Cuisine du marché

Menu 38 € (déjeuner), 82/101 €

Plan : A1-a – *5 rue d'Alsace*
– ✆ 05 59 51 03 67 – www.l-impertinent.fr –
Fermé lundi, mardi midi, dimanche

✿ Les Rosiers (Andrée et Stéphane Rosier)

CUISINE MODERNE • CONVIVIAL XX Le cadre, moderne et agréable, sert d'écrin à une séduisante cuisine de saveurs, réalisée à quatre mains, avec une maîtrise technique évidente. Madame a été la première "Meilleure Ouvrière de France" ! Ne serait-ce que pour cela, et le beau soleil de Biarritz, poussez la porte des Rosiers. Une adresse piquante.

→ Chair de tourteau au curry. Ris de veau cuit dans un beurre mousseux. Chocolat moelleux au maïs grillé

Menu 39 € (déjeuner), 85/150 € – Carte 76/92 €

Plan : A2-z – *32 avenue Beau-Soleil*
– ✆ 05 59 23 13 68 – www.restaurant-lesrosiers.fr –
Fermé lundi, mardi

Un important déjeuner d'affaires ou un dîner entre amis ?
Le symbole ⯐ vous signale les salons privés.

L'Impératrice

CUISINE CLASSIQUE • LUXE XXX Le restaurant gastronomique de l'Hôtel du Palais accueille le chef Jean-Marie Gautier, Meilleur Ouvrier de France présent sur place depuis plus de 25 ans. Il propose une cuisine autour de beaux produits, tel le homard bleu ou une truite de Banka de Michel Goicoechea.

Menu 95/135 € - Carte 105/145 €

Plan : E1-k - *Hôtel du Palais, 1 avenue de l'Impératrice - ✆ 05 59 41 64 00 - www.hotel-du-palais.com - Fermé 16 août-3 septembre, 1er octobre-30 juin, lundi, mardi, mercredi midi, jeudi midi, vendredi midi, samedi midi, dimanche midi*

Le Bistrot Gourmet

CUISINE MODERNE • BRASSERIE XX Dans un quartier plutôt calme, la façade discrète abrite ce restaurant aux allures de bistrot chic. La cuisine, gourmande et bien maîtrisée, se décline (c'est plutôt rare) en demi-portions ou en plats, selon l'appétit de chacun. Service attentionné et souriant.

Carte 38/55 €

Plan : A1-k - *18 rue de la Bergerie - ✆ 05 59 22 09 37 - www.le-bistrot-gourmet.com - Fermé mardi, mercredi*

La Table d'Aranda

CUISINE MODERNE • RUSTIQUE XX Bon bouche à oreille pour cette table vouée à la satisfaction de vos papilles... Ambiance rustique et basque (ancienne rôtisserie) ; cuisine actuelle avec quelques touches de créativité.

Menu 22 € (déjeuner), 30/57 €

Plan : A1-j - *87 avenue de la Marne - ✆ 05 59 22 16 04 - www.tabledaranda.fr - Fermé 6-30 janvier, 30 juin-10 juillet, lundi, dimanche*

Iqori (N)

CUISINE MODERNE • DESIGN X Dans le cadre intemporel du Regina, cette table met à l'honneur avec brio les produits basques et de l'Atlantique, dans une veine moderne. Et n'oublions pas, dans la continuité du superbe lobby de l'hôtel, la grande terrasse avec vue sur le phare de Biarritz.

Menu 29 € (déjeuner), 39/59 €

Plan : A1-r - *Le Regina, 52 avenue de l'Impératrice - ✆ 05 59 41 33 09 - hotelregina-biarritz.com*

Le Sin

CUISINE MODERNE • DESIGN X Au sein de la Cité de l'Océan, immanquable avec son architecture en forme de vague, le Sin offre une vue magnifique sur la mer et le château d'Ilbarritz. Le chef propose une cuisine bistrotière élaborée, qu'il fait évoluer tous les deux mois. Un exemple : ce pigeon fermier, jus tranché à l'ail et écrasé de pomme de terre.

Menu 32 € - Carte 53/75 €

Plan : A2-w - *1 avenue de la Plage (au 1er étage de la Cité de l'Océan) - ✆ 05 59 47 82 89 - www.le-sin.com - Fermé 7 janvier-4 février, lundi, mardi soir, dimanche soir*

Le Clos Basque

CUISINE MODERNE • RUSTIQUE X Pierres apparentes et azulejos confèrent un esprit ibérique à la petite salle, où l'on mange au coude-à-coude. Derrière les fourneaux, le chef signe une goûteuse cuisine du marché teintée de notes basques. Pensez à réserver, c'est presque toujours complet – et la terrasse est un rendez-vous pour les Biarrots !

Menu 27 €

Plan : E1-v - *12 rue Louis-Barthou - ✆ 05 59 24 24 96 - Fermé 5-25 février, 4-17 juin, 6-26 novembre, lundi, dimanche soir*

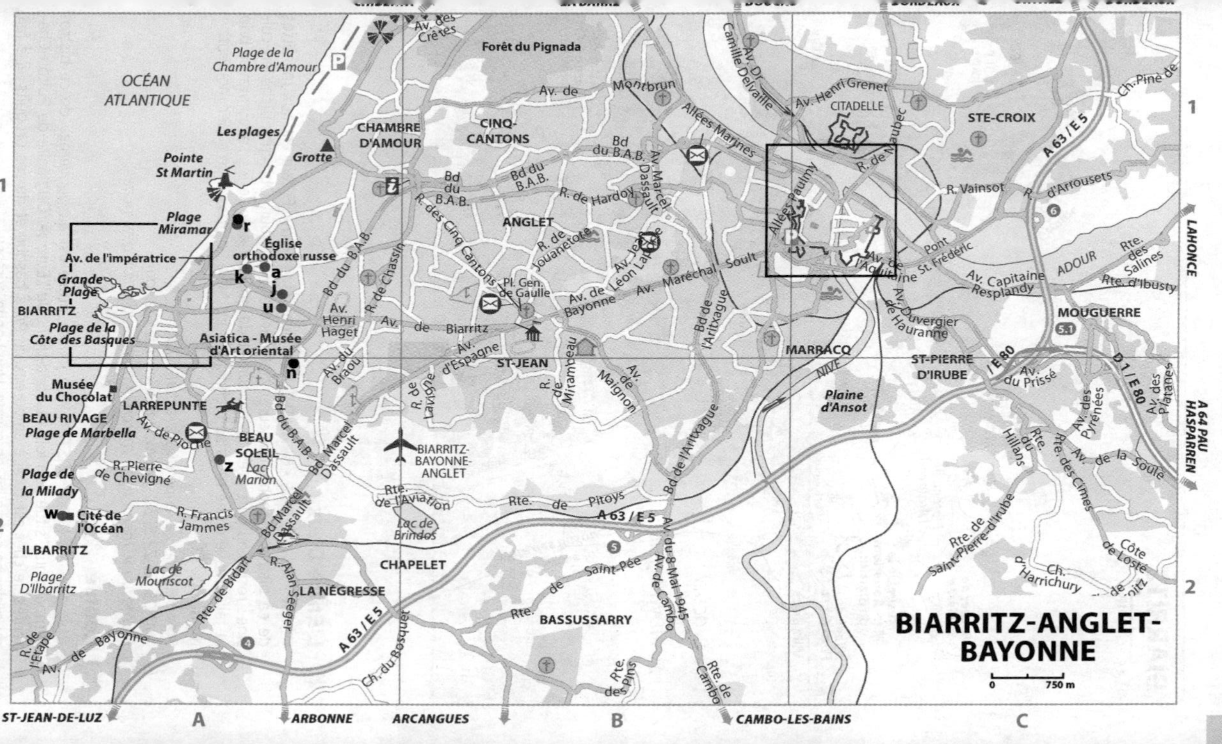

BIARRITZ-ANGLET-BAYONNE
0
750 m
OCÉAN ATLANTIQUE
Plage de la Chambre d'Amour
Forêt du Pignada
Les plages
Grotte
CHAMBRE D'AMOUR
CINQ-CANTONS
Pointe St Martin
Plage Miramar
Église orthodoxe russe
Av. de l'impératrice
Grande Plage
BIARRITZ
Plage de la Côte des Basques
Asiatica - Musée d'Art oriental
Musée du Chocolat
LARREPUNTE
BEAU RIVAGE
Plage de Marbella
BEAU SOLEIL
Lac Marion
Plage de la Milady
Cité de l'Océan
ILBARRITZ
Plage D'Ilbarritz
Lac de Mouriscot
LA NÉGRESSE
CHAPELET
Lac de Brindos
BIARRITZ-BAYONNE-ANGLET
ANGLET
ST-JEAN
BASSUSSARRY
MARRACQ
Plaine d'Ansot
CITADELLE
STE-CROIX
MOUGUERRE
ADOUR
ST-PIERRE D'IRUBE
Allées Marines
Allées Paulmy
Av. Dr Camille Delvaille
Av. Henri Grenet
R. de Naubec
R. Vainsot
R. d'Arrousets
Pont St. Frédéric
Av. Capitaine Resplandy
Rte. des Salines
Rte. d'Ibusty
Av. Duvergier de Hauranne
Av. de l'Aquitaine
Av. du Prissé
Av. des Pyrénées
Av. des Platanes
Rte. du Hillans
Rte. des Cimes
Av. de la Soule
Côte de Losté
Ch. d'Harrichury
Rte. de Saint-Pierre-d'Irube
Av. Maréchal Soult
Bd de l'Aritxague
Av. de Bayonne
Av. Jean Léon Laporte
Av. Marcel Dassault
R. de Hardoy
R. de Jouanetote
Pl. Gen. de Gaulle
R. des Cinq Cantons
Bd du B.A.B.
Av. de Montbrun
Av. des Crêtes
R. de Chassin
Av. de Biarritz
Av. d'Espagne
R. de Lavigne
R. de Mirambeau
Av. de Maignon
Av. Henri Haget
Av. du Braou
Bd Marcel Dassault
Av. de Pioche
R. Pierre de Chevigné
R. Francis Jammes
Rte. de l'Aviation
Rte. de Pitoys
A 63 / E 5
Av. du 8 Mai 1945
Av. de Cambo
Rte. de Saint-Pée
Rte. des Pins
Rte. de Cambo
Ch. du Bosquet
R. Alan Seeger
Rte. de Bidart
Av. de Bayonne
R. de l'Etape
D 1 / E 80
N 10
LAHONCE
A 64 PAU HASPARREN
ST-JEAN-DE-LUZ
ARBONNE
ARCANGUES
CAMBO-LES-BAINS
A
B
C
1
2

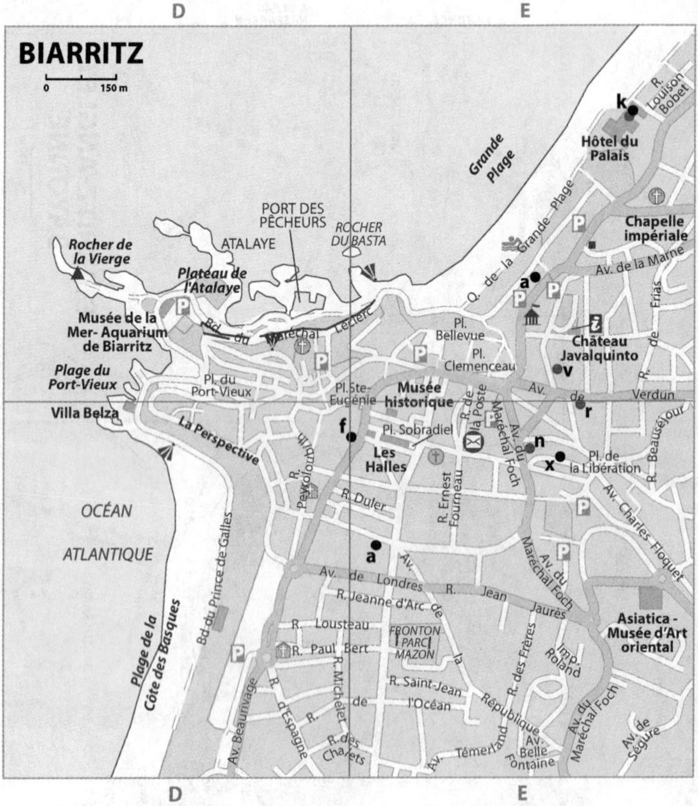

BIARRITZ

L'Entre Deux

CUISINE CLASSIQUE • BRANCHÉ Le jeune chef Rémy Escale est aux manettes de ce bistrot branché, chaleureux et décoré avec goût. Objectif affiché en cuisine : rester au plus près du produit et du goût ! Il associe les saveurs avec brio et fait preuve d'une maîtrise technique sans faille : on passe un super moment.

Menu 45/60 €

Plan : E2-n – *5 avenue du Maréchal-Foch*
– ✆ 05 59 22 51 50 – www.lentredeuxbiarritz.com –
Fermé lundi, mardi midi, mercredi midi, jeudi midi, dimanche

Léonie

CUISINE MODERNE • BISTRO Un jeune couple est au gouvernail de ce bistrot sympathique, situé non loin du rond-point de l'Europe. Originaire de Poitou-Charentes, le chef est tombé amoureux du Pays basque et de ses produits ; il a fait du gibier sa spécialité, en saison. Une bonne adresse.

Menu 18 € (déjeuner)/38 €

Plan : A1-u – *7 avenue de Larochefoucault*
– ✆ 05 59 41 01 26 – www.restaurant-biarritz-leonie.com –
Fermé mardi soir, mercredi

Le Pim'Pi Bistrot

CUISINE MODERNE • BISTRO Une bonne cuisine de bistrot, moderne et bien pensée, gourmande sans jamais peser sur l'estomac : voilà ce que propose le chef du Pim'Pi, que l'on avait déjà croisé lorsqu'il officiait chez Léonie, à Biarritz également. Si l'on ajoute à cela une ambiance très conviviale, difficile de résister à l'envie de s'attabler ici...

Menu 19 € (déjeuner)/38 €

Plan : E2-r – *14 Avenue de Verdun – ✆ 05 59 24 12 62 – www.lepimpi-bistrot.com – Fermé 13-30 janvier, 23 juin-3 juillet, lundi, dimanche*

Hôtels

Hôtel du Palais

PALACE • PERSONNALISÉ Un véritable palais de bord de mer... Résidence d'été construite par Napoléon III pour son épouse Eugénie, il fut ensuite l'un des hauts lieux de la Belle Époque (il devint hôtel en 1893). Grand escalier magistral, antiquités, confort dans les moindres détails... Cuisine classique à la Villa Eugénie. Luxe intemporel !

100 chambres – 575/1020 € – 45 suites

Plan : E1-k – *1 avenue de l'Impératrice – ✆ 05 59 41 64 00 – www.hotel-du-palais.com – Fermé 16 août-3 septembre, 1er octobre-30 juin*

L'Impératrice – voir la sélection des restaurants

Beaumanoir

LUXE • DESIGN Mobilier baroque et design, salle à manger d'esprit orangeraie, bar à champagne et suites ! Un charme luxueux règne dans ces anciennes écuries, à deux pas du centre et des plages.

4 chambres – 350/2500 € – 4 suites – 24 €

Plan : A2-n – *10 avenue de Tamamès – ✆ 05 59 24 89 29 – www.lebeaumanoir.com – Fermé 3 novembre-26 avril*

Le Regina

LUXE • COSY Une élégante façade blanche dominant la baie de Biarritz... La quintessence même du grand hôtel Belle Époque ! Après une complète réfection, l'établissement a retrouvé tout son lustre, mêlant âme Art déco et esprit couture – avec des clins d'œil à Coco Chanel. De la chambre "boudoir" au spa dernier cri, tout est superbe...

57 chambres – 149/1139 € – 8 suites – 26 €

Plan : A1-r – *52 avenue de l'Impératrice – ✆ 05 59 41 33 09 – www.hotelregina-biarritz.com*

Iqori – voir la sélection des restaurants

Hôtel de Silhouette

MAISON DE MAÎTRE • PERSONNALISÉ Une architecture noble et des décors originaux (notes colorées, papiers peints d'inspiration surréaliste, etc.) : cette demeure du 17e s. – ancienne propriété de la famille de Silhouette – a accompli sa mue. Déco tendance et détente, surtout dans les chambres avec vue sur la mer...

21 chambres – 195/495 € – 15 €

Plan : D2-f – *30 rue Gambetta (quartier des Halles) – ✆ 05 59 24 93 82 – www.hotelsilhouette.com*

Saint-Julien

TRADITIONNEL • CONTEMPORAIN Les chambres de cet hôtel sont joliment décorées, dans un style campagne-chic. Il fait bon laisser sa voiture au parking de l'établissement (payant, sur réservation) pour partir, à pied, à la découverte de la ville. Accueil charmant.

20 chambres – 75/205 € – 12 €

Plan : E2-a – *20 avenue Carnot – ✆ 05 59 24 20 39 – www.hotel-saint-julien-biarritz.fr*

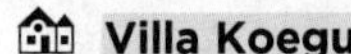

Villa Koegui

URBAIN · CONTEMPORAIN Un hôtel résolument contemporain dans une rue tranquille du centre-ville. Dans les chambres, mobilier design et photos composent un décor assez branché. Aux beaux jours, on prend son petit-déjeuner - avec l'incontournable gâteau basque ! – dans le joli patio...

14 chambres – 160/305 € – 1 suite – 15 €

Plan : E2-x – *7 rue de Gascogne – ✆ 05 59 50 07 77 – www.hotel-villakoegui-biarritz.fr*

Windsor

FAMILIAL Impossible de manquer cet imposant hôtel installé devant la grande plage, dont la moitié des chambres offrent une vue superbe sur l'océan. Déco moderne à l'intérieur, petit-déjeuner exclusivement composé de produits du Pays basque (le patron y tient !) : une belle adresse.

48 chambres – 89/339 €

Plan : E1-a – *11 avenue Edouard-VII – ✆ 05 59 24 08 52 – www.hotelwindsorbiarritz.com*

à Arcangues 8 km par La Négresse, D254 et D3 – ✉ 64200

Les Volets Bleus

MAISON DE CAMPAGNE · ÉLÉGANT Quiétude, verdure, authenticité : les atouts de cette villa basque perdue en pleine campagne. Matériaux nobles, chambres spacieuses aux murs patinés, tomettes et boutis.

5 chambres – 139/182 €

chemin Etchegaraya – ✆ 06 07 69 03 85 – www.lesvoletsbleus.fr – Fermé 1er novembre-15 avril

BIDARRAY

✉ 64780 (Pyrénées-Atlantiques) – Carte régionale n° **18**-A3

Carte Michelin 342-D3 – Guide Vert Michelin Pays Basque et Navarre

Ostapé

CUISINE CLASSIQUE · ÉLÉGANT XXX Au sein d'un superbe domaine bucolique, entre de nobles murs du 17e s., cette table élégante revisite avec bonheur la gastronomie navarraise. Les recettes sont autant de variations autour des bons produits locaux, à l'unisson de cette grandiose nature basque !

Menu 39/79 € – Carte 65/85 €

Domaine de Chahatoenia, 4 km au Nord par D349 – ✆ 05 59 37 91 91 – www.ostape.com – Fermé 18 novembre-8 mars

Ostapé

LUXE · TRADITIONNEL Plusieurs maisons basques parsemées dans un paysage de collines verdoyantes – un domaine de 45 ha que l'on parcourt avec une golfette prêtée pour le séjour ! Avec des chambres spacieuses et raffinées, de belles prestations, une nature préservée et omniprésente, voilà bien un établissement à part...

20 suites – 210/630 € – 2 chambres – 25 €

Domaine de Chahatoenia, 4 km au Nord par D349 – ✆ 05 59 37 91 91 – www.ostape.com – Fermé 18 novembre-8 mars

Ostapé – voir la sélection des restaurants

BIDART

✉ 64210 (Pyrénées-Atlantiques) – Carte régionale n° **22**-A3
Carte Michelin 342-C4 – Guide Vert Michelin Pays Basque et Navarre

Table des Frères Ibarboure (Xabi et Patrice Ibarboure)

CUISINE MODERNE • ÉLÉGANT XXX La Table des frères Ibarboure propose une cuisine originale, basée sur les beaux produits de la région, avec quelques clins d'œil inspirés des voyages du chef. Et la pâtisserie n'est pas en reste : les desserts se révèlent élégants et équilibrés. Profitez de la ravissante terrasse tournée vers le parc.

➔ Ris d'agneau de lait caramélisé, panoufles croustillantes et émulsion de yaourt. Tourteau façon txangurro comme le cuisinait Aita. Pomme granny smith façon tatin, émulsion et glace caramel au beurre salé

Menu 45 € (déjeuner), 65/115 € – Carte 93/124 €

Hostellerie des Frères Ibarboure, chemin Ttalienea, 4 km au Sud par D810, rte Ahetze et rte secondaire
– ✆ 05 59 47 58 30 – www.freresibarboure.com –
Fermé 7-25 janvier, 11-22 mars, 14-23 novembre, lundi midi, mercredi

Ahizpak Le Restaurant des Sœurs

CUISINE MODERNE • CONTEMPORAIN X C'est ici le repaire de trois *ahizpak* ("sœurs", en basque) absolument charmantes ! La plus jeune d'entre elles, Yenofa, travaille de superbes produits du terroir basque au bon vouloir des arrivages et des saisons ; ses plats, en plus d'être fins et goûteux, témoignent d'une générosité sans faille. Pensez à réserver.

Menu 32 €

avenue de Biarritz (Résidence Océanic) – ✆ 05 59 22 58 81 – Fermé mercredi midi, dimanche soir

L'Antre

CUISINE CRÉATIVE • BISTRO X Dans ce bistrot de cœur de village, la démarche locale est une vraie philosophie : avec des produits du marché ou faits maison (y compris charcuterie, poisson séché, vinaigres...), Luke Dolphin fait des merveilles. Maîtrise technique bien présente, assiettes pleines de surprises... et accueil tout sourire.

Menu 40/60 €

6 avenue de la Grande-Plage
– ✆ 05 59 47 78 92 – Fermé 6-28 janvier, lundi, mardi midi, mercredi midi, jeudi midi, dimanche

Elements (N)

CUISINE MODERNE • TENDANCE X L'ambiance est au rock et au punk (Iggy Pop, Sex Pistols, Eric Clapton) dans cette maison, et l'assiette *groove* tout autant : le jeune chef envoie des plats aussi intuitifs qu'inspirés, rythmés par les bons produits de la côte basque, avec en soutien de joyeux crus nature... et, certains weekends, des soirées vigneronnes prises d'assaut.

Carte 28/50 €

1247 avenue de Bayonne
– ✆ 09 86 38 08 51 – www.restaurant-elements.com/ –
Fermé 15 décembre-3 janvier, lundi, samedi, dimanche

La sélection de ce guide s'enrichit avec vous : vos découvertes et vos commentaires nous intéressent ! Coup de coeur ou coup de colère, écrivez-nous sur notre site Michelin Restaurants : restaurant.michelin.fr

Hostellerie des Frères Ibarboure

FAMILIAL · PERSONNALISÉ Beaucoup de fraîcheur et de calme dans les chambres de cette grande demeure basque, qui est aussi une étape gastronomique reconnue dans la région. Bel atout : l'écrin de verdure du parc. Petit-déjeuner gourmand servi, l'été, au bord de la piscine.

12 chambres – 139/279 € – 18 €

chemin Ttalienea, 4 km au Sud par D810, rte Ahetze et rte secondaire – ✆ 05 59 47 58 30 – www.freresibarboure.com – Fermé 7-25 janvier, 11-22 mars, 14-23 novembre

✿ **Table des Frères Ibarboure** – voir la sélection des restaurants

Villa L'Arche

TRADITIONNEL · PERSONNALISÉ Une grande villa ornée de mosaïques bleues, comme une œuvre de Gaudí sur la falaise. L'intérieur arbore un style épuré et design ; on profite aussi d'une jolie piscine à débordement et d'un accès direct à la plage par un petit chemin...

10 chambres – 160/410 € – 1 suite – 15 €

chemin Camboénéa – ✆ 05 59 51 65 95 – www.villalarche.com – Fermé 11 novembre-28 février

Itsas Mendia

FAMILIAL · PERSONNALISÉ L'enseigne – "mer et montagne" en basque – ne ment pas ! Dans cet hôtel proche de l'Océan, on aperçoit les Pyrénées... Construit dans les années 1920 par l'arrière-grand-père de la propriétaire actuelle, l'établissement n'a rien d'un musée, comme en témoignent les chambres, résolument design.

15 chambres – 150/360 € – 14 €

11 avenue de la Grande-Plage – ✆ 05 59 54 90 23 – www.hotelbidart.com – Fermé 6 janvier-21 mars, 11 novembre-25 décembre

BIELLE

✉ 64260 (Pyrénées-Atlantiques) – Carte régionale n° **18**-B3

Carte Michelin 342-J6 – Guide Vert Michelin Aquitaine

L'Ayguelade

FAMILIAL · COSY Cet hôtel accueillant, situé sur la route d'Espagne, abrite des chambres à la fois fonctionnelles et personnalisées (tissus et murs colorés, mobilier moderne), plus coquettes dans le bâtiment principal. Restaurant traditionnel.

12 chambres – 64/99 € – 9 €

10 quartier de l'Ayguelade, 1 km par route de Pau – ✆ 05 59 82 60 06 – www.hotel-ayguelade.com – Fermé 1er-10 novembre, 23 décembre-15 janvier

BIESHEIM – 68 (Haut-Rhin) → voir Neuf-Brisach

BILLIERS

✉ 56190 (Morbihan) – Carte régionale n° **7**-C3

Carte Michelin 308-Q9

✿ Domaine de Rochevilaine

CUISINE MODERNE · ÉLÉGANT XXX Envie de saveurs iodées, de fruits de mer savoureux, de poisson encore nimbé de l'écume de la marée ? Cette table est tout indiquée, qui fait un sacerdoce de respecter le produit, au-dessus de tout. Vue sur les flots.

→ Variation de saison autour de la langoustine. Homard de casier en différentes préparations. Paris-brest

Menu 44 € (déjeuner), 79/110 € – Carte 80/95 €

à la Pointe de Pen Lan, 2 km par D5 – ✆ 02 97 41 61 61 – www.domainerochevilaine.com

Domaine de Rochevilaine

SPA ET BIEN-ÊTRE · ÉLÉGANT Sur une pointe rocheuse fendant l'océan : l'âme du granit... alliée au luxe ! Le domaine consiste en un hameau (avec quelques bâtisses très anciennes), mêlant identité bretonne et décors ethniques – notamment au centre de balnéothérapie.

33 chambres – 213/555 € – 4 suites – 24 €

à la Pointe de Pen Lan, 2 km par D5 – 02 97 41 61 61 – www.domainerochevilaine.com

Domaine de Rochevilaine – voir la sélection des restaurants

BILLY

03260 (Allier) – Carte régionale n° **1**-C1

Carte Michelin 326-H5 – Guide Vert Michelin Auvergne

Auberge du Pont

CUISINE MODERNE · BISTRO Les fidèles de cette auberge se pressent toujours à ses portes, en quête d'une cuisine du marché goûteuse, réalisée par un chef plein d'entrain. Si le temps le permet, installez-vous sur la terrasse ombragée, qui surplombe l'Allier... Une certaine définition du bonheur.

Menu 20 € (déjeuner), 33/61 €

1 route de Marcenat, D130 – 04 70 43 50 09 – www.auberge-du-pont-billy.fr – Fermé 1er-8 janvier, 18-27 mai, 9 août-3 septembre, lundi, dimanche

BINIC

22520 (Côtes-d'Armor) – Carte régionale n° **7**-C1

Carte Michelin 309-F3 – Guide Vert Michelin Bretagne

Le Face à la Mer

POISSONS ET FRUITS DE MER · CONVIVIAL En bordure de plage, la salle de ce restaurant offre une vue imprenable sur les flots. Au menu, une cuisine marine réalisée avec des produits bien choisis : poissons et fruits de mer sont à la fête ! L'été, on propose une cuisine plus simple au rez-de-chaussée.

Menu 22 € (déjeuner) – Carte 40/58 €

8 boulevard Clemenceau (plage de la Banche) – 02 56 44 28 42 – Fermé 4-19 février, 1er-17 octobre, lundi, dimanche soir

Le Benhuyc

TRADITIONNEL · FONCTIONNEL Au cœur de la station, face au port de plaisance, une maison d'armateur datant de 1794, avec une véranda lumineuse en façade... Agréable ! Les chambres, contemporaines et fonctionnelles, raviront autant les clients d'affaires que les amoureux en goguette.

23 chambres – 68/135 € – 11 €

1 quai Jean-Bart – 02 96 78 79 79 – www.lebenhuyc.com

BIOT

06410 (Alpes-Maritimes) – Carte régionale n° **25**-E2

Carte Michelin 341-D6 – Guide Vert Michelin Côte d'Azur

Les Terraillers (Michaël Fulci)

CUISINE CRÉATIVE · ÉLÉGANT Aux commandes de cette authentique poterie du 16e s., reconvertie en charmant restaurant, Michaël Fulci concocte une cuisine créative aux accents du sud, raffinée et goûteuse, avec de beaux produits de saison. A déguster dans une salle élégante et chaleureuse, ornée des créations de maîtres verriers, ou sur la jolie terrasse.

→ Courgettes fleurs du pays farcies aux truffes, chips de fleur de courgette. Saint-pierre grillé, spaghettis de concombre, tzatziki aux herbes et jus de tête. Fraises en soufflé chaud à la marjolaine, en mousseux et en tartare

Menu 43 € (déjeuner), 79/130 € – Carte 105/170 €

11 route du Chemin-Neuf (au pied du village) – 04 93 65 01 59 – www.lesterraillers.com – Fermé 21 octobre-28 novembre, mercredi, jeudi

Chez Odile

CUISINE PROVENÇALE • RUSTIQUE X Peynet, peintre des années 1960, avait son rond de serviette dans cette auberge rustique élevée au rang d'institution locale. On est accueilli par Odile, joviale et passionnée. Le menu met à l'honneur les recettes régionales, accompagnées de vins locaux… et le tout se déguste en terrasse, bien sûr !

Carte 35/50 €

au village, chemin des Bachettes (au village) – ✆ 04 93 65 15 63 – Fermé mercredi, jeudi

BIOULE

✉ 82800 (Tarn-et-Garonne) – Carte régionale n° **22**–C2
Carte Michelin 337-F7

Les Boissières

CUISINE MODERNE • CONVIVIAL X Des plats bien ficelés et maîtrisés, qui respectent les fondamentaux et mettent en avant de jolies saveurs : voici ce que vous propose le chef ! Vous aurez même droit à quelques touches asiatiques – un clin d'œil aux origines de sa compagne. Le tout se découvre, aux beaux jours, sur l'agréable terrasse avec ses colonnes en pierre…

Menu 23 € (déjeuner) – Carte 40/55 €

708 route de Caussade – ✆ 05 63 24 50 02 – www.lesboissieres.com – Fermé lundi, samedi midi, dimanche soir

Les Boissières

FAMILIAL • TRADITIONNEL Au cœur d'un joli parc, cette maison de maître en brique et pierre du pays a de l'allure, sans parler de l'étable du 18ᵉ s., rénovée avec soin. Les chambres, confortables, mélangent avec raffinement le rustique et le moderne.

8 chambres – 90/130 € – ☕ 11 €

708 route de Caussade – ✆ 05 63 24 50 02 – www.lesboissieres.com – Fermé 24 février-11 mars, 5-19 août

Les Boissières – voir la sélection des restaurants

BIRIATOU – 64 (Pyrénées-Atlantiques) → voir Hendaye

BIRKENWALD

✉ 67440 (Bas-Rhin) – Carte régionale n° **10**–A1
Carte Michelin 315-I5

Au Chasseur

CUISINE TRADITIONNELLE • COSY XX Installez-vous dans d'élégantes salles à manger boisées, ou dans la winstub relookée dans un style plus contemporain. Ici, on se délecte d'une bonne cuisine traditionnelle, teintée de touches actuelles. Gibier en saison.

Menu 36/46 € – Carte 49/62 €

7 rue de l'Église – ✆ 03 88 70 61 32 – www.chasseurbirkenwald.com – Fermé 30 juin-11 juillet, 23 décembre-23 janvier, lundi, mardi midi, mercredi midi, jeudi midi, vendredi midi, samedi midi

Au Chasseur

AUBERGE • RÉGIONAL Dans un charmant village, cette auberge régionale (dans la même famille depuis sa création en 1929) propose des chambres chaleureuses, certaines tournées vers les Vosges. Au petit-déjeuner, le Kougelhopf est un régal. L'espace bien-être complet (sauna, jacuzzi, hammam…) est très plaisant.

19 chambres – 80/120 € – 2 suites – ☕ 16 €

7 rue de l'Église – ✆ 03 88 70 61 32 – www.chasseurbirkenwald.com – Fermé 30 juin-11 juillet, 23 décembre-23 janvier

Au Chasseur – voir la sélection des restaurants

BISCARROSSE

✉ 40600 (Landes) – Carte régionale n° **18**-B2
Carte Michelin 335-E8 – Guide Vert Michelin Aquitaine

Hype

URBAIN • TENDANCE Ce lieu, convivial et décontracté, propose 14 chambres agréables, décorées dans une veine contemporaine. Madame assure un accueil des plus agréables. Une adresse chaleureuse.

14 chambres – 73/127 € – 10 €

40 rue du Lieutenant-de-Vaisseau-Paris – ✆ 05 58 07 36 35 – www.hypehotel.fr – Fermé 16 décembre-12 janvier

à Biscarrosse-Plage 10 km au Nord-Ouest par D146 – ✉ 40600

Grand Hôtel de la Plage

LUXE • DESIGN Telle Aphrodite née de l'écume, cette belle architecture contemporaine semble émaner de l'Océan, dominant les flots de ses lignes originales et surtout de sa blancheur immaculée. Très design, épuré, chic, plein de charme : de la piscine à débordement au restaurant de la mer, l'établissement vaut le coup d'œil... et un séjour !

33 chambres – 180/540 €

2 avenue de la Plage – ✆ 05 58 82 74 00 – www.legrandhoteldelaplage.fr – Fermé 5 novembre-29 mars

BITCHE

✉ 57230 (Moselle) – Carte régionale n° **12**-D1
Carte Michelin 307-P4

Le Strasbourg (Lutz Janisch)

CUISINE MODERNE • ÉLÉGANT XXX Une véritable auberge du 21e s., sobre et épurée, bien en phase avec son époque. L'appétissante cuisine de Lutz Janisch s'inscrit dans le terroir local, dont on savoure gibier (en saison), agneau, légumes et fromages. Chambres sobres et fonctionnelles, certaines rénovées.

→ Tartare de bison, œuf de poule fermier poché et cornichons. Filet d'agneau, barigoule d'artichaut épineux et carotte. Crème de livèche, mirabelles poêlées à la santoline

Menu 40/80 € – Carte 60/70 €

24 rue du Colonel-Teyssier – ✆ 03 87 96 00 44 – www.le-strasbourg.fr – Fermé 1er-22 janvier, 28 octobre-5 novembre, lundi, mardi midi, dimanche soir

BLAINVILLE-SUR-MER

✉ 50560 (Manche) – Carte régionale n° **17**-A2
Carte Michelin 303-C5

Le Mascaret (Philippe Hardy)

CUISINE CRÉATIVE • ÉLÉGANT XX Un patio, un jardin d'herbes aromatiques et une cuisine précise et créative, mêlant avec bonheur les saveurs "terre et mer" : cette maison de pays a un charme fou ! Et comme il s'agit d'une ancienne pension de jeunes filles, on peut y faire halte très agréablement, dans une chambre originale et baroque.

→ Homard de Blainville, tuile à l'algue nori. Turbot ikejime rôti, légumes du jardin et condiments gourmands. Foisonnement de noix de coco fraîche, rubans de concombre et glace au lait de coco

Menu 25 € (déjeuner), 45/98 € – Carte 70/120 €

1 rue de Bas – ✆ 02 33 45 86 09 – www.lemascaret.fr – Fermé 2-20 janvier, lundi, dimanche soir

BLANQUEFORT – 33 (Gironde) → voir Bordeaux

BLANZY – 71 (Saône-et-Loire) → voir Montceau-les-Mines

BLAYE

⊠ 33390 (Gironde) – Carte régionale n° **18**-B1
Carte Michelin 335-H4

Clos Réaud de la Citadelle

MAISON DE MAÎTRE · COSY Totalement transformée par Helena et Fernando, ses propriétaires, cette ancienne chartreuse (1742) a un charme fou : mobilier et bibelots chinés, grandes cheminées, et surtout des chambres charmantes, toutes différentes. Piscine, jacuzzi et sauna.

5 chambres – 125/200 €

8 rue des Maçons – ✆ 06 99 44 43 34 – www.closreaud-citadelle.com

BLÉRÉ

⊠ 37150 (Indre-et-Loire) – Carte régionale n° **8**-A1
Carte Michelin 317-O5 – Guide Vert Michelin Châteaux de la Loire

Le Cheval Blanc

CUISINE CLASSIQUE · COSY XX Velouté de petits pois, jambon serrano et crème de chèvre ; pavé d'esturgeon à la mousseline de carottes... Au cœur de Bléré, dans cette demeure historique du 17ᵉs. (qui abrite aussi des chambres coquettes), le chef réalise une cuisine classique bien troussée, qui montre qu'il maîtrise son affaire. À noter que la carte est légèrement plus étoffée le soir.

Menu 32/65 € – Carte 40/60 €

5 place Charles-Bidault – ✆ 02 47 30 30 14 – www.lechevalblancblere.fr – Fermé 2-15 janvier, lundi, mardi

La Boulaye

CUISINE MODERNE · ROMANTIQUE X Il faut se perdre un peu dans la campagne pour trouver cette grange du 17ᵉ s., qui se révèle romantique et chaleureuse... C'est la maîtresse des lieux qui cuisine et ses plats sont très personnels ; on la sent inspirée par le terroir. Ses créations sont généreuses, aromatiques et colorées.

Menu 44 € – Carte 39/51 €

Lieu-dit La Boulaye, à 6 km par D96 – ✆ 02 47 50 29 21 – www.laboulaye.fr – Fermé 16 novembre-28 février, mardi, mercredi midi

BLESLE

⊠ 43450 (Haute-Loire) – Carte régionale n° **1**-B3
Carte Michelin 331-B2 – Guide Vert Michelin Auvergne

La Bougnate

CUISINE CLASSIQUE · AUBERGE X Elle a du charme cette Bougnate, paisible petite auberge de village aux volets bleus. En terrasse au pied de sa façade parcourue de vigne vierge, ou dans le décor rustique de sa salle, on apprécie une jolie cuisine locavore, concoctée dans le souci de la qualité. Et pour la nuit, les chambres ont le charme de la simplicité...

Menu 31/34 €

place du Vallat – ✆ 04 71 76 29 30 – www.labougnate.fr – Fermé 6 janvier-8 février, lundi, mardi

BLIENSCHWILLER

⊠ 67650 (Bas-Rhin) – Carte régionale n° **10**-C1
Carte Michelin 315-I6

Le Pressoir de Bacchus

CUISINE MODERNE · COSY XX On se presse dans cette jolie maison de la route des vins : le week-end, il convient de réserver très à l'avance. Telle est la renommée de la cuisine des Grucker, mère et fils, qui accommodent la tradition régionale avec originalité et goût ! Et la carte des vins met à l'honneur les nombreux vignerons de la commune...

Menu 33/51 € – Carte 48/56 €

50 route des Vins – ✆ 03 88 92 43 01 – Fermé lundi soir, mardi, mercredi midi

BLOIS

✉ 41000 (Loir-et-Cher) – Carte régionale n° **8**-A1

Carte Michelin 318-E6 – Guide Vert Michelin Châteaux de la Loire

Assa (Fumiko et Anthony Maubert)

CUISINE CRÉATIVE • ÉPURÉ XX Chaque matin ("assa" en japonais), le chef, Anthony Maubert, et sa compagne, Fumiko (pâtissière de formation), réécrivent le menu du jour... La fraîcheur n'est pas le seul atout de leur table, audacieuse, pleine de savoir-faire et de saveurs ! Et même la vue sur la Loire s'imprègne d'une poésie toute japonaise...

→ Cuisine du marché

Menu 49/85 € – Carte 85/85 €

189 quai Ulysse-Besnard, au Sud par D952, rte de Tours – ✆ 02 54 78 09 01 – www.assarestaurant.com – Fermé 20 janvier-2 février, 11-24 mars, 23 septembre-13 octobre, lundi, mardi, jeudi midi, dimanche soir

L'Orangerie du Château

CUISINE MODERNE • ÉLÉGANT XXX Dans une dépendance du château (15e s.), avec une belle terrasse ouvrant sur le monument... Esprit Renaissance et cuisine actuelle.

Menu 42 € (déjeuner), 41/88 € – Carte 85/110 €

1 avenue Docteur-Jean-Laigret – ✆ 02 54 78 05 36 – www.orangerie-du-chateau.fr – Fermé 17 février-7 mars, lundi, dimanche

Le Médicis

CUISINE MODERNE • CONVIVIAL XX Le décor est bien en phase avec les créations dans l'air du temps que l'on retrouve dans l'assiette. La cuisine suit le marché et les saisons, et le chef parsème sa cuisine de quelques touches asiatiques bienvenues : on passe un bon moment. Service chaleureux.

Menu 31 € (déjeuner), 39/83 € – Carte 51/82 €

2 allée François-1er – ✆ 02 54 43 94 04 – www.le-medicis.com – Fermé 2-24 janvier, 24-31 juillet, 21-28 octobre, lundi, dimanche soir

Au Rendez-vous des Pêcheurs

CUISINE MODERNE • CONVIVIAL X Un ancien repaire de pêcheurs dont le décor cultive un bel esprit bistrotier ! Poissons de la Loire, légumes bio de maraîchers de la région : les assiettes mettent à l'honneur de bons produits. Profitez en particulier du menu déjeuner, un vrai bon plan.

Menu 26 € (déjeuner), 39/80 € – Carte 55/80 €

27 rue du Foix – ✆ 02 54 74 67 48 – www.rendezvousdespecheurs.com – Fermé 4-25 août, lundi, dimanche

Mercure Centre

HÔTEL DE CHAÎNE • TENDANCE Sur les quais de Loire, cet hôtel propose des chambres contemporaines et d'agréables suites en duplex. Bar, piscine, sauna et hammam.

96 chambres – 113/208 € – 17 €

28 quai St-Jean – ✆ 02 54 56 66 66 – www.mercure-blois-centre.com

La Maison du Carroir

HISTORIQUE • ART DÉCO Construite au 19e s. derrière l'église St-Vincent, cette maison possède le charme des grandes demeures familiales... Les chambres, qui portent des prénoms anciens (Augustine, Victorine, Albertine, Amandine), sont vastes et se parent de mobilier chiné avec soin.

4 chambres – 105/120 €

20 rue Sainte-Catherine – ✆ 02 54 74 69 94 – www.lamaisonducarroir.com

BOESCHEPE

✉ 59299 (Nord) – Carte régionale n° **13**–B2
Carte Michelin 302-E3

Auberge du Vert Mont (Florent Ladeyn)

CUISINE CRÉATIVE • BRANCHÉ X Ambiance champêtre et service (très) décontracté dans cette auberge familiale, nichée dans la campagne des Flandres, près de la frontière belge. Une cuisine locavore (fruits, légumes, viandes et poissons), sans oublier la bière locale !

→ Cuisine du marché

Menu 21 € (déjeuner), 40/60 €

1318 rue du Mont-Noir – ✆ 03 28 49 41 26 – www.vertmont.fr – Fermé 14-23 avril, 28 avril-2 mai, 27 juillet-19 août, 22 décembre-4 janvier, lundi, dimanche

BOIS-COLOMBES – 92 (Hauts-de-Seine) → voir Autour de Paris

BOIS-PLAGE-EN-RÉ – 17 (Charente-Maritime) → voir Île de Ré

BOISSEUIL – 87 (Haute-Vienne) → voir Limoges

BOMMES – 33 (Gironde) → voir Sauternes

BONDUES – 59 (Nord) → voir Lille

BONIFACIO – 2A (Corse-du-Sud) → voir Corse

BONLIEU

✉ 39130 (Jura) – Carte régionale n° **6**–B3
Carte Michelin 321-F7 – Guide Vert Michelin Franche-Comté Jura

La Poutre

CUISINE MODERNE • RUSTIQUE XX Au cœur du bourg, cette auberge familiale de 1740 cultive son charme rustique. Pour la petite histoire, sachez que la poutre qui soutient le plafond mesure 17 m et provient d'une grume de sapin de 3 m^3 ! Quant au chef, il vous régale d'une jolie cuisine d'aujourd'hui, savoureuse et raffinée.

Menu 33/95 € – Carte 56/90 €

25 Grande-Rue – ✆ 03 84 25 57 77 – www.aubergedelapoutre.com – Fermé 25 octobre-5 mai, mardi, mercredi

Les Alpages

FAMILIAL • COSY Un établissement familial sur les hauteurs du village. Les chambres y sont fonctionnelles et bien tenues, et l'hiver, on s'installe confortablement au coin de la cheminée… Avant, bien entendu, d'aller gambader dans les alpages !

8 chambres – ½ Pension seulement 82/88 €

1 chemin de la Madone – ✆ 03 84 25 57 53 – www.hotel-lesalpages.com – Fermé 3 novembre-15 février

BONNAT

✉ 23220 (Creuse) – Carte régionale n° **19**–C1
Carte Michelin 325-I3

L'Orangerie

MAISON DE MAÎTRE • ÉLÉGANT Agréables salons, chambres confortables et douillettes, bon petit-déjeuner avec des cakes et des confitures maison, sans oublier le joli parc avec son court de tennis et son potager à la française… voici les atouts de cette imposante maison de village, située non loin du circuit automobile de Mornay.

30 chambres – ††92/126 € – ☕ 14 €

3 bis rue de la Paix – ✆ 05 55 62 86 86 – www.hotel-lorangerie.fr

BONNE

✉ 74380 (Haute-Savoie) – Carte régionale n° **4**–F1
Carte Michelin 328-K3

Baud

TRADITIONNEL • CONTEMPORAIN À quelques minutes de la frontière suisse et des contreforts du Chablais, cet hôtel-restaurant séduit par son design élégant (salons cossus, miroirs imposants, chambres grand confort). On se régale de produits artisanaux dès le petit-déjeuner.

20 chambres – 155/405 € – 17 €

181 avenue du Léman – ✆ 04 50 39 20 15 – www.hotel-baud.com

au Pont-de-Fillinges 2,5 km à l'Est – ✉ 74250

Le Pré d'Antoine

CUISINE MODERNE • ÉLÉGANT XX Un élégant décor contemporain, un service de qualité : on ne regrette pas d'avoir franchi le seuil de cette belle maison montagnarde, légèrement en retrait de la route. Le chef, Bernard Binaud, met tout son savoir-faire au service d'une cuisine de saison, savoureuse et sans fioriture. Du beau travail !

Menu 25 € (déjeuner), 48/65 € – Carte 40/80 €

15 route de Chez Radelet – ✆ 04 50 36 45 06 – www.lepredantoine.com – Fermé 1er-10 janvier, 1er-25 juillet, lundi, mardi midi

BONNÉTAGE

✉ 25210 (Doubs) – Carte régionale n° **6**–C2
Carte Michelin 321-K3

L'Étang du Moulin (Jacques Barnachon)

CUISINE MODERNE • FAMILIAL XXX Si le décor est moderne, la cuisine fait la part belle au terroir, de l'entrée (où le foie gras est souvent à l'honneur) jusqu'au dessert. Produits de qualité, combinaisons de saveurs harmonieuses : on est conquis. Deux atouts enfin : la carte de vins, qui se révèle riche en bonnes surprises, et le service, aimable et efficace.

→ Morilles cuites en ragoût au vin jaune. Raviolis de homard, haricots coco, petits légumes et bisque de homard. Fraîcheur de gentiane, parfait glacé aux bourgeons de sapin

Menu 47/149 € – Carte 49/100 €

5 chemin de l'Étang-du-Moulin, 1,5 km par D236 et chemin privé – ✆ 03 81 68 92 78 – www.etang-du-moulin.fr – Fermé 7-23 janvier, 8-18 juillet, 23-26 décembre, lundi, mardi midi, mercredi midi, dimanche soir

Le Bistrot

CUISINE TRADITIONNELLE • BISTRO X Croûte forestière, entrecôte de veau, filet de truite, saucisse de Morteau : les produits et recettes de tradition sont au menu de cet agréable Bistrot, qui complète idéalement l'offre de restauration de l'Étang du Moulin. Une cuisine simple et bien réalisée : on en redemande !

Menu 18 € (déjeuner), 24/38 € – Carte 35/55 €

L'Étang du Moulin, 5 chemin de l'Étang-du-Moulin, 1,5 km par D236 et chemin privé – ✆ 03 81 68 92 78 – www.etang-du-moulin.com – Fermé 7-23 janvier, 23-26 décembre, lundi, mardi midi

L'Étang du Moulin

FAMILIAL • FONCTIONNEL La nature pour écrin ! Ce grand chalet se dresse au bord d'un étang dont seul le léger clapotis vient troubler le calme des environs... Les chambres ouvrent grand sur la nature (certaines avec balcon) et leur décor contemporain rend zen. Agréable espace bien-être.

18 chambres – 120/225 € – 15 €

5 chemin de l'Étang-du-Moulin, 1,5 km par D236 et chemin privé – ✆ 03 81 68 92 78 – www.etang-du-moulin.fr – Fermé 7-23 janvier, 8-18 juillet, 23-26 décembre

L'Étang du Moulin • **Le Bistrot** – voir la sélection des restaurants

BONNEVILLE

✉ 74130 (Haute-Savoie) – Carte régionale n° **4**-F1
Carte Michelin 328-L4 – Guide Vert Michelin Alpes du Nord

à Vougy 5 km à l'Est par D1205 – ✉ 74130

Le Bistro du Capucin

CUISINE TRADITIONNELLE • VINTAGE X Dans un décor typique du genre – lambris, affiches publicitaires rétro, tables à touche-touche – le chef de ce bistrot propose de bons plats mettant l'accent sur la région : tartare de féra, quasi de veau et son risotto de légumes... Composez vous-même votre menu ou optez pour les suggestions de la carte.

Menu 32 € – Carte 36/55 €

Le Capucin Gourmand, 1520 route de Genève, D1205 – ✆ 04 50 34 03 50 – www.lecapucingourmand.com – Fermé 1er-6 janvier, 4-26 août, lundi, samedi midi, dimanche

Le Capucin Gourmand

CUISINE CLASSIQUE • ÉLÉGANT XXX Dans une élégante salle aux tons café, on déguste une cuisine classique proposée à travers une petite carte et deux menus : homard vinaigrette, tartare de féra... Voilà bien un capucin gourmand !

Menu 40/65 €

1520 route de Genève, D1205 – ✆ 04 50 34 03 50 – www.lecapucingourmand.com – Fermé 1er-6 janvier, 4-26 août, lundi, samedi midi, dimanche

Le Bistro du Capucin – voir la sélection des restaurants

BONNIEUX

✉ 84480 (Vaucluse) – Carte régionale n° **25**-E1
Carte Michelin 332-E11 – Guide Vert Michelin Provence

✿✿ La Bastide de Capelongue (Édouard Loubet)

CUISINE CRÉATIVE • ÉLÉGANT XXX Pour Édouard Loubet, savoyard d'origine, la haute gastronomie a toujours été une histoire de coups de foudre. Pour ses maîtres (Alain Chapel, Marc Veyrat), pour le Luberon (à prononcer sans accent aigu !), où il a trouvé selon ses propres mots "une énergie incroyable, des plantes, des produits, des agriculteurs", et enfin pour le village de Bonnieux.
Dans ce havre de paix, sa Bastide est devenue au fil des années un lieu de villégiature des saveurs provençales. Produits de la cueillette (ciboulette, sarriette, poireau sauvage, racines et bourgeons), légumes du marché et belles viandes de la région... qu'il arrose de vins sur mesure, conçus par lui-même avec la complicité de Laurent Bouet, œnologue et proche de longue date.
L'assiette, riche en saveurs, a de la finesse et du caractère. On y ressent tout l'amour du chef pour son pays d'adoption, pour ses paysans, pour cette nature qui renaît à chaque printemps... Longue vie à cette Bastide !

→ Truffe d'été en croûte, coulis de maïs à la mélisse et pop-corn. Carré d'agneau saisi en cocotte et fumé au thym, jus au serpolet. Soufflé parfumé au cèdre, glace au clou de girofle

Menu 85 € (déjeuner), 125/230 € – Carte 125/175 €

Chemin des Cabanes, 1,5 km par D232 et voie secondaire – ✆ 04 90 75 89 78 – www.capelongue.com – Fermé 18 novembre-15 mars, mardi, mercredi

La Bergerie

CUISINE TRADITIONNELLE • BISTRO X La Bastide de Capelongue version bistrot ! À l'unisson de la superbe vue dévoilée par la terrasse, la carte braque les projecteurs sur les produits de la région : tapenade, gigot d'agneau à la ficelle et plats en cocotte, indémodables marquises au chocolat et œufs à la neige. Et le savoir-faire de l'équipe n'est plus à prouver...

Menu 38 € – Carte 40/60 €

La Bastide de Capelongue, chemin des Cabanes, 1,5 km par D232 et voie secondaire – ✆ 04 90 75 89 78 – www.capelongue.com

L'Arôme

CUISINE PROVENÇALE • COSY Au pied du village, cette adresse respire l'intimité avec le terroir. De la salle voûtée du 14e s. à la terrasse, le décor frais et champêtre est des plus charmants. La cuisine elle-même cultive l'authenticité : en témoigne ce porc noir de Bigorre, confit de 8 heures, fruits de saison aux épices et vin de Maury...

Menu 32 € (déjeuner), 45/59 € – Carte 50/72 €

2 rue Lucien-Blanc – ☎ 04 90 75 88 62 – www.laromerestaurant.com – Fermé 15 novembre-15 décembre, mercredi, jeudi midi

Le Fournil

CUISINE PROVENÇALE • BRANCHÉ Pittoresque et originale, cette maison adossée à la colline avec sa terrasse, sur une placette à l'ombre des platanes, et sa salle troglodyte au décor contemporain. Au menu : une cuisine méridionale mettant en valeur de beaux produits, notamment à travers le menu du soir, plus recherché qu'au déjeuner.

Menu 35 € (déjeuner)/51 €

Place Carnot – ☎ 04 90 75 83 62 – www.lefournil-bonnieux.com – Fermé 18 novembre-9 février, lundi, mardi

La Bastide de Capelongue

LUXE • MÉDITERRANÉEN Au sommet des collines plantées de cèdres, ce petit hameau est un hymne à la Provence. La plupart des chambres, confortables et raffinées, jouissent d'une terrasse ou d'un balcon. Magnifique bassin de nage parmi la lavande. Idéal pour un bol d'air gorgé de soleil et de senteurs !

17 chambres – 120/580 € – 1 suite – 28 €

chemin des Cabanes, 1,5 km par D232 et voie secondaire – ☎ 04 90 75 89 78 – www.capelongue.com – Fermé 18 novembre-15 mars

La Bastide de Capelongue • **La Bergerie** – voir la sélection des restaurants

Le Clos du Buis

FAMILIAL • PERSONNALISÉ Cette jolie maison datant de 1850 – une ancienne boulangerie – accueille aujourd'hui des chambres confortables et bien tenues. Une cuisine est mise à votre disposition pour préparer votre repas... Charmant jardin.

10 chambres – 110/183 €

Rue Victor-Hugo – ☎ 04 90 75 88 48 – www.leclosdubuis.com – Fermé 25 novembre-14 mars

Jacques Palut/Fotolia.com

ON AIME...

Le dynamisme de la **scène gastronomique bordelaise :** du petit bistrot de quartier aux grandes tables étoilées, en passant par les bibs gourmands, la ville est savoureuse ! En témoigne **Garopapilles**, le restaurant-cave très prisé des gens du cru. Sans oublier **Le Pressoir d'Argent - Gordon Ramsay**, dont la séduisante cuisine sublime la tradition et la région.

BORDEAUX

✉ 33000 (Gironde) – Carte régionale n° **18**-B1

Carte Michelin 335-H5 – Guide Vert Michelin Aquitaine

Restaurants

✿✿ La Grande Maison de Bernard Magrez

CUISINE CRÉATIVE • ÉLÉGANT XxxX Le défi était de taille. Reprendre une institution bordelaise, la Grande Maison de l'homme d'affaires en œnologie, le Bordelais Bernard Magrez. Et qui mieux que Pierre Gagnaire, élu par ses pairs en 2015 plus grand chef étoilé du monde ? Triplement étoilé au restaurant de l'Hôtel Balzac, à Paris, Pierre Gagnaire a su se montrer à la hauteur de sa réputation – et du lieu : hall feutré, imposant escalier, deux salles à manger parées de bibliothèques murales et de fauteuils Napoléon III, lustres et voluptés. L'écrin splendide appelait une cuisine qui lui ressemble.

Reproduire les créations de Pierre Gagnaire est un vrai challenge pour ses équipes à travers le monde. À Bordeaux, son homme de confiance s'appelle Jean-Denis Le Bras, compagnon de route depuis onze ans. Un fidèle d'entre les fidèles, qui connaît son style et son sens du détail sur le bout de la toque.

Pari tenu, avec une gastronomie de haute volée et une somptueuse carte des vins, de plus de 1 000 références.

→ Corolle de haddock, marinière de coquillages, chantilly de concombre à l'aneth. Canard sauvage rôti entier aux bâtons de cannelle et feuilles de figuier. Le grand dessert de Pierre Gagnaire

Menu 85 € (déjeuner), 145/195 € – Carte 205/265 €

Plan : 2 C1-g – *10 rue Labottière*

– ✆ 05 35 38 16 16 – www.lagrandemaison-bordeaux.com –

Fermé lundi, dimanche

✿✿ Le Pressoir d'Argent - Gordon Ramsay

CUISINE MODERNE • ÉLÉGANT XxxX Le restaurateur britannique Gordon Ramsay (né en Écosse), véritable star, affole les statistiques sur Instagram. Celui qui aurait pu devenir footballeur professionnel, sans une méchante blessure, a choisi une carrière tout aussi sportive : chef cuisinier.

Triplement étoilé en Angleterre, son talent s'exprime également en France, au Pressoir d'Argent, dont il signe la carte, laissant à son équipe le soin de la réaliser. La maison doit son nom à la presse à homard Christofle en argent massif qui trône dans la salle : une pièce rarissime, conçue par Jacques Le Divellec, chef du restaurant La Cuisine de la Mer dans les années 1980, afin d'extraire les sucs du homard en salle.
Foie gras, truffes, caviar, poissons et vins : le terroir aquitain règne ici en majesté, et 95 % des produits utilisés en cuisine sont issus de la production locale. Gordon Ramsay ? So French!

→ Bœuf de Bazas en fin tartare et crème d'huître, caviar d'Aquitaine et pousses d'oxalis. Homard bleu à la presse cuisiné aux feuilles de citron, maïs, courgette et girolles. Vague croustillante au caramel, condiment acidulé et sorbet aux zestes

Menu 185/295 € - Carte 140/230 €

Plan : 3 F2-g - *InterContinental - Le Grand Hôtel, 2 place de la Comédie (1er étage) - ✆ 05 57 30 43 04 - www.bordeaux.intercontinental.com - Fermé 1er-14 janvier, 30 avril-6 mai, 30 juillet-13 août, 28 octobre-5 novembre, lundi, mardi midi, mercredi midi, jeudi midi, vendredi midi, samedi midi, dimanche*

✿ Le Pavillon des Boulevards (Thomas Morel)

CUISINE CRÉATIVE • CONTEMPORAIN XXX Deux associés, chef et sommelier, sont à la tête de ce Pavillon installé en périphérie du centre-ville. Ils proposent une cuisine volontiers créative, jouant des associations d'arômes et de parfums, et accompagnée de bons vins de la région.

→ Tartare de langoustines, nuage glacé de concombre et tzatziki au haddock. Homard rôti, houmous noir, citron yuzu fermenté et jus ibérique laqué. Fraîcheur d'agrumes, sablé croquant au chocolat blanc ivoire

Menu 35 € (déjeuner), 95/140 €

Plan : 2 C2-a - *120 rue de la Croix-de-Seguey - ✆ 05 56 81 51 02 - www.lepavillondesboulevards.fr - Fermé 21 avril-2 mai, 18 août-2 septembre, 31 décembre-7 janvier, lundi, dimanche*

✿ Garopapilles (Tanguy Laviale)

CUISINE MODERNE • ÉPURÉ X À la fois cave à vin et restaurant, Garopapilles porte bien son nom. Les plats sont goûteux, les produits frais et de qualité, et la carte des vins, élaborée par l'un des deux associés, propose plus de 500 références, de la région et d'ailleurs. Menu surprise savoureux. Vos papilles peuvent s'y rendre les yeux fermés !

→ Cuisine du marché

Menu 35 € (déjeuner)/90 €

Plan : 3 F2-d - *62 rue Abbé-de-l'Epée - ✆ 09 72 45 55 36 - www.garopapilles.com - Fermé 3-28 août, 22 décembre-2 janvier, lundi, mardi soir, mercredi soir, samedi, dimanche*

✿ La Table d'Hôtes - Le Quatrième Mur (Philippe Etchebest)

CUISINE CRÉATIVE • CONVIVIAL X Ici, Philippe Etchebest casse avec gourmandise les codes de la gastronomie. Une table unique de douze couverts face à la cuisine, pour découvrir son univers autour d'un menu unique en sept déclinaisons... le concept est ludique, novateur, et la partition culinaire réjouit : fine et savoureuse, avec un caractère bien trempé !

→ Cuisine du marché

Menu 170 €

2 place de la Comédie - ✆ 05 56 02 49 70 - www.quatrieme-mur.com - Fermé lundi midi, mardi midi, mercredi midi, jeudi midi, vendredi midi, samedi midi, dimanche midi

Un important déjeuner d'affaires ou un dîner entre amis ?
Le symbole ⌂ vous signale les salons privés.

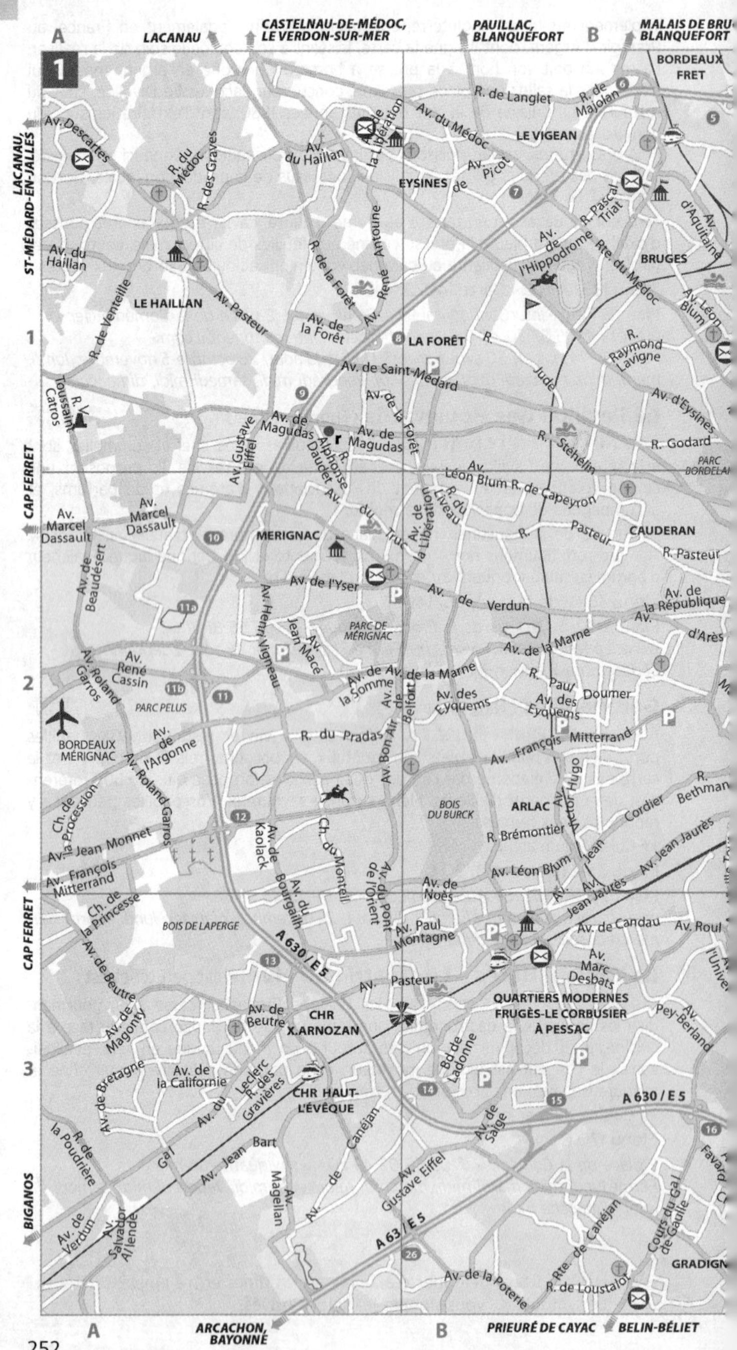

LACANAU
CASTELNAU-DE-MÉDOC, LE VERDON-SUR-MER
PAUILLAC, BLANQUEFORT
MALAIS DE BRU
BLANQUEFORT
BORDEAUX FRET
LACANAU, ST-MÉDARD-EN-JALLES
CAP FERRET
CAP FERRET
BIGANOS
ARCACHON, BAYONNE
PRIEURÉ DE CAYAC
BELIN-BÉLIET
EYSINES
LE VIGEAN
BRUGES
LE HAILLAN
LA FORÊT
MERIGNAC
CAUDERAN
PARC DE MÉRIGNAC
PARC PELUS
BORDEAUX MÉRIGNAC
BOIS DU BURCK
ARLAC
BOIS DE LAPERGE
QUARTIERS MODERNES FRUGÈS-LE CORBUSIER À PESSAC
CHR X.ARNOZAN
CHR HAUT-L'ÉVÊQUE
A 630 / E 5
A 63 / E 5
GRADIGN

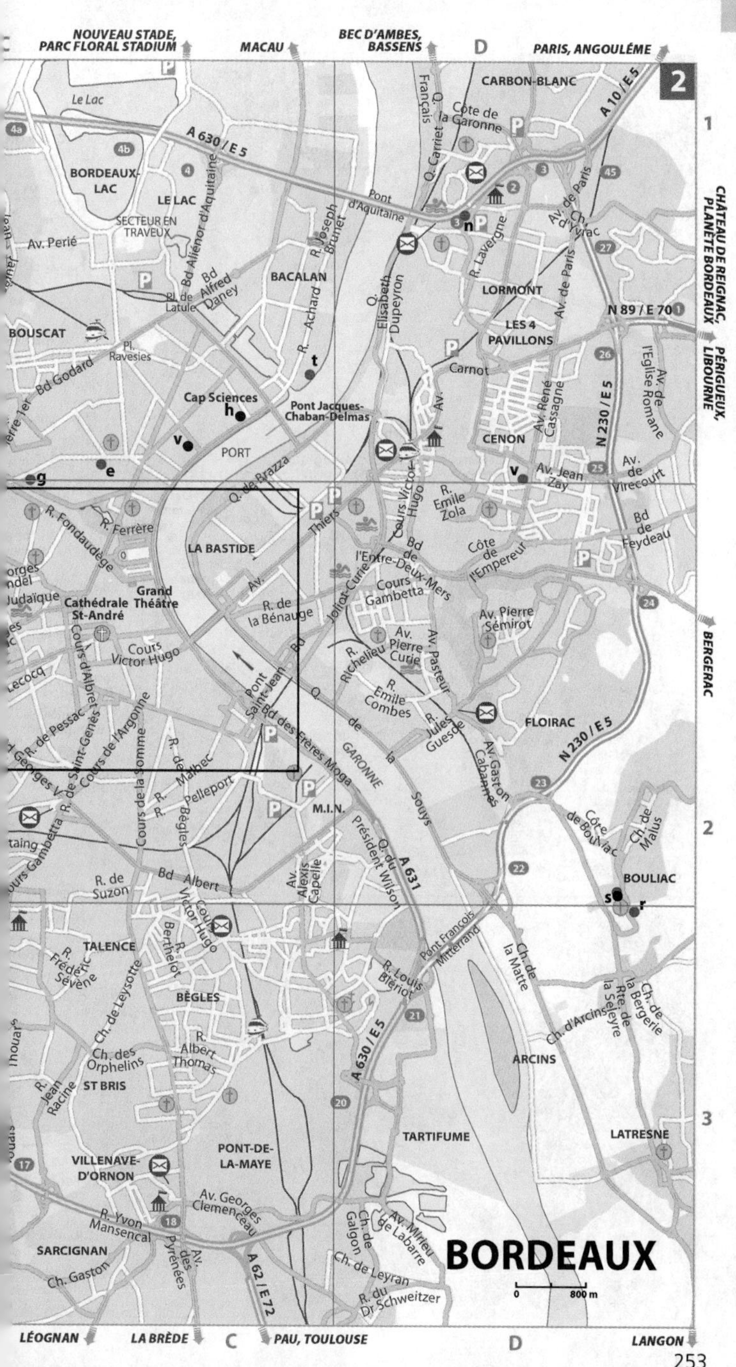
NOUVEAU STADE, PARC FLORAL STADIUM
MACAU
BEC D'AMBES, BASSENS
PARIS, ANGOULÊME
CHÂTEAU DE REIGNAC, PLANÈTE BORDEAUX
PÉRIGUEUX, LIBOURNE
BERGERAC
LÉOGNAN
LA BRÈDE
PAU, TOULOUSE
LANGON
BORDEAUX-LAC
LE LAC
BOUSCAT
BACALAN
Cap Sciences
Pont Jacques-Chaban-Delmas
PORT
LA BASTIDE
Grand Théâtre
Cathédrale St-André
CARBON-BLANC
LORMONT
LES 4 PAVILLONS
CENON
FLOIRAC
BOULIAC
M.I.N.
TALENCE
BÈGLES
ST BRIS
VILLENAVE-D'ORNON
PONT-DE-LA-MAYE
SARCIGNAN
TARTIFUME
ARCINS
LATRESNE
A 630 / E 5
A 10 / E 5
N 89 / E 70
N 230 / E 5
A 631
A 62 / E 72
BORDEAUX
0
800 m

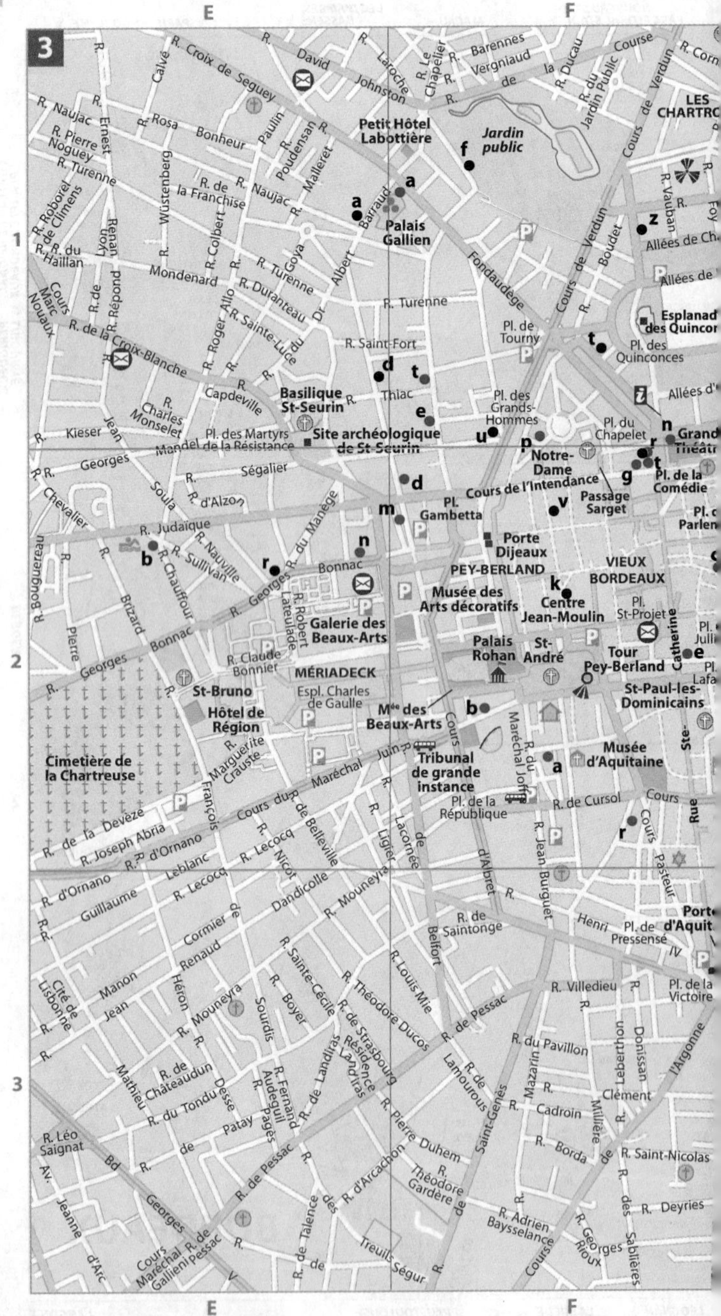

3
E
F
Petit Hôtel Labottière
Jardin public
Palais Gallien
LES CHARTRONS
Esplanade des Quinconces
Pl. des Quinconces
Pl. de Tourny
Basilique St-Seurin
Site archéologique de St-Seurin
Pl. des Martyrs de la Résistance
Pl. des Grands-Hommes
Notre-Dame
Pl. du Chapelet
Grand Théâtre
Pl. de la Comédie
Cours de l'Intendance
Passage Sarget
Pl. Gambetta
Porte Dijeaux
PEY-BERLAND
VIEUX BORDEAUX
Musée des Arts décoratifs
Centre Jean-Moulin
Pl. St-Projet
Galerie des Beaux-Arts
MÉRIADECK
Espl. Charles de Gaulle
Palais Rohan
St-André
Tour Pey-Berland
St-Paul-les-Dominicains
St-Bruno
Hôtel de Région
Mée des Beaux-Arts
Tribunal de grande instance
Musée d'Aquitaine
Cimetière de la Chartreuse
Pl. de la République
Pl. de Pressensé
Porte d'Aquitaine
Pl. de la Victoire
Cours de Verdun
Fondaudège
Cours d'Albret
Cours du Maréchal Juin
Cours Pasteur
Cours Marc Nouaux
R. de la Croix-Blanche
R. Judaïque
R. Georges Bonnac
R. de Pessac
R. Sainte-Catherine
Cours Maréchal Gallieni
1
2
3

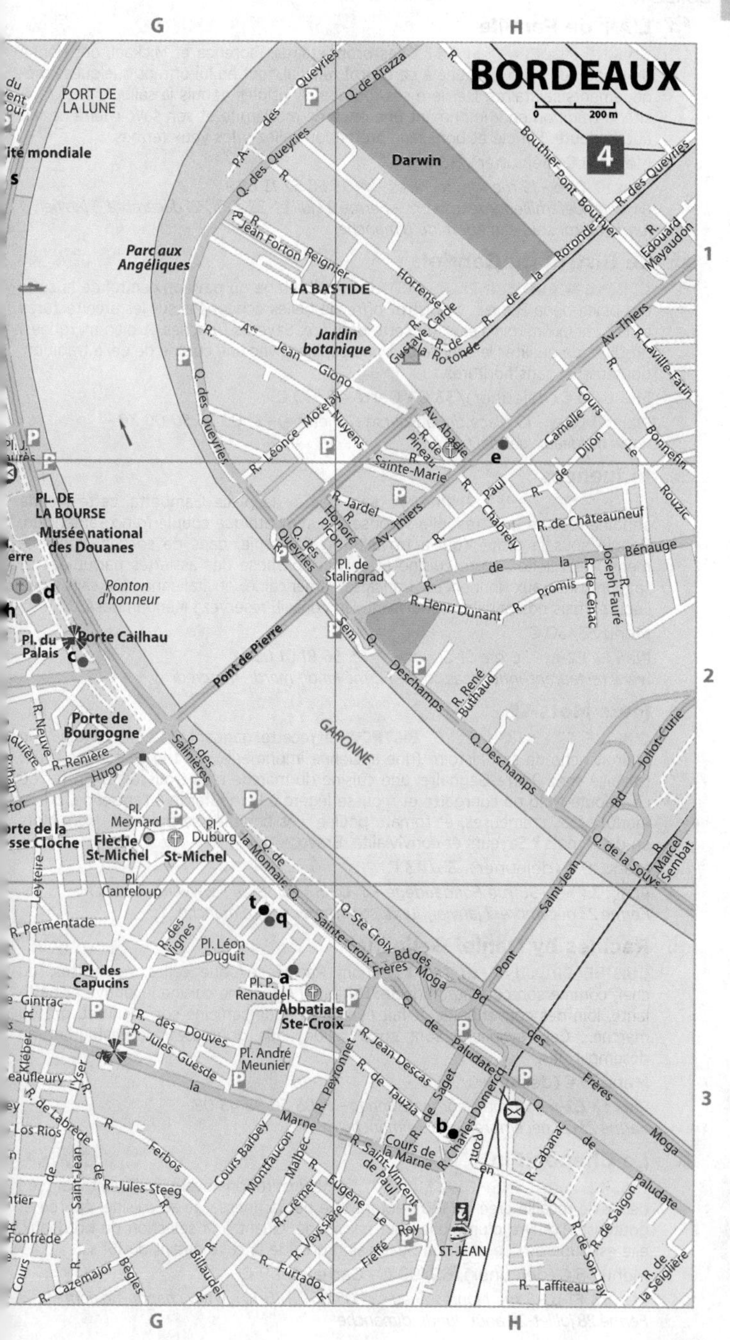
BORDEAUX
200 m
4
PORT DE LA LUNE
Darwin
Parc aux Angéliques
LA BASTIDE
Jardin botanique
PL. DE LA BOURSE
Musée national des Douanes
Ponton d'honneur
Porte Cailhau
Pl. du Palais
Porte de Bourgogne
Pont de Pierre
GARONNE
Pl. de Stalingrad
Pl. Meynard
Pl. Duburg
Flèche St-Michel
St-Michel
Pl. Canteloup
Pl. Léon Duguit
Pl. des Capucins
Pl. P. Renaudel
Abbatiale Ste-Croix
Pl. André Meunier
ST-JEAN
Q. des Queyries
Q. de Brazza
Av. Thiers
Q. Deschamps
Q. de la Souys
Q. de Paludate
Cours de la Marne
Pont Saint-Jean
G
H
1
2
3

L'Air de Famille

CUISINE MODERNE • SIMPLE X Les propriétaires, Florence et Mickael, ont donné un vigoureux coup de jeune à ce bistrot familial, tout en lui offrant quelques aménagements salutaires. Derrière ses fourneaux, visibles depuis la salle, le chef revisite la tradition en y imprimant une once de modernité et son savoir-faire ne fait aucun doute. Simple et bon, sans prétention : allez-y les yeux fermés.

Menu 18 € (déjeuner)/33 €

Plan : 2 C1-e - *15 rue Albert-Pitres - ✆ 05 56 52 13 69 - www.lairdefamillebordeaux.com - Fermé 27 juillet-23 août, 21 décembre-3 janvier, lundi, mardi soir, samedi midi, dimanche*

Le Bistrot du Gabriel

CUISINE TRADITIONNELLE • BISTRO X Au 1er étage du pavillon central de la célèbre place de la Bourse, ce bistrot offre de belles échappées sur les architectures et le fameux "miroir d'eau" de cette dernière. Saveurs franches et bien marquées, produits de qualité : le chef réjouit nos papilles avec une cuisine de belle tradition, goûteuse et sans fioritures.

Menu 26 € (déjeuner)/33 € - Carte 48/60 €

Plan : 4 G2-v - *10 place de la Bourse (1er étage) - ✆ 05 56 30 00 30 - www.bordeaux-gabriel.fr*

Influences

CUISINE MODERNE • SIMPLE X À deux pas de la place Gambetta, cette façade anodine réserve une très jolie surprise. Un sympathique couple franco-américain, Ronnie sous la toque (qui a travaillé en Californie, dans de solides établissements) et Aliénor, entre cuisine et service, propose des assiettes parfumées et savoureuses, aux influences française, américaine et italienne. La salle joue l'épure, mais nos papilles bondissent. Un conseil, réservez ! Menu imposé.

Menu 33/50 €

Plan : 3 F2-m - *36 rue St-Sernin - ✆ 05 56 81 01 05 - www.restaurant-influences.com - Fermé lundi, mardi, mercredi*

Mets Mots (N)

CUISINE TRADITIONNELLE • BISTRO X La recette gagnante de Mets Mots ? Un endroit riche de son histoire (une ancienne imprimerie), un trio de toques ayant travaillé chez Pierre Gagnaire, une cuisine du marché bien troussée, à l'instar de ce velouté froid de courgette et mousse légère à la moutarde à l'ancienne, ou du merlu, pâtes crémeuses, et tomate poêlée. Les habitués se pressent. Mets Mots en deux mots ? Saveurs et convivialité. Bravo.

Menu 19 € (déjeuner), 33/43 €

Plan : 3 F1-a - *98 rue Fondaudège - ✆ 05 57 83 38 24 - www.metsmots.fr - Fermé 23 décembre-7 janvier, lundi soir, mardi soir, dimanche*

Racines by Daniel Gallacher

CUISINE CRÉATIVE • BISTRO X Le nom Racines évoque celles, écossaises, du chef, comme son côté autodidacte. De fait, il signe une cuisine inventive et pétillante, loin des conventions, et fait évoluer chaque semaine son menu au gré du marché... Ces Racines-là sont aussi solides que goûteuses : le restaurant ne désemplit pas.

Menu 19 € (déjeuner)/29 €

Plan : 3 E2-n - *59 rue Georges-Bonnac - ✆ 05 56 98 43 08 - Fermé 23-27 décembre, lundi, dimanche*

Le Chapon Fin

CUISINE MODERNE • CLASSIQUE XXXX Une institution locale, qui ravit par son décor de rocaille créé en 1901, autant que par la finesse de sa cuisine, épurée et goûteuse, l'œuvre d'un jeune chef passionné. Quant à la sélection de bordeaux, elle est superbe ! Le plus : un beau salon près de la cave datant du 16e s...

Menu 35 € (déjeuner), 69/99 € - Carte 82/119 €

Plan : 3 F1-p - *5 rue Montesquieu - ✆ 05 56 79 10 10 - www.chapon-fin.com - Fermé 28 juillet-26 août, lundi, dimanche*

Le Gabriel

CUISINE MODERNE • CLASSIQUE XX Cadre d'exception pour cet établissement installé dans le pavillon central de la célèbre place de la Bourse, face au miroir d'eau. Ses délicieux salons 18e s. se prêtent à la dégustation d'une cuisine créative. Joli moment en perspective...

Menu 95/115 € – Carte 84/106 €

10 place de la Bourse (2ème étage) – ✆ 05 56 30 00 70 – www.bordeaux-gabriel.fr – Fermé lundi, mardi midi, mercredi midi, jeudi midi, dimanche

Akashi (N)

CUISINE MODERNE • ÉPURÉ XX Une bonne surprise ! Sous des dehors a priori sans prétention (petite salle, repas au coude-à-coude), on découvre une vraie bonne table ; elle est menée par Akashi, jeune chef japonais converti à la cuisine française, ses techniques et ses bons produits. Les assiettes, précises et savoureuses, gagnent à être connues.

Menu 29 € (déjeuner), 55/68 €

Plan : 3 F2-e – *45 rue du Loup – ✆ 05 57 99 95 09 – www.restaurantakashi.com – Fermé lundi, mardi midi, dimanche*

Le Bordeaux - Gordon Ramsay

CUISINE TRADITIONNELLE • BRASSERIE XX Gordon Ramsay a beau être un chef de stature internationale, il n'a pas oublié ses racines britanniques... qu'il a insufflées dans la carte de cette brasserie historique du centre-ville bordelais : bœuf Wellington et autre *fish and chips* sont ici agrémentés avec les produits du terroir local.

Menu 39 € – Carte 50/90 €

Plan : 3 F2-r – *InterContinental - Le Grand Hôtel, 2 place de la Comédie – ✆ 05 57 30 43 46 – www.bordeaux.intercontinental.com*

Le Clos d'Augusta

CUISINE MODERNE • COSY XX Raviolis de langoustines, maïs à la vanille et voile de pistache ; carré de cochon, pulpe de carottes jaunes, crème aux haricots tarbais... Voici un aperçu de la cuisine proposée par le chef, qui fait tout maison, y compris le pain et les glaces ! Le tout à apprécier dans un cadre feutré et élégant, avec une jolie terrasse pour l'été.

Menu 28 € (déjeuner), 49/69 € – Carte 62/71 €

Plan : 1 B2-a – *339 rue Georges-Bonnac – ✆ 05 56 96 32 51 – www.leclosdaugusta.fr – Fermé 29 juillet-15 août, 23-30 décembre, lundi midi, samedi midi, dimanche*

Côté Rue

CUISINE MODERNE • ÉLÉGANT XX Au rez-de-chaussée d'un hôtel particulier du 18e s., dans une grande salle mariant l'ancien et le moderne, on découvre le travail du jeune chef-patron Rudy Ballin : de jolies recettes bien équilibrées, pile dans l'air du temps, tout en saveurs plaisantes et en présentations soignées... pas de doute : il sait parler à nos papilles ! Une maison attachante.

Menu 35 € (déjeuner)/70 €

Plan : 3 F2-r – *4 rue Paul-Louis-Lande – ✆ 05 56 49 06 49 – www.cote-rue-bordeaux.fr – Fermé lundi, samedi midi, dimanche*

Le Davoli

CUISINE MODERNE • COSY XX Le quartier St-Pierre, ses petites rues, ses bars, ses restaurants et... Le Davoli ! Une adresse où les gourmands apprécient des recettes alléchantes, entre classicisme et modernité, réalisées par un chef ayant travaillé dans de belles maisons. Cerise sur le gâteau : l'accueil, aux petits soins.

Menu 28 € (déjeuner), 42/62 €

Plan : 4 G2-h – *13 rue des Bahutiers – ✆ 05 56 48 22 19 – www.ledavoli.com – Fermé 24 février-5 mars, 5-21 août, lundi, dimanche*

L'Oiseau Bleu

CUISINE MODERNE • DESIGN XX Cette maison médocaine est l'ancien poste de police du quartier de la Bastide. Un couple sympathique y propose une cuisine bien dans l'air du temps, réglée sur le marché ; le pigeonneau au foin et le soufflé chaud en dessert sont les spécialités de la maison. Terrasse au calme, côté jardin. Décidément, un joli nid de gourmands !

Menu 28 € (déjeuner), 45/70 € – Carte 53/70 €

Plan : 4 H1-e – *127 avenue Thiers – ✆ 05 56 81 09 39 – www.loiseaubleu.fr – Fermé 1er-7 janvier, 28 avril-13 mai, 11-26 août, lundi, dimanche*

La Tupina

CUISINE TRADITIONNELLE • RUSTIQUE XX Cette auberge joliment champêtre a tout le goût d'autrefois… Le truculent patron, pétri de patrimoine gastronomique, défend le terroir avec conviction, et l'on se régale de copieux plats du Sud-Ouest, mais aussi de viandes rôties et de légumes de saison – de beaux produits exposés à la vue des clients et qui mettent en appétit !

Menu 18 € (déjeuner)/74 € – Carte 45/80 €

Plan : 4 G3-q – *6 rue Porte-de-la-Monnaie – ✆ 05 56 91 56 37 – www.latupina.com – Fermé lundi*

C'Yusha

CUISINE MODERNE • CONVIVIAL X Cuisine actuelle relevée d'épices, de plantes et d'herbes, signée par un chef qui travaille seul, sous le regard des gourmands. Et cerise sur le gâteau : les légumes sont ceux de son potager. Côté cadre, le minimalisme et l'intimité (peu de couverts) priment. Au cœur du vieux Bordeaux, un lieu résolument contemporain.

Menu 35/45 € – Carte 60 €

Plan : 4 G2-c – *12 rue Ausone – ✆ 05 56 69 89 70 – www.cyusha.com – Fermé 14-21 avril, 29 juillet-20 août, 23-30 décembre, lundi, vendredi midi, samedi midi, dimanche*

Le Quatrième Mur

CUISINE MODERNE • BRASSERIE X Au théâtre, le quatrième mur est celui, invisible, qui sépare le public de la scène. Un nom tout choisi pour cette table installée dans les ors du Grand théâtre ! Un produit de qualité, une cuisson précise, une garniture et un jus : Philippe Etchebest va à l'essentiel et nous régale en toute simplicité.

Menu 34 € (déjeuner)/51 €

Plan : 3 F1-n – *2 place de la Comédie – ✆ 05 56 02 49 70 – www.quatrieme-mur.com*

Le 7

CUISINE MODERNE • DESIGN X Comme son nom l'indique, ce restaurant est installé au septième étage de la Cité du Vin : il offre un panorama imprenable sur la Garonne et le centre-ville de Bordeaux. Au menu, une cuisine dans l'air du temps plutôt bien tournée, avec un joli choix de vins au verre.

Menu 65 € – Carte 64/69 €

Plan : 2 C1-t – *4 esplanade de Pontac (à la Cité du Vin) – ✆ 05 64 31 05 40 – www.le7restaurant.com*

Bistrot Glouton

CUISINE CLASSIQUE • BISTRO X Avis aux gloutons : ce bistrot leur est dédié ! Atmosphère feutrée pour cet établissement qui joue habilement la carte bistrotière autour de plats gourmands : œufs en meurette, parmentier de joue de bœuf, agneau des Pyrénées… En été, profitez de l'agréable terrasse sur le trottoir, donnant sur une rue calme.

Menu 20 € (déjeuner)/40 €

Plan : 3 F2-b – *15 rue des Frères-Bonie – ✆ 05 56 44 36 21 – www.gloutonlebistrot.com*

Café du Théâtre by Hugo Lederer

CUISINE MODERNE • CONVIVIAL Du rouge, du noir, un grand comptoir... et une jolie cuisine du marché, soucieuse de révéler les saveurs des produits de saison. Pas de relâche pour le chef, formé dans plusieurs maisons estampillées Ducasse, qui assure un service tardif les soirs de spectacle – le Théâtre national de Bordeaux est à côté – et propose même des cours de cuisine. Bravo !

Menu 26 € (déjeuner)/35 €

Plan : 4 G3-a – *3 place Pierre-Renaudel – 05 57 95 77 20 – www.le-cafe-du-theatre.fr – Fermé lundi soir, mardi soir, mercredi soir, jeudi soir, vendredi soir, samedi, dimanche*

Comptoir Cuisine

CUISINE TRADITIONNELLE • TENDANCE Chic, un néobistrot avec ses cuisines ouvertes et ses deux salles conviviales autour du comptoir, ou plus intime au premier étage, sur la mezzanine ! La carte est alléchante, avec un choix de vins au verre étoffé. Une bonne adresse.

Carte 35/60 €

Plan : 3 F2-t – *2 place de la Comédie – 05 56 56 22 33 – www.comptoircuisine.com*

Une Cuisine en Ville

CUISINE MODERNE • TENDANCE De Dax à Bordeaux, il n'y a qu'un pas que le chef, Philippe Lagraula, a franchi... pour le plus grand plaisir des Bordelais ! Dans son bistrot à la déco résolument dans l'air du temps, il met à l'honneur les produits de la région et fait même quelques emprunts à la tradition péruvienne, pays d'origine de son épouse...

Menu 19 € (déjeuner), 50/65 € – Carte 50/70 €

Plan : 3 F1-t – *77 rue du Palais-Gallien – 05 56 44 70 93 – www.une-cuisine-en-ville.com – Fermé lundi, dimanche*

Dan

INFLUENCES ASIATIQUES • EXOTIQUE Quatre mains pour une symphonie franco-asiatique ! Voilà la surprise que nous réserve Dan ("lampion" en mandarin). Fort d'une expérience de huit ans à Hong Kong, le chef associe le terroir français aux influences hongkongaises, à l'instar de ce cochon de Bigorre, aubergines à la sichuanaise et pickles de légumes.

Menu 32/75 €

Plan : 4 G2-a – *6 rue du Cancéra – 05 40 05 76 91 – www.danbordeaux.com – Fermé 1er-6 janvier, 8-21 juillet, lundi, mardi midi, mercredi midi, jeudi midi, vendredi midi, samedi midi, dimanche*

Hâ 

CUISINE MODERNE • DESIGN À quelques pas de la cathédrale Saint-André et de l'hôtel de ville, ce joli restaurant propose une cuisine du marché pile dans l'air du temps, équilibrée et goûteuse. Des plats marqués par les différentes expériences du chef, qui a grandi dans le Périgord et s'est formé auprès de grands noms (Amat, Piège, Ducasse...).

Menu 34 € (déjeuner)/60 €

Plan : 3 F2-a – *50 rue du Hâ – 05 57 83 77 10 – www.ha-restaurant.fr – Fermé 3-27 août, 22 décembre-8 janvier, samedi, dimanche*

Miles

CUISINE CRÉATIVE • CONVIVIAL Cette table conviviale et branchée, nichée dans une ruelle du centre-ville, ne désemplit pas. Le repas se dessine autour d'un menu unique, avec des recettes renouvelées chaque semaine au gré du marché. La consigne est donc simple : pensez à réserver et laissez-vous porter par l'inspiration du soir...

Menu 28 € (déjeuner), 52/33 €

33 rue Cancera – 05 56 81 18 24 – www.restaurantmiles.com – Fermé lundi, mardi midi, mercredi midi, jeudi midi, vendredi midi, samedi midi, dimanche

Soléna

CUISINE MODERNE • SIMPLE Une cuisine créative d'une sobriété salutaire (trois ingrédients maximum par recette), simple et lisible, concoctée au gré des produits du marché : voici ce que propose Victor Ostronzec, l'ambitieux chef du Soléna. Il invite même les clients à lui faire confiance pour leur proposer un menu-surprise *ad hoc*... Avis aux amateurs !

Menu 24 € (déjeuner), 45/75 €

Plan : 3 E2-b – *5 rue Chauffour* – *05 57 53 28 06* – *www.solena-restaurant.com* – *Fermé 18 février-5 mars, 5-20 août, 22-25 décembre, lundi, mardi, mercredi midi*

Symbiose

CUISINE MODERNE • BISTRO Tenue par quatre jeunes associés, cette Symbiose porte bien son nom ! Tout, ici, est marqué du sceau de l'évidence : les assiettes franches et rondement menées, le service convivial et décontracté, la clientèle majoritairement jeune et plutôt branchée, sans oublier la petite salle genre bistrot... et un rapport qualité-prix imbattable à midi. Courez-y !

Menu 20 € (déjeuner), 45/65 €

Plan : 4 G1-s – *4 quai des Chartrons* – *05 56 23 67 15* – *Fermé 1er-19 août, 22 décembre-1er janvier, lundi soir, jeudi soir, vendredi soir, samedi soir, dimanche soir*

Tentazioni

CUISINE ITALIENNE • BISTRO Une affaire petite par la taille... et grande par le plaisir de la dégustation, grâce au jeune couple italien qui y cuisine dans le respect des saveurs transalpines. La simplicité est de mise à midi, l'offre est plus ambitieuse et élaborée le soir : pigeon fumé aux feuilles de citronnier et artichauts, ris de veau au marsala et noix de pécan... On ne résiste pas à la *tentazioni*.

Menu 22 € (déjeuner), 39/69 €

Plan : 3 F1-e – *59 rue du Palais-Gallien* – *05 56 52 62 12* – *www.tentazioni-bordeaux.fr* – *Fermé 25 août-17 septembre, lundi, dimanche*

Hôtels & maisons d'hôtes

InterContinental - Le Grand Hôtel

LUXE • COSY Sa façade néoclassique (1776), en parfaite harmonie avec celle du Grand Théâtre, est un petit joyau. Dans les chambres règne une atmosphère cossue, chatoyante et feutrée ; quant au spa de 1 000 m², il dispose d'une terrasse sur le toit offrant une vue imprenable sur Bordeaux. Un établissement de prestige, au cœur de la capitale du vin.

96 chambres – 400/1550 € – 34 suites – 38 €

Plan : 3 F2-r – *2-5 place de la Comédie* – *05 57 30 44 44* – *www.bordeaux.intercontinental.com*

Le Pressoir d'Argent - Gordon Ramsay • **Le Bordeaux - Gordon Ramsay** – voir la sélection des restaurants

Burdigala

BUSINESS • COSY Burdigala ? Le nom de l'ancienne cité gallo-romaine ayant donné naissance à la ville et... cet hôtel de grand confort, éminemment contemporain et en constante évolution, dont les chambres se révèlent feutrées et confortables. Burdigala version 21e s. !

74 chambres – 195/415 € – 8 suites – 21 €

Plan : 3 E2-r – *115 rue Georges-Bonnac* – *05 56 90 16 16* – *www.burdigala.com*

Yndo

HÔTEL PARTICULIER • DESIGN Vu de l'extérieur, c'est un bel hôtel particulier du 18e s. Fort heureusement, l'intérieur n'est pas en reste : design et délicatement feutré, il est propice au repos... Les chambres sont confortables et ont chacune leur propre personnalité.

12 chambres – 220/780 € – 18 €

Plan : 3 E1-d – *108 rue Abbé-de-l'Epée* – *05 56 23 88 88* – *www.yndohotel.fr*

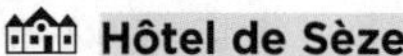

Hôtel de Sèze

HISTORIQUE • ÉLÉGANT Dans cet hôtel du triangle d'or, élégance et classicisme jouent une partition sans fausse note. Les chambres y sont coquettes et joliment décorées ; pour se relaxer, on se rend à l'espace détente ou au fumoir. Idéal pour goûter à l'art de vivre bordelais !

55 chambres - 150/450 € - 3 suites - 19 €

Plan : 3 F1-t - *23 allée de Tourny* - *05 56 14 16 16* - *www.hotel-de-seze.com*

Seeko'o

BUSINESS • CONTEMPORAIN Seeko'o ? Un "iceberg" en inuit. Rien de glacial ici, pourtant, mais un intérieur contemporain, épuré, pop, et des chambres rénovées avec beaucoup d'élégance.

44 chambres - 185/410 € - 17 €

Plan : 2 C1-h - *54 quai de Bacalan* - *05 56 39 07 07* - *www.seekoo-hotel.com*

Hôtel des Quinconces

DEMEURE HISTORIQUE • PERSONNALISÉ À deux pas de la place du même nom, une demeure édifiée en 1834 dans le plus pur style bordelais. Grande verrière ouverte sur une courette avec jardin, chambres spacieuses – sept modernes et épurées, superbement rénovées, et deux davantage dans l'esprit des lieux... Du caractère.

9 chambres - 245/580 € - 28 €

Plan : 3 F1-z - *22 cours du Maréchal-Foch* - *05 56 01 18 88* - *https://hoteldesquinconces.com*

Le Boutique Hôtel

URBAIN • CONTEMPORAIN À deux pas de la place Gambetta, cet hôtel allie le charme sûr d'une architecture classique à... un décor contemporain et design. Ne manquez pas le bar à vins et son patio.

19 chambres - 220/340 € - 6 suites - 18 €

Plan : 3 F1-u - *3 rue Lafaurie-de-Monbadon* - *05 56 48 80 40* - *www.hotelbordeauxcentre.com*

Grand Hôtel Français

HISTORIQUE • FONCTIONNEL Dans un bel immeuble du 18e s., cet hôtel mise sur le caractère de l'ancien (parquet, meubles de style), mais aussi sur une allure plus contemporaine et joyeuse – pour cela, optez pour les chambres des 2e et 3e étages. Un mix qui a du cachet et ne manque pas de séduire !

35 chambres - 149/237 €

Plan : 3 F2-v - *12 rue du Temple* - *05 56 48 10 35* - *www.grand-hotel-francais.com*

Vatel

BUSINESS • FONCTIONNEL En retrait des quais, l'école hôtelière Vatel accueille aussi un hôtel : une cohabitation plutôt originale ! Les chambres, sobrement décorées, sont confortables, si bien que l'on passe un très agréable séjour.

12 chambres - 119/240 € - 16 €

Plan : 2 C1-v - *4 cours du Médoc* - *05 56 11 01 11* - *www.hotelvatel.fr*

La Maison Bord'Eaux

HISTORIQUE • CONTEMPORAIN De ce relais de poste du 18e s., proche du Palais-Gallien – l'ancien amphithéâtre romain –, le propriétaire a fait un lieu design, coloré et élégant. L'endroit est digne d'une demeure particulière, avec des chambres modernes et pleines de caractère.

14 chambres - 95/360 € - 14 €

Plan : 3 E1-a - *113 rue Docteur-Albert-Barraud* - *05 56 44 00 45* - *www.lamaisonbord-eaux.com*

Mama Shelter

URBAIN · DESIGN Mama Shelter, c'est un véritable concept : après Paris, Lyon et Marseille, il se décline en plein cœur de la métropole bordelaise. On retrouve avec plaisir cette déco très urbaine (béton brut, détails insolites et colorés, etc.) et cette ambiance éclectique (notamment au restaurant) qui font toute la saveur du concept !

97 chambres – 89/449 € – 17 €

Plan : 3 F2-k – *19 rue Poquelin-Molière – 05 57 30 45 45 – www.mamashelter.com*

Gare St-Jean

BUSINESS · CONTEMPORAIN À deux pas de la gare, un hôtel contemporain, coloré et bien insonorisé. Au petit-déjeuner, on savoure de bons cannelés, puis l'on saute dans le tramway, tout proche... pour aller découvrir la ville.

37 chambres – 89/260 € – 14 €

Plan : 4 H3-b – *15 rue Charles-Domercq – 05 56 91 72 16 – www.bestwestern-hotel-royal-st-jean.com*

Le Clos d'Émile

HÔTEL PARTICULIER · ÉLÉGANT Dans une rue calme du centre-ville, ce charmant hôtel particulier du 18e s. propose des chambres d'hôtes chaleureuses (tons taupe, beige, bordeaux) et soigneusement décorées. N'hésitez pas à aller y poser vos valises...

5 chambres – 190/260 €

Plan : 3 F1-f – *3 bis rue Émile-Zola – 05 33 57 21 23 – www.leclosdemile.fr – Fermé 12-27 janvier*

Maison Fredon

HISTORIQUE · CONTEMPORAIN Face au restaurant La Tupina, cette demeure du 18e s. est un vrai petit bijou. Avec quelle passion son propriétaire a décoré chaque chambre, associant mobilier chiné et pièces de design, tons sobres et œuvres d'art colorées ! Une adresse où vous pourrez même piquer des idées déco...

5 chambres – 99/250 €

Plan : 4 G3-t – *6 rue Porte-de-la-Monnaie – 05 56 91 56 37 – www.latupina.com*

PAR LA ROCADE A 630 :

à Blanquefort 3 km au Nord, sortie n° 6 – ✉ 33290

Les Criquets

CUISINE MODERNE · FAMILIAL XX Cet élégant restaurant contemporain s'ouvre sur un joli jardin et une ravissante terrasse ; la carte suit savamment les saisons. Une agréable étape gastronomique aux portes de Bordeaux, disposant aussi de chambres fonctionnelles et confortables.

Menu 21 € (déjeuner), 45/80 € – Carte 60/90 €

130 avenue du 11-Novembre, D210 – 05 56 35 09 24 – www.lescriquets.com – Fermé lundi, dimanche

à Bouliac Sud-Est, sortie n° 23 – ✉ 33270

Le Saint-James

CUISINE MODERNE · DESIGN XXX Un écrin design et baigné de lumière, dominant les environs... Voilà un bel endroit pour un repas de qualité, ancré dans la région : les produits aquitains y sont bien mis en valeur, en accord avec les vins du cru.

→ Foie gras grillé aux aiguilles de pin, fine feuille de pâte citron vert et tomate. Ris de veau rôti et laqué au jus, oignon doux flambé à la vodka et pomme de terre marinée aux câpres. Chocolat kalapaia, rhubarbe et tomate verte

Menu 47 € (déjeuner), 77/155 € – Carte 110/210 €

Plan : 2 D2-s – *3 place Camille-Hosteins (près de l'église) – 05 57 97 06 00 – www.saintjames-bouliac.com – Fermé 6-28 janvier, 12-21 novembre, lundi, mardi midi, dimanche*

Café de l'Espérance

CUISINE TRADITIONNELLE • **BISTRO** ✗ Buffets d'entrées et de desserts, grillades au feu de bois accompagnées de frites, petits plats traditionnels... Ici, tout est fait maison. C'est simple, très frais, copieux et bon. Les nostalgiques des troquets de village vont apprécier !

Menu 18 € (déjeuner) – Carte 30/60 €

Plan : 2 D3-r – *10 rue de l'Esplanade* – *05 56 20 52 16 – www.saintjames-bouliac.com*

Le Saint-James

LUXE • **DESIGN** Conçue par Jean Nouvel, cette maison surplombant la ville et les vignes – classées premières-côtes-de-bordeaux – s'inspire des séchoirs à tabac typiques de la région. L'épure, la lumière et le design dominent avec élégance et harmonie... Le Bordelais est à vous.

18 chambres – 195/695 € – 25 €

Plan : 2 D2-s – *3 place Camille-Hosteins (près de l'église)* – *05 57 97 06 00 – www.saintjames-bouliac.com – Fermé 6-28 janvier, 12-21 novembre*

Le Saint-James – voir la sélection des restaurants

à Cenon Est, sortie n° 25 – 33150

La Cape

CUISINE CRÉATIVE • **CONTEMPORAIN** ✗✗ Une plaisante salle contemporaine, qui ouvre sur la paisible terrasse aménagée dans un jardin arboré : voilà qui n'est pas pour nous déplaire ! À la carte (renouvelée tous les mois), de belles saveurs du marché et une judicieuse sélection de vins bordelais.

Menu 28 € (déjeuner)/62 €

Plan : 2 D1-v – *9 allée de la Morlette* – *05 57 80 24 25 – www.restaurantlacape.com – Fermé 4-25 août, samedi, dimanche*

à Lormont Nord-Est, sortie n°2 – 33310

Le Prince Noir - Vivien Durand

CUISINE MODERNE • **DESIGN** ✗✗ Les écuries d'un château, un cube de verre et béton, une vue sur le pont d'Aquitaine : le cadre ne manque pas d'originalité ! Il se révèle en plus en harmonie avec la cuisine, inspirée du terroir du Sud-Ouest et parsemée de touches plus personnelles et contemporaines. Service cordial et professionnel.

→ Foie gras à la braise. Pigeon de Mios et sa béatille. Omelette norvégienne

Menu 107 € – Carte 38/95 €

Plan : 2 D1-n – *1 rue du Prince-Noir* – *05 56 06 12 52 – www.leprincenoir-restaurant.fr – Fermé 20-29 avril, 17 août-9 septembre, 22 décembre-7 janvier, samedi, dimanche*

Martillac 9 km au Sud, sortie n° 18, D1113 et rte secondaire – 33650

La Grand'Vigne

CUISINE MODERNE • **ROMANTIQUE** ✗✗✗✗ À quelques kilomètres seulement de Bordeaux, une orangerie datant du 18e s., véritable petit paradis niché au cœur du vignoble. Aux fourneaux de la Grand'Vigne, la table gastronomique de l'hôtel, on trouve le chef Nicolas Masse, qui rend notre passage en ces lieux encore plus mémorable...

Maître dans l'art d'associer saveurs et textures, le chef nous régale par exemple d'une belle asperge blanche dorée à la braise, accompagnée d'un émincé de homard bleu et d'un sabayon à l'orange : un plat renversant, où générosité et gourmandise sont au rendez-vous. Bien entendu, on trouvera une très belle carte des vins pour accompagner notre repas, au premier rang desquels ceux du château Smith Haut Lafitte.

→ Tartelette aux petits pois du potager. Turbot sauvage, sauce matelote. Sarment de vigne au chocolat grand cru

Menu 95 € (déjeuner), 130/170 € - Carte 125/175 €

Les Sources de Caudalie, chemin de Smith-Haut-Lafitte - ✆ 05 57 83 83 83 - www.sources-caudalie.com - Fermé 7-30 janvier, lundi, mardi, mercredi midi, jeudi midi, vendredi midi

La Table du Lavoir

CUISINE DU TERROIR · RUSTIQUE Un cadre original que cette superbe halle tout en bois (18e s.), sous laquelle on lavait autrefois les vêtements utilisés pour les vendanges ! La cuisine joue la carte de la bonne tradition. Où l'on retrouve l'atmosphère plaisante des auberges d'autrefois.

Menu 42 € - Carte 38/64 €

Les Sources de Caudalie, chemin de Smith-Haut-Lafitte - ✆ 05 57 83 83 83 - www.sources-caudalie.com - Fermé 7-30 janvier

Les Sources de Caudalie

GRAND LUXE · ÉLÉGANT Au milieu des vignes, ce domaine superbe dédié au bien-être est le berceau de la vinothérapie. Bois brut, meubles chinés, plaisirs gastronomiques : le luxe sans ostentation, en harmonie avec la nature. Les luxueuses chambres, réparties dans plusieurs demeures au milieu des vignes, sont autant d'invitation à la détente... Superbe spa.

40 chambres - 330/480 € - 21 suites - 26 €

chemin de Smith-Haut-Lafitte - ✆ 05 57 83 83 83 - www.sources-caudalie.com - Fermé 7-30 janvier

La Grand'Vigne · **La Table du Lavoir** - voir la sélection des restaurants

Château Le Thil

HISTORIQUE · PERSONNALISÉ Cette superbe demeure, édifiée en 1737, au cœur d'un parc aux arbres centenaires et entourée des vignes du Château Le Thil (une des propriétés viticoles des Pessac Léognan) abrite plaisants salons et chambres charmantes. De ce havre, on goûte aux joies buissonnières, à pied ou à vélo, sur les chemins qui sillonnent entre les vignes. Bienfaisant.

11 chambres - 216/360 € - 26 €

chemin Le Thil - ✆ 05 57 83 83 83 - www.sources-caudalie.com - Fermé 1er octobre-31 mars

à Mérignac Ouest, sortie n° 9 - ✉ 33700

Blisss

CUISINE CRÉATIVE · CONTEMPORAIN Un environnement improbable - un centre commercial au pied d'immeubles récents - et une belle surprise : Anthony Aycaguer, chef expérimenté, décline des assiettes modernes, "épurées et graphiques" selon ses propres termes, qui évoluent au gré du marché. C'est intéressant, bien réalisé : on se laisse séduire. Réservation impérative.

Menu 65 €

Plan : 1 A1-r - *98 avenue de Magudas - ✆ 05 56 98 66 72 - www.blisss.fr - Fermé 27 avril-13 mai, 17 août-1er septembre, 22 décembre-7 janvier, lundi, mardi midi, mercredi midi, jeudi midi, vendredi midi, samedi, dimanche*

La sélection de ce guide s'enrichit avec vous : vos découvertes et vos commentaires nous intéressent ! Coup de coeur ou coup de colère, écrivez-nous sur notre site Michelin Restaurants : restaurant.michelin.fr

BORMES-LES-MIMOSAS

✉ 83230 (Var) – Carte régionale n° **24**–C3
Carte Michelin 340-N7 – Guide Vert Michelin Côte d'Azur

La Rastègue (Jérôme Masson)

CUISINE MODERNE • **MÉDITERRANÉEN** XX Priorité au goût ! Les cuisines, ouvertes sur la salle, permettent d'admirer le travail du chef, qui accommode de bons produits et arômes avec précision et équilibre. Aucun artifice, beaucoup de simplicité et surtout de saveurs, au gré d'un menu unique régulièrement renouvelé... Service attentionné.

→ Cuisine du marché

Menu 49 €

48 boulevard du Levant, 2 km au Sud, quartier Le Pin – ✆ 04 94 15 19 41 – www.larastegue.com – Fermé 5 novembre-12 février, lundi, mardi midi, mercredi midi, jeudi midi, vendredi midi, samedi midi, dimanche soir

Cap 120

CUISINE CLASSIQUE • **CONVIVIAL** XX Ce restaurant permet de profiter d'une vue superbe sur le port de Bormes, avec ses centaines de yachts et de voiliers. Les recettes marient tradition et touches originales : cœur de ris de veau rôti et sorbet fraise, rhubarbe et pistache comptent parmi les spécialités maison.

Menu 32/49 €

quai d'Honneur - au port – ✆ 04 94 92 73 56 – www.cap120-restaurant.eatbu.com – Fermé 26 décembre-13 février, mercredi, jeudi, dimanche soir

Le Jardin

CUISINE TRADITIONNELLE • **SIMPLE** X Dans le village, tout près de l'église St-Trophyme, ce petit restaurant séduit d'abord par son cadre rustique et sa délicieuse terrasse avec fontaine et pergola... Aux fourneaux, un couple franco-anglais célèbre la tradition avec de beaux accents méridionaux. Tout est fait maison : on passe un super moment.

Menu 37/42 €

1 ruelle du Moulin – ✆ 04 94 71 14 86 – www.lejardinrestaurantbormes.com – Fermé 27 octobre-12 février, lundi, mardi midi

à la Favière 5 km au Sud-Est par D41 – ✉ 83230

Mimosa (N)

CUISINE PROVENÇALE • **TENDANCE** X Cet établissement proche du port de plaisance propose une cuisine moderne aux influences provençales. Gaspacho de tomates, niçoise de légumes ; gambas snackées et risotto : les dressages sont soignés, les saveurs percutantes et les cuissons maîtrisées. Bref, on se régale, à toutes les étapes ! Menus truffe selon les saisons, et avenante terrasse pour les jours estivaux.

Menu 33 € – Carte 44/54 €

284 boulevard du Front-de-Mer – ✆ 09 87 36 49 46 – Fermé 1er-20 janvier, mercredi midi, samedi midi, dimanche

BORNY – 57 (Moselle) → voir Metz

BORT-L'ÉTANG – 63 (Puy-de-Dôme) → voir Lezoux

LE BOSC

✉ 34490 (Hérault) – Carte régionale n° **21**–B2
Carte Michelin 339-F6

La Réserve

CUISINE MODERNE • **CONVIVIAL** XX Tout près du lac du Salagou, cette maison est le repaire d'un jeune chef originaire de Dunkerque, venu s'installer sous le soleil de l'Hérault... Avec talent et imagination, il concocte une cuisine au goût du jour, qui met bien en avant la fraîcheur des produits sélectionnés. Acclimatation réussie !

Menu 24 € (déjeuner), 34/50 € – Carte 40/65 €

hameau de Cartels, 2 km au Sud - A75 sortie 54, direction Lac du Salagou – ✆ 04 67 88 50 22 – www.lareservedubosc.com – Fermé lundi, mardi, dimanche soir

BOSSEY - 74 (Haute-Savoie) ➜ voir St-Julien-en-Genevois

LES BOSSONS - 74 (Haute-Savoie) ➜ voir Chamonix

BOUDES

✉ 63340 (Puy-de-Dôme) - Carte régionale n° **1**-B2
Carte Michelin 326-G10 - Guide Vert Michelin Auvergne

Le Boudes La Vigne

CUISINE MODERNE • **AUBERGE** XX Cette sympathique auberge, bâtie sur d'anciennes fortifications, se trouve au cœur de ce village de vignerons où l'on produit... le boudes, l'un des cinq crus des côtes d'Auvergne. Derrière les fourneaux, le chef réalise une cuisine généreuse et parfumée, bien en prise avec son époque. Chambres fonctionnelles à l'étage.

Menu 24 € (déjeuner), 32/60 €

place de la Mairie - ✆ 04 73 96 55 66 - www.leboudeslavigne.franceserv.com - Fermé 2-24 janvier, 1er-11 juillet, 26 août-5 septembre, lundi, mardi, dimanche soir

BOUGIVAL - 78 (Yvelines) ➜ voir Autour de Paris

BOUILLAND

✉ 21420 (Côte-d'Or) - Carte régionale n° **5**-C2
Carte Michelin 320-I7 - Guide Vert Michelin Bourgogne

Auberge Saint-Martin

CUISINE TRADITIONNELLE • **AUBERGE** X Une accueillante auberge (18e s.), campagnarde à souhait, en plein cœur d'un petit village près de Beaune. On y propose une appétissante cuisine, à la fois traditionnelle et actuelle, avec des spécialités telles que le jambon persillé ou le coq au vin.

Menu 29 € - Carte 36/43 €

17 route de Beaune - ✆ 03 80 21 53 01 - www.auberge-saint-martin.net - Fermé 20 décembre-5 février, mardi, mercredi

LA BOUILLE

✉ 76530 (Seine-Maritime) - Carte régionale n° **17**-D2
Carte Michelin 304-F5 - Guide Vert Michelin Normandie Vallée de la Seine

Le St-Pierre

CUISINE MODERNE • **ÉLÉGANT** XXX Dans un cadre plaisant, on profite d'assiettes joliment dressées, basées sur des produits frais et de qualité. C'est fin et bien réalisé ; le chef ne manque pas d'envie et d'idées originales, comme en témoigne son utilisation méticuleuse de différentes variétés de poivre.

Menu 27/75 € - Carte 68/88 €

4 place du Bateau - ✆ 02 35 68 02 01 - www.le-saint-pierre.com - Fermé 24 décembre-15 janvier, lundi, mardi, dimanche soir

Les Gastronomes 

CUISINE TRADITIONNELLE • **COSY** XX Foie gras en terrine, "Bouille Abaisse" revisitée (la spécialité de la maison !), tarte Tatin : dans cette maison de pays, installée à côté de l'église, les patrons concoctent une jolie cuisine traditionnelle et vous reçoivent avec chaleur.

Menu 29/35 €

1 place du Bateau - ✆ 02 35 18 02 07 - www.lesgastronomes-labouille.eu - Fermé 20 février-7 mars, 17 octobre-8 novembre, mercredi, jeudi

BOULBON

✉ 13150 (Bouches-du-Rhône) - Carte régionale n° **25**-E1
Carte Michelin 340-D2 - Guide Vert Michelin Provence

La Bastide de Boulbon

HISTORIQUE · PERSONNALISÉ Au cœur d'un village, cette demeure bourgeoise (1850) aux allures de maison d'hôtes invite à la détente, avec son beau jardin aux platanes bicentenaires. Les chambres sont élégantes et épurées, et l'on profite d'une agréable piscine. Accueil aux petits soins.

8 chambres – 150/240 € – 17 €

rue de l'Hôtel-de-Ville – 04 90 93 11 11 – www.labastidedeboulbon.com – Fermé 22 octobre-15 avril

BOULIAC – 33 (Gironde) ➜ voir Bordeaux

BOULLERET

18240 (Cher) – Carte régionale n° **8**-D2

L'Ardoise du Marché

CUISINE MODERNE · INTIME XX Delphine et Julien ont repris ensemble cette maison de la commune berrichonne de Boulleret. En bons professionnels, ils ont mis toutes les chances de leur côté : les assiettes sont bien composées, les produits superbes (poissons, écrevisses pattes rouges, pigeons, jambon ibérique...) et l'accueil agréable.

Menu 22 € (déjeuner), 39/68 € – Carte 47/65 €

19 place des Tilleuls – 02 48 72 39 62 – www.ardoise-du-marche.com – Fermé 5-25 août, lundi, mardi, dimanche soir

BOULOGNE-BILLANCOURT – 92 (Hauts-de-Seine) ➜ voir Autour de Paris

BOULOGNE-SUR-MER

62200 (Pas-de-Calais) – Carte régionale n° **13**-A2
Carte Michelin 301-C3

La Matelote (Tony Lestienne)

CUISINE CLASSIQUE · CONTEMPORAIN XXX Du nom du fameux plat de poisson cuisiné au vin, cette table est tout entière dédiée aux produits de la mer, travaillés dans les règles de l'art et de la tradition. De belles saveurs iodées au menu ! L'été, profitez de la terrasse.

➜ Salade tiède de homard bleu, sauce crustacés. Sole boulonnaise, mouclade et frites de polenta. Saveur rhubarbe, framboise, vinaigrette pistache et sablé breton

Menu 35/82 € – Carte 65/82 €

80 boulevard Sainte-Beuve – 03 21 30 17 97 – www.la-matelote.com – Fermé 23 décembre-18 janvier, jeudi midi

L'Îlot Vert

CUISINE MODERNE · CONVIVIAL X Une bonne surprise que ce restaurant aux airs de bistrot chic, où œuvre un jeune chef formé dans de belles maisons : il signe une cuisine bien d'aujourd'hui – avec une pointe de créativité –, joliment tournée et savoureuse, aux prix mesurés. Sympathique terrasse fleurie côté cour.

Menu 25 € (déjeuner), 33/52 € – Carte 33/65 €

34-36 rue de Lille – 03 21 92 01 62 – www.lilotvert.fr – Fermé 18 août-10 septembre, 23 décembre-14 janvier, lundi, dimanche

Restaurant de la Plage

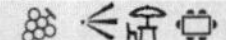

POISSONS ET FRUITS DE MER · CONVIVIAL XX Après une petite baignade, rien de mieux qu'un bon repas pour reprendre des forces ! Face à la plage, cette adresse fait honneur aux produits de la mer : filet de sole meunière aux pommes vapeur, noix de Saint-Jacques en saison... Avec, au dessert, des crêpes Suzette flambées en salle devant le client. Délicieux !

Menu 38/55 € – Carte 45/89 €

124 boulevard Ste-Beuve – 03 21 99 90 90 – www.restaurantdelaplage.fr – Fermé lundi, mercredi soir, dimanche soir

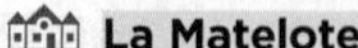

La Matelote

TRADITIONNEL · PERSONNALISÉ Fière bâtisse des années 1930 sur le front de mer, face au Nausicaa. Les chambres y sont confortables et très bien tenues. Espace détente de qualité (avec par exemple une piscine à contre-courant).

36 chambres – 105/265 € – 18 €

70 boulevard Ste-Beuve – 03 21 30 33 33 – www.la-matelote.com

La Matelote – voir la sélection des restaurants

Métropole

URBAIN · CONTEMPORAIN Hôtel familial dans le centre-ville, près du port et des commerces, aux chambres spacieuses et confortables. Jolie salle des petits-déjeuners, ouverte sur le jardin.

24 chambres – 65/175 € – 1 suite – 10 €

51 rue Thiers – 03 21 31 54 30 – www.hotel-metropole-boulogne.com

à Hesdin-l'Abbé 12 km au Sud par D341 et D901 – 62360

Cléry

DEMEURE HISTORIQUE · COSY Un charmant château romantique construit à la fin du 18e s., flanqué d'un cottage et d'une fermette. Il compte un agréable salon de lecture, un parc fleuri et un jardin potager, sans oublier des chambres d'un élégant classicisme.

25 chambres – 113/230 € – 2 suites – 16 €

rue du Château – 03 21 83 19 83 – www.clery.najeti.fr – Fermé 1er-31 janvier

à Pont-de-Briques 5 km au Sud – 62360

Hostellerie de la Rivière

CUISINE MODERNE · COSY XXX Une bonne cuisine actuelle rythmée par les saisons, à déguster dans un intérieur élégant et feutré, ou sur la terrasse arborée aux beaux jours : voilà ce qui vous attend dans cette sympathique maison tenue en famille. Le midi, une formule "bistrot" permet même de se régaler à moindre coût... Bien vu !

Menu 58 € – Carte 65/85 €

17 rue de la Gare – 03 21 32 22 81 – www.lhostelleriedelariviere.fr – Fermé 2-24 janvier, 19 août-5 septembre, lundi, mardi, dimanche soir

LE BOULOU

66160 (Pyrénées-Orientales) – Carte régionale n° **21**-B3
Carte Michelin 344-I7

Relais des Chartreuses

AUBERGE · PERSONNALISÉ Une terrasse sous les tilleuls, une piscine, un jardin... et ce mas en pierre (17e s.), édifié à flanc de montagne, au milieu d'une pinède. Dans les chambres, épure contemporaine et cachet de l'ancien se marient à merveille ; au restaurant, les saveurs sont au rendez-vous. Bel endroit !

15 chambres – 67/282 € – 1 suite – 16 €

106 avenue d'En-Carbouner, 4,5 km au Sud-Est par D900, D618 et route secondaire – 04 68 83 15 88 – www.relais-des-chartreuses.fr – Fermé 1er décembre-28 février

à Montesquieu-des-Albères 4 km à l'Est rte d'Argelès-sur-Mer par D618 – 66740

Le Cabaret

CUISINE TRADITIONNELLE · AUBERGE X Des œuvres d'artistes locaux, des objets anciens, une jolie terrasse... mais surtout un patron magnifique, ex-brocanteur, qui déclame des vers d'Aragon et chante du Ferré tout en cuisinant au gré du marché et de la criée : une expérience atypique, hors du temps, et pour tout dire, franchement régénératrice.

Menu 32/42 €

Mas des Trompettes Hautes – 04 68 83 34 57 – Fermé lundi, dimanche

BOURBON-L'ARCHAMBAULT

✉ 03160 (Allier) – Carte régionale n° **1**–B1
Carte Michelin 326-F3 – Guide Vert Michelin Auvergne

Le Talleyrand

CUISINE TRADITIONNELLE • HISTORIQUE XX À la table de la Montespan et de Talleyrand, le classicisme français et la tradition bourbonnaise sont à l'honneur, dans un cadre raffiné mêlant poutres et pierres. Du caractère !

Menu 20 € (déjeuner), 30/40 €

Grand Hôtel Montespan-Talleyrand, place des Thermes – ✆ 04 70 67 00 24 – www.hotel-montespan-talleyrand.com – Fermé 15 novembre-30 mars

Grand Hôtel Montespan-Talleyrand

HISTORIQUE • CLASSIQUE Mme de Sévigné et Talleyrand y logèrent, la Montespan y mourut... Cet hôtel, ancien couvent des Capucins, dont les fondations les plus anciennes datent du 11es., se situe au cœur de la station thermale. Décor de caractère et chambres spacieuses. Depuis la piscine, la vue sur le château des ducs de Bourbon est superbe !

39 chambres – 85/150 € – 2 suites – 13 €

place des Thermes – ✆ 04 70 67 00 24 – www.hotel-montespan.com – Fermé 15 novembre-30 mars

Le Talleyrand – voir la sélection des restaurants

LA BOURBOULE

✉ 63150 (Puy-de-Dôme) – Carte régionale n° **1**–B2
Carte Michelin 326-D9 – Guide Vert Michelin Auvergne

L'Amuse Bouche

CUISINE MODERNE • BISTRO X Il est des couples qui se forment en cuisine... Elle a raccroché le tablier pour s'occuper de la salle, lui est resté derrière les fourneaux pour travailler des produits frais et servir bien plus qu'un amuse-bouche. Beaucoup de goût en cette adresse !

Menu 38/45 €

15 rue des Frères Rozier – ✆ 04 73 21 68 85 – www.restaurant-lamusebouche.fr – Fermé 1er-10 janvier, 1er-10 juillet, 12 novembre-15 décembre, mardi, mercredi

BOURDEAU – 73 (Savoie) ➔ voir le Bourget-du-Lac

BOURDEILLES – 24 (Dordogne) ➔ voir Brantôme

BOURG-ACHARD

✉ 27310 (Eure) – Carte régionale n° **17**–C2
Carte Michelin 304-E5 – Guide Vert Michelin Normandie Vallée de la Seine

L'Amandier

CUISINE MODERNE • ÉLÉGANT XXX De bien jolis fruits naissent de cet Amandier, dont le chef cuisine avec justesse et savoir-faire des produits de qualité – poissons et crustacés en tête. Les assiettes se dégustent avec plaisir et l'on passe un agréable moment... À l'heure de l'apéritif et du café, n'hésitez pas à profiter du jardin !

Menu 29/55 € – Carte 54/67 €

581 route de Rouen – ✆ 02 32 57 11 49 – www.lamandier-bourgachard.fr – Fermé 25 février-5 mars, 3-11 septembre, mardi, mercredi, dimanche soir

BOURG-CHARENTE – 16 (Charente) ➔ voir Jarnac

LE BOURG-DUN

✉ 76740 (Seine-Maritime) – Carte régionale n° **17**–C1
Carte Michelin 304-F2 – Guide Vert Michelin Normandie Vallée de la Seine

✿ Auberge du Dun (Pierre Chrétien)

CUISINE CLASSIQUE • **INTIME** XXX Cette petite maison provinciale vous accueille dans deux salles classiques et coquettes, dont l'une avec vue sur les cuisines. Depuis de nombreuses années, le chef et son épouse mettent toute leur passion au service de leurs hôtes ; les assiettes sont fines et savoureuses… Une adresse délicieuse dans son genre !

→ Homard aux saveurs de mangue, éclats de fève de cacao. Saint-Jacques de Dieppe, chapelure de pain d'épice et émulsion au vin jaune. Soufflé "Alexandre Le Grand"

Menu 31/56 € – Carte 85/110 €

3 route de Dieppe (face à l'église) – ✆ 02 35 83 05 84 – www.auberge-du-dun.fr – Fermé 23 décembre-3 janvier, lundi, mercredi, dimanche soir

BOURG-EN-BRESSE

✉ 01000 (Ain) – Carte régionale n° **2**–B1
Carte Michelin 328-E3 – Guide Vert Michelin Bourgogne

Mets et Vins

CUISINE MODERNE • **ÉPURÉ** XX Ici œuvre un chef grand adepte des produits du terroir local et du "fait maison" (dont le pain et les sorbets), et qui sait s'extraire des sentiers battus de la tradition, poype de grenouilles, poulet au foin … Une adresse qui sort du lot !

Menu 29/60 € – Carte 40/56 €

11 rue de la République – ✆ 04 74 45 20 78 – www.restaurant-metsetvins.com – Fermé 2-10 janvier, 8-18 juillet, lundi, mardi, dimanche soir

L'Auberge Bressane

CUISINE CLASSIQUE • **TRADITIONNEL** XXX Une table incontournable : la cuisine fait la part belle aux spécialités régionales (volaille de Bresse, cuisses de grenouille, écrevisses…) et les vieux millésimes abondent sur la carte des vins. Terrasse avec vue sur l'église de Brou.

Menu 34/86 € – Carte 60/110 €

166 boulevard de Brou – ✆ 04 74 22 22 68 – www.aubergebressane.fr – Fermé mardi

Place Bernard

CUISINE TRADITIONNELLE • **BRASSERIE** XX Une maison 1900 placée sous la houlette du chef étoilé Georges Blanc. Le décor évoque une luxueuse brasserie, rehaussée d'une fresque à la gloire de la dynastie Blanc. Dans l'assiette, le répertoire régional domine : volaille de Bresse AOP à la crème selon la mère Blanc…

Menu 22 € (déjeuner), 25/57 € – Carte 42/70 €

19 place Bernard – ✆ 04 74 45 29 11 – www.lespritblanc.com

La Coq'hote

CUISINE TRADITIONNELLE • **BISTRO** X La cuisine du terroir de ce sympathique chef bourguignon met en avant spécialités régionales, plats inspirés des saisons et des produits locaux. Le pâté en croûte de volaille est particulièrement savoureux. Convivial et chaleureux.

Menu 15 € (déjeuner)/29 €

15 rue Paul-Pioda – ✆ 04 74 47 10 66 – www.lacoqhote.fr – Fermé lundi, dimanche

Ô Beurre Noisette

CUISINE MODERNE • **CONTEMPORAIN** X Un jeune couple (lui en cuisine, elle en salle) a converti cette ancienne boucherie du centre-ville en restaurant et propose une cuisine au goût du jour à l'image de ce suprême de pintade, sauce au miel. Le chef travaille bien les desserts, le point final du repas trop souvent négligé. Sympathique terrasse.

Menu 16 € (déjeuner), 27/36 € – Carte 38/54 €

16 rue de la République – ✆ 04 74 21 26 45 – Fermé lundi, dimanche

Le Griffon d'Or

TRADITIONNEL · PERSONNALISÉ La propriétaire, décoratrice, a entièrement rénové ce relais de poste du 18e s. : vieilles pierres et colombages se marient avec soin et élégance. Le petit-déjeuner sort du lot (confitures bio, miel, yaourts et fromages locaux) et l'accueil est charmant. Agréable espace bien-être. Une adorable bonbonnière.

17 chambres – 120/165 € – 14 €

10 rue du 4-Septembre – 04 74 23 13 24 – www.hotelgriffondor.fr – Fermé 4-26 août, 22 décembre-3 janvier

Hôtel de France

TRADITIONNEL · CONTEMPORAIN À deux pas de l'église Notre-Dame, un immeuble dont le hall a été restauré dans son esprit 1900 d'origine. La décoration des chambres mélange classicisme et teintes plus actuelles ; les parquets des couloirs craquent sous nos pieds et donnent du cachet à l'endroit...

44 chambres – 99/140 € – 1 suite – 15 €

19 place Bernard – 04 74 23 30 24 – www.bestwestern-hoteldefrance.com

à Péronnas 3 km au Sud-Ouest par D1083 – 01960

La Marelle (Didier Goiffon)

CUISINE CRÉATIVE · ÉLÉGANT XXX De la terre jusqu'au ciel, retrouvez sur la carte de cette Marelle une séduisante cuisine, inventive et voyageuse : le chef met en avant de beaux produits comme les Saint-Jacques ou le homard. Quant au cadre, il est chaleureux, mêlant rustique et contemporain.

→ Crispy de langoustine, crevettes grises soufflées et sucs de carcasse aux algues. Ris de veau doré au sautoir, pousses d'oseilles et soubise d'oignon au moka. Poire tapée au savagnin et aux morilles

Menu 59/96 €

1593 avenue de Lyon – 04 74 21 75 21 – www.lamarelle.fr – Fermé lundi, mardi midi, mercredi soir, jeudi midi, vendredi midi, dimanche

BOURGES

18000 (Cher) – Carte régionale n° **8**-C3

Carte Michelin 323-K4 – Guide Vert Michelin Limousin Berry

Le Cercle (Pascal Chaupitre et Christophe Lot)

CUISINE MODERNE · CONTEMPORAIN XX À l'écart du centre-ville, une maison bourgeoise à l'intérieur épuré. Bienvenue au Cercle ! Deux chefs expérimentés ont décidé d'y associer leurs talents. Leurs créations à quatre mains se révèlent savoureuses, précises, légères, bigarrées...

→ Foie gras mi-cuit à la pomme. Râble de lapereau fermier rôti au thym et pulpe de poivron grillé. Chocolat noir, finger de ganache tendre au sarrasin

Menu 55/105 €

44 boulevard Lahitolle – 02 48 70 33 27 – www.restaurant-lecercle.fr – Fermé 5-22 janvier, 14-24 avril, 18 août-3 septembre, lundi, dimanche

Le Beauvoir

CUISINE TRADITIONNELLE · ÉLÉGANT XXX Une table élégante et accueillante, avec une terrasse sur la cour à l'arrière. À la suite de son beau-père, le chef concocte une appétissante cuisine traditionnelle où les produits frais ont la part belle. Une valeur sûre.

Menu 18/51 € – Carte 40/60 €

Plan : B1-e – *1 avenue Marx-Dormoy – 02 48 65 42 44 – www.restaurant-lebeauvoir.com – Fermé 1er-28 août, dimanche soir*

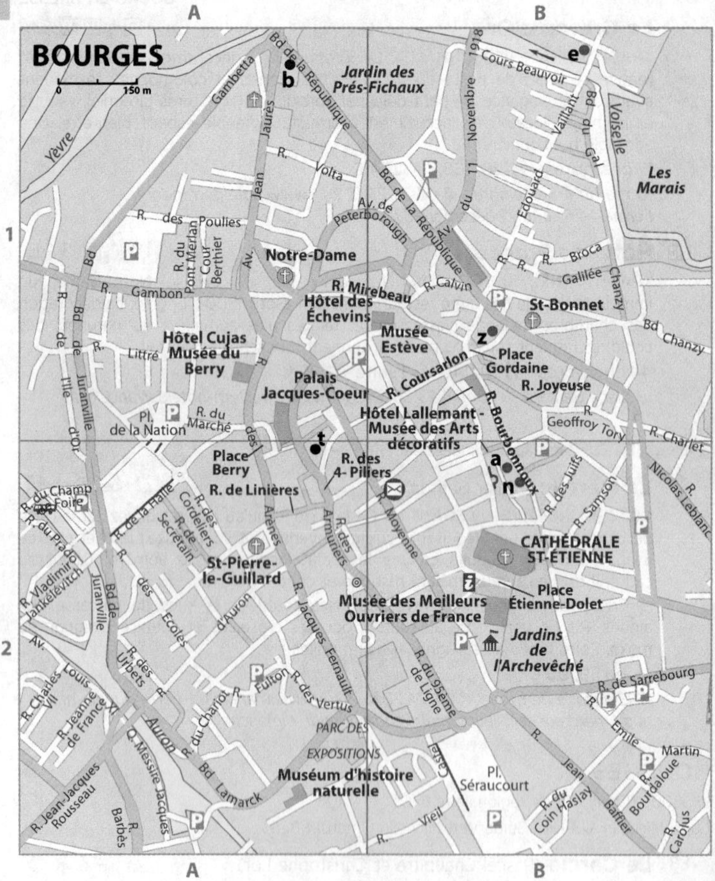

BOURGES

Le Bourbonnoux

CUISINE MODERNE • CLASSIQUE XX Dans ce restaurant du quartier historique, les gourmands se régalent d'une appétissante cuisine traditionnelle : rognons de veau, gigolettes de pintade et sauce aux cèpes, gibier en saison, et même nougat glacé en dessert, l'une des spécialités de la maison. À savourer au beau milieu d'une collection de canards en porcelaine... pour un repas sans couacs.

Menu 20 € (déjeuner), 27/36 € – Carte 36/47 €

Plan : B2-a – *44 rue Bourbonnoux* – *02 48 24 14 76* – *www.bourbonnoux.com* – *Fermé vendredi, samedi midi, dimanche soir*

La Suite

CUISINE MODERNE • TENDANCE X Ce bistrot contemporain a du style, avec son intérieur moderne et convivial, mais ce n'est pas son seul atout. La carte met l'eau à la bouche, et le concept de planches gourmandes favorise la convivialité... d'autant que les saveurs sont au rendez-vous ! N'oublions pas la jolie terrasse sur le patio, et la carte des vins qui ne doit rien au hasard – et pour cause, le patron est sommelier de formation.

Menu 19 € (déjeuner)/25 € – Carte 39/54 €

Plan : B2-n – *50 rue Bourbonnoux* – *02 48 65 96 26* – *www.lasuite-bourges.com* – *Fermé 19-25 février, 16 juillet-5 août, 24 décembre-2 janvier, lundi, dimanche*

La Prose

CUISINE MODERNE · CONTEMPORAIN Voilà une prose qui ne plaira pas qu'aux lettrés ! La chef de ce restaurant propose une jolie cuisine passionnée et pleine de fraîcheur : fondant de homard et sa sauce homardine réduite, foie de veau et persillade au vinaigre de Xérès, profiteroles vanille et caramel... à accompagner d'un vin bien choisi. Bon rapport qualité-prix.

Menu 23/38 €

Plan : B1-z – *7 rue Jean-Girard – ✆ 02 48 70 70 30 – www.restaurant-la-prose.com – Fermé 3-16 juin, 30 septembre-13 octobre, lundi, dimanche*

Mercure Hôtel de Bourbon

URBAIN · HISTORIQUE Près du centre-ville, cette ancienne abbaye du 17e s. abrite un hôtel très agréable, dont les chambres sont feutrées, élégantes et confortables. Un lieu chargé d'histoire !

57 chambres – 118/260 € – 1 suite – 17 €

Plan : A1-b – *boulevard de la République – ✆ 02 48 70 70 00 – www.hotel-bourbon.fr*

Hôtel d'Angleterre

TRADITIONNEL · PERSONNALISÉ Cet hôtel bénéficie non seulement d'un emplacement de choix, près du palais Jacques-Cœur, mais aussi de chambres confortables et bien tenues. On y trouve également un bar privé proposant de bons vins. Une adresse très agréable.

31 chambres – 124/212 € – 14 €

Plan : A2-t – *1 place des Quatre-Piliers – ✆ 02 48 24 68 51 – www.bestwestern-angleterre-bourges.com – Fermé 20 décembre-5 janvier*

LE BOURGET-DU-LAC

73370 (Savoie) – Carte régionale n° **4**-F2
Carte Michelin 333-I4 – Guide Vert Michelin Alpes du Nord

Lamartine (Pierre Marin)

CUISINE MODERNE · COSY Face au lac cher à Lamartine – qui lui dédiera l'un de ses plus célèbres poèmes en souvenir de ses amours passées ("Ô temps, suspends ton vol...") –, cette table est une valeur sûre de la région : un cadre chic et élégant, un service très agréable, et surtout une cuisine toujours inspirée et savoureuse.

→ Courgette violon en caviar à l'ail, tagliatelles en salade aux noisettes du Piémont. Filets de perche poêlés sur un cannelloni d'artichaut et fondue d'oseille. Pêche pochée au thé glacé, pépites croustillantes et sorbet pêche-romarin

Menu 37 € (déjeuner), 60/98 € – Carte 79/110 €

route du Tunnel, 3,5 km au Nord par D1504 – ✆ 04 79 25 01 03 – www.lamartine-marin.com – Fermé 23 décembre-25 janvier, lundi, mardi, dimanche soir

Atmosphères (Alain Périllat-Mercerot)

CUISINE CRÉATIVE · DESIGN Atmosphère, atmosphère... La grande bâtisse domine le lac du Bourget, splendide écrin pour une cuisine qui, sans renier des bases classiques, dévoile des recettes créatives et des saveurs délicates. Ajoutons à cela une très belle carte des vins, célébrant (notamment) la Savoie. Un très beau travail ! Chambres séduisantes, épurées et colorées.

→ Biscuit de brochet du lac, consommé d'écrevisses et herbes du jardin. Lavaret du lac cuit à basse température, blettes et pormonier. Carré chocolat gianduja, croustillant praliné et glace aux noisettes du Piémont

Menu 45 € (déjeuner), 75/115 € – Carte 112/150 €

618 route des Tournelles, 2,5 km au Nord-Ouest par D1504 et D42 – ✆ 04 79 25 01 29 – www.atmospheres-hotel.com – Fermé 21 avril-1er mai, 20 octobre-12 novembre, lundi, dimanche

Ageoca

CUISINE MODERNE · ÉLÉGANT XX Fort de son expérience dans plusieurs maisons étoilées, le chef signe des assiettes visuellement réussies, riches de mariages de saveurs et faisant démonstration d'une belle maîtrise technique, à l'image du lavaret, oxalys et pommes de terre rattes. Les veinards profiteront même, près des baies vitrées, d'une jolie vue sur le lac. Cette maison, discrète et familiale, connaît un second souffle mérité. Chambres pour l'étape.

Menu 32 € (déjeuner), 48/98 €

600 route du Tunnel – ✆ 04 79 26 40 00 – www.ageoca.com – Fermé 1er janvier-14 février, lundi, mardi

Beaurivage

CUISINE MODERNE · CONVIVIAL XX Il est des rivages difficiles à quitter ! Tel est le cas de ce restaurant dont la carte étoffée fait la part belle aux produits régionaux et aux poissons du lac. La cuisine, savoureuse, invite à la gourmandise prolongée... Aux beaux jours, profitez de l'agréable terrasse ombragée ; Quelques chambres pour l'étape.

Menu 23 € (déjeuner), 38/70 € – Carte 52/74 €

1171 boulevard du Lac – ✆ 04 79 25 00 38 – www.beaurivage-bourget-du-lac.com – Fermé 23 octobre-9 février, mercredi soir, jeudi, dimanche soir

Chez Henry

CUISINE MODERNE · BRANCHÉ X La place est petite, le bistrot "de poche" mais joliment décoré (ampoules suspendues, carreaux de métro). Quant à la cuisine, elle est aussi goûteuse que riche en trouvailles, comme ce chou farci au poulet et foie gras ou le cheesecake travaillé selon l'humeur du chef. Sans oublier le hamburger maison, un incontournable ! Réservation fortement conseillée.

Menu 27/32 € – Carte 34/38 €

50 route du Tunnel – ✆ 09 83 01 07 90 – Fermé 1er-31 août, 22-31 décembre, lundi midi, mardi midi, mercredi midi, jeudi midi, vendredi midi, samedi, dimanche

à Bourdeau 4 km au Nord par D1504 puis D13 – ✉ 73370

Le Château de Bourdeau

DEMEURE HISTORIQUE · PERSONNALISÉ Installé sur la côte sauvage du lac du Bourget, ce superbe château du 11e s abrite des chambres amples, décorées par thèmes (Trappeur, Belle Époque, Lamartine, etc.), qui ont toutes une terrasse avec vue sur le lac. Cuisine voyageuse au restaurant.

6 chambres – 130/350 € – 1 suite – 17 €

route du Port – ✆ 04 79 62 12 83 – www.chateau-bourdeau.fr – Fermé 1er-27 janvier

BOURGOIN-JALLIEU

✉ 38300 (Isère) – Carte régionale n° **2**-B2

Carte Michelin 333-E4 – Guide Vert Michelin Lyon et sa région

Domaine des Séquoias (Eric Jambon)

CUISINE MODERNE · ÉLÉGANT XXX On passe un agréable moment au sein de cette belle maison de maître, d'une élégance toute classique, où de grandes toiles contemporaines projettent leurs couleurs à travers la pièce. Les trois menus "mystère" mettent en scène des plats savoureux et originaux (7, 9 ou 11 plats), avec un souci permanent du bon produit. Autre atout : l'accueil est charmant.

→ Anguille au miel de framboise et fèves. Bardane au jus "mistral gagnant". Myrtilles et mûres sauvages de montagne au chocolat

Menu 40 € (déjeuner), 70/130 €

54 vie de Boussieu, 2,5 km à l'Est par D1006 et route de Boussieu – ✆ 04 74 93 78 00 – www.domaine-sequoias.com – Fermé 5-27 août, 28 octobre-5 novembre, 23 décembre-8 janvier, lundi, mardi midi, dimanche soir

Domaine des Séquoias

MAISON DE CAMPAGNE · PERSONNALISÉ Au grand calme d'un parc de trois hectares, cette belle demeure de 1840 vous accueille dans d'agréables chambres classiques – moulures, parquet – ou plus contemporaines dans l'annexe. Et, par beau temps, direction la piscine !

19 chambres – 125/260 € – 20 €

54 vie de Boussieu, 2,5 km à l'Est par D1006 et route de Boussieu – 04 74 93 78 00 – www.domaine-sequoias.com – Fermé 5-27 août, 28 octobre-5 novembre, 23 décembre-8 janvier

Domaine des Séquoias – voir la sélection des restaurants

à La Grive 4,5 km à l'Ouest par D312 – 38300

L'Émulsion (Romain Hubert)

CUISINE MODERNE · ÉLÉGANT XX Une Émulsion comme on aimerait en goûter plus souvent ! Le cadre, contemporain et élégant, sert à merveille des recettes fines et précises, avec de remarquables variations de saveurs et de textures : il y a un vrai travail de chef dans l'assiette. Petite terrasse-patio sur l'arrière, parfaite pour les beaux jours.

→ Escargots de Chatanay. Pigeonneau de Saint-Alban. Cube réglisse et aubergine séchée

Menu 29 € (déjeuner), 44/75 €

57 route de Lyon – 04 74 28 19 12 – www.lemulsion-restaurant.com – Fermé 23 décembre-2 janvier, lundi, dimanche

BOURGUEIL

37140 (Indre-et-Loire) – Carte régionale n° **8**-A2
Carte Michelin 317-J5 – Guide Vert Michelin Châteaux de la Loire

La Rose de Pindare

CUISINE MODERNE · COSY XX Anagramme de Pierre Ronsard – à deux lettres près –, La Rose de Pindare a conservé toute sa fraîcheur ! On s'installe dans une salle fleurie ou sur la terrasse pour déguster une cuisine dans l'air du temps, concoctée avec de beaux produits. Une bonne adresse.

Menu 21/45 € – Carte 26/57 €

4 place Hublin – 02 47 97 70 50 – www.larosedepindare.com – Fermé 28 janvier-9 février, mercredi

BOURGVILAIN

71520 (Saône-et-Loire) – Carte régionale n° **5**-C3
Carte Michelin 320-H11

Auberge Larochette

CUISINE MODERNE · AUBERGE XX Cette sympathique auberge, située au cœur d'un village à quelques kilomètres de Cluny, dévoile une cuisine fraîche et maîtrisée. La cheminée crépite en hiver, la terrasse ombragée permet de profiter de l'été. Accueil attentionné.

Menu 18 € (déjeuner), 28/46 € – Carte 40/60 €

Le Bourg – 03 85 50 81 73 – www.aubergelarochette.com – Fermé 18 février-4 mars, 29 août-2 septembre, 19 novembre-3 décembre, lundi, mardi midi, dimanche soir

BOURRON-MARLOTTE

77780 (Seine-et-Marne) – Carte régionale n° **15**-C3
Carte Michelin 312-F5 – Guide Vert Michelin Île-de-France

Les Prémices

CUISINE CRÉATIVE · TENDANCE XXX Dans les dépendances du château de Bourron (fin 16e-début 17e s.), salle moderne et terrasse fleurie. Cuisine inventive fervente des produits exotiques ; belle carte de vins.

Menu 60/80 € – Carte 80/105 €

12bis rue Blaise-de-Montesquiou – 01 64 78 33 00 – www.restaurant-les-premices.com – Fermé 5-21 août, 24 décembre-9 janvier, lundi, mardi, dimanche soir

Château de Bourron

DEMEURE HISTORIQUE • PERSONNALISÉ À quelques kilomètres de Fontainebleau, une exceptionnelle propriété du 17e s., entourée de douves et ceinte d'un parc de 42 hectares. Un escalier en chêne mène à des chambres amples et confortables ; d'autres, plus modernes, sont situées dans une dépendance. Un ensemble raffiné, où souffle le vent de l'histoire.

15 chambres – 185/700 € – 16 €

16 avenue de Montesquiou – 01 64 78 39 39 – www.bourron.fr

BOUTERVILLIERS – 91 (Essonne) → voir Étampes

BOUZEL

63910 (Puy-de-Dôme) – Carte régionale n° **1**-C2

Carte Michelin 326-G8

L'Auberge du Ver Luisant

CUISINE TRADITIONNELLE • AUBERGE XX Voilà un ver luisant qui brille derrière les fourneaux ! Dans cette jolie maison de pays, on savoure une goûteuse cuisine traditionnelle, où transparaît tout l'amour du chef pour la gastronomie. Service attentionné et petits prix à la clé.

Menu 17 € (déjeuner), 35/64 €

2 rue du Breuil – 04 73 62 93 83 – Fermé 2-6 janvier, 22-28 avril, 19 août-20 septembre, lundi, mardi, mercredi soir, jeudi soir, dimanche soir

BOUZE-LÈS-BEAUNE – 21 (Côte-d'Or) → voir Beaune

BOUZIGUES – 34 (Hérault) → voir Mèze

BOZOULS

12340 (Aveyron) – Carte régionale n° **22**-D1

Carte Michelin 338-I4

Le Belvédère (Guillaume Viala)

CUISINE MODERNE • COSY X On se laisse volontiers entraîner vers ce Belvédère chaleureux qui domine le "trou de Bozouls", superbe cirque naturel. Guillaume Viala y prépare légumes, herbes et produits du terroir avec beaucoup d'intelligence, créant des mariages malins et pertinents, colorés et parfumés. De la belle ouvrage !

→ Cuisine du marché

Menu 41/101 €

11 route du Maquis-Jean-Pierre, route de St-Julien – 05 65 44 92 66 – www.belvedere-bozouls.com – Fermé 11-28 mars, 1er-10 juillet, 12 novembre-5 décembre, lundi, mardi midi, mercredi midi, dimanche soir

À la Route d'Argent

CUISINE TRADITIONNELLE • ÉLÉGANT XX Au rez-de-chaussée de l'hôtel, un restaurant à la décoration moderne et lumineux, où l'on déguste des plats traditionnels généreux et gourmands. Feuilleté aux asperges, ris d'agneau à l'aligot et endive braisée, etc. : la carte varie au gré du marché et les cuissons sont toujours justes... Médaille d'argent !

Menu 21/59 €

1 route de Gabriac – 05 65 44 92 27 – www.laroutedargent.com – Fermé 1er janvier-2 mars, lundi midi, mardi midi, dimanche soir

Hameau des Brunes

FAMILIAL • PERSONNALISÉ Avec sa tourelle, cette demeure du 18e s. est charmante, et la propriétaire est aux petits soins pour ses hôtes. Un jardin-verger ravissant, du mobilier ancien, des produits régionaux au petit-déjeuner et la campagne pour bel horizon : du caractère !

5 chambres – 93/158 €

Hameau les Brunes, 5 km au Sud par D920 et route secondaire – 05 65 48 50 11 – www.lesbrunes.com

BRACIEUX

✉ 41250 (Loir-et-Cher) – Carte régionale n° **8**–B1

Carte Michelin 318-G6 – Guide Vert Michelin Châteaux de la Loire

Le Rendez-vous des Gourmets

CUISINE TRADITIONNELLE • AUBERGE X Cette auberge familiale est le repaire du chef Didier Doreau, qui travaille de beaux produits en respectant la tradition (agneau confit aux herbes potagères, gratin d'agrumes, etc.), et s'est taillé une solide réputation régionale pour ses préparations autour du gibier – sanglier, chevreuil, lièvre, entre autres… Avis aux amateurs !

Menu 21/75 € – Carte 42/71 €

20 rue Roger-Brun – ✆ 02 54 46 03 87 –
Fermé 15-26 avril, 4-14 juillet, 19 octobre-3 novembre, mercredi, samedi midi, dimanche soir

BRAM

✉ 11150 (Aude) – Carte régionale n° **21**–A2

Carte Michelin 344-D3 – Guide Vert Michelin Languedoc

Château de la Prade

MAISON DE CAMPAGNE • PERSONNALISÉ De superbes magnolias, des platanes centenaires… Le parc est ravissant, tout comme cette demeure bourgeoise, classique et élégante sans ostentation. Au petit-déjeuner, on se régale de confitures maison et, à la table d'hôte, d'une cuisine du terroir. Le tout à deux pas du canal du Midi !

4 chambres – 95/125 €

4 km route de Castelnaudary – ✆ 04 68 78 03 99 – www.chateaulaprade.fr –
Fermé 15 novembre-15 mars

BRANNE

✉ 33420 (Gironde) – Carte régionale n° **18**–C1

Carte Michelin 335-J6

Le Caffé Cuisine

CUISINE TRADITIONNELLE • VINTAGE X Simple, frais et sans chichi ! Le chef valorise les produits et le terroir : la côte de bœuf limousine, le quasi de veau de lait et quelques desserts de grand-mère figurent parmi les classiques. Ici, tout est chiné avec goût, et l'on prend l'apéritif dans le petit patio, avant de s'attabler à la terrasse ombragée, tout près du pont sur la Dordogne.

Menu 17 € (déjeuner)/30 € – Carte 40/55 €

7 place du Marché – ✆ 05 57 24 19 67 – Fermé lundi, dimanche soir

BRANTÔME

✉ 24310 (Dordogne) – Carte régionale n° **18**–C1

Carte Michelin 329-E3 – Guide Vert Michelin Périgord Quercy

Le Moulin de l'Abbaye

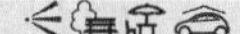

CUISINE MODERNE • ÉLÉGANT XXX Charme contemporain et intemporel, dépaysement sur la terrasse qui surplombe la Dronne… et cuisine au diapason : de superbes produits (langoustines, pigeon) travaillés dans le respect méticuleux des saisons. Une belle adresse.

→ Caviar et iode. Pigeonneau, légèreté d'artichaut et cuisse grillée à la truffe. Dessert autour du chocolat, de la noix et de l'armagnac

Menu 55/120 € – Carte 100/120 €

1 route de Bourdeilles – ✆ 05 53 05 80 22 – www.moulinabbaye.com –
Fermé 21 octobre-1er avril, lundi, mardi, mercredi midi

Le Moulin de l'Abbaye

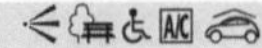

LUXE · COSY Un ravissant moulin et sa maison de meunier : voilà un cadre bucolique qui laisse rêveur ! Les chambres, empreintes de douceur romantique, sont bercées par le murmure d'une cascade. Quiétude, quand tu nous tiens...

20 chambres – 145/445 € – 22 €

1 route de Bourdeilles – 05 53 05 80 22 – www.moulinabbaye.com – Fermé 21 octobre-1er avril

Le Moulin de l'Abbaye – voir la sélection des restaurants

Moulin de Vigonac

TRADITIONNEL · COSY Esprit romantique en ce moulin du 16e s., bercé par la Dronne. Les chambres, confortables et bien tenues, sont joliment décorées. À la belle saison, on profite du parc et de la piscine... et, en toutes saisons, d'un accueil familial et chaleureux.

10 chambres – 125/300 € – 18 €

Route de Périgueux, 1 km au Sud-Ouest par D939 et route secondaire – 05 53 05 87 59 – www.moulindevigonac.com – Fermé 1er décembre-15 mars

Charbonnel

FAMILIAL · ÉLÉGANT Une maison de tradition qui épouse pleinement son époque : des chambres confortables et douillettes, une terrasse sur la Dronne et un restaurant traditionnel, le tout relooké avec fraîcheur... Une bonne étape !

18 chambres – 90/120 € – 15 €

57 rue Gambetta – 05 53 05 70 15 – www.lesfrerescharbonnel.com – Fermé 21 janvier-5 mars

Les Jardins de Brantôme

BOUTIQUE HÔTEL · ÉCO-RESPONSABLE Près du centre de la "Venise du Périgord", cette demeure du 18e s. a joui d'une belle réhabilitation : tons apaisants, matériaux de qualité, vieilles pierres et esprit d'aujourd'hui... avec un agréable salon (cheminée), un joli jardin et sa piscine. Une adresse où il fait bon séjourner.

7 chambres – 155/175 €

33-37 rue Pierre-de-Mareuil – 05 53 05 88 16 – www.lesjardinsdebrantome.com – Fermé 1er-31 janvier

à Bourdeilles 9,3 km au Sud-Ouest par D78 – 24310

L'Atelier des Sens N

CUISINE MODERNE · CONVIVIAL Après avoir travaillé dans différents coins de France (Savoie, Corse, St-Tropez), ce jeune couple s'est décidé à reprendre l'affaire avec une idée en tête : faire une cuisine simple et bonne, rythmée par les saisons. Le chef montre une vraie maîtrise de son sujet, tant sur la sélection des produits que le soin des préparations.

Menu 29/70 € – Carte 24/63 €

place de la Halle – 05 53 46 14 73 – https://latelier-des-sens-81.webself.net/ – Fermé 7-31 janvier, mardi

Hostellerie Les Griffons N

BOUTIQUE HÔTEL · COSY Charme des poutres et des vieilles pierres, vue sur la Dronne : au pied du château, cette maison bourgeoise du 16e s. cultive avec élégance un romantisme certain. Le matin, on prend son petit-déjeuner dans la véranda face à la rivière et au jardin.

10 chambres – 100/130 € – 13 €

Grand Rue – 05 53 45 45 35 – www.griffons.fr – Fermé 15 octobre-29 mars

à Champagnac-de-Belair 6 km au Nord-Est par D78 et D83 – ✉ 24530

Le Moulin du Roc (Alain Gardillou)

CUISINE MODERNE • ÉLÉGANT XXX Bucolique, ce moulin niché dans la verdure ! Ses salons élégants, sa terrasse qui surplombe la Dronne… l'endroit idéal pour apprécier la subtile cuisine d'Alain Gardillou, qui puise dans le terroir des saveurs sensibles, mais fortes. Formule plus simple au déjeuner en semaine, et carte des vins recelant bien des petits trésors.

→ Légumes bio aux truffes d'été. Chaud-froid aux truffes noires du Périgord. Tarte soufflée aux fraises et citron vert

Menu 49 € (déjeuner), 85/125 € – Carte 90/130 €

Avenue Eugène-le-Roy – ✆ 05 53 02 86 00 – www.moulinduroc.com – Fermé 3 novembre-28 mars, mardi, mercredi midi

Le Moulin du Roc

LUXE • ÉLÉGANT Le lieu est magique : un luxueux moulin à huile sur la Dronne, entouré de verdure. Les chambres sont superbes. Le jardin au bord de l'eau invite à la rêverie.

15 chambres – 160/420 € – 20 €

Avenue Eugène-le-Roy – ✆ 05 53 02 86 00 – www.moulinduroc.com – Fermé 3 novembre-28 mars

Le Moulin du Roc – voir la sélection des restaurants

BRASSEMPOUY

✉ 40330 (Landes) – Carte régionale n° **18**-B3

Carte Michelin 335-G13 – Guide Vert Michelin Aquitaine

L'Auberge du Laurier

CUISINE TRADITIONNELLE • AUBERGE X Une jolie cuisine de tradition et de région : voici ce que l'on déguste dans cette auberge chaleureuse et lumineuse, dont la terrasse borde le jardin potager.

Menu 24 € (déjeuner)/31 €

1459 route d'Amou, 3 km au Nord, route de St-Cricq-Chalosse par D21 – ✆ 05 58 75 08 05 – www.aubergedulaurier.fr – Fermé 21 octobre-6 novembre, mardi

Hôtel Lodge La Petite Couronne

MAISON DE CAMPAGNE • PERSONNALISÉ Défenseurs de la planète, cette adresse est faite pour vous ! En pleine campagne, l'établissement, tout en bois, joue la carte écolo, et les chambres, confortables et bien tenues, respectent les normes environnementales. Petit-déjeuner copieux, servi face à la piscine.

11 chambres – 92/110 €

Route d'Amou, 3 km au Nord, route de St-Cricq-Chalosse par D21 – ✆ 05 58 79 38 37 – www.lapetitecouronne.fr – Fermé 10-16 janvier

BRAY-ET-LU

✉ 95710 (Val-d'Oise) – Carte régionale n° **15**-A1

Carte Michelin 305-A6

Les Jardins d'Épicure

HÔTEL PARTICULIER • PERSONNALISÉ Installé dans un parc boisé à côté de l'Epte, cet élégant hôtel se répartit sur trois bâtiments de caractère, datant des années 1850.

20 chambres – 120/360 € – 15 €

16 Grande-Rue – ✆ 01 34 67 75 87 – www.lesjardinsdepicure.com

BREBIÈRES – 62 (Pas-de-Calais) → voir Douai

BRÉHAT (ÎLE DE) – 22 (Côtes-d'Armor) → voir Île-de-Bréhat

LA BREILLE-LES-PINS

✉ 49390 (Maine-et-Loire) – Carte régionale n° **23**–C2
Carte Michelin 317-J4

L'Orée des Bois

CUISINE TRADITIONNELLE · **AUBERGE** XX Au cœur du village, dans un bâtiment des années 1980, le restaurant dévoile une salle lumineuse, parée de mobilier contemporain. Quant aux assiettes, elles embaument les parfums du terroir. Chambres simples et bien tenues pour l'étape.

Menu 15 € (déjeuner), 24/56 € – Carte 34/57 €

2 rue Saumuroise – ✆ 02 41 38 85 45 – www.hotel-restaurant-loreedesbois.fr – Fermé 2-16 janvier, 21 octobre-3 novembre, lundi midi, mercredi, dimanche soir

BRÉLÈS

✉ 29810 (Finistère) – Carte régionale n° **7**–A1
Carte Michelin 308-C4

Auberge de Bel Air

CUISINE TRADITIONNELLE · **AUBERGE** X Une charmante ferme en granit, posée au bord de l'aber Ildut, avec un grand jardin et un étang. Dans l'assiette, une cuisine de la mer typique de la Bretagne, à l'image de ce filet de lieu jaune à la crème de homard. Quant au cadre, rustique, il prête à la tranquillité...

Menu 29/48 € – Carte 32/52 €

route de Lanildut – ✆ 02 98 04 36 01 – www.restaubergedebelair.com – Fermé 2-25 janvier, 10 octobre-7 novembre, lundi, dimanche soir

BREM-SUR-MER

✉ 85470 (Vendée) – Carte régionale n° **23**–A3
Carte Michelin 316-F8 – Guide Vert Michelin Pays de la Loire

Les Genêts (Nicolas Coutand)

CUISINE MODERNE · **COSY** XX Nés en 2014 dans une maison bourgeoise rénovée avec originalité, ces Genêts ont permis l'éclosion d'un jeune chef talentueux, Nicolas Coutand : il honore les produits de la région à travers des assiettes légères, d'une grande finesse, proposées à des prix raisonnables. Formule "bistronomique" au déjeuner.

→ Cuisine du marché

Menu 25 € (déjeuner), 48/65 €

21 bis rue de l'Océan – ✆ 02 51 96 81 59 – www.restaurant-les-genets.fr – Fermé 7-21 janvier, 24 juin-3 juillet, 12-29 novembre, lundi, mardi, dimanche soir

LA BRESSE

✉ 88250 (Vosges) – Carte régionale n° **12**–C3
Carte Michelin 314-J4 – Guide Vert Michelin Alsace Vosges

La Table d'Angèle

CUISINE MODERNE · **CONTEMPORAIN** X Ce bistrot contemporain, tenu par un couple sympathique, explore le terroir avec subtilité : les assiettes se révèlent soignées et savoureuses, et le goût du chef pour les fumaisons, épices et herbes est communicatif. On en redemande ! Accueil toujours impeccable d'Angèle, la patronne.

Menu 20 € (déjeuner), 33/66 € – Carte 45/51 €

30 Grande-Rue – ✆ 03 29 25 41 97 – www.la-table-dangele.com – Fermé 24 juin-11 juillet, 12 novembre-5 décembre, lundi, mardi, dimanche soir

BRESSIEUX

✉ 38870 (Isère) – Carte régionale n° **3**–E2
Carte Michelin 333-E6 – Guide Vert Michelin Lyon et sa région

Auberge du Château

CUISINE MODERNE • CONVIVIAL XX Christèle et Xavier Vanheule, passionnés de cuisine et de bons vins, donnent le meilleur d'eux-mêmes pour faire de leur auberge une belle maison. Les produits viennent des fermes environnantes et débordent de fraîcheur. Tout en contemplant les monts du Lyonnais, on se régale de plats savoureux aux parfums méridionaux...

Menu 32/68 €

67 montée du Château – ✆ 04 74 20 91 01 – www.aubergedebressieux.fr – Fermé 8-16 janvier, 18 février-5 mars, 24 juin-3 juillet, 21 octobre-6 novembre, mardi, mercredi, dimanche soir

BRESSON – 38 (Isère) ➔ voir Grenoble

BREST

✉ 29200 (Finistère) – Carte régionale n° **7**-A2

Carte Michelin 308-E4 – Guide Vert Michelin Bretagne Nord

Le M (Philippe Le Bigot)

CUISINE MODERNE • ÉLÉGANT XXX Des associations de saveurs harmonieuses, une vraie maîtrise dans la conception des plats... Dans cette belle maison typiquement bretonne, on déguste une goûteuse cuisine d'aujourd'hui, qui met à contribution les producteurs locaux (poisson, volaille, légumes...). L'été, on met le cap sur l'agréable terrasse. On M !

➔ Ragoût de poulpe et de bigorneaux aux amandes. Bar de ligne aux saveurs iodées. Marinade rhubarbe et pêche au masala, sorbet abricot

Menu 47 € (déjeuner), 57/105 €

22 rue du Commandant-Drogou – ✆ 02 98 47 90 00 – www.le-m.fr – Fermé 28 avril-8 mai, 18 août-4 septembre, 30 décembre-17 janvier, lundi, dimanche

L'Imaginaire

CUISINE CRÉATIVE • TENDANCE XX Cadre contemporain pour cette adresse du centre-ville : depuis la salle, teintée de quelques touches rétro, une baie vitrée permet désormais d'observer les cuisiniers à l'œuvre ! On se laisse porter par le menu fixe, en 3, 6 ou 9 plats, proposé par le chef ; les préparations sont élaborées et pleines de saveurs.

Menu 27 € (déjeuner), 38/65 €

Plan : A1-e – *23 rue de Fautras – ✆ 02 98 43 30 13 – www.restaurant-imaginaire.fr – Fermé 1er-15 janvier, 6-27 août, lundi, mercredi soir, dimanche soir*

Hinoki

CUISINE JAPONAISE • ÉPURÉ X Un vrai restaurant japonais sur Brest ? Bingo ! Le Hinoki est tenu par un chef... breton, passionné par la cuisine de l'archipel. Sa technique : profiter de la pêche locale pour obtenir des poissons de première fraîcheur, et réaliser ses sushis et makis devant les regards admiratifs des clients attablés au comptoir !

Menu 77/97 €

Plan : B1-d – *6 rue des Onze-Martyrs – ✆ 02 98 43 23 68 – www.sushinoki.fr – Fermé lundi, mardi midi, mercredi midi, jeudi midi, vendredi midi, samedi midi, dimanche*

L'Amirauté

BUSINESS • FONCTIONNEL Un hôtel aux lignes élégantes, avec des chambres spacieuses, bien insonorisées et fonctionnelles, des salles de réunion et un garage privé, très utile dans le quartier ! De plus, rien à redire sur l'entretien : c'est professionnel et très sérieux.

84 chambres – 👥80/150 € – ☕16 €

Plan : B1-t – *41 rue Branda – ✆ 02 98 80 84 00 – www.oceaniahotels.com*

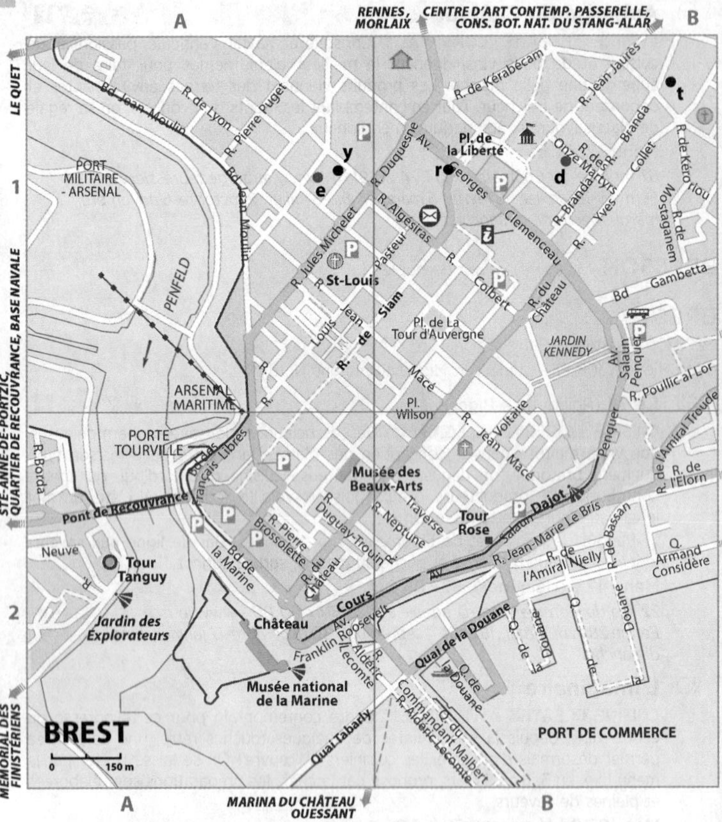

Océania

BUSINESS · CONTEMPORAIN Au cœur de Brest, entre la gare ferroviaire et le port, cet imposant immeuble abrite des chambres contemporaines, parfaitement insonorisées, ainsi qu'un restaurant. Pour la clientèle d'affaires, un espace séminaire confortable.

82 chambres – 85/170 € – 15 €

Plan : B1-r – *82 rue de Siam (rue piétonne) – 02 98 80 66 66 – www.oceaniahotels.com*

La Paix

BUSINESS · CONTEMPORAIN En plein centre-ville, cet hôtel d'affaires propose des chambres de style contemporain, agréables et assez calmes. Les gourmands iront faire un tour du côté du restaurant, qui s'est spécialisé dans les viandes (grillées, en tartare, carpaccio).

28 chambres – 85/150 € – 14 €

Plan : A1-y – *32 rue d'Algésiras – 02 98 80 12 97 – www.hoteldelapaix-brest.com – Fermé 20 décembre-5 janvier*

Un important déjeuner d'affaires ou un dîner entre amis ? Le symbole vous signale les salons privés.

BRETENOUX

✉ 46130 (Lot) - Carte régionale n° **22**-C1
Carte Michelin 337-H2

au Port de Gagnac 6 km au Nord-Est par D940 et D14 - ✉ 46130

Auberge du Vieux Port

CUISINE RÉGIONALE • AUBERGE XX Transmise de père en fils depuis trois générations, cette table de l'Auberge du Vieux Port est à l'image de l'établissement : conviviale et attrayante. On y savoure une bonne cuisine de terroir - mention spéciale pour les ris d'agneau et la flambée quercynoise. Jolie salle avec cheminée, bien agréable l'hiver venu.

Menu 17 € (déjeuner), 26/44 € - Carte 31/45 €

☏ 05 65 38 50 05 - www.auberge-vieuxport-lot.com - Fermé samedi midi, dimanche soir

BRÉTIGNOLLES-SUR-MER

✉ 85470 (Vendée) - Carte régionale n° **23**-A3
Carte Michelin 316-E8 - Guide Vert Michelin Pays de la Loire

✿ Jean-Marc Pérochon

CUISINE MODERNE • FAMILIAL XXX Attablé derrière les grandes baies vitrées du restaurant, on admire les reflets du soleil sur l'Atlantique et les quelques gréements qui s'y découpent... Puis on découvre avec plaisir une cuisine savoureuse, sûre de ses fondamentaux, entre mer et terre (tourteau, langoustines, homard, poisson, volaille de Challans, etc.).

→ Cuisine du marché

Menu 35 € (déjeuner), 64/95 € - Carte 85/100 €

Hôtellerie des Brisants, 63 avenue de la Grande-Roche - ☏ 02 51 33 65 53 - www.lesbrisants.com - Fermé 18 février-21 mars, 12 novembre-12 décembre, lundi, mardi midi, dimanche soir

Hôtellerie des Brisants

FAMILIAL • CONTEMPORAIN Face à l'océan, cette agréable hôtellerie ne redoute nullement les brisants, ces grandes vagues nées au large et qui déferlent sur la côte... Les chambres se révèlent confortables, et l'on est accueilli avec simplicité et gentillesse.

14 chambres - ††87/199 € - ☕ 14 €

63 avenue de la Grande-Roche - ☏ 02 51 33 65 53 - www.lesbrisants.com - Fermé 18 février-21 mars, 12 novembre-12 décembre

✿ **Jean-Marc Pérochon** - voir la sélection des restaurants

BRETTEVILLE-SUR-LAIZE

✉ 14680 (Calvados) - Carte régionale n° **17**-B2
Carte Michelin 303-C2

Château des Riffets

DEMEURE HISTORIQUE • CLASSIQUE Ce château du milieu du 19e s. est construit sur les ruines d'un ancien relais de chasse de Guillaume Le Conquérant. On s'y repose, au grand calme, dans des chambres qui ont du cachet : beaux parquets, mobilier d'époque, lits à baldaquin... En prime, le parc - où l'on peut voir gambader des lapins - est superbe ! Accueil de qualité.

3 chambres ☕ - ††125/175 €

☏ 02 31 23 53 21 - www.chateau-des-riffets.com - Fermé 1er octobre-29 mars

LE BREUIL-EN-AUGE

✉ 14130 (Calvados) – Carte régionale n° **17**-C2
Carte Michelin 303-N4 – Guide Vert Michelin Normandie Vallée de la Seine

Le Dauphin

CUISINE CLASSIQUE • COSY XX Avec ses colombages et sa charmante atmosphère, cet ancien relais de poste incarne la Normandie rêvée... Le jeune chef travaille de beaux produits avec passion (homards et ormeaux de la côte, par exemple) et maîtrise bien son sujet. On passe un moment agréable.

Menu 69 € – Carte 60/115 €

2 rue de L'Eglise – ✆ 02 31 65 08 11 – www.ledauphin-restaurant.com – Fermé 12 novembre-3 décembre, lundi, dimanche soir

BREUILLET – 17 (Charente-Maritime) ➜ voir Royan

BREUREY-LES-FAVERNEY – 70 (Haute-Saône) ➜ voir Faverney

BRIANÇON

✉ 05100 (Hautes-Alpes) – Carte régionale n° **24**-C1
Carte Michelin 334-H3 – Guide Vert Michelin Alpes du Sud

Au Plaisir Ambré

CUISINE MODERNE • CONTEMPORAIN XX Dans la cité Vauban, cette ancienne boucherie reste vouée aux bons produits. Fraîcheur : tel est le maître mot du chef, habile cuisinier qui sait révéler les meilleures saveurs. Un exemple ? Cette bavette Duroc de Batallé, purée de yacon au beurre fumé, carottes et jus au cumin... Vous avez dit plaisir ?

Menu 21 € (déjeuner), 33/45 €

26 Grande-Rue – ✆ 04 92 52 63 46 – www.auplaisirambre.com – Fermé 27 mai-14 juin, mercredi, jeudi

Le Pêché Gourmand

CUISINE MODERNE • CONTEMPORAIN X Un restaurant au bord de la Guisane, tenu par un jeune couple franco-australien amoureux de gastronomie. Sharon concocte une agréable cuisine de saison, et Jimmy s'occupe de son côté de préparer les pâtisseries. Service aimable et professionnel.

Menu 26 € (déjeuner), 39/75 € – Carte 82/110 €

2 route de Gap – ✆ 04 92 21 33 21 – www.peche-gourmand.com – Fermé 28 avril-13 mai, 20 octobre-4 novembre, lundi, dimanche

La Chaussée

FAMILIAL • MONTAGNARD D'emblée, on se sent bien dans cet hôtel familial transformé en "refuge montagnard" : meubles patinés par les ans, objets anciens, chambres coquettes et douillettes, belles salles de bains... Le bois est partout, donnant à ces lieux un caractère chaleureux et cosy.

16 chambres – ††85/105 € – ☕ 11 €

4 rue Centrale – ✆ 04 92 21 10 37 – www.hotel-de-la-chaussee.com – Fermé 1er-15 mai, 1er-17 novembre

BRIANT

✉ 71110 (Saône-et-Loire) – Carte régionale n° **5**-C3
Carte Michelin 320-E12

Auberge de Briant

CUISINE TRADITIONNELLE • AUBERGE XX La salle à manger, contemporaine et lumineuse, surplombe la campagne environnante. On profite des bons plats du chef, Filipe, mettant notamment en avant le bœuf de race charolaise... et des bons desserts d'Angélique, son épouse, qui assure aussi un accueil charmant !

Menu 55 € – Carte 39/57 €

Le Bourg – ✆ 03 85 25 98 69 – www.aubergedebriant.com – Fermé mardi soir, mercredi, dimanche soir

BRICQUEBEC

✉ 50260 (Manche) – Carte régionale n° **17**-A1

Carte Michelin 303-C3 – Guide Vert Michelin Normandie Cotentin

L'Hostellerie du Château

DEMEURE HISTORIQUE • CLASSIQUE Dans l'enceinte même du château médiéval de Bricquebec, au sein d'une belle bâtisse gothique, un établissement de tradition, aux chambres classiques et confortables, apprécié notamment par la clientèle étrangère. À voir : le restaurant occupe l'ancienne salle des chevaliers, avec colonnes en pierre, armures et cheminée.

17 chambres – 99/169 € – 9 €

Cour du Château – 02 33 52 24 49 – www.lhostellerie-bricquebec.com – Fermé 2 janvier-10 février

BRIDES-LES-BAINS

✉ 73570 (Savoie) – Carte régionale n° **4**-F2

Carte Michelin 333-M5 – Guide Vert Michelin Alpes du Nord

Golf Hôtel

TRADITIONNEL • FONCTIONNEL Au cœur de la vallée, un imposant hôtel datant des années 1920, où l'on profite de chambres contemporaines et chaleureuses. Dans la grande salle du restaurant, lumineuse, on peut opter pour une cuisine gourmande ou un menu diététique.

52 chambres – 92/258 € – 2 suites

avenue Greyffié-de-Bellecombe – 04 79 55 28 12 – www.golf-hotel-brides.com – Fermé 27 octobre-25 décembre

BRIE-COMTE-ROBERT

- 77 (Seine-et-Marne) ➜ voir Autour de Paris

BRIGNOGAN-PLAGES

✉ 29890 (Finistère) – Carte régionale n° **7**-A1

Carte Michelin 308-F3

Hôtel de la Mer

SPA ET BIEN-ÊTRE • ÉCO-RESPONSABLE Ah, les merveilleux littoraux du Finistère-Nord... Cet Hôtel de la Mer, surplombant les récifs et la plage de la Côte des Légendes, a été transformé par un enfant du pays en un lieu délicieux : chambres spacieuses avec vue sur la mer, spa avec sauna, hammam et jacuzzi... C'est bien simple : on voudrait ne jamais repartir.

26 chambres – 70/250 € – 14 €

Côtes des Légendes-Promenade des Chardons Bleus (plage des Chardons Bleus) – 02 98 43 18 47 – www.hoteldelamer.bzh – Fermé 28 septembre-7 janvier

BRINON-SUR-SAULDRE

✉ 18410 (Cher) – Carte régionale n° **8**-C2

Carte Michelin 323-J1 – Guide Vert Michelin Limousin Berry

La Solognote

CUISINE MODERNE • AUBERGE XX Dans la longue rue menant à l'église, cette auberge bien connue des locaux a repris des couleurs, sous l'impulsion d'un jeune couple motivé. Ils ont gardé le cachet rustique des lieux et dépoussiéré l'assiette, avec des préparations simples et bien tournées. Un exemple ? Les asperges à l'œuf poché et sabayon – un délice.

Menu 17 € (déjeuner), 29/33 €

34 Grande-Rue – 02 48 58 50 29 – www.hotel-brinonsursauldre.fr – Fermé lundi midi, mardi midi, mercredi midi, dimanche

BRIOLLAY

- 49 (Maine-et-Loire) ➜ voir Angers

BRIONNE

✉ 27800 (Eure) - Carte régionale n° **17**-C2

Carte Michelin 304-E6 - Guide Vert Michelin Normandie Vallée de la Seine

Le Logis

CUISINE MODERNE • CONVIVIAL XXX Porc ibérique bellota à la plancha, œuf cuit à 63°C : voici ce que vous réserve le chef, Alain Depoix, qui affectionne la nouveauté autant que les produits du cru - et plus encore les légumes de son propre potager, pour lequel il a engagé un jardinier. Une table qui respire la générosité !

Menu 22 € (déjeuner), 42/90 €

1 place St-Denis (angle r. Tragin)
- ✆ 02 32 44 81 73 - www.lelogisdebrionne.com -
Fermé 28 juillet-18 août, 23 décembre-13 janvier, lundi, mardi midi, samedi midi, dimanche

BRIOUDE

✉ 43100 (Haute-Loire) - Carte régionale n° **1**-C3

Carte Michelin 331-C2 - Guide Vert Michelin Auvergne

Poste et Champanne

CUISINE TRADITIONNELLE • FAMILIAL X La chef, membre des restauratrices d'Auvergne, ne conçoit pas sa cuisine sans convivialité et fait partager son savoir-faire à travers des plats typiquement régionaux, copieux et goûteux. Dès la première bouchée, on sait que la maison est sérieuse, généreuse et de qualité !

Menu 19 € (déjeuner), 28/42 € - Carte 42/55 €

1 boulevard Docteur-Devins - ✆ 04 71 50 14 62 -
www.hotel-de-la-poste-brioude.com - Fermé 3 février-3 mars, 4-11 novembre, lundi midi, dimanche soir

La Sapinière

FAMILIAL • PERSONNALISÉ Comme un air de campagne, en plein cœur de la cité. Cette construction récente s'intègre parfaitement à un joli parc boisé ; les grandes chambres adoptent elles aussi un esprit champêtre. Belle piscine couverte, jacuzzi, restaurant...

11 chambres - 99/129 € - 13 €

avenue Paul-Chambriard - ✆ 04 71 50 87 30 - www.hotel-sapiniere-brioude.com - Fermé 1er février-4 mars, 4-14 novembre

BRISCOUS

✉ 64240 (Pyrénées-Atlantiques) - Carte régionale n° **10**-B3

Carte Michelin 342-D2

Maison Joanto

CUISINE MODERNE • CONTEMPORAIN X Joanto, c'est "Petit Jean" en basque... et pourtant, voilà bien une demeure qui ne mérite aucun diminutif ! Sa belle architecture traditionnelle, son décor plein de cachet, son ambiance chaleureuse, tout séduit, et plus encore sa cuisine, où le terroir basque explose de saveurs. Le rapport qualité-prix a tout... d'un grand.

Menu 13 € (déjeuner), 27/33 € - Carte 33/33 €

chemin du Village - ✆ 05 59 20 27 70 - www.maisonjoanto-restaurant.fr -
Fermé 26 juin-12 juillet, mardi soir, mercredi, dimanche soir

BRIVE-LA-GAILLARDE

✉ 19100 (Corrèze) - Carte régionale n° **19**-B3

Carte Michelin 329-K5 - Guide Vert Michelin Périgord Quercy

La Table d'Olivier (Pierre Neveu)

CUISINE MODERNE • COSY X Dans cette maison cosy œuvre un jeune couple passionné : elle, ancienne pâtissière, en salle, lui en tant que chef, tous les deux investis pour le plaisir des clients. La cuisine de Pierre (et non Olivier !) se révèle très gourmande, aussi fine que colorée… et le rapport qualité-prix est tout simplement renversant.

→ Foie gras, tartare de bœuf et truffe. Saint-pierre, maïs-coco et homard. Macaron fraise et wasabi, sorbet chèvre

Menu 32 € (déjeuner), 48/71 € – Carte 48/60 €

3 rue Saint-Ambroise – ✆ 05 55 18 95 95 – Fermé 1er-24 janvier, 28 août-14 septembre, lundi, mardi, mercredi midi

La Toupine

CUISINE MODERNE • TENDANCE XX Dans une maison typiquement locale, ce restaurant affirme son look minimaliste chic (inox, pierre et bois exotique). Au menu : galette de pieds de cochon panés et escalope de foie gras ; pavé de veau en croûte de noix et gratin de cèpes, etc. Une savoureuse cuisine du marché, entre tradition et modernité.

Menu 23 € (déjeuner), 31/44 € – Carte 38/45 €

27 avenue Pasteur – ✆ 05 55 23 71 58 – www.latoupine.fr – Fermé 24 février-4 mars, 12-20 mai, 18 août-2 septembre, 17-25 novembre, lundi, dimanche

En Cuisine

CUISINE MODERNE • BISTRO X Prenez un jeune chef passionné, travailleur, entouré d'une équipe à son image. Ajoutez une cuisine raffinée, où les saveurs sont franches et où la présentation des plats met d'emblée l'eau à la bouche. Vous y êtes presque… Saupoudrez le tout d'un service avec le sourire. Vous pouvez savourer !

Menu 33/45 € – Carte 38/45 €

39 avenue Edouard-Herriot – ✆ 05 55 74 97 53 – www.encuisine.net – Fermé 2-14 janvier, lundi, dimanche

Bistrot C. Forget

CUISINE MODERNE • BISTRO X Sur une avenue menant au marché de Brive, le propriétaire de ce restaurant l'a transformé de fond en comble pour en faire un bistrot contemporain bien dans son époque ! Pari gagné dans le décor… et dans l'assiette, où l'on trouve une cuisine gourmande et bien réalisée, qui fait la part belle aux viandes du Limousin.

Menu 26/42 € – Carte 30/38 €

53 avenue de Paris – ✆ 05 55 74 32 47 – Fermé lundi, dimanche

Bistrot Chambon

CUISINE TRADITIONNELLE • BISTRO X L'ambiance est conviviale dans ce bistrot contemporain haut en couleurs. Le chef se met en quatre pour faire apprécier les spécialités du genre : sole meunière, tête de veau, pied de porc, etc. De bons produits frais, cuisinés avec soin et servis au pas de charge, affluence oblige !

Menu 20 € (déjeuner)/32 € – Carte 26/63 €

8 rue des Échevins – ✆ 05 55 22 36 83 – www.bistrot-chambon.fr – Fermé 4-20 août, lundi, dimanche

Chez Francis

CUISINE TRADITIONNELLE • BISTRO X Publicités rétro, objets en tout genre et dédicaces laissées par les clients : la parfaite ambiance d'un bistrot familial. On est tout à son aise pour déguster de bons produits et jolies recettes, avec en particulières de belles viandes limousines longuement maturées – un luxe !

Menu 22 € (déjeuner)/29 € – Carte 40/65 €

61 avenue de Paris – ✆ 05 55 74 41 72 – www.chezfrancis.fr – Fermé 2-7 février, 1er-10 juin, 1er-6 septembre, lundi, dimanche

Château de Lacan

DEMEURE HISTORIQUE • CONTEMPORAIN Sur les hauteurs de Brive, un château du 12e s. qui marie avec bonheur l'ancien au contemporain. Matériaux de qualité jusque dans les chambres, dont certaines offrent une jolie vue sur le parc. Salles de réunion et de banquet.

15 chambres – 98/275 € – 14 €

rue Jean-Macé – 05 55 22 00 01 – www.hotelchateaulacan.fr

La Truffe Noire

TRADITIONNEL • CLASSIQUE Au seuil de la vieille ville, cette grande maison régionale du 19e s. mêle avec élégance le charme des belles boiseries au raffinement contemporain. Les chambres, sobres et chic, offrent tout le confort nécessaire. Au restaurant, cuisine traditionnelle.

27 chambres – 89/135 € – 12 €

22 boulevard Anatole-France – 05 55 92 45 00 – www.la-truffe-noire.com

à Lissac-sur-Couze 14 km à l'Ouest par D920 et D158 – 19600

Château de Lissac

DEMEURE HISTORIQUE • PERSONNALISÉ Un lieu magique ! Le château, construit entre le Moyen-Âge et le 18e s., contemple le lac de Causse de son superbe parc planté de marronniers, de magnolias, de tilleuls... Les chambres sont décorées avec goût ; un vrai supplément d'âme.

5 chambres – 130/150 € – 14 €

au bourg – 06 08 14 95 97 – www.chateaudelissac.com – Fermé 12 novembre-28 mars

à Varetz 10 km au Nord-Ouest par D901 et D152 – 19240

Château de Castel Novel

CUISINE MODERNE • ROMANTIQUE XXX Difficile de résister au charme de ce joli château... Dans un décor de caractère, on sert une cuisine d'aujourd'hui, qui met à l'honneur les produits du terroir – à la croisée du Limousin, du Périgord et du Quercy – au fil des saisons...

Menu 42 € (déjeuner), 65/109 € – Carte 84/118 €

Château de Castel Novel – 05 55 85 00 01 – www.castelnovel.com – Fermé 28 octobre-1er avril, lundi, samedi midi, dimanche soir

Château de Castel Novel

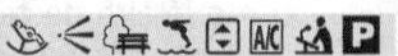

DEMEURE HISTORIQUE • ÉLÉGANT Pour un séjour au calme, sur les pas de Colette... Cette dernière vécut ici, dans ce château fort en grès rose (13e-15e s.) si joliment romantique. Les chambres, très raffinées, donnent sur le ravissant parc. Du style, c'est indéniable !

35 chambres – 109/419 € – 2 suites – 22 €

Château de Castel Novel – 05 55 85 00 01 – www.castelnovel.com – Fermé 28 octobre-1er avril

Château de Castel Novel – voir la sélection des restaurants

BRIVEZAC – 19 (Corrèze) → voir Beaulieu-sur-Dordogne

LE BROC – 63 (Puy-de-Dôme) → voir Issoire

BROU

28160 (Eure-et-Loir) – Carte régionale n° **8**-B1

Carte Michelin 311-C6 – Guide Vert Michelin Normandie Vallée de la Seine

L'Ascalier

CUISINE TRADITIONNELLE • CONVIVIAL X Dans la région, tout le monde – ou presque – connaît cet Ascalier ! Et pour cause, cette adresse a plus d'un atout avec sa terrasse fleurie, son cadre, ses beaux produits régionaux, ses menus à prix doux... et bien entendu son "escalier" du 16e s. qui mène aux salles de l'étage.

Menu 22/36 € – Carte 24/48 €

9 place du Dauphin – 02 37 96 05 52 – Fermé lundi soir, mardi, dimanche soir

LES BROUZILS

✉ 85260 (Vendée) – Carte régionale n° **23**–B3
Carte Michelin 316-I6

Manoir de la Thébline

FAMILIAL • COSY Dans un grand parc verdoyant – avec un étang –, une jolie demeure du 15e, 16e et 19e s. Ici, tout est pensé pour la détente : billard, bibliothèque, piscine et, évidemment, des chambres de facture classique, spacieuses, coquettes et parfaitement tenues. Idéal pour un séjour découverte de la région.

3 chambres – 98/130 €

2 km au Nord-Ouest par D7, route de l'Herbergement – ✆ 06 77 71 67 25 – www.manoirthebline.com

BRUAILLES – 71 (Saône-et-Loire) ➜ voir Louhans

BRUÈRE-ALLICHAMPS – 18 (Cher) ➜ voir St-Amand-Montrond

BRUMATH

✉ 67170 (Bas-Rhin) – Carte régionale n° **10**–B1
Carte Michelin 315-K4

L'Atelier du Bœuf (N)

CUISINE MODERNE • BISTRO Ce restaurant a été baptisé en clin d'œil à Joël Robuchon, et la raison en est simple : Élodie et Alexandre se sont rencontrés à l'Atelier de Londres. Au menu, c'est bistronomie et grande fraîcheur : carpaccio de veau façon vitello tonnato ; pavé d'esturgeon, asperges blanches et pamplemousse... avec une terrasse agréable pour les beaux jours.

Menu 24 € (déjeuner)/43 €

2 place Geoffroy-Velten – ✆ 03 88 37 11 53 – www.latelierduboeuf.fr – Fermé lundi, mardi, samedi midi

BRUYÈRES-ET-MONTBÉRAULT – 02 (Aisne) ➜ voir Laon

BRY-SUR-MARNE – 94 (Val-de-Marne) ➜ voir Autour de Paris

BUELLAS

✉ 01310 (Ain) – Carte régionale n° **3**–E1
Carte Michelin 328-D3 – Guide Vert Michelin Lyon et sa région

L'Auberge Bressane de Buellas

CUISINE TRADITIONNELLE • AUBERGE Dans cette auberge (une ex-boulangerie), on se régale de belles recettes du terroir avec un zeste de saveurs du Sud et une dose d'inventivité. On peut opter pour le restaurant traditionnel, d'un côté, ou pour l'Intimiste, de l'autre, où la proposition est plus ambitieuse, et le décor élégant et cosy. Dans les deux cas, le service est attentionné et les prix raisonnables.

Menu 23/55 € – Carte 25/55 €

10 route de Buesle (place du Prieuré) – ✆ 04 74 24 20 20 – www.auberge-buellas.com – Fermé 2-6 janvier, 26-29 août, 21-25 octobre, mercredi, dimanche soir

L'Auberge Bressane de Buellas

AUBERGE • CONTEMPORAIN Au centre du village, une maison familiale joliment aménagée, avec treize chambres colorées qui allient l'ancien et le moderne. Agréable piscine extérieure et jacuzzi.

13 chambres – 95/195 € – 12 €

10 route de Buesle (place du Prieuré) – ✆ 04 74 24 20 20 – www.auberge-buellas.com

L'Auberge Bressane de Buellas – voir la sélection des restaurants

BUIS-LES-BARONNIES

⊠ 26170 (Drôme) – Carte régionale n° **2**–B3
Carte Michelin 332-E8 – Guide Vert Michelin Alpes du Sud

Les Arcades - Le Lion d'Or

FAMILIAL • FONCTIONNEL Passez sous les arcades de la place principale (15e s.) pour entrer dans l'hôtel... Les amateurs de couleurs vives apprécieront les chaleureuses chambres provençales. Aux beaux jours, il fait bon profiter de la terrasse, face à la piscine, ou du charmant jardin intérieur à l'ombre d'une glycine.

12 chambres – 79/88 € – 1 suite – 11 €

place du Marché – 04 75 28 11 31 – www.hotelarcades.fr – Fermé 12 novembre-23 mars

LE BUISSON-DE-CADOUIN

⊠ 24480 (Dordogne) – Carte régionale n° **18**–C3
Carte Michelin 329-G6

Auberge de l'Espérance

CUISINE TRADITIONNELLE • AUBERGE X Âmes désespérées, courez dans cette adresse qui saura vous redonner foi en la vie ! L'accueil de la patronne n'est que sourire et chaleur, et la cuisine est pleine de jolies attentions, alliant fraîcheur et franche gourmandise. Voilà qui rappelle que les plaisirs simples sont parfois les plus marquants...

Menu 19 € (déjeuner), 29/46 € – Carte 55/65 €

3 avenue des Sycomores – 05 53 74 23 66 – Fermé 18 février-4 mars, mardi, mercredi

BULGNEVILLE

⊠ 88140 (Vosges) – Carte régionale n° **12**–B3
Carte Michelin 314-D3

La Marmite Beaujolaise

CUISINE MODERNE • AUBERGE XX S'il y a une chose qu'on ne peut reprocher au chef Rémi Lebouc, c'est de se reposer sur ses acquis ! Dans cette auberge du 18e s. installée au pied de l'église, au centre du village, il propose une cuisine de plus en plus créative au fil des ans, sans pour autant renier ses bases traditionnelles. Prix maîtrisés.

Menu 16 € (déjeuner) – Carte 43/62 €

34 rue de l'Hôtel-de-Ville – 03 29 09 16 58 – www.restaurant-lamarmitebeaujolaise.com – Fermé 1er-8 janvier, 23 septembre-7 octobre, lundi, mardi soir, dimanche soir

BURNHAUPT-LE-HAUT

⊠ 68520 (Haut-Rhin) – Carte régionale n° **10**–A3
Carte Michelin 315-G10

Le Coquelicot

FAMILIAL • FONCTIONNEL Dans une zone commerciale, non loin d'axes routiers fréquentés, cet hôtel-restaurant dispose de chambres confortables et impeccablement tenues, dans un style hôtelier fonctionnel.

26 chambres – 84/94 € – 12 €

24 rue du Pont-d'Aspach, 1 km au Nord – 03 89 83 10 10 – www.lecoquelicot.fr – Fermé 1er-7 janvier

BUSNES – 62 (Pas-de-Calais) → voir Béthune

BUSSEAU-SUR-CREUSE

⊠ 23150 (Creuse) – Carte régionale n° **19**–C1
Carte Michelin 325-J4 – Guide Vert Michelin Limousin Berry

Le Viaduc

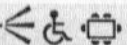

CUISINE MODERNE • RUSTIQUE XX Rustique et sympathique, cette petite auberge de pays domine la vallée de la Creuse et offre une belle vue sur le viaduc de style Eiffel... On y déguste une cuisine généreuse et bien réalisée.

Menu 14 € (déjeuner), 24/50 € – Carte 40/60 €

9 Busseau Gare – 05 55 62 57 20 – www.restaurant-leviaduc.com – Fermé 2-22 janvier, 24 juin-1er juillet, 7-14 octobre, lundi, jeudi soir, dimanche soir

LA BUSSIÈRE-SUR-OUCHE

✉ 21360 (Côte-d'Or) – Carte régionale n° **5**–C2
Carte Michelin 320-I6 – Guide Vert Michelin Bourgogne

✿ 1131

CUISINE MODERNE • HISTORIQUE XXX Dans le cadre exceptionnel de cette ancienne abbaye se joue une partition culinaire de haut vol… Guillaume Royer, le chef, met tout son talent au service du terroir bourguignon, qu'il magnifie dans des assiettes savoureuses et techniquement impeccables. Quant à la carte des vins, elle recèle bien des trésors !

→ L'écrevisse de rivière. Bœuf mironton. Miel des ruchers de l'abbaye

Menu 98/130 € – Carte 146/154 €

Abbaye de la Bussière, D33 – ✆ 03 80 49 02 29 – www.abbayedelabussiere.fr – Fermé 2 janvier-8 février, lundi, mardi, mercredi midi, jeudi midi, vendredi midi, samedi midi

Le Bistrot des Moines

CUISINE TRADITIONNELLE • HISTORIQUE X Un bistrot sympathique, où l'on retrouve les créations inspirées de Guillaume Royer, M.O.F. 2015, qui met en valeur le marché du jour et l'envie du moment. On se régale de cette cuisine de terroir pleine de saveurs, généreuse à souhait ; à plus forte raison lorsqu'il fait beau que l'on est installé en terrasse, face au parc…

Menu 29/41 €

Abbaye de la Bussière, D33 – ✆ 03 80 49 02 29 – www.abbayedelabussiere.fr – Fermé 2 janvier-8 février, mercredi soir, jeudi soir, vendredi soir, samedi soir, dimanche

Abbaye de la Bussière

DEMEURE HISTORIQUE • GRAND LUXE Une abbaye cistercienne du 12e s. noyée dans la verdure. Si le cloître des moines a disparu, la quiétude reste entière : architectures gothiques, pièce d'eau, chambres luxueuses et… gourmandises !

17 chambres – 225/540 € – 3 suites – 25 €

D33 – ✆ 03 80 49 02 29 – www.abbayedelabussiere.fr – Fermé 2 janvier-8 février

✿ **1131** • **Le Bistrot des Moines** – voir la sélection des restaurants

CABOURG

✉ 14390 (Calvados) – Carte régionale n° **17**–B2
Carte Michelin 303-L4 – Guide Vert Michelin Normandie Vallée de la Seine

Le Balbec

CUISINE TRADITIONNELLE • ÉLÉGANT XXX La galerie, sur le front de mer, vous attend ; y retrouverez-vous le temps perdu ? Le restaurant du Grand Hôtel de Cabourg met toujours un point d'honneur à proposer des assiettes précises et raffinées, qui regorgent de belles saveurs.

Menu 70/105 € – Carte 70/121 €

Grand Hôtel de Cabourg, promenade Marcel-Proust – ✆ 02 31 91 01 79 – www.grand-hotel-cabourg.com – Fermé lundi, mardi, mercredi midi, jeudi midi, vendredi midi

Le Bouche à Oreille

CUISINE TRADITIONNELLE • COSY XX Juste en face du marché de Cabourg, cette maison vit au rythme d'une famille de bons professionnels : père et fils réalisent aux fourneaux une honnête cuisine de tradition – huîtres de la région, foie gras, homard, sole meunière, soufflé au Grand Marnier… Le décor est chaleureux ; le service est aimable et souriant.

Menu 25 € (déjeuner), 33/58 €

10 avenue Dunettes – ✆ 02 31 91 26 80 – www.boucheaoreille-cabourg.fr – Fermé 7 janvier-10 février, 8-17 octobre, lundi, mardi, dimanche soir

Le Baligan

POISSONS ET FRUITS DE MER · BISTRO Cannes à pêche, lithographies, fresques, etc. Dans ce bistrot au décor marin, on vous propose les produits de la criée locale : fraîcheur garantie ! Les spécialités du chef : symphonie de la mer (fruits de mer pour deux), bon'iau du pêcheur (marmite aux trois poissons et moules), bouillabaisse cabourgeaise... À déguster en terrasse aux beaux jours.

Menu 19 € (déjeuner), 32/65 € – Carte 35/70 €

8 avenue Alfred-Piart – ✆ 02 31 24 10 92 – www.lebaligan.fr – Fermé 24 novembre-27 décembre

Les Bains de Cabourg Thalazur

SPA ET BIEN-ÊTRE · DESIGN Né en 2013, l'établissement a fait l'événement avec ses 10 000 m² de surface – dont 600 consacrés au spa – dans un parc de 6 ha face à la mer... Sa belle architecture moderne, ses volumes impressionnants, ses balcons ouvrant sur la plage (dans la plupart des chambres) : tout inspire bien-être et confort !

155 chambres – 139/700 € – 10 suites – 21 €

44 avenue Charles-de-Gaulle – ✆ 02 50 22 10 00 – www.thalazur.fr/hotel-cabourg/

Grand Hôtel de Cabourg

HISTORIQUE · BORD DE MER Ce palace du front de mer, hanté par le souvenir de Proust, joue la carte contemporaine : lignes épurées, mobilier haut de gamme... D'avril à septembre, la Plage propose salades et poissons sur une superbe terrasse posée sur le sable. Petit espace bien-être.

68 chambres – 156/770 € – 3 suites – 29 €

promenade Marcel-Proust – ✆ 02 31 91 01 79 – www.grand-hotel-cabourg.com

Le Balbec – voir la sélection des restaurants

Mercure Hippodrome

HÔTEL DE CHAÎNE · FONCTIONNEL Ces deux bâtiments récents – d'inspiration normande – jouxtent l'hippodrome. Certaines chambres donnent sur le champ de courses.

82 chambres – 86/316 € – 17 €

avenue Michel-d'Ornano, par avenue Hippodrome – ✆ 02 31 24 04 04 – www.mercure.com

à Dives-sur-Mer Sud du plan – ✉ 14160

Chez le Bougnat

CUISINE TRADITIONNELLE · BISTRO Cette ancienne quincaillerie est devenue un bistrot convivial. Vieilles affiches aux murs, objets chinés : le ton est donné pour une cuisine bistrotière généreuse, avec de bonnes viandes maturées et des classiques tels que les harengs pommes à l'huile.

Menu 18/31 € – Carte 25/55 €

27 rue Gaston-Manneville – ✆ 02 31 91 06 13 – www.chezlebougnat.fr

au Hôme 2 km à l'Ouest par D514 – ✉ 14390

Au Pied des Marais

CUISINE TRADITIONNELLE · CONVIVIAL À la sortie de Cabourg, un établissement où l'on s'installe dans une ambiance chaleureuse, près de la cheminée ou dans la véranda. On y apprécie des plats traditionnels, des spécialités (dont de fameux pieds de cochon) et des grillades au feu de bois. Une table où l'on passe un vrai bon moment !

Menu 39/59 € – Carte 50/85 €

26 avenue du Président-Coty – ✆ 02 31 91 27 55 – www.aupieddesmarais.com – Fermé 29 janvier-13 février, 18-28 juin, 10-25 décembre, mardi, mercredi

CABRIÈRES-D'AVIGNON

✉ 84220 (Vaucluse) – Carte régionale n° **25**-E1
Carte Michelin 332-D10 – Guide Vert Michelin Provence

La Bastide de Voulonne

AUBERGE • PERSONNALISÉ Au milieu des vignes et des arbres fruitiers, une ravissante bastide de 1764. Chambres coquettes et soignées, possibilité de séjours à thèmes (huile d'olive, truffes...). Le soir, les produits du terroir sont à la fête avec le menu unique de la table d'hôte.

14 chambres – 112/189 € – 13 €

D148 - Quartier Voulonne, 2,5 km au Sud-Ouest par D148 – ✆ 04 90 76 77 55 – www.bastide-voulonne.com – Fermé 1er novembre-31 mars

CABRIS - 06 (Alpes-Maritimes) ➜ voir Grasse

LA CADIÈRE-D'AZUR

✉ 83740 (Var) – Carte régionale n° **24**-B3
Carte Michelin 340-J6 – Guide Vert Michelin Côte d'Azur

Hostellerie Bérard (Jean-François Bérard)

CUISINE MODERNE • CLASSIQUE XXX À la suite de son père René, Jean-François Bérard a repris le flambeau de la table familiale. Jus corsés et émulsions subtiles, produits de qualité (dont les légumes et herbes du jardin)... du beau travail au service du goût, entre héritage et nouveauté !

➜ Huître en velouté au foie gras, menthe poivrée et citron confit. Poulette de Bresse rôtie à la broche, jus aux pignons de pin torréfiés. Soufflé et crémeux au chocolat, chutney au citron confit et glace à l'anis étoilé

Menu 38 € (déjeuner), 59/174 € – Carte 94/147 €

Hostellerie Bérard & Spa, 6 rue Gabriel-Péri – ✆ 04 94 90 11 43 – www.hotel-berard.com – Fermé 6 janvier-7 février, lundi, mardi

Le Bistrot de Jef

CUISINE PROVENÇALE • CONVIVIAL X Un bistrot convivial et accueillant, où une jeune équipe dynamique assure notre bonheur. La cuisine sent bon la Provence et la Méditerranée, et ces couleurs du Sud prennent d'autant plus de relief dans la véranda, où l'on jouit d'une vue superbe sur la vallée environnante !

Menu 33 € – Carte 36/61 €

Hostellerie Bérard & Spa, 6 rue Gabriel-Péri – ✆ 04 94 90 11 43 – www.hotel-berard.com – Fermé 2 janvier-7 février, mercredi, jeudi

Hostellerie Bérard & Spa

FAMILIAL • PERSONNALISÉ Une de ces adresses de tradition de l'hôtellerie française... Elle réunit plusieurs maisons de ce joli village perché : charme des vieilles pierres, de l'esprit provençal et d'un accueil prévenant – sans compter les plaisirs gastronomiques –, sous l'égide de toute une famille animée par le désir de la qualité.

35 chambres – 109/399 € – 23 €

6 rue Gabriel-Péri – ✆ 04 94 90 11 43 – www.hotel-berard.com – Fermé 6 janvier-7 février

Hostellerie Bérard • **Le Bistrot de Jef** – voir la sélection des restaurants

CADILLAC

✉ 33410 (Gironde) – Carte régionale n° **18**-B2
Carte Michelin 335-J7 – Guide Vert Michelin Aquitaine

Château de la Tour

BUSINESS • CONTEMPORAIN Entre le château et la Garonne, au cœur d'un joli parc dominé par quatre cèdres de l'Atlas tricentenaires, cet hôtel propose des chambres contemporaines et fraîches (côté parc), plus plaisantes au premier étage. On se sent bien !

32 chambres – 97/137 € – 11 €

2 avenue de la Libération – ✆ 05 56 76 92 00 – www.hotel-restaurant-chateaudelatour.com

G. Gerault/hemis.fr

ON AIME...

La Table de JF, un comptoir convivial pour soirées entre amis. **Initial**, son cadre aussi tendance que sa cuisine. **L'Espérance**, entre tradition et air du temps, signée Stéphane Carbone. Mais aussi la cuisine créative d'**À Contre Sens**, le cadre bourgeois du **Clos Saint-Martin**, et **L'Auberge de l'Île Enchantée**, dont les assiettes séduisent autant que la jolie vue sur l'Orne.

CAEN

✉ 14000 (Calvados) – Carte régionale n° **17**–B2
Carte Michelin 303-J4 – Guide Vert Michelin Normandie Cotentin

Restaurants

✿ Ivan Vautier

CUISINE MODERNE • DESIGN XXX Limpidité, précision, maîtrise : dans ce restaurant élégant, sobre et contemporain, les assiettes ont du style, et ce sans renier la nature et la saveur des produits, au contraire... Ivan Vautier a du talent et sa cuisine de saison en témoigne !

➜ Tomate confite à la vanille, sorbet cerfeuil. Suprêmes de pigeonneau poudrés de cacao et d'épices, cuisses rôties et farcies. Millefeuille vanille haut comme un gratte-ciel

Menu 37 € (déjeuner), 67/108 € – Carte 75/100 €

3 avenue Henry-Cheron
– ✆ 02 31 73 32 71 – www.ivanvautier.com –
Fermé lundi, dimanche soir

✿ Stéphane Carbone

CUISINE CRÉATIVE • DESIGN XXX À deux pas du port de plaisance, la table de Stéphane Carbone est une valeur sûre, où la gastronomie se décline avec créativité et délicatesse. Le confort des lieux, élégants et contemporains, ajoute au plaisir du repas.

➜ Cannelloni de tourteau en fine gelée de chou-fleur aux zestes de citron vert. Ris de veau cuit au sautoir et asperges vertes au beurre de romarin. Chocolat manjari, tuile cacao, crémeux Caraïbes, espuma à la vanille de Tahiti

Menu 29 € (déjeuner), 35/98 € – Carte 86/98 €

Plan : C2-u – *14 rue de Courtonne*
– ✆ 02 31 28 36 60 – www.stephanecarbone.fr –
Fermé 19 février-2 mars, 13-24 août, lundi, samedi midi, dimanche

À Contre Sens (Anthony Caillot)

CUISINE MODERNE • COSY XX Dans son élégante salle du numéro 10, où dialoguent bois et pierre, ce restaurant continue de cultiver non pas le contresens, mais bien l'exactitude ! Anthony Caillot est un excellent cuisinier, dont le style est enlevé, précis et audacieux – sans dérouter. Attention, vu le succès de l'endroit, la réservation est impérative.

→ Moules de la baie du Mont-Saint-Michel, escabèche au céleri et à la mangue, smoothie aux herbes. Pièce de bœuf dorée, tripes à la mode de Caen, épices et légumes de saison. Tarte au chocolat, crémeux moelleux et glace à l'avocat

Menu 27 € (déjeuner), 58/68 € – Carte 71/77 €

Plan : B2-r – *8-10 rue des Croisiers – ✆ 02 31 97 44 48 – www.acontresenscaen.fr – Fermé 7-24 avril, 21 juillet-27 août, 31 décembre-16 janvier, lundi, mardi midi, dimanche*

Initial (Yohann Lemonnier)

CUISINE CRÉATIVE • TENDANCE X Installé dans une ancienne boutique proche de l'Abbaye-aux-Hommes, ce restaurant est né de la volonté de deux jeunes associés. Leur crédo : une cuisine créative et variée, déclinée au dîner en 4, 6 ou 8 plats, qui répond à une philosophie limpide : passion et émotion ! Le tout accompagné de vins bien choisis, dont certains naturels.

→ Cuisine du marché

Menu 29 € (déjeuner), 45/75 €

Plan : A2-z – *24 rue Saint-Manvieu – ✆ 02 50 53 69 86 – www.initial-restaurant.com – Fermé 1er-14 janvier, 5 août-1er septembre, lundi, dimanche*

Le Dauphin

CUISINE MODERNE • ROMANTIQUE XXX Amateurs de produits normands, cette adresse est faite pour vous ! Huîtres de la baie d'Isigny-sur-Mer, pigeon de la Suisse normande, andouille de Vire, etc. Les saveurs de la région ont la part belle, mais le chef sait aussi composer des recettes plus originales... Décor élégant et lumineux.

Menu 25/62 € – Carte 60/75 €

Plan : B2-a – *29 rue Gemare – ✆ 02 31 86 22 26 – www.le-dauphin-normandie.com – Fermé 15 juillet-7 août, samedi midi, dimanche*

L'Accolade

CUISINE MODERNE • COSY XX Pierre Lefebvre, jeune chef autodidacte, a installé son restaurant en plein cœur du quartier historique et pittoresque du Vaugueux, à deux pas du château. Il décline une cuisine goûteuse et ingénieuse, au gré des trouvailles du marché. Les produits locaux sont à la fête, et l'on profite d'une belle sélection de vins.

Menu 26 € (déjeuner), 48/64 € – Carte 54/60 €

Plan : C1-a – *18 rue Porte-au-Berger – ✆ 02 31 80 30 44 – www.laccolade.fr – Fermé 12 août-2 septembre, samedi, dimanche*

Villa Eugène

CUISINE MODERNE • BRANCHÉ XX Le décor, original et chaleureux, mêle design contemporain, fauteuils en velours et lumière naturelle ; la terrasse verdoyante est protégée de la rue par des arbustes. Dans l'assiette, une cuisine simple et bien dans l'air du temps... Délicieux et furieusement tendance !

Menu 22 € (déjeuner) – Carte 35/52 €

75 boulevard André-Detolle – ✆ 02 31 75 12 12 – www.villa-eugene.fr – Fermé 12-18 août, samedi midi, dimanche

Le Bouchon du Vaugueux

CUISINE MODERNE • BISTRO X Sous des dehors simples, ce bistrot a l'âme d'un vrai bouchon lyonnais (comptoir, repas au coude-à-coude) ; toutefois, le chef ne se cantonne pas à la tradition et agrémente ses plats de trouvailles plus modernes. Jolie sélection de vins de producteurs.

Menu 25 € (déjeuner)/35 € – Carte 30/40 €

Plan : C1-g – *12 rue Graindorge – ✆ 02 31 44 26 26 – www.bouchonduvaugueux.com – Fermé lundi, dimanche*

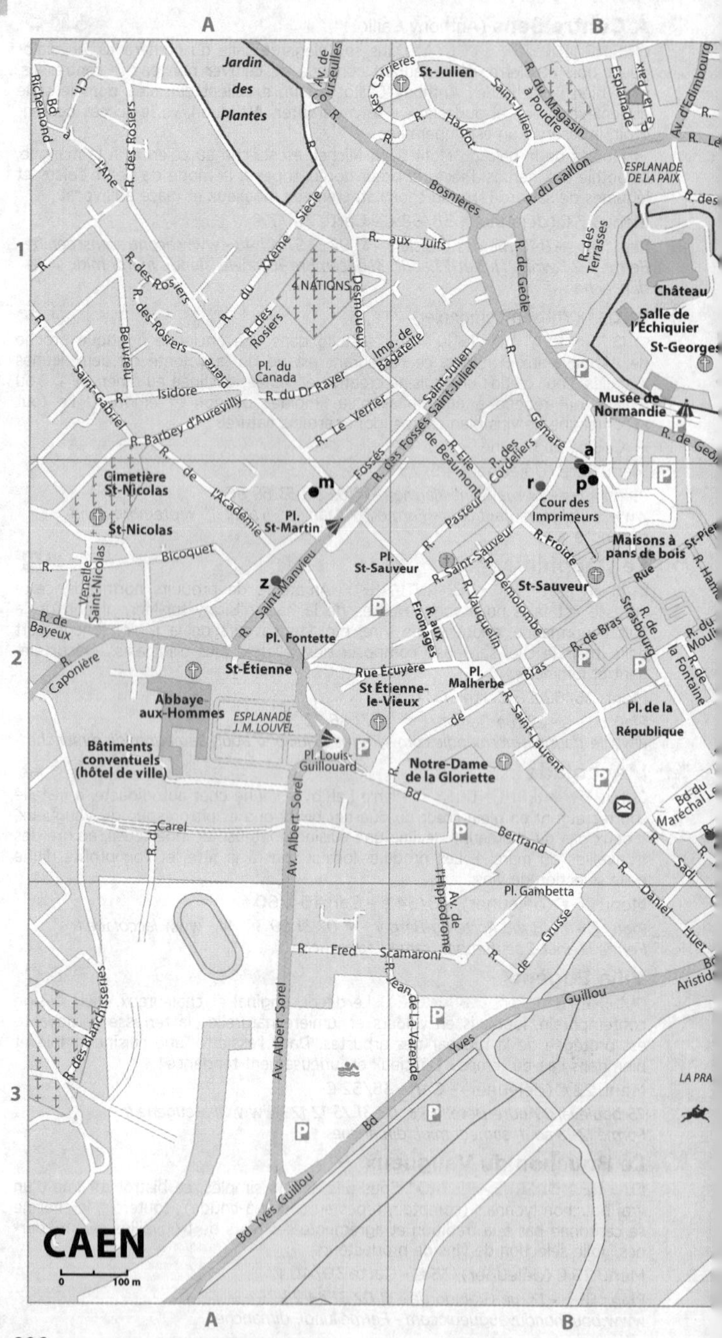
CAEN
A
B
1
2
3
Jardin des Plantes
St-Julien
Château
Salle de l'Échiquier
St-Georges
Musée de Normandie
ESPLANADE DE LA PAIX
4 NATIONS
Pl. du Canada
Cimetière St-Nicolas
St-Nicolas
Pl. St-Martin
Pl. St-Sauveur
Cour des Imprimeurs
Maisons à pans de bois
St-Sauveur
Pl. Fontette
St-Étienne
Abbaye aux-Hommes
ESPLANADE J.M. LOUVEL
Bâtiments conventuels (hôtel de ville)
Pl. Louis-Guillouard
St Étienne-le-Vieux
Pl. Malherbe
Notre-Dame de la Gloriette
Pl. de la République
Pl. Gambetta
LA PRA
0
100 m

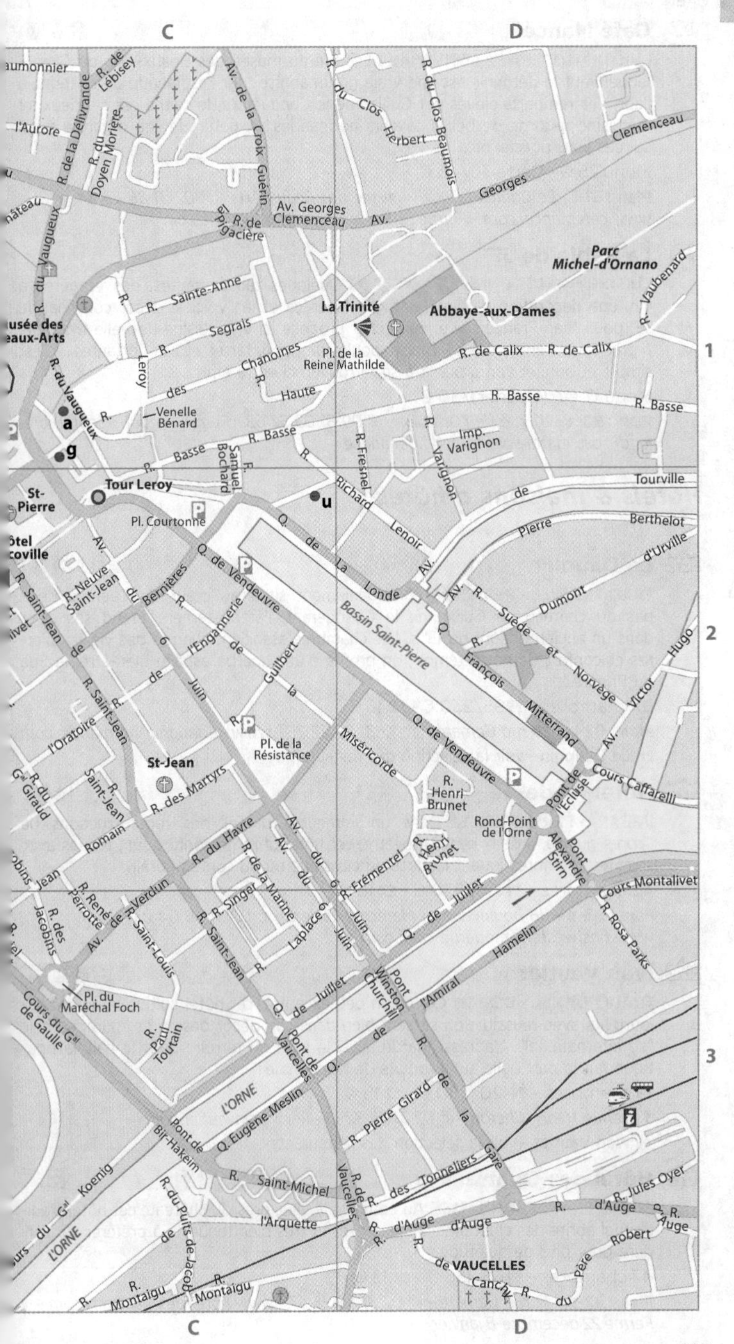
C
D
1
2
3
Abbaye-aux-Dames
La Trinité
Parc Michel-d'Ornano
Tour Leroy
St-Jean
Bassin Saint-Pierre
L'ORNE
VAUCELLES
Pl. de la Reine Mathilde
Pl. Courtonne
Pl. de la Résistance
Rond-Point de l'Orne
Pl. du Maréchal Foch
Av. Georges Clemenceau
Q. de Vendeuvre
Q. François Mitterrand
Cours Caffarelli
Cours Montalivet
Pont Winston Churchill
Pont de Vaucelles
Pont Alexandre Stirn
Pont de Bir-Hakeim
Q. Eugène Meslin
Q. de Juillet
R. de la Gare
R. d'Auge
R. Saint-Jean
Av. du 6 Juin
R. Basse
R. de Calix
R. des Chanoines
R. Saint-Michel
R. des Tonneliers
Cours Montalivet
R. Rosa Parks
Q. Hamelin
Av. de Verdun
R. du Vaugueux
R. de la Délivrande
Av. de la Croix Guérin
R. Richard Lenoir
Av. Victor Hugo

Café Mancel

CUISINE MODERNE • CONVIVIAL Le café du musée des Beaux-Arts de Caen – lequel vaut le détour – est une vraie gourmandise : sur l'esplanade du château, à l'abri des remparts élevés par Guillaume le Conquérant, le calme est délicieux, et la cuisine regorge de belles saveurs normandes ! À noter : le lieu organise aussi soirées jazz, poésie, etc.

Menu 25 € – Carte 30/45 €

Plan : B1-t – *Le Château Ducal - Musée des Beaux Arts – ✆ 02 31 86 63 64 – www.cafemancel.com – Fermé 5-18 février, lundi, dimanche soir*

La Table de JF

CUISINE TRADITIONNELLE • BISTRO Quelques tables hautes, des étagères à vin, une décoration d'objets vintage chinés ça et là : voici le décor convivial de JF, pour Jean-François ! Le jeune chef propose ici une cuisine de belle tradition, à prix d'ami : entrecôte béarnaise, poulet tandoori, tartes et îles flottantes… C'est simple et bon, et l'on a plaisir à se retrouver ici entre amis.

Menu 17 € (déjeuner)/30 €

Plan : B2-e – *87 rue de l'Oratoire – ✆ 09 81 03 37 68 – Fermé 15 août-3 septembre, lundi soir, mardi soir, samedi, dimanche*

Hôtels & maisons d'hôtes

Le Dauphin

TRADITIONNEL • PERSONNALISÉ Idéalement situé au cœur de Caen, à deux pas du château de Guillaume le Conquérant, l'établissement prend ses aises dans un ancien prieuré du 15e s. Les chambres associent charme des vieilles pierres et confort de notre temps ; on profite d'un superbe espace bien-être, le Spa du Prieuré…

37 chambres – 95/230 € – 16 €

Plan : B2-a – *29 rue Gemare – ✆ 02 31 86 22 26 – www.le-dauphin-normandie.com*

Le Dauphin – voir la sélection des restaurants

Hôtel Moderne

URBAIN • PERSONNALISÉ Dans un immeuble datant des reconstructions de l'après-guerre, à deux pas du théâtre, cet hôtel offre un confort sûr ; tenues avec soin, les chambres jouent la carte du classique ou du contemporain.

42 chambres – 109/270 € – 16 €

Plan : B2-d – *116 boulevard du Maréchal-Leclerc – ✆ 02 31 86 04 23 – www.bestwestern-moderne-caen.com*

Ivan Vautier

TRADITIONNEL • DESIGN Certes un peu excentré, cet hôtel cultive le goût d'aujourd'hui avec réussite : on se sent bien dans son décor design et épuré, au chic "so international". L'adresse garde aussi le sens du terroir : dans le hall, la boutique fait la part belle aux produits de Normandie !

19 chambres – 120/250 € – 18 €

3 avenue Henry-Cheron – ✆ 02 31 73 32 71 – www.ivanvautier.com

Ivan Vautier – voir la sélection des restaurants

Hôtel des Quatrans

BUSINESS • PERSONNALISÉ Au cœur de la ville, près du château, cet hôtel traditionnel abrite des chambres chaleureuses et très bien tenues – à préférer sur l'arrière pour plus de quiétude.

47 chambres – 65/155 € – 12 €

Plan : B2-p – *17 rue Gemare – ✆ 02 31 86 25 57 – www.hotel-des-quatrans.com – Fermé 22 décembre-8 janvier*

Le Clos Saint-Martin

MAISON DE MAÎTRE • PERSONNALISÉ Dans le centre historique de Caen, une jolie maison du 18e s. nichée au creux d'une cour... Avec leurs poutres, tomettes et boiseries, les chambres ne manquent pas de charme, et l'on peut en dire autant du bel escalier en pierre. Un lieu authentique et plaisant.

4 chambres – 108/138 €

Plan : A2-m – *18 bis place Saint-Martin – 07 81 39 23 67 – www.leclosaintmartin.com*

à Bénouville 10 km au Nord-Est par D515 – 14970

La Glycine

CUISINE TRADITIONNELLE • CONVIVIAL XX Face à l'église de Bénouville, cette auberge traditionnelle se révèle accueillante : derrière une jolie façade en pierre de Caen, on découvre une salle contemporaine et une cuisine valorisant l'esprit du terroir et les produits de la mer. La spécialité des lieux ? Le homard bleu gratiné à la sauce corail... Une étape de choix.

Menu 20/52 € – Carte 32/80 €

11 place du Commando-N°4 (face à l'église) – 02 31 44 61 94 – www.la-glycine.com – Fermé dimanche soir

Manoir Hastings

CUISINE MODERNE • COSY XX Bien à l'abri de cette belle bâtisse en pierre, datant du 17e s., le chef travaille de savoureux produits frais qu'il agrémente dans des plats généreux et goûteux ; l'intérieur est chaleureux, mariant l'ancien et la modernité. Pour l'étape, quatre chambres au décor romantique.

Menu 26 € (déjeuner), 32/46 € – Carte 58/70 €

18 avenue de la Côte-de-Nacre – 02 31 44 62 43 – www.manoirdhastings.fr – Fermé lundi, mardi

La Glycine

AUBERGE • PERSONNALISÉ Près du fameux Pegasus Bridge (où débutèrent les opérations du D-Day), voici une base tout indiquée pour partir à l'exploration des plages du Débarquement. Rien de figé derrière les murs de cette maison en pierre couverte de glycine : toutes les chambres ont été rénovées avec soin (également une annexe moderne).

34 chambres – 85/105 € – 9 €

11 place du Commando-N°4 (face à l'église) – 02 31 44 61 94 – www.la-glycine.com

La Glycine – voir la sélection des restaurants

à Fleury-sur-Orne 4 km au Sud par D562A – 14123

Auberge de l'Île Enchantée

CUISINE MODERNE • COSY XX L'ancien Chef de La Glycine (Bénouville) s'est lancé dans le grand bain avec cet ancien bar de pêcheurs situé en bordure de l'Orne. Fidèle à l'esprit de la maison, il propose une cuisine traditionnelle revisitée, qu'il fait évoluer au gré des saisons. Du sérieux.

Menu 19/37 €

1 rue St-André (au bord de l'Orne) – 02 31 52 15 52 – www.ileenchantee.fr – Fermé lundi, mardi, dimanche soir

à Hérouville St-Clair 3 km au Nord-Est – 14200

L'Espérance - Stéphane Carbone

CUISINE MODERNE • CONTEMPORAIN XX Installée sur le chemin de halage du canal reliant Caen et la mer, cette maison couleur rouille a été reprise par Stéphane Carbone, chef bien connu des Caennais. Les préparations se révèlent goûteuses et soignées, réalisées à base de produits frais de grande qualité ; on trouve toujours, au chapitre des classiques, la tête de veau sauce gribiche.

Menu 22 € (déjeuner), 32/45 € – Carte 40/53 €

512 rue Abbé-Alix (au bord du canal) – 02 31 44 97 10 – www.stephanecarbone.fr – Fermé 1er-14 janvier, 1er-14 octobre, lundi, mardi soir, dimanche soir

CAËSTRE

✉ 59190 (Nord) – Carte régionale n° **13**-B2
Carte Michelin 302-D3

L'Auberge...

CUISINE MODERNE • CONVIVIAL Non loin d'Hazebrouck, un lieu qui fut autrefois une tannerie, puis un estaminet dans la plus pure tradition chti, jusqu'à devenir un restaurant moderne, où l'on met en valeur les produits de la région. Bons classiques du terroir, ambiance rustique, beau choix de bières.

Menu 19/32 €

2590 route de Bailleul – ✆ 03 28 40 25 25 – www.laubergecaestre.com – Fermé 1er-15 janvier, lundi, samedi midi, dimanche soir

CAGNANO – 2B (Haute-Corse) → voir Corse

CAGNES-SUR-MER

✉ 06800 (Alpes-Maritimes) – Carte régionale n° **25**-E2
Carte Michelin 341-D6 – Guide Vert Michelin Côte d'Azur

Domaine Cocagne

RESORT • CONTEMPORAIN Des palmiers, de la verdure, des chambres particulièrement adaptées aux familles, mais aussi un restaurant dont les assiettes sont concoctées par un jeune chef belge, et qu'on déguste dans la véranda, devant la piscine... Sud et tendance, ce beau pays de cocagne !

23 chambres ☕ – 👥159/300 € – 10 suites

30 chemin du Pain-de-Sucre, 2 km par D 36 et rte secondaire – ✆ 04 92 13 57 77 – www.sandton.eu/cocagne/ – Fermé 31 octobre-28 février

au Haut-de-Cagnes – ✉ 06800

Château Le Cagnard

CUISINE MODERNE • ROMANTIQUE Une belle terrasse, une cuisine actuelle qui ne laisse guère de place au doute (minute de maigre, romanesco et condiments ; thon laqué au miso, pak choï et pamplemousse) : voici les atouts du lieu. Détail qui séduit : l'élégante salle à manger dispose d'un toit coulissant pour laisser entrer la lumière par beau temps...

Menu 70/100 € – Carte 70/90 €

45 rue Sous-Barri – ✆ 04 93 20 73 22 – www.lecagnard.com – Fermé 15 novembre-1er décembre

Fleur de Sel

CUISINE MODERNE • BISTRO Dans ce charmant restaurant d'esprit très Sud, on savoure une cuisine méditerranéenne fraîche, colorée et généreuse. Légumes du jardin en soupe à l'ancienne, langoustines en risotto crémeux... Les créations d'un chef expérimenté, qui ne manque pas d'inspiration.

Menu 37/69 € – Carte 49/73 €

85 montée de la Bourgade – ✆ 04 93 20 33 33 – www.restaurant-fleurdesel.com – Fermé 7-21 janvier, 15-29 juin, 5-12 octobre, 19-25 décembre, lundi midi, mardi midi, mercredi, jeudi midi, vendredi midi, samedi midi, dimanche midi

Château Le Cagnard

DEMEURE HISTORIQUE • ROMANTIQUE Perchée sur les remparts de ce bourg médiéval, cette belle bâtisse du 13e s. domine les environs. Chambres et parties communes sont empreintes de caractère et d'élégance, avec des touches provençales. Beauvoir, Saint-Exupéry, Pagnol : ils sont nombreux à s'être laissés séduire...

28 chambres – 👥210/450 € – ☕ 25 €

45 rue Sous-Barri – ✆ 04 93 20 73 22 – www.lecagnard.com – Fermé 2 janvier-11 février

Château Le Cagnard – voir la sélection des restaurants

CAHORS

✉ 46000 (Lot) - Carte régionale n° **22**-B1
Carte Michelin 337-E5

L'Ô à la Bouche

CUISINE MODERNE • CONTEMPORAIN XX À la tête de cette attachante adresse, un couple de passionnés qui a sillonné les contrées lointaines avant de jeter l'ancre à Cahors. Jean-François concocte des plats gourmands, comme ce marbré de lapereau, déclinaison de betterave et crème au wasabi ; ou ce dos de cabillaud rôti, écrasée de pommes de terre et poivrons confits.

Menu 28/42 € - Carte 35/50 €

56 Allées Fénelon - ✆ 05 65 35 65 69 - www.loalabouche-restaurant.com - Fermé 20 avril-6 mai, 19 octobre-4 novembre, lundi, dimanche

Le Balandre

CUISINE MODERNE • BOURGEOIS XXX Vitraux, belle hauteur sous plafond, moulures… Le cadre de ce restaurant, propriété familiale depuis plus de 100 ans, vaut le détour. Aux fourneaux, Alexandre, le fils de la famille, n'oublie pas certains « grands classiques » de la maison, tout en proposant une cuisine en phase avec son époque, en formule bistrot en semaine, plus ambitieuse le week-end.

Menu 23/65 € - Carte 40/63 €

5 avenue Charles-de-Freycinet - ✆ 05 65 53 32 00 - www.balandre.com - Fermé 17-25 mars, 11 octobre-26 novembre, lundi, dimanche

Au Fil des Douceurs

CUISINE TRADITIONNELLE • CONVIVIAL XX Après 23 années passées dans son bateau-restaurant sur le Lot, le chef du Fil des Douceurs a posé pied à terre et pris ses quartiers dans cette petite maison colorée, au cadre contemporain, face au superbe pont de Valentré (14e s.). Sa bonne cuisine traditionnelle, à prix doux, nous fait toujours voyager !

Menu 20 € (déjeuner), 27/37 € - Carte 35/45 €

32 avenue André-Breton - ✆ 05 65 22 13 04 - Fermé 1er-21 janvier, 17-24 juin, lundi, dimanche

Divona

URBAIN • CONTEMPORAIN En bordure du Lot, à côté du pont de Valentré, cette construction contemporaine et épurée en béton, verre et pierre, propose des chambres sobres et confortables, tournées vers la rivière. Jolie piscine couverte, salle de fitness. Un hôtel qui conviendra autant à une clientèle touristique que business.

38 chambres - 119/259 € - 15 €

113 avenue André-Breton - ✆ 05 65 21 18 39 - www.hoteldivona.fr

à Caillac 13 km au Nord, rte de Bergerac et D145 - ✉ 46140

Le Vinois

CUISINE MODERNE • CONTEMPORAIN XX Au cœur du vignoble de Cahors, ne ratez pas cette étonnante auberge au décor contemporain et sa goûteuse cuisine, actuelle et soignée, appuyée sur de solides bases classiques qui privilégie autour d'une courte carte de saison les produits du terroir local. Quelques chambres confortables.

Menu 39 €

Le Bourg - ✆ 05 65 30 53 60 - www.levinois.com - Fermé 1er novembre-11 mars, lundi, mardi midi, mercredi midi, jeudi midi, vendredi midi, samedi midi, dimanche

à Cieurac 8,5 km au Sud-Est par D6 – ✉ 46230

La Table de Haute-Serre

CUISINE MODERNE • CONTEMPORAIN Dans l'ancien chai d'un château au cœur des vignes, ce restaurant dégage le parfum très particulier des lieux authentiques. Rack à charcuterie, billot, machine à jambon et caisses de vins annoncent un beau moment de gourmandise, auquel on associe les vins du domaine. Soirée rôtissoire chaque vendredi. On se régale.

Menu 29/86 € – Carte 34/48 €

Château de Haute-Serre – ☏ 05 65 20 80 20 – www.hauteserre.fr – Fermé 6-23 mars, 24 novembre-14 janvier, mercredi, jeudi, dimanche soir

à Mercuès 10 km au Nord par D811 – ✉ 46090

Le Duèze

CUISINE MODERNE • ÉLÉGANT Ce superbe château du 13e s., posté sur les hauteurs de Cahors, abrite une table ô combien valeureuse : les produits de la région sont célébrés dans des préparations goûteuses, qui réactualisent la tradition de fort belle manière et s'accompagnent des bons vins de la propriété. Terrasse dans la cour d'honneur.

→ Marbré de foie gras de canard à la truffe noire, condiments acidulés. Foie gras de canard fermier poêlé. Soufflé au fruit de la passion, sorbet de fruits exotiques

Menu 89/155 € – Carte 101/122 €

Château de Mercuès, route du Château – ☏ 05 65 20 00 01 – www.chateaudemercues.com – Fermé 21 février-28 mars, 11 novembre-31 janvier, lundi, mardi midi, mercredi midi, jeudi midi, vendredi midi, samedi midi, dimanche

Château de Mercuès

DEMEURE HISTORIQUE • ROMANTIQUE Ses imposantes tours rondes se dressent au-dessus de la vallée du Lot... La majesté de l'Histoire en ce château du 13e s., aux chambres élégantes et inspirées. Une appétissante formule au bistrot du Château le midi vient compléter celle, plus gastronomique, du Duèze.

24 chambres – 190/330 € – 6 suites – 28 €

route du Château – ☏ 05 65 20 00 01 – www.chateaudemercues.com – Fermé 21 février-28 mars, 11 novembre-31 janvier

Le Duèze – voir la sélection des restaurants

Le Mas Azemar

MAISON DE CAMPAGNE • PERSONNALISÉ Les propriétaires de cette maison de maître du 18es., ancienne dépendance du château de Mercuès, sont passionnés d'art et de mobilier ancien. Une belle atmosphère... Cuisine traditionnelle familiale dans un cadre chaleureux et rustique : poutres, murs en pierre, cheminée, etc. Une adresse authentique.

5 chambres – 127 €

rue du Mas-de-Vinssou – ☏ 05 65 30 96 85 – www.masazemar.com

CAHUZAC-SUR-VÈRE

✉ 81140 (Tarn) – Carte régionale n° **22**-C2
Carte Michelin 338-D7

Château de Salettes

CUISINE MODERNE • ÉLÉGANT Ce restaurant est installé dans un château du 13e s., en plein cœur d'un domaine viticole du gaillacois... Un emplacement de choix ! La cuisine, bien dans l'air du temps, est basée sur de beaux produits ; la jolie carte des vins propose les crus du Château de Salettes. Aux beaux jours, la terrasse ne manque pas de charme.

Menu 29 € (déjeuner), 46/90 € – Carte 65/75 €

Château de Salettes, 3 km au Sud par D922 – ☏ 05 63 33 60 60 – www.chateaudesalettes.com – Fermé 1er-31 janvier, 3-11 mars, 20 octobre-4 novembre, lundi soir, mardi soir, mercredi soir

Château de Salettes

DEMEURE HISTORIQUE • CONTEMPORAIN Pénétrez dans la cour pour découvrir ce beau château du 13e s. au milieu des vignes, remanié au fil du temps. À l'intérieur, une déco contemporaine et design, des chambres spacieuses avec murs en pierres apparentes... Charme et personnalité, en toute quiétude ! Agréable spa, tout nouveau.

16 chambres – 145/315 € – 2 suites – 19 €

Château de Salettes, 3 km au Sud par D922 – ✆ 05 63 33 60 60 – www.chateaudesalettes.com – Fermé 1er-31 janvier, 3-11 mars, 20 octobre-4 novembre

Château de Salettes – voir la sélection des restaurants

à Donnazac 5 km au Nord-Est par D922 et rte secondaire – ✉ 81170

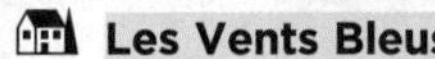

Les Vents Bleus

FAMILIAL • PERSONNALISÉ Au cœur du vignoble de Gaillac, une fière maison de maître (1844) flanquée d'un pigeonnier. Les chambres, aménagées dans le chai de la propriété, mêlent l'ancien et le confort d'aujourd'hui avec raffinement. Convivial et paisible !

5 chambres – 100/160 €

route de Caussade – ✆ 05 63 56 86 11 – www.lesventsbleus.com – Fermé 1er janvier-1er avril

CAILLAC – 46 (Lot) → voir Cahors

CAIRANNE

✉ 84290 (Vaucluse) – Carte régionale n° **24**-A2

Carte Michelin 332-C8 – Guide Vert Michelin Provence

Côteaux et Fourchettes

CUISINE MODERNE • CLASSIQUE XX Jolie enseigne... Dans cet ancien caveau, le terroir s'exprime aussi bien par l'assiette – savoureuse – que par le flacon – excellent choix de vins locaux. Agréable décor contemporain, terrasse ouverte sur le vignoble.

Menu 26 € (déjeuner), 33/79 € – Carte 35/60 €

route de Violès, croisement de la Courançonne (D8 et D975) – ✆ 04 90 66 35 99 – www.coteauxetfourchettes.com – Fermé lundi soir, jeudi, dimanche soir

CAJARC

✉ 46160 (Lot) – Carte régionale n° **22**-C1

Carte Michelin 337-H5

L'Allée des Vignes (Claude-Emmanuel Robin)

CUISINE CRÉATIVE • CONTEMPORAIN XX Claude-Emmanuel Robin, chef passionné et plein de fougue, a su créer dans cet ancien presbytère, avec l'aide précieuse de son épouse russe Evgenia, un lieu élégant et charmant, apprécié également aux beaux jours, grâce à la jolie terrasse. Idéal pour déguster une cuisine créative et savoureuse, à l'instar de ce cœur de longe de thon en tartare estival de tomate. Service jeune et charmant. La table du Lot qui sort du lot.

→ Foie gras poêlé à la poudre de petit épeautre torréfié, jaune fermier confit. Bar de ligne rôti au beurre de café et safran du Quercy. Millefeuille craquelé à la vanille intense, sorbet verveine et fraises de Cajarc

Menu 28 € (déjeuner), 39/95 €

32 boulevard du Tour-de-Ville – ✆ 05 65 11 61 87 – www.alleedesvignes.com – Fermé 2 janvier-29 mars, lundi, mardi

Jeu de Quilles

CUISINE MODERNE • BISTRO X Porc noir gascon, volaille du Gers, agneau et veau aveyronnais... Bien à l'inverse d'un chien dans un Jeu de Quilles, on se lèche les babines devant les délicieux produits dénichés par le chef ! Il les utilise à merveille dans des plats simples et nets, accompagnés de bons légumes bio... et de bons vins naturels.

Carte 29/33 €

7 boulevard Tour-de-Ville - ✆ 05 65 33 71 40 - Fermé 1er-22 janvier, 3-10 juin, lundi, dimanche

Cajarc Blue Hôtel

TRADITIONNEL • PERSONNALISÉ Adresse détente dans ce village qui vit naître Françoise Sagan. Cet hôtel rénové est agréable à vivre, avec ses chambres coquettes et bien tenues, toutes dotées de terrasse ou balcon. Agréable espace bien-être qui permet de se relaxer après de belles balades au bord du Lot.

24 chambres - 59/147 € - 11 €

380 avenue François-Mitterand, rte de Capdenac - ✆ 05 65 40 65 35 - www.cajarcbluehotel.fr - Fermé 15 novembre-21 mars

CALACUCCIA - 2B (Haute-Corse) → voir Corse

CALAIS

62100 (Pas-de-Calais) - Carte régionale n° **13**-A1
Carte Michelin 301-E2

Au Côte d'Argent

POISSONS ET FRUITS DE MER • ÉLÉGANT XX Embarquement immédiat pour un voyage gourmand, riche en saveurs iodées ! Dans un cadre rénové, toujours inspiré par la mer, les amateurs de poisson se régalent de la pêche locale : viennoise de cabillaud au basilic, soupe de moules du pays... Intéressante carte des vins, dont une belle sélection de bordeaux.

Menu 22/42 € - Carte 40/60 €

1 digue Gaston-Berthe - ✆ 03 21 34 68 07 - www.cotedargent.com - Fermé 18 août-3 septembre, lundi, dimanche soir

Histoire Ancienne

CUISINE TRADITIONNELLE • BISTRO X Au cœur du centre-ville, ce bistrot rétro n'est pas de l'histoire ancienne ! La cuisine traditionnelle et les plats canailles y conservent toute leur fraîcheur : tête de veau sauce gribiche, cassoulet, etc. C'est goûteux, généreux et pas onéreux.

Menu 22/32 € - Carte 38/52 €

20 rue Royale - ✆ 03 21 34 11 20 - www.histoire-ancienne.com - Fermé lundi soir, dimanche

Aquar'aile

POISSONS ET FRUITS DE MER • TRADITIONNEL XX L'atout de cet agréable restaurant, situé au 4e étage d'un immeuble ? Son panorama unique sur la Manche et les côtes anglaises ! La cuisine met en valeur la pêche locale : cocotte de homard, bar en croûte de sel, sole meunière... À déguster avec un bon vin issu de la carte, composée avec soin par le propriétaire des lieux.

Menu 33/48 € - Carte 50/85 €

255 rue Jean-Moulin (4ème étage) - ✆ 03 21 34 00 00 - www.aquaraile.fr - Fermé mercredi, dimanche soir

Le Channel

POISSONS ET FRUITS DE MER • CONTEMPORAIN XX À Calais, ce restaurant est une institution. Décor élégant, cuisine classique empreinte de modernité, produits de la mer issus de la pêche locale, et très belle carte des vins (cave ouverte sur la salle)... Voilà une plaisante escale avant la traversée du "channel" !

Menu 24/61 € - Carte 40/105 €

3 boulevard de la Résistance - ✆ 03 21 34 42 30 - www.restaurant-lechannel.com - Fermé mardi, dimanche soir

Le Grand Bleu

CUISINE MODERNE • CONTEMPORAIN XX Le chef, Matthieu Colin, met à profit son expérience dans des maisons étoilées. Dans un intérieur entièrement rénové en 2016, il continue de rendre un joli hommage à la pêche locale, mais aussi aux produits du terroir, à travers des recettes qui aiment cultiver la différence. Service aimable et efficace.

Menu 42 € – Carte 40/58 €

8 rue Jean-Pierre Avron – ✆ 03 21 97 97 98 – www.legrandbleu-calais.com – Fermé 17 février-5 mars, 18 août-4 septembre, mardi soir, mercredi

CALA-ROSSA – 2A (Corse-du-Sud) ➜ voir Corse (Porto-Vecchio)

CALLAS

✉ 83830 (Var) – Carte régionale n° **24**-C3
Carte Michelin 340-O4 – Guide Vert Michelin Côte d'Azur

Hostellerie Les Gorges de Pennafort

CUISINE MODERNE • CONTEMPORAIN XXX Un élégant décor contemporain, une terrasse sous les tilleuls… Le cadre est séduisant. Dans l'assiette, le chef marie tradition et générosité.

➜ Raviolis de foie gras et parmesan. Carré d'agneau rôti, jus au thym. Millefeuille à la vanille et sa glace minute

Menu 63 € (déjeuner), 89/170 € – Carte 120/170 €

8660 Route Départementale 25, 7 km au Sud-Est – ✆ 04 94 76 66 51 – www.hostellerie-pennafort.com – Fermé 20 janvier-8 mars, 24 décembre-2 janvier, lundi, mercredi midi, dimanche soir

Hostellerie Les Gorges de Pennafort

LUXE • CONTEMPORAIN Le calme est envoûtant dans ce site naturel qui ravit l'œil : les gorges de Pennafort, escarpées, rouges et noyées sous la végétation… Un véritable cocon de verdure ! Confort aux couleurs de la Provence ; belle piscine et espace bien-être de l'autre côté de la route.

13 chambres – 230 € – 2 suites – 23 €

8660 Route Départementale 25, 7 km au Sud-Est – ✆ 04 94 76 66 51 – www.hostellerie-pennafort.com – Fermé 20 janvier-8 mars, 24 décembre-2 janvier

Hostellerie Les Gorges de Pennafort – voir la sélection des restaurants

CALVI – 2B (Haute-Corse) ➜ voir Corse

CAMARET-SUR-MER

✉ 29570 (Finistère) – Carte régionale n° **7**-A2
Carte Michelin 308-D5 – Guide Vert Michelin Bretagne Nord

Le Thalassa Hôtel & Spa

TRADITIONNEL • CONTEMPORAIN Thalassa, divinité marine de la mythologie grecque, veille sûrement sur cet hôtel idéalement situé sur le port. L'établissement a été entièrement rénové en 2013 : esprit contemporain et confort sont au rendez-vous. En façade, les chambres offrent une jolie vue sur la mer ; piscine et jacuzzi vous tendent les bras…

48 chambres – 68/169 € – 12 €

6 quai du Styvel – ✆ 02 98 27 86 44 – www.hotel-thalassa.com – Fermé 5 novembre-1er mars

Hôtel de France

TRADITIONNEL • FONCTIONNEL Sur le quai, un hôtel familial aux chambres fonctionnelles, bien tenues et insonorisées. On a le choix entre la vue sur les bateaux ou un maximum de calme sur l'arrière du bâtiment. Fruits de mer au restaurant.

20 chambres – 79/140 € – 12 €

quai Toudouze – ✆ 02 98 27 93 06 – www.hotel-france-camaret.com – Fermé 20 décembre-7 janvier

CAMBO-LES-BAINS

✉ 64250 (Pyrénées-Atlantiques) – Carte régionale n° **18**-A3
Carte Michelin 342-D4 – Guide Vert Michelin Pays Basque et Navarre

Le Bellevue

CUISINE MODERNE • TENDANCE La salle est claire, et la carte courte. Deux raisons de s'attarder dans ce restaurant décoré avec goût. La cuisine traditionnelle y est revisitée avec entrain et un sens aigu de la gourmandise, à l'image de cette terrine de pieds de porcs désossés, ou en dessert, ce soufflé chaud à l'eau de vie de poire.

Menu 15 € (déjeuner)/35 €

rue des Terrasses – ✆ 05 59 93 75 75 – www.hotel-bellevue64.fr – Fermé 4 janvier-10 février, lundi, dimanche soir

CAMBRAI

✉ 59400 (Nord) – Carte régionale n° **13**-C3
Carte Michelin 302-H6

Maison Demarcq

CUISINE MODERNE • ÉLÉGANT Cette demeure bourgeoise a été marquée par l'histoire de la ville : Napoléon y a séjourné – tout près de l'endroit où aurait été signée la fameuse Paix des Dames (1529). Le décor cultive un élégant classicisme, et la cuisine se révèle actuelle et soignée. Une belle adresse dans la capitale des "bêtises".

Menu 36 € (déjeuner), 48/70 € – Carte 54/64 €

2 rue St-Pol – ✆ 03 27 37 77 78 – www.maisondemarcq.com – Fermé lundi, samedi midi, dimanche soir

Beatus

TRADITIONNEL • PERSONNALISÉ Légèrement excentré, cet hôtel familial est niché dans un joli parc fleuri. Ici, on vient et revient pour l'accueil chaleureux et les chambres au calme (les plus récentes étant en outre très cosy). Le soir, les résidents profitent du restaurant traditionnel.

31 chambres – 85/116 € – 12 €

718 avenue de Paris, 1,5 km au Sud par D644 – ✆ 03 27 81 45 70 – www.beatus-cambrai.com

Le Clos St-Jacques

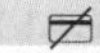

FAMILIAL • PERSONNALISÉ "La maison aurait accueilli la confrérie de St-Jacques-de-Compostelle", dixit monsieur qui est un conteur né et ne manque pas d'anecdotes... Quant à madame, elle a su insuffler une âme "déco" à ce bel hôtel particulier, tout en préservant son cachet originel. En prime, le petit-déjeuner est excellent. Les hôtes sont ravis !

4 chambres – 100/120 €

9 rue St-Jacques – ✆ 03 27 74 37 61 – www.leclosstjacques.com – Fermé 10-21 août

CAMON

✉ 09500 (Ariège) – Carte régionale n° **22**-C3
Carte Michelin 343-J6

L'Abbaye-Château de Camon

DEMEURE HISTORIQUE • PERSONNALISÉ Le temps semble s'être arrêté dans ce site enchanteur. L'abbaye s'adosse toujours à l'église mais les chambres n'ont plus rien de monacal, tandis que la beauté du jardin invite à la méditation. Le soir, on se dirige vers le cloître pour célébrer les sens autour d'un menu dégustation...

5 chambres – 140/195 € – 18 €

✆ 05 61 60 31 23 – www.chateaudecamon.com – Fermé 31 octobre-10 avril

CAMPLONG-D'AUDE

✉ 11200 (Aude) – Carte régionale n° **21**–B3
Carte Michelin 344-G4 – Guide Vert Michelin Languedoc

Le Clos de Mauzac

CUISINE MODERNE • CONTEMPORAIN En haut du village, une bâtisse d'inspiration traditionnelle, flanquée d'une petite tour à l'entrée. Le chef, passionné et locavore, réalise une cuisine actuelle, aux touches créatives. Les produits, d'une grande fraîcheur, se dégustent, aux beaux jours, sur la terrasse.

Menu 25/60 € – Carte 40/60 €

chemin de Garrigue-Plane – ✆ 04 68 43 50 60 – www.restaurant-camplong.fr – Fermé mercredi

CANAPVILLE - 14 (Calvados) ➜ voir Deauville

CANCALE

✉ 35260 (Ille-et-Vilaine) – Carte régionale n° **7**–D1
Carte Michelin 309-K2 – Guide Vert Michelin Bretagne Nord

✿✿ Le Coquillage (Hugo Roellinger)

POISSONS ET FRUITS DE MER • ÉLÉGANT XX Hugo Roellinger avait commencé une carrière d'officier dans la marine marchande... avant de revenir au pays et à la cuisine, dont la passion le poursuit depuis l'enfance. Sous l'œil bienveillant de son père Olivier, il s'est formé auprès de la crème des chefs (Gagnaire, Troisgros, Guérard), et a peaufiné son art patiemment. Il tient aujourd'hui la barre du vaisseau familial avec une conviction épatante, et une humilité chevillée au corps. Dans l'assiette, les poissons (et coquillages !) de la baie du Mont-Saint-Michel rencontrent de nombreux épices ramenés d'ailleurs, dans la plus grande tradition malouine. L'émotion monte crescendo tout au long du repas, grâce à des jeux de saveurs envoûtants et une créativité parfaitement maîtrisée... Subtil, limpide, gourmand : l'évidence même.

➜ Huîtres aux aromates. Solettes dorées, pomme de terre écrasée. La roulante des gourmandises

Menu 68/139 €

Les Maisons de Bricourt - Château Richeux, lieu-dit Le Buot, par route du Mont-St-Michel : 7 km par D76, D155 et voie secondaire – ✆ 02 99 89 64 76 – www.maisons-de-bricourt.com – Fermé 13 janvier-27 février

✿ La Table Breizh Café

CUISINE CRÉATIVE • ÉPURÉ X À l'étage même d'une crêperie à laquelle elle est associée, cette table gastronomique est menée par un chef japonais ! Sa cuisine porte la marque de l'archipel (condiments, techniques de cuisson) et se révèle aussi soignée que séduisante ; la salle offre une superbe vue sur la baie du Mont-St-Michel. Belle expérience.

➜ Homard à la vinaigrette de sésame et au miso, nanbanzuke de poulet frit et de légumes marinés. Turbot poêlé, coulis de daïkon et salicornes, purée de prunes séchées. Crème au citron, meringue au yukari et sorbet yuzu

Menu 38 € (déjeuner), 75/135 €

7 quai Thomas (1er étage) – ✆ 02 99 89 56 46 – www.breizhcafe.com – Fermé 7 janvier-15 février, mardi, mercredi

Côté Mer

CUISINE TRADITIONNELLE • ÉLÉGANT XX Un charmant petit port, des maisons de pêcheurs, l'air iodé du large... À Cancale, impossible de ne pas regarder Côté Mer ! Dans ce restaurant, face à la baie, les poissons, coquillages et crustacés ont le vent en poupe à travers une cuisine goûteuse et soignée. Un bon rapport qualité-prix.

Menu 30/78 € – Carte 48/90 €

4 rue Ernest-Lamort, rte de la corniche – ✆ 02 99 89 66 08 – www.restaurant-cotemer.fr – Fermé 10-21 février, 25 juin-5 juillet, mardi, mercredi, dimanche soir

L'Ormeau 

POISSONS ET FRUITS DE MER · TRADITIONNEL XX Ce restaurant au cadre élégant (une salle récemment rénovée, avec vue sur la flottille de pêche) comblera les amateurs de poisson et de fruits de mer. En effet, comment refuser un plateau d'huîtres de Cancale, un filet de saint-pierre ou... des ormeaux ?

Menu 30/55 € – Carte 36/87 €

Le Continental, 4 quai Thomas – ✆ 02 99 89 60 16 – www.hotel-cancale.com – Fermé 20 novembre-28 février, mardi, mercredi

Le Bout du Quai Ⓝ 

POISSONS ET FRUITS DE MER · CONTEMPORAIN XX Au bout du quai (en effet !), la belle façade vitrée de ce restaurant ouvre sur le large et ses embruns... Tandis que la chef, en bonne professionnelle, élabore une cuisine de la mer appliquée et gourmande.

Menu 17/38 €

route de la Corniche – ✆ 02 23 15 13 62 – www.leboutduquai.fr – Fermé 7 janvier-8 février, lundi, dimanche midi

Breizh Café 

CUISINE BRETONNE · CONVIVIAL X Sur le port de Cancale, ce Breizh Café n'a qu'une devise : "La crêpe autrement." Et pour cause : il est né... au Japon ! Son patron, Bertrand Larcher, a le premier exporté la galette bretonne à Tokyo, et après plusieurs enseignes nippones, a récidivé au sein de la mère patrie. La qualité est au rendez-vous.

Carte 14/35 €

7 quai Thomas (rez-de-chaussée) – ✆ 02 99 89 61 76 – www.breizhcafe.com – Fermé jeudi

La Ferme du Vent 

MAISON DE CAMPAGNE · PERSONNALISÉ Sur le vaste domaine du château Richeux, au-dessus d'une anse dévoilant une vue splendide sur la baie du Mont-Saint-Michel, ces belles maisons en pierre locale abritent cinq chambres, dont les matériaux (bois brut, granit) réalisent la synthèse parfaite entre âme bretonne et design campagnard chic. Très bel espace de remise en forme. Enivrant.

6 chambres ☕ – 👥275/465 €

Lieu-dit Le Buot, par route du Mont-St-Michel : 7 km par D76, D155 et voie secondaire – ✆ 02 99 89 64 76 – www.maisons-de-bricourt.com – Fermé 13 janvier-27 février

Les Maisons de Bricourt - Château Richeux 

DEMEURE HISTORIQUE · PERSONNALISÉ Au calme d'un vaste parc, accueillant potager, plantes aromatiques et animaux, dominant la baie du Mont-St-Michel, cette superbe villa de 1920 a été aménagée avec un sens aigu du raffinement. Léon Blum y séjourna. Un lieu pétri d'histoire et de charme...

11 chambres – 👥195/365 € – 2 suites – ☕ 25 €

Lieu-dit Le Buot, par route du Mont-St-Michel : 7 km par D76, D155 et voie secondaire – ✆ 02 99 89 64 76 – www.maisons-de-bricourt.com – Fermé 13 janvier-27 février

✿✿ **Le Coquillage** – voir la sélection des restaurants

Hostellerie de la Motte Jean 

MAISON DE CAMPAGNE · COSY Au jardin ou au bord de l'étang, profitez des plaisirs de la campagne cancalaise ! Corps de ferme de 1707 doté de chambres classiques et romantiques ; accueil charmant.

13 chambres – 👥100/170 € – ☕ 11 €

4 km à l'Ouest et D355 – ✆ 02 99 89 41 99 – www.hotel-mottejean.com – Fermé 4 novembre-1er avril

Le Continental

FAMILIAL • FONCTIONNEL Une petite adresse sympathique : situation privilégiée face au port, chambres confortables et très bien tenues et, pour les gourmands, confitures maison au petit-déjeuner...

17 chambres – 110/185 € – 18 €

4 quai Thomas – 02 99 89 60 16 – www.hotel-cancale.com – Fermé 20 novembre-28 février

L'Ormeau – voir la sélection des restaurants

Les Rimains

MAISON DE MAÎTRE • COSY La famille Roellinger a fait de ce ravissant cottage des années 1930 – ceint d'un jardin surplombant la mer et longeant le chemin des douaniers –, une charmante maison d'hôtes. Chambres raffinées (meubles chinés).

4 chambres – 195/345 € – 25 €

62 rue des Rimains – 02 99 89 64 76 – www.maisons-de-bricourt.com – Fermé 13 janvier-27 février

CANCON

47290 (Lot-et-Garonne) – Carte régionale n° **18**–C2
Carte Michelin 336-F2

à St-Eutrope-de-Born 9 km au Nord-Est par D124 et D153 – 47210

Domaine du Moulin de Labique

MAISON DE CAMPAGNE • TRADITIONNEL Tissus Liberty, toile de Jouy, meubles patinés par les ans... Un beau domaine au bord d'un ruisseau, dans un style "campagne chic" vraiment ravissant. Pour ne rien gâcher, les propriétaires sont très conviviaux et, au petit-déjeuner, rien de meilleur qu'une confiture maison ! Étang pour les amateurs de pêche.

5 chambres – 110/199 €

Domaine du Moulin de Labique, 2 km au Nord-Est, rte de Villeréal – 05 53 01 63 90 – www.moulin-de-labique.net

CANDÉ-SUR-BEUVRON

41120 (Loir-et-Cher) – Carte régionale n° **8**–A1
Carte Michelin 318-E7

Auberge de la Caillère

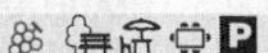

CUISINE MODERNE • ÉLÉGANT XX L'ancienne ferme (1788), agrandie et progressivement rénovée, est aujourd'hui un restaurant tout à fait remarquable ! Dans une veine plutôt actuelle, les assiettes proposées sont soignées et généreuses, avec de belles variations de goût ; quant à la carte des vins, elle fait la part belle au Val de Loire.

Menu 49/72 €

36 route des Montils – 02 54 44 03 08 – www.aubergedelacaillere.com – Fermé 1er janvier-10 février, lundi midi, mardi midi, mercredi, jeudi midi, vendredi midi

Auberge de la Caillère

TRADITIONNEL • CONTEMPORAIN Cet hôtel-restaurant de tradition vous accueille dans des chambres fraîches et colorées, tenues avec soin. Un pied-à-terre idéal pour visiter les nombreux châteaux des alentours : Cheverny, Chenonceau, Chambord et bien d'autres...

16 chambres – 95/130 € – 12 €

36 route des Montils – 02 54 44 03 08 – www.auberge-de-la-caillere.com – Fermé 1er janvier-10 février

Auberge de la Caillère – voir la sélection des restaurants

LE CANET – 13 (Bouches-du-Rhône) ➜ voir Aix-en-Provence

CANET-EN-ROUSSILLON

✉ 66140 (Pyrénées-Orientales) – Carte régionale n° **21**-B3
Carte Michelin 344-J6

à Canet-Plage – ✉ 66140

L'Horizon

CUISINE MÉDITERRANÉENNE • ÉLÉGANT XXX Envie d'admirer l'horizon ? Rendez-vous dans ce restaurant en bord de mer, d'où la vue est superbe ! En toute logique, les plats sont résolument méditerranéens.

Menu 30 € (déjeuner), 46/65 € – Carte 46/65 €

Les Flamants Roses, 1 voie des Flamants-Roses, au Sud par D81 – ☎ 04 68 51 60 60 – www.hotel-flamants-roses.com

Le Clos des Pins

CUISINE MODERNE • ÉLÉGANT XX Près du port de plaisance, cet hôtel moderne abrite un chef jeune et plein d'imagination. Avec les produits du cru, il mitonne une cuisine goûteuse et généreuse – exemple parfait : ce poulpe de roche et fregola sarda, une réussite –, impeccablement présentée par un maître d'hôtel compétent et impliqué.

Menu 29 € (déjeuner), 45/75 € – Carte 52/67 €

Host et Vinum, 34 avenue du Roussillon – ☎ 04 68 80 32 63 – www.hostetvinum.com – Fermé 1er janvier-1er février, lundi, dimanche

Les Flamants Roses

SPA ET BIEN-ÊTRE • CONTEMPORAIN Cet établissement récent borde la plage et est couplé à un centre de thalasso qui ravira les adeptes du genre : piscines intérieures, hammam et soins de qualité ! Quant aux chambres, ouvertes sur les flots ou le jardin, elles sont très chaleureuses.

63 chambres – 165/780 € – 3 suites – 19 €

1 voie des Flamants-Roses, au Sud par D81 – ☎ 04 68 51 60 60 – www.hotel-flamants-roses.com

L'Horizon – voir la sélection des restaurants

Host et Vinum

TRADITIONNEL • COSY Près du port de plaisance, dans un quartier résidentiel, cet ensemble avec jardin et piscine d'été, propose des chambres assez spacieuses et cosy. Côté assiette, le chef se défend rudement bien : produits du cru, qualité, générosité. Une jolie adresse.

16 chambres – 89/230 € – 2 suites – 16 €

34 avenue du Roussillon – ☎ 04 68 80 32 63 – www.hostetvinum.com – Fermé 1er janvier-1er février

Le Clos des Pins – voir la sélection des restaurants

CANGEY

✉ 37530 (Indre-et-Loire) – Carte régionale n° **8**-A1
Carte Michelin 317-P4 – Guide Vert Michelin Châteaux de la Loire

Le Fleuray

MAISON DE CAMPAGNE • VINTAGE Une ferme restaurée, si charmante avec son verger et sa piscine ! On vous accueille avec le sourire, et les chambres, coquettes, ont des noms de fleurs… Restaurant "Le Colonial" façon jardin d'hiver, avec une belle vue sur la campagne.

24 chambres – 78/170 € – 1 suite – 15 €

route de Dame-Marie-les-Bois, 7 km au Nord, par D74 – ☎ 02 47 56 09 25 – www.lefleurayhotel.com

age fotostock

ON AIME...

Hésiter devant la magnifique carte des vins au **Pot de Vin**, qui porte bien son nom. S'enthousiasmer des recettes précises et subtiles de Bruno Oger à la **Villa Archange,** du chariot de desserts de sa table "bib gourmand" du **Bistrot des Anges,** ou du cadre cosy de l'Auberge Provençale **Da Bouttau...** avant d'aller satisfaire sa curiosité au Musée Bonnard.

CANNES

✉ 06400 (Alpes-Maritimes) – Carte régionale n° **25**–E2
Carte Michelin 341-D6 – Guide Vert Michelin Côte d'Azur

Restaurants

✿✿ La Palme d'Or

CUISINE CRÉATIVE • **LUXE** XXXX Il y a des lieux dont on s'éprend au premier regard : la Palme d'Or est de ceux-là. Dans le somptueux cadre Art déco du Martinez, on domine la célébrissime Croisette et la baie de Cannes, tout en savourant le mariage réussi du luxe et du raffinement.
Bien sûr, tout cela ne vaudrait rien sans une assiette de haute tenue. Aucune inquiétude de ce côté-là : Christian Sinicropi, chef natif de Cannes, maîtrise son sujet à merveille. Fidèle à sa réputation d'artiste des fourneaux, il joue dans ces lieux divins une partition créative et sophistiquée, gorgée de soleil. Le produit, simplement mis en avant, y rayonne.
Vous réclamez des preuves ? Citons par exemple cette astucieuse déclinaison en trois mouvements autour de la langoustine et du gamberoni, accompagnée d'un cru provençal d'excellente facture, ou encore ce dessert en deux temps où la mangue est portée au pinacle... Voilà qui mérite incontestablement une Palme d'Or.

→ Araignée de mer, nuances maritimes, jeu de textures en chaud-froid. Ris de veau au beurre fermier, croustillant au romarin. Chocolat Palme d'Or, inspiration d'une fève de cacao

Menu 80 € (déjeuner), 136/225 € – Carte 152/213 €

Martinez, 73 boulevard de la Croisette – ✆ 04 92 98 74 14 – www.cannesmartinez.grand.hyatt.com – Fermé 1er janvier-6 mars, lundi, dimanche

Le Park 45

CUISINE MODERNE • **CONTEMPORAIN** XXX Nouveau chef pour ce restaurant au décor élégant et plein de couleurs. Et depuis la terrasse, on apprécie la vue sur le parc. Cuisine au goût du jour, volontiers originale.

Menu 39 € (déjeuner), 60/190 € – Carte 110/180 €

Plan : C2-b – *Le Grand Hôtel, 45 boulevard de la Croisette – ✆ 04 93 38 15 45 – www.grand-hotel-cannes.com – Fermé 7 décembre-3 février*

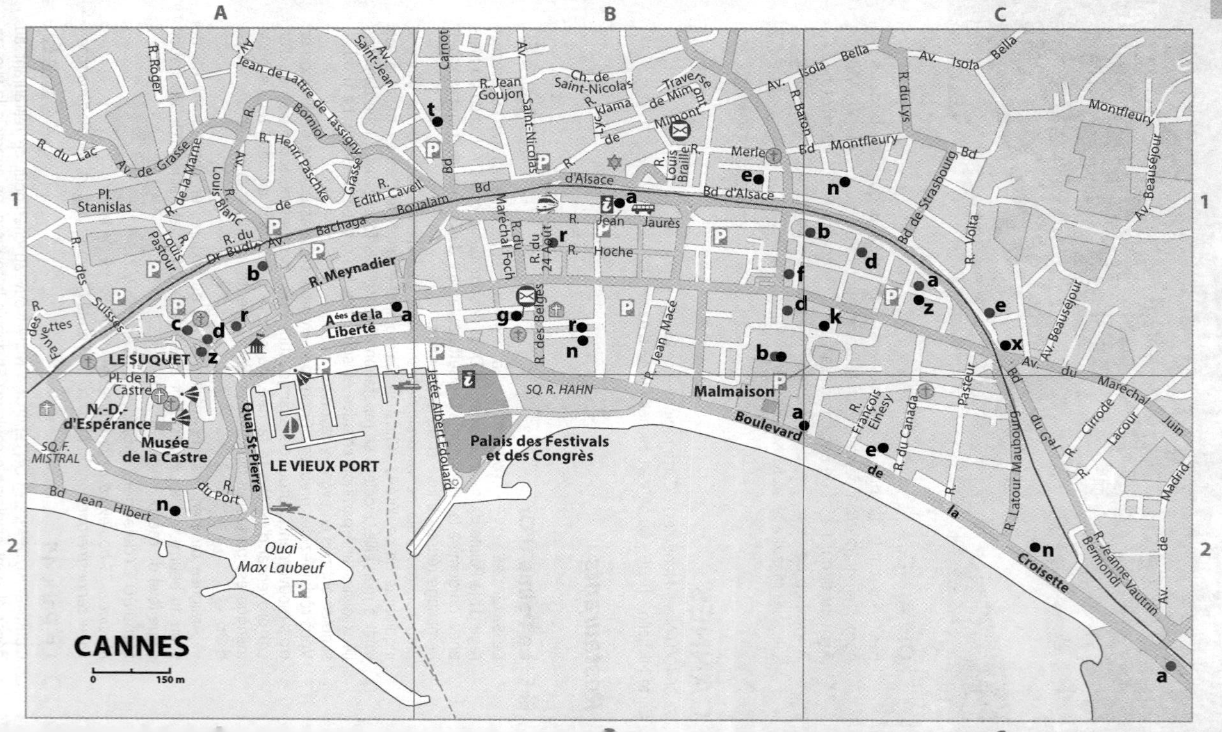
CANNES
0
150 m
LE VIEUX PORT
Palais des Festivals et des Congrès
Musée de la Castre
N.-D.-d'Espérance
LE SUQUET
Pl. de la Castre
SQ. F. MISTRAL
Quai St-Pierre
Quai Max Laubeuf
Jetée Albert Edouard
SQ. R. HAHN
Malmaison
Boulevard de la Croisette
R. Meynadier
Aées de la Liberté
Bd d'Alsace
R. Jean Jaurès
R. Hoche
R. du Maréchal Foch
R. du 24 Août
R. des Belges
R. Jean Macé
Bd de Strasbourg
Bd du Gal
R. Latour Maubourg
R. du Canada
R. François Einesy
R. Pasteur
R. Volta
Av. Isola Bella
R. du Lys
R. Baron
Bd Montfleury
Montfleury
Av. Beauséjour
Av. du Maréchal Juin
R. Cirrode
R. Lacour
Av. de Madrid
R. Jeanne Vautrin Bermondi
R. Merle
R. Louis Braille
R. de Mimont
Traverse de Mimont
R. Lycklama
Ch. de Saint-Nicolas
Av. Saint-Nicolas
R. Jean Goujon
Bd Carnot
Av. Saint-Jean
Av. Jean de Lattre de Tassigny
R. Borniol
R. Henri Paschke
R. de Grasse
R. Edith Cavell
Bd Boualam Bachaga
Av. du Dr Budin
R. Louis Blanc
R. Louis Pastour
R. de la Marne
Av. de Grasse
R. du Lac
R. Roger
Pl. Stanislas
R. des Suisses
R. des Fauvettes
R. du Port
Bd Jean Hibert
A
B
C
1
2

L'Affable

CUISINE TRADITIONNELLE · CHIC XX Dans le centre de Cannes, ce bistrot contemporain a le vent en poupe et dévoile de beaux atouts... au premier rang desquels sa carte, qui change avec le marché : grosses crevettes en tempura, quasi de veau aux petits légumes, sans oublier le soufflé au Grand Marnier, un best-seller de la maison.

Menu 29 € (déjeuner)/46 € - Carte 65/85 €

Plan : B1-d - *5 rue La Fontaine - 04 93 68 02 09 - www.restaurant-laffable.fr - Fermé 4 août-1er septembre, samedi midi, dimanche*

Da Bouttau - Auberge Provençale

CUISINE TRADITIONNELLE · COSY XX Sur la petite rue montant vers le Suquet, une auberge fondée par Alexandre Bouttau... en 1860 ! Décor à l'ancienne, grillades au feu de bois, découpe et flambage en salle : on y apprécie la tradition sous toutes ces facettes. Et entre les plats, on regarde des photos de célébrités ayant fréquenté cette table...

Menu 24 € (déjeuner)/35 € - Carte 56/90 €

Plan : A1-d - *10 rue Saint-Antoine - 04 92 99 27 17 - www.dabouttau.com*

Mimi (N)

CUISINE ITALIENNE · CONTEMPORAIN XX La région des Pouilles est à l'honneur de cette table installée près du port Pierre Canto. Les ingrédients viennent tout droit d'Italie et les recettes sont plaisantes et parfumées : poulpe sauté aux artichauts, sauce topinambour, asperges et vitelotte ; risotto Acquerello à la crème de burrata, câpres, citron et carpaccio de gambas rouges...

Carte 60/100 €

Plan : C2-a - *84 boulevard de la Croisette - 04 93 43 54 51 - www.mimirestaurantcannes.com - Fermé 8-31 janvier, dimanche*

Relais des Semailles

CUISINE TRADITIONNELLE · RUSTIQUE XX Une vieille maison datant de la fin du 17e s., avec poutres apparentes, bibelots, cheminée et meubles anciens. L'atmosphère est cosy, apaisante, et recèle un charme indéfinissable, presque romantique... L'endroit idéal pour déguster de sympathiques plats traditionnels à l'accent provençal !

Menu 32/65 € - Carte 50/82 €

Plan : A1-z - *9 rue Saint-Antoine - 04 93 39 22 32 - www.lerelaisdessemailles.fr - Fermé lundi midi*

Table 22 par Noël Mantel

CUISINE PROVENÇALE · CONTEMPORAIN XX Dans ce quartier très touristique, à deux pas du marché Forville, une équipe sérieuse et passionnée met en avant de bons produits et de jolies saveurs provençales : on n'oubliera pas de sitôt ce dos de cabillaud cuit à la fleur de sel, avec son jus de bouillabaisse et ses légumes du marché...

Menu 39/70 € - Carte 65/102 €

Plan : A1-c - *22 rue St-Antoine - 04 93 39 13 10 - www.restaurantmantel.com - Fermé lundi, mardi midi, mercredi midi*

La Toque d'Or

CUISINE CRÉATIVE · COSY XX Véritable amateur de saveurs asiatiques – mais pas seulement –, le chef imagine une cuisine pleine de peps et d'inventivité, savoureuse et colorée : gratinée de macaronis comme un millefeuille à la chair de crabe, ou encore canon d'agneau, patates douces et dattes...

Menu 30 € (déjeuner), 36/75 € - Carte 55/75 €

Plan : A1-b - *11 rue Louis-Blanc - 04 93 39 68 08 - www.latoquedor-restaurant-cannes.fr - Fermé 14 janvier-13 février, lundi, dimanche*

L'Antidote - Christophe Ferré

CUISINE TRADITIONNELLE · CONTEMPORAIN X Une ancienne maison de maître du début du 20e s., que l'on rejoint en traversant une petite cour aménagée en terrasse pour les beaux jours. Au menu : une cuisine éminemment personnelle, concoctée par le chef au gré des trouvailles du marché. Tout cela dans une ambiance conviviale !

Menu 31/49 € - Carte 25/45 €

Plan : C1-e - *60 boulevard d'Alsace - 04 93 43 32 19 - www.lantidote-christopheferre.fr - Fermé 21 décembre-30 janvier, lundi, dimanche*

Au Pot de Vin

CUISINE TRADITIONNELLE • BISTRO Cette cave-bistrot familiale se distingue par une salle joliment rétro, toute de bois vêtue. Derrière le superbe comptoir, le chef mitonne de bons petits plats de tradition basés sur le marché, qu'on peut arroser d'un vin tiré de la remarquable cave (près de 1 000 références, dont bordeaux, bourgognes, italiens, etc.). Prix raisonnables.

Carte 38/50 €

Plan : C1-d – *20 rue Commandant-Vidal – 04 93 68 66 18 – www.aupotdevin.com – Fermé samedi, dimanche*

Aux Bons Enfants

CUISINE RÉGIONALE • BISTRO Le patron de ce sympathique bistrot vintage ? Un vrai passionné, qui cultive avec bonheur l'art de recevoir et concocte une belle cuisine provençale, ainsi que des plats canailles bien gourmands. Pas de téléphone, paiement en liquide, mais les lieux rendent bon enfant !

Menu 31 € – Carte 18/31 €

Plan : A1-r – *80 rue Meynadier – 06 18 81 37 47 – www.aux-bons-enfants-cannes.com – Fermé 27 janvier-10 février, 9 décembre-1er janvier, dimanche*

Bistro Les Canailles

CUISINE TRADITIONNELLE • BISTRO Ce bistrot est un rendez-vous apprécié des Cannois... Chic ? Oui, mais également décontracté et sympathique. Au comptoir, atmosphère de bar à vins autour de jolis nectars proposés au verre. Et à l'ardoise ? D'incontournables plats bistrotiers et canailles, ainsi qu'une jolie cuisine du marché, fraîche et tout simplement bonne.

Carte 31/53 €

Plan : B1-b – *12 rue Jean-Daumas – 04 93 68 12 10 – www.bistro-lescanailles.com – Fermé lundi, dimanche*

Da Laura

CUISINE ITALIENNE • CONVIVIAL Quel bonheur de découvrir ce petit restaurant convivial aux parfums de l'Italie ! Pâtes fraîches, jambons maturés... pas de m'as-tu-vu, rien que du "delicioso" dans un cadre retro. Le chef passionné ne travaille que des produits frais autour d'une carte courte et appétissante. Service adorable et "cucina autentica" garantie !

Carte 28/80 €

Plan : B1-r – *8 rue du 24-août (angle r. Hoche) – 04 93 38 40 51 – Fermé lundi soir, mardi soir, mercredi soir, jeudi soir, samedi soir, dimanche*

L'Eponyme N

CUISINE MODERNE • CONTEMPORAIN Un autodidacte passionné de cuisine, des recettes inspirées par la cuisine méditerranéenne et ponctuées de touches voyageuses : à l'arrivée, une table pleine d'allant où l'on se régale d'un cabillaud rôti aux herbes aromatiques et citron confit sur sa galette de polenta croustillante. Une jolie adresse.

Menu 30/46 € – Carte 44/58 €

Plan : C1-a – *4 rue de Bône – 04 93 99 48 71 – www.leponyme-cannes.com – Fermé lundi, samedi midi, dimanche*

La Table du Chef

CUISINE TRADITIONNELLE • BISTRO Changement d'époque pour ce petit bistrot installé à deux pas de la rue d'Antibes. Dans sa cuisine ouverte, le jeune chef agrémente les produits du coin (marché de Forville, boucher, poissonnier...) dans des assiettes bien réalisées. Menu unique "surprise" le soir.

Menu 19 € (déjeuner)/45 €

Plan : B1-f – *5 rue Jean-Daumas – 04 93 68 27 40 – Fermé 24 décembre-1er janvier, lundi, mardi midi, dimanche*

Hôtels

Majestic Barrière

GRAND LUXE • ÉLÉGANT Face au palais des Festivals, son imposante façade toute blanche évoque le faste des Années folles. Les lieux rivalisent de luxe et de raffinement contemporain, pour un séjour chic et exclusif, bien à l'image de la cité azuréenne ! Pour dîner, au choix, le Fouquet's Cannes by Pierre Gagnaire, ou la Petite Maison de Nicole, si vous préférez pissaladière ou petits farcis niçois. Et au restaurant de la plage, cuisine au feu de bois signée Mauro Colagreco...

259 chambres – 199/3769 € – 90 suites – 42 €

Plan : B2-n – *10 boulevard de la Croisette* – *04 92 98 77 00* – *www.lemajestic-cannes.com* – *Fermé 15-28 décembre*

Martinez

PALACE • ART DÉCO Un véritable monument ! Majestueusement dressée face à la Méditerranée, sa façade Art déco immaculée (1929) porte en elle l'histoire de la villégiature version Côte d'Azur et... du festival de cinéma. Des magnifiques chambres, revues par le designer Pierre-Yves Rochon, au spa, au dernier étage, jusqu'à la plage, confort exquis et prestations haut de gamme cultivent le mythe de la Croisette !

409 chambres – 200/1750 € – 14 suites – 42 €

Plan : C2-n – *73 boulevard de la Croisette* – *04 93 90 12 34* – *www.hotel-martinez.com*

La Palme d'Or – voir la sélection des restaurants

InterContinental Carlton

HISTORIQUE • GRAND LUXE Faut-il encore présenter le Carlton ? Inauguré en 1913, l'établissement s'est hissé parmi les hôtels mythiques de la Riviera. L'histoire imprègne ses murs, où sont passés plusieurs générations d'hôtes illustres. Le classicisme est la marque des lieux !

304 chambres – 199/1365 € – 39 suites – 30 €

Plan : C2-e – *58 boulevard de la Croisette* – *04 93 06 40 06* – *www.carlton-cannes.com*

Five Seas

BOUTIQUE HÔTEL • CONTEMPORAIN À deux pas de la Croisette, cet hôtel, imaginé dans l'ancien bâtiment de la poste, cultive un charme indéniable : décor soigné, chambres personnalisées sur le thème du voyage, spa, piscine inox sur le toit... Une très agréable villégiature !

37 chambres – 185/1050 € – 8 suites

Plan : B1-g – *1 rue Notre-Dame* – *04 63 36 05 05* – *www.fiveseashotel.com*

Le Grand Hôtel

LUXE • DESIGN Un établissement de caractère sur la Croisette, au calme derrière un superbe îlot de verdure... On le sait, les années 1970 sont aujourd'hui à la mode, et les chambres jouent cette carte "revival" avec raffinement et élégance (mobilier design, tons vintage) : une réussite qui convertira même les plus rétifs.

72 chambres – 180/840 € – 3 suites – 36 €

Plan : C2-b – *45 boulevard de la Croisette* – *04 93 38 15 45* – *www.grand-hotel-cannes.com* – *Fermé 7 décembre-3 février*

Le Park 45 – voir la sélection des restaurants

JW Marriott

HÔTEL DE CHAÎNE • CONTEMPORAIN Photos noir et blanc d'acteurs mythiques, tons reposants : les chambres, très confortables, évoquent le cinéma... Et pour cause : face à la mer, ce bel hôtel contemporain a été créé en lieu et place de l'ancien palais des Festivals ! Pour se restaurer, un élégant steakhouse.

211 chambres – 189/959 € – 50 suites – 35 €

Plan : C2-a – *50 boulevard de la Croisette* – *04 92 99 70 00* – *www.jwmarriottcannes.fr*

Radisson Blu 1835 Hotel & Thalasso

HÔTEL DE CHAÎNE • CONTEMPORAIN Véritable figure de proue, l'hôtel domine le vieux port de toute sa hauteur. Les chambres allient grand confort et esprit contemporain ; on dispose d'un accès (payant) aux thermes marins. Sans oublier un restaurant, le 360°, offrant une vue panoramique sur la baie de Cannes et le massif de l'Esterel.

117 chambres – 130/1290 € – 16 suites – 36 €

Plan : A2-n – *2 boulevard Jean-Hibert – 04 92 99 73 00 – www.radissonblu.com*

Le Canberra

URBAIN • CONTEMPORAIN Une jolie bâtisse en plein centre-ville, avec son jardin verdoyant et sa piscine. Les chambres arborent un décor contemporain plutôt plaisant et se révèlent bien confortables. En saison, cuisine méditerranéenne au restaurant.

30 chambres – 119/625 € – 5 suites – 22 €

Plan : C1-k – *120 rue d'Antibes – 04 97 06 95 00 – www.hotel-cannes-canberra.com – Fermé 6 janvier-10 février*

Cavendish

TRADITIONNEL • ÉLÉGANT Un hôtel de tradition au fonctionnement haut de gamme. Il est certes situé sur un boulevard très passant, mais les chambres sont bien insonorisées, leur décor soigné, et le service se révèle aux petits soins. Autres atouts : le bar à discrétion pour les résidents et le délicieux petit-déjeuner avec gâteaux maison !

34 chambres – 115/310 € – 20 €

Plan : B1-t – *11 boulevard Carnot – 04 97 06 26 00 – www.cavendish-cannes.com – Fermé 7 décembre-10 mars*

Le Patio des Artistes

BUSINESS • CONTEMPORAIN Dans une ruelle tranquille du centre-ville, on découvre d'abord le joli patio, idéal pour un moment de détente, avant de gagner les chambres – toutes très confortables et chaleureuses. Autres atouts : l'espace bien-être et le toit-terrasse dominant la ville... Solaire !

64 chambres – 90/450 € – 20 €

Plan : C1-z – *6 rue de Bône – 04 97 06 99 00 – www.lepatiodesartistes.fr*

Splendid

TRADITIONNEL • CLASSIQUE À deux pas du palais des Festivals – un emplacement de choix –, ce bel hôtel (1871) cultive l'atmosphère de l'hôtellerie traditionnelle à la française. À noter que la plupart des chambres donnent sur le port de plaisance...

60 chambres – 95/1150 € – 2 suites – 19 €

Plan : A1-a – *4 rue Félix-Faure – 04 97 06 22 22 – www.splendid-hotel-cannes.com – Fermé 6-21 janvier*

Villa Garbo

BOUTIQUE HÔTEL • CONTEMPORAIN Cette villa Belle Époque (1884) cultive un esprit intimiste et exclusif... Elle abrite non pas des chambres, mais de véritables appartements, avec salon et cuisine.

10 suites – 220/500 € – 2 chambres – 25 €

Plan : C1-x – *64 boulevard d'Alsace – 04 93 46 66 00 – www.villagarbo-cannes.com – Fermé 7 décembre-10 mars*

America

BUSINESS • CONTEMPORAIN Dans une petite rue calme proche de la Croisette, cet hôtel a quelque chose de ces jolies maisons de vacances chic de la côte Est des États-Unis... Les chambres, sobres et dans l'air du temps, sont bien insonorisées. Good Morning America !

29 chambres – 80/220 € – 15 €

Plan : B1-r – *16 rue Notre-Dame – 04 93 06 75 75 – www.hotel-america.com – Fermé 15 décembre-15 janvier*

Cézanne

BUSINESS • CONTEMPORAIN Un hôtel de bon standing niché derrière un joli jardin, qui l'isole de la circulation automobile sur le boulevard. Bien insonorisées et confortables, les chambres sont résolument modernes et colorées. Agréable espace bien-être avec sauna, hammam et cabines de soins.

28 chambres – 139/599 € – 17 €

Plan : C1-n – *40 boulevard d'Alsace – ✆ 04 92 59 41 00 – www.hotel-cezanne.com*

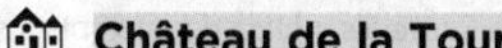

Château de la Tour

HÔTEL PARTICULIER • PERSONNALISÉ En périphérie de Cannes, un castel provençal (19e s.) dans un beau jardin, où l'on cultive l'art de la quiétude. Les chambres ont été décorées dans un style contemporain cossu et glamour, qui prête au confort. Et l'on peut profiter de la très belle terrasse du restaurant face à la piscine...

33 chambres – 90/599 € – 17 €

10 avenue Font-de-Veyre – ✆ 04 93 90 52 52 – www.hotelchateaudelatour.com – Fermé 9 décembre-3 mars

Hôtel de Paris

TRADITIONNEL • PERSONNALISÉ Qu'il est beau, ce jardin, avec ses palmiers et sa piscine ! Quant à l'hôtel, il révèle un style atypique – principalement Belle Époque, avec des éléments moyenâgeux et baroques – et des chambres vraiment confortables.

43 chambres – 115/365 € – 7 suites – 18 €

Plan : B1-e – *34 boulevard d'Alsace – ✆ 04 93 38 30 89 – www.hoteldeparis.fr – Fermé 2-15 janvier, 2-15 février*

Okko

HÔTEL DE CHAÎNE • CONTEMPORAIN A deux pas de la gare, le Okko de Cannes se distingue par son blanc immaculé, son intérieur design et épuré, et un concept novateur : petit-déjeuner et verre de bienvenue sont inclus dans le prix des chambres (identiques mais confortables). Un vrai bon plan.

125 chambres – 130/670 €

Plan : B1-a – *6 bis place de la Gare – ✆ 04 92 98 30 30 – www.okkohotels.com*

au Cannet 3 km au Nord – ✉ 06110

✿✿ Villa Archange (Bruno Oger)

CUISINE MODERNE • ÉLÉGANT XXX D'une mer à l'autre. Entre le chef breton Bruno Oger et la Méditerranée, c'est une vieille histoire. Cet ancien disciple de Georges Blanc décroche une première étoile en 1997 au Majestic Cannes, puis une seconde en 2005. Et deux étoiles de mieux en 2011, dix mois seulement après l'inauguration de la Villa Archange, jolie bâtisse du 18e s.

Installez-vous dans la petite salle à manger cosy, avec vieux parquet et gros fauteuils, pour déguster une cuisine qui déploie ses saveurs iodées entre Bretagne et Côte d'Azur : une grosse langoustine rôtie et sa marinière riviera côtoient un homard breton, avant qu'un kouign amann et sa crème glacée caramel ne ponctuent la symphonie gourmande.

À l'intérieur des cuisines, une table d'hôte autorise les VIP à profiter de la cérémonie culinaire. Parce qu'il est le chef attitré du Festival de Cannes, Bruno Oger aura vu défiler à sa table les plus grands acteurs : Uma Thurman, Robert De Niro ou Audrey Tautou... De quoi justifier des vocations.

→ Huîtres, concombre, menthe et caviar. Bar de ligne au citron-citronnelle. Kouign amann aux fruits de saison

Menu 72 € (déjeuner), 125/350 € – Carte 180/290 €

rue de l'Ouest (par avenue Campon), D6285 – ✆ 04 92 18 18 28 – www.bruno-oger.com – Fermé 10-25 février, 20 octobre-4 novembre, lundi, mardi midi, mercredi midi, jeudi midi, dimanche

Bistrot des Anges

CUISINE TRADITIONNELLE • CONTEMPORAIN X Dans l'échelle séraphique, l'équipe de la Villa Archange pense brasserie : ici, décor moderne et ambiance conviviale, formules ensoleillées et chariot de douceurs… angéliques.

Menu 27 € (déjeuner), 33/58 € – Carte 47/93 €

rue de l'Ouest (par avenue Campon), D6285 – ✆ 04 92 18 18 28 – www.bruno-oger.com – Fermé dimanche soir

Bistrot St-Sauveur

CUISINE TRADITIONNELLE • CONTEMPORAIN X Fauteuils noirs, rideaux blancs : bienvenue dans l'univers de Claude Sutter, style épuré et séduisant, jamais tape-à-l'œil. La cuisine bistrotière du chef se déguste avec bonheur, de l'andouillette grillée à la tarte sablée à la banane. Les fonds mijotent, les viandes rassissent, et nos appétits vibrionnent. Le plus difficile est de choisir !

Menu 28 € (déjeuner), 33/43 €

87 rue Saint-Sauveur – ✆ 04 93 94 42 03 – www.bistrotsaintsauveur.fr – Fermé 8-29 juillet, lundi, dimanche soir

Kashiwa

CUISINE JAPONAISE • ORIENTAL X Ne vous fiez pas à l'enseigne : ce petit restaurant nippon (kashiwa signifie feuille de chêne), installé dans un ancien atelier de tapissier, offre une jolie palette de gastronomie japonaise (sushi, sashimi, soba etc.). Petite terrasse, et position privilégiée, proche du musée Pierre Bonnard. Une adresse sympathique.

Menu 30 € (déjeuner) – Carte 30/115 €

12 boulevard Gambetta – ✆ 09 53 97 99 67 – www.kashiwa.sitew.com – Fermé lundi, mardi midi, dimanche

LE CANNET - 06 (Alpes-Maritimes) ➜ voir Cannes

CAPBRETON

✉ 40130 (Landes) – Carte régionale n° **18**-A3

Carte Michelin 335-C13 – Guide Vert Michelin Aquitaine

La Cuisine

CUISINE MODERNE • CONVIVIAL X Au centre du bourg, la cuisine est bel et bien à l'honneur : le chef, Johann Dubernet – secondé en salle par sa compagne Isabelle – signe des assiettes colorées, parfumées et visuelles : carpaccio de langoustine, guacamole coriandre, sésame et pousses de bambou ; saint-pierre, pâté de kumquat, sauce pomzo, tagliatelles au beurre d'algues… Subtilité et gourmandise !

Menu 28 € (déjeuner)/48 € – Carte 40/52 €

26 rue du Général-de-Gaulle – ✆ 05 58 43 66 58 – www.restaurantlacuisine.fr

La Petite Table Ⓝ

CUISINE MODERNE • VINTAGE X Des recettes goûteuses et colorées, relevées d'agrumes et d'épices, qui vont à l'essentiel : voici ce que vous réserve le chef, fort d'une longue expérience – avec, en prime, quelques jolis clins d'œil aux traditions culinaires du Moyen-Orient, où il a travaillé dans le passé.

Menu 19 € (déjeuner) – Carte 40/47 €

555 quai de la Pêcherie – ✆ 05 58 72 36 72 – lapetitetablecapbreton.fr – Fermé lundi soir, mardi, mercredi, dimanche soir

CAP COZ - 29 (Finistère) ➜ voir Fouesnant

CAP-d'AGDE - 34 (Hérault) ➜ voir Agde

CAP D'AIL Voir Monaco (Principauté de)

✉ 06320 (Alpes-Maritimes) – Carte régionale n° **25**-E2

Carte Michelin 341-F5 – Guide Vert Michelin Côte d'Azur

Marriott Riviera La Porte de Monaco

HÔTEL DE CHAÎNE • CONTEMPORAIN À deux pas de la marina de Cap-d'Ail, la porte de l'établissement ouvre sur... Monaco ! Cet hôtel d'esprit international séduira la clientèle d'affaires comme les touristes soucieux d'un confort sûr. Les chambres les plus agréables donnent sur le port et la mer.

171 chambres – 154/1500 € – 15 suites – 26 €

Port de Cap d'Ail – 04 92 10 67 67 – www.marriottportedemonaco.com

CAP d'ANTIBES - 06 (Alpes-Maritimes) → voir Antibes

CAPDENAC-LE-HAUT - 46 (Lot) → voir Figeac

CAP-FERRET - 33 (Gironde) → voir Bassin d'Arcachon

CAPINGHEM - 59 (Nord) → voir Lille

CARANTEC

29660 (Finistère) – Carte régionale n° **7**-B1
Carte Michelin 308-H2 – Guide Vert Michelin Bretagne Nord

Patrick Jeffroy

CUISINE CRÉATIVE • ÉLÉGANT XXX S'il fallait choisir un digne représentant de la cuisine terre-mer en France, c'est du côté du Finistère nord qu'il faudrait se tourner. À Carantec, plus exactement, sur la baie de Morlaix : là se trouve l'empire de Patrick Jeffroy. Depuis son restaurant sur les hauteurs, l'homme embrasse d'un regard son large adoré, et les trésors qu'il recèle : araignées jeunes, huîtres, ormeaux sauvages, homard bleu – et tant d'autres – qu'il travaille avec une joie partageuse.

Partageuse car ce sont nous, les gourmands de passage, qui remportons in fine le pactole : assis dans cet intérieur agréable, moderne et vaguement marin, si l'on ose dire, on se régale d'une cuisine au cordeau, hypergoûteuse et sans esbroufe. S'il fallait un exemple : ce homard bleu breton à la tête de veau snackée (terre-mer, on vous dit !), cocotte de légumes et sauce "breizh west" – car oui, puisqu'on en parle, le chef Jeffroy est aussi un redoutable saucier. Un mot enfin sur le service : du maître d'hôtel au sommelier, un équipage irréprochable. Au déjeuner en semaine, le chef propose désormais une formule plus simple, légère et marine.

→ Coquilles Saint-Jacques de la baie de Morlaix. Ris de veau au beurre de carotte et gingembre. Figue rôtie en crêpe dentelle

Menu 60 € (déjeuner) – Carte 90/155 €

L'Hôtel de Carantec, 20 rue du Kelenn – 02 98 67 00 47 – www.hoteldecarantec.com – Fermé 23 décembre-6 février, lundi

L'Hôtel de Carantec

LUXE • CONTEMPORAIN Cette charmante maison de 1936 surplombe la baie de Morlaix. Les chambres, contemporaines et épurées, donnent toutes sur la Manche (terrasses au 2e étage). Le jardin descend vers la mer et l'on peut s'y installer, serein, pour lire, boire un verre... avant de profiter de la très belle table de Patrick Jeffroy.

12 chambres – 120/236 € – 18 €

20 rue du Kelenn – 02 98 67 00 47 – www.hoteldecarantec.com – Fermé 23 décembre-6 février

Patrick Jeffroy – voir la sélection des restaurants

La Baie de Morlaix

FAMILIAL • CONTEMPORAIN Un établissement bien situé, au cœur de la ville, dans une rue commerçante. Il abrite de petites chambres pratiques, tout en sobriété et bien tenues. La plage n'est pas très loin, on peut y descendre à pied.

17 chambres – 62/105 € – 9 €

17 bis rue Albert Louppe – 02 98 67 07 64 – www.hotel-baiedemorlaix.com – Fermé 5-25 janvier, 5-24 octobre

sjenner13/iStock

ON AIME...

Au bord du canal du Midi, le **Moulin de Trèbes** et ses faux airs de guinguette. Plutôt cœur de cité ? Direction la **Barbacane**. La fougue de **Robert Rodriguez**, bistrot atypique et convivial, qui met tout le monde d'accord.

CARCASSONNE

✉ 11000 (Aude) – Carte régionale n° **21**-B2
Carte Michelin 344-F3 – Guide Vert Michelin Roussillon Pays Cathare

Restaurants

✿✿ La Table de Franck Putelat

CUISINE MODERNE • DESIGN XXX La Cité médiévale fait partie du patrimoine immémorial de Carcassonne et sa région... et l'on pourrait presque en dire autant de Franck Putelat. Installé au pied des remparts de ladite cité, ce natif du Jura, Audois d'adoption, cuisine – brillamment – selon le concept de classique-fiction qu'il a lui-même théorisé.

Traduction dans l'assiette : un détournement astucieux des anciens tubes gastronomiques (le classique), que le chef emmène ailleurs au gré de son inspiration du jour (la fiction). Trois exemples, devenus des incontournables : tartare d'huîtres Tarbouriech, filet de bœuf clouté de truffe noire et lard de Colonnata, ou encore bouillabaisse au foie gras de canard.

Des visuels appétissants, du goût et de la finesse : on se délecte dans une ambiance animée – musique de rigueur, avis aux amateurs – parmi une clientèle très diverse... et l'on profite d'un service professionnel et compétent.

→ Huître, filet de bœuf et pommes de terre soufflées. Filet de bœuf "Bocuse d'Or". Palet or, chocolat guanaja, rhum-raisin et plume d'or

Menu 48 € (déjeuner), 85/165 € – Carte 130/150 €

80 chemin des Anglais, au Sud de la Cité – ✆ 04 68 71 80 80 – www.franck-putelat.com – Fermé lundi, dimanche

✿ Domaine d'Auriac

CUISINE CLASSIQUE • ROMANTIQUE XXX Une demeure distinguée, au cadre éminemment bourgeois : un décor qui sert à merveille une assiette tout en classicisme – mais relevée d'une pointe de modernité – et de belle facture. Quand le temps le permet, on s'installe sur la terrasse ouvrant sur le parc. Plaisirs intemporels...

→ Anchois de Collioure en habits de saison. Pied de cochon en crépinettes truffées. Soufflé au Grand Marnier

Menu 50 € (déjeuner), 70/130 € – Carte 95/125 €

2535 route de St-Hilaire, 3 km au Sud par D104 – ✆ 04 68 25 72 22 – www.domaine-d-auriac.com – Fermé 3 janvier-5 février, 3-18 novembre, lundi

Robert Rodriguez

CUISINE CLASSIQUE · VINTAGE XX Ce bistrot authentique, convivial et joliment rétro (objets chinés, vieux comptoir...), est incontournable à Carcassonne et pour cause : son chef fut un pionnier dans l'utilisation des produits bio et issus des circuits courts. Escargots de nos garrigues, pigeonneau élevé à l'ancienne et rôti sur une poêle de fonte... C'est toujours un régal : à découvrir absolument !

Menu 76/115 € - Carte 60/95 €

Plan : B2-z – *39 rue Coste-Reboulh – ✆ 04 68 47 37 80 – www.restaurantrobertrodriguez.com – Fermé lundi, dimanche*

Brasserie à 4 Temps

CUISINE TRADITIONNELLE · CONTEMPORAIN X Cette table estampillée Franck Putelat s'articule, comme son nom l'indique, autour des quatre saisons. Les classiques de brasserie y sont réinterprétés sans complexe : œuf parfait en meurette, ris de veau aux petits pois à la française, moelleux au chocolat... Les produits sont de qualité, les cuissons bien maîtrisées : essai transformé !

Menu 18 € (déjeuner)/31 € - Carte 32/55 €

Plan : B2-a – *2 boulevard Barbès – ✆ 04 68 11 44 44 – www.brasseriea4temps.com*

La Cantine de Robert - Côté Italie

CUISINE ITALIENNE · BISTRO X Charcuteries, pâtes fraîches, pizzas à la farine bio : les saveurs italiennes sont à l'honneur chez Robert, dont la Cantine fait de l'œil à la maison mère. Mobilier rétro, bibelots et plaques émaillées composent un lieu gourmand plein de caractère.

Carte 36/66 €

Plan : B2-c – *1 place de Lattre-de-Tassigny – ✆ 09 67 00 77 57 – restaurantrobertrodriguez.com – Fermé lundi, dimanche*

Hôtels

Domaine d'Auriac

MAISON DE MAÎTRE · PERSONNALISÉ Un grand parc arboré, un golf 18 trous et cette très belle maison de maître du 19e s. en pierre blonde. Toutes différentes et confortables, les chambres jouent la carte du classicisme bourgeois ou de la simplicité méridionale... Certaines, très spacieuses, sont idéales pour les familles.

21 chambres - 175/450 € - 25 €

2535 route de St-Hilaire, 3 km au Sud par D104 – ✆ 04 68 25 72 22 – www.domaine-d-auriac.com – Fermé 3 janvier-5 février, 3-18 novembre

Domaine d'Auriac – voir la sélection des restaurants

DoubleTree by Hilton (N)

HÔTEL DE CHAÎNE · CONTEMPORAIN Au bord de l'Aude, avec une vue imprenable sur la cité médiévale et le Pont Vieux, un hôtel tout en élégance et en modernité, où le confort n'est pas un vain mot ! Excellente literie, salles de bains en marbre – et pour la détente, piscine couverte, spa et fitness.

85 chambres - 155/335 € - 3 suites - 25 €

Plan : B2-b – *2 rue des Calquières – ✆ 04 30 34 01 47 – hiltonhotels.com*

Mercure Porte de la Cité

HÔTEL DE CHAÎNE · FONCTIONNEL Aux portes de la cité, un Mercure dans un quartier résidentiel. Certaines chambres donnent sur la piscine et les remparts tout proches.

80 chambres - 109/279 € - 15 €

18 rue Camille-St-Saëns – ✆ 04 68 11 92 82 – www.mercure-carcassonne.fr

Hôtel du Château

URBAIN · PERSONNALISÉ Dans un îlot de verdure à l'abri de l'agitation touristique, cette belle demeure mêle l'ancien et le design avec raffinement. Au programme : hammam, massage et farniente, au pied du défilé des remparts... Les petits plus : le petit-déjeuner qui met en avant les produits locaux et le bar ouvert 24h/24.

17 chambres - 147/320 € - 18 €

Plan : D1-m – *2 rue Camille-St-Saens – ✆ 04 68 11 38 38 – www.hotelduchateau.net*

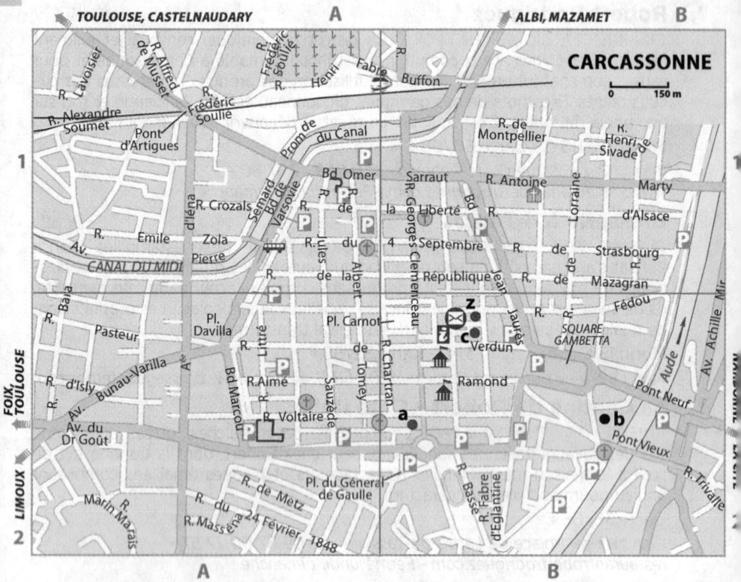

Pont Levis Hôtel - Franck Putelat

HISTORIQUE · DESIGN Au pied des remparts de la cité, l'adresse prend ses aises dans l'ancien musée du Moyen-Âge. Désormais, la décoration est résolument tournée vers le 21e s. (acier, béton, etc.) même si dans certaines chambres, les lits sont suspendus par des chaînes… façon pont-levis !

12 chambres – 130/320 € – 15 €

Plan : D2-w – *40 chemin des Anglais – ✆ 04 68 72 08 08 – www.pontlevishotel.com – Fermé 13-28 janvier, 3-18 mars*

Montmorency

FAMILIAL · DESIGN Une charmante maison de maître, dont la terrasse offre une vue imprenable sur les remparts de la Cité. Les chambres, contemporaines ou plus champêtres, sont toutes colorées et accueillantes.

29 chambres – 78/255 € – 1 suite – 18 €

Plan : D1-m – *2 rue Camille-Saint-Saëns – ✆ 04 68 11 96 70 – www.hotelmontmorency.com*

dans la Cité - Circulation réglementée en été – ✉ 11000

La Barbacane

CUISINE CLASSIQUE · ÉLÉGANT XXX Dans ce décor néogothique d'exception (vitraux, armoiries, confessionnal en bois sculpté, etc.), Jérôme Ryon nous régale de jolies préparations en hommage au terroir régional. Produits de qualité, saveurs précises, équilibre de l'ensemble : un vrai plaisir.

→ Caviar osciètre, blanc d'œuf crémeux et jaune confit, blinis. Homard breton à la Newburgh servi en cocotte lutée, linguine au corail de homard et parmesan. Soufflé chaud aux abricots du Roussillon, glace lavande du jardin

Menu 39 € (déjeuner), 90/150 € – Carte 95/132 €

Plan : C2-e – *Hôtel de La Cité, place Auguste-Pierre-Pont – ✆ 04 68 71 98 71 – www.hoteldelacite.com – Fermé 18 février-16 mars*

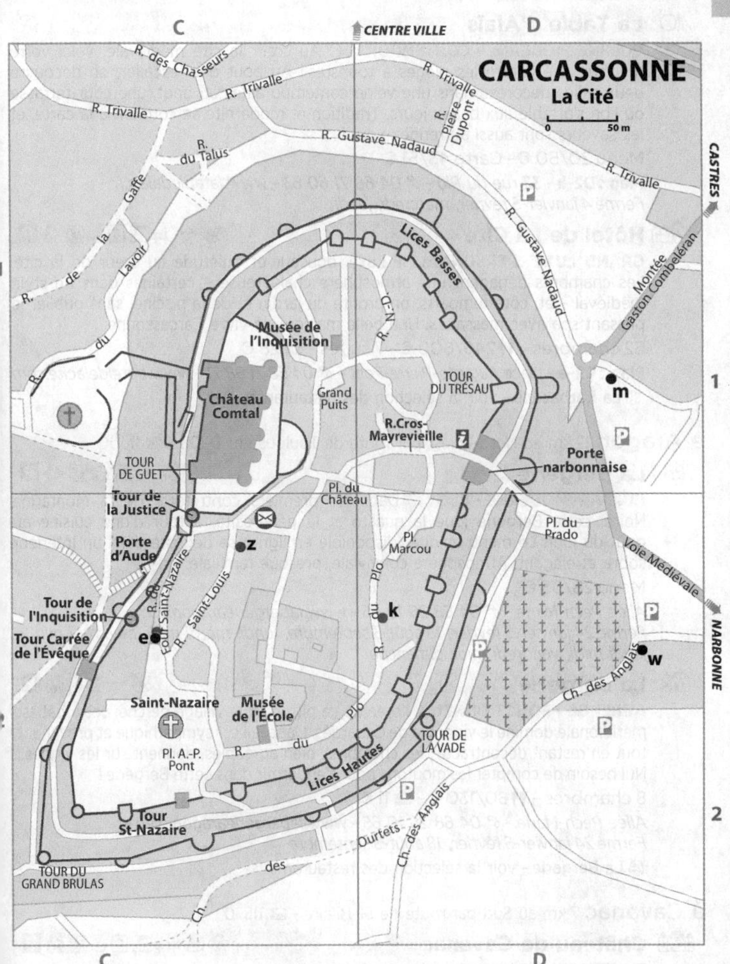

Comte Roger

CUISINE TRADITIONNELLE • TENDANCE XX Un décor tout en épure contemporaine, avec derrière un joli patio empreint de fraîcheur... ce Comte Roger sait recevoir ! On cuisine ici l'époque avec une certaine noblesse : par exemple, poulpe frais mariné, fèves et petits pois, ou encore côte de cochon noir de Bigorre au truffet à l'ail doux et boudin noir. La bonne petite adresse du cœur touristique.

Menu 30 € (déjeuner)/43 € – Carte 45/65 €

Plan : C2-z – *14 rue St-Louis – ✆ 04 68 11 93 40 – www.comteroger.com – Fermé 17 février-11 mars, lundi, dimanche*

La Table d'Alaïs

CUISINE MODERNE • CONTEMPORAIN X Au cœur la cité médiévale, voici votre meilleur allié contre les pièges à touristes ! Au bout d'un escalier, on découvre deux salles décorées dans une veine contemporaine ; au bout, une cour-terrasse où l'on s'attable aux beaux jours. Tradition et modernité se côtoient à la carte, et les saveurs sont aussi au rendez-vous !

Menu 20/50 € – Carte 43/51 €

Plan : D2-k – *32 rue du Plô – ✆ 04 68 71 60 63 – www.latabledalais.fr – Fermé 4 janvier-5 février, mercredi, jeudi*

Hôtel de La Cité

GRAND LUXE • PERSONNALISÉ Luxe, douceur et quiétude au cœur de la cité. Les chambres dégagent une atmosphère chaleureuse – certaines dans un style médiéval – et, côté remparts, on profite du jardin et de la piscine, sans oublier le plaisant spa avec massages. Une belle manière de vivre Carcassonne...

52 chambres – ††245/600 € – 7 suites – ☕ 28 €

Plan : C2-e – *place Auguste-Pierre-Pont – ✆ 04 68 71 98 71 – www.hoteldelacite.com*

La Barbacane – voir la sélection des restaurants

à Aragon 12 km au Nord-Ouest par route de Toulouse et D203 – ✉ 11600

La Bergerie

CUISINE MODERNE • COSY XX Dans les premiers contreforts de la Montagne Noire, cette Bergerie joue la qualité et la générosité, autour d'une cuisine au goût du jour. Le menu unique (disponible en ligne) se déguste dans un intérieur sobre et élégant. Atmosphère conviviale, presque familiale.

Menu 28/33 €

Allée Pech-Marie – ✆ 04 68 26 10 65 – www.labergeriearagon.com – Fermé 24 janvier-5 février, 18 août-3 septembre, lundi, mardi midi, mercredi midi, jeudi midi, vendredi midi, dimanche

La Bergerie

AUBERGE • FONCTIONNEL À l'orée de ce pittoresque village perché, cette bâtisse méridionale domine le vignoble de Cabardès. L'accueil est sympathique et prévenant, tout en restant décontracté ; les chambres, bien agréables, donnent sur les vignes... Nul besoin de compter les moutons pour s'endormir dans cette Bergerie !

8 chambres – ††80/130 € – ☕ 11 €

Allée Pech-Marie – ✆ 04 68 26 10 65 – www.labergeriearagon.com – Fermé 24 janvier-5 février, 18 août-3 septembre

La Bergerie – voir la sélection des restaurants

à Cavanac 7 km au Sud par route de St-Hilaire – ✉ 11570

Château de Cavanac

DEMEURE HISTORIQUE • PERSONNALISÉ Sur le domaine viticole du propriétaire, ce castel du 17e s. est ravissant. Les chambres portent des noms de fleurs et distillent, avec leur mobilier d'époque et leurs lits à baldaquin, un charme romantique et bucolique... Du cachet aux portes de Carcassonne.

27 chambres – ††90/185 € – 3 suites – ☕ 13 €

Rue Étienne-Guizard – ✆ 04 68 79 61 04 – www.chateau-de-cavanac.fr – Fermé 1er-31 janvier

au hameau de Montredon 4 km au Nord-Est – ✉ 11000

La Bastide Saint-Martin

FAMILIAL • TRADITIONNEL Dans un hameau proche de Carcassonne, au cœur d'un parc paisible, cette jolie maison a des airs de bastide et ses chambres, dans une veine rustique et champêtre, sont charmantes... Le matin, on peut prendre son petit-déjeuner face à la piscine avant de faire son premier plongeon de la journée !

15 chambres – ††89/149 € – ☕ 12 €

av. de St-Martin – ✆ 04 68 47 44 41 – www.hotelbastidesaintmartin.com

à Moussoulens 14 km au Nord-Ouest par route de Toulouse et D629 – ✉ 11170

La Rougeanne

MAISON DE CAMPAGNE · PERSONNALISÉ Une maison qui met le cap au sud, en regardant amoureusement la Malepère et les Pyrénées. Olivier, Tomette, Romarin... les chambres sentent bon la garrigue et évoquent les jours heureux des vacances familiales. On prend le petit-déjeuner dans la belle orangerie ou le jardin. Du soleil et du style !

5 chambres – 110/130 €

8 allée du Parc – ✆ 04 68 24 46 30 – www.larougeanne.com – Fermé 5 novembre-30 mars

à Palaja 6 km au Sud par D42 – ✉ 11570

Château de Palaja

MAISON DE MAÎTRE · CONTEMPORAIN Cette maison de maître du 18e s., transformée en hôtel de charme, dans une veine épurée, propose des chambres confortables et plutôt spacieuses. Pour un séjour détente, entre la piscine et le joli parc arboré. L'accueil est charmant.

12 chambres – 99/215 € – 12 €

7 rue Barri del Castel – ✆ 06 63 69 88 32 – www.chateau-palaja.fr

à Pezens 10 km au Nord-Ouest par route de Toulouse – ✉ 11170

L'Ambrosia (Daniel Minet)

CUISINE MODERNE · ÉLÉGANT XX Sur la route de Toulouse, faites une étape dans cette maison moderne : la cuisine du chef se révèle soignée, cohérente et bien dans l'air du temps, d'autant qu'il s'appuie sur des produits de qualité : bar, ris de veau, langoustine... Enfin, les prix sont plutôt mesurés.

Menu 25 € (déjeuner), 39/50 € – Carte 46/56 €

carrefour la Madeleine, sur D6113 – ✆ 04 68 24 92 53 – www.ambrosia-pezens.com – Fermé 2-10 janvier, lundi, mercredi midi, dimanche soir

à Trèbes 8 km à l'Est par N113 – ✉ 11800

Le Moulin de Trèbes

CUISINE MODERNE · MAISON DE CAMPAGNE X Quel charme, cet ancien moulin ! Sa terrasse donne directement sur le canal du Midi, et son intérieur, dans un style de guinguette campagnarde (tomettes à l'ancienne, mobilier rétro) nous met du baume au cœur... Quant à la cuisine, elle se révèle simple et goûteuse, basée principalement sur des produits issus des circuits courts. Un vrai plaisir.

Menu 21 € (déjeuner) – Carte 43/62 €

1 rue du Moulin-de-Trèbes – ✆ 04 68 78 97 57 – www. lemoulindetrebes.com – Fermé lundi, dimanche soir

CARIGNAN

✉ 08110 (Ardennes) – Carte régionale n° **11**-C1
Carte Michelin 306-N5

La Gourmandière

CUISINE TRADITIONNELLE · ÉLÉGANT XXX Cette maison bourgeoise de 1890 choie ses convives : cuisine gourmande et généreuse, superbe carte des vins, et espace lounge. La chef est désormais épaulée par son fils Maxence, qui réalise de savoureuses pâtisseries, que l'on peut acheter à la boutique, située dans l'enceinte du restaurant. Ris de veau et foie gras sont les spécialités maison.

Menu 35/85 € – Carte 75/100 €

19 avenue de Blagny – ✆ 03 24 22 20 99 – Fermé 20 janvier-4 février, 23 juin-4 juillet, 23 septembre-3 octobre, lundi, dimanche soir

CARNAC

56340 (Morbihan) – Carte régionale n° **7**-B3
Carte Michelin 308-M9 – Guide Vert Michelin Bretagne Sud

Côté Cuisine (Laëtitia et Stéphane Cosnier)

CUISINE MODERNE • TENDANCE Le couple aux commandes de l'hôtel Lann Roz met un soin tout particulier à y maintenir une table de qualité. La cuisine est parfumée et bien goûteuse, mettant en valeur les produits régionaux de la plus belle des manières. On s'en régale au coin de la cheminée, en hiver, ou dans l'agréable véranda.

→ Raviole de langoustine et de champignons, arachides grillées et agrumes, bisque crémeuse. Ris de veau et homard rôtis au beurre salé, légumes du moment et jus de viande perlé. Tarte soufflée au chocolat grand cru, crème glacée à la fève tonka

Menu 24 € (déjeuner), 31/40 €

36 avenue de la Poste – 02 97 57 50 35 – www.cotecuisine-carnac.fr – Fermé 2 janvier-14 février, 24 juin-1er juillet, mardi midi, mercredi midi

La Côte

CUISINE CRÉATIVE • TENDANCE Une salle dédiée au vin, une autre résolument contemporaine et ouvrant sur un jardin japonisant : cette ferme proche du site mégalithique de Kermario vit avec son temps. De même la carte, qui allie bons produits et imagination.

Menu 26 € (déjeuner), 39/83 €

3 impasse Parc-Er-Forn (alignements de Kermario), 2 km au Nord par D119 – 02 97 52 02 80 – www.restaurant-la-cote.com – Fermé 3 janvier-11 février, 25 novembre-1er décembre, lundi, mardi

Les Marquises

POISSONS ET FRUITS DE MER • CLASSIQUE Devant la plage, on se délecte d'un homard, d'une sole meunière ou de fruits de mer, que le chef agrémente selon son inspiration du moment. Les amateurs de rhum ne manqueront pas la boutique attenante, où plus de 300 références sont proposées.

Menu 32/80 € – Carte 56/80 €

Le Diana, 21 boulevard de la Plage – 02 97 52 05 38 – www.lediana.com – Fermé 4 novembre-21 avril

Tumulus

CUISINE MODERNE • CLASSIQUE La salle à manger, lumineuse, offre une vue panoramique sur le jardin et la piscine, mais aussi Carnac : voilà qui met en condition. Quant à l'assiette, elle régale avec des recettes actuelles où le poisson est en bonne place : bar rôti, velouté de coquillages au romarin, lotte braisée au combava...

Menu 25 € (déjeuner), 45/95 € – Carte 30/100 €

Chemin du Tumulus – 02 97 52 08 21 – www.hotel-tumulus.com – Fermé 15 novembre-25 janvier, lundi midi, mardi midi

La Calypso

POISSONS ET FRUITS DE MER • CONVIVIAL Les habitués ne s'y trompent pas : dans ce charmant bistrot marin, poissons, coquillages et crustacés sont d'une grande fraîcheur. Dans l'une des salles, dont le décor est à l'unisson, on fait même griller les mets dans la cheminée. Face au parc à huîtres, une adresse authentique à souhait !

Carte 75/200 €

158 rue du Po, zone ostréïcole du Pô – 02 97 52 06 14 – www.calypso-carnac.com – Fermé 18 novembre-5 février, lundi, dimanche soir

Auberge le Râtelier

CUISINE TRADITIONNELLE • AUBERGE Une délicieuse petite auberge à l'ancienne, dont la façade est recouverte de vigne vierge. Une touche bucolique qui séduit, tout comme l'ambiance conviviale et la cuisine, régionale et axée sur le poisson. Quelques chambres à l'étage.

Menu 24/54 € – Carte 43/79 €

4 chemin du Douet – 02 97 52 05 04 – www.le-ratelier.com – Fermé 6 janvier-6 février, 15 novembre-20 décembre, mardi, mercredi

Le Churchill

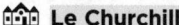

TRADITIONNEL · PERSONNALISÉ Winston Churchill a promis un jour du sang, de la sueur et des larmes... Rassurez-vous : rien de tout cela ici ! Cet hôtel totalement rénové est confortable et bien tenu, avec d'agréables chambres donnant sur la mer. Espace bien-être et piscine.

28 chambres – 85/285 € – 16 €

70 boulevard de la Plage, 1 km à l'Est par D186 – 02 97 52 50 20 – www.lechurchill.com – Fermé 1er-31 janvier, 11 novembre-19 décembre

Le Diana

TRADITIONNEL · CLASSIQUE Atmosphère cossue dans cet hôtel à l'architecture d'inspiration bretonne. Les chambres, plutôt spacieuses, donnent sur l'océan ou – plus au calme – sur la cour, et leur entretien est impeccable. Pour se détendre, direction l'espace bien-être !

38 chambres – 149/385 € – 3 suites – 19 €

21 boulevard de la Plage – 02 97 52 05 38 – www.lediana.com – Fermé 1er janvier-10 avril

Les Marquises – voir la sélection des restaurants

Lann Roz

BOUTIQUE HÔTEL · CONTEMPORAIN Cette maison familiale, fondée en 1967, a su évoluer avec son temps : c'est aujourd'hui un bel hôtel design et contemporain. Dans les chambres, le blanc des murs contraste avec les multiples couleurs des fauteuils et canapés... Original !

15 chambres – 69/169 € – 14 €

36 avenue de la Poste – 02 97 14 49 91 – www.lannroz.fr – Fermé 1er-31 janvier

Les Salines Hôtel & Spa

HÔTEL DE CHAÎNE · CONTEMPORAIN Accès direct à la thalasso, piscine d'eau de mer, spa moderne, fitness, tennis et chambres avenantes : voilà un hôtel ressourçant ! Cuisine dans l'air du temps au Clipper, diététique aux Secrets de Cuisine.

210 chambres – 120/595 € – 16 €

Avenue de l'Atlantique – 02 97 52 53 54 – www.thalazur.fr/thalasso-carnac

Tumulus

MAISON DE MAÎTRE · CONTEMPORAIN Bien au calme, ce petit manoir des années 1920 est perché sur les hauteurs de Carnac. On loge dans des chambres confortables ; préférez les plus spacieuses, qui disposent d'une terrasse.

27 chambres – 75/220 € – 2 suites – 16 €

Chemin du Tumulus – 02 97 52 08 21 – www.hotel-tumulus.com – Fermé 15 novembre-25 janvier

Tumulus – voir la sélection des restaurants

CAROMB

84330 (Vaucluse) – Carte régionale n° **25**–E1

Carte Michelin 332-D9

Le 6 à Table

CUISINE MODERNE · CONTEMPORAIN Dans ce village paisible, une placette qui coule des jours heureux dans l'ombre de l'église : digne d'une carte postale de jadis ! Le chef travaille un maximum de produits de saison, locaux pour la plupart (figues, fromages, légumes), et fait preuve de soin et de finesse dans la préparation de ses assiettes. Le tout dans un intérieur moderne, d'esprit atelier, ou sur la terrasse.

Menu 33/53 € – Carte 35/50 €

6 place Nationale – 04 90 62 37 91 – www.pascal-poulain.com – Fermé 2-14 janvier, 22 octobre-5 novembre, lundi, dimanche

CARPENTRAS

✉ 84200 (Vaucluse) – Carte régionale n° **25**-E1

Carte Michelin 332-D9 – Guide Vert Michelin Provence

Chez Serge

CUISINE TRADITIONNELLE • BISTRO X Serge Ghoukassian aime le vin (une passion et un métier, car il est un sommelier exigeant), les truffes et la gourmandise ; rien d'étonnant si son restaurant a autant de goût et de nez ! Le flacon séduit également : un joli décor de bistrot contemporain dans des murs du 16e s.

Menu 19 € (déjeuner), 39/59 € – Carte 35/75 €

90 rue Cottier – ✆ 04 90 63 21 24 – www.chez-serge.com

à Beaumes-de-Venise 10 km au Nord par D7 puis D21 – ✉ 84190

Le Clos Saint Saourde

MAISON DE CAMPAGNE • DESIGN Isolé dans la campagne, un mas du 18e s. tout en raffinement et caractère ! On hésite entre les chambres taillées dans la roche – superbes – et l'agréable piscine avec une jolie vue sur les Dentelles de Montmirail. Un lieu idéal pour jouer aux Robinson provençaux...

5 chambres – 180/320 €

Route de St-Véran, 3 km au Sud-Est par D21 et route secondaire – ✆ 04 90 37 35 20 – www.leclossaintsaourde.com

à Mazan 7 km à l'Est par D942 – ✉ 84380

L'Ingénue

CUISINE MODERNE • ÉLÉGANT XX Une cuisine à l'accent provençal, qui évolue très régulièrement : voilà ce qui vous attend dans cette belle demeure du 18e s., au cadre délicieux en salle (hauts plafonds à moulures) comme en terrasse, sous les platanes. L'été, un soir par semaine, on profite d'un chaleureux buffet champêtre.

Menu 25 € (déjeuner)/41 € – Carte 55/75 €

Château de Mazan, place Napoléon – ✆ 04 90 69 62 61 – www.chateaudemazan.com – Fermé 1er janvier-10 mars, lundi, mardi

Château de Mazan

LUXE • PERSONNALISÉ Cette demeure de 1720 appartint au marquis de Sade. Moulures, tomettes, objets chinés, baignoires à l'ancienne : toute l'élégance d'une maison de famille provençale, noble et pure. À noter : les chambres en rez-de-jardin disposent d'une terrasse.

28 chambres – 159/315 € – 2 suites – 19 €

Place Napoléon – ✆ 04 90 69 62 61 – www.chateaudemazan.com – Fermé 1er janvier-10 mars

L'Ingénue – voir la sélection des restaurants

LES CARROZ-D'ARÂCHES

✉ 74300 (Haute-Savoie) – Carte régionale n° **4**-F1

Carte Michelin 328-M4 – Guide Vert Michelin Alpes du Nord

Les Servages

CUISINE MODERNE • ÉLÉGANT XXX Une chose est sûre : le chef aime son métier, et cette passion est communicative. Il réalise une cuisine actuelle, soignée et généreuse, avec des produits de superbe qualité : poissons frais, crustacés, etc. Son pageot de ligne et calamars, comme son cabillaud côtier, en sont de délicieux exemples... parmi une carte qui évolue régulièrement.

Menu 35/80 € – Carte 59/92 €

Les Servages d'Armelle, 841 route des Servages – ✆ 04 50 90 01 62 – www.servages.com – Fermé 21 avril-27 juin, lundi

La Croix de Savoie

CUISINE MODERNE · CONTEMPORAIN XX Envie d'un grand bol de Savoie ? C'est exactement ce que propose Edwige Tiret, la chef expérimentée du "gastro" de la Croix de Savoie. Elle a le chic pour revisiter intelligemment la tradition, au fil de son inspiration et des produits qu'elle a sélectionnés. Service attentionné.

Menu 38/75 € – Carte 65/81 €

768 route du Pernand – ✆ 04 50 90 00 26 – www.lacroixdesavoie.fr

Les Servages d'Armelle

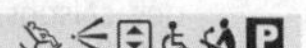

LUXE · MONTAGNARD Sur les hauteurs de la station, ce superbe chalet ancien a été transformé en un hôtel de grand charme. Une dizaine de chambres et de suites spacieuses, toutes en matériaux de prestige : vieux planchers, poutres, meubles polis par les ans... et vraies cheminées !

8 chambres – 135/565 € – 2 suites – 25 €

841 route des Servages – ✆ 04 50 90 01 62 – www.servages.com – Fermé 21 avril-27 juin

Les Servages – voir la sélection des restaurants

La Croix de Savoie

FAMILIAL · CONTEMPORAIN Derrière cette façade de bois, très contemporaine, se cache un hôtel "bioclimatique", où tout a été conçu dans le souci de l'environnement. Calme, écolo et high-tech ! Dans les chambres, lumineuses et bien équipées, les mariages de couleurs sont de mise ; on s'y sent comme chez soi. Préférez celles avec balcon donnant sur la vallée.

28 chambres – 108/279 € – 15 €

768 route du Pernand – ✆ 04 50 90 00 26 – www.lacroixdesavoie.fr

La Croix de Savoie – voir la sélection des restaurants

CARSAC-AILLAC

24200 (Dordogne) – Carte régionale n° **18**-D3

Carte Michelin 329-I6 – Guide Vert Michelin Périgord Quercy

La Villa Romaine

MAISON DE CAMPAGNE · ÉLÉGANT Bâtie sur un site gallo-romain proche de la Dordogne, cette ancienne métairie a effectivement un petit air italien, avec ses cyprès ! Chambres confortables et élégantes ; terrasses, jardin et piscine des plus agréables.

15 chambres – 129/209 € – 2 suites – 17 €

Saint-Rome, 2 km au Sud par D 704, route de Gourdon – ✆ 05 53 28 52 07 – www.lavillaromaine.com – Fermé 10 février-10 mars

CARTERET

– 50 (Manche) → voir Barneville-Carteret

CASCASTEL-DES-CORBIÈRES

11360 (Aude) – Carte régionale n° **21**-B3

Carte Michelin 344-H5

Domaine Grand Guilhem

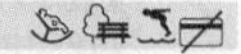

MAISON DE CAMPAGNE · PERSONNALISÉ Cette demeure en pierre (19e s.), au cœur d'une exploitation viticole, a tout d'une maison de famille. Les chambres y sont coquettes et impeccablement tenues. Au petit-déjeuner, on se régale de bons produits locaux : miel, fruits, jambon cru, viennoiseries... Et le propriétaire vigneron peut faire déguster ses vins !

4 chambres – 95/110 €

Chemin du Col de la Serre – ✆ 04 68 45 86 67 – www.grandguilhem.fr

CASSEL

✉ 59670 (Nord) – Carte régionale n° **13**-B2
Carte Michelin 302-C3

✿ **Haut Bonheur de la Table** (Eugène Hobraiche)

CUISINE MODERNE • **FAMILIAL** XX Sympathique et atypique, ce mini-restaurant (six tables à peine !) installé sur la grand-place du village. Le chef, ancien de chez Régis Marcon, réalise une cuisine en osmose avec les produits de saison, au gré d'assiettes colorées, toujours goûteuses. Service attentionné.

→ Cuisine du marché

Menu 44/56 €

18 Grande-Place – ✆ 03 28 40 51 03 – www.hautbonheurdelatable.com – Fermé 15-24 février, 16 août-5 septembre, 21-26 octobre, lundi soir, mardi, mercredi, dimanche soir

Fenêtre sur Cour

CUISINE MODERNE • **COSY** XX Fricassée de gambas, légumes croquants et pesto ; pluma de cochon ibérique... Le chef propose une cuisine au goût du jour, au gré des saisons. La salle en mezzanine sur l'arrière (et sa fenêtre sur cour) sert de terrasse aux beaux jours.

Menu 40/63 €

5 rue du Maréchal-Foch – ✆ 03 28 42 03 19 – www.restaurant-fenetresurcour.com – Fermé lundi soir, mardi soir, mercredi, jeudi soir, dimanche soir

CASSIS

✉ 13260 (Bouches-du-Rhône) – Carte régionale n° **24**-B3
Carte Michelin 340-I6 – Guide Vert Michelin Provence

✿✿ **La Villa Madie** (Dimitri Droisneau)

CUISINE MODERNE • **DESIGN** XXX Un curriculum rutilant fait-il nécessairement un chef talentueux ? Pour ce qui est de Dimitri Droisneau, en tout cas, la réponse est oui : ses passages à la Tour d'Argent et au Lucas Carton (à Paris) ou encore à l'Ambroisie du maître Bernard Pacaud (Paris toujours) ont fait de lui un cuisinier rigoureux et créatif.

Mais c'est sur la Côte d'Azur, à la réserve de Beaulieu, qu'il a fait une autre rencontre déterminante : celle de Marielle, qui peaufine alors l'art de la direction de salle, et deviendra son épouse. Entre l'Aveyronnaise et le Normand, l'union est personnelle mais aussi professionnelle : c'est ensemble qu'ils nourriront leur projet de reprise de la Villa Madie, au pied du cap Canaille.

Depuis 2014, le duo propose une expérience gastronomique de haut niveau, d'une cohérence sans faille. Sur la terrasse enchanteresse, bercé par une brise légère, on se délecte des recettes fines et percutantes de Dimitri, qui pioche à grands traits dans les trésors de la Méditerranée... On en redemande.

→ Légumes et cueillettes du moment, parmesan et truffe noire. Loup de Méditerranée flanqué d'une écume iodée au combava et poivre sansho. Tarte au citron

Menu 115/220 € – Carte 140/210 €

avenue du Revestel (anse de Corton), au Sud-Est par D41A – ✆ 04 96 18 00 00 – www.lavillamadie.com – Fermé 2 janvier-7 février, mardi, mercredi

La Brasserie du Corton – voir la sélection des restaurants

La Presqu'île

CUISINE MODERNE • **CONTEMPORAIN** XX L'endroit, au bout d'une presqu'île entre Cassis et ses célèbres calanques, est tout simplement magique ! La villa, comme posée sur les rochers face au cap Canaille, joue la modernité dans l'assiette, en s'appuyant sur de beaux produits méditerranéens.

Menu 39 € (déjeuner), 65/88 €

avenue Notre-Dame - Esplanade Port-Miou, par route des Calanques – ✆ 04 42 01 03 77 – www.restaurant-la-presquile.fr – Fermé 12 novembre-12 février, lundi, dimanche soir

La Brasserie du Corton

CUISINE MODERNE • ÉPURÉ Intelligemment repensé (cuisine ouverte, réaménagement de la salle), l'espace brasserie de la Villa Madie joue toujours la carte de la simplicité et du marché, avec de séduisantes associations terre et mer. Aux beaux jours, on profite de la terrasse face à la jolie crique.

Menu 32 € (déjeuner) – Carte 52/64 €

La Villa Madie, avenue du Revestel (anse de Corton), Sud-Est par D41A – ✆ 04 96 18 00 00 – www.lavillamadie.com – Fermé 2 janvier-7 février, lundi soir, mardi soir, mercredi soir, jeudi soir, vendredi soir, samedi, dimanche

Les Roches Blanches

LUXE • ART DÉCO Cette magnifique bâtisse de 1878 devenue hôtel en 1920 et accrochée aux rochers de Cassis, se mire et s'admire dans la mer. Chambres spacieuses, matériaux nobles : l'âme des années 1930 et l'horizon comme unique infini. Sans doute le plus bel hôtel de front de mer des environs.

34 chambres – 260/690 € – 2 suites – 24 €

9 avenue des Calanques – ✆ 04 42 01 09 30 – https://roches-blanches-cassis.com – Fermé 4 novembre-14 mars

CASTANET-TOLOSAN

– 31 (Haute-Garonne) ➜ voir Toulouse

CASTELGINEST

31780 (Haute-Garonne) – Carte régionale n° **22**-B2
Carte Michelin 343-G2

La Villa des Chimères

CUISINE MODERNE • RUSTIQUE Le jardin, avec ses marronniers et sa végétation luxuriante, permet de s'attabler pendant les beaux jours… et que dire de l'assiette ! Franck Groseil, le chef, mitonne une bonne cuisine dans l'air du temps, parfumée et soignée, à l'image de ce filet de rouget-barbet grillé, artichauts poivrade déglacés au jus de groseille…

Menu 18 € (déjeuner), 35/43 €

12 rue du Pont-Fauré – ✆ 05 61 70 96 44 – www.lavilladeschimeres.com – Fermé 2-16 janvier, lundi, mardi, dimanche soir

CASTELJALOUX

47700 (Lot-et-Garonne) – Carte régionale n° **18**-C2
Carte Michelin 336-C4 – Guide Vert Michelin Aquitaine

La Vieille Auberge

CUISINE CLASSIQUE • COSY Charmante maison de pierre bordant une ruelle de la bastide. Le décor est bourgeois et, côté papilles, on se régale d'une cuisine classique, gourmande et soignée. Incontournables de la maison : foie gras poêlé aux fruits de saison, pigeonneau aux épices douces, et baba au rhum. En prime, la carte des vins propose un large choix de crus.

Menu 25/75 € – Carte 48/78 €

11 rue Posterne – ✆ 05 53 93 01 36 – www.la-vieille-auberge-47.com – Fermé lundi, dimanche soir

LE CASTELLET

83330 (Var) – Carte régionale n° **24**-B3
Carte Michelin 340-J6 – Guide Vert Michelin Côte d'Azur

La Goguette

CUISINE MODERNE • FAMILIAL Le chef va chaque matin au port de Saint-Cyr ou de Sanary chercher son poisson…. ses viandes, quand à elles, viennent généralement d'Auvergne. Il n'y a que du bon dans l'assiette, jusqu'au rapport qualité-prix ! Tout cela dans le cadre délicieux d'une maison en pierre, au cœur d'un village piétonnier…

Menu 42/65 €

1 Impasse de l'Homme-de-Paille (accès piétonnier) – ✆ 04 94 90 71 96 – Fermé mercredi, jeudi, vendredi midi

au Circuit Paul Ricard 11 km au Nord par D226, D26 et DN8 – 83330

Christophe Bacquié

CUISINE MODERNE • CONTEMPORAIN "Toute ma vie, je me souviendrai de cette année 2018", lance Christophe Bacquié, dans un demi-sourire. Et pour cause : trois étoiles sont venues récompenser les belles inspirations du chef de l'Hôtel du Castellet, Meilleur Ouvrier de France 2004 et artisan infatigable. Cette consécration salue un itinéraire sans ratures, entamé à l'Oasis (Mandelieu-La Napoule) aux côtés de Stéphane Raimbault. Christophe Bacquié multiplie ensuite les expériences parisiennes avant de retrouver la Corse, où il a grandi (La Villa à Calvi).
Ensuite, tout va très vite : une étoile en 2002, la seconde en 2007. En guise d'écrin, un endroit splendide, niché au cœur de la Provence, tout proche du circuit automobile Paul-Ricard.
Merlu de ligne, saint-pierre, langoustines de casier, poulpe (un summum !), mais aussi légumes des maraîchers locaux : les assiettes chantent les louanges de la région, cette Méditerranée éternelle et qui, décidément, enfante de bien talentueux créateurs. Une gastronomie époustouflante, à déguster sur la splendide terrasse, le palais en pâmoison.
➜ Aïoli moderne, légumes de nos maraîchers et poulpe de Méditerranée. Pigeonneau au sang cuit en pâte à sel épicée, jus acidulé au vinaigre de myrte sauvage. Soufflé chaud à la cazette, crème glacée aux grains de café torréfiés

Menu 135 € (déjeuner), 175/245 €

Hôtel & Spa du Castellet, 3001 route des Hauts-du-Camp – ✆ 04 94 98 29 69 – www.hotelducastellet.com – Fermé 1er-8 septembre, 2 décembre-5 mars, lundi, mardi midi, mercredi midi, dimanche

San Felice

CUISINE MODERNE • BISTRO La San Felice n'est pas qu'un roman de Dumas, c'est aussi – au sein de l'hôtel du Castellet – un bistrot chic et inventif ! Asperges au lard de Colonnata, agneau allaiton au jus de viande truffé et aux légumes d'hiver, baba au rhum : la carte est volontairement courte et met en avant de délicieux produits de saison.

Menu 55 €

Hôtel & Spa du Castellet, 3001 route des Hauts-du-Camp – ✆ 04 94 98 29 58 – www.hotelducastellet.com – Fermé 9 décembre-12 février

Hôtel & Spa du Castellet

SPA ET BIEN-ÊTRE • ÉLÉGANT Douze hectares de pinède dominant l'arrière-pays varois, avec la Méditerranée à l'horizon. Si tous les paradis sont perdus, l'hôtel du Castellet en a conservé le goût : coursives, bassins, parterres de lavande… et un spa de 700 m². Félicité à la provençale !

33 chambres – 260/520 € – 9 suites – 42 €

3001 route des Hauts-du-Camp – ✆ 04 94 98 37 77 – www.hotelducastellet.com – Fermé 9 décembre-12 février

Christophe Bacquié • San Felice – voir la sélection des restaurants

CASTELNAUDARY

11400 (Aude) – Carte régionale n° **21**–A2
Carte Michelin 344-C3

Le Tirou

CUISINE RÉGIONALE • AUBERGE Une jolie ménagerie dans le jardin, des mets du terroir 100 % maison – le cassoulet, notamment, est délicieux –, des produits et des vins du cru : cette auberge champêtre et familiale a tout pour plaire… et l'on peut aussi acheter les conserves du chef. Difficile de faire plus authentique !

Menu 26 € (déjeuner), 36/47 € – Carte 45/65 €

90 avenue Monseigneur-de-Langle – ✆ 04 68 94 15 95 – www.tirou.fr – Fermé 15-22 juin, 20 décembre-20 janvier, lundi, mardi soir, mercredi soir, jeudi soir, vendredi soir, dimanche soir

CASTELNAU-DE-LÉVIS – 81 (Tarn) ➜ voir Albi

CASTELNAU-DE-MONTMIRAL

✉ 81140 (Tarn) – Carte régionale n° **22**-C2
Carte Michelin 338-C7

Le Ménagier

CUISINE CLASSIQUE · AUBERGE XX On a retrouvé monsieur Garrigues, étoilé à Toulouse (le Pastel) et chef du Carré des Feuillants à son ouverture, avec Alain Dutournier et il est en forme olympique ! Ici, priment les beaux produits. De la truffe entière en chou farci et ris de veau au mille-feuilles minute au fruit de la passion, ce n'est qu'un défilé de gourmandise, qui laisse baba.

Menu 33/38 € – Carte 56/76 €

place des Arcades – ✆ 05 63 42 08 35 – www.lemenagier.com – Fermé lundi, mardi, mercredi

Hôtel des Consuls

FAMILIAL · PERSONNALISÉ Bienvenue dans l'un des plus beaux villages de France, avec sa pittoresque bastide du 13ᵉ s. ! Ses propriétaires ont entièrement rénové ce lieu chargé d'histoire (deux maisons anciennes de 1630) ; l'endroit se révèle un véritable havre de paix et de repos.

18 chambres – ††63/136 € – ☕ 11 €

place des Arcades – ✆ 05 63 33 17 44 – www.hoteldesconsuls.com – Fermé 24 novembre-22 mars

CASTELNAU-LE-LEZ – 34 (Hérault) ➜ voir Montpellier

CASTÉRA-VERDUZAN

✉ 32410 (Gers) – Carte régionale n° **22**-A2
Carte Michelin 336-E7

Le Florida

CUISINE TRADITIONNELLE · SIMPLE XX Cette maison traditionnelle, située à la sortie de la station thermale, rend un vibrant hommage au patrimoine. On s'y régale de spécialités locales, près d'un bon feu de cheminée, l'hiver, ou sur la terrasse ombragée et fleurie, l'été. Deux chambres spacieuses, joliment décorées, en font une étape appréciée.

Menu 19 € (déjeuner), 33/65 € – Carte 33/67 €

2 rue du Lac – ✆ 05 62 68 13 22 – www.restaurant-florida.fr – Fermé 17-25 juin, lundi, mardi, dimanche soir

CASTERINO – 06 (Alpes-Maritimes) ➜ voir Tende

CASTILLON-DU-GARD – 30 (Gard) ➜ voir Pont-du-Gard

CASTRES

✉ 81100 (Tarn) – Carte régionale n° **22**-C2
Carte Michelin 338-F9

La Part des Anges

CUISINE MODERNE · BRANCHÉ X Une cuisine du marché mâtinée de saveurs contemporaines – combawa, badiane –, voilà ce que mitonne le chef de cette adresse installée non loin de l'Agout. Les petits producteurs des environs sont mis à l'honneur et les saveurs au rendez-vous !

Menu 19 € (déjeuner), 31/49 € – Carte 36/45 €

7 rue d'Empare – ✆ 05 63 51 65 25 – Fermé 15-31 août, lundi, dimanche

Bistrot Saveurs

CUISINE MODERNE · COSY X Messieurs les Anglais... cuisinez les premiers ! Voilà ce qu'on pourrait s'exclamer en découvrant les assiettes de Simon Scott, dont l'expérience l'a mené de Londres à la Provence, avant de s'installer dans le Tarn. Il travaille des produits de belle qualité, et les prix sont vraiment raisonnables.

Menu 19 € (déjeuner), 35/80 €

5 rue Sainte-Foy – ✆ 05 63 50 11 45 – www.bistrot-saveurs-81.fr – Fermé 3-25 août, samedi, dimanche

La Table du Sommelier

CUISINE TRADITIONNELLE • BISTRO X Un néobistrot dédié au vin, juste en face du musée Jean-Jaurès... Côté déco, des casiers et des bouteilles, et, côté papilles, une cuisine du marché qui s'accorde avec de jolis nectars. Joli choix de vins au verre, et menu associant mets et thés. Avec en prime une boutique proposant près de 200 références de vins !

Menu 24/34 €

6 place Pelisson – ✆ 05 63 82 20 10 – www.latabledusommeliercastres.fr – Fermé 24 février-4 mars, lundi, dimanche

Grand Hôtel

BUSINESS • ÉLÉGANT À deux pas de la cathédrale, un vrai "Grand Hôtel" ! Ce lieu classique connaît une nouvelle jeunesse, ses propriétaires en ayant fait un endroit élégant, design et épuré... Bois précieux, matériaux choisis, excellente insonorisation : les chambres ont beaucoup de style, sans ostentation.

50 chambres – 92/97 € – 3 suites – 13 €

11 rue de la Libération – ✆ 05 63 37 82 20 – www.grandhoteldecastres.com

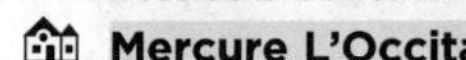

Mercure L'Occitan

FAMILIAL • FONCTIONNEL Ce vaste hôtel-restaurant, bien insonorisé, propose des chambres climatisées. Pour la détente, on profite de la piscine et du sauna...

62 chambres – 88/148 € – 14 €

201 avenue Charles-de-Gaulle (route de Mazamet par D612) – ✆ 05 63 35 34 20 – www.mercure.com

Renaissance

HISTORIQUE • PERSONNALISÉ Derrière cette belle façade à colombages du 17e s. se cache un hôtel éclectique et charmant : les chambres ont toutes leur style (Empire, Napoléon III, Savane, New York, etc.) et foisonnent de tableaux, meubles chinés et bibelots. Un lieu cosy !

22 chambres – 90/180 € – 2 suites – 14 €

17 rue Victor-Hugo – ✆ 05 63 59 30 42 – www.hotel-renaissance.fr

aux Salvages 5 km au Nord par D89 – ✉ 81100

Les Mets d'Adélaïde

CUISINE MODERNE • ÉLÉGANT XX Nulle envie de retourner à l'école ? Parions que vous allez changer d'avis ! Ces Mets d'Adélaïde prennent leurs aises dans l'ancienne école du village. Mais point de nostalgie : le décor est épuré et le chef délivre une jolie leçon de gastronomie d'aujourd'hui. L'accueil mérite aussi une bonne appréciation !

Menu 30/58 €

36 avenue Georges-Alquier – ✆ 05 63 35 78 42 – Fermé lundi, mardi, dimanche soir

CASTRIES – 34 (Hérault) ➜ voir Montpellier

LE CATELET

✉ 02420 (Aisne) – Carte régionale n° **14**-C1

Carte Michelin 306-B2

La Coriandre

CUISINE TRADITIONNELLE • RUSTIQUE XX Entre St-Quentin et Cambrai, une auberge bien appréciée dans la région. Le chef, Sébastien Monatte, travaille au plus près des saisons et aime enrichir son répertoire gastronomique de notes méditerranéennes, tout en honorant les grands classiques, à l'image de ce succulent millefeuille à la vanille de Madagascar...

Menu 27 € (déjeuner), 45/65 €

68 rue du Général-Augereau – ✆ 03 23 66 21 71 – www.restaurant-la-coriandre.com – Fermé 2-8 janvier, 28 janvier-5 février, 29 juillet-22 août, lundi, mardi soir, mercredi soir, dimanche soir

CAUDEBEC-EN-CAUX

✉ 76490 (Seine-Maritime) - Carte régionale n° **17**-C1
Carte Michelin 304-E4 - Guide Vert Michelin Normandie Vallée de la Seine

G.a. au Manoir de Rétival (David Goerne)

CUISINE MODERNE • CONVIVIAL XX Le Manoir est un somptueux écrin pour cette "table d'hôtes gastronomique" où l'on s'installe en cuisine, presque comme à la maison... On se délecte ensuite des préparations d'un jeune chef allemand mordu de gastronomie française : ses assiettes, inventives, ludiques et parfumées, laissent de beaux souvenirs !

→ Cuisine du marché

Menu 69/149 €

2 rue St-Clair - ✆ 06 50 23 43 63 - www.restaurant-ga.fr - Fermé lundi, mardi, samedi midi, dimanche soir

Manoir de Rétival

LUXE • PERSONNALISÉ Un charme indéniable se dégage de ce manoir, avec sa tourelle, ses colombages, son beau jardin et sa chapelle. Les chambres cultivent un bel esprit maison de famille (parquet, jonc de mer, mobilier chiné) et l'accueil est chaleureux.

5 chambres - 180/640 € - ☕ 25 €

2 rue St-Clair - ✆ 06 50 23 43 63 - www.restaurant-ga.fr

CAUSSADE

✉ 82300 (Tarn-et-Garonne) - Carte régionale n° **22**-C2
Carte Michelin 337-F7

à Monteils 3 km au Nord-Est par D17 - ✉ 82300

Le Clos Monteils

CUISINE TRADITIONNELLE • RUSTIQUE X Françoise et Bernard Bordaries ont fait de ce presbytère de 1771 un lieu convivial et intime, telle une maison de famille. Elle vous accueille avec gentillesse, tandis que lui s'active aux fourneaux. Son credo : cuisiner sur des bases simples et mettre en avant le produit avec des recettes vraiment bien ficelées. On se régale !

Menu 33/58 €

7 chemin du Moulin - ✆ 05 63 93 03 51 - www.leclosmonteils.fr - Fermé 15 janvier-28 février, 1er-15 novembre, lundi, mardi, mercredi midi, dimanche soir

CAUTERETS

✉ 65110 (Hautes-Pyrénées) - Carte régionale n° **22**-A3
Carte Michelin 342-L7

L'Abri du Benques

CUISINE MODERNE • TENDANCE XX Sur la route du pont d'Espagne, dans un cadre magique - entre montagne et torrents -, ce restaurant au décor contemporain propose une cuisine actuelle signée par un jeune chef du pays.

Menu 18/49 € - Carte 31/62 €

2 km au Sud par D920 au lieu-dit la Raillère - ✆ 05 62 92 50 15 - www.benques.com - Fermé 3-30 janvier, lundi soir, mardi, mercredi soir

Lion d'Or

FAMILIAL • TRADITIONNEL Hôtel familial construit au 19e s. (portes-fenêtres, balconnets en fer forgé...). Chambres douillettes à la décoration soignée (objets chinés). Confitures et tourtes maison au petit-déjeuner. Cuisine de tradition servie dans une salle à manger ancienne.

18 chambres - 80/162 € - ☕ 12 €

12 rue Richelieu - ✆ 05 62 92 52 87 - www.liondor.eu - Fermé 21 avril-17 mai, 5 octobre-20 décembre

CAVAILLON

✉ 84300 (Vaucluse) – Carte régionale n° **25**-E1
Carte Michelin 332-D10 – Guide Vert Michelin Provence

✿ Maison Prévôt (Jean-Jacques Prévôt)

CUISINE MODERNE • ÉLÉGANT XXX Dans cette sympathique maison familiale, on célèbre avec passion le melon de Cavaillon – un menu entier lui est même dédié en saison. Truffes et légumes du pays occupent aussi une place de choix sur la carte, qui sait mettre de beaux produits en valeur. Un travail de qualité, sans fioritures, au service des saveurs !

→ Saint-Jacques rôties, foie gras chaud et huîtres pochées. Melon garni d'une bouillabaisse de homard mitonné au four. Crème kalamansi, praliné croustillant et aspic de limoncello

Menu 35 € (déjeuner), 60/98 € – Carte 65/91 €

353 avenue de Verdun – ✆ 04 90 71 32 43 – maisonprevot.com – Fermé 19-25 mars, 27 août-2 septembre, 23 octobre-5 novembre, lundi, dimanche

Si vous recherchez un hébergement particulièrement agréable pour un séjour de charme, préférez les établissements signalés en rouge : ⌂... ⌂⌂⌂⌂⌂.

CAVALIÈRE

✉ 83980 (Var) – Carte régionale n° **24**-C3
Carte Michelin 340-N7 – Guide Vert Michelin Côte d'Azur

Le Club de Cavalière & Spa

CUISINE MODERNE • ÉLÉGANT XXX Rougets en filets, pistou d'herbes et fenouil confit ; loup de pleine mer rôti sur la peau ; soufflé chaud aux fruits de la passion... De beaux produits de la mer (et quelques viandes), cuisinés avec finesse. À apprécier face aux flots !

Menu 49 € (déjeuner) – Carte 80/150 €

30 avenue du Cap Nègre – ✆ 04 98 04 34 34 – www.clubdecavaliere.com – Fermé 29 septembre-2 mai

Smash Club

CUISINE CLASSIQUE • CONVIVIAL X Insolite, ce restaurant situé au cœur d'un club de tennis... Mais ne vous fiez pas aux apparences : on sert ici une délicieuse cuisine aux accents provençaux, à la fois généreuse et soignée, déjà plébiscitée par la population locale. Le menu change régulièrement mais certains classiques demeurent, dont un réjouissant baba au rhum.

Menu 44 €

Avenue du Golf (au tennis de Cavalière) – ✆ 04 94 05 84 31

Le Club de Cavalière & Spa

LUXE • BORD DE MER Une demeure élégante ouverte sur la plage. Du style, assurément : un vrai esprit bourgeois – très confortable – décliné dans une veine contemporaine. Piscine, spa, sauna, jacuzzi, fitness, bateau privé... Détente assurée !

32 chambres – 460/1270 € – 5 suites

30 avenue du Cap Nègre – ✆ 04 98 04 34 34 – www.clubdecavaliere.com

Le Club de Cavalière & Spa – voir la sélection des restaurants

CAVANAC – 11 (Aude) → voir Carcassonne

CAYRON – 32 (Gers) → voir Beaumarchés

CAZAUBON – 32 (Gers) → voir Barbotan-les-Thermes

LA CELLE

✉ 83170 (Var) – Carte régionale n° **24**–C3
Carte Michelin 340-L5

✿ Hostellerie de l'Abbaye de la Celle

CUISINE MÉDITERRANÉENNE • HISTORIQUE XXX En cette demeure de charme, gérée par le groupe Ducasse, la cuisine méridionale éclate de saveurs. Rien d'extravagant, une certaine simplicité même, mais tous les produits – dont de beaux légumes – s'expriment avec justesse. On passe un délicieux moment sur la terrasse, à l'ombre de vieux marronniers…

→ Légumes de saison, brousse. Poitrine et ris de veau à la sauge, pommes grenaille et carottes fanes. Chocolat de notre manufacture et menthe

Menu 53 € (déjeuner), 78/105 € – Carte 78/120 €

Place du Général-de-Gaulle – ✆ 04 98 05 14 14 – www.abbaye-celle.com – Fermé 1er janvier-8 février

Hostellerie de l'Abbaye de la Celle

MAISON DE MAÎTRE • ÉLÉGANT Cette ancienne hostellerie d'abbaye distille un bel esprit d'antan avec ses murs du 18e s. et son décor provençal bourgeois. Le matin, le soleil filtre à travers les grands arbres, et l'on découvre avec bonheur le jardin environnant, avec son potager et son conservatoire des vignes – 88 cépages différents !

10 chambres – 180/560 € – 24 €

Place du Général-de-Gaulle – ✆ 04 98 05 14 14 – www.abbaye-celle.com – Fermé 1er janvier-8 février

✿ **Hostellerie de l'Abbaye de la Celle** – voir la sélection des restaurants

LA CELLE-LES-BORDES

✉ 78720 (Yvelines) – Carte régionale n° **15**–B2
Carte Michelin 311-H4

L'Auberge de l'Élan

CUISINE TRADITIONNELLE • CONVIVIAL X Au cœur de la vallée de Chevreuse, une maison de village où se mêlent déco rustique et objets modernes. Le chef et patron concocte une bonne cuisine du marché : ris de veau aux morilles, tournedos de bœuf Rossini… Voilà pour les plats incontournables ! Petite terrasse toute indiquée pour les beaux jours.

Menu 50/70 €

5 rue du Village (Les Bordes) – ✆ 01 34 85 15 55 – www.laubergedelelan.fr – Fermé 4-8 février, 8-12 avril, 31 août-12 septembre, lundi, mardi, mercredi soir, dimanche soir

CELLES-SUR-BELLE

✉ 79370 (Deux-Sèvres) – Carte régionale n° **20**–B2
Carte Michelin 322-E7 – Guide Vert Michelin Poitou-Charentes

Hostellerie de l'Abbaye

CUISINE MODERNE • AUBERGE XX De la viande au poisson, les produits sont très frais et de qualité, et le chef démontre un vrai tour de main, revisitant la tradition au gré des saisons. Formule brasserie au déjeuner. Le tout à savourer dans une salle des plus chaleureuses ou sur la terrasse. Une bonne adresse.

Menu 34 € (déjeuner) – Carte 38/59 €

1 place des Époux-Laurant – ✆ 05 49 26 03 18 – www.hostellerie-de-abbaye.fr – Fermé 23-30 décembre, dimanche soir

CELLETTES

41120 (Loir-et-Cher) – Carte régionale n° **8**-A1
Carte Michelin 318-F6

La Vieille Tour

CUISINE MODERNE • CONVIVIAL La vieille tour de cette maison du 15e s., visible de loin, vous guidera vers cette halte gourmande. Là, le patron vous régalera d'une cuisine actuelle bien troussée, réalisée avec de bons produits, et régulièrement réinventée au fil des saisons. À votre Tour !

Menu 20 € (déjeuner), 35/56 € – Carte 37/47 €

7 rue Nationale – 02 54 74 67 15 – www.restaurant-la-vieille-tour-blois.com – Fermé 1er-21 janvier, 15-30 août, lundi soir, mercredi, dimanche soir

CELONY – 13 (Bouches-du-Rhône) ➔ voir Aix-en-Provence

CENON – 33 (Gironde) ➔ voir Bordeaux

CENTURI – 2B (Haute-Corse) ➔ voir Corse

CERCIÉ

69220 (Rhône) – Carte régionale n° **3**-E1
Carte Michelin 327-H3

L'Écume Gourmande

CUISINE MODERNE • COSY Un vent de fraîcheur souffle sur le Beaujolais ! On doit cette adresse à un jeune chef passé par la maison de Paul Bocuse. Il mitonne une cuisine aux bases classiques, sagement inventive : de vraies sauces, des cuissons impeccables, un dessert très gourmand...

Menu 28/43 €

35 Grande-Rue – 04 37 55 23 06 – www.ecume-gourmande.fr – Fermé lundi, mardi, dimanche soir

CÉRET

66400 (Pyrénées-Orientales) – Carte régionale n° **21**-B3
Carte Michelin 344-H8

L'Atelier de Fred

CUISINE MÉDITERRANÉENNE • BISTRO Une "place to be" dans la région depuis son ouverture. Le sens de l'accueil de Fred, la cuisine méditerranéenne goûteuse et gorgée de soleil de David, son associé... Tous les ingrédients sont réunis pour passer un bon moment. De plus, la carte est renouvelée régulièrement : une bonne raison de revenir !

Menu 26 € (déjeuner)/42 € – Carte 40/60 €

12 rue St-Féreol – 04 68 95 47 41 – Fermé 23 décembre-13 février, lundi, dimanche

Le Mas Trilles

MAISON DE CAMPAGNE • PERSONNALISÉ Niché dans un vallon, ce beau mas du 14e s. possède le sens de l'accueil, et ses chambres – la plupart avec terrasse ou jardin – cultivent un certain charme d'antan... Autres avantages : la piscine domine le Tech et, au petit-déjeuner, on se régale des fruits des vergers alentour.

11 chambres – 85/229 € – 14 €

Pont-de-Reynes, 3 km direction Amélie-les-Bains – 04 68 87 38 37 – www.le-mas-trilles.com – Fermé 29 octobre-19 avril

CERGY – 95 (Val-d'Oise) ➔ voir Autour de Paris (Cergy-Pontoise)

CERNAY

68700 (Haut-Rhin) – Carte régionale n° **10**-A3
Carte Michelin 315-H10

Hostellerie d'Alsace

CUISINE TRADITIONNELLE • CONVIVIAL XX Dans cette grande maison à colombages, le chef propose une cuisine d'aujourd'hui valorisant le terroir local : carré d'agneau rôti en croûte d'herbes, lasagnes de Saint-Jacques, etc. Pour l'étape, des chambres fonctionnelles et d'un bon rapport qualité-prix.

Menu 24/68 € – Carte 43/90 €

61 rue Poincaré – ✆ 03 89 75 59 81 – www.hostellerie-alsace.fr – Fermé 29 avril-5 mai, 15 juillet-4 août, 24 décembre-6 janvier, samedi, dimanche

CERNAY-LA-VILLE

– 78 (Yvelines) ➜ voir Autour de Paris

CESSON

– 22 (Côtes-d'Armor) ➜ voir St-Brieuc

CESSON-SÉVIGNÉ

– 35 (Ille-et-Vilaine) ➜ voir Rennes

CESTAYROLS

✉ 81150 (Tarn) – Carte régionale n° **22**-C2

Carte Michelin 338-D7

Lou Cantoun

CUISINE TRADITIONNELLE • RUSTIQUE XX L'intérieur de cette maison de village, rustique aux touches actuelles, n'est pas dénué de charme, et la terrasse est très plaisante. Le potager du chef abonde les marmites en légumes frais. Une cuisine traditionnelle actualisée, goûteuse et colorée !

Menu 20 € (déjeuner), 29/50 € – Carte 46/55 €

Le Bourg (Le village) – ✆ 05 63 53 28 39 – www.bernardgisquet.fr – Fermé mardi, mercredi

CEVINS

✉ 73730 (Savoie) – Carte régionale n° **4**-F2

Carte Michelin 333-L4

La Fleur de Sel

CUISINE MODERNE • CONVIVIAL XX Sur la route des stations, cette maison récente met en avant une appétissante cuisine de saison, servie par des produits de qualité. Côté décor, on a rénové l'ensemble dans une veine moderne, avec toujours la belle cheminée qui crépite au milieu de la pièce... Délicieux.

Menu 23 € (déjeuner), 33/69 € – Carte 60/85 €

15 route du Portelin – ✆ 04 79 37 49 98 – www.restaurant-fleurdesel.fr – Fermé lundi, mardi soir, dimanche soir

CHABANAIS

✉ 16150 (Charente) – Carte régionale n° **20**-C2

Carte Michelin 324-O4

Le Vieux Moulin

CUISINE TRADITIONNELLE • ÉLÉGANT XX Ce restaurant, aménagé dans un vieux moulin, nous accueille dans une salle épurée et lumineuse, avec sa monumentale cheminée pour les flambées hivernales. L'été, la terrasse bordant la rivière voisine permet de profiter de la jolie carte régionale, privilégiant les circuits courts.

Menu 16 € (déjeuner), 35/50 €

Étang du Moulin, 2 km à l'Est route de Limoges – ✆ 05 45 84 24 97 – www.levieuxmoulin-chabanais.com – Fermé 7-30 janvier, 14-30 octobre, lundi soir, mardi, mercredi

CHABLIS

⊠ 89800 (Yonne) - Carte régionale n° **5**-B1
Carte Michelin 319-F5 - Guide Vert Michelin Bourgogne

Hostellerie des Clos

CUISINE CLASSIQUE • **ÉLÉGANT** XxX Une certaine intimité règne dans ce clos, au décor élégant et feutré. On y déguste des vins de Chablis évidemment, et une cuisine empreinte de classicisme qui leur sied bien.

Menu 45/89 € - Carte 66/99 €

16 rue Jules-Rathier - ✆ 03 86 42 10 63 - www.hostellerie-des-clos.fr - Fermé 21 décembre-1er février

Au Fil du Zinc

CUISINE MODERNE • **BISTRO** X Ryo Nagahama, chef japonais passé par les cases Robuchon et Alléno, revisite ici l'héritage bistrotier avec précision et créativité, et fait mouche avec de délicieux produits locaux : légumes d'un maraîcher de Noyers, cochon de la ferme de Clavisy, truites locales... le tout accompagné de bons chablis.

Menu 33 € (déjeuner), 38/62 €

18 rue des Moulins - ✆ 03 86 33 96 39 - www.restaurant-chablis.com - Fermé 3-27 mars, mardi, mercredi

Hostellerie des Clos

TRADITIONNEL • **COSY** Une agréable hostellerie au cœur de Chablis. On peut prendre ses aises au salon - avec feu de cheminée l'hiver - avant de gagner l'une des chambres, traditionnelles et cosy (préférez les plus récentes). En annexe, un sympathique bistrot servant des plats régionaux.

36 chambres - 👫76/168 € - 4 suites - ☕14 €

16 rue Jules-Rathier - ✆ 03 86 42 10 63 - www.hostellerie-des-clos.fr - Fermé 21 décembre-1er février

Hostellerie des Clos - voir la sélection des restaurants

Hôtel du Vieux Moulin

TRADITIONNEL • **PERSONNALISÉ** Au cœur même du village de Chablis, cet hôtel, installé dans un moulin à grain du 18e s., réalise une subtile alliance de tradition (poutres, pierres) et de modernité (salles de bain design, écrans plats)... Une certaine idée du luxe, sans ostentation.

7 chambres - 👫120/145 € - 2 suites - ☕12 €

18 Rue des Moulins - ✆ 03 86 42 47 30 - www.larochewines.com

CHAGNY

⊠ 71150 (Saône-et-Loire) - Carte régionale n° **5**-A3
Carte Michelin 320-I8

✿✿✿ Maison Lameloise (Eric Pras)

CUISINE MODERNE • **ÉLÉGANT** XxxX Ah, Lameloise ! Le simple énoncé de ce nom fait déjà frémir d'aise les fins palais de Bourgogne et d'ailleurs. Impossible de résumer en quelques lignes l'histoire de cette institution qui entama son parcours étoilé, tenez-vous bien, en... 1926.

Mais qu'on se rassure : en dépit de son grand âge, Lameloise n'a pas l'âme nostalgique. Eric Pras, MOF 2004 au parcours irréprochable - Troisgros, Loiseau, Gagnaire, Marcon, qui dit mieux ? -, devenu chef de la maison en 2009, le résume en une phrase, presque un mantra : "La tradition, c'est l'avenir." Autant dire qu'il n'a pas l'intention de se reposer sur ses (trois) lauriers...

Fidèle à l'esprit des lieux, aussi inspiré que pointilleux, il assène avec sérénité de véritables coups de massue gustatifs : langoustines, chaud et froid au jus de pomme verte, crème légère à la moutarde Fallot et caviar d'Aquitaine, ou encore cette tarte fine d'escargots de Bourgogne, potagère d'herbes fraîches et légumes du moment, ail mousseux et mariné, coulis d'ortie... Du grand art.

→ Langoustines marinées croustillantes au riz soufflé, céleri et pomme verte, crème à la moutarde et caviar. Homard dans l'esprit d'un bourguignon, queue rôtie et sauce civet. Biscuit moelleux cacao, crémeux à l'estragon, ganache montée manjari

Menu 82 € (déjeuner), 155/220 € - Carte 170/250 €

36 place d'Armes - ✆ 03 85 87 65 65 - www.lameloise.fr - Fermé 26 février-6 mars, 27 août-4 septembre, 23 décembre-24 janvier, mardi, mercredi

Pierre & Jean

CUISINE MODERNE • CONVIVIAL ✗ Il ne s'agit pas du roman de Maupassant, mais de "la maison d'en face" du prestigieux Lameloise, du nom de ses fondateurs. Une "annexe" un rien canaille qui explore avec finesse la cuisine du moment et revisite les recettes des ancêtres. Les classiques de la maison : pâté en croûte tradition, entremets tout chocolat...

Menu 20 € (déjeuner), 33/39 € - Carte 41/46 €

2 rue de la Poste - ✆ 03 85 87 08 67 - www.pierrejean-restaurant.fr - Fermé 21 décembre-20 janvier, lundi, mardi

Maison Lameloise

HISTORIQUE • ÉLÉGANT Cette haute maison bourguignonne – un ancien relais de poste datant du 15e s. – incarne la grande hôtellerie de tradition ! Les chambres à l'élégance toute classique, le restaurant qui vaut le voyage, le service dévoué aux clients : tout honore l'art de recevoir.

16 chambres - 198/400 € - 26 €

36 place d'Armes - ✆ 03 85 87 65 65 - www.lameloise.fr - Fermé 26 février-6 mars, 27 août-4 septembre, 23 décembre-24 janvier

✿✿✿ **Maison Lameloise** – voir la sélection des restaurants

CHAILLY-SUR-ARMANÇON

- 21 (Côte-d'Or) → voir Pouilly-en-Auxois

CHAINTRÉ

✉ 71570 (Saône-et-Loire) - Carte régionale n° **5**-C3
Carte Michelin 320-I12

✿ La Table de Chaintré (Sébastien Grospellier)

CUISINE MODERNE • INTIME ✗✗ Un restaurant élégant et contemporain, au cœur du vignoble de Pouilly-Fuissé, du rouge cardinal sur les murs, de beaux produits du marché aux couleurs délicieuses, des recettes plutôt tendance, un menu unique renouvelé chaque semaine... Le tout accompagnée de beaux nectars de Bourgogne et du Beaujolais !

→ Émietté de tourteau, fumet en fine gelée, betteraves et lait mousseux parfumé au café. Lièvre à la royale. Tarte fine aux figues, sorbet au thé earl grey

Menu 42 € (déjeuner)/60 €

72 place du Luminaire - ✆ 03 85 32 90 95 - www.latabledechaintre.com - Fermé 2-8 janvier, 19 août-5 septembre, 24-30 décembre, lundi, mardi, dimanche soir

CHALLANGES

- 21 (Côte-d'Or) → voir Beaune

CHALLANS

✉ 85300 (Vendée) - Carte régionale n° **23**-A3
Carte Michelin 316-E6 - Guide Vert Michelin Pays de la Loire

Château de la Vérie

CUISINE MODERNE • CLASSIQUE ✗✗✗ Boiseries sculptées, cheminées anciennes, tentures dans une veine 18e s., etc. Cet auguste château vendéen se prête à un moment élégant et romantique ! Au menu : une gastronomie d'aujourd'hui, qui puise directement aux sources des saisons.

Menu 26 € (déjeuner), 35/59 € - Carte 50/70 €

route de Soullans, 2,5 km au Sud par D69 - ✆ 02 51 35 33 44 - www.chateau-de-la-verie.com - Fermé lundi, mardi midi, dimanche soir

L'Apart

CUISINE MODERNE • TENDANCE X Il est des destins tout tracés, comme celui de ce restaurant installé dans un ancien magasin de cuisines... Xavier Yvernogeau, le chef, y compose des assiettes bien d'aujourd'hui, pleines de fraîcheur et d'allant, en agençant de beaux produits ; son menu homard est l'un des "must" de la maison !

Menu 27 € (déjeuner), 34/65 € – Carte 30/60 €

38 route de Soullans – ✆ 02 51 68 00 66 – www.apart-restaurant-challans.fr – Fermé 29 avril-8 mai, 12 août-2 septembre, lundi, mercredi soir, dimanche

Château de la Vérie

DEMEURE HISTORIQUE • CLASSIQUE Une rivière, un étang, un parc immense (17 ha), et soudain apparaît ce beau château du 16e s. (classé monument historique), digne d'une rêverie romantique. Les chambres, d'esprit classique, sont agréables et douillettes... pour rêver encore.

21 chambres – 82/190 € – 12 €

route de soullans, 2,5 km au Sud par D69 – ✆ 02 51 35 33 44 – www.chateau-de-la-verie.com

Château de la Vérie – voir la sélection des restaurants

L'Antiquité

TRADITIONNEL • PERSONNALISÉ Une maison vendéenne avenante dans une rue tranquille, pour une étape sympathique. Les chambres donnent toutes sur le patio et la piscine et sont vraiment jolies (mobilier chiné ou patiné...) ; celles de l'annexe sont spacieuses et particulièrement soignées.

20 chambres – 75/135 € – 12 €

14 rue Gallieni – ✆ 02 51 68 02 84 – www.hotelantiquite.com – Fermé 22 décembre-2 janvier

à la Garnache 6,5 km au Nord-Est – ✉ 85710

Le Petit St-Thomas

CUISINE MODERNE • ÉLÉGANT XX C'est une petite maison vendéenne aux volets bleus, mais l'image d'Épinal s'arrête là... car sa déco est résolument contemporaine ! Le chef s'absente le temps du marché pour sélectionner les meilleurs produits, avant de mitonner de belles recettes traditionnelles, parfois revisitées, toujours généreuses. On se régale...

Menu 30/50 € – Carte 45/66 €

25 rue de Lattre-de-Tassigny – ✆ 02 51 49 05 99 – www.restaurant-petit-st-thomas.com – Fermé 1er-18 janvier, 24 juin-12 juillet, lundi, mercredi soir, dimanche soir

CHÂLONS-EN-CHAMPAGNE

✉ 51000 (Marne) – Carte régionale n° **11**-B2

Carte Michelin 306-I9 – Guide Vert Michelin Champagne Ardenne

Jérôme Feck

CUISINE MODERNE • ÉLÉGANT XXX Jérôme Feck, qui a succédé à Jacky Michel aux fourneaux de la table gastronomique de l'hôtel d'Angleterre, perpétue l'héritage de cette table emblématique de la ville. Les beaux produits sont rehaussés de saveurs étudiées, tantôt jouant sur l'acidité, tantôt sur le fumé, le tout assorti d'une belle variété de textures. Aucune fausse note.

→ Cuisine du marché

Menu 66/96 € – Carte 78/108 €

Hôtel d'Angleterre, 19 place Monseigneur-Tissier – ✆ 03 26 68 21 51 – www.hotel-dangleterre.fr – Fermé 1er-18 janvier, 5-20 août, lundi midi, samedi midi, dimanche

Au Carillon Gourmand

CUISINE MODERNE • ÉLÉGANT XX Dans cette adresse chic et élégante, volontiers design, le carillon marque l'heure de la tradition revisitée. Accueil agréable et vaisselle de belle facture. Le menu affaire du midi est une aubaine.

Menu 39/66 €

15 bis place Monseigneur-Tissier – ✆ 03 26 64 45 07 – www.carillongourmand.com – Fermé 4-25 août, lundi, mercredi soir, dimanche soir

Les Temps Changent

CUISINE TRADITIONNELLE • BISTRO X Un bistrot au cadre contemporain et élégant, où s'apprécie une bonne cuisine du marché, dans une ambiance chaleureuse. Alors oui, Les Temps Changent, et c'est très bien ainsi !

Menu 28/37 €

Hôtel d'Angleterre, 1 rue Garinet – ✆ 03 26 66 41 09 – www.hotel-dangleterre.fr – Fermé 1er-18 janvier, 5-20 août, lundi midi, samedi midi, dimanche

Hôtel d'Angleterre

TRADITIONNEL • FONCTIONNEL Rien de perfide dans cette Albion, bien au contraire : les chambres sont très confortables, parfaitement tenues, de style classique ou chalet pour certaines... Et le personnel se révèle très aimable.

25 chambres – 110/220 € – 16 €

19 place Monseigneur-Tissier – ✆ 03 26 68 21 51 – www.hotel-dangleterre.fr – Fermé 1er-18 janvier, 5-20 août

Jérôme Feck • **Les Temps Changent** – voir la sélection des restaurants

Le Renard

FAMILIAL • DESIGN Sur la place de la République, un Renard rusé et résolument design ! Ici, les chambres ont adopté un style contemporain, sobre et épuré, et les bâtiments (datant du 15e s.) sont reliés entre eux par un patio, protégé par une grande verrière. Cuisine dans l'air du temps au restaurant.

38 chambres – 109/132 € – 11 €

24 place de la République – ✆ 03 26 68 03 78 – www.le-renard.com

à l'Épine 8,4 km au Nord-Ouest par N3 – ✉ 51460

Cuvée 31 (N)

CUISINE MODERNE • CONTEMPORAIN XX Cette ancienne institution, située face à la Basilique Notre-Dame de l'Epine, propose une cuisine des plus gourmandes – souvenir ce jour là, de belles ravioles *al dente* garnies en leur cœur, d'épinard, de basilic, d'estragon et de persil plat, le tout lié au parmesan. Décor soigné et service des plus attentionnés. On se sent comme chez soi !

Menu 40 € (déjeuner), 55/105 €

31 avenue du Luxembourg – ✆ 03 26 67 13 03 – www.armesdechampagne.com – Fermé lundi, mardi

à Matougues 11 km à l'Ouest par D3 – ✉ 51510

Auberge des Moissons

AUBERGE • PERSONNALISÉ Dans cette ancienne ferme-auberge, on cultive l'art de recevoir. Les chambres, contemporaines, assurent tout confort ; le restaurant réserve de belles surprises... D'octobre à décembre, ne passez pas à côté du menu truffe concocté avec la récolte de la maison (l'espace découverte sensorielle autour de la truffe est édifiant).

35 chambres – 92/145 € – 11 €

8 route Nationale, RD3 – ✆ 03 26 70 99 17 – www.auberge-des-moissons.com – Fermé 1er-13 janvier, 22 juillet-11 août, 23-31 décembre

CHALON-SUR-SAÔNE

✉ 71100 (Saône-et-Loire) – Carte régionale n° **5**-C3

Carte Michelin 320-J9 – Guide Vert Michelin Bourgogne

Le Bistrot

CUISINE MODERNE • BISTRO X Ce beau néobistrot est vraiment chaleureux... Entre terrine de canard aux foies de volaille et foie gras, pannequet de saumon fumé farci de rémoulade de céleri, la carte, courte et alléchante, régale les plus féroces appétits. À noter que légumes et fruits proviennent des deux potagers du chef ; fraîcheur garantie.

Menu 21 € (déjeuner), 32/44 € – Carte 50/60 €

31 rue de Strasbourg – ✆ 03 85 93 22 01 – Fermé lundi, dimanche

Auberge des Alouettes

CUISINE TRADITIONNELLE • AUBERGE XX Cette Auberge, reprise en 2016 par un couple venu d'Albertville, n'a rien d'un miroir aux alouettes ! L'intérieur est chaleureux et la cuisine célèbre la belle tradition à prix raisonnables : œuf en meurette, tête de veau sauce gribiche, croustillant de pied de cochon... et gibier en saison.

Menu 23/40 € – Carte 44/55 €

1 route de Givry – ✆ 03 85 48 32 15 – www.aubergedesalouettes.fr – Fermé 29 juillet-9 août, lundi soir, mardi soir, mercredi, dimanche soir

Aromatique

CUISINE CRÉATIVE • COSY X Ici, c'est en couple que l'on Aromatise ! Lui, en cuisine, compose une cuisine créative et inspirée avec de bons produits frais... et une petite touche d'épices ; elle, en salle, accueille chaleureusement la clientèle. Aucun risque de déjà-vu : le menu est renouvelé chaque mois. Probablement la meilleure table du centre-ville.

Menu 24 € (déjeuner)/38 €

14 rue de Strasbourg – ✆ 03 58 09 62 25 – www.aromatique-restaurant.com – Fermé lundi, dimanche

Chez Jules

CUISINE TRADITIONNELLE • CONVIVIAL X Tradition ! Sur l'île St-Laurent, ce Jules très sympathique fait la part belle aux spécialités locales, à l'instar de ce poulet de Bresse aux morilles, ou des champignons de Paris farcis aux escargots de Bourgogne avec sauce crème persillée. On apprécie également l'ambiance animée.

Menu 20/34 € – Carte 31/44 €

11 rue de Strasbourg – ✆ 03 85 48 08 34 – www.restaurant-chezjules.com – Fermé 19-31 août, jeudi, dimanche

Les Gourmands Disent

CUISINE MODERNE • INTIME X Dans la "rue des restaurants" de l'île St-Laurent, un duo de passionnés – lui est du Nord, elle de Saône-et-Loire – fait battre le cœur de cette petite adresse sympathique. Ils nous gratifient de préparations goûteuses, sans esbroufe, renouvelées régulièrement. Attention, amis gourmands : il y a peu de couverts, mieux vaut donc réserver... Qu'on se le dise !

Menu 22 € (déjeuner)/37 €

59 rue de Strasbourg – ✆ 03 85 48 75 21 – Fermé lundi, mardi

l'abc

CUISINE MODERNE • BRASSERIE X Quelques bonnes préparations de brasserie (croque-monsieur, burger, steak tartare...), mais aussi des plats bien de saison, plus élaborés, le tout préparé avec des produits de bonne qualité : on passe un bon moment dans cet ABC que l'on doit à Cédric Burtin, chef de l'Amaryllis, à St-Rémy. Terrasse plaisante.

Menu 20/31 € – Carte 30/45 €

5 rue Charles-Baudelaire (place de la Gare) – ✆ 03 85 49 23 02 – www.labc.restaurant.com

Parcours

CUISINE CRÉATIVE · CONVIVIAL X Dans une rue piétonne, tout près des quais de Saône, une agréable adresse. Le chef, sérieux et appliqué, maîtrise bien son sujet ; ses assiettes, bien dans l'air du temps, mettent en valeur de beaux produits de saison.

Menu 20 € (déjeuner), 29/55 € – Carte 41/51 €

32 rue de Strasbourg – 03 85 93 91 38 – www.restaurantparcours.com – Fermé 18-28 février, 14-24 juillet, 20-30 octobre, mercredi, dimanche

Le St-Georges

CUISINE TRADITIONNELLE · BRASSERIE X Le St-Georges ? Une agréable brasserie, dont le chef – sous la houlette de Georges Blanc – concocte une cuisine traditionnelle faisant la part belle au terroir, ainsi qu'aux bons petits plats bistrotiers. Ne pas manquer l'incontournable volaille de Bresse, servie toute l'année !

Menu 21 € (déjeuner), 24/38 € – Carte 37/65 €

32 avenue Jean-Jaurès – 03 85 90 80 50 – www.le-saintgeorges.fr – Fermé samedi midi, dimanche soir

Le St-Georges

BUSINESS · CONTEMPORAIN Près de la gare SNCF, derrière une belle façade classique, des chambres feutrées et contemporaines, associant beaux matériaux et esprit design. Sans oublier l'espace séminaire bien équipé. Idéal pour un voyage d'affaires.

57 chambres – 120/170 € – 15 €

32 avenue Jean-Jaurès – 03 85 90 80 50 – www.le-saintgeorges.fr

Le St-Georges – voir la sélection des restaurants

À La Villa Boucicaut

BOUTIQUE HÔTEL · PERSONNALISÉ Un lieu reposant, à cinq minutes du centre-ville et tout près de la gare. Les propriétaires ont su créer un hôtel élégant et charmant, dont l'esprit évoque une bonbonnière aussi bien qu'une maison de famille.

20 chambres – 109 € – 12 €

33 bis avenue Boucicaut – 03 85 90 80 45 – www.la-villa-boucicaut.fr – Fermé 23 décembre-2 janvier

à Dracy-le-Fort 6 km au Nord-Ouest et D978 – 71640

La Garenne

CUISINE TRADITIONNELLE · CONTEMPORAIN XX Une bien belle Garenne, où l'on se régale d'une volaille de Bresse au vin jaune, d'un pain perdu d'escargots et fondue de tomates, ou encore d'un palet au chocolat noir et au vin de Maury... Pour ne rien gâcher, le décor est sobre et élégant, avec quelques jolies reproductions des œuvres d'Alain Thomas.

Menu 22 € (déjeuner), 29/46 € – Carte 45/62 €

Le Dracy, 4 rue du Pressoir – 03 85 87 81 81 – www.ledracy.com

Le Dracy

SPA ET BIEN-ÊTRE · CONTEMPORAIN Un environnement calme et verdoyant, une décoration contemporaine : cet hôtel satisfera les professionnels comme les clients de passage, notamment avec le spa nouvellement créé. Certaines chambres jouissent même d'une terrasse privative, face au jardin. Une parenthèse au vert bienvenue.

47 chambres – 99/165 € – 13 €

4 rue du Pressoir – 03 85 87 81 81 – www.ledracy.com

La Garenne – voir la sélection des restaurants

à St-Rémy 4 km à l'Ouest (route du Creusot) N6, N80 et route secondaire – ✉ 71100

L'Amaryllis (Cédric Burtin)

CUISINE CRÉATIVE • ÉLÉGANT XXX Bienvenue dans ce paisible moulin du 19e s., baigné par son bief. Cédric Burtin mène cette table bien connue dans la région, et laisse s'épanouir une cuisine empreinte d'inventivité, de fraîcheur, toujours maîtrisée et magnifiée par un dressage très travaillé. Le tout arrosé de bourgognes choisis avec soin...

→ Foie gras de canard servi chaud, émulsion de vinaigre balsamique. Langoustine croustillante de Bretagne, courgettes, olives taggiasche et pignons de pin. Pomme granny smith

Menu 35 € (déjeuner), 65/110 € – Carte 80/120 €

chemin de Martorez – ✆ 03 85 48 12 98 – www.lamaryllis.com – Fermé 2-7 janvier, 21 octobre-4 novembre, lundi, mardi midi, dimanche soir

CHAMAGNE – 88 (Vosges) → voir Charmes

CHAMALIÈRES – 63 (Puy-de-Dôme) → voir Clermont-Ferrand

CHAMBÉRY

✉ 73000 (Savoie) – Carte régionale n° **4**-F2

Carte Michelin 333-I4 – Guide Vert Michelin Alpes du Nord

Le Bistrot

CUISINE DU MARCHÉ • TRADITIONNEL X Au menu de ce bistrot tout proche de la fontaine aux éléphants, du théâtre et de la cathédrale : saucisson brioché à la pistache, joue de bœuf braisé au vin rouge, brioche façon pain perdu... Une cuisine du marché basée sur de jolis produits, rendus dans toute leur vérité. Le maître-mot du lieu : faire plaisir aux clients !

Menu 18 € (déjeuner), 27/46 € – Carte 35/50 €

Plan : B2-d – *6 rue du Théâtre – ✆ 09 82 32 10 78 – www.restaurant-lebistrot.com – Fermé 11-19 août, 22-30 décembre, lundi, dimanche*

Le Carré des Sens

CUISINE MODERNE • BISTRO X Joliment située sur l'une des places centrales de la ville, cette maison est le fief d'un chef trentenaire, qui revisite les classiques de la tradition française – tartiflette ou soufflé au Grand Marnier, par exemple – avec passion et précision. Aux beaux jours, la terrasse est prise d'assaut.

Menu 19 € (déjeuner), 32/55 € – Carte 40/50 €

Plan : B2-a – *32 place Monge – ✆ 04 79 65 98 07 – www.carredessens-chambery.com – Fermé lundi, dimanche*

L'Émulsion

CUISINE MODERNE • CONVIVIAL X La devanture en arc de pierre incite à pousser la porte... Bonne idée ! Voilà une table moderne et conviviale, orchestrée par un jeune chef passionné. Il prépare une alléchante cuisine du marché : quenelle de lotte, velouté de poivrons; parmentier de canard... Bon et sans chichis : vous y reviendrez !

Menu 24 € (déjeuner)/41 €

Plan : A2-e – *41 rue Jean-Pierre-Veyrat – ✆ 04 79 84 24 15 – www.restaurant-lemulsion.fr – Fermé 7-28 août, lundi, dimanche*

La Maniguette

CUISINE MODERNE • RUSTIQUE X Fort de son expérience, le chef Christophe Rochard mène de main de maître ce restaurant situé au pied du château. La vieille demeure est charmante – murs anciens, poutres massives – et la cuisine délicieuse : langoustines et couteaux rôtis ; volaille contisée de truffes, jus de cèpes... Menu renouvelé deux fois par mois.

Menu 22 € (déjeuner), 32/55 € – Carte 40/59 €

Plan : A2-u – *99 rue de la Juiverie – ✆ 04 79 62 25 26 – www.lamaniguette.fr – Fermé lundi, dimanche*

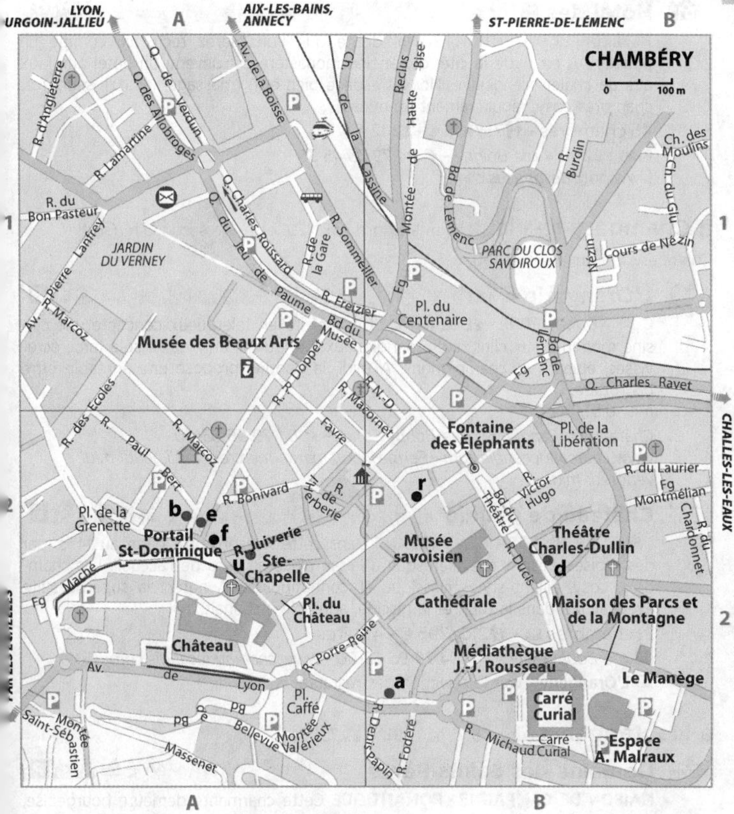

Onze Grandes et Trois Petites

CUISINE TRADITIONNELLE · CONVIVIAL Depuis sa réouverture, cette table récolte tous les suffrages, et pour cause ! A peine arrivé, le jeune chef propose une cuisine canaille et sans chichis, en utilisant surtout les bons produits des halles voisines. L'ambiance est franchement cordiale ; quant au nom mystérieux du restaurant, c'est une autre histoire...

Menu 21 € (déjeuner)/38 € – Carte 40/87 €

Plan : A2-b – *16 rue Jean-Pierre-Veyrat – 04 79 62 66 74 – www.onzegrandes.fr – Fermé lundi, dimanche*

Petit Hôtel Confidentiel

HÔTEL PARTICULIER · ÉLÉGANT Ce joli hôtel de charme du centre-ville de Chambéry, installé dans un bâtiment du 15e s., diffuse l'atmosphère feutrée que seuls les siècles savent patiner : la vitre rencontre le parquet massif dans un esprit loft. C'est à la fois chaleureux et racé : les habitués espèrent qu'il restera confidentiel...

18 chambres – 280/890 € – 25 €

Plan : A2-f – *10 rue de la Trésorerie – 04 79 26 24 17 – www.petithotelconfidentiel.com*

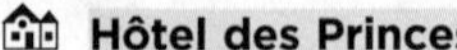

Hôtel des Princes

FAMILIAL • CONTEMPORAIN Nul doute que vous serez reçu, ici, comme un prince ! Au cœur de la cité, cet ancien monastère est devenu un hôtel aux faux airs de chalet scandinave. Nouvel espace bien-être (massage, jacuzzi, sauna) et chambres cosy, régulièrement rénovées.

45 chambres – 75/105 € – 12 €

Plan : B2-r – *4 rue Boigne – 04 79 33 45 36 – www.hoteldesprinces.com*

à Chambéry-le-Vieux 5 km au Nord par N201 et route secondaire (sortie Chambéry-le-Haut) – 73000

L'Orangerie

CUISINE MODERNE • ÉLÉGANT XXX Un chef italien talentueux concocte une cuisine moderne aux clins d'œil méridionaux. Ce jour-là, un filet de sole farci, écrevisses, épinard et champignons. A midi, la Cantine propose une agréable offre bistrotière.

Menu 51/80 €

Château de Candie, 68 Rue Bobby Sands – 04 79 96 63 00 – www.chateaudecandie.com – Fermé lundi, mardi, mercredi midi, jeudi midi, vendredi midi

Château de Candie

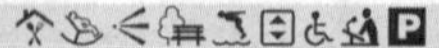

DEMEURE HISTORIQUE • ÉLÉGANT Dans cette maison forte bâtie au 14e s. par des croisés, l'esprit chevaleresque a laissé place au sens de l'accueil. Les chambres, cosy, allient styles classique et contemporain. À noter : la superbe suite avec jacuzzi dans la tour, et la piscine, agréable à souhait.

21 chambres – 210/295 € – 4 suites

68 rue Bobby-Sands – 04 79 96 63 00 – www.chateaudecandie.com

L'Orangerie – voir la sélection des restaurants

à Montagnole 5 km au Sud par D912 – 73000

Domaine des Saints Pères

MAISON DE CAMPAGNE • ROMANTIQUE Cette charmante demeure bourgeoise, transformée avec goût en hôtel, dévoile une vue magique sur les montagnes, la plaine de Chambéry et le lac du Bourget. Les chambres oscillent entre mobilier d'époque (18e et 19e s.) et contemporain. Grand salon cheminée, restaurant sous charpente, très belle terrasse, piscine. Un lieu unique.

15 chambres – 146/349 € – 15 €

1540 route de Chartreuse, col du Granier – 04 79 62 63 93 – www.domainedessaintsperes.com – Fermé 14 octobre-26 avril

CHAMBOLLE-MUSIGNY

21220 (Côte-d'Or) – Carte régionale n° **5**-D1

Carte Michelin 320-J6 – Guide Vert Michelin Bourgogne

Le Millésime

CUISINE MODERNE • CONTEMPORAIN XX Dans cet ancien bistrot de village métamorphosé en restaurant contemporain, le jeune chef, aussi talentueux que sympathique, n'a pas son pareil pour vous mettre en appétit. Il prépare une cuisine actuelle, savoureuse et gourmande, à prix doux ; on l'accompagne de jolis vins de la région. Un bon Millésime !

Menu 20 € (déjeuner), 32/65 € – Carte 39/78 €

1 rue Traversière – 03 80 62 80 37 – www.restaurant-le-millesime.com – Fermé 1er-15 janvier, 1er-15 août, lundi, dimanche

Le Chambolle

CUISINE BOURGUIGNONNE · TRADITIONNEL Un lieu chaleureux et rustique (imposante cheminée) pour s'attabler autour de petits plats de terroir accompagnés de vins du village. Les spécialités maison : foie gras de canard aux griottines, sandre sauce à l'époisses, ou encore tarte au chocolat chaud ! Accueil tout sourire.

Menu 27/39 € – Carte 27/61 €

28 rue Caroline-Aigle – 03 80 62 86 26 – www.restaurant-lechambolle.com – Fermé 18 décembre-12 février, mercredi, jeudi soir

LE CHAMBON-SUR-LIGNON

43400 (Haute-Loire) – Carte régionale n° **1**-D3

Carte Michelin 331-H3 – Guide Vert Michelin Ardèche Drôme

Bel Horizon

TRADITIONNEL · CONTEMPORAIN Atmosphère décontractée et… priorité aux loisirs, avec un centre de remise en forme très complet (jacuzzi, sauna, salle de sport, soins, etc.). Côté repos, des chambres d'esprit contemporain épuré (entièrement rénovées) et des chalets confortables. Cuisine actuelle au restaurant.

28 chambres – 94/135 € – 13 €

chemin de Molle – 04 71 59 74 39 – www.belhorizon.fr – Fermé 30 novembre-31 mars

Clair Matin

FAMILIAL · CONTEMPORAIN Ce chalet isolé est vraiment accueillant, et la vue sur les Cévennes des plus agréables. Pour l'anecdote, la salle à manger est chauffée avec un impressionnant poêle scandinave. Les chambres, quant à elles, ont été rénovées dans un style contemporain. Quiétude et air pur garantis !

25 chambres – 90/140 € – 13 €

Les Barandons – 04 71 59 73 03 – www.hotelclairmatin.com – Fermé 15 novembre-1er avril

CHAMBORD

41250 (Loir-et-Cher) – Carte régionale n° **8**-B1

Carte Michelin 318-G6 – Guide Vert Michelin Châteaux de la Loire

Le Grand Saint-Michel

CUISINE MODERNE · CONTEMPORAIN Réhabilitée en même temps que l'hôtel qui l'abrite, la salle à manger se pare de bois et tissus choisis : un environnement idéal pour déguster les assiettes fraîches et colorées du chef, un véritable passionné. Et n'oublions pas, bien sûr, la vue sur le mythique château, depuis la terrasse : inoubliable !

Menu 36 € (déjeuner), 47/75 € – Carte 42/62 €

Relais de Chambord, place Saint-Louis – 02 54 81 01 01 – www.relaisdechambord.com

Relais de Chambord

BOUTIQUE HÔTEL · PERSONNALISÉ Au cœur du domaine de Chambord (dont le château a soufflé 500 bougies en 2019), ce Relais a été rénové avec le concours du cabinet Wilmotte. Esprit maison de campagne chic, chambres soignées avec de nombreux clins d'œil au château, sans oublier l'accès au domaine le soir, après le départ des touristes… Un séjour de choix.

55 chambres – 150/575 € – 18 €

Place Saint-Louis – 02 54 81 01 01 – www.relaisdechambord.com

Le Grand Saint-Michel – voir la sélection des restaurants

CHAMBRETAUD

✉ 85500 (Vendée) – Carte régionale n° **23**-B3
Carte Michelin 316-K6

La Table du Boisniard

CUISINE MODERNE • ROMANTIQUE XXX Dans les anciennes granges de ce château du 15e s., La Table du Boisniard vous réserve des assiettes inventives et bien dans l'air du temps. Un exemple ? Le quasi de veau parfumé à la main de Bouddha... Une cuisine animée par l'envie de bien faire.

Menu 42/72 € – Carte 62/72 €

Château du Boisniard, route de la Verrie – ✆ 02 51 67 50 01 – www.chateau-boisniard.com – Fermé 1er-21 janvier, 18 février-4 mars, lundi, mardi midi, dimanche soir

Château du Boisniard

DEMEURE HISTORIQUE • PERSONNALISÉ Tout près du Puy du Fou, un château du 15e s. avec ses étangs, ses chambres au charme bourgeois et ses belles maisons en châtaignier naturel construites sur pilotis, avec terrasse privative donnant sur le parc... Pour les amoureux d'échappées vertes !

27 chambres – ††140/520 € – ☕ 26 €

route de la Verrie – ✆ 02 51 67 50 01 – www.chateau-boisniard.com – Fermé 1er-22 janvier, 18 février-4 mars, 5-12 novembre

La Table du Boisniard – voir la sélection des restaurants

CHAMESOL

✉ 25190 (Doubs) – Carte régionale n° **6**-C2
Carte Michelin 321-K2

Mon Plaisir (Christian Pilloud)

CUISINE MODERNE • COSY XXX À l'entrée du village, cette accueillante maison de pays est tout entière dédiée à votre plaisir : ambiance cosy (confortable salon, élégante salle à manger bourgeoise) et belle cuisine du chef, fine et harmonieuse.

→ Cuisine du marché

Menu 48/95 €

22 lieu-dit Journal – ✆ 03 81 92 56 17 – www.restaurant-mon-plaisir.com – Fermé 26 août-10 septembre, 22-31 décembre, lundi, mardi, dimanche soir

J.-L. Armand/Photononstop

ON AIME...

Le **Beurre Noisette**, où un couple rend hommage à la tradition. La cuisine goûteuse et généreuse de la **Télécabine**, avec son décor résolument montagnard. À Houches, le **Refuge de Montenvers**, dont le restaurant offre une vue splendide sur la Mer de Glace. Enfin, **Akashon**, son décor brut et ses assiettes exigeantes...

CHAMONIX-MONT-BLANC

✉ 74400 (Haute-Savoie) – Carte régionale n° **2**–D1
Carte Michelin 328-O5 – Guide Vert Michelin Alpes du Nord

Restaurants

✿✿ Albert 1er

CUISINE CLASSIQUE • ÉLÉGANT XXXX Pierre, Marcel, Joseph, Clothilde... depuis sa fondation en 1903 près du chemin de fer de Chamonix, quatre générations ont porté cette maison – devenue un hameau au fil des ans – avec enthousiasme.
La matière première de cette cuisine ? Les incontournables produits de la région (omble chevalier et féra du Léman, escargots du pays du Mont-Blanc, canette des Dombes, cochons et agneaux des fermes alentour...), rehaussés par tout ce qui pousse dans le jardin aromatique de la maison : oxalis, ache des montagnes, thym citronné, sarriette, mélisse, sauge et on en passe.
Le résultat, ce sont des assiettes subtilement composées, jamais prises en défaut sur l'ordonnancement des saveurs, avec quelques beaux clins d'œil au Piémont voisin. Une partition remarquable, donc, que l'on arrose de l'une des... 19 000 bouteilles de l'exceptionnelle cave. Une expérience à part.
→ Risotto à la truffe blanche d'Alba. Omble chevalier du lac Léman au miel de bourgeons de sapin et pain d'épice, carotte et citron confit. Soufflé chaud à la Chartreuse jaune, glace réglisse

Menu 73/159 € – Carte 120/160 €

Plan : B1-f – *Hameau Albert 1er, 38 route du Bouchet – ✆ 04 50 53 05 09 – www.hameaualbert.fr – Fermé 5-24 mai, 3 novembre-6 décembre, mardi midi, mercredi, jeudi midi*

☺ La Maison Carrier

CUISINE RÉGIONALE • RUSTIQUE XX Une ferme typique et conviviale, au sein du luxueux Hameau Albert 1er. Goûtez aux petits plats mitonnés, quenelle de brochet, élaborés avec de superbes produits du terroir, boudin noir. Généreux, nobles et savoureux, comme l'étaient les recettes de nos grands-mères...

Menu 26 € (déjeuner), 33/45 € – Carte 47/65 €

Plan : B1-r – *Hameau Albert 1er, 44 route du Bouchet – ✆ 04 50 53 00 03 – www.hameaualbert.fr – Fermé 26 mai-14 juin, 3 novembre-6 décembre, lundi, mardi*

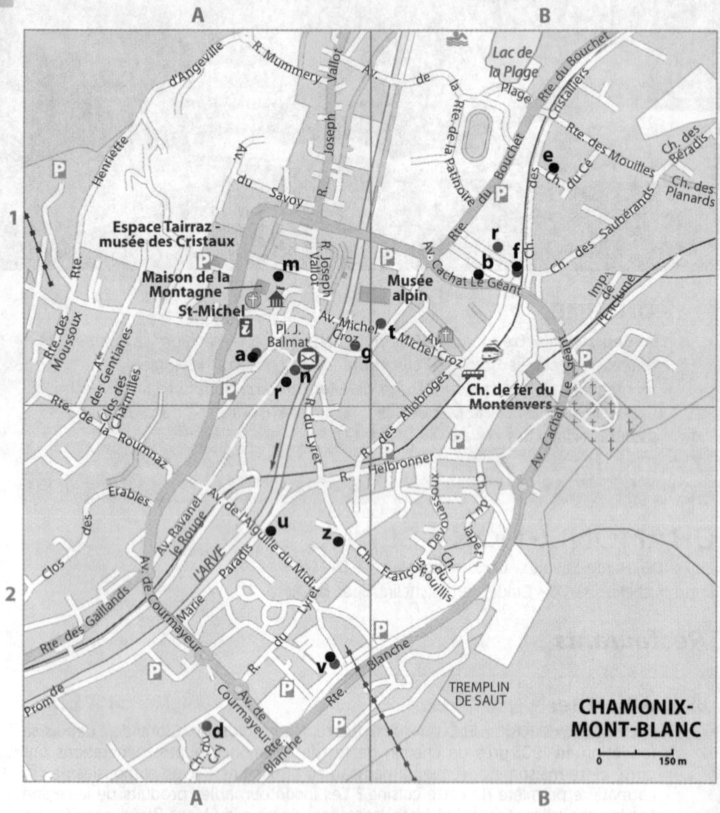

Atmosphère

CUISINE TRADITIONNELLE • TENDANCE XX Dans le centre-ville, cette adresse qui surplombe l'Arve ne manque pas d'atmosphère : une salle claire et des produits travaillés avec justesse, entre tradition savoyarde et fine cuisine d'aujourd'hui. Belle sélection de vins. On est conquis.

Menu 25 € (déjeuner), 33/42 € - Carte 38/69 €

Plan : A1-n - *123 place Balmat* - *04 50 55 97 97* - *www.restaurant-atmosphere.com*

La Télécabine

CUISINE TRADITIONNELLE • MONTAGNARD XX Au-dessus de l'entrée, une télécabine (un "œuf", devrait-on plutôt dire) est suspendue : le décor est planté ! L'intérieur est résolument montagnard et la grande terrasse donne sur le massif du Mont-Blanc, en adéquation parfaite avec la cuisine proposée, goûteuse et généreuse.

Menu 27 € (déjeuner)/33 € - Carte 38/73 €

Plan : A1-g - *27 rue de la Tour* - *04 50 47 04 66* - *www.restaurant-latelecabine.fr*

🍴 Le Matafan

CUISINE MODERNE • ÉLÉGANT XXX Une salle à manger chaleureuse – belle cheminée centrale ! – et une carte, qui évolue au gré de saisons, travaillée dans le respect des saveurs ; le service est convivial.

Menu 48 € – Carte 56/71 €

Plan : A1-a – *Mont-Blanc, 62 allée du Majestic – ✆ 04 50 53 05 64 – www.hotelmontblancchamonix.com – Fermé 6-16 mai, 4-28 novembre*

🍴 L'Impossible

CUISINE ITALIENNE • RUSTIQUE XX À la carte de cette chaleureuse ferme du 18e s., beaucoup d'herbes et d'épices pour une cuisine italienne qui met à l'honneur de superbes produits bio : escalope de loup de mer et sauce au safran ; carré d'agneau en croûte d'herbes farci à la truffe ; salade de gambas bio et pomme verte... Tout est possible !

Menu 23 € (déjeuner), 36/75 € – Carte 50/71 €

Plan : A2-d – *9 chemin du Cry – ✆ 04 50 53 20 36 – www.restaurant-impossible.com – Fermé 3-12 juin, 4-30 novembre, lundi midi, mardi midi, mercredi midi, jeudi midi, vendredi midi, samedi midi, dimanche midi*

🍴 Akashon

CUISINE MODERNE • ÉPURÉ X Le restaurant vous accueille dans un décor brut, dont les matériaux évoquent le passé industriel de la région. Au dîner, on se délecte de créations de cuisinier, exigeantes et finement réalisées. Joli souvenir d'une lotte, artichauts et gnocchis.

Menu 32/55 €

Plan : A2-v – *L'Héliopic, 50 place de l'Aiguille-du-Midi – ✆ 04 50 54 55 56 – https://heliopic-hotel-spa.com/restaurants/diner.html – Fermé 5-21 mai, 3-28 novembre*

🍴 Beurre Noisette

CUISINE MODERNE • MONTAGNARD X Ce couple de restaurateurs a posé toques et valises dans cet ancien bar à vin du centre de Chamonix, à la décoration montagnarde. Madame en cuisine et Monsieur en salle concoctent une cuisine traditionnelle au goût du jour, à l'instar de ce pot au feu en terrine et sauce gribiche.

Menu 24 € (déjeuner), 41/50 € – Carte 40/60 €

Plan : B1-t – *11 rue Whymper – ✆ 04 50 53 33 25 – www.beurrenoisettechamonix.com – Fermé 17-31 mai, lundi, dimanche soir*

Hôtels

Hameau Albert 1er

LUXE • PERSONNALISÉ Ce véritable hameau associant plusieurs chalets constitue un délicieux havre montagnard, sous un beau tapis de neige l'hiver, tout en vert tendre aux beaux jours... Noblesse des matériaux (dont des boiseries de vieux chalets d'alpage) et chic contemporain, confort extrême et spa d'exception : un sommet de luxe !

32 chambres – 180/720 € – 5 suites – ☕ 25 €

Plan : B1-f – *38 route du Bouchet – ✆ 04 50 53 05 09 – www.hameaualbert.fr – Fermé 3 novembre-6 décembre*

Albert 1er • **La Maison Carrier** – voir la sélection des restaurants

Mont-Blanc

LUXE • ÉLÉGANT Renaissance de cet hôtel historique, après une rénovation de pied en cap. La décoratrice Sybille de Margerie a su mettre en valeur tous ses charmes, révélant la beauté des moulures anciennes et du grand escalier, et jouant partout la carte d'un chic à la fois contemporain et intemporel... À redécouvrir !

40 chambres – 180/940 € – ☕ 25 €

Plan : A1-a – *62 allée du Majestic – ✆ 04 50 53 05 64 – www.hotelmontblancchamonix.com – Fermé 6-16 mai, 4-28 novembre*

🍴 **Le Matafan** – voir la sélection des restaurants

Grand Hôtel des Alpes

HISTORIQUE · ÉLÉGANT Ce "grand hôtel" mythique, bâti en 1840, a été merveilleusement restauré. Le résultat est à la fois intime et raffiné : hall cossu, bar feutré, élégants salons, chambres raffinées et des suites tout en bois rustique. Le tout au cœur de la station.

30 chambres – 175/590 € – 3 suites – 20 €

Plan : A1-r – *89 rue Docteur-Paccard – 04 50 55 37 80 – www.grandhoteldesalpes.com – Fermé 14 avril-6 juin, 29 septembre-12 décembre*

Auberge du Bois Prin

FAMILIAL · PERSONNALISÉ Ce joli chalet perche sur les hauteurs de la station, offrant une vue imprenable sur Chamonix et le massif du Mont-Blanc... et c'est d'un calme olympien ! Les chambres, toutes de mobilier classique et de lambris, ont le goût de la simplicité ; deux suites plus contemporaines ont été aménagées dans un chalet voisin.

11 chambres – 150/335 € – 3 suites – 22 €

69 chemin de l'Hermine, aux Moussoux – 04 50 53 33 51 – www.boisprin.com – Fermé 23 avril-16 mai, 21 octobre-5 décembre

L'Héliopic

TRADITIONNEL · DESIGN Au départ du téléphérique de l'aiguille du Midi, ces deux grands chalets de pierre et de bois nous plongent dans un décor contemporain, parsemé de clins d'œil à l'alpinisme des années 1950. Plaids, coussins et rideaux donnent aux chambres une délicieuse touche vintage ; on passe de longs moments dans le superbe spa...

102 chambres – 90/400 € – 16 €

Plan : A2-v – *50 place de l'Aiguille-du-Midi – 04 50 54 55 56 – www.heliopic-hotel-spa.com – Fermé 5-22 mai, 3-28 novembre*

Akashon – voir la sélection des restaurants

Le Morgane

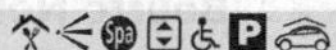

TRADITIONNEL · DESIGN La nature est ici pleinement respectée : engagement environnemental (zéro carbone), cadre épuré et beaux matériaux (bois brut, pierre, coton bio)... L'hôtel de montagne du 21e s. en quelque sorte ! En sous-sol, on trouve spa, hammam, sauna, et bassin de relaxation.

56 chambres – 120/240 € – 18 €

Plan : A2-u – *145 avenue de l'Aiguille-du-Midi – 04 50 53 57 15 – www.morgane-hotel-chamonix.com*

Auberge du Manoir

FAMILIAL · COSY Un hôtel qui a su conserver son charme savoyard ! L'ensemble est décoré avec beaucoup de goût, mêlant boiseries et beaux tissus chaleureux... Au réveil, le petit-déjeuner privilégie les produits régionaux.

16 chambres – 90/325 € – 15 €

Plan : B1-b – *8 route du Bouchet – 04 50 53 10 77 – www.aubergedumanoir.com*

Chalet Hôtel Hermitage

FAMILIAL · COSY Tout le charme de la tradition montagnarde, réinterprétée dans une veine contemporaine. Si certaines chambres offrent une très belle vue sur le massif, vous pouvez aussi opter pour les suites familiales, nichées dans deux chalets voisins. Jardin alpin de relaxation et accueil chaleureux.

21 chambres – 153/425 € – 7 suites – 19 €

Plan : B1-e – *63 chemin du Cé – 04 50 53 13 87 – www.hermitage-paccard.com – Fermé 30 avril-1er juin, 30 septembre-21 décembre*

L'Oustalet

FAMILIAL · COSY Un hôtel sympathique, à la fois chaleureux et moderne, qui cultive totalement l'esprit montagne. Le petit-déjeuner est copieux et de qualité : charcuterie, fromage, œufs, bonnes viennoiseries et yaourt maison. Idéal en famille.

15 chambres – 118/200 € – 15 €

Plan : A2-z – *330 rue du Lyret – 04 50 55 54 99 – www.hotel-oustalet.com – Fermé 1er mai-14 juin, 1er octobre-19 décembre*

Le Faucigny

BOUTIQUE HÔTEL · COSY En centre-ville, un sympathique petit hôtel aux tons gris, sobre et contemporain ; au retour des pistes de ski, on profite du charmant salon-bibliothèque et de l'espace détente avec jacuzzi et sauna.

28 chambres – 80/280 € – 12 €

Plan : A1-m – *118 place de l'Église – ✆ 04 50 53 01 17 – www.hotelfaucigny-chamonix.com – Fermé 5-23 mai*

à Argentière 10 km au Nord par D1506 – ✉ 74400

La Remise

CUISINE MODERNE · COSY XX Un chef britannique est aux commandes de cette Remise aussi chaleureuse que moderne, à l'ambiance très conviviale. On y trouve une belle sélection de viandes maturées et de jolis plats comme ce saumon fumé maison laqué au sirop d'érable, gel de whisky et salsa d'échalotes… So delicious !

Menu 26 € (déjeuner), 47/85 € – Carte 47/85 €

1124 route d'Argentière – ✆ 04 50 34 06 96 – www.laremise.eu – Fermé lundi

Grands Montets

TRADITIONNEL · MONTAGNARD Non loin du téléphérique et au calme, ce beau chalet distille le charme patiné des demeures savoyardes d'antan. Chambres décorées dans un esprit montagnard cosy, mais aussi piscine couverte, fitness, hammam et jacuzzi… pour une atmosphère très cocooning.

36 chambres – 130/286 € – 6 suites – 15 €

340 chemin des Arberons – ✆ 04 50 54 06 66 – www.hotel-grands-montets.com – Fermé 5 mai-6 juin, 29 septembre-5 décembre

Montana

FAMILIAL · CONTEMPORAIN Un chalet à l'entrée de la station, à l'atmosphère familiale. Toutes les chambres ont été joliment rénovées dans un style montagnard, à la fois chic et contemporain. Piscine chauffée, jacuzzi, sauna et hammam offrent un parfait moment de détente.

13 chambres – 120/450 € – 7 suites – 18 €

24 clos du Montane – ✆ 04 50 54 14 99 – www.hotel-montana.fr – Fermé 21 avril-15 juin, 29 septembre-20 décembre

aux Bossons 3,5 km au Sud – ✉ 74400

Aiguille du Midi

TRADITIONNEL · MONTAGNARD Les propriétaires de cet hôtel, bâti en 1908, ont le souci de rénover régulièrement les chambres ; dans un style montagnard contemporain, sobres et bien aménagées, elles sont très confortables. Le salon panoramique offre une magnifique vue sur le glacier des Bossons.

40 chambres – 80/218 € – 14 €

479 chemin Napoléon – ✆ 04 50 53 00 65 – www.hotel-aiguilledumidi.com – Fermé 7 avril-24 mai, 22 septembre-19 décembre

aux Houches 8,6 km au Sud – ✉ 74310

Rocky Pop

URBAIN · TENDANCE Atypique et convivial, cet hôtel branché sur le thème des mangas et des jeux vidéos vintage, propose des chambres récentes et bien tenues. Espace guinguette, terrain de boule, solarium, et amusante idée de corner sous forme de Food truck. They will "Rocky Pop" you.

148 chambres – 50/250 € – 13 €

1476 venue des Alpages – ✆ 04 85 30 00 00 – www.rockypop-chamonix.com – Fermé 5-21 mai

au Lavancher 6 km au Nord par D1506 et route secondaire – ✉ 74400

Les Chalets de Philippe

CUISINE MODERNE • ÉLÉGANT XXX On découvre avec bonheur ces deux belles tables d'hôtes superbement décorées et fleuries. Le chef (un ancien de l'Auberge de l'Ill) régale les convives avec des créations dans l'air du temps : le point d'orgue d'un séjour d'exception ! Chaque semaine, est proposé un nouveau plat de cuisine bourgeoise (blanquette de veau etc.).

Menu 60 € (déjeuner), 80/170 €

700-718 rte du Chapeau – ✆ 06 07 23 17 26 – www.chaletsphilippe.com

Le Rosebud

CUISINE MODERNE • ÉLÉGANT XX Le voyage commence face aux montagnes que l'on aperçoit à travers les baies vitrées puis continue à table, entre spécialités régionales, grands classiques et saveurs du monde, presque toujours rehaussés d'herbes et d'épices. Mention spéciale pour le dos d'agneau fermier cuit sur l'os, en croûte parfumée...

Menu 39/62 € – Carte 50/70 €

Le Jeu de Paume, 705 route du Chapeau – ✆ 04 50 54 03 76 – www.jeudepaumechamonix.com – Fermé 15 avril-15 juin, 15 septembre-15 décembre, mardi midi, mercredi midi

Le Jeu de Paume

TRADITIONNEL • COSY En haut d'un hameau pris entre vallée et hauts sommets, cet hôtel possède de nombreux atouts : piscine couverte, sauna, jacuzzi, salons avec cheminée, billard... Son décor traditionnel "tout bois" est plutôt raffiné, et assure à la clientèle un repos sans faille.

23 chambres – 140/250 € – 16 €

705 route du Chapeau – ✆ 04 50 54 03 76 – www.jeudepaumechamonix.com – Fermé 15 avril-15 juin, 15 septembre-15 décembre

Le Rosebud – voir la sélection des restaurants

Les Chalets de Philippe

LUXE • PERSONNALISÉ Insolite, unique, marquant... Voilà bien un hôtel exclusif ! Cet ensemble de superbes chalets, accrochés à flanc de montagne parmi les sapins, porte l'esprit savoyard à des sommets de charme et de luxe : bois ancien, objets rares, détails délicats, dans un esprit quasi baroque mais avec un goût toujours sûr... Enivrant !

20 chambres – 150/1050 € – 18 €

700-718 route du Chapeau – ✆ 06 07 23 17 26 – www.chaletsphilippe.com

Les Chalets de Philippe – voir la sélection des restaurants

Le Montenvers à la Mer de Glace accès par le train de la Mer de Glace – ✉ 74400

Refuge du Montenvers

AUBERGE • CONTEMPORAIN Cette bâtisse en granite, perchée à 1913 mètres, et édifiée en 1880 pour héberger les premiers alpinistes est devenu un hôtel au calme, rénové avec goût dans l'esprit refuge. Le restaurant panoramique dévoile une vue splendide sur la mer de glace. Accessible uniquement par train, ou à pied pour les plus courageux ! Authentique.

18 chambres – ½ Pension seulement 100/485 € – 3 suites

Le Montenvers – ✆ 04 50 53 87 70 – www.montenvers.terminal-neige.com

aux Praz-de-Chamonix 2,5 km au Nord – ✉ 74400

La Cabane des Praz

CUISINE MODERNE • TENDANCE XX Superbement rénovée, cette élégante cabane en rondins est à la fois chic et décontractée. L'ambiance est chaleureuse, que ce soit dans le salon avec cheminée ou sur la terrasse. En cuisine, le registre actuel rencontre la tradition et le terroir : tarte fine au reblochon, agneau fondant au miel... Efficace !

Menu 32/42 € – Carte 38/68 €

101 route du Golf – ✆ 04 50 53 23 27 – www.restaurant-cabane.com – Fermé 11 novembre-5 décembre

 **Le Castel** 

BOUTIQUE HÔTEL • TENDANCE Un ancien hôtel entièrement rénové avec goût, dans un esprit baroque chic du meilleur effet. Objets chinés pour le décor, chambres avec balcon donnant sur le massif du Mont-Blanc ou les Drus, cuisine italienne au restaurant : du caractère !

11 chambres – 90/300 € – 18 €

100 route de Tines – 04 50 21 12 12 – www.lecastel-chamonix.com

aux Tines 4 km au Nord par D1506 et rte secondaire – 74400

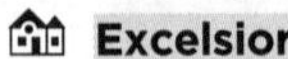 **Excelsior** 

TRADITIONNEL • CONTEMPORAIN Réouvert à l'été 2015 après un changement de propriétaires, l'Excelsior nous présente un tout nouveau visage ! Les chambres confortables, la salle à manger en véranda, la terrasse et la piscine offrant une vue imprenable sur les montagnes... Une plaisante adresse.

78 chambres – 79/229 € – 1 suite – 17 €

251 chemin de St-Roch – 04 50 53 18 36 – www.hotelexcelsior-chamonix.com

CHAMOUILLE – 02 (Aisne) ➜ voir Laon

CHAMPAGNAC-DE-BELAIR – 24 (Dordogne) ➜ voir Brantôme

CHAMPAGNÉ

72470 (Sarthe) – Carte régionale n° **23**-D1

Carte Michelin 310-L6

Le Cochon d'Or 

CUISINE TRADITIONNELLE • CLASSIQUE XX Le marché, les saisons, la tradition et le sens des produits : voilà le credo du chef, Thierry Janvier, qui concocte une cuisine traditionnelle et généreuse. Quelques exemples : le saumon fumé "maison", les noix de Saint-Jacques aux endives caramélisées, ou encore les rognons de veau à la moutarde... Et l'accueil est en or !

Menu 18 € (déjeuner), 31/36 € – Carte 44/59 €

49 route de Paris, D323 – 02 43 89 50 08 – www.restaurant-cochondor.fr – Fermé 18 février-1er mars, 15-24 août, lundi, mardi soir, mercredi soir, jeudi soir, vendredi soir, dimanche soir

CHAMPAGNEY – 70 (Haute-Saône) ➜ voir Ronchamp

CHAMPAGNOLE

39300 (Jura) – Carte régionale n° **6**-B3

Carte Michelin 321-F6 – Guide Vert Michelin Franche-Comté Jura

Le Bois Dormant

FAMILIAL • PERSONNALISÉ Dans un parc arboré, un hôtel au décor chaleureux. Bois blond, tons pastel... les chambres sont actuelles et pratiques ; il y a aussi une très jolie piscine côté jardin (avec jacuzzi, hammam et sauna) et un restaurant traditionnel.

40 chambres – 95/131 € – 12 €

route de Pontarlier, 1,5 km – 03 84 52 66 66 – www.bois-dormant.com – Fermé 21-27 décembre

CHAMPCEVINEL – 24 (Dordogne) ➜ voir Périgueux

CHAMPEIX

✉ 63320 (Puy-de-Dôme) – Carte régionale n° **1**-B2
Carte Michelin 326-F9 – Guide Vert Michelin Auvergne

à Montaigut-le-Blanc 3 km à l'Ouest par D996 – ✉ 63320

Le Chastel Montaigu

DEMEURE HISTORIQUE · PERSONNALISÉ L'originalité de cette maison d'hôtes haut perchée : ses superbes chambres (lits à baldaquin) situées dans un donjon crénelé, avec vue plongeante sur les monts Dore et le Forez.

4 chambres – 145/160 €

Rue du Château – 04 73 96 28 49 – www.lechastelmontaigu.com – Fermé 15 octobre-1er avril

CHAMPIGNÉ

✉ 49330 (Maine-et-Loire) – Carte régionale n° **23**-C2
Carte Michelin 317-F3

Château des Briottières

DEMEURE HISTORIQUE · PERSONNALISÉ Un raffinement très 18e s. règne dans ce château familial entouré d'un parc avec un étang. Chambres et salons sont décorés avec style et, le soir, on dîne aux chandelles.

17 chambres – 189/259 € – 20 €

voie Hercule-Charnacé, 4 km au Nord-Ouest par D768, D190 et route secondaire – 02 41 42 00 02 – www.briottieres.com – Fermé 5 novembre-15 mars

CHAMPILLON – 51 (Marne) → voir Epernay

CHAMPLIVE

✉ 25360 (Doubs) – Carte régionale n° **6**-C1
Carte Michelin 321-H3

Auberge du Château de Vaite

CUISINE RÉGIONALE · CONTEMPORAIN XX Désormais géré par la jeune génération de la famille, ce restaurant moderne décline une cuisine traditionnelle bien tournée (truites, grenouilles, etc.). Thèmes décalés dans les chambres (blanc, nature) et, toujours, ce mur végétal qui fait de l'établissement une curiosité dans la région.

Menu 32 € (déjeuner), 29/45 € – Carte 28/65 €

17 Grande-Rue – 03 81 55 20 66 – www.auberge-chateau-vaite.com – Fermé 1er-20 janvier, 24 juin-7 juillet, lundi, mercredi soir, dimanche soir

CHAMP-SUR-LAYON

✉ 49380 (Maine-et-Loire) – Carte régionale n° **23**-C2
Carte Michelin 317-F5

La Table de la Bergerie (David Guitton)

CUISINE MODERNE · TENDANCE X Pas de carte ici, mais un court menu branché sur les saisons. Le jeune chef se fournit chez les producteurs locaux (viande, poisson, fruits et légumes) pour composer des recettes fines et délicates, que l'on n'oubliera pas de sitôt ! Quelques vins au verre pour découvrir la production (bio) du domaine.

→ Cuisine du marché

Menu 25 € (déjeuner), 40/70 €

La Bergerie, 1,5 km à l'Ouest par D54 et route secondaire – 02 41 78 30 62 – www.latable-bergerie.fr – Fermé 21-29 janvier, 4-20 mars, 5-20 août, lundi, mardi, dimanche soir

CHANCELADE – 24 (Dordogne) → voir Périgueux

CHANDOLAS

✉ 07230 (Ardèche) – Carte régionale n° **2**-A3
Carte Michelin 331-H7

Auberge les Murets

CUISINE TRADITIONNELLE · RUSTIQUE XX Des voûtes et... le terroir ! La cuisine du chef, préparée en toute simplicité, joue agréablement avec la tradition et, l'été, il fait bon s'installer sous le mûrier.

Menu 21/45 € – Carte 28/48 €

D104 – ✆ 04 75 39 08 32 – www.aubergelesmurets.com – Fermé 4-25 janvier, 29 mars-4 avril, 30 novembre-5 décembre, lundi midi, mardi midi

Auberge les Murets

AUBERGE · TRADITIONNEL Les vignes et la nature à perte de vue pour cette jolie ferme cévenole du 18e s., avec ses chambres pimpantes, dont trois plus spacieuses et contemporaines. Le petit-déjeuner pantagruélique propose un buffet de produits locaux. Bel espace détente : sauna, jacuzzi...

10 chambres – 85/110 € – 12 €

D104 – ✆ 04 75 39 08 32 – www.aubergelesmurets.com – Fermé 4-25 janvier, 29 mars-4 avril, 30 novembre-5 décembre

Auberge les Murets – voir la sélection des restaurants

CHANTEMERLE – 05 (Hautes-Alpes) → voir Serre-Chevalier

CHANTILLY

✉ 60500 (Oise) – Carte régionale n° **14**-B3
Carte Michelin 305-F5 – Guide Vert Michelin Île-de-France

La Table du Connétable

CUISINE MODERNE · ÉLÉGANT XXXX Dans cette luxueuse Auberge, Julien Lucas a vite pris ses marques et semble déjà parfaitement épanoui. C'est à un véritable tour d'horizon du terroir picard qu'il nous invite ; raffinement et maîtrise sont ses marques de fabrique, avec ce qu'il faut de créativité – par exemple, l'utilisation judicieuse de légumes dans les desserts ! Attendez-vous à un repas en forme d'expérience, rehaussé par un service irréprochable.

→ Œufs parfumés a la chicorée, au houblon et à la truffe noire. Sandre et champignons de Paris d'Orry-la-Ville. Chocolat grand cru et endive de Picardie

Menu 67 € (déjeuner), 95/175 € – Carte 130/174 €

Auberge du Jeu de Paume, 4 rue du Connétable – ✆ 03 44 65 50 00 – www.aubergedujeudepaumechantilly.fr – Fermé 1er-15 janvier, 3-27 août, lundi, mardi midi, mercredi midi, jeudi midi, dimanche

Le Verbois

CUISINE MODERNE · CONTEMPORAIN XXX Dans la famille Guibet, je demande le fils ! Dans la droite ligne de son père, Guillaume a repris les fourneaux de l'ancien relais de chasse (1886). Portée par les saisons, sa cuisine est créative et astucieuse, parfois franchement portée sur l'Asie (et pour cause, il a fait ses classes chez Kei, à Paris), toujours convaincante. Même dynamisme du côté du décor, entre bois, cuir et métal, d'une grande élégance.

Menu 39 € (déjeuner), 47/85 € – Carte 70/100 €

6 rue la Grande-Folie, D1016 – ✆ 03 44 24 06 22 – www.leverbois.com – Fermé 2-14 janvier, 5-26 août, lundi, dimanche soir

Donatello

CUISINE MODERNE · BISTRO X Au cœur du Dolce Chantilly Resort, ce Donatello continue son bonhomme de chemin... et s'est mis à l'heure de la bistronomie ! Dans un cadre toujours aussi plaisant – mise en place simple, jolie vue sur le golf –, on déguste une cuisine fraîche et bien réalisée, qui évolue au rythme des saisons.

Menu 40 € – Carte 49/61 €

Dolce Chantilly, route d'Apremont, à 3 km – ✆ 03 44 58 47 83 – www.donatello-restaurant.fr – Fermé lundi midi, dimanche

Auberge du Jeu de Paume

LUXE • ÉLÉGANT Beaucoup de raffinement dans ce luxueux établissement en bordure du Domaine de Chantilly, entre les Grandes Écuries et le château. Les chambres spacieuses et à l'élégance classique (avec vue sur la ville ou le parc), les deux restaurants, le spa de 600 m^2... tout est princier.

78 chambres – 250/800 € – 14 suites – 32 €

4 rue du Connétable – 03 44 65 50 00 – www.aubergedujeudepaumechantilly.fr

La Table du Connétable – voir la sélection des restaurants

Dolce Chantilly

BUSINESS • FONCTIONNEL Dans ce resort avec golf, espace détente et salles de séminaire, on se met au vert... Et dans les chambres de ce grand bâtiment d'inspiration classique, spacieuses et modernes, un fil rouge logique vers Chantilly : le cheval.

200 chambres – 185/265 €

route d'Apremont, à 3 km – 03 44 58 47 77 – www.dolcechantilly.com

Donatello – voir la sélection des restaurants

Apremont 6 km au Nord par D606 – 60300

Auberge La Grange aux Loups

CUISINE CLASSIQUE • AUBERGE XX Cette auberge villageoise doit sa renaissance à un couple passionné, qui a complètement rénové les lieux dans une veine contemporaine. Le chef revisite joyeusement les classiques et y met un soin de tous les instants ; ses savoureuses assiettes se dégustent sur la terrasse d'été, aux beaux jours.

Menu 32/99 € – Carte 51/87 €

8 rue du 11-Novembre – 03 44 25 33 79 – www.lagrangeauxloups.com – Fermé 1er-7 janvier, 18-24 février, 15-21 avril, 12 août-1er septembre, lundi, dimanche

à Gouvieux 4 km à l'Ouest par D909 – 60270

Château de la Tour

DEMEURE HISTORIQUE • COSY Pour se mettre au vert pas trop loin de Paris, cette belle demeure du début du 20e s., cachée dans un joli parc de 8 ha, est tout indiquée. À l'intérieur, un salon très "british", avec fauteuil club, bar en bois et billard, et des chambres classiques et spacieuses.

47 chambres – 129/309 €

chemin du Château-de-la-Tour – 03 44 62 38 38 – www.lechateaudelatour.fr

à Montgrésin 5 km au Sud-Est par D924A – 60560

Relais d'Aumale

CUISINE MODERNE • ÉLÉGANT XX La grande salle à manger – une lumineuse véranda au cadre cosy et feutré – n'attend plus que vous ! Vous y dégusterez la cuisine d'un jeune chef bien dans son époque, qui n'oublie jamais ses bases traditionnelles.

Menu 42 €

37 place des Fêtes-Henry-Delaunay – 03 44 54 61 31 – www.relais-aumale.fr – Fermé lundi midi, mardi midi, mercredi midi, jeudi midi, vendredi midi, dimanche

CHAOURCE

10210 (Aube) – Carte régionale n° **11**-B3

Carte Michelin 313-E5 – Guide Vert Michelin Champagne Ardenne

à Maisons-lès-Chaource 6 km au Sud-Est par D34 - ✉ 10210

Aux Maisons

FAMILIAL • CONTEMPORAIN Au centre du village, la même famille tient cet hôtel-restaurant traditionnel depuis quatre générations ! Les chambres sont confortables, fonctionnelles et donnent sur la piscine ou les prairies, où gambadent parfois des chevaux. Le nouvel espace bien-être (jacuzzi, piscine couverte, sauna etc.) est une aubaine pour se détendre.

19 chambres - 93/195 € - 12 €

1 rue des AFN - ✆ 03 25 70 07 19 - www.logis-aux-maisons.com

CHAPAIZE

✉ 71460 (Saône-et-Loire) - Carte régionale n° **5**-C3
Carte Michelin 320-I10 - Guide Vert Michelin Bourgogne

La Table de Chapaize

CUISINE MODERNE • CONTEMPORAIN X L'église romane, bâtie vers l'an mil, est l'une des plus vieilles d'Europe et fait la réputation de ce village... mais elle a de la concurrence. Cette charmante maison, tenue par deux autodidactes, met les produits locaux à l'honneur ; tout est fait maison, y compris les glaces. Et le menu change tous les mois !

Menu 28 € (déjeuner)/35 € - Carte 38/50 €

Le Bourg - ✆ 03 85 38 07 18 - www.latabledechapaize.fr -
Fermé 7 janvier-7 février, 24 juin-1er juillet, 16-26 décembre, lundi, jeudi

LA CHAPELLE-AUX-CHASSES

✉ 03230 (Allier) - Carte régionale n° **1**-C1
Carte Michelin 326-I2

Auberge de la Chapelle aux Chasses

CUISINE MODERNE • AUBERGE XX De cet ancien presbytère, les gourmands ont fait leur repaire ! Dans un cadre rustique, on déguste une appétissante cuisine du moment, qui évolue au gré des saisons : lasagnes de jarret de veau mijoté à la tomate, risotto aux langoustines et asperges... L'été, on profite de la terrasse ouverte sur le jardin.

Menu 24 € (déjeuner), 32/82 € - Carte 38/46 €

Le Bourg - ✆ 04 70 43 44 71 - www.aubergedelachapelleauxchasses.com -
Fermé 1er-11 juillet, 14-31 octobre, mardi, mercredi

LA CHAPELLE-D'ABONDANCE

✉ 74360 (Haute-Savoie) - Carte régionale n° **4**-F1
Carte Michelin 328-N3 - Guide Vert Michelin Alpes du Nord

Les Cornettes

CUISINE TRADITIONNELLE • CLASSIQUE XX Avis aux Pantagruel : le terme "généreux" semble avoir été inventé pour cette adresse, où l'on reprend son souffle, lorsqu'après une entrée à base de charcuteries (jambon cru, saucisson fumé, etc.), arrive la potée savoyarde... La qualité est au rendez-vous, c'est simple et bon, et l'ambiance est rustique à souhait !

Menu 26/48 € - Carte 37/140 €

✆ 04 50 73 50 24 - www.lescornettes.com - Fermé 1er-15 mai,
15 octobre-15 décembre

L'Ensoleillé

CUISINE TRADITIONNELLE • MONTAGNARD XX Cet imposant chalet n'a pas volé son nom : il jouit de l'ensoleillement exceptionnel de la vallée. On y apprécie une bonne cuisine du terroir alpin, revisitée au fil des inspirations du chef. Formule brasserie le midi.

Menu 21 € (déjeuner), 28/44 € - Carte 30/63 €

L'Ensoleillé - ✆ 04 50 73 50 42 - www.hotel-ensoleille.com -
Fermé 22 avril-24 mai, 15 septembre-21 décembre, mardi

Les Gentianettes

CUISINE MODERNE • CONVIVIAL XX La neige, la montagne, l'envie de paresser près de la cheminée autour de jolis plats... Ici, pas d'esbroufe, mais une cuisine traditionnelle pleine de finesse. Et côté carnotzet, honneur aux spécialités savoyardes (pierrade, raclette, fondue, etc.).

Menu 26 € (déjeuner), 39/69 € – Carte 46/85 €

route de Chevenne – 04 50 73 56 46 – www.gentianettes.fr – Fermé 31 mars-27 juin, 7 septembre-18 décembre, lundi midi

Les Cornettes

TRADITIONNEL • MONTAGNARD Une affaire de famille depuis 1894 : cinq générations ont forgé cet hôtel-restaurant plein de vie, qui abrite même un musée savoyard ! Les chambres sont accueillantes et bien tenues, le restaurant honore le terroir local. Une corne d'abondance... Appartements dans le bâtiment annexe.

45 chambres – 150/195 € – 16 €

04 50 73 50 24 – www.lescornettes.com – Fermé 1er-15 mai, 15 octobre-15 décembre

Les Cornettes – voir la sélection des restaurants

Les Gentianettes

FAMILIAL • MONTAGNARD Meubles en sapin sculpté, cloches de vache et objets anciens célébrant la vie montagnarde : ce chalet a du cachet ! Les chambres sont charmantes, bien équipées, et l'accueil et le service sont particulièrement agréables.

34 chambres – 99/299 € – 14 €

route de Chevenne – 04 50 73 56 46 – www.gentianettes.fr – Fermé 31 mars-27 juin, 7 septembre-18 décembre

Les Gentianettes – voir la sélection des restaurants

L'Ensoleillé

FAMILIAL • MONTAGNARD Aux commandes de ce chalet ? Une famille dynamique qui entretient de belles chambres spacieuses, au style contemporain et montagnard ; pour se remettre en forme, on profite d'un hammam et d'une piscine couverte. Un agréable moment !

35 chambres – 105/200 € – 13 €

04 50 73 50 42 – www.hotel-ensoleille.com – Fermé 22 avril-24 mai, 15 septembre-21 décembre

L'Ensoleillé – voir la sélection des restaurants

LA CHAPELLE-DES-MARAIS

44410 (Loire-Atlantique) – Carte régionale n° **23**-A2
Carte Michelin 316-C3 – Guide Vert Michelin Pays de la Loire

Le Penlys

CUISINE TRADITIONNELLE • AUBERGE X De cet ancien "routier" au cœur d'un village de Brière, ses actuels propriétaires ont su faire un petit restaurant sans prétention, mais tout à fait sérieux : on y apprécie des recettes traditionnelles cuisinées sans chichis, dans une ambiance familiale qui va bien au décor, tout simple. Prix raisonnables.

Menu 20 € (déjeuner)/33 €

41 rue de Penlys – 02 40 53 91 44 – www.restaurantlepenlys.com – Fermé 23 décembre-7 janvier, lundi, mardi soir, mercredi soir, jeudi soir, vendredi soir, samedi soir, dimanche soir

Lorsque vous réservez une chambre d'hôtel, veillez à vous en faire préciser le prix et la catégorie. On n'est jamais trop prudent...

LA CHAPELLE-EN-SERVAL

60520 (Oise) – Carte régionale n° **14**-B3

Carte Michelin 305-G6

Mont Royal

DEMEURE HISTORIQUE · GRAND LUXE Ce superbe château de 1909 se dresse au milieu d'un grand parc arboré et s'inspire des édifices du 18e s. Dès l'entrée, hauts plafonds, miroirs et mobilier de style donnent le ton : luxe et raffinement ! Au restaurant L'Opéra, cuisine actuelle et de saison.

102 chambres – 250/400 € – 6 suites – 32 €

allée des Marronniers, 1 km à l'Est par D118, route de Plailly – 03 44 54 50 50 – http://montroyal-chantilly.tiara-hotels.com

LA CHAPELLE-ST-MESMIN - 45 (Loiret) → voir Orléans

LA CHAPELLE-TAILLEFERT - 23 (Creuse) → voir Guéret

CHARBONNIÈRES-LES-BAINS - 69 (Rhône) → voir Lyon

CHARLEVILLE-MÉZIÈRES

08000 (Ardennes) – Carte régionale n° **11**-B1

Carte Michelin 306-K4 – Guide Vert Michelin Champagne Ardenne

La Table d'Arthur R

CUISINE MODERNE · CONVIVIAL Cette table à la mode propose deux formules. Recettes traditionnelles et beaux flacons dans la cave voûtée ; au rez-de-chaussée, bistrot contemporain et grands classiques (tête de veau, steak tartare, etc.). Soirées dégustations mets et vins (500 références). Décontracté et original !

Menu 15 € (déjeuner)/31 € – Carte 27/50 €

9 rue Pierre Bérégovoy – 03 24 57 05 64 – www.latablearthur.fr – Fermé 7-23 avril, 12 août-3 septembre, lundi soir, mercredi soir, dimanche

La Papillote

CUISINE MODERNE · CONTEMPORAIN Tout près de la place Ducale, en face du théâtre, ce restaurant moderne propose une cuisine actuelle, où le terroir occupe une place de choix. Deux suites confortables pour l'étape.

Menu 23 € (déjeuner), 32/59 € – Carte 43/60 €

6 place du Théâtre – 03 24 37 41 34 – www.lapapillote08.fr – Fermé lundi, dimanche soir

Amorini

CUISINE ITALIENNE · SIMPLE Un petit restaurant italien, sur la place Ducale, avec un menu au diapason : antipasti, charcuterie, bonnes pâtes et vins transalpins. Il y a même une petite épicerie ouverte pendant le service ! Une reproduction des fresques de la Villa des Mystères à Pompéi orne les quatre murs de la salle-à-manger.

Carte 23/35 €

46 place Ducale – 03 24 37 48 80 – Fermé 7-22 avril, 28 juillet-20 août, lundi, mardi soir, mercredi soir, jeudi soir, vendredi soir, dimanche

Le Dormeur du Val

URBAIN · DESIGN Ode à la poésie rimbaldienne dans cette ancienne imprimerie... Ici, le design et l'originalité arty sont de mise ; les chambres se font "Rime", "Strophe" ou "Poème".

17 chambres – 72/180 € – 13 €

32 bis rue de la Gravière – 03 24 42 04 30 – www.hotel-dormeur-du-val.com

à Montcy-Notre-Dame 4 km au Nord par D1 – ✉ 08090

L'Auberge du Laminak

CUISINE MODERNE • AUBERGE XX Dans cette charmante auberge en lisière de forêt, le Pays basque – origine du chef – rencontre les beaux produits des Ardennes. Résultat, des recettes savoureuses, maîtrisées, tel ce pigeonneau désossé à l'ancienne, farci au foie gras, spécialité du chef...

Menu 17 € (déjeuner)/30 € – Carte 35/45 €

route de Nouzonville – ✆ 03 24 33 37 55 – www.auberge-ardennes.com – Fermé 15 février-1er mars, 5-31 août, lundi soir, mardi soir, mercredi soir, dimanche

CHARLIEU

✉ 42190 (Loire) – Carte régionale n° **2**-A1

Carte Michelin 327-E3 – Guide Vert Michelin Bourgogne

Relais de l'Abbaye

CUISINE MODERNE • CONTEMPORAIN XX Ce Relais de facture moderne, ouvert sur les prés environnants, est bien ancré dans son terroir. Aux fourneaux, on trouve un chef passionné de beaux produits, qui célèbre la production régionale (andouille de Charlieu, viande charolaise, fromage, etc.) dans des assiettes généreuses et soignées.

Menu 21 € (déjeuner), 32/88 € – Carte 40/75 €

415 route du Beaujolais – ✆ 04 77 60 00 88 – www.relais-abbaye.fr – Fermé 21 décembre-6 janvier

L'Atelier Rongefer

CUISINE MODERNE • CONTEMPORAIN XX Carine et Fabien Gauthier ont su marier l'esprit industriel de cette ancienne usine textile – poutrelles métalliques, verrière zénithale – et le confort d'un intérieur très contemporain : une vraie réussite. On y apprécie toujours une cuisine gastronomique vive et colorée, réglée sur les saisons, avec deux menus par mois.

Menu 19 € (déjeuner), 34/56 €

22 rue Jean-Jaurès – ✆ 04 77 60 01 57 – www.atelierrongefer.fr – Fermé 15-28 février, 15 août-5 septembre, mardi, mercredi, dimanche soir

Relais de l'Abbaye

BUSINESS • CONTEMPORAIN Un hôtel moderne à la sortie de la localité, avec sur l'arrière un grand jardin verdoyant (jeux pour les enfants). Deux générations de chambres coexistent : préférez les plus récentes, même si toutes sont bien tenues. Une bonne étape.

30 chambres – 84/185 € – 13 €

415 route du Beaujolais – ✆ 04 77 60 00 88 – www.relais-abbaye.fr – Fermé 21 décembre-6 janvier

Relais de l'Abbaye – voir la sélection des restaurants

CHARMES

✉ 88130 (Vosges) – Carte régionale n° **12**-C3

Carte Michelin 314-F2

à Chamagne 4 km au Nord par D9 – ✉ 88130

Le Chamagnon

CUISINE MODERNE • CONTEMPORAIN X Dans le village de Claude Gellée dit Le Lorrain, ce bistrot chaleureux propose une cuisine privilégiant le terroir – fricassée de rognons de veau, tournedos de magret, menu truffe ou cèpes, etc. – comme la modernité – sashimis de thon, par exemple. Le point commun de tout cela ? La qualité des produits et de jolis vins !

Menu 13 € (déjeuner), 27/70 € – Carte 41/56 €

236 rue du Patis – ✆ 03 29 38 14 74 – www.lechamagnon.fr – Fermé 8-15 avril, 8-22 juillet, 26 décembre-3 janvier, lundi, mardi soir, mercredi soir, dimanche soir

CHARMES-SUR-RHÔNE

✉ 07800 (Ardèche) – Carte régionale n° **2**–B3
Carte Michelin 331-K4 – Guide Vert Michelin Ardèche Drôme

Le Carré d'Alethius (Olivier Samin)

CUISINE MODERNE • TENDANCE XX Au cœur du village, cette table vit au rythme de la cuisine d'Olivier Samin, jeune chef expérimenté (ancien second d'Anne-Sophie Pic à Valence). Il compose ici une cuisine au gré du marché, avec un sacré sens de l'équilibre : cuissons précises, veloutés et crèmes d'une légèreté aérienne... Carrément délicieux !

→ Boudin blanc à la truffe, sauce madère émulsionnée. L'esprit d'une caillette "retour de chasse" au foie gras et champignons des bois. Coque meringuée pêche et abricot de la vallée de l'Eyrieux, fraîcheur verveine

Menu 32 € (déjeuner), 54/99 €

4 rue Paul-Bertois – ✆ 04 75 78 30 52 – www.lecarredalethius.com – Fermé 1er-9 janvier, 18 février-4 mars, 18 août-2 septembre, lundi, mardi midi, mercredi midi, dimanche soir

CHAROLS

✉ 26450 (Drôme) – Carte régionale n° **2**–B3
Carte Michelin 332-C6

Château les Oliviers de Salettes (N)

DEMEURE HISTORIQUE • COSY Situé en pleine campagne, ce beau château du 16e s. entouré d'un agréable parc arboré, est le lieu idéal pour se ressourcer. Chambres élégantes, accueil charmant et superbe piscine à débordement. Difficile d'en partir...

25 chambres – 99/265 € – 6 suites – 19 €

1205 route du Château, direction Pont de Barret – ✆ 04 75 00 19 30 – www.chateau-lesoliviers.com – Fermé 1er novembre-31 mars

CHAROLLES

✉ 71120 (Saône-et-Loire) – Carte régionale n° **5**–C3
Carte Michelin 320-F11 – Guide Vert Michelin Bourgogne

Frédéric Doucet

CUISINE MODERNE • ÉLÉGANT XXX À force de passion et de travail, le chef a fait entrer de plain-pied cette maison dans le 21e s. On passe un beau moment en sa compagnie : techniques classiques et produits de tradition (dont le bœuf charolais, évidemment) se déclinent ici avec finesse et imagination.

→ Notre beau jardin de légumes de saison. Filet de bœuf en croûte de foin. Baba au rhum

Menu 45/105 € – Carte 95/120 €

Maison Doucet, 2 avenue de la Libération (près de l'église) – ✆ 03 85 24 11 32 – www.maison-doucet.com – Fermé 7-22 janvier, lundi, mardi midi, dimanche soir

Le Bistrot du Quai

CUISINE TRADITIONNELLE • BISTRO X Dans cette nouvelle adresse, située face à la maison mère, de l'autre côté de la rue, le chef propose une cuisine traditionnelle et des viandes cuites à la broche. Menu du jour rythmé par les saisons, et menu charolais, mettant en avant les produits du terroir bourguignon. Terrasse surplombant le cours d'eau.

Menu 26/49 € – Carte 35/70 €

Maison Doucet, 1 avenue de la Libération (près de l'église) – ✆ 03 85 25 51 75 – www.maison-doucet.com – Fermé 16 décembre-7 janvier, dimanche midi

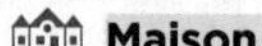

Maison Doucet

LUXE • ÉLÉGANT Cet hôtel-restaurant jouit d'une solide réputation – méritée – dans la région. Les chambres, réparties dans plusieurs maisons, sont spacieuses et résolument contemporaines ; le petit-déjeuner, copieux, permet de découvrir les fromages et charcuteries locales !

18 chambres – 164/384 €

2 avenue de la Libération (près de l'église) – 03 85 24 11 32 – www.maison-doucet.com – Fermé 7-22 janvier

Frédéric Doucet • Le Bistrot du Quai – voir la sélection des restaurants

Le Clos de l'Argolay

MAISON DE MAÎTRE • PERSONNALISÉ Dans la "Petite Venise" charolaise, une belle demeure du 18e s. avec son jardin odorant, ses suites et son duplex rivalisant de charme. Au petit-déjeuner, on se régale du bon chèvre de la fromagerie familiale... quoi de plus bucolique ?

3 chambres – 115/125 €

21 quai de la Poterne – 06 75 25 03 47 – www.closdelargolay.fr – Fermé 1er novembre-31 janvier

CHARROUX

03140 (Allier) – Carte régionale n° **1**-B1

Carte Michelin 326-F5 – Guide Vert Michelin Auvergne

Ferme Saint-Sébastien

CUISINE MODERNE • AUBERGE XX Dans cette authentique ferme bourbonnaise du milieu du 19 e s., entièrement rénovée, il fait bon s'attabler autour des petits plats concoctés par la maîtresse des lieux... On y apprécie une cuisine d'aujourd'hui fleurant bon le terroir. Une bonne adresse.

Menu 27/56 €

chemin du Bourion – 04 70 56 88 83 – www.fermesaintsebastien.fr – Fermé 25 juin-10 juillet, 20 décembre-25 janvier, lundi, mardi, dimanche soir

La Table du Prince

CUISINE MODERNE • AUBERGE X Dans ce beau village médiéval, prenez place à la table du Prince, dans une maison dont les vieilles pierres et le décor racontent cinq siècles d'histoire (13e - 18e s.). On y propose une alléchante cuisine du marché, composée par un chef connaissant son métier sur le bout des doigts.

Menu 33/50 € – Carte 40/75 €

1 rue de la Poulaillerie – 04 70 56 81 36 – www.maison-conde.com – Fermé 1er janvier-17 février, 7-15 octobre, 4 novembre-15 décembre, mercredi, jeudi, dimanche soir

CHARTRES

28000 (Eure-et-Loir) – Carte régionale n° **8**-B1

Carte Michelin 311-E5 – Guide Vert Michelin Île-de-France

Le Georges

CUISINE MODERNE • COSY XXX Cette maison continue d'évoluer avec son temps : dans un décor élégant et feutré, on se régale d'une cuisine bien en phase avec les saisons, nette et précise, au goût du jour – à l'exception du soufflé chaud au Grand Marnier, grand classique toujours à la carte. Justesse des saveurs, qualité de l'exécution : une table synonyme de plaisir.

→ Œuf de poule fermier mollet et glacé d'un jus de veau à l'estragon. Côte de veau de l'Aveyron en croûte de champignons de Paris. Soufflé chaud au Grand Marnier

Menu 56 € (déjeuner), 75/98 € – Carte 72/105 €

Le Grand Monarque, 22 place des Epars – 02 37 18 15 15 – www.monarque.fr – Fermé lundi, dimanche

Le St-Hilaire

CUISINE MODERNE • INTIME XX À deux pas de l'église St-Pierre, cette vieille bâtisse du 16e s. abrite une petite salle moderne et intimiste ; on s'y installe pour goûter la savoureuse cuisine traditionnelle d'un jeune couple, qui célèbre les bons produits régionaux : ris de veau, fromage de la ferme, escargots du Perche... Priorité à la fraîcheur !

Menu 21 € (déjeuner), 31/50 € – Carte 34/50 €

11 rue du Pont St-Hilaire – ✆ 02 37 30 97 57 – www.restaurant-saint-hilaire.fr – Fermé 1er-6 janvier, lundi, dimanche

Le Cloître Gourmand

CUISINE CRÉATIVE • HISTORIQUE X Juste en face du portail Nord de la cathédrale, ce Cloître est une jolie surprise ! Malgré son jeune âge, le chef se montre plein d'assurance : maîtrise des cuissons et des températures, alliances gustatives audacieuses, personnalité de l'ensemble... La salle à manger vaut aussi le coup d'œil, avec son plafond à la française, ses miroirs et ses murs en boiseries du 17e s.

Menu 34 €

21 Cloître Notre-Dame – ✆ 02 37 21 49 13 – www.lecloitregourmand.fr – Fermé lundi, mardi, mercredi midi, jeudi midi, vendredi midi, samedi midi

La Cour du Monarque

CUISINE TRADITIONNELLE • BISTRO X Il faut traverser le hall de l'hôtel du Grand Monarque pour entrer dans sa "Cour", une brasserie cosy très courue des Chartrains... On vient dans cette jolie salle sous verrière pour savourer une bonne cuisine de tradition, basée sur de beaux produits.

Menu 34 € (déjeuner) – Carte 35/55 €

Le Grand Monarque, 22 place des Epars – ✆ 02 37 18 15 07 – www.monarque.fr

Esprit Gourmand

CUISINE TRADITIONNELLE • BISTRO X Dans une petite rue proche de la cathédrale, cet accueillant bistrot, tenu par un couple épanoui et travailleur, a vraiment tout pour plaire. Cuisine traditionnelle à déguster dans le calme de la cour intérieure quand le temps le permet.

Menu 25 € – Carte 30/50 €

6 rue du Cheval-Blanc – ✆ 02 37 36 97 84 – Fermé lundi, mardi, dimanche soir

Le Grand Monarque

SPA ET BIEN-ÊTRE • ÉLÉGANT L'hôtel de tradition par excellence, déjà recommandé par le guide Michelin 1900 ! Chambres spacieuses et élégantes – dont quatre, très cosy, sont installées sous les toits. Un tour au luxueux spa s'impose avant d'aller dîner au Georges.

58 chambres – 149/280 € – 6 suites – 17 €

22 place des Epars – ✆ 02 37 18 15 15 – www.monarque.fr

Le Georges • **La Cour du Monarque** – voir la sélection des restaurants

Jehan de Beauce

URBAIN • ART DÉCO Dans cet hôtel Art déco, situé dans le centre-ville de Chartres, les chambres évoquent l'élégance des années 1930 : tout simplement charmant ! Espace détente et massage au sous-sol.

34 chambres – 108/270 € – 1 suite – 16 €

1 place Pierre-Semard – ✆ 02 37 21 01 41 – www.jehandebeauce.fr

Le Bœuf Couronné

URBAIN • PERSONNALISÉ Existant depuis 1900, tenu par la même famille depuis 1953, cet établissement fait figure d'institution... Les chambres, de style classique, sont confortables et bien tenues ; on commence la soirée au bar avant de profiter du sympathique restaurant !

17 chambres – 77/92 € – 10 €

15 place Châtelet – ✆ 02 37 18 06 06 – www.leboeufcouronne.com – Fermé 23 décembre-6 janvier

LA CHARTRE-SUR-LE-LOIR

✉ 72340 (Sarthe) – Carte régionale n° **23**–D2
Carte Michelin 310-M8 – Guide Vert Michelin Pays de la Loire

Hôtel de France

TRADITIONNEL • PERSONNALISÉ Au bord du Loir, l'un de ces hôtels-restaurants traditionnels bien appréciés des touristes étrangers : il y règne en effet une authentique atmosphère vieille France. Les chambres, toutes rénovées, ne manquent pas de cachet – lits à baldaquin, mobilier chiné...

25 chambres – 91/170 € – 10 €

20 place de la République
– ✆ 02 43 44 40 16 – www.lhoteldefrance.fr –
Fermé 26 décembre-10 janvier

CHASSAGNE-MONTRACHET

✉ 21190 (Côte-d'Or) – Carte régionale n° **5**–A3
Carte Michelin 320-I8

Ed.Em (Édouard Mignot)

CUISINE MODERNE • INTIME XX Ed.Em ? La contraction d'Édouard et Émilie, qui ont investi les locaux de l'ancien restaurant Chassagne. Lui, jeune chef au bon parcours, allie personnalité et subtilité dans de savoureux menus, où la délicatesse est toujours au rendez-vous ; elle, pâtissière, garantit des fins de repas délicieuses. On accourt !

→ Fraîcheur de bourrache, laitue, asperge et truite bio de l'Yonne. Pigeon de Ladoix en croûte d'herbes, caviar d'aubergine à la braise, millefeuille de poivron et basilic. Chocolat en déclinaison, crémeux et glace, croustillant de sésame

Menu 37 € (déjeuner), 65/105 € – Carte 90/110 €

4 impasse Chenevottes
– ✆ 03 80 21 94 94 – www.restaurant-edem.com –
Fermé 25 février-12 mars, lundi, mardi

Château de Chassagne-Montrachet

DEMEURE HISTORIQUE • DESIGN Les amateurs d'œnotourisme se réjouiront de découvrir ce ravissant château (fin 18e s.) et de visiter ses magnifiques caves, datant des 11e et 14e s. Les belles chambres mêlent mobilier design et vieilles pierres ; expositions d'art contemporain dans les salons.

5 chambres – 295 €

5 rue du Château – ✆ 03 80 21 98 57 –
www.chateaudechassagnemontrachet.com

CHASSELAY

✉ 69380 (Rhône) – Carte régionale n° **3**–E1
Carte Michelin 327-H4

Guy Lassausaie

CUISINE MODERNE • ÉLÉGANT XXXX Ce restaurant a été créée en 1906 par l'arrière-grand-père du chef, du temps où l'on jouait aux boules à côté de la maison, entre deux services... Aujourd'hui, Guy Lassausaie revisite les classiques à sa façon, et les accompagne d'une solide carte des vins.

→ Salade de homard, champignons et artichaut. Suprême de volaille de Bresse farci de la cuisse, morilles et sauce champagne. Poire de Chasselay pochée, riz au lait, tuile au curcuma et glace vanille

Menu 72/120 € – Carte 81/107 €

rue de Belle-Sise
– ✆ 04 78 47 62 59 – www.guy-lassausaie.com –
Fermé mardi, mercredi

CHASTELLUX-SUR-CURE – 89 (Yonne) → voir Avallon

CHÂTEAU-ARNOUX-ST-AUBAN

✉ 04160 (Alpes-de-Haute-Provence) – Carte régionale n° **24**–C2
Carte Michelin 334-E8 – Guide Vert Michelin Alpes du Sud

✿ La Bonne Étape (Jany Gleize)

CUISINE PROVENÇALE • ÉLÉGANT XXX On y apprécie une partition classique, à la croisée de la tradition gastronomique française et des incontournables de la cuisine provençale. Le cadre – belle interprétation bourgeoise du répertoire local – ajoute à l'agrément du moment.

→ Fleur de courgette farcie. Agneau de Sisteron rôti à feu d'enfer, jus à la sarriette. Crème glacée au miel de lavande dans sa ruche

Menu 35 € (déjeuner), 75/115 € – Carte 80/100 €

Chemin du Lac – ✆ 04 92 64 00 09 – www.bonneetape.com –
Fermé 2 janvier-13 février, lundi, mardi

Au Goût du Jour

CUISINE PROVENÇALE • VINTAGE X Ne cherchez pas des plats particulièrement au goût du jour… Ici, le chef réalise une goûteuse cuisine du terroir. Dans l'assiette, les produits du marché et du jardin défilent au gré des saisons. Cadre tout en simplicité, aux couleurs de la Provence.

Carte 25/40 €

14 avenue du Général-de-Gaulle – ✆ 04 92 64 48 48 –
www.bonneetape.com/bistrot.html – Fermé 2 janvier-13 février

La Bonne Étape

FAMILIAL • CLASSIQUE Comment ne pas tomber sous le charme de cette demeure du 18e s. qui fleure bon la Provence ? Un beau jardin fleuri, un grand potager bio, des chambres spacieuses, du mobilier d'époque : une Bonne Étape dont on ne veut repartir !

18 chambres – 176/540 € – 24 €

Chemin du Lac – ✆ 04 92 64 00 09 – www.bonneetape.com –
Fermé 2 janvier-13 février

✿ **La Bonne Étape** – voir la sélection des restaurants

CHÂTEAUBERNARD – 16 (Charente) → voir Cognac

CHÂTEAUBOURG

✉ 35220 (Ille-et-Vilaine) – Carte régionale n° **7**–D2
Carte Michelin 309-N6

Ar Milin' - Le Restaurant Panoramique

CUISINE TRADITIONNELLE • DESIGN X Dans cet ancien moulin, on profite d'une vue panoramique sur la Vilaine et l'immense parc. Vous passerez devant la cuisine ouverte avant de rejoindre une salle au cadre moderne et coloré, cohabitant avec de vieilles poutres. Le menu change tous les mois.

Menu 29/39 € – Carte 30/45 €

Ar Milin', 30 rue de Paris – ✆ 02 99 00 30 91 – www.armilin.com –
Fermé 23 décembre-2 janvier, lundi, dimanche soir

Ar Milin'

TRADITIONNEL • À LA CAMPAGNE Un authentique moulin en pierre du 19e s., un parc immense où sont disséminées de monumentales œuvres d'art contemporain… et des chambres cosy réparties dans deux bâtiments (préférez cependant celles du moulin) : une douce idée de la tranquillité !

32 chambres – 100/220 € – 13 €

30 rue de Paris – ✆ 02 99 00 30 91 – www.armilin.com –
Fermé 22 décembre-1er janvier

Ar Milin' - Le Restaurant Panoramique – voir la sélection des restaurants

CHÂTEAU-CHALON

✉ 39210 (Jura) – Carte régionale n° **6**–B3

Carte Michelin 321-D6 – Guide Vert Michelin Franche-Comté Jura

Le Relais des Abbesses

FAMILIAL • PERSONNALISÉ Les propriétaires ont craqué pour cette maison de village surplombant les vignes et la vallée. Les chambres, baptisées Agnès, Marguerite et Eugénie offrent une superbe vue sur la Bresse ; Violette fait les yeux doux à Château-Chalon… Du cachet !

5 chambres – 80/105 €

36 rue de la Roche – ✆ 03 84 44 98 56 – www.relais-des-abbesses.fr – Fermé 15 novembre-11 mars

LE CHÂTEAU D'OLÉRON – 17 (Charente-Maritime) ➜ voir Île d'Oléron

CHÂTEAU-D'OLONNE – 85 (Vendée) ➜ voir Sables-d'Olonne

CHÂTEAUDUN

✉ 28200 (Eure-et-Loir) – Carte régionale n° **8**–B2

Carte Michelin 311-D7 – Guide Vert Michelin Châteaux de la Loire

Aux Trois Pastoureaux

CUISINE TRADITIONNELLE • CLASSIQUE XX Si Jean-François Lucchese est un ancien pâtissier, il se définit surtout comme un "artisan du goût", soucieux des associations d'ingrédients, des cuissons et des assaisonnements. Ses recettes pétillent de saveurs ! Le "menu médiéval" plonge droit dans la tradition…

Menu 32/54 € – Carte 40/66 €

31 rue André-Gillet – ✆ 02 37 45 74 40 – www.aux-trois-pastoureaux.fr – Fermé 28 juillet-20 août, lundi, mardi midi, dimanche

Entre Beauce et Perche

URBAIN • CONTEMPORAIN Entre Beauce et Perche en effet, voilà un hôtel sobre et engageant. Les chambres sont claires et fonctionnelles ; préférez celles situées côté jardin. L'ensemble convient à une étape touristique ou un voyage d'affaires. Bon point, le parking sécurisé.

65 chambres – 71/105 € – 10 €

9 la Varenne Hodier, 3 km au Nord par route de Chartres N10 – ✆ 02 37 66 30 00 – www.hotelchateaudunlogis.fr

CHÂTEAUFORT – 78 (Yvelines) ➜ voir Autour de Paris

CHÂTEAU-GONTIER

✉ 53200 (Mayenne) – Carte régionale n° **23**–C1

Carte Michelin 310-E8 – Guide Vert Michelin Pays de la Loire

Maison Marsollier "Le Veau d'Or" Ⓝ

CUISINE MODERNE • CONTEMPORAIN XXX Cette table propose une cuisine au goût du jour, fraîche et enlevée. Les produits sont choisis avec soin, les assiettes savoureuses. Ne manquez sous aucun prétexte la tête de veau, que le chef décline comme un véritable plat gastronomique (le Paris-Brest revisité vaut aussi le détour!). Une bien jolie découverte.

Menu 24 € (déjeuner)/45 €

Parc Saint-Fiacre – ✆ 02 43 07 28 65 – Fermé 2-9 janvier, 1er-9 août, lundi, mardi soir, mercredi soir, jeudi soir, dimanche soir

Parc Hôtel & Spa

FAMILIAL • PERSONNALISÉ Cette maison de maître du 19e s., entourée d'un parc arboré, propose des chambres classiques, mansardées au dernier étage (plus petites et modernes dans l'annexe). On profite de l'espace détente avec jacuzzi, hammam, fitness, salle de massage et piscine chauffée.

20 chambres - 85/155 € - 1 suite - 12 €

46 avenue Joffre, au Sud par N162 - 02 43 07 28 41 - www.parchotel.fr - Fermé 1er-6 janvier, 8-24 février

à Azé 2,6 km au Sud-Est par D22 - 53200

Le Prieuré

CUISINE ACTUELLE • CONTEMPORAIN XX C'est au centre d'un sympathique village, en périphérie de Château Gontier, que le gourmet dégourdi découvre cet ancien prieuré du 11e s., au cadre bucolique. La belle terrasse donne sur un jardin. En toile de fond la Mayenne, et dans l'assiette, une cuisine fraîche et soignée finit d'emporter l'enthousiasme.

Menu 16 € (déjeuner), 26/55 €

1 rue du Prieuré - 02 43 12 83 43 - www.restaurantleprieure.fr - Fermé lundi, mercredi soir, dimanche soir

CHÂTEAUMEILLANT

18370 (Cher) - Carte régionale n° **8**-C3
Carte Michelin 323-J7 - Guide Vert Michelin Limousin Berry

La Goutte Noire

CUISINE MODERNE • CONVIVIAL XX Du nom du ruisseau qui coule dans le village, cette table ne manque pas d'attraits : une grande véranda très lumineuse, une cuisine qui explore le terroir avec goût et générosité (bons vins et fromages régionaux) et un accueil délicat.

Menu 14 € (déjeuner), 26/48 € - Carte 49/78 €

21 rue du Château - 02 48 96 98 87 - www.la-goutte-noire.fr - Fermé 2-18 janvier, lundi, dimanche soir

CHÂTEAUNEUF-DE-GADAGNE

84470 (Vaucluse) - Carte régionale n° **25**-E1
Carte Michelin 84-C10

La Maison de Celou

CUISINE MODERNE • COSY X Cette Maison, perchée sur les remparts du vieux village, incarne à merveille les douceurs provençales... et pour cause ! Un jeune chef talentueux y compose des assiettes enlevées, savoureuses : suprême de pintade, farce fine et gratin de macaronis ; sole meunière ; crêpe Suzette flambée en salle, devant vos yeux...

Menu 21 € (déjeuner), 32/45 € - Carte 40/70 €

impasse de l'Alouette - Portail du Thor - 04 90 16 08 61 - www.lamaisondecelou.com - Fermé 1er-28 février, lundi, dimanche soir

CHÂTEAUNEUF-DU-PAPE

84230 (Vaucluse) - Carte régionale n° **25**-E1
Carte Michelin 332-B9 - Guide Vert Michelin Provence

Le Verger des Papes

CUISINE PROVENÇALE • RUSTIQUE X Belle situation pour ce restaurant adossé aux remparts du château et dont la terrasse réserve une vue à couper le souffle. La cuisine provençale est à l'honneur : biscuit de saumon cru bio mariné à l'huile d'olive, côte de taureau de Camargue grillée, vacherin au citron... Bons produits et vins de la vallée du Rhône.

Menu 23 € (déjeuner)/34 € - Carte 45/60 €

2 rue du Château - 04 90 83 50 40 - www.vergerdespapes.com - Fermé 21 décembre-5 mars, lundi, dimanche soir

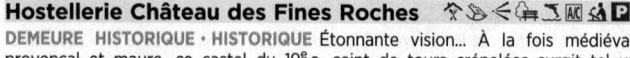

Hostellerie Château des Fines Roches

DEMEURE HISTORIQUE • HISTORIQUE Étonnante vision... À la fois médiéval, provençal et maure, ce castel du 19e s. ceint de tours crénelées surgit tel un mirage au milieu du fameux vignoble ! Un lieu raffiné, propice – si l'on souhaite – à une certaine fantaisie.

11 chambres – 129/384 € – 19 €

1901 route de Sorgues et voie privée – 04 90 83 70 23 – www.chateaufinesroches.com

CHÂTEAUNEUF-VILLEVIEILLE

06390 (Alpes-Maritimes) – Carte régionale n° **24**-D2
Carte Michelin 341-E5

La Parare

MAISON DE CAMPAGNE • PERSONNALISÉ Une superbe bergerie du 17e s., isolée parmi les oliviers et restaurée par un couple polyglotte : Sydney est franco-hollandais et Karin, suédoise ! Déco façon campagne chic, avec de discrètes touches asiatiques ; petite piscine et grand jardin pour flâner.

4 chambres – 140/190 €

67 Calade du Pastre – 04 93 79 22 62 – www.laparare.com – Fermé 9 novembre-12 février

CHÂTEAUROUX

36000 (Indre) – Carte régionale n° **8**-C3
Carte Michelin 323-G6 – Guide Vert Michelin Limousin Berry

Jeux 2 Goûts

CUISINE MODERNE • ÉLÉGANT XX Bien implanté dans sa région natale après plusieurs années passées dans de belles maisons parisiennes, Christophe Marchais chatouille les papilles de Châteauroux. Il prépare des assiettes goûteuses et créatives, stimulé par un lieu chargé d'histoire. La meilleure table de la ville.

Menu 26/50 € – Carte 33/48 €

40 rue Grande – 02 54 27 66 28 – www.jeux2gouts.fr – Fermé 9-25 février, 5-26 août, lundi, dimanche

Le Bistrot Gourmand

CUISINE TRADITIONNELLE • ÉPURÉ X Au cœur de la vieille ville, un restaurant au décor moderne, où l'on va comme en voisin, pour profiter, à prix justes, d'une côte de bœuf limousin, de rognons de veau ou de profiteroles au chocolat. La tradition est respectée, le goût au rendez-vous ! Aux beaux jours, direction le patio fleuri, sur l'arrière.

Menu 18 € (déjeuner), 26/35 € – Carte 30/65 €

10 rue du Marché – 02 54 07 86 98 – www.lebistrotgourmand36.com – Fermé lundi, dimanche

Le P'tit Bouchon

CUISINE TRADITIONNELLE • RUSTIQUE X On apprécie son bon rapport qualité-prix, sa chaleur (le décor fourmille d'objets hétéroclites) et... ses propriétaires, grands épicuriens : le patron conseille les vins et, en cuisine, le fiston fait mijoter de jolis petits plats bistrotiers.

Menu 19 € (déjeuner), 27/32 € – Carte 25/35 €

64 rue Grande – 02 54 61 50 40 – www.leptitbouchon.fr – Fermé 5-26 août, lundi, dimanche

Élysée Hôtel

URBAIN • PERSONNALISÉ En plein centre-ville, à deux pas des commerces et des restaurants, cet hôtel familial du début de siècle (où officiait jadis Jean Bardet) propose des chambres modernes et bien équipées, un espace bien-être et un roof-top. Au petit-déjeuner, produits bio et confitures maison.

16 chambres – 89/128 € – 10 €

2 rue de la République – 02 54 22 33 66 – www.elysee-hotel-chateauroux.com

CHÂTEAU-SUR-ALLIER

✉ 03320 (Allier) – Carte régionale n° **1**-B1
Carte Michelin 326-F2

Château Saint-Augustin

DEMEURE HISTORIQUE • PERSONNALISÉ Imaginez un cerf passant sous vos fenêtres… Dans ce château classé de 1730, au cœur d'une forêt de 1 000 ha, la nature n'a pas perdu ses droits. Dans les chambres, on se repose parmi les meubles d'époque et les tableaux de valeur. À table, on apprécie les produits du potager, mis en exergue par la cuisine traditionnelle et régionale. Une adresse historique et authentique.

4 chambres – 145/220 € – 2 suites – 13 €

St-Augustin, 4 km à l'Est par D13 et route secondaire – ✆ 04 70 66 42 01 – www.chateau-saint-augustin.fr – Fermé 1er janvier-15 mars

CHÂTEAU-THÉBAUD

✉ 44690 (Loire-Atlantique) – Carte régionale n° **23**-B2
Carte Michelin 316-H5

Auberge La Gaillotière

CUISINE TRADITIONNELLE • RUSTIQUE XX Pour un tête-à-tête avec le vignoble nantais… Les alignements de ceps viennent presque caresser les murs de cet ancien chai ! Anjou, muscadet, bourgueil, etc. : le Val de Loire est aussi à l'honneur à la carte. Quant à la cuisine, du terroir, généreuse et soignée, elle finit de convertir aux bienfaits de la région.

Menu 14 € (déjeuner), 23/29 €

route de Vertou, La Gaillotière – ✆ 02 28 21 31 16 – www.auberge-la-gaillotiere.fr – Fermé 18 février-11 mars, 28 juillet-19 août, lundi, dimanche

CHÂTEL

✉ 74390 (Haute-Savoie) – Carte régionale n° **4**-F1
Carte Michelin 328-O3 – Guide Vert Michelin Alpes du Nord

Le Vieux Four

CUISINE TRADITIONNELLE • RUSTIQUE XX Rustique et chaleureuse, cette vieille ferme (1852) joue la carte de l'authenticité et ravit ses hôtes. On admire les figurines nichées dans les mangeoires de l'étable, tout en se régalant de petits plats savoyards ou d'une cuisine plus actuelle.

Menu 27/52 € – Carte 29/60 €

55 route du Boude – ✆ 04 50 73 30 56 – Fermé 7 avril-14 juin, 8 septembre-6 décembre, lundi

La Poya

CUISINE TRADITIONNELLE • MONTAGNARD X La Poya ? C'est le nom de ces peintures locales représentant la montée des troupeaux aux alpages. Situé au cœur de la station, ce restaurant propose de savoureuses recettes traditionnelles où les produits du terroir jouent les stars. Une bonne adresse pour reprendre des forces après quelques descentes !

Menu 36/56 € – Carte 44/74 €

196 route de Vonnes – ✆ 04 50 81 19 34 – www.lapoya.fr

Macchi

TRADITIONNEL • MONTAGNARD Derrière une jolie façade arborant des fresques tyroliennes, un hôtel charmant dont les chambres portent le nom de grands champions de ski alpin. Beau spa indien, piscine couverte… Cosy, élégant et dépaysant !

28 chambres – 300/600 € – 18 €

94 chemin de l'Etringa – ✆ 04 50 73 24 12 – www.hotelmacchi.com – Fermé 20 avril-20 mai, 20 septembre-15 décembre

Fleur de Neige

TRADITIONNEL • MONTAGNARD En haut de la station, un hôtel dans l'esprit chalet bucolique des années 1960... Certaines chambres ont été décorées dans un style contemporain plutôt réussi. On profite pleinement de l'espace balnéo avec piscine, sauna et hammam, et d'une bonne cuisine traditionnelle au restaurant.

23 chambres – 110/300 € – 16 €

564 route de Vonnes – 04 50 73 20 10 – www.hotel-fleurdeneige.fr – Fermé 22 avril-14 juin, 27 octobre-19 décembre

CHÂTELAILLON-PLAGE

17340 (Charente-Maritime) – Carte régionale n° **20**-A2

Carte Michelin 324-D3 – Guide Vert Michelin Poitou-Charentes

Les Flots

CUISINE MODERNE • BISTRO Une jolie maison bleu et blanc (1890) face à la plage. Deux options ici : le bistrot d'autrefois, plein de charme, et le bistrot contemporain avec sa somptueuse vue sur... les Flots ! Quel que soit votre choix, vous vous régalerez d'une bonne cuisine marine, faisant la part belle aux produits de saison et à la pêche locale.

Menu 30 € – Carte 30/60 €

52 boulevard de la Mer – 05 46 56 23 42 – www.les-flots.fr – Fermé mardi

Gaya - Cuisine de Bords de Mer

POISSONS ET FRUITS DE MER • DESIGN Un excellent repas autour de produits de la mer d'une fraîcheur et d'une qualité irréprochables. La carte est longue, les plats sont généreux, et l'esprit créatif de Pierre Gagnaire n'est jamais très loin...

Menu 49/85 € – Carte 50/95 €

La Grande Terrasse Mgallery, à la Falaise, 1,5 km – 05 46 56 54 30 – www.la-grande-terrasse.com

La Grande Terrasse Mgallery

SPA ET BIEN-ÊTRE • CONTEMPORAIN Un superbe vaisseau à l'architecture contemporaine, qui surplombe la mer et laisse, au loin, deviner l'île de Ré. Les chambres, spacieuses, revisitent l'esprit des années 1950 à la sauce contemporaine : l'ensemble ne manque pas de classe.

72 chambres – 150/650 € – 25 €

à la Falaise,1,5 km – 05 46 56 14 14 – www.la-grande-terrasse.com

Gaya - Cuisine de Bords de Mer – voir la sélection des restaurants

Les Flots

FAMILIAL • FONCTIONNEL Sur le front de mer, cet hôtel datant du 19e s., tenu en famille, a fait sa mue en 2015 : il accueille désormais de nouvelles chambres contemporaines et fonctionnelles, dont la plupart sont tournées vers l'océan. Agréable !

23 chambres – 89/319 € – 14 €

52 boulevard de la Mer – 05 46 56 23 42 – www.les-flots.fr

Les Flots – voir la sélection des restaurants

CHÂTELLERAULT

86100 (Vienne) – Carte régionale n° **20**-C1

Carte Michelin 322-J4 – Guide Vert Michelin Poitou-Charentes

La Gourmandine

MAISON DE MAÎTRE • COSY Tout près du centre-ville, en retrait d'une avenue, cette maison de maître de 1905 nous accueille dans des chambres cosy et feutrées, décorées par thèmes : la Chinoise, la Boudoir, la Romance, la Baroque... Un établissement qui ne manque pas de cachet.

13 chambres – 108/158 € – 14 €

22 avenue du Président-Wilson – 05 49 21 05 85 – www.la-gourmandine.com

CHÂTILLON - 92 (Hauts-de-Seine) ➜ voir Autour de Paris

CHÂTILLON-EN-BAZOIS

✉ 58110 (Nièvre) – Carte régionale n° **5**-B2

Carte Michelin 319-E9

à Alluy 3 km au Sud-Ouest par D978 et D10 – ✉ 58110

La Grangée

CUISINE MODERNE • AUBERGE Originaire (et amoureux !) de la région, le chef Girard a transformé cette auberge communale à sa main. Il y met en avant la production locale (Charolais du Bourbonnais, légumes bio de Rouy, pintades de Vandenesse) et la cueillette, qu'il pratique lui-même le weekend : baies sauvages, herbes... Une réussite.

Menu 39 €

Le bourg – ✆ 03 86 76 11 56 – www.restaurantlagrangee.com – Fermé lundi, mardi, dimanche soir

CHÂTILLON-LE-DUC - 25 (Doubs) ➜ voir Besançon

CHÂTILLON-SUR-CHALARONNE

✉ 01400 (Ain) – Carte régionale n° **3**-E1

Carte Michelin 328-C4 – Guide Vert Michelin Lyon et sa région

La Tour

CUISINE TRADITIONNELLE • CHIC Derrière une belle façade à colombages, on s'installe dans un décor "classieux" et cosy, où les bibelots abondent. Dans l'assiette, volaille de Bresse aux morilles, noix de ris de veau doré au sautoir, vol-au-vent et ris de veau marquent les esprits des gourmets de passage...

Menu 49 € – Carte 55/80 €

place de la République – ✆ 04 74 55 05 12 – www.hotel-latour.com – Fermé 2-23 janvier, lundi, dimanche soir

La Tour

HISTORIQUE • PERSONNALISÉ Charme et confort caractérisent cette superbe demeure du 14e s., dont le style oscille entre cabinet de curiosités et esprit déco : tissus choisis, ciels de lit, objets chinés, salles de bains parfois ouvertes, etc. L'accueil est professionnel et chaleureux. Une jolie adresse pour découvrir la Dombes et ses mille étangs...

32 chambres – 109/205 € – 12 €

place de la République – ✆ 04 74 55 05 12 – www.hotel-latour.com – Fermé 2-23 janvier

La Tour – voir la sélection des restaurants

à l'Abergement-Clémenciat 5 km au Nord-Ouest par D7 et D64^{C} – ✉ 01400

St-Lazare

CUISINE MODERNE • ÉLÉGANT Cette maison est dans la famille depuis 1899 ! Aujourd'hui, père et fils cuisinent à quatre mains. Pas de carte mais un menu changeant à base de produits frais, à apprécier dans la lumineuse salle à manger. Et dans l'ancienne Épicerie de la grand-mère, on sert des formules rapides le midi... Sans omettre la terrasse ouverte sur un jardin méditerranéen !

Menu 29/85 €

le Bourg – ✆ 04 74 24 00 23 – www.lesaintlazare.fr – Fermé 22 décembre-6 janvier, mardi, mercredi, dimanche soir

CHÂTILLON-SUR-INDRE

✉ 36700 (Indre) – Carte régionale n° **8**–B3
Carte Michelin 323-D5 – Guide Vert Michelin Limousin Berry

Auberge de la Tour

CUISINE TRADITIONNELLE • AUBERGE Ici, un chef artisan réalise une cuisine traditionnelle, revue au goût du jour. Parmi les incontournables : foie gras, souris d'agneau, Paris-Brest, le tout, agrémenté de gentillesse ! A déguster dans l'une des deux salles rustiques ou sur la belle terrasse, à l'été.

Menu 17/40 € – Carte 22/54 €

2 route du Blanc – ✆ 02 54 38 44 20 – www.auberge-de-la-tour36.fr – Fermé 2-16 janvier, 16-30 septembre, lundi, dimanche soir

La Poignardière

DEMEURE HISTORIQUE • CLASSIQUE Certaines demeures distillent un charme indéfinissable. Est-ce la promenade en barque sur l'étang, la beauté des arbres centenaires ou l'élégance sobre de cette demeure 1900 ? Est-ce la piscine intérieure, le hammam flambant neuf ? Sans doute un peu tout cela...

5 chambres – 110/125 €

Domaine de la Poignardière, 3 km au Nord et à l'Est par D975 et D28 direction Le Tranger et route secondaire – ✆ 02 54 38 78 14 – www.lapoignardiere.fr – Fermé 20-30 décembre

LA CHÂTRE

✉ 36400 (Indre) – Carte régionale n° **8**–C3
Carte Michelin 323-H7 – Guide Vert Michelin Limousin Berry

À l'Escargot

CUISINE TRADITIONNELLE • RUSTIQUE Pour la petite histoire, les parents de George Sand se seraient connus dans cet ancien relais de poste des 15e-16e s. Auraient-ils succombé à la sympathique cuisine traditionnelle qu'on y sert aujourd'hui, et la sobriété toute rustique de la décoration ? Certainement !

Menu 36/41 €

place du Marché – ✆ 02 54 48 03 85 – www.auberge-escargot.com – Fermé 17 février-4 mars, 19 août-9 septembre, lundi, dimanche soir

à Pouligny-Notre-Dame 12 km au Sud par D940 – ✉ 36160

Les Dryades

SPA ET BIEN-ÊTRE • CONTEMPORAIN Dans la mythologie grecque, les dryades étaient les nymphes protectrices de la forêt... Un nom tout trouvé pour ce bel hôtel contemporain donnant sur un golf 18 trous très verdoyant. Tons clairs et apaisants dans les chambres, spa très agréable.

80 chambres – 89/139 € – 5 suites

28 rue du Golf – ✆ 02 54 06 60 60 – www.les-dryades.fr

CHAUDES-AIGUES

✉ 15110 (Cantal) – Carte régionale n° **1**–B3
Carte Michelin 330-G5 – Guide Vert Michelin Auvergne

Serge Vieira

CUISINE CRÉATIVE • DESIGN Deux étoiles pour un chef dont le père était ouvrier Michelin : voilà un beau pied-de-nez au destin ! Natif de Clermont-Ferrand, Serge Vieira se destinait à une carrière de dessinateur industriel, avant de se réorienter vers la cuisine. Bonne pioche : après avoir observé et appris dans des maisons de renom (Dominique Robert, Régis Marcon), il remporte le Bocuse d'Or en 2005.

Avec son épouse Marie-Aude, Tourangelle talentueuse et multicarte (aussi à l'aise en direction de salle qu'en sommellerie, dont elle est diplômée), il ouvre en 2009 son restaurant gastronomique à Chaudes-Aigues. Un vaisseau contemporain – pierre, fer et verre – niché dans une forteresse médiévale, avec une vue à 360° sur les alentours.

Incontestablement, il joue dans la cour des grands. Avec des assiettes diablement créatives, élaborées au quart de poil, toujours savamment composées. "Ma cuisine n'est pas simple, elle est technique et artistique", clame-t-il, et il faut bien lui donner raison... en précisant que ce n'est jamais au détriment du goût. Ah, une dernière chose : les plus fatigués d'entre vous pourront même réserver une chambre, avec vue imprenable sur les monts du Cantal.

→ Truite fario étuvée au chou, fricassée de champignons et jus d'oignon caramélisé. Pintade fermière, mousserons, jeunes légumes et jus perlé à l'huile de noisette sauvage. Myrtilles à l'anis vert, gavotte à la vergeoise et pannacotta chocolat et citron vert

Menu 92/155 €

Le Couffour, 2,5 km au Sud par route de Rodez (D921) - ✆ 04 71 20 73 85 - www.sergevieira.com - Fermé 3 décembre-5 avril, mardi, mercredi

Sodade

CUISINE MODERNE · DESIGN X Sodade, c'est une chanson de Cesária Évora, et un clin d'œil aux origines portugaises de Serge Vieira, propriétaire des lieux. Le chef, Aurélien Gransagne, signe une cuisine impeccable, simple et savoureuse, à déguster dans une grande salle à manger design ou sur la terrasse qui donne sur le ruisseau... Réjouissant.

Menu 32 € - Carte 42/50 €

21 avenue du Président-Georges-Pompidou - ✆ 04 71 60 10 23 - www.hotelsodade.com/fr - Fermé 15 décembre-15 mars, lundi, mardi

CHAUMONT

52000 (Haute-Marne) - Carte régionale n° **11**-C3
Carte Michelin 313-K5 - Guide Vert Michelin Champagne Ardenne

Les Remparts

FAMILIAL · CENTRAL En face d'un joli parc, des chambres confortables, agencées dans plusieurs immeubles, entièrement rénovés. Un côté "labyrinthe" qui fait le charme du lieu... À noter aussi, un petit salon et un bar où il fait bon siroter un cocktail.

17 chambres - 89/128 € - 13 €

72 rue de Verdun - ✆ 03 25 32 64 40 - www.hotel-les-remparts.fr - Fermé 29 avril-12 mai, 12-18 août, 23 décembre-6 janvier

CHAUMOUSEY - 88 (Vosges) → voir Épinal

CHAUSSENAC

15700 (Cantal) - Carte régionale n° **1**-A3
Carte Michelin 330-B3

La Fournio

FAMILIAL · TRADITIONNEL Cette maison appartenait à la grand-mère du propriétaire. La voilà qui revit, décorée dans un charmant style maison de campagne (poutres, meubles de famille, objets chinés). Un lieu délicieux, parfait pour un week-end en amoureux.

3 chambres - 80/100 €

Escladines - ✆ 04 71 69 02 68 - www.lafournio.fr

CHAVAGNAC

15300 (Cantal) - Carte régionale n° **1**-B3
Carte Michelin 330-F4

Instants d'Absolu

TRADITIONNEL · PERSONNALISÉ Cet hôtel-restaurant, "écolodge" du bout du monde, cultive une vraie façon de vivre : ici, pas de téléphone ni de télévision, mais un observatoire ornithologique et un jacuzzi extérieur, face au lac. Les chambres n'utilisent que des matériaux bruts (bois, cuir, pierre). Espace bien-être, sauna et hammam.

11 chambres - 166/206 € - 1 suite - 16 €

Le Lac du Pêcher - ✆ 04 71 20 83 09 - ecolodge-france.com - Fermé 3 mars-20 avril

CHAVIGNOL – 18 (Cher) → voir Sancerre

CHAZELLES-SUR-LYON

✉ 42140 (Loire) – Carte régionale n° **2**-A2

Carte Michelin 327-F6 – Guide Vert Michelin Lyon et sa région

✿ Château Blanchard (Sylvain Roux)

CUISINE MODERNE • ÉLÉGANT XXX Cette belle demeure bourgeoise des années 1920 a de faux airs de Renaissance italienne. Le chef Sylvain Roux propose une savoureuse cuisine de saison servie dans une élégante salle à manger. Belle carte des vins, conseils judicieux de Frédéric, le frère du chef. Et pour compléter le tout, quelques chambres pour l'étape.

→ Cuisine du marché

Menu 30 € (déjeuner), 55/92 € – Carte 57/92 €

36 route de St-Galmier – ✆ 04 77 54 28 88 – www.hotel-chateau-blanchard.com – Fermé 15 février-6 mars, 5-31 août, lundi, dimanche

CHAZEY-SUR-AIN

✉ 01150 (Ain) – Carte régionale n° **2**-B1

Carte Michelin 328-E5

Les Chalets de Maramour

TRADITIONNEL • À LA CAMPAGNE Un ensemble original à deux pas du parc du Cheval Rhône-Alpes : dix petits chalets en rondins de bois, tous équipés de kitchenettes et d'une petite terrasse, et recouverts d'un toit végétal. À l'intérieur, le décor est contemporain et sobre, et l'on est au calme : un bon plan !

10 chambres – 71/110 € – 10 €

Le Luizard, 3 km au Sud par D62 et route secondaire – ✆ 04 74 38 89 68 – www.hotelmaramour.com – Fermé 22-29 décembre

à Ste-Julie 2 km au Sud-Est par D40 – ✉ 01150

Les Chambres de la Renaissance

DEMEURE HISTORIQUE • CONTEMPORAIN Blotti à côté de l'église, ce beau château du 12e s. aux allures de maison d'hôtes abrite des chambres confortables, au design moderne. Les anciennes écuries ont été joliment aménagées. Renaissance assurée après une bonne nuit de sommeil !

21 chambres – 80/160 € – 10 €

montée de l'Église – ✆ 04 74 37 13 07 – www.leschambresdelarenaissance.com

CHECY

✉ 45430 (Loiret) – Carte régionale n° **8**-C2

Carte Michelin 318-J4 – Guide Vert Michelin Châteaux de la Loire

Le Week-End

CUISINE MODERNE • CONVIVIAL XX Poisson en arrivage direct des Sables-d'Olonne, viande de Sologne, légumes de maraîchers locaux : la maison porte une vraie attention à la qualité des produits et sait les mettre en valeur ! Mention spéciale pour le beau plateau de fromages et la carte des vins, notamment du Val de Loire (dégustations et ventes à la cave).

Menu 27 € (déjeuner), 38/65 €

1 place du Cloître – ✆ 02 38 86 84 93 – www.restaurant-leweekend.com – Fermé lundi, mardi, dimanche soir

CHÉDIGNY

✉ 37310 (Indre-et-Loire) – Carte régionale n° **8**-B2

Carte Michelin 317-O5

Le Clos aux Roses

CUISINE MODERNE • AUBERGE X Il y a quelque chose d'apaisant, de rassérénant, à passer quelques heures dans cette jolie maison en pierre. La raison à cela ? La cuisine de la chef, Armelle Krause, basée sur de bons produits – laitages et volailles de producteurs locaux, par exemple – mais aussi l'emplacement du restaurant : en plein cœur d'un village fleuri qui n'a rien à envier à Giverny...

Menu 32/44 € – Carte 47/60 €

2 rue du Lavoir – ✆ 02 47 92 20 29 – www.leclosauxroses.com – Fermé 12-18 août, mardi, mercredi, dimanche soir

CHÉNÉRAILLES

✉ 23130 (Creuse) – Carte régionale n° **19**–C1
Carte Michelin 325-K4 – Guide Vert Michelin Limousin Berry

Le Coq d'Or

CUISINE MODERNE • FAMILIAL XX Une déco très... coquette, et pour cause : on trouve ici moults coqs rapportés des quatre coins du monde par les clients. Dans l'assiette ? Une cuisine fine et maîtrisée, alliant saveurs du terroir et créativité.

Menu 24/55 € – Carte 37/60 €

7 place du Champ-de-Foire – ✆ 05 55 62 30 83 – www.restaurant-coqdor-23.com – Fermé 1er-22 janvier, 23 juin-4 juillet, 22 septembre-3 octobre, lundi, mardi soir, mercredi soir, dimanche soir

CHENONCEAUX

✉ 37150 (Indre-et-Loire) – Carte régionale n° **8**–A1
Carte Michelin 317-P5 – Guide Vert Michelin Châteaux de la Loire

Auberge du Bon Laboureur

CUISINE TRADITIONNELLE • ÉLÉGANT XXX Cette table creuse un sillon fertile : celui du produit et des saisons. Le chef signe une solide cuisine à l'ancienne, sagement modernisée, que l'on accompagne d'un joli choix de vins. Un repas agréable, dans un cadre qui l'est tout autant.

Menu 32 € (déjeuner), 59/115 € – Carte 65/120 €

6 rue du Docteur-Bretonneau – ✆ 02 47 23 90 02 – www.bonlaboureur.com – Fermé 3 janvier-13 février, 11 novembre-20 décembre, mardi midi

Auberge du Bon Laboureur

MAISON DE CAMPAGNE • COSY Près du "château des Dames", un véritable hameau de jolies maisonnettes couvertes de vigne vierge : chaque chambre y distille un charme particulier, comme si tout un pittoresque village se faisait demeure de famille... avec, pour couronner le tout, une belle piscine chauffée et un spa.

22 chambres – 159/475 € – 6 suites – 19 €

6 rue Docteur-Bretonneau – ✆ 02 47 23 90 02 – www.bonlaboureur.com – Fermé 5 janvier-13 février, 11 novembre-20 décembre

Auberge du Bon Laboureur – voir la sélection des restaurants

CHENÔVE – 21 (Côte-d'Or) ➜ voir Dijon

CHERBOURG-EN-COTENTIN

✉ 50100 (Manche) – Carte régionale n° **17**–A1
Carte Michelin 303-C2 – Guide Vert Michelin Normandie Cotentin

Le Pily (Pierre Marion)

CUISINE CRÉATIVE • TENDANCE XX "Pily" ou Pierre en cuisine et Lydie en salle... Une histoire d'initiales, mais surtout une grande complicité : ce jeune couple a créé une jolie table contemporaine, entièrement dévouée au goût. La carte est conçue au plus près des saisons ; elle évolue tous les mois et met en avant les petits producteurs et pêcheurs locaux.

➜ Cuisine du marché

Menu 47/116 €

39 Grande-Rue – ✆ 02 33 10 19 29 – www.le-pily.com – Fermé 7-13 janvier, 2-26 septembre, lundi midi, dimanche soir

Le Vauban

CUISINE MODERNE • TENDANCE XX Géré par un couple accueillant et dynamique, le Vauban propose des recettes bien dans l'air du temps, pleines de saveurs : légumes du maraîcher, viandes locales et produits de la mer sont cuisinés avec soin par le chef ; son épouse, en salle, assure le service avec gentillesse et dynamisme. On passe un excellent moment.

Menu 24/49 € – Carte 36/62 €

22 quai Caligny – ✆ 02 33 43 10 11 – www.levauban-cherbourg.fr – Fermé 18 février-8 mars, 2-7 septembre, lundi, samedi midi, dimanche soir

Le Patio

CUISINE DU MARCHÉ • BISTRO X En plein cœur de la ville, on découvre le travail d'un jeune chef autodidacte et amoureux du bon produit ! Il nous régale de jolies recettes traditionnelles (tartare de saumon, belles pièces de bœuf, millefeuille) réalisées dans les règles de l'art. Ajoutez à cela un bon rapport qualité-prix, vous obtenez une table tout à fait recommandable.

Menu 22 € (déjeuner)/30 €

5 rue Christine – ✆ 02 33 52 49 10 – www.restaurant-lepatio-cherbourg.fr – Fermé 15-21 avril, 29 juillet-19 août, 24 décembre-1er janvier, lundi, dimanche

Le Pommier

CUISINE TRADITIONNELLE • TENDANCE X Original et cosy : le décor de ce Pommier très contemporain séduit... Bien installé sur une banquette, on déguste une bonne cuisine au goût du jour, avec quelques suggestions à l'ardoise. Terrasse sur la rue.

Menu 26/32 €

15 bis rue Notre-Dame – ✆ 02 33 53 54 60 – Fermé lundi, dimanche

Mercure

HÔTEL DE CHAÎNE • CONTEMPORAIN Grande structure de verre et d'acier installée sur le port. Les chambres sont modernes et spacieuses, et on profite du fitness, d'un bar et d'un restaurant.

94 chambres – 97/153 € – 17 €

13 quai de l'Entrepôt – ✆ 02 33 44 01 11 – www.mercure.com

Chantereyne

URBAIN • FONCTIONNEL Tout près du port, un hôtel contemporain de très bonne facture. Les chambres se révèlent aussi confortables que fonctionnelles, et la salle de petit-déjeuner donne sur un petit jardin.

50 chambres – 55/95 € – 9 €

rue de la Brigantine (port Chantereyne) – ✆ 02 33 93 02 20 – www.hotelchantereyne.com

CHERISY

CHERISY – 28 (Eure-et-Loir) → voir Dreux

CHEVAGNES

✉ 03230 (Allier) – Carte régionale n° **1**-C1
Carte Michelin 326-I3

Le Goût des Choses

CUISINE TRADITIONNELLE • COLORÉ XX Venez donc vous abriter dans cette jolie salle lumineuse ! Dans l'assiette, la cuisine mêle tradition et modernité ; le patron met un point d'honneur à travailler de bons produits locaux. Et en cas de grosse fatigue, deux belles chambres d'hôtes vous tendent les bras.

Menu 28/65 € – Carte 43/62 €

12 route Nationale – ✆ 04 70 43 11 12 – www.legoutdeschoses-03.com – Fermé 23 janvier-6 février, lundi, mardi, dimanche soir

CHEVERNY – 41 (Loir-et-Cher) → voir Cour-Cheverny

CHEVREUSE – 78 (Yvelines) → voir Autour de Paris

CHILLEURS-AUX-BOIS

✉ 45170 (Loiret) – Carte régionale n° **8**-C2
Carte Michelin 318-J3

Le Lancelot

CUISINE MODERNE • COSY XX Au centre du village, cette accueillante maison fleurie avec jardin et terrasse – et une belle collection de rosiers – est un véritable havre de tranquillité ! La patronne propose ses créations personnelles, avec une spécialité qui met l'eau à la bouche : le pithiviers fondant, coulis de fruits rouges, pistache...

Menu 29 € (déjeuner), 32/78 € – Carte 39/80 €

12 rue des Déportés – ✆ 02 38 32 91 15 – www.restaurantlelancelot.com – Fermé 18-25 février, 5-27 août, lundi, mardi soir, mercredi soir

CHINAILLON – 74 (Haute-Savoie) → voir Grand-Bornand

CHINON

✉ 37500 (Indre-et-Loire) – Carte régionale n° **8**-A3
Carte Michelin 317-K6 – Guide Vert Michelin Châteaux de la Loire

Au Chapeau Rouge

CUISINE DU TERROIR • CLASSIQUE XX Chapeau Rouge, comme celui que portaient les cochers des messageries royales. Le château de Chinon est, en effet, tout proche de ce restaurant devant lequel murmure une fontaine. On y déguste une belle cuisine fidèle aux saisons, avec des produits du terroir triés sur le volet. Menu truffe en hiver.

Menu 24/43 €

49 place du Général-de-Gaulle – ✆ 02 47 98 08 08 – www.auchapeaurouge.fr – Fermé 18 février-4 mars, 21 octobre-3 novembre, lundi, mardi midi, dimanche soir

Les Années Trente

CUISINE MODERNE • ROMANTIQUE XX Ne vous fiez pas au nom de cet établissement ! Ici, point d'esprit années 1930 mais un décor chaleureux : tuffeau, poutres et même une cheminée... Les gourmands y apprécient une appétissante cuisine centrée sur les produits frais. Terrasse pour les beaux jours.

Menu 27/47 € – Carte 45/57 €

78 rue Haute-Saint-Maurice – ✆ 02 47 93 37 18 – www.lesannees30.com – Fermé 4-29 juin, mardi, mercredi

L'Océanic

POISSONS ET FRUITS DE MER • CONVIVIAL XX Le vent de l'Océan souffle jusqu'à Chinon ! Comme l'enseigne l'indique, les produits de la mer sont ici à l'honneur. En cuisine, le chef prépare des poissons très frais, y ajoutant un zeste d'originalité. En saison, les menus homard, et Saint-Jacques, sont les spécialités maison. Bon rapport qualité-prix.

Menu 29/44 € – Carte 42/94 €

13 rue Rabelais – ✆ 02 47 93 44 55 – www.loceanic-chinon.com – Fermé 1er-8 janvier, 11-26 mars, 2-9 septembre, lundi, dimanche

Hôtel de France

TRADITIONNEL • CONTEMPORAIN Dans ces deux maisons mitoyennes du 16e s., près du centre historique, les chambres sont confortables et certaines donnent sur le château. Jolie terrasse intérieure.

28 chambres – 👫89/139 € – 3 suites – ☕ 13 €

47 place du Général-de-Gaulle – ✆ 02 47 93 33 91 – www.bestwestern.com – Fermé 23 décembre-6 janvier

à Marçay 9 km au Sud et D116 – ✉ 37500

La Table de Marçay

CUISINE MODERNE • CLASSIQUE XX On accède au château par une allée privée et la silhouette de ses tours transporte dans un roman de l'amour courtois. Le cadre est élégant et chaleureux, la cuisine empreinte de jolies saveurs et... auréolée de vins de Loire, bien sûr. Formule bistrot à midi.

Menu 25 € (déjeuner), 39/46 € – Carte 51/60 €

Château de Marçay, route du Château – ✆ 02 47 93 03 47 – www.chateaudemarcay.com – Fermé 7 janvier-7 février, mardi, mercredi midi

Château de Marçay

DEMEURE HISTORIQUE • ÉLÉGANT De nobles tours rondes, une belle pierre blanche... ce château des 12e-15e s. a fière allure ! Tout autour : le calme d'un grand parc et des vignes (dégustations), en face desquelles se dresse une annexe. Centre équestre depuis peu... pour un séjour à l'image de la région.

28 chambres – ††139/269 € – 4 suites – ☕ 19 €

route du Château – ✆ 02 47 93 03 47 – www.chateaudemarcay.com – Fermé 7 janvier-7 février

La Table de Marçay – voir la sélection des restaurants

CHISSAY-EN-TOURAINE – 41 (Loir-et-Cher) ➜ voir Montrichard

CHISSEAUX

✉ 37150 (Indre-et-Loire) – Carte régionale n° **8**-A1

Carte Michelin 317-P5

Auberge du Cheval Rouge

CUISINE TRADITIONNELLE • CLASSIQUE XX Noble nom que celui de cette auberge située sur la route des châteaux de la Loire. La cuisine est occupée par un chef au beau parcours, qui signe des recettes appétissantes : terrine de pied de porc au foie gras, bouillon crémeux de homard et langoustines... sans oublier des desserts très soignés – cela n'a rien d'un hasard, il est pâtissier de formation !

Menu 32/50 € – Carte 50/61 €

30 rue Nationale – ✆ 02 47 23 86 67 – www.auberge-duchevalrouge.com – Fermé 2-9 janvier, 5-27 février, mardi, mercredi

CHOLET

✉ 49300 (Maine-et-Loire) – Carte régionale n° **23**-B2

Carte Michelin 317-D6 – Guide Vert Michelin Pays de la Loire

L'Ourdissoir

CUISINE MODERNE • INTIME X De beaux murs en pierre, témoins du travail des tisserands de la ville du mouchoir. Le chef propose un menu découverte selon son inspiration et les propositions du marché.

Menu 22 € (déjeuner), 32/54 € – Carte 16/25 €

36 rue Saint-Bonaventure – ✆ 02 41 58 55 18 – lourdissoir.com – Fermé 27 juillet-20 août, 31 décembre-10 janvier, lundi, dimanche

La Grange

CUISINE MODERNE • AUBERGE XX Côté pile, l'image d'Épinal, les poutres apparentes et la cheminée qui rappellent l'ancienne ferme du pays. Côté face, des touches de couleur, de l'épure et du design, bref : la modernité ! À cheval sur tout cela, bien en équilibre : la savoureuse cuisine du chef, inspirée et respectueuse des saisons.

Menu 20 € (déjeuner), 25/60 € – Carte 19/49 €

64 rue de St-Antoine – ✆ 02 41 62 09 83 – www.lagrangecholet.fr – Fermé lundi, mercredi soir, dimanche soir

Le Pouce Pied

CUISINE TRADITIONNELLE • SIMPLE Un restaurant de poche un peu excentré, où les tables sont décorées de pouces-pieds ! La cuisine est alléchante et gorgée de saveurs, le tout à prix raisonnable.

Menu 20 € (déjeuner), 33/38 €

1 rue du Lait-de-Beurre – 02 41 58 50 03 – www.lepoucepied.com – Fermé 2-8 janvier, 17-25 juin, 16 août-3 septembre, lundi, samedi midi, dimanche soir

Mercure

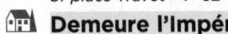

HÔTEL DE CHAÎNE • PERSONNALISÉ Sur la place centrale de Cholet, en cœur de ville, cet hôtel contemporain sis dans un ancien théâtre propose des chambres familiales confortables et un bon petit-déjeuner, façon buffet. Parking public, à deux pas.

68 chambres – 80/200 € – 2 suites – 15 €

81 place Travot – 02 41 29 40 25 – www.hotel-mercure-cholet.com

Demeure l'Impériale

HÔTEL PARTICULIER • PERSONNALISÉ Accueil charmant dans cet hôtel particulier de 1860. Chambres lumineuses (fleurs, linge luxueux, parquet). Petit-déjeuner sous une verrière avec confiture et gâteaux maison.

4 chambres – 75/150 €

28 rue Nationale – 02 41 58 84 84 – www.demeure-imperiale.com – Fermé 4-18 août

à Maulévrier 13 km au Sud-Est et D20 – 49360

Château Colbert

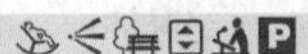

CUISINE MODERNE • ROMANTIQUE Quelle allure ! Au sein de ce beau château classique, les hauts plafonds et les lustres en cristal Grand Siècle rehaussent encore l'expérience gastronomique. Le chef signe une cuisine actuelle bien maîtrisée, inspirée par le terroir et les légumes du potager...

Menu 24 € (déjeuner), 32/80 €

place du Château – 02 41 55 51 33 – www.chateaucolbert.com – Fermé 6-22 avril, 22 décembre-24 février, dimanche soir

Château Colbert

DEMEURE HISTORIQUE • ÉLÉGANT Ce château du 17e s. veille jalousement sur ses chambres meublées d'ancien. Celles du 1er étage sont magnifiques et donnent sur un splendide jardin japonais. Une belle manière de prolonger le rêve...

20 chambres – 97/180 € – 1 suite – 12 €

place du Château – 02 41 55 51 33 – www.chateaucolbert.com – Fermé 6-22 avril, 22 décembre-24 février

Château Colbert – voir la sélection des restaurants

CHONAS-L'AMBALLAN – 38 (Isère) → voir Vienne

CHOREY-LÈS-BEAUNE – 21 (Côte-d'Or) → voir Beaune

CHORGES

05230 (Hautes-Alpes) – Carte régionale n° **24**-C1
Carte Michelin 334-F5 – Guide Vert Michelin Alpes du Sud

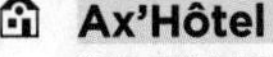

Ax'Hôtel

SPA ET BIEN-ÊTRE • DESIGN Né en 2010, un édifice entièrement habillé de bois clair, au calme, près de Gap. La décoration est contemporaine, rehaussée d'illustrations évoquant les beautés naturelles – à l'unisson des montagnes environnantes. Le superbe spa ajoute à l'intérêt de l'établissement, unique dans la région.

39 chambres – 89/119 € – 13 €

ZA La Grande-Ile – 04 92 21 45 17 – www.ax-hotel.com

CIBOURE – 64 (Pyrénées-Atlantiques) → voir St-Jean-de-Luz

CIEURAC - 46 (Lot) ➜ voir Cahors

LA CIOTAT

✉ 13600 (Bouches-du-Rhône) - Carte régionale n° **24**-B3

Carte Michelin 340-I6 - Guide Vert Michelin Provence

Vieux Port

BUSINESS • CONTEMPORAIN La Ciotat – dont la gare est entrée dans l'histoire en 1895 grâce à Louis Lumière – peut aussi s'enorgueillir de sa baie, de ses calanques et... de son hôtel du Vieux Port ! Des chambres spacieuses avec balcon, une piscine (avec jacuzzi) sur le toit, offrant une vue imprenable sur la mer : que demander de plus ?

62 chambres - 99/450 € - 1 suite - 16 €

252 quai François-Mitterrand - ✆ 04 42 04 00 00 - www.bestwestern-laciotat.com

au Liouquet 6 km à l'Est par D559 (route de Bandol) - ✉ 13600

La Table de Nans (Nans Gaillard)

CUISINE MÉDITERRANÉENNE • ÉPURÉ XX Nans Gaillard, enfant du pays et jeune chef exigeant, avait un rêve de gamin : ouvrir son adresse à la Ciotat, au bord de l'eau. C'est chose faite ! Sa cuisine, d'une très belle facture et fort savoureuse, rappelle qu'il a fait ses armes chez les grands. Depuis la terrasse, on se délecte devant les flots bleus : divin...

➜ Carabinero marinée aux agrumes et pomme de terre charlotte. Homard bleu aux pâtes stracci toscani à la truffe d'été. Entremets noisette du Piémont, chocolat et yuzu

Menu 49 € (déjeuner), 80/105 € - Carte 85/108 €

4 place Victor-Dedieu - ✆ 04 42 83 11 06 - www.latabledenans.com - Fermé 16-31 janvier, 13-28 novembre, mercredi, jeudi, dimanche soir

Roche Belle

CUISINE PROVENÇALE • RUSTIQUE X Dans un chaleureux cadre provençal, une maisonnette couverte de vigne vierge et sa terrasse plantée d'oliviers. La cuisine est goûteuse, ensoleillée, et fleure bon le Midi.

Menu 22 € (déjeuner)/37 € - Carte 48/60 €

Corniche du Liouquet - ✆ 04 42 71 47 60 - www.roche-belle.fr - Fermé 18 février-11 mars, 22 octobre-5 novembre, lundi, dimanche

CLAIREFONTAINE-EN-YVELINES

✉ 78120 (Yvelines) - Carte régionale n° **15**-A2

Carte Michelin 311-H4

Les Terrasses de Clairefontaine

CUISINE MODERNE • CONTEMPORAIN XXX Situé au cœur de la Vallée de Chevreuse et de la forêt de Rambouillet, ce restaurant en bordure de l'étang de Clairefontaine propose une chaleureuse cuisine au goût du jour, avec une prédisposition (en saison) pour les truffes et les gibiers, et une jolie vue sur l'étang (en toutes saisons...).

Menu 55 € - Carte 80/95 €

1 rue de Rambouillet - ✆ 01 30 59 19 19 - www.lesterrassesdeclairefontaine.com - Fermé lundi, mardi, dimanche soir

CLAMECY

✉ 58500 (Nièvre) - Carte régionale n° **5**-B2

Carte Michelin 319-E7 - Guide Vert Michelin Bourgogne

Angélus

CUISINE MODERNE • BISTRO X Une maison à colombages au pied de l'église. On y savoure une bonne cuisine résolument centrée sur le produit (les fournisseurs sont choisis avec soin), à l'image de ce paleron de charolais fondant et sa crème légère à la moutarde. Aux beaux jours, on profite de la jolie terrasse.

Menu 25/38 € – Carte 40/61 €

11 place Saint-Jean – ✆ 03 86 27 33 98 – www.restaurantlangelus.com – Fermé 18 février-3 mars, 28 octobre-10 novembre, 25 décembre-2 janvier, lundi, mercredi soir, dimanche soir

Deux Pièces Cuisine

CUISINE MODERNE • ROMANTIQUE X Une véritable petite bonbonnière dont l'origine remonte à 1396, où se côtoient bibelots, oursons et même coucou suisse... L'âme cosy des lieux a conquis la clientèle locale. Cuisine actuelle.

Menu 19 € (déjeuner)/22 €

7 rue de la Monnaie – ✆ 03 86 27 25 07 – www.2pieces-cuisine.fr – Fermé 15 novembre-15 mars

CLARA

CLARA – 66 (Pyrénées-Orientales) → voir Prades

LES CLAUX

LES CLAUX – 05 (Hautes-Alpes) → voir Vars

CLÉCY

✉ 14570 (Calvados) – Carte régionale n° **17**-B2

Carte Michelin 303-J6 – Guide Vert Michelin Normandie Cotentin

Au Site Normand

CUISINE MODERNE • COSY XX Le chef, sympathique et professionnel, revisite ici la tradition avec maîtrise, au rythme des saisons et du marché. Ses menus surprise se dégustent dans une salle à manger cosy qui ne manque pas de cachet : poutres peintes, cheminée... Service charmant.

Menu 25/67 €

2 rue des Chatelets – ✆ 02 31 69 71 05 – www.hotel-clecy.com – Fermé 28 juillet-7 août, 15 décembre-25 janvier, lundi, dimanche

Au Site Normand

TRADITIONNEL • CONTEMPORAIN C'est l'histoire d'un enfant du pays qui désirait ouvrir un hôtel-restaurant à son image : charmant et accueillant. Voilà qui est chose faite ! Les chambres, joliment rénovées dans un style moderne, se révèlent également confortables.

16 chambres – 85/125 € – 12 €

2 rue des Chatelets – ✆ 02 31 69 71 05 – www.hotel-clecy.com – Fermé 22 décembre-26 janvier

Au Site Normand – voir la sélection des restaurants

CLÈRES

✉ 76690 (Seine-Maritime) – Carte régionale n° **17**-D1

Carte Michelin 304-G4 – Guide Vert Michelin Normandie Vallée de la Seine

Auberge du Moulin

CUISINE MODERNE • COSY XX Une sympathique auberge tournée vers un vieux moulin, bordé par une petite rivière dont le cours est ponctué de cressonnières. On prend plaisir à déguster la cuisine dans l'air du temps concoctée par Marc Halbourg, qui valorise joliment marée et terroir normands.

Menu 32/53 € – Carte 42/64 €

36 rue des Moulins-du-Tot – ✆ 02 35 33 62 76 – www.aubergedumoulin.org – Fermé 18 août-7 septembre, lundi, mardi, dimanche soir

à Frichemesnil 4 km au Nord-Est par D6 et D100 – ✉ 76690

✿ Au Souper Fin (Eric Buisset)

CUISINE MODERNE • ÉLÉGANT XX Des mariages de saveurs réfléchis et flatteurs, des produits de qualité, très frais, beaucoup de soin... L'enseigne ne ment pas et c'est logique, tant le chef et son épouse veillent à satisfaire toujours davantage leurs clients ! Cette excellente adresse propose aussi de jolies petites chambres... pour rester un jour de plus ?

→ Langoustines, mousseline de cresson et émulsion au vinaigre d'agrumes. Côte de veau au vin jaune et aux morilles. Millefeuille à la vanille Bourbon

Menu 36 € (déjeuner), 52/60 € – Carte 60/80 €

1 route des Clères – ✆ 02 35 33 33 88 – www.souperfin.fr – Fermé 5-30 août, 24 décembre-3 janvier, mercredi, jeudi, dimanche soir

CLERMONT

✉ 60600 (Oise) – Carte régionale n° **14**–B2

Carte Michelin 305-F4

à Étouy 7 km au Nord-Ouest par D151 – ✉ 60600

✿ L'Orée de la Forêt (Nicolas Leclercq)

CUISINE MODERNE • ÉLÉGANT XXX Une belle demeure bourgeoise de la fin du 19e s., dans un paisible parc arboré. L'intérieur, feutré et élégant, ne laisse pas de séduire ; le grand potager approvisionne la table en légumes frais. Il en résulte une belle cuisine, aux saveurs franches et harmonieuses.

→ Assiette comme dans un jardin, cromesquis d'œuf. Pigeonneau rôti au barbecue et légumes du potager. Millefeuille vanillé

Menu 60/120 € – Carte 100/120 €

255 rue de la Forêt – ✆ 03 44 51 65 18 – www.loreedelaforet.fr – Fermé 2-13 janvier, 19 juillet-21 août, vendredi, samedi midi, dimanche soir

Ch. Martin/Getty Images

ON AIME...

Se laisser guider par les improvisations créatives et "volcaniques" du chef Emmanuel Hebrard, à **L'Ostal**. Ajouter à cela **Un Grain de Saveur,** au cœur de la vieille ville, pour sa cuisine du marché qui fait mouche. Se réjouir d'une carte sans cesse renouvelée au **Bistrot d'à Côté**. S'enivrer du cadre art déco au **Radio**. Ou se laisser tenter par **Polypode**, le dernier né des bistrots contemporains.

CLERMONT-FERRAND

✉ 63000 (Puy-de-Dôme) – Carte régionale n° **1**-B2
Carte Michelin 326-F8 – Guide Vert Michelin Auvergne

Restaurants

✿✿ Le Pré - Xavier Beaudiment

CUISINE CRÉATIVE • ÉLÉGANT XXX "L'Auvergne que je veux vous présenter est celle que nous allons cueillir chaque matin sur nos montagnes, dans nos prés et nos forêts". Ce qui est plaisant chez Xavier Beaudiment, originaire de la région, c'est que ses professions de foi ne sont pas boniments. Le Pré, à Clermont-Ferrand, c'est la quintessence de la simplicité – on y dîne de cochon, d'œuf ou de petits pois. Pas forcément des produits qui en mettent plein la bouche ! Mais ils sont sculptés avec une technicité époustouflante : laissez-vous bercer par une cuisine de l'instinct, au gré de menus poétiques – "Parfums des prés", "Printemps dans nos montagnes". Sans oublier la complicité, mesdames et messieurs, des 200 plantes ou herbes sauvages qui grandissent à l'abri des volcans, et d'escargots des murailles, servis dans un jus au tilleul de cueillette. Xavier Beaudiment ? Une raison suffisante pour visiter Clermont-Ferrand.

→ Escargots des murailles, jus au tilleul de cueillette. Truite, courgette et sabayon à la berce. Rhubarbe et rumex des prés glaçée

Menu 39 € (déjeuner), 79/149 €

Plan : A2-f – *route de la Baraque* – ✆ *04 73 19 25 00* – *www.restaurant-lepre.com* – *Fermé 1er-8 janvier, lundi, mardi, dimanche soir*

✿ Apicius (Arkadiusz Zuchmanski)

CUISINE MODERNE • ÉPURÉ XXX Au cœur de la ville, à l'étage du marché Saint-Pierre, ce restaurant chic n'a pas sacrifié le goût à l'originalité du lieu : les produits, nobles, sont toujours rendus dans leur vérité. Au déjeuner, chariot de viandes et découpe en salle par le chef. A déguster sur la grande terrasse, l'été venu !

→ Saint-Jacques en marinade de citron vert, huile d'olive et poivre timut. Lièvre à la royale, gnocchis à la truffe. Confidentiel pour chocophiles

Menu 39 € (déjeuner), 69/117 € – Carte 85/120 €

Plan : F2-b – *place du Marché-Saint-Pierre (à l'étage)* – ✆ *04 73 91 13 61* – *www.apicius-clermont.com* – *Fermé lundi, dimanche*

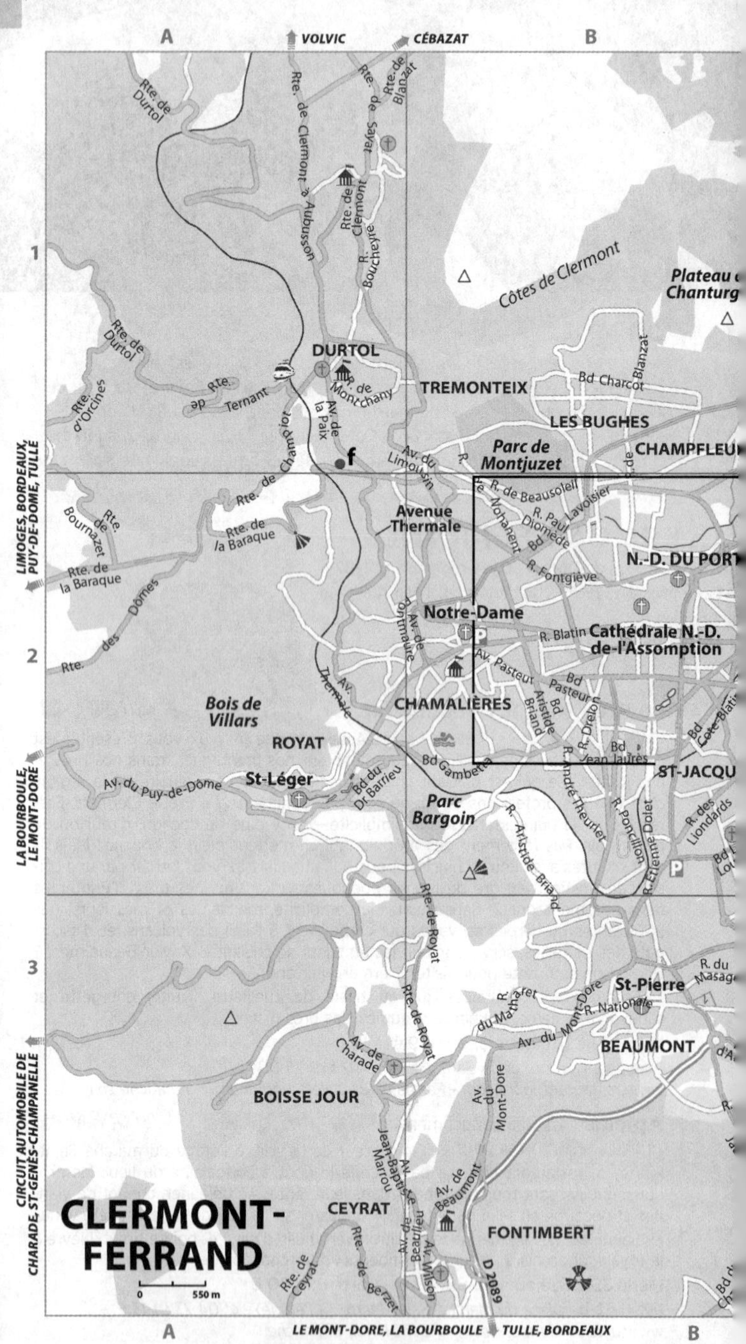

CLERMONT-FERRAND
VOLVIC
CÉBAZAT
LIMOGES, BORDEAUX, PUY-DE-DÔME, TULLE
LA BOURBOULE, LE MONT-DORE
CIRCUIT AUTOMOBILE DE CHARADE, ST-GENÈS-CHAMPANELLE
LE MONT-DORE, LA BOURBOULE
TULLE, BORDEAUX
DURTOL
TREMONTEIX
LES BUGHES
CHAMPFLEU
Parc de Montjuzet
Côtes de Clermont
Plateau de Chanturg
Avenue Thermale
N.-D. DU PORT
Notre-Dame
Cathédrale N.-D. de-l'Assomption
CHAMALIÈRES
Bois de Villars
ROYAT
St-Léger
Parc Bargoin
ST-JACQU
St-Pierre
BEAUMONT
BOISSE JOUR
CEYRAT
FONTIMBERT
D 2089
0 550 m

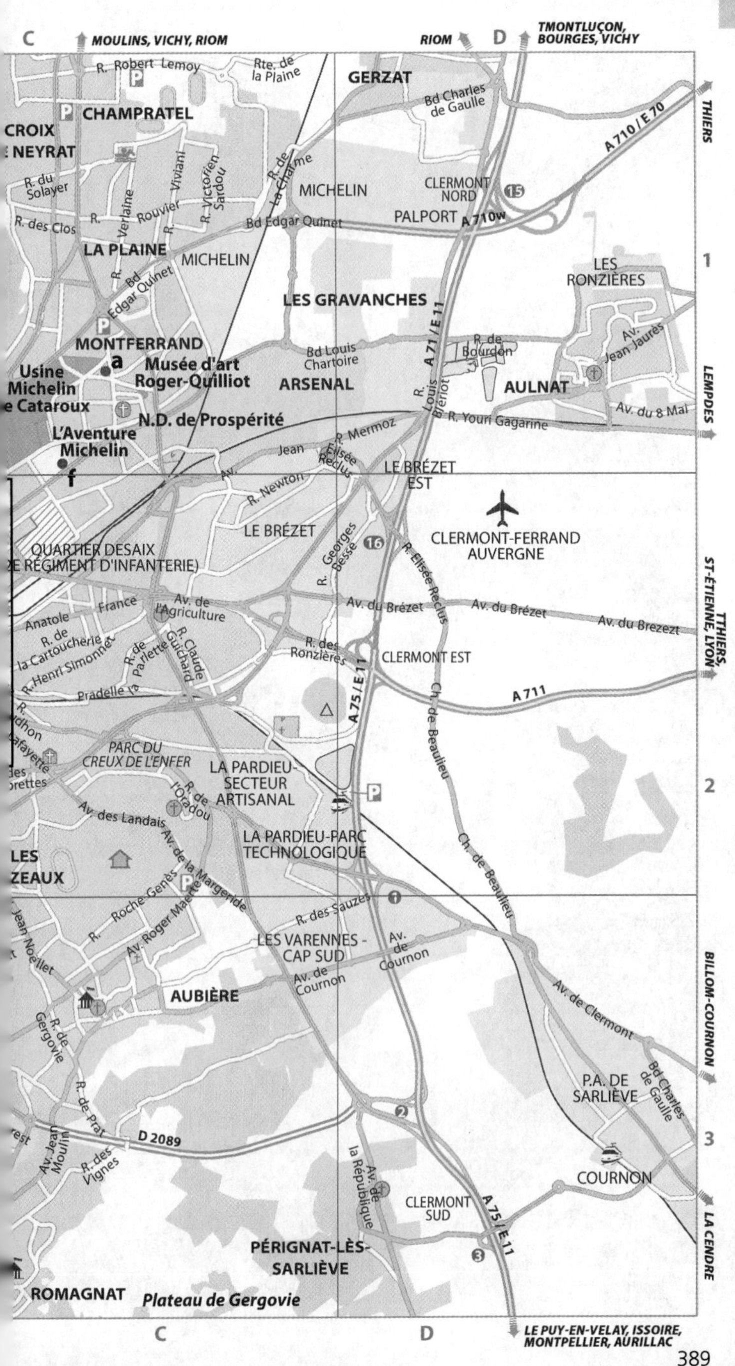

MOULINS, VICHY, RIOM
RIOM
TMONTLUÇON, BOURGES, VICHY
THIERS
LEMPDES
TTHIERS, ST-ÉTIENNE, LYON
BILLOM-COURNON
LA CENDRE
LE PUY-EN-VELAY, ISSOIRE, MONTPELLIER, AURILLAC
GERZAT
CHAMPRATEL
MICHELIN
CLERMONT NORD
PALPORT
LA PLAINE
LES GRAVANCHES
LES RONZIÈRES
MONTFERRAND
Usine Michelin de Cataroux
Musée d'art Roger-Quilliot
ARSENAL
AULNAT
N.D. de Prospérité
L'Aventure Michelin
LE BRÉZET EST
LE BRÉZET
CLERMONT-FERRAND AUVERGNE
QUARTIER DESAIX
CLERMONT EST
PARC DU CREUX DE L'ENFER
LA PARDIEU-SECTEUR ARTISANAL
LA PARDIEU-PARC TECHNOLOGIQUE
LES VARENNES - CAP SUD
AUBIÈRE
P.A. DE SARLIÈVE
COURNON
CLERMONT SUD
PÉRIGNAT-LÈS-SARLIÈVE
ROMAGNAT
Plateau de Gergovie
A 710 / E 70
A 71 / E 11
A 711
A 75 / E 11
D 2089

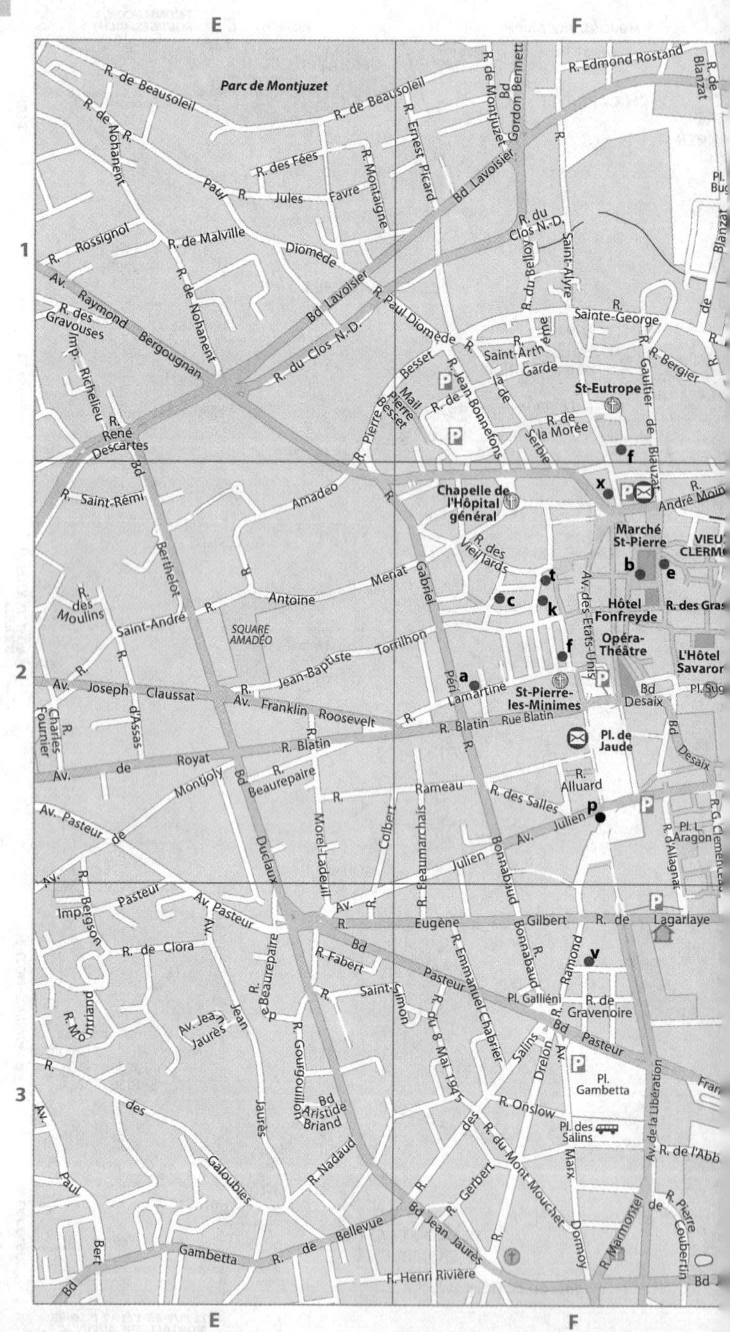
E
F
1
2
3
Parc de Montjuzet
R. de Beausoleil
R. Edmond Rostand
R. de Montjuzet
Bd Gordon Bennett
R. Ernest Picard
R. des Fées
R. Montaigne
R. Jules Favre
Bd Lavoisier
R. de Nohanent
R. Rossignol
R. de Malville
R. Paul Diomède
R. du Clos N.-D.
R. du Belloy
R. Saint-Alyre
R. Sainte-George
R. Bergier
Av. Raymond Bergougnan
R. des Gravouses
Imp. Richelieu
R. René Descartes
R. Pierre Besset
Mail Pierre Besset
R. Jean Bonnefons
R. Saint-Arthème
R. de la Garde
R. de Serbie
R. de la Morée
St-Eutrope
R. Gaultier de Biauzat
R. Saint-Rémi
R. Amadeo
Chapelle de l'Hôpital général
R. André Moinier
Marché St-Pierre
VIEUX CLERMONT
R. des Vieillards
Bd Berthelot
R. Gabriel Péri
R. des Moulins
R. Antoine Meriat
R. Saint-André
SQUARE AMADÉO
Hôtel Fonfreyde
R. des Gras
Av. des Etats-Unis
Opéra-Théâtre
L'Hôtel Savaron
R. Jean-Baptiste Torrilhon
R. Lamartine
St-Pierre-les-Minimes
Bd Desaix
Av. Joseph Claussat
Av. Franklin Roosevelt
R. Blatin
Rue Blatin
R. Charles Fournier
R. d'Assas
Pl. de Jaude
Av. de Royat
R. Montjoly
R. Beaurepaire
R. Rameau
R. des Salles
R. Alluard
Av. Julien
Av. Pasteur
Bd Duclaux
R. Morel-Ladeuil
R. Colbert
R. Beaumarchais
R. Bonnabaud
Pl. L. Aragon
R. d'Allagnat
R. G. Clemenceau
R. Bergson
Imp. Pasteur
Av. Eugène Gilbert
R. de Lagarlaye
R. de Clora
R. Fabert
R. Emmanuel Chabrier
R. Ramond
R. Saint-Simon
Bd Pasteur
Pl. Galliéni
R. de Gravenoire
Av. Jean Jaurès
R. du 8 Mai 1945
R. Gourgouillon
R. des Salins
Av. Drelon
Pl. Gambetta
Bd Aristide Briand
R. Onslow
Pl. des Salins
R. Marx Dormoy
Av. de la Libération
R. de l'Abbé
R. des Galoubies
R. Nadaud
R. du Mont Mouchet
R. Gerbert
R. Marmontel
R. Pierre de Coubertin
Bd Jean Jaurès
Bd Gambetta
R. de Bellevue
R. Henri Rivière
R. Paul Bert
a
b
c
e
f
k
p
t
x
y

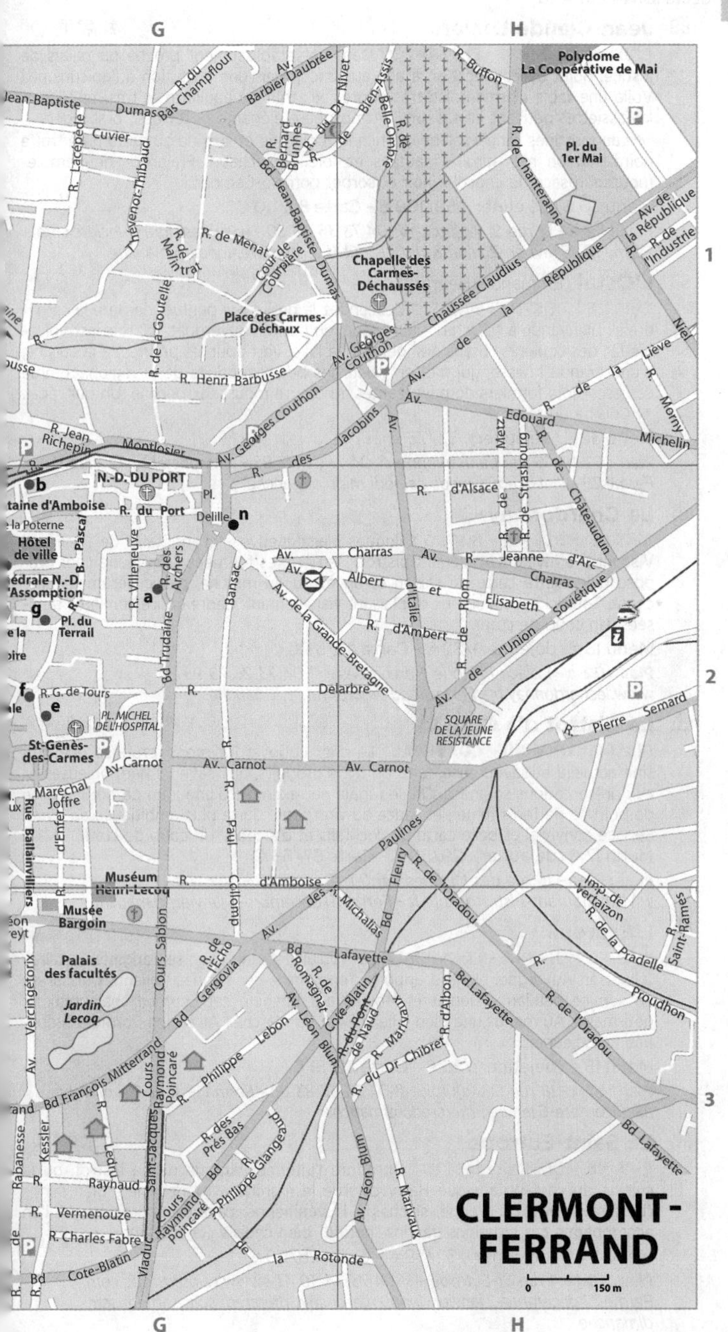
CLERMONT-FERRAND
Polydome
La Coopérative de Mai
Pl. du 1er Mai
Chapelle des Carmes-Déchaussés
Place des Carmes-Déchaux
N.-D. DU PORT
Hôtel de ville
Pl. du Terrail
PL. MICHEL DE L'HOSPITAL
St-Genès-des-Carmes
Muséum Henri-Lecoq
Musée Bargoin
Palais des facultés
Jardin Lecoq
SQUARE DE LA JEUNE RÉSISTANCE
Av. Carnot
Bd Lafayette
Av. de l'Union Soviétique
Av. de la République
Av. Georges Couthon
Bd Jean-Baptiste Dumas
Av. de la Grande-Bretagne
Av. Léon Blum
R. de l'Oradou
Bd François Mitterrand
Cours Sablon
Bd Trudaine
R. Henri Barbusse
0
150 m

Jean-Claude Leclerc

CUISINE MODERNE • ÉLÉGANT XXX Dans cet établissement proche du palais de justice, point de convocation à une audience, mais une invitation à l'épicurisme ! Voilà une table clermontoise très appréciée : tout en équilibre et très maîtrisées, les assiettes pétillent de saveurs... Atmosphère élégante et terrasse ombragée.

→ Langoustines rôties, salade d'artichaut poivrade et sucrine au parfum de truffe noire. Pigeon rôti, girolles sautées et foie gras chaud. Fraîcheur de pamplemousse, rosace de chocolat noir et sorbet pomélo-Campari

Menu 36 € (déjeuner), 59/109 € - Carte 85/110 €

Plan : F2-k - *12 rue St-Adjutor - 04 73 36 46 30 - www.restaurant-leclerc.com - Fermé 17-25 février, 26 mai-3 juin, 11 août-4 septembre, lundi, dimanche*

L'Ostal (Emmanuel Hebrard)

CUISINE MODERNE • ÉPURÉ XX Descendez la petite rue pentue, derrière la cathédrale : bienvenue à "L'Ostal" - la maison, en occitan auvergnat. Ici, tout est volcanique ; des couleurs (tissus orange pour la lave, vert pour les prairies) à la cuisine, d'une grande finesse, qui met en valeur les beaux produits de la région, comme ces escargots fermiers de pays, sautés au beurre mousseux persillé. Un pur régal.

→ Cuisine du marché

Menu 32 € (déjeuner), 53/76 €

Plan : G2-b - *16 rue Claussmann - 04 73 27 77 86 - www.lostal-restaurant.fr - Fermé 29 juillet-11 août, lundi, samedi midi, dimanche*

Le Chardonnay (N)

CUISINE MODERNE • BISTRO X Hugues Maisonneuve - propriétaire de l'italien Il Visconti - a investi cet élégant bistrot. Derrière les fourneaux, un jeune chef propose une courte carte de saison et un menu du marché, particulièrement alléchant. Tout ici est savoureux et plaisant visuellement. Cadre épuré, lumières tamisées. Un coup de cœur.

Menu 18 € (déjeuner)/32 € - Carte 42/55 €

Plan : G2-c - *1 place Philippe-Marcombes - 04 73 26 79 95 - www.lechardonnay.fr - Fermé lundi, mardi midi, dimanche*

Le Bistrot d'à Côté (N)

CUISINE MODERNE • CONVIVIAL X Le chef Ludovic Raymond propose une cuisine actuelle et savoureuse, faite de bons produits, aux saveurs harmonieuses et aux présentations soignées. On se régale par exemple d'une joue de bœuf, purée de pomme de terre fumée et sauce au vin rouge. Carte plus ambitieuse au dîner. Service convivial et belle carte de cocktails et d'alcools. Un coup de cœur.

Menu 17 € (déjeuner), 29/50 € - Carte 37/53 €

Plan : B2-a - *16 rue des Minimes - 04 73 29 16 16 - www.restaurant-bistrotdacote.fr - Fermé 31 décembre-6 janvier, dimanche*

L'Écureuil

CUISINE MODERNE • CONVIVIAL X Lui voulait renouer avec ses origines en s'installant en Auvergne, elle y a apporté l'entrain de ses racines italiennes, assurant un service pétillant... Benoît et Monika ont imaginé cet Écureuil chaleureux et gourmand. Au menu : une bien jolie cuisine du marché ! Attention, formule simplifiée au déjeuner.

Menu 15 € (déjeuner)/26 € - Carte 32/51 €

Plan : F2-t - *18 rue St-Adjutor - 04 73 37 83 86 - Fermé 19 août-2 septembre, 23 décembre-6 janvier, mercredi, dimanche*

Le Saint-Eutrope

CUISINE MODERNE • BISTRO X On adore l'intérieur vintage de ce bistrot, où la cuisine du chef britannique Harry célèbre le marché avec des plats bien sentis (betteraves-anchois-orange, seiches à la vénitienne, canard-aubergines), et l'on accompagne ces créations de vins "nature" bien choisis. Réjouissant !

Menu 24 € (déjeuner), 32/38 € - Carte 28/50 €

Plan : F1-f - *4 rue St-Eutrope - 04 73 34 30 41 - www.sainteutrope.com - Fermé 22 décembre-2 janvier, lundi, mardi soir, mercredi soir, samedi soir, dimanche*

Smørrebrød

CUISINE MODERNE • ÉPURÉ Modernité, voici le maître mot, de la déco scandinave à la cuisine, qui met en avant de bons produits de saison et s'accompagne d'une belle sélection de vins. Petite terrasse dans la rue. Une adresse qui secoue la vie gastronomique clermontoise !

Menu 18 € (déjeuner), 33/55 € - Carte 40/60 €

Plan : G2-a - *10-12 rue des Archers - 04 73 90 44 02 - www.restaurant-smorrebrod.com - Fermé 6-12 mai, 5-25 août, 24-30 décembre, lundi soir, samedi midi, dimanche*

Un Grain de Saveur

CUISINE MODERNE • BISTRO Dans une ruelle du cœur de la vieille ville, non loin de la cathédrale, ce restaurant remplace l'ancien étoilé Fleur de Sel. Damien Marie, chef normand au bon parcours (dont Guy Savoy et Jacques Chibois) propose une cuisine du marché bien travaillée, à l'instar du pigeon à la verveine ou du fondant au chocolat. Le menu déjeuner réjouira la clientèle pressée. Carte plus ambitieuse au dîner.

Menu 16 € (déjeuner), 32/55 €

Plan : G2-e - *8 rue de l'Abbé-Girard - 04 73 90 30 59 - www.ungraindesaveur.fr - Fermé 10-29 octobre, lundi, mardi*

Pavillon Lamartine

CUISINE MODERNE • CHIC Près de la place de Jaude, poussez la grille de ce Pavillon et découvrez un restaurant à l'élégance toute contemporaine. La cuisine, savoureuse et gourmande, s'inscrit dans l'air du temps. Et qui sait ? Peut-être aurait-elle inspiré le poète Alphonse de Lamartine !

Menu 29 € (déjeuner) - Carte 35/62 €

Plan : F2-a - *17 rue Lamartine - 04 73 93 52 25 - www.pavillonlamartine.com - Fermé 3-25 août, 23-26 décembre, lundi soir, samedi soir, dimanche*

Alfred

CUISINE MODERNE • BISTRO Un espace ouvert sur deux niveaux façon loft, un escalier de fer en colimaçon et de beaux parquets : l'endroit a du style ! Dans l'assiette, Saint-Jacques d'Erquy et risotto d'orge au cantal, écume aux cèpes séchés : une cuisine originale, fraîche et maison, à prix raisonnable... Alfred gagne à être connu !

Menu 19 € (déjeuner)/37 € - Carte 37/48 €

Plan : F3-v - *5 rue du Puits-Artésien - 04 73 35 32 06 - www.restaurant-alfred.fr - Fermé 4-25 août, 24 décembre-2 janvier, lundi, dimanche*

Bath's

CUISINE MODERNE • BRASSERIE Dans une zone piétonne au pied du marché St-Pierre, il fait bon s'installer en terrasse... À l'intérieur, la cuisine au goût du jour est servie dans une ambiance de brasserie contemporaine. L'Espagne est à l'honneur avec un menu et des vins ibériques. Un lieu très vivant !

Menu 30/45 € - Carte 45/65 €

Plan : F2-e - *place du Marché-St-Pierre - 04 73 31 23 22 - www.baths.fr - Fermé 1er-9 janvier, 15-31 août, lundi, dimanche*

Le Comptoir des Saveurs

CUISINE MODERNE • CONVIVIAL Les deux propriétaires de cette petite adresse du centre-ville préparent menus surprise et portions dégustations, inspirés par les produits du marché Saint-Pierre, tout proche. Plats à emporter.

Menu 22 € (déjeuner), 31/45 €

Plan : F2-x - *5 rue Ste-Claire - 04 73 37 10 31 - www.le-comptoir-des-saveurs.fr - Fermé 1er-8 janvier, 15 août-3 septembre, lundi, mardi soir, mercredi soir, dimanche*

Le Duguesclin

CUISINE MODERNE • INTIME X Face aux vestiges de la maison d'octroi, ce restaurant familial au cadre intime et coquet propose une bonne cuisine de saison, privilégiant au maximum les produits de la région. Menu le midi en semaine adapté à la clientèle d'affaire pressée, au dîner la Carte se veut plus ambitieuse. Terrasse d'été sur l'arrière pour les beaux jours.

Menu 21 € (déjeuner), 37/65 € – Carte 46/65 €

Plan : C1-a – *3 place des Cordeliers – ✆ 04 73 25 76 69 – http://colombierx.wix.com/le-duguesclin-resto – Fermé 24 février-3 mars, 4-25 août, 23 décembre-5 janvier, lundi soir, mardi soir, mercredi soir, dimanche*

L'En-but

CUISINE MODERNE • CONVIVIAL X Ce restaurant, situé dans l'enceinte du stade de rugby Marcel Michelin, décline bien naturellement les valeurs du rugby, au travers des menus "En Avant", "Grand Chelem" ou "Chistera", autour d'une cuisine actuelle, mettant en valeur les produits du Massif central. Imaginée dans l'esprit d'une brasserie contemporaine, la salle à manger offre une vue imprenable sur le stade et, depuis la terrasse, sur la chaine des Puys.

Menu 27/60 € – Carte 45/65 €

Plan : C1-f – *107 avenue de la République (accès par la porte A, puis par ascenseur porte 20) – ✆ 04 73 90 68 15 – www.lenbut.com – Fermé samedi, dimanche*

Il Visconti

CUISINE ITALIENNE • CONVIVIAL X Situé dans la vieille ville, ce bistrot moderne et confortable, propose une carte italienne, courte et alléchante. Les produits sont frais, sélectionnés, et le service efficace. La terrasse fleurie, aux accents méditerranéens, ajoute un charme indéniable, dès les beaux jours. La dolce vita au cœur de l'Auvergne !

Menu 17 € (déjeuner) – Carte 35/45 €

Plan : G2-g – *9 rue du Terrail – ✆ 04 73 74 35 26 – www.ilvisconti.com – Fermé lundi, mardi midi, dimanche*

L'Instantané

CUISINE MODERNE • BISTRO X Ce bistrot contemporain situé dans le quartier des galeristes propose quelques instantanés de pure gourmandise, imaginés par un chef au beau parcours (Ritz, Lasserre, Plaza). Tronçons de canard rôti, fondant de bœuf cuit 12 heures, ballotine de cabillaud, poire croustillante choco-praliné... Un régal jusqu'au dessert !

Menu 16 € (déjeuner)/32 € – Carte 32/42 €

Plan : G2-f – *2 rue de l'Abbé-Girard – ✆ 04 73 91 97 19 – Fermé 24 décembre-1er janvier, samedi, dimanche*

Polypode N

CUISINE MODERNE • CONTEMPORAIN X Le bouche-à-oreille bat son plein à Clermont au sujet de ce Polypode, installé en lieu et place de l'ancien Goûts et Couleurs. Autour d'un menu-carte renouvelé tous les mois, le chef régale avec une cuisine fine et lisible, où le végétal fait de discrètes (et fructueuses !) apparitions.

Menu 20 € (déjeuner), 32/58 € – Carte 33/41 €

Plan : F2-c – *6 place du Champgil – ✆ 04 73 19 37 82 – https://polypode.eatbu.com – Fermé 8-30 juillet, lundi, mardi soir, mercredi soir, dimanche*

Hôtels

Mercure

HÔTEL DE CHAÎNE • CONTEMPORAIN Sur la place de Jaude, voilà un pied-à-terre de choix : grand hall lumineux, avec baie vitrée et chambres spacieuses. On s'y sent bien !

125 chambres – 130/220 € – 18 €

Plan : F2-p – *1 avenue Julien – ✆ 04 63 66 21 00 – www.mercure-clermont-ferrand-centre.com*

Hôtel Littéraire Alexandre Vialatte

BUSINESS • CONTEMPORAIN Situé à l'entrée du centre historique de Clermont-Ferrand, cet hôtel contemporain et fonctionnel propose tout le confort nécessaire. La décoration rend hommage à Alexandre Vialatte, écrivain, critique littéraire et chroniqueur au quotidien La Montagne. La salle des petits-déjeuners dévoile une vue imprenable sur le Puy de Dôme.

62 chambres – 79/229 € – 16 €

Plan : G2-n – *16 place Delille – 04 73 91 92 06 – www.hotelvialatte.com*

à Chamalières 3,4 km à l'Ouest par D68 – 63400

Radio

CUISINE MODERNE • ÉLÉGANT XXX Dans ce bel hôtel qui a conservé son cachet Art déco, le restaurant plaira aux amateurs du style : lignes modernistes, alliance du verre et du miroir, sobriété du noir et blanc... Une source d'inspiration pour le chef ? Ses assiettes se révèlent esthétiques et recherchées, sans effets inutiles : de belles saveurs au menu.

→ Foie gras de canard de la plaine de Limagne au naturel, truffe et pain de seigle. Suprêmes de pigeon au sautoir, cuisses confites et ailerons en saucisse, ragoût d'artichaut. Accord fraise, rhubarbe et verveine

Menu 30 € (déjeuner), 65/98 € – Carte 85/105 €

Plan : B1-w – *43 avenue Pierre et Marie Curie – 04 73 30 87 83 – www.hotel-radio.fr – Fermé 1er-15 janvier, 27 octobre-6 novembre, lundi midi, samedi midi, dimanche*

Radio

TRADITIONNEL • ART DÉCO Héritage des années 1930, cet hôtel des hauteurs de Chamalières offre un beau témoignage du style Art déco – celui des années radio ! À l'exception des chambres, spacieuses, décorées de manière contemporaine.

24 chambres – 115/165 € – 15 €

Plan : B1-w – *43 avenue Pierre et Marie Curie – 04 73 30 87 83 – www.hotel-radio.fr – Fermé 1er-15 janvier, 27 octobre-6 novembre*

Radio – voir la sélection des restaurants

à Lempdes 10 km à l'Est par D771 – 63370

B2K6

CUISINE MODERNE • CONVIVIAL X Ce sympathique bistrot est né de la rencontre de deux jeunes passionnés : Jérôme Bru, ancien second d'Anne-Sophie Pic, et Romain Billard, sommelier, passé également par de fameuses maisons. Au menu : une belle cuisine, rythmée par les saisons et les produits locaux, accompagnée des vins adéquats. Une belle complicité !

Menu 22 € (déjeuner), 33/55 €

6 rue du Caire, sortie Lempdes-centre – 04 73 61 74 71 – www.b2k6.fr – Fermé 6-12 mai, 5-25 août, 31 décembre-6 janvier, lundi, dimanche

à Orcines 8 km à l'Ouest par D941 – 63870

Auberge de la Baraque

CUISINE MODERNE • COSY XX Cette Baraque-là, tout comme les plats qu'on y prépare, n'est pas faite de bric et de broc ! Dans le cadre cosy et feutré à souhait (cheminée, moulures et lustres à pampilles) de ce relais de diligence (1800), on apprécie une cuisine actuelle de qualité, savoureuse et bien présentée. Service agréable, prix raisonnables et jolie carte des vins.

Menu 33/62 €

2 route de Bordeaux – 04 73 62 26 24 – www.laubrieres.com – Fermé 23 avril-1er mai, 1er-24 juillet, 21-30 octobre, lundi, mardi, mercredi

Auberge de la Fontaine du Berger

CUISINE TRADITIONNELLE · AUBERGE X Cette maison de pays aux volets rouges regarde le puy de Dôme et le Pariou. On y apprécie une cuisine actuelle où les produits frais ont la part belle, avec par exemple ces poissons en arrivage direct de Bretagne. Ne manquez pas, en dessert, le délicieux paris-brest maison.

Menu 33/49 € - Carte 36/60 €

167 route de Limoges - ✆ 04 73 62 10 52 - www.auberge.fr - Fermé 2-8 septembre, 24 décembre-15 janvier, mardi soir, mercredi, dimanche soir

à Royat 3,4 km au Sud-Ouest par D68 - ✉ 63130

La Flèche d'Argent

CUISINE MODERNE · COSY XX La Flèche d'argent, surnom des Mercedes-Benz en Formule 1, évoque le circuit automobile de Charade. Aymeric Barbary signe ici une cuisine fusion, riche de ses expériences anglaises comme de ses origines auvergnates, avec un penchant pour le végétal. Au final : de belles assiettes colorées, architecturées et pleines de saveurs.

Menu 25 € (déjeuner), 33/82 € - Carte 45/70 €

Plan : B1-e - *Princesse Flore, 5 place Allard - ✆ 04 73 35 63 63 - www.princesse-flore-hotel.com*

La Belle Meunière

CUISINE MODERNE · ROMANTIQUE XXX En bord de Tiretaine, table où fusionnent produits de saison et touches asiatiques, dans un cadre - parquet, moulures, lustres - magnifié par des vitraux contemporains. Des personnages historiques (Coco Chanel, Georges Pompidou, etc.) inspirent le décor de certaines chambres.

Menu 36/79 € - Carte 45/85 €

Plan : A2-r - *25 avenue de la Vallée - ✆ 04 73 35 80 17 - www.la-belle-meuniere.com - Fermé lundi, samedi midi, dimanche soir*

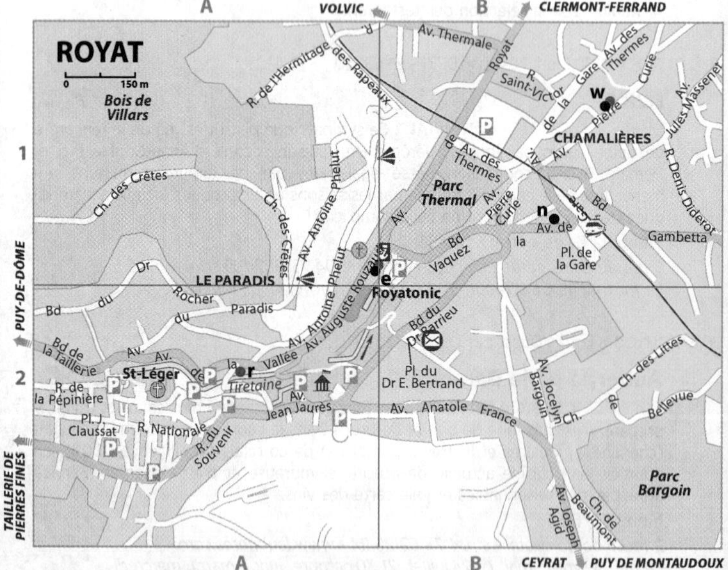

Princesse Flore

LUXE • CLASSIQUE Pour un séjour haut-de-gamme aux portes de Clermont-Ferrand, ce superbe immeuble (1883) évoque les fastes de la cité thermale à la Belle Époque : marbres et décors anciens... Chambres classiques et cosy.

40 chambres – 115/250 € – 11 suites – 20 €

Plan : B1-e – *5 place Allard* – *04 73 35 63 63* – *www.princesse-flore-hotel.com*

La Flèche d'Argent – voir la sélection des restaurants

Royal St-Mart

FAMILIAL • CLASSIQUE Depuis 1853, la même famille vous accueille dans cette demeure bourgeoise du Second Empire. Marbre et lustres à pampilles décorent les salons opulents. Avec ses grands arbres et ses transats, le jardin (sur lequel donnent certaines chambres) séduira curistes et nostalgiques.

50 chambres – 82/150 € – 12 €

Plan : B1-n – *6 avenue de la Gare* – *04 73 35 80 01* – *www.hotel-auvergne.com*

CLÉRY-ST-ANDRÉ

45370 (Loiret) – Carte régionale n° **8**-C2

Carte Michelin 318-H5 – Guide Vert Michelin Châteaux de la Loire

Villa des Bordes

CUISINE TRADITIONNELLE • CONTEMPORAIN Voilà un établissement dont la cote locale ne se dément pas, et pour cause : on y goûte une cuisine traditionnelle maîtrisée, servie dans une salle contemporaine élégante, ou dans le jardin, sous les chênes et cyprès centenaires. Quelques chambres fraîches et pratiques sonnent comme une invitation à prolonger le séjour.

Menu 31/54 €

9 rue des Bordes – 02 38 46 94 60 – www.villadesbordes.fr – Fermé 2-24 janvier, 17 février-6 mars, 8-14 avril, 24 octobre-6 novembre, lundi, mercredi midi, dimanche soir

CLESSÉ

71260 (Saône-et-Loire) – Carte régionale n° **5**-C3

Carte Michelin 320-I11 – Guide Vert Michelin Bourgogne

Château de Besseuil

CUISINE MODERNE • CONTEMPORAIN Les produits bourguignons sont célébrés ici dans une veine moderne et créative – mention spéciale au bœuf charolais et au pigeon ! On passe un bon moment, d'autant que la carte des vins de la côte mâconnaise est joliment fournie.

Menu 24 € (déjeuner), 39/79 € – Carte 52/74 €

route de Rousset – 03 85 36 92 49 – www.chateaudebesseuil.com – Fermé 6-15 janvier, lundi, mardi midi, dimanche soir

Château de Besseuil

HISTORIQUE • CONTEMPORAIN Au cœur du Mâconnais, une demeure en pierre apparente qui en impose, avec sa cour d'honneur et ses dépendances. Le silence y est total, et les chambres confortables : poutres apparentes, sol en dalles de pierre de Bourgogne...

14 chambres – 99/199 € – 6 suites – 12 €

route de Rousset – 03 85 36 92 49 – www.chateaudebesseuil.com

Château de Besseuil – voir la sélection des restaurants

CLICHY – 92 (Hauts-de-Seine) → voir Autour de Paris

CLIOUSCLAT

✉ 26270 (Drôme) – Carte régionale n° **2**–B3
Carte Michelin 332-C5

La Treille Muscate

CUISINE MODERNE • COSY La terrasse, au cœur du village, dégage le charme de l'authenticité ; la salle voûtée est très cosy… Produits frais, saveurs régionales revisitées par le chef : l'assiette est au diapason. Tout est fait maison et cela se sent !
Menu 22 € (déjeuner)/33 €
Le village – ✆ 04 75 63 13 10 – www.latreillemuscate.com –
Fermé 8 décembre-13 février, lundi

La Fontaine

CUISINE TRADITIONNELLE • BISTRO Un bistrot de village sympathique. On aperçoit depuis la salle le chef s'activer en cuisine autour de produits du cru… Ici, on concocte une bonne cuisine régionale. Jolie terrasse sur la rue.
Menu 21 € (déjeuner), 30/39 € – Carte 35/45 €
Le village – ✆ 04 75 63 07 38 – www.lafontaine-cliousclat.fr –
Fermé 12 février-7 mars, 23 décembre-10 janvier, mardi soir, mercredi, dimanche soir

La Treille Muscate

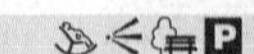

FAMILIAL • PERSONNALISÉ Cette belle bâtisse en pierre est tout imprégnée de douceur provençale : le jardin ouvre sur les vergers alentour, les chambres sont raffinées… La tranquillité avec l'accent du Sud.
11 chambres – 70/200 € – 2 suites – 12 €
Le village – ✆ 04 75 63 13 10 – www.latreillemuscate.com –
Fermé 8 décembre-13 février
La Treille Muscate – voir la sélection des restaurants

CLISSON

✉ 44190 (Loire-Atlantique) – Carte régionale n° **23**–B2
Carte Michelin 316-I5 – Guide Vert Michelin Pays de la Loire

Villa Saint-Antoine

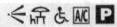

CUISINE MODERNE • BRASSERIE Dans l'ancienne filature des bords de Sèvre nantaise, on s'accommode bien de cet intérieur de brasserie chic (banquettes en velours rouge, baies vitrées) et de la partition du chef, goûteuse, gourmande et particulièrement soignée. Sans oublier, bien sûr, le service assuré par une jeune équipe dynamique…
Menu 22 € (déjeuner), 32/42 € – Carte 42/48 €
8 rue Saint-Antoine – ✆ 02 40 85 46 46 –
www.hotel-villa-saint-antoine.com

Villa Saint-Antoine

BUSINESS • CONTEMPORAIN Au cœur de Clisson – cité connue pour son architecture d'inspiration toscane –, cette ancienne filature (18e s.) propose de belles chambres contemporaines rendant hommage à l'art italien. Terrasse au bord de l'eau, piscine et espace bien-être.
43 chambres – 89/245 € – 15 €
8 rue Saint-Antoine – ✆ 02 40 85 46 46 – www.hotel-villa-saint-antoine.com
Villa Saint-Antoine – voir la sélection des restaurants

CLUNY

✉ 71250 (Saône-et-Loire) – Carte régionale n° **5**–C3
Carte Michelin 320-H11 – Guide Vert Michelin Bourgogne

Hostellerie d'Héloïse

CUISINE TRADITIONNELLE • COSY XX Les savoureuses recettes de la région – escargots de Bourgogne, jambon persillé, bœuf charolais et réduction au vin rouge du mâconnais... – font la réputation de cette hostellerie, qui propose aussi quelques plats plus actuels. Ici, il n'est pas question d'en mettre plein la vue, mais de bien faire, tout simplement !

Menu 29/53 € – Carte 38/60 €

7 route de Mâcon – ✆ 03 85 59 05 65 – www.hostelleriedheloise.com – Fermé 30 juin-11 juillet, 22 décembre-17 janvier, mercredi, jeudi midi, dimanche soir

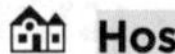

Hostellerie le Potin Gourmand

TRADITIONNEL • PERSONNALISÉ Sur la Place du Champ de Foire, l'ancienne fabrique de poteries est devenu un hôtel d'une certaine élégance, dont les chambres sont décorées par thème : chalet de montagne, romantisme, ou encore médiéval. Cuisine de bistrot à midi, plus ambitieuse le soir.

12 chambres – 115/215 € – 13 €

4 place du Champ-de-Foire – ✆ 03 85 59 02 06 – www.potingourmand.com – Fermé 4 janvier-5 février

Hôtel de Bourgogne

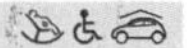

TRADITIONNEL • CLASSIQUE En face de la célèbre abbaye, une maison de caractère où Lamartine avait jadis ses habitudes. Les chambres sont classiques, spacieuses et parfaitement tenues. À cela s'ajoute un accueil fort aimable. En résumé, la bonne adresse de la cité.

14 chambres – 102/139 € – 2 suites – 12 €

place de l'Abbaye – ✆ 03 85 59 00 58 – www.hotel-cluny.com – Fermé 1er décembre-8 février

Maison Tandem

MAISON DE MAÎTRE • COSY En plein cœur de la cité, non loin de l'abbaye, cette maison fut élevée en 1904 par le cuisinier du dernier empereur d'Autriche... Noble histoire ! C'est aujourd'hui une maison d'hôtes élégante et cosy, entre charme vintage et chic contemporain ; aux beaux jours, on prend son petit-déjeuner sur la terrasse, au-dessus du jardin.

4 chambres – 120/150 €

21 rue d'Avril – ✆ 06 67 27 82 46 – www.maison-tandem.com – Fermé 24 décembre-2 janvier

LA CLUSAZ

✉ 74220 (Haute-Savoie) – Carte régionale n° **4**-F1

Carte Michelin 328-L5 – Guide Vert Michelin Alpes du Nord

Le Cinq

CUISINE MODERNE • CONTEMPORAIN XXXX Cette table aux ambitions gastronomiques propose une carte courte, autour d'une cuisine au goût du jour. La salle est luxueuse, l'atmosphère "alpin chic" : le restaurant de La Clusaz.

Menu 75/155 €

Au Cœur du Village, 26 Montée du Château – ✆ 04 50 01 50 01 – www.hotel-aucoeurduvillage.fr/fr/restaurants-le-cinq-152 – Fermé 14 avril-13 décembre, lundi, mardi, mercredi midi, jeudi midi, vendredi midi, samedi midi

L'Ourson

CUISINE MODERNE • MONTAGNARD XX Sympathiques, motivés, travailleurs ; quelques qualités de ce couple (monsieur en cuisine, madame en salle), qui donne âme à ce restaurant typiquement savoyard, au gré d'une cuisine au goût du jour inspirée du terroir, servie dans une salle boisée. Charmant !

Menu 23 € (déjeuner), 36/87 € – Carte 50/80 €

27 passage du Mont-Blanc – ✆ 04 50 68 64 89 – www.resto-ourson-laclusaz.fr – Fermé 2-21 juin, mercredi, jeudi, dimanche soir

Au Cœur du Village

LUXE • ÉLÉGANT Une harmonieuse variation sur les matières – bois, métal, grès – et les styles – design, alpestre : voici la principale réussite de cet hôtel, peut-être le meilleur de la station. Chambres chaleureuses, imposant spa avec piscine couverte, hammam, et sauna... une étape de choix.

36 suites – 420/1620 € – 18 chambres

26 Montée du Château – ✆ 04 50 01 50 01 – www.hotel-aucoeurduvillage.fr – Fermé 14 avril-30 juin, 1er septembre-13 décembre

Le Cinq – voir la sélection des restaurants

Beauregard

TRADITIONNEL • MONTAGNARD Un grand chalet typique, très confortable, au pied des pistes. Après une journée de ski, on se détend au salon ou dans la vaste piscine intérieure aux larges baies vitrées. Restauration pour les résidents.

95 chambres – 108/305 € – 15 €

90 sentier du Bossonet – ✆ 04 50 32 68 00 – www.hotel-beauregard.fr

Les Sapins

TRADITIONNEL • MONTAGNARD Le charme d'un joli chalet familial surplombant le village... Bois blond et tomettes au salon, accès direct aux pistes : rien ne manque – même pas l'espace bien-être – et l'on se sent bien. Un grand creux ? On se repaît de tartiflettes et de fondues en profitant de la vue sur les pentes enneigées.

24 chambres – 80/300 € – 13 €

105 chemin des Riffroids – ✆ 04 50 63 33 33 – www.clusaz.com – Fermé 1er novembre-10 décembre

COCURÈS – 48 (Lozère) → voir Florac

COËX – 85 (Vendée) → voir St-Gilles-Croix-de-Vie

COGNAC

16100 (Charente) – Carte régionale n° **20**-B3
Carte Michelin 324-I5 – Guide Vert Michelin Poitou-Charentes

Les Foudres

CUISINE MODERNE • ÉLÉGANT XXX La cuisine du restaurant met en avant les produits du territoire, suivant le cheminement des barriques de Cognac, acheminés des terres vers l'océan. Les intitulés attisent les papilles : la truite et le caviar de Gensac ; le merlu de ligne, fumé aux sarments de vignes ; le filet de veau, cèpes rôtis... Côté déco, la salle à manger a été imaginée dans l'ancienne salle des foudres, ces vastes barriques de vieillissement. Impressionnant.

Menu 47 € (déjeuner), 59/130 €

Chais Monnet, 50 avenue Paul-Firino-Martell – ✆ 05 17 22 32 23 – www.chaismonnethotel.com – Fermé lundi, mardi, dimanche soir

La Maison

CUISINE MODERNE • ÉLÉGANT XX Savoureuse cuisine de saison dans cette belle maison de Cognac, à apprécier, au choix, dans l'une des salles bourgeoises aux pierres apparentes, ou sur la terrasse donnant sur cour, à l'été. Le décor est frais et coloré, à l'image des assiettes.

Menu 32/85 € – Carte 56/77 €

1 rue du 14-Juillet – ✆ 05 45 35 21 77 – www.restaurant-lamaison.cognac.fr – Fermé dimanche soir

Le Bistro de Claude

CUISINE TRADITIONNELLE • COSY X Vous ne connaissez pas Claude ? Son bistro est à son image : chaleureux, franc et... gourmand, avec de belles assiettes fort bien mijotées (ris de veau braisé au Cognac, entrecôte du Limousin à la plancha, etc.). Tout Cognac connaît Claude !

Menu 21 € (déjeuner), 36/26 € – Carte 35/45 €

35 rue Grande – ✆ 05 45 82 60 32 – www.bistro-de-claude.com – Fermé samedi, dimanche

Chais Monnet

LUXE • ÉLÉGANT La plus ancienne maison de négoce de Cognac (1898), située au centre-ville mais bordée par la Charente, a été entièrement transformée : on y trouve restaurants, chambres, appartements, spa (dont une piscine intérieure et extérieure), et même une salle de cinéma et plusieurs lieux de séminaires... sans oublier le superbe bar à Cognac. Luxe, élégance : une réussite.

82 chambres – 200/655 € – 10 suites

50 avenue Paul-Firino-Martell – 05 17 22 32 23 – www.chaismonnethotel.com

Les Foudres – voir la sélection des restaurants

François Premier

HISTORIQUE • CONTEMPORAIN Derrière sa belle façade de style Napoléon III, cet hôtel mythique du centre-ville a réouvert après plusieurs années de travaux. On y trouve de grandes chambres modernes et impeccablement tenues, une réception et un bar élégants et feutrés, une piscine au sous-sol : on voudrait ne jamais repartir !

31 chambres – 108/230 € – 4 suites – 19 €

3 place François-1er – 05 45 80 80 80 – www.hotelfrancoispremier.fr

à Châteaubernard 3 km au Sud-Est – 16100

La Table de l'Yeuse

CUISINE MODERNE • TENDANCE XX Dans cette jolie demeure bourgeoise dominant la Charente, le chef réalise une goûteuse cuisine de saison, sélectionnant herbes aromatiques du jardin, et produits locaux. Attractive formule bistrot au déjeuner !

Menu 29 € (déjeuner), 33/56 € – Carte 59/79 €

L'Yeuse, 65 rue de Bellevue (quartier l'Échassier) – 05 45 36 82 60 – www.yeuse.fr – Fermé 1er janvier-1er février, 20-30 décembre, lundi, samedi midi, dimanche

L'Yeuse

DEMEURE HISTORIQUE • ÉLÉGANT Atmosphère romantique en cette gentilhommière du 19e s. agrandie d'une aile moderne. Mobilier ancien et décor raffiné dans les chambres ; belle collection de cognacs dans le salon : beaucoup de charme !

21 chambres – 139/445 € – 3 suites – 20 €

65 rue de Bellevue (quartier l'Échassier) – 05 45 36 82 60 – www.yeuse.fr

La Table de l'Yeuse – voir la sélection des restaurants

Domaine de l'Échassier

TRADITIONNEL • PERSONNALISÉ En périphérie de Cognac, une construction des années 1980, d'esprit classique. Les chambres sont spacieuses et calmes, certaines avec balcon ou terrasse face au joli jardin. Le restaurant gastronomique ouvre lui aussi sur la verdure... pour une cuisine rythmée par les saisons.

26 chambres – 108/160 € – 13 €

72 rue de Bellevue (quartier l'Échassier) – 05 45 35 01 09 – www.echassier.com – Fermé 23 février-3 mars

COGOLIN

83310 (Var) – Carte régionale n° **24**-C3

Carte Michelin 340-O6 – Guide Vert Michelin Côte d'Azur

La Grange des Agapes

CUISINE MODERNE • ÉLÉGANT XX Comme tout véritable passionné, Thierry Barot est au four et au moulin. Non content de proposer une cuisine savoureuse et d'appétissants menus thématiques (tout légumes, provençal, asperges, truffe...), il donne aussi des cours de cuisine... Quelles agapes !

Menu 23 € (déjeuner), 30/60 €

7 rue du 11-novembre (place de la Mairie) – 04 94 54 60 97 – www.grangeagapes.com – Fermé 24 décembre-5 janvier, lundi, dimanche

Grain de Sel

CUISINE TRADITIONNELLE • BISTRO Au cœur de Cogolin, un jeune couple dirige ce bistrot de poche qui ne manque pas de sel. Julien est en cuisine - ouverte sur la salle - et réalise de bons plats traditionnels, où la Provence occupe une bonne place ; en salle, Émilie est aussi accueillante qu'efficace. Une agréable adresse !

Menu 31 € - Carte 44/55 €

6 rue du 11-Novembre (derrière la mairie) - 04 94 54 46 86 - www.graindesel-cogolin.fr - Fermé 18 janvier-15 février, 9-25 décembre, lundi, dimanche

COISE-ST-JEAN-PIED-GAUTHIER

73800 (Savoie) - Carte régionale n° **4**-F2
Carte Michelin 333-J4

Château de la Tour du Puits

DEMEURE HISTORIQUE • CLASSIQUE Ce gracieux château rebâti au 18es. dresse sa tour en poivrière au milieu d'un superbe parc arboré. Chambres décorées avec soin (boutis, mobilier chiné...). Héliport. Fine cuisine actuelle réalisée avec de bons produits ; jolie terrasse sous une tonnelle.

13 chambres - 115/330 € - 26 €

1 km par route du Puits - 04 79 28 88 00 - www.chateaupuit.fr

COL BAYARD

05000 (Hautes-Alpes) - Carte régionale n° **24**-C1
Carte Michelin 334-E5 - Guide Vert Michelin Alpes du Nord

à Laye 2,5 km au Nord par N85 - 05500

La Laiterie du Col Bayard

CUISINE TRADITIONNELLE • AUBERGE Tout près du col Bayard, une étape incontournable pour les amateurs de fromage ! Au menu, fondues, raclettes, plateau de plus de 60 fromages (la plupart des Alpes), mais aussi quelques plats régionaux comme les fameux tourtons du Champsaur et autres oreilles d'âne... une savoureuse plongée dans la tradition locale.

Menu 17/47 € - Carte 26/52 €

04 92 50 50 06 - www.laiterie-col-bayard.com - Fermé 17-27 juin, 4 novembre-10 décembre, lundi, mardi soir, mercredi soir, jeudi soir

COL DE CUREBOURSE - 15 (Cantal) ➜ voir Vic-sur-Cère

COL DE LA FAUCILLE - 01 (Ain) ➜ voir Gex

COL DE LA SCHLUCHT

88230 (Vosges) - Carte régionale n° **12**-D3
Carte Michelin 314-K4

Le Collet

CUISINE MODERNE • MONTAGNARD Une cuisine du terroir, concoctée par un chef d'expérience, qui a formé de nombreux cuisiniers de la région, le tout servi dans un joli décor montagnard. Les produits des environs sont joliment mis en valeur.

Menu 28/68 € - Carte 35/52 €

Route de Colmar (au Collet) - 03 29 60 09 57 - www.chalethotel-lecollet.com - Fermé 4-19 novembre

COLIGNY

01270 (Ain) - Carte régionale n° **2**-B1
Carte Michelin 328-F2

Au Petit Relais

CUISINE TRADITIONNELLE • COSY XX Ce Petit Relais propose une cuisine particulièrement goûteuse, assez sophistiquée, où se côtoient homard, poissons nobles, spécialités de la Bresse et vins choisis. La salle à manger est chaleureuse.

Menu 22 € (déjeuner), 33/77 € - Carte 51/105 €

Grande-Rue - ✆ 04 74 30 10 07 - www.aupetitrelais.fr - Fermé 24 mars-4 avril, 15-26 septembre, 2-5 décembre, mercredi soir, jeudi soir, dimanche soir

LA COLLE-SUR-LOUP

✉ 06480 (Alpes-Maritimes) - Carte régionale n° **25**-E2
Carte Michelin 341-D5 - Guide Vert Michelin Côte d'Azur

Alain Llorca

CUISINE PROVENÇALE • AUBERGE XXX Ceux qui se souviennent d'Alain Llorca au Moulin de Mougins connaissent sa sensibilité méditerranéenne, véritable ode à l'iode, empreinte de finesse et sensibilité. En clôture sucrée, d'appétissantes pâtisseries, préparées par son frère. Terrasse panoramique.

→ Poupeton de fleur de courgette à la truffe noire. Pigeon fermier du Tarn au grill à bois, tarte gourmande et jus court. Trois chocolats

Menu 48 € (déjeuner), 75/230 € - Carte 95/187 €

350 route de St-Paul - ✆ 04 93 32 02 93 - www.alainllorca.com

Le Blanc Manger

CUISINE PROVENÇALE • CONVIVIAL X Ce restaurant méridional est l'antre de Brigitte Guignery, chef passionnée par la cuisine provençale, qui a à cœur de "donner du sens au goût". Sa cuisine porte autant sa marque que celle de la région, simple et sincère. Terrasse patio sur l'arrière, dès l'arrivée des beaux jours.

Carte 35/48 €

1260 route de Cagnes - ✆ 04 93 22 51 20 - www.leblancmanger.fr - Fermé lundi, mardi

Alain Llorca

TRADITIONNEL • ÉLÉGANT Un "hôtel de chef", idéal pour parfaire l'expérience de la cuisine d'Alain Llorca. Pour décor : un jardin à flanc de colline ; pour horizon : la campagne provençale et le village de St-Paul-de-Vence... Beaux volumes et matériaux de qualité font toute l'élégance des chambres.

10 chambres - ††175/460 € - ☕ 20 €

350 route de St-Paul - ✆ 04 93 32 02 93 - www.alainllorca.com

✿ **Alain Llorca** - voir la sélection des restaurants

Marc Hély

FAMILIAL • MÉDITERRANÉEN Cette maison, un tantinet en retrait de la route de Cagnes, offre une jolie vue sur St-Paul-de-Vence et les monts alentour. Les chambres sont calmes, bien tenues et décorées dans un style provençal parfaitement accordé à cet environnement... L'accueil, très familial.

10 chambres - ††85/145 € - ☕ 12 €

535 route de Cagnes - ✆ 04 93 22 64 10 - www.hotel-marc-hely.com - Fermé 4-31 janvier

COLLIOURE

✉ 66190 (Pyrénées-Orientales) - Carte régionale n° **21**-B3
Carte Michelin 344-J7

La Balette

CUISINE MODERNE • COSY XXX Sur la route de Port-Vendres, tous les parfums de la région catalane se donnent rendez-vous dans les assiettes de ce restaurant baigné de soleil, qui regarde la belle Collioure les pieds dans l'eau... Respect des produits, poisson de première fraîcheur, intéressante carte des vins : cette table sort du lot.

→ Encornet de Méditerranée au chorizo ibérique. Rouget de la Côte Vermeille et cromesquis de boudin noir. Tarte au citron meringuée revisitée

Menu 35 € (déjeuner), 52/108 € - Carte 80/115 €

Relais des Trois Mas, route de Port-Vendres - ✆ 04 68 82 05 07 - www.relaisdestroismas.com - Fermé 6 janvier-15 mars

Le Neptune

CUISINE MODERNE • MÉDITERRANÉEN XX Exceptionnel ! Face au vieux port, un lieu magique avec ses terrasses nichées dans la roche, au cœur d'un beau jardin. Cuisine actuelle, qui louche vers la méditerranée, et jolies spécialités de la mer.

Menu 29 € (déjeuner), 39/99 € - Carte 52/93 €

route de Port-Vendres - ✆ 04 68 82 02 27 - www.leneptune-collioure.com

Le 5ème Péché

CUISINE MODERNE • ÉPURÉ X Un chef tokyoïte passionné de mets français et de vins... et sa petite table du vieux Collioure : quand le Japon rencontre la Catalogne ! Alors bien sûr, on déguste ici une cuisine fusion, où le poisson ultrafrais est roi.

Menu 27 € (déjeuner), 39/62 €

18 rue de la Fraternité - ✆ 04 68 98 09 76 - www.le5peche.com - Fermé 11-24 novembre, lundi, dimanche

Casa Païral

CUISINE TRADITIONNEL • PERSONNALISÉ Une jolie demeure catalane du 19e s. avec son traditionnel patio à l'andalouse, son jardin planté de magnolias et d'essences méditerranéennes... Les chambres, plutôt sobres, sont néanmoins très soignées. Du caractère et un vrai parfum de vacances !

27 chambres - ††89/325 € - ☕ 16 €

impasse des Palmiers - ✆ 04 68 82 05 81 - www.hotel-casa-pairal.com - Fermé 4 novembre-13 février

Relais des Trois Mas

FAMILIAL • COSY De ces mas enchâssés dans la roche, la vue est imprenable sur la baie de Collioure et Notre-Dame-des-Anges ! Les chambres affichent un style contemporain, dans un esprit bord de mer ; la terrasse et sa magnifique piscine complètent ce décor paradisiaque.

21 chambres - ††100/500 € - 2 suites - ☕ 20 €

route de Port-Vendres - ✆ 04 68 82 05 07 - www.relaisdestroismas.com - Fermé 6 janvier-15 mars

✿ **La Balette** - voir la sélection des restaurants

Madeloc

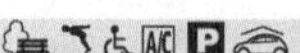

FAMILIAL • FONCTIONNEL Sur les hauteurs de la ville, dans un quartier résidentiel, un hôtel pratique et frais, avec des chambres agréables (certaines avec terrasse), un jacuzzi, une piscine panoramique et même un jardin à flanc de colline.

26 chambres - ††105/305 € - ☕ 14 €

24 rue Romain-Rolland - ✆ 04 68 82 07 56 - www.madeloc.com - Fermé 4 novembre-16 février

COLLOBRIÈRES

✉ 83610 (Var) - Carte régionale n° **24**-C3

Carte Michelin 340-M6 - Guide Vert Michelin Côte d'Azur

Notre Dame

AUBERGE • PERSONNALISÉ Au cœur du massif des Maures, on atteint le village par de jolies petites routes bordées de vignobles. La demeure (18e s.) n'est pas moins charmante ; elle revit sous l'égide de propriétaires passionnés (elle ancienne styliste de mode, lui ancien vigneron), qui en ont fait un vrai cocon, coloré et attachant...

16 chambres - ††79/195 € - ☕ 12 €

15 avenue de la Libération - ✆ 04 94 48 07 13 - www.hotel-collobrieres.com - Fermé 2 décembre-1er mars

COLLONGES-AU-MONT-D'OR - 69 (Rhône) → voir Lyon

Photononstop

ON AIME...

Quai 21, l'adresse gourmande d'un chef au beau parcours. **James**, un boutique-hôtel de caractère en plein centre-ville. **La Maison des Têtes**, une belle demeure historique aménagée en brasserie. **Girardin - Gastronomique**, belle table au cœur d'une demeure historique. **La Taverne Alsacienne**, pour une cuisine locale bien troussée. Et bien sûr, **JY'S**, la référence gastronomique de la ville...

COLMAR

✉ 68000 (Haut-Rhin) – Carte régionale n° **10**–C2

Carte Michelin 315-I8 – Guide Vert Michelin Alsace Vosges

Restaurants

✿✿ JY'S (Jean-Yves Schillinger)

CUISINE CRÉATIVE • DESIGN XX Schillinger : en Alsace, ce nom résonne avec une force particulière. On connaissait bien Jean, le père, disparu tragiquement en 1995 dans l'incendie criminel de son restaurant. On connaît aussi Jean-Yves, son fils qui, après avoir tourné provisoirement le dos à Colmar suite au drame, s'est exilé du côté de New York (Destinée, Olica), avant de revenir en 2002 dans sa ville natale.
Dans cette jolie maison de 1750, la façade en trompe-l'œil ne doit pas vous distraire : c'est dans l'assiette que ça se passe ! Bouillonnant d'idées, le chef bondit d'une tradition à l'autre, saluant tour à tour l'Alsace, les États-Unis, la Bretagne et le Japon avec une facilité déconcertante. Confiant en ses forces, renforcé par la deuxième étoile décrochée en 2016, il régale tous azimuts.
En témoignent ces ormeaux cuits à la plancha, accompagnés d'une soupe froide de laitue parfumée à l'ail des ours, ou encore ce faux-filet de bœuf Wagyu poêlé et servi avec des champignons shimejis, des feuilles de chou pak-choï et du riz frit aux cébettes : un dépaysement total... et des goûts d'exception.

→ Thon rouge mariné au wasabi, gingembre et huile de sésame. Homard breton cuit en cafetière et pépinettes au bouillon thaï. Feuille à feuille croustillant au chocolat parfumé au café

Menu 51 € (déjeuner), 86/130 € – Carte 92/117 €

Plan : C3-g – *17 rue de la Poissonnerie – ✆ 03 89 21 53 60 – www.jean-yves-schillinger.com – Fermé 10 février-4 mars, 25 août-9 septembre, lundi, dimanche*

Pour bien utiliser votre guide, consultez son mode d'emploi situé en pages d'introduction : symboles, classements, abréviations et autres signes n'auront plus de mystère pour vous !

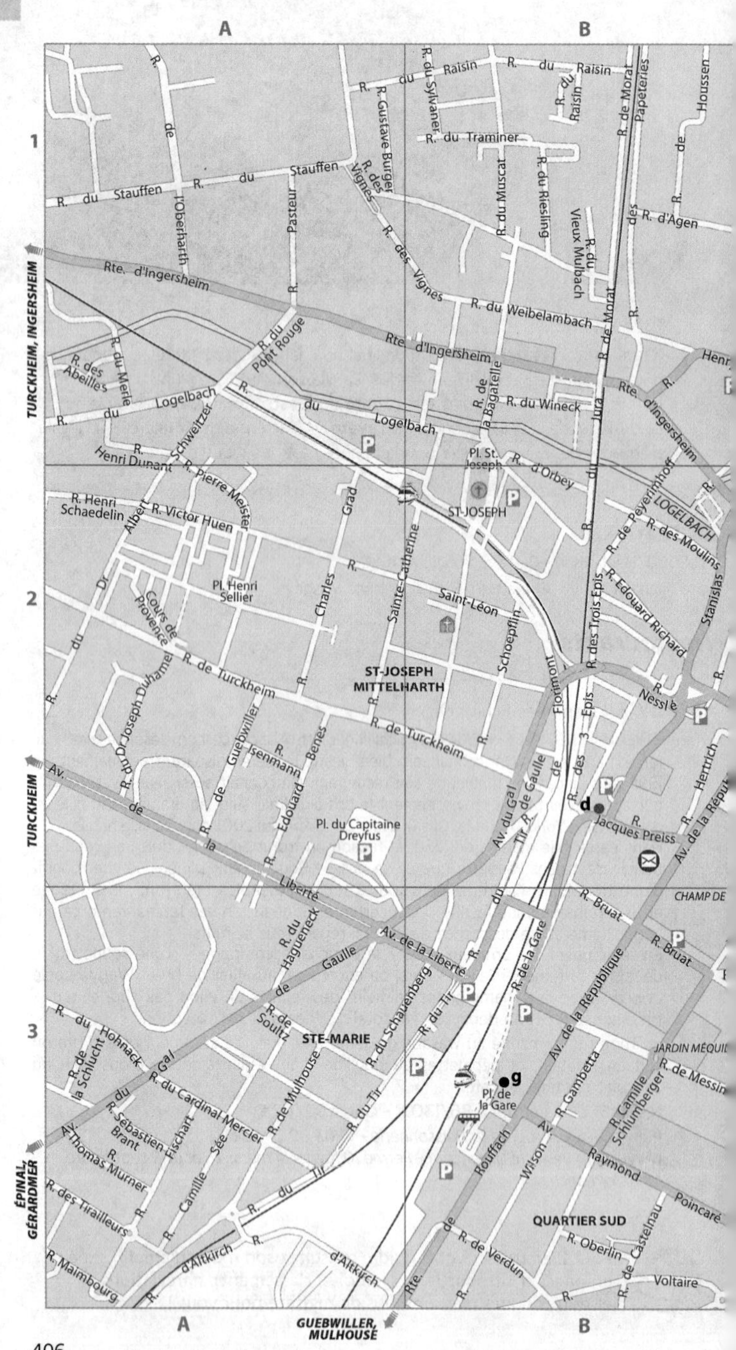
A
B
1
2
3
TURCKHEIM, INGERSHEIM
TURCKHEIM
ÉPINAL, GÉRARDMER
GUEBWILLER, MULHOUSE
R. du Raisin
R. du Raisin
R. du Sylvaner
R. Gustave Burger
R. du Traminer
R. de Morat
Papeteries
R. de Houssen
R. du Stauffen
R. du Stauffen
R. de l'Oberharth
R. Pasteur
R. des Vignes
R. des Vignes
R. du Muscat
R. du Riesling
R. du Vieux Mulbach
R. d'Agen
Rte. d'Ingersheim
Rte. d'Ingersheim
Rte. d'Ingersheim
R. du Weibelambach
R. du Pont Rouge
R. des Abeilles
R. du Merle
R. du Logelbach
R. du Logelbach
R. de la Bagatelle
R. du Wineck
R. de Morat
R. du Jura
Henri
R. Henri Dunant
R. Schweitzer
R. Pierre Meister
Pl. St. Joseph
R. d'Orbey
R. de Peyerimhoff
LOGELBACH
R. Henri Schaedelin
R. Victor Huen
ST-JOSEPH
R. des Moulins
R. Dr. Albert
R. Grad
R. Sainte-Catherine
R. Saint-Léon
R. Edouard Richard
R. Stanislas
Pl. Henri Sellier
R. Charles
Cours de Provence
R. Schoepflin
R. des Trois Epis
R. de Turckheim
ST-JOSEPH MITTELHARTH
R. Florimont
R. Nessle
R. du Dr Joseph Duhamel
R. de Guebwiller
R. Isenmann
R. Edouard Benes
R. de Turckheim
R. des 3 Epis
Av. du Gal de Gaulle
R. de Tir
R. Hertrich
Av. de la République
d
R. Jacques Preiss
Av. de la Liberté
Pl. du Capitaine Dreyfus
CHAMP DE
R. Bruat
R. Bruat
R. du Hagueneck
Av. de la Liberté
R. de la Gare
R. du Schauenberg
R. du Tir
R. de Soultz
STE-MARIE
Av. de la République
R. du Hohnack
R. de la Schlucht
Av. du Gal de Gaulle
R. du Cardinal Mercier
R. de Mulhouse
g
Pl. de la Gare
JARDIN MÉQUI
R. de Messin
R. Gambetta
R. Camille Schlumberger
R. Sébastien Brant
R. Fischart
R. Camille Sée
R. du Tir
Rte. de Rouffach
Av. Wilson
Av. Raymond Poincaré
R. Thomas Murner
R. des Tirailleurs
QUARTIER SUD
R. Maimbourg
R. d'Altkirch
R. d'Altkirch
R. de Verdun
R. Oberlin
R. de Castelnau
R. Voltaire

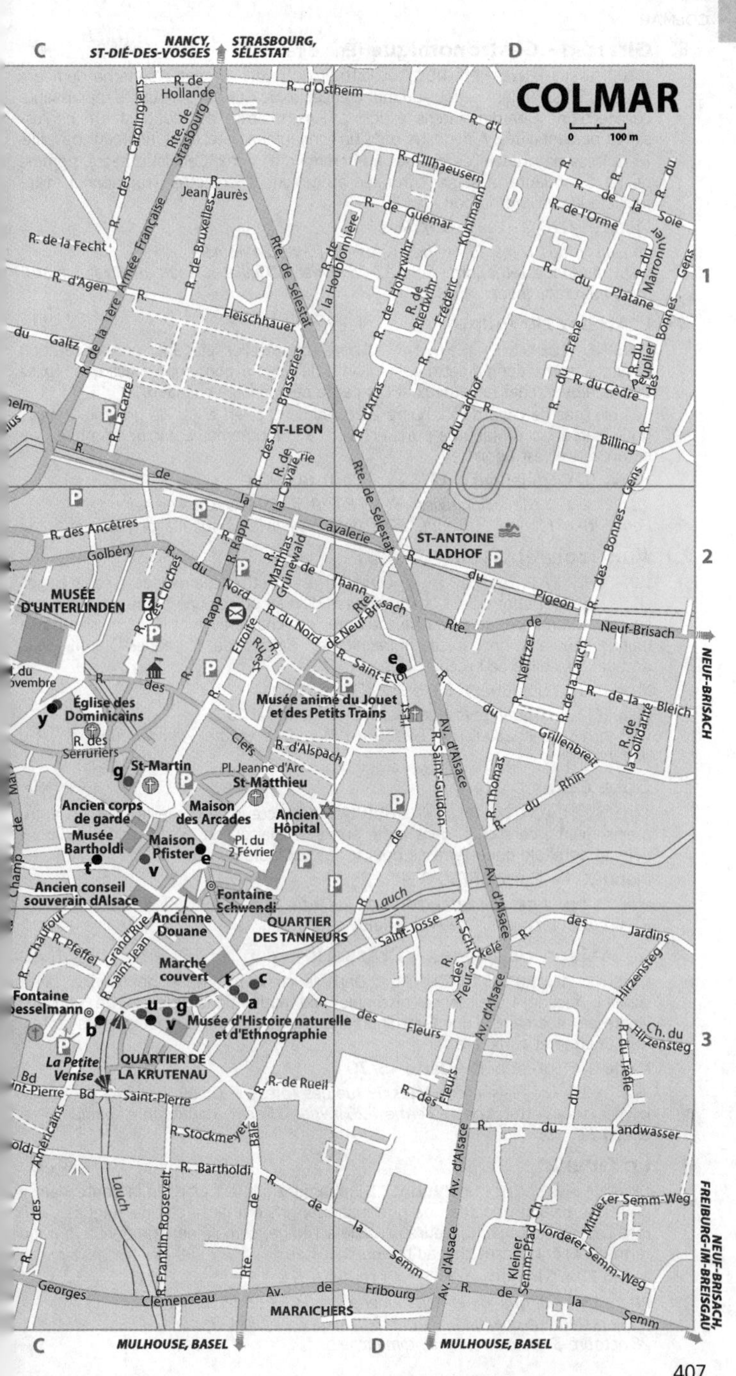

COLMAR
0
100 m
C
D
1
2
3
NANCY, ST-DIÉ-DES-VOSGES
STRASBOURG, SÉLESTAT
NEUF-BRISACH
NEUF-BRISACH, FREIBURG-IM-BREISGAU
MULHOUSE, BASEL
ST-LEON
ST-ANTOINE LADHOF
MUSÉE D'UNTERLINDEN
Église des Dominicains
St-Martin
St-Matthieu
Pl. Jeanne d'Arc
Ancien corps de garde
Maison des Arcades
Ancien Hôpital
Musée Bartholdi
Maison Pfister
Pl. du 2 Février
Ancien conseil souverain dAlsace
Fontaine Schwendi
Ancienne Douane
QUARTIER DES TANNEURS
Marché couvert
Musée d'Histoire naturelle et d'Ethnographie
Musée animé du Jouet et des Petits Trains
La Petite Venise
QUARTIER DE LA KRUTENAU
MARAICHERS
Rte. de Sélestat
Av. d'Alsace
Rte. de Neuf-Brisach
R. de la Cavalerie
R. du Ladhof
R. des Bonnes Gens
Av. de Fribourg
Av. Georges Clemenceau
R. Franklin-Roosevelt
Rte. de Bâle
R. de la Semm
R. du Landwasser
R. des Fleurs
R. des Jardins
Lauch

ꕤ Girardin - Gastronomique (Éric Girardin)

CUISINE MODERNE • ÉPURÉ XXX À l'attrait historique de cette superbe demeure bâtie au 17e s. sur les vestiges du mur d'enceinte de Colmar, s'ajoute la réjouissante cuisine d'Éric Girardin : intensité des saveurs, maîtrise des contrastes dans l'assiette, personnalité... A déguster dans un écrin minimaliste, au raffinement travaillé.

➔ Cuisses de grenouilles poêlées à la crème d'ail doux. Cabillaud nacré, pomme de terre fondante et sauce citronnée au piment d'Espelette. Traditionnel mille-feuille à la vanille Bourbon

Menu 95/120 € – Carte 80/135 €

La Maison des Têtes, 19 rue des Têtes – ✆ 03 89 24 43 43 – www.maisondestetes.com – Fermé 3-25 février, 30 juillet-16 août, lundi midi, mardi midi, mercredi, jeudi

ꕤ L'Atelier du Peintre (Loïc Lefebvre)

CUISINE MODERNE • TENDANCE XX Dans cet Atelier élégant, une décoration cosy chic sert d'écrin à cette belle palette de saveurs contemporaines que réalise Loïc Lefebvre, chef talentueux, à l'évidente personnalité culinaire.

➔ Foie gras de canard rôti, huître en condiment, céleri et jus de pomme. Rouget grillé, carpaccio de pied de porc, échalote à la moutarde. Cœur de framboise au citron vert et estragon

Menu 30 € (déjeuner), 49/89 € – Carte 80/90 €

Plan : C2-v – *1 rue Schongauer – ✆ 03 89 29 51 57 – www.atelier-peintre.fr – Fermé 10-26 février, 4-28 août, 23 décembre-3 janvier, lundi, mardi midi, dimanche*

Aux Trois Poissons

POISSONS ET FRUITS DE MER • CONVIVIAL XX Cette belle maison à colombages (16e s.) de la "Petite Venise" est toujours fidèle au poste : une bonne nouvelle, car l'on ne voudrait pas se priver de son ambiance chaleureuse et de sa cuisine gourmande aux airs de... pêche miraculeuse ! Huîtres de Marennes-Oléron, sole, dorade, quenelles de brochet, etc.

Menu 26 € (déjeuner), 39/59 € – Carte 35/70 €

Plan : C3-t – *15 quai de la Poissonnerie – ✆ 03 89 41 25 21 – www.aux-trois-poissons.fr – Fermé 2-16 juillet, 31 décembre-3 janvier, lundi, dimanche*

Côté Cour

CUISINE TRADITIONNELLE • CONVIVIAL XX Au cœur de la vieille ville, on entre précisément... côté cour, dans cette ancienne maison du 16es. Cuisine traditionnelle et agréable patio terrasse pour les beaux jours.

Menu 30 € – Carte 35/50 €

Plan : C2-g – *1 rue St-Martin (place de la Cathédrale) – ✆ 03 89 21 19 18 – www.cotecourcotefour.fr – Fermé lundi, dimanche*

La Maison des Têtes - Brasserie

CUISINE MODERNE • RÉGIONAL XX Dans le cœur historique de la ville, cette sublime façade Renaissance dissimule une authentique adresse de bouche ! L'adresse, aux mains d'Éric Girardin, marie cuisine au goût du jour et plats du terroir. Charme et caractère.

Menu 21 € (déjeuner) – Carte 45/70 €

Plan : C2-y – *La Maison des Têtes, 19 rue des Têtes – ✆ 03 89 24 43 43 – www.maisondestetes.com – Fermé 4-26 février, 25 août-8 septembre, lundi, dimanche*

Le Quai 21

CUISINE MODERNE • CONVIVIAL XX Embarquez sur les quais de la petite Venise pour une balade ponctuée de gourmandise, grâce à cette cuisine soignée, fleurant l'air de l'époque. Chaleureuse salle à l'étage, complétée d'un agréable patio terrasse. Esprit bistrot chic au rez-de-chaussée.

Menu 23 € (déjeuner)/45 € – Carte 50/65 €

Plan : C3-c – *21 quai de la Poissonnerie – ✆ 03 89 58 58 58 – www.restaurant-quai21.fr – Fermé 12-18 février, 22 juillet-11 août, 28 octobre-3 novembre, lundi, dimanche*

Le Théâtre

CUISINE CLASSIQUE • BRANCHÉ XX Face au théâtre, ce restaurant animé s'inspire des bistrots à l'ancienne et joue la carte de la tradition, avec de nombreux objets chinés et autres vieilles affiches publicitaires. Et dans l'assiette, les saveurs ne font pas dans la figuration !

Menu 36 € – Carte 30/50 €

Plan : C2-a – *1 rue des Bains – ✆ 03 89 29 29 29 – www.restaurantletheatrecolmar.com – Fermé 29 juillet-18 août*

L'Épicurien

CUISINE MODERNE • CONVIVIAL X Ce bistrot à vin convivial – on mange au coude à coude – est tout proche de la Petite Venise. Un cadre aussi sympathique que la cuisine du chef et ses produits de qualité. La sélection de vins impressionne, avec environ 200 références. Une adresse idéale pour changer un peu des winstubs !

Menu 17 € (déjeuner)/40 € – Carte 39/51 €

Plan : C3-a – *11 rue Wickram – ✆ 03 89 41 14 50 – www.epicurien-colmar.com – Fermé 29 juin-16 juillet, 21 décembre-8 janvier, lundi, dimanche*

L'Essentiel

CUISINE CLASSIQUE • CONTEMPORAIN X De retour dans sa ville natale, Olivier Reither réalise une solide cuisine d'inspiration classique, très bien maîtrisée dans l'ensemble. Elle se déguste dans une salle moderne et décorée en toute simplicité : parfait pour se concentrer sur l'assiette.

Menu 17 € (déjeuner), 35/58 € – Carte 35/50 €

Plan : B2-d – *9 rue Jacques-Preiss – ✆ 03 89 24 16 14 – www.lessentielrestaurant.com – Fermé lundi, samedi midi, dimanche soir*

La Petite Venise

CUISINE TRADITIONNELLE • FAMILIAL X Dans la Petite Venise, cette maison du 17e s. du même nom invite à goûter des recettes alsaciennes transmises de génération en génération, préparées au gré des saisons. Une adresse nostalgique et attachante, entre bistrot et winstub.

Carte 28/45 €

Plan : C3-v – *4 rue de la Poissonnerie – ✆ 03 89 41 72 59 – www.restaurantpetitevenise.com – Fermé 26 juin-10 juillet, mercredi, jeudi midi, dimanche midi*

Wistub Brenner

CUISINE ALSACIENNE • CONVIVIAL X Dans cette authentique winstub, la cuisine est forcément régionale : presskopf (hure de porc en gelée), salade au munster pané, choucroute. Production locale, ambiance conviviale, et sympathique terrasse.

Menu 32 €

Plan : C3-u – *1 rue de Turenne – ✆ 03 89 41 42 33 – www.wistub-brenner.fr – Fermé 12-21 novembre*

Hôtels

La Maison des Têtes

MAISON DE MAÎTRE • CLASSIQUE Le couple Girardin a rénové avec goût cette superbe demeure, bâtie au 17e s. sur les vestiges du mur d'enceinte de Colmar. On apprécie l'élégance intemporelle des chambres, ainsi que l'agréable salle de petit-déjeuner. Un cocon charmant, à cheval sur les siècles.

21 chambres – ††270/340 € – ☕ 23 €

Plan : C2-y – *19 rue des Têtes – ✆ 03 89 24 43 43 – www.maisondestetes.com – Fermé 4-26 février*

Girardin - Gastronomique • **La Maison des Têtes - Brasserie** – voir la sélection des restaurants

Le Colombier

URBAIN • DESIGN Qui pourrait croire que cette bâtisse régionale du 15e s., pleine de charme avec son escalier Renaissance et son patio, dissimule... pareille modernité ? L'intérieur a été entièrement repensé par un designer italien et c'est une réussite.

43 chambres – ††109/345 € – 3 suites – ☕ 16 €

Plan : C3-u – *7 rue de Turenne* – *☎ 03 89 23 96 00* – *www.hotel-le-colombier.fr*

Grand Hôtel Bristol

TRADITIONNEL • CLASSIQUE Face à la gare de Colmar, cet immeuble Belle Époque est fort engageant. Beaucoup de confort dans les chambres, contemporaines ou plus classiques, et de beaux espaces, que ce soit pour les séminaires ou la détente. Et à l'heure du repas, direction l'Auberge.

91 chambres – ††92/290 € – ☕ 17 €

Plan : B3-g – *7 place de la Gare* – *☎ 03 89 23 59 59* – *www.grand-hotel-bristol.com*

Hostellerie Le Maréchal

TRADITIONNEL • COSY Les chambres de ces maisons de la Petite Venise sont garnies de meubles de style (Louis XV, Louis XVI) et répondent aux noms évocateurs de Lully, Mozart, Bizet... Quant au petit-déjeuner, copieux à souhait, il ne joue pas les arlésiennes. Et le personnel se montre très à l'écoute des clients !

30 chambres – ††115/300 € – ☕ 18 €

Plan : C3-b – *4 place des Six-Montagnes-Noires* – *☎ 03 89 41 60 32* – *www.le-marechal.com*

James

URBAIN • CONTEMPORAIN En léger retrait du centre-ville, cette construction moderne abrite un hôtel tout neuf, au style contemporain. Chambres confortables, excellent petit-déjeuner "terroir alsacien" et accueil charmant.

30 chambres – ††96/294 € – ☕ 17 €

Plan : D2-e – *15 rue Saint-Eloi* – *☎ 03 89 21 93 70* – *www.james-hotel.com*

St-Martin

FAMILIAL • PERSONNALISÉ Dans le quartier historique, ces quatre maisons des 14e et 17e s. s'ordonnent autour d'une cour intérieure avec tourelle et escalier à vis Renaissance. Les chambres, toutes différentes, ont le charme un peu rétro du style alsacien. Pittoresque... et idéalement situé pour découvrir la vieille ville !

40 chambres – ††85/180 € – ☕ 12 €

Plan : C2-e – *38 Grande-Rue* – *☎ 03 89 24 11 51* – *www.hotel-saint-martin.com* – *Fermé 1er janvier-15 mars, 10-21 novembre*

Quatorze

URBAIN • PERSONNALISÉ Un boutique-hôtel urbain et contemporain, en plein cœur de la vieille ville. Petit espace bien-être (hammam, sauna, massage). Produits bio au petit-déjeuner.

14 chambres – ††115/230 € – ☕ 16 €

Plan : C2-t – *14 rue des Augustins* – *☎ 03 89 20 45 20* – *www.hotelquatorze.com*

à Ingersheim 4 km au Nord-Ouest – ✉ 68040

La Taverne Alsacienne

CUISINE TRADITIONNELLE • AUBERGE XX Dirigée par la famille Guggenbuhl depuis 1964, cette taverne à la façade rouge typique mérite amplement sa réputation. Même ceux qui ne connaissent rien à la cuisine alsacienne seront conquis par sa divine choucroute traditionnelle (entre autres délices) ; le tout accompagné de beaux vins d'Alsace !

Menu 19 € (déjeuner), 30/58 € – Carte 45/70 €

99 rue de la République – *☎ 03 89 27 08 41* – *www.tavernealsacienne-familleguggenbuhl.com* – *Fermé 29 avril-6 mai, 22 juillet-5 août, 27 décembre-11 janvier, lundi, jeudi soir, dimanche soir*

à Wettolsheim 4,5 km à l'Ouest par D417 et D1bis II – ✉ 68920

La Palette

CUISINE MODERNE • TENDANCE XX Le chef a beau être savoyard, on déguste ici une belle cuisine traditionnelle alsacienne qui ne dédaigne pas les clins d'œil à la modernité. La carte des vins est très complète et met à l'honneur les vignerons du village. Chambres claires et fraîches pour l'étape. Une bonne adresse.

Menu 32/69 € – Carte 50/64 €

9 rue Herzog – ✆ 03 89 80 79 14 – www.lapalette.fr – Fermé 2-6 janvier, 11-25 février, lundi, mardi midi, dimanche soir

LA COLMIANE

✉ 06420 (Alpes-Maritimes) – Carte régionale n° **24**-D2
Carte Michelin 341-E3 – Guide Vert Michelin Côte d'Azur

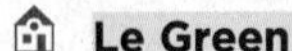

Le Green

TRADITIONNEL • PERSONNALISÉ Dans l'arrière-pays niçois, à l'orée du Mercantour, se cache cet écolodge qui sort – littéralement – des sentiers battus. Ici, on est "green" à tous les niveaux : déco en bois récupéré, nature omniprésente, menu bio au restaurant. Toute une expérience !

6 chambres – 100/160 € – 15 €

route du Télésiège – ✆ 04 93 03 00 00 – www.greenecolodge.com

COLOMBES – 92 (Hauts-de-Seine) ➜ voir Autour de Paris

COLOMBEY-LES-DEUX-ÉGLISES

✉ 52330 (Haute-Marne) – Carte régionale n° **11**-C3
Carte Michelin 313-J4 – Guide Vert Michelin Champagne Ardenne

✿ Hostellerie la Montagne (Jean-Baptiste Natali)

CUISINE MODERNE • ÉLÉGANT XXX Dans ce paisible village cher à de Gaulle, les beaux produits de nos terroirs... mais surtout un savoir-faire sans nostalgie, car la cuisine est ici affaire d'invention. La gastronomie française à l'heure contemporaine – et de même pour le décor !

➜ Langoustine royale rôtie, jus glacé de groseilles du jardin. Ris de veau braisé, fenouil au citron confit et girolles. Crémeux et sorbet de cerises du verger

Menu 28 € (déjeuner), 35/105 € – Carte 91/125 €

10 rue Pisseloup – ✆ 03 25 01 51 69 – www.hostellerielamontagne.com – Fermé 14-29 janvier, 18 février-5 mars, lundi, mardi

À La Table du Général

CUISINE TRADITIONNELLE • BISTRO X Envie de déguster les plats préférés du général de Gaulle ? Poussez donc la porte de ce petit bistrot qui fait de la résistance pour proposer, intactes, les bonnes recettes de la tradition (blanquette de veau et daube de bœuf étaient les chouchous du grand homme). Un endroit sympathique où les prix le sont tout autant.

Menu 24 € (déjeuner)

54 rue du Général-de-Gaulle – ✆ 03 25 01 51 69 – www.latabledugeneral.fr – Fermé 10 décembre-5 mars, lundi, mardi, mercredi soir, jeudi soir, vendredi soir, samedi soir, dimanche soir

Hostellerie la Montagne

LUXE • COSY Jardin et verger, demeure rénovée avec goût dans une veine contemporaine, chambres cosy et confortables : cette demeure en pierre cultive joliment les charmes de la France éternelle.

8 chambres – 115/140 € – 1 suite – 14 €

10 rue Pisseloup – ✆ 03 25 01 51 69 – www.hostellerielamontagne.com – Fermé 14-29 janvier, 18 février-5 mars

✿ **Hostellerie la Montagne** – voir la sélection des restaurants

COLOMBIÈRES-SUR-ORB

✉ 34390 (Hérault) – Carte régionale n° **21**–B2
Carte Michelin 339-D7 – Guide Vert Michelin Languedoc

Granit

CUISINE MODERNE • AUBERGE XX Au sein de la "Mécanique des Frères Bonano", un décor tout de granit et de bois. Dans l'assiette, des produits de saison fins et bien travaillés, à l'image de ces huîtres pochées sur un taboulé végétal au wasabi, spécialité du chef. Jolie sélection de vins de la région, et formule tapas au bistrot. Service professionnel et souriant.

Menu 37/87 €

lieu-dit La Mécanique – ✆ 04 67 97 30 52 – www.lamecaniquedesfreresbonano.fr – Fermé mardi, mercredi

COLOMBIERS

✉ 34440 (Hérault) – Carte régionale n° **21**–B2
Carte Michelin 339-D9 – Guide Vert Michelin Languedoc Roussillon

Au Lavoir

CUISINE MÉDITERRANÉENNE • ÉLÉGANT XX Voisine du canal du Midi, cette belle maison jaune semble rayonner, particulièrement quand le soleil baigne son jardin verdoyant (avec terrasse). Pleinement inspirée par la Méditerranée, la cuisine fait la part belle au produit et embaume les parfums du Sud. N'hésitez pas à réserver l'une des élégantes chambres de l'étage.

Menu 15 € (déjeuner), 31/59 € – Carte 15/27 €

rue du Lavoir – ✆ 04 67 26 16 15 – www.au-lavoir.com – Fermé lundi midi

COLOMIERS – 31 (Haute-Garonne) → voir Toulouse

COLROY-LA-ROCHE

✉ 67420 (Bas-Rhin) – Carte régionale n° **10**–A2
Carte Michelin 315-H6

Hostellerie La Cheneaudière

CUISINE MODERNE • ÉLÉGANT XX Dans cet établissement élégant, les salles à manger affichent un esprit nature, et montagnard chic. La carte, courte et raffinée, fait d'alléchantes propositions : variations autour du foie gras, fricassée de homard, pigeon de ferme rôti et farci...

Menu 75/95 €

3 rue Vieux-Moulin – ✆ 03 88 97 61 64 – www.cheneaudiere.com – Fermé 4 mars-4 avril, lundi midi, mardi midi, mercredi midi, jeudi midi, vendredi midi

Hostellerie La Cheneaudière

SPA ET BIEN-ÊTRE • ÉLÉGANT À flanc de colline, cette imposante demeure d'esprit traditionnel se révèle chic et accueillante. Que ce soit dans les chambres spacieuses aux teintes apaisantes ou dans le superbe spa (2000 m2) sur le thème de la nature, on ressent comme un sentiment d'exclusivité...

32 chambres – 185/440 € – 6 suites – 25 €

3 rue Vieux-Moulin – ✆ 03 88 97 61 64 – www.cheneaudiere.com – Fermé 4 mars-4 avril

Hostellerie La Cheneaudière – voir la sélection des restaurants

COLY – 24 (Dordogne) → voir Lardin-St-Lazare

COMBEAUFONTAINE

✉ 70120 (Haute-Saône) – Carte régionale n° **6**–B1
Carte Michelin 314-D6

Le Balcon

CUISINE TRADITIONNELLE • AUBERGE XX Digne héritier de son père, le jeune chef, Jean-Philippe Gauthier, perpétue la tradition de cette belle maison, avec ses incontournables – terrine de volaille campagnarde, ou encore le fameux poulet au vin jaune –, que l'on savoure dans une salle alliant caractère et authenticité. Délicieux ! Chambres récemment rénovées.

Menu 30/67 € – Carte 42/72 €

2 Grande-Rue – ✆ 03 84 92 11 13 – www.le-balcon-70.fr – Fermé 24 juin-5 juillet, 26 décembre-20 janvier, lundi, mardi midi, dimanche soir

COMBES – 34 (Hérault) ➜ voir Lamalou-les-Bains

COMBLOUX

✉ 74920 (Haute-Savoie) – Carte régionale n° **4**-F1
Carte Michelin 328-M5 – Guide Vert Michelin Alpes du Nord

Aux Ducs de Savoie

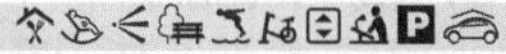

FAMILIAL • MONTAGNARD Un vaste chalet tout en bois dans un superbe cadre alpin. Atmosphère conviviale et feutrée, piscine face au mont Blanc, sauna, jacuzzi et restaurant de tradition dans une salle panoramique : une sympathique villégiature.

50 chambres – ††155/250 € – ☕ 18 €

253 route du Bouchet – ✆ 04 50 58 61 43 – www.ducs-de-savoie.com – Fermé 21 avril-1er juin

Au Cœur des Prés

TRADITIONNEL • MONTAGNARD Sur les hauts de Combloux, un beau chalet traditionnel tenu en famille, avec des chambres fraîches et pimpantes, dans un esprit montagnard et bucolique. L'espace bien-être met à disposition sauna, hammam avec chromothérapie, etc. Les habitués sont nombreux et on les comprend !

30 chambres ☕ – ††130/165 €

152 chemin du Champet – ✆ 04 50 93 36 55 – www.hotelaucoeurdespres.com – Fermé 5 avril-15 juin, 15 septembre-20 décembre

Le Coin Savoyard

TRADITIONNEL • MONTAGNARD Une ancienne ferme datant du 19e s., où règne une délicieuse atmosphère rustique. Elle abrite de confortables chambres, qui donnent toutes sur les monts. À l'heure du repas, spécialités régionales devant la cheminée ou sur la terrasse.

14 chambres – ††90/165 € – ☕ 13 €

300 route de la Cry (Cuchet) – ✆ 04 50 58 60 27 – www.coin-savoyard.com – Fermé 14 avril-8 juin, 15 septembre-14 décembre

COMPIÈGNE

✉ 60200 (Oise) – Carte régionale n° **14**-B2
Carte Michelin 305-H4

au Meux 11 km à l'Ouest – ✉ 60880

Auberge de la Vieille Ferme

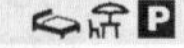

CUISINE TRADITIONNELLE • AUBERGE X Dans ce petit village non loin de Compiègne, l'ancienne ferme est aujourd'hui un hôtel-restaurant très couru. En cuisine, tout est fait maison, et le jeune chef excelle dans la réinterprétation des grands classiques : sole meunière, tête de veau... avec, parfois, quelques influences plus exotiques. Très recommandable.

Menu 33 € – Carte 39/72 €

58 rue de la République – ✆ 03 44 41 58 54 – www.hotel-restaurant-oise.com – Fermé 23 décembre-3 janvier, lundi, samedi midi, dimanche soir

à Rethondes 10 km au Sud-Est par D973 – ✉ 60153

Auberge du Pont de Rethondes

CUISINE MODERNE • ÉLÉGANT XXX Sa jolie façade traditionnelle exprime le charme de ce village des bords de l'Aisne. Elle cache une salle à l'atmosphère classique et feutrée (tables rondes, nappes blanches, mobilier de style, etc.), parfaite pour un repas porté par l'imagination du chef et les bons produits de la saison... Terrasse côté jardin.

Menu 35/88 € – Carte 65/132 €

21 rue du Maréchal-Foch – ☎ 03 44 85 60 24 – www.aubergedupont-rethondes.fr – Fermé lundi, mardi, dimanche soir

CONCARNEAU

✉ 29900 (Finistère) – Carte régionale n° **7**-B2

Carte Michelin 308-H7 – Guide Vert Michelin Bretagne Sud

Le Flaveur

CUISINE MODERNE • INTIME XX Ce restaurant se niche dans une petite rue calme, légèrement en retrait du port de plaisance et de la ville close. Aux commandes, le jeune chef fait preuve d'une inventivité rafraîchissante, à l'image de ce lieu jaune, écume iodée, cromesquis d'huître et pamplemousse marin...

Menu 20 € (déjeuner), 29/60 €

4 rue Duquesne – ☎ 02 98 60 43 47 – Fermé 9-25 février, lundi, jeudi soir, dimanche soir

L'Amiral

POISSONS ET FRUITS DE MER • CONVIVIAL XX Un restaurant vraiment engageant, tout en boiseries sombres et allusions marines élégantes. Bien situé, face à la ville close, il propose tous les grands classiques d'une cuisine de la mer. Avec une spécialité : la grande cocotte de l'Amiral, une version chaude de l'incontournable plateau de fruits de mer !

Menu 21/47 € – Carte 35/55 €

1 avenue Pierre-Gueguin – ☎ 02 98 60 55 23 – www.restaurant-amiral.com – Fermé 10-25 février, 3-25 novembre, lundi, dimanche soir

La Coquille

POISSONS ET FRUITS DE MER • TENDANCE XX Nouveau décor et nouvelle jeunesse pour cette véritable institution locale, située en plein milieu du port de pêche. Le décor est désormais contemporain, avec des matériaux naturels – parquet brut, murs de bois brossé ; quant à la cuisine, elle fait toujours la part belle aux produits de la mer et à la tradition.

Menu 32/48 € – Carte 44/92 €

1 quai du Moros – ☎ 02 98 97 08 52 – www.lacoquille-concarneau.com – Fermé lundi, mercredi soir, dimanche soir

Les Sables Blancs

TRADITIONNEL • CONTEMPORAIN Les vagues déferlent sur la plage des Sables-Blancs, au pied de cet hôtel dont les chambres, claires et tendance, ont toutes un balcon qui donne sur le large. De quoi prendre un véritable bain d'iode et de lumière !

18 chambres – 99/275 € – 3 suites – 15 €

plage des Sables-Blancs – ☎ 02 98 50 10 12 – www.hotel-les-sables-blancs.com

Hôtel de l'Océan

TRADITIONNEL • FONCTIONNEL L'Océan ! Voilà l'atout majeur de cet imposant bâtiment moderne. Dans le salon, comme au restaurant (cuisine de la mer) et dans les chambres – avec un balcon pour celles qui donnent sur la plage –, il est partout. Fonctionnel, spacieux et bien équipé : un hôtel pour un séjour reposant.

70 chambres – 90/210 € – 13 €

plage des Sables-Blancs – ☎ 02 98 50 53 50 – www.hotel-ocean.com

Hôtel de France et d'Europe

FAMILIAL · FONCTIONNEL Voici un hôtel familial, idéalement placé pour aller visiter à pied la ville et le port de plaisance ; l'ensemble a été rénové dans un style design et contemporain.

22 chambres – 92/142 € – 12 €

9 avenue de la Gare – ☎ 02 98 97 00 64 – www.hotel-france-europe.com – Fermé 21 décembre-4 février

CONCREMIERS

✉ 36300 (Indre) – Carte régionale n° **8**-B3
Carte Michelin 323-C7

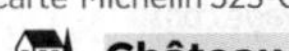

Château de Forges

DEMEURE HISTORIQUE · PERSONNALISÉ Un authentique château fort, érigé à la fin du 15e s. par l'ancêtre des actuels propriétaires ! On remonte le temps lorsque l'on en franchit le porche couronné de mâchicoulis, avant de découvrir le superbe donjon… Et le confort des lieux n'a rien de médiéval (hammam, bain balnéo, etc.). Unique !

3 chambres – 150 € – 12 €

1 km à l'Ouest par D53 – ☎ 02 54 37 40 03 – www.chateaudeforges.fr

Un important déjeuner d'affaires ou un dîner entre amis ?
Le symbole ⊕ vous signale les salons privés.

CONDOM

✉ 32100 (Gers) – Carte régionale n° **22**-A2
Carte Michelin 336-E6

La Table des Cordeliers (Éric Sampietro)

CUISINE MODERNE · ÉLÉGANT Un endroit rare que cet ancien couvent niché dans la verdure, avec sa chapelle du 13e s. sous les voûtes de laquelle on prend place pour le repas… Le talentueux Éric Sampietro a su lui redonner ses lettres de noblesse : face à la finesse, l'inventivité et la justesse des assiettes, l'évidence est là, c'est un régal.

→ Cuisine du marché

Menu 35/95 € – Carte 90/95 €

1 rue des Cordeliers – ☎ 05 62 68 43 82 – www.latabledescordeliers.com – Fermé 2-20 janvier, lundi, dimanche

Côté Bistrot – voir la sélection des restaurants

Côté Bistrot

CUISINE MODERNE · BRANCHÉ Ce Côté Bistrot est une aubaine : un excellent rapport qualité-prix et des plats qui invitent à se lécher les babines, comme ces asperges en vinaigrette, mousseline au persil ; ce sandre rôti, fricassée de légumes, thym émulsionné ; ou encore le tiramisu à la pomme caramélisée et glace vanille.

Menu 24/39 €

La Table des Cordeliers, 3 rue des Cordeliers – ☎ 05 62 68 43 84 – www.latabledescordeliers.com – Fermé lundi, dimanche

Continental

BUSINESS · FONCTIONNEL La Baïse coule au pied de cet hôtel. Les chambres, joliment rénovées, donnent pour la plupart sur un joli jardin paysagé ; on profite aussi d'un sauna avec jets et d'un bassin de nage. Massages sur demande.

29 chambres – 68/155 € – 3 suites – 10 €

20 avenue du Maréchal-Foch – ☎ 05 62 68 37 00 – www.lecontinental.net

CONDORCET – 26 (Drôme) → voir Nyons

CONDRIEU

69420 (Rhône) - Carte régionale n° **2**-B2
Carte Michelin 327-H7 - Guide Vert Michelin Lyon et sa région

Hôtellerie Beau Rivage

CUISINE CLASSIQUE • ÉLÉGANT Une table classique et soignée, où les mets tirent partie des produits régionaux : fleur de courgette farcie à la mousseline de brochet et beurre d'estragon, côte de bœuf cuite au foin et sauce à la fourme d'Ambert... Enfin, les baies vitrées et la terrasse permettent de profiter d'une vue exquise sur le fleuve.

Menu 41 € (déjeuner), 64/98 € - Carte 70/110 €

2 rue du Beau-Rivage - 04 74 56 82 82 - www.hotel-beaurivage.com

Hôtellerie Beau Rivage

LUXE • CLASSIQUE Dans l'un des plus fameux vignobles des côtes du Rhône, cet hôtel familial semble rêvasser au bord du fleuve... Une douceur de vivre que l'on retrouve au jardin et dans les chambres, élégantes. Une belle manière de découvrir cette région viticole !

19 chambres - 120/340 € - 10 suites - 19 €

2 rue du Beau-Rivage - 04 74 56 82 82 - www.hotel-beaurivage.com

Hôtellerie Beau Rivage - voir la sélection des restaurants

CONILHAC-CORBIÈRES

11200 (Aude) - Carte régionale n° **21**-B3
Carte Michelin 344-H3

Auberge Côté Jardin

CUISINE MODERNE • AUBERGE Cette auberge a beau se trouver sur la nationale, elle n'en est pas moins en pleine nature. Le potager et le poulailler, situés à l'arrière, sont une source régulière de bons produits ! Quelques chambres pour l'étape.

Menu 25/60 € - Carte 60/70 €

7 avenue 113 - 04 68 27 08 19 - www.auberge-cotejardin.com

CONLEAU - 56 (Morbihan) → voir Vannes

CONNELLES

27430 (Eure) - Carte régionale n° **17**-D2
Carte Michelin 304-H6

Le Moulin de Connelles

CUISINE CLASSIQUE • ROMANTIQUE Dans cet ancien et superbe moulin surplombant un petit bras de la Seine, on se croirait presque à Chenonceau. Ici, le décor comme l'assiette ne sont qu'élégance, classicisme de bon aloi et douceur feutrée... Un joli songe à faire tout éveillé !

Menu 46/75 €

40 route d'Amfreville-sous-les-Monts - 02 32 59 53 33 - www.moulin-de-connelles.fr - Fermé 2-30 janvier, lundi, mardi midi, mercredi midi, jeudi midi

Le Moulin de Connelles

LUXE • PERSONNALISÉ Sur un bras de la Seine, cet authentique manoir anglo-normand est un vrai joyau romantique ! Ses tourelles et colombages se reflètent dans le fleuve, le parc arboré est ravissant, l'accueil charmant, et les chambres d'un goût exquis. La délicatesse incarnée...

9 chambres - 160/245 € - 3 suites - 18 €

40 route d'Amfreville-sous-les-Monts - 02 32 59 53 33 - www.moulin-de-connelles.fr - Fermé 2-30 janvier

Le Moulin de Connelles - voir la sélection des restaurants

CONQUES

12320 (Aveyron) - Carte régionale n° **22**-C1
Carte Michelin 338-G3

Hervé Busset

CUISINE CRÉATIVE • ÉLÉGANT Épure contemporaine et élégance au service d'une cuisine de chef créative, maîtrisée et soignée. Hervé Busset, passionné par les herbes, les plantes régionales et les beaux produits, n'a de cesse d'innover : il varie les garnitures et superpose les saveurs, poudres, émulsions, tout cela décliné sous la forme d'un menu-mystère... Une réussite !

→ Oseille sauvage et shabu-shabu de foie gras de canard. Pigeon rôti et caramel de berce. Chocolat bio cru à la menthe

Menu 40 € (déjeuner), 65/110 € - Carte 75/110 €

Domaine de Cambelong, 3 km au Sud par D901 - 05 65 72 84 77 - www.moulindecambelong.com - Fermé 1er novembre-13 avril, lundi, mardi midi, mercredi midi, jeudi midi

Hervé Busset

AUBERGE • CONTEMPORAIN Dans l'un des derniers moulins à eau du 18e s. en bordure du Dourdou, les chambres jouent la carte du contraste, additionnant les couleurs, affichant un style résolument contemporain et design... Calme, reposant et singulier.

9 chambres - 150/240 € - 1 suite - 20 €

Domaine de Cambelong, 3 km au Sud par D901 - 05 65 72 84 77 - www.moulindecambelong.com - Fermé 1er novembre-12 avril

Hervé Busset - voir la sélection des restaurants

Ste-Foy

AUBERGE • PERSONNALISÉ Au cœur de ce superbe et célèbre village niché dans les gorges de l'Ouche, cette demeure du 17e s. (belle façade à colombages) contemple la sublime abbatiale Ste-Foy. Aux beaux jours, le patio sent la glycine et il fait bon y entendre bruire la fontaine... un vrai plaisir. Le plus ? L'absence de télévision dans les chambres.

17 chambres - 85/175 € - 14 €

rue Principale - 05 65 69 84 03 - www.hotelsaintefoy.com - Fermé 1er novembre-15 avril

LE CONQUET

29217 (Finistère) - Carte régionale n° **7**-A2
Carte Michelin 308-C4 - Guide Vert Michelin Bretagne Nord

à la Pointe de St-Mathieu 4 km au Sud - 29217

Hostellerie de la Pointe St-Mathieu (Nolwenn Corre)

CUISINE MODERNE • CONTEMPORAIN Attention, belle surprise à l'Ouest ! Dans un décor tout en contrastes (vieilles pierres, cheminée monumentale, mobilier franchement contemporain), la jeune chef se montre déterminée et bien à son aise. Recettes raffinées et soignées visuellement, superbes produits travaillés avec justesse... et bon rapport qualité-prix.

→ Artichaut barigoule, langoustine simplement raidie, anchoïade légère et roquette. Lieu jaune de ligne du Conquet, bouillon de crustacés à la verveine fraîche. Chocolat guanaja crémeux, confit de fenouil et caramel d'absinthe

Menu 29 € (déjeuner), 45/98 € - Carte 68/105 €

7 place St-Tanguy - 02 98 89 00 19 - www.pointe-saint-mathieu.com - Fermé 6 janvier-4 février, lundi, mardi midi, dimanche soir

Hostellerie de la Pointe St-Mathieu

FAMILIAL • PERSONNALISÉ Phare, sémaphores, vestiges d'abbaye... Pas de doute, c'est bien la pointe ouest de la Bretagne, et ses paysages de tempête. Heureusement, cette maison de pays élégante et contemporaine, tout en teintes douces, est un refuge de choix !

33 chambres - 95/300 €

7 place St-Tanguy - 02 98 89 00 19 - www.pointe-saint-mathieu.com

Hostellerie de la Pointe St-Mathieu - voir la sélection des restaurants

 **Vent d'Iroise** 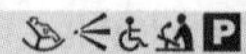

TRADITIONNEL • CONTEMPORAIN Idéalement placé pour partir en balade sur les sentiers de la pointe St-Mathieu, cet hôtel récent conviendra à ceux qui recherchent un maximum de calme. Un style dépouillé et plaisant, pour communier avec la mer.

24 chambres – 49/121 € – 10 €

rue du Lavoir – 02 98 89 45 00 – www.hotel-vent-iroise.com

LES CONTAMINES-MONTJOIE

74170 (Haute-Savoie) – Carte régionale n° **4**–F1

Carte Michelin 328-N6 – Guide Vert Michelin Alpes du Nord

L'Ô à la Bouche 

CUISINE MODERNE • CONTEMPORAIN XX Un lieu, deux atmosphères, mais toujours l'eau à la bouche... Au rez-de-chaussée, cadre contemporain autour d'une cuisine gastronomique fraîche et goûteuse, concoctée par un chef qui affectionne les produits frais et le poisson ; au sous-sol (et seulement l'hiver), raclettes, fondues, grillades et convivialité toute montagnarde !

Menu 21 € (déjeuner), 35/45 €

510 route Notre-Dame-de-la-Gorge – 04 50 47 81 67 – www.lo-contamines.com – Fermé 15 mai-15 juin, 15 octobre-15 décembre, lundi midi

 **Gai Soleil** 

FAMILIAL • TRADITIONNEL Un joli chalet dominant la station, superbement fleuri en saison, tout comme son agréable jardin. Les chambres, d'esprit montagne, sont simples et d'une tenue parfaite ; dans la salle rustique et chaleureuse du restaurant, on sert des petits plats traditionnels.

18 chambres – 94/134 € – 13 €

288 chemin des Layes – 04 50 47 02 94 – www.gaisoleil.com – Fermé 19 avril-8 juin

CONTEVILLE

27210 (Eure) – Carte régionale n° **17**–A3

Carte Michelin 304-C5 – Guide Vert Michelin Normandie Vallée de la Seine

Auberge du Vieux Logis 

CUISINE CLASSIQUE • ÉLÉGANT XXX Une façade à colombages fleurie de géraniums en été, un décor mêlant modernité et cachet ancien (briques rouges, charpente apparente) : ce Vieux Logis sait vivre avec son temps ! Quant à la carte, elle cultive le classicisme, et fait notamment la part belle à la pêche locale : le turbot entier à l'arête est l'une des spécialités de la maison...

Menu 40/60 € – Carte 80/100 €

48 route de l'Estuaire – 02 32 57 60 16 – Fermé lundi, mardi soir, dimanche soir

CONTRES

41700 (Loir-et-Cher) – Carte régionale n° **8**–A1

Carte Michelin 318-F7

La Botte d'Asperges

CUISINE MODERNE • AUBERGE X Avec son joli nom, ce restaurant joue la carte d'une cuisine savoureuse et faite dans les règles : fumaison de foie gras de canard, chutney de pommes ; chocolat au caramel pour le dessert ; pain fait maison... Cerise sur le gâteau : le service et l'accueil sont aux petits soins.

Menu 25/51 € – Carte 40/48 €

52 rue Pierre-Henri Mauger – 02 54 79 50 49 – www.labotte-dasperges.com – Fermé 2-16 janvier, 18 août-4 septembre, lundi, mercredi soir, dimanche soir

Le Manoir de Contres

DEMEURE HISTORIQUE • CONTEMPORAIN Il ne s'agit pas ici d'être pour ou Contres ! Dans ce ravissant manoir (1818), près des châteaux de la Loire et à 20mn du zoo de Beauval, il suffit de poser ses bagages. Les chambres sont cossues, spacieuses et très confortables. Restauration traditionnelle à apprécier, aux beaux jours, sur la terrasse.

8 chambres ☕ - 👥150/180 €

23 rue des Combattants-d'Afrique-du-Nord - ✆ 02 54 78 45 39 - www.manoirdecontres.com - Fermé 13 janvier-13 février

COQUAINVILLIERS - 14 (Calvados) ➜ voir Lisieux

CORBEIL-ESSONNES - 91 (Essonne) ➜ voir Autour de Paris

CORDES-SUR-CIEL

✉ 81170 (Tarn) - Carte régionale n° **22**-C2

Carte Michelin 338-D6

Hostellerie du Vieux Cordes

HISTORIQUE • FONCTIONNEL Un monastère du 13e s. au cœur de la cité médiévale. Le bel escalier à vis, les chambres fraîches conservant leur petit cachet ancien, le joli patio et sa superbe glycine odorante, et surtout la terrasse avec sa superbe vue sur la vallée... Tout cela est bien agréable.

18 chambres - 👥68/138 € - ☕10 €

21 rue St-Michel - ✆ 05 63 53 79 20 - www.hotelcordes.com - Fermé 1er janvier-1er mars

Un important déjeuner d'affaires ou un dîner entre amis ?
Le symbole ⇔ vous signale les salons privés.

CORDON

✉ 74700 (Haute-Savoie) - Carte régionale n° **4**-F1

Carte Michelin 328-M5 - Guide Vert Michelin Alpes du Nord

Les Roches Sweet Hôtel & Spa

TRADITIONNEL • PERSONNALISÉ Perché sur les hauteurs de Cordon, ce chalet est ravissant et la vue y est superbe ! Décor alpin chic et design, restaurant feutré, chambres douillettes et jolie piscine, idéale après une journée sur les pistes... Une certaine idée du luxe made in Savoie !

20 chambres - 👥115/310 € - 4 suites - ☕15 €

90 route de la Scie - ✆ 04 50 58 06 71 - www.les-roches-hotel.com - Fermé 5-29 novembre

Le Chamois d'Or

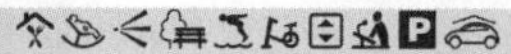

TRADITIONNEL • CLASSIQUE Piscine, tennis, fitness, jacuzzi japonais, restaurant traditionnel... Dans ce fier chalet, tenu par la même famille depuis les années 1960, tout est pensé pour la détente. Quiétude et douceur dans les chambres et suites, dans un esprit montagnard élégant (tissus choisis).

27 chambres - 👥170/250 € - 1 suite - ☕18 €

4080 route de Cordon - ✆ 04 50 58 05 16 - www.hotel-chamoisdor.com - Fermé 1er avril-7 juin, 23 septembre-20 décembre

CORENC - 38 (Isère) ➜ voir Grenoble

CORMEILLES

✉ 27260 (Eure) – Carte régionale n° **17**–A3

Carte Michelin 304-C6 – Guide Vert Michelin Normandie Vallée de la Seine

Gourmandises

CUISINE MODERNE • CONVIVIAL Dans l'ancienne fromagerie du bourg, un bistrot dans lequel on ne s'ennuie pas une seule seconde. La cuisine est à l'image du chef, vive et pétillante, pleine de saveurs et d'idées, audacieuse sans jamais tomber dans la prétention ; elle s'arrose de bons vins nature bien choisis. Irrésistible.

Menu 33/50 €

29 rue de l'Abbaye – ✆ 02 32 20 63 42 – Fermé lundi midi, mardi, mercredi, jeudi midi, samedi midi

L'Auberge du Président

AUBERGE • PERSONNALISÉ L'enseigne rend hommage au président René Coty qui fit halte dans l'auberge. La façade à colombages n'a pas changé depuis la IVe République, mais les chambres respirent la fraîcheur, dans une jolie veine cosy et romantique. On peut aussi profiter de l'espace détente (sauna, jacuzzi, fitness) et du restaurant du terroir.

15 chambres – 88/95 € – 13 €

70 rue de l'Abbaye – ✆ 02 32 57 80 37 – www.hotel-cormeilles.com

CORRENÇON-EN-VERCORS – 38 (Isère) → voir Villard-de-Lans

CORRÈZE

✉ 19800 (Corrèze) – Carte régionale n° **19**–C3

Carte Michelin 329-M3 – Guide Vert Michelin Limousin Berry

Mercure Corrèze La Seniorie

HÔTEL DE CHAÎNE • CONTEMPORAIN Sur les hauteurs du village, impossible de manquer cette élégante demeure du 19e s. L'ancien pensionnat recèle des chambres spacieuses.

29 chambres – 139/170 € – 17 €

11 rue St-Martial – ✆ 05 55 21 22 88 – www.mercure.com

bloodstone/iStock

CORSE

Que dire sur l'île de Beauté qui n'ait déjà été dit ? Son histoire riche et mouvementée, la variété et la magnificence de ses paysages – villages au-dessus des criques, montagnes arborées – en font une perle rare au cœur de la Méditerranée. Les bons restaurants ne manquent pas sur l'île, proposant de nombreux produits issus de l'agriculture locale : élevage (porc, brebis, veau), mais aussi agrumes et olives… accompagnés, bien sûr des nombreux vins ensoleillés qui font la fierté des Corses.

Les spécialités culinaires :
veau corse, *brocciu* (fromage de chèvre), *fiadone* (gâteau typique de l'île), *figatellu* (saucisse à base de foie de porc), langouste aux spaghettis…

Et pour boire :
l'île peut s'enorgueillir d'une production viticole importante, avec près de **7000 hectares** cultivés. L'appellation la plus fameuse est certainement le patrimonio, mis en bouteille autour de Saint-Florent, mais d'autres se distinguent également : sartène, figari, ajaccio…

- Carte régionale n° 9
- Carte Michelin 345
- Guide Vert Michelin Corse

J.-F. Mallet/hemis.fr

C. Moirenc/hemis.fr

ON AIME...

A Nepita, tout simplement le meilleur rapport qualité-prix de la ville. **Les Mouettes,** élégant hôtel avec piscine et son restaurant **A Terrazza**, pour dîner en terrasse, face à la mer**.** Avant de s'en aller flâner dans les ruelles, activité à part entière...

AJACCIO

✉ 20000 (Corse-du-Sud) – Carte régionale n° **9**–A3

Restaurants

A Terrazza

CUISINE MODERNE • **MÉDITERRANÉEN** XX Lovée sous un grand pin parasol et des palmiers, cette charmante terrasse face à la mer, décorée d'un joli mobilier blanc, offre une vue somptueuse sur le golfe d'Ajaccio. Dans l'assiette, la cuisine dans l'air du temps s'inspire de la Méditerranée. Carte légère le midi, plus travaillée le soir.

Menu 75/95 € – Carte 70/80 €

Les Mouettes, 9 cours Lucien-Bonaparte – ✆ 04 95 50 40 41 – www.hotellesmouettes.fr – Fermé 4 novembre-3 avril, lundi, mardi midi, mercredi midi, jeudi midi, vendredi midi, samedi midi, dimanche

A Nepita

CUISINE DU MARCHÉ • **CONVIVIAL** X Dans ce petit établissement, un chef d'expérience concocte chaque jour un menu unique autour de deux plats au choix, au gré du marché et de ses envies. Fraîcheur et saveur !

Menu 33/55 €

4 rue San Lazaro – ✆ 04 95 26 75 68 – Fermé 24 février-10 mars, 27 octobre-10 novembre, lundi soir, mardi soir, mercredi soir, samedi midi, dimanche

Hôtels

Les Mouettes

HÔTEL PARTICULIER • **PERSONNALISÉ** Cette grande demeure rose de 1880 offre une vue superbe sur la piscine et la plage privée. Chambres sobres et spacieuses, la plupart avec loggia, pour rêver en regardant les mouettes. Et le soir venu, les pieds dans la mer, les yeux plantés dans les étoiles.

27 chambres – 100/700 € – 21 €

9 cours Lucien-Bonaparte – ✆ 04 95 50 40 40 – www.hotellesmouettes.fr – Fermé 4 novembre-3 avril

A Terrazza – voir la sélection des restaurants

Le Week End

LUXE • CONTEMPORAIN Sur la route des Sanguinaires, une construction contemporaine les pieds dans l'eau : belle piscine, restaurant panoramique à la gloire des produits de la mer, et chambres luxueuses – avec parfois un jacuzzi privé sur la terrasse...

12 chambres – 190/680 € – 22 €

à 8 km par route des Sanguinaires – ✆ 04 95 52 51 78 – www.hotel-le-weekend.com – Fermé 1er décembre-31 janvier

Kallisté

URBAIN • TRADITIONNEL Cet édifice (19e s.) du cours Napoléon a conservé ses murs de brique et de granit et ses plafonds voûtés. Chambres petites et fonctionnelles, idéales pour une étape ou un court séjour.

45 chambres – 79/129 € – 9 €

Plan : B1-b – *51 cours Napoléon – ✆ 04 95 51 34 45 – www.hotel-kalliste-ajaccio.com*

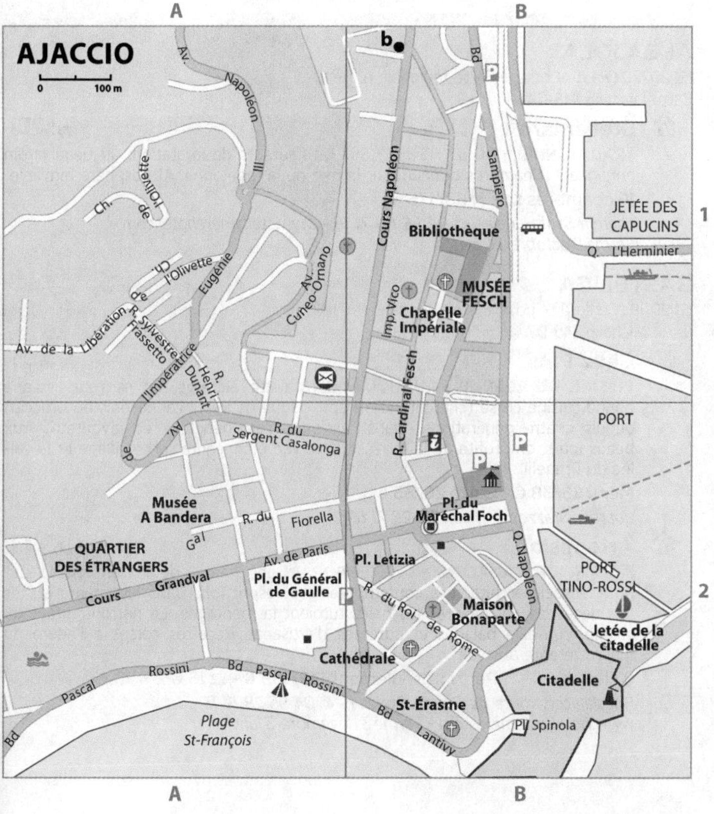

AJACCIO

0 100 m

A B

1 2

Av. Napoléon III
Ch. de l'Olivette
Av. Eugénie
Av. de la Libération
R. Sylvestre Frassetto
Av. de l'Impératrice
R. Henri Dunant
Av. Cuneo-Ornano
Cours Napoléon
Bd Sampiero
Bibliothèque
Imp. Vico
Chapelle Impériale
MUSÉE FESCH
R. Cardinal Fesch
R. du Sergent Casalonga
JETÉE DES CAPUCINS
Q. L'Herminier
PORT
Pl. du Maréchal Foch
Musée A Bandera
R. du Fiorella
Gal
QUARTIER DES ÉTRANGERS
Cours Grandval
Av. de Paris
Pl. Letizia
Pl. du Général de Gaulle
R. du Roi de Rome
Maison Bonaparte
Q. Napoléon
PORT TINO-ROSSI
Jetée de la citadelle
Cathédrale
Citadelle
Bd Pascal Rossini
St-Érasme
Bd Lantivy
Pl. Spinola
Plage St-François

à Pisciatello 12 km par N196 – ✉ 20117

Auberge du Prunelli

CUISINE DU TERROIR • **AUBERGE** X Ambiance conviviale et authentique dans cette auberge née en 1870, perdue dans les environs d'Ajaccio. Charcuterie, fromages et miel de la vallée, légumes du potager, petits plats mijotés des heures sur le coin du fourneau, tartes concoctées avec les fruits du verger, belle sélection de vins corses... Intemporel !

Menu 20 € (déjeuner)/38 € – Carte 27/46 €

pont de Pisciatello – ✆ 04 95 20 02 75 – www.auberge-du-prunelli.fr – Fermé mardi

Plaine de Cuttoli 15 km par rte de Bastia, rte de Cuttoli (D1) puis rte de Basteli-caccia – ✉ 20167

U Licettu

CUISINE TRADITIONNELLE • **RUSTIQUE** XX Une villa dominant le golfe et noyée sous les fleurs, quelques chambres face au jardin, un accueil charmant, une cuisine corse copieuse et savoureuse (charcuteries maison, viandes rôties dans la cheminée, brocciu frais du matin même...) : autant de bonnes raisons de ne pas prendre le maquis !

Menu 43 €

✆ 04 95 25 61 57 – www.u-licettu.com – Fermé 1er janvier-28 février, lundi, dimanche soir

ALGAJOLA

✉ 20220 (Haute-Corse) – Carte régionale n° **9**–A1
Carte Michelin 345-C4

Stellamare

TRADITIONNEL • **BORD DE MER** Sur les hauteurs de la station, un beau jardin engageant. Chambres donnant sur la mer ou la montagne. Atmosphère familiale.

16 chambres ☕ – ††118/175 €

chemin Santa-Lucia – ✆ 04 95 60 71 18 – www.stellamarehotel.com – Fermé 9 octobre-26 avril

BASTELICA

✉ 20119 (Corse-du-Sud) – Carte régionale n° **9**–B2
Carte Michelin 345-D7

Chez Paul

CUISINE DU TERROIR • **RUSTIQUE** X Dans cette auberge, on se régale d'une bonne cuisine corse (charcuterie maison, daube de veau, cannellonis au brocciu) depuis quatre générations ! Dans l'assiette, c'est généreux et savoureux. Aux beaux jours, on profite de la terrasse avec vue plongeante sur le village et la vallée du Prunelli.

Menu 25/38 € – Carte 26/35 €

quartier Stazzone – ✆ 04 95 28 71 59

Artemisia

MAISON DE CAMPAGNE • **CONTEMPORAIN** Le charme de la différence ! Cet hôtel associe architecture contemporaine et esprit loft. Dans les chambres, les lits placés devant de grandes baies tutoient la montagne. Le patron, enfant du village, conseille balades et adresses d'artisanat. Recettes corses à l'heure du dîner. Détente absolue...

8 chambres – ½ Pension seulement 139/199 € – ☕ 16 €

Boccialacce, route du Col de Scalella – ✆ 04 95 28 19 13 – www.hotel-artemisia.com – Fermé 3 novembre-3 janvier

Elena_Danileiko/iStock

ON AIME...

Céder aux sirènes de la **Table du Marché St-Jean**, avec ses poissons et fruits de mer tout juste pêchés. Savourer les recettes dans l'air du temps du **Col Tempo**. Se régaler des bons produits corses de **La Corniche** à San-Martino-Di-Lota, un pittoresque village perché sur les hauteurs...

BASTIA

✉ 20200 (Haute-Corse) – Carte régionale n° **9**-B1
Carte Michelin 345-F3

Restaurants

L'Archipel

CUISINE MÉDITERRANÉENNE • **MÉDITERRANÉEN** XX Pâtes aux langoustes, loup en croûte de sel... Cette cuisine du Sud est très appétissante, et on la déguste dans un cadre magique, face à l'archipel toscan et presque les pieds dans l'eau. Une impression de bout du monde. L'une des plus belles terrasses de Bastia.

Carte 40/90 €

L'Alivi, route du Cap, 3 km au Nord – ✆ 04 95 55 00 10 – www.hotel-alivi.com – Fermé 30 septembre-15 avril, lundi midi, mardi midi

La Table du Marché Saint-Jean

POISSONS ET FRUITS DE MER • **BRASSERIE** XX Une cuisine sympathique, une équipe dynamique... Cette Table a le charme de la vivacité. Poissons et fruits de mer extrafrais, petits plats préparés en toute simplicité, jolie terrasse sous les micocouliers et banc d'écailler : on passe un bon moment.

Menu 35/76 € – Carte 43/82 €

Plan : A2-a – *place du Marché – ✆ 04 95 31 64 25 – Fermé 16 décembre-13 janvier, dimanche*

Col Tempo

CUISINE MODERNE • **BISTRO** X Sur le quai de l'ancien port de Bastia, ce restaurant est le repaire "bistronomique" d'un jeune chef formé à bonne école, Clément Calendini. Il compose une cuisine savoureuse, avec de jolis accents méditerranéens, et basée sur de bons produits... Une belle surprise !

Carte 40/56 €

Plan : A3-b – *4 rue Saint-Jean (au vieux Port) – ✆ 04 95 58 14 22 – Fermé lundi, dimanche*

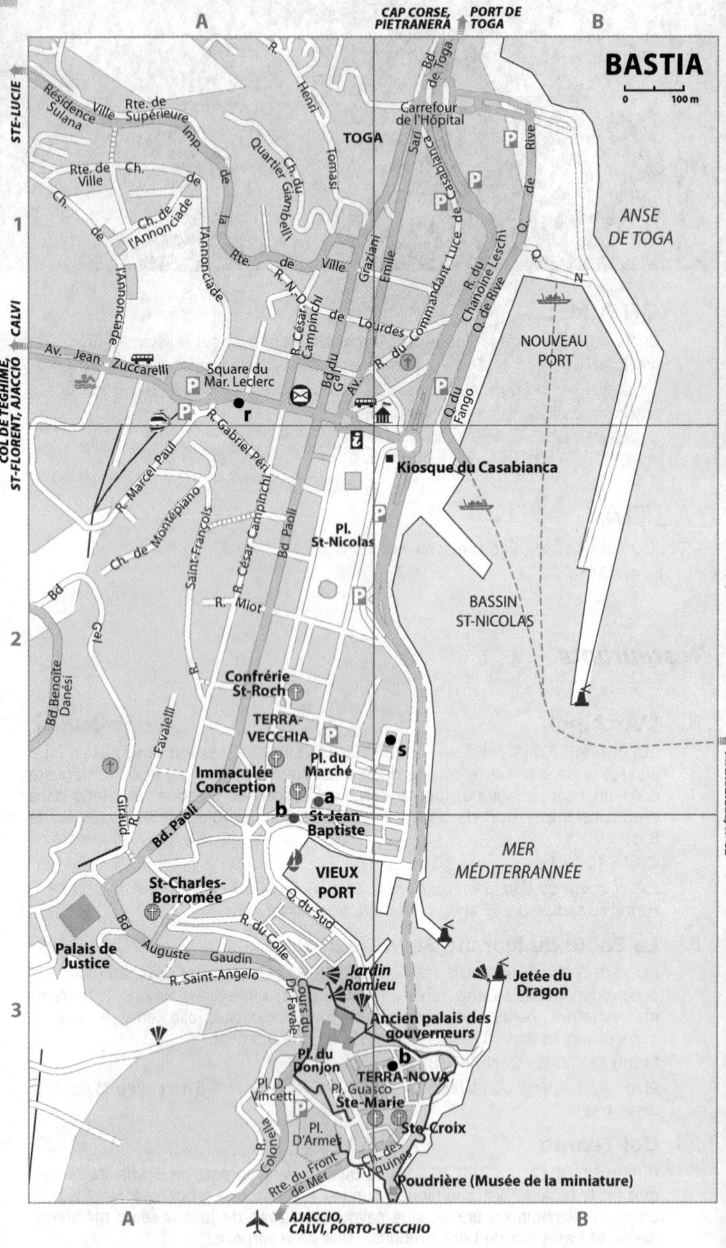
BASTIA
0
100 m
A
B
CAP CORSE, PIETRANERA
PORT DE TOGA
STE-LUCIE
COL DE TEGHIME, ST-FLORENT, AJACCIO
CALVI
AJACCIO, CALVI, PORTO-VECCHIO
TOGA
ANSE DE TOGA
NOUVEAU PORT
BASSIN ST-NICOLAS
MER MÉDITERRANNÉE
Carrefour de l'Hôpital
Square du Mar. Leclerc
Kiosque du Casabianca
Pl. St-Nicolas
Confrérie St-Roch
TERRA-VECCHIA
Pl. du Marché
Immaculée Conception
St-Jean Baptiste
VIEUX PORT
St-Charles-Borromée
Palais de Justice
Jardin Romieu
Jetée du Dragon
Ancien palais des gouverneurs
Pl. du Donjon
TERRA-NOVA
Pl. Guasco
Ste-Marie
Ste-Croix
Pl. D. Vincetti
Pl. D'Armes
Poudrière (Musée de la miniature)
Av. Jean Zuccarelli
Bd Paoli
R. César Campinchi
R. Gabriel Péri
R. Marcel Paul
Ch. de Montépiano
R. Miot
Q. du Sud
R. du Colle
R. Saint-Angelo
Bd Auguste Gaudin
Cours du Dr Favale
Rte. du Front de Mer
R. Colonelle
Ch. des Turquines
Q. de Rive
Q. du Fango
Bd de Toga
Bd Benoîte Danési
R. Favalelli
R. Giraud
Bd Gal
Résidence Sulana
Rte. de Ville Supérieure
Rte. de Ville
Ch. de l'Annonciade
Imp. de la Rte. de Ville
R. N.-D. de Lourdes
R. du Commandant Luce de Casabianca
R. du Chanoine Leschi
R. Henri Tomasi
Ch. du Quartier Giambelli
R. Saint-François
Av. Emile Sari
Bd Graziani
r
s
a
b
1
2
3

Hôtels

L'Alivi

TRADITIONNEL · FONCTIONNEL La vie en bleu ! À 5mn du centre-ville, en direction du cap Corse, cet hôtel est une ode à la mer. Accès direct à la plage et vue plongeante sur les flots, qu'on paresse au solarium, crawle dans la piscine ou prenne l'air sur la terrasse de sa jolie chambre...

36 chambres - 122/257 € - 1 suite - 16 €

route du Cap, 3 km au Nord - 04 95 55 00 00 - www.hotel-alivi.com - Fermé 1er novembre-1er avril

L'Archipel - voir la sélection des restaurants

Hôtel des Gouverneurs

DEMEURE HISTORIQUE · CONTEMPORAIN Bel emplacement pour cette demeure, posée en bordure des remparts, et transformée en hôtel de caractère. Chambres sobres, certaines avec vues mer. Espace de remise (piscine intérieure, hammam, salle de massage). Pour un séjour au cœur de la citadelle, et une vue impressionnante sur la mer et les ports.

26 chambres - 155/540 € - 19 €

Plan : B3-b - *3 bis rue des Turquines (dans la Citadelle) - 04 95 47 10 10 - www.hoteldesgouverneurs.fr - Fermé 7-21 janvier*

Pietracap

FAMILIAL · BORD DE MER Parc luxuriant, vue sur la mer... un havre de paix ! Les chambres sont plaisantes, et disposent toutes d'un balcon donnant sur la verdure et la mer. Au petit-déjeuner, goûtez les bonnes confitures d'orange maison (avec les agrumes du jardin).

35 chambres - 97/245 € - 14 €

20 route de San-Martino, 3 km au Nord sur D131 - 04 95 31 64 63 - www.pietracap.com - Fermé 16 octobre-31 mars

Les Voyageurs

URBAIN · PERSONNALISÉ Entre le port et la gare, cet hôtel accueille les voyageurs - touristes et clientèle d'affaires - depuis plus d'un siècle ! Chaque chambre arbore un décor différent, sur le thème de l'ailleurs : bateau, espace, calèche, train, en ballon... Sympathique.

26 chambres - 82/141 € - 11 €

Plan : A1-r - *9 avenue Maréchal-Sébastiani - 04 95 34 90 80 - www.hotel-lesvoyageurs.com*

Décryptez bien nos prix pour les hôtels ... Petit-déjeuner compris ? La tasse suit directement le nombre de chambres.

à San-Martino-di-Lota 13 km au Nord par D80 et D131 - 20200

La Corniche

CUISINE CORSE · AUBERGE XX Une maison chaleureuse accrochée à la montagne et donnant sur la mer, une belle terrasse sous les platanes... et une cuisine corse qui régale nos papilles, tels ces beignets de fromage corse ou cette côte d'agneau grillée aux légumes et aux herbes du maquis. Le tout accompagné de vieux millésimes de l'île. Réjouissant !

Menu 25 € (déjeuner), 32/70 € - Carte 42/79 €

hameau de Castagneto - 04 95 31 40 98 - www.hotel-lacorniche.com - Fermé 1er janvier-13 février, lundi, mardi midi

BONIFACIO

✉ 20169 (Corse-du-Sud) - Carte régionale n° **9**-B3

Carte Michelin 345-D11

L'A Cheda

CUISINE MODERNE • MÉDITERRANÉEN XX Bois, pierre, mosaïques... Un restaurant intime et une terrasse charmante, face à la piscine ! Les produits de l'île sont les stars de la carte : poissons sauvages, langoustes et homards de Bonifacio, veau bio corse, légumes frais du potager... agrémentés dans des assiettes soignées et hautes en couleurs.

Menu 89/139 € - Carte 64/79 €

A Cheda, route de Porto-Vecchio, 2 km au Nord-Est par N198 - ✆ 04 95 73 03 82

L'An Faim

CUISINE MODERNE • CONVIVIAL XX Installé au bout de la marina, au pied des escaliers grimpant à la citadelle, ce petit restaurant prolongé d'une terrasse est un repaire d'habitués : au programme, une cuisine du marché haute en couleurs et en saveurs, qui pétille au gré d'assiettes épurées. Autant d'hommages à la production locale, comme ce succulent dos de pagre.

Carte 50/60 €

7 Montée Rastello - ✆ 04 95 73 09 10 - www.lanfaim.fr - Fermé 2 novembre-1er avril, mercredi

Stella d'Oro

CUISINE CORSE • FAMILIAL XX Une maison ancienne (poutres, pressoir à olives et meule en pierre) dans la vieille ville. Cuisine savoureuse faisant la part belle au terroir corse, ainsi qu'à la pêche locale et aux langoustes.

Menu 30 € (déjeuner) - Carte 50/100 €

7 rue Doria (ville haute) - ✆ 04 95 73 03 63 - www.restaurant-stelladoro-bonifacio.com

Le Voilier

POISSONS ET FRUITS DE MER • ÉLÉGANT XX Voguez sans crainte (mais avec un portefeuille dodu) vers cette étape gourmande ! Décor élégant et terrasse sur la marina, cuisine iodée d'une grande fraîcheur, embellie de légumes et d'herbes aromatiques.

Menu 39 € - Carte 50/80 €

quai Comparetti - ✆ 04 95 73 07 06 - www.restaurant-levoilier-bonifacio.com - Fermé 7 janvier-31 mars, mercredi, dimanche soir

Da Passano

CUISINE CORSE • DESIGN X Face au port, ce restaurant et bar à vins revisite la tradition corse dans un cadre moderne et design. On se régale au chant des guitares les soirs d'été, sur la terrasse ombragée...

Carte 35/50 €

53 quai Comparetti - ✆ 04 95 28 10 90 - www.da-passano.com - Fermé 5 janvier-7 mars, 4 novembre-16 décembre, lundi, dimanche soir

U Capu Biancu

LUXE • PERSONNALISÉ Dans un splendide parc méditerranéen, au-dessus des eaux turquoise du golfe de Santa Manza, des suites luxueuses et des chambres ouvrant sur la mer ou le maquis, une piscine à débordement, un agréable espace détente... Nul doute : voilà un endroit idyllique !

41 chambres - 240/1065 € - 30 €

Domaine de Pozzoniello, 10 km au Nord-Est par route de Porte-Vecchio et route secondaire - ✆ 04 95 73 05 58 - www.ucapubiancu.com - Fermé 12 octobre-29 avril

Version Maquis Citadelle

BOUTIQUE HÔTEL • DESIGN Sept bungalows fondus dans la nature, pour cet hôtel perdu sur les hauteurs de Bonifacio. La superbe piscine à débordement offre une vue dantesque sur la citadelle. Chambres d'exception, contemporaines et design, toutes avec terrasses, matériaux haut de gamme, et le maquis, partout autour. Un lieu d'exception qui invite à la contemplation.

14 chambres - 280/900 €

quartier Brancuccio - lieu-dit Padurella - 04 20 40 70 40 - www.hotelversionmaquis.com - Fermé 4 novembre-13 avril

A Cheda

TRADITIONNEL • COSY L'accueil aimable et l'ambiance paisible font de cet hôtel une destination de choix pour se couper du vacarme... Jardin planté d'essences du Sud et chambres délicieuses (terrasse privative, sauna) dans des maisonnettes.

13 chambres - 108/771 € - 5 suites - 23 €

route de Porto-Vecchio, 2 km au Nord-Est par N198 - 04 95 73 03 82 - www.acheda-hotel.com

L'A Cheda - voir la sélection des restaurants

Genovese

BOUTIQUE HÔTEL • PERSONNALISÉ Dans les remparts du fort, un établissement au minimalisme chic et moderne, propice à la détente. Les chambres sont réparties autour de la piscine, orientées côté marina ou citadelle. Trois superbes suites sont aussi disponibles sur le port, où un chauffeur pourra vous conduire !

15 chambres - 140/490 € - 3 suites - 20 €

quartier de la Citadelle (ville haute) - 04 95 73 12 34 - www.hotel-genovese.com - Fermé 15 novembre-15 janvier

Version Maquis Santa Manza

BOUTIQUE HÔTEL • MÉDITERRANÉEN Dans le calme du maquis corse, loin de la foule, des chambres épurées et une belle piscine à débordement. Le matin, on emprunte à pied le chemin menant à la mer, à une demi-heure de là... Dépaysement garanti !

11 chambres - 180/700 €

lieu-dit Canetto-Pertuso, 8 km au Nord-Est par route de Porto-Vecchio et route secondaire - 04 95 71 05 30 - www.hotelversionmaquis.com - Fermé 1er novembre-13 avril

CAGNANO

20228 (Haute-Corse) - Carte régionale n° **9**-B1

Tra Di Noï

CUISINE MODERNE • ÉLÉGANT XX Tra Di Noï ("entre nous", en corse) met à l'honneur les produits de l'île, travaillés par le chef Clément Collet. Il compose des assiettes goûteuses et bien équilibrées, à l'image de ces aiguillettes de saint-pierre rôties, cébettes grillées et gnocchis au beurre d'algues.

Menu 55 € (déjeuner), 75/85 € - Carte 67/78 €

Misincu, lieu-dit Misincu (en bord de mer), sur la D80 - 04 95 35 21 21 - www.hotel-misincu.fr - Fermé 4 novembre-10 avril

Misincu

SPA ET BIEN-ÊTRE • BORD DE MER En bord de mer, cet hôtel restaurant de luxe au design épuré est agrémenté d'un joli spa, d'une piscine avec vue sur mer, et d'une plage privée. Copieux petit-déjeuner buffet.

27 chambres - 290/700 € - 5 suites - 30 €

lieu-dit Misincu (en bord de mer), sur la D80 - 04 95 35 21 21 - www.hotel-misincu.fr - Fermé 4 novembre-10 avril

Tra Di Noï - voir la sélection des restaurants

CALACUCCIA

✉ 20224 (Haute-Corse) – Carte régionale n° **9**-A2
Carte Michelin 345-D5

Casa Balduina

AUBERGE • TRADITIONNEL Nichée dans un joli jardin, cette maison propose des chambres petites mais coquettes. Idéal pour une étape entre randonnée et canyoning. Les petits déjeuners sont servis sous la tonnelle.

5 chambres – 70/85 € – 10 €

lieu-dit Le Couvent (route de Porto D84) – ✆ 04 95 48 08 57 – www.casabalduina.com

CALVI

✉ 20260 (Haute-Corse) – Carte régionale n° **9**-A1
Carte Michelin 345-B4

La Signoria

CUISINE MODERNE • MÉDITERRANÉEN XXX Dans cette belle demeure du 18e s., nichée dans une pinède, on dîne sur la terrasse donnant sur le jardin méridional, cadre approprié à cette cuisine qui mêle avec habileté les produits corses à des inspirations asiatiques, le tout travaillé avec finesse par un chef...bourguignon. Et ce jour-là, au dessert, un soufflé au brocciu à se damner.
Sincère et savoureux.

→ Salade caesar. Ris de veau à la châtaigne et réglisse. Soufflé au brocciu

Menu 55 € (déjeuner), 80/135 € – Carte 95/110 €

route de la Forêt-de-Bonifato, 5 km au Sud par route de l'aéroport et chemin privé – ✆ 04 95 65 93 00 – www.hotel-la-signoria.com – Fermé 4 novembre-10 avril

La Table by La Villa

CUISINE MODERNE • ÉLÉGANT XXX Au sein de la Villa, dont le luxueux décor s'efface devant la majesté du panorama – la baie, la citadelle, les montagnes... –, cette Table met en avant les produits régionaux de qualité, à déguster sur la superbe terrasse panoramique.

Menu 75/120 € – Carte 110/130 €

La Villa, chemin Notre-Dame-de-la-Serra, 1 km au Sud-Ouest par rte de l'Ile-Rousse – ✆ 04 95 65 83 60 – www.hotel-lavilla.com – Fermé 6 octobre-24 avril

U Fanale

CUISINE CORSE • FAMILIAL X Sur la route de Porto, un endroit idéal si l'on cherche une bonne cuisine traditionnelle : jolis produits et poissons locaux sont travaillés avec une pointe de créativité... et les prix sont raisonnables ! La salle, simplement décorée, réserve une belle vue sur la baie et le phare de la Revelatta.

Menu 32 € – Carte 45/65 €

route de Porto – ✆ 04 95 65 18 82 – www.ufanale.com – Fermé 1er janvier-31 mars, mardi midi

La Villa

GRAND LUXE • ÉLÉGANT La vieille ville et toute la baie semblent envier cette Villa juchée sur les hauteurs ! Ce complexe hôtelier à l'élégance épurée, digne d'un couvent, distille l'essence de l'Île de Beauté... Joli spa, centre de soins, salon de coiffure, fitness, trois piscines extérieures, une intérieure : un ensemble haut de gamme, pour un séjour reposant.

34 chambres – 430/1100 € – 15 suites

chemin Notre-Dame-de-la-Serra, 1 km au Sud-Ouest par rte de l'Ile-Rousse – ✆ 04 95 65 10 10 – www.hotel-lavilla.com – Fermé 8 octobre-24 avril

La Table by La Villa – voir la sélection des restaurants

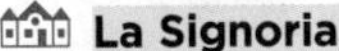

La Signoria

MAISON DE MAÎTRE • MÉDITERRANÉEN Nichée dans une pinède, cette demeure du 18e s. incarne à elle seule la Méditerranée : de l'ocre, du bleu, un mobilier corse d'époque, un beau jardin paysager et... des senteurs infinies, dans la plus grande quiétude ! Joli spa. Plusieurs villas et suites, idéales pour les familles.

21 chambres – 320/580 € – 8 suites

route de la Forêt-de-Bonifato, 5 km au Sud par route de l'aéroport et chemin privé – ✆ 04 95 65 93 00 – www.hotel-la-signoria.com – Fermé 4 novembre-10 avril

La Signoria – voir la sélection des restaurants

Casa Bianca

TRADITIONNEL • CONTEMPORAIN Cherchez le platane centenaire ! Cette ancienne villa des années 1950, rénovée avec goût, propose quelques chambres claires et bien tenues, dont quatre suites. Préférez celles disposant d'un balcon.

7 chambres – 70/180 € – 4 suites – 12 €

chemin San-Francesco (rte du Stade) – ✆ 04 95 60 08 33 – www.hotel-casa-bianca.com – Fermé 4 novembre-7 mars

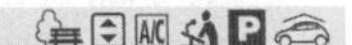

Hostellerie de l'Abbaye

DEMEURE HISTORIQUE • CLASSIQUE Cette ancienne abbaye franciscaine du 16e s., totalement remaniée, accueille un hôtel de tradition. Chambres confortables. Plaisante terrasse et jardinet.

43 chambres – 100/300 € – 19 €

montée de l'Abbaye (route de Santore) – ✆ 04 95 65 04 27 – www.hostellerie-abbaye.com

Question de standing : n'attendez pas le même service dans un X ou un ⌂ que dans un XXXXX ou un ⌂⌂⌂⌂⌂.

CENTURI

✉ 20238 (Haute-Corse) – Carte régionale n° **9**-B1

Le Vieux Moulin

POISSONS ET FRUITS DE MER • AUBERGE XX Ce restaurant familial, fondé en 1961, surplombe le pittoresque petit port de Centuri. On y vient pour manger de la langouste grillée (avril-sept) ou aux pâtes, une bouillabaisse ou la pêche du jour. C'est frais et bon : les habitués ne s'y trompent pas.

Carte 50/120 €

au port – ✆ 04 95 35 60 15 – www.le-vieux-moulin.net – Fermé 15 novembre-15 février

CORTE

✉ 20250 (Haute-Corse) – Carte régionale n° **9**-B2

Carte Michelin 345-D6 – Guide Vert Michelin Corse

dans les Gorges de La Restonica Sud-Ouest sur D623 – ✉ 20250

Dominique Colonna

BOUTIQUE HÔTEL • ROMANTIQUE À l'entrée des gorges, dans l'arrière-pays de Corte, cet hôtel paisible, entre rochers et pins, ravira les amoureux de la nature. Confort idéal, jolies chambres et splendide terrasse qui surplombe les flots tumultueux de la rivière, où les moins frileux iront piquer une tête !

27 chambres – 145/380 € – 2 suites – 19 €

Vallée de la Restonica, à 2 km – ✆ 04 95 45 25 65 – www.dominique-colonna.com – Fermé 27 octobre-1er avril

ERBALUNGA

✉ 20222 (Haute-Corse) – Carte régionale n° **9**-B1
Carte Michelin 345-F3

Le Pirate

POISSONS ET FRUITS DE MER • MÉDITERRANÉEN XX Dans ce petit restaurant du port, le chef concocte une cuisine d'aujourd'hui, autour des produits de la mer. Charmante terrasse sur le port.

Menu 42 € (déjeuner), 75/195 € – Carte 80/95 €

au port – ✆ 04 95 33 24 20 – www.restaurantlepirate.com – Fermé 1er novembre-28 mars, lundi, mardi

Castel Brando

MAISON DE MAÎTRE • ÉLÉGANT Dans cette maison de maître édifiée par un médecin des armées napoléoniennes, tout est ravissant : le jardin luxuriant et ses jolis palmiers, les chambres raffinées (certaines dans des villas annexes), les piscines, l'espace forme et massage, la véranda... Préférez les chambres côté jardin, plus calmes et plus amples. Charmant.

40 chambres – 105/290 € – 6 suites – 16 €

route du Cap – ✆ 04 95 30 10 30 – www.castelbrando.com – Fermé 4 novembre-3 avril

ERSA

✉ 20275 (Haute-Corse) – Carte régionale n° **9**-B1
Carte Michelin 345-F2

Le Saint-Jean

AUBERGE • MÉDITERRANÉEN Au bout du cap Corse, cette maison de maître a été joliment rénovée ! Mexicaine, Maroc, Mer, etc. : les chambres, toutes différentes, dominent le maquis et le cap. La terrasse fait face à l'île de la Giraglia... Préférez les chambres avec terrasse et éviter les mansardées (sans vue).

9 chambres – 75/150 € – 10 €

Botticella – ✆ 04 95 47 71 71 – www.lesaintjean.net – Fermé 28 octobre-15 avril

FELICETO

✉ 20225 (Haute-Corse) – Carte régionale n° **9**-A1
Carte Michelin 345-C4

Cas'Anna Lidia

MAISON DE CAMPAGNE • CONTEMPORAIN Ce joli petit hôtel borde le village, en surplomb de la vallée : on y jouit d'une vue superbe ! Dans les chambres, la décoration contemporaine côtoie tissus corses et mobilier cérusé. Une jolie étape pour les amateurs de repos.

10 chambres – 115/175 € – 15 €

au village – ✆ 04 95 61 81 24 – www.hoteldecharme-corse.com – Fermé 1er octobre-30 avril

Mare e Monti

MAISON DE MAÎTRE • TRADITIONNEL Fortune faite dans la canne à sucre, les ancêtres de la famille revinrent de Porto Rico et édifièrent cette jolie maison de maître (1870), entre mer et montagne. Bel escalier, fresques et voûtes : un hôtel qui a du caractère. Et pour vous restaurer, installez-vous dans la salle à manger blanche du restaurant, ou sur la belle terrasse en bordure de piscine, sous une tonnelle en vignes.

16 chambres – 79/139 € – 13 €

✆ 04 95 63 02 00 – www.hotel-maremonti.com – Fermé 8 octobre-23 avril

L'ÎLE-ROUSSE

✉ 20220 (Haute-Corse) – Carte régionale n° **9**-A1
Carte Michelin 345-C4

Le Bistrot de la Place

CUISINE TRADITIONNELLE • RUSTIQUE Sur la place Paoli – si typique –, un restaurant rustique et chaleureux. On sert une sympathique cuisine traditionnelle et régionale, concoctée par le patron, et sa fille. Le fils vous accueille, en salle.

Carte 48/80 €

3 place Paoli – 04 95 60 12 90 – Fermé lundi, dimanche soir

Liberata

BOUTIQUE HÔTEL • PERSONNALISÉ À deux pas de la mer, le regard est attiré par la grande façade ocre – aux volets verts ! – de cette attrayante demeure seigneuriale. On y pénètre par un lobby Art nouveau ; les chambres, sobrement contemporaines sont cosy, décorées en beige ou chocolat. Espace remise en forme.

22 chambres – 100/430 € – 19 €

La Marinella – 04 95 62 03 62 – www.hotel-liberata.com – Fermé 20 décembre-1er mars

Perla Rossa

HISTORIQUE • PERSONNALISÉ Au cœur de la cité balnéaire, cette belle maison du 18e s. a du caractère, avec ses grandes chambres contemporaines, lumineuses et épurées. Sur la terrasse, très belle vue sur la baie, pour s'émerveiller d'être en Corse !

8 chambres – 120/490 € – 1 suite – 18 €

30 rue Notre-Dame – 04 95 48 45 30 – www.hotelperlarossa.com – Fermé 14 octobre-19 avril

Davia

BOUTIQUE HÔTEL • CONTEMPORAIN Sur la route de Calvi, cet hôtel moderne propose des chambres contemporaines, tournées vers la mer. Agréable jardin avec piscine.

16 chambres – 100/300 € – 10 €

lieu-dit Fogata, route de Calvi – 04 95 60 87 09 – www.daviahotel.com – Fermé 10 octobre-1er avril

Santa Maria

HÔTEL DE CHAÎNE • CONTEMPORAIN Sur la langue de terre conduisant à la presqu'île de la Pietra (le joyau de l'Île-Rousse), un hôtel moderne bien agréable, avec des chambres confortables et raffinées dont la plupart donnent sur la mer ou le jardin méditerranéen. Accès direct à une petite plage aménagée.

57 chambres – 90/550 € – 17 €

route du Port – 04 95 63 05 05 – www.hotelsantamaria.com

Cala di l'Oru

FAMILIAL • TRADITIONNEL Un hôtel décoré avec goût et proposant des chambres simples, donnant sur la mer ou la montagne. On apprécie le calme, les œuvres d'art, le jardin, la piscine et les prix relativement sages.

26 chambres – 55/145 € – 10 €

boulevard Pierre-Pasquini – 04 95 60 14 75 – www.hotel-caladiloru.com – Fermé 1er novembre-1er avril

au Golf du Reginu 12 km au Sud par route de Bastia et D113 – 20226

I Salti

CUISINE MODERNE • COSY Dans la vallée du Reginu, à côté du golf, un ancien moulin converti en jolie petite maison, avec son cadre bucolique et son jardin d'esprit guinguette. L'ardoise annonce des beaux produits de Balagne - pêche locale, légumes bio. Accueil chaleureux.

Menu 75 € – Carte 60/80 €

Moulin de Salti – 04 95 34 35 59 – Fermé 25 octobre-15 avril, lundi, mardi midi, mercredi midi, jeudi midi

à Monticello 4,5 km au Sud-Est par D63 – ✉ 20220

A Pasturella

CUISINE MÉDITERRANÉENNE • FAMILIAL X Sur la place de ce beau village perché, ce restaurant propose une cuisine méditerranéenne, agrémentée de touches italiennes. Pour prolonger l'étape, de petites chambres, sobrement modernes.

Carte 40/50 €

place du Village – ✆ 04 95 60 05 65 – www.a-pasturella.com – Fermé 4 novembre-30 décembre

A Piattatella

BOUTIQUE HÔTEL • PERSONNALISÉ Piattatella, ou "cachette" en langue corse. Un nom tout trouvé pour ce bel hôtel au décor contemporain, niché sur les hauteurs du village. Un parcours de remise en forme, un espace bien-être, deux belles piscines, les paysages de Balagne et ce parfait sentiment d'exclusivité : tout est là !

17 chambres – 188/388 € – 20 €

chemin St-François – ✆ 04 95 60 07 00 – www.apiattatella.com – Fermé 24 octobre-11 avril

à Pigna 8 km au Sud-Ouest par N197 et D151 – ✉ 20220

A Mandria di Pigna

CUISINE CORSE • AUBERGE X Cette bergerie contemporaine est à l'image du village qui l'accueille : attachante ! Courgettes, tomates et herbes aromatiques du potager, agneau et cochon de lait, en grillades ou à la broche... le terroir corse est à l'honneur. Et la générosité, de mise !

Menu 33 € – Carte 24/50 €

✆ 04 95 32 71 24 – www.amandria.com – Fermé 1er octobre-31 mars

Palazzu Pigna

DEMEURE HISTORIQUE • PERSONNALISÉ Au cœur de Pigna, cette belle maison de maître du 17e s. offre une vue superbe sur la plaine et la mer. Toutes les chambres sont empreintes de charme et de sérénité, et certaines ont même une terrasse. La table propose une cuisine simple. Belle terrasse panoramique.

5 chambres – 143/158 € – 2 suites – 16 €

✆ 04 95 47 32 78 – www.hotel-palazzu.com – Fermé 1er novembre-31 mars

LEVIE

✉ 20170 (Corse-du-Sud) – Carte régionale n° **9**-B3
Carte Michelin 345-D9

A Pignata

CUISINE CORSE • RUSTIQUE XX Dans ce restaurant rustique, en pleine nature, la cuisine familiale a le bon goût de la tradition... et de la simplicité, avec ce menu unique renouvelé tous les jours. Les produits sont d'une qualité exceptionnelle ; d'ailleurs, la charcuterie est fabriquée à partir des cochons de l'exploitation familiale !

Menu 53 €

route de Pianu, 5 km au Nord route des sites archéologiques de Cucuruzzu et Capula – ✆ 04 95 78 41 90 – www.apignata.com – Fermé 1er janvier-31 mars

A Pignata

AUBERGE • COSY Pour se ressourcer au grand calme, plusieurs maisons en pierre de pays, en pleine forêt... Les chambres, élégantes (gris et bruns chauds), ouvrent sur la verdure du massif de Bavella ; deux d'entre elles sont même perchées dans les arbres !

19 chambres – ½ Pension seulement 125/405 €

route de Pianu, 5 km au Nord route des sites archéologiques de Cucuruzzu et Capula – ✆ 04 95 78 41 90 – www.apignata.com – Fermé 1er janvier-29 mars

A Pignata – voir la sélection des restaurants

LUMIO

✉ 20260 (Haute-Corse) – Carte régionale n° **9**-A1
Carte Michelin 345-B4

Chez Charles

CUISINE CRÉATIVE · CONTEMPORAIN XXX Un restaurant au décor contemporain, une jolie terrasse : le cadre idéal pour déguster cette cuisine épurée, qui respire la Méditerranée et le terroir corse.
Menu 64/140 € – Carte 95/105 €
route de Calvi – ✆ 04 95 60 61 71 – www.hotelcorse-chezcharles.com – Fermé 4 novembre-17 avril, lundi midi, mardi midi, mercredi midi

Chez Charles

FAMILIAL · CONTEMPORAIN Agréable escapade en cet hôtel au décor contemporain et design, ouvrant sur le golfe de Calvi et la montagne (chambres avec balcon, piscine à débordement), non loin de la route. Préférez les chambres avec vue mer.
29 chambres – 140/360 € – ☕ 20 €
route de Calvi – ✆ 04 95 60 61 71 – www.hotelcorse-chezcharles.com – Fermé 5 novembre-16 avril
Chez Charles – voir la sélection des restaurants

MURO

✉ 20225 (Haute-Corse) – Carte régionale n° **9**-A1
Carte Michelin 345-C4

Casa Théodora

HISTORIQUE · PERSONNALISÉ Ce palazzo réhabilité du 16e s. porte le nom de l'éphémère (et unique) roi de l'histoire de la Corse, Théodore de Neuhoff, hôte des lieux en 1736. Architecture génoise, fresques et trompe-l'œil diffusent une atmosphère baroque. Petite piscine intérieure.
9 chambres – 115/180 € – ☕ 15 €
Piazza a u Duttore – ✆ 04 95 61 78 32 – www.a-casatheodora.com

NONZA

✉ 20217 (Haute-Corse) – Carte régionale n° **9**-B1
Carte Michelin 345-F3

La Sassa

CUISINE MÉDITERRANÉENNE · ROMANTIQUE X Ce restaurant atypique, sans salle intérieure, se niche au pied de la tour paoline (18e s.), véritable un nid d'aigle, perché à 160 m de hauteur, offrant une vue exceptionnelle sur la côte du Cap Corse et le golfe de Saint-Florent. Les terrasses aux multiples recoins permettent d'apprécier une bonne cuisine méditerranéenne, aux accents corses.
Menu 40 € (déjeuner), 60/85 € – Carte 45/80 €
à la tour de Nonza – ✆ 04 95 38 55 26 – www.lasassa.com – Fermé 30 septembre-1er mai

OLETTA

✉ 20232 (Haute-Corse) – Carte régionale n° **9**-B1
Carte Michelin 345-F4

La Dimora

MAISON DE CAMPAGNE · PERSONNALISÉ Matériaux nobles, authenticité et luxe contemporain discret... Dans l'arrière-pays, cette villa du 18e s. vous reçoit en ami ; la piscine, l'espace bien-être et le jardin invitent délicatement au farniente. Difficile d'imaginer derrière cette maison de caractère la ferme en ruine, qui appartint au Comte de Rolas...
15 chambres – 145/360 € – 2 suites – ☕ 23 €
route de St-Florent, 3 km par D82 – ✆ 04 95 35 22 51 – www.ladimora.fr – Fermé 21 octobre-24 avril

U Palazzu Serenu

LUXE • DESIGN Embrassant le golfe de St-Florent et les paysages du Nebbio, ce palais florentin (17e s.) est un joyau ! Œuvres d'art contemporain, grand style, et chambres au décor très moderne. Le chef propose une cuisine méditerranéenne fraîche et épurée (sur réservation), à déguster sur la splendide terrasse... Très belle piscine chauffée.

6 chambres – 200/520 € – 2 suites

U Palazzu Serenu – 04 95 38 39 39 – www.upalazzuserenu.com – Fermé 7 janvier-10 février

OLMETO

20113 (Corse-du-Sud) – Carte régionale n° **9**-A3
Carte Michelin 345-C9

La Verrière

CUISINE MODERNE • ÉLÉGANT XXX Il y a des trésors que l'on aimerait garder pour soi ; cette Verrière en fait partie ! Derrière les fourneaux, le chef s'inspire de sa Bretagne natale pour travailler de jolis produits de la mer, comme cet encornet, caviar d'aubergine, chutney de tomates et artichaut. Cadre élégant et jolie vue en terrasse.

Menu 45 € (déjeuner), 65/135 € – Carte 57/73 €

Marinca, Lieu-dit Vitricella, 5 km au Sud par N196 et route secondaire – 04 95 70 09 00 – www.hotel-marinca.fr – Fermé 12 octobre-1er mai

Marinca

LUXE • PERSONNALISÉ Au bord d'une crique, dans un parc fleuri, avec trois piscines à débordement descendant vers la plage privée, cet hôtel est un véritable îlot de confort... Le décor mêle les influences (Maroc, Indonésie...) et les chambres offrent une superbe vue sur la mer !

50 chambres – 298/820 € – 4 suites – 30 €

Lieu-dit Vitricella, 5 km au Sud par N196 et route secondaire – 04 95 70 09 00 – www.hotel-marinca.com – Fermé 15 octobre-30 avril

La Verrière – voir la sélection des restaurants

PATRIMONIO

20253 (Haute-Corse) – Carte régionale n° **9**-B1
Carte Michelin 345-F3

Vignoble

FAMILIAL • MÉDITERRANÉEN Au cœur du village, une belle maison de 1846 confortable et chaleureuse avec ses murs patinés, ses meubles en fer forgé et sa boutique permettant de découvrir les vins de l'exploitation familiale. Chambres à la propreté immaculée, et prix fort sages pour la région.

12 chambres – 60/110 € – 8 €

Santa Maria – 04 95 37 18 48 – www.hotel-du-vignoble.com – Fermé 15 octobre-1er avril

PERI

20167 (Corse-du-Sud) – Carte régionale n° **9**-A2
Carte Michelin 345-C7

Chez Séraphin

CUISINE TRADITIONNELLE • FAMILIAL X Une maison corse typique dans un charmant village à flanc de montagne. La patronne y travaille de bons produits du terroir avec simplicité ; elle les agrémente des fruits, légumes et herbes du jardin. Inusable Séraphin !

Menu 55 €

au village – 04 95 25 68 94 – Fermé 30 septembre-4 avril, lundi

PIANA

✉ 20115 (Corse-du-Sud) - Carte régionale n° **9**-A2
Carte Michelin 345-A6

Capo Rosso

TRADITIONNEL • PERSONNALISÉ Vue imprenable sur le golfe de Porto et les calanques depuis la piscine et les vastes chambres, toutes avec balcon et décorées dans un élégant style contemporain. Au restaurant panoramique, cuisine de qualité à base de pêche locale et de produits du terroir.

43 chambres ☕ - 👥150/450 €

route des Calanques - ✆ 04 95 27 82 40 - www.caporosso.com - Fermé 19 octobre-6 avril

Le Scandola

FAMILIAL • FONCTIONNEL Au cœur d'un site exceptionnel, face à la presqu'île de Scandola. Une vue superbe dont on ne se lasse pas dans les chambres, elles-mêmes décorées avec soin et une pointe de romantisme...

19 chambres - 👥65/110 € - ☕ 15 €

route de Cargese - ✆ 04 95 27 80 07 - www.hotelscandola.com - Fermé 31 octobre-1er avril

PORTICCIO

✉ 20166 (Corse-du-Sud) - Carte régionale n° **9**-A3
Carte Michelin 345-B8

L'Arbousier

CUISINE CLASSIQUE • CLASSIQUE XXX Savourer des langoustines, du homard et des poissons de petits pêcheurs locaux en regardant la mer... quel délice ! Une institution locale.

Menu 85 € - Carte 80/110 €

Le Maquis - ✆ 04 95 25 05 55 - www.lemaquis.com

Le Maquis

LUXE • CLASSIQUE Cette demeure d'inspiration génoise est un vrai petit bijou, tenu en famille depuis trois générations. Chambres spacieuses, décorées de mobilier ancien, avec une vue superbe sur la mer... Prenez le Maquis !

20 chambres - 👥180/980 € - 5 suites - ☕ 28 €

✆ 04 95 25 05 55 - www.lemaquis.com - Fermé 6 janvier-14 février

L'Arbousier - voir la sélection des restaurants

Sofitel Thalassa

HÔTEL DE CHAÎNE • FONCTIONNEL Thalassa, déesse grecque de la mer, est bien la figure tutélaire de ce complexe hôtelier : situation isolée à la pointe du cap de Porticcio, institut de thalassothérapie, piscine à débordement, sports nautiques, chambres tournées vers la Méditerranée, et produits de la mer au restaurant lui aussi face aux flots...

96 chambres - 👥200/1300 € - 2 suites - ☕ 29 €

domaine de la Pointe - ✆ 04 95 29 40 40 - www.sofitel.com/hotel/ajaccio

à Agosta-Plage 2 km au Sud - ✉ 20128

Radisson Blu

BUSINESS • FONCTIONNEL Installé face à la plage, l'établissement compte le plus grand nombre de chambres en Corse. Tout en lignes épurées et confort, elles ouvrent sur la baie d'Ajaccio - et les Sanguinaires à l'horizon - ou le maquis. Spa de 900 m², club enfants, salles de séminaires, restaurant, etc. De belles prestations.

165 chambres - 👥108/640 € - 5 suites - ☕ 20 €

✆ 04 95 77 97 97 - www.radissonblu.fr/resort-ajacciobay - Fermé 5 novembre-15 mars

PORTO-POLLO

✉ 20140 (Corse-du-Sud) – Carte régionale n° **9**–A3
Carte Michelin 345-B9

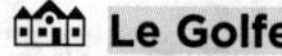

Le Golfe

TRADITIONNEL · CONTEMPORAIN Un bâtiment récent juste à côté du port. Les chambres sont sobres et élégantes, avec une jolie vue sur le golfe de Valinco où l'on peut se promener avec le bateau de l'hôtel. Cuisine régionale et produits de la mer à la brasserie, véritable cantine du golfe.

16 chambres – 120/430 € – 4 suites

04 95 74 01 66 – www.hotel-porto-pollo.com – Fermé 15 octobre-15 avril

Press/Getty Images

ON AIME...

Se laisser emporter par la beauté du **golfe de Santa Giulia** et de sa plage. Savourer les spécialités (et le design vintage) des **Hauts de Santa Giulia.** Laisser son regard épouser les lignes brutes de l'hôtel ultra-contemporain **Casadelmar**, ou se lover dans l'élégance du **Grand Hôtel de Cala Rossa**. Et partout bien-sûr, déguster des poissons grillés...

PORTO-VECCHIO

✉ 20137 (Corse-du-Sud) – Carte régionale n° **9**-B3

Carte Michelin 345-E10

Restaurants

✿✿ Casadelmar

CUISINE MODERNE • LUXE XXXX Ici, la mer est au centre de toutes choses. De l'histoire de la ville (et de son rayonnement touristique) à sa gastronomie. Bienvenue à Porto-Vecchio, aux plages bleu lagon. L'ancienne cité génoise a résisté à toutes les invasions barbares. Détruite, reconstruite, la citadelle de la ville porte haut la fierté corse. Autre motif de fierté, le restaurant Casadelmar : deux étoiles (rien à voir avec la mer, cette fois-ci) couronnent cette table au cœur iodé.

Ne vous laissez pas distraire par la vue ensorcelante sur la baie, ni le cadre ultracontemporain de ce superbe hôtel, le plus étonnant se passe dans l'assiette ! Le chef Fabio Bragagnolo, enfant de Pordenone (Frioul, Italie), navigue entre Corse et Italie. Parmi ses plats signature, les "cannelloni de denti au tourteau, caviar, fraîcheur de légumes et cédrats de San Giuliano". Le poisson cru, découpé en fines lamelles, est fourré d'une chair de tourteau émietté, et surmonté d'une petite ligne de caviar iodé. Une garniture de gelée de cédrat, de lamelles de mangue et de poire, associée à une brunoise de légumes, offre une fraîcheur insensée aux papilles en apnée. Un travail d'orfèvre.

→ Cannelloni de denti au tourteau, fraîcheur de légumes. Saint-pierre cuit à l'huile d'olive, lentilles corail, burrata et émulsion d'eau de tomate. Noisettes de Cervione, citron et fleur de lait

Menu 145/220 € – Carte 130/150 €

7 km par route de la plage de Palombaggia – ✆ 04 95 72 34 34 – www.casadelmar.fr – Fermé 4 novembre-30 avril, lundi, mardi midi, mercredi midi, jeudi midi, vendredi midi, samedi midi, dimanche

Le Belvédère

CUISINE MODERNE • ROMANTIQUE XXX La mer vient flirter avec les tables, les monts se découpent sur le ciel lointain... la terrasse est idyllique ! Au cœur du golfe de Porto-Vecchio, cette enclave discrète joue la carte des beaux produits et de la gastronomie d'aujourd'hui.

Menu 39 € (déjeuner), 70/120 € – Carte 71/86 €

5 km par route de la plage de Palombaggia – ✆ 04 95 70 54 13 – www.hbcorsica.com – Fermé 3 décembre-26 avril

Don Cesar

CUISINE MODERNE • ÉLÉGANT XXX Avec son décor luxueux et raffiné, et ses larges baies vitrées ouvertes sur la terrasse, le restaurant de l'hôtel Don Cesar ne manque pas de charme ! On y sert une cuisine entre France et Italie, soignée et pleine de saveurs, qui fait la part belle aux produits de la mer (déclinaison de calamars, bouillabaisse...).

Carte 80/130 €

rue du Commandant-Quilici (au rond-point du centre commercial Leclerc prendre la direction de la clinique) – ✆ 04 95 76 09 09 – www.hoteldoncesar.com – Fermé 15 octobre-10 mai

Terraméa

CUISINE MODERNE • TENDANCE XX Ah, le Terraméa ! Au milieu des arbres, sur les hauteurs de la baie de Porto-Vecchio, on comprend qu'il ait conquis le cœur des gourmands de cette partie de la Corse : on y mange de délicieux poissons bien préparés (sardines, saint-pierre, etc.) et de bons produits du terroir local.

Menu 50/65 €

7 km par route de Palombaggia – ✆ 04 95 50 03 94 – Fermé 1er février-1er avril

La Table de Mina

CUISINE MODERNE • MÉDITERRANÉEN X Installé confortablement au bord de la piscine, sous un toit de tuiles, on profite de la jolie vue sur la mer... et on se délecte des préparations à base de produits corses, avec quelques touches exotiques, d'un chef qui a fait une bonne partie de sa carrière à la Réunion.

Menu 55 € – Carte 75/100 €

Les Bergeries de Palombaggia, 12 km par route de la plage de Palombaggia – ✆ 04 95 70 03 23 – www.hotel-palombaggia.com – Fermé 3 novembre-11 avril, lundi

Hôtels

Casadelmar

GRAND LUXE • CONTEMPORAIN Un long parallélépipède de bois, dans un parc planté de figuiers, de grenadiers et d'oliviers. Des lignes géométriques étudiées, des espaces design... et partout – notamment de la piscine à débordement –, une vue magique sur la baie de Porto-Vecchio : la Corse à l'heure contemporaine *"and so chic"* !

20 suites ☕ – 👥660/7000 € – 14 chambres

7 km par rte de la plage de Palombaggia – ✆ 04 95 72 34 34 – www.casadelmar.fr – Fermé 4 novembre-19 avril

✿✿ **Casadelmar** – voir la sélection des restaurants

Don Cesar

LUXE • ÉLÉGANT Dans cet hôtel créé en 2012 dans l'esprit méditerranéen, le luxe a donné rendez-vous au raffinement. Les chambres sont superbes et spacieuses (50 m² au minimum) et leurs balcons se tournent vers le golfe de Porto-Vecchio... pour rêver éveillé. Piscine, spa, jardin paysager, etc., ajoutent à la beauté des lieux.

39 chambres – 👥475/1150 € – 2 suites – ☕ 35 €

rue du Commandant-Quilici (au rond-point du centre commercial Leclerc prendre la direction de la clinique) – ✆ 04 95 76 09 09 – www.hoteldoncesar.com

Don Cesar – voir la sélection des restaurants

Le Belvédère

LUXE • CLASSIQUE Franchissez le lourd portail en bois sculpté et pénétrez dans une oasis de verdure, avec ses chambres disséminées dans plusieurs pavillons. Outre le restaurant gastronomique, belles viandes à la Brocherie, et langouste grillée au Langoustier (le soir en saison).

15 chambres – 125/400 € – 4 suites – 25 €

5 km par rte de la plage de Palombaggia – 04 95 70 54 13 – www.hbcorsica.com – Fermé 2 décembre-26 avril

Le Belvédère – voir la sélection des restaurants

Les Bergeries de Palombaggia

LUXE • PERSONNALISÉ Parmi les oliviers et les cyprès, plusieurs maisonnettes construites dans l'esprit des anciennes bergeries, mais très confortables... luxueuses même ! Matériaux bruts, vue sur la mer (en étage), etc. : pour une belle et discrète villégiature à deux pas de la célèbre plage de Palombaggia.

9 chambres – 240/695 € – 7 suites – 30 €

12 km par route de la plage de Palombaggia – 04 95 70 03 23 – www.hotel-palombaggia.com – Fermé 3 novembre-11 avril

La Table de Mina – voir la sélection des restaurants

Le Goéland

TRADITIONNEL • MÉDITERRANÉEN Cet hôtel agréable a le pied marin : lampes-tempêtes, meubles aux peintures patinées... mais aussi plage privée et ponton d'amarrage ! Le restaurant s'ouvre totalement sur le golfe et le jardin ; cuisine au gré du marché et des saisons.

34 chambres – 120/590 € – 25 €

avenue Georges-Pompidou (à la Marina) – 04 95 70 14 15 – www.hotelgoeland.com – Fermé 5 novembre-1er avril

Golfe Hôtel

TRADITIONNEL • COSY Sur la route du port, cet hôtel propose des chambres décorées avec soin (mobilier épuré, tons gris et blanc) disséminées autour de la piscine et du jardin. Produits du terroir, grillades et recettes du sud au restaurant.

45 chambres – 106/372 €

rue du 9-Septembre-1943 – 04 95 70 48 20 – www.golfehotel-corse.com – Fermé 6 décembre-12 janvier

à Cala Rossa 10 km au Nord-Est par N198 et D468 – 20137

La Table de Cala Rossa

CUISINE MODERNE • MÉDITERRANÉEN XXX Ah, dîner sous la tonnelle, dans un cadre intimiste et romantique... La cuisine fait la fête aux produits locaux (notamment herbes et légumes du potager) servis avec décontraction. Cave d'affinage pour les fromages et belle carte de vins.

Carte 93/107 €

Grand Hôtel de Cala Rossa – 04 95 71 61 51 – www.cala-rossa.com – Fermé 5 novembre-15 avril, lundi, mardi midi, mercredi midi, jeudi midi, vendredi midi, samedi midi, dimanche midi

Grand Hôtel de Cala Rossa

GRAND LUXE • ÉLÉGANT À demeure d'exception, écrin splendide : un jardin luxuriant, un ponton privé sur la plage et un spa de grand standing où l'on utilise des produits à base de plantes du maquis corse... Cuisine actuelle à la Pinède (légumes du potager).

31 chambres – 380/1270 € – 9 suites

04 95 71 61 51 – www.cala-rossa.com – Fermé 5 novembre-15 avril

La Table de Cala Rossa – voir la sélection des restaurants

au golfe de Santa Giulia 8 km au Sud par N198 et rte secondaire – ✉ 20137

U Santa Marina

CUISINE MODERNE • ROMANTIQUE XX La vue sur le golfe de Santa Giulia y est superbe, et le soir venu, on pourrait croquer le soleil couchant... Dans l'assiette, une cuisine goûteuse, personnelle, imaginée par un chef breton, qui s'est approprié le terroir corse, sans oublier ses racines celtes. Un savoureux moment, délicieusement romantique.

➔ Langoustines corses rôties, jus de carapaces au chocolat grand cru, échalote compotée au tabac. Murone cuit dans un bouillon de varech, artichaut, courgette et couteaux farcis. Kouign amann, crémeux mascarpone vanillé, confit framboise et glace au lait

Menu 74/142 € – Carte 80/100 €

Marina di Santa Giulia (plage) – ✆ 04 95 70 45 00 – www.usantamarina.com – Fermé 31 octobre-15 avril, lundi midi, mardi midi, mercredi midi, jeudi midi, vendredi midi, samedi midi, dimanche midi

Les Hauts de Santa Giulia

FUSION • DESIGN X La chef réalise ici une bonne cuisine à base de produits sélectionnés avec soin, et parsème ses assiettes d'influences diverses (Asie et Méditerranée, principalement). Le menu carte blanche est renouvelé tous les jours ; le mobilier vintage et la jolie terrasse ajoutent au charme des lieux.

Menu 70 €

✆ 04 95 70 40 84 – Fermé 1er octobre-27 mai, lundi, mardi midi, mercredi midi, jeudi midi, vendredi midi, samedi midi, dimanche midi

Alivi

BOUTIQUE HÔTEL • PERSONNALISÉ Pour passer ses vacances au calme, un hôtel contemporain entre mer et maquis, aux chambres reposantes avec une petite terrasse. Piscine circulaire face à la baie de Santa Giulia.

10 chambres – ½ Pension seulement 180/475 €

Marina di Santa Giulia – ✆ 04 95 52 01 68 – www.santa-giulia.fr – Fermé 23 octobre-12 avril

à la presqu'île du Benedettu 10 km au Nord-Est par N198 et D468 – ✉ 20137

La Plage Casadelmar

POISSONS ET FRUITS DE MER • DESIGN XX La salle et la terrasse sont posées juste au-dessus d'une plage discrète du golfe de Porto-Vecchio. Comment se lasser de la vue sur la côte et la mer ? Au sein de ce bel hôtel contemporain, la cuisine, confiée à un chef italien, se veut résolument transalpine. Une réussite.

Carte 60/95 €

✆ 04 95 71 02 30 – www.laplagecasadelmar.fr – Fermé 15 octobre-10 mai

La Plage Casadelmar

LUXE • DESIGN Fermez les yeux et imaginez une superbe plage de sable fin en accès direct... Tel est l'un des atouts de ce bel établissement niché sur un petit cap du golfe de Porto-Vecchio. Un lieu à part, dont le design contemporain cultive un minimalisme chic et apaisant...

16 chambres – 510/1220 € – 3 suites

✆ 04 95 71 02 30 – www.laplagecasadelmar.fr – Fermé 15 octobre-10 mai

La Plage Casadelmar – voir la sélection des restaurants

PROPRIANO

✉ 20110 (Corse-du-Sud) – Carte régionale n° **9**-A3

Carte Michelin 345-C9

✿ Le Lido

CUISINE MODERNE • MÉDITERRANÉEN XXX Une superbe escale face aux flots, un accueil prévenant, un menu unique et très bien ficelé pour une cuisine délicate et pleine de saveurs… Le Lido ? Le goût de la Corse, entre terre, mer et création contemporaine.

→ Octopus roulé et rôti au beurre noisette et crémeux de panzetta. Filet de veau tigre, myrte et wasabi. Chocolat à l'huile d'olive, fleur de sel, immortelle et noisettes caramélisées

Menu 85/220 € – Carte 85/330 €

42 avenue Napoléon-III – ☎ 04 95 76 06 37 – www.le-lido.com – Fermé 30 septembre-1er mai, lundi midi, mardi midi, mercredi midi, jeudi midi, vendredi midi, samedi midi, dimanche midi

Chez Parenti

POISSONS ET FRUITS DE MER • CLASSIQUE XX Envie de poisson frais ou de homard ? Ce restaurant, tenu depuis 1935 par la famille Parenti, est exactement ce qu'il vous faut. Raviole d'araignée de mer, langouste grillée aux épices des îles, quelques viandes aussi, souvent corses (veau tigre…) : de bons produits pleins de fraîcheur, à déguster confortablement installé sur la terrasse, face au port de plaisance.

Menu 48 € – Carte 55/100 €

10 avenue Napoléon-III – ☎ 04 95 76 12 14 – www.chezparenti.fr – Fermé 5 novembre-15 mars, lundi midi

Tempi Fà

CUISINE DU TERROIR • BISTRO X Tempi fà ou « au temps d'avant » en corse… C'est exactement là où ramène cette épicerie-bistrot ! On entre par la boutique, dont le décor original reproduit une place de village, avec un vrai marché local (charcuteries, fromages, vin de myrte, etc.). Et tous ces beaux produits sont proposés à la dégustation… sans oublier la belle carte de vins de l'île.

Menu 38 €

7 avenue Napoléon-III – ☎ 04 95 76 06 52 – www.tempi-fa.com – Fermé 1er novembre-1er avril

Terra Cotta

POISSONS ET FRUITS DE MER • COSY X Dans ce charmant petit restaurant du port, le frère du patron fournit la pêche du jour. Pagre, liche, chapon, mustelle et autres poissons frais sont préparés avec grand soin.

Menu 24 € (déjeuner)/54 € – Carte 50/65 €

29 avenue Napoléon-III – ☎ 04 95 74 23 80 – Fermé 20 octobre-1er avril, dimanche

Miramar Boutique Hôtel

LUXE • COSY Au cœur d'un parc luxuriant, cette villa aux murs chaulés offre une vue plongeante sur le golfe de Valinco. Beaucoup de charme : objets chinés, espace et raffinement… Carte simple et légère le midi ; poisson à la plancha, terroir corse et langouste grillée le soir.

21 chambres – 150/990 € – 5 suites – 29 €

route de la Corniche – ☎ 04 95 76 06 13 – www.miramarboutiquehotel.com – Fermé 1er octobre-15 avril

ST-FLORENT

✉ 20217 (Haute-Corse) – Carte régionale n° **9**-B1
Carte Michelin 345-E3

La Roya

CUISINE MODERNE • ÉLÉGANT XXX Atmosphère contemporaine et raffinée, terrasse dans le joli jardin, face à la plage : un cadre idyllique au service d'une cuisine de saison. Personnel souriant et attentionné. A midi, formule « resto-plage ».

Menu 58/85 € – Carte 70/80 €

1 km par route de Calvi puis route secondaire – ☎ 04 95 37 00 40 – www.hoteldelaroya.com – Fermé 1er novembre-31 mars

L'Auberge du Pêcheur

POISSONS ET FRUITS DE MER • MÉDITERRANÉEN XX Damien Muller, un marin pêcheur local, propriétaire de la poissonnerie Saint-Christophe, a ouvert dans la cour jardin de la maison de son enfance un restaurant... en plein air. A la carte, on se régale d'une soupe de poissons, mais aussi de sushis, d'un tartare de thon rouge, ou de la pêche du jour cuite à la plancha japonaise. Trois chefs se succèdent en cuisine. Une belle adresse bourrée d'iode !

Carte 50/75 €

route de Bastia – ✆ 06 24 36 30 42 – www.aubergedupecheur.net – Fermé 1er mai-30 septembre, lundi midi, mardi midi, mercredi midi, jeudi midi, vendredi midi, samedi midi, dimanche

La Gaffe

CUISINE MODERNE • CONTEMPORAIN XX Changement de cap pour le chef Yann Le Scavarec, qui a repris ce restaurant idéalement situé sur les quais de Saint-Florent. Sa cuisine actuelle, à la fois terre et mer, met en valeur la production locale : agneau et veau d'Oletta, poissons de la pêche, langouste au barbecue...

Menu 35 € (déjeuner)/55 € – Carte 50/70 €

promenade des Quais (quai des Pêcheurs) – ✆ 04 95 37 00 12 – www.restaurant-saint-florent.com – Fermé 15 janvier-15 mars

Mathys

CUISINE MODERNE • BISTRO X Façade rouge pour ce restaurant de Saint-Florent, devancé par une jolie terrasse ombragée par un mûrier-platane. Dans un esprit « restaurant de village», on sert ici une cuisine bourgeoise, méditerranéenne et corse, plus travaillée le soir. Convivialité, service souriant et jolie carte des vins complètent l'agréable tableau.

Carte 36/55 €

place Furnellu – ✆ 04 95 37 20 73 – Fermé 1er-31 janvier, lundi

Demeure Loredana

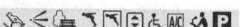

BOUTIQUE HÔTEL • PERSONNALISÉ Une demeure de caractère qui rivalise de détails raffinés. La déco mêle les styles... avec style et, dans le salon douillet et cossu, on se prend à rêver de l'Empire des Indes. Et que dire de la vue sur la mer et de la piscine à débordement ?

18 chambres – 240/390 € – 5 suites – 25 €

promenade Vincenti, route de Bastia – ✆ 04 95 37 22 22 – www.demeureloredana.com – Fermé 29 octobre-18 avril

La Roya

TRADITIONNEL • COSY Sur la plage de sable fin de la Roya (accès direct) et dans un jardin ravissant embaumant les senteurs méditerranéennes, cet hôtel récent est un havre de paix. Les lits sont si douillets qu'on pourrait ne plus quitter la chambre, mais la Corse est si belle... D'ailleurs, ici, on prête des vélos.

20 chambres – 190/480 € – 8 suites – 25 €

1 km par rte de Calvi puis rte secondaire – ✆ 04 95 37 00 40 – www.hoteldelaroya.com – Fermé 1er novembre-31 mars

La Roya – voir la sélection des restaurants

Dolce Notte

FAMILIAL • MÉDITERRANÉEN En bord de mer, une maison avec des chambres ouvrant sur les flots (balcon ou terrasse). Certaines arborent un style marin ; d'autres sont plus contemporaines (galets et bois flotté) et toutes sont plaisantes. Superbe vue sur le golfe de Saint-Florent, accès direct à la plage de galets et prêts gratuits de canoë et paddles.

20 chambres – 93/234 € – 9 €

route de Bastia – ✆ 04 95 37 06 65 – www.hotel-dolce-notte.com – Fermé 15 octobre-15 avril

La Florentine

FAMILIAL · BORD DE MER Jardin fleuri, piscine chauffée, plage privée aménagée, chambres fraîches et confortables avec terrasse privative... Autant d'atouts pour ce sympathique établissement de bord de mer.

20 chambres – 120/290 € – 14 €

route de Bastia – 04 95 37 00 99 – www.hotellaflorentine.com – Fermé 15 octobre-15 avril

STE-LUCIE-DE-PORTO-VECCHIO

20144 (Corse-du-Sud) – Carte régionale n° **9**-B3

Carte Michelin 345-F9 – Guide Vert Michelin Corse

Le Rouf

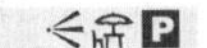

POISSONS ET FRUITS DE MER · MÉDITERRANÉEN XX Ici, on sert principalement des produits de la mer, autour de la pêche du jour et des langoustes sur les trois terrasses, face au superbe golfe de Pinarello – plage de sable blanc, voiliers au mouillage, et ancienne tour génoise... Les amoureux de la Corse seront ravis, les amoureux tout courts, aussi.

Carte 48/110 €

plage de Pinarello, 3,5 km au Sud-Est par D168 – 04 95 71 50 48 – www.lerouf.com – Fermé 15 septembre-15 avril

Le Pinarello

LUXE · ÉLÉGANT Bel ensemble au luxe discret dans un cadre de rêve. Chambres et suites contemporaines, magnifique vue sur le golfe, centre de soins... et belle piscine sur le toit ! Au déjeuner, carte estivale, salades et charcuteries corses servies sur la terrasse face à la plage.

28 chambres – 261/1007 € – 5 suites – 28 €

plage de Pinarello, 3,5 km au Sud-Est par D168 – 04 95 71 44 39 – www.lepinarello.com – Fermé 21 octobre-20 avril

SANT'ANTONINO

20220 (Haute-Corse) – Carte régionale n° **9**-A1

Carte Michelin 345-C4

I Scalini

CUISINE CORSE · CONVIVIAL X Dans ce superbe village de Balagne, on accède à ce restaurant par un escalier étroit, avant de s'installer en terrasse sur le toit – réservation impérative ! De là-haut, la vue est tout simplement éblouissante, et l'on se régale des incontournables saveurs corses traditionnelles, ou de plats plus osés... Une adresse à part.

Carte 35/55 €

haut du village – 04 95 47 12 92 – www.i-scalini.com – Fermé 7 octobre-26 avril, mardi soir

SARTÈNE

20100 (Corse-du-Sud) – Carte régionale n° **9**-A3

Carte Michelin 345-C10

Rossi

FAMILIAL · PERSONNALISÉ Petit hôtel discret, pimpant et coloré, parfaitement situé entre Bonifacio et Propriano. Chambres personnalisées, façon années 1950, et petite piscine pour se rafraichir après une journée de découverte touristique. Le petit-déjeuner est frais et copieux.

16 chambres – 90/170 € – 11 €

route de Propriano – 04 95 77 01 80 – www.hotelrossi-sartene.com – Fermé 1er janvier-15 avril

à Murtoli 25 km au Sud par route de Bonifaccio, au Domaine de Murtoli – 20100

La Table de la Ferme

CUISINE CORSE • CHAMPÊTRE XXX Au centre du gigantesque domaine de Murtoli, cette bâtisse récente a des allures de vieille ferme patinée. La table, confiée à Mathieu Pacaud, sublime les produits corses, tout en subtilité : poissons pêchés face au domaine, safran de la voisine, légumes du potager, herbes du maquis... sans oublier l'impressionnante carte des vins (plus de 600 références).

→ Bouillabaisse végétale de tomates du jardin et amandes fraîches. Barbecue de homard rôti à la feuille de figuier, courgette jaune et figue. Melba de pêche sauvage, sorbet verveine, réduction de fruits rouges

Menu 125/195 €

04 95 71 69 24 – www.murtoli.com – Fermé 15 septembre-13 mai, lundi midi, mardi, mercredi midi, jeudi midi, vendredi midi, samedi midi, dimanche midi

La Grotte

CUISINE CORSE • CHAMPÊTRE XX Au-dessus du golf du domaine de Murtoli, en plein maquis, ce restaurant offre un cadre unique que son nom laisse présager. On dîne d'un menu corse en 5 plats, à la bougie, sur des bancs de bois, installés au cœur de la roche, ou sur l'une des superbes petites terrasses à la vue splendide. Difficile de rêver plus romantique. Réservation indispensable.

Menu 60/80 €

04 95 71 69 24 – www.murtoli.com – Fermé 20 février-20 mars, lundi midi, mardi, mercredi midi, jeudi midi, vendredi midi, samedi midi, dimanche midi

La Table de la Plage

CUISINE MÉDITERRANÉENNE • ROMANTIQUE XX Au bord de la plus jolie plage du domaine de Murtoli, ce restaurant au cadre exceptionnel se mérite. Poissons de pêche locale, langouste grillée, veau, bœuf ou agneau élevés sur le domaine : on se régale. Réservation indispensable pour pouvoir accéder à cette propriété très exclusive. Les prix ne sont pas tendres, mais le charme laisse sans voix.

Carte 95/150 €

04 95 71 69 24 – www.murtoli.com – Fermé jeudi soir

TOMINO

20248 (Haute-Corse) – Carte régionale n° **9**-B1

Carte Michelin 345-F2

Le Tomino

BOUTIQUE HÔTEL • ROMANTIQUE Comme suspendue sur les hauteurs de Macinaggio, cette étonnante construction contemporaine, habillée de bois, offre une vue superbe sur le village et la mer. Cinq chambres absolument superbes, et une vue de la terrasse panoramique à couper le souffle. Cuisine traditionnelle appétissante au restaurant pour les résidents, le soir. Un lieu pétri de charme, apaisant, idéal pour se ressourcer. Epoustouflant.

5 chambres – 195/380 € – 19 €

A Girasca – 04 95 46 35 98 – www.hotelletomino.fr – Fermé 15 octobre-15 avril

CORTE – 2B (Haute-Corse) → Voir Corse

COSNE-COURS-SUR-LOIRE

58200 (Nièvre) – Carte régionale n° **5**-A2

Carte Michelin 319-A7 – Guide Vert Michelin Bourgogne

Au Bistrot d'Anatole

CUISINE CLASSIQUE • CONVIVIAL Un bistrot contemporain dans une petite rue du centre-ville. On y savoure des classiques du genre comme ce pressé de poireaux, girolles et canard confit, ou ce médaillon de lotte rôti et caponata de légumes. L'accueil souriant et l'ambiance conviviale achèvent de nous convaincre de la sympathie de l'adresse !

Menu 21 € (déjeuner), 30/36 €

6 rue Anatole-France – 03 86 27 12 95 – www.chez-anatole.com – Fermé 24 décembre-2 janvier, lundi, mardi soir, mercredi soir, dimanche soir

à Villechaud 4 km au Sud par D243 – ✉ 58200

Le Chat

CUISINE MODERNE • BISTRO Comment un ancien bar de village – baptisé Le Chat depuis 1856, tout de même – se mue-t-il en bonne table ? Demandez donc au chef, aussi sympathique que travailleur, qui sait faire rimer créativité et convivialité. On en ronronne de plaisir.

Menu 25 € (déjeuner), 28/47 €

42 rue des Guérins – 03 86 28 49 03 – www.restaurant-lechat.fr – Fermé 7-21 janvier, lundi, mardi, dimanche soir

Décryptez bien nos prix pour les hôtels ... Petit-déjeuner compris ? La tasse suit directement le nombre de chambres.

LE COTEAU – 42 (Loire) → voir Roanne

LA CÔTE-ST-ANDRÉ

✉ 38260 (Isère) – Carte régionale n° **2**-B2

Carte Michelin 333-E5 – Guide Vert Michelin Lyon et sa région

Hôtel de France

CUISINE MODERNE • ÉLÉGANT Ce restaurant du cœur de la cité natale de Berlioz se révèle une table de qualité, où le chef compose de belles assiettes modernes en s'appuyant sur les meilleurs produits du terroir local. On se régale d'un homard en nage d'agrumes au sauternes et citrus, ou d'un pigeonneau en croûte d'herbes... Une bonne adresse.

Menu 27 € (déjeuner), 44/90 € – Carte 56/92 €

16 place de l'Église – 04 74 20 25 99 – www.hoteldefrance-csa.fr – Fermé 22-29 avril, 8-15 juillet, 23-30 décembre, lundi, mercredi soir, samedi midi, dimanche soir

COTIGNAC

✉ 83570 (Var) – Carte régionale n° **24**-C3

Carte Michelin 340-L4

Le Mas de Cotignac

FAMILIAL • PERSONNALISÉ Une maison d'hôtes aux chambres joliment décorées, entourée d'oliviers. Les températures douces permettent de profiter de la piscine chauffée (jacuzzi, sauna). Table d'hôtes le soir, garnie des fruits et légumes du potager. Confitures maison et figues au sirop du jardin au petit-déjeuner.

4 chambres – 105/155 €

route de Cotignac – 06 80 30 36 55 – www.lemasdecotignac.fr

COTINIÈRE – 17 (Charente-Maritime) → voir Île d'Oléron

COUDEKERQUE-BRANCHE – 59 (Nord) → voir Dunkerque

COUËRON

44220 (Loire-Atlantique) - Carte régionale n° **23**-B2
Carte Michelin 316-F4

Le François II

CUISINE TRADITIONNELLE • CONVIVIAL XX L'enseigne, au décor moderne, rend hommage au duc de Bretagne, père d'Anne, mort à Couëron. Ici, la tradition est reine, et le couple de propriétaires - d'origine bretonne - sait la faire vivre ! Le chef aime s'approvisionner dans la région et travaille en véritable artisan. Une adresse attachante.

Menu 17 € (déjeuner), 31/57 € - Carte 40/56 €

5 place Aristide-Briand - ✆ 02 40 38 32 32 - www.francois2.com - Fermé 1er-7 janvier, 16-24 février, 22 juillet-15 août, lundi, mardi, mercredi soir, jeudi soir, dimanche soir

COUILLY-PONT-AUX-DAMES

77860 (Seine-et-Marne) - Carte régionale n° **15**-C2
Carte Michelin 312-G2 - Guide Vert Michelin Île-de-France

Auberge de la Brie (Alain Pavard)

CUISINE MODERNE • ÉLÉGANT XX Parmi les atouts que compte cette coquette maison briarde : son cadre contemporain raffiné, sa délicieuse cuisine actuelle personnalisée et son accueil tout sourire.

→ Langoustines tièdes au citron, pousses d'épinards et sauce gingembre. Ris de veau braisé au jus, légumes croquants et champignons de saison. Agrumes, sablé breton, meringue craquante et sorbet citron

Menu 43 € (déjeuner), 60/90 € - Carte 98/105 €

14 avenue Alphonse-Boulingre, D436 - ✆ 01 64 63 51 80 - www.aubergedelabrie.net - Fermé 4-29 août, 23 décembre-4 janvier, lundi, mardi midi, dimanche

COUIZA

11190 (Aude) - Carte régionale n° **21**-B3
Carte Michelin 344-E5

Château des Ducs de Joyeuse

CUISINE MODERNE • RUSTIQUE XX Revisiter la tradition et célébrer la gourmandise : tel est le crédo du jeune chef de cette sympathique maison. En bon passionné, il privilégie les produits locaux (truite de Gesse, légumes et fromages bio des environs). Le passé rencontre le présent, et c'est une réussite !

Menu 37/87 € - Carte 62/98 €

allée Georges-Roux - ✆ 04 68 74 23 50 - www.chateau-des-ducs.com - Fermé 2 novembre-13 avril, lundi midi, mardi midi, mercredi midi, jeudi midi, vendredi midi

Château des Ducs de Joyeuse

DEMEURE HISTORIQUE • TRADITIONNEL Construit sous la Renaissance (16e s.), ce beau château fortifié n'en est pas moins totalement médiéval. Tours, pierres, poutres, baldaquins, salles voûtées... le tableau est complet. Et le parc, qui longe joliment la rivière, ne met pas moins en joie ! Insolite : le caveau de dégustation dans l'ancienne chapelle.

34 chambres - 121/285 € - 16 €

allée Georges-Roux - ✆ 04 68 74 23 50 - www.chateau-des-ducs.com - Fermé 2 novembre-13 avril

Château des Ducs de Joyeuse - voir la sélection des restaurants

COULANDON - 03 (Allier) → voir Moulins

COULANGES-LA-VINEUSE

89580 (Yonne) - Carte régionale n° **5**-B1
Carte Michelin 319-E5

J'MCA

CUISINE MODERNE · CONVIVIAL XX Une cuisine actuelle soignée, goûteuse et bien ficelée, qui laisse s'épanouir librement d'excellents produits : voilà ce qui vous attend dans cette maison familiale installée à deux pas de l'église et de la place du village. Quant au décor, avec tableaux contemporains et plantes vertes, il ne manque pas non plus de charme.

Menu 20 € (déjeuner), 26/42 € – Carte 34/43 €

12 rue André-Vildieu – ✆ 03 86 34 33 41 – www.jmca-restaurant.fr – Fermé lundi soir, mardi soir, mercredi, jeudi soir, dimanche soir

COULOMBIERS

✉ 86600 (Vienne) – Carte régionale n° **20**-C2

Carte Michelin 322-H6

Auberge Le Centre Poitou

CUISINE TRADITIONNELLE · RUSTIQUE XX Depuis 1870, la même famille tient cet auberge qui fut autrefois un relais de poste et y cultive le sens de l'accueil. Dans l'assiette, on se régale d'une cuisine savoureuse, concoctée avec des produits soigneusement choisis, par Mathias, le fils, nouveau maître des fourneaux.

Menu 32/85 € – Carte 57/70 €

39 rue Nationale – ✆ 05 49 60 90 15 – www.centre-poitou.com – Fermé 18 février-6 mars, 23 septembre-10 octobre, lundi, mardi midi, dimanche soir

COULON

✉ 79510 (Deux-Sèvres) – Carte régionale n° **20**-B2

Carte Michelin 322-C7 – Guide Vert Michelin Poitou-Charentes

Le Central

CUISINE MODERNE · AUBERGE XX Pour une escapade champêtre au cœur de la Venise verte. La cuisine navigue entre tradition et tendances, autour de quelques produits fétiches : anguilles, escargots, fromage de chèvre, etc. Une valeur sûre, petite boussole dans la géographie gourmande poitevine.

Menu 21 € (déjeuner), 31/47 € – Carte 43/61 €

4 rue d'Autremont – ✆ 05 49 35 90 20 – www.hotel-lecentral-coulon.com – Fermé 15 février-7 mars, 30 septembre-15 octobre, lundi, dimanche soir

Au Marais

TRADITIONNEL · COSY Face à l'embarcadère pour le Marais mouillé, deux anciennes maisons de bateliers transformées en hôtel. Agréables chambres mêlant classique et contemporain, certaines avec vue sur la Sèvre. Gâteaux et yaourts maison au petit-déjeuner.

18 chambres – 79/93 € – 9 €

46 quai Louis-Tardy – ✆ 05 49 35 90 43 – www.hotel-marais-poitevin.com – Fermé 31 octobre-1er avril

COUPELLE-VIEILLE

✉ 62310 (Pas-de-Calais) – Carte régionale n° **13**-A2

Carte Michelin 301-F4

Le Fournil

CUISINE TRADITIONNELLE · COSY X Les apparences sont parfois trompeuses ! Ainsi, Le Fournil n'est pas installé dans une ancienne boulangerie mais dans un relais de poste du 19e s. On y savoure une cuisine traditionnelle accompagnée de bons vins... Terrasse avec vue sur le jardin.

Menu 21/40 € – Carte 34/56 €

rue de St-Omer – ✆ 03 21 04 47 13 – www.restaurant-lefournil.com – Fermé 18-25 février, lundi, mardi soir, dimanche soir

COURBAN

✉ 21520 (Côte-d'Or) – Carte régionale n° **5**-C1
Carte Michelin 320-I2

✿ Château de Courban

CUISINE MODERNE • ÉLÉGANT XXX Takashi Kinoshita fait des merveilles aux fourneaux de ce Château de Courban, où l'élégance est la règle. Il cisèle des plats créatifs, aussi colorés que parfumés, et met joliment en valeur les produits du terroir bourguignon… Une franche réussite.

→ Crevettes carabineros, caviar, crème de Brillat-Savarin et gaufre de sarrasin. Filet de bœuf charolais en croûte de sésame noir, légumes racine de notre potager. Partition de chocolat grand cru, cassis, cazette et pinot noir

Menu 49/105 € – Carte 69/135 €

7 rue du Lavoir – ✆ 03 80 93 78 69 – www.chateaudecourban.com – Fermé lundi midi, mardi midi, mercredi midi, jeudi midi, vendredi midi, samedi midi

Château de Courban

MAISON DE MAÎTRE • ÉLÉGANT Charmante, champêtre, authentique et confortable : telle est cette belle gentilhommière de 1837. Les jardins, la piscine à débordement et le spa ajoutent encore au cachet du lieu. Et l'on est reçu comme dans une maison de famille… Sympathique !

25 chambres – 99/429 € – ☕ 19 €

7 rue du Lavoir – ✆ 03 80 93 78 69 – www.chateaudecourban.com

✿ **Château de Courban** – voir la sélection des restaurants

COURCELLES-SUR-VESLE

✉ 02220 (Aisne) – Carte régionale n° **14**-C2
Carte Michelin 306-D6

Château de Courcelles

CUISINE MODERNE • CLASSIQUE XXX Noble demeure que ce château hérité du Grand Siècle, fastueux sans être opulent, et recélant un beau jardin d'hiver, d'inspiration Second Empire. Ce décor prête à un élégant moment, autour de recettes inspirées par les tendances et accompagnées d'un impressionnant choix de vins.

Menu 45 € (déjeuner), 60/100 € – Carte 115/137 €

8 rue du Château – ✆ 03 23 74 13 53 – www.chateau-de-courcelles.fr

Château de Courcelles

DEMEURE HISTORIQUE • CLASSIQUE De longues enfilades de fenêtres, des toits à la Mansart, des allées de buis taillé… la parfaite image d'un château français du 17e s., fréquenté en leurs temps par Crébillon, Rousseau ou encore Cocteau. Grand style dans les chambres et belles prestations.

15 chambres – 205/475 € – 3 suites – ☕ 25 €

8 rue du Château – ✆ 03 23 74 13 53 – www.chateau-de-courcelles.fr

Château de Courcelles – voir la sélection des restaurants

Photononstop

ON AIME...

Du mythique **Chabichou** au **Montgomerie**, en passant par le **1947** : les étoiles aiment l'altitude ! Initiez-vous au luxe montagnard avec l'univers incomparable du **K2** - dont le **Sarkara**, pour un repas 100% desserts. A moins d'opter pour **Le Koori** et sa cuisine maîtrisée, aux doux accents japonais.

COURCHEVEL

✉ 73120 (Savoie)

Carte Michelin 333-M5 – Guide Vert Michelin Alpes du Nord

à Courchevel-Moriond 1650 4 km à l'Est – ✉ 73120

Manali

LUXE · À THÈME Du nom d'un village himalayen, un luxueux chalet mâtiné d'exotisme : au gré des chambres, le bois montagnard rencontre des inspirations indiennes (frises sculptées) ou canadiennes (rondins de bois), et le restaurant décline le thème Bollywood. Avec en prime un agréable spa !

32 chambres – 450/1320 € – 5 suites

rue de la Rosière – ✆ 04 79 08 07 07 – www.hotelmanali.com – Fermé 1er avril-13 décembre

Le Portetta

TRADITIONNEL · MONTAGNARD Aux pieds des pistes, cet hôtel offre un décor montagnard on ne peut plus cosy, avec espace détente (fitness, hammam, spa, sauna, etc.), terrasse ensoleillée, accueil aimable... Un bien agréable refuge. Cuisine italienne (avec four à pizza) au restaurant.

38 chambres – 520/1060 € – 6 suites

252 rue du Marquis – ✆ 04 79 08 01 47 – www.portetta.com – Fermé 13 avril-15 décembre

à Courchevel 1850 – ✉ 73120

✿✿✿ Le 1947

CUISINE CRÉATIVE · DESIGN XXXX Remarquable parcours que celui de Yannick Alléno, chef né à Puteaux, en Île-de-France. De ses souvenirs d'enfance auprès de sa mère (« je n'étais pas dans ses jupons mais dans ses casseroles", expliquera-t-il un jour) à sa progression régulière au sein des plus grands restaurants, il a toujours su mettre sa passion au service de son ambition.

Au cœur de l'Hôtel Cheval Blanc, il délivre pour une poignée de chanceux (cinq tables à peine) une saisissante partition de cuisine contemporaine, où la créativité et l'audace technique sont tout entières guidées par la recherche des saveurs. Le tout s'appuie sur des produits de premier choix, qui pourraient quasiment se suffire à eux-mêmes...

Véritable marotte du chef francilien, les sauces sont inoubliables – résultat d'un travail de longue haleine sur l'extraction et la fermentation –, et la maîtrise technique est totale : une leçon de haute cuisine, tout simplement.

→ Tarte frangipanée aux artichauts poivrade, réduction de vin jaune et comté râpé à votre table. Dos de brochet confit, pâte de céleri et extraction de pomme de terre au lard. Le fil rouge sucré

Menu 395 € – Carte 270/344 €

Plan : A3-m – *Cheval Blanc, Le Jardin Alpin – ✆ 04 79 00 50 50 – www.chevalblanc.com/courchevel – Fermé 7 avril-12 décembre, lundi, mardi midi, mercredi midi, jeudi midi, vendredi midi, samedi midi, dimanche midi*

✿✿ Le Kintessence

CUISINE MODERNE • INTIME XXXX Courchevel ? Tout le monde a son avis sur le plus grand domaine skiable au monde, à la fois jet-set et écolo. Savez-vous que Courchevel est aussi une petite capitale gastronomique ? Yannick Alléno (1947, Cheval Blanc), Pierre Gagnaire (Les Airelles) ou Michel Rochedy (associé désormais à Stéphane Buron) au Chabichou, pour ne citer que les plus emblématiques... Mais ce serait oublier la jeune génération, à l'image de Jean-Rémi Caillon, chef exécutif du Kintessence, et formé dans de belles maisons étoilées (Philippe Labbé à la Chèvre d'Or et l'Abeille au Shangri-La). Laissez vos idées préconçues à la porte : le lieu, chaleureux et intime, donne l'impression de se sentir à la maison. De grands fauteuils moelleux, une cheminée de pierre et un service présent mais détendu achèvent de rendre l'expérience presque naturelle. Là, tout n'est qu'ordre et beauté, luxe, calme... et desserts inspirés. Vous vous régalerez par exemple d'un sorbet bière-pamplemousse et poivre de Tasmanie, crème à la citronnelle, dont la seule évocation laisse rêveur. Attendez d'y goûter, c'est encore meilleur.

→ Betterave du Forézan, palets laqués au jus, anguille et salade rouge aigrelette. Chevreuil de chasse française en croûte de cacao, chou rouge, poire pochée et jus de civet au mélilot. Coque de meringue, sorbet de céleri-rave et vanille Bourbon, éclat de caramel à l'ancienne et eau de sureau noir

Menu 199/315 € – Carte 190/283 €

Plan : B2-b – *Le K2, 238 rue des Clarines – ✆ 04 79 40 08 80 – www.lek2palace.com – Fermé 7 avril-14 décembre, lundi, mardi midi, mercredi midi, jeudi midi, vendredi midi, samedi midi, dimanche midi*

✿✿ Le Montgomerie

CUISINE CRÉATIVE • INTIME XXXX Alors, ça se passe comment, un dîner au Montgomerie ? Le plus naturellement du monde. Un voiturier vient vous quérir à votre hôtel. Le personnel de l'hôtel, très accueillant, s'occupe du vestiaire, tout en vous proposant un verre au bar, avant de vous accompagner dans la petite salle feutrée, sous charpente, face à une baie vitrée. Quatre tables, seize couverts maximum, lumière tamisée et couleurs sombres, pour une expérience intimiste. Sur la grande table revêtue de cuir noir et d'argenterie contemporaine, une bougie, assortie d'une composition florale : plus rien, désormais, ne s'oppose à l'expérience gastronomique. Que Gatien Demczyna se soit vu confier les destinées du Montgomerie (après le départ de Nicolas Sale au Ritz) n'a rien de surprenant : le chef, qui a aiguisé ses talents dans le Sud (notamment à l'Oustau de Baumanière aux Baux-de-Provence, 2 étoiles), y excelle. Vous repartez avec un petit cadeau (chocolats, mignardises...), au cas où vous auriez un petit creux sur le chemin du retour à l'hôtel. Ces gens-là pensent décidément à tout !

→ Ravioles de cardon, jus de braisage infusé à l'achillée, biscotte au beaufort et moelle de bœuf. Suprême de pintade chaponnée rôtie sur la peau, ravioli de topinambour et parmesan. Sorbet pamplemousse, écorces confites, crème et sucs de betterave, givre d'estragon

Menu 199/315 € – Carte 190/283 €

Le K2 Altitude, route de l'Altiport – ✆ 04 79 01 46 46 – www.lek2altitude.com – Fermé 6 avril-14 décembre, samedi

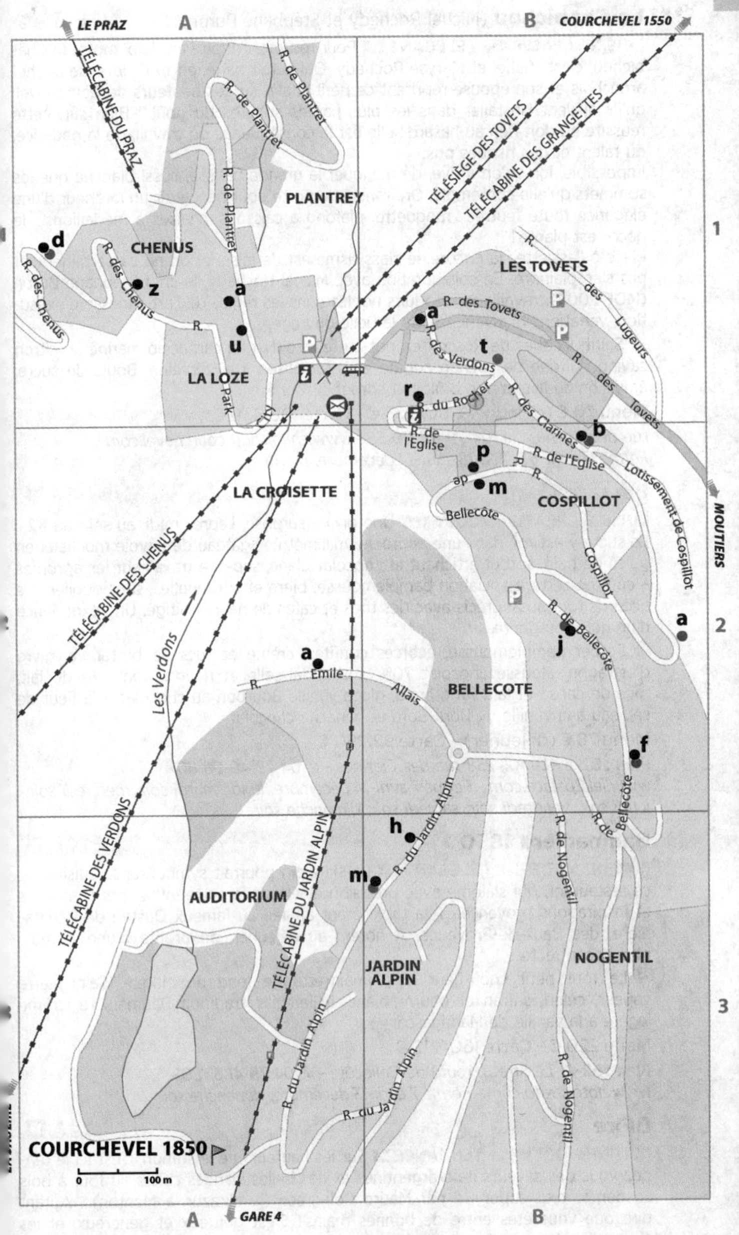

LE PRAZ
A
B
COURCHEVEL 1550
TÉLÉCABINE DU PRAZ
R. de Plantret
R. de Plantret
R. de Plantret
TÉLÉSIÈGE DES TOVETS
TÉLÉCABINE DES GRANGETTES
PLANTREY
CHENUS
R. des Chenus
R. des Chenus
R.
LES TOVETS
R. des Tovets
R. des Lugeurs
R. des Tovets
R. des Verdons
LA LOZE
Park
City
R. du Rocher
R. de l'Eglise
R. des Clarines
R. de l'Eglise
Lotissement de Cospillot
LA CROISETTE
R. de Bellecôte
COSPILLOT
MOUTIERS
Cospillot
R. de Bellecôte
TÉLÉCABINE DES CHENUS
Les Verdons
R. Emile Allais
BELLECOTE
Bellecôte
R. de
R. de Nogentil
TÉLÉCABINE DES VERDONS
R. du Jardin Alpin
TÉLÉCABINE DU JARDIN ALPIN
AUDITORIUM
JARDIN ALPIN
NOGENTIL
R. du Jardin Alpin
R. du Jardin Alpin
R. du Jardin Alpin
R. de Nogentil
COURCHEVEL 1850
0
100 m
GARE 4
1
2
3

✿✿ Le Chabichou (Michel Rochedy et Stéphane Buron)

CUISINE CLASSIQUE • ÉLÉGANT XXX Pour résumer l'affaire en deux mots : le Chabichou, c'est Michel et Maryse Rochedy. Qui aurait parié, en 1963, lorsque le chef ardéchois et son épouse reprirent ce petit chalet sur les hauteurs de Courchevel, qu'ils allaient l'installer dans les plus hautes sphères du goût ? Bien sûr, cette réussite ne doit rien au hasard : elle est la conséquence du travail, de la patience, du talent et des risques pris.
Impossible, lorsqu'on arrive, de manquer la grande bâtisse, aussi blanche que les sommets qu'elle contemple. On franchit la porte pour découvrir un intérieur d'une élégance toute feutrée : moquette, plafond à caissons, chaises à médaillons... le décor est planté !
Place à l'assiette : là encore, le classicisme est de mise, et on ne va certainement pas s'en plaindre. En collaboration avec Michel Rochedy, le chef Stéphane Buron (MOF 2004) travaille les produits nobles dans les règles de l'art. Finesse d'exécution, variations bienvenues... de la belle ouvrage.

→ Saint-Jacques de Roscoff en pot-au-feu froid et en carpaccio mariné au citron caviar. Poitrine de cochon confite et caramélisée à la verveine. Boule de sucre, émulsion au lait, crème brûlée et sorbet citronné

Menu 70 € (déjeuner), 80/275 € - Carte 100/130 €

rue des Chenus - ✆ 04 79 08 00 55 - www.chabichou-courchevel.com - Fermé 13 avril-6 juillet, 18 août-14 décembre, mardi

✿ Sarkara (N)

CUISINE CRÉATIVE • COSY XXXX Une divine surprise, l'après-midi, au sein du K2... Le sucre y est roi, dans une approche millimétrée : gâteau de Savoie moelleux en guise de pain, sorbet artichaut et chocolat blanc, superbe travail sur les agrumes - comme cette association pamplemousse, bière et citronnelle... sans oublier des accords tout aussi précis avec des thés et cafés de haute voltige. Une expérience d'un nouveau genre.

→ Sorbet pamplemousse, écorces confites, crème et sucs de betterave, givre d'estragon. Mousse chocolat 70%, sorbet faisselle et ricotta, confiture de lait, tuile de cacao et lait. Profiterole, glace vanille Bourbon au chocolat à la fleur de sel, eau à la vanille de Bora-Bora et ganache chocolat

Menu 78 € (déjeuner) - Carte 92/150 €

Plan : B2-a - *Le K2, 238 rue des Clarines - ✆ 04 79 40 08 80 - www.lek2palace.com - Fermé 7 avril-14 décembre, lundi, mardi soir, mercredi soir, jeudi soir, vendredi soir, samedi soir, dimanche soir*

✿ Baumanière 1850

CUISINE MODERNE • ÉLÉGANT XXX Le ski alpin pourrait symboliser la cuisine de ce restaurant, qui slalome avec précision et élégance entre influences hivernales et inspirations provençales, la table étant affiliée au fameux Oustaù de Baumanière, des Baux-de-Provence. À noter : au déjeuner, on profite d'une formule plus décontractée.

→ Le tout petit chou-fleur rôti, vinaigrette de fond de plaque. Saint-pierre vapeur, cèleri, safran et beurre blanc. Millefeuille tradition Baumanière, crème légère à la vanille de Madagascar

Menu 220 € - Carte 160/215 €

Plan : B2-f - *Le Strato, route de Bellecôte - ✆ 04 79 41 51 80 - www.hotelstrato.com - Fermé 7 avril-13 décembre, dimanche soir*

BFire

CUISINE MODERNE • TENDANCE XX Sur les hauteurs de la station, c'est ici le rendez-vous des saveurs italo-argentines et des belles viandes cuites au four à bois Josper, le tout supervisé par Mauro Colagreco (le Mirazur, à Menton)... Autant dire que vous êtes entre de bonnes mains ! C'est goûteux et généreux, et les saveurs sont au rendez-vous. Un mot enfin sur le service, élégant et efficace.

Carte 90/150 €

Plan : B2-j - *Les Neiges, 422 rue de Bellecôte - ✆ 04 57 55 22 00 - Fermé 15 avril-15 décembre*

Le Koori

CUISINE MODERNE • CONTEMPORAIN XX Également aux commandes du deuxième restaurant de l'Apogée, Jean-Luc Lefrançois partage ici sa passion du Japon et de sa culture – "koori", c'est la glace, en japonais. Les plats proposés, tout en épure et en délicatesse, doivent beaucoup à la tradition nipponne, sans oublier les rolls et sashimis réalisés dans les règles de l'art. Les amateurs seront ravis !

Carte 78/210 €

L'Apogée, 5 rue Émile-Allais (au Jardin Alpin) – ✆ 04 79 04 01 04 – www.lapogeecourchevel.com – Fermé 1er avril-13 décembre, lundi midi, mardi midi, mercredi midi, jeudi midi, vendredi midi, samedi midi, dimanche midi

1850 Be Organic

CUISINE TRADITIONNELLE • ÉLÉGANT XX En haut de la station, ce chalet de bois et de pierre a l'art de séduire en toute discrétion ! Le chef rend hommage aux bons produits, bio et locaux pour la plupart : artichaut en trois textures, ou encore filet de veau, crème de cerfeuil et extraits de légumes anisés…

Menu 70/120 € – Carte 102/167 €

Plan : A1-d – *La Sivolière, rue des Chenus – ✆ 04 79 08 08 33 – www.hotel-la-sivoliere.com – Fermé 15 avril-15 décembre, lundi midi, mardi midi, mercredi midi, jeudi midi, vendredi midi, samedi midi, dimanche midi*

La Saulire

CUISINE TRADITIONNELLE • MONTAGNARD XX Un décor tout de bois blond, rehaussé de vieux objets montagnards… C'est dans ce cadre authentique et chaleureux qu'il faut être vu à Courchevel, en atteste le passage de la jet-set et des têtes couronnées ! Carte traditionnelle au déjeuner, plus sophistiquée au dîner, où la truffe du Périgord est à l'honneur, midi et soir. Quelques plats traditionnels savoyards.

Carte 50/150 €

Plan : B1-t – *place du Rocher – ✆ 04 79 08 07 52 – www.lasaulire.com – Fermé 15 avril-8 décembre*

Cap Horn

CUISINE TRADITIONNELLE • MONTAGNARD X Un vieux chalet, une cheminée, des maquettes, un morceau du paquebot France : voilà pour le cadre, chaleureux, aux tonalités maritimes. La carte s'amuse au grand écart, du poulet fermier rôti aux plateaux de fruits de mer. Sans oublier un livre de cave de plus de 500 références, et une adresse bis, "Mille Sabords", proposant une cuisine italienne.

Carte 70/160 €

Altiport – ✆ 04 79 08 33 10 – www.maisontournier.com – Fermé 14 avril-15 décembre, lundi soir, mardi soir, mercredi soir, jeudi soir, vendredi soir, samedi soir, dimanche soir

Les Airelles

PALACE • MONTAGNARD Le palace des neiges par excellence. Derrière le ballet des voituriers en tenue de chasseur alpin et la magnifique façade de style austro-hongrois, tout n'est que luxe et raffinement : un superbe univers à la tyrolienne, ouaté comme un tapis de neige et… infiniment chaleureux. Quant au service, il est bien digne d'un tel établissement. Cuisine italienne et savoyarde.

32 chambres – ½ Pension seulement 1100/2850 € – 15 suites

Plan : B3-h – *au Jardin Alpin – ✆ 04 79 00 38 38 – www.airelles.fr – Fermé 10 avril-14 décembre*

L'Apogée

LUXE • COSY La déco de cet établissement flambant neuf est signée par les fameux Joseph Dirand et India Mahdavi, au style inimitable : lignes rétro tout en rondeurs et notes colorées ! Après une journée sur les pistes – dont l'accès est direct –, le refuge se révèle aussi raffiné que cosy.

35 suites – ½ Pension seulement 3000/9300 € – 20 chambres

Plan : A2-a – *5 rue Émile-Allais (au Jardin Alpin) – ✆ 04 79 04 01 04 – www.lapogeecourchevel.com – Fermé 1er avril-13 décembre*

Le Koori – voir la sélection des restaurants

Cheval Blanc

PALACE • CONTEMPORAIN Du nom du célèbre château bordelais, un hôtel très "grand cru" ! Au sortir des pistes, on se réfugie avec plaisir dans ce chalet aménagé dans un superbe esprit contemporain, qui investit et réinvente tout l'imaginaire de l'hiver... Luxe et confort dans les moindres détails, avec un spa délicieux et deux restaurants pour toutes les envies.

32 chambres – ½ Pension seulement 1820/2350 € – 4 suites

Plan : A3-m – *Le Jardin Alpin – 04 79 00 50 50 – www.chevalblanc.com/courchevel – Fermé 7 avril-12 décembre*

Le 1947 – voir la sélection des restaurants

Le K2

PALACE • ÉLÉGANT C'est l'un des joyaux de la station ! Personnel d'un grand professionnalisme et prestations d'excellence attendent les clients de ce vaste établissement, qui s'enorgueillit d'un superbe spa, d'une salle de cinéma, et de belles chambres au luxe sans ostentation. Un vrai paradis montagnard... Avec, l'après-midi, dégustation de pâtisseries de haut-vol au Sarkara.

37 chambres – 925/4700 € – 11 suites

Plan : B2-b – *238 rue des Clarines – 04 79 40 08 80 – www.lek2palace.com – Fermé 7 avril-14 décembre*

Le Kintessence • **Sarkara** – voir la sélection des restaurants

Le K2 Altitude

GRAND LUXE • PERSONNALISÉ Bois vieillis, tissus chauds, cheminées... Tout le charme des Alpes est ici rendu avec un grand raffinement : ainsi culmine ce K2 Altitude, véritable hameau de montagne constitué d'une collection de chalets. Équipements high-tech et confort absolu : un sommet pour les sports d'hiver.

32 chambres – 750/3750 € – 18 suites

356 route de l'Altiport – 04 79 01 46 46 – www.lek2altitude.com – Fermé 6 avril-14 décembre

Le Montgomerie – voir la sélection des restaurants

Le Lana

GRAND LUXE • CONTEMPORAIN L'un des premiers hôtels de la station ! Un soin tout particulier a été apporté aux décor, contemporain, des chambres et des suites (les espaces communs évoquent plutôt le style vénitien). Agréable bar et deux restaurants (le Saint-Nicolas propose des spécialités savoyardes). Le spa, enfin, est si plaisant qu'il en ferait presque oublier les joies du ski...

55 chambres – ½ Pension seulement 710/1000 € – 30 suites

Plan : B2-p – *route de Bellecôte – 04 79 08 01 10 – www.lelana.com – Fermé 7 avril-14 décembre*

Le Strato

GRAND LUXE • PERSONNALISÉ À quelques pas du centre de la station, ce chalet associe luxe, grand confort et esprit sportif : spa de 800 m², mobilier design, pièces anciennes, décor mélangeant contemporain et baroque, vue sur la vallée et... accès direct aux pistes. Pour les rois de la glisse !

25 chambres – 950/2500 € – 10 suites

Plan : B2-f – *route de Bellecôte – 04 79 41 51 60 – www.hotelstrato.com – Fermé 7 avril-13 décembre*

Baumanière 1850 – voir la sélection des restaurants

Annapurna

LUXE • CONTEMPORAIN Cet Annapurna-là n'a presque rien à envier à celui de l'Himalaya ! L'hôtel – le plus haut de la station – tutoie les cimes, dans un environnement immaculé. Décor d'esprit montagnard dans les chambres, qui dominent les pistes côté sud. Depuis la grande salle du restaurant ou sa terrasse, on admire la Saulire tout en reprenant des forces (cuisine traditionnelle).

63 chambres – 600/1500 € – 8 suites

route de l'Altiport – 04 79 08 04 60 – www.annapurna-courchevel.com – Fermé 16 avril-14 décembre

Le Chabichou

LUXE • MONTAGNARD Telle une hermine qui se pare de blanc l'hiver venu, un grand chalet immaculé comme la neige... Cet hôtel cossu et familial, au décor savoyard, propose de belles chambres où priment le bois et le confort. Et après une journée de ski, rien de tel pour se délasser qu'un passage au spa de 1100 m^2 ! Mais aussi : ski-shop, coiffeur etc.

36 chambres - 410/1780 € - 5 suites

Plan : A1-z - *Les Chenus - 04 79 08 00 55 - www.chabichou-courchevel.com - Fermé 13 avril-6 juillet, 18 août-14 décembre*

Le Chabichou - voir la sélection des restaurants

Les Neiges

LUXE • MONTAGNARD Cet hôtel, situé sur la piste de Bellecôte, diffuse l'élégance authentique d'un chalet de montagne. La plupart des chambres, chaleureuses et contemporaines, s'ouvrent sur un balcon. On s'y repose (spa, piscine), on s'y distrait (plaisante salle de cinéma), on y dîne enfin, à la brasserie Fouquet's. Idéal pour des séjours en famille.

36 chambres - 1600/6000 € - 6 suites

Plan : B2-j - *422 rue de Bellecôte - 04 57 55 21 55 - www.lesneiges-courchevel.com - Fermé 15 avril-15 décembre*

BFire - voir la sélection des restaurants

Saint-Roch

LUXE • CONTEMPORAIN Un hôtel ostensiblement chic et moderne, au décor parfois détonant et à la personnalité bien affirmée ! Dans les chambres règne une ambiance de chalet feutré ; chacune d'entre elles possède son propre hammam et des équipements high-tech... Dépaysant !

24 chambres - ½ Pension seulement 650/2010 € - 28 €

Plan : B2-m - *quartier de Bellecôte - 04 79 08 02 66 - www.lesaintroch.com - Fermé 16 avril-14 décembre*

Les Suites de la Potinière

GRAND LUXE • DESIGN Luxe discret, raffinement et élégance en cet hôtel contemporain proche de la Croisette. Suites spacieuses dont certaines avec cheminée, œuvres d'art dans le hall, etc. Midi et soir, les skieurs peuvent se restaurer au séduisant bar-lounge.

12 chambres - 1000/4000 € - 4 suites - 45 €

Plan : A1-u - *rue du Plantret - 04 79 08 00 16 - www.suites-potiniere.com - Fermé 13 avril-12 décembre*

Le K2 Djola

LUXE • MONTAGNARD Tout le charme et l'élégance des établissements K2 sont déclinés ici en version "city hotel". Le résultat se révèle bluffant : chambres spacieuses décorées avec goût, service aux petits soins, espace bien-être au sous-sol... On est conquis.

22 chambres - 505/1350 € - 2 suites

Plan : A1-a - *79 rue de Plantret - 04 79 22 11 99 - www.lek2djola.com - Fermé 7 avril-14 décembre*

La Sivolière

GRAND LUXE • MONTAGNARD Sur les hauteurs de la station, au grand calme, ce chalet de caractère distille un charme sûr. Décor contemporain et raffiné dans les espaces communs ; montagnard et cosy dans les chambres. Les must : le spa et la piscine face à la forêt.

23 chambres - 590/1010 € - 12 suites

Plan : A1-d - *rue des Chenus - 04 79 08 08 33 - www.hotel-la-sivoliere.com - Fermé 15 avril-15 décembre*

1850 Be Organic - voir la sélection des restaurants

White 1921

TRADITIONNEL · ÉPURÉ Au cœur de Courchevel 1850, cet hôtel du groupe LVMH, dessiné par Jean-Michel Wilmotte, joue l'épure et le minimalisme autour d'une couleur référente : le blanc. Certaines chambres disposent de balcons ou terrasses, avec vue sur la Saulire au sud, ou sur la vallée au nord.

26 chambres ☕ - 👥340/1150 €

Plan : B1-r - *rue du Rocher - ✆ 04 79 00 27 00 - www.white1921.com - Fermé 8 avril-15 décembre*

Les Monts Charvin

FAMILIAL · PERSONNALISÉ Un petit hôtel familial et authentique, au cœur même de la station : coquette décoration alpestre, salon avec feu de cheminée, tenue impeccable.

19 chambres - 👥69/385 € - ☕17 €

Plan : B1-a - *impasse des Verdons - ✆ 04 79 04 19 10 - www.hotel-courchevel1850.com - Fermé 23 avril-2 juin*

au Praz (Courchevel 1300) 8 km à l'Est - ✉ 73120

Azimut

CUISINE MODERNE · RÉGIONAL XX Une adresse sympathique, aux prix mesurés, où l'on déguste une cuisine actuelle. Le tout accompagné de bons vins du Jura - région où l'établissement prend ses quartiers d'été. Accueil aimable.

Menu 40 € (déjeuner), 50/115 € - Carte 56/90 €

Immeuble l'Or Blanc - ✆ 04 79 06 25 90 - www.restaurantazimut.com - Fermé 25 avril-5 décembre, lundi midi, mercredi midi

Le Bistrot du Praz

CUISINE MODERNE · MONTAGNARD XX Un ancien second du Cheval Blanc (à Courchevel) dirige cette maison sympathique, située légèrement en retrait de la route. Dans l'assiette, on trouve une cuisine gourmande et soignée, qui oscille entre plats savoyards et créations plus exotiques ; le chef maîtrise bien son sujet et cela se sent !

Carte 35/50 €

Le Praz - ✆ 04 79 08 41 33 - www.bistrotdupraz.fr - Fermé 1er mai-10 juin, 1er-12 septembre, lundi, dimanche

Les Peupliers

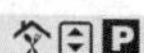

FAMILIAL · COSY Cet hôtel familial situé à deux pas d'un petit lac abrite des chambres chaleureuses et lambrissées ; elles sont dotées de balcons côté sud. Accueil sympathique. Jolies boiseries savoyardes et plats traditionnels à La Table de mon Grand-Père.

35 chambres - 👥130/400 € - ☕20 €

Les Peupliers - ✆ 04 79 08 41 47 - www.lespeupliers.com - Fermé 22 avril-1er juillet

à la Tania 12 km à l'Est - ✉ 73120

Le Farçon (Julien Machet)

CUISINE MODERNE · MONTAGNARD XX Une délicieuse surprise, dans cette petite station si proche... et si différente de Courchevel. Sans chichi ni complexe vis-à-vis des grosses cylindrées des environs, cette table régale ses convives en toute simplicité, en s'appuyant sur la production locale. Autre atout : l'excellent rapport qualité-prix.

→ L'œuf de nos paysans comme une meurette à la mondeuse de Savoie. Carré d'agneau rôti et taboulé vert aux herbes de montagne. Pomme de Savoie fermentée et caillé de lait de nos alpages

Menu 42 € (déjeuner), 68/110 €

immeuble la Kalinka - ✆ 04 79 08 80 34 - www.lefarcon.fr - Fermé 26 avril-15 juin

COUR-CHEVERNY

✉ 41700 (Loir-et-Cher) - Carte régionale n° **8**-AB1

Carte Michelin 318-F6

Relais des Trois Châteaux

TRADITIONNEL • COSY Ce relais est idéal pour partir à la découverte des châteaux de Blois, Chambord et Cheverny, les joyaux de la Loire ! Une partie des chambres appartenait à un ancien presbytère ; l'ensemble est cosy et décoré avec goût, avec notamment de beaux objets faits à la main en Italie.

36 chambres - 102/268 € - 16 €

1 place Victor-Hugo - ✆ 02 54 79 96 44 - www.relaisdestroischateaux.com

à Cheverny 1 km au Sud - ✉ 41700

Château du Breuil

DEMEURE HISTORIQUE • À LA CAMPAGNE Visitez Cheverny et logez au Breuil : un parc arboré de 45 ha préserve ce petit château du monde extérieur. Décor soigné ; quelques belles chambres dans l'ancien corps de ferme, côté verger. Cuisine traditionnelle au restaurant.

34 chambres - 150/255 € - 5 suites - 16 €

23 route de Fougères, 3 km à l'Ouest par D52 et voie privée - ✆ 02 54 44 20 20 - www.chateau-hotel-du-breuil.com - Fermé 1er-31 janvier

COURLANS - 39 (Jura) ➜ voir Lons-le-Saunier

COURLAOUX - 39 (Jura) ➜ voir Lons-le-Saulnier

COURSEULLES-SUR-MER

✉ 14470 (Calvados) - Carte régionale n° **17**-B2

Carte Michelin 303-J4 - Guide Vert Michelin Normandie Cotentin

Dégustation de l'Île

POISSONS ET FRUITS DE MER • CONTEMPORAIN On doit à une famille d'ostréiculteurs l'ouverture de ce restaurant branché et bien pensé, qui met à l'honneur les huîtres et fruits de mer - on s'approvisionne directement auprès des bateaux ! - et d'autres bons produits normands. Le chef attache un soin particulier au dressage des assiettes, qui se révèlent aussi jolies que savoureuses.

Menu 17 € (déjeuner)/30 €

route de Ver-sur-Mer - ✆ 02 31 77 35 16 - www.restaurant-degustationdelile.fr - Fermé 11 novembre-14 février, lundi, mardi

LA COURTEIX - 63 (Puy-de-Dôme) ➜ voir Pontgibaud

LA COURTINE

✉ 23100 (Creuse) - Carte régionale n° **19**-D2

Carte Michelin 325-K6

Au Petit Breuil

CUISINE DU TERROIR • AUBERGE Tenue par la même famille depuis sept générations, cette maison à l'entrée du village dévoile un intérieur moderne et lumineux, qui ouvre sur la verdure. Ris de veau, foie gras chaud et cèpes de la région : dans l'assiette, le terroir est à la fête. Chambres rénovées pour l'étape.

Menu 22/46 € - Carte 25/43 €

route de Felletin - ✆ 05 55 66 76 67 - Fermé lundi, vendredi soir, dimanche soir

COUTANCES

✉ 50200 (Manche) – Carte régionale n° **17**-A2
Carte Michelin 303-D5 – Guide Vert Michelin Normandie Cotentin

Côté Saint-Pierre

CUISINE MODERNE • CONVIVIAL À côté de l'église St-Pierre – d'où le nom –, cette maison du 17e s. abrite un sympathique bistrot ! Suggestions à l'ardoise le midi et menus courts le soir mettent en valeur les recettes du chef où les produits de saison côtoient ceux du terroir normand. Cadre rustique.

Menu 19 € (déjeuner), 26/36 €

55 rue Geoffroy-de-Montbray – ✆ 02 33 47 94 78 – www.cote-saint-pierre.fr – Fermé lundi, dimanche

à Gratot 4 km à l'Ouest et D244 – ✉ 50200

Le Tourne-Bride

CUISINE TRADITIONNELLE • RUSTIQUE Près des ruines romantiques du château de Gratot, ce restaurant – et bar-tabac – fait œuvre de tradition : le chef cultive les classiques (telles les tripes à la mode de Caen) avec bonhomie et fraîcheur. Une cuisine généreuse qui ravira les bons mangeurs, et que l'on peut même acheter à emporter !

Menu 20/40 € – Carte 35/60 €

85 rue d'Argouges – ✆ 02 33 45 11 00 – www.letournebridegratot.com – Fermé 11-26 février, 5-23 juillet, lundi, dimanche soir

COUTENS – 09 (Ariège) ➜ voir Mirepoix

CRÈCHES-SUR-SAÔNE – 71 (Saône-et-Loire) ➜ voir Mâcon

CREISSELS – 12 (Aveyron) ➜ voir Millau

CRÉMIEU

✉ 38460 (Isère) – Carte régionale n° **2**-B2
Carte Michelin 333-E3 – Guide Vert Michelin Lyon et sa région

Au Pré d'Chez Vous 

CUISINE MODERNE • CONVIVIAL Passé par de belles tables – dont la Pyramide, à Vienne, où il fut chef pâtissier –, François-Xavier Bouvet est revenu sur ses terres pour y charmer le terroir ! Les produits frais du coin jouent les stars dans les assiettes, ainsi ce duo de truite et esturgeon fumé, pomme de terre en salade et cardon... Desserts (évidemment!) à tomber.

Menu 31/65 €

21 rue Porcherie – ✆ 09 83 99 23 28 – www.facebook.com/aupredchezvous – Fermé lundi, mardi, mercredi midi, jeudi midi, vendredi midi

CRÉPON

✉ 14480 (Calvados) – Carte régionale n° **17**-B2
Carte Michelin 303-I4 – Guide Vert Michelin Normandie Cotentin

Ferme de la Rançonnière

FAMILIAL • CLASSIQUE Charme, pérennité et caractère ! Imaginez une ferme médiévale fortifiée qui aurait conservé tout son cachet : pierres robustes, poutres patinées, mobilier d'époque... Les chambres sont à l'avenant et dégagent un luxe discret et authentique. Au cœur du Bessin. Cuisine du terroir au restaurant.

35 chambres – 👥63/206 € – 2 suites – ☕13 €

route d'Arromanches-les-Bains – ✆ 02 31 22 21 73 – www.ranconniere.fr – Fermé 6 janvier-8 février

CREST

✉ 26400 (Drôme) – Carte régionale n° **2**-B3
Carte Michelin 332-D5 – Guide Vert Michelin Ardèche Drôme

Le Kléber (Sébastien Bonnet)

CUISINE MODERNE • ÉLÉGANT XXX Dans cette maison du centre-ville, on sait réveiller les papilles ! De l'entrée au dessert, le jeune chef redouble d'efforts pour satisfaire les gourmands avec des plats fins et goûteux, à déguster dans un cadre contemporain.

→ Terrine de foie gras. Suprême de pigeonneau fumé au bois de hêtre et jus à la verveine. Desserts en trois services

Menu 35 € (déjeuner), 62/112 € - Carte 95/105 €

6 rue Aristide-Dumont - 04 75 25 11 69 - www.le-kleber.com - Fermé 2-10 janvier, 23 avril-2 mai, 30 juin-9 juillet, 1er-12 septembre, lundi, mardi, dimanche soir

Len' K

CUISINE TRADITIONNELLE • SIMPLE X Dans la grande rue piétonne du centre-ville, cet ancien magasin de légumes a été métamorphosé en restaurant par le talentueux Sébastien Bonnet - chef du Kléber voisin. La tradition y règne, à l'image du pintadeau aux olives et son gratin dauphinois, spécialité de la maison. Petite terrasse dans la rue.

Menu 32/52 € - Carte 60/70 €

27 rue de la République - 04 75 25 77 02 - www.lenk.fr - Fermé 13-21 janvier, 14-22 avril, 23 juin-1er juillet, 15-25 septembre, lundi, samedi midi, dimanche

à La Répara-Auriples 8 km au Sud par D538 et D166 route d'Autichamp - ✉ 26400

Le Prieuré des Sources

MAISON DE CAMPAGNE • PERSONNALISÉ Zen, restons zen... Dans cet ancien prieuré, l'ambiance monacale a laissé place à une déco venue d'Asie. Les grandes et belles chambres, la salle voûtée ou la piscine donnant sur les champs sont autant d'invitations au repos. On y déguste une cuisine réalisée avec soin, et des produits frais. Authentique et exotique.

5 chambres - 125/175 € - 15 €

lieu-dit Bouchassagne - 04 75 25 03 46 - www.prieuredessources.com

LE CREUSOT

✉ 71200 (Saône-et-Loire) - Carte régionale n° **5**-C3

Carte Michelin 320-G9 - Guide Vert Michelin Bourgogne

Au Cochon Ventru

CUISINE MODERNE • BISTRO X Cet ancien café de quartier, transformé en restaurant, bénéficie du savoir-faire du chef-propriétaire Thomas Dossi, et de la chef Mélodie Daugy. Le binôme complice propose une carte au goût du jour réinterprétant quelques préparations traditionnelles, avec priorité au marché et aux saisons. Canaille à souhait !

Menu 28/37 € - Carte 40/47 €

2 rue du Maréchal-Foch - 03 85 78 17 66 - www.aucochonventru.fr - Fermé lundi midi, mardi midi, mercredi, jeudi, vendredi, samedi

à Montcenis 3 km à l'Ouest par D784 - ✉ 71710

Le Montcenis

CUISINE MODERNE • COSY XX Du cachet dans le décor (cave voûtée, pierres et poutres) comme dans l'assiette. Le chef, Laurent Dufour, propose une cuisine généreuse et sincère, réalisée avec de beaux produits ; il change sa carte cinq fois par an, histoire de titiller les gourmands. Et l'hiver, il rend hommage à la truffe, sa passion !

Menu 26 € (déjeuner), 33/62 € - Carte 40/84 €

place du Champ-de-Foire - 03 85 55 44 36 - www.restaurantlemontcenis.fr - Fermé 15 juillet-14 août, lundi, mardi, dimanche soir

à St-Sernin-du-Bois 2 km au Nord-Est par D138 - ✉ 71200

Le Restaurant du Château

CUISINE MODERNE • TRADITIONNEL Logé dans une salle à manger voûtée, au pied du château (11e s.) et face au lac, ce restaurant allie le cachet "à l'ancienne" des lieux et certains éléments de mobilier plus contemporains. La cuisine, entre tradition et modernité, se déguste aux beaux jours sur la plaisante terrasse d'été... Un vrai plaisir.

Menu 20 € (déjeuner), 29/36 €

2120 route de Saint-Sernin - ☎ 03 85 78 28 42 - www.le-restaurant-du-chateau-st-sernin-du-bois.com - Fermé mardi, mercredi, dimanche soir

CRICQUEBOEUF - 14 (Calvados) ➜ voir Honfleur

CRILLON-LE-BRAVE

✉ 84410 (Vaucluse) - Carte régionale n° **25**-E1
Carte Michelin 332-D9 - Guide Vert Michelin Provence

La Table du Ventoux

CUISINE MODERNE • ÉLÉGANT Niché au cœur d'un village tout de pierres vêtu, ce restaurant au décor provençal chic, cultive évidemment le goût du Sud. Les produits locaux sont à la carte, comme avec ce carpaccio de loup au piment d'Espelette, croustillant de petits gris et caviar...

Menu 79/120 € - Carte 75/90 €

place de l'Église - ☎ 04 90 65 61 61 - www.crillonlebrave.com - Fermé 4 novembre-18 avril, 24 novembre-15 avril, lundi, mardi midi, mercredi midi, jeudi midi, vendredi midi, samedi midi, dimanche

Crillon le Brave

LUXE • PERSONNALISÉ Un village perché, le mont Ventoux pour horizon et ces belles bastides en pierre... Les chambres sont tout imprégnées de Provence et le jardin à l'italienne descend jusqu'à la piscine... Une élégance rare ! Pour se restaurer, on choisit entre la table gastronomique et le bistrot.

29 chambres - 330/1040 € - 7 suites

place de l'Église - ☎ 04 90 65 61 61 - www.crillonlebrave.com - Fermé 4 novembre-18 avril

La Table du Ventoux - voir la sélection des restaurants

LE CROISIC

✉ 44490 (Loire-Atlantique) - Carte régionale n° **23**-A2
Carte Michelin 316-A4 - Guide Vert Michelin Pays de la Loire

L'Estacade Ⓝ

CUISINE MODERNE • CONTEMPORAIN Sur les quais, en face de la criée, cette adresse agréable, gérée par deux jeunes gens, passés par de belles maisons, propose une cuisine généreuse et soignée qui fait la part belles aux produits de la région (poissons, coquillages et algues bien sûr, mais aussi viandes). En salle, madame rayonne. Accueil tout sourire et service attentionné.

Menu 20 € (déjeuner), 33/61 € - Carte 40/82 €

4 quai du Lénigo - ☎ 02 40 23 03 77 - www.lestacade.fr - Fermé 15 novembre-25 décembre, mercredi, jeudi

L'Océan

POISSONS ET FRUITS DE MER • CONTEMPORAIN Quelle vue ! La verrière - de 30 m de long - face au large offre un panorama à couper le souffle. Ici, on savoure les produits de la mer "tout frais pêchés". Mention spéciale pour le bar en croûte de sel et la sole meunière. Et le soir, on dîne tout en regardant le soleil se coucher sur les flots...

Carte 44/179 €

Port-Lin - ☎ 02 40 62 90 03 - www.restaurantlocean.com - Fermé 7 janvier-8 février

Le Lénigo

POISSONS ET FRUITS DE MER • CONVIVIAL XX Face à la criée, embarquez dans ce restaurant tenu par toute une famille très sympathique. Atmosphère marine (bois vernis, hublots) et cuisine de la mer fraîche et soignée.

Menu 32/45 € – Carte 42/69 €

11 quai du Lénigo – ✆ 02 40 23 00 31 – www.le-lenigo.fr – Fermé 4 novembre-14 février, lundi, mardi

Le Bistrot de l'Océan

POISSONS ET FRUITS DE MER • CONTEMPORAIN X Petit frère de L'Océan, le bistrot est également calé sur les horaires des marées. Toujours aussi frais, les poissons sont en revanche cuisinés avec plus de simplicité. Le tout à prix raisonnables.

Carte 31/66 €

L'Océan, Port-Lin – ✆ 02 40 62 90 03 – www.restaurantlocean.com – Fermé 7 janvier-8 février

Le Saint-Alys

CUISINE MODERNE • CONVIVIAL X Face au port de plaisance, cette petite table balayée par les vents propose une généreuse cuisine. Les présentations sont soignées et les saveurs tiennent le cap.

Menu 48 € – Carte 46/61 €

3 quai Hervé Rielle – ✆ 02 40 23 58 40 – Fermé 30 janvier-13 février, 30 juin-8 juillet, 29 septembre-6 octobre, 18-24 novembre, mardi soir, dimanche soir

Le Fort de l'Océan

LUXE • PERSONNALISÉ Un fortin en granit (18e s.) isolé sur la côte sauvage : dans les chambres très confortables et feutrées (joli décor à l'ancienne), on admire à loisir l'océan se déchaînant sur les chaos de rochers... et le contraste est délicieux.

9 chambres – 200/360 € – 23 €

Pointe du Croisic – ✆ 02 40 15 77 77 – www.hotelfortocean.com – Fermé 1er-31 janvier

L'Océan

LUXE • CONTEMPORAIN Une situation unique pour cet hôtel (affaire familiale depuis trois générations), à même les rochers de la côte sauvage, magnifiquement illuminés le soir venu. Il abrite des chambres spacieuses, élégantes et confortables ; toutes disposent d'un grand balcon donnant sur les flots. Produits artisanaux au petit-déjeuner. Une séduisante adresse.

10 chambres – 120/475 € – 18 €

Port-Lin – ✆ 02 40 62 90 03 – www.restaurantlocean.com – Fermé 7 janvier-8 février

Le Bistrot de l'Océan • **L'Océan** – voir la sélection des restaurants

LA CROIX-VALMER

83420 (Var) – Carte régionale n° **24**-C3
Carte Michelin 340-O6 – Guide Vert Michelin Côte d'Azur

à Gigaro 5 km au Sud-Est par route secondaire – 83420

La Palmeraie

CUISINE MODERNE • ROMANTIQUE XXX Un joli savoir-faire de cuisinier dans cette charmante hostellerie. Entre légumes du potager et accents méditerranéens, la cuisine du chef ne laisse pas indifférent. Avec un vrai souci du détail (les dressages en témoignent !), il dévoile des saveurs marquées, précises, complémentaires. Jolie terrasse.

→ Gambas carabineros marinées aux agrumes, amandes et verveine. Bar de ligne, étuvée de poireaux aux coquillages, salicornes aux graines de sarrasin. Marrons de Collobrières en deux actes

Menu 95/115 € – Carte 100/130 €

Château de Valmer, 81 boulevard de Gigaro – ✆ 04 94 55 15 17 – www.chateauvalmer.com – Fermé 7 octobre-3 mai, lundi midi, mardi midi, mercredi, jeudi midi, vendredi midi, samedi midi, dimanche midi

La Pinède-Plage

CUISINE MÉDITERRANÉENNE • MÉDITERRANÉEN XX Plaisir d'un repas en bord de mer, sur une plage privée – avec en prime une belle vue sur les îles d'Or –, autour d'une jolie cuisine méridionale, mêlant poisson, terroir provençal et spécialités italiennes...

Carte 58/108 €

382 boulevard de Gigaro – 04 94 55 16 14 – www.pinedeplage.com – Fermé 6 octobre-3 mai

Château de Valmer

LUXE • ÉCO-RESPONSABLE Une belle allée de palmiers qui se fraie un chemin entre les vignes : la première image offerte par ce domaine viticole du 19e s. Tout y confirme l'impression liminaire : raffinement, lumière, esprit azuréen... et pour une nuit très romantique, deux magnifiques cabanes perchées dans les arbres !

41 chambres – 310/745 € – 29 €

81 boulevard de Gigaro – 04 94 55 15 15 – www.chateauvalmer.com – Fermé 7 octobre-3 mai

La Palmeraie – voir la sélection des restaurants

La Pinède-Plage

LUXE • ÉCO-RESPONSABLE Cet hôtel-restaurant porte bien son nom : ombragé de pins parasols et directement sur la plage, face aux îles d'Or ! Un établissement avec beaucoup de charme et de belles chambres ouvertes sur le large... Impression d'être loin de tout : parfait pour les vacances.

29 chambres – 235/730 € – 3 suites – 29 €

382 boulevard de Gigaro – 04 94 55 16 16 – www.pinedeplage.com – Fermé 6 octobre-3 mai

La Pinède-Plage – voir la sélection des restaurants

CROLLES

38920 (Isère) – Carte régionale n° **4**-F2
Carte Michelin 333-I6

La Maison Haute

CUISINE MODERNE • CONVIVIAL X Thomas Chegaray (en basque, "maison haute" se dit "etchegaray"), chef au beau parcours, concocte une cuisine actuelle à base de produits de saison, au gré d'une carte courte. Les plats, frais et colorés, jouent sur les textures et les goûts, ainsi cette grosse côte de cochon fermière, cuisson sur l'os, juteuse à souhait. Terrasse aux beaux jours et service très sympathique. Miam !

Menu 42 € – Carte 33/40 €

place de l'Église – 04 76 08 07 68 – www.la-maison-haute.eatbu.com – Fermé 10-24 août, 22 décembre-1er janvier, lundi, dimanche

LE CROTOY

80550 (Somme) – Carte régionale n° **14**-A1
Carte Michelin 301-C6

Auberge de la Marine

CUISINE MODERNE • BISTRO X Un jeune couple plein d'allant préside aux destinées de cette petite maison régionale, proche des quais. Dans l'assiette : Saint-Jacques et mousseline de pomme de terre, filet de turbotin et jus de moules au safran... Une cuisine simple et bien maîtrisée.

Menu 35 € (déjeuner), 48/69 € – Carte 40/50 €

1 rue Florentin-Lefils – 03 22 27 92 44 – www.aubergedelamarine.com – Fermé 1er-30 janvier, 24 juin-3 juillet, 12-20 novembre, mardi, mercredi

Bellevue

POISSONS ET FRUITS DE MER • SIMPLE X La table ne pouvait pas mieux porter son nom : la vue sur la baie de Somme est tout simplement superbe. En accord avec cette situation, le chef met en avant les beaux poissons et fruits de mer des environs (moules et coques de la baie, crevettes grises, mulet, etc.). Les amateurs seront ravis.

Menu 40/50 € – Carte 41/54 €

526 digue Jules-Noiret – 03 22 27 86 42 – www.bellevuelecrotoy.fr – Fermé 7 janvier-7 février, mercredi, jeudi

CROUTELLE - 86 (Vienne) ➜ voir Poitiers

CROZANT

✉ 23160 (Creuse) – Carte régionale n° **19**-C1
Carte Michelin 325-G2 – Guide Vert Michelin Limousin Berry

Auberge de la Vallée

CUISINE TRADITIONNELLE · CONVIVIAL XX Viandes d'éleveurs locaux (agneau, veau, bœuf), fromages de la région (chèvre, surtout !) et légumes de son grand potager... Le chef aime les produits du terroir, et cela se sent : il en tire une délicieuse cuisine dans l'air du temps, que l'on apprécie dans un joli décor rustique. Une sympathique auberge de campagne !

Menu 22/56 € – Carte 39/75 €

14 rue Guillaumin – ✆ 05 55 89 80 03 – www.laubergedelavallee.fr – Fermé 1er-17 janvier, 20 octobre-8 novembre, mardi, mercredi

CROZET

✉ 01170 (Ain) – Carte régionale n° **4**-F1
Carte Michelin 328-J3

Shamwari

CUISINE MODERNE · BRANCHÉ XXX Ce restaurant est décoré dans un style lodge, comme l'hôtel où il se situe ; sa terrasse panoramique face au mont Blanc impressionne... Un lieu dans l'air du temps, comme sa goûteuse cuisine – ainsi ce pigeon cuit sur coffre, toast d'abats et variation autour du petit pois. Sans oublier les savoureuses pâtisseries.

Menu 42 € (déjeuner), 55/108 € – Carte 95/115 €

Jiva Hill Resort, route d'Harée – ✆ 04 50 28 48 14 – www.jivahill.com – Fermé 1er janvier-30 avril, lundi midi, dimanche soir

Jiva Hill Resort

LUXE · DESIGN Raffinement, luxe et lignes contemporaines à 10mn de l'aéroport de Genève. Cet hôtel, pensé comme un lodge sud-africain, est placé sous le signe de la sophistication chic. Les amateurs d'art apprécieront notamment les 200 œuvres disséminées dans tout l'établissement !

30 chambres – 270/680 € – ☕ 27 €

Route d'Harée – ✆ 04 50 28 48 48 – www.jivahill.com – Fermé 1er janvier-30 avril

Shamwari – voir la sélection des restaurants

CROZON

✉ 29160 (Finistère) – Carte régionale n° **7**-A2
Carte Michelin 308-E5 – Guide Vert Michelin Bretagne Sud

Le Mutin Gourmand

CUISINE MODERNE · AUBERGE XX Pas de mutinerie en vue parmi la clientèle de ce restaurant, qui occupe les locaux de l'ancienne poste de Crozon. On cuisine de bons produits frais de saison, avec quelques touches exotiques : tartare de thon rouge, citron confit et coriandre ; porc fermier de Landévennec... Avec un beau choix de vins !

Menu 32/72 € – Carte 51/90 €

Hôtel de la Presqu'île, place de l'Église – ✆ 02 98 27 06 51 – www.lemutingourmand.fr – Fermé 1er-15 mars, lundi, mardi midi, dimanche soir

Hôtel de la Presqu'île

TRADITIONNEL · FONCTIONNEL Sur la place de l'église, où se tient un marché tous les matins, cette maison bretonne abritait autrefois la mairie de Crozon. C'est aujourd'hui un hôtel familial, décoré avec goût, proposant des petites chambres fraîches et fonctionnelles.

13 chambres – 60/102 € – ☕ 11 €

place de l'Église – ✆ 02 98 27 06 51 – www.hotel-lapresquile.fr – Fermé 1er-15 mars

Le Mutin Gourmand – voir la sélection des restaurants

au Fret 5,5 km au Nord par D155 et D55 – ✉ 29160

Hostellerie de la Mer

CUISINE MODERNE • **TENDANCE** XX Le chef propose une cuisine bien en phase avec l'époque, mariant à merveille le poisson de la pêche locale et le terroir breton, à l'image de cette royale de fenouil du Léon aux langoustines... Les cuissons sont précises et magnifient des produits bien choisis !

Menu 19 € (déjeuner), 29/76 € – Carte 39/105 €

11 quai du Fret – ✆ 02 98 27 61 90 – www.hostelleriedelamer.com – Fermé 1er janvier-4 février, lundi, samedi midi, dimanche soir

CRUIS

✉ 04230 (Alpes-de-Haute-Provence) – Carte régionale n° **24**-B2

Carte Michelin 334-D8 – Guide Vert Michelin Alpes du Sud

Auberge de l'Abbaye

CUISINE MODERNE • **COSY** X Une sympathique auberge familiale avec sa terrasse ombragée face à l'église. En cuisine, le chef concocte de bons petits plats où les produits du terroir sont à l'honneur. Parmi les spécialités : lasagnes de homard et pigeonneau à la royale. Chambres impeccablement tenues. Une adresse authentique !

Menu 33/48 €

Auberge de l'Abbaye – ✆ 04 92 77 01 93 – www.auberge-abbaye-cruis.fr – Fermé lundi midi, mardi midi, mercredi midi

CRUSEILLES

✉ 74350 (Haute-Savoie) – Carte régionale n° **4**-F1

Carte Michelin 328-J4 – Guide Vert Michelin Alpes du Nord

aux Avenières 6 km au Nord par D41 et route secondaire – ✉ 74350

Le M des Avenières

CUISINE TRADITIONNELLE • **CONTEMPORAIN** X Bâti en 1907, ce manoir baroque semble nimbé de mystère. Moins d'étrangeté côté bistrot, plus contemporain, proche des saisons, autour d'une carte courte et de produits locaux (dont la production du château). Même philosophie avec la carte des vins, volontiers nature ou bio.

Menu 39/58 € – Carte 50/70 €

Château des Avenières- La Maison des Écureuils, 1060 route du Château, lieu-dit Chenaz – ✆ 04 50 44 02 23 – avenieres.com – Fermé 1er-15 janvier, 27 octobre-20 novembre, lundi, mardi midi, mercredi midi, jeudi midi

Château des Avenières- La Maison des Écureuils

DEMEURE HISTORIQUE • **PERSONNALISÉ** Bâti en 1907, ce manoir baroque semble nimbé de mystère. Son parc représentant un papillon, ses chambres de caractère – l'une d'elles dispose même d'un observatoire ! –, son annexe au chic très contemporain, sans parler de la vue imprenable sur la chaîne des Aravis. Bref, tout ici est romantique et romanesque.

14 chambres – 115/400 € – 6 suites – 22 €

1060 route du Château, lieu-dit Chenaz – ✆ 04 50 44 02 23 – www.avenieres.com – Fermé 1er-15 janvier, 27 octobre-20 novembre

Le M des Avenières – voir la sélection des restaurants

CRUZY

✉ 34310 (Hérault) – Carte régionale n° **21**-B2

Carte Michelin 339-C8

Le Terminus

CUISINE TRADITIONNELLE • BISTRO Terminus ! Tous les gourmands sont invités à descendre dans cette gare reconvertie en un petit bistrot convivial. Il est des arrêts indispensables, celui-ci en est un avec sa généreuse cuisine traditionnelle : croustillant de pied de cochon, purée maison, baba au rhum... Bon rapport saveurs-prix !

Menu 20 € (déjeuner), 33/49 € – Carte 40/60 €

avenue de la Gare, 1,5 km au Sud-Est, route de Quarante par D37 – 04 67 89 71 26 – www.leterminus-cote-gare.fr – Fermé lundi, dimanche

CUBLAC

19520 (Corrèze) – Carte régionale n° **19**-B3

Carte Michelin 329-I5

Les Collines

MAISON DE CAMPAGNE • CONTEMPORAIN Installée au milieu des arbres, au sommet d'une... colline, cette belle demeure en pierre apparentes accueille les voyageurs dans de belles chambres spacieuses et personnalisées. La vue dégagée sur les environs, le grand jardin, la piscine : rien ne manque !

7 chambres – 79/149 € – 11 €

route des Crêtes, lieu-dit La Morétie, 4 km au Nord par D2 – 05 55 85 19 79 – www.hotel-restaurant-lescollines19.fr – Fermé 2-7 janvier, 1er février-10 mars

CUCUGNAN

11350 (Aude) – Carte régionale n° **21**-B3

Carte Michelin 344-G5

Auberge du Vigneron

CUISINE TRADITIONNELLE • AUBERGE Terroir et tradition sont les deux piliers de cette agréable auberge : dans la salle, trois énormes tonneaux rappellent la vocation viticole des lieux. En terrasse, avec vue sur le vignoble, on déguste un dos de morue au jus de persil, ou un pintadeau en croûte, sauce aux morilles... En prime : quelques chambres joliment arrangées.

Menu 25/38 € – Carte 35/60 €

2 rue Achille-Mir – 04 68 45 03 00 – www.auberge-vigneron.com – Fermé 11 novembre-15 mars, lundi

La Tourette

MAISON DE CAMPAGNE • PERSONNALISÉ Une jolie maison bourgeoise, nichée au cœur de ce village pittoresque, au calme. "Prune", "Indigo", "Turquoise" : la couleur est le leitmotiv des chambres. Au petit-déjeuner – servi l'été dans le joli patio à l'ombre d'un olivier –, on se régale de préparations maison. Cosy et chaleureux !

3 chambres – 90/120 €

4 passage de la Vierge – 06 09 64 60 47 – www.latourette.eu

CUCURON

84160 (Vaucluse) – Carte régionale n° **25**-E1

Carte Michelin 332-F11 – Guide Vert Michelin Provence

La Petite Maison de Cucuron (Eric Sapet)

CUISINE TRADITIONNELLE • RUSTIQUE Il était une fois une petite maison jaune, près d'un étang, dans laquelle un excellent cordon bleu magnifiait les produits du marché. À sa table, tous revenaient aussi souvent qu'ils le pouvaient, y compris le samedi pour suivre les cours du chef. Gare à ceux qui oubliaient de réserver : l'adresse affichait souvent complet !

→ Tarte fine de champignons de Paris, fromage frais et truffe. Lièvre à la royale en deux services. Tarte sablée et meringuée aux cerises, glace pistache

Menu 60/90 €

place de l'Étang – 04 90 68 21 99 – www.lapetitemaisondecucuron.com – Fermé lundi, mardi

MatCha (N)

CUISINE MODERNE • SIMPLE Tout est frais et fait maison ici, des légumes des petits producteurs des environs aux viandes et volailles, élevées en plein air, à l'image de cette caille rôtie, farcie aux olives, et aubergine. Une cuisine au goût du jour, appétissante en diable !

Menu 25 € (déjeuner)/37 €

montée du Château-Vieux – 04 86 78 55 96 – Fermé 29 janvier-27 février, 23 décembre-3 janvier, mardi, mercredi

Le Pavillon de Galon

HISTORIQUE • PERSONNALISÉ Un magnifique parc classé (jardin à la française, vignes, verger, buis, oliviers et autres arbres plusieurs fois centenaires…) entoure ce pavillon de chasse du 18e s. Un domaine très privé, aux chambres raffinées.

3 chambres – 270/480 €

chemin de Galon – 06 13 39 17 31 – www.pavillondegalon.com

CUERS

83390 (Var) – Carte régionale n° **24**-C3

Carte Michelin 340-L6

Le Mas du Lingousto

MAISON DE CAMPAGNE • CONTEMPORAIN Une charmante bastide installée au beau milieu des vignes. Les chambres y sont confortables et bien tenues ; certaines disposent même d'une terrasse. Piscine, fitness… Idéal pour goûter à l'art de vivre provençal !

15 chambres – 99/150 € – 12 €

934 avenue Eugénie-et-Henri-Majastre, 2 km à l'Est par route de Pierrefeu – 04 94 28 69 10 – www.lingousto.fr

CUGNAUX

31270 (Haute-Garonne) – Carte régionale n° **22**-B2

Domaine de Dubac

MAISON DE CAMPAGNE • PERSONNALISÉ Cette maison de famille est nichée dans un parc, au milieu d'arbres séculaires… L'endroit a du caractère. Les belles chambres sont soigneusement décorées, toutes avec une mezzanine et une terrasse. Le matin, on se régale de gâteaux maison et d'œufs du poulailler, avant d'aller faire un plongeon dans la piscine !

3 chambres – 106 €

80 route de Tournefeuille – 05 61 92 58 42 – www.domainededubac.com

CUISEAUX

71480 (Saône-et-Loire) – Carte régionale n° **5**-D3

Carte Michelin 320-M11 – Guide Vert Michelin Bourgogne

Le Bistrot Gourmand

CUISINE BRESSANE • BISTRO "Plaisir et tradition", telle est la devise de ce Bistrot Gourmand qui porte bien son nom. Le chef, boucher et traiteur de son état, ne recherche ni l'esbroufe ni la modernité, mais interprète avec dévotion les classiques des terroirs bressan et jurassien. Une bonne table.

Menu 18 € (déjeuner), 30/54 € – Carte 48/61 €

8 place Puvis-de-Chavannes – 03 85 72 71 57 – www.lebistrotgourmand-cuiseaux.fr – Fermé 16-30 septembre, lundi, mardi soir, mercredi soir, dimanche soir

CUISERY – 71 (Saône-et-Loire) → voir Tournus

CULT

70150 (Haute-Saône) – Carte régionale n° **6**-B2

Carte Michelin 321-E3

Les Egrignes

FAMILIAL • PERSONNALISÉ Belle demeure de caractère (1849) entourée d'un parc fleuri et ombragé. Chambres très spacieuses, décorées avec raffinement, comme l'élégant salon. Délicieux petit-déjeuner.

3 chambres – 135 €

2 route D'Hugier – 03 84 31 92 06 – www.les-egrignes.com – Fermé 1er octobre-28 février

CUQ-TOULZA

81470 (Tarn) – Carte régionale n° **22**-C2
Carte Michelin 338-D9

Cuq en Terrasses

CUISINE MODERNE • COSY X Sur les hauteurs du village, cette charmante maison du 18e s. est un havre de paix : insolite jardin en terrasses, accueil familial... Le chef y met en valeur les produits du potager et la cuisine méditerranéenne ; depuis la véranda et la terrasse, on profite d'une vue imprenable sur la plaine du Lauragais.

Menu 39 €

8 chemin du Château, 2,5 km au Sud par route d'Aguts (D45) – 05 63 82 54 00 – www.cuqenterrasses.com – Fermé 4 novembre-3 mai, lundi midi, mardi, mercredi, jeudi midi, vendredi midi, samedi midi, dimanche midi

CUVES

50670 (Manche) – Carte régionale n° **17**-A2
Carte Michelin 303-F7

Le Moulin de Jean

CUISINE MODERNE • COSY XX Situé dans un site bucolique, cet ancien moulin donne dans le rustique chic, avec ses pierres et poutres apparentes, sa petite cheminée et sa mise en place soignée... Attablé, on admire la belle cave à vins, derrière une vitre, avant qu'arrive la spécialité de la maison : le pied de porc farci au boudin noir !

Menu 23 € (déjeuner)/41 €

La Lande, 2 km au Nord-Est sur D48 – 02 33 48 39 29 – www.lemoulindejean.com – Fermé 2-16 janvier, lundi

CUZANCE

46600 (Lot) – Carte régionale n° **22**-C1
Carte Michelin 337-F2

Manoir de Malagorse

LUXE • PERSONNALISÉ Ce domaine de 5 ha situé en pleine campagne vous promet un séjour mémorable : chambres personnalisées et salon-bibliothèque cosy logés dans une bâtisse régionale en pierre (19e s.). La table d'hôte met à l'honneur les fruits et légumes du Causse.

5 chambres – 185/320 €

4,5 km au Sud-Ouest par D103 route de Rignac – 06 89 33 54 45 – www.manoir-de-malagorse.fr – Fermé 31 octobre-22 mars

DACHSTEIN

67120 (Bas-Rhin) – Carte régionale n° **10**-A1
Carte Michelin 315-J5

Auberge de la Bruche

CUISINE TRADITIONNELLE • AUBERGE XX On est immédiatement séduit par cette auberge fleurie, presque adossée à la porte du village et longée par un charmant ruisseau (la fameuse "Bruche"). Les plats, savoureux et bien pensés, achèvent de nous convaincre : pâté en croûte de canard, schniderspadles au foie gras...

Menu 22 € (déjeuner), 40/75 € – Carte 48/64 €

1 rue Principale – 03 88 38 14 90 – www.auberge-bruche.com – Fermé 27 décembre-5 janvier, mercredi, samedi midi, dimanche soir

DAGLAN

✉ 24250 (Dordogne) – Carte régionale n° **18**-D2
Carte Michelin 329-I7 – Guide Vert Michelin Périgord Quercy

Le Petit Paris

CUISINE MODERNE • RUSTIQUE XX Au cœur d'un charmant village périgourdin, une table sympathique devancée par une grande terrasse. Ici, le chef – un enfant du pays – met un point d'honneur à valoriser les produits de sa région. Nem de confit de canard, sauce betterave-wasabi ; quasi de veau aux artichauts... Frais et savoureux !

Menu 32/45 €

au bourg – ✆ 05 53 28 41 10 – www.le-petit-paris.fr – Fermé 11 novembre-14 février, lundi, mardi midi, samedi midi, dimanche soir

DAMGAN

✉ 56750 (Morbihan) – Carte régionale n° **7**-B3
Carte Michelin 308-P9

Latitude 47° Ⓝ

CUISINE CRÉATIVE • CONTEMPORAIN X Une agréable salle tournée vers l'océan, avec aux murs quelques étagères remplies d'une belle collection de whiskys, sans oublier la terrasse panoramique... Ce bistrot moderne a la classe ! Dans l'assiette, on sert une cuisine marine de belle fraîcheur.

Menu 29/39 €

Hôtel de la Plage, 38 boulevard de l'Océan – ✆ 02 97 41 10 07 – www.latitude47.fr – Fermé 5 novembre-8 février

Hôtel de la Plage

TRADITIONNEL • CONTEMPORAIN Cet hôtel n'est séparé de la plage que par une petite rue. Les chambres, peu à peu redécorées dans un style épuré, donnent sur la mer. Salle de détente (sauna et soins). Par beau temps, petit-déjeuner en terrasse.

17 chambres – ½ Pension seulement 85/165 € – ☕ 13 €

38 boulevard de l'Océan – ✆ 02 97 41 10 07 – www.hotel-morbihan.com – Fermé 5 novembre-8 février

Latitude 47° – voir la sélection des restaurants

DAMPIERRE-EN-YVELINES – 78 (Yvelines) → voir Autour de Paris

DAMPMART – 77 (Seine-et-Marne) → voir Autour de Paris

LES DAMPS – 27 (Eure) → voir Pont-de-L'Arche

DANIZY

✉ 02800 (Aisne) – Carte régionale n° **14**-C2
Carte Michelin 306-C5

Domaine Le Parc

FAMILIAL • CLASSIQUE On longe une allée bordée de marronniers centenaires pour rejoindre cette belle demeure bourgeoise, dont la construction remonte à 1795. Les vastes chambres offrent, pour certaines, une jolie vue sur la vallée de l'Oise ; on y passe un délicieux séjour, d'autant que l'accueil est charmant.

5 chambres ☕ – 👥 75/95 €

rue du Quesny – ✆ 03 23 56 55 23 – www.domaineleparc.fr – Fermé 22 décembre-3 janvier

DANJOUTIN – 90 (Territoire de Belfort) → voir Belfort

DARDILLY – 69 (Rhône) → voir Lyon

DAX

✉ 40100 (Landes) – Carte régionale n° **18**-B3
Carte Michelin 335-E12 – Guide Vert Michelin Aquitaine

L'Amphitryon

CUISINE TRADITIONNELLE · CONTEMPORAIN XX Installé dans une maison centenaire aux pierres apparentes, l'Amphitryon propose une cuisine traditionnelle aux beaux accents marins... dans un cadre habillé de nombreuses essences de bois. Les assiettes sont généreuses et soignées : idéal pour faire le plein d'énergie !

Menu 30/43 € - Carte 42/60 €

56 cours du Maréchal Joffre - ✆ 05 58 74 58 05 - Fermé 1er-31 janvier, 19 août-4 septembre, lundi, mardi, dimanche soir

Le Splendid

LUXE · ART DÉCO Le style Art déco est bien préservé, tant dans le hall et le bar que dans les chambres spacieuses au charme désuet. Sans oublier le magnifique spa, construit sur un ancien château fort d'une superficie de 1800 mètres carrés, riche d'un grand bassin, et de quinze cabines de soins....

143 chambres - 106/250 € - 3 suites

2 cours de Verdun - ✆ 05 58 35 20 10 - www.splendid-hotel-spa.com

à St-Paul-lès-Dax - ✉ 40990

Le Moulin de Poustagnacq

CUISINE MODERNE · CONVIVIAL XXX Envie de manger au bord de l'eau ? Dans ce cas, faites un tour dans cet ancien moulin ! Le chef travaille les produits frais et livre une cuisine traditionnelle teintée d'un joli accent régional. Aux beaux jours, installez-vous sur la terrasse face au lac. Ambiance bucolique garantie.

Menu 39/89 € - Carte 50/75 €

chemin de Poustagnacq - ✆ 05 58 91 31 03 - www.moulindepoustagnacq.com - Fermé lundi, mardi midi, dimanche soir

Le Relais des Plages

CUISINE MODERNE · TRADITIONNEL X Ce couple, auparavant à Cannes, a investi ce Relais des Plages avec enthousiasme, et l'assiette en témoigne : cuisine goûteuse et moderne, aux préparations délicates, à l'instar de ce carpaccio de champignon, crème d'avocat et petit pois. Une jolie surprise.

Menu 19 € (déjeuner), 35/50 €

158 avenue de l'Océan - ✆ 05 58 91 78 86 - www.restaurant-relais-des-plages.com - Fermé lundi, dimanche soir

Riou/SoFood/Photononstop

ON AIME...

Une valeur sûre de la station ? **La Flambée**, pour des fruits de mer et grillades. Autres bonnes adresses : le **Comptoir et la Table**, un bistrot gourmand qui évolue avec son temps ou **La Villa Augeval**, le charme à prix raisonnable.

DEAUVILLE

✉ 14800 (Calvados) – Carte régionale n° **17**-A3
Carte Michelin 303-M3 – Guide Vert Michelin Normandie Vallée de la Seine

Restaurants

✿ L'Essentiel (Mi-Ra et Charles Thuillant)

CUISINE MODERNE • ÉLÉGANT XX Ce bistrot contemporain célèbre le mariage réussi de l'Hexagone et de l'Asie. Mi-Ra – Coréenne – et Charles – Français – œuvrent à quatre mains à la ville comme en cuisine et concoctent des plats fusion de très belle facture... Une splendide invitation au voyage.

➜ Cuisine du marché

Menu 35 € (déjeuner)/69 € – Carte 55/75 €

Plan : B2-f – *29 rue Mirabeau – ✆ 02 31 87 22 11 – www.lessentiel-deauville.com – Fermé 7-31 janvier, 24 juin-5 juillet, mardi, mercredi*

✿ Maximin Hellio

CUISINE MODERNE • CONTEMPORAIN X Le chef Maximin Hellio tient ce petit restaurant intimiste, au cadre contemporain, où il propose une cuisine de l'instant, technique et créative ; on pourra même accompagner son repas d'un bon vin à prix raisonnable.

➜ Tourteau, petit pois et caviar. Homard bleu "de mon papa". Le plein de douceurs

Menu 35/125 € – Carte 100/135 €

Plan : B2-a – *64 rue Gambetta – ✆ 02 31 49 19 89 – www.maximinhellio.fr – Fermé 7-24 janvier, 24 juin-2 juillet, 30 septembre-9 octobre, lundi, mardi*

La Flambée

CUISINE MODERNE • COSY XX Pourquoi "La Flambée" ? Sans doute à cause de la grande cheminée où l'on prépare de belles grillades sous vos yeux... mais l'adresse aurait aussi pu s'appeler "Le Homard", qui est son autre spécialité ! Derrière les fourneaux, le chef réalise des recettes soignées, qui vont à l'essentiel ; le service est aux petits soins...

Menu 31/53 € – Carte 55/80 €

Plan : A2-t – *81 rue du Général-Leclerc – ✆ 02 31 88 28 46 – www.laflambee-deauville.com*

Côté Royal

CUISINE TRADITIONNELLE • ÉLÉGANT XXXX Une salle à manger élégante et cossue – haut plafond, boiseries, lustres et tentures – pour découvrir les plats du chef, qui agrémente la tradition d'éléments plus modernes. Il fait preuve d'un savoir-faire certain, si bien que l'on passe un bon moment.

Menu 67 € – Carte 50/85 €

Plan : A2-y – *Royal Barrière, boulevard Eugène-Cornuche – 02 31 98 66 33 – www.hotelsbarriere.com/fr/deauville/le-royal – Fermé 1er novembre-1er avril, lundi midi, mardi midi, mercredi midi, jeudi midi, vendredi midi, samedi midi, dimanche midi*

La Belle Époque

CUISINE MODERNE • CHIC XXX Au cœur d'un grand hôtel chargé d'histoire, ce restaurant Belle Époque a des allures de brasserie chic, prolongée d'une lumineuse verrière ouvrant sur la cour fleurie. On y propose une cuisine actuelle de bonne facture ; le dimanche, on se presse pour le brunch. Quant à la cave à champagne vitrée... nous vous laissons la surprise !

Menu 36 € (déjeuner) – Carte 49/70 €

Plan : A2-h – *Normandy Barrière, 38 rue Jean Mermoz – 02 31 98 66 22 – www.hotelsbarriere.com/fr/deauville/le-normandy*

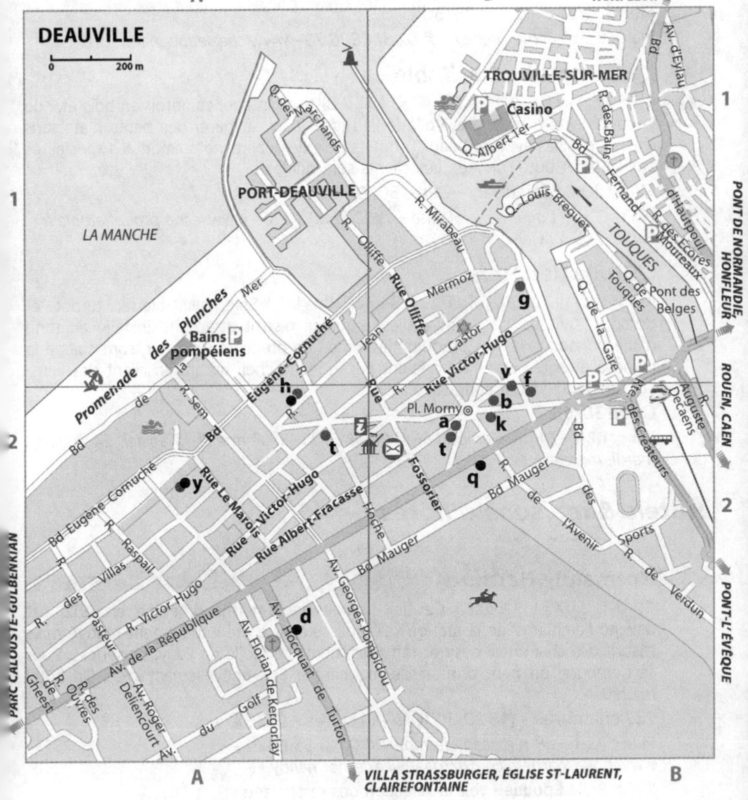

Augusto Chez Laurent

POISSONS ET FRUITS DE MER · CONVIVIAL XX Connue pour ses spécialités de homard et de poisson, cette institution tient le cap de la cuisine iodée depuis plus de 35 ans ! On se régale dans un décor chic façon bateau. Un restaurant de référence à Deauville.

Menu 25 € (déjeuner), 38/59 € - Carte 50/110 €

Plan : B2-k - *27 rue Désiré-le-Hoc - ✆ 02 31 88 34 49 - www.restaurant-augusto.com - Fermé lundi, mardi*

Le Spinnaker

CUISINE MODERNE · DESIGN XX Une valeur sûre que ce Spinnaker. Loin des sentiers battus, on s'installe dans un cadre moderne et épuré ; la cuisine de Frédéric Lesieur, au goût du jour, est savoureuse et soignée... et le service est aux petits oignons. On se régale !

Menu 29 € (déjeuner), 52/62 €

Plan : B2-v - *52 rue Mirabeau - ✆ 02 31 88 24 40 - www.spinnakerdeauville.com - Fermé lundi, mardi*

Le Bougnat

CUISINE TRADITIONNELLE · CONVIVIAL X Ici, c'est jarret de porc caramélisé aux épices, rognon de veau à la Normande, sans oublier la mer et les huîtres de Normandie... Des réalisations canailles, autour d'une cuisine entre terroir et tradition. Le cadre porte l'empreinte bistrot. Terroir et tradition, à prix doux.

Menu 18/31 € - Carte 25/50 €

Plan : B2-b - *7 rue Breney - ✆ 02 31 88 16 70 - www.chezlebougnat.fr*

Le Comptoir et la Table 

CUISINE TRADITIONNELLE · VINTAGE X Bistrot vintage, comptoir en bois et... de la convivialité à revendre. Voilà le lieu idéal pour savourer des petits plats sans chichis, réalisés avec de beaux produits frais de qualité, notamment les spécialités aux truffes (toute l'année). Les clients sont fidèles.

Menu 20 € (déjeuner) - Carte 50/95 €

Plan : B1-g - *1 quai de la Marine - ✆ 02 31 88 92 51 - www.lecomptoiretlatable.fr - Fermé 7-27 janvier*

L'Étoile des Mers

POISSONS ET FRUITS DE MER · CONVIVIAL X Sole, saint-pierre, turbot et dorade... Avis de pêche miraculeuse sur ce bistrot attachant, installé au fond d'une poissonnerie. Les produits de la mer, de première fraîcheur, sont cuits à la plancha et agrémentés avec talent par le jeune chef, un ancien client des lieux. Les amateurs seront conquis !

Carte 38/55 €

Plan : B2-t - *74 rue Gambetta - ✆ 02 14 63 10 18 - Fermé 1er-15 janvier, 24-30 juin, mardi, mercredi*

Hôtels & maisons d'hôtes

Normandy Barrière

GRAND LUXE · ÉLÉGANT Ce fier manoir anglo-normand, édifié en 1912, est devenu l'emblème de la station ! L'établissement a été entièrement rénové mais l'esprit des chambres, cosy et raffinées, demeure : toile de Jouy, boiseries... Pour se détendre, on peut profiter du magnifique Spa nouvellement créé. Un hôtel mythique.

257 chambres - 300/1070 € - 14 suites - 35 €

Plan : A2-h - *38 rue Jean Mermoz - ✆ 02 31 98 66 22 - www.hotelsbarriere.com/fr/deauville/le-normandy*

La Belle Époque - voir la sélection des restaurants

Royal Barrière

GRAND LUXE • CLASSIQUE Cette imposante bâtisse Belle Époque, qui incarne une certaine idée du luxe balnéaire, est le rendez-vous de la jet-set et les stars de cinéma. Les chambres, chic et chaleureuses, sont de vrais petits palaces, sans parler de la magnifique suite "Amicalement Vôtre", la fierté de l'hôtel... Le spa et les salles de fitness complètent ce lieu d'exception.

209 chambres – 239/949 € – 36 suites – 35 €

Plan : A2-y – *boulevard Eugène-Cornuche – 02 31 98 66 33 – www.hotelsbarriere.com/fr/deauville/le-royal – Fermé 1er novembre-1er avril*

Côté Royal – voir la sélection des restaurants

Hôtel du Golf

RESORT • ÉLÉGANT Surplombant la côte et en pleine campagne, ce superbe hôtel typiquement normand (1929) est un havre de paix ! Les chambres, très spacieuses, ont été rénovées dans un style moderne et feutré ; l'ensemble ne manque pas d'élégance. Golf de 27 trous, vue sur la mer, restaurant et club-house, etc.

159 chambres – 169/899 € – 11 suites – 29 €

Le New Golf – 02 31 14 24 00 – www.lhoteldugolf-deauville.com – Fermé 1er décembre-28 février

Les Manoirs de Tourgéville

LUXE • PERSONNALISÉ En plein bocage du pays d'Auge, ce manoir est vraiment séduisant : chambres raffinées, apaisantes et spacieuses (nombreux duplex et triplex). Pour se détendre, il y a l'embarras du choix : piscine, vélo, massage, tennis, cinéma. Se lasser d'un tel endroit ? Impossible !

35 suites – ½ Pension seulement 260/650 € – 22 chambres

668 chemin de l'Orgueil, Tourgéville – 02 31 14 48 68 – www.lesmanoirstourgeville.com

Almoria

URBAIN • COSY En plein centre-ville, cet hôtel récent a fait du confort et de l'épure son crédo. Préférez toutefois les chambres donnant sur le patio, où l'on prend son petit-déjeuner aux beaux jours. Accueil aimable.

60 chambres – 65/325 € – 13 €

Plan : B2-q – *37 avenue de la République – 02 31 14 32 32 – www.almoria-deauville.com – Fermé 6-20 janvier*

Villa Augeval

HISTORIQUE • ÉLÉGANT Près de l'hippodrome et des haras, cet agréable manoir normand, un brin rétro, se prolonge d'une verrière (la pyramide de Deauville !), reliant le manoir principal à la villa Trait d'Union... Après une journée de balade, rendez-vous près de la piscine, ou dans l'agréable espace bien-être.

39 chambres – 85/285 € – 2 suites – 16 €

Plan : A2-d – *15 avenue Hocquart-de-Turtot – 02 31 81 13 18 – www.augeval.com*

Manoir de Benerville

SPA ET BIEN-ÊTRE • PERSONNALISÉ Sur les hauteurs de Deauville, cette villa anglo-normande (1874) cultive un style romantique : du rose, des fleurs, la mer ou le joli parc en toile de fond... Avec les chambres, on vous propose même des soins pour encore mieux vous détendre. Le tout au grand calme ! Avis aux amoureux...

5 chambres – 170/350 €

route de Touques – 02 31 14 68 80 – www.manoirbenerville.com

à Canapville 6 km au Sud-Est par D677 – ✉ 14800

Auberge du Vieux Tour

CUISINE TRADITIONNELLE • RUSTIQUE XX Une chaumière rustique près de la départementale, mais au calme et très accueillante ! Les patrons – de vrais passionnés – font surtout appel aux producteurs locaux et vous concoctent une sympathique cuisine de tradition : asperges à la polonaise, sole meunière avec une purée maison, tarte aux pommes, etc. Un régal !

Menu 29/58 € – Carte 46/75 €

36 route départementale 677 – ✆ 02 31 65 21 80 – www.levieuxtour.com – Fermé mardi, mercredi

LA DÉFENSE – 92 (Hauts-de-Seine) ➜ voir Autour de Paris

DELME

✉ 57590 (Moselle) – Carte régionale n° **12**-C2

Carte Michelin 307-J5

À la 12

CUISINE CRÉATIVE • CONTEMPORAIN XX La famille François tient les rênes de cette maison depuis sa création en 1954. Depuis 2016, Thomas (la troisième génération) et Laura, sa compagne, y insufflent jeunesse et motivation. Salle à manger ouverte sur la terrasse, cave à vin vitrée, cuisine créative, riche en produits régionaux, saisonnalité : ici, on a tout bon.

Menu 33/60 € – Carte 55/70 €

6 place de la République – ✆ 03 87 01 30 18 – www.ala12.fr – Fermé 2-17 janvier, 15-29 juillet, lundi, mardi soir, dimanche soir

À la 12

AUBERGE • FONCTIONNEL Une auberge accueillante, tenue par la même famille depuis 1954 ! Les chambres, fonctionnelles et bien tenues, sont très appréciées par la clientèle d'affaires en semaine. À noter, quelques chambres familiales plus spacieuses.

15 chambres – 67/83 € – 10 €

6 place de la République – ✆ 03 87 01 30 18 – www.ala12.fr – Fermé 2-17 janvier, 15-29 juillet

À la 12 – voir la sélection des restaurants

DERCHIGNY – 76 (Seine-Maritime) ➜ voir Dieppe

LES DEUX-ALPES

✉ 38860 (Isère) – Carte régionale n° **2**-C2

Carte Michelin 333-J7 – Guide Vert Michelin Alpes du Nord

Le P'tit Polyte

CUISINE MODERNE • RUSTIQUE XX Le P'tit Polyte a tout d'un grand ! Cette ancienne ferme d'alpage convertie en noble chalet réserve une expérience gastronomique de haute volée. Homard, mangue et yuzu ; pigeon de Pornic ; chocolat au lait et caramel... Les cuissons sont justes, les saveurs maîtrisées. Belle carte des vins et terrasse d'été.

➜ Foie gras poêlé, bouillon de sapin et pêche. Truite d'Isère aux algues, asperges et shimejis. Ananas au barbecue, sorbet coriandre et coco

Menu 65/105 € – Carte 82/127 €

Chalet Mounier, 2 rue de la Chapelle – ✆ 04 76 80 56 90 – www.chalet-mounier.com – Fermé 26 avril-29 juin, 24 août-21 décembre, lundi, mardi midi, mercredi midi, jeudi midi, vendredi midi, samedi midi, dimanche

Le Diable au Cœur

CUISINE TRADITIONNELLE • CONVIVIAL Direction les cimes ! Empruntez le télésiège pour aller déjeuner dans ce diable de restaurant, perché à 2 400 m d'altitude. Dans le cadre agréable d'un chalet en bois clair, face à la Muzelle, la cuisine ne souffre pas du vertige : Tatin de queue de bœuf et patate douce ; travers de porc à la sauce barbecue...

Menu 32 € - Carte 30/55 €

7 rue des Gorges, au sommet du télésiège du Diable - 04 76 79 99 50 - www.lediableaucoeur.com - Fermé 1er mai-20 juin, 2 septembre-28 décembre

Chalet Mounier

TRADITIONNEL • ÉLÉGANT Tout en haut des Deux-Alpes, sur le site d'une ferme d'alpage, l'aîné des hôtels de la station, né dans les années 1930 : les lieux ont la tradition de l'accueil chevillée au corps - des chevilles en bois, évidemment ! Tout pour un beau séjour à la montagne : grand confort, piscines, sauna, fitness...

43 chambres - 190/660 € - 18 €

2 rue de la Chapelle - 04 76 80 56 90 - www.chalet-mounier.com - Fermé 27 avril-22 juin, 25 août-25 octobre, 3 novembre-14 décembre

Le P'tit Polyte - voir la sélection des restaurants

Côte Brune

TRADITIONNEL • MONTAGNARD La famille Bel a mis - et met encore - beaucoup de soin dans la rénovation et l'entretien de cet hôtel situé aux pied des pistes. L'ensemble est chaleureux et accueillant, synthèse idéale entre rustique montagnard et confort moderne. Hammam, sauna et jacuzzi.

18 chambres - 114/214 €

6 rue Côtes Brunes - 04 76 80 54 89 - www.hotel-cotebrune.fr - Fermé 21 avril-21 juin, 1er septembre-1er décembre

Les Mélèzes

FAMILIAL • MONTAGNARD L'expression "au pied des pistes" n'est pas galvaudée : on pourrait littéralement entrer dans l'hôtel les skis aux pieds ! Après avoir traversé un grand salon cosy, on découvre, à l'étage, des chambres où règnent le bois et, pour certaines, un agréable esprit contemporain.

32 chambres - 154/290 € - 2 suites

17 rue des Vikings - 04 76 80 50 50 - www.hotelmelezes.com - Fermé 29 avril-14 décembre

DIEBOLSHEIM

67230 (Bas-Rhin) - Carte régionale n° **10**-B2
Carte Michelin 315-J7

Ambiance Jardin

FAMILIAL • PERSONNALISÉ De cette grange, les propriétaires ont fait une charmante maison d'hôtes, qui foisonne d'antiquités. Chambres aux tons pastel, spacieuses et cosy, et superbe jardin.

4 chambres - 88/98 €

12 rue de l'Abbé-Wendling - 03 88 74 84 85 - www.ambiance-jardin.com

DIEFMATTEN

68780 (Haut-Rhin) - Carte régionale n° **10**-A3
Carte Michelin 315-G10

Auberge du Cheval Blanc

CUISINE MODERNE • AUBERGE La déclinaison de foie gras ? L'un des grands classiques de cette élégante maison alsacienne, où la cuisine gastronomique épouse les saisons - notamment autour de menus à thème (truffe, bouillabaisse, etc.) et de vins bien choisis. Pour l'étape, d'agréables chambres fonctionnelles.

Menu 23/65 € - Carte 44/80 €

17 rue Hecken - 03 89 26 91 08 - www.auchevalblanc.fr - Fermé 2-9 janvier, 15-31 juillet, lundi, mardi

DIEPPE

✉ 76200 (Seine-Maritime) – Carte régionale n° **17**–D1

Carte Michelin 304-G2 – Guide Vert Michelin Normandie Vallée de la Seine

✿ Les Voiles d'Or (Tristan Arhan)

POISSONS ET FRUITS DE MER • SIMPLE XX Il n'est pas exagéré de dire qu'ici, le poisson est roi ! À la barre de cette table perchée sur la falaise du Pollet, un chef amoureux fou des beaux produits de la mer, qu'il travaille avec simplicité et raffinement. À noter : quelques chambres originales.

→ Mousseuse de petits pois, damier de raie et condiments vinaigrés. Darne de turbot cuite au four, pomme de terre écrasée et jus de viande corsé. Craquant de framboises au chocolat de Tanzanie, fine mousseline à la pistache

Menu 35 € (déjeuner)/59 € – Carte 75/86 €

Plan : B1-c – *2 chemin de la Falaise, par route du Tréport puis direction chapelle N.-D.-de-Bon-Secours* – *✆ 02 35 84 16 84* – *www.lesvoilesdor.fr* – *Fermé 16 décembre-16 janvier, lundi, mardi, dimanche soir*

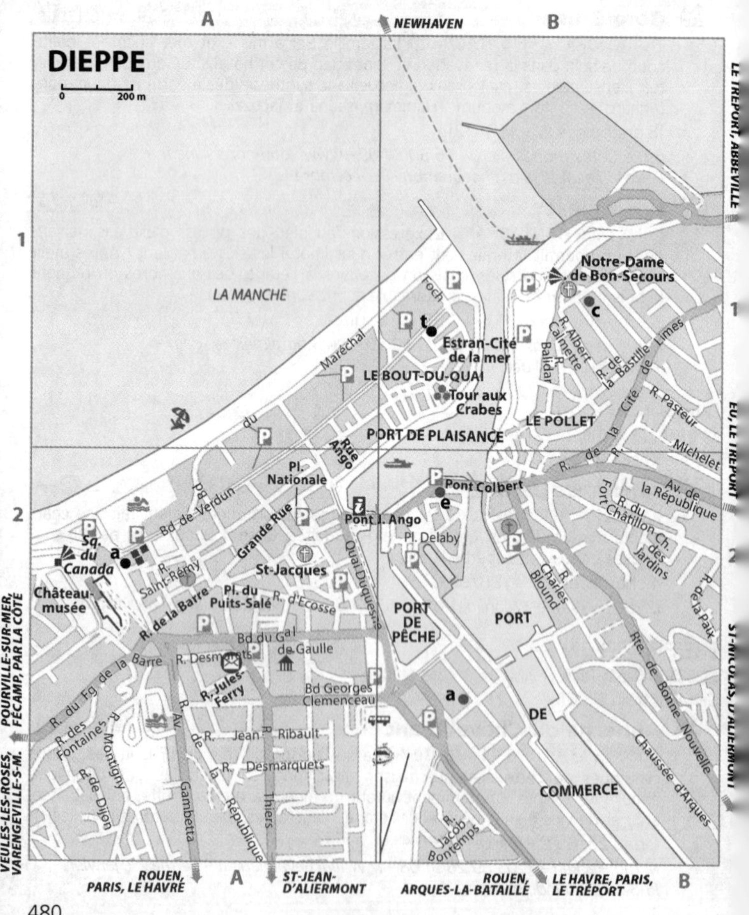

Bistrot du Pollet

POISSONS ET FRUITS DE MER · BISTRO Qu'on se le dise : dans ce bistrot, c'est la mer qui décide, et les plats dépendent directement des arrivages de la pêche locale. La qualité et la fraîcheur sont au rendez-vous, et quelle générosité dans les préparations !

Menu 30 € – Carte 32/50 €

Plan : B2-e – *23 rue Tête-de-Boeuf – 02 35 84 68 57 – www.le-bistrot-du-pollet.zenchef.com – Fermé 1er-8 janvier, lundi, dimanche*

Comptoir à Huîtres

POISSONS ET FRUITS DE MER · VINTAGE Loin de l'agitation du front de mer, le long des quais, ce comptoir a des allures de brasserie parisienne bien dans son jus. Après que l'on vous a présenté la pêche du jour, sans chichi, vient l'heure du choix. Quel poisson ? Entier, coupé ? À la plancha ? À moins que vous ne préfériez la carte des huîtres... Que de fraîcheur !

Carte 40/50 €

Plan : B2-a – *12 cours de Dakar (quai de Norvège) – 02 35 84 19 37 – Fermé 18 mars-1er avril, 11 août-1er septembre, lundi, dimanche*

Mercure la Présidence

HÔTEL DE CHAÎNE · CONTEMPORAIN Près du casino et du centre de thalasso, des chambres décorées avec goût ; la moitié d'entre elles offrent une agréable vue sur les flots.

85 chambres – 95/250 € – 17 €

Plan : A2-a – *1 boulevard de Verdun – 02 35 84 31 31 – www.hotel-la-presidence.com*

Hôtel de l'Europe

URBAIN · BORD DE MER Sur le front de mer, du bois, du béton et... de l'allure ! À l'intérieur, les chambres, grandes, colorées et meublées de rotin, regardent la Manche et ses flots aux couleurs sans cesse changeantes.

60 chambres – 90/169 € – 10 €

Plan : B1-t – *63 boulevard de Verdun – 02 32 90 19 19 – www.hotel-europe-dieppe.com*

à Derchigny 11 km à l'Est par D925 – 76370

Manoir de Graincourt

MAISON DE CAMPAGNE · HISTORIQUE Pour l'anecdote, Renoir séjourna dans cet ancien couvent typiquement normand (19e s.). Les chambres, thématiques (meubles de famille ou chinés, beaux tissus, etc.), donnent sur un joli jardin clos ; l'ensemble ne manque pas de charme.

5 chambres – 105/160 €

10 place Ludovic-Panel – 02 35 84 12 88 – www.manoir-de-graincourt.fr

à Offranville 6 km au Sud par D927 et D54 – 76550

Le Colombier (Laurent Kleczewski)

CUISINE MODERNE · RUSTIQUE Une vénérable maison normande en colombages (16e s.) aux portes de Dieppe. La proximité de la Manche, l'écrin des prairies voisines et... le savoir-faire du chef, Laurent Kleczewski : tout est réuni pour une ode aux beaux produits – le poisson au premier rang –, à travers des assiettes fines, harmonieuses et pétillantes !

→ Ceviche de vive au vinaigre, fleur de sureau et pâtes à la farine de sarrasin. Turbot au bouillon de lait d'amande et shiso pourpre. Tuile au chocolat, ganache montée, cerises amarena et glace à l'amande

Menu 36/85 € – Carte 60/80 €

rue Loucheur (parc du Colombier) – 02 35 85 48 50 – www.lecolombieroffranville.fr – Fermé 15-28 février, 8-18 avril, 1er-18 juillet, mardi, mercredi, dimanche soir

à Vasterival 11 km à l'Ouest par D75 – ✉ 76119

La Terrasse

FAMILIAL • ROMANTIQUE Sur la falaise, cette maison du début du siècle (1902) est tenue par la même famille depuis quatre générations – bientôt cinq. Ici, le décor, c'est la mer : la moitié des chambres la contemplent, tout comme la terrasse en bois, avec ses transats, où l'on vient prendre le soleil...

21 chambres – 110/130 € – 9 €

route de Vasterival – ✆ 02 35 85 12 54 – www.hotel-restaurant-la-terrasse.com – Fermé 2 novembre-15 mars

DIEULEFIT

✉ 26220 (Drôme) – Carte régionale n° **2**-B3
Carte Michelin 332-D6 – Guide Vert Michelin Ardèche Drôme

au Poët-Laval 5 km à l'Ouest par D540 – ✉ 26160

Les Hospitaliers

CUISINE MODERNE • CLASSIQUE XX Déguster un thon comme un tataki ou un tourteau en rillettes au pied de la Commanderie de l'ordre de Malte, c'est possible aux Hospitaliers, dans une salle élégante. L'immense terrasse, sur les toits, divulgue une vue à 360 degrés. L'assiette a du goût et de l'allure : une adresse décidément charmante.

Menu 27 € (déjeuner), 32/67 € – Carte 53/63 €

✆ 04 75 46 22 32 – www.hotel-les-hospitaliers.com – Fermé 4 novembre-31 mars, lundi, mardi

Les Hospitaliers

AUBERGE • COSY Référence aux Hospitaliers qui, au 12e s., s'installèrent dans le village. L'établissement, composé d'un bel ensemble de maisons en pierre sèche, abrite des chambres de caractère. Cuisine de saison au restaurant.

20 chambres – 87/165 € – 14 €

✆ 04 75 46 22 32 – www.hotel-les-hospitaliers.com – Fermé 4 novembre-31 mars

Les Hospitaliers – voir la sélection des restaurants

DIGNE-LES-BAINS

✉ 04000 (Alpes-de-Haute-Provence) – Carte régionale n° **24**-C2
Carte Michelin 334-F8 – Guide Vert Michelin Alpes du Sud

Le Grand Paris

CUISINE CLASSIQUE • VINTAGE XXX Une maison pleine de cachet, avec un petit côté "à l'ancienne" tout à fait plaisant. La chef revisite les recettes classiques de son père (jadis aux fourneaux) ; ses plats sont savoureux. Ici, la tradition se perpétue d'une bien jolie façon.

Menu 29 € (déjeuner), 39/76 € – Carte 65/90 €

19 boulevard Thiers – ✆ 04 92 31 11 15 – www.hotel-grand-paris.com – Fermé 1er décembre-31 mars, lundi midi, mardi midi, mercredi midi, jeudi midi

DIGOIN

✉ 71160 (Saône-et-Loire) – Carte régionale n° **5**-B3
Carte Michelin 320-D11 – Guide Vert Michelin Bourgogne

à Vigny-les-Paray 9 km au Nord-Est par D994 et D52 – ✉ 71160

Auberge de Vigny

CUISINE MODERNE • CHAMPÊTRE XX Dans cette ancienne salle de classe décorée avec soin, on sert désormais une cuisine qui joue habilement de la tradition et du passage des saisons. La carte est changée régulièrement ; la jolie terrasse donne sur le jardin et le potager... pour une douce étape champêtre.

Menu 20 € (déjeuner), 27/43 € – Carte 38/53 €

✆ 03 85 81 10 13 – www.aubergedevigny.fr – Fermé 24 décembre-15 janvier, lundi, mardi

J.-D. Sudres/hemis.fr

ON AIME...

So... good, la cuisine française aux inspirations nippones du chef japonais So Takahashi. **William Frachot**, sa cuisine savoureuse, sa remarquable carte des vins. **L'Essentiel,** sa cuisine de saison et son agréable patio. **L'Aspérule**, pour une délicate cuisine française aux accents asiatiques. Enfin, à l'extérieur de la ville, **l'Auberge les Tilleuls**, bonne petite table à la campagne.

DIJON

✉ 21000 (Côte-d'Or) – Carte régionale n° **5**–D1
Carte Michelin 320-K6 – Guide Vert Michelin Bourgogne

Restaurants

✿✿ William Frachot

CUISINE CRÉATIVE • **CONTEMPORAIN** XXX Tel l'enfant prodigue, ce natif de Bourgogne a peaufiné le métier dans des contrées plus ou moins lointaines (Angleterre, Québec) avant de revenir au bercail en 1999 : il décide alors de reprendre l'Hostellerie du Chapeau Rouge, à Dijon. Il y obtient une première étoile en 2003. Hasard de la vie : quelques années plus tard, un accident domestique le met au repos forcé, l'occasion pour William Frachot de se remettre en question. Un mal pour un bien : il sort grandi de cet épisode (a priori) malheureux, bien décidé à épurer davantage ses préparations, à retrouver ses bases, à faire une cuisine qui lui ressemble. L'aboutissement de ce parcours, ce sont des assiettes à son image : sérieuses et appliquées, jonglant entre les saveurs voyageuses et le terroir bourguignon, avec ce qu'il faut d'inventivité bien maîtrisée. Le tout à déguster dans un décor de caractère, minéral et végétal, qui accompagne à merveille le repas.

→ Tête de veau croustillante et langoustines saisies, câpron, citron confit et crémeux aux herbes. Sole rôtie sur l'arête façon meunière. Dégustation de chocolats grands crus

Menu 58 € (déjeuner), 95/160 € – Carte 120/155 €

Plan : B2-a – *Hostellerie du Chapeau Rouge, 5 rue Michelet – ☎ 03 80 50 88 88 – www.chapeau-rouge.fr – Fermé 1er-25 janvier, 4-22 août, lundi, dimanche*

✿ Stéphane Derbord

CUISINE MODERNE • **ÉLÉGANT** XXX Stéphane Derbord a donné son propre nom à son restaurant, et c'est justice : sa cuisine porte en effet sa marque, très personnelle, revisitant avec une subtile créativité le répertoire bourguignon. À la tête d'une équipe efficace, son épouse assure un service sympathique et appliqué. Une bien belle table !

→ Dos de sandre légèrement fumé, beurre d'aligoté et brunoise de légumes bio à la moutarde de Dijon. Bœuf charolais maturé, jus au raifort, cœur de céleri rôti et chutney d'oignon à la truffe. Pain perdu aux mûres sauvages, glace au lait à la sauge et citron confit

Menu 30 € (déjeuner), 55/105 € – Carte 60/95 €

Plan : C3-b – *10 place Wilson – ☎ 03 80 67 74 64 – www.restaurantstephanederbord.fr – Fermé 17 février-7 mars, 4-22 août, lundi, dimanche*

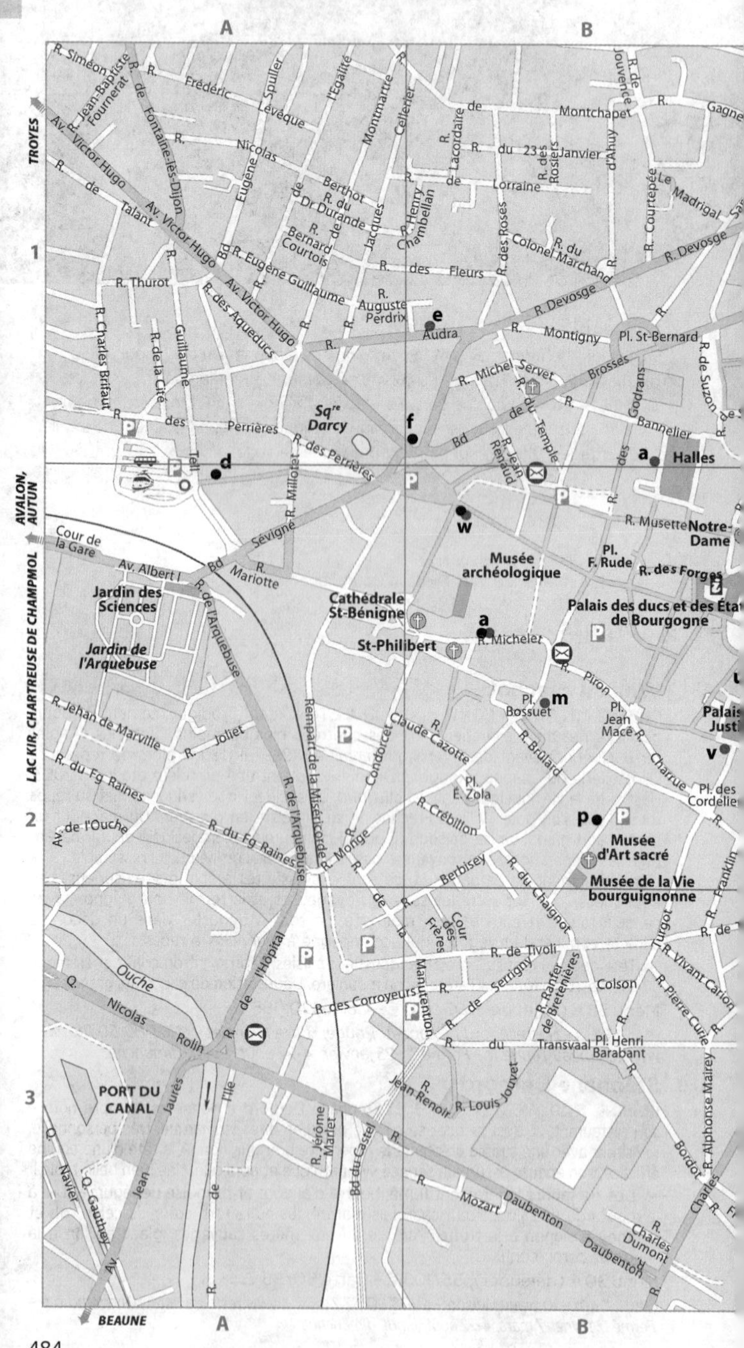

A
B
TROYES
AVALON, AUTUN
LAC KIR, CHARTREUSE DE CHAMPMOL
BEAUNE
1
2
3
Sq^re Darcy
Halles
Notre-Dame
Musée archéologique
Pl. F. Rude
Palais des ducs et des États de Bourgogne
Cathédrale St-Bénigne
St-Philibert
Jardin des Sciences
Jardin de l'Arquebuse
Musée d'Art sacré
Musée de la Vie bourguignonne
PORT DU CANAL
Av. Victor Hugo
R. Devosge
Pl. St-Bernard
Bd de Brosses
Bd Sévigné
Av. Albert I
Cour de la Gare
R. de l'Arquebuse
Rempart de la Miséricorde
R. Condorcet
R. Monge
Pl. Bossuet
Pl. Jean Macé
Pl. É. Zola
Pl. Henri Barabant
Pl. des Cordeliers
R. de Tivoli
R. des Corroyeurs
R. du Transvaal
Q. Nicolas Rolin
Av. Jean Jaurès
R. Daubenton
R. Mozart
R. Musette
R. des Forges
R. Michelet
R. Piron
R. Charrue
R. Claude Cazotte
R. Brûlard
R. Crébillon
R. Berbisey
R. du Chaignot
R. Turgot
R. Vivant Carion
R. Pierre Curie
R. Alphonse Mairey
R. Charles Dumont
R. Jean Renoir
R. Louis Jouvet
Bd du Castel
R. Jérôme Marlet
Ouche

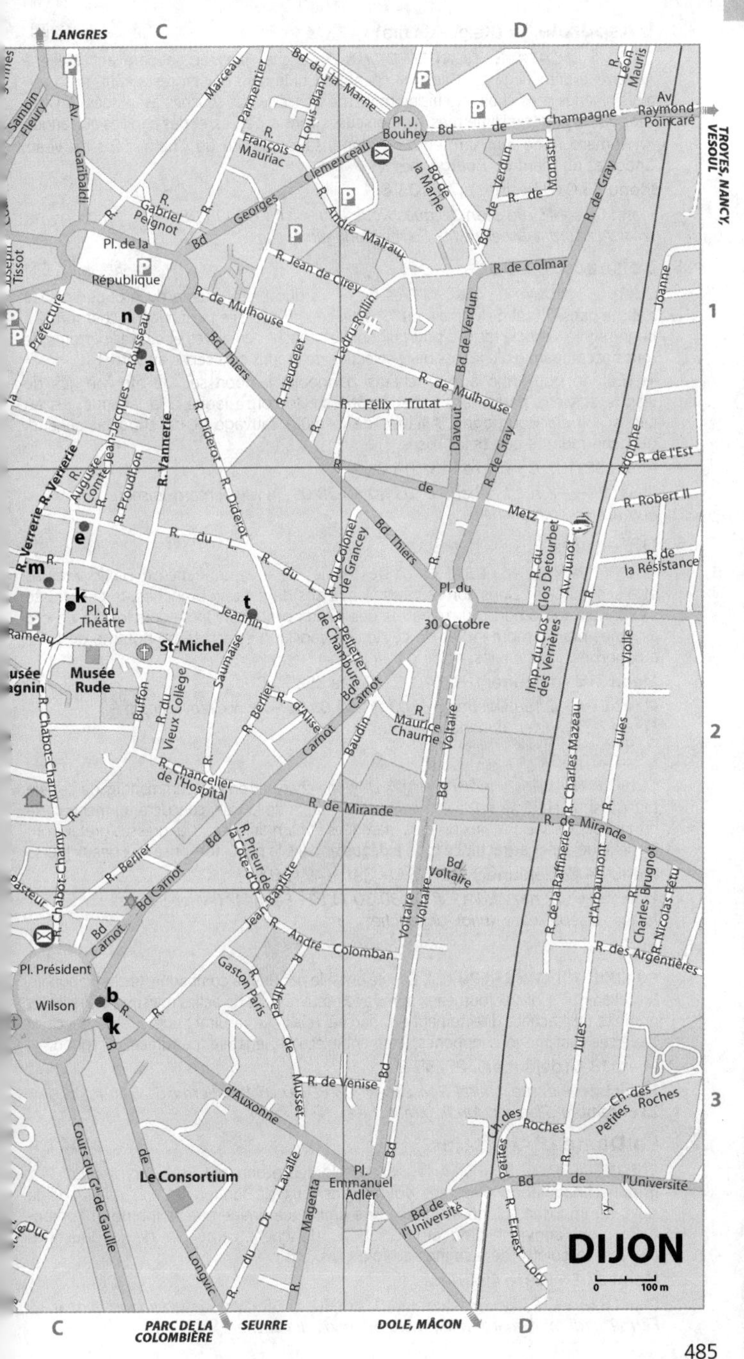

LANGRES
TROYES, NANCY, VESOUL
PARC DE LA COLOMBIÈRE
SEURRE
DOLE, MÂCON
DIJON
Pl. de la République
Pl. J. Bouhey
Pl. du 30 Octobre
Pl. du Théâtre
Pl. Président Wilson
Pl. Emmanuel Adler
St-Michel
Musée Rude
Le Consortium
Bd Georges Clemenceau
Bd de la Marne
Bd de Champagne
Av. Raymond Poincaré
R. de Gray
Bd Thiers
R. de Mulhouse
Bd de Verdun
R. de Metz
Bd Carnot
R. de Mirande
Bd Voltaire
Bd de l'Université
R. d'Auxonne
Cours du Gal de Gaulle

L'Aspérule (Keigo Kimura)

CUISINE MODERNE • CONTEMPORAIN XX Ce chef japonais, auparavant étoilé à Auxerre, a déménagé sur Dijon, ne changeant ni le nom de son restaurant, ni sa formule : menus sans choix et cuisine moderne française aux touches asiatiques. A l'arrivée : des assiettes millimétrées, harmonieuses, sans aspérités, et des papilles aux anges.

→ Homard fumé aux sarments de vigne, sauce au vin de Chablis. Ris de veau. Chocolat au marc de Bourgogne

Menu 35 € (déjeuner), 76/105 €

Plan : C1-a – *43 rue Jean-Jacques Rousseau – 03 80 19 12 84 – www.restaurant-asperule.fr – Fermé lundi, dimanche*

Loiseau des Ducs

CUISINE MODERNE • CHIC XX Près du palais ducal, cette table du groupe Loiseau s'abrite dans l'hôtel de Talmay, du 16e s. La cuisine, réalisée par un jeune chef formé à bonne école, associe racines bourguignonnes, touches créatives et suaves parfums ; le tout s'accompagne d'une très belle sélection de grands crus servis au verre !

→ Œuf de poule bio aux artichauts barigoule, jambon sec du Morvan, jus de viande et vieux parmesan. Canette rôtie sur le coffre laqué à la lavande, jus au cassis noir de Bourgogne. Alliance de la mûre sauvage et du chocolat sakanti, ganache montée aux baies roses

Menu 38/105 € – Carte 145/218 €

Plan : B2-u – *3 rue Vauban – 03 80 30 28 09 – www.bernard-loiseau.com – Fermé lundi, dimanche*

DZ'envies

CUISINE MODERNE • BRANCHÉ X Des envies ? Faites confiance à David Zuddas et à ses initiales ! Dans son restaurant aux airs de cantine branchée, le chef laisse s'exprimer son amour du métier et des beaux produits. On se souviendra de ces légumes bio du moment, et de ce dos de cabillaud et écrasé de pomme de terre aux herbes... Ses envies, notre plaisir !

Menu 21 € (déjeuner), 32/40 € – Carte 35/50 €

Plan : B1-a – *12 rue Odebert – 03 80 50 09 26 – www.dzenvies.com – Fermé 1er-11 janvier, dimanche*

L'Essentiel

CUISINE MODERNE • CONVIVIAL X Le jeune chef-patron aux commandes de ce restaurant situé en léger retrait du centre touristique de la ville, concocte un menu carte rythmé par les saisons, aux saveurs marquées et harmonieuses. Les pressés préféreront le menu déjeuner attractif. Le tout, à déguster dans le patio, fort prisé aux beaux jours.

Menu 24 € (déjeuner), 32/55 € – Carte 47/60 €

Plan : B1-e – *12 rue Audra – 03 80 30 14 52 – Fermé 17 février-5 mars, 16 août-2 septembre, lundi, dimanche*

So

CUISINE MODERNE • ÉPURÉ X Épaulé en salle par Rié, sa compagne, le chef japonais, So Takahashi, seul aux fourneaux après avoir œuvré dans de belles maisons, travaille les produits qu'il achète directement au marché voisin. Le résultat : une cuisine française traversée d'inspirations nippones, finement exécutée, légère et parfumée... So good !

Menu 18 € (déjeuner), 27/35 €

Plan : B2-v – *15 rue Amiral-Roussin – 03 80 30 03 85 – Fermé 5-25 août, 23 décembre-5 janvier, lundi, dimanche*

La Dame d'Aquitaine

CUISINE MODERNE • ROMANTIQUE XXX Un lieu étonnant ! Cette crypte du 13e s. frappe l'imagination avec ses voûtes, ses jeux de lumière et, au milieu de la salle, un imposant piano à queue ; une ambiance éminemment intime et romantique... qui convient bien aux créations du chef : carpaccio de langoustines fumées, cassolette de lasagnes au foie gras, etc.

Menu 37 € – Carte 42/64 €

Plan : B2-m – *23 place Bossuet – 03 80 30 45 65 – www.ladamedaquitaine.fr – Fermé lundi midi, mardi midi, mercredi midi, dimanche*

La Maison des Cariatides

CUISINE CRÉATIVE • BRANCHÉ XX Dans cette belle maison (1603) du quartier des antiquaires, la salle évoque… un loft contemporain. Une jeune chef talentueuse réalise une cuisine moderne, pleine de goût, et aux dressages soignés, à l'instar de ce porc de la ferme de Clavisy, coco de Paimpol, olives, tomates et anchois. Excellent rapport qualité-prix, à midi.

Menu 24 € (déjeuner)/48 € - Carte 45/65 €

Plan : C2-e – *28 rue Chaudronnerie – ✆ 03 80 45 59 25 – www.thomascollomb.com – Fermé lundi, dimanche*

Porte Guillaume

CUISINE BOURGUIGNONNE • TRADITIONNEL XX Une table de tradition chaleureuse et accueillante. Au menu, donc : œufs en meurette, coq au vin, poire pochée à la vanille… L'adresse abrite également un caveau voûté en guise de bar à vins, qui ravira les amateurs de bourgogne.

Menu 30/46 € - Carte 40/55 €

Plan : B2-w – *Hôtel du Nord, place d'Arcy – ✆ 03 80 50 80 50 – www.hotel-nord.fr – Fermé 20 décembre-6 janvier*

L'Arôme

CUISINE MODERNE • CONVIVIAL X Ce bistrot contemporain de quartier, proche de la place de la République, propose un sympathique menu du déjeuner, destiné à la clientèle pressée, et des assiettes plus ambitieuses le soir. En complément, le menu terroir met en valeur les spécialités bourguignonnes.

Menu 21 € (déjeuner), 32/38 €

Plan : C1-n – *2 rue Jean-Jacques-Rousseau – ✆ 03 80 31 12 46 – Fermé mardi, mercredi*

Masami

CUISINE JAPONAISE • INTIME X Un petit restaurant japonais au cadre épuré, où l'on savoure une cuisine authentique. Filet de bœuf charolais et foie gras, karaage de crabe mou… Voici les belles spécialités mises en avant par le chef ! Et pour ne rien gâcher, l'accueil est très sympathique et les tarifs mesurés.

Menu 19 € (déjeuner), 24/54 € - Carte 30/56 €

Plan : C2-t – *79 rue Jeannin – ✆ 03 80 65 21 80 – www.restaurantmasami.com – Fermé 5-18 août, 25 décembre-4 janvier, dimanche*

L'Un des Sens

CUISINE MODERNE • TRADITIONNEL X Proche du quartier des Antiquaires, ce restaurant propose une goûteuse cuisine, aux dressages soignés et aux saveurs marquées, ainsi ce cabillaud rôti, agrumes, et déclinaisons de courgette. Légumes et fruits proviennent souvent du potager du chef. Agréable terrasse.

Menu 25 € (déjeuner), 28/38 € - Carte 51/62 €

Plan : C2-m – *3 rue Jeannin – ✆ 03 80 65 75 58 – www.lundesens-dijon.fr – Fermé 6-27 août, lundi, dimanche*

Hôtels

Grand Hôtel de la Cloche

LUXE • ÉLÉGANT Il fait bon vivre dans cette bâtisse Belle Époque (1884), entièrement rénovée. Les chambres, aménagées dans un style contemporain chic, sont spacieuses et confortables. Cuisine actuelle au restaurant logé sous une lumineuse verrière, donnant sur une plaisante terrasse. Le brunch du dimanche est très couru !

88 chambres – ††200/380 € - 5 suites – ☕ 23 €

Plan : B1-f – *14 place Darcy – ✆ 03 80 30 12 32 – www.hotel-lacloche.fr*

Hostellerie du Chapeau Rouge

TRADITIONNEL • CONTEMPORAIN Une élégante "hostellerie" créée en 1863, mais toujours pleine de fraîcheur avec ses chambres au décor soigné, certaines très contemporaines. Le must : profiter de l'espace bien-être – massage, sauna, hammam – avant un bon dîner.

25 chambres – 104/315 € – 3 suites – 18 €

Plan : B2-a – *5 rue Michelet – 03 80 50 88 88 – www.chapeau-rouge.fr*

William Frachot – voir la sélection des restaurants

Oceania Le Jura

HÔTEL DE CHAÎNE • FONCTIONNEL Cette jolie bâtisse du 19e s., située entre la gare et la Place Darcy, au pied du tramway, propose des chambres contemporaines et fonctionnelles, les plus agréables tournées vers la cour-jardin. Piscine intérieure et petit espace bien-être, logés à l'abri d'une verrière.

73 chambres – 96/254 € – 16 €

Plan : A2-d – *14 avenue du Maréchal-Foch – 03 80 41 61 12 – www.oceaniahotels.com*

Hôtel des Ducs

TRADITIONNEL • FONCTIONNEL Gageons que les ducs de Bourgogne, du temps de leur domination dans la région, auraient goûté le repos en cette jolie adresse. Les chambres, spacieuses, et les prix, très raisonnables, en font une étape de choix, en plein cœur de la ville.

36 chambres – 79/149 € – 12 €

Plan : C2-k – *5 rue Lamonnoye – 03 80 67 31 31 – www.hoteldesducs.com*

Hôtel du Nord

TRADITIONNEL • CLASSIQUE Atmosphère, Atmosphère ? Cet Hôtel du Nord-là, tenu par la même famille depuis quatre générations, est idéalement situé dans le cœur piétonnier du Dijon animé et commerçant. Chambres classiques et fonctionnelles.

27 chambres – 105/130 € – 10 €

Plan : B2-w – *place d'Arcy – 03 80 50 80 50 – www.hotel-nord.fr – Fermé 20 décembre-5 janvier*

Porte Guillaume – voir la sélection des restaurants

Philippe Le Bon

TRADITIONNEL • COSY Dans le centre ancien, trois superbes hôtels particuliers des 15e et 18e s., blottis autour d'une jolie cour de style gothique. Les chambres, confortables et cosy, ont conservé un cachet rustique. Côté assiettes, on sert une cuisine traditionnelle et bourguignonne, teintée de notes actuelles.

41 chambres – 100/296 € – 17 €

Plan : B2-p – *18 rue Sainte-Anne – 03 80 30 73 52 – www.maisonphilippelebon.com*

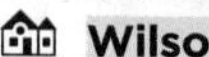

Wilson

TRADITIONNEL • CLASSIQUE Des pierres apparentes, des poutres, une grande cheminée où le feu crépite en hiver et des chambres sobres et plaisantes, bien insonorisées : le charme de l'ancien – logique pour un relais de poste du 17e s. – et tout le confort moderne !

27 chambres – 76/135 € – 14 €

Plan : C3-k – *place Wilson – 03 80 66 82 50 – www.wilson-hotel.com*

à Chenôve 6 km au Sud par avenue Jean-Jaurès – 21300

Auberge du Vieux Pressoir

CUISINE TRADITIONNELLE • BISTRO Sur une jolie place du vieux village, précédé d'une agréable terrasse, cet ancien café devenu bistrot propose une cuisine bourguignonne canaille aux prix raisonnables. Une sympathique petite adresse.

Menu 20 € (déjeuner)/32 € – Carte 38/42 €

2 place Anne-Laprévote – 03 80 27 17 39 – www.aubergeduvieuxpressoir.com – Fermé 1er-30 août, lundi soir, mardi soir, mercredi soir, jeudi soir, dimanche

à Hauteville-lès-Dijon 6 km au Nord par D107F - ✉ 21121

La Musarde

CUISINE TRADITIONNELLE • CONTEMPORAIN XX On peut musarder sans retenue dans cet hôtel-restaurant situé au calme, dans une ancienne ferme du 19e s. rénovée dans un esprit contemporain. On y joue la carte des produits locaux et des recettes actuelles : raviole translucide de crustacés, ou encore dos de sandre rôti au poivre de Timut...

Menu 24 € (déjeuner), 34/67 € - Carte 42/67 €

7 rue des Riottes - ✆ 03 80 56 22 82 - www.lamusarde.fr - Fermé 12-18 août, 24 décembre-14 janvier, lundi, mardi midi, dimanche soir

à Marsannay-la-Côte 8 km au Sud par av. Jean-Jaurès - ✉ 21160

Les Gourmets

CUISINE TRADITIONNELLE • CLASSIQUE XXX En toute discrétion, cette table se cache à l'ombre du clocher de ce joli village de la côte de Nuits. Le chef met en avant les produits et les recettes de la région dans un menu Bourguignon qui porte bien son nom. Agréable terrasse pour les beaux jours.

Menu 32/52 €

8 rue Puits de Têt (près de l'église) - ✆ 03 80 52 16 32 - www.les-gourmets.com - Fermé 28 juillet-14 août, lundi, mardi

à Messigny-et-Vantoux 10 km au Nord par D996, D903 puis D974 - ✉ 21380

Auberge des Tilleuls

CUISINE TRADITIONNELLE • BISTRO X C'est une évidence : il souffle un vent nouveau sur cette auberge, reprise par un jeune couple. Le chef remet au goût du jour les bons plats bistrotiers qui ont fait l'histoire de la maison : joue de bœuf, œufs pochés en meurette, tourte au riesling, ris de veau à l'armagnac... Attention : c'est souvent complet !

Menu 22 € (déjeuner)/32 €

8 place de l'Église - ✆ 03 80 35 45 22 - www.restaurant-tilleuls.fr - Fermé 31 juillet-31 août, 23 décembre-5 janvier, lundi, mardi soir, mercredi soir, jeudi soir, dimanche

à Prenois 12 km au Nord-Ouest par D971 et D104 - ✉ 21370

Auberge de la Charme (Nicolas Isnard et David Le Comte)

CUISINE CRÉATIVE • COSY XXX Le concept de menu à l'aveugle peut déconcerter, mais il fonctionne à merveille : on se laisse emporter par cette cuisine créative, aux saveurs et textures maîtrisées, qui s'offre même le luxe de quelques touches asiatiques par endroits, et reste toujours lisible. Du beau travail.

→ Huître au caviar de Neuvic. Filet mignon de veau façon tajine. Chocolat grand cru et praliné noisette

Menu 38 € (déjeuner), 55/105 €

12 rue de la Charme - ✆ 03 80 35 32 84 - www.aubergedelacharme.com - Fermé lundi, mardi, dimanche soir

DINAN

✉ 22100 (Côtes-d'Armor) - Carte régionale n° **7**-C2

Carte Michelin 309-J4 - Guide Vert Michelin Bretagne Nord

Le Cantorbery

CUISINE TRADITIONNELLE • RUSTIQUE X Au menu, terrines de foie gras et autres assiettes de fruits de mer : cette maison de ville du 17e s. a le goût de la tradition ! Le décor est volontiers rustique ; dans l'une des salles, on fait même rôtir les grillades dans une grande cheminée en pierre...

Menu 34/44 € - Carte 37/62 €

6 rue Ste-Claire - ✆ 02 96 39 02 52 - Fermé 24 février-10 mars, 10 novembre-2 décembre, mercredi, dimanche

La Fleur de Sel

CUISINE MODERNE • COSY X Dans une des vieilles rues du centre historique, une Fleur comme on les aime. La chef, forte d'une solide expérience, nous propose une cuisine goûteuse et créative juste ce qu'il faut : savoureux *tzukune* de crabe, aile de raie pochée accompagnée d'un beurre citronné, salade composée... le tout servi avec le sourire par son époux, en salle. Un délicieux moment.

Menu 20 € (déjeuner), 30/42 € - Carte 33/51 €

7 rue Ste-Claire - ✆ 02 96 85 15 14 - www.restaurantlafleurdesel.com - Fermé lundi, mardi, dimanche soir

Mercure

HÔTEL DE CHAÎNE • CONTEMPORAIN Face au port, le long de la Rance, un hôtel très confortable, aux chambres spacieuses et feutrées. Restaurant chaleureux, fitness et piscine.

52 chambres - ††89/260 € - ☕ 16 €

26 quai des Talards (au port) - ✆ 02 96 87 02 02 - www.mercure.com

Arvor

HISTORIQUE • PERSONNALISÉ Un portail Renaissance sculpté donne accès à ce bâtiment du 17e s. qui fut autrefois un couvent, et cultive aujourd'hui un certain romantisme. Les chambres comme le salon sont décorés avec des meubles chinés chez les antiquaires.

24 chambres - ††82/145 € - ☕ 12 €

5 rue Auguste-Pavie - ✆ 02 96 39 21 22 - www.hotelarvordinan.com - Fermé 6-27 janvier

Le d'Avaugour

TRADITIONNEL • CLASSIQUE Cette belle bâtisse en pierre du pays, adossée aux remparts de la ville, abrite de jolies chambres, décorées dans un style simple et romantique d'esprit breton. Aux beaux jours, on prend son petit-déjeuner dans le charmant jardin fleuri.

24 chambres - ††120/290 € - ☕ 15 €

1 place du Champ - ✆ 02 96 39 07 49 - www.avaugourhotel.com - Fermé 1er novembre-31 mars

La Maison Pavie 

HISTORIQUE • PERSONNALISÉ Un charme indéniable ! Cette demeure du 15e s., classée monument historique, a été rénovée avec un goût sûr, dans un esprit contemporain mâtiné de références voyageuses (les chambres portent les noms d'Angkor, Vinh Long, Champassak...). Elle offre un cadre rare au cœur même du Dinan historique.

5 chambres ☕ - ††85/165 €

10 place St-Sauveur - ✆ 02 96 84 45 37 - www.lamaisonpavie.com

DINARD

✉ 35800 (Ille-et-Vilaine) - Carte régionale n° **7**-C1
Carte Michelin 309-J3 - Guide Vert Michelin Bretagne Nord

Le Pourquoi Pas

CUISINE MODERNE • COSY XX Le restaurant de l'hôtel Castelbrac porte le nom du bateau du commandant Charcot, célèbre explorateur des zones polaires. En cuisine, le chef privilégie les produits du terroir local et de la pêche côtière, qu'il agrémente de manière ambitieuse ; ses présentations sont nettes, savoureuses et soignées, à l'instar de cette délicate chair d'araignée de mer, servie avec une chantilly de carapace au fenouil... Et la salle s'ouvre désormais sur une spacieuse terrasse.

→ Gaspacho d'artichaut, mouillette à la truffe. Raviole de homard, pomme de terre onctueuse à l'andouille et au sarrasin. Crème glacée à la mure et au chocolat, meringue au citron vert

Menu 35 € (déjeuner), 60/100 € - Carte 66/84 €

Castelbrac, 17 avenue George-V - ✆ 02 99 80 30 00 - www.castelbrac.com - Fermé 7 janvier-8 février, lundi, mardi

Au Bouchon Breton

CUISINE TRADITIONNELLE · BISTRO X Charline et Jérôme ont métamorphosé cette ancienne crêperie du centre-ville de Dinard, et le résultat est ce Bouchon Breton où ils célèbrent la tradition bistrotière de belle manière. C'est savoureux, mitonné avec soin, et ils nous offrent même, il faut le noter, d'excellents desserts... Un vrai bon plan.

Menu 18 € (déjeuner)/31 € - Carte 40/50 €

20 rue du Maréchal-Leclerc - ✆ 02 99 46 85 95 - www.au-bouchon-breton.com - Fermé 20 mars-12 avril, 23 décembre-4 janvier, mercredi, jeudi

Didier Méril

CUISINE MODERNE · CONTEMPORAIN XXX Si vous aimez les beaux paysages, installez-vous dans la salle panoramique de ce restaurant : la vue sur la baie du Prieuré y est superbe ! Les yeux rivés sur le large, les gourmands apprécient la cuisine plutôt créative du chef, à l'écoute des saisons. Chambres cosy à l'étage.

Menu 31 € (déjeuner), 37/90 € - Carte 55/67 €

1 place du Général-de-Gaulle - ✆ 02 99 46 95 74 - www.restaurant-didier-meril.com

Le Café Rouge

POISSONS ET FRUITS DE MER · BRASSERIE XX Toute la famille Leroux – père et mère, fils et belle-fille – s'active avec professionnalisme pour le plaisir des clients. Le banc d'écailler posé à l'entrée annonce l'esprit de la carte : cap sur des fruits de mer et poisson d'une belle fraîcheur ; la qualité est au rendez-vous.

Menu 21 € (déjeuner), 28/58 € - Carte 40/70 €

3 boulevard Féart - ✆ 02 99 46 70 52 - Fermé lundi

La Vallée

POISSONS ET FRUITS DE MER · CONTEMPORAIN XX Si la salle est agréable avec ses grandes baies vitrées, on ne résiste pas à la terrasse, orientée plein sud juste au-dessus de la pittoresque cale du Bec de la Vallée. Idéal pour déguster de beaux produits de la mer, cuisinés avec tout le respect qui leur est dû.

Menu 29 € (déjeuner)/44 €

6 avenue Georges-V - ✆ 02 99 46 94 00 - www.hoteldelavallee.com - Fermé 15 janvier-15 février, 22-28 décembre, lundi

Grand Hôtel Dinard

TRADITIONNEL · BORD DE MER Ce "grand hôtel" du 19e s., qui domine la promenade maritime du Clair-de-Lune, accueille les stars de cinéma lors du Festival du film britannique. Les chambres sont aménagées avec sobriété et classicisme.

88 chambres - 199/880 € - 1 suite - 25 €

46 avenue George-V - ✆ 02 99 88 26 26 - www.hotelsbarriere.com/fr/dinard/le-grand-hotel

Castelbrac

DEMEURE HISTORIQUE · COSY Cette demeure du 19e s., qui accueillait autrefois un muséum d'histoire naturelle, est installée juste au-dessus des flots : une situation exceptionnelle ! Les chambres, modernes et chaleureuses, offrent toutes une vue splendide sur la baie du Prieuré et St-Malo.

24 chambres - 270/650 € - 1 suite - 25 €

17 avenue George-V - ✆ 02 99 80 30 00 - www.castelbrac.com

Le Pourquoi Pas - voir la sélection des restaurants

Royal Emeraude

DEMEURE HISTORIQUE · ÉLÉGANT Agatha Christie aurait aimé ce bel hôtel en pierre et brique rouge de 1876, dont l'intérieur est vêtu de boiseries sombres, et de fauteuils clubs. Quatre thèmes décorent les chambres : paquebot, aviation, Orient Express et Indes britanniques.

47 chambres - 150/699 € - 21 €

1 boulevard Albert-1er - ✆ 02 99 46 19 19 - www.royalemeraudedinard.com

Novotel Thalassa

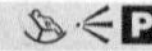

HÔTEL DE CHAÎNE • FONCTIONNEL Sur la pointe de St-Énogat, cet hôtel dispose d'un beau centre de thalassothérapie. Reposez-vous dans des chambres contemporaines. Cuisine diététique au restaurant.

106 chambres – 160/315 € – 19 €

1 avenue du Château-Hébert – 02 99 16 78 10 – www.accorthalassa.com – Fermé 25 novembre-25 décembre

Villa Reine Hortense

HISTORIQUE • ROMANTIQUE Toute la splendeur de la Belle Époque revit dans cette villa typique de la "perle" de la Côte d'Émeraude. Les chambres, élégantes, portent les noms de reines et de princesses, et dévoilent de superbes vues sur la plage et la mer. Jardin coquet et accès direct à la plage. Comme un sentiment de privilège.

7 chambres – 185/288 € – 1 suite – 20 €

19 rue de la Malouine – 02 99 46 54 31 – www.villa-reine-hortense.com – Fermé 30 septembre-15 avril

La Vallée

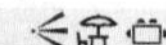

FAMILIAL • CONTEMPORAIN Près de la plage de l'Écluse, une bâtisse de 1892 au charme typique des stations balnéaires... Les chambres, contemporaines, arborent une couleur différente selon l'étage (rouille, turquoise, vert anis) et ouvrent pour la plupart sur la mer.

23 chambres – 80/230 € – 15 €

6 avenue George-V – 02 99 46 94 00 – www.hoteldelavallee.com – Fermé 7 janvier-12 février

La Vallée – voir la sélection des restaurants

à St-Lunaire 5 km à l'Ouest par D786 – 35800

Le Décollé

POISSONS ET FRUITS DE MER • CONVIVIAL La carte fait la part belle aux produits de la mer, tandis que le sobre décor s'efface devant la vue superbe sur la Côte d'Émeraude... L'établissement jouit d'une situation privilégiée sur la pointe du Décollé ! En terrasse, le spectacle est total.

Menu 33/45 € – Carte 45/90 €

1 Pointe du Décollé – 02 99 46 01 70 – www.restaurantdudecolle.com – Fermé 5 novembre-2 février, lundi, mardi

DIRAC – 16 (Charente) → voir Angoulême

DISSAY

86130 (Vienne) – Carte régionale n° **20**-C1
Carte Michelin 322-I4 – Guide Vert Michelin Poitou Charentes

Château de Dissay

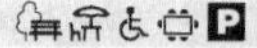

CUISINE MODERNE • CLASSIQUE Tant de choses, au Château de Dissay nous invitent à être disert : une femme chef talentueuse, Dorothée Teanor, une demeure du 15ème siècle au cadre élégant (grande fresque tapissée au mur, moulures et miroirs), une cuisine épurée, moderne, avec une attention particulière portée aux légumes... et puis, on se dit qu'on devrait tout simplement vous laisser goûter. Bon appétit, bien-sûr !

Menu 29 € (déjeuner), 49/70 € – Carte 70/80 €

111 place Pierre-d'Amboise – 05 49 11 11 11 – www.chateaudedissay.com

Château de Dissay

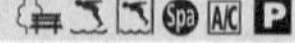

HISTORIQUE • CLASSIQUE Il a fière allure, ce château bâti au 15e s. par l'évêque de Poitiers ! Le cachet historique du lieu a été conservé, avec tout le confort moderne dont on peut rêver : chambres vastes et bien équipées, spa avec sauna, hammam et piscine intérieure... Un lieu à part.

10 chambres – 150/350 €

111 place Pierre-d'Amboise – 05 49 11 11 11 – www.chateaudedissay.com

Château de Dissay – voir la sélection des restaurants

DIVES-SUR-MER - 14 (Calvados) ➜ voir Cabourg

DIVONNE-LES-BAINS

✉ 01220 (Ain) - Carte régionale n° **4**-F1
Carte Michelin 328-J2 - Guide Vert Michelin Franche-Comté Jura

Le Rectiligne

CUISINE MODERNE • **CONTEMPORAIN** XX Au bord du lac, cette bâtisse blanche abrite un restaurant résolument contemporain. Côté déco, chaises signées Philippe Starck, mur d'eau, cave vitrée et, dans l'assiette, le même esprit moderne : cuissons à basse température et touches "d'ailleurs", à l'image de l'omble chevalier et sa purée de citron-céleri.

Menu 38 € (déjeuner), 58/100 € - Carte 82/96 €

2981 route du Lac - ✆ 04 50 20 06 13 - www.lerectiligne.fr - Fermé lundi, dimanche

Le Grand Hôtel

LUXE • ART DÉCO Ce "palace" de 1931 se dresse au cœur d'un parc (5 ha) planté d'immenses cèdres. Dans les chambres domine un cadre très Art déco. Piscine extérieure et tennis. Le tout à côté du casino et du golf.

121 chambres - 149/285 € - 12 suites - 19 €

avenue des Thermes - ✆ 04 50 40 34 34 - www.domainedivonne.com

à Grilly 6 km au Sud par D15 - ✉ 01220

Les Lumières de Genève

MAISON DE CAMPAGNE • COSY C'est indéniable : la vue sur Genève est lumineuse ! Perchée sur les hauteurs, cette imposante bâtisse de pierre dévoile une vue à couper le souffle sur le lac Léman, le jet d'eau de Genève et le Mont-Blanc. Les chambres, spacieuses et parfaitement tenues, se partagent ce somptueux panorama.

5 chambres - 139/195 €

2 chemin du Mont - ✆ 06 80 10 20 61 - www.lumieresdegeneve.com

DIZY - 51 (Marne) ➜ voir Épernay

DOL-DE-BRETAGNE

✉ 35120 (Ille-et-Vilaine) - Carte régionale n° **7**-D2
Carte Michelin 309-L3 - Guide Vert Michelin Bretagne Nord

Auberge de la Cour Verte (N)

CUISINE MODERNE • **TRADITIONNEL** X Cet ancien corps de ferme abrite un talent fou : celui d'un jeune chef, formé en Norvège, et revenu sur ses terres. Il signe des assiettes pleines de finesse et de saveurs. Aidé de sa compagne, ils ont réussi à faire oublier à la clientèle locale l'ancienne crêperie qui occupait les lieux. Un pari audacieux, remporté haut la main par l'énergie communicative et l'enthousiasme des nouveaux patrons. Un coup de cœur.

Menu 39/85 € - Carte 47/55 €

route de Rennes - ✆ 02 99 48 41 41 - www.aubergedelacourverte.com - Fermé lundi, mardi

à Mont-Dol 3 km au Nord par D155 - ✉ 35120

Château de Mont-Dol

MAISON DE CAMPAGNE • COSY Une délicieuse demeure bourgeoise du 19e s. située entre le Mont-St-Michel et St-Malo. Les chambres sont élégantes et cosy, avec leur mobilier de famille ou chiné ; l'accueil des propriétaires est véritablement charmant. Une maison qui sort de l'ordinaire !

5 chambres - 105/130 €

1 rue de la Mairie - ✆ 02 99 80 74 24 - www.chateaumontdol.com - Fermé 12 novembre-10 février

DOLE

⊠ 39100 (Jura) – Carte régionale n° **6**-B2
Carte Michelin 321-C4 – Guide Vert Michelin Franche-Comté Jura

La Chaumière (Joël Césari)

CUISINE CRÉATIVE • **ÉLÉGANT** XXX Cachet des pierres apparentes et style contemporain : une élégante auberge du 21e s. La cuisine de Joël Césari, inventive et renouvelée au gré du marché, s'accompagne de beaux crus du Jura ou de vins naturels, choisis par un sommelier ravi de prodiguer ses conseils avisés...

→ Tarte friable aux escargots, crème glacée à la gentiane et émulsion de persil. Poulette aux morilles et au vin jaune, carotte et gingembre. Crème brûlée au vin jaune, croquant aux morilles et glace au curry

Menu 45/110 € – Carte 95/120 €

346 avenue du Maréchal-Juin, 3 km au Sud – ✆ 03 84 70 72 40 – www.lachaumiere-dole.fr – Fermé 28 avril-6 mai, 27 octobre-5 novembre, 20 décembre-18 janvier, lundi midi, samedi midi, dimanche

Grain de Sel

CUISINE MODERNE • **SIMPLE** X Un cadre plutôt zen, une terrasse ombragée et des recettes originales, soignées et savoureuses : le jeune chef fait des merveilles, et l'on a beau être au Grain de Sel, la note n'est pas salée ! Carte renouvelée régulièrement.

Menu 22 € (déjeuner), 30/55 €

67 rue Pasteur – ✆ 03 84 71 97 36 – www.restaurant-graindesel.fr – Fermé 14 avril-1er mai, 13 octobre-6 novembre, mardi soir, mercredi, dimanche soir

Iida-Ya

CUISINE JAPONAISE • **CONTEMPORAIN** X Confit de poitrine de porc sauce gingembre, sushis, makis ou tempura... Dans son restaurant zen et chic – et sous vos yeux –, le chef nippon concocte des mets raffinés, autour desquels se rencontrent (et s'apprécient) les cuisines française et japonaise. Belle carte de sakés. Adulé à Dole !

Menu 21 € (déjeuner), 25/60 € – Carte 30/60 €

18 rue Arney – ✆ 03 84 70 98 73 – www.iida-ya.fr – Fermé 23 décembre-7 janvier, lundi, dimanche

La Romanée

CUISINE TRADITIONNELLE • **CONTEMPORAIN** XX Dans cette ancienne boucherie (1717) pleine de charme, le jeune chef, originaire de Guérande, fait la part belle au... poisson, sans pour autant laisser les fous de viande au port. Salle au décor actuel, sobre et élégant.

Menu 20 € (déjeuner), 29/45 € – Carte 34/50 €

13 rue des Vieilles-Boucheries – ✆ 03 84 79 19 05 – www.restaurant-laromanee.fr – Fermé 5-26 juillet, 21 décembre-10 janvier, mardi soir, mercredi, dimanche soir

Au Moulin des Écorces

TRADITIONNEL • **FONCTIONNEL** Minimaliste et chic ! Ce moulin au bord du Doubs – où les écorces des arbres étaient broyées pour tanner le cuir – a été restauré avec beaucoup de goût et ses chambres cultivent un bel esprit contemporain. On peut aussi y déjeuner tranquillement sur la terrasse, bercé par le bruissement de l'eau, ou manger sur le pouce (côté bistrot).

18 chambres – 👫100/166 € – ☕ 13 €

14 allée du Pont-Roman – ✆ 0384727200 – www.aumoulindesecorces.fr

La Chaumière

AUBERGE • **PERSONNALISÉ** Voilà une chaumière dont on n'a pas envie de repartir... C'est cosy, confortable et chaleureux ; toutes les chambres ont été rénovées dans un joli style contemporain. Personnel très attentionné. Une adresse idéale pour partir en escapade dans le Jura !

19 chambres – 👫100/140 € – ☕ 13 €

346 avenue du Maréchal-Juin, 3 km au Sud – ✆ 03 84 70 72 40 – www.lachaumiere-dole.fr – Fermé 22 décembre-15 janvier

✿ **La Chaumière** – voir la sélection des restaurants

à Parcey 8 km au Sud par route de Lons-le-Saunier – ✉ 39100

Les Jardins Fleuris

CUISINE TRADITIONNELLE • CLASSIQUE XX Soupe de grenouilles aux parfums du moment ; caille désossée, galette de pommes de terre et morteau, soufflé glacé au Marc d'Arbois : ici les sens sont à la fête, les compliments fleurissent, et l'accueil est charmant. Terrasse sur l'arrière. Familial.

Menu 20/51 € – Carte 35/60 €

35 Route Nationale 5 – ✆ 03 84 71 04 84 – www.restaurant-jardins-fleuris.com – Fermé 1er-10 juillet, 12 novembre-4 décembre, lundi soir, mardi, dimanche soir

à Sampans 6,5 km au Nord – ✉ 39100

Château du Mont Joly (Romuald Fassenet)

CUISINE MODERNE • ÉLÉGANT XXX Une maison de maître (18e s.) fort bien nommée… L'élégance et le raffinement contemporain servent à merveille une belle cuisine, technique et maîtrisée, mettant en valeur les produits de la région. Prolongez votre séjour dans l'une des chambres.

→ Escargots et absinthe. Poularde de Bresse de Chapelle-Voland au vin jaune et morilles. Soufflé chaud de saison

Menu 38 € (déjeuner), 72/108 € – Carte 90/110 €

6 rue du Mont-Joly – ✆ 03 84 82 43 43 – www.chateaumontjoly.com – Fermé 1er janvier-8 mars, mardi, mercredi

DOLUS-D'OLÉRON – 17 (Charente-Maritime) → voir Île d'Oléron

DOMME

✉ 24250 (Dordogne) – Carte régionale n° **18**-D1

Carte Michelin 329-I7 – Guide Vert Michelin Périgord Quercy

L'Esplanade

CUISINE CLASSIQUE • BOURGEOIS XXX Une belle demeure ancienne, perchée sur les remparts, avec une terrasse sous les tilleuls. La cuisine est sincère, sans artifice, et fait apprécier les saveurs franches de la tradition. Chambres bourgeoises, certaines avec une jolie vue sur la vallée de la Dordogne.

Menu 30/52 € – Carte 55/75 €

2 rue Pontcarral – ✆ 05 53 28 31 41 – www.esplanade-perigord.com – Fermé 30 octobre-20 mars, lundi, jeudi midi

Le Manoir du Rocher

MAISON DE CAMPAGNE • ÉLÉGANT Le propriétaire, ancien photographe, a quitté Paris pour venir s'installer dans cet ancien relais de chasse en pleine campagne : riche idée ! Les lieux ont une élégance certaine : chambres personnalisées, mobilier chiné, salon avec cheminée, etc.

3 chambres ☕ – 👥140/180 €

route de Turnac, 9 km au Nord-Est – ✆ 05 53 30 25 09 – www.lemanoirdurocher.fr – Fermé 15 novembre-15 février

1 Logis à Domme Ⓝ

HISTORIQUE • ÉLÉGANT Au cœur de ce village médiéval très fréquenté en saison, une jolie maison aux volets rouges, située sur les remparts. Les chambres s'y révèlent spacieuses et élégantes (parquet, tapisseries, mobilier chiné…), et le salon-bibliothèque avec cheminée prend toute sa valeur pendant les longues soirées d'hiver.

5 chambres – 👥125/145 € – ☕ 12 €

1 place Porte-Delbos – ✆ 05 53 23 46 42 – www.1logisadomme.fr

DONCHERY – 08 (Ardennes) → voir Sedan

DONNAZAC – 81 (Tarn) → voir Cahuzac-sur-Vère

DONNEMARIE-DONTILLY

✉ 77520 (Seine-et-Marne) – Carte régionale n° **15**–D2
Carte Michelin 312-H5

La Croix Blanche

CUISINE MODERNE · ÉLÉGANT XX Aucun doute, vous allez marquer votre passage dans ce restaurant d'une croix blanche ! Derrière les fourneaux, le chef – originaire du coin – met un point d'honneur à n'utiliser que de beaux produits de saison. Dans l'assiette, le goût est au rendez-vous : une bonne adresse.

Menu 27 € (déjeuner), 42/63 €

2 place du marché – ✆ 01 64 60 67 86 – www.restaurantlacroixblanche.fr – Fermé 23 février-6 mars, 8-24 juillet, 14-23 octobre, lundi soir, mardi soir, mercredi, dimanche soir

DONVILLE-LES-BAINS – 50 (Manche) → voir Granville

DONZENAC

✉ 19270 (Corrèze) – Carte régionale n° **19**–B3
Carte Michelin 329-K4 – Guide Vert Michelin Périgord Quercy

Le Périgord 

CUISINE TRADITIONNELLE · RUSTIQUE X À l'entrée du bourg, venez vous asseoir dans cet intérieur paré de bois massif, près de l'imposante cheminée. On vous fera goûter la spécialité de la maison : la tête de veau sauce gribiche, indémodable et toujours aussi bonne ! Du rustique comme on l'aime.

Menu 23/40 € – Carte 35/55 €

9 avenue de Paris – ✆ 05 55 85 72 34 – Fermé lundi soir, mardi soir, mercredi, dimanche soir

Un important déjeuner d'affaires ou un dîner entre amis ?
Le symbole ⟺ vous signale les salons privés.

DONZY

✉ 58220 (Nièvre) – Carte régionale n° **5**–A2
Carte Michelin 319-B7 – Guide Vert Michelin Bourgogne

Le Grand Monarque

AUBERGE · À LA CAMPAGNE Dans un paisible village, ancien relais de poste remontant au 16ᵉs. Les chambres sont desservies par un escalier à vis et certaines arborent murs en pierre et ciel de lit. Le restaurant conserve un authentique fourneau à charbon ; plats du terroir.

11 chambres – 59/87 € – 10 €

10 rue de l'Étape (près de l'église) – ✆ 03 86 39 35 44 – www.legrandmonarque-donzy.fr – Fermé 2-14 janvier

DOUAI

✉ 59500 (Nord) – Carte régionale n° **13**–C2
Carte Michelin 302-G5

La Terrasse Ⓝ

URBAIN · CONTEMPORAIN Au cœur de la ville, derrière la collégiale Saint-Pierre, cet ancien couvent a fait peau neuve. Chambres élégantes et chaleureuses – dont une avec hammam privatif –, bar-lounge et parking privé : une bonne adresse.

17 chambres – 85/400 € – 14 €

36 Terrasse Saint-Pierre – ✆ 03 27 88 70 04 – www.laterrasse.fr

à Brebières 6,5 km au Sud-Ouest par D650 et D950 – ✉ 62117

Air Accueil

CUISINE MODERNE • CONVIVIAL XXX Près de l'aérodrome de Vitry-en-Artois, cette vaste auberge est tout sauf une simple cantine ! C'est le monde de Franck Gilabert, grand passionné de jazz (la décoration et le fond sonore en attestent), qui régale sa clientèle d'une délicieuse cuisine où transparaît toute son expérience. Les saveurs décollent !

Menu 33/60 € - Carte 50/65 €

50 rue Nationale, D950 - ✆ 03 21 50 01 02 - www.air-accueil-restaurant.com - Fermé 11-18 février, 29 juillet-20 août, lundi, mercredi soir, dimanche soir

DOUARNENEZ

✉ 29100 (Finistère) – Carte régionale n° **7**-A2

Carte Michelin 308-F6 – Guide Vert Michelin Bretagne Sud

Le Clos de Vallombreuse

CUISINE MODERNE • CLASSIQUE XX Cette jolie maison de maître distille un charme classique et bourgeois, en plus de proposer une cuisine de bonne facture : traditionnelle et bien exécutée, elle doit autant au marché qu'aux arrivages de la pêche locale.

Menu 25/70 € - Carte 25/60 €

7 rue d'Estienne-d'Orves - ✆ 02 98 92 63 64 - www.closvallombreuse.com - Fermé lundi, mardi midi, dimanche soir

L'Insolite

CUISINE MODERNE • TENDANCE XX Plutôt séduisants, ce bar de ligne en carpaccio au citron vert et miel, et ce gigot d'agneau de lait en cuisson douce... Ici, le terroir s'offre des présentations originales, et les inventions sont légion. La faute aux deux jeunes chefs, passionnés et formés dans de belles maisons. À découvrir !

Menu 20 € (déjeuner), 38/75 € - Carte 44/97 €

Hôtel de France, 4 rue Jean-Jaurès - ✆ 02 98 92 00 02 - www.lafrance-dz.com - Fermé 11-17 mars, 8-27 novembre, lundi, dimanche soir

Le Clos de Vallombreuse

MAISON DE MAÎTRE • COSY Derrière l'église, cette belle demeure de 1902 domine la baie de Douarnenez ; les propriétaires ont su préserver son charme classique, tout en assurant un confort optimal dans les chambres. Avec, en prime, un espace bien-être avec sauna et jacuzzi !

30 chambres - ††60/170 € - ☕ 13 €

7 rue d'Estienne-d'Orves - ✆ 02 98 92 63 64 - www.closvallombreuse.com

Le Clos de Vallombreuse - voir la sélection des restaurants

Hôtel de France

TRADITIONNEL • FONCTIONNEL Dans cet Hôtel de France, les chambres jouent les contrastes, mélange de style contemporain dépouillé, de couleurs vives et de mobilier breton. Il souffle un vent de fraîcheur sur cet établissement né en 1878...

22 chambres - ††65/120 € - ☕ 13 €

4 rue Jean-Jaurès - ✆ 02 98 92 00 02 - www.lafrance-dz.fr

L'Insolite - voir la sélection des restaurants

à Tréboul 3 km au Nord-Ouest - ✉ 29100

Ty Mad

CUISINE MODERNE • CONVIVIAL X Sur les hauteurs de Tréboul, au calme dans un quartier paisible de villas, on se délecte d'une cuisine fraîche, où la loi du marché n'est pas un vain mot, ni l'amour du bio ! Et pour la sieste, profitez de la petite plage, en léger contrebas, accessible par le chemin côtier. Menu végan.

Menu 26 € (déjeuner)/39 € - Carte 39/45 €

3 rue St-Jean (près de la chapelle St-Jean) - ✆ 02 98 74 00 53 - www.hoteltymad.com - Fermé 3 novembre-30 mars, mardi

Ty Mad

FAMILIAL • PERSONNALISÉ Ty mad : bonne maison en breton. Il faut dire que l'hôtel a du charme avec ses matériaux naturels (pierre et bois) et sa décoration franchement zen ; même la cour a des allures de jardin japonais. Cuisine bio aux herbes fraîches et piscine à contre-courant : on se sent bien.

15 chambres - 90/218 € - 15 €

3 rue St-Jean (près de la chapelle St-Jean) - 02 98 74 00 53 - www.hoteltymad.com - Fermé 12 novembre-26 mars

Ty Mad - voir la sélection des restaurants

DOUÉ-LA-FONTAINE

49700 (Maine-et-Loire) - Carte régionale n° **23**-C2
Carte Michelin 317-H5 - Guide Vert Michelin Châteaux de la Loire

Auberge Bienvenue

CUISINE TRADITIONNELLE • ÉLÉGANT XX Cette maison a fêté ses 30 ans d'existence, mais ne montre aucun signe de lassitude. Confortablement installé sous les poutres et les arcades de la grande salle, on constate que la tradition a toujours du bon, surtout en cuisine.

Menu 18 € (déjeuner), 33/65 € - Carte 18/65 €

104 route de Cholet (face au zoo) - 02 41 59 22 44 - www.aubergebienvenue.com - Fermé 23 décembre-24 janvier, lundi, dimanche soir

Auberge Bienvenue

FAMILIAL • FONCTIONNEL Entre la Loire et les vignobles d'Anjou, cette auberge abrite des chambres calmes, spacieuses et bien tenues - plus contemporaines dans l'annexe. Piscine couverte, jacuzzi... Un pied-à-terre idéal pour visiter le zoo local ou découvrir les roseraies.

11 chambres - 75/117 € - 4 suites - 12 €

104 route de Cholet (face au zoo) - 02 41 59 22 44 - www.aubergebienvenue.com - Fermé 22 décembre-18 janvier

Auberge Bienvenue - voir la sélection des restaurants

DOURGNE

81110 (Tarn) - Carte régionale n° **22**-C2
Carte Michelin 338-E10

Hostellerie de la Montagne Noire

CUISINE TRADITIONNELLE • SIMPLE X Les deux fils du propriétaire ont pris le pouvoir en cuisine, dans ce restaurant situé au centre du village ; ils nous régalent de bonnes créations traditionnelles, simples et sans chichis. Et l'été, ça se passe sur la terrasse, à l'ombre des platanes...

Menu 17/27 € - Carte 35/48 €

15 place de la Montagne - 05 63 50 31 12 - www.hoteldourgne.fr - Fermé lundi, dimanche soir

DOUVAINE

74140 (Haute-Savoie) - Carte régionale n° **4**-F1
Carte Michelin 328-K3

Ô Flaveurs (Jérôme Mamet)

CUISINE MODERNE • ROMANTIQUE XXX Pierres apparentes, poutres, cheminée : un petit château du 15e s. authentique, élégant et romantique à souhait. Autour d'un menu surprise, on découvre la cuisine pleine de saveurs et de fraîcheur d'un chef inventif et talentueux, grâce à des produits de qualité, sélectionnés avec soin. Ô Flaveurs !

→ Foie gras de canard des Landes mi-cuit, pulpe de dattes et mendiants. Rouget de roche farci dans sa fleur de courgette, réduction de soupe de poisson à l'huile d'olive et citron. Tartare de fraises à la verveine, sorbet fraise et son coulis

Menu 46 € (déjeuner), 95/130 €

Château de Chilly, 2 km au Sud-Est par route de Crépy - 04 50 35 46 55 - www.oflaveurs.com - Fermé mardi, mercredi

DRACY-LE-FORT - 71 (Saône-et-Loire) ➜ voir Chalon-sur-Saône

DRAGUIGNAN

✉ 83300 (Var) - Carte régionale n° **24**-C3
Carte Michelin 340-N4 - Guide Vert Michelin Côte d'Azur

La Source Saint-Michel

HISTORIQUE · MÉDITERRANÉEN À l'écart de la ville, entre champs d'oliviers et allées de platanes, cette demeure bourgeoise toute blanche (19e s.) distille le charme d'antan : tomettes, mobilier d'époque, cheminées, etc. L'accueil charmant et les cours d'œnologie proposés permettent de s'initier à l'art de vivre de la région... et la belle piscine vous tend les bras !

4 chambres - 145/210 €

299 chemin de Seyran, au Nord direction centre hospitalier puis route secondaire - 04 94 84 59 05 - www.lasourcesaintmichel.com - Fermé 15 octobre-8 janvier

à Flayosc 7 km au Sud-Ouest par D557 - ✉ 83780

Le Nid

CUISINE MODERNE · CONVIVIAL Une adresse tenue par des gens charmants : Emilie est aux petits soins avec ses clients, et le chef réalise une cuisine de saison, pleine de fraîcheur et de goût. Il privilégie les circuits courts, et les producteurs locaux. Une adresse qui fait le plein tous les jours. Un nid de gourmandise, à l'excellent rapport qualité/plaisir/prix...

Menu 29/49 € - Carte 42/55 €

37 boulevard Jean-Moulin - 04 94 68 09 96 - www.restaurantlenid.wixsite.com/lenidflayosc - Fermé 2-22 janvier, lundi, mardi

Le Cigalon

CUISINE MODERNE · SIMPLE C'est une maison jaune aux volets verts, située en retrait du village de Flayosc. Elle en salle, lui en cuisine offrent à ce lieu une chaleur qui va au-delà de la gourmandise. Foccacia comme une pissaladière, jambon cru, premières asperges... excepté le pain et les glaces, tout est fait sur place. On dirait le Sud.

Menu 32/46 € - Carte 48/64 €

7 boulevard du Grand-Chemin - 04 94 68 69 65 - www.lecigalonflayosc.wixsite.com/site - Fermé mercredi, jeudi

L'Oustaou N

CUISINE MODERNE · COSY Un ancien relais de poste de 1732, une atmosphère méridionale, un jeune couple sympathique, et une cuisine de saison généreuse et bien troussée, à l'instar de ce pavé d'espadon, guacamole et quinoa : que demander de plus ? Peut-être de penser à prendre son temps sur la terrasse, face à la place du village...

Menu 32 € - Carte 35/43 €

5 place Joseph-Bremond (au village) - 04 94 70 42 69 - www.restaurantloustaou.com - Fermé 31 décembre-31 janvier, mardi, mercredi

DREUX

✉ 28100 (Eure-et-Loir) - Carte régionale n° **8**-B1
Carte Michelin 311-E3 - Guide Vert Michelin Normandie Vallée de la Seine

à Chérisy 4,5 km par N12 - ✉ 28500

Le Vallon de Chérisy

CUISINE TRADITIONNELLE · AUBERGE L'enseigne ? Un clin d'œil à une ode de Victor Hugo composée dans cette même auberge en 1821. Ici, la cuisine, copieuse et volontiers rustique, s'inspire des saisons et met en avant les produits locaux, en particulier les légumes et les herbes aromatiques... Gourmand et bon !

Menu 31/43 € - Carte 55/75 €

12 route de Paris - 02 37 43 70 08 - www.le-vallon-de-cherisy.fr - Fermé 19-27 février, 23 juillet-6 août, mardi soir, mercredi, dimanche soir

à Ste-Gemme-Moronval 6 km au Nord-Est par N12, D912 et D308[1] - ✉ 28500

L'Escapade

CUISINE CLASSIQUE • COSY XXX Faites une escapade dans cette auberge champêtre vraiment accueillante : la carte met l'accent sur la fraîcheur et la tradition, et la terrasse est si plaisible...

Menu 38 € - Carte 62/94 €

place du Docteur-Charles-Jouve - ✆ 02 37 43 72 05 - www.aubergelescapade.fr - Fermé 1er-8 mai, 19 août-11 septembre, lundi soir, mardi, dimanche soir

à Vernouillet 2 km au Sud par D311 - ✉ 28500

Auberge de la Vallée Verte

CUISINE TRADITIONNELLE • RUSTIQUE XX Dans la famille depuis les années 1930, ce restaurant propose une cuisine de saison savoureuse, réalisée à partir de produits locaux ; côté décor, poutres apparentes, cheminée et jolis tableaux créent une atmosphère apaisante. On profite aussi de chambres simples et bien tenues (plus grandes dans l'annexe) et d'un jardin pour se ressourcer.

Menu 36/58 € - Carte 50/75 €

6 rue Lucien-Dupuis (près de l'église) - ✆ 02 37 46 04 04 - www.aubergevalleeverte.fr - Fermé 4-25 août, 22 décembre-6 janvier, lundi, dimanche

DRUDAS

✉ 31480 (Haute-Garonne) - Carte régionale n° **22**-B2
Carte Michelin 343-E2

Le Verdurier (N)

CUISINE MODERNE • BOURGEOIS XXX Ouverte à l'automne 2017, la seconde adresse du chef Éric Sampietro (La Table des Cordeliers, à Condom) se révèle plaisante... tant pour le cadre, classique mais sans ostentation, que pour l'assiette, fraîche et bonne.

Menu 32/95 € - Carte 85/100 €

Château de Drudas, au village - ✆ 05 34 57 88 88 - www.chateaudedrudas.com - Fermé lundi, dimanche soir

Château de Drudas (N)

DEMEURE HISTORIQUE • ÉLÉGANT Dans un joli coin de campagne au nord-ouest de Toulouse, ce château du 18e s. découvre un intérieur d'une grande élégance, et des chambres de caractère. Petit espace de remise en forme avec jacuzzi et sauna.

23 chambres - 120/384 € - 22 €

Au village - ✆ 05 34 57 88 88 - www.chateaudedrudas.com - Fermé 2-23 janvier

Le Verdurier - voir la sélection des restaurants

DUCEY

✉ 50220 (Manche) - Carte régionale n° **17**-A3
Carte Michelin 303-E8 - Guide Vert Michelin Normandie Cotentin

Auberge de la Sélune

CUISINE MODERNE • CLASSIQUE XX Au bord de la Sélune - connue pour les saumons qui viennent y frayer -, un cadre classique, lumineux, et une cuisine actuelle rythmée par les saisons : ballotine de lapin aux pistaches, lieu jaune et beurre aux coquillages, tarte au chocolat... Les saveurs sont au rendez-vous et les prix restent mesurés !

Menu 23 € (déjeuner), 32/49 €

2 rue St-Germain - ✆ 02 33 48 53 62 - www.selune.com - Fermé 27 janvier-26 février, 13-29 octobre

Moulin de Ducey

TRADITIONNEL • PERSONNALISÉ Entre Bief et Sélune, cet ancien moulin semble établi sur une île verdoyante... On y trouve des chambres confortables, à la déco sobre et épurée ; la salle du petit-déjeuner surplombe le vieux pont de pierre, d'où l'on peut pratiquer la pêche au saumon ! Possibilité de se restaurer sur place.

28 chambres - 75/165 € - 12 €

1 Grande-Rue - ✆ 02 33 60 25 25 - www.moulindeducey.com

Auberge de la Sélune

AUBERGE • FONCTIONNEL Sur les bords de la Sélune qui part se jeter dans la baie du Mont-Saint-Michel, une bonne option pour dormir un peu à l'écart du circuit touristique. Les chambres sont simples et bien tenues, côté route ou côté jardin et rivière.

20 chambres - 76/119 € - 11 €

2 rue St-Germain - 02 33 48 53 62 - www.selune.com - Fermé 27 janvier-26 février, 13-29 octobre

Auberge de la Sélune - voir la sélection des restaurants

DUHORT-BACHEN

40800 (Landes) - Carte régionale n° **18**-B3

Carte Michelin 335-J12

Les Arcades

CUISINE TRADITIONNELLE • RUSTIQUE XX Dire que cette adresse porte haut les couleurs du terroir est un euphémisme ! Dans une ambiance champêtre ou installés sous les arcades, les gourmands dégustent de bonnes recettes traditionnelles. On propose même quelques plats d'inspiration tahitienne, où le patron a passé une grande partie de sa vie.

Menu 14 € (déjeuner), 22/32 €

232 place de la Mairie - 05 58 71 85 59 - www.restaurant-arcades.fr - Fermé 22-27 juin, lundi, mardi soir, dimanche soir

DUINGT

74410 (Haute-Savoie) - Carte régionale n° **4**-F1

Carte Michelin 328-K6 - Guide Vert Michelin Alpes du Nord

Comptoir du Lac

CUISINE MODERNE • DESIGN X Un restaurant aux airs de grande verrière indus' et contemporaine, cerné par la verdure, la montagne et le lac... Un endroit vraiment sympathique, pour une cuisine actuelle qui l'est elle aussi !

Menu 25 € (déjeuner)/45 € - Carte 46/56 €

Clos Marcel, 410 allée de la Plage - 04 50 68 14 10 - www.closmarcel.com - Fermé 3 novembre-20 décembre, mercredi, dimanche soir

Clos Marcel

TRADITIONNEL • DESIGN Sur un site privilégié au bord du lac d'Annecy (ponton privé), une architecture repensée dans un esprit écologique, des chambres design et confortables : un Clos Marcel résolument 21e s.

14 chambres - 154/290 € - 1 suite - 16 €

410 allée de la Plage - 04 50 68 67 47 - www.closmarcel.com - Fermé 3 novembre-20 décembre

Comptoir du Lac - voir la sélection des restaurants

DUNES

82340 (Tarn-et-Garonne) - Carte régionale n° **22**-B2

Carte Michelin 337-A7

Les Templiers

CUISINE MODERNE • FAMILIAL XX Au centre de cette jolie bourgade, dans une maison du 16e s. au charme préservé. Les grands principes du chef : "la tradition, qui garantit la qualité" et "l'innovation, qui préserve de la routine". Un gage d'authenticité et de surprise... L'été, on se régale en profitant de la terrasse sous les arcades.

Menu 21 € (déjeuner), 33/42 € - Carte 42/55 €

3 place des Martyrs - 05 63 39 86 21 - Fermé 25 février-5 mars, lundi, mardi, dimanche soir

DUNIÈRES

✉ 43220 (Haute-Loire) – Carte régionale n° **1**-D3
Carte Michelin 331-I2

La Tour

CUISINE DU TERROIR • FAMILIAL XX Les produits locaux (lentilles vertes du Puy, escargots de Grazac, pintade fermière, etc.) se transforment en mets alléchants sous l'impulsion du chef. C'est bon, soigné, généreux, avec en prime, un beau chariot de fromages auvergnats. Tout est sympathique, y compris les chambres, bien pratiques.

Menu 18 € (déjeuner), 32/60 € – Carte 46/69 €

7 ter route du Fraisse, D61 – ✆ 04 71 66 86 66 – www.hotelrestaurantlatour.com – Fermé 16 février-17 mars, 24 août-1er septembre, 18-24 novembre, lundi, dimanche soir

DUNKERQUE

✉ 59140 (Nord) – Carte régionale n° **13**-B1
Carte Michelin 302-C1

Borel

BUSINESS • FONCTIONNEL Tout près du port de plaisance, cet hôtel est idéalement placé. On s'y repose dans des chambres parfaitement tenues, qui ont toutes été rénovées ces dernières années. Une bonne adresse pour un déplacement professionnel ou une escapade en ville.

48 chambres – 105/155 € – 13 €

6 rue l'Hermite – ✆ 03 28 66 51 80 – www.hotelborel.fr

à Coudekerque-Branche – ✉ 59210

Le Soubise

CUISINE CLASSIQUE • AUBERGE XXX Une table élégante, où l'on se régale d'une cuisine pleine d'authenticité et de générosité… à l'image du maître des lieux, Michel Hazebroucq, véritable figure de Dunkerque, qui fête en 2019 sa soixantième année passée en cuisine. Quelle longévité !

Menu 28/59 €

49 route de Bergues – ✆ 03 28 64 66 00 – www.restaurant-soubise.com – Fermé 15-24 avril, 29 juillet-20 août, 23 décembre-7 janvier, samedi, dimanche

à Malo-les-Bains – ✉ 59240

L'Hirondelle

FAMILIAL • FONCTIONNEL Au cœur de la petite station balnéaire, un sympathique hôtel familial, aux chambres contemporaines et sobres, aussi plaisantes que l'accueil réservé par les charmants propriétaires. Au restaurant, honneur aux produits de la mer.

50 chambres – 88/123 € – 9 €

46- 48 avenue du Général-Faidherbe – ✆ 03 28 63 17 65 – www.hotelhirondelle.com

DURAS

✉ 47120 (Lot-et-Garonne) – Carte régionale n° **18**-C2
Carte Michelin 336-D1 – Guide Vert Michelin Aquitaine

Hostellerie des Ducs

CUISINE TRADITIONNELLE • TRADITIONNEL XX Dans la cuisine des ducs, le père et le fils s'activent aux fourneaux et vous concoctent des plats du terroir généreux et appétissants, avec de beaux produits. Le tout à accompagner d'un vin de Duras… forcément. Quant au grand-père, il prépare le pain maison. Classique et authentique ! Quelques chambres, de différents conforts.

Menu 19 € (déjeuner), 38/56 € – Carte 47/90 €

boulevard Jean-Brisseau – ✆ 05 53 83 74 58 – www.hostellerieducs-duras.com – Fermé lundi, samedi midi, dimanche soir

DURY - 80 (Somme) → voir Amiens

EAUCOURT-SUR-SOMME

✉ 80580 (Somme) - Carte régionale n° **14**-A1
Carte Michelin 301-E7

L'Auberge du Moulin

CUISINE TRADITIONNELLE • COSY XX Nicolas Vo Ngoc, chef autodidacte aux origines vietnamiennes, est un hôte surprenant ! Avec de bons produits locaux (fromage le Rollot, agneau d'Estran) et quelques pincées d'Asie, il revisite les plats de la région à sa sauce. On se régale en profitant de la superbe vue sur la vallée de la Somme...

Carte 27/56 €

Lieu-dit du Moulin - ✆ 03 22 31 89 86 - www.auberge-moulin-eaucourt.fr - Fermé lundi, mardi

EAUZE

✉ 32800 (Gers) - Carte régionale n° **22**-A2
Carte Michelin 336-C6

La Vie en Rose

CUISINE TRADITIONNELLE • AUBERGE X L'intérieur de ce restaurant a du charme et invite à apprécier, en toute sérénité, une cuisine mettant à l'honneur le terroir. Vins de Gascogne et accueil convivial.

Menu 15/49 € - Carte 43/53 €

26 rue Saint-July - ✆ 05 62 09 83 29 - www.restaurant-la-vie-en-rose.com - Fermé 3-18 juin, mardi soir, mercredi

EBERSMUNSTER

✉ 67600 (Bas-Rhin) - Carte régionale n° **10**-C1
Carte Michelin 315-J7

Restaurant des Deux Clefs

CUISINE TRADITIONNELLE • AUBERGE XX Ici, les poissons d'eau douce sont à l'honneur ; la grande spécialité de la maison est la matelote, que l'on déguste dans un restaurant au sobre décor alsacien, agrémenté d'une salle winstub. Versant sucré, ne manquez pas le Mont aux Amandes, cette fine pâte sablée recouverte d'une meringue aux amandes.

Menu 41 € - Carte 42/53 €

72 rue du Général-Leclerc - ✆ 03 88 85 71 55 - www.restaurantauxdeuxclefs.fr - Fermé 18-23 février, 8-20 juillet, 24 décembre-7 janvier, lundi, mercredi

ECLOSE

✉ 38300 (Isère) - Carte régionale n° **2**-B2
Carte Michelin 333-E5

Auberge d'Éclose

CUISINE TRADITIONNELLE • AUBERGE X Une maison dauphinoise en pisé, nichée dans une rue calme du village. Le chef travaille avec maîtrise de bons produits frais, pour un résultat séduisant : une cuisine qui fleure bon le marché (avec une prédilection pour les volailles fermières, la truffe noire et le gibier en saison), fraîche et goûteuse !

Menu 18 € (déjeuner), 44/75 € - Carte 49/62 €

61 rue Sordette - ✆ 04 74 27 98 98 - www.laubergedeclose.eatbu.com - Fermé 1er-7 janvier, 7-13 mai, 5-20 août, lundi, mardi soir, mercredi soir, jeudi soir, dimanche soir

ÉCOLE-VALENTIN - 25 (Doubs) → voir Besançon

ÉCOUVIEZ

✉ 55600 (Meuse) – Carte régionale n° **12**-A1
Carte Michelin 307-D1

Les Épices Curiens

CUISINE MODERNE • SIMPLE X En se baladant dans les parages, on passe facilement en Belgique sans s'en rendre compte... mais l'ancienne gare de ce village frontalier, transformée en un sympathique restaurant, saura vous retenir en France. On y déguste une cuisine inspirée et bien tournée, accompagnée de bons petits vins. Beaucoup de goût !

Menu 30/54 € – Carte 58/72 €

3b place de la Gare – ✆ 03 29 86 84 58 – www.lesepicescuriens.com – Fermé 2-11 janvier, 8-18 avril, 19 août-6 septembre, 30 octobre-8 novembre, lundi soir, mardi soir, mercredi, dimanche soir

ÉCULLY – 69 (Rhône) ➜ voir Lyon

EGUISHEIM

✉ 68420 (Haut-Rhin) – Carte régionale n° **10**-C2
Carte Michelin 315-H8

Au Vieux Porche

CUISINE TRADITIONNELLE • AUBERGE XX Cette demeure typique (1707) est installée sur le domaine viticole de la famille de la gérante. Son mari concocte de bons plats classiques et régionaux, mais il est également vigneron... Autant dire qu'on se délecte de bons vins locaux.

Menu 28/51 € – Carte 35/60 €

16 rue des Trois-Châteaux – ✆ 03 89 24 01 90 – www.auvieuxporche.fr – Fermé 17 février-14 mars, 24 juin-5 juillet, mardi, mercredi

La Grangelière 

CUISINE TRADITIONNELLE • COSY XX Des poules, il y en a partout dans cette sympathique auberge : sur les murs, les rideaux, les tables... un peu comme dans la salle à manger d'une grand-tante collectionneuse. D'ailleurs, il règne ici une authentique atmosphère familiale, et l'on se régale d'une cuisine du terroir gourmande et inspirée !

Menu 21 € (déjeuner), 30/49 € – Carte 30/60 €

59 rue du Rempart-Sud – ✆ 03 89 23 00 30 – www.lagrangeliere.fr – Fermé mercredi, dimanche soir

Le Pavillon Gourmand 

CUISINE MODERNE • CONTEMPORAIN XX Cette maison de village (1683) a été entièrement refaite : le style scandinave y croise maintenant la pierre historique... mais ce vent de modernité souffle aussi dans l'assiette : carpaccio de Saint-Jacques aux agrumes, sandre soufflé au riesling, etc. Gourmand, assurément !

Menu 20 € (déjeuner), 25/67 € – Carte 28/58 €

101 rue du Rempart-Sud – ✆ 03 89 24 36 88 – www.pavillon-gourmand.fr – Fermé 29 janvier-6 mars, 2-10 juillet, mardi, mercredi

Auberge des Trois Châteaux 

CUISINE TRADITIONNELLE • RUSTIQUE X Quel meilleur décor qu'Eguisheim pour un repas ancré dans la tradition ? Dans l'esprit de cette jolie cité, on met ici en avant les recettes de toujours et les bons produits de la région. Le tout à déguster dans une salle au décor alsacien... Évidemment !

Menu 21/27 € – Carte 30/50 €

26 Grande-Rue – ✆ 03 89 23 11 22 – www.auberge-3-chateaux.com – Fermé 7-17 janvier, 4-11 juillet, 7-14 novembre, mardi soir, mercredi

Hostellerie du Château

FAMILIAL • PERSONNALISÉ Sur une petite place pittoresque, cette demeure à colombages cache un hôtel qui sort du lot : ses chambres, d'inspiration ethnique, sont lumineuses et très accueillantes. Un établissement idéal pour partir à la découverte de la vieille ville.

10 chambres – 61/159 € – 12 €

2 rue du Château – 03 89 23 72 00 – www.eguisheim-hostellerie-du-chateau.com – Fermé 6 janvier-21 février

EMBRUN

05200 (Hautes-Alpes) – Carte régionale n° **24**-C1

Carte Michelin 334-G5 – Guide Vert Michelin Alpes du Sud

Château La Robéyère

DEMEURE HISTORIQUE • CONTEMPORAIN Cette splendide bâtisse du 18e s., construite à même le roc, ouvre sur une cour intérieure et surplombe la vallée de la Durance. On y trouve des chambres chaleureuses, toutes refaites à neuf, ainsi qu'un petit espace bien-être avec sauna et bain scandinave en extérieur.

35 chambres – 83/128 € – 12 €

quartier La Robéyère, RN 94 – 04 92 51 90 78 – www.chateaularobeyere.com

ENGHIEN-LES-BAINS – 95 (Val-d'Oise) ➜ voir Autour de Paris

ENSISHEIM

68190 (Haut-Rhin) – Carte régionale n° **10**-A3

Carte Michelin 315-I9 – Guide Vert Michelin Alsace Vosges

La Villa du Meunier

CUISINE TRADITIONNELLE • ÉLÉGANT XXX Imaginez une ancienne maison de meunier, authentique à souhait, dont l'une des salles abrite une très jolie cheminée... parfaite pour les repas d'hiver. Côté assiette, on savoure les bonnes recettes traditionnelles du chef, qui évoluent au rythme des saisons. Et l'été, on s'installe en terrasse !

Menu 24 € (déjeuner), 33/68 € – Carte 34/63 €

Le Domaine du Moulin, 44 rue de la Première-Armée – 03 89 81 15 10 – www.hotel-domainedumoulin-alsace.com – Fermé samedi midi

Le Domaine du Moulin

FAMILIAL • FONCTIONNEL Le jardin, l'étang, la piscine et... cette grande maison récente et confortable, d'esprit alsacien, située au cœur du village. Dans les chambres, spacieuses et confortables, les meubles en bois, conçus sur mesure, évoquent l'univers des moulins.

64 chambres – 132/218 € – 18 €

44 rue de la Première-Armée – 03 89 83 42 39 – www.hotel-domainedumoulin-alsace.com

La Villa du Meunier – voir la sélection des restaurants

ENTRAYGUES-SUR-TRUYÈRE

12140 (Aveyron) – Carte régionale n° **22**-C1

Carte Michelin 338-H3

Le Chou Rouge - Le Petit Chou

CUISINE MODERNE • BISTRO X Sur la place centrale de la ville, au rez-de-chaussée d'une bâtisse traditionnelle, ce petit bistrot "à la parisienne" – déco personnalisée, mobilier et objets chinés – propose une belle cuisine du marché, volontiers locavore. Tout, ou presque, est fait maison ! En prime, quatre jolies chambres pour l'étape.

Menu 28/41 €

3-4 place de la République – 05 65 48 58 03 – www.lepetitchou.fr – Fermé 4-23 mars, lundi, mardi midi, mercredi midi, jeudi midi, vendredi midi, samedi midi, dimanche soir

La Rivière

BUSINESS • CONTEMPORAIN Cet hôtel des bords de la Truyère cultive son style local (toit en lauzes) et... le goût de l'époque : les chambres, lumineuses et épurées, se révèlent fort agréables à vivre, avec vue sur la rivière pour certaines. Produits régionaux au restaurant, ouvert sur la verdure.

31 chambres – 97/127 € – 12 €

60 avenue du Pont-de-Truyère – 05 65 66 16 83 – www.hotellariviere.com

ENTZHEIM – 67 (Bas-Rhin) → voir Strasbourg

ÉPENOUX – 70 (Haute-Saône) → voir Vesoul

ÉPERNAY

51200 (Marne) – Carte régionale n° **11**-B2

Carte Michelin 306-F8 – Guide Vert Michelin Champagne Ardenne

Les Berceaux (Patrick Michelon)

CUISINE CLASSIQUE • ÉLÉGANT Le chef Patrick Michelon cherche à faire ressortir le meilleur de la gastronomie champenoise, dans une veine classique. Une table plutôt bourgeoise, puisant dans le terroir local.

→ Cuisine du marché

Menu 45 € (déjeuner), 79/95 €

13 rue des Berceaux – 03 26 55 28 84 – www.lesberceaux.com – Fermé 18 février-13 mars, 12-27 août, lundi, mardi

La Grillade Gourmande

VIANDES • COSY Les spécialités de ce restaurant ? Rouelle de homard et foie gras, grillés à la cheminée, ris de veau à la bourgeoise... et des grillades préparées en salle, dans la cheminée ! Côté décor : la sobriété et l'élégance priment. Aux beaux jours, on profite du jardin d'été.

Menu 33/59 € – Carte 45/60 €

16 rue de Reims – 03 26 55 44 22 – www.lagrilladegourmande.com – Fermé 9-25 février, 12 août-1er septembre, lundi, dimanche

Le Théâtre

CUISINE TRADITIONNELLE • BRASSERIE Près du théâtre, le rideau s'ouvre sur l'une des plus anciennes brasseries d'Épernay – début du 20e s. –, tout en moulures et hauts plafonds. Derrière les fourneaux, le chef fait rimer tradition et produits de saisons, comme avec ce rognon de veau à la moutarde de Meaux, classique de la maison. Idéal pour se restaurer en évoquant la dernière pièce !

Menu 27 € (déjeuner), 33/52 € – Carte 45/61 €

8 place Mendes-France – 03 26 58 88 19 – www.epernay-rest-letheatre.com – Fermé 18 février-5 mars, 9 juillet-6 août, 23-29 décembre, mardi soir, mercredi, dimanche soir

Cook'in

CUISINE MODERNE • CONVIVIAL Ce restaurant est le lieu de rencontre entre les univers français (lui, en cuisine) et thaïlandais (elle, en salle). Le résultat est une élégante cuisine fusion, réalisée avec de beaux produits – légumes de producteurs, poissons sauvages, viandes de la région –, à des tarifs plutôt imbattables. Goûtez au tournedos de bœuf mariné à la coriandre.

Menu 20 € (déjeuner), 32/35 € – Carte 34/48 €

18 rue Porte-Lucas – 03 26 54 89 80 – www.restaurant-cookin.com – Fermé 18 août-1er octobre, lundi, samedi midi, dimanche

Bistrot le 7

CUISINE TRADITIONNELLE • BISTRO Aux Berceaux, il y a aussi l'option Bistrot ! Foie gras maison, sole meunière, escargots persillés, picatta de veau... le 7 ou la simplicité dans le raffinement. À noter également la belle sélection de champagnes.

Menu 35 € – Carte 46/74 €

Les Berceaux, 13 rue des Berceaux – 03 26 55 28 84 – www.lesberceaux.com

La Table Kobus

CUISINE MODERNE • BRASSERIE XX Un sympathique restaurant décoré dans un esprit de brasserie à l'ancienne – sa façade date tout de même de 1900 –, où l'on déguste une cuisine moderne, épousant le rythme des saisons. Les Sparnaciens s'y précipitent.

Menu 28 € (déjeuner), 44/65 €

3 rue du Docteur-Rousseau – ✆ 03 26 51 53 53 – www.latablekobus.com – Fermé 8 avril-15 août, 27 juillet-19 août, 23 décembre-7 janvier, lundi, jeudi soir, dimanche soir

La Villa Eugène

LUXE • PERSONNALISÉ Cette belle demeure bourgeoise appartenait à un certain Eugène... Mercier, de la célèbre maison champenoise ! À méditer au bar à champagne, puis dans les chambres Louis XVI ou plus modernes. On prend son petit-déjeuner sous une jolie verrière, face à la piscine et au jardin.

15 chambres – 160/398 € – 21 €

84 avenue de Champagne, 1 km à l'Est par D3 – ✆ 03 26 32 44 76 – www.villa-eugene.com – Fermé 23-28 décembre

Hôtel Jean Moët

URBAIN • CONTEMPORAIN Un bel hôtel particulier situé en plein centre d'Épernay, non loin du théâtre et du jardin de l'Hôtel-de-Ville, où l'on "bulle" avec plaisir dans des chambres raffinées et confortables. Leurs noms ? Jéroboam, Salmanazar... On ne se refait pas !

12 chambres – 140/260 € – 15 €

7 rue Jean-Moet – ✆ 03 26 32 19 22 – www.hoteljeanmoet.com – Fermé 6-20 janvier

Les Berceaux

AUBERGE • FONCTIONNEL Au cœur de la pétillante cité, voilà un hôtel qui annonce la couleur dès le hall d'entrée : le sol vitré révèle de mousseuses bouteilles... Chambres pour l'étape.

28 chambres – 99 € – 13 €

13 rue des Berceaux – ✆ 03 26 55 28 84 – www.lesberceaux.com

Les Berceaux • **Bistrot le 7** – voir la sélection des restaurants

à Avize 10 km au Sud-Est par D40 et D10 – 51190

Les Avisés

CUISINE MODERNE • DESIGN X Les avisés marqueront un arrêt au domaine Selosse. Stéphane Rossillon en cuisine, et sa femme au service, deux anciens de chez Anne-Sophie Pic, composent un menu unique, à base de produits sélectionnés, servis dans une charmante atmosphère "maison d'hôtes". Aux beaux jours, on profite de la grande terrasse... Carte des vins superbe.

Menu 42 € (déjeuner)/65 €

59 rue de Cramant – ✆ 03 26 57 70 06 – www.selosse-lesavises.com – Fermé 4-13 mars, 5-21 août, 17 décembre-9 janvier, mardi, mercredi

Les Avisés

LUXE • PERSONNALISÉ Au cœur de la côte des Blancs – berceau du chardonnay –, au sein même d'une célèbre maison de champagne, une demeure néoclassique confortable et élégante, dont la déco a été signée par l'architecte Bruno Borrione. Le must : une chambre avec vue sur le vignoble. Une personne avisée en vaut deux : voilà une adresse de charme !

10 chambres – 250/290 € – 20 €

59 rue de Cramant – ✆ 03 26 57 70 06 – www.selosse-lesavises.com – Fermé 4-13 mars, 5-21 août, 17 décembre-9 janvier

Les Avisés – voir la sélection des restaurants

à Champillon 6 km au Nord par D201 – ✉ 51160

✿ Le Royal Ⓝ

CUISINE MODERNE • CONTEMPORAIN XXXX Parti du Negresco (Nice) début 2018, le chef Jean-Denis Rieubland s'est trouvé un défi à sa mesure : il est désormais installé aux fourneaux de ce grand hôtel flambant neuf, en plein cœur du vignoble champenois. Préparations fines et délicates, dressages soignés : il ne lui a pas fallu longtemps pour prendre ses marques…

→ Langoustines rôties au piments d'Espelette, cromesquis de tête de veau aux feuilles de roquette. Filet de bar confit à l'huile d'olive, jus des sucs de poisson. Déclinaison chocolatée, caramel au beurre salé

Menu 62 € (déjeuner), 125/180 € – Carte 130/160 €

Royal Champagne, Hameau de Bellevue, 9 rue de la République, D201 – ✆ 03 26 52 87 11 – www.royalchampagne.com – Fermé lundi, mardi, dimanche soir

Royal Champagne Ⓝ

LUXE • CONTEMPORAIN Flambant neuf ! Après quatre ans de travaux, le Royal Champagne a rouvert ses portes. Chambres sans vis-à-vis avec balcon ou terrasse, décoration contemporaine avec des notes de bois rappelant la nature environnante, spa de 1500 m² et piscines intérieure et extérieure… Du grand standing.

48 chambres – 485/715 € – 1 suite – ☕ 45 €

Hameau de Bellevue, 9 rue de la République, D201 – ✆ 03 26 52 87 11 – www.royalchampagne.com

✿ **Le Royal** – voir la sélection des restaurants

à Dizy 3 km au Nord – ✉ 51530

Les Grains d'Argent

CUISINE MODERNE • ÉLÉGANT XXX À look contemporain, cuisine dans l'air du temps ; tel est la combinaison gagnante de ce restaurant ! Et avec de belles saveurs de saison, le champagne de vigneron indépendant fait merveille. Une équipe jeune et enthousiaste, en cuisine comme en salle.

Menu 38 € (déjeuner)/68 €

1 allée du Petit-Bois – ✆ 03 26 55 76 28 – www.lesgrainsdargent.fr – Fermé lundi, dimanche

Les Grains d'Argent

FAMILIAL • CONTEMPORAIN Un petit peu en dehors d'Épernay, face aux vignobles, il fait bon s'arrêter dans cette hôtellerie contemporaine. Les chambres sont plutôt plaisantes et c'est avec une certaine effervescence que l'on gagne le bar à champagne, feutré à souhait, ou la boutique pour constituer sa réserve de produits régionaux.

29 chambres – 119/219 € – ☕ 18 €

1 allée du Petit-Bois – ✆ 03 26 55 76 28 – www.lesgrainsdargent.fr

Les Grains d'Argent – voir la sélection des restaurants

à Vinay 6 km au Sud-Ouest par D40 et D951 – ✉ 51530

Hostellerie La Briqueterie

CUISINE MODERNE • CLASSIQUE XXX À la sortie d'Épernay, sur la route de Sézanne, arrêtez-vous dans ce restaurant au cœur des vignes. Dans un décor cossu, on apprécie une cuisine gastronomique réalisée à partir de produits nobles (homard, ris de veau). Belle de carte de champagnes.

Menu 40 € (déjeuner)/120 € – Carte 95/115 €

4 route de Sézanne – ✆ 03 26 59 99 99 – www.labriqueterie.fr – Fermé 15-30 décembre, lundi midi, samedi midi

Hostellerie La Briqueterie

LUXE • PERSONNALISÉ Un havre de paix raffiné et cosy au cœur du vignoble ! Au salon, l'ambiance est feutrée, presque "british", parfait pour déguster une coupe de champagne en toute tranquillité. Dans les chambres, teintes douces et belles matières… pour faire de beaux rêves.

40 chambres - 210/480 € - 25 €

4 route de Sézanne - 03 26 59 99 99 - www.labriqueterie.fr

Hostellerie La Briqueterie - voir la sélection des restaurants

ÉPINAL

88000 (Vosges) – Carte régionale n° **12**-C3

Carte Michelin 314-G3

Les Ducs de Lorraine (Stéphane Ringer et Rémi Gornet)

CUISINE MODERNE • ÉLÉGANT XXX La grande salle (avec des clins d'œil très mode), les tables soigneusement dressées, la fine gastronomie, le délicieux chariot de desserts : une belle image d'Épinal ! Rien de figé en cette table renommée, mais un travail de qualité, repas après repas.

→ Gratin d'escargots, herbes fraîches et vieux parmesan. Déclinaison autour du pigeon, jus au vieux porto. Soufflé aux mirabelles, coulis et sorbet

Menu 47/115 € - Carte 110/155 €

5 avenue de Provence - 03 29 29 56 00 - www.restaurant-ducsdelorraine.com - Fermé 1er-8 janvier, 29 juillet-19 août, lundi soir, dimanche

In Extremis

CUISINE MODERNE • ÉPURÉ X Excellente surprise que ce petit restaurant de poche (18 couverts à peine) déniché *in extremis* sur une petite place au pied de la basilique St-Maurice. Le jeune chef, Nicolas Grandclaude, y compose une carte concise avec des plats tout en finesse et en subtilité, qui magnifient de bons produits de saison.

Menu 23 € (déjeuner), 32/49 € - Carte 52/52 €

7 place de l'Atre - 03 29 35 46 41 - www.restaurant-inextremis.com - Fermé lundi, mardi midi, dimanche

à la Baffe 10 km à l'Est par D11 – 88460

La Grange Obriot (N)

CUISINE DE SAISON • MAISON DE CAMPAGNE X Cette maison de campagne, tout à la fois table d'hôtes et auberge campagnarde, avec son décor de pierres et de bois, est l'adresse de Claudy Obriot, chef bien connu des Vosgiens. Au menu : cuisine de grand-mère et terroir. Simple, goûteux et sans chichis.

Carte 31/55 €

64 rue de la Passée - 03 29 30 84 46 - Fermé 12-18 février, 23 juillet-12 août, lundi, mardi soir, mercredi soir, jeudi soir, samedi, dimanche

à Chaumousey 10 km à l'Ouest par D460 – 88390

Le Calmosien

CUISINE TRADITIONNELLE • ÉLÉGANT XX A deux pas de l'église de ce village vosgien – la campagne à 10 min d'Épinal –, une jolie maison de maître dont l'intérieur classique est parsemé de touches plus modernes. Quant à la cuisine, elle est de facture traditionnelle : sole meunière, carré d'agneau au thym, tarte fine aux pommes… Service convivial.

Menu 24/64 € - Carte 45/65 €

37 rue d'Épinal - 03 29 66 80 77 - www.calmosien.com - Fermé lundi, dimanche soir

à Golbey 3,4 km au Nord - ✉ 88190

La Canaille

CUISINE MODERNE · CONVIVIAL X Un vent nouveau souffle à Epinal. Ce jeune chef propose une carte (très) courte, autour d'une cuisine du marché dans l'air du temps, qui veille à utiliser de bons produits - ainsi ces aiguillettes de barbue, mousseline de chou-fleur, et jeunes pousses. La relève est assurée.

Menu 22 € (déjeuner), 32/60 € - Carte 47/53 €

65 rue du Général-Leclerc - ✆ 03 29 65 32 29 - www.lacanaille-restaurant.fr - Fermé lundi, dimanche

L'ÉPINE - 51 (Marne) → voir Châlons-sur-Saône

ERBALUNGA - 2B (Haute-Corse) → voir Corse

ERQUY

✉ 22430 (Côtes-d'Armor) - Carte régionale n° **7**-C1
Carte Michelin 309-H3 - Guide Vert Michelin Bretagne Nord

Beauséjour

TRADITIONNEL · PERSONNALISÉ À 100 m de la plage, cet hôtel familial abrite des chambres plutôt petites, mais colorées, coquettes et bien tenues. À noter : la moitié donne sur le port de pêche. De plus, l'accueil est agréable !

15 chambres - 67/120 € - 12 €

21 rue de la Corniche - ✆ 02 96 72 30 39 - www.beausejour-erquy.com - Fermé 1er janvier-4 avril

à St-Aubin 3 km au Sud-Est par rte secondaire - ✉ 22430

Relais Saint-Aubin

CUISINE TRADITIONNELLE · RUSTIQUE XX Charmant et si bucolique, ce prieuré en pierre (17e s.) recouvert de vigne vierge ! Le jardin est ravissant et la déco - entre mobilier rustique et juke-box ! - est très originale ; quant à l'assiette, elle fait honneur aux viandes grillées et à de beaux poissons frais, sans oublier le menu dédié aux Saint-Jacques d'Erquy...

Menu 25/48 € - Carte 30/65 €

D 68 - ✆ 02 96 72 13 22 - www.relais-saint-aubin.fr - Fermé 27 janvier-10 février, 12 novembre-15 décembre, lundi, mardi

ERSA - 2B (Haute-Corse) → voir Corse

ESPALION

✉ 12500 (Aveyron) - Carte régionale n° **22**-D1
Carte Michelin 338-I3

Le Méjane

CUISINE MODERNE · CONVIVIAL XX Le Méjane, c'est d'abord un endroit agréable et feutré, d'une sobre élégance contemporaine. Et c'est surtout une cuisine qui ravit, soignée, franche et savoureuse : tartare de saumon d'Écosse et lentilles du Larzac ; pavé de cabillaud, jambon et émulsion de laguiole... sans oublier, pour le dessert, un délicieux baba au rhum.

Menu 32/67 €

8 rue Méjane - ✆ 05 65 48 22 37 - www.restaurant-mejane.fr - Fermé 1er-25 janvier, 19-26 juin, lundi, mercredi, dimanche soir

La Tour

CUISINE CRÉATIVE · ÉLÉGANT XX Au rez-de-chaussée, les plats de bistrot sont à l'honneur, tandis que la table gastronomique se trouve à l'étage. Là-haut, le chef réalise une cuisine volontiers créative, dans laquelle les saveurs sont au rendez-vous. Le tout dans un cadre élégant, propice à la gourmandise...

Menu 39/59 €

3 place St-Georges - ✆ 05 65 44 03 30 - www.restaurant-la-tour.fr - Fermé 14 janvier-3 février, lundi

ESPALY-ST-MARCEL - 43 (Haute-Loire) ➜ voir Puy-en-Velay

ESPELETTE

✉ 64250 (Pyrénées-Atlantiques) - Carte régionale n° **18**-A3

Carte Michelin 342-D2 - Guide Vert Michelin Pays Basque et Navarre

Euzkadi

FAMILIAL • PERSONNALISÉ Dans la capitale du piment, une belle façade à la gloire du pays. La plupart des chambres arborent un style basque épuré : murs blancs et poutres. La piscine est agréable, sans oublier le restaurant...

27 chambres - 67/92 € - 10 €

285 Karrika-Nagusia - 05 59 93 91 88 - www.hotel-restaurant-euzkadi.com - Fermé 15 février-15 mars

ESTAING

✉ 12190 (Aveyron) - Carte régionale n° **22**-D1

Carte Michelin 338-I3

Le Manoir de la Fabrègues

TRADITIONNEL • PERSONNALISÉ Ce manoir en pierre était autrefois une maison d'estive, il est aujourd'hui une charmante maison d'hôtes ! Cinq chambres dans une veine plutôt classique, parfaitement entretenues, un salon chic avec une grande cheminée, un patio fleuri... Délicieux.

5 chambres - 65/115 €

La Fabregue, 3 km - 05 65 66 37 78 - www.manoirattitude.com

ESTRABLIN - 38 (Isère) ➜ voir Vienne

ÉTAMPES

✉ 91150 (Essonne) - Carte régionale n° **15**-B3

Carte Michelin 312-B5 - Guide Vert Michelin Île-de-France

à Boutervilliers 9 km à l'Ouest par D191 - ✉ 91150

Le Bouche à Oreille

CUISINE MODERNE • ÉLÉGANT XXX Un intérieur moderne, dont les murs portent de beaux épis de blé en hommage à la campagne environnante... Et des assiettes, qui mettent en valeur de beaux produits.

Menu 40/54 € - Carte 60/100 €

11 rue de la Chapelle - 01 64 95 69 50 - www.bao-restaurant.fr - Fermé 3-9 janvier, 12-31 août, lundi soir, mardi, dimanche soir

ÉTOGES

✉ 51270 (Marne) - Carte régionale n° **11**-B2

Carte Michelin 306-F9 - Guide Vert Michelin Champagne Ardenne

Le Château d'Étoges

CUISINE FRANÇAISE • ÉLÉGANT XXX Jolie cuisine mettant à l'honneur les produits de la région servie à l'Orangerie du château. Parmi les spécialités : tourte au foie gras et magret de canard à la pistache, millefeuille à la vanille bourbon et fève de Tonka...

Menu 48/90 € - Carte 72/88 €

4 rue Richebourg - 03 26 59 30 08 - www.etoges.com - Fermé 22 janvier-13 février, lundi midi, mardi midi, mercredi midi, jeudi midi, vendredi midi

Le Château d'Étoges

DEMEURE HISTORIQUE • PERSONNALISÉ Vivez la vie de château... au moins pour quelques nuits ! Ce château familial du 17e s., lové au sein d'un parc aux arbres centenaires, dévoile de vastes intérieurs au charme désuet. Les chambres, avec leurs lits à baldaquins, sont meublées avec goût ; on profite d'un agréable spa.

27 chambres – 118/328 € – 1 suite – 20 €

4 rue Richebourg – 03 26 59 30 08 – www.etoges.com – Fermé 22 janvier-13 février

Le Château d'Étoges – voir la sélection des restaurants

ÉTOUY – 60 (Oise) → voir Clermont

ÉTRIGNY

71240 (Saône-et-Loire) – Carte régionale n° **5**-C3
Carte Michelin 320-I10

Château de Balleure

FAMILIAL • HISTORIQUE Voici un beau projet œnotouristique, bâti autour de cet imposant château fortifié du 14e s. Trois appartements confortables et haut de gamme vous y attendent, et l'accueil se révèle très chaleureux. Table d'hôtes sur réservation.

3 chambres – 190/380 € – 15 €

09 67 89 82 43 – Fermé 30 septembre-6 octobre, 2 décembre-8 février

ÉTRETAT

76790 (Seine-Maritime) – Carte régionale n° **17**-C1
Carte Michelin 304-B3 – Guide Vert Michelin Normandie Vallée de la Seine

Domaine Saint Clair

CUISINE MODERNE • ÉLÉGANT XXX Au sein du beau Domaine Saint Clair et de son élégant manoir normand, se cache ce bon restaurant ! Le chef y réalise une cuisine bien tournée, soignée et généreuse ; on se souviendra notamment des associations homard et concombre, lotte et chorizo, framboise et romarin...

Menu 29 € (déjeuner), 35/75 € – Carte 120/135 €

chemin de St-Clair – 02 35 27 08 23 – www.hoteletretat.com – Fermé lundi, mardi, mercredi midi, jeudi midi, vendredi midi

Domaine Saint Clair

DEMEURE HISTORIQUE • PERSONNALISÉ Sur les hauteurs, à l'issue d'un chemin tortueux, un lieu à part, où l'on renoue avec les plaisirs de la Belle Époque... Le domaine réunit un castel et une villa : autant d'espaces intimes et charmants, décorés dans un esprit baroque, canaille ou moderne ! Les échappées sur la côte invitent, elles, à la contemplation...

21 chambres – 90/270 € – 15 €

chemin de St-Clair – 02 35 27 08 23 – www.hoteletretat.com

Domaine Saint Clair – voir la sélection des restaurants

Dormy House

MAISON DE MAÎTRE • ÉLÉGANT Une situation idyllique : à flanc de falaise, cette demeure de charme domine Étretat et la falaise d'Amont... Les chambres, élégantes, se répartissent entre la villa de 1850 et plusieurs dépendances. Dans le jardin, la vue à travers les pins se révèle poétique tandis que résonnent, au loin, les rumeurs de la plage.

61 chambres – 117/242 € – 3 suites – 17 €

route du Havre – 02 35 27 07 88 – www.dormy-house.com

ÉTUPES – 25 (Doubs) → voir Sochaux

EU

76260 (Seine-Maritime) – Carte régionale n° **17**-D1
Carte Michelin 304-I1 – Guide Vert Michelin Normandie Vallée de la Seine

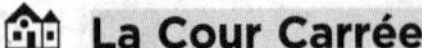

La Cour Carrée

TRADITIONNEL • PERSONNALISÉ Cette ancienne briqueterie, devenue ferme puis hôtel, est située au bord de la route de Dieppe, juste après la sortie d'Eu. On y trouve des chambres à thèmes – champêtre, ethnique, par exemple –, confortables et plutôt spacieuses. Le tout autour d'une cour carrée.

28 chambres – 99/115 € – 13 €

route de Dieppe – 02 35 50 60 60 – www.hotel-courcarree-eu.fr

Manoir de Beaumont

FAMILIAL • PERSONNALISÉ À un saut de biche de la forêt d'Eu et à 5mn des plages, on vous accueille en amis. Les chambres, délicieusement rétro, le salon Louis XVI et le joli parc contribuent tous au charme du lieu. On se sent vraiment chez soi, d'autant que les prix sont très doux.

3 chambres – 58/69 €

route de Beaumont, 3 km par D49 puis direction Ferme de Beaumont – 02 35 50 91 91 – www.demarquet.eu – Fermé 1er novembre-1er février

EUGÉNIE-LES-BAINS

40320 (Landes) – Carte régionale n° **18**-B3
Carte Michelin 335-I12 – Guide Vert Michelin Aquitaine

Les Prés d'Eugénie - Michel Guérard

CUISINE CLASSIQUE • ÉLÉGANT Certains chefs doivent autant leur réputation à leur travail en cuisine qu'à leurs qualités humaines : Michel Guérard est de ceux-là. Trois étoiles depuis 1977, considéré comme l'un des précurseurs de la Nouvelle Cuisine, admiré par ses pairs dans le monde entier, il continue de travailler avec la même passion, le même amour du métier, le même dévouement : un véritable exemple.

S'arrêter aux Prés d'Eugénie (du nom de l'impératrice Eugénie, marraine de la commune), c'est se soumettre à une expérience totale : cadre enchanteur – une magnifique demeure au cœur d'un parc verdoyant –, service attentif au moindre détail, salles luxueuses mais tout en sobriété… et surtout, cuisine en tous points exceptionnelle.

On retrouve dans l'assiette tout l'héritage du chef Guérard : la veine naturaliste, bien sûr, une légèreté jamais prise en défaut, et cette capacité à marier les saveurs les plus diverses avec justesse, à la façon des instruments de l'orchestre. Laissons-lui le mot de la fin : "Je cuisine comme l'oiseau chante". Tout est dit.

→ Oreiller moelleux de mousserons et de morilles. Homard rôti légèrement fumé dans l'âtre. Soufflé rafraîchi à la verveine du jardin

Menu 133/255 € – Carte 157/195 €

Les Prés d'Eugénie, place de l'Impératrice – 05 58 05 06 07 – www.michelguerard.com – Fermé 7 janvier-14 mars, lundi, mardi

La Ferme aux Grives

CUISINE TRADITIONNELLE • AUBERGE Cette vieille auberge de village a retrouvé ses couleurs d'antan. Jardin potager, vieilles poutres et tomettes… Un cadre idéal pour savourer une cuisine du terroir joliment ressuscitée. Suites exquises, pour des nuits paisibles.

Menu 49/90 €

place de l'Impératrice – 05 58 05 05 06 – www.michelguerard.com – Fermé 7 janvier-13 février, mercredi, jeudi midi

Les Prés d'Eugénie

GRAND LUXE • HISTORIQUE Les Prés du bonheur ! Loin d'être le simple écrin hôtelier de la célèbre table de Michel Guérard, cette demeure du 19e s., ainsi que ses annexes – le Couvent des Herbes et la "ferme thermale" –, dessinent un havre de charme, mêlant intimement raffinement et goût de la nature, plaisir et forme. Un lieu magique et hors du temps…

29 chambres – 250/830 € – 12 suites – 30 €

place de l'Impératrice – 05 58 05 06 07 – www.michelguerard.com – Fermé 7 janvier-14 mars

Les Prés d'Eugénie - Michel Guérard – voir la sélection des restaurants

La Maison Rose

MAISON DE CAMPAGNE • COSY À côté des thermes, cette maison à la façade rose a des allures de guesthouse ! Les chambres sont confortables et bien tenues. Fleurs fraîches et meubles en rotin ajoutent au romantisme des lieux.

26 chambres – 170/240 € – 5 suites – 20 €

place de l'Impératrice – 05 58 05 06 07 – www.michelguerard.com – Fermé 9 décembre-11 février

ÉVIAN-LES-BAINS

74500 (Haute-Savoie) – Carte régionale n° **4**-F1
Carte Michelin 328-M2 – Guide Vert Michelin Alpes du Nord

Les Fresques

CUISINE MODERNE • LUXE XxxX Installez-vous dans l'élégante salle à manger de ce luxueux palace entièrement rénové, pour profiter des superbes fresques et d'une belle assiette au goût du jour. Les produits nobles y sont à la fête, travaillés avec raffinement et précision : bravo !

→ Écrevisses du lac Léman, royale de foie blond et foie gras, écume à la verveine. Suprême de poularde de Bresse clouté au foie gras, fines herbes et vin jaune. Soufflé chaud à la griotte et liqueur de kirsch

Menu 75/140 € – Carte 90/110 €

Royal, 13 avenue des Mateirons – 04 50 26 85 00 – www.evianresort.com – Fermé lundi, mardi midi, mercredi midi, jeudi midi, vendredi midi, samedi midi, dimanche

Au Jardin d'Eden

CUISINE TRADITIONNELLE • BISTRO X Ce restaurant d'angle prolongé d'une petite terrasse en teck réunit bien des qualités : un chef-patron au beau parcours – dont 15 ans passés au Grand Véfour –, un retour aux sources à Évian (sans jeu de mots), une cuisine généreuse et surtout traditionnelle, attentive aux produits et aux saisons, un service attentionné.

Menu 33/55 € – Carte 44/61 €

1 avenue Géneral-Dupas – 04 50 38 62 26 – www.jardin-eden-evian.com – Fermé lundi, mardi midi, dimanche soir

Le Muratore N

CUISINE TRADITIONNELLE • HISTORIQUE X M. Muratore, liquoriste et confiseur, a donné son nom à cette maison lors de sa fondation en 1870. Dans ce décor Belle Époque superbement préservé, on trouve aujourd'hui le sympathique Marc Serres, qui propose une cuisine réjouissante avec une bonne place faite aux poissons du lac (féra et perche, entre autres). Enfin, n'oublions pas la ravissante terrasse sous les tilleuls...

Menu 27 € (déjeuner), 32/37 €

8 place Docteur-Jean-Bernex – 04 50 92 82 49 – www.muratore-restaurant-evian.com – Fermé 5 novembre-8 décembre, lundi, dimanche soir

Instant Gourmand

CUISINE MODERNE • ÉPURÉ X Dans ce restaurant de poche vibrionne un jeune chef au talent sûr, passionné par les produits de saison et le bio, au gré de préparations aux intitulés gourmands, dont certaines laissent poindre ses origines lorraines. Accueil toujours souriant !

Menu 23/40 € – Carte 30/45 €

10 rue de l'Eglise – 04 50 04 74 98 – Fermé lundi, dimanche

Royal

PALACE • HISTORIQUE Ce luxueux palace né en 1909, véritable mythe, a fait peau neuve pour retrouver l'esprit villégiature des années 1930, cet art de vivre à la française, entre fresques et coupole. Son splendide parc, sa vue imparable sur le lac et les montagnes, ont un goût d'éternité !

118 chambres – 340/1280 € – 32 suites – 35 €

13 avenue des Mateirons – 04 50 26 85 00 – www.evianresort.com

Les Fresques – voir la sélection des restaurants

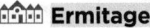

Ermitage

LUXE • ÉLÉGANT C'est une belle et grande maison, blottie dans un écrin de verdure sur les hauteurs du lac Léman. À l'intérieur, le style épuré joue des matériaux naturels (bois précieux, ardoise, galets, etc.) dans un esprit chic décontracté. Côté papilles, La Table propose une cuisine aux influences méditerranéennes.

80 chambres - 168/775 € - 6 suites - 30 €

1230 avenue du Léman - 04 50 26 85 00 - www.hotel-ermitage-evian.com - Fermé 4 novembre-14 décembre

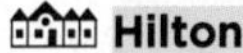

Hilton

HÔTEL DE CHAÎNE • CONTEMPORAIN Un bâtiment imposant, au cadre design et ultracontemporain. La majorité des chambres disposent d'un balcon face au lac. Un endroit parfait pour le farniente chic, avec en prime une belle piscine et un superbe espace fitness.

165 chambres - 139/474 € - 5 suites - 20 €

53 quai Paul-Léger - 04 50 84 60 00 - www.evianlesbains.hilton.com

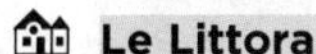

Le Littoral

TRADITIONNEL • COSY Pour trouver cet hôtel des années 1990, cherchez le casino, il est situé juste à côté. L'ensemble est cosy et chaleureux, dans un esprit montagne contemporain (bois et boutis dans les chambres) : comme une invitation au cocooning... Difficile à décliner, tant l'accueil est chaleureux !

30 chambres - 95/124 € - 12 €

avenue de Narvik - 04 50 75 64 00 - www.hotel-littoral-evian.com - Fermé 17-25 mars, 3-25 novembre

L'Oasis

FAMILIAL • PERSONNALISÉ Sur les hauteurs d'Évian, un hôtel charmant aux chambres coquettes et cosy, dont certaines font face au lac. Le jardin est bien agréable et de la terrasse, où l'on prend le petit-déjeuner en saison, la vue est magnifique ! Accueil aimable.

16 chambres - 82/250 € - 14 €

11 boulevard du Bennevy - 04 50 75 13 38 - www.oasis-hotel.com - Fermé 1er octobre-12 avril

à Maxilly-sur-Léman 4 km à l'Est par D1005 - 74500

La Maison de Mathilde

FAMILIAL • PERSONNALISÉ Mathilde Jacquier (fille d'un célèbre pêcheur du Léman) tient cette jolie maison d'hôtes à la situation exceptionnelle : les pieds dans l'eau, avec plage privée et transats... En cuisine, son beau parcours lui permet de réaliser une cuisine régionale savoureuse, et un petit déjeuner entièrement maison. On aime !

4 chambres - 110/130 €

1345 route Départementale - 04 50 83 07 10 - www.lamaisondemathilde.com

ÉVREUX

27000 (Eure) - Carte régionale n° **17**-D2

Carte Michelin 304-G7 - Guide Vert Michelin Normandie Vallée de la Seine

La Gazette

CUISINE MODERNE • TENDANCE XX Une valeur sûre que ce restaurant dont le décor mêle harmonieusement le contemporain et l'ancien, entre teintes claires et poutres centenaires... Aux fourneaux, Xavier Buzieux s'attache à mettre en valeur les petits producteurs locaux et à suivre les saisons. De quoi faire parler les gazettes !

Menu 26/54 € - Carte 45/55 €

7 rue St-Sauveur - 02 32 33 43 40 - www.restaurant-lagazette.fr - Fermé 5-26 août, lundi, samedi midi, dimanche

Best Western Palais des Congrès

BUSINESS • FONCTIONNEL Près du palais des congrès, à la sortie de la ville, cet établissement contemporain se révèle agréable : beaux espaces, déco design et colorée, restaurant proposant une carte traditionnelle... Le meilleur hôtel des environs.

60 chambres - 69/145 € - 15 €

boulevard de Normandie - 02 32 38 77 77 - www.bw-evreux.com

ÉVRON

53600 (Mayenne) - Carte régionale n° **23**-C1

Carte Michelin 310-G6 - Guide Vert Michelin Pays de la Loire

Au Relais du Gué de Selle

AUBERGE • FONCTIONNEL Sur une route de campagne, cette ancienne ferme (1843) devenue hôtel-restaurant est parfaite pour un séjour en famille : des chambres de tous les styles (certaines en duplex), un lac pour pêcher, une piscine chauffée... et des cabanes perchées dans les arbres où l'on peut même dormir ! Sympathique formule bistrot du mardi au samedi.

27 chambres - 99/230 € - 12 €

route de Mayenne, 6 km - 02 43 91 20 00 - www.relais-du-gue-de-selle.com - Fermé 8-25 février, 18 octobre-5 novembre, 20 décembre-6 janvier

EYBENS - 38 (Isère) → voir Grenoble

EYGALIÈRES

13810 (Bouches-du-Rhône) - Carte régionale n° **25**-E1

Carte Michelin 340-E3 - Guide Vert Michelin Provence

Bistrot l'Aubergine

CUISINE MODERNE • BISTRO X Un patron gouailleur, une cuisine aux couleurs du sud, de nombreux produits de qualité (beaucoup en provenance d'Italie) cuisinés sans chichis : on aime cette Aubergine pour sa simplicité assumée, et l'attention apportée aux goûts. Attention, carte réduite au déjeuner l'été, avec de copieuses salades... mais une belle terrasse.

Carte 35/60 €

avenue Jean-Jaurès - 04 90 95 98 89 - www.laubergine-eygalieres.com - Fermé 20 décembre-1er mars, mercredi

La Bastide d'Eygalières

MAISON DE CAMPAGNE • MÉDITERRANÉEN Une charmante bastide aux volets bleus. Les chambres, de style provençal, sont des plus calmes. Joli jardin avec piscine, donnant sur les Alpilles. Au restaurant, la cuisine privilégie les légumes et les produits bio.

15 chambres - 90/223 € - 1 suite - 14 €

765 chemin de Pestelade - 04 90 95 90 06 - www.hotellabastide.com

EYMET

24500 (Dordogne) - Carte régionale n° **18**-C2

Carte Michelin 329-D8 - Guide Vert Michelin Périgord Quercy

La Cour d'Eymet

CUISINE CLASSIQUE • BOURGEOIS XX Sur la rue principale du bourg, une maison de style régional, flanquée d'une petite cour où l'on dresse quelques tables aux beaux jours. Les gourmands s'y régalent d'une cuisine soignée à base d'excellents produits. Enfin, le tout est accompagné de bons petits vins du pays.

Menu 30/48 € - Carte 55/70 €

32 boulevard National - 05 53 22 72 83 - Fermé 25 février-24 mars, 1er-7 juillet, mercredi, dimanche soir

EYRAGUES - 13 (Bouches-du-Rhône) → voir St-Rémy-de-Provence

LES EYZIES-DE-TAYAC

✉ 24620 (Dordogne) – Carte régionale n° **18**–C3
Carte Michelin 329-H6 – Guide Vert Michelin Périgord Quercy

Le Bistro des Glycines

CUISINE MODERNE • CONTEMPORAIN X L'un des atouts indéniables de cet excellent hôtel : son bistrot ! Dans la jolie salle en véranda, joliment décorée (tables en bois brut, chaises de style "shaker"...), on se régale de plats dans l'air du temps, à bon rapport qualité-prix : œuf bio cuit en cocotte, tomates du potager, oignons et jambon noir de Bigorre... Miam.

Menu 19 € (déjeuner)/31 € – Carte 33/54 €

Les Glycines, 4 avenue de Laugerie, route de Périgueux – ✆ 05 53 06 97 07 – www.les-glycines-dordogne.com – Fermé 10 novembre-30 décembre, lundi soir, mardi soir, mercredi soir, jeudi soir, vendredi soir, samedi soir, dimanche soir

Le 1862

CUISINE MODERNE • CONTEMPORAIN XXX Des assiettes colorées et originales, aux cuissons impeccables et réalisées avec des produits de qualité, dont les légumes du potager : voici ce qui vous attend au 1862, la table principale de l'hôtel Les Glycines. Un exemple ? Ce foie gras de canard du Périgord, confit aux fraises, rhubarbe du jardin et hibiscus...

Menu 65/110 € – Carte 65/83 €

Les Glycines, 4 avenue de Laugerie, route de Périgueux – ✆ 05 53 06 97 07 – www.les-glycines-dordogne.com – Fermé 10 novembre-30 décembre, lundi midi, mardi midi, mercredi midi, jeudi midi, vendredi midi, samedi midi, dimanche midi

Les Glycines

TRADITIONNEL • CONTEMPORAIN Cet ancien relais de poste au bord de la Vézère embaume la nature avec son parc, sa tonnelle de glycine et son potager. Les chambres se révèlent charmantes et confortables, en particulier les junior suites et les "écolodges". Espace bien-être et salle de soins.

25 chambres – 👥145/415 € – ☕17 €

4 avenue de Laugerie, route de Périgueux – ✆ 05 53 06 97 07 – www.les-glycines-dordogne.com – Fermé 10 novembre-30 décembre

Le 1862 • **Le Bistro des Glycines** – voir la sélection des restaurants

ÈZE

✉ 06360 (Alpes-Maritimes) – Carte régionale n° **25**–E2
Carte Michelin 341-F5 – Guide Vert Michelin Côte d'Azur

✿✿ La Chèvre d'Or

CUISINE CRÉATIVE • LUXE XXX Ce qui frappe en arrivant au Château de la Chèvre d'Or, c'est sa situation d'exception : niché sur les hauteurs d'un village médiéval à flanc de rocher, l'établissement offre une vue renversante sur l'arrière-pays azuréen et sur les reflets enchanteurs de la Méditerranée. Si ce n'est pas le paradis, ça y ressemble !

Une fois remis de cette "claque" visuelle, place à table : là encore, l'enthousiasme est de mise. Avec les trésors dénichés alentour (poissons de la pêche, viandes et légumes, huile d'olive, herbes...) et tout le talent qu'on lui connaît, Arnaud Faye se fend d'assiettes harmonieuses et précises.

Un exemple ? Ce lapin au poulpe fumé, blette et champignons des bois, jus d'herbes des falaises... un plat de saveurs, de réflexion, d'émotion : irrésistible, tout simplement. N'oublions pas, pour terminer, le service impeccable et la partition sommelière de très haute volée. Décidément, une adresse en or.

→ Melon rôti sans cuisson, homard fumé à l'hysope, barbajuan des pinces. Lapin, poulpe fumé, aubergines et girolles, jus aux herbes. Vision d'un citron de pays

Menu 90 € (déjeuner), 220/260 € – Carte 180/250 €

Château de la Chèvre d'Or, rue du Barri (accès piétonnier) – ✆ 04 92 10 66 61 – www.chevredor.com – Fermé 11 novembre-7 mars

Château Eza

CUISINE MODERNE • ROMANTIQUE XxX Évidemment, il y a le panorama éblouissant, ces variations du paysage en contrebas, le massif qui plonge ses forêts de pins dans la Méditerranée. Mais il y a aussi une cuisine de qualité, des saveurs harmonieuses, des cuissons précises, et la vue depuis la terrasse, à couper le souffle, mais pas l'appétit !

Menu 55 € (déjeuner), 125/150 € – Carte 110/135 €

rue de la Pise (accès piétonnier) – ✆ 04 93 41 12 24 – www.chateaueza.com – Fermé 1er novembre-20 décembre

Les Remparts

CUISINE PROVENÇALE • ROMANTIQUE XX Une cuisine méridionale chic, servie le midi en saison sur une terrasse sublime, posée en bordure de falaise et offrant une vue magique sur la Grande Bleue, St-Jean-Cap-Ferrat, la baie des Anges... Pour un déjeuner d'exception !

Carte 80/120 €

Château de la Chèvre d'Or, rue du Barri (accès piétonnier) – ✆ 04 92 10 66 61 – www.chevredor.com – Fermé 1er novembre-4 avril, lundi soir, mardi soir, mercredi soir, jeudi soir, vendredi soir, samedi soir, dimanche soir

Le Stagioni (N)

CUISINE ITALIENNE • ÉLÉGANT XX À l'abri dans le château de la Chèvre d'Or, en lieu et place de l'ancien Eden, Stagioni fait – comme son nom l'indique – la part belle aux saisons, avec une carte renouvelée régulièrement. Recettes italiennes revisitées, excellents desserts, vue inoubliable sur la mer : une plaisante adresse.

Menu 98 € – Carte 80/120 €

Château de la Chèvre d'Or, rue du Barri – ✆ 04 92 10 66 66 – www.chevredor.com – Fermé 15 octobre-4 avril, lundi midi, mardi midi, mercredi midi, jeudi midi, vendredi midi, samedi midi, dimanche midi

Il fait beau ? Repérez le symbole et attablez-vous en terrasse...

Château de la Chèvre d'Or

DEMEURE HISTORIQUE • ÉLÉGANT Exceptionnel, divin, enchanteur... Un îlot céleste, agrippé aux rochers en surplomb de la Méditerranée. La plupart des chambres, disséminées dans le village, jouissent d'une vue splendide, tout comme les restaurants. Un petit paradis sur terre... au-dessus de la mer !

32 chambres – 310/950 € – 11 suites – 38 €

rue du Barri (accès piétonnier) – ✆ 04 92 10 66 66 – www.chevredor.com – Fermé 11 novembre-7 mars

Le Stagioni • ✿✿ **La Chèvre d'Or** **Les Remparts** – voir la sélection des restaurants

Château Eza

DEMEURE HISTORIQUE • ÉLÉGANT Dans cette demeure du 14e s. perchée entre ciel et mer, la vue sur la côte est littéralement... époustouflante ! Quant à la décoration des chambres, elle mêle charme des pierres anciennes et raffinement contemporain : c'est élégant et subtil. Et l'on vit le mythe de la Riviera...

12 chambres – 200/1200 € – 2 suites – 30 €

rue de la Pise (accès piétonnier) – ✆ 04 93 41 12 24 – www.chateaueza.com – Fermé 1er novembre-19 décembre

Château Eza – voir la sélection des restaurants

ÈZE-BORD-DE-MER

✉ 06360 (Alpes-Maritimes) – Carte régionale n° **25**-E2
Carte Michelin 341-F5 – Guide Vert Michelin Côte d'Azur

La Table de Patrick Raingeard

CUISINE CRÉATIVE • LUXE XXX Dans le cadre luxueux de l'hôtel Cap Estel, cerné par la mer, Patrick Raingeard rend un bel hommage à la Méditerranée et ses rives : la qualité des produits, l'exécution soignée, la pointe d'inventivité qui rehausse l'ensemble, les légumes du potager... et la terrasse, fort agréable ; tout ici est idyllique et confidentiel.

→ Gamberonis marinées au citron vert. Lotte rôtie au beurre moussant de pastis. Galet Ezasque

Menu 62 € (déjeuner), 135/175 € - Carte 117/149 €

Cap Estel, 1312 avenue Raymond-Poincaré – 04 93 76 29 29 – www.capestel.com – Fermé 1er novembre-31 mars

Cap Estel

GRAND LUXE • ÉLÉGANT Sur une presqu'île privée, cette villa enchanteresse, construite par un prince russe à la fin du 19e s, cultive l'art du luxe discret. Ses salons magnifiques, ses chambres et suites somptueuses, son spa, son parc et sa piscine à débordement au-dessus de la mer... tout invite à un séjour de rêve, à l'abri des regards.

18 suites – 770/12200 € - 10 chambres

1312 avenue Raymond Poincaré – 04 93 76 29 29 – www.capestel.com – Fermé 1er novembre-1er avril

La Table de Patrick Raingeard – voir la sélection des restaurants

FALAISE

14700 (Calvados) – Carte régionale n° **17**–B2

Carte Michelin 303-K6 – Guide Vert Michelin Normandie Cotentin

Ô Saveurs

CUISINE MODERNE • CLASSIQUE XX Cette adresse fait le bonheur des habitués, et pour cause : le jeune chef-patron signe une cuisine délicate et colorée, respectant le produit et utilisant au maximum les herbes de la région... Pour un résultat goûteux et maîtrisé ! Quelques chambres sobres et bien tenues pour l'étape.

Menu 21/65 € - Carte 38/70 €

38 rue Georges-Clemenceau – 02 31 90 13 14 – Fermé lundi, samedi midi, dimanche soir

FARROU – 12 (Aveyron) → voir Villefranche-de-Rouergue

LA FAUCILLE (COL DE) – 01 (Ain) → voir Col de la Faucille

FAUGÈRES

07230 (Ardèche) – Carte régionale n° **2**–A3

Carte Michelin 331-G7

Domaine de Chalvêches

LUXE • PERSONNALISÉ Ceux qui recherchent le silence et la nature adoreront cet hôtel moderne dont les chambres, disséminées dans le jardin, allient luxe et personnalisation. L'un des atouts de l'établissement est son exceptionnelle piscine, avec une superbe vue sur les bois et les collines alentours...

8 chambres – 205/455 € - 5 suites – 19 €

Domaine de Chalvêche – 04 75 35 76 16 – www.domaine-chalveches.fr – Fermé 15 décembre-15 janvier

FAULQUEMONT

✉ 57380 (Moselle) – Carte régionale n° **12**-C1
Carte Michelin 307-K4

✿ **Toya** (Loïc Villemin)

CUISINE MODERNE • DESIGN XXX Toya ? Un célèbre lac volcanique au nord du Japon et... cette table tendance zen (grande ouverte sur la verdure) pour une éruption de saveurs ! Beaux produits, technique soignée, inspiration maîtrisée, etc. Le jeune chef, Loïc Villemin, sait associer savoir-faire, sagesse et finesse.

➜ Cuisine du marché

Menu 47 € (déjeuner), 80/130 €

Hostellerie du Chambellan, avenue Jean-Monnet (au golf de Faulquemont) – ☎ 03 87 89 34 22 – www.toya-restaurant.fr – Fermé 1er-7 mars, 29 juillet-16 août, lundi, mardi, dimanche soir

Hostellerie du Chambellan

BUSINESS • FONCTIONNEL Juste à côté du golf de Faulquemont, ce bâtiment récent propose des chambres à la fois sobres, contemporaines et confortables, dont certaines ont vue sur les greens. Deux options pour se restaurer : fine gastronomie au Toya, ou cuisine de brasserie et pizzas à la Mezzanine.

44 chambres – ††95/105 € – ☕ 11 €

avenue Jean-Monnet (au golf de Faulquemont) – ☎ 03 87 89 34 22 – www.lechambellan.fr – Fermé 22 décembre-2 janvier

✿ **Toya** – voir la sélection des restaurants

Lorsque vous réservez une chambre d'hôtel, veillez à vous en faire préciser le prix et la catégorie. On n'est jamais trop prudent...

FAVERGES

✉ 74210 (Haute-Savoie) – Carte régionale n° **2**-C1
Carte Michelin 328-K6 – Guide Vert Michelin Alpes du Nord

Le Chalet d'Eglantine

CUISINE MODERNE • FAMILIAL XX De beaux produits, des cuissons et des techniques maîtrisées, de la recherche et du caractère : la cuisine du chef est gourmande et pleine de saveurs, à l'image de ce filet de lieu jaune accompagné d'asperges et d'une mousse de chou-fleur. Quant au cadre, d'esprit montagnard, il ne manque pas de chaleur. Chambres confortables pour l'étape.

Menu 21 € (déjeuner), 33/53 € – Carte 57/76 €

1006 rue du Champ-Canon, rte d'Albertville – ☎ 04 50 44 50 05 – www.hotelflorimont.com – Fermé 14 décembre-7 janvier, lundi midi, samedi, dimanche soir

FAVERNEY

✉ 70160 (Haute-Saône) – Carte régionale n° **6**-B1
Carte Michelin 314-E6 – Guide Vert Michelin Franche-Comté Jura

à Breurey-lès-Faverney 3 km au Sud-Est par D434 et D6 – ✉ 70160

Château de la Presle

DEMEURE HISTORIQUE • GRAND LUXE Vous rêvez d'un week-end de charme à la campagne ? Ce château du 19es., dans un parc de 6 ha, devrait vous plaire ! Les chambres sont ravissantes (toile de Jouy, style gustavien, etc.), sans parler du salon avec piano, du billard sous les combles et de l'espace bien-être. Cuisine bourgeoise servie dans une salle élégante.

5 chambres ☕ – ††125/160 €

3 rue Louis-Pergaud – ☎ 03 84 91 41 70 – www.chateaudelapresle.com

LA FAVIÈRE – 83 (Var) ➜ voir Bormes-les-Mimosas

FAVIÈRES

✉ 80120 (Somme) – Carte régionale n° **14**-A1
Carte Michelin 301-C6

La Clé des Champs

CUISINE MODERNE · CONTEMPORAIN XX Un jeune couple de professionnels a transformé cette auberge en un restaurant des plus recommandables. On ne ménage pas sa peine pour faire plaisir au client, et le résultat est là, à l'image de ce réjouissant carrelet de nos côtes, accompagné de son risotto d'avoine au butternut, et d'une hollandaise à la verveine... une affaire qui roule.
Menu 22 € (déjeuner), 32/49 € – Carte 36/44 €
place des Fréres-Caudron – ✆ 03 22 27 88 00 – www.restaurant-lacledeschamps.com – Fermé 4-17 février, 24 juin-7 juillet, 21-27 octobre, 23-29 décembre, mercredi, jeudi

Les Saules

TRADITIONNEL · FONCTIONNEL Envie d'une étape au calme, après avoir visité le parc ornithologique du Marquenterre ? Ces Saules sont tout indiqués ! Les chambres, bien équipées, ont vue sur le jardin ou la campagne environnante. Espace spa avec jacuzzi, hammam, sauna...
19 chambres – 89/165 € – 2 suites – 13 €
1075 rue des Forges – ✆ 03 22 27 04 20 – www.hotel-baie-somme.com

FAYENCE

✉ 83440 (Var) – Carte régionale n° **24**-C3
Carte Michelin 340-P4 – Guide Vert Michelin Côte d'Azur

La Table d'Yves

CUISINE MODERNE · ÉLÉGANT X Les vignes et le village de Fayence pour décor ! L'été, on s'installe sur la terrasse de cette jolie maison en laissant le temps filer... Douce quiétude et agréables saveurs : Yves Merville concocte de bonnes recettes aux accents du terroir, avec de jolis produits du marché. On se régale !
Menu 32/49 € – Carte 40/75 €
1357 Route de Fréjus, 2 km par D563 – ✆ 04 94 76 08 44 – www.latabledyves.com – Fermé 1er décembre-7 janvier, mercredi, jeudi

Le Castellaras

CUISINE PROVENÇALE · CONVIVIAL XX Cette maison, avec son jardin arboré à flanc de colline avec le village pour toile de fond, propose une table aux couleurs de la Provence, inspirée par le marché et les saisons. Quelques chambres pour l'étape.
Menu 47 € (déjeuner), 67/97 €
461 chemin de Peymeyan, à 4 km – ✆ 04 94 76 13 80 – www.restaurant-castellaras.com – Fermé 2 janvier-14 février, lundi, mardi, dimanche soir

Le Temps des Cerises

CUISINE TRADITIONNELLE · CONVIVIAL X Une terrasse sous la tonnelle, des cuisines ouvertes sur la salle et des tableaux peints par le père du chef : l'ambiance est chaleureuse et provençale, même si ce dernier est d'origine hollandaise ! Tarte tatin de foie gras, tartare de bœuf aux huîtres et œuf poché, rognon de veau : on y chante "le temps des cerises" sans nostalgie.
Menu 33 € (déjeuner)/44 €
2 place de la République – ✆ 04 94 76 01 19 – www.restaurantletempsdescerises.fr – Fermé 12 novembre-19 décembre, mardi, mercredi

LE FAYET – 74 (Haute-Savoie) ➜ voir St-Gervais-les-Bains

FÉCAMP

✉ 76400 (Seine-Maritime) – Carte régionale n° **17**–C1

Carte Michelin 304-C3 – Guide Vert Michelin Normandie Vallée de la Seine

La Marine

POISSONS ET FRUITS DE MER • CONTEMPORAIN X Une adresse simple et sympathique, menée par une équipe soucieuse du plaisir des clients. L'enseigne dit tout : priorité au poisson et aux fruits de mer ! La salle de l'étage réserve une petite vue sur le port de plaisance.

Menu 16 € (déjeuner), 22/38 € – Carte 30/45 €

23 quai de la Vicomté – ✆ 02 35 28 15 94 – Fermé mercredi

Le Vicomté

CUISINE TRADITIONNELLE • BISTRO X Non loin des riches façades du palais Bénédictine, une petite maison qui cultive la bonhomie et la simplicité : affiches humoristiques, vieilles photos... sans oublier le patron en salle avec son grand tablier. Beaucoup de cœur dans l'accueil comme dans la cuisine de la patronne, inspirée du marché !

Menu 22 €

4 rue du Président-René-Coty – ✆ 02 35 28 47 63 – Fermé mercredi, dimanche

Le Grand Pavois

LUXE • BORD DE MER Sa façade moderne pavoise sur les quais : une situation idéale ! Les prestations sont de qualité : décor contemporain et boisé, confort (excellente literie, bonne insonorisation), accueil aimable... et le petit-déjeuner se prend face aux bateaux. L'un des meilleurs hôtels de la région.

35 chambres – 149/335 € – 17 €

15 quai de la Vicomté – ✆ 02 35 10 01 01 – www.hotel-grand-pavois.com

Hôtel d'Angleterre

TRADITIONNEL • BORD DE MER Un hôtel accueillant, non loin de la plage : les chambres, gaies et cosy, sont agréables après une journée de baignade. Au rez-de-chaussée, on trouve un pub très fréquenté et une crêperie non moins sympathique !

25 chambres – 78/165 € – 2 suites – 9 €

91 rue de la Plage – ✆ 02 35 28 01 60 – www.hotelfecampangleterre.fr

FELDBACH

✉ 68640 (Haut-Rhin) – Carte régionale n° **10**–A3

Carte Michelin 315-H11

Cheval Blanc

CUISINE TRADITIONNELLE • ÉLÉGANT XX Dans cette maison typique du Sundgau, la cuisine est une passion qui se transmet de génération en génération. À la suite de son père, le jeune chef est désormais seul aux fourneaux. Il y réalise de belles recettes traditionnelles teintées de modernité, avec un penchant particulier pour le gibier... Très beau choix de vins.

Menu 14 € (déjeuner), 23/56 € – Carte 30/56 €

1 rue Bisel – ✆ 03 89 25 81 86 – www.cheval-blanc-feldbach.fr – Fermé 18-27 février, 8-23 juillet, mardi, mercredi

FELICETO - 2B (Haute-Corse) ➜ voir Corse

FENOUILLET

✉ 31150 (Haute-Garonne) – Carte régionale n° **22**–B2

Carte Michelin 343-G2

Le Virgil

CUISINE TRADITIONNELLE • COSY XX "Virgil", c'est la contraction de Virginie et Gilles, le charmant couple aux commandes. Dans un intérieur cosy, on se retrouve autour de plats du terroir, simples et copieux : cassoulet toulousain, selle d'agneau rôtie au jus de thym et son gratin dauphinois... Goûteux et gourmand !

Menu 25 € (déjeuner), 30/37 €

40 rue Jean-Jaurès – 05 61 09 14 72 – www.levirgil.com – Fermé 1er-20 août, lundi, dimanche

FÈRE-EN-TARDENOIS

02130 (Aisne) – Carte régionale n° **14**-C3
Carte Michelin 306-D7

Château de Fère

CUISINE MODERNE • BOURGEOIS XXX Dans cette belle demeure au grand calme, la jeune chef délivre une cuisine moderne pleine d'attention et d'intentions, en valorisant de beaux produits. Les saveurs sont marquées et les visuels alléchants ; avantage plutôt rare, le restaurant est ouvert tous les jours de la semaine.

Menu 78/99 € – Carte 75/100 €

route de Fismes, 3 km au Nord par D967 – 03 23 82 21 13 – www.chateaudefere.com – Fermé 1er janvier-31 mars

Château de Fère

HISTORIQUE • GRAND LUXE Non loin se dressent les vestiges du château d'Anne de Montmorency. En pleine forêt et au grand calme, cette belle demeure du 16e s. est chargée d'histoire, mais vit au présent : piscine, spa, chambres confortables...

27 chambres – 180/390 € – 2 suites – 28 €

route de Fisme, 3 km au Nord par D967 – 03 23 82 21 13 – www.chateaudefere.com – Fermé 1er janvier-31 mars

Château de Fère – voir la sélection des restaurants

FERRALS-LES-CORBIÈRES

11200 (Aude) – Carte régionale n° **21**-B3
Carte Michelin 344-H4

En Catimini

CUISINE MODERNE • CLASSIQUE XX L'archétype de l'hôtel particulier (1884) avec son grand escalier, ses moulures, et même un patio. Une mère et sa fille y concoctent "des plats qui voyagent", où les produits régionaux rencontrent le wasabi ou le lait de coco... A déguster sur la jolie terrasse, accompagnés des vins choisis par le patron sommelier.

Menu 25 € (déjeuner), 39/89 € – Carte 44/102 €

16 place de la République – 04 68 41 62 53 – www.en-catimini.fr – Fermé 9 janvier-13 février, 13 novembre-8 décembre, lundi, samedi midi, dimanche soir

FERRETTE

68480 (Haut-Rhin) – Carte régionale n° **10**-A3
Carte Michelin 315-H12

à Lutter 8 km au Sud-Est par D23 – 68480

L'Auberge Paysanne

CUISINE TRADITIONNELLE • FAMILIAL XX Non loin de la frontière suisse, une maison pleine d'âme (vieilles photos, poêle en faïence, etc.), tenue en famille. Le chef, d'origine méditerranéenne, concocte une cuisine traditionnelle aux légères fragrances du Sud. Besoin de repos ? L'ancienne ferme voisine vous réserve d'agréables chambres d'esprit campagnard.

Menu 14 € (déjeuner), 28/50 € – Carte 30/55 €

1 rue de Wolschwiller – 03 89 40 71 67 – www.auberge-hostellerie-paysanne.com – Fermé 1er-15 juillet, 23 décembre-13 janvier, lundi, mardi midi

à Moernach 5 km à l'Ouest par D473 – ✉ 68480

Aux Deux Clefs

CUISINE MODERNE • TRADITIONNEL X Jolie maison à colombages typique du Sundgau. Salle à manger cossue ornée de tableaux et carte traditionnelle. Accueillantes chambres fonctionnelles dans l'annexe voisine.

Menu 13 € (déjeuner), 19/58 € – Carte 35/65 €

218 rue Hennin-Blenner – ✆ 03 89 40 80 56 – www.aux2clefs.com – Fermé 28 janvier-7 février, 8-18 juillet, 4-10 novembre, mercredi, jeudi

LA FERRIÈRE-AUX-ÉTANGS – 61 (Orne) → voir Flers

LA FERTÉ-BEAUHARNAIS

✉ 41210 (Loir-et-Cher) – Carte régionale n° **8**-C2

Carte Michelin 318-I6 – Guide Vert Michelin Châteaux de la Loire

Auberge le Beauharnais

CUISINE TRADITIONNELLE • AUBERGE X Dans un petit bourg de Sologne, cette auberge est tenue en famille : père et fils composent une cuisine fidèle à ses racines, mais tournée vers la modernité. Côté produits, ils privilégient les livraisons de petits fournisseurs (légumes, poissons de la Loire) et le gibier en saison (faisan, colvert, lièvre) : avis aux amateurs !

Menu 29/42 € – Carte 35/45 €

18 rue Napoléon-III – ✆ 02 54 83 64 36 – www.aubergelebeauharnais-restaurant-41.fr – Fermé mardi, mercredi

LA FERTÉ-BERNARD

✉ 72400 (Sarthe) – Carte régionale n° **23**-D1

Carte Michelin 310-M5 – Guide Vert Michelin Pays de la Loire

Restaurant du Dauphin

CUISINE MODERNE • TENDANCE XX Cette jolie demeure du 16e s. au pied de la porte St-Julien propose une cuisine maison et dans l'air du temps, avec quelques touches exotiques – ce ceviche de thon au lait de coco-gingembre en est un bon exemple –, à déguster dans une salle aux tons gris et framboise. Belle sélection de vins au verre.

Menu 22 € (déjeuner), 33/85 € – Carte 46/59 €

3 rue d'Huisne (accès piétonnier) – ✆ 02 43 93 00 39 – www.restaurant-du-dauphin.com – Fermé 16-31 mars, 4-25 août, lundi, dimanche

Au Bistronome

CUISINE TRADITIONNELLE • BISTRO X L'intérieur, lumineux et haut de plafond, est décoré à la façon d'un bistrot contemporain. Même philosophie dans l'assiette, qui met en avant la tradition avec notamment de bonnes grillades au charbon de bois – côte de bœuf, entrecôte, andouillette, thon, sole... – préparées directement dans la salle. Simple et généreux !

Menu 23 € (déjeuner) – Carte 45/60 €

11 rue Bourgneuf – ✆ 02 43 93 21 58 – Fermé lundi, mardi soir, mercredi soir, dimanche

LA FERTÉ-ST-AUBIN

✉ 45240 (Loiret) – Carte régionale n° **8**-C2

Carte Michelin 318-I5 – Guide Vert Michelin Châteaux de la Loire

L'Orée des Chênes

CUISINE MODERNE • RUSTIQUE XXX Au sein d'un domaine de 70 ha, voici la maison solognote dans toute sa splendeur : cheminée, salle à manger à colombages et tomettes au sol, esprit campagnard chic... La cuisine, bien réalisée, évolue avec les saisons et nous laissera un très bon souvenir.

Menu 43/60 € – Carte 50/84 €

921 route de Marcilly, 3,5 km au Nord-Est – ✆ 02 38 64 84 00 – www.loreedeschenes.com

L'Orée des Chênes

MAISON DE CAMPAGNE • TRADITIONNEL Un agréable parc, un étang, une piscine et... ces jolies maisons solognotes, avec des chambres accueillantes, feutrées, chics et bucoliques. Quiétude, verdure et confort !
26 chambres – 116/182 € – 16 €
921 route de Marcilly, 3,5 km au Nord-Est – 02 38 64 84 00 – www.loreedeschenes.com
L'Orée des Chênes – voir la sélection des restaurants

LA FERTÉ-ST-CYR

41220 (Loir-et-Cher) – Carte régionale n° **8**-C2
Carte Michelin 318-H6

La Diligence

CUISINE TRADITIONNELLE • AUBERGE XX Cet ancien relais de poste joliment restauré propose de goûteuses préparations, mettant en valeur le terroir local, et dispose de chambres confortables. L'accueil est particulièrement charmant. Une adresse aussi sympathique que coquette.
Menu 22 € (déjeuner)/48 €
13 rue du Bourg – 02 54 87 90 14 – www.hotel-la-diligence.com – Fermé lundi, mercredi midi, dimanche soir

FEYTIAT – 87 (Haute-Vienne) → Voir Limoges

FIGEAC

46100 (Lot) – Carte régionale n° **22**-C1
Carte Michelin 337-I4

La Cuisine du Marché

CUISINE TRADITIONNELLE • AUBERGE XX La vieille ville est un bel écrin pour ce restaurant agréable, dont le nom est déjà un manifeste ! On utilise de bons produits du marché pour réaliser une cuisine simple et goûteuse, mâtinée de quelques touches espagnoles – origines du chef obligent.
Menu 30 € – Carte 40/60 €
15 rue de Clermont – 05 65 50 18 55 – www.lacuisinedumarchefigeac.com – Fermé 7 janvier-8 février, lundi midi, dimanche

La Dînée du Viguier

CUISINE CLASSIQUE • HISTORIQUE XX Au cœur de la cité médiévale, dans l'ancienne salle des gardes du château du Viguier : haut plafond de poutres peintes, cheminée au manteau sculpté... et cuisine d'un beau classicisme : carpaccio de homard aux légumes, ravioles de foie de canard, tourte quercynoise (foie gras, morilles, truffes)...
Menu 34/49 € – Carte 61/83 €
4 rue Boutaric – 05 65 50 08 08 – www.ladineeduviguier.fr – Fermé lundi, samedi midi, dimanche soir

Le Quatorze

HÔTEL PARTICULIER • PERSONNALISÉ Sur une petite place au cœur du vieux Figeac, ce joli hôtel accueille quatorze chambres confortables et simplement décorées, avec un beau mobilier – frêne, châtaignier – et tout le confort nécessaire. Au petit-déjeuner, on profite des bons produits bio du terroir.
14 chambres – 68/107 € – 13 €
14 place de l'Estang – 05 65 14 08 92 – www.le-quatorze.fr – Fermé 14 décembre-7 janvier

à Capdenac-le-Haut 5 km à l'Est par D840 – ✉ 46100

Le Relais de la Tour

FAMILIAL • PERSONNALISÉ Cette maison villageoise du 15e s., entièrement restaurée, fait face à une tour médiévale qui surplombe la vallée du Lot. Chambres coquettes parfaitement tenues, et plats du terroir au restaurant.

11 chambres – 73/100 €

place Lucter – ✆ 05 65 11 06 99 – www.lerelaisdelatour.fr – Fermé 22 février-10 mars, 19 octobre-6 novembre

LES FINS – 25 (Doubs) ➜ voir Morteau

FITOU

✉ 11510 (Aude) – Carte régionale n° **21**-B3

Carte Michelin 344-I5

Le Toit Vert

CUISINE MODERNE • VINTAGE X Sur les hauteurs d'un village viticole, cette maison récente a été conçue avec des matériaux écologiques : le restaurant doit son nom à son toit végétalisé. Le décor est vintage, un peu bohème, et dans l'assiette, les saisons font la ronde, au gré d'une carte courte, qui change chaque semaine. Appétissant.

Carte 35/55 €

chemin les Pujades – ✆ 04 68 70 47 38 – www.letoitvert.fr – Fermé 1er janvier-13 février, lundi midi, mardi, mercredi midi, jeudi midi, vendredi midi, samedi midi

FLAINE

✉ 74300 (Haute-Savoie) – Carte régionale n° **4**-F1

Carte Michelin 328-N4 – Guide Vert Michelin Alpes du Nord

Totem

BOUTIQUE HÔTEL • DESIGN Cet hôtel tendance, imaginé dans une veine industrielle (mur en béton mis à nu), et qui s'affranchit avec gourmandise des codes de l'hôtellerie (ainsi ces jeux d'arcade vintage dans la réception) offre un hébergement très confortable, augmenté d'un spa, avec massage et fitness.

96 chambres – 170/540 €

Flaine Forum – ✆ 04 30 05 03 40 – www.terminal-neige.com – Fermé 22 avril-14 décembre

FLAVIGNY-SUR-MOSELLE

✉ 54630 (Meurthe-et-Moselle) – Carte régionale n° **12**-B2

Carte Michelin 307-I7

La Brunerie

MAISON DE CAMPAGNE • ART DÉCO Sise dans un petit village, non loin de la Moselle, cette ancienne ferme métamorphosée en maison bourgeoise propose des chambres confortables, et décorées avec goût. On apprécie la promenade dans le jardin, une brasse en piscine. Avis aux amateurs : le patron propose dégustations de vins et cours de cuisine ! Table d'hôte sur réservation.

4 chambres – 189/249 €

63 rue de Nancy – ✆ 06 08 58 14 67 – www.labrunerie.fr

FLAYOSC – 83 (Var) ➜ voir Draguignan

LA FLÈCHE

✉ 72200 (Sarthe) – Carte régionale n° **23**-C2

Carte Michelin 310-I8 – Guide Vert Michelin Pays de la Loire

Le Moulin des Quatre Saisons (Camille Constantin)

CUISINE MODERNE • TENDANCE XXX Au centre de la ville, Cupidon semble veiller sur ce beau moulin du 17e s. posé sur les eaux du Loir ! Un cadre enchanteur... pour une cuisine actuelle, rythmée par les saisons et accompagnée de beaux vins, certains d'Autriche – pays d'origine de la propriétaire.

→ Médaillons de homard breton, crème aux huîtres et caviar. Duo de veau de Galice et ris de veau cuisiné aux lardons d'anguille fumée. Meringue aux fruits rouges et soupe de fraises

Menu 35 € (déjeuner), 46/94 € – Carte 75/120 €

rue Gallieni – ✆ 02 43 45 12 12 – www.camilleconstantin.com – Fermé 2-7 janvier, lundi, mercredi soir, dimanche soir

Le Gentleman

TRADITIONNEL • PERSONNALISÉ Sens de l'accueil, élégance et raffinement : un véritable hôtel de gentlemen ! Les chambres, toutes personnalisées, rivalisent de style et de confort ; le salon-bibliothèque, avec son canapé, ses boiseries et sa cheminée, est également plein de charme.

14 chambres – 85/129 € – 12 €

17 rue de la Tour-d'Auvergne – ✆ 02 43 45 89 36 – www.legentleman.fr

FLERS

✉ 61100 (Orne) – Carte régionale n° **17**-B2

Carte Michelin 310-F2 – Guide Vert Michelin Normandie Cotentin

Au Bout de la Rue

CUISINE MODERNE • COSY XX Gagnez le Bout de la Rue pour découvrir cette maison tenue par un jeune couple dynamique, Anaïs en salle et Yohan aux fourneaux. Ce dernier, passé par de belles maisons, signe des recettes pétillantes et maîtrisées : panacotta de pont-l'évêque, tartare de bœuf coupé au couteau... Du joli travail.

Menu 25/50 € – Carte 30/50 €

60 rue de la Gare – ✆ 02 33 65 31 53 – www.auboutdelarue.com – Fermé 2-9 janvier, 28 avril-8 mai, 28 juillet-18 août, mercredi soir, samedi midi, dimanche

à La Ferrière-aux-Étangs 10 km au Sud-Est par D18 et D825 – ✉ 61450

Auberge de la Mine (Hubert Nobis)

CUISINE MODERNE • ÉLÉGANT XXX Ce tout petit coin de Normandie connut la prospérité après la découverte d'un filon de fer... Dans l'ancienne cantine des mineurs, Hubert Nobis cultive toujours les richesses de la terre avec une main de velours : technique éprouvée, parfums équilibrés... le terroir normand cuisiné comme un trésor.

→ Cuisine du marché

Menu 27 € (déjeuner), 41/71 € – Carte 72/75 €

le Gué-Plat, à 3 km par route de Dompierre – ✆ 02 33 66 91 10 – www.aubergedelamine.com – Fermé 2-22 janvier, 8-31 juillet, lundi, mardi, dimanche soir

FLEURIE

✉ 69820 (Rhône) – Carte régionale n° **3**-E1

Carte Michelin 327-H2 – Guide Vert Michelin Lyon et sa région

Auberge du Cep

CUISINE RÉGIONALE • COSY XX Bienvenue dans cette maison emblématique du Beaujolais. Aux fourneaux, le jeune chef fait chanter le terroir régional, et ses spécialités parlent d'elles-mêmes : pâté en croûte, volaille fermière au fleurie (l'un des dix crus du Beaujolais) ou soufflé vanille... De beaux moments gourmands en perspective.

Menu 22 € (déjeuner), 34/60 € – Carte 65/75 €

place de l'Église – ✆ 04 74 04 10 77 – www.aubergeducep.com – Fermé 2-14 janvier, 1er-8 juillet, lundi, dimanche soir

FLEURVILLE

✉ 71260 (Saône-et-Loire) – Carte régionale n° **5**-C3
Carte Michelin 320-J11 – Guide Vert Michelin Bourgogne

Château de Fleurville

DEMEURE HISTORIQUE • CLASSIQUE Dans son ravissant parc, un petit château du 17e s. en pierre bourguignonne, flanqué d'une jolie tour. Tissus tendus et meubles anciens ajoutent au caractère des chambres. Autres agréments : la piscine, l'espace bien-être, le tennis et le restaurant gastronomique.

15 chambres – 130/260 € – 18 €

208 rue du Glamont – 03 85 27 91 30 – www.chateau-de-fleurville.com

à Mirande 3 km au Nord-Ouest par D55 rte de Lugny – ✉ 71260

La Marande (Philippe Michel)

CUISINE MODERNE • ÉLÉGANT XX "Marander" en patois local signifie... aller manger. En cette belle maison bourgeoise, à l'élégance contemporaine, la cuisine est avant tout un art : le chef fait montre de maîtrise et de délicatesse à travers des assiettes particulièrement graphiques. Cerise(s) sur le gâteau : le beau choix de bourgognes et la superbe terrasse !

→ Pâté en croûte à la volaille et au foie gras, sauce raifort. Sphère farcie aux crustacés et langoustine. Étuvée d'abricot et de pêche à la vanille, crémeux au thym et son sorbet

Menu 30 € (déjeuner), 47/95 € – Carte 70/78 €

route de Lugny – 03 85 33 10 24 – www.hotel-restaurant-la-marande.com – Fermé 7-29 janvier, 3-12 mars, 21 octobre-5 novembre, lundi, mardi

FLEURY-SUR-ANDELLE

✉ 27380 (Eure) – Carte régionale n° **17**-D2

Château de Bonnemare

DEMEURE HISTORIQUE • CLASSIQUE Renaître à l'époque de la Renaissance, telle est l'expérience unique à laquelle invite cet ensemble : le châtelet d'entrée, les dépendances, la chapelle, le château lui-même, tout transporte au milieu du 16e s. ! Décors historiques, fresques, tableaux et mobilier des 17e et 18e s. : l'art de vivre dans la permanence...

5 chambres – 130/220 €

990 chemin de Bacqueville, 3,5 km par D321 et rte secondaire – 02 32 49 03 73 – www.bonnemare.com – Fermé 1er décembre-14 février

FLEURY-SUR-ORNE – 14 (Calvados) → voir Caen

FLORAC

✉ 48400 (Lozère) – Carte régionale n° **21**-C1
Carte Michelin 330-J9

L'Adonis

CUISINE MODERNE • CONVIVIAL XX De bons produits cévenols (pélardon et châtaignes du cru, agneau et bœuf de Lozère, truite d'élevage local, coupétade...) pour une cuisine actuelle ; un service très attentionné et une jolie sélection de vins régionaux : un Adonis tout en gourmandise, feutré et accueillant.

Menu 27/57 € – Carte 40/55 €

Gorges du Tarn, 48 rue Pêcher – 04 66 45 00 63 – www.hotel-gorgesdutarn.com – Fermé 1er janvier-6 avril, 3 novembre-31 décembre, mercredi midi

Gorges du Tarn

FAMILIAL · FONCTIONNEL Une sympathique auberge de village à l'entrée (ou à la sortie) des célèbres gorges du Tarn. Les chambres, très coquettes, ont été joliment décorées par une artiste locale. Du cachet !

23 chambres – 65/105 € – 11 €

48 rue Pêcher – 04 66 45 00 63 – www.hotel-gorgesdutarn.com – Fermé 1er janvier-5 avril, 5 novembre-31 décembre

L'Adonis – voir la sélection des restaurants

à Cocurès 5,5 km au Nord-Est par D806 et D998 – 48400

La Lozerette

CUISINE MODERNE · ÉLÉGANT XX Dans cette charmante auberge, la propriétaire est sommelière : elle se fera un plaisir de vous guider dans l'accord de votre nectar avec la cuisine du chef, concoctée à base des meilleurs produits régionaux. Le plateau de fromages est superbe... Savoureux !

Menu 29/56 €

La Lozerette – 04 66 45 06 04 – www.lalozerette.com – Fermé 11 novembre-20 mars, lundi midi, mardi midi, mercredi midi

FONT-ROMEU-ODEILLO-VIA

66120 (Pyrénées-Orientales) – Carte régionale n° **21**-A3

Carte Michelin 344-D7

La Chaumière

CUISINE CATALANE · AUBERGE XX Rangez les skis ! À l'entrée de la station, on ne résiste pas à cette sympathique chaumière où le bois domine. Au menu : une belle sélection de mets catalans et de vins régionaux. Le patron est un amoureux des bonnes choses (viandes de choix, légumes locaux) et a même créé... une cave à jambons !

Menu 23 € (déjeuner), 33/65 € – Carte 30/60 €

96 avenue Emmanuel-Brousse – 04 68 30 04 40 – www.restaurantlachaumiere.fr – Fermé 29 avril-24 juin, 23 septembre-25 novembre, lundi

Le Grand Tétras

TRADITIONNEL · MONTAGNARD Au cœur de la station, cet hôtel familial est vraiment plaisant. Les chambres sont décorées dans un esprit contemporain et montagnard, certaines avec balcon et vue sur les Pyrénées... et il y a même un jacuzzi extérieur et une piscine couverte sur le toit.

32 chambres – 97/157 € – 11 €

14 avenue Emmanuel-Brousse – 04 68 30 01 20 – www.hotelgrandtetras.fr

FONTAINEBLEAU

77300 (Seine-et-Marne) – Carte régionale n° **15**-C3

Carte Michelin 312-F5 – Guide Vert Michelin Île-de-France

L'Axel (Kunihisa Goto)

CUISINE MODERNE · ÉLÉGANT XX Kunihisa Goto, le chef japonais de l'Axel, peut être fier de son travail : sa maison affiche souvent complet ! Il revisite magnifiquement la gastronomie française (oursins, soupe de truffes, langoustines), avec finesse et subtilité, au plus près des saisons. Et côté Fuumi, son annexe, les plats japonais sont cuisinés au teppanyaki devant vos yeux.

→ Œuf translucide, truffe, asperge verte et crumble au parmesan. Ris de veau doré, carottes à la cannelle et sauce au cidre. Fraises en chaud-froid, confiture de lait, sablé breton au thé vert et glace au yaourt

Menu 42 € (déjeuner), 60/110 € – Carte 105/155 €

43 rue de France – 01 64 22 01 57 – www.laxel-restaurant.com – Fermé 21 janvier-13 février, 12-20 août, lundi, mardi, mercredi midi

La Table du Parc

CUISINE MODERNE • CONTEMPORAIN XX Mise en avant de la production locale, célébration de la tradition et du terroir... Tel est le pari de cette Table du Parc. Les assiettes sont justes et bien maîtrisées : on passe un bon moment.

Menu 32 € (déjeuner), 57/95 € - Carte 50/90 €

La Demeure du Parc, 6 rue d'Avon - 01 60 70 20 00 - www.lademeureduparc.fr - Fermé lundi, mardi, dimanche soir

Fuumi

CUISINE JAPONAISE • CONVIVIAL X Ce jeune restaurant japonais, situé dans le centre-ville de Fontainebleau n'est autre que l'annexe de l'Axel, le restaurant étoilé du chef patron Kunihisa Goto, et de son épouse Vanessa. En ce lieu convivial se dégustent plats traditionnels japonais, parfumés et généreux, mais aussi gyozas et ramen. Réservation (très) fortement conseillée.

Menu 21 € (déjeuner), 38/90 € - Carte 30/70 €

39 rue de France - 01 60 72 10 32 - www.restaurant-fuumi.com - Fermé 21 avril-6 mai, 11-27 août, 22 décembre-3 janvier, lundi midi, dimanche

Aigle Noir

HISTORIQUE • ÉLÉGANT Tout près du château, cet hôtel particulier construit au 18e s. cultive une ambiance feutrée et élégante. Les chambres ont été décorées avec soin, en particulier avec quelques beaux meubles de style Empire.

49 chambres - 115/320 € - 4 suites - 22 €

27 place Napoléon-Bonaparte - 01 60 74 60 00 - www.aiglenoirhotel.com

La Demeure du Parc

BOUTIQUE HÔTEL • DESIGN En centre-ville, une auberge contemporaine dans un esprit boutique-hôtel. Les chambres, épurées et lumineuses, jouent sur les matières - bois, notamment -, et certaines d'entre elles disposent d'un balcon ou d'un petit jardin privatif.

20 chambres - 160/276 € - 7 suites - 18 €

6 rue d'Avon - 01 60 70 20 00 - www.lademeureduparc.fr

La Table du Parc - voir la sélection des restaurants

FONTAINE-DE-VAUCLUSE

84800 (Vaucluse) - Carte régionale n° **25**-E1

Carte Michelin 332-D10 - Guide Vert Michelin Provence

Philip

CUISINE TRADITIONNELLE • FAMILIAL X Au pied de la célèbre fontaine d'où jaillit la Sorgue, cette adresse sait jouer de ses charmes bucoliques, en particulier en terrasse... Père et fille (la maison est dans la famille depuis 1926 !) travaillent à quatre mains de beaux produits : truites fraîches, asperges, truffes, fraises... Bon rapport qualité-prix.

Menu 32/52 € - Carte 45/70 €

chemin de la Fontaine - 04 90 20 31 81 - Fermé 1er octobre-31 mars

Hôtel du Poète

TRADITIONNEL • MÉDITERRANÉEN Ce charmant moulin du 19e s. est entouré d'un jardin luxuriant, traversé par la Sorgue. Chambres aux notes provençales : "Temps des Cerises", "Transhumance", "Brin de lavande", etc. On prend le petit-déjeuner au bord de l'eau.

24 chambres - 90/325 € - 17 €

Le bourg - 04 90 20 34 05 - www.hoteldupoete.com - Fermé 17 novembre-2 mars

Un important déjeuner d'affaires ou un dîner entre amis ? Le symbole vous signale les salons privés.

FONTAINE-SOUS-JOUY

✉ 27120 (Eure) - Carte régionale n° **17**-D2

Carte Michelin 304-H7

Clos de Mondétour

MAISON DE CAMPAGNE · ÉLÉGANT Dans ce petit village tranquille de la vallée de l'Eure, au sein d'un jardin arboré, trône cette belle demeure du 16ᵉ s. restaurée avec goût. Toile de Jouy, objets chinés, superbe cheminée dans le salon : il y règne un esprit familial plein de charme, que prolonge le petit-déjeuner proustien (confiture, financier et madeleine maison).

4 chambres - 100/150 €

17 rue de la Poste
- 06 71 13 11 57 - www.closdemondetour.com

FONTENAI-SUR-ORNE - 61 (Orne) ➜ voir Argentan

FONTENAY-LE-COMTE

✉ 85200 (Vendée) - Carte régionale n° **23**-B3

Carte Michelin 316-L9 - Guide Vert Michelin Pays de la Loire

Le Rabelais

TRADITIONNEL · FONCTIONNEL Une bâtisse de style vendéen en léger retrait du centre-ville, proposant des chambres fonctionnelles et bien tenues. Le confort et le bien-être règnent jusque dans l'espace détente, et l'on profite aussi d'une jolie piscine aux beaux jours !

54 chambres - 89/149 € - 10 €

19 rue de l'Ouillette
- 02 51 69 86 20 - www.le-rabelais.com

à Velluire 11 km au Sud par D938ter et D68 - ✉ 85770

Auberge de la Rivière

CUISINE MODERNE · AUBERGE XXX Le frémissement de la rivière toute proche, le lierre qui court sur la façade, les oies et les canards qui gambadent : cette auberge vendéenne invite à la rêverie et à la gourmandise. Sur la terrasse, on savoure de beaux produits, accompagnés d'herbes aromatiques et de subtils assaisonnements... Chambres coquettes pour l'étape.

Menu 33/62 € - Carte 47/75 €

rue du Port-de-la-Fouarne
- 02 51 52 32 15 - www.hotel-riviere-vendee.com - Fermé 18 février-14 mars, lundi, mardi midi, dimanche soir

FONTENOY-LA-JOÛTE

✉ 54122 (Meurthe-et-Moselle) - Carte régionale n° **12**-C2

Carte Michelin 307-K8 - Guide Vert Michelin Lorraine

L'Imprimerie

CUISINE MODERNE · TRADITIONNEL X Il était une fois un petit village connu pour sa passion du livre... Quoi de plus naturel que l'ancienne imprimerie se transforme en haut lieu de culture des sens ? Ici, on propose une cuisine moderne sous forme de menus surprises ; menu unique à midi (imbattable!), plus élaboré en soirée. Petit musée de l'imprimerie, et terrasse aux beaux jours.

Menu 14 € (déjeuner), 38/54 €

39 rue de la Division-Leclerc - 03 83 89 57 15 - www.restaurantlimprimerie.com - Fermé mardi, mercredi

FONTEVRAUD-L'ABBAYE

✉ 49590 (Maine-et-Loire) – Carte régionale n° **23**–C2
Carte Michelin 317-J5 – Guide Vert Michelin Châteaux de la Loire

✿ Fontevraud Le Restaurant

CUISINE CRÉATIVE • DESIGN XX Au cœur du domaine de l'abbaye de Fontevraud, le chef Thibaut Ruggeri (Bocuse d'Or 2013) enchante avec une cuisine créative misant sur les produits du terroir local (volaille de Racan, pigeon d'Anjou...) ainsi que les herbes et légumes du potager du domaine. Côté vins, le Val de Loire est à l'honneur.

→ Champignons de Paris à Fontevraud. Pigeon royal d'Anjou et frangipane. Le défilé des religieuses

Menu 60/108 €

Fontevraud L'Hôtel, 38 rue St-Jean-de-l'Habit – ✆ 02 46 46 10 10 – www.fontevraud.fr – Fermé 31 décembre-27 janvier, lundi midi, mardi midi, mercredi midi, jeudi midi, vendredi midi

Fontevraud L'Hôtel

HISTORIQUE • CONTEMPORAIN Cet hôtel, installé au sein même de la célèbre abbaye de Fontevraud, accueille les voyageurs dans un cadre unique, habilement mis en valeur à travers un style contemporain affirmé, dont la sobriété respecte parfaitement l'esprit monacal des lieux. Élégant et apaisant.

54 chambres – ††140/210 € – ☕ 18 €

38 rue St-Jean-de-l'Habit – ✆ 02 46 46 10 10 – www.fontevraud.fr – Fermé 31 décembre-27 janvier

✿ **Fontevraud Le Restaurant** – voir la sélection des restaurants

FONTJONCOUSE

✉ 11360 (Aude) – Carte régionale n° **21**–B3
Carte Michelin 344-H4 – Guide Vert Michelin Languedoc Roussillon

✿✿✿ Auberge du Vieux Puits (Gilles Goujon)

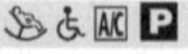

CUISINE CRÉATIVE • DESIGN XXX L'aubergiste des Corbières : ainsi surnomme-t-on parfois Gilles Goujon, à qui l'on doit d'avoir placé le minuscule village de Fontjoncouse, dans l'Aude, sur la carte de la haute gastronomie française. Installé en 1992, il y a décroché sa troisième étoile en 2010.
Ses marques de fabrique ? La sincérité et le savoir-faire. Les habitués le savent, chacune de ses assiettes est faite avec le cœur, et un soin de tous les instants. Goujon n'a pas son pareil pour s'effacer derrière le produit et le laisser s'exprimer dans toute sa simplicité : la marque des grands !
On se contentera de citer, à titre d'exemple, son œuf "pourri" de truffes melanosporum avec purée de champignons, émulsion mousseuse à la truffe, briochine tiède et velouté. Le plat superstar de la maison, condensé de technicité et de saveurs, qui est toujours un grand moment de gourmandise. Et le reste du repas est du même tonneau, précis et affirmé, soigné et généreux, jamais dans l'esbroufe : l'excellence, tout simplement.

→ Œuf de poule pourri de truffes, briochine tiède et cappuccino à boire. Rouget barbet, pomme bonne bouche fourrée d'une brandade en "bullinada". Citron de Menton cassant, sorbet citrus bergamote et kumquat, crème thym citron

Menu 120 € (déjeuner), 180/210 € – Carte 170/200 €

5 avenue St-Victor – ✆ 04 68 44 07 37 – www.aubergeduvieuxpuits.fr – Fermé 2 décembre-28 mars, lundi, mardi, dimanche

La Maison des Chefs

FAMILIAL • PERSONNALISÉ Dans ce village niché au cœur des reliefs audois, cette maison traditionnelle est située à quelques pas de l'Auberge du Vieux Puits. On y trouve six petites chambres charmantes, avec leurs tomettes vertes et orange, leurs murs multicolores et leur mobilier rustique.

6 chambres – ††165 € – ☕ 27 €

rue de l'Église – ✆ 04 68 44 07 37 – www.aubergeduvieuxpuits.fr – Fermé 1er janvier-27 mars

FONTVIEILLE

✉ 13990 (Bouches-du-Rhône) - Carte régionale n° **25**-E1
Carte Michelin 340-D3 - Guide Vert Michelin Provence

Le Patio

CUISINE PROVENÇALE • MÉDITERRANÉEN XX Cette jolie bergerie du 18e s. s'égaye d'un bien agréable patio planté d'acacias et de palmiers. La spécialité ? Le gigot d'agneau cuit au foin de Crau, et la cuisse de lapereau confite à l'huile d'olive des Baux... La Provence dans tous ses états !

Menu 32 € (déjeuner), 45/51 € - Carte 60/72 €

117 route du Nord - ✆ 04 90 54 73 10 - www.lepatio-alpilles.com - Fermé 11-27 février, mardi soir, mercredi

Villa Regalido

LUXE • PERSONNALISÉ Ce vieux moulin à huile, blotti au cœur d'un jardin fleuri, rappelle les photos sépia de notre enfance. La plupart des chambres, sobres et élégantes, sont prolongées par un balcon... et l'on prend son petit-déjeuner sur une belle terrasse verdoyante. Bonne cuisine du marché au restaurant.

15 chambres - 119/349 € - 18 €

118 avenue Frédéric Mistral - ✆ 04 90 54 60 22 - www.villa-regalido.com

FORBACH

✉ 57600 (Moselle) - Carte régionale n° **12**-C1
Carte Michelin 307-M3

à Rosbrück 6 km au Sud-Ouest - ✉ 57800

Auberge Albert Marie

CUISINE TRADITIONNELLE • AUBERGE XXX Une salle un tantinet bourgeoise, un plafond à caissons, des boiseries sombres... et la nouvelle génération qui toque aux fourneaux. Soupe de poissons marseillaise, pomme de ris de veau au foin : la tradition - savoureuse - enchante depuis quarante ans, hôtes de passage comme habitués.

Menu 25 € (déjeuner), 40/48 € - Carte 48/78 €

1 rue Nationale - ✆ 03 87 04 70 76 - Fermé lundi, samedi midi, dimanche soir

à Stiring-Wendel 3 km au Nord-Est par D603 - ✉ 57350

La Bonne Auberge (Lydia Egloff)

CUISINE CRÉATIVE • ÉLÉGANT XXX L'antre de deux sœurs de talent, Lydia et Isabelle Egloff : la première œuvre en cuisine, où elle signe des recettes imprégnées d'une sensibilité artistique, tandis que la seconde supervise un service au grand charme. Une serre en guise de jardin d'hiver, une salle lumineuse et originale, une belle carte des vins : l'enseigne dit la vérité !

→ Foie gras d'oie truffé à la pâte de figue, brioche aux céréales torréfiées. Viennoise de rognon de veau au Picon bière et endives à la chicorée. Gratin de mirabelles en chaud-froid

Menu 48 € (déjeuner), 75/130 € - Carte 84/105 €

15 rue Nationale - ✆ 03 87 87 52 78 - Fermé 15-30 août, 28 décembre-7 janvier, lundi, samedi midi, dimanche soir

FORCALQUIER

✉ 04300 (Alpes-de-Haute-Provence) - Carte régionale n° **24**-B2
Carte Michelin 334-C9 - Guide Vert Michelin Provence

Les Terrasses de la Bastide

CUISINE PROVENÇALE • CONVIVIAL X Entendez-vous les cigales chanter ? Installés sur la belle terrasse, face au jardin, les gourmands se régalent d'une bonne cuisine méditerranéenne. La spécialité du chef : les pieds et paquets. Et si d'aventure le temps n'était pas de la partie, réfugiez-vous dans la salle décorée sur le thème de l'olive.

Menu 30/35 € - Carte 31/51 €

Route de Banon - ✆ 04 92 73 32 35 - www.lesterrassesdelabastide.fr - Fermé 2-22 décembre, lundi

La Bastide Saint Georges

SPA ET BIEN-ÊTRE • COSY Beaucoup de charme en ce domaine ! Les chambres sont décorées avec goût – et au naturel : bois, pierre, lin –, la plupart avec terrasse. Piscine, spa et massages. Idéal pour un séjour farniente.

23 chambres – 135/340 € – 2 suites – 23 €

Route de Banon, 2 km par D950 – 04 92 75 72 80 – www.bastidesaintgeorges.com – Fermé 11 novembre-15 mars

Auberge Charembeau

FAMILIAL • À LA CAMPAGNE Une ferme du 18e s. dans un charmant parc vallonné. On s'y repose, au grand calme, dans des chambres de style provençal. Tennis, piscine : comme une invitation à la détente...

25 chambres – 90/206 € – 15 €

Lieu-dit Charambau, 4 km, route de Niozelles – 04 92 70 91 70 – www.charembeau.com – Fermé 15 novembre-1er mars

à Mane 4 km au Sud par D4100 – 04300

Le Cloître

CUISINE CRÉATIVE • DESIGN XxX Dans le Cloître de l'ancien couvent des Minimes, le chef Jérôme Roy voue un véritable culte... aux mariages de saveurs. Sa cuisine, volontiers créative, nous emmène de surprise en surprise ; on passe un excellent moment sur la terrasse ombragée. Difficile de repartir !

→ Lamelles crues de sériole, salicorne, gelée d'arêtes grillées. Côtelettes d'agneau de Provence rôties à la lavande. Tartelette au citron et limoncello

Menu 85/155 €

Le Couvent des Minimes & Spa, chemin des Jeux-de-Maï – 04 92 74 77 77 – www.couventdesminimes-hotelspa.com – Fermé 1er janvier-13 février, lundi, mardi, mercredi midi, jeudi midi, vendredi midi

Le Couvent des Minimes & Spa

LUXE • TENDANCE Somptueux écrin que cet ancien couvent des Minimes de 1862, niché au cœur de la campagne. Les chambres, au décor sobre ou plus design, y sont ravissantes. Profitez des senteurs provençales du jardin, de l'imposant spa signé L'Occitane, ou du sympathique bistrot "Le Pesquier", ouvert tous les jours. Délicieux.

38 chambres – 245/1785 € – 6 suites – 31 €

Chemin des Jeux-de-Maï – 04 92 74 77 77 – www.couventdesminimes-hotelspa.com – Fermé 1er janvier-13 février

Le Cloître – voir la sélection des restaurants

Mas du Pont Roman

TRADITIONNEL • PERSONNALISÉ Suivez la route bordée de platanes, près d'un vieux pont roman, vous trouverez ce mas en pierre du 18e s. au cœur d'un joli jardin. Les chambres, de style provençal, sont ravissantes et bien tenues. Terrain de pétanque et piscine viendront à bout des plus stressés.

10 chambres – 100/120 € – 10 €

Chemin de Châteauneuf, route d'Apt – 04 92 75 49 46 – www.maspontroman.com

LA FORÊT-FOUESNANT

29940 (Finistère) – Carte régionale n° **7**-B2

Carte Michelin 308-H7 – Guide Vert Michelin Bretagne Sud

Auberge Saint-Laurent

CUISINE TRADITIONNELLE • AUBERGE XX Il est bon, parfois, de se délasser loin des circuits touristiques, et de s'attarder dans une auberge aux petites salles rustiques cosy et intimes. Le chef aime travailler le foie gras et la langoustine du Guilvinec ; sa cuisine est traditionnelle mais teintée de notes plus actuelles.

Menu 28/48 € – Carte 45/65 €

6 route de Beg-Menez, 2 km par route de Concarneau, par la côte – 02 98 56 98 07 – Fermé lundi, mardi, dimanche soir

FORGES-LES-EAUX

✉ 76440 (Seine-Maritime) – Carte régionale n° **17**-D1

Carte Michelin 304-J4 – Guide Vert Michelin Normandie Vallée de la Seine

Forges Hôtel

RESORT · CONTEMPORAIN Cette grande bâtisse, propriété du groupe Partouche, située dans un parc face au Casino, offre tout le confort de chambres contemporaines, sobres et de bon goût, mais aussi le charme d'un étang (promenade en barques, barbecue), des courts de tennis, un vaste spa et fitness, une piscine intérieure, un mini-club...

87 chambres – 112/206 € – 2 suites

avenue des Sources – ✆ 02 32 89 50 57 – www.forgeshotel.com – Fermé 7-13 janvier

FORT-MAHON-PLAGE

✉ 80120 (Somme) – Carte régionale n° **14**-A1

Carte Michelin 301-C5

Auberge Le Fiacre

AUBERGE · PERSONNALISÉ Idéal pour se mettre au vert et découvrir la baie de Somme ! Dans cet ancien relais de poste du Marquenterre, on apprécie les chambres douillettes et le joli jardin. Sans oublier la piscine, même si la mer n'est pas très loin.

12 chambres – 95/250 € – 2 suites – 16 €

6 rue des Pommiers, 2 km au Sud-Est par route de Rue – ✆ 03 22 23 47 30 – www.hotel-le-fiacre.fr – Fermé 14-27 janvier

FOUDAY

✉ 67130 (Bas-Rhin) – Carte régionale n° **10**-A2

Carte Michelin 315-H6 – Guide Vert Michelin Alsace Vosges

Julien

CUISINE TRADITIONNELLE · ÉLÉGANT XX Personnel en costume traditionnel, décor typique des Vosges (tout en bois) : on célèbre ici le folklore local dans ce qu'il a de meilleur. Dans une ambiance animée mais raffinée, on dévore de goûteuses – et copieuses – préparations régionales : choucroute, rognons et ris de veau, bouchées à la reine... Réjouissant !

Menu 25/59 € – Carte 32/55 €

Route de Strasbourg, D1420 – ✆ 03 88 97 30 09 – www.hoteljulien.com – Fermé mardi, mercredi

Julien

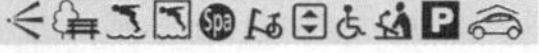

SPA ET BIEN-ÊTRE · PERSONNALISÉ Un bien beau chalet, impressionnant dans son magnifique parc fleuri traversé par la Bruche. Les chambres sont raffinées, mariant la chaleur du bois à la richesse des étoffes, certaines avec jacuzzi. Le spa est superbe ! Succès oblige, pensez à réserver à l'avance.

68 chambres – 180/280 € – 20 €

Route de Strasbourg, D1420 – ✆ 03 88 97 30 09 – www.hoteljulien.com – Fermé 7-31 janvier

Julien – voir la sélection des restaurants

Se régaler sans se ruiner ? Repérez les Bib Gourmand. Ils vous aideront à dénicher les bonnes tables sachant marier cuisine de qualité et prix ajustés !

FOUESNANT

✉ 29170 (Finistère) – Carte régionale n° **7**-B2
Carte Michelin 308-G7 – Guide Vert Michelin Bretagne Sud

à Beg-Meil 5 km au Sud par D45 – ✉ 29170

Bistrot Chez Hubert

CUISINE TRADITIONNELLE • **RUSTIQUE** XX Un bistrot de famille : c'est l'arrière-grand-mère du chef qui le fonda en 1903. La cuisine bourgeoise y a toujours cours : poisson, gibier en saison et, en spécialité, pied de porc désossé farci au foie gras. La tradition est respectée ! En prime, une formule tapas est proposée au bar, pour les amateurs.

Menu 19 € (déjeuner) – Carte 35/45 €

16 rue des Glénan – ✆ 02 98 94 98 04 – www.bistrotchezhubert.fr – Fermé 11-28 mars, 16 juin-4 juillet, lundi, mardi

au Cap Coz 2,5 km au Sud-Est par rte secondaire – ✉ 29170

Belle-Vue

POISSONS ET FRUITS DE MER • **ÉLÉGANT** XX De la salle du restaurant, on peut apercevoir la plage, les eaux cristallines et les arbres courbés par le vent... Féérique ! Au menu : une cuisine au goût du jour, orientée poissons et fruits de mer, que le chef travaille avec précision, en n'oubliant jamais d'y mettre une touche personnelle.

Menu 31/46 € – Carte 34/57 €

30 Descente Belle Vue – ✆ 02 98 56 00 33 – www.hotel-belle-vue.com – Fermé 28 octobre-1er mars, lundi, mardi

La Pointe du Cap Coz

CUISINE MODERNE • **CLASSIQUE** XX Une petite maison blanche qui semble posée sur l'océan... C'est là, presque au bout du monde, qu'on apprécie la cuisine du chef, à la fois ambitieuse et bien maîtrisée. Elle valorise les produits de la pêche et du terroir, avec des présentations soignées et des cuissons précises. En un mot : délicieux !

Menu 33/76 € – Carte 45/85 €

153 avenue de la Pointe – ✆ 02 98 56 01 63 – www.hotel-capcoz.com – Fermé 1er janvier-10 février, lundi, mardi midi, dimanche soir

Belle-Vue

TRADITIONNEL • **FONCTIONNEL** Quelle vue sur la baie de la Forêt-Fouesnant ! Les chambres, parfaitement tenues, sont pimpantes avec leurs couleurs claires et, bien entendu, elles donnent sur les flots ou le jardin. S'installer en terrasse face à la plage est un vrai bonheur... et l'accueil est charmant.

17 chambres – 78/126 € – 14 €

30 Descente Belle-Vue – ✆ 02 98 56 00 33 – www.hotel-belle-vue.com – Fermé 28 octobre-1er mars

Belle-Vue – voir la sélection des restaurants

La Pointe du Cap Coz

TRADITIONNEL • **FONCTIONNEL** Ses chambres sont décorées sobrement, dans un esprit bord de mer (certaines sont plus petites et plus simples), mais l'essentiel est ailleurs : cette bâtisse bretonne se dresse à l'extrémité de la pointe du Cap-Coz, cette bande de sable prise entre l'Atlantique et l'anse de Port-la-Forêt !

16 chambres – 95/120 € – 15 €

153 avenue de la Pointe – ✆ 02 98 56 01 63 – www.hotel-capcoz.com – Fermé 1er janvier-10 février

La Pointe du Cap Coz – voir la sélection des restaurants

FOUGÈRES

✉ 35300 (Ille-et-Vilaine) – Carte régionale n° **7**-D2
Carte Michelin 309-O4 – Guide Vert Michelin Bretagne Nord

Galon ar Breizh 

CUISINE CLASSIQUE • ÉLÉGANT XX Classique et généreuse, la cuisine du chef, mais pas seulement : elle est surtout très bien réalisée ! Produits frais locaux bien mis en valeur, gourmandise partout dans les assiettes... on passe un super moment.

Menu 26/63 €

16 place Gambetta – ✆ 02 99 99 14 17 – www.restaurant-fougeres.fr – Fermé lundi midi, mardi midi, mercredi midi, jeudi midi, vendredi, samedi midi

Haute Sève

CUISINE MODERNE • DESIGN XX Derrière une façade à colombages, une salle à l'ambiance intime et feutrée. Le chef sait cuisiner les bons produits du terroir et propose, au fil des saisons, des accords terre et mer bien au diapason de la nature bretonne.

Menu 23 € (déjeuner)/47 € – Carte 40/50 €

37 Boulevard Jean Jaurès – ✆ 02 99 94 23 39 – www.lehauteseve.fr – Fermé 1er-20 janvier, 20 juillet-20 août, lundi, dimanche

FOURAS

✉ 17450 (Charente-Maritime) – Carte régionale n° **20**–A2

Carte Michelin 324-D4 – Guide Vert Michelin Poitou-Charentes

Le Grand Hôtel des Bains 

FAMILIAL • COSY Cet ancien relais de poste (1896), à 50 m de la plage, vit une nouvelle jeunesse ! Ses propriétaires en ont fait un charmant hôtel, avec des chambres cosy et feutrées (préférez celles qui donnent sur le patio). Agréable espace bien-être.

34 chambres – ††66/145 € – ☕ 12 €

15 rue du Général-Bruncher – ✆ 05 46 84 03 44 – www.grandhotel-desbains.fr – Fermé 6 janvier-7 février

FOURMIES

✉ 59610 (Nord) – Carte régionale n° **13**–D3

Carte Michelin 302-M7

Château de la Marlière 

MAISON DE MAÎTRE • ÉLÉGANT Construit en 1841 par Théophile Legrand, un pionnier de l'industrie textile, cette belle demeure bourgeoise impressionne avec son joli parc de 2 ha... Les chambres, élégantes, offrent un confort et un calme absolus ; de bons produits régionaux (charcuterie, maroilles) sont à disposition au petit-déjeuner. Une expérience hors du temps.

16 chambres ☕ – ††90/150 €

62/64 rue Théophile-Legrand – ✆ 03 27 58 88 00 – www.chateaudelamarliere.com

FOURNET-BLANCHEROCHE

✉ 25140 (Doubs) – Carte régionale n° **6**–C2

Carte Michelin 321-K3

La Ferme Morin La Ronde Fontaine 

MAISON DE CAMPAGNE • NATURE En plein massif du Jura, à 915 m d'altitude, un havre de paix et de nature. Chambres boisées, bons plats régionaux (terrine maison, rôti de porc aux morilles et vins jaune) à la table d'hôtes... Marcheurs, préparez-vous : le GR 5 passe juste devant la porte.

5 chambres ☕ – ††52/69 €

3 Les Louisots – ✆ 03 81 68 87 04 – wwww.lafermemorin.fr

FOURQUEUX – 78 (Yvelines) ➜ voir Autour de Paris (St-Germain-en-Laye)

FOUSSEMAGNE

✉ 90150 (Territoire de Belfort) - Carte régionale n° **6**-D1
Carte Michelin 315-G11

Le Relais d'Alsace

CUISINE TRADITIONNELLE · AUBERGE ✗ Tout en pans de bois, ce relais de poste ne peut mentir sur son âge : plus d'un siècle ! Une équipe jeune et dynamique le fait aujourd'hui revivre avec entrain. La carte explore la tradition - mais pas seulement - en privilégiant les produits locaux.

Menu 16 € (déjeuner), 30/32 € - Carte 34/48 €

28 rue d'Alsace - ☎ 03 84 19 40 06 - Fermé 26 août-8 septembre, lundi, mardi

FOX-AMPHOUX

✉ 83670 (Var) - Carte régionale n° **24**-C3
Carte Michelin 340-L4

La Table de Fanette

CUISINE MODERNE · MAISON DE CAMPAGNE ✗ Perdu en pleine nature, ce mas en pierres du 17e s., entouré d'oliviers et de chênes truffiers, propose une cuisine du marché aux accents provençaux, mettant en valeur (en saison) les truffes du domaine. Chambres au grand calme pour le repos (pas de réseau téléphonique ni de wifi).

Menu 33/89 €

Le Petit-Pouvet - ☎ 04 94 80 72 03 - www.tabledefanette.com - Fermé 14 janvier-4 février, 11-17 mars, lundi, dimanche soir

FRÉJUS

✉ 83600 (Var) - Carte régionale n° **24**-C3
Carte Michelin 340-P5 - Guide Vert Michelin Côte d'Azur

L'Amandier

CUISINE MODERNE · COSY ✗✗ Ravioles de Saint-Jacques et poireaux au curry ; confit de joue de bœuf à la provençale, polenta crémeuse ; biscuit chaud au chocolat... Les jolies recettes proposées par ce couple charmant ont l'accent méridional. Une excellente adresse à prix sages !

Menu 31/43 € - Carte 40/53 €

19 rue Marc-Antoine-Désaugiers - ☎ 04 94 53 48 77 - www.restaurant-lamandier.com - Fermé lundi midi, mercredi midi, dimanche

Mercure Thalassa Port Fréjus

SPA ET BIEN-ÊTRE · CONTEMPORAIN Idéalement situé au bord de la Marina, cet hôtel s'enorgueillit aussi d'un grand hall aux tons pastels et d'un centre de thalassothérapie complet. Les chambres sont vastes et fonctionnelles ; choisissez celles qui font face à la mer, vous ne le regretterez pas.

116 chambres - 89/330 € - 1 suite - ☕ 19 €

16 quai Dei-Caravello - ☎ 04 94 52 55 00 - www.thalassa.com

La Bastide du Clos des Roses

AGRITOURISME · MÉDITERRANÉEN Sur un grand domaine viticole, les anciens chais sont devenus cet hôtel de charme avec son petit restaurant attenant. De jolies chambres, une terrasse en face des vignes et des oliviers... Dégustation de vins tous les jours, et soirée jazz une fois par mois. Un endroit où l'on aime la note bleue !

8 chambres - 175/300 € - ☕ 15 €

lieu-dit Ste-Brigitte, 1609 route de Malpasset, 3 km - ☎ 04 94 53 32 31 - www.clos-des-roses.com

FRÉLAND

✉ 68240 (Haut-Rhin) - Carte régionale n° **10**-C2
Carte Michelin 315-H7

Restaurant du Musée

CUISINE MODERNE • ÉPURÉ XX Il n'a pas fallu longtemps à Alain Schmitt, le chef, pour prendre ses marques dans cet ancien moulin posé au bord de l'Ure, et qui incarne à merveille l'âme alsacienne... Ses recettes, au goût du jour, mettent en avant le terroir et revisitent habilement la tradition. C'est simple et gourmand, et c'est surtout maîtrisé de bout en bout.

Menu 27/37 € - Carte 45/64 €

2 rue de la Rochette - ✆ 03 89 47 24 18 - www.restaurantmusee.fr - Fermé 22 juillet-5 août, lundi, mercredi soir, dimanche soir

La Haute Grange

FAMILIAL • PERSONNALISÉ Un indéniable cachet ! Adossée à une colline, cette maison ancienne est bucolique et charmante. Les propriétaires l'ont décorée avec soin, mêlant raffinement contemporain et patine des ans. Après une nuit sereine - les chambres sont épurées et toutes différentes -, on savoure un délicieux petit-déjeuner.

4 chambres ☕ - ††110/150 €

La Chaude Côte - ✆ 03 89 71 90 06 - www.lahautegrange.fr - Fermé 1er janvier-28 mars

LE FRENZ - 68 (Haut-Rhin) ➔ voir Kruth

FRESNAY-EN-RETZ

✉ 44580 (Loire-Atlantique) - Carte régionale n° **23**-A2
Carte Michelin 316-E5

Le Colvert

CUISINE MODERNE • COSY XX En bordure de route qui traverse le village, la façade lavande et framboise de ce sympathique restaurant attire l'œil. On s'installe dans une salle confortable, plus sobre, pour se ragaillardir d'une cuisine traditionnelle, qui aime flirter avec la nouveauté.

Menu 21 € (déjeuner), 29/57 € - Carte 43/68 €

1414 route de Pornic - ✆ 02 40 21 46 79 - www.lecolvert.fr - Fermé 9 août-1er septembre, lundi, mardi soir, mercredi soir, jeudi soir, dimanche soir

LE FRET - 29 (Finistère) ➔ voir Crozon

FRICHEMESNIL - 76 (Seine-Maritime) ➔ voir Clères

FUISSÉ - 71 (Saône-et-Loire) ➔ voir Mâcon

FURSAC - 23 (Creuse) ➔ voir La Souterraine

FUTEAU - 55 (Meuse) ➔ voir Ste-Menehould (51 Marne)

FUVEAU

✉ 13710 (Bouches-du-Rhône) - Carte régionale n° **24**-B3
Carte Michelin 340-I5

Villa Rampale

URBAIN • CONTEMPORAIN À mi-chemin entre Marseille et Aix, au calme absolu, niché dans un grand domaine, cette maison à la devanture moderne propose de belles chambres spacieuses (dont deux avec terrasse). Très belle piscine et solarium au dessus de la maison. Cuisine du marché au restaurant.

5 chambres ☕ - ††110/245 €

19 chemin de fina, accès chemin du bœuf - ✆ 04 42 38 05 87 - www.domaine-rampale.com - Fermé 9-23 février

LA GACILLY

✉ 56200 (Morbihan) - Carte régionale n° **7**-C2
Carte Michelin 308-S8 - Guide Vert Michelin Bretagne Sud

Les Jardins Sauvages

CUISINE MODERNE • CONTEMPORAIN XX La Grée des Landes, hôtel écolo made by Yves Rocher, se devait d'avoir un restaurant en accord avec ses principes. C'est chose faite avec ces Jardins Sauvages, où traçabilité et produits locavores (potager bio) dominent.

Menu 30 € (déjeuner)/72 € - Carte 57/64 €

La Grée des Landes, 1,5 km au Sud-Est - ✆ 02 99 08 50 50 - www.lagreedeslandes.com - Fermé 6-12 janvier

La Grée des Landes

SPA ET BIEN-ÊTRE • NATURE Un vrai concept que cet "éco-hôtel spa" Yves Rocher : architecture bioclimatique et matériaux bruts (lin, coton, chêne). Soins esthétiques et repos total face à la vallée de l'Aff.

33 chambres - 115/360 € - 18 €

Cournon, 1,5 km au Sud-Est - ✆ 02 99 08 50 50 - www.lagreedeslandes.com

Les Jardins Sauvages - voir la sélection des restaurants

GAILLAC

✉ 81600 (Tarn) - Carte régionale n° **22**-C2
Carte Michelin 338-D7

Vigne en Foule

CUISINE MODERNE • CONVIVIAL X Un sympathique bar-restaurant dans lequel la vigne règne en maître : près de 200 références s'offrent à votre choix. Menu du jour au déjeuner, choix plus étoffé le soir. Belle cuisine de bistrot revisitée, à déguster sur l'agréable terrasse, dès le printemps...

Menu 17 € (déjeuner)/32 € - Carte 30/53 €

80 place de la Libération - ✆ 05 63 41 79 08 - www.vigneenfoule.fr - Fermé lundi, dimanche

Domaine de Perches

MAISON DE MAÎTRE • COSY Il est des lieux qui traversent les époques sans se démoder : c'est le cas de cette maison de maître, située à quelques kilomètres du centre de Gaillac. Ici, le mobilier ancien côtoie celui d'aujourd'hui, les chambres sont raffinées, élégantes et offrent une jolie vue sur les vignes. Champêtre !

4 chambres - 155/215 €

lieu-dit Perches, 2083 route de Laborie, 7 km au Nord-Ouest par D4 - ✆ 05 63 56 58 24 - www.domainedeperches.com

GAILLARD - 74 (Haute-Savoie) → voir Annemasse

GAILLON

✉ 27600 (Eure) - Carte régionale n° **17**-D2
Carte Michelin 304-I7 - Guide Vert Michelin Normandie Vallée de la Seine

à St-Aubin-sur-Gaillon 2 km au Sud - ✉ 27600

L'Atelier de Jacques

CUISINE MODERNE • DESIGN X Une brasserie des temps modernes, à la fois conviviale et contemporaine dans son bâtiment cubique et lumineux. Ravioles de homard, assiette du boucher, superbes légumes, etc. L'adresse plaira aux amateurs de cuisine traditionnelle revisitée et de produits de saison ! Service tout sourire.

Menu 39 € (déjeuner), 27/39 € - Carte 29/49 €

rue du Bois-de-St-Paul (ZA des Champs-Chouette), sortie 17 par A13 - ✆ 02 32 54 06 33 - www.erisay-brasserie.fr - Fermé 28 juillet-25 août, 24 décembre-1er janvier, lundi soir, mardi soir, mercredi soir, jeudi soir, samedi midi, dimanche

GAMBSHEIM

✉ 67760 (Bas-Rhin) – Carte régionale n° **10**–B1
Carte Michelin 315-L4

Fleur de Sureau

CUISINE MODERNE • CONTEMPORAIN XX Cette Fleur de Sureau a poussé face à la gare ! À ceci près que son jardinier est un chef qui a fait ses classes auprès de Jean-Georges Klein, à l'Arnsbourg, et qu'il y réalise une cuisine du marché savoureuse, aux influences nippones. À noter, un menu surprise avec des plats créatifs en diable.

Menu 25 € (déjeuner)/51 € – Carte 40/71 €

22 rue du Chemin-de-Fer – ✆ 03 88 21 85 22 – www.fleurdesureau.fr – Fermé 17 février-1er mars, 12-25 août, mardi, mercredi, samedi midi

GAP

✉ 05000 (Hautes-Alpes) – Carte régionale n° **24**–C1
Carte Michelin 334-E5 – Guide Vert Michelin Alpes du Sud

Le Bouchon

CUISINE MODERNE • BISTRO X Des assiettes généreuses et fort bien cuisinées, mettant en valeur des produits de belle qualité (bio et productions locales) : cette table s'impose pour un savoureux repas, et l'ambiance sympathique donne envie de revenir… notamment pour le lièvre à la royale, spécialité du chef (en saison, bien sûr).

Carte 35/60 €

4 La Placette – ✆ 04 92 46 02 43 – www.lebouchon-gap.fr – Fermé 25-31 août, 23 décembre-3 janvier, lundi, dimanche

La Menthe Poivrée

CUISINE MODERNE • TRADITIONNEL X Un joli petit restaurant au plafond voûté, avec une agréable terrasse au calme. L'adresse est prisée dans la ville et on le comprend : la formule déjeuner offre un excellent rapport qualité-prix et, le soir, le chef met en valeur des produits plus nobles à travers une cuisine plus ambitieuse. Réussite dans les deux cas.

Menu 21 € (déjeuner)/45 € – Carte 30/50 €

20 bis rue du Centre – ✆ 09 52 77 55 73 – Fermé 25 mars-14 avril, 2-22 septembre, 29 décembre-5 janvier, lundi, dimanche soir

LA GARDE – 48 (Lozère) → voir St-Chély-d'Apcher

LA GARDE-GUÉRIN

✉ 48800 (Lozère) – Carte régionale n° **21**–C1
Carte Michelin 330-L8

Auberge Régordane

DEMEURE HISTORIQUE • CLASSIQUE Au cœur d'un village fortifié entouré de lande et interdit à la circulation, cette demeure seigneuriale (16e s.) mêle charme des vieilles pierres et esprit monacal : on remonte le temps… Au restaurant, on admire la salle voûtée et son superbe cantou (cheminée) ; cuisine du terroir.

16 chambres – ††70/81 € – ☕10 €

Prévenchères – ✆ 04 66 46 82 88 – www.regordane.com – Fermé 1er janvier-12 avril, 29 septembre-31 décembre

LA GARENNE-COLOMBES – 92 (Hauts-de-Seine) → voir Autour de Paris

GARGAS

✉ 84400 (Vaucluse) – Carte régionale n° **25**-E1
Carte Michelin 332-F10

La Coquillade - Gourmet

CUISINE MODERNE • LUXE XXX On est un peu au royaume de Bacchus dans ce restaurant situé au cœur d'un domaine viticole : les gourmets honorent les vins du cru et... tous les produits de la terre provençale, auxquels la carte fait la part belle. À l'image de l'hôtel, le décor ne manque pas de superbe (colonnes, charpente).

Menu 80/130 € – Carte 115/130 €

Coquillade - Provence Village, Hameau Le Perrotet, 4,5 km au Sud-Ouest par D83 – ✆ 04 90 74 71 71 – www.coquillade.fr –
Fermé 1er janvier-29 mars, lundi, mardi midi, mercredi midi, jeudi midi, vendredi midi, samedi midi, dimanche

La Coquillade - Bistrot

CUISINE TRADITIONNELLE • ÉLÉGANT X Dans le bistrot chic ou dans le jardin au milieu du vignoble l'été... Un fil très rouge, donc, pour cette adresse gourmande : le travail des saisons et le sens du terroir – au sein d'un hôtel qui vaut le coup d'œil !

Menu 42/48 € – Carte 65/84 €

Coquillade - Provence Village, Hameau Le Perrotet, 4,5 km au Sud-Ouest par D83 – ✆ 04 90 74 71 71 – www.coquillade.fr –
Fermé 1er janvier-15 mars, lundi midi, mardi midi, mercredi midi, jeudi midi, vendredi midi

Coquillade - Provence Village

GRAND LUXE • PERSONNALISÉ Un hameau provençal dont les origines remontent au 11e s. : tel est le cadre de ce luxueux domaine hôtelier. Les chambres, réparties au sein de petits mas provençaux, expriment la quintessence des lieux (vieilles pierres, charpentes). On profite même d'un superbe spa, ouvert en 2015... Vendange de plaisirs !

46 chambres – 170/595 € – 17 suites – 28 €

Hameau Le Perrotet, 4,5 km au Sud-Ouest par D83 – ✆ 04 90 74 71 71 – www.coquillade.fr – Fermé 1er janvier-15 mars

La Coquillade - Gourmet • **La Coquillade - Bistrot** – voir la sélection des restaurants

GARNACHE – 85 (Vendée) ➜ voir Challans

GARONS – 30 (Gard) ➜ voir Nîmes

GARREVAQUES – 81 (Tarn) ➜ voir Revel

GASNY

✉ 27620 (Eure) – Carte régionale n° **17**-D2
Carte Michelin 304-J7

Auberge du Prieuré Normand

CUISINE TRADITIONNELLE • AUBERGE XX Depuis La Roche-Guyon, en suivant les boves crayeuses, votre route vous mènera à Gasny, où cette auberge familiale anime joliment la place centrale. Produits de qualité, sauces sapides, saveurs franches : la cuisine du chef – un sérieux professionnel – est généreuse et soignée !

Menu 25 € (déjeuner), 32/55 € – Carte 55/65 €

1 place de la République – ✆ 02 32 52 10 01 – www.aubergeduprieurenormand.com – Fermé 2-17 janvier, mardi soir, mercredi

GASSIN

✉ 83580 (Var) - Carte régionale n° **24**-C3
Carte Michelin 340-O6 - Guide Vert Michelin Côte d'Azur

Bello Visto

CUISINE TRADITIONNELLE • AUBERGE XX Un établissement situé au cœur d'un joli village perché, occupé par les Maures jusqu'au 10e s. Installez-vous sur la superbe terrasse avec vue sur le golfe de Saint-Tropez et les sommets alpins pour déguster les spécialités maison : mitonnée de petits poulpes de roche, gnocchis à la truffe, soufflé au Grand Marnier...

Menu 33/54 € - Carte 45/90 €

place des Barrys - ✆ 04 94 56 17 30 - www.bellovisto.eu - Fermé 4 novembre-12 avril

La Verdoyante

CUISINE TRADITIONNELLE • RUSTIQUE XX Posée au cœur des vignes, cette ancienne ferme rustique jouit d'un très beau panorama... Mais la Verdoyante ne serait rien sans la passion du couple qui en tient les rênes ! Dans un décor coquet ou sur la charmante terrasse, on se régale d'une délicieuse cuisine provençale aux parfums de garrigue.

Menu 29/59 € - Carte 45/89 €

866 chemin vicinal Coste Brigade - ✆ 04 94 56 16 23 - www.la-verdoyante.fr - Fermé 15 octobre-15 avril, lundi, mardi midi

GAUJAC

✉ 30330 (Gard) - Carte régionale n° **21**-D2
Carte Michelin 339-M4

La Maison

CUISINE MODERNE • BISTRO X On se sent bien, un peu comme à La Maison, dans cette ancienne demeure de vignerons ! Dans les salles, magnifiques écrins de pierre, on savoure une goûteuse cuisine du marché, réalisée par madame. Monsieur, lui, s'occupe de la belle sélection de vins qui comprend notamment des crus du village. Le tout à petits prix.

Menu 25 € (déjeuner)/38 €

rue du Presbytère - ✆ 04 66 39 33 08 - www.lamaison.gaujac.com - Fermé mercredi midi, samedi, dimanche

GAVARNIE

✉ 65120 (Hautes-Pyrénées) - Carte régionale n° **22**-A3
Carte Michelin 342-L8

à Gèdre 9 km au Nord par D921 - ✉ 65120

Brèche de Roland

TRADITIONNEL • ÉLÉGANT Au pied des cirques de Gavarnie et de Troumouse, auberge familiale aménagée dans une maison de pays ; les chambres, modernes et bien équipées, sont idéales pour prendre un bon repos avant de partir à la découverte de la nature environnante. Recettes du terroir au restaurant.

24 chambres - ††98/115 € - 1 suite - ☕ 11 €

le village - ✆ 05 62 92 48 54 - www.gavarnie-hotel.com - Fermé 18 mars-12 avril

GAZERAN - 78 (Yvelines) → voir Rambouillet

GÈDRE - 65 (Hautes-Pyrénées) → voir Gavarnie

GÉMENOS

✉ 13420 (Bouches-du-Rhône) – Carte régionale n° **24**–B3

Carte Michelin 340-I6 – Guide Vert Michelin Provence

Les Arômes

CUISINE DU MARCHÉ • MÉDITERRANÉEN XX Le restaurant a déménagé d'Aubagne à Gémenos, pour cette maison des années 1930 regardant la Sainte-Baume. L'âme d'aubergiste des hôtes, elle, n'a pas changé et Yannick Besset, le chef, régale toujours avec sa cuisine régionale où les produits de saison mêlent leurs arômes à ceux de la garrigue.

Menu 33/55 €

230 avenue du 2eme cuirassier – ✆ 09 80 73 06 60 – www.lesaromesgemenos.fr – Fermé lundi, mardi soir, mercredi soir, dimanche

Relais de la Magdeleine

DEMEURE HISTORIQUE C'est toute la noblesse provençale qui s'exprime dans cette demeure du 18e s. : mobilier ancien, tableaux, tissus... même le chant des cigales semble élégant !

29 chambres – 119/179 € – 17 €

rond-point de la Madeleine, au rond-point de la Fontaine – ✆ 04 42 32 20 16 – www.relais-magdeleine.com – Fermé 25 novembre-1er mars

GÉNÉRAC

✉ 30510 (Gard) – Carte régionale n° **21**–C2

Carte Michelin 339-L6

L'Instant du Sud

CUISINE MODERNE • COSY X Une jolie maison en pierre au cœur de ce village proche du Parc naturel régional de Camargue. Une terrasse sous les canisses, une petite salle à l'atmosphère intime : l'endroit est accueillant et les assiettes du chef achèvent de nous séduire. Bien tournées et actuelles, elles révèlent un excellent rapport qualité-prix !

Menu 25 € (déjeuner), 33/37 €

39 Grand-Rue – ✆ 04 66 02 03 93 – www.instantdusud.fr – Fermé lundi, mardi soir, mercredi soir, jeudi soir, vendredi soir, dimanche

GENESTON

✉ 44140 (Loire-Atlantique) – Carte régionale n° **23**–B2

Carte Michelin 316-G5

Le Pélican

CUISINE MODERNE • CONVIVIAL XX Comme le Pélican, ouvrez grand le bec et profitez d'une savoureuse cuisine, mêlant tradition et modernité. L'exemple parfait : un magret de canard cuit à basse température, avec écrasé de pomme de terre fumée... Délicieux et à petit prix : ce Pélican a tout compris !

Menu 29/50 €

13 Place Georges Gaudet – ✆ 02 40 04 77 88 – www.restaurantlepelican.fr – Fermé 31 juillet-21 août, 31 décembre-8 janvier, lundi, mardi, dimanche soir

GENEUILLE – 25 (Doubs) ➜ voir Besançon

GENNEVILLIERS – 92 (Hauts-de-Seine) ➜ voir Autour de Paris

GENSAC

✉ 33890 (Gironde) – Carte régionale n° **18**–C1

Carte Michelin 335-L6

Château de Sanse

MAISON DE CAMPAGNE • FONCTIONNEL Dominant la campagne et les vignobles, cette belle demeure (18e s.) en pierre blonde est au grand calme ! Parc, piscine chauffée, restaurant, chambres spacieuses : une bonne idée pour l'étape.

16 chambres - 81/179 € - 4 suites - 12 €

lieu-dit Sanse, 2 km par D18 et D15 E1 - 05 57 56 41 10 - www.chateaudesanse.com - Fermé 1er décembre-13 février

GÉRARDMER

88400 (Vosges) - Carte régionale n° **12**-C3
Carte Michelin 314-J4

Le Pavillon Pétrus

CUISINE MODERNE • ÉLÉGANT XXX À l'unisson de l'ambiance feutrée des parties communes (bar, billard, fumoir), la salle de ce Pavillon est spacieuse et élégante - lustres de Murano, fauteuils en velours... On y découvre une belle cuisine gastronomique. Que de saveurs !

Menu 48/92 € - Carte 55/80 €

Le Grand Hotel et Spa, place du Tilleul - 03 29 63 06 31 - www.grandhotel-gerardmer.com - Fermé 12-18 novembre, mardi, mercredi, jeudi midi

La P'tite Sophie

CUISINE MODERNE • COSY XX L'annexe des Jardins de Sophie, avec son cadre boisé et contemporain, met en valeur une bonne cuisine du marché, saisonnière et généreuse - pâté en croûte de canard, jarret de veau cuit 48h, tartelette à la rhubarbe caramélisée -, et l'accueil y est particulièrement sympathique.

Menu 19 € (déjeuner)/29 € - Carte 37/45 €

40 rue Charles-de-Gaulle - 03 29 41 76 96 - www.compagnie-des-hotels-des-lacs.fr - Fermé 3-14 juin, 25 novembre-6 décembre, lundi, jeudi soir, dimanche soir

La Table du Rouan (N)

CUISINE MODERNE • BRASSERIE XX Julien Jeanselme, chef concerné et accueillant, réalise une cuisine franche et fraîche, dont l'ancrage régional n'interdit pas les clins d'œil, notamment à la Provence (il affectionne la soupe de poissons), ou les hommages - ici à l'arrière-grand-père, étoilé... en 1936! - avec la terrine de montagne "Ernest Jeanselme". Une valeur sûre.

Menu 19/50 € - Carte 45/56 €

10 boulevard Jamagne - 03 29 63 36 86 - www.jamagne.com - Fermé 11 novembre-20 décembre

Le Grand Hotel et Spa

SPA ET BIEN-ÊTRE • PERSONNALISÉ Né au 19e s., il cultive sans faillir l'âme de la station vosgienne. Des chambres spacieuses classiques ou contemporaines, de superbes suites tout en bois dans un chalet indépendant, un spa magnifique, trois restaurants... Un fleuron en matière d'accueil et de confort.

62 chambres - 115/240 € - 14 suites - 22 €

Place du Tilleul - 03 29 63 06 31 - www.grandhotel-gerardmer.com - Fermé 12-18 novembre

Le Pavillon Pétrus - voir la sélection des restaurants

Le Manoir au Lac

LUXE • CLASSIQUE Dans son parc escarpé dominant le lac, cet imposant chalet de 1830 fut jadis fréquenté par Maupassant... qui aurait pu écrire un roman sur la beauté du panorama. À l'intérieur, tout n'est que raffinement et confort : mobilier de style, épais édredons sur chaque lit, piscine couverte, etc. Une adresse d'autant plus charmante que le chef-gérant Fabrice Maillot mitonne de bons petits plats, au dîner.

11 chambres - 180/330 € - 1 suite - 20 €

59 chemin de la Droite-du-Lac, 1 km à l'Ouest par D417, route d'Épinal - 03 29 27 10 20 - www.manoir-au-lac.com - Fermé 12 novembre-5 décembre

Les Reflets du Lac

FAMILIAL · BORD DE LAC Son nom ne ment pas : la plupart des chambres – certaines avec balcon – offrent une vue apaisante sur les reflets du lac... Accueil simple et sympathique, décor d'esprit chalet : un établissement où l'on vient volontiers se détendre, et profiter de l'espace bien-être (jacuzzi, hammam, piscine).

20 chambres – 65/90 € – 9 €

201 chemin du Tour-du-Lac, au bout du lac, 2,5 km à l'Ouest par D417, route d'Épinal – 03 29 60 31 50 – www.lesrefletsdulac.com

aux Bas-Rupts 4 km au Sud-Ouest par D486 – 88400

Les Bas-Rupts

CUISINE CLASSIQUE · ÉLÉGANT XXX La table des Bas-Rupts est le lieu idéal pour apprécier une cuisine classique revisitée. Superbe carte des vins.

Menu 40 € (déjeuner), 55/105 € – Carte 80/115 €

181 route de la Bresse – 03 29 63 09 25 – www.bas-rupts.com

Les Bas-Rupts

LUXE · COSY Un parfait décor pour un séjour de charme à la montagne : boiseries, cheminées, salons confortables, objets anciens, tableaux, piscine intérieure, etc. – sans compter l'accueil exquis. On ne peut quitter les lieux sans nostalgie...

24 chambres – 160/250 € – 4 suites – 25 €

181 route de la Bresse – 03 29 63 09 25 – www.bas-rupts.com

Les Bas-Rupts – voir la sélection des restaurants

au Valtin 14 km au Nord-Est par D417 et D23 – 88230

Auberge du Val Joli

CUISINE TRADITIONNELLE · COSY XX Au creux de la vallée, cette petite hostellerie met le terroir et la tradition à l'honneur ! Pâté lorrain, truite du vivier – meunière ou fumée minute – au bleu : voici les bonnes spécialités du restaurant, dont l'intérieur a été entièrement rénové. Pour l'étape, quelques chambres confortables et personnalisées.

Menu 22 € (déjeuner), 39/56 € – Carte 30/60 €

12 bis le Village – 03 29 60 91 37 – www.levaljoli.com – Fermé lundi, mardi midi, dimanche soir

à Xonrupt-Longemer 6 km à l'Est par D417 – 88400

Les Jardins de Sophie

CUISINE MODERNE · ÉLÉGANT XXX À l'occasion d'une escapade dans la forêt vosgienne depuis Gérardmer, vous ne serez pas dépourvu quand l'heure du repas sera venue : on trouve ici une cuisine au goût du jour basée sur de bons produits, que l'on déguste en profitant de la jolie vue sur la montagne et l'étendue des sapins.

Menu 35 € (déjeuner), 54/94 € – Carte 71/93 €

route du Valtin, 4 km au Nord-Ouest par D23 et route secondaire – 03 29 63 37 11 – www.hotel-lesjardinsdesophie.com – Fermé mardi, mercredi

Les Jardins de Sophie

SPA ET BIEN-ÊTRE · COSY Sentiment d'exception dans ce chalet luxueux blotti dans une forêt d'épicéas... Ici, l'esprit montagnard n'est que raffinement et douceur, confort et chaleur. Une adresse délicieuse pour profiter pleinement des Vosges !

32 chambres – 155/289 € – 17 €

route du Valtin, 4 km au Nord-Ouest par D23 et route secondaire – 03 29 63 37 11 – www.hotel-lesjardinsdesophie.com

Les Jardins de Sophie – voir la sélection des restaurants

LES GETS

74260 (Haute-Savoie) – Carte régionale n° **4**-F1

Carte Michelin 328-N4 – Guide Vert Michelin Alpes du Nord

Crychar

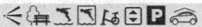

CUISINE TRADITIONNELLE • CONVIVIAL X Installez-vous dans l'une des deux salles en bois blond pour déguster un tartare de thon ou un magret de canard, à accompagner d'un verre de vin (plus de 250 références). Magnifique buffet de fromages. Vue imprenable sur la montagne, et les pistes.

Menu 45 € - Carte 32/60 €

136 impasse de la Grange-Neuve, par route de la Turche - ✆ 04 50 75 80 50 - www.crychar.com - Fermé 8 avril-29 juin

Le Labrador

TRADITIONNEL • COSY Sympathique halte près de la cheminée du salon, dans ce chalet à la décoration typiquement savoyarde. À l'étage, les chambres sont habillées de bois, confortables et bien tenues. Bon petit-déjeuner.

20 chambres - 120/372 € - 1 suite

266 route du Léry - ✆ 04 50 75 80 00 - www.labrador-hotel.com - Fermé 7 avril-22 juin, 1er septembre-20 décembre

La Marmotte

RESORT • COSY Après une journée de ski, détendez-vous près de la cheminée avant de vous faire dorloter dans le superbe spa (750 m^2). En sus de la partie traditionnelle de l'établissement, on propose des chambres en vieux bois, très confortables, avec leur poêle à bois, ainsi que quelques suites luxueuses.

55 chambres - 114/432 € - 5 suites

61 rue du Chêne - ✆ 04 50 75 80 33 - www.hotel-marmotte.com - Fermé 14 avril-3 mai

Alpina

FAMILIAL • COSY Non loin du téléphérique, ce beau chalet familial rénové domine le bourg... Les chambres, au cadre alpin contemporain épuré, proposent de jolies vues sur la vallée. Le restaurant, réservé aux résidents, se révèle sympathique : cadre cosy et cuisine aux accents du pays.

39 chambres - ½ Pension seulement 85/230 € - 13 €

55 impasse Grange-Neuve - ✆ 04 50 75 80 22 - www.hotelalpina.fr - Fermé 13 avril-24 mai, 30 septembre-1er décembre

Crychar

BOUTIQUE HÔTEL • MONTAGNARD Un petit chalet au pied des pistes, chaleureux et confortable. Le feu crépite dans le salon ; les chambres, tout en bois clair, sont pimpantes et jouissent d'un balcon, et le beau spa se révèle idéal pour la relaxation. Un concentré de Savoie !

18 chambres - 90/470 € - 2 suites - 18 €

136 impasse de la Grange-Neuve, par route de la Turche - ✆ 04 50 75 80 50 - www.crychar.com - Fermé 15 avril-25 mai, 1er septembre-15 décembre

Crychar - voir la sélection des restaurants

GEVREY-CHAMBERTIN

21220 (Côte-d'Or) - Carte régionale n° **5**-D1

Carte Michelin 320-J6 - Guide Vert Michelin Bourgogne

Chez Guy

CUISINE TRADITIONNELLE • CONTEMPORAIN XX On peut être moderne en apparence et fidèle à la tradition sur le fond ! La preuve avec ce restaurant au cadre contemporain... dont la cuisine est enracinée dans le terroir : cocotte de joue de bœuf au pinot noir, carottes confites à la cardamome... Sans oublier la remarquable cave qui met toute la Bourgogne à l'honneur.

Menu 24 € (déjeuner)/32 € - Carte 40/55 €

3 place de la Mairie - ✆ 03 80 58 51 51 - www.chez-guy.fr - Fermé 18 août-3 septembre, lundi, dimanche

Bistrot Lucien

CUISINE TRADITIONNELLE • BISTRO Avec ses pierres apparentes, ses banquettes et son superbe bar en bois, ce bistrot est le complément idéal de l'hôtel qui l'accueille. Au programme, une belle cuisine bourguignonne : jambon persillé maison, escargots en cassolette au beurre persillé, tartes aux fruits maison… Superbe carte des vins.

Menu 23 € (déjeuner), 28/38 € – Carte 45/70 €

La Rôtisserie du Chambertin, 6 rue du Chambertin – 03 80 34 33 20 – www.rotisserie-chambertin.com

La Table d'Hôte

CUISINE MODERNE • RUSTIQUE Toute une partie de la Rôtisserie du Chambertin accueille cette Table aux faux airs de chalet alpin… Là, Lucie et Thomas Collomb proposent un concept culinaire original : les 20 couverts ont rendez-vous tous les soirs à 20h tapantes pour déguster une cuisine entre rustique et gastronomique, en 7 plats au plus près du produit. Atypique et gourmand !

Menu 90 €

La Rôtisserie du Chambertin, 6 rue du Chambertin – 03 80 34 33 20 – www.thomascollomb.fr – Fermé lundi, mardi, mercredi, jeudi midi, vendredi midi, samedi midi, dimanche

La Rôtisserie du Chambertin

HISTORIQUE • CONTEMPORAIN Cette accueillante bâtisse en pierre située au sud de la ville propose de belles chambres élégantes et joliment décorées, dont un duplex, et un beau salon avec sa cheminée monumentale pour les longues soirées d'hiver… Des soirées dégustations de vins sont proposées aux hôtes, en soirée dans la cave.

9 chambres – 150/360 € – 18 €

6 rue du Chambertin – 03 80 34 33 20 – www.thomascollomb.fr

Bistrot Lucien • **La Table d'Hôte** – voir la sélection des restaurants

GEX

01170 (Ain) – Carte régionale n° **4**-F1

Carte Michelin 328-J3 – Guide Vert Michelin Franche-Comté Jura

au Col de La Faucille 11,6 km au Nord par D1005 – 01170

La Mainaz

CUISINE CRÉATIVE • CONTEMPORAIN Le jeune chef signe ici une cuisine créative, parfois osée, jouant sur le sucré/salé, la terre et mer, utilisant toujours des produits de prime saveur. Les assiettes sont inventives, et les textures travaillées.

Menu 100/145 € – Carte 110/160 €

route du Col de la Faucille, 1 km au Sud par D1005 – 04 50 41 31 10 – www.la-mainaz.com

La Mainaz

LUXE • CONTEMPORAIN Atout incontestable de ce grand chalet en bois : la vue exceptionnelle sur le Léman et les Alpes ! L'hôtel a été rénové de la tête aux pieds : le style montagnard a cédé la place à un esprit alpin chic, jusque dans les chambres, très bien équipées. Au petit-déjeuner, priorité aux fromages de la région.

21 chambres – 189/339 € – 2 suites – 24 €

route du Col de la Faucille, 1 km au Sud par D1005 – 04 50 41 31 10 – www.la-mainaz.com

La Mainaz – voir la sélection des restaurants

GIEN

✉ 45500 (Loiret) – Carte régionale n° **8**–C2
Carte Michelin 318-M5 – Guide Vert Michelin Châteaux de la Loire

Côté Jardin (Arnaud Billard)

CUISINE CRÉATIVE • DESIGN XX Sur la rive gauche de la Loire, on s'installe Côté Jardin ! Ici, la fraîcheur vient autant de la brise que des produits sélectionnés avec soin, autour d'une carte orientée poisson. Au piano, Arnaud Billard signe une savoureuse cuisine du marché, tout en subtiles associations d'ingrédients. La finesse est autant aromatique que visuelle...

→ Cuisine du marché

Menu 29 € (déjeuner), 45/80 €

14 route de Bourges – ✆ 02 38 38 24 67 – www.cote-jardin-restaurant.com – Fermé 10 mars-5 avril, 4-23 août, mardi, mercredi, dimanche soir

Le P'tit Bouchon

CUISINE TRADITIONNELLE • CONVIVIAL X Un vrai repaire bistronomique ! Le chef travaille avec soin de jolis produits de saison, et n'hésite pas à les accompagner d'huiles bien parfumées (notamment à la noisette) et de condiments ou d'épices en tout genre : graines de moutarde, mayonnaise au curry, piment d'Espelette, etc. On ne boude pas son plaisir.

Menu 27/30 €

66 rue Bernard-Palissy – ✆ 02 38 67 84 40 – www.ptitbouchon.fr – Fermé lundi, dimanche

GIGARO – 83 (Var) → voir La Croix-Valmer

GIGONDAS

✉ 84190 (Vaucluse) – Carte régionale n° **25**–E1
Carte Michelin 332-D9 – Guide Vert Michelin Provence

L'Oustalet (Laurent Deconinck)

CUISINE MODERNE • TENDANCE XX Produits de superbe fraîcheur, recettes raffinées et goûteuses, associations de saveurs pertinentes... et parfois osées : Laurent Deconinck, le chef-patron de l'Oustalet, sait parler aux papilles. On passe un délicieux moment, d'autant que le service est efficace et que la cave des vins réserve de magnifiques surprises...

→ Rouget barbet en croûte de sel et fleur de courgette à l'huile d'olive. Agneau de Provence aux blettes et jus à l'ail rose. Sauge cristal, sorbet fromage blanc et feuilles de meringue à l'eucalyptus

Menu 44/82 € – Carte 67/113 €

place Gabrielle-Andéol – ✆ 04 90 65 85 30 – www.loustalet-gigondas.com – Fermé lundi, dimanche

Les Florets

AUBERGE • PERSONNALISÉ Situation rare pour cette hostellerie fondée en 1870 au pied des Dentelles de Montmirail, au cœur du vignoble du Gigondas... Colorées et tranquilles, les chambres sont charmantes, et l'on ne résiste pas à la terrasse du restaurant ombragée de majestueux platanes (produits du terroir, recettes actuelles et vins du domaine).

15 chambres – 90/180 € – 17 €

route des Dentelles – ✆ 04 90 65 85 01 – www.hotel-lesflorets.com – Fermé 1er janvier-15 mars

GILLY-LÈS-CÎTEAUX – 21 (Côte-d'Or) → voir Vougeot

LA GIMOND

✉ 42140 (Loire) – Carte régionale n° **2**–A2
Carte Michelin 327-F6

Le Vallon du Moulin

CUISINE TRADITIONNELLE · FAMILIAL XX Au cœur du village, ce sympathique restaurant contemporain propose une cuisine goûteuse – saumon fumé au bois de hêtre ; rôti de pintade aux champignons – qui suit le rythme des saisons. Preuve d'authenticité : le pain est fait maison avec la farine du moulin voisin !

Menu 25 € (déjeuner), 32/56 €

Le Bourg – ✆ 04 77 30 97 06 – www.le-vallon-du-moulin.com – Fermé 18-25 février, 16-29 août, lundi, mardi soir, mercredi, dimanche soir

GIMONT

✉ 32200 (Gers) – Carte régionale n° **22**–B2
Carte Michelin 336-H8

Villa Cahuzac

BUSINESS · PERSONNALISÉ Maison typique de la région (1885) avec des chambres pratiques et soignées (lambris et parquet). Celles du 1er étage ouvrent sur un corridor qui plonge sur le patio fleuri.

16 chambres – 95 € – 10 €

1 avenue de Cahuzac – ✆ 05 62 62 10 00 – www.villacahuzac.com – Fermé 22 décembre-3 janvier

GISORS

✉ 27140 (Eure) – Carte régionale n° **17**–D2
Carte Michelin 304-K6 – Guide Vert Michelin Normandie Vallée de la Seine

à Bazincourt-sur-Epte 6 km au Nord par D14 – ✉ 27140

Château de la Rapée

DEMEURE HISTORIQUE · ROMANTIQUE Sommes-nous en Normandie ou... en Angleterre ? À la lisière d'un domaine dédié à l'élevage des chevaux, ce manoir aux allures de cottage anglais tutoie le bocage environnant. Les chambres cultivent le classicisme (de même que le restaurant) : une valeur sûre pour les amateurs de confort bourgeois et de quiétude.

12 chambres – 98/165 € – 14 €

Château de la Rapée, 2 km à l'Ouest par route secondaire – ✆ 02 32 55 11 61 – www.hotelrapee.com – Fermé 18 février-15 mars, 19-30 août

GIVERNY

✉ 27620 (Eure) – Carte régionale n° **17**–D2
Carte Michelin 304-I6 – Guide Vert Michelin Normandie Vallée de la Seine

Le Jardin des Plumes

CUISINE CRÉATIVE · ÉLÉGANT XXX On connaît l'inspiration naturaliste d'Éric Guérin à St-Joachim ; cette adresse créée à Giverny est dans l'ordre des choses : où mieux proposer que dans ce fief de l'impressionnisme de nouvelles sensations visuelles et... gustatives ? L'expérience est pleine de finesse et, de plus, la demeure, entre Art déco et vintage, est charmante pour un week-end.

→ Cuisine du marché

Menu 52/98 € – Carte 85/98 €

1 rue du Milieu – ✆ 02 32 54 26 35 – www.jardindesplumes.fr – Fermé 12 novembre-13 décembre, lundi, mardi

GIVORS

✉ 69700 (Rhône) – Carte régionale n° **2**–B2
Carte Michelin 327-H6 – Guide Vert Michelin Lyon et sa région

à Loire-sur-Rhône 5 km par N86, rte de Condrieu – ✉ 69700

Mouton-Benoît

CUISINE MODERNE • CONTEMPORAIN XX Au bord de la route, cet établissement fondé en 1822 abritait autrefois les fourneaux des "mères" Dumas. En hiver, on y déguste la spécialité du chef : le lièvre à la royale selon la recette immortalisée par le sénateur Couteaux... il y a plus d'un siècle ! Enfin, de délicieux desserts viennent conclure ce repas.

Menu 32 € (déjeuner), 43/57 € – Carte 32/60 €

1167 route de Beaucaire – ✆ 04 78 07 96 36 – www.restaurant-moutonbenoit.co – Fermé 16-31 août, lundi, mardi, samedi midi, dimanche soir

GLAINE-MONTAIGUT

✉ 63160 (Puy-de-Dôme) – Carte régionale n° **1**-C2
Carte Michelin 326-H8

Auberge de la Forge

CUISINE MODERNE • AUBERGE X Face à l'église romane, cette sympathique auberge est l'exacte reproduction de l'ancienne forge du village : murs en pisé, poutres apparentes, soufflet pour attiser le feu de la cheminée ! Le chef régale avec de belles assiettes entre tradition et modernité : tarte tatin au boudin noir ; caille en deux cuissons à l'ail noir de Billom ; parfait glacé à la verveine du Velay.

Menu 17 € (déjeuner), 25/47 € – Carte 28/45 €

place de l'Église – ✆ 04 73 73 41 80 – www.aubergedelaforgeglainemontaigut.com – Fermé lundi soir, mardi soir, mercredi, jeudi soir, dimanche soir

GODEWAERSVELDE

✉ 59270 (Nord) – Carte régionale n° **13**-B2
Carte Michelin 302-D3

L'Estaminet du Centre

CUISINE DU TERROIR • BISTRO X Un estaminet typique et convivial, où l'on se régale encore et toujours de bonnes recettes traditionnelles : harengs, flamiche au maroilles, carbonade... Le chef fait parler avec précision ce terroir qu'il aime tant ! Et en salle, Béatrice, l'âme de la maison, conseille avec chaleur les novices sur la gastronomie du Nord...

Menu 28/38 € – Carte 30/43 €

11 route de Steenvoorde – ✆ 03 28 42 21 72 – Fermé 21 octobre-6 novembre, 23 décembre-2 janvier, lundi, mardi, mercredi

GOLBEY – 88 (Vosges) ➜ voir Épinal

GOLFE DE SANTA-GIULIA – 2A (Corse-du-Sud) ➜ voir Corse (Porto-Vecchio)

GOLFE-JUAN

✉ 06220 (Alpes-Maritimes) – Carte régionale n° **25**-E2
Carte Michelin 341-D6 – Guide Vert Michelin Côte d'Azur

à Vallauris 2,5 km au Nord-Ouest par D135 – ✉ 06220

Café Llorca

CUISINE MÉDITERRANÉENNE • CONTEMPORAIN X Le chef Alain Llorca a composé lui-même la carte de ce grand café moderne, situé non loin de la mairie. Attablé en terrasse, l'œil courant sur la pittoresque place, on se délecte de sa cuisine, aux fiers accents du Sud.

Menu 26 € (déjeuner)/33 € – Carte 41/53 €

place Paul-Isnard – ✆ 04 93 33 11 33 – www.alainllorca.com – Fermé lundi, mardi

GORDES

✉ 84220 (Vaucluse) – Carte régionale n° **25**-E1
Carte Michelin 332-E10 – Guide Vert Michelin Provence

✿ Les Bories

CUISINE MODERNE • ÉLÉGANT XXX Un cadre idyllique, à la fois secret et grand ouvert sur la garrigue... Les saveurs provençales prennent ici toute leur dimension : parfums sublimés, textures équilibrées, accords harmonieux... le travail du chef est très délicat.

➜ Huîtres, crème d'algues, granité d'eau de mer et fruits de la passion. Agneau de Provence, aubergines confites, mousseline artichauts et olives vertes. Cible chocolat, tube grué de cacao, biscuit chocolat, noix de pécan et sorbet chocolat

Menu 70/120 €

Les Bories & Spa, route de l'Abbaye-de-Sénanque, 2 km – ✆ 04 90 72 00 51 – www.hotellesbories.com – Fermé 6 janvier-13 février, lundi, mardi midi, mercredi midi, jeudi midi, vendredi midi, samedi midi, dimanche

✿ Pèir

CUISINE CRÉATIVE • ÉLÉGANT XXX Pierre Gagnaire élabore et retouche régulièrement la carte de ce restaurant... qui porte son prénom ! Saveurs percutantes, parfums enchanteurs : avec de magnifiques produits, l'équipe en place fait chanter la Provence avec beaucoup d'élégance et de finesse.

➜ Aubergine, artichaut poivrade, gelée d'olive noire, soupe de tomate au romarin et foie gras à la vapeur. Pavé de loup grillé, beurre au thym, voile de sèche, daube de poulpe, purée et fleur de courgettes. Le grand dessert Pierre Gagnaire

Menu 85 € (déjeuner)/155 € – Carte 185/255 €

La Bastide de Gordes, route de la Combe – ✆ 04 90 72 12 12 – www.labastidedegordes.airellescollection.com/ – Fermé 29 octobre-3 mai, lundi, mardi midi, mercredi midi

La Citadelle

CUISINE TRADITIONNELLE • ÉLÉGANT X Le soir, on s'installe dans la belle salle à manger bourgeoise, très 18ᵉ s., ou sur la terrasse panoramique, devant le soleil qui se couche sur le Luberon. On se régale d'assiettes à la gloire de la Provence, ses produits nobles et ses saveurs : asperges, tomates de pays, homard, selle d'agneau rôti... A midi, l'Orangerie propose une carte similaire.

Carte 65/125 €

La Bastide de Gordes, route de la Combe – ✆ 04 90 72 12 12 – www.bastide-de-gordes.com – Fermé 29 octobre-18 avril

Carcarille

CUISINE PROVENÇALE • MÉDITERRANÉEN X Dans cette chaleureuse maison familiale, le temps est comme suspendu ! Sur la belle terrasse, on se régale d'une goûteuse cuisine régionale dans laquelle tout est fait maison : carpaccio de Saint-Jacques, pamplemousse et romarin ; carré d'agneau au sautoir, cannelloni d'aubergine et crème d'ail noir...

Menu 26 € (déjeuner), 45/60 €

route d'Apt, 4 km par D 2 – ✆ 04 90 72 02 63 – www.carcarille.com – Fermé 1ᵉʳ janvier-30 mars

La Bastide de Gordes

PALACE • CLASSIQUE Cette bastide, dressée à flanc de rocher face aux Alpilles, a rouvert ses portes après d'importants travaux. Plus qu'une simple rénovation, c'est une métamorphose : intérieur somptueux, évoquant avec goût l'esprit des châteaux de famille du 18ᵉ s. – tableaux, mobilier chiné –, piscines invitant à la détente...

34 chambres – 320/1350 € – 6 suites – ☕ 40 €

route de la Combe – ✆ 04 90 72 12 12 – www.labastidedegordes.airellescollection.com – Fermé 28 octobre-18 avril

✿ **Pèir** • **La Citadelle** – voir la sélection des restaurants

Les Bories & Spa

LUXE · CLASSIQUE Les "bories", ce sont ces cabanes en pierres sèches des anciens bergers de Provence... Un modèle pour l'architecture de ce luxueux établissement, qui semble vivre en communion avec la garrigue, entre lavandes et oliviers. Lumière, raffinement...

32 chambres - ††320/550 € - 2 suites - ☕ 24 €

route de l'Abbaye de Sénanque, 2 km - ✆ 04 90 72 00 51 - www.hotellesbories.com - Fermé 6 janvier-13 février

✿ **Les Bories** - voir la sélection des restaurants

Le Petit Palais d'Aglaé (N)

TRADITIONNEL · PERSONNALISÉ Un hôtel à flanc de falaise ! La plupart des chambres, au style baroque revisité, proposent des vues superbes sur la campagne - tout comme la jolie piscine. Terrasses, jardin potager, sauna, hammam, et même une petite salle de projection.

16 chambres - ††210/450 € - ☕ 21 €

Route de Murs - ✆ 04 32 50 21 02 - www.petitpalaisdaglae-gordes.com

Carcarille

FAMILIAL · MÉDITERRANÉEN Passé l'allée de cyprès, on découvre cette jolie maison en pierre sèche qui embaume le bon air de la Provence. Chaque chambre ouvre sur un balcon ou une terrasse, la piscine est entourée d'oliviers... et les cigales chantent tout l'été.

20 chambres - ††83/205 € - ☕ 15 €

route d'Apt, 4 km par D2 - ✆ 04 90 72 02 63 - www.carcarille.com - Fermé 1er janvier-30 mars

Carcarille - voir la sélection des restaurants

Le Jas de Gordes

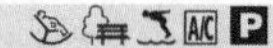

BOUTIQUE HÔTEL · MÉDITERRANÉEN Posté à l'entrée du village, un mas en pierre sèche frais et charmant. Les chambres, totalement rénovées dans une veine contemporaine, disposent d'une terrasse sur le jardin, où embaument les fleurs et les plantes aromatiques. Agréable piscine.

21 chambres ☕ - ††190/376 €

route de Cavaillon, 1,5 km par route de Cavaillon - ✆ 04 90 72 00 75 - www.jasdegordes.com - Fermé 31 octobre-19 mars

La Ferme de la Huppe

FAMILIAL · PERSONNALISÉ Jolie fermette du 18e s. en pierre sèche. Les chambres fleurent bon le lin et la lavande, comme un rêve provençal. Très jolie piscine parmi les arbustes.

11 chambres ☕ - ††150/252 €

Les Pourquiers, 5 km par D156 route de Goult - ✆ 04 90 72 12 25 - www.lafermedelahuppe.com - Fermé 14 octobre-15 mars

Ferme Oléicole Les Callis (N)

MAISON DE CAMPAGNE · CONTEMPORAIN A la fois oliveraie, espace de bien-être (et de médecine chinoise, sous peu), potager bio, cet ancien relais de poste converti en maison d'hôte se situe à la rencontre de ce dont notre monde a le plus de besoin : sérénité, nature, et enracinement- ici, dans la campagne de Gordes. Les chambres, disséminées dans la bâtisse, offrent à chacun l'intimité nécessaire pour visiter son for intérieur.

5 chambres ☕ - ††150/280 €

lieu-dit les Imberts - chemin des Fayards, 4 km au Sud-Ouest par D2 - ✆ 336 03 06 03 58 - www.lafermelescallis.com - Fermé 1er février-10 mars

GORGES DE LA RESTONICA - 2B (Haute-Corse) ➜ voir Corse (Corte)

GOSNAY - 62 (Pas-de-Calais) ➜ voir Béthune

LA GOUESNIÈRE

✉ 35350 (Ille-et-Vilaine) – Carte régionale n° **7**–D1
Carte Michelin 309-K3

✿ La Gouesnière

CUISINE MODERNE • TRADITIONNEL XXX Ce restaurant a de nouveau le vent en poupe. À côté des classiques – coquillages, crustacés, poissons meunière –, on sert aussi des recettes plus fines et créatives, concoctées avec un soin particulier. Une cuisine généreuse, qui flatte aussi bien l'œil que le palais : un vrai plaisir.

➜ Nage de homard au bouillon clair iodé, minute de coques et huîtres. Selle d'agneau de prés salé, caviar d'aubergine, algues, salicornes, cébette et jus corsé. Soufflé passion, vanille, rhum arrangé au fruit de la passion

Menu 45 € (déjeuner), 55/125 € – Carte 82/110 €

Maison Tirel-Guérin, 1, lieu-dit Le Limonay (à la gare), 1,5 km par D76, route de Cancale – ✆ 02 99 89 10 46 – www.tirelguerin.com – Fermé 6-31 janvier, 1er-20 décembre, mercredi, jeudi midi, vendredi midi

Maison Tirel-Guérin

TRADITIONNEL • FONCTIONNEL Face à la gare, dans un environnement pourtant sans attrait, cet ancien relais de poste ne manque pas de séduire : accueil prévenant, espace et confort, piscine couverte... Une adresse familiale d'excellente tenue.

47 chambres – 99/185 € – 2 suites – ☕ 18 €

Limonay (à la gare), 1,5 km par D76, route de Cancale – ✆ 02 99 89 10 46 – www.tirelguerin.com – Fermé 6-31 janvier, 1er-20 décembre

✿ **La Gouesnière** – voir la sélection des restaurants

GOULT

✉ 84220 (Vaucluse) – Carte régionale n° **25**–E1
Carte Michelin 332-E10 – Guide Vert Michelin Provence

La Bartavelle

CUISINE PROVENÇALE • RUSTIQUE XX Le petit Marcel Pagnol et son père bien-aimé auraient apprécié cette salle voûtée avec ses superbes carreaux de terre cuite. Dans une ambiance chaleureuse, on se régale (par exemple) d'un marbré de foie gras de canard aux artichauts et vinaigrette au jus de viande, ou d'un turbot, accompagné de son velouté de cocos frais. Du bel ouvrage !

Menu 47 €

rue du Cheval-Blanc – ✆ 04 90 72 33 72 – https://labartavellegoult.com – Fermé lundi midi, mardi, mercredi, jeudi midi, vendredi midi, samedi midi

Le Carillon

CUISINE MODERNE • ÉLÉGANT X Face au carillon de la grande place de Goult, ce restaurant a été entièrement rénové en 2013. Le menu, où l'on trouve de bons plats de saison, évolue tous les mois et demi. Fraîche terrasse ombragée.

Menu 25 € (déjeuner), 37/49 € – Carte 45/65 €

avenue du Luberon – ✆ 04 90 72 15 09 – www.lecarillon-restaurant.com – Fermé 18 décembre-16 février, mardi, mercredi

GOUMOIS

✉ 25470 (Doubs) – Carte régionale n° **6**–C2
Carte Michelin 321-L3 – Guide Vert Michelin Franche-Comté Jura

Taillard

CUISINE CLASSIQUE • VINTAGE XXX La vue sur la vallée est très agréable et la cuisine du terroir concoctée par le chef – savoureuse et très raffinée – n'a rien à lui envier ! Une maison familiale et de tradition.

Menu 34/85 € – Carte 55/80 €

3 route de la Corniche – ✆ 03 81 44 20 75 – www.hotel-taillard.fr – Fermé 1er janvier-15 mars, 1er novembre-31 décembre, lundi midi, mercredi midi

Taillard

FAMILIAL • TRADITIONNEL Situé à flanc de colline, un hôtel familial (1875) plaisant avec un très joli jardin, pour les amoureux de la nature. Les chambres, classiques ou plus contemporaines à l'annexe, sont confortables et soignées (meubles chinés, tableaux, etc.).

16 chambres – 94/200 € – 3 suites – 15 €

3 route de la Corniche – 03 81 44 20 75 – www.hotel-taillard.fr – Fermé 2 novembre-15 mars

Taillard – voir la sélection des restaurants

GOURDON

46300 (Lot) – Carte régionale n° **22**–B1

Carte Michelin 337-E3

Hostellerie de la Bouriane

CUISINE TRADITIONNELLE • CLASSIQUE XX Cette belle maison de famille quercynoise, tenue par la même famille depuis 1898, a l'élégance et le charme des demeures anciennes. La cuisine, traditionnelle, tire le meilleur des produits de la région (agneau de Quercy, cailles, fromage de Rocamadour), avec une grande spécialité : le tournedos Rossini. Très belle carte des vins.

Menu 33/50 € – Carte 45/90 €

place du Foirail – 05 65 41 16 37 – www.hotellabouriane.fr – Fermé 25 janvier-19 mars, 20-29 octobre, lundi, mardi midi, mercredi midi, jeudi midi, vendredi midi, samedi midi, dimanche soir

Hostellerie de la Bouriane

TRADITIONNEL • CLASSIQUE Cette maison cultive le sens de l'hospitalité depuis 1898 ! Les chambres ont un côté "vieille France" que le patron assume totalement… et qui fait le charme de la maison. Un point de chute parfait pour partir à la découverte de ce village médiéval remarquablement préservé.

20 chambres – 98/135 € – 14 €

place du Foirail – 05 65 41 16 37 – www.hotellabouriane.fr – Fermé 25 janvier-19 mars, 20-29 octobre

Hostellerie de la Bouriane – voir la sélection des restaurants

GOUVIEUX - 60 (Oise) ➜ voir Chantilly

GOUY-ST-ANDRÉ - 62 (Pas-de-Calais) ➜ voir Hesdin

GRAMAT

46500 (Lot) – Carte régionale n° **22**–C1

Carte Michelin 337-G3

Le Relais des Gourmands

CUISINE TRADITIONNELLE • FAMILIAL XX La table de cet hôtel-restaurant familial, situé en léger retrait du centre-ville, propose une cuisine traditionnelle et généreuse, teintée de quelques notes actuelles. Aux beaux jours, on s'installe sous les marronniers.

Menu 21/47 € – Carte 40/70 €

2 avenue de la Gare – 05 65 38 83 92 – www.relais-des-gourmands.com – Fermé 18 février-11 mars, 7-14 octobre, 23-31 décembre, lundi, dimanche soir

Envie de partir à la dernière minute ? Visitez les sites Internet des hôtels pour bénéficier de promotions tarifaires.

LE GRAND-BORNAND

✉ 74450 (Haute-Savoie) – Carte régionale n° **4**-F1

Carte Michelin 328-L5 – Guide Vert Michelin Alpes du Nord

Confins des Sens

CUISINE MODERNE • INTIME XX La spécialité de la maison ? La délicieuse soupe de foie gras au muscat, avec une compotée d'oignons rouges et ses cromesquis. Un bel hommage au terroir, avec la touche de créativité qui fait la différence ; le tout est mis en scène par deux chefs en cuisine. Le troisième associé s'occupe de la salle.

Menu 25 € (déjeuner), 44/79 € – Carte 60/60 €

Le Villavit – ✆ 04 50 69 94 25 – www.confins-des-sens.com – Fermé 9-28 juin, mercredi, dimanche soir

L'Héliantis

CUISINE MODERNE • CONTEMPORAIN XX Prenez un jeune couple, monsieur aux pianos, madame aux desserts, ajoutez une cuisine moderne, matinée de touches japonaises, saupoudrez de sourire et de motivation, et vous obtiendrez cette charmante adresse, où l'on ne s'ennuie jamais, comme l'indique ce foie gras poêlé, asperge verte, rhubarbe et fraise, qui longtemps, étonne les papilles... !

Menu 25 € (déjeuner), 40/60 € – Carte 59/68 €

621 route de la Vallée du Bouchet – ✆ 04 50 02 29 87 – www.restaurant-heliantis.fr – Fermé 3-16 juin, 11-24 novembre, lundi, mardi midi, dimanche soir

Les Écureuils

FAMILIAL • MONTAGNARD À deux pas de la télécabine (parfait pour les skieurs), un chalet dans un style contemporain, chic et original à la fois, dont les chambres décorées de bois clair ont conservé l'esprit montagnard. Le sauna offre même une jolie vue sur l'extérieur...

16 chambres – 👥85/185 € – 1 suite – ☕ 11 €

431 route de la Vallée du Bouchet, à la télécabine de la Joyère – ✆ 04 50 02 20 11 – www.hotel-les-ecureuils.com – Fermé 7 avril-15 juin, 30 septembre-14 décembre

Le Delta

FAMILIAL • MONTAGNARD À la périphérie du village, à côté de la patinoire et du stand de tir du biathlon, un petit hôtel récent aux chambres chic et montagnardes, certaines en duplex. Les amateurs de glisse apprécieront la présence d'une boutique de vente et location de skis.

15 chambres – 👥79/120 € – 4 suites – ☕ 10 €

136 route de la Patinoire – ✆ 04 50 02 26 25 – www.hotel-delta74.com – Fermé 15 avril-15 juin

Les Fermes de Pierre et Anna

FAMILIAL • MONTAGNARD Authentique ! Tel est ce confortable chalet du 18e s. Le golf et les pistes de ski de fond sont à deux pas, tandis que la quiétude et la douceur de vivre sont ici même, chez Pierre et Anna.

8 chambres – 👥96/148 € – ☕ 13 €

4722 route de la vallée du Bouchet, 5 km à l'Est par D4e – ✆ 04 50 51 54 99 – www.fermes-pierre-anna.com – Fermé 14 avril-4 mai

Le Chalet 1864

FAMILIAL • MONTAGNARD C'est le dernier chalet, au bout de la route : la promesse d'un nouvel horizon ! Les chambres, vastes et confortables, jouent des matériaux bruts, pierre et bois. En soirée, un chef Meilleur Ouvrier de France cuisine pour les hôtes. Le plus ? Aucune télévision ne vous distraira de votre méditation...

5 chambres – ½ Pension seulement 430/755 €

2645 route de Lormay, 8 km à l'Est par D4e – ✆ 04 50 02 28 50 – www.chalet1864.com – Fermé 14 avril-22 juin

au Chinaillon 5,5 km au Nord par D4 – ✉ 74450

 **Les Cimes**

FAMILIAL • PERSONNALISÉ Au cœur de la station du Chinaillon, ce chalet entièrement rénové cultive un esprit atypique, proche d'une maison d'hôtes. Les chambres sont élégantes avec leurs murs entièrement tapissés de bois et ornés de motifs peints à la main. De véritables cocons de montagne ! Spa et bar lounge.

5 chambres – 149/169 € – 3 suites – 18 €

16 Rouet de la Floria – ✆ 04 50 27 00 38 – www.hotel-les-cimes.com – Fermé 15 avril-14 juin

GRANDCAMP-MAISY

✉ 14450 (Calvados) – Carte régionale n° **17**-B2

Carte Michelin 303-F3 – Guide Vert Michelin Normandie Cotentin

La Trinquette

CUISINE TRADITIONNELLE • CONTEMPORAIN XX Le jeune chef passionné de cette table historique, cosy et chaleureuse, vous propose de déguster une cuisine d'une incomparable fraîcheur... avec l'impression de goûter moules, Saint-Jacques, sole ou turbot, au sortir de la barque du pêcheur ! Agréable véranda-salon d'un côté de la maison, et terrasse de l'autre.

Menu 29/48 € – Carte 30/55 €

7 rue du Joncal – ✆ 02 31 22 64 90 – www.restaurant-la-trinquette.com – Fermé 9 décembre-26 janvier, lundi, mardi

LA GRANDE-MOTTE

✉ 34280 (Hérault) – Carte régionale n° **21**-C2

Carte Michelin 339-J7

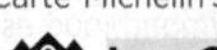 **Les Corallines**

SPA ET BIEN-ÊTRE • FONCTIONNEL Sur le bord de mer, un complexe hôtelier moderne avec centre de thalassothérapie et spa. Chambres avec balcon, belle piscine et terrasse panoramique face au littoral. Au restaurant, cadre contemporain pour une cuisine aux parfums méditerranéens.

39 chambres – 139/210 € – 3 suites – 17 €

615 allée de la Plage (Le Point Zéro) – ✆ 04 67 29 13 13 – www.thalasso-grandemotte.com

 **Hôtel de la Plage**

TRADITIONNEL • CONTEMPORAIN Cet hôtel, à l'architecture typique de la station (bétons arrondis, blanc omniprésent) a été rénové avec goût. Les chambres disposent de larges baies vitrées donnant sur la mer ; on profite aussi d'un espace bien-être et d'une plage privée.

30 chambres – 130/550 € – 1 suite – 25 €

52 allée du Levant, direction Grau-du-Roi – ✆ 04 67 29 93 00 – https://laplage-artetemotions.com/

GRAND-FOUGERAY

✉ 35390 (Ille-et-Vilaine) – Carte régionale n° **7**-D2

Carte Michelin 309-L8

Les Palis N

CUISINE FRANÇAISE MODERNE • CONVIVIAL XX Une jeune femme chef dynamique propose une cuisine au goût du jour bien tournée, réalisée avec des produits de qualité, sélectionnés auprès de producteurs locaux, comme ce suprême de poulet jaune de Janze. Salle lumineuse très agréable. Une adresse sympathique.

Menu 31/41 €

15 place de l'Église – www.hotelcharmebretagne.com – Fermé lundi midi, dimanche

Les Palis

BUSINESS • PERSONNALISÉ Avec sa grande façade blanche (18e s.) sur la place centrale du village, l'établissement a tout de l'hôtel-restaurant d'autrefois, et pourtant... On y découvre des chambres très contemporaines (dont l'une avec un lit rond !), un espace bien-être avec sauna, jacuzzi, etc. Le tout à mi-chemin entre Nantes et Rennes.

16 chambres – 95/160 € – 11 €

15 place de l'Église – 02 99 08 30 80 – www.hotelcharmebretagne.com

Les Palis – voir la sélection des restaurants

LE GRAND-VILLAGE-PLAGE – 17 (Charente-Maritime) → voir Île d'Oléron

GRANE

26400 (Drôme) – Carte régionale n° **2**-B3

Carte Michelin 332-C5

La Demeure de Grâne

CUISINE TRADITIONNELLE • AUBERGE XX Sur la place de l'église, cette sympathique auberge propose une cuisine traditionnelle. Aux beaux jours, préférez la terrasse à l'ombre des platanes. Chambres pour l'étape.

Menu 22 € (déjeuner), 28/45 €

8 place de l'Église – 04 75 62 60 64 – www.lademeuredegrane.com – Fermé 26 août-4 septembre, lundi, mardi midi, mercredi midi, dimanche soir

GRANVILLE

50400 (Manche) – Carte régionale n° **17**-A2

Carte Michelin 303-C6 – Guide Vert Michelin Normandie Cotentin

La Citadelle

POISSONS ET FRUITS DE MER • CLASSIQUE XX Un jeune couple sympathique est à la barre de cette adresse qui se démarque sur le port de Granville. On admire les petits bateaux de plaisance en partance pour les îles, tout en dégustant homards de Chausey et autres crustacés... Cap sur les produits de la mer !

Menu 32/80 € – Carte 35/80 €

34 rue du Port – 02 33 50 34 10 – www.restaurant-la-citadelle.fr – Fermé mercredi

L'Edulis

CUISINE MODERNE • DESIGN XX Le décor tout en sobriété du restaurant (taupe, gris, blanc cassé) contraste avec l'assiette, vive et créative ! La jeune équipe en place propose une cuisine bien actuelle, au plus près des saisons : terrine de lapin à la sauge, foie gras et légumes ; dos de cabillaud confit aux deux céleris... Miam !

Menu 39/60 €

8 rue de l'Abreuvoir – 02 14 13 45 88 – www.restaurantledulis.com – Fermé lundi, mardi

Le Bistro'Nomik

CUISINE MODERNE • CONVIVIAL X Voilà une adresse qui se démarque de la trilogie moules-frites-coquillages, que l'on trouve à Granville. Face au port, cette maison en pierre à l'agréable terrasse n'est autre que l'annexe de La Citadelle. On y goûte une cuisine dans l'air du temps, une formule midi qui change tous les jours, sous l'impulsion d'un jeune chef motivé.

Menu 31 € – Carte 32/70 €

12 rue du Port – 02 33 59 60 37 – Fermé jeudi, dimanche soir

Mercure Le Grand Large

HÔTEL DE CHAÎNE • FONCTIONNEL Dans le centre de Granville, cet hôtel perché sur la falaise dévoile un panorama somptueux sur la Manche ! Sobriété feutrée dans les chambres.

66 chambres – 79/250 € – 17 €

5 rue de la Falaise – 02 33 91 19 19 – www.mercure-granville.com

à Donville-les-Bains 1,5 km au Nord par D911 et D468 – ✉ 50350

Hôtel de la Baie

THERMAL • CONTEMPORAIN Sur la côte juste au nord de Granville, cet établissement au décor contemporain et épuré – ouvert en 2013 – a de quoi séduire touristes et curistes... puisqu'il est relié au centre de thalassothérapie. Les chambres sont nettes et disposent d'aménagements de choix : douche à l'italienne, literie de qualité...

74 chambres – 85/350 € – 2 suites – 15 €

rue de l'Ermitage – ✆ 02 33 90 31 10 – www.previthal.com – Fermé 6-11 janvier

à St-Pair-sur-Mer 4 km au Sud par D911 – ✉ 50380

Le Pont Bleu

POISSONS ET FRUITS DE MER • CONVIVIAL XX Poisson d'une petite pêche locale, maraîchers de proximité : dans ce restaurant, situé à 50 m des plages et animé par un couple de passionnés, on affectionne les produits frais. La cuisine, résolument iodée, n'en oublie pas les légumes, dont ceux d'Annie Bertin, une amie.

Menu 25/46 € – Carte 44/73 €

6 rue du Pont-Bleu – ✆ 02 33 51 88 30 – www.lepontbleu.com – Fermé mercredi, jeudi

GRASSE

✉ 06130 (Alpes-Maritimes) – Carte régionale n° **25**-E2
Carte Michelin 341-C6 – Guide Vert Michelin Côte d'Azur

✿ La Bastide St-Antoine (Jacques Chibois)

P

CUISINE PROVENÇALE • ÉLÉGANT XXXX Pour fêter les vingt ans de son havre provençal, Jacques Chibois – l'un des chefs de file de la "cuisine du soleil" – en a renouvelé tous les postes-clés (sommelier, responsable de clientèle, etc.). Une équipe dynamique au service d'assiettes qui célèbrent pêle-mêle agrumes, herbes, huile d'olive, et autres délices de la région... Un bonheur !

➜ Papillon de langoustines en émulsion de pulpe d'orange à l'huile d'olive et au basilic. Mitonné de homard aux grosses crevettes et parmesan. Symphonie de pamplemousses, d'oranges et de citrons, granité et sorbet Campari

Menu 66 € (déjeuner), 185/205 € – Carte 170/235 €

48 avenue Henri-Dunant (quartier St-Antoine), 1,5 km au Sud par D6185 route de Cannes – ✆ 04 93 70 94 94 – www.jacques-chibois.com – Fermé 10-30 novembre

Lougolin (N)

CUISINE MODERNE • TENDANCE X Le chef Xavier Malandran prône ici une philosophie imparable : la fraîcheur au meilleur rapport qualité-prix. Ses recettes saisonnières, mâtinées de touches provençales, possèdent toujours la pointe de créativité qui fait la différence. Installez-vous si possible en terrasse, sous les tilleuls, et profitez de la vue sur la plaine et la ville de Grasse...

Menu 27 € (déjeuner)/32 € – Carte 33/68 €

83 route de Plascassier, 8 km par D4 – ✆ 0493601444 – www.lougolin.com – Fermé lundi, dimanche soir

La Bastide St-Antoine

LUXE • ÉLÉGANT Cette imposante bastide du 18e s. trône dans un parc magnifique, doublé d'une immense oliveraie aménagée en restanques. L'image même de la Provence éternelle ! Luxueux mais sans ostentation, l'établissement cultive l'élégance aussi bien que la discrétion : la promesse d'un séjour enchanteur...

11 chambres – 220/420 € – 5 suites – 31 €

48 avenue Henri-Dunant (quartier St-Antoine), 1,5 km au Sud par D6185 route de Cannes – ✆ 04 93 70 94 94 – www.jacques-chibois.com

✿ **La Bastide St-Antoine** – voir la sélection des restaurants

Élixir

BUSINESS · CONTEMPORAIN Les vertus de cet Élixir situé aux portes de la cité des parfumeurs : des chambres contemporaines confortables et bien aménagées (complètement rénovées en 2013), une agréable piscine, un espace bien-être (jacuzzi, massages) et un restaurant traditionnel. Parfait pour une étape à Grasse.

63 chambres – 119/245 € – 16 €

rue Martine-Carol (quartier St-Claude), 2,5 km au Sud par D6185 route de Cannes – 04 93 70 70 70 – www.bestwestern-elixir-grasse.com

à Cabris 5 km à l'Ouest par D4 – 06530

Auberge du Vieux Château

CUISINE RÉGIONALE · ROMANTIQUE XX Un charmant restaurant, niché sur une placette médiévale offrant une vue magnifique sur les alentours. On profite d'un décor de vieilles pierres en terrasse, ou l'on se réfugie dans la jolie salle provençale ; en cuisine, le marché et la Méditerranée sont à l'honneur, déclinés dans d'appétissantes assiettes.

Menu 34 € (déjeuner), 49/59 €

place Mirabeau – 04 93 60 50 12 – www.aubergeduvieuxchateau.com – Fermé 17 décembre-29 janvier, lundi, mardi

Auberge de la Chèvre d'Or

CUISINE TRADITIONNELLE · AUBERGE X À l'entrée du village, voici une sympathique auberge où déguster une cuisine traditionnelle généreuse : tranche épaisse de saumon fumé maison, rognons de veau sautés à la graine de moutarde... Sans oublier la jolie terrasse.

Menu 30/40 € – Carte 40/53 €

1 place du Puits – 04 93 60 54 22 – www.lachevredor.fr – Fermé 14 décembre-1er février, mardi, mercredi

à Magagnosc 5 km à l'Est, route de Nice – 06520

Au Fil du Temps

CUISINE MODERNE · FAMILIAL XX Au fil du temps, du marché, des saisons... et avec toutes les couleurs de l'époque. Dans cette maison qui domine le pays de Grasse, on déguste une cuisine où le terroir provençal s'exprime avec une belle fraîcheur.

Menu 39/55 €

83 avenue Auguste-Renoir – 04 93 36 20 64 – www.restaurantaufildutemps.com – Fermé mercredi, samedi midi, dimanche

GRATOT – 50 (Manche) → voir Coutances

LE GRAU-D'AGDE – 34 (Hérault) → voir Agde

LE GRAU-DU-ROI

30240 (Gard) – Carte régionale n° **21**-C2

Carte Michelin 339-J7

Le Dauphin

POISSONS ET FRUITS DE MER · BISTRO X Sur les quais, un bistrot de la mer tenu par une authentique famille de restaurateurs-pêcheurs – la propriétaire s'occupe du service, son fils œuvre en cuisine et son époux possède un chalutier ! On s'y régale d'un poulpe à la plancha, ou de la fameuse rouille à la Graulenne. Difficile d'espérer poisson plus frais.

Menu 23/31 € – Carte 34/48 €

48 quai Général-de-Gaulle – 04 66 53 91 44 – www.restaurantledauphin.fr – Fermé 1er décembre-28 février, lundi

à Port Camargue 3 km au Sud par D62B - ✉ 30240

L'Amarette

POISSONS ET FRUITS DE MER • ÉLÉGANT XX Près de la plage, ce restaurant dispose d'une terrasse en étage qui offre une belle vue sur la baie d'Aigues-Mortes. Agréable cuisine de la mer.

Menu 24 € (déjeuner), 45/57 € - Carte 40/70 €

centre Commercial Camargue 2000 - ✆ 04 66 51 47 63 - www.l-amarette.com - Fermé 1er-10 avril, 17 décembre-25 janvier, mardi, mercredi

Spinaker

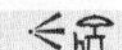

CUISINE MODERNE • COSY XX Une cuisine dans l'air du temps à savourer dans une salle moderne ou sur la superbe terrasse ouverte sur la marina et ses bateaux de plaisance.

Menu 49 € - Carte 50/90 €

Pointe de la Presqu'île - ✆ 04 66 53 36 37 - www.spinaker.com - Fermé 2 janvier-13 février, lundi

Le Comptoir des Voiles (N)

CUISINE MODERNE • CONVIVIAL X Que l'on aime cette petite adresse tout en simplicité ! Service et ambiance décontractés, salle au coude-à-coude, cuisine du marché basée sur les produits de la mer, avec entrées sous forme de tapas : par exemple, poulpe en persillade, huîtres de Bouzigues, encornets frits... Le tout face au port de plaisance, pour ne rien gâcher.

Menu 19 € (déjeuner) - Carte 25/50 €

3 quai Bougainville (à la Capitainerie) - ✆ 04 66 51 66 67 - Fermé 10 décembre-7 février

Les Bains de Camargue

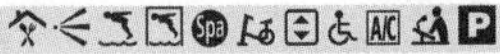

SPA ET BIEN-ÊTRE • CONTEMPORAIN Détente face aux dunes et à la mer : cet ensemble hôtelier comprend un centre de thalassothérapie et la plupart de ses chambres regardent les flots (toutes avec balcon). Cuisine traditionnelle et recettes allégées au restaurant, perché au 6e étage.

87 chambres - ††100/250 € - ☕ 16 €

227 route des Marines (227) - ✆ 04 66 73 60 60 - www.thalazur.fr

Spinaker

TRADITIONNEL • MÉDITERRANÉEN Un hôtel avec ponton privé est amarré à la marina, au bout de la presqu'île. Toutes les chambres donnent sur le jardin, sur le port, et... sur la jolie piscine bordée de palmiers.

19 chambres - ††112/248 € - 4 suites - ☕ 20 €

voie de la pointe du môle - ✆ 04 66 53 36 37 - www.spinaker.com - Fermé 2 janvier-13 février

Spinaker - voir la sélection des restaurants

L'Oustau Camarguen

AUBERGE • PERSONNALISÉ Un petit mas camarguais qui a le goût de la Provence : fer forgé, terre cuite, bois patiné... Les chambres sont assez spacieuses et jouissent de terrasses ou de jardins privatifs au calme. Quant au restaurant, il se révèle agréable : on y sert une cuisine régionale à proximité de la piscine.

32 chambres - ††90/170 € - 8 suites - ☕ 14 €

3 route des Marines - ✆ 04 66 51 51 65 - www.oustaucamarguen.com - Fermé 4 novembre-22 mars

GRAUFTHAL - 67 (Bas-Rhin) → voir La Petite-Pierre

GRAY

✉ 70100 (Haute-Saône) – Carte régionale n° **6**-B2
Carte Michelin 314-B8 – Guide Vert Michelin Franche-Comté Jura

à Rigny 5 km au Nord-Est par D70 et D2 – ✉ 70100

Château de Rigny

DEMEURE HISTORIQUE · CLASSIQUE Dans cette demeure du 17e s., nichée au cœur d'un magnifique parc à l'anglaise, le temps semble s'être arrêté. Mobilier d'époque dans les chambres – certaines plus modernes –, superbe salle des gardes, salon avec tapisseries... renvoient 400 ans en arrière !

28 chambres – 98/245 € – 13 €

70 rue des Époux-Blanchot – 0384652501 – www.chateau-de-rigny.com – Fermé 24-26 décembre

tashka2000/Fotolia.com

ON AIME...

L'Amélyss, une table pleine de fraîcheur et d'envie. **La Table du 20**, avec ses incontournables viandes maturées et sa belle carte des vins. **Zdank**, pour les assiettes créatives et le menu mystère concocté par son jeune chef. Enfin, **MadaM**, pour une bonne cuisine de produits dans une villa Belle Époque...

GRENOBLE

✉ 38000 (Isère) – Carte régionale n° **2**-C2

Carte Michelin 333-H6 – Guide Vert Michelin Alpes du Nord

Restaurants

Gillio

CUISINE TRADITIONNELLE · **SIMPLE** X Dans un quartier commerçant du centre-ville, Gillio abrite en cuisine un jeune chef discret, originaire de la vallée du Grésivaudan. Sa cuisine, basée sur des produits frais directement issus du marché, séduit surtout par sa simplicité. Originalité de la carte : une savoureuse purée aux pommes de terre brûlées... Miam !

Menu 32 € – Carte 38 €

Plan : A3-a – *16 rue Condorcet – ✆ 09 52 15 42 32 – www.restogillio.com – Fermé samedi midi, dimanche*

Auberge Napoléon

CUISINE MODERNE · **CLASSIQUE** XXX La maison entretient le souvenir de Napoléon Bonaparte, son hôte le plus célèbre, par touches subtiles. Mais dans l'assiette, point de nostalgie impériale ! Une cuisine classique relevée de pointes créatives, à l'instar du foie gras au cacao.

Menu 49/75 € – Carte 64/81 €

Plan : B2-b – *7 rue Montorge – ✆ 04 76 87 53 64 – www.auberge-napoleon.fr – Fermé 1er-6 janvier, 29 avril-15 mai, 5-21 août, lundi midi, mardi midi, mercredi midi, jeudi midi, vendredi midi, samedi midi, dimanche*

Le Fantin Latour - Stéphane Froidevaux

CUISINE CRÉATIVE · **TENDANCE** XXX Une grande sensibilité, beaucoup de personnalité... On se laisse porter par la cuisine de Stéphane Froidevaux, inspirée et toujours sincère. La gastronomie de montagne (fleurs, plantes sauvages) est pour ainsi dire réinventée ! Et le cachet de cet hôtel particulier du 19e s. séduit tout autant...

Menu 32 € (déjeuner), 55/85 € – Carte 40/70 €

1 rue du Général-Beyle – ✆ 04 76 24 38 18 – www.fantin-latour.fr – Fermé lundi, dimanche soir

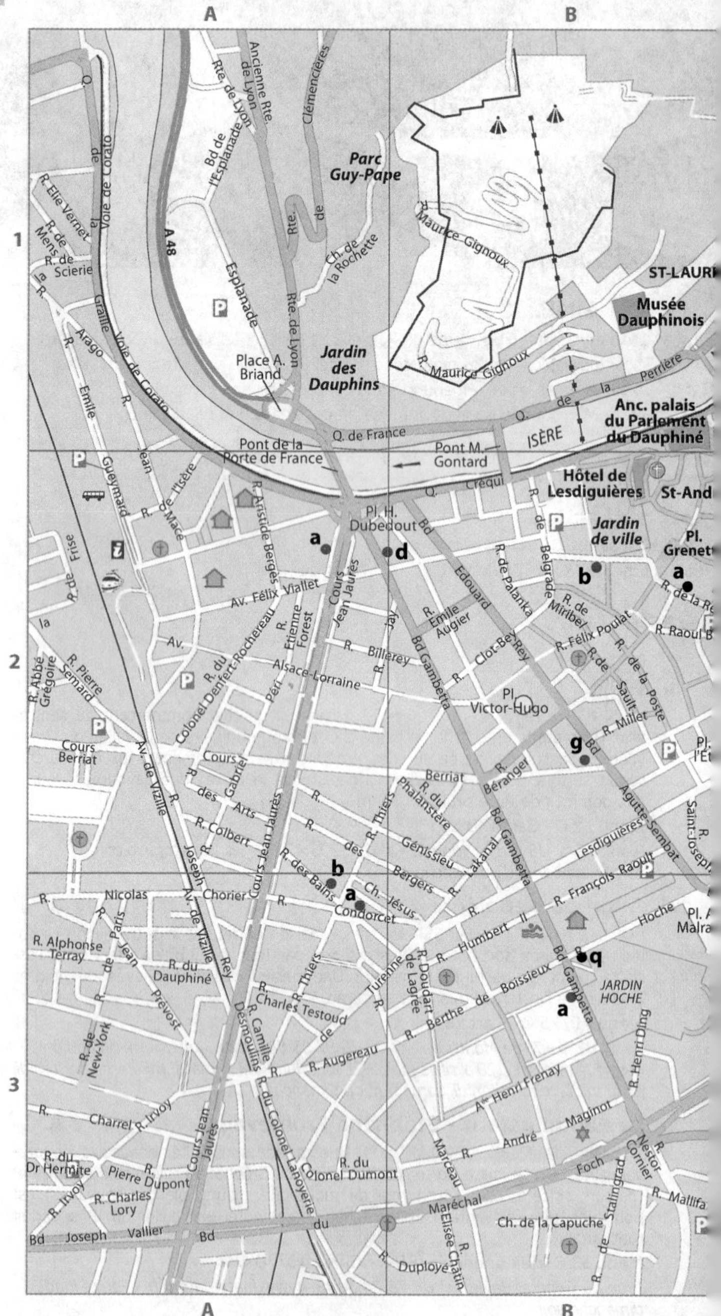

A
B
1
2
3
Parc Guy-Pape
Jardin des Dauphins
Place A. Briand
ST-LAURI
Musée Dauphinois
Anc. palais du Parlement du Dauphiné
Hôtel de Lesdiguières
St-And
Jardin de ville
Pl. Grenett
ISÈRE
Q. de France
Pont de la Porte de France
Pont M. Gontard
Q. Créqui
Q. de la Perrière
R. Maurice Gignoux
Rte. de Lyon
Ancienne Rte. de Lyon
Clémencières
Bd de l'Esplanade
Esplanade
Ch. de la Rochette
A 48
Voie de Corato
Q. de la Graille
R. Elie Vernet
R. de Mens
R. de la Scierie
R. Arago
R. Emile Gueymard
R. Jean Macé
R. de l'Isère
R. Aristide Bergès
Pl. H. Dubedout
Bd Edouard Rey
Av. Félix Viallet
Cours Jean Jaurès
R. Jay
R. Emile Augier
R. de Palanka
R. de Belgrade
R. de Miribel
R. Félix Poulat
R. de la Poste
R. Raoul B
R. de Frise
R. Abbé Grégoire
R. Pierre Semard
Av. Alsace-Lorraine
R. Etienne Forest
R. du Colonel Denfert-Rochereau
R. Billerey
R. Clot-Bey
Pl. Victor-Hugo
R. de Sault
R. Millet
Bd Gambetta
Cours Berriat
Av. de Vizille
R. Gabriel Péri
R. des Arts
R. Colbert
R. Thiers
R. du Phalanstère
R. Béranger
Bd Agutte Sembat
R. Saint-Joseph
R. des Bergers
R. Génissieu
R. Lakanal
R. Lesdiguières
R. François Raoult
R. des Bains
Ch. Jésus
R. Condorcet
R. Nicolas Chorier
R. Joseph Rey
R. Humbert II
R. Hoche
Pl. A. Malra
JARDIN HOCHE
R. Alphonse Terray
R. de Paris
R. Jean Prévost
R. du Dauphiné
R. Turenne
R. Doudart de Lagrée
R. Berthe de Boissieux
R. Charles Testoud
R. Camille Desmoulins
R. de New-York
R. Augereau
Ave Henri Frenay
R. Henri Ding
R. Charrel
R. Irvoy
R. André Maginot
R. Nestor Cornier
R. du Dr Hermite
R. Pierre Dupont
R. Charles Lory
R. du Colonel Lanoyerie
R. du Colonel Dumont
R. Marceau
Bd du Maréchal Foch
Bd Joseph Vallier
R. Mallifa
Ch. de la Capuche
R. de Stalingrad
R. Elisée Châtin
R. Duployé
a
b
d
g
q

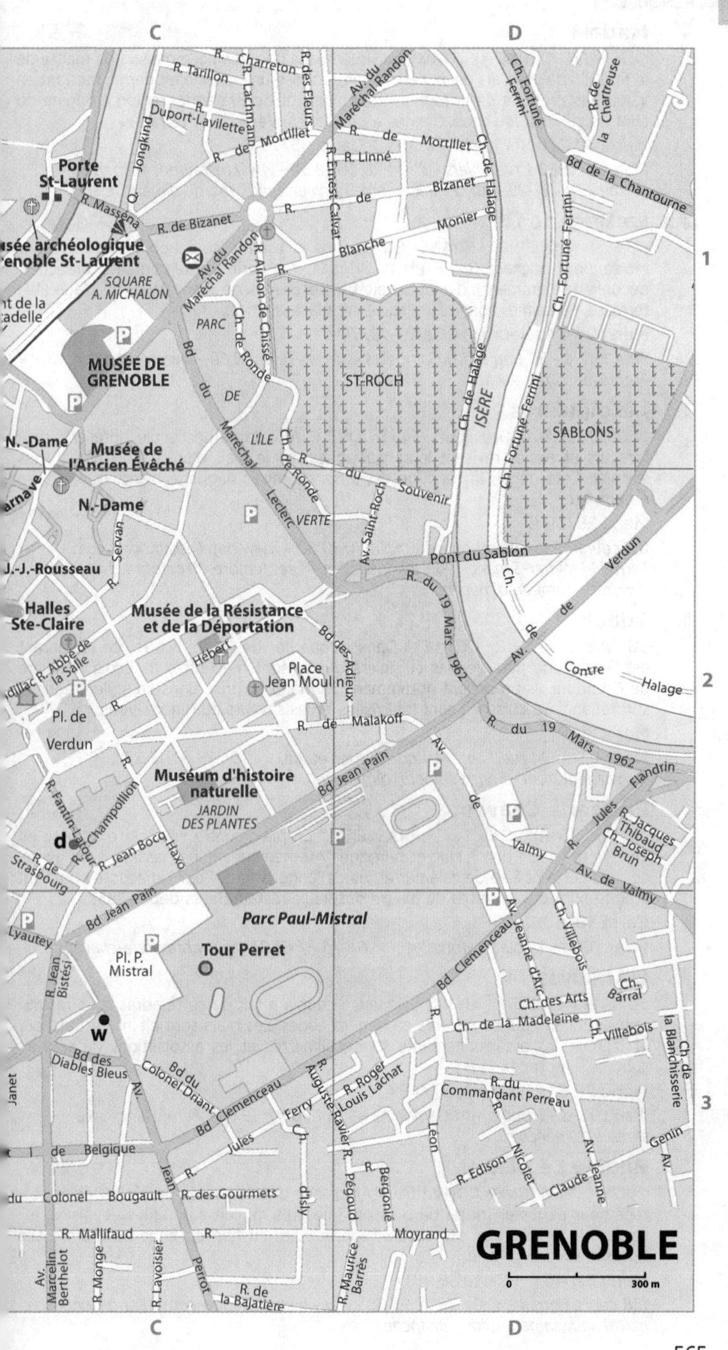
GRENOBLE
Porte St-Laurent
Musée archéologique Grenoble St-Laurent
SQUARE A. MICHALON
MUSÉE DE GRENOBLE
PARC DE L'ILE VERTE
ST-ROCH
SABLONS
ISÈRE
N.-Dame
Musée de l'Ancien Évêché
J.-J.-Rousseau
Halles Ste-Claire
Musée de la Résistance et de la Déportation
Place Jean Moulin
Pl. de Verdun
Muséum d'histoire naturelle
JARDIN DES PLANTES
Parc Paul-Mistral
Tour Perret
Pl. P. Mistral
Pont du Sablon
Bd Jean Pain
Bd Clemenceau
Bd du Maréchal Leclerc
Av. du Maréchal Randon
Av. de Verdun
Av. de Valmy
Av. Jeanne d'Arc
Bd des Diables Bleus
Bd du Colonel Driant
R. du 19 Mars 1962
Ch. Fortuné Ferrini
Bd de la Chantourne
Ch. de Halage
R. de Mortillet
R. de Bizanet
R. Blanche
R. Monier
R. Massena
R. Lachmann
R. des Fleurs
R. Ernest Calvat
R. Linné
R. Charreton
R. Tarillon
R. Duport-Lavilette
Q. Jongkind
R. Aimon de Chissé
Ch. de Ronde
R. du Souvenir
Av. Saint-Roch
Bd des Adieux
R. de Malakoff
R. Hébert
R. Servan
R. Abbé de la Salle
R. Champollion
R. Fantin-Latour
R. Jean Bocq
R. Haxo
R. de Strasbourg
R. Jean Bistési
R. Jules Flandrin
R. Jacques Thibaud
Ch. Joseph Brun
Ch. Villebois
Ch. Barral
Ch. des Arts
Ch. de la Madeleine
Ch. de la Blanchisserie
R. du Commandant Perreau
R. Roger Louis Lachat
R. Auguste Ravier
R. Jules Ferry
Ch. d'Isly
R. Pégoud
R. Bergonié
R. Léon
R. Edison
R. Nicolet
Av. Jeanne
Claude
Genin
Av. Jean Perrot
R. des Gourmets
du Colonel Bougault
de Belgique
R. Mallifaud
R. Moyrand
Av. Marcelin Berthelot
R. Monge
R. Lavoisier
R. Maurice Barrès
R. de la Bajatière
Lyautey
Janet
R. de la Chartreuse
Contre Halage
d
w
0
300 m
C
D
1
2
3

MadaM

CUISINE MODERNE • VINTAGE XX Située dans une très belle maison de maître de la fin 19e.s de style art déco, cette table propose une cuisine moderne, mettant en valeur les produits de la région grenobloise et de Bretagne, région d'origine du chef de cuisine. Joli choix de vins à prix sages. Véranda et terrasse.

Menu 32 € (déjeuner), 49/99 € - Carte 65/75 €

Plan : A3-b - *34 rue Thiers - ✆ 04 76 50 12 50 - www.restaurant-madam.fr - Fermé 27 juillet-29 août, 22 décembre-9 janvier, lundi, mardi, dimanche soir*

La Brigade Ⓝ

CUISINE MODERNE • BRANCHÉ XX Cuisine d'inspiration dauphinoise et grenobloise pour Michael Breuil et sa Brigade, brasserie contemporaine branchée, décorée (notamment) d'un portrait de Bocuse façon Andy Warhol. L'agréable terrasse, au calme, donne sur l'ancienne place d'armes.

Menu 24 € (déjeuner) - Carte 40/70 €

Plan : B3-a - *50 boulevard Gambetta - ✆ 04 76 95 03 58 - www.michaelbreuil.fr - Fermé lundi, dimanche*

Lesdiguières

CUISINE TRADITIONNELLE • CLASSIQUE XX À la table de l'école hôtelière, professeurs et élèves révisent leurs classiques par le biais d'un menu réglé sur les saisons. Côté décor, la tradition est aussi de mise : nappage blanc, couverts en argent, etc.

Menu 28/39 €

122 cours de la Libération - ✆ 04 38 70 19 50 - www.hotellesdiguieres.com - Fermé 16 février-3 mars, 13-28 avril, 6 juillet-1er septembre, 19 octobre-3 novembre, vendredi, samedi, dimanche

Zdank

CUISINE CRÉATIVE • INTIME XX Dans le quartier de la préfecture, ce restaurant est l'œuvre de deux jeunes cuisiniers qui se sont rencontrés à l'école hôtelière de Grenoble. Ils proposent notamment un menu surprise dans un style créatif et surprenant ; les cuissons sont maîtrisées et les saveurs au rendez-vous.

Menu 80 €

Plan : C2-d - *14 rue Fantin-Latour (au 1er étage) - ✆ 04 76 54 13 93 - www.zdank.com - Fermé samedi, dimanche*

Brasserie Chavant

CUISINE TRADITIONNELLE • BRASSERIE X En plein centre-ville, cette adresse en impose avec son décor chic et baroque ! Au menu, les bons classiques du genre, comme cette poêlée de calamar et jus de langoustine... Pour l'anecdote : Chavant était le nom des ancêtres du maître des lieux, restaurateurs depuis 1852.

Carte 38/60 €

Plan : B2-g - *2 cours Lafontaine - ✆ 04 76 87 61 83 - www.brasserie-chavant.fr*

L'Amélyss

CUISINE MODERNE • ÉPURÉ X Un jeune couple a fait de cette adresse un restaurant attachant, qui bouleverse un peu les codes. Les plats sont pleins de fraîcheur et d'envie, les assaisonnements sont millimétrés et les associations de saveurs subtiles... Au top !

Menu 24 € (déjeuner), 37/45 €

Plan : B2-d - *3 boulevard Gambetta - ✆ 04 76 42 35 84 - Fermé lundi soir, samedi, dimanche*

Badine Le Bistrot

CUISINE MODERNE • CONVIVIAL X Ambiance bistrot contemporain et tables serrées pour déguster friture de poisson, foie gras mi-cuit aux figues et raisins, fricassée de volaille aux écrevisses, canette cuite au foin ou baba au rhum. Belle terrasse sous la glycine.

Menu 32/45 € - Carte 38/48 €

168 cours Berriat - ✆ 04 76 21 95 33 - www.bistrot-badine.com - Fermé lundi soir, mardi soir, samedi midi, dimanche

L'Exception

CUISINE TRADITIONNELLE • CONVIVIAL Une adresse qui ne désemplit pas ; on s'y presse pour cette belle cuisine de terroir, préparée avec soin, notamment pour le gibier, en saison. La qualité des produits utilisés est indéniable. Saveurs franches, générosité et prix doux constituent la règle de cette Exception.

Menu 28/52 € – Carte 42/57 €

Plan : A2-a – *4 cours Jean-Jaurès – ✆ 04 76 47 03 12 – www.restaurant-lexception.com – Fermé samedi, dimanche*

Hôtels

Park Hôtel

LUXE • ÉLÉGANT En bordure du parc Paul-Mistral, cet hôtel a été magnifiquement rénové par ses propriétaires. Que ce soit dans les chambres, spacieuses et bien équipées, ou dans les parties communes, que d'élégance et que de raffinement ! Avec, en prime, un petit espace détente (hammam et fitness).

33 chambres – ††99/199 € – 5 suites – ☕ 19 €

Plan : C3-w – *10 place Paul-Mistral – ✆ 04 76 85 81 23 – www.park-hotel-grenoble.fr*

Le Grand Hôtel

URBAIN • DESIGN À deux pas de la maison natale de Stendhal, ce "grand hôtel" marie à merveille luxe et design. Pour accéder aux chambres, sobres et contemporaines, on emprunte le magnifique escalier d'époque. Un conseil : ne manquez pas le petit-déjeuner, les fromages sont délicieux !

66 chambres – ††99/349 € – 1 suite – ☕ 19 €

Plan : B2-a – *5 rue de la République – ✆ 04 76 51 22 59 – www.grand-hotel-grenoble.fr*

Okko

HÔTEL DE CHAÎNE • DESIGN Un bâtiment ultra-moderne, un intérieur dans lequel le béton ciré côtoie touches industrielles et mobilier de designer : quel caractère ! Grand confort dans les chambres (Nespresso, TV grand écran, etc.) et les parties communes, du salon à l'espace de lecture... Formule "tout inclus" du petit-déjeuner aux aperitivi, chaque soir, avec produits régionaux.

138 chambres ☕ – ††89/249 €

Plan : B3-q – *23 rue Hoche – ✆ 04 85 19 00 10 – www.okkohotels.com/hotels/grenoble*

à Corenc 3,5 km – ✉ 38700

La Corne d'Or

CUISINE MODERNE • DESIGN Depuis la terrasse, le panorama sur Grenoble et la chaîne de Belledonne est pour le moins enchanteur. Le chef, rejoint par son fils, est toujours passionné de botanique. Il invente des recettes embaumant l'humus, le fenouil sauvage, l'ail des ours, la berce, le serpolet et tant d'autres... Ah, les bienfaits des hauteurs !

Menu 30 € (déjeuner), 46/90 €

159 route de Chartreuse, 3,5 km au Nord par D512 – ✆ 04 38 86 62 36 – www.cornedor.com – Fermé 2 janvier-17 février, 15 août-5 septembre, lundi, mardi, dimanche soir

Le Provence

POISSONS ET FRUITS DE MER • CONVIVIAL Ici, le chef fait lui-même son marché, d'où les suggestions à l'ardoise ; on peut aussi le voir travailler en cuisine via un écran. Sa spécialité : de grosses pièces de poissons cuites entières (pageot, pagre, denti, bar...). Le soleil de la Provence en direct et cuisine à l'huile d'olive !

Menu 29 € (déjeuner), 49/75 € – Carte 46/75 €

28 avenue du Gresivaudan – ✆ 04 76 90 03 38 – www.leprovence.fr – Fermé lundi, samedi midi, dimanche

à Bresson 8 km au Sud par D269c, avenue Jean-Jaurès – ✉ 38320

Chavant

CUISINE CLASSIQUE • ÉLÉGANT XXX Qu'il est doux de venir profiter des beaux jours, dans cette auberge tenue par la famille Chavant depuis 1852 ! La cuisine donne le sourire ; pour le reste, les atouts ne manquent pas – fumoir, cave à vins, piscine, chambres spacieuses...

Menu 47 € (déjeuner), 54/120 € – Carte 50/100 €

2 rue Émile-Chavant – ✆ 04 76 25 25 38 – www.chavanthotel.com – Fermé 11-27 août, 24-26 décembre, lundi, samedi midi, dimanche soir

à Eybens 5 km – ✉ 38320

La Table du 20

CUISINE TRADITIONNELLE • CONVIVIAL X Situé au rez-de-chaussée d'un hôtel des années 1980, ce bistrot convivial fait le plein sans difficulté. Deux compères sont à l'origine de ce succès : Franck, au piano, propose une belle cuisine canaille, pleine de peps et de saveurs, tandis que Luc, sommelier, a toujours le vin qu'il vous faut... Plaisir garanti !

Menu 26 € (déjeuner)/43 € – Carte 31/60 €

20 avenue Jean-Jaurès – ✆ 04 76 24 76 93 – www.latabledu20.fr – Fermé 22-29 avril, 3-21 août, 7-22 décembre, samedi, dimanche

GRÉOUX-LES-BAINS

✉ 04800 (Alpes-de-Haute-Provence) – Carte régionale n° **24**-B2

Carte Michelin 334-D10 – Guide Vert Michelin Alpes du Sud

La Crémaillère

THERMAL • TRADITIONNEL À deux pas des thermes troglodytiques, cet hôtel, confortable et chic, est idéal pour se ressourcer. Chambres contemporaines et lumineuses, avec balcon ou loggia. Au restaurant, cuisine "santé nature" pour les curistes. Quant à l'accueil et le service, ils sont tout simplement délicieux...

50 chambres – ††130/200 € – ☕ 15 €

7312 avenue des Thermes, rte de Riez – ✆ 04 92 70 40 04 – www.mascremailleregreoux.com – Fermé 15 décembre-24 mars

Villa Borghèse

TRADITIONNEL • CLASSIQUE Cette Villa Borghèse, tapissée de vigne vierge, abrite de grandes chambres traditionnelles avec loggia. Sauna, espace beauté et club de bridge. Cuisine provençale au restaurant.

65 chambres – ††105/200 € – ☕ 15 €

Avenue des Thermes – ✆ 04 92 78 00 91 – www.hotel-villaborghese.com – Fermé 12 novembre-8 mars

Les Alpes

FAMILIAL • CONTEMPORAIN Ce petit hôtel familial, au pied du château des Templiers, dispose de chambres confortables, certaines avec terrasse. Au restaurant, on apprécie les recettes provençales.

26 chambres – ††79/169 € – ☕ 12 €

Avenue des Alpes – ✆ 04 92 74 24 24 – www.hoteldesalpes04.fr

Le Verdon

TRADITIONNEL • CLASSIQUE Cet hôtel abrite des chambres fonctionnelles et bien tenues, avec un balcon donnant sur le village ou la garrigue. Agréable jardin avec terrain de pétanque. Recettes dans l'air du temps au restaurant.

64 chambres – ††75/120 € – ☕ 13 €

Avenue du Colombier – ✆ 04 92 70 40 03 – www.hotel-le-verdon.fr – Fermé 1er janvier-3 mars, 23 novembre-31 décembre

GRESSE-EN-VERCORS

✉ 38650 (Isère) – Carte régionale n° **2**-C2
Carte Michelin 333-G8 – Guide Vert Michelin Alpes du Nord

Le Chalet

CUISINE TRADITIONNELLE · RUSTIQUE XX Maison forte durant le Moyen Âge, couvent jusqu'en 1905, ce "chalet" est devenu un hôtel-restaurant sous l'impulsion de la famille Prayer, autour de deux valeurs primordiales : tradition et générosité. En témoignent les assiettes goûteuses, tels ce saumon fumé maison ou le gigot d'agneau cuit sept heures, et son gratin du Vercors...

Menu 19/46 € – Carte 33/50 €

Le village – ✆ 04 76 34 32 08 – www.hotellechalet.fr – Fermé 10 mars-8 mai, 6 octobre-21 décembre, mercredi

Le Chalet

FAMILIAL · CONTEMPORAIN L'âme du Vercors et de la montagne, déclinée avec fraîcheur et simplicité : un vrai chalet d'aujourd'hui, tenu par une famille animée par le désir de bien faire. Les chambres, dans un style montagnard contemporain, sont jolies et accueillantes ; l'ensemble est impeccablement tenu.

31 chambres – ††82/92 € – ☕ 12 €

Le Village – ✆ 04 76 34 32 08 – www.hotellechalet.fr – Fermé 10 mars-8 mai, 6 octobre-21 décembre

Le Chalet – voir la sélection des restaurants

GRÈZES

✉ 46320 (Lot) – Carte régionale n° **22**-C1
Carte Michelin 337-G4

Le Grézalide

TRADITIONNEL · PERSONNALISÉ Au cœur de ce village du Quercy, cette adresse au grand calme propose des chambres réparties entre la bâtisse ancienne pleine de cachet, et celle plus récente, située autour du patio-jardin. La cuisine, aux accents du terroir, se déguste dans la jolie salle à manger voûtée, ou sur la terrasse, l'été venu.

19 chambres – ††75/175 € – ☕ 9 €

Le Grézalide – ✆ 05 65 11 20 40 – www.grezalide.com – Fermé 31 octobre-31 mars

GRIESHEIM-PRÈS-MOLSHEIM

✉ 67870 (Bas-Rhin) – Carte régionale n° **10**-A2
Carte Michelin 315-J6

Auberge de la Chèvrerie

CUISINE MODERNE · ÉLÉGANT XX Tout est fait maison (jusqu'à l'excellent pain, aux glaces et aux sorbets) par un chef appliqué, qui s'approvisionne en fromage auprès de la chèvrerie voisine tenue par son frère... Une auberge bien sympathique, perchée dans un village en pleine nature.

Menu 18 € (déjeuner), 45/64 € – Carte 56/78 €

1 rue des Puits – ✆ 03 88 38 83 59 – www.chevrerie.com – Fermé 18 février-6 mars, 22 juillet-6 août, lundi, mardi, dimanche soir

À l'hôtel, les prix des chambres peuvent beaucoup varier selon la saison. Les prix indiqués devant le symbole ††, correspondent au prix le plus bas en basse saison puis au prix le plus élevé en haute saison, pour une chambre double.

GRIGNAN

✉ 26230 (Drôme) - Carte régionale n° **2**-B3
Carte Michelin 332-C7 - Guide Vert Michelin Ardèche Drôme

Le Clair de la Plume

CUISINE MODERNE · ÉLÉGANT XX Le Clair de la Plume... ou le raffinement côté Sud ! Le chef, Julien Allano, sait faire partager sa passion du bon : sa cuisine se révèle très expressive et à la fois limpide, sans artifices inutiles, car centrée sur l'authenticité des produits. Un vrai plaisir.

→ Infusion de truffe de Grignan et shortbread de parmesan. Agneau de Provence laqué aux épices douces, poivron et framboise. Vacherin de fraises d'ici, crème au vin jaune et jus de fraise au thé

Menu 45 € (déjeuner), 75/115 € - Carte 80/115 €

8 Place du Mail - ☎ 04 75 91 81 30 - www.clairplume.com - Fermé 7-22 janvier, 4-26 novembre, lundi, mardi

Le Bistro Chapouton

CUISINE TRADITIONNELLE · BISTRO X Le "côté bistro", à 400 m du Clair de la Plume. On se régale ici d'une cuisine franche et bien pensée. Pour le confort, neuf chambres à la décoration contemporaine, et une agréable piscine.

Menu 33 € - Carte 41/59 €

Le Clair de la Plume, 200 route de Montélimar - ☎ 04 75 00 01 01 - www.chapouton.com

Manoir de la Roseraie

CUISINE MODERNE · ÉLÉGANT XXX Une rotonde, une verrière et une terrasse donnant sur le joli parc : un lieu indéniablement cossu. Le chef s'approvisionne en priorité chez les producteurs locaux et concocte une cuisine gastronomique dans l'air du temps.

Menu 45/85 € - Carte 63/80 €

1 chemin des Grands-Prés, route de Valréas - ☎ 04 75 46 58 15 - www.manoirdelaroseraie.com - Fermé 28 octobre-24 avril, 29 octobre-19 avril, lundi midi, mardi midi, mercredi, jeudi midi, vendredi midi

La Table des Délices

CUISINE PROVENÇALE · ÉLÉGANT XX La maison, des années 1980, est sur la route de la grotte où Mme de Sévigné aimait se retirer. Le chef concocte une goûteuse cuisine régionale, dans un esprit gastronomique. Belle carte des vins.

Menu 25 € (déjeuner), 29/43 € - Carte 50/64 €

1 km par D541 rte de Montélimar - ☎ 04 75 46 57 22 - www.latabledesdelices.com - Fermé 11-28 mars, 15-25 novembre, lundi, mardi soir, jeudi soir, dimanche soir

Le Poème de Grignan

CUISINE MODERNE · INTIME X Tout un poème, cette maison de village avec ses porcelaines anciennes et ses fleurs ! Ici, tout est soigné, goûteux, fait sur place... et sent bon la Provence. Une invitation aux plaisirs de la région.

Menu 30 € (déjeuner)/45 €

Rue Saint-Louis - ☎ 04 75 91 10 90 - www.lepoemedegrignan.com - Fermé mardi, mercredi

Le Clair de la Plume

HISTORIQUE · CLASSIQUE Le nom de cet hôtel aurait plu à Mme de Sévigné, qui résida à Grignan ! Cette demeure provençale du 18e s. propose des chambres ravissantes avec leur mobilier chiné - et plus encore lorsqu'elles donnent sur le joli jardin de curé.

12 chambres - 99/345 € - 4 suites - 24 €

2 Place du Mail - ☎ 04 75 91 81 30 - www.clairplume.com

Le Clair de la Plume · **Le Bistro Chapouton** - voir la sélection des restaurants

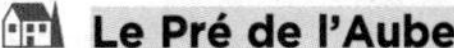

Le Pré de l'Aube

MAISON DE CAMPAGNE · PERSONNALISÉ Une grande bastide du 17e s., tout en vielles pierres, au cœur d'un hameau entouré de champs de lavande... L'aménagement intérieur, élégant et soigné, met bien en valeur la noblesse provençale des lieux, et le calme comme le confort sont complets.

5 chambres – 155/220 €

Hameau le Fraysse, 6 km au Nord-Ouest par D4 – 04 75 92 44 84 – www.lepredelaube.com

GRILLY – 01 (Ain) → voir Divonne-les-Bains

GRIMAUD

83310 (Var) – Carte régionale n° **24**-C3

Carte Michelin 340-O6 – Guide Vert Michelin Côte d'Azur

Les Santons

CUISINE CLASSIQUE · COSY XXX Une belle auberge provençale pleine de caractère, avec ses poutres apparentes, ses compositions florales et sa collection de santons... L'assiette, jamais ennuyeuse, alterne entre cuisine classique et plats actuels joliment travaillés : en témoigne cette crème glacée de petits pois, écrevisses laquées au vinaigre d'hibiscus.

Menu 39 € (déjeuner)/61 € – Carte 85/115 €

743 route Nationale – 04 94 43 21 02 – www.restaurant-les-santons.fr – Fermé 18 novembre-10 décembre, lundi, dimanche soir

Apopino N

CUISINE MÉDITERRANÉENNE · CONVIVIAL X Une bien belle découverte que ce restaurant de Grimaud, avec aux fourneaux un duo de chefs originaires l'un du Piémont, l'autre de Roubaix. Leur cuisine moderne, aux accents méditerranéens, fait mouche : les préparations sont soignées. Service charmant.

Menu 33 € – Carte 55/63 €

place des Pénitents – 04 94 43 25 26 – www.apopinorestaurant.com – Fermé lundi, dimanche

Fleur de Sel

CUISINE MODERNE · CONVIVIAL X Sur les hauteurs de ce pittoresque village, au détour d'une ruelle, l'ancienne boulangerie du village s'est muée en une séduisante Fleur de Sel... Un jeune couple dynamique y propose une cuisine gourmande et dans l'air du temps. Agréable terrasse à l'ombre d'un bel olivier.

Menu 39/49 €

4 place du Cros – 04 94 43 21 54 – Fermé 5 novembre-25 mars, lundi midi, mardi, mercredi midi, jeudi midi, vendredi midi, samedi midi, dimanche midi

Le Verger Maelvi

MAISON DE CAMPAGNE · COSY Un agréable mas champêtre avec son pavillon tout de bois vêtu, au fond du jardin. Les chambres se révèlent coquettes et décorées avec soin ; l'été, odeurs de glycine et copieux petit-déjeuner sous l'agréable pergola, face à la piscine chauffée.

11 chambres – 105/400 € – 2 suites – 20 €

Le Verger Maelvi, 2 km à l'Ouest par D14, route de Collobrières – 04 94 55 57 80 – www.hotel-grimaud.com – Fermé 27 octobre-13 avril

LA GRIVE – 38 (Isère) → voir Bourgoin-Jallieu

GROISY

✉ 74570 (Haute-Savoie) - Carte régionale n° **4**-F1
Carte Michelin 328-K4

Auberge de Groisy

CUISINE CLASSIQUE · COSY XX Une jolie ferme du 19e s. revue à la mode d'aujourd'hui : pierres apparentes et poutres pour le cachet. Un endroit charmant pour déguster une cuisine bien dans son temps, gourmande à souhait, qui valorise les produits de la région. Enfin, un vrai artisan cuisinier ! Coup de cœur assuré.

Menu 25 € (déjeuner), 34/81 € - Carte 44/72 €

34 route du Chef-Lieu - ✆ 04 50 68 09 54 - www.auberge-groisy.com - Fermé 1er-16 juillet, lundi, mardi, dimanche soir

GRUISSAN

✉ 11430 (Aude) - Carte régionale n° **21**-B3
Carte Michelin 344-J4

La Maison de Gruissan

MAISON DE MAÎTRE · ÉPURÉ Dans le vieux village, à deux pas de la place du marché, cette maison de maître de la fin du 19e s. a été rénovée dans le souci de préserver l´architecture et les matériaux d'origine ; carreaux de ciment, tomettes en terre cuite, mobilier chiné, etc. A la belle saison, les petits déjeuners sont servis dans la petite cour ombragée. Une jolie maison dans l'un des seuls villages côtiers (partiellement) préservé des environs.

5 chambres - 65/90 €

16 avenue du Général-Azibert - ✆ 06 58 55 89 44 - www.chambre-hote-gruissan.fr - Fermé 1er-31 janvier

GRUSON - 59 (Nord) ➜ voir Lille

GUEBWILLER

✉ 68500 (Haut-Rhin) - Carte régionale n° **10**-A3
Carte Michelin 315-H9

Domaine du Lac

BUSINESS · DESIGN Deux hôtels en un ! Le Lac, avec de petites chambres colorées, design et fonctionnelles ; les Rives, plus confortables et cosy, dans une belle veine contemporaine. Vue sur le lac ou le ruisseau à l'arrière.

63 chambres - 89/199 €

244 rue de la République, vers Buhl - ✆ 03 89 76 15 00 - www.domainedulac-alsace.com

à Murbach 5 km au Nord-Ouest par D40II - ✉ 68530

Le Jardin des Saveurs

CUISINE MODERNE · ÉLÉGANT XX Un coin de nature vosgienne... et de gourmandise ! Sous l'œil du propriétaire - cuisinier de formation -, le chef travaille de beaux produits et concocte des plats réjouissants, qui font la part belle aux saisons et au bio. Le tout à petits prix. Voilà un Jardin rafraîchissant où l'on aimerait prendre racine...

Menu 23 € (déjeuner), 29/78 € - Carte 40/55 €

Le St-Barnabé, 53 rue de Murbach - ✆ 03 89 62 14 14 - www.le-stbarnabe.com - Fermé 6-24 janvier, 10-21 mars, 30 juin-11 juillet, mercredi, jeudi midi, dimanche soir

Le St-Barnabé

TRADITIONNEL · CLASSIQUE En plein cœur de la forêt et au milieu d'un jardin verdoyant, cette maison alsacienne est charmante... Les chambres sont décorées avec soin dans un style coloré et reposant ; quant au spa, il se révèle très plaisant !

26 chambres - 85/159 € - 15 €

53 rue de Murbach - ✆ 03 89 62 14 14 - www.le-stbarnabe.com - Fermé 6-24 janvier, 10-21 mars, 23-26 décembre

Le Jardin des Saveurs - voir la sélection des restaurants

Le Schaeferhof

MAISON DE CAMPAGNE · CLASSIQUE Cette métairie du 17e s. est tout simplement superbe ! Partout, la propriétaire, amoureuse du beau, a imprimé sa patte. Mobilier chiné, tissus raffinés... chaque détail a été soigneusement pensé. Du cachet et une âme authentique ! Avec, en prime, une appétissante table d'hôte (produits majoritairement bio) et un espace bien-être.

5 chambres – 210/260 €

6 rue de Guebwiller – 03 89 74 98 98 – www.schaeferhof.fr – Fermé 7 janvier-25 mars

à Rimbach-près-Guebwiller 11 km à l'Ouest par D5[1] – 68500

L'Aigle d'Or

CUISINE TRADITIONNELLE · RUSTIQUE X Cette maison célèbre toujours le terroir et la tradition, mais la jeune génération entend la faire entrer dans la modernité : quelques plats et dressages plus contemporains sont désormais à la carte. Chambres sobres pour prolonger l'étape.

Menu 22/40 € – Carte 25/50 €

5 rue Principale – 03 89 76 89 90 – www.hotelaigledor.com – Fermé lundi

GUENROUËT

44530 (Loire-Atlantique) – Carte régionale n° **23**-A2

Carte Michelin 316-E2

Le Relais St-Clair

CUISINE MODERNE · ROMANTIQUE XXX Dans cette bâtisse fleurie qui surplombe le canal de Nantes à Brest, on privilégie les menus et les produits locaux (poissons, coquillages). Belle carte des vins. À l'étage inférieur, sous les glycines, formule brasserie (grillades et buffets) au Jardin de l'Isac.

Menu 27 € (déjeuner), 32/71 € – Carte 47/78 €

31 rue de L'Isac, route de Nozay – 02 40 87 66 11 – www.relais-saint-clair.com – Fermé 11-31 mars, lundi, mardi soir, mercredi soir, dimanche soir

GUER

56380 (Morbihan) – Carte régionale n° **7**-C2

Carte Michelin 308-N7

Auberge Tiegezh (Baptiste Denieul)

CUISINE MODERNE · CONTEMPORAIN XX Tiegezh, c'est "famille" en breton, tout est dit ! Baptiste Denieul, jeune chef talentueux, vous accueille avec sa compagne Marion dans un intérieur élégant et raffiné... bien à l'image de sa cuisine. Il travaille poissons, légumes et produits fermiers avec maîtrise et délicatesse : un régal, tout simplement !

→ Homard breton, mangue acidulée et sarrasin. Côte de veau, artichaut à la sauge et jus gras. Pomme, frangipane, vanille

Menu 30 € (déjeuner), 60/90 €

7 place de la Gare – 02 97 22 00 26 – www.aubergetiegezh.fr – Fermé 1er-31 janvier, lundi, mardi

Tiegezh fait sa Béa – voir la sélection des restaurants

Tiegezh fait sa Béa

CUISINE TRADITIONNELLE · BISTRO X Accolé à sa maison-mère l'Auberge Tiegezh, ce bistrot contemporain est toutefois complètement indépendant dans les faits. On trouve à la carte des préparations classiques réalisées avec de bons produits, ainsi que quelques galettes ; le tout est servi avec le sourire.

Menu 15 € (déjeuner)/30 € – Carte 24/45 €

Auberge Tiegezh, 7 place de la Gare – 02 97 22 00 26 – www.aubergetiegezh.fr – Fermé 1er-31 janvier, lundi, dimanche

GUÉRANDE

✉ 44350 (Loire-Atlantique) - Carte régionale n° **23**-A2
Carte Michelin 316-B4 - Guide Vert Michelin Pays de la Loire

La Guérandière

FAMILIAL • PERSONNALISÉ Cette demeure pleine de charme, au pied des remparts, a été construite en 1870 puis abandonnée au début de la Première Guerre mondiale. Elle offre aujourd'hui des chambres cosy et colorées, dont plusieurs possédant une cheminée. L'été, petit-déjeuner servi dans le jardin ou sous la verrière.

7 chambres - 67/97 € - 10 €

5 rue Vannetaise - 02 40 62 17 15 - www.guerandiere.com

GUÉRET

✉ 23000 (Creuse) - Carte régionale n° **19**-C1
Carte Michelin 325-I3 - Guide Vert Michelin Limousin Berry

Le Coq en Pâte

CUISINE CLASSIQUE • ÉLÉGANT XXX Dans cette maison bourgeoise et cossue (19e s.), on sert une belle cuisine classique qui varie selon les saisons. Mais rassurez-vous : le homard du vivier et le filet de bœuf sont aussi des résidents permanents ! On les accompagne d'un des nombreux bordeaux présents sur la carte... Un agréable moment gastronomique.

Menu 28/60 € - Carte 60/85 €

2 rue de Pommeil - 05 55 41 43 43 - www.restaurant-lecoqenpate.com - Fermé lundi soir, dimanche soir

à La Chapelle-Taillefert 8 km au Sud par D940 - ✉ 23000

Influence

CUISINE MODERNE • ÉPURÉ X Le patron de cette petite maison de village a la passion des beaux produits, volaille fermière, distillerie Philippe Marais, bœuf limousin de Courtille ; fort de sa longue expérience, il les met en valeur dans des assiettes gourmandes et bien maîtrisées.

Menu 13 € (déjeuner), 24/42 € - Carte 28/36 €

1 rue des Remparts - 05 55 81 98 32 - www.restaurant-influence.com - Fermé 22 décembre-7 janvier, lundi, dimanche soir

GUÉTHARY

✉ 64210 (Pyrénées-Atlantiques) - Carte régionale n° **18**-A3
Carte Michelin 342-C4 - Guide Vert Michelin Pays Basque et Navarre

Brikéténia (Martin et David Ibarboure)

CUISINE MODERNE • ÉLÉGANT XXX Dans cette demeure basque des années 1930, père et fils signent une cuisine de grande qualité : assaisonnements subtils, effets de transparence ou de contraste, produits choisis à leur parfaite maturité... Un vrai travail sur le naturel, mis de surcroît en valeur par un service charmant.

→ Œuf de ferme en sauce suprême truffée, jambon bellota et artichaut. Ris de veau fermier, sauce diable, crème de piperade et fricassée de girolles. Profiterole à l'éclat d'or, choux aux amandes et glace à la vanille Bourbon

Menu 36 € (déjeuner), 67/98 € - Carte 72/99 €

rue de L'Église - 05 59 26 51 34 - www.briketenia.com - Fermé mardi

Briket' Bistrot

CUISINE MODERNE • TENDANCE X L'hôtel de la famille Ibarboure accueille ce sympathique bistrot, indépendant du restaurant gastronomique. Le chef signe une cuisine soignée, délicate et pleine de goût, dans un cadre épuré. Les produits basques dominent logiquement la carte, mais s'agrémentent parfois de mets exotiques. L'équipe est jeune et avenante, les prix demeurent raisonnables. On se régale.

Carte 33/40 €

Brikéténia, rue de L'Église - 05 59 26 51 34 - www.briketenia.com - Fermé 4 novembre-17 avril, lundi, mardi

Gétaria

CUISINE MODERNE • CONVIVIAL Le jeune chef de ce bistrot contemporain a été sacré vice-champion du monde de pâté en croûte en 2015... voilà qui en jette ! Le pâté est donc évidemment en bonne place à la carte, aux côtés de produits bien travaillés : persillé de Wagyu et palets de pomme de terre fumée ; pêche plate pochée à la verveine...

Menu 24 € (déjeuner) - Carte 43/48 €

360 avenue du Général-de-Gaulle - 05 59 51 24 11 - www.getaria.fr - Fermé 21 janvier-7 février, mardi, mercredi

Balea

FAMILIAL • COSY Des bâtiments en brique rouge, installés en U autour de la cour ; une fresque murale, peinte par des enfants... oui, nous sommes bien dans une ancienne école ! Les propriétaires en ont fait un hôtel agréable, aux chambres confortables et sobrement décorées.

28 chambres - 69/189 € - 10 €

106 rue Adrien-Lahourcade - 05 59 26 08 39 - www.baleahotel.com

Brikéténia

FAMILIAL • ÉPURÉ Sur le site d'une ancienne briqueterie (d'où "Brikéténia"), ce relais de poste du 17e s., blanc et rouge, offre une vue dégagée sur les environs. Refaites à neuf, les chambres allient confort et esprit contemporain : idéal si l'on veut profiter du (bon) restaurant.

14 chambres - 85/180 € - 12 €

rue de l'Église - 05 59 26 51 34 - www.briketenia.com

Brikéténia • **Briket' Bistrot** - voir la sélection des restaurants

Arguibel

MAISON DE MAÎTRE • DESIGN Superbe villa de style néobasque, à l'intérieur très raffiné, mariant objets design, meubles traditionnels et toiles d'artistes contemporains... Chaque chambre a sa personnalité.

5 chambres - 129/275 € - 16 €

1146 chemin de Laharraga - 05 59 41 90 46 - www.arguibel.fr - Fermé 6 janvier-14 février

LE GUÉTIN

18150 (Cher) - Carte régionale n° **8**-D3
Carte Michelin 323-O5

Auberge du Pont-Canal

CUISINE TRADITIONNELLE • FAMILIAL Dans cette petite auberge familiale jouxtant le pont de l'Allier, la tradition est à l'honneur... Ris de veau, cuisses de grenouilles et friture font la fierté de la maison. Le jeune chef travaille les beaux produits avec générosité et simplicité. L'été, on s'attable sur la jolie terrasse avec vue sur la rivière.

Menu 14 € (déjeuner), 23/33 € - Carte 26/50 €

37 rue des Écluses - 02 48 80 40 76 - www.auberge-du-pont-canal.fr - Fermé 6-15 janvier, lundi

GUEWENHEIM

68116 (Haut-Rhin) - Carte régionale n° **10**-A3
Carte Michelin 315-G10

La Gare

CUISINE TRADITIONNELLE • CONVIVIAL Une très contemporaine institution locale (depuis 1874) ! Ou comment mixer élégance, peps et convivialité ; mêler brasserie sur le pouce et joli repas traditionnel sur la belle terrasse verdoyante... Ou comment présenter l'une des plus belles cartes des vins de France - rien que ça - tout en restant simple.

Menu 12 € (déjeuner), 33/50 € - Carte 40/60 €

2 rue Soppe - 03 89 82 51 29 - Fermé 18 février-3 mars, 29 juillet-16 août, mardi soir, mercredi

GUICHE

✉ 64520 (Pyrénées-Atlantiques) – Carte régionale n° **18**-B3
Carte Michelin 342-E1 – Guide Vert Michelin Aquitaine

Le Gantxo

CUISINE MODERNE • CONTEMPORAIN X Bienvenue en terre basque. Ce Gantxo – du nom d'une passe de pelote – donne directement sur le "trinquet", l'aire de jeu du célèbre sport local. En cuisine, le chef revisite la cuisine basque de façon très personnelle ; il compose des plats bien au goût du jour, souvent copieux, toujours goûteux. Un vrai coup de cœur !

Menu 29/45 €

quartier du Port (au Trinquet) – ✆ 05 59 56 46 63 – www.restaurant-le-gantxo.fr – Fermé 2-21 janvier, 29 juin-7 juillet, 21 octobre-6 novembre, lundi, mardi, dimanche soir

GUIDEL

✉ 56520 (Morbihan) – Carte régionale n° **7**-B2
Carte Michelin 308-K8

La Table D'eux - Laurent Le Berrigaud

CUISINE MODERNE • CONVIVIAL XX Ce bistrot du front de mer, à l'esprit contemporain, est tenu par un jeune couple passionné – et cela se sent ! Le chef propose une cuisine du marché dans un esprit locavore. On se régale par exemple d'une cocotte de Saint-Jacques et crème de cèpes. Enfin, l'accueil est chaleureux : décidément, une excellente adresse !

Menu 20 € (déjeuner), 28/43 €

route côtière D152 – ✆ 02 97 32 42 07 – Fermé 1er-24 janvier, mardi, mercredi

GUILLESTRE

✉ 05600 (Hautes-Alpes) – Carte régionale n° **24**-C1
Carte Michelin 334-H5 – Guide Vert Michelin Alpes du Sud

Dedans Dehors

CUISINE TRADITIONNELLE • RUSTIQUE X Une ruelle médiévale dessert cette cave voûtée : tartines, salades et cuisine du terroir à la plancha, le tout agrémenté de fleurs et d'herbes folles. Un bistrot éclectique !

Carte 33/45 €

ruelle Sani – ✆ 04 92 44 29 07 – Fermé 1er septembre-1er juin, dimanche

à Mont-Dauphin 6 km au Nord-Ouest par D37 – ✉ 05600

La Maison du Guil

MAISON DE CAMPAGNE • HISTORIQUE Au-dessus des gorges du Guil, un ancien prieuré du 16es. restauré avec inspiration : entre vieilles pierres et mobilier design de qualité, le charme est au rendez-vous.

4 chambres – 120/130 €

La Font d'Eygliers – ✆ 04 92 50 16 20 – www.lamaisonduguil.com

GUILVINEC

✉ 29730 (Finistère) – Carte régionale n° **7**-A2
Carte Michelin 308-F8 – Guide Vert Michelin Bretagne

Le Poisson d'Avril

CUISINE MODERNE • CONVIVIAL X Dans le port de pêche, à quelques mètres de la criée, ce restaurant est tenu par un jeune couple sympathique : ambiance conviviale garantie ! Le terroir local et le poisson de la pêche sont les deux piliers d'une cuisine goûteuse et soignée, dans laquelle tout est fait maison. En prime, quelques chambres avec terrasse.

Menu 30/55 € – Carte 38/58 €

19 rue de Men-Meur – ✆ 02 98 58 23 83 – www.lepoissondavril.fr – Fermé 7 janvier-3 février, 10-20 juin, lundi, mardi

GUINGAMP

✉ 22200 (Côtes-d'Armor) – Carte régionale n° **7**-B1

Carte Michelin 309-D3 – Guide Vert Michelin Bretagne Nord

Le Clos de la Fontaine

CUISINE TRADITIONNELLE · CLASSIQUE XX Le patron est passionné par le poisson et ne transige pas : dans votre assiette, toute la fraîcheur de la pêche côtière, cuisinée sans chichis et mise en valeur par des sauces délicates et des cuissons précises. Quelques plats rendent aussi hommage au terroir breton, comme le kouign patatez, le traou mad, etc.

Menu 32/48 € – Carte 40/55 €

9 rue du Général-de-Gaulle – ✆ 02 96 21 33 63 – Fermé 28 janvier-11 février, 10-31 juillet, lundi, mardi soir, dimanche soir

La Boissière

CUISINE TRADITIONNELLE · TENDANCE X Auparavant installée en périphérie, la Boissière a investi les murs d'un ancien bar à vins du centre-ville. Ses propriétaires y ont insufflé un esprit de brasserie contemporaine, en mêlant l'ancien décor avec des éléments plus modernes ; ils proposent une bonne cuisine de bistrot, agrémentée de quelques plats canailles.

Menu 18 € (déjeuner), 24/42 € – Carte 27/55 €

5 rue Saint-Nicolas, direction Tréguier, Plouisy – ✆ 02 96 21 06 35 – www.restaurantlaboissiere.com – Fermé 15-31 mars, 16 août-4 septembre, lundi, dimanche

La Demeure

MAISON DE MAÎTRE · PERSONNALISÉ Au cœur de la ville, cette belle maison de maître (18e s.) transformée en boutique hôtel hébergea un temps la gendarmerie. Les chambres, élégantes et personnalisées (tissus choisis, atmosphère feutrée), sont d'esprit classique ou bord de mer chic. Salon de thé so british !

10 chambres – ††95/185 € – ☕10 €

5 rue du Général-de-Gaulle – ✆ 02 96 44 28 53 – www.demeure-vb.com – Fermé 22 décembre-6 janvier

GUJAN-MESTRAS – 33 (Gironde) ➜ Voir Bassin d'Arcachon

GUNDERSHOFFEN

✉ 67110 (Bas-Rhin) – Carte régionale n° **10**-B1

Carte Michelin 315-J3

Le Cygne

CUISINE MODERNE · CONVIVIAL XX Cette noble demeure alsacienne a su évoluer avec son temps : on y découvre aujourd'hui une carte de bistrot modernisée, privilégiant la cuisine de saison, réalisée par un chef expérimenté. Bon rapport qualité-prix.

Menu 33/55 € – Carte 49/60 €

35 Grande-Rue – ✆ 03 88 72 96 43 – www.aucygne.fr – Fermé 2-14 janvier, 18-24 février, 22 juillet-12 août, lundi, jeudi, dimanche soir

Les Jardins du Moulin

CUISINE MODERNE · COSY XX Ce restaurant s'intègre idéalement dans l'environnement du Moulin : à travers les baies vitrées de l'élégante salle à manger, on admire le jardin et la magnifique terrasse... On se régale de créations actuelles, bien tournées et rythmées par les saisons.

Menu 28/80 €

Le Moulin, 7 rue du Moulin – ✆ 03 88 07 52 70 – www.les-jardins-du-moulin.fr – Fermé 1er-9 janvier, 17 février-6 mars, 20-30 octobre, 28 octobre-7 novembre, mardi, mercredi, samedi midi

Le Moulin

MAISON DE CAMPAGNE · COSY Au bout d'un petit chemin, quelques maisons alsaciennes superbement restaurées ; un ancien moulin entouré d'un parc, avec une rivière où folâtrent quelques cygnes... On se prélasse dans de belles chambres spacieuses et très calmes, décorées avec goût, que l'on ne quitte qu'à regret. Absolument charmant !

11 chambres – 98/285 € – 2 suites – 23 €

7 rue du Moulin – 03 88 07 33 30 – www.hotellemoulin.com – Fermé 2-17 janvier, 10 février-3 mars

Les Jardins du Moulin – voir la sélection des restaurants

HABÈRE-POCHE

74420 (Haute-Savoie) – Carte régionale n° **4**-F1
Carte Michelin 328-L3

Auberge du Bois Noir

CUISINE TRADITIONNELLE · MONTAGNARD L'équipe du Tiennolet (à Habère-Poche également) a déménagé dans cette ancienne ferme située juste au pied des pistes. Au menu : une véritable ode à la région, avec de bonnes spécialités savoyardes pendant l'hiver...

Menu 17 € (déjeuner), 30/45 € – Carte 38/51 €

113 route du Bois-Noir – 04 50 94 23 26 – Fermé 27 mai-21 juin, 15 octobre-15 novembre, mardi soir, mercredi, dimanche soir

La Fontaine d'Argence

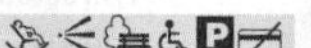

FAMILIAL · MONTAGNARD Au cœur de la Vallée verte, une ferme savoyarde restaurée avec goût ; on y trouve des chambres spacieuses et bien tenues. À la table d'hôte, on apprécie la cuisine de madame, à base de produits bio, et le miel de monsieur, apiculteur à ses heures. Bain nordique face aux montagnes.

5 chambres – ½ Pension seulement 70/130 €

2 chemin d'Argence, à 2 km par D12 et D40 – 06 89 29 17 30 – www.lafontainedargence.net

HAGETMAU

40700 (Landes) – Carte régionale n° **18**-B3
Carte Michelin 335-H13 – Guide Vert Michelin Aquitaine

Les Lacs d'Halco

TRADITIONNEL · PERSONNALISÉ Dans un cadre naturel préservé, tout au bord d'un étang, une belle architecture contemporaine, dont la structure de verre, bois et métal semble se diluer sur les flots... Chic et design, les chambres ouvrent ou sur la forêt ou sur le plan d'eau. Que de quiétude !

15 chambres – 110/150 € – 15 €

route de Cazalis, 3 km au Sud-Ouest par route de Cazalis – 05 58 79 30 79 – www.hoteldeslacsdhalco.fr

HAGONDANGE

57300 (Moselle) – Carte régionale n° **12**-B1
Carte Michelin 307-I3

Quai des Saveurs (Frédéric Sandrini)

CUISINE MODERNE · TENDANCE Depuis plusieurs années, Frédéric Sandrini prend plaisir à bousculer la tradition gastronomique locale avec une cuisine imaginative, en mouvement constant. Le tout dans un joli cadre contemporain plutôt sobre. Trois menus surprise à découvrir.

→ Caviar de Sologne, gaufre de pomme de terre. Homard breton préparé en trois façons. Millefeuille caramélisé, glace à la vanille de Tahiti

Menu 45 € (déjeuner), 65/90 € – Carte 60/130 €

69 rue de la Gare – 03 87 71 24 98 – www.quaidessaveurs.com – Fermé lundi, mardi midi, dimanche soir

HAGUENAU

✉ 67500 (Bas-Rhin) – Carte régionale n° **10**-B1
Carte Michelin 315-K4

Le Jardin

CUISINE MODERNE • ÉLÉGANT XxX À l'unisson, père et fils ont composé une carte sagement actuelle, sans jamais oublier les classiques de la maison : soupe de poisson, carpaccio de thon, chateaubriand avec sauce béarnaise... Quant au décor, il se pare de belles notes classiques, avec notamment un superbe plafond Renaissance.

Menu 21 € (déjeuner), 33/63 € – Carte 43/63 €

16 rue de la Redoute – ✆ 03 88 93 29 39 – www.lejardinhaguenau.fr – Fermé 19 février-6 mars, 6-21 août, mardi, mercredi

Grains de Sel

CUISINE MODERNE • COSY XX Bien installé dans son restaurant près de la halle aux Houblons, Gilles Schnoering régale ses convives avec une courte carte de saison ; ses créations, fraîches et bien réalisées, doivent beaucoup à la qualité des produits utilisés. Judicieux accords mets et vins.

Menu 31 € (déjeuner)/50 € – Carte 48/62 €

113 Grand Rue – ✆ 03 88 90 83 82 – www.restaurant-grainsdesel.fr – Fermé 30 juin-24 juillet, 23 décembre-9 janvier, lundi, dimanche

à Niederschaeffolsheim 6 km au Sud par D263 – ✉ 67500

Au Bœuf Rouge

CUISINE MODERNE • ÉLÉGANT XxX Aucun doute que ce restaurant, géré par la même famille depuis 1880, est une institution locale. On y déguste une cuisine au goût du jour et rythmée par les saisons, à l'image de cette selle de veau de lait et ris de veau croustillant, girolles et cosses truffées... Accueil chaleureux.

Menu 43/89 € – Carte 65/92 €

39 rue du Général-de Gaulle – ✆ 03 88 73 81 00 – www.boeufrouge.com – Fermé 11-27 février, 15 juillet-7 août, lundi, mardi midi, dimanche soir

Au Bœuf Rouge

TRADITIONNEL • FONCTIONNEL Cette hostellerie traditionnelle, tenue par la même famille depuis 1880, n'est pas figée dans le passé, loin de là ! Aux chambres principales, classiques et bien tenues, s'ajoutent désormais six chambres contemporaines et lumineuses, qui portent le nom de personnalités alsaciennes.

19 chambres – 98/165 € – 15 €

39 rue du Général-de Gaulle – ✆ 03 88 73 81 00 – www.boeufrouge.com – Fermé 11-27 février, 15 juillet-7 août

Au Bœuf Rouge – voir la sélection des restaurants

HAMBACH

✉ 57910 (Moselle) – Carte régionale n° **12**-C1
Carte Michelin 307-N4

Hostellerie St-Hubert

FAMILIAL • FONCTIONNEL Au sein d'un complexe de loisirs verdoyant – plan d'eau pour se baigner, camping et terrain de tennis –, cet hôtel-restaurant dispose de chambres spacieuses et bien tenues, progressivement rénovées. Parfait pour les séminaires et les fêtes de famille.

53 chambres – 82/100 € – 4 suites – 10 €

30 rue de la Forêt – ✆ 03 87 98 39 55 – www.hostellerie-saint-hubert.com – Fermé 22 décembre-7 janvier

HAMBYE

✉ 50450 (Manche) – Carte régionale n° **17**-A2
Carte Michelin 303-E6 – Guide Vert Michelin Normandie Cotentin

Auberge de l'Abbaye

CUISINE MODERNE • ÉLÉGANT XX À deux pas des ruines romantiques de l'abbaye de Hambye, cet hôtel-restaurant plutôt classique a été repris par un jeune couple. Le chef y avait commencé son apprentissage (poursuivi dans de bonnes maisons) ; il signe une cuisine savoureuse et sans superflu, aux solides bases traditionnelles. De nouvelles litanies gourmandes !

Menu 29/75 € – Carte 41/65 €

5 route de l'Abbaye – ✆ 02 33 61 42 19 – www.aubergedelabbayehambye.com – Fermé 18 février-11 mars, lundi

HARDELOT-PLAGE

✉ 62152 (Pas-de-Calais) – Carte régionale n° **13**-A2
Carte Michelin 301-C4

Hôtel du Parc

BUSINESS • FONCTIONNEL Les bâtiments de ce complexe hôtelier ont un petit côté chalet et se fondent parfaitement dans le style de cette jolie station de la Côte d'Opale. Quant aux chambres, elles sont spacieuses et lumineuses ; la moitié d'entre elles disposent d'un balcon. Au restaurant, cuisine traditionnelle dans un cadre feutré.

80 chambres – ††82/146 € – 1 suite – ☕ 16 €

111 avenue Francois-1er – ✆ 03 21 33 22 11 – www.parc.najeti.fr

Les Jardins d'Hardelot

TRADITIONNEL • COSY Créé en 2012, l'hôtel se trouve à seulement 500 m de la plage. On s'y repose dans des chambres très cosy et chaleureuses ; certaines familiales. Appétissant buffet au petit-déjeuner… avant la première baignade de la journée.

39 chambres – ††69/146 € – ☕ 13 €

451 avenue Francois-1er – ✆ 03 21 32 50 40 – www.lesjardinsdhardelot.fr

HASPARREN

✉ 64240 (Pyrénées-Atlantiques) – Carte régionale n° **18**-A3
Carte Michelin 342-H2 – Guide Vert Michelin Aquitaine

La Maison de Pierre (N)

CUISINE CLASSIQUE • TRADITIONNEL X Une belle surprise, cette table reprise par une jeune équipe à l'enthousiasme communicatif. Menu imposé à midi, courte carte le soir : dans les deux cas, le chef montre qu'il sait cuisiner, à l'image de cette succulente poitrine de cochon au caviar d'aubergines et sauge. C'est gourmand et les prix sont imbattables.

Menu 15 € (déjeuner), 38/53 €

cote Paota, quartier Urcuray – ✆ 05 59 93 40 49 – www.lamaisondepierre.fr – Fermé 5-13 février, 18-26 juin, mardi, mercredi

Berria (N)

HÔTEL PARTICULIER • CONTEMPORAIN "Berria" signifie "nouveau", et ce n'est pas un hasard : cet hôtel presque centenaire a été rénové dans un style moderne, sans renier pour autant son identité basque – notamment avec le soutien d'artisans locaux. Un séjour de choix.

20 chambres – ††87/196 € – ☕ 12 €

68 rue Francis-Jammes – ✆ 05 59 29 11 10 – www.berria.fr

HATTSTATT

✉ 68420 (Haut-Rhin) – Carte régionale n° **10**-A2
Carte Michelin 315-H8 – Guide Vert Michelin Alsace Lorraine

L'Altévic

CUISINE MODERNE • DESIGN Dans ce jeune restaurant souffle un vent de nouveauté ! Avec tout le talent et toute l'expérience qu'on lui connaît, Jean-Christophe Perrin propose une cuisine dans l'air du temps, inspirée par le marché, dans laquelle un beau produit de saison suffit souvent à faire recette... Réjouissant !

Menu 23 € (déjeuner), 32/73 € - Carte 55/85 €

4 rue Wiggensbach - 03 89 78 83 56 - www.restaurant-laltevic.fr - Fermé lundi, mardi soir, dimanche soir

HAUTE-GOULAINE - 44 (Loire-Atlantique) → voir Nantes

HAUTELUCE

73620 (Savoie) - Carte régionale n° **2**-D1

Carte Michelin 333-M3 - Guide Vert Michelin Alpes du Nord

La Ferme du Chozal

CUISINE MODERNE • CONVIVIAL Ce restaurant cultive un style montagnard typique : la cuisine n'en n'est pas moins actuelle et appétissante, réalisée avec de beaux produits du terroir. Sans oublier une remarquable carte des vins des Alpes françaises, suisses et italiennes, et un service d'une rare qualité !

Menu 32/90 € - Carte 39/74 €

361 route des Combes - 04 79 38 18 18 - www.lafermeduchozal.com - Fermé 14 avril-7 juin, 29 septembre-19 décembre, lundi

La Ferme du Chozal

FAMILIAL • COSY Voilà comment une ancienne ferme - un beau chalet - devient un hôtel très agréable avec sa piscine extérieure chauffée, ses chambres douillettes habillées de bois blond et son espace bien-être complet... et, cerise sur le gâteau, des propriétaires d'une gentillesse rare. Une bonne adresse.

12 chambres - 130/255 € - 2 suites - 19 €

361 route des Combes - 04 79 38 18 18 - www.lafermeduchozal.com - Fermé 14 avril-7 juin, 29 septembre-19 décembre

La Ferme du Chozal - voir la sélection des restaurants

HAUTERIVES

26390 (Drôme) - Carte régionale n° **3**-E2

Carte Michelin 332-D2 - Guide Vert Michelin Ardèche Drôme

Le Relais

AUBERGE • PERSONNALISÉ Les visiteurs du "Palais idéal" édifié par le facteur Cheval pourront faire étape dans cette solide maison à la façade en galets roulés. Chambres bien tenues et trois roulottes au fond du jardin. Petits plats traditionnels servis dans la salle rustique ou en terrasse.

16 chambres - 81/109 € - 9 €

place du Général-de-Miribel - 04 75 68 81 12 - www.hotel-relais-drome.com

HAUTEVILLE-LÈS-DIJON - 21 (Côte-d'Or) → voir Dijon

StockFood/hemis.fr

ON AIME...

Les Enfants Sages, le nouvel endroit tendance du centre-ville, dans une maison avec jardin... **Le Bouche à Oreille**, pour le travail de son jeune chef passionné. Le restaurant de **Jean-Luc Tartarin**, pour son décor chic et ses assiettes ô combien raffinées.

LE HAVRE

✉ 76600 (Seine-Maritime) – Carte régionale n° **17**–C2
Carte Michelin 304-A5 – Guide Vert Michelin Normandie Vallée de la Seine

Restaurants

✿✿ Jean-Luc Tartarin

CUISINE MODERNE · TENDANCE XxX Le Havre, son port, ses architectes (avec surtout Auguste Perret et Oscar Niemeyer, symboles de l'urbanisme du 20e s.), sa joie de vivre retrouvée... et Jean-Luc Tartarin, natif de Caen (et non de Tarascon). Formé notamment aux Crayères à Reims, chez Gill à Rouen, il signe chez lui une cuisine passionnée et de formidables bouillons et sauces, autour d'une carte iodée. Un plat emblématique ? La langoustine fumée, cuite à la broche et délicatement fumée minute sur un petit barbecue individuel. Époustouflant. Le chef cale ses inspirations sur l'entrée au port d'une pêche de ligne et de petits bateaux. Fraîcheur garantie, saveurs harmonieuses, originalité et inspiration. Quand le modernisme du Havre rencontre l'âme du terroir normand. Un alliage séduisant à déguster dans un immeuble moderne du quartier, signé Auguste Perret, et classé au patrimoine mondial par l'Unesco. Qui dit mieux ?

→ Œuf au plat en trompe-l'œil, bisque de crustacés à la poudre d'orange caramélisée. Ris de veau fumé aux coques de noix, morilles, vraie sauce à la crème normande. Millefeuille à la vanille

Menu 40 € (déjeuner), 69/198 € – Carte 90/150 €

Plan : B2-t – *99 avenue Foch* – *☎ 02 35 45 46 20* – *www.jeanluc-tartarin.com* – *Fermé 2-14 janvier, 15 juillet-5 août, lundi, dimanche*

☺ La Petite Auberge

CUISINE TRADITIONNELLE · COSY XX Cette petite auberge à colombages, installée non loin de la mer, est tenue par un couple qui a misé sur l'authenticité : bien vu ! Le chef s'autorise quelques touches actuelles, une pincée d'épices au détour de certains plats, mais il reste globalement fidèle aux saveurs régionales. Difficile de ne pas craquer.

Menu 33/44 € – Carte 44/74 €

Plan : A1-r – *32 rue de Ste-Adresse* – *☎ 02 35 46 27 32* – *www.lapetiteauberge-lehavre.fr* – *Fermé lundi, mercredi midi, dimanche soir*

Le Bouche à Oreille

CUISINE MODERNE • CONVIVIAL Sous des faux airs de banal restaurant de quartier, on découvre une table de grande valeur. Le chef mitonne des plats généreux, francs et goûteux, dans un style volontairement traditionnel, mais pas dénué de personnalité ; en salle, son épouse se montre sympathique et efficace, prodiguant de judicieux conseils pour le choix des vins.

Menu 32 €

Plan : B2-k – *19 rue Paul-Doumer* – *02 35 45 44 60*

Les Enfants Sages

CUISINE MODERNE • VINTAGE Propulsée par un duo de professionnels chevronnés, cette maison est devenue en un clin d'œil un incontournable du centre du Havre. L'explication de ce phénomène ? Un cuisine dans l'air du temps, fraîche et bien réalisée, à déguster dans deux salles à manger impeccablement vintage ou sur l'agréable terrasse... Il n'en fallait pas davantage.

Carte 33/52 €

Plan : B3-n – *20 rue Gustave-Lennier* – *02 35 46 44 08* – *www.restaurant-lesenfantssages.com* – *Fermé dimanche*

L'Orchidée

CUISINE MODERNE • CONVIVIAL Pour vous donner une idée, la spécialité du chef est le Paris-Le Havre, sorte de paris-brest revisité... le reste de la carte est à l'avenant : de bons plats traditionnels remis au goût du jour, que l'on déguste dans un intérieur coloré et agréable, paré de tableaux contemporains. Une bonne petite adresse du port.

Menu 24/30 €

Plan : C3-s – *41 rue du Général-Faidherbe* – *02 76 25 38 03* – *Fermé lundi, mardi soir, jeudi midi, vendredi midi, samedi midi, dimanche soir*

La Petite Brocante

CUISINE TRADITIONNELLE • BISTRO Une atmosphère conviviale, un décor à la gloire du temps jadis, qui nous rappelle au souvenir de l'Art déco et des années 1930... et une cuisine bistrotière de bonne facture, avec quelques plats canaille en bonus : dans sa deuxième maison, Jean-Luc Tartarin fait dans la simplicité, et le fait bien !

Menu 20 € (déjeuner)/30 € – Carte 27/50 €

Plan : B2-b – *75 rue Louis-Brindeau* – *02 35 21 42 20* – *www.petite-brocante.fr* – *Fermé 2-15 janvier, 2-15 janvier, 16 juillet-6 août, lundi, dimanche*

Hôtels

Pasino

BUSINESS • CONTEMPORAIN Témoin de la reconstruction du Havre par Auguste Perret, cette bâtisse classée se découvre par un grand hall desservant aussi le casino et La Brasserie, dont la terrasse donne sur le bassin du Commerce. Les chambres sont confortables, avec un mobilier de qualité, et bien tenues. Les joueurs – et les autres – apprécieront.

45 chambres – 110/250 € – 17 €

Plan : C2-b – *place Jules-Ferry (au casino)* – *02 35 26 00 00* – *www.pasinohotellehavre.com*

Vent d'Ouest

TRADITIONNEL • PERSONNALISÉ Tout près de l'église St-Joseph, signée Perret, un hôtel plein de cachet dont les chambres ont été rénovées dans un style de "yacht club" : meubles cirés, tableaux de marine, fauteuils en cuir patiné... Agréable espace bien-être, avec hammam et salles de massages.

35 chambres – 120/200 € – 15 €

Plan : B2-a – *4 rue Caligny* – *02 35 42 50 69* – *www.ventdouest.fr*

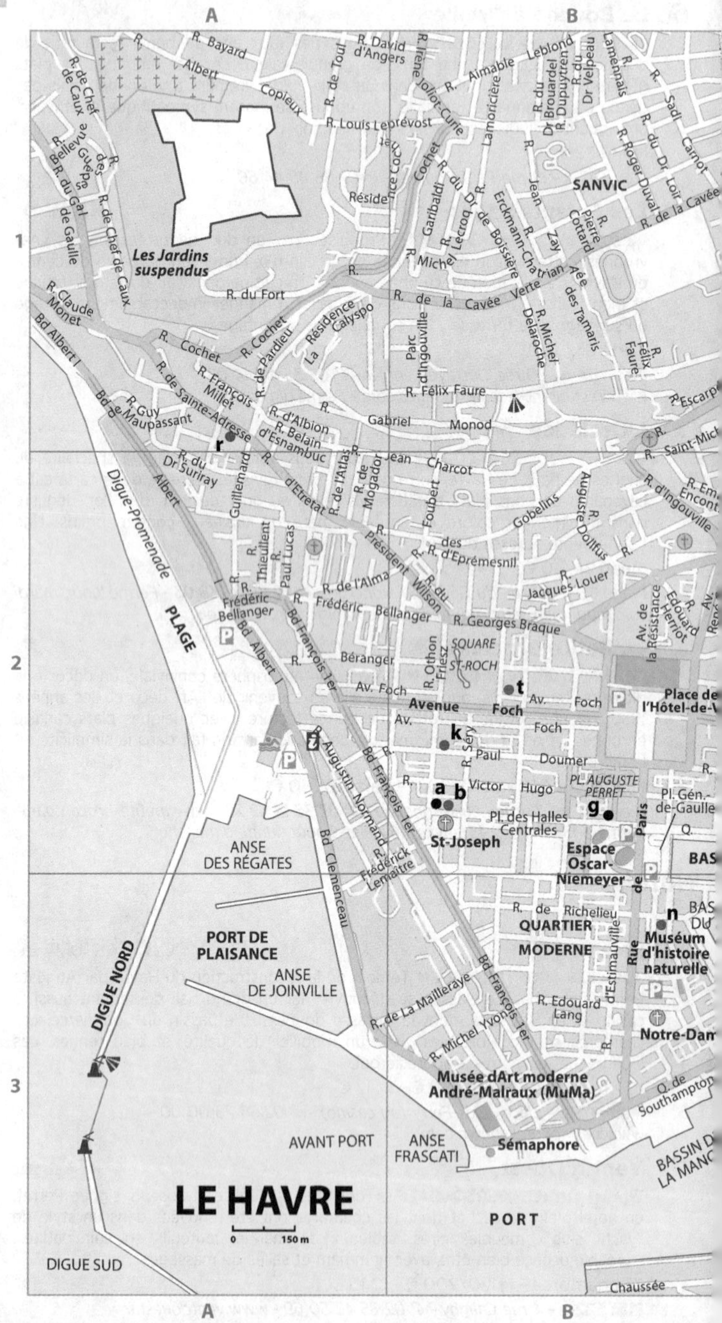
LE HAVRE
Les Jardins suspendus
SANVIC
PLAGE
Digue-Promenade
SQUARE ST-ROCH
Avenue Foch
Place de l'Hôtel-de-V
PL. AUGUSTE PERRET
Pl. Gén.-de-Gaulle
St-Joseph
Espace Oscar-Niemeyer
QUARTIER MODERNE
Muséum d'histoire naturelle
Notre-Dam
Musée dArt moderne André-Malraux (MuMa)
Sémaphore
ANSE DES RÉGATES
PORT DE PLAISANCE
ANSE DE JOINVILLE
DIGUE NORD
AVANT PORT
ANSE FRASCATI
PORT
DIGUE SUD
BASSIN DE LA MANC
0 150 m

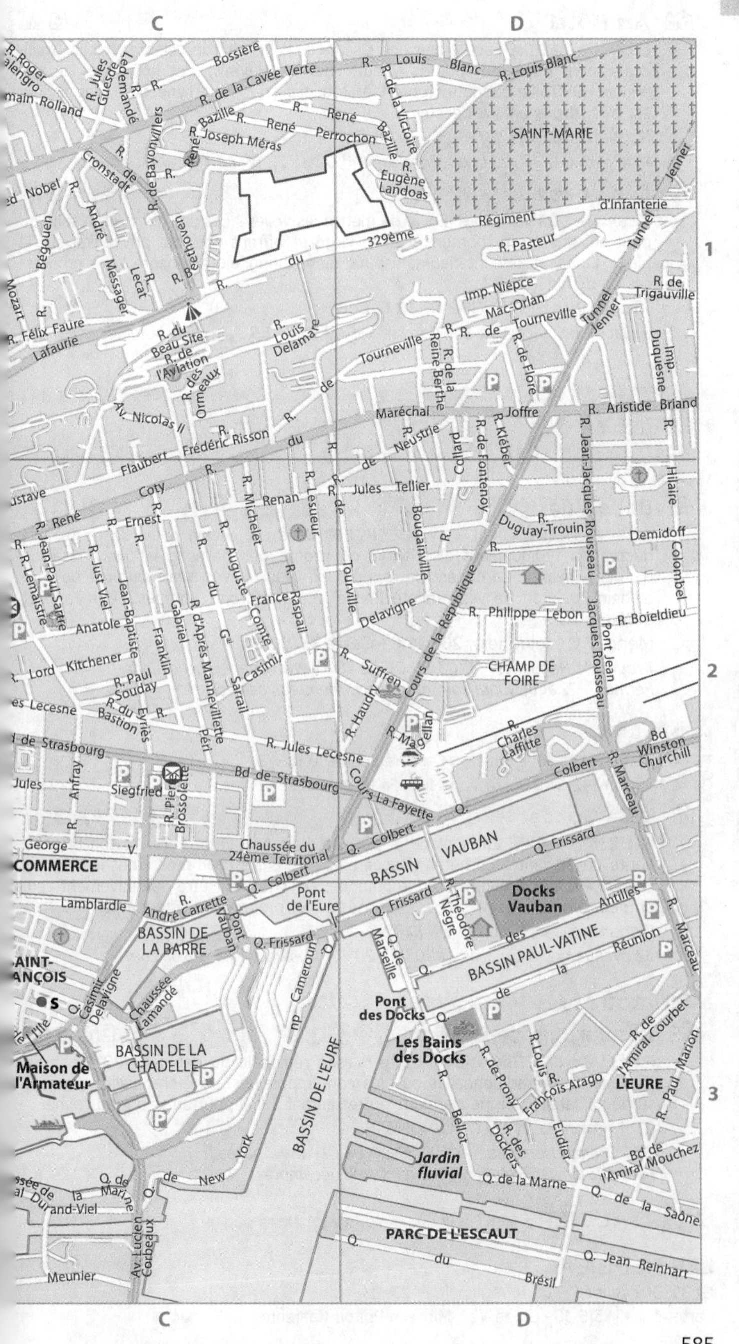

C
D
SAINT-MARIE
CHAMP DE FOIRE
BASSIN VAUBAN
Docks Vauban
BASSIN PAUL-VATINE
BASSIN DE LA BARRE
BASSIN DE LA CITADELLE
BASSIN DE L'EURE
Pont des Docks
Les Bains des Docks
Jardin fluvial
L'EURE
PARC DE L'ESCAUT
Maison de l'Armateur
COMMERCE
1
2
3

Art Hôtel

URBAIN • DESIGN Face à l'espace Oscar-Niemeyer et son célèbre Volcan (malicieusement rebaptisé "pot de yaourt" par les Havrais), cet hôtel typique des années 1950 allie sobriété, confort et touches arty. Pour l'anecdote, l'ascenseur est très surprenant ! À découvrir...

31 chambres - 79/169 € - 14 €

Plan : B2-g - *147 rue Louis-Brindeau - 02 35 22 69 44 - www.art-hotel.fr*

Les Voiles

URBAIN • BORD DE MER Envie de mettre les voiles ? Les chambres et la salle du petit-déjeuner sont tournées vers le large et offrent une vue privilégiée sur la plage. La décoration intérieure, inspirée du yachting, ajoute encore à ces promesses de départ.

16 chambres - 85/199 € - 12 €

3 place Clemenceau, à Ste-Adresse - 02 35 54 68 90 - www.hotel-lesvoiles.com

HEGENEY

67360 (Bas-Rhin) - Carte régionale n° **10**-B1

Carte Michelin 315-K3

Belle Vue

CUISINE TRADITIONNELLE • AUBERGE Dans cet ancien relais de poste à la décoration typiquement alsacienne, on profite des belles créations de saison d'un chef inspiré. Carbonara de rognons de veau relevés à la moutarde de Mietesheim, paleron de veau mijoté 24h et fins macaronis gratinés... Bon rapport qualité-prix.

Menu 17 € (déjeuner), 26/44 € - Carte 33/50 €

1 route de Haguenau - 03 88 09 32 28 - www.hegeney-bellevue.fr - Fermé 1er-22 août, lundi soir, mardi soir, mercredi, samedi midi

HENDAYE

64700 (Pyrénées-Atlantiques) - Carte régionale n° **18**-A3

Carte Michelin 342-B4 - Guide Vert Michelin Pays Basque et Navarre

Villa Goxoa

FAMILIAL • ÉPURÉ Entre plage et port de plaisance, cette belle maison blanche abrite un élégant "éco-hôtel". Décor épuré dans les chambres, dont le nom en basque évoque la nature (eau, montagne, etc.). Et pour être définitivement zen, on peut profiter des massages proposés par le propriétaire ostéopathe.

7 chambres - 90/185 € - 12 €

32 avenue des Magnolias - 05 59 20 32 43 - www.villa-goxoa.com

à Biriatou 4 km au Sud-Est par D811 - 64700

Les Jardins de Bakéa

FAMILIAL • CONTEMPORAIN Cette maison régionale du début du 20e s. abrite des chambres traditionnelles ou plus contemporaines - préférez celles donnant sur le joli jardin. Cuisine classique au restaurant. Idéal pour un séjour au calme.

21 chambres - 72/171 € - 13 €

1134 Chemin Herri Alde - 05 59 20 02 01 - www.bakea.fr - Fermé 13 janvier-6 février, 17 novembre-4 décembre

L'HERBAUDIÈRE - 85 (Vendée) → voir Île de Noirmoutier

LES HERBIERS

85500 (Vendée) - Carte régionale n° **23**-B3

Carte Michelin 316-J6 - Guide Vert Michelin Poitou Charentes

L'Envers du Décor

CUISINE MODERNE • CONTEMPORAIN X Au centre de la localité, cette ancienne boulangerie a été transformée en restaurant contemporain : salle épurée, tons gris taupe et orange brique, pour une cuisine de saison et de produits. Parmi les plats signature, l'œuf poché, tagliatelles d'encornets et piquillos vient titiller vos papilles. Une réussite.

Menu 33/55 € – Carte 45/60 €

23 rue de la Bienfaisance – ✆ 09 86 19 30 21 – envers-du-decor.fr – Fermé 27 avril-11 mai, lundi, dimanche

Aroma

CUISINE MODERNE • COLORÉ X Ce restaurant du centre-ville, moderne et coloré, est tenu par un jeune couple plein d'allant, auteur d'une carte évolutive, ne dérogeant jamais à la sacro-sainte trilogie : fraîcheur, gourmandise et... produits vendéens !

Menu 28/52 €

7 rue du Brandon – ✆ 02 51 91 05 48 – www.restaurant-aroma.com – Fermé lundi, samedi midi, dimanche soir

Envie de partir à la dernière minute ? Visitez les sites Internet des hôtels pour bénéficier de promotions tarifaires.

HÉRÉPIAN – 34 (Hérault) ➜ voir Bédarieux

HÉROUVILLE-ST-CLAIR – 14 (Calvados) ➜ voir Caen

HESDIN

✉ 62140 (Pas-de-Calais) – Carte régionale n° **13**-A2

Carte Michelin 301-F5

à Gouy-St-André 14 km à l'Ouest par N39 et D137 – ✉ 62870

Le Clos de la Prairie

CUISINE MODERNE • COSY XX En pleine campagne, ce restaurant plein de charme dégage une douceur bucolique. Derrière les fourneaux, le chef concocte, avec maîtrise, des plats au goût du jour qui suivent le rythme des saisons. L'été, profitez de la terrasse qui donne sur... la prairie, au calme.

Menu 45/70 €

17 rue de Saint-Rémy – ✆ 03 21 90 39 58 – www.leclosdelaprairie.com – Fermé lundi midi, mardi midi, mercredi, jeudi midi, vendredi midi, samedi midi

Le Clos de la Prairie

MAISON DE CAMPAGNE • COSY Dans un corps de ferme du 19e s. entouré de 12 ha de prairies, cet établissement domine la vallée de l'Authie. Les chambres, dans un style "campagne chic" (mobilier cérusé, boutis, rideaux en lin...), sont toutes de plain-pied et s'ouvrent sur la nature.

8 chambres – 105/185 € – 15 €

17 rue de Saint-Rémy – ✆ 03 21 90 39 58 – www.leclosdelaprairie.com

Le Clos de la Prairie – voir la sélection des restaurants

HESDIN-L'ABBÉ – 62 (Pas-de-Calais) ➜ voir Boulogne-sur-Mer

HÉSINGUE – 68 (Haut-Rhin) ➜ voir St-Louis

HEUDICOURT-SOUS-LES-CÔTES – 55 (Meuse) ➜ voir St-Mihiel

HEUGUEVILLE-SUR-SIENNE

✉ 50200 (Manche) – Carte régionale n° **17**–A2
Carte Michelin 303-C5

Athome

CUISINE MODERNE • AUBERGE X Un jeune couple originaire de la région s'est installé dans ce presbytère du 18e s. Lionel, en cuisine, s'appuie sur une solide expérience (séjours en Australie et au Japon) et de bons produits locaux – maraîcher bio, pêche artisanale – ; Edwige, en salle, se révèle aussi souriante qu'efficace. Succès mérité !

Menu 20 € (déjeuner), 33/53 €

16 rue de la Sienne – ✆ 02 33 47 19 61 – Fermé 7-31 janvier, 10-21 juin, 23 septembre-4 octobre, lundi, mardi, mercredi, dimanche soir

HEYRIEUX

✉ 38540 (Isère) – Carte régionale n° **2**–B2
Carte Michelin 333-D4

L'Alouette

CUISINE TRADITIONNELLE • TENDANCE XXX Voilà un restaurant contemporain bien agréable avec son sol en béton ciré, ses œuvres d'art (à vendre !), son piano à queue et son joli jardin. Le chef concocte une cuisine de saison, fine et goûteuse. Pour accompagner cela, la cave offre un choix de plus de 450 références. Belles chambres contemporaines pour l'étape.

Menu 23 € (déjeuner), 44/75 €

route de St-Jean-de-Bournay, à 3 km – ✆ 04 78 40 06 08 – www.restaurant-alouette.com – Fermé 19 juillet-19 août, 22 décembre-2 janvier, lundi, samedi midi, dimanche soir

HIERES-SUR-AMBY

✉ 38118 (Isère) – Carte régionale n° **2**–B1
Carte Michelin 333-E3 – Guide Vert Michelin Lyon et sa région

Le Val d'Amby

CUISINE TRADITIONNELLE • CONVIVIAL XX Sur la place du village, cette jolie maison en pierre abrite le talent d'un ancien compagnon du Tour de France, qui réalise une bonne cuisine traditionnelle, traversée d'influences méridionales. On cède aisément aux cannelloni de homard et sa crème de crustacés. Les propriétaires sont charmants.

Menu 31/65 € – Carte 56/81 €

place de la Mairie – ✆ 04 74 82 42 67 – www.hotel-levaldamby.com – Fermé 13-28 avril, 4-21 août, 23-28 décembre, mercredi, dimanche soir

HILLION

✉ 22120 (Côtes-d'Armor) – Carte régionale n° **7**–C1
Carte Michelin 309-G3

aux Ponts-Neufs 5 km à l'Est par D46 puis D786 – ✉ 22400

La Cascade

CUISINE MODERNE • ÉLÉGANT XX En jetant un coup d'œil par les larges baies vitrées de ce restaurant cosy et feutré, on peut se laisser captiver par l'étang des Ponts-Neufs et la verdure qui l'entoure... En cuisine, le chef sait capter l'air du temps et privilégie le meilleur de la pêche de la baie, qu'il associe aux produits du terroir breton.

Menu 24 € (déjeuner), 38/52 €

4 rue des Ponts-Neufs – ✆ 02 96 32 82 20 – www.restaurant-lacascade-22.fr – Fermé lundi, mardi soir, mercredi soir, jeudi soir, dimanche soir

HOCHSTATT – 68 (Haut-Rhin) → voir Mulhouse

HOHRODBERG

✉ 68140 (Haut-Rhin) – Carte régionale n° **10**-A2
Carte Michelin 315-G8

 **Panorama**

FAMILIAL • FONCTIONNEL Quel panorama ! Face à la vallée de Munster, une sympathique bâtisse hôtelière avec des chambres confortables – les plus anciennes évoquent l'Alsace, mais préférez les plus récentes, mêlant bois et pierre de jolie façon.

32 chambres – 55/120 € – 13 €

3 route de Linge-Hohrodberg – ✆ 03 89 77 36 53 – www.hotel-panorama-alsace.com

LE HÔME - 14 (Calvados) ➜ voir Cabourg

Sandrine Boyer/La

ON AIME...

Les recherches constantes du chef du **Bréard. L'Auberge de la Source**, ou le style chic campagnard dans toute sa splendeur. L'ambiance chaleureuse, au coin du feu ou en terrasse, des **Maisons de Léa**. Le luxe et la vue grandiose sur l'estuaire à **La Ferme St-Siméon.**

HONFLEUR

✉ 14600 (Calvados) – Carte régionale n° **17**–A3

Carte Michelin 303-N3 – Guide Vert Michelin Normandie Vallée de la Seine

Restaurants

✿✿ SaQuaNa (Alexandre Bourdas)

CUISINE CRÉATIVE • **DESIGN** XX L'origine du nom? C'est au choix. Saveurs, Qualité, Nature, d'un côté; mais aussi le terme japonais sakana, qui signifie "poisson". Voilà qui nous aiguille un peu sur les inspirations d'Alexandre Bourdas, le chef, qui a ouvert cette adresse en décembre 2005 à son retour du... Japon, justement.

Et si le succès a été si rapide (une étoile en 2007, deux étoiles en 2010), c'est que Bourdas a pris le parti d'une cuisine d'auteur, où sa personnalité s'exprime pleinement. D'intuition en intuition, de découverte en découverte, il régale sa clientèle en laissant libre cours à des fulgurances inattendues : ça déménage ! Qu'on en juge : dorade de grande fraîcheur au chou-fleur râpé et semoule, amandes caramélisées et vinaigrette "Chermoula" (quelles textures, quelle cohérence !) ou encore ce beignet cristallisé au sucre noir, chantilly, crème glacée au pomélo, miel et amandes... De la maîtrise, des inventions subtiles, pour un grand moment de plaisir. Vive SaQuaNa.

→ Lotte pochée au citron vert, livèche, coriandre, bouillon noix de coco et huile de combava. Saint-Jacques, tempura de chou kale, purée de potimarron et ponzu. Nougatine cacao, chocolat blanc et truffe, crème de châtaignes grillées

Menu 90/130 €

Plan : A1-u – *22 place Hamelin – ✆ 02 31 89 40 80 – www.alexandre-bourdas.com – Fermé lundi, mardi, mercredi*

Le Bréard

CUISINE MODERNE • **ÉLÉGANT** XX Cadre contemporain et cuisine subtile au menu de ce restaurant, situé dans une ruelle pavée proche de l'église Ste-Catherine. Le chef associe de belles saveurs avec créativité et générosité !

Menu 33/63 € – Carte 50/72 €

Plan : A1-e – *7 rue du Puits – ✆ 02 31 89 53 40 – www.restaurant-lebreard.com – Fermé 7-24 janvier, lundi, mardi midi, mercredi midi, jeudi midi*

La Fleur de Sel

CUISINE MODERNE • TRADITIONNEL XX Dans une rue du quartier historique, Vincent Guyon, ancien de la Ferme Saint-Siméon, réalise un travail admirable : cuissons bien maîtrisées, belles inspirations dans la construction visuelle des plats... L'ensemble dégage une vraie assurance, celle d'un chef qui sait où il va. Sans oublier le service, impeccable !

Menu 33/75 €

Plan : A1-v – *17 rue Haute*
– ✆ 02 31 89 01 92 – www.lafleurdesel-honfleur.com –
Fermé 7 janvier-3 février, 1er-7 juillet, lundi, mardi

La Ferme St-Siméon

CUISINE MODERNE • CLASSIQUE XXXX L'intérieur de style normand, élégant et luxueux, le parc arboré avec sa roseraie, la terrasse offrant une superbe vue sur l'estuaire de la Seine : c'est enchanteur, bien sûr, mais pas de quoi nous détourner de l'assiette ! Le chef signe en effet une belle cuisine contemporaine, précise et finement exécutée, avec en particulier de savoureux poissons.

Menu 55 € (déjeuner), 80/140 € – Carte 130/160 €

20 rue Adolphe-Marais
– ✆ 02 31 81 78 00 – www.fermesaintsimeon.fr

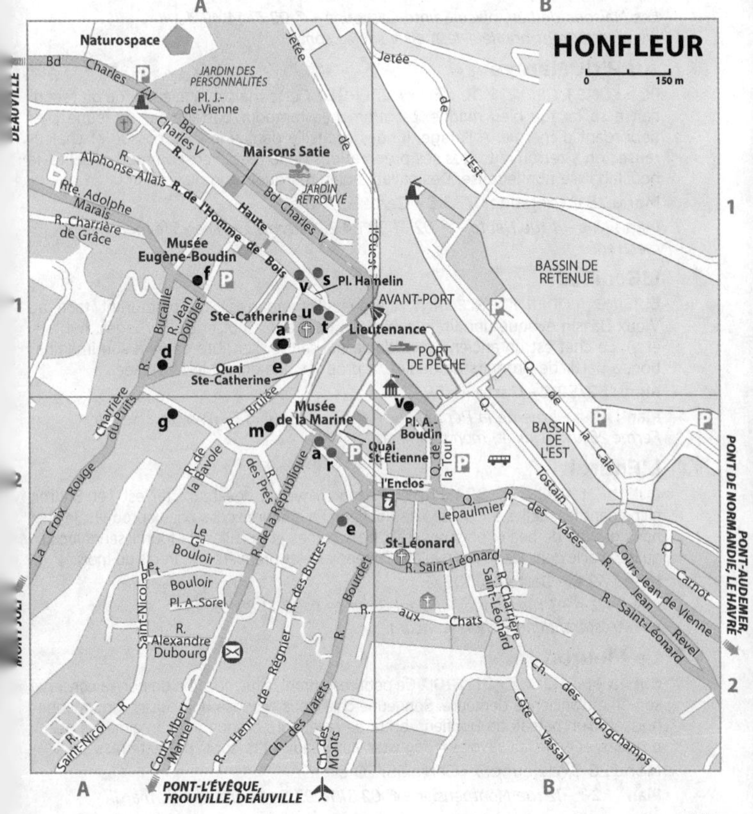

Entre Terre et Mer

CUISINE MODERNE • CONVIVIAL XX Sur une place près du Vieux-Bassin, ce restaurant navigue entre terre et mer dans l'assiette comme dans le décor joliment rénové. Un cadre apaisant et chaleureux, pour une cuisine marquée du sceau de l'authenticité normande.

Menu 26 € (déjeuner), 33/64 € - Carte 57/87 €

Plan : A1-t - *12 place Hamelin - ✆ 02 31 89 70 60 - www.entreterreetmer-honfleur.com - Fermé 6 janvier-15 février*

Le Manoir des Impressionnistes

CUISINE MODERNE • COSY XX Des fournisseurs triés sur le volet - bateaux d'Honfleur pour le poisson, nombreux producteurs bio en circuit court - pour une cuisine au goût du jour, réalisée par une équipe sérieuse et impliquée. Depuis le restaurant, vue imprenable sur la mer.

Menu 35 € (déjeuner), 49/89 € - Carte 67/96 €

rue Adolphe-Marais - ✆ 02 31 81 63 00 - www.manoirdesimpressionnistes.com - Fermé lundi, mardi

Tourbillon

CUISINE FRANÇAISE MODERNE • COSY XX Le restaurant, installé dans plusieurs pièces en enfilade, dévoile un esprit chaleureux et du meilleur goût ! La cuisine, bien parfumée et colorée, se base sur de bons produits : on passe un agréable moment de gourmandise...

Menu 24 € (déjeuner)/29 € - Carte 46/75 €

Les Maisons de Léa, place Sainte-Catherine - ✆ 02 31 14 49 40 - www.restaurant-honfleur-lesmaisonsdelea.com

Au P'tit Mareyeur

POISSONS ET FRUITS DE MER • AUBERGE X Cette maison ancienne, qu'on reconnaît à sa façade bleu marine, est emmenée tambour battant par un jeune chef débordant d'énergie. À l'étage, il nous accueille dans une salle cossue et chaleureuse ; on y retrouve toutes ses préparations de la mer avec, comme spécialité, la bouillabaisse honfleuraise. Des saveurs bien marquées, un pur plaisir !

Menu 25 € (déjeuner)/35 € - Carte 39/70 €

Plan : A1-s - *4 rue Haute - ✆ 02 31 98 84 23 - Fermé 7 janvier-5 février, mardi, mercredi*

L'Ecailleur

CUISINE MODERNE • ÉLÉGANT X Larguez les amarres ! Ce restaurant face au Vieux-Bassin évoque une vraie cabine de paquebot (boiseries, cordages, hublots, etc.). Le chef est un ancien autodidacte qui sait laisser libre cours à son imagination, à partir de produits de qualité. Il propose une agréable traversée...

Menu 32/52 € - Carte 41/59 €

Plan : A2-a - *1 rue de la République - ✆ 02 31 89 93 34 - www.lecailleur.fr - Fermé 25 juin-11 juillet, mercredi, jeudi*

L'Endroit

CUISINE MODERNE • BRANCHÉ X Bistronomique et novateur : tel est cet Endroit niché dans les ruelles tortueuses de Honfleur. En amoureux des beaux produits, le chef nous gratifie de beaux poissons frais, de légumes et volailles de fournisseurs locaux, qu'il travaille dans les règles de l'art. Soirées jazz les premiers vendredis du mois.

Menu 32 € - Carte 35/102 €

Plan : A2-e - *3 rue Charles-et-Paul-Bréard - ✆ 02 31 88 08 43 - www.restarantlendroithonfleur.com*

Le Fleuron

CUISINE MODERNE • BISTRO X Ce petit restaurant, situé non loin du port, a conservé son âme d'ancienne demeure. Son jeune chef nous propose une cuisine gourmande : poisson d'un bateau de Honfleur, bœuf de race, porc basque... Ici, on aime les beaux produits, et on le fait savoir ! A déguster, aux beaux jours, sur la petite terrasse.

Menu 28 € (déjeuner) - Carte 35/70 €

Plan : A2-r - *12 rue Montpensier - ✆ 02 31 14 93 94 - Fermé lundi, mardi*

Hôtels & maisons d'hôtes

La Ferme St-Siméon

LUXE • PERSONNALISÉ Haut lieu de l'histoire de la peinture, l'auberge que fréquentaient les impressionnistes est devenue un hôtel magnifique ! Le parc domine l'estuaire – et ses lumières changeantes –, les chambres, au calme, réinventent le style rustique... version luxe. Intemporel comme un tableau.

31 chambres – 195/910 € – 3 suites – 32 €

20 rue Adolphe-Marais – 02 31 81 78 00 – www.fermesaintsimeon.fr

La Ferme St-Siméon – voir la sélection des restaurants

Les Maisons de Léa

TRADITIONNEL • COSY En plein cœur de la ville, juste devant l'église Ste-Catherine, cette bâtisse est composée de plusieurs maisons élégantes, joliment décorées par thèmes (Campagne, Romance, Baltimore, Capitaine). Le confort est total, l'accueil est charmant : incontournable, tout simplement !

43 chambres – 145/780 € – 9 suites – 18 €

Plan : A1-a – *place Sainte-Catherine – 02 31 14 49 49 – www.lesmaisonsdelea.com*

Tourbillon – voir la sélection des restaurants

Le Manoir des Impressionnistes

TRADITIONNEL • PERSONNALISÉ Colombages peints, fenêtres à croisillons, toitures asymétriques, petit parc : ce manoir du 18e s. pourrait inspirer un peintre. On accède aux chambres, très cosy, par un bel escalier de bois, la mer est en contrebas : si romantique...

12 chambres – 125/485 € – 21 €

rue Adolphe-Marais – 02 31 81 63 00 – www.manoirdesimpressionnistes.com

Le Manoir des Impressionnistes – voir la sélection des restaurants

La Chaumière

MAISON DE CAMPAGNE • BORD DE MER Cette jolie ferme normande du 17e s. se dresse face à l'estuaire de la Seine, dans un parc qui dévale jusqu'à la mer. Après avoir goûté de bonnes grillades, on remonte vers les belles chambres, luxueuses, où le bois chaleureux domine... Exquis !

9 chambres – 235/550 € – 1 suite – 16 €

route de Trouville, à Vasouy – 02 31 81 63 20 – www.hotel-chaumiere.fr

L'Écrin

HISTORIQUE • PERSONNALISÉ Écrin précieux que ce véritable petit musée rempli d'objets d'art et d'ornements anciens, assurément atypique ! Dans les chambres cohabitent les styles et les détails d'époque, de la jolie mansarde au grand lit à baldaquin ; l'une d'entre elles a même servi jadis de décor au film "La chambre verte", de Truffaut... Petit-déjeuner servi face au jardin.

30 chambres – 120/200 € – 3 suites – 15 €

Plan : A2-g – *19 rue Eugène-Boudin – 02 31 14 43 45 – www.hotel-ecrin-honfleur.com – Fermé 6 janvier-11 février*

La Maison de Lucie

MAISON DE MAÎTRE • COSY L'âme de la poétesse et romancière Lucie Delarue-Mardrus flotte sur ces lieux, dont elle fut propriétaire. Boiseries, canapés en cuir, bibliothèque : la maison ne manque pas de style, et propose toute une gamme de chambres décorées avec le meilleur goût... Un doux séjour.

10 chambres – 170/250 € – 2 suites – 14 €

Plan : A1-f – *44 rue des Capucins – 02 31 14 40 40 – www.lamaisondelucie.com – Fermé 6-18 janvier*

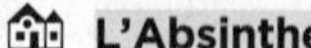

L'Absinthe

HISTORIQUE · PERSONNALISÉ La "fée verte" se fait reposante dans cet ancien presbytère du 16e siècle... Matériaux anciens et teintes douces dessinent un cadre plaisant (plus contemporain dans l'annexe, une maison faisant face aux quais) qui pourra... envoûter. Cuisine de la mer au restaurant.

9 chambres – 140/200 € – 2 suites

Plan : B2-v – *1 rue de la Ville – 02 31 89 23 23 – www.absinthe.fr*

À L'École Buissonnière

URBAIN · PERSONNALISÉ Cette école-là possède un cachet fou ! À deux pas du Vieux-Bassin, les salles de classe 1900 sont devenues des chambres délicieuses. La cour avec ses colombages, la superbe cuisine ouverte pour le petit-déjeuner gourmand, le salon de thé... Une leçon de plaisir.

5 chambres – 120/220 €

Plan : A2-m – *4 rue de la Foulière – 06 16 18 43 62 – www.a-lecole-buissonniere.com*

à Cricqueboeuf 9 km par rte de Trouville – 14113

Manoir de la Poterie & Spa

LUXE · PERSONNALISÉ Face à la mer ! Dans cette solide bâtisse d'inspiration normande se télescopent les styles baroque, Directoire, marin ou contemporain. Côté vue, vous avez le choix entre l'estran ou la campagne. Et le restaurant se prête à un moment romantique.

23 chambres – 170/275 € – 1 suite – 23 €

chemin Paul-Ruel – 02 31 88 10 40 – www.manoirdelapoterie.fr

à Barneville-la-Bertran 5 km au Sud-Ouest par D62 et D279 – 14600

Auberge de la Source

MAISON DE CAMPAGNE · ÉLÉGANT À l'entrée du village, cette jolie maison en brique rouge et sa longère à colombages semblent incarner l'idéal champêtre : un jardin et ses beaux arbres fruitiers ; des bassins où fraient truites et esturgeons ; des chambres d'esprit nature et cosy... et un restaurant aux airs d'auberge chic. Charmant !

14 chambres – 115/330 € – 1 suite – 19 €

chemin du Moulin – 02 31 89 25 02 – www.auberge-de-la-source.fr

à Villerville 10 km par route de Trouville – 14113

Le Bellevue

MAISON DE MAÎTRE · PERSONNALISÉ Cette demeure bien nommée – face à la mer – fut, à la fin du 19e s., la villégiature du directeur de l'Opéra-Comique de Paris. Parmi les chambres, confortables, certaines ont vue sur la Manche, et le restaurant met à l'honneur les produits de la côte normande. Séjour marin en vue !

22 chambres – 120/180 € – 4 suites – 14 €

12 rue du Général-Leclerc, route d'Honfleur – 02 31 87 20 22 – www.bellevue-hotel.fr – Fermé 6 janvier-8 février

HOSSEGOR

40150 (Landes) – Carte régionale n° **18**-A3

Carte Michelin 335-C13 – Guide Vert Michelin Aquitaine

Jean des Sables

CUISINE CRÉATIVE · DESIGN XX Cadre épuré pour ce restaurant de plage du chef Jean Coussau : béton ciré, murs clairs, vivier, vue sur l'Océan... La cuisine est moderne, déclinée au fil d'une carte courte et bien ficelée, avec un menu spécial dédié au homard. Accueil et service aux petits soins.

Menu 50/80 € – Carte 56/102 €

121 avenue de la Dune – 05 58 72 29 82 – www.jeandessables.com – Fermé 7 janvier-18 février, lundi, mardi

Villa Seren

LUXE • CONTEMPORAIN Cette belle bâtisse, mélange de bois et de béton, s'intègre bien dans son environnement. L'intérieur, superbement décoré, accueille entre autres du mobilier d'artisans de la région ; les chambres, spacieuses et confortables, offrent une vue imprenable sur le lac d'Hossegor.

27 chambres – 175/290 € – 2 suites – 18 €

1111 avenue du Touring-Club-de-France – 05 58 58 00 55 – www.villaseren.fr – Fermé 8-24 janvier

Les Hortensias du Lac

FAMILIAL • CLASSIQUE Trois belles maisons entourées d'une pinède, au bord du lac marin... Dans les chambres, luxe décontracté et décoration d'inspiration 1930. On profite d'un beau jardin planté de pins des Landes et, au réveil, d'un délicieux petit-déjeuner. Un lieu plein de charme.

21 chambres – 159/299 € – 4 suites – 22 €

1578 avenue du Tour-du-Lac – 05 58 43 99 00 – www.hortensias-du-lac.com – Fermé 21 octobre-1er avril

202

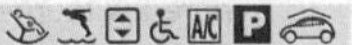

BUSINESS • COSY Une jolie villa immaculée, où règne une ambiance assez jeune, et où défile en saison tout le milieu du surf professionnel. Les chambres sont spacieuses et cosy, toutes avec balcon. Terrasse agréable. *The place to be* à Hossegor !

25 chambres – 120/250 € – 2 suites – 16 €

202 avenue du Golf – 05 58 43 22 02 – www.hotel202.fr – Fermé 1er janvier-14 février

à Saubion 6 km à l'Est par D33 – 40230

Les Échasses

LUXE • NATURE Ces Échasses consistent en plusieurs "lodges" installée autour d'un étang : des maisonnettes en bois, confortables et design, avec poêle à bois et grandes baies vitrées donnant sur une terrasse au-dessus de l'eau... Une expérience insolite et tout à fait délicieuse.

8 chambres – 250/350 € – 15 €

701 route des Bruyères – 06 51 96 55 54 – www.lesechasses.fr

LES HOUCHES – 74 (Haute-Savoie) → voir Chamonix-Mont-Blanc

HOUDAN

78550 (Yvelines) – Carte régionale n° **15**–A2

Carte Michelin 311-F3 – Guide Vert Michelin Île-de-France

Le Donjon

CUISINE TRADITIONNELLE • CLASSIQUE XX Du château médiéval ne subsiste que le donjon, voisin de ce restaurant. Cuisine traditionnelle rythmée par les saisons, servie dans une salle classique, de bon confort.

Menu 28 € (déjeuner), 43/60 €

14 rue d'Epernon (près de l'église) – 01 30 59 79 14 – www.restaurant-ledonjon.fr – Fermé 11-18 mars, 19 août-1er septembre, 18-24 novembre, lundi, jeudi soir, dimanche soir

Un important déjeuner d'affaires ou un dîner entre amis ?
Le symbole ⇔ vous signale les salons privés.

La Poularde

CUISINE TRADITIONNELLE • CONVIVIAL XX Une authentique adresse de tradition, dont certains pourront juger le décor trop classique et désuet, mais dont on ne peut nier la qualité de la table : le chef honore les recettes de toujours et les produits nobles, tels le homard et les truffes en saison. Mention spéciale également pour la belle collection de whiskys.

Menu 29 € (déjeuner), 39/45 € – Carte 45/60 €

24 avenue de la République, rte de Maulette D912 – ✆ 01 30 59 60 50 – www.alapoularde.com – Fermé 25 février-6 mars, 5-21 août, 28 octobre-5 novembre, lundi, mardi, mercredi, dimanche soir

HOULGATE

✉ 14510 (Calvados) – Carte régionale n° **17**-B2

Carte Michelin 303-L4 – Guide Vert Michelin Normandie Vallée de la Seine

L'Éden

CUISINE TRADITIONNELLE • COSY XX Deux atmosphères pour cet Éden, une salle cosy ou une véranda – façon jardin d'hiver – avec vue sur les cuisines. Derrière les fourneaux, le chef mitonne avec soin des recettes traditionnelles, justes et généreuses, et dévoile même une affection particulière pour les agrumes... On fait le plein de couleurs et de parfums.

Menu 26/44 € – Carte 58/85 €

7 rue Henri-Fouchard – ✆ 02 31 24 84 37 – www.eden-houlgate.com – Fermé 7 janvier-6 février, 30 septembre-9 octobre, lundi, mardi

Villa les Bains

HÔTEL PARTICULIER • COSY Cet hôtel est devenu l'adresse tendance de Houlgate, en plein cœur de la station. Les chambres, de bon confort, sont réparties sur deux bâtiments séparés par un patio ; celles du dernier étage offrent une très belle vue sur la mer. Rien de tel pour déconnecter !

17 chambres – ††85/160 € – ☕ 12 €

31 rue des Bains – ✆ 02 31 24 80 40 – www.hotelhoulgate.fr – Fermé 6-17 janvier

HOUX

✉ 28130 (Eure-et-Loir) – Carte régionale n° **8**–C1

Carte Michelin 311-F4

La Bergerie de l'Aqueduc

MAISON DE MAÎTRE • ROMANTIQUE Cette maison de charme de la fin du 17e s., tenue par un couple d'artistes (les amateurs d'art lyrique reconnaîtront Jean-Philippe Lafont, baryton de renommée internationale), diffuse une atmosphère de romantisme et de raffinement, avec son grand salon accueillant billard et piano. Piscine à eau salée et grange privatisable pour des événements.

4 chambres ☕ – ††145/245 €

9 rue de l'Aqueduc – ✆ 06 07 68 75 22 – www.labergeriedelaqueduc.fr

HUNINGUE – 68 (Haut-Rhin) ➜ voir St-Louis

HUSSEREN

✉ 68470 (Haut-Rhin) – Carte régionale n° **10**–A3

Carte Michelin 315-F9

Cuisines et Jardins

CUISINE CLASSIQUE • ÉLÉGANT XX À l'abri d'une bâtisse du 19e s. surplombant les Jardins de Wesserling, le chef Serge Burckel s'inspire des classiques de la région pour concocter une savoureuse cuisine de saison. À déguster aux beaux jours sur la belle terrasse ombragée de tilleuls.

Menu 25 € (déjeuner), 40/60 € – Carte 67/67 €

24 rue du Parc – ✆ 03 69 07 37 12 – www.cuisinesetjardins.com – Fermé lundi, mardi, mercredi, dimanche soir

HYÈRES

✉ 83400 (Var) - Carte régionale n° **24**-C3
Carte Michelin 340-L7 - Guide Vert Michelin Côte d'Azur

La Colombe

CUISINE TRADITIONNELLE · ÉLÉGANT XX Filet de rouget grondin, bouillon d'étrilles et croûtons à la rouille... Tel est l'ancrage provençal de la carte ! C'est en sérieux professionnels que Pascal et Nadège Bonamy ont hissé leur restaurant au rang des bonnes tables de la région. Au pied du massif des Maurettes, la finesse des assiettes ne ment pas.

Menu 32/68 € - Carte 65/75 €

663 route de Toulon (à la Bayorre), 2,5 km à l'Ouest - ✆ 04 94 35 35 16 - www.restaurantlacolombe.com - Fermé lundi, samedi midi, dimanche soir

L'Arum N

CUISINE MODERNE · TENDANCE X L'Arum tient son nom de la fleur préférée de la propriétaire et de l'arôme. En quelques mois seulement, cette table chaleureuse, située face à l'hôtel de ville, a su imposer une cuisine méditerranéenne moderne et sans chichi, qui ravira les papilles les plus exigeantes. En été, on profite de la terrasse ombragée. Des assiettes goûteuses et généreuses, qui vont à l'essentiel.

Menu 31/41 € - Carte 42/55 €

21 avenue Joseph-Clotis - ✆ 04 83 99 42 04 - Fermé lundi, dimanche

Carte Blanche

CUISINE DU MARCHÉ · SIMPLE X Cette adresse confidentielle ne s'offre qu'aux piétons : petits choix de plats sur l'ardoise, produits frais de saison, terrasse pour les beaux jours... Le chef donne carte blanche à votre gourmandise, et en salle madame assure le service avec efficacité. Chut, c'est exquis, ne le dites à personne !

Carte 30/55 €

3 rue des Porches - ✆ 04 94 23 51 56 - www.restaurant-carteblanche.fr - Fermé 1er-15 juin, lundi, mardi, dimanche

à Hyères-Plage 5 km au Sud-Est - ✉ 83400

La Reine Jane N

BOUTIQUE HÔTEL · PERSONNALISÉ Cet hôtel, idéalement situé face aux îles de Porquerolles et de Port-Cros, propose des chambres personnalisées, consacrées au thème de la Méditerranée. Bar à cocktails sur le toit terrasse, cuisine de la mer au restaurant.

14 chambres - 120/220 € - 18 €

1 quai des Cormorans (Port de L'Ayguade) - ✆ 04 94 66 32 64 - www.lareinejane.fr

IGÉ

✉ 71960 (Saône-et-Loire) - Carte régionale n° **5**-C3
Carte Michelin 320-I11

La Table d'Igé

CUISINE MODERNE · ROMANTIQUE XXX Les équipes de Georges Blanc ont su conserver le style médiéval et châtelain des lieux (tentures murales, belle et imposante cheminée, pierres et poutres), tout en rafraîchissant l'ensemble. Côté cuisine, c'est à la page et de saison, avec célébration de belles viandes charolaises et bourguignonnes et spécialités bressanes chères au grand chef...

Menu 32/70 € - Carte 59/78 €

Château d'Igé, 252 rue du Château - ✆ 03 85 33 33 99 - www.chateaudige.com

Château d'Igé

DEMEURE HISTORIQUE · CLASSIQUE En ce château fort (1235) du Mâconnais, caractère et charme vont de pair. Les chambres ne manquent pas de cachet, comme l'attestent les tentures, baldaquins et autres voûtes. Quant au jardin avec sa roseraie et sa source, il est tout simplement magnifique !

13 chambres - 89/199 € - 4 suites - 20 €

252 rue du Château - ✆ 03 85 33 33 99 - www.chateaudige.com

La Table d'Igé - voir la sélection des restaurants

IGUERANDE

✉ 71340 (Saône-et-Loire) – Carte régionale n° **5**-B3
Carte Michelin 320-E12 – Guide Vert Michelin Bourgogne

La Colline du Colombier

CUISINE MODERNE • CHIC X En pleine campagne, dominant la Loire, une ferme restaurée dans un style certes champêtre... mais chic et épuré ! Un lieu nature et design, pour déguster une cuisine du terroir raffinée. Et pour prolonger l'étape, on s'installe dans les fameuses "cadoles" sur pilotis !

Menu 46 € – Carte 80/130 €

lieu-dit le Colombier, 3,5 km au Sud-Ouest par D9 et rte secondaire – ✆ 03 85 84 07 24 – www.troisgros.com – Fermé 25 novembre-21 mars, mardi, mercredi

ÎLE AUX MOINES

✉ 56780 (Morbihan) – Carte régionale n° **7**-A3
Carte Michelin 308-N9 – Guide Vert Michelin Bretagne Sud

Les Embruns

CUISINE TRADITIONNELLE • RUSTIQUE X Par mer agitée, il n'est pas rare que ce restaurant soit balayé par les embruns ! Quoi de plus normal sur cette jolie île... où le plaisir des yeux s'allie au plaisir des papilles. Ici, pas de chichi, on savoure tourteaux, poissons frais, huîtres et fruits de mer dans une ambiance conviviale... esprit insulaire oblige !

Menu 21/30 € – Carte 27/40 €

rue du Commerce – ✆ 02 97 26 30 86 – www.restaurantlesembruns.com – Fermé 1er février-15 mars, 1er-20 octobre, mercredi

La sélection de ce guide s'enrichit avec vous : vos découvertes et vos commentaires nous intéressent ! Coup de coeur ou coup de colère, écrivez-nous sur notre site Michelin Restaurants : restaurant.michelin.fr

L'ÎLE BOUCHARD

✉ 37220 (Indre-et-Loire) – Carte régionale n° **8**-A3
Carte Michelin 317-L6 – Guide Vert Michelin Châteaux de la Loire

Auberge de l'Île

CUISINE MODERNE • COSY XX Sur cette île, au milieu de la Vienne, on jouerait volontiers les Robinson Crusoé... À condition de pouvoir manger dans cette auberge tous les jours ! On y savoure de bons produits, cuisinés avec soin, dans un cadre contemporain, ou en terrasse pour regarder passer les bateaux.

Menu 33/56 €

3 place Bouchard – ✆ 02 47 58 51 07 – www.aubergedelile.fr – Fermé 2 janvier-7 février, 3-11 septembre, 19-27 novembre, mardi, mercredi

à Sazilly 7 km à l'Ouest par D760 – ✉ 37220

Auberge du Val de Vienne

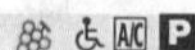

CUISINE MODERNE • COSY XX Sur la route de Chinon, faites une halte gourmande dans cet ancien relais de poste (1870) au cœur du vignoble ! On y apprécie une cuisine traditionnelle actualisée, à base de beaux produits travaillés avec inventivité. Mention spéciale pour le carpaccio de cèpes et foie gras. Belle carte des vins.

Menu 22/42 € – Carte 51/60 €

30 route de Chinon – ✆ 02 47 95 26 49 – www.aubergeduvaldevienne.com – Fermé 18 février-11 mars, 24-30 juin, 2-8 décembre, lundi, dimanche soir

ÎLE-D'AIX

✉ 17123 (Charente-Maritime) – Carte régionale n° **20**-A2
Carte Michelin 324-C3

Chez Joséphine

POISSONS ET FRUITS DE MER • TENDANCE Au restaurant de l'hôtel Napoléon, le chef réalise une jolie cuisine d'aujourd'hui, dans laquelle les produits de la mer tiennent le haut de l'affiche, à l'instar des huîtres de l'île d'Aix ou des tartares de poissons frais… La terrasse est un bonheur, le soir.

Menu 29 € – Carte 32/55 €

Napoléon, 1 rue Gourgaud – ✆ 05 46 84 00 77 – www.hotel-ile-aix.com – Fermé 4 novembre-22 mars, lundi, dimanche soir

Napoléon

DEMEURE HISTORIQUE • CONTEMPORAIN Vingt minutes de bateau et… la quiétude d'une île préservée. Dans cette jolie maison ancienne rénovée dans un bel esprit contemporain, les chambres sont douillettes et confortables. Ici, la défaite de Napoléon eût semblé plus douce.

18 chambres – 80/140 € – ☕ 13 €

1 rue Gourgaud – ✆ 05 46 84 00 77 – www.hotel-ile-aix.com – Fermé 4 novembre-22 mars

Chez Joséphine – voir la sélection des restaurants

ÎLE DE BATZ

✉ 29253 (Finistère) – Carte régionale n° **7**-B1
Carte Michelin 308-G2

Ti Va Zadou

FAMILIAL • PERSONNALISÉ O me da gar, ti va zadoù ! (Que je t'aime, maison de mes pères !) De l'embarcadère, on aperçoit la demeure avec ses volets bleus, à droite de l'église. Comment résister à son authentique charme breton, et à ses chambres adorables, parfaitement tenues, face aux flots ? Un paradis pour les amoureux de la mer Celtique…

4 chambres ☕ – 75 €

Le Bourg – ✆ 02 98 61 76 91 – www.tivazadou-iledebatz.fr – Fermé 3 novembre-8 février

ÎLE DE BRÉHAT

✉ 22870 (Côtes-d'Armor) – Carte régionale n° **7**-C1
Carte Michelin 309-D1

Bellevue

HISTORIQUE • COSY Dominant l'embarcadère du Port-clos – lieu emblématique de l'île de Bréhat –, on trouve cette belle maison de pays largement centenaire (1904). Les chambres ont été rénovées avec goût et sobriété, et certaines d'entre elles disposent d'une terrasse avec vue sur la pointe de l'Arcouest…

22 chambres – 100/110 € – ☕ 12 €

Port-Clos – ✆ 02 96 20 00 05 – www.hotel-bellevue-brehat.com – Fermé 13 novembre-13 février

ÎLE DE GROIX

✉ 56590 (Morbihan) – Carte régionale n° **7**-B2
Carte Michelin 308-K9 – Guide Vert Michelin Bretagne Sud

Le Sémaphore de la Croix

MAISON DE CAMPAGNE • PERSONNALISÉ L'isolement de ce sémaphore du 19e s. le pare de romantisme. Chambres raffinées, certaines d'inspiration marine ; préférez celles avec terrasse. Jardin fleuri et vue superbe sur l'océan font de cette adresse un véritable petit coin de paradis. Mais chut, on ne vous a rien dit !

5 chambres ☕ – 165/205 €

Le Sémaphore - Locmaria-plage, les Sables Rouges – ✆ 06 21 55 16 41 – www.semaphoredelacroix.fr – Fermé 15 octobre-31 mars

ÎLE DE NOIRMOUTIER

✉ 85680 (Vendée) – Carte régionale n° **23**-A2
Carte Michelin 316-C6 – Guide Vert Michelin Pays de la Loire

L'Herbaudière

✉ 85330 (Vendée) – Carte régionale n° **23**-A2

✿✿ La Marine (Alexandre Couillon)

CUISINE CRÉATIVE • **DESIGN** XXX Lorsqu'ils ont repris les rênes de la Marine en 1999, Céline et Alexandre Couillon avaient pour simple objectif de faire apparaître Noirmoutier sur la carte de France des bons restaurants. Ils ont fait bien mieux que ça : aujourd'hui, on vient leur rendre visite de très loin.
La raison du succès est cette cuisine "marine et végétale", point de ralliement des poissons de l'Atlantique – maquereau, merlan, rouget, sole… – et des herbes et légumes issus des sols fertiles de cette petite île battue par les vents. Les préparations témoignent autant du talent d'Alexandre Couillon que de sa grande sensibilité : nul plat à la carte qui ne raconte une histoire, nulle saveur qui soit posée là par hasard.
L'huître "Erika" évoque avec force la marée noire de 1999 ; le "Bois de la Chaize", un remarquable dessert à base de glace aux pignons de pin, ramène à nous un peu des odeurs de l'enfance. L'émotion affleure souvent, magnifiée par une équipe, en cuisine et en salle, parfaitement en phase avec les créations du chef. Une table qui va droit au cœur.
→ Saint-Jacques, betterave et persil. Homard de l'île, carotte du jardin et reine-des-prés. Agrumes, miel et panais

Menu 88 € (déjeuner), 112/178 €

3 rue Marie-Lemonnier (sur le port) – ✆ 02 51 39 23 09 – www.alexandrecouillon.com – Fermé 23-30 juin, 24 novembre-29 janvier, mardi, mercredi, dimanche soir

La Table d'Élise – voir la sélection des restaurants

La Table d'Élise

POISSONS ET FRUITS DE MER • **BISTRO** X Cette table marine – l'annexe du restaurant gastronomique La Marine – honore les beaux produits iodés. On reconnaît le sens des saveurs et la précision d'exécution du chef, version bistrot et sans façon… Un vrai bon moment en perspective !

Menu 22 € (déjeuner)/32 €

La Marine, 5 rue Marie-Lemonnier (sur le port) – ✆ 02 28 10 68 35 – www.alexandrecouillon.com – Fermé 23-30 juin, 24 novembre-29 janvier, mardi, mercredi, dimanche soir

La Maison Moizeau (N)

BOUTIQUE HÔTEL • **DESIGN** Ce petit hôtel de charme, situé sur le port, non loin du restaurant de la Marine (Alexandre Couillon, deux étoiles) possède tous les attributs de la halte douillette : chambres confortables, accueil souriant, et un excellent petit déjeuner, avec produits maison et artisanaux (dont une superbe brioche aux pralines roses). L'adresse rêvée après un repas gastronomique chez Monsieur et Madame Couillon, propriétaires des lieux.

5 chambres – 180/255 € – 24 €

7 rue Marie-Lemonnier – ✆ 02 51 39 23 09 – www.alexandrecouillon.com – Fermé 23-30 juin, 25 novembre-29 janvier

Noirmoutier-en-l'Île

✉ 85330 (Vendée) – Carte régionale n° **23**-A2

L'Étier

POISSONS ET FRUITS DE MER • **AUBERGE** XX Une maison basse typique de l'île, dont l'intérieur est plaisant ; la véranda, dans un style moderne, donne sur l'étier – un chenal d'eau de mer – de l'Arceau. On y déguste de beaux produits de la pêche locale : homard grillé, turbot sauvage cuit sur l'arête… Une cuisine de bon artisan, fraîche et savoureuse à souhait.

Menu 28/60 € – Carte 50/60 €

route de l'Epine, 1 km au Sud-Ouest – ✆ 02 51 39 10 28 – www.restaurant-letier.fr – Fermé 1er décembre-25 janvier, lundi, mardi

Fleur de Sel

POISSONS ET FRUITS DE MER • CONVIVIAL XX Cette maison a le pied marin, bien sûr, mais pas seulement ! S'il met en avant la pêche locale – charlotte de chair de crabe aux herbes potagères, dos de lieu jaune vapeur en croûte de piquillos – le chef agrémente aussi sa carte de bons produits du terroir, et de quelques touches méditerranéennes. Service tout sourire.

Menu 29/45 € - Carte 35/65 €

10 rue des Saulniers - ✆ 02 51 39 09 07 - www.fleurdesel.fr - Fermé 5 novembre-5 avril, lundi midi, mardi midi

Le Grand Four

CUISINE MODERNE • COSY X Après une visite du château de Noirmoutier-en-l'Île, arrêtez-vous dans cette belle maison bourgeoise du 18e s. au cadre feutré et cossu. Dans ce Grand Four mijote une savoureuse cuisine du moment qui fait la part belle aux produits de l'Atlantique : huîtres de Noirmoutier, sole de l'Herbaudière, etc. De jolis arômes !

Menu 34/84 € - Carte 65/83 €

1 rue de la Cure (derrière le château) - ✆ 02 51 39 61 97 - www.legrandfour.com - Fermé 7-14 janvier, lundi, jeudi midi, dimanche soir

L'Ilot Bleu

CUISINE MODERNE • CONVIVIAL X Qu'on se le dise : la bistronomie arrive à Noirmoutier ! Une jeune chef célèbre ici le circuit court et le bio : elle se fournit auprès des petits fermiers vendéens, trouve ses légumes chez les maraîchers locaux et son poisson à la criée de l'île. L'ardoise, alléchante, change tous les jours, les assiettes sont fraîches et précises : cet Ilot va vous plaire.

Menu 37/55 €

13 rue du Robinet - ✆ 09 73 28 00 40 - Fermé 12 novembre-13 mars, mercredi, jeudi

Le Petit Banc

CUISINE TRADITIONNELLE • BISTRO X Originaires de la région lyonnaise, Véronique et Gilles ont investi cette jolie maison de pays située au pied du château. En plus de l'intérieur style "bouchon" (parquet, tables et chaises chinées), une bonne partie des produits (jésus et autres saucissons, saint-marcellin) viennent tout droit des halles de Lyon. Ambiance à la bonne franquette.

Menu 26 €

7 rue des Douves - ✆ 02 28 10 93 21 - Fermé 3-14 février, 12-23 mai, 11-22 août, 1er-12 décembre, lundi midi, mardi midi, mercredi midi, jeudi midi, vendredi midi, samedi midi, dimanche

Général d'Elbée

DEMEURE HISTORIQUE • CONTEMPORAIN Cette demeure historique du 18e s. a été métamorphosée en un hôtel contemporain du dernier chic. Déco de grande qualité, chambres cosy et confortables, ravissant salon-bibliothèque, sans oublier le spa et la piscine extérieure avec vue sur le château éclairé, la nuit... Une véritable renaissance !

20 chambres - 110/260 € - 5 suites - 18 €

2 place d'Armes - ✆ 02 51 39 10 29 - www.generaldelbee.fr - Fermé 7 janvier-7 février, 25 novembre-12 décembre

Fleur de Sel

FAMILIAL • BORD DE MER Un lieu paisible et verdoyant, entre practice de golf, piscine et chambres coquettes au décor soigné, d'esprit marin ou cosy, salon au coin de la cheminée... Ici, calme, confort et détente passent avant tout. Parfait pour un week-end au vert !

34 chambres - 99/235 €

10 rue des Saulniers - ✆ 02 51 39 09 07 - www.fleurdesel.fr - Fermé 5 novembre-5 avril

Fleur de Sel - voir la sélection des restaurants

La Villa en l'Ile

FAMILIAL • CONTEMPORAIN Sur la route de la plage – mais au calme –, cet établissement a été entièrement rénové. Les chambres, décorées dans un style contemporain, sont fonctionnelles et bien tenues. Entre le sauna et le jacuzzi, la location de VTT et les massages, c'est sûr, vous allez décompresser !

22 chambres – 62/125 € – 11 €

38 avenue de la Victoire – 02 51 39 06 82 – www.lavillaenlile.com – Fermé 6 janvier-1er février

au Bois de la Chaize 2 km à l'Est – 85330

Les Prateaux

TRADITIONNEL • CLASSIQUE Une jolie maison dans la pinède et non loin de la plage ! Les chambres, spacieuses et souvent de plain-pied, sont classiques et très confortables (lits king size). Une douceur de vivre qui ravit les nombreux habitués et autres amateurs de grand air.

20 chambres – 99/212 € – 16 €

allée du Tambourin – 02 51 39 12 52 – www.lesprateaux.com – Fermé 4 novembre-22 mars

ÎLE DE PORQUEROLLES

83400 (Var) – Carte régionale n° **24**-C3
Carte Michelin 340-M7 – Guide Vert Michelin Côte d'Azur

L'Olivier

CUISINE MODERNE • CLASSIQUE XXX Dans ce mas coupé du monde, avec pour seul vis-à-vis la flore méditerranéenne et la mer, les saveurs prennent sans doute un relief particulier... mais la qualité d'exécution et la générosité des recettes sont bien réelles, et le plaisir évident.

→ Huîtres de l'étang de Thau marinées, bœuf fumé et condiment d'ail noir du Japon. Saint-pierre poêlé au beurre de pamplemousse et poivre timut, kumquat et salicornes. "Fan de chiche"

Menu 95/130 € – Carte 90/160 €

Le Mas du Langoustier, 3,5 km à l'Ouest du port – 04 94 58 34 83 – www.langoustier.com – Fermé 1er octobre-1er mai, lundi, mardi

Le Mas du Langoustier

LUXE • MÉDITERRANÉEN Un petit coin de paradis à la pointe de l'île... Cette belle demeure de style provençal abrite des chambres spacieuses et fraîches. Le vrai luxe ? Le calme et la végétation méditerranéenne d'un site unique ! Navettes régulières avec le continent... qui semble si loin.

47 chambres – ½ Pension seulement 320/800 € – 2 suites

3,5 km à l'Ouest du port – 04 94 58 30 09 – www.langoustier.com – Fermé 1er octobre-1er mai

L'Olivier – voir la sélection des restaurants

Laurent Hamels/Fotolia.com

ON AIME...

Les Embruns, bistrot marin typique et convivial. **Le Chat Botté**, un arrêt chic et séduisant pour explorer la pointe de l'île et le bois de Trousse-Chemise. **L'Écailler** (La Flotte), où les spécialités de la mer se dégustent sur la terrasse, face au port.

ÎLE DE RÉ

✉ 17580 (Charente-Maritime) – Carte régionale n° **20**-A2
Carte Michelin 324-B2 – Guide Vert Michelin Poitou-Charentes

Ars-en-Ré

✉ 17590 (Charente-Maritime) – Carte régionale n° **20**-B2

Ô de Mer

CUISINE MODERNE • ÉLÉGANT Les propriétaires ? Un couple, ayant trouvé son coin de paradis à Ars. Philosophie de la maison ? Accueillir, faire plaisir et partager... autour d'une cuisine du marché qui respecte les saisons et s'accompagne d'une belle sélection de bordeaux. Parmi les plats signatures : cœur de ris de veau braisé et jus corsé, filets de sole en croûte feuilletée.

Menu 25 € (déjeuner) – Carte 55/75 €

5 rue Thiers – ✆ 05 46 29 23 33 – www.odemerbistrotgourmand.fr – Fermé 15 janvier-10 février, 15 novembre-15 décembre, lundi, mardi, dimanche soir

Le Bois-Plage-en-Ré

✉ 17580 (Charente-Maritime)

Les Bois Flottais

FAMILIAL • PERSONNALISÉ Un petit hôtel à l'écart de l'agitation du village. Tomettes, lambris, bibelots marins... Ici, les chambres ont un décor très insulaire ; toutes de plain-pied, elles donnent même sur l'une des piscines. Délicieux produits "maison" – confitures, financiers... – au petit-déjeuner.

19 chambres – 85/165 € – 14 €

chemin des Mouettes – ✆ 05 46 09 27 00 – www.lesboisflottais.com – Fermé 4 novembre-22 mars

L'Océan

MAISON DE CAMPAGNE • COSY Cette vieille maison de pays, du cœur du village, fut jadis la première pension de famille de l'île. Côté déco, courtepointes et tissus brodés distillent le charme intemporel des habitations rhétaises. Les chambres, coquettes, sont plus spacieuses côté piscine.

29 chambres – 85/179 € – 14 €

172 rue St-Martin – ✆ 05 46 09 23 07 – www.re-hotel-ocean.com – Fermé 11 novembre-14 février

La Flotte

✉ 17630 (Charente-Maritime)

Le Richelieu

CUISINE MODERNE • CLASSIQUE XXX Vue sur le jardin et sur la mer pour cette table classique et élégante où l'on s'installe dans une salle panoramique. Derrière les fourneaux, le chef réalise une agréable cuisine du moment faisant la part belle aux saveurs iodées ; les produits sont frais et travaillés avec précision. Plats diététiques le soir.

Menu 55 € - Carte 55/85 €

avenue de la Plage - ✆ 05 46 09 60 70 - www.hotel-le-richelieu.com - Fermé 25 novembre-16 décembre, lundi midi, mardi midi, mercredi midi, jeudi midi, vendredi midi, samedi midi

L'Écailler

POISSONS ET FRUITS DE MER • ÉLÉGANT XX Sur le joli petit port, une maison d'armateur datant de 1652 ! À l'intérieur, c'est chaleureux et soigné, avec des boiseries, une cheminée et du parquet ancien. Quant aux recettes, elles honorent la pêche locale... Aux beaux jours, on profite de la terrasse. Sur l'île, la table de référence, réputée pour l'excellente qualité de ses poissons.

Menu 45 € (déjeuner), 65/78 € - Carte 54/110 €

3 quai de Sénac - ✆ 05 46 09 56 40 - www.lecailler-iledere.com - Fermé 11 novembre-16 février, lundi, mardi

Chai nous comme Chai vous

CUISINE MODERNE • TENDANCE X On se sent un peu comme chez soi dans ce restaurant de poche coquet et convivial. Au menu, une jolie cuisine de la mer, des vins bien choisis, une touche d'inventivité et de sympathiques petites attentions... Réservez !

Menu 33 € - Carte 36/59 €

1 rue de la Garde - ✆ 05 46 09 49 85 - www.chainouscommechaivous.com - Fermé lundi, mardi

Le Richelieu

SPA ET BIEN-ÊTRE • BORD DE MER Face à l'océan, une maison rhétaise, immaculée comme il se doit et portant le nom du cardinal qui fut gouverneur de l'île. Les chambres sont raffinées, dans un esprit classique ou bord de mer chic ; on profite aussi d'un espace thalassothérapie très complet, d'un espace fitness et d'un spa. Un beau moment de détente.

28 suites - 400/626 € - 19 chambres - 22 €

avenue de la Plage - ✆ 05 46 09 60 70 - www.hotel-le-richelieu.com - Fermé 25 novembre-16 décembre

Le Richelieu - voir la sélection des restaurants

Rivedoux-Plage

✉ 17940 (Charente-Maritime)

La Marée

TRADITIONNEL • BORD DE MER Un hôtel face à la mer avec des chambres d'esprit cosy et épuré, dont la moitié donne sur les flots... Et pour les amateurs d'eau douce, la piscine et le jacuzzi sont bien agréables. Parfait pour prendre un grand bol d'air frais !

26 chambres - 67/200 € - 14 €

321 avenue Albert Sarraut, rte de St-Martin - ✆ 05 46 09 80 02 - www.hoteldelamaree.com

Ne confondez pas les couverts X et les étoiles ✿ !
Les couverts définissent une catégorie de confort et de service, tandis que l'étoile couronne uniquement la qualité de la cuisine, quel que soit le standing de la maison.

St-Clément-des-Baleines

17590 (Charente-Maritime)

Le Chat Botté

FAMILIAL · COSY Dans cette maison de 1933, la troisième génération s'active pour satisfaire les clients, à l'image du petit-déjeuner servi dans l'adorable jardin ou du centre de beauté, agréable à souhait. Une adresse dédiée à la détente et au bien-être !

20 chambres - 82/157 € - 3 suites - 13 €

23 place de l'Église - 05 46 29 21 93 - www.hotelchatbotte.com - Fermé 6 janvier-8 février

St-Martin-de-Ré

17410 (Charente-Maritime) - Carte régionale n° **20**-A2

L'Avant Port

POISSONS ET FRUITS DE MER · BISTRO Cette jolie maison du 17e s. située à l'entrée du port s'est muée en bistrot chic, dont on profite de la lumineuse verrière et d'une - ô combien - plaisante terrasse en été. Un cadre branché pour une cuisine au goût du jour, dans laquelle le produit passe avant tout : poisson extrafrais, légumes de l'île...

Menu 34/49 € - Carte 42/86 €

8 quai Daniel-Rivaille - 05 46 68 06 68 - www.lavantport.com - Fermé 4 novembre-8 février, lundi, mardi midi, dimanche midi

Les Embruns

POISSONS ET FRUITS DE MER · CONVIVIAL Lolotte, la patronne de ce pittoresque restaurant, est une femme de caractère, aussi passionnée que sincère, et sa cuisine lui ressemble. L'ardoise fait la part belle au retour de la pêche et au marché, avec des assiettes généreuses que l'on déguste dans un décor de carte postale - bateau, rames, épuisette... Une adresse qui ne triche pas !

Menu 32 € - Carte 38/75 €

6 rue Chay-Morin - 05 46 66 46 31 - www.lesembruns-iledere.com - Fermé 21 janvier-5 février, lundi midi, mardi

Hôtel de Toiras et Villa Clarisse

BOUTIQUE HÔTEL · CLASSIQUE Une maison d'armateur au charme douillet et bourgeois : décoration soignée, à la fois luxueuse et cosy, accueil particulièrement attentionné... et, côté Villa Clarisse, des chambres plus épurées et modernes, mais tout aussi agréables. Une adresse pleine de charme.

11 chambres - 230/650 € - 9 suites - 26 €

1 quai Job-Foran - 05 46 35 40 32 - www.hotel-de-toiras.com

La Baronnie Hôtel & Spa

HISTORIQUE · PERSONNALISÉ Au cœur d'un beau jardin, ces deux hôtels particuliers du 18e s., restaurés avec goût dans un esprit bourgeois, permettent de se reposer au grand calme. Douceur de vivre, service aux petits soins : un véritable havre de paix et de sérénité.

22 chambres - 169/445 € - 19 €

17-21 rue Baron-de-Chantal - 05 46 09 21 29 - www.hotel-labaronnie.com - Fermé 10 mars-4 avril, 25 novembre-7 février

Le Clos St-Martin

SPA ET BIEN-ÊTRE · CONTEMPORAIN En retrait de l'agitation du port, une belle maison dans un beau jardin verdoyant, à l'abri des regards. Spa haut de gamme, piscines extérieures chauffées, chambres d'esprit rhétais d'une élégance sobre et très nature... et brunch le dimanche.

33 chambres - 155/650 € - 30 €

87 cours Pasteur - 05 46 01 10 62 - www.le-clos-saint-martin.com

La Jetée

TRADITIONNEL • CONTEMPORAIN Sur le port, au cœur de l'animation, un hôtel d'esprit contemporain. Les chambres sont avant tout fonctionnelles et néanmoins chaleureuses ; certaines plus design que les autres. En prime, il y a un joli patio, où l'on prend son petit-déjeuner aux beaux jours.

24 chambres – 85/240 € – 15 €

quai Georges-Clemenceau – 05 46 09 36 36 – www.hotel-lajetee.com – Fermé 6-27 janvier

Ste-Marie-de-Ré

17740 (Charente-Maritime)

Atalante

POISSONS ET FRUITS DE MER • CONTEMPORAIN XX Ici, la cuisine fait la part belle aux produits de la mer, à l'image de cette marinière de moules et de coques ou de ce filet de maigre poêlé... Menu du jour attractif, et salle en véranda tournée vers les flots. À conseiller aux amateurs de saveurs iodées !

Menu 56 € – Carte 50/85 €

rue Port-Notre-Dame – 05 46 30 22 44 – https://relaisthalasso.com – Fermé 25 novembre-9 décembre

L'Ile sous le Vent

POISSONS ET FRUITS DE MER • COSY X Cette jolie maison de plain-pied, typique de l'île de Ré, abrite une salle intimiste sous charpente, où l'on déguste produits de la mer et belles pâtisseries (le chef était pâtissier). On se régale d'un menu unique, tandis que la mer, au loin, fredonne.

Menu 32 €

17 bis rue du Petit-Labas – 05 46 09 60 53 – www.ilesouslevent.com – Fermé 10 novembre-15 février, lundi, mercredi, dimanche

Atalante

SPA ET BIEN-ÊTRE • BORD DE MER Face à la mer, un hôtel au grand calme. Mobilier contemporain et esprit cosy dans les chambres, en adéquation avec la vocation de l'établissement, axé sur la thalassothérapie et la détente... En prime, deux piscines, dont une couverte.

97 chambres – 134/879 €

rue Port-Notre-Dame – 05 46 30 22 44 – https://relaisthalasso.com

Atalante – voir la sélection des restaurants

Les Vignes de la Chapelle

TRADITIONNEL • CONTEMPORAIN Face aux vignes et à la mer, cet hôtel de style local est écorespectueux (matériaux naturels, panneaux solaires, etc.) et cultive un bel esprit nature. Les chambres sont de plain-pied avec terrasse. Et pour une détente maximale, on file à l'espace bien-être... Tranquillité, sobriété et confort !

17 suites – 119/429 € – 2 chambres – 16 €

5 rue de la Manne – 05 46 30 20 30 – www.lesvignesdelachapelle.com – Fermé 4 novembre-4 avril

L'Ile sous le Vent

FAMILIAL • COSY Une belle et grande maison de plain-pied, bien dans l'esprit de l'île. Les chambres, feutrées et décorées avec goût, sont de véritables îlots de sérénité, sans même parler du jardin ou de la piscine...

10 chambres – 60/135 € – 12 €

17 bis rue du Petit-Labas – 05 46 09 60 53 – www.ilesouslevent.com – Fermé 10 novembre-15 février

L'Ile sous le Vent – voir la sélection des restaurants

ÎLE DE SEIN

✉ 29990 (Finistère) - Carte régionale n° **7**-A2
Carte Michelin 308-B6 - Guide Vert Michelin Bretagne Sud

 **Ar Men**

FAMILIAL • FONCTIONNEL La dernière maison en sortant du bourg, sur la route du phare. Les amoureux de la mer et du calme apprécieront les chambres océanes, presques nues, avec vue sur le large. Tout aussi efficace, la cuisine, qui change au gré de la pêche (ragoût de homard sur réservation). Pain maison, aux algues !

10 chambres - 65/85 € - 9 €

route du Phare - 02 98 70 90 77 - www.hotel-armen.net - Fermé 4 novembre-22 mars

ÎLE DES EMBIEZ

✉ 83140 (Var) - Carte régionale n° **24**-B3
Carte Michelin 340-J7 - Guide Vert Michelin Côte d'Azur

Le Garlaban

POISSONS ET FRUITS DE MER • MÉDITERRANÉEN XX Le Garlaban ? Ainsi s'appelait le bateau de Paul Ricard, qui fonda ce restaurant à l'emplacement de l'ancien Yacht Club, face au port de plaisance. La mer est à l'honneur : spécialités de poissons (loup en croûte de sel, par exemple), vivier de crustacés, que l'on dévore dans une ambiance marine... ou sur la délicieuse terrasse.

Menu 47/82 € - Carte 53/109 €

Île des Embiez - 04 94 32 11 56 - www.lesilespaulricard.com - Fermé 1er octobre-30 avril

 **Hélios**

FAMILIAL • BORD DE MER Rien que dix minutes de traversée pour rejoindre cette charmante petite île... Les chambres sont lumineuses et actuelles, toutes résolument modernes ; le spa, avec cabines de soins et hammam, fera la joie des corps harassés. L'été, cuisine méditerranéenne aux influences italiennes.

60 chambres - 185/275 € - 1 suite

Ile des Embiez - 04 94 10 66 10 - www.lesilespaulricard.com - Fermé 1er novembre-1er mai

ÎLE D'OLÉRON

✉ 17480 (Charente-Maritime) - Carte régionale n° **20**-A2
Carte Michelin 324-C4 - Guide Vert Michelin Poitou-Charentes

Le Château-d'Oléron

✉ 17480 (Charente-Maritime)

Les Jardins d'Aliénor

CUISINE MODERNE • COSY XX Dans ce village ostréicole à l'écart du tumulte, Marc Le Reun montre qu'il a de l'inspiration à revendre ! Ses assiettes font la part belle aux saveurs marines, avec notamment deux menus autour des huîtres et du homard ; on en profite dans un intérieur cosy et confortable, ou, aux beaux-jours, sur la jolie petite terrasse.

Menu 49/95 € - Carte 49/69 €

11 rue Maréchal-Foch - 05 46 76 48 30 - www.lesjardinsdalienor.com - Fermé lundi, mardi midi, mercredi midi, jeudi midi, vendredi midi, samedi midi, dimanche midi

Un important déjeuner d'affaires ou un dîner entre amis ?
Le symbole vous signale les salons privés.

La Cotinière

✉ 17310 (Charente-Maritime)

Face aux Flots

FAMILIAL · FONCTIONNEL Un petit hôtel de bord de mer sympathique, avenant et tenu par un couple charmant. Les chambres sont fonctionnelles et impeccables (dont quatre avec un petit balcon), et celles du 2e étage ont une très jolie vue sur les flots... évidemment !

22 chambres – 66/145 € – 12 €

24 rue du Four – ✆ 05 46 47 10 05 – www.hotel-faceauxflots-oleron.com – Fermé 3 janvier-8 février

Île de Lumière

FAMILIAL · FONCTIONNEL Des chambres dans de petits pavillons, sur un site assez sauvage... façon motel. La majorité d'entre elles dispose d'une terrasse privative donnant sur la mer, les dunes ou la piscine : c'est sobre, bien tenu et vraiment calme.

43 chambres – 82/166 €

69 avenue des Pins – ✆ 05 46 47 10 80 – www.moteliledelumiere.com – Fermé 1er octobre-4 avril

à la Ménounière 2 km au Nord par rte secondaire – ✉ 17310

Saveurs des Îles

CUISINE MODERNE · FAMILIAL Atypique, ce restaurant ethnique avec sa terrasse zen et apaisante ! Les plats créatifs de Patrick Daudu se teintent de petites touches asiatiques et mettent en avant la pêche de la Cotinière et les maraîchers bio des parages, tandis que Cécile, son épouse, vous accueille avec le sourire. Et au déjeuner, profitez d'une formule sans gluten, vegan et detox...

Menu 42/59 €

18 rue de la Plage – ✆ 05 46 75 86 68 – www.saveursdesiles.fr – Fermé 4 novembre-18 avril, lundi, mardi midi, dimanche soir

Dolus-d'Oléron

✉ 17550 (Charente-Maritime)

à la Rémigeasse 2 km à l'Ouest par rte secondaire – ✉ 17550

Le Grand Large

LUXE · BORD DE MER Ce fleuron de la villégiature balnéaire des années 1960 a retrouvé sa belle jeunesse en 2011, grâce à ses propriétaires. Tombés sous le charme, ils ont quitté leur Luberon pour Oléron, et bien leur en a pris ! Design, nature et trendy : un lieu chic au bord de l'eau, entre embruns, air du large et évocation de la douceur des sixties.

28 chambres – 140/400 € – 19 €

2 avenue de l'Océan – ✆ 05 46 75 77 77 – www.le-grand-large.fr – Fermé 1er novembre-31 mars

à Vert-Bois 4 km au Sud par D26 et D126 – ✉ 17550

Le Vert-Bois

FAMILIAL · PERSONNALISÉ Sous l'impulsion de ses enthousiastes propriétaires, cet hôtel entièrement rénové propose des chambres cosy à l'atmosphère balnéaire... que l'on retrouve à la piscine ou à plage de Vert-Bois, située à 900 mètres. Et l'accueil est charmant !

23 chambres – 70/130 € – 12 €

104 chemin St-James – ✆ 05 46 36 87 66 – www.hotel-vert-bois-oleron.com – Fermé 31 octobre-31 mars

Le Grand-Village-Plage

✉ 17370 (Charente-Maritime)

Le Relais des Salines

POISSONS ET FRUITS DE MER · BISTRO Le patron, sympathique et décontracté, n'est sans doute pas étranger à l'atmosphère qui règne dans cette ancienne cabane ostréicole. Il cultive ici un esprit de bistrot marin, avec une terrasse côté marais salants ; à l'ardoise, on trouve une cuisine copieuse et généreuse qui met avant de belles saveurs iodées. Une vraie perle !

Carte 33/45 €

Port-des-Salines – ✆ 05 46 75 82 42 – www.lerelaisdessalines.com – Fermé 12 novembre-8 février, lundi, dimanche soir

St-Denis-d'Oléron

✉ 17650 (Charente-Maritime)

Le Jour du Poisson

CUISINE MODERNE · COSY Dans un joli village au Nord de l'île, un couple a fait de cette ancienne moulerie un restaurant charmant. Comme son nom l'indique, le poisson est la star de la carte... mais pas que : on fait volontiers des associations terre-mer (émincé de tête de veau et crevette, poêlée de ris d'agneau et sole). Une cuisine fine et ciselée : on comprend pourquoi c'est souvent complet !

Carte 33/38 €

3 rue de l'Ormeau – ✆ 05 46 75 76 21 – Fermé 22 novembre-13 février, mardi, mercredi, jeudi midi

St-Trojan-les-Bains

✉ 17370 (Charente-Maritime)

L'Écume

CUISINE MODERNE · CONVIVIAL Il n'a fallu que quelques années au jeune chef de cette maison pour l'imposer parmi les meilleures tables d'Oléron. Tout le mérite en revient à sa cuisine, moderne et assez créative, avec des emprunts à l'Asie et l'utilisation parcimonieuse d'épices, le tout basé sur de bons produits frais. Avec, par-dessus le marché, des desserts très réussis.

Menu 23/39 € – Carte 35/43 €

2 rue de la République – ✆ 05 46 75 34 66 – www.restaurant-lecume-oleron.fr – Fermé lundi, samedi midi, dimanche soir

Les Cleunes Oléron

FAMILIAL · CONTEMPORAIN Sur le front de mer, une grande maison vendéenne avec sa piscine donnant sur l'Océan... Les chambres sont confortables et chaleureuses ; plus spacieuses côté mer. Et que dire de l'espace bien-être avec sauna et hammam... Idéal pour décompresser !

41 chambres – 109/295 € – 12 €

25 boulevard de la Plage – ✆ 05 46 76 03 08 – www.hotel-les-cleunes.com

L'Albatros

FAMILIAL · DESIGN Un hôtel "les pieds dans l'eau" et au grand calme, façon mer d'huile ! Les chambres ont été rénovées dans un esprit frais et contemporain et l'on s'y sent vraiment bien.

13 chambres – 98/180 € – 13 €

11 boulevard du Docteur-Pineau
– ✆ 05 46 76 00 08 – www.albatros-hotel-oleron.com –
Fermé 4 novembre-8 février

L'ÎLE-D'OLONNE – 85 (Vendée) → Voir Les Sables-d'Olonne

ÎLE D'OUESSANT

⊠ 29242 (Finistère) – Carte régionale n° **7**–A1
Carte Michelin 308-A4 – Guide Vert Michelin Bretagne Sud

Ty Korn

POISSONS ET FRUITS DE MER • BISTRO À Ouessant, tout le monde connaît cette adresse voisine de l'église de Lampaul. Des fruits de mer, des poissons fraîchement pêchés ; c'est convivial et généreux. Un restaurant devenu un rendez-vous incontournable sur l'île pour les amateurs de qualité !

Carte 32/49 €

au bourg de Lampaul – ✆ 02 98 48 87 33 – Fermé 7-28 janvier, 11 novembre-2 décembre, lundi, dimanche

ÎLE D'YEU

⊠ 85350 (Vendée) – Carte régionale n° **23**–A3
Carte Michelin 316-BC7 – Guide Vert Michelin Pays de la Loire

Port-Joinville

⊠ 85350 (Vendée)

Les Bafouettes

CUISINE MODERNE • TRADITIONNEL Dans cette petite rue près du port, les façades blanches et les volets colorés ne laissent aucun doute : on est bien sur l'île d'Yeu ! Le chef belge, installé ici depuis belle lurette, équilibre parfaitement sa carte entre poissons et viandes ; il agrémente même ses assiettes d'épices, souvenirs de ses différents voyages à l'étranger. Sans doute la meilleure table de l'île.

Menu 28 € (déjeuner), 36/85 € – Carte 54/64 €

8 rue Gabriel-Guist'hau – ✆ 02 51 59 38 38 – www.lesbafouettes.com – Fermé 6 janvier-4 février, lundi, dimanche soir

L'Escale

FAMILIAL • FONCTIONNEL En retrait du port, une Escale typique de l'île avec sa façade blanche ; les chambres y sont simples et très bien tenues, certaines en rez-de-jardin. Petit plus appréciable sur l'Île d'Yeu, la possibilité de louer des vélos. Bref, tout cela fleure bon les vacances !

29 chambres – 60/100 € – 10 €

14 rue de la Croix-de-Port – ✆ 02 51 58 50 28 – www.yeu-escale.fr

L'ILE-ROUSSE – 2B (Haute-Corse) → voir Corse

ILLE-SUR-TÊT

⊠ 66130 (Pyrénées-Orientales) – Carte régionale n° **21**–B3
Carte Michelin 344-G6

Saveurs des Orgues

CUISINE MODERNE • SIMPLE Tendez l'oreille... non pas pour entendre le chant des orgues, mais le tintement des casseroles, des couverts et des assiettes ! C'est à un joli moment de gastronomie qu'invite cette table, entre terre et mer. Les saveurs sont au rendez-vous, et l'accueil est tout sourire !

Menu 31/58 € – Carte 57/67 €

1 rue Guttemberg – ✆ 04 68 84 10 48 – Fermé lundi, jeudi soir, dimanche soir

Les Buis

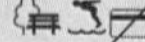

MAISON DE MAÎTRE • ÉLÉGANT Comment ne pas succomber au charme de cette demeure bourgeoise de 1896 à la façade ornée de balcons ouvragés ? Flânez entre le salon ancien, l'espace bibliothèque ou la salle à manger, puis gravissez le grand escalier qui mène aux chambres, meublées avec goût. Ravissant jardin à l'arrière.

5 chambres – 105/145 €

37 rue Carnot – ✆ 04 68 57 67 43 – www.lesbuis.com

ILLHAEUSERN

✉ 68970 (Haut-Rhin) - Carte régionale n° **10**-C2
Carte Michelin 315-I7

✿✿ Auberge de l'Ill (Marc Haeberlin)

CUISINE CLASSIQUE • LUXE XXXXX L'histoire commence au 19e s. : en 1882, Frédéric Haeberlin rachète avec son épouse la modeste Auberge de l'Arbre Vert sur les rives de l'Ill, entre Sélestat et Riquewihr. Matelote au riesling, préparations de gibier : l'adresse se fait un nom dans une veine "terroir" bien affirmée. Mais c'est après-guerre que Paul et Jean-Pierre font monter la maison en gamme.
Marc Haeberlin est le dernier dépositaire de cette histoire familiale intiment liée à celle de l'Alsace. Comme un symbole, il réalise une belle alliance entre les créations de ses illustres prédécesseurs (timbale de homard, mousseline de grenouille, foie gras aux épices) et d'autres plus modernes, avec une philosophie toute personnelle : pas plus de trois saveurs différentes dans un plat. Simplicité, respect du produit, variété des préparations : le mythe est toujours vivace.

→ La boîte de sardines au caviar. Saumon soufflé "Auberge de l'Ill". La pêche "Haeberlin"

Menu 132 € (déjeuner)/195 € - Carte 125/250 €

Hôtel des Berges, 2 rue de Collonges-au-Mont-d'Or - ☎ 03 89 71 89 00 - www.auberge-de-l-ill.com - Fermé 1er-8 janvier, 4 février-6 mars, lundi, mardi

Hôtel des Berges

LUXE • PERSONNALISÉ Ce délicieux refuge est niché au bord de l'eau, dans le parc de l'Auberge de l'Ill. Dans ces deux bâtiments rappelant les anciens séchoirs à tabac de la région, les chambres ont un cachet fou - meubles chinés, boiseries, tableaux, sculptures... Un magnifique ensemble, désormais doté d'un spa nature (800 m^2).

17 chambres - 360 € - 2 suites - 28 €

4 rue de Collonges-au-Mont-d'Or - ☎ 03 89 71 87 87 - www.hoteldesberges.com - Fermé 1er-8 janvier, 4 février-6 mars

✿✿ **Auberge de l'Ill** - voir la sélection des restaurants

ILLKIRCH-GRAFFENSTADEN - 67 (Bas-Rhin) → voir Strasbourg

ILLZACH - 68 (Haut-Rhin) → voir Mulhouse

INGERSHEIM - 68 (Haut-Rhin) → voir Colmar

INGRANDES-DE-TOURAINE

✉ 37140 (Indre-et-Loire) - Carte régionale n° **8**-A2
Carte Michelin 317-K5 - Guide Vert Michelin Châteaux de la Loire

Vincent Cuisinier de Campagne

CUISINE TRADITIONNELLE • CONVIVIAL X En plein cœur des vignes, on est accueilli en ami dans cette jolie maison, qui cultive une ambiance de ferme à la fois chic et simple (tomettes, pierres et poutres apparentes, natures mortes aux murs). Légumes, volailles, œufs sont produits ici : qualité garantie ! Attention, il n'y a que 16 places : pensez à réserver.

Menu 26/33 € - Carte 26/45 €

19 rue de la Galottière - ☎ 02 47 96 17 21 - www.vincentcuisinierdecampagne.blogspot.com

IRANCY

✉ 89290 (Yonne) - Carte régionale n° **5**-B1
Carte Michelin 319-E5 - Guide Vert Michelin Bourgogne

Le Soufflot

CUISINE MODERNE • BISTRO X Dans le centre-ville d'Irancy, ce bistrot convivial propose une carte au goût du jour, courte et savoureuse (avec une prédilection du chef pour les légumes) et une belle carte de vins mettant la Bourgogne à l'honneur.

Menu 28 €

33 rue Soufflot - ☎ 03 86 42 39 00 - www.restaurant-irancy.fr - Fermé 15-22 juillet, lundi, mardi soir, mercredi soir, jeudi soir, dimanche soir

IRISSARRY

64780 (Pyrénées-Atlantiques) – Carte régionale n° **18**-B3
Carte Michelin 342-E3

Art'zain

CUISINE DU MARCHÉ • **CONTEMPORAIN** Artzain signifie "berger" en basque – hommage du propriétaire à son père. Située au centre du village, cette ancienne grange, entièrement réhabilitée dans un style rustique et design (le mobilier est l'œuvre de l'artisan basque Alki), propose une cuisine de saison volontiers locavore. Une bonne adresse.

Menu 32/57 € – Carte 36/44 €

le bourg – 05 59 37 23 83 – www.restaurant-art-zain.fr –
Fermé 18 février-12 mars, 1er-10 juillet, lundi, mardi, dimanche soir

ISBERGUES – 62 (Pas-de-Calais) → voir Aire-sur-la-Lys

L'ISLE-ADAM

95290 (Val-d'Oise) – Carte régionale n° **15**-B1
Carte Michelin 305-E6 – Guide Vert Michelin Île-de-France

La Villa de l'Écluse

LUXE • COSY Dans le cadre verdoyant des berges de l'Oise, non loin de la plage de l'Isle-Adam, cette belle villa des années 1940, en pierres apparentes, a été transformée en hôtel après 18 mois de travaux ! Les chambres sont de vrais cocons contemporains ; on déguste son petit-déjeuner sous la véranda ou en terrasse... Charmant !

15 chambres – 95/230 € – 13 €

chemin Pierre-Terver – 01 34 73 26 96 – www.lavilladelecluse.fr

L'ISLE-D'ABEAU

38080 (Isère) – Carte régionale n° **2**-B2
Carte Michelin 333-E4 – Guide Vert Michelin Lyon et sa région

Le Relais du Çatey

CUISINE CLASSIQUE • **TENDANCE** Décor et éclairage contemporains soulignent le cachet préservé de cette maison dauphinoise de 1774. Rognon de veau juste poêlé et beurre mousseux au poivre de Sarawak ; mirabelles en tarte fine... Plats classiques et pointes d'inventivité.

Menu 29 € (déjeuner), 42/68 € – Carte 52/72 €

10 rue du Didier – 04 74 18 26 50 – www.le-relais-du-catey.com –
Fermé 3-27 août, 28 décembre-6 janvier, lundi, dimanche

L'ISLE-JOURDAIN

32600 (Gers) – Carte régionale n° **22**-B2
Carte Michelin 336-I8

L'Échappée Belle

CUISINE MODERNE • **CONVIVIAL** La table de L'Échappée Belle est à l'image de l'établissement : dans l'air du temps ! On y déguste une bonne cuisine du marché, réalisée par Thierry Lair, jeune chef gersois, formé par Bernard Bach au Puits Saint-Jacques. Un lieu tendance... mais pas seulement.

Menu 19 € (déjeuner), 29/44 € – Carte 33/49 €

2 place Gambetta – 05 62 07 50 05 – www.echappee-belle.fr

L'Échappée Belle

TRADITIONNEL • CONTEMPORAIN À deux pas de Toulouse et aux portes du Gers, la façade ultramoderne de cet hôtel cache des chambres résolument contemporaines. Il fait bon se détendre dans le joli salon ou dans le patio. Idéal pour une échappée... belle !

27 chambres – 78/128 € – 12 €

2 place Gambetta – 05 62 07 50 00 – www.echappee-belle.fr

L'Échappée Belle – voir la sélection des restaurants

à Pujaudran 8 km à l'Est par N124 – ✉ 32600

✿✿ Le Puits St-Jacques (Bernard Bach et William Candelon)

CUISINE CRÉATIVE • ÉLÉGANT XXX Nul doute que le Gascon gastronome Cyrano de Bergerac, croqué avec génie par Edmond Rostand, aurait apprécié cette maison gersoise, et son patio à l'atmosphère méridionale, à l'intérieur duquel ricochent les accents chantants du Sud-Ouest éternel. Jadis relais sur la route de Compostelle, elle accueillait les fameux marcheurs à la coquille Saint-Jacques.

Ici, le Cyrano local se nomme Bernard Bach "fils du Sud-Ouest, fougueux et généreux" (comme il aime à se définir), tombé dans la marmite tout petit, puisque ses parents étaient restaurateurs dans le Tarn-et-Garonne, au pays du chasselas, non loin de Moissac. Longtemps, son père (à 80 ans passés !) cultivera pour lui un potager de 3 500 m². C'est dire le soin que Bernard Bach accorde aux produits régionaux des plaines, fermes ou vergers environnants, guerroyant pour trouver un "magret de canard qui ait goût à magret". Sans surprise, la carte flatte le terroir sudiste, mais n'hésite pas à marier terre et mer, et s'agrémente de quelques épices, au détour d'une errance voyageuse.

→ Foie gras de canard confit à l'ancienne, gelée de champignon et légumes légèrement fumés. Pied de cochon farci de poulpe, gambas à la plancha et jus de crustacés. Véritable chocolat liégeois

Menu 34 € (déjeuner), 78/125 € – Carte 110/140 €

avenue Victor-Capoul – ✆ 05 62 07 41 11 – www.lepuitssaintjacques.fr – Fermé 2-15 janvier, lundi, mardi, dimanche soir

L'ISLE-SUR-LA-SORGUE

✉ 84800 (Vaucluse) – Carte régionale n° **25**-E1

Carte Michelin 332-D10 – Guide Vert Michelin Provence

✿ Le Vivier

CUISINE MODERNE • TENDANCE XX Voilà une belle table contemporaine : sa terrasse face à la Sorgue et ses rives verdoyantes est un plaisir pour les yeux, plus encore ses assiettes, très graphiques et soignées. Le chef mêle saveurs et textures avec délicatesse et subtilité.

→ Foie gras à l'anguille fumée au pedro ximenez. Pithiviers de pigeon du Comtat, cèpes et foie gras. Sphère de chocolat, tagète et citron vert

Menu 34 € (déjeuner), 60/85 € – Carte 66 €

800 Cours Fernande-Peyre, rte de Carpentras – ✆ 04 90 38 52 80 – www.levivier-restaurant.com – Fermé 18 février-12 mars, lundi, mardi, samedi midi, dimanche soir

La Balade des Saveurs

CUISINE TRADITIONNELLE • COSY XX Un jeune couple sympathique – Benjamin et Sophie Fabre – règne sur ce restaurant plein de fraîcheur, dont la terrasse borde le cours pittoresque de la Sorgue. Les recettes cultivent aussi bien le caractère que la douceur de la Provence. Cette Balade des Saveurs est aussi... une ballade des gens heureux.

Menu 20 € (déjeuner), 28/38 € – Carte 39/54 €

3 quai Jean-Jaurès – ✆ 04 90 95 27 85 – www.balade-des-saveurs.com – Fermé 21 janvier-5 février, 23-30 avril, lundi, mardi

Le Petit Henri

CUISINE MODERNE • ÉLÉGANT XX La table du Grand Hôtel Henri est dans le prolongement direct de l'établissement qui l'accueille : décor soigné, avec cheminée centenaire et lustres chatoyants, terrasse ombragée de mûriers-platanes autour d'une fontaine... et jolie cuisine de saison à dominante régionale.

Menu 29 € (déjeuner), 43/69 €

Grand Hôtel Henri, 1 cours René-Char – ✆ 04 90 38 10 52 – www.grandhotelhenri.com – Fermé 20 janvier-12 février

Café Fleurs

CUISINE MODERNE • ROMANTIQUE XX Deux salles au décor provençal clair et soigné, une agréable terrasse extérieure avec vue sur la Sorgue : joli cadre pour une cuisine actuelle au charme typiquement méridional. Bonne sélection de vins au verre.

Menu 26 € (déjeuner), 37/47 € – Carte 45/70 €

9 rue Théodore Aubanel – ✆ 04 90 20 66 94 – www.cafefleurs.com – Fermé 8 janvier-8 février, mardi, mercredi

La Prévôté

CUISINE TRADITIONNELLE • INTIME XX Dans un couvent du 17ᵉs. ouvrant sur un bras de la Sorgue, on savoure une cuisine basée sur des produits frais, dans un cadre raffiné (cheminée, poutres apparentes). Chambres très joliment décorées.

Menu 32 € (déjeuner), 46/79 € – Carte 50/65 €

4 rue Jean-Jacques Rousseau (derrière l'église) – ✆ 04 90 38 57 29 – www.la-prevote.fr – Fermé 11-28 mars, 12-29 novembre, mardi, mercredi

Le Jardin du Quai

CUISINE PROVENÇALE • BISTRO X Avec son jardin ombragé, ses vieux arbres et son intérieur provençal, ce bistrot a quelque chose du charme d'antan. On y propose un menu unique réalisé avec les produits du marché, pour une cuisine goûteuse et soignée, respectueuse des saisons. Bon et sans esbroufe !

Menu 37 € (déjeuner)/45 €

91 avenue Julien Guigue (près de la gare) – ✆ 04 90 20 14 98 – www.danielhebet.com – Fermé mardi, mercredi

Grand Hôtel Henri

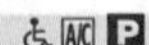

BOUTIQUE HÔTEL • ÉLÉGANT Au cœur de la ville des antiquaires, on tombe immédiatement sous le charme de cette vénérable maison rénovée en 2015. Escalier en marbre de Carrare, chambres élégamment décorées de lampes et miroirs anciens, tableaux et fauteuils... Un havre de confort, jusqu'au bar à l'ambiance jazzy.

17 chambres – 115/411 € – 16 €

1 cours René-Char – ✆ 04 90 38 10 52 – www.grandhotelhenri.com – Fermé 27 janvier-12 février

Le Petit Henri – voir la sélection des restaurants

La Maison sur la Sorgue

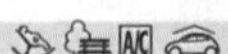

LUXE • PERSONNALISÉ Un très bel hôtel particulier, décoré sur le thème des voyages. Les chambres ont toutes leur cachet : baignoire sur pieds, loggia, vue sur l'église... Délicieux patio et piscine.

4 chambres – 280/420 €

6 rue Rose Goudard – ✆ 06 87 32 58 68 – www.lamaisonsurlasorgue.com

Artishow

LUXE • PERSONNALISÉ Mondrian, Cézanne, Vasarely, etc. : tels sont les noms des chambres de cet hôtel particulier transformé par un marchand d'art. Superbe salon avec cheminée, ambiance bucolique, piscine extérieure couverte : l'endroit ne laissera personne indifférent.

5 chambres – 250/460 €

9 rue Denfert-Rochereau – ✆ 04 32 61 07 95 – www.maisonartishow.com

à Lagnes 6 km au Sud-Est – ✉ 84800

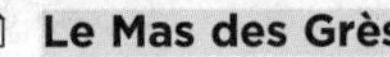

Le Mas des Grès

MAISON DE CAMPAGNE • COSY Ce mas provençal restauré avec goût invite à la détente : jardin, terrasse ombragée, aire de jeux pour les enfants, petit espace fitness... et des chambres coquettes, décorées avec soin. Cerise sur le gâteau : bonne cuisine traditionnelle au restaurant.

14 chambres – 95/260 € – 15 €

1651 RD 901 – ✆ 04 90 20 32 85 – www.masdesgres.com – Fermé 15 novembre-15 mars

L'ISLE-SUR-SEREIN

✉ 89440 (Yonne) – Carte régionale n° **5**-B2
Carte Michelin 319-H6

Auberge du Pot d'Étain

CUISINE TRADITIONNELLE • **AUBERGE** XX Bonne cuisine aux accents régionaux, exceptionnelle sélection de bourgognes (2 500 références, 40 000 bouteilles), chambres coquettes et colorées : une auberge sympathique dans la bucolique vallée du Serein… à deux tours de roue de l'A6 !

Menu 29/50 € – Carte 48/65 €

22 rue Bouchardat – ✆ 03 86 33 88 10 – www.potdetain.com – Fermé 2-28 janvier, lundi, mardi midi, dimanche soir

ISSIGEAC

✉ 24560 (Dordogne) – Carte régionale n° **18**-C2
Carte Michelin 329-E7 – Guide Vert Michelin Périgord Quercy

L'Atelier N

CUISINE MODERNE • **COSY** XX Aux portes de la cité médiévale, ce restaurant cosy aux notes rustiques a été repris par Fabrice Rodot (fils du chef du Relais de l'Ancienne Gare, situé à deux pas), et sa compagne Victoria Calvert, responsable de salle. On apprécie cette cuisine dans l'air du temps, qui privilégie les produits du terroir local et de saison. A déguster, l'été venu, sur l'agréable terrasse.

Menu 19 € (déjeuner), 32/55 € – Carte 32/42 €

Tour de Ville – ✆ 05 53 23 49 78 – www.latelierissigeac.fr – Fermé 18 février-8 mars, mardi, mercredi

La Brucelière

CUISINE MODERNE • **AUBERGE** XX Avec ses murs en moellons et son mobilier en bois, sa vaisselle et sa poterie achetées au village, cette authentique auberge de campagne ne manque pas de charme. Le chef met un point d'honneur à cuisiner des produits frais à travers des recettes simples et bonnes. Jolie terrasse sur le jardin, à l'arrière.

Menu 31/35 €

place de la Capelle – ✆ 05 53 73 89 61 – www.labruceliere.com – Fermé 16 février-10 mars, 30 juin-14 juillet, 20 octobre-10 novembre, mardi, mercredi

Le Relais de l'Ancienne Gare

CUISINE TRADITIONNELLE • **AUBERGE** X À la circonférence de cette jolie cité médiévale recroquevillée autour de son église gothique, le type même de la bonne petite adresse de campagne. Un décor "ferroviaire" (fresques murales, collection de trains miniatures et maquettes, photos anciennes), une cuisine traditionnelle, franche et généreuse. De plus, les prix sont raisonnables et l'engagement des patrons évident.

Menu 19 € (déjeuner), 29/47 € – Carte 35/55 €

route d'Eymet – ✆ 05 53 58 70 29 – www.relais-anciennegare.com – Fermé 3 janvier-1er février, 29 juin-7 juillet, lundi midi, jeudi, dimanche soir

ISSOIRE

✉ 63500 (Puy-de-Dôme) – Carte régionale n° **1**-B2
Carte Michelin 326-G9 – Guide Vert Michelin Auvergne

L'Atelier Yssoirien (Dorian Van Bronkhorst)

CUISINE MODERNE • **BRANCHÉ** XX Cet Atelier sait vivre avec son temps ! Il dévoile à ses clients un intérieur spacieux, ainsi qu'une déco "nature" avec tables en bois brut et lumière naturelle. Le jeune chef décline de belles assiettes goûteuses, aussi précises dans les saveurs que dans les textures et les cuissons ; le tout est servi par une jeune équipe à la bonne humeur communicative.

→ Cappuccino de girolles, pomme de terre, vanille et café. Cœur de ris de veau au sautoir, cèpes et sarriette. Chocolat grand cru, framboises et glace au poivron

Menu 30 € (déjeuner), 54/120 € – Carte 55/75 €

23 boulevard Triozon-Bayle – ✆ 04 73 89 44 47 – www.atelier-yssoirien.com – Fermé 1er-8 janvier, 17 août-3 septembre, lundi, dimanche

Le P'tit Roseau

CUISINE MODERNE • CONVIVIAL X L'emplacement face à la gare n'est pas le plus glamour qui soit… mais il est largement compensé par la cuisine enthousiasmante de Jérémy Bonhivers. Préparations fines et goûteuses, utilisation judicieuse de fleurs, herbes aromatiques et jeunes pousses : de quoi passer un super moment.

Menu 18 € (déjeuner)/33 €

2 avenue de la Gare – ✆ 04 73 89 09 17 – www.lepetitreoseau.fr – Fermé 1er-15 janvier, 29 avril-9 mai, 25 août-11 septembre, lundi, mardi, dimanche soir

La Table d'Arthur

CUISINE MODERNE • BISTRO X Ce bistrot contemporain du cœur de la vieille ville, tout proche de l'abbatiale Saint-Austremoine, propose une cuisine actuelle de bon aloi, à déguster sur la petite terrasse, aux beaux jours…

Menu 18 € (déjeuner), 32/70 € – Carte 45/65 €

35 rue Saint-Antoine – ✆ 04 73 54 95 06 – www.tabledarthur.com – Fermé 2-6 janvier, 5-25 septembre, lundi, jeudi soir, dimanche soir

Le Pariou

BUSINESS • FONCTIONNEL Cet hôtel-restaurant se révèle le lieu idéal pour une étape dans cette localité connue pour abriter l'un des joyaux de l'art roman auvergnat, l'abbatiale St-Austremoine. Les chambres sont réparties entre la bâtisse d'origine de 1950, et l'annexe, sur l'arrière, côté jardin et piscine.

54 chambres – 65/100 € – 11 €

18 boulevard Kennedy, 1 km au Nord – ✆ 04 73 55 90 37 – www.hotel-pariou.com – Fermé 21 décembre-6 janvier

au Broc 8 km au Sud par D32 et D718 – ✉ 63500

Origines

CUISINE MODERNE • CONTEMPORAIN XXX Adrien Descouls, ex-Top Chef, a pris ses quartiers dans ce bâtiment moderne, perché juste à côté du château du 14e s. Sur ces hauteurs, il met en valeur le terroir local avec des assiettes épurées, résolument modernes. Pour l'étape, de belles chambres confortables avec vue sur les environs.

Menu 28 € (déjeuner), 56/90 € – Carte 73/88 €

Rue du Clos-de-la-Chaux – ✆ 04 73 71 71 71 – www.restaurant-origines.fr – Fermé 18 février-10 mars, 2-15 septembre, lundi, mardi, dimanche soir

à Perrier 5 km à L'Ouest par D996 – ✉ 63500

La Cour Carrée

CUISINE MODERNE • INTIME XX Cette ancienne maison de vigneron s'ouvre sur… une cour carrée ! Le chef met le savoir-faire des petits producteurs en avant et signe une jolie cuisine du marché. Chambres élégantes et confortables où dominent le bois et la pierre.

Menu 34/40 €

17 avenue du Tramot – ✆ 04 73 55 15 55 – www.cour-carree.com – Fermé 1er-25 janvier, 1er-20 novembre, lundi, mardi midi, mercredi midi, jeudi midi, vendredi midi, samedi midi, dimanche

à Sarpoil 10 km au Sud-Est par D999 – ✉ 63490

La Bergerie

CUISINE MODERNE • CLASSIQUE XXX Marie et Marc-Antoine Ichambe ont repris le flambeau de cette Bergerie, où ils proposent une cuisine moderne, dans un cadre rustique et campagnard.

Menu 25 € (déjeuner), 38/79 € – Carte 46/65 €

✆ 04 73 71 02 54 – www.labergeriedesarpoil.com – Fermé mardi, mercredi, dimanche soir

à Sauxillanges 12 km à l'Est par D996 - ✉ 63490

La Table St-Martin

CUISINE MODERNE • COSY Anciennement "Restaurant de la Mairie", cette Table Saint-Martin propose une goûteuse cuisine au goût du jour, rythmée par les saisons. Produits de qualité, préparations maîtrisées, et saveurs marquées : on passe ici un fort agréable moment.

Menu 24 € (déjeuner), 36/50 € - Carte 36/62 €

17 place Saint-Martin - ✆ 04 73 96 80 32 - www.latable-stmartin.com - Fermé mardi soir, mercredi, dimanche soir

ISSOUDUN

✉ 36100 (Indre) - Carte régionale n° **8**-C3

Carte Michelin 323-H5 - Guide Vert Michelin Limousin Berry

La Cognette

CUISINE CLASSIQUE • ÉLÉGANT Dans *La Rabouilleuse*, Balzac évoque La Cognette, qui le lui rend bien. Ce joli boudoir, tout à la gloire du grand écrivain, célèbre aussi le classicisme culinaire, les plats du terroir. Sympathique menu "Instant" sur lequel le chef improvise tous les jours, au gré du marché. Tout un roman !

Menu 39/98 €

boulevard Stalingrad - ✆ 02 54 03 59 59 - www.la-cognette.com - Fermé 7-28 janvier, 4-11 mai, lundi, mardi midi, dimanche soir

La Cognette

FAMILIAL • PERSONNALISÉ Répondants aux noms de Lamartine, Napoléon, Liszt, etc., les chambres de ce charmant hôtel, souvent de plain-pied sur le jardin, ne manquent pas de style ! Dans l'annexe, elles sont plus simples et plus contemporaines, mais tout aussi agréables...

16 chambres - 85/150 € - 3 suites - 15 €

rue des Minimes - ✆ 02 54 03 59 59 - www.la-cognette.com - Fermé 1er-25 janvier

La Cognette - voir la sélection des restaurants

Les 3 Rois

TRADITIONNEL • COSY Cet hôtel-restaurant du centre-ville, créé au 19e s., a été entièrement rénové ces dernières années sous l'impulsion de ses nouveaux propriétaires. Les chambres, contemporaines et cosy, sont décorées par thème : Chalet, Nature... Cuisine de tradition au restaurant.

13 chambres - 80/110 € - 10 €

3 rue Pierre-Brossolette - ✆ 02 54 21 00 65 - www.les3rois.fr - Fermé 9-25 février

à St-Valentin 11 km à l'Ouest par D8 et D12 - ✉ 36100

Au 14 Février

CUISINE MODERNE • ÉLÉGANT Au cœur du "village des amoureux", une vraie surprise que cette table tenue par... toute une équipe japonaise. Les saveurs nipponnes et françaises se mêlent avec art : un mariage très réussi, un amour de cuisine fusion ! Quant au cadre, raffiné, et au charmant service, ils se prêtent à un dîner... à deux.

→ Foie gras de canard poêlé du Périgord. Homard bleu de Bretagne flambé au cognac. Dôme de chocolat blanc

Menu 48/92 €

2 rue du Portail - ✆ 02 54 03 04 96 - www.sv-au14fevrier.com - Fermé lundi, mardi, mercredi, jeudi midi, dimanche soir

IS-SUR-TILLE

21120 (Côte-d'Or) – Carte régionale n° **5**-C2
Carte Michelin 320-K4

Auberge Côté Rivière

CUISINE TRADITIONNELLE • **RUSTIQUE** XX Cette grange à houblon n'a rien perdu de son cachet d'antan... Selon la saison, on aime se réchauffer près de la belle cheminée ou prendre le frais dans le joli parc. Le chef mitonne de bons plats traditionnels : cassolette d'escargots au vin rouge ; pigeon, foie gras poêlé, pomme mousseline et truffe de Bourgogne...

Menu 21 € (déjeuner)/30 € – Carte 50/60 €

3 rue des Capucins – 03 80 95 65 40 – www.auberge-cote-riviere.com – Fermé 24 décembre-15 janvier, lundi, dimanche soir

Auberge Côté Rivière

TRADITIONNEL • **PERSONNALISÉ** On enjambe la Tille pour entrer dans cette charmante maison bourgeoise entourée d'un grand parc. Les chambres se révèlent claires et accueillantes, les plus grandes d'entre elles pouvant accueillir des familles. Au petit-déjeuner, une douce surprise : pain, croissants et confitures sont fait maison !

10 chambres – 85/135 € – 12 €

3 rue des Capucins – 03 80 95 65 40 – www.auberge-cote-riviere.com – Fermé 24 décembre-15 janvier

Auberge Côté Rivière – voir la sélection des restaurants

ISSY-LES-MOULINEAUX – 92 (Hauts-de-Seine) → voir Autour de Paris

ISTRES

13800 (Bouches-du-Rhône) – Carte régionale n° **24**-A3
Carte Michelin 340-E5 – Guide Vert Michelin Provence

Le N°7 by Gaëlle et Sylvain Devaux

CUISINE MODERNE • **INTIME** XX Au cœur d'Istres, une agréable terrasse sous les platanes ! Le chef concocte une cuisine voyageuse où les épices parlent de goûts lointains... et où les ingrédients émanent directement des petits producteurs locaux. Décor contemporain.

Menu 24 € (déjeuner), 43/67 €

7 avenue Hélène-Boucher – 04 90 55 25 30 – Fermé lundi, dimanche

ITTERSWILLER

67140 (Bas-Rhin) – Carte régionale n° **10**-C1
Carte Michelin 315-I6

Winstub Arnold

CUISINE ALSACIENNE • **WINSTUB** XX Cette winstub met à l'honneur les "elsässische spezialitäten" : kougelhopf, choucroute et tant de plats régionaux ! Soulevez donc le couvercle en fonte qui protège le baeckeofe servi en cocotte...

Menu 23 € (déjeuner), 30/38 € – Carte 30/60 €

Arnold, 98 route des Vins – 03 88 85 50 58 – www.hotel-arnold.com

Arnold

TRADITIONNEL • **COSY** Sur la route des vins, deux bâtisses à colombages dans un village de carte postale ! Le panorama est superbe : la plupart des chambres dominent le vignoble, les villages de la plaine d'Alsace et la Forêt-Noire... Décor chaleureux et agréable espace bien-être (bassin de nage, hammam, sauna).

36 chambres – 72/149 € – 1 suite – 13 €

98 route des Vins – 03 88 85 50 58 – www.hotel-arnold.com

Winstub Arnold – voir la sélection des restaurants

ITXASSOU

64250 (Pyrénées-Atlantiques) – Carte régionale n° **18**-A3
Carte Michelin 342-D5 – Guide Vert Michelin Pays Basque et Navarre

Haraneko Borda

CUISINE RÉGIONALE • CHAMPÊTRE X Jambon maison persillé, boudin au piment d'Espelette, pieds de cochon ravigote, porc Kintoa grillé... Le Pays basque est ici la langue dominante : tous les ingrédients de la carte sont produits sur place ou dans les fermes avoisinantes (10 km maximum !), et révélés dans des assiettes aussi simples que réjouissantes.

Carte 30/45 €

3 rue Gerastoko-Bidéa, à Basaburu – ✆ 05 59 15 09 68 – Fermé 1er janvier-28 février, lundi, mardi, mercredi, jeudi

Restaurant du Fronton

CUISINE TRADITIONNELLE • RUSTIQUE X Comme la pelote semble aimantée par la *chistera* (le gant en paille des joueurs), le jeune chef, Benat Bonnet, a naturellement rejoint l'établissement familial – 3e génération – après avoir fait ses classes dans plusieurs établissements de renom. Les produits locaux y sont à la fête, comme avec cet agneau rôti, pastilla d'épaule et jus au thym...

Menu 25/35 € – Carte 44/53 €

Hôtel du Fronton, place du Fronton – ✆ 05 59 29 75 10 – www.hotelrestaurantfronton.com – Fermé 1er janvier-15 février, 11-18 novembre, mercredi

Hôtel du Fronton

FAMILIAL • CONTEMPORAIN Une maison adossée au fronton de pelote du village, avec les monts d'Itxassou en ligne de mire : quelle meilleure situation pour profiter de l'identité de la région ? Les chambres, modernes, conservent une touche basque appréciable ; préférez celles de l'annexe.

30 chambres – 75/140 € – 9 €

place du Fronton – ✆ 05 59 29 75 10 – www.hotelrestaurantfronton.com – Fermé 1er janvier-15 février, 12-18 novembre

Restaurant du Fronton – voir la sélection des restaurants

Txistulari

FAMILIAL • FONCTIONNEL L'hôtel est tout proche de la petite route conduisant au Pas de Roland ; il jouit d'un environnement calme et de chambres tenues avec soin. Cuisine traditionnelle au restaurant.

22 chambres – 50/87 € – 9 €

route d'Errobi, D249 – ✆ 05 59 29 75 09 – www.txistulari.fr – Fermé 2-10 mars, 15 décembre-7 janvier

JARNAC

✉ 16200 (Charente) – Carte régionale n° **20**-B3
Carte Michelin 324-I5 – Guide Vert Michelin Poitou-Charentes

Restaurant du Château

CUISINE MODERNE • BRASSERIE XX Des airs de brasserie chic et contemporaine au cœur de Jarnac, ville natale et pays de cœur de François Mitterrand. On se délecte ici d'une cuisine du moment, fine et savoureuse, réalisée avec de beaux produits par un jeune chef plein d'allant.

Menu 25 € (déjeuner), 46/58 €

place du Château – ✆ 05 45 81 07 17 – www.restaurant-du-chateau.com – Fermé lundi, mercredi soir, dimanche soir

Ligaro

BOUTIQUE HÔTEL • ÉLÉGANT Juste en face de l'église St-Pierre, cette maison bourgeoise du 17e s. – l'une des plus vieilles de Jarnac – a été superbement rénovée, mêlant ancien et contemporain, ambiance feutrée et confort. Le tout d'une sobre élégance très séduisante !

10 chambres – 129/250 € – 16 €

7 Grand-Rue – ✆ 05 45 32 71 38 – www.hotel-ligaro.com

à Bassac 7 km au Sud-Est par N141 et D22 – ✉ 16120

L'Essille

CUISINE TRADITIONNELLE • CONVIVIAL XX A deux pas d'une abbaye bénédictine, se concocte une cuisine dans l'air du temps. On accède au restaurant par un beau salon agrémenté de bouteilles de cognac – près de 200 références, l'une des plus belles collections de la région ! Chambres spacieuses et pratiques.

Menu 19 € (déjeuner), 35/58 € – Carte 50/62 €

route de Conde – ✆ 05 45 81 94 13 – www.hotel-restaurant-essille.com – Fermé samedi midi, dimanche soir

à Bourg-Charente 6 km à l'Ouest par N141 et rte secondaire – ✉ 16200

La Ribaudière (Thierry Verrat)

CUISINE CRÉATIVE • DESIGN XXX Une grande villa contemporaine, avec un jardin qui descend en pente douce vers la Charente… La terrasse est superbe, la salle très originale – blanche et pop ! Dans le même ton, le chef signe une belle cuisine, où l'invention cultive le naturel. La force tranquille.

➜ Cuisses de grenouilles fraîches, escargots petits-gris, jus de cuisson et aïoli de persil plat. Truite fario de Gensac-la-Pallue fumée à chaud, safran charentais. Cognac du terroir à la barrique

Menu 50/112 € – Carte 85/115 €

2 place du Port – ✆ 05 45 81 30 54 – www.laribaudiere.com – Fermé 18 février-14 mars, 21 octobre-6 novembre, lundi, mardi midi, dimanche soir

LA JARRIE – 17 (Charente-Maritime) ➜ voir La Rochelle

JASSANS-RIOTTIER – 01 (Ain) ➜ voir Villefranche-sur-Saône

JAUSIERS – 04 (Alpes-de-Haute-Provence) ➜ voir Barcelonnette

JOIGNY

✉ 89300 (Yonne) – Carte régionale n° **5**-B1
Carte Michelin 319-D4 – Guide Vert Michelin Bourgogne

La Côte Saint-Jacques (Jean-Michel Lorain)

CUISINE MODERNE • ÉLÉGANT XXXX Qu'elle est belle, cette bâtisse postée sur les bords de l'Yonne ! Fondé par Marie Lorain en 1945, l'hôtel-restaurant a gagné ses lettres de noblesse sous l'impulsion de Michel, son fils. Il y décroche une première étoile en 1971, avant d'être rejoint par son propre fils, Jean-Michel.
C'est à ce chef humble et travailleur qu'on doit l'équilibre parfait qui règne ici : tradition d'un côté (boudin noir aux pommes et sa purée mousseline, côte de bœuf et macaronis farcis de foie gras et truffe), beaux éclairs d'inspiration de l'autre. Harmonie des saveurs, cuissons, assaisonnements : une belle partition gourmande rythmée par un service de grande qualité, efficace et proche du client.

➜ Huîtres spéciales en petite terrine océane. Bar de ligne légèrement fumé au caviar oscietre. Glace à la rose en tulipe croustillante et pétales de rose cristallisées

Menu 79 € (déjeuner), 168/238 € – Carte 125/220 €

14 Faubourg de Paris – ✆ 03 86 62 09 70 – www.cotesaintjacques.com – Fermé lundi, mardi midi

Le Rive Gauche

CUISINE MODERNE • CLASSIQUE XX Atout charme de cette maison contemporaine dirigée par Catherine Lorain, sœur de Jean-Michel : la terrasse face aux rives de l'Yonne, mais la salle offre également de belles échappées sur la verdure. La carte met à l'honneur les saveurs régionales et la créativité. Spécialité : escargots en persillade et gnocchis aux herbes.

Menu 33/54 € – Carte 45/55 €

rue du Port-au-Bois – ✆ 03 86 91 46 66 – www.hotel-le-rive-gauche.fr – Fermé dimanche soir

 La Côte Saint-Jacques

LUXE • PERSONNALISÉ Au bord de l'Yonne, cet hôtel luxueux offre de nombreux agréments : moments de détente à la piscine et au spa avec piscine couverte, hammam, sauna et jacuzzi ; sommeil réparateur dans des chambres raffinées, et beaux plaisirs gastronomiques...

21 chambres – 320/610 € – 1 suite – 29 €

14 Faubourg de Paris – 03 86 62 09 70 – www.cotesaintjacques.com

La Côte Saint-Jacques – voir la sélection des restaurants

 Le Rive Gauche

BUSINESS • FONCTIONNEL Sur la rive gauche de l'Yonne, cet établissement construit dans les années 1990 propose des chambres spacieuses, bien équipées et lumineuses, toutes rénovées dans un style contemporain. Le tout au sein d'un grand parc avec plan d'eau...

42 chambres – 98/148 € – 14 €

rue du port-au bois – 03 86 91 46 66 – www.hotel-le-rive-gauche.fr

Le Rive Gauche – voir la sélection des restaurants

JONGIEUX

73170 (Savoie) – Carte régionale n° **2**-C1
Carte Michelin 333-H3

Les Morainières (Michaël Arnoult)

CUISINE CRÉATIVE • ROMANTIQUE Originaire d'Orléans, Mickaël Arnoult préfère à la monotonie de la plaine le frisson sauvage de la montagne. Après quatre ans et demi passés à Megève au côté d'Emmanuel Renaut, il décide en 2005 de reprendre l'auberge des Morainières : un vrai petit paradis, qui domine le coteau planté de vignes et la vallée du Rhône.

Le credo du chef ? La fraîcheur du produit et le respect de celui ou celle qui l'a fait grandir. Choisir les producteurs locaux, les connaître, travailler de concert avec eux : une priorité. "Une fois que l'on a cette dimension affective, explique-t-il, on ne cuisine pas le produit de la même façon."

On retrouve cette exigence dans l'assiette. Que ce soit une pièce de gibier (cerf, par exemple), des asperges vertes, un agneau de lait, une truite ou encore de la féra, la qualité des produits est irréprochable. Le talent du chef fait le reste : ses assiettes sont savamment construites, riches en idées fertiles, souvent surprenantes : plus que jamais, les Morainières valent le détour.

→ Féra du lac Léman cuite au sel, petit pois, citron et mélisse. Pigeon de Bresse légèrement fumé, mûres sauvages, girolles et marjolaine. Lait bio de nos fermes environnantes, épeautre et vanille

Menu 55 € (déjeuner), 110/165 €

route de Marétel – 04 79 44 09 39 – www.les-morainieres.com – Fermé 27 mai-2 juin, 28 octobre-3 novembre, 26 décembre-18 janvier, lundi, mardi

 Château de la Mar 

DEMEURE HISTORIQUE • PERSONNALISÉ Des chambres confortables et décorées avec soin – portant les noms de cépages locaux –, un mobilier d'époque (Louis XIII et Louis XV), des plafonds à la française, un jacuzzi dans les vignes, une belle piscine : voilà ce qui vous attend dans ce superbe petit château datant de 1244... et qui cache bien son âge !

5 chambres – 230/300 €

Aimavigne – 06 26 56 99 33 – www.chateau-de-la-mar.fr – Fermé 1er octobre-15 mars

Petit déjeuner compris ? La tasse suit directement le nombre de chambres.

JOSSELIN

✉ 56120 (Morbihan) – Carte régionale n° **7**–C2
Carte Michelin 308-P7 – Guide Vert Michelin Bretagne Sud

Hôtel du Château

AUBERGE • CONTEMPORAIN Cet hôtel-restaurant des bords de l'Oust, créé en 1958, fait face au château des Rohan. Les chambres sont simples et bien tenues, et la moitié d'entre elles donne sur les puissantes murailles. Cuisine traditionnelle dans une salle d'esprit médiéval ou sur la terrasse tournée vers la forteresse.

35 chambres – 91/120 € – 11 €

1 rue du Général-de-Gaulle – 02 97 22 20 11 – www.hotel-chateau.com – Fermé 23 novembre-4 janvier

JOUCAS

✉ 84220 (Vaucluse) – Carte régionale n° **25**–E1
Carte Michelin 332-E10

Xavier Mathieu

CUISINE CRÉATIVE • MÉDITERRANÉEN XXX Grandi à Marseille, Xavier Mathieu a la Provence chevillée au corps. Recherche, technique, précision… mais surtout sens des saveurs et inspiration : chaque plat est une variation sur les origines. À découvrir dans le cadre privilégié d'une luxueuse bastide dans la garrigue.

→ Soupe au pistou. Agneau étouffé au sable chaud d'haricots blancs. Soufflé au miel et hydromel

Menu 80/170 € – Carte 115/205 €

Hostellerie Le Phébus & Spa, route de Murs – 04 90 05 78 83 – www.lephebus.com – Fermé 11 novembre-14 mars, mardi midi, mercredi midi, jeudi midi

La Table du Mas

CUISINE MODERNE • ÉLÉGANT XXX Bar grillé, artichaut barigoule et truffe d'été : ici, on cuisine la Provence d'une jolie façon. L'âme méditerranéenne plane sur les assiettes, comme sur la grande terrasse ouverte sur la campagne.

Menu 69/98 € – Carte 85/95 €

Le Mas des Herbes Blanches, Lieu-dit-Toron, 2,5 km route de Murs – 04 90 05 79 79 – www.herbesblanches.com – Fermé 1er janvier-18 avril, lundi midi, mardi midi, mercredi midi, jeudi midi, vendredi midi, samedi midi, dimanche midi

Le Café de la Fontaine

CUISINE PROVENÇALE • RÉGIONAL X La carte de ce Café joue une partition traditionnelle aux influences méditerranéennes : volaille rôtie au citron, tarte aux fruits du marché, etc. Aux beaux jours, le service est assuré sur la terrasse où trône une… fontaine ; par mauvais temps, retour dans les salons de l'hôtel !

Menu 30 € (déjeuner) – Carte 45/75 €

Hostellerie Le Phébus & Spa, route de Murs – 04 90 05 78 83 – www.lephebus.com – Fermé 27 octobre-1er mai, lundi soir, mardi soir, mercredi soir, jeudi soir, vendredi soir, samedi soir, dimanche soir

Le Mas des Herbes Blanches

LUXE • TENDANCE Une architecture tout en pierres sèches, l'ombre des oliviers sous le soleil du Sud, une superbe piscine… et surtout un panorama grandiose sur la vallée du Luberon. Adossé au plateau de Vaucluse, ce mas est un sommet de Provence !

33 chambres – 209/549 € – 15 suites – 26 €

lieu-dit Toron, 2,5 km route de Murs – 04 90 05 79 79 – www.herbesblanches.com – Fermé 31 octobre-19 avril

La Table du Mas – voir la sélection des restaurants

Hostellerie Le Phébus & Spa

LUXE • CLASSIQUE Phébus... l'autre nom d'Apollon – et ce séjour que le dieu de la Beauté n'aurait sans doute pas renié ! Nichée dans la verdure, cette demeure provençale domine le Luberon ; la plupart des chambres jouissent d'un balcon, d'une terrasse voire d'une minipiscine privée. Si loin du monde des hommes...

17 chambres – 230/410 € – 12 suites – 30 €

route de Murs – ✆ 04 90 05 78 83 – www.lephebus.com – Fermé 18 novembre-14 mars

✿ **Xavier Mathieu** • **Le Café de la Fontaine** – voir la sélection des restaurants

JOUILLAT

✉ 23220 (Creuse) – Carte régionale n° **19**–C1

Carte Michelin 325-I3 – Guide Vert Michelin Limousin Berry

La Maison Verte

MAISON DE CAMPAGNE • CONTEMPORAIN Isolée en pleine verdure, cette ferme du 19e s. ne pourrait être plus au calme ! Jardin, potager, piscine, grandes chambres au décor soigné préservant l'âme des lieux et cuisine traditionnelle préparée par le propriétaire : on se sent bien.

4 chambres – 90/150 €

2 Lombarteix, 2 km au Nord par D940 et rte secondaire – ✆ 05 55 51 93 34 – www.chambres-hotes-creuse.com

JOUX

✉ 69170 (Rhône) – Carte régionale n° **2**–A1

Carte Michelin 327-F4

Le Tilia

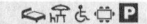

CUISINE TRADITIONNELLE • AUBERGE XX Tilia ? C'est le nom latin du... tilleul, dont un spécimen quadri-centenaire trône en face du restaurant. Le chef, qui a notamment travaillé à Boston et en Australie, met en valeur les herbes de son potager et perpétue la tradition lyonnaise : pigeon en habit vert, cannelloni de foie gras aux truffes...

Menu 28/80 € – Carte 50/75 €

place du Plaisir – ✆ 04 74 05 19 46 – www.letilia.com – Fermé 2-15 janvier, 19 août-5 septembre, lundi, mardi, dimanche soir

JOUY

✉ 28300 (Eure-et-Loir) – Carte régionale n° **8**–B1

Carte Michelin 311-F4

La Parenthèse

CUISINE TRADITIONNELLE • AUBERGE X Au cœur du village de Jouy, un jeune couple a transformé cette longère en un agréable restaurant. Le chef nous régale d'assiettes goûteuses et précises – il affectionne notamment les cuissons à basse température –, avec des desserts très aboutis. Il ressort de cette maison une impression générale de sérieux et de savoir-faire : c'est tout bon !

Menu 25/37 € – Carte 38/45 €

10 place de l'Eglise – ✆ 02 37 32 41 26 – Fermé 16 février-3 mars, 29 juillet-22 août, lundi, mardi, dimanche soir

JOYEUSE

✉ 07260 (Ardèche) – Carte régionale n° **2**–A3

Carte Michelin 331-H7 – Guide Vert Michelin Ardèche Drôme

La Maison de Nany (N)

CUISINE MODERNE • COSY X On franchit une volée de marches pavées, dans ce petit centre-ville joliment préservé, pour rejoindre le repaire de Nany : une trentaine de places assises, quelques objets chinés... et bien sûr la cuisine de la chef, simple et maîtrisée, renouvelée chaque semaine et proposée à prix doux. On aurait tort de se priver.

Carte 38/48 €

6 place de la Peyre – ✆ 06 26 59 53 37 – Fermé 16 décembre-13 février, lundi, mardi

JUAN-LES-PINS

✉ 06160 (Alpes-Maritimes) – Carte régionale n° **25**-E2
Carte Michelin 341-D6 – Guide Vert Michelin Côte d'Azur

La Passagère

CUISINE CRÉATIVE • LUXE XXX Une cuisine élégante, qui met en valeur les mille et une pépites du terroir méditerranéen, une finesse et un raffinement de tous les instants, une exécution sans faille... On se délecte de ces créations sur la terrasse, en profitant de l'exceptionnelle vue sur la mer et l'Esterel.

→ Esquinado en raviole ouverte, caviar et écume au romarin. Rouget brûlé à la flamme comme un "boui-abaisso", consommé de roche. Citron du jardin en soufflé minute, sorbet kalamansi

Menu 55 € (déjeuner), 95/130 € – Carte 95/118 €

Belles Rives, 33 boulevard Édouard-Baudoin – ✆ 04 93 61 02 79 – www.bellesrives.com – Fermé 2 janvier-8 mars, lundi midi, mardi midi

Bistrot Terrasse

CUISINE MODERNE • CONTEMPORAIN XX Ce bistrot chic joue la carte des belles saveurs méditerranéennes (filet de dorade rôti, ravioles de bœuf à la sauge...). Jolie vitrine de pâtisseries et menu "détox" conçu avec une naturopathe. Agréable terrasse entourée de palmiers.

Menu 23 € (déjeuner)/39 € – Carte 46/66 €

Juana, 19 avenue G.-Gallice – ✆ 04 93 61 08 70 – www.hotel-juana.com – Fermé 20 octobre-28 décembre, mercredi midi

Belles Rives

LUXE • ART DÉCO Un petit joyau Art déco où vécut Francis Scott Fitzgerald. Bar d'époque classé, chambres joliment décorées (mobilier 1930) – préférez celles côté mer –, restaurant de charme, ponton et plage privés... Élégance et nostalgie.

38 chambres – 130/3000 € – 5 suites – 32 €

33 boulevard Édouard-Baudoin – ✆ 04 93 61 02 79 – www.bellesrives.com – Fermé 2 janvier-8 mars

La Passagère – voir la sélection des restaurants

Juana

LUXE • ART DÉCO Luxueux hôtel des années 1930 où l'on sait cultiver l'art de recevoir. Jolies chambres Art déco, équipements haut de gamme, belle piscine et, pour l'anecdote, magnifique ascenseur en bois... Le charme fou de la French Riviera !

37 chambres – 140/1300 € – 3 suites – 27 €

19 avenue G.-Gallice – ✆ 04 93 61 08 70 – www.hotel-juana.com – Fermé 20 octobre-28 décembre

Bistrot Terrasse – voir la sélection des restaurants

La Villa Cap d'Antibes

BOUTIQUE HÔTEL • CONTEMPORAIN Le jardin de cette grande villa 1900 est ravissant avec ses palmiers et ses oliviers. Mais il y a aussi la jolie piscine, l'accueil délicieux, ces chambres à la fois sobres et élégantes, le bar et le salon d'esprit balinais où il fait bon musarder... Un bel endroit, au calme.

26 chambres – 99/455 € – 19 €

23 avenue Saramartel – ✆ 04 92 93 48 00 – www.hotel-villa-juan.com – Fermé 4 novembre-10 mars

Ste-Valérie

FAMILIAL • PERSONNALISÉ De belles villas made in Méditerranée ! Les chambres, au nom de fleurs, sont toutes différentes (méridionales, modernes ou joliment rétro) et donnent sur le jardin luxuriant et sa petite piscine. Accueil sympathique.

24 chambres – 180/330 € – 4 suites – 20 €

rue de l'Oratoire – ✆ 04 93 61 07 15 – www.hotel-sainte-valerie.fr – Fermé 10 octobre-18 avril

Mademoiselle

BOUTIQUE HÔTEL • PERSONNALISÉ Gold, Afrique, nuages, relais de chasse, romantique, sous-bois scandinave... Un cadavre exquis ? Non, simplement les thèmes des chambres de cet hôtel atypique, situé au cœur de la ville. Rêverie et enchantement sont au programme !

14 chambres – 80/180 € – 13 €

12 avenue Docteur-Dautheville – 04 93 61 31 34 – www.hotelmademoisellejuan.com

JUGY – 71 (Saône-et-Loire) ➔ voir Tournus

JUIGNÉ-SUR-LOIRE – 49 (Maine-et-Loire) ➔ voir Angers

JULIÉNAS

69840 (Rhône) – Carte régionale n° **3**-E1

Carte Michelin 327-H2 – Guide Vert Michelin Lyon et sa région

Chez la Rose

FAMILIAL • COSY Un agréable hôtel, avec une jolie terrasse et une petite piscine. Les chambres ont fait l'objet d'une rénovation complète ; certaines affichent même un décor tendance ! Au restaurant, les spécialités de la région sont à l'honneur. Une bonne étape dans ce village viticole du Beaujolais.

11 chambres – 69/150 € – 4 suites – 12 €

place du Marché – 04 74 04 41 20 – www.chez-la-rose.fr – Fermé 26 décembre-26 mars

Les Vignes

FAMILIAL • FONCTIONNEL Un agréable petit hôtel implanté au cœur des vignes, à flanc de coteau ! L'accueil y est aimable, les chambres soignées et aux prix doux, et la terrasse parfaite pour prendre le petit-déjeuner aux beaux jours...

22 chambres – 69/89 € – 10 €

à 0,5 km par route de St-Amour – 04 74 04 43 70 – www.hoteldesvignes.com – Fermé 10 décembre-15 février

JULLIÉ

69840 (Rhône) – Carte régionale n° **3**-E1

Carte Michelin 327-H2

Domaine de la Chapelle de Vâtre

FAMILIAL • À LA CAMPAGNE Au sommet d'une colline couverte de vignes, ce beau domaine viticole beaujolais domine la plaine de la Saône. Les propriétaires, d'origine britannique, ont su marier avec goût et simplicité le style contemporain et les vieilles pierres. Au programme : piscine à débordement et découverte des chais...

3 chambres – 85/115 €

Le Bourbon, 2 km au Sud par D68 et D68e – 04 74 04 43 57 – www.vatre.com – Fermé 21 décembre-4 janvier

JUMIÈGES

76480 (Seine-Maritime) – Carte régionale n° **17**-C2

Carte Michelin 304-E5 – Guide Vert Michelin Normandie Vallée de la Seine

L'Auberge des Ruines

CUISINE MODERNE • COSY XX Le sympathique chef revisite le terroir normand avec enthousiasme : truite de Saint-Wandrille, barbue aux orties et rhubarbe, soufflé à la bénédictine... Il y a du travail et du soin dans ces assiettes, les herbes sauvages sont de la partie (Marc Veyrat n'y trouverait rien à redire !), on se régale dans un décor feutré où sont exposées quelques toiles. Délicieux.

Menu 33/55 € – Carte 38/48 €

17 place de la Mairie – 02 35 37 24 05 – www.auberge-des-ruines.fr – Fermé 28 octobre-30 avril, mercredi, jeudi, dimanche soir

 **Domaine Le Clos des Fontaines** 

SPA ET BIEN-ÊTRE • PERSONNALISÉ Entre la célèbre abbaye de Jumièges et la Seine, ces quatre magnifiques pavillons normands allient pierre, brique et colombages, au calme d'un grand jardin avec fontaine, piscine et spa... Les chambres, vastes et lumineuses, rendent hommage à des artistes (Monet, Corneille) ou des lieux (Normandie, Fez, Kyoto...). Belle adresse !

19 chambres – 89/299 € – 16 €

191 rue des Fontaines – 02 35 33 96 96 – www.leclosdesfontaines.com – Fermé 21 décembre-6 janvier

JUNGHOLTZ

68500 (Haut-Rhin) – Carte régionale n° **10**–A3

Carte Michelin 315-H9

 **Les Violettes**

LUXE • PERSONNALISÉ Dans un cadre verdoyant, une bâtisse imposante aux airs de chalet, dont les chambres et suites, d'esprit alsacien raffiné, se révèlent très confortables (moins cossues à la Gentilhommière). Superbe spa (avec espace fitness et grotte à sel), restaurant... Détente.

57 chambres – 189/449 € – 4 suites

rte de Thierenbach, 1 km à l'Ouest – 03 89 76 91 19 – www.les-violettes.com – Fermé 2-13 janvier

JUVIGNAC – 34 (Hérault) → voir Montpellier

JUVIGNY-SOUS-ANDAINE

61140 (Orne) – Carte régionale n° **17**–B3

Carte Michelin 310-F3 – Guide Vert Michelin Normandie Cotentin

Au Bon Accueil

CUISINE CRÉATIVE • AUBERGE XX L'enseigne ne ment pas ! Dans ce restaurant tenu par un jeune couple, on vous accueille à bras ouverts. Et si le cadre est classique, la cuisine bouscule les habitudes : le chef aime revisiter les recettes du terroir, en y apposant son style original et créatif... Pour prolonger le séjour, on profite de l'hôtel.

Menu 20/58 € – Carte 47/62 €

23 place St-Michel – 02 33 38 10 04 – www.aubonaccueil-normand.com – Fermé 2-11 janvier, 27 juin-7 juillet, lundi, dimanche soir

KATZENTHAL

68230 (Haut-Rhin) – Carte régionale n° **10**–C2

Carte Michelin 315-H8

À l'Agneau

CUISINE MODERNE • VINTAGE XX Cette jolie maison au décor typiquement alsacien est douce... comme un agneau. On y savoure une cuisine du marché et des spécialités régionales réalisées par un chef, Thierry Hohly, passé par de belles maisons. Le tout accompagné des vins du cru. Pour l'étape, des chambres actuelles joliment rénovées.

Menu 22 € (déjeuner), 28/53 € – Carte 33/61 €

16 Grand'Rue – 03 89 80 90 25 – www.agneau-katzenthal.com – Fermé 5-20 février, 30 juin-16 juillet, mardi, mercredi midi

Riou/SoFood/Photononstop

ON AIME...

Se régaler des grands classiques intemporels, choucroute, baeckeoffe, tarte à l'oignon, à la **Winstub de l'Hôtel Chambard**. Profiter des bons produits locaux (et souvent bio !) de **l'Alchémille**. Aller à la rencontre des bons crus régionaux au **Côté Vigne**, un bistrot de vignerons dans le village de Kientzheim...

KAYSERSBERG

✉ 68240 (Haut-Rhin) – Carte régionale n° **10**-C2
Carte Michelin 315-H8 – Guide Vert Michelin Alsace Vosges

Restaurants

✿✿ La Table d'Olivier Nasti

CUISINE MODERNE • TENDANCE XxX Ah, Kaysersberg ! Légèrement à l'écart de la route des vins, le petit village se dévoile entre deux vallons du vignoble alsacien... Là, impossible de rater la façade rouge du mythique hôtel Chambard, qui accueille la Table d'Olivier Nasti, Meilleur Ouvrier de France 2007.
Magnifier le terroir, réinjecter la tradition dans des assiettes créatives, visuelles, voire ludiques : tel est l'objectif poursuivi par le chef. Pour cela, tous les ingrédients sont bons ! Gibier, morilles des Vosges, agneau de l'Aveyron, anguille du Rhin, truffe ou encore turbot sauvage...
Il signe une carte éminemment personnelle, soucieuse des saisons, en portant une attention toute particulière aux sauces et décoctions. Le tout se déguste dans une salle élégante et moderne, entièrement réaménagée en 2018, toujours surplombée par des poutres alsaciennes centenaires. Dans le décor et dans l'assiette, passé et présent vont main dans la main...
→ Foie gras en neige. Œuf onctueux cuisiné au fil des saisons. Coque meringuée au chocolat
Menu 62 € (déjeuner), 142/198 € – Carte 140/215 €
Chambard, 9 rue du Général-de-Gaulle – ✆ 03 89 47 64 64 – www.lechambard.fr – Fermé 7 janvier-6 février, lundi, mardi midi, mercredi midi

✿ L'Alchémille (Jérôme Jaegle)

CUISINE MODERNE • TENDANCE X Jérôme Jaegle, chef alsacien au beau parcours a ouvert son propre restaurant sur ses terres. Son objectif : organiser la rencontre entre la technique culinaire et le végétal, en s'appuyant sur les producteurs locaux... à 100% ! Difficile de trouver plus locavore.
→ Cuisine du marché
Menu 32 € (déjeuner), 49/98 €
53 Route de Lapoutroie – ✆ 03 89 27 66 41 – www.lalchemille.fr – Fermé 11-25 février, 22 juillet-6 août, lundi, mardi, dimanche soir

La Vieille Forge

CUISINE TRADITIONNELLE • AUBERGE XX Dans un décor contemporain, frère et sœur cuisinent à quatre mains de bien jolies symphonies gastronomiques. Bavarois d'asperges, pointes d'asperges vertes, jambon cru ; terrine de viande, gelée au céleri et pomme verte etc. Frais et maîtrisé : courez-y !

Menu 31/68 € – Carte 50/75 €

1 rue des Ecoles – ✆ 03 89 47 17 51 – www.vieilleforge-kb.com – Fermé 7-22 janvier, 24 juin-9 juillet, lundi, mardi

Winstub

CUISINE ALSACIENNE • RUSTIQUE X La seconde table du Chambard, version winstub. Ici, Olivier Nasti revisite tout ce que le terroir alsacien peut offrir : baeckeoffe et choucroute, tarte à l'oignon, presskopf... Sans oublier cette délicieuse tête de veau et ses pommes de terre écrasées à la muscade : goûteux et généreux, une ode à la gourmandise ! Avec gibier, été comme hiver.

Menu 32 € – Carte 40/70 €

Chambard, 9 rue du Général-de-Gaulle – ✆ 03 89 47 10 17 – www.lechambard.fr – Fermé 7-31 janvier

Au Lion d'Or

CUISINE TRADITIONNELLE • CONVIVIAL X Cette maison de 1521, tenue par la même famille depuis 1724, a beaucoup de cachet, et l'on y déguste de savoureux plats traditionnels. De beaux produits et l'envie de bien faire : c'est bon ! L'hiver, on se réchauffe au coin de la cheminée. Menu végétarien.

Menu 26/38 € – Carte 25/52 €

66 rue du Général-de-Gaulle – ✆ 03 89 47 11 16 – www.auliondor.fr – Fermé 3-20 février, 27 mars-10 avril, 2-10 juillet, 16-23 octobre, mardi soir, mercredi

Flamme & Co

CUISINE ALSACIENNE • DESIGN X Une adresse où la tarte flambée est érigée en concept. Four à bois éclairé par des spots fluo, fauteuils zébrés... Et des créations telle que cette flammée foie gras et anguille fumée, ou encore ce pluma ibérique, chorizo, poivron et oignon rouge, mais aussi ces belles viandes maturées grillées au feu de bois.

Menu 26 € – Carte 29/47 €

Chambard, 9 rue du Général-de-Gaulle – ✆ 03 89 47 16 16 – www.flammeandco.fr – Fermé 7-31 janvier, mardi

Hôtels

Chambard

TRADITIONNEL • PERSONNALISÉ Véritable institution dans la cité, le Chambard a fière allure : derrière sa belle façade traditionnelle (18e s.) se cache un décor ultracontemporain, chic et tendance. Quant aux gourmands, ils ont le choix entre un restaurant de haute gastronomie ou une charmante winstub... et partout un très grand confort.

27 chambres – 224/372 € – 5 suites – 30 €

9 rue du Général-de-Gaulle – ✆ 03 89 47 10 17 – www.lechambard.fr – Fermé 7-31 janvier

La Table d'Olivier Nasti • **Winstub** **Flamme & Co** – voir la sélection des restaurants

Les Remparts et Les Terrasses

FAMILIAL • FONCTIONNEL Dans un quartier résidentiel calme, un hôtel familial où le sens de l'accueil n'est pas un vain mot. Les chambres sont fonctionnelles et assez spacieuses, la plupart avec un joli balcon fleuri en saison ; au petit-déjeuner, on se régale de bons produits locaux. De quoi se sentir à la maison !

40 chambres – 69/99 € – 11 €

4 rue Flieh – ✆ 03 89 47 12 12 – www.lesremparts.com

à Kientzheim 3 km à l'Est par D28 – ✉ 68240

Côté Vigne

CUISINE MODERNE • RÉGIONAL XX Maison à colombage du 16^{e}s. siècle, située face à une belle fontaine en pierre rouge, mobilier contemporain, vins bio du domaine familial et cuisine alsacienne du marché, le tout tenu par un jeune couple charmant. Et même une petite terrasse, installée aux beaux jours.

Menu 17 € (déjeuner), 29/46 € – Carte 38/58 €

30 Grand-Rue – ✆ 03 89 22 14 13 – www.cote-vigne.fr – Fermé lundi, samedi midi, dimanche soir

Hostellerie Schwendi

CUISINE TRADITIONNELLE • RUSTIQUE XX Envie d'un cadre original ? Rendez-vous dans ce restaurant où l'on dîne dans l'ancienne cave à vin de l'auberge. Gratin de poissons, langoustines au coulis de langoustines : ici, le chef privilégie le meilleur de la gastronomie régionale. En été, on se régale sur la place. Pittoresque à souhait !

Menu 35/55 € – Carte 34/58 €

2 place Schwendi – ✆ 03 89 47 30 50 – www.schwendi.fr – Fermé 1er janvier-15 mars, mardi midi, mercredi, jeudi midi

L'Abbaye d'Alspach

FAMILIAL • PERSONNALISÉ Faire étape dans ce couvent du 11e s. sera l'occasion de découvrir une charmante bourgade médiévale et de profiter du style rustique et cossu d'un hôtel familial. De surcroît, le petit-déjeuner fait la part belle aux produits locaux !

31 chambres – 107/158 € – 5 suites – ☕ 13 €

2 Rue du Maréchal Foch – ✆ 03 89 47 16 00 – www.hotel-abbaye-alspach.com – Fermé 5 janvier-15 mars

Hostellerie Schwendi

FAMILIAL • COSY Cette grande maison à pans de bois a vraiment bonne mine sur la petite place du village. L'ambiance est familiale et l'on se sent bien dans ses chambres rustiques et pimpantes. L'annexe "La maison Germaine" est tout aussi agréable.

29 chambres – 89/120 € – ☕ 12 €

2 place Schwendi – ✆ 03 89 47 30 50 – www.schwendi.fr – Fermé 1er janvier-15 mars

Hostellerie Schwendi – voir la sélection des restaurants

KEMBS-LOÉCHLÉ

✉ 68680 (Haut-Rhin) – Carte régionale n° **10**-B3
Carte Michelin 315-J11

Les Écluses

CUISINE TRADITIONNELLE • CONVIVIAL XX Non loin du canal de Huningue et de la "Petite Camargue" alsacienne, on déguste une cuisine traditionnelle qui fait la part belle au poisson, dans une atmosphère chaleureuse et familiale.

Menu 17/39 € – Carte 34/54 €

8 rue de Rosenau – ✆ 03 89 48 37 77 – www.lesecluses.fr – Fermé 2-10 janvier, 25 février-7 mars, 16 septembre-3 octobre, lundi, jeudi soir, dimanche soir

Le Petit Kembs

CUISINE MODERNE • COSY X Cette jolie maison de village à colombages abrite un intérieur cosy et chaleureux, à l'image des propriétaires des lieux. Dans l'assiette, une trilogie de foie gras, un filet de mignon de veau aux pétales de munster et lard grillé, ou encore un truffon pailleté et chocolat amer... Tout est fait maison : on se régale !

Menu 22 € (déjeuner), 30/56 € – Carte 60/65 €

49 rue Maréchal-Foch – ✆ 03 89 48 17 94 – www.lepetitkembs.fr – Fermé 16-25 février, 19 août-9 septembre, 23-26 décembre, lundi, mercredi, samedi midi

KERVIGNAC

✉ 56700 (Morbihan) – Carte régionale n° **7**-B2
Carte Michelin 308-L8

Chai l'amère Kolette

CUISINE TRADITIONNELLE • CONTEMPORAIN XX Entre Hennebont et Port-Louis, cette maison mérite que l'on s'y attarde. Dans sa cuisine visible depuis la salle, le chef propose des recettes élaborées au gré du marché, avec le souhait de ne pas surcharger les préparations pour une meilleure lisibilité, mais avec des touches très personnelles. Une sympathique pause gourmande.

Menu 30/60 € – Carte 50/60 €

Parc d'activités de Kernours, 3 km rte de Port-Louis par D194 et D781 – ✆ 02 97 36 28 74 – Fermé 6-13 janvier, 1er-10 avril, 5-15 août, mercredi, dimanche

Château de Locguénolé

CUISINE MODERNE • ÉLÉGANT XXX Plaisirs gastronomiques dans un décor très classique (tapisseries, lustres à pampilles, chandeliers, etc.), plus champêtre dans une seconde salle (pierres apparentes, vue sur le jardin). Le chef signe ici une cuisine fondée sur des produits de qualité. Belle carte des vins.

Menu 49/98 € – Carte 92/120 €

à Locguénolé – ✆ 02 97 76 76 76 – www.chateau-de-locguenole.com – Fermé 1er janvier-2 février, lundi, mardi midi, mercredi midi, jeudi midi, vendredi midi, samedi midi

Château de Locguénolé

DEMEURE HISTORIQUE • GRAND LUXE Villégiature à la bretonne... Dans son immense parc, cette belle demeure à l'architecture classique domine la ria du Blavet. De l'enfilade de salons et des chambres garnies de mobilier ancien, on a tout loisir d'admirer le paysage qui change avec les marées...

21 chambres – ††159/380 € – 1 suite – ☕ 21 €

à Locguénolé – ✆ 02 97 76 76 76 – www.chateau-de-locguenole.com – Fermé 1er janvier-8 février

Château de Locguénolé – voir la sélection des restaurants

KIENTZHEIM – 68 (Haut-Rhin) → voir Kaysersberg

KILSTETT

✉ 67840 (Bas-Rhin) – Carte régionale n° **10**-B1
Carte Michelin 315-L4

Au Cheval Noir

CUISINE TRADITIONNELLE • AUBERGE XX C'est au galop qu'on se rend au Cheval Noir ! Derrière la façade de cette maison à colombages (18e s.), deux frères travaillent les beaux produits en tandem. Une cuisine traditionnelle à déguster dans de jolies salles... si tant est qu'on descende de sa monture.

Menu 17 € (déjeuner), 30/52 € – Carte 40/47 €

1 Rue du Sous-Lieutenant Maussire – ✆ 03 88 96 22 01 – www.restaurant-cheval-noir.fr – Fermé 7-23 janvier, 15 juillet-7 août, lundi, mardi, dimanche soir

KLINGENTHAL

✉ 67530 (Bas-Rhin) – Carte régionale n° **10**-A2
Carte Michelin 315-I6 – Guide Vert Michelin Alsace Vosges

À l'Étoile

CUISINE TRADITIONNELLE • CONVIVIAL XX Nichée dans un petit village alsacien, sur la route du Mont Sainte-Odile, cette auberge traditionnelle datant de 1920 est aujourd'hui tenue par la 4ème génération. On y déguste une cuisine traditionnelle du marché, proposée à l'ardoise. Quatre chambres douillettes pour l'étape, et terrasse en été.

Menu 20 € (déjeuner)/29 € – Carte 36/63 €

7 place de l'Étoile – ✆ 03 88 95 82 90 – www.restaurantaletoile.fr – Fermé 24-30 décembre, lundi, mardi soir, mercredi soir, jeudi soir, dimanche soir

KRUTH

✉ 68820 (Haut-Rhin) – Carte régionale n° **10**–A3
Carte Michelin 315-F9

à Frentz 5 km à l'Ouest par D 13bis – ✉ 68820

Les Quatre Saisons

CUISINE MODERNE • COSY Christelle aux fourneaux ; Frédéric choisissant avec soin de jolis crus... Ce couple à la ville forme ici un duo gourmand et gagnant. Dans ce chalet douillet, on se régale d'une délicieuse cuisine de saison, sans fausse note !

Menu 30/45 € – Carte 32/39 €

3 route du Frenz – ✆ 03 89 82 28 61 – www.hotel4saisons.com – Fermé 1er-7 juillet, 12-24 novembre, mardi, mercredi

Les Quatre Saisons

FAMILIAL • COSY On se croirait dans un petit chalet familial au cœur de la forêt : tout est soigné, mignon, accordé avec goût. Les chambres ? De petits nids douillets et chaleureux. Le petit-déjeuner ? Un pur délice, avec des confitures maison, de la charcuterie, du fromage... Et ici, même les prix sont doux.

9 chambres – 92/130 €

3 route du Frenz – ✆ 06 83 15 35 59 – www.hotel4saisons.com – Fermé 1er-5 janvier, 1er-6 juillet, 12-24 novembre

Les Quatre Saisons – voir la sélection des restaurants

LABARDE – 33 (Gironde) → voir Margaux

LABAROCHE

✉ 68910 (Haut-Rhin) – Carte régionale n° **10**–C2
Carte Michelin 315-H8

La Rochette

CUISINE MODERNE • COSY Une belle découverte que ce restaurant contemporain ! Ici, on régale en famille : aux fourneaux, père et fils réalisent des plats savoureux et fins, telle une réconfortante matelote au riesling... et un deuxième fils œuvre en salle en tant que sommelier. Une histoire de famille.

Menu 33/65 € – Carte 40/60 €

500 lieu-dit la Rochette – ✆ 03 89 49 80 40 – www.larochette-hotel.fr – Fermé 17 février-8 mars, lundi, mardi

La Rochette

AUBERGE • CONTEMPORAIN Au cœur des Ballons des Vosges, cette grosse maison tenue en famille cultive le sens de l'accueil ! Les chambres sont très plaisantes, dans un esprit épuré où domine le bois clair ; quant au restaurant, il réserve son lot de gourmandises...

11 chambres – 80/98 € – 12 €

500 lieu-dit la Rochette – ✆ 03 89 49 80 40 – www.larochette-hotel.fr – Fermé 2-4 janvier, 17 février-8 mars

La Rochette – voir la sélection des restaurants

LABASTIDE-DE-VIRAC

✉ 07150 (Ardèche) – Carte régionale n° **2**–A3
Carte Michelin 331-I7 – Guide Vert Michelin Ardèche Drôme

Le Mas Rêvé

HISTORIQUE • PERSONNALISÉ À un kilomètre de l'un des plus stupéfiants belvédères donnant sur les gorges, ce joli mas du 16e s. superbement restauré par un sympathique couple flamand, est un concentré de charme provençal : pigeonnier, mobilier d'époque, petit jardin à la française, piscine... Avec accès à pied aux gorges de l'Ardèche !

5 chambres – 130/160 €

3 km à l'Est par D217 et rte secondaire – ✆ 04 75 38 69 13 – www.lemasreve.com – Fermé 1er octobre-30 avril

LACABARÈDE

✉ 81240 (Tarn) – Carte régionale n° **22**-C2
Carte Michelin 338-H10

Demeure de Flore

MAISON DE MAÎTRE · PERSONNALISÉ Passé l'allée bordée de grands arbres, on découvre cette jolie maison de maître (1890), face à la Montagne noire. Le propriétaire, italien, en a fait un hôtel charmant... Une déco florentine, colorée et atypique, des chambres cosy et confortables : le Sud par voie express !

10 chambres – ½ Pension seulement 105/150 € – 1 suite – 10 €

106 Grande-Rue – ✆ 05 63 98 32 32 – www.demeuredeflore.com – Fermé 1er-30 décembre

LACAVE

✉ 46200 (Lot) – Carte régionale n° **22**-C1
Carte Michelin 337-F2

✿ Château de la Treyne

CUISINE CLASSIQUE · HISTORIQUE XXX Quel lieu splendide ! La Dordogne serpente au pied de ce superbe château tout environné de verdure. La vue de la terrasse laisse rêveur... On apprécie d'autant plus le repas, dans une veine classique, élégante et soignée.

→ Risotto de céleri, velouté aux deux truffes, baluchon d'œuf poché à la truffe. Carré d'agneau du Quercy rôti et petits farcis. Pêche pochée au jus de groseille, menthe poivrée et miel du château

Menu 50 € (déjeuner), 96/140 € – Carte 122/146 €

3 km à l'Ouest par D23, D43 et voie privée – ✆ 05 65 27 60 60 – www.chateaudelatreyne.com – Fermé 11 novembre-22 mars, mardi midi, mercredi midi, jeudi midi, vendredi midi

✿ Pont de l'Ouysse (Daniel et Stéphane Chambon)

CUISINE MODERNE · ROMANTIQUE XXX Stéphane en cuisine, Mathieu en salle : les deux frères maintiennent avec passion l'âme généreuse de cette maison des bords de l'Ouysse, dans la famille depuis cinq générations. La cuisine se révèle fine et savoureuse : on travaille avec soin les meilleurs produits du Sud-Ouest. Charmante terrasse sous les tilleuls.

→ Cuisses de grenouilles meunières, mousseline de cressonnette et pétales d'ail. Langoustines rôties, pommes de terre écrasées et truffe. Crème de yaourt au yuzu, biscuit basilic, glace shiso et concombre confit

Menu 40 € (déjeuner), 65/95 € – Carte 60/160 €

✆ 05 65 37 87 04 – www.lepontdelouysse.com – Fermé 4 novembre-5 avril, lundi, mardi midi

Château de la Treyne

DEMEURE HISTORIQUE · ÉLÉGANT Une situation idyllique, en surplomb de la Dordogne qui lui prête ses reflets... Vivre est un art en ce château des 14e-17e s. ! Le parc abrite un jardin à la française et une chapelle romane (expositions, concerts), les chambres sont somptueuses.

14 chambres – 200/1200 € – 3 suites – 28 €

3 km à l'Ouest par D3, D43 et voie privée – ✆ 05 65 27 60 60 – www.chateaudelatreyne.com

✿ **Château de la Treyne** – voir la sélection des restaurants

Pont de l'Ouysse

FAMILIAL · PERSONNALISÉ Une séduisante demeure du 19e s., dans un jardin baigné par l'Ouysse, qui a creusé ce vallon escarpé et verdoyant... Beaucoup de charme dans les chambres, mêlant goût de l'ancien et esprit champêtre, et belle attention portée aux clients.

19 chambres – 100/220 € – 17 €

✆ 05 65 37 87 04 – www.lepontdelouysse.com – Fermé 3 novembre-5 avril

✿ **Pont de l'Ouysse** – voir la sélection des restaurants

LACROIX-FALGARDE - 31 (Haute-Garonne) ➜ voir Toulouse

LADOIX-SERRIGNY - 21 (Côte-d'Or) ➜ voir Beaune

LAGARDE-D'APT

✉ 84400 (Vaucluse) – Carte régionale n° **24**-B2
Carte Michelin 332-F10

✿ Le Bistrot de Lagarde (Lloyd Tropeano)

CUISINE MODERNE • AUBERGE ✗ Le genre de découverte qui marque pour longtemps... Le lieu est perdu, au cœur du plateau d'Albion (1 100 m), sur une ancienne base militaire de lancement de missiles nucléaires ! C'est aujourd'hui un petit havre de délices, porté par l'inspiration d'un jeune chef talentueux, Lloyd Tropeano (ancien de Régis Marcon). Partez à sa rencontre !

➜ Soupe au pistou de nos "Mamés". Selle d'agneau fumée au pèbre d'aze, suc d'aubergine aux cèpes. Fraise clery et sureau au poivre d'Andaliman

Menu 39 € (déjeuner), 65/107 €

RD 34, 1 km par D34 – ✆ 04 90 74 57 23 – http://lebistrotdelagarde.free.fr – Fermé 16 décembre-5 avril, lundi, mardi

LAGARDE-ENVAL

✉ 19150 (Corrèze) – Carte régionale n° **19**-C3
Carte Michelin 329-L4

Auberge du Pays

CUISINE TRADITIONNELLE • RUSTIQUE ✗ Très sympathique, ce restaurant familial qui fait aussi bar-tabac. La cuisine du terroir tulliste est à l'honneur : millassou, mique, tête de veau le mercredi et farcidure le jeudi... C'est généreux et goûteux, une véritable adresse à l'ancienne ! Huit chambres à disposition pour l'étape.

Menu 17 € (déjeuner)/26 € – Carte 35/60 €

route de l'Etang – ✆ 05 55 27 16 12 – www.aubergedupays.fr – Fermé lundi, dimanche

LAGNES - 84 (Vaucluse) ➜ voir l'Isle-sur-la-Sorgue

LAGORCE

✉ 07150 (Ardèche) – Carte régionale n° **2**-A3
Carte Michelin 331-I7

les Tilleuls

CUISINE TRADITIONNELLE • CONVIVIAL ✗ Dans cette belle demeure en pierre dans un village pittoresque de l'Ardèche, une cuisine "tradi" axée sur la région et les saisons. C'est généreux, et bien accompagné de vins locaux. Agréable terrasse avec vue sur les massifs environnants.

Menu 22/45 € – Carte 38/55 €

Place du 14 juillet – ✆ 04 75 37 72 12 – www.restaurant-lestilleuls.com – Fermé lundi, dimanche soir

LAGRASSE

✉ 11220 (Aude) – Carte régionale n° **21**-B3
Carte Michelin 344-G4

Hostellerie des Corbières

CUISINE RÉGIONALE • SIMPLE ✗ Le relais de poste du village a fait peau neuve pour laisser place à un restaurant bien dans son époque, tenu par un jeune couple accueillant. Le savoir-faire du chef fait honneur au terroir et aux beaux produits locaux ! L'été, profitez de la terrasse. Quelques chambres toutes simples pour la nuit.

Menu 23/36 € – Carte 40/55 €

9 boulevard de la Promenade – ✆ 04 68 43 15 22 – www.hostellerie-des-corbieres.com – Fermé 20-28 février, 27 juin-4 juillet, 20-29 octobre, 21-31 décembre, jeudi

LAGUIOLE

✉ 12210 (Aveyron) – Carte régionale n° **22**-D1
Carte Michelin 338-J2

✿✿ Bras (Sébastien Bras)

CUISINE CRÉATIVE • DESIGN XXXX "Ma famille, l'amitié, l'Aubrac et la cuisine" : voici, énoncés par lui-même, les quatre éléments essentiels dans la vie de Sébastien Bras. Fidèle à l'héritage de son père, mais armé d'une sensibilité qui lui est propre, le chef puise dans la nature environnante et dans ses jardins les produits (fleurs, herbes, légumes) qu'il révèle ensuite dans l'assiette. Les saveurs se bousculent, l'émotion affleure bien souvent par surprise, et l'on croirait presque entendre la terre chanter au détour de certains plats. Envie de faire une étape ? De belles chambres vous accueillent, avec leurs baies vitrées ouvertes sur la campagne aveyronnaise. D'une génération à l'autre, le Suquet continue de tracer sa route singulière et attachante...

→ Gargouillou de jeunes légumes, herbes et graines germées. Pièce de bœuf de race Aubrac. Interprétation du coulant originel de 81

Menu 145/230 € – Carte 145/180 €

route de l'Aubrac - Le Suquet – ✆ 05 65 51 18 20 – www.bras.fr – Fermé 11 novembre-4 avril, lundi, mardi, mercredi midi

Gilles Moreau

CUISINE MODERNE • ÉLÉGANT XX Le chef Gilles Moreau réalise une cuisine moderne bien ficelée. Sa patte ? Partir de recettes traditionnelles et les réactualiser au maximum. Et ça fonctionne ! Les desserts ne sont pas en reste. Terrasse sur l'arrière.

Menu 28/44 € – Carte 35/50 €

2 allée de l'Amicale – ✆ 05 65 44 31 11 – www.gilles-moreau.fr – Fermé 28 janvier-8 février, 11 mars-6 avril, 25 juin-4 juillet, lundi midi, mardi, mercredi, jeudi midi, vendredi midi, samedi midi, dimanche midi

La Ba

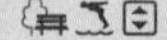

CUISINE MODERNE • ÉPURÉ X "La" pour Laguiole, "Ba" pour... Buenos Aires, d'où est originaire l'épouse du chef. Une union alléchante ! Au programme, une cuisine de bonne qualité, bien réalisée, avec un menu renouvelé tous les jours, et des prix imbattables ; on peut même commander quelques tapas pour l'apéritif. Ajoutez à cela l'accueil détendu et spontané, vous obtenez une adresse au poil.

Menu 25 €

4 rue Bardière – ✆ 05 65 51 68 30 – www.la-ba.fr – Fermé 2-13 octobre, 12 décembre-20 janvier, mercredi, jeudi

Gilles Moreau

FAMILIAL • FONCTIONNEL Une maison de tradition à l'âme hospitalière. Les chambres portent des noms ancrés dans la région (lieux, fleurs, monts...), les plus calmes et les plus confortables donnant sur le jardin. De la verdure, le grand air de l'Aubrac et une jolie piscine.

20 chambres – 60/165 € – 13 €

2 allée de l'Amicale – ✆ 05 65 44 31 11 – www.gilles-moreau.fr – Fermé 28 janvier-8 février, 10 mars-6 avril, 25 juin-4 juillet

Gilles Moreau – voir la sélection des restaurants

La Ferme de Moulhac

FAMILIAL • CONTEMPORAIN Calme, air pur et repos garantis dans cette ferme familiale. Pour l'anecdote, le propriétaire est un "vrai" agriculteur, toujours en activité. Les chambres mêlent joliment l'ancien et le moderne ; on profite de massages dans l'espace bien-être. Authentique et sympathique !

5 chambres – 92/136 €

2,5 km au Nord-Est par rte secondaire – ✆ 05 65 44 33 25 – www.fermedemoulhac.fr – Fermé 1er janvier-31 mars

LAMALOU-LES-BAINS

✉ 34240 (Hérault) – Carte régionale n° **21**-B2
Carte Michelin 339-D7

à Combes 10 km à l'Ouest par D908 et D180 – ✉ 34240

Auberge de Combes

CUISINE MODERNE • AUBERGE X Dans cette auberge perchée sur les hauteurs de la vallée de l'Orb, on tire le meilleur du terroir et des produits de saison. Dans l'assiette comme dans le paysage, la suavité brute domine… Excellent rapport qualité-prix.

Menu 25 € (déjeuner), 33/50 €

☎ 04 67 95 66 55 – www.aubergedecombes.fr – Fermé 2 janvier-6 février, lundi

LAMASTRE

✉ 07270 (Ardèche) – Carte régionale n° **2**-B2

Carte Michelin 331-J4 – Guide Vert Michelin Ardèche Drôme

Château d'Urbilhac

FAMILIAL • PERSONNALISÉ Ce petit château de style néo-Renaissance (bâti au 16e s. et restauré au 19e s.) est prisé pour son parc de 30 ha dominant la vallée du Doux. Belle piscine. À la table d'hôte, on apprécie les recettes provençales de la maîtresse des lieux.

5 chambres ☕ – 👥180/200 €

route de Vernoux, 2 km au Sud-Est par rte de Vernoux-en-Vivarais – ☎ 04 75 06 42 11 – www.chateaudurbilhac.fr

LAMBALLE

✉ 22400 (Côtes-d'Armor) – Carte régionale n° **7**-C2

Carte Michelin 309-G4 – Guide Vert Michelin Bretagne Nord

Les Caps

BUSINESS • CONTEMPORAIN Un intérieur actuel, avec mobilier design et couleurs vives, des chambres spacieuses et bien équipées, un accueil chaleureux… Une adresse bien dans son époque !

45 chambres – 👥59/99 € – ☕ 9 €

14 Rue de la Ville ès Lan Maroue – ☎ 02 96 31 16 37 – www.hoteldescaps.fr – Fermé 23 décembre-1er janvier

à la Poterie 3,5 km à l'Est par D28 – ✉ 22400

Le Manoir des Portes

CUISINE MODERNE • RUSTIQUE XX Dans ce restaurant joliment rustique, on savoure une cuisine du marché déclinée sur l'ardoise. L'idéal : la déguster aux beaux jours, sur l'agréable terrasse…

Menu 36/65 €

La Poterie – ☎ 02 96 31 13 62 – www.manoirdesportes.com – Fermé lundi, mardi midi, dimanche soir

Le Manoir des Portes

FAMILIAL • PERSONNALISÉ Ce manoir du 16e s. tout en pierre ouvre sur un beau jardin fleuri, nanti d'un verger et d'un potager. Les chambres allient éléments anciens (mansardes), décoration très colorée et grand calme. Centre équestre à proximité.

15 chambres – 👥102/125 € – ☕ 13 €

La Poterie – ☎ 02 96 31 13 62 – www.manoirdesportes.com

Le Manoir des Portes – voir la sélection des restaurants

LA MÉNOUNIÈRE – 17 (Charente-Maritime) ➜ voir Île d'Oléron

LAMOURA

✉ 39310 (Jura) – Carte régionale n° **6**–B3
Carte Michelin 321-F8 – Guide Vert Michelin Franche-Comté Jura

L'Anversis

CUISINE DU TERROIR • MONTAGNARD X Ici, priorité à la Nature, avec un grand N. Pas d'entourloupes chichiteuses : le patron assure la traçabilité de tous les produits. Cuisine du goût et de l'essentiel, 350 références de vins, et petite terrasse pour l'été. C'est l'endroit où vous devez venir manger si vous êtes dans le coin !

Menu 27/41 €

239 chemin de l'Anversis (la combe du lac) – ✆ 03 84 41 20 91 – www.lanversis.com – Fermé 24 juin-5 juillet, lundi, mardi midi, mercredi midi, jeudi midi, vendredi midi, samedi midi, dimanche soir

LANARCE

✉ 07660 (Ardèche) – Carte régionale n° **2**–A3
Carte Michelin 331-G5

Le Provence

CUISINE TRADITIONNELLE • FAMILIAL XX À mi-chemin entre Aubenas et Le Puy-en-Velay, faites étape dans ce sympathique restaurant ! On y apprécie une cuisine gourmande et généreuse axée sur les produits du terroir : agneau provenant de l'élevage familial, charcuteries, cèpes, myrtilles, etc. Une bonne adresse.

Menu 22/42 € – Carte 25/40 €

N102 – ✆ 04 66 69 46 06 – www.hotel-le-provence.com – Fermé 12 novembre-15 mars

Le Provence

FAMILIAL • FONCTIONNEL La pleine montagne ardéchoise, pays des volcans et des sources : les amoureux de la nature seront comblés. On profite ici de chambres fonctionnelles et bien insonorisées, ainsi que du bel espace de remise en forme sous verrière (spa, bassin de nage à contre-courant, salle de massage etc.).

16 chambres – 61/90 € – 10 €

N102 – ✆ 04 66 69 46 06 – www.hotel-le-provence.com – Fermé 12 novembre-15 mars

Le Provence – voir la sélection des restaurants

LANDÉDA

✉ 29870 (Finistère) – Carte régionale n° **7**–A1
Carte Michelin 308-D3

Le Vioben

POISSONS ET FRUITS DE MER • CONVIVIAL X Poissons de la pêche artisanale, homards et autres fruits de mer sont servis à quelques mètres de la plage, dans un cadre décontracté et contemporain... Cette adresse a la cote localement, et l'on comprend aisément pourquoi !

Menu 23 € (déjeuner), 29/75 € – Carte 23/99 €

30 Ar Palud (port de l'Aber Wrac'h) – ✆ 02 98 04 96 77 – www.vioben.com – Fermé 11 janvier-5 février, 11 novembre-5 décembre, lundi

LANDSER – 68 (Haut-Rhin) → voir Mulhouse

LANNEPAX

✉ 32190 (Gers) – Carte régionale n° **22**–A2
Carte Michelin 336-D7

La Falène Bleue (N)

CUISINE FRANÇAISE • CONTEMPORAIN XX Ils sont jeunes, mais ont déjà de belles années d'expérience : tels sont Fabien et Hélène, qui ont uni leurs deux prénoms pour créer cette Falène Bleue. Tout ici est simple et délicieux, des assiettes (basées sur des produits de circuits courts exclusivement) au décor, avec ses tableaux et objets chinés.

Menu 16 € (déjeuner), 33/40 €

place de la Mairie – ✆ 05 62 65 76 92 – www.lafalenebleue.fr – Fermé 7-29 janvier, lundi, mardi, dimanche soir

LANGEAIS

✉ 37130 (Indre-et-Loire) - Carte régionale n° **8**-A2
Carte Michelin 317-L5 - Guide Vert Michelin Châteaux de la Loire

Au Coin des Halles

CUISINE MODERNE • COSY Dans la rue qui mène au château de Langeais, arrêtez-vous dans cette jolie maison en tuffeau. Le décor est agréable et la cuisine, inventive et boostée par les produits du terroir, fait mouche ! Aux beaux jours, on profite de l'agréable terrasse. Accueil charmant en prime.
Menu 33/65 € - Carte 50/68 €
9 Rue Gambetta - ✆ 02 47 96 37 25 - www.aucoindeshalles.com - Fermé 8 janvier-8 février, mercredi, jeudi, dimanche soir

à St-Patrice-Côteaux-sur-Loire 10 km à l'Ouest par route de Bourgueil - ✉ 37130

Château de Rochecotte

CUISINE MODERNE • ÉLÉGANT Dans cet élégant château du Siècle des lumières, proche des vignobles de Bourgueil, la cuisine se décline dans un esprit gastronomique : langoustines en bouillon de citronnelle et combawa, balottine de volaille à la ventrèche landaise...
Menu 52/78 € - Carte 65/72 €
43 rue Dorothée-de-Dino - ✆ 02 47 96 16 16 - www.chateau-de-rochecotte.fr

Château de Rochecotte

DEMEURE HISTORIQUE • CLASSIQUE Le souvenir de la duchesse de Dino et de Talleyrand plane sur cette élégante demeure aristocratique. De l'enfilade des magnifiques salons, aux chambres intimes et raffinées, en passant par le superbe parc, les plaisirs du 18e s. restent intacts !
34 chambres - 149/340 € - 3 suites - 21 €
43 rue Dorothée-de-Dino - ✆ 02 47 96 16 16 - www.chateau-de-rochecotte.fr
Château de Rochecotte - voir la sélection des restaurants

LANGOËLAN

✉ 56160 (Morbihan) - Carte régionale n° **7**-B2
Carte Michelin 308-L6

L'Atelier Bistrot

CUISINE MODERNE • CONVIVIAL A 5 mn de Guéméné, dans un paisible village breton, cette jolie maison en pierre abrite un charmant bistrot-auberge. Aux commandes, un jeune couple bourlingueur et passionné, de retour au pays. Les spécialités ne trompent pas : ballottin de foie gras à l'andouille de Guéméné, salade d'oreilles de cochon et œuf poché, etc. On se régale !
Carte 25/40 €
24 rue Duchelas - ✆ 02 97 51 37 81 - Fermé lundi, mardi, mercredi

LANGOGNE

✉ 48300 (Lozère) - Carte régionale n° **21**-C1
Carte Michelin 330-L6 - Guide Vert Michelin Languedoc

Domaine de Barres

BUSINESS • ÉLÉGANT Au cœur d'un parc de 25 ha, avec un golf 9 trous, une noble demeure du 18e s., entièrement réaménagée par l'architecte Jean-Michel Wilmotte, qui a signé jusqu'au mobilier : un vrai contraste derrière la belle façade tout en pierre !
20 chambres - 80/129 € - 13 €
route de Mende, 2 km - ✆ 04 66 46 08 37 - www.domainedebarres.com - Fermé 4 novembre-5 avril

LANGON

✉ 33210 (Gironde) – Carte régionale n° **18**-B2
Carte Michelin 335-J7 – Guide Vert Michelin Aquitaine

Claude Darroze

CUISINE CLASSIQUE • CONTEMPORAIN XXX Cet établissement familial sait perpétuer les traditions : on se délecte d'une cuisine classique, ponctuée de clins d'œil au Sud-Ouest, accompagnée de bons bordeaux (600 appellations). Cadre moderne, agréable terrasse sous les platanes et chambres pour un séjour.

Menu 34 € (déjeuner), 40/95 € – Carte 78/120 €

95 cours Général-Leclerc – ✆ 05 56 63 00 48 – www.darroze.com – Fermé 22-30 décembre, lundi, dimanche soir

à St-Macaire 2 km au Nord – ✉ 33490

Abricotier

CUISINE TRADITIONNELLE • FAMILIAL XX À deux pas de la cité médiévale, cette maison régionale ravit par son atmosphère décontractée, sa terrasse ombragée par des mûriers centenaires pour un repas au calme. Chambres simples mais spacieuses.

Menu 23/45 € – Carte 45/60 €

2 rue François-Bergoeing (D1113) – ✆ 0556768363 – www.restaurant-labricotier.com – Fermé 25 mars-2 avril, 12 novembre-11 décembre, lundi, mardi

LANGRES

✉ 52200 (Haute-Marne) – Carte régionale n° **11**-C3
Carte Michelin 313-L6 – Guide Vert Michelin Champagne Ardenne

Le Cheval Blanc

CUISINE MODERNE • COSY XX Inutile de se cabrer : ce restaurant n'a que des bonnes choses à vous offrir ! Le chef réalise une cuisine centrée sur l'essentiel, avec de jolies touches d'inventivité, au fil des menus "côté mer" et "côté terre". Une partition parfaitement au diapason du décor, cosy et actuel.

Menu 22 € (déjeuner), 36/49 € – Carte 55/95 €

4 rue de l'Estres – ✆ 03 25 87 07 00 – www.hotel-langres.com – Fermé 1er-30 novembre, mercredi midi

Le Cheval Blanc

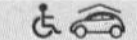

AUBERGE • PERSONNALISÉ Le lieu est chargé d'histoire ! En effet, c'est dans cette église que Bossuet reçut le sous-diaconat. La Révolution en fit une auberge et depuis, on vient se reposer dans des chambres de caractère, plus fonctionnelles à l'annexe.

23 chambres – ††85/150 € – ☕ 13 €

4 rue de l'Estres – ✆ 03 25 87 07 00 – www.hotel-langres.com – Fermé 1er-30 novembre

Le Cheval Blanc – voir la sélection des restaurants

LANGUIMBERG

✉ 57810 (Moselle) – Carte régionale n° **12**-C2
Carte Michelin 307-M6

Chez Michèle (Bruno Poiré)

CUISINE MODERNE • ÉLÉGANT XX Ancien café de village, puis auberge familiale (entièrement rénovée)... et enfin table gastronomique reconnue dans la région : une jolie trajectoire pour ce restaurant dorénavant tenu par Bruno Poiré, le fils de Michèle, qui signe une cuisine d'aujourd'hui généreuse et précise. Excellent rapport qualité-prix.

→ Sphère de foie gras en écrin de chocolat au kirsch. Filet de bœuf rôti, gnocchis aux aromates. Baba au rhum

Menu 25 € (déjeuner), 45/110 € – Carte 72/81 €

57 rue Principale – ✆ 03 87 03 92 25 – www.chezmichele.fr – Fermé 2-17 janvier, 2-11 juillet, 23-31 octobre, mardi, mercredi

LANNILIS

✉ 29870 (Finistère) – Carte régionale n° **7**-A1
Carte Michelin 308-D3

Les Oliviers

CUISINE TRADITIONNELLE • CONVIVIAL X Ces Oliviers-là se plaisent en terre bretonne. Le chef, originaire de Montpellier, travaille des produits du Sud (taureau de Camargue AOC, par exemple), mais aussi de délicieux poissons et toute une variété de légumes oubliés, toujours avec une pointe d'originalité ; en salle, la patronne assure le service avec une gentillesse de tous les instants.

Menu 40 € – Carte 40/60 €

6 rue Carrelou – ✆ 02 98 04 19 94 – www.les-oliviers-lannilis.fr – Fermé lundi soir, mardi, samedi midi

LANNION

✉ 22300 (Côtes-d'Armor) – Carte régionale n° **7**-B1
Carte Michelin 309-B2 – Guide Vert Michelin Bretagne Nord

L'Anthocyane (Marc Briand)

CUISINE MODERNE • TENDANCE XX Un chef expérimenté veille aux destinées de ce restaurant au cadre contemporain et cosy ; il y propose une cuisine du marché autour de courts menus établis au plus près des saisons. Ce jour-là, araignée de mer et filet de barbue. Imagination, précision technique, respect des saveurs : trois règles d'or pour un repas qui invite à revenir... au plus tôt.

→ Araignée de mer, radis noir et émulsion d'agrumes. Barbue, raviole de carotte des sables et artichaut violet au curcuma. Meringue aux fruits rouges, crème de kalamensi

Menu 26 € (déjeuner), 38/70 €

25 avenue Ernest-Renan – ✆ 02 96 38 30 49 – www.lanthocyane.com – Fermé 10-25 mars, 1er-21 octobre, lundi, dimanche soir

Le Brélévenez (N)

CUISINE MODERNE • CONTEMPORAIN X Cette jolie maison en pierre de Brélévenez (un quartier de Lannion) a été rouverte en 2018 par le couple Le Marrec. Les affaires marchent fort, et ce n'est pas un hasard : la cuisine, bien pensée et savoureuse, respecte le terroir et les saisons. Enfin, côté décor, on est attablé dans une salle moderne et épurée où l'on se sent bien.

Menu 27/37 €

1 rue Stang-Ar-Béo – ✆ 02 56 14 07 91 – www.restaurant-lebrelevenez.fr – Fermé 15-24 juillet, 21-28 octobre, mardi, mercredi, samedi midi

à La Ville-Blanche 5 km par D786, route de Tréguier – ✉ 22300

La Ville Blanche (Jean-Yves Jaguin)

CUISINE MODERNE • ÉLÉGANT XXX On vient ici pour se faire plaisir ! Dans cette jolie longère, une belle clientèle d'habitués se donne rendez-vous pour savourer une cuisine fine et parfumée, subtilement relevée par les herbes aromatiques du jardin potager. Le décor, d'esprit contemporain, semble à l'unisson de l'inspiration du chef...

→ Langoustines rôties à la sarriette, courgette au feu de bois. Homard rôti au four au beurre salé, les pinces en ragoût. Parfait glacé à la menthe et au chocolat, tuiles à la réglisse

Menu 37 € (déjeuner), 50/86 € – Carte 70/85 €

lieu-dit Ville Blanche – ✆ 02 96 37 04 28 – www.la-ville-blanche.com – Fermé 1er-25 janvier, 24 juin-8 juillet, lundi, mercredi, dimanche soir

LANS-EN-VERCORS

✉ 38250 (Isère) – Carte régionale n° **2**-C2

Carte Michelin 333-G7 – Guide Vert Michelin Alpes du Nord

Le Bois des Mûres

CUISINE TRADITIONNELLE • CONTEMPORAIN X Lovée au cœur de la verdure, cette adresse séduit par le soin apporté aux préparations goûteuses, à l'instar du suprême de poulet jaune fermier, farci aux grenouilles persillées. Agréable terrasse pour l'été et menu déjeuner à prix imbattable !

Menu 17 € (déjeuner)/30 €

995 avenue Léopold-Fabre – ✆ 04 76 95 48 99 – Fermé 1er-30 avril, lundi, mardi, dimanche soir

LAON

✉ 02000 (Aisne) – Carte régionale n° **14**-D2

Carte Michelin 306-D5

Zorn - La Petite Auberge

CUISINE MODERNE • TENDANCE XX Cette belle auberge contemporaine affiche souvent complet : c'est en effet une valeur sûre de la région ! Un succès mérité pour le chef, Willy Marc Zorn, qui fait montre d'une vraie finesse d'exécution en concoctant de belles assiettes de saison, tout en saveurs franches. Excellent rapport qualité-prix.

Menu 33/59 € – Carte 60/75 €

45 boulevard Pierre-Brossolette – ✆ 03 23 23 02 38 – www.zorn-lapetiteauberge.com – Fermé 17-24 février, 11-25 août, lundi soir, samedi midi, dimanche

La Maison des 3 Rois

FAMILIAL • PERSONNALISÉ De l'industrie à l'hôtellerie, il n'y a parfois qu'un pas que le propriétaire des lieux a franchi. Au cœur de la vieille ville, ces deux maisons – dont la partie la plus ancienne remonte au 14e s. – conjuguent charme et douceur. Et certaines chambres offrent une jolie vue sur les toits...

5 chambres ☕ – 👥79/119 €

17 rue Saint-Martin – ✆ 06 43 45 48 53 – www.lamaisondes3rois.com

à Bruyères-et-Montbérault 8 km au Sud par D519 – ✉ 02860

Le Château de Breuil (N)

DEMEURE HISTORIQUE • ÉLÉGANT Ce château, ancienne propriété d'un écrivain (les temps ont bien changé), sis au cœur d'un domaine de 1 hectare, impressionne par l'impeccable tenue et le confort de ses chambres. Avis aux amateurs : jacuzzi privatif sur terrasse pour les chambres Phany et Arsène.

4 chambres ☕ – 👥130/190 €

Le Breuil – ✆ 03 23 21 15 34 – www.chateaudebreuil.fr

à Chamouille 13 km par D967 – ✉ 02860

Hôtel du Golf de l'Ailette

BUSINESS • CONTEMPORAIN Sur les rives du lac d'Ailette, entre calme et verdure... Dans ce bâtiment des années 1990, les chambres sont spacieuses et contemporaines, toutes avec un balcon donnant sur l'eau. Golf, sports nautiques : côté détente, rien ne manque !

58 chambres – 👥69/199 € – ☕16 €

23 rue du Chemin-des-Dames (parc nautique de l'Ailette), 0,5 km au Sud par D 967 – ✆ 03 23 24 84 85 – www.ailette.fr

à Samoussy 13 km à l'Est par D977 – ✉ 02840

Le Relais Charlemagne

CUISINE CLASSIQUE • AUBERGE XXX Berthe au Grand Pied, mère de Charlemagne, serait née à Samoussy, d'où l'enseigne de cette table classique, cachant un agréable jardin sur l'arrière. Parmi les grandes spécialités de la carte, on compte la salade de homard aux agrumes, le foie gras poêlé en aigre-doux et les ris de veau aux morilles.

Menu 28 € (déjeuner), 35/65 € – Carte 57/69 €

4 route de Laon – ✆ 03 23 22 21 50 – www.lerelaischarlemagne.fr – Fermé 29 juillet-26 août, lundi, mercredi soir, dimanche soir

LAPOUTROIE

✉ 68650 (Haut-Rhin) – Carte régionale n° **10**–A2

Carte Michelin 315-H8

Les Alisiers

CUISINE MODERNE • ÉLÉGANT XX La table des Alisiers dispose d'une belle salle panoramique au décor épuré. Ici, on savoure une cuisine qui valorise les produits locaux et se démarque du registre local en mêlant influences et saveurs. De quoi vous donner envie de revenir !

Menu 39/60 €

lieu-dit Faudé, 3 km au Sud-Ouest par rte secondaire – ✆ 03 89 47 52 82 – www.alisiers.com – Fermé 2-22 janvier, lundi, mardi

Les Alisiers

FAMILIAL • PERSONNALISÉ À 700 m d'altitude, nichée dans un coin de nature avec une vue époustouflante sur la vallée, cette ancienne ferme du pays welche (datée de 1819) est bourrée de charme ! Les chambres sont chaleureuses et l'on s'y sent très bien.

12 chambres – 75/160 € – 14 €

lieu-dit Faudé, 3 km au Sud-Ouest par rte secondaire – ✆ 03 89 47 52 82 – www.alisiers.com – Fermé 2-22 janvier

Les Alisiers – voir la sélection des restaurants

Faudé

FAMILIAL • FONCTIONNEL Dans un jardin bordé par une rivière, un hôtel et son restaurant : une vraie maison de tradition, aux chambres confortables et bien tenues.

29 chambres – 90/115 € – 2 suites – 13 €

28 rue du Général-Duffieux – ✆ 03 89 47 50 35 – www.faude.com

LAQUENEXY

✉ 57530 (Moselle) – Carte régionale n° **12**–C1

Carte Michelin 307-I4

Les Jardins Fruitiers de Laquenexy

CUISINE MODERNE • SIMPLE X Au cœur d'un jardin abritant plus de mille variétés d'arbres fruitiers, ce restaurant – doublé d'une boutique gourmande – s'avère aussi insolite que sympathique ! On y savoure une cuisine légère et bien ficelée, qui fait évidemment la part belle aux fruits et légumes du potager. Une jolie graine...

Menu 24/30 €

4 rue Bourger-et-Perrin – ✆ 03 87 35 01 00 – www.jardinsfruitiersdelaquenexy.com – Fermé 1er janvier-29 mars, 4 novembre-31 décembre, lundi, mardi, mercredi soir, jeudi soir, vendredi soir, samedi soir, dimanche soir

LARAGNE-MONTÉGLIN

✉ 05300 (Hautes-Alpes) – Carte régionale n° **24**–B2
Carte Michelin 334-C7

L'Araignée Gourmande

CUISINE TRADITIONNELLE • FAMILIAL XX Installez-vous dans cet intérieur moderne et lumineux pour découvrir le talent de Thierry Chouin : si le chef breton affectionne particulièrement les plats à base de poisson, il ne dédaigne pas l'agneau et la pomme (tous deux de la région), qu'il célèbre dans des assiettes bien tournées. De beaux hommages à la tradition.

Menu 32/42 € – Carte 42/70 €

8 rue de la Paix – ✆ 04 92 65 13 39 – www.laraignee-gourmande.fr – Fermé 18 février-6 mars, 15 novembre-4 décembre, mardi soir, mercredi, dimanche soir

LE LARDIN-ST-LAZARE

✉ 24570 (Dordogne) – Carte régionale n° **18**–D1
Carte Michelin 329-I5

à Coly 6 km au Sud-Est par D74 et D62 – ✉ 24120

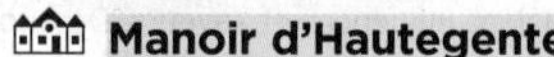

Manoir d'Hautegente

DEMEURE HISTORIQUE • CLASSIQUE Dans un parc traversé par une rivière, un moulin du 14ᵉs. tapissé de vigne vierge. La beauté du site, les meubles anciens et le bar installé dans l'ancienne forge dégagent un charme véritable. Un joli écrin...

17 chambres – 👥95/220 € – ☕17 €

Manoir d'Hautegente – ✆ 05 53 51 68 03 – www.manoir-hautegente.com – Fermé 15 octobre-3 mai

LARGENTIÈRE

✉ 07110 (Ardèche) – Carte régionale n° **2**–A3
Carte Michelin 331-H6 – Guide Vert Michelin Ardèche Drôme

à Sanilhac 7 km au Sud par D312 – ✉ 07110

Auberge de la Tour de Brison

AUBERGE • TRADITIONNEL De cette accueillante auberge bâtie à flanc de colline, la vue plonge sur la vallée et sur le plateau du Coiron. Chambres actuelles, jardin et spa de nage chauffé et couvert (sauf l'été). Au restaurant, cadre chaleureux, terrasse panoramique et recettes du terroir.

14 chambres – 👥88/129 € – ☕12 €

La Chapelette – ✆ 04 75 39 29 00 – www.belinbrison.com – Fermé 2 novembre-1ᵉʳ avril

LARMOR-BADEN

✉ 56870 (Morbihan) – Carte régionale n° **7**–A3
Carte Michelin 308-N9 – Guide Vert Michelin Bretagne Sud

Auberge du Parc Fétan

FAMILIAL • FONCTIONNEL À proximité de la baie et des sentiers côtiers, un hôtel convivial et parfaitement tenu, doté de chambres plutôt petites, simples et claires, la plupart ouvrant sur le golfe du Morbihan. Produits de la mer et cuisine traditionnelle dans une ambiance bistrot.

22 chambres – ½ Pension seulement 59/145 € – ☕10 €

17 rue de Berder – ✆ 02 97 57 04 38 – www.hotel-parcfetan.com – Fermé 12 novembre-16 mars

LARMOR-PLAGE

✉ 56260 (Morbihan) – Carte régionale n° **7**–B2
Carte Michelin 308-K8 – Guide Vert Michelin Bretagne Sud

Les Mouettes

CUISINE MODERNE • CONVIVIAL Depuis la salle à manger et la terrasse, la vue sur l'Atlantique et l'île de Groix est tout simplement imprenable… Dans l'assiette, on trouve de bons produits bien travaillés, et particulièrement des poissons (dorade, saint-pierre, etc.) et des fruits de mer d'une grande fraîcheur. Service efficace et ambiance sympathique.

Menu 28/48 € – Carte 41/84 €

Rue de Rennes, Anse de Kerguélen, 1,5 km à l'Ouest – 02 97 65 50 30 – www.lesmouettes.com

Les Rives du Ter

BUSINESS • CONTEMPORAIN Cet hôtel récent bordant le Ter abrite des chambres spacieuses, au style épuré, avec terrasse ou balcon donnant sur l'étang, bien au calme. Une bonne option pour profiter des jolies plages des environs.

58 chambres – 109/209 € – 15 €

15 boulevard Jean-Monnet – 02 97 35 33 50 – www.lesrivesduter.com

LAROQUE-DES-ALBÈRES

66740 (Pyrénées-Orientales) – Carte régionale n° **21**-B3

Carte Michelin 344-I7 – Guide Vert Michelin Languedoc Roussillon

Côté Saisons

CUISINE MODERNE • BISTRO C'est au Ritz, à Paris, que le couple s'est rencontré. Elle était en salle, lui en cuisine, comme aujourd'hui dans leur restaurant. Une bâtisse du 19e s. avec un jardin fleuri et une jolie terrasse pour être toujours… Côté Saisons, à l'instar des recettes, savoureuses et bien ficelées ! De plus, le service est tout sourire.

Menu 33/39 € – Carte 40/50 €

10 avenue de la Côte-Vermeille – 04 34 12 36 51 – www.cotesaisons.com – Fermé 7 janvier-7 février, 12-28 novembre, mercredi

LARRAU

64560 (Pyrénées-Atlantiques) – Carte régionale n° **18**-B3

Carte Michelin 342-G6 – Guide Vert Michelin Pays Basque et Navarre

Etchemaïté

CUISINE TRADITIONNELLE • RUSTIQUE Dans ces contrées montagneuses aux confins du Pays basque, une maison traditionnelle tout simplement charmante… d'autant qu'on s'y régale : par exemple, foie gras grillé, panais au pain d'épices, ou encore épaule d'agneau confite et piquillos… C'est simple, goûteux et généreux, et la vue sur les Pyrénées est superbe.

Menu 20/56 € – Carte 40/55 €

Le Bourg – 05 59 28 61 45 – www.hotel-etchemaite.fr – Fermé 6 janvier-17 février, lundi, dimanche soir

LASCABANES

46800 (Lot) – Carte régionale n° **22**-B1

Carte Michelin 337-D5

Le Domaine de Saint-Géry

CUISINE TRADITIONNELLE • ROMANTIQUE Autoproclamé "cuisinier-paysan", Patrick Duler ne plaisante pas avec l'origine de ses produits : une grande partie de ce qui est dans l'assiette – jambon de porc noir, truffe, foie gras – vient directement de ses propres champs ! Ses préparations, simples et soignées, révèlent l'âme d'un chef véritablement passionné.

Menu 50/213 €

Le Domaine de Saint-Géry – 05 65 31 82 51 – www.saint-gery.com – Fermé 1er-31 mars, 1er novembre-29 décembre, lundi midi, mardi midi, mercredi midi, jeudi midi, vendredi midi, samedi midi, dimanche midi

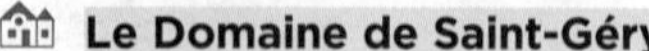

Le Domaine de Saint-Géry

MAISON DE CAMPAGNE · CLASSIQUE Vous voici sur les terres du seigneur de St-Géry… ou plutôt de ses descendants. Au cœur du Quercy, ce domaine de 70 ha permet de se ressourcer dans de confortables chambres campagnardes. Ici, le blé est même ramassé à la main pour faire le pain. Authentique !

5 chambres – 197/385 € – 29 €

Le Domaine de Saint-Géry – 05 65 31 82 51 – www.saint-gery.com – Fermé 1er-31 mars, 1er novembre-29 décembre

LASCAZÈRES

65700 (Hautes-Pyrénées) – Carte régionale n° **22**-A2
Carte Michelin 342-L1

La Palombe Gourmande

CUISINE MODERNE · CONVIVIAL Une belle surprise, cette Palombe ranimée par un chef australien, Luke MacLeod ! De retour d'Asie, il s'est installé avec femme et enfants dans ce petit village au Nord de Tarbes. Ses assiettes célèbrent le produit d'ici (légumes, fromage, viandes) dans une veine classique et bien maîtrisée : sa blanquette de veau, en particulier, est à tomber… Prix imbattables. Un vrai coup de cœur.

Menu 17 € (déjeuner), 30/40 €

route des Pyrénées – 09 52 64 59 43 – www.luke-macleod.com – Fermé lundi, mardi, mercredi midi, dimanche soir

LASTOURS

11600 (Aude) – Carte régionale n° **21**-B2
Carte Michelin 344-F3

Le Puits du Trésor (Jean-Marc Boyer)

CUISINE MODERNE · COSY Jean-Marc Boyer est un véritable passionné : lors de balades en solitaire dans les collines environnantes, il déniche l'inspiration pour sa cuisine… Herbes aromatiques, asperges sauvages ou ail des ours viennent ainsi agrémenter des plats colorés, pleins de saveurs et bien maîtrisés. Une réussite !

→ Cuisine du marché

Menu 47/93 €

21 route des Quatre-Châteaux – 04 68 77 50 24 – www.lepuitsdutresor.com – Fermé 25 février-12 mars, 22 octobre-6 novembre, lundi, mardi, dimanche soir

Lorsque vous réservez une chambre d'hôtel, veillez à vous en faire préciser le prix et la catégorie. On n'est jamais trop prudent…

LATILLÉ

86190 (Vienne) – Carte régionale n° **20**-C1
Carte Michelin 322-G5

La Gentilhommière

FAMILIAL · CLASSIQUE Elle porte bien son nom, cette Gentilhommière de 1785 aux superbes atours : tentures, boiseries, mobilier et objets anciens parent des chambres Art déco, Empire ou encore Directoire… Un véritable répertoire de styles, d'un grand raffinement ! Quant au parc, il dégage une douce quiétude…

5 chambres – 100/120 €

1 place Robert-Gerbier – 05 49 36 34 20 – www.gentilhommiere.fr – Fermé 24 décembre-7 janvier

LATTES – 34 (Hérault) → voir Montpellier

LAUBACH

✉ 67580 (Bas-Rhin) – Carte régionale n° **10**-B1
Carte Michelin 315-K3

✿ **La Merise** (Cédric Deckert)

CUISINE MODERNE • ÉLÉGANT XXX En cette maison alsacienne, située dans un cadre champêtre, le chef Cédric Deckert concocte des recettes d'un très beau classicisme, jamais ennuyeuses, aux produits choisis avec soin. En salle, son épouse Christine, assure à la tête d'une brigade féminine un ballet très professionnel, et prodigue de judicieux conseils sur le vin.

→ Aile de raie bretonne, écrasé de pomme de terre et beurre noisette mousseux. Carré de porcelet au foin. Salpicon de fruits exotiques, sorbet passion-goyave, infusion aux parfums d'herbes et d'épices

Menu 27 € (déjeuner), 45/90 € – Carte 60/95 €

7 rue d'Eschbach – ✆ 03 88 90 02 61 – www.lamerise.alsace – Fermé 1er-7 janvier, 18 février-1er mars, 29 juillet-19 août, lundi soir, mardi, mercredi

LA LAUPIE – 26 (Drôme) → voir Montélimar

LAURIS

✉ 84360 (Vaucluse) – Carte régionale n° **25**-E1
Carte Michelin 332-E11

✿ **Le Champ des Lunes**

CUISINE MODERNE • DESIGN XX Jérôme Faure, qui obtint sa première étoile à l'âge de 30 ans à peine, est désormais le moissonneur en chef de ce Champ des Lunes. Sa cuisine, résolument moderne, gravite autour de beaux produits du Luberon. Marché oblige, sa carte évolue toutes les semaines ; les belles saveurs, elles, sont toujours au rendez-vous.

→ Asperge verte de Mallemort à la Chartreuse, graines de tournesol en risotto et sabayon à la spiruline de Lauris. Aiguillette de saint-pierre à l'anis vert, mousseline d'amande et radis multicolores. Tarte pamplemousse, meringue en différentes textures et glace à la feuille de capucine

Menu 35 € (déjeuner), 55/110 €

Domaine de Fontenille, route de Roquefraîche – ✆ 04 13 98 00 00 – www.domainedefontenille.com – Fermé 6 janvier-22 février, lundi, mardi, dimanche soir

La Cuisine d'Amélie

CUISINE MODERNE • BISTRO X Sur les terrasses sud de la bastide, ce bistrot décline une carte de petites bouchées à partager, intitulées des "touches de goûts", salées ou sucrées, réalisées autour de produits de la région : c'est original et bien exécuté.

Carte 27/45 €

Domaine de Fontenille, Route de Roquefraiche – ✆ 04 13 98 00 00 – www.domainedefontenille.com – Fermé 7 janvier-22 février, mercredi, jeudi

Domaine de Fontenille

LUXE • ÉLÉGANT Sur le versant sud du Luberon, dominant la plaine de la Durance, cette belle bastide provençale a su conserver son charme d'antan ! L'art contemporain est ici partout ; les chambres lumineuses marient parfaitement couleurs régionales et modernité. Et pendant ce temps, tout autour, les platanes centenaires montent la garde...

16 chambres – 158/445 € – 3 suites – 21 €

route de Roquefraiche – ✆ 04 13 98 00 00 – www.domainedefontenille.com – Fermé 7 janvier-13 février

✿ **Le Champ des Lunes** • **La Cuisine d'Amélie** – voir la sélection des restaurants

LAVAL

⊠ 53000 (Mayenne) – Carte régionale n° **23**-C1
Carte Michelin 310-E6 – Guide Vert Michelin Pays de la Loire

Bistro de Paris

CUISINE MODERNE • BISTRO XXX On s'attend presque à voir Émile Gallé entrer dans cette élégante salle Art nouveau ! Au cœur du quartier historique de Laval, ce bistrot chic propose des plats dans l'air du temps, au rythme des saisons. Les incontournables : tête et foie de veau ravigote, boudin blanc aux escargots et soufflé au Grand Marnier.

Menu 18 € (déjeuner), 28/48 € – Carte 52 €

67 rue du Val-de-Mayenne – ✆ 02 43 56 98 29 – www.lebistro-de-paris.com – Fermé 20 juillet-16 août, 31 décembre-7 janvier, lundi, samedi midi, dimanche soir

L'Antiquaire

CUISINE MODERNE • AUBERGE XX Amis chineurs, ici, vous ne trouverez ni livres anciens, ni toiles du 19e s., ni objets des années 1930... mais vous n'y perdrez pas au change ! Cet Antiquaire-là est tout à fait plaisant et accueillant, et dans l'assiette, on apprécie une cuisine généreuse et teintée de créativité.

Menu 20 € (déjeuner), 29/53 € – Carte 35/53 €

64 rue de Vaufleury – ✆ 02 43 53 66 76 – www.restaurant-lantiquaire.fr – Fermé 14-21 janvier, 8-23 avril, 8-29 juillet, lundi, samedi midi, dimanche soir

Perier du Bignon

HISTORIQUE • PERSONNALISÉ Ce bel hôtel particulier du 18e s. (classé) s'élève sur les hauteurs de la ville. Les chambres y sont cosy, raffinées et toutes différentes : coquettes et bourgeoises pour certaines, plus contemporaines pour d'autres. Spa, avec hammam et sauna.

42 chambres – 137/375 € – 4 suites – 14 €

7 rue du Marchis – ✆ 02 43 49 90 00 – www.hotelperierdubignon.fr

Hôtel de Paris

URBAIN • PERSONNALISÉ Sur l'une des principales artères de la ville, à deux pas de la Mayenne, un hôtel né en 1830, mais détruit en 1944 et reconstruit à l'après-guerre. Les chambres sont spacieuses et bien insonorisées. L'ensemble est parfaitement tenu.

50 chambres – 70/190 € – 10 €

22 Rue de la Paix – ✆ 02 43 53 76 20 – www.hotel-laval.fr – Fermé 23 décembre-2 janvier

LAVALETTE

⊠ 31590 (Haute-Garonne) – Carte régionale n° **22**-C2
Carte Michelin 343-H3

Auberge de la Forge 

CUISINE MODERNE • COSY X Nichée dans un petit village de la région toulousaine, cette Auberge est le repaire d'un jeune chef talentueux... et bien occupé : il partage son temps entre les fourneaux et la salle ! Ses recettes regorgent de belles saveurs, de notes épicées, et s'appuient sur des produits de première fraîcheur.

Menu 21 € (déjeuner), 37/47 €

8 rue Jean-Parisot (face à l'église) – ✆ 05 61 84 76 00 – Fermé 15 août-1er septembre, lundi, mardi, dimanche soir

LE LAVANCHER – 74 (Haute-Savoie) ➜ voir Chamonix

LE LAVANDOU

⊠ 83980 (Var) – Carte régionale n° **24**-C3
Carte Michelin 340-N7 – Guide Vert Michelin Côte d'Azur

Le Relais du Vieux Sauvaire

CUISINE MODERNE • CONVIVIAL Au bout d'une route sinueuse, sur les collines au-dessus du Lavandou, au milieu des pins et de la garrigue : ce lieu exceptionnel se mérite ! La Provence est là dans toute sa splendeur, et tout particulièrement dans ce potager fertile où le chef pioche de quoi composer des assiettes goûteuses et généreuses, qui se recomposent au gré des saisons.

Menu 45/90 €

route des Crêtes - ✆ 04 94 22 02 32 - www.relaisduvieuxsauvaire.com - Fermé 15 octobre-17 mars, lundi, dimanche soir

Planches & Gamelles

CUISINE MODERNE • BISTRO La carte indique "bouchon provençal, guinguette et vinothèque" : voilà qui annonce la couleur ! Cette sympathique maison, installée face au port de plaisance, propose une chouette cuisine du pays, simple et fraîche, accompagnée d'un bon choix de vins locaux. Bon rapport qualité-prix.

Menu 28/42 € - Carte 35/66 €

46 Quai Baptistin Pins - ✆ 09 86 28 65 28 - www-lopez-anthony.fr

Baptistin

URBAIN • FONCTIONNEL Face au port, cet hôtel récent joue la carte de la modernité : formes cubiques et équipements de qualité, ambiance feutrée... Les chambres sont confortables et la plupart d'entre elles disposent d'une terrasse ou d'un balcon.

14 chambres - 95/330 € - 12 €

Quai Baptistin Pins - ✆ 04 98 00 44 51 - www.baptistin-hotel-lavandou.com

à Aiguebelle 4,5 km par rte de St-Tropez - ✉ 83980

L'Empreinte by Fabricio

CUISINE MODERNE • ÉLÉGANT Le chef d'origine brésilienne qui avait régalé huit années durant ses clients au Sanglier Paresseux dans l'arrière pays se lance dans une nouvelle aventure culinaire, avec une cuisine française (agrémentée de quelques touches sud-américaines), servie dans un écrin contemporain lumineux.

Menu 34 € (déjeuner), 49/75 € - Carte 55/65 €

Avenue des Trois Dauphins - ✆ 04 94 05 76 98 - www.empreinte-restaurant.com - Fermé 1er janvier-4 février, lundi, dimanche soir

Le Grand Pavois

TRADITIONNEL • BORD DE MER En face de la plage d'Aiguebelle, cet hôtel moderne offre tout le confort nécessaire. Dans les chambres, le décor donne dans le minimalisme contemporain ; toutes disposent d'une terrasse ou d'un balcon.

18 chambres - 70/150 € - 10 €

Avenue des Trois Dauphins - ✆ 04 98 04 35 00 - www.legrandpavois83.com

à St-Clair 2 km par rte de St-Tropez - ✉ 83980

Les Tamaris - Chez Raymond

POISSONS ET FRUITS DE MER • RUSTIQUE Beignets de courgette, seiche de Méditerranée... et surtout la fameuse bouillabaisse cuite au feu de bois, une rareté : sous la houlette de Raymond, son truculent patron, cette véritable institution locale met à l'honneur les poissons de la pêche du jour. Et l'on ne résiste pas à la terrasse face à la mer...

Carte 40/90 €

Boulevard de la Baleine - ✆ 04 94 71 07 22 - Fermé 15 novembre-14 mars, mardi

Roc Hôtel

TRADITIONNEL • BORD DE MER Un hôtel situé juste à côté de la plage, les pieds dans l'eau... Les chambres, avec leur terrasse, sont lumineuses : pour un séjour tonique, choisissez-les face au large !

27 chambres - 92/250 € - 2 suites - 12 €

5 Rue des Dryades - ✆ 04 94 01 33 66 - www.roc-hotel.com - Fermé 15 octobre-30 mars

LAVAUDIEU

✉ 43100 (Haute-Loire) – Carte régionale n° **1**-C3
Carte Michelin 331-C2 – Guide Vert Michelin Auvergne

Court La Vigne

CUISINE TRADITIONNELLE · RUSTIQUE X Cherchez le cloître médiéval, cette charmante bergerie du 15ᵉ s. est juste à deux pas. Tout y est plaisant, le bar, la cheminée, la cour… Des vins bio locaux accompagnent une cuisine du terroir tout en simplicité.

Menu 27 €

Court La Vigne – ✆ 04 71 76 45 79 – Fermé 20 décembre-1er mars, mardi, mercredi

LES LAVAULTS – 89 (Yonne) → voir Quarré-les-Tombes

LAVAUR

✉ 81500 (Tarn) – Carte régionale n° **22**-C2
Carte Michelin 338-C8

à Ambres 3 km au Nord par D87 – ✉ 81500

Chez John

CUISINE MODERNE · CONTEMPORAIN XX Un chef anglais réinterprétant avec brio le terroir local ? Bienvenue Chez John. On s'installe dans une salle à la décoration moderne et épurée pour se délecter d'une cuisine attentive aux saisons et aux détails. Son rapport qualité-prix assez imbattable attire une clientèle d'habitués. Chez John, ou l'anti-Brexit.

Menu 18 € (déjeuner), 31/48 € – Carte 45/55 €

465 route de Gaillac – ✆ 05 63 57 64 85 – Fermé 3-17 janvier, 2-16 septembre, lundi, samedi midi, dimanche soir

LAVELANET

✉ 09300 (Ariège) – Carte régionale n° **22**-C3
Carte Michelin 343-J7

à Nalzen 6 km à l'Ouest par D117 – ✉ 09300

Les Sapins

CUISINE TRADITIONNELLE · RUSTIQUE X Au bord d'une forêt de sapins, cette maison familiale aux airs de chalet abrite un restaurant chaleureux, joliment décoré dans des tons gris et rouge. On vient y apprécier le goût de la tradition, et les saveurs de produits bien frais… La simplicité même !

Menu 17 € (déjeuner), 26/54 € – Carte 48/60 €

Conte – ✆ 05 61 03 03 85 – www.restaurant-lessapins.com – Fermé lundi, mardi, dimanche soir

LAYE – 05 (Hautes-Alpes) → voir Col Bayard

LECTOURE

✉ 32700 (Gers) – Carte régionale n° **22**-B2
Carte Michelin 336-F6

L'Auberge des Bouviers 

CUISINE TRADITIONNELLE · RUSTIQUE X Au cœur de cette localité gersoise, l'établissement préserve si bien l'esprit "auberge" qu'il faudrait en classer la recette : des murs chaleureux (poutres et pierres), un accueil convivial, et surtout une cuisine généreuse et savoureuse, concoctée par un chef très engagé ! L'avenir appartient encore aux auberges de France…

Menu 21 € (déjeuner)/33 € – Carte 45/55 €

8 Rue Montebello – ✆ 05 62 68 95 13 – Fermé lundi, samedi midi, dimanche soir

 **Hôtel Particulier Guilhon** (N)

GRAND LUXE • CONTEMPORAIN Ouverte en 2016 suite à de grands travaux de rénovation, cette maison d'hôtes se révèle un séjour de choix ! On y accueille dans des chambres grand luxe et tout confort, avec en prime une piscine et un espace bien-être.

5 chambres ☕ – 👥170/260 €

95 rue Nationale – ✆ 06 27 17 81 65 – www.hotel-particulier-guilhon.com – Fermé 14 janvier-16 février

LEGÉ

✉ 44650 (Loire-Atlantique) – Carte régionale n° **23**-B3
Carte Michelin 316-G6

Villa des Forges

FAMILIAL • DESIGN Alliance des vieilles pierres et du contemporain dans cet ancien corps de ferme du 18e s. rénové par son propriétaire architecte. Le nom des chambres : Monte Cristo, Ali Baba, James Bond... On y est accueilli en héros ! Avis aux amateurs : bain bouillonnant et douche écossaise dans l'espace bien-être.

5 chambres – 👥80/100 € – ☕ 8 €

Les Forges – ✆ 02 40 26 36 58 – www.villadesforges.com

LÈGE-CAP-FERRET – 33 (Gironde) ➜ voir Bassin d'Arcachon

LEMBACH

✉ 67510 (Bas-Rhin) – Carte régionale n° **10**-B1
Carte Michelin 315-K2

✿✿ **Auberge du Cheval Blanc** (Pascal Bastian)

CUISINE CRÉATIVE • ÉLÉGANT XXXX "Je ne sais pas pourquoi je suis devenu cuisinier". Ainsi s'exprime Pascal Bastian, du haut de ses deux étoiles. Sa mère était couturière, son père quincaillier : aucun restaurateur à l'horizon. Et voilà pourtant le tout jeune Pascal devenu commis à l'Auberge du Cheval Blanc, du chef Fernand Mischler, "le Haeberlin du Nord" (du nom du célèbre chef Marc Haeberlin, de l'Auberge de l'Ill, trois étoiles depuis 1967). Passage obligé par des tables prestigieuses (dont les Crayères, à Reims, avec Gérard Boyer), avant un retour au Cheval Blanc, où il accroche de nouveau deux étoiles.

Aujourd'hui, c'est le couple, Carole et Pascal, qui veille à l'avenir de ce noble relais de poste (18e s.), alliance du charme alsacien (en façade) et du raffinement contemporain : on s'installe dans une salle cossue, sous un beau plafond Renaissance. Les tables, rondes, nappées de blanc, sont espacées pour garantir l'intimité des conversations... et de l'expérience gastronomique. On pense à cet épais dos de sandre rôti, de belle fraîcheur, accompagné de pointes d'anguille fumée et de têtes d'asperges vertes croquantes. Et pour les amoureux de la région, sachez que l'hôtel dispose de chambres et d'un beau spa de 400 mètres carrés.

➜ Cannelloni de foie gras poêlé, champignons des bois, émulsion à la truffe noire. Cœur de filet de bœuf Black Angus, variation autour de l'oignon doux et béarnaise légère. Paris-lembach

Menu 70/125 € – Carte 105/135 €

4 rue de Wissembourg – ✆ 03 88 94 41 86 – www.au-cheval-blanc.fr – Fermé 2-8 janvier, 18 février-5 mars, 24 juin-10 juillet, lundi, mardi, vendredi midi

Auberge du Cheval Blanc

AUBERGE • PERSONNALISÉ De nouvelles chambres spacieuses et contemporaines, un salon cossu et confortable, un beau spa avec sa piscine couverte et son sauna : on se sent toujours aussi bien dans cette auberge alsacienne – un ancien relais de poste du 18e s. – située au cœur du village.

21 chambres – 👥200/300 € – ☕ 18 €

4 rue de Wissembourg – ✆ 03 88 94 41 86 – www.au-cheval-blanc.fr – Fermé 2-8 janvier, 18 février-5 mars, 24 juin-10 juillet

✿✿ **Auberge du Cheval Blanc** – voir la sélection des restaurants

LEMPDES – 63 (Puy-de-Dôme) ➜ voir Clermont-Ferrand

LENCLOÎTRE

✉ 86140 (Vienne) – Carte régionale n° **20**-C1
Carte Michelin 322-H4 – Guide Vert Michelin Poitou Vendée Charentes

à Savigny-sous-Faye 10 km au Nord par D757, D14 et D72 – ✉ 86140

Le Savignois

CUISINE MODERNE • AUBERGE X Cette auberge propose une cuisine de saison fraîche et goûteuse, dans laquelle se lisent certaines influences méridionales. En salle, le service est souriant et attentionné. Une adresse sympathique.

Menu 17 € (déjeuner)/32 € – Carte 39/44 €

2 rue du Lavoir – ☏ 09 82 57 71 84 – Fermé 25 février-14 mars, 26 août-5 septembre, 21 octobre-7 novembre, mardi, mercredi

LENS

✉ 62300 (Pas-de-Calais) – Carte régionale n° **13**-B2
Carte Michelin 301-J5

L'Atelier de Marc Meurin

CUISINE MODERNE • TENDANCE XX Étonnant, le bâtiment dessine un cercle tout en verre : son architecture se marie parfaitement au Louvre-Lens voisin ! Loin d'être un simple restaurant de musée, cet Atelier confié aux bons soins de Marc Meurin, fameux chef étoilé de Busnes, met à l'honneur les produits de la région. Tout indiqué en cas de visite...

Menu 33/70 € – Carte 42 €

97 rue Paul-Bert (au Louvre-Lens) – ☏ 03 21 18 24 90 – www.atelierdemarcmeurin.fr – Fermé mardi, dimanche soir

LENT

✉ 01240 (Ain) – Carte régionale n° **2**-B1
Carte Michelin 328-E4 – Guide Vert Michelin Lyon et sa région

Auberge Lentaise

CUISINE MODERNE • AUBERGE XX Au centre du village, où trône une petite tour de l'horloge, cette auberge est sans conteste la bonne adresse du coin : le jeune couple qui dirige l'endroit propose une cuisine de qualité, au goût du jour, préparée avec des produits frais et locaux, et servis à l'intérieur ou en terrasse... Une belle découverte !

Menu 28 € (déjeuner), 33/69 €

Grande-Rue – ☏ 04 74 21 55 05 – www.auberge-lentaise.fr – Fermé 1er-8 janvier, 1er-7 août, 23-27 décembre, lundi, mardi, dimanche soir

LESCAR – 64 (Pyrénées-Atlantiques) ➜ voir Pau

LESPONNE – 65 (Hautes-Pyrénées) ➜ voir Bagnères-de-Bigorre

LEUCATE

✉ 11370 (Aude) – Carte régionale n° **21**-B3
Carte Michelin 344-J5

Le Grand Cap (Erwan Houssin)

CUISINE MODERNE • DESIGN XX Au bout du chemin qui mène au phare, profitez de la vue splendide sur la mer et la côte... et laissez-vous porter par une séduisante cuisine à l'accent marin : des amuse-bouche aux mignardises, chaque assiette dévoile son lot de produits d'exception et de beaux jeux sur les saveurs et les textures. Un belle partition gourmande.

➜ Oursin de Galice, céleri, cresson et raifort, mouillette au caviar des Pyrénées. Loup de ligne, huître de Leucate, beurre d'algues, artichauts et émulsion iodée. Cerises de Céret soufflées aux amandes, sorbet fromage blanc au basilic

Menu 36 € (déjeuner), 55/90 € – Carte 80/123 €

chemin du phare – ☏ 04 68 48 13 73 – www.restaurant-grand-cap.fr – Fermé 7-29 janvier, 19 novembre-5 décembre, mardi, mercredi, dimanche soir

Jardin des Filoche

CUISINE TRADITIONNELLE · RUSTIQUE XX Un agréable restaurant – avec une terrasse fleurie et un jardin – où l'on travaille en famille et dans la bonne humeur. Dans la salle, vue sur les cuisines et les bons plats traditionnels du chef... idéal pour les curieux ! Quant au choix de crus locaux, il est des plus judicieux.

Menu 34 €

64 avenue Jean-Jaurès – 04 68 40 01 12 – Fermé 15 novembre-28 février, lundi

35 B

CUISINE MODERNE · CONTEMPORAIN X Une belle et bonne cuisine du marché, mettant à l'honneur les produits de saison : flan de foie gras aux langoustines, fondant de pintade farcie aux champignons de foies de volaille, etc. Les assiettes sont colorées, les cuissons maîtrisées et les saveurs bien marquées. Une jolie adresse !

Menu 19 € (déjeuner)/33 € – Carte 40/60 €

35 bis place de la République – 04 68 33 92 60 – Fermé 3 novembre-18 mars, mardi soir, mercredi

19-21 N

BOUTIQUE HÔTEL · TENDANCE Depuis la rue, rien ne distingue cette ancienne maison vigneronne devenue hôtel... et pour cause, tout se joue à l'intérieur, avec un décor qui mêle l'ancien (meubles chinés, vieux carrelage, table en bois brut) et le moderne (luminaires design, vitrail signé). Les chambres sont charmantes, certaines avec terrasse ou loggia.

20 chambres – 135/310 € – 19 €

19 avenue Francis-Vals – 04 68 27 68 44 – www.hotel19-21.com – Fermé 3 janvier-14 mars

LEUGNY

89130 (Yonne) – Carte régionale n° **5**-B1
Carte Michelin 319-D5

La Borde

HISTORIQUE · PERSONNALISÉ La grille en fer forgé ouvre sur un domaine enchanteur, où tout est remarquable : le confort et le raffinement de la bâtisse historique (14e-16e s.), le charme de l'orangerie aménagée en jardin d'hiver, la merveille du parc avec son potager et son arboretum, la quiétude de l'espace bien-être... Un lieu d'exception.

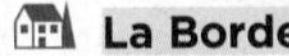

5 chambres – 350/650 €

La Borde, 2 km à l'Ouest par D52 – 03 86 47 69 01 – www.lbmh.fr – Fermé 15 décembre-4 janvier

LEUTENHEIM

67480 (Bas-Rhin) – Carte régionale n° **10**-B1
Carte Michelin 315-M3

Auberge Au Vieux Couvent

CUISINE TRADITIONNELLE · AUBERGE X Au fin fond de la forêt, une maison à colombages (fin du 17e s.) simple et rustique... Le chef, Damien Hirschel, y relève le pari d'une cuisine traditionnelle pleine d'à-propos, dans laquelle les spécialités régionales et les produits du potager sont mis à l'honneur. On fait volontiers halte dans cette auberge !

Menu 33/47 €

4 rue Principale, 4 km au Nord par D163 – 03 88 86 39 86 – www.auberge-au-vieux-couvent.fr – Fermé 12 août-3 septembre, 26 décembre-3 janvier, lundi, mardi, dimanche soir

LEVALLOIS-PERRET – 92 (Hauts-de-Seine) → voir Autour de Paris

LEVERNOIS – 21 (Côte-d'Or) → voir Beaune

LEVIE – 2A (Corse-du-Sud) → voir Corse

LEZOUX

⊠ 63190 (Puy-de-Dôme) – Carte régionale n° **1**-C2
Carte Michelin 326-H8 – Guide Vert Michelin Auvergne

Chante Bise

CUISINE TRADITIONNELLE · RUSTIQUE X "La cigale, ayant chanté tout l'été, se trouva fort dépourvue quand la bise fut venue..." Contrairement à la fable de La Fontaine, ici, point de pénurie ! Toute l'année, les gourmands apprécient une agréable cuisine traditionnelle. Accueil chaleureux et menu déjeuner au tarif imbattable.

Menu 13 € (déjeuner), 23/32 € – Carte 30/42 €

lieu-dit Courcourt, 5 km – ✆ 04 73 62 91 41 – www.restaurant-chantebise63.com – Fermé 17 février-7 mars, 18 août-6 septembre, 24-29 décembre, lundi, mardi, dimanche soir

à Bort-l'Étang 8 km au Sud-Est par D223 et D309 – ⊠ 63190

Château de Codignat

CUISINE MODERNE · ROMANTIQUE XXX Installez-vous dans ce décor élégant, rehaussé d'une pointe de faste qui rappelle l'atmosphère des buffets châtelains d'antan, pour goûter une cuisine inspirée par le marché et les saisons.

Menu 57/120 € – Carte 120/128 €

1 km à l'Ouest – ✆ 04 73 68 43 03 – www.codignat.com – Fermé 3 novembre-3 avril, lundi midi, mardi midi, mercredi midi, jeudi midi, vendredi midi

Château de Codignat

DEMEURE HISTORIQUE · ROMANTIQUE Les chambres évoquent Barbe-Bleue, Louis XI, Jacques Cœur, etc. Dans toutes, on a l'impression d'être plongé au cœur d'un conte médiéval. Imprimés soyeux, balustres dorées, dais sculptés : ce château du 15e s. n'a rien d'un ogre, mais d'une fée !

14 chambres – 180/495 € – 5 suites – ☕ 25 €

Château de Codignat, 1 km à l'Ouest – ✆ 04 73 68 43 03 – www.codignat.com – Fermé 3 novembre-3 avril

Château de Codignat – voir la sélection des restaurants

LIBOURNE

⊠ 33500 (Gironde) – Carte régionale n° **18**-B1
Carte Michelin 335-J5 – Guide Vert Michelin Aquitaine

Bord d'Eau

CUISINE TRADITIONNELLE · CHAMPÊTRE XX Cette appétissante cuisine traditionnelle et régionale, s'apprécie dans une grande salle véranda, ménageant une jolie vue sur la Dordogne. Il faut dire que la maison, sur pilotis, borde la rivière...

Menu 20 € (déjeuner), 42/56 €

5 Poinsonnet, 2 km à l'Ouest, rte de Blaye par D670 – ✆ 05 57 51 99 91 – Fermé 15-28 février, 15-29 novembre, lundi, mardi, dimanche soir

Mercure

URBAIN · CONTEMPORAIN Sur les quais, face à la Dordogne, cet hôtel de chaîne constitue une base idéale pour découvrir les vignobles de la région. Petit-déjeuner dans le patio.

78 chambres – 79/170 € – 3 suites – ☕ 16 €

3 quai Souchet – ✆ 05 57 25 64 18 – www.mercure-libourne-saint-emilion.com

à La Rivière 6 km à l'Ouest par D670 – ⊠ 33126

Château de La Rivière

DEMEURE HISTORIQUE · PERSONNALISÉ Un château de la Renaissance restauré par Viollet-le-Duc. Les chambres, spacieuses et confortables, cultivent évidemment leur esprit... châtelain. Au petit-déjeuner, on se régale de pâtisseries maison et, pour le cachet, on visite les caves souterraines du domaine.

5 chambres – ½ Pension seulement 159/287 €

à La Rivière, 9 km au Nord-Ouest par D670 et rte secondaire – ✆ 05 57 55 56 51 – www.chateau-de-la-riviere.com – Fermé 15-31 décembre

LIÈPVRE

68660 (Haut-Rhin) - Carte régionale n° **10**-C1
Carte Michelin 315-H7

à La Vancelle (Bas-Rhin) 2,5 km au Nord-Est par D167 - 67730

Auberge Frankenbourg (Sébastien Buecher)

CUISINE MODERNE • AUBERGE XX Dans cette auberge née au début du 20e s. officient deux frères pleins d'allant : Sébastien réalise une cuisine de produits goûteuse et élégante, tandis que Guillaume mène le jeu en salle. Le décor mêle boiseries et esprit zen, et quelques chambres permettent de prolonger l'étape...

→ Œuf en cuisson douce, truffe tuber melanosporum, blettes au miel de truffe, artichaut et émulsion de volaille. Pigeon d'Alsace. Gâteau de sorbet au citron et meringue croustillante

Menu 41/94 € - Carte 70/90 €

13 rue du Général-de-Gaulle - 03 88 57 93 90 - www.frankenbourg.com - Fermé 13 février-7 mars, 1er-18 juillet, mercredi, jeudi

LIESSIES

59740 (Nord) - Carte régionale n° **13**-D3
Carte Michelin 302-M7

Le Carillon

CUISINE TRADITIONNELLE • RUSTIQUE XX Une terrasse avec tilleuls, des poutres apparentes, une cave à vins pour emporter un peu de l'endroit avec soi : cette maison a des atouts à faire valoir ! On y propose une bonne cuisine traditionnelle, ainsi qu'une restauration d'appoint (salades, flamiche au maroilles), dans un décor rustique et chaleureux... Nord oblige !

Menu 33/50 € - Carte 42/57 €

1 rue Roger-Salengro (face à l'église) - 03 27 61 80 21 - www.le-carillon.com - Fermé 6-27 février, 21-28 août, 20 novembre-4 décembre, lundi soir, mardi, mercredi, jeudi soir, dimanche soir

LIFFRE

35340 (Ille-et-Vilaine) - Carte régionale n° **7**-D2
Carte Michelin 309-M5

L'Escu de Runfao

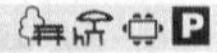

CUISINE MODERNE • ÉLÉGANT XXX Raviole de crustacés, jeunes légumes et herbes fraîches ; turbot rôti aux coquillages et asperges ; soufflé au Grand Marnier... On vient ici pour déguster une bonne cuisine de saison, ponctuée de touches créatives et fondée sur des produits de qualité. Belle salle à manger moderne, tournée vers la terrasse et le parc.

Menu 28 € (déjeuner), 35/60 € - Carte 25/60 €

Hôtel La Reposée, La Quinte, sortie 26 sur A84 - 02 99 68 31 51 - www.hotel-la-reposee.com - Fermé 19-25 février, 5-23 août, samedi midi, dimanche soir

Hôtel La Reposée

BUSINESS • CONTEMPORAIN Près de l'autoroute, certes, mais dans un joli parc verdoyant. Avec ses chambres bien tenues et sa salle de séminaire, cette grande bâtisse d'inspiration bretonne est sympathique et bien pratique.

25 chambres - 90/115 € - 12 €

La Quinte, sortie 26 sur A84 - 02 99 68 31 51 - www.hotel-la-reposee.com - Fermé 19-26 février, 5-23 août

L'Escu de Runfao - voir la sélection des restaurants

Jacques Palut/Fotolia.com

ON AIME...

Le **Vagabond**, pour la cuisine décoiffante et locavore de **Nicolas Pourcheresse**. **Gabbro**, sa carte du marché et son ambiance conviviale. **Rozo** et sa gastronomie tonique et singulière. Enfin, la jeune génération qui régale avec Steven Ramon au **Rouge Barre**, et sa terrasse sur les toits...

LILLE

✉ 59000 (Nord) – Carte régionale n° **13**–C2

Carte Michelin 302-G4 – Guide Vert Michelin Nord Pas-de-Calais

Restaurants

✿ La Table

CUISINE MODERNE • DESIGN XXX Cette table, l'une des plus prestigieuses de la métropole lilloise, a confié ses fourneaux à un jeune chef de talent. Thibaut Gamba, originaire des Vosges, dévoile toute une panoplie de techniques piochées en France et à l'étranger (New York, la Norvège), avec un travail très pointu autour du poisson. C'est fin, frais et créatif : pari tenu haut la main !

➜ Homard en trois services. Turbot cuit sur l'arête. Chocolat de Tanzanie

Menu 49 € (déjeuner), 79/95 €

Plan : 2 C2-k – *Clarance, 32 rue de la Barre – ✆ 03 59 36 35 59 – www.clarancehotel.com – Fermé 4-27 août, lundi, samedi midi, dimanche soir*

✿ Rozo (N) (Camille Pailleau et Diego Delbecq)

CUISINE MODERNE • DESIGN XX Diego et Camille : aux commandes de leur resto dans le vieux Lille, ces deux-là forment un duo plein d'enthousiasme. Lui, en cuisine, montre tout ce qu'il a tiré d'un parcours étincelant (Marc Meurin, Alain Ducasse...), avec des plats rudement bien mitonnés ; elle assure les desserts avec autant d'aplomb. Pour les petits budgets, tentez le menu déjeuner.

➜ Champignons cuits et crus, pickles et cresson acidulé. Agneau, coquillages et pommes de terres iodées. Vacherin aux agrumes frais et confits, sorbet pamplemousse et Campari

Menu 29 € (déjeuner)/62 € – Carte 53/61 €

Plan : 3 E1-c – *79 rue de la Monnaie – ✆ 09 83 46 55 00 – www.restaurant-rozo.fr – Fermé lundi, dimanche*

Envie de partir à la dernière minute ? Visitez les sites Internet des hôtels pour bénéficier de promotions tarifaires.

Gabbro

CUISINE TRADITIONNELLE • BISTRO X Une petite salle conviviale, un accueil chaleureux, une envie manifeste de partager... mais surtout, une cuisine fidèle au marché, goûteuse et gourmande, avec une spécialité : la terrine de foie selon la recette du grand-père du chef. Voici les ingrédients du succès de ce Gabbro lillois, que l'on doit à deux – jeunes – anciens de la Laiterie.

Menu 30/42 €

Plan : 3 E1-e – *55 rue Saint André – ✆ 03 20 39 05 51 – Fermé 6-21 avril, 10-25 août, 22 décembre-6 janvier, lundi soir, samedi, dimanche*

L'Hermitage Gantois

CUISINE MODERNE • ROMANTIQUE XXX Tout près du centre-ville, l'ancien hospice (1460) abrite une table superbe, qui flotte entre des ogives en brique rouge et or, des tableaux anciens et un sol en marbre noir. La modernité est de mise dans l'assiette, avec une originalité notable : de bons accords mets et bières des Flandres, sur les conseils du sommelier de la maison !

Menu 51/78 €

Plan : 3 F3-b – *224 rue de Lille – ✆ 03 20 85 30 30 – www.hotelhermitagegantois.com – Fermé 22 juillet-18 août, lundi, samedi midi, dimanche*

La Laiterie

CUISINE MODERNE • ÉLÉGANT XXX Dans un quartier légèrement excentré, l'occasion d'une échappée gourmande. Au menu, bons produits et excellents vins (bourgognes et bordeaux) à déguster au calme de la terrasse extérieure, dans le cadre sobre et élégant de la bâtisse, ou encore à la table d'hôtes, en face des fourneaux du chef.

Menu 39 € (déjeuner), 49/95 €

Plan : 1 A1-s – *138 avenue de l'Hippodrome, à Lambersart – ✆ 03 20 92 79 73 – www.lalaiterie.fr – Fermé lundi, dimanche soir*

Le Court Debout

CUISINE CLASSIQUE • INTIME XX Le chef travaille de beaux poissons frais, des viandes fermières maturées, ou encore une délicieuse tarte au chocolat... Dans un intérieur Art déco, ou sur la jolie terrasse-véranda, sa goûteuse cuisine fait le bonheur des gourmands que nous sommes... Une jolie adresse, où l'on se régale à prix doux.

Menu 28 € – Carte 37/43 €

Plan : 3 E2-k – *24 rue du Court-Debout – ✆ 03 52 79 00 52 – www.restaurant-lecourtdebout.com – Fermé mardi soir, dimanche*

Empreinte N

CUISINE MODERNE • ÉLÉGANT XX Près de l'ancien hippodrome, bienvenue dans cette maison des années 1950 à l'intérieur coquet et chaleureux, entre bois, cuir et acier. Dans l'assiette, le chef compose une cuisine créative, selon le marché et son inspiration du jour, avec de beaux jeux de textures et de saveurs – acidité, notamment.

Menu 33 € (déjeuner), 56/71 €

Plan : 1 A1-a – *170 avenue de l'Hippodrome – ✆ 03 20 44 00 21 – www.empreinterestaurant.com – Fermé 13 août-2 septembre, 24-29 décembre, samedi, dimanche*

Jour de Pêche

POISSONS ET FRUITS DE MER • COSY XX En centre-ville, un restaurant à l'atmosphère intime et cosy, repris par un jeune couple sympathique. Comme le nom le laisse penser, le poisson est à l'honneur, décliné à travers une carte courte et réjouissante. À déguster en terrasse, si toutefois le climat l'autorise.

Menu 24 € (déjeuner), 39/53 € – Carte 50/62 €

Plan : 3 E2-b – *2 rue de Pas – ✆ 03 20 57 60 59 – www.jour-de-peche.fr*

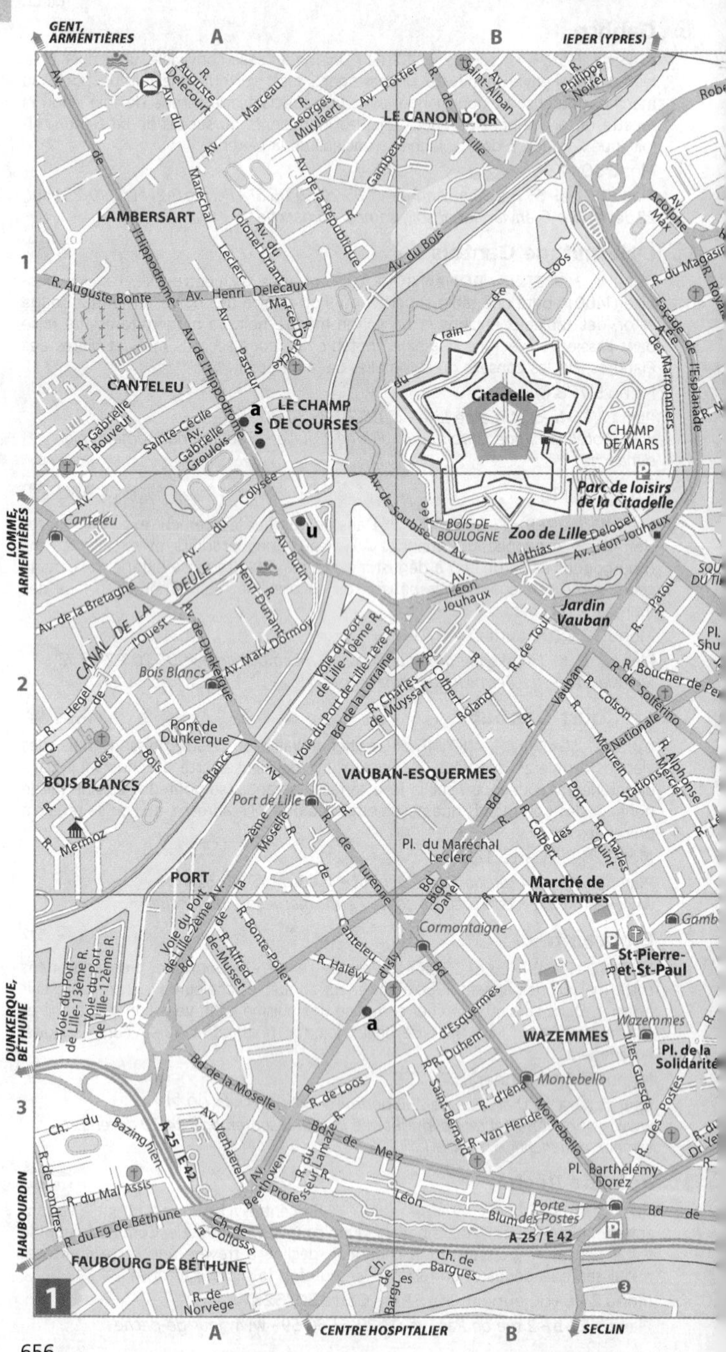

GENT, ARMENTIÈRES
IEPER (YPRES)
A
B
LE CANON D'OR
LAMBERSART
CANTELEU
LE CHAMP DE COURSES
Citadelle
CHAMP DE MARS
Parc de loisirs de la Citadelle
BOIS DE BOULOGNE
Zoo de Lille
Jardin Vauban
CANAL DE LA DEÛLE
BOIS BLANCS
VAUBAN-ESQUERMES
Port de Lille
Pl. du Maréchal Leclerc
PORT
Marché de Wazemmes
Cormontaigne
St-Pierre-et-St-Paul
WAZEMMES
Wazemmes
Pl. de la Solidarité
Montebello
Pl. Barthélémy Dorez
Porte des Postes
A 25 / E 42
FAUBOURG DE BÉTHUNE
LOMME, ARMENTIÈRES
DUNKERQUE, BÉTHUNE
HAUBOURDIN
CENTRE HOSPITALIER
SECLIN
1
2
3

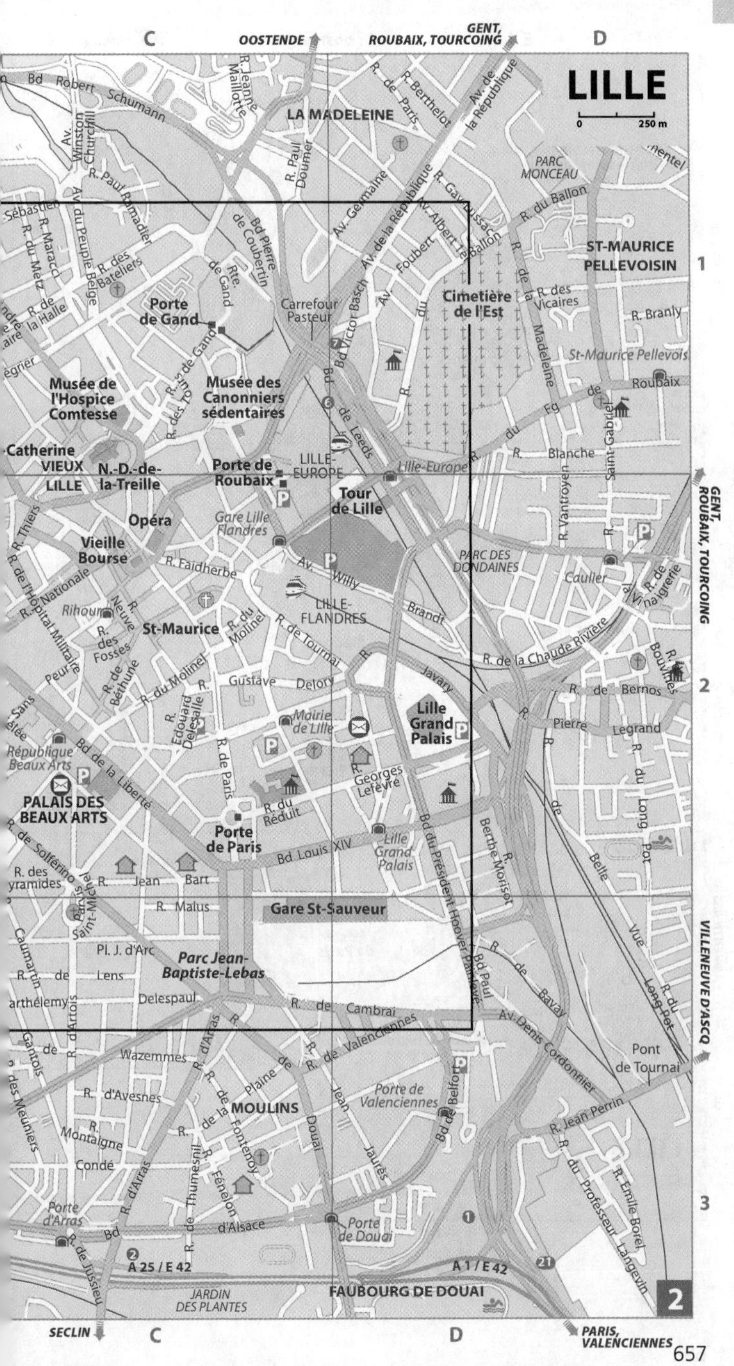
LILLE
0
250 m
C
D
1
2
3
OOSTENDE
GENT, ROUBAIX, TOURCOING
SECLIN
PARIS, VALENCIENNES
VILLENEUVE D'ASCQ
LA MADELEINE
ST-MAURICE PELLEVOISIN
PARC MONCEAU
Cimetière de l'Est
Porte de Gand
Musée de l'Hospice Comtesse
Musée des Canonniers sédentaires
VIEUX LILLE
N.-D.-de-la-Treille
Porte de Roubaix
LILLE-EUROPE
Tour de Lille
Opéra
Vieille Bourse
Gare Lille Flandres
LILLE-FLANDRES
PARC DES DONDAINES
St-Maurice
Lille Grand Palais
Mairie de Lille
PALAIS DES BEAUX ARTS
Porte de Paris
Gare St-Sauveur
Parc Jean-Baptiste-Lebas
MOULINS
Porte de Valenciennes
Porte d'Arras
Porte de Douai
FAUBOURG DE DOUAI
JARDIN DES PLANTES
A 25 / E 42
A 1 / E 42
Pont de Tournai
Carrefour Pasteur
Bd Robert Schumann
Bd Louis XIV
Bd de la Liberté
Bd du Président Hoover
Av. Willy Brandt
R. Faidherbe
R. Nationale
R. de Tournai
R. Gustave Delory
R. Pierre Legrand
R. de Cambrai
R. de Valenciennes
R. de Douai
R. Jean Jaurès
Bd d'Alsace
Av. Denis Cordonnier
R. Jean Perrin
R. du Professeur Langevin
R. Émile Borel
Av. de la République
R. du Ballon
R. de la Madeleine
2

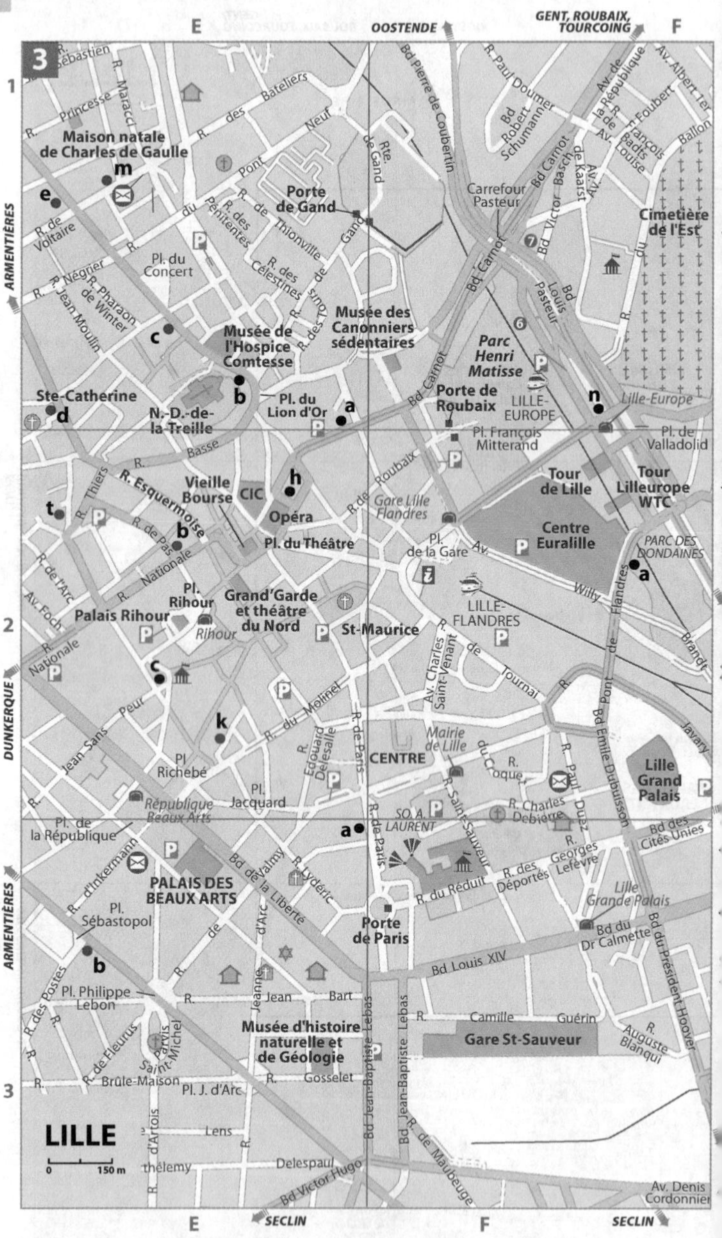
LILLE
3
OOSTENDE
GENT, ROUBAIX, TOURCOING
SECLIN
ARMENTIÈRES
DUNKERQUE
Maison natale de Charles de Gaulle
Porte de Gand
Musée des Canonniers sédentaires
Musée de l'Hospice Comtesse
Cimetière de l'Est
Carrefour Pasteur
Parc Henri Matisse
Porte de Roubaix
LILLE-EUROPE
Pl. François Mitterand
Ste-Catherine
N.-D.-de-la-Treille
Pl. du Lion d'Or
Pl. du Concert
Vieille Bourse
CIC
Opéra
Pl. du Théâtre
Tour de Lille
Tour Lilleurope WTC
Centre Euralille
Gare Lille Flandres
Pl. de la Gare
LILLE-FLANDRES
Palais Rihour
Pl. Rihour
Grand'Garde et théâtre du Nord
St-Maurice
Pl. Richebé
Pl. Jacquard
CENTRE
Mairie de Lille
Lille Grand Palais
République Beaux Arts
Pl. de la République
PALAIS DES BEAUX ARTS
Pl. Sébastopol
Pl. Philippe Lebon
Porte de Paris
Musée d'histoire naturelle et de Géologie
Gare St-Sauveur
Pl. J. d'Arc
Lille Grande Palais
R. Esquermoise
Bd Carnot
Bd Louis XIV
Bd de la Liberté
Bd Victor Hugo
Bd Jean-Baptiste Lebas
Bd Emile Dubuisson
Bd du Président Hoover
Av. Willy Brandt
R. de Paris
R. de Roubaix
R. de Tournai
R. Nationale
R. Jean Sans Peur
R. du Molinel
Bd Pierre de Coubertin
PARC DES DONDAINES
0 150 m

Rouge Barre

CUISINE MODERNE • CONVIVIAL XX Au cœur du vieux Lille, Steven Ramon confirme – après l'aventure Top Chef en 2014 – qu'il faudra désormais compter sur lui. Dans un intérieur intimiste, ce ch'ti pur et dur esquisse des assiettes pétillantes et inspirées, qui magnifient de beaux produits. Terrasse à l'étage. Irrésistible !

Menu 30 € (déjeuner)/66 € – Carte 45/65 €

Plan : 3 E1-m – *50 rue de la Halle – ✆ 03 20 67 08 84 – www.rougebarre.fr – Fermé lundi, dimanche*

Les Toquées by Benoit Bernard

CUISINE MODERNE • COSY XX Cette table des bords de la Deule est emmenée par le chef Benoît Bernard, revenu au pays après six ans passés à l'étranger (Madagascar, notamment). À la – courte – carte, on trouve une cuisine aux solides bases classiques... et aux intitulés évocateurs : homard, sauce vin jaune et morilles, ou bar, gingembre et salicornes.

Menu 31 € (déjeuner), 55/65 € – Carte 39/67 €

Plan : 1 A2-u – *110 quai Géry-Legrand – ✆ 03 20 00 12 46 – www.lestoquees.com – Fermé 3-24 août, lundi, dimanche*

Bloempot

CUISINE MODERNE • BRANCHÉ X Florent Ladeyn, dont l'Auberge du Vert Mont rend un si bel hommage au terroir régional, récidive avec cette "cantine flamande" revendiquée. Décor atypique (un ancien atelier de menuiserie), bons produits nature et recettes originales : rafraîchissant ! Attention, il n'y a pas de téléphone ici, les réservations se font par le site internet ou sur place.

Menu 25 € (déjeuner), 40/60 €

Plan : 3 E2-t – *22 rue des Bouchers – www.bloempot.fr – Fermé 14-21 avril, 28 juillet-18 août, 23 décembre-6 janvier, lundi, mardi soir, dimanche*

La Royale

CUISINE MODERNE • BISTRO X La Royale, c'est une antique maison en briques (1890) transformée en un charmant bistrot contemporain. Déco un brin rétro, ambiance chaleureuse, service décontracté : c'est peu de dire qu'on se sent bien ! Le chef mitonne une cuisine du marché savoureuse, et l'on conclut son repas avec sa spécialité : le paris-brest. Bon choix de vins sur ardoise.

Menu 28 € (déjeuner), 32/40 €

Plan : 3 E1-d – *37 rue Royale – ✆ 03 20 42 10 11 – www.la-royale-lille.com – Fermé 1er-26 août, lundi soir, mardi soir, mercredi soir, dimanche*

Sébastopol (N)

CUISINE MODERNE • DESIGN X Le chef aime la tradition, avec jus et sauces de rigueur, mais ce n'est pas tout : il parsème ses assiettes d'associations aussi personnelles que surprenantes. Moules avec l'échine de cochon, ou morceaux de foie gras avec le filet de cabillaud... Le plus beau, c'est que ça fonctionne ! Carte volontairement courte, renouvelée régulièrement.

Carte 32/45 €

Plan : 3 E3-b – *1 place de Sébastopol – ✆ 03 20 13 13 38 – www.restaurant-sebastopol.fr – Fermé mardi soir, mercredi soir, samedi midi, dimanche*

SOlange

CUISINE MODERNE • BISTRO X Ce petit bistrot contemporain excentré bénéficie de l'énergie communicative de Christophe Pirotais, ancien de Top chef, adepte d'une cuisine décomplexée et dans l'air du temps, servie dans une ambiance décontractée.

Menu 23 € (déjeuner), 28/37 €

Plan : 1 A3-a – *59 rue d'Isly – ✆ 09 86 37 22 50 – www.solange-restaurant.fr – Fermé 1er-19 août, 16 décembre-1er janvier, lundi, dimanche*

Le Vagabond

CUISINE CRÉATIVE • BRANCHÉ Nicolas Pourcheresse, le chef le plus "hype" des Hauts-de-France, sert ici une version débridée et créative de la cuisine paysanne, avec des produits directement piochés dans son potager. Utilisation judicieuse des légumes et des céréales, variété des techniques de cuisson : son style n'appartient qu'à lui. Plus qu'un repas, une véritable expérience !

Menu 35 € (déjeuner)/85 €

Plan : 1 B1-a - *112 rue Saint-André - www.le-vagabond.net - Fermé 1er-10 janvier, 11 août-1er septembre, lundi, mardi midi, mercredi midi, dimanche*

Hôtels

Barrière Lille

LUXE • CONTEMPORAIN Dans ce grand bâtiment de verre, on peut aller au théâtre, au casino et... regagner en un clin d'œil son hôtel – l'un des derniers-nés du groupe Barrière (2010). Espace, lumière, luxe sans ostentation, restaurant chic et brasserie contemporaine : de très séduisantes prestations.

125 chambres - 109/397 € - 17 suites - 20 €

Plan : 3 F2-a - *777 bis Pont-de-Flandre - 03 28 14 45 00 - www.hotel-barriere-lille.com*

L'Hermitage Gantois

LUXE • PERSONNALISÉ Fondé vers 1460, cet ancien hospice est aujourd'hui un bel hôtel. Architectures historiques, nouveau classicisme contemporain, cours et patios intérieurs... de quoi se convertir en ermite ! Le restaurant gastronomique ne manque pas d'élégance, tandis que l'estaminet cultive joliment l'esprit du Nord.

85 chambres - 120/350 € - 3 suites - 23 €

Plan : 3 E3-a - *224 rue de Lille - 03 20 85 30 30 - www.hotelhermitagegantois.com - Fermé 1er-8 janvier, 21 juillet-21 août*

L'Hermitage Gantois - voir la sélection des restaurants

Couvent des Minimes Alliance

HISTORIQUE • FONCTIONNEL Un lieu chargé d'histoire, à deux pas de la citadelle. Dans ce joli couvent du 17e s., on profite de chambres spacieuses et élégantes... Une belle idée du bien-être et de la détente ! Au restaurant, mariage réussi du contemporain et de l'ancien autour d'une carte dans l'air du temps ; piano-bar.

80 chambres - 139/300 € - 3 suites - 19 €

Plan : 1 B2-d - *17 quai du Wault - 03 20 30 62 62 - www.alliance-lille.com*

Crowne Plaza

BUSINESS • CONTEMPORAIN De vastes chambres contemporaines, d'esprit zen et très bien équipées, certaines avec une vue superbe sur Lille et son beffroi. Le choix de salles de réunion et l'emplacement, face à la gare TGV, conviendront parfaitement à la clientèle d'affaires.

121 chambres - 90/300 € - 15 €

Plan : 3 F1-n - *335 boulevard de Leeds - 03 20 42 46 46 - www.lille-crowneplaza.com*

Clarance

LUXE • DESIGN Installé dans un hôtel particulier du 18e s., cet établissement est pour le moins atypique ! L'Albatros, le Cygne, le Balcon ou le Flacon : les chambres, claires et lumineuses, ont pour thème des poèmes de Baudelaire ; la décoration a été en partie réalisée par des artistes et artisans locaux.

18 chambres - 200/450 € - 1 suite - 19 €

Plan : 1 B2-k - *32 rue de la Barre - 03 59 36 35 59 - www.clarancehotel.com*

La Table - voir la sélection des restaurants

Mercure Lille Centre Grand Place

HÔTEL DE CHAÎNE · CONTEMPORAIN Un bel immeuble en plein centre-ville, derrière l'Opéra. Chambres rénovées dans un esprit contemporain.

101 chambres – 79/269 € – 18 €

Plan : 3 E2-h – *2 boulevard Carnot – 03 20 14 71 47 – www.mercure-lille-centre-grand-place.com*

L'Arbre Voyageur

URBAIN · ÉLÉGANT Superbement rénové, ce bâtiment des années 1960 (qui abritait autrefois le consulat de Pologne) est devenu un hôtel à la gloire... du voyage ! Ambiance chaleureuse, chambres charmantes et bien insonorisées, malgré la proximité du boulevard ; accueil aux petits soins.

45 chambres – 95/329 € – 3 suites – 16 €

Plan : 3 E1-a – *45 boulevard Carnot – 03 20 20 62 62 – www.hotelarbrevoyageur.com*

Why

URBAIN · DESIGN Dans un immeuble des années 1970 (avec une façade entièrement percée de grandes fenêtres ovales), un hôtel résolument design, décoré avec soin et sens du confort : parquet en chêne, grands lits avec couettes, douches à l'italienne, etc. On peut se restaurer à midi et profiter du bar le soir. Why not ?

46 chambres – 109/440 € – 16 €

Plan : 3 E2-c – *7 bis square Morisson – 03 20 50 30 30 – www.why-hotel.com*

Hôtel de la Treille

TRADITIONNEL · COSY Idéalement placé pour flâner dans le quartier du Vieux-Lille, cet hôtel familial propose des chambres cosy et contemporaines, décorées avec goût et bien agencées ; certaines d'entre elles offrent une jolie vue sur la cathédrale.

40 chambres – 95/210 € – 16 €

Plan : 3 E1-b – *7/9 place Louise-de-Bettignies – 03 20 55 45 46 – www.hoteldelatreille.com*

à Bondues – 59910

Val d'Auge (Christophe Hagnerelle)

CUISINE MODERNE · ÉLÉGANT XXX Ce Val vous tend les bras : le chef fait parler son expérience et réalise une cuisine de saison précise et goûteuse, sans esbroufe, avec une pointe d'inventivité. On s'y régale à la carte ou grâce à la formule déjeuner, au rapport qualité-prix imbattable... Le tout dans une ambiance contemporaine et feutrée !

→ Œuf cocotte à la truffe. Lièvre à la royale. Tarte fine au pamplemousse et endives

Menu 36 € (déjeuner), 52/102 € – Carte 90/105 €

805 avenue du Général-de-Gaulle – 03 20 46 26 87 – www.valdauge.com – Fermé 17-24 février, 7-14 avril, 4-25 août, lundi, samedi midi, dimanche

à Capinghem – 59160

La Marmite de Pierrot

CUISINE TRADITIONNELLE · BISTRO X Ne dit-on pas que dans le cochon, tout est bon ? Les amateurs de produits tripiers et de cochonnailles se sentiront chez eux dans ce bistrot à l'ancienne (bar en bois, tables au coude-à-coude, banquettes en velours). Pierrot, son truculent patron, défend le terroir régional avec toujours autant de passion ! Une véritable institution.

Menu 36 €

93 rue Poincaré – 03 20 92 12 41 – www.pierrot-de-lille.com – Fermé 6-13 mai, 29 juillet-19 août, lundi, mardi soir, mercredi soir, jeudi soir, dimanche soir

à Gruson – ✉ 59152

L'Arbre

CUISINE MODERNE • CONVIVIAL XX Cette maison, tout de rouge vêtue, est installée sur un passage mythique de la course Paris-Roubaix. Mais bien loin de "l'Enfer du Nord", on profite ici d'une cuisine goûteuse et dans l'air du temps ; quant au service, il se révèle efficace et décontracté.

Menu 35 € (déjeuner), 45/82 € – Carte 66/89 €

1 pavé Jean-Marie-Leblanc (croisement chemin de Bourghelles), 1 km à l'Est par D90 – ✆ 03 20 79 55 33 – www.larbre.com – Fermé 19 août-11 septembre, lundi, mardi

à Marcq-en-Baroeul – ✉ 59700

La Salle à Manger

CUISINE MODERNE • CONTEMPORAIN XX Voilà une maison qui a su évoluer avec son temps, comme en témoigne cette salle à manger contemporaine, avec table d'hôtes face à la cuisine, et cette terrasse verdoyante. Le chef y cuisine en fonction du marché et de ses envies, avec quelques spécialités bien à lui : l'agneau de lait confit aux légumes, ou encore les nems au chocolat...

Menu 28 € (déjeuner), 56/68 € – Carte 53/65 €

287 boulevard Clemenceau – ✆ 03 20 65 21 19 – www.restaurant-lasalleamanger.com – Fermé 18-24 février, 5-25 août, lundi, mardi soir, samedi midi, dimanche

LIMOGES

✉ 87000 (Haute-Vienne) – Carte régionale n° **19**-B2

Carte Michelin 325-E6 – Guide Vert Michelin Limousin Berry

Le Vanteaux

CUISINE MODERNE • ÉLÉGANT XX Son chef se définit comme un "agitateur de gourmandises" ! On apprécie sa cuisine qui revisite les classiques régionaux (langoustines, ris de veau)... À noter : le chariot de mini-desserts pour bien conclure le repas et la jolie sélection de vins au verre. L'été, on s'installe sur le toit, à l'ombre des canisses.

Menu 27 € (déjeuner), 33/49 € – Carte 60/70 €

162 boulevard de Vanteaux – ✆ 05 55 49 01 26 – www.levanteaux.com – Fermé 1er-8 janvier, 15 avril-1er mai, 5-20 août, lundi, mardi, dimanche soir

Amphitryon

CUISINE MODERNE • COSY XX Cette jolie maison à pans de bois, au cœur du pittoresque "village" des Bouchers, est désormais le fief du chef Olivier Polla. Il propose à ses clients une cuisine moderne tournée vers le produit, mijotée au gré de ses inspirations. Un plaisir pour les papilles.

Menu 23 € (déjeuner), 29/80 € – Carte 50/70 €

Plan : A2-d – *26 rue de la Boucherie – ✆ 05 55 33 36 39 – www.amphitryon-limoges.fr – Fermé lundi, dimanche*

Le Cheverny

CUISINE MODERNE • TENDANCE XX En restaurateurs expérimentés, Didier et Marie-Christine Palard ont fait de ce Cheverny limougeaud – installé dans une ancienne usine de fabrication de chaussures – un véritable havre de gourmandise. On s'y régale des viandes de la région (bœuf limousin, veau de lait, agneau), à déguster dans la salle élégante, ou sur la grande terrasse.

Menu 25 € (déjeuner), 32/79 € – Carte 24/75 €

57 avenue Baudin – ✆ 05 55 34 50 01 – www.lecheverny.fr – Fermé 29 avril-13 mai, lundi, samedi midi, dimanche soir

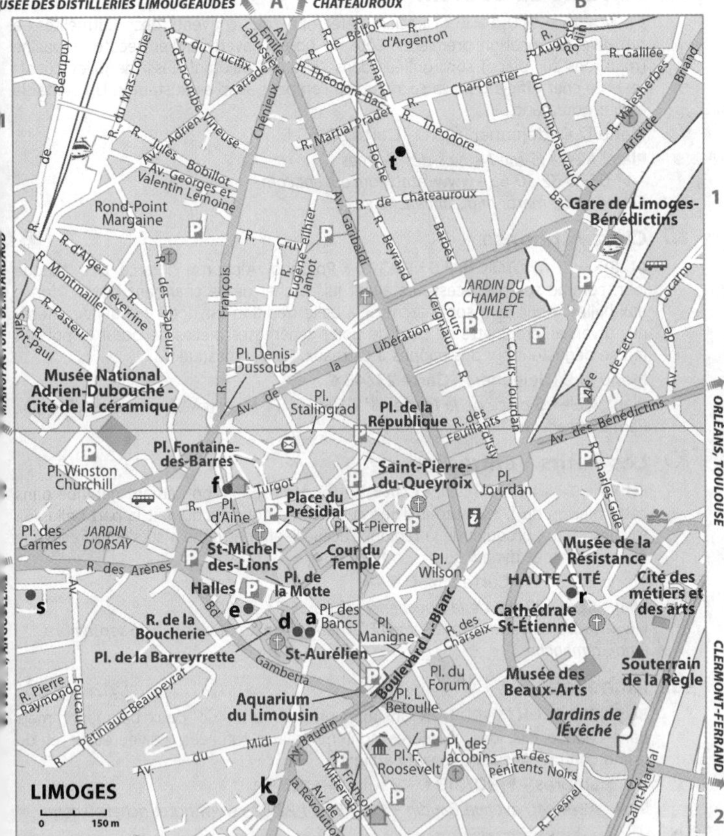

Philippe Redon

CUISINE MODERNE · ÉLÉGANT XX Vous aimez la cuisine vivante ? Vous allez être servi… Ici, on réalise des recettes qui oscillent entre bistronomie, air du temps et esprit gastronomique à l'ancienne… avec une prédilection pour les produits sur-mesure (volailles, huîtres etc.). Avec en prime, des conseils avisés sur le vin.

Menu 28 € (déjeuner)/48 € – Carte 35/45 €

Plan : A2-f – *14 Rue Adrien Dubouché – ✆ 05 55 79 37 50 – Fermé lundi, dimanche*

La Cuisine du Cloître

CUISINE MODERNE · ÉPURÉ X Au pied de la cathédrale, cet ancien cloître du 17e s. a du cachet ! Au gré de son envie et des saisons, le chef compose une bonne cuisine du marché. Les cuissons sont maîtrisées, les produits de qualité : une expérience sympathique.

Menu 22 € (déjeuner), 36/56 €

Plan : B2-r – *6 rue des Allois – ✆ 05 55 10 28 29 – www.la-cuisine-du-cloitre.fr – Fermé mardi soir, mercredi, jeudi, vendredi, samedi, dimanche midi*

La Table du Couvent

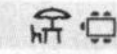

VIANDES • HISTORIQUE X L'ancien réfectoire du couvent des Carmélites a retrouvé sa vocation première ! Côte de bœuf, bavette ou entrecôte limousine (maturées sur place) sont grillées dans l'âtre, où mijotent aussi de jolies cocottes... Le chef officie dans la sacristie, où l'on peut aussi se sustenter. Un véritable atelier gourmand !

Menu 17 € (déjeuner)/25 € - Carte 25/55 €

Plan : A2-s - *15 rue Neuves-des-Carmes - ✆ 05 55 32 30 66 - www.latableducouvent.com - Fermé lundi, mardi midi, dimanche soir*

Chez Alphonse

CUISINE TRADITIONNELLE • BISTRO X Pourquoi Alphonse ? Parce que chaque jour, comme ses prédecesseurs avant lui, le chef de ce charmant bistrot "fonce aux halles" pour faire son marché... La belle tradition est donc à l'honneur : terrines diverses, crépinette de pied de porc, généreuses pièces de bœuf et pot-au-feu se dégustent sur des nappes à carreaux. Gargantuesque !

Menu 21 € (déjeuner) - Carte 23/46 €

Plan : A2-e - *5 place de la Motte - ✆ 05 55 34 34 14 - www.chezalphonse.fr - Fermé dimanche*

Les Petits Ventres

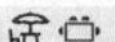

CUISINE TRADITIONNELLE • CONVIVIAL X Atmosphère bon enfant garantie dans cette maison du 17e s., autour d'une cuisine traditionnelle qui fait la part belle aux saisons et aux produits de la région. L'accueillante patronne a su s'entourer d'une équipe jeune et dynamique.

Menu 22/35 € - Carte 35/50 €

Plan : A2-a - *20 rue de la boucherie - ✆ 05 55 34 22 90 - www.les-petits-ventres.fr - Fermé 17 février-3 mars, 21-28 avril, 1er-15 septembre, lundi, dimanche*

Richelieu

BUSINESS • CONTEMPORAIN Un hôtel près de la mairie, deux bâtiments, mais dans chaque cas, des chambres contemporaines raffinées, chaleureuses et de grand confort. Accueil très sympathique.

44 chambres - 90/210 € - 2 suites - 15 €

Plan : A2-k - *40 avenue Baudin - ✆ 05 55 34 22 82 - www.hotel-richelieu.com*

Art Hôtel Tendance

FAMILIAL • PERSONNALISÉ Un petit hôtel proche de la gare, situé dans un quartier calme. Les plus jolies chambres ? Canada, Grèce et Inde. Dépaysement garanti et tenue impeccable ! Et l'accueil est convivial.

16 chambres - 60/70 € - 9 €

Plan : B1-t - *37 rue Armand-Barbes - ✆ 05 55 77 31 72 - www.arthoteltendance.fr - Fermé 24 décembre-7 janvier*

à Boisseuil 12 km au Sud-Est par A20 - ✉ 87220

Le Lanaud

CUISINE DU TERROIR • SIMPLE X Cette vaste construction de bois et de verre surplombant la campagne, s'ouvre sur une impressionnante terrasse en bois avec vue panoramique. Attablons-nous. Tout ici tourne autour de la vache, des banquettes... à l'assiette, authentique et généreuse : cœur d'entrecôte, noix de bœuf fumée, côte cuite sur pierre de sel... Un coup de cœur.

Menu 17 € (déjeuner)/38 €

Pôle de Lanaud - ✆ 05 55 06 46 08 - Fermé 17 février-28 mars, lundi soir, mardi soir, mercredi soir, jeudi soir, dimanche soir

à Feytiat 7 km à l'Est par D979 – 87220

Prieuré du Puy Marot

FAMILIAL · PERSONNALISÉ Surplombant la vallée de la Valoine, ce prieuré du 12e s., plusieurs fois remanié, coule des jours paisibles au milieu d'un beau jardin. Du style, un accueil charmant et ce petit supplément d'âme qui fait la différence. Le soir, cuisine traditionnelle.

3 chambres – 95/115 €

8 allée du Puy-Marot, 2 km au Nord-Est par rte de St-Just-le-Martel (D98) – 05 55 48 33 97

à St-Martin-du-Fault 13 km à l'Ouest par N141, D941 et D20 – 87510

Chapelle Saint-Martin (Gilles Dudognon)

CUISINE MODERNE · CLASSIQUE XXX Dans ce petit castel cossu et raffiné, le chef et sa brigade (renforcée par un pâtissier) sélectionnent avec rigueur de beaux produits régionaux. Ils en tirent une cuisine classique de caractère, qu'ils n'hésitent pas à parsemer de touches inventives.

→ Raviole d'escargots, soupe d'orties aux herbes. Carré de veau fermier du Limousin, panoufle en ragoût et petites girolles. Ruche "Saint-Martin" comme un nougat glacé au miel

Menu 39 € (déjeuner), 65/140 € – Carte 65/90 €

05 55 75 80 17 – www.chapellesaintmartin.com – Fermé 3 janvier-8 février, lundi, mardi

Chapelle Saint-Martin

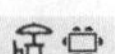

LUXE · HISTORIQUE Nichée dans un grand parc, tout près d'un bois, cette gentilhommière en constante évolution cultive son élégance bourgeoise : chambres parées d'étoffes colorées, beau mobilier, tentures fleuries et luxueuses suites contemporaines... Sculptures, photos signées : le propriétaire, esthète averti, aime l'art. Tout s'explique !

10 chambres – 135/325 € – 4 suites – 25 €

Chapelle St-Martin – 05 55 75 80 17 – www.chapellesaintmartin.com – Fermé 3 janvier-8 février

Chapelle Saint-Martin – voir la sélection des restaurants

LIMOUX

11300 (Aude) – Carte régionale n° **21**-B3
Carte Michelin 344-E4

Tantine et Tonton

CUISINE MODERNE · CLASSIQUE XX Tantine et Tonton ont changé d'air, et décidé de s'installer sous les hauts plafonds à moulures du Grand Hôtel Moderne et Pigeon. Dans ce décor délicieusement rétro – vieux parquets, lustres et grands miroirs – ou sur la terrasse ombragée, ils proposent une bonne cuisine dans l'air du temps : on passe un agréable moment !

Menu 22 € (déjeuner), 35/55 € – Carte 45/55 €

Grand Hôtel Moderne et Pigeon, 1 place du Général-Leclerc (près de la poste) – 04 68 31 21 95 – www.tantinetonton.fr – Fermé lundi soir, dimanche

Grand Hôtel Moderne et Pigeon

HISTORIQUE · PERSONNALISÉ Dans cette demeure du 16e s., les siècles se suivent et ne se ressemblent pas. Ancienne résidence des parents de Madame du Barry, couvent... puis hôtel, les lieux ne manquent ni d'âme ni de cachet : superbe escalier, fresques, vitraux, ciels de lit ou baldaquins, etc. Une adresse que l'on quitte à regret.

12 chambres – 101/150 € – 1 suite – 13 €

1 place du Général-Leclerc (près de la poste) – 04 68 31 00 25 – www.grandhotelmodernepigeon.fr

Tantine et Tonton – voir la sélection des restaurants

LINGOLSHEIM – 67 (Bas-Rhin) → voir Strasbourg

LE LIOUQUET - 13 (Bouches-du-Rhône) ➜ voir La Ciotat

LISIEUX

⊠ 14100 (Calvados) – Carte régionale n° **17**-C2
Carte Michelin 303-N5 – Guide Vert Michelin Normandie Vallée de la Seine

L'Espérance

TRADITIONNEL • FONCTIONNEL Cette bâtisse normande à colombages a beau être l'un des plus anciens hôtels de Lisieux, ses chambres n'en sont pas moins contemporaines et cossues. Les groupes de pèlerins apprécient notamment la grande salle Art déco et la cuisine traditionnelle tout en simplicité. Un établissement bien tenu.

90 chambres – ††85/129 € – ☕12 €
16 boulevard Sainte-Anne – ✆ 02 31 62 17 53 – www.lisieux-hotel.com – Fermé 31 octobre-13 avril

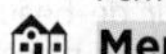

Mercure

HÔTEL DE CHAÎNE • FONCTIONNEL En périphérie de Lisieux, cet établissement dispose de chambres confortables. L'été, on profite de la terrasse du restaurant et de la piscine.

69 chambres – ††70/140 € – ☕17 €
177 rue Roger-Aini, à 2,5 km au rond-point de l'Espérance, rte de Paris – ✆ 02 31 61 17 17 – www.hotellisieux.com

à Coquainvilliers 4 km au Nord par D48 – ⊠ 14130

Sogni D'Italia

CUISINE ITALIENNE • CONVIVIAL Poussez donc la porte de cette petite maison normande à colombages, située en bord de route, et offrez-vous... un véritable plongeon dans l'Italie gourmande. Le chef réalise ses pâtes fraîches lui-même et s'approvisionne directement dans la péninsule. Son plat fétiche : l'osso-buco aux légumes, écorce de citron et risotto au parmesan... *Delizioso !*

Menu 16 € (déjeuner), 25/33 € – Carte 37/60 €
D48 – ✆ 02 31 62 29 20 – www.sogni-italia.onlc.fr – Fermé 1er-10 juillet, 22 décembre-5 janvier, mardi soir, mercredi, dimanche soir

Une bonne table sans se ruiner ? Repérez les Bib Gourmand.

LISSAC-SUR-COUZE - 19 (Corrèze) ➜ voir Brive-la-Gaillarde

LISTRAC-MEDOC

⊠ 33480 (Gironde) – Carte régionale n° **18**-B1
Carte Michelin 335-G4

Les Cinq Sens du Château Mayne Lalande

MAISON DE CAMPAGNE • PERSONNALISÉ Dans un environnement préservé – entre vignes et nature –, cette belle demeure médocaine a été rénovée avec goût. Cachet des vieilles pierres et charme du contemporain : les chambres ont du style. Excellent petit-déjeuner, dégustation des vins de la propriété, piscine...

5 chambres – ††102/180 € – ☕12 €
7 Route du Mayne – ✆ 05 56 58 27 63 – www.chateau-mayne-lalande.com – Fermé 21 décembre-28 février

LIVRY-GARGAN - 93 (Seine-Saint-Denis) ➜ voir Paris, Environs

LA LLAGONNE - 66 (Pyrénées-Orientales) ➜ voir Mont-Louis

LLO - 66 (Pyrénées-Orientales) ➜ voir Saillagouse

LOCQUIREC

✉ 29241 (Finistère) – Carte régionale n° **7**-B1

Carte Michelin 308-J2 – Guide Vert Michelin Bretagne Nord

Le Grand Hôtel des Bains

POISSONS ET FRUITS DE MER · CLASSIQUE XX Sans surprise, cuisine orientée mer (mais pas seulement !) dans cette table du Grand Hôtel des Bains, sous la direction d'un chef de métier. Saumon fumé, filet de bœuf à la sauce bordelaise, soufflé au Grand Marnier : les assiettes sont joliment travaillées, dressées avec soin : idéal pour se remettre d'une journée de bateau... ou de farniente.

Menu 40/64 € – Carte 48/74 €

15 bis rue de l'Église – ✆ 02 98 67 41 02 – www.grand-hotel-des-bains.com – Fermé 15-30 novembre, lundi midi, mardi midi, mercredi midi, jeudi midi, vendredi midi, samedi midi, dimanche midi

Le Grand Hôtel des Bains

SPA ET BIEN-ÊTRE · ÉLÉGANT Nostalgie, nostalgie, c'est ici que Michel Lang tourna *L'Hôtel de la Plage*. Aucun vestige des années 1970 néanmoins, plutôt un style élégant très Nouvelle-Angleterre : parquets cirés, beaux matériaux, tonalités miel, gris perle, bleu rétro... Face à la baie, spa et restaurant sont tout aussi chic.

36 chambres – 139/299 € – 17 €

15 bis rue de l'Église – ✆ 02 98 67 41 02 – www.grand-hotel-des-bains.com – Fermé 15-30 novembre

Le Grand Hôtel des Bains – voir la sélection des restaurants

LOCRONAN

✉ 29180 (Finistère) – Carte régionale n° **7**-A2

Carte Michelin 308-F6 – Guide Vert Michelin Bretagne Sud

Comptoir des Voyageurs

CUISINE MODERNE · CONVIVIAL X Le décor, avec ses nombreux objets évoquant le voyage – photos, maquettes d'avions, valises... – ne laisse pas planer le doute : les jeunes propriétaires de ce restaurant sont plutôt du genre... globe-trotters ! Le chef compose une cuisine goûteuse et généreuse avec les produits d'ici : poissons, coquillages, escargots...

Menu 21 € (déjeuner), 29/51 € – Carte 34/59 €

place de l'Église – ✆ 02 98 91 70 74 – www.comptoir-des-voyageurs.fr – Fermé 7 janvier-13 février, lundi, mardi

Ar Maen Hir (N)

CUISINE MODERNE · CONVIVIAL X Pour installer sa première affaire, le jeune chef Thibaud Érard (Top Chef 2018) a choisi le joli village médiéval de Locronan, près de Quimper. Il semble s'épanouir en ces lieux, où il propose une cuisine fraîche et enlevée, sans sophistication inutile, qu'il agrémente de touches étrangères – Asie, Mexique, notamment. Service sympathique.

Menu 19 € (déjeuner), 29/45 € – Carte 28/41 €

15 bis rue du Prieuré – ✆ 02 56 10 18 37 – Fermé lundi

Manoir de Moëllien

HISTORIQUE · CONTEMPORAIN Des pierres grises, une silhouette mystérieuse : un très joli manoir du 17e s., planté dans son grand parc en pleine campagne. Les chambres sont aménagées dans les dépendances, bien au calme, décorées dans un style plus campagnard que châtelain. Les résidents apprécient l'imposant restaurant.

18 chambres – 88/148 € – 12 €

lieu-dit Moëllien, 3 km – ✆ 02 98 92 50 40 – www.manoirmoellien.fr – Fermé 15 octobre-1er avril

LOGONNA-DAOULAS

✉ 29460 (Finistère) – Carte régionale n° **7**–A2
Carte Michelin 308-F5

Le Domaine de Moulin Mer

MAISON DE CAMPAGNE • PERSONNALISÉ Sur la route du littoral, cette demeure de 1920, posée dans un beau jardin fleuri planté de palmiers et de magnolias, n'est que raffinement et bon goût : objets d'art, mobilier Empire et Napoléon III... Le jacuzzi, dans le jardin, et l'espace bien-être avec sauna et hammam, achèvent de séduire !

5 chambres – 115/140 €

34 route de Moulin Mer, 1 km par D333 – 02 98 07 24 45 – www.domaine-moulin-mer.com – Fermé 7 janvier-4 février

LOIRÉ

✉ 49440 (Maine-et-Loire) – Carte régionale n° **23**–B2
Carte Michelin 317-D3

Auberge de la Diligence

CUISINE MODERNE • RUSTIQUE XXX Vieilles pierres et terrasse : un charmant écrin pour la cuisine du chef, féru d'herbes du potager et de condiments ramenés de ses voyages en Asie. Jolie carte des vins.

Menu 32 € (déjeuner), 48/92 € – Carte 55/80 €

4 rue de la Libération – 02 41 94 10 04 – www.diligence.fr – Fermé 23 mars-2 avril, 5-27 août, 30 décembre-8 janvier, lundi, mardi, dimanche soir

LOIRE-SUR-RHÔNE – 69 (Rhône) → voir Givors

LOMENER – 56 (Morbihan) → voir Ploemeur

LA LONGEVILLE – 25 (Doubs) → voir Montbenoît

LONGNES

✉ 78980 (Yvelines) – Carte régionale n° **15**–A1
Carte Michelin 311-F2

Le Pigeonnier

CUISINE TRADITIONNELLE • CHAMPÊTRE XX Impossible de se tromper d'adresse avec ce restaurant voisin... d'un pigeonnier ! Sous la belle charpente de la salle, au décor un brin rustique, la carte fait honneur à la tradition : on déguste par exemple une tête de veau sauce gribiche, ou un duo de pigeon et foie gras rôti... Tout simplement bon.

Menu 28/66 € – Carte 50/70 €

7 route de Bréval – 01 30 42 41 60 – www.lepigeonnier78.fr – Fermé lundi, mardi midi, dimanche soir

LONGUYON

✉ 54260 (Meurthe-et-Moselle) – Carte régionale n° **12**–B1
Carte Michelin 307-E2

à Rouvrois-sur-Othain (Meuse) 7,5 km au Sud par D618 – ✉ 55230

La Marmite

CUISINE TRADITIONNELLE • RUSTIQUE XX Qu'on se le dise, ici, on mange de la viande ! Dans cette Marmite, des plats authentiques, concoctés avec de bons produits locaux ; le chef fait lui-même ses salaisons. Une ambiance rustique à souhait pour se régaler d'une tête de veau maison, sauce rémoulade, ou du tartare de bœuf au couteau. Accueil tout sourire.

Menu 16 € (déjeuner) – Carte 37/65 €

11 route Nationale – 03 29 85 90 79 – Fermé 1er-10 janvier, 20-31 août, lundi midi, mardi midi, mercredi soir, jeudi soir, dimanche soir

LONS-LE-SAUNIER

✉ 39000 (Jura) – Carte régionale n° **6**-B3
Carte Michelin 321-D6 – Guide Vert Michelin Franche-Comté Jura

à Courlans 6 km au Sud-Ouest par D678, rte de Chalon-sur-Saône – ✉ 39570

Auberge de Chavannes

CUISINE MODERNE • ÉLÉGANT XX Une auberge contemporaine ô combien chaleureuse ! L'assiette est joliment créative ; ainsi la bouillabaisse comme à Marseille et le poulet au vin jaune et morilles. Une bonne adresse.

Menu 28 € (déjeuner) – Carte 52/62 €

1890 avenue de Châlon – ✆ 03 84 43 24 34 – www.auberge-de-chavannes.com – Fermé 1er-30 novembre, lundi, dimanche soir

Auberge de Chavannes

TRADITIONNEL • CONTEMPORAIN Entre Bresse et Jura, une agréable maison traditionnelle. Les chambres, décorées sur le thème du voyage – Afrique, Méditerranée, Océanie, Asie, etc. –, sont assez spacieuses, confortables, et la jolie terrasse permet de profiter de la belle saison. En prime, l'accueil est très chaleureux.

10 chambres – 118/148 € – 14 €

1890 avenue de Châlon – ✆ 03 84 43 24 34 – www.auberge-de-chavannes.com

Auberge de Chavannes – voir la sélection des restaurants

à Courlaoux 8 km au Sud-Ouest par D678, rte de Chalon-sur-Saône – ✉ 39570

L'Épicurien

CUISINE MODERNE • CONTEMPORAIN XX Un Épicurien contemporain et décontracté, où la cuisine se révèle particulièrement généreuse : cuisse de canard confite au four dans son jus de bœuf corsé ; suprême de volaille cuit sur sa peau, truffé à la morteau, infusion au vin jaune et morilles... Et l'été, on se fait une place en terrasse !

Menu 20 € (déjeuner), 29/58 € – Carte 57/64 €

1 rue des Perroux – ✆ 03 84 24 63 91 – www.restaurant-lepicurien.fr – Fermé lundi, mardi soir, mercredi soir, jeudi soir, dimanche soir

LE LONZAC

✉ 19470 (Corrèze) – Carte régionale n° **19**-C2
Carte Michelin 329-L3

Auberge du Rochefort

CUISINE TRADITIONNELLE • RUSTIQUE X Cette maison à colombages semble tout droit sortie d'une carte postale. L'accueil est à la hauteur de la cuisine, soignée, qui revisite les grands classiques régionaux comme la tête de veau sauce gribiche – avec, hors-saison, une proposition de menu plus simple. Pour prolonger l'étape, quelques chambres assez confortables.

Menu 15 € (déjeuner)/30 € – Carte 35/50 €

36 avenue de la Libération – ✆ 05 55 97 93 42 – www.auberge-du-rochefort.fr – Fermé mardi

LORGUES

✉ 83510 (Var) – Carte régionale n° **24**-C3
Carte Michelin 340-N5 – Guide Vert Michelin Côte d'Azur

Bruno (Benjamin Bruno)

CUISINE CLASSIQUE • AUBERGE XXX Une maison doit tant à ses propriétaires... Ce mas provençal, c'est toute la générosité de la famille Bruno – les parents et leurs deux fils –, sous l'égide de la truculente figure paternelle, connue pour son culte de la truffe : toute l'année, un menu est dédié au précieux tubercule (d'hiver et d'été). Une adresse délicieuse et pleine de caractère !

→ Pomme de terre cuite au four et crème de truffe. Tournedos de bœuf Rossini à la truffe noire. Île flottante à la truffe

Menu 78/195 €

2350 route des Arcs, 3 km au Sud-Est – ✆ 04 94 85 93 93 – www.restaurantbruno.com

Le Jardin de Benjamin

CUISINE MODERNE • ROMANTIQUE XXX Benjamin Collombat n'a pas tardé à trouver ses marques dans cette belle demeure à l'atmosphère mi-provençale mi-toscane. Sa cuisine, réglée sur les saisons, célèbre le terroir haut-varois de superbe manière : légumes du potager, fromages locaux, vins du domaine... Quant au service, il se révèle agréable et appliqué.

→ Pomme de terre fumée, crème de lard et ail noir. Truite cuite vapeur, concombre mariné et beurre blanc à la passion. Chocolat croustillant et crémeux, grué caramélisé, glace chocolat et whisky

Menu 55 € (déjeuner), 90/160 € – Carte 100/130 €

Château de Berne, route de Salernes – ✆ 04 94 60 49 79 – www.chateauberne.com – Fermé 6 janvier-28 février

Le Bistrot

CUISINE TRADITIONNELLE • CONVIVIAL X Sous l'œil bienveillant de son patron, Benjamin Collombat, le chef assure une partition canaille et ensoleillée, à base de bons produits – en particulier les légumes du potager bio maison. Bourride de cabillaud, langue de bœuf sauce gribiche : c'est frais et décomplexé, et ça s'arrose des bons vins du domaine. Le tout à prix doux !

Menu 32 € – Carte 42/58 €

Château de Berne, route de Salernes – ✆ 04 94 60 43 51 – www.chateauberne.com – Fermé lundi soir, mardi soir, mercredi soir, jeudi soir, vendredi soir, samedi soir, dimanche soir

L'Estellan

CUISINE DU MARCHÉ • FAMILIAL X Cette maisonnette, installée face aux vignes, est désormais le lieu d'expression d'un jeune couple bien dans son métier ! Ces deux-là ont déjà une solide expérience et savent où ils vont : avec de beaux produits régionaux, ils composent une cuisine moderne et savoureuse, déclinée à l'ardoise. Une étape sympathique.

Menu 30 € – Carte 45/74 €

1000 route de St-Antonin, 1 km à l'Est par D50 – ✆ 09 83 43 99 15 – www.estellanlorgues.com – Fermé 29 octobre-5 novembre, 18 décembre-14 février, mardi, mercredi, jeudi midi

Château de Berne

SPA ET BIEN-ÊTRE • NATURE C'est au terme d'un long chemin serpentant à travers la garrigue, que se découvre la parenthèse bénie d'un domaine viticole de 500 ha. On partage son temps entre les chambres provençales (avec vue sur les vignes), les belles piscines intérieure et extérieure, le spa, les cours de cuisine, les dégustations de vin, les concerts...

27 chambres – 👥330/1140 € – 2 suites – ☕ 32 €

route de Salernes, 8 km – ✆ 04 94 60 49 79 – www.chateauberne.com – Fermé 6 janvier-1er mars

Le Jardin de Benjamin • **Le Bistrot** – voir la sélection des restaurants

Villa de Lorgues

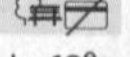

MAISON DE CAMPAGNE • ÉLÉGANT Cette maison de village de la fin du 18e s. propose à l'étage des chambres spacieuses (certaines avec lit à baldaquin), dans le plus pur style provençal, agrémentées d'un magnifique jardin avec petite piscine. Espace bien-être, et caveau de dégustation. Un véritable havre de paix.

5 chambres ☕ – 👥145/205 €

7 rue de la Bourgade – ✆ 06 61 47 67 02 – www.villadelorgues.com

LORIENT

✉ 56100 (Morbihan) – Carte régionale n° **7**-B2

Carte Michelin 308-K8 – Guide Vert Michelin Bretagne Sud

✿ L'Amphitryon (Olivier Beurné)

POISSONS ET FRUITS DE MER · DESIGN XXX Olivier Beurné a succédé à Jean-Paul Abadie aux fourneaux de cette institution locale ; le moins que l'on puisse dire, c'est qu'il se montre à la hauteur du défi ! La carte, courte et ludique, dévoile des assiettes soignées, bien marquées en saveurs, et des produits (aussi bien terre que mer) de premier choix. L'avenir s'annonce radieux.

→ Cuisine du marché

Menu 29 € (déjeuner), 69/130 €

127 rue du Colonel-Müller, 3,5 km – ✆ 02 97 83 34 04 – www.amphitryon-lorient.com – Fermé dimanche

Le Sabayon

CUISINE MODERNE · CONVIVIAL XX Le chef lorientais David Vincent revisite ici la tradition au fil du marché et de son inspiration, avec de beaux jeux de textures et des saveurs qui tombent juste : son cabillaud et risotto de tomates confites, accompagné d'un jus de coquillages au porto blanc, en est un bon exemple... Service impeccable.

Menu 32/70 € – Carte 41/59 €

Plan : B1-e – *26 rue Auguste-Blanqui – ✆ 02 97 21 19 79 – www.lesabayon.fr – Fermé mercredi midi, samedi midi, dimanche*

Le Tire Bouchon

CUISINE TRADITIONNELLE · COSY XX Dans ce Tire Bouchon, proche de l'arsenal, on ne fait pas que déboucher des bouteilles ! Les gourmands viennent surtout ici pour se régaler d'une goûteuse cuisine de saison. Un bon moment à savourer dans une salle coquette à souhait : grande cheminée, poutres... Accueil souriant.

Menu 19 € (déjeuner), 31/59 € – Carte 39/67 €

Plan : B2-k – *45 rue Jules-le-Grand – ✆ 02 97 84 71 92 – www.restaurantalorient.com – Fermé 2-15 janvier, 1er-16 mai, 5-12 septembre, lundi, mardi, samedi midi*

Louise (N)

CUISINE MODERNE · CHIC XX Louise, c'était l'arrière-grand-mère du chef, qui lui a donné le goût de la cuisine : la naissance d'une vocation ! Les préparations sont fines et goûteuses (superbe plat de rouget, par exemple), distillées au fil d'un menu imposé en trois plats. Service pro et agréable.

Menu 25 € (déjeuner), 55/85 €

Plan : B2-d – *4 rue Léo-le-Bourgo – ✆ 02 97 84 72 12 – www.restaurantlouise.fr – Fermé lundi, dimanche*

Le Yachtman

POISSONS ET FRUITS DE MER · CONVIVIAL XX Sans surprise, les produits de la mer – poissons de la criée, notamment – ont la part belle dans cette jolie adresse située non loin du port de plaisance. Simplicité et justesse sont de mise dans l'assiette ; quant à la salle, elle joue la carte de l'épure et de l'intime.

Menu 32/43 € – Carte 35/50 €

Plan : B2-u – *14 rue Poissonnière – ✆ 02 97 21 31 91 – www.leyachtmanlorient.fr – Fermé dimanche*

Le Belvédère (N)

CUISINE MODERNE · CONTEMPORAIN X En plein cœur de la ville, juste à côté du théâtre, une table bien sympathique ! Le chef fait parler son expérience et réalise des recettes soignées et goûteuses. Accueil très agréable et terrasse pour les beaux jours.

Menu 22 € (déjeuner), 29/49 € – Carte 39/52 €

Plan : B2-c – *place de l'Hôtel-de-Ville – ✆ 02 97 84 07 57 – www.lebelvedere-lorient.fr – Fermé lundi, dimanche*

Mercure

HÔTEL DE CHAÎNE · FONCTIONNEL Face au palais des congrès, cet hôtel est idéalement situé pour découvrir Lorient. Chambres chaleureuses. Clientèle d'affaires et touristique.

58 chambres – 99/139 € – 16 €

Plan : B2-m – *31 place Jules-Ferry – ✆ 02 97 21 35 73 – www.accorhotels.com*

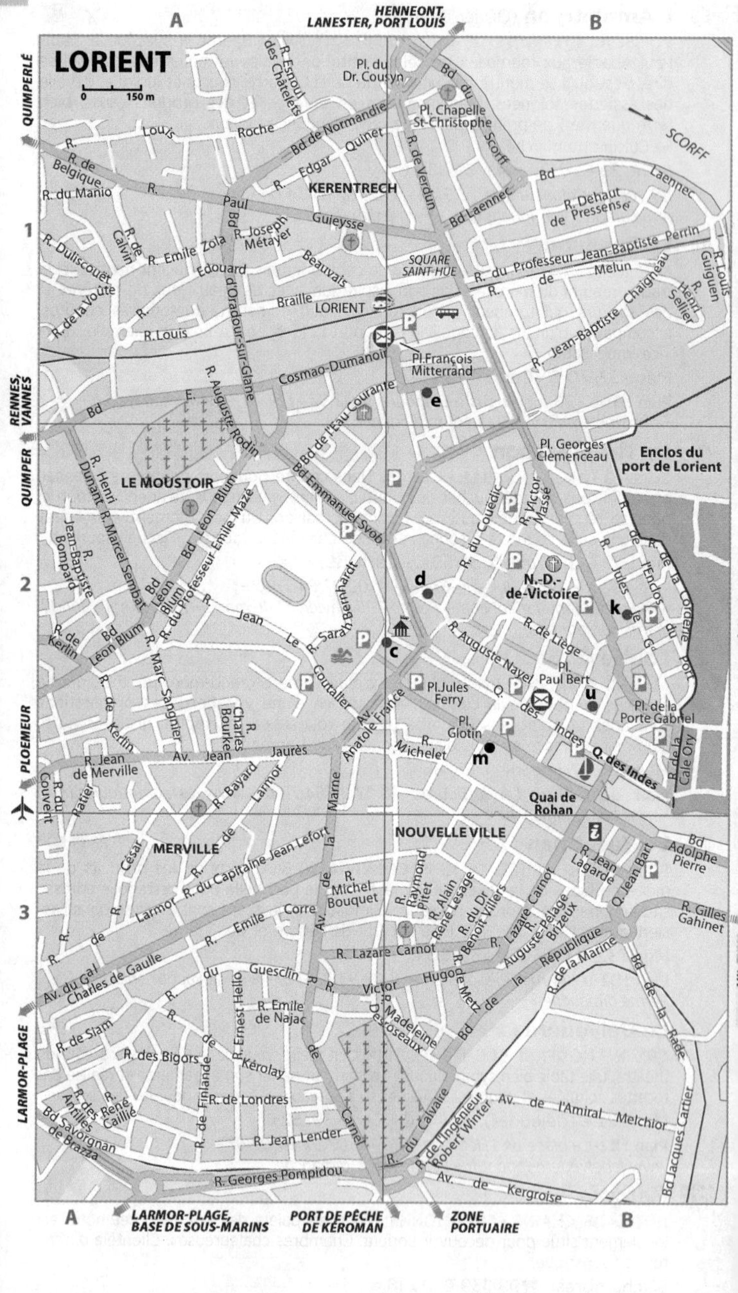

LORIENT

0 150 m

A
B
1
2
3

HENNEONT, LANESTER, PORT LOUIS
SCORFF
QUIMPERLÉ
RENNES, VANNES
QUIMPER
PLOEMEUR
LARMOR-PLAGE
LARMOR-PLAGE, BASE DE SOUS-MARINS
PORT DE PÊCHE DE KÉROMAN
ZONE PORTUAIRE

R. Esnoul des Châtelets
Pl. du Dr. Cousyn
Bd du Scorff
Pl. Chapelle St-Christophe
R. Louis Roche
Bd de Normandie
R. Edgar Quinet
R. de Verdun
R. de Belgique
R. du Manio
R. Paul Guieysse
KERENTRECH
Bd Laennec
R. Dehaut de Pressensé
R. Joseph Métayer
R. de Calvin
R. Emile Zola
R. Duliscouët
R. Edouard Beauvais
SQUARE SAINT-HUE
R. du Professeur Jean-Baptiste Perrin
R. de Melun
R. Louis Guiguen
R. Henri Sellier
R. Jean-Baptiste Chaigneau
R. de la Voûte
R. Braille
LORIENT
R. Louis
Bd d'Oradour-sur-Glane
Pl. François Mitterrand
Bd Cosmao-Dumanoir
R. Auguste Rodin
e
Bd de l'Eau Courante
Bd E.
Pl. Georges Clemenceau
Enclos du port de Lorient
LE MOUSTOIR
R. Henri Dunant
R. Marcel Sembat
Bd Léon Blum
R. du Professeur Emile Mazé
Bd Emmanuel Svob
R. du Couëdic
R. Victor Massé
R. de l'Enclos du Port
R. Jules
R. de la Corderie
R. Jean-Baptiste Bompard
d
N.-D.-de-Victoire
k
R. Jean Le Coutaller
R. Sarah Bernhardt
c
R. Auguste Nayel
R. de Liège
Pl. Paul Bert
R. de Kerlin
R. Marc Sangnier
Pl. Jules Ferry
Q. des Indes
u
Pl. de la Porte Gabriel
R. Charles Bourke
Av. Anatole France
Pl. Glotin
R. Michelet
m
R. de la Cale Ory
R. Jean de Merville
Av. Jean Jaurès
R. du Couvent
R. Patier
R. Bayard
R. de Larmor
Quai de Rohan
NOUVELLE VILLE
Bd Adolphe Pierre
MERVILLE
R. César
R. du Capitaine Jean Lefort
Av. de la Marne
R. Michel Bouquet
R. Raymond Pitet
R. Alain René Lesage
R. du Dr Benoît Villers
R. Lazare Carnot
R. Jean Lagarde
Q. Jean Bart
R. Gilles Gahinet
R. Emile Corre
R. Auguste-Pélage Brizeux
Bd de la République
R. de la Marine
Av. du Gal Charles de Gaulle
R. du Guesclin
R. Victor Hugo
R. de Metz
Bd de la Rade
R. Emile de Najac
R. Madeleine Desroseaux
R. Ernest Hello
R. de Siam
R. de Kérolay
R. des Bigors
R. de Carnel
R. de Finlande
R. de Londres
R. des Antilles
R. René Caillié
Bd Savorgnan de Brazza
R. Jean Lender
R. du Calvaire
R. de l'Ingénieur Robert Winter
Av. de l'Amiral Melchior
Bd Jacques Cartier
R. Georges Pompidou
Av. de Kergroise

à Quéven 7 km au Nord-Ouest de Lorient par D765 – ✉ 56530

Manoir des Éperviers

MAISON DE CAMPAGNE · CONTEMPORAIN Dans un grand et élégant parc non loin de Lorient, on est accueilli à bras ouverts dans cette maison d'hôtes cosy, décorée avec goût. Les chambres, qui portent des noms de bateaux – soling, dragon, requin, optimist, melges –, sont confortables et très chic. Espace bien-être.

5 chambres ☕ – 👥130/190 €

1 rue Pierre-Mendès-France – ✆ 06 77 45 63 44 – www.manoir-des-eperviers.com

LORMONT – 33 (Gironde) ➜ voir Bordeaux

LORP-SENTARAILLE – 09 (Ariège) ➜ voir St-Girons

LOUDÉAC

✉ 22600 (Côtes-d'Armor) – Carte régionale n° **7**-C2

Carte Michelin 309-F5 – Guide Vert Michelin Bretagne Nord

Les Voyageurs

TRADITIONNEL · FONCTIONNEL Bienvenue aux voyageurs ! L'hôtel affiche un style contemporain de bon aloi, l'ensemble est fort bien tenu et le restaurant traditionnel tombe à point nommé pour les résidents. Une bonne adresse de l'Argoat.

30 chambres – 👥71/102 € – ☕ 11 €

10 rue de Cadélac – ✆ 02 96 28 00 47 – www.brithotel.fr

LOUDUN

✉ 86200 (Vienne) – Carte régionale n° **20**-C1

Carte Michelin 322-G2

Renaudot

BUSINESS · CONTEMPORAIN Né à Loudun, Théophraste Renaudot fut le créateur de la "Gazette", en 1631, qui en fit pour l'histoire le créateur de la presse écrite en France. Cet hôtel feutré et moderne lui rend hommage, et propose aux voyageurs des chambres confortables, à la décoration soignée.

29 chambres – 👥92/186 € – ☕ 12 €

40 avenue de Leuze – ✆ 05 49 98 09 38 – www.hotelrenaudot.com

LOUÉ

✉ 72540 (Sarthe) – Carte régionale n° **23**-C1

Carte Michelin 310-I7

Ricordeau

CUISINE MODERNE · ÉLÉGANT XXX Installez-vous sur l'agréable terrasse dressée dans le parc, au bord de la Vègre, et laissez-vous tenter par la bonne cuisine gastronomique du chef. Des plats au goût du jour, sérieux et appliqués, réalisés avec de très bons produits, dont la célèbre volaille de Loué !

Menu 30 € (déjeuner), 45/59 € – Carte 65/75 €

13 rue de la Libération – ✆ 02 43 88 40 03 – www.hotel-ricordeau.fr – Fermé 17-24 février, lundi, mardi, dimanche soir

Ricordeau

AUBERGE · CLASSIQUE Cet ancien relais de diligence, qui date de la fin du 19e s., est situé dans le centre de Loué. Les chambres, classiques et bien tenues, sont décorées dans un style campagne chic plutôt agréable.

13 chambres – 👥95/150 € – ☕ 15 €

13 rue de la Libération – ✆ 02 43 88 40 03 – www.hotel-ricordeau.fr – Fermé 17-24 février

Ricordeau – voir la sélection des restaurants

LOUGRATTE

✉ 47290 (Lot-et-Garonne) – Carte régionale n° **18**-C2
Carte Michelin 336-F2

La Table des Sens

CUISINE MODERNE • CONTEMPORAIN Le chef Hervé Sauton et son associé pâtissier ont quitté Villeneuve-sur-Lot pour s'installer dans cette maison sur la route de Bergerac. Esprit de bistrot contemporain, agréable terrasse – demandez, si possible, l'une des tables avec vue sur le lac de Lougratte – et surtout, séduisante cuisine actuelle et de saison.

Menu 18 € (déjeuner)/28 € – Carte 50/65 €

63 route de Villeneuve-sur-Lot – ✆ 05 53 36 97 04 – www.latabledessens.com – Fermé lundi, mardi, dimanche soir

LOUHANS-CHÂTEAURENAUD

✉ 71500 (Saône-et-Loire) – Carte régionale n° **5**-D3
Carte Michelin 320-L10 – Guide Vert Michelin Bourgogne

à Bruailles 8 km au Sud-Est par D972 – ✉ 71500

La Ferme de Marie-Eugénie

MAISON DE CAMPAGNE • COSY Cette ferme du 18e s., tout en poutres et torchis, décorée avec goût, est reposante à souhait. Les chambres jouent le contraste : pierre de Bourgogne, bois massif, mobilier contemporain... L'endroit étant un peu isolé, la généreuse table d'hôte constitue une vraie bonne option.

4 chambres – 135 €

225 allée de Chardenoux – ✆ 03 85 74 81 84 – www.lafermedemarieeugenie.fr

à Ratte 5 km au Nord-Est par D678 – ✉ 71500

Le Chaudron

CUISINE TRADITIONNELLE • AUBERGE L'auberge peut sembler modeste sur cette route qui traverse le hameau, pourtant le cadre est chaleureux. Dans le chaudron du chef, passé notamment chez Georges Blanc, de belles recettes telles que : cuisses de grenouilles comme dans les Dombes, poulette de Bresse à la crème, tête de veau sauce gribiche...

Menu 16 € (déjeuner), 26/45 €

71 route de Louhans (au bourg) – ✆ 03 85 75 57 81 – www.lechaudron-restaurant.fr – Fermé lundi soir, mardi, dimanche soir

LOURDES

✉ 65100 (Hautes-Pyrénées) – Carte régionale n° **22**-A3
Carte Michelin 342-L6

Gallia et Londres

HISTORIQUE • HISTORIQUE Ce bel hôtel situé à deux pas des Sanctuaires a réussi sa mue : chambres confortables et décorées avec goût, espace bien-être, sans sacrifier au style 19e s. qui constitue son identité. Sans doute le plus bel hôtel de la ville !

85 chambres – 130/220 € – 3 suites – 16 €

26 avenue Bernadette-Soubirous – ✆ 05 62 94 35 44 – www.hotelsvinuales.com – Fermé 1er janvier-15 avril, 1er novembre-31 décembre

Grand Hôtel Moderne

HISTORIQUE • GRAND LUXE Cette construction de 1896, édifiée par un membre de la famille de Bernadette Soubirous, conserve son lustre d'antan : magnifique façade et décor intérieur classique. Cuisine traditionnelle servie dans la salle ornée de boiseries style Majorelle.

105 chambres – 135/290 € – 5 suites – 12 €

21 avenue Bernadette-Soubirous – ✆ 05 62 94 12 32 – www.grandhotelmoderne.com

Beauséjour

TRADITIONNEL · PERSONNALISÉ Façade 1900, jardin avec jolie vue sur le château et les toits de la ville, intérieur cossu et chambres avenantes et modernes (la plus spacieuse se trouve au dernier étage) caractérisent cet hôtel-restaurant sympathique, jouxtant la gare.

40 chambres – 78/215 € – 13 €

16 avenue de la Gare – 05 62 94 38 18 – www.hotel-beausejour.com

LOURMARIN

84160 (Vaucluse) – Carte régionale n° **25**-E1
Carte Michelin 332-F11 – Guide Vert Michelin Provence

Auberge La Fenière (Reine et Nadia Sammut)

CUISINE PROVENÇALE · ÉLÉGANT XXX Dans un parc verdoyant face au Grand Luberon, une cuisine fine signée par une "reine" des saveurs, Reine Sammut, et sa fille Nadia. Le duo s'est orienté vers une cuisine entièrement sans gluten, avec des farines triées sur le volet et un menu centré sur les huiles d'olive de Méditerranée...

→ Galette de levain de pois chiche, crème d'oignon doux et tomates confites. Taureau de Camargue mariné aux agrumes et miso de pois chiche, jeune fenouil, sauce mélet. Paris-Lourmarin

Menu 55/140 € – Carte 106/116 €

9 rue du Grand-Pré, 2 km par route de Cadenet – 04 90 68 11 79 – www.aubergelafeniere.com – Fermé 2 janvier-10 février, lundi, mardi

Bistrot La Cour de Ferme – voir la sélection des restaurants

Bistrot La Cour de Ferme

CUISINE PROVENÇALE · RUSTIQUE X Salmorejo de tomates et croûtons de pain à la farine de châtaigne ; véritables pieds et paquets marseillais de Reine, pommes de terre grenaille ; clafoutis aux fruits de saison : cet ancien relais de poste du 19e s. propose une goûteuse cuisine du terroir méditerranéen, servie dans une ambiance chaleureuse, ou sur la belle terrasse fleurie.

Menu 32 € – Carte 35/70 €

Auberge La Fenière, 9 rue du Grand-Pré, 2 km par rte de Cadenet – 04 90 68 11 79 – www.aubergelafeniere.com – Fermé 11 novembre-1er avril, mercredi, jeudi, dimanche soir

Le Moulin de Lourmarin

HISTORIQUE · MÉDITERRANÉEN Un hôtel de charme dans un moulin à huile du 18e s., au cœur de ce ravissant village. Les chambres sont confortables et décorées dans le style provençal.

17 chambres – 90/300 € – 2 suites – 18 €

rue du Temple – 04 90 68 06 69 – www.moulindelourmarin.fr – Fermé 2 janvier-10 février

La Bastide de Lourmarin

BOUTIQUE HÔTEL · PERSONNALISÉ Derrière les murs de cette bastide se cachent de belles suites et des chambres thématiques (zen, romantique, etc.). Mobilier contemporain, objets chinés, touches ethniques et équipements de pointe créent un style tendance. Agréable spa.

19 chambres – 95/396 € – 15 €

route de Cucuron – 04 90 07 00 70 – www.hotelbastide.com

Mas de Guilles

AUBERGE · PERSONNALISÉ Au milieu des vignes, cette ancienne ferme du 17e s. abrite de jolies chambres contemporaines. Dans une jolie salle voûtée ou sur la grande terrasse, on déguste un bon foie gras de canard poêlé, spécialité de la maison... Parfait pour un séjour au grand calme.

26 chambres – 90/368 € – 20 €

107 route de Vaugines, à 2 km – 04 90 68 30 55 – www.guilles.com – Fermé 1er novembre-1er avril

LOUVIERS

✉ 27400 (Eure) – Carte régionale n° **17**-D2
Carte Michelin 304-H6 – Guide Vert Michelin Normandie Vallée de la Seine

à St-Étienne-du-Vauvray 7 km au Nord-Est par N154 et D77 – ✉ 27430

La Ferme de la Haute Crémonville

CUISINE TRADITIONNELLE • CHAMPÊTRE X Cette superbe ferme normande, tout en colombages, semble incarner le rêve d'une vie à la campagne ! Bonjour veaux, vaches, cochons et… recettes traditionnelles : la terrine du chef sent bon le terroir, la poule au pot embaume, les volailles sont cuites au feu de bois… De généreux plats mijotés à la sauce champêtre.

Menu 31 € – Carte 35/45 €

route de Cremonville – ✆ 02 32 59 14 22 – www.restaurant-ferme-haute-cremonville.com – Fermé 16-24 février, 13-23 avril, 4-27 août, mercredi soir, samedi midi, dimanche

LOUVROIL – 59 (Nord) ➔ voir Maubeuge

LUCELLE

✉ 68480 (Haut-Rhin) – Carte régionale n° **10**-A3
Carte Michelin 315-H12

Le Petit Kohlberg

FAMILIAL • TRADITIONNEL En pleine campagne, un hôtel-restaurant au grand calme. Les chambres, confortables et bien tenues, ont été rénovées récemment ; quant à la salle à manger, elle est grande ouverte sur le joli parc, fleuri et boisé.

34 chambres – 75/122 € – ☕ 13 €

lieu-dit Le Petit Kohlberg, 4,5 km – ✆ 03 89 40 85 30 – www.petitkohlberg.com – Fermé 15 février-3 mars, 25 août-1er septembre, 21-29 octobre

LA LUCERNE-D'OUTREMER

✉ 50320 (Manche) – Carte régionale n° **17**-A2
Carte Michelin 303-D7

Le Courtil de la Lucerne

CUISINE TRADITIONNELLE • FAMILIAL XX Installé dans l'ancien presbytère d'un petit village normand, ce restaurant, sobrement décoré, propose de bonnes recettes traditionnelles : marmite de poisson, parmentier de canard, etc. Aux beaux jours, on profite de la terrasse.

Menu 18/32 € – Carte 30/39 €

17 rue de la Libération (Le Bourg) – ✆ 02 33 61 22 02 – www.le-courtil-de-la-lucerne.fr – Fermé 5-20 janvier, lundi soir, mardi soir, mercredi, dimanche soir

LUCEY – 54 (Meurthe-et-Moselle) ➔ voir Toul

LUCHÉ-PRINGÉ

✉ 72800 (Sarthe) – Carte régionale n° **23**-C2
Carte Michelin 310-J8 – Guide Vert Michelin Pays de la Loire

Auberge du Port des Roches

CUISINE TRADITIONNELLE • CLASSIQUE XX Une terrasse et un jardin au fil de l'eau, une salle champêtre et une cuisine traditionnelle pétrie d'authenticité : faites fi de toute morosité dans cette sympathique auberge des bords du Loir ! Pour l'étape, des chambres fraîches et colorées.

Menu 34/52 €

Port des Roches, 2,5 km à l'Est par D13 et D214 – ✆ 02 43 45 44 48 – Fermé 1er-8 janvier, 1er-28 février, 19-24 août, lundi, mardi midi, dimanche soir

LUCHON – 31 (Haute-Garonne) ➔ voir Bagnères-de-Luchon

LUCINGES

✉ 74380 (Haute-Savoie) – Carte régionale n° **4**-F1
Carte Michelin 328-k3

Le Bonheur dans Le Pré

CUISINE MODERNE • BISTRO X Dans cette vieille ferme en pleine nature, on joue à fond la carte de l'authenticité ! En cuisine, le chef compose un menu unique à partir de beaux produits locaux. Le tout bien accompagné d'un vin du coin. Dès lors, comment ne pas être convaincu que... le Bonheur est dans Le Pré ! Belle carte des vins.

Menu 34/38 €

2011 route de Bellevue, 2,5 km au Nord-Est par D183 – ✆ 04 50 43 37 77 – www.lebonheurdanslepre.com – Fermé 2-15 janvier, lundi, mardi midi, mercredi midi, jeudi midi, vendredi midi, samedi midi, dimanche

LUÇON

✉ 85400 (Vendée) – Carte régionale n° **23**–B3
Carte Michelin 316-I9 – Guide Vert Michelin Pays de la Loire

à Moreilles 11 km au Sud-Est par D949 et D137 – ✉ 85450

Château de l'Abbaye et Le Portail en Marais Poitevin

DEMEURE HISTORIQUE • COSY Tissus tendus, mobilier ancien, salons élégants : cette belle demeure, couverte de vigne vierge, semble transporter dans un roman du 19e s. ! Une petite tête dans la piscine avant de profiter de la table d'hôte ? Idéal pour un séjour en amoureux.

5 chambres – 99/359 € – 15 €

Château de l'Abbaye et le Portail – ✆ 02 51 56 17 56 – www.chateau-moreilles.com – Fermé 3-31 janvier

LUC-SUR-MER

✉ 14530 (Calvados) – Carte régionale n° **17**–B2
Carte Michelin 303-J4 – Guide Vert Michelin Normandie Cotentin

Hôtel des Thermes et du Casino

TRADITIONNEL • FONCTIONNEL Une adresse tonique directement sur la promenade, à proximité des thermes et du casino, comme son nom l'indique. Les chambres avec balcon ont vue sur la mer ; c'est tellement bien situé !

50 chambres – 90/150 € – 12 €

5 rue Guyemer – ✆ 02 31 97 32 37 – www.hotelresto-lesthermes.com – Fermé 12 novembre-15 mars

LUC-SUR-ORBIEU

✉ 11200 (Aude) – Carte régionale n° **21**–B3
Carte Michelin 344-H3

La Luciole

CUISINE TRADITIONNELLE • BISTRO X Le chef a réalisé un rêve d'enfant en rachetant ce café sur la petite place du village... Autodidacte passionné, il réalise avec sa fille une cuisine simple et goûteuse, faisant la part belle aux produits locaux. À déguster en terrasse, à l'ombre des arbres centenaires !

Menu 23/45 € – Carte 33/55 €

3 place de la République – ✆ 04 68 40 87 74 – www.restaurantluciole.fr – Fermé mercredi, samedi midi, dimanche soir

LE LUDE

✉ 72800 (Sarthe) – Carte régionale n° **23**–D2
Carte Michelin 310-J9 – Guide Vert Michelin Pays de la Loire

La Renaissance

CUISINE MODERNE • AUBERGE XX Des produits sarthois et angevins, mais aussi le serpolet, la cardamome, le pavot, la mangue... Ce restaurant traditionnel est à la page, avec sa cuisine qui explore de nouveaux mariages de saveurs. Accueil sympathique.

Menu 20/42 € – Carte 50/70 €

2 avenue de la Libération – ✆ 02 43 94 63 10 – www.renaissancelelude.com – Fermé 17 février-4 mars, 25 août-9 septembre, lundi, mardi midi, dimanche soir

LUGON-ET-L'ÎLE-DU-CARNEY

✉ 33240 (Gironde) – Carte régionale n° **18**–B1
Carte Michelin 335-I5

Manoir d'Astrée

FAMILIAL · ÉLÉGANT Ici, tout n'est que vigne, calme et vallons ombragés. Ce manoir du 18e s., protégé des rumeurs du monde, propose des chambres feutrées, nommées d'après une reine ou un astre, Aliénor, Astrée, Adélaïde... Dans le parc, une piscine d'été achève de transformer votre séjour en parenthèse de volupté.

4 chambres – 120/160 €

lieu-dit Pelet (r. du 8-mai-1945), 2 km au Nord par D138 – ✆ 05 57 25 24 25 – www.manoirdastree-bordeaux.com – Fermé 1er janvier-31 mars, 18 novembre-31 décembre

LUMBRES

✉ 62380 (Pas-de-Calais) – Carte régionale n° **13**–A2
Carte Michelin 301-F3

Hôtel du Golf

BUSINESS · FONCTIONNEL Au départ du parcours de golf de l'Aa, cet hôtel récent (2008) dominent les greens et la forêt. Grand calme, confort et espace dans les chambres, aménagées avec soin. Parfait pour les golfeurs, mais aussi la clientèle business.

54 chambres – 89/220 € – 16 €

chemin des Bois, 2 km au Nord-Ouest par D225, au golf de l'Aa – ✆ 03 21 11 42 42 – www.golf.najeti.fr

LUMIO – 2B (Haute-Corse) ➜ Voir Corse

LUNEL

✉ 34400 (Hérault) – Carte régionale n° **21**–C2
Carte Michelin 339-J6 – Guide Vert Michelin Languedoc

Le Bistrot de Caro Ⓝ

CUISINE MODERNE · BISTRO Dans ce petit bistrot de centre-ville, ambiance décontractée et recettes du marché vont main dans la main. La chef, autodidacte, régale avec les produits de la saison, qu'elle travaille avec attention et générosité. Elle réalise même de la charcuterie, grâce aux leçons reçues de son père boucher-charcutier...

Carte 30/50 €

129 cours Gabriel-Péri – ✆ 04 67 15 14 55 – Fermé lundi soir, mardi soir, mercredi soir, jeudi soir, samedi

LUNÉVILLE

✉ 54300 (Meurthe-et-Moselle) – Carte régionale n° **12**–C2
Carte Michelin 307-J7

Château d'Adoménil (Cyril Leclerc)

CUISINE TRADITIONNELLE · LUXE Dans cette belle demeure, les tentures et les boiseries sombres sont agrémentées de touches baroques et contemporaines. Un décor de rêve pour déguster une cuisine traditionnelle, rehaussée de touches actuelles ; les cuissons sont justes et les saveurs bien au rendez-vous. Et la carte des vins n'est pas en reste...

➜ Grenouilles et œuf bio aux influences thaïes. Poitrine de pigeonneau du terroir lorrain. Dessert autour de la mirabelle de Lorraine

Menu 72/150 €

Adoménil-Rehainviller (accès par Cités Ste-Anne), 5 km – ✆ 03 83 74 04 81 – www.adomenil.com – Fermé 14-25 janvier, 18 février-1er mars, 1er-11 juillet, lundi, mardi midi, dimanche soir

Château d'Adoménil

DEMEURE HISTORIQUE · PERSONNALISÉ On a forcément une bonne raison de loger dans cette belle demeure du 18e s., que ce soit pour son parc boisé, ses chambres bourgeoises ou son cachet historique indéniable. N'en n'oubliez pas pour autant le restaurant !

9 chambres – ††195/330 € – 5 suites – 26 €

Adoménil-Rehainviller (accès par Cités Ste-Anne), 5 km – ✆ 03 83 74 04 81 – www.adomenil.com – Fermé 14-25 janvier, 18 février-1er mars, 1er-11 juillet

Château d'Adoménil – voir la sélection des restaurants

Les Pages

TRADITIONNEL · FONCTIONNEL Un hôtel au bord de la Meurthe, juste en face du château (l'ancienne école des Pages est située juste à côté de l'hôtel). Plusieurs catégories de chambres sont proposées : préférez celles du bâtiment principal, plus actuelles. Bistrot attenant.

37 chambres – ††70/120 € – 12 €

5 quai des Petits-Bosquets – ✆ 03 83 74 11 42 – www.hotel-les-pages.fr

Domaine de Stanislas

MAISON DE MAÎTRE · ÉLÉGANT Situé à un jet de pierre du château (le "petit Versailles" de Lorraine), cette demeure de 1855 aux chambres bourgeoises (parquet en chêne, cheminée en marbre), ouvertes sur un joli jardin agrémenté d'arbres centenaires, ne manque pas d'élégance. Equipements modernes et charme de l'ancien. Table d'hôtes avec plats lorrains, sur réservation.

5 chambres – ††95/119 €

23 rue de la Tour-Blanche – ✆ 03 83 77 47 20 – www.ledomainedestanislas.com

à Moncel-lès-Lunéville 3 km à l'Est par rte de St-Dié (D590) – ✉ 54300

Relais St-Jean

CUISINE TRADITIONNELLE · CONVIVIAL X Ce restaurant de la vallée de la Meurthe propose trois salles aux tons différents selon votre humeur du jour. Le chef compose une cuisine traditionnelle soignée, dont on pourra se régaler sur la terrasse à l'arrière. Une adresse agréable !

Menu 16 € (déjeuner), 21/38 € – Carte 25/50 €

22 avenue de l'Europe – ✆ 03 83 74 08 65 – www.lerelaissaintjean.fr – Fermé lundi, mercredi soir, dimanche soir

LURE

✉ 70200 (Haute-Saône) – Carte régionale n° **6**-C1

Carte Michelin 314-G6 – Guide Vert Michelin Franche-Comté Jura

à Roye 2 km à l'Est par rte de Belfort – ✉ 70200

Le Saisonnier

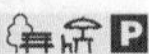

CUISINE MODERNE · MAISON DE CAMPAGNE XX Dans la traversée du village, cette ancienne ferme n'attire pas particulièrement l'attention, et pourtant. Désormais menée par un jeune chef au beau parcours, elle propose une réjouissante cuisine du marché ; on prend son repas dans une salle moderne, ou sur l'agréable terrasse à l'arrière... Sympathique.

Menu 20 € (déjeuner), 32/78 € – Carte 45/70 €

56 rue de la Verrerie, N19 – ✆ 03 84 30 46 00 – www.restaurant-lesaisonnier.fr – Fermé 1er-10 janvier, lundi, mercredi soir, dimanche soir

LUSIGNY-SUR-OUCHE

✉ 21360 (Côte-d'Or) – Carte régionale n° **5**-A3
Carte Michelin 320-I7

La Saura

FAMILIAL · COSY Un ancien relais de poste en bordure de la route de Beaune ; les chambres, chaleureuses et parfaitement entretenues, se trouvent dans les anciennes écuries de la propriété. Dehors, on se repose au calme d'un grand jardin arboré avec piscine... Une halte pour le moins charmante !

4 chambres – 115/140 €

route de Beaune, par D970 – ✆ 03 80 20 17 46 – www.la-saura.com – Fermé 1er janvier-1er mars, 1er-31 décembre

LUSSAC-LES-CHÂTEAUX

✉ 86320 (Vienne) – Carte régionale n° **20**-D2
Carte Michelin 322-K6 – Guide Vert Michelin Poitou-Charentes

Les Orangeries

CUISINE MODERNE · RUSTIQUE XX Voilà une adresse où le terme "écolo-responsable" a un sens : on y cuisine presque exclusivement des produits bio, venant soit du potager, soit des producteurs fermiers de la région, et la carte des vins est dans le même esprit. Un respect des saisons et du marché qui se retrouve dans l'assiette ! Ici, même les chambres sont "durables", c'est dire !

Menu 25 € (déjeuner)/29 € – Carte 38/50 €

12 avenue du Docteur-Dupont – ✆ 05 49 84 07 07 – www.lesorangeries.fr – Fermé lundi, samedi midi, dimanche soir

LUTTER – 68 (Haut-Rhin) ➜ voir Ferrette

LUXEUIL-LES-BAINS

✉ 70300 (Haute-Saône) – Carte régionale n° **6**-C1
Carte Michelin 314-G6 – Guide Vert Michelin Franche-Comté Jura

Le Clos Rebillotte

MAISON DE MAÎTRE · BUSINESS Faites vos jeux ! Au cœur de la cité thermale, près du casino, cet établissement propose d'agréables chambres contemporaines. Quelques touches de couleurs, beaucoup de velours et un mobilier stylé... Voilà un hôtel qui cultive sa différence.

21 chambres – 64/107 € – 10 €

16 rue des Thermes – ✆ 03 84 93 90 90 – www.clos-rebillotte.com

LUYNES

✉ 37230 (Indre-et-Loire) – Carte régionale n° **8**-B2
Carte Michelin 317-M4 – Guide Vert Michelin Châteaux de la Loire

Le Louis 13

CUISINE MODERNE · HISTORIQUE XXX Dans une salle qui en met plein la vue (plafonds hauts, marbre blanc au sol, cheminée d'époque), on déguste des plats soignés et savoureux, tout en profitant de la vue sur le parc. À noter : dégustations œnologiques dans les caves, superbement rénovées.

Menu 29 € (déjeuner), 49/82 € – Carte 35/79 €

Domaine de Beauvois, 4 km au Nord-Ouest par D49 – ✆ 02 47 55 38 77 – www.restaurant-louis13.fr

Le XII de Luynes

CUISINE MODERNE · CONTEMPORAIN X Le mélange des genres a souvent du bon ! Outre une terrasse face au château, ce relais de poste à l'allure plutôt rustique abrite un intérieur contemporain et tendance. Quant à la cuisine, elle se révèle originale, joliment ficelée et savoureuse.

Menu 25 € (déjeuner), 33/69 € – Carte 36/58 €

12 rue de la République – ✆ 02 47 26 07 41 – www.le-douze.com – Fermé 13-29 janvier, 30 septembre-8 octobre, lundi, mardi midi, dimanche soir

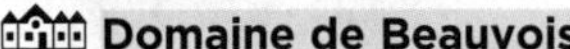

Domaine de Beauvois

DEMEURE HISTORIQUE • PERSONNALISÉ Vaste manoir des 16e et 17e s. au cœur d'un parc arboré avec un étang. Les chambres et leurs belles tentures murales confirment une impression d'élégant classicisme, tout comme le restaurant.

35 chambres – 145/389 € – 23 €

4 km au Nord-Ouest par D49 – 02 47 55 50 11 – www.beauvois.com

Le Louis 13 – voir la sélection des restaurants

LUZ-ST-SAUVEUR

65120 (Hautes-Pyrénées) – Carte régionale n° **22**-A3

Carte Michelin 342-L7 – Guide Vert Michelin Pyrénées Toulouse Gers

L'Atelier

CUISINE MODERNE • CONVIVIAL Étonnant parcours que celui du chef, qui fut moniteur de ski et installateur de remontées mécaniques dans une autre vie ! Après s'être formé auprès de quelques bons chefs, il a installé sa table dans l'atelier de couture familial : il y décline des plats bien maîtrisés, à l'image de ce filet de bœuf, pommes grenaille et une excellente béarnaise maison…

Menu 29 € – Carte 40/50 €

12 avenue de Saint-Sauveur – 05 62 92 85 22 – www.latelier-luz.com – Fermé 17 juin-5 juillet, lundi, mardi

LUZY

58170 (Nièvre) – Carte régionale n° **5**-B3

Carte Michelin 319-G11 – Guide Vert Michelin Bourgogne

La Table de Jérôme

CUISINE CRÉATIVE • COSY Installé dans les murs de l'ancien Hôtel du Centre, dans un décor à son goût – tout de bois, de verre et de pierre –, Jérôme Raymond décline une cuisine moderne et inventive, renouvelée tous les deux mois. Belle carte des vins (500 références) faisant la part belle à la Bourgogne.

Menu 46/86 €

Hôtel du Morvan, 26 rue de la République – 03 86 30 00 66 – www.hotelrestaurantdumorvan.fr – Fermé 2-29 janvier, 26 août-3 septembre, lundi, mardi, mercredi, jeudi, vendredi midi, dimanche soir

Hôtel du Morvan

FAMILIAL • CONTEMPORAIN Rouvert huit ans après sa fermeture, cet ancien hôtel-restaurant se pare aujourd'hui d'une déco contemporaine et de couleurs vives : une renaissance ! Les chambres ne manquent pas de charme… et l'accueil est tout aussi délicieux. Au Morvan, cuisine de bistrot à petit prix, à midi et le soir.

12 chambres – 70/150 € – 12 €

26 rue de la République – 03 86 30 00 66 – www.hotelrestaurantdumorvan.fr

La Table de Jérôme – voir la sélection des restaurants

LYON

Lyon, ce sont d'abord les « bouchons », ces chaleureux estaminets des vieux quartiers, où l'on vient déguster les vins régionaux et la cuisine locale, dans une ambiance... typiquement lyonnaise. C'est aussi, plus généralement, une offre pléthorique de bons restaurants, qui fait dire aux connaisseurs qu'il est presque impossible de mal manger dans la capitale des Gaules. C'est enfin ce projet de Cité Internationale de la Gastronomie, dans le cadre du Grand Hôtel-Dieu, qui devrait voir le jour en 2019.

Les spécialités culinaires :
tablier de sapeur, saucisson truffé ou pistaché, cervelle de canut, quenelles de brochet, bugnes, cardons à la moelle, volaille de Bresse...

Et pour boire :
du vin, bien sûr ! Les côtes-du-rhône septentrionaux (saint-joseph, crozes-hermitage, condrieu, etc.) sont les stars incontestées des tables lyonnaises, mais les beaujolais y ont aussi leur place.

69000 (Rhône)

- Carte régionale n°3-E1
- Carte Michelin 327-I5
- Guide Vert Michelin Lyon et sa région

ALLEKO/iStock

RESTAURANTS & HÔTELS

INDEX DES RESTAURANTS

© O. Decker/Michelin

INDEX DES HÔTELS

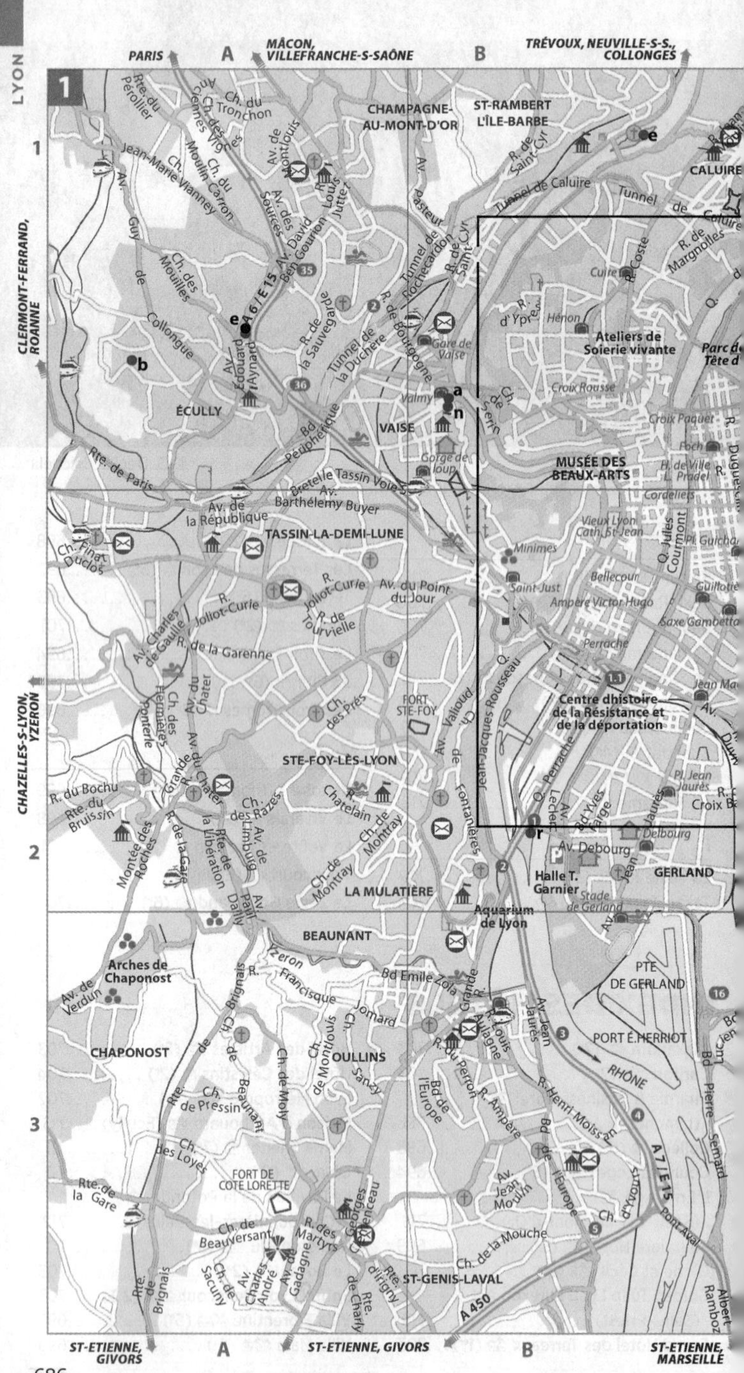
1
PARIS
MÂCON, VILLEFRANCHE-S-SAÔNE
TRÉVOUX, NEUVILLE-S-S., COLLONGES
CLERMONT-FERRAND, ROANNE
CHAZELLES-S-LYON, YZERON
ST-ETIENNE, GIVORS
ST-ETIENNE, GIVORS
ST-ETIENNE, MARSEILLE
CHAMPAGNE-AU-MONT-D'OR
ST-RAMBERT L'ÎLE-BARBE
CALUIRE
ÉCULLY
VAISE
Ateliers de Soierie vivante
MUSÉE DES BEAUX-ARTS
TASSIN-LA-DEMI-LUNE
STE-FOY-LÈS-LYON
Centre dhistoire de la Résistance et de la déportation
LA MULATIÈRE
Halle T. Garnier
GERLAND
Aquarium de Lyon
BEAUNANT
Arches de Chaponost
CHAPONOST
OULLINS
PTE DE GERLAND
PORT É.HERRIOT
RHÔNE
ST-GENIS-LAVAL
FORT STE-FOY
FORT DE COTE LORETTE
A 6 / E 15
A7/E15
A 450
Tunnel de Caluire
Tunnel de Rochecardon
Tunnel de la Duchère
Bd Périphérique
Croix Rousse
Croix Paquet
Vieux Lyon Cath. St-Jean
Minimes
Saint-Just
Bellecour
Ampère Victor Hugo
Perrache
Saxe Gambetta
Guillotière
Cordeliers
H. de Ville L. Pradel
Gare de Vaise
Valmy
Gorge de loup
Hénon
Cuire
Jean Macé
Pl. Jean Jaurès
Delbourg
Stade de Gerland
Av. Debourg
Bd Emile Zola
Q. Jean-Jacques Rousseau
Q. Perrache
Av. Jean Jaurès
Av. de la République
Av. Barthélemy Buyer
Bretelle Tassin Voie S
R. Joliot-Curie
Av. du Point du Jour
R. de Tourvielle
R. de la Garenne
Av. Charles de Gaulle
Ch. des Prés
Ch. de Fontanières
Av. Valioud
Ch. de Montray
R. Chatelain
Rte. de Paris
Ch. de Collongue
Av. Guy de Collongue
Ch. des Mouilles
Av. Édouard Aynard
Av. de Montlouis
Av. des Sources
Av. David Ben Gourion
R. de la Sauvegarde
R. de Bourgogne
Ch. du Tronchon
Ch. des Vignes
Rte. du Pérollier
Ch. du Moulin Carron
Ch. Jean-Marie Vianney
R. de Saint-Cyr
R. de Margnolles
R. Coste
R. d'Ypres
Ch. de Serin
Ch. Finat Duclos
R. du Bochu
Rte. du Bruissin
Montée des Roches
R. de la Gare
Rte. de la Libération
Av. du Chater
Ch. des Razes
Av. de Limburg
Av. Paul Dailly
Yzeron
R. Francisque Jomard
Av. de Verdun
Ch. de Brignais
Ch. de Beaumant
Ch. de Pressin
Ch. des Loyes
Rte. de la Gare
Rte. de Brignais
Ch. de Beauversant
Ch. de Sacuny
Av. Charles André
Av. de Gadagne
R. des Martyrs
Av. Georges Clemenceau
Rte. de Charly
Rte. d'Irigny
Ch. de la Mouche
Av. Jean Moulin
Bd de l'Europe
R. Ampère
R. du Perron
R. Henri Moissan
Ch. d'Yvours
Pont Aval
Bd Pierre Semard
Albert Ramboz
Ch. de Moly
Ch. de Montlouis
Ch. Sanzy
R. Louis Aulagne
Grande Rue
A
B
1
2
3

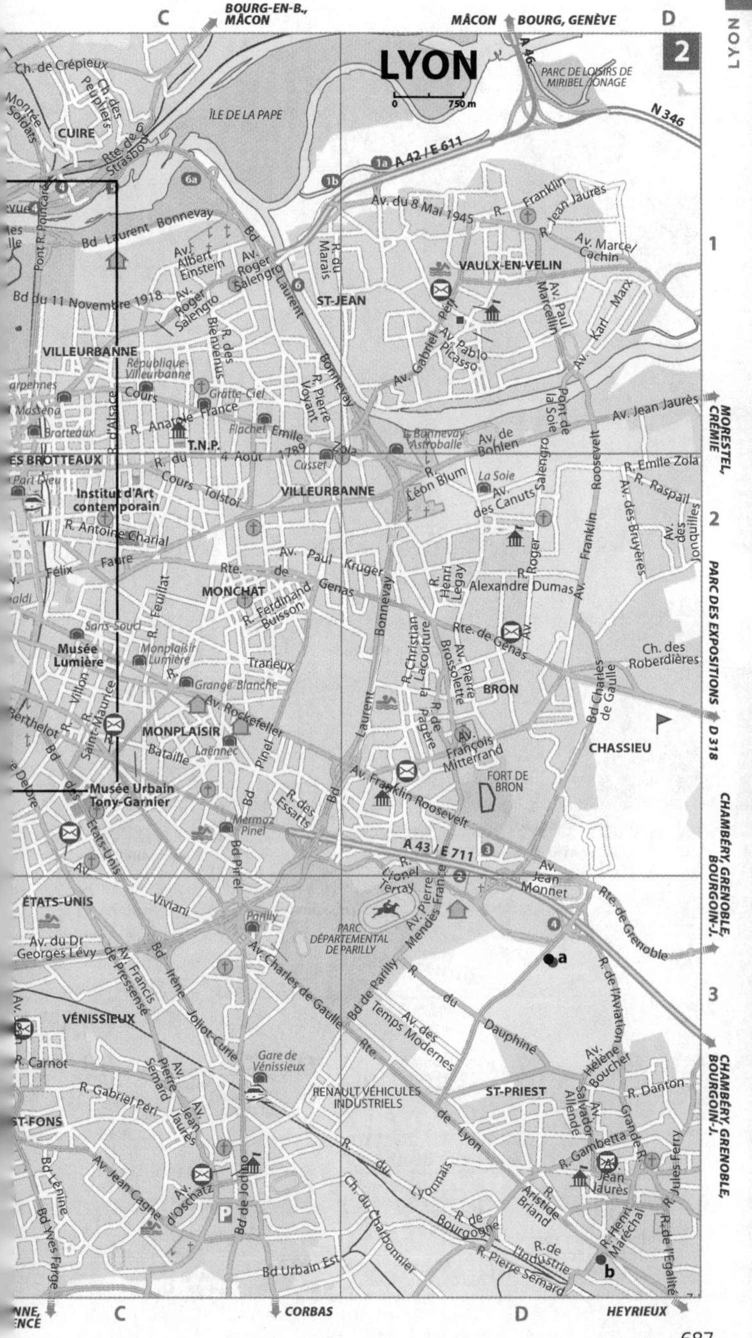
LYON
2
BOURG-EN-B., MÂCON
MÂCON BOURG, GENÈVE
C
D
PARC DE LOISIRS DE MIRIBEL JONAGE
ÎLE DE LA PAPE
N 346
A 46
A 42 / E 611
CUIRE
VAULX-EN-VELIN
ST-JEAN
VILLEURBANNE
T.N.P.
Institut d'Art contemporain
MONCHAT
Musée Lumière
MONPLAISIR
Musée Urbain Tony-Garnier
BRON
FORT DE BRON
CHASSIEU
ÉTATS-UNIS
PARC DÉPARTEMENTAL DE PARILLY
VÉNISSIEUX
ST-FONS
RENAULT VÉHICULES INDUSTRIELS
ST-PRIEST
A 43 / E 711
Av. Jean Jaurès
MORESTEL, CRÉMIEU
PARC DES EXPOSITIONS D 318
CHAMBÉRY, GRENOBLE, BOURGOIN-J.
CORBAS
HEYRIEUX
Bd Laurent Bonnevay
Bd du 11 Novembre 1918
Cours Tolstoï
Rte. de Genas
Av. Rockefeller
Av. Franklin Roosevelt
Bd Pinel
Av. Charles de Gaulle
Rte. de Lyon
Bd Urbain Est
R. Pierre Sémard
1
2
3
a
b

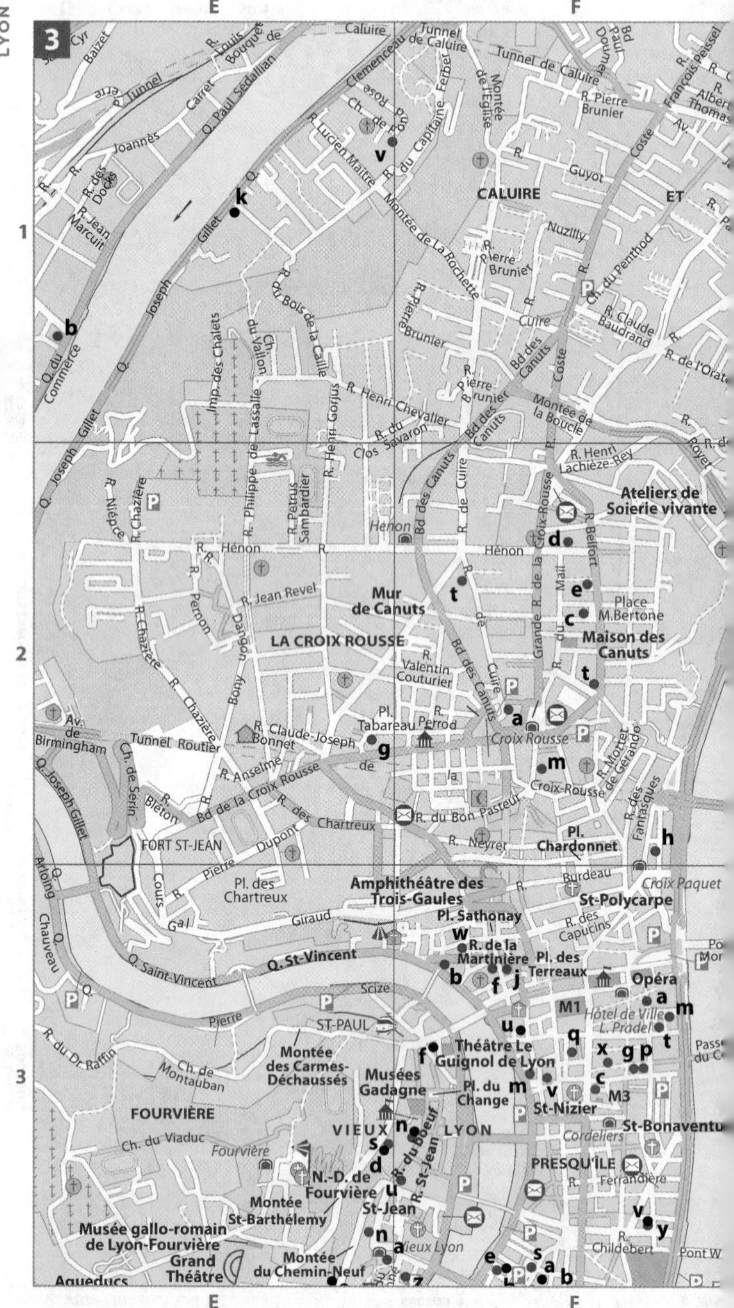
3
E
F
1
2
3
CALUIRE
LA CROIX ROUSSE
FORT ST-JEAN
FOURVIÈRE
VIEUX LYON
PRESQU'ÎLE
Ateliers de Soierie vivante
Mur de Canuts
Maison des Canuts
Amphithéâtre des Trois-Gaules
Pl. Sathonay
Pl. des Terreaux
Opéra
Hôtel de Ville
Théâtre Le Guignol de Lyon
Musées Gadagne
Pl. du Change
St-Nizier
St-Bonaventure
N.-D. de Fourvière
St-Jean
Musée gallo-romain de Lyon-Fourvière
Grand Théâtre
Montée des Carmes-Déchaussés
Montée St-Barthélemy
Montée du Chemin-Neuf
Pl. des Chartreux
Pl. Chardonnet
St-Polycarpe
Croix Paquet
Croix Rousse
Hénon
Cordeliers
Vieux Lyon
ST-PAUL
Q. St-Vincent
Bd de la Croix Rousse
Bd des Canuts
Grande R. de la Croix-Rousse
R. Hénon
Q. Joseph Gillet
Montée de La Rochette

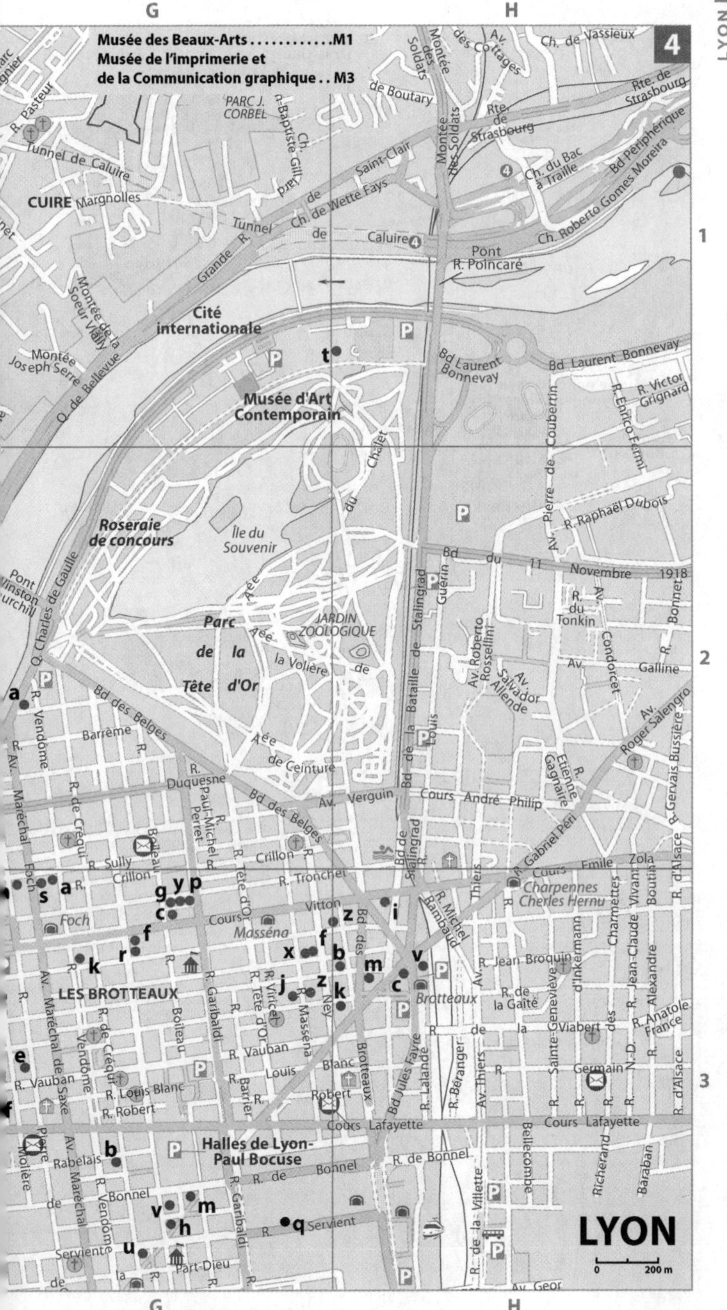

G
H
4
Musée des Beaux-Arts M1
Musée de l'imprimerie et
de la Communication graphique . . M3
1
2
3
Cité internationale
Musée d'Art Contemporain
Roseraie de concours
Parc de la Tête d'Or
JARDIN ZOOLOGIQUE
Île du Souvenir
CUIRE
LES BROTTEAUX
Halles de Lyon-Paul Bocuse
Charpennes Charles Hernu
Brotteaux
Bd des Belges
Bd Laurent Bonnevay
Cours Lafayette
Cours Vitton
Cours Emile Zola
Cours André Philip
Bd de Stalingrad
Bd du 11 Novembre 1918
R. Garibaldi
LYON
0
200 m

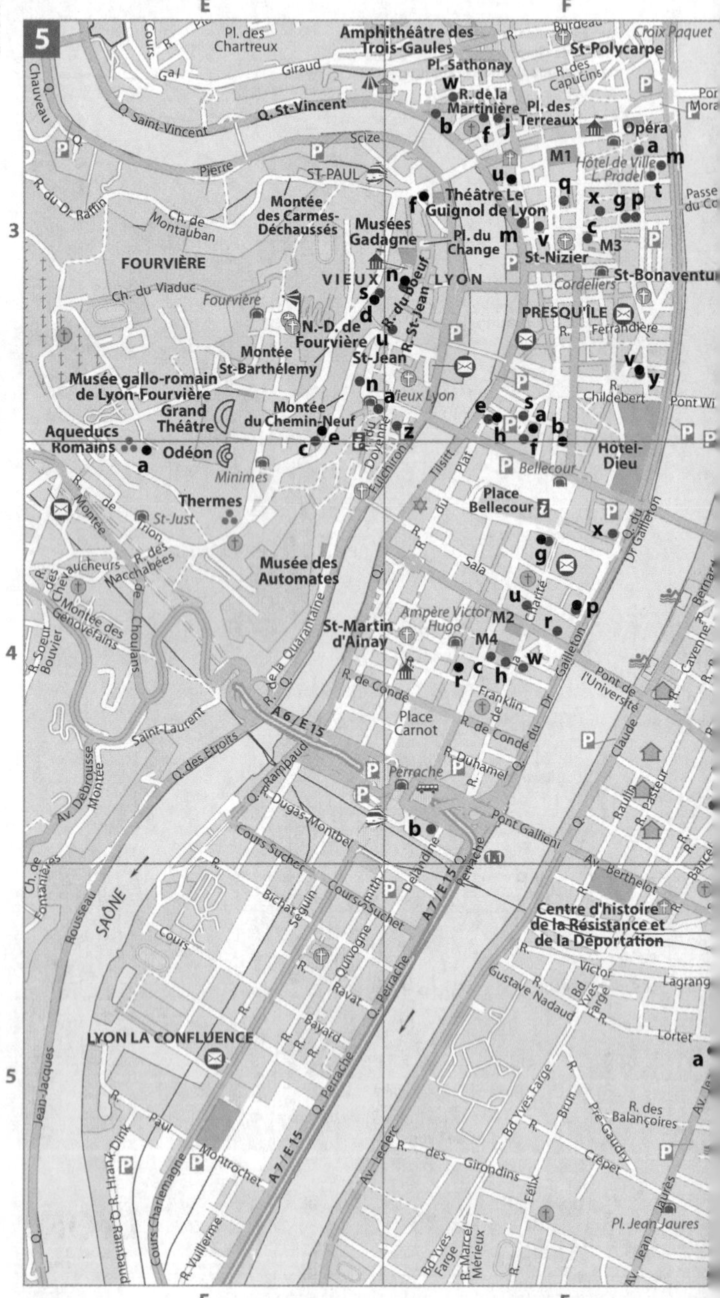
5
E
F
3
4
5
Amphithéâtre des Trois-Gaules
St-Polycarpe
Pl. Sathonay
Pl. des Chartreux
Q. St-Vincent
Pl. des Terreaux
Opéra
Hôtel de Ville
L. Pradel
Théâtre Le Guignol de Lyon
Montée des Carmes-Déchaussés
Musées Gadagne
Pl. du Change
St-Nizier
FOURVIÈRE
VIEUX LYON
PRESQU'ÎLE
N.-D. de Fourvière
Montée St-Barthélemy
St-Jean
Musée gallo-romain de Lyon-Fourvière
Grand Théâtre
Montée du Chemin-Neuf
Aqueducs Romains
Odéon
Thermes
Hotel-Dieu
Place Bellecour
Musée des Automates
St-Martin d'Ainay
Place Carnot
Perrache
Pont Gallieni
Centre d'histoire de la Résistance et de la Déportation
SAÔNE
LYON LA CONFLUENCE
Pl. Jean Jaures
A 6 / E 15
A 7 / E 15

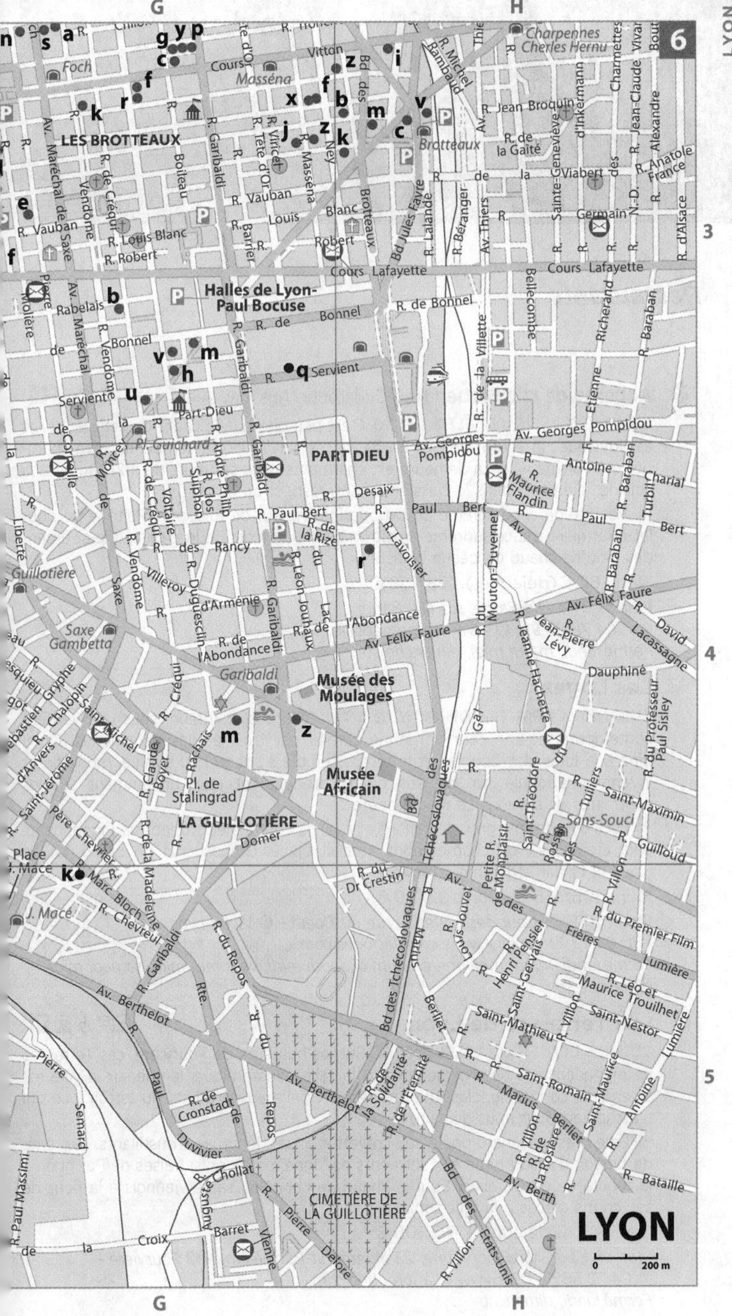
G
H
6
3
4
5
Foch
Masséna
Brotteaux
Charpennes Charles Hernu
LES BROTTEAUX
Halles de Lyon-
Paul Bocuse
PART DIEU
Part-Dieu
Pl. Guichard
Guillotière
Saxe Gambetta
Garibaldi
Musée des
Moulages
Musée
Africain
Pl. de
Stalingrad
LA GUILLOTIÈRE
Place
J. Macé
Sans-Souci
CIMETIÈRE DE
LA GUILLOTIÈRE
Cours Vitton
Cours Lafayette
Av. Georges Pompidou
Av. Félix Faure
Av. Berthelot
Bd des Brotteaux
Bd Jules Favre
Bd des Tchécoslovaques
Bd des Etats-Unis
R. Garibaldi
R. Vauban
R. Louis Blanc
R. Robert
R. de Bonnel
R. Servient
R. Paul Bert
R. Lavoisier
R. de l'Abondance
R. Villeroy
R. d'Arménie
R. Duguesclin
R. de Créqui
R. Vendôme
Av. Maréchal de Saxe
R. Moncey
R. de la Madeleine
R. Marc Bloch
R. Chevreul
R. Saint-Jérôme
R. Saint-Michel
R. de Marseille
R. du Repos
R. Pierre Delore
R. Chollat
R. de Cronstadt
R. Paul Duvivier
R. Paul Massimi
R. de la Croix Barret
R. de la Villette
R. Mouton-Duvernet
R. Maurice Flandin
R. Antoine Charial
R. Jeanne Hachette
R. Jean-Pierre Lévy
R. Dauphiné
R. David Lacassagne
R. du Professeur Paul Sisley
R. Saint-Théodore
R. Saint-Maximin
R. Guilloud
R. Villon
R. du Premier Film
Av. des Frères Lumière
R. Léo et Maurice Trouilhet
R. Saint-Nestor
R. Saint-Mathieu
R. Saint-Romain
R. Marius Berliet
R. Bataille
R. Louis Jouvet
R. Henri Pensier
R. Saint-Gervais
R. de la Rosière
R. Saint-Maurice
R. Antoine Lumière
R. Jean Broquin
R. de la Gaîté
R. Viabert
R. Germain
R. Anatole France
R. d'Alsace
R. Bellecombe
R. Richerand
R. Baraban
R. Etienne Richerand
R. Michel Rambaud
R. Béranger
Av. Thiers
R. Lalande
R. Desaix
R. de la Rize
R. Léon Jouhaux
R. du Lac
R. Voltaire
R. Clos Suiphon
R. André Philip
R. des Rancy
R. Rachais
R. Claude Boyer
R. Domer
R. du Dr Crestin
R. de la Solidarité
R. de l'Éternité
R. Villon
LYON
0
200 m

Vieux-Lyon - Vaise

5° - 9° arrondissements

P. Jacques /hemis.fr

Restaurants

✿ Auberge de l'Île Barbe (Jean-Christophe Ansanay-Alex)

CUISINE CLASSIQUE • ÉLÉGANT XXX C'est peu dire que le cadre de cette auberge est idyllique : la verdoyante île Barbe, posée sur la Saône, semble un rêve champêtre en pleine ville. La demeure est charmante avec ses murs de 1621 ; quant à la cuisine, elle puise dans le classicisme son respect du produit...

→ Velouté de cèpe comme un cappuccino, vapeur de foie gras. Poitrine de poulette fermière, sauce suprême au citron confit, haricots beurre, pastèque et amandes. Soufflé chaud de pêche blanche

Menu 60 € (déjeuner), 128/158 €

Plan : 1 B1-e - *Ile Barbe, sur l'Île Barbe - ✆ 04 78 83 99 49 - www.aubergedelile.com - Fermé lundi, mardi midi, dimanche soir*

✿ Les Loges

CUISINE MODERNE • ROMANTIQUE XXX Un cadre enchanteur : sous une verrière contemporaine, une cour florentine cernée par trois étages de galeries. On y dîne à la lueur des bougies et le temps semble s'arrêter ! La cuisine, moderne et inventive, s'appuie sur de très beaux produits, et joue brillamment sur les contrastes de saveurs. La magie opère...

→ Escalope de foie gras de canard et racines confites et arquebuse. Pigeonneau, pain croustillant de champignons et fruit épicé. Grands crus de cacao, chuao glacé et ceylan légèrement fumé

Menu 105/145 € - Carte 92/119 €

Plan : 5 F3-n - *Cour des Loges, 6 rue du Boeuf - Ⓜ Vieux Lyon - ✆ 04 72 77 44 44 - www.courdesloges.com - Fermé lundi, mardi midi, mercredi midi, jeudi midi, vendredi midi, samedi midi, dimanche soir*

✿ Les Terrasses de Lyon

CUISINE CLASSIQUE • ÉLÉGANT XXX Sur les hauteurs de Fourvière, ces Terrasses ne manquent pas de charme : depuis la salle panoramique, la vue sur la ville est splendide. La cuisine, classique, fait la part belle aux produits du terroir... ce qui n'est jamais pour nous déplaire !

→ Foie gras de canard poêlé aux crevettes grises, légumes croustillants. Suprême de pigeon d'Anjou fumé aux sarments de vigne, petits pois, fraises de Pusignan à la moutarde de pistache. Soufflé chaud au chocolat, sablé viennois à la fleur de sel, crème glacée à la fève tonka

Menu 49 € (déjeuner), 76/105 €

Plan : 5 E3-s - *Villa Florentine, 25 Montée St-Barthélémy - Ⓜ Fourvière - ✆ 04 72 56 56 02 - www.villaflorentine.com - Fermé lundi, dimanche*

Têtedoie (Christian Têtedoie)

CUISINE MODERNE • DESIGN XXX Sur la colline de Fourvière, cet écrin ultracontemporain est un balcon sur la ville. Christian Têtedoie y explore la tradition française avec talent : son plat emblématique, homard en cocotte et cromesquis de tête de veau, est tout bonnement exquis. Autres lieux, autres atmosphères : le Phosphore, ouvert à l'année, concocte une cuisine moderne, tandis que les Terrasses de l'Antiquaille propose, aux beaux jours, une cuisine à la plancha. Superbe vue sur la ville, à tous les étages.

→ Œuf parfait, brocoli, ail et champignons. Pigeon, girolles et verveine. Chocolat sakanti, citron et thym

Menu 48 € (déjeuner), 70/145 € – Carte 100/140 €

Plan : 5 E4-c – *4 rue Professeur-Pierre-Marion (montée du Chemin-Neuf) – Ⓜ Minimes – ✆ 04 78 29 40 10 – www.tetedoie.com*

Au 14 Février (Tsuyoshi Arai)

CUISINE CRÉATIVE • ÉLÉGANT XX Rue du Bœuf, au cœur du vieux Lyon, le chef japonais Tsuyoshi Ara magnifie de remarquables produits (pigeonneau de la maison Masse, bœuf wagyu) en jouant sur les textures et l'amertume. Talent, précision, imagination et un service d'une extrême gentillesse.

→ Menu surprise

Menu 92 €

Plan : 5 F3-d – *36 Rue du Boeuf – Ⓜ Vieux Lyon – ✆ 04 78 92 91 39 – www.ly-au14fevrier.com – Fermé 5-19 août, 22 décembre-6 janvier, lundi, mardi midi, mercredi midi, jeudi midi, vendredi midi, dimanche*

Jérémy Galvan

CUISINE CRÉATIVE • COSY X "Cuisine d'instinct", menu "Interlude", "Lâchez-prise" ou "Parfum" ? La carte donne le ton de la cuisine : originale, créative, ludique, elle sort des sentiers battus mais toujours dans le respect des saisons et de la nature. Quant à la salle à manger, récemment rénovée, elle se révèle très confortable : une réussite !

→ Cuisine du marché

Menu 35 € (déjeuner), 68/110 € – Carte 70/90 €

Plan : 5 F3-u – *29 rue du Boeuf – Ⓜ Vieux-Lyon – ✆ 04 72 40 91 47 – www.jeremygalvanrestaurant.com – Fermé 14-23 avril, 4-27 août, 30 décembre-8 janvier, lundi, mercredi midi, samedi midi, dimanche*

La Sommelière Ⓝ

CUISINE MODERNE • INTIME X Une propriétaire sommelière, un chef japonais d'une implacable rigueur, un menu unique, servi dans un restaurant de poche. Dans l'assiette, une cuisine française d'une grande élégance, à l'instar de ce homard et crème de crustacés, ou du filet de bar sauvage sur peau. Service attentionné et excellent rapport qualité-prix. Pensez à réserver : les places sont chères.

→ Cuisine du marché

Menu 72 €

Plan : 5 E3-a – *6 rue Mourguet – Ⓜ Vieux Lyon – ✆ 04 78 79 86 45 – https://la-sommeliere.net – Fermé 5-25 août, lundi, dimanche*

Racine Ⓝ

CUISINE MODERNE • CONVIVIAL X Non pas une seule Racine, mais plusieurs. Celles, bourguignonnes, du chef, qui les revendique fièrement ; celles des produits qu'il utilise (dont 90% sont produits dans un rayon de 100 km). Quant à ses assiettes, savoureuses et équilibrées, elles font le reste ! Petit coin épicerie et bar à vins les jeudi et vendredi.

Menu 22 € (déjeuner), 25/30 €

Plan : E2-e – *1 rue du Chapeau-Rouge, impasse Charavay – Ⓜ Valmy – ✆ 04 26 18 57 15 – www.racinerestaurant-lyon.com – Fermé lundi soir, mardi soir, mercredi soir, samedi, dimanche*

Cinq Mains

CUISINE MODERNE • BISTRO X Dans ce quartier très touristique en bord de Saône, cette maison en pierre apparente est désormais le fief de Grégory Cuilleron, entouré de son frère et d'un ami. La cuisine penche nettement du côté bistronomique et moderne, et s'accompagne d'une sélection de petits vins bien choisis – la passion des trois associés.

Menu 19 € (déjeuner), 35/45 € – Carte 32/49 €

Plan : 5 F3-z – *12 Rue Monseigneur Lavarenne – Ⓜ Vieux Lyon – ✆ 04 37 57 30 52 – Fermé 25 août-17 septembre, 31 décembre-7 janvier*

L'Ouest

CUISINE TRADITIONNELLE • BRASSERIE X Parmi les brasseries de Paul Bocuse, celle-ci est tout bonnement immense (600 couverts par jour !). La carte rend hommage à la tradition qui a fait la réputation du grand chef (foie de veau à la Lyonnaise, poulet de Bresse rôti à la broche, sole meunière, etc.). Décor design et jolie terrasse côté Saône.

Menu 27/31 € – Carte 35/67 €

Plan : 3 E1-b – *1 quai du Commerce – Ⓜ Gare de Vaise – ✆ 04 37 64 64 64 – www.brasseries-bocuse.com*

Le Tiroir

CUISINE MODERNE • TENDANCE X Dans ce quartier populaire de Vaise en voie de boboïsation accélérée, un Tiroir ouvert par un chef... qui ne veut pas être mis dans une case ! Il assume les influences diverses de sa cuisine, qui évolue au fil du marché et de ses envies du moment. Les produits sont bien travaillés, dressés avec soin, servis avec le sourire : on passe un bon moment.

Menu 23 € (déjeuner), 31/46 €

Plan : 1 B1-n – *20 Grande-Rue-de-Vaise – Ⓜ Valmy – ✆ 04 78 64 75 96 – Fermé 12 août-1er septembre, lundi soir, mardi soir, samedi, dimanche*

Les Bouchons

Daniel et Denise Saint-Jean

CUISINE LYONNAISE • BOUCHON LYONNAIS X À deux pas de la cathédrale St-Jean, ce bouchon emblématique du Vieux Lyon est tenu par le chef Joseph Viola (Meilleur Ouvrier de France en 2004), déjà connu pour son Daniel et Denise du 3e arrondissement. Au menu de cet opus, une cuisine lyonnaise traditionnelle, qui ravira les amateurs.

Menu 33 € – Carte 35/55 €

Plan : 5 E3-n – *32 rue Tramassac – Ⓜ Vieux Lyon – ✆ 04 78 42 24 62 – www.daniel-et-denise.fr – Fermé lundi, dimanche*

Hôtels

Cour des Loges

LUXE • COSY Voûtes, galeries, passages... tout le charme de la Renaissance au cœur du vieux Lyon, l'élégance contemporaine en prime. Ces cinq bâtiments anciens, reliés entre eux par des traboules, forment un ensemble cossu, sans même parler de la convivialité du bistrot (le Café-Épicerie) et des douceurs du restaurant Les Loges.

56 chambres – 258/718 € – 4 suites

Plan : 5 F3-n – *6 rue du Boeuf – Ⓜ Vieux Lyon – ✆ 04 72 77 44 44 – www.courdesloges.com – Fermé 17 février-4 mars*

❀ **Les Loges** – voir la sélection des restaurants

Villa Florentine

HISTORIQUE · PERSONNALISÉ Sur la colline de Fourvière, ce beau bâtiment Renaissance, devenu couvent et agrandi aux 18e-19e s., jouit d'une vue incomparable sur la ville. Les chambres dévoilent un raffinement rare. Voilà bien l'un des établissements les plus agréables de la ville...

28 chambres - 195/990 € - 25 €

Plan : 5 E3-s - *25 montée St-Barthélémy* - *Fourvière* - *04 72 56 56 56* - *www.villaflorentine.com*

Les Terrasses de Lyon - voir la sélection des restaurants

Villa Maïa

LUXE · CONTEMPORAIN Imposant bâtiment de béton aux lignes épurées, perché sur la colline de Fourvière, Villa Maïa, dessiné par Jean-Michel Wilmotte, est l'hôtel de tous les superlatifs : sol en marbre, bar bibliothèque, et somptueuses chambres d'esprit zen, ouvertes sur les toits de Lyon... jusqu'aux Alpes ! Piscine couverte, fitness etc. Le luxe absolu.

35 chambres - 450/925 € - 2 suites

Plan : 5 E3-e - *8 rue du Professeur-Pierre-Marion* - *Minimes* - *04 78 16 01 01* - *www.villa-maia.com*

Fourvière Hôtel

DEMEURE HISTORIQUE · ÉPURÉ Sur la colline de Fourvière, à deux pas du théâtre antique, cet hôtel en briques rouges et pierres dorées a investi un ancien couvent du 19e s. : réception dans la magnifique chapelle, quand les chambres et le restaurant s'articulent autour du cloître. Une expérience presque mystique !

74 chambres - 109/420 € - 1 suite - 20 €

Plan : 5 E3-a - *23 rue Roger-Radisson* - *Fourvière* - *04 74 70 07 00* - *www.fourviere-hotel.com*

Collège

TRADITIONNEL · À THÈME Pupitres, cheval d'arçon, cartes géographiques : tout ici évoque l'école d'antan, dans un esprit design. Les chambres, dont certaines sont équipées d'un balcon ou d'une terrasse, sont d'une blancheur immaculée ; on peut aussi profiter du sympathique bar à goneries – les tapas lyonnaises !

40 chambres - 89/249 € - 17 €

Plan : 5 F3-f - *5 place St-Paul* - *Vieux Lyon* - *04 72 10 05 05* - *www.college-hotel.com*

Presqu'Île - Croix-Rousse

1er-2e-4e arrondissements

P. Jacques /hemis.fr

Restaurants

✿✿ Mère Brazier (Mathieu Viannay)

CUISINE MODERNE • ÉLÉGANT XXX La "Mère lyonnaise" Eugénie Brazier (1895-1977) est l'une des figures tutélaires de la cuisine lyonnaise. Toutes les grandes personnalités de son époque allaient en pèlerinage chez cette époustouflante cuisinière (on voulait écrire "toque", mais elle n'en portait pas), qui obtint trois étoiles dans deux établissements différents : à Lyon d'abord, puis au col de la Luère, à quinze kilomètres. Même l'immense Paul Bocuse a été formé à ses côtés... voilà qui résume bien l'influence de cette femme d'exception.

C'est dans le premier de ces deux restaurants, situé rue Royale à Lyon, que Mathieu Viannay donne depuis 2008 sa propre lecture du « mythe » Brazier. Il revisite les incontournables de la maison (volaille de Bresse demi-deuil aux truffes, pain de brochet croustillant aux écrevisses et sauce Nantua) en y ajoutant sa propre touche. Il insuffle son talent et son inspiration au cœur de cette maison emblématique, entre classicisme de haute volée et esprit de création. Belle continuité !

➜ Artichaut et foie gras. Volaille de Bresse demi-deuil. Paris-brest

Menu 70 € (déjeuner), 105/170 € - Carte 153/250 €

12 rue Royale - Ⓜ Hôtel de Ville - ✆ 04 78 23 17 20 - www.lamerebrazier.fr - Fermé 18-24 février, 5-25 août, samedi, dimanche

✿ Les Trois Dômes

CUISINE MODERNE • CONTEMPORAIN XXX Au dernier étage de l'hôtel, une cuisine pleine de hauteur, jouant sur de somptueux accords mets et vins. D'une terrine de pot-au-feu de foie gras à un gigotin d'agneau du Limousin, les classiques sont revisités sans faute. Quant à la salle, élégante et épurée, elle offre une vue sur Lyon tout simplement magique...

➜ Quenelles de brochet, sauce écrevisse et pousses d'épinard. Filet de bœuf de Salers, foie gras chaud, artichaut violet et sauce au vin rouge. Cigare au chocolat, crémeux Baileys et glace au safran

Menu 48 € (déjeuner), 82/125 € - Carte 90/145 €

Plan : 5 F4-p - *Sofitel Lyon Bellecour, 20 quai Gailleton (8ème étage) - Ⓜ Bellecour - ✆ 04 72 41 20 97 - www.les-3-domes.com - Fermé 16-20 avril, 1er-31 août, lundi, dimanche*

✿ Prairial (Gaëtan Gentil)

CUISINE MODERNE • ÉPURÉ X Gaëtan Gentil a repris au printemps 2015 ce restaurant de la Presqu'île, avec son cadre agréable, agrémenté d'un mur végétal... Il y décline une "gastronomie décomplexée" : une cuisine de l'instant, résolument créative, au cœur de laquelle domine le végétal.

➜ Tomate, tagète, agastache et pamplemousse. Omble chevalier, girolles, sabayon de beurre noisette et reine-des-prés. Fine coque de meringue, myrtilles sauvages et sorbet à la feuille de cassissier

Menu 34 € (déjeuner), 58/93 €

Plan : 5 F3-v - *11 rue Chavanne - Ⓜ Cordeliers - ✆ 04 78 27 86 93 - www.prairial-restaurant.com - Fermé 30 avril-13 mai, 1er-23 septembre, lundi, jeudi midi, dimanche*

Aromatic

CUISINE MODERNE • TENDANCE Attention pépite dans le quartier de la Croix Rousse ! Frédéric Taghavi et Pierre Julien Gay, complices, proposent de savoureuses recettes modernes, à base de produits top fraîcheur - dont de beaux poissons sauvages. Tout met l'eau à la bouche, avec un coup de coeur pour le cabillaud sauvage et de son jus de bouillabaisse... On s'en lèche encore les babines.

Menu 19 € (déjeuner), 33/43 €

Plan : 3 F2-c – *15 rue du Chariot-d'Or – Croix-Rousse – 04 78 23 73 61 – www.aromaticrestaurant.fr – Fermé lundi, dimanche*

Augusto

CUISINE ITALIENNE • COSY Difficile de ne pas s'enthousiasmer devant le travail d'Augusto, le jeune chef brésilien – très investi – aux commandes de ce restaurant... italien ! De beaux produits, une exécution précise, des assiettes parfumées et colorées comme il se doit : séduisant jusque dans les détails, sans parler de l'accueil, charmant.

Menu 19 € (déjeuner), 29/39 € – Carte 33/46 €

Plan : 5 F3-g – *6 rue Neuve – Cordelier – 04 72 19 44 29 – www.augusto-restaurant-lyon.fr – Fermé lundi, dimanche*

Balthaz'art

CUISINE MODERNE • BISTRO Presque au sommet de la Croix-Rousse, ce restaurant – l'ancien QG du PCF – se mérite ! Le rouge est omniprésent (comme il se doit), et l'œil se pose sur des reproductions de Picasso ou Modigliani : il y a de la fantaisie et de la beauté dans la déco comme dans l'assiette... et la carte change tous les deux mois.

Menu 18 € (déjeuner), 29/36 € – Carte 33/45 €

Plan : 3 F2-m – *7 rue des Pierres-Plantées – Croix-Rousse – 04 72 07 08 88 – www.restaurantbalthazart.com – Fermé 7-21 janvier, lundi, mardi midi, mercredi midi, dimanche*

Le Bistrot des Voraces

CUISINE TRADITIONNELLE • BISTRO Êtes-vous simplement gourmand... ou franchement vorace ? Dans tous les cas, ce bistrot de quartier de la Croix-Rousse saura vous combler : son chef, Cédric Blin, a fait ses classes aux Crayères (à Reims) du temps de Gérard Boyer et chez Jean-Paul Lacombe, avant de se lancer ici en solo... Comme il a bien fait : le rapport plaisir-prix est excellent !

Menu 24 €

Plan : 3 F2-t – *13 rue d'Austerlitz – Croix-Rousse – 04 72 07 71 86 – www.bistrotdesvoraces.fr – Fermé 27 juillet-18 août, samedi, dimanche*

Le Canut et les Gones 

CUISINE MODERNE • BISTRO Une ambiance unique, entre bistrot et brocante – bar en formica, parquet au sol, tapisserie vintage, collection d'horloges anciennes aux murs –, une cuisine moderne et bien rythmée par les saisons, une carte des vins garnie de plus de 300 références... Dans un coin peu fréquenté de la Croix-Rousse, une adresse à découvrir absolument.

Menu 22 € (déjeuner)/33 €

Plan : 3 F2-e – *29 rue Belfort – Croix-Rousse – 04 78 29 17 23 – www.lecanutetlesgones.com – Fermé lundi, dimanche*

Substrat

CUISINE MODERNE • BISTRO "Produits de la cueillette et vins à boire" : voici la promesse de cette table entre maison de campagne et atelier d'artisan... La promesse est tenue : ail des ours, airelles, cèpes, bolets et autres myrtilles accompagnent des assiettes savoureuses et débordantes de nature, accompagnées de beaux cépages. On se régale !

Menu 22 € (déjeuner), 33/44 €

Plan : 3 F2-d – *7 rue Pailleron – Hénon – 04 78 29 14 93 – www.substrat-restaurant.com – Fermé 5-25 août, dimanche*

Brasserie Léon de Lyon

CUISINE TRADITIONNELLE · ÉLÉGANT XX Cette institution lyonnaise, fondée en 1904, a conservé son cadre cossu et son atmosphère conviviale. Pâté en croûte maison à l'ancienne, quenelle de brochet cuite au four, tarte aux pralines roses de Saint-Genix : difficile de résister à cette bonne cuisine, dans la droite ligne de la tradition lyonnaise !

Menu 30 € – Carte 43/55 €

Plan : 5 F3-q – *1 rue Pleney (angle r. du Plâtre)* – Ⓜ *Hôtel de Ville* – *✆ 04 72 10 11 12 – www.leondelyon.com*

Brasserie Georges

CUISINE TRADITIONNELLE · BRASSERIE XX "Bonne bière et bonne chère depuis 1836" : un slogan qui ne se dément pas ! La bière est effectivement brassée sur place ; on apprécie le cadre Art déco jalousement préservé et la spécialité de choucroute – un hommage aux origines alsaciennes du fondateur... Une véritable institution pour tous les Lyonnais.

Menu 22/28 € – Carte 30/51 €

Plan : 5 F4-b – *30 cours de Verdun* – Ⓜ *Perrache* – *✆ 04 72 56 54 54 – www.brasseriegeorges.com*

L'Éclat

CUISINE CRÉATIVE · COSY XX En bordure des quais de Saône, ce restaurant au cadre cosy et feutré, où officie le jeune chef de cuisine Vincent Leleu, propose une cuisine sagement créative, qui se renouvelle selon son inspiration et les saisons, autour de menus imposés.

Menu 30 € (déjeuner), 45/75 €

Plan : 5 F3-m – *13 quai de la Pêcherie* – Ⓜ *Cordeliers* – *✆ 04 72 02 00 30 – www.leclat-restaurant.fr – Fermé 5-26 août, lundi, dimanche*

La Tassée

CUISINE TRADITIONNELLE · ÉLÉGANT XX Une institution locale, tenue par la même famille depuis trois générations. Les incontournables de la maison : raie au beurre noisette, volaille fermière au vinaigre, gras double sauté à la lyonnaise... Ici, on cultive l'art de mêler tradition, terroir et esprit contemporain sans perdre son âme !

Menu 25 € (déjeuner), 32/81 € – Carte 40/80 €

Plan : 5 F4-u – *20 rue de la Charité* – Ⓜ *Bellecour* – *✆ 04 72 77 79 00 – www.latassee.fr – Fermé dimanche*

Le Vivarais

CUISINE TRADITIONNELLE · CLASSIQUE XX Avant 1789, le pays de Vivarais couvrait l'actuelle Ardèche, au sud de Lyon ; plus de deux siècles plus tard, ce terroir est toujours vivant ! Ici, le patron et sa fille cuisinent à quatre mains, proposant pâté en croûte maison, fond d'artichaut des Mères lyonnaises au foie gras et quenelles... Appétissant chariot de pâtisseries.

Menu 29/39 € – Carte 30/75 €

Plan : 5 F4-r – *1 place Gailleton* – Ⓜ *Bellecour* – *✆ 04 78 37 85 15 – www.restaurant-levivarais.fr – Fermé lundi, dimanche*

L'Établi Ⓝ

CUISINE MODERNE · TENDANCE X Un vrai coup de cœur que ce restaurant emmené par un ancien de chez Christian Têtedoie. Menu au rapport qualité-prix imbattable, plats créatifs ou franchement traditionnels (soupe à l'oignon et pot-au-feu), mais toujours bien maîtrisés : on se régale d'un bout à l'autre du repas. Et pour ne rien gâcher, le service est attentionné.

Menu 28 € (déjeuner), 49/64 €

Plan : 5 F4-c – *22 rue des Remparts-d'Ainay* – Ⓜ *Ampère Victor Hugo* – *✆ 04 78 37 49 83 – www.letabli-restaurant.fr – Fermé samedi, dimanche*

L'Institut

CUISINE MODERNE • ÉLÉGANT Place Bellecour, le restaurant d'application de l'Institut Paul-Bocuse n'a rien d'une école ! Dans un décor très contemporain signé Pierre-Yves Rochon, avec des cuisines ouvertes sur la salle, les élèves délivrent une prestation exigeante. Les assiettes, fort bien maîtrisées, méritent une bonne note.

Carte 51/51 €

Plan : 5 F4-g – *Le Royal, 20 place Bellecour – Ⓜ Bellecour – ✆ 04 78 37 23 02 – www.linstitut-restaurant.fr – Fermé 5-26 août, 23 décembre-7 janvier, lundi, dimanche*

Monsieur P Ⓝ

CUISINE MODERNE • CONVIVIAL Sis dans un superbe immeuble Louis XV, au mobilier d'époque ou chiné en brocante, Monsieur P est aussi un repaire de gourmets. Aux fourneaux, Florent Poulard, passé par de belles maisons, propose une savoureuse cuisine moderne : il adore travailler les légumes (suite à son passage chez Alain Passard) et les pièces entières de poissons et de viandes. Un coup de cœur.

Menu 26 € (déjeuner), 38/58 € – Carte 36/54 €

Plan : 3 F2-h – *14 rue Royale – Ⓜ Croix-Paquet – ✆ 04 82 31 87 63 – www.monsieurp.fr – Fermé 3-25 août, samedi, dimanche*

Victoire & Thomas

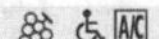

CUISINE CRÉATIVE • CHIC Le concept imaginé par Victoire et Thomas : une "cuisine de partage" fusion et créative, sous forme de plats et de planches, accompagnée de vins prestigieux sélectionnés par leurs soins. Au déjeuner, on profite d'un menu à prix imbattable ; tout cela est servi dans le cadre étonnant d'un ancien atelier de soierie. Accueil charmant.

Carte 39/49 €

Plan : 5 F3-m – *27 rue de l'Arbre-Sec – Ⓜ Hôtel de Ville – ✆ 04 81 11 86 19 – www.victoire-thomas.com – Fermé lundi, dimanche*

L'Atelier des Augustins

CUISINE MODERNE • CONTEMPORAIN Passé par de belles maisons et ancien chef des ambassades de France à Londres et à Bamako, Nicolas Guilloton a quitté les ors protocolaires pour créer cet Atelier empreint de sobriété, mais où la cuisine reste une affaire capitale : il signe de jolies recettes, colorées et pleines de parfum, d'une belle modernité !

Menu 35 € (déjeuner)/45 € – Carte 50/80 €

Plan : 5 F3-j – *11 rue des Augustins – Ⓜ Hôtel de Ville – ✆ 04 72 00 88 01 – www.latelierdesaugustins.com – Fermé lundi, samedi midi, dimanche*

La Bijouterie

CUISINE CRÉATIVE • CONVIVIAL Cette Bijouterie n'a rien d'ostentatoire : le chef, tatoué et barbu, propose une cuisine pleine de vivacité, aux touches asiatiques. Les produits sont de qualité, les circuits courts privilégiés. Au déjeuner, menu 100% dim sum. Simple et convivial.

Menu 27 € (déjeuner)/49 €

Plan : 5 F3-f – *16 rue Hippolyte-Flandrin – Ⓜ Hôtel de Ville – ✆ 04 78 08 14 03 – www.labijouterierestaurant.fr – Fermé 23-30 décembre, lundi, dimanche*

Les Boulistes

CUISINE TRADITIONNELLE • BISTRO Sur le plateau de la Croix-Rousse, ce restaurant situé sur une place (haut lieu de la pétanque... d'où le nom !) propose une cuisine traditionnelle et authentique à prix doux, dont de nombreuses cocottes (cassolette d'escargots). A déguster dans un cadre bistrot, ou sur la terrasse, installée dès les beaux jours et prise d'assaut, l'été venu !

Menu 25 € – Carte 30/40 €

Plan : 3 E2-g – *9 place Tabareau – Ⓜ Croix-Rousse – ✆ 04 78 28 44 13 – www.lesboulistes.fr – Fermé lundi, dimanche*

Brasserie des Confluences

CUISINE MODERNE • CONTEMPORAIN Cette brasserie contemporaine ouverte début 2015 est aussi celle du Musée des Confluences, à l'architecture moderne de verre, béton et inox. Rassurez-vous, ce n'est pas ce qu'on sert ici : la cuisine, au goût du jour, revisite la tradition avec gourmandise. Ainsi ce pâté en croûte, foie gras et volaille ou le vol au vent, sauce Nantua.

Menu 29 € (déjeuner)/53 € – Carte 40/60 €

Plan : 1 B2-r – *86 quai Perrache (au musée des Confluences) – ✆ 04 72 41 12 34 – www.museedesconfluences-restauration.com – Fermé lundi, dimanche soir*

Café Terroir

CUISINE DU TERROIR • CONVIVIAL Dénicher les meilleurs produits de la région et en faire de belles assiettes gourmandes : tel est le crédo des deux jeunes patrons de ce Café Terroir, installé près du théâtre des Célestins. Les classiques maison : parmentier de volaille fermière de l'Ain, saucisson chaud pistaché, cervelle de canut...

Menu 21 € (déjeuner)/32 € – Carte 30/50 €

Plan : 5 F3-f – *14 rue d'Amboise – Ⓜ Bellecour – ✆ 09 53 36 08 11 – www.cafeterroir.fr – Fermé 5-13 mai, 11 août-3 septembre, 23 décembre-8 janvier, lundi, dimanche midi*

Le Centre by Georges

VIANDES • BRASSERIE Georges Blanc, le célèbre chef de Vonnas, est à l'initiative de cette brasserie contemporaine. L'adresse est dédiée à la viande – de belles viandes : charolais, bœuf Wagyu, côtelettes d'agneau de Sisteron ou encore volaille de Bresse –, accompagnées d'un grand choix de garnitures et de sauces. Avis aux carnivores !

Menu 24 € (déjeuner), 26/32 € – Carte 40/75 €

Plan : 5 F3-y – *14 rue Grolée – Ⓜ Cordeliers – ✆ 04 72 04 44 44 – www.lespritblanc.com*

Cercle Rouge

FUSION • BISTRO Cette petite façade vitrée, sise dans une rue animée proche de l'Opéra, dissimule un jeune bistrot, proposant une cuisine fusion aux influences asiatiques, sud-américaines, britanniques... à la belle maîtrise technique. Atmosphère très conviviale.

Menu 20 € (déjeuner)/36 €

Plan : 5 F3-t – *36 rue de l'Arbre-Sec – Ⓜ Hôtel de Ville – ✆ 04 78 28 41 98 – cercle-rouge.fr – Fermé 29 juillet-12 août, lundi, dimanche*

Curnonsky

CUISINE MODERNE • VINTAGE On passe un moment convivial dans ce bistrot-cave du plateau de la Croix-Rousse, emmené par un jeune chef autodidacte : il propose une cuisine simple et efficace, aux saveurs bien marquées. Tout est fait maison avec des produits d'une grande fraîcheur... Le tout à des prix imbattables ! À noter aussi : 320 références de vins.

Menu 19 € (déjeuner)/32 €

Plan : 3 F2-t – *14 rue Pelletier – Ⓜ Hénon – ✆ 04 78 27 47 23 – Www.curnonsky.fr – Fermé 1er-31 août, lundi midi, mardi soir, mercredi soir, samedi midi, dimanche*

L'Ébauche

CUISINE MODERNE • BISTRO À deux pas des quais de Saône et des halles de la Martinière, ce repaire bistronomique est l'œuvre d'un jeune chef qui a été à bonne école (Mathieu Viannay, Guy Savoy, Pierre Gagnaire à Londres). Il décline une cuisine du marché simple et franche, avec par exemple un délicieux pâté en croûte... déjà un classique de la maison !

Menu 20 € (déjeuner), 27/32 €

Plan : 5 F3-b – *4 rue de la Martinière – Ⓜ Hôtel de Ville – ✆ 04 78 58 12 58 – Fermé 30 décembre-9 janvier, lundi, mardi, mercredi midi*

Fond Rose

CUISINE TRADITIONNELLE · BRASSERIE Une maison bourgeoise des années 1920 transformée en brasserie chic par le groupe Bocuse, avec sa terrasse entourée d'arbres centenaires : une certaine idée de la quiétude. La cuisine se révèle généreuse et savoureuse, dans la tradition des bords de Saône : grenouilles, quenelles, etc. Une certaine idée du goût !

Menu 31/37 € - Carte 40/70 €

Plan : 3 F1-v - *23 chemin de Fond-Rose - 04 78 29 34 61 - www.brasseries-bocuse.fr*

Le Nord

CUISINE TRADITIONNELLE · BRASSERIE La plus petite des brasseries Bocuse, avec véranda sur la rue et salons privatifs à l'étage. En cuisine, la brigade a été à bonne école : la fraîcheur des produits est un dogme, et la tradition rime avec générosité et saveur. Salade lyonnaise, saucisson chaud pistaché en brioche, escargots de Bourgogne, etc. : une valeur sûre.

Menu 27/33 € - Carte 36/62 €

Plan : 5 F3-p - *18 rue Neuve - Ⓜ Hôtel de Ville - 04 72 10 69 69 - www.nordsudbrasseries.com*

Le Sud

CUISINE MÉDITERRANÉENNE · BRASSERIE Il y a quelque chose de l'élégance grecque dans le décor blanc et bleu de cette brasserie Bocuse située à deux pas de la place Bellecour. Ce n'est pas un hasard : ici, c'est le Sud - pastilla de volaille cannelle et coriandre ; souris d'agneau en couscous ; morue fraîche en aïoli… Et ça l'est plus encore en été, en terrasse.

Menu 27 € (déjeuner) - Carte 35/60 €

Plan : 5 F4-x - *11 place Antonin-Poncet - Ⓜ Bellecour - 04 72 77 80 00 - www.brasseries-bocuse.com*

Thomas

CUISINE TRADITIONNELLE · BISTRO Dans ce bistrot contemporain, la cuisine navigue entre tradition (la spécialité est le pain perdu) et des préparations plus actuelles. En face, le Bistrot et le Bouchon viennent compléter l'offre de restauration du chef-patron Thomas Ponson.

Menu 22 € (déjeuner), 47/60 €

Plan : 5 F4-w - *6 rue Laurencin - Ⓜ Bellecour - 04 72 56 04 76 - www.restaurant-thomas.com - Fermé 26 juillet-11 août, 22 décembre-6 janvier, samedi, dimanche*

La Voûte - Chez Léa

CUISINE LYONNAISE · TRADITIONNEL L'un des plus vieux restaurants de Lyon ! Une équipe dynamique accueille la clientèle avec le sourire ; dans cette chaleureuse atmosphère, on perpétue avec brio la tradition (saucisson chaud, tablier de sapeur, poulet au vinaigre de vin vieux, cervelle de canut…). Une valeur sûre !

Menu 21 € (déjeuner), 29/40 € - Carte 32/49 €

Plan : 5 F3-e - *11 place Antonin-Gourju - Ⓜ Bellecour - 04 78 42 01 33 - www.lavoutechezlea.com - Fermé dimanche*

Les Bouchons

Le Garet

CUISINE LYONNAISE · BOUCHON LYONNAIS Une véritable institution bien connue des amateurs de cuisine lyonnaise : tête de veau, tripes, quenelles ou andouillettes se dégustent en toute convivialité dans un cadre exemplaire du genre. Le tout est complété par une ardoise du jour avec des plats du marché, aux prix raisonnables.

Menu 22 € (déjeuner)/29 € - Carte 25/43 €

Plan : 5 F3-a - *7 rue du Garet - Ⓜ Hôtel de Ville - 04 78 28 16 94 - Fermé 1er-18 mars, 26 juillet-27 août, samedi, dimanche*

Le Bouchon des Filles

CUISINE LYONNAISE • BISTRO À côté de la charmante place Sathonay, dans une petite rue pavée, une poignée de Filles tiennent ce bouchon de carte postale, aussi mignon que chaleureux. Côté cuisine, elles revisitent des plats de tradition lyonnaise avec une pointe de légèreté : c'est simple, frais, goûteux et généreux !

Menu 27/30 €

Plan : 5 F3-w – *20 rue Sergent-Blandan – Hôtel de Ville – 04 78 30 40 44 – Fermé 31 décembre-21 janvier, lundi midi, mardi midi, mercredi midi, jeudi midi*

Daniel et Denise Croix-Rousse

CUISINE LYONNAISE • BOUCHON LYONNAIS Ce Daniel et Denise Croix-Rousse – le troisième du genre, après la rue de Créqui et le quartier St-Jean – rencontre le même succès que ses grands frères. Pour se rassasier d'une cuisine lyonnaise roborative, dans un décor de bouchon à l'ancienne.

Menu 33/51 € – Carte 38/55 €

Plan : 3 F2-a – *8 rue de Cuire – Croix-Rousse – 04 78 28 27 44 – www.daniel-et-denise.fr – Fermé lundi, dimanche*

La Meunière

CUISINE LYONNAISE • BOUCHON LYONNAIS Œuf meurette, quenelle de brochet, tête de veau sauce gribiche et tablier de sapeur : la plupart des spécialités du bouchon lyonnais sont au rendez-vous de cette vénérable maison. Le tout mis en orbite par deux associés – Franck Delhoum et Olivier Canal – déjà connus des gourmets de la région !

Menu 19 € (déjeuner), 29/36 € – Carte 31/46 €

Plan : 5 F3-x – *11 rue Neuve – Hôtel de Ville – 04 78 28 62 91 – www.lameuniere.fr – Fermé 28 juillet-26 août, 30 décembre-7 janvier, lundi, dimanche*

Le Musée

CUISINE LYONNAISE • BOUCHON LYONNAIS Un bouchon sincère et authentique ! Nappes à carreaux, tables au coude-à-coude, et une sacrée ambiance : le décor est planté. En cuisine, le jeune chef réalise les classiques avec un vrai savoir-faire : saucisson pistaché brioché fait maison (il est aussi boulanger), langue d'agneau sauce ravigote... Que du bon !

Menu 26 € (déjeuner)/31 €

Plan : 5 F3-c – *2 rue des Forces – Cordeliers – 04 78 37 71 54 – Fermé 1er-31 août, 24 décembre-2 janvier, lundi, samedi soir, dimanche*

Le Poêlon d'or

CUISINE LYONNAISE • BISTRO On ne sait si le chef utilise effectivement un poêlon d'or ; en tout cas, il doit avoir un secret pour si bien revisiter le terroir lyonnais, et proposer une cuisine aussi goûteuse et parfaitement ficelée. Du gâteau de foie de volaille et coulis de tomate, à la quenelle de brochet en gratin et sauce béchamel... À découvrir !

Menu 18 € (déjeuner), 27/35 € – Carte 27/50 €

Plan : 5 F4-h – *29 rue des Remparts-d'Ainay – Ampère – 04 78 37 65 60 – www.lepoelondor-restaurant.fr – Fermé 3-25 août, samedi, dimanche*

Hôtels

Lyon Métropole

BUSINESS • FONCTIONNEL Avis aux sportifs : cet hôtel abrite une piscine olympique et de nombreux équipements (fitness, courts de tennis, superbe spa, etc.). Un vrai resort urbain ! Au restaurant, la carte met les produits de la mer à l'honneur.

174 chambres – 139/300 € – 20 €

Plan : 3 E1-k – *85 quai Gillet – 04 72 10 44 44 – www.lyonmetropole.com*

Sofitel Lyon Bellecour

HÔTEL DE CHAÎNE · CONTEMPORAIN Un Sofitel luxueux et élégant, de facture contemporaine, où la soie – fierté des célèbres canuts lyonnais – est à l'honneur ! Pour l'anecdote, Bill Clinton a séjourné dans la suite présidentielle. Deux options à l'heure des repas : les Trois Dômes ou le Silk (carte internationale, cadre zen).

135 chambres – 205/1200 € – 29 suites – 26 €

Plan : 5 F4-p – *20 quai Gailleton* – *Bellecour* – *04 72 41 20 20* – *www.sofitel.com*

Les Trois Dômes – voir la sélection des restaurants

Carlton

BUSINESS · ÉLÉGANT Entièrement restauré en 2013, cet illustre établissement téléporte ses hôtes dans une atmosphère 1930, tout en dominantes de rouges. Les chambres sont spacieuses et bien aménagées, et l'ascenseur d'époque est magnifique. Le mariage du confort et du charme !

80 chambres – 155/530 € – 25 €

Plan : 5 F3-v – *4 rue Jussieu* – *Cordeliers* – *04 78 42 56 51* – *www.mgallery.com*

Le Royal

LUXE · ÉLÉGANT Inauguré en 1912, le Royal séduit alors par son confort et son raffinement. Cent ans plus tard, cette institution n'a rien perdu de son charme et de son chic... Moulures, toiles de Jouy, mobilier bourgeois : l'élégance, tout simplement.

72 chambres – 120/390 € – 5 suites – 27 €

Plan : 5 F4-g – *20 place Bellecour* – *Bellecour* – *04 78 37 57 31* – *www.sofitel.com*

L'Institut – voir la sélection des restaurants

Globe et Cécil

TRADITIONNEL · PERSONNALISÉ Un hôtel de la fin du 19e s. à deux pas de la place Bellecour, avec des chambres charmantes (parquet et cheminée dans certaines) et bien tenues. Le grand hall et le salon offrent un confort de premier ordre.

60 chambres – 100/340 € – 18 €

Plan : 5 F3-b – *21 rue Gasparin* – *Bellecour* – *04 78 42 58 95* – *www.globeetcecilhotel.com*

Alexandra

BOUTIQUE HÔTEL · COSY Idéalement situé entre Bellecour et Perrache, un hôtel aux chambres cosy et feutrées, et à l'accueil charmant. L'agréable patio fleuri est apprécié aux beaux jours pour le petit-déjeuner ou pour prendre un verre, en fin de journée.

34 chambres – 119/299 € – 16 €

Plan : 5 F4-r – *49 rue Victor-Hugo* – *Ampère* – *04 78 37 75 79* – *www.hotel-alexandra-lyon.fr*

Grand Hôtel des Terreaux

TRADITIONNEL · COSY Chambres décorées avec goût, petits bassins de détente sous des voûtes anciennes, service attentif : ce relais de poste du 19e s. est propice à un séjour rassérénant, au cœur de la ville.

53 chambres – 115/365 € – 17 €

Plan : 5 F3-u – *16 rue de la Lanterne* – *Hôtel de Ville* – *04 78 27 04 10* – *www.hotel-lyon-grandhoteldesterreaux.fr*

Hôtel des Artistes

BUSINESS · FONCTIONNEL Impossible de manquer les trois coups depuis cet hôtel voisin du théâtre des Célestins, en plein centre-ville ! Et quand l'heure du repos a sonné, on file dans une chambre fraîche et bien entretenue.

45 chambres – 90/135 € – 14 €

Plan : 5 F3-h – *8 rue Gaspard-André* – *Bellecour* – *04 78 42 04 88* – *www.hotel-des-artistes.fr*

Hôtel des Célestins

TRADITIONNEL • PERSONNALISÉ Entre la place Bellecour et les Célestins, un hôtel situé dans un immeuble d'habitation. Original ! Chambres agréables, dont trois jolies junior suites au 5e étage, avec grande douche à l'italienne.

29 chambres – 93/202 € – 12 €

Plan : 5 F3-a – *4 rue des Archers* – *Bellecour* – *04 72 56 08 98* – *www.hotelcelestins.com*

Les Brotteaux - La Part-Dieu - La Guillotière - Gerland

3e-6e-7e-8e arrondissements

P. Jacques /hemis.fr

Restaurants

Le Neuvième Art (Christophe Roure)

CUISINE CRÉATIVE • DESIGN XXX C'est notamment dans les cuisines de Paul Bocuse ou de Régis Marcon que Christophe Roure, titulaire de trois CAP (cuisine, charcuterie, pâtisserie, qui dit mieux !) a fait son apprentissage. Meilleur Ouvrier de France en 2007, il a peaufiné son art à Saint-Just-Saint-Rambert, dans la Loire, avant d'ouvrir en 2014 ce Neuvième Art à Lyon.

Ses qualités y éclatent au grand jour : une subtile inventivité, une précision dans les mariages de saveurs, une intelligence des textures, tout cela en s'appuyant sur des produits de qualité irréprochable. Il se fend même de quelques préparations mémorables : on n'oubliera pas, par exemple, ces Saint-Jacques fraîches et truffe noire melanosporum comme un œuf a la neige... Un plat comme un poème.

→ Tartine de saumon d'Écosse mi-cuit, radis red-meat et sour cream. Bœuf Wagyu 'Blackmore' cuit au feu de bois, céleri en croûte de sel, poudre de menthe. Fraises, thé fraise et sorbet mara des bois

Menu 95/160 € – Carte 118/145 €

Plan : 6 H3-b – *173 rue Cuvier* – *Brotteaux* – *04 72 74 12 74* – *www.leneuviemeart.com – Fermé 17 février-4 mars, 4-27 août, lundi, dimanche*

Takao Takano

CUISINE CRÉATIVE • DESIGN XX Comment ne pas admirer le parcours de Takao Takano ? Originaire de la préfecture de Yamanashi, au Japon, il a rapidement abandonné des études de droit pour se consacrer à sa véritable passion : la cuisine. Depuis 2013, il est installé dans le 6e arrondissement de Lyon, dans un intérieur tout en élégance et en sobriété.

Si le restaurant, depuis son ouverture, fait presque toujours salle comble, c'est grâce à ses assiettes tout en originalité et en finesse, qui régalent et surprennent dans le même mouvement. Et remplissent à merveille l'objectif que s'est fixé le chef : "Faire simple et bon."

Attardons-nous un moment sur cette féra du lac Léman de grande fraîcheur, parfaitement cuite, portée par une légère sauce crémée au lait fumé et cardamome, accompagnée de quelques œufs de poisson et d'une mirepoix de côtes de blettes citronnée – une touche acidulée très agréable... Équilibre gustatif, intelligence de la composition : tout Takao Takano est là.

→ Langoustines saisies, œuf fermier battu et grains nobles. Pigeonneau de Pornic, girolles, cerises et amaretto. Tartelette au chocolat , confiture de lait à l'earl grey

Menu 40 € (déjeuner), 80/120 €

Plan : 6 G3-n – *33 Rue Malesherbes – Ⓜ Foch – ✆ 04 82 31 43 39 – www.takaotakano.com – Fermé 27 juillet-20 août, 24 décembre-5 janvier, samedi, dimanche*

✿ Le Gourmet de Sèze (Bernard Mariller)

CUISINE CLASSIQUE • ÉLÉGANT XXX Dans une salle contemporaine aux tons noir et blanc, venez profiter de l'inventivité et du sens du détail du chef Bernard Mariller : il rend un bel hommage à ses maîtres, parmi lesquels le regretté Joël Robuchon, mais aussi Jacques Lameloise ou Michel Troigros. Une cuisine moderne et goûteuse.

→ Saint-Jacques d'Erquy. Pigeon de Bresse. Citron en trompe l'œil

Menu 38 € (déjeuner), 60/120 €

Plan : 6 G3-z – *129 rue de Sèze – Ⓜ Masséna – ✆ 04 78 24 23 42 – www.le-gourmet-de-seze.com – Fermé 27 juillet-22 août, lundi, dimanche*

✿ Le Passe Temps (Younghoon Lee)

CUISINE CRÉATIVE • ÉPURÉ XX M. Lee, originaire de Séoul, a apporté un peu de son pays natal dans le quartier des Brotteaux : avec un sens aigu de l'esthétisme et des saveurs, il réinterprète la cuisine française en l'habillant de touches coréennes. Sa spécialité, le foie gras aux racines et légumes dans un bouillon de soja, est tout simplement délicieuse !

→ Cuisine du marché

Menu 33 € (déjeuner), 60/85 €

Plan : 6 G3-y – *52 rue Tronchet – Ⓜ Masséna – ✆ 04 72 82 90 14 – www.lepassetemps-restaurant.com – Fermé lundi, dimanche*

✿ Miraflores (Carlos Camino)

CUISINE PÉRUVIENNE • INTIME X Le jeune chef, natif du Pérou, vous entraîne dans un réjouissant voyage culinaire franco-péruvien. Tous les produits péruviens sont bio, comme le aji (piment), camu camu (fruit) ou huacatay (menthe noire). Le nom de ces ingrédients ne vous dit rien ? En fin de carte, un lexique est là pour vous éclairer...

→ Ceviche. Caille à la brasa. Casa de mon grand père

Menu 70/115 €

Plan : 6 G3-p – *60 rue Garibaldi – Ⓜ Massena – ✆ 04 37 43 61 26 – www.restaurant-miraflores.com – Fermé 5 août-1er septembre, lundi midi, mardi midi, mercredi midi, jeudi midi, vendredi midi, samedi, dimanche*

Ani

CUISINE CRÉATIVE • BRANCHÉ X Située entre la Part-Dieu et les bords du Rhône, la troisième adresse lyonnaise du chef-patron Gaby Didonna ne laisse pas indifférent : cuisine ouverte, avec possibilité de manger au comptoir, cadre de loft industriel et dans l'assiette, une cuisine créative, autour des produits de la mer, bien exécutée et savoureuse. Une réussite.

Menu 23 € (déjeuner)/33 € – Carte 60/80 €

Plan : 6 G3-u – *199 rue de Créqui – Ⓜ Place Guichard – ✆ 09 67 23 51 33 – Fermé lundi, dimanche*

Danton

CUISINE MODERNE • CONVIVIAL X Dans ce néobistrot convivial, pas de tergiversations : les recettes vont à l'essentiel, dans une veine aussi canaille que gourmande (avec une carte des vins faisant honneur à la région, mais pas seulement). Le petit plus qui fait la différence ? Les cuissons à basse température...

Menu 32/50 € – Carte 46/56 €

Plan : 6 H4-r – *8 rue Danton – Ⓜ Part Dieu – ✆ 04 37 48 00 10 – Fermé 29 juillet-16 août, samedi, dimanche*

Le Jean Moulin

CUISINE MODERNE • CONTEMPORAIN Le menu change tous les jours, mais citons-en deux exemples pour se faire une idée : gâteau de foie de volaille, fondue de poireaux, écrevisse et émulsion Nantua ; œuf fumé basse température, crème de chou-fleur, comté et magret fumé... Une cuisine fraîche et bien réalisée, à déguster dans un intérieur design et "indus".

Menu 25 € (déjeuner), 32/45 €

Plan : 6 G3-f – *45 rue de Sèze – Masséna – 04 78 37 37 97 – www.lejeanmoulin-lyon.com – Fermé lundi, dimanche*

Le Kitchen Café

CUISINE MODERNE • BRANCHÉ Dans le quartier des facultés Louis Lumière et Jean Moulin, ce Kitchen Café s'annonce comme un "must". Le cadre est minimaliste, avec huit petites tables carrées ; on savoure des assiettes faisant la part belle aux produits bio – notamment légumes – de la région... et de délicieux desserts !

Menu 31 €

Plan : 5 F4-a – *34 rue Chevreul – Jean Macé – 06 03 36 42 75 – www.lekitchencafe.com – Fermé lundi soir, mardi soir, mercredi soir, jeudi soir, vendredi soir, samedi soir, dimanche soir*

M Restaurant

CUISINE DU MARCHÉ • BRANCHÉ Voilà un lieu qui met de bonne humeur : pan de mur orangé, fauteuils design, tables en chêne brut, on s'y sent bien... En cuisine, la partition est dirigée par un ancien de Léon de Lyon, qui a su adapter son savoir-faire et son sérieux à l'air du temps, et proposer notamment un appétissant menu du marché : on M !

Menu 28 € (déjeuner), 32/38 €

Plan : 6 G3-s – *47 avenue Foch – Foch – 04 78 89 55 19 – www.mrestaurant.fr – Fermé 23 février-2 mars, 29 juillet-18 août, samedi, dimanche*

Saku Restaurant

CUISINE MODERNE • SIMPLE Saku, c'est le surnom du chef de cette adresse abritée derrière une devanture discrète. Lui et son épouse, japonais tous deux, proposent une réjouissante cuisine française bien dans l'air du temps, parsemée de touches nipponnes. Les produits frais, toujours de saison, mais surtout le soin apporté aux assiettes : on passe un très bon moment.

Menu 20 € (déjeuner), 32/42 € – Carte 40/50 €

Plan : 6 G4-m – *27 rue Rachais – Garibaldi – 04 78 69 45 31 – Fermé 30 juillet-24 août, mercredi midi, dimanche*

Sauf Imprévu 

CUISINE TRADITIONNELLE • SIMPLE Félix Gagnaire mène cet accueillant bistrot dont l'œil est rivé sur la tradition. Terrine "Marguerite" en hommage à son arrière-grand-mère, cocos de Paimpol aux coquillages, côte de bœuf grillée avec frites maison : la clientèle se régale de ces plats gourmands et copieux. Tout est frais et fait maison, tout tombe juste... et les prix sont raisonnables !

Menu 26 € (déjeuner)/29 €

Plan : 6 G3-e – *40 rue Pierre-Corneille – Foch – 04 78 52 16 35 – Fermé lundi soir, mardi soir, mercredi soir, vendredi soir, samedi, dimanche*

Sémantème

CUISINE MODERNE • CONTEMPORAIN Sémantème : forme littéraire du mot racine. Ici, le chef aime travailler les racines, les herbes aromatiques, et s'approvisionne lui-même sur les marchés de Lyon (dont celui de la Tête d'or). Jolis dressages, cuissons justes et plats savoureux. Un excellente adresse.

Menu 33 €

Plan : 6 G3-z – *73 rue Masséna – Masséna – 06 46 58 36 90 – www.restaurant-semanteme-lyon.fr – Fermé lundi, samedi midi, dimanche*

La Table 101

CUISINE MODERNE • CONTEMPORAIN X À côté des halles Paul-Bocuse, une table où les bons produits sont à la fête ! Dans l'assiette, le résultat est sans appel : une cuisine goûteuse, avec une touche créative maîtrisée. On est enthousiasmé jusqu'au dernier coup de fourchette, et l'addition, légère, achève de nous convaincre. Belle carte des vins.

Menu 27 € (déjeuner), 32/44 € - Carte 40/55 €

Plan : 6 G3-m – *101 rue Moncey – Ⓜ Place Guichard – ✆ 04 78 60 90 23 – www.latable101.fr – Fermé 3-26 août, samedi, dimanche*

33 Cité

CUISINE TRADITIONNELLE • BRASSERIE X Trois chefs de talent – Mathieu Viannay (MOF en 2004), Christophe Marguin et Frédéric Berthod (passé par la "case" Bocuse) – se sont associés pour créer cette brasserie sympathique et gourmande, ouvrant sur le parc de la Tête-d'Or. Au menu : les belles spécialités du genre !

Menu 28 € - Carte 33/50 €

Plan : 4 H1-t – *33 quai Charles-de-Gaulle – ✆ 04 37 45 45 45 – www.33cite.com – Fermé dimanche soir*

Pierre Orsi

CUISINE CLASSIQUE • BOURGEOIS XXXX Venez profiter de l'élégance et du confort cossu d'une opulente maison bourgeoise. La tradition française est à l'honneur dans l'assiette. Le verre n'est pas en reste : la carte des vins affiche 1 000 références.

Menu 60 € (déjeuner), 125/135 € - Carte 91/160 €

Plan : 6 G3-c – *3 place Kléber – Ⓜ Masséna – ✆ 04 78 89 57 68 – www.pierreorsi.com – Fermé lundi, dimanche*

L'Alexandrin

CUISINE MODERNE • TRADITIONNEL XX Végétarien, répertoire lyonnais revisité, ou pure création : chaque menu propose une variation gourmande, à base beaux produits frais. Nouveauté : la table d'hôte de quatre convives située en cuisine, au cœur de l'action.

Menu 38 € (déjeuner), 60/115 €

Plan : 6 G3-h – *83 rue Moncey – Ⓜ Place Guichard – ✆ 04 72 61 15 69 – www.lalexandrin.fr – Fermé lundi, dimanche*

Cazenove

CUISINE TRADITIONNELLE • COSY XX Un décor "so British", avec une ronde de sculptures en bronze et fauteuils Chesterfield... Dans cette atmosphère très chaleureuse, le jeune chef, d'origine chinoise, propose une cuisine de bistrot chic, classique et maîtrisée. L'adresse fait régulièrement salle comble !

Menu 38/48 € - Carte 52/117 €

Plan : 6 G3-g – *75 rue Boileau – Ⓜ Masséna – ✆ 04 78 89 82 92 – www.le-cazenove.com – Fermé 1er-31 août, samedi, dimanche*

Maison Clovis

CUISINE MODERNE • CONTEMPORAIN XX L'endroit est design et élégant, sans être guindé. Le chef Clovis Khoury signe des créations de saison originales, à base de beaux produits. A deux pas, le Clos Bis sert vin et tapas, dans une atmosphère conviviale.

Menu 32 € (déjeuner), 59/95 € - Carte 60/110 €

Plan : 6 H3-m – *19 boulevard des Brotteaux – Ⓜ Brotteaux – ✆ 04 72 74 44 61 – www.maisonclovis.com – Fermé 16-23 février, 7-11 mai, 6-24 août, lundi, dimanche*

Le Président Ⓝ

CUISINE MODERNE • CONTEMPORAIN XX Cette institution lyonnaise reprise par Christophe Marguin propose judicieusement une cuisine moderne, sans jamais oublier les grands classiques ; grenouilles à la crème, volaille de Bresse à la crème d'Etrez. Le "Président" Edouard Herriot, alors maire de Lyon, avait l'habitude de venir y prendre son café...

Carte 50/61 €

Plan : 4 G2-a – *11 avenue de Grande-Bretagne – ✆ 04 78 94 51 17 – www.restaurantlepresident.com – Fermé 23 février-3 mars, 3-25 août, samedi, dimanche*

Le Zeste Gourmand

CUISINE MODERNE · ÉPURÉ XX Une déco épurée, bien dans l'air du temps (dalles anthracite, murs blancs et jaunes, tableaux abstraits grand format...) et une cuisine au diapason : maîtrisée et savoureuse, basée sur des produits de qualité. À noter aussi un service en salle très avenant, avec de judicieux conseils sur le choix du vin : toujours précieux !

Menu 24 € (déjeuner), 49/66 €

Plan : 6 G3-x – *93 Rue Bossuet – Ⓜ Masséna – ✆ 04 78 26 07 97 – www.lezestegourmand.fr – Fermé lundi, samedi midi, dimanche*

L'Âme Sœur

CUISINE MODERNE · SIMPLE X On aime l'animation de ce repaire "bistronomique", qui emprunte son nom à un vin de Côte-Rôtie, produit par un ami du chef. La cuisine, au goût du jour, justifie le succès de l'endroit ; des menus à thèmes sont proposés selon les saisons : truffe, gibier, asperges... C'est savoureux et servi avec le sourire !

Menu 25/54 € – Carte 30/56 €

Plan : 6 G3-v – *209 rue Duguesclin – Ⓜ Place Guichard – ✆ 04 78 42 47 78 – www.restaurantlamesoeur.fr – Fermé 1er-8 mai, 5-27 août, lundi soir, samedi, dimanche*

Les Apothicaires

CUISINE CRÉATIVE · TENDANCE X Tabata, jeune chef d'origine brésilienne et ex-Top Chef, a rencontré Ludovic Mey dans l'une des brasseries lyonnaises de Paul Bocuse. Ces deux-là ne se quittent plus ; dans une ambiance joyeuse de bistrot bobo (bibliothèque, banquettes), ils proposent une cuisine simple et bonne à midi, plus élaborée – voire créative – le soir.

Menu 28 € (déjeuner)/56 €

Plan : 6 G3-k – *23 rue de Sèze – Ⓜ Foch – ✆ 04 26 02 25 09 – www.lesapothicairesrestaurant.com – Fermé samedi, dimanche*

L'Argot

VIANDES · DE QUARTIER X Belle idée que celle de Philippe et Audrey, les propriétaires des lieux : le client choisit sa pièce de viande dans l'armoire vitrée – bœuf limousin, de Galice, d'Aubrac, agneau de l'Aveyron, charcuteries basques... – et le chef l'accompagne de la garniture du jour. Simple et savoureux : une véritable boucherie !

Carte 30/60 €

Plan : 6 H3-k – *132 Rue Bugeaud – Ⓜ Brotteaux – ✆ 04 78 24 57 88 – Fermé lundi, mardi soir, mercredi soir, samedi soir, dimanche*

L'Art et la Manière

CUISINE TRADITIONNELLE · BISTRO X Un bistrot qui célèbre l'amitié, la cuisine du marché et ces vins gouleyants que l'on boit à prix doux. Une belle manière de découvrir le quartier de la Guillotière. Les habitués sont nombreux : pour ceux qui n'auraient pas pensé à réserver, rendez-vous aux Bonnes Manières, leur seconde adresse.

Menu 21 € (déjeuner), 32/37 €

102 Grande-Rue-de-la-Guillotière – Ⓜ Saxe-Gambetta – ✆ 04 37 27 05 83 – www.art-et-la-maniere.fr – Fermé 3-28 août, 29 décembre-6 janvier, samedi, dimanche

Bernachon Passion

CUISINE TRADITIONNELLE · SIMPLE X On ne présente plus la célèbre chocolaterie lyonnaise Bernachon, dont le fils du fondateur a épousé l'aînée de Paul Bocuse. Les petits-enfants du grand chef sont aux commandes ! Au menu, de bonnes recettes traditionnelles (telles les quenelles de brochet et le pâté en croûte) et des pâtisseries... Bernachon, évidemment.

Menu 30 € (déjeuner) – Carte 40/54 €

Plan : 6 G3-r – *42 cours Franklin-Roosevelt – Ⓜ Foch – ✆ 04 78 52 23 65 – www.bernachon.com – Fermé 20 juillet-20 août, lundi, mardi soir, mercredi soir, jeudi soir, vendredi soir, samedi soir, dimanche*

Le Bouchon Sully

CUISINE LYONNAISE • BISTRO Un petit bistrot ouvert par Julien Gautier (propriétaire du M Restaurant voisin) dans un esprit de bouchon modernisé : gâteau de foies de volaille, foie de veau en persillade et tête de veau sauce ravigote sont à l'ardoise, pour notre plus grand plaisir. C'est gourmand et bien exécuté : on en redemande.

Menu 22 € (déjeuner)/27 € - Carte 33/43 €

Plan : 6 G3-a - *20 rue Sully - Ⓜ Foch - ✆ 04 78 89 07 09 - www.lebouchonsully.com - Fermé 29 juillet-18 août, samedi, dimanche*

L'Écume Ⓝ

CUISINE MODERNE • CONVIVIAL Après avoir peaufiné leurs talents à la Maison Clovis, Laurent et Xavier ont ouvert cette Écume qui porte bien son nom. Bouillonnante, toujours en mouvement, elle fait œuvre de bistronomie avec un menu du marché renouvelé tous les jours. Jeux de textures et de saveurs dans l'assiette, carte des vins aux petits oignons : du travail bien fait.

Menu 24 € (déjeuner), 29/39 €

Plan : 5 F5-a - *119 avenue Jean-Jaurès - Ⓜ Jean Macé - ✆ 04 78 58 70 48 - www.lecume-lyon.com - Fermé samedi, dimanche*

En Mets Fais ce Qu'il te Plaît

CUISINE MODERNE • BISTRO Plutôt bohème, ce restaurant ne se soucie guère des apparences : ses propriétaires japonais nous accueillent un peu comme à la maison... mais que l'on ne s'en formalise pas : dans l'assiette, on découvre de beaux produits, des sauces et cuissons millimétrées, des saveurs subtiles... D'une désarmante sincérité qui fait craquer !

Menu 25 € (déjeuner), 38/48 €

Plan : 5 F4-f - *43 rue Chevreul - Ⓜ Jean Macé - ✆ 04 78 72 46 58 - www.enmetsfaiscequilteplait.com - Fermé 5-25 août, samedi midi, dimanche*

L'Est

CUISINE TRADITIONNELLE • BRASSERIE Le charme ferroviaire ! Dans cette ancienne gare devenue une brasserie vivante, des trains miniatures tournent au-dessus des têtes... Les grandes cuisines sont ouvertes sur la salle ; il en sort des plats du marché voyageurs et savoureux. L'une des brasseries "cardinales" de Paul Bocuse. A noter aussi : mitoyen à la brasserie, le bar à vin "Comptoir de l'Est", propose assiettes de charcuterie et tapas.

Menu 27 € - Carte 35/61 €

Plan : 6 H3-v - *14 place Jules-Ferry (gare des Brotteaux) - Ⓜ Brotteaux - ✆ 04 37 24 25 26 - www.brasseries-bocuse.com*

Imouto

FUSION • DESIGN Originaire du Vietnam, Gaby Didonna a ouvert son Imouto ("petite sœur", en japonais) dans un quartier populaire de Lyon. Le chef australien Guy Kendell imagine de savoureuses recettes fusion, entre tradition française et influences nippones. Goûteux et toujours bluffant !

Menu 25 € (déjeuner), 41/80 €

Plan : 5 F4-n - *21 rue Pasteur - Ⓜ Guillotière - ✆ 04 72 76 99 53 - Fermé lundi, dimanche*

L'inaTTendu Ⓝ

CUISINE MODERNE • TENDANCE Cet ancien infirmier, reconverti à la cuisine après avoir gagné l'émission Masterchef concocte une cuisine moderne et généreuse, à l'image de cette entrée "inaTTendue" - devenue signature -, le tataki de thon et cervelle de canut. En salle, son épouse, ancienne aide soignante, s'occupe désormais de nos papilles. Une adresse décidément sympathique.

Menu 22 € (déjeuner), 33/47 €

Plan : 6 G3-f - *95 rue Bossuet - Ⓜ Masséna - ✆ 04 37 24 13 44 - www.linattendulyon.fr - Fermé 10 août-3 septembre, 29 décembre-8 janvier, lundi soir, samedi, dimanche*

Jour de Marché

CUISINE MODERNE • BISTRO Ce petit restaurant bistronomique, situé à deux pas des quais, porte bien son nom : le menu évolue jour après jour en fonction du marché. Sympathique et familial.

Menu 27 € (déjeuner), 33/53 € – Carte 39/47 €

Plan : 6 G3-d – *14 rue Molière – Ⓜ Foch – ✆ 04 78 24 74 59 – Fermé lundi soir, mardi soir, samedi midi, dimanche*

La Mutinerie Ⓝ

CUISINE MODERNE • TENDANCE Un jeune chef passé par de (très) belles maisons (Le Negresco, La Dame de Pic, Ledoyen et Têtedoie) propose un menu mystère au déjeuner (excellent rapport qualité-prix) comme au dîner. Une cuisine créative à déguster dans un décor vintage de briques, bois et béton ciré. La Mutinerie, ou la passion de la cuisine chevillée au corps.

Menu 28 € (déjeuner), 38/50 €

Plan : 6 G3-j – *123 rue Bugeaud – Ⓜ Masséna – ✆ 04 72 74 91 51 – http://la-mutinerie.fr – Fermé 5-19 août, 23-26 décembre, lundi, dimanche*

Le Simple Goût des Choses Ⓝ

CUISINE MODERNE • CONTEMPORAIN Voilà une petite adresse sympathique, où le chef (un ancien des bistrots lyonnais) propose un menu-carte à prix très doux : c'est simple, bien fait et plein de saveurs. Où l'on apprécie, en toute quiétude, le simple goût des choses...

Menu 25/32 €

Plan : 6 H3-i – *84 cours Vitton – Ⓜ Masséna – ✆ 04 78 52 47 28 – www.lesimplegoutdeschoses.fr – Fermé 3-25 août, samedi, dimanche*

Le Splendid

CUISINE TRADITIONNELLE • BRASSERIE Cette brasserie chic et confortable est marquée de l'empreinte de Georges Blanc (le grand chef de Vonnas). On lui doit les orientations de cette généreuse cuisine du terroir : grenouilles, volaille de Bresse, quenelles de brochet, etc. Aux murs, de grandes fresques murales évoquent les fameuses "mères" lyonnaises... La filiation, toujours !

Menu 24 € (déjeuner), 26/57 € – Carte 41/69 €

Plan : 6 H3-c – *3 Place Jules Ferry – Ⓜ Brotteaux – ✆ 04 37 24 85 85 – www.lespritblanc.com*

Le Suprême

CUISINE CLASSIQUE • TRADITIONNEL Cette adresse va enchanter les Lyonnais. Un couple franco-coréen ayant travaillé chez Daniel Boulud, à New York, vient d'ouvrir ce bistrot éloigné des quartiers touristiques. On y sert une excellente cuisine bourgeoise, dont le gallinacé est l'invité d'honneur : gâteau de foie blond, suprême de volaille de Bresse..., et en saison, menu tout gibier !

Menu 30 € (déjeuner), 52/62 € – Carte 38/54 €

Plan : 6 G4-z – *106 cours Gambetta – Ⓜ Garibaldi – ✆ 04 78 72 32 68 – www.lesupremelyon.fr – Fermé 3-10 mars, 28 juillet-18 août, lundi, samedi midi, dimanche*

Les Bouchons

Daniel et Denise Créqui

CUISINE LYONNAISE • BOUCHON LYONNAIS Joseph Viola – Meilleur Ouvrier de France – règne sur ce petit bouchon pur jus, au décor patiné par le temps. Il propose des recettes traditionnelles parfaitement réalisées, à base de superbes produits, avec quelques suggestions de saison. Son plat fétiche ? Le pâté en croûte au ris de veau et foie gras...

Menu 33/51 € – Carte 39/52 €

Plan : 6 G3-b – *156 Rue de Créqui – Ⓜ Place Guichard – ✆ 04 78 60 66 53 – www.daniel-et-denise.fr – Fermé samedi, dimanche*

Hôtels

Radisson Blu

BUSINESS • FONCTIONNEL Hôtel d'affaires dont la réception se trouve au 32[e]étage du "crayon" ! Dans certaines chambres, la vue sur la ville est exceptionnelle. Au restaurant, une cuisine moderne se déguste dans un cadre feutré.

245 chambres - 130/325 € - 25 €

Plan : 6 G3-q - *129 rue Servient* - *Part-Dieu* - *04 78 63 55 00* - *www.radissonblu.com/hotel-lyon*

Okko

BUSINESS • COSY L'ancienne préfecture abrite ce nouvel établissement au mobilier design, qui regarde la colline de Fourvière. Le petit-déjeuner est de qualité (charcuterie et fromages lyonnais), les softdrinks sont compris dans le prix des chambres, aux draps en lin froissé. Salon de détente pour boire un verre.

85 chambres - 110/230 €

Plan : 6 G3-f - *14 bis quai Général-Sarrail* - *Foch* - *04 28 00 02 50* - *http://lyonlafayette.okkohotels.com/*

Mama Shelter

BUSINESS • ÉPURÉ Comme ses cousines de Paris et Marseille, cette Mama Shelter met en avant une déco branchée (béton brut, objets design, détails décalés...) et des chambres résolument contemporaines, tendance minimaliste. Quant au brunch, le dimanche, il ravira les amateurs !

156 chambres - 79/239 € - 17 €

Plan : 6 G5-k - *13 rue Domer* - *Jean Macé* - *04 78 02 58 58* - *www.mamashelter.com*

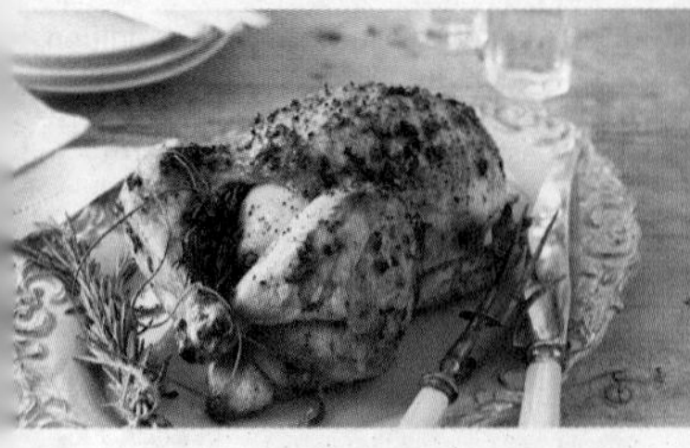

Autour de Lyon

M. Crichton/Gallery Stock/Photononstop

à Charbonnières-les-Bains 8 km au Nord-Ouest et N7 - 69260

La Rotonde

CUISINE MODERNE • ÉLÉGANT XXXX Moment de gastronomie dans ce beau domaine aux portes de la ville, à l'étage du casino Le Lyon vert, bel héritage de la période Art déco. La carte est empreinte de classicisme, mêlant recettes indémodables (le grand répertoire lyonnais n'est pas oublié) et influences plus originales.

→ Pâté en croûte "Champion du Monde 2013". Lotte de petit bateau aux coquillages, émulsion marinière. Finger praliné au citron, noisettes et crème glacée au chocolat gianduja

Menu 39 € (déjeuner), 78/135 €

Le Pavillon de la Rotonde, avenue du Casino (Domaine du Lyon Vert) - *04 78 87 00 97* - *www.restaurant-rotonde.com* - *Fermé 30 juillet-23 août, lundi, mardi midi, samedi midi, dimanche*

Le Pavillon de la Rotonde

LUXE • ÉLÉGANT À deux pas du casino et dans un beau parc arboré, cet hôtel luxueux mêle contemporain et discrètes touches Art déco. Certaines chambres disposent d'un hammam et d'une terrasse... et l'on sert un copieux brunch le dimanche ! Une très belle adresse en périphérie de Lyon.

16 chambres – 150/570 € – 22 €

3 avenue Georges-Bassinet – 04 78 87 79 79 – www.pavillon-rotonde.com – Fermé 30 juillet-23 août

La Rotonde – voir la sélection des restaurants

à Collonges-au-Mont-d'Or 12 km au Nord par bords de Saône (D433, D51) – 69660

Paul Bocuse

CUISINE CLASSIQUE • ÉLÉGANT XXXXX Paul Bocuse, ce n'est rien moins que la statue du Commandeur. Tous les surnoms – primats des gueules, pape de la gastronomie – ne suffisent pas à résumer ce chef hors pair, aussi fort aux fourneaux qu'en affaires, dont le décès en 2018 a laissé le monde des toques sans voix. Il est celui par qui les brigades et leurs chefs sont passés de l'obscurité à la lumière : il est, en quelque sorte, le premier des modernes.

À Collonges-au-Mont-d'Or, "Monsieur Paul" a cartographié la grande tradition française de façon incomparable, et inspiré toute une génération de cuisiniers. Plongez les yeux dans la carte : chaque plat porte sa part du mythe. Gratin de queues d'écrevisses ; soupe « VGE » au poulet, bœuf et truffes ; fricassée de volaille de Bresse aux morilles et sauce madère...

Depuis la disparition du grand chef, sa brigade d'élite (uniquement des Meilleurs Ouvriers de France !) perpétue son héritage avec brio. Avec toujours ce même rituel scrupuleux et immuable dans le service : véritable ballet qui n'est pas pour rien dans la réputation de cette maison en tous points hors normes.

→ Soupe aux truffes V.G.E. Volaille de Bresse cuite en vessie "Mère Fillioux". Gâteau Président "Maurice Bernachon"

Menu 175/275 € – Carte 200/250 €

40 quai de la Plage – 04 72 42 90 90 – www.bocuse.fr – Fermé 2-22 janvier

à Dardilly 13 km au Nord-Ouest par A6 puis D307 rte de Paris – 69570

Bol d'Air

CUISINE TRADITIONNELLE • CONVIVIAL X Dans cette jolie bâtisse de tradition, installée face à la mairie, le chef travaille de beaux produits frais en fonction du marché, déclinant sans complexe une cuisine canaille comme on l'aime, goûteuse et généreuse. Et l'hiver, c'est le cassoulet de Castelnaudary qui est à la carte – le patron est un Chaurien ! Fameux.

Menu 20 € (déjeuner) – Carte 28/49 €

77 avenue de Verdun – 04 78 66 14 55 – www.restoboldair.com – Fermé 2-26 août, 21 décembre-7 janvier, lundi soir, samedi, dimanche

à Ecully 7 km à l'Ouest (A6, sortie n° 36) – 69130

Saisons

CUISINE MODERNE • ÉLÉGANT XXX Les saisons sont à l'honneur dans ce château du 19e s., qui abrite l'école hôtelière internationale patronnée par Paul Bocuse. Sous la responsabilité du chef Davy Tissot, arrivé ici en 2016, les étudiants (en cuisine, pâtisserie, boulangerie, service en salle...) composent une partition savoureuse : on passe un très bon moment.

Menu 45 € (déjeuner), 69/78 €

Plan : 1 A1-b – *8 chemin du Trouillat – 04 26 20 97 57 – www.saisons-restaurant.fr – Fermé samedi, dimanche*

Vraincourt

CUISINE MODERNE • COSY XX Installez-vous dans la salle à manger lumineuse, en véranda, tournée côté terrasse et jardin. Une carte courte pour une cuisine au goût du jour ; sole meunière, yuzu, coriandre et crème de pomme de terres... Cosy et feutré.

Menu 27 € (déjeuner), 55/70 € – Carte 45/70 €

Plan : 1 A1-e – *Maison d'Anthouard, 2 route de Champagne – 04 69 16 36 06 – www.ma-hotel.com – Fermé 13 mai-15 septembre, samedi midi, dimanche*

Maison d'Anthouard

MAISON DE MAÎTRE • COSY Située non loin de l'autoroute, cette belle maison de maître aurait appartenu au général d'Anthouard, de l'armée napoléonienne... Cela explique peut-être les dimensions "impériales" de l'escalier, qui distribue fièrement des chambres élégantes et feutrées.

16 chambres – 160/390 € – 17 €

Plan : 1 A1-e – *2 route de Champagne – 04 78 36 56 89 – www.ma-hotel.com*

Vraincourt – voir la sélection des restaurants

à Limonest 13 km au Nord par A6 et D42 – 69760

Charme & Business Hôtel

TRADITIONNEL • COSY En périphérie lyonnaise, aux portes du Beaujolais, cette ancienne auberge rénovée dévoile une atmosphère feutrée où matériaux bruts et mobiliers cosy se côtoient avec goût. L'espace bien-être et la plaisante terrasse pour les repas d'été sont fort appréciés.

16 chambres – 95/250 € – 18 €

133 route du Mont-Verdun – 04 78 35 94 97 – www.cbhlyon.com

à St-Cyr-au-Mont-d'Or 10 km au Nord par rte de St-Cyr – 69450

L'Ermitage

BOUTIQUE HÔTEL • DESIGN Cet hôtel ne manque pas d'atouts : vue extraordinaire sur Lyon et les Monts-d'Or, cadre design et épuré pour une sérénité à son zénith. Dans la "cuisine à manger", on savoure de belles spécialités lyonnaises... Et la terrasse suspendue est superbe !

26 chambres – 99/299 € – 19 €

Mont-Cindre, 2,5 km au sommet du Mont-Cindre – 04 72 19 69 69 – www.ermitage-college-hotel.com

à St-Priest 13 km au Sud-Est par D318 – 69800

Le Cocon

CUISINE MODERNE • CONTEMPORAIN XX Au sein d'un hôtel très high-tech, cette table joue à 100% la carte du locavore : les fruits et légumes viennent majoritairement des productions locales (nombreux produits bio)... et du potager maison ! De jolies présentations, une cuisine bien appliquée : une bonne adresse.

Menu 36 € – Carte 28/56 €

Plan : 2 D3-a – *Golden Tulip Lyon Eurexpo, 160 cours du 3ème-Millénaire – 04 37 25 21 07 – www.lecocon-restaurant.com – Fermé 29 juillet-18 août, 22 décembre-6 janvier, samedi, dimanche*

Le Restaurant

CUISINE TRADITIONNELLE • BISTRO X Ce restaurant-bistrot au cadre simple et contemporain est situé à deux minutes chrono de la rocade Est de l'agglomération lyonnaise. Habitués et voyageurs de passage y dégustent une généreuse cuisine de tradition qui évolue tous les mois : gâteau de foie blond de volaille, paleron de veau braisé et légumes primeurs...

Menu 28/40 €

Plan : 2 D3-b – *9bis avenue de la Gare – 04 78 21 14 43 – www.le-restaurant69.fr – Fermé 18-24 février, 29 juillet-18 août, lundi soir, mardi soir, mercredi soir, samedi, dimanche*

Golden Tulip Lyon Eurexpo

BUSINESS • CONTEMPORAIN Une architecture impressionnante, véritable mille-feuille de pierre, de bois et de verre ! Sur le site du parc technologique, cet hôtel labellisé Haute Qualité Environnementale offre espace, clarté et confort optimal. Très innovant.

133 chambres – 90/380 € – 2 suites – 17 €

Plan : 2 D3-a – *160 cours du 3e-Millénaire – 04 37 25 25 25 – www.goldentuliplyoneurexpo.com*

Le Cocon – voir la sélection des restaurants

LYONS-LA-FORÊT

✉ 27480 (Eure) – Carte régionale n° **17**–D2
Carte Michelin 304-I5 – Guide Vert Michelin Normandie Vallée de la Seine

✿ La Licorne Royale

CUISINE MODERNE • ÉLÉGANT XX Des produits de qualité, une technique soignée, des associations de saveurs équilibrées et subtiles, au service du goût : la promesse d'un repas délicieux, de surcroît dans un cadre intime et charmant, associant avec réussite rustique et contemporain.

→ Profiteroles d'escargots aux épinards et coulis de foie gras. Ris de veau braisé à la cardamome et champignons de paris. Tarte fine sablée au chocolat noir intense

Menu 49/92 € – Carte 84/104 €

La Licorne, 27 place Issac-Benserade – ✆ 02 32 48 24 24 – www.hotel-licorne.com – Fermé lundi midi, mardi midi, mercredi, jeudi midi, vendredi midi

Le Bistrot du Grand Cerf

CUISINE TRADITIONNELLE • BISTRO X Ce néobistrot rustique a vraiment du cachet. Des poutres, de la brique et une jolie terrasse dans la cour pavée, pour une cuisine bistrotière – *of course* – résolument tournée vers le terroir : voici ce que vous attend ici. Cerf, cerf, ouvre-moi !

Menu 29/45 € – Carte 46/56 €

Le Grand Cerf, 31-32 place Isaac-Bensarade – ✆ 02 32 49 50 50 – www.grandcerf.fr – Fermé lundi, mardi

Le Grand Cerf

AUBERGE • PERSONNALISÉ Sur la pittoresque place du village, célèbre pour sa halle du 18e s., ce Grand Cerf – arborant de beaux colombages – abrite des chambres au charme champêtre, voire "forestier", avec leur décor de branchages et même de bois de cerf ! Insolite et très cosy... À noter : on peut accéder au délicieux spa de l'hôtel La Licorne.

15 chambres – 198/240 € – 4 suites

31-32 place Isaac-Bensarade – ✆ 02 32 49 50 50 – www.grandcerf.fr

Le Bistrot du Grand Cerf – voir la sélection des restaurants

La Licorne

HISTORIQUE • PERSONNALISÉ Au cœur du joli village de Lyons, non loin de la forêt domaniale, cette authentique Licorne normande dissimule de jolis secrets : ses chambres sont d'un raffinement très contemporain (douches à l'italienne, baignoires sur pieds...) et le spa Nuxe est une petite merveille (ah, la cabine de soins, perchée dans une cabane) !

16 chambres – 198/250 € – 5 suites

27 place Issac-Benserade – ✆ 02 32 48 24 24 – www.hotel-licorne.com

✿ **La Licorne Royale** – voir la sélection des restaurants

MACHILLY

✉ 74140 (Haute-Savoie) – Carte régionale n° **4**–F1
Carte Michelin 328-K3

✿ Le Refuge des Gourmets (Jean-Marie et Hubert Chanove)

CUISINE CRÉATIVE • ÉLÉGANT XXX Ce restaurant cossu, d'inspiration Belle Époque, est un vrai refuge de gourmets ! Le chef et son fils concoctent une jolie cuisine moderne aux touches créatives, inspirée des produits locaux. Cette partition à quatre mains s'articule autour d'une saison ou d'un produit (chasse, homard, morilles, truffe noire...).

→ Foie gras de canard, confiture de tomate et marjolaine. Canette en deux cuissons et mini fenouil braisé. Baba au rhum et son fruit de saison

Menu 38 € (déjeuner), 50/94 € – Carte 95/120 €

90 route des Framboises – ✆ 04 50 43 53 87 – www.refugedesgourmets.com – Fermé 2-8 janvier, 25 février-2 mars, 12-30 août, lundi, mardi midi, dimanche soir

MÂCON

✉ 71000 (Saône-et-Loire) – Carte régionale n° **5**-C3
Carte Michelin 320-I12 – Guide Vert Michelin Bourgogne

Pierre (Christian Gaulin)

CUISINE CLASSIQUE • ÉLÉGANT XXX Une grande cheminée, des pierres apparentes, des poutres... et dans l'assiette, même élégance : Christian Gaulin marie classicisme, terroir et modernité... avec goût. Un hommage subtil rendu à la Bresse et à la Bourgogne.

→ Homard breton et truffe fraîche aux petits légumes, pointes d'asperges vertes épicées. Tournedos charolais au foie gras poêlé, sauce périgourdine et variation de légumes. Soufflé chaud aux griottines confites, sorbet et sauce à la liqueur

Menu 29 € (déjeuner), 54/98 € – Carte 75/95 €

7 rue Dufour – ✆ 03 85 38 14 23 – www.restaurant-pierre.com – Fermé 1er-21 juillet, lundi, mardi, dimanche soir

Épikure

CUISINE MODERNE • CONVIVIAL X La nouvelle adresse de Julien Ducoté, que l'on a connu étoilé dans son restaurant de Boulogne-Billancourt, lorgne du côté "bistrot chic", tant par le cadre (pierres apparentes, sol en béton ciré) que l'assiette, avec 2 ou 3 menus à choix, pour une cuisine au plus près des saisons, subtile et actuelle. Le pâté en croûte au foie gras est appelé à devenir un classique.

Menu 19 € (déjeuner), 23/33 €

74 rue Dufour – ✆ 03 85 38 24 53 – Fermé 20 août-5 septembre, 24-30 décembre, lundi, dimanche

L'Ardoise

CUISINE DU TERROIR • CONVIVIAL X Les produits régionaux sont ici à l'honneur ! Aux manettes, le chef, Stéphane Chevauchet, concocte avec maîtrise toute une série de jolis plats du terroir, du jambon persillé à la cassolette de poulet de Bresse, en passant par le tournedos charolais... Le service est soigné et plein de gentillesse.

Menu 15 € (déjeuner), 26/32 € – Carte 26/40 €

19 rue Franche – ✆ 03 85 31 62 26 – Fermé 1er-7 janvier, 14-29 avril, 11-26 août, lundi, dimanche

Ma Table en Ville

CUISINE MODERNE • ÉPURÉ X Voilà peut-être l'archétype du bistrot du XXIe s. Dans un intérieur urbain et sobre, avec son éclairage composé d'ampoules suspendues à une ancienne tuyauterie, on choisit son plat et son vin sur une... tablette ! Le chef, épaulé par son épouse, a le souci du bon produit et réalise une cuisine séduisante et goûteuse.

Menu 25 € (déjeuner), 39/58 € – Carte 37/51 €

50 rue de Strasbourg – ✆ 03 85 30 99 91 – www.matableenville.fr

Hôtel d'Europe et d'Angleterre

BOUTIQUE HÔTEL • COSY Fondé en 1804, très couru entre les deux guerres – avec un restaurant trois étoiles ! –, ce fameux hôtel des bords de Saône a été rénové du sol au plafond. Décor feutré et cosy dans le hall, que l'on retrouve aussi dans les chambres, offrant pour certaines une vue plaisante sur la rivière. Accueil charmant et tenue exemplaire : c'est une petite résurrection.

37 chambres – ††82/229 € – ☕ 14 €

92 quai Jean-Jaurès – ✆ 03 85 38 27 94 – www.hotel-europeangleterre-macon.com

Il fait beau ? Repérez le symbole et attablez-vous en terrasse...

à Crèches-sur-Saône 8 km au Sud par N6 – ✉ 71680

Hostellerie du Château de la Barge

TRADITIONNEL • PERSONNALISÉ Cette vaste demeure du 17e s. est cernée par un joli parc avec piscine, au pied des vignes. On vient s'y reposer dans une atmosphère qui balance entre classicisme et modernité. Cuisine au goût du jour ambitieuse au restaurant, complétée d'une carte bistrot, plus accessible.

21 chambres – 120/155 € – 4 suites – 15 €

155 route des Bergers, 1 km au Nord-Ouest par D89 – ✆ 03 85 23 93 23 – www.chateaudelabarge.fr – Fermé 21 décembre-6 janvier

à Fuissé 8,5 km au Sud-Ouest par D172 puis D54 – ✉ 71960

L'O des Vignes (Sébastien Chambru)

CUISINE MODERNE • TENDANCE XX Une charmante maison du début du 20e s., typique de la région. On y déguste une cuisine de haut vol, réalisée par un chef humble et sympathique. Superbes produits de la région, finesse et précision des assiettes... Dans le petit bar à vins adjacent, choucroute, blanquette et charcuteries régionales sont à l'ardoise.

→ Cuisine du marché

Menu 27 € (déjeuner), 47/72 €

rue du Bourg – ✆ 03 85 38 33 40 – www.lodesvignes.fr – Fermé mardi, mercredi

à St-Laurent-sur-Saône (01Ain) – ✉ 01750

L'Autre Rive

CUISINE MODERNE • ÉLÉGANT XX Nous voici sur "l'autre rive" de la Saône, face à Mâcon, où la vue sur les quais est imprenable ! On appréciera aussi le décor du restaurant, jouant sur des tons pastel, très tendance. Le chef est passionné par les vins – qu'il aime conseiller en salle – et sa cuisine honore les viandes du terroir comme les produits de la mer.

Menu 29/39 € – Carte 34/46 €

143 quai Bouchacourt – ✆ 03 85 39 01 02 – www.lautrerive.fr – Fermé 17 août-2 septembre, lundi, mardi midi, dimanche soir

Le Saint-Laurent

CUISINE TRADITIONNELLE • BRASSERIE X Cette brasserie chic et rétro accueillit Mitterrand et Gorbatchev ! S'assirent-ils dans un coin de la grande terrasse, admirant la Saône et le vieux pont qui l'enjambe à cet endroit ? Se régalèrent-ils d'une poêlée de grenouilles en persillade ou d'un poulet de Bresse ? D'une jolie cuisine canaille, c'est certain.

Menu 22 € (déjeuner), 28/57 € – Carte 39/59 €

1 quai Bouchacourt – ✆ 03 85 39 29 19 – www.lespritblanc.com – Fermé 1er-15 novembre

à Sennecé-lès-Mâcon 7,5 km au Nord – ✉ 71000

Auberge de la Tour

CUISINE TRADITIONNELLE • RUSTIQUE XX Le patron de cette auberge – un passionné du terroir – concocte une généreuse cuisine régionale, et l'établissement a tout le charme d'une vieille maison de province. Volaille de Bresse, chevreuil ou sanglier en civet et autre pigeonneau en crapaudine s'accompagnent d'un beau choix de vins du Mâconnais.

Menu 23 € (déjeuner), 31/44 € – Carte 34/51 €

604 rue Vrémontoise – ✆ 03 85 36 02 70 – www.auberge-tour.fr – Fermé 17 février-10 mars, 2-9 juin, 21 octobre-4 novembre, lundi, mardi midi, dimanche soir

Auberge de la Tour

AUBERGE • TRADITIONNEL Une sympathique auberge familiale et rustique, tout près de la tour de guet (la curiosité du village). Les chambres sont impeccablement tenues. L'occasion d'une étape viticole : la cave de la commune se trouve juste en face.

24 chambres - 89/110 € - 13 €

604 rue Vrémontoise - 03 85 36 02 70 - www.auberge-tour.fr - Fermé 8 février-12 mars, 15-29 octobre

Auberge de la Tour - voir la sélection des restaurants

LA MADELAINE-SOUS-MONTREUIL - 62 (Pas-de-Calais) ➜ voir Montreuil

MAGAGNOSC - 06 (Alpes-Maritimes) ➜ voir Grasse

MAGESCQ

40140 (Landes) - Carte régionale n° **18**-B2

Carte Michelin 335-D12 - Guide Vert Michelin Aquitaine

Relais de la Poste (Jean Coussau)

CUISINE CLASSIQUE • ÉLÉGANT XXX Comme son nom l'indique, ce charmant hôtel-restaurant plein de caractère était au 19e s. un ancien relais de poste. Ici, face à la pinède, on cultive le classicisme de main de maître – et de père en fils : la table de Jean Cousseau possède ses deux étoiles depuis 1971.

Le chef, fortement ancré dans sa région, aime évoquer le "maillage des petits producteurs" – foie gras, volaille, viande de chalosse, poissons de l'Adour et de Capbreton –, cette cuisine de proximité qu'il préfère appeler « cuisine de cœur". Sa saison préférée ? L'automne, pour "les champignons de la forêt et le gibier ». Trois plats immuables révèlent ses affections : le foie de canard chaud aux raisins, la sole aux cèpes et le saumon de l'Adour (un poisson capricieux), quand les pêcheurs en attrapent. Ajoutons les superbes soufflés au Grand Marnier, aériens et crémeux, au centre desquels est glissée, au dernier moment, une petite quenelle de sorbet à l'orange sanguine, qui apporte une irrésistible fraîcheur. La tradition dans toute sa splendeur.

➜ Saumon de l'Adour simplement grillé, sauce béarnaise. Palombe de chasse rôtie, cuisses en salmis et mesclun de champignons sauvages. La pistache dans tous ses états

Menu 60/132 € - Carte 106/127 €

24 avenue de Maremne - 05 58 47 70 25 - www.relaisposte.com - Fermé 6-18 janvier, 11 novembre-16 décembre, lundi, mardi

Côté Quillier

CUISINE MODERNE • BISTRO X Un élégant bistrot, entièrement dévolu à une bonne cuisine du marché ! Croustillant de pied de cochon, boudin noir sauce moutarde et purée de pommes de terre agria, tiramisu de fruits rouges, etc. On se régale sur la terrasse, avant de rejoindre le jardin où vous attend un jeu... de quilles. Ambiance conviviale.

Menu 25/35 €

26 avenue de Maremne - 05 58 47 79 50 - www.relaisposte.com - Fermé 6-18 janvier, 11 novembre-16 décembre

Relais de la Poste

MAISON DE CAMPAGNE • PERSONNALISÉ Des tapis de fleurs, un verger, des ceps de vignes, de belles allées de pins, une superbe piscine... On ne se lasse pas de ce parc de 8 ha, ni des chambres d'ailleurs, spacieuses et très confortables. Un castel landais plein de caractère.

14 chambres - 220/380 € - 2 suites - 15 €

24 avenue de Maremne - 05 58 47 70 25 - www.relaisposte.com - Fermé 6-18 janvier, 11 novembre-16 décembre

Relais de la Poste - voir la sélection des restaurants

MAGNANT - 10 (Aube) ➜ voir Bar-sur-Seine

MAÎCHE

✉ 25120 (Doubs) – Carte régionale n° **6**-C2
Carte Michelin 321-K3 – Guide Vert Michelin Franche-Comté Jura

à Mancenans-Lizerne 2,5 km à l'Est par D464 et D272 – ✉ 25120

Au Coin du Bois

CUISINE TRADITIONNELLE • ÉLÉGANT XX Une maison à la fois simple et soignée, entourée de sapins et avec une agréable terrasse. Le chef signe une cuisine soignée, réalisée avec de bons produits frais.

Menu 17 € (déjeuner), 31/64 € – Carte 35/70 €

rue Sous-le-Rang – ✆ 03 81 64 00 55 – www.restaurant-aucoindubois.com – Fermé 28 janvier-8 février, 29 avril-10 mai, 4-15 novembre, lundi soir, mercredi, dimanche soir

MAILLANE – 13 (Bouches-du-Rhône) → voir St-Rémy-de-Provence

MAINTENON

✉ 28130 (Eure-et-Loir) – Carte régionale n° **8**-C1
Carte Michelin 311-F4 – Guide Vert Michelin Île-de-France

Café Vauban

CUISINE MODERNE • ÉLÉGANT XX Un sympathique restaurant que ce Café Vauban, qui a fait de la bistronomie son cheval de bataille ! Avec des produits pleins de fraîcheur, l'équipe en place réalise une bonne cuisine dans l'air du temps. Grande terrasse pour les beaux jours.

Menu 32/39 € – Carte 35/48 €

Castel Maintenon, 1 rue de la Ferté – ✆ 02 34 40 14 14 – www.castelmaintenon.com

Castel Maintenon

RESORT • ÉLÉGANT Difficile de rivaliser avec ce grand établissement, situé à deux pas du château de Maintenon, comprenant hôtel, restaurant, spa de 1000 m², golf et même une piscine d'eau de mer avec nage à contre-courant. Les chambres sont spacieuses ; bonne bistronomie au restaurant.

78 chambres – ††140/190 € – 4 suites – ☕ 18 €

1 rue de la Ferté – ✆ 02 34 40 14 14 – www.castelmaintenon.com

Café Vauban – voir la sélection des restaurants

MAISONS-ALFORT – 94 (Val-de-Marne) → voir Autour de Paris

MAISONS-LAFFITTE – 78 (Yvelines) → voir Autour de Paris

MAISONS-LÈS-CHAOURCE – 10 (Aube) → voir Chaource

MALATAVERNE – 26 (Drôme) → voir Montélimar

MALBUISSON

✉ 25160 (Doubs) – Carte régionale n° **6**-C3
Carte Michelin 321-H6 – Guide Vert Michelin Franche-Comté Jura

Le Bon Accueil (Marc Faivre)

CUISINE MODERNE • COSY XXX Bon accueil et art de recevoir depuis quatre générations ! On fait une belle étape dans cette maison régionale, chaleureuse et confortable. À l'heure des repas, plaisirs de haute gastronomie : Marc Faivre signe une cuisine fine et savoureuse, où le terroir révèle une belle fraîcheur.

→ Tarte fine à la saucisse de Morteau, étuvée de poireau et œuf poché. Lieu jaune à l'absinthe de Pontarlier. Sorbet à la gentiane, macaronade au pamplemousse

Menu 47/85 € – Carte 65/95 €

1 chemin de la Grande-Source – ✆ 03 81 69 30 58 – www.le-bon-accueil.fr – Fermé 1er-17 janvier, 24 juin-4 juillet, 28 octobre-14 novembre, 16-31 décembre, lundi, mardi, dimanche soir

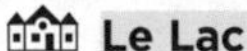

Le Lac

FAMILIAL • PERSONNALISÉ Postée sur la rue principale de Malbuisson, cette imposante maison cache un jardin qui descend vers le lac... L'établissement est dans la même famille depuis trois générations et ne cesse d'évoluer, mêlant esprit rétro et modernité – le tout fort bien tenu. Copieux petit-déjeuner, pâtisseries maison au salon de thé, fondues et raclettes au bien nommé Restaurant du Fromage.

53 chambres – 76/136 € – 3 suites – 12 €

65 Grand-Rue – 03 81 69 34 80 – www.hotel-le-lac.fr – Fermé 5-11 avril, 12 novembre-4 décembre

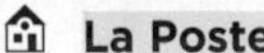

Les Rives Sauvages

SPA ET BIEN-ÊTRE • ÉPURÉ Sur les rives (peu sauvages !) du lac Saint-Point, au cœur d'une nature préservée, l'ambiance est au zen et à l'épure. Chambres spacieuses et confortables, spa "Cinq Mondes" de 300 m2 avec sa terrasse solarium offrant une superbe vue sur le lac.

16 suites – 160/270 € – 15 €

65 Grande-Rue – 03 81 38 74 37 – www.les-rives-sauvages.com – Fermé 12 novembre-4 décembre

La Poste

FAMILIAL • TRADITIONNEL Un sympathique petit hôtel familial, dont les chambres arborent un style champêtre, une partie donnant sur le lac de St-Point, bien au calme. Cuisine du terroir au restaurant.

10 chambres – 62/70 € – 12 €

61 Grande Rue – 03 81 69 79 34 – www.hotel-le-lac.fr – Fermé 12 novembre-13 décembre

Question de standing : n'attendez pas le même service dans un X ou un ⌂ que dans un XXXXX ou un ⌂⌂⌂⌂⌂.

LA MALÈNE

48210 (Lozère) – Carte régionale n° **21**-C1

Carte Michelin 330-H9

Château de la Caze

CUISINE MODERNE • ROMANTIQUE XX On s'attable dans l'élégante salle à manger du château – parquets, cheminée, fauteuils à hauts dossiers – pour déguster un tartare de daurade royale aux agrumes, ou encore un loup de Méditerranée, risotto au jambon serrano et fenouil croquant... La carte est appétissante et les saveurs bien présentes.

Menu 23 € (déjeuner), 35/82 € – Carte 50/65 €

route des Gorges-du-Tarn – 04 66 48 51 01 – www.chateaudelacaze.com – Fermé 1er janvier-31 mars, 1er novembre-31 décembre, lundi

Château de la Caze

DEMEURE HISTORIQUE • PERSONNALISÉ Sur les rives du Tarn, un superbe château fortifié construit au 15e s. Mobilier ancien, tours crénelées, baldaquins et vieilles pierres : rien ne manque ! Une atmosphère résolument châtelaine au cœur d'une nature préservée.

8 chambres – € – 8 suites – 16 €

route des Gorges-du-Tarn – 04 66 48 51 01 – www.chateaudelacaze.com – Fermé 1er janvier-31 mars, 1er novembre-31 décembre

Château de la Caze – voir la sélection des restaurants

MALLING

57480 (Moselle) – Carte régionale n° **12**-B1
Carte Michelin 307-I2

à Petite Hettange 1 km à l'Est sur D654 – 57480

Olmi

CUISINE CLASSIQUE · CONTEMPORAIN XX Prenez un chef aux origines italiennes, le retour de la fille prodigue en pâtisserie et du fils en sommellerie, et vous obtiendrez la renaissance de cette auberge, sise dans les murs d'un ancien relais routier. Cuisine classique, pasta et terrasse sous les arbres : une affaire familiale comme on les aime !

Menu 27 € (déjeuner), 33/78 € – Carte 58/75 €

11 Route Nationale – 03 82 50 10 65 – www.olmi-restaurant.fr – Fermé 1er-8 janvier, lundi, mardi, jeudi soir, dimanche soir

MALO-LES-BAINS – 59 (Nord) → voir Dunkerque

MANCENANS-LIZERNE – 25 (Doubs) → voir Maîche

MANDELIEU

06210 (Alpes-Maritimes) – Carte régionale n° **25**-E2
Carte Michelin 341-C6 – Guide Vert Michelin Côte d'Azur

Bessem

CUISINE MODERNE · CONTEMPORAIN XX Un chef au beau parcours – passé par Courchevel, notamment – a totalement transformé cet ancien restaurant à grillades. Dans la lumineuse salle tournée vers la terrasse et le jardin, on se délecte de plats frais et goûteux : maquereau à l'escabèche, cabillaud cuit meunière avec poireaux et pommes de terre safranées...

Menu 35 € (déjeuner), 47/105 € – Carte 50/80 €

183 avenue de la République – 04 93 49 71 23 – www.bessem-restaurant.com – Fermé 18 février-19 mars, 4-19 novembre, 23-29 décembre, lundi, mardi

La Napoule – 06210

L'Oasis

CUISINE CRÉATIVE · LUXE XXXX Luxuriant patio, cadre lumineux, œuvres d'art originales, délicieuses recettes méridionales aux accents orientaux, caravane des desserts, ateliers gourmands (cuisine, pâtisserie, œnologie) : cette oasis n'a rien d'un mirage.

→ Truffe surprise de L'Oasis. Loup en croûte dorée exquisé d'estragon. Caravane des desserts

Menu 69 € (déjeuner), 152/282 € – Carte 175/225 €

rue J.H.-Carle – 04 93 49 95 52 – www.oasis-raimbault.com – Fermé 5 novembre-6 février, lundi, mardi, dimanche

Les Bartavelles

CUISINE TRADITIONNELLE · SIMPLE XX Le restaurant fait face au château de La Napoule. Derrière les fourneaux, le chef propose une généreuse cuisine traditionnelle. Côté ambiance, vous choisirez entre la bonne ambiance de bistrot de l'intérieur, ou le calme de la terrasse sous les platanes. Bon choix de vins au verre.

Menu 30/42 € – Carte 35/60 €

1 place du Château – 04 93 49 95 15 – www.restaurantlesbartavelles.com – Fermé 6-22 janvier, 4-27 novembre, mardi, mercredi

La Brocherie

POISSONS ET FRUITS DE MER · TRADITIONNEL XX Une bonne adresse de poissons et fruits de mer ; les premiers arrivent de l'Atlantique ou de la pêche locale, les seconds sont fournis par l'un des meilleurs écaillers. La vue de la terrasse est vraiment magnifique !

Menu 43 € – Carte 55/92 €

11 avenue Henry-Clews (au port) – 04 93 49 80 73 – www.restaurantlabrocherie.com

La Palméa

POISSONS ET FRUITS DE MER · FAMILIAL XX Place au poisson et aux saveurs du Sud dans ce restaurant situé sur l'avenue du port de plaisance. L'accueil est prévenant, et de la véranda, on contemple les bateaux.

Menu 33/69 € – Carte 49/80 €

198 avenue Henry-Clews – 04 92 19 22 50 – www.restaurant-palmea.com – Fermé lundi, dimanche soir

La Rotonde

CUISINE TRADITIONNELLE · CONTEMPORAIN XX À l'entrée de la station, le restaurant est tenu par un couple sérieux et sympathique. Dans une salle en demi-rotonde, avec vue sur la mer, on se régale de douceurs traditionnelles comme on les aime : salade d'artichauts et pecorino truffé, sole meunière, ou encore pavlova aux fruits rouges...

Menu 28/39 € – Carte 30/50 €

391 avenue du 23-août – 04 93 49 82 60 – www.restaurantlarotonde.com – Fermé lundi soir, mardi soir, mercredi soir, dimanche

Le Bistrot de l'Oasis

CUISINE TRADITIONNELLE · CONVIVIAL X Les frères Raimbault ont installé leur restaurant dans cette demeure provençale séduisante, dont la façade ocre domine le port. Sur la terrasse aux allures de guinguette, vous vous laisserez porter par une cuisine de tradition, réalisée à partir des produits de la région. À noter aussi que la carte des vins recèle de jolies surprises.

Menu 33/49 € – Carte 38/61 €

L'Ermitage du Riou, 26 avenue Henri-Clews – 04 93 49 95 52 – www.oasis-raimbault.com

Pullman Royal Casino

HÔTEL DE CHAÎNE · CONTEMPORAIN Hors saison, c'est l'hôtel idéal pour le business et lorsqu'arrivent les beaux jours, c'est une possibilité d'hébergement grand confort. Les chambres sont modernes et plaisantes, la piscine et la plage sont sympathiques : on passe un bien agréable séjour.

213 chambres – 140/760 € – 2 suites – 25 €

605 avenue Général-de-Gaulle, D6098 – 04 92 97 70 00 – www.pullman-mandelieu.com

L'Ermitage du Riou

MAISON DE MAÎTRE · ÉLÉGANT Cette demeure de la baie de Cannes d'inspiration italienne, à la façade ocre et brique, est l'ancien relais d'hiver des moines des îles de Lérins. Les chambres y sont confortables ; certaines d'entre elles contemplent la mer, d'autres donnent sur le golf ou la rivière Riou.

35 chambres – 130/420 € – 2 suites – 20 €

avenue Henri-Clews – 04 93 49 95 56 – www.domainedebarbossi.fr

Le Bistrot de l'Oasis – voir la sélection des restaurants

MANE – 04 (Alpes-de-Haute-Provence) → voir Forcalquier

MANIGOD

✉ 74230 (Haute-Savoie) – Carte régionale n° **4**-F1
Carte Michelin 328-L5

✿✿ La Maison des Bois - Marc Veyrat

CUISINE CRÉATIVE • MONTAGNARD XXXX Toujours fidèle à sa réputation, Marc Veyrat reçoit à Manigod, le village de son enfance, dans une salle au luxe montagnard. Seulement vingt-cinq places (pour vous, l'assurance d'être chouchouté) et deux menus dégustation pour une symphonie pastorale où senteurs des sous-bois et herbes alpestres sont travaillées autour d'une mise en scène étonnante. Le meilleur exemple de la patte Veyrat est sans aucun doute cette fameuse "balade dans les bois" où les saveurs éclatent, s'échappent, entre notes herbacées, sève de sapin et champignons... Entre salle et fourneaux, le chef étonne toujours – ainsi ces singulières pâtes « disparaissantes » (confectionnées sans œufs ni farine) aux cèpes de nos proches forêts. Seul bémol : l'expérience se paye au prix fort...

➜ Foie gras à la myrrhe odorante. Truite du lac Léman en écorce de sapin. L'avalanche de desserts de nos pâtissiers

Menu 295 € (déjeuner)/395 €

au Col de la Croix-Fry – ✆ 04 50 60 00 00 – www.marc-veyrat.fr – Fermé 14 avril-23 mai, lundi, mardi, mercredi, jeudi midi, dimanche soir

La Table de Marie-Ange

CUISINE TRADITIONNELLE • INTIME XX La terrasse panoramique face aux Aravis est tout simplement magique, et il est difficile de quitter la Table de Marie-Ange... On s'y régale d'une jolie cuisine pétrie d'authenticité régionale et concoctée avec de beaux produits. Le pain est même fait dans un vrai four à bois, c'est dire !

Menu 68/87 € – Carte 77/96 €

Chalet Hôtel Croix-Fry, route du Col – ✆ 04 50 44 90 16 – www.hotelchaletcroixfry.com – Fermé 14 avril-29 juin, 8 septembre-20 décembre, lundi, mardi midi, mercredi midi

Chalet Hôtel Croix-Fry

LUXE • COSY Dans un cadre idyllique, au milieu des alpages, un beau chalet tenu par la même famille depuis des décennies (accueil charmant). Magnifiquement restauré, il révèle un bel intérieur montagnard... Un lieu superbe !

8 chambres – 215/380 € – 1 suite – ☕ 24 €

route du Col – ✆ 04 50 44 90 16 – www.hotelchaletcroixfry.com – Fermé 14 avril-29 juin, 8 septembre-20 décembre

La Table de Marie-Ange – voir la sélection des restaurants

La Maison des Bois - Marc Veyrat

LUXE • MONTAGNARD Prolonger l'expérience gastronomique unique par une nuit en altitude, c'est possible... Ce petit hameau savoyard aux chambres luxueuses offre une vue fastueuse sur les massifs alpins. Marc Veyrat a réalisé la maison de ses rêves, sur les terres de son enfance.

8 chambres – 750 € – 2 suites – ☕ 90 €

au Col de la Croix-Fry – ✆ 04 50 60 00 00 – www.marc-veyrat.fr – Fermé 14 avril-23 mai

✿✿ **La Maison des Bois - Marc Veyrat** – voir la sélection des restaurants

Les Sapins

FAMILIAL • MONTAGNARD Un chalet situé sur le col de la Croix Fry, à deux pas des remontées mécaniques. Les chambres mêlent style contemporain et esprit montagnard. Au restaurant, on apprécie autant les spécialités savoyardes que la superbe vue depuis la terrasse. Parfait pour prendre un grand bol d'air !

23 chambres ☕ – 104/355 €

6762 route du Col de la Croix-Fry – ✆ 04 50 44 90 29 – www.les-sapins.fr – Fermé 22 avril-5 mai, 12-17 novembre

MANOM – 57 (Moselle) ➜ voir Thionville

MANOSQUE

✉ 04100 (Alpes-de-Haute-Provence) - Carte régionale n° **24**-B2
Carte Michelin 334-C10 - Guide Vert Michelin Provence

Dominique Bucaille

CUISINE MODERNE • TENDANCE XX Une bastide du 18e s. sur le site d'anciennes cultures maraîchères... La salle, contemporaine et élégante, la terrasse face au jardin, le potager : tout est charmant. Et plus encore la cuisine, signée par Dominique Bucaille et sa fille Julia, qui mettent très joliment en valeur les saveurs de la Provence.

→ Cœur de cabillaud en croûte végétale, jus iodé et huile d'olive. Fondant de veau laqué d'un jus concentré, légumes de pays en cocotte. Quintessence du citron autour d'une tarte sablée

Menu 55 € (déjeuner), 89/120 € - Carte 90/120 €

715 Avenue des Savels - ✆ 04 92 77 59 37 - www.restaurant-bucaille.com - Fermé 18 février-8 mars, lundi, mardi, dimanche soir

Le Bistronomique

CUISINE CLASSIQUE • CONTEMPORAIN XX Ne vous fiez pas à l'emplacement un peu improbable de ce restaurant, dans une zone d'affaires : il se trouve en effet qu'on y déguste une généreuse cuisine de tradition, dans laquelle tout est fait maison à partir d'excellents produits. Cerise sur le gâteau : le service, aimable et efficace.

Menu 55/75 € - Carte 60/70 €

180 avenue Régis-Ryckebush - ✆ 04 92 72 41 86 - www.bistronomiquerestaurant.fr - Fermé lundi soir, mardi soir, mercredi soir, jeudi soir, dimanche

Sens & Saveurs

CUISINE MODERNE • MÉDITERRANÉEN XX D'abord monastère, puis filature, ensuite entrepôt à grains au 17e s. et enfin théâtre : la grande salle voûtée de ce restaurant a traversé les époques sans prendre une ride. Le rideau se lève désormais sur un lieu à l'ambiance familiale, où le chef réalise des recettes à l'accent méridional.

Menu 22 € (déjeuner), 39/62 € - Carte 50/60 €

43 boulevard des Tilleuls - ✆ 04 92 75 00 00 - www.sensetsaveurs.com - Fermé 24 février-12 mars, 25 août-10 septembre, lundi, jeudi soir, dimanche soir

Pré St-Michel

TRADITIONNEL • MÉDITERRANÉEN Cette bâtisse régionale abrite des chambres spacieuses, de style provençal. Préférez celles avec terrasse privative. En prime, vue sur les toits de Manosque.

24 chambres - 69/200 € - 12 €

Montée de la Mort d'Imbert, 1,5 km au Nord par bd M.-Bret et rte de Dauphin - ✆ 04 92 72 14 27 - www.presaintmichel.com - Fermé 22 décembre-6 janvier

LE MANS

✉ 72000 (Sarthe) - Carte régionale n° **23**-D1
Carte Michelin 310-K6 - Guide Vert Michelin Pays de la Loire

Le Beaulieu (Olivier Boussard)

CUISINE MODERNE • ÉLÉGANT XXX Des produits d'excellente qualité, des jus savamment réduits, un nombre limité d'ingrédients... que le chef décline joliment au gré de vos envies, en deux, trois, ou quatre plats ! La technique et l'épure au service des saveurs, dans ce Beaulieu élégant et feutré.

→ Foie gras de canard poêlé, tatin de pomme de la Sarthe à la truffe noire. Homard, rouget, calamar et bar au jus de bouillabaisse, légumes croquants et herbes aromatiques. Tarte fine aux pêches rôties et aux amandes, réduction de lavande

Menu 55 € (déjeuner), 69/88 €

Plan : B2-r - *34 bis place de la République (1er étage) - ✆ 02 43 87 78 37 - www.lebeaulieulemans.com - Fermé 5-19 août, samedi, dimanche*

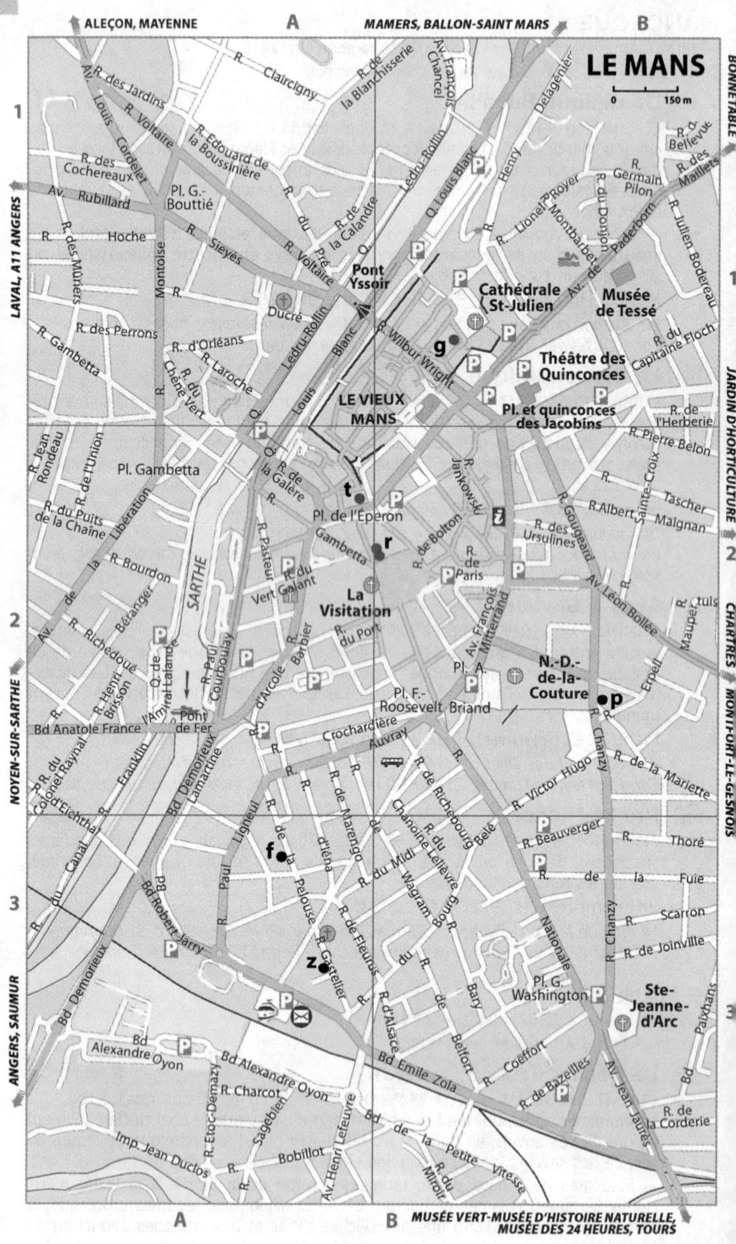
LE MANS
0
150 m
ALEÇON, MAYENNE
MAMERS, BALLON-SAINT MARS
BONNÉTABLE
JARDIN D'HORTICULTURE
CHARTRES
MONTFORT-LE-GESNOIS
MUSÉE VERT-MUSÉE D'HISTOIRE NATURELLE, MUSÉE DES 24 HEURES, TOURS
ANGERS, SAUMUR
NOYEN-SUR-SARTHE
LAVAL, A11 ANGERS
Pont Yssoir
Cathédrale St-Julien
Musée de Tessé
Théâtre des Quinconces
Pl. et quinconces des Jacobins
LE VIEUX MANS
Pl. Gambetta
Pl. de l'Éperon
La Visitation
N.-D.-de-la-Couture
Pl. F.-Roosevelt
Pl. A. Briand
Pl. G.-Bouttié
Pl. G. Washington
Ste-Jeanne-d'Arc
SARTHE
Pont de Fer
Ducré

L'Auberge de Bagatelle (Jean-Sébastien Monné)

CUISINE MODERNE · DESIGN XX Un jeune couple franco-belge chaleureux offre une nouvelle vie gastronomique à cette ancienne auberge au charme bucolique : sachez-le, ici se déguste désormais une cuisine soignée, pleine de saveurs et de gourmandise ! On passe un excellent moment.

→ Cuisine du marché

Menu 38 € (déjeuner), 55/90 € - Carte 72/90 €

489 avenue Bollée - ✆ 02 43 85 25 73 - www.aubergedebagatelle.fr - Fermé 1er-15 janvier, 12 août-4 septembre, lundi, mardi

Le Grenier à Sel

CUISINE MODERNE · ÉLÉGANT XX À l'entrée de la cité Plantagenêt, cet ancien grenier à sel a été repris en 2014 par deux associés, avec un mot d'ordre : se faire plaisir et faire plaisir aux clients ! Au menu, de beaux produits - homard, turbot, foie gras... - et des saveurs appuyées... le tout accompagné de jolis vins du Rhône, de Loire et de Bordeaux.

Menu 21 € (déjeuner), 43/54 € - Carte 37/54 €

Plan : A2-t - *26 place de l'Eperon - ✆ 02 43 23 26 30 - Fermé 15 juillet-15 août, mercredi soir, samedi midi, dimanche*

Le Pont Rouge

CUISINE TRADITIONNELLE · AUBERGE XX De franches salutations lorsqu'on arrive : ici, on sait recevoir... Le chef, un homme de métier, travaille des produits de belle fraîcheur dans des assiettes aussi goûteuses que généreuses. Avec des maisons comme celle-là, la tradition est entre de bonnes mains !

Menu 44/50 €

chemin des Perrays - ✆ 02 43 85 05 87 - www.lepontrouge.fr - Fermé dimanche

Mercure Centre

HÔTEL DE CHAÎNE · CONTEMPORAIN Ce bel immeuble néoclassique (19e s.) abritait autrefois... le siège des Mutuelles du Mans. Son atout principal ? Un bon niveau de confort, près du centre-ville.

73 chambres - 99/199 € - 18 €

Plan : B2-p - *19 rue Chanzy - ✆ 02 43 40 22 40 - www.mercure.com - Fermé 4-25 août, 22 décembre-6 janvier*

Chantecler

TRADITIONNEL · FONCTIONNEL Un hôtel traditionnel entre gare et centre-ville. Mention spéciale à la salle des petits-déjeuners, aux airs de jardin d'hiver. On séjourne dans des chambres sobres et particulièrement bien tenues, et un parking est à la disposition des clients : pratique !

40 chambres - 86/135 € - 12 €

Plan : A3-f - *50 rue de la Pelouse - ✆ 02 43 14 40 00 - www.hotelchantecler.fr*

Le Charleston

TRADITIONNEL · FONCTIONNEL Un petit hôtel aux tarifs mesurés, à deux pas de la gare. Les chambres, fonctionnelles et bien tenues, ont été entièrement rénovées. L'été, les petits-déjeuners sont servis dans la cour fleurie.

31 chambres - 52/92 € - 9 €

Plan : A3-z - *18 rue Gastelier - ✆ 02 43 24 87 46 - www.lecharlestonhotel.com*

à Arnage 10 km au Sud - ✉ 72230

Auberge des Matfeux

CUISINE MODERNE · ÉLÉGANT XXX Des motifs abstraits aux murs, une vaisselle signée par un artiste local : l'élégance du restaurant annonce celle de l'assiette. Avec une solide maîtrise technique, le chef compose de savoureux plats dans l'air du temps, qui gardent toujours un œil sur la tradition. Très belle carte des vins.

Menu 35 € (déjeuner), 55/78 € - Carte 45/95 €

289 avenue Nationale, au Sud par D147 - ✆ 02 43 21 10 71 - www.aubergedesmatfeux.fr - Fermé 2-8 janvier, 7-16 avril, 28 juillet-20 août, lundi, dimanche

MANTES-LA-JOLIE

✉ 78200 (Yvelines) – Carte régionale n° **15**–A1
Carte Michelin 311-G2 – Guide Vert Michelin Île-de-France

Rive Gauche

CUISINE MODERNE • COSY XX Au pied de la collégiale, faites une halte dans ce restaurant cosy et chaleureux ! Son chef-patron y propose une cuisine fine et goûteuse, qui évolue au fil du marché et porte discrètement la marque de ses nombreux voyages – Hong Kong, Californie, Australie... Service attentionné.

Menu 19 € (déjeuner), 34/50 € – Carte 50 €

1 Rue du Fort – ✆ 01 30 92 30 16 – Fermé 1er-23 septembre, 23 décembre-2 janvier, lundi, samedi midi, dimanche

à Mantes-la-Ville 2 km au Sud-Est par N183 – ✉ 78711

Le Moulin de la Reillère

CUISINE CLASSIQUE • ÉLÉGANT XXX Belle auberge aménagée dans un ancien moulin du 18e s. Un cadre bourgeois, avec sa terrasse et son ravissant jardin fleuri ; une cuisine classique bien réalisée.

Menu 24 € (déjeuner)/38 € – Carte 40/60 €

171 Route de Houdan – ✆ 01 30 92 22 00 – www.lemoulindelareillere.fr – Fermé 2-9 janvier, 2 mai-9 septembre, 5-25 août, lundi, samedi midi, dimanche soir

MANTES-LA-VILLE – 78 (Yvelines) ➜ voir Mantes-la-Jolie

MARÇAY – 37 (Indre-et-Loire) ➜ voir Chinon

LES MARCHES

✉ 73800 (Savoie) – Carte régionale n° **4**–F2
Carte Michelin 333-I5

Le K'ozzie

CUISINE MODERNE • COSY X Ce restaurant accueillant – et cosy ! – est le repaire de Maude et Sébastien, qui se sont rencontrés en Australie, pays des "Aussies" ou... "Ozzies". Sébastien concocte des plats fins et délicats, au fil de son inspiration : c'est tout bon.

Menu 21 € (déjeuner), 41/53 €

20 route de Francin – ✆ 04 79 36 91 76 – www.lekozzie.com – Fermé 23 juin-14 juillet, 23 décembre-13 janvier, lundi, mardi midi, dimanche

MARCIAC

✉ 32230 (Gers) – Carte régionale n° **22**–A2
Carte Michelin 336-C8

La Villa Toscane

TRADITIONNEL • CONTEMPORAIN Inauguré en 2014, l'hôtel a été créé dans une ancienne école et offre assurément une belle leçon de chic et de confort, des chambres, décorées avec soin – dans une veine cosy et légèrement baroque –, à l'espace bien-être, avec bassin de nage, sauna, hammam, etc. Une véritable invitation à l'école buissonnière...

13 chambres – 150/296 € – 1 suite – 18 €

41 rue St-Pierre – ✆ 05 62 08 22 22 – www.lavillatoscane-marciac.fr – Fermé 15 octobre-15 avril

La Baguenaude

MAISON DE CAMPAGNE • PERSONNALISÉ Les amoureux du jazz pourront baguenauder vers cette jolie maison du 19e s., ils ne seront pas déçus ! Décoration éclectique et élégante, cour intérieure, fontaine : lénifiant.

4 chambres – 95/195 €

9 rue de Juillac – ✆ 05 62 09 57 03 – www.labaguenaude.fr – Fermé 22 septembre-30 avril, 1er-31 octobre, 20 décembre-10 janvier

MARCOLÈS

✉ 15220 (Cantal) – Carte régionale n° **1**-A3
Carte Michelin 330-C6

✿ **Auberge de la Tour** (Renaud Darmanin)

CUISINE MODERNE • RUSTIQUE XXX Une charmante bâtisse en pierre datant du 17e s., avec sa tour d'angle et son escalier à vis... Le chef travaille uniquement de très beaux produits frais et réalise une cuisine fine et goûteuse, mariant avec talent le terroir à des épices d'ici et d'ailleurs.

→ Gyozas d'herbes sauvages, coulis d'ortie et graines de nigelle. Faux-filet affiné 49 jours, champignons du moment au jus et primeurs. Soufflé cigare "Roméo et Juliette" rafraîchi au chocolat du Pérou

Menu 25 € (déjeuner), 50/83 € – Carte 60/100 €

place de la Fontaine – ✆ 04 71 46 99 15 – www.aubergedela-tour.com –
Fermé 18 février-7 mars, mardi, mercredi

MARCQ-EN-BAROEUL – 59 (Nord) → voir Lille

MARGAUX

✉ 33460 (Gironde) – Carte régionale n° **18**-B1
Carte Michelin 335-G4

à Arcins 6 km au Nord-Ouest par D2 – ✉ 33460

Le Lion d'Or

CUISINE TRADITIONNELLE • BISTRO X Sur la route du Médoc, une auberge de village (19e s.) au cadre patiné par les ans – boiseries, casiers à bouteilles... On y savoure une jolie cuisine du marché et de copieux plats du terroir, autour desquels se réunissent de nombreux vignerons des parages. Ambiance garantie !

Menu 18 € – Carte 35/58 €

11 route de Pauillac – ✆ 05 56 58 96 79 – www.leliondor-arcins.fr –
Fermé 22 décembre-2 janvier, dimanche

à Labarde 5 km au Sud par D2 – ✉ 33460

Château Giscours

HISTORIQUE • ROMANTIQUE En plein cœur du domaine viticole de Margaux, le Château Giscours est une véritable pépite ! Dans l'ancienne écurie, on a aménagé des chambres d'un charme fou, élégantes et rustiques, parfaites pour un séjour au grand calme. Visite des chais offerte pour les résidents.

3 chambres – 165/180 €

10 route de Giscours – ✆ 05 57 97 09 09 – www.chateau-giscours.fr –
Fermé 25-26 décembre, 29 décembre-2 janvier

MARIGNY-ST-MARCEL

✉ 74150 (Haute-Savoie) – Carte régionale n° **4**-F1
Carte Michelin 328-I6

Blanc

CUISINE TRADITIONNELLE • CONTEMPORAIN XX Cette auberge familiale propose deux options alléchantes : un restaurant contemporain et élégant, bénéficiant d'une carte travaillée, avec de beaux produits, ou la brasserie boisée au décor de chalet, où priment les spécialités fromagères savoyardes (tout comme les grenouilles et la perche). Plaisant dans les deux cas.

Menu 33/120 € – Carte 46/82 €

90 avenue Sindeldorf – ✆ 04 50 01 09 50 – www.blanc-hotel-restaurant.fr –
Fermé 24 décembre-13 janvier, samedi, dimanche soir

Blanc

TRADITIONNEL · MONTAGNARD À mi-chemin entre Annecy et Aix-les-Bains, cet hôtel-restaurant dispose de deux types de chambres : montagnard contemporain (bois brut, couleurs décalées, etc.) à la Forge, plus classiques dans l'hôtel (préférez les premières). Autre atout : l'espace bien-être.

23 chambres – 95/180 € – 13 €

90 avenue Sindeldorf – 04 50 01 09 50 – www.blanc-hotel-restaurant.fr – Fermé 24 décembre-13 janvier

Blanc – voir la sélection des restaurants

MARINGUES

63350 (Puy-de-Dôme) – Carte régionale n° **1**–C2
Carte Michelin 326-G7 – Guide Vert Michelin Auvergne

Le Carrousel

CUISINE MODERNE · BOURGEOIS XX Le chef-patron, originaire de Béziers, réalise une bonne cuisine moderne, avec de franches inspirations sudistes. Produits de qualité, service professionnel et terrasse sur l'arrière… les raisons ne manquent pas de grimper dans ce Carrousel.

Menu 28 € (déjeuner), 35/83 € – Carte 80/80 €

14 rue du Pont-de-Morge – 04 73 68 70 24 – www.restaurant-lecarrousel.com – Fermé 7-31 janvier, lundi soir, mardi, mercredi

MARLENHEIM

67520 (Bas-Rhin) – Carte régionale n° **10**–A1
Carte Michelin 315-I5

Le Cerf (Michel Husser et Joël Philipps)

CUISINE MODERNE · COSY XXX On profite ici d'une cuisine bien maîtrisée, avec quelques plats régionaux revisités avec finesse (choucroute, bouchées à la reine), et d'autres puisant leur inspiration dans les voyages (bouillon de sashimi de bœuf). Une valeur sûre de la gastronomie alsacienne, dont on ne se lasse pas !

→ Foie gras de canard d'Alsace en gelée de melon, jambon de cochon laineux et son chutney. Bouchée à la reine de l'arrière-grand-père Paul Wagner. La partition

Menu 47 € (déjeuner), 89/199 € – Carte 70/100 €

30 rue du Général-de-Gaulle – 03 88 87 73 73 – www.lecerf.com – Fermé 2-16 janvier, mardi, mercredi

MARLY-LE-ROI – 78 (Yvelines) → voir Autour de Paris

MARMANDE

47200 (Lot-et-Garonne) – Carte régionale n° **18**–C2
Carte Michelin 336-C2 – Guide Vert Michelin Aquitaine

Boat aux Saveurs

CUISINE MODERNE · ÉLÉGANT XX Dans cette élégante chartreuse transformée en restaurant, les gourmands se régalent d'une cuisine inventive. La jeune chef met un point d'honneur à se fournir chez les producteurs locaux. L'atmosphère est délicieusement familiale, et l'on aime s'attarder sur la belle terrasse au calme, à l'arrière de la maison. Petit potager.

Menu 25 € (déjeuner), 44/64 € – Carte 66/77 €

36-38 avenue Jean-Jaurès – 05 53 64 20 35 – www.restaurantboatauxsaveurs.fr – Fermé 2-20 janvier, lundi, mardi, samedi midi, dimanche soir

MARMANHAC

✉ 15250 (Cantal) – Carte régionale n° **1**-B3
Carte Michelin 330-C4

Château de Sédaiges

DEMEURE HISTORIQUE · PERSONNALISÉ Un vrai château de conte de fées, bel exemple d'architecture néo-gothique, dans un parc plein de noblesse. Escalier monumental en bois, superbes tapisseries des Flandres; les chambres ont le charme reposant du temps jadis...

5 chambres – 140/170 €

Château de Sédaiges – ✆ 04 71 47 30 01 – www.chateausedaiges.com – Fermé 30 septembre-30 avril

MARQUAY

✉ 24620 (Dordogne) – Carte régionale n° **18**-D3
Carte Michelin 329-H6 – Guide Vert Michelin Périgord Quercy

Maison de Marquay

FAMILIAL · COSY Un havre de paix au cœur du bourg... Derrière les murs en pierre du jardin, on se prélasse au bord de la piscine et on profite du grand confort des lieux, où dialoguent joliment l'ancien et le moderne. Accueil très agréable! Monsieur, ancien chef cuisinier, œuvre rien que pour vous à la table d'hôte.

4 chambres – 85/117 €

Le Bourg – ✆ 05 53 59 53 59 – www.maisondemarquay.fr – Fermé 12 novembre-31 mars

MARSANNAY-LA-CÔTE – 21 (Côte-d'Or) ➜ voir Dijon

MARSEILLAN

✉ 34340 (Hérault) – Carte régionale n° **21**-C2
Carte Michelin 339-G8 – Guide Vert Michelin Languedoc

Le Domaine Tarbouriech (N)

SPA ET BIEN ÊTRE · PERSONNALISÉ Cette ancienne maison bourgeoise de vigneron, perdue dans les vignes de Picpoul, à deux pas de l'étang de Thau, pratique l'ostréathérapie, un traitement cosmétique à base de nacre de coquilles d'huîtres. Ici, les chambres se nomment Casanova, Japon, Nacre ou Jefferson. Superbe spa, détente assurée.

15 chambres – 289/489 € – 18 €

Chemin de Villemarin, route de Mèze par D51 – ✆ 04 48 14 00 30 – www.domaine-tarbouriech.fr – Fermé 1er-31 janvier

J.-D. Sudres/hemis.fr

ON AIME...

AM par Alexandre Mazzia, pour une saisissante partition d'ici et d'ailleurs. **Madame Jeanne**, pour une cuisine méditerranéenne artisanale, tout en circuits courts. **Un Petit Cabanon**, la plus jolie adresse de la Joliette. **La Mercerie**, sa belle cuisine spontanée qui rend hommage aux produits locaux.

MARSEILLE

✉ 13000 (Bouches-du-Rhône) – Carte régionale n° **24**-B3
Carte Michelin 340-H6, 114-28 – Guide Vert Michelin Provence

Restaurants

✿✿✿ Le Petit Nice (Gérald Passédat)

POISSONS ET FRUITS DE MER • ÉLÉGANT XXXX Impossible de dissocier Le Petit Nice de sa ville, Marseille, et de la personnalité de Gérald Passédat. C'est dans le quartier d'Endoume, où se rencontrent influences italiennes et espagnoles, que le Petit Nice a fait son nid, avec la mer comme horizon et principale raison. "Dans la méditerranée, je plonge dans tous les sens du terme, résume le chef. Elle me porte et m'inspire, ainsi que toutes les terres qui l'entourent".
C'est peu dire que le triple étoilé s'est inspiré du terroir méditerranéen (fruits, légumes, céréales, poissons, épices...) pour créer son identité culinaire. Ce sont par exemple plus de soixante-cinq types de poissons qui défilent aux fourneaux, de la daurade au denti, en passant par le pagre, le merlan, le sarran (rien à voir avec un certain chef toulousain), et même, parfois, de la murène... Héritier d'une famille d'artistes, ancien élève d'Alain Chapel, des frères Troisgros et de Michel Guérard, Gérald Passédat, consacré en 2008 par trois étoiles, a conservé intact son plaisir de cuisiner, de surprendre et d'émouvoir. Comme un goût de calanques...

→ Poissons du sud en caravane nordique, poutargue, caviar et grattons. Le "jardin marin", crustacés et consommé chaud de garum et crevettes. Cacao et curcuma en trois services

Menu 110 € (déjeuner), 210/380 € – Carte 250/320 €

Plan : 1 A3-d – *Anse de Maldormé (hauteur 160 Corniche J.-F.-Kennedy) – ✆ 04 91 59 25 92 – www.passedat.fr – Fermé lundi, dimanche*

✿✿ AM par Alexandre Mazzia

CUISINE CRÉATIVE • BRANCHÉ XX Dans cette zone chic et résidentielle de Marseille, Alexandre Mazzia déploie toute l'étendue de son talent et impose une personnalité culinaire atypique. Il porte la petite portion au rang d'art, avec des associations surprenantes – et même, pour tout dire, bluffantes : topinambour, réglisse et poutargue harmonieusement mêlés, ou encore cet admirable mariage des œufs de truite et saumon sauvage marinés au saké.

Épicé, torréfié, fumé : voici les trois fils conducteurs de son travail, avec une belle place faite au végétal, et de petites touches africaines (le chef a vécu au Congo jusqu'à ses 14 ans), le tout saupoudré d'une audace sans faille. Impossible de ne pas être séduit. Un mot enfin sur le service, chaleureux et rythmé, avec explications précises des plats et de la philosophie du chef. Un grand moment de plaisir.

➜ Langouste, épinards, gingembre et chénopode. Rouget de roche, jus de canard et condiment framboise-harissa. Tomatillo, tamarin, hibiscus et glace confiture de lait

Menu 57 € (déjeuner), 115/170 €

Plan : 1 B3-a - *9 rue François-Rocca - ✆ 04 91 24 83 63 - www.alexandremazzia.com - Fermé 16-20 avril, 23 juillet-3 août, lundi, dimanche*

✿ Alcyone

CUISINE MODERNE · LUXE XXXX Lionel Lévy, à la barre de cet Alcyone (du nom de la fille du dieu Éole) né en 2013 au sein du fameux Hôtel-Dieu, fait un fier capitaine. Son idée : proposer une cuisine résolument méditerranéenne, balayée par les épices et faisant la part belle aux poissons locaux, tout cela dans une ambiance chic et sobre. Le cap est tenu !

➜ Consommé de "Bouille-Abaisse". Pêche du moment et légumes de saison. Damier de chocolat et praliné, copeaux de noisettes

Menu 99/189 € - Carte 120/160 €

Plan : 3 F1-v - *Intercontinental-Hôtel Dieu, 1 place Daviel - ✆ 04 13 42 43 43 - http://marseille.intercontinental.com/les-restaurants/le-restaurant-alcyone - Fermé 1er-8 janvier, 17-25 février, 4-27 août, lundi, mardi midi, mercredi midi, jeudi midi, vendredi midi, samedi midi, dimanche*

✿ L'Épuisette

POISSONS ET FRUITS DE MER · MÉDITERRANÉEN XXX Une Épuisette dans les rochers, quoi de plus évident ? Comme posée sur les récifs du vallon des Auffes – un cadre enchanteur –, cette table vit en intimité avec la mer... Le menu Fanny, signature de la maison, éblouit comme un soleil de juillet. Une délicieuse escale.

➜ Rouget de roche, aubergine grillée, neige de poivron vert et jus de presse iodé. Tajine de homard aux épices, cannelloni vert des pinces et légumes fondants. Calissons provençaux, clémentine confite

Menu 75 € (déjeuner), 98/135 € - Carte 112/134 €

Plan : 1 A2-s - *158 rue du Vallon-des-Auffes - ✆ 04 91 52 17 82 - www.l-epuisette.fr - Fermé 3-11 février, 4-26 août, lundi, dimanche*

✿ Une Table au Sud (Ludovic Turac)

CUISINE MODERNE · ÉLÉGANT XXX Aux commandes de cette table résolument ancrée dans le Sud : Ludovic Turac, tout jeune cuisinier passé notamment par l'émission Top Chef. Ses recettes, inventives et sûres, cultivent avec art l'esprit de la région – légumes provençaux et pêche locale – à l'unisson du panorama sur le Vieux Port et la "Bonne Mère" !

➜ Ma version de l'aïoli. Ma version de la bouillabaisse. Le citron feuille, une autre idée de la tarte au citron

Menu 36 € (déjeuner), 58/135 € - Carte 100/150 €

Plan : 3 F2-c - *2 quai du Port (1er étage) - ✆ 04 91 90 63 53 - www.unetableausud.com - Fermé 2-14 janvier, lundi, dimanche soir*

✿ Saisons

CUISINE MODERNE · CONVIVIAL X Un duo de choc est aux commandes de l'ancien restaurant Axis, joliment rebaptisé Saisons : Julien Diaz, jeune chef de retour de Corse, et Guillaume Bonneaud, sommelier. Trente couverts environ, déco épurée (bois, fer, matériaux bruts), accords mets et vins pointus, et cuisine obéissant à un parti pris fort : ne travailler que des produits méditerranéens (ainsi ce pagre de pêche locale). Pari réussi.

➜ Poisson mariné, transparence citron et huile d'olive vierge corse. Risotto acquerello au safran, huile de cyprès et miel. Croque-choux au fenouil sauvage et pralin de cacahouète

Menu 24 € (déjeuner), 55/85 €

Plan : 4 G3-f - *8 rue Sainte-Victoire - ✆ 09 51 89 18 38 - www.restaurant-saisons.com - Fermé 1er-7 janvier, 9-17 février, 26 juillet-19 août, lundi soir, samedi, dimanche*

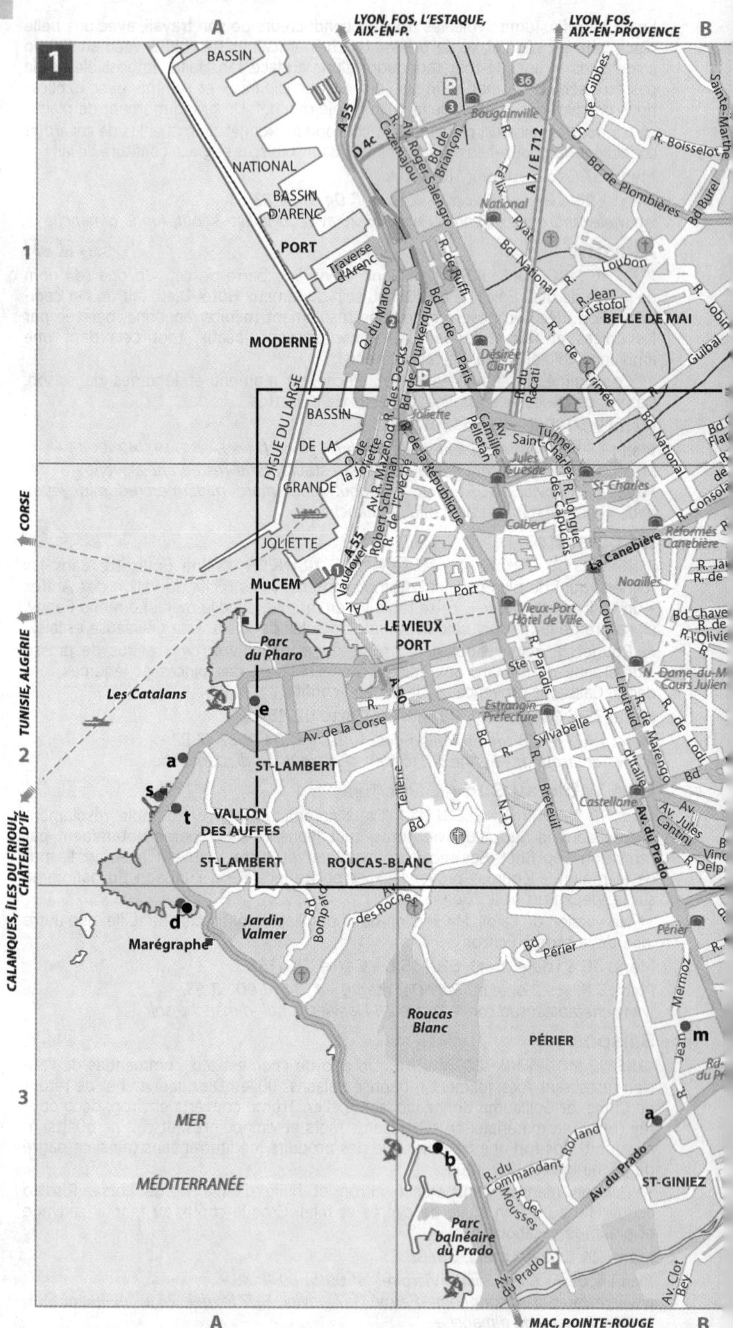

1
A
B
LYON, FOS, L'ESTAQUE, AIX-EN-P.
LYON, FOS, AIX-EN-PROVENCE
BASSIN
NATIONAL
BASSIN D'ARENC
PORT
MODERNE
BASSIN DE LA GRANDE JOLIETTE
DIGUE DU LARGE
MuCEM
LE VIEUX PORT
Parc du Pharo
Les Catalans
ST-LAMBERT
VALLON DES AUFFES
ROUCAS-BLANC
Jardin Valmer
Marégraphe
Roucas Blanc
PÉRIER
ST-GINIEZ
BELLE DE MAI
MER
MÉDITERRANÉE
Parc balnéaire du Prado
CORSE
TUNISIE, ALGÉRIE
CALANQUES, ÎLES DU FRIOUL, CHÂTEAU D'IF
MAC, POINTE-ROUGE
La Canebière
Av. du Prado
Bd National

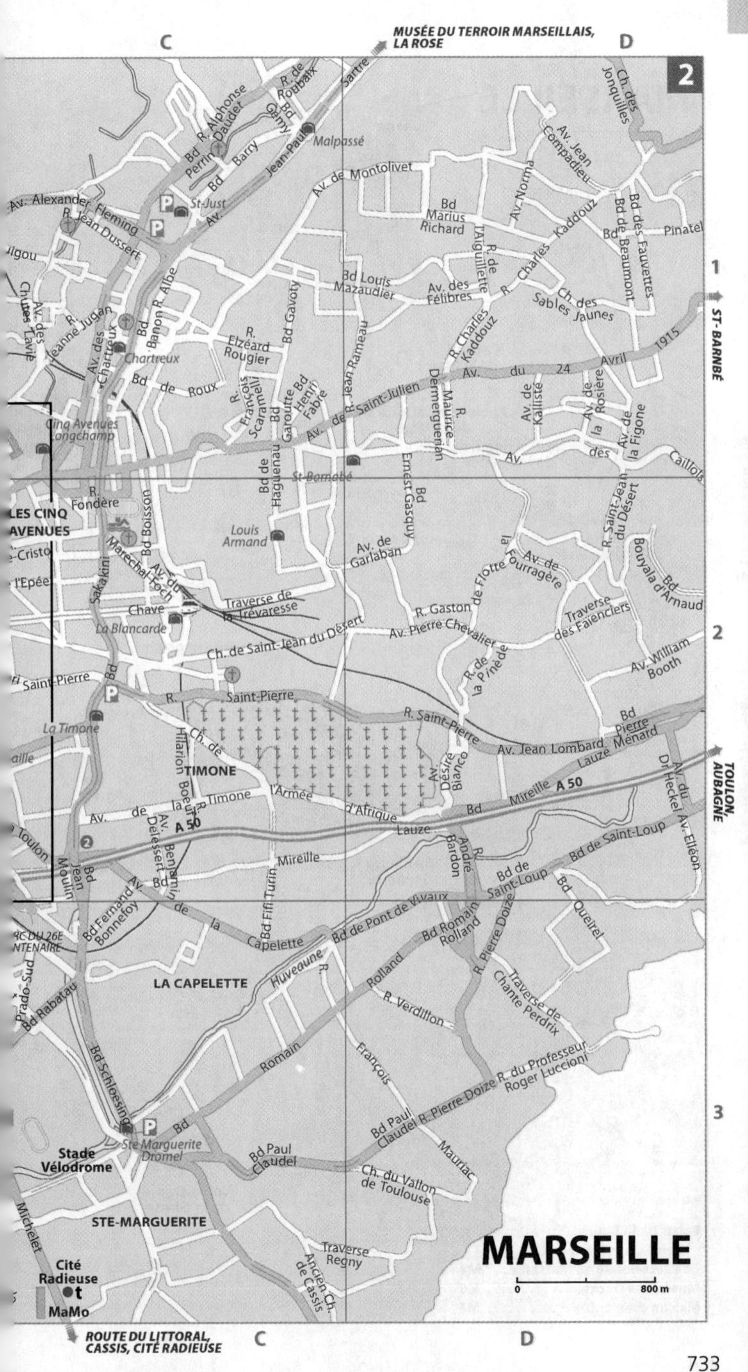
MUSÉE DU TERROIR MARSEILLAIS, LA ROSE
C
D
2
1
2
3
ST-BARNBÉ
TOULON, AUBAGNE
LES CINQ AVENUES
TIMONE
LA CAPELETTE
STE-MARGUERITE
Stade Vélodrome
Cité Radieuse
MaMo
MARSEILLE
0
800 m
ROUTE DU LITTORAL, CASSIS, CITÉ RADIEUSE

MARSEILLE

0 — 300 m

Palais de la Bourse - Musée de la Marine et de l'économie de Marseille M1
Musée des Docks. M6
Maison diamantée M7

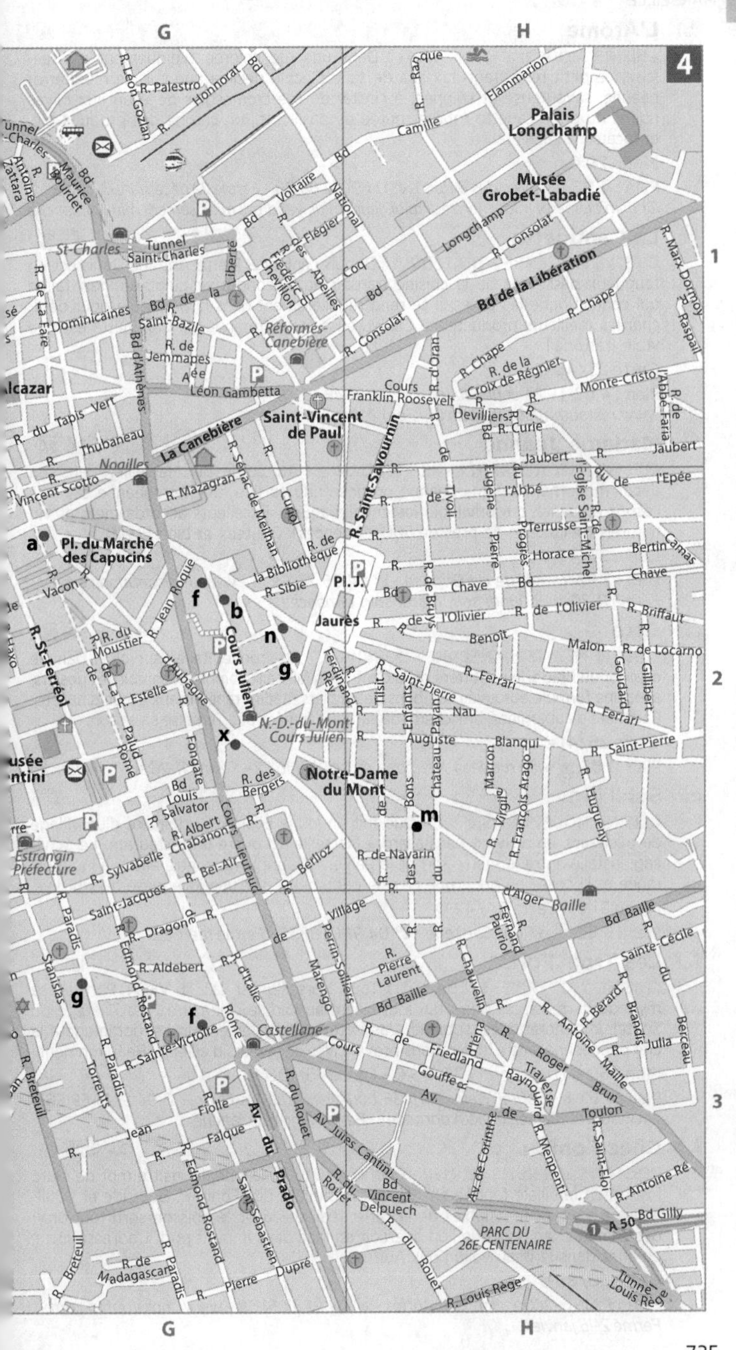
G
H
4
1
2
3
Palais Longchamp
Musée Grobet-Labadié
Bd de la Libération
Tunnel Saint-Charles
St-Charles
R. Palestro
R. Léon Gozlan
Honnorat
Bd Voltaire
Bd National
Camille
Flammarion
Longchamp
R. Consolat
R. Flégier
R. des Abeilles
R. Frédéric Chevillon
Bd du Coq
R. Chape
R. Marx Dormoy
R. Raspail
Bd de la Liberté
Bd Dominicaines
R. Saint-Bazile
R. de Jemmapes
R. Réformés-Canebière
Allée Léon Gambetta
Bd d'Athènes
R. de La Fare
Alcazar
R. du Tapis Vert
R. Thubaneau
La Canebière
Noailles
Saint-Vincent de Paul
Cours Franklin Roosevelt
R. de la Croix de Régnier
Monte-Cristo
R. d'Oran
R. Devilliers
R. Curie
R. Jaubert
R. de l'Abbé-Faria
R. Vincent Scotto
R. Mazagran
R. Sénac de Meilhan
R. Curiol
R. Saint-Savournin
R. de Tivoli
R. de l'Abbé
R. de l'Epée
R. Terrusse
R. Horace
R. Bertin
R. Camas
Bd Eugène Pierre
R. du Progrès
R. de l'Eglise Saint-Michel
Pl. du Marché des Capucins
R. de la Bibliothèque
R. Sibie
Pl. J. Jaurès
Bd Chave
R. de Bruys
R. de l'Olivier
R. Briffaut
R. Benoît
R. Malon
R. de Locarno
R. Vacon
R. Jean Roque
Cours Julien
R. St-Ferréol
R. du Moustier
R. d'Aubagne
R. Estelle
R. Ferdinand Rey
R. Tilsit
R. Saint-Pierre
R. Ferrari
R. Goudard
R. Gillibert
R. Nau
N.-D.-du-Mont-Cours Julien
R. Auguste Blanqui
R. des Bons Enfants
R. Château Payan
R. Marron
R. François Arago
R. Virgile
R. Huguény
Notre-Dame du Mont
R. de la Palud
R. de Rome
R. Fongate
Bd Louis Salvator
R. des Bergers
R. Albert Chabanon
Cours Lieutaud
Estrangin Préfecture
R. Sylvabelle
R. Bel-Air
R. Berlioz
R. de Navarin
Bd d'Alger
Baille
R. Saint-Jacques
R. Paradis
R. Dragon
R. Edmond Rostand
R. de Village
R. Perrin-Solliers
R. de Marengo
R. Fernand Pauriol
R. Chauvelin
Bd Baille
R. Sainte-Cécile
R. Stanislas
R. Aldebert
R. d'Italie
R. Pierre Laurent
R. Bérard
R. Brandis
R. du Berceau
R. Julia
R. Antoine Maille
Castellane
R. Sainte-Victoire
Rome
Cours Friedland
R. d'Iéna
R. Roger Brun
Traverse Raynouard
R. Gouffé
R. Breteuil
R. Torrents
R. Fiolle
Av. du Prado
R. du Rouet
Av. de Toulon
R. Jean
R. Falque
Av. Jules Cantini
Av. de Corinthe
R. Menpenti
R. Saint-Eloi
R. Antoine Ré
Bd Vincent Delpuech
Bd Gilly
A 50
Saint-Sébastien
PARC DU 26E CENTENAIRE
R. de Madagascar
R. Pierre Dupré
R. Louis Rège
Tunnel Louis Rège
a
b
f
g
n
x
m

L'Arôme

CUISINE MODERNE • CONVIVIAL X Dans une rue colorée typiquement marseillaise, ce petit restaurant aux airs de salle d'école décline une cuisine méditerranéenne, savoureuse et soignée, à l'instar de ces cromesquis de veau aux olives noires ou de la canette rôtie et purée de basilic. Ici, on cuisine des produits bio, et locaux. Un sans faute.

Menu 29 €

Plan : 4 G2-g - *9 rue des 3 Rois - ✆ 04 91 42 88 80 - Fermé 22 décembre-3 janvier, lundi midi, mardi midi, mercredi midi, jeudi midi, vendredi midi, samedi midi, dimanche*

La Cantinetta

CUISINE ITALIENNE • TRATTORIA X Depuis l'enfance, Pierre-Antoine Denis est un fougueux passionné de la cuisine transalpine. Secondé par Luigi, un vieil Italien qui confectionne les pâtes, il se rend régulièrement dans la péninsule pour dénicher les meilleurs producteurs. Chaleureuse et gourmande, sa Cantinetta est une vraie trattoria !

Carte 23/45 €

Plan : 4 G2-f - *24 cours Julien - ✆ 04 91 48 10 48 - www.restaurantlacantinetta.fr - Fermé dimanche*

Madame Jeanne

CUISINE MÉDITERRANÉENNE • TENDANCE X Au cœur de Marseille, dans un décor moderne, Madame Jeanne propose une cuisine méditerranéenne saine, à l'esprit artisanal, qui privilégie les circuits courts. Excellents accords mets et vin naturels (belle cave de près de 500 références). Goûteux et bien ficelé.

Carte 33/45 €

Plan : 3 F2-x - *84 rue de Grignan - ✆ 04 86 26 54 16 - www.maisonbuon.com - Fermé 11-20 août, lundi soir, mardi soir, dimanche*

Otto

CUISINE MÉDITERRANÉENNE • CONVIVIAL X Attenzione, italien survolté ! Dans le quartier du Prado, le petit frère de la Cantinetta fait salle comble et comble les gosiers, avec une formule éprouvée : de bons petits plats méditerranéens aux accents italiens. Caponata d'aubergines, bruschetta de sardines fumées etc. Terrasse en saison.

Carte 26/41 €

Plan : 1 B3-m - *150 rue Jean-Mermoz - ✆ 04 91 71 16 52 - Fermé 11-26 août, dimanche*

Schilling

CUISINE MODERNE • SIMPLE X Que fait un jeune Écossais, originaire d'un village de pêcheurs, en arrivant par hasard à Marseille ? Il ouvre un restaurant. Le Schilling, installé entre le Vieux Port et le Panier, célèbre la rencontre entre la Méditerranée et l'Écosse au gré d'une cuisine parfumée... et d'une jolie carte de whiskys.

Menu 31 € - Carte 34/42 €

Plan : 3 E2-s - *37 rue Caisserie - ✆ 04 91 01 81 39 - Fermé mercredi*

Les Trois Forts

CUISINE MODERNE • ÉLÉGANT XXX Tout Marseille est là : le Vieux Port et sa myriade de mâts, les quais qui fourmillent au loin, le ciel azuré... Au 7e étage du Sofitel, le panorama est sublime. L'assiette rend également un bel hommage à la cité phocéenne, entre inspirations provençales et saveurs d'ailleurs. Beau moment !

Menu 50 € (déjeuner), 75/95 € - Carte 75/100 €

Plan : 3 E2-n - *Sofitel Vieux Port, 36 boulevard Charles-Livon - ✆ 04 91 15 59 56 - www.sofitel-marseille-vieuxport.com - Fermé lundi, dimanche*

Chez Fonfon

POISSONS ET FRUITS DE MER • CONVIVIAL XX Fraîcheur : le maître mot de cette institution familiale fondée en 1952 par Alphonse, dit "Fonfon". Bourride et bouillabaisse sont les immuables de la carte, réalisées avec le poisson sorti tout droit des "pointus" en bois que l'on aperçoit en face dans le petit port. L'adresse niche en effet dans le beau vallon des Auffes...

Carte 50/85 €

Plan : 1 A2-t - *140 vallon des Auffes - ✆ 04 91 52 14 38 - www.chez-fonfon.com - Fermé 2-15 janvier*

L'Escapade Marseillaise

CUISINE PROVENÇALE · CONVIVIAL XX Teintes douces entre gris et bois clair, jolis luminaires et mobilier du moment : telle est la nouvelle déco de cette Escapade qui prend du grade ! Dans l'assiette le chef fait les yeux doux à la Provence et travaille de biens alléchants produits – poulpe, rouget, pigeon, etc. Par beau temps, direction la vaste terrasse.

Menu 22 € (déjeuner), 38/50 € – Carte 45/55 €

Plan : 4 G3-g – *134 rue Paradis – Ⓜ Estrangin Préfecture – ✆ 04 91 31 61 69 – www.lescapademarseillaise.com – Fermé lundi soir, mardi soir, mercredi soir, dimanche*

Lauracée

CUISINE TRADITIONNELLE · CONTEMPORAIN XX C'est bien clair, le patron de cette maison en retrait du Vieux-Port ne sert que des produits frais : "je ne sais pas faire autre chose !" Sa cuisine a l'accent du Sud... Quant au cadre, entièrement modernisé – murs taupe, nouveau mobilier –, il se révèle aussi bien agréable.

Menu 23 € (déjeuner), 39/75 € – Carte 45/89 €

Plan : 3 F2-t – *96 rue de Grignan – ✆ 04 91 33 63 36 – www.lelauracee.com – Fermé 3-31 août, lundi soir, samedi midi, dimanche*

Michel - Brasserie des Catalans

POISSONS ET FRUITS DE MER · VINTAGE XX Ambiance 100 % rétro dans cette institution (1946) de la plage des Catalans. Ici, la bouillabaisse – marseillaise, évidemment – est une religion... autant qu'un délice ! Au menu, donc, la pêche du jour, d'une remarquable fraîcheur : admirez le poisson exposé dans le "pointu" à l'entrée.

Carte 80/100 €

Plan : 1 A2-e – *6 rue des Catalans – ✆ 04 91 52 30 63 – www.restaurant-michel-13.fr*

Péron

CUISINE MODERNE · MÉDITERRANÉEN XX Sur la Corniche, cette bâtisse accrochée à la roche offre une vue à couper le souffle sur la baie de Marseille, ses îles, le château d'If... Un vent chargé d'embruns méditerranéens souffle sur la carte : bouillabaisse, chipirons farcis, etc. Amis locavores, cette table est pour vous !

Menu 55 € (déjeuner), 72/84 € – Carte 75/100 €

Plan : 1 A2-a – *56 corniche John Fitzgerald Kennedy – ✆ 04 91 52 15 22 – www.restaurant-peron.com*

Le Relais 50

CUISINE PROVENÇALE · DESIGN XX Carrelage, appliques, chaises, etc. : ce Relais joue la carte "revival" avec malice et élégance. Au menu, une cuisine créative qui puise dans les traditions de la Méditerranée, et que l'on peut savourer sans se ruiner. Autre attrait : la terrasse sur le Vieux-Port, avec la "Bonne Mère" en ligne de mire !

Menu 28 € (déjeuner), 45/70 € – Carte 50/60 €

Plan : 3 F2-a – *Résidence du Vieux Port, 18 quai du Port – ✆ 04 91 52 52 50 – www.relais50.com – Fermé lundi, dimanche*

Le Ventre de l'Architecte - Le Corbusier

CUISINE MODERNE · DESIGN X Au sein de la Cité radieuse, le chef Jérôme Caprin propose une partition convaincante, articulée autour des produits de la Provence : par exemple ce vol au vent de la mer au safran, réduction de soupe de roche, ou encore ce maigre rôti, mousseline d'artichaut, fèves et citron. Un régal pour les férus d'architecture... et tous les autres.

Menu 32 € (déjeuner)/61 €

Plan : 2 C3-t – *280 boulevard Michelet (Cité Radieuse, 3ème étage) – ✆ 04 91 16 78 00 – www.hotellecorbusier.com – Fermé 8-14 janvier, 30 juillet-20 août, lundi, dimanche*

Bistro du Cours

CUISINE MODERNE • BISTRO Sur le cours Julien, on profite d'une cuisine canaille et gourmande déclinée au fil des saisons, le long d'un menu-carte pour le moins appétissant. Présent en salle, le propriétaire vous conseille sur le vin à choisir pour accompagner tout ça de la meilleure façon... Une maison sérieuse et accueillante.

Menu 21 € (déjeuner)/33 €

Plan : 4 G2-b – *13 cours Julien – 04 86 97 59 11 – www.bistroducours.com – Fermé lundi, dimanche*

Le Café des Épices

CUISINE MODERNE • BISTRO Derrière l'hôtel de ville, un restaurant que l'on découvre par sa grande terrasse bordée d'oliviers. Le chef propose une cuisine saine et fraîche, volontiers voyageuse : palourdes dans un bouillon thaï, cédrat et chou violet ; plat de côte de bœuf, polenta crémeuse de maïs bio, carottes de Pertuis glacées au miel de châtaignier... Une table réjouissante.

Menu 24 € (déjeuner), 32/41 € – Carte 37/55 €

Plan : 3 F2-d – *4 rue du Lacydon – Ⓜ Vieux Port – 04 91 91 22 69 – http://www.lecafedesepices-by-acdg.com – Fermé 16-23 février, 8-17 août, lundi, samedi midi, dimanche*

Le Goût des Choses

CUISINE TRADITIONNELLE • COSY Le (vrai) goût des choses... Une jolie ambition pour ce sympathique restaurant, tenu par un couple de professionnels installés ici après de nombreuses expériences à travers le monde. Au menu, produits du marché et réminiscences de saveurs lointaines.

Menu 22 € (déjeuner)/38 €

Plan : 4 G2-x – *4 place Notre-Dame-du-Mont – 04 91 48 70 62 – www.legoutdeschoses.fr – Fermé lundi, mardi*

Lacaille

CUISINE MODERNE • BISTRO Cette affaire incarne parfaitement le renouveau marseillais. Esprit de bistrot de quartier, cuisine simple et gourmande renouvelée au fur et à mesure des saisons, il n'en fallait pas plus pour que ça cartonne ! Mention spéciale pour le service, qui est à l'image de l'assiette : tout sourire.

Carte 51/86 €

Plan : 4 G2-n – *42 rue des 3-Mages – 09 86 33 20 33 – Fermé 15-29 août, lundi, mardi, mercredi midi, jeudi midi, vendredi midi, samedi midi, dimanche midi*

La Mercerie Ⓝ

CUISINE MODERNE • BRANCHÉ Une avalanche de produits locaux de qualité, un savoir-faire incontestable, de la gourmandise... Comptez sur la jeune équipe pour soigner votre faim de la meilleure des façons. Côté vins, on découvre une carte composée avec amour et résolument « nature », avec un turn-over de bon augure : tous les ingrédients pour passer un super moment.

Menu 28 € (déjeuner)/42 €

Plan : 4 G2-a – *9 cours Saint-Louis – Ⓜ Noailles – 04 91 06 18 44 – www.lamerceriemarseille.com – Fermé 24 décembre-14 janvier, lundi, mardi, dimanche soir*

Le Môle Passedat - La Table

CUISINE MÉDITERRANÉENNE • DESIGN Le grand chef marseillais Gérald Passédat signe ici une cuisine de bistrot chic face à la Méditerranée, sa muse gastronomique... que l'on savoure dans l'assiette, avec notamment la pêche du moment en antiboise, ou ces asperges vertes et merlu fumé, compotée d'oranges au wasabi. Une jolie occasion de profiter de la superbe enceinte du Mucem.

Menu 55 € (déjeuner)/75 € – Carte 80/80 €

Plan : 3 E2-a – *1 esplanade du J4 (toit terrasse MuCEM) – 04 91 19 17 80 – www.passedat.fr – Fermé mardi*

Ourea (N)

CUISINE MODERNE · COSY X Encore une bonne table Marseillaise ! Ici, une cuisine de bistrot actuelle aux couleurs et saveurs de la Provence, à l'instar de ces figues et melons confits, lait d'amande et sorbet citron vert. Le chef, attentif aux saisons, se fournit en local (pêche en direct du port, légumes de maraîcher de Mallemort, etc). Très sympathique.

Menu 25 € (déjeuner)/39 €

Plan : 3 F2-f – *72 rue de la Paix-Marcel-Paul – ✆ 04 91 73 21 53 – Fermé lundi, mardi soir, dimanche*

Le Poulpe

CUISINE MÉDITERRANÉENNE · CONVIVIAL X Avec sa belle terrasse donnant sur le Vieux-Port, cette adresse de Michel Portos fleure bon la Méditerranée... Le chef met un point d'honneur à favoriser les produits locaux (presque tous achetés à moins de 200 km de Marseille) et les valorise dans des plats simples et goûteux.

Menu 22 € (déjeuner) – Carte 39/58 €

Plan : 3 F2-a – *82 quai du Port – ✆ 04 95 09 15 91 – www.lepoulpe-marseille.com*

Sépia

CUISINE MODERNE · TENDANCE X Sur les flancs de la colline de Puget, en contrebas de la Bonne Mère, c'est le sourire du jeune patron qui vous accueille ! La carte alléchante célèbre le marché et promet de belles agapes : carpaccio de poulpe, murcilla et olives Taggiasche, ou encore pagre rôti autour du brocoli et vinaigrette à l'orange... le tout dans une ambiance chaleureuse.

Menu 38 € – Carte 28/40 €

Plan : 3 F2-b – *2 rue Vauvenargues – ✆ 09 83 82 67 27 – http://restaurant-sepia.fr – Fermé 11-27 août, 23 décembre-2 janvier, mardi, mercredi, jeudi, vendredi, samedi*

Un Petit Cabanon (N)

CUISINE MODERNE · BRANCHÉ X Quelle jolie découverte ! Le jeune chef, originaire de Marseille, met ici tout en œuvre pour régaler ses convives. Produits locaux de rigueur (pêche locale, légumes...), saveurs marquées, avec toujours la pointe de créativité qui fait mouche : on est conquis. Ce Petit Cabanon rend de grands services à la gourmandise...

Menu 26 € (déjeuner)/36 € – Carte 30/53 €

Plan : 3 F1-b – *63 avenue Robert-Schuman – ✆ 04 91 90 01 53 – Fermé lundi soir, samedi midi, dimanche*

Hôtels

Intercontinental-Hôtel Dieu

GRAND LUXE · CONTEMPORAIN Sous l'œil bienveillant de la Bonne Mère" qu'il toise en droite ligne, cet ancien et fameux hôpital est devenu hôtel en 2013. Derrière la monumentale façade (18-19e s.), les lieux rivalisent d'espace, de sobriété et d'élégance – avec tous les services d'un établissement de luxe. Voilà qui fera date !"

191 chambres – 220 € – 15 suites – 29 €

Plan : 3 F1-g – *1 place Daviel – ✆ 04 13 42 42 42 – http://marseille.intercontinental.com*

Alcyone – voir la sélection des restaurants

Sofitel Vieux Port

LUXE · DESIGN Sur les hauteurs du Pharo, dominant les forts, la passe... et tout le Vieux Port ! Plus d'une vingtaine de chambres jouissent d'une terrasse ouvrant sur le bassin. Le grand confort au cœur du mythe marseillais.

134 chambres – 160/580 € – 3 suites – 28 €

Plan : 3 E2-n – *39 boulevard Charles-Livon – ✆ 04 91 15 59 00 – www.sofitel-marseille-vieuxport.com*

Les Trois Forts – voir la sélection des restaurants

C2

LUXE • ÉLÉGANT Légèrement en retrait du vieux port, cet ancien hôtel particulier (1860) est à la pointe de la branchitude phocéenne ! Il abrite des chambres design et luxueuses ainsi qu'un salon-bar, sans oublier le petit – mais très joli – spa : bassin couvert, hammam, massages...

20 chambres – ††199/509 € – 27 €

Plan : 3 F2-w – *48 rue Roux-de-Brignoles – ✆ 04 95 05 13 13 – www.c2-hotel.com*

Grand Hôtel Beauvau

LUXE • HISTORIQUE Cet élégant hôtel du Vieux-Port, où Chopin, Lamartine et Cocteau posèrent leurs valises, serait le premier de Marseille (1816). Les chambres, spacieuses, fourmillent de détails réjouissants (tête de lit en cordage, tissus colorés, mobilier Napoléon III), et l'ensemble possède un charme indéniable.

71 chambres – ††111/610 € – 2 suites – 25 €

Plan : 3 F2-e – *4 rue Beauvau – ✆ 04 91 54 91 00 – www.sofitel.com*

Le Petit Nice

LUXE • PERSONNALISÉ Sur la Corniche, ces architectures néoclassiques des années 1910 semblent lancer des œillades à la mer et à ses îles immaculées. Toute la lumière du Sud, toute la magie du site de Marseille, que l'on admire à loisir dans le plus grand confort...

16 chambres – ††250/1525 € – 37 €

Plan : 1 A3-d – *Anse de Maldormé (hauteur 160 Corniche J.-F.-Kennedy) – ✆ 04 91 59 25 92 – www.passedat.fr*

✿✿✿ **Le Petit Nice** – voir la sélection des restaurants

NH Collection Ⓝ

URBAIN • ÉLÉGANT Avec sa dominante de rouge et blanc (la signature du groupe hôtelier NH) et ses chambres lumineuses et élégantes (parquet massif au sol, teintes douces, mobilier de qualité), cet hôtel se démarque dans les parages. Fitness bien équipé au dernier étage.

172 chambres – ††115/360 € – 4 suites

Plan : 3 F1-a – *37 boulevard des Dames – ✆ 04 91 11 31 20 – www.nh-hotels.com*

Nhow Marseille Ⓝ

HÔTEL DE CHAÎNE • CONTEMPORAIN Qu'on se le dise : l'ancien Palm Beach, véritable institution locale, est devenu Nhow ! L'établissement séduit avec des inspirations street art (reproductions de graffitis) et des chambres lumineuses qui donnent toutes sur la mer. Piscine, bar et spa avec hammam et jacuzzi.

150 chambres – ††150/450 €

Plan : 1 B3-b – *200 corniche John Fitzgerald Kennedy – ✆ 04 91 16 19 00 – www.nhow-marseille.com*

Résidence du Vieux Port

URBAIN • DESIGN Une décoration fort inspirée, en hommage aux années 1950. Les amateurs de Prouvé, Perriand ou Lurçat seront aux anges ! Les chambres, qui marient confort et simplicité, offrent une magnifique vue sur le Vieux-Port et Notre-Dame-de-la-Garde.

44 chambres – ††180/420 € – 4 suites – 18 €

Plan : 3 F2-a – *18 quai du Port – ✆ 04 91 91 91 22 – www.hotel-residence-marseille.com*

Le Relais 50 – voir la sélection des restaurants

Hôtel 96

MAISON DE CAMPAGNE • CONTEMPORAIN Aux portes des Calanques, cette charmante maison familiale, agrémentée d'un jardin au calme et d'une piscine, se fond avec bonheur dans le bucolique quartier de Mazargues. Chambres spacieuses et buffet de petit-déjeuner pantagruélique. Un vrai coup de cœur.

13 chambres – ††89/190 € – 14 €

96 avenue de la Soude – ✆ 04 91 71 90 22 – www.hotel96.com – Fermé 5-12 janvier

Mama Shelter

URBAIN • DESIGN Vous aimez tout ce qui est branché ? Dans ce cas, cet hôtel ultramoderne, créé en 2012 dans un quartier populaire de la cité phocéenne, est tout indiqué ! Sous la signature de Philippe Starck, la déco joue une carte design assumée : murs et plafonds en béton brut, aplats de blanc, mobilier minimaliste...

125 chambres – 79/449 € – 17 €

Plan : 4 H2-m – *64 rue de la Loubière – 04 84 35 20 00 – www.mamashelter.com*

La Joliette

BUSINESS • CONTEMPORAIN Dans le quartier de la Joliette, en face des docks rénovés, cet hôtel a lui aussi été entièrement repensé ! Carreaux de ciment noir et blanc et suspensions osier dans l'entrée, chambres décorées avec goût, espace bien-être avec pierre apparente (piscine, hammam et fitness)... Du cachet.

64 chambres – 105/299 € – 15 €

Plan : 3 F1-p – *49 avenue Robert-Schuman – 04 96 11 49 49 – www.hotel-joliette.com*

aux Goudes 12 km au Sud par rte des Goudes – 13008

L'Esplaï du Grand Bar des Goudes

POISSONS ET FRUITS DE MER • SIMPLE Ce restaurant de poissons, ancré dans le pittoresque village des Goudes, est pris d'assaut : la truculence du patron n'a d'égal que la fraîcheur des produits et le professionnalisme du personnel. Face au petit port, on se régale d'une soupe de poisson, de bourride ou de rougets, tout juste pêchés. Réservez !

Carte 46/62 €

28-29 rue Désirée-Pélaprat – 04 91 73 43 69 – grandbardesgoudes.fr – Fermé 7 janvier-12 février, mercredi

MARTEL

46600 (Lot) – Carte régionale n° **22**-C1
Carte Michelin 337-F2

Relais Ste-Anne

CUISINE MODERNE • TRADITIONNEL Charmant, tel est l'adjectif qui vient immédiatement à l'esprit en entrant dans ce restaurant ! Aux beaux jours, les gourmands s'installent sur la terrasse dominant le parc arboré... et se régalent d'une cuisine dans l'air du temps, rythmée par les saisons. Accueil et service aux petits soins.

Menu 32 € – Carte 47/54 €

rue du Pourtanel – 05 65 37 40 56 – www.relais-sainte-anne.com – Fermé 4 novembre-19 avril, lundi midi, mardi midi, mercredi midi, jeudi midi, vendredi midi, samedi midi

Saveurs des Halles

CUISINE RÉGIONALE • TRADITIONNEL Ravioles de Saint-Jacques aux petits légumes ; tourte de confit de canard aux cèpes ; moelleux au chocolat, coulis à l'orange... Une cuisine simple et bonne qui va à l'essentiel : voilà ce que l'on trouve dans cette petite adresse pleine de charme, tenue par un couple de trentenaires originaires d'Agen et du Pays basque.

Menu 32/75 € – Carte 40/75 €

rue Sans-Lys – 05 65 37 35 66 – Fermé mercredi, jeudi

Relais Ste-Anne

FAMILIAL • CLASSIQUE Ce charmant relais, ceint d'un beau parc fleuri où se dresse une chapelle, est un ancien pensionnat de jeunes filles. Chambres de tailles diverses, toutes au grand calme.

16 chambres – 85/185 € – 5 suites – 13 €

rue du Pourtanel – 05 65 37 40 56 – www.relais-sainte-anne.com – Fermé 4 novembre-19 avril

Relais Ste-Anne – voir la sélection des restaurants

MARTIGNARGUES

✉ 30360 (Gard) – Carte régionale n° **21**–C2
Carte Michelin 339-K4

La Maison du Passage

LUXE • PERSONNALISÉ Une demeure du 13e s. au cœur d'un superbe petit village. Ses propriétaires, éminemment sympathiques, en ont fait l'objet de leur reconversion : après une rénovation d'un grand soin, elle est devenue luxueuse maison d'hôtes, mêlant charme de l'ancien et grand confort. Mention spéciale pour la terrasse avec vue à 360° et jacuzzi !
5 chambres – 130/450 €
127 rue de l'Église – ✆ 04 66 25 62 91 – www.lamaisondupassage.fr – Fermé 7 janvier-16 mars

MARTIGUES

✉ 13500 (Bouches-du-Rhône) – Carte régionale n° **24**–B3
Carte Michelin 340-F5 – Guide Vert Michelin Provence

Le Garage

CUISINE MODERNE • TENDANCE XX La carte de ce Garage se révèle particulièrement alléchante, et pour cause : le jeune chef est très soucieux du bon produit et se fournit presque exclusivement à l'échelon local. Un coup d'œil (et de fourchette !) à ses assiettes suffit pour mesurer son envie de créer, de surprendre, de séduire... en bref, cette table est portée par le travail d'un véritable passionné.
Menu 27 € (déjeuner), 37/49 €
20 avenue Frédéric-Mistral – ✆ 04 42 44 09 51 – www.restaurantmartigues.com – Fermé 1er-15 janvier, 6-20 août, lundi, dimanche

Gusto Caffe

CUISINE ITALIENNE • TRATTORIA X Devant le port de plaisance du canal Baussengue, une sympathique trattoria où serveurs et clients s'interpellent dans une ambiance joyeuse et très... italienne ! Pâtes maison (spaghettis, gnocchis, etc.), *prosciutto di parma* découpé à la trancheuse, grands classiques transalpins... Tout simplement irrésistible.
Menu 20 € (déjeuner)/34 € – Carte 30/45 €
4 quai Paul-Doumer – ✆ 04 42 43 97 85 – www.restaurantmartigues.com – Fermé 23 décembre-15 janvier, lundi, dimanche

MARTILLAC – 33 (Gironde) ➜ voir Bordeaux

LA MARTRE

✉ 83840 (Var) – Carte régionale n° **24**–C2
Carte Michelin 340-O3

Château de Taulane

LUXE • CLASSIQUE Château du 18e s. situé en pleine nature, au cœur d'un superbe golf : un lieu plein de caractère, comme hors du temps. Chambres spacieuses et confortables (rénovées dans le manoir), piscine couverte, salle de fitness, soins esthétiques.
44 chambres – 145/310 € – 2 suites – 15 €
Le Logis du Pin, au golf, 4 km au Nord-Est par D6085 – ✆ 04 93 40 60 80 – www.chateau-taulane.com – Fermé 28 octobre-3 avril, 29 octobre-31 mars

MARTRES-TOLOSANE

✉ 31220 (Haute-Garonne) – Carte régionale n° **22**–B3
Carte Michelin 343-E5

Le Castet

CUISINE MODERNE • ÉLÉGANT XX Qui pourrait croire que ce lieu contemporain, situé en retrait du centre-ville, fut jadis le café de la gare ? Le chef, ancien chef pâtissier de Gilles Goujon, mise sur le beau produit, et une indéniable technique. On en sort régalé. Excellent rapport qualité-prix. Précipitez-vous !

Menu 19 € (déjeuner), 32/75 € - Carte 50/100 €

44 avenue de la Gare - ✆ 05 61 98 80 20 - maisoncastet.eatbu.com - Fermé lundi, mardi midi, dimanche soir

MASSANGIS

✉ 89440 (Yonne) - Carte régionale n° **5**-B2
Carte Michelin 319-G6

Carpe Diem

MAISON DE CAMPAGNE • PERSONNALISÉ De ce corps de ferme (18e-19e s.) situé dans un paisible village, les propriétaires ont fait un lieu charmant, cosy et élégant : mobilier de famille, boiseries et parquet, jardin fleuri... À la table d'hôte, cuisine traditionnelle et classicisme de bon aloi.

5 chambres - 75/110 €

53 Grande-Rue - ✆ 03 86 33 89 32 - www.chambre-hote-de-charme-bourgogne.com - Fermé 20 janvier-10 février

MASSIGNAC

✉ 16310 (Charente) - Carte régionale n° **20**-C3
Carte Michelin 324-N5 - Guide Vert Michelin Poitou-Charentes

Dyades au Domaine des Étangs

CUISINE MODERNE • ÉLÉGANT XXX Cette élégante table propose une cuisine fine et goûteuse, qui met en avant les herbes, fleurs, fruits et légumes du potager ; le tout est servi dans le cadre raffiné et luxueux des anciennes écuries du château.

→ Tomates d'ici et fromage de chèvre de pays. Bœuf, pissaladière au lard de Collonatta et condiments, sauce ail noir comme un barbecue. Rencontre entre l'abricot et l'amande, parfum de notre jardin

Menu 38 € (déjeuner), 78/118 €

Domaine des Étangs - ✆ 05 45 61 85 00 - www.restaurant-dyades.com - Fermé 1er décembre-31 mars

Domaine des Étangs

DEMEURE HISTORIQUE • PERSONNALISÉ Le cadre, un parc de 1000 ha entre verdure et étangs, est exceptionnel. On y trouve de belles chambres composites, sept suites dans le superbe château du 11e s., ainsi que des thermes aménagés dans les anciennes caves. Nouveau spa dans le moulin et galerie d'art. Élégance et faste n'ont jamais fait si bon ménage !

29 chambres - 350/4500 € - 14 suites

Le Domaine des Étangs - ✆ 05 45 61 85 00 - www.domainedesetangs.com - Fermé 16 décembre-1er mars

Dyades au Domaine des Étangs - voir la sélection des restaurants

LES MATELLES

✉ 34270 (Hérault) - Carte régionale n° **21**-C2
Carte Michelin 339-H6

Le Pic Saint-Loup

CUISINE MODERNE • AUBERGE X Dans cet ancien chai transformé en restaurant, la cuisine est assurée par un duo de cuisiniers formés à l'école Ferrandi, et passés par de belles maisons parisiennes. Le résultat : produits (dont légumes) d'une très grande fraîcheur, recettes bien menées, excellent choix de petits vins locaux... Du bon travail.

Menu 20 € (déjeuner) - Carte 25/40 €

176 route de Montpellier - ✆ 04 67 84 35 18 - www.lepicsaintloup.fr - Fermé lundi, mardi, dimanche soir

MATIGNICOURT-GONCOURT

✉ 51300 (Marne) – Carte régionale n° **11**–C2
Carte Michelin 306-k10

Ô Délices des Papilles

CUISINE TRADITIONNELLE • COSY XX À la sortie du village, faites donc une halte Ô Délices des Papilles. Dans un intérieur contemporain et boisé, on célèbre la production locale (asperges, petits pois, rhubarbe, escargots…) au gré de délicieux petits plats de tradition. Et côté vin, faites confiance à l'expérience du sommelier !

Menu 28/67 € – Carte 61/83 €

11 rue du Château-d'Eau – ✆ 03 26 72 51 60 – www.odelicesdespapilles.fr – Fermé 2-15 janvier, 29 avril-4 mai, 19 août-4 septembre, lundi, mardi

MATOUGUES – 51 (Marne) ➜ voir Châlons-en-Champagne

MAUBEUGE

✉ 59600 (Nord) – Carte régionale n° **13**–D2
Carte Michelin 302-L6 – Guide Vert Michelin Nord Pas-de-Calais

à Beaufort 8 km au Sud par rte d'Avesnes-sur-Helpe – ✉ 59330

Le Relais de Beaufort

CUISINE TRADITIONNELLE • AUBERGE XX Une auberge contemporaine ornée de sculptures et d'œuvres d'art, dont quelques toiles du chef, artiste à ses heures… et surtout une généreuse cuisine traditionnelle : fricassée de Saint-Jacques à la crème d'ail, carré d'agneau rôti au romarin…

Menu 34/46 € – Carte 34/70 €

RN 2, 8 km au Sud – ✆ 03 27 63 50 36 – www.relaisdebeaufort.fr – Fermé 2-4 janvier, 10-31 août, lundi, mardi soir, dimanche soir

à Louvroil 3 km au Sud par N2 – ✉ 59720

La Table d' Éric

CUISINE TRADITIONNELLE • CONTEMPORAIN X Un jeune couple est à la tête de cette sympathique affaire, qui n'est autre que l'ancienne boucherie familiale ! Tous deux restaurateurs de métier, ils composent une cuisine de belle fraîcheur, au plus près des saisons. Ambiance conviviale.

Menu 35 €

21 route d'Avesnes – ✆ 03 27 61 44 56 – latablederic.com – Fermé 4-23 août, lundi, mardi soir, mercredi soir, samedi midi, dimanche soir

MAULÉVRIER – 49 (Maine-et-Loire) ➜ voir Cholet

MAUSSANE-LES-ALPILLES

✉ 13520 (Bouches-du-Rhône) – Carte régionale n° **25**–E1
Carte Michelin 340-D3 – Guide Vert Michelin Provence

Le Clos St-Roch

CUISINE DU MARCHÉ • RÉGIONAL XX Tatin d'artichauts marinés, filet et cuisse de pigeon au foie gras, poire Martin Sec au vin rouge : cette cuisine dans l'air du temps, d'inspiration méditerranéenne, est l'œuvre d'un chef ayant longtemps travaillé aux États-Unis. L'hiver, demandez une table à côté de la cheminée et, l'été, profitez de la terrasse.

Menu 32 € – Carte 40/55 €

87 avenue de la Vallée-des-Baux – ✆ 04 90 98 77 15 – www.leclosaintroch.com – Fermé 13 février-22 mars, 24 décembre-17 janvier, mercredi, jeudi

Maison Drouot

CUISINE MODERNE · COSY Le chef et son épouse souhaitaient sortir des codes de la restauration classique et accueillir les gens chez eux, façon table d'hôte. Pari remporté haut la main, avec cette adresse coup de cœur. Dans l'assiette, une belle cuisine contemporaine mêle produits du cru et saveurs plus lointaines. Service aux petits soins, discret et convivial. Deux chambres à l'étage joliment décorées, pour ceux qui ne veulent pas reprendre la route immédiatement. On les comprend.

Menu 55 €

18 impasse Michel-Durand - 06 61 07 38 54 - www.maisondrouot.com - Fermé lundi, dimanche

Aux Ateliers

CUISINE TRADITIONNELLE · BISTRO Ce bistrot détendu et chaleureux ne désemplit pas : le chef, un Normand amoureux des Alpilles, taquine votre gourmandise au gré d'une savoureuse cuisine sans afféterie : hot-dog de homard, épaule d'agneau confite, tarte au chocolat et noix de pécan... Terrain de pétanque à l'extérieur.

Menu 30 € (déjeuner), 35/43 € - Carte 30/50 €

115 avenue de la Vallée des Baux - 04 90 49 96 58 - Fermé 14 janvier-12 février, lundi, mardi

au Paradou 2 km à l'Ouest par D17, rte d'Arles - 13520

La Table du Hameau

CUISINE MODERNE · CONTEMPORAIN Le chef, Stephan Paroche, organise ici la rencontre entre les Alpilles et la Méditerranée : ses assiettes, fraîches et colorées, regorgent de bons produits locaux et suivent les saisons. Une partition résolument gourmande à midi, plus ambitieuse et "technique" le soir : tout le monde y trouvera son bonheur.

→ Du cru, du cuit, légumes de cueillette, jaune d'œuf fumé, olives et aïoli. Ris de veau, moule de la lagune de Thau, chou-fleur et beurre noisette. Huile d'olive, fenouil, citron, graines de courge et tournesol

Menu 40 € (déjeuner), 69/119 € - Carte 84/107 €

Hameau des Baux, 285 chemin de Bourgeac - 04 90 54 10 30 - www.hameaudesbaux.com - Fermé 1er janvier-14 mars, mardi, mercredi

Nancy Bourguignon

CUISINE MODERNE · MÉDITERRANÉEN Légumes primeurs provençaux, poisson de ligne... Dans ce charmant restaurant, la chef, autodidacte et passionnée, concocte de fines et subtiles recettes, très parfumées. Agréable terrasse entourée de végétation méditerranéenne.

Carte 38/85 €

Du Côté des Olivades, lieu-dit de Bourgeac, 1 chemin de l'Ancienne-Voie-Ferrée - 04 90 54 56 78 - www.ducotedesolivades.com - Fermé lundi, mardi

Le Bistrot du Paradou

CUISINE PROVENÇALE · BISTRO Cette maison aux volets bleus est une véritable institution locale. Aïoli, volaille de Bresse à la broche, tête de veau sauce ravigote et tartes maison : on y célèbre le répertoire provençal avec des plats généreux et goûteux, à dévorer dans une ambiance joyeuse et bon enfant. Attention, menu unique !

Menu 53 € (déjeuner)/59 €

57 avenue de la Vallée-des-Baux - 04 90 54 32 70 - Fermé 24 décembre-5 mars, lundi, dimanche

B design & Spa

LUXE · DESIGN La modernité au service du confort et du bien-être résume l'esprit de cet hôtel, à l'entrée de la propriété. Vastes suites dessinées par un designer, terrasses, espace de remise de forme. Pour un beau séjour au calme...

15 chambres - 180/320 € - 14 suites - 22 €

Lieu-dit de Bourgeac - 04 90 54 58 66 - www.hotelbdesign.fr

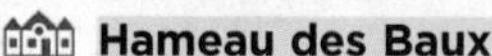

Hameau des Baux

MAISON DE CAMPAGNE · À LA CAMPAGNE Niché au pied des Alpilles, cet hôtel au calme prend ses aises sur cinq hectares de nature préservée, dans un esprit de village provençal. Vous en ferez de même, dans l'une des 22 chambres au mobilier design, à l'authenticité préservée et au luxe discret. Piscine, tennis.

14 chambres - 205/490 € - 7 suites - 29 €

285 chemin de Bourgeac - 04 90 54 10 30 - www.hameaudesbaux.com - Fermé 1er janvier-14 mars

La Table du Hameau - voir la sélection des restaurants

Du Côté des Olivades

MAISON DE CAMPAGNE · MÉDITERRANÉEN Cette bastide contemporaine, nichée au milieu des oliviers, abrite des chambres d'inspiration provençale. Agréable piscine et remarquable petit-déjeuner.

10 chambres - 130/247 € - 22 €

1 Chemin de l'Ancienne Voie Ferrée - 04 90 54 56 78 - www.ducotedesolivades.com

Nancy Bourguignon - voir la sélection des restaurants

MAUZAC-ET-ST-MEYME-DE-ROZENS

24150 (Dordogne) - Carte régionale n° **18**-C3
Carte Michelin 329-F6

La Métairie

MAISON DE CAMPAGNE · COSY Un hôtel charmant et romantique, installé dans une maison du 19e s., au cœur d'un superbe parc de 3 ha. Les chambres ont beaucoup de classe et, le plus souvent, une terrasse privative. Restaurant au cadre rustique pour une cuisine s'inspirant du terroir.

10 chambres - 135/195 € - 1 suite - 20 €

lieu-dit Millac - 05 53 22 50 47 - www.la-metairie.com - Fermé 4 novembre-31 décembre, 5 novembre-29 mars

MAXILLY-SUR-LÉMAN - 74 (Haute-Savoie) ➜ voir Évian-les-Bains

MAYENNE

53100 (Mayenne) - Carte régionale n° **23**-C1
Carte Michelin 310-F5 - Guide Vert Michelin Pays de la Loire

L'Éveil des Sens (Nicolas Nobis)

CUISINE MODERNE · TENDANCE Des cuissons et assaisonnements précis, une créativité bien maîtrisée, des produits de qualité : cette table réveille les papilles et y laisse une empreinte durable. Décor sobre et moderne.

➜ Pressé de foie gras de canard et de queue de bœuf, vinaigrette de pot-au-feu. Saint-pierre, étuvée de chou-rave et légèreté de coques aux herbes. Tartelette au chocolat, mousse praliné, balsamique et crème glacée

Menu 26 € (déjeuner), 44/74 €

13 Boulevard Paul Lintier - 02 43 30 42 17 - www.restaurant-leveildessens.fr - Fermé 12 août-2 septembre, 25 décembre-2 janvier, lundi, mardi midi, dimanche soir

à Moulay 4,6 km au Sud par N162 - 53100

La Marjolaine

CUISINE TRADITIONNELLE · ÉLÉGANT Au sein de ce domaine verdoyant, dans un cadre élégant - dont une agréable terrasse -, une cuisine qui honore la tradition à travers des recettes telles que ces escargots de Cornille, bouillon de foie gras ou encore cette langue de bœuf braisée et jus de truffe.

Menu 21/47 € - Carte 44/70 €

Le Bas Mont, au domaine du Bas-Mont, à 6,5 km - 02 43 00 48 42 - www.lamarjolaine.fr - Fermé 29 juillet-4 août, 23-29 décembre

Beau Rivage

CUISINE TRADITIONNELLE • AUBERGE XX Au bord de la Mayenne, avec une jolie terrasse, l'adresse a des airs de guinguette, et c'est avec plaisir que l'on atteint les rivages de la gourmandise grâce à l'appétissante cuisine traditionnelle du chef... et sa rôtissoire, où l'on voit cuire doucement brochettes de poisson, gigots de lotte, pigeons et autres cailles.

Menu 20/43 € - Carte 30/50 €

route de St-Baudelle, à 4 km - ✆ 02 43 00 49 13 - www.restaurantbeaurivage.com - Fermé 2-13 janvier, lundi, dimanche soir

La Marjolaine

TRADITIONNEL • PERSONNALISÉ Près de Mayenne, mais en pleine nature : dans le parc aux arbres centenaires coule une rivière... On peut loger dans le joli château (17e s.) ou dans les différents pavillons disséminés dans la verdure. Les chambres arborent des styles variés, du classique au contemporain avec sauna privatif ! Espace détente, prêt de vélos.

41 chambres - 65/140 € - 11 €

Le Bas Mont, au domaine du Bas-Mont, à 6,5 km - ✆ 02 43 00 48 42 - www.lamarjolaine.fr - Fermé 29 juillet-4 août, 23-29 décembre

La Marjolaine - voir la sélection des restaurants

Un important déjeuner d'affaires ou un dîner entre amis ?
Le symbole vous signale les salons privés.

MAZAMET

81200 (Tarn) - Carte régionale n° **22**-C2
Carte Michelin 338-G10

La Villa de Mazamet

MAISON DE MAÎTRE • ÉLÉGANT Les propriétaires ? Deux Anglais tombés amoureux du Sud et de cette très belle maison de maître (1935), avec son grand escalier en pierre, ses moulures, ses cheminées en marbre, etc. Les chambres, spacieuses et lumineuses, sont raffinées ; l'accueil est charmant... Une superbe adresse.

5 chambres - 120/200 €

4 rue Pasteur - ✆ 05 63 97 90 33 - www.villademazamet.com - Fermé 4 novembre-2 avril

MAZAN - 84 (Vaucluse) ➜ voir Carpentras

MAZEROLLES - 40 (Landes) ➜ voir Mont-de-Marsan

MAZIÈRES-EN-GÂTINE

79310 (Deux-Sèvres) - Carte régionale n° **20**-B1
Carte Michelin 322-E5

à Verruyes 3 km au Sud-Est par D24 - 79310

Côté Plage

CUISINE MODERNE • CONVIVIAL X Ce restaurant situé au bord du joli plan d'eau de Verruyes accueille l'enthousiasme d'un jeune couple, qui propose une cuisine au goût du jour, dont quelques touches rappellent leur Normandie natale.

Menu 26/30 €

Etang Prieuré St-Martin - ✆ 05 49 63 21 35 - Fermé 22 février-3 mars, lundi, mardi, mercredi, jeudi, dimanche soir

MEAUX

✉ 77100 (Seine-et-Marne) – Carte régionale n° **15**–C1
Carte Michelin 312-G2 – Guide Vert Michelin Île-de-France

La Grignotière

CUISINE TRADITIONNELLE · COSY XX Rénovée dans un style contemporain, cette Grignotière séduit avec son intérieur cosy et sa cheminée en état de marche... Au fil de l'année, on se régale par exemple d'huîtres, de coquillages et de beaux plateaux de fruits de mer, ou, pour les carnivores, de ris de veau aux morilles et de foie gras poêlé. Plaisant !

Menu 39/59 € – Carte 68/88 €

36 rue de la Sablonnière – ✆ 01 64 34 21 48 – Fermé 1er-30 août, mardi, mercredi, samedi midi

LES MÉES

✉ 04190 (Alpes-de-Haute-Provence) – Carte régionale n° **24**–B2
Carte Michelin 334-D8

La Marmite du Pêcheur

CUISINE MODERNE · CONTEMPORAIN XX Au pied des Pénitents, ces célèbres rochers pointus, les gourmands n'ont pas à faire profil bas ! Dans cet ancien moulin, on se régale de spécialités de poisson et de produits de la mer (bouillabaisse sur commande). La roue à aubes trône toujours dans la salle à manger aux tons sable.

Menu 25 € (déjeuner), 39/59 € – Carte 52/96 €

Boulevard des Tilleuls – ✆ 04 92 34 35 56 – www.lamarmitedupecheur.com – Fermé mardi, mercredi

HandmadePictures/Fotolia.com

ON AIME...

La cuisine authentique du **Refuge**, à Leutaz. **La Table de l'Alpaga**, cette adresse aussi discrète que savoureuse, réservée à ceux qui savent. **Le 1920** pour la cuisine locale et toujours impeccable de **Julien Gatillon**. Avec tout ça, n'oubliez pas de goûter aux spécialités savoyardes !

MEGÈVE

✉ 74120 (Haute-Savoie) – Carte régionale n° **4**–F1
Carte Michelin 328-M5 – Guide Vert Michelin Alpes du Nord

Restaurants

✿✿ 1920

CUISINE MODERNE • ÉLÉGANT XXX "Une cuisine de vérité, d'exigence et d'émotion" : voilà les propres mots de Julien Gatillon pour qualifier son travail au sein du Four Seasons Hotel, sur les hauteurs de Megève. Le chef, la petite trentaine, conduit le 1920 d'une main solide en dépit de son jeune âge ; les deux étoiles décrochées en 2016 ne doivent rien au hasard.
En locavore affirmé, il travaille la région avec finesse et délicatesse, et fait preuve d'un respect absolu pour la saveur originelle des produits. En témoignent cette noix de ris de veau dorée au sautoir, cardons épineux au beaufort et sauce vin jaune, ou, en dessert, ce crémeux de citron kabosu, sablé aux noix de cajou et miel de la famille... Le bon goût est au rendez-vous, l'esthétique des plats surprend et ravit : on passe un excellent moment.

→ Foie gras de canard des Landes et truffe façon opéra. Saint-Jacques grillées aux saveurs d'Alba, chou-fleur étuvé en cocotte et sauce à l'or blanc. Soufflé tradition "Rothschild"

Menu 155/210 € – Carte 150/220 €

Plan : B1-p – *Four Seasons Megève, 373 chemin des Follières – ✆ 04 50 78 62 65 – www.fourseasons.com/megeve – Fermé 15 avril-9 juin, 16 septembre-12 décembre, lundi, mardi midi, mercredi midi, jeudi midi, vendredi midi, dimanche soir*

✿ Prima (N)

CUISINE CLASSIQUE • BOURGEOIS XXX Désormais seul aux fourneaux de ce chalet "historique" de la famille Rothschild, Nicolas Hensinger a carte blanche et s'en donne à cœur joie ! Ses réalisations, fines et inspirées, assument de jolis clins d'œil aux terroirs voisins (Savoie, Dauphiné, Lyonnais, Valaisan). Son frère, Romain, assure la partie sucrée avec autant de talent, et le tout s'arrose de beaux vins du monde entier.

→ Jaune d'œuf de poule fermier à la truffe melanosporum, cardons lyonnais. Écrevisses cuites en court-bouillon en deux services. Soufflé à la Chartreuse, crème anglaise à la pistache

Menu 49 € (déjeuner), 75/110 € – Carte 90/130 €

Plan : B1-b – *Chalet du Mont d'Arbois, 447 chemin de la Rocaille – ✆ 04 50 21 25 03 – www.edrh-montdarbois.com – Fermé 7 avril-12 décembre*

La Table de l'Alpaga

CUISINE MODERNE • ÉLÉGANT XX Qu'il est doux de s'attabler dans cet endroit chic. La carte, appétissante, révèle la volonté du chef : raconter une histoire de la cuisine savoyarde, conter les saveurs oubliées, subjuguer les produits régionaux... Un délicieux programme !

➜ Écrevisses du lac Léman, déclinaison de tomates. Volaille de Bresse, carotte et jus de sauge. Chartreuse, citron confit et meringue au thé matcha

Menu 112/142 € – Carte 100/125 €

Alpaga, 66 allée des Marmoussets, route du Prariand, 1,5 km par D1212 et rte secondaire – ✆ 04 50 91 48 70 – www.alpaga.com – Fermé 1er avril-3 juillet, 1er septembre-9 décembre, lundi, mardi, mercredi midi, jeudi midi, vendredi midi, samedi midi, dimanche midi

Beef Lodge

CUISINE CLASSIQUE • ÉLÉGANT XX Un vrai repaire de carnivores, au décor très "animal" : trophées, peaux de bête, cuir... Dans la lignée des steakhouses américains, on y propose des viandes de grande qualité, sélectionnées – et maturées – avec soin : bœuf Black Angus ou Simmental, premium du Texas... Au déjeuner, formule plus simple.

Carte 46/91 €

Plan : A1-s – *Lodge Park, 100 rue d'Arly – ✆ 04 50 93 05 03 – www.lodgepark.com – Fermé 29 mars-28 juin, 1er septembre-20 décembre, lundi midi, mardi midi, mercredi midi, jeudi midi, vendredi midi, samedi midi, dimanche midi*

Kaito

CUISINE JAPONAISE • ÉPURÉ XX Quand Megève rencontre le Japon, ça fait des étincelles ! Sashimis, tataki et sushis de belle fraîcheur côtoient, à la carte, des produits montagnards délicatement travaillés... comme ce gâteau de Savoie, glace aubépine. Une cuisine fine et créative, dont on peut profiter sur la terrasse avec une jolie vue sur les pistes.

Menu 73 € (déjeuner)/130 € – Carte 60/150 €

Four Seasons Megève, 373 chemin des Follières – ✆ 04 50 78 62 64 – www.fourseasons.com/megeve – Fermé 14 avril-15 juin, 16 septembre-13 décembre, mardi soir, mercredi, jeudi midi

Flocons Village

CUISINE TRADITIONNELLE • AUBERGE XX La deuxième adresse d'Emmanuel Renaut, le chef bien connu des Flocons de Sel. Ces Flocons-ci jouent la carte de la simplicité et de la franchise, avec une cuisine actuelle soignée et des bons plats du terroir.

Menu 35 € – Carte 43/55 €

Plan : A1-a – *75 rue St-François – ✆ 04 50 78 35 01 – www.floconsdesel.com – Fermé 29 avril-13 mai, 4-19 novembre, lundi*

Le St-Nicolas

CUISINE MODERNE • RUSTIQUE XX Cuisine goûteuse réalisée à partir de produits bien choisis, plats travaillés avec soin – y compris sur l'esthétique des dressages –, comme par exemple cette exceptionnelle tourte au foie gras... St-Nicolas est clairement la bonne affaire de la station.

Menu 33 € – Carte 33/64 €

Plan : A2-t – *Au Coin du Feu, 252 route de Rochebrune – ✆ 04 50 21 04 94 – www.coindufeu.com – Fermé lundi soir, mardi soir*

Le Restaurant Alpin 

CUISINE SAVOYARDE • MONTAGNARD X Dans une salle tout en bois, au son d'un limonaire, on se régale de délicieuses fondues (savoyarde, bourguignonne, suisse ou chablaisienne...) et d'autres belles spécialités alpines. Qualité des produits, professionnalisme du service : on passe un bon moment.

Carte 62/81 €

Les Fermes de Marie, 163 chemin de Riante-Colline, par D1212 – ✆ 04 50 93 03 10 – www.fermesdemarie.com – Fermé 2 avril-16 décembre, lundi soir, mardi soir, mercredi soir, jeudi soir, vendredi soir, samedi soir, dimanche soir

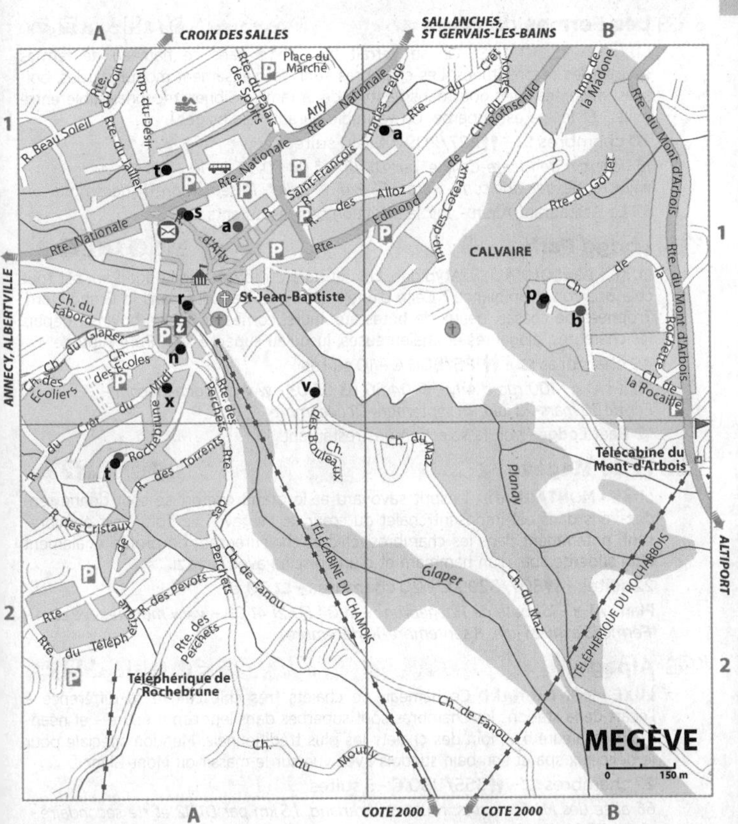

Hôtels

Four Seasons Megève

GRAND LUXE • ART DÉCO Trois ans de travaux, 55 chambres dont 14 suites (allant jusqu'à 150 m²), où le bois prédomine, dans un esprit chalet aux touches art déco. Le magnifique spa de 1500 m² propose coiffeur, barbier, salles de massage et fitness, piscine extérieure et intérieure... Le super luxe à deux pas de l'héliport, et du golf, pour l'été.

41 chambres – 500/2750 € – 14 suites – 45 €

373 chemin des Follières – ✆ 04 50 21 12 11 – www.fourseasons.com/megeve – Fermé 15 avril-14 juin, 16 septembre-13 décembre

Kaito • **1920** – voir la sélection des restaurants

Le Fer à Cheval

LUXE • MONTAGNARD Pourquoi le Fer à Cheval ? En hommage au forgeron du village, qui bâtit ce superbe chalet en 1938. Ici, l'esprit alpin est sublimé : entre bois et objets montagnards, tout n'est que chaleur et raffinement... Autres atouts : un spa grandiose et deux tables au choix, gastronomique ou savoyarde ! Belle carte des vins.

38 chambres – 355/805 € – 15 suites

Plan : A1-a – *36 route du Crêt-d'Arbois – ✆ 04 50 21 30 39 – www.feracheval-megeve.com – Fermé 31 mars-28 juin*

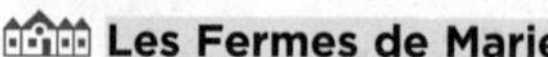

Les Fermes de Marie

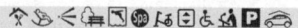

LUXE • PERSONNALISÉ On se verrait bien vivre dans ce hameau de fermes savoyardes reconstituées. Les chambres sont délicieusement montagnardes, boisées, décorées avec goût dans le style de la famille Sibuet, reconnaissable entre mille... Et le spa est superbe. Un véritable paradis des neiges !

70 chambres - 227/2090 € - 10 suites

163 chemin de Riante-Colline, par D1212 - 04 50 93 03 10 - www.fermesdemarie.com - Fermé 1er avril-1er juillet, 1er septembre-14 décembre

Le Restaurant Alpin - voir la sélection des restaurants

Lodge Park

LUXE • PERSONNALISÉ Atypique, chic et hors du temps : ce Lodge Park est tout cela à la fois. L'ambiance ? Celle d'une maison de trappeur dans le Grand Nord. Trophées de chasse, peaux de bêtes aux murs, cornes et bustes bovins... depuis les chambres, élégantes et chaleureuses, jusqu'au superbe spa "Pure Altitude" !

49 chambres - 185/906 € - 10 suites

Plan : A1-s - *100 rue d'Arly - 04 50 93 05 03 - www.lodgepark.com - Fermé 30 mars-29 juin, 1er septembre-21 décembre*

Beef Lodge - voir la sélection des restaurants

M de Megève

LUXE • MONTAGNARD L'esprit savoyard et le grand confort se sont donné rendez-vous dans cet imposant chalet du cœur de Megève ! Le bois y est omniprésent, notamment dans les chambres, chic et chaleureuses ; on profite également d'un superbe spa, d'un hammam et d'une piscine avec jacuzzi.

22 suites - 507/3299 € - 20 chambres - 30 €

Plan : A1-x - *15 route de Rochebrune - 04 50 21 41 09 - www.mdemegeve.com - Fermé 15 avril-23 juin, 8 septembre-16 décembre*

Alpaga

LUXE • MONTAGNARD Ce hameau de chalets très chic cultive sa différence à l'écart de la station : les chambres sont superbes dans leur esprit épuré - et néanmoins chaleureux -, loin des chalets les plus traditionnels. Mention spéciale pour le délicieux spa et son bain suédois avec vue sur le massif du Mont-Blanc...

22 chambres - 355/1180 € - 5 suites

66 allée des Marmoussets, route du Prariand, 1,5 km par D1212 et rte secondaire - 04 50 91 48 70 - www.alpaga.com - Fermé 1er avril-3 juillet, 1er septembre-9 décembre

La Table de l'Alpaga - voir la sélection des restaurants

Chalet du Mont d'Arbois

LUXE • MONTAGNARD Sous l'égide de la famille Rothschild, trois grands chalets très chic, chaleureux et raffinés, avec une vue sublime sur les sommets : toute la féerie de Megève. Ou l'art d'apprécier le luxe d'une piscine intérieure-extérieure chauffée à 30° C. Au restaurant, on propose une cuisine du terroir d'une indéniable qualité.

42 chambres - 450/1205 € - 8 suites - 32 €

Plan : B1-p - *447 chemin de la Rocaille, par route Edmond-de-Rothschild - 04 50 21 25 03 - www.edrh-montdarbois.com - Fermé 7 avril-12 décembre*

Prima - voir la sélection des restaurants

Le Chalet Zannier

LUXE • MONTAGNARD Un ensemble de trois superbes chalets savoyards, possédant un joli centre de détente avec piscine, hammam et sauna. L'esprit de luxe montagnard règne dans les chambres, sobres et chic, jamais tape-à-l'œil, et dans les nombreux services (navette privée vers la station).

8 chambres - 550/4000 € - 4 suites

367 route du Crêt - 04 50 21 01 01 - www.zannierhotels.com - Fermé 7 avril-20 décembre

Mont-Blanc

LUXE · GRAND LUXE Le mythique doyen des hôtels megèvans, magnifiquement illuminé le soir venu : le "21e arrondissement de Paris" selon Cocteau, qui y a laissé son empreinte. Du faste, un bar à champagne, le charme des sports d'hiver... la belle vie, très mondaine, en plein cœur de la station !

38 chambres – 166/776 € – 11 suites

Plan : A1-r – *29 rue Ambroise-Martin (pl. de l'Église) – 04 50 21 20 02 – www.hotelmontblanc.com – Fermé 6 avril-29 novembre*

Chalet St-Georges

TRADITIONNEL · PERSONNALISÉ Des livres anciens sont disséminés un peu partout... Consultez-les dans le ravissant salon à l'atmosphère "so British", ou lové dans votre lit. Côté papilles : une cuisine traditionnelle (cocotte de rognon de veau ; poulet fermier rôti à la broche ; poissons).

21 chambres – 210/575 € – 3 suites – 22 €

Plan : A1-n – *159 rue Monseigneur-Conseil – 04 50 93 07 15 – www.chaletsaintgeorges.com – Fermé 7 avril-22 juin, 16 septembre-20 décembre*

Au Coin du Feu

FAMILIAL · COSY Des cheminées, de jolis motifs floraux habillant toutes les chambres : une atmosphère authentique, familiale et chic. Petit espace bien-être avec salle de massage. Spécialités traditionnelles et fromagères servies dans une élégante taverne montagnarde.

22 chambres – 90/590 € – 19 €

Plan : A2-t – *252 route de Rochebrune – 04 50 21 04 94 – www.coindufeu.com*

Le St-Nicolas – voir la sélection des restaurants

La Chaumine

FAMILIAL · MONTAGNARD À 300 m du village et de la télécabine du Chamois, une ferme du 19e s. joliment restaurée à la mode savoyarde. On entre par un petit salon coquet, typiquement megèvan, un vrai cocon de montagne. Les chambres sont douillettes et... très au calme !

11 chambres – 90/137 € – 12 €

Plan : A1-v – *36 chemin des Bouleaux (par chemin du Maz) – 04 50 21 37 05 – www.hotel-lachaumine-megeve.com – Fermé 15 avril-29 juin, 2 septembre-20 décembre*

La Grange d'Arly

FAMILIAL · PERSONNALISÉ Hôtel familial impeccablement tenu. Les chambres sont assez spacieuses (quelques-unes mansardées ou en duplex) et le bois naturel domine. Une valeur simple et sûre ! Au restaurant, cuisine traditionnelle et spécialités savoyardes.

22 chambres – 135/285 €

Plan : A1-t – *10 rue des Allobroges – 04 50 58 77 88 – www.grange-darly.com – Fermé 4 avril-21 juin, 3 septembre-20 décembre*

à Leutaz 4 km au Sud-Ouest par rte du Bouchet – 74120

Flocons de Sel (Emmanuel Renaut)

CUISINE CRÉATIVE · ÉLÉGANT Perdu dans les montagnes de Megève, l'hôtel-restaurant du chef Emmanuel Renaut, triplement étoilé depuis 2012, est une victoire de la simplicité. Meilleur Ouvrier de France et Compagnon du Tour de France, Emmanuel Renaut entame sa carrière aux Ambassadeurs (Hôtel de Crillon), époque bénie où Constant, Camdeborde, Frechon et Rouquette s'agitaient ensemble aux fourneaux : "On avait l'impression qu'à chaque service, on préparait une opération à cœur ouvert !" Il rejoint ensuite Marc Veyrat à l'Auberge de l'Éridan, qu'il seconde en cuisine durant un septennat. Il revendique la même passion, la même liberté.

"Le terroir ne doit pas être ennuyeux !" tonne ce marcheur solitaire. Très attaché aux produits du mont Blanc (ses ombles et féras proviennent du lac Léman), il ne s'interdit rien : "J'achète le bœuf à mon boucher parisien". Son plaisir suprême : prendre le contre-pied d'une cuisine de région parfois attendue – comme avec ses deux millimètres de polenta, devenus sa signature.

Les Flocons de Sel ? Un vrai refuge montagnard, avec spa et piscine intérieure – tout de même. Une cuisine d'altitude pour un chef au sommet.

➜ Cardon épineux de Plainpalais comme un risotto aux truffes noires. Caille grasse des prés farcie de ses abats, jus aux genièvres. Soufflé chaud à la menthe et sapin, sorbet citron et fleur d'oranger

Menu 170 € (déjeuner)/290 € – Carte 130/245 €

1775 route du Leutaz – ✆ 04 50 21 49 99 – www.floconsdesel.com – Fermé 15 avril-31 mai, 4 novembre-6 décembre, lundi midi, mardi, mercredi, jeudi midi, vendredi midi

Le Refuge

CUISINE TRADITIONNELLE • AUBERGE XX Un charmant Refuge, typique et convivial, sur les hauteurs de la station. On y sert une vraie cuisine de chef, fine et goûteuse, et les incontournables savoyards bien sûr. Parmi les spécialités : œuf pochée aux lentilles vertes du Puy ; carré d'agneau à la rôtisserie ; soufflé au Grand Marnier.

Menu 30 € (déjeuner) – Carte 50/65 €

Hameau de Leutaz – ✆ 04 50 21 23 04 – www.refuge-megeve.com – Fermé 28 avril-13 juin, mercredi

Flocons de Sel

LUXE • DESIGN Les Flocons de Sel sont aussi un hôtel charmant ! Les chambres, réparties dans trois chalets, dévoilent le meilleur du chic montagnard : bois omniprésent, grands lits, salles de bains design… Le spa (avec sauna et hammam), la piscine couverte et le bain suédois achèvent d'en faire un lieu à part.

10 chambres – 180/2000 € – 6 suites – 25 €

1775 route du Leutaz, 4 km au Sud-Ouest par route du Bouchet – ✆ 04 50 21 49 99 – www.floconsdesel.com – Fermé 15 avril-31 mai, 4 novembre-6 décembre

✿✿✿ **Flocons de Sel** – voir la sélection des restaurants

MELLE

✉ 79500 (Deux-Sèvres) – Carte régionale n° **20**-C2
Carte Michelin 322-F7 – Guide Vert Michelin Poitou-Charentes

Les Glycines

CUISINE MODERNE • COSY XX La jolie véranda de ce restaurant couvert de glycines dissimule un décor contemporain et cossu. On y revisite une cuisine traditionnelle, agrémentée de touches inventives – cromesquis d'escargots ; côte de veau, embeurré de chou ; tatin pomme-coing, sans omettre les bons desserts. Chambres coquettes.

Menu 35/49 € – Carte 44/60 €

5 place René-Groussard – ✆ 05 49 27 01 11 – www.hotel-lesglycines.com – Fermé 1er-13 janvier, dimanche soir

MELUN

✉ 77000 (Seine-et-Marne) – Carte régionale n° **15**-C2
Carte Michelin 312-E4 – Guide Vert Michelin Île-de-France

La Bodega

CUISINE ESPAGNOLE • CONVIVIAL XX On vient ici pour retrouver l'esprit de l'Espagne, en particulier celle des Asturies, d'où est originaire la famille propriétaire. Au menu, des produits de belle qualité, de succulentes recettes ibériques – paella bodega, bacalao aïoli, chipirones fritos, etc. – et quelques plats plus actuels. On est comblé !

Carte 35/67 €

18 quai Hippolyte-Rossignol – ✆ 01 64 37 10 57 – www.bodega-melun.fr – Fermé 12 août-2 septembre, 22 décembre-2 janvier, lundi, samedi midi, dimanche

à Vaux-le-Pénil 3 km au Sud-Est – ✉ 77000

La Table St-Just

CUISINE MODERNE • ÉLÉGANT XXX Belle atmosphère dans cette ancienne ferme dépendant du château de Vaux-le-Pénil, où dominent les pierres et les poutres apparentes – dont une haute charpente en chêne dans la salle principale. Au menu, une cuisine gastronomique dans l'air du temps.

Menu 35 € (déjeuner), 54/115 € – Carte 80/100 €

rue de la Libération (près du château) – ✆ 01 64 52 09 09 – www.restaurant-latablesaintjust.com – Fermé 28 avril-8 mai, 4-29 août, 23 décembre-3 janvier, lundi, dimanche

MENDE

✉ 48000 (Lozère) – Carte régionale n° **21**-C1
Carte Michelin 330-J7

Restaurant de France

CUISINE MODERNE • ROMANTIQUE XX Tourte au ris de veau, côtes d'agneau d'Auxillac, financier aux prunes... Le chef concocte une bonne cuisine du marché qui fait la part belle aux produits du terroir, et l'équipe compétente et motivée rend ce moment agréable. Un lieu sympathique !

Menu 33/59 € – Carte 40/45 €

Hôtel de France, 9 boulevard Lucien-Arrnault – ✆ 04 66 65 00 04 – www.hoteldefrance-mende.com – Fermé 23 décembre-3 janvier, samedi midi

Hôtel de France

FAMILIAL • CONTEMPORAIN Un toit de lauze, des pierres : cette maison des années 1730 se révèle fort accueillante. Fer forgé, bois wengé, tomettes, chambres aux lignes épurées : tout est charmant. On profite même d'un solarium, avec une superbe vue sur les toits et les collines environnantes... Tout neuf, six nouvelles chambres dans la Grande Maison !

38 chambres – ††98/135 € – 7 suites – ☕ 12 €

9 boulevard Lucien-Arnault – ✆ 04 66 65 00 04 – www.hoteldefrance-mende.com – Fermé 23 décembre-3 janvier

Restaurant de France – voir la sélection des restaurants

à Chabrits 5 km à l'Ouest par D42 – ✉ 48000

La Safranière

CUISINE MODERNE • FAMILIAL XX Une étape gourmande sur les premières marches du Gévaudan, sur le site d'une ancienne exploitation de safran. Dans un décor frais et coloré, on apprécie une jolie cuisine de saison ; les vins et fromages de la région sont à l'honneur.

Menu 26/51 €

Hameau de Chabrits – ✆ 04 66 49 31 54 – www.restaurant-la-safraniere.fr – Fermé 18 février-19 mars, 9-17 septembre, lundi, mercredi midi, dimanche soir

MÉNERBES

✉ 84560 (Vaucluse) – Carte régionale n° **25**-E1
Carte Michelin 332-E11 – Guide Vert Michelin Provence

Les Saveurs Gourmandes

CUISINE MÉDITERRANÉENNE • INTIME X Le chef, ancien professeur de cuisine en école hôtelière, s'est installé dans une maison en partie troglodytique, au cœur du village. Il travaille d'excellents produits de la région à grand renfort d'épices et d'herbes, avec un sens aigu du dosage. Nos papilles sont à la fête... d'autant que l'addition est plutôt mesurée.

Menu 31/41 € – Carte 47/67 €

51 rue Kléber – ✆ 04 32 50 20 53 – www.restaurantlessaveursgourmandes.com – Fermé 7 janvier-13 février, dimanche

La Bastide de Marie

LUXE • PERSONNALISÉ Cette superbe bastide au cœur des vignes incarne l'esprit de la Provence. Pierres apparentes, meubles anciens, tissus nobles, coins et recoins... font le caractère de chaque chambre. Romantique et charmant, idéal pour se retrouver !

14 chambres – 208/770 € – 6 suites

route de Bonnieux – 04 90 72 30 20 – www.labastidedemarie.com – Fermé 5 janvier-29 mars

MÉNESTREAU-EN-VILLETTE

45240 (Loiret) – Carte régionale n° **8**-C2

Carte Michelin 318-J5 – Guide Vert Michelin Châteaux de la Loire

Le Relais de Sologne

CUISINE MODERNE • CONTEMPORAIN XX Cette auberge, à la salle colorée, a cependant conservé son âme d'antan. Le chef y tient tout particulièrement, lui qui signe une cuisine dans l'air du temps, avec du gibier en saison – Sologne oblige –, et agrémentée de notes exotiques.

Menu 31/52 € – Carte 57/70 €

63 place du 8-Mai-1945 – 02 38 76 97 40 – www.le-relais-de-sologne.com – Fermé 14-27 janvier, 1er-12 août, lundi soir, mardi soir, mercredi, dimanche soir

MENTHON-ST-BERNARD

74290 (Haute-Savoie) – Carte régionale n° **4**–F1

Carte Michelin 328-K5 – Guide Vert Michelin Alpes du Nord

Le Confidentiel

CUISINE MODERNE • COSY X Parmi tous les restaurants (dont de grosses cylindrées !) qui entourent le lac, cette maison fait office de petit poucet... au grand talent. Dans une mini-salle se succèdent des plats d'une efficacité incontestable, où la franchise des saveurs va de pair avec une ambiance conviviale et détendue. Maintenant que vous êtes dans la confidence, courez-y. Un coup de cœur.

Menu 33 €

24 route des Moulins – 04 50 44 00 68 – www.restaurant-leconfidentiel.fr – Fermé 5 janvier-15 mai, 10-25 avril, 15 août-7 septembre, lundi, dimanche

Le Viù

CUISINE MODERNE • TENDANCE XXX De la couleur, une vue imprenable sur le lac... Un restaurant chic, trendy et cosy, au service d'une cuisine fine et goûteuse : aiguillettes de saint-pierre confit a l'huile d'agrumes ; poitrine de pigeon rôti sur le coffre, jus de genièvre et polenta à la gentiane.

Menu 34 € (déjeuner)/59 €

Palace de Menthon, 665 route des Bains – 04 50 64 83 01 – www.palacedementhon.com

Palace de Menthon

DEMEURE HISTORIQUE • ÉLÉGANT Entre lac et montagne, cet imposant hôtel de 1906 a un vrai cachet et cultive avec élégance l'art de recevoir... Le parc verdoyant et délicieux, les chambres confortables (préférez celles situées côté lac, plus récentes), les restaurants, la belle piscine couverte creusée dans la roche, le sauna, le hammam : tout invite à la détente !

66 chambres – 189/720 € – 6 suites – 28 €

665 route des Bains – 04 50 64 83 00 – www.palacedementhon.com

Le Viù – voir la sélection des restaurants

La Vallombreuse

DEMEURE HISTORIQUE • PERSONNALISÉ Tout le cachet et la patine de l'ancien dans cette belle maison du 16e s. Les chambres sont grandes et joliment arrangées, dans un esprit classique ou savoyard ; le beau jardin est un véritable havre de tranquillité. Coup de foudre garanti !

5 chambres – 99/150 €

534 route des Moulins, 700 m à l'Est par rte du Col de Bluffy – 04 50 60 16 33 – www.la-vallombreuse.com

MENTON

✉ 06500 (Alpes-Maritimes) – Carte régionale n° **25**–E2
Carte Michelin 341-F5 – Guide Vert Michelin Côte d'Azur

✿✿✿ Mirazur (Mauro Colagreco)

CUISINE CRÉATIVE · CONTEMPORAIN XXX Destin exceptionnel que celui de l'Argentin Mauro Colagreco, né à La Plata en 1976, et passé par toutes les écoles de l'excellence – d'abord Saulieu (où il passera plusieurs semaines à... éplucher des pommes de terre) puis Paris (L'Arpège, le Plaza, Le Grand Véfour), avant de voler de ses propres ailes... et de trouver, à Menton, sa véritable place.
Adossé aux Alpes qui viennent mourir au bord de la mer, "dernière maison avant l'Italie", le Mirazur regarde le ciel et le large les yeux dans les yeux : on ne compte plus les visiteurs hypnotisés par la vue exceptionnelle sur la Méditerranée... Mais c'est bien l'art du chef, et non le paysage, qui attire les voyageurs les plus exigeants.
Mauro Colagreco, en effet, est au sommet de son art. Sa cuisine se suffit à elle-même, hymne unique et quotidien aux plantes aromatiques, aux fleurs, aux légumes de son potager, aux agrumes. Son inspiration fait le reste, et lui permet de transcender les saisons et la région. La garantie d'une expérience incomparable !

→ Carpaccio de gamberoni de San Remo, vinaigrette au citron de Menton et pomme granny smith. Poisson de la pêche du jour, ail noir, osmanthus et cébette. "Naranjo en flor" : crème de safran, espuma d'amande et sorbet orange

Menu 160 € (déjeuner)/260 €

Plan : B1-m – *30 avenue Aristide-Briand – ✆ 04 92 41 86 86 – www.mirazur.fr – Fermé 16 décembre-6 mars, lundi, mardi, mercredi midi*

Le Bistrot des Jardins

CUISINE TRADITIONNELLE · TRADITIONNEL X "Ma ville est un jardin, mon restaurant est un jardin", revendique le chef, quarante ans aux fourneaux tout de même... Nul doute, cet homme de métier sait cuisiner les produits – et l'esprit – du terroir méditerranéen ! Le repas est d'autant plus convivial en terrasse, aux airs de... jardin en ville.

Menu 33 € (déjeuner), 40/48 € – Carte 45/65 €

Plan : C1-e – *14 avenue Boyer – ✆ 04 93 28 28 09 – www.lebistrotdesjardins.com – Fermé 17 décembre-17 janvier, lundi, dimanche soir*

Napoléon

TRADITIONNEL · CONTEMPORAIN Un hôtel très Riviera ! Dans une atmosphère élégante et contemporaine, les chambres rendent de charmants hommages à leurs hôtes illustres (Cocteau, Sutherland) et leur décoration est très soignée. Certaines, avec terrasse, donnent sur la mer : que demander de plus ?

44 chambres – ††87/345 € – ☕ 14 €

Plan : B1-a – *29 Porte-de-France – ✆ 04 93 35 89 50 – www.napoleon-menton.com – Fermé 8 janvier-7 février*

Prince de Galles

FAMILIAL · CONTEMPORAIN Comment imaginer que ce beau bâtiment rose (19e s.) fut jadis une caserne de carabiniers des princes de Monaco ? C'est aujourd'hui un agréable hôtel, au confort très contemporain, où chaque chambre semble tutoyer la Méditerranée...

63 chambres – ††76/229 € – ☕ 14 €

Plan : A2-e – *4 avenue du Général-de-Gaulle – ✆ 04 93 28 21 21 – www.princedegalles.com*

Princess et Richmond

FAMILIAL · CONTEMPORAIN Un hôtel familial bien tenu, situé en face de la plage de galets. Chambres actuelles, sobres, quelques-unes braquées sur la Grande Bleue, solarium et jacuzzi sur le toit. Terrasse fleurie.

43 chambres – ††75/210 € – 2 suites – ☕ 13 €

Plan : C2-s – *617 promenade du Soleil – ✆ 04 93 35 80 20 – www.princess-richmond.com – Fermé 13 octobre-20 décembre*

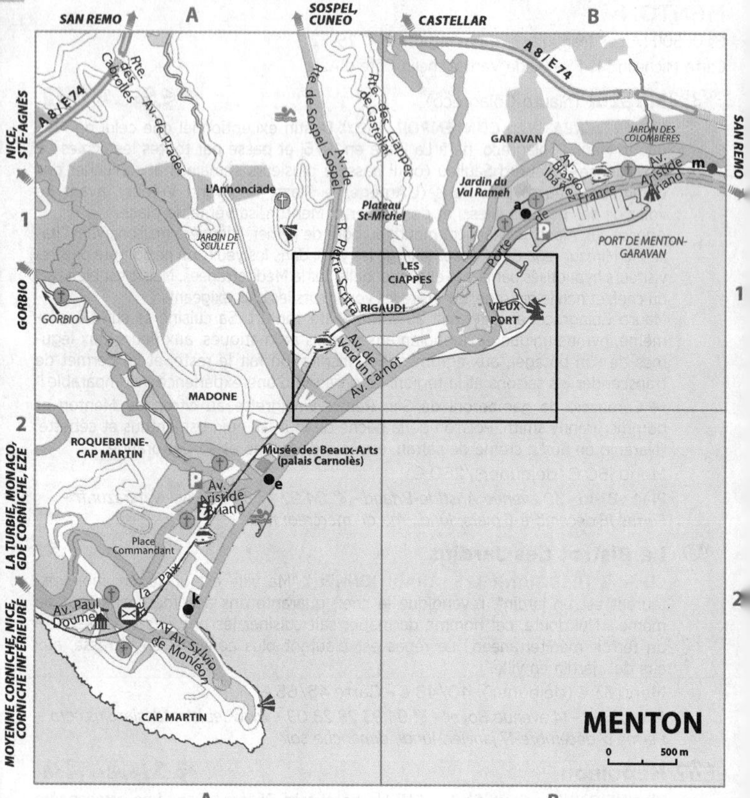

SAN REMO A SOSPEL, CUNEO CASTELLAR B

A 8 / E 74 Rte. des Cabrolles Av. de Prades Rte de Sospel Av. de Sospel Rte. des Ciappes de Castellar A 8 / E 74

NICE, STE-AGNÈS GARAVAN JARDIN DES COLOMBIÈRES SAN REMO

L'Annonciade Plateau St-Michel Jardin du Val Rameh Av. Blasco Ibañez Av. Aristide Briand France m

1 JARDIN DE SCULLET R. Pietra Scritta a Porte de PORT DE MENTON-GARAVAN

GORBIO LES CIAPPES 1

GORBIO RIGAUDI VIEUX PORT

Av. de Verdun Av. Carnot

MADONE

2 ROQUEBRUNE-CAP MARTIN Musée des Beaux-Arts (palais Carnolès) e

LA TURBIE, MONACO, GDE CORNICHE, EZE Av. Aristide Briand

Place Commandant

MOYENNE CORNICHE, NICE, CORNICHE INFÉRIEURE de la Paix k 2

Av. Paul Doumer Av. Sylvio de Monléon

CAP MARTIN

MENTON

0 500 m

A B

Palm Garavan

FAMILIAL · CONTEMPORAIN Sur le front de mer, entre vieille ville et... Italie, cet hôtel se révèle agréable et d'un bon rapport qualité-prix : la simplicité domine dans le décor, tout blanc et relevé de pièces de mobilier design bien choisies. Préférez évidemment les chambres côté mer, les plus agréables...

19 chambres – 60/140 € – 8 €

Plan : E1-e – *3 Porte-de-France*
– *04 93 78 80 67 – www.hotelpalm.fr –*
Fermé 6 octobre-15 novembre

La sélection de ce guide s'enrichit avec vous : vos découvertes et vos commentaires nous intéressent ! Coup de coeur ou coup de colère, écrivez-nous sur notre site Michelin Restaurants : restaurant.michelin.fr

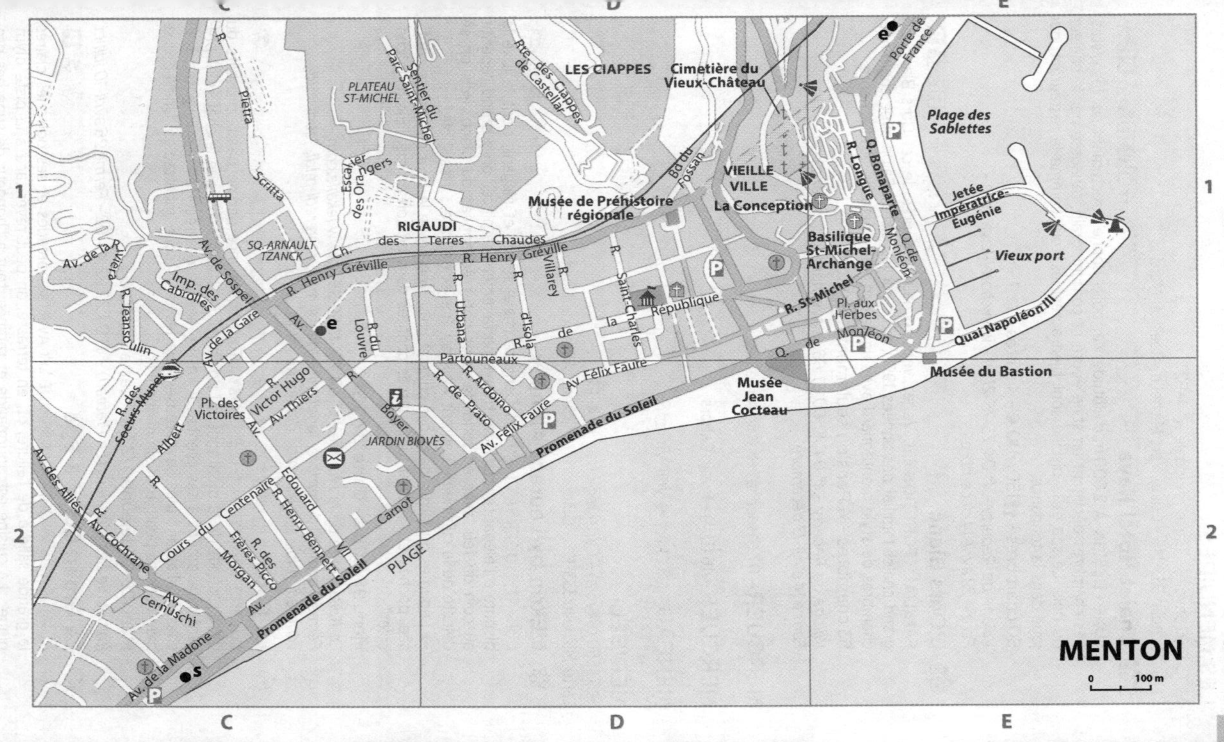
MENTON
0
100 m
C
D
E
1
2
LES CIAPPES
Cimetière du Vieux-Château
Plage des Sablettes
PLATEAU ST-MICHEL
Sentier du Parc Saint-Michel
Rte. des Ciappes de Castellar
VIEILLE VILLE
La Conception
Musée de Préhistoire régionale
RIGAUDI
Escalier des Orangers
Ch. des Terres Chaudes
R. Henry Gréville
Bd du Fossan
R. Longue
Q. Bonaparte
Porte de France
Jetée Impératrice-Eugénie
Vieux port
Basilique St-Michel-Archange
Q. de Monléon
R. St-Michel
Pl. aux Herbes
Quai Napoléon III
Musée du Bastion
Musée Jean Cocteau
Promenade du Soleil
PLAGE
R. Pietra
Scritta
SQ. ARNAULT TZANCK
Av. de Sospel
Av. de la Riviera
Imp. des Cabrolles
R. Jeanso ulin
Av. de la Gare
R. des Soeurs Munet
R. du Louvre
R. Urbana
R. d'Isola
R. Villarey
R. Saint-Charles
R. de la République
Partouneaux
R. Ardoino
R. de Prato
Av. Félix Faure
Av. Boyer
JARDIN BIOVÈS
Pl. des Victoires
R. Victor Hugo
Av. Thiers
R. Albert
Av. des Alliés
Av. Cochrane
Cours du Centenaire
Av. Edouard VII
R. Henry Bennett
R. des Frères Picco
Morgan
Av. Carnot
Av. Cernuschi
Av. de la Madone

LES MENUIRES

✉ 73440 (Savoie) – Carte régionale n° **4**-F2
Carte Michelin 333-M6 – Guide Vert Michelin Alpes du Nord

Chalet Hôtel Kaya

LUXE • DESIGN À 2 000 m d'altitude, cet hôtel donne directement sur les pistes. Les chambres déclinent un style épuré et contemporain, rehaussé par la chaleur du bois. Le spa et la piscine sont bien agréables, tout comme le restaurant, qui joue dans la tendance.

50 chambres – 150/410 € – 4 suites – 25 €

Village de Reberty – ✆ 04 75 75 21 91 – www.hotel-kaya.com – Fermé 22 avril-14 décembre

L'Ours Blanc

FAMILIAL • FONCTIONNEL Venez vous réchauffer auprès de cet Ours Blanc, un grand chalet familial des années 1990, situé sur les pistes. Salon avec cheminée, chambres de style montagnard avec un balcon, carte actuelle et alléchante.

53 chambres – ½ Pension seulement 105/160 €

Village de Reberty – ✆ 04 79 00 61 66 – www.hotel-ours-blanc.com – Fermé 14 avril-13 décembre

MERCUER – 07 (Ardèche) ➜ voir Aubenas

MERCUÈS – 46 (Lot) ➜ voir Cahors

MÉREAU – 18 (Cher) ➜ voir Vierzon

MÉRIBEL

✉ 73550 (Savoie) – Carte régionale n° **4**-F2
Carte Michelin 333-M5 – Guide Vert Michelin Alpes du Nord

L'Ekrin by Laurent Azoulay

CUISINE MODERNE • LUXE XXX Dans ce chalet feutré et élégant, dont le luxe le dispute à l'élégance, cet Ekrin trouve parfaitement sa place : on y prend l'apéritif au coin du feu, avec en fond de jolies notes échappées du piano. Puis on se délecte de la cuisine de Laurent Azoulay, fine et délicate... Irrésistible !

➜ Légumes du jardin des Roys cuits et crus. Volaille de la cour d'Armoise contisée, pochée et rôtie au foin, cuisses confites dans un consommé. "Ekrin de chocolat"

Menu 95/305 € – Carte 137/231 €

Le Kaïla, route de la Montée – ✆ 04 79 41 69 35 – www.lekaila.com – Fermé 7 avril-20 décembre, lundi midi, mardi midi, mercredi midi, jeudi midi, vendredi midi, samedi midi, dimanche midi

Le Cèpe

CUISINE TRADITIONNELLE • COSY X Tout commence par de beaux produits du terroir, cèpes de la montagne ou poissons des lacs voisins, que le chef vient présenter fièrement à ses clients... Il en tire ensuite des recettes réjouissantes, fraîches et d'autant plus savoureuses que les tarifs sont imbattables. Une adresse bien dans sa peau, tout simplement !

Menu 26 € (déjeuner)/33 € – Carte 50/80 €

Immeuble Les Merisiers (Le Plateau) – ✆ 04 79 22 46 08 – Fermé 26 avril-10 juillet

Le Grand Cœur & Spa

CUISINE CLASSIQUE • CLASSIQUE XXX Avec ses arcades et ses boiseries claires, la grande salle a de l'allure, et, en terrasse, on peut rêver face à la piste olympique... La cuisine est gourmande et raffinée, tout à l'honneur de superbes produits – avec des préparations plus simples à midi. Très belle carte des vins.

Menu 98 € – Carte 60/150 €

chemin du Grand-Cœur – ✆ 04 79 08 60 03 – www.legrandcoeur.com – Fermé 30 mars-19 décembre

Le Plantin

CUISINE MODERNE • CONVIVIAL XX Un très beau chalet, tout en bois sablé, pierre, objets agrestes et touches contemporaines. La cuisine, savoureuse et généreuse, met en avant de beaux produits : lotte, Saint-Jacques, bœuf Wagyu... À déguster avec l'un des grands crus de la cave. Une affaire sérieuse.

Menu 39 € (déjeuner)/70 € - Carte 65/175 €

route de la Tania, 3,5 km au Nord-Ouest par D90 - 04 79 04 12 11 - www.leplantin.com - Fermé 15 avril-13 décembre

Le Blanchot

CUISINE MODERNE • COSY XX Dans ce chalet, bordé par les pistes et le golf, on signe une bonne cuisine traditionnelle aux intitulés accrocheurs. On se régale, bien installé dans la salle, ou en terrasse, face à la forêt, avec une vue imprenable sur les sommets enneigés. Belle carte des vins.

Menu 41 € - Carte 60/90 €

3,5 km par rte de l'Altiport - 04 79 00 55 78 - www.leblanchot.com - Fermé 15 avril-30 juin, 1er septembre-15 décembre

Le 80

CUISINE TRADITIONNELLE • COSY X Au 80, attablé sous quelques montgolfières, on cultive fièrement un esprit classique et traditionnel, autour d'une cuisine gourmande et bien tournée, à l'instar du poulet fermier, ou de l'œuf meurette, classiques de la maison. Partez donc sur les traces de Jules Verne !

Carte 35/85 €

La Chaudanne, route de la Montée - 04 79 41 69 79 - www.chaudanne.com - Fermé 7 avril-13 décembre

Le Kaïla

LUXE • MONTAGNARD S'il fallait illustrer l'expression "luxe montagnard" à l'aide d'un exemple, on pourrait allégrement choisir ce grand chalet, situé au cœur du village de Méribel. On ronronne de plaisir à la découverte de ses chambres chaleureuses, aux matériaux nobles (bois alpin, lauze), et du superbe petit-déjeuner... Un must !

24 chambres - 490/1710 € - 16 suites

route de la Montée - 04 79 41 69 20 - www.lekaila.com - Fermé 8 avril-20 décembre

L'Ekrin by Laurent Azoulay - voir la sélection des restaurants

Allodis

LUXE • COSY Au bout de la route conduisant au belvédère, ce joli chalet domine la station et donne directement sur les pistes. Les chambres, à la décoration alpestre ou contemporaine, permettent de se reposer au grand calme. Restauration traditionnelle.

29 chambres - 407/796 € - 13 suites

Le Belvédère - 04 79 00 56 00 - www.hotelallodis.com - Fermé 22 avril-14 décembre

Le Grand Cœur & Spa

LUXE • PERSONNALISÉ Romantisme et luxe se sont donné rendez-vous dans cet hôtel de 1952, l'un des plus anciens de la station. Bois blond et belles étoffes donnent aux chambres un charme indéniable. Les suites se parent, quant à elles, d'un style plus contemporain. Accueil prévenant.

34 chambres - 300/1020 € - 9 suites

chemin du Grand-Cœur - 04 79 08 60 03 - www.legrandcoeur.com - Fermé 30 mars-19 décembre

Le Grand Cœur & Spa - voir la sélection des restaurants

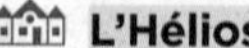

L'Hélios

LUXE · ÉPURÉ Sur les hauteurs de Méribel, ce chalet – en pierre et mélèze de Sibérie – met le plus grand domaine skiable du monde à vos pieds ! Dans les chambres règne une atmosphère contemporaine, nordique ou savoyarde des plus raffinées. Quant au spa, c'est l'endroit rêvé pour se détendre. Que demander de plus ?

14 suites – 400/950 € – 4 chambres

route de la Renarde – 04 79 24 22 42 – www.lhelios.com – Fermé 14 avril-20 décembre

La Chaudanne

FAMILIAL · MONTAGNARD Voilà un hôtel fonctionnel, bien équipé, aux chambres parées d'une touche sobre et contemporaine. Il séduit grâce à de nombreux atouts : spa, belle piscine, espace bar, service voiturier...

64 chambres – 300/605 €

route de la Montée – 04 79 08 61 76 – www.chaudanne.com – Fermé 7 avril-13 décembre

Le 80 – voir la sélection des restaurants

Le Savoy

TRADITIONNEL · MONTAGNARD Cet hôtel est situé en face de l'office de tourisme, en plein cœur de la station : pratique ! Les chambres, contemporaines, sont de bon confort. Après une journée sur les pistes, vous pourrez vous détendre au petit espace bien-être ou profiter du beau restaurant sous charpente.

33 chambres – 290/600 € – 4 suites

place du Centre (rte de la Montée) – 04 79 55 55 50 – www.hotel-savoy-meribel.com – Fermé 15 avril-13 décembre

MÉRIGNAC – 33 (Gironde) → voir Bordeaux

MÉRIGNIES

59710 (Nord) – Carte régionale n° **13**-C2
Carte Michelin 302-G4

L'Engrenage

CUISINE TRADITIONNELLE · DESIGN XX Ce restaurant, installé au centre d'un golf et à l'intérieur chaleureux (poutres apparentes, décoration d'architecte d'intérieur) met tout de suite à l'aise. Le plaisir se poursuit dans l'assiette, avec une cuisine dans l'air du temps, goûteuse et bien réalisée. La carte évolue trois fois par an.

Menu 39/70 € – Carte 44/65 €

1245 avenue du Golf – 03 20 79 37 95 – www.merigniesgolf.com – Fermé 27 juillet-25 août, lundi soir, mardi, mercredi soir, jeudi soir, samedi midi, dimanche soir

MERKWILLER-PECHELBRONN

67250 (Bas-Rhin) – Carte régionale n° **10**-B1
Carte Michelin 315-K3

Auberge Baechel-Brunn

CUISINE MODERNE · COSY XX Thomas aux fourneaux, Esther en salle : chez les Limmacher, la cuisine est une histoire familiale ! Côté assiette, la finesse est au rendez-vous, entre grands classiques et recettes nouvelles. Côté cadre, la grange d'antan a laissé place à l'épure contemporaine. Et une carte qui change souvent, pour satisfaire les (nombreux) clients habitués.

Menu 19 € (déjeuner), 48/75 € – Carte 56/69 €

3 route de Soultz – 03 88 80 78 61 – www.baechel-brunn.com – Fermé 7-24 janvier, 18 août-6 septembre, lundi, mardi, dimanche soir

MERLETTE – 05 (Hautes-Alpes) → voir Orcières

MÉRY-SUR-OISE – 95 (Val-d'Oise) → voir Autour de Paris, (Cergy-Pontoise)

MESNIL-ST-PÈRE

✉ 10140 (Aube) – Carte régionale n° **11**-B3
Carte Michelin 313-G4 – Guide Vert Michelin Champagne Ardenne

Au Vieux Pressoir

CUISINE TRADITIONNELLE · RUSTIQUE XxX Sur la route du lac d'Orient, cette maison à colombages, typique de la Champagne humide, a conservé son charme simple et rustique. Les spécialités maison jonglent avec la tradition : salade de homard bleu, pigeonneau pané à la pistache, sphère chocolat fruits rouges... Avec, en prime, une belle sélection de vins de Bordeaux.

Menu 50/138 € – Carte 77/110 €

Auberge du Lac, 5 rue du 28-août-1944 – ✆ 03 25 41 27 16 – www.auberge-du-lac.fr – Fermé 18-29 novembre, 23 décembre-23 janvier, lundi midi, mardi midi, mercredi midi, jeudi midi, vendredi midi

Le Bistr'auberge

CUISINE TRADITIONNELLE · TENDANCE X Terrine de canard, andouillette de Troyes, millefeuille à la vanille et fruits du moment... les gourmands se pressent dans cette accueillante "Bistr'auberge" à la gloire du terroir.

Menu 30 €

Auberge du Lac, 5 rue du 28-Août-1944 – ✆ 03 25 41 27 16 – www.auberge-du-lac.fr – Fermé 17-29 novembre, 22 décembre-23 janvier, lundi, mardi, mercredi soir, jeudi soir, vendredi soir, samedi soir, dimanche

Auberge du Lac

AUBERGE · CLASSIQUE Cette auberge, dans une jolie maison à colombages, bénéficie de l'attention de la même famille depuis deux générations. Une fidélité confirmée par la tenue impeccable des chambres ! Au petit- déjeuner, on déguste des confitures maison...

21 chambres – 99/145 € – 1 suite – ☕ 16 €

5 rue du 28-août-1944 – ✆ 03 25 41 27 16 – www.auberge-du-lac.fr – Fermé 17-29 novembre, 22 décembre-23 janvier

Au Vieux Pressoir · **Le Bistr'auberge** – voir la sélection des restaurants

MESQUER

✉ 44420 (Loire-Atlantique) – Carte régionale n° **23**-A2
Carte Michelin 316-B3

La Vieille Forge

CUISINE MODERNE · RUSTIQUE XX Dans cette ancienne forge du 18e s., le piano a remplacé l'enclume ! Mais tout comme le forgeron, Ludovic Favrel ne ménage pas sa peine, toujours à la recherche des bons produits (telles les huîtres de Kercabellec) et des meilleures saveurs... le tout à petit prix. Et tout est fait maison, pain et glaces y compris.

Menu 20 € (déjeuner), 32/60 € – Carte 45/60 €

32 rue d'Aha – ✆ 02 40 42 62 68 – www.vieilleforge.fr – Fermé 21 janvier-12 février, lundi soir, mardi soir, mercredi, dimanche soir

MESSANGES

✉ 40660 (Landes) – Carte régionale n° **18**-A2
Carte Michelin 335-C12

La Maison de la Prade

FAMILIAL · CONTEMPORAIN Près d'une plage sauvage et cerné par une forêt de pins, un bâtiment Art déco réaménagé en hôtel contemporain. Chambres spacieuses et claires ; terrasse au bord de la piscine.

16 chambres – 110/220 € – ☕ 14 €

16 avenue de l'Océan – ✆ 05 58 48 38 96 – www.lamaisondelaprade.com – Fermé 5 novembre-25 mars

MESSERY

✉ 74140 (Haute-Savoie) – Carte régionale n° **4**-F1
Carte Michelin 328-K2

L'Atelier des Saveurs

CUISINE TRADITIONNELLE · CONVIVIAL XX Quel amateur de vin ne trouverait pas son bonheur ici, dans ce "temple" dédié à Bacchus ? Ici, les bouteilles tapissent littéralement les murs du sol au plafond – il y a aussi une boutique –, tandis que l'assiette se pare de belles saveurs traditionnelles réinterprétées par un chef passionné... Menu-carte à l'ardoise. Convivial et gourmand !

Menu 32/55 €

7 chemin Sous-Les-Près – ☎ 04 50 94 73 40 – www.atelierdessaveursmessery.eatbu.com – Fermé lundi, mardi midi, dimanche

MESSIGNY-ET-VANTOUX

– 21 (Côte-d'Or) ➜ voir Dijon

MÉTABIEF

✉ 25370 (Doubs) – Carte régionale n° **6**-C3
Carte Michelin 321-I6 – Guide Vert Michelin Franche-Comté Jura

Étoile des Neiges

FAMILIAL · COSY Hôtel familial très bien tenu dans une station prisée, été comme hiver, des "vététistes", randonneurs et skieurs. Jolies chambres lambrissées avec balcon fleuri. Cuisine régionale soignée à déguster dans une sobre salle habillée de bois.

23 chambres – 70/75 € – ☕ 8 €

4 rue du Village – ☎ 03 81 49 11 21 – www.hoteletoiledesneiges.fr

METZ

✉ 57000 (Moselle) – Carte régionale n° **12**-B1
Carte Michelin 307-I4

Maison Dufossé - La Table (Christophe Dufossé)

CUISINE MODERNE · ÉLÉGANT XXXX La meilleure table de Metz est installée dans une ancienne citadelle militaire, transformée en bel hôtel contemporain. On s'y régale de produits nobles de grande qualité : foie gras, homard, truffe, Saint-Jacques, etc. Le tout préparé avec soin et une touche de créativité.

➜ Langoustine snackée, pomme bouchon au safran, haddock fumé et raifort. Pavé de turbot, gourmandise d'échalote grise et spirale de céleri-rave. Chocolat frais, mousse givrée, glace de brocciu

Menu 85/125 € – Carte 130/200 €

Plan : C2-y – *La Citadelle - Maison Dufossé, 5 avenue Ney – ☎ 03 87 17 17 17 – www.citadelle-metz.com – Fermé 17 février-3 mars, 21 juillet-4 août, lundi, samedi midi, dimanche*

El Theatris

CUISINE TRADITIONNELLE · BRASSERIE XX Dans l'un des plus beaux quartiers de la ville, tout contre l'Opéra-Théâtre, une salle oblongue où se déploient colonnes et miroirs monumentaux... La plus petite des salles à manger est l'ancien bureau du Marquis de Lafayette. Dans l'assiette, on revisite les classiques de brasserie, dont un superbe veau de lait... Belle terrasse.

Menu 29/46 € – Carte 48/57 €

Plan : C1-r – *2 place de la Comédie – ☎ 03 87 56 02 02 – www.eltheatris.fr – Fermé dimanche soir*

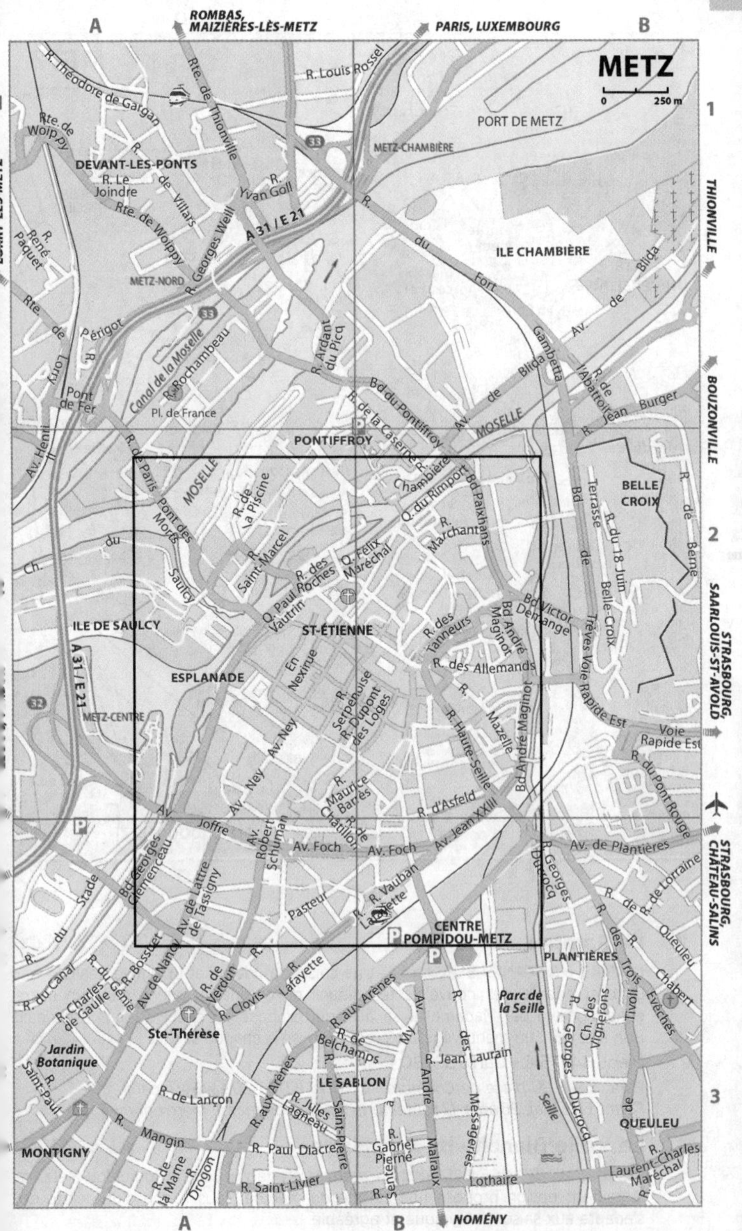
METZ
0
250 m
A
B
1
2
3
ROMBAS, MAIZIÈRES-LÈS-METZ
PARIS, LUXEMBOURG
THIONVILLE
BOUZONVILLE
STRASBOURG, SARLOUIS-ST-AVOLD
STRASBOURG, CHÂTEAU-SALINS
NOMÉNY
PORT DE METZ
METZ-CHAMBIÈRE
ILE CHAMBIÈRE
DEVANT-LES-PONTS
METZ-NORD
PONTIFFROY
BELLE CROIX
ILE DE SAULCY
ST-ÉTIENNE
ESPLANADE
METZ-CENTRE
CENTRE POMPIDOU-METZ
PLANTIÈRES
Parc de la Seille
Ste-Thérèse
Jardin Botanique
LE SABLON
QUEULEU
MONTIGNY
MOSELLE
Canal de la Moselle
A 31 / E 21
R. Théodore de Gargan
Rte. de Thionville
R. Louis Rossel
Rte. de Woippy
R. Le Joindre
R. de Villars
R. Yvan Goll
R. Georges Weill
R. René Paquet
R. du Fort
Av. de Blida
Gambetta
R. de l'Abattoir
R. Jean Burger
Rte. de Lorry
R. Périgot
R. Ardant du Picq
R. Rochambeau
Pont de Fer
Pl. de France
Bd du Pontiffroy
R. de la Caserne
R. Chambière
Q. du Rimport
Bd Paixhans
R. Marchant
Av. Henri II
R. de Paris
Pont des Morts
R. de la Piscine
R. Saint-Marcel
R. des Roches
Q. Félix Maréchal
Q. Paul Vautrin
Ch. du Saulcy
Bd Victor Demange
Bd André Maginot
R. des Tanneurs
R. des Allemands
R. Mazelle
R. Haute-Seille
Bd de Trèves
Voie Rapide Est
Terrasse de Belle-Croix
R. du 18 Juin
R. de Berne
En Nexirue
R. Serpenoise
R. Dupont des Loges
Av. Ney
R. Maurice Barrès
R. de Chatillon
R. d'Asfeld
Av. Jean XXIII
R. du Pont Rouge
Av. Joffre
Av. Robert Schuman
Av. Foch
Av. de Plantières
R. Georges Ducrocq
R. de Lorraine
R. de Queuleu
R. Chabert
R. des Trois Evêchés
Bd Georges Clemenceau
Av. de Lattre de Tassigny
R. Vauban
R. Lafayette
R. Pasteur
R. du Stade
R. du Canal
R. Charles de Gaulle
R. du Génie
R. Bosquet
Av. de Nancy
R. de Verdun
R. Clovis
R. aux Arênes
R. de Belchamps
Av. André Malraux
R. des Messageries
R. Jean Laurain
Ch. des Vignerons
Tivoli
Seille
R. Saint-Paul
R. de Lançon
R. Jules Lagneau
R. Saint-Pierre
R. Mangin
R. Paul Diacre
R. Gabriel Pierné
R. de la Marne
R. Drogon
R. Saint-Livier
R. Sente
R. Lothaire
R. Laurent-Charles Maréchal

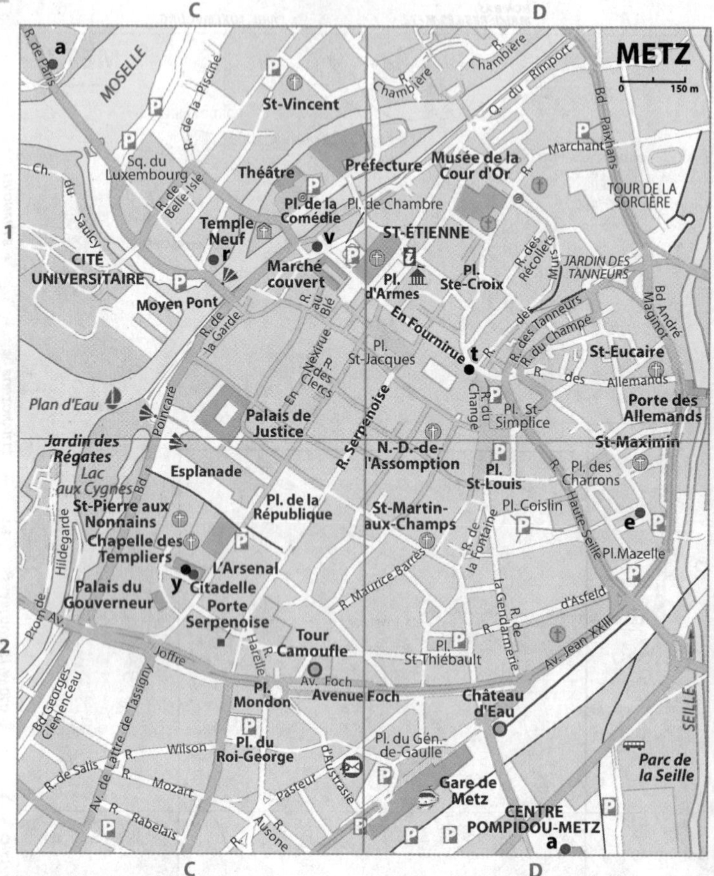

Le Pampre

CUISINE MODERNE · ÉLÉGANT XX Une cuisine moderne et inventive, réalisée par un chef adepte des nouvelles techniques de cuisine, et servie dans un cadre contemporain par Madame et sa fille, qui propose un choix de vins astucieux. Bon à savoir : un menu végétarien est proposé à chaque service.

Menu 34/75 € – Carte 50/80 €

Plan : C1-v – *31 place de Chambre – ✆ 03 87 50 16 20 – www.lepampre.fr – Fermé 6-15 mai, 26 août-12 septembre, lundi midi, mardi, mercredi midi*

La Voile Blanche by Éric Maire

CUISINE MODERNE · DESIGN X Au premier étage du Centre Pompidou-Metz, ce restaurant design propose une cuisine du marché, sous forme d'une carte qui s'adapte aux saisons. Atypique et agréable.

Menu 35 € (déjeuner) – Carte 38/59 €

Plan : D2-a – *1 Parvis des Droits-de-l'Homme (au Centre Pompidou-Metz, 1er étage par ascenseur) – ✆ 03 87 66 66 45 – www.voile-blanche.fr – Fermé lundi soir, mardi, dimanche soir*

Maison Dufossé - La Brasserie

CUISINE TRADITIONNELLE • CONVIVIAL Christophe Dufossé continue de travailler ici avec le même entrain qu'au premier jour. Son programme est simple : aller toujours à l'essentiel en respectant le produit. Asperges blanches et vinaigrette aux herbes, omble chevalier rôti...

Menu 27/33 €

La Citadelle - Maison Dufossé, 5 avenue Ney – 03 87 17 17 17 – www.citadelle-metz.com

83 Restaurant

CUISINE ITALIENNE • CONVIVIAL À 10mn à pied du Centre Pompidou-Metz, ce restaurant sympathique met à l'honneur la gastronomie italienne, à travers des produits triés sur le volet (charcuteries, burrata, pâtes, poissons sauvages, viandes de race). Et pour accompagner tout cela, une belle sélection de vins transalpins !

Carte 50/75 €

Plan : D2-e – *83 rue Mazelle – 03 87 75 20 20 – www.83restaurant.com – Fermé 22 décembre-3 janvier, lundi soir, samedi midi, dimanche*

Quintessence (N)

CUISINE MODERNE • CONTEMPORAIN Sur cette petite île du cœur de Metz, Quintessence est la première adresse d'un jeune chef mosellan au beau parcours (Flocons de Sel, notamment). En lien direct avec les producteurs de la région, il signe une bonne cuisine entre tradition et créativité.

Menu 25 € (déjeuner), 49/62 € – Carte 44/61 €

Plan : C1-a – *1 rue de Paris – 03 87 31 46 88 – www.quintessence-restaurant.com – Fermé mardi soir, mercredi, samedi midi*

La Citadelle - Maison Dufossé

LUXE • CONTEMPORAIN Ce luxueux hôtel du centre-ville a su marier les contrastes : ses spacieuses chambres prennent leurs aises dans... un bâtiment militaire du 16e s. ! L'ensemble, aménagé dans un esprit contemporain feutré, est parfait pour un week-end chic à Metz.

68 chambres – 180/290 € – 21 €

Plan : C2-y – *5 avenue Ney – 03 87 17 17 17 – www.citadelle-metz.com*

Maison Dufossé - La Table • **Maison Dufossé - La Brasserie** – voir la sélection des restaurants

Novotel Centre

HÔTEL DE CHAÎNE • CONTEMPORAIN L'hôtel est directement accessible depuis un parking public, près de la cathédrale et du centre commercial St-Jacques. Chambres spacieuses et très calmes.

120 chambres – 85/210 € – 16 €

Plan : D1-t – *place des Paraiges – 03 87 37 38 39 – www.accorhotels.com*

à Borny 3 km à l'Est par D955 et route de Strasbourg – 57070

Le Jardin de Bellevue

CUISINE MODERNE • FAMILIAL Une belle clientèle plébiscite cette maison centenaire de la périphérie messine (à 2 km du centre Pompidou), tenue par Nathalie et Philippe Jung. Lui, en cuisine, travaille des produits frais et propose des plats attractifs, au goût du jour. Elle, comme la jeune équipe qui l'entoure, assure un accueil charmant et souriant !

Menu 31 € (déjeuner), 47/73 € – Carte 70/80 €

58 rue Claude-Bernard (près du Technopole Metz 2000) – 03 87 37 10 27 – www.lejardindebellevue.com – Fermé 8-19 avril, 12-26 août, 27 décembre-8 janvier, lundi, mardi soir, samedi midi, dimanche soir

à Plappeville 7 km par avenue Henri II – ✉ 57050

La Vigne d'Adam

CUISINE MODERNE • CONTEMPORAIN X Au cœur du village, cette ancienne maison de vigneron a été transformée en un restaurant-bar à vins contemporain. La cuisine épouse les saisons pour des noces gastronomiques aux invités prestigieux : lièvre à la royale à l'automne, menu truffe en hiver, asperges au printemps et homard en été ! Plus de 700 références de vins. Coup de cœur.

Menu 28/69 € – Carte 36/69 €

50 rue du Général-de-Gaulle – ☎ 03 87 30 36 68 – www.lavignedadam.com – Fermé 18 août-2 septembre, lundi, dimanche

METZERAL

✉ 68380 (Haut-Rhin) – Carte régionale n° **10**-A2

Carte Michelin 315-G8

Les Clarines d'Argent

CUISINE TRADITIONNELLE • AUBERGE XX Dans ce restaurant, à côté d'un étang, la truite tout juste pêchée se retrouve directement dans votre assiette. À part ça, le chef concocte une bonne cuisine traditionnelle, à apprécier dans un cadre rustique. Accueil aimable, et chambres pour l'étape.

Menu 15 € (déjeuner), 24/78 € – Carte 30/75 €

12 rue Altenhof – ☎ 03 89 77 61 48 – www.aux-deux-clefs.com – Fermé lundi, dimanche soir

MEUDON – 92 (Hauts-de-Seine) → voir Autour de Paris

MEURSAULT

✉ 21190 (Côte-d'Or) – Carte régionale n° **5**-A3

Carte Michelin 320-I8 – Guide Vert Michelin Bourgogne

Le Chevreuil

CUISINE TRADITIONNELLE • CONTEMPORAIN XX Côté cuisine, on se régale encore avec la fameuse "terrine chaude de la mère Daugier", spécialité de la maison depuis 1870 (et secret bien gardé !) ; le chef réalise aussi de savoureux plats au goût du jour, tout en équilibre de saveurs. Côté décor, c'est résolument moderne et dynamique... Un cocktail gagnant !

Menu 22 € (déjeuner), 25/64 € – Carte 50/70 €

place de l'Hôtel-de-Ville – ☎ 03 80 21 23 25 – www.lechevreuil.fr – Fermé 1er-7 janvier, 10 février-3 mars, 11-18 août, mercredi, jeudi midi, dimanche

Château de Cîteaux - La Cueillette (N)

CUISINE TRADITIONNELLE • BOURGEOIS XX Une Cueillette élégante et raffinée. Dans la salle d'un classicisme à toute épreuve (moulures, dorures, fresque représentant une allégorie de l'Amour), on cultive l'air du temps et les saveurs de jolis produits. Terrasse panoramique avec vue sur les vignes.

Menu 49/89 € – Carte 67/87 €

18 rue de Cîteaux – ☎ 03 80 20 62 80 – www.lacueillette.com – Fermé lundi, mardi midi, mercredi midi, jeudi midi, vendredi midi, samedi midi, dimanche

Le Soufflot (N)

CUISINE MODERNE • CONTEMPORAIN X Situé dans une ancienne maison de vigneron, cet établissement fraîchement ouvert par le jeune chef Jérémy Pèze (Restaurant Le Soufflot à Irancy) réalise une cuisine gourmande, fine et délicate. Sans oublier la remarquable carte de vins, et le bon rapport qualité-prix.

Menu 32 € (déjeuner), 42/60 €

8 route Nationale 74 – ☎ 03 80 22 83 65 – www.restaurant-meursault.fr – Fermé samedi, dimanche

Château de Cîteaux - La Cueillette

SPA ET BIEN-ÊTRE • CONTEMPORAIN Un joli château du 19e s. dans cette localité célèbre pour ses vins blancs ! Les chambres y sont spacieuses et contemporaines, et il fait bon se ressourcer au spa : sauna, hammam, jacuzzi et soins de fruitithérapie.

19 chambres - 195/365 € - 19 €

18 rue de Cîteaux - ✆ 03 80 20 62 80 - www.lacueillette.com

Château de Cîteaux - La Cueillette - voir la sélection des restaurants

LE MEUX - 60 (Oise) ➜ voir Compiègne

MEYRONNE

✉ 46200 (Lot) - Carte régionale n° **22**-C1

Carte Michelin 337-F2

La Terrasse

CUISINE MODERNE • HISTORIQUE XX La terrasse, qui domine la Dordogne, est parfaite pour un dîner romantique, et l'hiver on peut se réfugier sous les voûtes médiévales de cette ancienne place forte du 11e s. Au menu : une cuisine aux parfums bien marqués, avec quelques clins d'œil aux saveurs du Sud. Charmant !

Menu 20 € (déjeuner), 30/57 € - Carte 50/70 €

place de l'Eglise - ✆ 05 65 32 21 60 - www.hotel-la-terrasse.com - Fermé 1er novembre-22 mars, mardi, mercredi midi

La Terrasse

DEMEURE HISTORIQUE • CLASSIQUE Pour se rêver en seigneur du Lot, un château du 11e s. dressé fièrement au-dessus de la Dordogne. Vieilles pierres, poutres et bon confort : charme et caractère, en toute simplicité.

11 chambres - 85/145 € - 4 suites - 13 €

place de l'Eglise - ✆ 05 65 32 21 60 - www.hotel-la-terrasse.com - Fermé 1er novembre-22 mars

La Terrasse - voir la sélection des restaurants

MÈZE

✉ 34140 (Hérault) - Carte régionale n° **21**-C2

Carte Michelin 339-G8

Les Palmiers

CUISINE MODERNE • ÉLÉGANT X On monte quelques marches pour accéder à la terrasse de ce restaurant bordé de palmiers. Tout, dans cette maison du 18e s., respire l'élégance (mobilier en rotin, pierre de pays au sol), et le restaurant ne fait pas exception : on s'y régale des créations fines et pétillantes, basées sur de bons produits frais.

Menu 23 € (déjeuner), 36/67 €

31 bis avenue de Montpellier - ✆ 04 34 53 55 65 - www.villa-lespalmiers.fr - Fermé 23 février-3 mars, 28 avril-6 mai, mercredi soir, samedi midi, dimanche

Hôtel de la Pyramide

FAMILIAL • CONTEMPORAIN Cette jolie demeure provençale est nichée au cœur d'un petit parc. Les chambres, très confortables, ont été décorées tout en épure (murs blancs, mobilier en fer forgé), et bénéficient de balcons ouverts sur l'étang de Thau. Quelques chambres contemporaines (aluminium et verre) face à l'étang.

26 chambres - 70/130 € - 1 suite - 10 €

8 promenade Sergent-JL-Navarro - ✆ 04 67 46 61 50 - www.hoteldelapyramide.fr - Fermé 24 décembre-11 février

à Bouzigues 4 km au Nord-Est par D613 et route secondaire – ✉ 34140

La Côte Bleue

POISSONS ET FRUITS DE MER • CLASSIQUE XX C'est un plaisir de s'installer dans la grande véranda pour déguster une bonne cuisine de la mer, dont les fameuses huîtres de Bouzigues. D'ailleurs, les baies vitrées offrent un joli panorama sur l'étang de Thau et ses... parcs à huîtres ! Cette Côte Bleue porte décidément bien son nom.

Menu 20 € (déjeuner), 25/46 € – Carte 50/72 €

avenue Louis-Tudesq – ✆ 04 67 78 30 87 – www.la-cote-bleue.fr – Fermé 18-28 novembre

MÉZÉRIAT

✉ 01660 (Ain) – Carte régionale n° **3**-E1

Le Petit Mézériat

CUISINE MODERNE • CONTEMPORAIN X Dans un petit village, proche de Vonnas, un jeune couple a donné un coup de jeune à cet ancien restaurant, qui séduit autant pour ses formules déjeuner, autour de plats traditionnels, que par sa composition du soir, ambitieuse et actuelle, privilégiant toujours les circuits courts.

Menu 28/58 € – Carte 25/60 €

204 Grande-Rue – ✆ 04 74 25 26 08 – www.le-petit-mezeriat.fr – Fermé 16-26 février, 22-30 avril, 29 juillet-20 août, lundi, mardi soir, mercredi soir, jeudi soir, dimanche soir

MÉZIDON

✉ 14270 (Calvados) – Carte régionale n° **17**-B2
Carte Michelin 303-L5

Le Saint-Pierre

CUISINE MODERNE • DESIGN XX Acidulé, vitaminé, élégant... Tel est ce Saint-Pierre ! Le décor comme la cuisine sont à l'avenant ; le jeune chef ose par exemple le steak tartare de canard, les rillettes de lapin aux poires, etc. Ses recettes sont soignées, les produits choisis. En bref, une adresse très recommandable.

Menu 16 € (déjeuner)/33 €

74 place Charles-de-Gaulle – ✆ 02 31 40 47 94 – www.lesaint-pierre.fr – Fermé lundi midi, samedi midi, dimanche soir

Le Saint-Pierre

TRADITIONNEL • CONTEMPORAIN Résolument design ! Transformation réussie pour cette imposante bâtisse qui affiche désormais des couleurs flashy ou profondes, lignes épurées et toiles abstraites, ainsi que des chambres sobres et confortables.

13 chambres – 76 € – 12 €

74 place Charles-de-Gaulle – ✆ 02 31 40 47 94 – www.lesaint-pierre.fr

Le Saint-Pierre – voir la sélection des restaurants

MÉZOS

✉ 40170 (Landes) – Carte régionale n° **18**-B2
Carte Michelin 335-E10

La Maison de Mézos

FAMILIAL • TRADITIONNEL Dans un petit village landais, coquette maison à l'ambiance familiale, entre hôtel et chambre d'hôtes (mobilier chiné). Pavillon et roulottes dans le grand jardin. Piscine.

14 chambres – 75/95 €

avenue de l'Océan – ✆ 05 58 42 61 38 – www.hotel-mezos.com

MÉZY-MOULINS

✉ 02650 (Aisne) – Carte régionale n° **14**-C3
Carte Michelin 306-D8

Le Moulin Babet

CUISINE TRADITIONNELLE • AUBERGE XX Cet ancien moulin à eau tout en pierre (19[e]s.) profite du seul voisinage de la verdure et du Surmelin, affluent de la Marne. L'intérieur donne dans le moderne et l'épure, avec plafond en bois clair et fauteuils de designers ; la cuisine de tradition prend des accents bucoliques. Et dans les chambres, pas un bruit...

Menu 36/75 €

8 rue du Moulin-Babet, N3 – ✆ 03 23 71 44 72 – www.hotel-moulinbabet.com – Fermé 2-19 janvier, 13-30 août, lundi soir, mardi, mercredi

MIEUSSY

✉ 74440 (Haute-Savoie) – Carte régionale n° **4**-F1
Carte Michelin 328-M4 – Guide Vert Michelin Alpes du Nord

Vacca Park

TRADITIONNEL • CONTEMPORAIN Au milieu des pâturages et des pistes, un chalet moderne avec des chambres coquettes et chaleureuses, ainsi qu'un restaurant traditionnel et savoyard. Pour l'anecdote, il y a une photo de vache (presque grandeur nature) sur chaque porte... Et oui, en latin, vacca signifie "vache" !

15 chambres – 75/158 € – 12 €

plateau de Sommand, Praz-de-Lys 1 420 m – ✆ 04 50 34 20 88 – www.vaccapark.com – Fermé 1er avril-1er juin

MIGNALOUX-BEAUVOIR – 86 (Vienne) ➜ voir Poitiers

MILHAC-D'AUBEROCHE

✉ 24330 (Dordogne) – Carte régionale n° **18**-C1
Carte Michelin 329-G5

La Vieille Forge

CUISINE MODERNE • AUBERGE X Certes, le village est reculé et cette ancienne forge est plutôt rustique... mais dans l'assiette, quelle belle surprise : de la cuisine, de la vraie ! Tout est soigné, glacé au jus, assaisonné finement, cuit avec justesse ; les produits sont de qualité, les recettes originales : le chef, Vincent Cardoso, sait réchauffer les cœurs.

Menu 32/46 € – Carte 40/50 €

Le Bourg – ✆ 05 53 04 11 27 – Fermé 18 février-1er mars, lundi, samedi midi

MILLAU

✉ 12100 (Aveyron) – Carte régionale n° **22**-D2
Carte Michelin 338-K6

Cévenol Hôtel

BUSINESS • FONCTIONNEL Cet hôtel, situé dans un quartier proche du Tarn, à cinq minutes du centre-ville, a bénéficié d'une belle rénovation. Ses chambres, fonctionnelles, bien équipées et soigneusement tenues, se révèlent agréables. Cuisine traditionnelle au restaurant.

42 chambres – 52/90 € – 10 €

115 rue du Rajol – ✆ 05 65 60 74 44 – www.cevenol-hotel.fr – Fermé 21 décembre-13 janvier

à Creissels 3 km au Sud – ✉ 12100

Château de Creissels

DEMEURE HISTORIQUE • HISTORIQUE Un château du 12e s. sur un piton rocheux à l'écart de Millau, auquel on accède par une petite route. Les chambres mêlent avec élégance meubles anciens et style contemporain, avec du cachet dans la bâtisse principale, un esprit plus actuel dans son extension. La propriété ne manque pas de charme...

26 chambres – 86/168 € – 12 €

place du Prieur – ✆ 05 65 60 16 59 – www.chateau-de-creissels.com – Fermé 21 décembre-8 mars

MILLY-LA-FORÊT

✉ 91490 (Essonne) – Carte régionale n° **15**-B3
Carte Michelin 312-D5 – Guide Vert Michelin Île-de-France

Les Coqs

CUISINE MODERNE • CONTEMPORAIN XX Cette maison, installée dans un ancien magasin d'antiquités au cœur du village, a tout pour plaire : un intérieur contemporain et élégant, un patio-terrasse idéal pour les beaux jours... et, à sa tête, un jeune couple qui propose une cuisine du marché bien réalisée.

Menu 33 € (déjeuner), 38/52 €

24 place du Marché – ✆ 01 64 98 58 58 – www.lescoqs.fr – Fermé 29 janvier-6 février, 9-26 septembre, mardi, mercredi

à Auvers (Seine-et-Marne) 4 km au Sud par D948 – ✉ 77123

Auberge d'Auvers Galant

CUISINE TRADITIONNELLE • RUSTIQUE XX Cet ancien relais de poste du 19e s. doit une bonne partie de son charme au jeune couple de professionnels qui en a repris les rênes il y a quelques années. Leurs assiettes font la part belle à la tradition tout en se parant de touches plus actuelles, et tout (ou presque) est fait maison : on passe un bon moment.

Menu 22 € (déjeuner), 40/55 € – Carte 55/77 €

7 Rue d'Auvers – ✆ 01 64 24 51 02 – www.aubergedauversgalant.com – Fermé lundi, mardi

MINERVE

✉ 34210 (Hérault) – Carte régionale n° **21**-B2
Carte Michelin 339-B8

Relais Chantovent

CUISINE TRADITIONNELLE • AUBERGE X Une charmante petite auberge en pays cathare... Ici, point de voiture ; les gourmands, tels des pèlerins, viennent à pied pour déguster la spécialité de la maison, le médaillon de veau farci à la sauge et cuit 26 heures à basse température... une recette de la grand-mère de la patronne ! Les autres plats, délicieux, sont réalisés avec les produits des marchés locaux. Le must : la terrasse et sa vue plongeante sur la vallée du Briant.

Menu 25/62 € – Carte 36/56 €

17 Grand-Rue – ✆ 04 68 91 14 18 – www.relaischantovent-minerve.fr – Fermé 23 décembre-6 février, mardi soir, mercredi, dimanche soir

MIRAMAR – 06 (Alpes-Maritimes) ➜ voir Théoule-sur-Mer

MIRAMBEAU

✉ 17150 (Charente-Maritime) – Carte régionale n° **20**-B3
Carte Michelin 324-G7

Château de Mirambeau

CUISINE MODERNE • ÉLÉGANT XXX Au sein de ce château néogothique du 19e s., cette table gastronomique propose une partition classique agréable, dans une atmosphère feutrée et intimiste. Et depuis la terrasse, on profite d'une jolie vue sur l'estuaire de la Gironde...

Menu 60/110 € – Carte 82/110 €

1 avenue des Comtes-Duchatel – ✆ 05 46 04 91 20 – www.chateaumirambeau.com – Fermé 4 novembre-4 avril, lundi midi, mardi midi, mercredi midi, jeudi midi, vendredi midi

Château de Mirambeau

LUXE • HISTORIQUE Charme et élégance caractérisent ce superbe château du 19e s. Un agréable spa est venu s'ajouter au parc immense, aux fastueux salons, ainsi qu'à la piscine couverte. Un havre de plénitude.

32 chambres – 220/515 € – 8 suites – 25 €

1 avenue des Comtes-Duchatel – 05 46 04 91 20 – www.chateaumirambeau.com – Fermé 4 novembre-4 avril

Château de Mirambeau – voir la sélection des restaurants

MIRANDE – 71 (Saône-et-Loire) ➜ voir Fleurville

MIREBEL

39570 (Jura) – Carte régionale n° **6**-B3
Carte Michelin 321-E6

Le Bouchon du Château

CUISINE MODERNE • BISTRO XX En passant par Mirebel, arrêtez-vous dans ce restaurant. Le chef, passé par de belles maisons, revisite les bonnes recettes du temps jadis avec vitalité et gourmandise (foie gras, escargots etc.). Un délice !

Menu 20 € (déjeuner), 29/39 € – Carte 45/60 €

34 rue de Viseney – 03 84 25 18 60 – www.lebouchonduchateau.com – Fermé 15-31 mai, 21-29 octobre, 23 décembre-3 janvier, lundi, mardi soir, mercredi soir, jeudi soir, samedi midi, dimanche soir

MIREPOIX

09500 (Ariège) – Carte régionale n° **22**-C3
Carte Michelin 343-J6

La Maison des Consuls

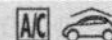

HISTORIQUE • PERSONNALISÉ L'hôtel est situé sur une ravissante place de cette cité médiévale : un emplacement de choix ! Les chambres, bien tenues, sont décorées dans un esprit "antiquaire", avec de jolis meubles chinés ; on retrouve cet esprit sous la verrière où l'on prend son petit-déjeuner.

8 chambres – 95/130 € – 12 €

6 place du Maréchal-Leclerc – 05 61 68 81 81 – www.maisondesconsuls.com

à Coutens 4 km à l'Ouest par D119 – 09500

Clos Saint-Martin

CUISINE MODERNE • AUBERGE X En bordure de la route menant à Mirepoix, cette bâtisse traditionnelle en pierres apparentes abrite une table sympathique, où la jeune chef réalise une cuisine au goût du jour, utilisant 85% de produits locaux.

Menu 17 € (déjeuner), 22/55 € – Carte 22/55 €

Chemin du Cazal – 05 61 60 45 70 – www.leclossaintmartin.restaurantmirepoix.fr – Fermé 15-22 février, 25 juin-2 juillet, 15 octobre-8 novembre, lundi soir, mardi soir, mercredi, jeudi, dimanche soir

MIRMANDE

26270 (Drôme) – Carte régionale n° **2**-B3
Carte Michelin 332-C5 – Guide Vert Michelin Ardèche Drôme

La Capitelle

CUISINE MODERNE • AUBERGE X Cette Capitelle ne manque pas d'atouts : une courte ardoise changée tous les deux ou trois jours, garnie de produits de qualité (locaux, autant que possible) ; des recettes traditionnelles remises au goût du jour ; des cuissons maîtrisées ; une jolie salle à manger voûtée, où trône une imposante cheminée...

Menu 20/32 € – Carte 37/49 €

1 Rue du Boulanger – 04 75 63 02 72 – www.lacapitelle.com – Fermé 1er-21 janvier, 1er novembre-2 décembre, lundi, dimanche soir

 Hôtel de Mirmande 

FAMILIAL · PERSONNALISÉ Jolie reconversion pour cette ancienne épicerie transformée en un charmant hôtel. Vous y découvrirez de spacieuses chambres à la déco cosy : coussins, boutis, meubles et objets en bois cérusé... Une adresse sympathique.

9 chambres – 70/160 € – 13 €

3 rue André Lhote – 04 75 63 13 18 – www.hotelmirmande.fr

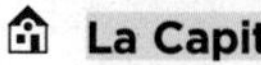 La Capitelle

TRADITIONNEL · RÉGIONAL Cette ancienne magnanerie, située au cœur du vieux village, fut la résidence du cubiste André Lhote. Les meubles d'antiquaire, dans les chambres, et la cheminée monumentale, dans la salle voûtée, ajoutent au cachet de cette demeure de caractère. Belle vue sur les vergers et les collines depuis la terrasse.

11 chambres – 75/145 € – 12 €

1 rue du Boulanger – 04 75 63 02 72 – www.lacapitelle.com – Fermé 1er-21 janvier, 1er novembre-2 décembre

La Capitelle – voir la sélection des restaurants

MISSILLAC

44780 (Loire-Atlantique) – Carte régionale n° **23**–A2

Carte Michelin 316-D3 – Guide Vert Michelin Pays de la Loire

Le Montaigu 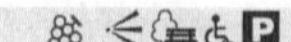

CUISINE MODERNE · ÉLÉGANT XXX Au sein du domaine de la Bretesche, une grande et belle salle à manger bourgeoise – poutres, vieux chandeliers – dont les fenêtres ouvrent sur le parc et le plan d'eau. La carte fleure bon le terroir régional, associé à quelques touches exotiques : dos de cabillaud et huîtres, mousseline de rattes au beurre d'algues ; pigeon Mesquer, asperge verte, sésame et yuzu...

Menu 60/116 € – Carte 65/110 €

Domaine de La Bretesche, route de la Baule – 02 51 76 86 96 – www.bretesche.fr – Fermé 17 février-15 mars, lundi midi, mardi, mercredi, jeudi midi, vendredi midi, samedi midi

Domaine de La Bretesche 

DEMEURE HISTORIQUE · PERSONNALISÉ Dans les dépendances du château de Missillac, dont les jolies tours se reflètent dans le lac contigu, un établissement cossu et feutré : mobilier de style et détails tendance, salon dans les anciennes écuries, espace bien-être... à deux pas du golf 18 trous (club-house).

30 chambres – 185/518 € – 6 suites – 24 €

route de la Baule – 02 51 76 86 96 – www.bretesche.fr

Le Montaigu – voir la sélection des restaurants

MITTELBERGHEIM

67140 (Bas-Rhin) – Carte régionale n° **10**–C1

Carte Michelin 315-I6

Am Lindeplatzel

CUISINE TRADITIONNELLE · CONVIVIAL XX Au cœur d'un charmant village alsacien, cette ancienne maison de vigneron propose une goûteuse cuisine traditionnelle, relevée d'une pointe d'exotisme par instants. Les produits du terroir alsacien et les vins sont à la fête... Si les 19 vignerons du village sont représentés, la carte met aussi à l'honneur les autres régions viticoles, avec une prédilection pour les vins nature. Terrasse intime avec vue dégagée. Une bien jolie adresse.

Menu 15 € (déjeuner), 30/52 € – Carte 36/50 €

71 rue Principale – 03 88 08 10 69 – www.am-lindeplatzel.fr – Fermé 23-31 janvier, 26 mai-11 juin, 11-25 août, 27 octobre-17 novembre, mercredi, jeudi

Gilg

CUISINE TRADITIONNELLE • AUBERGE XX Route des vins, Mittelbergheim, Gilg : accès direct au charme authentique de l'Alsace ! Dans cette maison rhénane rustique à souhait, ouverte en 1641, on découvre de bonnes spécialités du terroir et autres plats bourgeois, revisités à la sauce du chef, comme ce feuilleté chaud du vigneron... Fameux !

Menu 19 € (déjeuner), 38/56 € – Carte 45/63 €

1 rue Rotland – ✆ 03 88 08 91 37 – www.hotel-gilg.com – Fermé 7-30 janvier, 24 juin-10 juillet, mardi, mercredi

MITTELWIHR

✉ 68630 (Haut-Rhin) – Carte régionale n° **10**-C2
Carte Michelin 315-H8

Le Mittelwihr

FAMILIAL • CONTEMPORAIN Sur la route des vins, cette maison colorée propose des chambres reposantes, au cœur du village vigneron. Détail important, elles sont climatisées, car il peut faire chaud en Alsace ! Petit-déjeuner vraiment copieux, servi dans une salle coquette.

15 chambres – 70/122 € – 12 €

19 route du Vin – ✆ 03 89 49 09 90 – www.hotelmittelwihr.fr – Fermé 4 février-14 avril, 11-24 novembre

MOËLAN-SUR-MER

✉ 29350 (Finistère) – Carte régionale n° **7**-B2
Carte Michelin 308-J8 – Guide Vert Michelin Bretagne Sud

Le Raphaël

CUISINE MODERNE • ROMANTIQUE XX On a réellement l'impression de dîner à fleur d'eau dans le cadre atypique de cet ancien moulin à la grâce pastorale. La cuisine terre et mer suit la tendance actuelle, au gré du cycle des saisons, les produits travaillés sont de grande qualité, et le service est aux petits oignons...

Menu 49/109 € – Carte 70/100 €

Les Moulins du Duc, route des Moulins, 2 km au Nord-Ouest par rte secondaire – ✆ 02 98 96 52 52 – www.hotel-moulins-du-duc.com – Fermé 1er novembre-1er avril, lundi midi, mardi midi, mercredi midi, jeudi midi, vendredi midi, samedi midi, dimanche midi

Manoir de Kertalg

DEMEURE HISTORIQUE • PERSONNALISÉ Une altière demeure du 19e s. dans un superbe parc forestier. Proportions monumentales, richesse des matériaux, chambres spacieuses et raffinées : un bel exemple de classicisme. Le peintre Brann, propriétaire des lieux, y expose ses œuvres d'inspiration surréaliste.

7 chambres – 145/290 € – 18 €

Le Guily, route de Riec-sur-Belon – ✆ 02 98 39 77 77 – www.manoirdekertalg.com – Fermé 2 novembre-26 avril, 2 novembre-26 avril

Les Moulins du Duc

MAISON DE CAMPAGNE • PERSONNALISÉ Quel charme bucolique, quelle fraîcheur ! Une rivière serpente, des canards s'ébattent dans l'étang. Beaucoup de poésie naturelle pour ce moulin du 16e s. où les chambres sont réparties dans de petits cottages en pierre à travers le domaine. Un lieu hors du temps...

21 chambres – 81/680 € – 5 suites – 19 €

route des Moulins, 2 km au Nord-Ouest par rte secondaire – ✆ 02 98 96 52 52 – www.hotel-moulins-du-duc.com – Fermé 1er janvier-31 mars, 1er novembre-31 décembre

Le Raphaël – voir la sélection des restaurants

MOERNACH – 68 (Haut-Rhin) ➜ voir Ferrette

MOIRAX – 47 (Lot-et-Garonne) ➜ voir Agen

MOISSAC

✉ 82200 (Tarn-et-Garonne) - Carte régionale n° **22**-B2
Carte Michelin 337-C7

Le Florentin

CUISINE TRADITIONNELLE · BISTRO Dans le département – et au-delà –, la réputation du Florentin n'est plus à faire ! Son chef est un amoureux du beau produit (sélectionné auprès des fournisseurs locaux) et de la tradition. Dans l'assiette, c'est gourmand et goûteux à souhait. La terrasse offre une vue imprenable sur la belle abbatiale.

Menu 24/58 € - Carte 30/60 €

6 place Roger-Delthil - 05 63 04 19 18 - www.leflorentin-bistrotgourmand.fr - Fermé 2 novembre-20 mars

Le Manoir St-Jean

DEMEURE HISTORIQUE · PERSONNALISÉ Cette belle maison de maître (19e s.), à la décoration très soignée – mobilier chiné, trompe-l'œil, etc. –, a du cachet et une âme... Les chambres sont toutes différentes et décorées par thèmes (Asie, Venise, Toscane...). Le jardin se révèle agréable, comme la jolie piscine.

10 chambres - 110/140 € - 9 suites - 15 €

à St-Jean-de-Cornac - 05 63 05 02 34 - www.manoirsaintjean.com - Fermé 1er-31 janvier

Le Moulin de Moissac

HISTORIQUE · FONCTIONNEL Sur les bords du Tarn, ce moulin du 15e s. abrite des chambres confortables, déclinées selon trois thématiques : "nature", "haussmannien" et "terre inconnue". Les plus spacieuses offrent une jolie vue sur la rivière et, pour la détente, on profite d'un spa très complet.

36 chambres - 105/180 € - 14 €

esplanade du Moulin - 05 63 32 88 88 - www.lemoulindemoissac.com

MOISSAC-BELLEVUE - 83 (Var) → voir Aups

MOISSIEU-SUR-DOLON

✉ 38270 (Isère) - Carte régionale n° **2**-B2
Carte Michelin 333-C5

Domaine de la Colombière

TRADITIONNEL · PERSONNALISÉ Cette demeure bourgeoise de 1820 est entourée d'un parc arboré, où l'on trouve aussi un beau pigeonnier et une piscine... Les vastes chambres sont bien équipées, et décorées sur le thème des peintres célèbres. Du cachet !

20 chambres - 109/199 € - 1 suite - 14 €

45 Montée des Remparts (Château de Moissieu) - 04 74 79 50 23 - www.lacolombiere.com

MOLITG-LES-BAINS

✉ 66500 (Pyrénées-Orientales) - Carte régionale n° **21**-B3
Carte Michelin 344-F7

Château de Riell

CUISINE MODERNE · ÉLÉGANT Dans ce restaurant raffiné, ouvert sur la forêt, Monsieur Nouveau, le nouveau chef, puise dans les produits du riche terroir catalan pour imaginer une cuisine vive et pleine de goût ; que l'on déguste en terrasse, en contemplant la cime enneigée du mont Canigou, au loin...

Menu 45/95 €

Château de Riell - 04 68 05 04 40 - www.chateauderiell.com - Fermé 11 novembre-28 mars, lundi midi, mardi, mercredi midi, jeudi midi, vendredi midi

Café Casals

CUISINE TRADITIONNELLE • ÉLÉGANT XX Dans ce restaurant aux couleurs du Sud et de la Catalogne, où trône le portrait de Pablo Casals (qui était habitué des lieux), curistes et gourmands peuvent ripailler ensemble. Deux types de cuisine sont proposés, signés Michel Guérard : "Santé Nature" – réservé aux résidents –, ou "d'Appétit", pour les gourmands.

Menu 35 €

Le Grand Hôtel
– ✆ 04 68 05 00 50 – www.grandhotelmolitg.com –
Fermé 9 décembre-31 mars, dimanche

Château de Riell

DEMEURE HISTORIQUE • PERSONNALISÉ Malgré ses faux airs de nid d'aigle, ce château se révèle baroque et chaleureux. Les chambres sont décorées avec goût et originalité, la luxuriance du parc est un vrai bonheur, et l'on prend son petit-déjeuner dans une datcha... sans parler de la vue sur le Canigou !

17 chambres – 160/550 € – 25 €

Château de Riell – ✆ 04 68 05 04 40 – www.chateauderiell.com –
Fermé 11 novembre-28 mars

Château de Riell – voir la sélection des restaurants

Le Grand Hôtel

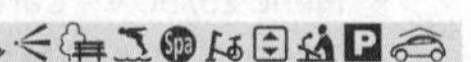

THERMAL • CLASSIQUE Un hôtel thermal raffiné et apaisant : les tons clairs dominent dans les chambres, paisibles et chaleureuses, et le jardin s'épanouit dans un beau décor de rocailles naturelles. Fait remarquable, le marbre des Pyrénées s'impose partout dans les bains.

38 chambres – 100/235 € – 5 suites – 16 €

Le Grand Hôtel – ✆ 04 68 05 00 50 – www.grandhotelmolitg.com –
Fermé 9 décembre-30 mars

Café Casals – voir la sélection des restaurants

MOLLÉGÈS

13940 (Bouches-du-Rhône) – Carte régionale n° **25**-E1
Carte Michelin 340-E3

Mas du Capoun

CUISINE MODERNE • ÉLÉGANT XX Mas raffiné où l'on mange dans une salle lumineuse et épurée ou, en été, sous la charpente d'une superbe grange restaurée. Belle cuisine actuelle, réalisée à partir de produits frais. Chambres confortables avec terrasse privative.

Menu 21 € (déjeuner)/41 €

166 avenue des Paluds
– ✆ 04 90 26 07 12 – www.masducapoun.com –
Fermé 13 février-11 mars, mardi soir, mercredi, samedi midi

MOLLKIRCH

67190 (Bas-Rhin) – Carte régionale n° **10**-A2
Carte Michelin 315-I5

Fischhutte N

CUISINE RÉGIONALE • AUBERGE XX Une auberge au cadre chaleureux, une cuisine traditionnelle bien réalisée et goûteuse, une équipe dynamique : un vent nouveau souffle sur cette sympathique adresse, appréciée des habitués.

Menu 15 € (déjeuner), 36/59 € – Carte 30/55 €

30 route de la Fischhutte, 3,5 km, route de Grendelbruch
– ✆ 03 88 97 42 03 – www.fischhutte.com –
Fermé 2-15 janvier, 1er-16 avril, 22 juillet-6 août, lundi, mardi, dimanche soir

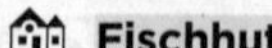

Fischhutte

FAMILIAL · À LA CAMPAGNE Au cœur de la vallée de la Magel, cette ancienne ferme tenue par la même famille depuis 1950 propose des chambres confortables et sobrement décorées, dont certaines offrent une vue sur la forêt vosgienne… Tranquillité garantie.

17 chambres – 95/155 € – 1 suite – 14 €

30 route de la Fischhutte, 3,5 km, route de Grendelbruch – 03 88 97 42 03 – www.fischhutte.com – Fermé 2-15 janvier, 1er-16 avril, 22 juillet-6 août

Fischhutte – voir la sélection des restaurants

LES MOLUNES

39310 (Jura) – Carte régionale n° **6**-B3
Carte Michelin 321-F8

Le Pré Fillet

CUISINE TRADITIONNELLE · VINTAGE XX Au beau milieu des champs et des bois, un restaurant simple et authentique. Derrière les fourneaux, le chef concocte de bonnes recettes copieuses, dans lesquelles le terroir se taille la part du lion ; on les déguste dans une salle ouverte sur la nature. Et l'accueil est aux petits oignons !

Menu 25/50 € – Carte 20/69 €

route des Moussières – 03 84 41 62 89 – www.hotel-leprefillet.com – Fermé 22 avril-2 mai, 10-18 juin, 18 octobre-3 décembre, lundi, mardi midi, dimanche soir

MONACO (PRINCIPAUTE DE) → voir en fin de guide

MONCEL-LÈS-LUNÉVILLE - 54 (Meurthe-et-Moselle) → voir Lunéville

MONDRAGON

84430 (Vaucluse) – Carte régionale n° **24**-A2
Carte Michelin 332-B8

La Beaugravière

CUISINE PROVENÇALE · AUBERGE XX Une jolie cuisine provençale, des préparations maison – y compris le pain et les glaces –, une belle carte de vins de la région : tout cela se déguste paisiblement à l'ombre des arbres, en saison. L'hiver, la truffe noire du Vaucluse est à l'honneur, au fil d'un menu tout simplement irrésistible.

Menu 19 € (déjeuner), 33/150 € – Carte 53/83 €

Nationale 7 – 04 90 40 82 54 – www.beaugraviere.com – Fermé 15-30 septembre, lundi, dimanche soir

MONESTIER

24240 (Dordogne) – Carte régionale n° **18**-C1
Carte Michelin 329-C7

Les Fresques

CUISINE MODERNE · ÉLÉGANT XXX Classique, feutré, élégant : le cadre sied à la dégustation d'une cuisine raffinée et parfumée, où brillent les produits nobles (truffe en saison) et les vins locaux, à commencer par ceux du vignoble de la propriété.

→ Alliance entre l'huître ostra régal et le caviar de Montpon-Ménestérol. Pigeon rôti, jus au café et noix. Rencontre entre le chocolat grand cru et la mûre

Menu 45 € (déjeuner), 72/112 € – Carte 80/120 €

Château des Vigiers (au golf des Vigiers) – 05 53 61 50 00 – www.vigiers.com – Fermé 11 novembre-10 avril, lundi midi, mercredi, dimanche soir

Château des Vigiers

LUXE • ÉLÉGANT En bordure du golf et dans un beau parc arboré, ce château du 16e s. est si paisible... Les chambres affichent un style élégant et classique, tandis que, dans l'annexe – une jolie bâtisse aux airs de séchoir à tabac –, elles sont plus contemporaines... Raffinement et verdure !

71 chambres – 125/400 € – 26 € (au golf des Vigiers)

05 53 61 50 00 – www.vigiers.com – Fermé 2 décembre-8 mars

Les Fresques – voir la sélection des restaurants

LE MONÊTIER-LES-BAINS – 05 (Hautes-Alpes) → voir Serre-Chevalier

MONNAIE

37380 (Indre-et-Loire) – Carte régionale n° **8**-B2

Carte Michelin 317-N4

L'Épicurien

CUISINE MODERNE • CONVIVIAL XX Ce restaurant a la cote dans la région, et c'est amplement justifié : accès pratique, bon rapport qualité-prix, mais surtout cuisine solide, élaborée par un chef aussi sympathique qu'expérimenté.

Menu 21 € (déjeuner), 27/45 € – Carte 43/57 €

53 rue Nationale – 02 47 56 10 34 – www.restaurant-lepicurien.com – Fermé lundi, jeudi soir, dimanche soir

MONPAZIER

24540 (Dordogne) – Carte régionale n° **18**-C2

Carte Michelin 329-G7 – Guide Vert Michelin Périgord Quercy

Eléonore

CUISINE MODERNE • ÉLÉGANT XX Une table élégante dans un joli petit château et un menu carte qui change chaque jour, au gré de l'inspiration du chef. Ce dernier travaille de bons produits périgourdins, et cela se sent !

Menu 32/46 € – Carte 38/49 €

Edward 1er, 5 rue St-Pierre – 05 53 22 44 00 – www.restauranteleonore.com – Fermé 12 novembre-28 mars, lundi midi, mardi midi, mercredi midi, vendredi midi, samedi midi, dimanche midi

Edward 1er

DEMEURE HISTORIQUE • COSY Une belle gentilhommière du 19e s. et... les joies de la vie de château ! Tout est charmant, romantique et raffiné : moulures, meubles de style, ciels de lit et... chambres avec vue sur la nature, le jardin ou le village.

17 chambres – 88/232 € – 14 €

5 rue St-Pierre – 05 53 22 44 00 – www.hoteledward1er.com – Fermé 12 novembre-27 mars

Eléonore – voir la sélection des restaurants

MONTAGNAC – 34 (Hérault) → voir Pézenas

MONTAGNAC

04500 (Alpes-de-Haute-Provence) – Carte régionale n° **24**-C2

Carte Michelin 334-E10 – Guide Vert Michelin Alpes du Sud

La Maison du Bois Doré

FAMILIAL • VINTAGE Pour vivre loin de tout... Cette ancienne ferme apicole est entourée de champs de lavande et de chênes truffiers. Décor zen et moderne dans les chambres, avec terrasse. Au petit-déjeuner, ne passez pas à côté de la confiture et du miel maison.

4 chambres – 89 €

Lieu-dit Plan-de-Croix, 2 km au Nord-Ouest par D11, route de Riez et chemin secondaire – 04 92 78 05 87 – www.lamaisonduboisdore.fr – Fermé 1er septembre-1er avril

MONTAGNAT

✉ 01250 (Ain) – Carte régionale n° **2**-B1
Carte Michelin 328-E3

Au Pot de Grès

CUISINE TRADITIONNELLE • AUBERGE X Cette jolie maison de campagne dissimule une terrasse fleurie, où l'on déguste aux beaux jours les spécialités de la carte, comme cette poulette de Bresse à la crème. La carte est courte et appétissante, les produits de Bresse scrupuleusement sélectionnés et l'accueil adorable.

Menu 28/49 € – Carte 30/55 €

2013 route du Village – ✆ 04 74 51 67 05 – Fermé 7-16 janvier, 26 août-10 septembre, lundi, mardi, dimanche soir

MONTAGNOLE – 73 (Savoie) ➜ Voir Chambéry

MONTAGNY-LÈS-BEAUNE – 21 (Côte-d'Or) ➜ voir Beaune

MONTAGUDET

✉ 82110 (Tarn-et-Garonne) – Carte régionale n° **22**-B1
Carte Michelin 337-C6

La Table du Belvédère

CUISINE MODERNE • RUSTIQUE XX De retour dans la région de son enfance (il est originaire d'Auch), Roland Garreau se montre en pleine forme et met en valeur le terroir régional avec de jolies inspirations : gravelax de saumon mariné à la betterave et vodka, pickles et mascarpone ; filet de bar rôti, julienne de patates douces et céleri...

Menu 32/59 € – Carte 44/57 €

Le Belvédère, 2 km au Nord par D60 – ✆ 05 63 95 51 10 – www.lebelvedere.com – Fermé lundi, dimanche

Le Belvédère

MAISON DE CAMPAGNE • TRADITIONNEL Au cœur de la forêt, à seulement 10 mn du magnifique village de Lauzerte, cet établissement propose des chambres fonctionnelles et bien tenues. Pour se détendre, on profite de la piscine à débordement, offrant une très jolie vue sur la vallée...

22 chambres – 71/165 € – 7 suites – 18 €

Le Belvédère, 2 km au Nord par D60 – ✆ 05 63 95 51 10 – www.lebelvedere.com

La Table du Belvédère – voir la sélection des restaurants

MONTAIGU

✉ 85600 (Vendée) – Carte régionale n° **23**-B3
Carte Michelin 316-I6

La Robe (Xavier Giraudet)

CUISINE MODERNE • COSY X La Robe... n'est plus seulement l'indispensable des élégantes, ici, elle est aussi le "must have" des gourmands ! Derrière les fourneaux, le chef concocte une cuisine bien dans l'air du temps – le menu change tous les jours –, soignée et savoureuse, à apprécier dans un cadre sobre et contemporain. Agréable !

➜ Saumon label rouge cuit à 50°, yaourt, citron et lamelles de concombre. Canard aux épices, navet et betterave à la fleur de sureau. Citron en coque givrée, sablé breton et notes de citron bergamote

Menu 29 € (déjeuner), 43/75 € – Carte 53/70 €

3 place Reveillère-Lepeaux – ✆ 02 51 47 79 27 – www.restaurant-la-robe.com – Fermé 1er-7 janvier, 5-28 août, lundi, mercredi, samedi midi, dimanche soir

à St-Georges-de-Montaigu 4 km au Sud par D137 – ✉ 85600

Le Petit St-Georges

CUISINE DU MARCHÉ • **CONTEMPORAIN** Repris en 2013 par un couple expérimenté, venu de St-Michel-Mont-Mercure, le Petit St-Georges est devenu un bistrot sobre et épuré. En cuisine, monsieur propose une cuisine de saison pleine d'à-propos, privilégiant les produits du terroir vendéen, avec une prédilection pour les poissons... et la tartelette d'escargots. En salle, madame assure un service impeccable.

Menu 30 €

5 rue Durivum – ✆ 02 51 42 03 17 – www.lepetitstgeorges.com – Fermé 2-18 mars, 19 août-9 septembre, lundi, mardi soir, dimanche soir

MONTAIGUT-LE-BLANC – 63 (Puy-de-Dôme) → voir Champeix

MONTAILLEUR

✉ 73460 (Savoie) – Carte régionale n° **4**-F2

Carte Michelin 333-K4

Suites de la Tour

MAISON DE CAMPAGNE • **ROMANTIQUE** Cette charmante maison d'hôte haut-de-gamme dissimule quelques surprises (le miroir au-dessus du lit, une rareté !) que les voyageurs apprécieront. La seule évocation du nom des chambres – Tentation, Romantique, Sensuelle – invite à les rejoindre. Jacuzzi personnel dans les cinq chambres.

5 chambres – 260/320 €

400 Impasse de Pacoret – ✆ 04 79 37 91 59 – www.suites-de-la-tour.com

MONTANGES

✉ 01200 (Ain) – Carte régionale n° **2**-C1

Carte Michelin 328-H4

L'Auberge du Pont des Pierres

CUISINE MODERNE • **CONVIVIAL** Cette auberge, créée par un enfant du pays, ne désemplit pas ! Le jeune chef ne manque pas de talent pour cuisiner les produits de saison, souvent locaux, selon ses envies. Tout est fait maison (pain et glace compris) et l'on se régale... à petits prix. Jolie carte de vignerons indépendants.

Menu 33/38 €

754 rue Paul-de-Vanssay – ✆ 04 50 56 36 35 – www.pontdespierres.fr – Fermé 1er-17 janvier, 23 avril-1er mai, 27 août-4 septembre, mardi, mercredi

MONTARCHER

✉ 42380 (Loire) – Carte régionale n° **2**-A2

Carte Michelin 327-C7 – Guide Vert Michelin Lyon et sa région

Le Clos Perché

CUISINE CRÉATIVE • **AUBERGE** Il était une fois une auberge qui jouait à chat perché sur les hauts plateaux du Forez, à 1150 mètres d'altitude. C'est ici, à l'entrée de ce minuscule village, que Julien Magne a posé ses valises. Derrière les fourneaux, ce jeune chef réalise une cuisine colorée, inventive et ludique, pour laquelle on se fait volontiers souris !

Menu 33/45 € – Carte 44/55 €

Le bourg – ✆ 04 77 50 00 08 – www.leclosperche.fr – Fermé mardi

MONTAREN-ET-ST-MÉDIERS – 30 (Gard) → voir Uzès

MONTARGIS

✉ 45200 (Loiret) – Carte régionale n° **8**-D2
Carte Michelin 318-N4 – Guide Vert Michelin Châteaux de la Loire

La Gloire

CUISINE MODERNE • ÉLÉGANT XXX Une vénérable institution de Montargis, postée au bord de la N7. Depuis plusieurs générations, on revisite la tradition gastronomique avec une générosité certaine ; ne manquez pas l'imposant chariot de desserts. Quelques chambres pour l'étape.

Menu 35 € (déjeuner), 46/60 € – Carte 65/105 €

74 avenue du Général-de-Gaulle – ✆ 02 38 85 04 69 – www.lagloire-montargis.com – Fermé 16 février-6 mars, 18-28 août, mardi, mercredi

L'Orangerie du Lac

CUISINE TRADITIONNELLE • CLASSIQUE XX Nul besoin d'être amateur d'agrumes pour apprécier la généreuse cuisine traditionnelle de ce restaurant. Les gourmands s'installent dans l'une des jolies petites salles ou sous la véranda aux allures de jardin d'hiver. Une sympathique halte en Gâtinais !

Menu 42/49 €

57 rue Jean-Jaurès – ✆ 02 38 93 33 83 – www.restaurant-orangerie-montargis.com – Fermé 15-30 juillet, lundi, mardi, dimanche soir

MONTAUBAN

✉ 82000 (Tarn-et-Garonne) – Carte régionale n° **22**-B2
Carte Michelin 337-E7

Au Fil de l'Eau

CUISINE MODERNE • TENDANCE XX En léger retrait du Tarn, cette maison régionale cache un restaurant coloré. Outre la carte de saison, le chef propose des menus du marché, renouvelés plusieurs fois par semaine au fil de ses trouvailles. Généreux et savoureux !

Menu 18 € (déjeuner), 29/58 €

14 quai Docteur-Lafforgue – ✆ 05 63 66 11 85 – www.aufildeleau82.com – Fermé lundi, dimanche

La Cave O Délices

CUISINE MODERNE • SIMPLE X Ne vous fiez pas à la façade du restaurant : plus que jamais, c'est à l'intérieur que ça se passe ! Fier de ses origines italiennes, le chef dévoile une cuisine moderne, aux touches méridionales, qui se déguste avec plaisir. Agréable salle voûtée en sous-sol.

Menu 21 € (déjeuner), 26/42 € – Carte 30/55 €

10 place Franklin-Roosevelt – ✆ 05 63 63 69 69 – www.cave-o-delices.fr – Fermé 7-30 juillet, lundi, dimanche

Abbaye des Capucins Spa & Resort

HISTORIQUE • CONTEMPORAIN Pour apaiser corps et esprit... Ce couvent classé (1630), proche du centre-ville, s'est mué en un hôtel d'un grand raffinement, harmonieux mariage de murs anciens – la brique domine – et de décors contemporains. Des chambres au spa, le confort et la quiétude ne sont pas de vains mots...

93 chambres – 84/177 € – 4 suites – 17 €

6-8 quai de Verdun – ✆ 05 63 22 00 00 – www.abbayedescapucins.fr

à Montech 13 km au Sud-Ouest par D928 – ✉ 82700

Bistrot Constant

CUISINE TRADITIONNELLE • TENDANCE X La pimpante maison éclusière, installée au bord du canal latéral à la Garonne, abrite aujourd'hui un bistrot de chef de très bonne tenue. Côte de cochon fermier confite, gratin de macaronis ; tête de veau, langue et cervelle pochée : du grand classique effectué dans les règles de l'art, comme on l'aime !

Menu 19 € (déjeuner), 33/37 €

25 Rue de l'Usine – ✆ 05 63 24 63 02 – www.maisonconstant.com

MONTAUROUX

✉ 83440 (Var) – Carte régionale n° **24**-C3
Carte Michelin 340-P4 – Guide Vert Michelin Côte d'Azur

Le Carré d'Ange

CUISINE MODERNE • ROMANTIQUE XX Une jolie auberge provençale, lumineuse et modernisée, où la cuisine du sud est savoureuse et mâtinée de soleil… Il n'y a qu'à voir ce homard bleu servi froid, accompagné de sa crème légère de lingots blancs bio. À déguster aux beaux jours sur la jolie terrasse. Un nouveau départ réussi !

Menu 36 € (déjeuner), 60/90 € – Carte 52/81 €

2169 quartier Narbonne, au Sud-Est du village, par CD37 – ✆ 04 94 47 71 65 – www.restaurant-carredange.fr – Fermé 7 janvier-12 février, lundi, mardi midi, dimanche soir

MONTBARD

✉ 21500 (Côte-d'Or) – Carte régionale n° **5**-C2
Carte Michelin 320-G4 – Guide Vert Michelin Bourgogne

à St-Rémy 3 km à l'Ouest par D905 – ✉ 21500

La Mirabelle

CUISINE TRADITIONNELLE • RUSTIQUE X Sur une petite place non loin du canal, cette ancienne grange à sel est devenue un restaurant au cadre rustique et convivial. Gilles Muzel, le chef, élabore des recettes tout en finesse : meurette d'escargots de Bourgogne à la saucisse de Morteau, dos de sandre rôti et beurre au pinot noir… Saurez-vous choisir ?

Menu 20/56 € – Carte 52/60 €

1 rue de la Brenne – ✆ 03 80 92 40 69 – Fermé 16 août-5 septembre, 22 décembre-10 janvier, mardi soir, mercredi, dimanche soir

MONTBAZON

✉ 37250 (Indre-et-Loire) – Carte régionale n° **8**-B2
Carte Michelin 317-N5 – Guide Vert Michelin Châteaux de la Loire

L'Évidence N (Gaëtan Evrard)

CUISINE MODERNE • CONTEMPORAIN XX Légumes et viandes de la région, poissons en direct de Bretagne : le produit est ici à la fête, sublimé par un jeune chef qui ne manque pas d'audace. En accompagnement, on pioche dans une belle carte de vins de la Loire… et tout cela se déguste dans un décor noir et or du plus bel effet, rehaussé de mobilier à la mode scandinave.

→ Foie gras de canard et consommé à l'anguille fumée. La beuchelle. Le Concorde

Menu 29 € (déjeuner), 45/87 €

1 place des Marronniers – ✆ 02 47 26 00 67 – www.restaurant-levidence.com – Fermé lundi, dimanche

Domaine de la Tortinière

CUISINE MODERNE • ÉLÉGANT XX Sur la terrasse, face au superbe parc qui s'étend en contrebas, on profite d'une cuisine actuelle et attrayante, réalisée à quatre mains par deux chefs expérimentés. Des produits de qualité, un cadre enchanteur : que demander de mieux ?

Menu 38/57 € – Carte 57/84 €

10 route de Ballan, 2 km au Nord par D910 et D287 – ✆ 02 47 34 35 00 – www.tortiniere.com – Fermé 20 décembre-1er mars

Domaine de la Tortinière

DEMEURE HISTORIQUE • ÉLÉGANT Ce château du Second Empire se dresse au cœur d'un parc dominant l'Indre. Les chambres ont beaucoup de charme, certaines dans un style contemporain, et offrent une magnifique vue sur la vallée. Et aux beaux jours vous attend une agréable piscine.

27 chambres – ††125/365 € – 5 suites – ☕ 22 €

10 route de Ballan, 2 km au Nord par D910 et D287 – ✆ 02 47 34 35 00 – www.tortiniere.com – Fermé 20 décembre-1er mars

Domaine de la Tortinière – voir la sélection des restaurants

MONTBÉLIARD

✉ 25200 (Doubs) – Carte régionale n° **6**-C1
Carte Michelin 321-K1 – Guide Vert Michelin Franche-Comté Jura

Le St-Martin (Olivier Prévôt-Carme)

CUISINE MODERNE • INTIME XXX Olivier Prévôt-Carme signe une cuisine riche de parfums, où le produit est roi. Pas de superflu, mais une justesse des recettes, cuissons et assaisonnements qui rehausse la saveur de chaque ingrédient. Rien de prétentieux, rien de compliqué... que du plaisir !

→ Déclinaison autour du foie gras. Volaille de Bresse au vin jaune, risotto au vieux comté. Chariot des desserts

Menu 29 € (déjeuner)/78 € – Carte 59/77 €

1 rue du Général-Leclerc – ✆ 03 81 91 18 37 – www.le-saint-martin.fr – Fermé 18-24 mars, 29 juillet-18 août, lundi, samedi midi, dimanche

Bristol

BUSINESS • PERSONNALISÉ Une situation centrale, des chambres modernes et confortables, une piscine couverte et un parking fermé (bien utile dans cette ville largement piétonne), sans oublier un indéniable sens de l'accueil : ce Bristol a tout pour plaire.

48 chambres – 70/95 € – 11 €

2 rue de Velotte – ✆ 03 81 94 43 17 – www.hotel-bristol-montbeliard.com

MONTBENOÎT

✉ 25650 (Doubs) – Carte régionale n° **6**-C2
Carte Michelin 321-I5 – Guide Vert Michelin Franche-Comté Jura

à La Longeville 5,5 km au Nord par D131 – ✉ 25650

Le Crêt l'Agneau

FAMILIAL • TRADITIONNEL Au milieu des pâturages, cette ferme du 17e s., tenue par un couple dynamique, distille le charme douillet des maisons de la région. Des chambres, très soignées, au petit-déjeuner (yaourts maison, comté et viennoiseries), en passant par la table d'hôte, on se régale !

5 chambres – 95/120 €

Les Auberges – ✆ 06 89 93 24 49 – www.lecret-lagneau.com

à Ville-du-Pont 2 km au Nord-Est par D437 – ✉ 25650

L'Entre-Roches

CUISINE MODERNE • ÉLÉGANT XX Au cœur du Saugeais (cette amusante "République" autoproclamée à la frontière suisse), une maison que ses propriétaires soignent autant côté décor – contemporain et soigné – qu'en cuisine, où le chef s'autorise de beaux détours créatifs. Agréable terrasse sur l'arrière.

Menu 22 € (déjeuner), 39/80 € – Carte 35/69 €

1 rue Principale – ✆ 03 81 38 10 92 – www.restaurant-entre-roches.fr – Fermé 18-27 février, 29 avril-7 mai, 15 juillet-6 août, lundi, mardi, dimanche soir

MONTBRISON

✉ 42600 (Loire) – Carte régionale n° **2**-A2
Carte Michelin 327-D6 – Guide Vert Michelin Lyon et sa région

Apicius

CUISINE MODERNE • CONTEMPORAIN X Cadre contemporain et épuré pour cette adresse du centre-ville, tenue par un jeune couple passé par de belles maisons. Cuisine du marché le midi en semaine, mais plus élaborée (riche en produits du terroir, fleurs et plantes sauvages) le soir. En un mot : généreux !

Menu 18 € (déjeuner), 35/48 €

29 rue Martin Bernard – ✆ 09 82 38 34 65 – www.restaurantapicius.net – Fermé 5-26 août, 23 décembre-3 janvier, lundi soir, mardi soir, mercredi, samedi midi, dimanche

MONTBRON

✉ 16220 (Charente) - Carte régionale n° **20**-C3
Carte Michelin 324-N5

Moulin de la Tardoire

CUISINE MODERNE • CONTEMPORAIN XX L'ancien moulin à farine est aujourd'hui un restaurant bucolique et charmant, installé entre rivière et verdure. Le chef, Matthieu Brudo, propose une cuisine de saison fine et bien réalisée, faisant la part belle au terroir: escargots charentais, truite de Magnac, pigeonneau et magrets de canard de Nontron... Savoureux !

Menu 24 € (déjeuner), 33/65 € - Carte 40/60 €

lieu-dit La Forge, 1,5 km au Nord-Est par D16 et route secondaire - ✆ 05 45 66 41 46 - www.moulindelatardoire.fr - Fermé 7-30 janvier, lundi, mardi soir, dimanche soir

MONTBRUN-LES-BAINS

✉ 26570 (Drôme) - Carte régionale n° **2**-C3
Carte Michelin 332-F8 - Guide Vert Michelin Ardèche Drôme

L'O des Sources

CUISINE TRADITIONNELLE • BISTRO X Ne vous laissez pas intimider par le lieu et son château ! Au cœur d'un parc de 4 ha, tout près des anciens thermes, ce bistrot moderne propose une cuisine traditionnelle de bon aloi, à prix sage. Aux beaux jours, installez-vous sur la terrasse, face au mont Ventoux. En sus, une jolie sélection de vins, disponibles à la vente.

Menu 22 € (déjeuner), 26/39 € - Carte 25/42 € (à côté des thermes)

✆ 04 75 27 11 09 - www.o-des-sources.com - Fermé 11 novembre-15 mars, lundi

MONTCEAU-LES-MINES

✉ 71300 (Saône-et-Loire) - Carte régionale n° **5**-C3
Carte Michelin 320-G9 - Guide Vert Michelin Bourgogne

Jérôme Brochot

CUISINE MODERNE • ÉLÉGANT XXX Le chef Jérôme Brochot a été contraint de revoir ses prix à la baisse pour s'adapter au contexte économique de la région; il a d'autant plus de mérite à maintenir un tel niveau dans l'assiette ! Ancrage local à l'honneur, produits tops, cuissons impeccables, saveurs marquées: plus que jamais, les gourmets sont ici chez eux.

→ Cuisine du marché

Menu 25 € (déjeuner)/45 €

7 place Beaubernard - ✆ 03 85 67 95 30 - www.jeromebrochot.com - Fermé 2-6 janvier, lundi, samedi midi, dimanche soir

à Blanzy 2 km au Sud-Est par D980 - ✉ 71450

Le Plessis

CUISINE TRADITIONNELLE • FAMILIAL XX Œufs en meurette, escargots de Bourgogne : on vient ici pour... la tradition. Le chef concocte une cuisine gourmande et goûteuse, qui met en valeur les produits régionaux. Et l'été, il fait bon paresser sur la terrasse en jetant un coup d'œil au plan d'eau, un peu plus loin en face.

Menu 16 € (déjeuner)/25 € - Carte 29/40 €

33 route de Macon - ✆ 03 85 57 46 08 - www.restaurant-le-plessis.com - Fermé lundi, mardi, dimanche soir

MONTCENIS - 71 (Saône-et-Loire) → voir Creusot

MONTCHAUVET

✉ 78790 (Yvelines) – Carte régionale n° **15**–A2
Carte Michelin 311-F2

La Jument Verte

CUISINE TRADITIONNELLE · AUBERGE XX Un cadre digne du roman éponyme de Marcel Aymé : maison à pans de bois, terrasse sur la place du village et intérieur rustique (pierres, poutres, cheminée). Plats traditionnels.

Menu 25 € (déjeuner), 34/46 € – Carte 40/56 €

place de l'Églide – ✆ 01 30 93 43 60 – Fermé 18 février-7 mars, 2-19 septembre

MONTCHENOT – 51 (Marne) → voir Reims

MONTCUQ

✉ 46800 (Lot) – Carte régionale n° **22**–B1
Carte Michelin 337-D5

Four

FAMILIAL · PERSONNALISÉ Dans ce village médiéval, cette demeure de caractère allie authenticité et style contemporain. Les chambres personnalisées, avec mobilier design, draps en lin et petites terrasses, ont un charme fou. Recettes à base de truffe (en saison) à la table d'hôte. Jolie vue sur le village médiéval.

4 chambres ☕ – 👥145/195 €

4 rue de Montmartre – ✆ 05 65 21 23 08 – www.4ruemontmartre.com – Fermé 24 décembre-5 mars

MONTCY-NOTRE-DAME – 08 (Ardennes) → voir Charleville-Mézières

MONT-DAUPHIN – 05 (Hautes-Alpes) → voir Guillestre

MONT-DE-MARSAN

✉ 40000 (Landes) – Carte régionale n° **18**–B2
Carte Michelin 335-H11 – Guide Vert Michelin Aquitaine

Les Clefs d'Argent (Christophe Dupouy)

CUISINE CRÉATIVE · FAMILIAL XX Les Clefs d'Argent ? Un restaurant en or, où décoration et cuisine rivalisent de goût. Épure contemporaine pour l'une ; couleurs et inventivité pour l'autre. Le chef signe des préparations originales et soignées, dont la clef est le beau produit landais... et la patronne distille sa bonne humeur en salle !

→ Cuisine du marché

Menu 25 € (déjeuner), 66/100 €

333 avenue des Martyrs-de-la-Résistance – ✆ 05 58 06 16 45 – www.clefs-dargent.com – Fermé 30 mai-3 juin, lundi, dimanche

Villa Mirasol

CUISINE MODERNE · COSY X La Villa Mirasol a confié les destinées de sa table au chef landais Armando Nogueira, qui aime travailler les poissons d'eau douce. Les plats s'articulent autour d'un menu-carte au prix alléchant. Tarte fine de cagouilles ; pintade fermière... Produits frais garantis !

Menu 21 € (déjeuner), 33/44 € – Carte 42/56 €

2 boulevard Ferdinand-de-Candau – ✆ 05 58 44 14 14 – www.villamirasol.fr – Fermé 27 janvier-10 février, 28 janvier-11 février, 11-18 novembre, lundi, dimanche soir

Villa Mirasol

HÔTEL PARTICULIER · ÉLÉGANT Sur l'une des rives de la Midouze, cet hôtel particulier datant de la Belle Époque ne manque pas d'attraits : un bel intérieur tout de boiseries ciselées et de mobilier chiné, des chambres bien équipées et confortables... sans oublier la terrasse donnant sur la rivière.

5 chambres – 👥115/185 € – 2 suites – ☕ 15 €

2 boulevard Ferdinand-de-Candau – ✆ 05 58 44 14 14 – www.villamirasol.fr

Villa Mirasol – voir la sélection des restaurants

à Mazerolles 6,5 km à l'Est par D1 et route secondaire – ✉ 40090

Auberge de la Pouillique

CUISINE MODERNE • RUSTIQUE En chemin pour une partie de pelote basque au trinquet, nombreux sont ceux à s'arrêter dans cette ancienne ferme du 19es. Ici, point de fronton mais des plats traditionnels qui ravissent les gourmands. En hiver, on s'installe près de la cheminée ; l'été, sur la terrasse face au jardin. Prix raisonnables.

Menu 17 € (déjeuner), 24/47 € – Carte 40/47 €

656 chemin de la Pouillique – ☎ 05 58 75 22 97 – www.restaurant-auberge-lapouillique.com – Fermé 1er-15 septembre, lundi, mardi soir, mercredi soir, dimanche soir

MONT-DOL – 35 (Ille-et-Vilaine) → voir Dol-de-Bretagne

LE MONT-DORE

✉ 63240 (Puy-de-Dôme) – Carte régionale n° **1**-B2
Carte Michelin 326-D9 – Guide Vert Michelin Auvergne

La Golmotte

CUISINE TRADITIONNELLE • AUBERGE Authenticité garantie dans cette auberge postée sur la route de Clermont-Ferrand ! Et pour cause : la salle est une ancienne étable. Au menu : des produits frais, bien cuisinés, et des assiettes copieuses. Le tout à petits prix...

Menu 19/39 € – Carte 32/46 €

Le Barbier, 2,5 km au Sud-Est par D983 – ☎ 04 73 65 05 77 – www.aubergelagolmotte.com – Fermé 7 janvier-1er février, lundi, mardi, dimanche soir

Le 1050

CUISINE DU TERROIR • BISTRO La cuisine est à l'image du décor : chaleureuse, généreuse, montagnarde. Les spécialités régionales, parfois servies dans leur récipient de cuisson, sont à l'honneur : chou farci, potée auvergnate, viande de Salers...

Menu 24 € – Carte 27/43 €

Hôtel de Russie, 3 rue Favart – ☎ 04 73 65 05 97 – www.lerussie.com – Fermé 12 novembre-20 décembre

Hôtel de Russie

FAMILIAL • PERSONNALISÉ Au cœur du Mont-Dore, tout près des thermes, ce petit hôtel est décoré dans un esprit montagnard "branché" qui fait mouche à tous les coups. Accueil sympathique, chambres actuelles bien équipées : un incontournable de la station.

33 chambres – 74/92 € – 11 €

3 rue Favart – ☎ 04 73 65 05 97 – www.lerussie.com

Le 1050 – voir la sélection des restaurants

MONTECH – 82 (Tarn-et-Garonne) → voir Montauban

MONTEILS – 82 (Tarn-et-Garonne) → voir Caussade

MONTÉLIMAR

✉ 26200 (Drôme) – Carte régionale n° **2**-B3
Carte Michelin 332-B6 – Guide Vert Michelin Ardèche Drôme

Café de l'Ardèche

CUISINE MODERNE • CONTEMPORAIN La nouvelle adresse qui monte sur Montélimar : banquettes en cuir gris, mobilier contemporain, véranda, terrasse, et dans l'assiette, une cuisine de saison bien tournée. Jolie collection de peintures de l'artiste Ricardo Santamaria.

Menu 20 € (déjeuner)/35 € – Carte 53/70 €

19 avenue Charles-de-Gaulle – ☎ 04 75 52 51 39 – www.cafedelardeche.fr – Fermé dimanche soir

Le Moderne

CUISINE MODERNE · BISTRO Ce sympathique jeune couple, coincé entre un restaurant marocain et un japonais, ne démérite pas pour proposer une cuisine au goût du jour : en témoignent la côte de cochon, généreuse et servie rosée, mais aussi la tatin d'abricot, à déguster en terrasse dès les beaux jours.

Menu 19 € (déjeuner), 29/39 € - Carte 35/55 €

25 Boulevard Aristide Briand - ☎ 04 75 01 31 90 - www.restaurant-lemoderne.fr - Fermé 11-26 mars, 26 août-10 septembre, lundi, mardi, mercredi soir, jeudi soir, dimanche soir

Petite France

CUISINE TRADITIONNELLE · CLASSIQUE À moins d'être initié, ce restaurant ne se trouve pas facilement : il faut aller le dénicher dans une impasse de la vieille ville. Dans la salle voûtée et chaleureuse, on déguste une cuisine traditionnelle... made in Petite France. Ambiance familiale.

Menu 26/39 € - Carte 40/65 €

34 impasse Raymond-Daujat - ☎ 04 75 46 07 94 - Fermé 13 juillet-20 août, 22 décembre-1er janvier, lundi, dimanche

à La Laupie 11 km au Nord-Est par D129 puis D6 - ✉ 26740

La Laùpio

FAMILIAL · CONTEMPORAIN Au milieu des champs et de grands arbres, cette belle ferme d'esprit provençal a été entièrement réhabilitée par ses propriétaires. Vieilles pierres, joli décor, espace et confort : les chambres séduisent. Fruits du verger, jus pressés et confitures maison au petit-déjeuner.

5 chambres - 85/115 €

15 Impasse des Marronniers - ☎ 04 75 92 39 01 - www.lalaupio-chambresdhotes.fr

à Malataverne 8,5 km au Sud - ✉ 26780

Le Domaine du Colombier

CUISINE MODERNE · ÉLÉGANT Sur les ruines d'un hermitage monastique, on aime s'installer dans les salles en enfilade - voûtées, à la décoration soignée - et sur l'apaisante terrasse de ce restaurant. Nos sens sont ravis !

Menu 39 € (déjeuner), 63/95 € - Carte 90/105 €

270 chemin de Malombre, route de Donzère - ☎ 04 75 90 86 86 - www.domaine-colombier.com

Le Domaine du Colombier

LUXE · ÉLÉGANT Imaginez une bastide du 15e s. au cœur de la Drôme provençale. Une adresse de charme où les chambres rivalisent de douceur et d'authenticité. À cela s'ajoutent un parc arboré, une belle piscine et un accueil aux petits soins. Tout est si paisible, propice à une agréable échappée !

22 chambres - 112/365 € - 2 suites - 18 €

270 chemin de Malombre, rte de Donzère - ☎ 04 75 90 86 86 - www.domaine-colombier.com

Le Domaine du Colombier - voir la sélection des restaurants

Le Trésor des Templiers

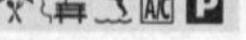

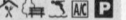

MAISON DE CAMPAGNE · PERSONNALISÉ Cette vieille ferme fortifiée du 18e s. offre une vue dégagée sur les vignes et les montagnes. Les cinq chambres tranchent avec l'atmosphère "vieilles pierres" du bâtiment : style oriental pour la Mirage, américain pour l'Évasion, etc. Piscine avec pool house. Plats traditionnels à la table d'hôte et copieux petit-déjeuner.

7 chambres - 135/185 € - 15 €

245 route de Donzère - ☎ 09 61 23 13 68 - www.letresordestempliers.com - Fermé 27 janvier-6 mars, 24 décembre-2 janvier

MONTENACH - 57 (Moselle) → voir Sierck-les-Bains

MONTENDRE

✉ 17130 (Charente-Maritime) – Carte régionale n° **20**-B3
Carte Michelin 324-H8 – Guide Vert Michelin Poitou-Charentes

La Quincaillerie

CUISINE MODERNE • BISTRO Un bel escalier et une galerie de style Eiffel, du parquet... Isabelle et Frédéric Milan ont eu un coup de cœur pour cette ancienne quincaillerie au cœur de Montendre. La carte est courte, car ce chef-artisan revendiqué travaille uniquement des produits frais et fait son marché chaque matin. Saveurs et générosité !

Menu 22 € (déjeuner), 33/65 €

30 rue de l'hôtel de ville – ✆ 05 46 70 42 41 – www.restaurant-laquincaillerie.fr – Fermé 7-14 janvier, 30 juin-10 juillet, 2-9 septembre, 12-19 novembre, lundi, mardi soir, dimanche soir

LE MONTENVERS – 74 (Haute-Savoie) ➜ rattaché à Chamonix-Mont-Blanc

MONTESQUIEU-DES-ALBÈRES – 66 (Pyrénées-Orientales) ➜ voir Le Boulou

MONTESQUIOU

✉ 32320 (Gers) – Carte régionale n° **22**-A2
Carte Michelin 336-D8

Maison de la Porte Fortifiée

MAISON DE CAMPAGNE • PERSONNALISÉ Deux belles maisons anciennes situées près de la porte fortifiée (13es.) du village. Les chambres, décorées de mobilier chiné, ont beaucoup de charme, et la journée commence avec l'odeur des croissants frais. Table d'hôte aux saveurs d'ici et d'ailleurs.

4 chambres ☕ – 👥80/130 €

route nationale, près de la porte fortifiée – ✆ 05 62 70 97 06 – www.porte-fortifiee.eu – Fermé 28 février-28 mars, 30 octobre-31 décembre

MONTFAUCON – 25 (Doubs) ➜ voir Besançon

MONTFERRAT

✉ 83131 (Var) – Carte régionale n° **24**-C3
Carte Michelin 340-N4

Le Clos Pierrepont (N)

CUISINE MODERNE • RUSTIQUE Beaux produits et dressages soignés pour cette jolie adresse située non loin des gorges de Châteaudouble. Une cuisine moderne et ensoleillée à déguster dans la bâtisse du 18ème siècle ou sur la terrasse donnant sur parc de plus d'1ha, aux beaux jours.

Menu 30/75 €

56 route de Draguignan – ✆ 04 94 50 21 30 – www.clospierrepont.com – Fermé 11-29 mars, 18 novembre-5 décembre, lundi, mardi

MONTFORT-L'AMAURY

✉ 78490 (Yvelines) – Carte régionale n° **15**-A2
Carte Michelin 311-G3 – Guide Vert Michelin Île-de-France

St-Laurent

HÔTEL PARTICULIER • CLASSIQUE À vous de choisir votre décor : le superbe hôtel particulier du 17e s., les chambres plus récentes du pavillon situé dans le jardin, ou le grand luxe de la Résidence. Et au petit-déjeuner, il est vivement recommandé de goûter le cake fait maison et les viennoiseries de la boulangerie voisine...

19 chambres – 👥75/190 € – ☕12 €

2 place Lebreton – ✆ 01 34 57 06 66 – www.hotelsaint-laurent.com – Fermé 28 juillet-18 août, 30 décembre-6 janvier

MONTFURON

✉ 04110 (Alpes-de-Haute-Provence) – Carte régionale n° **24**-B2
Carte Michelin 334-C9

Chez Éric

CUISINE TRADITIONNELLE • BISTRO X Sur la place d'un charmant village, cette maison en pierre sèche a tout ce qu'il faut là où il faut, de la terrasse ombragée à la déco de bistrot. Pour couronner le tout, les petits plats provençaux se révèlent goûteux. Soupe de pistou, joues de cochon braisées, baba au rhum crème fouettée : miam, n'est-ce pas ?

Menu 32/49 €

place Daniel-Viguier – ✆ 04 92 77 75 32 – Fermé lundi, mardi midi, dimanche soir

MONTGENEVRE

✉ 05100 (Hautes-Alpes) – Carte régionale n° **24**-C1
Carte Michelin 334-I3 – Guide Vert Michelin Alpes du Sud

Anova

FAMILIAL • TENDANCE Tout près de la frontière italienne, on passe d'agréables moments dans cet imposant chalet contemporain. On y profite notamment d'une flopée de services bien pensés – skishop et casiers à skis, location de VTT, salle de jeux - et de chambres confortables (préférez les chambres plein sud, face aux pistes).

40 chambres – 140/255 € – 15 €

place de l'Obélisque – ✆ 04 92 54 48 04 – www.anova-hotel.com – Fermé 22 avril-29 juin

MONTGIBAUD

✉ 19210 (Corrèze) – Carte régionale n° **19**-B2
Carte Michelin 329-J2

Le Tilleul de Sully

CUISINE MODERNE • CONVIVIAL X C'est là, à l'ombre du vieux tilleul, que se trouve cette auberge de campagne. Fleurs de courgette, choux pommelés, groseilles, etc., abondent dans le potager et le chef sait les préparer ! Une savoureuse cuisine du terroir corrézien, gourmande et généreuse, à déguster devant la cheminée ou dehors, face aux arbres fruitiers.

Menu 31/55 € – Carte 39/55 €

Le Tilleul de Sully – ✆ 05 55 98 01 96 – Fermé 25 mars-2 avril, 24 juin-2 juillet, 24 décembre-15 janvier, lundi, mardi, dimanche soir

MONTGRÉSIN - 60 (Oise) → voir Chantilly

LES MONTHAIRONS - 55 (Meuse) → voir Verdun

MONTHION - 73 (Savoie) → voir Albertville

MONTICELLO - 2B (Haute-Corse) → Voir Corse (Ile Rousse)

MONTIGNAC

✉ 24290 (Dordogne) – Carte régionale n° **18**-D1
Carte Michelin 329-H5 – Guide Vert Michelin Périgord Quercy

Hostellerie la Roseraie

CUISINE MODERNE • COSY XX Avec sa charmante terrasse, le lieu a beaucoup de cachet ; quant au chef, il propose une cuisine un brin complexe mais toujours bien travaillée, avec de judicieux mariages de saveurs. Service aimable et agréable.

Menu 42/59 €

11 place d'Armes – ✆ 05 53 50 53 92 – www.laroseraie-hotel.com – Fermé 27 octobre-12 avril, mardi midi, jeudi, samedi midi

Hôtel de Bouilhac

HISTORIQUE · ÉLÉGANT Un hôtel particulier du 17e s., inscrit aux monuments historiques, à quelques pas seulement des célébrissimes grottes de Lascaux... L'architecture est typique de la région (hauts plafonds, moulures, parquets massifs) et les chambres ne manquent pas de charme.

10 chambres – 110/280 € – 17 €

Avenue du Professeur Faurel – 05 53 51 21 46 – www.hoteldebouilhac-montignac.fr – Fermé 7-21 janvier

Hostellerie la Roseraie

HÔTEL PARTICULIER · CLASSIQUE Au cœur du village médiéval, une demeure du 19e s. sur les bords de la Vézère. Les chambres sont coquettes et portent des noms de roses ; deux jolies suites familiales sont installées dans une maison au bord de l'eau...

17 chambres – 90/216 € – 3 suites – 14 €

11 place d'Armes – 05 53 50 53 92 – www.laroseraie-hotel.com – Fermé 26 octobre-13 avril

Hostellerie la Roseraie – voir la sélection des restaurants

MONTIGNY-LA-RESLE

89230 (Yonne) – Carte régionale n° **5**-B1

Carte Michelin 319-F4

Le Soleil d'Or

CUISINE TRADITIONNELLE · FAMILIAL XX Une chose est sûre, le chef connaît ses gammes : il travaille avec beaucoup de soin et de justesse, modernisant la tradition de fort belle manière. Biscuit de brochet aux écrevisses, sauce au safran de l'Yonne ; feuilleté de ris de veau aux champignons... sans oublier l'incontournable tête de veau ! Quelques chambres aménagées à l'arrière.

Menu 32/59 € – Carte 54/79 €

3 route d'Auxerre, N77 – 03 86 41 81 21 – www.lesoleil-dor.com – Fermé 13-20 août, lundi midi, vendredi, dimanche soir

Le Soleil d'Or

AUBERGE · FONCTIONNEL Ancien relais de poste situé en bordure de route nationale. Les chambres, fonctionnelles et climatisées, sont aménagées façon "motel" dans les granges situées sur l'arrière. Il fait bon se détendre dans le petit salon orné de boiseries. Restaurant traditionnel.

16 chambres – 88/100 € – 12 €

3 route d'Auxerre, N77 – 03 86 41 81 21 – www.lesoleil-dor.com – Fermé 13-20 août

Le Soleil d'Or – voir la sélection des restaurants

MONTIGNY-SUR-LOING

77690 (Seine-et-Marne) – Carte régionale n° **15**-C3

Carte Michelin 312-F5

Le DIV'20

CUISINE CRÉATIVE · BISTRO X Ce discret bistrot contemporain propose une bonne cuisine inventive, comme le prouve ce suprême de pintade à la crème réglisse et légumes méditerranéens. On fait le plein de goûts et de saveurs, avec d'autant plus de plaisir que le service est efficace et chaleureux.

Menu 15 € (déjeuner), 25/69 € – Carte 35/67 €

20 rue du Loing – 01 64 45 76 79 – www.restaurantlediv20.fr – Fermé lundi, mardi, dimanche soir

MONTLIVAULT

✉ 41350 (Loir-et-Cher) – Carte régionale n° **8**-B2
Carte Michelin 318-F6

✿✿ La Maison d'à Côté (Christophe Hay)

CUISINE MODERNE • TENDANCE XX Dans la vallée de la Loire, entre Blois et Chambord, cette Maison d'à Côté ne manque ni de charme, ni de goût. Le chef Christophe Hay et son épouse Emmanuelle ont créé les conditions d'une expérience unique. Tout y séduit : l'accueil chaleureux – l'équipe de cuisine n'hésite pas à venir en salle pour présenter les plats –, mais aussi et surtout ces assiettes nettes et précises, au plus près du terroir : produits du potager du chef, poissons de la Loire, cerfs et sangliers du domaine de Chambord... On y déguste bœuf wagyu (élevé non loin de là, par Thierry Roussel), caviar de Sologne, anguille grillée... Produits dans l'excellence de leur maturité, jusqu'à la touche sucrée, qui ne vient pas rompre l'équilibre harmonieux du repas ; ainsi ce soufflé à la liqueur de Chambord, framboise et poivre Timut. Une indéniable réussite.

→ Anguille de Loire grillée, petits pois et tablier de sapeur. Carpe de Loire à la "Chambord", truffe d'été, écrevisses et sauce au vin de Cheverny. Génoise au miel de notre jardin, amande et sorbet crème fraîche

Menu 42 € (déjeuner), 75/107 € – Carte 80/134 €

17 rue de Chambord – ✆ 02 54 20 62 30 – www.lamaisondacote.fr – Fermé 4-25 février, 26 août-2 septembre, 15-22 octobre, mardi, mercredi

Côté Bistro – voir la sélection des restaurants

Côté Bistro

CUISINE TRADITIONNELLE • BISTRO X La carte de ce bistrot, composée par Christophe Hay, met en valeur les bons producteurs de la Loire et fait la part belle à la tradition. C'est exécuté simplement, sans chichis : on se régale ! Quant à la décoration, entre esprit loft et industriel, parée de bois et de fer, elle se révèle particulièrement accueillante.

Menu 32 €

La Maison d'à Côté, 25 rue de Chambord – ✆ 02 54 33 53 06 – www.lamaisondacote.fr – Fermé 1er-21 janvier, lundi

MONT-LOUIS

✉ 66210 (Pyrénées-Orientales) – Carte régionale n° **21**-A3
Carte Michelin 344-D7

à la Llagonne 3 km au Nord par D118 – ✉ 66210

La Table du Capil

CUISINE TRADITIONNELLE • FAMILIAL X Aux commandes de cette auberge, Fabrice Dubos, ancien chef de Dutournier, qui a ouvert et tenu pour lui le Pinxo, puis le Pois Gourmand. Il réalise une partition d'aubergiste, sorte de cuisine familiale réinterprétée, à base de produits locaux. Ici tout est garanti "maison" ! Une bonne adresse.

Menu 18 € (déjeuner), 28/29 € – Carte 35/50 €

Corrieu, Carrer de la Quillane – ✆ 04 68 04 94 48 – www.hotel-corrieu.fr – Fermé 1er-29 avril, 27 mai-14 juin, 22 septembre-13 décembre, lundi midi

Corrieu

AUBERGE • FONCTIONNEL Cette grande bâtisse de style régional se révèle être l'hôtel familial par excellence, avec les Pyrénées en toile de fond. Deux types de chambres : simples et sobres pour les moins chères ; plus confortables pour les "lodges" mansardés. Une bouffée d'oxygène !

20 chambres – 74/115 € – 4 suites – ☕ 11 €

Carrer de la Quillane – ✆ 04 68 04 22 04 – www.hotel-corrieu.fr – Fermé 31 mars-28 avril, 27 mai-14 juin, 22 septembre-13 décembre

La Table du Capil – voir la sélection des restaurants

MONTLOUIS-SUR-LOIRE

✉ 37270 (Indre-et-Loire) – Carte régionale n° **8**-B2

Carte Michelin 317-N4 – Guide Vert Michelin Châteaux de la Loire

La Cave

CUISINE MODERNE • RUSTIQUE À la recherche d'un lieu atypique ? Ce restaurant troglodytique, sur les rives de la Loire, est tout indiqué ! En cuisine, le chef signe une cuisine dans l'air du temps qui valorise joliment le terroir. Ses plats sont généreux et goûteux à souhait. Vins du domaine ; ambiance chaleureuse.

Menu 23 € (déjeuner) – Carte 42/59 €

63 quai Albert-Baillet – ☎ 02 47 45 05 05 – www.restaurant-la-cave.com – Fermé mardi soir, mercredi, dimanche soir

Château de la Bourdaisière

HISTORIQUE • HISTORIQUE Ce superbe château des 15e-16e s. porte le cachet de l'histoire – il vit naître Gabrielle d'Estrées, la favorite d'Henri IV – mais il vit surtout au rythme de la nature : son parc de 55 ha est un haut lieu de biodiversité, avec notamment plus de 800 variétés de tomates (menu spécial au restaurant). Le temps passe autrement en ces lieux...

29 chambres – 115/360 € – 16 €

25 rue de la Bourdaisière – ☎ 02 47 45 16 31 – www.chateaulabourdaisiere.com – Fermé 16 novembre-15 mars

MONTLUÇON

✉ 03100 (Allier) – Carte régionale n° **1**-B1

Carte Michelin 326-C4 – Guide Vert Michelin Auvergne

Grenier à Sel

CUISINE MODERNE • ÉLÉGANT Au cœur de Montluçon, voilà bien une charmante demeure : murs du 15es. recouverts de lierre, décor raffiné (parquet, moulures...). Les beaux produits sont travaillés avec soin. L'été, profitez de la terrasse, c'est un petit coin de paradis !

Menu 25 € (déjeuner), 39/59 € – Carte 64/84 €

10 rue Sainte-Anne – ☎ 04 70 05 53 79 – www.legrenierasel.com – Fermé 25 février-13 mars, 29 avril-8 mai, 4-12 novembre, lundi, samedi midi, dimanche soir

à Néris-les-Bains 8 km au Sud-Est par D2144 – ✉ 03310

Côté Toqués N

CUISINE MODERNE • BAR À VIN Après avoir roulé leur bosse dans le vin (il tiennent toujours "la Cave des Toqués", juste à côté), les jeunes propriétaires ont ouvert cette épicerie-restaurant synonyme de plaisir : les meilleurs produits locaux sont mis en valeur avec quelques touches inventives, voire fusion, avec en prime de judicieux conseils sur le choix des vins.

Menu 22 € (déjeuner), 33/46 €

21 rue Hoche – ☎ 04 70 03 06 97 – Fermé lundi, mardi soir, mercredi soir, jeudi soir, dimanche

à St-Victor 7 km au Nord par D2144 – ✉ 03410

Le Jardin Délice

CUISINE MODERNE • TENDANCE Une belle cuisine du marché, colorée et généreuse, servie dans un décor des plus agréables – une salle avec de grandes baies vitrées et sa terrasse ouvrant sur le jardin –, voilà un délicieux programme ! Le service est sérieux et professionnel, et quelques chambres permettent de faire étape.

Menu 21/59 € – Carte 36/74 €

6 route de Paris – ☎ 04 70 28 80 64 – www.jardindelice.fr – Fermé 24 juin-14 juillet, lundi midi, mercredi, dimanche soir

MONTMARAULT

⊠ 03390 (Allier) – Carte régionale n° **1**-B1
Carte Michelin 326-E5

France

CUISINE MODERNE • CHIC XX Cet établissement, situé sur la rue principale du village, invite à la pause gourmande. Un jeune chef a repris les rênes d'une adresse connue des habitués. Il compose une partition maîtrisée, volontiers créative, à déguster dans un décor moderne et soigné. Chambres confortables, idéales pour l'étape.

Menu 33/70 € – Carte 36/66 €

1 rue Marx-Dormoy – ✆ 04 70 07 60 26 – www.hoteldefrance-montmarault.com – Fermé 4-11 février, 22-29 avril, 11 novembre-3 décembre, lundi, dimanche soir

MONTMÉLARD

⊠ 71520 (Saône-et-Loire) – Carte régionale n° **5**-C3
Carte Michelin 320-G12

Le Saint-Cyr

CUISINE TRADITIONNELLE • AUBERGE XX Des plats traditionnels avec une pointe de modernité, voici ce que l'on trouve dans son assiette ici : rumsteck charolais et jus corsé au pinot noir ; ravioles d'escargots de Bourgogne... C'est tout simplement bon, et le tout se déguste avec vue sur la campagne bourdonnaise. Chambres chaleureuses et reposantes.

Menu 18 € (déjeuner), 26/46 € – Carte 31/42 €

Le Bourg – ✆ 03 85 50 20 76 – www.lesaintcyr.fr – Fermé 18 février-12 mars, lundi midi, mardi midi

MONTMERLE-SUR-SAÔNE

⊠ 01090 (Ain) – Carte régionale n° **3**-E1
Carte Michelin 328-B4

Émile Job

CUISINE CLASSIQUE • TRADITIONNEL XXX Il y a fort à parier que vous apprécierez les grands classiques qui valorisent le terroir : grenouilles, poissons de lac, poulette de Bresse, etc. Le tout à savourer dans un agréable cadre bourgeois. Aux beaux jours, on s'installe sur la terrasse qui donne sur la Saône.

Menu 38/60 € – Carte 40/100 €

12 rue du Pont – ✆ 04 74 69 33 92 – www.hotelemilejob.com – Fermé 1er-18 janvier, 10-17 septembre, lundi, mardi midi, dimanche soir

MONTMEYRAN

⊠ 26120 (Drôme) – Carte régionale n° **2**-B3
Carte Michelin 332-C5

La Grande Maison

MAISON DE CAMPAGNE • ÉLÉGANT Une belle maison bourgeoise héritée du 19e s. Ses propriétaires, anciens architectes, ont mené une superbe restauration, insufflant au caractère des lieux un esprit contemporain des plus séduisants : parquets peints, bois brut, détails déco... Et leur accueil, en particulier autour des repas (recettes régionales), est charmant !

5 chambres ☕ – ††105/150 €

quartier les Granges – ✆ 04 75 59 31 68 – www.lagrandemaisondrome.com – Fermé 22 février-4 mars, 20 décembre-6 janvier

MONTMORENCY - 95 (Val-d'Oise) ➜ voir Autour de Paris

MONTMORILLON

✉ 86500 (Vienne) – Carte régionale n° **20**–D2

Carte Michelin 322-L6 – Guide Vert Michelin Poitou-Charentes

Le Lucullus

CUISINE MODERNE • COSY XX Général romain au 1er s. av. J.-C., Lucullus est passé à la postérité en raison du faste de sa table... Heureux présage ! Installez-vous dans ce cadre cosy et feutré pour déguster une cuisine ciselée mettant joliment en valeur les produits locaux, réinterprétés avec finesse. Jolie terrasse aux beaux jours. Chambres pour l'étape.

Menu 29/33 € – Carte 39/45 €

4 boulevard de Strasbourg – ✆ 05 49 84 09 09 – www.hoteldefrance-lelucullus.fr – Fermé 23 octobre-5 novembre, lundi, mardi, dimanche soir

Bistrot de Lucullus

CUISINE TRADITIONNELLE • SIMPLE X La salle a été refaite dans un esprit sobre et contemporain, mais l'assiette préfère la tradition : une cuisine bien tournée, où les saveurs se révèlent franches et goûteuses.

Menu 14 € – Carte 25/40 €

4 boulevard de Strasbourg – ✆ 05 49 84 09 09 – www.hoteldefrance-lelucullus.fr – Fermé vendredi soir, samedi, dimanche midi

MONTNER

✉ 66720 (Pyrénées-Orientales) – Carte régionale n° **21**-B3

Carte Michelin 344-H6

Auberge du Cellier (Pierre-Louis Marin)

CUISINE MODERNE • AUBERGE XX Dans cette charmante maison locale, Pierre-Louis Marin – un enfant du pays revenu aux sources – s'approvisionne surtout chez les petits producteurs locaux et concocte une cuisine délicate, sincère et éclatante de saveurs. Un régal pour les yeux et les papilles ! Quant aux chambres, elles sont simples mais agréables.

→ Foie gras mi-cuit, cerises de Céret et oignon en pickles. Filet de veau des Pyrénées, moelle pochée et condiment de menthe pouliot. Tartelette à l'abricot meringuée, sorbet cédrat et olives noires cristallisées

Menu 21 € (déjeuner), 38/75 € – Carte 65/86 €

1 rue Sainte-Eugénie – ✆ 04 68 29 09 78 – www.aubergeducellier.com – Fermé 23 avril-1er mai, 25 juin-3 juillet, 21 octobre-7 novembre, mardi, mercredi

B. Rieger/hemis.fr

ON AIME...

L'Artichaut, pour son rapport qualité-prix imbattable. **Disini**, un Bib Gourmand où le marché règne en maître. **L'Idée Saveurs**, et son chef passionné de bons produits. **Pastis**, pour son menu "les yeux fermés", qui évolue au gré des saisons. **Leclere** et sa "cuisine d'arrivage", fraîcheur garantie !

MONTPELLIER

✉ 34000 (Hérault) – Carte régionale n° **21**-C2
Carte Michelin 339-I7 – Guide Vert Michelin Languedoc

Restaurants

La Réserve Rimbaud (Charles Fontes)

CUISINE MODERNE • ÉLÉGANT XXX Des compositions judicieuses, centrées sur le produit, pleines de fraîcheur et gorgées de soleil ! Cette table rend hommage au Sud... et prend tout son sens sur la belle terrasse au bord du Lez, sous les platanes.
→ Cuisine du marché

Menu 40 € (déjeuner), 85/95 € – Carte 77/86 €

Plan : C1-w – *820 avenue de St-Maur – ✆ 04 67 72 52 53 – www.reserve-rimbaud.com – Fermé lundi, samedi midi, dimanche soir*

Anga

CUISINE MODERNE • ÉPURÉ X Anga signifie vapeur en suédois. Ici, on cuisine au four vapeur à haute pression (un poisson est cuit en 2 secondes !) et l'effet est époustouflant : les aliments conservent leurs valeurs nutritives, leurs goûts et textures. Que ceux qui préfèrent un carré d'agneau au four se rassurent : chez Anga, on est aussi très ouvert... à la tradition !

Menu 21 € (déjeuner), 32/45 €

Plan : E2-m – *19 rue du Palais-des-Guilhem – ✆ 04 67 60 61 65 – Fermé lundi, samedi, dimanche*

L'Artichaut

CUISINE MODERNE • CONVIVIAL X Emmené par un chef à la passion communicative, voici le temple de la cuisine de saison. Les recettes du marché s'y déclinent sous forme d'un menu-carte renouvelé régulièrement. Produits frais, préparations maison, vins régionaux : un restaurant qui fera fondre les cœurs... d'Artichaut.

Menu 26 € (déjeuner), 33/43 € – Carte 26/45 €

Plan : E2-n – *15 bis rue St-Firmin – ✆ 04 67 67 91 86 – www.artichaut-restaurant.com – Fermé 1er-6 janvier, 12 août-4 septembre, lundi, dimanche*

Le Bistro Urbain Ⓝ

CUISINE MODERNE · BISTRO X À la barre de ce bistrot du cœur de Montpellier, on trouve Cédric Sangenito, chef au parcours sans accroc – Lasserre à Paris, Cala Rossa à Porto Vecchio, ou encore le Chapeau Rouge à Dijon… Sa cuisine, moderne et un brin inventive, met en valeur de bons produits frais ; la carte est renouvelée toutes les semaines. Pour le reste, prix d'ami et accueil bienveillant : un sans-faute.

Menu 25 € (déjeuner), 33/47 €

Plan : F2-a – *15 boulevard Ledru-Rollin – ✆ 09 83 22 42 61 – www.bistrourbain.com – Fermé 1er-7 janvier, lundi, mardi midi, mercredi soir, dimanche*

La Diligence Ⓝ

CUISINE MODERNE · HISTORIQUE XX Dans le centre historique, cette table est installée dans une ancienne teinturerie classée, qui a conservé son enchaînement de quatre salles voûtées datant du… 14e s. ! Côté cuisine, on revisite la tradition avec générosité : le plaisir est au rendez-vous.

Menu 52 € – Carte 60/70 €

Plan : E2-b – *2 place Pétrarque – ✆ 04 67 66 12 21 – www.la-diligence.com – Fermé lundi midi, samedi midi, dimanche*

Pastis

CUISINE MODERNE · INTIME XX On se faufile dans l'étroite rue Terral pour découvrir ce restaurant confortable et joliment décoré. Vous allez être conquis par le menu "surprise", qui varie au gré de l'inspiration du chef et des bons produits qu'il déniche chez les producteurs des environs. Jolie terrasse au pied de l'église.

Menu 38/56 €

Plan : E2-p – *3 rue Terral – ✆ 04 67 66 37 26 – www.pastis-restaurant.com – Fermé 17 août-6 septembre, 22 décembre-3 janvier, lundi, dimanche*

Le Petit Jardin

CUISINE MODERNE · CLASSIQUE XX Qu'il est doux de venir s'attabler dans ce restaurant prisé des Montpelliérains ! On y profite de petits plats joliment tournés, qui évoluent au fil des saisons ; côté bistrot, sur la petite terrasse, on se régale des classiques de la maison : sole meunière, soufflé au Grand Marnier, ris de veau au sautoir…

Menu 39/55 € – Carte 48/103 €

Plan : E1-d – *20 rue Jean-Jacques-Rousseau – ✆ 04 67 60 78 78 – www.petit-jardin.com – Fermé 23 décembre-9 janvier*

Terminal #1

CUISINE ANGLAISE MODERNE · BRANCHÉ X Les frères Pourcel ont réhabilité cet ancien chai, dont la vaste salle à manger mêle joliment pierre, acier et bois, dans un esprit d'atelier chic. La carte met en avant les produits locaux et s'autorise quelques touches exotiques : ravioles de confit de lapin au foie gras, homard bleu au barbecue et sauce vierge marinée…

Menu 39 € (déjeuner), 49/89 € – Carte 55/95 €

1408 avenue de la Mer – ✆ 04 99 58 38 38 – www.terminalpourcel.com – Fermé 30 juillet-20 août, lundi, dimanche

La Factory

CUISINE MODERNE · BRANCHÉ X Comme son nom l'indique, cette Factory arbore un look… industriel ! Côté assiette, on retrouve une bonne cuisine dans l'air du temps, entre touches lyonnaises et bourguignonnes – quenelles de Lyon, notamment – avec une belle sélection de vins de Bourgogne et de la vallée du Rhône.

Carte 25/35 €

Plan : D3-e – *598 avenue Raymond-Dugrand (Port Marianne) – ✆ 04 67 20 20 60 – www.lafactory-restaurant.fr – Fermé 22 décembre-6 janvier, dimanche*

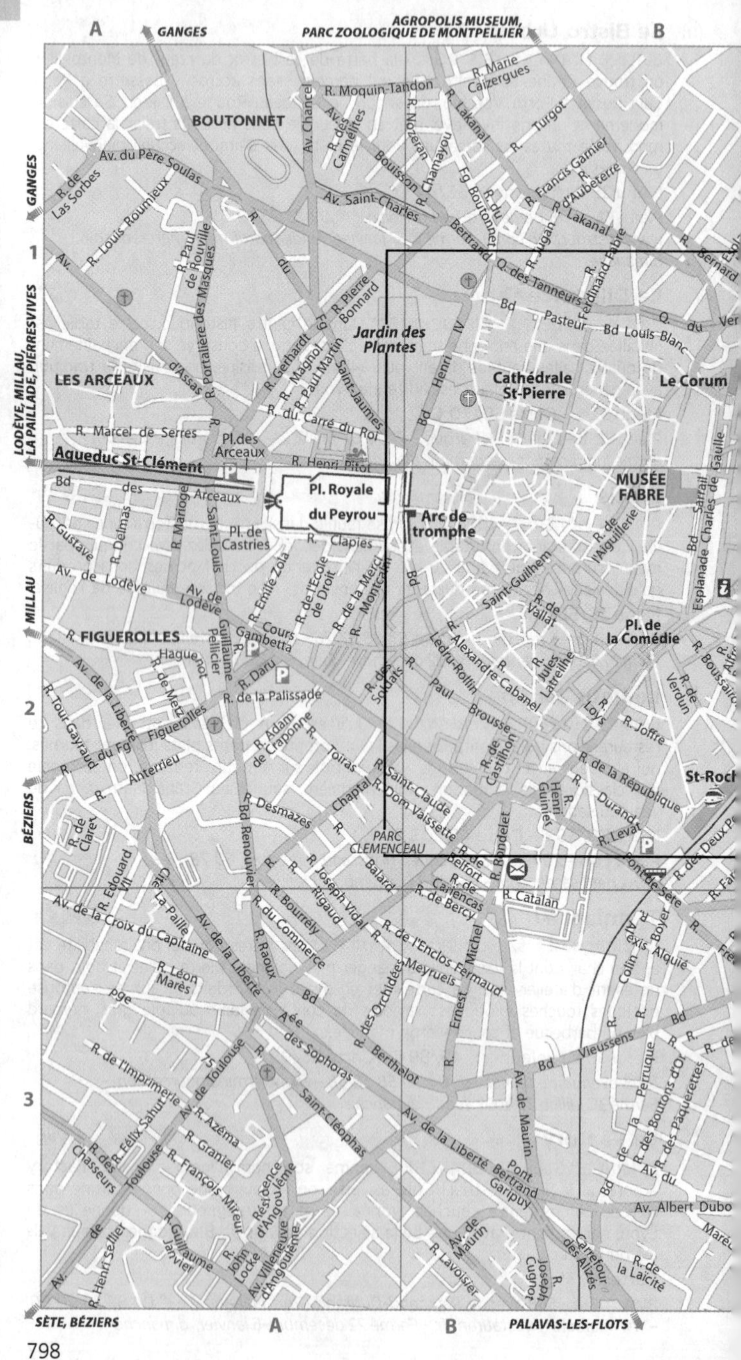
A
B
GANGES
AGROPOLIS MUSEUM, PARC ZOOLOGIQUE DE MONTPELLIER
BOUTONNET
LES ARCEAUX
FIGUEROLLES
Jardin des Plantes
Cathédrale St-Pierre
Le Corum
Aqueduc St-Clément
Pl. Royale du Peyrou
Arc de triomphe
MUSÉE FABRE
Pl. de la Comédie
St-Roch
PARC CLEMENCEAU
LODÈVE, MILLAU, LA PAILLADE, PIERRESVIVES
MILLAU
BÉZIERS
SÈTE, BÉZIERS
PALAVAS-LES-FLOTS
1
2
3
R. Moquin-Tandon
R. Marie Caizergues
Av. du Père Soulas
R. de Las Sorbes
R. Louis Roumieux
R. Paul de Rouville
R. Portalière des Masques
Av. Chancel
Av. Saint-Charles
R. des Carmélites
Bouisson Bertrand
R. Nozeran
R. Chamayou
Fg Boutonnet
R. Lakanal
R. Turgot
R. Francis Garnier
R. d'Aubeterre
R. Jugan
R. Ferdinand Fabre
Q. des Tanneurs
Bd Pasteur
Bd Louis Blanc
Q. du Verdanson
R. Bernard
Bd Henri IV
R. Pierre Bonnard
R. Gerhardt
R. Magnol
R. Paul Martin
Fg Saint-Jaumes
R. du Carré du Roi
R. Marcel de Serres
Pl. des Arceaux
R. Henri Pitot
Bd des Arceaux
R. Gustave
R. Delmas
R. Marioge
Saint-Louis
Pl. de Castries
R. Clapiès
Av. de Lodève
R. Emile Zola
R. de l'Ecole de Droit
R. de la Merci
R. Montcalm
Cours Gambetta
R. Haguenot
R. de Metz
Guillaume Pellicier
R. Daru
R. de la Palissade
R. des Soldats
R. Saint-Guilhem
R. de Vallat
R. Alexandre-Cabanel
R. Ledru-Rollin
R. Paul Brousse
R. Jules Latreilhe
R. Loys
R. Joffre
R. de l'Aiguillerie
Bd Sarrail
Esplanade Charles de Gaulle
R. de Verdun
R. Boussairolles
Av. de la Liberté
R. Tour Gayraud
R. du Fg Figuerolles
R. Anterrieu
R. de Claret
R. Adam de Craponne
R. Toiras
R. Chaptal
R. Saint-Claude
R. Dom Vaissette
R. de Castilhon
R. Henri Guinier
R. de la République
R. Durand
R. Levat
R. Desmazes
Bd Renouvier
R. Joseph Vidal
R. Rigaud
R. Balard
R. de Belfort
R. de Carlencas
R. de Bercy
R. Rondelet
R. Catalan
Pont de Sète
R. des Deux Ponts
R. Édouard VII
Cité La Paille
Av. de la Croix du Capitaine
R. Léon Marès
R. Bourrely
R. du Commerce
R. Raoux
R. de l'Enclos Fermaud
R. Meyrueis
R. des Orchidées
R. Ernest Michel
R. Colin
R. Boyer
R. Alexis Alquié
Bd Berthelot
Allée des Sophoras
Bd Vieussens
Av. de Maurin
R. de la Perruque
R. des Boutons d'Or
R. des Pâquerettes
R. de l'Imprimerie
Av. de Toulouse
R. Félix Sahut
R. Azéma
R. Granier
R. François Mireur
R. des Chasseurs
R. Saint-Cléophas
Résidence d'Angoulême
Av. Villeneuve d'Angoulême
Av. de la Liberté
Pont Bertrand Garipuy
Av. Albert Dubout
R. Guillaume Janvier
R. John Locke
R. Henri Sellier
R. Lavoisier
Av. de Maurin
R. Joseph Cugnot
Carrefour des Alizés
R. de la Laïcité

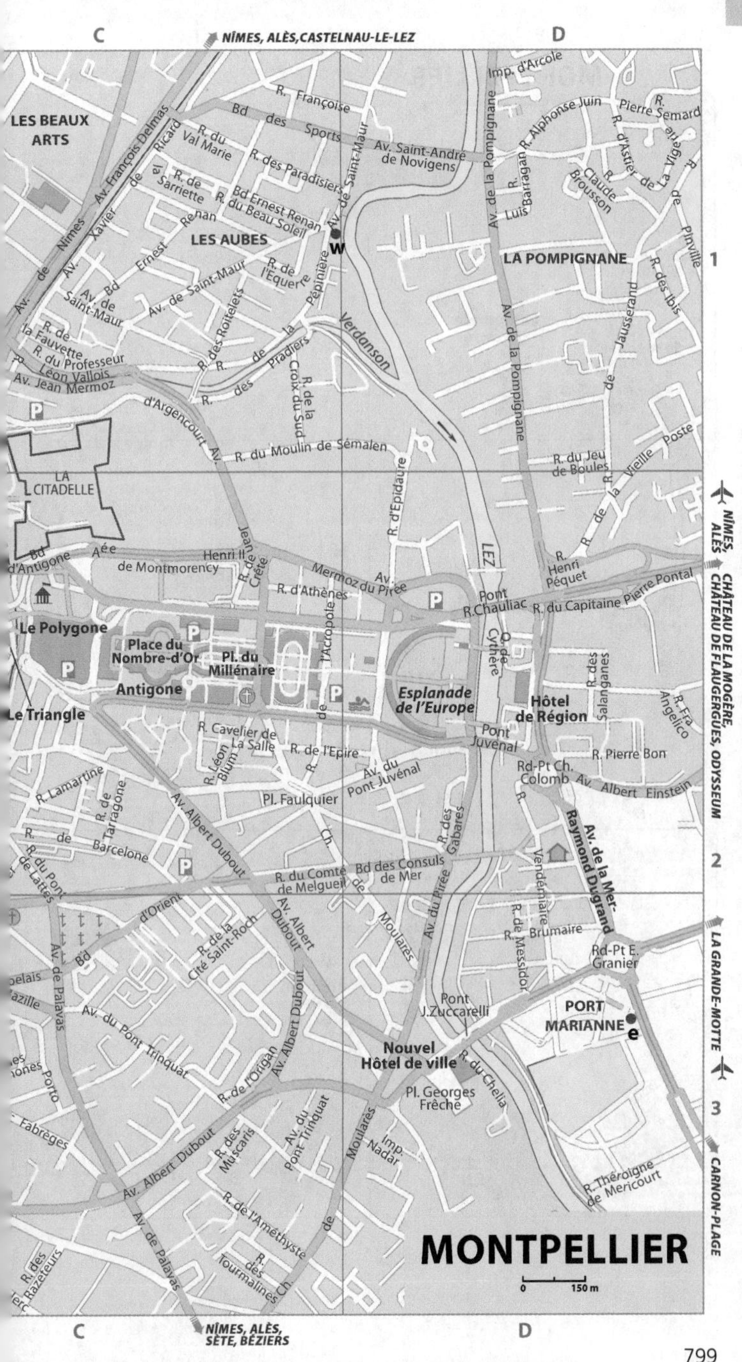
MONTPELLIER
NÎMES, ALÈS, CASTELNAU-LE-LEZ
NÎMES, ALÈS, SÈTE, BÉZIERS
NÎMES, ALÈS
CHÂTEAU DE LA MOGÈRE, CHÂTEAU DE FLAUGERGUES, ODYSSEUM
LA GRANDE-MOTTE
CARNON-PLAGE
LES BEAUX ARTS
LES AUBES
LA POMPIGNANE
LA CITADELLE
Le Polygone
Place du Nombre-d'Or
Pl. du Millénaire
Antigone
Le Triangle
Esplanade de l'Europe
Hôtel de Région
PORT MARIANNE
Nouvel Hôtel de ville
Pl. Georges Frêche
Pl. Faulquier
Verdanson
LEZ
0 150 m

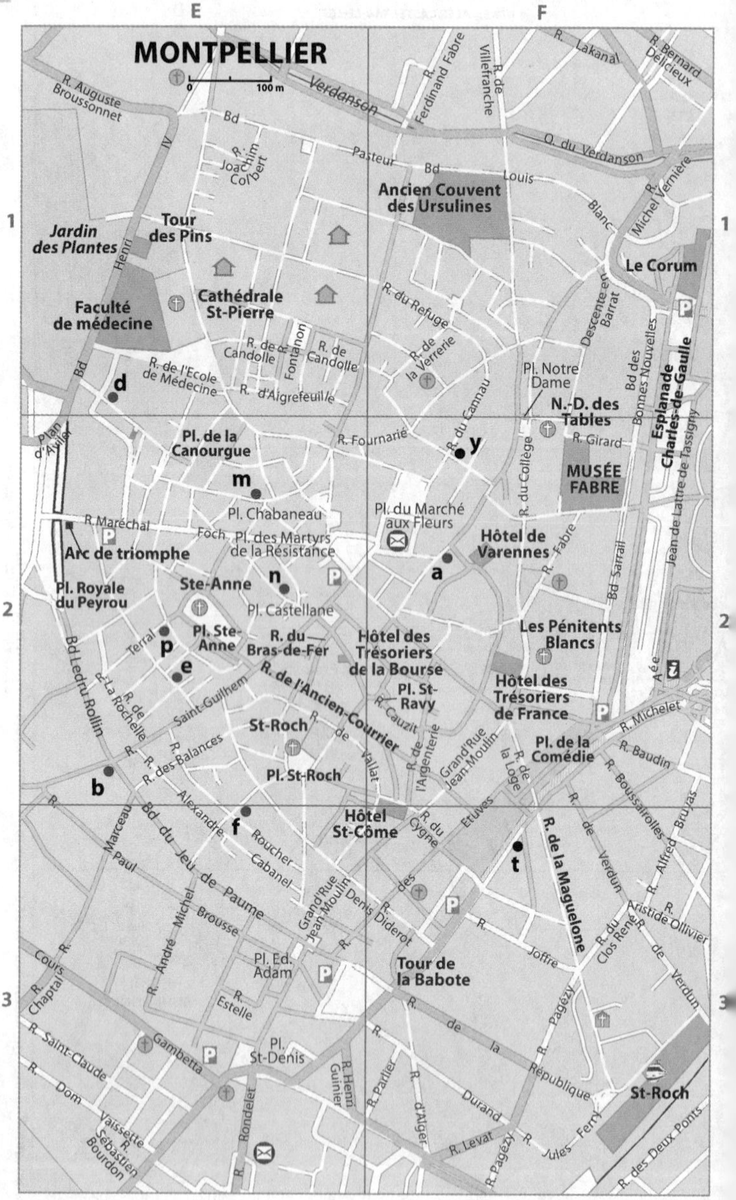

MONTPELLIER

0 100 m

E F

1 2 3

Jardin des Plantes
Tour des Pins
Faculté de médecine
Cathédrale St-Pierre
Ancien Couvent des Ursulines
Le Corum
Pl. Notre Dame
N.-D. des Tables
MUSÉE FABRE
Pl. de la Canourgue
Pl. Chabaneau
Pl. des Martyrs de la Résistance
Pl. du Marché aux Fleurs
Hôtel de Varennes
Arc de triomphe
Pl. Royale du Peyrou
Ste-Anne
Pl. Castellane
Pl. Ste-Anne
R. du Bras-de-Fer
Hôtel des Trésoriers de la Bourse
Les Pénitents Blancs
Hôtel des Trésoriers de France
Pl. St-Ravy
Pl. de la Comédie
St-Roch
Pl. St-Roch
Hôtel St-Côme
Tour de la Babote
Pl. Ed. Adam
Pl. St-Denis
St-Roch
Esplanade Charles-de-Gaulle

R. Auguste Broussonnet
Bd Henri IV
Verdanson
Bd Pasteur
R. Joachim Colbert
R. Ferdinand Fabre
R. de Villefranche
R. Lakanal
R. Bernard Délicieux
Q. du Verdanson
Bd Louis Blanc
R. Michel Vernière
R. du Refuge
R. de la Verrerie
R. de Candolle
R. Fontanon
R. de l'Ecole de Médecine
R. d'Aigrefeuille
R. Fournarié
R. du Cannau
R. du Collège
R. Girard
Descente en Barrat
Bd des Bonnes Nouvelles
Jean de Lattre de Tassigny
Plan d'Aviler
R. Maréchal Foch
R. Fabre
Bd Sarrail
R. Terral
R. de la Rochelle
R. Saint-Guilhem
R. de l'Ancien-Courrier
R. Cauzit
R. de Vallat
R. de l'Argenterie
Grand'Rue Jean-Moulin
R. de la Loge
R. Michelet
R. Baudin
Bd Ledru Rollin
R. des Balances
R. Alexandre Cabanel
R. Roucher
R. Marceau
R. Paul Brousse
Bd du Jeu de Paume
R. André Michel
R. des Etuves
R. du Cygne
R. de la Maguelone
R. Boussairolles
R. de Verdun
R. Alfred Bruyas
R. Aristide Ollivier
R. du Clos René
R. Denis Diderot
R. Joffre
Cours Gambetta
R. Chaptal
R. Estelle
R. Saint-Claude
R. Dom Vaissette
R. Sébastien Bourdon
R. Rondelet
R. Henri Guinier
R. Parlier
R. d'Alger
R. de la République
R. Pagézy
R. Durand
R. Levat
R. Jules Ferry
R. des Deux Ponts

a b d e f m n p t y

L'Idée Saveurs

CUISINE MODERNE • SIMPLE X Attention, pépite ! Cette table de poche – 20 couverts – affiche souvent complet... et pour cause : le chef-patron, M. Juste, sélectionne ses produits avec passion et concocte des plats goûteux et bien ficelés. Ajoutons à cela l'excellent rapport qualité-prix, on comprend que la réservation soit indispensable...

Menu 33/44 €

Plan : E3-f – *5 rue du Four des Flammes* – *✆ 04 67 29 88 62* – *Fermé lundi, mardi midi, mercredi midi, jeudi midi, dimanche*

Leclere

CUISINE MODERNE • INTIME X "Une cuisine d'arrivage" : c'est en ces termes que le jeune chef talentueux qualifie sa façon de mettre en valeur les produits, en privilégiant fraîcheur et circuits courts (poissons venus de Sète, framboises de Dordogne). L'endroit ne désemplit pas et c'est amplement mérité.

Menu 30 € (déjeuner), 40/50 €

Plan : E2-e – *41 rue de la Valfère* – *✆ 04 67 56 90 23* – *www.restaurantleclere.com* – *Fermé 16-23 février, 23 décembre-7 janvier, lundi, mardi midi, mercredi midi, dimanche*

Hôtels

Baudon de Mauny

HISTORIQUE • PERSONNALISÉ Beautés d'hier et d'aujourd'hui... Dallage ancien, portes sculptées, hauts plafonds, mais aussi mobilier design et aménagement très contemporain : au cœur de la ville, cet hôtel particulier du 18e s. arbore une mine superbe.

9 chambres – 145/345 € – 19 €

Plan : F2-y – *1 rue de la Carbonnerie* – *✆ 04 67 02 21 77* – *www.baudondemauny.com* – *Fermé 2 février-3 mars*

Grand Hôtel du Midi

BUSINESS • CONTEMPORAIN Juste à côté de l'opéra, ce bel immeuble du début du 20e s. (vitraux, mosaïques) a été en partie rénové sur le thème de la danse contemporaine. Les chambres sont élégantes et parées de couleurs intenses : une vraie réussite.

41 chambres – 109/450 € – 3 suites – 17 €

Plan : F3-t – *22 boulevard Victor-Hugo* – *✆ 04 67 92 69 61* – *www.grandhoteldumidimontpellier.com*

à Baillargues 8 km au Nord par D66 et D613 – ✉ 34670

Golf Hôtel de Massane

RESORT • FONCTIONNEL Vaste complexe hôtelier doté de nombreux équipements pour les loisirs et la détente. Les chambres, spacieuses et colorées, regardent pour certaines la piscine. Salle à manger contemporaine tournée vers le golf ; cuisine actuelle et vins régionaux.

32 chambres – 139/163 € – 12 €

Domaine de Massane (au golf) – *✆ 04 67 87 87 87* – *www.massane.com*

à Castelnau-le-Lez 7 km au Nord par D66 et D613 – ✉ 34170

Domaine de Verchant

CUISINE MODERNE • ÉLÉGANT XX Un lieu contemporain pour une cuisine dans l'air du temps et de bons produits. On sert les vins du domaine, à déguster près de la verrière avec vue sur le jardin. Accueil aimable.

Menu 65/75 € – Carte 90/120 €

1 boulevard Philippe-Lamour, par r. de la Vieille-Poste – *✆ 04 67 07 26 00* – *www.domainedeverchant.com* – *Fermé lundi midi, mardi midi, mercredi, jeudi midi*

Domaine de Verchant

LUXE • CONTEMPORAIN Une allée de platanes mène à cette belle propriété viticole du 16e s. cernée par les vignes... Les chambres sont superbes (design italien, équipements high-tech, charpente et vieilles pierres), le spa exquis, et la piscine à débordement ne connaît d'autre horizon que la mer de vignes.

26 chambres - 210/420 € - 5 suites - 28 €

1 boulevard Philippe-Lamour, par r. de la Vieille-Poste - 04 67 07 26 00 - www.domainedeverchant.com

Domaine de Verchant - voir la sélection des restaurants

à Castries 8 km au Nord par D66 et D613 - 34160

Disini

CUISINE MODERNE • CONVIVIAL XX Au sein d'un imposant hôtel niché au milieu des chênes, cette table fait forte impression. Dans une grande salle à manger lumineuse, ou sur la terrasse à l'abri des frondaisons, on déguste la cuisine d'une jeune chef talentueuse : des assiettes colorées, "architecturées" avec précision, mais surtout pleines de saveurs et de parfums... Accueil aimable et professionnel.

Menu 24 € (déjeuner), 29/69 € - Carte 33/54 €

1 rue des Carrières - 04 67 41 97 86 - www.disini-hotel.com

Disini

BOUTIQUE HÔTEL • PERSONNALISÉ Disini ou "ici" en balinais... Dans une forêt de chênes verts, cet hôtel récent mêle touches ethniques (Asie et Afrique) et confort high-tech, dans une ambiance feutrée et reposante. Entretien irréprochable et accueil sympathique.

15 chambres - 104/274 € - 1 suite - 16 €

1 rue des Carrières - 04 67 41 97 86 - www.disini-hotel.com

Disini - voir la sélection des restaurants

à Juvignac 6 km à l'Ouest, route de Millau - 34990

Vichy Thermalia Spa Hôtel

SPA ET BIEN-ÊTRE • CONTEMPORAIN Cet hôtel du groupe Vichy a été fondé en 2014 à proximité des sources de Fontcaude, dont l'eau - naturellement chaude - est utilisé pour les soins thermaux. Son principal atout est sans doute son immense spa, avec ses nombreux équipements ultra-modernes.

48 chambres - 95/265 € - 41 suites - 16 €

1292 allée des Thermes - 04 67 41 04 20 - www.juvignac-vichy-thermalia-spa-hotel.fr

à Lattes 5 km Sud par D986 - 34970

Le Mazerand

CUISINE CLASSIQUE • ÉLÉGANT XXX Cette propriété, dont l'origine remonte au 17e s., marie avantageusement vieilles pierres et décor moderne. On y déguste une cuisine régionale goûteuse, comme cet émincé de foie gras de canard, ou encore ce filet de bœuf de l'Aubrac préparé dans un esprit de tournedos Rossini...

Menu 31/68 € - Carte 45/86 €

route de Fréjorgues, CD172 - 04 67 64 82 10 - www.le-mazerand.com - Fermé 23 février-11 mars, lundi, samedi midi, dimanche soir

à St-Gély-du-Fesc 13 km au Nord-Ouest par D986 - 34980

Le Clos des Oliviers

CUISINE MODERNE • CLASSIQUE XX Du goût, de la simplicité, des produits de qualité bien travaillés : on apprécie ici une bonne cuisine, sans complications inutiles, et on se fait plaisir ! À noter : la carte des vins est réalisée avec le caviste voisin. L'été, on profite de la terrasse à l'ombre des canisses.

Menu 21 € (déjeuner), 39/69 € - Carte 41/60 €

53 rue de l'Aven - 04 67 84 36 36 - www.clos-des-oliviers.com - Fermé lundi, dimanche soir

MONTRABÉ - 31 (Haute-Garonne) ➜ voir Toulouse

MONTREDON - 11 (Aude) ➜ voir Carcassonne

MONTREUIL - 93 (Seine-Saint-Denis) ➜ voir Autour de Paris

MONTREUIL

✉ 62170 (Pas-de-Calais) - Carte régionale n° **13**-A2
Carte Michelin 301-D5

Château de Montreuil

CUISINE CLASSIQUE • ÉLÉGANT XXX On sert ici une cuisine de saison, qui navigue entre classicisme et touches plus actuelles, dans une salle à manger confortable, au décor feutré.

Menu 37 € (déjeuner), 78/100 €

4 chaussée des Capucins - ✆ 03 21 81 53 04 - www.chateaudemontreuil.com - Fermé 15 décembre-30 janvier, lundi, mardi midi, jeudi midi

Anecdote

CUISINE TRADITIONNELLE • BISTRO X Alexandre Gauthier, chef de la Grenouillère, revient ici aux fondamentaux : bouillon de crevettes grises, entrecôte béarnaise, crêpes Suzette, tarte Tatin... avec même certains plats en hommage à son père. Bons produits, belles présentations, saveurs et générosité : une table loin d'être anecdotique.

Menu 24 € (déjeuner) - Carte 39/65 €

1 rue des Juifs (pl. de l'Église) - ✆ 03 21 86 65 80 - www.anecdote-restaurant.com - Fermé lundi, dimanche

Château de Montreuil

LUXE • PERSONNALISÉ Dans la partie haute de la ville, une grande et élégante demeure toute blanche (années 1920) dans un jardin clos, à l'abri des remparts... et du monde extérieur. Beaucoup de calme et de raffinement en ces lieux, dans une veine "so British".

9 chambres - 220/250 € - 1 suite - ☕ 19 €

chaussée des Capucins - ✆ 03 21 81 53 04 - www.chateaudemontreuil.com - Fermé 15 décembre-31 janvier

Château de Montreuil - voir la sélection des restaurants

Coq Hôtel

TRADITIONNEL • FONCTIONNEL Cette maison bourgeoise dresse sa belle façade en brique rouge sur une placette du centre. Les chambres sont spacieuses et coquettes : parfait pour une étape dans cette petite ville médiévale.

19 chambres - 95/125 € - ☕ 12 €

2 place de la Poissonnerie - ✆ 03 21 81 05 61 - www.coqhotel.fr - Fermé 1er-31 janvier, 22 décembre-31 janvier

à Attin 4 km au Nord-Ouest par N39 - ✉ 62170

Au Bon Accueil

CUISINE TRADITIONNELLE • BISTRO X On ne compte plus ces anciennes auberges auxquelles de jeunes associés offrent une seconde jeunesse... Ici encore, le pari est gagnant ! Dans un intérieur de bistrot contemporain, on savoure une bonne cuisine faite maison, qui célèbre les produits du marché. Le tout à prix doux : que demander de plus ?

Menu 22/35 €

52 Route Nationale 39 - ✆ 03 21 06 93 55 - www.au-bon-accueil-attin.fr - Fermé 18-28 février, 17-27 juin, 17-27 novembre, lundi, dimanche soir

à La Madelaine-sous-Montreuil 3 km à l'Ouest par D139 et route secondaire – ✉ 62170

✿✿ La Grenouillère (Alexandre Gauthier)

CUISINE MODERNE • DESIGN XXX Deux étoiles sur son tablier. Alexandre Gauthier (et ses nombreux fans) peut sourire : la patience a fini par payer. Rares sont les chefs qui démontrent une personnalité culinaire aussi affirmée que le chef de la Madelaine-sous-Montreuil, dans le Pas-de-Calais. Et pour cela, il n'a même pas besoin d'être tatoué... Retour sur une consécration méritée.

Les lieux, d'abord. Deux chapiteaux métalliques aux lignes épurées (signés de l'architecte Patrick Bouchain) couronnent une salle ouverte sur la nature et les fourneaux ! C'est en ce laboratoire que le chef alchimiste asticote les saveurs au gré d'assiettes tranchantes. Autant d'instantanés de créativité, où le produit chante les louanges des saisons.

Alexandre Gauthier y propose "une cuisine contemporaine de racine française, libérée de ses certitudes et de ses a priori". Et dans l'assiette, ça donne quoi ? Prenez ces pop-corn de poulet qui donnent l'impression d'avoir croqué dans une volaille rôtie. Une cuisine d'art et d'essai ébouriffante.

→ Grenouilles grillées. Pigeon au blé vert. Bulle du marais

Menu 95/160 € – Carte 80/105 €

19 rue de la Grenouillère – ✆ 03 21 06 07 22 – www.lagrenouillere.fr – Fermé 6-23 janvier, 11-20 mars, lundi midi, mardi, mercredi midi, jeudi midi

La Grenouillère

AUBERGE • DESIGN De l'hôtel-restaurant familial – une ancienne ferme picarde dans les champs –, Alexandre Gauthier a fait... un lieu d'avant-garde. À l'image de sa cuisine tout en recherches, les chambres jouent une carte très contemporaine, notamment les "huttes" créées dans le jardin par l'architecte Patrick Bouchain, au luxe sauvage !

12 chambres – 140/290 € – 3 suites – ☕ 23 €

19 rue de la Grenouillère – ✆ 03 21 06 07 22 – www.lagrenouillere.fr – Fermé 6-23 janvier, 11-20 mars

✿✿ **La Grenouillère** – voir la sélection des restaurants

au Moulinel 8 km à l'Ouest par D139 – ✉ 62170

Auberge du Moulinel

CUISINE TRADITIONNELLE • AUBERGE XX Un petit air de campagne chic, non loin du Touquet. Soufflé au Grand Marnier, salade de homard... Le chef réalise une alléchante cuisine traditionnelle. Tout est fait maison, y compris le pain et les glaces !

Menu 46/65 € – Carte 68/78 €

116 chaussée de l'Avant-Pays – ✆ 03 21 94 79 03 – www.aubergedumoulinel.com – Fermé 4-15 janvier, lundi, mardi, dimanche soir

MONTREVEL-EN-BRESSE

✉ 01340 (Ain) – Carte régionale n° **2**-B1
Carte Michelin 328-D2 – Guide Vert Michelin Lyon et sa région

Le Comptoir

CUISINE TRADITIONNELLE • BISTRO X Envie d'un verre au Comptoir ? Ce café de village joue la carte de la nostalgie, façon bouchon lyonnais : banquettes, affiches, miroirs et... spécialités bistrotières, sans oublier quelques plats régionaux. Vous y reviendrez forcément !

Menu 21/35 € – Carte 28/39 €

9 Grand'Rue – ✆ 04 74 25 45 53 – www.restaurant-lecomptoir.fr – Fermé mardi soir, mercredi, dimanche soir

MONTRICHARD

✉ 41400 (Loir-et-Cher) – Carte régionale n° **8**-A1
Carte Michelin 318-E7 – Guide Vert Michelin Châteaux de la Loire

à Chissay-en-Touraine 4 km à l'Ouest par D176 - ✉ 41400

Château de Chissay

DEMEURE HISTORIQUE · PERSONNALISÉ Louis XI, le général de Gaulle : ce château du 15^e^s. a accueilli d'illustres personnages ! Chambres classiques ; la troglodytique et le duplex du donjon ne manquent pas d'originalité... Au restaurant : voûtes, boiseries, mobilier Louis XIII et... cuisine actuelle.

32 chambres - 130/310 € - 2 suites - 17 €

Château de Chissay - ✆ 02 54 32 32 01 - www.chateaudechissay.com - Fermé 4 novembre-13 avril

MONTRICOUX

✉ 82800 (Tarn-et-Garonne) - Carte régionale n° **22**-C2
Carte Michelin 337-F7

Les Gorges de l'Aveyron

CUISINE MODERNE · CONVIVIAL XXX Au cœur d'un parc verdoyant baigné par l'Aveyron, cette villa cossue est une véritable invitation à savourer une cuisine de saison agréable et bien ficelée. La grande terrasse se révèle incontournable aux beaux jours.

Menu 15 € (déjeuner), 36/75 €

169 route des Gorges de l'Aveyron - ✆ 05 63 24 50 50 - www.lesgorgesaveyron.com - Fermé 1er-31 mars, lundi, mardi

Le Délice des Papilles

CUISINE TRADITIONNELLE · CONTEMPORAIN X Ici, on se délecte d'une bonne cuisine traditionnelle, à l'instar de ce ballotin de pigeon, farci au foie gras et truffe d'été, ou du carpaccio de langoustines. Six chambres à l'étage, et grande terrasse. Pour l'anecdote, on tourna ici quelques scènes du Vieux Fusil, avec Romy Schneider.

Menu 16 € (déjeuner), 28/60 € - Carte 35/50 €

Le Bugarel-Bruniquel - ✆ 05 63 20 30 26 - www.ledelicesdespapilles.fr - Fermé 18 février-5 mars, 17-25 juin, 4-19 novembre, lundi, mardi

MONTS

✉ 37260 (Indre-et-Loire) - Carte régionale n° **8**-B2
Carte Michelin 317-M5

Au Carrousel des Saveurs

CUISINE TRADITIONNELLE · FAMILIAL X Le jeune chef, après un parcours dans de belles maisons, a posé ses valises dans cette petite auberge familiale des bords de l'Indre pour en faire... un carrousel de saveurs. Au coin de la cheminée, on profite d'une cuisine très honnête, basée sur des produits de qualité.

Menu 26/49 €

2 rue Jean-Colin - ✆ 02 47 26 76 86 - www.aucarrouseldessaveurs.fr - Fermé 2-23 janvier, 5-21 juillet, lundi, dimanche soir

LE MONT-ST-MICHEL

✉ 50170 (Manche) - Carte régionale n° **17**-A3
Carte Michelin 303-C8 - Guide Vert Michelin Normandie Cotentin, Bretagne

La Mère Poulard 

CUISINE TRADITIONNELLE · AUBERGE XX On ne présente plus la fameuse Mère Poulard, véritable institution fondée en 1888 dans le prestigieux cadre du Mont-Saint-Michel. La décoration rend hommage à l'histoire des lieux (cheminée d'époque, photos d'artistes dédicacées) ; on profite de bons plats du terroir, en tête desquels la célébrissime omelette de la maison... Une halte s'impose !

Menu 38/58 € - Carte 52/76 €

Grande-Rue - ✆ 02 33 89 68 68 - www.mere-poulard.com

à la Digue 2 km au Sud sur D976 – ✉ 50170

Le Relais Saint-Michel

TRADITIONNEL · CONTEMPORAIN Pour les touristes et les pélerins d'aujourd'hui, une étape confortable... face à la silhouette du Mont : dans ce relais contemporain (1995), la quasi totalité des chambres ouvrent par de grandes baies – et avec balcon ou terrasse – sur l'étendue des herbus et l'abbaye. Restaurant panoramique.

39 chambres – 160/350 €

02 33 89 32 00 – www.relais-st-michel.fr

Le Relais du Roy

TRADITIONNEL · FONCTIONNEL À l'entrée de la digue, une ancienne ferme de la fin du 18e s. toute en pierre, et son extension plus récente. Les chambres, fonctionnelles et bien tenues, ouvrent pour certaines (les plus calmes) sur le Couesnon.

27 chambres – 98/135 € – 12 €

02 33 60 14 25 – www.le-relais-du-roy.com – Fermé 15 février-7 mars

MONTSALVY

✉ 15120 (Cantal) – Carte régionale n° **1**-B3

Carte Michelin 330-C6 – Guide Vert Michelin Auvergne

L'Auberge Fleurie

CUISINE MODERNE · AUBERGE XX Avis aux amateurs : ici, on a la passion du terroir et des bons vins ! Quenelle de saumon aux moules sur bisque de langoustine, côtelette de porc fermier "Lou Téchou" à la graine de moutarde... Dans cette auberge couverte de vigne vierge, le chef revisite joliment la tradition. Quelques chambres à l'étage.

Menu 17 € (déjeuner), 27/48 € – Carte 36/61 €

avenue d'Aurillac – 04 71 49 20 02 – www.auberge-fleurie.com – Fermé 1er janvier-16 mars, lundi, dimanche soir

MONT-SAXONNEX

✉ 74130 (Haute-Savoie) – Carte régionale n° **4**-F1

Carte Michelin 328-L4 – Guide Vert Michelin Alpes du Nord

Jalouvre

FAMILIAL · COSY Bien au calme dans un village de montagne, un hôtel confortable et avenant, dont les chambres sont décorées dans un bel esprit de chalet contemporain – certaines ont un balcon donnant sur la vallée. Côté cuisine, carte de spécialités régionales.

14 chambres – 90/100 € – 10 €

45 route Gorge-du-Cé – 04 50 96 90 67 – www.lejalouvre.com

MONTSOREAU

✉ 49730 (Maine-et-Loire) – Carte régionale n° **23**-C2

Carte Michelin 317-J5 – Guide Vert Michelin Pays de la Loire

La Marine de Loire

SPA ET BIEN-ÊTRE · ROMANTIQUE Un hôtel de charme décoré avec goût : les chambres, aux noms poétiques, sont confortables et bien tenues. Il fait bon se promener dans le jardin d'agrément, avant d'aller se prélasser dans l'espace bien-être, avec hammam, cabines de soins et une belle piscine à débordement...

7 chambres – 140/220 € – 4 suites – 15 €

9 avenue de la Loire – 02 41 50 18 21 – www.hotel-lamarinedeloire.com

MOOSCH

✉ 68690 (Haut-Rhin) – Carte régionale n° **10**-A3

Carte Michelin 315-G9

Aux Trois Rois

CUISINE MODERNE • VINTAGE XX Pâté en croûte, tête de veau... Ici, les éternels bistrotiers sont rois, mais ils partagent volontiers leur couronne avec les produits de la mer. À l'ardoise, des propositions sans cesse renouvelées et des vins qui sont de vraies petites trouvailles : un royaume du goût, de la qualité et de la convivialité !

Menu 17 € (déjeuner), 38/52 €

35 rue du Général-de-Gaulle - ☎ 03 89 82 34 66 - www.aux-trois-rois.com - Fermé 24 juin-24 juillet, 10 décembre-10 janvier, lundi, mardi

MORBECQUE

✉ 59190 (Nord) - Carte régionale n° **13**-B2

Carte Michelin 302-D3

Au Cœur d'Artichaut

CUISINE MODERNE • ÉLÉGANT XX Sis dans une jolie maison en brique, ce restaurant contemporain, ouvert par un jeune couple originaire du village, propose une cuisine dans l'air du temps, attentive aux produits et aux saisons, à déguster dans la belle salle à manger sous véranda. Service attentionné.

Menu 19/43 € - Carte 34/53 €

8 avenue des Flandres - ☎ 03 28 48 09 21 - www.aucoeurdartichaut.fr - Fermé 18 février-4 mars, 5-30 août, lundi soir, mercredi, dimanche soir

MOREILLES - 85 (Vendée) → voir Luçon

MOREY-ST-DENIS

✉ 21220 (Côte-d'Or) - Carte régionale n° **5**-D1

Carte Michelin 320-J6

Castel de Très Girard

CUISINE MODERNE • CONTEMPORAIN XX Dans ce restaurant où règne une douce atmosphère contemporaine, le chef réalise une belle cuisine, faite de fraîcheur de saison, de saveurs du terroir et de modernité... L'art de la conjugaison ! Sans oublier la très belle carte des vins.

Menu 22 € (déjeuner), 35/39 € - Carte 43/70 €

7 rue de Très-Girard - ☎ 03 80 34 33 09 - www.castel-tres-girard.com

Castel de Très Girard

MAISON DE MAÎTRE • ÉLÉGANT Au cœur d'un village viticole typiquement bourguignon, ce Castel est installé dans un ancien pressoir datant du 17e s. Les chambres, cossues et spacieuses, sont idéales pour se prélasser, tout comme la belle terrasse, le jardin et la piscine...

8 chambres - 160/280 € - 13 €

7 rue de Très-Girard - ☎ 03 80 34 33 09 - www.castel-tres-girard.com

Castel de Très Girard - voir la sélection des restaurants

MORGAT

✉ 29160 (Finistère) - Carte régionale n° **7**-A2

Carte Michelin 308-E5 - Guide Vert Michelin Bretagne Nord

Hôtel de la Baie

FAMILIAL • BORD DE MER Au cœur de Morgat, l'établissement offre une vue imprenable sur la plage... Les chambres, d'esprit actuel, gaies et soignées, sont d'un bon rapport qualité-prix, tout comme les quelques studios et chambres avec kitchenette et coin salon. Une adresse où l'on se sent bien.

25 chambres - 59/132 € - 13 €

46 boulevard de la Plage - ☎ 02 98 27 07 51 - www.hoteldelabaie-crozon-morgat.com

MORLAIX

✉ 29600 (Finistère) – Carte régionale n° **7**-B1

Carte Michelin 308-H3 – Guide Vert Michelin Bretagne Nord

Le Viaduc

CUISINE TRADITIONNELLE · COSY XX Cette maison compte parmi les plus vieilles du secteur de l'église St-Mélaine. Les spécialités du chef, dont le père était boucher : la viande, les abats et le célèbre kig-ha-farz, le pot-au-feu breton. Mais il y a aussi du poisson, bien sûr !

Menu 32/41 €

3 rampe Sainte-Melaine – ✆ 02 98 63 24 21 – www.le-viaduc.com – Fermé 1er-7 janvier, 1er-12 juin, lundi, dimanche soir

L'Hermine

CUISINE BRETONNE · RUSTIQUE X Poutres, tables en bois ciré, objets rustiques : une crêperie bien sympathique dans un pittoresque quartier piétonnier, avec une petite terrasse... On peut choisir parmi une cinquantaine de crêpes au sarrasin et au froment, avec une spécialité : la Godaille, une galette au thon, au beurre d'ail et aux algues.

Carte 11/30 €

35 rue Ange-de-Guernisac – ✆ 02 98 88 10 91 – www.restaurantmorlaix.com – Fermé dimanche

Cozy Hôtel

BUSINESS · CONTEMPORAIN En léger retrait de la route, une construction cubique des années 1970, qui abrite des chambres fonctionnelles, joliment rénovées dans un style contemporain. L'accueil est sympathique et les prix raisonnables.

30 chambres – 55/95 € – 12 €

3 km par route de Plouigneau, à l'Est sur D712 – ✆ 02 98 88 08 68 – www.hotel-morlaix.com

MORSBRONN-LES-BAINS

✉ 67360 (Bas-Rhin) – Carte régionale n° **10**-B1

Carte Michelin 315-K3

La Source des Sens

CUISINE MODERNE · CONTEMPORAIN XXX Le cadre est résolument contemporain – mobilier design et vue sur les fourneaux via un écran plasma – et la cuisine se fait volontiers créative, grâce à l'implication du chef Pierre Weller, inventif et attentif. Des recettes qui ont du sens !

Menu 19 € (déjeuner), 50/70 € – Carte 53/67 €

19 route d'Haguenau – ✆ 03 88 09 30 53 – www.lasourcedessens.fr – Fermé 20 janvier-4 février, 15 juillet-4 août, lundi, mardi midi, dimanche soir

La Source des Sens

SPA ET BIEN-ÊTRE · CONTEMPORAIN Un hôtel-restaurant très agréable dans cette station thermale du nord de l'Alsace. Chambres tendance au design sobre – plus calmes sur l'arrière du bâtiment –, espace bien-être complet avec un magnifique spa de 2 000 m^2 : tous les sens sont flattés.

32 chambres – 175/300 €

19 route d'Haguenau – ✆ 03 88 09 30 53 – www.lasourcedessens.fr – Fermé 20 janvier-4 février, 15 juillet-4 août

La Source des Sens – voir la sélection des restaurants

MORTAGNE-AU-PERCHE

✉ 61400 (Orne) – Carte régionale n° **17**-C3

Carte Michelin 310-M3 – Guide Vert Michelin Normandie Vallée de la Seine

Restaurant du Tribunal

CUISINE MODERNE • ÉLÉGANT XX Le décor, élégant et cossu, ne manque pas d'attrait, mais c'est la cuisine qui interpelle : les produits du terroir, travaillés avec entrain et inventivité, épousent la tendance... Les spécialités régionales ne sont pas oubliées, tels le boudin noir (la grande spécialité de Mortagne) et la teurgoule !

Menu 31/55 €

Hôtel du Tribunal, 4 place du Palais – ✆ 02 33 25 04 77 – www.hotel-tribunal.fr – Fermé 1er-11 janvier

Hôtel du Tribunal

AUBERGE • PERSONNALISÉ Une ravissante maison fleurie (13e-18e s.), parfaite pour partir à la découverte de la cité et des collines du Perche. Classiques ou joliment contemporaines, les chambres allient fraîcheur et confort. Avec en prime un accueil très sympathique.

21 chambres – 76/155 € – 12 €

4 place du Palais – ✆ 02 33 25 04 77 – www.hotel-tribunal.fr – Fermé 1er-11 janvier

Restaurant du Tribunal – voir la sélection des restaurants

au Pin-la-Garenne 9 km au Sud par route Bellême sur D938 – ✉ 61400

La Croix d'Or

CUISINE TRADITIONNELLE • AUBERGE XX Une auberge accueillante comme une maison de famille... La demeure appartenait déjà à l'arrière-grand-mère du chef ! Après avoir fait ses classes dans de grands établissements, il est revenu au pays avec son épouse – originaire du Sud-Ouest comme l'indique son accent chantant – ; ensemble, ils ont créé un véritable repaire gourmand. La tradition a du bon !

Menu 17 € (déjeuner), 28/47 € – Carte 31/58 €

6 rue de la Herse – ✆ 02 33 83 80 33 – lacroixdor.free.fr – Fermé 11 février-6 mars, 21 octobre-6 novembre, mardi, mercredi

MORTEAU

✉ 25500 (Doubs) – Carte régionale n° **6**-C2

Carte Michelin 321-J4 – Guide Vert Michelin Franche-Comté Jura

Jacques Alexandre

CUISINE TRADITIONNELLE • CONVIVIAL X Le chef, Laurent Gagliardi, semble avoir trouvé son rythme de croisière : son sympathique bistrot fait le plein grâce à une cuisine simple et généreuse, bien maîtrisée techniquement. L'ambiance, plutôt branchée, fait le reste...

Menu 24/33 € – Carte 29/56 €

34 Grande-Rue – ✆ 03 81 43 14 19 – www.jacques-alexandre.com – Fermé 24 décembre-2 janvier, lundi, dimanche

La Guimbarde

URBAIN • CONTEMPORAIN Un imposant édifice du 19e s. en plein centre-ville. Les chambres, de style contemporain, sont spacieuses et bien tenues, et l'on peut profiter de l'espace bien-être (jacuzzi, sauna, fitness). Le week-end, piano-bar au salon... sans guimbarde !

25 chambres – 68/110 € – 10 €

10 place Carnot – ✆ 03 81 67 14 12 – www.la-guimbarde.com

aux Fins 4 km au Nord par D437 – ✉ 25500

Croque Saison N

CUISINE DU MARCHÉ • CONTEMPORAIN X Originaire du Mans, le chef a créé de toutes pièces cette maison en bois et verre, dont la terrasse offre une vue imprenable sur le val de Morteau. Les assiettes sont soignées, mettant en valeur des produits de superbe qualité (poissons, notamment), et le service est efficace. Venez croquer les saisons, vous ne le regretterez pas.

Menu 39/59 € – Carte 27/39 €

Sous Les Sangles – ✆ 03 81 64 32 20 – Fermé mardi soir, mercredi, dimanche soir

MORZINE

✉ 74110 (Haute-Savoie) - Carte régionale n° **4**-F1
Carte Michelin 328-N3 - Guide Vert Michelin Alpes du Nord

L'Atelier

CUISINE MODERNE • TRADITIONNEL XX Au sein de l'hôtel Samoyède, un cadre montagnard chic, pour une cuisine inspirée directement par les produits du marché, rehaussée de jolies influences exotiques et déclinée à travers une courte carte et un menu dégustation.

Menu 51/87 € - Carte 65/75 €

Le Samoyède, 9 place de l'Office-du-Tourisme - ✆ 04 50 79 00 79 - www.hotel-lesamoyede.com - Fermé 13 avril-14 décembre, lundi midi, mardi, mercredi midi, jeudi midi, vendredi midi, samedi midi, dimanche midi

La Ferme de la Fruitière

FROMAGES, FONDUES-RACLETTES • CONVIVIAL X Dans cette salle boisée, une belle cheminée crépite sous vos yeux ; vous attendez l'arrivée de votre berthoud, entre autres spécialités fromagères. Tournez la tête : à travers la vitre, la cave d'affinage de la fruitière voisine affiche ses meules d'Abondance, tommes et reblochons… Au cœur de la tradition !

Carte 48/87 €

337 route de La Plagne - ✆ 04 50 79 77 70 - www.alpage-morzine.com - Fermé 14 avril-21 juin, lundi midi, mardi midi

Champs Fleuris

TRADITIONNEL • MONTAGNARD Hôtel idéalement situé au pied du téléphérique du Pléney. Dans le salon crépite la cheminée et, après une journée de ski, on a plaisir à regagner sa chambre, si douillette ! On pourra également profiter de l'agréable spa avec sa piscine sensorielle.

51 chambres ☕ - 👥200/600 €

247 route du Téléphérique - ✆ 04 50 79 14 44 - www.hotel-champs-fleuris.com - Fermé 13 avril-20 juin, 7 septembre-7 décembre

Le Dahu

TRADITIONNEL • MONTAGNARD Contrairement au dahu, dont la légende a traversé les siècles (avec ses pattes plus courtes d'un côté), ce grand chalet n'a rien d'imaginaire ! L'hôtel domine la vallée et dévoile une atmosphère joliment montagnarde dans les chambres, ainsi qu'une bonne cuisine au goût du jour au restaurant.

29 chambres ☕ - 👥150/420 € - 7 suites

293 chemin du Mas-Métout - ✆ 04 50 75 92 92 - www.dahu.com - Fermé 14 avril-15 juin, 8 septembre-14 décembre

Le Samoyède

TRADITIONNEL • ÉLÉGANT Au cœur de la station, un grand chalet plein de charme. Du skieur en solitaire à la famille nombreuse, tout le monde trouvera une chambre à son goût ; en bois blond ou contemporaines, elles donnent pour la plupart sur la montagne. Un cocon chic et chaleureux !

30 chambres ☕ - 👥105/334 € - 1 suite

9 place de l'Office-de-Tourisme - ✆ 04 50 79 00 79 - www.hotel-lesamoyede.com - Fermé 13 avril-15 juin, 14 septembre-14 décembre

L'Atelier - voir la sélection des restaurants

La Bergerie

TRADITIONNEL • MONTAGNARD Un chalet sympathique où règne une ambiance familiale : chambres cosy et presque toutes équipées d'une kitchenette, jeux pour les enfants et piscine chauffée. À l'intérieur ou en terrasse, bon choix de fromages savoyards pour le petit-déjeuner.

29 chambres - 👥145/525 € - 2 suites - ☕19 €

103 route du Téléphérique - ✆ 04 50 79 13 69 - www.hotel-bergerie.com - Fermé 14 avril-22 juin

Chalet Philibert

TRADITIONNEL • MONTAGNARD Chalet rénové dans le respect de l'authenticité savoyarde, avec de beaux matériaux anciens (bois, pierre) glanés dans les fermes voisines. Les chambres sont confortables et chaleureuses ; celles de l'annexe sont plus sommaires (peu de mobilier et pas de téléphone) et privatisables sur demande.

26 chambres – 89/375 €

480 route des Putheys – 04 50 79 25 18 – www.chalet-philibert.com

La Clef des Champs

FAMILIAL • MONTAGNARD Un chalet au pied des pistes, dont les balcons en bois semblent découpés dans une fine dentelle. Les chambres accueillantes, de style montagnard, sont joliment arrangées et très bien tenues ; pour la relaxation, un petit détour s'impose par le hammam et le grand jacuzzi... Idéal pour les familles.

30 chambres – 100/230 € – 15 €

40 Taille de Mas-du-Château – 04 50 79 10 13 – www.clefdeschamps.com – Fermé 7 avril-22 juin, 8 septembre-21 décembre

LA MOTHE-ACHARD

85150 (Vendée) – Carte régionale n° **23**-B3

Carte Michelin 316-G8

Domaine de Brandois

DEMEURE HISTORIQUE • PERSONNALISÉ Au cœur d'un immense parc boisé, en pleine nature, ce petit château du 19e s. et ses dépendances cultivent l'art de la convivialité. Patine du temps, charme historique et... élégance résolument contemporaine et design. Centre équestre dans le domaine. Du style !

26 chambres – 99/210 € – 12 €

allée du Brandois, proche du potager extraordinaire – 02 51 06 24 24 – www.domainedebrandois.com

Une bonne table sans se ruiner ? Repérez les Bib Gourmand.

MOUANS-SARTOUX

06370 (Alpes-Maritimes) – Carte régionale n° **25**-E2

Carte Michelin 341-C6 – Guide Vert Michelin Côte d'Azur

Mon Petit Resto

CUISINE MODERNE • COSY Tout près du château datant des 15e et 16e s., cette petite maison accueille le travail d'un chef aguerri. Avec le meilleur de la production locale (légumes du marché, poissons, mais aussi viande et pain), il compose des assiettes soignées et savoureuses.

Menu 32 € (déjeuner), 45/96 € – Carte 32/96 €

1 rue du Château – 04 93 06 00 43 – www.monpetitresto.fr – Fermé 15 décembre-15 janvier, lundi, dimanche

Le Relais de la Pinède

CUISINE MODERNE • CONTEMPORAIN Cette étonnante maison en rondins renaît grâce à un jeune chef précis et imaginatif : figue en fine tartelette, chou rouge et chèvre frais ; loup de mer, semoule de chou-fleur et émulsion curcuma... À déguster à l'intérieur ou sur la terrasse sous les pins.

Menu 26 € (déjeuner), 36/67 €

route de La Roquette-sur-Siagne, 1,5 km par D409 – 04 93 75 28 29 – lerelaisdelapinede.fr – Fermé 1er-22 janvier, 25 juin-12 juillet, lundi, samedi midi, dimanche soir

MOUDEYRES

✉ 43150 (Haute-Loire) – Carte régionale n° **1**-C3
Carte Michelin 331-G4

Le Pré Bossu

CUISINE TRADITIONNELLE • AUBERGE XX Cette chaumière aux volets rouges, de pierre vêtue, et agrémentée d'un jardin, propose de déguster une cuisine traditionnelle à base de produits de la région, dans une salle à manger aux poutres apparentes. Quelques chambres spacieuses à l'étage.

Menu 18 € (déjeuner)/32 €

Le Pré Bossu – ☎ 04 71 05 10 70 – www.leprebossu.com – Fermé lundi, dimanche soir

MOUGINS

✉ 06250 (Alpes-Maritimes) – Carte régionale n° **25**-E2
Carte Michelin 341-C6 – Guide Vert Michelin Côte d'Azur

Le Candille

CUISINE MODERNE • ÉLÉGANT XXX Une table élégante, avec une belle vue en terrasse... Ici, le nouveau chef et sa brigade réalisent une cuisine saisonnière d'inspiration provençale valorisant poissons et produits régionaux, à l'instar du saint-pierre, asperges et polenta. Un superbe mas provençal, dans un immense domaine à l'extérieur du village de Mougins.

→ Tarte de légumes, caviar et poutargue. Ris de veau rôti aux aromates, tatin d'une piperade et purée d'ail noir. Demi-sphère chocolat noir, mousse légère chocolat et triangle à la fleur de sel

Menu 49 € (déjeuner), 98/135 € – Carte 95/145 €

Le Mas Candille, boulevard Rebuffel – ☎ 04 92 28 43 43 – www.lemascandille.com – Fermé 1er janvier-2 février, lundi, mardi

Paloma

CUISINE CRÉATIVE • ÉLÉGANT XXX Cette colombe – "paloma" en espagnol – est installée au pied du village de Mougins. Dans un cadre baroque, ou sur la belle terrasse, on apprécie une belle cuisine méridionale, à son aise dans la tradition comme dans la création.

→ Foie gras de canard. Marinière de homard breton. Soufflé création

Menu 53 € (déjeuner), 98/185 € – Carte 155/270 €

47 avenue du Moulin-de-la-Croix – ☎ 04 92 28 10 73 – www.restaurant-paloma.com – Fermé lundi, dimanche

L'Amandier de Mougins

CUISINE PROVENÇALE • MÉDITERRANÉEN XX Aux portes de ce village cher à Picasso, une maison pleine de fraîcheur et d'élégance. Au piano, un chef au beau parcours joue une savoureuse partition : saumon surprise en crustacé, merlu de ligne à la florentine, mousseline de patate douce légèrement vanillée... avec même un menu spécial en hommage à Roger Vergé. Superbe terrasse.

Menu 29 € (déjeuner), 33/55 € – Carte 56/77 €

48 avenue Jean-Charles-Mallet (au vieux village) – ☎ 04 93 90 00 91 – www.amandier.fr

La Place de Mougins

CUISINE CRÉATIVE • ÉLÉGANT XX Sur la place du village, évidemment ! Dans ce charmant restaurant règne une atmosphère chic et cosy, tandis qu'en cuisine, c'est l'ébullition autour d'un chef créatif et passionné ; chaque mois, il met en valeur un produit de saison, magnifiant la truffe, l'asperge, etc.

Menu 39 € (déjeuner), 65/130 € – Carte 82/117 €

41 place du Commandant-Lamy (au vieux village) – ☎ 04 93 90 15 78 – www.laplacedemougins.com – Fermé 31 janvier-4 février, lundi, jeudi, vendredi, samedi, dimanche

Le Clos St-Basile

CUISINE MODERNE • MÉDITERRANÉEN XX Un bien agréable cadre provençal que celui de cette maison tenue par un jeune couple, tous deux passés par de belles maisons. Le chef excelle dans la confection d'une cuisine du marché savoureuse et inventive ; la patronne, sommelière, a d'excellents vins à vous conseiller. Enfin, la belle terrasse est idéale pour les beaux jours !

Menu 27 € (déjeuner), 44/65 € - Carte 60/80 €

351 avenue St-Basile - ✆ 04 92 92 93 03 - www.clossaintbasile.fr - Fermé 7-31 janvier, 24 juin-4 juillet, mardi, mercredi

Le Mas Candille

LUXE • MÉDITERRANÉEN Ce superbe mas du 18e s. et sa bastide récente ne sont que douceur et quiétude : chambres raffinées, suites mêlant élégamment le contemporain à l'esprit Sud, spa complet et parc immense aux doux effluves méridionaux...

39 chambres - 320/730 € - 6 suites - ☕ 30 €

boulevard Rebuffel - ✆ 04 92 28 43 43 - www.lemascandille.com - Fermé 1er janvier-2 février

✿ **Le Candille** - voir la sélection des restaurants

Royal Mougins Golf Resort

LUXE • CONTEMPORAIN Un hôtel contemporain dont les vingt-neuf suites accueillent surtout une clientèle privilégiée, qui vient profiter du golf privé, l'un des plus exigeants et sélects au monde. Et n'oublions pas la superbe terrasse du restaurant, qui domine les greens...

29 suites - 150/450 € - ☕ 28 €

424 avenue du Roi - ✆ 04 92 92 49 69 - www.royalmougins.fr - Fermé 1er janvier-28 février

Hôtel de Mougins

TRADITIONNEL • MÉDITERRANÉEN Le jardin fleure bon l'oranger, la lavande et le romarin... Au détour d'une senteur, on trouve refuge dans quatre charmantes bastides, dont une datant du 18e s. Les chambres affichent un style provençal chic - très apprécié de la clientèle étrangère - et la piscine est délicieuse !

50 chambres - 109/659 € - 1 suite - ☕ 20 €

205 avenue du Golf, 2,5 km par rte d'Antibes - ✆ 04 92 92 17 07 - www.hotel-de-mougins.com

Villa Sophia

BUSINESS • CONTEMPORAIN Dans un jardin parsemé d'essences méridionales, cette bâtisse moderne propose des chambres simples et fonctionnelles (murs clairs, peintures unies, mobilier design), dont certaines bénéficient d'une terrasse. Agréable piscine.

24 chambres - 79/175 € - ☕ 13 €

348 avenue de la Valmasque, D35D - ✆ 04 92 28 88 20 - www.hotelvillasophia.com

MOULAY - 53 (Mayenne) → voir Mayenne

MOULIN-DE-MALFOURAT - 24 (Dordogne) → voir Bergerac

LE MOULINEL - 62 (Pas-de-Calais) → voir Montreuil

MOULINS

✉ 03000 (Allier) - Carte régionale n° **1**-C1
Carte Michelin 326-H3 - Guide Vert Michelin Auvergne

Le Bistrot de Guillaume

CUISINE MODERNE • CONVIVIAL X En plein cœur de Moulins, la petite salle claire et intimiste donne déjà le "la", et l'on s'y attable sans se faire prier. Mais le meilleur est encore à venir : dans sa petite cuisine, le chef-patron compose des préparations à la fois fines et bien pensées, qui sont un ravissement pour les papilles.

Menu 32/37 € - Carte 43/59 €

13 rue de Pont - ✆ 04 43 51 23 82 - Fermé 17 février-5 mars, 2-18 juin, 1er-17 septembre, lundi, dimanche

Le Clos de Bourgogne

CUISINE MODERNE • CONTEMPORAIN XX On revient volontiers dîner dans cette gentilhommière du 18e s. ! L'intérieur, récemment modernisé, se révèle bien agréable ; à la carte, on retrouve de bons petits plats bien dans l'air du temps, qui sont régulièrement renouvelés en fonction de la saison.

Menu 28 € (déjeuner), 32/58 € - Carte 57/72 €

83 rue de Bourgogne - ✆ 04 70 44 03 00 - www.clos-de-bourgogne.com - Fermé lundi, samedi midi, dimanche soir

La Cuisine d'Hervé

CUISINE TRADITIONNELLE • COSY XX Un restaurant moderne cosy, une mise de table soignée avec nappage, assiette de présentation et argenterie, et un chef motivé. Dans l'assiette, une cuisine traditionnelle et goûteuse (faux-filet à la périgourdine, poisson beurre blanc au champagne...). Avec en salle, une équipe féminine fort efficace. En somme, une adresse recommandable.

Menu 20/55 € - Carte 40/70 €

36 cours Jean-Jaurès - ✆ 04 70 44 25 66 - www.lacuisinedherve.fr - Fermé mercredi

Le Trait d'Union

CUISINE MODERNE • TENDANCE XX Trait d'union entre l'agréable cadre contemporain (fauteuils design, tableaux modernes, fleurs et soliflores) et la cuisine du jeune chef (fraîche, sérieuse et bien présentée), ce restaurant est dans le ton !

Menu 23 € (déjeuner), 42/56 €

16 rue Gambetta - ✆ 04 70 34 24 61 - www.traitdunion-restaurant.fr - Fermé 18-24 février, 15-31 juillet, lundi, dimanche

Hôtel de Paris

LUXE • ÉLÉGANT À 100 m de la cathédrale, cet hôtel, créé en 1834, fait figure d'institution ! Il se distingue notamment par de très jolies chambres (mobilier de style, moulures...) et une salle de réception aménagée dans une superbe chapelle du 19e s. Bel endroit ! Nouveau bar au lobby.

30 chambres - ††98/198 € - 2 suites - ☕ 16 €

21 rue de Paris - ✆ 04 70 44 00 58 - www.hoteldeparis-moulins.com

Le Clos de Bourgogne

DEMEURE HISTORIQUE • PERSONNALISÉ Un superbe hôtel particulier du 18e s., installé au cœur d'un écrin de verdure, et légèrement excentré du centre-ville. Les chambres sont spacieuses et confortables ; on y accède par un magnifique escalier d'époque. Quel charme !

11 chambres - ††120/170 € - ☕ 13 €

83 rue de Bourgogne - ✆ 04 70 44 03 00 - www.clos-de-bourgogne.com - Fermé 23 décembre-6 janvier

Le Clos de Bourgogne - voir la sélection des restaurants

à Coulandon 8 km au Sud-Ouest par D945 - ✉ 03000

La Grande Poterie

MAISON DE CAMPAGNE • COSY Dans cette ancienne grange du milieu du 19e s., la douceur de vivre se niche partout. On profite de la quiétude des chambres, décorées avec soin, ou du parc fleuri, au bord de la piscine... La table d'hôte honore les spécialités auvergnates. Réservez !

5 chambres ☕ - ††95/110 €

9 rue de la Grande-Poterie, 4 km au Sud-Ouest par D925 et rte secondaire - ✆ 04 70 44 30 39 - www.lagrandepoterie.com - Fermé 31 octobre-15 mars

MOULON

✉ 33420 (Gironde) - Carte régionale n° **18**-C1

Carte Michelin 335-J5

5 Lasserre

MAISON DE CAMPAGNE • DESIGN Au grand calme, cette ferme a été rénovée luxueusement dans un esprit contemporain chic… Les chambres sont grandes et très raffinées ; la piscine à débordement offre une jolie vue sur la campagne, et il y a même une vraie salle de cinéma. Un lieu d'exception !

5 chambres – 180/300 €

5 lieu-dit La Serre – 05 57 51 46 77 – www.5lasserre.com

MOUMOUR

64400 (Pyrénées-Atlantiques) – Carte régionale n° **18**-B3
Carte Michelin 342-I3

Château de Lamothe

DEMEURE HISTORIQUE • CONTEMPORAIN Cette ancienne résidence d'été des évêques d'Oloron, dont les origines remontent au 13e s., s'épanouit dans un vaste jardin verdoyant, face aux Pyrénées… Un cadre superbe : abondance d'antiquités et de tentures, salle de cinéma, fitness, etc. Le patron signe en outre une jolie cuisine classique, acompagnée de vins choisis avec goût.

5 chambres – 225/315 €

14 rue de l'Embarry – 06 88 28 38 61 – www.chateau-de-lamothe.eu

MOUSSEY - 10 (Aube) ➜ voir Troyes

MOUSSOULENS - 11 (Aude) ➜ voir Carcassonne

MOUSTIERS-STE-MARIE

04360 (Alpes-de-Haute-Provence) – Carte régionale n° **24**-C2
Carte Michelin 334-F9 – Guide Vert Michelin Alpes du Sud

La Bastide de Moustiers

CUISINE PROVENÇALE • ROMANTIQUE XXX En cette belle bastide – propriété d'Alain Ducasse –, on déguste une cuisine méditerranéenne et légumière pleine des senteurs du marché et du superbe potager, dont deux jardiniers s'occupent à plein temps (ne manquez pas le jardin des simples attenant). Une cure de jouvence, autant qu'un joli résumé de la Provence.

➜ Cuisine du marché

Menu 65/90 €

Chemin de Quinson, au Sud du village, par D952 et route secondaire – 04 92 70 47 47 – www.bastide-moustiers.com – Fermé 1er novembre-28 février

La Ferme Ste-Cécile

CUISINE MODERNE • ROMANTIQUE XX Poussez la grille et empruntez la belle allée pavée… au bout de laquelle cette ancienne ferme du 18e s. fait le bonheur des gourmands ! Derrière les fourneaux, le chef concocte avec délicatesse et subtilité une savoureuse cuisine du Sud, accompagnée d'une belle carte des vins. L'une des meilleures tables de Moustiers.

Menu 39 €

route de Castellane, 1,5 km par route de Castellane – 04 92 74 64 18 – www.ferme-ste-cecile.com – Fermé 1er janvier-19 mars, 15 novembre-31 décembre, lundi, dimanche soir

La Treille Muscate

CUISINE PROVENÇALE • TENDANCE XX Au pied des falaises, voilà un sympathique bistrot provençal, où l'on se régale d'une cuisine à l'accent du Sud, à l'instar de la spécialité maison, les "pieds et paquets comme les faisait Mémé Antoinette". Aux beaux jours, on profite de la terrasse, à l'ombre d'un platane qui fêtera bientôt ses 200 ans.

Menu 28/50 € – Carte 56/72 €

Place de l'Église – 04 92 74 64 31 – www.restaurant-latreillemuscate.fr – Fermé 15 novembre-31 décembre, mercredi soir, jeudi

Les Santons

CUISINE TRADITIONNELLE • COSY Claude Terrier et Sylvie De Backer ont voulu leur fief tout en contrastes : le moderne (chaises bariolées, tableaux contemporains) y côtoie l'ancien (poutres et plafonds boisés) ; la cuisine est traditionnelle, ancrée dans la région, mais ne recule pas devant quelques touches plus actuelles. Goûteux et charmant !

Menu 38/68 € - Carte 47/80 €

Place de l'Église - 04 92 74 66 48 - www.lessantons.com - Fermé 15 novembre-15 février, lundi

La Bastide de Moustiers

AUBERGE • PERSONNALISÉ Un petit chemin, une grille en fer forgé, des arbres fruitiers, des vieilles pierres, des faïences régionales, des draps en lin, un grand potager aromatique, un âne, des chevaux, un poney... Plus qu'un inventaire à la Prévert, le charme irrésistible d'une bastide du 17e s. !

11 chambres - 225/450 € - 2 suites - 24 €

Chemin de Quinson, au Sud du village, par D952 et route secondaire - 04 92 70 47 47 - www.bastide-moustiers.com - Fermé 1er novembre-28 février

La Bastide de Moustiers - voir la sélection des restaurants

Les Restanques de Moustiers

FAMILIAL • FONCTIONNEL Cette bâtisse domine la vallée. On s'y repose dans des chambres sobres et bien tenues ; celles du rez-de-chaussée disposent d'une terrasse. Le matin, on prend son petit-déjeuner dans la salle, ornée de faïences locales, ou sur la jolie terrasse.

22 chambres - 95/140 € - 10 €

route des Gorges-du-Verdon, à 500 m par route de Castellane - 04 92 74 93 93 - www.hotel-les-restanques.com - Fermé 2 novembre-28 mars, 4 novembre-23 mars

La Ferme Rose

MAISON DE CAMPAGNE • ÉLÉGANT Sympathique ambiance guesthouse dans cette ancienne ferme située au pied du village. Meubles chinés, bibelots et collections diverses en font un petit musée vivant au charme incroyable ! Une adresse pour les chineurs... et les autres.

14 chambres - 89/159 € - 11 €

chemin de Peyrengue, au Sud du village, par route Ste-Croix-du-Verdon - 04 92 75 75 75 - www.lafermerose.com - Fermé 1er novembre-1er avril

Le Clos des Iris

FAMILIAL • RÉGIONAL Un hôtel, au milieu des fleurs, où il fait bon poser ses valises dans les jolies chambres provençales et s'installer sur sa terrasse privative pour profiter du soleil. Le charme d'une maison à la campagne... Accueil au diapason.

9 chambres - 78/95 € - 12 €

Chemin de Quinson, au Sud du village, par D952 et rte secondaire - 04 92 74 63 46 - www.closdesiris.fr - Fermé 15 novembre-10 mars

Le Colombier

FAMILIAL • CLASSIQUE Hôtel situé à 400 m du charmant village. Les chambres sont coquettes et colorées, la plupart avec terrasse. Beau jardin avec petite piscine (à contre-courant) et jacuzzi.

21 chambres - 90/140 € - 1 suite - 12 €

quartier St-Michel, à 500 m par route de Castellane - 04 92 74 66 02 - www.le-colombier.com - Fermé 28 octobre-13 avril

MOUTIERS-AU-PERCHE

61110 (Orne) - Carte régionale n° **17**-C3

Carte Michelin 310-O4

Villa Fol Avril

MAISON DE CAMPAGNE • COSY Un vrai hôtel de charme au cœur du parc naturel du Perche... Telle une maison de campagne cosy et feutrée, cet ancien relais de poste (19e s.) associe matériaux naturels (bois, chaux, terre cuite, lin), mobilier chiné et tons apaisants. Au restaurant, la tradition est à l'honneur. Idéal pour une échappée bucolique !

12 chambres - 80/180 € - 14 €

2 rue des Fers-Chauds - 02 33 83 22 67 - www.villafolavril.fr - Fermé 3 janvier-13 février

MUHLBACH-SUR-MUNSTER

68380 (Haut-Rhin) - Carte régionale n° **10**-A2
Carte Michelin 315-G8

Perle des Vosges

CUISINE MODERNE • ÉLÉGANT XX Le chef, formé dans de grandes maisons, est une perle ! Ses assiettes, gorgées de saveurs, copieuses et joliment présentées, honorent la région et les grands classiques de la gastronomie française. Et l'été, on file en terrasse...

Menu 25/59 €

22 route Gaschney - 03 89 77 61 34 - www.perledesvosges.net - Fermé 2 janvier-2 février, lundi midi

Perle des Vosges

FAMILIAL • FONCTIONNEL Au pied du Hohneck, cet hôtel tenu en famille - les deux fils ont repris le flambeau, mais leur mère n'est jamais loin - est bien agréable : les chambres, spacieuses et pratiques, donnent très souvent sur les Vosges ; on se détend au fitness panoramique et... l'on se régale au restaurant !

45 chambres - 68/145 € - 11 €

22 route Gaschney - 03 89 77 61 34 - www.perledesvosges.net - Fermé 2 janvier-2 février

Perle des Vosges - voir la sélection des restaurants

MUIDES-SUR-LOIRE

41500 (Loir-et-Cher) - Carte régionale n° **8**-B2
Carte Michelin 318-G5

Auberge du Bon Terroir

CUISINE TRADITIONNELLE • RUSTIQUE X Dans cette auberge de village, la patronne - une véritable passionnée de gastronomie ! - concocte une agréable cuisine traditionnelle, où les herbes du potager tiennent une bonne place. Son mari, maître-sommelier de son état, vous accueille tout sourire. Charmante terrasse à l'ombre des tilleuls.

Menu 35/50 € - Carte 47/64 €

20 rue du 8-Mai-1945 - 02 54 87 59 24 - www.auberge-bon-terroir.fr - Fermé 7-23 janvier, lundi, mardi, mercredi midi, dimanche soir

MULHOUSE

68100 (Haut-Rhin) - Carte régionale n° **10**-A3
Carte Michelin 315-I10 - Guide Vert Michelin Alsace Vosges

Il Cortile (Jean-Michel Feger)

CUISINE ITALIENNE • ÉLÉGANT XXX Ce fameux restaurant étoilé de Mulhouse est aujourd'hui mené par Jean-Michel Feger, avec un savoir-faire indubitable. Cuisine d'une étonnante simplicité, plus méditerranéenne que spécifiquement italienne, où le goût et la finesse vont main dans la main : de quoi passer un excellent moment.

→ Fines tranches d'espadon, courgette et yaourt grec, sorbet concombre. Saint-pierre confit à l'huile d'olive, fleur de courgette aux légumes et coulis de tomate fraîche. Comme un cheesecake au fromage blanc et aux myrtilles d'Alsace

Menu 29 € (déjeuner)/79 € - Carte 70/80 €

Plan : D1-a - *11 rue des Franciscains - 03 89 66 39 79 - www.ilcortile-mulhouse.fr - Fermé 30 avril-8 mai, 1er-16 septembre, lundi, dimanche*

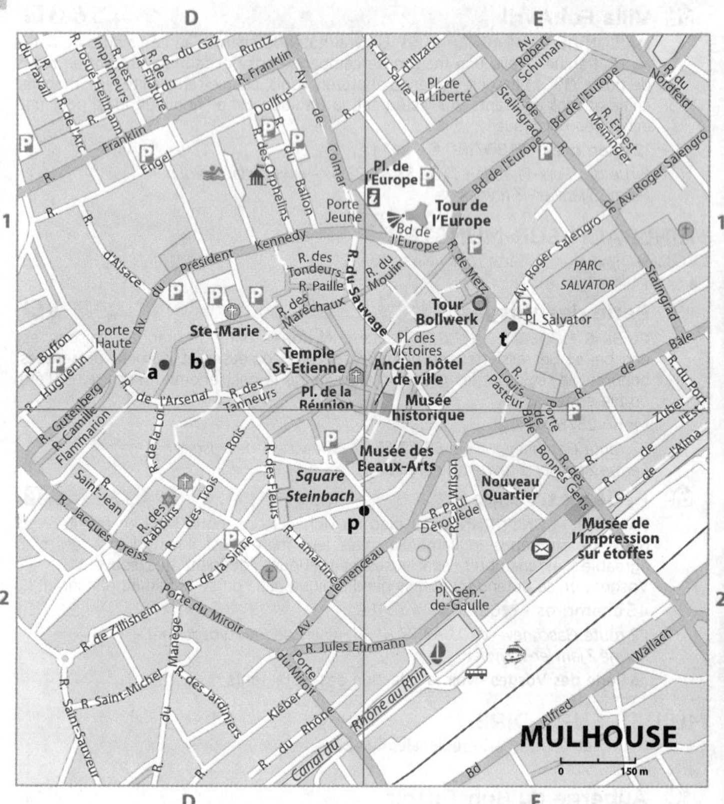

L'Estérel

CUISINE MODERNE • CONVIVIAL XX Et oui, Mulhouse aussi possède son Estérel... Dans ce restaurant posté sur la route qui monte au zoo, on savoure une agréable cuisine du marché 100 % maison, 100% saisons. L'été, on profite de la terrasse ombragée... et prise d'assaut, comme il se doit !

Menu 28/60 € – Carte 55/70 €

Plan : B2-t – *83 avenue de la 1ère-Division-Blindée – ✆ 03 89 44 23 24 – www.esterel-weber.fr – Fermé 18 février-4 mars, 29 avril-6 mai, 19 août-3 septembre, lundi, mercredi soir, dimanche soir*

La Table de Michèle

CUISINE MODERNE • COSY XX Michèle Brouet est une figure de la gastronomie locale. Sa table est à son image, généreuse et enjouée, tout comme l'atmosphère de la maison, très chaleureuse avec son décor d'objets hétéroclites et de bouquets de fleurs. Gourmandise et plaisir sont au rendez-vous !

Menu 25 € – Carte 47/65 €

Plan : E1-t – *16 rue de Metz – ✆ 03 89 45 37 82 – www.latabledemichele.fr – Fermé 1er-8 mai, 7-25 août, 29 décembre-7 janvier, lundi, samedi midi, dimanche*

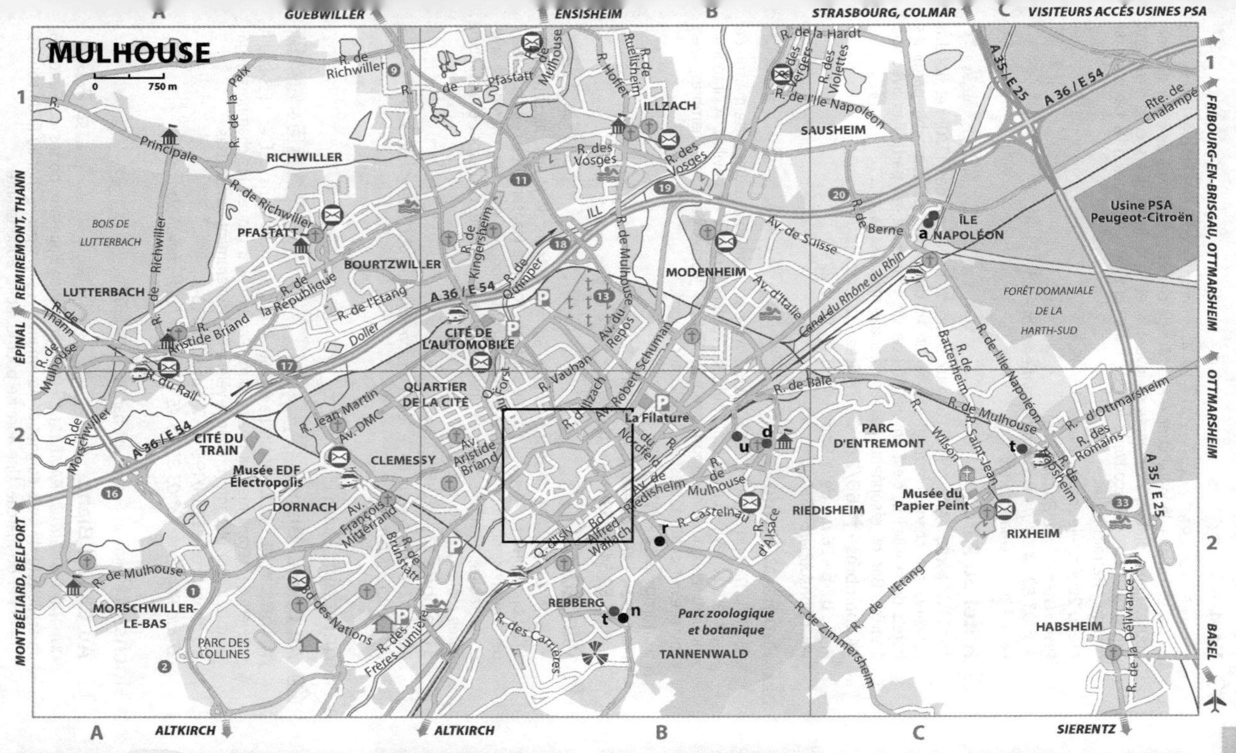
MULHOUSE
0
750 m
GUEBWILLER
ENSISHEIM
STRASBOURG, COLMAR
VISITEURS ACCÈS USINES PSA
FRIBOURG-EN-BRISGAU, OTTMARSHEIM
OTTMARSHEIM
BASEL
SIERENTZ
ALTKIRCH
ALTKIRCH
MONTBÉLIARD, BELFORT
ÉPINAL
REMIREMONT, THANN
A
B
C
A
B
C
1
2
1
2
R. de Richwiller
R. de la Paix
Principale
RICHWILLER
R. de Richwiller
BOIS DE LUTTERBACH
R. de Richwiller
PFASTATT
BOURTZWILLER
LUTTERBACH
R. de Thann
R. de Mulhouse
R. Aristide Briand
R. de la République
R. de l'Etang
Doller
R. du Rail
R. de Morschwiller
A 36 / E 54
CITÉ DU TRAIN
Musée EDF Électropolis
R. Jean Martin
Av. DMC
CLEMESSY
DORNACH
Av. François Mitterrand
R. de Brunstatt
R. de Mulhouse
MORSCHWILLER-LE-BAS
PARC DES COLLINES
Bd des Nations
R. des Frères Lumière
R. de Pfastatt
R. de Mulhouse
R. de Kingersheim
R. de Quimper
A 36 / E 54
CITÉ DE L'AUTOMOBILE
QUARTIER DE LA CITÉ
Q. du Forst
Av. Aristide Briand
R. Vauban
R. d'Illzach
Av. du Repos
Av. Robert Schuman
La Filature
R. du Nordfeld
Av. de Riedisheim
Bd Alfred Wallach
Q. d'Isly
R. des Carrières
REBBERG
Parc zoologique et botanique
TANNENWALD
R. de Ruelisheim
R. Hoffet
ILLZACH
R. des Vosges
R. des Vosges
ILL
R. de Mulhouse
MODENHEIM
Av. d'Italie
Canal du Rhône au Rhin
Av. de Suisse
R. de Berne
R. de la Hardt
R. des Vergers
R. des Violettes
R. de l'Ile Napoléon
SAUSHEIM
ÎLE NAPOLÉON
A 35 / E 25
A 36 / E 54
Rte. de Chalampé
Usine PSA Peugeot-Citroën
FORÊT DOMANIALE DE LA HARTH-SUD
R. de Bâle
R. de Mulhouse
R. Castelnau
R. d'Alsace
RIEDISHEIM
PARC D'ENTREMONT
R. Wilson
R. Saint-Jean
R. de Battenheim
R. de l'Ile Napoléon
R. de Mulhouse
R. d'Ottmarsheim
R. des Romains
R. de Habsheim
Musée du Papier Peint
RIXHEIM
R. de l'Etang
R. de Zimmersheim
HABSHEIM
R. de la Délivrance
A 35 / E 25
a
u
d
t
r
t
n
9
11
13
16
17
18
19
20
33
1
2

Le 4

CUISINE MODERNE • CONVIVIAL Le 4, comme le croisement des initiales de Lionel et Tatiana, le jeune couple à la tête de ce petit restaurant du cœur de Mulhouse. Leurs plats sont colorés et inventifs, et font de réguliers clins d'œil aux produits et épices découverts lors de leurs nombreux voyages à l'autre bout du monde... Rafraîchissant !

Menu 20 € (déjeuner) - Carte 45/49 €

Plan : D1-b - *5 rue Bonbonnière*
- 03 89 44 94 11 - www.restaurantle4.com -
Fermé lundi, dimanche soir

Hôtel du Parc

TRADITIONNEL • ART DÉCO Luxueux palace dans les années 1930, cet hôtel a conservé son charme rétro et son esprit Art déco. Un incontournable parmi les hôtels de la ville ! Et c'est un vrai lieu de vie également, en particulier avec son Charlie's Bar, où résonnent tous les soirs des mélodies jazzy...

74 chambres - 160/220 € - 2 suites - 18 €

Plan : D2-p - *26 rue de la Sinne - 03 89 66 12 22 -*
www.hotelduparc-mulhouse.com

Peonia at Home

MAISON DE MAÎTRE • PERSONNALISÉ Avec son agréable jardin, cette maison de caractère se révèle un véritable puits de verdure au cœur de la ville... À l'intérieur, l'ancien rencontre le design (mobilier Starck) jusque dans les chambres, bien équipées et confortables. Petit-déjeuner soigné.

5 chambres - 120/135 €

Plan : B2-r - *48 boulevard Gambetta*
- 03 89 54 09 59 - www.peonia.fr

Villa Éden

MAISON DE MAÎTRE • PERSONNALISÉ Sur les hauteurs de Mulhouse, cette belle villa bourgeoise ne manque pas de superbe : toit à la Mansart, beau jardin, superbes volumes, nombreuses œuvres d'art contemporain, etc. Les chambres, très confortables, déclinent chacune une thématique originale, de l'esprit chalet... aux notes rock ! Un nouvel Éden...

5 chambres - 195/230 €

Plan : B2-n - *99 avenue de la 1ère-Division-Blindée - 03 89 44 50 72 -*
www.villa-eden.fr

à Baldersheim 8 km au Nord-Est par D201 - 68390

Au Cheval Blanc

TRADITIONNEL • CLASSIQUE La tradition est de mise dans cet établissement couvert de géraniums aux beaux jours. Parfaitement tenues, les chambres dégagent fraîcheur et confort, et se révèlent particulièrement lumineuses.

80 chambres - 89/195 € - 3 suites - 16 €

27 rue Principale - 03 89 45 45 44 - www.hotel-cheval-blanc.com

à Hochstatt 7 km au Sud-Ouest par D8[III] - 68720

Au Cheval Blanc

CUISINE MODERNE • FAMILIAL Dans ce petit village aux portes du Sundgau, on se délecte de plats soignés et gourmands, réalisés par le chef au fil de son inspiration et du marché. Une adresse pour le moins appétissante...

Menu 29 € (déjeuner), 40/65 € - Carte 51/63 €

55 Grande-Rue
- 03 89 06 27 77 - www.au-cheval-blanc-hochstatt.com -
Fermé 25-31 décembre, lundi soir, mardi soir, mercredi, dimanche soir

à Illzach 3 km au Nord – ✉ 68110

La Closerie

CUISINE MODERNE • ÉLÉGANT XX Dans cette maison centenaire baignée de verdure, à l'élégance toute naturelle, on ne plaisante pas avec la gastronomie ! La belle carte des vins accompagne une cuisine sincère, qui évolue au gré des saisons.

Menu 32/78 €

Plan : C1-a – *6 rue Henry-de-Crousaz – ✆ 03 89 61 88 00 – www.closerie.fr – Fermé 22 décembre-3 janvier, lundi soir, samedi midi, dimanche*

La Bistronomie – voir la sélection des restaurants

La Bistronomie

CUISINE TRADITIONNELLE • DESIGN X Imaginez une maison centenaire noyée dans la verdure... cachant une extension ultra-contemporaine, tout en hautes verrières ! C'est là que se cache cette Bistronomie, qui propose un menu attrayant autour de produits de saison.

Menu 32/36 € – Carte 30/65 €

Plan : C1-a – *La Closerie, 6 rue Henry-de-Crousaz – ✆ 03 89 61 88 00 – www.closerie.fr – Fermé 27 juillet-20 août, 22 décembre-3 janvier, lundi, mardi midi, mercredi midi, jeudi midi, vendredi midi, samedi midi, dimanche*

à Landser 11 km au Sud-Est par route parc zoologique, Bruebach, D21 et D6 BIS – ✉ 68440

L'Ambroise

CUISINE MODERNE • COSY XX Dans ce village alsacien, un jeune chef de retour au pays (ancien du Quinze Lionel Flury, à Paris) signe une cuisine aux petits oignons, dans le respect absolu des saisons et du marché. Agréable terrasse au calme pour les beaux jours.

Menu 25 € (déjeuner), 38/60 € – Carte 44/54 €

3 place de la Paix – ✆ 03 89 81 43 99 – www.lambroise.com – Fermé 1er-21 août, 24 décembre-9 janvier, mardi soir, mercredi, samedi midi

à Riedisheim 2 km au Sud-Est par D56 et D432 – ✉ 68400

Maison Kieny

CUISINE MODERNE • ÉLÉGANT XXX Dans ce chaleureux relais de poste (1850) non loin de Mulhouse, se transmettent depuis six générations les secrets de la bonne cuisine alsacienne ! L'histoire de la maison s'écrit au présent, et le plaisir est au rendez-vous dans l'assiette.

→ Foie gras d'oie, brioche végétale. Filet de sandre en croûte de kougelhopf. Dôme au chocolat gianduja

Menu 35 € (déjeuner), 52/109 € – Carte 75/95 €

Plan : B2-d – *7 rue du Général-de-Gaulle – ✆ 03 89 44 07 71 – www.restaurant-kieny.com – Fermé 25 février-6 mars, 1er-8 mai, lundi, mardi, dimanche soir*

Auberge de la Tonnelle

CUISINE TRADITIONNELLE • CONVIVIAL XX Dans un quartier résidentiel un peu excentré, cette auberge ravit ses habitués : ils y savourent une cuisine classique accompagnée de jolis crus (bourgognes et vins de petits producteurs) ; l'été, on les retrouve sur la terrasse.

Menu 33 € (déjeuner), 35/72 € – Carte 49/60 €

Plan : B2-u – *61 rue du Maréchal-Joffre – ✆ 03 89 54 25 77 – www.aubergedelatonnelle.fr – Fermé lundi soir, mardi soir, mercredi soir, dimanche soir*

à Rixheim 3 km au Sud-Est par D66 – ✉ 68170

✿ Le 7ème Continent (Laurent Haller)

CUISINE MODERNE • ÉLÉGANT XX Un véritable continent gastronomique ! Le chef, Laurent Haller, est un passionné : cours de cuisine, menus à thème... tout est bon pour partager son amour de la bonne chère. Quant à sa carte, renouvelée tous les mois, elle est une véritable ode au marché et aux produits.

➜ Effiloché d'aile de raie bretonne, fine gelée de poissons de roche, condiment pomme de terre. Pintade fermière de Challans en galantine, déclinaison sur l'artichaut et la truffe d'été. Feuille à feuille croustillante de poire et d'aubergine, sorbet cardamome

Menu 32 € (déjeuner), 62/98 € – Carte 70/77 €

Plan : C2-t – *35 avenue du Général-de-Gaulle – ✆ 03 89 64 24 85 – www.le7emecontinent.com – Fermé lundi, samedi midi, dimanche soir*

MUNSTER

✉ 68140 (Haut-Rhin) – Carte régionale n° **10**-A2
Carte Michelin 315-G8

Verte Vallée

CUISINE MODERNE • ÉLÉGANT XXX Cube de foie gras et chou farci à la compotée de figues ; canette de Loué rôtie, flocons d'avoines torréfiés et jus à la myrtille... Le chef concocte une savoureuse cuisine d'aujourd'hui et le sommelier se fait un plaisir de vous parler de ses jolis crus.

Menu 20 € (déjeuner), 31/54 € – Carte 50/57 €

10 rue A.-Hartmann (parc de la Fecht) – ✆ 03 89 77 15 15 – www.vertevallee.com – Fermé 7-30 janvier

Verte Vallée

FAMILIAL • ÉLÉGANT Dans un grand jardin bordant la Fecht, cette bâtisse est un îlot de quiétude et de détente. Les chambres, classiques ou contemporaines, sont spacieuses et cosy... Et pour barboter sereinement dans la piscine à jets, il y a même une garderie d'enfants.

103 chambres – 65/155 € – 7 suites – 17 €

10 rue A.-Hartmann (parc de la Fecht) – ✆ 03 89 77 15 15 – www.vertevallee.com

Verte Vallée – voir la sélection des restaurants

Question de standing : n'attendez pas le même service dans un X ou un que dans un XXXXX ou un .

à Wihr-au-Val 6 km à l'Est par D417 – ✉ 68230

✿ La Nouvelle Auberge (Bernard Leray)

CUISINE CLASSIQUE • AUBERGE XX Dans cette Nouvelle Auberge, élégante et attachante, les propriétaires jouent un délicieux "double jeu" culinaire ! Gastronomie à l'étage, avec une fine cuisine classique parfaitement maîtrisée par le chef ; bistrot alsacien au rez-de-chaussée... et ses savoureuses spécialités régionales.

➜ Féra du Léman et truffe d'été, duxelles de champignons de Paris, essence de poissons blancs au vin jaune. Pigeonneau et escalope de foie gras chaud, fleischnaka de pigeon comme un chou farci. Soufflé au marc de gewurztraminer et raisins macérés, sorbet thé vert et citron

Menu 43/78 € – Carte 70/98 €

route de Colmar – ✆ 03 89 71 07 70 – www.nauberge.com – Fermé 9-13 mars, lundi, mardi, dimanche soir

MURAT

✉ 15300 (Cantal) – Carte régionale n° **1**-B3
Carte Michelin 330-F4 – Guide Vert Michelin Auvergne

Le Jarrousset

CUISINE MODERNE • CONVIVIAL XX Dans un environnement verdoyant, cette auberge traditionnelle cultive le goût des produits locaux : le chef s'approvisionne auprès d'un réseau de fermes sélectionnées avec soin. Quant à l'ambiance, chapeau : le décor est épuré et moderne, et le mobilier et la vaisselle ont été réalisés par des artisans locaux.

Menu 15/75 € - Carte 47/47 €

4 km à l'Est par N122, route de Clermont-Ferrand - ✆ 04 71 20 10 69 - www.restaurant-le-jarrousset.com - Fermé 6-22 janvier, lundi, mardi, mercredi soir, dimanche soir

LA MURAZ

✉ 74560 (Haute-Savoie) - Carte régionale n° **4**-F1
Carte Michelin 328-K4

L'Angélick

CUISINE CRÉATIVE • DESIGN XX Un restaurant gastronomique, où le chef travaille de bons produits du terroir et ose des mariages audacieux. On se délecte d'un poulpe et tartare de champignons, dans une salle au décor épuré et design. Ici, on n'aime pas la routine... À découvrir !

Menu 48/75 €

160 Centre-Village - ✆ 04 50 94 51 97 - www.angelick.fr - Fermé 11-21 août, 22-31 décembre, lundi, mardi, mercredi midi, jeudi midi, vendredi midi, samedi midi, dimanche

La Brasserie - voir la sélection des restaurants

La Brasserie

CUISINE TRADITIONNELLE • BISTRO X Le midi en semaine, la Brasserie ouvre ses portes aux gourmands de passage ; on y fait dans la simplicité, avec une bonne cuisine de bistrot et une carte des vins minimaliste, composée de coups de cœur des propriétaires.

Menu 15 € (déjeuner)/29 €

L'Angélick, 160 Centre-Village - ✆ 04 50 94 51 97 - www.angelick.fr - Fermé 11-21 août, 22-31 décembre, lundi soir, mardi soir, mercredi soir, jeudi soir, vendredi soir, samedi, dimanche

MURBACH - 68 (Haut-Rhin) → voir Guebwiller

MUR-DE-BARREZ

✉ 12600 (Aveyron) - Carte régionale n° **22**-D1
Carte Michelin 338-H1

Comptoir du Barrez

CUISINE TRADITIONNELLE • CONVIVIAL XX Au programme de ce Comptoir, une cuisine du terroir aveyronnais copieuse et bien tournée, proposée par un couple sympathique. Et pour parfaire ce moment gourmand, on profite de la terrasse et du jardin dès les premiers beaux jours.

Menu 15 € (déjeuner), 25/42 € - Carte 26/41 €

Auberge du Barrez, avenue du Carladez - ✆ 05 65 66 00 76 - www.aubergedubarrez.com - Fermé 5 janvier-14 février, lundi midi

Auberge du Barrez

FAMILIAL • FONCTIONNEL On est accueilli à bras ouverts dans cette maison située à l'écart du centre-ville, entourée d'un joli jardin et d'un potager. Les chambres sont fraîches et bien tenues (certaines avec terrasse) et, à l'heure du repas, la table réserve de jolis plaisirs...

18 chambres - 65/95 € - 10 €

avenue de Carladez - ✆ 05 65 66 00 76 - www.aubergedubarrez.com - Fermé 5 janvier-14 février

Comptoir du Barrez - voir la sélection des restaurants

MÛR-DE-BRETAGNE

⊠ 22530 (Côtes-d'Armor) – Carte régionale n° **7**-C2

Carte Michelin 309-E5 – Guide Vert Michelin Bretagne Nord

✿ Auberge Grand'Maison (Christophe Le Fur)

CUISINE CRÉATIVE · DESIGN XXX En revenant à une partition qui lui ressemble, Christophe Le Fur fait à nouveau la preuve de son grand talent. Sur des bases classiques irréprochables, il se fend d'une cuisine d'une gourmandise extrême, où l'invention est toujours au service du goût. Quel plaisir !

→ Cuisine du marché

Menu 30 € (déjeuner), 59/90 €

1 rue Léon-Le-Cerf – ✆ 02 96 28 51 10 – www.auberge-grand-maison.com – Fermé 2-9 janvier, 11-26 mars, 1er-9 juillet, lundi, mardi, dimanche soir

MURET-LE-CHÂTEAU

⊠ 12330 (Aveyron) – Carte régionale n° **22**-C1

Carte Michelin 338-H4

L'Auberge du Château

CUISINE MODERNE · FAMILIAL XX Dans ce village de l'Aveyron, face à la mairie, l'adresse est bien connue des gourmands, qui s'y régalent d'une cuisine qui donne la priorité aux herbes, à la fraîcheur et aux produits bio, sur lesquels le chef ne transige pas ! Dans l'assiette, couleurs et saveurs sont au rendez-vous. Terrasse joliment fleurie.

Menu 18 € (déjeuner), 35/70 €

Le Bourg – ✆ 05 65 47 71 57 – www.laubergeduchateau.com – Fermé 15 décembre-1er mars, lundi, mardi, mercredi, dimanche soir

MURO – 2B (Haute-Corse) → Voir Corse

MURTOLI – 2A (Corse-du-Sud) → Voir Corse (Sartène)

NAJAC

⊠ 12270 (Aveyron) – Carte régionale n° **22**-C1

Carte Michelin 338-D5

Château de Longcol

TRADITIONNEL · CONTEMPORAIN Ce petit hameau comprenant quatre bâtiments (dont un ancien corps de ferme) a été bâti face à la piscine à débordement, et à la vallée de l'Aveyron. Préférez les chambres tournées vers la piscine. Le restaurant propose une cuisine au goût du jour. La terrasse dévoile une jolie vue. Jacuzzi intérieur.

11 chambres – 135/165 € – 15 €

La Fouillade, 6 km au Nord-Est par D39 et D638 – ✆ 05 65 81 56 04 – www.chateaudelongcol.com – Fermé 15 novembre-13 février

NALZEN – 09 (Ariège) → voir Lavelanet

ON AIME...

La Villa 1901, pour son mobilier vintage et son ambiance délicieusement Belle époque. Le **Transparence – la Table de Patrick Fréchin**, retour gagnant du chef à deux pas de la place Stanislas. **La Maison dans le Parc**, pour profiter de la cuisine-vérité de Françoise Mutel et de la belle terrasse. Et, bien entendu, les fameuses **bergamotes**, la spécialité locale !

NANCY

✉ 54000 (Meurthe-et-Moselle) – Carte régionale n° **12**–B2
Carte Michelin 307-I6 – Guide Vert Michelin Lorraine

Restaurants

✿ La Maison dans le Parc (Françoise Mutel)

CUISINE MODERNE • DESIGN XX L'une des meilleures tables dans les parages. Le long corridor d'entrée, aux pierres savamment éclairées, instaure une ambiance solennelle ; la salle est chic. Pourtant, la cuisine de Françoise Mutel illumine par... sa simplicité. Car cette autodidacte passionnée sait cuisiner l'essentiel : le goût ! Belle terrasse face au parc.

→ Anguille fumée, concombre, crème de noix, yaourt et dashi. Tataki de filet de bœuf, conchiglioni à la caponata. Le jardin d'hiver

Menu 39 € (déjeuner), 69/129 €

Plan : B1-n – *3 rue Sainte-Catherine – ✆ 03 83 19 03 57 – www.lamaisondansleparc.com – Fermé 1er-16 janvier, 28 avril-8 mai, 11-21 août, lundi, mardi, dimanche soir*

✿ Transparence - La Table de Patrick Fréchin

CUISINE MODERNE • CONTEMPORAIN XX Après le Grenier à Sel où Patrick Fréchin fut étoilé de 2006 à 2011, le voici en toute Transparence : on peut le voir travailler derrière sa verrière d'atelier ! Ses assiettes, impeccablement exécutées, mettent en valeur la production maraîchère locale ; finesse et gourmandise sont au rendez-vous. Que demander de plus ?

→ Compression de foie gras aux fruits de saison. Pigeonneau poché à basse température. Macaron revisité, fraise, sorbet basilic

Menu 32 € (déjeuner), 45/80 €

Plan : A1-d – *28 rue Stanislas – ✆ 03 83 32 20 22 – www.restaurant-transparence.fr – Fermé 7-17 janvier, 29 juillet-19 août, lundi, dimanche*

Il fait beau ? Repérez le symbole et attablez-vous en terrasse...

La Toq'

CUISINE MODERNE · ÉLÉGANT XX Avec ou sans toque, le chef de cet élégant restaurant est un sérieux professionnel, qui signe de savoureuses assiettes en se basant sur de beaux produits. Le tout accompagné d'une carte des vins de plus de 300 références, et toc ! À déguster dans un décor mêlant voûtes en pierre séculaire et aménagement contemporain.

Menu 22 € (déjeuner), 33/75 € – Carte 62/76 €

Plan : A1-z – *1 rue Monseigneur-Trouillet – ✆ 03 83 30 17 20 – www.latoqueblanche.fr – Fermé 17-24 février, 28 juillet-18 août, lundi, dimanche soir*

V Four

CUISINE MODERNE · INTIME X Disciple de Gérard Vessière, Bruno Faonio crée une cuisine actuelle et soignée, associant fraîcheur des produits, harmonie des saveurs, belles présentations... Sa compagne assure le service – à la fois attentif et souriant. Inutile de dire qu'on joue souvent à guichets fermés et qu'il vaut mieux réserver !

Menu 32/68 € – Carte 50/75 €

Plan : A1-r – *10 rue St-Michel – ✆ 03 83 32 49 48 – www.levfour.fr – Fermé 3-10 février, 1er-9 septembre, lundi, dimanche soir*

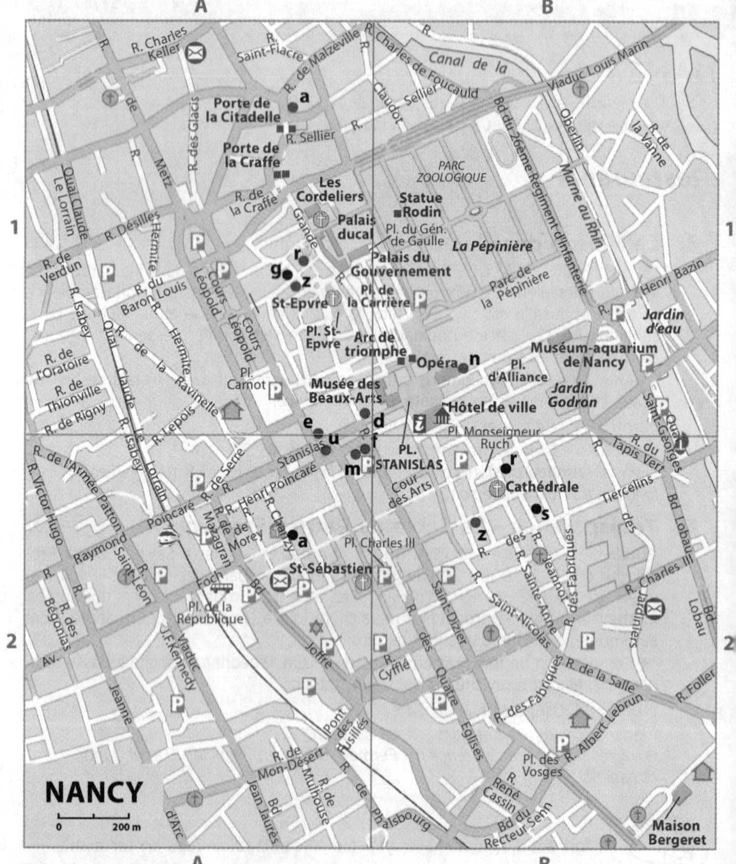

Le Cap Marine

POISSONS ET FRUITS DE MER · ÉLÉGANT XXX Cette institution nancéienne – née il y a 60 ans – a pris un nouveau cap avec une rénovation complète, de la salle aux fourneaux. On découvre un décor chic et contemporain, tout en tons chocolat et bois blond, et une belle cuisine de la mer, ainsi la sole de ligne dorée au beurre et les grenouilles sautées aux herbes fraîches... Un régal.

Menu 29/72 € – Carte 66/87 €

Plan : A1-e – *60 rue Stanislas – ✆ 03 83 37 05 03 – www.restaurant-capmarine.fr – Fermé 15-25 août, samedi midi, dimanche*

Le Capu

CUISINE CLASSIQUE · TENDANCE XX Une table en vue dans la ville : ici, on apprécie le décor, au chic contemporain affirmé, rehaussé de notes baroques comme la cuisine, inventive et généreuse – ainsi le foie gras de canard confit, au macaron de Nancy. Et après un passage en semaine, on revient bruncher le dimanche !

Menu 18 € (déjeuner), 34/45 € – Carte 48/64 €

Plan : A2-m – *31 rue Gambetta – ✆ 03 83 35 26 98 – www.lecapu.com – Fermé 8-15 avril, 22 juillet-5 août, lundi, dimanche soir*

Les Agaves

CUISINE MÉDITERRANÉENNE · CONVIVIAL XX Cap au Sud pour ce restaurant élégant qui flirte avec l'esprit bistrot. Le chef mêle influences méditerranéennes, provençales et italiennes (le foie de veau à la Vénitienne est une spécialité) ; même la carte des vins fait la cour aux crus transalpins. La Botte en Lorraine !

Menu 30 € – Carte 46/59 €

Plan : A2-u – *2 rue des Carmes – ✆ 03 83 32 14 14 – www.les-agaves-nancy.fr – Fermé lundi soir, mercredi soir, dimanche*

Madame

CUISINE MODERNE · CONVIVIAL XX En face de la citadelle, c'est un plaisir de revenir dans ce restaurant éminemment sympathique. La cuisine est pensée au jour le jour, au fil des saisons et du marché. C'est bon, stimulant, on ne s'ennuie jamais. Merci Madame !

Menu 27/55 € – Carte 28/45 €

Plan : A1-a – *52 rue Henri-Deglin – ✆ 03 83 22 37 18 – www.madamerestaurant.fr – Fermé 2-17 janvier, 6-12 mai, 14-20 octobre, lundi, mercredi soir, samedi midi, dimanche soir*

Les Petits Gobelins

CUISINE MODERNE · CONVIVIAL XX C'est dans une rue piétonne derrière la cathédrale, au pied d'une demeure du 18e s., qu'on déniche cet agréable restaurant familial, territoire de la famille Grosse : Patrice, chef, met l'accent sur le choix des produits et l'originalité des recettes, telle cette morille farcie d'une fine purée, et son œuf cocotte. Miam !

Menu 26/68 € – Carte 35/65 €

Plan : B2-z – *18 rue de la Primatiale – ✆ 03 83 35 49 03 – www.lespetitsgobelins.fr – Fermé lundi, dimanche*

Le 27 Gambetta 

CUISINE MODERNE · CONVIVIAL X Ris de veau, bavette black angus : cette cuisine actuelle repose sur de bons produits. Une valeur sûre, à deux pas de l'hôtel Mercure Centre Stanislas.

Menu 25 € (déjeuner), 32/60 €

Plan : A2-f – *27 rue Gambetta – ✆ 03 83 35 81 33 – Fermé dimanche*

Hôtels & maisons d'hôtes

Hôtel d'Haussonville

HISTORIQUE • CLASSIQUE Les amateurs de demeures classées seront comblés par ce splendide hôtel particulier du 16e s. Ici, tout n'est que raffinement : cheminées et parquets d'époque, beau salon avec piano à queue, antiquités... Quel charme !
7 chambres – 140/250 € – 17 €
Plan : A1-g – *9 rue Monseigneur-Trouillet – 03 83 35 85 84 – www.hotel-haussonville.fr*

Crystal

FAMILIAL • CONTEMPORAIN Voilà un établissement idéalement situé ! Quelques minutes suffisent pour rejoindre la gare ou le Palais des Congrès à pied, aller au musée ou faire les magasins. Les chambres sont agréables et bien tenues, avec un mobilier contemporain et de bons équipements ; préférez celles qui sont rénovées.
58 chambres – 49/219 € – 15 €
Plan : A2-a – *5 rue Chanzy – 03 83 17 54 00 – www.bestwestern-hotel-crystal.com – Fermé 23 décembre-2 janvier*

Hôtel des Prélats

FAMILIAL • PERSONNALISÉ Cet hôtel particulier du 17e s., adossé à la cathédrale, est idéalement situé pour visiter la ville. Les chambres, spacieuses, rivalisent de classicisme et de raffinement (lits à baldaquin, vitraux, objets chinés), et la junior suite vaut le détour...
41 chambres – 87/127 € – 13 €
Plan : B2-r – *56 place Monseigneur-Ruch – 03 83 30 20 20 – www.hoteldesprelats.com – Fermé 23 décembre-3 janvier*

Maison de Myon

HÔTEL PARTICULIER • PERSONNALISÉ Dans cette demeure du 18e s., proche de la cathédrale, tout est du meilleur goût : chambres et salons mêlent meubles anciens et design, tissus élégants, œuvres d'art, objets précieux, etc. Même l'ancienne écurie s'est transformée en belle bibliothèque ! On propose aussi cours de cuisine, dégustations de vins, table d'hôte...
5 chambres – 140 €
Plan : B2-s – *7 rue Mably – 03 83 46 56 56 – www.maisondemyon.com – Fermé 9-25 février, 11-18 août*

La Villa 1901

MAISON DE MAÎTRE • DESIGN À 15 mn à pied du centre de Nancy, cette demeure de 1901 distille une ambiance rare... À son charme de maison de ville, intime et confidentielle, s'ajoute un aménagement au design vintage. Un sommet de style jusque dans les détails ! Beau jardin sur l'arrière et excellent petit-déjeuner. Ah, une dernière chose : tous les objets et bibelots sont à vendre... y compris les tapis !
5 chambres – 165/185 €
63 avenue du Général-Leclerc – 06 30 03 21 62 – www.lavilla1901.fr

NANS-SOUS-STE-ANNE

25330 (Doubs) – Carte régionale n° **6**-B2
Carte Michelin 321-G5

À l'Ombre du Château

DEMEURE HISTORIQUE • ÉLÉGANT Une élégante bâtisse en pierre de taille, entourée de rhododendrons et d'un jardin ombragé. À l'intérieur, couleurs chaleureuses, ambiance raffinée (pierre, bois, cuir, tissus), et cinq chambres spacieuses et romantiques... Terrasse pour les beaux jours.
5 chambres – 85/115 €
6 rue du Château – 03 81 53 19 73 – www.alombreduchateau.fr

G. Rigoulet/hemis.fr

ON AIME...

Se régaler chez **Lulu Rouget**, avec sa belle cuisine dans l'air du temps. Plonger dans les douces saveurs de **L'Océanide** et de **L'Instinct Gourmand**, deux Bib Gourmand réjouissants. Profiter des créations inspirées de **Roza**. Admirer le splendide décor de **La Cigale**, une institution locale.

NANTES

✉ 44000 (Loire-Atlantique) – Carte régionale n° **23**-B2
Carte Michelin 316-G4 – Guide Vert Michelin Bretagne Sud

Restaurants

L'Atlantide 1874 - Maison Guého (Jean-Yves Guého)

CUISINE MODERNE • DESIGN XXX Installée dans une belle maison du 19e s. surplombant la Loire, cette Atlantide recèle toujours de beaux trésors : Jean-Yves Guého signe une cuisine très exacte et d'une belle finesse, qui fait la part belle au poisson. Intéressante carte de vins de Loire. Jolies chambres modernes avec vue. Une maison de référence à Nantes.

→ Cuisses de grenouilles meunière, brandade et lait d'anguille fumée. Sole rôtie aux épices cantonaises, caramel de gingembre, gnocchis et pak-choï. Soufflé flambé au Grand Marnier

Menu 40 € (déjeuner), 50/100 € – Carte 85/125 €

Plan : 1 B2-a – *5 rue de l'Hermitage – ✆ 02 40 73 23 23 – www.restaurant-atlantide.net – Fermé 1er-7 janvier, 28 juillet-19 août, dimanche*

Lulu Rouget (Ludovic Pouzelgues)

CUISINE MODERNE • CONVIVIAL XXX Le cadre est plaisant, contemporain et très confortable, la cuisine moderne, parfumée et bien équilibrée. Ici trônent en majesté beaux produits et cuissons soignées. Nouvel emplacement pour ce restaurant déjà bien connu des Nantais, et qualité toujours au rendez-vous. Une belle adresse.

→ Cuisine du marché

Menu 26 € (déjeuner), 56/66 €

Plan : 4 G2-d – *4 place Albert-Camus – ✆ 02 40 47 47 98 – www.lulurouget.fr – Fermé 1er-7 janvier, 10 août-2 septembre, lundi, dimanche*

L'Océanide

POISSONS ET FRUITS DE MER • VINTAGE XX Poêlée de langoustines, Saint-Jacques et encornet ; rouget rôti, jus de coquillage... Cette Océanide-là est bien nymphe de la mer. C'est en voisin que le chef va choisir ses produits au célèbre marché de Talensac, et la fraîcheur du poisson, parfaitement travaillé, ne trompe pas ! Cadre agréable au charme désuet.

Menu 22 € (déjeuner), 32/85 € – Carte 45/75 €

Plan : 4 G1-n – *2 rue Paul-Bellamy – ✆ 02 40 20 32 28 – www.restaurant-oceanide.fr – Fermé 26 juillet-21 août, lundi, dimanche*

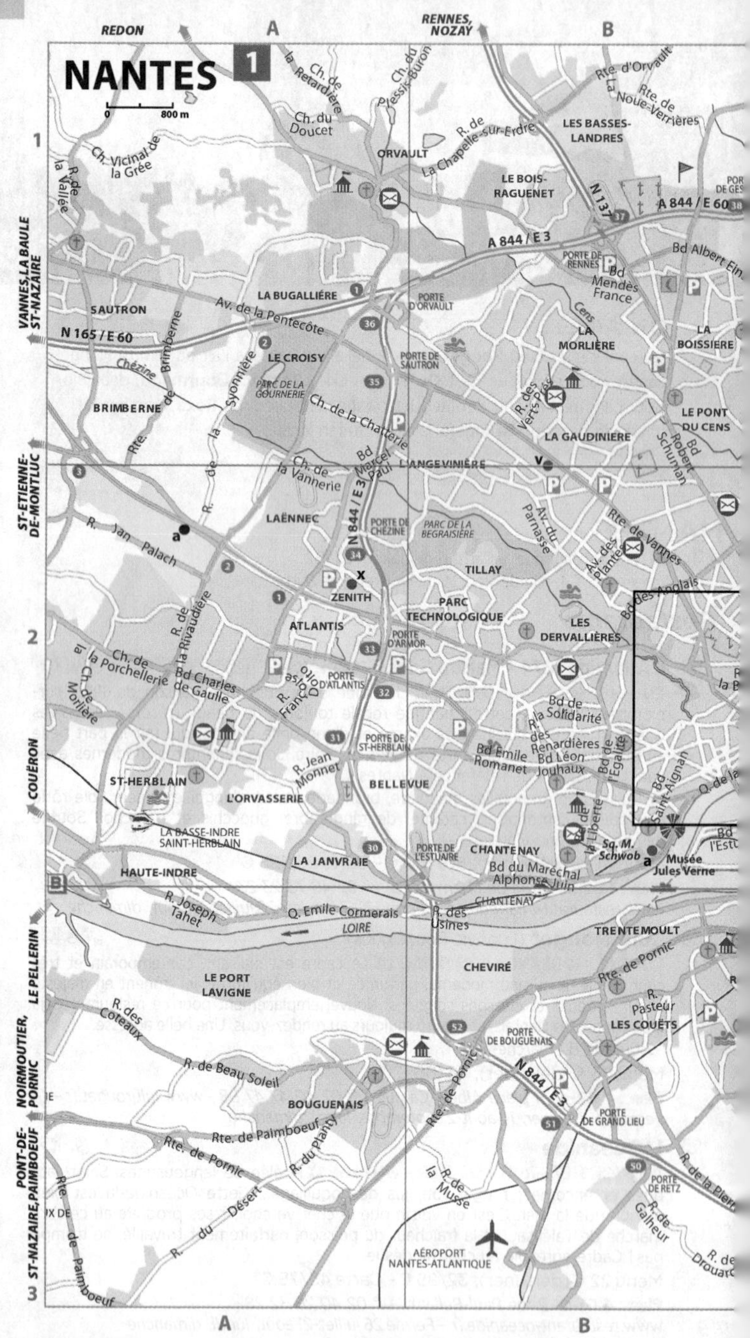
NANTES 1
0 800 m
REDON
RENNES, NOZAY
VANNES, LA BAULE ST-NAZAIRE
ST-ETIENNE-DE-MONTLUC
COUËRON
LE PELLERIN
NOIRMOUTIER, PORNIC
PONT-DE-ST-NAZAIRE, PAIMBOEUF
ORVAULT
LES BASSES-LANDRES
LE BOIS-RAGUENET
SAUTRON
LA BUGALLIÈRE
LE CROISY
BRIMBERNE
PARC DE LA GOURNERIE
LA MORLIÈRE
LA BOISSIERE
LA GAUDINIERE
LE PONT DU CENS
L'ANGEVINIÈRE
LAËNNEC
PARC DE LA BEGRAISIÈRE
TILLAY
ZENITH
PARC TECHNOLOGIQUE
ATLANTIS
LES DERVALLIÈRES
ST-HERBLAIN
L'ORVASSERIE
BELLEVUE
LA BASSE-INDRE SAINT-HERBLAIN
LA JANVRAIE
CHANTENAY
HAUTE-INDRE
TRENTEMOULT
LE PORT LAVIGNE
CHEVIRÉ
LES COUËTS
BOUGUENAIS
AÉROPORT NANTES-ATLANTIQUE
Musée Jules Verne
Sq. M. Schwob
LOIRE
A 844 / E 3
A 844 / E 60
N 165 / E 60
N 844 / E 3
N 137
PORTE DE RENNES
PORTE D'ORVAULT
PORTE DE SAUTRON
PORTE DE CHÉZINE
PORTE D'ARMOR
PORTE D'ATLANTIS
PORTE DE ST-HERBLAIN
PORTE DE L'ESTUAIRE
PORTE DE BOUGUENAIS
PORTE DE GRAND LIEU
PORTE DE RETZ
Bd Mendès France
Bd Albert Ein...
Bd Robert Schuman
Rte. de Vannes
Av. du Parnasse
Av. des Plantes
Bd des Anglais
Bd de la Solidarité
Bd Émile Romanet
Bd Léon Jouhaux
Bd de l'Égalité
Bd de la Liberté
Bd Saint-Aignan
Bd du Maréchal Alphonse Juin
Bd Charles de Gaulle
Bd Marcel Paul
Av. de la Pentecôte
Ch. de la Chatterie
Ch. de la Vannerie
Ch. de la Porchellerie
Ch. de Morlière
Ch. Vicinal de la Grée
Ch. du Doucet
Ch. de la Retardière
Ch. du Plessis-Buron
R. de La Chapelle-sur-Erdre
Rte. d'Orvault
Rte. de la Noue-Verrières
R. de la Vallée
Rte. de Brimberne
R. de la Syonnière
R. de la Rivaudière
R. Jan Palach
R. des Verts Prés
R. François d'Olto
R. Jean Monnet
R. des Renardières
Q. Emile Cormerais
R. des Usines
R. Joseph Tahet
Rte. de Pornic
R. Pasteur
R. des Coteaux
R. de Beau Soleil
Rte. de Paimboeuf
R. du Planty
R. de la Musse
R. du Désert
Rte. de Paimboeuf
R. de Galheur
R. de Drouard
R. de la Pierre
Chézine
Cens
A
B
1
2
3

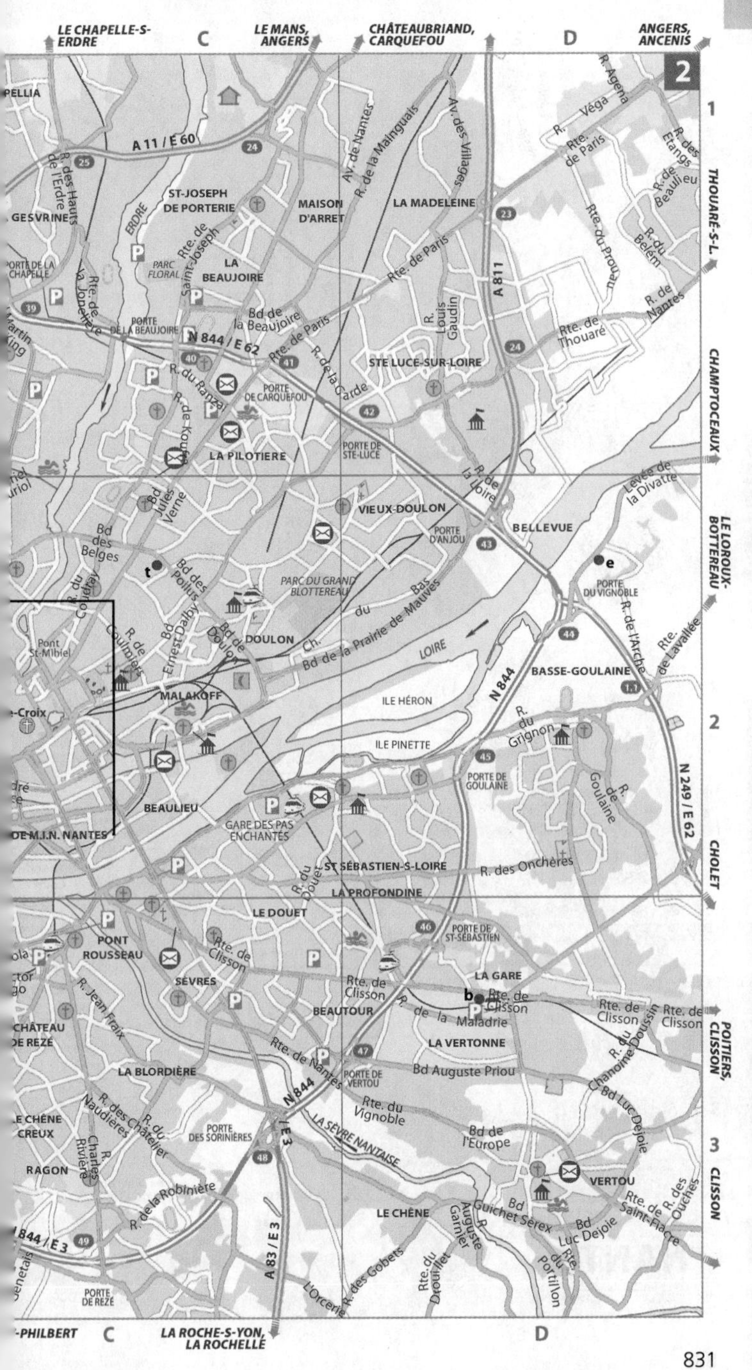

LE CHAPELLE-S-ERDRE
C
LE MANS, ANGERS
CHÂTEAUBRIAND, CARQUEFOU
D
ANGERS, ANCENIS
2
1
2
3
THOUARÉ-S-L.
CHAMPTOCEAUX
LE LOROUX-BOTTEREAU
CHOLET
POITIERS, CLISSON
CLISSON
A 11 / E 60
ST-JOSEPH DE PORTERIE
MAISON D'ARRET
LA MADELEINE
LA BEAUJOIRE
PARC FLORAL
ERDRE
GESVRINE
PORTE DE LA CHAPELLE
PORTE DE LA BEAUJOIRE
N 844 / E 62
STE LUCE-SUR-LOIRE
PORTE DE CARQUEFOU
LA PILOTIERE
PORTE DE STE-LUCE
VIEUX-DOULON
PORTE D'ANJOU
BELLEVUE
PARC DU GRAND BLOTTEREAU
DOULON
MALAKOFF
LOIRE
ILE HÉRON
ILE PINETTE
BASSE-GOULAINE
PORTE DU VIGNOBLE
PORTE DE GOULAINE
BEAULIEU
GARE DES PAS ENCHANTÉS
ST SÉBASTIEN-S-LOIRE
LA PROFONDINE
LE DOUET
PORTE DE ST-SÉBASTIEN
PONT ROUSSEAU
SÈVRES
LA GARE
BEAUTOUR
LA VERTONNE
PORTE DE VERTOU
LA BLORDIÈRE
PORTE DES SORINIÈRES
LA SÈVRE NANTAISE
VERTOU
LE CHÊNE
RAGON
PORTE DE REZÉ
A 811
N 844
N 249 / E 62
A 83 / E 3
-PHILBERT
C
LA ROCHE-S-YON, LA ROCHELLE
D
R. Agena
R. Véga
Rte. de Paris
R. des Etangs
R. de Beaulieu
Rte. du Prou
R. du Belem
R. de Nantes
Rte. de Thouaré
Av. de Nantes
R. de la Mainguais
Av. des Villages
Rte. de Saint-Joseph
R. des Hauts de l'Erdre
Rte. de la Jonelière
Bd de la Beaujoire
R. de la Garde
R. Louis Gaudin
R. du Ranzay
R. de Koufra
Bd Jules Verne
Bd des Belges
Bd des Poilus
R. de la Loire
Levée de la Divatte
Bd de Doulon
Bd Ernest Dalby
R. de Coulmiers
Bd de la Prairie de Mauves
Ch. du Bas
R. de l'Arche
Rte. de Lavallée
R. du Grignon
R. de Goulaine
R. des Onchères
R. du Douet
Rte. de Clisson
R. de la Maladrie
R. du Chanoine Doussin
Bd Auguste Priou
Bd Luc Dejoie
Rte. de Nantes
Rte. du Vignoble
Bd de l'Europe
R. Jean Fraix
R. des Naudières
R. du Châtelier
R. Charles Rivière
R. de la Robinière
Bd Guichet Serex
R. Auguste Garnier
Rte. de Saint-Fiacre
R. des Ouches
Rte. du Portillon
Rte. du Drouillet
R. des Gobets
L'Orcerie
Pont St-Mihiel
CHÂTEAU DE REZÉ
LE CHÊNE CREUX
DE M.I.N. NANTES

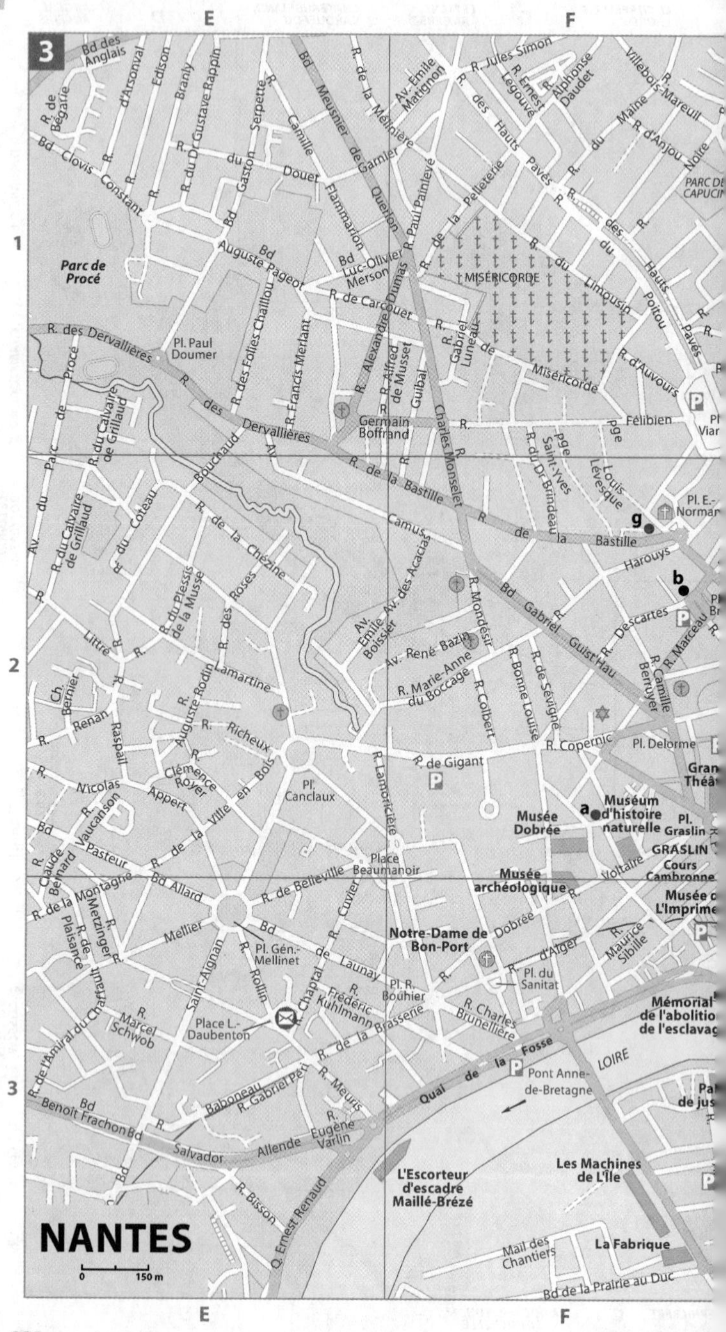
E
F
3
1
2
3
NANTES
0
150 m
Parc de Procé
MISÉRICORDE
PARC DES CAPUCINS
Pl. Paul Doumer
Pl. Canclaux
Place Beaumanoir
Pl. Gén.-Mellinet
Place L.-Daubenton
Pl. R. Bouhier
Pl. du Sanitat
Pl. Delorme
Pl. Graslin
GRASLIN
Cours Cambronne
Musée Dobrée
Muséum d'histoire naturelle
Musée archéologique
Notre-Dame de Bon-Port
Mémorial de l'abolition de l'esclavage
Pont Anne-de-Bretagne
LOIRE
L'Escorteur d'escadre Maillé-Brézé
Les Machines de L'Île
La Fabrique
Mail des Chantiers
Bd de la Prairie au Duc
Quai de la Fosse
Q. Ernest Renaud
Bd Salvador Allende
Bd Benoît Frachon
R. des Dervallières
R. de la Bastille
Bd Gabriel Guist'Hau
R. de Gigant
Bd Allard
Bd de Launay
Bd Pasteur
Bd Clovis Constant
Bd Auguste Pageot
Bd Meusnier de Querlon
R. Paul Painlevé
R. Charles Monselet
R. Alexandre Dumas
R. de Carcouet
R. de la Pelleterie
R. des Hauts Pavés
R. du Limousin
R. de Miséricorde
R. d'Auvours
R. Félibien
R. Harouys
R. Descartes
R. Marceau
R. Copernic
R. Voltaire
R. Lamoricière
R. de Belleville
R. de la Ville en Bois
R. Chaptal
R. Frédéric Kuhlmann
R. de la Brasserie
R. Charles Brunellière
R. Gabriel Péri
R. Meuris
R. Bisson
R. Eugène Varlin
R. de la Chézine
R. Mondésir
R. Colbert
R. Bonne Louise
R. de Sévigné
Av. René Bazin
R. Marie-Anne du Boccage
a
b
g

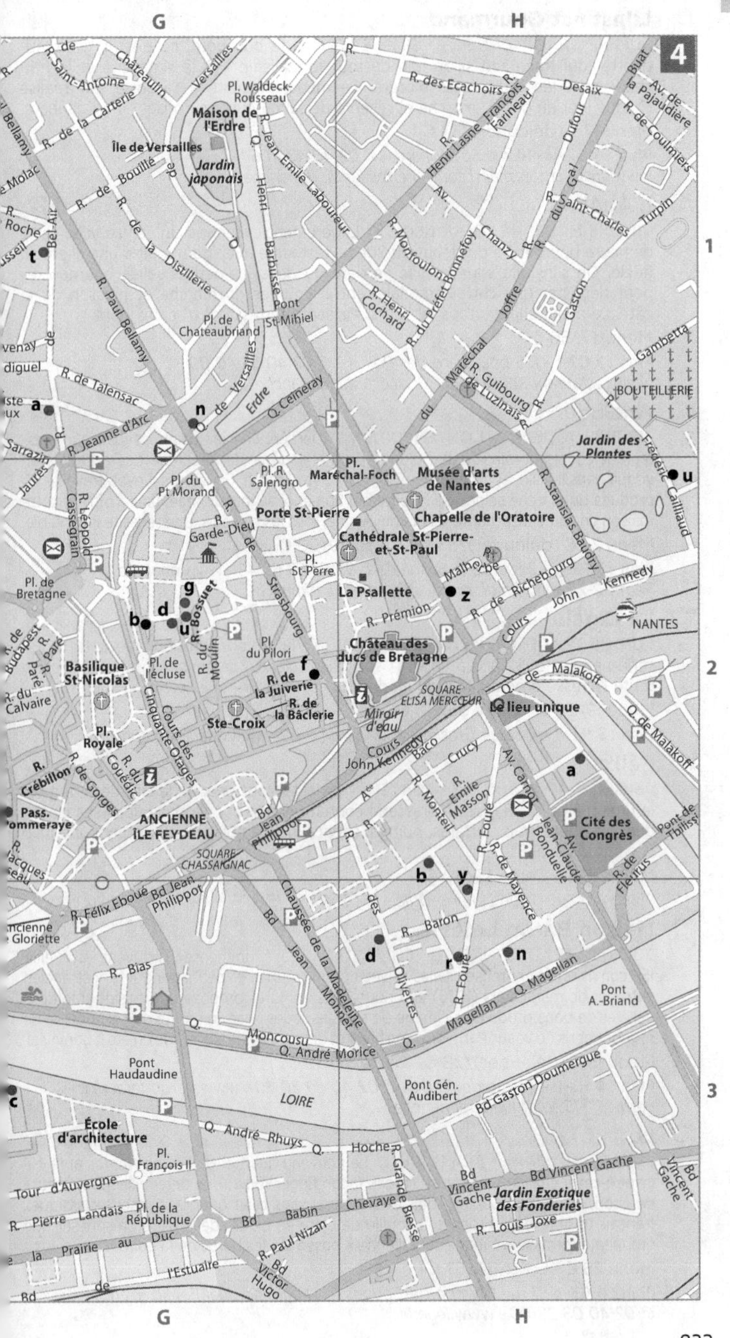
Maison de l'Erdre
Île de Versailles
Jardin japonais
Musée d'arts de Nantes
Chapelle de l'Oratoire
Porte St-Pierre
Cathédrale St-Pierre-et-St-Paul
La Psallette
Château des ducs de Bretagne
Basilique St-Nicolas
Ste-Croix
Le lieu unique
Cité des Congrès
ANCIENNE ÎLE FEYDEAU
Jardin des Plantes
LOIRE
École d'architecture
Jardin Exotique des Fonderies
NANTES

L'Instinct Gourmand

CUISINE TRADITIONNELLE • SIMPLE X Plutôt de bon goût, ce bistrot "sans étiquette" qui trace son sillon loin de tout formalisme : ici, la simplicité et la fraîcheur sont les seuls mots d'ordre. Le menu, présenté à l'ardoise, est réalisé chaque jour au gré du marché et réserve de savoureuses surprises... Pari gagnant.

Menu 17 € (déjeuner)/33 €

Plan : 4 G2-g - *14 rue St-Léonard - ✆ 02 40 47 41 64 - www.linstinctgourmand.com - Fermé lundi, dimanche*

L'Abélia

CUISINE MODERNE • BOURGEOIS XX Légèrement excentrée du centre-ville, cette demeure bourgeoise du début du 20e s., restaurée avec goût jouit d'une clientèle fidèle. On s'installe sous la jolie verrière ou dans les petites salles bourgeoises pour déguster une carte régionale, entre légumes du marché et poisson de la côte. Le menu change tous les jours. Plaisante terrasse aux beaux jours.

Menu 37/56 €

Plan : 2 C2-t - *125 boulevard des Poilus - ✆ 02 40 35 40 00 - www.restaurantlabelia.com - Fermé lundi, dimanche*

Analude

CUISINE MODERNE • CONTEMPORAIN XX Derrière l'ancien palais de justice, ce restaurant contemporain, doublé d'une épicerie gourmande, est l'une des adresses en vogue dans la ville, et c'est justice. Son chef autodidacte, Christophe Levet, travaille les produits du marché selon son inspiration. Son épouse, passionnée, finit d'offrir à cette maison une âme attachante. Cours de cuisine, tous les samedis. Une réussite indéniable.

Menu 24 € (déjeuner)/53 € - Carte 39/50 €

Plan : 3 F2-g - *2 rue de la Bastille - ✆ 02 53 55 65 46 - www.analude.fr - Fermé 2-27 août, lundi, mardi soir, samedi, dimanche*

La Cigale

CUISINE TRADITIONNELLE • BRASSERIE XX Véritable institution que cette brasserie née en 1895, face à l'opéra : son décor classé (céramiques, miroirs) illustre toute l'ivresse ornementale du Modern Style. Pour un repas plein de superbe !

Menu 19/28 € - Carte 35/60 €

Plan : 3 F2-d - *4 place Graslin - ✆ 02 51 84 94 94 - www.lacigale.com*

Félix

CUISINE TRADITIONNELLE • CONTEMPORAIN XX Tout près de la cité des congrès, le type même de la grande brasserie contemporaine qui n'a pas oublié ses classiques : produits frais, tartares, huîtres, service 7j/7, ambiance... En prime, une jolie vue sur le canal St-Félix.

Menu 28 € - Carte 35/50 €

Plan : 4 H2-a - *1 rue Lefevre-Utile - ✆ 02 40 34 15 93 - www.brasseriefelix.com*

Maison Baron Lefèvre

CUISINE TRADITIONNELLE • CONVIVIAL XX Salle immense (pouvant accueillir 150 convives), nombreuses salles privées pour groupes et petits banquets : cet ancien entrepôt de maraîchers (1936) en brique, bois et métal, propose une cuisine traditionnelle et de bons produits, à l'image de ses classiques : bar en croûte de sel ; poêlée de rognons et ris de veau ; Paris-brest en hiver et demoiselle de Guérande en été... Convivial.

Menu 19 € (déjeuner)/28 € - Carte 37/55 €

Plan : 4 H3-n - *33 rue de Rieux - ✆ 02 40 89 20 20 - www.baron-lefevre.fr - Fermé 1er-15 août, lundi, dimanche*

Le 1

CUISINE MODERNE • BRASSERIE XX Le nouveau quartier de l'île de Nantes aura-t-il inspiré cette cuisine voyageuse (tapas façon finger food ; dos de cabillaud en croûte de chorizo ; wok de poulet), qui revisite aussi sans ciller quelques grands classiques français (quenelle de brochet ; anguille de Loire en persillade) ? L'été on sert sur une étonnante terrasse « cabane canadienne » posée sur les bords de la Loire.

Menu 28 € - Carte 38/57 €

Plan : 4 G3-c - *1 rue Olympe-de-Gouges (à l'angle du quai F.-Mitterrand) - ✆ 02 40 08 28 00 - www.leun.fr*

L'U.ni

CUISINE CRÉATIVE · COSY XX Nicolas Guiet a de la suite dans les idées, et l'enthousiasme des passionnés : chez lui, les menus n'obéissent qu'à la loi du marché, et laissent la part belle aux petits producteurs régionaux, souvent bio. Impossible de se lasser d'une cuisine qui ne se répète jamais. Bien joué.

Menu 22 € (déjeuner), 42/63 €

Plan : 4 H3-y – *36 rue Fouré – ✆ 02 40 75 53 05 – Fermé 5-27 août, lundi, mardi, dimanche midi*

Roza Ⓝ

CUISINE MODERNE · ÉLÉGANT X Une cuisine dans l'air du temps, pointue, calibrée, fort bien maîtrisée par un chef expérimenté, qui en a sous la toque. Les produits sont superbes, les saveurs marquées et plaisantes, à l'instar de cette savoureuse queue de bœuf, légumes racines, purée de céleri, et jus corsé...

Menu 25 € (déjeuner) – Carte 45/55 €

Plan : 3 F2-a – *3 place de la Monnaie – ✆ 02 40 54 01 87 – www.restaurantroza.com – Fermé samedi, dimanche*

L'Atelier d'Alain

CUISINE TRADITIONNELLE · CONVIVIAL X Alain Ruffault a créé son Atelier dans l'ancienne boucherie de ses parents, aujourd'hui métamorphosée. Signes distinctifs des lieux : une bonne cuisine, à la fois gourmande et soignée, et de la décontraction ! Belle carte de vins.

Menu 25 € – Carte 36/60 €

Plan : 4 H3-d – *24 rue des Olivettes – ✆ 02 40 84 38 66 – www.atelieralain.fr – Fermé 29 juillet-26 août, samedi midi, dimanche*

Le Bouchon

CUISINE MODERNE · BISTRO X Sa bonne cuisine dans l'air du temps, réinventée jour après jour ; son intérieur joliment décoré (tomettes au sol, poutres anciennes, miroirs) ; sa terrasse incontournable, véritable havre de verdure en plein cœur de la ville... On comprend mieux pourquoi cette adresse est aussi prisée des Nantais !

Menu 17 € (déjeuner), 30/34 € – Carte 36/48 €

Plan : 4 G2-u – *7 rue Bossuet – ✆ 02 40 20 08 44 – www.le-bouchon-nantes.com – Fermé lundi, samedi midi, dimanche*

Les Bouteilles

CUISINE TRADITIONNELLE · BISTRO X À côté du marché de Talensac, un bistrot à vins épatant : décor sympathique honorant Bacchus, belle cuisine de produits (charcuteries italiennes, plats canailles, poisson de la marée...) sans oublier – enseigne oblige – une mémorable carte des vins (700 références !) faisant notamment honneur à la Bourgogne.

Menu 25 € (déjeuner), 35/45 €

Plan : 4 G1-a – *11 rue de Bel-Air – ✆ 02 40 08 27 65 – Fermé 29 juillet-20 août, lundi, samedi midi*

Les Chants d'Avril

CUISINE TRADITIONNELLE · BISTRO X Christophe François est le type même du chef passionné... et passionnant. Il cultive ici l'esprit de bistrot en toute simplicité : vieux parquet, comptoir en formica, bibelots... Côté cuisine, idem : il décline un menu unique au gré de son humeur et du marché du jour, en utilisant de beaux produits de la région. Rafraîchissant !

Menu 22 € (déjeuner)/29 €

Plan : 4 H2-b – *2 rue Laennec – ✆ 02 40 89 34 76 – www.leschantsdavril.fr – Fermé 3-26 août, lundi soir, mardi soir, mercredi soir, samedi, dimanche*

Lamaccotte

CUISINE MODERNE • TENDANCE Un décor original pour une cuisine qui ne l'est pas moins : les produits du réputé marché de Talensac, tout proche, irriguent les inspirations du chef, au gré d'une cuisine jamais ennuyeuse, et qui propose des accords mets et vins, pleins de peps. Frais et convivial.

Menu 21 € (déjeuner), 42/52 €

Plan : 4 G1-t - *63 rue Bel-Air - 02 85 37 42 30 - www.lamaccotte-restaurant-nantes.com - Fermé 4-25 août, lundi, samedi midi, dimanche*

La Raffinerie

CUISINE MODERNE • BISTRO Tables aux coudes à coudes, look de petit bistrot et cuisine ouverte face au public invitent à la curiosité. En guise d'acteur principal, un chef amoureux du terroir de sa région, de la terrine maison à la pêche du jour. Percutant... et raffiné !

Menu 21 € (déjeuner)/31 € - Carte 32/45 €

Plan : 4 H3-r - *54 rue Foure - 02 40 74 81 05 - www.restaurantlaraffinerie.fr - Fermé 6-21 avril, 1er-25 août, samedi, dimanche*

Song, Saveurs & Sens

CUISINE ASIATIQUE CONTEMPORAINE • TENDANCE Nhung Phung a changé de vie pour créer son restaurant. Autodidacte, certes, mais vraie cuisinière ! Originaire du Vietnam, elle grandit au Laos, au Cambodge et en Thaïlande. Et c'est à l'aune de ces terres de parfums qu'elle construit sa personnalité culinaire : une cuisine sensible, intelligente, mesurée, entre Asie du Sud-Est et France, épices subtiles et produits de qualité...

Menu 19 € (déjeuner)/35 € - Carte 42/56 €

Plan : 4 G2-a - *5 rue Santeuil - 02 40 20 88 07 - www.restaurant-song.fr - Fermé 24 décembre-1er janvier, lundi, dimanche*

Hôtels

Radisson Blu

BUSINESS • HISTORIQUE Un beau bâtiment classique dont le fronton central reste sculpté des mots "Palais de Justice" : c'est bel et bien dans un ancien tribunal – en activité jusqu'en 2000 – qu'a été créé ce Radisson Blu ! Esprit contemporain et grand confort seront les juges de vos nuits.

137 chambres - 120/450 € - 5 suites - 19 €

Plan : 3 F2-b - *6 place Aristide-Briand - 02 72 00 10 00 - www.radissonblu.com/hotel-nantes*

Océania Hôtel de France

URBAIN • CONTEMPORAIN Après de longs travaux, cet hôtel particulier du 18e s., dont le porche est classé monument historique, a rouvert ses portes. Et il n'a rien perdu de son charme ! Les fresques murales et hauts plafonds sont toujours d'actualité ; les chambres, bien rénovées dans un style contemporain. Petit bar cosy.

72 chambres - 99/230 € - 16 €

Plan : 3 F2-f - *24 rue Crébillon - 02 40 73 57 91 - www.oceaniahotels.com*

Sozo

HISTORIQUE • DESIGN Proche voisin du Jardin des Plantes, cet hôtel a été créé dans une ancienne chapelle du 19e s. ! Chambres dans les absidioles ou le chœur, vitraux pour fenêtre, clés de voûte en guise de tête de lit et, partout, un aménagement des plus design... Le cachet d'un monument historique associé à l'épure contemporaine : unique !

23 chambres - 109/297 € - 1 suite - 17 €

Plan : 4 H2-u - *16 rue Frédéric-Caillaud - 02 51 82 40 00 - www.sozohotel.fr*

L'Hôtel

BUSINESS • PERSONNALISÉ Vue sur le château en façade, le jardin à l'arrière ; décor contemporain aux notes rétro (références aux fifties), salon cosy pour les petits-déjeuners : une agréable villégiature au cœur de la ville. Quelques chambres, côté jardin, bénéficient d'une petite terrasse donnant sur la verdure.

33 chambres – 81/189 € – 13 €

Plan : 4 H2-z – *6 rue Henri-IV – ✆ 02 40 29 30 31 – www.nanteshotel.com*

Okko

URBAIN • FONCTIONNEL Ce bâtiment du début du 20ᵉ s. – une ancienne fabrique à chaussures – a été choisi pour accueillir le premier des hôtels Okko, chaîne hôtelière à vocation "urbaine". On apprécie le grand espace à vivre nommé "Le Club", à la fois lounge, salon, espace petit-déjeuner ou collation en soirée... Emplacement idéal pour découvrir le vieux Nantes.

80 chambres – 100/200 €

Plan : 4 G2-f – *15 bis rue de Strasbourg – ✆ 02 52 20 00 70 – www.okkohotels.com*

La Pérouse (N)

URBAIN • ÉPURÉ Situé sur le fameux Cours des 50-Otages, cet hôtel à l'étonnante architecture contemporaine, enregistré au patrimoine architectural du 20ᵉ s., ravira les amateurs de design, d'art contemporain et de chambres au look épuré, presque radical.

46 chambres – 109/239 € – 16 €

Plan : D3-k – *3 allée Duquesne – ✆ 02 40 89 75 00 – www.hotel-laperouse.fr*

ENVIRONS

au Bord de l'Erdre 11 km par D178 ou sortie n° 24 autoroute A11 et rte de la Chantrerie – ✉ 44000

Auberge du Vieux Gachet

CUISINE MODERNE • CONVIVIAL XX Cette ancienne ferme évoque la campagne d'antan, à deux pas de la ville : au bord de l'Erdre, face aux flots, la vue se révèle très nature. De la belle cuisine, visible à l'entrée, s'échappent les fumets harmonieux d'une cuisine traditionnelle et généreuse. La carte des vins flirte avec 350 références, l'atout charme !

Menu 22 € (déjeuner), 35/65 € – Carte 42/79 €

route de la Chantrerie – ✆ 02 40 25 10 92 – www.aubergeduvieuxgachet.com – Fermé lundi, dimanche soir

Manoir de la Régate

CUISINE MODERNE • CONTEMPORAIN XX Une élégante demeure toute blanche, couverte de vigne vierge (19ᵉ s.) pour une escapade gastronomique aux portes de Nantes. La cuisine moderne et enthousiaste du jeune chef, attentif aux saisons, se déguste, l'été venu, sur l'agréable terrasse.

Menu 24 € (déjeuner), 38/78 € – Carte 47/57 €

155 route de Gachet – ✆ 02 40 18 02 97 – www.manoir-regate.com – Fermé dimanche

à Basse-Goulaine 3,5 km au Nord par N249 et D751 – ✉ 44115

Villa Mon Rêve

CUISINE TRADITIONNELLE • COSY XX Dans un grand jardin protégé par une levée de la Loire, une jolie maison bourgeoise de la fin du 19ᵉs., au cadre élégant et feutré. La carte perpétue la tradition de la cuisine des bords de Loire : cuisses de grenouille au beurre persillé ou gros plant et sa sauce aux herbes ; poissons de la région (brochet, sandre et bar) au beurre blanc. Terrasse plaisante aux beaux jours.

Menu 23 € (déjeuner), 36/61 € – Carte 45/90 €

Plan : 2 D2-e – *2 Levée de la Divate, à 9 km – ✆ 02 40 03 55 50 – www.villa-mon-reve.com – Fermé lundi, mardi, dimanche soir*

à Haute-Goulaine 14 km au Sud-Est par D119 – ✉ 44115

✿✿ Manoir de la Boulaie (Laurent Saudeau)

CUISINE CRÉATIVE • ÉLÉGANT XXX Voici presque vingt ans que Laurent Saudeau promène son âme voyageuse dans ce bel écrin de verdure, niché au cœur du vignoble, à quelques kilomètres seulement de Nantes. Puisant dans des souvenirs de séjours dans l'océan Indien (Île Maurice, La Réunion) mais aussi aux Antilles, il élabore des recettes dans une veine contemporaine, associant de nombreux ingrédients, locaux et exotiques – au hasard, poivre de Tasmanie, algue nori, fève tonka, thé noir – ainsi que des épices ; un numéro d'équilibriste des saveurs franchement réussi. N'hésitez pas à opter pour les propositions du menu, qui reprennent les plats de la carte à moindre coût. Le tout se déguste dans un décor surprenant, mêlant classicisme et couleurs vives.

→ Homard, nectarine, amandes et pastèque marinée. Pigeon de Mesquer et poulpe grillé au feu de bois, tarte de betterave acidulée. Galet des îles à la noix de coco, chocolat, banane et passion

Menu 60 € (déjeuner), 96/150 € – Carte 115/130 €

33 rue Chapelle St-Martin – ✆ 02 40 06 15 91 – www.manoir-de-la-boulaie.fr – Fermé 28 juillet-22 août, 23 décembre-9 janvier, lundi, mardi, dimanche soir

à St-Herblain 8 km à l'Ouest – ✉ 44800

Les Caudalies

CUISINE MODERNE • COSY XX Savez-vous que les caudalies mesurent la durée de persistance aromatique du vin en bouche ? Un véritable programme pour cette table gastronomique tenue par un couple complémentaire : lui chef, elle sommelière. Au menu : de beaux accords mets-vins, pour une cuisine elle-même inventive et soignée. Nouveauté bienvenue, le bar à vins à l'étage.

Menu 23 € (déjeuner), 30/55 € – Carte 40/50 €

Plan : 1 B1-v – *229 route de Vannes, sortie N° 35 – ✆ 02 40 94 35 35 – www.restaurant-lescaudalies.com – Fermé 16-25 février, 28 juillet-22 août, lundi, mercredi soir, dimanche*

Les Pellières

CUISINE TRADITIONNELLE • RUSTIQUE XX Un petit coin de campagne dans une zone aujourd'hui urbanisée, tout près du Zénith... On remonte le temps dans cette ferme du 16e s. (avec une extension en bois et verre), où l'on déguste une cuisine de tradition très généreuse, valorisant produits du terroir, herbes et légumes du potager, au plus près des saisons.

Menu 19 € (déjeuner)/28 € – Carte 31/47 €

Plan : 1 A2-x – *esplanade Georges-Brassens (parking P1 du Zénith) – ✆ 02 40 65 08 88 – www.baron-lefevre.fr – Fermé lundi soir, dimanche*

à Vertou 7 km par D59 sortie porte de Vertou – ✉ 44120

Le Laurier Fleuri

CUISINE MODERNE • TRADITIONNEL XX Un jeune couple fait souffler un vent de renouveau sur cet ancien relais de diligence d'aspect très traditionnel ! C'est après un solide parcours dans des maisons de renom que le chef a repris les rênes des fourneaux. On sent dans chaque assiette un réel travail et une vraie envie de surprendre et de faire plaisir...

Menu 21/51 € – Carte 28/57 €

Plan : 2 D3-b – *458 route de Clisson – ✆ 02 51 79 01 01 – www.lelaurierfleuri.fr – Fermé 29 juillet-18 août, lundi, dimanche*

NANTHEUIL

✉ 24800 (Dordogne) – Carte régionale n° **18**-C1

Carte Michelin 329-G3

Domaine de la Brugère

MAISON DE MAÎTRE • PERSONNALISÉ Le charme intact d'une superbe demeure provinciale ! Le parc verdoyant traversé par une rivière, la longue façade couverte de vigne vierge, les décors admirablement préservés (parquets, carreaux de ciment, papiers peints à l'ancienne... jusqu'à la robinetterie rétro) : tout semble intemporel. Et la table d'hôte est fort séduisante !

3 chambres - 100/145 €

lieu-dit la Brugère, 3,5 km au Nord-Est par D81 - 05 53 62 03 57 - www.labrugere.com - Fermé 1er janvier-15 mars

NANTUA

01130 (Ain) - Carte régionale n° **2**-C1
Carte Michelin 328-G4 - Guide Vert Michelin Franche-Comté Jura

L'Embarcadère

CUISINE CLASSIQUE • TENDANCE XX Les atouts de cet Embarcadère gourmand ? Sa situation près du lac bien entendu, sans oublier sa vue panoramique, mais surtout sa cuisine ! Entre spécialités du terroir bressan et quenelles de brochet de Nantua, on apprécie le travail propre et méticuleux du chef, ainsi que la fraîcheur des produits utilisés.

Menu 21 € (déjeuner), 26/77 € - Carte 48/74 €

13 avenue du Lac - 04 74 75 22 88 - www.hotelembarcadere.com - Fermé 20 décembre-3 janvier

LA NAPOULE - 06 (Alpes-Maritimes) → voir Mandelieu

NARBONNE

11100 (Aude) - Carte régionale n° **21**-B3
Carte Michelin 344-J3

La Table Saint-Crescent (Lionel Giraud)

CUISINE CRÉATIVE • ÉLÉGANT XXX On oublie vite l'environnement peu guilleret, en bordure de route, pour se concentrer sur l'essentiel : un lieu plaisant, contemporain et raffiné, dans un ancien oratoire médiéval ; une cuisine inventive, passionnée, respectueuse de l'âme des produits et accompagnée de bons vins régionaux. Cette table séduit !

→ Thon rouge de Méditerranée, melon cuisiné de la peau à la graine et huile de basilic sauvage. Retour de criée, champignons cuits aux bourgeons de sapin, jus d'estragon et émulsion de rancio. Amande fraîche de pays, biscuit moelleux et meringue légère, glace à l'huile d'olive

Menu 35 € (déjeuner), 65/95 € - Carte 70/110 €

rond-point de la Liberté - 68 avenue du Général-Leclerc, au Palais du Vin, au Sud par route de Perpignan - 04 68 41 37 37 - www.la-table-saint-crescent.com - Fermé 6-28 mai, lundi, mardi, dimanche soir

Gaïa

CUISINE MODERNE • BRANCHÉ X L'ancienne partie restauration du Botafogo est désormais un restaurant à part entière : déco moderne (carreaux de ciment, tabourets industriels, tables en bois blond, cuisine ouverte) et bonne cuisine actuelle réalisée par un chef attentif aux saisons et à la qualité des produits.

Menu 21 € (déjeuner), 26/32 € - Carte 40/60 €

8 avenue des Pyrénées - 04 68 48 36 86 - www.gaia-narbonne.fr - Fermé lundi, samedi midi, dimanche

Le Petit Comptoir

CUISINE TRADITIONNELLE • VINTAGE XX Un bistrot au cachet 1930 où l'on célèbre les bons produits (charcuterie et poissons notamment) et la cuisine... bistrotière. La riche cave - 350 références, essentiellement régionales - et le bar à vins feront le bonheur des amateurs de nectars !

Menu 17 € (déjeuner)/29 € - Carte 34/40 €

4 boulevard Maréchal-Joffre - 04 68 42 30 35 - www.petitcomptoir.com - Fermé 1er-8 janvier, lundi, dimanche

La Table des Cuisiniers Cavistes

CUISINE TRADITIONNELLE • BISTRO ✗ Cuisiniers et cavistes, même combat ! Dans une ambiance conviviale, cette table privilégie le marché et les produits locaux labellisés, dans l'assiette comme dans le verre. Les saveurs sont mises en valeur avec simplicité : on passe un bon moment.

Menu 21 € (déjeuner)/32 € – Carte 49/67 €

4 place Lamourguier – ✆ 04 68 65 04 43 – www.cuisiniers-cavistes.com – Fermé lundi, dimanche

Clarion Suites Île du Gua

BUSINESS • CONTEMPORAIN Entendez-vous le clapotis de l'eau ? Sur les rives du canal de la Robine – classé au patrimoine mondial de l'Unesco –, cet hôtel associe architecture en bois, jardin aquatique et vue sur la verdure (toutes les chambres jouissent d'une terrasse). Avec, dans un moulin datant du 11ᵉ s., une brasserie !

54 chambres – ††120/260 € – ☕ 15 €

28 rue de l'Aude – ✆ 04 68 41 44 14 – www.moulindugua.com – Fermé 1er janvier-28 février

La Résidence

TRADITIONNEL • PERSONNALISÉ Jean Marais, Louis de Funès, Georges Brassens, Michel Serrault... un prestigieux livre d'or ! Salons aux notes baroques, grand escalier en marbre : l'esprit de cet immeuble du 19e s. a été préservé, tout en actualisant peu à peu les chambres. Entre passé et présent, un établissement dans l'air du temps.

26 chambres – ††70/158 € – ☕ 13 €

6 rue du 1er-Mai – ✆ 04 68 32 19 41 – www.hotel-laresidence-narbonne.fr

Le Clos des Chevaliers

DEMEURE HISTORIQUE • PERSONNALISÉ Belle surprise que cet îlot de quiétude et de verdure. Les propriétaires, artistes dans l'âme, ont créé de toutes pièces des chambres insolites : mobilier argenté dans l'une, œuvres en métal dans l'autre, etc. Toutes disposent d'un accès direct sur le jardin. Un Clos original et décalé !

5 chambres ☕ – ††135/165 €

21 impasse Hélène-Boucher, Les Hauts-de-Narbonne (5 km au Sud) – ✆ 04 68 41 50 79 – www.leclosdeschevaliers.com

à l'Hospitalet 10 km à l'Est par D168, rte de Narbonne-Plage – ✉ 11100

L'Art de Vivre

CUISINE MODERNE • AUBERGE ✗✗ Dans ce domaine viticole niché au cœur de la garrigue, entre ville et mer, une table qui met toutes les chances de son côté : beaux produits locaux (bio, majoritairement), plats colorés et parfumés, cuissons justes et visuels très soignés... Une adresse sérieuse.

Menu 29 € (déjeuner), 49/89 €

Château l'Hospitalet, route de Narbonne-Plage – ✆ 04 68 45 28 50 – www.chateau-hospitalet.com – Fermé 21 décembre-14 janvier, lundi, samedi midi, dimanche

Château l'Hospitalet

TRADITIONNEL • COSY En pleine garrigue et au cœur d'un domaine viticole, ce complexe hôtelier cultive l'art de l'hospitalité. Les chambres arborent un agréable style contemporain et tout invite à la détente : expos d'art, boutiques d'artisanat, restaurant valorisant les vins du domaine... Un lieu qui bouge !

38 chambres – ††141/275 € – ☕ 15 €

route de Narbonne-Plage – ✆ 04 68 45 28 50 – www.chateau-hospitalet.com – Fermé 21 décembre-14 janvier

L'Art de Vivre – voir la sélection des restaurants

NASBINALS

✉ 48260 (Lozère) – Carte régionale n° **21**-B1
Carte Michelin 330-G7

La Borie de l'Aubrac

FAMILIAL • DESIGN Il est d'ici, elle est de Barcelone, et, après un joli parcours hôtelier, ils ont eu envie d'ouvrir leur maison d'hôtes de charme. Cette ferme sur le plateau de l'Aubrac était le lieu idéal : ils en ont fait un havre raffiné, mêlant habilement vieilles pierres et épure contemporaine. Une réussite !

5 chambres - 100/140 €

La Grange des Enfants, 4,5 km au Sud par D900 et rte secondaire – 04 66 45 76 97 – www.borie-aubrac.com

NATZWILLER

67130 (Bas-Rhin) – Carte régionale n° **10**-C1

Carte Michelin 315-H6

Auberge Metzger

CUISINE TRADITIONNELLE • ÉLÉGANT XX Cuissons précises, produits de qualité, accompagnements soignés : Yves Metzger mitonne une cuisine régionale tout simplement délicieuse... et bon marché ! Une raison de plus pour faire étape dans cette auberge accueillante de la vallée de la Bruche. Chambres spacieuses et confortables.

Menu 25/70 €

55 rue Principale – 03 88 97 02 42 – www.hotel-aubergemetzger.com – Fermé 7-28 janvier, 1er-8 juillet, lundi, dimanche soir

NAUCELLE

12800 (Aveyron) – Carte régionale n° **22**-C1

Carte Michelin 338-G5

L'Aromatique

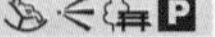

CUISINE MODERNE • COSY X Les jolies histoires commencent souvent ainsi : un jeune couple, passé par de prestigieuses maisons, décide de redonner de l'allant à un lieu – et y parvient ! Décor chaleureux, produits frais et menu unique le midi (cuisine plus travaillée le soir et le week-end). Ici, tout est fait maison !

Menu 17 € (déjeuner), 28/42 €

7 boulevard Eugène-Viala – 05 65 42 49 64 – www.laromatique-naucelle.fr – Fermé 29 avril-2 mai, 20 août-4 septembre, mardi midi, mercredi midi

NÉAC

33500 (Gironde) – Carte régionale n° **18**-C1

Carte Michelin 335-J5

La Maison de Tournefeuille

MAISON DE MAÎTRE • ÉLÉGANT Cette maison pleine de caractère (1870) surplombe les prestigieux vignobles de St-Émilion et Pomerol. Les chambres ne manquent ni de goût ni de raffinement, et les amateurs du divin breuvage se réjouiront du domaine viticole, de la visite de la cave, ou des dégustations proposées. L'adresse de charme par excellence !

5 chambres - 130 €

24 rue de L'Église – 06 47 23 20 29 – www.chateau-tournefeuille.com

NEAUPHLE-LE-CHÂTEAU

78640 (Yvelines) – Carte régionale n° **15**-A2

Carte Michelin 311-H3 – Guide Vert Michelin Île de France

Le Clos St-Nicolas

FAMILIAL • PERSONNALISÉ Atmosphère familiale dans cette belle et noble maison de 1830. Chambres d'esprit classique, aux teintes variées (jaune, vert, rouge). Agréable véranda pour le petit-déjeuner.

5 chambres - 124/131 €

33 rue St-Nicolas – 01 34 89 76 10 – www.clos-saint-nicolas.com

NÉGREVILLE

✉ 50260 (Manche) – Carte régionale n° **17**–A1
Carte Michelin 303-C3

Château de Pont Rilly

DEMEURE HISTORIQUE • PERSONNALISÉ C'est au bout d'une longue allée que se dévoilent ce superbe château du 18e s. et son grand jardin à la française... Boiseries, cheminée en pierre de Valognes, mobilier ancien et belle cuisine rustique où l'on prend le petit-déjeuner : un cadre plein de quiétude et de caractère !

3 chambres – 150 €

route de Sottevast – ✆ 02 33 40 47 50 – www.chateau-pont-rilly.com

NÉRIS-LES-BAINS - 03 (Allier) ➜ voir Montluçon

NÉRONDES

✉ 18350 (Cher) – Carte régionale n° **8**–D3
Carte Michelin 323-M5

Le Lion d'Or

CUISINE TRADITIONNELLE • AUBERGE XX Sur une place du village, ce Lion d'Or se tient avenant et fier. Entrez donc : l'accueil est charmant, et le décor rustique et coquet. Aux odeurs qui s'échappent des cuisines, nos papilles s'affolent déjà : c'est que le chef cuisine la tradition avec finesse et goût. De quoi rugir de plaisir !

Menu 22/42 €

place de la Mairie – ✆ 02 48 74 87 81 – www.lion-dor.net – Fermé 21 janvier-24 février, lundi, mercredi midi, dimanche soir

NESTIER

✉ 65150 (Hautes-Pyrénées) – Carte régionale n° **22**–A3
Carte Michelin 342-O6

Relais du Castéra

CUISINE TRADITIONNELLE • FAMILIAL XX Une auberge de tradition, tenue par le même couple de professionnels depuis de longues années. Les recettes, qui mettent à l'honneur le terroir et les produits de qualité, sont alléchantes. Quelques chambres, confortables et simplement arrangées, pour l'étape.

Menu 20 € (déjeuner), 32/55 € – Carte 30/60 €

place du Calvaire – ✆ 05 62 39 77 37 – www.hotel-castera.com – Fermé 2-31 janvier , lundi, mardi midi, dimanche soir

LE NEUBOURG

✉ 27110 (Eure) – Carte régionale n° **17**–C2
Carte Michelin 304-F7 – Guide Vert Michelin Normandie Vallée de la Seine

La Longère

CUISINE MODERNE • TENDANCE X Cette ancienne longère normande, reconvertie en restaurant sous l'impulsion d'un jeune couple passionné, propose une savoureuse cuisine du marché, déclinée au fil des saisons, dans un cadre de bistrot contemporain.

Menu 25 € (déjeuner), 30/69 € – Carte 46/57 €

1 C rue du Docteur-Couderc – ✆ 02 32 60 29 83 – www.restaurant-la-longere.fr – Fermé lundi, mercredi soir, dimanche soir

NEUF-BRISACH

✉ 68600 (Haut-Rhin) – Carte régionale n° **10**–C2
Carte Michelin 315-J8

à Biesheim 3 km au Nord par D468 – ✉ 68600

Aux Deux Clefs

FAMILIAL • CLASSIQUE Cette belle maison régionale est presque aussi fleurie que son jardin ! Les chambres, assez spacieuses, sont fonctionnelles et bien tenues. Deux clefs pour les affamés, une brasserie traditionnelle et un restaurant d'esprit plus gastronomique.

25 chambres – 76/96 € – 12 €

50 Grand-Rue – ✆ 03 89 30 30 60 – www.deux-clefs.com – Fermé 1er-6 janvier

NEUILLÉ-LE-LIERRE

✉ 37380 (Indre-et-Loire) – Carte régionale n° **8**-B2
Carte Michelin 317-O3

Auberge de la Brenne

CUISINE TRADITIONNELLE • BOURGEOIS XX Andouillette et sa tarte à l'échalote, lapin délicatement mijoté dans une sauce au sauvignon : la tradition et les bons produits ont trouvé leur repaire tourangeau. Accueil charmant. À 50 m du restaurant, maison des années 1900 disposant de chambres confortables.

Menu 32/70 € – Carte 49/80 €

19 rue de la République – ✆ 02 47 52 95 05 – www.auberge-brenne.com – Fermé mardi, mercredi, dimanche soir

NEUVILLE-BOSC

✉ 60119 (Oise) – Carte régionale n° **14**-A3
Carte Michelin 305-D5

Le Clos des Vignes

MAISON DE CAMPAGNE • COSY Au cœur du Vexin, entre prés et étangs, ce corps de ferme abrite aujourd'hui un hôtel de charme quasi confidentiel... Les chambres sont de vrais cocons, spécialement les grandes suites (L'Indonésienne, La Nature, La Nuptiale, etc.), sans oublier la piscine, le sauna, les jacuzzis... Idéal pour un séjour à deux.

9 suites – 260/320 € – 4 chambres – 15 €

13 rue des Vignes – ✆ 03 44 22 36 90 – www.leclosdesvignes.fr

NEUVILLE-DE-POITOU

✉ 86170 (Vienne) – Carte régionale n° **20**-C1
Carte Michelin 322-H4

St-Fortunat

CUISINE MODERNE • COSY XX Dans le centre de Neuville, un restaurant familial et intime. Fabien et Aurélie Dupont y accueillent leurs fidèles clients avec une cuisine rythmée par les saisons. Mention spéciale au menu, pour son excellent rapport qualité-prix. A déguster, aux beaux jours, sur l'agréable terrasse !

Menu 29/44 € – Carte 39/55 €

4 rue Bangoura-Moride – ✆ 05 49 54 56 74 – www.saintfortunat.com – Fermé lundi, dimanche

La Roseraie

FAMILIAL • PERSONNALISÉ Julie et Simon, originaires de Neuville, vous accueillent dans cette maison de maître bourgeoise (mi-19e s.), où les roses fleurissent en façade et dans le jardin. Cinq chambres lumineuses et une chaleureuse table d'hôte, qui bénéficie des beaux produits de Simon, agriculteur (terrine maison, etc.). Terrasse ombragée et chauffée.

5 chambres – 75/95 €

78 rue Armand-Caillard – ✆ 05 49 59 57 19 – www.laroseraiefrance.fr

NÉVACHE

✉ 05100 (Hautes-Alpes) – Carte régionale n° **24**–C1
Carte Michelin 334-H2 – Guide Vert Michelin Alpes du Sud

Le Chalet d'En Hô

FAMILIAL · MONTAGNARD Là-haut dans la montagne... Environnement naturel privilégié pour ce chalet, qui a tout d'un petit cocon d'altitude : quiétude, décor de bois très chaleureux, mais aussi sauna et jacuzzi pour récupérer après une randonnée en été – ou un tour de ski de fond en hiver ! Restaurant traditionnel.

14 chambres – 140/167 € – 15 €

Hameau des Chazales – ✆ 04 92 20 12 29 – www.chaletdenho.fr – Fermé 31 mars-7 juin, 22 septembre-25 décembre

NEVERS

✉ 58000 (Nièvre) – Carte régionale n° **5**–A2
Carte Michelin 319-B10 – Guide Vert Michelin Bourgogne

Le Bengy

CUISINE MODERNE · CONVIVIAL XX Au nord de Nevers, ce restaurant a pignon sur rue ! On s'y rend avec plaisir : le chef et son équipe concoctent une cuisine plaisante, avec des produits de qualité, et font évoluer la carte chaque mois. Une bonne adresse.

Menu 20/34 € – Carte 36/52 €

25 route de Paris, à 4,5 km par D907 – ✆ 03 86 38 02 84 – www.le-bengy-restaurant.com – Fermé 17 février-5 mars, 28 juillet-20 août, lundi, dimanche

Jean-Michel Couron

CUISINE CRÉATIVE · COSY XX Une valeur sûre de la gastronomie nivernaise, menée depuis de longues années par le chef Jean-Michel Couron, dont la cuisine associe bons produits, jolis visuels et notes d'invention. L'intérieur a été entièrement repensé dans une veine contemporaine, et l'on peut dîner sous les voûtes du 14e s. d'un ancien cloître !

Menu 37/59 €

21 rue St-Etienne – ✆ 03 86 61 19 28 – www.jm-couron.com – Fermé 18 février-6 mars, 22 juillet-13 août, lundi, mardi, dimanche soir

Comptoir St-Sébastien

CUISINE TRADITIONNELLE · BISTRO X Esprit de bistrot parisien dans le décor... mais aussi dans la cuisine, simple et généreuse, qui révèle de belles saveurs : escargots sautés aux champignons des bois, entrecôte charolaise à la sauce au poivre, etc. Et pour prolonger le plaisir, direction l'Olivier, le bistrot voisin tenu par les mêmes associés.

Menu 20 € (déjeuner) – Carte 24/56 €

9 place St-Sébastien – ✆ 03 86 36 26 44 – www.comptoirsaintsebastien.com

à Urzy 4 km par D207 – ✉ 58130

La Fontaine Cavalier

CUISINE MODERNE · TENDANCE X Au menu de cet ancien corps de ferme transformé en restaurant, une savoureuse cuisine de produits : terrine de canard au foie gras vinaigrette, carré de veau en croûte de basilic et pignons de pin torréfiés, cheesecake aux fruits rouges... Le tout à prix raisonnables. Belle terrasse ouverte sur la nature.

Menu 19 € (déjeuner), 29/39 €

Domaine Jeunot – ✆ 03 86 57 41 71 – www.fontaine-cavalier.com – Fermé lundi soir, mardi soir, mercredi

NÉVEZ

✉ 29920 (Finistère) – Carte régionale n° **7**-B2
Carte Michelin 308-I8

à Raguenès-Plage 4 km au Sud par rte secondaire – ✉ 29920

Ar Men Du 

CUISINE MODERNE · TENDANCE XX À vos pieds, la lande sauvage est battue par l'océan, et à quelques encablures, les rochers de l'îlot de Raguenès brillent au soleil. Quant à l'assiette, elle rend un hommage appuyé au terroir.
Menu 55/110 € – Carte 78/109 €
rue des Îles – ✆ 02 98 06 84 22 – www.men-du.com – Fermé 7 janvier-28 février, 4 novembre-19 décembre, mardi midi, mercredi midi

Ar Men Du 

TRADITIONNEL · PERSONNALISÉ Sur une lande sauvage cernée par l'océan (site classé), cette maison néobretonne vibre avec les éléments : décor des chambres façon clipper, vue sur les flots et l'île Raguenès... Bol d'air et évasion garantis !
17 chambres – 125/185 € – 15 €
rue des Îles – ✆ 02 98 06 84 22 – www.men-du.com – Fermé 7 janvier-28 février, 4 novembre-19 décembre
Ar Men Du – voir la sélection des restaurants

NÉVILLE

✉ 76460 (Seine-Maritime) – Carte régionale n° **17**-C1
Carte Michelin 304-E3

Nature et Lin 

MAISON DE CAMPAGNE · PERSONNALISÉ Rosaline, Élise, Aurore, etc. : chaque chambre porte le nom d'une variété de lin. Hommage aux cultures environnantes mais aussi aux matériaux naturels, au blanc et à l'écru... Cette ancienne ferme respire le bien-être – et la piscine couverte est délicieuse ! Pour le petit-déjeuner, pain aux graines de lin, bien sûr.
4 chambres – 140 €
9 rue de la Bergerie – ✆ 02 35 57 07 66 – www.nature-lin.com

NEYRAC-LES-BAINS

✉ 07380 (Ardèche) – Carte régionale n° **2**-A3
Carte Michelin 331-H5 – Guide Vert Michelin Ardèche Drôme

Brioude

CUISINE MODERNE · TRADITIONNEL X Près des thermes, cette auberge familiale vous régale depuis 1887 d'une cuisine soignée et locavore : carpaccio de truite d'Ardèche, tartine de légumes croquants ; bœuf fin gras du Mézenc longuement braisé, carottes confites au miel... Terrasse sous les platanes.
Menu 49/58 €
4 rue Mazade – ✆ 04 75 36 41 07 – www.hotel-levant.com – Fermé 2-6 janvier, 12 novembre-23 décembre, lundi, mardi, dimanche soir

Cyril Comtat/Fotolia.com

ON AIME...

Le talent des deux frères à la tête du restaurant **Flaveur**. La **Merenda**, pour savourer de bons petits plats dans un décor à l'ancienne. **Peixes**, pour une cuisine à picorer entre amis. **Vegan Gorilla** et ses délices végétariens, le trio passionné des **Agitateurs**, l'inventivité du chef danois de **Pure & V**.

NICE

✉ 06000 (Alpes-Maritimes) – Carte régionale n° **25**–E2
Carte Michelin 341-E5, 115-J26 – Guide Vert Michelin Côte d'Azur

Restaurants

✿✿ Le Chantecler

CUISINE MODERNE • ÉLÉGANT XXXX Alors que Jean-Denis Rieubland s'en est allé vers les contrées champenoises, place à la nouvelle génération dans le plus célèbre des palaces de la Côte-d'Azur : depuis 2018, c'est Virginie Basselot (Meilleur Ouvrier de France 2015, anciennement Saint-James, à Paris) qui pilote l'offre gastronomique du Negresco. La Normande d'origine s'exprime ici sans arrière-pensée, avec une idée claire : celle d'offrir une cuisine "directe" à une clientèle qui en a vu d'autres. Son menu signature annonce la couleur : bar et huître en tartare, crème citron et caviar de Sologne ; filet d'agneau au vaudouvan, artichaut et gnocchis aux herbes ; avant de conclure, par exemple, avec ces framboises et groseilles prises en gelée de baie de Sancho, thé vert grillé...

→ Coquillages, cocos de Paimpol, jus de combava. Saint-pierre grillé, fenouil, bigorneaux, jus aux parfums d'aïoli. Chocolat, caramel, cacahouètes

Menu 150/230 € – Carte 125/225 €

Plan : B3-k – *Le Negresco, 37 promenade des Anglais – ✆ 04 93 16 64 00 – www.lenegresco.com –*
Fermé 1er janvier-7 février, lundi, mardi midi, mercredi midi, jeudi midi, vendredi midi, samedi midi, dimanche

✿✿ Flaveur (Gaël et Mickaël Tourteaux)

CUISINE CRÉATIVE • ÉLÉGANT XX Les frères Tourteaux, Gaël et Mickaël, sont inséparables. Même lycée hôtelier à Nice (avec passage d'examen dans la même salle !), formation commune au Negresco à l'époque d'Alain Llorca... et même envie de travailler le bon, le vrai, le savoureux, en étant son propre patron. Résultat de cette alliance fraternelle : Flaveur, leur bébé, auquel ils ont consacré toute leur énergie au point de décrocher une étoile Michelin en 2011, et une seconde en 2018.

Comment résumer la "patte" Tourteaux? Elle tient à une certaine forme de confiance, d'audace, de prise de risque bien dosée. Par exemple, entre le produit local et les épices lointaines, ils ne choisissent pas : ce sera les deux, mon capitaine ! Au détour d'une assiette, une rascasse de la pêche niçoise rencontre un bouillon de poisson rehaussé au vadouvan, un mélange d'épices indiennes au parfum puissant... c'était risqué, c'est une réussite. Une cuisine de caractère, fine et maîtrisée de bout en bout : bravo !

→ Rouget de roche et ses sucs, feuille de riz et cébette. Bœuf du Piémont, aubergine et tamarin, poivre sauvage et oxalis. Ananas pain de sucre, tapioca, coriandre, Suzette au vieux rhum

Menu 89/160 €

Plan : C2-x - *25 rue Gubernatis - ✆ 04 93 62 53 95 - www.flaveur.net - Fermé 19 août-3 septembre, lundi, samedi midi, dimanche*

✿ JAN (Jan Hendrik van der Westhuizen)

CUISINE CRÉATIVE • ÉLÉGANT XX Tour à tour chef sur des yachts privés à Monaco et reporter-photographe pour un grand magazine, le jeune Sud-Africain Jan Hendrik van der Westhuizen a déjà eu plusieurs vies... Dans son petit repaire intime et romantique, près du port, il signe une cuisine créative, personnelle, qui fait le bonheur des clients de passage sur la Riviera !

→ Tapioca, Saint-Jacques et chocolat blanc. Autruche, rooibos, pomme de terre ratte et œuf bio. Fenouil, lait fermenté et citron

Menu 55 € (déjeuner), 98/140 €

Plan : D3-b - *12 rue Lascaris - ✆ 04 97 19 32 23 - www.restaurantjan.com - Fermé lundi, mardi midi, mercredi midi, jeudi midi, dimanche*

✿ L'Aromate (Mickaël Gracieux)

CUISINE MODERNE • ROMANTIQUE XX Le déménagement du restaurant près de la place Masséna est une étape importante pour l'équipe de l'Aromate. Heureusement pour nous, cela n'a rien changé à l'exigence et au perfectionnisme de Mickaël Gracieux : préparations délicates, assiettes graphiques - le fruit d'un joli parcours dans de grandes maisons, mais aussi d'un indéniable talent.

→ Anchois de Méditerranée, vierge à l'abricot, tomate du jardin, pain feuilleté à l'olive. Barracuda en cocotte lutée aux feuilles de citronnier. Chocolat-café en tarte fondante

Menu 75/100 € - Carte 95/105 €

5 rue Gustave Deloye - ✆ 04 93 62 98 24 - www.laromate.fr - Fermé 2-17 janvier, lundi, mardi midi, mercredi midi, jeudi midi, vendredi midi, samedi midi, dimanche

Au Rendez-vous des Amis

CUISINE PROVENÇALE • AUBERGE X Accueil chaleureux et ambiance amicale... évidemment ! Un couple très aimable vous donne ici rendez-vous : elle signe les entrées et les desserts, lui les plats chauds. L'ensemble donne un véritable amour de cuisine niçoise ! Et l'été, on profite de la terrasse à l'ombre d'un tilleul...

Menu 30 € - Carte 40/52 €

176 avenue de Rimiez, 9 km au Nord par boulevard de Cimiez - ✆ 04 93 84 49 66 - www.rdvdesamis.fr - Fermé 11-27 février, mardi, mercredi

Bistrot d'Antoine

CUISINE TRADITIONNELLE • BISTRO X C'est l'accent du Sud qui chante dans ce bistrot de copains, où règne une ambiance très conviviale. En cuisine, c'est l'ébullition ! De ces calamars, chorizo et endives, à cette pomme rôtie, purée de marrons et crème caramel, tout sent si bon, tout est si soigné... Bondé, vous avez dit bondé ? Antoine connaît un franc succès.

Carte 28/54 €

Plan : C3-x - *27 rue de la Préfecture - ✆ 04 93 85 29 57 - Fermé 25 mars-10 avril, 1er-20 août, 24 décembre-3 janvier, lundi, dimanche*

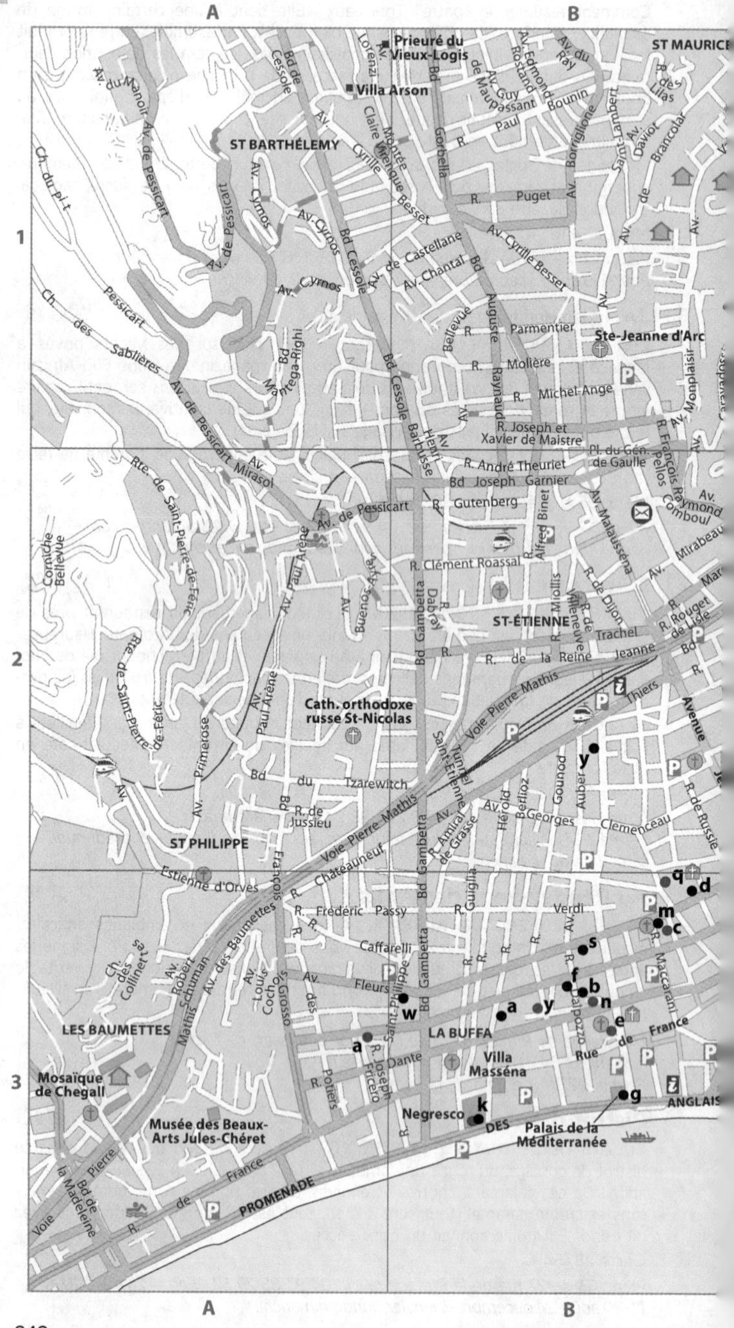
A
B
1
2
3
Prieuré du Vieux-Logis
Villa Arson
ST MAURICE
ST BARTHÉLEMY
Av. du Manoir
Av. de Pessicart
Ch. du pl.t
Ch. des Sablières
Pessicart
Av. Cymos
Av. Cyrnos
Bd de Cessole
Bd Cessole
Av. Cyrille Besset
Montée Claire Virenque
Av. de Castellane
Av. Chantal
Bd Gorbella
R. Puget
Av. Borriglione
Av. Guy de Maupassant
Av. Edmond Rostand
Av. du Ray
R. Paul Bounin
Av. Saint-Lambert
R. des Lilas
Av. Daviot
Av. de Brancolar
Bd Mantega-Righi
Av. Bellevue
R. Parmentier
R. Molière
R. Michel-Ange
Bd Auguste Raynaud
Ste-Jeanne d'Arc
Av. Monplaisir
R. Joseph et Xavier de Maistre
Pl. du Gén. de Gaulle
R. François Pellos
Av. Raymond Comboul
Av. Henri Barbusse
R. André Theuriet
Bd Joseph Garnier
R. Gutenberg
Av. Mirasol
Av. de Pessicart
Rte. de Saint-Pierre-de-Féric
Corniche Bellevue
Av. Paul Arène
Av. Buenos-Aires
R. Clément Roassal
R. Alfred Binet
Av. Malausséna
Av. Mirabeau
R. Miollis
R. de Villeneuve
R. de Dijon
Bd Gambetta
R. Dabray
ST-ÉTIENNE
R. Trachel
R. Rouget de Lisle
R. de la Reine Jeanne
Voie Pierre Mathis
Tunnel Saint-Étienne
Av. Thiers
Avenue
Cath. orthodoxe russe St-Nicolas
Av. Primerose
Bd du Tzarewitch
R. de Jussieu
Av. Georges Clemenceau
R. Hérold
R. Berlioz
R. Gounod
R. Auber
R. de Russie
R. Amiral de Grasse
ST PHILIPPE
Estienne d'Orves
Bd François Grosso
R. Châteauneuf
R. Frédéric Passy
R. Guiglia
R. Verdi
R. Caffarelli
Av. des Baumettes
Av. Robert Schuman
Ch. des Collinettes
Av. Louis Cochois
Av. des Fleurs
R. Saint-Philippe
R. Dalpozzo
R. Maccarani
LES BAUMETTES
LA BUFFA
R. Dante
R. Joseph Fricero
R. Potiers
Villa Masséna
Rue de France
Mosaïque de Chegall
Musée des Beaux-Arts Jules-Chéret
Negresco
DES
Palais de la Méditerranée
ANGLAIS
Voie Pierre Mathis
Bd de la Madeleine
R. de France
PROMENADE
a
b
c
d
e
f
g
k
m
n
q
s
w
y

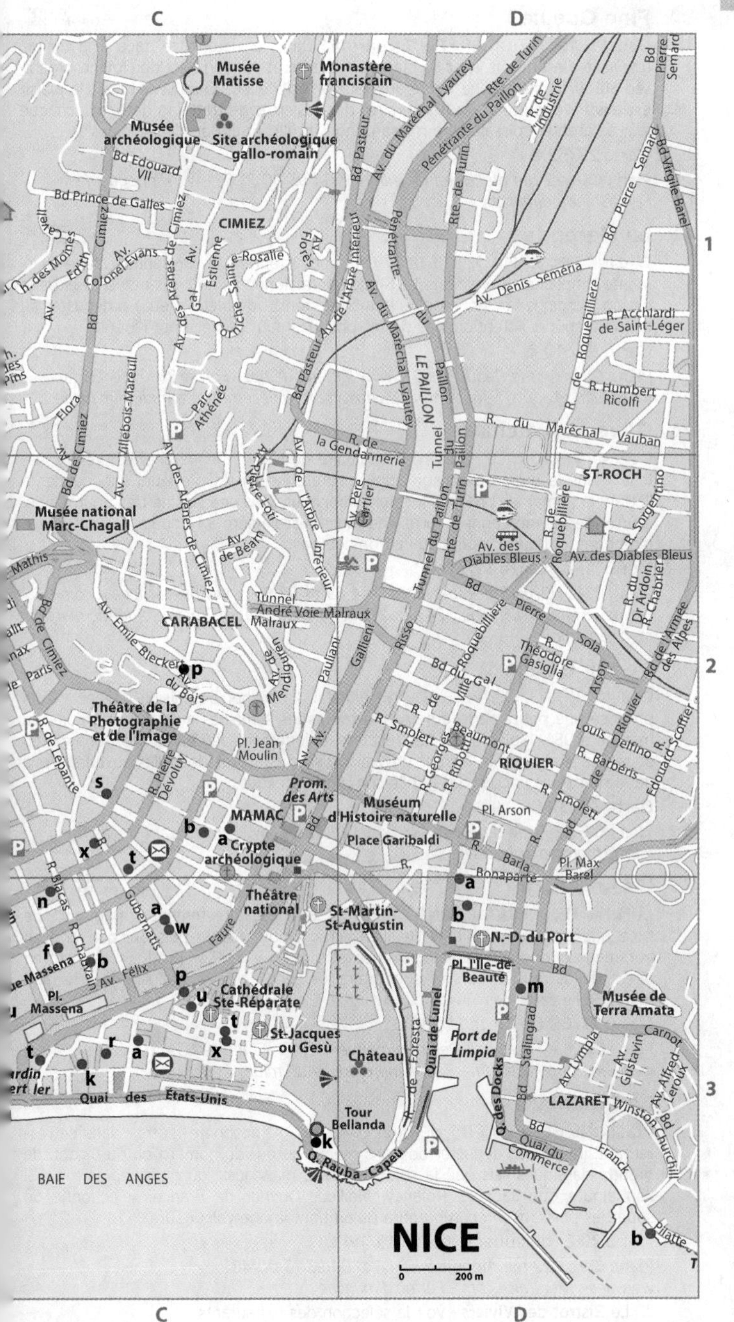
NICE
Musée Matisse
Monastère franciscain
Musée archéologique
Site archéologique gallo-romain
CIMIEZ
Musée national Marc-Chagall
CARABACEL
Théâtre de la Photographie et de l'Image
ST-ROCH
RIQUIER
MAMAC
Crypte archéologique
Muséum d'Histoire naturelle
Place Garibaldi
Théâtre national
St-Martin-St-Augustin
N.-D. du Port
Cathédrale Ste-Réparate
St-Jacques ou Gesù
Château
Tour Bellanda
Port de Limpia
Musée de Terra Amata
LAZARET
Quai des États-Unis
BAIE DES ANGES
LE PAILLON
Prom. des Arts
Pl. Massena
Pl. Garibaldi
Pl. Arson
Pl. Max Barel
Pl. l'Ile-de-Beauté
Pl. Jean Moulin
Q. Rauba-Capeu
Quai du Commerce
Q. des Docks
Quai de Lunel
0 200 m

Fine Gueule

CUISINE TRADITIONNELLE • TENDANCE X Dans le vieux Nice, face à la mairie, une salle d'esprit loft, avec sa pierre apparente et ses carreaux de ciment, organisée autour d'une cuisine vitrée aux faux airs d'atelier... Quel style ! Mais le plaisir est aussi – et surtout – gustatif, avec des assiettes de tradition déclinées chaque jour à l'ardoise : pissaladière maison, thon "brûlé" et caviar d'aubergines...

Carte 29/52 €

Plan : C3-r – *2 rue de l'Hôtel de Ville – ✆ 04 93 80 21 64 – www.finegueule.fr – Fermé lundi, dimanche*

La Merenda

CUISINE PROVENÇALE • BISTRO X Un petit restaurant "à l'ancienne", d'une charmante simplicité... Dominique Le Stanc confectionne ici de bons petits plats de la région (sardines farcies, tripes à la niçoise, tourte de blettes, etc.) à déguster au coude-à-coude. Attention, pas de téléphone : il faut passer pour réserver.

Carte 30/40 €

Plan : C3-a – *4 rue Raoul Bosio – www.lamerenda.net – Fermé 23 février-3 mars, 10-23 juin, 19 août-1er septembre, 25 novembre-8 décembre, samedi, dimanche*

Olive et Artichaut

CUISINE RÉGIONALE • BISTRO X Originaire de Nice, le jeune chef est venu s'installer dans la région avec son épouse, bretonne, après plusieurs expériences à l'étranger. Il met les produits locaux à l'honneur dans une cuisine très gourmande, "entre mer et montagne" : tarte fine façon pissaladière au boudin noir rôti, pavé d'ombrine et beurre monté aux citrons du pays...

Menu 32 € – Carte 32/50 €

Plan : C3-t – *6 rue Ste-Réparate – ✆ 04 89 14 97 51 – www.oliveartichaut.com – Fermé 28 janvier-12 février, 24 juin-2 juillet, 24 septembre-2 octobre, lundi, mardi, mercredi midi*

Vegan Gorilla N

CUISINE VÉGÉTARIENNE • CONTEMPORAIN X Un chef de cuisine devenu végan propose une petite carte qui change toutes les semaines autour de produits du marché à 98% biologiques. Les recettes, uniquement végétariennes, sans gluten et réalisées avec soin, offrent un vrai plaisir gustatif et de belles saveurs. Vous ne le savez pas encore : un gorille sommeille en vous...

Carte 30/32 €

Plan : C3-w – *7 rue du Lycée – ✆ 04 93 81 32 98 – www.restaurant-vegan.fr – Fermé mercredi, dimanche*

L'Âne Rouge

CUISINE MÉDITERRANÉENNE • ÉLÉGANT XxX C'est directement sur le port de Nice que l'on trouve Michel Devillers, chef amoureux du poisson, qui rend un hommage quotidien à la Méditerranée et à ses trésors. Les produits viennent en direct de petits pêcheurs et sont travaillés avec finesse... Cet Âne-là a le pied marin. Belle carte des vins.

Menu 27/68 € – Carte 50/85 €

Plan : D3-m – *7 quai des Deux Emmanuel – ✆ 04 93 89 49 63 – www.anerougenice.com – Fermé mercredi, jeudi midi*

Le Rolancy's

POISSONS ET FRUITS DE MER • ÉLÉGANT XxX Atmosphère feutrée dans ce restaurant, idéal pour déguster de bons menus autour du homard ou du turbot, de grands classiques tels que la sole meunière, mais aussi du gibier en saison... Si l'on ajoute que Jacques Rolancy, Meilleur Ouvrier de France, sélectionne de superbes poissons, on comprendra qu'on tient là une valeur sûre !

Menu 29 € (déjeuner) – Carte 49/114 €

Plan : B3-q – *22 rue Alphonse Karr – ✆ 04 93 16 00 48 – www.les-viviers-nice.com – Fermé dimanche*

Le Bistrot des Viviers – voir la sélection des restaurants

La Réserve de Nice

CUISINE MODERNE • CHIC XX À l'écart de la ville, cette belle demeure jouit d'une situation exceptionnelle, en surplomb de la mer, face à la baie des Anges et au ballet des ferries reliant la Corse. Avec ses accents Art déco, la salle a l'allure d'un paquebot... et l'on embarque pour une croisière gastronomique raffinée, ancrée en Méditerranée.

Menu 58 € (déjeuner), 72/85 € – Carte 70/120 €

Plan : D3-b – *60 boulevard Franck-Pilatte – ✆ 04 97 08 14 80 – www.lareservedenice.com – Fermé 6 janvier-12 février, lundi, dimanche*

Le Bistro Gourmand

CUISINE MODERNE • CONTEMPORAIN XX Une jolie adresse contemporaine, lumineuse avec son décor où le blanc domine... La cuisine n'en a que plus de couleur : pensée au gré du marché, elle mêle sans complexe bons produits et créativité.

Menu 23 € (déjeuner), 38/85 € – Carte 55/80 €

Plan : C3-t – *3 rue Desboutin – ✆ 04 92 14 55 55 – www.lebistrogourmand.fr – Fermé dimanche*

Les Deux Canailles

CUISINE MODERNE • CONTEMPORAIN XX Ces Deux Canailles niçoises vont tambour battant, sous la houlette d'un chef japonais qui ne manque ni d'expérience ni de passion. La cuisine ? Méridionale et épurée, fraîche et d'une belle finesse, elle se pare de jolies touches nippones. Bilan : un bon moment !

Menu 29 € (déjeuner), 49/75 € – Carte 40/75 €

Plan : C3-b – *6 rue Chauvain – ✆ 09 53 83 91 99 – www.lesdeuxcanailles.com – Fermé lundi midi, mercredi midi, samedi midi, dimanche*

Les Épicuriens

CUISINE TRADITIONNELLE • BRASSERIE XX Un digne représentant de la bistronomie ! Dans cette brasserie contemporaine, on déguste une bonne cuisine traditionnelle avec quelques jolis clins d'œil à la région. Sur la terrasse face à un petit square, on accompagne son repas d'un beau choix de vins au verre : tous les épicuriens seront satisfaits.

Menu 27 € (déjeuner)/40 € – Carte 35/60 €

Plan : C3-t – *6 place Wilson – ✆ 04 93 80 85 00 – Fermé dimanche*

Keisuke Matsushima

CUISINE CRÉATIVE • ÉPURÉ XX Le décor est minimaliste, à la japonaise, mais la cuisine est bien française ! Passionné par la gastronomie de l'Hexagone, Keisuke Matsushima la revisite au fil de son inspiration ; l'interprétation séduit, d'autant que le repas s'accompagne d'une belle carte des vins. Menu à prix attractif au déjeuner.

Menu 30 € (déjeuner), 48/110 € – Carte 80/100 €

Plan : B3-e – *22 ter rue de France – ✆ 04 93 82 26 06 – www.keisukematsushima.com – Fermé lundi midi, samedi midi, dimanche*

Le Mesclun

CUISINE MODERNE • BISTRO XX Toujours aussi agréable, ce bistrot géré par deux excellents professionnels ! L'un compose une cuisine de saison bien soignée avec de beaux produits, tandis que l'autre nous prodigue, en salle, des conseils avisés pour le choix du vin. L'ambiance est chaleureuse, les habitués se régalent... et nous avec.

Menu 34 € (déjeuner), 45/85 € – Carte 60/70 €

215 avenue de la Californie – ✆ 04 93 83 81 21 – www.le-mesclun-nice.com – Fermé 20 décembre-23 janvier, dimanche

Les Sens

CUISINE MODERNE • CONTEMPORAIN XX Une agréable salle aux allures de loft new-yorkais, avec ses murs en brique rouge, ses moulures et ses ampoules nues... Maki de rouget, becquet d'agneau braisé au four, soufflé au citron du pays : tout est fait maison dans ces assiettes bien tournées, qui flirtent avec la bistronomie. À essayer d'urgence.

Menu 24/37 € – Carte 43/58 €

Plan : C3-n – *37 rue Pastorelli – ✆ 09 81 06 57 00 – www.les-sens-nice.fr – Fermé 29 juillet-19 août, 24 décembre-2 janvier, mercredi soir, samedi midi, dimanche*

Les Agitateurs Ⓝ

CUISINE MÉDITERRANÉENNE • CONVIVIAL Imaginé par un trio d'associés, ce restaurant, situé derrière le port, propose une cuisine à dominante méridionale. Le chef se fournit au plus près des petits producteurs, avec un respect absolu des saisons. Le menu du soir en cinq séquences change tous les mois. Une gastronomie abordable, ludique et conviviale. De quoi agiter vos papilles !

Menu 22 € (déjeuner)/39 € – Carte 48/54 €

Plan : D3-a – *24 rue Bonaparte – ✆ 09 87 33 02 03 – www.lesagitateurs.com – Fermé lundi, mardi*

L'Atelier

CUISINE RÉGIONALE • BISTRO Originaire de Vendée, le jeune chef de cette maison doit être un peu "fada" ! Pensez-donc, oser revisiter la socca, cette indétrônable galette réalisée à base de farine de pois chiche... Et pourtant, quel succès ! Saint-pierre, bavette de bœuf Angus et gibier en saison, belle carte des vins : c'est frais et bon, on se régale.

Menu 20 € (déjeuner), 50/60 € – Carte 26/55 €

Plan : C2-a – *17 rue Gioffredo – ✆ 04 93 85 50 74 – Fermé 15-30 janvier, 1er-15 juillet, lundi, dimanche*

Bar des Oiseaux

CUISINE TRADITIONNELLE • BISTRO Dans cette petite maison d'angle, le programme d'Armand Crespo ne manquera pas de réjouir les gourmands. La belle tradition (brandade, bourride) côtoie à la carte de bonnes pâtes artisanales : ravioles et volaille farcie, linguine de la mer, etc. Tout cela est proposé à prix doux, dans un décor inspiré par le pop art : on gazouille de plaisir.

Carte 34/45 €

Plan : C3-u – *5 rue Saint-Vincent – ✆ 04 93 80 27 33 – Fermé 10-20 mars, 31 juillet-20 août, 22 décembre-2 janvier, lundi, dimanche*

Le Bistrot des Viviers

POISSONS ET FRUITS DE MER • BISTRO Ce Bistrot est attaché au fameux restaurant de la mer, Le Rolancy's. On profite ici, avec plus de simplicité, de l'expertise de la maison mère et de la qualité de ses poissons et fruits de mer, venus directement de Vendée et de Bretagne... Air marin au menu !

Menu 24 € (déjeuner)/32 € – Carte 38/79 €

Plan : B3-q – *Le Rolancy's, 22 rue Alphonse-Karr – ✆ 04 93 16 00 48 – www.les-viviers-nice.com – Fermé dimanche*

Café Léa

CUISINE MODERNE • CONVIVIAL Ce bistrot, convivial propose une cuisine du marché parfumée, au gré de petits plats goûteux : on ne citera que ce risotto au gorgonzola et poires, ou ces joues de cochon et légumes du marché, tendres et fondantes...

Menu 24 € (déjeuner) – Carte 30/45 €

Plan : C3-a – *31 rue Gioffredo – ✆ 09 83 56 57 59 – Fermé lundi soir, mardi soir, samedi, dimanche*

Le Canon

CUISINE MODERNE • BISTRO Séduisante adresse que ce Canon, proposant une cuisine à la fois simple et exigeante : sashimi de pélamide au citron Meyer, gigot d'agneau de lait rôti... Des fournisseurs locaux triés sur le volet, quelques clins d'œil à la Méditerranée, de jolis vins 100 % nature conseillés par le patron, un séduisant cadre de bistrot vintage : on se régale.

Carte 25/50 €

Plan : B3-y – *23 rue Meyerbeer – ✆ 04 93 79 09 24 – www.lecanon.fr – Fermé 9-18 février, 13-23 avril, 10 août-2 septembre, mercredi midi, samedi, dimanche*

Comptoir du Marché

CUISINE TRADITIONNELLE • BISTRO Le nom de ce joli bistrot rétro dit tout du travail du jeune chef, Loïs Guenzati, dont les créations sont pleines des couleurs et des parfums du marché. Gravlax de saumon mariné à la betterave, foie de veau rôti et oignons confits, magret de canard à la plancha... Comme prévu, le restaurant fait souvent salle comble !

Menu 31/41 € - Carte 30/45 €

Plan : C3-p – *8 rue du Marché – ✆ 04 93 13 45 01 – Fermé 31 mars-8 avril, 4-26 août, 22 décembre-2 janvier, lundi, dimanche*

Eau de Vie (N)

CUISINE MODERNE • SIMPLE Tous deux originaires de La Rochelle, Antoine (en cuisine) et Quentin (salle-sommellerie) ont fait parcours commun depuis l'école hôtelière, jusqu'à ouvrir ensemble ce bistrot dans le centre-ville. Recettes voyageuses et gourmandes (poulpe au satay, quinoa rouge, pastèques poêlées et coulis de coriandre), cocktails maison et vins de petits producteurs : une table enthousiasmante.

Menu 22 € (déjeuner) – Carte 33/43 €

Plan : C2-b – *11 rue Delille – ✆ 04 93 87 92 32 – www.restaurant-eaudevie.fr – Fermé mercredi, dimanche*

L'École de Nice

CUISINE MODERNE • BISTRO En association avec une célèbre galerie de la ville, des œuvres de l'École de Nice – fameux courant d'art moderne – ornent la salle de cet agréable bistrot. La cuisine, traditionnelle, se pare de quelques touches japonaises, et s'accompagne de bons vins de propriétaires. Le tout à prix doux !

Menu 22 € (déjeuner), 28/32 €

Plan : B3-n – *16 rue de la Buffa – ✆ 04 93 81 39 30 – www.lecoledenice.com – Fermé lundi soir, samedi midi, dimanche*

Mon Petit Café

CUISINE MODERNE • CHIC Le petit frère du Séjour Café vous accueille dans un intérieur bleu vénitien, en clin d'œil aux origines de la patronne. Le marché est ici mis en valeur avec enthousiasme, au gré de plats déclinés sur ardoise : fraîcheur de tourteau, avocat et céleri rémoulade, filet de courbine aux salsifis et beurre aux herbes... Tout cela dans une ambiance chaleureuse.

Carte 30/50 €

Plan : B3-c – *11 bis rue Grimaldi – ✆ 04 97 20 55 36 – Fermé 25 novembre-16 décembre, lundi, dimanche*

Peixes

POISSONS ET FRUITS DE MER • MÉDITERRANÉEN Près de la mairie et de l'opéra, le dernier-né des restaurants d'Armand Crespo se prénomme Peixes – à prononcer "pêche". Dans une jolie petite salle au carrelage blanc et bleu, très "Méditerranée", on picore une cuisine axée sur la mer et servie sous forme de tapas, en continu de midi à 22h. Et l'on repart avec de bien jolis souvenirs...

Menu 24 € (déjeuner)/45 € - Carte 32/41 €

Plan : C3-k – *2 rue de l'Opéra – ✆ 04 93 85 96 15 – Fermé 31 mars-8 avril, 4-26 août, 22 décembre-2 janvier, lundi, dimanche*

Pure & V (N)

CUISINE MODERNE • ÉPURÉ Quand une jeune sommelière, adepte des vins "nature", transforme une ancienne épicerie et s'offre les services d'un chef danois... le résultat est épatant ! Saveurs originales qui tombent juste, produits méditerranéens choisis avec rigueur et bien mis en valeur, ambiance de cantine épurée – autant dire, un véritable sans-faute.

Menu 33 € (déjeuner), 40/150 €

Plan : A3-a – *15 rue Bottero – ✆ 06 19 88 68 90 – Fermé lundi, mardi, samedi midi*

Hôtels

Le Negresco

PALACE • GRAND LUXE Bâti en 1912 par Henri Negresco, cet établissement mythique regorge d'œuvres d'art exceptionnelles et cultive la démesure dans un choc des styles qui n'appartient qu'à lui. De l'emphase, de la majesté et des restaurants tout aussi somptueux... Cet "hôtel-musée" est assurément unique !

117 chambres – 150/900 € – 7 suites – 30 €

Plan : B3-k – *37 promenade des Anglais* – *04 93 16 64 00* – *www.lenegresco.com*

Le Chantecler – voir la sélection des restaurants

Boscolo Exedra

LUXE • DESIGN Une façade Belle Époque éclatante pour un vaisseau grandiose et immaculé, tout en luxe et sobriété... Comment résister au spa, à la piscine, à l'inspiration italienne de la cuisine ? Le Boscolo Exedra, ou l'art de vivre la Côte d'Azur à l'heure internationale et urbaine !

109 chambres – 220/990 € – 3 suites – 35 €

Plan : B3-d – *12 boulevard Victor-Hugo* – *04 97 03 89 89* – *https://boscoloexedrahotels.com/nice*

Hyatt Regency Palais de la Méditerranée

HÔTEL DE CHAÎNE • CONTEMPORAIN Un véritable palais dédié à la Méditerranée... Derrière sa grandiose façade Art déco, on découvre un ensemble éminemment contemporain. Les grandes suites, la vue imprenable sur les flots (dans certaines chambres), le piano-bar feutré... Toute l'allure d'une villégiature *made in* promenade des Anglais !

178 chambres – 179/685 € – 9 suites – 28 €

Plan : B3-g – *13 promenade des Anglais* – *04 93 27 12 34* – *www.nice.regency.hyatt.com*

La Pérouse

LUXE • PERSONNALISÉ Une ligne d'horizon qui suit les courbes de la baie des Anges, des terrasses en surplomb de la Méditerranée, un beau jardin planté de citronniers... On est aux anges dans cette demeure un peu secrète, qui cultive une charmante simplicité, arrimée au rocher du château !

56 chambres – 230/420 € – 1 suite – 24 €

11 quai Rauba-Capeù – *04 93 62 34 63* – *www.hotel-la-perouse.com*

Excelsior

BOUTIQUE HÔTEL • PERSONNALISÉ Voiture, bateau, train et avion : à chaque étage sa thématique ! Les voyageurs de tout poil aimeront faire escale dans cet hôtel à quelques pas de la gare : derrière une belle façade fin 19e, la décoration, colorée, originale et aboutie, transporte de plaisir...

42 chambres – 89/459 €

Plan : B2-y – *19 avenue Durante* – *04 93 88 18 05* – *www.excelsiornice.com*

Spity Hôtel

URBAIN • DESIGN Attention, concept ! Cet hôtel est l'œuvre de la designer Matali Crasset, connue pour son style hyper original. Un décor insolite, ludique et coloré, des chambres épurées et hyper-connectées, un toit-terrasse avec bassin et une plage privée : l'endroit ne laisse pas indifférent...

38 chambres – 119/269 € – 1 suite

Plan : B3-w – *3 avenue des Fleurs* – *04 97 07 26 26* – *www.spityhotel.com*

Petit Palais

TRADITIONNEL • PERSONNALISÉ Ce "Petit Palais", où vécut Sacha Guitry, se dresse sur la colline de Cimiez. Certaines chambres offrent une vue plongeante sur la baie des Anges ! On profite à loisir du calme des lieux, qui distillent un agréable charme bourgeois...

25 chambres – 210/400 € – 20 €

Plan : C2-p – *17 avenue E.-Bieckert* – *04 93 62 19 11* – *www.petitpalaisnice.fr*

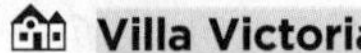

Villa Victoria

TRADITIONNEL • ÉLÉGANT Dans un immeuble ancien du quartier chic de la ville, des chambres lumineuses, gaies, colorées et originales. Mais le principal atout de l'hôtel, c'est son grand jardin méditerranéen, où l'on prend le petit-déjeuner aux beaux jours ! On y trouve même un terrain de pétanque...

38 chambres – 90/320 € – 17 €

Plan : B3-s – *33 boulevard Victor Hugo – 04 93 88 39 60 – www.villa-victoria.com*

Windsor

BOUTIQUE HÔTEL • INSOLITE Un hôtel dédié à l'art contemporain : un grand nombre de ses chambres ont été décorées par des artistes (Ben, Basserole, François Morellet, etc.). Avis aux amateurs ! Mention spéciale pour le jardin planté de bambous et de bougainvillées, où l'on dîne les soirs d'été...

57 chambres – 80/290 € – 14 €

Plan : B3-f – *11 rue Dalpozzo – 04 93 88 59 35 – www.hotelwindsornice.com*

Les Cigales

FAMILIAL • FONCTIONNEL Derrière cette jolie façade du Carré d'Or niçois ? Un établissement charmant, rénové en 2018 dans un style design chatoyant, aux couleurs de la Méditerranée. Et n'oublions pas le toit-terrasse arboré, véritable appel à la détente et au farniente...

19 chambres – 70/190 € – 11 €

Plan : B3-b – *16 rue Dalpozzo – 04 97 03 10 70 – www.hotel-les-cigales.fr*

Villa Rivoli

FAMILIAL • COSY De cet hôtel particulier Belle Époque, devenu un temps pension de famille, la propriétaire a fait un hôtel charmant. Toile de Jouy, antiquités, boutis : un joli esprit bonbonnière règne sur les lieux... Agréable terrasse pour le petit-déjeuner.

26 chambres – 74/220 € – 12 €

Plan : B3-a – *10 rue Rivoli – 04 93 88 80 25 – www.villa-rivoli.com*

à St-Roman-de-Bellet 13 km au Nord par boulevard Carlone et route de Canta Galet – 06200

Villa Kilauea

MAISON DE CAMPAGNE • COSY Sur les hauteurs de Nice, une charmante villa et son parc de 6000 m². Les chambres marient style provençal et touches plus actuelles ; elles disposent toutes d'une petite terrasse. Dehors, au calme, on profite de la vue sur la chapelle de Bellet, les collines de Gattières et le Mercantour... Un régal !

4 chambres – 140/235 €

6 chemin du Candeu – 06 25 37 21 44 – www.villakilauea.com – Fermé 2 novembre-31 mars

NIEDERBRONN-LES-BAINS

67110 (Bas-Rhin) – Carte régionale n° **10**-B1

Carte Michelin 315-J3

Zuem Buerestuebel (N)

CUISINE ALSACIENNE • WINSTUB Le couple Meder a réalisé un vieux rêve en s'installant ici : leur joie est manifeste, et communicative ! Au menu, on trouve une bonne cuisine alsacienne réalisée avec des produits tout à fait honnêtes, et quelques propositions qui sortent un peu du cadre (lotte, lieu jaune...). À tous les niveaux, simplicité et sérieux : une adresse attachante.

Carte 24/40 €

9 rue de la République – 03 88 80 84 26 – www.winstub-zuem-buerestuebel.com – Fermé lundi, mardi

Muller

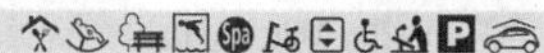

SPA ET BIEN-ÊTRE · CONTEMPORAIN Cet hôtel-restaurant est tenu par la même famille depuis sa fondation, en 1871 ! Au grand calme, on y profite de chambres spacieuses et bien équipées, ainsi que d'une gamme de services de premier ordre : grand spa avec piscine intérieure, sauna et hammam, salle de jeux...

42 chambres – 92/102 € – 4 suites – 11 €

16 avenue de la Libération – 03 88 63 38 38 – www.hotelmuller.com

NIEDERSCHAEFFOLSHEIM - 67 (Bas-Rhin) ➜ voir Haguenau

NIEDERSTEINBACH

67510 (Bas-Rhin) – Carte régionale n° **10**-B1

Carte Michelin 315-K2 – Guide Vert Michelin Alsace Lorraine

Au Cheval Blanc

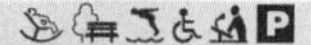

CUISINE TRADITIONNELLE · TRADITIONNEL XX L'âme d'une winstub... et le goût du pays porté avec amour : truite au bleu, pavé de biche sauce grand-veneur... mousse au kirsch, etc. Même esprit côté décor, tout en boiseries et composé de deux "stuben", ces salles rustiques typiquement régionales. Enfin, mention spéciale pour l'accueil, tout à fait exemplaire !

Menu 31/61 € – Carte 32/69 €

11 rue Principale – 03 88 09 55 31 – www.hotel-cheval-blanc.fr – Fermé 28 janvier-7 mars, 26 juin-11 juillet, 25 novembre-5 décembre, jeudi

Au Cheval Blanc

TRADITIONNEL · TRADITIONNEL Toute une famille passionnée tient les rênes de ce Cheval Blanc posté sur l'axe principal du village. Derrière la façade à colombages, on trouve des chambres coquettes et confortables ; pour un séjour atypique, installez-vous dans la roulotte, en face de l'hôtel !

30 chambres – 87/105 € – 1 suite – 15 €

11 rue Principale – 03 88 09 55 31 – www.hotel-cheval-blanc.fr – Fermé 28 janvier-7 mars, 26 juin-11 juillet, 25 novembre-5 décembre

Au Cheval Blanc – voir la sélection des restaurants

NIEUIL

16270 (Charente) – Carte régionale n° **20**-C2

Carte Michelin 324-N4

La Grange aux Oies

CUISINE MODERNE · TENDANCE XX Dans les écuries du Château de Nieuil, ce restaurant associe déco tendance et vieilles pierres. La cuisine met en avant herbes aromatiques et légumes du potager. Les menus "tout compris" et "végétarien" remportent les suffrages, et se dégustent sur la belle terrasse face au château. Les habitués, nombreux, ne s'y trompent pas. Un plaisir.

Menu 26 € (déjeuner)/57 € – Carte 50/80 €

Château de Nieul, dans le parc du château – 05 45 71 81 24 – www.grange-aux-oies.com – Fermé 2-15 janvier, 1er-12 avril, 4-29 novembre, lundi, mardi, dimanche soir

Château de Nieuil

DEMEURE HISTORIQUE · VINTAGE Cet ancien domaine de chasse royal appartient à la même famille depuis 1937 ; le château se dresse fièrement dans un vaste parc arboré, au grand calme. Piscine, tennis, jardin à la française, belles chambres de style Empire et Art déco... Détente et élégance !

12 chambres – 130/250 € – 2 suites – 15 €

05 45 71 36 38 – www.chateaunieuilhotel.com

P. Jacques/hemis.fr

ON AIME...

Se laisser porter par la cuisine tout en fraîcheur de **Skab**. Admirer la superbe cave à fromages de **Jérôme Nutile**, au Mas de Boudan. Apprécier la fraîcheur des plats de **La Table du 2**, après une visite au Musée de la Romanité. Se régaler de l'ambiance bar à tapas de **La Pie qui couette** et de son bon rapport qualité-prix dans les halles du centre-ville. Enfin, se pâmer devant les plats de Michel Kayser au restaurant **Alexandre**, à Garons...

NÎMES

⊠ 30000 (Gard) – Carte régionale n° **21**–C3
Carte Michelin 339-L5 – Guide Vert Michelin Languedoc

Restaurants

✿ Jérôme Nutile - Le Mas de Boudan

CUISINE MODERNE • ÉLÉGANT XXX C'est dans un quartier d'affaires du sud de Nîmes que Jérôme Nutile a décidé d'enchanter le terroir, au gré d'une déambulation de saveurs. Maîtrise technique, sens esthétique, superbe cave à fromages : les bonnes surprises se multiplient tout au long du repas.

→ Homard étuvé, salade de pomme de terre et caviar, nuage aux zestes d'agrumes. Filet de bœuf au foie gras et raisins de Corinthe, paleron en raviole et tartare aux huîtres. Cristallines d'abricot de pays aux amandes, sorbet thym-citron

Menu 45 € (déjeuner), 65/170 € - Carte 115/160 €

351 chemin Bas-du-Mas-de-Boudan (au Parc Georges-Besse) - ✆ 04 66 40 65 65 - www.jerome-nutile.com - Fermé 25 février-13 mars, 26 août-4 septembre, mardi, mercredi

✿ Skab

CUISINE MODERNE • CONTEMPORAIN XXX Derrière les arènes, ce repaire de gourmandise associe un sommelier et un chef passionnés. Dans l'assiette, une cuisine pleine de fraîcheur et de vivacité ! Dès les premiers rayons de soleil, on s'installe dans le patio à l'ombre des érables.

→ Cuisine du marché

Menu 40 € (déjeuner), 70/140 € - Carte 92/107 €

Plan : B2-b - *7 rue de la République - ✆ 04 66 21 94 30 - www.restaurant-skab.fr - Fermé 2-17 janvier, 30 avril-7 mai, 5-22 août, lundi, dimanche*

Aux Plaisirs des Halles

CUISINE TRADITIONNELLE • CONVIVIAL XX Pour l'hiver, une salle moderne habillée de bois ; pour l'été, un joli patio ; toute l'année, une cuisine du marché simple et bien tournée. Attention les yeux : à chaque service, le chef réalise un plat surprise sur un billot au milieu de la salle, devant les clients... un show qui vaut le coup d'œil !

Menu 25 € (déjeuner), 28/44 € - Carte 40/70 €

Plan : A1-r - *4 rue Littré - ✆ 04 66 36 01 02 - www.auxplaisirsdeshalles.com - Fermé 17 mars-2 avril, lundi, dimanche*

Le Lisita

CUISINE MODERNE • CLASSIQUE XX Manger en terrasse face aux arènes de Nîmes et, la nuit venue, voir le monument s'illuminer... C'est tous les sens en éveil que l'on s'attable ici. Au menu, une cuisine régionale gorgée de soleil, soignée et généreuse, accompagnée d'un joli choix de vins. Plaisir des pupilles et des papilles !

Menu 33/58 €

Plan : A2-h – *2 boulevard des Arènes – ✆ 04 66 67 29 15 – www.lelisita.com – Fermé lundi, dimanche*

La Pie qui Couette Ⓝ

CUISINE MÉDITERRANÉENNE • BAR À TAPAS X Ce bar à tapas, tenu par un chef expérimenté, enchante les papilles en toute simplicité. La cuisine du marché est concoctée à partir des produits des étals voisins. Au nombre des spécialités de la maison : viandes maturées, brandade de morue, tartare de bœuf au couteau, tataki de bœuf, ou île flottante. Les portions sont généreuses, le choix des vins judicieux. Attention pas de réservation possible. Coup de cœur.

Carte 24/64 €

Plan : A1-a – *1 rue Guizot (Halles Centrales de Nîmes) – ✆ 04 66 23 59 04 – Fermé lundi*

Vincent Croizard

CUISINE CRÉATIVE • ÉLÉGANT XXX Dans une rue étroite près du Carré d'Art, il faut d'abord sonner à la porte de cette discrète maison de ville. Le chef, autodidacte, y compose une jolie cuisine créative, osant des mariages souvent surprenants. Et c'est à son épouse qu'on doit la superbe sélection de vins, qui fait la part belle au Languedoc-Roussillon.

Menu 32 € (déjeuner), 58/96 € – Carte 78/100 €

Plan : A2-p – *17 rue des Chassaintes – ✆ 04 66 67 04 99 – www.restaurantcroizard.com – Fermé 26 août-10 septembre, 24 décembre-8 janvier, lundi, mardi*

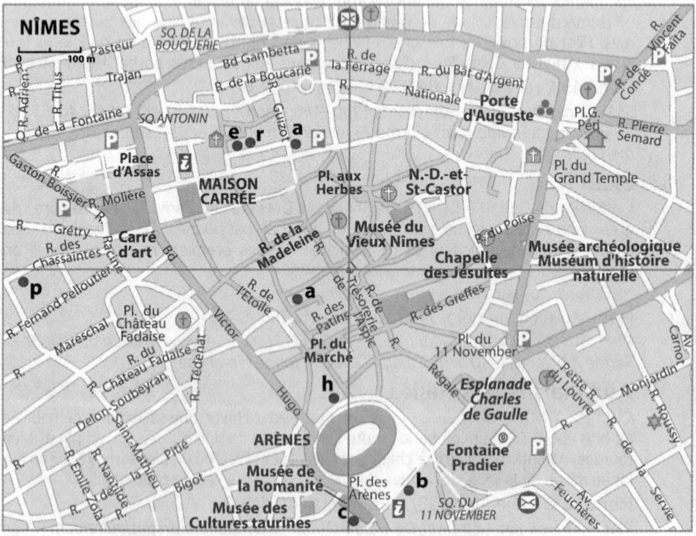

Le Bistr'Au - Le Mas de Boudan

CUISINE MODERNE • BISTRO Jérôme Nutile propose ici une ardoise composée au gré du marché ; ses préparations revisitent les classiques et fleurent bon la bistronomie. À déguster au comptoir, avec un œil sur les fourneaux, ou au calme de la terrasse, qui offre une belle échappée sur le jardin et un platane multi-centenaire...

Menu 24/34 € - Carte 24/51 €

351 chemin Bas-du-Mas-de-Boudan (au Parc Georges-Besse) - ✆ 04 66 40 60 75 - www.jerome-nutile.com - Fermé 25 février-3 mars, 26 août-4 septembre, 28 octobre-3 novembre, dimanche

Le Passage de Virginie

CUISINE TRADITIONNELLE • CONVIVIAL Voilà un passage où l'on aime s'arrêter... Au cœur de la vieille ville, sa cuisine méridionale embaume de doux parfums. Au choix pour s'attabler : la salle voûtée, très cosy, ou la toute petite terrasse. Un bistrot du Sud typique et animé.

Menu 17 € (déjeuner) - Carte 25/35 €

Plan : A2-a - *15 impasse Fresque - ✆ 04 66 38 29 26 - Fermé 23 février-11 mars, 17-24 mai, 19 octobre-4 novembre, lundi, dimanche*

Le Patio Littré

CUISINE MODERNE • SIMPLE Le jeune chef, ancien second d'Alain Passard (L'Arpège, Paris), est venu s'installer dans la région d'origine de son épouse. Bien lui en a pris ! Imprégnées par le souci du produit, ses recettes sont tout simplement épatantes. Quant au patio annoncé par l'enseigne, il est parfait pour les beaux jours... Tout cela à petit prix !

Menu 19 € (déjeuner)/35 € - Carte 38/70 €

Plan : A1-e - *10 rue Littré - ✆ 04 66 67 22 50 - www.restaurant-patio-littre-nimes.com - Fermé 2-17 janvier, lundi, mardi*

La Table du 2 (N)

CUISINE FRANÇAISE • BRASSERIE Au deuxième étage du Musée de la Romanité, cette brasserie contemporaine offre une vue imprenable sur les arènes de Nîmes... et régale avec des assiettes fraîches et bien réalisées : tartare de bœuf, entrecôte grillée sauce béarnaise, œufs mimosa, carré d'agneau rôti, etc...

Menu 20 € (déjeuner)/32 € - Carte 28/46 €

Plan : B2-c - *2 rue de la République (au 2ème étage du Musée de la Romanité) - ✆ 04 48 27 22 22 - www.latabledu2.com*

Hôtels & maisons d'hôtes

Jardins Secrets

LUXE • ÉLÉGANT Exquis et confidentiel... Au cœur de la ville, cet hôtel est une parenthèse : au sein d'un jardin semé de mille essences, le décor, imaginé par une propriétaire pleine de talents, puise dans tous les raffinements du 18e s. Le spa est très beau.

10 chambres - 320/510 € - 4 suites - 28 €

3 rue Gaston-Maruejols - ✆ 04 66 84 82 64 - www.jardinssecrets.net

Vatel

BUSINESS • CONTEMPORAIN Rien ne le laisse soupçonner, mais c'est ici que les élèves de l'école hôtelière voisine se forment ! Cet immeuble contemporain est très agréable pour jouer au client : ambiance feutrée, chambres modernes, espace bien-être... et même deux restaurants : gastronomique et bistrot. Des bonnes notes en vue !

42 chambres - 150/170 € - 4 suites - 16 €

140 rue Vatel, par av. Kennedy - ✆ 04 66 62 57 57 - www.hotelvatel.fr

La Maison de Sophie

HÔTEL PARTICULIER • COSY Hall en marbre, bel escalier, vitraux d'époque, salons cosy, bibliothèques... Sophie vous accueille dans sa maison, une demeure bourgeoise imprégnée par l'esprit des années 1900 !

5 chambres – 232/352 €

31 avenue Carnot – 04 66 70 96 10 – www.hotel-nimes-gard.com

à Garons 9 km au Sud par D42 et D442 – 30128

Alexandre (Michel Kayser)

CUISINE MODERNE • ÉLÉGANT Son site Internet annonce la couleur : "les mets peuvent évoluer selon l'arrivage de produits frais et l'inspiration du chef". Tout est dit ! Entre Nîmes et Arles, au sein d'un parc peuplé de cèdres centenaires, Michel Kayser fait ce qu'il sait faire de mieux : cuisiner avec le cœur, magnifier les produits, utiliser sa palette technique à bon escient pour susciter l'émotion des voyageurs de passage...

C'est bien simple : dans le département, aucun chef ne célèbre le Sud avec autant de précision, avec autant d'aplomb. Huîtres Tarbouriech et coquillages en gelée de cardamome, ou encore tielle de Sète aux coudes de homards et crabes, encornets de Méditerranée et gambero rosso... Un cortège de produits méditerranéens, terre et mer confondues, et un authentique régal pour nos papilles ouvertes aux quatre vents. Avec la patte d'un chef pareil, cet Alexandre est assurément grand.

→ Île flottante aux truffes de Provence. Poitrine de pigeon des Costières rôtie. L'écrin de gourmandises "Kayser"

Menu 64 € (déjeuner), 96/205 € – Carte 130/200 €

2 rue Xavier-Tronc – 04 66 70 08 99 – www.michelkayser.com – Fermé 17 février-12 mars, 26 août-10 septembre, lundi, mardi, dimanche soir

Le Mas de l'Espérance

LUXE • COSY Dans un parc environné de pins, d'oliviers et d'arbres fruitiers – les propriétaires sont aussi arboriculteurs –, cette auguste demeure de 1780 vaut le coup d'œil ! Beaux volumes, esprit cosy, terrasses privatives dans chaque chambre – et même un lodge indonésien avec bain à remous privatif...

5 chambres – 175/280 €

lieu dit Saint Bénézet, 176 rue du Falcon, 10 km au Sud par D42 et rte secondaire – 04 66 70 01 51 – www.mas-esperance.com

NIORT

79000 (Deux-Sèvres) – Carte régionale n° **20**-B2

Carte Michelin 322-D7 – Guide Vert Michelin Poitou-Charentes

Le P'tit Rouquin

CUISINE TRADITIONNELLE • BISTRO Grégory Olivette, jeune chef passé chez Meneau et Lameloise, propose une cuisine du marché soignée, à des prix raisonnables, agrémenté de vins souvent natures. On se régale d'une tourte de canard et foie gras, du boudin basque de Christian Parra, et sa déclinaison de carottes, ou d'une gâche vendéenne façon pain perdu, mousse à la fève tonka et caramel. Gourmand.

Menu 17 € (déjeuner)/27 € – Carte 30/50 €

92 rue de la Gare – 05 49 24 05 34 – www.leptitrouquin.com – Fermé vendredi soir, samedi, dimanche

Hôtel de la Brèche

BUSINESS • COSY Hôtel d'affaires situé en face des Jardins de la Brèche - un emplacement pratique pour visiter la ville. Chambres actuelles et fonctionnelles, dont quelques-unes adaptées aux familles. A voir, la Coulée verte, sur les berges de la Sèvre Niortaise.

47 chambres – 95/185 € – 2 suites – 12 €

9 avenue Bujault – 05 49 35 11 11 – www.niorthoteldelabreche.com

La Chamoiserie

LUXE • COSY Une très belle demeure de famille de la fin du 19es, située en bordure du quartier historique, proche des quais de la Sèvre niortaise et de la coulée verte. Joli parquet, moulures pleines de charme et ravissant jardin ; les chambres sont décorées dans un style contemporain sobre.

16 chambres – 88/138 € – 12 €

10 rue de L'Espingole – ✆ 05 49 78 07 07 – www.hotelparticulierniort.com – Fermé 22 décembre-7 janvier

à Bessines 3 km au Sud-Ouest par D611 – ✉ 79000

L'Adress...

CUISINE MODERNE • CONTEMPORAIN XX Un parallélépipède de verre prolongé par une terrasse face à la verdure : voilà pour le cadre, moderne et élégant ! Quant à la cuisine du chef, elle ne souffre d'aucun reproche : recettes qui font mouche, présentations soignées. Jolie sélection de vins et fromages parfaitement affinés.

Menu 20 € (déjeuner), 35/70 € – Carte 50/60 €

1 rue des Iris – ✆ 05 49 79 41 06 – www.restaurant-ladress.fr – Fermé lundi, dimanche

à St-Liguaire 4,5 km à l'Ouest par D9 et rte secondaire – ✉ 79000

Auberge de la Roussille

CUISINE MODERNE • AUBERGE XXX On tombe forcément sous le charme de cette belle maison d'éclusier, installée dans le cadre bucolique des bords de Sèvre... un environnement enchanteur qui ne saurait masquer l'essentiel : la cuisine du chef, soignée et bien calibrée, dans laquelle les produits sont au top et agrémentés sans superflu. Un vrai bonheur.

Menu 34/69 € – Carte 60/65 €

Impasse de la Roussille – ✆ 05 49 06 98 38 – www.laroussille.com – Fermé lundi, mardi soir, dimanche soir

à St-Symphorien 7 km au Sud par rte de St-Jean-d'Angély, D650 et D174 – ✉ 79270

Auberge de Crespé

CUISINE TRADITIONNELLE • RUSTIQUE X Cuisine traditionnelle confectionnée selon le marché et les saisons ; on grille la côte de bœuf à la cheminée dans la salle à manger rustique. Agréable terrasse dominant le parc.

Menu 24 € – Carte 28/79 €

99 route d'Aiffres – ✆ 05 49 32 97 61 – Fermé lundi, mardi soir, dimanche

Lorsque vous réservez une chambre d'hôtel, veillez à vous en faire préciser le prix et la catégorie. On n'est jamais trop prudent...

NITRY

✉ 89310 (Yonne) – Carte régionale n° **5**-B1
Carte Michelin 319-G5

Auberge La Beursaudière

HISTORIQUE • À LA CAMPAGNE Les dépendances de ce prieuré du 12es. ne manquent pas de caractère : pierres apparentes, tomettes et poutres dans les chambres, pigeonnier médiéval... Authentique ! Cuisine du terroir servie en costume régional, dans un cadre joliment rustique. Belle cave.

11 chambres – 87/127 € – 13 €

9 chemin de Ronde – ✆ 03 86 33 69 69 – www.beursaudiere.com

NOAILHAC

✉ 19500 (Corrèze) – Carte régionale n° **19**–B3
Carte Michelin 329-K5

La Bastidie

CUISINE MODERNE • COSY XX Volaille rôtie a la pancetta, artichauts, ail des ours et oignons en royale : cet exemple (parmi tant d'autres !) montre que le chef de cette maison maîtrise bien son sujet. Il propose des menus courts et fait évoluer sa cuisine au gré des saisons. À noter aussi les quatre chambres spacieuses, pleines de charme et décorées avec goût. Une étape bien agréable.

Menu 24 € (déjeuner), 38/60 €

1 rue des Écoles – ✆ 05 55 88 22 88 – www.la-bastidie.fr – Fermé 2 janvier-12 février, lundi, mardi

NOCÉ – 61 (Orne) ➜ voir Bellême

NŒUX-LES-MINES

✉ 62290 (Pas-de-Calais) – Carte régionale n° **13**–B2
Carte Michelin 301-I5

Le Cercle

CUISINE MODERNE • COSY XX Des assiettes maîtrisées, une cuisine au goût du jour pas piquée des hannetons : qu'il fait bon s'asseoir autour de ce Cercle ! Les produits sont de qualité et le menu change tous les jours ; quant au cadre, à la fois chic et cosy, il se pare d'élégants tableaux contemporains. Service souriant.

Menu 28/41 €

La Maison Rouge, 374 rue Nationale – ✆ 03 21 61 65 65 – www.hotel-lamaisonrouge.com

L'Atelier des Saveurs

CUISINE MODERNE • TRADITIONNEL XX Créée par un jeune couple de la région, cette table est une bonne surprise ! Le chef se livre à un joli travail autour du goût ; il travaille de beaux produits et fait preuve d'un savoir-faire indéniable. Une expérience d'autant plus agréable que le décor est intime et chaleureux.

Menu 22/32 € – Carte 40 €

94 rue Nationale – ✆ 03 21 26 74 74 – www.restaurant-latelierdessaveurs.fr – Fermé 15 juillet-19 août, lundi, mercredi soir, dimanche soir

NOIRLAC – 18 (Cher) ➜ voir St-Amand-Montrond

NOIZAY

✉ 37210 (Indre-et-Loire) – Carte régionale n° **8**–B2
Carte Michelin 317-O4

Château de Noizay

CUISINE MODERNE • INTIME XXX Pour dîner au château, quoi de mieux que ses charmants salons bourgeois avec leurs boiseries d'époque ? Ici, la cuisine joue la carte de la modernité et de la créativité, avec de doux intitulés : cochon "roi rose", sauce barbecue et pomme soufflée ; brochet juste saisi en quenelle et champignons boutons...

Menu 35 € (déjeuner), 68/95 € – Carte 77/96 €

124 promenade de Waulsort – ✆ 02 47 52 11 01 – www.chateaudenoizay.com – Fermé 20 janvier-22 mars, mercredi, jeudi midi

Château de Noizay

DEMEURE HISTORIQUE • PERSONNALISÉ Grand escalier, vitraux, armures : ce château du 16e s., niché dans un parc, domine le village et son vignoble. Les chambres sont confortables et joliment meublées. Préférez celles, plus récentes, dans le Pavillon de l'Horloge. Idéal pour un séjour romantique.

19 chambres – 190/400 € – 26 €

124 promenade de Waulsort – ✆ 02 47 52 11 01 – www.chateaudenoizay.com – Fermé 20 janvier-22 mars

Château de Noizay – voir la sélection des restaurants

NONZA - 2B (Haute-Corse) ➜ voir Corse

NOTRE-DAME-DE-BELLECOMBE

✉ 73590 (Savoie) - Carte régionale n° **4**-F1
Carte Michelin 333-M3 - Guide Vert Michelin Alpes du Nord

La Ferme de Victorine

CUISINE TRADITIONNELLE • CONVIVIAL X Une ferme plus vraie que nature ; l'hiver, depuis la jolie salle rustique, on aperçoit même les vaches dans l'étable... Le chef est un passionné du terroir savoyard, toujours à la recherche des meilleurs fromages et charcuteries. Une table éminemment sympathique et très gourmande !

Menu 33/59 € - Carte 45/70 €

Le Planay, 3 km à l'Est par rte des Saisies - ✆ 04 79 31 63 46 - www.la-ferme-de-victorine.com - Fermé 8 juin-1er juillet, 10 novembre-18 décembre

LE NOUVION-EN-THIÉRACHE

✉ 02170 (Aisne) - Carte régionale n° **14**-D1
Carte Michelin 306-E2

La Paix

CUISINE TRADITIONNELLE • CLASSIQUE XX Briques, miroirs et bibelots : un décor agréable, au service d'une appétissante cuisine ! Installé ici depuis plus de trente ans, Didier Pierrart honore la tradition des bons petits plats avec un savoir-faire qui ne se dément pas. Sa spécialité : le pavé de bœuf au maroilles...

Menu 48 € - Carte 57/73 €

37 rue Jean-Vimont-Vicary - ✆ 03 23 97 04 55 - www.hotel-la-paix.fr - Fermé 18 février-4 mars, 12-29 août, lundi, samedi midi, dimanche soir

NOVES

✉ 13550 (Bouches-du-Rhône) - Carte régionale n° **25**-E1
Carte Michelin 340-E2 - Guide Vert Michelin Provence

Auberge de Noves

CUISINE CLASSIQUE • VINTAGE XXX Cette auberge se révèle tout à fait charmante, et sa terrasse sous les arbres idyllique ! À l'image du lieu, la cuisine donne dans le beau classicisme : le chef vous régalera, par exemple, d'un foie gras, d'un tartare de bœuf au couteau, etc. Belle carte des vins de plus de 350 références.

Menu 75/125 € - Carte 70/130 €

route de Châteaurenard, 2 km par D28 - ✆ 04 90 24 28 28 - www.aubergedenoves.com - Fermé 3 janvier-12 février, lundi

Auberge de Noves

TRADITIONNEL • RÉGIONAL Au bout d'un petit chemin, cette noble demeure du 19e s. dévoile son vaste parc : une certaine idée de l'art de vivre provençal, dans une veine classique. Les chambres sont élégantes et personnalisées ; certaines d'entre elles sont nichées dans l'ancienne chapelle.

21 chambres - 145/490 € - 2 suites - 22 €

route de Châteaurenard, 2 km par D28 - ✆ 04 90 24 28 28 - www.aubergedenoves.com - Fermé 3 janvier-12 février

Auberge de Noves - voir la sélection des restaurants

NOYALO

✉ 56450 (Morbihan) - Carte régionale n° **7**-A3
Carte Michelin 308-O9

L'Hortensia

CUISINE MODERNE • TENDANCE XX Cette ancienne ferme en pierre du 19e s., parée de toiles et d'un mobilier contemporains, a un certain cachet. La cuisine, qui fait la part belle aux produits de la mer et au terroir breton, se révèle savoureuse et bien maîtrisée. Pour l'étape, des chambres coquettes décorées sur le thème de l'hortensia.

Menu 22 € (déjeuner), 33/62 €

18 rue Sainte Brigitte - ✆ 02 97 43 02 00 - www.restaurantlhortensia.com - Fermé lundi, dimanche soir

NOYAL-SUR-VILAINE - 35 (Ille-et-Vilaine) → voir Rennes

NOYERS

✉ 89310 (Yonne) - Carte régionale n° **5**-B1
Carte Michelin 319-G5 - Guide Vert Michelin Bourgogne

Les Millésimes

CUISINE TRADITIONNELLE • RUSTIQUE ✗ Ce restaurant champêtre et élégant se tient derrière la boucherie-charcuterie familiale. Le terroir et les vins bourguignons sont à l'honneur... ainsi que les produits maison ! Jambon persillé, tourte à l'époisses et pommes de terre, filet mignon de porc et jus aux oignons nouveaux...

Menu 30/33 €

14 place de l'Hôtel-de-Ville - ✆ 03 86 82 82 16 - www.maison-paillot.com - Fermé 11 février-11 mars, lundi, dimanche soir

NOZAY

✉ 44170 (Loire-Atlantique) - Carte régionale n° **23**-B2
Carte Michelin 316-G2

La Pierre Bleue

CUISINE MODERNE • CONVIVIAL ✗✗ Vous cherchez Éric Meunier ? Il est dans sa cuisine, évidemment ! Travailleur infatigable, discret autant que passionné, voilà un chef qui aime son métier, et cela se sent dans ses assiettes. Créations de saison, plats mijotés en hiver, fumaisons maison... Cette Pierre Bleue est une pépite.

Menu 19 € (déjeuner)/31 € - Carte 43/48 €

22 rue Alexis-Letourneau - ✆ 02 40 79 30 49 - www.restaurantlapierrebleue.com - Fermé 1er-15 janvier, 8-15 juillet, lundi soir, dimanche soir

NUITS-ST-GEORGES

✉ 21700 (Côte-d'Or) - Carte régionale n° **5**-D1
Carte Michelin 320-J7 - Guide Vert Michelin Bourgogne

La Cabotte

CUISINE MODERNE • BISTRO ✗ Une cuisine actuelle, fine et gourmande à prix doux, de la convivialité à revendre, un cadre rustique modernisé avec poutres, pierres apparentes et mobilier contemporain... Et même une carte de vins bourguignons étoffée et judicieuse : cette Cabotte en a dans la caboche, et l'on se régale !

Menu 30/72 € - Carte 43/65 €

24 Grande Rue - ✆ 03 80 61 20 77 - www.lacabotte.fr - Fermé 17 février-5 mars, lundi, dimanche

La Gentilhommière

TRADITIONNEL • FONCTIONNEL Vieilles pierres et toits de tuiles vernissées : un beau pavillon de chasse du 16e s., dans un écrin de verdure, non loin du fameux village viticole. Au choix : de jolies chambres fonctionnelles, dont certaines plus originales (Afrique, Oriental, Pop Art...).

31 chambres - 95/250 € - 15 €

13 vallée de la Serrée, route de Concœur-Meuilley, 2 km à l'Ouest - ✆ 03 80 61 12 06 - www.lagentilhommiere.fr - Fermé 1er-31 janvier

NYONS

✉ 26110 (Drôme) - Carte régionale n° **2**-B3
Carte Michelin 332-D7 - Guide Vert Michelin Ardèche Drôme

Le Verre à Soie

FUSION • CONVIVIAL ✗ Après une carrière chez Christian Têtedoie (Lyon), Fei-Hsiu et Jérome Lamy ont décidé de reprendre ce Verre à Soie. Lui œuvre toujours comme sommelier, proposant de séduisants accords mets et vins, mettant en valeur la jolie cuisine de son épouse, inspirée par ses origines taïwanaises. Un beau mariage franco-asiatique.

Menu 25 € (déjeuner) - Carte 26/39 €

12 place des Arcades - ✆ 04 75 26 15 18 - Fermé 20 décembre-7 janvier, mardi, mercredi, jeudi soir

à Condorcet 10 km au Nord-Est par D94 – ✉ 26110

La Charrette Bleue

CUISINE TRADITIONNELLE • RUSTIQUE ✗ Impossible de manquer ce relais de poste du 18e s. avec sa charrette bleue devant l'entrée du restaurant ! Joli hommage à René Barjavel, dont l'œuvre du même nom racontait son enfance au pays. L'esprit de la région habite le décor (terrasse sous les canisses) comme la cuisine, soignée et gourmande. Prix doux.

Menu 26 € (déjeuner), 30/49 € – Carte 36/55 €

5 chemin Barjavel (La Bonté), 2,5 km au Sud par D70 – ✆ 04 75 27 72 33 – www.lacharrettebleue.net – Fermé 7 janvier-8 février, 12-21 novembre, mardi, mercredi, dimanche soir

OBERNAI

✉ 67210 (Bas-Rhin) – Carte régionale n° **10**-A2

Carte Michelin 315-I6

La Fourchette des Ducs (Nicolas Stamm)

CUISINE CRÉATIVE • ÉLÉGANT ✗✗✗✗ Le grand Paul Bocuse lui-même appréciait l'accueil et l'assiette de cette maison historique d'Obernai... c'est dire ! D'année en année, le chef Nicolas Stamm a trouvé aux fourneaux l'équilibre parfait entre la célébration des classiques et la pointe d'inventivité qui fait mouche.

En toutes saisons, il nous gratifie d'assiettes de belle tenue, dans lesquelles les bons produits sont à la fête. En hiver, les suprêmes de pigeonneau, bien rosés comme promis, s'accompagnent d'un petit jardin d'herbes et de légumes hivernaux glacés : fenouil, céleri-rave, carotte, betterave... tandis que toute l'année, la tarte au chocolat décline une affriolante palette cacaotée. Cerise sur le gâteau, l'état d'esprit général de l'équipe est excellent, du service aux cuisines : un bien-être communicatif.

→ Jambonnettes de cuisses de grenouilles aux herbes, gâteau de foie blond et compotée d'oignons. Agneau de lait des Pyrénées à la royale, condiment à l'ail noir et jus d'agneau à la menthe. Comme une forêt-noire, crème glacée à la vanille Bourbon

Menu 135/170 € – Carte 140/210 €

6 rue de la Gare – ✆ 03 88 48 33 38 – www.lafourchettedesducs.com – Fermé 1er-10 janvier, 19 août-5 septembre, lundi, mardi midi, mercredi midi, jeudi midi, vendredi midi, samedi midi, dimanche soir

Thierry Schwartz - Le Restaurant

CUISINE CRÉATIVE • RUSTIQUE ✗✗ Poutres apparentes, cheminée : le cadre est raffiné... et en cuisine, le chef met en avant de bons produits bio ou achetés à des petits producteurs locaux. Le tout s'arrose d'un bon cru, choisi parmi les 1200 références de la carte (priorité aux vins natures).

→ Cuisine du marché

Menu 59 € (déjeuner), 105/135 €

35 rue de Sélestat – ✆ 03 88 49 90 41 – www.thierry-schwartz.fr – Fermé 1er-9 janvier, 15-31 juillet, lundi, dimanche

Le Parc

CUISINE MODERNE • ÉLÉGANT ✗✗✗ Voilà, dans les faubourgs de la ville, une imposante maison alsacienne où les générations se succèdent depuis la création de l'établissement en 1954. Dans l'élégante salle à manger – boiseries couleur miel, plafond à caissons, lustre en cristal –, on se régale d'une bonne cuisine actuelle, fine et bien réalisée.

Menu 58/77 € – Carte 64/74 €

169 route d'Ottrott, à l'Ouest par D426 – ✆ 03 88 95 50 08 – www.hotel-du-parc.com – Fermé lundi, mardi midi, mercredi midi, jeudi midi, vendredi midi, samedi midi, dimanche soir

La Stub

CUISINE ALSACIENNE · WINSTUB X Le bois qui décore les murs de cette Stub a été récupéré dans d'anciennes fermes ; un cadre chaleureux avec ses alcôves et son poêle en faïence, pour déguster tartare de hareng "grand-mère", pied de porc farci, quenelles de brochet...

Carte 35/50 €

Le Parc, 169 route d'Ottrott, à l'Ouest par D426 – ✆ 03 88 95 50 08 – www.hotel-du-parc.com – Fermé lundi, mardi soir, mercredi soir, jeudi soir, vendredi soir, samedi soir, dimanche

À l'Agneau d'Or

CUISINE ALSACIENNE · WINSTUB X Près des remparts, une maison typiquement alsacienne, tant d'apparence que de philosophie. Le décor est éminemment chaleureux, avec du mobilier en bois, des plafonds traditionnels et des chaises typiques de l'artisanat local ; quant à l'assiette, elle cultive le goût des bonnes recettes régionales.

Menu 29/39 € – Carte 28/52 €

99 rue Général-Gouraud – ✆ 03 88 95 28 22 – http://alagneaudor.e-monsite.com/ – Fermé 9-25 février, 22 juin-8 juillet, 24 décembre-1er janvier, lundi, samedi midi, dimanche soir

Le Parc

SPA ET BIEN-ÊTRE · COSY Des travaux pharaoniques sont en cours dans cette belle demeure, avec notamment la construction d'un spa prometteur, sur le thème "bains et jardins", et un réaménagement général des lieux. Chambres confortables, entre tradition alsacienne et modernité.

55 chambres – ††144/189 € – 7 suites – ☕ 24 €

169 route d'Ottrott, à l'Ouest par D426 – ✆ 03 88 95 50 08 – www.hotel-du-parc.com – Fermé 23 juin-8 juillet, 22 décembre-13 janvier

Le Parc · **La Stub** – voir la sélection des restaurants

À la Cour d'Alsace

TRADITIONNEL · PERSONNALISÉ On pénètre d'abord dans la cour intérieure, non loin du centre historique de la ville. Là, dans cette ancienne propriété des barons de Gail, confort et douceur de vivre sont au rendez-vous. Idéal pour une étape gastronomique ou culturelle. Agréable espace bien-être.

50 chambres – ††129/345 € – 3 suites – ☕ 20 €

3 rue de Gail – ✆ 03 88 95 07 00 – www.cour-alsace.com – Fermé 24 décembre-24 janvier

à Ottrott 4 km à l'Ouest par D426 – ✉ 67530

À l'Ami Fritz

CUISINE ALSACIENNE · TRADITIONNEL XXX M. Fritz, c'est le chef-patron, mais l'enseigne fait aussi référence au roman d'Erckmann et Chatrian (1854), dont le héros sacrifie tout à la bonne chère. Un sacré patronage pour une cuisine alsacienne bien exécutée, dans un décor qui porte également haut le charme de la région.

Menu 33/73 € – Carte 40/67 €

8 rue des Châteaux – ✆ 03 88 95 80 81 – www.amifritz.com – Fermé 7-21 janvier, mercredi

Hostellerie des Châteaux

CUISINE CLASSIQUE · ÉLÉGANT XXX Un cadre feutré et intime, pour une cuisine classique avec quelques touches plus actuelles : foie gras d'oie maison et confit de renouée du Japon, canette rôtie aux épices douces, orecchiette à l'ail des ours...

Menu 49 € (déjeuner), 69/95 € – Carte 60/94 €

11 rue des Châteaux (Ottrott-le-Haut) – ✆ 03 88 48 14 14 – www.hostellerie-chateaux.fr

Le Châtelain

CUISINE MODERNE • CONTEMPORAIN XXX Un restaurant qui ouvre sur les bois... En terrasse ou dans la jolie salle contemporaine, on savoure une cuisine non dénuée de créativité, et réglée sur les saisons. Idéal pour se restaurer au vert !

Menu 39 € (déjeuner), 55/85 € - Carte 72/89 €

Le Clos des Délices, 17 route de Klingenthal, 1 km au Nord-Ouest par D426 - ☎ 03 88 95 81 00 - www.leclosdesdelices.com - Fermé lundi midi, mardi midi, mercredi midi, jeudi midi

Hostellerie des Châteaux

SPA ET BIEN-ÊTRE • PERSONNALISÉ Cet imposant hôtel vous invite à un grand moment de détente : spa tout neuf et soins très complets, superbe piscine intérieure, deux restaurants, formule brunch le dimanche... Dans les chambres, spacieuses, l'esprit contemporain se marie au style alsacien. Le chic même !

48 chambres - 149/359 € - 17 suites - 24 €

11 rue des Châteaux (Ottrott-le-Haut) - ☎ 03 88 48 14 14 - www.hostellerie-chateaux.fr - Fermé 7 janvier-7 février

Hostellerie des Châteaux - voir la sélection des restaurants

Le Clos des Délices

TRADITIONNEL • PERSONNALISÉ Dans un grand parc, on remarque d'abord la jolie façade tapissée de verdure... puis on paresse agréablement dans une chambre raffinée, colorée et bien insonorisée. Espace bien-être.

20 chambres - 109/279 € - 1 suite - 22 €

17 route de Klingenthal, 1 km au Nord-Ouest par D426 - ☎ 03 88 95 81 00 - www.leclosdesdelices.com

Le Châtelain - voir la sélection des restaurants

À l'Ami Fritz

TRADITIONNEL • PERSONNALISÉ Une maison régionale avec beaucoup de charme. Le décor des chambres est très soigné, dans une veine contemporaine agréable à vivre ; quatre d'entre elles, spacieuses et design, sont situées dans le pavillon voisin, complété d'un agréable espace bien-être. Un bel ensemble.

26 chambres - 118/255 € - 2 suites - 17 €

8 rue des Châteaux - ☎ 03 88 95 80 81 - www.amifritz.com - Fermé 7-21 janvier

À l'Ami Fritz - voir la sélection des restaurants

OBERSTEINBACH

✉ 67510 (Bas-Rhin) - Carte régionale n° **10**-B1
Carte Michelin 315-K2

Anthon

CUISINE MODERNE • COSY XXX Georges Flaig représente la quatrième génération aux fourneaux de cette ravissante maison à colombages, datant de 1860. Nulle nostalgie chez lui : sa cuisine est moderne et savoureuse, et met volontiers en avant les producteurs des environs : bœuf de Highland du Windstein, truite de Wingen...

Menu 26/54 € - Carte 45/64 €

40 rue Principale - ☎ 03 88 09 55 01 - www.restaurant-anthon.fr - Fermé 1er-31 janvier, mardi, mercredi

OBJAT

✉ 19130 (Corrèze) - Carte régionale n° **19**-B3
Carte Michelin 329-J4 - Guide Vert Michelin Limousin Berry

La Tête de L'Art

CUISINE TRADITIONNELLE • SIMPLE X Afin de marier l'art avec le goût, ce restaurant familial expose des toiles d'artistes locaux. En cuisine, le chef prépare des recettes traditionnelles rehaussées d'une pointe d'originalité. Une enseigne appréciée dans la région.

Menu 18 € (déjeuner), 22/35 €

53 avenue Jean-Lascaux - ☎ 05 55 25 50 42 - www.tete-de-lart.fr - Fermé 24 juin-1er juillet, lundi, mercredi soir, dimanche soir

OFFRANVILLE - 76 (Seine-Maritime) ➜ voir Dieppe

OINVILLE-SOUS-AUNEAU

✉ 28700 (Eure-et-Loir) - Carte régionale n° **8**-C1
Carte Michelin 311-G5

Moulin de Lonceux

MAISON DE CAMPAGNE • PERSONNALISÉ En pleine campagne, on vient se ressourcer dans la quiétude de cet ancien moulin du 18e s, dont les chambres cultivent un esprit authentique. Au petit-déjeuner, ne passez pas à côté des gâteaux dont la farine est fabriquée sur place. Charmant !

5 chambres - 105/170 €

Hameau de Lonceux - 06 70 00 60 45 - www.moulin-de-lonceux.com

OIZON

✉ 18700 (Cher) - Carte régionale n° **8**-C2
Carte Michelin 323-L2

Les Rives de l'Oizenotte

CUISINE TRADITIONNELLE • CONVIVIAL XX Sur la terrasse avec vue sur l'étang, ou dans la salle joliment décorée sur le thème de la pêche, on déguste une bonne cuisine traditionnelle, qui met en valeur les produits de la région. De quoi laisser sa gourmandise partir à la dérive...

Menu 33/46 €

Étang de Nohant, 1 km à l'Est - 02 48 58 06 20 - www.lesrivesdeloizenotte.fr - Fermé 21 décembre-20 janvier, lundi, mardi, dimanche soir

OLARGUES

✉ 34390 (Hérault) - Carte régionale n° **21**-B2
Carte Michelin 339-C7

Fleurs d'Olargues

CUISINE MODERNE • AUBERGE X Légumes du potager, pain maison et subtiles touches nordiques (saumon mariné au jus de betterave, pommes de terre *hasselback*) : voici le programme culinaire de cette jolie adresse familiale. La terrasse bucolique donne sur le pont du Diable (12e s.) et le village, classé parmi les plus beaux de France.

Menu 24 € (déjeuner), 35/41 €

au Pont du Diable - 04 67 97 27 04 - www.fleurs-de-olargues.com - Fermé lundi

OLÉRON (ÎLE D') - 17 (Charente-Maritime) ➜ voir Île d'Oléron

OLIVET - 45 (Loiret) ➜ voir Orléans

OLLIOULES

✉ 83190 (Var) - Carte régionale n° **24**-B3
Carte Michelin 340-K7 - Guide Vert Michelin Côte d'Azur

L'Atelier du Vigneron

CUISINE CLASSIQUE • ROMANTIQUE XXX Cet Atelier-là est à l'image de son sympathique patron : original et exubérant. Meubles de famille, tableaux anciens, touches rococo... Ce décor foisonnant sert d'écrin à une cuisine de tradition de très bonne facture. Essayez notamment le tournedos Rossini, l'une des spécialités de la maison.

Menu 30/65 €

348 avenue de la Résistance - 04 94 62 42 34 - www.atelier-du-vigneron.fr - Fermé 18 février-5 mars, lundi, mercredi

OLORON-STE-MARIE

✉ 64400 (Pyrénées-Atlantiques) - Carte régionale n° **18**-B3
Carte Michelin 342-I5 - Guide Vert Michelin Aquitaine

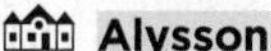 Alysson

BUSINESS • FONCTIONNEL Cet hôtel récent, situé en bordure d'un axe passant, abrite des chambres spacieuses et modernes (certaines avec baignoire balnéo), rénovées de pied en cap ces dernières années. Le restaurant s'ouvre sur le jardin. Idéal pour la clientèle d'affaires.

47 chambres – 89/122 € – 1 suite – 12 €

24 boulevard des Pyrénées – 05 59 39 70 70 – www.alysson-hotel.fr

OMIÉCOURT

80320 (Somme) – Carte régionale n° **14**-C2
Carte Michelin 301-K9

Château d'Omiécourt

DEMEURE HISTORIQUE • CLASSIQUE Dans ce château de famille, entouré d'un parc de 16 ha, on est accueilli par la 5e génération ! Il fait bon se reposer dans les chambres ("1900", "Louis XVI", etc.) au beau mobilier chiné. À noter, le bel espace bien-être (sauna, hammam, jacuzzi...), parfait pour un week-end détente.

5 chambres – 148/220 €

4 rue du Bosquet – 06 59 35 50 53 – www.chateau-omiecourt.com

OMONVILLE-LA-PETITE

50440 (Manche) – Carte régionale n° **17**-A1
Carte Michelin 303-A1 – Guide Vert Michelin Normandie Cotentin

La Fossardière

FAMILIAL • TRADITIONNEL Dans un paisible hameau, en retrait du village où repose Jacques Prévert, un hôtel qui ne ressemble pas à un hôtel... Les chambres sont réparties dans des petites maisons de pays, toutes plus mignonnes les unes que les autres. Reposant !

8 chambres – 70/94 € – 12 €

Au Hameau de la Fosse – 02 33 52 19 83 – www.lafossardiere.fr – Fermé 15-15 octobre

ONET-LE-CHÂTEAU – 12 (Aveyron) ➜ voir Rodez

ONET-LE-CHÂTEAU VILLAGE – 12 (Aveyron) ➜ voir Rodez

ONZAIN

41150 (Loir-et-Cher) – Carte régionale n° **8**-A1
Carte Michelin 318-E6

✿✿ Domaine des Hauts de Loire

CUISINE CLASSIQUE • ÉLÉGANT XXXX Franchis la porte, amoureux du patrimoine français : tu es ici chez toi. Dans ce pavillon de chasse du 19e s. installé entre Amboise et Blois, les grands classiques sont à la fête – pressé de lièvre à la royale, salade d'anguille, caviar de Sologne –, travaillés avec un soin constant.
On doit cette excellente partition culinaire à Rémy Giraud, dont le destin de chef est intimement lié à celui du restaurant. Trente ans de maison, ce n'est pas négligeable ! Passionné de nature, il travaille d'une main experte le gibier régional et les fruits et légumes du potager maison... avec, comme liant, des sauces tout simplement remarquables. Maîtrise, générosité et gourmandise : les ingrédients de la réussite.

➜ Filet d'anguille poêlé, mie de pain dorée aux graines de céleri. Bœuf poché, girolles de Sologne, moelle fumée et mousse de persil. Fruits rouges, figue noire, sorbet basilic et coulis de fruit de la passion

Menu 105/165 € – Carte 117/185 €

79 rue Gilbert-Navard, route de Mesland, 3 km au Nord-Ouest par D1 et voie privée – 02 54 20 72 57 – www.domainehautsloire.com – Fermé 1er janvier-13 février, 15-25 décembre, lundi, mardi, mercredi midi, jeudi midi

Bistrot des Hauts de Loire

CUISINE TRADITIONNELLE • BISTRO Dans les dépendances du domaine, une jolie bâtisse solognote avec sa charpente apparente, ses murs en brique et son parquet de chêne... Le décor est planté ! Sur la terrasse face au jardin potager, on se régale de petits plats bistrotiers (viande maturée, cuissons à la broche) et des créations plus imaginatives du chef Rémy Giraud.

Menu 32/34 € – Carte 42/72 €

Domaine des Hauts de Loire, 79 rue Gilbert-Navard, route de Mesland, 3 km au Nord-Ouest par D1 et voie privée – 02 54 20 72 57 – www.hautsdeloire.com – Fermé 15-25 décembre, jeudi soir

Domaine des Hauts de Loire

LUXE • CLASSIQUE Dans son parc forestier à mi-chemin entre Chenonceaux, Amboise et Blois, ce castel plus que centenaire (1860) exprime l'âme noble de la région. Objets anciens, imprimés chatoyants, beaux volumes, charpente apparente dans certaines chambres : le savoir-vivre à la ligérienne.

20 chambres – 257/460 € – 11 suites

79 rue Gilbert-Navard, route de Mesland, 3 km au Nord-Ouest par D1 et voie privée – 02 54 20 72 57 – www.domainehautsloire.com – Fermé 15-25 décembre

Domaine des Hauts de Loire • **Bistrot des Hauts de Loire** – voir la sélection des restaurants

ORADOUR-SUR-GLANE

87520 (Haute-Vienne) – Carte régionale n° **19**–B2

Carte Michelin 325-D5 – Guide Vert Michelin Limousin Berry

Le Milord

CUISINE TRADITIONNELLE • BRASSERIE Ici règne une atmosphère résolument familiale (le fils de la maison a repris l'affaire). On propose des plats régionaux mijotés. Agréable.

Menu 16 € (déjeuner)/31 € – Carte 23/42 €

10 avenue du 10-Juin – 05 55 03 10 35 – www.restaurantlemilordtraiteur.fr – Fermé 22 décembre-14 janvier, lundi soir, mardi soir, mercredi soir, jeudi soir, vendredi soir, samedi soir, dimanche soir

ORANGE

84100 (Vaucluse) – Carte régionale n° **25**–E1

Carte Michelin 332-B9 – Guide Vert Michelin Provence

Le Mas des Aigras - Table du Verger

CUISINE PROVENÇALE • CONTEMPORAIN Un charmant mas en pierre, installé tranquillement au milieu des vignes et des champs. Le chef y prépare une goûteuse cuisine de saison, simple et bonne, avec des produits bien choisis. S'il fait beau, direction l'agréable terrasse. Pour l'étape, quelques chambres décorées dans un esprit contemporain.

Menu 22 € (déjeuner), 32/40 € – Carte 49/71 €

chemin des Aigras (Russamp Est) – 04 90 34 81 01 – www.masdesaigras.com – Fermé 10-20 février, 23 décembre-10 janvier, mardi, mercredi

à Sérignan-du-Comtat 8 km au Nord par N7 et D976 – 84830

Le Pré du Moulin

CUISINE TRADITIONNELLE • ÉLÉGANT D'abord moulin, puis école communale, cette maison de village en pierre séduit par son atmosphère bucolique... et par sa cuisine déclinée en deux parties : une carte gastronomique d'une part, des plats de bistrot d'autre part. La terrasse ombragée par de vieux platanes fleure bon, elle aussi, la Provence.

Menu 33/85 € – Carte 50/140 €

29 cours Joël Estève, rte de Ste-Cécile-les-Vignes – 04 90 70 14 55 – www.predumoulin.com – Fermé lundi, dimanche soir

Le Pré du Moulin

MAISON DE CAMPAGNE • CONTEMPORAIN Une belle bâtisse en pierre à la sortie du village, dans un jardin paysager avec piscine. Les chambres jouent le contraste avec leur style design et contemporain. Un ensemble confortable et séduisant – notamment pour profiter du savoir-faire gastronomique de la maison...
12 chambres – 90/200 € – 25 €
29 cours Joël Estève, rte de Ste-Cécile-les-Vignes – 04 90 70 14 55 – www.predumoulin.com
Le Pré du Moulin – voir la sélection des restaurants

ORBEY

68370 (Haut-Rhin) – Carte régionale n° **10**–A2
Carte Michelin 315-G8

Bois Le Sire et son Motel

FAMILIAL • FONCTIONNEL Sur la route principale du village, une grande bâtisse colorée et son annexe aux airs de motel. Dans cette dernière, les chambres sont plus grandes et plus calmes, mais partout elles sont pratiques et agréables. Pour la détente, un espace forme (piscine, hammam...). Restaurant traditionnel.
36 chambres – 69/108 € – 1 suite – 12 €
20 rue Charles-de-Gaulle – 03 89 71 25 25 – www.bois-le-sire.fr – Fermé 6 janvier-8 février

ORCIÈRES

05170 (Hautes-Alpes) – Carte régionale n° **24**–C1
Carte Michelin 334-F4 – Guide Vert Michelin Alpes du Sud

à Merlette 5 km au Nord par D76 – 05170

Les Gardettes

CUISINE BIO • RUSTIQUE Dans cet hôtel-restaurant créé par ses parents dans la ferme familiale, le chef porte haut la continuité, en utilisant les bons produits bio du Champsaur : œufs, saumon, agneau... en osmose avec son terroir ! Côté chambres, beaucoup de simplicité ; savoureuses confitures maison au petit-déjeuner.
Menu 26/35 € – Carte 27/48 €
station de Merlette – 04 92 55 71 11 – www.gardettes.com – Fermé 22 avril-6 juillet, 31 août-21 décembre

ORCINES – 63 (Puy-de-Dôme) → voir Clermont-Ferrand

ORGON

13660 (Bouches-du-Rhône) – Carte régionale n° **25**–E1
Carte Michelin 340-F3 – Guide Vert Michelin Provence

Le Mas de la Rose

MAISON DE CAMPAGNE • PERSONNALISÉ Dans un site bucolique, d'anciennes bergeries (17e s.) joliment réaménagées en adresse de charme. Les chambres, décorées avec soin, ont l'accent de la Provence... Superbe jardin paysager avec piscine.
11 chambres – 195/475 € – 3 suites – 28 €
route d'Eygalières, 4 km au Sud-Ouest par D24b – 04 90 73 08 91 – www.mas-rose.com – Fermé 4 novembre-1er avril

Budget serré ? Profitez des menus déjeuners à prix ajustés.

ORLÉANS

✉ 45000 (Loiret) – Carte régionale n° **8**–C2

Carte Michelin 318-I4 – Guide Vert Michelin Châteaux de la Loire

Le Lièvre Gourmand (Tristan Robreau)

CUISINE MODERNE • ÉLÉGANT XXX Des fournisseurs choisis avec soin, des jeux de saveurs et de textures qui interpellent, une cuisine fusion qui s'inspire des voyages (en Asie, notamment) du chef... Cette maison des bords de Loire vit avec son époque et se révèle d'autant plus délicieuse.

→ Cuisine du marché

Menu 41 € (déjeuner), 51/77 €

Plan : E3-q – *28 quai du Châtelet – ✆ 02 38 53 66 14 – www.lelievregourmand.com – Fermé 7-22 janvier, 7-21 mai, 3-20 septembre, lundi midi, mardi, mercredi midi*

La Dariole

CUISINE MODERNE • COSY X Une véritable bonbonnière que cette maison à colombages (15e s.) près de la cathédrale : tissus, fleurs, poutres, pierres apparentes... Le décor se prête à un bon repas et, de fait, le chef fait mouche à chaque plat : soin, tradition, pointe d'originalité. Une bonne adresse.

Menu 28 €

Plan : E2-v – *25 rue Étienne-Dolet – ✆ 02 38 77 26 67 – Fermé 9 août-1er septembre, lundi soir, mercredi soir, jeudi soir, samedi, dimanche*

L'Hibiscus

CUISINE MODERNE • SIMPLE X La rue est piétonne et animée, la façade est discrète. Poussez la porte : produits frais, recettes originales, cuisine moderne, le tout emmené par un jeune chef et une patronne débordant de vitalité. Ris d'agneau, ravioles de foie gras et bouillon tamarin ; chapon en ballotines à la sauge ; baba à l'ananas caramélisé... Prix raisonnables.

Menu 32/41 €

Plan : E2-h – *175 rue de Bourgogne – ✆ 02 38 72 74 11 – www.hibiscus-restaurant.com – Fermé lundi, mardi*

La Parenthèse

CUISINE TRADITIONNELLE • CONVIVIAL X David Sterne, le chef, fait dans le classique et le fait bien : escargots persillés, pressé de tête et pieds de cochon, déclinaison de foies gras de canard... C'est frais et copieux, avec des jus et sauces bien cuisinés, et ça se déguste dans un décor joliment rénové.

Menu 19 € (déjeuner)/32 €

Plan : D3-a – *26 place du Châtelet – ✆ 02 38 62 07 50 – www.restaurant-la-parenthese.com – Fermé 17-24 février, 21 juillet-13 août, lundi, dimanche*

Eugène

CUISINE MODERNE • COSY XX De passage dans le Loiret, il est recommandé de pousser la porte de cette maison pour découvrir la cuisine marine du chef, Alain Gérard : des plats soignés, goûteux et fins, avec d'alléchants menus surprise qu'il compose au gré de son inspiration... Quant au cadre, il est cosy (mobilier chic, tons pastel...).

Menu 28/53 € – Carte 40/65 €

Plan : D2-u – *24 rue Sainte-Anne – ✆ 02 38 53 82 64 – www.restauranteugene.fr – Fermé 27 juillet-18 août, 23 décembre-4 janvier, samedi, dimanche*

De Sel et d'Ardoise

CUISINE MODERNE • CONVIVIAL X Un petit bistrot contemporain, tenu par un jeune couple du métier. Lui, le Normand, est le sel ; elle, l'Ardennaise, est l'ardoise ! Pour vingt couverts au coude-à-coude, ils déclinent une séduisante cuisine de saison, qui doit beaucoup aux légumes bio des environs. Pensez à réserver à l'avance : c'est l'une des tables les plus courues de la ville...

Menu 23 € (déjeuner)/26 € – Carte 36/40 €

Plan : D1-a – *44 rue du Faubourg-Bannier – ✆ 02 34 50 23 40 – Fermé 18-28 août, 22 décembre-6 janvier, lundi, mercredi soir, dimanche*

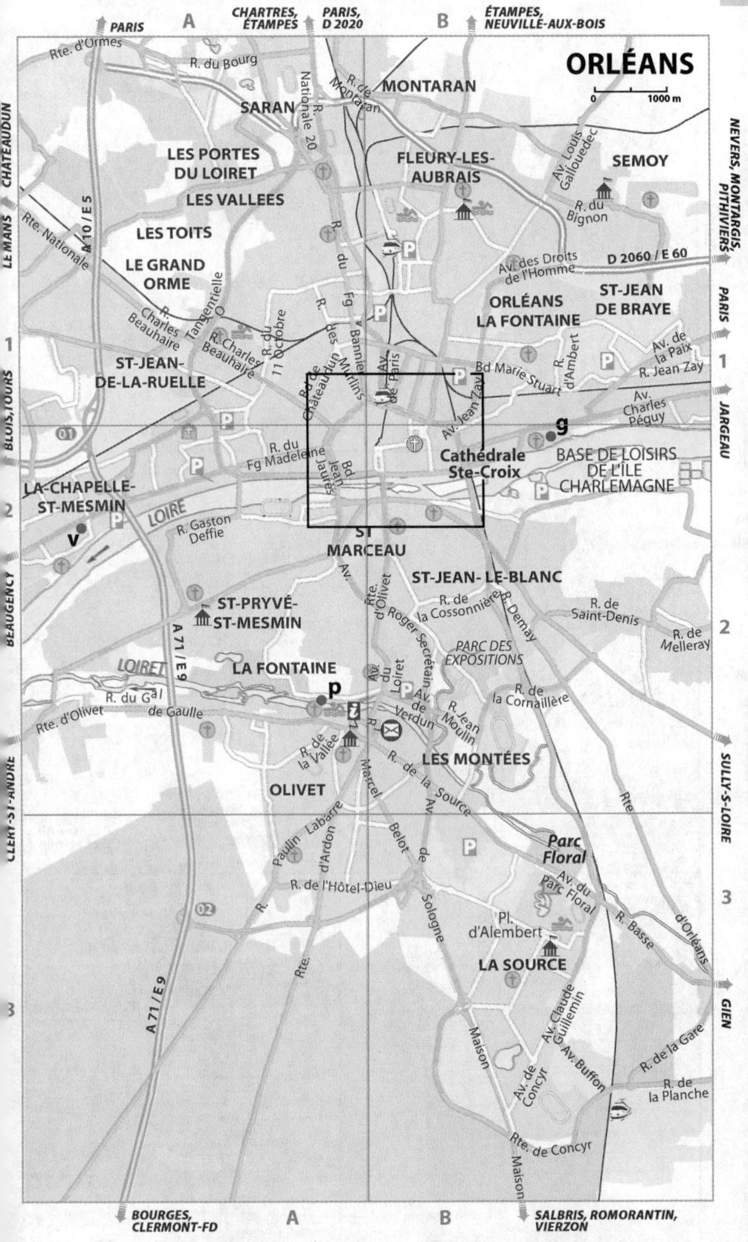
ORLÉANS
0
1000 m
PARIS
A
CHARTRES, ÉTAMPES
PARIS, D 2020
B
ÉTAMPES, NEUVILLE-AUX-BOIS
LE MANS
CHATEAUDUN
BLOIS, TOURS
BEAUGENCY
CLÉRY-ST-ANDRÉ
NEVERS, MONTARGIS, PITHIVIERS
PARIS
JARGEAU
SULLY-S-LOIRE
GIEN
BOURGES, CLERMONT-FD
SALBRIS, ROMORANTIN, VIERZON
SARAN
MONTARAN
LES PORTES DU LOIRET
LES VALLEES
LES TOITS
LE GRAND ORME
FLEURY-LES-AUBRAIS
SEMOY
ORLÉANS LA FONTAINE
ST-JEAN DE BRAYE
ST-JEAN-DE-LA-RUELLE
LA-CHAPELLE-ST-MESMIN
Cathédrale Ste-Croix
BASE DE LOISIRS DE L'ILE CHARLEMAGNE
ST MARCEAU
ST-JEAN- LE-BLANC
ST-PRYVÉ-ST-MESMIN
LA FONTAINE
PARC DES EXPOSITIONS
LES MONTÉES
OLIVET
Parc Floral
LA SOURCE
LOIRE
LOIRET
A 10 / E 5
A 71 / E 9
D 2060 / E 60
Rte. d'Ormes
R. du Bourg
R. Nationale 20
R. de Montaran
Av. Louis Gallouedec
R. du Bignon
Av. des Droits de l'Homme
Rte. Nationale
R. du Fg Bannier
R. des Murlins
R. Charles Beauhaire
Tangentielle
R. du 11 Octobre
Bd de Châteaudun
Av. de Paris
Bd Marie Stuart
R. d'Ambert
Av. de la Paix
R. Jean Zay
Av. Jean Zay
Av. Charles Péguy
R. du Fg Madeleine
Bd Jean Jaurès
R. Gaston Deffie
Av. Rte. d'Olivet
Roger Secrétain
R. de la Cossonnière
R. Demay
R. de Saint-Denis
R. de Melleray
Av. du Loiret
Av. de Verdun
R. Jean Moulin
R. de la Cornaillère
R. du Gal de Gaulle
Rte. d'Olivet
R. de la Vallée
R. Marcel Belot
R. de la Source
Av. de Sologne
R. Paulin Labarre
Rte. d'Ardon
R. de l'Hôtel-Dieu
Av. du Parc Floral
R. Basse d'Orléans
Pl. d'Alembert
Av. Claude Guillemin
Av. Buffon
Av. de Concyr
R. de la Gare
R. de la Planche
Rte. de Concyr
Maison
1
2
3
g
v
p

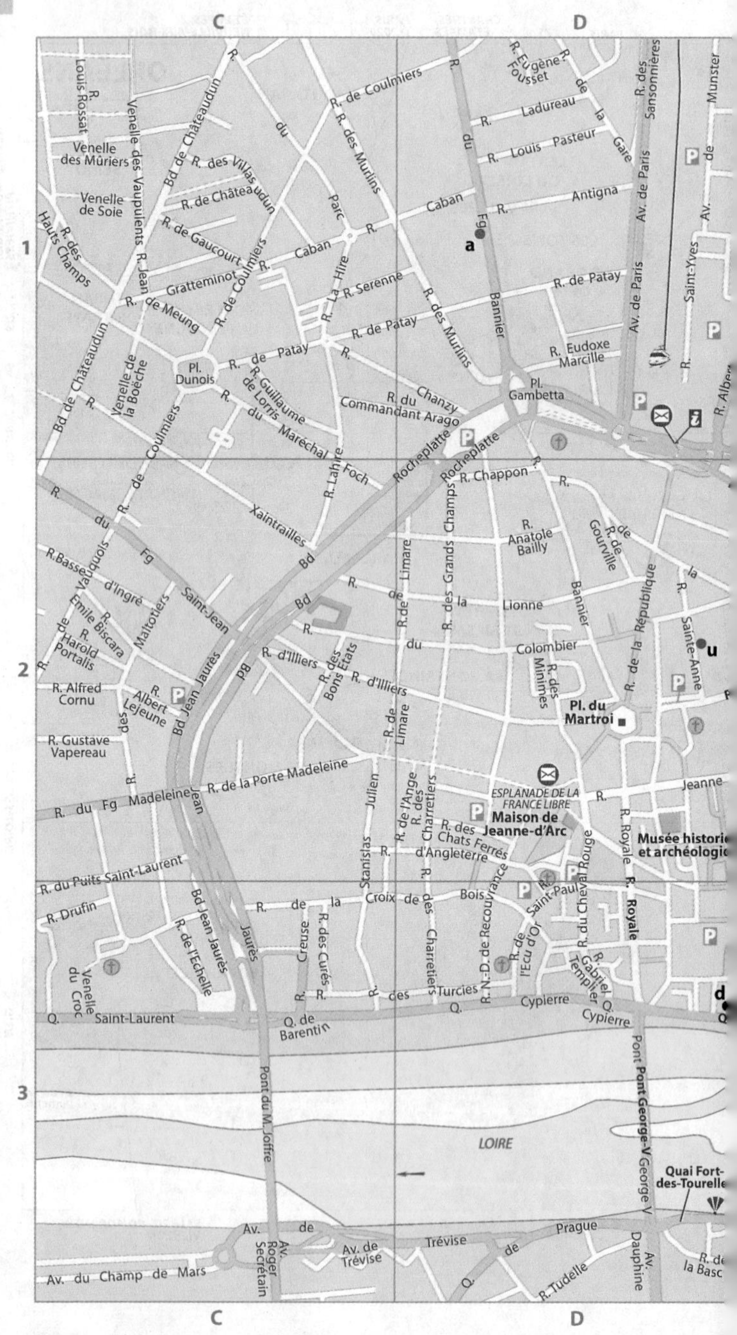
C
D
1
2
3
Pl. Dunois
Pl. Gambetta
Pl. du Martroi
Maison de Jeanne-d'Arc
ESPLANADE DE LA FRANCE LIBRE
Musée historique et archéologique
LOIRE
Quai Fort-des-Tourelles
Pont George-V
Pont du M. Joffre
R. de Coulmiers
R. des Murlins
R. du Fg Bannier
R. de Patay
Bd de Châteaudun
Bd Jean Jaurès
R. du Fg Saint-Jean
R. de la République
R. Royale
R. Bannier
R. des Carmes
R. de la Porte Madeleine
R. du Fg Madeleine
R. de la Croix de Bois
R. des Turcies
Q. Cypierre
Q. Saint-Laurent
Q. de Barentin
Av. de Paris
Av. de Trévise
Av. de Prague
Av. du Champ de Mars
Av. Dauphine
R. Tudelle
R. Sainte-Anne
R. d'Illiers
R. du Colombier
R. de la Lionne
R. Xaintrailles
R. du Maréchal Foch
R. Guillaume de Lorris
R. du Commandant Arago
Bd Rocheplatte
R. des Grands Champs
R. de Limare
R. d'Angleterre
R. des Chats Ferrés
R. du Cheval Rouge
R. du Puits Saint-Laurent
R. Drufin
R. de l'Echelle
a
u
d

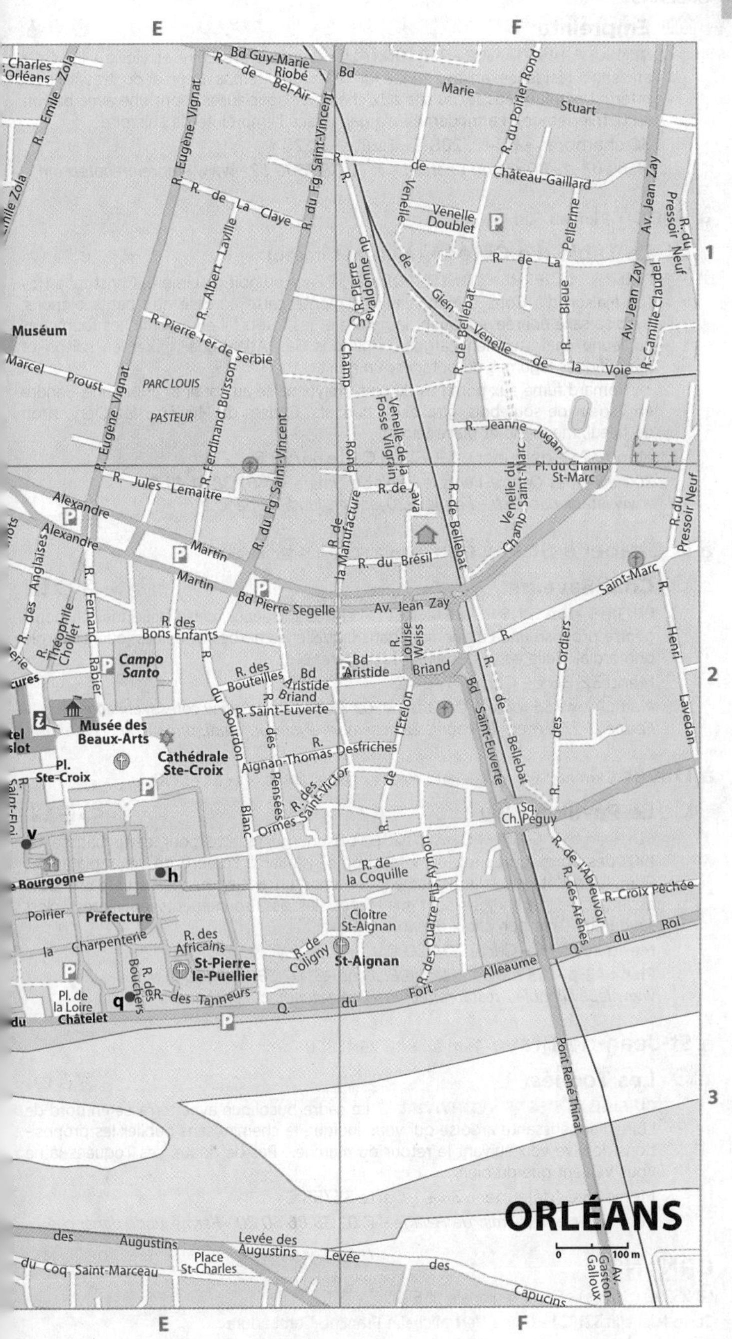
E
F
1
2
3
ORLÉANS
0
100 m
Muséum
Musée des Beaux-Arts
Cathédrale Ste-Croix
Campo Santo
Préfecture
St-Pierre-le-Puellier
St-Aignan
Cloître St-Aignan
PARC LOUIS PASTEUR
Bd Pierre Segelle
Av. Jean Zay
Bd Aristide Briand
Bd Saint-Euverte
R. de Bellebat
Pont René Thinat
Levée des Augustins
Place St-Charles
Pl. Ste-Croix
Pl. de la Loire
Châtelet
Pl. du Champ St-Marc
Sq. Ch. Péguy
Q. du Fort Alleaume
Q. du Roi
R. du Fg Saint-Vincent
R. Eugène Vignat
R. des Tanneurs
R. Jeanne Jugan
R. Croix Pechée
R. de la Coquille
R. du Brésil
R. des Bouteilles
R. Saint-Euverte
R. Aignan-Thomas-Desfriches
R. Jules Lemaitre
R. Pierre 1er de Serbie
R. Ferdinand Buisson
R. Albert Laville
R. de La Claye
R. de Château-Gaillard
R. du Poirier Rond
Bd Marie Stuart
Venelle Doublet
Venelle de Glen
Venelle de la Voie
R. Henri Lavedan
R. du Pressoir Neuf
R. Camille Claudel
R. des Cordiers
R. de l'Abreuvoir
R. des Arènes
R. des Quatre Fils Aymon
R. de Coligny
R. des Africains
R. des Bouchers
R. Fernand Rabier
R. Théophile Chollet
R. des Bons Enfants
R. du Bourdon Blanc
R. des Pensées
R. des Ormes Saint-Victor
R. de l'Etelon
R. Louise Weiss
R. de la Manufacture
Champ Rond
Venelle de la Fosse Vilgrain
R. de Java
Venelle du Champ Saint-Marc
R. Pierre Chevaldonne
Alexandre Martin
Marcel Proust
R. Emile Zola
Av. Gaston Galloux
Levée des Capucins
R. du Coq Saint-Marceau
Bd Guy-Marie Riobé
R. de Bel-Air
v
h
q

Empreinte

DEMEURE HISTORIQUE • PERSONNALISÉ Lovée entre Loire et vieille ville, cette ancienne résidence aristocratique du 10e s., un temps Bourse du travail, s'est offerte une mue réussie, du spa aux chambres spacieuses (dont une avec balcon, au dernier étage). La modernité n'a pas effacé l'empreinte de l'histoire.

30 chambres – 140/288 € – 1 suite – 20 €

Plan : D3-d – *80 rue du Chatelet – 02 38 75 10 52 – www.empreintehotel.com*

à Ardon 9 km au Sud – 45160

La Table d'à Côté (Aurélien Largeau)

CUISINE MODERNE • CONTEMPORAIN XX Face au golf de Limère, Christophe Hay (La Maison d'à Côté, à Montlivault) a monté cette adresse aux petits oignons, avec sa salle épurée, évoquant la nature et les forêts ; il en a confié les fourneaux au jeune chef Aurélien Largeau. Poissons de l'Atlantique, gibier en saison et magnifiques légumes du potager : un must.

→ Homard fumé aux pommes de pins, mayonnaise au corail et aubergine. Sandre en vapeur de sous-bois, girolles et haricots. Cerises de Mézières-lez-Cléry, sirop de tilleul, meringue et glace yaourt

Menu 32 € (déjeuner), 59/81 € – Carte 63/92 €

200 allée des Quatre-Vents, au golf de Limère – 02 38 61 48 07 – www.latabledacote.fr – Fermé 2-20 janvier, lundi, dimanche

à la Chapelle-St-Mesmin 4 km à l'Ouest – 45380

Côté Saveurs

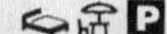

CUISINE MODERNE • ÉLÉGANT XX À l'entrée d'Orléans, cette belle maison bourgeoise propose une cuisine fine, dans laquelle les herbes et épices jouent un rôle primordial. Belle carte des vins (400 références).

Menu 32/36 € – Carte 47/64 €

Plan : A2-v – *55 route d'Orléans – 02 38 72 29 51 – www.cotesaveurs.com – Fermé 17-27 février, 4-19 août, 22 décembre-2 janvier, lundi, dimanche*

à Olivet 5 km au Sud par av. du Loiret et bords du Loiret – 45160

Le Pavillon Bleu

CUISINE MODERNE • ROMANTIQUE XX Esprit guinguette pour cette bâtisse de 1903 des bords du Loiret, où il fait bon s'installer à l'ombre de vieux platanes... Pour l'anecdote, la salle est aménagée dans un ancien hangar à bateaux. Côté assiettes, les techniques sont maîtrisées, les assaisonnements équilibrés : c'est savoureux. Très bon choix de vins.

Menu 29/39 € – Carte 70/120 €

Plan : A2-p – *315 rue de la Reine Blanche – 02 38 66 14 30 – www.lepavillonbleu-restaurant.com – Fermé lundi, dimanche soir*

à St-Jean-de-Braye 4 km à l'Est – 45800

Les Toqués

CUISINE MODERNE • CONVIVIAL XX Le cadre bucolique avec terrasse en bord de Loire, l'appétissante ardoise qui vous indique le chemin, sans oublier les propositions de vive voix suivant le retour du marché... Pas de doute, ces Toquées-là ne vous veulent que du bien.

Menu 25 € (déjeuner)/36 € – Carte 35/55 €

Plan : B2-g – *71 chemin de Halage – 02 38 86 50 20 – Fermé lundi, dimanche*

ORNANS

25290 (Doubs) – Carte régionale n° **6**-B2

Carte Michelin 321-G4 – Guide Vert Michelin Franche-Comté Jura

Le Courbet

CUISINE MODERNE • CONVIVIAL XX Au cœur de la "Petite Venise" franc-comtoise, ne manquez pas cette ravissante maison surplombant la Loue. Deux salles s'offrent à vous (bistrot ou classique), et l'on peut même s'installer sur la petite terrasse (au rez-de-chaussée) pour déguster une cuisine du marché délicieuse et pleine de fraîcheur.

Menu 29/36 € - Carte 42/63 €

34 rue Pierre-Vernier - ✆ 03 81 62 10 15 - www.restaurantlecourbet.com - Fermé 21 décembre-31 janvier, lundi, mardi soir, dimanche soir

La Table de Gustave

CUISINE RÉGIONALE • BRASSERIE X Une carte courte avec de grands classiques de la région (salade comtoise, croûte aux morilles, fondue au comté, ou encore cette truite "belle lodoise" farcie aux morilles), le tout dans un décor contemporain agréable : une bonne adresse.

Menu 15 € (déjeuner), 24/32 € - Carte 24/51 €

11 rue Jacques-Gervais - ✆ 03 81 62 16 79 - www.latabledegustave.fr

à Saules 6 km au Nord-Est par D492 - ✉ 25580

La Griotte

CUISINE TRADITIONNELLE • AUBERGE X Un clocher et des champs alentour, une véranda plongeant sur un jardin verdoyant… cette ferme revêt de forts jolis atours ! Tradition, saveurs de saison et spécialités régionales : voilà bien une belle Griotte, tendre et goûteuse. Cerise sur le gâteau : l'accueil souriant et l'addition sans acidité.

Menu 17 € (déjeuner), 25/39 € - Carte 33/50 €

3 rue des Cerisiers - ✆ 03 81 57 17 71 - www.lagriotte.fr - Fermé 28 janvier-13 mars, 25 août-11 septembre, 23-26 décembre, lundi, mardi, mercredi soir, dimanche soir

LES ORRES

✉ 05200 (Hautes-Alpes) - Carte régionale n° **24**-C1

Carte Michelin 334-H5 - Guide Vert Michelin Alpes du Sud

Cimes (N)

MAISON DE CAMPAGNE • CONTEMPORAIN Cette ancienne ferme abrite une délicieuse maison d'hôtes aux junior suites de belles dimensions, réalisées avec goût, et orientées plein sud, face au hameau des Orres. La table d'hôtes bénéficie de l'enthousiasme d'un ancien restaurateur. Au menu : cuisine moderne, teintée d'épices. Un coup de coeur.

5 chambres - 120/145 €

26 rue des Villandrins - ✆ 06 64 54 89 38 - www.maison-cimes.com - Fermé 22 avril-31 mai, 3 novembre-13 décembre

ORTHEVIELLE

✉ 40300 (Landes) - Carte régionale n° **18**-B3

Carte Michelin 335-E13

La Ferme d'Orthe

CUISINE TRADITIONNELLE • CONVIVIAL X Imposante cheminée pour griller la côte de bœuf, solides poutres, gros tonneau en guise de table et murs en pierre : l'atmosphère, actuelle, ne nuit pas à l'âme de ce restaurant de campagne. Les plats servis au déjeuner sont simples et réjouissants (confit maison, parillada, foie gras), plus travaillés le soir. Et les produits, toujours locaux. Une adresse fort sympathique.

Menu 13 € (déjeuner)/33 € - Carte 35/45 €

9 rue de la Fontaine - ✆ 05 58 73 01 03 - www.lafermedorthe.fr - Fermé 13-29 avril, 24 août-3 septembre, 22 décembre-7 janvier, lundi, mardi soir, mercredi soir, dimanche soir

OSTHOUSE

✉ 67150 (Bas-Rhin) – Carte régionale n° **10**-B2
Carte Michelin 315-J6

À l'Aigle d'Or

CUISINE CLASSIQUE • AUBERGE XXX Accroché à un coin de cette jolie maison de village, un magnifique aigle en fer forgé semble annoncer : "Vous êtes arrivé !" À l'intérieur, on se régale d'une bonne cuisine classique servie dans un cadre alsacien bourgeois et chaleureux. Côté Winstub, plats traditionnels et ambiance plus familiale.

Menu 34/90 € – Carte 48/72 €

14 rue de Gerstheim – ✆ 03 88 98 06 82 – www.hotelalaferme.com – Fermé 8 février-1er mars, 1er août-13 septembre, lundi, mardi

À la Ferme

MAISON DE CAMPAGNE • COSY Calme et sérénité, dans cette ferme du 18e s. et ses séchoirs. Les chambres sont spacieuses et cosy, certaines disposent même d'un balcon ; le beau jardin et la terrasse sont l'endroit parfait pour un petit-déjeuner ensoleillé…

15 chambres – 99/210 € – 17 €

10 rue du Château – ✆ 03 90 29 92 50 – www.hotelalaferme.com – Fermé 1er-15 août

OSTWALD – 67 (Bas-Rhin) → voir Strasbourg

OTTROTT – 67 (Bas-Rhin) → voir Obernai

OUCHES – 42 (Loire) → Voir Roanne

OUCQUES

✉ 41290 (Loir-et-Cher) – Carte régionale n° **8**-B2
Carte Michelin 318-E5

Ô en Couleur

CUISINE MODERNE • COLORÉ XX Elles enchantent, ces couleurs ! Le chef concocte des recettes bien ficelées avec de beaux produits, pour un résultat flatteur au palais et doux pour le porte-monnaie… Jolie salle au décor contemporain. Chambres confortables et colorées pour prolonger l'étape.

Menu 27/66 € – Carte 60/71 €

9 rue de Beaugency – ✆ 02 54 23 20 41 – www.hotel-commerce-oucques.com – Fermé 23 décembre-7 janvier, lundi, dimanche soir

OUESSANT (ÎLE D') – 29 (Finistère) → voir Île d'Ouessant

OUISTREHAM

✉ 14150 (Calvados) – Carte régionale n° **17**-B2
Carte Michelin 303-K4 – Guide Vert Michelin Normandie Cotentin

La Table d'Hôtes

CUISINE MODERNE • ÉLÉGANT XX Ce restaurant est le repaire d'un jeune couple passé par de belles maisons. Joli symbole, Yoann Lavalley a racheté les fourneaux sur lesquels il a fait son apprentissage… Il y conçoit des assiettes délicates et finement travaillées. Poisson du jour, viande locale, fromages normands… Les saveurs éclatent en bouche.

Menu 20 € (déjeuner), 33/50 € – Carte 50/61 €

10 avenue Général-Leclerc – ✆ 02 31 97 18 44 – www.latabledhotes-caen.com – Fermé 11-17 février, 8-14 avril, 29 juin-12 juillet, mardi soir, mercredi midi, dimanche soir

à Riva-Bella - ✉ 14150

Riva Bella Thalazur

SPA ET BIEN-ÊTRE • FONCTIONNEL En bord de plage, à deux pas du casino, ce complexe hôtelier fait partie d'un grand centre de thalassothérapie. Il affiche un décor résolument contemporain et relaxant, surtout dans les chambres donnant sur la mer. Parfait pour les amateurs de séjour "detox".

86 chambres - 114/244 € - 3 suites - 16 €

boulevard du Commandant-Kieffer - ✆ 02 31 96 40 40 - www.thalazur.fr/hotel-rivabella

LES OURSINIÈRES - 83 (Var) ➜ voir Pradet

OUSSON-SUR-LOIRE

✉ 45250 (Loiret) - Carte régionale n° **8**-D2
Carte Michelin 318-N6

Le Clos du Vigneron

CUISINE MODERNE • CONVIVIAL XX Les vignes des coteaux du Giennois jouxtent le Clos du vigneron. On apprécie ici une cuisine sincère, de saison et de fraîcheur, faisant la part belle au poisson : le chef travaille comme un véritable artisan, amoureux de son métier. Chambres pratiques pour l'étape.

Menu 23 € (déjeuner), 36/55 € - Carte 36/53 €

18 route Nationale 7 - ✆ 02 38 31 43 11 - www.hotel-clos-du-vigneron.com - Fermé 19 août-8 septembre, 22 décembre-14 janvier, lundi, mardi, dimanche soir

OZENAY - 71 (Saône-et-Loire) ➜ voir Tournus

OZOIR-LA-FERRIÈRE - 77 (Seine-et-Marne) ➜ voir Autour de Paris

PAILHEROLS

✉ 15800 (Cantal) - Carte régionale n° **1**-B3
Carte Michelin 330-E5

L'Auberge des Montagnes

CUISINE TRADITIONNELLE • AUBERGE X Dans cette ferme située au cœur de ce village isolé, le chef cuisine exclusivement des produits locaux finement choisis. Le terroir est à l'honneur, revisité avec grand soin ! En hiver, le paysage est féerique et invite à la promenade ; cela tombe bien, car la cuisine est très généreuse. Un véritable concentré de Cantal...

Menu 30/35 € - Carte 30/43 €

Le Bourg - ✆ 04 71 47 57 01 - www.auberge-des-montagnes.com - Fermé 23 mars-5 avril, 18-26 octobre, 3 novembre-20 décembre, lundi, mardi

Le Clos des Gentianes

TRADITIONNEL • COSY Un environnement superbe, des chambres calmes et agréables, un soin tout particulier apporté à la décoration : une bouffée d'air pur ! En prime, le spa "Fleur de Montagne" est accessible gratuitement pour les clients de l'hôtel (à 300 m).

10 chambres - 90/112 € - 13 €

Le Bourg - ✆ 04 71 47 57 01 - www.auberge-des-montagnes.com - Fermé 23 mars-4 avril, 17-27 octobre

L'Auberge des Montagnes

AUBERGE • COSY Ce qui frappe d'abord dans cette charmante adresse perdue en pleine montagne, c'est la gentillesse de l'accueil. On vous reçoit en famille et tout est prévu pour un séjour parfait : de jolies chambres, un spa avec piscine, des jeux...

14 chambres - 65/87 € - 11 €

Le Bourg - ✆ 04 71 47 57 01 - www.auberge-des-montagnes.com - Fermé 23 mars-6 avril, 18-26 octobre, 3 novembre-13 décembre

L'Auberge des Montagnes - voir la sélection des restaurants

PAIMPOL

✉ 22500 (Côtes-d'Armor) – Carte régionale n° **7**–C1
Carte Michelin 309-D2 – Guide Vert Michelin Bretagne Nord

Restaurant de la Marne

CUISINE MODERNE · TENDANCE XX En bordure du centre touristique de Paimpol, on trouve cette auberge en pierre datant du 19e s., tenue par un jeune couple. Lui, en cuisine, élabore des recettes très inventives et pleines d'allant, où la recherche visuelle occupe une place importante ; elle, en salle, assure un service rapide et efficace !

Menu 25 € (déjeuner), 29/85 € – Carte 62/103 €

30 rue de la Marne – ✆ 02 96 16 33 41 – www.hoteldelamarne-paimpol.fr – Fermé 7-29 janvier, 24 juin-2 juillet, lundi, dimanche soir

à Ploubazlanec 3,5 km au Nord par D789 – ✉ 22620

Le 360°

CUISINE MODERNE · FAMILIAL XX Un restaurant... panoramique, comme son nom le suggère ! Depuis la véranda et la terrasse, la vue sur Bréhat est tout simplement magnifique. Dans un cadre contemporain, on découvre une bonne cuisine de brasserie "marine" – salades, fruits de mer, homard et bar du vivier, Saint-Jacques en saison... et quelques plats actuels.

Menu 30/40 €

Les Terrasses de Bréhat, Pointe de L'Arcouest – ✆ 02 96 55 77 92 – www.lesterrassesdebrehat.fr – Fermé 21 décembre-14 janvier, lundi midi, mardi midi, mercredi midi, jeudi midi, vendredi midi, samedi midi, dimanche midi

Les Terrasses de Bréhat

BUSINESS · CONTEMPORAIN Cet établissement, fondé en 1892, jouxte l'embarcadère et fait face à l'île de Bréhat. Les chambres, confortables et accessibles par des coursives en bois, portent le nom de villes-escales : Gustavia, Le Cap, Bergen, Kayar... La garantie d'une nuit voyageuse !

35 chambres – 90/225 € – 15 €

Pointe de L'Arcouest – ✆ 02 96 55 77 92 – www.lesterrassesdebrehat.fr – Fermé 22 décembre-13 janvier

Le 360° – voir la sélection des restaurants

Les Agapanthes

FAMILIAL · COSY Au cœur d'un petit village sur les hauteurs de Paimpol, cette maison régionale (datant de 1768) accueillait autrefois une épicerie-café. On y propose des chambres cosy et bien tenues, dont certaines ont vue sur la mer. Très agréable jardin.

20 chambres – 72/140 € – 11 €

1 rue Adrien-Rebours – ✆ 02 96 55 89 06 – www.hotel-les-agapanthes.com – Fermé 15 janvier-15 mars

LE PALAIS – 56 (Morbihan) → voir Belle-Ile-en-Mer

PALAJA – 11 (Aude) → Voir Carcassonne

PALAVAS-LES-FLOTS

✉ 34250 (Hérault) – Carte régionale n° **21**–C2
Carte Michelin 339-I7

Le St-Georges

CUISINE MODERNE · CONVIVIAL XX Dans son restaurant, situé à deux pas du casino, Paul Courtaux ne joue pas à la roulette avec nos papilles. Il réalise une cuisine pétillante et savoureuse, à l'instar de ce faux-filet de bœuf Aubrac, moelle, blette de Costebelle et moutarde... Mention spéciale à la jolie carte des vins de la région et à l'accueil charmant.

Menu 33/66 € – Carte 43/60 €

4 boulevard Maréchal-Foch (à côté du casino, rive droite) – ✆ 04 67 68 31 38 – www.restaurant-st-georges.fr – Fermé lundi, mardi

Les Coquilles

FAMILIAL • DESIGN Look vintage et mobilier design, voilà ce qui distingue ce petit hôtel flambant neuf, installé face aux plages. Originalité : un bar-caviste au rez de chaussée, avec possibilité de déguster sa bouteille sur place ou de l'emporter dans sa chambre juste au-dessus. Un concept très languedocien !

10 chambres - 90/120 €

48 rue Melgueil - 04 67 47 17 93 - Fermé 13-23 janvier

LA PALUD-SUR-VERDON

04120 (Alpes-de-Haute-Provence) - Carte régionale n° **24**-C2
Carte Michelin 334-G10 - Guide Vert Michelin Alpes du Sud

Hôtel des Gorges du Verdon

FAMILIAL • CONTEMPORAIN C'est toujours un plaisir de faire une halte dans cet hôtel de charme, à l'écart du vacarme... On s'y repose dans de belles chambres colorées et design (dont quelques beaux duplex familiaux). Beau spa "Cinq Mondes" avec hammam, fitness, salles de massage, sauna et jacuzzi.

27 chambres - 180/450 € - 3 suites - 17 €

Route de la Maline - 1 km - 04 92 77 38 26 - www.hotel-des-gorges-du-verdon.fr - Fermé 7 octobre-13 avril

PAMIERS

09100 (Ariège) - Carte régionale n° **22**-C3
Carte Michelin 343-H6

Hôtel de France

FAMILIAL • FONCTIONNEL Si vous êtes en route vers Andorre ou les stations de ski des Pyrénées, n'hésitez pas à vous arrêter dans cet hôtel proche du centre-ville. Ses chambres sont contemporaines, sobres et bien tenues. Une halte sympathique.

31 chambres - 70/80 € - 12 €

5 cours J.-Rambaud - 05 61 60 20 88 - www.hotel-de-france-pamiers.com

LE PARADOU - 13 (Bouches-du-Rhône) ➜ voir Maussane-les-Alpilles

PARAMÉ - 35 (Ille-et-Vilaine) ➜ voir St-Malo

PARAY-LE-MONIAL

71600 (Saône-et-Loire) - Carte régionale n° **5**-B3
Carte Michelin 320-E11 - Guide Vert Michelin Bourgogne

L'Apostrophe

CUISINE MODERNE • COSY XX L'Apostrophe, deuxième chapitre ! Le couple Garrivier décline une cuisine moderne et enlevée, en phase avec les saisons ; qu'on se rassure, le chef a toujours une belle pièce de bœuf charolais en réserve, à savourer sur la terrasse côté jardin aux beaux jours... Quelques jolies chambres bien équipées pour l'étape.

Menu 26 € (déjeuner), 29/75 € - Carte 44/70 €

27 avenue de la Gare - 03 85 25 45 07 - www.restaurantlapostrophe.fr - Fermé 22 avril-6 mai, 18 août-2 septembre, 30 décembre-7 janvier, lundi, dimanche

à Poisson 8 km au Sud par D34 - 71600

La Poste et Hôtel La Reconce

CUISINE MODERNE • COSY XX Le Restaurant de la Poste est aujourd'hui emmené par un jeune chef originaire du village, avec l'aide de sa compagne. Son ambition est claire : régaler ses convives avec une cuisine dans l'air du temps, et célébrer les bons produits locaux - cette entrecôte charolaise, avec ses légumes de saison, en témoigne ! Chambres coquettes et bien tenues pour l'étape.

Menu 16 € (déjeuner), 28/48 € - Carte 38/54 €

Le bourg (face à l'église) - 03 85 81 10 72 - www.hotelreconce.com - Fermé 18 février-5 mars, 26 août-10 septembre, lundi, mardi midi, dimanche soir

PARÇAY-MESLAY - 37 (Indre-et-Loire) ➜ voir Tours

voir Tours

PARC du FUTUROSCOPE - 86 (Vienne) ➜ voir Poitiers

PARCEY - 39 (Jura) ➜ voir Dole

PARENTIS-EN-BORN

✉ 40160 (Landes) - Carte régionale n° **18**-B2

Carte Michelin 335-E8 - Guide Vert Michelin Aquitaine

Chez Flo

CUISINE MODERNE • BISTRO Un restaurant convivial, façon bistrot contemporain... Dans l'esprit du lieu, la cuisine est généreuse : sous la houlette d'un jeune chef passionné, tout est fait maison, avec des produits régionaux.

Menu 14 € (déjeuner)/28 €

9 rue St-Barthélémy - ✆ 05 58 78 40 21 - Fermé lundi, dimanche

CatLane/iStock

PARIS
ET SES ENVIRONS

Lorsqu'il s'agit des plaisirs de la table, quel bonheur d'être Parisien ! Ce n'est pas un hasard si c'est ici-même qu'a été forgé le concept de restaurant : Paris, plus qu'aucune cité au monde, bat au rythme de sa vie gastronomique. Grandes brasseries centenaires, palaces aux ors inoubliables, tables coréennes, argentines, italiennes, japonaises, maisons historiques ou tout juste apparues, grande tradition française ou créativité : mille surprises vous attendent sur les deux rives de la Seine.

- Carte régionale n° 15 et 16
- Carte Michelin 301-E7 et 101
- Plan de l'agglomération parisienne

J.-F. Mallet/hemis.fr

TOUS LES RESTAURANTS

DE A À Z...

A

B

C

© O. Decker/Michelin

I

J

K

L

M

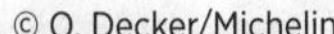

LES TABLES À NE PAS MANQUER

TOUTES LES ÉTOILES

Une cuisine unique. Vaut le voyage !

Une cuisine d'exception. Vaut le détour !

Une cuisine d'une grande finesse. Vaut l'étape !

BIB GOURMAND

Nos meilleurs rapports qualité-prix

DES TABLES... SELON VOS ENVIES !

LES TABLES PAR TYPE DE CUISINE

Cuisine actuelle

Cuisine argentine

Cuisine basque

Cuisine bretonne

Cuisine chinoise

Cuisine classique

Cuisine coréenne

Cuisine créative

Cuisine créole

Cuisine danoise

Cuisine de saison

Cuisine du marché

Cuisine du monde

Cuisine du Sud-Ouest

Cuisine du terroir

Cuisine flamande

Cuisine grecque

Cuisine indienne

Cuisine israélienne

Cuisine italienne

Cuisine japonaise

Cuisine libanaise

Cuisine lyonnaise

Cuisine méditerranéenne

Cuisine moderne

© O. Decker/Michelin

Cuisine nord-africaine

Cuisine péruvienne

Cuisine régionale

Cuisine russe

Cuisine sud-américaine

Cuisine sud-est asiatique

© Lauri Patterson/iStock

Cuisine thaïlandaise

Cuisine traditionnelle

Cuisine vietnamienne

Fusion

Grillades

Poissons et fruits de mer

Viandes

RESTAURANTS À MOINS DE 30 €

© Adam Wasilewski/iStock

TABLES EN TERRASSE

RESTAURANTS AVEC SALONS PARTICULIERS

INDEX DES HÔTELS

A

B

C

D

E

F

G

H

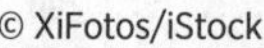

I

J

K

L

M

N

O

P

Q

R

S

T

V

W

X

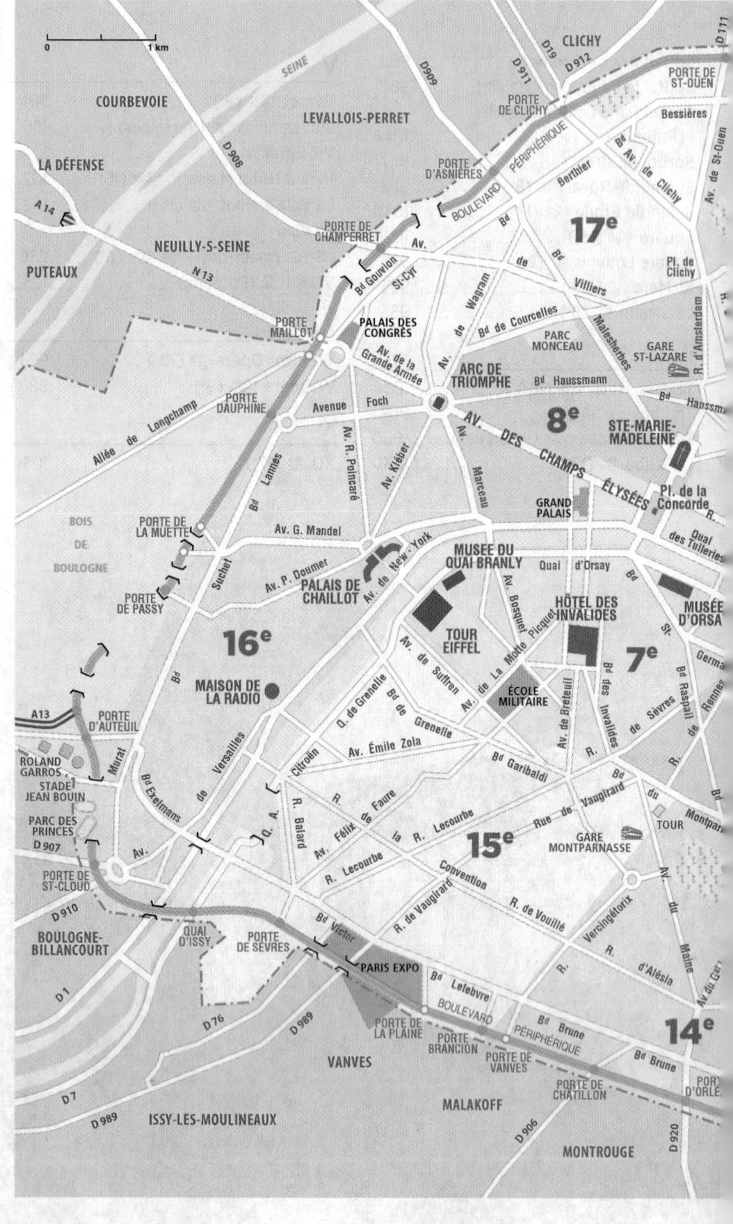
0
1 km
SEINE
COURBEVOIE
LEVALLOIS-PERRET
CLICHY
LA DÉFENSE
PUTEAUX
NEUILLY-S-SEINE
PORTE DE ST-OUEN
PORTE DE CLICHY
PORTE D'ASNIÈRES
PORTE DE CHAMPERRET
PORTE MAILLOT
PALAIS DES CONGRÈS
PORTE DAUPHINE
BOULEVARD PÉRIPHÉRIQUE
17e
PARC MONCEAU
GARE ST-LAZARE
ARC DE TRIOMPHE
8e
STE-MARIE-MADELEINE
AV. DES CHAMPS ÉLYSÉES
Pl. de la Concorde
GRAND PALAIS
BOIS DE BOULOGNE
PORTE DE LA MUETTE
PORTE DE PASSY
PALAIS DE CHAILLOT
MUSEE DU QUAI BRANLY
HÔTEL DES INVALIDES
MUSÉE D'ORSA
TOUR EIFFEL
16e
7e
MAISON DE LA RADIO
ÉCOLE MILITAIRE
PORTE D'AUTEUIL
ROLAND GARROS
STADE JEAN BOUIN
PARC DES PRINCES
PORTE DE ST-CLOUD
15e
GARE MONTPARNASSE
TOUR
BOULOGNE-BILLANCOURT
QUAI D'ISSY
PORTE DE SÈVRES
PARIS EXPO
PORTE DE LA PLAINE
PORTE BRANCION
PORTE DE VANVES
PORTE DE CHÂTILLON
14e
VANVES
MALAKOFF
ISSY-LES-MOULINEAUX
MONTROUGE

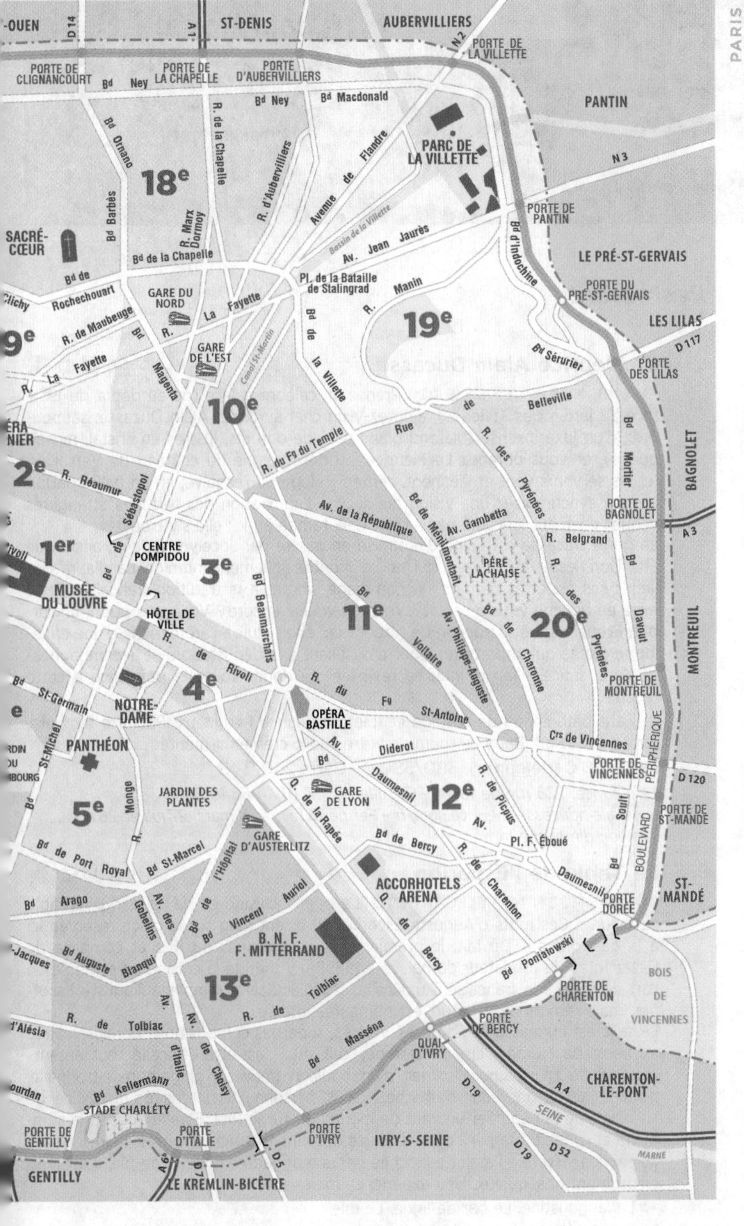

ST-DENIS
AUBERVILLIERS
PORTE DE LA VILLETTE
PORTE DE CLIGNANCOURT
PORTE DE LA CHAPELLE
PORTE D'AUBERVILLIERS
PANTIN
PARC DE LA VILLETTE
18e
19e
10e
20e
11e
12e
13e
1er
2e
3e
4e
5e
SACRÉ-CŒUR
GARE DU NORD
GARE DE L'EST
PORTE DE PANTIN
LE PRÉ-ST-GERVAIS
PORTE DU PRÉ-ST-GERVAIS
LES LILAS
PORTE DES LILAS
BAGNOLET
PORTE DE BAGNOLET
CENTRE POMPIDOU
MUSÉE DU LOUVRE
HÔTEL DE VILLE
PÈRE LACHAISE
MONTREUIL
PORTE DE MONTREUIL
NOTRE-DAME
OPÉRA BASTILLE
PANTHÉON
PORTE DE VINCENNES
GARE DE LYON
JARDIN DES PLANTES
GARE D'AUSTERLITZ
PORTE DE ST-MANDÉ
ST-MANDÉ
ACCORHOTELS ARENA
PORTE DORÉE
B. N. F. F. MITTERRAND
BOIS DE VINCENNES
PORTE DE CHARENTON
PORTE DE BERCY
QUAI D'IVRY
CHARENTON-LE-PONT
STADE CHARLÉTY
PORTE DE GENTILLY
PORTE D'ITALIE
PORTE D'IVRY
IVRY-S-SEINE
GENTILLY
LE KREMLIN-BICÊTRE
SEINE
MARNE
BOULEVARD PÉRIPHÉRIQUE

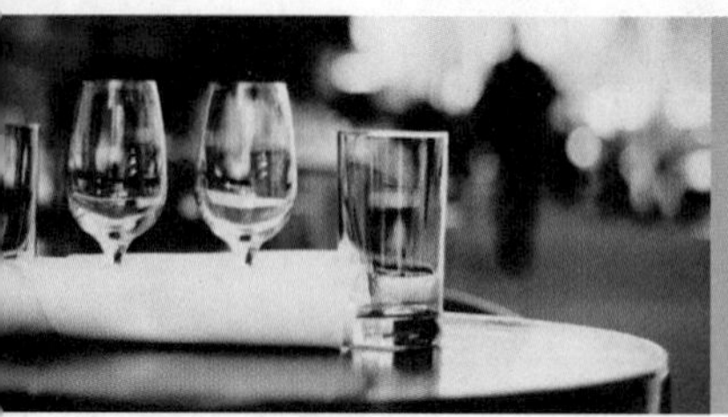

Palais-Royal - Louvre - Tuileries - Les Halles

1er arrondissement

Gabriela Tulian/Moment Open/Getty Images

Restaurants

✿✿ Le Meurice Alain Ducasse

CUISINE MODERNE • LUXE XXXXX Prenez un célèbre palace (né au début du 19e s. face au jardin des Tuileries), ajoutez-y un chef surdoué, Alain Ducasse, saupoudrez d'un luxe insensé (plafond blanc paré de dorures, lustres en cristal, mosaïques...), et vous obtenez Le Meurice, au décor digne du château de Versailles. Ici, les serveurs vont et viennent, véritable éloge de l'esquive, en un ballet parfaitement synchronisé : une vision qui suscite l'admiration des fortunes étrangères venues chercher ici l'âme parisienne. Cela tombe à pic : elle s'y trouve.

La griffe Ducasse est aujourd'hui mise en œuvre par Jocelyn Herland, ancien de The Dorchester à Londres, qui ne se montre nullement intimidé par l'aura des lieux : ses assiettes rendent un hommage vibrant à la tradition française. Cette mise en bouche vous a séduit ? Vous en voulez encore ? Voilà une ode à un turbot. Prenez un beau tronçon de turbot bien épais, cuit à l'arête, riche d'une enveloppe panée qui apporte un léger croustillant à la dégustation, et accompagnez-le d'une sauce à la grenobloise revisitée qui donne toute la puissance à cette recette.

→ Petit pâté chaud de pintade et foie gras, sauce Périgueux. Poulette fermière, girolles et céleri. Baba au rhum de votre choix, crème mi-montée

Menu 110 € (déjeuner), 380/580 € – Carte 260/345 €

Le Meurice, 228 rue de Rivoli – Ⓜ Tuileries – ✆ 01 44 58 10 55 – www.alainducasse-meurice.com/fr – Fermé 23 février-11 mars, 27 juillet-26 août, samedi, dimanche

✿✿ La Table de l'Espadon

CUISINE MODERNE • ÉLÉGANT XXXXX "La bonne cuisine est la base du véritable bonheur. » Ces mots d'Auguste Escoffier en disent long sur la place réservée ici à la gastronomie. De fait, le premier chef des cuisines du Ritz et complice de César Ritz – le fondateur du palace en 1898 – y a érigé la cuisine en symbole de l'art de vivre à la française. Aujourd'hui, Nicolas Sale a remplacé Auguste Escoffier, mais l'émotion des goûts est demeurée intacte.

La salle est éblouissante : dorures, velours, superbes compositions florales, lustres en verre de Murano, ciel en trompe l'œil, etc. L'assiette étincelle tout autant : ravioles de tourteaux, assorties d'un bouillon tiède au gingembre citronnelle; pomme de ris de veau ; rhubarbe... Goût, personnalité, intensité : la cuisine de Nicolas Sale fait souffler un vent de modernité sur le Ritz. Estelle Touzet, la sommelière, connaît à la perfection sa carte des vins très riche (et très chère). Quant au service, assuré à l'assiette clochée par une brigade en queue-de-pie, il est délicieusement obséquieux. Une expérience marquante.

→ La langoustine. Le bar de ligne. Le miel

Menu 195/345 € – Carte 200/420 €

Ritz, 15 place Vendôme – Ⓜ Opéra – ✆ 01 43 16 33 74 – www.ritzparis.com – Fermé lundi midi, mardi midi, mercredi midi, jeudi midi, vendredi midi, samedi midi, dimanche midi

✿✿ Le Grand Véfour (Guy Martin)

CUISINE CRÉATIVE • CLASSIQUE XXXX Bonaparte et Joséphine, Lamartine, Hugo, Mac-Mahon, Sartre... Depuis plus de deux siècles, l'ancien Café de Chartres est un vrai bottin mondain ! Le plus vieux restaurant de Paris (1784-1785) connut, d'un propriétaire à l'autre, grandeur et décadence. Il entre dans la légende en 1820 avec Jean Véfour, qui lui donne son nom. Quelques guerres plus tard, en 1948, Raymond Oliver lui rend son éclat en lui apportant ses premières étoiles. Le lieu, unique en son genre, restauré comme à l'origine, est classé monument historique. Deux magnifiques salles Directoire s'ouvrent sur le jardin par des arcades : miroirs, lustres en cristal, dorures, toiles peintes fixées sous verre inspirées de l'Antiquité...

En cuisine, Guy Martin, qui se plaît à rappeler qu'il a commencé comme pizzaiolo à 17 ans, "croque" ses plats comme un artiste. Arrêtons-nous un instant sur l'un de ses tableaux, intitulé : "Filet d'agneau en chapelure de persil blanc de poireau confit jus à l'huile de poireau" : une viande fine et goûteuse d'une parfaite cuisson rosée, associée à une légère panure de persil, le tout rehaussé d'un jus d'agneau à l'infusion de poireau, qui donne une pointe végétale fort agréable.

"La peinture m'aide au quotidien, explique Guy Martin. Ce sont des couleurs, des formes... Je fais des croquis sur des bouts de papier, avant de commencer à cuisiner." Lorsque vous vous installerez sur les confortables banquettes en velours rouge pour le déguster, songez que Colette, Malraux ou Cocteau, se sont peut-être assis au même endroit...

→ Ravioles de foie gras, crème foisonnée truffée. Parmentier de queue de bœuf aux truffes. Palet noisette et chocolat au lait, glace au caramel brun et sel de Guérande

Menu 115 € (déjeuner)/315 € - Carte 210/290 €

17 rue de Beaujolais - Ⓜ Palais Royal - ✆ 01 42 96 56 27 - www.grand-vefour.com - Fermé samedi, dimanche

✿✿ Sur Mesure par Thierry Marx

CUISINE CRÉATIVE • DESIGN XXX On a tout dit, ou presque, de Thierry Marx : grand voyageur, alchimiste malicieux, adepte du tai-chi, hier au Château Cordeillan-Bages à Pauillac (Gironde), aujourd'hui à la tête des cuisines du Mandarin Oriental, palace parisien haute couture qui lui a imaginé un restaurant sur mesure. Ou plutôt à sa démesure ? Passé le sas d'entrée, vous voilà transporté dans un univers inédit, d'un blanc immaculé et presque monacal, qui n'est pas sans évoquer le décor avant-gardiste d'un film de Stanley Kubrick. « Ma cuisine tient en deux mots : structure et déstructure », confie Thierry Marx ; c'est bien ce que l'on ressent en découvrant ses menus uniques, successions de plats aux saveurs étonnantes. En orfèvre minutieux, il travaille la matière, joue avec intelligence sur les transparences, les saveurs et les textures. Bœuf charbon, aubergines grillées, sirop d'érable et vinaigre de feuille de cerisier ; risotto de soja aux huîtres, morilles. Une expérience.

→ Risotto de soja, huître pochée. Maquereau en camouflage. Sweet bento

Menu 85 € (déjeuner), 190/250 €

Mandarin Oriental, 251 rue St-Honoré - Ⓜ Concorde - ✆ 01 70 98 71 25 - www.mandarinoriental.fr/paris - Fermé 1er-7 janvier, 28 avril-6 mai, 28 juillet-26 août, lundi, dimanche

✿✿ Kei (Kei Kobayashi)

CUISINE MODERNE • ÉLÉGANT XXX Le Coq Héron, cela vous rappelle peut-être quelque chose : c'était la salle mythique de Gérard Besson (MOF, 1976), dont les gibiers, foies gras, sauces à la viande et feuilletés demeurent des classiques de la cuisine "bien de chez nous". Changement de ton avec le chef japonais Kei Kobayashi, né à Nagano et formé à l'école prestigieuse des triples étoilés Gilles Goujon (L'Auberge du Vieux Puits, Fontjoncouse) et Alain Ducasse (Plaza Athénée, Paris, 8e).

Son père était cuisinier dans un restaurant traditionnel kaiseki (gastronomie servie en petits plats, comparable à la grande cuisine occidentale), mais sa vocation naît véritablement en regardant un documentaire sur la cuisine française.

"Je suis un Japonais qui fait de la cuisine française", proclame Kei, évoquant une gourmandise saine, libérée des entraves de la culpabilité. L'influence nippone affleure par petites touches délicates - au détour d'une purée d'agrumes, des fleurs, des lamelles de pomme verte... -, tout en préservant les saveurs de produits de qualité. Ce n'est pas la France, ce n'est pas le Japon, c'est Kei. Un style inimitable.

➜ Jardin de légumes croquants. Bar de ligne cuit sur ses écailles. Vacherin aux fruits rouges, glace miso

Menu 58 € (déjeuner), 110/215 €

5 rue du Coq-Heron – Ⓜ Louvre Rivoli – ✆ 01 42 33 14 74 – www.restaurant-kei.fr – Fermé 4-26 août, 22 décembre-6 janvier, lundi, mardi midi, jeudi midi

✿ Les Jardins de l'Espadon

CUISINE MODERNE • ROMANTIQUE XXX La table gastronomique du Ritz au déjeuner. C'est sous une superbe véranda, bordée de verdure - à laquelle on accède par une galerie fleurie, et dorée - que l'on déguste les jolies préparations de Nicolas Sale : carte courte, cuisine inventive et réglée sur les saisons, service irréprochable... Une réussite.

➜ Cannelloni de langoustine, chou pointu et sauce au vin de Meursault. Merlan de ligne et crème de charlotte à la grenobloise. Chocolat de Madagascar, textures de meringue et sauce chocolat frappé

Menu 148 €

Ritz, 15 place Vendome – Ⓜ Opéra – ✆ 01 43 16 33 74 – www.ritzparis.com – Fermé lundi soir, mardi soir, mercredi soir, jeudi soir, vendredi soir, samedi, dimanche

✿ Le Baudelaire

CUISINE MODERNE • ÉLÉGANT XXX On apprécie l'atmosphère de ce restaurant au classicisme feutré. Le chef Guillaume Goupil (ancien second de Stéphanie Le Quellec au Prince de Galles) y compose une cuisine légère bien dans l'air du temps, et revisite la tradition avec un plaisir non dissimulé. *Tea time* prisé l'après-midi, avec de belles pâtisseries maison.

➜ Langoustines rôties, ravioles d'herbes potagères et bisque à la cardamome verte. Ris de veau rôti, chapelure aux câpres, blettes glacées et girolles. Chocolat macaé, meringue cacao

Menu 58 € (déjeuner), 110/150 € – Carte 110/134 €

Le Burgundy, 6-8 rue Duphot – Ⓜ Madeleine – ✆ 01 71 19 49 11 – www.leburgundy.com – Fermé 22-30 décembre, samedi midi, dimanche

✿ Carré des Feuillants (Alain Dutournier)

CUISINE MODERNE • ÉLÉGANT XXX Atmosphère élégante et contemporaine, sur le site du couvent des Feuillants. Alain Dutournier signe une cuisine bien dans son époque, aux accents gascons – lui qui est originaire des Landes. Superbes armagnacs.

➜ Langoustines marinées, citron caviar, fleurette de légumes coraillée et noisettes grillées. Poularde "Belle Aurore", truffe fraîche, foie gras et ris de veau. Fraises de plein champ et rhubarbe, feuilleté gaufré et goyave

Menu 68 € (déjeuner)/220 € – Carte 131/154 €

14 rue de Castiglione – Ⓜ Tuileries – ✆ 01 42 86 82 82 – www.carredesfeuillants.fr – Fermé samedi, dimanche

✿ La Dame de Pic

CUISINE CRÉATIVE • DESIGN XX Le restaurant parisien d'Anne-Sophie Pic, à deux pas du Louvre. On reconnaît bien le sens des saveurs de la chef valentinoise, l'exactitude de ses créations, sa capacité à associer des ingrédients inédits. En témoignent ces berlingots à la fondue fribourgeoise dans un bouillon mousseux au poivre Sansho, ou ce tourteau de casier sur sa fine gelée de mandarine...

➜ Berlingots au coulant de brillat-savarin fumé, champignons des bois à la fève tonka. Saint-pierre rôti meunière aux baies de la passion, tomates anciennes et sauge. Chocolat aux arômes de citron et glace moelleuse

Menu 59 € (déjeuner), 105/135 €

20 rue du Louvre – Ⓜ Louvre Rivoli – ✆ 01 42 60 40 40 – www.anne-sophie-pic.com – Fermé 28 juillet-24 août

✿ Restaurant du Palais Royal

CUISINE CRÉATIVE • ÉLÉGANT XX Dans un cadre exceptionnel – sous les arcades longeant le Palais Royal –, on trouve cet élégant restaurant où officie le jeune chef Philip Chronopoulos, ancien de l'Atelier de Joël Robuchon – Étoile. Il signe une cuisine percutante et tout en raffinement, à la créativité bien maîtrisée : royal, c'est le mot...

→ Poulpe au piment fumé, pommes grenaille caramélisées. Cabillaud confit à l'huile d'argan, citron rôti et pousses d'épinard. Citron meringué, crémeux à la noix de coco

Menu 55 € (déjeuner)/152 € – Carte 104/166 €

Galerie de Valois – Ⓜ Palais Royal – ✆ 01 40 20 00 27 – www.restaurantdupalaisroyal.com – Fermé 17 février-4 mars, lundi, dimanche

✿ Yam'Tcha (Adeline Grattard)

CUISINE CRÉATIVE • ÉLÉGANT XX Pas d'esbroufe, rien que de superbes associations : rue St-Honoré, Adeline Grattard fait des merveilles. Avec un sens du produit remarquable, elle se fend d'associations simples et saisissantes – entre France et Asie – pensées en accord avec une sélection d'excellents thés. Une partition énergique, spontanée, émouvante : du grand art.

→ Spaghetti de patate douce, shiitakés et caviar. Ris de veau poché au fuyu et celtuce. Soupe de sésame noir et glace vanille

Menu 70 € (déjeuner)/150 €

121 rue Saint-Honoré – Ⓜ Louvre Rivoli – ✆ 01 40 26 08 07 – www.yamtcha.com – Fermé 28 juillet-4 septembre, 23 décembre-9 janvier, lundi, mardi, dimanche

✿ Jin

CUISINE JAPONAISE • ÉLÉGANT X Un écrin de choix pour la gastronomie japonaise, en plein cœur de Paris ! Jin, c'est d'abord – et surtout – le savoir-faire de Takuya Watanabe, chef originaire de Niseko ; il réalise sous vos yeux, sur le superbe comptoir en noyer, de délicieux sushis et sashimis, avec des poissons venus de Bretagne et d'Espagne... Toute la carte est un régal.

→ Cuisine du marché

Menu 95 € (déjeuner), 145/195 €

6 rue de la Sourdière – Ⓜ Tuileries – ✆ 01 42 61 60 71 – Fermé 5-23 août, 23 décembre-7 janvier, lundi, dimanche

✿ La Poule au Pot Ⓝ

CUISINE TRADITIONNELLE • VINTAGE X Les grands classiques du répertoire culinaire français sont ici réhabilités avec talent par Jean-François Piège et son fidèle chef exécutif, Shinya Usami. Service sur plateau d'argent, décor suranné de bistrot, comptoir en zinc : il ne manque rien. On se croirait chez Audiard... jusque dans l'assiette : galantine de canard et gelée corsée, merlan frit Colbert et sa sauce tartare, plateau de tartes du jour.

→ Cuisses de grenouilles en persillade. Blanquette de veau à l'ancienne et bouquetière de légumes. Plateau de tartes comme dans mon enfance

Menu 48 € – Carte 56/122 €

9 rue Vauvilliers – Ⓜ Châtelet-Les-Halles – ✆ 01 42 36 32 96 – www.lapouleaupot.com

Mee

CUISINE CORÉENNE • ÉPURÉ X Le jeune patron a ouvert ce bistrot avec une idée en tête : proposer une cuisine coréenne de qualité à prix serrés. Pari tenu ! Au coude-à-coude sur des tables communes, on se régale de bouchées (ravioles, beignets), de soupes et de bons plats – basse-côte de bœuf, échine de porc, seiche – préparés avec soin. C'est goûteux et relevé : on se régale. Réservation fortement conseillée.

Menu 15 € (déjeuner)/18 € – Carte 23/30 €

5 rue d'Argenteuil – Ⓜ Palais Royal – ✆ 01 42 86 11 85

PARIS

Zen

CUISINE JAPONAISE · ÉPURÉ X Cette table japonaise séduisante associe un décor traditionnel agréable et une authentique cuisine nippone : la carte, étoffée, est fidèle aux classiques sushis, grillades et autres tempuras, les grandes spécialités de la maison étant les gyozas et le chirashi. Attention : pas de réservation au déjeuner.

Menu 35/55 € – Carte 25/58 €

8 rue de l'Échelle – Ⓜ Palais Royal – ✆ 01 42 61 93 99 – www.restaurantzenparis.fr

Macéo

CUISINE MODERNE · CLASSIQUE XXX Macéo, c'est d'abord un hommage à Maceo Parker, grand saxophoniste américain et ancien acolyte de James Brown... C'est aussi un cadre Second Empire et une cuisine de saison, inventive et moderne. Menu végétarien et carte de vins du monde.

Menu 35 € (déjeuner)/40 € – Carte 50/58 €

15 rue des Petits-Champs – Ⓜ Bourse – ✆ 01 42 97 53 85 – www.maceorestaurant.com – Fermé samedi midi, dimanche

Camélia

CUISINE MODERNE · ÉLÉGANT XX Faire simple, se concentrer sur la saveur de très beaux produits, s'inspirer des classiques de la gastronomie française et les rehausser d'une touche d'Asie : tel est le credo de Thierry Marx pour ce Camélia, un lieu élégant, apaisant, zen... Une réussite indéniable.

Menu 65 € (déjeuner)/98 € – Carte 67/113 €

Mandarin Oriental, 251 rue St-Honoré – Ⓜ Concorde – ✆ 01 70 98 74 00 – www.mandarinoriental.fr/paris

Le Dalí

CUISINE MÉDITERRANÉENNE · CHIC XX Le "deuxième" restaurant du Meurice, situé au cœur de la vie du palace, à la fois lieu de rendez-vous et... table soignée, qui propose une agréable cuisine de saison aux doux accents méditerranéens, comme les grands classiques de la cuisine de palace. Le beau décor classique – pilastres et miroirs – rend hommage à Dalí, qui fut un hôte fidèle des lieux.

Menu 84 € – Carte 60/150 €

Le Meurice, 228 rue de Rivoli – Ⓜ Tuileries – ✆ 01 44 58 10 44 – www.dorchestercollection.com/fr/paris/le-meurice/

L'Assaggio Ⓝ

CUISINE ITALIENNE · COSY XX *L'assaggio*, c'est le goût ! Le chef Ugo Alciati (du Guido Ristorante, dans le Piémont) a conçu la carte de cette élégante table installée dans l'hôtel Castille. Comme prévu, l'Italie du Nord est à l'honneur dans l'assiette – *agnolotti* préparés maison, risotto minute – et se déguste dans le ravissant patio intérieur, avec fontaine et fresques.

Menu 50 € (déjeuner), 90/115 € – Carte 70/126 €

Castille Paris, 35 rue Cambon – Ⓜ Madeleine – ✆ 01 44 58 45 67 – www.castille.com – Fermé 1er-31 août, lundi, dimanche

Champeaux

CUISINE TRADITIONNELLE · BRASSERIE XX Le restaurant Champeaux, immortalisé par Zola, était situé place de la Bourse, non loin des Halles. Devenue brasserie contemporaine sous la canopée, il appartient à la galaxie Ducasse. Pâté en croûte, œufs mimosa, soufflés salés et sucrés, canard de Challans à l'orange pour deux, sans oublier les savoureux desserts au chocolat de la maison... Service toute la journée, avec carte réduite l'après-midi.

Menu 34 € (déjeuner) – Carte 40/90 €

La Canopée (Forum des Halles-Porte Rambuteau) – Ⓜ Les Halles – ✆ 01 53 45 84 50 – www.restaurant.champeaux.com

Kinugawa Vendôme

CUISINE JAPONAISE • DESIGN XX Cette table japonaise bien connue s'est métamorphosée sous l'égide du tandem Gilles & Boissier, qui en a repensé le décor, mêlant esprit contemporain et esthétique nippone : une élégante réussite. Au menu : de belles spécialités, tout en fraîcheur et maîtrise. Comptoir à sushis à l'étage.

Menu 40 € (déjeuner), 65/89 € – Carte 45/90 €

9 rue Mont-Thabor – Ⓜ Tuileries – ✆ 01 42 60 65 07 – www.kinugawa.fr – Fermé 5-25 août

Loulou

CUISINE ITALIENNE • TENDANCE XX Le restaurant italien du musée des Arts décoratifs enchante les jardins du Louvre. C'est chic, cosy, et savoureux – risotto du jour, carpaccio de poisson, cochon de lait croustillant, etc. Le service, stylé et professionnel, comme l'élégante terrasse, ajoutent à l'exquise expérience.

Carte 40/90 €

107 rue Rivoli (musée des Arts Décoratifs) – Ⓜ Palais Royal – ✆ 01 42 60 41 96

Le Roch

CUISINE MODERNE • CHIC XX Cette table est à l'image de l'hôtel qui l'accueille : ici, le luxe joue la carte de la simplicité, pour le meilleur ! On se sent à son aise dans ce cadre chic et chaleureux, élégant sans être guindé ; côté cuisine, bonne nouvelle, le plaisir est également de mise avec des assiettes franches et goûteuses, avec une légère dominante méridionale. C'est tout bon.

Menu 36 € (déjeuner) – Carte 48/79 €

28 rue St-Roch – Ⓜ Tuileries – ✆ 01 73 04 59 09 – www.leroch-hotel.com – Fermé lundi, dimanche

Baltard au Louvre

CUISINE MODERNE • CONTEMPORAIN X Installée dans l'ancien pavillon Baltard, avec une vue imprenable sur l'église St-Eustache, voici la dernière adresse de l'équipe de Zébulon et de Pirouette (dans le 1er également). Jeux de textures, beaux produits, élégance des assiettes : une partition de qualité, dans un esprit brasserie haut-de-gamme qui ne manque pas d'aficionados...

Menu 30 € (déjeuner), 39/46 €

9 rue Coquillère – Ⓜ Les Halles – ✆ 09 83 32 01 29 – www.baltard.com – Fermé 5-18 août, dimanche soir

Mumi

CUISINE MODERNE • COSY X Derrière Mumi (hommage au Museum Mile de New York) il y a Thibault Passinge, ancien sommelier de Porte 12 (Paris 10e). Il a réuni autour de lui une équipe solide : le chef grec Angelo Vagiotis, qui travaille tout en finesse et en précision, avec une maîtrise certaine des jeux de saveurs et, pour les nectars, Mathieu Arenas. Service agréable et bon rapport qualité-prix.

Menu 29 € (déjeuner), 48/66 €

14 rue Sauval – Ⓜ Chatelet – ✆ 01 40 26 27 54 – www.restaurantmumi.com – Fermé lundi, dimanche

L'Ardoise

CUISINE TRADITIONNELLE • CONVIVIAL X Avec ses murs recouverts d'ardoise, ce restaurant porte bien son nom. Voilà un sympathique hommage rendu à l'esprit bistrotier, hommage qui prévaut aussi dans l'assiette ; on profite d'une ardoise un peu plus "canaille" à midi. Générosité et parfums : on se régale.

Menu 38 €

28 rue du Mont-Thabor – Ⓜ Concorde – ✆ 01 42 96 28 18 – www.lardoise-paris.com – Fermé dimanche midi

Balagan

CUISINE ISRAÉLIENNE • TENDANCE Balagan signifie "joyeux bazar" en hébreu, et ce nom préfigure l'ambiance de jubilation gourmande qui règne ici. Dans l'assiette, un florilège de saveurs méditerranéennes savamment agencées : une cuisine généreuse et parfumée, avec une belle maîtrise des épices, piments et herbes... Intéressante carte des vins, mettant en valeur les vignobles méridionaux (Israël, Liban, Italie, Espagne...).

Carte 42/65 €

9 rue d'Alger – Ⓜ Tuileries – ✆ 01 40 20 72 14 – www.balagan-paris.com – Fermé dimanche midi

Café des Abattoirs

VIANDES • BISTRO Le pari de Michel Rostang ? Créer un bistrot à viande en clin d'œil à celui que son aïeul tenait jadis à Pont-de-Beauvoisin, dans l'Isère. De beaux morceaux de choix, tendres et bien maturés – veau du Limousin, agneau de l'Aveyron, bœuf Black Angus –, à accompagner des délicieuses sauces maison... On se régale.

Menu 32/45 €

10 rue Gomboust – Ⓜ Pyramides – ✆ 01 76 21 77 60 – www.cafedesabattoirs.com

Les Cartes Postales

CUISINE TRADITIONNELLE • ÉPURÉ Joue de bœuf braisé, croustillant de langoustine et son coulis : voici la savoureuse cuisine française relevée de notes nippones que signe Yoshimasa Watanabe, chef arrivé du Japon il y a une trentaine d'années. Intéressante formule et demi-portions à la carte.

Menu 50 € – Carte 42/80 €

7 rue Gomboust – Ⓜ Pyramides – ✆ 01 42 61 02 93 – Fermé lundi soir, samedi midi, dimanche

Clover Grill

GRILLADES • TENDANCE D'appétissantes viandes maturées – noire de la Baltique, bœuf de Bavière, blonde d'Aquitaine, Black Angus – trônent en vitrine comme autant de pierres précieuses, à dévorer d'abord du regard... avant de les engloutir pour de bon ! De l'entrée au dessert, tout est cuit à la braise ou à la broche, ce qui donne à ce moment une saveur particulière. Une réussite.

Menu 69 € – Carte 50/130 €

6 rue Bailleul – Ⓜ Louvre-Rivoli – ✆ 01 40 41 59 59 – www.jeanfrancoispiege.com

Enyaa

CUISINE JAPONAISE • ÉPURÉ Déroutant et enthousiasmant, ce restaurant japonais du quartier du Palais-Royal ! Le chef compose une cuisine nipponne avec de bons produits français. Il utilise volontiers le Binchōtan (un charbon de bois blanc) pour ses cuissons, et révèle des préparations savoureuses, très sobres, voire franchement épurées. Belle carte de champagnes et sakés.

Menu 29 € (déjeuner), 58/88 € – Carte 33/70 €

37 rue de Montpensier – Ⓜ Pyramides – ✆ 01 40 26 78 25 – www.enyaa-paris.com – Fermé 11-25 août, lundi, dimanche soir

Gwadar

CUISINE INDIENNE • EXOTIQUE Niché sur une banquette en velours, dans un cadre cosy et sobre, on voit défiler de beaux petits plats indo-pakistanais... Et l'on salive en attendant son *butter chicken* (spécialité du chef) ou ses crevettes *madras*... Accueil et service courtois.

Menu 16 € (déjeuner) – Carte 25/40 €

39 rue St-Roch – Ⓜ Pyramides – ✆ 01 42 96 28 24 – www.restaurantgwadar.com – Fermé dimanche

JanTchi

CUISINE CORÉENNE • SIMPLE Jantchi signifie "fête" en coréen. Prenez place dans la (petite) file d'attente sur le trottoir de la rue Thérèse. Ici, pas de réservation mais de grands classiques de la cuisine coréenne : kounmandou (raviolis frits au porc et légumes), bibimbap et barbecue coréen. Simple, convivial, authentique : une fête, vous dit-on !

Carte 26/35 €

6 Rue Thérèse – Ⓜ Pyramides – ✆ 01 40 15 91 07 – www.jantchi.com – Fermé dimanche

Kunitoraya

CUISINE JAPONAISE • VINTAGE Vieux zinc, miroirs et faïence métro : le Paris des soupers 1900... pour une cuisine nippone soignée à base d'udon, pâtes maison réalisées avec une farine de blé importée du Japon !

Menu 32 € (déjeuner)/100 € - Carte 50/100 €

5 rue Villedo - Ⓜ Pyramides - ✆ 01 47 03 07 74 - www.kunitoraya.com - Fermé 5-19 août, 23 décembre-2 janvier, lundi, dimanche soir

Nodaïwa

CUISINE JAPONAISE • ÉPURÉ Cette petite adresse, dont la maison-mère est située à Tokyo, est spécialisée dans un produit atypique... l'anguille ! Elle est travaillée méticuleusement et assaisonnée avec du soja ou du sancho, un poivre asiatique. La grande majorité de la clientèle est japonaise, ce qui en dit long sur la qualité de la cuisine.

Menu 22/85 €

272 rue St-Honoré - Ⓜ Palais Royal - ✆ 01 42 86 03 42 - www.nodaiwa.com - Fermé 4-17 août, 30 décembre-10 janvier, dimanche

Odette

CUISINE MODERNE • COSY Non loin des Halles, au sein du luxueux hôtel Albar, la famille Rostang montre avec cette "auberge urbaine" qu'elle n'a pas perdu la main. Odette nous régale à grands coups de belles pièces à partager, bar en croûte feuilleté - succès garanti -, côte de veau, pintade rôtie, et d'assiettes efficaces, le tout sous la responsabilité d'un chef au style bien marqué.

Menu 30 € (déjeuner) - Carte 40/80 €

Maison Albar Paris Céline, 25 rue du Pont-Neuf - Ⓜ Châtelet - ✆ 01 44 88 92 78 - www.restaurant-odette.com - Fermé dimanche soir

Pirouette

CUISINE MODERNE • CONVIVIAL À deux pas de la nouvelle "canopée" des Halles, sur une petite place tranquille avec terrasse, une adresse contemporaine aux airs de loft gourmand. Le chef François-Xavier Ferrol, nouvellement arrivé, joue avec les recettes traditionnelles de la cuisine française, y ajoutant espièglerie et pirouettes, à l'instar de ces gnocchis cacahuète croustillants et fondants, chorizo et cèpes.

Menu 45 € (déjeuner)/65 €

5 rue Mondétour - Ⓜ Châtelet-Les Halles - ✆ 01 40 26 47 81 - www.restaurantpirouette.com - Fermé 4-25 août, dimanche

La Régalade St-Honoré

CUISINE TRADITIONNELLE • VINTAGE Bruno Doucet régale toujours les épicuriens du quartier des Halles avec des recettes à la gloire du terroir et du marché. Après avoir patienté avec la délicieuse terrine du chef, régalez-vous de girolles poêlées au jus de viande et œuf poché, ou d'un pigeonneau rôti à la broche... sans oublier l'emblématique riz au lait et soufflé chaud.

Menu 41 €

123 rue Saint-Honoré - Ⓜ Louvre Rivoli - ✆ 01 42 21 92 40 - www.laregalade.paris - Fermé 5-26 août

Sequana

CUISINE MODERNE • INTIME Eugénie, Sénégalaise, en cuisine, conserve de son enfance le souvenir de plats familiaux ; Philippe excelle au pain et à la pâtisserie. Dans l'assiette, une cuisine virevoltante et d'une fraîcheur absolue, à l'instar de l'ormeau et l'artichaut, la sole et la fleur d'oranger... Le tout en bordure de Seine (ou Sequana, en Celte).

Menu 32 € (déjeuner), 55/75 €

72 Quai des Orfèvres - Ⓜ Pont Neuf - ✆ 01 43 29 78 81 - www.sequana.paris - Fermé lundi, samedi midi, dimanche

Taokan - St-Honoré

CUISINE CHINOISE • COSY Tao, c'est la voie, le chemin ; Kan, signifie "prendre soin" : TaoKan, c'est le lieu où l'on honore les saveurs de la gastronomie cantonaise, avec en prime quelques plats vietnamiens et thaïlandais. Citons par exemple ces raviolis pékinois grillés, ces *dim sum*, ou encore ces crevettes royales poêlées aux herbes fraîche et poivre... On se régale.

Menu 28 € (déjeuner) – Carte 35/70 €

1 rue Mont-Thabor – Tuileries – 01 42 61 97 88 – www.taokan.fr – Fermé dimanche midi

Zébulon

CUISINE MODERNE • CONVIVIAL À deux pas du Palais-Royal, la deuxième adresse des associés à l'origine de Pirouette, dans le 1er arrondissement. Ils font à nouveau mouche avec de bonnes recettes classiques, rafraichies par le talent du chef nippon Takashi Aoki, et servies dans une belle salle aux allures de loft.

Menu 28 € (déjeuner), 49/69 € – Carte 56/63 €

10 rue de Richelieu – Palais Royal – 01 42 36 49 44 – www.zebulon-palaisroyal.com – Fermé 5-27 août, dimanche

Hôtels

Mandarin Oriental

PALACE • PERSONNALISÉ Le vaisseau amiral du groupe hongkongais à Paris. Fidèle à ses principes, celui-ci a signé un établissement d'un extrême raffinement, à la croisée de l'élégance française et de la délicatesse... orientale. Jeux de lignes, d'espace, de quiétude, etc. Au cœur de la capitale, un palace capital !

98 chambres – 975/1500 € – 40 suites – 58 €

251 rue St-Honoré – Concorde – 01 70 98 78 88 – www.mandarinoriental.fr/paris

Sur Mesure par Thierry Marx • **Camélia** – voir la sélection des restaurants

Le Meurice

PALACE • GRAND LUXE L'un des premiers hôtels de luxe parisiens, né en 1835. Face aux frondaisons du jardin des Tuileries, les lieux sont fastueux, dans un esprit très classique auquel le designer Philippe Starck a su apporter une touche contemporaine. Un spa superbe, un bar très intime, etc. Le Meurice ou l'art du raffinement.

136 chambres – 850/1028 € – 24 suites – 58 €

228 rue de Rivoli – Tuileries – 01 44 58 10 10 – www.dorchestercollection.com/fr/paris/le-meurice/

Le Meurice Alain Ducasse • **Le Dalí** – voir la sélection des restaurants

Ritz

GRAND LUXE • HISTORIQUE Cet hôtel mythique laisse encore et toujours rêveur. En 1898, César Ritz inaugura, dans l'écrin de la place Vendôme, "l'hôtel parfait" : Proust, Hemingway, Coco Chanel en furent les hôtes, séduits par son raffinement incomparable. Tout y est splendide, du Bar Hemingway au spa de 1500 m² ou à la suite Mansard, avec sa grande terrasse... La légende continue.

71 chambres – 1000/1800 € – 71 suites – 60 €

15 place Vendôme – Opéra – 01 43 16 33 74 – www.ritzparis.com

La Table de l'Espadon • **Les Jardins de l'Espadon** – voir la sélection des restaurants

Le Burgundy

LUXE • PERSONNALISÉ Luxueux, feutré et arty... Dans cet hôtel de standing, le chic parisien se décline de manière artistique : meubles design et œuvres d'art contemporain – spécialement créées – émaillent les lieux. Une réussite...

51 chambres – 390/940 € – 8 suites

6-8 rue Duphot – Madeleine – 01 42 60 34 12 – www.leburgundy.com

Le Baudelaire – voir la sélection des restaurants

Costes

LUXE • COSY Partout des recoins intimes – avec confidents en poirier et fauteuils crapauds –, des chambres raffinées jusque dans les détails (linge avec monogramme, superbe collection de tableaux, élégants meubles chinés, etc.), un restaurant décoré par Jacques Garcia : ce palace très chic et feutré reste le repaire de la jet-set !

84 chambres – 500/700 € – 2 suites – 35 €

239 rue St-Honoré – Concorde – 01 42 44 50 00 – www.hotelcostes.com

Regina

HISTORIQUE • CLASSIQUE Année après année, cet hôtel 1900 préserve son décor Art nouveau et sa belle atmosphère rétro ! Entièrement rénovées en 2015, les chambres (certaines avec une belle vue du Louvre à la tour Eiffel, ou plus calmes côté patio) mêlent touches contemporaines et culture classique... Un charme indémodable.

72 chambres – 345/950 € – 27 suites – 38 €

2 place des Pyramides – Tuileries – 01 42 60 31 10 – www.regina-hotel.com

Nolinski

LUXE • CONTEMPORAIN Entre l'Opéra et la Comédie Française, un hôtel très chic, lieu d'art et de vie à la française, dont l'élégance haussmannienne illumine l'avenue. Marbre de carrare, mobilier chic, chambres lumineuses : rien n'a été laissé au hasard, jusqu'au splendide spa (hammam, massages, etc.) et la grande piscine couverte. Pour se sustenter, filez à la Brasserie Réjane.

36 chambres – 420/1200 € – 9 suites – 25 €

16 avenue Opéra – Pyramides – 01 42 86 10 10 – www.nolinskiparis.com

Le Roch

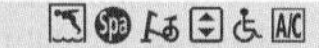

BOUTIQUE HÔTEL • PERSONNALISÉ "Un hôtel pensé comme une maison", tel est la philosophie des lieux ! Ici, tout repose sur une atmosphère chaleureuse, ainsi que sur un sens de l'accueil chic et décontracté. Déco signée Sarah Lavoine, chambres tout confort : impeccable à tout point de vue.

31 chambres – 350/800 € – 6 suites – 37 €

28 rue St-Roch – Tuileries – 01 70 83 00 00 – www.leroch-hotel.com

Le Roch – voir la sélection des restaurants

Grand Hôtel du Palais Royal

LUXE • ÉLÉGANT Voisin du Palais-Royal, du ministère de la Culture et du Conseil d'État, cet immeuble du début du 18e s. est impeccablement situé ! À l'intérieur, de l'élégance mais point de faste : les chambres jouent la sobriété, et l'on profite, des étages supérieurs, d'une vue splendide sur le Paris historique. Hammam, fitness et salon de coiffure.

68 chambres – 390/1400 € – 4 suites – 36 €

4 rue de Valois – Palais Royal – 01 42 96 15 35 – www.grandhoteldupalaisroyal.com

Maison Albar Paris Céline

BOUTIQUE HÔTEL • PERSONNALISÉ Tout près des Halles, un hôtel contemporain tout en sobriété. Chambres agréables (la "1923", avec sa vue panoramique sur Paris, sort du lot), état d'esprit chic et plutôt décontracté, spa avec bassin de nage et fitness... Une adresse de qualité.

58 chambres – 359/789 € – 2 suites – 25 €

25 rue du Pont-Neuf – Châtelet – 01 44 88 92 60 – www.maisonalbar-celine.com

Odette – voir la sélection des restaurants

Molière

TRADITIONNEL • COSY Entre Palais-Royal et Opéra, dans une petite rue calme, cet hôtel de tradition entièrement relooké cultive le souvenir de Molière, né dans le quartier. Les chambres, chaleureuses, invitent au cocooning. Agréable espace bien-être, avec hammam et sauna. Et la comédie française n'est pas loin, profitez-en !

26 chambres – 370/550 € – 3 suites – 17 €

21 rue Molière – Palais Royal – 01 42 96 22 01 – www.hotel-moliere.fr

Bourse - Sentier

2e arrondissement

tbralnina/iStock

Restaurants

✿✿ Passage 53 (Shinichi Sato)

CUISINE CRÉATIVE • INTIME XX Alors qu'au 19e s. les coquettes ne juraient que par eux, les passages couverts sont tombés dans une douce désuétude : celui des Panoramas (1800) porte un peu de l'histoire de ce Paris en noir et blanc. Sauf au n° 53. Iconoclaste, ce restaurant offre l'occasion d'une expérience rare. La salle est minuscule, étroite et immaculée – murs chaulés, banquettes et fauteuils crème aux reflets irisés). On s'y installe sans cérémonial, mais avec cérémonie : à la première bouchée, le "menu du marché" (annoncé de vive voix en début de repas) ouvre sur des contrées insoupçonnées.

Une gageure soutenue par Shinichi Sato, jeune chef d'origine japonaise, formé notamment auprès de Pascal Barbot (L'Astrance). Il délivre une cuisine où l'épure le dispute à la finesse, et à l'inspiration : on sautille de bouchées en petits plats, avec un enthousiasme presque juvénile. Asperges blanches, sabayon au comté, jus de viande ; Turbot, huître Perle Blanche, sauce vin jaune ; Langoustine crue, gelée de Kombu, radis rose... Panorama de saveurs saisissantes : le passage, assurément, emmène loin.

→ Cuisine du marché

Menu 120 € (déjeuner), 180/240 €

53 passage des Panoramas – Ⓜ Grands Boulevards – ✆ 01 42 33 04 35 – www.passage53.com – Fermé lundi, dimanche

✿ Pur' - Jean-François Rouquette

CUISINE CRÉATIVE • ÉLÉGANT XXX Pure réjouissance à l'heure du dîner : décor contemporain très élégant et mets créatifs concoctés par le chef qui accorde avec soin d'excellents produits. Beau, savoureux et raffiné !

→ Ormeaux dorés au beurre d'algue, artichaut poivrade, vadouvan, tobiko. Turbot doucement étuvé, jus beurré de moules, huile de fleurs. Fine feuille de chocolat "crunchy", parfait glacé au riz, sauce cacao au vinaigre sakura

Menu 145/185 € – Carte 145/250 €

Park Hyatt Paris-Vendôme, 5 rue de la Paix – Ⓜ Opéra – ✆ 01 58 71 10 60 – www.paris-restaurant-pur.fr – Fermé 3-31 août, lundi midi, mardi midi, mercredi midi, jeudi midi, vendredi midi, samedi midi, dimanche midi

✿ Accents Table Bourse Ⓝ (Ayumi Sygiyama)

CUISINE MODERNE • DESIGN XX Cette jolie adresse proche de la Bourse, tenue par une chef pâtissière japonaise, marie recettes classiques et créations plus piquantes. Les saveurs sont plaisantes, les préparations précises, et le lièvre à la royale (en saison) excellent. Une très bonne crème de chocolat blanc parfumée au thé vert vient couronner l'impeccable expérience. Service fort aimable et professionnel.

→ Cuisine du marché

Menu 39 € (déjeuner), 62/73 € – Carte 43/62 €

24 rue Feydeau – Ⓜ Bourse – ✆ 01 40 39 92 88 – www.accents-restaurant.com – Fermé 1er-31 juillet, lundi, dimanche

ERH

CUISINE MODERNE · ÉLÉGANT XX E, R et H comme Eau, Riz, Hommes : intitulé mystérieux pour cette table atypique, qui compagnonne avec une boutique de sakés et un bar à whisky. Le chef japonais Keita Kitamura concocte une cuisine française du marché ciselée avec une prédilection pour les légumes et les poissons. Du caractère, des saveurs : un talent fou.

→ Cuisine du marché

Menu 35 € (déjeuner), 85/120 €

11 rue Tiquetonne – Ⓜ Étienne Marcel – ✆ 01 45 08 49 37 – www.restaurant-erh.com – Fermé 5-18 août, lundi, dimanche

Saturne (Sven Chartier)

CUISINE CRÉATIVE · BRANCHÉ XX Saturne : dieu de l'agriculture et anagramme de "natures". Le credo du chef, Sven Chartier : de très bons produits au service d'une cuisine volontiers créative, que l'on découvre au fil d'un menu unique, dans un décor scandinave (mobilier en bois blond, béton ciré). Oui, on peut faire tendance et très savoureux ! Menu midi, avec plats au choix.

→ Foie gras grillé au barbecue et galette de courges. Poularde grillée, safran et feuille de figuier. Lait d'amande, fruits rouges et géranium

Menu 50 € (déjeuner)/90 €

17 rue Notre-Dame-des-Victoires – Ⓜ Bourse – ✆ 01 42 60 31 90 – www.saturne-paris.fr – Fermé 22 décembre-7 janvier, samedi, dimanche

Sushi B

CUISINE JAPONAISE · ÉPURÉ X Aux abords de l'agréable square Louvois, ce restaurant de poche (8 places seulement) mérite que l'on s'y attarde. Pour le cadre, zen et dépouillé, bien sûr... mais surtout pour constater par soi-même le grand talent du chef : en excellent artisan, il ne travaille que des produits de qualité et de première fraîcheur, avec une précision chirurgicale.

→ Cuisine du marché

Menu 58 € (déjeuner), 130/160 €

5 rue Rameau – Ⓜ Bourse – ✆ 01 40 26 52 87 – www.sushi-b-fr.com – Fermé 1er-8 janvier, 1er-9 mai, 1er-19 août, lundi, mardi

Frenchie (Grégory Marchand)

CUISINE MODERNE · CONVIVIAL X Drôlement *Frenchy*, le jeune chef Grégory Marchand, lui qui a fait ses classes dans plusieurs grandes tables anglo-saxonnes, avant de prendre ses quartiers dans le Sentier, où son petit restaurant ne désemplit pas. La "faute" à sa cuisine, très contemporaine et... drôlement *savoury* !

→ Asperges biscornues, jaune d'œuf fumé, crème de parmesan et orge soufflé. Poulette, polenta de maïs frais et tomate marinée à la marjolaine. Citron meyer, romarin et olives de Kalamata

Menu 48 € (déjeuner)/78 €

5 rue du Nil – Ⓜ Sentier – ✆ 01 40 39 96 19 – www.frenchie-restaurant.com – Fermé 3-21 août, 22 décembre-2 janvier, lundi midi, mardi midi, mercredi midi, samedi, dimanche

Racines Ⓝ (Simone Tondo)

CUISINE ITALIENNE · BISTRO X Après plusieurs années à la tête de Roseval, dans le vingtième arrondissement, Simone Tondo, jeune chef d'origine sarde, a repris ce bistrot qu'il a judicieusement transformé en "osteria" à l'ancienne. L'ardoise du jour présente un choix de recettes italiennes, confectionnées avec les meilleurs produits du moment et mises en scène avec un savant mélange de simplicité et de subtilité. Tout est parfumé et plaisant. L'agréable antithèse des cuisines compliquées et tordues.

→ Vitello tonnato. Tagliolini à la saucisse au fenouil. Tiramisu

Carte 40/60 €

8 passage des Panoramas – Ⓜ Grands Boulevards – ✆ 01 40 13 06 41 – www.racinesparis.com – Fermé 3-30 août, samedi, dimanche

Restaurant des Grands Boulevards

CUISINE ITALIENNE • CONTEMPORAIN Sous la verrière centrale de l'hôtel, une déco moderne et tendance, très "été sur la Riviera"... et des saveurs italiennes, sous la direction du chef Giovanni Passerini. Un seul exemple, sa relecture d'un plat populaire toscan – *gnudi* aux herbes et parmesan – est une leçon de simplicité et de gourmandise. Service efficace et chaleureux.

Menu 27 € (déjeuner) – Carte 35/60 €

Hôtel des Grands Boulevards, 17 boulevard Poissonnière – Grands Boulevards – 01 85 73 33 32 – www.grandsboulevardshotel.com

Dépôt Légal

CUISINE MODERNE • TENDANCE Ce restaurant atypique, mené par Christophe Adam, chef pâtissier médiatique au parcours impeccable (le Gavroche à Londres, le Crillon et Fauchon à Paris), propose douceurs et assiettes à partager, du petit-déjeuner au dîner. A l'entrée, un grand comptoir vitré présente les pâtisseries dont de nombreux éclairs (goûtez le caramel beurre salé !). Pas de réservation le midi, et brunch le dimanche.

Carte 30/45 €

6 rue des Petits-Champs – Bourse – 01 42 61 67 07 – www.depotlegalparis.com – Fermé dimanche soir

Itacoa

CUISINE MODERNE • SIMPLE Itacoa, c'est le nom d'une plage brésilienne, sauvage et somptueuse, non loin de laquelle a grandi Rafael Gomes. Le jeune chef compose ici une cuisine du marché décomplexée, avec de nombreux hommages à ses origines sud-américaines ; le tout dans le respect des saisons, en partenariat avec des petits producteurs triés sur le volet.

Carte 28/44 €

185 rue St-Denis – Réaumur-Sébastopol – 09 50 48 35 78 – www.itacoa.paris – Fermé lundi, mardi, dimanche soir

L'Oseille

CUISINE TRADITIONNELLE • BISTRO Pour l'allure, c'est le bistrot chic dans toute sa splendeur, avec comptoir, cave vitrée, chaises en bois et banquettes de rigueur. Dans l'assiette, le chef fait défiler les saisons sous la forme d'une carte courte, avec petites entrées à partager, et de généreux plats et desserts. Gourmandise et simplicité sont les maîtres-mots de cette adresse.

Menu 29 € (déjeuner)/37 € – Carte 31/41 €

3 rue St-Augustin – Bourse – 01 45 08 13 76 – www.loseille-bourse.com – Fermé 12 août-1er septembre, samedi, dimanche

Le Versance

CUISINE MODERNE • ÉLÉGANT Un cadre épuré où poutres, vitraux et mobilier design font des étincelles. La cuisine du chef globe-trotter n'est pas en reste, à l'instar de ces Saint-Jacques rôties, bouillon de sarrasin et wakame... En face, une épicerie fine propose sandwiches maison, et produits rigoureusement sélectionnés.

Menu 43 € (déjeuner) – Carte 75/90 €

16 rue Feydeau – Bourse – 01 45 08 00 08 – www.leversance.fr – Fermé 5-25 août, lundi, samedi midi, dimanche

Mori Venice Bar

CUISINE ITALIENNE • ÉLÉGANT Installez-vous face à la Bourse ou au comptoir pour savourer les grandes spécialités de la cuisine vénitienne, et du nord-est de l'Italie. Le décor, signé Starck, évoque le raffinement vénitien. Massimo Mori, patron du restaurant étoilé Armani, choisit les produits, avec une attention portée au terroir : araignée de mer, foie de veau jusqu'aux délicieuses glaces à agrémenter de noisettes du Piémont !

Menu 44 € (déjeuner)/60 € – Carte 60/130 €

27 rue Vivienne – Bourse – 01 44 55 51 55 – www.mori-venicebar.com – Fermé samedi midi, dimanche

Drouant

CUISINE TRADITIONNELLE • ÉLÉGANT XX On y décerne le prix Goncourt depuis 1914 ! Sous la houlette de la famille Gardinier, qui a récemment repris la maison, les plats de tradition se parent de modernité. Nouvelle carte, nouveau chef : un lieu mythique, bien vivant.

Menu 45 € (déjeuner) – Carte 45/83 €

16 place Gaillon – Ⓜ Quatre Septembre – ✆ 01 42 65 15 16 – www.drouant.com

La Fontaine Gaillon

POISSONS ET FRUITS DE MER • ÉLÉGANT XX Ce bel hôtel particulier du 17e s., qui appartient au comédien Gérard Depardieu, est une vraie fontaine de plaisirs... Cadre feutré (avec une belle collection d'estampes et de dessins), terrasse au pied de la fontaine, cuisine valorisant la mer et plaisante sélection de vins.

Menu 55 € (déjeuner) – Carte 80/120 €

place Gaillon – Ⓜ Quatre Septembre – ✆ 01 47 42 63 22 – Fermé samedi, dimanche

Spoon

CUISINE DU MONDE • DESIGN X L'ancien Terroir Parisien a laissé la place à Spoon, géré par le groupe d'Alain Ducasse. Le concept culinaire est simple : proposer une cuisine du monde, avec des recettes ethniques revisitées. Chine, Mexique, Thaïlande, Inde, Maghreb, ou encore Brésil, Japon ou Tahiti... un véritable tour du monde.

Menu 32 € (déjeuner)/45 € – Carte 36/52 €

25 place de la Bourse – Ⓜ Bourse – ✆ 01 83 92 20 30 – www.spoon-restaurant.com – Fermé 4-27 août, 23 décembre-2 janvier

A Noste

CUISINE TRADITIONNELLE • CONVIVIAL X Julien Duboué rend hommage à son Sud-Ouest natal avec cet A Noste ("Chez nous" en patois gascon) double-face. Au rez-de-chaussée, il revisite les tapas façon landaise, dans une ambiance animée ; en haut, à la Table, il laisse aller ses élans créatifs dans une atmosphère plus cosy. Dans les deux cas, on se régale !

Menu 38 € (déjeuner), 39/70 € – Carte 25/35 €

6 bis rue du Quatre-Septembre – Ⓜ Bourse – ✆ 01 47 03 91 91 – www.a-noste.com – Fermé 22 décembre-4 janvier, dimanche midi

L'Apibo

CUISINE MODERNE • BISTRO X Dans son petit bistrot du quartier Montorgueil (esprit feutré, parquet en chêne, pierre apparente), le chef signe une belle cuisine de produits, originale et délicate, tel ce superbe morceau de poitrine de cochon entièrement désossé.

Menu 30 € (déjeuner), 39/55 €

31 rue Tiquetonne – Ⓜ Etienne Marcel – ✆ 01 55 34 94 50 – www.restaurant-lapibo.fr – Fermé 18 août-4 septembre, lundi, samedi midi, dimanche

Aux Lyonnais

CUISINE LYONNAISE • BISTRO X Dans ce bistrot fondé en 1890, au cadre délicieusement rétro, on se régale d'une savoureuse cuisine qui explore la gastronomie lyonnaise. Ainsi le tablier de sapeur, la quenelle de brochet sauce Nantua, le foie de veau en persillade, ou l'île flottante aux pralines roses.

Menu 34 € (déjeuner)/35 € – Carte 44/60 €

32 rue St-Marc – Ⓜ Richelieu Drouot – ✆ 01 42 96 65 04 – www.auxlyonnais.com – Fermé 28 juillet-27 août, 23 décembre-2 janvier, lundi, samedi midi, dimanche

Bistro Volnay

CUISINE MODERNE • ÉLÉGANT X Miroirs et comptoir en bois : cet élégant bistrot revisite l'esprit des années 1930. Le chef compose des recettes goûteuses, jouant des associations vin et poivre (avec une sélection de plus de 30 poivres du monde entier). Ici, le best-seller des desserts est le coulant au chocolat de Samana accompagné d'une glace au poivre (forcément!) et de noix de pécan caramélisées. On accompagne son repas d'une belle sélection de vins au verre, avec près de 400 références.

Menu 40 € (déjeuner)/68 € – Carte 50/72 €

8 rue Volney – Ⓜ Opéra – ✆ 01 42 61 06 65 – www.bistro-volnay.fr – Fermé 3-26 août, 22 décembre-2 janvier, samedi, dimanche

La Bourse et la Vie

CUISINE TRADITIONNELLE • **BISTRO** Ce bistrot tenu par un chef américain connaît un franc succès. Sa recette ? Des plats biens français, sagement revisités par le maître des lieux, des produits de qualité et des saveurs ô combien plaisantes...

Carte 52/70 €

12 rue Vivienne – Ⓜ Bourse – ✆ 01 42 60 08 83 – www.labourselavie.com – Fermé 3-26 août, samedi, dimanche

Circonstances

CUISINE MODERNE • **CONVIVIAL** Tout près du métro Grands Boulevards, ce bistrot a été créé par deux associés expérimentés, dont l'objectif est simple : réaliser une bonne cuisine du marché avec de bons produits. Ainsi cette poitrine de cochon grillée, carottes fondantes et artichauts au lard, pleine de gourmandise. Pari réussi.

Menu 36/45 €

174 rue Montmartre – Ⓜ Grands Boulevards – ✆ 01 42 36 17 05 – www.circonstances.fr – Fermé 3 août-2 septembre, 22 décembre-3 janvier, lundi soir, mardi soir, samedi, dimanche

Jòia par Hélène Darroze Ⓝ

CUISINE DU SUD-OUEST • **CONTEMPORAIN** La toute nouvelle table d'Hélène Darroze joue ici la convivialité autour de plats puisés dans la mémoire de son Sud-Ouest natal, avec de jolis clins d'œil aux Landes, au Pays Basque et au Béarn. Saveurs marquées, produits de qualité : un sympathique hommage à la cuisine familiale de la maison Darroze, que concoctait son père à Villeneuve de Marsan. Nostalgie, quand tu nous tiens...

Menu 29 € (déjeuner) – Carte 40/67 €

39 rue des Jeûneurs – Ⓜ Grands Boulevards – ✆ 01 40 20 06 06 – www.joiahelenedarroze.com

Liza

AC

CUISINE LIBANAISE • **TENDANCE** Originaire de Beyrouth, Liza Asseily met ici la cuisine de son pays à l'honneur. Dans un décor contemporain parsemé de touches orientales, on opte pour un chich taouk, ou pour un kafta méchouiyé (agneau, houmous et tomates confites)... Le soir, les menus dégustation sont servis à la libanaise, c'est à dire avec une générosité proverbiale : un régal !

Menu 38/48 € – Carte 40/50 €

14 rue de la Banque – Ⓜ Bourse – ✆ 01 55 35 00 66 – www.restaurant-liza.com – Fermé dimanche soir

La Marée Jeanne

POISSONS ET FRUITS DE MER • **CONVIVIAL** À deux pas de la rue Montorgueil, derrière une belle devanture bleue, ce restaurant, dont la cuisine-comptoir (carrelage bleu avec banc d'écailler) a été conçue par le bras droit de Jean Nouvel, propose une cuisine axée sur le poisson et les coquillages. Service détendu et atmosphère conviviale.

Carte 37/52 €

4 rue Mandar – Ⓜ Sentier – ✆ 01 42 61 58 34 – www.lamareejeanne.com – Fermé lundi, dimanche

Monsieur K

CUISINE THAÏLANDAISE • **CONVIVIAL** Si le chef n'est pas un véritable passionné de l'Asie, on ne s'y connaît pas : fureteur incessant, il a tout goûté en Thaïlande, du nord au sud du pays, pour pouvoir reproduire à l'identique les meilleurs plats. Le garçon est un perfectionniste pour la bonne cause : son pad thaï est savoureux.

Menu 27 € (déjeuner)/39 € – Carte 30/50 €

10 rue Marie-Stuart – Ⓜ Sentier – ✆ 01 42 36 01 09 – www.kapunkaparis.com – Fermé dimanche

La Pascade

CUISINE RÉGIONALE • BISTRO Cette "cantine-auberge" récemment reprise par Bruno Doucet (qui possède les restaurants La Régalade), rend hommage à l'Aveyron, à travers l'une de ses spécialités : la pascade, une délicieuse crêpe déclinée tout au long du menu en salé et sucré, et garnie de bons produits, version gastronomique. C'est top.

Menu 34 € - Carte 38/58 €

14 rue Daunou - Opéra - 01 42 60 11 00 - www.lapascade.com - Fermé 11-31 août, dimanche

Silk & Spice

CUISINE THAÏLANDAISE • EXOTIQUE Atmosphère feutrée et belles saveurs d'inspiration thaïe. Gambas et crevettes dans une réduction à la citronnelle, bœuf mijoté au curry vert : les grands classiques de la maison !

Menu 27 € (déjeuner), 38/50 € - Carte 37/63 €

6 rue Mandar - Sentier - 01 44 88 21 91 - www.silkandspice.fr - Fermé samedi midi, dimanche

Hôtels

Park Hyatt Paris-Vendôme

LUXE • CONTEMPORAIN Ed Tuttle a conçu un hôtel conforme à ses rêves, sur la célèbre rue de la Paix : collection d'art contemporain et classicisme à la française, mobilier superbe (dont une belle collection années 1930), spa et équipements high-tech, restaurants pour toutes les envies... Le grand luxe !

110 chambres - 600/1290 € - 43 suites - 44 €

5 rue de la Paix - Opéra - 01 58 71 12 34 - www.parisvendome.park.hyatt.com

Pur' - Jean-François Rouquette - voir la sélection des restaurants

Édouard VII

URBAIN • COSY Situé sur la prestigieuse avenue de l'Opéra, cet hôtel plutôt traditionnel propose des chambres colorées aux tissus tendus, dans une atmosphère cosy.

62 chambres - 229/740 € - 7 suites

39 avenue de l'Opéra - Opéra - 01 42 61 86 11 - www.edouard7hotel.com - Fermé 27 juillet-25 août

The Hoxton (N)

BOUTIQUE HÔTEL • DESIGN Près des Grands Boulevards, cet ancien hôtel particulier abrite un hôtel tendance, fort prisé des bobos, startupers, et fashionistas. Les chambres, décorées dans l'esprit des années 1950, proposent confort et élégance. Restaurant trendy. A l'étage, un bar cosy ouvert en soirée.

172 chambres - 99/599 €

30 rue du Sentier - Bonne Nouvelle - 01 85 65 75 00 - www.thehoxton.com

St-Marc (N)

BOUTIQUE HÔTEL • ART DÉCO Lové dans un ancien bâtiment du 18ème siècle, cet hôtel du cœur de Paris regarde l'Opéra Comique, droit dans les yeux. C'est discret, coquet, cosy, et le petit-déjeuner se prend face à un agréable patio. Ajoutez à cela des chambres élégantes et spacieuses, et un espace spa au sous-sol (petite piscine). Charmant.

26 chambres - 340/560 € - 1 suite - 21 €

36 rue Saint-Marc - Richelieu Drouot - 01 42 86 72 72 - www.hotelsaintmarc.com

Bachaumont

URBAIN • COSY Idéalement situé entre la rue Montmartre et la rue Montorgueil, cet hôtel typiquement parisien du début du 20e s., un temps transformé en clinique, renaît avec élégance (porche en verre et fer forgé, couloir en marbre etc.). Les chambres, contemporaines, sont confortables. Cuisine dans l'air du temps, au restaurant. Petit fitness au sous-sol.

45 chambres - 200/659 € - 4 suites - 25 €

18 rue Bachaumont - Sentier - 01 81 66 47 00 - www.hotelbachaumont.com

Hôtel de Noailles

URBAIN • COSY Élégance très contemporaine et design derrière une jolie façade 1900. Chambres modernes, ouvertes pour la plupart sur le patio. Plaisants balcons aux 5e et 6e étages.

56 chambres - 200/460 € - 5 suites - 18 €

9 rue de la Michodière - Quatre Septembre - 01 47 42 92 90 - www.hotelnoailles.com

Square Louvois (N)

BOUTIQUE HÔTEL • COSY Dans une rue calme, à deux pas de la bibliothèque nationale et voisin du sympathique square Louvois, cet hôtel aux jolies lignes Art Deco et aux bibliothèques chargées de livres, propose des chambres chaleureuses, un spa sous cave voûtée, et une salle de petit déjeuner feutrée, avec goûter offert tous les jours !

50 chambres - 190/390 € - 20 €

12 rue de Louvois - Bourse - 01 86 95 02 02 - www.hotel-louvois-paris.com

Hôtel des Grands Boulevards (N)

BOUTIQUE HÔTEL • DESIGN Dans ce quartier animé, l'hôtel est installé dans un immeuble dont l'histoire remonte au 18e s. On retrouve cette identité dans les chambres, coquettes et originales, qui donnent sur la cour intérieure ou le boulevard.

50 chambres - 189/489 € - 22 €

17 boulevard Poissonnière - Grands Boulevards - 01 85 73 33 33 - www.grandsboulevardshotel.com

Restaurant des Grands Boulevards - voir la sélection des restaurants

La Maison Favart

LUXE • PERSONNALISÉ Il règne une atmosphère intemporelle dans cet hôtel (1824) où séjourna le peintre Francisco de Goya. Les chambres, petites mais personnalisées - certaines tournées vers l'Opéra-Comique - sont agréables, et le sous-sol abrite un plaisant espace détente (fitness, sauna, table massante). Une adresse de charme.

39 chambres - 195/590 € - 6 suites - 24 €

5 rue Marivaux - Richelieu Drouot - 01 42 97 59 83 - www.lamaisonfavart.com

Le Haut Marais - Temple

3e arrondissement

Image by Michael Talalaev/Moment Open/Getty Images

Restaurants

Anne (N)

CUISINE CLASSIQUE • LUXE XX L'appellation rend hommage à Anne d'Autriche, reine de France et épouse de Louis XIII. On se délecte d'une cuisine classique très soignée, dans le cadre intimiste et romantique du salon bibliothèque ou sur la superbe cour-jardin verdoyante, aux beaux jours. Très beau choix de vins. Une adresse huppée.

Menu 95 € - Carte 78/123 €

Pavillon de la Reine, 28 place des Vosges - Bastille - 01 40 29 19 19 - www.pavillon-de-la-reine.com/fr - Fermé lundi, mardi, dimanche midi

Auberge Nicolas Flamel

CUISINE CLASSIQUE · CHIC XX Cette auberge, la plus ancienne de Paris (1407), est classée monument historique : un cadre idéal pour le premier restaurant d'Alan Geaam. Cet autodidacte propose une cuisine tout en maîtrise, à base de produits nobles (homard, foie gras...) avec accords de saveurs bien pensés, cuissons au poil et assaisonnements de qualité.

Menu 25 € (déjeuner)/42 € – Carte 45/70 €

51 rue de Montmorency – Ⓜ Rambuteau – ✆ 01 42 71 77 78 – www.auberge-nicolas-flamel.fr

Soon Grill

CUISINE CORÉENNE · CONVIVIAL XX Ouvert en 2015, ce restaurant célèbre la gastronomie coréenne de bien belle manière. Les incontournables sont au rendez-vous – bibimbap servi dans un bol de pierre brûlant, raviolis grillés, bœuf mariné sauce soja –, mais on trouve aussi à la carte quelques préparations plus méconnues. C'est fin et parfumé : un régal !

Menu 21 € (déjeuner)/65 € – Carte 40/65 €

78 rue des Tournelles – Ⓜ Chemin Vert – ✆ 01 42 77 13 56 – www.soon-grill.com

Elmer

CUISINE MODERNE · BRANCHÉ X Tout près de République, on aime cette table chic où officie Simon Horwitz, jeune chef au riche parcours (Oustau de Baumanière, Pierre Gagnaire, voyages en Asie et en Amérique latine). Il compose une partition savoureuse et pleine de mordant, avec notamment de belles viandes cuites à la braise ou en rôtissoire.

Menu 29 € (déjeuner) – Carte 50/70 €

30 rue Notre-Dame-de-Nazareth – Ⓜ Temple – ✆ 01 43 56 22 95 – elmer-restaurant.fr – Fermé 28 juillet-27 août, lundi, samedi midi, dimanche

Anahi

CUISINE SUD-AMÉRICAINE · TENDANCE X Depuis son ouverture, c'est LA table à ne pas manquer dans le haut Marais... et pour cause. On y goûte des viandes exceptionnelles, cuites à la braise et assaisonnées d'une excellente marinade aux herbes... Pour la petite histoire, le lieu était une boucherie dans les années 1920, comme le rappelle l'élégante verrière Art déco du plafond, et les faïences d'époque.

Carte 55/125 €

49 rue Volta – Ⓜ Temple – ✆ 01 83 81 38 00 – www.anahi-paris.com – Fermé 29 juillet-18 août, lundi midi, mardi midi, mercredi midi, jeudi midi, vendredi midi

Au Bascou

CUISINE TRADITIONNELLE · SIMPLE X Dans ce bistrot, véritable institution parisienne, la cuisine chante avec les chauds accents de la terre basque, mais pas seulement. Si de nombreux produits viennent du "pays" (piperades, chipirons, fricassée d'escargots), on se s'interdit pas des assiettes plus actuelles, ni du gibier en saison, dont le fameux oreiller de la belle Aurore. On se régale.

Menu 25 € (déjeuner) – Carte 40/55 €

38 rue Réaumur – Ⓜ Arts et Métiers – ✆ 01 42 72 69 25 – www.au-bascou.fr – Fermé 27 avril-5 mai, 3-25 août, samedi, dimanche

Breizh Café - Le Marais

CUISINE BRETONNE · SIMPLE X Après avoir conquis le Japon avec ses crêperies nouvelle mode (farines bio, bons produits), Bertrand Larcher a ramené en France des crêpiers nippons ! Ils défendent joliment le slogan maison : "La crêpe autrement." Un exemple ? La basquaise : asperges, tomate, chorizo, basilic et fromage fondu. Voilà qui ne tombe pas à plat !

Carte 25/38 €

109 rue Vieille-du-Temple – Ⓜ St-Sébastien Froissart – ✆ 01 42 72 13 77 – www.breizhcafe.com

Dessance (N)

CUISINE MODERNE • CONTEMPORAIN X Aux fourneaux, voici Christophe Boucher, au double cursus de... cuisinier et pâtissier, et passé par quelques locomotives du goût (Ledoyen, Grand Véfour). Dans sa cuisine ouverte, il célèbre les fruits et légumes de saison avec subtilité, et se révèle très attentif au dressage des assiettes. Excellent rapport qualité-prix au déjeuner.

Menu 26 € (déjeuner), 46/55 €

74 rue des Archives - Ⓜ Arts et Métiers - ✆ 01 42 77 23 62 - www.dessance.fr

Les Enfants Rouges (N)

CUISINE MODERNE • BISTRO X A l'origine, un chef d'origine japonaise, ayant fait son apprentissage chez Yves Camdeborde et Stéphane Jégo. A l'arrivée, un beau bistrot parisien, situé au cœur du haut marais, proposant une savoureuse cuisine du marché à la française. Pâté de campagne de canard au sang, thon rouge tataki à la plancha laqué au gingembre, baba au rhum et chantilly, etc... Et cerise sur le gâteau, c'est ouvert le week-end ! N'attendez plus.

Menu 38 € (déjeuner), 50/75 €

9 rue de Beauce - Ⓜ Filles du Calvaire - ✆ 01 48 87 80 61 - www.les-enfants-rouges.fr - Fermé mardi, mercredi

Le Mazenay

CUISINE CLASSIQUE • BRASSERIE X Ici, l'accent est mis sur la belle cuisson, le bon jus et le beau produit. Pas de tintamarre inutile quand on se régale du homard breton en soupe glacée ou d'un pigeon rôti entier. Mais le chef n'a qu'une hâte : que commence la saison du gibier ! Grouse d'Écosse rôtie, lièvre à la royale... Une adresse pour bons vivants.

Menu 25 € (déjeuner)/39 € - Carte 44/55 €

46 rue de Montmorency - Ⓜ Rambuteau - ✆ 06 42 83 79 52 - www.lemazenay.com - Fermé 29 juillet-26 août, samedi midi, dimanche

Pramil

CUISINE MODERNE • BISTRO X Des pierres apparentes, un sol en béton ciré, beaucoup de sobriété : le décor met d'autant mieux en valeur la belle générosité de la cuisine du marché d'Alain Pramil, un autodidacte passionné qui, dans une autre vie, était professeur de physique. Jolis vins, prix doux et accueil chaleureux : dans le mille, Pramil !

Menu 33/43 € - Carte 38/48 €

9 rue Vertbois - Ⓜ Temple - ✆ 01 42 72 03 60 - www.pramil.fr - Fermé lundi, dimanche midi

Raw

CUISINE MODERNE • COSY X Raw, comme la "raw-food", autrement dit... la cuisine crue, inspirée des comptoirs californiens. Le concept de William Pradeleix joue le cru contre le cuit, afin de conserver l'apport en vitamines des aliments. Qui l'eût cru ?

Carte 30/40 €

57 rue de Turenne - Ⓜ Chemin Vert - ✆ 01 77 18 37 50 - Fermé lundi, mardi midi, dimanche

Hôtels

Pavillon de la Reine

LUXE • PERSONNALISÉ L'élégance du Paris historique, tout en noble discrétion. Passé les voûtes de la place des Vosges, première illumination à la vision de la belle cour verdoyante. Et le ravissement continue avec les chambres, feutrées et raffinées. Le luxe sans ostentation !

56 chambres - 335/1250 € - 23 suites - 35 €

28 place des Vosges - Ⓜ Bastille - ✆ 01 40 29 19 19 - www.pavillon-de-la-reine.com

Anne - voir la sélection des restaurants

PARIS

Les Bains

URBAIN • PERSONNALISÉ Tel le phénix, les Bains renaissent toujours. Ils prennent aujourd'hui la forme d'un hôtel de caractère, mêlant habilement les styles (contemporain, design, Art déco) jusque dans les chambres, confortables et bien insonorisées. On profite aussi d'un bar à cocktails, de salons privés et... d'un club avec piscine !

37 chambres - 390/800 € - 2 suites - 22 €

7 rue du Bourg-L'Abbé - Réaumur-Sébastopol - 01 42 77 07 07 - www.lesbains-paris.com

Jules et Jim

URBAIN • DESIGN Ne cherchez pas de lien avec le film de François Truffaut... sinon un affichage branché, voire hipster ! Cette ancienne usine du Marais, transformée en hôtel, est l'un des derniers repaires urbains à la mode. Atypiques et confortables, les chambres sont une belle démonstration du goût contemporain, version jeune et épicurienne...

23 chambres - 180/400 € - 20 €

11 rue des Gravilliers - Arts et Métiers - 01 44 54 13 13 - www.hoteljulesetjim.com

Le Petit Moulin

LUXE • PERSONNALISÉ Christian Lacroix a imaginé le décor "couleur du temps" de cet hôtel du Marais. C'est inédit, raffiné... entre tradition et modernité. Baignoires à pieds, tons flashy : chaque chambre est un bijou !

17 chambres - 215/450 €

29-31 rue du Poitou - St-Sébastien Froissart - 01 42 74 10 10 - www.hoteldupetitmoulin.com

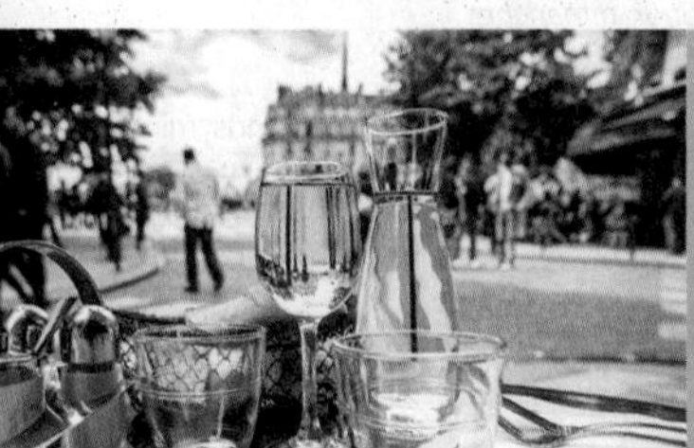

Île de la Cité - Île St-Louis - Le Marais - Beaubourg

4e arrondissement

Nikada/iStock

Restaurants

✿✿✿ L'Ambroisie (Bernard Pacaud)

CUISINE CLASSIQUE • LUXE XXXX Ambroisie : « Nourriture des dieux de l'Olympe, source d'immortalité » et, par extension, « Nourriture exquise » . Tout est dit ! Que peut-on donc ajouter pour décrire les créations de Bernard Pacaud, dont la qualité n'a d'égale que sa modestie ? L'homme est un taiseux : ça tombe bien, sa cuisine parle pour lui.

Dans sa demeure quasi florentine de la place des Vosges – miroirs anciens, immense tapisserie, sol en marbre blanc et noir, un décor sublime –, il continue de nous bluffer par sa régularité, et par le supplément d'âme qu'il insuffle en permanence à son travail. Dans ses assiettes, simples en apparence, chaque élément est posé avec certitude, à la façon d'une toile de maître. Il suffit de se laisser emporter : l'émotion affleure partout.

Lors de notre dernier passage, exceptionnelle fricassée de homard sauce civet et mousseline saint-germain, inoubliables Saint-Jacques aux poireaux, pomme de terre et truffe ; côté dessert, superbe tarte fine sablée au cacao amer et glace vanille. C'est émouvant, c'est grandiose... et c'est surtout très bon.

→ Feuillantine de langoustines aux graines de sésame, sauce curry. Escalopines de bar à l'émincé d'artichaut, nage réduite, caviar osciètre. Tarte fine sablée au cacao amer, crème glacée à la vanille

Carte 210/340 €

9 place des Vosges - Ⓜ St-Paul - ✆ 01 42 78 51 45 - www.ambroisie-paris.com - Fermé 24 février-11 mars, 28 avril-6 mai, 4-26 août, lundi, dimanche

Benoit

CUISINE CLASSIQUE · BISTRO XX Alain Ducasse supervise ce bistrot chic et animé, l'un des plus anciens de Paris... fondé en 1912 ! La cuisine, réalisée dans les règles de l'art, célèbre les trésors de la cuisine française ; on se régale dans une ambiance animée et chaleureuse. Une authentique et belle maison.

→ Langue de bœuf Lucullus, cœur de romaine à la crème moutardée. Sauté gourmand de ris de veau, crêtes et rognons de coq, foie gras et jus truffé. Profiteroles Benoit, sauce chocolat chaud

Menu 39 € (déjeuner) - Carte 70/100 €

20 rue St-Martin - Ⓜ Châtelet-Les Halles - ✆ 01 42 72 25 76 - www.benoit-paris.com - Fermé 28 juillet-26 août

Restaurant H (Hubert Duchenne)

CUISINE CRÉATIVE · COSY X Une bonne adresse de bouche près de Bastille ? Si, si ! Voilà "H" comme Hubert Duchenne, jeune chef passé chez Akrame Benallal et Jean-François Piège. Vingt couverts, à peine, pour se régaler d'un menu unique (ce jour-là, par exemple, moules, crème de persil et salicorne). Une cuisine inventive et maîtrisée.

→ Cèpe en feuille de figuier et figue confite. Lieu jaune, amarente, écume d'un beurre noisette. Autour du café vert, citron, noisette

Menu 35 € (déjeuner), 60/80 €

13 rue Jean-Beausire - Ⓜ Bastille - ✆ 01 43 48 80 96 - www.restauranth.com - Fermé 1er-7 mai, 30 juillet-20 août, lundi, dimanche

GrandCœur

CUISINE MODERNE · COSY XX Les poutres et la pierre, les grands miroirs et le mobilier éclectique, sans oublier l'incontournable terrasse : cette maison installée dans une jolie cour pavée impose son style d'entrée. La cuisine, imaginée par Mauro Colagreco (également associé), agrémente la tradition française d'un peu d'international. Un plaisir !

Menu 30 € (déjeuner) - Carte 47/82 €

41 rue du Temple - Ⓜ Rambuteau - ✆ 01 58 28 18 90 - www.grandcoeur.paris

Baffo

CUISINE ITALIENNE · TRATTORIA X Originaire de la Maremme (au sud de la Toscane) et passionné de cuisine, Fabien Zannier a décidé de changer de vie pour rendre hommage aux saveurs de son enfance. De là cette petite table italienne forte en goût, où priment les produit frais et bio. L'occasion d'un "pranzo con i baffi", un repas à s'en lécher les moustaches !

Menu 60 € - Carte 50/80 €

12 rue Pecquay - Ⓜ Rambuteau - ✆ 07 61 88 73 04 - www.baffo.fr - Fermé 29 juillet-28 août, 24 décembre-6 janvier, lundi, mardi midi, mercredi midi, dimanche

Capitaine Ⓝ

CUISINE MODERNE · BISTRO X L'arrière-grand-père du chef, d'origine bretonne, était capitaine au long cours... Le capitaine, désormais, c'est lui : Baptiste Day, qui après avoir fréquenté les cuisines de grands restaurants (L'Ambroisie, L'Arpège, et l'Astrance) a décidé de prendre le large à bord d'un sympathique bistrot, et nous régale d'une très jolie cuisine du marché, ancrée dans son époque. Produits frais et de qualité, préparations goûteuses : une adresse percutante.

Menu 27 € (déjeuner), 38/64 € - Carte 42/51 €

4 impasse Guéménée - Ⓜ Bastille - ✆ 01 44 61 11 76 - Fermé lundi, mardi midi, dimanche

Claude Colliot

CUISINE MODERNE • CONTEMPORAIN Chez Claude Colliot, point d'énoncés pompeux, mais une cuisine de saison qui traite les produits de qualité avec tous les égards. Les légumes proviennent directement du potager du chef, situé dans le Loiret. Léger, sain et savoureux.

Menu 42/65 € - Carte 49/69 €

40 rue des Blancs-Manteaux - Ⓜ Rambuteau - ✆ 01 42 71 55 45 - www.claudecolliot.com - Fermé lundi, dimanche

Isami

CUISINE JAPONAISE • ÉPURÉ Isami est renommé auprès des Japonais, qui savent où se rendre pour manger "comme chez eux"... Derrière son bar, Katsuo Nakamura réalise en effet des merveilles de sushis et de chirashis, démontrant une maîtrise fascinante des couteaux au service de produits ultrafrais. Un must parmi les adresses nippones de la capitale.

Carte 45/95 €

4 quai Orléans - Ⓜ Pont Marie - ✆ 01 40 46 06 97 - Fermé 1er-31 août, lundi, dimanche

Tavline

CUISINE ISRAÉLIENNE • VINTAGE Un petit bout de Tel-Aviv entre Saint-Paul et Hôtel de Ville, un zeste de Maroc, un soupçon de Liban. Telle est la recette de Tavline, où les épices, provenant du "Shuk Ha'Carmel", le plus grand marché de Tel-Aviv, agrémentent une cuisine fine, dont ce mémorable memoulaïm (oignons farcis d'agneau), recette héritée de la mère du chef.

Carte 28/36 €

25 rue du Roi-de-Sicile - Ⓜ St-Paul - ✆ 09 86 55 65 65 - www.tavline.fr - Fermé 1er-31 août, lundi, dimanche

Thaï Spices

CUISINE THAÏLANDAISE • COSY Entre le quai des Célestins et le village St-Paul officie un chef, Willy Lieu, qui fut le cuisinier personnel de Jacques Chirac ! Chez lui, la cuisine thaïe est à l'honneur, en version authentique : les grands classiques sont au rendez-vous - pad thaï, tom yam -, généreux et pleins de saveurs, relevés comme il se doit. Tarifs plutôt modérés et service agréable.

Menu 13 € (déjeuner)/19 € - Carte 33/45 €

5-7 rue de l'Ave-Maria - Ⓜ Sully Morland - ✆ 01 42 78 65 49 - www.thaispices.fr - Fermé 1er-31 août, samedi midi, dimanche

Hôtels

Hôtel de Jobo Ⓝ

BOUTIQUE HÔTEL • PERSONNALISÉ L'établissement rend hommage à Joséphine de Beauharnais. Nul doute que l'impératrice aurait appréciée la décoration baroque imaginée par Bambi Sloan, adepte des intérieurs roses et tissus panthère. Cosy et romantique à souhait.

24 chambres - 180/380 € - 18 €

10 rue d'Ormesson - Ⓜ Saint-Paul - ✆ 01 48 04 70 48 - www.hoteldejobo.paris

Duo

URBAIN • DESIGN Un passé préservé (escalier classé, cave voûtée du 16e s.) et une atmosphère résolument contemporaine, douce et design : un beau Duo gagnant tenu par la même famille depuis 1918.

58 chambres - 160/460 € - 2 suites - 17 €

11 rue du Temple - Ⓜ Hôtel de Ville - ✆ 01 42 72 72 22 - www.duo-paris.com

Jeu de Paume

HISTORIQUE • CONTEMPORAIN Au cœur de l'île St-Louis, cette halle du 17e s., jadis vouée au jeu de paume, s'est muée en hôtel de caractère. Poutres apparentes, belle hauteur sous plafond : une sobre élégance contemporaine dans les chambres.

28 chambres - 305/335 € - 2 suites - 21 €

54 rue Saint-Louis en l'Ile - Ⓜ Pont Marie - ✆ 01 43 26 14 18 - www.jeudepaumehotel.com

Hôtel de Lutèce

TRADITIONNEL • FONCTIONNEL Un emplacement idéal sur l'île St-Louis, pour les amoureux du Paris historique. Boiseries, poutres et tomettes au salon ; petites chambres cosy et fonctionnelles, tout en sobriété.

23 chambres - 175/350 € - 14 €

65 rue St-Louis-en-l'Ile - Pont Marie - 01 43 26 23 52 - www.hoteldelutece.com

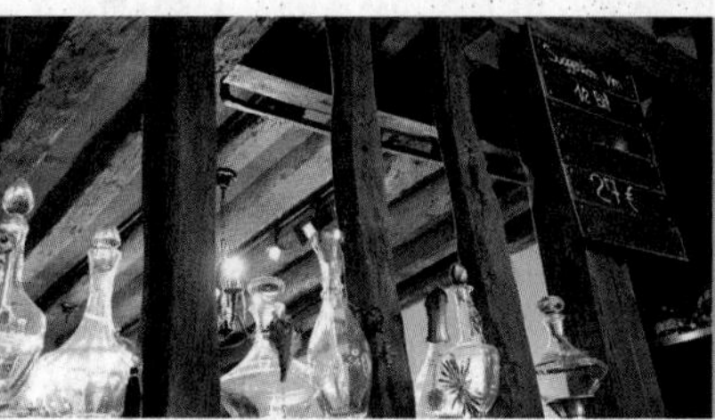

Quartier Latin - Jardin des Plantes - Mouffetard

5e arrondissement

mauinow1/iStock

Restaurants

Tour d'Argent

CUISINE MODERNE • LUXE Révolution de velours pour cette institution datant de 1582 ! Le chef Philippe Labbé propose une cuisine moderne, vivante, réactualisant les classiques, avec finesse, et une inspiration intacte. Service élégant, et cave exceptionnelle de 400 000 bouteilles. Une main de tradition dans un gant de modernité.

→ Quenelle "hommage au grand-père". Caneton Frédéric Delair. Crêpes "mademoiselle"

Menu 105 € (déjeuner), 350/380 € - Carte 200/350 €

15 quai de la Tournelle - Maubert Mutualité - 01 43 54 23 31 - www.tourdargent.com - Fermé lundi, dimanche

Alliance (Toshitaka Omiya)

CUISINE MODERNE • CONTEMPORAIN Ce restaurant célèbre l'Alliance de Shawn et Toshi, deux anciens de l'Agapé (respectivement maître d'hôtel et cuisinier), désormais complices dans cette nouvelle aventure. Le second, aux fourneaux, ne donne pas dans l'esbroufe ou l'artificiel : il esquisse de vrais éclairs de simplicité, à la fois subtils et bien exécutés : on en redemande.

→ Foie gras de canard, légumes et consommé de canard. Poulette patte noire, corail de homard et chou pointu. Aloe vera, galanga et mélisse

Menu 55 € (déjeuner), 95/185 € - Carte 91/155 €

5 rue de Poissy - Maubert Mutualité - 01 75 51 57 54 - www.restaurant-alliance.fr - Fermé 29 juillet-19 août, samedi, dimanche

Baieta (N) (Julia Sedefdjian)

CUISINE MODERNE • CONTEMPORAIN La jeune cheffe Julia Sedefdjian (anciennement étoilée aux Fables de la fontaine) est désormais chez elle, heureuse et épanouie. Sa cuisine, colorée et parfumée, chante la méditerranée et les bons produits, qu'elle sélectionne avec justesse, et travaille avec créativité, sans jamais oublier ses racines niçoises. On se régale d'une poitrine de cochon caramélisée, ou d'un beau tronçon d'aile de raie, dorée au beurre blond. Bienvenue chez Baieta - le bisou en patois niçois !

→ Jaune d'œuf croustillant, haddock cru et cuit, poireau en vinaigrette d'algue. "La bouillabaieta". Sablé fenouil, crème citronnée de macarons et sorbet citron-pastis

Menu 45 € (déjeuner)/85 € - Carte 58/74 €

5 rue de Pontoise - Maubert Mutualité - 01 42 02 59 19 - www.restaurant-baieta-paris.fr - Fermé lundi, dimanche

✿ Mavrommatis

CUISINE GRECQUE • ÉLÉGANT XX Le chef chypriote Andréas Mavrommatis célèbre terroirs grecs et cuisine méditerranéenne. C'est soigné et parfumé, à la fois simple et subtil : un véritable enchantement. De quoi faire bronzer vos papilles !

→ Fricassée d'artichauts, légumes maraîchers, palourdes à l'aneth façon Constantinople. Épaule d'agneau de lait de Lozère confite en cannelloni de céleri et selle rôtie au halloumi. Ganache chocolat aux olives confites et glace à la fleur d'oranger

Menu 44 € (déjeuner) - Carte 66/96 €

42 rue Daubenton - Ⓜ Censier Daubenton - ✆ 01 43 31 17 17 - www.mavrommatis.com - Fermé 3-28 août, lundi, mardi midi, mercredi midi, dimanche

✿ Oka Ⓝ (Raphaël Régo)

CUISINE CRÉATIVE • COSY XX Le chef propriétaire brésilien Raphaël Régo signe une partition créative et distille une incontestable identité culinaire, naviguant avec brio entre France (pêche des côtes vendéennes) et Brésil, privilégiant toujours les plus beaux produits. Soigné, parfumé, stylé. Un coup de cœur.

→ Haricots noirs du Brésil fermentés et cuisinés pendant dix jours. Pintade du Périgord, haricots blancs de l'île de Santarém et piments biquinho. Millefeuille de manioc à la mélasse, condiment priprioca et sorbet rapadura

Menu 35 € (déjeuner)/55 €

1 rue Berthollet - Ⓜ Censier Daubenton - ✆ 01 45 30 94 56 - www.okaparis.fr - Fermé 11-25 août, lundi, mardi midi, mercredi midi, samedi midi, dimanche

✿ Sola Ⓝ

CUISINE MODERNE • ÉLÉGANT X Tout près des quais donnant sur Notre-Dame et... déjà au Japon ! Le jeune chef Kosuke Nabeta, originaire du pays du Soleil-Levant, fusionne exigence de la cuisine nippone et richesses du terroir français. Des créations harmonieuses et équilibrées à déguster dans la cave voûtée du sous-sol, pour une immersion en terre lointaine. Un pont entre deux rives gastronomiques. Superbe.

→ Cuisine du marché

Menu 98 €

12 rue de l'Hôtel-Colbert - Ⓜ Maubert Mutualité - ✆ 01 42 02 39 24 - www.restaurant-sola.com - Fermé 1er-31 août, lundi, mardi midi, mercredi midi, jeudi midi, vendredi midi, samedi midi, dimanche

Cucina Ⓝ

CUISINE ITALIENNE • CONVIVIAL X Le dernier né des restaurants griffés Alain Ducasse est une réussite. Côté atmosphère, déco de bistrot moderne et serveurs en marinière rouge et blanche. Côté coulisses, le chef Matteo Lorenzini, passé par des maisons étoilées (dont le Louis XV trois ans durant) signe une belle carte italienne de saison : on se régale de bout en bout, des antipasti aux dolce. Authentique et savoureux.

Menu 24 € (déjeuner) - Carte 30/50 €

20 Rue Saint-Victor - Ⓜ Maubert-Mutualité - ✆ 01 44 31 54 54 - www.cucina-mutualite.com

Kokoro

CUISINE MODERNE • CONVIVIAL X Un jeune couple franco-japonais (tous deux anciens de chez Passard) travaille d'arrache-pied dans cette adresse à deux pas du métro Cardinal-Lemoine. Leur cuisine, réglée sur les saisons, se révèle à la fois fine, intelligente et subtile, et réserve de belles surprises... Kokoro, c'est "cœur" en japonais.

Menu 25 € (déjeuner)/34 € - Carte 31/50 €

36 rue des Boulangers - Ⓜ Cardinal Lemoine - ✆ 01 44 07 13 29 - www.restaurantkokoro.blogspot.fr - Fermé 1er-15 juillet, lundi midi, samedi, dimanche

Atelier Maître Albert

CUISINE TRADITIONNELLE • CONVIVIAL XX Une cheminée médiévale et des rôtissoires cohabitent avec un bel intérieur design signé J.-M. Wilmotte. Guy Savoy a imaginé la carte, avec des produits d'une qualité indéniable. Imaginez une volaille à la peau croustillante, son jus parfumé…

Menu 28 € (déjeuner)/39 € - Carte 40/70 €

1 rue Maître-Albert - Ⓜ Maubert Mutualité - ✆ 01 56 81 30 01 - www.ateliermaitrealbert.com - Fermé 4-19 août, 23 décembre-2 janvier, samedi midi, dimanche midi

L'Initial

CUISINE MODERNE • TRADITIONNEL XX Le chef japonais, au palmarès étincelant (Robuchon Tokyo, Bernard Loiseau à Saulieu), propose une cuisine française d'une remarquable précision réalisée autour d'un menu sans choix rythmé par les saisons. Bon rapport qualité-prix et service aux petits soins.

Menu 36 € (déjeuner)/60 €

9 rue de Bièvre - Ⓜ Maubert Mutualité - ✆ 01 42 01 84 22 - www.restaurant-linitial.fr - Fermé 1er-27 janvier, 28 juillet-26 août, lundi, mardi midi, dimanche

La Truffière

CUISINE MODERNE • INTIME XX Au cœur du vieux Paris, à deux pas de la truculente rue Mouffetard, cette maison du 17e s. a du caractère. Les assiettes, visuellement soignées, sont créatives. Menu truffe toute l'année, et remarquable carte des vins, avec pas moins de… 4600 références, françaises et mondiales. Un bel hommage à "la perle noire".

Menu 45 € (déjeuner), 72/195 € - Carte 106/152 €

4 rue Blainville - Ⓜ Place Monge - ✆ 01 46 33 29 82 - www.latruffiere.com - Fermé lundi, dimanche

L'Agrume

CUISINE MODERNE • CONVIVIAL X Ici, on mise sur les saisons, la fraîcheur des produits (le poisson vient de Bretagne et les primeurs des meilleures adresses) et une exécution pleine de finesse. L'assiette pétille de saveurs. Un bon bistrot de chef !

Menu 26 € (déjeuner)/48 € - Carte 45/65 €

15 rue des Fossés-St-Marcel - Ⓜ St-Marcel - ✆ 01 43 31 86 48 - www.restaurantlagrume.fr - Fermé 1er-31 août, 22 décembre-6 janvier, lundi, dimanche

AT

CUISINE CRÉATIVE • DESIGN X A deux pas des quais de Seine et de la Tour d'Argent, ce petit restaurant au décor minimaliste cultive l'âme japonaise : le chef Tanaka, passé chez Pierre Gagnaire, aime la fraîcheur et la précision ; il tient sa clientèle en haleine avec des assiettes créatives et variées. Salle voûtée au sous-sol.

Menu 55 € (déjeuner)/105 €

4 rue du Cardinal-Lemoine - Ⓜ Cardinal Lemoine - ✆ 01 56 81 94 08 - www.atushitanaka.com - Fermé lundi midi, dimanche

Beige

CUISINE JAPONAISE • SIMPLE X Ce charmant restaurant japonais, situé au cœur du Quartier Latin, est un izakaya, spécialisé dans la cuisine en petites portions. Il excelle dans ce domaine : les préparations, délicates et savoureuses, s'accompagnent d'élégants sakés. Service souriant et attentionné. Pas de réservations.

Carte 17/29 €

31 rue de la Parcheminerie - Ⓜ St-Michel - ✆ 01 46 33 75 10 - Fermé 4-28 août, 22 décembre-7 janvier, lundi, dimanche

Ciasa Mia

CUISINE ITALIENNE • AUBERGE X Le jeune chef est originaire de l'Italie et réalise une cuisine à son image, généreuse, authentique et sincère. Bien installé devant la cheminée, on profite pleinement de ses créations originales. Tout est fait maison, du pain jusqu'aux desserts.

Menu 35 € (déjeuner), 67/87 € - Carte 80/90 €

19 rue Laplace - Ⓜ Maubert Mutualité - ✆ 01 43 29 19 77 - www.ciasamia.com - Fermé samedi midi, dimanche

Les Délices d'Aphrodite

CUISINE GRECQUE • TAVERNE X Dans ce sympathique restaurant aux allures de taverne, on se croirait presque en Grèce ! Poulpe mariné, caviar d'aubergines, moussaka, etc. Cette cuisine fraîche et ensoleillée tire le meilleur parti de produits de qualité.

Carte 34/57 €

4 rue de Candolle - Ⓜ Censier Daubenton - ✆ 01 43 31 40 39 - www.mavrommatis.fr

Kitchen Ter(re)

CUISINE MODERNE • CONTEMPORAIN X William Ledeuil façonne un kaléidoscope de l'épure et du goût, où brillent des pâtes de haut-vol (réalisées par l'artisan Roland Feuillas à base d'épeautre, blé dur, engrain ou barbu du Roussillon), mais aussi un bouillon thaï , anguille, pomme de terre, ou encore un cappuccino, pommes au tamarin et glace au caramel... Absolument moderne, absolument gourmand.

Menu 30 € (déjeuner)/47 €

26 boulevard Saint-Germain - Ⓜ Maubert Mutualité - ✆ 01 42 39 47 48 - www.zekitchengalerie.fr - Fermé lundi, dimanche

Les Papilles

CUISINE TRADITIONNELLE • BISTRO X Bistrot, cave et épicerie : une adresse attachante, où l'on fait pitance entre casiers à vins et étagères garnies de conserves. Le soir, on vous propose un menu unique où les suggestions gourmandes affolent les papilles.

Menu 28 € (déjeuner)/38 € - Carte 45/55 €

30 rue Gay-Lussac - Ⓜ Luxembourg - ✆ 01 43 25 20 79 - www.lespapillesparis.com - Fermé 21 juillet-19 août, 23 décembre-1er janvier, lundi, dimanche

La Rôtisserie d'Argent

CUISINE TRADITIONNELLE • BISTRO X Les propriétaires de la Tour d'Argent ont transformé cet ancien bouchon lyonnais en bistrot parisien de haute volée. La rôtissoire, bien visible, annonce le programme : bonnes viandes à la broche (poulet de Challans, pigeon, canette), grands classiques français, etc. Cuissons justes, portions généreuses, ambiance détendue ; et voilà le travail.

Carte 35/70 €

19 quai de la Tournelle - Ⓜ Maubert Mutualité - ✆ 01 43 54 17 47 - www.tourdargent.com/la-rotisserie-dargent

Hôtels

Atmosphères

BOUTIQUE HÔTEL • PERSONNALISÉ Un hôtel tout en lignes épurées et mobilier design dernier cri. Dès le hall, on découvre une belle exposition de photos de Thierry des Ouches ; du salon à l'espace détente (avec sauna et fitness), en passant par les chambres, le confort est total. Une réussite.

56 chambres - 150/350 € - 16 €

31 rue des Écoles - Ⓜ Maubert Mutualité - ✆ 01 43 26 56 02 - www.hotelatmospheres.com

Les Dames du Panthéon

BOUTIQUE HÔTEL • COSY Le Panthéon, la Sorbonne, le jardin du Luxembourg : pas de doute, nous sommes en plein cœur du Quartier latin ! Face au "temple des grands hommes", le décor des chambres s'inspire... de femmes françaises ayant marqué l'histoire : Duras, Gréco, Sand ou encore Piaf. Un hôtel romanesque et raffiné.

35 chambres - 200/450 € - 20 €

19 place du Panthéon - Ⓜ Luxembourg - ✆ 01 43 54 32 95 - www.hoteldupantheon.com

Hôtel des Grands Hommes

BOUTIQUE HÔTEL · CLASSIQUE Bel emplacement près du Panthéon pour cet hôtel plein de charme. Les chambres, très bien tenues et aménagées dans un style Empire, ont beaucoup de caractère. Et on peut en dire autant de la vue des terrasses (au 6e étage) et balcons (au 5e et 2e) !

30 chambres - 👫195/510 € - ☕15 €

17 place du Panthéon - Ⓜ Luxembourg - ✆ 01 46 34 19 60 - www.hoteldesgrandshommes.com

La Lanterne

BOUTIQUE HÔTEL · COSY Au cœur du Quartier Latin, entre la cathédrale Notre-Dame et le Panthéon, ce boutique hôtel fort chic propose des chambres confortables (dont quatre dans un petit jardin intérieur). Le plus ? La piscine et l'espace bien-être (hammam, douche sensorielle), rares dans le secteur.

26 chambres - 👫210/660 € - 1 suite - ☕17 €

12 rue de la Montagne-Sainte-Geneviève - Ⓜ Maubert Mutualité - ✆ 01 53 19 88 39 - www.hotel-la-lanterne.com

Le Lapin Blanc

BOUTIQUE HÔTEL · PERSONNALISÉ Comme Alice, l'héroïne de Lewis Carroll, laissez-vous emporter par ce Lapin Blanc ! Les chambres, modernes et feutrées, rappellent par petites touches (papiers peints, téléphones, interrupteurs) le style "so british" de l'époque victorienne... Quelle élégance !

27 chambres - 👫170/400 € - ☕17 €

41 boulevard St-Michel - Ⓜ Luxembourg - ✆ 01 53 10 27 77 - www.hotel-lapin-blanc.com

Monge

BOUTIQUE HÔTEL · COSY Cet hôtel de charme, situé dans le Quartier Latin, devant les arènes de Lutèce, a conservé le charme des maisons bourgeoises du 19e s. (salons en enfilade, moulures, parquet...). La décoration des chambres, entre faune et flore, louche du côté du Jardin des Plantes. Toute l'élégance à la parisienne.

30 chambres - 👫196/350 € - ☕18 €

55 rue Monge - Ⓜ Place Monge - ✆ 01 43 54 55 55 - www.hotelmonge.com

Seven

BOUTIQUE HÔTEL · DESIGN Surprise ! Une fois franchie la porte de ce bâtiment très parisien, on découvre un hôtel ultradesign et presque fantasmagorique. Lumières bleutées, plafonds figurant un ciel nuageux, lits en lévitation, transparences : une expérience ultime.

35 chambres - 👫167/337 € - ☕21 €

21 rue Berthelot - Ⓜ Les Gobelins - ✆ 01 43 31 47 52 - www.sevenhotelparis.com

Albe Saint-Michel

URBAIN · CONTEMPORAIN Notre-Dame, le Quartier latin, l'île St-Louis... Paris est à vous ! Outre ces atouts géographiques, cet hôtel se révèle très agréable avec son style tout en clarté. Les chambres ne sont pas très grandes mais on s'y sent vraiment bien.

43 chambres - 👫140/260 € - ☕15 €

1 rue de la Harpe - Ⓜ St-Michel - ✆ 01 46 34 09 70 - www.hotelalbestmichel.com

Jardin de Cluny

URBAIN · PERSONNALISÉ Les voyageurs soucieux de leur environnement apprécieront cet hôtel certifié Écolabel. L'élégance et le confort des chambres ne sont en rien sacrifiés ; la salle voûtée où l'on sert le petit-déjeuner a beaucoup de charme.

39 chambres - 👫120/330 € - ☕17 €

9 rue Sommerard - Ⓜ Maubert Mutualité - ✆ 01 43 54 22 66 - www.hoteljardindecluny.com

Select

BUSINESS • FONCTIONNEL Lorsque l'on pénètre dans le hall de cet hôtel très… sélect, on est saisi par son allure ! Les chambres marient avec habileté pierres et poutres historiques avec un mobilier plus contemporain et fonctionnel. Une adresse de qualité.

65 chambres – 200/450 € – 10 €

1 place de la Sorbonne – Cluny La Sorbonne – 01 46 34 14 80 – www.selecthotel.fr

Le Petit Paris

BOUTIQUE HÔTEL • PERSONNALISÉ Design et ludique, pop et noble à la fois… Les chambres épousent avec raffinement l'époque médiévale, les seventies, les années 1920, les styles Louis XV ou Napoléon III, le tout en technicolor !

20 chambres – 150/400 € – 16 €

214 rue St-Jacques – Luxembourg – 01 53 10 29 29 – www.hotelpetitparis.com

Résidence Henri IV

HISTORIQUE • CLASSIQUE Le souvenir du bon roi Henri plane sur cet hôtel entièrement rénové ces dernières années. Avec leurs ciels de lits, leurs boiseries claires et leurs tissus fleuris, les chambres sont à la fois classiques et contemporaines. Et le quartier est si beau…

13 chambres – 120/299 € – 11 €

50 rue des Bernardins – Maubert Mutualité – 01 44 41 31 81 – www.residencehenri4.com

Sorbonne

URBAIN • DESIGN Couleurs très vives ou aplats de noir profond, mobilier design ou fauteuils Louis XVI habillés d'imprimés flashy, hall gris brillant : le Sorbonne est entré dans le 21e s. Chaque étage célèbre un thème photographique : la Sorbonne, les voyages, l'art, l'Orient…

38 chambres – 110/290 €

6 rue Victor-Cousin – Cluny La Sorbonne – 01 43 54 58 08 – www.hotelsorbonne.com

St-Germain-des-Près - Odéon - Jardin du Luxembourg

6e arrondissement

I. Rasmussen/Axiom/Design Pics/Photononstop

Restaurants

✿✿✿ Guy Savoy

CUISINE CRÉATIVE • LUXE XXXX Guy Savoy, chapitre deux. Dans le cadre exceptionnel de l'hôtel de la Monnaie, Guy Savoy rédige un nouveau chapitre de cette histoire entamée quelques décennies plus tôt : lorsque, jeune garçon, il passait la tête au-dessus des casseroles familiales dans la cuisine de la Buvette de l'Esplanade, à Bourgoin-Jallieu… Aurait-il deviné, ce bambin, le destin qui l'attendait ?

Ici, il a vu les choses en grand : six salles parées de toiles contemporaines et de sculptures - dont un grand nombre prêté par François Pinault -, avec des fenêtres à huisseries anciennes donnant sur la Seine. Tout cela est la preuve ostensible de la réussite, bien sûr, mais ne détourne pas le chef de son travail : cette gastronomie vécue comme une fête, hommage renouvelé à la cuisine française. On retrouve les plats qui ont contribué à sa renommée, notamment la soupe d'artichaut et truffes, plat emblématique de la maison en toutes saisons, à déguster avec la brioche moelleuse tartinée de beurre de truffes...

→ Soupe d'artichaut à la truffe noire, brioche feuilletée aux champignons et aux truffes. Canette maturée aux épices douces et gratin de côtes de bettes. Mille feuilles ouvertes à la vanille de Tahiti

Menu 250 € (déjeuner)/415 € - Carte 234/349 €

11 quai de Conti - Ⓜ St-Michel - ✆ 01 43 80 40 61 - www.guysavoy.com - Fermé 22 décembre-3 janvier, lundi, samedi midi, dimanche

✿ Marsan - Hélène Darroze

CUISINE MODERNE • CONTEMPORAIN XXX Hélène Darroze rouvre en 2019 son restaurant, après quelques mois de rénovation. Espaces élégants et cosy, cuisine fine et délicate autour d'un menu unique rythmé par les saisons, sans oublier le terroir du Sud-Ouest qui lui est si cher... Et pour les plus chanceux, une table de 6 à 8 convives est installée au cœur des cuisines, pour être au plus près de l'action !

→ Cuisine du marché

Menu 65 € (déjeuner)/155 €

4 rue d'Assas - Ⓜ Sèvres Babylone - ✆ 01 42 22 00 11 - www.helenedarroze.com

✿ Relais Louis XIII (Manuel Martinez)

CUISINE CLASSIQUE • ÉLÉGANT XXX À deux pas de la Seine, cette maison historique du vieux Paris marie l'époque Louis XIII avec des éléments contemporains (cave vitrée, sculptures modernes) : un très élégant écrin pour la cuisine de Manuel Martinez, tenante d'un noble classicisme culinaire. Bon rapport qualité-prix au déjeuner.

→ Ravioli de homard et foie gras, crème de cèpes. Lièvre à la royale. Millefeuille, crème légère à la vanille de Tahiti

Menu 65 € (déjeuner), 95/145 €

8 rue des Grands-Augustins - Ⓜ Odéon - ✆ 01 43 26 75 96 - www.relaislouis13.com - Fermé 1er-8 janvier, 1er-9 mai, 4 août-4 septembre, lundi, dimanche

✿ Armani Ristorante

CUISINE ITALIENNE • CONTEMPORAIN XX Au 1er étage de la boutique installée au cœur de ce quartier très chic de la rive gauche, ce "ristorante" se révèle une excellente surprise. Le chef, ancien second du Casadelmar, à Porto-Vecchio, compose une cuisine italienne élégante et raffinée, riche de produits nobles. C'est frais, goûteux, terriblement maîtrisé : de la belle ouvrage.

→ Mange-tout d'artichaut violet, petits légumes, fruits croquants et fondants. Raviolis farcis à la burrata et à l'aubergine fumée. Baba flambé à la liqueur Strega

Menu 90/120 € - Carte 84/122 €

149 boulevard St-Germain (1er étage) - Ⓜ St-Germain des Prés - ✆ 01 45 48 62 15 - http://ristorante.mori.paris/ - Fermé 5-19 août, dimanche

✿ Yoshinori (Yoshinori Morié)

CUISINE MODERNE • INTIME XX Le petit dernier de Yoshinori Morié, loin de balbutier, étincelle ! Le chef japonais nous régale d'une cuisine raffinée, végétale, esthétique, déclinée sous forme d'un menu de saison. Ainsi le tartare de veau de lait de Corrèze, chou-fleur, ou la lotte, lotus et champignons. Autant d'hymnes, non dissimulés, à l'élégance et à la gourmandise. Superbe formule du midi. Un coup de cœur.

→ Tartare de veau de lait, chou-fleur. Turbot breton, coulis de bourrache. Mousse coco, sorbet ananas et tagète

Menu 45 € (déjeuner), 70/95 €

18 rue Grégoire de Tours - Ⓜ Odéon - ✆ 09 84 19 76 05 - www.yoshinori-paris.com - Fermé lundi, dimanche

Quinsou (Antonin Bonnet)

CUISINE CRÉATIVE · TENDANCE X En face de la fameuse école Ferrandi chante désormais un pinson (Quinsou en occitan), dont les vocalises gastronomiques réjouissent les palais délicats, du 6e arrondissement et au-delà. Antonin Bonnet, l'ancien chef du Sergent Recruteur fait gazouiller le produit. Une délicieuse adresse.

→ Cuisine du marché

Menu 35 € (déjeuner)/75 €

33 rue de l'Abbé-Grégoire – Ⓜ St-Placide – ✆ 01 42 22 66 09 – www.quinsou.business.site – Fermé 29 avril-6 mai, 5-19 août, 21 décembre-6 janvier, lundi, mardi midi, dimanche

Ze Kitchen Galerie (William Ledeuil)

CUISINE CRÉATIVE · CONTEMPORAIN X William Ledeuil insuffle ici sa passion pour les saveurs de l'Asie du Sud-Est (Thaïlande, Vietnam, Japon) où il puise son inspiration. Galanga, ka-chaï, curcuma, wasabi, gingembre... Autant d'herbes, de racines, d'épices et de condiments du bout du monde qui relèvent avec brio les recettes classiques françaises.

→ Fleurs de courgette, curry rouge de crustacés, condiment kimchi. Bœuf Wagyu, condiment soubressade. Glace chocolat blanc, wasabi-fraise, pistache, turron

Menu 48 € (déjeuner), 85/98 €

4 rue des Grands Augustins – Ⓜ St-Michel – ✆ 01 44 32 00 32 – www.zekitchengalerie.fr – Fermé 29 juillet-19 août, samedi, dimanche

La Méditerranée

POISSONS ET FRUITS DE MER · MÉDITERRANÉEN XX Dans ce restaurant face au théâtre de l'Odéon, des fresques évoquent la Méditerranée et la cuisine de la mer chante avec l'accent du Sud. Un soin tout particulier est apporté au choix des produits, comme dans ces spécialités maison : bouillabaisse, carpaccio de bar, dorade laquée au miel...

Menu 36 € – Carte 55/81 €

2 place de l'Odéon – Ⓜ Odéon – ✆ 01 43 26 02 30 – www.la-mediterranee.com

Le Timbre

CUISINE MODERNE · BISTRO X Un jeune chef au parcours varié (Australie, Belgique...) est à la tête de ce bistrot charmant – tables en bois, banquettes, petite cuisine ouverte – où l'on se régale à la bonne franquette. Il propose une cuisine du marché originale et goûteuse, que l'on accompagne de bons vins, pour la plupart bio ou naturels.

Menu 32 € (déjeuner), 37/55 €

3 rue Ste-Beuve – Ⓜ Notre-Dame des Champs – ✆ 01 45 49 10 40 – www.restaurantletimbre.com – Fermé 1er-7 janvier, 27 juillet-27 août, lundi, mardi midi, dimanche

Le Restaurant

CUISINE MODERNE · ÉLÉGANT XX Niché dans cet Hôtel aussi mythique que discret, le Restaurant doit son atmosphère baroque, anachronique et éclectique au designer Jacques Garcia. En cuisine, le nouveau chef agrémente la tradition française de touches plus modernes.

Menu 55 € (déjeuner), 75/110 € – Carte 100/120 €

L'Hôtel, 13 rue des Beaux-Arts – Ⓜ St-Germain des Prés – ✆ 01 44 41 99 01 – www.l-hotel.com – Fermé 1er-6 janvier, lundi, dimanche

Alcazar

CUISINE MODERNE · BRASSERIE XX On doit la décoration de cet Alcazar à l'architecte et décoratrice Lola Gonzalez. Le végétal domine, donnant à l'ensemble l'élégance intemporelle d'un grand jardin d'hiver ; en cuisine, on compose toujours une alléchante carte de brasserie contemporaine, tel ce beau poulet rôti fermier et frites maison, ou cette épaule d'agneau confite... Brunch le dimanche.

Menu 40 € (déjeuner) – Carte 50/100 €

62 rue Mazarine – Ⓜ Odéon – ✆ 01 53 10 19 99 – www.alcazar.fr – Fermé 1er-30 août

PARIS

Les Bouquinistes

CUISINE MODERNE · CONTEMPORAIN XX Face aux bouquinistes des quais de la Seine, cette adresse siglée Guy Savoy dévoile un décor moderne et branché, façon loft new-yorkais. Tout en discutant littérature, on se régale d'une rémoulade d'endives, œuf parfait et mimolette, d'un cochon de lait confit aux lentilles mijotées, ou d'une île flottante à la noisette... Tout un roman !

Menu 36 € (déjeuner), 44/78 € - Carte 50/66 €

53 quai des Grands-Augustins - Ⓜ St-Michel - ✆ 01 43 25 45 94 - www.lesbouquinistes.com - Fermé 4-19 août, 23 décembre-2 janvier

Boutary

CUISINE MODERNE · CHIC XX Poussez donc la porte de ce restaurant, repris par une famille qui élève depuis plusieurs générations son caviar en Bulgarie du sud. On y apprécie, dans un esprit chic, le travail d'un chef nippo-coréen au beau parcours... avec dégustation du caviar à la royale, sur le dos de la main ! Accueil agréable.

Menu 35 € (déjeuner)/86 € - Carte 60/75 €

25 rue Mazarine - Ⓜ Odéon - ✆ 01 43 43 69 10 - www.boutary-restaurant.com - Fermé 22 juillet-13 août, lundi, samedi midi, dimanche

Allard

CUISINE TRADITIONNELLE · BISTRO X On pénètre par la cuisine dans cette véritable institution, qui fait désormais partie du groupe Ducasse. Servis dans un décor 1900 pur jus, les plats hésitent entre registre bistrotier et plats canaille : escargots au beurre aux fines herbes, pâté en croûte, sole meunière, profiteroles...

Menu 34 € (déjeuner) - Carte 60/94 €

41 rue St-André-des-Arts - Ⓜ St-Michel - ✆ 01 43 26 48 23 - www.restaurant-allard.fr

Anicia Bistrot Nature

CUISINE CRÉATIVE · CONTEMPORAIN X Natif de Haute-Loire, François Gagnaire sélectionne soigneusement les petits producteurs de là-bas, et s'offre une excellente matière première pour sa cuisine : lentille verte du Puy, limousine des Monts-du-Velay, fin gras du Mézenc, fromage de vache aux artisous, bière Vellavia... Ses assiettes sont gourmandes et superbement présentées : on se régale.

Menu 29 € (déjeuner), 69/114 € - Carte 56/69 €

97 rue du Cherche-Midi - Ⓜ Vaneau - ✆ 01 43 35 41 50 - www.anicia-bistrot.com - Fermé lundi, dimanche

Atelier Vivanda - Cherche Midi

VIANDES · BISTRO X Bienvenue dans l'un des bistrots à viande d'Akrame Benallal ! De superbes pièces de boucher sont évidemment au programme : hampe et persillé de Black Angus, suprême de volaille, ou côte de porc ibérique, sont travaillés avec amour et bien accompagnés de gratin dauphinois, pommes dauphine, purée, etc. Férocement bon.

Carte 40/53 €

20 rue du Cherche-Midi - Ⓜ Sèvres Babylone - ✆ 01 45 44 50 44 - www.ateliervivanda.com - Fermé 4-18 août, 22 décembre-4 janvier, lundi, dimanche

Aux Prés

CUISINE MODERNE · BISTRO X Un bistrot germanopratin ouvertement vintage (banquettes rouges, miroirs fumés, papier peint floral) et une cuisine voyageuse signée Cyril Lignac, dont la créativité garde toujours un pied dans le(s) terroir(s) français.

Carte 44/71 €

27 rue du Dragon - Ⓜ St-Germain des Prés - ✆ 01 45 48 29 68 - www.restaurantauxpres.com

Azabu

CUISINE JAPONAISE · ÉPURÉ X Une bonne adresse japonaise au décor sobre et contemporain. On mange à table ou au comptoir, face au teppanyaki. Parmi les spécialités, le king crab à la plancha, le zensai bento (un assortiment d'entrées), le bar grillé ou le bœuf Wagyu au radis râpé.

Menu 19 € (déjeuner), 47/69 € - Carte 40/80 €

3 rue André Mazet - Ⓜ Odéon - ✆ 01 46 33 72 05 - www.azabuparis.com - Fermé lundi, jeudi midi, dimanche midi

Le Bar des Prés

CUISINE MODERNE • DESIGN Aux commandes de ce Bar, voisin de son restaurant Aux Prés, Cyril Lignac a installé un chef japonais aux solides références. Au menu, sushis et sashimis de grande fraîcheur, mais aussi quelques plats bien dans l'air du temps : tartare de dorade, petits pois mentholés ; galette craquante, tourteau au curry Madras... Cocktails réalisés par un mixologiste.

Menu 40 € - Carte 42/65 €

25 rue du Dragon - St-Germain des Prés - 01 43 25 87 67 - www.lebardespres.com

Le Bon Saint-Pourçain

CUISINE MODERNE • BISTRO Planqué derrière l'église St-Sulpice, en plein cœur de St-Germain-des-Prés, cet ancien restaurant bougnat montre du soin et la passion. La cuisine du chef lorgne vers la tradition bistrotière revisitée : c'est tout simplement délicieux, sans doute grâce à l'utilisation exclusive de bons produits du marché. Réservez !

Carte 47/67 €

10 bis rue Servandoni - Mabillon - 01 42 01 78 24 - Fermé 5-25 août, lundi, dimanche

Breizh Café - Odéon

CUISINE BRETONNE • CONTEMPORAIN L'emplacement, déjà, est rêvé : un immeuble en pierre de taille à même le carrefour de l'Odéon. Voici la cadette des crêperies de Bertrand Larcher, ce Breton passé par le Japon avant de venir s'installer en France. Dans l'assiette, galettes et crêpes sont à la fête, à grand renfort de farine bio, produits artisanaux... sans oublier de bons cidres et sakés.

Carte 26/52 €

1 rue de l'Odéon - Odéon - 01 42 49 34 73 - https://breizhcafe.com/fr

The Butchers of Paname

VIANDES • CONTEMPORAIN Ce restaurant a été ouvert par deux traders en viande, basés à Rungis : vous l'avez deviné, les plaisirs carnés sont au programme ! Viandes de bœuf maturées et de grande qualité (pastrami maison, faux-filet d'Angus d'Écosse) forment l'essentiel de la carte, avec aussi une poignée de gourmands desserts comme ce cheesecake au caramel et beurre salé.

Carte 42/79 €

9 rue de l'École-de-Médecine - Odéon - 01 42 39 99 49 - www.thebutchers.fr - Fermé 11-25 août, lundi midi, mardi midi, mercredi midi, dimanche

La Cantine du Troquet - Cherche Midi

CUISINE TRADITIONNELLE • BISTRO La quatrième Cantine du Troquet de la rive gauche parisienne. Comme d'habitude, l'osmose est complète entre la déco (murs en brique et pierre apparente, tables au coude-à-coude) et l'assiette, qui célèbre la tradition de fort belle manière. Couteaux à la plancha, onglet de bœuf sauce vin rouge... C'est généreux, soigné, goûteux. Maintenant, à table !

Carte 31/50 €

79 rue du Cherche-Midi - St Placide - 01 43 27 70 06 - www.lacantinedutroquet.com - Fermé samedi, dimanche

Casa Bini

CUISINE ITALIENNE • MÉDITERRANÉEN Une trattoria chaleureuse dans une rue calme de St-Germain-des-Prés. Dans une salle aux couleurs de la Toscane, on déguste des plats pleins de saveurs, tels ces linguine *al granchio* (aux tourteaux), ou cet *affogato* à la glace vanille maison. Et soudain le quartier des éditeurs prend des airs de *dolce vita*...

Menu 29 € (déjeuner) - Carte 40/60 €

36 rue Grégoire de Tours - Odéon - 01 46 34 05 60 - www.casabini.fr

PARIS

Cézembre

CUISINE MODERNE • CONTEMPORAIN X Cézembre, c'est une île côtière inhabitée de la baie de Saint-Malo... et le nom choisi par le chef, breton d'origine, pour son restaurant installé à deux pas du boulevard Saint-Germain. La cuisine, déclinée sous forme de menu unique (option poisson ou viande), est soignée et généreuse ; la déco, avec poutres, briques et pierre, joue la carte de la modernité.

Menu 26 € (déjeuner)/59 €

17 rue Grégoire de Tours - Ⓜ Odéon - ✆ 01 42 38 25 08 - www.cezembrerestaurant.com - Fermé lundi, mardi

Le Cherche Midi

CUISINE ITALIENNE • BISTRO X Un authentique bistrot italien ! Pâtes fraîches fabriquées dans l'atelier à l'étage, superbes charcuteries affinées (ce jambon de Parme !), mortadelle, bresaola, mais aussi vins transalpins et café aussi serré que les tables... Quant à la mozzarella, bien crémeuse, elle arrive par avion deux à trois fois par semaine.

Carte 39/52 €

22 rue du Cherche-Midi - Ⓜ Sèvres Babylone - ✆ 01 45 48 27 44 - www.lecherchemidi.fr

Le Christine

CUISINE MODERNE • CONTEMPORAIN X C'est dans une ruelle plutôt calme que l'on découvre la façade du restaurant, avenante et colorée ; à l'intérieur, on trouve deux salles à manger coquettes. La cuisine, pile dans l'air du temps, se démarque par l'attention portée à chaque plat et par une fraîcheur de tous les instants. Merci Christine !

Menu 24 € (déjeuner), 39/45 €

1 rue Christine - Ⓜ St-Michel - ✆ 01 40 51 71 64 - www.restaurantlechristine.com - Fermé samedi midi, dimanche midi

Le Comptoir du Relais

CUISINE TRADITIONNELLE • BISTRO X Dans ce sympathique bistrot de poche des années 1930, Yves Camdeborde régale ses clients d'une généreuse cuisine traditionnelle. Le midi, on sert des plats de brasserie tandis que le soir, un menu unique plus raffiné vous est proposé.

Menu 60 € - Carte 29/65 €

Relais St-Germain, 5 carrefour de l'Odéon - Ⓜ Odéon - ✆ 01 44 27 07 50 - www.hotel-paris-relais-saint-germain.com

L'Épi Dupin

CUISINE MODERNE • CONVIVIAL X Le chef, François Pasteau, a mis en place une démarche écologique et locavore : achat de fruits et légumes en Île-de-France, traitement des déchets organiques, eau filtrée sur place, etc. Un respect de la nature et du "bien-vivre" que l'on retrouve dans ses assiettes, qui revisitent joliment la tradition de nos campagnes.

Menu 42/56 €

11 rue Dupin - Ⓜ Sèvres Babylone - ✆ 01 42 22 64 56 - www.epidupin.com - Fermé 5-25 août, lundi, samedi, dimanche

Fish La Boissonnerie

CUISINE MODERNE • BISTRO X Ca fait près de vingt ans que ce restaurant honore Bacchus de la plus belle des manières. 300 références de vins (bourgognes, champagnes, côtes-du-rhône) accompagnent une cuisine du marché attrayante et bien dans l'air du temps : soupe de brocolis, burrata et menthe ; côte de cochon, pommes grenaille et oignons rôtis...

Menu 29 € (déjeuner) - Carte 40/60 €

69 rue de Seine - Ⓜ Odéon - ✆ 01 43 54 34 69 - www.fishlaboissonnerie.com - Fermé 23 décembre-3 janvier

Invictus

CUISINE TRADITIONNELLE • BISTRO Le bistrot de Christophe Chabanel, à deux pas du jardin du Luxembourg, fait salle comble. À la carte, hareng et pommes de terre, petits oignons et pommes vertes ; bouillon de canette et foie gras ; mille-feuille tiède à la vanille : un régal.

Menu 35 € - Carte 43/60 €

5 rue Sainte-Beuve - Ⓜ Notre-Dame des Champs - ✆ 01 45 48 07 22 - https://restaurantinvictus.fr - Fermé lundi midi

KGB

CUISINE MODERNE • CONTEMPORAIN KGB pour Kitchen Galerie Bis. Il y règne le même esprit qu'à la maison mère, à mi-chemin entre galerie d'art et restaurant peu conventionnel. On s'y régale de "zors d'œuvres" - déclinaisons de hors-d'œuvre façon tapas -, de pâtes ou de plats cuisinés mêlant tradition hexagonale et assaisonnements asiatiques.

Menu 36 € (déjeuner), 55/66 €

25 rue des Grands-Augustins - Ⓜ St-Michel - ✆ 01 46 33 00 85 - www.zekitchengalerie.fr - Fermé 27 juillet-20 août, 30 décembre-8 janvier, lundi, dimanche

Sagan

CUISINE JAPONAISE • ÉPURÉ Près de l'Odéon, un restaurant de poche (quinze couverts) que l'on doit au propriétaire de Lengué, dans le 5e arrondissement. Dans un décor feutré, intimiste et sans fioriture, on déguste une cuisine japonaise inventive et souvent surprenante : ratatouille à la japonaise, tataki de thon, sashimi de cheval, pigeonneau au poivre japonais... Belle carte des vins.

Carte 30/60 €

8 rue Casimir-Delavigne - Ⓜ Odéon - ✆ 06 69 37 82 19 - Fermé 4-28 août, 23 décembre-7 janvier, lundi, mardi midi, mercredi midi, jeudi midi, vendredi midi, samedi midi, dimanche

Semilla

CUISINE MODERNE • BRANCHÉ Une bonne "graine" (*semilla* en espagnol) que ce bistrot né à l'initiative des patrons de Fish La Boissonnerie, juste en face. Ambiance conviviale, déco branchée et, dans la cuisine ouverte sur la salle, une équipe jeune et passionnée, qui travaille avec des fournisseurs triés sur le volet. Gourmand et bien ficelé !

Carte 50/75 €

54 rue de Seine - Ⓜ Odéon - ✆ 01 43 29 11 62 - www.semillaparis.com - Fermé 5-19 août, 23 décembre-3 janvier

Shu

CUISINE JAPONAISE • ÉPURÉ Il faut se baisser pour passer par la porte qui mène à cette cave du 17e s. Dans un décor minimaliste, on découvre une cuisine japonaise authentique et bien maîtrisée, où la fraîcheur des produits met en valeur kushiage, sushis et sashimis.

Carte 42/52 €

8 rue Suger - Ⓜ St-Michel - ✆ 01 46 34 25 88 - www.restaurant-shu.com - Fermé 28 avril-6 mai, 28 juillet-12 août, lundi midi, mardi midi, mercredi midi, jeudi midi, vendredi midi, samedi midi, dimanche

Sur la Braise

VIANDES • CONTEMPORAIN Carnivore, tu es ici chez toi. Les viandes de bœuf les plus réputées - Blonde de Galice, Black Angus, Wagyu... - sont grillées dans un four à braise et accompagnées de frites maison ou de légumes. Dans l'assiette, la simplicité est de mise : tout le plaisir est dans la qualité des produits et dans la précision des cuissons !

Menu 69/89 € - Carte 50/100 €

19 rue Bréa - Ⓜ Vavin - ✆ 01 43 27 08 80 - www.surlabraise.com - Fermé 28 juillet-24 août, dimanche

Taokan - St-Germain

CUISINE CHINOISE • BRANCHÉ Au cœur de St-Germain-des-Prés, on pousse la porte de ce joli restaurant pour célébrer la cuisine chinoise, et particulièrement cantonaise : incontournables dim-sum, poisson à la vapeur, magret de canard au miel, émincé de poulet caramélisé... De belles présentations, de bons produits : une vraie ambassade !

Menu 24 € (déjeuner)/70 € - Carte 43/72 €

8 rue du Sabot - St-Germain des Prés - 01 42 84 18 36 - www.taokan.fr - Fermé dimanche midi

Toyo

CUISINE CRÉATIVE • ÉPURÉ Dans une autre vie, Toyomitsu Nakayama était le chef privé du couturier Kenzo ; aujourd'hui, il excelle dans l'art d'assembler les saveurs et les textures. Thon rouge en salade ; curry façon Toyo ; espuma de banane, glace au caramel et poudre baobab... Une cuisine fraîche et parfumée, servie par une équipe attentive et discrète : impeccable.

Menu 39 € (déjeuner), 99/150 €

17 rue Jules-Chaplain - Vavin - 01 43 54 28 03 - www.restaurant-toyo.com - Fermé 4-19 août, lundi midi, dimanche

Wadja

CUISINE TRADITIONNELLE • BISTRO Tables serrées, vieux zinc, miroirs, lithographies années 1930 : pas de doute, c'est un bistrot. Un seul menu le midi, d'un bon rapport qualité-prix ; le soir, l'ardoise s'épanouit entre une salade de carpaccio de poulpe et soubressade, et une tarte meringuée au citron de Sicile.

Menu 24 € (déjeuner), 43/53 € - Carte 44/54 €

10 rue de la Grande-Chaumière - Vavin - 01 46 33 02 02 - Fermé 3-26 août, 20 décembre-1er janvier, samedi, dimanche

Yen

CUISINE JAPONAISE • ÉPURÉ Un restaurant au décor très épuré pour amateurs de minimalisme zen. On s'y régale d'une cuisine japonaise soignée, tout en variations, et préparée directement sous vos yeux ébahis : sushi, tempura, soba, nouilles de sarrasin chaudes ou froides... Mets authentiques et service rigoureux.

Menu 48 € (déjeuner), 70/48 € - Carte 40/90 €

22 rue St-Benoît - St-Germain-des-Prés - 01 45 44 11 18 - www.yen-paris.fr - Fermé dimanche

Hôtels

Lutetia

LUXE • ART DÉCO Après quatre ans (!) de rénovation, cet hôtel mythique de la rive gauche, bâti en 1910, a enfin rouvert ses portes. Au programme, une leçon d'élégance et de prestations haut-de-gamme : fresques étonnantes, plaisant patio, spa de 700 m2, chambres sobres aux touches Art déco... Le Lutetia est bien de retour.

166 chambres - 695/1945 € - 18 suites - 52 €

45 boulevard Raspail - Sèvres Babylone - 01 49 54 46 00 - www.hotellutetia.com

L'Abbaye

LUXE • CLASSIQUE Un hôtel d'un charme rare. Installé dans un ancien couvent du 17e s., il propose des chambres très raffinées, à la fois classiques et lumineuses. Dans la cour verdoyante coule une fontaine, tout est si calme... Personnel attentif et prévenant.

40 chambres - 200/600 € - 4 suites - 18 €

10 rue Cassette - St-Sulpice - 01 45 44 38 11 - www.hotel-abbaye.com

Esprit St-Germain

BOUTIQUE HÔTEL • CONTEMPORAIN Tout près de l'église Saint-Sulpice, l'élégance et le confort ont rendez-vous : tableaux orientalistes et moquette léopard dans le salon-bibliothèque, style feutré jusque dans les chambres, où une réelle attention est portée à votre bien-être.

23 chambres – 340/765 € – 5 suites – 24 €

22 rue St-Sulpice – Mabillon – 01 53 10 55 55 – www.espritsaintgermain.com

L'Hôtel

BOUTIQUE HÔTEL • PERSONNALISÉ C'est à "L'Hôtel" que mourut en 1900 le grand Oscar Wilde. Le décor, signé Jacques Garcia, n'est pas sans rappeler les fastes de l'art pour l'art, avec des allusions aux styles baroque, Empire, oriental... Esthétique et atypique.

20 chambres – 390/1200 €

13 rue des Beaux Arts – St-Germain des Prés – 01 44 41 99 00 – www.l-hotel.com

Le Restaurant – voir la sélection des restaurants

Hôtel d'Aubusson

LUXE • COSY Cet hôtel particulier conserve ce raffinement propre au 17e s. avec son salon, ses beaux parquets, ses tapisseries d'Aubusson... Paradoxalement, les chambres sont d'une sobre modernité. Et selon les jours, on organise des soirées jazz au Café Laurent, où résonnent encore les solos de trompette de Boris Vian !

49 chambres – 385/875 € – 25 €

33 rue Dauphine – Odéon – 01 43 29 43 43 – www.hoteldaubusson.com

Relais Christine

HISTORIQUE • ÉLÉGANT Une demeure historique ! Salons chic (marbre de Carrare, parquet), chambres élégantes et toutes différentes, espace bien-être niché dans la cave voûtée... On vous prête même des vélos ou une petite citadine pour un tour de la capitale.

42 chambres – 360/730 € – 6 suites – 30 €

3 rue Christine – St-Michel – 01 40 51 60 80 – www.relais-christine.com

Relais St-Germain

HÔTEL PARTICULIER • PERSONNALISÉ Au carrefour de l'Odéon, l'animation ne cesse jamais. Raison de plus pour trouver refuge dans cet hôtel raffiné. Poutres patinées, étoffes chatoyantes et meubles anciens lui donnent un réel cachet. De vraies chambres d'écrivains...

22 chambres – 295/460 €

9 carrefour de l'Odéon – Odéon – 01 44 27 07 97 – www.hotel-paris-relais-saint-germain.com

Le Comptoir du Relais – voir la sélection des restaurants

Bel Ami St-Germain des Prés

URBAIN • CONTEMPORAIN Une ancienne imprimerie, d'où sortit le premier exemplaire de Bel Ami, le célèbre roman de Maupassant. Une adresse pour urbains chic, avec un bar tendance et des chambres à la mode 1970 revisitées. Espace fitness et soins, brunch le week-end.

108 chambres – 229/660 € – 7 suites – 29 €

7-11 rue St-Benoist – St-Germain des Prés – 01 42 61 87 17 – www.hotel-bel-ami.com

Madison

TRADITIONNEL • ÉLÉGANT Camus aimait fréquenter cet établissement, probablement à cause de son emplacement idéal, au cœur de St-Germain-des-Prés. Les chambres ont toutes été rénovées dans un style contemporain assez composite ; certaines ont vue sur l'église.

47 chambres – 185/450 € – 3 suites – 25 €

143 boulevard St-Germain – St-Germain des Prés – 01 40 51 60 00 – www.hotel-madison.com

Le Six

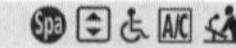

URBAIN · CONTEMPORAIN Un hôtel contemporain parfaitement situé, entre le jardin du Luxembourg, St-Germain-des-Prés et Montparnasse. Les chambres, sobres et bien agencées, rendent hommage en photo aux légendes du quartier ; petit spa bien aménagé.

37 chambres - 209/600 € - 4 suites - 19 €

14 rue Stanislas - Notre-Dame des Champs - 01 42 22 00 75 - www.hotel-le-six.com

La Villa St-Germain-des-Prés

BOUTIQUE HÔTEL · CONTEMPORAIN À mi-chemin entre les Beaux-Arts et l'église St-Germain, cet hôtel discret n'est pas sans évoquer une demeure de famille, version contemporaine : beau parquet en chêne massif, mobilier moderne, étoffes précieuses, lumières douces... Vous êtes ici chez vous.

31 chambres - 170/575 € - 22 €

29 rue Jacob - St-Germain des Prés - 01 43 26 60 00 - www.villa-saintgermain.com

La Belle Juliette

BOUTIQUE HÔTEL · ÉLÉGANT Chaque étage de l'hôtel est décoré selon un thème différent : Madame Récamier au 1er (la fameuse Juliette), l'Italie au 2e, Chateaubriand au 3e, etc. Un cadre qui marie l'ancien au moderne en restant toujours chaleureux. Un endroit de caractère !

45 chambres - 200/600 € - 10 suites - 22 €

92 rue du Cherche-Midi - Vaneau - 01 42 22 97 40 - www.labellejuliette.com

Odéon St-Germain

TRADITIONNEL · COSY Un hôtel très bien situé derrière l'Odéon. Les murs sont du 16e s. mais le style, intemporel, est signé Jacques Garcia : tentures en soie, mobilier opulent, ciels de lit damassés... Un confort et un charme indéniables.

27 chambres - 169/480 € - 14 €

13 rue St-Sulpice - Odéon - 01 43 25 70 11 - http://hotelparisodeonsaintgermain.com

Récamier

LUXE · COSY Un petit bijou d'hôtel, très Rive Gauche. La décoration évoque le style inspiré et composite des années 1940 : moquette panthère, moulures, matières et papiers peints précieux. Un sens du détail et du confort que l'on retrouve dans les chambres ; certaines donnent sur l'église Saint-Sulpice.

24 chambres - 320/550 € - 22 €

3 bis place St-Sulpice - St-Sulpice - 01 43 26 04 89 - www.hotelrecamier.com

Hôtel des Académies et des Arts

URBAIN · COSY Dans cette rue où vécut Modigliani, les corps blancs de Jérôme Mesnager et les sculptures de Sophie de Watrigant se déclinent avec élégance. Les chambres, bien que relativement petites, sont chaleureuses et cosy.

20 chambres - 149/370 € - 16 €

15 rue de la Grande-Chaumière - Vavin - 01 43 26 66 44 - www.hoteldesacademies.com

Apostrophe

URBAIN · CONTEMPORAIN Osant un design singulier, toutes les chambres de cet hôtel hors normes racontent une histoire : ici des voilages imprimés de photographies, là un papier peint insolite... Avec, détail notable, des salles de bains ouvertes sur les chambres.

16 chambres - 109/353 € - 12 €

3 rue Chevreuse - Vavin - 01 56 54 31 31 - www.apostrophe-hotel.com

Legend

URBAIN • CONTEMPORAIN Entre la gare Montparnasse et St-Germain-des-Prés, un hôtel à la décoration résolument design, avec des chambres confortables. Un pied-à-terre idéal pour les personnes arrivant du Grand Ouest... et les autres. Bon petit-déjeuner.

38 chambres - 99/350 € - 16 €

151 bis rue de Rennes - Ⓜ Montparnasse - ✆ 01 45 48 97 38 - www.legendhotelparis.com

Tour Eiffel - Ecole Militaire - Invalides

7e arrondissement

Lawton/SoFood/Photononstop

Restaurants

✿✿✿ Arpège (Alain Passard)

CUISINE CRÉATIVE • ÉLÉGANT XXX "Le plus beau livre de cuisine a été écrit par la nature." Ainsi parle Alain Passard. Son nom est associé aux légumes – et pour les connaisseurs à une certaine betterave en croûte de sel. Il a su avant tout le monde. Un menu 100 % légumes, pensez-vous ! Aujourd'hui, sa philosophie s'invite à toutes les tables, et il n'est plus un chef qui ne s'affiche, les pieds dans la terre, dans son potager.

L'Arpège naît en 1987 : dix ans plus tard, il décroche la troisième étoile. L'année 2016 fut la sienne : 30 ans d'Arpège et 20 ans de 3 étoiles. Mais l'homme qui célèbre le fruit et la fleur ne se sent jamais aussi bien que dans l'un de ses trois potagers de l'Ouest de la France, où se conjuguent les mains du cuisinier et du jardinier. Il va y cueillir ses inspirations et explorer les possibilités culinaires du légume, apportant toute sa noblesse à ce produit d'ordinaire servi en accompagnement.

→ Fines ravioles potagères multicolores, consommé éphémère. Aiguillettes de homard bleu au vin de Côtes-du-Jura. Millefeuille croustillant aux fruits de nos vergers

Menu 175 € (déjeuner) - Carte 243/327 €

84 rue de Varenne - Ⓜ Varenne - ✆ 01 47 05 09 06 - www.alain-passard.com - Fermé samedi, dimanche

✿✿ Sylvestre

CUISINE MODERNE • ÉLÉGANT XXX Il était une fois un petit garçon, crapahutant dans les montagnes pakistanaises. Son nom : Shahzad Wahid. À 9 ans, Shahzad arrive en France sans connaître un mot de français : il devient Sylvestre. Le jour où il trempe ses lèvres dans un verre de champagne, c'est la révélation. Son apprentissage de la langue passera d'abord par celui de son palais. Premiers pas auprès de Thierry Marx et d'Alain Ducasse, avant de devenir en 2005 chef de L'Oustau de Baumanière, où il accroche à son tablier deux étoiles... qu'il récupère en arrivant chez Thoumieux. Il oriente cuisine et décoration vers le végétal et le minéral. Salle à manger feutrée et cosy, boudoir intimiste à la lumière tamisée ; sur la table, le sel bleu de Perse, le rose de l'Himalaya, et le noir d'Hawaï dessinent les contours de l'évasion gastronomique. La démonstration peut commencer.

Sylvestre Wahid est un artiste inspiré - en témoigne cette eau de concombre et cannelloni végétal, stupéfiante variation de vert comme un clin d'œil aux plantes qui aèrent la salle. Poursuivez la promenade avec les cèpes en trois préparations, et l'impression d'une balade en forêt sous le soleil d'automne. L'agneau de lait apportera ensuite densité et texture à l'architecture du repas. Enfin s'achève la symphonie gourmande par des figues rôties au jus de sycomore, comme un adieu à l'été évanoui...

➜ Fenouil bulbe aux algues cuit à la braise, anchois et ricotta. Pigeon des Costières au raisin muscat, blettes et chia. Citron de Menton, coque de meringue à la laitue de mer

Menu 98 € (déjeuner), 175/250 € - Carte 155/200 €

79 rue St-Dominique (1er étage) - Ⓜ La Tour Maubourg
- ✆ 01 47 05 79 00 - www.thoumieux.fr -
Fermé 1er-31 août, lundi, samedi midi, dimanche

✿✿ David Toutain

CUISINE MODERNE • DESIGN XX Le voici chez lui, David Toutain, qui s'était fait connaître dans de bien belles tables (Arpège, Agapé Substance...). Il s'est récemment établi dans cette rue discrète du quartier des ministères, que l'on n'est pas habitué à voir comme un tel carrefour de tendances. De fait, derrière ce nom de David Toutain, c'est toute une mouvance culinaire qui s'agite : le jeune chef est la coqueluche des "foodistas" parisiens, il convient de réserver très à l'avance pour obtenir une place...

La table réserve en effet une expérience délicieuse, exemplaire du goût contemporain ! L'espace, d'abord : une forme de loft, tout en matériaux bruts (bois, béton), aux lignes scandinaves. L'assiette également n'est pas sans évoquer cette Europe du Nord aujourd'hui si en vue. Goût du végétal, associations inédites, légèreté et graphisme épuré : la parenté est palpable, et pourtant, la finesse, la créativité, la palette d'expressions du chef révèlent une vraie singularité et même une forme de sagesse. S'inscrire pleinement dans une génération tout en étant soi-même : un bel équilibre !

➜ Œuf, maïs et cumin. Anguille fumée et sésame noir. Chou-fleur, coco et chocolat blanc

Menu 60 € (déjeuner), 120/160 €

29 rue Surcouf - Ⓜ Invalides
- ✆ 01 45 50 11 10 - www.davidtoutain.com -
Fermé 22-27 avril, 29 juillet-16 août, samedi, dimanche

✿✿ L'Atelier de Joël Robuchon - St-Germain

CUISINE CRÉATIVE • DESIGN X Plongés dans une semi-pénombre étudiée, deux bars se répondent autour de la cuisine centrale où les plats sont élaborés sous le regard des hôtes, assis au comptoir sur de hauts tabourets (on peut aussi préférer la petite salle voisine, plus traditionnelle mais tout aussi confidentielle). Une idée de "cantine chic", version occidentale du teppanyaki et des bars à sushis nippons, avec au menu une cuisine "personnalisable" (sous forme de petites portions et d'assiettes) ciselée avec une précision d'orfèvre et des ingrédients de choix.

Caviar sur un œuf de poule mollet et friand au saumon fumé ; soufflé passion, fraîcheur d'ananas et sorbet piña colada ; merlan frit Colbert avec un beurre aux herbes : près de 80 plats différents sont proposés à midi et le soir. Sans oublier les incontournables de la maison : ravioles de king crab, tartine de pied de cochon, côtelettes d'agneau de lait et purée de pommes de terre Joël Robuchon... Un atelier des saveurs, un must du genre.

➜ Caviar sur un œuf de poule mollet et friand au saumon fumé. Côtelettes d'agneau de lait à la fleur de thym. Ganache onctueuse au chocolat araguani, glace au grué de cacao enrobé d'une saveur Oreo

Menu 189 € - Carte 80/170 €

5 rue de Montalembert - Ⓜ Rue du Bac - ✆ 01 42 22 56 56 -
www.joel-robuchon.net

Les Climats

CUISINE MODERNE • VINTAGE XX Mosaïques au sol, luminaires en laiton, marbres verts d'Estours : l'ancienne Maison des Dames des Postes ne manque pas de cachet. Quant à la cuisine, elle n'a rien de téléphoné : beaux produits et accords créatifs reconnectent tous les sens... et la carte de vins de Bourgogne est remarquable, avec près de 2000 références.

→ Cuisine du marché

Menu 49 € (déjeuner)/130 € - Carte 120/140 €

41 rue de Lille - Ⓜ Rue du Bac - ✆ 01 58 62 10 08 - www.lesclimats.fr - Fermé 28 avril-1er mai, 4-27 août, 31 décembre-14 janvier, lundi, dimanche

Divellec

POISSONS ET FRUITS DE MER • CHIC XX Désormais à la barre de cette institution parisienne, le chef Mathieu Pacaud met son énergie au service d'une impeccable cuisine de la mer, fidèle à l'histoire des lieux. Les délices se succèdent dans l'assiette, porteuse du vent du large : le Divellec est bien de retour.

→ Calque de bar, bonbons de pomme verte et baies roses. Homard en navarin, pomme de terre confite, étouffé au fenouil sauvage. Soufflé au chocolat grand cru

Menu 49 € (déjeuner), 90/210 € - Carte 95/160 €

18 rue Fabert - Ⓜ Invalides - ✆ 01 45 51 91 96 - www.divellec-paris.fr

Auguste (Gaël Orieux)

CUISINE MODERNE • ÉLÉGANT XX Ambiance feutrée, miroirs, murs blancs sculptés et jolis fauteuils... Auguste sied bien à la cuisine de Gaël Orieux, un chef passionné et amoureux des produits. Ses plats ? Une quête d'harmonie et d'inventivité, mêlant finement la terre et la mer. Prix étudiés le midi, grand jeu le soir.

→ Huîtres creuses en gelée d'eau de mer, mousse raifort et poire comice. Ris de veau croustillant, cacahouètes caramélisées, girolles, abricot sec et vin jaune. Millefeuille parfumé à la fève tonka

Menu 39 € (déjeuner)/90 € - Carte 90/120 €

54 rue de Bourgogne - Ⓜ Varenne - ✆ 01 45 51 61 09 - www.restaurantauguste.fr - Fermé samedi, dimanche

ES (Takayuki Honjo)

CUISINE MODERNE • ÉPURÉ XX Une adresse tenue par Takayuki Honjo, jeune chef japonais adepte de cuisine française. Dès les premières bouchées, son talent saute aux papilles ! Foie gras et oursins, pigeon et cacao : toutes les associations fonctionnent sans fausse note, il dompte les saveurs et n'oublie jamais l'harmonie de l'ensemble. Limpide.

→ Cuisine du marché

Menu 55 € (déjeuner)/105 €

91 rue de Grenelle - Ⓜ Solférino - ✆ 01 45 51 25 74 - www.es-restaurant.fr - Fermé 5-26 août, lundi, mardi midi, mercredi midi, jeudi midi, dimanche

Loiseau rive Gauche

CUISINE TRADITIONNELLE • ÉLÉGANT XX À deux pas du Palais-Bourbon, la cuisine ciselée du chef Maxime Laurenson célèbre les terroirs français (Auvergne, Savoie...). Les végétariens trouveront ici leur compte avec le menu "Légumes en fête". Boiseries, chaises Louis XV et étonnante table design (la n° 20). Finesse et justesse d'exécution, notes florales : il n'y a pas que les légumes qui sont à la fête...

→ Cuisine du marché

Menu 45 € (déjeuner), 82/105 € - Carte 55/95 €

5 rue de Bourgogne - Ⓜ Assemblée Nationale - ✆ 01 45 51 79 42 - www.bernard-loiseau.com - Fermé 4-27 août, lundi, dimanche

Un important déjeuner d'affaires ou un dîner entre amis ?
Le symbole vous signale les salons privés.

✿ Nakatani (Shinsuke Nakatani)

CUISINE MODERNE • INTIME XX Le chef japonais Shinsuke Nakatani (ancien de chez Hélène Darroze) vole de ses propres ailes ! Avec un sens aigu de l'assaisonnement, des cuissons et de l'esthétique des plats, il compose une belle cuisine française au gré des saisons. Tout cela est servi par un personnel discret et efficace : impeccable !

→ Consommé de légumes. Bœuf Wagyu, girolles, pomme de terre de Noirmoutier, brocoletti, sarrasin et sauce au vin rouge. Biscuit vapeur aux courges, reine-claude et crème brûlée au thé

Menu 50 € (déjeuner), 105/145 €

27 rue Pierre-Leroux - Ⓜ Vaneau - ✆ 01 47 34 94 14 - www.restaurant-nakatani.com - Fermé 1er-12 août, lundi, dimanche

✿ Le Violon d'Ingres (Christian Constant)

CUISINE TRADITIONNELLE • ÉLÉGANT XX On se bouscule toujours chez Christian Constant, pour qui l'art du restaurant est bien loin d'être un simple violon d'Ingres ! Ses recettes révèlent l'âme d'un authentique cuisinier, dans la droite ligne de la belle tradition, et le savoir-faire d'une équipe de talent.

→ Fine gelée d'araignée de mer, crémeux de tourteau à l'infusion d'herbes. Suprême de bar croustillant aux amandes, jus acidulé aux câpres et citron. Soufflé chaud au Grand Marnier

Menu 49 € (déjeuner)/130 € - Carte 87/99 €

135 rue St-Dominique - Ⓜ École Militaire - ✆ 01 45 55 15 05 - www.maisonconstant.com

✿ Aida (Koji Aida)

CUISINE JAPONAISE • ÉLÉGANT X Le cadre, typiquement japonais, est sobre et élégant : on s'assied au comptoir (neuf places !) ou dans la petite salle privée, avec tatami. Cuissons, assaisonnements, découpes, températures : tout est précis et sublime l'expression du produit ; sushis, huîtres et homard sont préparés sous vos yeux par un chef virtuose...

→ Sashimi. Teppanyaki. Wagashi

Menu 280 €

1 rue Pierre-Leroux - Ⓜ Vaneau - ✆ 01 43 06 14 18 - www.aida-paris.net - Fermé lundi, mardi midi, mercredi midi, jeudi midi, vendredi midi, samedi midi, dimanche midi

✿ Pertinence (Kwen Liew et Ryunosuke Naito)

CUISINE MODERNE • DESIGN X C'est tout près du Champ-de-Mars que Ryu, Japonais, et Kwen, Malaisienne, ont ouvert cette maison tout en épure - lattes de bois clair et chaises Knoll -, à leur image. Ryu compose une cuisine du marché aux saveurs intenses, offrant un délicieux lifting à la tradition française. Quelque chose nous dit qu'il n'a pas fini de nous surprendre.

→ Cuisine du marché

Menu 45 € (déjeuner), 105/135 € - Carte 100/180 €

29 rue de l' Exposition - Ⓜ École Militaire - ✆ 01 45 55 20 96 - www.restaurantpertinence.com - Fermé 28 juillet-12 septembre, lundi, mardi midi, dimanche

✿ Tomy & Co (Tomy Gousset)

CUISINE MODERNE • CONVIVIAL X Cette adresse porte l'empreinte de Tomy Gousset (Meurice, Taillevent), qui affiche son talent sans complexes. Il joue une partition gastro-bistrot ancrée dans son temps, jonglant entre simplicité et sophistication, avec une démarche locavore sincère (bons légumes bio de l'Essonne, par exemple). Pensez à réserver à l'avance...

→ Tartelette de langue de bœuf, navets en pickles et sauce gribiche. Filet de canette Apicius, blettes et figues rôties, pommes dauphine. Tarte au chocolat à la fève tonka et glace praliné

Menu 48/80 €

22 rue Surcouf - Ⓜ Invalides - ✆ 01 45 51 46 93 - Fermé samedi, dimanche

Au Bon Accueil

CUISINE MODERNE • BISTRO XX À l'ombre de la tour Eiffel, dans une rue calme, un bistrot au chic discret où l'on sert une appétissante cuisine du marché, sensible au rythme des saisons. Poulpe grillé, pommes de terre écrasées, sauce aïoli ; selle d'agneau rôtie et épaule confite...

Menu 36/55 € – Carte 60/80 €

14 rue de Monttessuy – Ⓜ Alma Marceau – ✆ 01 47 05 46 11 – www.aubonaccueilparis.com – Fermé 12-31 août, samedi, dimanche

Chez les Anges

CUISINE CLASSIQUE • ÉLÉGANT XX Une salle élégante pour une cuisine goûteuse et sincère, entre tradition et modernité : langoustines, cheveux d'ange et rémoulade de céleri rave, ou encore sole meunière et volaille de Bresse... Et en accompagnement, une belle carte de vins et whiskys.

Menu 37/55 € – Carte 61/83 €

54 boulevard de la Tour-Maubourg – Ⓜ La Tour Maubourg – ✆ 01 47 05 89 86 – www.chezlesanges.com – Fermé 12-31 août, samedi, dimanche

Le Clos des Gourmets

CUISINE MODERNE • TENDANCE X Dans ce néobistrot épuré et chaleureux, le chef, en véritable amateur de bonne chère, a le souci de bien faire. Persillé de lapin en gelée parfumée à l'estragon, poulette du Gers rôtie et ses pommes grenaille, tête de cochon croustillante à la vinaigrette d'herbes... Une cuisine franche et pleine de jolies saveurs !

Menu 30 € (déjeuner), 35/42 € – Carte 43/56 €

16 avenue Rapp – Ⓜ Alma Marceau – ✆ 01 45 51 75 61 – www.closdesgourmets.com – Fermé 1er-20 août, lundi, dimanche

Les Cocottes - Tour Eiffel

CUISINE TRADITIONNELLE • TENDANCE X Une création gourmande de Christian Constant, juste à côté de sa maison mère, Le Violon d'Ingres. Le concept ? Il propose ici une cuisine de bistrot joliment revisitée et servie... dans des cocottes : velouté de légumes d'autrefois, terrine de campagne, côte de veau rôtie, etc. Très convivial, d'autant qu'on sert non-stop de 12h à 22h !

Menu 28 € (déjeuner)/35 € – Carte 34/59 €

135 rue St-Dominique – Ⓜ École Militaire – ✆ 01 45 50 10 28 – www.maisonconstant.com

La Laiterie Sainte-Clotilde

CUISINE TRADITIONNELLE • VINTAGE X Une ancienne laiterie (fin du 19e s.) où l'on cultive un esprit bobo-nostalgique : chaises en formica, grande banquette rouge, et une cuisine mi-bistrot, mi-ménagère. Au menu : soupe de tomate à l'origan sauvage, compotée d'avocat ; quasi de veau et fenouil braisé à l'orange ; gâteau au chocolat... À déguster d'une traite !

Menu 28 € (déjeuner) – Carte 35/45 €

64 rue de Bellechasse – Ⓜ Solférino – ✆ 01 45 51 74 61 – Fermé 31 juillet-26 août, 21 décembre-2 janvier, samedi midi, dimanche

Pottoka

CUISINE BASQUE • CONVIVIAL X Sébastien Gravé, le chef-patron, est originaire du Sud-Ouest et vénère le rugby et les bons produits basques... Merlu et bonite de la criée de St-Jean-de-Luz, porc Ibaiona, sous forme de tapas à partager : c'est gourmand et généreux, avec quelques jolies touches contemporaines pour couronner le tout.

Menu 28 € (déjeuner), 37/65 €

4 rue de l'Exposition – Ⓜ École Militaire – ✆ 01 45 51 88 38 – www.pottoka.fr – Fermé 23 juillet-19 août

PARIS

20 Eiffel

CUISINE TRADITIONNELLE • CLASSIQUE X Dans une rue calme à deux pas de la Tour Eiffel, ce restaurant vous accueille dans un cadre sobre mais lumineux. Dans l'assiette, on trouve une cuisine traditionnelle, exécutée à quatre mains ; les belles saveurs sont au rendez-vous, comme avec ce filet de lieu jaune sauvage et potimarron.

Menu 33 € - Carte 49/55 €

20 rue de Monttessuy - Ⓜ Alma Marceau - ✆ 01 47 05 14 20 - www.restaurant20eiffel.fr - Fermé 2-11 janvier, 5-16 mai, 1er-13 septembre, lundi, dimanche

Arnaud Nicolas

CUISINE MODERNE • CONVIVIAL XX Un charcutier sachant cuisiner ne court pas les rues, et surtout pas celles de ce secteur résidentiel du 7ème arrondissement (à deux pas de la Tour Eiffel, tout de même) ! Présent au Boudoir, sa première affaire, le chef patron s'approprie pâté en croûte et terrine, pour imaginer une haute couture charcutière. A déguster dans un cadre sobre et élégant. A l'entrée du restaurant, un coin boutique permet de prolonger l'expérience culinaire.

Menu 35 € (déjeuner)/62 € - Carte 47/68 €

46 avenue de la Bourdonnais - Ⓜ École Militaire - ✆ 01 45 55 59 59 - www.arnaudnicolas.paris - Fermé lundi midi, dimanche

Brasserie Thoumieux by Sylvestre

CUISINE MODERNE • BRASSERIE XX Banquettes rouges et miroirs, actrices et hommes du monde : cette brasserie de 1923 marie Belle Époque et actualité ! Foie gras de canard poêlé aux figues, "big burger XXL", volaille jaune des Landes rôtie : la carte fait de jolies œillades à l'esprit des lieux. Un régal !

Menu 29 € (déjeuner) - Carte 50/80 €

Thoumieux, 79 rue St-Dominique - Ⓜ La Tour Maubourg - ✆ 01 47 05 79 00 - www.thoumieux.fr

Garance

CUISINE CRÉATIVE • DESIGN XX Dans ce bistrot contemporain proche des Invalides, on découvre des assiettes où le produit est roi (les légumes, par exemple, sont issus de leur potager dans le Limousin) et restitué dans toute sa simplicité. Service complice et convivial.

Menu 65/95 € - Carte 80/95 €

34 rue Saint-Dominique - Ⓜ Invalides - ✆ 01 45 55 27 56 - www.garance-saintdominique.fr - Fermé samedi, dimanche

Petrossian

POISSONS ET FRUITS DE MER • CHIC XX Un nom mythique pour les amateurs de caviar depuis 1920, quand les frères Petrossian, d'origine arménienne, se lancèrent dans son importation. Le restaurant honore l'histoire de la maison avec de la dégustation "classique" de caviar, mais aussi des plats bien pensés où il apparaît sous d'autres formes (pressé, séché, maturé, liquide).

Menu 46 € (déjeuner), 130/170 € - Carte 55/95 €

13 Boulevard de la Tour-Maubourg - Ⓜ Invalides - ✆ 01 44 11 32 32 - www.petrossian.fr

Thiou

CUISINE THAÏLANDAISE • ÉLÉGANT XX Apiradee Thirakomen ("Thiou" est son surnom) a emmené avec elle tout le personnel thaï de son ancienne adresse, et rayonne aujourd'hui en face du dôme des Invalides. La cuisine est fidèle à elle-même, goûteuse et préparée avec de bons produits frais : ravioles de crevettes, phad thaï, ou encore le mystérieux - et vorace ! - "tigre qui pleure"... Un vrai bonheur.

Menu 52 € - Carte 50/85 €

94 boulevard de la Tour-Maubourg - Ⓜ La Tour Maubourg - ✆ 01 76 21 78 84 - www.restaurant-thiou.fr - Fermé 10-19 août, samedi midi, dimanche soir

Allénothèque

CUISINE MODERNE • BISTRO Concept novateur et ludique pour la nouvelle table de Yannick Alleno : cave au sous-sol riche de plus de 700 références de vins (à consommer ou à emporter), restaurant au rez-de-chaussée, galerie d'art au premier étage... Dans l'assiette, une offre bistronomique soignée, fraîche et créative, selon les saisons et les produits du moment. Très tendance.

Menu 41 € (déjeuner)/65 € - Carte 55/75 €

6 allée de Beaupassage - Rue du Bac - 01 84 74 21 21 - www.allenotheque.fr - Fermé lundi, dimanche soir

L'Ami Jean

CUISINE MODERNE • BISTRO Passionné du beau produit de saison, Stéphane Jégo sert une cuisine pleine de générosité et de saveurs. Des plats au caractère bien trempé ! Réservation indispensable.

Menu 35 € (déjeuner) - Carte 66/81 €

27 rue Malar - La Tour Maubourg - 01 47 05 86 89 - www.lamijean.fr - Fermé 1er-31 août, 23 décembre-2 janvier, lundi, dimanche

Bistrot Belhara

CUISINE TRADITIONNELLE • BISTRO Belhara ? Un site célèbre pour ses vagues superbes sur la côte basque. C'est par ce clin d'œil que le chef de ce bistrot rend hommage à ses origines... mais on ne saurait résumer à cela son impressionnant parcours (Guérard, Loiseau, Ducasse, etc.) : converti à la mode bistrot, Thierry Dufroux fait des merveilles en revisitant les classiques. En haut de la vague !

Menu 34 € (déjeuner), 41/60 € - Carte 40/65 €

23 rue Duvivier - École Militaire - 01 45 51 41 77 - www.bistrotbelhara.com - Fermé 9-26 août, lundi, dimanche

Les Botanistes

CUISINE TRADITIONNELLE • BISTRO Foie gras de canard mi-cuit au torchon ; chipirons au piment d'Espelette et leur risotto d'épeautre au chorizo ; paleron de bœuf carottes, cumin et orange... De beaux spécimens de cuisine bistrotière, dans leur environnement naturel : banquettes, tables en bois, etc. Sympathique et convivial !

Carte 35/60 €

11 bis rue Chomel - Sèvres-Babylone - 01 45 49 04 54 - www.lesbotanistes.com - Fermé 2-10 mars, 3 août-1er septembre, dimanche

Café Constant

CUISINE TRADITIONNELLE • BISTRO Cette annexe de Christian Constant conjugue recettes bistrotières et prix doux : œufs mimosa, tartare de saumon, huîtres et bar au gingembre, parmentier de cuisse de canard croisé au vin rouge, pommes gaufrettes, etc. Simple, gourmand, convivial... et sans réservation : premier arrivé, premier servi !

Menu 27 € (déjeuner)/37 € - Carte 38/54 €

139 rue St-Dominique - École Militaire - 01 47 53 73 34 - www.maisonconstant.com

Clover Green

CUISINE MODERNE • CONVIVIAL Une mini-salle sobre et épurée, au fond de laquelle trois cuisiniers s'agitent aux fourneaux : bienvenue dans la nouvelle adresse de poche de Jean-François Piège, en plein cœur de St-Germain-des-Prés. Au fil d'un menu rondement mené, on se régale d'une cuisine fine, colorée et forte en saveurs. Réservation indispensable.

Menu 37 € (déjeuner), 58/68 €

5 rue Perronet - St-Germain-des-Prés - 01 75 50 00 05 - www.clover-paris.com - Fermé 14-28 août, lundi, dimanche

Epoca

CUISINE ITALIENNE • CONTEMPORAIN Bienvenue dans l'annexe de Ida ! Le chef propose ici une cuisine plus simple et même plus italienne, autant sur la nourriture que l'ambiance : c'est convivial et animé. La carte reprend des recettes célèbres (pâtes *alle vongole*, tiramisu), avec d'autres réalisations plus originales. Une agréable adresse.

Carte 37/55 €

17 rue Oudinot - Vaneau - 01 43 06 88 88 - Fermé lundi, dimanche soir

Les Fables de La Fontaine

CUISINE MODERNE • BISTRO X "Rien ne sert de courir, il faut partir à point". À l'encontre de la morale du *Lièvre et la Tortue*, courez découvrir ces Fables gourmandes. La salle à manger, aussi petite que lumineuse, a des airs de bistrot contemporain ; quant à la cuisine, elle se révèle plutôt moderne, avec un net penchant pour les produits de la mer.

Carte 50/75 €

131 rue St-Dominique – Ⓜ École Militaire – ✆ 01 44 18 37 55 – www.lesfablesdelafontaine.net

Florimond

CUISINE TRADITIONNELLE • BISTRO X Florimond – du nom du jardinier de Monet à Giverny – a l'esprit bistrotier et convivial... Pour faire honneur à ce prénom chantant, le chef agrémente sa cuisine du terroir (nombreux produits de Corrèze, sa région d'origine) de beaux légumes. Et ce fils de charcutier fait lui-même ses saucisses, boudins et conserves !

Menu 23 € (déjeuner)/40 € – Carte 40/55 €

19 avenue de La Motte-Picquet – Ⓜ École Militaire – ✆ 01 45 55 40 38 – www.leflorimond.com – Fermé 25 février-9 mars, 29 juillet-17 août, samedi, dimanche

Fontaine de Mars

CUISINE TRADITIONNELLE • BISTRO X Un parfait bistrot des années 1930 (restauré à l'identique), rétro et convivial... Presque une image d'Épinal, ce qui n'est pas pour déplaire aux touristes ! La carte donne dans la vraie tradition : boudin, andouillette, filet de bœuf sauce béarnaise, magret de canard, cassoulet, etc. En un mot : à l'ancienne !

Carte 40/90 €

129 rue St-Dominique – Ⓜ École Militaire – ✆ 01 47 05 46 44 – www.fontainedemars.com

L'Inconnu

CUISINE MODERNE • ÉPURÉ X Dans sa première adresse, l'ancien second du Passage 53 concocte une cuisine d'inspiration italienne, aux accents français, sans oublier le Japon, sa terre natale. Carpaccio de maquereau, gelée de concombre et granny-smith ; cabillaud poêlé, consommé de crevettes, courgette : inédit, créatif et d'une grande liberté.

Menu 40 € (déjeuner), 60/85 €

4 rue Pierre Leroux – Ⓜ Vanneau – ✆ 01 53 69 06 03 – www.restaurant-linconnu.fr – Fermé lundi, dimanche soir

Le Petit Varenne

CUISINE MODERNE • BISTRO X A l'angle de deux rues, ce bistrot tendance, un brin vintage, incite à la curiosité gourmande. Dans l'assiette, on s'amuse, au gré d'une carte courte et attrayante, bien en phase avec la mouvance moderne actuelle : tartare de veau, maquereau, gigot d'agneau etc.

Menu 32 € (déjeuner) – Carte 37/59 €

57 rue de Bellechasse – Ⓜ Varenne – ✆ 01 42 73 60 72 – Fermé 5-25 août, dimanche

Philippe Excoffier

CUISINE MODERNE • COSY X Philippe Excoffier, chef d'origine savoyarde, a posé sa toque dans un arrondissement où les ambassades sont partout. Il concocte une cuisine gourmande et canaille, à l'instar de ce ris de veau aux champignons des bois, ou de cette cassolette de homard et tatin d'artichauts... Bon rapport qualité-prix.

Menu 28 € (déjeuner), 46/70 € – Carte 50/90 €

18 rue de l'Exposition – Ⓜ École Militaire – ✆ 01 45 51 78 08 – www.philippe-excoffier.fr – Fermé 5-26 août, lundi midi, dimanche

Plume

CUISINE MODERNE • CONVIVIAL Le jeune chef, né à Tunis, ajoute un peu de diversité et beaucoup de talent à cette petite rue voisine du Bon Marché, fort appréciée des chefs nippons. On s'installe dans ce bistrot de poche, au coude-à-coude, pour apprécier une cuisine bien troussée, dans l'air du temps, à l'image de ce thon cerise graffiti et salicorne.

Menu 27 € (déjeuner), 45/65 € - Carte 48/70 €

24 rue Pierre-Leroux - Ⓜ Vanneau - ✆ 01 43 06 79 85 - www.restaurantplume.com - Fermé 6-24 août, lundi midi, dimanche

Le P'tit Troquet

CUISINE TRADITIONNELLE • BISTRO Ce P'tit Troquet, niché dans une ruelle commerçante du 7e arrondissement, est absolument charmant : salle de bistrot rétro, comptoir en zinc avec percolateur, luminaires du début du 20e s., bibelots et banquettes... Parfait pour déguster tatin d'endives, bœuf bourguignon ou crème brûlée dans une ambiance conviviale !

Menu 25 € (déjeuner)/35 €

28 rue de l'Exposition - Ⓜ École Militaire - ✆ 01 47 05 80 39 - www.leptittroquet.fr - Fermé 5-25 août, lundi midi, samedi midi, dimanche

Racines des Prés

CUISINE MODERNE • BRANCHÉ Cette adresse du cœur de Saint-Germain-des-Prés ne désemplit pas, et pour cause, tout y est à sa place : cuisine-comptoir, ambiance vintage décontractée, plats de bistrot bien tournés, à l'image de cet œuf parfait aux champignons de paris et noisettes. Le tout accompagné de vins choisis, issus de petites cuvées de vignerons. Un coup de maître – et de cœur.

Menu 36 € (déjeuner)/70 € - Carte 48/68 €

1 rue de Gribeauval - Ⓜ Rue du Bac - ✆ 01 45 48 14 16 - www.racinesdespres.com - Fermé samedi midi, dimanche

Le Récamier

CUISINE TRADITIONNELLE • CONVIVIAL Installez-vous sur la belle terrasse d'été de ce sympathique restaurant, situé à deux pas du Bon Marché et de l'hôtel Lutétia, dans une rue calme et piétonne. Ce jour-là, au menu : soufflé au fromage, filet de bœuf sauce au poivre, soufflé Grand Marnier... Une cuisine traditionnelle goûteuse et bien troussée.

Carte 35/50 €

4 rue Récamier - Ⓜ Sèvres Babylone - ✆ 01 45 48 86 58

Savarin la Table

CUISINE MODERNE • TENDANCE Né à Béziers et d'origine algérienne, Mehdi Kebboul a la passion de la cuisine chevillée au corps. Il se distingue avec des assiettes fines, précises, mais aussi par l'utilisation judicieuse de fruits dans les plats salés, et le travail du gibier. Le talent fait le reste et on passe un excellent moment en sa compagnie, d'autant que les tarifs sont raisonnables.

Menu 39 € (déjeuner)/65 € - Carte 80/100 €

34 rue de Bourgogne - Ⓜ Varenne - ✆ 09 86 59 19 67 - www.savarin-latable.fr - Fermé 5-25 août, lundi, samedi midi, dimanche

Hôtels

Le Cinq Codet

LUXE • DESIGN A deux pas des Invalides, cet hôtel design a tout pour plaire : un emplacement rêvé, un mobilier chic et confortable, des équipements dernier-cri, plus de 400 œuvres d'art contemporain... sans oublier la belle terrasse patio. Concierge et voiturier.

67 chambres - 300/550 € - 8 suites

5 rue Louis-Codet - Ⓜ École-Militaire - ✆ 01 53 85 15 60 - www.le5codet.com

PARIS

Juliana

LUXE • ÉLÉGANT Cet hôtel se distingue par son incontestable élégance – lustre monumental, miroirs extravagants, statues ethniques, console en nacre... Les chambres répondent à la double exigence du bon goût et d'un confort optimal (toilettes japonaises). Belle façade aux fenêtres fleuries en été.

45 chambres – 450/900 € – 5 suites

10-12 rue Cognacq-Jay – Alma-Marceau – 01 44 05 70 00 – www.hoteljuliana.paris

Le Narcisse Blanc

LUXE • CONTEMPORAIN Jolie reconversion pour cet ancien bâtiment administratif de l'armée, devenu hôtel raffiné, dont la décoration Art nouveau rend hommage à Cléo de Mérode, danseuse et icône de la Belle Époque, surnommée "joli petit narcisse". Elle aura donc inspiré Nadar, Lautrec, Proust... et ce charmant établissement. Agréable spa.

34 chambres – 300/1000 € – 3 suites – 38 €

19 boulevard de la Tour-Maubourg – La Tour Maubourg – 01 40 60 44 32 – www.lenarcisseblanc.com

Duc de St-Simon

LUXE • PERSONNALISÉ Passé le petit porche apparaît la courette pavée, puis c'est l'émerveillement devant ce bel hôtel particulier du 18e s. Tentures, boiseries, gravures, mobilier d'antiquaire : une vraie demeure bourgeoise d'autrefois, où le charme le dispute à la quiétude !

34 chambres – 199/265 € – 5 suites – 19 €

14 rue St-Simon – Rue du Bac – 01 44 39 20 20 – www.hotelducdesaintsimon.com

Montalembert

HISTORIQUE • PERSONNALISÉ Un noble bâtiment Belle Époque (1926) idéalement situé entre la Seine, le musée d'Orsay et St-Germain-des-Prés – la terrasse du restaurant, côté rue, voisine les éditions Gallimard... Décoration chic et moderne, chambres de bon standing, et entièrement rénové en 2016 par le décorateur Pascal Allaman.

44 chambres – 340/1390 € – 6 suites

3 rue Montalembert – Rue du Bac – 01 45 49 68 68 – www.hotelmontalembert-paris.fr

Le Bellechasse

LUXE • PERSONNALISÉ Un bel hôtel entièrement décoré par Christian Lacroix. Le créateur a signé des chambres design aux touches colorées, résolument contemporaines, souvent oniriques : un "voyage dans le voyage" très mode et plein de caractère !

33 chambres – 159/470 € – 21 €

8 rue de Bellechasse – Musée d'Orsay – 01 45 50 22 31 – www.lebellechasse.com

Le Saint

BOUTIQUE HÔTEL • PERSONNALISÉ Au cœur du Carré Rive gauche, quartier célèbre pour ses antiquaires et ses galeries d'art, cet hôtel particulier respire l'élégance et le bien-être : parquet, meubles anciens et tons doux dans les chambres, salle de fitness avec hammam et soins...

54 chambres – 370/1260 € – 25 €

5 rue du Pré-aux-Clercs – Rue du Bac – 01 42 61 01 51 – www.lesaint-hotelaparis.com

Lorsque vous réservez une chambre d'hôtel, faites-vous bien préciser son prix et sa catégorie. On n'est jamais trop prudent...

Thoumieux

BOUTIQUE HÔTEL · ÉLÉGANT Élégance, tons bruns ou vert amande : la décoratrice, India Mahdavi, a imaginé des chambres décalées, tout en imprimés chatoyants, et des salles de bains en marbre aux formes courbes. Un style unique, à voir et à vivre...

15 chambres – 220/350 € – 22 €

79 rue St-Dominique – La Tour Maubourg – 01 47 05 79 00 – www.thoumieux.fr

Brasserie Thoumieux by Sylvestre – voir la sélection des restaurants

Muguet

FAMILIAL · CLASSIQUE Dans une rue peu passante, à deux pas des Invalides, un hôtel chaleureux entièrement rénové, où règne une sympathique atmosphère familiale. Le plus : certaines chambres donnent sur un jardinet fleuri, au calme.

40 chambres – 110/450 € – 14 €

11 rue Chevert – École Militaire – 01 47 05 05 93 – www.hotelparismuguet.com

St-Germain

HISTORIQUE · COSY Papiers peints dans l'esprit de la toile de Jouy, lustres à pendeloques, mobilier ancien... Cet hôtel dégage une atmosphère douce et cosy, à deux pas du Bon Marché, des ministères et de St-Germain-des-Prés. Confortable et plaisant.

29 chambres – 109/350 € – 12 €

88 rue du Bac – Rue du Bac – 01 49 54 70 00 – www.hotel-saint-germain.fr

St-Dominique

FAMILIAL · ÉLÉGANT À deux pas des Invalides, cet ancien couvent du 17e s. a été entièrement réhabilité : on y trouve désormais des chambres coquettes et bien équipées (peignoirs, cafetière expresso, etc.), la majorité d'entre elles donnant sur la cour. Très plaisant !

32 chambres – 150/550 € – 10 €

62 rue Saint-Dominique – Invalides – 01 44 18 10 10 – www.hotelstdominique.com

Londres Eiffel

FAMILIAL · PERSONNALISÉ Ce petit hôtel est si douillet avec ses beaux tissus choisis (Liberty, toile de Jouy, etc.), et il y règne un sympathique esprit familial ! Autre atout de taille : le calme, tout près de la très vivante rue St-Dominique...

30 chambres – 150/360 € – 14 €

1 rue Augereau – École Militaire – 01 45 51 63 02 – www.londres-eiffel.com

Signature St-Germain des Prés

URBAIN · PERSONNALISÉ Un hôtel idéalement situé, à deux pas du Bon Marché et des autres prestigieuses boutiques de la rue de Sèvres. Les chambres arborent des lignes modernes et personnalisées, avec du mobilier contemporain inspiré des années 1950 : un ensemble chic !

26 chambres – 190/390 € – 14 €

5 rue Chomel – Sèvres Babylone – 01 45 48 35 53 – www.signature-saintgermain.com

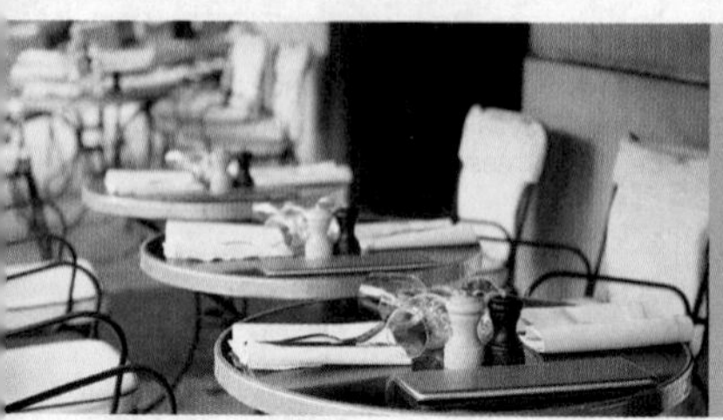

Champs-Élysées - Concorde - Madeleine

8e arrondissement

encrier/iStock

Restaurants

✿✿✿ Alain Ducasse au Plaza Athénée

CUISINE CRÉATIVE • LUXE XXXXX Il y a chez le chef multi-étoilé (et homme d'affaires) Alain Ducasse quelque chose qui le contraint, en permanence, à se réinventer. En 2014, il surprend le monde de la gastronomie en privilégiant la trilogie "poissons, légumes, céréales" au mythique restaurant du Plaza Athénée, avenue Montaigne. Certains y voient une provocation, d'autres une folie. Cinq ans plus tard, l'adresse affiche fièrement ses trois étoiles.
Son chef exécutif, Romain Meder se trouve à la tête du vaisseau amiral, ambassadeur de cette "naturalité", dont la genèse provient d'une réflexion sur l'état de la planète. La terre possède des ressources rares : il faut donc la consommer plus éthiquement et équitablement. "Plus le produit est modeste, plus il faut lui témoigner de l'attention, résume Alain Ducasse. La sardine, servie débarrassée de ses chairs, est un hymne à la précision du cuisinier. Il est plus facile de travailler un saint-pierre". Alain Ducasse, en toute naturalité.

→ Lentilles vertes du Puy et caviar, délicate gelée d'anguille fumée. Bar de l'Atlantique, courgette et pâtissons, wakame de pêche côtière. Chocolat de notre manufacture, céréales toastées, sorbet cacao-single malt

Menu 210 € (déjeuner)/395 € – Carte 250/395 €

Plaza Athénée, 25 avenue Montaigne – Ⓜ Alma Marceau – ✆ 01 53 67 65 00 – www.alain-ducasse.com – Fermé 19 juillet-27 août, 20-30 décembre, lundi midi, mardi midi, mercredi midi, samedi, dimanche

✿✿✿ Alléno Paris au Pavillon Ledoyen (Yannick Alléno)

CUISINE MODERNE • LUXE XXXXX Cette prestigieuse institution parisienne, installée dans un élégant pavillon des jardins des Champs-Élysées, incarne l'image même du grand restaurant à la française : le luxe du décor, la culture des arts de la table, le service orchestré avec élégance, tout dessine un écrin unique à la gloire de la gastronomie. De vastes baies vitrées ouvrent sur les Champs-Élysées. En maître d'œuvre, le médiatique chef Yannick Alléno, ancien chef du Meurice, trois étoiles chez Ledoyen depuis 2015.
Il a réalisé un véritable tour de force en y imprimant d'emblée sa signature, avec une cuisine éblouissante, technique, même si parfois un tantinet compliquée – ainsi ce chevreuil de Sologne, choux fondants au jus animal, râpé de filet de bœuf, dos iodé au bouillon, riz brûlant aux baies de genièvre... Mention spéciale pour ses jus et ses sauces (ce que le chef appelle "le verbe de la cuisine française"), magnifiés à travers de savantes extractions : ou comment l'avant-garde se met au service de la grande tradition culinaire française.

→ Rouget cuit dans un coffre de tourteau au jus de coquillages. Tronçon de turbot étuvé, risotto de tout petits pois, lentilles et sarrasin au cerfeuil. Meringue au charbon de bois et cardamome, glace fleur d'oranger

Menu 145 € (déjeuner)/380 € – Carte 188/380 €

8 avenue Dutuit (carré Champs-Élysées) – Ⓜ Champs-Elysées Clemenceau – ✆ 01 53 05 10 00 – www.yannick-alleno.com – Fermé samedi midi, dimanche

✿ **L'Abysse au Pavillon Ledoyen** – voir la sélection des restaurants

✿✿✿ Le Cinq

CUISINE MODERNE • LUXE XXXXX Quel style, quel luxe opulent, entre colonnes altières, moulures, ou hautes gerbes de fleurs, sans oublier la douce lumière provenant du jardin intérieur... Difficile de garder les yeux dans l'assiette. Ce serait dommage : impossible de départager le carpaccio de langoustines, agrumes et avocat aux fruits de la passion de la lotte rôtie au beurre noisette, aubergine à la flamme, fromage de brebis et tomates confites... ou la célèbre gratinée d'oignons. Le service est souriant et attentionné. Bienvenue au Four Seasons George V, le royaume du chef Christian Le Squer.

De sa Bretagne natale, il a conservé avant tout le goût du large - signant de superbes hommages au poisson - , mais aussi des plats terriens. Formé dans de prestigieuses maisons parisiennes (Lucas Carton, Taillevent, Le Ritz), Christian Le Squer succède en 1999 à Ghislaine Arabian au Pavillon Ledoyen, où il sera récompensé par trois étoiles, en 2002. "Je porte la tradition vers la modernité, a-t-il coutume de dire. Comme chez Chanel : le tailleur a été créé, et ensuite, il a suivi l'évolution de la mode."

→ Gratinée d'oignons contemporaine à la parisienne. Bar de ligne au caviar et lait ribot de mon enfance. Givré laitier au goût de levure

Menu 145 € (déjeuner), 340/210 € - Carte 195/360 €

Four Seasons George V, 31 avenue George V
- Ⓜ George V
- ✆ 01 49 52 71 54 - www.restaurant-lecinq.com

✿✿✿ Épicure

CUISINE MODERNE • LUXE XXXXX Le Bristol est un monde à part, situé au cœur de Paris. Un univers de luxe absolu, de suites en Spa, du superbe jardin français à la piscine sur les toits. Il y a même un chat, un sacré de Birmanie. Il y a surtout le restaurant Épicure, où officie Éric Frechon. Une salle d'un classicisme brillant, mobilier de style Louis XVI, pierre blonde, miroirs, le tout scandé par de grandes portes-fenêtres ouvertes sur la verdure.

Le palace a choisi le nom d'Épicure pour enseigne : un philosophe grec, chantre du plaisir dans la tempérance. Presque une devise pour Éric Frechon : "Mon grand-père cultivait des légumes, mon père les vendait, moi, je les cuisine. » À l'âge de 13 ans, le chef demande un vélo à son père qui lui rétorque : "Il faut que tu ailles travailler pour te l'acheter." Le jeune homme, qui vit alors au Tréport, en Seine-Maritime, se fait embaucher dans un restaurant sur le bord de mer. Ellipse : en 1993, il devient MOF et, après avoir officié au Crillon, reçoit la consécration suprême au Bristol en 2009, ces trois étoiles dont il rêvait en silence à l'École hôtelière de Rouen.

Le chef reste dans le droit fil de la plus belle tradition culinaire.

→ Macaronis farcis, truffe noire, artichaut et foie gras gratinés au vieux parmesan. Poularde de Bresse en vessie, suprêmes au vin jaune, écrevisses et girolles. Cacao du Guatemala, pépites de grué sablées à la fleur de sel, émulsion de lait fumé à la vanille

Menu 145 € (déjeuner)/340 € - Carte 173/287 €

Le Bristol, 112 rue du Faubourg Saint-Honoré
- Ⓜ Miromesnil
- ✆ 01 53 43 43 40 - www.lebristolparis.com

Ne confondez pas les couverts X et les étoiles ✿ !
Les couverts définissent une catégorie de confort et de service, tandis que l'étoile couronne uniquement la qualité de la cuisine, quel que soit le standing de la maison.

✿✿✿ Pierre Gagnaire

CUISINE CRÉATIVE • ÉLÉGANT XxxX Pierre Gagnaire est l'asticoteur en chef de la cuisine française. Jonglant d'une adresse à l'autre, entre Paris, Londres, Tokyo ou Hong Kong, celui qui a été sacré meilleur chef du monde par ses pairs en 2015 réalise une cuisine d'auteur exploratrice, entière, excessive. Ce grand amateur de jazz et d'art contemporain cherche sans relâche. Le restaurant Le Balzac, trois étoiles depuis 1996, est son laboratoire, et le lieu de sa résurrection, après la fermeture de son restaurant de Saint-Étienne en mai 1995.
Le cadre lui ressemble : moderne et sobre, jouant la note du raffinement discret, ton sur ton avec le service, attentionné et délicat. Les assiettes aussi : poétiques, en réinvention permanente, si bien qu'il est impossible de citer un plat emblématique, ou une qualité principale, si ce n'est l'excellence.
"La cuisine ne se mesure pas en termes de tradition ou de modernité. On doit y lire la tendresse du cuisinier." Tout Gagnaire est là. Dans la tendresse.
→ Le jardin marin. Canard de Challans rôti et fumé sous une cloche au chocolat. Le grand dessert de Pierre Gagnaire

Menu 90 € (déjeuner)/315 € – Carte 320/400 €

6 rue Balzac – Ⓜ George V – ✆ 01 58 36 12 50 – www.pierregagnaire.com – Fermé 3-26 août, 30 décembre-7 janvier, samedi, dimanche

✿✿ Le Clarence

CUISINE MODERNE • LUXE XxxX Christophe Pelé au Clarence ? D'abord, on n'y a pas cru. Que viendrait donc faire l'artiste torturé de la Bigarrade (2 étoiles des Batignolles, à Paris, 2007-2012) dans ce somptueux hôtel particulier de 1884 situé à proximité des Champs-Élysées, et dont le cadre luxueux - murs tendus de tissus, boiseries murales dans la bibliothèque – invite à proposer une cuisine française bourgeoise ? Figurez-vous que la greffe a pris. Il est vrai que le chef connaît bien l'arrondissement parisien, pour avoir officié chez Ledoyen, Lasserre, Pierre Gagnaire, ou au Bristol.
Pour vous en assurer, prenez l'apéritif dans le grand salon, au deuxième étage, dont le décor s'inspire du Château Haut-Brion. Aux fourneaux, ça swingue ! Christophe Pelé est un artiste de l'association terre et mer - ainsi ce petit tartare de bœuf surpris en grande conversation avec une huître, ou la lotte, ravie d'être accompagnée d'un pied de porc. Quant à la somptueuse carte des vins, elle donne le vertige... avant même de boire un verre. Demandez à ce propos à visiter la superbe cave voûtée qui abrite les grands crus.
→ Seiche de casier, raviole de potimarron et jus à l'encre de seiche. Turbot, oseille et huile d'argan. Crémeux citron-safran

Menu 90 € (déjeuner), 130/320 €

31 avenue Franklin-D.-Roosevelt – Ⓜ Franklin D. Roosevelt – ✆ 01 82 82 10 10 – www.le-clarence.paris – Fermé 4-27 août, 30 décembre-7 janvier, lundi, mardi midi, dimanche

✿✿ Le Gabriel

CUISINE MODERNE • ÉLÉGANT XxxX À deux pas des Champs-Élysées, ce restaurant est installé dans le décor élégant et luxueux de La Réserve, un ancien hôtel particulier du 19e s. Parquet Versailles, cuir de Cordoue patiné à l'or... le décor impose son élégance racée, sans ostentation. En cuisine, Jérôme Banctel est un habitué des grandes maisons parisiennes – 10 ans passés au Lucas Carton, 8 ans à L'Ambroisie. Un coup de cœur particulier ? Sans doute cette magnifique pomme d'un ris de veau de lait de belle taille de la maison Desnoyer. La cuisson est parfaite : croustillant en surface, avec cette fine couche croquante qui laisse ensuite découvrir un cœur fondant, porté par un jus de veau corsé et une saveur plus végétale, apportée par une fine crème de cresson. Avouons aussi un faible pour le homard, carbonara d'oignons et chorizo. Terre ou mer : soyez gourmands sans réserve.
→ Cœur d'artichaut de Macau en impression de fleur de cerisier et coriandre fraîche. Pigeon de Racan mariné au cacao et sarrasin croustillant. Grains de café et crème glacée au sirop de merisier

Menu 95 € (déjeuner), 215/280 € – Carte 192/260 €

La Réserve, 42 avenue Gabriel – Ⓜ Champs-Elysées Clemenceau – ✆ 01 58 36 60 50 – www.lareserve-paris.com – Fermé samedi midi

✿✿ Le Grand Restaurant - Jean-François Piège

CUISINE MODERNE • ÉLÉGANT XXX "Mijoté de homard en feuilles de cassis sur les carapaces, concentré des baies et foie gras" ; "ma version du gâteau de foie blond façon Lucien Tendret, sauce aux queues d'écrevisses et truffe noire..." Bienvenue dans le "laboratoire de grande cuisine" de Jean-François Piège : une salle minuscule – 25 couverts maximum – surplombée d'une verrière tout en angles et en reflets, une grande cuisine construite autour d'un piano ovale et entièrement dessinée par le chef himself... qui peut y exprimer librement toute l'étendue de son expérience et de son savoir-faire. Or, c'est bien connu : il n'est jamais aussi compliqué que de faire simple. Le blanc-manger, dessert phare du chef, est un concentré de talent et de technicité : cette île flottante inversée, d'une grande légèreté, dissimule en son cœur une savoureuse crème anglaise à la vanille. Loin des caméras de télévision, maître dans cet endroit qu'il a rêvé puis conçu, Jean-François Piège montre sa capacité à créer, d'un geste, l'émotion culinaire, sans jamais donner dans la démonstration. Voilà amplement de quoi traverser la Seine pour aller le trouver dans "sa" maison.

→ Caviar servi sur une pomme soufflée craquante, crème de crustacés en chaud-froid. Mijoté de homard en feuilles de cassis sur les carapaces, exsudat des baies et amandes fraîches. Le grand dessert

Menu 116 € (déjeuner), 306/706 € – Carte 196/266 €

7 rue d'Aguesseau – Ⓜ Madeleine – ✆ 01 53 05 00 00 – www.jeanfrancoispiege.com – Fermé samedi, dimanche

✿✿ La Scène

CUISINE MODERNE • ÉLÉGANT XXX Au cœur de l'élégant hôtel Prince de Galles, situé à deux pas de l'avenue des Champs-Élysées, cette Scène braque tous les projecteurs sur les cuisines, séparées de la salle par un simple comptoir de marbre blanc. Ici officie Stéphanie Le Quellec qui semble, plus que jamais, en pleine maîtrise de son art.Sa formation des plus académiques et son solide parcours à travers des maisons de renom expliquent sans doute l'exigence et la rigueur de la chef, mais ils ne disent pas tout le reste : le geste tout en délicatesse, l'invention savamment dosée, jamais gratuite, et la capacité à bannir la banalité de la carte... Sur cette Scène où tout se joue en direct, les assiettes séduisent, enchantent, emportent : un grand moment de plaisir !

→ Caviar oscietre, pain mi-perdu et mi-soufflé, pomme Pompadour. Pigeon des Costières rôti sur coffre, artichaut violet et girolles. Vanille en crème glacée, esprit d'une omelette norvégienne

Menu 125/185 € – Carte 125/165 €

Prince de Galles, 33 avenue George V – Ⓜ George V – ✆ 01 53 23 78 50 – www.restaurant-la-scene.fr – Fermé 24 février-4 mars, 28 juillet-30 août, lundi, mardi midi, mercredi midi, jeudi midi, vendredi midi, samedi midi, dimanche

✿ Le Taillevent

CUISINE CLASSIQUE • LUXE XXXXX Son nom évoque l'élégance, la discrétion, l'exigence, le style... Depuis 1946, Taillevent est incontournable dans le paysage de la haute gastronomie française, cultivant un classicisme brillant – et nullement figé. L'institution rajeunit, avec de nouvelles arrivées, en cuisine et en salle.

→ Langoustine à la nage, tartare d'algues, crémeux noisette et consommé. Poulette du Perche et homard bleu en croûte de son, émulsion au tokaji. Figue rôtie à la feuille de châtaignier, gourmandise vanille et céréales torréfiées

Menu 90 € (déjeuner)/198 € – Carte 130/220 €

15 rue Lamennais – Ⓜ Charles de Gaulle-Etoile – ✆ 01 44 95 15 01 – www.letaillevent.com – Fermé 27 juillet-27 août, samedi, dimanche

✿ Laurent

CUISINE MODERNE • ÉLÉGANT XXXXX Classique, la cuisine d'Alain Pégouret cultive les codes de la tradition bleu-blanc-rouge et séduit une clientèle d'affaires, de "people" et à la belle saison, de touristes, grâce à son agréable terrasse. Dans l'assiette, des produits de choix, une technique assurée et une attention aux cuissons et assaisonnements... le tout avec une pincée de créativité.

→ Araignée de mer, ses sucs en gelée et crème de fenouil. Turbot nacré à l'huile d'olive, bardes et légumes verts dans une fleurette iodée. Glace vanille minute

Menu 95/159 € – Carte 155/245 €

41 avenue Gabriel – Ⓜ Champs-Elysées Clemenceau – ✆ 01 42 25 00 39 – www.le-laurent.com – Fermé 23 décembre-3 janvier, samedi midi, dimanche

PARIS

✿ Apicius

CUISINE MODERNE • ÉLÉGANT XXXX Installé dans un somptueux hôtel particulier du 18e s. aux airs de petit palais, Apicius, création de Jean-Pierre Vigato, chantre de la belle cuisine, est désormais lié au destin (et au talent) de Mathieu Pacaud, qui réalise la symbiose entre tradition et créativité. Le temps passe, Apicius change... mais demeure !

→ Langoustines crues rafraîchies au caviar golden, tropézienne anisée en chaud-froid. Turbot rôti à l'huile de figuier, coques et couteaux à l'extraction d'oseille. Vacherin "enigma", copeaux meringués et sorbet noix de coco

Menu 120 € (déjeuner), 180/250 € - Carte 160/230 €

20 rue d'Artois - Ⓜ St-Philippe du Roule - ✆ 01 43 80 19 66 - www.restaurant-apicius.com - Fermé dimanche

✿ L'Écrin

CUISINE MODERNE • ÉLÉGANT XXXX Le célèbre hôtel de Crillon (18e s.) vous accueille dans une salle "cachée", intimiste et intemporelle, pensée dans les moindres détails de l'Art de la table. La cuisine de Christopher Hache est axée sur la lisibilité, la saisonnalité et la saveur. La carte, tout en harmonie et en élégance, est digne des lieux.

→ Le champignon de Paris. Boudin blanc à la truffe blanche d'Alba, sauce champagne. Fleur de lait, glace au miel et pollen

Menu 95 € (déjeuner), 195/260 € - Carte 150/245 €

Crillon, 10 place de la Concorde - Ⓜ Concorde - ✆ 01 44 71 15 30 - www.rosewoodhotels.com/fr/hotel-de-crillon

✿ Lasserre

CUISINE CLASSIQUE • LUXE XXXX L'un des temples de la gastronomie parisienne... L'élégance du décor (avec son fameux toit ouvrant), les arts de la table, la qualité du service, tout concourt à magnifier la grande cuisine. Et la partition culinaire, composée depuis peu par le chef Nicolas le Tirrand, est parfaitement en phase avec ce prestigieux héritage.

→ Gratin de macaronis à l'artichaut et truffe noire. Turbot poché, sauce de laitue, asperges au caviar oscietre. Foisonné de chocolat du Pérou sous de fines feuilles à la fleur de sel

Menu 190 € - Carte 130/175 €

17 avenue Franklin-D.-Roosevelt - Ⓜ Franklin D. Roosevelt - ✆ 01 43 59 02 13 - www.restaurant-lasserre.com - Fermé 1er-31 août, lundi midi, mardi midi, mercredi midi, jeudi midi, vendredi midi, samedi midi, dimanche

✿ L'Abysse au Pavillon Ledoyen Ⓝ

CUISINE JAPONAISE • DESIGN XXX Un grand maître sushi japonais, des produits d'une qualité remarquable (poissons ikejime de l'Atlantique) et la patte créative de Yannick Alléno : cet Abysse nous entraîne aux sommets de la gastronomie japonaise. Sans oublier le service tiré à quatre épingles d'une grande maison et un somptueux livre de cave, riche de sakés recherchés. Attention, les douze places au comptoir sont prises d'assaut.

→ Orphie au sudachi, haricots noirs et betterave. Collection de sushis nigiris. Sélection d'amamis

Menu 98 € (déjeuner), 170/280 €

Alléno Paris au Pavillon Ledoyen, 8 avenue Dutuit (carré Champs-Elysées) - Ⓜ Champs-Elysées - Clemenceau - ✆ 01 53 05 10 00 - www.yannick-alleno.com - Fermé samedi, dimanche

✿ Le George

CUISINE ITALIENNE • ÉLÉGANT XXX Aux fourneaux du George depuis septembre 2016, Simone Zanoni y imprime sa patte culinaire, dont l'empreinte a évidemment la forme de la botte transalpine... La cuisine garde ses accents méditerranéens, et mise toujours sur la légèreté et les petites portions. À déguster dans un superbe intérieur, ou sous la haute véranda installée dans la cour.

→ Ravioli de pintade à la truffe et crème de parmesan. Bar de ligne poêlé et son jus iodé. Déclinaison de noisettes du Piémont et citron

Menu 65 € (déjeuner)/110 € - Carte 65/120 €

Four Seasons George V, 31 avenue George-V - Ⓜ George V - ✆ 01 49 52 72 09 - www.legeorge.com

Il Carpaccio

CUISINE ITALIENNE • **ÉLÉGANT** XXX On y accède par un couloir orné de milliers de coquillages, qui évoque les nymphées du baroque italien... Même ravissement dans la salle, qui a tout d'un élégant jardin d'hiver. Un bel écrin, donc, pour apprécier une cuisine où resplendit le soleil de l'Italie : beaux produits et saveurs affirmées au menu.

→ Carpaccio de gambas rouges de Sicile, confiture de tomates et gingembre, caviar italien. Filet de saint-pierre, carpaccio de cèpe, poivron friggitello et mousserons. Baba au limoncello, crème citron, citron frais et semi-confit, sorbet au citron de Méditerranée

Menu 120/145 € - Carte 97/133 €

Le Royal Monceau, 37 avenue Hoche - Ⓜ Charles de Gaulle-Etoile - ✆ 01 42 99 88 12 - www.leroyalmonceau.com - Fermé 28 juillet-27 août, lundi, dimanche

Lucas Carton

CUISINE MODERNE • **HISTORIQUE** XXX L'histoire continue pour Lucas Carton, la fameuse enseigne de la place de la Madeleine. Le jeune chef, Julien Dumas, sait rendre le meilleur de beaux produits –mention spéciale pour les légumes de petits producteurs et le travail sur l'acidité et l'amertume – et ses assiettes, bien équilibrées, sont portées par un irrésistible souffle méditerranéen.

→ Chou-fleur croustillant. Sarrasin et merlan croustillant. Chocolat et avocat

Menu 89/175 € - Carte 140/230 €

9 place de la Madeleine - Ⓜ Madeleine - ✆ 01 42 65 22 90 - www.lucascarton.com - Fermé 27 juillet-21 août, lundi, dimanche

L'Arôme

CUISINE MODERNE • **CHIC** XXX En salle, Éric Martins vous conseille des vins en parfaite harmonie avec les plats de Thomas Boullault. Ce dernier réalise une cuisine française raffinée et inventive, accordant la toute première place aux produits de saison. Chic, chaleureux et... plein d'arômes !

→ Pressé de tourteau breton, avocat, riz koshihikari et eau de tomate. Pavé de veau, ravioles de céleri à la ricotta, cédrat confit et jus aux girolles. Soufflé chaud à l'amande, marmelade et sorbet abricot

Menu 59 € (déjeuner), 109/159 €

3 rue Saint-Philippe du Roule - Ⓜ St-Philippe-du-Roule - ✆ 01 42 25 55 98 - www.larome.fr - Fermé samedi, dimanche

Le Chiberta

CUISINE CRÉATIVE • **ÉPURÉ** XXX Lumière tamisée, décor feutré et dépouillé conçu par J.-M. Wilmotte (tons sombres, insolites "murs à bouteilles") : l'écrin chic d'une cuisine inventive supervisée par Guy Savoy, avec entre autres un menu du marché renouvelé chaque semaine.

→ Courgette, condiment mimosa et caviar et fleur de courgette croustillante. Ris de veau laqué, girolles persillées, chou pak-choï et carottes multicolores. Fraises, framboises, amandes, ganache à l'amaretto et sorbet fruits rouges

Menu 49 € (déjeuner)/110 € - Carte 90/120 €

3 rue Arsène-Houssaye - Ⓜ Charles de Gaulle-Etoile - ✆ 01 53 53 42 00 - www.lechiberta.com - Fermé 5-25 août, samedi midi, dimanche

Copenhague

CUISINE DANOISE • **CONTEMPORAIN** XXX Sur les Champs-Élysées, la Maison du Danemark joue merveilleusement son rôle d'ambassade culinaire du Grand Nord, avec ce restaurant sobre, à la cuisine aiguisée, où s'épanouissent assaisonnements maîtrisés et notes acidulées. Une gastronomie tatouée aux influences scandinaves.

→ Cuisine du marché

Menu 55 € (déjeuner), 75/115 € - Carte 69/84 €

142 avenue des Champs-Elysées (Maison du Danemark - 1er étage) - Ⓜ George V - ✆ 01 44 13 86 26 - www.restaurant-copenhague-paris.fr - Fermé 5 août-1er septembre, samedi, dimanche

✿ Dominique Bouchet

CUISINE CLASSIQUE • ÉLÉGANT XXX C'est le genre d'adresse que l'on a aime recommander à ses proches : cadre contemporain, à la fois chic et intime, service alerte, cuisine classique savoureuse et bien troussée...

→ Parmentier de homard, beurre blanc, ciboulette et caviar. Côte de veau de lait fumé au foin et blettes à la crème. Mont-Blanc en coque de meringue et confiture de cassis

Menu 58 € (déjeuner)/125 € - Carte 95/120 €

11 rue Treilhard - Ⓜ Miromesnil
- ✆ 01 45 61 09 46 - www.dominique-bouchet.com -
Fermé 5-18 août, samedi, dimanche

✿ Helen

POISSONS ET FRUITS DE MER • ÉLÉGANT XXX Une valeur sûre parmi les restaurants de poisson des beaux quartiers. Au menu : uniquement des pièces sauvages issues de la pêche quotidienne de petits bateaux - quelle qualité ! -, mises en valeur avec un respect et une précision tout à fait particuliers. Tout est franc et évident, c'est excellent.

→ Carpaccio de daurade royale au citron caviar. Bar de ligne aux olives taggiasche. Paris-brest

Menu 48 € (déjeuner)/138 € - Carte 80/170 €

3 rue Berryer - Ⓜ George V
- ✆ 01 40 76 01 40 - www.helenrestaurant.com -
Fermé 3-27 août, 23 décembre-3 janvier, lundi, samedi midi, dimanche

✿ Penati al Baretto (Alberico Penati)

CUISINE ITALIENNE • CLASSIQUE XXX Alberico Penati aura d'emblée imposé sa table italienne, née mi-2014, parmi les meilleures de la capitale ! Conformément à la plus belle tradition transalpine, la générosité et le raffinement distinguent chaque recette ; les assiettes débordent de saveurs en explorant tous les terroirs de la Botte. Succulent voyage...

→ Purée de potiron de Mantoue aux fruits de mer, sauce salmoriglio. Thon rouge de Méditerranée aux tomates sautées, sauce au câpres. Cassata sicilienne

Menu 55 € (déjeuner) - Carte 75/115 €

9 rue Balzac - Ⓜ George V - ✆ 01 42 99 80 00 - www.penatialbaretto.eu -
Fermé samedi midi, dimanche

✿ L'Orangerie

CUISINE MODERNE • ÉLÉGANT XX Entre le restaurant La Galerie et la jolie cour de l'hôtel Four Seasons George V, cette table de poche (18 couverts seulement) présente une carte courte et de saison ; les préparations, modernes, séduisent grâce à d'élégantes notes parfumées, et à un travail délicat sur les saveurs.

→ Langoustine et bouillon de riz au yuzu. Daurade sur le grill, tapioca de concombre et jus pimenté. Fleur de vacherin

Menu 75 € (déjeuner), 95/125 € - Carte 100/150 €

Four Seasons George V, 31 avenue George-V - Ⓜ George V - ✆ 01 49 52 72 24 -
www.lorangerieparis.com

✿ Akrame (Akrame Benallal)

CUISINE CRÉATIVE • DESIGN XX Akrame Benallal a posé ses valises et ses couteaux dans ce lieu bien protégé des regards, derrière une immense porte cochère. Au fil d'un menu unique bien troussé, il fait preuve d'une grande inventivité pour donner le meilleur de produits d'excellente qualité ; les assiettes sont travaillées avec beaucoup de soin. Bien sûr, le succès est au rendez-vous !

→ Cuisine du marché

Menu 65 € (déjeuner), 130/160 €

7 rue Tronchet - Ⓜ Madeleine - ✆ 01 40 67 11 16 - www.akrame.com -
Fermé 19-31 août, 24-30 décembre, samedi, dimanche

114, Faubourg

CUISINE MODERNE · ÉLÉGANT XX Au sein du Bristol, une brasserie *so chic*, au décor chatoyant (colonnes dorées, motifs floraux, grand escalier, etc.), pour une prestation dans les règles de l'art : on retrouve à la carte les beaux classiques du genre, cuisinés avec soin.

→ Œuf king-crab, mayonnaise au gingembre et citron. Sole, pousses d'épinard, huile vierge aux câpres. Millefeuille à la vanille Bourbon, caramel au beurre demi-sel

Menu 119 € – Carte 84/115 €

Le Bristol, 114 rue du Faubourg-Saint-Honoré – Ⓜ Miromesnil – ✆ 01 53 43 44 44 – www.lebristolparis.com – Fermé samedi midi, dimanche midi

L'Atelier de Joël Robuchon - Étoile

CUISINE CRÉATIVE · DESIGN X Paris, Londres, Las Vegas, Tokyo, Taipei, Hong Kong, Singapour et encore une fois Paris... Destin franco-international pour ces Ateliers qui collent à l'époque ! Le grand chef, décédé l'année dernière, avait imaginé un concept audacieux : long comptoir avec tabourets, tons rouge et noir... et recettes millimétrées, entre France, Espagne et Asie.

→ Langoustine en ravioli truffé à l'étuvée de chou vert. Côtelettes d'agneau de lait à la fleur de thym. Chocolat tendance, crémeux onctueux au chocolat araguani, sorbet cacao et biscuit Oréo

Menu 49 € (déjeuner), 99/199 € – Carte 100/210 €

133 avenue des Champs-Elysées (Publicis Drugstore niveau -1) – Ⓜ Charles de Gaulle-Étoile – ✆ 01 47 23 75 75 – www.joel-robuchon.com

Pomze

CUISINE MODERNE · ÉPURÉ XX Adresse originale que cette Pomze, qui invite à un "voyage autour de la pomme" ! De l'épicerie (où l'on trouve cidre et calvados) au restaurant, le "fruit défendu" est le fil rouge de la maison. La cuisine se révèle créative et voyageuse, avec d'originaux accords mets-cidres... et un excellent rapport qualité-prix.

Menu 37 € – Carte 49/65 €

109 boulevard Haussmann (1er étage) – Ⓜ St-Augustin – ✆ 01 42 65 65 83 – www.pomze.com – Fermé 23 décembre-2 janvier, samedi midi, dimanche

Kisin

CUISINE JAPONAISE · SIMPLE X Quand un chef de Tokyo arrive à Paris, il ouvre un restaurant, sitôt ses valises posées, et nos papilles frémissent d'aise. Ici, on déguste produits japonais, et vrais udon, fabriquées devant le client. Une cuisine naturelle, sans additif, qui nous vient tout droit du pays du Soleil-Levant. Sain et goûteux.

Menu 30/45 € – Carte 28/36 €

9 rue de Ponthieu – Ⓜ Franklin D. Roosevelt – ✆ 01 71 26 77 28 – www.udon-kisin.fr – Fermé 1er-15 août, dimanche

Mandoobar

CUISINE CORÉENNE · SIMPLE X Dans une petite salle, raviolis et tartare de bœuf sont travaillés directement sous vos yeux par le chef, Kim Kwang-Loc, qui se révèle aussi agile que précis dans ses préparations. Il réalise une cuisine coréenne fine et parfumée, sans fausse note et joliment relevée... Nul doute, sa table sort du lot !

Carte 21/35 €

7 rue d'Edimbourg – Ⓜ Europe – ✆ 01 55 06 08 53 – www.mandoobar.fr – Fermé 1er-31 août, lundi, dimanche

Le Mermoz Ⓝ

CUISINE DU MARCHÉ · BISTRO X Manon Fleury, ex-escrimeuse passée par une prépa littéraire, a été à bonne école (Pascal Barbot, Alexandre Couillon). Elle compose au déjeuner de véritables bouquets de gourmandise – tartare de veau, abricot moelleux et origan –, bien de saison, à prix raisonnables. Et le soir ? Petites assiettes façon tapas et ambiance bar à vin.

Carte 32/41 €

16 rue Jean-Mermoz – Ⓜ Champs-Elysées – ✆ 01 45 63 65 26 – Fermé 29 juillet-19 août, samedi, dimanche

Maison Blanche

CUISINE MODERNE • DESIGN XXX Prenez vos quartiers sur le toit du théâtre des Champs-Élysées, dans ce grand loft design en duplex qui domine Paris, face à la Tour Eiffel ! Cuisine contemporaine aux saveurs méditerranéennes, empreintes du parcours international du chef.

Menu 59 € (déjeuner), 72/125 € - Carte 78/150 €

15 avenue Montaigne - Ⓜ Alma Marceau - ✆ 01 47 23 55 99 - www.maison-blanche.fr - Fermé samedi midi, dimanche midi

Le V

CUISINE MODERNE • ÉLÉGANT XXX Au cœur de l'hôtel Vernet, la salle vaut le coup d'œil pour sa superbe verrière ouvragée de la fin du 19e s., signée Gustave Eiffel, typique du charme Belle Époque... La cuisine s'inspire joliment de l'air du temps, sans oublier les classiques.

Menu 50 € (déjeuner)/95 € - Carte 71/94 €

Vernet, 25 rue Vernet - Ⓜ Charles de Gaulle-Etoile - ✆ 01 44 31 98 00 - www.hotelvernet.com - Fermé lundi, samedi midi, dimanche

Brasserie d'Aumont

CUISINE MODERNE • BRASSERIE XX La Brasserie d'Aumont déploie son atmosphère art déco, dans deux salles en enfilade, complétées d'un comptoir pour la consommation de coquillages et crustacés. Mise en place simple, mais de qualité, et classiques de brasserie remis au goût du jour. Petite carte de vins, belles références au verre. Agréable terrasse. Chic et bon.

Carte 65/120 €

Crillon, 10 place de la Concorde - Ⓜ Concorde - ✆ 01 44 71 15 15 - www.rosewoodhotels.com/fr/hotel-de-crillon

Les 110 de Taillevent

CUISINE TRADITIONNELLE • COSY XX Sous l'égide de la prestigieuse maison Taillevent, une brasserie très chic, qui joue la carte des associations mets et vins. Une réussite, aussi bien le choix remarquable de 110 vins au verre, que la cuisine, traditionnelle et bien tournée (pâté en croûte, bavette sauce au poivre, etc.). Cadre élégant et chaleureux.

Menu 44 € - Carte 50/150 €

195 rue du Faubourg-St-Honoré - Ⓜ Charles de Gaulle-Etoile - ✆ 01 40 74 20 20 - www.les-110-taillevent-paris.com - Fermé 3-27 août

Matsuhisa

CUISINE JAPONAISE • CONTEMPORAIN XX Le chef Nobu Matsuhisa est connu pour être l'inventeur du style péruvo-japonais. Il confie ici au maître sushi Hideki Endo le soin de sublimer les produits japonais - mais aussi français -, comme ces huîtres croustillantes au caviar, wasabi et sauce aïoli. Tout cela dans l'écrin somptueux du Royal Monceau.

Menu 45 € (déjeuner)/130 € - Carte 50/200 €

Le Royal Monceau, 37 avenue Hoche - Ⓜ Charles de Gaulle-Etoile - ✆ 01 42 99 98 80 - www.leroyalmonceau.com - Fermé samedi midi, dimanche midi

Okuda

CUISINE JAPONAISE • ÉLÉGANT XX Vingt-trois couverts, un décor sobre et élégant, des hôtesses en kimono traditionnel et un silence d'or : c'est dans cet écrin que l'on déguste depuis 2013 les créations "kaiseki" du célèbre chef japonais Toru Okuda.

Menu 85 € (déjeuner)/198 €

7 rue de la Trémoille - Ⓜ Alma Marceau - ✆ 01 40 70 19 19 - www.okuda.fr - Fermé 6-10 janvier, 4-20 août, lundi, mardi midi

Le Relais Plaza

CUISINE CLASSIQUE • ÉLÉGANT XX Au sein du Plaza Athénée, la cantine chic et feutrée des maisons de couture voisines. Comment résister au charme de cette brasserie au beau décor 1930, inspiré du paquebot Normandie ? Une ambiance unique pour une cuisine qui joue la carte de la belle tradition. Si parisien...

Menu 64 € - Carte 80/135 €

Plaza Athénée, 25 avenue Montaigne - Ⓜ Alma Marceau - ✆ 01 53 67 64 00 - www.dorchestercollection.com/paris/hotel-plaza-athenee

Tosca

CUISINE ITALIENNE • COSY XX L'Italie semble s'être donnée rendez-vous dans ce restaurant de petite capacité, au mobilier chic. L'assiette chante les louanges de gastronomie transalpine : viandes, huile d'olive, fromage... Plutôt classique le midi, plus soignée le soir, souvent inspirée. Puccini aurait adoré.

Menu 85 € - Carte 55/87 €

Splendide Royal, 18 rue du Cirque - Ⓜ Miromesnil - ✆ 01 42 68 10 10 - www.splendideroyal.fr - Fermé 6-26 août, lundi, dimanche

Le 39V

CUISINE MODERNE • DESIGN XX La clientèle internationale se presse au sixième étage du 39 de l'avenue George-V... et pour cause ! Sur les toits de Paris, dans un décor épuré, on profite d'une cuisine de bonne facture, avec de solides bases classiques.

Menu 40 € (déjeuner), 95/135 € - Carte 81/149 €

39 avenue George-V (6ème étage - entrée par le 17 rue Quentin-Bauchart) - Ⓜ George V - ✆ 01 56 62 39 05 - www.le39v.com - Fermé samedi, dimanche

Diep

CUISINE CHINOISE • EXOTIQUE XX Du rouge, du noir, des alcôves et des panneaux sculptés : l'Asie dans le décor, tout comme dans l'assiette, où l'on trouve des spécialités de Hong Kong et de Canton, mais aussi certains plats thaïlandais et vietnamiens. Avis aux amateurs : poissons et crustacés sont à l'honneur !

Carte 40/80 €

55 rue Pierre-Charon - Ⓜ George V - ✆ 01 45 63 52 76 - www.diep.fr

Edern Ⓝ

CUISINE MODERNE • CONTEMPORAIN XX De l'ancien Citrus Étoile, à deux pas de la place du même nom, l'ancien Top Chef Jean-Edern Hurstel a fait une table sincère et gourmande. Déco dans l'air du temps (beaux fauteuils, marbre, laiton), ambiance chaleureuse, cuisine de saison goûteuse et savoureuse : ici, on ne triche pas !

Menu 45 € (déjeuner) - Carte 60/80 €

6 rue Arsène Houssaye - ✆ 01 45 63 88 01 - www.edern-restaurant.com - Fermé lundi, samedi midi, dimanche

Le Gaigne

CUISINE MODERNE • ÉLÉGANT XX Derrière l'église Saint-Augustin, le Gaigne (d'après le surnom donné par Frédéric Anton, chef du Pré Catelan, à Mickaël Gaignon) propose une sympathique cuisine d'inspiration traditionnelle, qui évolue au gré des saisons. De bons produits, une exécution soignée : c'est gagné pour le Gaigne !

Menu 45/75 € - Carte 70/80 €

2 rue de Vienne - Ⓜ St-Augustin - ✆ 01 45 22 23 62 - www.restaurantlegaigne.fr - Fermé 4-26 août, samedi, dimanche

Joël Robuchon-Dassaï Ⓝ

CUISINE JAPONAISE • CHIC XX Pâtisserie, sandwicherie, salon de thé, bar à saké et restaurant... pour une ode au Japon, pays d'élégance et de gastronomie, si cher à Joël Robuchon. Cadre design avec touches seventies, cuisine nippone et française, service aux petits soins. Inspirant.

Menu 49 € (déjeuner) - Carte 54/112 €

184 rue du Faubourg-Saint-Honoré - ✆ 01 76 74 74 70 - www.robuchon-dassai-laboutique.com - Fermé lundi, dimanche

Kinugawa Matignon

CUISINE JAPONAISE • ÉLÉGANT XX La seconde adresse du restaurant Kinugawa Vendôme n'a rien à envier à son aînée : on retrouve ici le même souci de précision, la cuisine d'inspiration japonaise - presque fusion - servie dans un cadre intimiste. Les puristes s'installent au bar à sushi. Très tendance !

Menu 45 € (déjeuner), 65/89 € - Carte 45/90 €

1 bis rue Jean-Mermoz - Ⓜ Franklin D. Roosevelt - ✆ 01 42 25 04 23 - www.kinugawa.fr - Fermé 5-26 août

Le Marché du Lucas

CUISINE TRADITIONNELLE • CLASSIQUE XX À l'étage du restaurant Lucas Carton, dans un plaisant décor Art Nouveau, le chef Julien Dumas joue la simplicité et la gourmandise, autour d'un menu du jour annoncé verbalement. Pêche du jour, épinards, sarrasin ; glace à la courge et au marron… Un repas d'une belle tenue.

Menu 45 €

9 place de la Madeleine - Ⓜ Madeleine - ✆ 01 42 65 56 66 - www.lucascarton.com - Fermé 27 juillet-21 août

Marius et Janette

POISSONS ET FRUITS DE MER • MÉDITERRANÉEN XX Un élégant décor façon yacht, des filets de pêche, etc. Ici, les produits de la mer sont évidemment à l'honneur ; la carte est renouvelée chaque jour, au gré des arrivages…

Menu 52 € (déjeuner) - Carte 91/180 €

4 avenue George-V - Ⓜ Alma Marceau - ✆ 01 47 23 41 88 - www.mariusjanette.com

Maxan

CUISINE MODERNE • ÉLÉGANT XX C'est donc ici, à deux pas de l'avenue George-V, que l'on retrouve Maxan. On découvre un décor élégant et discret, tout en camaïeu de gris, et on renoue non sans plaisir avec cette cuisine du marché bien parfumée, à l'instar des champignons de Paris et mousserons, et leur œuf poché…

Menu 40 € - Carte 48/82 €

3 rue Quentin Bauchart - Ⓜ George V - ✆ 01 40 70 04 78 - www.rest-maxan.com - Fermé 4-20 août, samedi midi, dimanche

Le Schiap Ⓝ

CUISINE ITALIENNE • BRASSERIE XX Le chef toscan Michele Dalla Valle (anciennement Sassotondo et Il Cuoco Galante) fait la joie de l'Hôtel de Berri, avec cette cuisine italienne revisitée dont il a le secret. *Antipastis, pastas* et belles viandes défilent, les produits sont de qualité et les saveurs au rendez-vous : les amateurs n'en feront qu'une bouchée.

Carte 47/76 €

Hôtel de Berri, 18-22 rue de Berri - Ⓜ Saint-Philippe-du-Roule - ✆ 01 76 53 77 79 - Fermé lundi soir, samedi midi, dimanche

Manko

CUISINE PÉRUVIENNE • ÉLÉGANT X Le chef star péruvien Gaston Acurio et le chanteur Garou ont eu un enfant : il s'appelle Manko. Ce restaurant, bar lounge et cabaret du sous-sol du Théâtre des Champs-Elysées propose des recettes péruviennes mâtinées de touches asiatiques et africaines. Une cuisine de partage bien ficelée.

Menu 65 € - Carte 40/80 €

15 avenue Montaigne - Ⓜ Alma Marceau - ✆ 01 82 28 00 15 - www.manko-paris.com

Shirvan

CUISINE MODERNE • CONTEMPORAIN X Ce restaurant, proche du pont de l'Alma, porte la signature d'Akrame Benallal. Pas de nappage ici, mais couverts design, timbales en grès, et une cuisine, nourrie aux influences de "la route de la soie", du Maroc à l'Inde, en passant par l'Azerbaïdjan. Une gastronomie métissée riche en épices… Service efficace et quasi continu.

Menu 36 € (déjeuner)/40 € - Carte 40/100 €

5 place de l'Alma - Ⓜ Alma Marceau - ✆ 01 47 23 09 48 - www.shirvancafemetisse.fr

Bistro Brute

CUISINE CRÉATIVE • BRANCHÉ X Sain, créatif, récréatif et responsable : voici la "bistrosophie" de ce restaurant qui n'a de brutal que le nom. L'assiette favorise les circuits courts et colle au plus près des saisons ; on se laisse séduire par les jeux de textures et de saveurs et par la fraîcheur de l'ensemble. La petite carte des vins, exclusivement bio et naturels, vient couronner le tout.

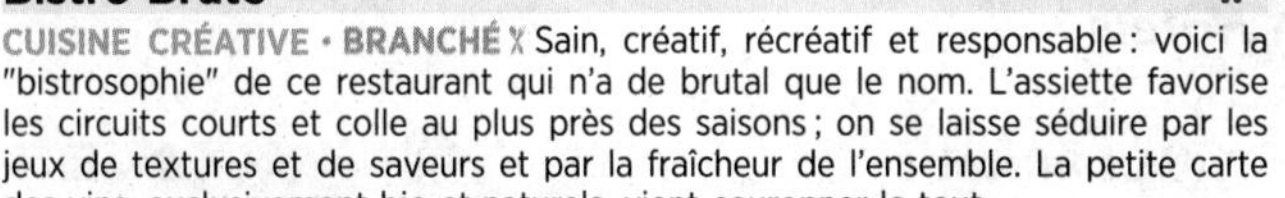

Menu 38 € (déjeuner), 39/68 €

36 rue de Berri - Ⓜ St-Philippe-du-Roule - ✆ 01 42 25 02 76 - www.bistrobrute.com - Fermé 2-9 mars, 29 juillet-24 août, samedi, dimanche

Le Boudoir

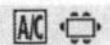

CUISINE TRADITIONNELLE • BISTRO X Meilleur Ouvrier de France en charcuterie, le chef a travaillé dans de belles maisons et exprime aujourd'hui dans ce Boudoir son amour du… boudin. Oui, la charcuterie peut être un art : voyez le splendide pâté en croûte de volaille et foie gras ! Décor sobre et élégant, service parfait.

Menu 35 € (déjeuner), 62/80 € - Carte 48/60 €

25 rue du Colisée - Ⓜ Franklin D. Roosevelt - ✆ 01 43 59 25 29 - www.boudoirparis.fr - Fermé 3-19 août, samedi, dimanche

Lazare

CUISINE TRADITIONNELLE • BRASSERIE X Au cœur de la fameuse gare St-Lazare, on doit à Éric Frechon l'idée de cette élégante brasserie "ferroviaire" qui respecte les canons du genre : œufs mimosa, quenelles de brochet ou maquereaux au vin blanc, la belle tradition française est sur les rails ! Sympathique et très animé.

Carte 35/90 €

parvis de la gare St-Lazare, rue Intérieure - Ⓜ St-Lazare - ✆ 01 44 90 80 80 - www.lazare-paris.fr

Marloe

CUISINE MODERNE • BISTRO X Dans ce quartier huppé, à l'angle de deux jolies rues, Marloe, aux allures de bistrot chic et cosy, séduit au-delà de la clientèle du quartier. De fait, la cuisine, élaborée à partir de produits d'excellente qualité, se révèle maîtrisée et sans esbroufe.

Carte 37/65 €

2 rue du Commandant Rivière - Ⓜ St-Philippe-du-Roule - ✆ 01 53 76 44 44 - www.marloe.fr - Fermé samedi, dimanche

Néva Cuisine

CUISINE MODERNE • ÉLÉGANT X La Néva n'est pas seulement un fleuve russe passant à Saint-Pétersbourg, c'est aussi ce restaurant où officie la chef Beatriz Gonzalez. Elle y signe une cuisine au goût du jour maîtrisée, à l'image de ce ris de veau crousti-fondant au big green egg. Frais et de bonne qualité.

Menu 42/60 €

2 rue de Berne - Ⓜ Europe - ✆ 01 45 22 18 91 - www.nevacuisineparis.com - Fermé 5-25 août, 24 décembre-1er janvier, samedi, dimanche

Le Sushi Okuda

CUISINE JAPONAISE • ÉPURÉ X Ce bar à sushis, attenant au restaurant Okuda, rappelle les izakayas (les bars) japonais, tant par le cèdre du Japon qui habille les murs que par l'étroitesse du lieu et la fraîcheur des poissons. Menus dépaysants.

Menu 95 € (déjeuner)/155 €

18 Rue du Boccador - Ⓜ Alma Marceau - ✆ 01 47 20 17 18 - www.sushiokuda.com - Fermé 6-10 janvier, 4-20 août, lundi, mardi midi

24 - Le Restaurant

CUISINE MODERNE • TENDANCE X À deux pas du rond-point des Champs-Elysées, cet établissement propose des assiettes bien travaillées, qui n'ont pas besoin d'en mettre plein la vue pour égayer notre gourmandise : en témoigne le filet mignon de veau, cerise à la réglisse, pommes de terre banane. L'accueil est aussi souriant que professionnel, et le rapport qualité prix excellent, surtout le midi.

Menu 30 € (déjeuner)/75 € - Carte 65/85 €

24 rue Jean-Mermoz - Ⓜ Franklin D. Roosevelt - ✆ 01 42 25 24 24 - www.24lerestaurant.fr - Fermé 1er-8 janvier, 5-26 août, samedi, dimanche

Hôtels

Le Bristol

PALACE · GRAND LUXE Ce palace de 1925, agencé autour d'un magnifique jardin, a conservé toute sa superbe. Les luxueuses chambres de style Louis XV ou Louis XVI cohabitent avec des suites (Lune de miel, Impériale, etc.) aux impressionnantes proportions. Non moins exceptionnelle, la piscine dominant Paris...

190 chambres - 1300/1700 € - 100 suites - 45 €

112 rue du Faubourg Saint-Honoré - Miromesnil - 01 53 43 43 00 - www.lebristolparis.com

114, Faubourg · **Épicure** - voir la sélection des restaurants

Crillon

PALACE · GRAND LUXE Saluons la renaissance d'un chef-d'œuvre de l'architecture du 18e s., dont la façade, magnifiant la place de la Concorde, a conservé sa fastueuse ornementation. Chambres luxueuses, appartements à thème (dont l'un d'eux, confié à Karl Lagerfeld). L'art de vivre à la française, dans sa pure et intemporelle splendeur. Un palace mythique.

124 chambres - 1350/2500 € - 43 suites - 60 €

10 place de la Concorde - Concorde - 01 44 71 15 00 - www.rosewoodhotels.com/fr/hotel-de-crillon

L'Écrin · **Brasserie d'Aumont** - voir la sélection des restaurants

Four Seasons George V

PALACE · GRAND LUXE Ce palace mythique, né en 1928, s'est paré des splendeurs et raffinements du 18e s. Ses chambres, luxueuses et spacieuses, ses collections d'œuvres d'art, son spa superbe et sa belle cour intérieure - sans parler de son histoire gastronomique - : voilà bien un ensemble d'exception !

185 chambres - 1550/2150 € - 59 suites - 59 €

31 avenue George-V - George V - 01 49 52 70 00 - www.fourseasons.com/paris

Le Cinq · **L'Orangerie** **Le George** - voir la sélection des restaurants

Plaza Athénée

PALACE · CLASSIQUE Palace parisien par excellence, inauguré en 1911, le Plaza Athénée vit merveilleusement le passage des années. Rien n'altère la primauté de l'établissement, véritable sommet de luxe et d'élégance à la française. Des services d'exception, dont le somptueux Spa Christian Dior, une cour-jardin pour prendre un repas léger aux beaux jours : le mythe continue...

154 chambres - 990/2150 € - 54 suites - 60 €

25 avenue Montaigne - Alma Marceau - 01 53 67 66 65 - www.dorchestercollection.com/paris/hotel-plaza-athenee

Alain Ducasse au Plaza Athénée · **Le Relais Plaza** - voir la sélection des restaurants

La Réserve

PALACE · ÉLÉGANT Parquet Versailles, larges canapés, corniches dorées à l'or fin : c'est vers le chic parisien de la Belle Époque que lorgne ce superbe hôtel particulier du 19es., décoré par Jacques Garcia. Suites avec vue sur les jardins de l'Élysée, le Grand Palais ou la Tour Eiffel. Cuisine internationale "sur la route des épices" proposée à la Pagode de Cos.

26 suites - 1900/16000 € - 14 chambres - 56 €

42 avenue Gabriel - Champs Elysées Clemenceau - 01 58 36 60 50 - www.lareserve-paris.com

Le Gabriel - voir la sélection des restaurants

Le Royal Monceau

PALACE • PERSONNALISÉ Ce palace du 21e s., décoré par Philippe Starck, se joue des codes en vigueur : galerie d'art, librairie, salle de cinéma high-tech, spa superbe... Assurément arty ! En un mot : Royal.

108 chambres - 1000/1400 € - 41 suites - 62 €

37 avenue Hoche - Charles de Gaulle-Etoile - 01 42 99 88 00 - www.leroyalmonceau.com

Il Carpaccio • **Matsuhisa** - voir la sélection des restaurants

Champs-Élysées Plaza

URBAIN • ÉLÉGANT Élégance et espace, harmonie des couleurs, mélange des styles, service attentionné, fitness... Cet hôtel est un concentré de luxe feutré et cossu.

39 chambres - 290/490 € - 10 suites - 32 €

35 rue de Berri - George V - 01 53 53 20 20 - www.champselyseesplaza.com

Fouquet's Barrière

LUXE • ÉLÉGANT Né dans le sillage de la mythique brasserie, ce luxueux hôtel a été décoré par Jacques Garcia : styles Empire et Art déco, foisonnement d'acajou, de soie, de velours, associés à des équipements high-tech et un spa superbe. La carte de la mythique brasserie est signée Pierre Gagnaire. Une authentique expérience parisienne.

64 chambres - 630/1400 € - 37 suites - 49 €

46 avenue George V - George V - 01 40 69 60 00 - www.lefouquets-paris.com

Prince de Galles

GRAND LUXE • ART DÉCO Ce fleuron légendaire de l'Art déco parisien irradie de son élégance l'avenue George-V. Construit en 1928, nimbé d'une nouvelle fraîcheur, le charme des lieux reste intact, des chambres, luxueuses et raffinées, au bar "Les Heures", où le temps suspend son vol, face au patio classé.

115 chambres - 975/1290 € - 44 suites - 38 €

33 avenue George V - George V - 01 53 23 77 77 - www.marriott.com - Fermé 24 février-4 mars, 28 juillet-29 août

La Scène - voir la sélection des restaurants

Vernet

HISTORIQUE • PERSONNALISÉ Un immeuble des Années folles dans une petite rue près des Champs-Élysées... qui abrite un hôtel entièrement rénové ! Il se dégage de ces lieux un je-ne-sais-quoi de très parisien, du hall d'entrée lumineux aux chambres, dont on appréciera le décor soigné et feutré.

41 chambres - 690/2200 € - 9 suites - 25 €

25 rue Vernet - Charles de Gaulle-Etoile - 01 44 31 98 00 - www.hotelvernet.com

Le V - voir la sélection des restaurants

Buddha-Bar Hotel

LUXE • CONTEMPORAIN On connaissait le Buddha-Bar, adresse parisienne très branchée ; voici le Buddha-Bar Hotel, créé dans un hôtel particulier du 18e s. Entre boiseries anciennes et décor néo-asiatique, l'ensemble se révèle très glamour et raffiné ! Inédit et exclusif.

51 chambres - 370/1100 € - 5 suites - 35 €

4 rue d'Anjou - Madeleine - 01 83 96 88 88 - www.buddhabarhotelparis.com

Hôtel de Berri N

GRAND LUXE • ART DÉCO À deux pas des Champs-Élysées, cet immeuble des années 1970 abrite un hôtel atypique, élégant et luxueux : sols à damier et statues dans le hall, grand bar, centaines d'œuvres d'art en exposition, chambres spacieuses aux équipements ultra-modernes...

74 chambres - 450/1500 € - 1 suite - 35 €

18-22 rue de Berri - Saint-Philippe-du-Roule - 01 76 52 77 73 - www.marriott.com

Le Schiap - voir la sélection des restaurants

San Régis

LUXE · COSY Hôtel particulier de 1850 remanié avec goût : un bel escalier (vitraux et statues) conduit aux chambres, ravissantes, au style classique-revisité. Le restaurant sous verrière occupe un luxueux salon aux tonalités claires et cultive la tradition.

30 chambres – 395/1180 € – 12 suites – 35 €

12 rue J.-Goujon – Champs-Elysées Clemenceau – 01 44 95 16 16 – www.hotel-sanregis.fr

Sofitel Arc de Triomphe

LUXE · ÉLÉGANT Ce grand hôtel impeccablement situé ne manque pas d'allure : un grand hall clair prolongé par un salon tout en design et en élégance, des chambres spacieuses et décorées sobrement, où l'on séjourne en toute tranquillité... Et pour se restaurer, le bistrot Les Cocottes, offrent à vos papilles une jolie partition gastronomique signée Christian Constant.

122 chambres – 390/1150 € – 2 suites – 34 €

14 rue Beaujon – Charles de Gaulle-Etoile – 01 53 89 50 50 – www.sofitel.com/1296

Sofitel le Faubourg

LUXE · PERSONNALISÉ Élégant hôtel dans deux demeures des 18e et 19e s. Les chambres, décorées dans un style moderne et épuré, ne manquent pas d'élégance ; on profite d'un salon sous verrière, ainsi que d'un joli fitness avec hammam et salles de massages.

119 chambres – 360/800 € – 29 suites – 30 €

15 rue Boissy d'Anglas – Concorde – 01 44 94 14 14 – www.sofitel-paris-lefaubourg.com

Hôtel de Sers

HÔTEL PARTICULIER · PERSONNALISÉ Le marquis de Sers ne reconnaîtrait pas son hôtel particulier de la fin du 19e s. Il faut dire qu'il mélange les styles avec succès : si le hall a conservé son caractère d'origine, les chambres, elles, sont résolument contemporaines et tendance. Un "baby palace" élégant...

45 chambres – 500/800 € – 7 suites – 30 €

41 avenue Pierre-1er-de-Serbie – George V – 01 53 23 75 75 – www.hoteldesers.com

L'Hôtel Fauchon N

BOUTIQUE HÔTEL · CONTEMPORAIN Un bel établissement, idéalement situé. Les chambres, spacieuses, ont du style (dans une veine "hôtel gourmand" chère à la marque), et donnent sur l'église de la Madeleine ou le boulevard. Espace bien-être avec hammam, fitness et cabines de soins.

47 chambres – 400/1250 € – 7 suites – 39 €

4 boulevard Malesherbes – Madeleine – 01 87 86 28 00 – www.fauchonhotels.com

Marquis Faubourg Saint-Honoré

HISTORIQUE · PERSONNALISÉ Ce boutique-hôtel doit son nom au marquis de La Fayette, le "héros des deux mondes", qui vécut dans cet hôtel particulier du 18e s. De vastes chambres, une décoration chic et sobre, de luxueuses salles de bains : l'adresse ne manque ni de charme ni de panache !

10 suites – 850/1600 € – 5 chambres – 39 €

8 rue d'Anjou – Madeleine – 01 44 80 00 00 – www.marquisfaubourgsainthonore.com

Splendide Royal

HÔTEL PARTICULIER · ÉLÉGANT Ce palace de poche, installé dans un hôtel particulier, ancienne demeure de Pierre Cardin, séduira les amoureux du luxe discret, avec ses six suites de 65 m^2 et six juniors suites de 40 m^2, raffinées et élégantes. Charmant et familial.

6 chambres – 600/1350 € – 6 suites

18 rue du Cirque – Miromesnil – 01 43 87 10 10 – www.splendideroyal.fr

Tosca – voir la sélection des restaurants

Hôtel Bowmann

LUXE • ÉLÉGANT Au cœur du triangle d'or, dans un immeuble du 19e s., on trouve cet hôtel ouvert après deux ans de travaux. Chambres spacieuses, entre confort moderne et élégance haussmannienne (dont une grande suite au dernier étage, avec vue sur les toits !), espace bien-être : rien ne manque.

52 chambres – 400/1800 € – 1 suite – 33 €

99 boulevard Haussmann – Saint Augustin – 01 40 08 00 10 – www.hotelbowmannparis.com

Hôtel du Ministère

BOUTIQUE HÔTEL • CONTEMPORAIN Un hôtel à deux pas du ministère de l'Intérieur, du palais de l'Élysée et du faubourg St-Honoré. Les chambres – confortables et très fonctionnelles – rendent hommage aux années 1970, ce qui ne manquera pas de plaire aux amateurs... ou aux nostalgiques. Accueil charmant.

42 chambres – 190/576 € – 5 suites – 19 €

31 rue de Surene – Madeleine – 01 42 66 21 43 – www.ministerehotel.com

Le Pavillon des Lettres

URBAIN • PERSONNALISÉ Un hôtel littéraire en plein cœur de Paris ? Vingt-six chambres pour les vingt-six lettres de l'alphabet, chacune portant le nom d'un écrivain et déclinant son œuvre dans leur décoration. Élégant et subtil : parfait pour réviser ses classiques et découvrir la ville autrement.

26 chambres – 220/565 €

12 rue des Saussaies – Miromesnil – 01 49 24 26 26 – www.pavillondeslettres.com

Le 123 Elysées

URBAIN • CONTEMPORAIN Mélange des genres, des couleurs et des matières, croquis de stylistes : les chambres de cet hôtel ont du cachet. Pratique pour un séjour shopping dans un faubourg très... mode.

41 chambres – 210/379 € – 14 €

123 rue du Faubourg-Saint-Honoré – St-Philippe-du-Roule – 01 53 89 01 23 – www.astotel.com

Hôtel Monsieur

URBAIN • PERSONNALISÉ A quelques encablures du théâtre des Mathurins, cet hôtel récent rend un hommage discret au monde du théâtre et à l'une de ses figures tutélaires, Sacha Guitry. Les chambres sont confortables et vraiment chaleureuses – certaines ont même une terrasse. Petit espace fitness.

29 chambres – 190/400 € – 2 suites

62 rue des Mathurins – Havre-Caumartin – 01 43 87 17 11 – www.hotelmonsieur.com

Le Marianne

URBAIN • CONTEMPORAIN Cette séduisante Marianne se cache dans un immeuble haussmannien, tout près des Champs-Élysées. L'hôtel a des allures de maison particulière ; les chambres, confortables, se parent de matériaux nobles (marbre, laiton) et de beaux dégradés de couleurs.

31 chambres – 170/450 € – 19 €

11 rue Paul-Baudry – St-Philipe-du-Roule – 01 45 04 30 30 – www.lemarianne.com

Le Swann

URBAIN • CONTEMPORAIN Bienvenue du côté de chez Swann ! Cet hôtel datant de 1889 a accueilli de nombreux artistes et écrivains au long des années ; les chambres, confortables, portent chacune le nom d'un personnage de Proust... Très tendance et délicieusement parisien.

74 chambres – 159/429 € – 7 suites – 16 €

15 rue de Constantinople – Europe – 01 45 22 80 80 – www.hotel-leswann.com

Chavanel

URBAIN • CONTEMPORAIN Cet hôtel appartient à la même famille depuis 1984. Depuis les voilages en dentelle française des fenêtres, jusqu'aux luminaires, tout détail est étudié. Quant au buffet du petit-déjeuner, 100% bio, il mérite votre appétit !

27 chambres - 200/660 € - 20 €

22 rue Tronchet - Madeleine - 01 47 42 26 14 - www.hotelchavanel.com

Ekta

BOUTIQUE HÔTEL • DESIGN Retour vers le passé avec cet hôtel construit en 2015, mais décoré à la mode seventies, où dominent le blanc et le noir. Les chambres, de taille modeste, sont cependant élégantes et confortables. Un établissement plaisant, original... et bien situé.

25 chambres - 100/500 € - 14 €

52 rue Galilée - George V - 01 53 76 09 05 - www.hotelekta.com

Idol

URBAIN • DESIGN Mobilier vintage "seventies" et thème "jazzy" habillent cet hôtel proche de la gare Saint-Lazare : quoi de plus évident dans un quartier dédié à la musique, et riche en boutiques de luthiers ? Les chambres s'appellent Lady Soul, Light my fire... Une vraie boîte à musique.

32 chambres - 150/399 € - 17 €

16 rue d'Edimbourg - Europe - 01 45 22 14 31 - www.idolhotel-paris.com

Elysées 8

URBAIN • CONTEMPORAIN Au cœur du 8e arrondissement, un hôtel dont le salon coloré nous plonge dans les années 1970. Les chambres sont modernes et chaleureuses : moquettes, têtes de lit en bois sculpté, murs joliment carrelés...

34 chambres - 159/259 € - 13 €

16 rue Cambacérès - Miromesnil - 01 42 65 71 40 - www.elysees8.com

Opéra - Grands Boulevards

9e arrondissement

Getty Images

Restaurants

NESO (Guillaume Sanchez)

CUISINE CRÉATIVE • CONTEMPORAIN XX Nomos, c'est fini : bienvenue à NESO ! L'attachant Guillaume Sanchez (Top Chef 2017, Qui sera le prochain grand Pâtissier ?) propose ici une cuisine qui lui ressemble, avec de l'imagination et de la technique à revendre - extractions de vapeur à froid, fermentation des légumes... C'est original, souvent percutant, parfois déroutant : une expérience à part entière.

→ Cuisine du marché

Menu 55 € (déjeuner), 90/120 € - Carte 90/100 €

6 rue Papillon - Poissonnière - 01 48 24 04 13 - www.neso.paris - Fermé lundi midi, samedi, dimanche

La Condesa (Indra Carrillo)

CUISINE CRÉATIVE • COSY La Condesa est un quartier de Mexico : c'est aussi le restaurant d'Indra Carillo, venu du Mexique pour intégrer l'institut Paul Bocuse. Il signe une cuisine de haute volée, jouant des différentes cultures culinaires, avec une aisance déroutante. Une excellente adresse, mise en valeur par un service professionnel. Coup de cœur assuré.

→ Cuisine du marché

Menu 38 € (déjeuner)/78 €

17 rue Rodier – Ⓜ Notre-Dame de Lorette – ✆ 01 53 20 94 90 – www.lacondesa-paris.com – Fermé 4 août-5 septembre, 23 décembre-3 janvier, lundi, mardi midi, mercredi midi, jeudi midi, vendredi midi, samedi midi, dimanche

Louis (Stéphane Pitré)

CUISINE MODERNE • INTIME Situé près des grands magasins dans une rue tranquille, ce restaurant intimiste tenu par un chef breton passé chez Senderens propose des menus en petites portions : ravioles de veau et consommé de coriandre, merlan rôti et jeunes carottes aïoli, volaille de Challans et girolles, etc. Spontané et inventif.

→ Cuisine du marché

Menu 38 € (déjeuner), 65/84 €

23 rue de la Victoire – Ⓜ Le Peletier – ✆ 01 55 07 86 52 – www.louis.paris – Fermé 29 juillet-19 août, 23-30 décembre, samedi, dimanche

Abri Soba

CUISINE JAPONAISE • BISTRO Connaissez vous les *soba*, des pâtes japonaises au sarrasin ? Ce restaurant (la deuxième adresse des associés à l'origine d'Abri) en a fait sa spécialité et les propose, pour ainsi dire, à toutes les sauces : à midi et le soir, froides ou chaudes, avec bouillon et émincé de canard par exemple. C'est simple et savoureux : à vos baguettes.

Menu 38 € – Carte 25/40 €

10 rue Saulnier – Ⓜ Cadet – ✆ 01 45 23 51 68 – Fermé 12 août-1er septembre, lundi, dimanche midi

Le Caillebotte

CUISINE MODERNE • CONVIVIAL Franck Baranger, le chef, compose ces assiettes fraîches et résolument modernes dont il a le secret : langoustines servies crues sur des lasagnes de concombre, thon blanc de St-Gilles et coulis de petits pois mentholés... C'est gourmand, coloré, et colle parfaitement à l'ambiance conviviale des lieux.

Menu 36/49 € – Carte 41/50 €

8 rue Hippolyte-Lebas – Ⓜ Notre-Dame de Lorette – ✆ 01 53 20 88 70 – Fermé 12-31 août, 26 décembre-2 janvier, samedi, dimanche

Les Canailles Pigalle

CUISINE MODERNE • BISTRO Parfaite pour s'encanailler, cette sympathique adresse a été créée par deux Bretons formés à bonne école. Ici, ils jouent la carte de la bistronomie et des recettes de saison. Spécialités : le carpaccio de langue de bœuf et sauce ravigote, et le baba au rhum avec sa chantilly à la vanille... On se régale !

Menu 36 € – Carte 54/63 €

25 rue La Bruyère – Ⓜ St-Georges – ✆ 01 48 74 10 48 – www.restaurantlescanailles.fr – Fermé 1er-30 août, samedi, dimanche

I Golosi

CUISINE ITALIENNE • CONVIVIAL Un décor coloré et sans âge pour cette authentique trattoria proche de la salle des ventes Drouot. La carte varie chaque semaine et s'accompagne d'une superbe sélection de vins en accord avec les mets du moment... Et le café est excellent, Italie oblige ! On peut aussi faire des provisions à l'épicerie fine.

Carte 25/45 €

6 rue Grange-Batelière – Ⓜ Richelieu Drouot – ✆ 01 48 24 18 63 – Fermé samedi soir, dimanche

Le Pantruche

CUISINE MODERNE • BISTRO X Pantruche, c'est Paris en argot... Un nom tout trouvé pour ce bistrot au décor rétrochic, qui cultive volontiers l'atmosphère gouailleuse et canaille des années 1940-1950. Côté papillles, le chef et sa petite équipe concoctent de jolis plats de saison, pile dans la tendance bistronomique.

Menu 36 € – Carte 39/50 €

3 rue Victor-Massé – Ⓜ Pigalle – ✆ 01 48 78 55 60 – Fermé 12-31 août, samedi, dimanche

Richer

CUISINE MODERNE • BRANCHÉ X Cette maison séduit autant par son esprit de cantine arty que par ses assiettes, qui dévoilent une cuisine du marché fraîche et goûteuse. Attention cependant, il n'y a toujours pas de téléphone, le seul moyen de réserver est de se présenter sur place.

Carte 35/51 €

2 rue Richer – Ⓜ Poissonnière – www.lericher.com – Fermé 27 juillet-18 août, 23 décembre-1er janvier

Le Café de la Paix

CUISINE CLASSIQUE • ÉLÉGANT XX Fresques, lambris dorés et mobilier inspiré du style Napoléon III : ce luxueux et légendaire restaurant, ouvert de 7h à minuit, reste le rendez-vous du Tout-Paris. Et pour cause, le pâté en croûte est redoutable, et l'on feuilletterait sans fin le mille feuille à la vanille. Belle cuisine de brasserie.

Menu 55 € – Carte 90/110 €

Intercontinental Le Grand, 12 Boulevard des Capucines – Ⓜ Opéra – ✆ 01 40 07 32 32 – www.paris.intercontinental.com

Les Affranchis

CUISINE MODERNE • BISTRO X "Affranchi" des maisons où il était salarié, le chef se joue avec bonheur des classiques pour élaborer une cuisine goûteuse, à l'image de cet œuf parfait, façon carbonara ou du lieu jaune en arlequin de chou-fleur, orange et poutargue. Une adresse qui va comme un gant à ce 9e arrondissement, aussi bourgeois que bohème.

Menu 35 € (déjeuner)/45 €

5 rue Henri-Monnier – Ⓜ St-Georges – ✆ 01 45 26 26 30 – www.lesaffranchisrestaurant.com – Fermé lundi

Aspic

CUISINE MODERNE • BISTRO X Comme souvent dans le quartier, c'est le mini-bistrot dans toute sa splendeur : esprit rétro, cuisine ouverte sur la salle, etc. Dans l'assiette, des produits top (viandes et volailles fermières, poissons de ligne et de petit bateau, herbes et épices) sont travaillés avec soin. Attention, succès oblige, la réservation est impérative.

Menu 65 €

24 rue de la Tour-d'Auvergne – Ⓜ Cadet – ✆ 09 82 49 30 98 – www.aspic-restaurant.fr – Fermé 4 août-2 septembre, 23 décembre-1er janvier, lundi, mardi midi, mercredi midi, jeudi midi, vendredi midi, samedi midi, dimanche

Belle Maison

POISSONS ET FRUITS DE MER • BISTRO X Les trois associés de Pantruche et Caillebotte remettent ça avec cette Belle Maison, baptisée ainsi d'après la plage de l'île d'Yeu où ils passaient leurs vacances. Le chef manie l'iode avec une facilité déconcertante – raviole de crabe et gaspacho ; maigre de ligne, petits pois et girolles –, on se régale en sa compagnie. Appel du large reçu cinq sur cinq !

Carte 41/58 €

4 rue de Navarin – Ⓜ Saint-Georges – ✆ 01 42 81 11 00 – www.restaurant-bellemaison.com – Fermé lundi, dimanche

Le Bon Georges

CUISINE TRADITIONNELLE • BISTRO Voilà un bistrot tel qu'on les aime, avec son décor dans son jus (ardoise, vieux plancher, banquettes), son ambiance de quartier... et ses assiettes savoureuses, à l'instar de cette belle terrine au beaujolais, ou du pigeon rôti. L'ardoise ouvre l'appétit, les produits sont frais et la simplicité de rigueur : attachant !

Carte 40/60 €

45 rue St-Georges – Ⓜ St-Georges – ✆ 01 48 78 40 30 – www.lebongeorges.com

Comptoir Canailles

CUISINE MODERNE • CONVIVIAL Installez-vous en toute quiétude, vous êtes entre de bonnes mains : ce jeune couple (Alain Ducasse pour lui, Paul Bocuse pour elle) signe une cuisine de bistrot goûteuse, et d'appétissantes cocottes. Vins natures de petits vignerons.

Menu 24 € (déjeuner)/36 € – Carte 45/80 €

47 rue Rodier – Ⓜ Anvers – ✆ 01 53 20 95 56 – www.comptoircanailles.com – Fermé 5-13 mai, 4-28 août, 23 décembre-7 janvier, lundi, dimanche

Le Garde Temps

CUISINE MODERNE • BISTRO Murs en pierres apparentes, comptoir en carrelage de métro... Bienvenue au Garde Temps, sympathique bistrot ouvert par un ancien d'Yves Camdeborde : c'est frais et bien travaillé, comme cette royale de carotte, ou le lieu jaune. En saison, l'ardoise s'autorise quelques plats ambitieux (truffe, homard).

Menu 25 € (déjeuner)/36 € – Carte 45/70 €

19 bis rue Fontaine – Ⓜ Blanche – ✆ 09 81 48 50 55 – www.restaurant-legardetemps.fr – Fermé 5-25 août, samedi midi, dimanche

Hotaru

CUISINE JAPONAISE • RUSTIQUE Un restaurant japonais accueillant, dont le jeune chef concocte une cuisine traditionnelle et familiale qui fait la part belle au poisson. Sushis, makis, sashimis, mais aussi quelques plats mijotés (délicates aubergines chaudes au miso noir, doucement sucrées ; maquereau grillé et laqué).

Menu 24 € (déjeuner) – Carte 26/53 €

18 rue Rodier – Ⓜ Notre-Dame de Lorette – ✆ 01 48 78 33 74 – Fermé lundi, dimanche

Il Cuoco Galante

CUISINE ITALIENNE • BISTRO Dans ce bistrot convivial, la jeune chef Ilaria Conti, originaire de Ligurie, décline une cuisine rafraîchissante, entre modernité et beau classicisme. Prenez par exemple ces spaghettis *al pomodoro San Marzano*, une recette vieille comme le monde... et qui n'a pas pris une ride.

Menu 24 € (déjeuner) – Carte 40/60 €

36 rue Condorcet – Ⓜ Anvers – ✆ 01 40 37 35 53 – www.ilcuocogalante.com – Fermé 13-17 août, lundi, dimanche

L'Innocence Ⓝ

CUISINE MODERNE • ÉPURÉ L'ancien Maloka est devenu L'Innocence, sous l'impulsion d'un duo d'associés au beau parcours. Dans sa cuisine ouverte sur la salle, Anne Legrand (L'Atelier Rodier, Le Clarence, Itinéraires) célèbre le marché et les saisons avec une pointe de créativité, dans un menu unique en six plats le soir. Le succès ne s'est pas fait attendre : on affiche souvent complet.

Menu 30 € (déjeuner), 49/69 €

28 rue de la Tour-d'Auvergne – Ⓜ Cadet – ✆ 01 45 23 99 13 – www.linnocence.fr – Fermé lundi, mardi midi, mercredi midi, jeudi midi, dimanche

Mamou

CUISINE TRADITIONNELLE • DE QUARTIER À deux pas des grands magasins, ce restaurant de quartier est tout indiqué pour ponctuer ou conclure une journée de shopping. Comment ne pas reprendre des forces en dégustant un menu aussi généreux : Piémontaise revisitée, œuf parfait ; canard en meurette rôtie... Vive la cuisine du marché !

Menu 19 € (déjeuner) – Carte 35/55 €

42 rue Taitbout – Ⓜ Chaussée d'Antin – ✆ 01 44 63 09 25 – www.restaurantmamou.com – Fermé 27 juillet-27 août, 21 décembre-2 janvier, lundi soir, mardi soir, samedi, dimanche

Orties

CUISINE CRÉATIVE • ÉPURÉ Le long du menu surprise en six temps, les bonnes surprises s'enchaînent : goût des produits, bien sûr, mais aussi créativité et maîtrise technique du chef – deux qualités qui ne vont pas toujours de pair... Voilà sans doute ce qui explique que dans cette rue Rodier où les tables ne manquent pas, ce restaurant affiche régulièrement complet !

Menu 34 € (déjeuner), 50/62 €

24 rue Rodier – Ⓜ Cadet – ✆ 01 45 26 86 26 – www.orties-restaurant.paris – Fermé 1er-31 août, lundi, mardi midi, dimanche

La Petite Sirène de Copenhague

CUISINE DANOISE • BISTRO Au-dessus de la devanture flotte un drapeau danois... qui annonce tout de suite la couleur gourmande de cet antre ! Menu du jour sur ardoise et carte plus étoffée (mais plus chère)... pour se régaler d'une cuisine qui s'amuse des contrastes sucré-salé, comme ces harengs à la danoise.

Menu 38 € (déjeuner)/44 € – Carte 50/82 €

47 rue Notre-Dame de Lorette – Ⓜ St-Georges – ✆ 01 45 26 66 66 – Fermé 23 février-11 mars, 4-31 août, 21 décembre-5 janvier, lundi, samedi midi, dimanche

La Régalade Conservatoire

CUISINE MODERNE • TENDANCE Après sa Régalade du 1er arrondissement, Bruno Doucet réplique à deux pas des Grands Boulevards, au sein du luxueux hôtel de Nell. L'esprit bistrot se fait chic, et la cuisine du chef toujours aussi enlevée, généreuse et savoureuse. Vivement le nouvel opus !

Menu 39 €

Hôtel de Nell, 7-9 rue du Conservatoire – Ⓜ Bonne Nouvelle – ✆ 01 44 83 83 60 – www.charmandmore.com

Hôtels

Intercontinental Le Grand

HISTORIQUE • GRAND LUXE Voilà bien un Grand Hôtel (né en 1862), exemplaire du 19e s., sur la place même de l'Opéra, au cœur du Paris d'Haussmann ! Son Café de la Paix au sublime décor, sa cour intérieure à l'ambiance proustienne, ses chambres de style Second Empire... Un monument parisien.

442 chambres – 335/950 € – 28 suites – 45 €

2 rue Scribe – Ⓜ Opéra – ✆ 01 40 07 32 32 – www.paris.intercontinental.com

Le Café de la Paix – voir la sélection des restaurants

W Opéra

LUXE • DESIGN Comment être plus au cœur du Paris d'Haussmann, que dans ce bel immeuble de 1870 jouxtant l'Opéra ? Si cet hôtel inauguré en 2012 joue la carte du chic parisien, c'est dans une veine résolument design, alliant luxe et décontraction. Vue sur le palais Garnier. Très branché et séduisant.

89 chambres – 370/2200 € – 2 suites – 39 €

4 rue Meyerbeer – Ⓜ Chaussée d'Antin – ✆ 01 77 48 94 94 – www.wparisopera.fr

Banke

LUXE • DESIGN Reconversion originale : au cœur du quartier des affaires de la Belle Époque, entre Bourse et Opéra, cet ancien siège bancaire est aujourd'hui un imposant hôtel de luxe... Le hall opulent, sous une immense verrière opaline, mérite le coup d'œil ; les chambres se révèlent aussi confortables que chaleureuses.

91 chambres – 270/650 € – 29 €

20 rue Lafayette – Ⓜ Chaussée d'Antin – ✆ 01 55 33 22 22 – www.hotelbanke.com

Hôtel de Nell

LUXE • DESIGN Un fort bel établissement voisin du Conservatoire national supérieur d'Art dramatique. Ferait bien de la comédie qui se plaindrait de ses aménagements, au style affirmé, signés Jean-Michel Wilmotte. Bois brut, tons clairs, lignes épurées... ou tout l'esprit du luxe contemporain.

33 chambres - 250/1250 € - 25 €

7-9 rue du Conservatoire - Ⓜ Bonne Nouvelle - 01 44 83 83 60 - www.charmandmore.com

La Régalade Conservatoire - voir la sélection des restaurants

Parister Ⓝ

URBAIN • COSY Hôtel au charme intemporel, proche des Grands Boulevards. Chambres feutrées et cosy, confortables, espace bien-être en sous-sol, avec couloir de nage. Le restaurant Les Passerelles propose une cuisine française et internationale. Le soir, formule tapas au bar. Une jolie adresse.

45 chambres - 220/550 € - 28 €

19 rue Saulnier - Ⓜ Cadet - 01 80 50 91 91 - www.hotelparister.com

Athénée

LUXE • COSY Non loin du théâtre de l'Athénée, cet hôtel chic assume un style néobaroque très "opéra"... signé Jacques Garcia. Draperies, velours pourpre, boiseries, chambres décorées sur un thème lyrique ("Traviata", "Faust"...), bar à cocktails et fumoir. Chamarré et précieux !

20 chambres - 170/470 € - 18 €

19 rue Caumartin - Ⓜ Havre Caumartin - 01 40 17 99 29 - www.maisonathenee.com

The Chess Hotel

LUXE • DESIGN Ambiance chic et exclusive, à deux pas de l'Opéra, pour ce bel établissement qui mise sur la sobriété et l'élégance plutôt que sur l'esbroufe. Les chambres sont des cocons, l'accueil est sur-mesure. Restauration légère à toute heure.

50 chambres - 159/399 € - 22 €

6 rue du Helder - Ⓜ Opéra - 01 48 24 10 10 - www.thechesshotel.com

Hôtel Panache

URBAIN • VINTAGE Entre Belle Époque et Art déco, cet hôtel ne manque pas de style ! Les chambres, toutes différentes, se parent de bleu canard, vert émeraude, gris anthracite, et de formes géométriques diverses. Une signature esthétique inimitable qui fait tout le charme de l'établissement.

40 chambres - 140/320 € - 4 suites - 18 €

1 rue Geoffroy-Marie - Ⓜ Grands Boulevards - 01 47 70 85 87 - www.hotelpanache.com

Maison Nabis

BUSINESS • COSY Le nom de l'hôtel fait référence au mouvement artistique nabi - fin du 19e s. -, et le décor est à l'avenant : couleurs ardentes (rouge profond, bleu nuit, doré, prune...), motifs géométriques, ambiance feutrée dans les chambres, etc. L'élégance même.

30 chambres - 130/350 € - 15 €

7 rue de Parme - Ⓜ Liège - 01 55 31 60 00 - www.maison-nabis.com

Monsieur Cadet

LUXE • ÉLÉGANT Ce petit hôtel chic ravira ceux qui aiment le luxe discret et l'atmosphère des années 1930. Les chambres sont décorées avec goût. Espace fitness et salon de massage.

29 chambres - 179/599 € - 19 €

4 rue Cadet - Ⓜ Cadet - 01 76 76 69 26 - www.monsieurcadet.com/fr/

Le Grey

BUSINESS • CONTEMPORAIN On dit que le gris (*grey* en anglais) est une couleur particulière à Paris, entre toits de zinc et ciel brumeux... En en déclinant toutes les nuances du blanc au noir, ce boutique-hôtel est dans le ton de la capitale, jusque dans sa "suite des toits de Paris" ! Confort et esprit arty à deux pas de la place de Clichy.

32 chambres - 160/350 € - 1 suite - 17 €

12 rue de Parme - Ⓜ Liège - 01 55 31 93 93 - www.legrey-hotel.com

Joyce

URBAIN • DESIGN Têtes de lit, bibliothèques, luminaires et boiseries sont dessinés sur les murs, tel un croquis d'architecte. Du style dans ce boutique-hôtel plein de caractère ! Petit-déjeuner sous une jolie verrière.

44 chambres - 120/249 € - 13 €

29 rue La Bruyère - Ⓜ St-Georges - 01 55 07 00 01 - www.astotel.com

Adèle & Jules Ⓝ

BOUTIQUE HÔTEL • PERSONNALISÉ Un hôtel situé au calme, et pourtant à proximité des Grands Boulevards, des Folies Bergères, et du quartier des Antiquaires. Chambres cosy, décor "chic parisien". Une valeur sûre.

60 chambres - 170/440 € - 15 €

2 et 4 bis Cité-Rougemont - Ⓜ Grands Boulevards - 01 48 24 60 70 - www.hoteladelejules.com

Relais Madeleine

TRADITIONNEL • PERSONNALISÉ Un peu comme dans une maison de famille, mais en plein centre de Paris ! Indéniablement, ce petit hôtel a du charme, avec son mobilier chiné, ses teintes chatoyantes et ses tissus choisis... Sans parler de l'accueil attentionné.

23 chambres - 299/549 € - 15 €

11 bis rue Godot-de-Mauroy - Ⓜ Havre Caumartin - 01 47 42 22 40 - www.relaismadeleine.fr

Gare de l'Est - Gare du Nord - Canal St-Martin

10e arrondissement

Jacques Palut/Fotolia.com

Restaurants

Abri (Katsuaki Okiyama)

CUISINE MODERNE • SIMPLE X Dans la lignée des jeunes chefs japonais qui s'installent à Paris après y avoir travaillé dans de grandes maisons, Katsuaki rend un superbe hommage à la cuisine française, avec une sensibilité toute nippone - avec une partition bien plus simple à midi. Très bon rapport qualité-prix ! Attention : il est indispensable de réserver plusieurs semaines à l'avance.

→ Cuisine du marché

Menu 26 € (déjeuner)/52 €

92 rue du Faubourg-Poissonnière - Ⓜ Poissonnière - 01 83 97 00 00 - Fermé 1er-31 août, lundi, samedi midi, dimanche

52 Faubourg St-Denis

CUISINE MODERNE • DESIGN Vous aimez les néobistrots? Vous allez être ravis: béton brut et pierres apparentes, carte courte et efficace, accompagnée de jolis vins et de bière artisanale. Tout est là, tout est bon, jusqu'au café sélectionné et torréfié par le patron. Attention: pas de réservation ni de téléphone. La rançon (et les raisons?) du succès.

Carte 33/43 €

52 rue du Faubourg-St-Denis - Ⓜ Strasbourg-St-Denis - www.faubourgstdenis.com - Fermé 27 juillet-18 août, 23 décembre-1er janvier

Mamagoto

CUISINE MODERNE • TENDANCE Mamagoto, c'est dinette en japonais. Koji Tsuchiya, chef nippon aguerri, propose une savoureuse sélection d'assiettes à partager et de plats individuels, mêlant influences japonaises et basques - ainsi le bœuf de Galice, pimiento et cébette, à accompagner de vins de petits vignerons. Percutant.

Menu 25 € (déjeuner) - Carte 35/55 €

5 rue des Petits-Hotels - Ⓜ Gare du Nord - ✆ 01 44 79 03 98 - www.mamagoto.fr - Fermé samedi midi, dimanche

Les Résistants

CUISINE MODERNE • CONVIVIAL Les Résistants? Ceux qui placent au centre de leurs préoccupations, goût et traçabilité. Tel le credo des trois associés: "bien se nourrir, tout en respectant les cycles naturels". Ils le mettent en œuvre dans cette sympathique adresse où l'on déguste une cuisine du marché, qui change tous les jours. Carte des vins nature, brunch le samedi.

Menu 19 € (déjeuner) - Carte 33/40 €

16 rue du château-d'Eau - Ⓜ République - ✆ 01 42 06 43 74 - www.lesresistants.fr - Fermé 12-25 août, lundi, dimanche

Porte 12

CUISINE MODERNE • DESIGN Vincent Crépel, jeune chef français originaire du Pays basque, élabore ici une cuisine d'auteur percutante, résolument contemporaine, inspirée par ses voyages et ses différentes expériences professionnelles (notamment en Asie). Verdict: ses associations audacieuses font mouche à tous les coups.

Menu 68/120 €

12 rue des Messagerie - Ⓜ Poissonnière - ✆ 01 42 46 22 64 - www.porte12.com - Fermé lundi, mardi midi, mercredi midi, jeudi midi, vendredi midi, samedi midi, dimanche

Le Bel Ordinaire

CUISINE MODERNE • CONVIVIAL C'est l'une des adresses trendy du moment. Ce restaurant/épicerie axé sur les produits et vins bio, a été ouvert en crowdfunding, sous l'impulsion du chroniqueur gastronomique Sébastien Demorand et de son associé, M. Rosetto. Le chef Nicolas Fabre, passé par Ferrandi et le Meurice, réalise une cuisine simple, composée de produits de bonne qualité.

Carte 25/35 €

54 rue de Paradis - Ⓜ Poissonière - ✆ 01 46 27 46 67 - www.belordinaire.com - Fermé 28 juillet-21 août, 24 décembre-2 janvier, lundi, samedi midi, dimanche

Bistro Paradis

CUISINE MODERNE • BISTRO Découvrez cet élégant bistrot branché, avec sa salle tout en longueur, habillée de bois clair et de mobilier scandinave. Le chef brésilien, ancien du Pario, marie bases françaises et ingrédients latinos; le résultat est savoureux et particulièrement soigné. À découvrir d'urgence.

Menu 23 € (déjeuner)/45 €

55 rue Paradis - Ⓜ Poissonière - ✆ 01 42 26 59 93 - www.bistroparadis.fr - Fermé 4-21 août, 23 décembre-1er janvier, lundi, samedi midi, dimanche

Chameleon

CUISINE TRADITIONNELLE • BRANCHÉ Mobilier chiné, luminaires post-industriels, cuisine bistronomique et terrasse colorée donnant sur une rue semi-piétonne... Cette adresse s'inscrit tout droit dans la tendance urbaine et contemporaine (qui a dit bobo ?). Les deux associés, Valérie et Arnaud, sont passionnés de restauration et amoureux des bons produits. Et cela se sent !

Menu 23 € (déjeuner)/38 €

70 rue René-Boulanger - Ⓜ Strasbourg-St-Denis - ✆ 01 42 08 99 41 - www.chameleonrestaurant.fr - Fermé 4-25 août, samedi midi, dimanche

Chez Casimir

CUISINE TRADITIONNELLE • BISTRO Une sympathique adresse 100 % bistrot, pour une cuisine franche et bien troussée. Les samedi et dimanche midi, c'est traou mad ("bonnes choses" en breton), un brunch renversant de générosité : buffet d'entrées, omelette, soupe, plat en cocotte et dessert... Un conseil, réservez !

Menu 24 € (déjeuner), 28/35 €

6 rue Belzunce - Ⓜ Gare du Nord - ✆ 01 48 78 28 80

Eels

CUISINE MODERNE • TENDANCE Chez Eels, les assiettes flirtent avec la bistronomie, et certaines d'entre elles (comme l'indique le nom du restaurant) valorisent l'anguille. Le jeune chef Adrien Ferrand a déjà du métier (6 ans chez William Ledeuil, d'abord à Ze Kitchen Galerie, puis au KGB). Avec Eels, il est désormais chez lui. Une réussite !

Menu 29 € (déjeuner)/58 € - Carte 50/58 €

27 rue d'Hauteville - Ⓜ Bonne Nouvelle - ✆ 01 42 28 80 20 - www.restaurant-eels.com - Fermé 3-28 août, 22 décembre-1er janvier, lundi, dimanche

Fraîche

CUISINE MODERNE • BISTRO La pétillante Tiffany Depardieu, vue dans l'émission Top Chef, compose une jolie cuisine du marché qui change toutes les semaines, à l'instar de ce bœuf carotte revisité, véritable plat signature. Son associé confectionne de savoureuses pâtisseries : ce jour-là, une irrésistible espuma chocolat jivara, praliné noisette et sorbet yaourt...

Menu 20 € (déjeuner), 45/60 € - Carte 35/50 €

8 rue Vicq-d'Azir - Ⓜ Colonel Fabien - ✆ 01 40 37 54 23 - www.fraicheparis.fr - Fermé 5-19 août, lundi, dimanche

Le Galopin

CUISINE MODERNE • BISTRO Dans son bistrot de la place Sainte-Marthe, Romain Tischenko cuisine comme à des amis, avec l'envie de partager ses envies du moment : jeux sur les saveurs, les herbes, les températures... Vous pourrez également tester son annexe, la "Cave à Michel" : simple comptoir, petites assiettes et jolie cave.

Menu 32 € (déjeuner)/58 € - Carte 45/55 €

34 rue Sainte-Marthe - Ⓜ Belleville - ✆ 01 42 06 05 03 - www.le-galopin.com - Fermé lundi, mardi midi, mercredi midi, jeudi midi, dimanche

Vida Ⓝ

CUISINE ACTUELLE • CONVIVIAL Conçu et piloté par Juan Arbelaez, le plus français des chefs colombiens, Vida joue à fond la carte *healthy* et nature. Carte courte et efficace, respirant la fraîcheur et le goût (tel ce filet de sandre, champignons, haricots verts et polenta), décor plaisant et convivial... Un plaisir.

Menu 45/65 € - Carte 42/55 €

49 Rue de l'Échiquier - ✆ 01 48 00 08 28 - www.restaurant-vida.com - Fermé 2-28 août, lundi, dimanche

Hôtels

Renaissance République

LUXE • PERSONNALISÉ Bureaux du Crédit Lyonnais, de France-Soir, résidence d'artistes... Riche histoire que celle de ce grand bâtiment aux larges hublots fumés, qui ne ressemble à aucun autre ! L'intérieur est désormais urbain et design, avec de jolies chambres au décor immaculé : c'est très réussi.

120 chambres - 240/840 € - 1 suite - 29 €

40 rue René-Boulanger - République - 01 71 18 20 95 - www.renaissancerepublique.com

Providence

LUXE • ROMANTIQUE Dans une rue tranquille derrière les grands boulevards, un immeuble haussmannien joliment restauré accueille cet hôtel cosy et plutôt cossu. La déco sur mesure, le mobilier chiné, les chambres avec petit bar à cocktails : l'ensemble est soigné et très avenant !

18 chambres - 200/575 € - 18 €

90 rue René-Boulanger - Strasbourg-St-Denis - 01 46 34 34 04 - www.hotelprovidenceparis.com

Faubourg 88

TRADITIONNEL • CONTEMPORAIN Attendez-vous à une vraie "claque" visuelle : moquettes composées de codes QR (ces codes-barres de forme carrée), chambres au design minimaliste noir et blanc, têtes de lit en miroir et petits personnages disséminés dans la déco... Cet hôtel ne manque pas de personnalité !

29 chambres - 149/349 € - 14 €

88 rue Faubourg-Poissonnière - Poissonnière - 01 53 16 13 10 - www.hotel-faubourg88.com

9 Hotel République

URBAIN • DESIGN Moderne et chaleureux, cet hôtel est un point de ralliement idéal pour nomades branchés ! La place de la République et le canal St-Martin sont à deux pas ; on se repose dans des chambres sobres et élégantes, dont certaines disposent d'un balcon.

48 chambres - 99/549 € - 19 €

7-9 rue Pierre-Chausson - Jacques Bonsergent - 01 40 18 11 00 - www.9-hotel-republique-paris.fr

Windsor Opéra

URBAIN • CONTEMPORAIN Dès que l'on passe le hall d'entrée, on est conquis par la décoration design et l'exceptionnelle collection de pièces d'aéronautique. Hélices d'avion, hublots, moteurs... vous incitent à embarquer pour des chambres modernes et élégantes.

24 chambres - 185/360 € - 16 €

10 rue Gabriel-Laumain - Bonne Nouvelle - 01 48 00 98 98 - www.hotelwindsor.com

Pour les hôtels et les maisons d'hôtes, les prix indiqués devant le symbole, correspondent au prix le plus bas en basse saison puis au prix le plus élevé en haute saison, pour une chambre double.

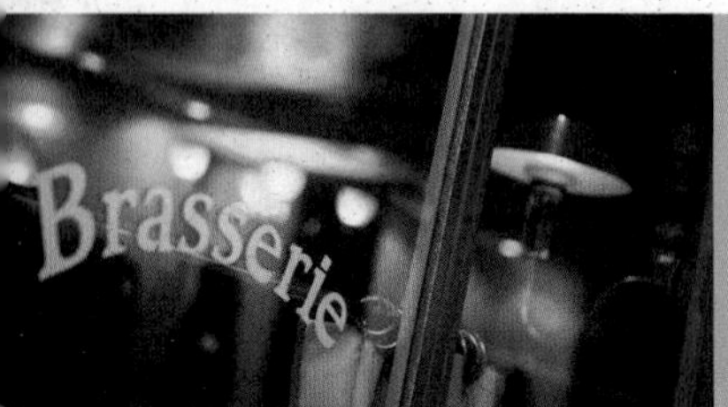

Nation - Voltaire - République

11e arrondissement

Jacques Palut/Fotolia.com

Restaurants

ꕥ Septime (Bertrand Grébaut)

CUISINE MODERNE • CONTEMPORAIN XX Des bonnes idées en pagaille, beaucoup de fraîcheur et d'aisance, de la passion et même un peu de malice, mais toujours de la précision et de la justesse : mené par le jeune Bertrand Grébaut, Septime fait la joie des palais parisiens ! Bien sûr, c'est un plaisir qui se mérite : il faudra réserver trois semaines à l'avance pour espérer en profiter...

→ Cuisine du marché

Menu 42 € (déjeuner)/80 €

80 rue de Charonne – Ⓜ Charonne – ✆ 01 43 67 38 29 – www.septime-charonne.fr – Fermé 4-26 août, lundi midi, samedi, dimanche

ꕥ Qui plume la Lune

CUISINE MODERNE • COSY X C'est d'abord un joli endroit, cosy et romantique. Et c'est aussi, et surtout, une cuisine pleine de vitalité et de fraîcheur, avec des produits triés sur le volet (bio, beaux légumes, etc.). Savoureux moment sous la clarté de cette table aussi lunaire que terrestre...

→ Huître grillée à la plancha, bouillon de bœuf maturé et caviar. Foie gras laqué au vin rouge et au jus de betterave. Mousse de lait à la vanille, tuile de lait au thé matcha et caramel à la verveine

Menu 45 € (déjeuner)/130 €

50 rue Amelot – Ⓜ Chemin Vert – ✆ 01 48 07 45 48 – www.quiplumelalune.fr – Fermé 1er-7 janvier, 28 juillet-20 août, lundi, dimanche

ꕥ Automne Ⓝ

CUISINE MODERNE • BISTRO X Le chef japonais Nobuyuki Akishige, riche d'un parcours impeccable, signe (en lieu et place de l'ancienne Pulperia) une cuisine de saison, subtile et maîtrisée, autour de produits de très belle qualité. En guise d'écrin, le cadre simple d'un bistrot pour une partition lisible, aux saveurs harmonieuses - ainsi la truite de Banka, au chou pontoise et jus de moule aux agrumes. Le rapport prix/gourmandise est imbattable ! Difficile de dénicher le moindre défaut.

→ Tartelette de foie gras au pain d'épice, raisin noir à la moutarde violette. Selle d'agneau, salsifis grillés, noisettes et jus de viande. Blanc-manger à l'estragon, coulis de citron et sorbet à l'huile d'olive

Menu 25 € (déjeuner)/55 € – Carte 54/65 €

11 rue Richard-Lenoir – Ⓜ Charonne – ✆ 01 40 09 03 70 – www.automne-akishige.com – Fermé lundi, samedi midi, dimanche midi

ꕥ Le Chateaubriand (Inaki Aizpitarte)

CUISINE MODERNE • BISTRO X Le Chateaubriand, ou le temple de la mouvance bistronomique. Cette institution cultive une formule éprouvée : celle d'un menu unique aux associations de saveurs originales. Branché, forcément.

→ Cuisine du marché

Menu 75/140 €

129 avenue Parmentier – Ⓜ Goncourt – ✆ 01 43 57 45 95 – www.lechateaubriand.net – Fermé lundi, mardi midi, mercredi midi, jeudi midi, vendredi midi, samedi midi, dimanche

Auberge Pyrénées Cévennes

CUISINE DU TERROIR • **AUBERGE** À peine installé, le chef Négrevergne s'inscrit déjà parfaitement dans l'histoire de cette maison. Il régale avec une savoureuse cuisine "de grand-mère", à mi-chemin de la tradition lyonnaise et le Sud-ouest (terrine maison, blanquette de veau à l'ancienne et riz grillé, millefeuille), servie en portions généreuses. Cette Auberge régale toujours autant.

Menu 36 € - Carte 39/73 €

106 rue de la Folie-Méricourt - République - 01 43 57 33 78 - www.auberge-pyrénées-cevennes.fr - Fermé 2-23 août, samedi midi, dimanche

Clamato

POISSONS ET FRUITS DE MER • **TENDANCE** L'annexe de Septime a tout du "hit" bistronomique, avec ce décor tendance et cette carte courte qui met en avant la mer et les légumes. Les produits sont choisis avec grand soin : on se régale dans une atmosphère franchement conviviale. Attention, la réservation est impossible : premier arrivé, premier servi !

Carte 35/60 €

80 rue de Charonne - Charonne - 01 43 72 74 53 - www.clamato-charonne.fr - Fermé lundi, mardi, mercredi midi, jeudi midi, vendredi midi

Le Villaret

CUISINE TRADITIONNELLE • **CONVIVIAL** Les délicieux parfums qui vous accueillent dès la porte d'entrée ne trompent pas : voici une vraie adresse gourmande ! Le Chef-patron Olivier Gaslain, cuisinier passionné, propose une cuisine traditionnelle, rythmée par les saisons (truffe et gibier, en majesté) et la générosité. Superbe carte des vins (plus de 800 références).

Menu 28 € (déjeuner), 35/60 € - Carte 50/70 €

13 rue Ternaux - Parmentier - 01 43 57 75 56 - Fermé samedi midi, dimanche

Bon Kushikatsu

CUISINE JAPONAISE • **INTIME** Pour un voyage express à Osaka, à la découverte de la spécialité culinaire de la ville : les kushikatsu (des minibrochettes panées et frites à la minute). Bœuf au sansho, foie gras poivré, champignon shiitaké : les préparations se succèdent et révèlent de belles saveurs. Et l'accueil délicat finit de transporter au Japon...

Menu 58 €

24 rue Jean-Pierre-Timbaud - Oberkampf - 01 43 38 82 27 - www.kushikatsubon.fr - Fermé 14-28 août, lundi midi, mardi midi, mercredi, jeudi midi, vendredi midi, samedi midi, dimanche

Pierre Sang Signature N

CUISINE CRÉATIVE • **INTIME** Pierre Sang, troisième ! Entre Oberkampf et Parmentier, le chef monte en gamme et régale une poignée de veinards (12 couverts seulement, du mercredi au dimanche) avec des plats "signature" créatifs et percutants, où l'on retrouve sa patte. N'oublions pas la belle carte des vins, ainsi que le décor feutré et élégant.

Menu 35 € (déjeuner)/69 €

8 rue Gambey - Parmentier - 09 67 31 96 80 - www.pierresang.com - Fermé lundi, mardi

Astier

CUISINE TRADITIONNELLE • **BISTRO** On se sustente à la bonne franquette dans ce bistrot traditionnel animé. Harengs marinés, pommes rattes en vinaigrette ; joue de porc tendre au lard croustillant... sans oublier le baba au rhum. Et pour les amateurs de viandes à la braise, direction le Grill d'Astier, juste à côté.

Menu 36/46 € - Carte 45/55 €

44 rue Jean-Pierre-Timbaud - Parmentier - 01 43 57 16 35 - www.restaurant-astier.com

PARIS

Auberge Flora

CUISINE MODERNE • CONVIVIAL X Un vrai lieu de vie que cette auberge d'aujourd'hui, créée par la chef Flora Mikula : que l'on réside à l'hôtel ou non, on a l'impression d'être reçu comme à la maison ! La cuisine, pétillante et débordante de soleil et de saveurs, invite à la convivialité. Et l'on peut passer simplement pour grignoter quelques tapas...

Menu 23 € (déjeuner) - Carte 32/60 €

44 boulevard Richard-Lenoir - Ⓜ Bréguet Sabin - ✆ 01 47 00 52 77 - www.aubergeflora.com

Biondi

CUISINE ARGENTINE • CONVIVIAL X Le talentueux chef a baptisé ce restaurant en souvenir de Pepe Biondi, célèbre clown argentin. L'Argentine est au menu : viandes et poissons cuits *a la parrilla,empanadas* et *ceviche* du jour... Des préparations soignées, servies par une équipe efficace. Bons vins et bonne humeur parachèvent le tableau.

Menu 16 € (déjeuner) - Carte 40/80 €

118 rue Amelot - Ⓜ Oberkampf - ✆ 01 47 00 90 18 - Fermé dimanche

Bistrot Paul Bert

CUISINE TRADITIONNELLE • BISTRO X Sur la façade de ce sympathique bistrot s'affiche "Cuisine familiale". Traduisez : feuilleté de ris de veau aux champignons, cerf rôti aux airelles et purée de céleri... Des assiettes copieuses et goûteuses, préparées sans tralala. Vous en redemanderez, mais attention à bien garder de la place pour le baba au rhum !

Menu 19 € (déjeuner)/41 € - Carte 50/60 €

18 rue Paul-Bert - Ⓜ Faidherbe Chaligny - ✆ 01 43 72 24 01 - Fermé lundi, dimanche

Blue Valentine

CUISINE MODERNE • BISTRO X Une enseigne noire où le nom du restaurant se détache en lettres dorées ; à l'intérieur, une grande peinture murale et un look de bistrot... Ce Blue Valentine ne manque pas de cachet ! Dans l'assiette, une cuisine soucieuse des saisons, et des produits de qualité.

Menu 24 € (déjeuner)/55 € - Carte 45/60 €

13 rue de la Pierre-levée - Ⓜ République - ✆ 01 43 38 34 72 - www.bluevalentine-restaurant.com - Fermé lundi, mardi

L'Écailler du Bistrot

AC

POISSONS ET FRUITS DE MER • BISTRO X Le point fort de la maison ? Des produits de la mer très frais, et des huîtres en provenance directe de la Bretagne ! Ambiance 100 % marine, ardoise du jour iodée avec saumon fumé maison, sole meunière... menu homard toute l'année ou presque.

Menu 19 € (déjeuner)/60 € - Carte 45/75 €

22 rue Paul-Bert - Ⓜ Faidherbe Chaligny - ✆ 01 43 72 76 77 - Fermé 4 août-4 septembre, lundi, dimanche

Massale Ⓝ

CUISINE MODERNE • BISTRO X Arthur et Thomas, anciens de Zébulon et Pirouette, ont ouvert ensemble ce bistrot sympathique à quelques encablures du Père Lachaize. Marlo, le chef finlandais qui les accompagne, compose une cuisine fraîche et spontanée, virevoltant d'une saison à l'autre ; ça s'accompagne d'une sélection de vins plutôt futée, particulièrement en bio et nature. C'est tout bon.

Menu 22 € (déjeuner) - Carte 39/49 €

5 rue Guillaume-Bertrand - Ⓜ Rue Saint-Maur - ✆ 01 73 79 87 90 - www.massale.fr - Fermé samedi, dimanche

Osteria Ferrara

CUISINE ITALIENNE • OSTERIA Attention, refuge de gourmets ! L'intérieur est élégant mais c'est dans l'assiette qu'a lieu la magie. Le chef sicilien travaille une carte aux recettes italiennes bien ficelées, goûteuses et centrées sur le produit, ainsi cette longe de veau français à la Milanaise, et sa poêlée d'épinards. Un bistrot qui a une âme et une jolie carte des vins, ce qui ne gâche rien.

Carte 35/55 €

7 rue du Dahomey – Ⓜ Faidherbe Chaligny – ✆ 01 43 71 67 69 – Fermé 27 juillet-18 août, 22 décembre-6 janvier, samedi, dimanche

Pianovins Ⓝ

CUISINE MODERNE • ÉPURÉ Deux anciens de chez Guy Savoy, Michel Roncière et Éric Mancio, unissent ici leurs forces : le premier au "Piano", le second aux "Vins". Les assiettes, sérieuses et appliquées, évoluent chaque jour au fil du marché ; elles se dégustent dans une salle intimiste de 20 couverts environ, avec cuisine ouverte, mange debout et tables au coude à coude.

Menu 30 € (déjeuner), 49/64 €

46 rue Trousseau – Ⓜ Ledru-Rollin – ✆ 01 48 06 95 85 – www.pianovins.com – Fermé lundi, mardi midi, dimanche

Pierre Sang in Oberkampf

CUISINE CRÉATIVE • BRANCHÉ Qui est adepte de l'émission Top Chef connaît forcément Pierre Sang, finaliste de l'édition 2011. On retrouve toute la gentillesse du jeune homme, qui délivre, ici chez lui, une cuisine sensible et partageuse – particulièrement bon marché le midi ! Installez-vous au comptoir, face à la cuisine ouverte, et laissez-vous emporter.

Menu 25 € (déjeuner)/39 €

55 rue Oberkampf – Ⓜ Parmentier – ✆ 09 67 31 96 80 – www.pierresang.com – Fermé 17 décembre-2 janvier

Pierre Sang on Gambey

CUISINE CRÉATIVE • TENDANCE Pierre Sang propose ici un menu unique, simple à midi et plus élaboré en soirée. On retrouve l'attachement du chef aux beaux produits, travaillés avec soin et créativité, à l'instar de cette lotte et chorizo au bœuf wagyu ou du bar de ligne en croûte de sel. Cadre chaleureux de briques rouges.

Menu 25 € (déjeuner)/49 €

6 rue Gambey – Ⓜ Parmentier – ✆ 09 67 31 96 80 – www.pierresang.com – Fermé 11-25 août, 23 décembre-2 février

Le Servan

CUISINE MODERNE • BISTRO À l'angle de la rue St-Maur, le fief de Katia et Tatiana Levha est l'un des bistrots gourmands les plus courus de la place parisienne. L'endroit a fière allure, avec ses fresques d'époque ; Tatiana compose une cuisine fraîche et spontanée, et ne rechigne pas à tenter des associations inattendues. Avec succès !

Menu 27 € (déjeuner) – Carte 40/60 €

32 rue Saint-Maur – Ⓜ Rue Saint-Maur – ✆ 01 55 28 51 82 – www.leservan.com – Fermé lundi midi, samedi, dimanche

Le Sot l'y Laisse

CUISINE MODERNE • BISTRO Bien sot qui laisserait de côté ce beau bistrot ! Aux fourneaux, Eiji Doihara, originaire d'Osaka, rend un bel hommage à cette gastronomie française qui le passionne : généreuses et gourmandes, ou légères et délicates, ses recettes font mouche à chaque fois. L'adresse remporte un succès mérité.

Menu 27 € (déjeuner) – Carte 53/60 €

70 rue Alexandre-Dumas – Ⓜ Alexandre Dumas – ✆ 01 40 09 79 20 – Fermé lundi midi, samedi midi, dimanche

Tintilou 

CUISINE MODERNE · CONVIVIAL X Cet ancien relais de mousquetaires du 16e s. est élégant et original, et la cuisine que l'on y sert rêve de voyages et de parfums... La carte, renouvelée chaque mois, propose des recettes élaborées, inspirées des anciens voyages du chef, et qui mettent volontiers en avant de jolies associations terre-mer.

Menu 25 € (déjeuner), 38/49 €

37 bis rue de Montreuil – Ⓜ Faidherbe-Chaligny – ✆ 01 43 72 42 32 – www.letintilou.fr – Fermé 1er-21 août, lundi midi, samedi midi, dimanche

Vantre

CUISINE MODERNE · BISTRO X Le "vantre" au moyen-âge signifiait "lieu de réjouissance". C'est aujourd'hui un lieu de réjouissance pour notre ventre. Ici, deux associés, un chef de cuisine (ancien second de Saturne) et un chef sommelier (le Bristol, Taillevent) proposent une cuisine à base de produits sélectionnés. Plus de deux milles références de vins, accueil sympathique et succès mérité.

Menu 21 € (déjeuner) – Carte 40/75 €

19 rue de la Fontaine-au-Roi – Ⓜ Goncourt – ✆ 01 48 06 16 96 – www.vantre.fr – Fermé samedi, dimanche

Hôtels

Bastille Boutet 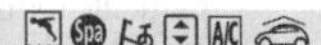

BOUTIQUE HÔTEL · CONTEMPORAIN Les riverains connaissent bien la somptueuse façade en mosaïque de cette ancienne usine, devenue un hôtel de luxe. Les étudiants de l'école Boulle voisine ont conçu une partie du mobilier des chambres, sobres et épurées, dont certaines jouissent d'une très belle terrasse fleurie. Une adresse de référence dans l'Est parisien.

80 chambres – 200/550 € – 26 €

22 rue Faidherbe – Ⓜ Faidherbe-Chaligny – ✆ 01 40 24 65 65 – www.sofitel.com

Maison Bréguet Ⓝ

URBAIN · COSY A deux pas de la place de la Bastille, cet hôtel de charme propose des chambres confortables et cosy, certaines avec petite terrasse. Espace bien-être avec bassin de nage à contre-courant, et restauration.

53 chambres – 300/900 € – 25 €

8 rue Breguet – Ⓜ Bréguet Sabin – ✆ 01 58 30 32 31 – www.maisonbreguet.com

Fabric

URBAIN · PERSONNALISÉ Dans une ancienne fabrique de textiles, à mi-chemin de République et de Bastille, un bel hôtel qui a gardé un peu de son héritage industriel : poutres et luminaires en fer, mobilier ancien, nuances de gris, belle hauteur sous plafond... Et des chambres design et élégantes, pour les amateurs !

33 chambres – 200/340 € – 18 €

31 rue de la Folie-Méricourt – Ⓜ Saint-Ambroise – ✆ 01 43 57 27 00 – www.hotelfabric.com

Le Général

BOUTIQUE HÔTEL · ÉPURÉ Nulle rigueur militaire chez ce Général-là ! Cet agréable hôtel, proche de la place de la République, est aménagé astucieusement et son décor joue la carte de l'épure ; il abrite des chambres chaleureuses, aménagées avec soin et goût de la couleur.

45 chambres – 99/400 € – 1 suite – 15 €

5 rue Rampon – Ⓜ République – ✆ 01 47 00 41 57 – www.legeneralhotel.com

Bastille - Bercy - Gare de Lyon

12e arrondissement

M. Kreuzer/Look/Photononstop

Restaurants

✿ Virtus Ⓝ

A/C

CUISINE MODERNE • DESIGN XX Bienvenue chez un couple – d'origine japonaise pour elle, argentine pour lui – dont la cuisine, tout en épure et en recherche, a le bon goût des choses nouvelles. Beau travail sur les légumes (leur passage au Mirazur, à Menton, y est peut-être pour quelque chose !), belle harmonie gustative... et une formule de midi qui ravira les porte-monnaie en souffrance.

→ Cuisine du marché

Menu 35 € (déjeuner)/64 € - Carte 42/80 €

29 rue de Cotte - Ⓜ Reuilly Diderot - ✆ 09 80 68 08 08 - www.virtus-paris.com - Fermé lundi, dimanche

✿ Table - Bruno Verjus

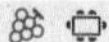

CUISINE MODERNE • DESIGN X Bruno Verjus parle de ses partenaires producteurs avec une petite lumière dans l'œil, qui dit tout de sa philosophie : le produit avant tout ! Il façonne ses ingrédients (au hasard du jour : Saint-Jacques, ris de veau) comme autant de diamants bruts, avec l'énergie d'un véritable passionné. Belle carte des vins.

→ Foie gras d'oie mi-cuit infusé de flouve odorante, poivre du Bénin, fèves de cacao. Pintade en deux services. Mousse au chocolat porcelana, crème anglaise au piment coréen, nacre de sel, huile d'olive

Carte 85/125 €

3 rue de Prague - Ⓜ Ledru Rollin - ✆ 01 43 43 12 26 - www.table.paris - Fermé 1er-26 août, 23 décembre-7 janvier, samedi midi, dimanche

Jouvence

A/C

CUISINE MODERNE • VINTAGE X Située non loin de la rue de Cîteaux, cette ancienne boutique 1900 façon apothicaire ne se repose pas sur ses lauriers décoratifs ; on y sert une cuisine actuelle, riche de produits de qualité. Ainsi cette tempura de crevettes, kimchi de concombre, et jus de céleri. Le jeune chef, passé chez Dutournier, ne manque pas de talent.

Menu 24 € (déjeuner) - Carte 37/49 €

172 bis rue du Faubourg-Saint-Antoine - Ⓜ Faidherbe-Chaligny - ✆ 01 56 58 04 73 - www.jouvence.paris - Fermé 1er-31 août, lundi, dimanche

Amarante

CUISINE TRADITIONNELLE • BISTRO XX La façade vitrée annonce : "Cuisine de France". Tout est dit ! On décline ici une partition sans fioritures, au doux parfum d'antan, qui donne toute leur place à des produits bien choisis. Le décor est aussi simple et *vintage* que la cuisine : carrelage au sol, banquettes en skaï rouge, tables en bois. Pourquoi faire compliqué ?

Menu 22 € (déjeuner) - Carte 44/55 €

4 rue Biscornet - Ⓜ Bastille - ✆ 07 67 33 21 25 - www.amarante.paris - Fermé mercredi, jeudi

Au Trou Gascon

CUISINE DU SUD-OUEST • ÉLÉGANT XX Cette institution de la cuisine du Sud-Ouest compte des habitués de longue date. Pour ceux qui aiment le terroir, agrémenté de quelques touches plus contemporaines. Le cassoulet y est célèbre.

Menu 48 € (déjeuner)/88 € - Carte 66/87 €

40 rue Taine - Ⓜ Daumesnil - ✆ 01 43 44 34 26 - www.autrougascon.fr - Fermé samedi, dimanche

À La Biche au Bois

CUISINE TRADITIONNELLE • RUSTIQUE X De nombreux habitués se pressent dans ce discret restaurant, qui n'est pas sans rappeler les bons bistrots d'antan. Dans une ambiance animée, au coude-à-coude, on profite d'un condensé de tradition (terrine maison, coq au vin) et de gibier en saison : sanglier, civet de lièvre et... biche, bien entendu !

Menu 25 € (déjeuner)/34 € - Carte 31/43 €

45 avenue Ledru-Rollin - Ⓜ Gare de Lyon - ✆ 01 43 43 34 38 - Fermé 27 juillet-26 août, lundi midi, samedi midi, dimanche

Le Cotte Rôti

CUISINE MODERNE • CONTEMPORAIN X Un restaurant à l'image de son chef, convivial et bon vivant, qui revisite avec finesse la tradition bistrotière : au gré du marché et de l'humeur du jour, il compose des plats simples et fins, qui vont droit au cœur ! Et pour accompagner le tout, rien de tel que quelques bons crus de la vallée du Rhône...

Menu 26 € (déjeuner) - Carte 40/70 €

1 rue de Cotte - Ⓜ Ledru Rollin - ✆ 01 43 45 06 37 - Fermé 27 avril-5 mai, 3-25 août, 22 décembre-1er janvier, lundi midi, samedi, dimanche

Dersou

CUISINE CRÉATIVE • ÉPURÉ X Un barman expert en cocktails et un chef nippon, Taku Sekine, passé par chez Alain Ducasse à Tokyo, proposent une expérience inédite : associer mets et cocktails, sur 5, 6 ou 7 plats. Les produits sont de première qualité (légumes d'Annie Bertin, agneau acheté sur pied, etc.) et la mixologie tient ses promesses. Belle déco industrielle et ambiance branchée.

Menu 95/135 €

21 rue Saint-Nicolas - Ⓜ Ledru Rollin - ✆ 09 81 01 12 73 - www.dersouparis.com - Fermé 29 avril-13 mai, 5 août-2 septembre, lundi, mardi midi, mercredi midi, jeudi midi, vendredi midi, dimanche soir

Il Goto

CUISINE ITALIENNE • TRATTORIA X Sympathique, ce restaurant tenu par Marzia et Simone, un couple d'Italiens passionnés. Burrata, trévise et potiron en aigre-douce ; tagliatelles au confit de chèvre de lait et menthe ; "torta" au mascarpone et vanille... Des créations goûteuses et soignées, que l'on accompagne d'un bon rouge transalpin !

Menu 21 € (déjeuner) - Carte 31/45 €

212 bis rue de Charenton - Ⓜ Dugommier - ✆ 01 43 46 30 02 - www.ilgoto.fr - Fermé lundi, dimanche

Nous 4 Ⓝ

CUISINE TRADITIONNELLE • BISTRO X Cochon en crousti-fondant, lentilles, sauce moutarde ; œuf poché, chou, crème au lard : vous l'aurez peut-être compris, ici, on se régale sans chichis, et à un rapport plaisir/prix aussi aimable que le chef, avec qui vous pouvez échanger, grâce à la cuisine ouverte. Une adresse décidément bien sympathique comme on aimerait en voir plus souvent à Paris.

Menu 25 € (déjeuner)/37 €

3 rue Beccaria - Ⓜ Gare de Lyon - ✆ 06 06 70 64 92 - www.nous4restaurant.com - Fermé lundi, dimanche

Passerini

CUISINE ITALIENNE · CONTEMPORAIN Giovanni Passerini a le regard vif, un talent fou, et l'ambition qui va avec. C'est à l'italienne que l'on se régale dans ce restaurant convivial, comme avec ces tripes "cacio e ova" artichauts et truffe blanche. Ici, primauté aux produits. La "spécialité" de la maison demeure les plats à partager - ainsi ce homard en deux services. Sans oublier la formule du samedi soir, centrée autour de petites assiettes. C'est goûteux, soigné. Un vrai plaisir.

Menu 26 € (déjeuner)/48 € - Carte 50/80 €

65 rue Traversière - Ⓜ Ledru Rollin - ✆ 01 43 42 27 56 - www.passerini.paris - Fermé 1er-9 mai, 23 décembre-2 janvier, lundi, mardi midi, dimanche

Quincy

CUISINE TRADITIONNELLE · BISTRO Une ambiance chaleureuse règne dans ce bistrot indémodable, dominé par "Bobosse", son patron truculent et haut en couleurs. Depuis 40 ans (à la louche !), les amateurs de bonne chère s'y régalent des généreuses et savoureuses spécialités du Berry et de l'Ardèche. Une table comme on n'en fait plus.

Carte 55/80 €

28 avenue Ledru-Rollin - Ⓜ Gare de Lyon - ✆ 01 46 28 46 76 - www.lequincy.fr - Fermé 5 août-1er septembre, lundi, samedi, dimanche

Hôtels

Pullman Paris Centre-Bercy

BUSINESS · CONTEMPORAIN Entre le village de Bercy (avec ses boutiques, cinémas et restaurants) et la Seine, ce grand bâtiment de verre en impose ! Les chambres se révèlent très confortables ; celles des étages les plus élevés offrent une jolie vue sur Paris.

372 chambres - 179/650 € - 20 suites

1 rue de Libourne - Ⓜ Cour St-Émilion - ✆ 01 44 67 34 71 - www.pullmanhotels.com

Place d'Italie - gare d'Austerlitz - Bibliothèque nationale de France

13e arrondissement

Jacques Palut/Fotolia.com

Restaurants

Impérial Choisy

CUISINE CHINOISE · SIMPLE Au cœur du Chinatown parisien, un restaurant chinois apprécié par de nombreux Asiatiques qui en ont fait leur cantine. Dans une salle qui ne désemplit pas (service non-stop, voire un peu expéditif !), on se régale au coude-à-coude de belles spécialités cantonaises. Un vrai goût d'authenticité, sans se ruiner !

Carte 20/50 €

32 avenue de Choisy - Ⓜ Porte de Choisy - ✆ 01 45 86 42 40

Pho Tai

CUISINE VIETNAMIENNE • SIMPLE Dans une rue isolée du quartier asiatique, ce petit restaurant vietnamien sort du lot : tout le mérite en revient à son chef, Monsieur Te, arrivé en France en 1968 et fort bel ambassadeur de la cuisine du Vietnam. Raviolis, poulet croustillant au gingembre frais, bo bun et soupes phô : tout est parfumé et plein de saveurs !

Carte 25/35 €

13 rue Philibert-Lucot - Ⓜ Maison Blanche - ✆ 01 45 85 97 36

Tempero

CUISINE CRÉATIVE • BISTRO Un petit bistrot sympathique, à l'image de sa chef, Alessandra Montagne, originaire du Brésil et passée par de belles tables parisiennes. Ici chez elle, elle cuisine au gré du marché de beaux produits frais et signe des recettes vivifiantes – et aux prix doux –, à la croisée de la France, du Brésil et de l'Asie. Joli métissage !

Menu 26 € (déjeuner), 28/48 € - Carte 32/50 €

5 rue Clisson - Ⓜ Chevaleret - ✆ 09 54 17 48 88 - www.tempero.fr - Fermé 4-26 août, 22 décembre-1er janvier, lundi soir, mardi soir, mercredi soir, samedi, dimanche

Au Petit Marguery

CUISINE TRADITIONNELLE • BOURGEOIS Un décor Belle Époque authentique, plaisant et convivial. La carte est dans la grande tradition : terrines maison, tête de veau ravigote, gibier en saison... Juste à côté, le Comptoir Marguery se la joue canaille, façon bistrot à sensation. Une adresse qui a une âme !

Menu 29 € - Carte 57/70 €

9 boulevard de Port-Royal - Ⓜ Les Gobelins - ✆ 01 43 31 58 59 - www.petitmarguery.com

Basilic & Spice

CUISINE THAÏLANDAISE • EXOTIQUE Au cœur du Chinatown parisien, ce restaurant propose une carte essentiellement thaïlandaise, où s'invitent quelques recettes du Cambodge voisin. Salade de papaye aux crevettes, poulet sauté au curry rouge, ou encore bar entier grillé dans une feuille de bananier à la façon khmère... Le plaisir est au rendez-vous !

Menu 24/50 € - Carte 25/56 €

88 avenue de Choisy - Ⓜ Tolbiac - ✆ 01 45 85 19 30 - www.basilicspice.com - Fermé 25 juillet-16 août, 19-25 décembre, lundi

L'Hommage

CUISINE ACTUELLE • CONTEMPORAIN Dans ce quartier où fleurissent les cantines chinoises, cet établissement se démarque par sa partition bistronomique à la française, mais aussi par sa décoration épurée – très loft nordique. Dans l'assiette c'est un sans-faute : produits de qualité, cuissons et assaisonnements maîtrisés... Excellent rapport qualité-prix.

Menu 25 € (déjeuner)/55 €

36 avenue de Choisy - Ⓜ Maison Blanche ou Porte de Choisy (L7) - ✆ 01 44 24 38 70 - www.lhommageparis.com - Fermé dimanche

Lao Lane Xang 2

CUISINE SUD-EST ASIATIQUE • SIMPLE L'histoire parisienne des Siackhasone, originaires du Laos, commence dans les années 1990 avec l'ouverture de deux adresses sur l'avenue d'Ivry. En 2007, Do et Ken – dignes héritiers du savoir-faire familial – ouvrent cette table qui marie spécialités laotiennes, thaïes et vietnamiennes : simplicité et parfums au menu !

Carte 25/35 €

102 avenue d'Ivry - Ⓜ Tolbiac - ✆ 01 58 89 00 00 - Fermé mercredi, jeudi midi

Mer de Chine

CUISINE CHINOISE • EXOTIQUE Dans ce restaurant près de la place d'Italie, on prépare de la cuisine teochew, traduisez : du sud de Canton. Goûteux et accueillant, le tout sur une bande-son bien chinoise !

Menu 15 € (déjeuner), 25/75 € - Carte 18/55 €

159 rue du Château-des-Rentiers - Ⓜ Place d'Italie - ✆ 01 45 84 22 49 - Fermé lundi midi, mardi midi

L'Ourcine

CUISINE TRADITIONNELLE • BISTRO X Qualité et modestie résument bien l'esprit de l'Ourcine, où l'on sert une cuisine gourmande, inspirée et liée aux saisons, dans une chouette ambiance bistrotière. Menu du jour et ardoise "coups de cœur" regorgent de belles propositions...

Menu 38 €

92 rue Broca - Ⓜ Les Gobelins - ✆ 01 47 07 13 65 - www.restaurant-lourcine.fr - Fermé 5-25 août, lundi, dimanche

Sellae Ⓝ

CUISINE MODERNE • BISTRO X Après Mensae dans le dix-neuvième arrondissement (table en latin), voilà Sellae (chaise), la nouvelle adresse de Thibault Sombardier, étoilé chez Antoine (Paris 16). Son chef italien propose une cuisine moderne, qui louche vers l'Italie, à l'instar de la sardine "Saor", polenta croustillante et oignons frits. En dessert, ce jour-là, une généreuse mousse au chocolat proposée tiède. De beaux produits, un savoir-faire certain.

Menu 22 € (déjeuner) - Carte 41/62 €

18 Rue des Wallons - Ⓜ Saint-Marcel - ✆ 01 43 31 36 04 - www.sellae-restaurant.com - Fermé 4-26 août, lundi, dimanche

Sourire Le Restaurant

CUISINE MODERNE • COSY X Cette façade avenante dans une rue tristounette redonne le sourire. Banquettes en velours bleu, tables bistrot retro, producteurs au cordeau (Saint-Jacques de Saint-Brieux, agneau de Clavisy) : la recette est efficace et éprouvée. On trouve même la Georgette (cuillère à dessert tendance), comme à l'Elysée !

Menu 34 € (déjeuner), 45/68 €

15 rue de la Santé - Ⓜ Gobelins - ✆ 01 47 07 07 45 - www.sourire-restaurant.com - Fermé lundi, dimanche

Sukhothaï

CUISINE THAÏLANDAISE • EXOTIQUE X Dans une ruelle calme à deux pas de la place d'Italie, une savoureuse cuisine thaïe servie dans un décor adéquat... où l'on joue des coudes. Accueil tout sourire.

Menu 29 € - Carte 30/45 €

12 rue du Père-Guérin - Ⓜ Place d'Italie - ✆ 01 45 81 55 88 - Fermé lundi midi, dimanche

Hôtels

C.O.Q

BOUTIQUE HÔTEL • COSY Community of Quality : voilà ce que cache le sigle de ce boutique-hôtel chic et décontracté, proche de la place d'Italie. Les chambres sont confortables et bien décorées ; on profite aussi d'un agréable jardin d'hiver avec verrière et canapés...

52 chambres - ††100/350 € - ☕ 14 €

15 rue Edouard-Manet - Ⓜ Italie - ✆ 01 45 86 35 99 - www.coqhotelparis.com

OFF Paris Seine

BOUTIQUE HÔTEL • CONTEMPORAIN Montez à bord du premier hôtel flottant de France, arrimé au pied de la gare d'Austerlitz ! À bord, difficile de croire qu'on est sur l'eau, tant le confort des chambres est identique à celui d'un hôtel classique. Un lieu atypique et attachant.

54 chambres - ††160/480 € - 4 suites - ☕ 19 €

20-22 Port d'Austerlitz - Ⓜ Gare d'Austerlitz - ✆ 01 44 06 62 65 - www.offparisseine.com

Henriette

BOUTIQUE HÔTEL • PERSONNALISÉ Un boutique-hôtel atypique et détonant, dont les chambres évoquent une foule de styles différents (vintage, scandinave, 70's, 80's, 90's...) et dégagent dans l'ensemble une grande impression de liberté. Le petit plus : ce patio intemporel pour profiter des rayons du soleil...

32 chambres - 129/289 € - 14 €

9 rue des Gobelins - Les Gobelins - 01 47 07 26 90 - www.hotelhenriette.com

Montparnasse - Denfert Rochereau - Parc Montsouris

14e arrondissement

Ekaterina Pokrovsky/Fotolia.com

Restaurants

Cobéa (Philippe Bélissent)

CUISINE MODERNE • ÉLÉGANT XxX Co comme Jérôme Cobou en salle, Bé comme Philippe Bélissent aux fourneaux et A comme Associés : Cobéa est l'affaire de deux jeunes professionnels passionnés, guidés par le goût du bon. Sens du produit, harmonie et force des saveurs, autour d'un menu imposé en plusieurs plats... selon votre appétit !

→ Écrevisses européennes, melon et jus des carapaces. Ris d'agneau meunière, figue et semoule. Fruits rouges en pavlova

Menu 55 € (déjeuner), 90/120 €

11 rue Raymond-Losserand - Gaité - 01 43 20 21 39 - www.cobea.fr - Fermé 28 juillet-19 août, lundi, dimanche

Montée (Takayuki Nameura)

CUISINE MODERNE • ÉLÉGANT X Quand un chef japonais talentueux décide de partager son amour de la gastronomie française, le résultat est époustouflant : ses assiettes, graphiques et millimétrées, aux saveurs bien marquées, révèlent une technique et un savoir-faire incontestables, ainsi qu'une vraie personnalité. Le tout dans un décor design et minimaliste.

→ Fois gras et banane fumée. Caille farcie aux raisins secs. Pomme, cidre et safran

Menu 40 € (déjeuner)/105 €

9 rue Léopold-Robert - Notre-Dame-des-Champs - 01 43 25 57 63 - www.restaurant-montee.fr - Fermé lundi, dimanche

Aux Enfants Gâtés

CUISINE MODERNE • COSY X Aux murs, des citations de grands chefs et quelques recettes montrent que le patron est allé à bonne école... De fait, sa cuisine est bien troussée, avec des jus et bouillons aux saveurs percutantes, et de bons produits du marché qui rafraîchissent les recettes, même les plus traditionnelles. Une jolie petite maison.

Menu 37 € - Carte 44/54 €

4 rue Danville - Denfert Rochereau - 01 40 47 56 81 - www.auxenfantsgates.fr - Fermé 23 février-4 mars, 1er-31 août, 22 décembre-7 janvier, lundi, dimanche

Bistrotters

CUISINE MODERNE • **BISTRO** X Une bien jolie maison que ce Bistrotters installé dans le sud du 14e, près du métro Plaisance. On célèbre ici la bistronomie et l'épicurisme avec des plats gourmands, travaillés, et de beaux produits – avec une préférence pour les petits producteurs d'Île-de-France. Cadre de bistrot et service décontracté.

Menu 23 € (déjeuner), 33/37 €

9 rue Decrès – Ⓜ Plaisance – ✆ 01 45 45 58 59 – www.bistrotters.com – Fermé 24 décembre-1er janvier

L'Empreinte

CUISINE TRADITIONNELLE • **BISTRO** X Ce restaurant, tenu par deux associés, ambitionne de mettre à l'honneur une cuisine traditionnelle, authentiquement française et légèrement modernisée, privilégiant produits frais et du terroir – ainsi cette belle poêlée de girolles en persillade. Très bon rapport qualité prix du menu. Laissez-y l'empreinte de votre gourmandise !

Menu 37 € – Carte 41/62 €

5 rue Mouton-Duvernet – Ⓜ Mouton Duvernet – ✆ 01 45 39 39 61 – www.restaurant-empreinte.paris – Fermé 11-26 août, lundi, mardi midi

Origins 14

CUISINE TRADITIONNELLE • **CONVIVIAL** X Après avoir fait ses armes sous l'œil de Bruno Doucet, Ollie Clarke a fait le grand saut : à la barre de l'ancienne Régalade, rebaptisée Origins 14, le jeune britannique laisse éclater son amour de la gastronomie française. Ses préparations s'appuient sur une sélection rigoureuse de producteurs et s'accompagnent de vins bien choisis. Une réussite.

Menu 24 € (déjeuner)/37 €

49 rue Jean-Moulin – Ⓜ Porte d'Orléans – ✆ 01 45 45 68 58 – www.origins14.com – Fermé lundi midi, samedi, dimanche

Le Duc

POISSONS ET FRUITS DE MER • **COSY** XX On se croirait dans une cabine de yacht, à l'ambiance surannée... Une large clientèle d'habitués de longue date affectionne l'adresse pour ses produits de la mer cuisinés avec soin et simplicité – un beurre émulsionné, une huile d'olive bien choisie, etc. – afin d'en révéler toute la fraîcheur. Un classique.

Menu 60 € (déjeuner) – Carte 75/130 €

243 boulevard Raspail – Ⓜ Raspail – ✆ 01 43 20 96 30 – www.restaurantleduc.com – Fermé 10-24 août, 23 décembre-2 janvier, lundi, dimanche

Kigawa

CUISINE TRADITIONNELLE • **ÉLÉGANT** XX Kigawa comme Michihiro Kigawa, le chef de cet établissement tout simple. Fort de son expérience dans un restaurant français à Osaka, le voilà à Paris pour vous régaler de pâté en croûte, pigeon rôti et autres beaux classiques de l'Hexagone, revisités avec tact.

Menu 35 € (déjeuner)/98 € – Carte 65/140 €

186 rue du Château – Ⓜ Mouton Duvernet – ✆ 01 43 35 31 61 – www.kigawa.fr – Fermé 24 décembre-1er janvier, lundi, mardi

Maison Courtine

CUISINE MODERNE • **CONVIVIAL** XX Jadis bastion de la cuisine du Sud-Ouest bien connu entre Montparnasse et Alésia, la Maison Courtine est désormais un restaurant contemporain et intime. On y savoure une cuisine d'aujourd'hui rehaussée de touches méridionales.

Menu 31 € (déjeuner)/41 €

157 avenue du Maine – Ⓜ Mouton Duvernet – ✆ 01 45 43 08 04 – www.lamaisoncourtine.com – Fermé 28 avril-5 mai, 4-25 août, lundi midi, samedi midi, dimanche

La Verrière

CUISINE MODERNE • CONTEMPORAIN XX Le cadre : une salle à manger contemporaine, où une chef japonaise au CV bien rempli (Crillon, Peninsula) célèbre la bistronomie avec beaucoup de soin. Il y a de la France, mais aussi du Japon dans l'assiette, avec une juste dose de créativité : une table réjouissante.

Menu 33 € (déjeuner)/65 € - Carte 49/65 €

Niepce, 4 Rue Niépce - Pernety - 01 83 75 69 21 - Fermé 1er-31 août, dimanche

L'Assiette

CUISINE CLASSIQUE • BISTRO X Une adresse franche et généreuse où l'on peut voir ce qui se trame en cuisine. Cassoulet maison, crevettes bleues obsiblue façon tartare, crème caramel au beurre salé, soufflé au chocolat... La cuisine de tradition prend l'accent bistrot chic.

Menu 35 € (déjeuner) - Carte 50/65 €

181 rue du Château - Mouton Duvernet - 01 43 22 64 86 - www.restaurant-lassiette.com - Fermé 30 juillet-30 août, 23 décembre-3 janvier, lundi midi, mardi midi

Aux Plumes

CUISINE MODERNE • CONVIVIAL X Une cuisine inspirée, gourmande et généreuse, réalisée par un jeune chef japonais passé par l'Astrance et le Chamarré Montmartre : voici ce qui vous attend ici. Les produits émanent des meilleurs commerçants du quartier (viandes du voisin Hugo Desnoyer, par exemple), on se régale au coude à coude dans une ambiance conviviale : allez-y les yeux fermés.

Menu 32 € (déjeuner), 38/50 €

45 rue Boulard - Mouton Duvernet - 01 53 90 76 22 - www.auxplumes.com - Fermé 1er-31 août, lundi, dimanche

Bistrot Augustin

CUISINE TRADITIONNELLE • BISTRO X Ce bistrot chic, au cadre intimiste, propose une cuisine du marché (et de saison) aux accents du sud, qui réveille la gourmandise. Un exemple : cette superbe côte de cochon du Périgord... Les produits sont ici à la fête, et nos appétits avec !

Menu 39 €

79 rue Daguerre - Gaîté - 01 43 21 92 29 - www.augustin-bistrot.fr - Fermé dimanche

La Cagouille

POISSONS ET FRUITS DE MER • BISTRO X Accord parfait entre le cadre d'inspiration marine et de beaux produits de la mer, à l'image des couteaux grillés au beurre citronné, des calamars frits ail et oignons ou de la dorade farcie à la tapenade... Belle collection de cognacs.

Menu 35 € - Carte 34/117 €

10 place Constantin-Brancusi - Gaîté - 01 43 22 09 01 - www.la-cagouille.fr

La Cantine du Troquet - Pernety

CUISINE TRADITIONNELLE • CONVIVIAL X Banquettes rouges, tables en bois et ardoise du jour : cette cantine respire la convivialité, et l'on se régale, par exemple, d'une terrine maison, d'oreilles de cochon grillées, de couteaux à la plancha, etc. Pas de réservation.

Menu 35 € - Carte 30/50 €

101 rue de l'Ouest - Pernety - 01 45 40 04 98 - www.lacantinedutroquet.com - Fermé lundi, dimanche

Le Cette

CUISINE TRADITIONNELLE • BISTRO X "Cette", c'est l'ancienne graphie de Sète et... l'hommage du patron à sa ville d'origine. Il a confié les fourneaux de son restaurant à une équipe japonaise pleine d'allant, qui réalise une merveille de cuisine française : carré de veau, rattes et truffes d'été ; turbot rôti et bouillon de mer... Très savoureux.

Menu 28 € (déjeuner)/48 €

7 rue Campagne-Première - Raspail - 01 43 21 05 47 - www.lecette.fr - Fermé 5-26 août, samedi, dimanche

La Contre Allée

CUISINE MODERNE • TRADITIONNEL Sur une discrète contre-allée, l'adresse a tout du restaurant parisien traditionnel... Et pourtant ! On y découvre une vraie cuisine de cuisinier, joliment travaillée et qui fait résonner l'époque avec goût. Ambiance conviviale en prime : à découvrir sans contre-indication.

Menu 36 €

83 avenue Denfert-Rochereau – Denfert Rochereau – 01 43 54 99 86 – www.contre-allee.com – Fermé 10-26 août, samedi, dimanche

Le Cornichon

CUISINE MODERNE • BISTRO L'affaire de deux passionnés : le premier, ingénieur informatique depuis toujours épris de restauration ; le second, chef formé à bonne école. Ensemble, ils ont créé ce bistrot bien d'aujourd'hui. Beaux produits, jolies recettes, riches saveurs, etc. : ce Cornichon est plein de croquant et de peps !

Menu 35 € (déjeuner)/39 € – Carte 45/65 €

34 rue Gassendi – Denfert Rochereau – 01 43 20 40 19 – www.lecornichon.fr – Fermé 29 juillet-25 août, 24 décembre-1er janvier, samedi, dimanche

L'Essentiel

CUISINE TRADITIONNELLE • BISTRO Vous aimez les ambiances animées ? Ce café-bistrot est pour vous : dans sa petite salle souvent archi-comble, on mange... serrés comme des sardines ! La cuisine aussi invite à la convivialité, entre plats canailles et jolies recettes de saison. Le tout avec une belle sélection de vins. Oui, l'adresse sait cultiver l'Essentiel.

Menu 18 € (déjeuner) – Carte 28/35 €

168 rue d'Alesia – Plaisance – 01 45 42 64 80

La Grande Ourse 

CUISINE MODERNE • BISTRO Plutôt séduisant, ce bistrot où le gris le dispute au prune et à l'orange. La carte fait la part belle au poisson, mais pas seulement ; les cuissons sont bien maîtrisées (gambas et morue), les saveurs franches (bouillon de tomate au gingembre), et les produits de toute première qualité. Menu-carte plus étoffé au dîner.

Menu 23 € (déjeuner)/39 €

9 rue Georges-Saché – Mouton Duvernet – 01 40 44 67 85 – www.restaurantlagrandeourse.fr – Fermé 3-27 août, lundi, samedi midi, dimanche

Les Petits Plats

CUISINE TRADITIONNELLE • BISTRO Moulures, miroirs, comptoir en bois, grande ardoise présentant les mets du moment : un petit bistrot élégant, dans son jus 1910, pour une cuisine canaille et familiale, où les belles viandes de l'Aubrac sont notamment à l'honneur. Formule originale : la possibilité de choisir des demi-portions. Joli choix de vins.

Menu 18 € (déjeuner)/45 € – Carte 20/60 €

39 rue des Plantes – Alésia – 01 45 42 50 52 – Fermé dimanche

Severo

VIANDES • BISTRO La qualité de la viande – rassise sur place – et de la charcuterie est l'atout majeur de ce chaleureux bistrot, tenu par un ancien boucher. Les carnivores apprécieront également la belle carte des vins, ses bourgognes et ses côtes-du-rhône.

Carte 28/135 €

8 rue des Plantes – Mouton Duvernet – 01 45 40 40 91 – www.lesevero.fr – Fermé 25 juillet-25 août, samedi, dimanche

PARIS

Hôtels

Aiglon

URBAIN • PERSONNALISÉ L'immeuble est né pendant les Années folles et a accueilli Giacometti et Buñuel. En accord avec la façade, l'esprit des années 1920 a inspiré la décoration des chambres (motifs rétro, mosaïques des salles de bains, etc.), très chaleureuses et confortables.

36 chambres - 120/350 € - 10 suites - 18 €

232 boulevard Raspail - Raspail - 01 43 20 82 42 - www.aiglon.com

Niepce N

HÔTEL PARTICULIER • VINTAGE Près de la gare Montparnasse, cet hôtel évoque la féminité par touches subtiles (quelques clichés et portraits de la photographe Janine Niépce, et des évocations de la condition féminine). Chambres charmantes et bien équipées, fitness : un séjour de choix.

49 chambres - 230/550 € - 3 suites - 22 €

4 Rue Niépce - Pernety - 01 83 75 69 20 - www.niepceparis.com

La Verrière - voir la sélection des restaurants

Le Fabe

URBAIN • CONTEMPORAIN De grandes photographies colorées veillent sur votre sommeil, donnant à chaque chambre sa personnalité. Un style très moderne et volontiers élégant, proposé à prix sage dans ce petit hôtel du quartier Pernety. Pour rester zen...

17 chambres - 110/180 € - 12 €

113 bis rue de l'Ouest - Pernety - 01 40 44 09 63 - www.lefabehotel.fr

Le M

URBAIN • CONTEMPORAIN Sur l'animée rue de la Gaité, où s'est forgé le mythe du Montparnasse festif, cet hôtel ne lésine pas sur le confort des clients : bonne insonorisation, confort sûr et esprit contemporain... avec même dans quelques chambres des détails canailles, tels une moquette léopard et un escarpin en tableau. Les Montparnos auraient aimé !

61 chambres - 129/430 € - 19 €

20bis rue de la Gaité - Gaieté - 01 40 47 48 49 - www.hotelmparis.com

Mercure Raspail Montparnasse

BUSINESS • CONTEMPORAIN Près des brasseries légendaires de Montparnasse, cet établissement propose des chambres confortables, autour du thème de Saint-Germain-des-Prés.

63 chambres - 129/289 € - 17 €

207 boulevard Raspail - Vavin - 01 43 20 62 94 - www.mercure.com

Châtillon Paris Montparnasse

URBAIN • FONCTIONNEL Les habitués de cet hôtel apprécient son calme, il faut dire que les chambres donnent sur un square au fond d'une impasse. Un certain charme donc pour une adresse impeccablement tenue, qui permet de bien se reposer à prix raisonnable. Mais chut...

31 chambres - 169/350 € - 13 €

11 square Châtillon - Porte d'Orléans - 01 45 42 31 17 - www.hotelchatillon.fr

Si vous recherchez un hébergement particulièrement agréable pour un séjour de charme, préférez les établissements signalés en rouge : ... .

Porte de Versailles - Vaugirard - Beaugrenelle

15e arrondissement

Delphotostock/Fotolia.com

Restaurants

Le Quinzième - Cyril Lignac

CUISINE MODERNE • ÉLÉGANT XXX On aurait tort de réduire Cyril Lignac à sa notoriété : ses assiettes, précises et esthétiquement abouties, révèlent des associations de saveurs aussi originales que flatteuses. Ainsi, le homard de Bretagne ou le pigeonneau royal, produits nobles, cuisinés au plus juste. Une valeur sûre.

→ Langoustine dorée, tartare et fraises de Plougastel, vinaigre de fruits rouges. Homard breton confit au beurre de corail, gnocchis de pomme de terre. Chocolat Équateur, mousse légère alpaco et crémeux chocolat au lait

Menu 69 € (déjeuner), 150/180 €

14 rue Cauchy - Ⓜ Javel - ✆ 01 45 54 43 43 - www.restaurantlequinzieme.com - Fermé samedi, dimanche

Neige d'Été (Hideki Nishi)

CUISINE MODERNE • ÉPURÉ XX Neige d'Été... Un nom d'une poésie toute japonaise, et pour cause : l'adresse, née mi-2014, est l'œuvre d'un jeune chef nippon, Hideki Nishi, venu du George V. Un nom qui annonce aussi des jeux de contraste et une forme d'épure : un travail en justesse et en contrepoints, qui brille comme la neige en été...

→ Bretagne "vitrée", blinis au sarrasin. Poularde grillée au charbon de bois japonais. Crémeux chocolat au café

Menu 55 € (déjeuner)/130 €

12 rue de l'Amiral-Roussin - Ⓜ Avenue Émile Zola - ✆ 01 42 73 66 66 - www.neigedete.fr - Fermé 4-26 août, lundi, dimanche

Pilgrim Ⓝ

CUISINE MODERNE • CONTEMPORAIN X Hideki Nishi (propriétaire de Neige d'Été, à Paris) a confié à Terumitsu Saito les fourneaux de cette table près de Montparnasse. Dans une cuisine centrale et légèrement surélevée, le chef esquisse des plats raffinés et délicats, tels de véritables petits tableaux de maître entre France et Japon. C'est un pur régal : un futur lieu de pèlerinage ?

→ Cuisine du marché

Menu 40 € (déjeuner)/85 €

8 rue Nicolas-Charlet - Ⓜ Pasteur - ✆ 01 40 29 09 71 - www.pilgrimparis.com - Fermé 4-19 août, 22-31 décembre, lundi, dimanche

L'Atelier du Parc

CUISINE MODERNE • TENDANCE XX Cet Atelier impose son style contemporain chic et sa belle cuisine inventive dans un quartier inattendu, face au parc des expositions. Ris de veau croustillant rôti au thym, éclair au homard, bouillabaisse de l'atelier... Du travail dans l'assiette et une recherche de la différence !

Menu 27 € (déjeuner), 36/85 €

35 boulevard Lefebvre - Ⓜ Porte de Versailles - ✆ 01 42 50 68 85 - www.atelierduparc.fr - Fermé 5-14 janvier, 4-26 août, lundi midi, dimanche

L'Antre Amis

CUISINE MODERNE • CONTEMPORAIN Entrez dans cet Antre, dont le chef-patron assure la cuisine avec passion. Avec d'excellents produits de Rungis (viandes, poissons, coquillages...), il compose des assiettes soignées, exécutées avec précision, déclinées dans une carte hyper-courte et accompagnées d'une belle carte des vins – environ 150 références.

Menu 35/45 € – Carte 48/60 €

9 rue Bouchut – Ⓜ Ségur – 01 45 67 15 65 – www.lantreamis.com – Fermé 1er-10 janvier, 1er-31 août, samedi, dimanche

Biscotte Ⓝ

CUISINE MODERNE • BISTRO Pauline et Maximilien, deux habitués des maisons les plus prestigieuses (Bristol, Lasserre, Arpège), ont installé leur table tout près de la porte de Versailles. Intérieur de bistrot convivial, larges verrières donnant sur la cuisine, assiettes goûteuses et appliquées : tous les ingrédients sont réunis pour passer un super moment.

Menu 25 € (déjeuner), 37/49 €

22 rue Desnouettes – Ⓜ Convention – 01 45 33 22 22 – www.restaurant-biscotte.com – Fermé 27 juillet-19 août, lundi, samedi soir, dimanche soir

Le Casse Noix

CUISINE TRADITIONNELLE • BISTRO Vieilles affiches, pendules et meubles vintage : le décor est planté. Côté petits plats, l'authenticité prime aussi : délicieuse cuisine canaille, dont boudins blancs et pâtés en croûte, inspirés au chef par son papa, Meilleur Ouvrier de France à Orléans... Amusante collection de casse noix chinés par la maman du patron. Ce Casse Noix casse des briques !

Menu 35 €

56 rue de la Fédération – Ⓜ Bir-Hakeim – 01 45 66 09 01 – www.le-cassenoix.fr – Fermé 26 juillet-19 août, 24 décembre-2 janvier, samedi, dimanche

L'Os à Moelle

CUISINE TRADITIONNELLE • CONVIVIAL Thierry Faucher est toujours aux manettes de cet Os à Moelle, où il s'affirma au début des années 2000 comme l'un des précurseurs de la bistronomie. Huîtres poireaux vinaigrette, foie de veau, purée de rutabaga au gingembre, os a moelle, soupe du jour... C'est simple et bon : on se régale !

Menu 29 € (déjeuner) – Carte 37/44 €

3 rue Vasco-de-Gama – Ⓜ Lourmel – 01 45 57 27 27 – www.osamoelle-restaurant.com – Fermé 22 décembre-2 janvier, lundi, samedi midi, dimanche

Le Radis Beurre

CUISINE TRADITIONNELLE • BISTRO C'est boulevard Garibaldi, à Paris, que le chef Jérôme Bonnet a trouvé l'endroit dont il rêvait pour monter son propre restaurant. Il propose une cuisine goûteuse et bien ficelée, qui porte la marque de ses origines sudistes. Un exemple ? Ce pied de cochon poêlé au foie gras de canard et jus de viande acidulé, qui mérite toute votre attention...

Menu 36 € – Carte 36/45 €

51 boulevard Garibaldi – Ⓜ Sèvres Lecourbe – 01 40 33 99 26 – www.restaurantleradisbeurre.com – Fermé 1er-21 août, 22 décembre-2 janvier, samedi, dimanche

Le Troquet

CUISINE TRADITIONNELLE • BISTRO Le "troquet" dans toute sa splendeur : décor bistrotier authentique, banquettes en moleskine, ardoises, miroirs, petites tables invitant à la convivialité, etc. On vient ici autant pour l'atmosphère que pour la cuisine. Une cuisine délicieuse, concoctée avec des produits ultrafrais... et (souvent) l'accent du Sud-Ouest !

Menu 33 € (déjeuner), 35/41 €

21 rue François-Bonvin – Ⓜ Cambronne – 01 45 66 89 00 – www.restaurantletroquet.fr – Fermé 5-26 août, lundi, dimanche

Le Vitis

CUISINE TRADITIONNELLE • BISTRO On avait connu Marc Delacourcelle au Pré Verre, dans le 5e arrondissement ; il dirige aujourd'hui ce bistrot de poche, et nous régale de recettes bien tournées, franches et parfumées : poêlée de couteaux, cochon de lait fondant aux épices douces... Excellent.

Carte 35/39 €

8 rue Falguière - Falguière - 01 42 73 07 02 - www.levitis.fr - Fermé lundi, dimanche

Le Cherine

CUISINE LIBANAISE • CHIC Ce restaurant est une jolie histoire de famille, autour d'un duo père-fille, dont le nom, Cherine, a inspiré celui de l'établissement. On déguste une savoureuse cuisine libanaise dans un décor moderne (taboulé persillé, moutabal d'aubergine etc.), préparé avec minutie par un chef inspiré. Sans oublier un délicieux baklawa, en dessert !

Menu 18 € (déjeuner), 35/50 € - Carte 35/50 €

74 rue de la Croix-Nivert - Commerce - 01 53 61 92 52 - Fermé lundi

La Gauloise

CUISINE TRADITIONNELLE • ÉLÉGANT Une brasserie Belle Époque au doux parfum de vie parisienne d'autrefois. Au menu : fricassée d'escargots, œuf mollet et sa frisée aux lardons, pot-au-feu à la viande d'Aubrac, paris-brest, etc. Un lieu qu'on apprécie aussi pour sa jolie terrasse.

Menu 31 € (déjeuner) - Carte 40/68 €

59 avenue de La Motte-Piquet - La Motte Picquet Grenelle - 01 47 34 11 64

L'Inattendu

CUISINE TRADITIONNELLE • COSY Dans ce restaurant à la fois feutré et élégant œuvrent deux associés expérimentés et férus de qualité. Au menu : ravioles de langoustine à la crème d'estragon, fine tête de veau aux épices, ris de veau poêlé aux morilles, etc. Des propositions canailles, bien ficelées et parfois... inattendues.

Menu 38 €

99 rue Blomet - Vaugirard - 01 55 76 93 12 - www.restaurant-inattendu.fr - Fermé lundi, dimanche

L'Accolade

CUISINE MODERNE • BISTRO Le jeune chef, qui se destinait d'abord à une carrière de professeur de sport, a changé de cap et appris le métier de cuisinier. Dans une ambiance franchement conviviale, il propose une cuisine goûteuse, renouvelée chaque jour, dans laquelle on croise de nombreux produits du Sud-ouest, mais aussi quelques épices thaïes. Une adresse attachante.

Menu 25 € (déjeuner)/35 € - Carte 38/53 €

208 rue de la Croix-Nivert - Boucicaut - 01 45 57 73 20 - www.laccoladeparis.fr - Fermé 4-25 août, lundi, dimanche

L'Ardoise du XV

CUISINE MODERNE • BISTRO Os à moelle en tartine, noix de Saint-Jacques de Bretagne cuites à la plancha, volaille rôtie au foie gras, millefeuille à la vanille... Des intitulés bien représentatifs de cette Ardoise nichée à l'ouest du 15e, et qui se révèlent dans des assiettes fraîches et savoureuses ! Décor bistrotier tout en sobriété.

Menu 24 € (déjeuner)/35 € - Carte 35/55 €

70 rue Sébastien-Mercier - Charles Michels - 01 45 78 91 38 - www.lardoiseduxv.fr - Fermé 3 août-2 septembre, lundi, dimanche soir

Beurre Noisette

CUISINE TRADITIONNELLE • CONVIVIAL Un bistrot savoureux, bien connu des habitués ! Thierry Blanqui puise son inspiration au marché : ravioles de boudin noir, chorizo ; poitrine de cochon caramélisée ; baba au rhum, et de belles recettes canailles ! Un pied dans la tradition, l'autre dans la nouveauté : on se délecte... Une valeur sûre.

Menu 32 € (déjeuner), 38/56 €

68 rue Vasco-de-Gama - Lourmel - 01 48 56 82 49 - www.restaurantbeurrenoisette.com - Fermé 4-19 août, lundi, dimanche

La Cantine du Troquet - Dupleix

CUISINE TRADITIONNELLE • BISTRO Création de Christian Etchebest, cette Cantine du Troquet version Dupleix surfe sur une recette éprouvée : pourquoi s'en plaindre ? Comme dans le 14e, la carte joue sur un registre mi-brasserie mi-bistrot qui mise tout sur des recettes bien tournées… où transparaissent les origines basques du patron. En toute convivialité.

Carte 30/45 €

53 boulevard de Grenelle – Ⓜ Dupleix – ✆ 01 45 75 98 00 – www.lacantinedutroquet.com

Chez Mademoiselle

CUISINE RUSSE • BISTRO Chez Mademoiselle, les goûts sont sûrs et les rations généreuses ! Et comme il s'agit de cuisine russe et kazakhe, sachez que vous ne sortirez pas de table en ayant faim. Goûtez au Jarkoïe ou au bœuf Strogonoff et terminez avec des vareniki à la cerise : tout ici est prétexte à la gourmandise. Priyatnogo appetita !

Menu 32/40 €

21 rue Mademoiselle – Ⓜ Commerce – ✆ 01 48 28 50 79 – www.chezmademoiselle-parisastana.fr – Fermé lundi

Le Clos Y

CUISINE CRÉATIVE • DESIGN Élégamment disposés les uns à côté des autres, couverts à la française et baguettes à la japonaise symbolisent l'esprit du Clos. Produits de qualité, soin d'exécution, recherche de la subtilité : Yoshitaka Ikeda révèle, s'il le fallait encore, toutes les affinités des gastronomies française et japonaise. Plus simple le midi, menu surprise le soir.

Menu 38 € (déjeuner)/65 €

27 avenue du Maine – Ⓜ Montparnasse Bienvenüe – ✆ 01 45 49 07 35 – www.leclosy.com – Fermé 24 février-11 mars, 29 avril-6 mai, lundi, dimanche

Le Comptoir du Pérou

CUISINE PÉRUVIENNE • CONTEMPORAIN On réalise ici une cuisine péruvienne colorée, ainsi ce ceviche nikkei (fusion de la cuisine japonaise et péruvienne) ou le pulpo al carbon (poulpe cuit au charbon), le tout dans un esprit street food. Petit espace de vente de produits péruviens. Simple et bon.

Menu 20 € (déjeuner) – Carte 28/40 €

41 rue de la Croix-Nivert – Ⓜ Cambronne – ✆ 01 45 66 50 08 – www.comptoirduperou.fr – Fermé lundi, dimanche

Le Concert de Cuisine

CUISINE CRÉATIVE • ÉPURÉ La salle de concert ? Très simple, sans chichi ni folklore japonisant. Et le chef d'orchestre ? Sous vos yeux, il réalise une belle cuisine fusion, créant des recettes très personnelles basées sur la technique du teppanyaki. Jolie mélodie !

Menu 35 € (déjeuner), 49/67 €

14 rue Nélaton – Ⓜ Bir-Hakeim – ✆ 01 40 58 10 15 – Fermé 4-25 août, lundi midi, samedi midi, dimanche

Gàbia

CUISINE MODERNE • BISTRO En face du parc Georges-Brassens cette affaire a été reprise par un jeune couple au parcours intéressant. Leur cuisine change toutes les semaines et raconte leur parcours par touches subtiles : cabillaud rôti, fricassée de lentilles au chorizo ibérique ; mini-pie aux pommes et poires caramélisées, crème fraîche… Une adresse attachante.

Menu 35 € (déjeuner)/36 €

77 rue Brancion – Ⓜ Plaisance – ✆ 01 48 42 25 24 – www.gabia.fr – Fermé 7-13 mai, 30 juillet-27 août, 25 décembre-2 janvier, lundi, mercredi soir, dimanche

Le Grand Pan

CUISINE TRADITIONNELLE • BISTRO Un bistrot de quartier qu'aurait pu fréquenter Georges Brassens, qui habita tout près. À l'ardoise, de belles pièces de viande à partager, une cuisine généreuse et calquée sur les saisons, parsemée de produits de qualité : homard, Saint-Jacques, cèpes… sans oublier le gibier en saison.

Menu 30 € (déjeuner) – Carte 37/55 €

20 rue Rosenwald – Ⓜ Plaisance – ✆ 01 42 50 02 50 – www.legrandpan.fr – Fermé 5-25 août, samedi, dimanche

Ida by Denny Imbroisi

CUISINE MODERNE • BISTRO Petite par la taille… mais grande par sa cuisine! Entre bistrot moderne et trattoria, cette cuisine inspirée du marché parle l'italien sans accent: goûts francs, produits choisis, et spaghettoni alla carbonara, jaune d'œuf coulant, de haute volée. Un plaisir fou de bout en bout!

Menu 34 € (déjeuner)/59 € - Carte 44/55 €

117 rue de Vaugirard - Ⓜ Falguière - ✆ 01 56 58 00 02 - www.restaurant-ida.com - Fermé 4-19 août, 23 décembre-2 janvier, dimanche

Tipaza

CUISINE NORD-AFRICAINE • EXOTIQUE A peine poussée la porte de ce discret restaurant, la magie opère: murs en stuc blanc, tableaux orientaux, parfum de bouillons, de légumes et d'épices… Pas de doute, vous êtes au Maghreb! Dans l'assiette, couscous berbères ou tajines patiemment mijotés réjouiront vos papilles. Dépaysement garanti.

Carte 25/30 €

155 rue Saint-Charles - Ⓜ Boucicaut - ✆ 01 45 54 01 17 - www.tipaza.fr

Yido Ⓝ

CUISINE CORÉENNE • CLASSIQUE Yido est le roi de Corée se trouvant à l'origine de l'alphabet coréen. Ici, s'écrit une page de la gastronomie coréenne à Paris. C'est authentique, familial, et savoureux. Un voyage culinaire au cœur du 15 ème arrondissement.

Menu 20 € (déjeuner), 28/38 €

54 avenue Émile-Zola - Ⓜ Charles Michel - ✆ 01 83 06 17 10 - Fermé lundi midi

Hôtels

Pullman Tour Eiffel

HÔTEL DE CHAÎNE • DESIGN Ce grand bâtiment des années 1960 bénéficie avant tout d'un emplacement exceptionnel, quasiment au pied du plus célèbre monument de Paris! On y dort dans de grandes chambres épurées et lumineuses, dont certaines disposent d'un balcon avec vue sur la tour. Superbe espace fitness.

421 chambres - 230/1500 € - 9 suites - 26 €

18 avenue de Suffren - Ⓜ Bir-Hakeim - ✆ 01 44 38 56 00 - www.pullmanhotels.com

Eiffel Blomet

HÔTEL PARTICULIER • ART DÉCO Dans une rue discrète, cet hôtel rénové façon Art Déco propose de jolies chambres. Les suites du dernier étage disposent de balcons, avec vue sur les toits de Paris. Petite terrasse d'extérieur, et agréable espace bien-être, avec piscine. A deux pas de la Tour Eiffel.

83 chambres - 250/450 € - 4 suites - 15 €

78 rue Blomet - Ⓜ Vaugirard - ✆ 01 53 68 70 00 - hoteleiffelblomet.com

Ares

HÔTEL PARTICULIER • PERSONNALISÉ Un soupçon de baroque, une touche de cachet parisien, un bel esprit feutré, des salles de bain pleines de cachet… pour un hôtel chic et cossu, tout près de la tour Eiffel - certaines chambres donnent d'ailleurs sur la Grande Dame! On profite aussi d'un accès gratuit à la salle de gym voisine, et de l'accueil souriant.

40 chambres - 170/350 € - 18 €

7 rue Général-Larminat - Ⓜ La Motte-Piquet Grenelle - ✆ 01 47 34 74 04 - www.ares-paris-hotel.com

Platine

URBAIN • PERSONNALISÉ Blonde… Platine comme Marilyn Monroe à laquelle cet hôtel rend hommage. Les chambres sont confortables et bien tenues; préférez celles avec un lit rond… Glamour à souhait! Agréable espace détente au sous-sol. Une bonne adresse pour cultiver la "poupoupidou" attitude.

46 chambres - 109/500 € - 15 €

20 rue de l'Ingénieur-Robert-Keller - Ⓜ Charles Michels - ✆ 01 45 71 15 15 - www.platinehotel.fr

Okko Porte de Versailles

BUSINESS • CONTEMPORAIN Cet hôtel sculptural de forme triangulaire, situé dans le quartier d'affaires de la porte de Versailles, et dessiné par l'architecte Jean-Michel Wilmotte, joue sur les matières brutes et urbaines. A l'intérieur, les chambres offrent tout le confort souhaité. Petit espace fitness.

149 chambres - 109/549 €

2 rue du Colonel-Pierre-Avia - Balard - 01 45 01 17 00 - www.okkohotels.com

Vic Eiffel

URBAIN • COSY Judicieusement situé au pied du métro Sèvres-Lecourbe, aux frontières du 7e arrondissement, cet hôtel lumineux joue la carte moderne et cosy, avec une salle de petit-déjeuner sous véranda et des chambres confortables aux couleurs apaisantes.

30 chambres - 105/235 € - 14 €

92 boulevard Garibaldi - Sèvres Lecourbe - 01 53 86 83 83 - www.viceiffel.com

Eden

BUSINESS • COSY Situé au cœur du 15e arrondissement, ce petit hôtel a bénéficié d'une rénovation complète pour offrir à sa clientèle le meilleur confort possible. Les chambres sont coquettes et le petit espace fitness bienvenu. Mini patio dans la cour de l'immeuble.

37 chambres - 150/250 € - 15 €

110 rue Blomet - Vaugirard - 01 48 28 13 95 - www.hoteledenparis.com

Trocadéro - Étoile - Passy - Bois de Boulogne

16e arrondissement

ekash/E+/Getty Images

Restaurants

✿✿✿ Le Pré Catelan

CUISINE CRÉATIVE • LUXE XXXXX Un lieu somptueux et chargé d'histoire, mais inscrit dans notre époque : tel est Le Pré Catelan ! On doit à Pierre-Yves Rochon d'avoir révolutionné l'esprit de ce pavillon Napoléon III niché en plein cœur du bois de Boulogne, à grand renfort de mobilier design et de tons vert, blanc et argent.

Aux commandes de cette noble maison, on continue de profiter des créations d'un Meilleur Ouvrier de France à la passion intacte : Frédéric Anton. De ses mentors (dont Joël Robuchon), le chef a hérité la précision et la rigueur, auxquelles s'ajoute un goût certain pour les associations de saveurs inédites.

Souvent centrées sur un produit de choix (le rouget, la morille, le pigeonneau, la langoustine), les assiettes allient équilibre, harmonie, générosité : chacune d'entre elles est un petit bijou de travail, jusque dans sa conception graphique. N'oublions pas, bien sûr, la cave irréprochable et l'accueil au diapason.

→ Crabe, crème à l'aneth, avocat, caviar de France, pomélo et saveurs thaïes. Cabillaud aux algues, beurre au citron vert et brandade. Pomme soufflée croustillante, crème glacée au caramel, cidre et sucre pétillant

Menu 140 € (déjeuner), 220/280 € - Carte 260/310 €

route de Suresnes - Bois de Boulogne - ✆ 01 44 14 41 14 - www.precatelanparis.com - Fermé 24 février-11 mars, 28 juillet-19 août, 27 octobre-4 novembre, lundi, dimanche

✿✿ L'Abeille

CUISINE MODERNE • LUXE XXXX Si le Shangri-La était un paquebot, L'Abeille serait la cabine de pilotage. Le "restaurant français" de ce superbe palace parisien né au début des années 2010, tire son appellation de l'emblème napoléonien - Napoléon devient empereur vêtu d'un manteau brodé de 1 500 abeilles d'or. Bannière de l'Empire, au même titre que l'aigle, elle remplace la fleur de lys.
Moquette sombre, nuances de jaune et de gris clair, tables dressées avec soin et, çà-et-là, le motif de l'insecte rappelant les fastes de l'Empire.
Ici, le capitaine de vaisseau s'appelle Christophe Moret, ancien élève de Jacques Maximin, et adoubé par Alain Ducasse, dont il dirigera les cuisines du Plaza Athénée sept années durant : "L'Abeille, répète-t-il, est un restaurant dans un palace, pas un restaurant de palace." Araignée de mer rafraîchie à la tomate et au gingembre, sabayon coraillé ; homard et coque d'amande en cocotte lutée, pêche au parfum de sangria ; miel du maquis corse givré aux parfums de citron et d'eucalyptus - produits, saveurs, technicité, service distingué : tout est maîtrisé. Une vitrine de l'art de vivre à la française, une table au goût de miel.

→ Feuille à feuille de foie gras de canard et champignons, gelée de dashi. Pigeonneau de Racan rôti, betterave au foin, sauce d'un borchtch. Miel du maquis corse givré aux parfums de citron et d'eucalyptus

Menu 230 € - Carte 160/230 €

Shangri-La, 10 avenue d'Iéna - Ⓜ Iéna - ✆ 01 53 67 19 90 - www.shangri-la.com - Fermé 1er-14 janvier, 28 juillet-26 août, lundi, mardi midi, mercredi midi, jeudi midi, vendredi midi, samedi midi, dimanche

✿✿ Astrance (Pascal Barbot)

CUISINE CRÉATIVE • ÉPURÉ XXX Les Parisiens le savent : réserver une table à l'Astrance peut s'avérer un véritable challenge, voire une gageure ! Et pour cause : les années n'ont en rien émoussé le succès de cette petite table (vingt-cinq couverts à peine) installée près du Trocadéro.
Ici, la cuisine se réinvente chaque jour, et ce n'est pas une façon de parler : le menu découverte est établi chaque matin en fonction du marché et de l'humeur de Pascal Barbot. À chaque service, vingt-cinq chanceux se prêtent au jeu et s'en remettent à ses inspirations. Ils profitent aussi de tout le reste, en particulier d'une carte des vins composée avec beaucoup de soin et d'un service en toute discrétion.

→ Millefeuille de champignons de Paris, foie gras mariné au verjus, huile de noisette. Légine au miso, beurre blanc à la sauce soja, riz koshihikari. Gavotte et figue pochée, crème légère au xérès

Menu 95 € (déjeuner)/250 €

4 rue Beethoven - Ⓜ Passy - ✆ 01 40 50 84 40 - www.astrancerestaurant.com - Fermé 26 juillet-26 août, 22 décembre-7 janvier, lundi, samedi, dimanche

✿ La Grande Cascade

CUISINE MODERNE • CLASSIQUE XXXX Transformé en restaurant pour l'Exposition universelle de 1900, ce charmant pavillon mêle les styles Empire, Belle Époque et Art nouveau, le tout à quelques pas de la Grande Cascade du bois de Boulogne. Déguster une cuisine raffinée sous sa majestueuse rotonde ou sur sa ravissante terrasse est un plaisir d'une élégance rare...

→ Macaroni, truffe noire, foie gras et céleri gratinés au parmesan. Ris de veau croustillant aux herbes à tortue, carottes, gingembre-orange. Mille gaufres à la crème légère de vanille

Menu 89/192 € - Carte 160/220 €

Bois de Boulogne - ✆ 01 45 27 33 51 - www.restaurantsparisiens.com - Fermé 22 décembre-11 janvier

✿ Shang Palace

CUISINE CHINOISE · EXOTIQUE XXX Situé au niveau inférieur du Shangri-La, ce Shang Palace recrée avec grâce le décor d'un luxueux restaurant chinois : colonnes de jade, paravents sculptés, lustres en cristal... La carte fait honneur à la gastronomie cantonaise, authentique et parfumée.

→ Saumon Lo Hei. Poulet sauté et riz fermenté à l'osmanthe. Crème de mangue, pomélo et perles de sagou

Menu 48 € (déjeuner), 98/128 € - Carte 70/150 €

Shangri-La, 10 avenue d'Iéna - Ⓜ Iéna - ✆ 01 53 67 19 92 - www.shangri-la.com - Fermé 15 août-11 septembre

✿ Antoine

POISSONS ET FRUITS DE MER · ÉLÉGANT XXX Sous l'égide du chef Thibault Sombardier, une valeur sûre de la cuisine de la mer à Paris (mais pas uniquement...). La carte change chaque jour pour offrir le meilleur de la marée, en liaison directe avec les ports bretons, basques ou méditerranéens. Le tout travaillé avec savoir-faire et inspiration : un must. Élégant décor contemporain.

→ Pain soufflé de homard, estragon et champignons de Paris. Suprême de pintade fermière, crème d'échalote et raviole végétale. Écorce chocolat, caramel et cacahouètes

Menu 49 € (déjeuner), 160/95 € - Carte 130/175 €

10 avenue de New York - Ⓜ Alma Marceau - ✆ 01 40 70 19 28 - www.antoine-paris.fr - Fermé lundi, dimanche

✿ Étude (Keisuke Yamagishi)

CUISINE MODERNE · ÉLÉGANT XXX Nourri par ses rencontres avec des petits producteurs, par la découverte de produits venus de loin - poivre de Taiwan aux notes d'agrumes, baies iraniennes -, le chef Keisuke Yamagishi cuisine ici tel un funambule, au gré de menus « Symphonie », « Ballade », « Prélude » en hommage à Chopin... et chaque assiette est une leçon d'harmonie. Superbe.

→ Cuisine du marché

Menu 45 € (déjeuner), 80/130 €

14 rue du Bouquet-de-Longchamp - Ⓜ Boissière - ✆ 01 45 05 11 41 - www.restaurant-etude.fr - Fermé 17 février-11 mars, 4-26 août, lundi, samedi midi, dimanche

✿ Nomicos (Jean-Louis Nomicos)

CUISINE MODERNE · ÉLÉGANT XXX Après avoir œuvré chez Lasserre - l'un des temples de la cuisine classique -, Jean-Louis Nomicos a créé ce restaurant qui porte son nom. Dans un décor contemporain, rénové par l'architecte Marie Deroudilhe, il décline une belle cuisine aux accents méditerranéens, marquée à la fois par ses racines marseillaises et son exigeant savoir-faire.

→ Macaroni aux truffes noires et foie gras de canard. Côte de veau de lait, girolles et petits pois. Archipel Nomicos, îles flottantes aux trois saveurs

Menu 49 € (déjeuner), 75/145 € - Carte 120/180 €

16 avenue Bugeaud - Ⓜ Victor Hugo - ✆ 01 56 28 16 16 - www.nomicos.fr - Fermé lundi, dimanche

✿ Le Pergolèse (Stéphane Gaborieau)

CUISINE TRADITIONNELLE · ÉLÉGANT XXX Dès le début, Stéphane Gaborieau voulait faire du Pergolèse une "belle maison bourgeoise où l'on reçoit les clients comme chez soi" : pari réussi avec une cuisine qui célèbre la tradition. Quant au décor, il se montre élégant : tentures crème, fauteuils de velours rouge, tableaux contemporains... Jolie carte des vins.

→ Moelleux de filets de sardines marinés aux herbes, fondue de poivrons en basquaise et sorbet tomate. Sole meunière farcie en duxelles, jus de cuisson en glaçage. Soufflé chaud aux saveurs de la saison

Menu 56 € (déjeuner) - Carte 90/135 €

40 rue Pergolèse - Ⓜ Porte Maillot - ✆ 01 45 00 21 40 - www.lepergolese.com - Fermé 3-25 août, samedi, dimanche

✿ Alan Geaam

A/C

CUISINE CRÉATIVE • **ÉLÉGANT** XX On parle toujours du rêve américain… Alan Geaam, d'origine libanaise, préfère parler du rêve français ! Arrivé à Paris à 24 ans, il a gravi un à un les échelons du monde de la gastronomie. Ses recettes originales marient le patrimoine français et quelques touches de son Liban natal avec une grande justesse ; chaque assiette respire la passion et le travail. Une belle table.

→ Kebbeh d'anguille fumée. Pigeon laqué à la mélasse de Grenade. Cône de cèdre, praliné de graines de courge, miel et lait fermenté glacé

Menu 48 € (déjeuner), 80/100 €

19 rue Lauriston – Ⓜ Charles de Gaulle-Etoile – ✆ 01 45 01 72 97 – www.alangeaam.fr – Fermé lundi, dimanche

✿ L'Archeste (Yoshiaki Ito)

♿ A/C

CUISINE CRÉATIVE • **ÉPURÉ** XX Yoshiaki Ito, ancien chef d'Hiramatsu, émerveille son monde dans ce restaurant au cadre très épuré… à l'image de son travail ! Les menus (3 ou 6 temps à midi, 7 le soir) sont des modèles de créativité et de précision, épousant les saisons et donnant toujours le meilleur d'excellents produits. De belles recettes de cuisine française contemporaine, qui ont déjà bien des adeptes…

→ Seiche et foie gras poché, salade romaine et sauce gribiche. Carré d'agneau de Lozére et légumes de saison. Vacherin revisité aux fruits de saison

Menu 52 € (déjeuner), 110/180 €

79 rue de la Tour – Ⓜ Rue de la Pompe – ✆ 01 40 71 69 68 – www.archeste.com – Fermé 1er-31 août, lundi, samedi midi, dimanche

✿ Comice (Noam Gedalof)

A/C

CUISINE MODERNE • **ÉLÉGANT** XX Un couple de Canadiens a eu l'excellente idée d'ouvrir leur première adresse à Paris : le chef Noam s'inspire des bases de la cuisine française, qu'il saupoudre de modernité ; Etheliya assure service et sommellerie. De leur entente complice naît un pétillement de saveurs, à déguster dans un cadre élégant et feutré. Une réussite !

→ Chou-fleur à la grenobloise. Veau corse, aubergines en persillade et jus de veau. Soufflé au chocolat et glace à la vanille

Menu 46 € (déjeuner), 120/80 € – Carte 80/110 €

31 avenue de Versailles – Ⓜ Mirabeau – ✆ 01 42 15 55 70 – www.comice.paris – Fermé 21 avril-6 mai, 11-26 août, 22 décembre-6 janvier, lundi, mardi midi, mercredi midi, dimanche

✿ Pages (Ryuji Teshima)

CUISINE CRÉATIVE • **ÉPURÉ** XX Passé par de belles maisons, Ryuji Teshima, dit Teshi, propose une version contemporaine et très personnelle de la cuisine de l'Hexagone. Autour de menus "surprise", il imagine des mélanges de saveurs qui peuvent paraître improbables sur le papier, mais réellement percutants dans l'assiette. Et au 116, le bistrot attenant, beau choix de viandes maturées.

→ Carpaccio de bœuf ozaki. Poularde grillée et jaune d'œuf. Hojicha et chocolat

Menu 55 € (déjeuner), 105/175 €

4 rue Auguste-Vacquerie – Ⓜ Charles de Gaulle-Etoile – ✆ 01 47 20 74 94 – www.restaurantpages.fr – Fermé 5-26 août, lundi, dimanche

N° 41

♿ A/C

CUISINE TRADITIONNELLE • **BISTRO** X Dans ce sympathique bistrot de style industriel, on profite d'une cuisine gourmande de qualité, à l'instar de ce tartare de thon citron et gingembre… Une table dans l'air du temps, à classer quelque part entre brasserie et bistrot, qui doit son succès à un couple de restaurateurs passionnés et attachants, secondés par leur fils.

Carte 25/53 €

41 avenue Mozart – Ⓜ Ranelagh – ✆ 01 45 03 65 16 – www.n41.fr – Fermé 11-22 août, 30 décembre-2 janvier

Ducasse sur Seine

CUISINE MODERNE • DESIGN XXX Décidément, Alain Ducasse ne manque ni d'audace, ni d'idées. La preuve, une fois de plus avec Ducasse sur Seine : ce bateau électrique, amarré au quai du port Debilly, dans le très chic 16ème arrondissement, propose une promenade gastronomique écolo et silencieuse. En même temps que les monuments de Paris, on découvre une cuisine au goût du jour rondement menée par une brigade digne des grandes maisons. Mise à flots réussie, mon capitaine.

Menu 100 € (déjeuner), 150/290 €

Port Debilly – Trocadéro – 01 58 00 22 08 – www.ducasse-seine.com

Prunier

POISSONS ET FRUITS DE MER • ÉLÉGANT XXX Des produits marins de grande qualité (avec, en particulier, le caviar produit par Prunier dans le Sud-Ouest), une belle carte des vins avec un bon choix de bourgognes blancs, le tout dans un cadre superbe, imaginé par les plus grands mosaïstes, graveurs et sculpteurs de l'époque Art déco... Les amateurs du style sont au paradis !

Menu 47 € (déjeuner), 85/175 € – Carte 64/202 €

16 avenue Victor-Hugo – Charles de Gaulle-Etoile – 01 44 17 35 85 – www.prunier.com – Fermé 1er-31 août, samedi midi, dimanche

St-James Paris

CUISINE MODERNE • CLASSIQUE XXX Adrien Brunet, ancien second de Jean-Luc Rocha, est désormais aux commandes de cette étonnante demeure ancienne, façon petit château du 19e s. au cœur de Paris... Le décor majestueux – hauts plafonds, tableaux, mobilier Empire – sert d'écrin à sa cuisine, généreuse et créative.

Menu 140 € – Carte 82/158 €

43 avenue Bugeaud – Porte Dauphine – 01 44 05 81 88 – www.saint-james-paris.com – Fermé lundi midi, mardi midi, mercredi midi, jeudi midi, vendredi midi, samedi midi, dimanche soir

Carte Blanche

CUISINE MODERNE • COSY XXX L'ancienne Table du Baltimore est devenue Carte Blanche, et c'est un nom qui lui va comme un gant ! En effet, en plus d'une carte aux intitulés "classiques", le client peut choisir un produit spécifique, qui sera cuisiné à sa convenance après discussion avec le chef... Le concept est plutôt malin, et le plaisir gustatif est au rendez-vous.

Menu 39 € (déjeuner)/130 € – Carte 65/85 €

Baltimore, 1 rue Léo-Delibes – Boissière – 01 44 34 54 34 – www.carteblancheparis.fr – Fermé samedi, dimanche

Hiramatsu

CUISINE MODERNE • ÉLÉGANT XXX Hiramatsu bat pavillon japonais, mais l'assiette honore la cuisine française. Homard bleu, bar de ligne, Saint-Pierre, ris de veau, bœuf de Galice : ici, on cuisine les produits nobles avec talent, inventivité et quelques influences nippones. Dans un cadre élégant, la haute gastronomie s'exprime à travers un menu unique ("carte blanche" le soir), qui change chaque mois au gré du marché.

Menu 48 € (déjeuner)/90 €

52 rue de Longchamp – Trocadéro – 01 56 81 08 80 – www.hiramatsu.co.jp – Fermé 22-26 avril, 5-23 août, 24 décembre-1er janvier, lundi midi, mardi midi, samedi, dimanche

Maison Noura

CUISINE LIBANAISE • CHIC XXX Au cœur du triangle d'or, cette institution a été entièrement réinventée et se pare désormais d'un décor oriental chic de belle facture, signé Pierre-Yves Rochon. En cuisine, le Liban est toujours à l'honneur avec des préparations fraîches et 100% maison, dont les incontournables *mezzes*. Un plaisant voyage !

Menu 49/72 € – Carte 45/65 €

21 avenue Marceau – Alma Marceau – 01 47 20 33 33 – www.noura.com

L'Oiseau Blanc

CUISINE MODERNE • DESIGN XX La table de "gastronomie française contemporaine" du Peninsula, ce luxueux hôtel installé près de l'Arc de Triomphe. Sur les toits, où trône une reproduction de l'Oiseau Blanc (l'avion avec lequel Nungesser et Coli tentèrent la traversée de l'Atlantique en 1927), le restaurant semble partir à l'assaut du ciel de Paris !

Menu 69 € (déjeuner)/115 €

The Peninsula, 19 avenue Kleber - Ⓜ Kléber - ✆ 01 58 12 67 30 - www.peninsula.com/fr/

A et M Restaurant

CUISINE MODERNE • TENDANCE XX Dans ce coin calme de l'arrondissement, on profite des créations de Tsukasa Fukuyama, qui s'approprie avec aisance les grands classiques de la gastronomie de l'Hexagone. Le tout se déguste dans un intérieur sobre et contemporain, ou sur l'agréable terrasse : dans les deux cas, on passe un agréable moment.

Menu 37 € - Carte 48/60 €

136 boulevard Murat - Ⓜ Porte de St-Cloud - ✆ 01 45 27 39 60 - www.am-restaurant.paris - Fermé samedi midi, dimanche

Café de l'Homme

CUISINE MODERNE • ÉLÉGANT XX Au rez-de-chaussée du Palais de Chaillot, l'immense terrasse (330 m2) du Café de l'Homme offre une vue somptueuse sur la Tour Eiffel toute proche : magique ! Entre classiques revisités (un filet de bœuf sauce au poivre) et virées exotiques (tataki de thon rouge au yuzu et wasabi), les saveurs sont bel et bien là, il y a du sérieux et de l'application dans l'assiette.

Carte 52/86 €

6 place du Trocadéro et du 11 Novembre - Ⓜ Trocadéro - ✆ 01 44 05 30 15 - www.cafedelhomme.com

Conti

CUISINE ITALIENNE • INTIME XX Stendhal aurait sans doute apprécié ce restaurant où l'on célèbre, dans l'assiette, l'Italie qu'il aimait tant et, dans le décor, le rouge et le noir. Deux Français réinterprètent les recettes de la Botte avec des touches personnelles, associant les influences d'ici et de là-bas. Résultat, une cuisine de qualité appréciée de nombreux habitués.

Menu 44 € - Carte 60/83 €

72 rue Lauriston - Ⓜ Boissière - ✆ 01 47 27 74 67 - www.leconti.fr - Fermé 3-25 août, 25 décembre-1er janvier, samedi, dimanche

Jérémie

CUISINE MODERNE • ÉLÉGANT XX En bon tenant de la bistronomie, le chef Jérémie Tourdjman s'attache à mettre en avant le produit de façon simple, franche et directe... mais sans rechigner à livrer un vrai travail de cuisinier (il est notamment passé par les cases Constant et Ducasse). Le pari est gagnant : on passe un agréable moment.

Menu 55/85 € - Carte 65/85 €

33 rue de Longchamp - Ⓜ Boissière - ✆ 01 47 04 96 81 - www.restaurantjeremie.com - Fermé 4-25 août, samedi midi, dimanche

Le Metropolitan

CUISINE MODERNE • CONTEMPORAIN XX Sur la place de Mexico, en plein cœur du très chic 16e arrondissement, l'hôtel Metropolitan dévoile une élégance certaine... et son restaurant, éponyme, ne laisse pas indifférent. On y profite d'une cuisine inspirée de la tradition, parsemée de légères touches italiennes, et d'un rapport qualité-prix plutôt avantageux pour le quartier.

Carte 46/67 €

10 place de Mexico - Ⓜ Trocadéro - ✆ 01 56 90 40 12 - www.hotellemetropolitanparis.fr - Fermé 4-26 août, lundi, dimanche

Monsieur Bleu

CUISINE MODERNE • ÉLÉGANT XX Comme emplacement dans Paris, on fait difficilement mieux que cette adresse… Nichée dans le palais de Tokyo, elle est superbe avec sa salle Art déco tout en gris, vert et or, et sa terrasse regardant la Seine et la tour Eiffel. L'assiette n'est pas en reste, sophistiquée et savoureuse. Un endroit très en vue !

Carte 60/100 €

20 avenue de New-York (Palais de Tokyo) – Ⓜ Iéna – ✆ 01 47 20 90 47 – www.monsieurbleu.com

Le Vinci

CUISINE ITALIENNE • CONVIVIAL XX La décoration intérieure sympathique et l'amabilité du service font du Vinci un établissement très prisé, à deux pas de l'avenue Victor-Hugo. Le beau choix de pâtes et de risottos, les viandes et poissons à la carte, varient selon le marché.

Menu 39 € – Carte 45/70 €

23 rue Paul-Valéry – Ⓜ Victor Hugo – ✆ 01 45 01 68 18 – www.restaurantlevinci.fr – Fermé 2-25 août, samedi, dimanche

Atelier Vivanda - Lauriston

VIANDES • BISTRO X Le premier "Vivanda" créé par Akrame Benallal, qui célèbre aussi bien la vie que la viande… De protéines, il est ici essentiellement question : bœuf Black Angus et poulet fermier (entre autres !) sont servis sur de petites tables en bois façon billot de boucher ; la carte, très courte, cultive avant tout le goût des produits du marché et des saisons.

Carte 40/53 €

18 rue Lauriston – Ⓜ Kléber – ✆ 01 40 67 10 00 – www.ateliervivanda.com – Fermé 3-18 août, 21 décembre-3 janvier, samedi, dimanche

La Causerie

CUISINE MODERNE • ÉLÉGANT X Deux jeunes associés venus du Royal Monceau président aux destinées de cette fameuse institution de La Muette. Le chef y revisite la tradition avec grande fraîcheur, à travers une carte aussi carrée que gourmande ; quant à la déco, elle possède un agréable côté rétro : grand miroir, fresque en céramique, faïence de Sarreguemines, etc. Service attentionné.

Menu 36 €

31 rue Vital – Ⓜ La Muette – ✆ 01 45 20 33 00 – www.lacauserie.fr – Fermé 3-19 août, samedi, dimanche

Enclos de la Croix

CUISINE MODERNE • CONVIVIAL X L'Enclos de la Croix n'est pas seulement ce restaurant sympathique, c'est aussi le nom d'un domaine du Languedoc, qui produit des vins aux jolies palettes aromatiques… et dont la dégustation est offerte en accompagnement du repas ! De Lansargues à Paris, entre restaurant et bar à vin, un fort agréable voyage gastronomique et œnologique.

Menu 45/65 €

18 boulevard Exelmans – Ⓜ Porte de St-Cloud – ✆ 01 46 47 50 83 – www.restaurantenclosdelacroix.com – Fermé 5-26 août, 24 décembre-1er janvier, samedi, dimanche

Le Frank

CUISINE MODERNE • DESIGN X Le chef étoilé Jean-Louis Nomicos est le conseiller culinaire de cette table au cadre contemporain, installée dans la fondation Louis Vuitton. À la carte, des préparations goûteuses et bien réalisées, avec même quelques en-cas dans l'après-midi. Attention : pas de réservation au déjeuner.

Carte 55/84 €

8 avenue du Mahatma Gandhi (Fondation Louis-Vuitton) – Ⓜ Les Sablons – ✆ 01 58 44 25 70 – www.restaurantlefrank.fr – Fermé lundi soir, mardi, mercredi soir, jeudi soir, dimanche soir

Kura

CUISINE JAPONAISE • CONVIVIAL X Au cœur de Passy, à deux pas du métro La Muette, une vraie auberge japonaise d'aujourd'hui (mobilier en bois sombre, petit sushi-bar, accueil prévenant, etc.). Réalisée dans les règles de l'art, la cuisine ravit par sa finesse et ses parfums – et l'inventivité des menus du soir. Autre atout : la terrasse ensoleillée.

Menu 47 € – Carte 62/115 €

56 rue Boulainvilliers – Ⓜ La Muette – ☎ 01 45 20 18 32 – www.kuraparis.com – Fermé lundi

Mavrommatis - Le Bistro Passy

CUISINE GRECQUE • CONTEMPORAIN X Le petit dernier d'Andreas Mavrommatis, pape de la gastronomie méditerranéenne à Paris. On s'installe dans une salle, façon bistrot contemporain, pour déguster carpaccio de veau, soupions au fenouil, ou poitrine de veau confite-rôtie. C'est frais et savoureux. Boutique traiteur et cave à vins.

Carte 32/53 €

71 avenue Paul-Doumer – Ⓜ La Muette – ☎ 01 40 50 70 40 – www.mavrommatis.com – Fermé 3 août-3 septembre, lundi, dimanche

Le Petit Pergolèse

CUISINE TRADITIONNELLE • TENDANCE X Les deux passions du patron, la cuisine et l'art contemporain, se partagent la vedette dans cette adresse très animée. Photos, sculptures et peintures composent un décor en évolution permanente ; même dynamisme dans l'assiette, qui fait la part belle à des plats simples et soignés : filet de bar et sa purée de pomme de terre, soufflé au Grand Marnier...

Carte 44/79 €

38 rue Pergolèse – Ⓜ Porte Maillot – ☎ 01 45 00 23 66 – Fermé 26 juillet-25 août, samedi, dimanche

Le Rive Droite Ⓝ

CUISINE MODERNE • TENDANCE X Au deuxième étage de la Grande Épicerie, voici la troisième adresse du couple Beatriz Gonzalez - Matthieu Marcant, après Coretta et Neva. En cuisine, entourée d'une brigade majoritairement féminine (c'est assez rare pour être souligné), Beatriz assure une partition savoureuse, bien maîtrisée, au plus près des saisons.

Menu 25 € (déjeuner)/42 € – Carte 40/50 €

80 rue de Passy – Ⓜ La Muette – ☎ 01 44 14 38 70 – www.restaurant-lerivedroite.com – Fermé lundi soir, mardi soir, dimanche

Hôtels

The Peninsula

PALACE • ÉLÉGANT C'est donc avec cet établissement que le groupe hongkongais Peninsula a pris pied à Paris en 2014. Un coup de maître ! À deux pas de l'Arc de Triomphe, dans un superbe bâtiment Belle Époque, l'hôtel a tout des plus grands : décors luxueux, équipements high-tech, prestations de haut vol, etc. Un roc, un pic, un cap... une péninsule !

166 chambres – 800/1950 € – 34 suites – ☕ 61 €

19 avenue Kléber – Ⓜ Kléber – ☎ 01 58 12 28 88 – www.peninsula.com/fr/

L'Oiseau Blanc – voir la sélection des restaurants

Shangri-La

PALACE • GRAND LUXE L'Empire mâtiné d'Asie... La signature de ce palace créé dans l'ancien hôtel du prince Roland Bonaparte (1896). Salons grandioses, vue exceptionnelle sur la tour Eiffel depuis certaines chambres, piscine et spa... sans oublier des tables pour tous les goûts.

101 chambres – 1000/1500 € – 40 suites – ☕ 58 €

10 avenue d'Iéna – Ⓜ Iéna – ☎ 01 53 67 19 98 – www.shangri-la.com

✿✿ **L'Abeille** • ✿ **Shang Palace** – voir la sélection des restaurants

Raphael

LUXE • CLASSIQUE Une magnifique galerie d'entrée tout en boiseries, des chambres très raffinées (certaines avec vue sur Paris), un bar anglais à l'élégance indéniable : tels sont les trésors du Raphael... Né en 1925 à deux pas de l'Arc de Triomphe, l'un des mythes de la grande hôtellerie parisienne.

46 chambres – 600/950 € – 37 suites – 40 €

17 avenue Kléber – Kléber
– 01 53 64 32 00 – www.raphael-hotel.com

St-James Paris

HISTORIQUE • PERSONNALISÉ Ce superbe hôtel particulier de la fin du 19e s. s'est offert un nouveau look signé Bambi Sloan. De superbes matières, des imprimés chatoyants : le style Napoléon III flirte avec une originalité toute british ! La délicieuse bibliothèque, le majestueux escalier, les volumes harmonieux : l'empreinte d'un lieu unique...

36 chambres – 390/1080 € – 13 suites – 36 €

43 avenue Bugeaud – Porte Dauphine – 01 44 05 81 81 – www.saint-james-paris.com

St-James Paris – voir la sélection des restaurants

La Clef Tour Eiffel

LUXE • PERSONNALISÉ Non loin du Trocadéro, l'élégante façade haussmannienne abrite un intérieur contemporain signé Ricardo Bofill. L'alchimie fonctionne et tout séduit : du vaste hall au patio arboré, des chambres chaleureuses aux appartements grand confort... Une prestation de haut vol.

94 chambres – 220/620 € – 18 suites – 25 €

83 avenue Kléber – Trocadéro
– 01 44 05 75 75 – www.the-ascott.com

Villa & Hôtel Majestic

LUXE • CONTEMPORAIN Luxueuse sans ostentation, très confortable et stylée, cette Villa du 19e s. porte bien son nom. Du cachet, des chambres spacieuses, un spa offrant les meilleures prestations : le bien-être à deux pas des Champs-Élysées !

32 chambres – 350/2000 € – 20 suites – 35 €

30 rue La Pérouse – Kléber
– 01 45 00 83 70 – www.majestic-hotel.com

Dokhan's

BOUTIQUE HÔTEL • COSY Ce boutique-hôtel ne manque pas d'atouts. L'élégante décoration Empire des chambres, leur confort douillet, le style néoclassique du salon et son mobilier contemporain, les suites du dernier étage et leur vue sur Paris... Autant de garanties d'un agréable séjour.

42 chambres – 310/650 € – 3 suites – 20 €

117 rue Lauriston – Trocadéro – 01 53 65 66 99 – www.hotelledokhansparis.com

Molitor

LUXE • DESIGN Véritable emblème de l'Ouest parisien depuis les années 1920, la piscine Molitor est réapparue sous la forme de cet hôtel de luxe au charme ravageur. Clins d'œil à l'histoire (façade bleue et jaune autour de la piscine, en particulier), épure ultramoderne dans les chambres : le mythe renaît sous nos yeux.

117 chambres – 270/700 € – 7 suites

2 avenue de la Porte-Molitor – Michel Ange Molitor – 01 56 07 08 50 – www.mltr.fr

Une bonne table sans se ruiner ? Repérez les Bib Gourmand.

Square

LUXE • DESIGN Un hôtel contemporain, juste en face de la Maison de la Radio. Les chambres sont à la fois spacieuses, feutrées et bien insonorisées. L'équipement high-tech et la collection d'art contemporain soulignent son style, très "boutique-hôtel".

22 chambres - 280/450 € - 27 €

3 rue de Boulainvilliers - Ⓜ Mirabeau - 01 44 14 91 90 - www.hotelsquare.com

Garden Élysée

BUSINESS • CONTEMPORAIN Le principal atout de cet hôtel ? Le calme ! Bien qu'à deux pas du Trocadéro, il est situé dans une cour verdoyante, délicieuse en été. Quant aux chambres, entièrement rénovées, elles se révèlent plaisantes et bien aménagées.

46 chambres - 185/680 € - 22 €

12 rue St-Didier - Ⓜ Boissière - 01 47 55 01 11 - www.paris-hotel-gardenelysee.com

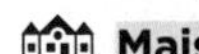

Maison FL

URBAIN • ART DÉCO Décrochés, ferronnerie Art déco : la façade de cet établissement de 1930 est classée monument historique ! L'architecte François Champsaur en a rénové l'intérieur, l'habillant de touches modernes tout en respectant la belle tradition des lieux : une réussite.

61 chambres - 275/800 € - 1 suite - 20 €

6 rue de la Tour - Ⓜ Passy - 01 55 74 75 75 - www.maisonfl.com

Le Metropolitan

BUSINESS • CONTEMPORAIN Au sein d'un immeuble haussmannien dont la façade en pointe se dresse sur la place de Mexico, un havre apaisant : dominantes de blanc, parquet brut, sobre élégance... Certaines chambres offrent même une petite vue sur la tour Eiffel. Un ensemble très "métropolitain" !

38 chambres - 290/590 € - 10 suites - 20 €

10 place de Mexico - Ⓜ Trocadéro - 01 56 90 40 12 - www.hotellemetropolitanparis.fr - Fermé 28 juillet-28 août, 23 décembre-2 janvier

Le Metropolitan - voir la sélection des restaurants

La Villa Maillot

URBAIN • CONTEMPORAIN Le confort est au rendez-vous dans cette Villa installée, comme son nom l'indique, tout près de la porte Maillot. Les chambres, modernes et personnalisées, sont impeccablement tenues ; on profite aussi d'un sympathique espace de remise en forme.

40 chambres - 180/600 € - 2 suites - 28 €

143 avenue de Malakoff - Ⓜ Porte Maillot - 01 53 64 52 52 - www.lavillamaillot.fr

Félicien

URBAIN • DESIGN Du noir, du blanc et quelques touches de rouge : voilà qui habille ce charmant hôtel esprit "haute couture", décoré par Olivier Lapidus, fils du fameux couturier français. Les chambres ont du cachet ; l'espace détente (hammam, sauna) est tout bonnement délicieux.

32 chambres - 105/500 € - 2 suites - 18 €

21 rue Félicien-David - Ⓜ Mirabeau - 01 55 74 00 00 - www.hotelfelicienparis.com

Pastel

URBAIN • COSY En plein cœur du 16e arrondissement, l'ancien hôtel Les Ambassades a été rénové de bien jolie manière : couleurs pastel (bleu, rose ou gris) dans les petites chambres, dans un style 1950 revisité, agréable salle de petit-déjeuner... Une adresse qui ne manque pas de personnalité.

36 chambres - 109/439 € - 15 €

79 rue Lauriston - Ⓜ Boissière - 01 45 53 41 15 - www.hotelpastelparis.com

Palais des Congrès - Wagram - Ternes - Batignolles

17e arrondissement

lucydphoto/Moment Open/Getty Images

Restaurants

✿✿ Maison Rostang

CUISINE CLASSIQUE • ÉLÉGANT XXXX Entre Michel Rostang, le natif de Grenoble, "fils, petit-fils et arrière-petit-fils de grands cuisiniers", et Nicolas Beaumann, désormais chef de la maison depuis 8 ans, le passage de témoin s'est déroulé de la meilleure des façons. Il en fallait, du talent, pour succéder à un Rostang dont le travail s'est toujours inscrit dans la lignée des plus grandes tables, et dont les plats signatures ont marqué des générations de gourmets – le foie gras chaud de canard rôti aux mandarines poêlées et le soufflé chaud au caramel beurre salé au sorbet de poires Williams.

On retrouve chez Nicolas Beaumann ce même souci du goût : il fait la démonstration de son talent et de sa personnalité sans jamais renier l'illustre passé : tourteau au gingembre, crémeux de courgettes en impression de caviar ; noix de ris de veau croustillante, navets farcis et petits pois étuvés, crème d'écrevisses ; cigare croustillant au tabac Havane et mousseline Cognac... Quant au décor, luxueux et insolite, il séduit nouveaux venus comme habitués de la maison : salon Art nouveau, salon Lalique, salon ouvert sur le spectacle des fourneaux, collection d'œuvres d'art - César, Arman, porcelaines....

→ Tourteau, caviar osciètre, crémeux de petits pois, radis et consommé en demi-gelée. Sole de petit bateau, crème de coquillages, cannelloni de spaghetti, royale de moule et gel citron. Cigare croustillant au havane, mousseline au cognac et glace marsala

Menu 90 € (déjeuner), 185/225 € – Carte 153/223 €

20 rue Rennequin – Ⓜ Ternes
– ✆ 01 47 63 40 77 – www.maisonrostang.com –
Fermé 5-20 août, lundi midi, samedi midi, dimanche

✿ La Scène Thélème

CUISINE MODERNE • CONTEMPORAIN XX Une table atypique où le théâtre rejoint la gastronomie. Certains soirs, on peut assister à une représentation théâtrale avant de passer à table. Le chef Julien Roucheteau signe une cuisine raffinée et visuelle. On est aussi séduit par cette cuisine de produits généreuse et gourmande, et par le personnel impeccable, du directeur de salle au sommelier. On ne peut passer qu'un moment mémorable... Allez, en scène.

→ Transparence de langoustines aux effluves de feuilles de shiso. Croustillant de ris de veau doré au beurre, fricassée de courgettes d'Albenga au curcuma frais et nèfle. Rhubarbe des champs cuite au sucre et sorbet à la rhubarbe fermentée

Menu 49 € (déjeuner), 95/169 € – Carte 119/149 €

18 rue Troyon – Ⓜ Charles de Gaulle - Étoile
– ✆ 01 77 37 60 99 – www.lascenetheleme.fr –
Fermé 29 juillet-18 août, lundi, samedi midi, dimanche

Agapé

CUISINE MODERNE • ÉLÉGANT XX *Agapè*... En Grèce ancienne, ce mot désignait l'amour inconditionnel de l'autre. Ça tombe bien : on se sent aimé en dégustant cette cuisine de grande qualité concoctée par un chef japonais, qui allie classicisme, finesse des saveurs et précision des cuissons : une valeur sûre.

→ Tartare de noix de veau, caviar et oignon grelot. Lotte de Saint-Gilles-Croix-de-Vie, pommes grenailles confites, tartare de bulots et beurre fumé. Pavlova aux fruits exotiques et crème glacée banane

Menu 52 € (déjeuner), 109/215 € - Carte 140/155 €

51 rue Jouffroy-D'Abbans - Ⓜ Wagram - ✆ 01 42 27 20 18 - www.agape-paris.fr - Fermé samedi, dimanche

Frédéric Simonin

CUISINE MODERNE • COSY XX Dans ce restaurant proche de la place des Ternes, le décor est très chic, tout de noir et de blanc. Il sied à la cuisine fine et délicate d'un chef au beau parcours... Voilà bel et bien une table raffinée !

→ Chair de tourteau, gelée de tomate, onctuosité d'avocat et espuma à la coriandre. Veau normand cuit en cocotte, champignons et condiment d'ail noir. Soufflé chaud au caramel et glace au lait

Menu 55 € (déjeuner), 105/155 € - Carte 120/140 €

25 rue Bayen - Ⓜ Ternes - ✆ 01 45 74 74 74 - www.fredericsimonin.com - Fermé 4-26 août, lundi, dimanche

Graindorge

CUISINE FLAMANDE • VINTAGE XX Potjevlesch, bintje farcie, waterzoï aux crevettes grises d'Ostende, kippers de Boulogne, lièvre à la flamande pendant la saison de la chasse... Ici, on se régale de la cuisine d'un chef sérieux et appliqué, dont le savoir-faire n'est plus à démontrer... Le tout s'accompagne de belles bières artisanales d'outre-Quiévrain (Angélus, Moinette Blonde). Joli cadre Art déco.

Menu 32 € (déjeuner), 37/55 € - Carte 50/70 €

15 rue de l'Arc-de-Triomphe - Ⓜ Charles de Gaulle-Étoile - ✆ 01 47 54 00 28 - www.le-graindorge.fr - Fermé 1er-20 août, lundi midi, samedi midi, dimanche

Comme Chez Maman

CUISINE MODERNE • CONVIVIAL X Au cœur des Batignolles, près d'un square, un bistrot contemporain où l'on se sent... comme chez maman ! Le jeune chef belge, Wim Van Gorp, joue la carte des jolies recettes ménagères, dont certaines rendent de délicieux hommages à ses origines flamandes... A noter : Wim propose aussi une sympathique "gastronomie de bar" dans sa deuxième adresse "Wim à Table", un peu plus loin dans la rue.

Menu 24 € (déjeuner)/37 € - Carte 40/65 €

5 rue des Moines - Ⓜ Brochant - ✆ 01 42 28 89 53 - www.comme-chez-maman.com - Fermé 31 janvier-9 février, 12-21 août

L'Envie du Jour

CUISINE MODERNE • CONVIVIAL X Les assiettes de Charlotte Gondor révèlent précision, couleurs et parfums. Ainsi ce tataki d'onglet de bœuf ou le cabillaud et sa salade de pois cassés, dont la netteté de la présentation éveille la gourmandise... le tout accompagné d'une petite sélection de vins bien choisis. On se régale.

Menu 32/44 €

106 rue Nollet - Ⓜ Brochant - ✆ 01 42 26 01 02 - www.lenviedujour.com - Fermé 5 août-1er septembre, lundi, dimanche soir

Le Petit Verdot du 17ème

CUISINE TRADITIONNELLE • BISTRO X Deux jeunes trentenaires se sont associés pour donner un coup de fouet à cette antique adresse du quartier des Ternes. Ils déclinent ici une cuisine de bistrot généreuse et sincère, fraîche et goûteuse : escargots en raviole, bouillon de champignons, entrecôte Simmental et frites maison... À dévorer en toute convivialité !

Carte 30/47 €

9 rue Fourcroy - Ⓜ Ternes - ✆ 01 42 27 47 42 - Fermé 5-27 août, 23 décembre-2 janvier, samedi midi, dimanche

Dessirier par Rostang Père et Filles

POISSONS ET FRUITS DE MER • CHIC XXX Contemporain, arty et chic : tel est le Dessirier, navire amiral de la famille Rostang. Le restaurant attache une importance capitale à la sélection de poissons : bouillabaisse et sole meunière font partie des incontournables du lieu...

Menu 57/80 € - Carte 63/129 €

9 place du Maréchal-Juin - Ⓜ Pereire - ✆ 01 42 27 82 14 - www.restaurantdessirier.com

Pétrus

POISSONS ET FRUITS DE MER • BRASSERIE XXX L'élégance de la façade se retrouve tant dans le cadre, contemporain, que dans l'assiette : on se régale ici d'une cuisine qui fait la part belle aux produits de la mer. Les spécialités maison ? Chair de tourteau, crème de petits pois à la truffe noire du Périgord, ou encore millefeuille à la vanille fraîche... Miam !

Menu 55 € - Carte 52/104 €

12 place du Maréchal-Juin - Ⓜ Pereire - ✆ 01 43 80 15 95 - www.petrus-restaurant.fr - Fermé 8-26 août

Rech

POISSONS ET FRUITS DE MER • CHIC XXX Cette institution née en 1925, toujours élégante avec son décor repensé dans un esprit épuré (murs blancs, miroirs, sol en mosaïque) fera le bonheur des amateurs de saveurs iodées, à l'instar de cette sole épaisse dorée au beurre demi-sel, pommes de terre de Noirmoutier.

Menu 44 € (déjeuner)/80 € - Carte 60/90 €

62 avenue des Ternes - Ⓜ Ternes - ✆ 01 45 72 29 47 - www.restaurant-rech.fr - Fermé 28 juillet-20 août, 23 décembre-2 janvier, lundi, dimanche

Sormani

CUISINE ITALIENNE • ROMANTIQUE XXX Tissus tendus, lustres en verre de Murano, moulures et miroirs : toute l'élégance de l'Italie s'exprime dans ce restaurant chic et feutré. La cuisine rend un hommage subtil aux spécialités transalpines, avec une appétence particulière, en saison, pour la truffe.

Carte 70/140 €

4 rue du Général-Lanrezac - Ⓜ Charles de Gaulle-Étoile - ✆ 01 43 80 13 91 - www.restaurantsormani.fr - Fermé 5-25 août, samedi, dimanche

Timgad

CUISINE MAROCAINE • ORIENTAL XX Retrouvez la splendeur passée de la cité de Timgad dans ce cadre mauresque raffiné, tout en mobilier traditionnel et stucs finement sculptés ! La carte est au diapason : riche sélection de couscous (la semoule est d'une rare finesse) et tajines et pastillas appréciés pour leurs mille et un parfums...

Carte 40/100 €

21 rue Brunel - Ⓜ Argentine - ✆ 01 45 74 23 70 - www.timgad.fr

Coretta

CUISINE MODERNE • DESIGN XX Dans le nouveau quartier Clichy-Batignolles, face au parc Martin-Luther-King (dont l'épouse s'appelait Coretta), cette table se veut écoresponsable. Décor design où domine le chêne, vue sur les cimes à l'étage et belle cuisine de produits signée par une équipe jeune et motivée. Le goût de la nature, oui !

Menu 32 € (déjeuner)/43 € - Carte 48/62 €

151 b rue Cardinet - Ⓜ Brochant - ✆ 01 42 26 55 55 - www.restaurantcoretta.com

Jacques Faussat

CUISINE TRADITIONNELLE • CONTEMPORAIN XX Dans un quartier tranquille, ce restaurant chaleureux et confortable, récemment rénové dans un style contemporain, propose une carte évoluant au gré du marché et selon l'inspiration du chef, gersois d'origine et homme attachant, qui associe savoir-faire traditionnel et registre actuel. Clients de passage et habitués en sortent ravis. Bon rapport qualité-prix.

Menu 42 € (déjeuner), 48/160 € - Carte 74/102 €

54 rue Cardinet - Ⓜ Malesherbes - ✆ 01 47 63 40 37 - www.jacquesfaussat.com - Fermé 28 juillet-28 août, 24 décembre-1er janvier, samedi, dimanche

Le Bistrot d'À Côté Flaubert

CUISINE TRADITIONNELLE • BISTRO Cette table est "d'à côté" car elle jouxte le restaurant gastronomique de Michel Rostang, auquel elle appartient également. On y propose une bonne cuisine bistrotière en valorisant de beaux produits. Direction la rue Flaubert !

Menu 45 € - Carte 50/74 €

10 rue Gustave Flaubert - Ⓜ Ternes - ✆ 01 42 67 05 81 - www.bistrotflaubert.com - Fermé lundi, samedi midi, dimanche

Le Bordeluche

CUISINE MODERNE • CONVIVIAL Ce petit bistrot, tenu par un jeune patron enthousiaste, s'intègre parfaitement à ce secteur des Batignolles, nouvel eldorado bobo, où l'on ne jure plus que par vins natures ou élevés en biodynamie. Ici, on travaille "entre potes" un cuisine de saison, attentive au marché. Le Bordeluche est issu du patois gascon, le chef est marseillais, et le cadre sobre, façon bistrot, follement parisien. La bistronomie a encore de beaux jours devant elle.

Menu 27 € (déjeuner), 36/47 €

103 rue des Dames - Ⓜ Villiers - ✆ 09 52 91 95 28 - Fermé 3-23 août, lundi, samedi midi, dimanche

Le Bouchon et l'Assiette

CUISINE TRADITIONNELLE • BISTRO Au déjeuner, l'ardoise du jour propose un joli panaché de petits plats gourmands. Le soir, place à des plaisirs plus subtils, autour d'une cuisine du marché avide de jolies saveurs. Quant à la carte des vins, elle met en avant d'intéressants petits producteurs. Rue Cardinet, le bouchon et l'assiette forment un couple épatant.

Menu 26 € (déjeuner) - Carte 40/65 €

127 rue Cardinet - Ⓜ Malesherbes - ✆ 01 42 27 83 93 - Fermé 1er-6 janvier, 29 juillet-18 août, lundi, dimanche

Le Café d'Angel

CUISINE TRADITIONNELLE • BISTRO Cette petite adresse cultive la nostalgie des bistrots parisiens d'antan : banquettes en skaï, faïences aux murs, plats traditionnels à l'ardoise et cuisine visible derrière le comptoir. On y déguste en toute quiétude une poêlée de supions aux herbes fraîches ou un croustillant de boudin noir et purée de pomme de terre.

Menu 34 € - Carte 43/53 €

16 rue Brey - Ⓜ Charles de Gaulle-Étoile - ✆ 01 47 54 03 33 - www.lecafedangel.com - Fermé 1er-22 août, 23 décembre-2 janvier, samedi, dimanche

Caïus

CUISINE CRÉATIVE • CONVIVIAL Chaque saison, le chef particulièrement inventif de ce restaurant chic et feutré concocte une cuisine ludique et parfumée, rehaussée d'épices et de produits "oubliés". La carte des vins est courte, mais de belle qualité.

Menu 45 €

6 rue d'Armaillé - Ⓜ Charles de Gaulle-Étoile - ✆ 01 42 27 19 20 - www.caius-restaurant.fr - Fermé 1er-23 août, samedi, dimanche

La Cantine du Troquet - Pereire

CUISINE TRADITIONNELLE • BISTRO Christian Etchebest, pape de la gastronomie de terroir, se trouve à l'origine de ce bistrot en angle de rue. La formule, éprouvée ailleurs, fait mouche : une cuisine traditionnelle aux accents du sud-ouest, épicé d'une pointe basque, volontiers canaille. L'atmosphère est conviviale, le bar en zinc et l'ardoise nous adresse des clins d'œil, du fond de salle. Bienvenue dans la galaxie Etchebest.

Carte 40/60 €

46 rue Bayen - Ⓜ Porte de Champerret - ✆ 01 42 67 05 11 - www.lacantinedutroquet.com - Fermé lundi, dimanche

Cap

CUISINE MODERNE • CONVIVIAL X L'enseigne rend hommage au Cap, en Afrique du Sud, ville d'origine du chef qui a repris ce discret restaurant, avec son épouse. La cuisine est aussi métissée que savoureuse. Un couple dynamique, pour une belle partition aux accents sud-africains.

Menu 35 € (déjeuner), 42/59 €

42 boulevard Péreire - Ⓜ Wagram - ✆ 01 44 40 04 15 - www.restaurantcap.fr - Fermé 1er-31 août, lundi, mardi soir, samedi midi, dimanche

Caves Pétrissans 

CUISINE TRADITIONNELLE • VINTAGE X La famille Allemoz (dont le fils, Jean-Jacques, représente la 5e génération dans cette maison) perpétue la tradition avec entrain : terrine maison, tête de veau sauce ravigote, rognon de veau flambé à l'armagnac, baba au rhum ou île flottante comptent parmi les nombreux classiques bistrotiers présents à la carte. Une maison éminemment sympathique.

Menu 44 € - Carte 35/87 €

30bis avenue Niel - Ⓜ Pereire - ✆ 01 42 27 52 03 - info@cavespetrissans.fr - Fermé 29 juillet-25 août, samedi, dimanche

XVII sur Vin

CUISINE TRADITIONNELLE • BISTRO X On traverse une terrasse d'été, protégée du soleil par des buis pour gagner la salle, au décor d'inspiration bistrotière. Bistrotière, la cuisine de Bruno Turbot l'est aussi, à l'instar de cette côte de veau du Limousin, qui figure parmi les spécialités indétrônables, au même titre que l'œuf cocotte ou la brioche façon pain perdu.

Menu 40 € - Carte 50/60 €

99 rue Jouffroy d'Abbans - Ⓜ Wagram - ✆ 01 42 27 26 16 - www.xviisurvin-lebistrot.com - Fermé 19-31 août, samedi midi, dimanche

L'Entredgeu

CUISINE TRADITIONNELLE • BISTRO X Ambiance animée et gourmandise garantie pour ce bistrot de quartier qui fait souvent le plein. Le chef propose une cuisine traditionnelle bien tournée, teintée de modernisme. Et toujours attentive aux saisons et au marché.

Menu 40 € (déjeuner)/50 €

83 rue Laugier - Ⓜ Porte de Champerret - ✆ 01 40 54 97 24 - www.lentredgeu.fr - Fermé dimanche

La Fourchette du Printemps 

CUISINE MODERNE • BISTRO X Dans cet élégant petit bistrot de quartier, on trouve un jeune chef passé par de belles maisons. Il cultive le goût du produit de qualité (le menu évolue selon le marché), et prend plaisir à revisiter les classiques. Une bonne table.

Menu 32 € (déjeuner), 57/77 € - Carte 60/70 €

30 rue du Printemps - Ⓜ Wagram - ✆ 01 42 27 26 97 - www.lafourchetteduprintemps.com - Fermé 1er-7 janvier, 28 juillet-30 août, lundi, dimanche

Gare au Gorille

CUISINE MODERNE • BISTRO X Marc Cordonnier a maintenant fait sa place aux Batignolles. Il sait travailler les produits sans jamais les dénaturer et décline une cuisine franche et originale, sans chichi, qui préfère la personnalité à la posture. Quant à son acolyte, Louis Langevin, il conseille avec bienveillance un beau panel de vins nature.

Menu 29 € (déjeuner)/39 € - Carte 35/55 €

68 rue des Dames - Ⓜ Rome - ✆ 01 42 94 24 02 - www.gareaugorille.fr - Fermé 3-27 août, 22 décembre-2 janvier, samedi, dimanche

Le 975

CUISINE MODERNE · ÉPURÉ En angle de rue, cette façade habillée de bois ne passe pas inaperçue. Cela tombe bien, l'assiette non plus. Un duo enthousiaste, mené par un chef japonais et un passionné de vins, propose une carte courte bien troussée, aux assiettes précises et savoureuses. Les curieux s'installeront au comptoir, face à la cuisine ouverte.

Menu 17 € (déjeuner)/39 € - Carte 37/44 €

25 rue Guy-Moquet - Brochant - 09 53 75 67 71 - www.le975.com - Fermé samedi, dimanche

Oxte

CUISINE MODERNE · TENDANCE Ouvert début 2018 dans le quartier de l'Etoile, ce restaurant tendance propose une savoureuse cuisine au goût du jour, aux influences mexicaines. Les produits français sont travaillés avec des condiments, herbes et épices, par un chef mexicain, talentueux et passionné. Une réussite.

Menu 39/65 €

5 rue Troyon - Ternes - 01 45 75 15 15 - www.restaurant-oxte.com - Fermé 5-25 août, samedi midi, dimanche

Papillon

CUISINE MODERNE · BISTRO Tel Papillon, échappé du bagne de Cayenne, Christophe Saintagne a accompli sa mue en s'installant à son compte après avoir dirigé les cuisines du Plaza Athénée, puis du Meurice. Épanoui dans son élégant néo-bistrot, il signe une cuisine racée, qui privilégie toujours le goût et l'équilibre. Un conseil d'ami : réservez !

Menu 36 € (déjeuner)/75 € - Carte 52/76 €

8 rue Meissonier - Wagram - 01 56 79 81 88 - www.papillonparis.fr - Fermé 27 juillet-26 août, 22 décembre-2 janvier, samedi, dimanche

La Table du Caviste Bio

CUISINE MODERNE · ÉLÉGANT À quelques encablures du Parc Monceau, ce restaurant offre l'agrément d'une salle d'esprit moderne, et d'une cuisine en phase avec son époque, fraîche et raffinée, concoctée par la chef japonaise Junko Kawasaki. Le tout au diapason avec les vins, exclusivement bio, eux aussi.

Menu 35 € (déjeuner) - Carte 42/67 €

55 rue de Prony - Monceau - 01 82 10 37 02 - www.lecavistebio.com - Fermé lundi, dimanche

Les Tables d'Augustin

CUISINE TRADITIONNELLE · CONVIVIAL Le quartier des Épinettes accueille ce délicieux bistrot de poche, où officie un jeune chef à l'excellent parcours (George V au côté d'Éric Briffard, l'Ambroisie...). Sa cuisine, gourmande et savoureuse, ne manque pas de caractère, avec - au déjeuner particulièrement - un excellent rapport qualité-prix ; le menu est renouvelé chaque semaine au gré du marché.

Menu 17 € (déjeuner), 39/65 € - Carte 45/55 €

44 rue Guy-Môquet - Guy-Môquet - 09 83 43 11 11 - www.lestablesdaugustin.fr - Fermé samedi, dimanche

Hôtels

Renaissance Arc de Triomphe

LUXE · CONTEMPORAIN À deux pas de la place de l'Étoile, on ne peut pas manquer l'impressionnante façade de cet hôtel dessiné par Christian de Portzamparc. L'originalité et le parti-pris contemporain sont aussi de mise à l'intérieur, des élégantes chambres au vaste hall d'accueil. Essayez le brunch le dimanche.

118 chambres - 260/729 € - 5 suites - 30 €

39 avenue de Wagram - Ternes - 01 55 37 55 37 - www.marriott.fr

PARIS

Regent's Garden

LUXE · COSY Savant mélange d'ancien (cheminée, mobilier de style) et de moderne dans cet hôtel particulier datant de l'époque de Napoléon III. Des espaces feutrés, un délicieux petit jardin japonisant... et, au petit-déjeuner, de bons produits issus des circuits courts. Irrésistible !

39 chambres - 152/720 € - 1 suite - 15 €

6 rue Pierre-Demours - Ⓜ Ternes - ✆ 01 45 74 07 30 - www.hotel-regents-paris.com

Splendid Étoile

TRADITIONNEL · CENTRAL On reconnaît cet hôtel au classicisme de sa belle façade ouvragée. Certaines des chambres ont vue sur l'Arc de Triomphe, à deux pas de là ; la tenue de l'ensemble et la qualité de l'accueil font le reste.

55 chambres - 199/399 € - 2 suites - 25 €

1bis avenue Carnot - Ⓜ Charles de Gaulle-Étoile - ✆ 01 45 72 72 00 - www.hsplendid.com

B Montmartre

URBAIN · DESIGN Quelques clichés de David LaChapelle, des photos dédicacées de Brigitte Bardot... Un esprit glamour qui fait écho à la place de Clichy voisine, mais auquel on ne saurait résumer cette ancienne pension de famille, transformée en hôtel par un propriétaire issu de la haute couture. Un ensemble très chic et très parisien !

36 chambres - 149/499 € - 19 €

6 rue Lécluse - Ⓜ Place de Clichy - ✆ 01 42 93 35 77 - www.b-montmartre.com

Hidden

LUXE · PERSONNALISÉ Ambiance "nature" revendiquée pour cet hôtel étonnant, installé dans une rue tranquille à deux pas de l'Étoile : matériaux nobles comme le bois et l'ardoise, literie en fibres de coco, etc. Un lieu apaisant et très dépaysant, pour vivre un peu caché...

35 chambres - 150/849 € - 19 €

28 rue de l'Arc-de-Triomphe - Ⓜ Charles de Gaulle-Étoile - ✆ 01 40 55 03 57 - www.hidden-hotel.com

Hôtel de Banville

LUXE Un véritable hôtel de charme, décoré avec goût. Les chambres (bois patiné, détails précieux) sont séduisantes, certaines avec une jolie vue.

38 chambres - 100/600 € - 20 €

166 Boulevard Berhier - Ⓜ Porte de Champerret - ✆ 01 42 67 70 16 - www.hotelbanville.fr

Le Tsuba

HÔTEL PARTICULIER · CONTEMPORAIN A quelques encablures de l'Arc de triomphe et des Champs-Elysées, cet hôtel parfaitement tenu offre le confort de chambres contemporaines. Petit espace de bien-être avec fitness, et soirées jazz, une fois par mois.

76 chambres - 150/550 € - 6 suites - 22 €

45 rue des Acacias - Ⓜ Ternes - ✆ 01 40 60 02 02 - www.tsubahotel.com

XO Ⓝ

BOUTIQUE HÔTEL · À THÈME Dans ce boutique-hôtel imaginé autour du thème des vins et spiritueux, même les chambres sont au diapason : photos de vignobles, ferronneries stylisées en forme de feuille de vigne... Cours d'œnologie sur réservation.

56 chambres - 145/245 € - 2 suites - 19 €

23 rue Théodore-de-Banville - Ⓜ Pereire - ✆ 01 40 54 18 60 - www.xohotelparis.com

Duette

URBAIN · ÉLÉGANT Cet hôtel, aménagé avec l'aide de l'architecte Anne Peroux, ne manque pas d'atouts : chambres fonctionnelles, bien insonorisées, décor archi-moderne, bon petit-déjeuner au sous-sol...

29 chambres - 139/365 € - 14 €

64 rue de Lévis - Ⓜ Villiers - ✆ 01 42 27 33 10 - www.hotelduette.com

Montmartre - Pigalle

18e arrondissement

M. Carassale/Sime/Photononstop

Restaurants

❀ La Table d'Eugène (Geoffroy Maillard)

CUISINE MODERNE • **ÉLÉGANT** XX Sans coup férir, Geoffroy Maillard - passé notamment par la case Frechon - aura hissé sa charmante Table d'Eugène au rang des meilleures. Une heureuse nouvelle pour le 18e et tous les gastronomes ! Il signe une cuisine très fraîche, pleine de couleurs et de parfums. Laissez-vous porter par le menu carte blanche, avec accords mets et vins. Puissance et finesse...

→ Cuisine du marché

Menu 45 € (déjeuner), 99/130 €

18 rue Eugène-Süe - Ⓜ Jules Joffrin - ✆ 01 42 55 61 64 - www.latabledeugene.com - Fermé 21-29 avril, 4-26 août, 22 décembre-7 janvier, lundi, dimanche

❀ Ken Kawasaki

CUISINE CRÉATIVE • **ÉPURÉ** X Vous êtes invités à venir célébrer ici un mariage heureux : celui des cuisines japonaise et française ! Le chef nippon Ken Kawasaki a réuni une équipe de choc et propose des petites assiettes éminemment graphiques, savoureuses et originales, élaborées au gré du marché. La salle se compose d'un simple comptoir : les cuisiniers préparent les plats sous nos yeux. Magique.

→ Cuisine du marché

Menu 45 € (déjeuner)/70 €

15 rue Caulaincourt - Ⓜ Blanche - ✆ 09 70 95 98 32 - www.restaurantkenkawasaki.fr - Fermé 25 décembre-1er janvier, mercredi midi, jeudi midi, dimanche

❀ L'Arcane (Laurent Magnin)

CUISINE MODERNE • **COSY** X Essayons de percer les arcanes de ce restaurant spacieux et confortable, qui s'installe au 52, de la rue Lamarck... Le chef revisite la tradition au gré d'un menu "carte blanche" ou "surprise" en trois, quatre ou cinq plats, toujours réalisés à partir de produits rigoureusement sélectionnés. La petite adresse qui séduit au-delà de la butte Montmartre.

→ Cuisine du marché

Menu 49 € (déjeuner), 66/105 €

39 rue Lamarck - Ⓜ Lamarck Caulaincourt - ✆ 01 46 06 86 00 - www.restaurantlarcane.com - Fermé 30 juillet-26 août, lundi, mardi midi, dimanche

L'Esquisse

CUISINE MODERNE • **BISTRO** X Deux jeunes passionnés se sont associés pour créer ici ce bistrot vintage et accueillant : parquet massif, banquettes en bois... On y dévore des assiettes graphiques et sans chichis, qui mettent en valeur la qualité des produits utilisés. Cuissons impeccables, assaisonnements contrastés : on se régale !

Menu 23 € (déjeuner) - Carte 34/46 €

151 bis rue Marcadet - Ⓜ Lamarck-Caulaincourt - ✆ 01 53 41 63 04 - Fermé 4-19 août, 29 décembre-7 janvier, lundi, dimanche

Etsi

CUISINE GRECQUE • TAVERNE X La façade, d'un bleu intense, courtise le regard. C'est l'histoire d'une jeune chef, d'origine grecque, revenue à la cuisine de son enfance après un apprentissage dans des maisons reconnues (Michel Rostang, Cyril Lignac). Ici, elle propose des mezze, percutant de fraîcheur et ponctués d'audaces. Son père, qui habite toujours au pays, lui envoie des ingrédients, introuvables ailleurs ! Un coup de cœur.

Carte 25/35 €

23 rue Eugène-Carrière - Ⓜ Place de Clichy - ✆ 01 71 50 00 80 - www.etsi-paris.fr - Fermé 5-19 mai, lundi, mercredi midi, jeudi midi, vendredi midi, dimanche soir

Le Réciproque

CUISINE TRADITIONNELLE • CONTEMPORAIN X Niché dans une petite rue derrière la mairie du 18e, ce restaurant est l'œuvre de deux jeunes associés au beau parcours professionnel. L'un, en cuisine, se fend de recettes plutôt traditionnelles, savoureuses et maîtrisées ; l'autre assure en salle un service vivant et courtois. Les prix sont mesurés : un vrai bon plan !

Menu 23 € (déjeuner), 37/54 €

14 rue Ferdinand-Flocon - Ⓜ Jules Joffrin - ✆ 09 86 37 80 77 - www.lereciproque.com - Fermé 15 juillet-5 août, 23 décembre-1er janvier, lundi, dimanche

Chamarré Montmartre

CUISINE CRÉATIVE • TENDANCE XX Sur la butte Montmartre, ce restaurant contemporain ose la créativité et le métissage culinaire, avec (notamment) l'utilisation d'agrumes, autant de clins d'œil à la cuisine mauricienne. Une invitation au voyage qui commence dès la jolie terrasse.

Menu 36 € (déjeuner), 50/75 € - Carte 61/100 €

52 rue Lamarck - Ⓜ Lamarck Caulaincourt - ✆ 01 42 55 05 42 - www.chamarre-montmartre.com - Fermé lundi, mardi

Le Coq Rico

CUISINE TRADITIONNELLE • ÉLÉGANT XX Cocorico ! La volaille française a trouvé son ambassade à Paris, en cette adresse chic et discrète créée par le fameux chef strasbourgeois, Antoine Westermann. Poulet fermier de Challans, géline de Touraine, volaille de Bresse, etc. Les pièces sont rôties avec art et dégagent de succulents parfums. Les amateurs sont comblés.

Menu 27 € (déjeuner) - Carte 50/90 €

98 rue Lepic - Ⓜ Lamarck Caulaincourt - ✆ 01 42 59 82 89 - www.lecoqrico.com

La Traversée Ⓝ

CUISINE MODERNE • BRANCHÉ XX Dans le 18e, on parle beaucoup de ce "bar d'amis" installé entre les rues Ramey et Clignancourt... et c'est mérité ! Au programme : plats émoustillants et soigneusement présentés, pleins de saveurs et de parfums, arrosés d'une belle sélection de vins bio et naturels... le tout dans un décor "loft urbain" bien dans son époque. Irrésistible.

Menu 20 € (déjeuner)/24 € - Carte 30/45 €

2 rue Ramey - Ⓜ Métro Château Rouge - ✆ 09 54 86 79 95 - www.latraverseeparis.com - Fermé lundi midi, dimanche midi

Le Bistrot du Maquis

CUISINE TRADITIONNELLE • BISTRO X Dans la fameuse rue Caulaincourt, André Le Letty - ancien chef de l'Anacréon - célèbre les classiques du genre bistrotier : compressé de joue de bœuf au citron confit, rognons de veau à la moutarde, dos de merlu rôti... et, bien sûr, sa spécialité : le canard au sang en deux services (sur réservation). On se régale !

Menu 16 € (déjeuner), 29/36 € - Carte 44/54 €

69 rue Caulaincourt - Ⓜ Lamarck Caulaincourt - ✆ 01 46 06 06 64 - bistrotdumaquis.com - Fermé 1er-20 août, mardi, mercredi midi

Le Caulaincourt N

CUISINE ACTUELLE • CONTEMPORAIN Une cuisine simple et lisible – pas plus de trois éléments par plat –, où les saveurs sont bien présentes : telle est la proposition de Julien Gasperi (ex-Sergent Recruteur) dans cette maison du haut de la rue Caulaincourt. On passe un bon moment, dans une ambiance détendue et conviviale.

Carte 27/45 €

62 rue Caulaincourt – M Lamarck-Caulaincourt – 01 42 59 42 55 – www.lecaulaincourt.com – Fermé lundi, mardi midi, mercredi midi, jeudi midi, vendredi midi, dimanche soir

Mokko N

CUISINE DU MARCHÉ • CONTEMPORAIN Formé sur le tard, Arthur Hantz ne nourrit pas le moindre complexe et tient au pied de la butte Montmartre une table qui va droit au cœur. Dans l'assiette, il applique une méthode diablement efficace : pas plus de trois ou quatre ingrédients par plat. Il fait la différence avec des jeux intéressants sur les textures et les saveurs. C'est coloré, ça pétille : on aime !

Menu 39 € – Carte 30/45 €

3 rue Francoeur – M Métro Lamarck-Caulaincourt – 09 80 96 93 60 – www.mokko-restaurant.com – Fermé lundi, samedi midi, dimanche

Montcalm

CUISINE MODERNE • CONVIVIAL Voilà un sympathique bistrot de quartier, où le chef au look hipster tatoué travaille de jolis produits sélectionnés, dans un esprit retour de marché. C'est bien troussé, avec des saveurs franches finement travaillées. Les menus évoluent au gré des arrivages de Rungis.

Menu 25 € (déjeuner) – Carte 40/50 €

21 rue Montcalm – M Lamarck Caulaincourt – 01 42 58 71 35 – Fermé 11-26 août, 22 décembre-1er janvier, lundi, dimanche

Polissons

CUISINE TRADITIONNELLE • TENDANCE Un peu à l'écart du Montmartre touristique, un jeune couple de professionnels a imaginé ce restaurant aux tons scandinaves et aux saveurs franches, à l'instar de ce carré de cochon de lait, ou de l'aile de raie meunière. Polissons ? L'adresse où encanailler votre palais, sur la butte...

Menu 21 € (déjeuner)/65 € – Carte 44/70 €

35 rue Ramey – M Château Rouge – 06 46 63 57 50 – www.polissons-restaurant.fr – Fermé 4-26 août, 22 décembre-2 janvier, lundi, dimanche

La Rallonge

CUISINE MODERNE • BISTRO La Rallonge de la fameuse Table d'Eugène, plus haut dans la rue ! Le chef décline ici sa cuisine en version tapas, dans un joli décor de bistrot. Chipirons et couteaux à la plancha, pluma ibérique de noir de Bigorre sont servis en petites portions et font merveille...

Menu 21 € (déjeuner)/38 € – Carte 20/50 €

16 rue Eugène-Sue – M Jules Joffrin – 01 42 59 43 24 – www.larallonge.fr – Fermé 21-29 avril, 4-26 août, 23 décembre-7 janvier, lundi, dimanche

Signature Montmartre N

FUSION • CONVIVIAL Belle découverte que ce restaurant de poche, où deux jeunes chefs coréens réalisent avec brio une cuisine franco-coréenne subtile et contrastée. Couteaux vapeur à l'émulsion d'oseille et curry vert, gnocchis aux coques et moules... Maîtrise et gourmandise : on ne demande pas mieux.

Menu 40 €

12 rue des Trois-Frères – 01 84 25 30 00 – www.signature-montmartre.fr – Fermé lundi, mardi, mercredi midi, jeudi midi, vendredi midi, samedi midi, dimanche midi

Hôtels

Terrass' Hôtel

BOUTIQUE HÔTEL • CONTEMPORAIN Non loin du cimetière de Montmartre, cet hôtel joue la carte de l'atelier d'artiste, tandis que les chambres s'inspirent de l'esprit bohème de la butte... Ce très bel établissement dévoile en outre une vue imprenable sur Paris, que l'on peut apprécier depuis le restaurant panoramique, au 7e étage.

92 chambres - 220/490 € - 6 suites - 25 €

12 rue Joseph-de-Maistre - Ⓜ Place de Clichy - ✆ 01 46 06 72 85 - www.terrass-hotel.com

Kube

URBAIN • DESIGN Ce n'est pas le quartier le plus séduisant de Paris, mais cet hôtel du 21e s., design et high-tech, ravira les amateurs du genre. Jeux sur la transparence et la blancheur, chambres d'esprit loft, livrent une interprétation "on the rocks" de l'hôtellerie. Restaurant et bars, dont le glacial Ice Kube (- 10° C, tenue fournie) à l'étage.

39 chambres - 100/449 € - 15 €

1 passage Ruelle - Ⓜ La Chapelle - ✆ 01 42 05 20 00 - www.kubehotel-paris.com

Déclic

BOUTIQUE HÔTEL • PERSONNALISÉ Vous l'aurez deviné à son nom : cet hôtel atypique rend hommage à l'univers de la photographie, depuis son décor (couloirs en noir et blanc, murs tapissés de clichés) jusqu'aux superbes chambres, qui portent les noms de Reflex, Noir et Blanc, Chasseurs d'étoiles... Atypique et attachant.

27 chambres - 109/269 € - 14 €

17 rue Duhesne - Ⓜ Lamarck Caulaincourt - ✆ 01 46 06 17 66

L'Hôtel Particulier Montmartre

HÔTEL PARTICULIER • PERSONNALISÉ Un hôtel très... particulier. À l'issue d'un étroit passage montmartrois, on découvre une demeure Directoire au cœur d'un jardin luxuriant. Salons raffinés, chambres décorées dans un style contemporain aussi séduisant que surprenant, ravissante terrasse : so chic.

3 suites - 390/590 € - 2 chambres - 20 €

23 avenue Junot - Ⓜ Lamarck Caulaincourt - ✆ 01 53 41 81 40 - www.hotel-particulier-montmartre.com

Relais Montmartre

TRADITIONNEL • COSY Non loin des commerces de la rue Lepic, ce petit hôtel de caractère - inattendu dans un quartier aussi vivant - a le charme d'une maison bourgeoise. Avec leur mobilier de style et leurs poutres apparentes, les chambres sont fort coquettes. Et quel calme...

26 chambres - 109/259 € - 15 €

6 rue Constance - Ⓜ Abbesses - ✆ 01 70 64 25 25 - www.relaismontmartre.fr

Hôtel Môm'Art Ⓝ

URBAIN • CONTEMPORAIN Une déco élégante et sans ostentation, des chambres confortables et bien agencées, un espace bien-être (sauna, fitness, cabines de soins)... Voici ce qui vous attend dans cet hôtel discret, installé à deux pas des jardins du Sacré-Cœur.

25 chambres - 150/340 € - 18 €

42 rue d'Orsel - Ⓜ Anvers - ✆ 01 82 52 26 26 - www.hotelmomart.com

Parc de le Villette - Parc des Buttes Chaumont

19ᵉ arrondissement

Jacques Palut/Fotolia.com

Restaurants

Mensae

CUISINE MODERNE • CONVIVIAL Une cuisine de l'instant, pleine de fraîcheur, dans laquelle les saveurs tombent juste. On propose aussi des tapas et des plats a partager – poulpes de Galice, planche de charcuterie lyonnaise, turbot entier rôti, côte de veau, bœuf maturé 60 jours... Et la mousse au chocolat pralinée est proposée toute l'année !

Menu 36 € - Carte 36/50 €

23 rue Melingue - Ⓜ Pyrénées - ✆ 01 53 19 80 98 - www.mensae-restaurant.com - Fermé 12 août-2 septembre, lundi, dimanche

Lao Siam

CUISINE THAÏLANDAISE • EXOTIQUE Rien ne distingue Lao Siam des nombreuses cantines asiatiques de Belleville... sinon la file d'attente à l'entrée ! Créé par les parents de l'actuel patron, originaires de Thaïlande et du Laos, il met à l'honneur les cuisines de ces deux pays. Tout est fait maison, fin et parfumé. Nous voilà transporté en Asie – enfin presque !

Carte 20/45 €

49 rue de Belleville - Ⓜ Pyrénées - ✆ 01 40 40 09 68

Hôtels

Holiday Inn Express Canal de la Villette

BUSINESS • CONTEMPORAIN Les promeneurs du bassin de la Villette connaissent bien cet édifice : son jumeau (un entrepôt de 1853) se dresse toujours sur l'autre rive ; lui, reconstruit en 2008, a été habillé d'une originale gaine métallique. Il abrite cet hôtel chaleureux, aux chambres spacieuses, très prisé des touristes, avec notamment un système efficace de conciergerie interactive.

144 chambres - 89/299 €

68 quai de Seine - Ⓜ Crimée - ✆ 01 44 65 01 01 - www.holidayinnexpress.com/paris-canal

La sélection de ce guide s'enrichit avec vous : vos découvertes et vos commentaires nous intéressent ! Coup de coeur ou coup de colère, écrivez-nous sur notre site Michelin Restaurants : restaurant.michelin.fr

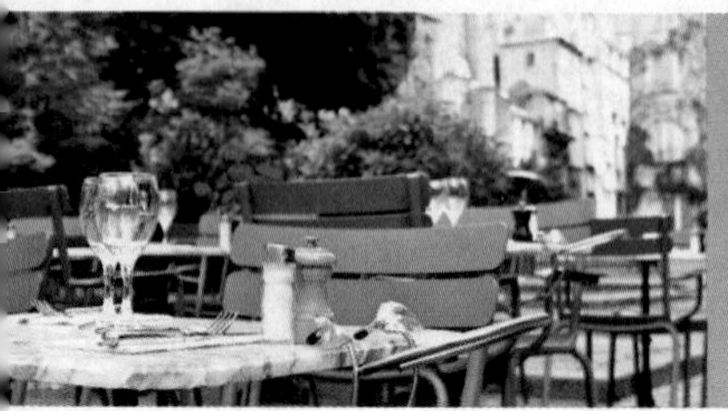

Cimetière de Père Lachaise - Gambetta - Belleville

20e arrondissement

Adam Wasilewski/Fotolia.com

Restaurants

Les Canailles Ménilmontant

CUISINE TRADITIONNELLE • BISTRO En plein cœur de Ménilmuche, juste au-dessus du boulevard, deux associés ont pris place derrière cette façade colorée qui abritait auparavant le Bistrot Blanc Bec. Ils s'appuyent sur une formule éprouvée, hyper-efficace : de la belle tradition à tous les étages, une cuisine... canaille, bien travaillée et savoureuse. Service compétent et efficace.

Menu 19 € (déjeuner), 35/42 € - Carte 47/51 €

15 rue des Panoyaux - Ménilmontant - 01 43 58 45 45 - www.restaurantlescanailles.fr - Fermé 5-27 août, samedi, dimanche

Le Desnoyez

CUISINE MODERNE • CONVIVIAL Au cœur de Belleville, dans une rue connue pour son "street art", ce restaurant de poche propose une carte épatante, pleine de saveurs, élaborée au gré du marché par un chef-patron inspiré. Œufs mayo avec poutargue et herbes aromatiques, onglet de bœuf de l'Aubrac, piquillos... Une belle adresse.

Carte 29/40 €

3 rue Dénoyez - Belleville - 06 61 19 18 31 - Fermé 1er-22 août, mardi

Le Jourdain

CUISINE MODERNE • BISTRO Vieux parquet, mobilier patiné, luminaires d'inspiration fifties : aucun doute, c'est le bistrot contemporain dans toute sa splendeur. À midi, belles saveurs du marché à prix modiques ; le soir, sélection de petites assiettes façon tapas, à dominante marine. On sirote un bon petit vin nature... et l'on se réjouit, en partant, des prix doux.

Menu 18 € (déjeuner) - Carte 30/55 €

101 rue des Couronnes - Jourdain - 01 43 66 29 10 - www.lejourdain.fr - Fermé 1er-20 août, lundi, dimanche

Le Baratin

CUISINE TRADITIONNELLE • BISTRO La chef argentine Raquel Carena a pour ainsi dire inventé la bistronomie, et nombre de jeunes chefs reconnaissent son héritage. L'occasion de revenir aux sources de la gourmandise. L'ardoise est plaisante à lire, les prix sont sages et les vins séduisants. Réservation fort conseillée.

Menu 19 € (déjeuner) - Carte 38/48 €

3 rue Jouye-Rouve - Pyrénées - 01 43 49 39 70 - Fermé 2-15 février, 1er-8 mai, 1er-30 septembre, lundi, samedi midi, dimanche

Dilia

CUISINE CRÉATIVE • BISTRO À l'ombre de l'église Notre-Dame-de-la-Croix, œuvre un jeune chef italien aux solides références. Ses assiettes sont parsemées de touches transalpines ; il y dévoile de jolies associations de saveurs (gnocchis à la betterave, huître et raifort) et fait preuve d'une inventivité réjouissante.

Menu 21 € (déjeuner), 48/77 €

1 rue d'Eupatoria - Ménilmontant - 09 53 56 24 14 - www.dilia.fr - Fermé 1er-9 janvier, lundi midi, mardi, mercredi

Le Grand Bain

CUISINE MODERNE • BRANCHÉ Dans le cœur fourmillant de Belleville, cet ancien restaurant espagnol transformé en bistrot tendance propose de petits plats créatifs, à l'ardoise. Aux fourneaux, Edward, chef anglais, en salle Edouard... et ce n'est même pas fait exprès. Quand le noctambule hipster croise le foodista pointu, il s'en vont prendre un Grand Bain...

Carte 30/40 €

14 rue Dénoyez - Ⓜ Belleville - ✆ 09 83 02 72 02 - www.legrandbainparis.com - Fermé lundi midi, mardi midi, mercredi midi, jeudi midi, vendredi midi, samedi midi, dimanche midi

Le Tablier Rouge

CUISINE TRADITIONNELLE • BISTRO Un sympathique bistrot à vins, tenu par un couple franco-britannique. La carte célèbre la tradition française – poitrine de veau farcie, gigot d'agneau rôti, profiteroles – avec une pointe d'Angleterre, of course (fish and chips, notamment) ; le tout s'accompagne d'un beau choix de vins nature à prix doux !

Menu 21 € (déjeuner), 36/39 €

40 rue de la Chine - Ⓜ Gambetta - ✆ 01 46 36 18 30 - www.letablierrouge.com - Fermé 1er-8 mai, 5-26 août, 23 décembre-1er janvier, lundi soir, samedi midi, dimanche

Hôtels

Mama Shelter

URBAIN • ORIGINAL Philippe Starck a signé le décor, à la fois épuré, design et fantaisiste, de ce vaste hôtel à la pointe de la modernité. Une ambiance jeune et urbaine, à l'image de ce quartier en plein renouveau. Restaurant ouvert jusqu'à 1h30 du matin.

170 chambres - 99/399 € - 1 suite - 17 €

109 rue de Bagnolet - Ⓜ Gambetta - ✆ 01 43 48 48 48 - www.mamashelter.com

Scarlett

BOUTIQUE HÔTEL • PERSONNALISÉ Entre le parc de Belleville et les Buttes-Chaumont, cette ancienne pension de famille a été reprise en main et rénovée avec beaucoup de soin. Les chambres, modernes et cosy, sont tout à fait dans l'esprit parisien, et l'accueil est charmant.

30 chambres - 86/249 € - 14 €

1 rue Jouye-Rouve - Ⓜ Pyrénées - ✆ 01 77 38 81 81 - www.hotelscarlett.com

Ekaterina Pokrovsky /

AUTOUR DE PARIS

40 km autour de Paris
Cartes régionales 15 à 16

ANTONY

✉ 92160 (Hauts-de-Seine) – Carte régionale n° **16**-B3
Carte Michelin 311-J3, 101-25

La Tour de Marrakech

CUISINE NORD-AFRICAINE • EXOTIQUE Un Paris-Marrakech par voie express ! Décor délicieusement mauresque, plats du pays joliment mitonnés – notamment la pastilla de pigeon et amandes, une valeur sûre de la maison –, desserts faits maison... avec, pour ne rien gâcher, un accueil et un service très prévenants.

Menu 34 € – Carte 30/50 €

72 avenue de la Division-Leclerc – ✆ 01 46 66 00 54 – www.latourdemarrakech.com – Fermé lundi

Hôtel de Berny

BUSINESS • CONTEMPORAIN Près de la Croix de Berny, hôtel récent avec d'agréables chambres contemporaines (tons chauds, parquet et mobilier en teck...) et quelques suites. Garage bien pratique et salle de séminaire.

40 chambres – 89/199 € – 4 suites – 14 €

129 avenue Aristide-Briand – ✆ 01 46 11 43 90 – www.hotel-de-berny.com

AULNAY-SOUS-BOIS

✉ 93600 (Seine-Saint-Denis) – Carte régionale n° **16**-D1
Carte Michelin 305-F7, 101-18

Auberge des Saints Pères (Jean-Claude Cahagnet)

CUISINE CRÉATIVE • ÉLÉGANT Jus de coquillage en gelée, sésame de wasabi et huîtres ; poitrine de cochon et gambas... Des assiettes sophistiquées, originales et techniques, où dialoguent de nombreux ingrédients, accompagnés d'épices et d'herbes : telle est la savoureuse signature de ces Saints Pères, au cadre épuré et élégant.

→ Tartare de dorade et melon, épaule ibérique et gel de concombre menthe-citron. Poitrine de veau mijotée, soubressade, poivrade et grenaille. Crumble spéculos et framboise

Menu 32 € (déjeuner), 44/76 €

212 avenue Nonneville – ✆ 01 48 66 62 11 – www.auberge-des-saints-peres.fr – Fermé 5-25 août, lundi midi, mercredi soir, samedi midi, dimanche

BOIS-COLOMBES

✉ 92270 (Hauts-de-Seine) – Carte régionale n° **16**-B1
Carte Michelin 311-J2, 101-15

Le Chefson

CUISINE TRADITIONNELLE • BISTRO X Le Chefson ? Tout le quartier en parle ! Si vous ne connaissez pas, imaginez une cuisine traditionnelle simple et généreuse, une atmosphère bistrotière (ou plus cossue dans la deuxième salle), sans oublier de jolies suggestions du marché à l'ardoise. Plutôt rare dans une banlieue résidentielle très paisible.

Menu 25 € (déjeuner), 31/41 €

17 rue Ch. Chefson - ✆ 01 42 42 12 05 - Fermé 29 juillet-26 août, lundi soir, samedi, dimanche

BOUGIVAL

✉ 78380 (Yvelines) - Carte régionale n° **16**-A2

Carte Michelin 311-I2, 101-13

Le Camélia (Thierry Conte)

CUISINE MODERNE • ÉLÉGANT XX L'enseigne évoque le passé artistique de cette charmante auberge, récemment transformée dans l'esprit d'un bistrot chic et feutré, avec cuisines ouvertes sur la salle : une métamorphose réussie. On apprécie d'autant mieux l'œuvre du chef : des recettes inventives, suaves et délicates, réalisées au gré du marché.

→ Salade de homard aux fruits de saison. Sole rôtie au jus d'herbes. Millefeuille aux fruits de saison

Menu 32 € (déjeuner), 49/82 € - Carte 100/130 €

7 Quai Georges Clemenceau - ✆ 01 39 18 36 06 - www.lecamelia.com - Fermé lundi, dimanche

BOULOGNE-BILLANCOURT

✉ 92100 (Hauts-de-Seine) - Carte régionale n° **16**-B2

Carte Michelin 311-J2, 101-24

Jean Chauvel

CUISINE MODERNE • CONTEMPORAIN XXX Jean Chauvel (qui a officié longtemps aux Magnolias, à Perreux) fait des merveilles dans cette salle intimiste et élégante aménagée au fond de sa brasserie 3B. Au fil de ses menus surprise, il fait la preuve de sa créativité et de sa technique, avec en particulier un travail poussé sur le végétal ; l'harmonie est au rendez-vous, et notre plaisir aussi.

→ Cuisine du marché

Menu 76/106 €

33 avenue Général-Leclerc - Ⓜ Billancourt - ✆ 01 55 60 79 95 - www.jeanchauvel.fr - Fermé lundi, dimanche

MaSa

CUISINE CRÉATIVE • CONTEMPORAIN XX Devanture noire avenante et avancée en véranda pour cet établissement où le chef compose une cuisine volontiers ludique, qui n'hésite pas à jouer la carte de la surprise. Les habitués apprécient.

Menu 42 € (déjeuner), 85/105 €

Plan : B2-m - *112 avenue Victor-Hugo - Ⓜ Marcel Sembat - ✆ 01 48 25 49 20 - www.masa-paris.fr - Fermé 29 juillet-19 août, samedi, dimanche*

Le 3B Brasserie

CUISINE MODERNE • CONTEMPORAIN XX Salle lumineuse pour cette brasserie signée Jean Chauvel, aménagée par le chef d'origine bretonne en parallèle de son restaurant gastronomique. La carte met en valeur de beaux produits : tarte de tomates aux olives, volaille fermière rôtie au thym...

Menu 34 € (déjeuner) - Carte 41/52 €

Plan : B2-a - *33 avenue Général-Leclerc - Ⓜ Billancourt - ✆ 01 55 60 79 95 - www.jeanchauvel.fr - Fermé lundi, dimanche*

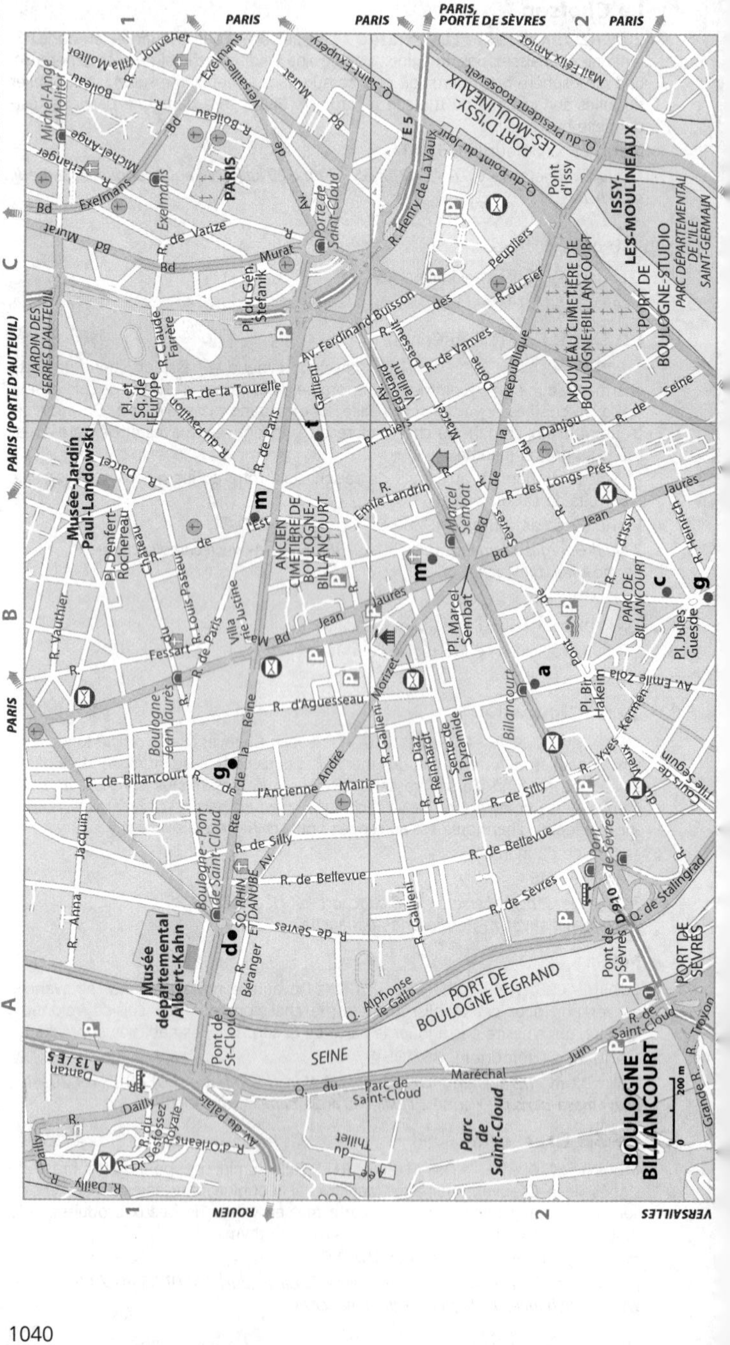

BOULOGNE BILLANCOURT

Chez Madeleine

CUISINE LIBANAISE • DE QUARTIER X En toute convivialité – on est accueilli ici comme si l'on faisait partie de la famille –, Madeleine régale ses clients d'une cuisine libanaise gorgée de soleil : mezzes chauds et froids, brochettes de viande marinées et grillées, mouhalabieh en dessert, etc. Des préparations goûteuses et pleines de fraîcheur : un régal !

Menu 26 € (déjeuner)/40 € - Carte 35/45 €

Plan : B1-m – *39 rue de Paris – Ⓜ Boulogne Jean Jaurès – ✆ 01 46 89 46 57 – Fermé 1er-28 août, 23 décembre-2 février, lundi, dimanche*

La Machine à Coudes

CUISINE MODERNE • BISTRO X La jeune propriétaire, Marlène Alexandre-Buisson, a imaginé ce petit bistrot attachant, avec son décor de briques apparentes, ses vieilles étagères et ses… machines à coudre en guise de tables ! Elle s'est adjoint les services d'un chef talentueux, qui joue la partition néo-bistrot avec finesse et efficacité : on se régale.

Menu 35 € (déjeuner), 43/55 €

Plan : B2-g – *35 rue Nationale – Ⓜ Billancourt – ✆ 01 47 79 05 06 – www.lamachineacoudes.fr – Fermé 11-29 août, 22 décembre-1er janvier, lundi, samedi midi, dimanche*

La Plantxa

CUISINE MODERNE • CONVIVIAL X Avec Juan Arbelaez, recherche, saveurs et originalité règnent en maîtres dans les cuisines de la Plantxa. En toute décontraction, "comme à la maison", on se régale de ses assiettes percutantes et soignées. Vivifiant et bienvenu !

Menu 38/55 € - Carte 40/50 €

Plan : B1-t – *58 rue Gallieni – Ⓜ Porte de St-Cloud – ✆ 01 46 20 50 93 – www.plantxa.com – Fermé lundi, dimanche*

La Table de Cybèle

CUISINE MODERNE • CONTEMPORAIN X À la tête de ce néobistrot œuvre un couple franco-américain, et c'est Cybèle, née à San Francisco, qui officie en cuisine, signant des recettes originales, axées sur de beaux produits, à l'instar de cette fricassée d'escargots, champignons shiitake et canard fumé maison… La Table de Cybèle est si jolie…

Menu 34 € (déjeuner) - Carte 43/52 €

Plan : B2-c – *38 rue de Meudon – Ⓜ Billancourt – ✆ 01 46 21 75 90 – www.latabledecybele.com – Fermé lundi, dimanche*

Courtyard by Marriott

HÔTEL DE CHAÎNE • CONTEMPORAIN Dans une ancienne agence de la Banque de France, cet établissement destiné à une clientèle d'affaires propose des chambres sobres et assez spacieuses, certaines avec balcon. Et sur le toit, bar et terrasse ensoleillés… Garage très pratique.

113 chambres - 120/290 € - 18 €

Plan : B1-g – *114 route de la Reine – Ⓜ Jean-Jaurès – ✆ 01 81 89 06 80 – www.courtyardparisboulogne.fr*

Acanthe

BUSINESS • CONTEMPORAIN Près des studios de Boulogne et des beaux jardins du musée Albert-Kahn, voici un hôtel agréable, aux chambres douillettes et bien insonorisées. Joli patio fleuri et table de billard qui se transforme, au matin, en buffet de petit-déjeuner…

70 chambres - 93/257 € - 16 €

Plan : A1-d – *9 rond-point Rhin et Danube – Ⓜ Boulogne Pont de Saint-Cloud – ✆ 01 46 99 10 40 – www.hotelacanthe.com*

BRIE-COMTE-ROBERT

✉ 77170 (Seine-et-Marne) – Carte régionale n° **15**–C2
Carte Michelin 312-E3, 101-39

La Fabrique

CUISINE MODERNE • DESIGN XX Ce loft d'esprit industriel est bien caché au bout d'une petite allée, et il fait bon s'y régaler dans une atmosphère jeune et décontractée... Une adresse d'aujourd'hui, qui décline une cuisine moderne et volontiers créative, avec quelques fulgurances !

Menu 38 € (déjeuner)/75 € – Carte 46/75 €

1 bis rue du Coq-Gaulois – ✆ 01 60 02 10 10 – www.restaurantlafabrique.fr – Fermé 9-16 mars, 3 août-3 septembre, 25 décembre-8 janvier, lundi, mardi soir, mercredi soir, samedi midi, dimanche

BRY-SUR-MARNE

✉ 94360 (Val-de-Marne) – Carte régionale n° **16**–D2
Carte Michelin 312-E2, 101-18

Auberge du Pont de Bry - La Grappille

CUISINE MODERNE • AUBERGE XX Aux commandes de cette auberge, un chef de métier qui fait preuve de savoir-faire et sélectionne des ingrédients de qualité pour rehausser les saveurs des recettes – même les plus traditionnelles : foie gras mariné, kouign amann, cassoulet de homard à l'andouille de Guémené...

Menu 35/65 € – Carte 52/68 €

35 Avenue du Général Leclerc – ✆ 01 48 82 27 70 – www.lagrappille.fr – Fermé 1er-15 janvier, 24 juillet-14 septembre, lundi, mardi, dimanche soir

CERGY-PONTOISE

✉ 95800 (Val-d'Oise) – Carte régionale n° **15**–B1
Carte Michelin 305-D6, 106-5, 101-2

Méry-sur-Oise – ✉ 95540

Le Chiquito (Alain Mihura)

CUISINE CLASSIQUE • ÉLÉGANT XXX Tout est plaisir dans cette maison francilienne du 17e s. : le cadre, élégant et plein de cachet ; l'accueil, des plus prévenants... et que dire de la cuisine d'Alain Mihura, sinon qu'elle honore le plus beau classicisme, par sa précision et la finesse de ses saveurs ? Une demeure tout en délicatesse, vivement recommandable...

→ Tête de veau laquée, médaillons de crevettes sauvages et gribiche d'avocat. Ris de veau braisé au beurre mousseux. Paris-brest

Menu 67/79 €

3 rue de l'Oise, 1,5 km par D922, rte de Pontoise – ✆ 01 30 36 40 23 – www.lechiquito.fr – Fermé 11-26 août, lundi, dimanche

Pontoise – ✉ 95000

L'Or Q'idée (Naoëlle D'Hainaut)

CUISINE MODERNE • COSY XX La chef Naoëlle d'Hainaut a choisi cette petite rue du centre-ville de Pontoise pour y ouvrir son premier restaurant. Résultat : une franche réussite, de l'élégant décor (style scandinave, couleurs claires) aux assiettes dans l'air du temps, fraîches et alléchantes – avec un travail tout particulier sur les agrumes... Un bonheur.

→ Carpaccio de Saint-Jacques, céleri branche, crème de yuzu et vinaigrette au curry madras. Pigeon rôti et laqué au miel de fleurs sauvages, purée de céleri et châtaigne. Les fraises de mon enfance

Menu 37 € (déjeuner)/69 € – Carte 58/66 €

14 rue Marcel-Rousier – ✆ 01 34 35 47 10 – www.lorqidee.fr – Fermé 25 février-10 mars, 5-25 août, lundi, mardi soir, samedi midi, dimanche

Auberge du Cheval Blanc

CUISINE MODERNE • TENDANCE XX Laurence Ravail continue de porter cette maison avec toute son énergie et sa passion. Entourée d'une petite équipe, elle réalise une cuisine de saison colorée et savoureuse, qui doit beaucoup à de beaux produits issus des circuits courts. Et bien sûr, elle se montre toujours aussi inspirée côté vins, avec une sélection orientée biodynamie et nature.

Menu 20 € (déjeuner), 43/65 € – Carte 50/83 €

47 rue de Gisors – ✆ 01 30 32 25 05 – Fermé 29 juillet-18 août, lundi, samedi midi, dimanche

CERNAY-LA-VILLE

✉ 78720 (Yvelines) – Carte régionale n° **15**–B2
Carte Michelin 311-H3, 106-29, 101-31

Abbaye des Vaux de Cernay

CUISINE TRADITIONNELLE • ROMANTIQUE XXX Dans le magnifique cadre de cette abbaye cistercienne, les salles à manger s'ornent de belles voûtes et ogives : un écrin de choix pour la belle cuisine de tradition préparée par le chef. Tourteau à la gelée de mangue et dentelle de sarrasin, bar sauvage à l'ail des ours et risotto aux coquillages... Réjouissant.

Menu 32 € (déjeuner), 55/85 € – Carte 80/92 €

Domaine des Vaux de Cernay, 2,5 km à l'Ouest par D24 – ✆ 01 34 85 23 00 – www.abbayedecernay.com

Abbaye des Vaux de Cernay

DEMEURE HISTORIQUE • PERSONNALISÉ On accède par un grand parc à cette abbaye cistercienne, magnifique ensemble architectural du 12[e]s. Salons gothiques, vastes chambres au mobilier ancien ou plus actuel. Cuisine traditionnelle servie dans l'étonnante salle à manger coiffée de superbes voûtes.

57 chambres – 130/360 € – 1 suite – 20 €

Domaine des Vaux de Cernay, 2,5 km à l'Ouest par D24 – ✆ 01 34 85 23 00 – www.abbayedecernay.com

Abbaye des Vaux de Cernay – voir la sélection des restaurants

CHÂTEAUFORT

✉ 78117 (Yvelines) – Carte régionale n° **16**–A3
Carte Michelin 311-I3, 101-22

La Belle Époque

CUISINE MODERNE • ÉLÉGANT XXX L'enseigne ne ment pas : derrière une devanture digne d'une auberge d'autrefois, on découvre un décor d'une sobre élégance, au noir et blanc très "début de siècle", assorti d'une jolie terrasse dominant la vallée de Chevreuse. Mais le chef signe une cuisine dans le goût de... notre époque.

Menu 40/75 € – Carte 68/81 €

10 Place de la Mairie – ✆ 01 39 56 95 48 – www.labelleepoque78.fr – Fermé 28 juillet-19 août, lundi, dimanche

CHÂTILLON

✉ 92320 (Hauts-de-Seine) – Carte régionale n° **16**–B2
Carte Michelin 311-J3, 101-25

Barbezingue

CUISINE TRADITIONNELLE • BISTRO X Drôle de nom pour un étonnant concept : le Barbezingue fait restaurant, table d'hôte (buffet à l'étage) et... barbier le vendredi matin ! On y déguste une généreuse cuisine canaille, avec, en prime, une terrasse pour l'apéritif et un terrain de pétanque. Plus qu'un concept, un lieu de vie plein de gourmandise.

Menu 26/44 € – Carte 35/40 €

14 boulevard de la Liberté – ✆ 01 49 85 83 50 – www.barbezingue.com – Fermé 5-26 août, lundi, dimanche soir

CHEVREUSE

✉ 78460 (Yvelines) – Carte régionale n° **15**-B2

Le Clos de Chevreuse

CUISINE MODERNE • TRADITIONNEL XX Le chef, dont le parcours est évocateur (il a passé sept ans au Bristol, entre autres), compose ici des préparations équilibrées et soignées, autant d'un point de vue des saveurs que sur le plan esthétique. L'été, on court s'installer sur la coquette terrasse fleurie, au calme de la cour.

Menu 25 € (déjeuner)/48 €

33 Rue de Rambouillet – ✆ 01 30 52 17 41 – www.leclosdechevreuse.fr – Fermé 25 février-10 mars, 6-28 août, mardi soir, mercredi, dimanche soir

CLICHY

✉ 92110 (Hauts-de-Seine) – Carte régionale n° **16**-B1
Carte Michelin 311-J2, 101-15

La Barrière de Clichy

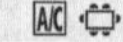

CUISINE TRADITIONNELLE • CLASSIQUE XX Aux portes de Paris, en face du nouveau Palais de justice, cette table au passé prestigieux (elle a vu passer quelques grands noms, comme Guy Savoy ou Bernard Loiseau) continue de célébrer le beau classicisme : escargots dans une infusion légèrement aillée, filet de bar rôti sur sabayon au champagne et purée de courgettes... La tradition a du bon.

Menu 38 € (déjeuner), 50/65 € – Carte 55/85 €

1 rue de Paris – Ⓜ Mairie de Clichy – ✆ 01 47 37 05 18 – www.labarrieredeclichy.com – Fermé 1er-31 août, samedi, dimanche

COLOMBES

✉ 92700 (Hauts-de-Seine) – Carte régionale n° **16**-B1
Carte Michelin 312-C2

Bistro de Paris

CUISINE TRADITIONNELLE • BRASSERIE X Sur la rue principale, proche de l'impressionnante église de Jean Hébrard en béton armé, cette ancienne brasserie (1907) avec comptoir en zinc, miroirs, moulures et lustre à boule propose une cuisine traditionnelle sous forme d'un menu-carte et de quelques incontournables, à l'image du suprême de volaille jaune forestière, pommes grenaille et jus au citron confit.

Menu 30 € – Carte 30/50 €

3 place du Général Leclerc – ✆ 01 47 84 22 48 – www.bistrodeparis.fr – Fermé lundi, dimanche

CORBEIL-ESSONNES

✉ 91100 (Essonne) – Carte régionale n° **15**-B2
Carte Michelin 312-D4, 101-37

Aux Armes de France

CUISINE MODERNE • COSY XX Rien ne trouble cet ancien relais de poste, aujourd'hui tenu par un chef passé par plusieurs maisons étoilées. Au menu : des recettes généreuses en saveurs, à l'image de ce turbot saisi et morilles à la crème, ou de ce millefeuille et sa sauce au caramel. Enfin, pour parachever le tableau : ambiance feutrée, accueil charmant.

Menu 38 € (déjeuner), 51/73 €

1 Boulevard Jean Jaurès – ✆ 01 60 89 27 10 – www.aux-armes-de-france.fr – Fermé 29 juillet-18 août, lundi, dimanche

COURBEVOIE

✉ 92400 (Hauts-de-Seine) – Carte régionale n° **16**-B1
Carte Michelin 311-J2, 101-15 – Guide Vert Michelin Île de France

Le Bistrot Pierre Lambert

CUISINE CRÉATIVE • CONTEMPORAIN En face du parc de Bécon, l'ex-Trois Marmites a été repris par un ancien apprenti de la maison, Pierre Lambert. Une salle au cadre contemporain sert d'écrin à une cuisine créative, présentée sous forme d'un menu surprise qui change chaque semaine.

Menu 42/58 €

215 boulevard St-Denis (en face du parc de Bécon) - 01 43 33 25 35 - www.pierrelambert.fr - Fermé lundi, dimanche

DAMPIERRE-EN-YVELINES

78720 (Yvelines) - Carte régionale n° **15**-B2
Carte Michelin 311-H3, 101-31

La Table des Blot - Auberge du Château (Christophe Blot)

CUISINE MODERNE • AUBERGE Une belle et élégante auberge du 17e s., où le talent du chef et les saisons rythment la créativité des recettes. L'accueil se révèle chaleureux et, pour prolonger l'étape, on peut réserver une jolie chambre façon maison de campagne.

→ Homard décortiqué et fumé à la livèche. Ris de veau doré au sautoir. Soufflé au chocolat mi-cuit et glacé

Menu 50/80 € - Carte 66/80 €

1 Grande-Rue - 01 30 47 56 56 - www.latabledesblot.com - Fermé 15-31 août, 20-30 décembre, lundi, mardi, dimanche soir

DAMPMART

77400 (Seine-et-Marne) - Carte régionale n° **15**-C2

Le Quincangrogne (Franck Charpentier)

CUISINE MODERNE • CONVIVIAL Aux fourneaux de cet hôtel-restaurant, on trouve Franck Charpentier, chef au parcours solide - plusieurs tables étoilées au sein d'hôtels de luxe, notamment. Il régale sa clientèle avec une carte simple, axée sur des produits régionaux de grande qualité. Finesse et précision des agencements de saveurs, visuels précis et bien travaillés : on se régale.

→ Œuf parfait de Dampmart. Cochon fumé au foin. Sablé gingembre, crème brûlée à la rose de Provins et sorbet coquelicot de Nemours

Menu 39 € (déjeuner), 59/115 € - Carte 80/100 €

7 rue de l'Abreuvoir - 01 64 44 44 80 - www.hotel-restaurant-lequincangrogne.fr - Fermé 1er-11 janvier, 1er-9 mai, 27 juillet-22 août, lundi, mardi, dimanche soir

Le Quincangrogne

TRADITIONNEL • CONTEMPORAIN Des chambres confortables et bien équipées, décorées dans une veine contemporaine : voici ce qui vous attend dans cet hôtel, dont le joli parc ouvre sur la Marne. Un havre de tranquillité.

17 chambres - 90/180 € - 5 suites - 17 €

7 rue de l'Abreuvoir - 01 64 44 44 80 - www.hotel-restaurant-lequincangrogne.fr - Fermé 1er-9 janvier, 29 juillet-23 août

Le Quincangrogne - voir la sélection des restaurants

LA DÉFENSE

92400 (Hauts-de-Seine) - Carte régionale n° **16**-B1
Carte Michelin 311-J2, 101-14

Hilton La Défense

BUSINESS • CONTEMPORAIN Hôtel situé dans l'enceinte du Cnit. Certaines chambres ont été pensées pour le bien-être de la clientèle d'affaires : espaces travail, repos, relaxation et salle de bains-jacuzzi. Côté Parvis, cuisine dans l'air du temps et jolie vue sur l'Arche.

153 chambres - 179/399 € - 4 suites - 26 €

2 place de la Défense - La Défense - 01 46 92 10 10 - www.hiltonparisladefense.com

Melia Paris La Défense

BUSINESS • DESIGN C'est l'un des projets hôteliers les plus ambitieux de l'Ouest parisien. Un grand immeuble en forme de voile de bateau, 369 chambres high-tech et lumineuses, dont la plupart offrent une jolie vue sur Paris, une esthétique d'ensemble très soignée... De la belle ouvrage !

340 chambres ☕ - 150/450 € - 29 suites

4 esplanade du Gén.-de-Gaulle - Ⓜ Esplanade de la Défense - ✆ 01 75 57 99 00

Sofitel Paris La Défense

LUXE • PERSONNALISÉ Un hôtel d'affaires parfaitement intégré au paysage des tours de la Défense, non loin de la Grande Arche. Chambres chic et feutrées, à l'élégance intemporelle... et cuisine méditerranéenne au restaurant.

151 chambres - 180/435 € - ☕ 27 €

34 cours Michelet, par bd circulaire sortie La Défense 4 - Ⓜ Esplanade de la Défense - ✆ 01 47 76 44 43 - www.sofitel-paris-ladefense.com

ENGHIEN-LES-BAINS

✉ 95880 (Val-d'Oise) - Carte régionale n° **15**-B1
Carte Michelin 305-E7, 101-5

Le Grand Hôtel

SPA ET BIEN-ÊTRE • PERSONNALISÉ Face au lac d'Enghien, ce "grand hôtel" joue la carte d'un classicisme chic et feutré. L'établissement offre un accès direct à un superbe ensemble spa et fitness. Idéal pour une villégiature aux portes de la région parisienne.

43 chambres - 335/515 € - ☕ 20 €

85 rue du Général-de-Gaulle - ✆ 01 39 34 10 00 - www.legrandhotel-enghien.com

Hôtel du Lac

SPA ET BIEN-ÊTRE • CONTEMPORAIN Associé au Grand Hôtel Barrière, il offre accès au même spa, l'un des plus grands de France. À deux pas du casino, face au lac, l'adresse est propice à un week-end détente, mais elle satisfait aussi la clientèle d'affaires en semaine, avec son espace séminaires et ses chambres classiques et fonctionnelles.

141 chambres - 335/515 € - ☕ 20 €

89 rue du Général-de-Gaulle - ✆ 01 39 34 11 00 - www.lhoteldulac-enghien.com - Fermé 14 juillet-18 août

LA GARENNE-COLOMBES

✉ 92250 (Hauts-de-Seine) - Carte régionale n° **16**-B1
Carte Michelin 311-J2

Le Saint Joseph

CUISINE MODERNE • BISTRO Dans ce bistrot de quartier, mijote une goûteuse cuisine au goût du jour, déclinée sous forme d'un menu-carte, imaginé par le chef Benoît Bordier, au parcours exemplaire. On se régale dans une ambiance familiale, jusqu'à la petite carte des vins, mettant en avant des femmes vigneronnes. Un coup de cœur.

Menu 34 € - Carte 34/60 €

100 boulevard de la République - ✆ 01 42 42 64 49 - www.lesaintjoseph-restaurant.fr - Fermé 6-12 mai, 5-26 août, jeudi, samedi midi

GENNEVILLIERS

✉ 92230 (Hauts-de-Seine) - Carte régionale n° **16**-B1

L'Ambassade des Terroirs

CUISINE CLASSIQUE • BISTRO La philosophie de la maison ? Des produits labellisés rigoureusement sélectionnés, du circuit court, du bio ! Avec tout cela, les deux associés proposent une bonne cuisine du terroir, savoureuse et cuisinée avec application. La bonne adresse des environs.

Menu 34 € - Carte 39/64 €

45 rue Pierre Timbaud - ✆ 01 47 98 39 26 - www.ambassadedesterroirs.com - Fermé 4-10 mars, 5-25 août, lundi soir, samedi midi, dimanche

ISSY-LES-MOULINEAUX

✉ 92130 (Hauts-de-Seine) - Carte régionale n° **16**-B2
Carte Michelin 311-J3, 101-25

La Passerelle

CUISINE MODERNE • CONTEMPORAIN XX Des produits rigoureusement sélectionnés, une cuisine fine et colorée où la Méditerranée fait de fréquentes incursions, le tout réalisé par un jeune chef talentueux et motivé... On emprunte joyeusement cette Passerelle pour se rendre sur les terres de la gourmandise et des saveurs !

Menu 40 € (déjeuner), 60/95 € - Carte 63/88 €

172 quai de Stalingrad - ✆ 01 46 48 80 81 - www.lapasserelle-issy.com - Fermé 1er-31 août, lundi, dimanche

LEVALLOIS-PERRET

✉ 92300 (Hauts-de-Seine) - Carte régionale n° **16**-B1
Carte Michelin 311-J2, 101-15

Auda

CUISINE JAPONAISE • SIMPLE X Cette adresse de poche propose une cuisine japonaise en petits plats, façon tapas (beignet wakame, maki à l'oursin, porc tonkatsu) dans un cadre épuré, rehaussé de bières, sakés, whisky japonais et autres mangas. Un izakaya à Levallois !

Menu 34 € (déjeuner), 42/58 € - Carte 25/58 €

51 rue d'Anton - Ⓜ Anatole France - ✆ 01 47 59 94 17 - www.pierrelambert.fr - Fermé 4-26 août, lundi, dimanche

Espace Champerret

FAMILIAL • TRADITIONNEL Carreaux de ciment, mobilier vintage et cour intérieure fleurie : le rez-de-chaussée de cet hôtel familial tranche avec son environnement. Dans les étages, chambres sobres, confortables et bien tenues, à des prix très raisonnables.

39 chambres - 55/145 € - 11 €

26 rue Louise-Michel - Ⓜ Louise Michel - ✆ 01 47 57 20 71 - www.hotel-espace-champerret.com

LIVRY-GARGAN

✉ 93190 (Seine-Saint-Denis) - Carte régionale n° **16**-D1
Carte Michelin 305-G7, 101-18

La Petite Marmite

CUISINE TRADITIONNELLE • CLASSIQUE XX Un auvent couvert de chaume, une salle tout en bois, des banquettes douillettes... et une cuisine traditionnelle bien mitonnée. Cette Petite Marmite réchauffe les cœurs !

Menu 35 € - Carte 40 €

8 boulevard de la République - ✆ 01 43 81 29 15 - www.lapetitemarmite-livrygargan.com - Fermé 31 janvier-13 février, 8-30 août, mercredi, dimanche soir

MAISONS-ALFORT

✉ 94700 (Val-de-Marne) - Carte régionale n° **16**-C2
Carte Michelin 312-D3, 101-27

La Bourgogne

CUISINE MODERNE • ÉLÉGANT XX La bonne table de Maisons-Alfort et au-delà. Ses atouts : un cadre très moderne, chaleureux et intime, et surtout de belles saveurs. La cuisine est ici une chose sérieuse, fondée sur les meilleurs produits et savoir-faire... sans craindre la nouveauté !

Menu 37/65 €

164 rue Jean-Jaurès - ✆ 01 43 75 12 75 - www.restaurant-labourgogne.com - Fermé 8-23 août, 23 décembre-1er janvier, samedi midi, dimanche

MAISONS-LAFFITTE

✉ 78600 (Yvelines) - Carte régionale n° **16**-A1
Carte Michelin 311-I2, 101-13

Le Tastevin

CUISINE CLASSIQUE · ÉLÉGANT XXX En bordure de parc, cette maison bourgeoise élégamment décorée cultive un certain art de vivre à la française... et chante son amour des beaux produits ! Le chef, d'origine italienne, maîtrise bien son sujet ; il revisite les classiques en y apportant quelques touches méditerranéennes. Jolie carte des vins.

Menu 48 € (déjeuner)/104 € - Carte 84/106 €

9 avenue Eglé - ✆ 01 39 62 11 67 - www.letastevin-restaurant.fr - Fermé 19 août-1er septembre, lundi, dimanche soir

La Plancha

CUISINE MODERNE · COSY X Ambiance "voyage" dans ce restaurant à deux pas de la gare du RER A. La carte, assez originale, propose des recettes combinant avec succès les produits français, espagnols et japonais.

Menu 30/80 € - Carte 30/80 €

5 avenue de St-Germain - Ⓜ Maisons-Laffitte - ✆ 01 39 12 03 75 - https://laplanchadekiko.eatbu.com/ - Fermé mardi, mercredi, dimanche soir

MARLY-LE-ROI

✉ 78160 (Yvelines) - Carte régionale n° **16**-A2
Carte Michelin 312-B2, 101-12

Le Village (Tomohiro Uido)

CUISINE MODERNE · INTIME XX Une jolie auberge dans une ruelle pittoresque du vieux Marly. Le chef, né au Japon, signe une cuisine très maîtrisée, avec de jolis accords de textures et de saveurs. La France inspire l'Asie, et réciproquement...

→ Goï cuôn de homard breton et foie gras en terrine au vieux calvados. Pigeonneau d'Anjou en croûte de gros sel de Guérande aromatisé. Soufflé chaud au yuzu légèrement poivré, sorbet yaourt au shiso

Menu 50/110 € - Carte 138/240 €

3 Grande-Rue - ✆ 01 39 16 28 14 - www.restaurant-levillage.fr - Fermé 5 août-19 septembre, lundi, samedi midi, dimanche soir

MAULE

✉ 78580 (Yvelines) - Carte régionale n° **15**-A1
Carte Michelin 311-H2

La Case de Babette

CUISINE CRÉOLE · ROMANTIQUE XX Babette de Rozières, fameuse chroniqueuse culinaire, a plus d'un tour dans son sac ! Au cœur du joli bourg de Maule, elle rend hommage à sa Guadeloupe natale avec une cuisine ensoleillée, débordante de saveurs. Le service est assuré avec attention et professionnalisme, et l'on mange au son d'une discrète musique des îles...

Menu 32 € (déjeuner) - Carte 43/65 €

2 rue St-Vincent - ✆ 01 30 90 38 97 - www.lacasedebabette.com - Fermé 15 août-15 septembre, lundi, dimanche

MEUDON

✉ 92190 (Hauts-de-Seine) - Carte régionale n° **16**-B2
Carte Michelin 311-J3, 101-24

L'Escarbille (Régis Douysset)

CUISINE MODERNE · BOURGEOIS XX Un buffet de gare ? Oui... et non ! Un passé "ferroviaire" certes, mais un présent résolument gourmet, dans une atmosphère chic et contemporaine. Amoureux du beau produit, le chef réalise ici une élégante cuisine du marché : c'est frais, bien tourné et très bon.

→ Salade de lentilles du Puy et foie gras fumé. Turbot rôti, endives caramélisées et crème légère à la citronnelle. Soufflé au Cointreau

Menu 42 € (déjeuner), 61/81 €

8 rue de Vélizy - ✆ 01 45 34 12 03 - www.lescarbille.fr - Fermé 28 avril-8 mai, 4-28 août, 22 décembre-2 janvier, lundi, dimanche

Quai de Meudon

CUISINE TRADITIONNELLE • CONTEMPORAIN X Cette ancienne gare, avec ses poutres métalliques et ses rivets, vous rappelle quelque chose ? Normal : elle a été bâtie par les équipes d'Eiffel pour l'exposition universelle de 1889... Les plats sont intéressants et bien réalisés ; la terrasse, au deuxième étage, offre une belle vue sur les îles de la Seine... Courez-y !

Carte 35/60 €

10 route des Gardes – ✆ 01 40 95 24 60 – www.quaidemeudon.com – Fermé 4-26 août, lundi, dimanche soir

MONTMORENCY

✉ 95160 (Val-d'Oise) – Carte régionale n° **15**-B1
Carte Michelin 305-E7, 101-5

Au Cœur de la Forêt

CUISINE TRADITIONNELLE • AUBERGE XX À l'issue d'un chemin cahotant, vous voilà bien au cœur de la forêt... Si le dépaysement est garanti, la cuisine suit sans détour la voie de la tradition : au menu, rien que des valeurs sûres, au gré du marché ! Cadre élégant et champêtre, comme il se doit, avec une jolie terrasse face aux frondaisons.

Menu 42/52 €

avenue du Repos-de-Diane, accès par chemin forestier – ✆ 01 39 64 99 19 – www.aucoeurdelaforet.com – Fermé 16-28 février, 1er-31 août, lundi, jeudi soir, dimanche soir

MONTREUIL

✉ 93100 (Seine-Saint-Denis) – Carte régionale n° **16**-C2
Carte Michelin 311-k2, 101-17

Villa9Trois

CUISINE MODERNE • DESIGN XX Une jolie demeure ancienne, un décor bourgeois et design, une grande terrasse sous les arbres, une cuisine en prise sur les dernières tendances... Cette Villa du "9Trois" est un havre pour une clientèle, disons-le, dorée. Dress code : chic et décontracté.

Menu 39/48 € – Carte 40/80 €

28 rue Colbert – Ⓜ Mairie de Montreuil – ✆ 01 48 58 17 37 – www.villa9trois.com – Fermé dimanche soir

NEUILLY-SUR-SEINE

✉ 92200 (Hauts-de-Seine) – Carte régionale n° **16**-B1
Carte Michelin 311-J2, 101-15 – Guide Vert Michelin Île de France

Jarrasse L'Écailler de Paris

POISSONS ET FRUITS DE MER • ÉLÉGANT XX Un restaurant au décor intimiste et original où les luminaires ont, par exemple, la forme d'oursins. Dans l'assiette, on se régale de produits de la mer en provenance directe des petits bateaux de pêche bretons. Fraîcheur garantie !

Menu 44 € – Carte 59/129 €

4 avenue de Madrid – Ⓜ Pont de Neuilly – ✆ 01 46 24 07 56 – www.jarrasse.com – Fermé samedi, dimanche

À La Coupole

CUISINE TRADITIONNELLE • FAMILIAL X Un lieu chic et sobre, d'esprit feutré (boiseries sombres, tons crème et chocolat), où l'on savoure une bonne cuisine traditionnelle. Parmi les spécialités de la maison : le foie gras et les abats, ris et rognons en tête !

Menu 40 €

3 rue de Chartres – Ⓜ Porte Maillot – ✆ 01 46 24 82 90 – Fermé 20 avril-6 mai, 1er août-1er septembre, samedi, dimanche

La Boutarde

CUISINE TRADITIONNELLE • BISTRO X Un vrai bistrot ! Service décontracté, boiseries, ardoise du jour suivant l'inspiration du chef, et belle cuisine traditionnelle dans l'assiette (terrine de campagne, filet de merlu rôti etc.). C'est bon, tout simplement.

Menu 38 €

4 rue Boutard – Ⓜ Pont de Neuilly – ✆ 01 47 45 34 55 – www.laboutarde.com – Fermé 5-25 août, samedi, dimanche

Ribote

CUISINE MODERNE • TENDANCE X Fringant, ce néo-bistrot où officie un duo de chef trentenaires ; ils composent une cuisine légère et parfumée, ancrée dans l'air du temps, dans un esprit "so bistronomie" : carpaccio de thon ; pressé d'agneau etc. Et vins (forcément) natures !

Carte 45/55 €

17 rue Paul-Chatrousse – Ⓜ Pont de Neuilly – ✆ 01 47 47 73 17 – Fermé 1er-31 août, samedi, dimanche

OZOIR-LA-FERRIÈRE

✉ 77330 (Seine-et-Marne) – Carte régionale n° **15**-C2

Carte Michelin 312-F3, 106-33, 101-30

La Gueulardière

CUISINE CLASSIQUE • ÉLÉGANT XXX En place depuis presque 30 ans, Alain Bureau est un vrai chef à l'ancienne, un authentique artisan, inconditionnel du "fait maison" : foie gras, saumon fumé, ou encore millefeuille caramélisé... Classique par ses racines, actuelle par son inspiration, sa cuisine séduit ! Cadre élégant et raffiné, superbe terrasse.

Menu 27/52 € – Carte 64/120 €

66 avenue du Général-de-Gaulle – ✆ 01 60 02 94 56 – www.la-gueulardiere.com – Fermé dimanche soir

LE PERREUX-SUR-MARNE

✉ 94170 (Val-de-Marne) – Carte régionale n° **16**-D2

Carte Michelin 312-E2, 101-18

Les Magnolias

CUISINE CRÉATIVE • ÉLÉGANT XXX Ces Magnolias se sont imposés en douceur auprès des gourmets du Perreux-sur-Marne. Le chef met un soin particulier dans la présentation de ses plats, goûteux et volontiers créatifs. Autour de lui, en cuisine et dans l'élégante salle, s'affaire une jeune équipe soucieuse de bien faire.

Menu 39/89 €

48 avenue de Bry – ✆ 01 48 72 47 43 – www.lesmagnolias.com – Fermé 4-27 août, lundi, samedi midi, dimanche soir

L'Ardoise

CUISINE TRADITIONNELLE • BISTRO X Le credo du patron : "je ne fais que ce que je maîtrise bien." Son baron d'agneau aux herbes, son parmentier de boudin basque ou encore son riz au lait lui donnent raison ! Son petit bistrot – avec le mobilier patiné et les murs couleur beurre frais qui vont bien – est épatant.

Carte 30/50 €

22 boulevard de la Liberté – ✆ 01 43 24 18 31 – Fermé 1er-27 août, lundi, dimanche

PLAISIR

✉ 78370 (Yvelines) – Carte régionale n° **15**-B2

Carte Michelin 311-H3

à Ste-Apolline 5 km au Sud-Est par D30 et D23 - ✉ 78370

La Maison des Bois

CUISINE TRADITIONNELLE • AUBERGE XXX Dans la même famille depuis 1926, cette auberge typique, couverte de vigne vierge, affiche un décor des plus classiques. Même esprit à la carte, avec des recettes traditionnelles et des suggestions du marché. Terrasse ombragée sous un vieux marronnier.

Menu 47 € - Carte 70/82 €

28 Avenue d'Armorique - ✆ 01 30 54 23 17 - www.lamaisondesbois.fr - Fermé mardi soir, mercredi, dimanche soir

LE PLESSIS-ROBINSON

✉ 92350 (Hauts-de-Seine) - Carte régionale n° **16**-B2
Carte Michelin 312-E3, 101-E5

Le Plessis Grand Hôtel

URBAIN • COSY En plein centre-ville, cet établissement propose des chambres fonctionnelles et assez spacieuses. Pour vous détendre, faites donc une halte au salon, cosy et un rien british !

50 chambres - 92/190 € - 5 suites - 15 €

51 avenue Aristide-Briand - ✆ 01 41 28 16 16 - www.grandhotel-plessis92.com

LE PRÉ ST-GERVAIS

✉ 93310 (Seine-Saint-Denis) - Carte régionale n° **16**-C1
Carte Michelin 305-F7, 101-16

Au Pouilly Reuilly

CUISINE TRADITIONNELLE • BISTRO X Un bistrot dans son jus, pour une cuisine qui ne l'est pas moins : ris de veau aux morilles, rognons émincés sauce moutarde, boudin noir grillé, côte de bœuf... Le respect de la tradition, avec des produits de qualité.

Menu 32 € - Carte 40/80 €

68 rue André-Joineau - ✆ 01 48 45 14 59 - Fermé 11-20 mai, 3-26 août, samedi, dimanche

PUTEAUX

✉ 92800 (Hauts-de-Seine) - Carte régionale n° **16**-B2
Carte Michelin 311-J2, 101-14

Saperlipopette !

CUISINE MODERNE • BRANCHÉ XX Cette ancienne brasserie a subi un sacré lifting, devenant un restaurant chaleureux et branché, sous la houlette d'une équipe experte en la matière. La cuisine, façon bistrot chic - côte de bœuf et côte de veau sont toujours à l'ardoise - est généreuse et bien tournée. Service stylé et attentionné.

Menu 36/40 € - Carte 51/65 €

9 place du Théâtre - ✆ 01 41 37 00 00 - www.saperlipopette1.fr

L'Escargot 1903 par Yannick Tranchant

CUISINE ACTUELLE • COSY X Tout juste installé, le chef Yannick Tranchant semble déjà parfaitement à son aise. Il travaille de bons produits et propose une cuisine franche, goûteuse et gourmande ; pour ne rien gâcher, le rapport qualité-prix se révèle attractif, et le service est rapide et efficace.

Menu 39/70 €

18 Rue Charles Lorilleux - ✆ 01 47 75 03 66 - www.lescargot1903.com - Fermé 17-31 août, samedi, dimanche

Vivaldi

FAMILIAL · CONTEMPORAIN Hôtel familial d'une rue tranquille, qui mène au quartier d'affaires de la Défense. Chambres certes peu spacieuses, mais fraiches et bien équipées. L'été, petit-déjeuner servi dans le patio. Accueil sympathique.

27 chambres - 77/250 €

5 rue Roque-de-Fillol - 01 47 76 36 01 - www.hotelvivaldi.com

ROISSY-EN-FRANCE (AÉROPORTS DE PARIS)

95700 (Val-d'Oise) - Carte régionale n° **15**-C1

Carte Michelin 305-G6, 101-8

à Roissypole - 93290

Pullman Airport

BUSINESS · CONTEMPORAIN Un ensemble moderne et contemporain, qui vient compléter idéalement l'offre hôtelière des environs de l'aéroport. Les chambres sont élégantes et bien équipées – wifi, coffre-fort, fer à repasser, écran plat, etc. –, et l'on trouve sauna, hammam et grand fitness aux étages inférieurs.

294 chambres - 169/450 € - 11 suites - 26 €

3 bis rue de la haye - 01 70 03 11 63 - www.pullmanhotels.com

RUEIL-MALMAISON

92500 (Hauts-de-Seine) - Carte régionale n° **16**-A1

Carte Michelin 311-J2, 101-14 - Guide Vert Michelin Île de France

Le Patte Noire

CUISINE MODERNE · COSY XX Inutile de montrer patte blanche pour espérer manger dans ce restaurant du centre-ville ! Derrière les fourneaux, le chef réalise une cuisine bien dans l'air du temps avec de beaux produits. Dans l'assiette, les assaisonnements sont bons, les cuissons réussies. Accueil et service tout sourire.

Menu 31 € (déjeuner)/38 € - Carte 60/75 €

56 rue du Gué - 09 81 20 81 69 - www.lepattenoire.com - Fermé 1er-7 janvier, 12-19 août, lundi, samedi midi, dimanche soir

Renaissance Hippodrome de St-Cloud

BUSINESS · PERSONNALISÉ En bordure de l'hippodrome de Saint-Cloud, un hôtel élégant et huppé dont le décor rend un hommage vibrant aux chevaux et aux courses équestres. Les chambres, spacieuses, donnent sur la verdure ou directement sur le champ de course : so chic !

107 chambres - 180/500 € - 1 suite - 22 €

123 rue du Lt.- Colonel-de-Montbrison - 01 47 77 64 64 - www.renaissanceparissaintcloud.com

Le Relais de la Malmaison

BUSINESS · CONTEMPORAIN Dans un grand parc, un établissement adapté à la clientèle d'affaires. Chambres sobres et nombreux salons pour réceptions et séminaires. Spa avec hammam, sauna, piscine couverte, tennis, golf communal... Tout est pensé pour la détente.

88 chambres - 130/360 € - 20 €

93 boulevard Franklin-Roosevelt - 01 47 32 01 33 - www.relaismalmaison.fr

Okko

BUSINESS · CONTEMPORAIN Cet hôtel récent, situé au Mobipôle de Rueil (gare RER, routière, station vélos etc.) propose des chambres confortables, habillées de béton brut. Le grand espace salon sert de salle de petit-déjeuner, snacking toute la journée, apéritif le soir, le tout compris dans le prix de la chambre.

110 chambres - 109/400 €

109 avenue Victor-Hugo - Rueil-Malmaison - 01 47 10 92 10 - www.okkohotels.com

RUNGIS

✉ 94150 (Val-de-Marne) - Carte régionale n° **16**-C3
Carte Michelin 312-D3, 101-26

La Grange des Halles

CUISINE MODERNE • CONTEMPORAIN XX Rungis, ce n'est pas seulement le célèbre marché connu de tous les chefs, mais aussi un vieux bourg, où se trouve cette Grange au look atypique - tableaux contemporains, banquettes en velours... Homard du vivier, millefeuille à la vanille de Madagascar : la cuisine est calée sur les saisons et, évidemment, le marché.

Menu 45 €

28 rue Notre-Dame - ✆ 01 46 87 08 91 - www.la-grange-des-halles.webnode.fr - Fermé lundi soir, samedi midi, dimanche

ST-CLOUD

✉ 92210 (Hauts-de-Seine) - Carte régionale n° **16**-B2
Carte Michelin 311-J2, 101-14 - Guide Vert Michelin Île de France

Le Garde-Manger

CUISINE TRADITIONNELLE • BISTRO X Ce bistrot de quartier, apprécié par la clientèle locale pour son ambiance conviviale et son accueil sympathique, propose une cuisine traditionnelle (œufs pochés aux morilles, pavé de cabillaud rôti, magret de canard etc.), et des planches d'apéritif en début de soirée.

Menu 21 € (déjeuner) - Carte 33/45 €

21 rue d'Orléans - ✆ 01 46 02 03 66 - www.legardemanger.com - Fermé dimanche

ST-GERMAIN-EN-LAYE

✉ 78100 (Yvelines) - Carte régionale n° **16**-A1
Carte Michelin 311-I2, 101-13 - Guide Vert Michelin Île de France

Cazaudehore

CUISINE CLASSIQUE • ÉLÉGANT XXX Ambiance chic et cosy, décor dans l'air du temps, délicieuse terrasse sous les acacias, cuisine soignée et belle carte des vins... Une vraie histoire de famille depuis 1928.

Menu 39 € (déjeuner), 59/85 € - Carte 49/95 €

La Forestière, 1 avenue du Président-Kennedy - ✆ 01 30 61 64 64 - www.cazaudehore.fr

Pavillon Henri IV

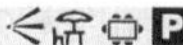

CUISINE CLASSIQUE • ÉLÉGANT XXX L'un des atouts de ce restaurant est sans conteste son superbe panorama sur la vallée de la Seine. Un cadre exceptionnel où l'on vient savourer une cuisine classique et de beaux produits ; on y inventa les pommes soufflées et la béarnaise !

Menu 51/95 € - Carte 60/88 €

19 Rue Thiers - ✆ 01 39 10 15 15 - www.pavillonhenri4.fr - Fermé samedi midi, dimanche soir

Le 10

CUISINE MODERNE • ÉPURÉ X Ce restaurant lumineux, dont les baies vitrées donnent sur la rue, propose une carte courte où les produits de qualité sont à la fête, et des assiettes modernes qui vont à l'essentiel. Aucun doute : le chef, qui a travaillé pendant six ans à l'hôtel de Matignon, connaît bien son métier.

Menu 25 € (déjeuner), 58/90 € - Carte 35/65 €

10 Rue des Louviers - ✆ 01 34 51 04 24 - www.lestablesdegalilee-le10.fr - Fermé 5-31 août, lundi, dimanche

Le Wauthier by Cagna 

CUISINE MODERNE • BISTRO Risotto du Piémont au homard et beurre blanc, escalopes de ris de veau braisées, mousseline de céleri et sauce Albufera... Une cuisine bien dans l'air du temps, réalisée avec de bons produits du marché : voilà la promesse de cette sympathique maison sangermanoise au joli intérieur de bistrot chic. Service attentionné.

Menu 35 € (déjeuner)/69 €

31 Rue Wauthier – Saint-Germain-en-Laye – 01 39 73 10 84 – www.restaurant-wauthier-by-cagna.fr – Fermé 28 juillet-20 août, lundi, mercredi midi, dimanche

La Forestière

MAISON DE CAMPAGNE • COSY Charme et confort sont au rendez-vous dans cette séduisante maison entourée de verdure. Beau mobilier contemporain ou ancien, et coloris choisis agrémentent les chambres, toutes uniques.

27 chambres – 151/369 € – 3 suites

1 Avenue du Président John Fitzgerald Kennedy – 01 30 61 64 64 – www.cazaudehore.fr

Cazaudehore – voir la sélection des restaurants

Pavillon Henri IV

HISTORIQUE • CLASSIQUE Achevée en 1604 sous Henri IV, à la lisière du parc du château, cette demeure vit naître Louis XIV. Le décor des chambres fait preuve d'un classicisme de belle fraîcheur, tout comme les salons et la grande galerie (parquet, lustres en cristal). Royal !

42 chambres – 130/350 € – 20 €

19 Rue Thiers – 01 39 10 15 15 – www.pavillonhenri4.fr

Pavillon Henri IV – voir la sélection des restaurants

à Fourqueux 2,5 km au Sud par D98 – 78112

Au Fulcosa

CUISINE MODERNE • CONVIVIAL Fulcosa signifie "fougère" en latin : la plante, en effet, tapissait les forêts alentour... Les jeunes propriétaires ont le sens de l'histoire ! Dans un décor chaleureux – mobilier en bois, tableaux en exposition –, ils nous régalent d'une bonne cuisine de saison, entre tradition et innovation.

Menu 39 € – Carte 34/42 €

2 Rue du Maréchal Foch – 01 39 21 17 13 – www.aufulcosa.fr – Fermé 25 février-1er mars, 20 juillet-21 août, lundi, dimanche

ST-JEAN-DE-BEAUREGARD

91940 (Essonne) – Carte régionale n° **16**-A3
Carte Michelin 312-C3, 101-33

L'Atelier Gourmand

CUISINE TRADITIONNELLE • ÉLÉGANT Au cœur du village, dans une ancienne ferme, une table bien nommée : on y apprécie une cuisine de tradition bien tournée et toute fraîche (le chef s'approvisionne auprès du maraîcher voisin). Cadre classique et agréable, face au jardin clos de murs.

Menu 39 € – Carte 55/62 €

5 Grande-Rue – 01 60 12 31 01 – www.lateliergourmand-restaurant.fr – Fermé 27 avril-5 mai, 4-25 août, 21 décembre-1er janvier, samedi, dimanche

ST-OUEN

✉ 93400 (Seine-Saint-Denis) - Carte régionale n° **16**-C1
Carte Michelin 305-F7, 101-16

Le Ripailleur

CUISINE MODERNE • BISTRO X En face de la patinoire et à deux pas de la mairie, ce restaurant qui louche vers l'esprit bistrot propose une cuisine chaleureuse (ris de veau, pâté en croûte) à base de produits frais, et à prix imbattables. Ici, prime convivialité et ripaille ! Une adresse bien sympathique.

Menu 19 € (déjeuner) - Carte 30/47 €

9 rue du Docteur-Bauer - Ⓜ Mairie de St-Ouen - ✆ 09 83 04 68 50 - www.leripailleur.fr - Fermé 28 juillet-21 août, 23 décembre-2 janvier, lundi, mardi soir, mercredi soir, dimanche

Yaya

CUISINE GRECQUE • MÉDITERRANÉEN X Yaya est le surnom donné aux grands-mères dans les pays méditerranéens. Ce restaurant est né d'une rencontre entre deux frères et un chef. À l'arrivée, une jolie cuisine grecque : pita, mezzés, gâteau à l'orange (une recette de la grand-mère des deux frères, justement...). Une table sympathique dans le quartier en plein essor de Saint-Ouen.

Carte 25/38 €

8 rue de l'Hyppodrome - Ⓜ Mairie de St-Ouen - ✆ 01 44 04 27 65 - www.yayarestaurant.com - Fermé dimanche soir

MOB Hôtel Paris Les Puces

URBAIN • DESIGN Les bureaux de General Electric ont laissé place à cet établissement, en forme de U dans l'esprit mama shelter, avec terrasse végétalisée et potager sur le toit. Chambres confortables et standardisées. Au restaurant, cuisine bio et végétarienne, pizzas. Cinéma en plein air en été.

88 chambres - 79/139 € - 4 suites - 16 €

4-6 rue Gambetta - Ⓜ Garibaldi - ✆ 01 47 00 70 70 - www.mobhotel.com

ST-PRIX

✉ 95390 (Val-d'Oise) - Carte régionale n° **15**-B1
Carte Michelin 305-E6, 101-5

Hostellerie du Prieuré

AUBERGE • PERSONNALISÉ Sa façade du 17e s. pourrait servir de décor pour un film... Jolie carte postale que cet ancien café de village, qui cache des chambres originales et soignées ("Romance", "Aladin", "Pompadour", etc.). Et St-Prix est idéal pour découvrir le Vexin et la forêt de Montmorency... après un petit-déjeuner bien copieux !

7 chambres - 125/150 € - 1 suite - 15 €

74 rue Auguste-Rey - ✆ 01 70 84 44 99 - www.hostelduprieure.com

STE-GENEVIÈVE-DES-BOIS

✉ 91700 (Essonne) - Carte régionale n° **15**-B3
Carte Michelin 312-C4, 101-35 - Guide Vert Michelin Île de France

La Table d'Antan

CUISINE DU SUD-OUEST • CLASSIQUE XX Vous serez d'abord séduit par un accueil prévenant en ce restaurant d'un quartier résidentiel. On y savoure une cuisine classique et des spécialités du Sud-Ouest de qualité.

Menu 32/51 € - Carte 46/67 €

38 avenue de la Grande-Charmille-du-Parc (près de l'hôtel de ville) - ✆ 01 60 15 71 53 - www.latabledantan.fr - Fermé 5-26 août, lundi, mardi soir, mercredi soir, dimanche soir

SAVIGNY-SUR-ORGE

✉ 91600 (Essonne) - Carte régionale n° **15**-C3
Carte Michelin 312-D3, 101-36

Au Ménil

CUISINE CLASSIQUE • TRADITIONNEL XX Le chef, aussi expérimenté que passionné par son métier, s'est entouré d'une équipe jeune et motivée. Il en résulte une cuisine généreuse et savoureuse, sans esbroufe, réalisée avec de beaux produits directement piochés au marché de Rungis. La maison est en évolution permanente, signe que l'envie et le plaisir sont toujours au rendez-vous !

Menu 23 € (déjeuner), 38/60 €

24 boulevard Aristide-Briand - ✆ 01 69 05 47 48 - www.aumenil.com - Fermé 18-24 février, 1er-11 août, mercredi

SÉNART

✉ 77127 (Seine-et-Marne) - Carte régionale n° **15**-C2
Carte Michelin 312-E4, 101-39 - Guide Vert Michelin Île de France

Le Plessis-Picard - ✉ 77550

La Mare au Diable

CUISINE CLASSIQUE • AUBERGE XX Amateurs de vieilles pierres, vous apprécierez cette demeure du 15e s. tapissée de vigne vierge et de glycine, ses poutres, sa grande cheminée, son parc bucolique... Un décor qui charma en son temps George Sand ! Le classicisme est de mise dans l'assiette, mais aussi quelques spécialités italiennes, origines du chef obligent.

Menu 35 € (déjeuner)/49 € - Carte 62/92 €

La Mare au Diable - ✆ 01 64 10 20 90 - www.lamareaudiable.fr - Fermé 12 août-1er septembre, lundi, dimanche soir

ST-QUENTIN-EN-YVELINES

✉ 78190 (Yvelines) - Carte régionale n° **15**-B2
Carte Michelin 311-H3, 101-21 - Guide Vert Michelin Île de France

Voisins-le-Bretonneux - ✉ 78960

La Ferme de Voisins

CUISINE MODERNE • AUBERGE XX On accède à ce joli corps de ferme du 19e s. par une cour fleurie, qui fait office de terrasse l'été venu. La carte, plutôt courte, met en valeur les incontournables de la maison - sucettes de gambas, tête de veau "irremplaçable" - et recèle des plats goûteux et créatifs. Une belle adresse à découvrir au plus vite.

Menu 34 € (déjeuner), 45/90 €

4 rue de Port-Royal - ✆ 01 30 44 18 18 - www.lafermedevoisins.fr - Fermé 3-19 août, 23 décembre-1er janvier, samedi midi, dimanche

Novotel St-Quentin Golf National

HÔTEL DE CHAÎNE • FONCTIONNEL Un hôtel idéalement situé sur le golf, au grand calme. Chambres confortables, équipements de détente (piscine, solarium, tennis), club-house...

130 chambres - 99/249 € - 1 suite - 17 €

1 avenue du Golf, 2 km à l'Est par D36 - ✆ 01 30 57 65 65 - www.novotel.com

Se régaler sans se ruiner ? Repérez donc les Bib Gourmand. Ils vous signalent les bonnes tables sachant marier cuisine de qualité et prix ajustés !

SURESNES

✉ 92150 (Hauts-de-Seine) - Carte régionale n° **16**-B2

Carte Michelin 311-J2, 101-14 - Guide Vert Michelin Île de France

Bistro Là-Haut

CUISINE MODERNE • **CHIC** XX Sur le mont Valérien, les anciens Jardins de Camille ont laissé place à ce "bistrot d'altitude" (une cabine de téléphérique est installée à l'entrée), parfait trait d'union entre Megève et l'Ouest parisien. La cuisine se décline au fil des saisons : tourteau émietté, velouté glacé de petits pois à la menthe ; rascasse rôtie, julienne de légumes, soupe de poissons... So chic.

Menu 49 € - Carte 60/70 €

70 avenue Franklin-Roosevelt - ✆ 01 45 06 22 66 - bistrolahaut.fr - Fermé samedi, dimanche

Macaille

CUISINE TRADITIONNELLE • **BRANCHÉ** X Sur les quais, à deux pas de la Défense, cette ancienne brasserie a adopté les atours d'un appartement de famille, dont les espaces, modulables et décorés de façon différente, évoquent les pièces d'antan. Une cuisine fraîche de saison, comme à la maison !

Menu 30 € - Carte 40/56 €

29 quai Gallieni - ✆ 01 41 44 77 80 - www.macaille.fr - Fermé lundi, dimanche

Au Père Lapin

CUISINE TRADITIONNELLE • **CONTEMPORAIN** X Dîner face à la tour Eiffel, ça vous dit ? Dans ce cas, installez-vous sur la terrasse du Père Lapin, pour savourer une bonne cuisine de bistrot (terrine de lapin, côte de bœuf rôtie etc.). Par mauvais temps, on prend place dans une salle au décor contemporain... et l'on n'est pas malheureux !

Menu 34 € (déjeuner) - Carte 40/60 €

10 rue du Calvaire - ✆ 01 45 06 72 89 - www.auperelapin.com - Fermé dimanche soir

Les Petits Princes

CUISINE MODERNE • **DESIGN** X C'est une jolie petite maison d'angle, sise non loin du tram T2, que vous remarquerez à sa façade peinte. Ici, on concocte une cuisine actuelle, jamais ennuyeuse, déclinée sous forme d'un menu-carte, et élaborée par un chef au beau parcours. A noter, sur l'arrière, une cour/terrasse avec verdure. Voiturier en fin de semaine.

Menu 22 € (déjeuner)/38 € - Carte 38/50 €

26 rue du Val d'Or - ✆ 01 41 47 87 61 - www.restaurantlespetitsprinces.fr - Fermé 27 juillet-21 août, 23 décembre-1er janvier, lundi, dimanche

TREMBLAY-EN-FRANCE

✉ 93290 (Seine-Saint-Denis) - Carte régionale n° **16**-D1

Carte Michelin 305-G7, 101-18

à Tremblay-Vieux-Pays - ✉ 93290

La Jument Verte

CUISINE MODERNE • **TENDANCE** X Dans un hameau qui semble tranquille... et pourtant stratégiquement situé, tout près du parc des expositions de Villepinte et de l'aéroport de Roissy, voici une escale gourmande toute trouvée. On y déguste une belle cuisine tout en fraîcheur et saveurs, recherchée juste comme il faut. Décor à la fois simple et avenant.

Menu 29/53 € - Carte 38/60 €

43 route de Roissy - ✆ 01 48 60 69 90 - www.aubergelajumentverte.fr - Fermé samedi, dimanche

VERSAILLES

78000 (Yvelines) - Carte régionale n° **16**-A2

Carte Michelin 311-I3, 101-23 - Guide Vert Michelin Île de France

Gordon Ramsay au Trianon

CUISINE CRÉATIVE • ÉLÉGANT XxxX À la lisière du parc du château, un cadre baroque, chic et d'une élégance rare. La carte, signée Gordon Ramsay, mise sur la simplicité et la pertinence des recettes ; belle carte des vins.

→ Les bouchées de la reine. Turbot sauvage français, palourdes et lentilles beluga du Perche. Millefeuille croquant aux deux vanilles

Menu 148/199 € - Carte 145/182 €

Plan : A2-r – *Trianon Palace, 1 boulevard de la Reine – ✆ 01 30 84 50 18 – www.trianonpalace.fr – Fermé 1er-22 janvier, 28 avril-1er mai, 5-8 mai, 28 juillet-27 août, lundi, mardi midi, mercredi midi, jeudi midi, vendredi midi, samedi midi, dimanche*

La Table du 11 (Jean-Baptiste Lavergne-Morazzani)

CUISINE MODERNE • CONTEMPORAIN XxX Le jeune chef, Jean-Baptiste Lavergne-Morazzani, a conquis le cœur (et l'estomac) des gourmets versaillais avec une cuisine résolument "nature", une carte courte et sans fioritures, de bons produits bio issus de l'agriculture durable. Et l'emplacement du restaurant, dans l'intemporelle Cour des Senteurs ajoute à l'exclusivité du moment...

→ Haricots verts et lard de Colonnata. Thon rouge, chou-rave et dashi. Sésame noir et lait ribot

Menu 45 € (déjeuner), 80/100 €

Plan : A2-d – *8 rue de la Chancellerie (dans la Cour des Senteurs) – ✆ 09 83 34 76 00 – www.latabledu11.com – Fermé 24 février-11 mars, 28 juillet-26 août, lundi, dimanche*

Le Bistrot du 11

CUISINE MODERNE • CONTEMPORAIN X Vous l'avez deviné : l'équipe de la Table du 11 se cache derrière ce Bistrot du 11, installé dans une rue touristique piétonne non loin du château. De beaux produits sont déclinés sous la forme d'un menu-carte : œuf, lentilles et persil ; cabillaud, chou pointu et tarama ; tarte au chocolat chaud, vanille... C'est soigné, et les prix sont raisonnables.

Menu 37 €

Plan : A3-m – *10 Rue de Satory – ✆ 01 75 45 63 70 – www.lebistrotdu11.com – Fermé 24 février-11 mars, 28 juillet-26 août, lundi, dimanche*

Ore

CUISINE CLASSIQUE • CONTEMPORAIN XX *Ore*, c'est la bouche, en latin. Un nom d'une simplicité désarmante pour cet endroit tout simplement exceptionnel : un pavillon du 17e s. aménagé au cœur du château de Versailles. Alain Ducasse est le Roi Soleil de ces lieux, y faisant appliquer la loi culinaire qu'on lui connaît : celle de la naturalité, et d'un hommage sans cesse renouvelé au beau produit.

Carte 34/80 €

Plan : A2-a – *place d'Armes (Pavillon Dufour-Château de Versailles - 1er étage) – ✆ 01 30 84 12 96 – www.ducasse-chateauversailles.com – Fermé lundi, mardi soir, mercredi soir, jeudi soir, vendredi soir, samedi soir, dimanche soir*

Zin's à l'Étape Gourmande

CUISINE MODERNE • CONVIVIAL XX Une vraie étape gourmande, dans le quartier de Porchefontaine. Faire le marché tous les deux jours, ne proposer que du fait-maison (à part le pain) et une large collection de vins : tel est le sacerdoce du chef, Alain Zinsmeister ! L'hiver, on mange au coin du feu et, l'été, sur la jolie terrasse à l'arrière...

Menu 36 € (déjeuner), 39/45 €

125 rue Yves-le-Coz – ✆ 01 30 21 01 63 – www.arti-zins.fr – Fermé 1er-9 janvier, lundi, samedi midi, dimanche

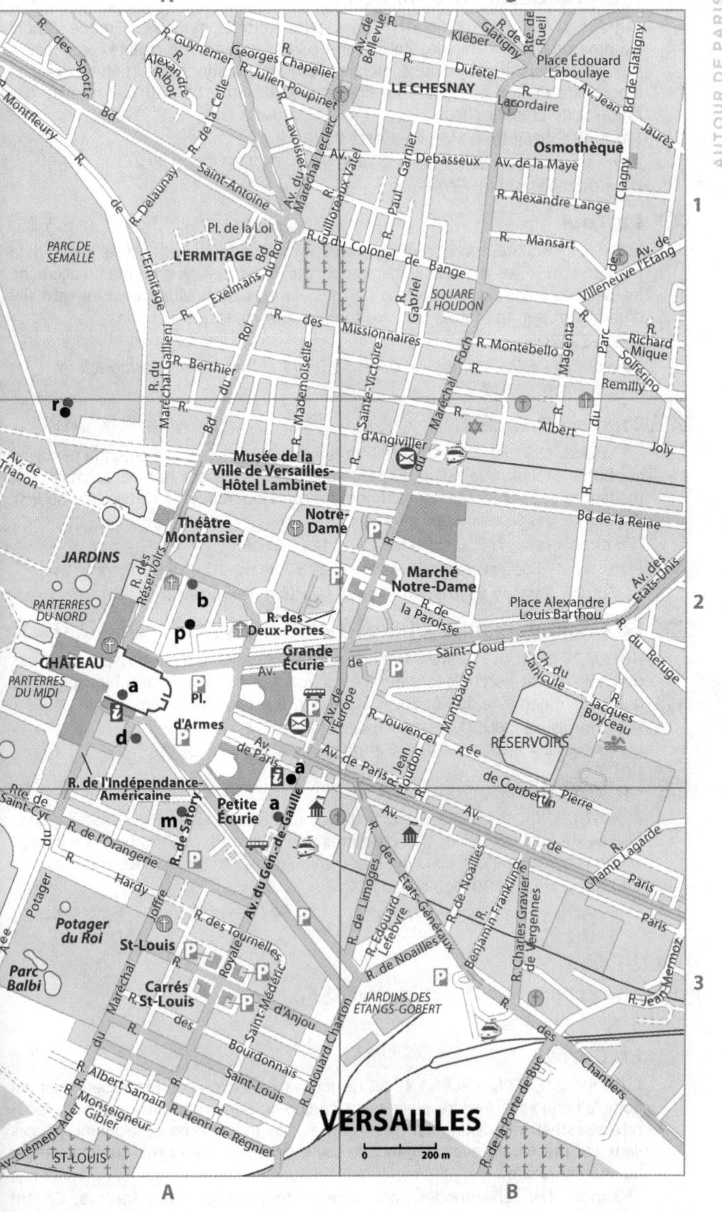
VERSAILLES
LE CHESNAY
Osmothèque
L'ERMITAGE
PARC DE SÉMALLÉ
Musée de la Ville de Versailles-Hôtel Lambinet
Théâtre Montansier
Notre-Dame
Marché Notre-Dame
JARDINS
PARTERRES DU NORD
CHÂTEAU
PARTERRES DU MIDI
Pl. d'Armes
Grande Écurie
Petite Écurie
RÉSERVOIRS
Potager du Roi
Parc Balbi
St-Louis
Carrés St-Louis
JARDINS DES ÉTANGS-GOBERT
SQUARE J. HOUDON
ST-LOUIS
Place Édouard Laboulaye
Place Alexandre I Louis Barthou
Pl. de la Loi
Bd de la Reine
Av. de Paris
Av. de Saint-Cloud
Av. du Gén.-de-Gaulle
Av. de l'Europe
Bd du Roi
Av. du Maréchal Leclerc
R. du Maréchal Foch
R. de Satory
R. de l'Indépendance-Américaine
R. des Réservoirs
R. des Deux-Portes
R. des Chantiers
R. de Noailles
R. des États-Généraux
R. Royale
R. de l'Orangerie
Av. de Trianon
Rte de Saint-Cyr
Bd Saint-Antoine
R. Montbauron
R. Jouvencel
R. Jean Houdon
Aée de Coubertin
Champ Lagarde
R. Jean Mermoz
R. de la Porte de Buc
R. Clément Ader
R. Albert Samain
R. Monseigneur Gibier
R. Henri de Régnier
R. Saint-Louis
R. des Bourdonnais
R. d'Anjou
R. Saint-Médéric
R. des Tournelles
R. Hardy
R. du Maréchal Joffre
R. Edouard Charton
R. de Limoges
R. Édouard Lefebvre
R. Benjamin-Franklin
R. Charles Gravier de Vergennes
R. des Missionnaires
R. Mademoiselle
R. Sainte-Victoire
R. d'Angiviller
R. du Colonel de Bange
R. Gabriel
R. Paul Lavoisier
R. Guillotreaux Vatel
R. Montebello
R. Berthier
R. du Maréchal Gallieni
R. de l'Ermitage
R. Exelmans
R. Delaunay
R. de Montfleury
R. des Sports
R. Guynemer
R. Alexandre Ribot
R. de la Celle
R. Georges Chapelier
R. Julien Poupinet
Av. de Bellevue
R. Kléber
R. de Glatigny
Rte de Rueil
Bd de Glatigny
R. Dufetel
R. Lacordaire
Av. Jean Jaurès
Av. Debasseux
Av. de la Maye
R. Alexandre Lange
R. Mansart
Clagny
Av. de Villeneuve l'Etang
R. Magenta
R. Richard Mique
R. Solférino
R. Remilly
R. Albert Joly
R. du Parc
R. de la Paroisse
Ch. du Janicule
R. Jacques Boyceau
R. du Refuge
Av. des États-Unis
Aée Pierre
Aée du Potager
A
B
1
2
3
0
200 m

Pizzeria César by Simone Zanoni

CUISINE ITALIENNE · ÉLÉGANT Dans cette trattoria moderne, Simone Zanoni exprime une vision limpide : celle d'une cuisine italienne de qualité, proposée à prix attractifs. Au programme, bonnes recettes traditionnelles, pâtes (avec un laboratoire dédié), pizzas à pâte fine et croustillante... Le tout réalisé avec des produits de premier choix.

Menu 18 € (déjeuner)/35 € - Carte 25/40 €

Plan : A3-a - *8 avenue du Général-de-Gaulle - 01 39 53 02 29 - www.pizzeriacesar.fr - Fermé lundi*

La Tour

VIANDES · BISTRO Avis aux amateurs de viande ! Ici, on est expert en la matière : choix des morceaux, maturation, etc. Dans la salle, on a même accroché les plaques émaillées remportées par des éleveurs de bovins. Le cadre est celui d'un bistrot pur jus : tables serrées, comptoir... Ambiance conviviale.

Carte 32/70 €

Plan : A2-b - *6 Rue Carnot - 01 39 50 58 46 - https://latour-restaurant.fr/ - Fermé dimanche soir*

Trianon Palace

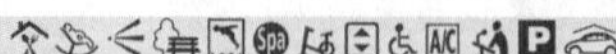

GRAND LUXE · CONTEMPORAIN Tout le monde, ou presque, a entendu parler de cet hôtel luxueux, à la lisière du parc du château. Avec ses très belles chambres, mariant avec aisance l'élégance du design contemporain et le classicisme du lieu, il n'usurpe pas sa réputation !

176 chambres - 350/599 € - 23 suites - 18 €

Plan : A2-r - *1 boulevard de la Reine - 01 30 84 50 00 - www.trianonpalace.fr*

Gordon Ramsay au Trianon - voir la sélection des restaurants

Le Louis Versailles Château - MGallery

HÔTEL DE CHAÎNE · DESIGN Protégé par son portail d'époque classé, à deux pas du château, cet hôtel élégant aux beaux volumes permet de découvrir en toute quiétude le domaine du Roi Soleil. Bon petit-déjeuner bio et sans gluten.

152 chambres - 150/389 € - 5 suites - 26 €

Plan : A2-a - *2 Avenue de Paris - 01 39 07 46 46 - www.sofitel.com*

Le Versailles

TRADITIONNEL · FONCTIONNEL À deux pas de l'aile du Nord du château, dans une petite rue tranquille, des chambres spacieuses et confortables. Le garage est également un atout de choix à proximité immédiate de la place d'Armes.

47 chambres - 99/219 € - 17 €

Plan : A2-p - *7 rue Sainte-Anne - 01 39 50 64 65 - www.hotel-le-versailles.fr*

VILLE-D'AVRAY

92410 (Hauts-de-Seine) - Carte régionale n° **16**-B2

Carte Michelin 311-J3, 101-24

Le Corot

CUISINE CRÉATIVE · ÉLÉGANT Le jeune chef, excellent technicien, met un point d'honneur à inscrire pleinement sa cuisine dans l'époque : fraîcheur, légèreté et esthétisme distinguent ses assiettes. Joli moment de gastronomie en ces lieux qui préservent avec élégance le souvenir de Camille Corot, qui immortalisa les étangs voisins...

→ Langoustine, chénopodes, marjolaine et tomates, amandes fraiches. Canard cuit au bois de nos forêts, livèche et arroche. Fraises des bois et sureau

Menu 60 € (déjeuner), 95/130 €

Les Étangs de Corot, 55 rue de Versailles - 01 41 15 37 00 - www.etangs-corot.com - Fermé 29 juillet-15 août, lundi, mardi, dimanche soir

Le Café des Artistes

CUISINE MODERNE • BISTRO Ici, se déguste une cuisine contemporaine, goûteuse et inspirée, réalisée avec de beaux produits, que l'on ira volontiers déguster en terrasse, en contemplant distraitement le charmant jardin. Idyllique et bucolique.

Menu 40 €

Les Étangs de Corot, 53 rue de Versailles - 01 41 15 37 00 - www.etangs-corot.com - Fermé 29 juillet-15 août

Maya

CUISINE MODERNE • CONVIVIAL Ce restaurant de poche, ancienne quincaillerie, est tenu par un ex-directeur artistique dans la publicité... Associé au chef (et compatriote) Juan Arbelaez, il propose une amicale cuisine sud-américaine, déclinée sur ardoise, à apprécier dans une salle colorée, avec ses murs en planches de bois et son plafond en... tôle !

Menu 38/55 € - Carte 40/50 €

45 rue de Saint-Cloud - 01 41 15 50 48 - Fermé 28 juillet-19 août, 22 décembre-7 janvier, lundi, dimanche

Les Étangs de Corot

LUXE • PERSONNALISÉ Ce ravissant hameau bâti au bord des étangs de Ville-d'Avray inspira le peintre Camille Corot. Il abrite aujourd'hui un hôtel de charme (élégantes chambres au décor soigné) et ses différents restaurants. Le spa est divin... vinothérapie oblige. Un charme bucolique unique aux portes de la capitale !

41 chambres - 179/250 € - 2 suites - 20 €

55 rue de Versailles - 01 41 15 37 00 - www.etangs-corot.com - Fermé 29 juillet-15 août

Le Corot • **Le Café des Artistes** - voir la sélection des restaurants

VINCENNES

94300 (Val-de-Marne) - Carte régionale n° **16**-C2
Carte Michelin 312-D2, 101-17

L'Ours (Jacky Ribault)

CUISINE MODERNE • CONTEMPORAIN C'est la table dont on parle dans l'Est parisien ! Il faut dire que le chef Jacky Ribault (Qui plume la lune, dans le 11e) n'est pas le premier venu. Il développe cette cuisine identitaire, brute et nature, qui lui ressemble ; les plats sont présentés avec soin et la qualité d'exécution est incontestable.

→ Cuisine du marché

Menu 45 € (déjeuner), 75/105 €

11 rue de l'Église - 01 46 81 50 34 - www.loursrestaurant.com - Fermé lundi, dimanche

La Rigadelle

POISSONS ET FRUITS DE MER • TRADITIONNEL Spécialité du lieu : le poisson, d'une grande fraîcheur (arrivages de Bretagne) et préparé en aïoli, en bouillabaisse ou en cotriade par un chef qui connaît parfaitement son métier... et qui fait évoluer ses recettes petit à petit, touche par touche, afin de suivre les saisons. Une adresse pleine de goût... et de mérite !

Menu 36/59 € - Carte 45/73 €

23 rue de Montreuil - Ⓜ Château de Vincennes - 01 43 28 04 23 - Fermé 12 août-8 septembre, lundi, mardi, dimanche soir

Daumesnil Vincennes

TRADITIONNEL • PERSONNALISÉ Amoureuse de son établissement, la propriétaire a soigné le décor des chambres, avec une particularité : à chaque étage sa couleur ! On apprécie aussi de prendre son petit-déjeuner sous une verrière, dans l'agréable cour intérieure. Accueil charmant.

43 chambres - 80/280 € - 14 €

50 avenue de Paris - Ⓜ Bérault - 01 48 08 44 10 - www.hotel-daumesnil.com

YERRES

✉ 91330 (Essonne) - Carte régionale n° **16**-D3

Bird

CUISINE DU MARCHÉ • CONTEMPORAIN Au centre de cette charmante petite ville, sur une place piétonne proche de la mairie, un ancien salon de thé où le fils de famille, passé par de belles maisons, propose une cuisine du marché bien ficelée - tataki de bœuf, merlan, asperges et pommes de terre grenaille... Salle épurée façon scandinave, terrasse face à la fontaine. Prix doux.

Menu 28 €

38 rue Charles-de-Gaulle – ✆ 01 79 93 28 81 – www.bird-restaurant.com – Fermé 4-28 août, 23 décembre-1er janvier, lundi, dimanche

PASSENANS - 39 (Jura) ➜ voir Poligny

PATRIMONIO - 2B (Haute-Corse) ➜ voir Corse

P. Jacques/hemis.fr

ON AIME...

L'Amateur de thés, où les influences asiatiques se mêlent à la cuisine française, pour le meilleur. **Les Pipelettes**, où l'on se régale d'une cuisine du marché renouvelée chaque jour. **Le Jeu de Paume**, ses assiettes fines et savoureuses. Enfin, le très chic **Bistrot d'à Côté**, où Pau se met sur son 31 !

PAU

✉ 64000 (Pyrénées-Atlantiques) – Carte régionale n° **18**-B3
Carte Michelin 342-J5 – Guide Vert Michelin Aquitaine

Restaurants

Lou Esberit

CUISINE MODERNE • TENDANCE X En béarnais, Lou Esberit signifie "éveillé" et "joyeux", en phase avec l'accueil souriant et l'enthousiasme du chef, adepte d'une cuisine épurée : bouillon de queue de bœuf à la citronnelle, foie gras poêlé et beignet de châtaigne, ou encore maigre de ligne, asperges blanches et émulsion au vin blanc, coco et ail des ours... Une jolie adresse qui réveille les papilles, face à l'église Saint-Martin.

Menu 19 € (déjeuner), 30/47 €

Plan : B3-n – *8 rue Adoue – ✆ 09 83 97 58 58 – www.restaurant-louesberit.com – Fermé lundi, mardi midi, dimanche soir*

Au Fin Gourmet

CUISINE MODERNE • CONVIVIAL XXX En face de la gare et au pied du funiculaire, un petit écrin de verdure inattendu ! La verrière aux allures de jardin d'hiver vous abrite pour déguster une cuisine de... fin gourmet. Après quoi, vous pourrez vous rendre sur les hauteurs de la ville et admirer la chaîne des Pyrénées. Offre bistrotière à midi.

Menu 29/63 € – Carte 50/65 €

Plan : C3-v – *24 avenue Gaston-Lacoste – ✆ 05 59 27 47 71 – www.restaurant-aufingourmet.com – Fermé 25 février-4 mars, 22 juillet-5 août, lundi, mardi soir, mercredi soir, jeudi soir, vendredi soir, samedi soir, dimanche*

Le Jeu de Paume

CUISINE MODERNE • ÉLÉGANT XXX Dans ce restaurant moderne et élégant, la cuisine valorise les produits de saison et du terroir, tout en laissant s'exprimer une belle créativité : ris de veau, croustillant aux olives Kalamata, salsifis et dattes ; asperges violettes des Landes, morilles et gingembre...

Menu 45/90 € – Carte 75/110 €

Plan : D2-b – *Parc Beaumont, 1 avenue Edouard-VII – ✆ 05 59 11 84 00 – www.hotel-parc-beaumont.com*

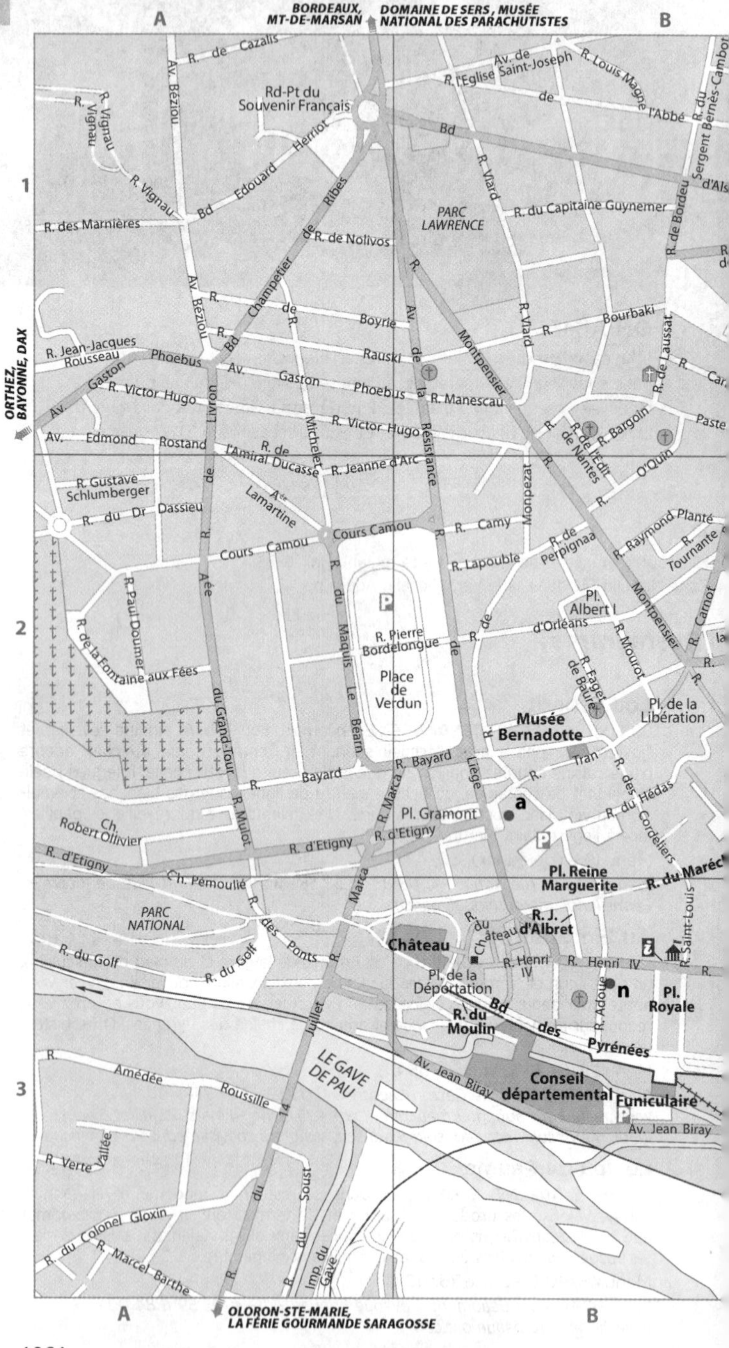

A
B
BORDEAUX, MT-DE-MARSAN
DOMAINE DE SERS, MUSÉE NATIONAL DES PARACHUTISTES
ORTHEZ, BAYONNE, DAX
OLORON-STE-MARIE, LA FÉRIE GOURMANDE SARAGOSSE
1
2
3
R. de Cazalis
Av. Béziou
Rd-Pt du Souvenir Français
Av. de l'Abbé
R. l'Eglise Saint-Joseph
R. Louis Magne
R. du Sergent Bernès-Cambot
Bd d'Alsace
R. Vignau
Bd Edouard Herriot
R. des Marnières
Bd Champetier de Ribes
R. Viard
PARC LAWRENCE
R. du Capitaine Guynemer
R. de Bordeu
R. de Nolivos
R. Montpensier
R. de Boyrie
R. Bourbaki
R. de Laussat
R. Rauski
R. Jean-Jacques Rousseau
Av. Gaston Phoebus
R. Victor Hugo
Av. de la Résistance
R. Manescau
R. Bargoin
R. de l'Edit de Nantes
Av. Edmond Rostand
R. de l'Amiral Ducasse
R. Michelet
R. Jeanne d'Arc
R. O'Quin
R. Gustave Schlumberger
R. du Dr Dassieu
Av. Lamartine
R. Camy
R. Monpezat
R. Raymond Planté
Cours Camou
R. Lapouble
R. de Perpignaa
R. Tournante
R. Paul Doumer
Aée de Livron
R. du Maquis Le Béarn
R. Pierre Bordelongue
Place de Verdun
R. de Liège
Pl. Albert I
R. d'Orléans
R. Mourot
R. Carnot
R. de la Fontaine aux Fées
Aée du Grand-Tour
R. Faget de Baure
Pl. de la Libération
Musée Bernadotte
R. Bayard
R. Tran
R. Marca
R. des Cordeliers
R. du Hédas
Ch. Robert Ollivier
R. Mulot
Pl. Gramont
a
R. d'Etigny
Ch. Pémoulié
Pl. Reine Marguerite
R. du Maréchal
PARC NATIONAL
R. des Ponts
R. du Château
R. J. d'Albret
R. Saint-Louis
Château
R. du Golf
R. Henri IV
Pl. de la Déportation
R. Adoue
n
Pl. Royale
R. du Moulin
Bd des Pyrénées
LE GAVE DE PAU
Av. Jean Biray
Conseil départemental
Funiculaire
R. Amédée Roussille
R. du 14 Juillet
R. Verte Vallée
R. Soust
R. du Colonel Gloxin
R. Marcel Barthe
Imp. du Gave

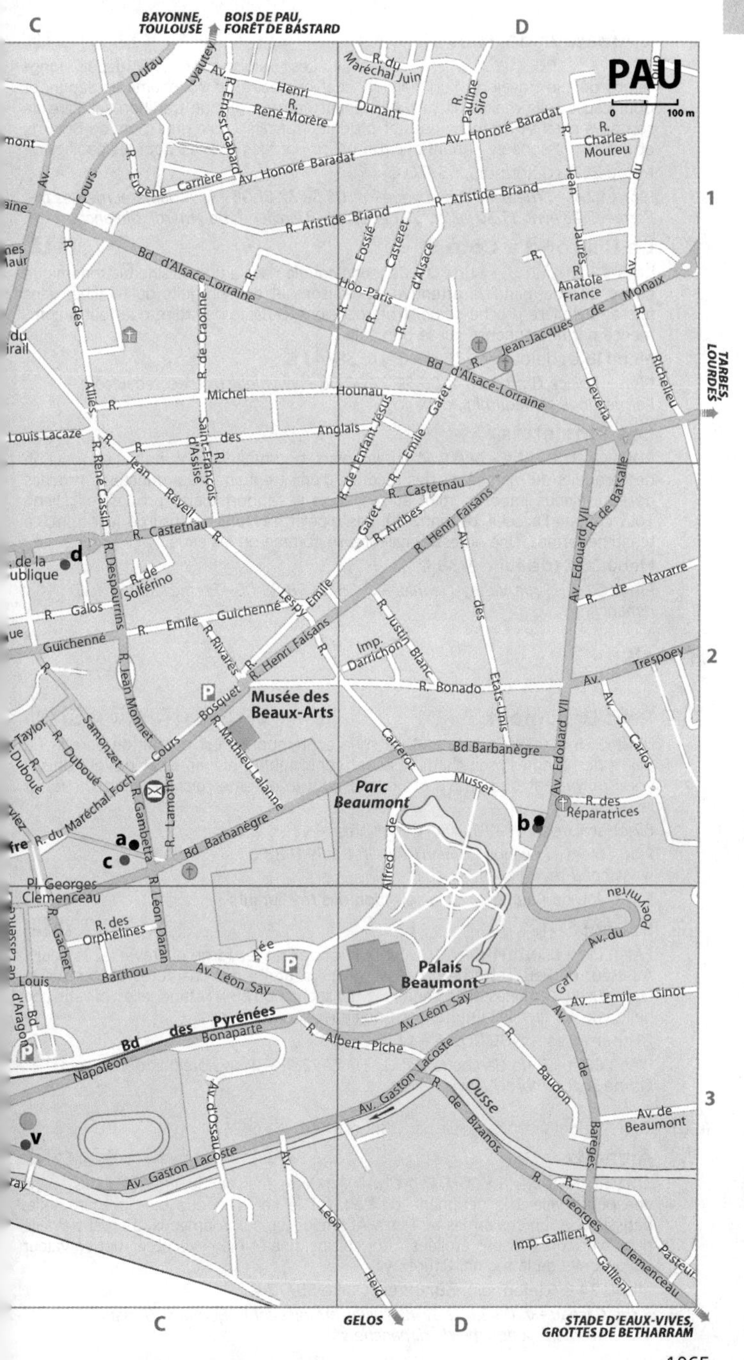
PAU
BAYONNE, TOULOUSE
BOIS DE PAU, FORÊT DE BASTARD
TARBES, LOURDES
GELOS
STADE D'EAUX-VIVES, GROTTES DE BETHARRAM
Musée des Beaux-Arts
Parc Beaumont
Palais Beaumont
Bd d'Alsace-Lorraine
Av. Honoré Baradat
R. Aristide Briand
R. Castetnau
R. Henri Faisans
Av. Edouard VII
Bd Barbanègre
Av. Léon Say
Bd des Pyrénées
Av. Gaston Lacoste
Ousse
Pl. Georges Clemenceau
R. Georges Clemenceau
Av. Trespoey
R. Bonado
Av. des Etats-Unis
Cours Bosquet
R. Gambetta
R. Léon Daran
Av. d'Ossau
Av. Léon Heid
R. de Bizanos
Av. de Barèges
Av. de Beaumont
Av. Emile Ginot
R. Louis Barthou
Bd Napoléon Bonaparte
R. Albert Piche
R. du Maréchal Foch
R. Jean Monnet
R. Despourrins
R. René Cassin
R. Jean Réveil
R. Emile Guichenné
R. Emile Garet
R. Michel Hounau
R. des Anglais
R. Saint-François d'Assise
R. de Craonne
R. Hoo-Paris
Av. Jean-Jacques de Monaix
R. Richelieu
R. Devéria
R. Jean Jaurès
R. Anatole France
R. Charles Moureu
R. Pauline Siro
R. Henri Dunant
R. du Maréchal Juin
R. René Morère
Av. R. Ernest Gabard
R. Eugène Carrière
Cours Lyautey
Dufau
R. des Alliés
R. Louis Lacaze
R. de Solférino
R. Galos
R. Rivarès
R. Lespy
R. Justin Blanc
Imp. Darrichon
R. Carrerot
R. Musset
R. Alfred de Musset
R. des Réparatrices
Av. S. Carlos
R. de Navarre
R. de Batsalle
Poeymirau
Av. du Gal
R. Baudon
R. Mathieu Lalanne
R. Samonzet
R. Duboué
Taylor
R. Lamothe
R. des Orphelines
R. Gachet
Allée
R. Pasteur
Imp. Gallieni
R. Gallieni
R. Arribes
R. Castérot
R. Fossié
R. d'Alsace
a
b
c
d
v
0
100 m
C
D
1
2
3

L'Amateur de Thés

CUISINE JAPONAISE • CONTEMPORAIN X Les Palois apprécient depuis longtemps déjà le travail de Yuri Nagaya, chef originaire de Yokohama au Japon, et pour cause : elle réalise un mix surprenant entre la grande tradition culinaire de son pays natal et les techniques et produits français – foie gras, porc de Bigorre, et autres poissons de l'Atlantique. Un plaisir pour les yeux et pour les papilles.

Menu 25 € (déjeuner), 55/70 €

Plan : C2-d – *1 rue de la République – ✆ 05 59 32 81 06 – www.lamateurdethes.fr – Fermé 13-23 avril, 13-30 juillet, 29 décembre-8 janvier, lundi, mardi, dimanche*

Le Bistrot d'à Côté (N)

CUISINE MODERNE • BISTRO X Ce jeune couple réalise une cuisine bistronomique pleine de gourmandise, attentive aux saisons et aux produits du marché, dans une atmosphère proche des bistrots parisiens. Difficile de croire que tout a commencé par une annonce sur le bon coin...

Menu 18 € (déjeuner)/36 € – Carte 38/44 €

Plan – *1 place Gramont – ✆ 05 59 27 98 08 – www.lebistrotdacotepau.com – Fermé lundi, samedi midi, dimanche*

Les Pipelettes (N)

CUISINE MODERNE • BISTRO X Ici, les plats, gourmands, sont établis en fonction des produits du marché, et des récoltes d'une trentaine de producteurs proches de Pau. Menus imposés, midi et soir, mais le rapport plaisir/prix est excellent. Tout comme l'accueil, décontracté. Les pipelettes n'ont pas usurpé leur nom, ça tchatche ferme... Une adresse chaleureuse comme on les aime.

Menu 20 € (déjeuner)/38 €

Plan : C2-c – *3 rue Valéry-Meunier – ✆ 05 59 98 88 06 – Fermé lundi, mardi, dimanche*

Hôtels

Parc Beaumont

BUSINESS • COSY Ce bâtiment de style contemporain est proche du parc et du palais des congrès ; ses chambres sont confortables, élégantes et design. Un bel hôtel polyvalent où rien n'a été oublié pour la détente (piscine, jacuzzi, spa) et les affaires.

67 chambres – 290/450 € – 8 suites – 26 €

Plan : D2-b – *1 avenue Edouard-VII – ✆ 05 59 11 84 00 – www.hotel-parc-beaumont.com*

Le Jeu de Paume – voir la sélection des restaurants

Bristol

FAMILIAL • CONTEMPORAIN Ouvrez le portail en fer forgé et traversez la cour... Au cœur de Pau, cette belle bâtisse du 19e s. abrite des chambres spacieuses et lumineuses, certaines avec cheminée. Et sachez qu'au 4e étage, elles offrent une belle vue sur la ville ! En été, petit-déjeuner sur la terrasse.

21 chambres – 89/109 € – 12 €

Plan : C2-a – *3 rue Gambetta – ✆ 05 59 27 72 98 – www.hotelbristol-pau.com – Fermé 21 décembre-7 janvier*

à Lescar 7,5 km au Nord-Ouest par D817 et D601 – ✉ 64230

Arraditz

CUISINE MODERNE • CONTEMPORAIN XX Cette maison du 19e s., installée dans une petite ville à la périphérie de Pau, est le fief d'un duo bien préparé : elle, pâtissière, a fait ses armes au Plaza Athénée ; lui, aux fourneaux, a aussi travaillé dans plusieurs maisons étoilées. Leur cuisine, fine et bien exécutée, met en valeur les produits de la région. Courez-y !

Menu 24 € (déjeuner), 38/68 € – Carte 55/72 €

2 rue Cachau – ✆ 05 59 32 31 40 – www.arraditz.com – Fermé 4-27 mars, 4-18 novembre, lundi, mardi, dimanche soir

à Sauvagnon 12 km au Nord par D834 – ✉ 64230

L'Harmonie

CUISINE MODERNE • CONTEMPORAIN XX Dans cette ancienne trattoria à la déco charmante (pierre apparente, brique et poutres, tableaux), on se régale d'une cuisine fraîche et colorée, qui doit beaucoup à la production des fermes avoisinantes. Goûtez par exemple le pigeon rôti et fumé au foin, ou encore le risotto à l'huile de truffe, deux classiques de la maison...

Menu 18 € (déjeuner), 34/44 € – Carte 40/60 €

1 chemin Severou – ☎ 05 59 82 17 23 – Fermé lundi, samedi midi, dimanche soir

PAUILLAC

✉ 33250 (Gironde) – Carte régionale n° **18**-B1
Carte Michelin 335-G3 – Guide Vert Michelin Aquitaine

Château Cordeillan-Bages

CUISINE MODERNE • CONTEMPORAIN XXX Dans ce délicieux château niché dans un parc, au bord des vignes, une salle rythmée par quelques œuvres d'art contemporain... et des assiettes subtilement composées, très soignées visuellement, qui tirent le meilleur de produits bien choisis.

→ Homard poché, crème de verveine du jardin, variation de pêche et haricots. Sole pochée, condiment aux algues, girolles et copeaux de parmesan, sauce au vin jaune. Sablé à la fleur de sel, mousse madong et écorces de chocolat, glace au lapsang souchong

Menu 45 € (déjeuner), 90/155 € – Carte 135/155 €

61 route des Vignerons, 1 km au Sud par D2 – ☎ 05 56 59 24 24 – www.cordeillanbages.com – Fermé 1er janvier-14 mars, 11 novembre-31 décembre, lundi, mardi

Café Lavinal

CUISINE TRADITIONNELLE • BISTRO X La petite place de Bages conserve son atmosphère animée d'antan avec la boutique de vins, la boulangerie et... le Café Lavinal. L'assiette célèbre le terroir local dans un esprit de franche bistronomie : bons produits frais bien préparés, recettes goûteuses... Le tout rehaussé par un service sympa et efficace.

Menu 28/38 € – Carte 43/57 €

place Desquet – ☎ 05 57 75 00 09 – www.jmcazes.com/fr/cafe-lavinal – Fermé dimanche

Château Cordeillan-Bages

DEMEURE HISTORIQUE • ÉLÉGANT Cette chartreuse du 17e s., alanguie au cœur du vignoble, est prolongée par une construction abritant des chambres agréables. Préférez celles qui ont été rénovées, plus élégantes et tout en sobriété.

28 chambres – 290/430 € – 27 €

61 route des Vignerons, 1 km au Sud par D2 – ☎ 05 56 59 24 24 – www.cordeillanbages.com – Fermé 1er janvier-14 mars, 11 novembre-31 décembre

Château Cordeillan-Bages – voir la sélection des restaurants

PEILLON

✉ 06440 (Alpes-Maritimes) – Carte régionale n° **25**-E2
Carte Michelin 341-F5 – Guide Vert Michelin Côte d'Azur

Les Plaisirs Ⓝ

CUISINE RÉGIONALE • RUSTIQUE X Voilà tout ce qu'on aime : une bien sympathique petite auberge familiale perdue dans un village perché de l'arrière-pays niçois. Le jeune chef-patron, issu d'une famille de restaurateurs, cuisine des recettes provençales avec passion grâce à des produits régionaux qu'il sélectionne avec amour. Saveurs franches, sans chichi, assiettes goûteuses, à prix sages. Qui dit mieux ?

Menu 32 €

2 rue Puada dau Gourguet – ☎ 04 93 87 06 01 – www.lesplaisirs-peillon.com – Fermé lundi soir, mardi soir, mercredi, jeudi soir, vendredi soir, samedi soir, dimanche soir

🍴 Auberge de la Madone

CUISINE PROVENÇALE • MÉDITERRANÉEN XX Cette auberge de tradition semble vivre en symbiose avec l'arrière-pays de Nice... En terrasse, la vue sur le village perché de Peillon est exquise, et les assiettes cultivent le goût du répertoire niçois et des beaux produits locaux. Le plat "phare" met l'eau à la bouche : agneau rôti au four en deux cuissons...

Menu 40/65 € - Carte 55/90 €

3 place Auguste-Arnulf - ✆ 04 93 79 91 17 - www.auberge-madone-peillon.com - Fermé 8 janvier-13 février, 12 novembre-8 décembre, mercredi

Auberge de la Madone

AUBERGE • PERSONNALISÉ Peillon, village médiéval perché sur son rocher de l'arrière-pays niçois, est délicieux, et, à ses pieds, cette auberge de caractère semble l'admirer ! Dans les chambres, tomettes anciennes et murs colorés expriment l'esprit de la Provence ; au jardin, les odeurs du Sud, les cigales, le calme...

16 chambres - 90/210 € - 14 €

3 place Auguste-Arnulf - ✆ 04 93 79 91 17 - www.auberge-madone-peillon.com - Fermé 8 janvier-13 février, 12 novembre-8 décembre

🍴 **Auberge de la Madone** - voir la sélection des restaurants

PENHORS - 29 (Finistère) ➜ voir Pouldreuzic

PENVINS - 56 (Morbihan) ➜ voir Sarzeau

PERI - 2A (Corse-du-Sud) ➜ voir Corse

sugar0607/iStock

ON AIME...

L'Essentiel, où le cadre est cosy et la cuisine de haute volée. **La Table du Pouyaud**, où Gilles Gourvat fait œuvre de générosité... et de gourmandise. **Cuisine & Passion**, qui porte vraiment bien son nom. Enfin, **Un Parfum de Gourmandise**, pour une plongée délicieuse dans le terroir périgourdin.

PÉRIGUEUX

✉ 24000 (Dordogne) – Carte régionale n° **18**–C1
Carte Michelin 329-F4 – Guide Vert Michelin Périgord Quercy

Restaurants

✿ L'Essentiel (Eric Vidal)

CUISINE MODERNE • **COSY** XX Inutile de se perdre en conjectures, autant aller à L'Essentiel ! Dans ce restaurant au cadre feutré, qui voisine la cathédrale, le produit est majesté... et le chef son brillant serviteur. C'est donc une explosion de saveurs, rehaussée par une belle sélection de vins au verre. Et un service attentionné, par-dessus le marché !

→ Huîtres en gelée de légumes, crémeux de tourteau et tartare de langoustine. Pigeon rôti en croûte de dragées, cuisse confite, galette de polenta et betterave rouge. Fines feuilles croustillantes à la pistache aux fraises du Périgord, mousseline à la noix de coco et sorbet basilic

Menu 31 € (déjeuner), 47/83 € – Carte 65/85 €

Plan : C2-n – *8 rue de la Clarté – ✆ 05 53 35 15 15 – www.restaurant-perigueux.com – Fermé 19 février-13 mars, 29 juin-16 juillet, lundi, dimanche*

✿ Un Parfum de Gourmandise (Sébastien Riou)

CUISINE CRÉATIVE • **INTIME** XX Un simple parfum de gourmandise ? Tout un déluge d'arômes et de saveurs ! Catell et Sébastien Riou ont su valoriser leur savoir-faire, forgé dans de belles maisons. En intimité avec le terroir périgourdin, leurs assiettes respirent une fraîche et vive inspiration, qui enivre...

→ Asperges vertes et sabayon au polypode. Lieu jaune aux saveurs iodées. Mousse chocolat au lait et cèpe, noisette et citron

Menu 35 € (déjeuner), 41/61 €

67 cours Saint-Georges – ✆ 05 53 53 46 33 – www.unparfumdegourmandise.com – Fermé 21-27 janvier, 3 juin-3 juillet, lundi, mardi, dimanche soir

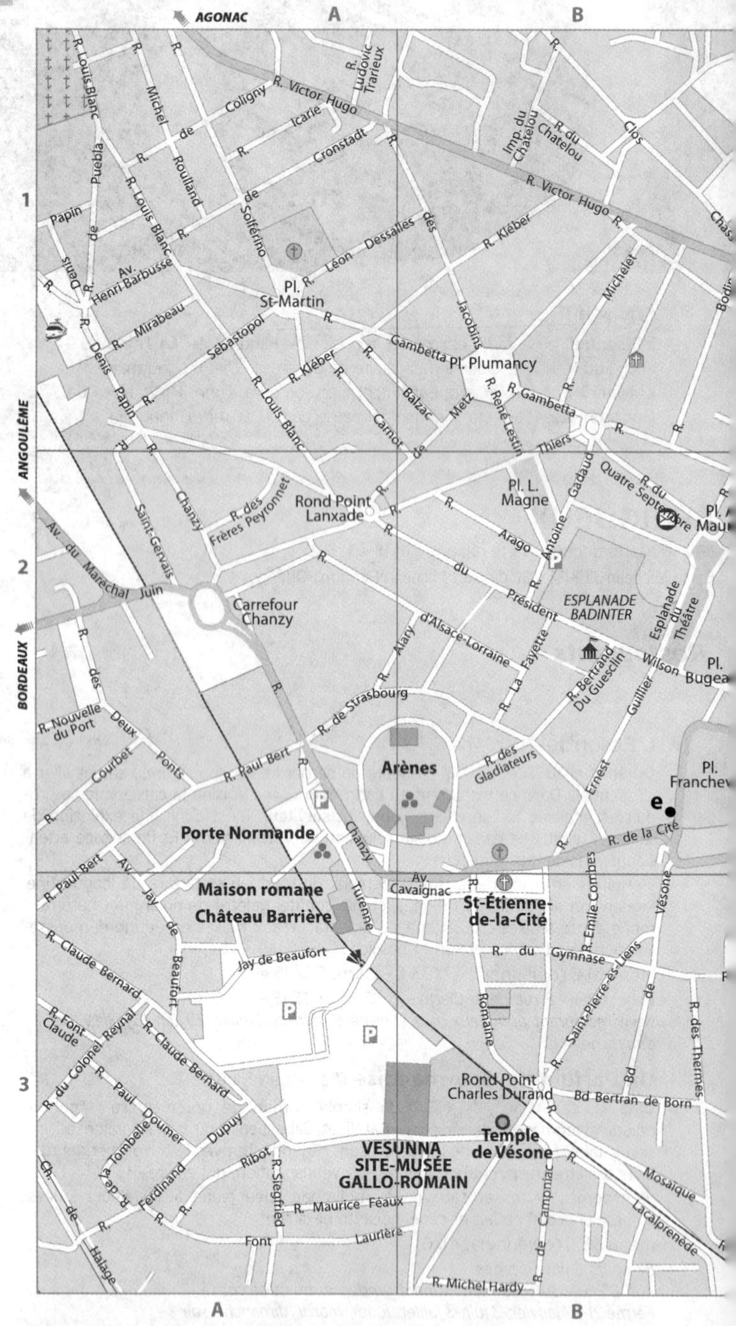
AGONAC
ANGOULÊME
BORDEAUX
A
B
1
2
3
Pl. St-Martin
Pl. Plumancy
Rond Point Lanxade
Pl. L. Magne
Carrefour Chanzy
ESPLANADE BADINTER
Arènes
Porte Normande
Maison romane
Château Barrière
St-Étienne-de-la-Cité
Rond Point Charles Durand
Temple de Vésone
VESUNNA SITE-MUSÉE GALLO-ROMAIN
R. Victor Hugo
R. Gambetta
R. Kléber
R. Louis Blanc
R. de Strasbourg
R. Paul Bert
R. de la Cité
Bd Bertran de Born
Av. du Maréchal Juin
Av. Cavaignac
R. Claude Bernard
R. du Gymnase
R. Michel Hardy
Pl. Francheville
Pl. Bugeaud
Esplanade du Théâtre

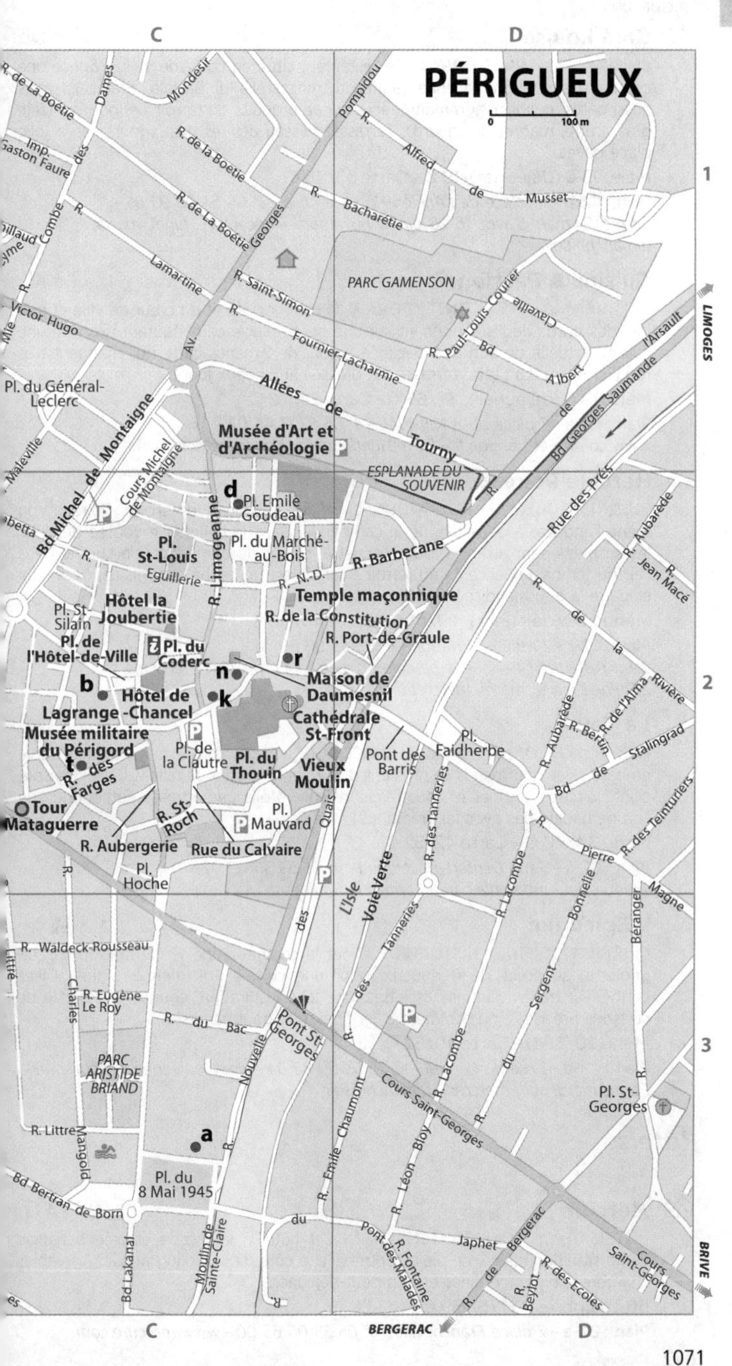

PÉRIGUEUX
0
100 m
C
D
1
2
3
LIMOGES
BRIVE
BERGERAC
PARC GAMENSON
Allées de Tourny
Musée d'Art et d'Archéologie
ESPLANADE DU SOUVENIR
Pl. du Général-Leclerc
Bd Michel de Montaigne
Pl. Emile Goudeau
Pl. du Marché-au-Bois
R. Barbecane
Pl. St-Louis
Temple maçonnique
R. de la Constitution
R. Port-de-Graule
Hôtel la Joubertie
Pl. St-Silain
Pl. de l'Hôtel-de-Ville
Pl. du Coderc
Maison de Daumesnil
Hôtel de Lagrange-Chancel
Cathédrale St-Front
Musée militaire du Périgord
Pl. de la Claûtre
Pl. du Thouin
Vieux Moulin
Pont des Barris
Pl. Faidherbe
Tour Mataguerre
R. Aubergerie
Rue du Calvaire
Pl. Mauvard
Pl. Hoche
L'Isle
Voie Verte
Pont St-Georges
Cours Saint-Georges
PARC ARISTIDE BRIAND
Pl. du 8 Mai 1945
Pl. St-Georges
Bd Bertran de Born
Bd Lakanal

Café Louise

CUISINE ITALIENNE • COSY XX Ce restaurant situé en cœur de ville propose une cuisine d'inspiration italienne (antipasti, mozzarella di Buffala, tiramisu... mais aussi pâtes, raviolis), agrémentée ici et là de produits du terroir périgourdin (foie gras, truffe, magret de canard). Terrasse dressée dès les beaux jours sur la jolie place pavée.

Menu 15 € (déjeuner)/19 € - Carte 33/45 €

Plan : C2-b - *10 place de l'Ancien-Hôtel-de-Ville - ✆ 05 53 08 93 85 - Fermé 24 mars-5 avril, 16-28 juin, 17 novembre-4 décembre, lundi, mardi, dimanche soir*

Cuisine & Passion

CUISINE MODERNE • CONTEMPORAIN XX En léger retrait du cœur de ville et non loin des bords de l'Isle, donnant sur une petite place, ce restaurant propose une cuisine actuelle de bon aloi, déclinée autour de 2 menus-carte qui changent très régulièrement. La petite terrasse est dressée aux beaux jours.

Menu 19 € (déjeuner), 32/65 € - Carte 24/72 €

Plan : C3-a - *7 place du 8 Mai-1945 - ✆ 05 53 13 45 02 - www.cuisine-et-passion.fr - Fermé lundi, mardi, dimanche soir*

Hercule Poireau

CUISINE MODERNE • TRADITIONNEL XX Sur les traces d'Hercule Poireau, on mène l'enquête à deux pas de la cathédrale. Dans la belle salle voûtée du 16es., les suspects sont attablés. Dans l'assiette, l'objet du crime est une cuisine dans l'air du temps aux accents du terroir... car s'il est un péché commis ici, c'est bien celui de la gourmandise !

Menu 21 € (déjeuner), 29/41 € - Carte 40/60 €

Plan : C2-r - *2 rue de la Nation - ✆ 05 53 08 90 76 - www.restaurant-perigueux-hercule-poireau.fr - Fermé 18 février-7 mars, 27 juin-12 juillet, mardi, mercredi*

La Taula

CUISINE RÉGIONALE • TRADITIONNEL XX À la Taula (prononcez "taola"), table en patois, les gourmands se régalent d'une bonne cuisine familiale. Parmi les spécialités : pâtés, terrines et cous farcis maison... Voilà une adresse authentique où l'on ne badine pas avec les traditions !

Menu 34/40 € - Carte 42/52 €

Plan : C2-k - *3 rue Denfert-Rochereau - ✆ 05 53 35 40 02 - www.restaurantlataula.com - Fermé lundi midi*

L'Épicurien

CUISINE MODERNE • HISTORIQUE X Tout le charme d'une vieille maison croquignolette, au cœur de Périgueux, pour une cuisine épicurienne, signée Gilles Labbé. Du travail dans les assiettes, une jolie inspiration légumière, assortie de cuissons précises... ou comment allier finesse et gourmandise.

Menu 20/36 € - Carte 49/62 €

Plan : C2-d - *1 rue du Conseil - ✆ 05 53 09 88 04 - www.lepicurien-restaurant.fr - Fermé mardi soir, mercredi, dimanche soir*

Hôtels

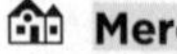

Mercure

HÔTEL DE CHAÎNE • CONTEMPORAIN Cet hôtel à la façade classée bénéficie d'une situation idéale, en plein centre-ville, à côté d'un parking public. Agréables chambres contemporaines et bon petit-déjeuner.

66 chambres - 75/159 € - 16 €

Plan : B2-e - *7 place Francheville - ✆ 05 53 06 65 00 - www.mercure.com*

à Annesse-et-Beaulieu 15 km à l'Ouest par D3, rte de Périgueux - ✉ 24430

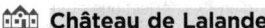

Château de Lalande

DEMEURE HISTORIQUE • ROMANTIQUE Alanguie au creux de son écrin de verdure, cette noble demeure du 18e s. a conservé son cachet d'antan. On s'y repose dans des chambres empreintes de classicisme : mobilier de style, parquet et tentures. La cuisine de saison privilégie les produits du terroir périgourdin, servis dans l'élégante salle à manger, ou sur l'agréable terrasse, aux beaux jours. Jolie piscine.

17 chambres - 128/266 € - 17 €

57 route de St-Astier - ✆ 05 53 54 52 30 - www.chateau-lalande-perigord.com - Fermé 6 janvier-14 mars

à Antonne-et-Trigonant 11 km à l'Est par N21 - ✉ 24420

Le Mas des Bories

MAISON DE CAMPAGNE • COSY Bois patiné et poutres apparentes : cet ancien mas de pierre vêtu cultive l'esprit campagne. Le mobilier chiné apporte une touche cosy aux chambres tandis qu'à l'écart des regards indiscrets, le joli jardin se mire dans la piscine. Une cuisine traditionnelle régionale est proposée aux résidents, au dîner. Chambres coquettes et cosy. Accueil familial sympathique.

11 chambres - 70/140 € - 13 €

51 route de Limoges - ✆ 05 53 02 23 52 - www.masdesbories-dordogne.fr - Fermé 22 décembre-3 janvier

à Champcevinel 5 km au Nord par av. Georges-Pompidou - ✉ 24750

La Table du Pouyaud

CUISINE MODERNE • CONTEMPORAIN XX Sur les hauteurs de Périgueux, le chef (et enfant du pays) Gilles Gourvat, vous reçoit dans cette ferme joliment rénovée. La cuisine, actuelle, revisite la tradition périgourdine, et privilégie les produits locaux (truffe en saison). Ainsi ce pied de cochon et fricassée d'escargots persillés, ou la volaille farcie et foie gras poêlé... Goûteux.

Menu 24 € (déjeuner), 33/78 € - Carte 54/60 €

57 route de Paris, D8 - ✆ 05 53 09 53 32 - www.table-pouyaud.fr - Fermé lundi, dimanche soir

à Chancelade 5,5 km à l'Ouest par D710 et D1 - ✉ 24650

La Verrière

CUISINE MODERNE • CONTEMPORAIN X Ouvert exclusivement le midi, le versant bistrot du Château des Reynats propose des assiettes élaborées au gré du marché par le jeune Florian Grundeler, ancien chef au Jardin des Plumes, à Giverny.

Menu 26 €

Château des Reynats, 15 avenue des Reynats - ✆ 05 53 03 53 59 - www.chateau-hotel-perigord.com - Fermé lundi soir, mardi soir, mercredi soir, jeudi soir, vendredi soir, samedi soir, dimanche soir

Restaurant du Château

CUISINE CRÉATIVE • ÉLÉGANT XXX Rénové dans une veine plus contemporaine, l'intérieur du château conserve son charme classique (hauts plafonds moulurés, colonnes, lustres, cheminée en marbre...). Quant à la partition culinaire, elle se révèle efficace et pile dans l'air du temps, s'appuyant notamment sur des produits bien choisis.

Menu 38/98 € - Carte 70/80 €

Château des Reynats, 15 avenue des Reynats - ✆ 05 53 03 53 59 - www.chateau-hotel-perigord.com - Fermé 2-30 janvier, lundi, mardi midi, mercredi midi, jeudi midi, vendredi midi, samedi midi, dimanche

Château des Reynats

DEMEURE HISTORIQUE · TRADITIONNEL Fruit d'un 19e s. éclectique et imitateur, ce château néo-Renaissance associe fenêtres à meneaux et tours élégantes... Le confort des lieux est authentique, mais sachez que les chambres ont beaucoup moins de cachet dans l'Orangerie.

45 chambres – 65/169 € – 5 suites – 15 €

15 avenue des Reynats
– 05 53 03 53 59 – www.chateau-hotel-perigord.com –
Fermé 2-28 janvier

La Verrière • **Restaurant du Château** – voir la sélection des restaurants

PERNAND-VERGELESSES – 21 (Côte-d'Or) → voir Beaune

LA PERNELLE

50630 (Manche) – Carte régionale n° **17**-A1
Carte Michelin 303-E2

Le Panoramique

CUISINE TRADITIONNELLE · CONVIVIAL À côté de l'église du village, sur une colline surplombant la mer et l'île de Tatihou, un restaurant tenu par la même famille depuis... 1966. À l'origine bar, puis crêperie, c'est désormais un agréable restaurant gastronomique, où la cuisine met joliment en avant le terroir normand, au rythme des saisons !

Menu 33/47 € – Carte 33/55 €

1 Village de l'Église – 02 33 54 13 79 – www.le-panoramique.fr –
Fermé lundi

Un important déjeuner d'affaires ou un dîner entre amis ?
Le symbole vous signale les salons privés.

PERNES-LES-FONTAINES

84210 (Vaucluse) – Carte régionale n° **25**-E1
Carte Michelin 332-D10 – Guide Vert Michelin Provence

Auberge de la Camarette

CUISINE DU MARCHÉ · MAISON DE CAMPAGNE Dans un domaine viticole, en agriculture biologique, cette ferme comtadine du 17e s. propose un menu du marché, savoureux et ludique, qui ne manque pas d'adeptes. À déguster sur la charmante terrasse, avec un petit vin du domaine. L'adresse est très prisée : réservez !

Menu 35 €

439 chemin de la Brunette
– 04 90 61 60 78 – www.domaine-camarette.com – Fermé 18-26 février, 11-19 août, lundi, mardi midi, dimanche soir

Au Fil du Temps

CUISINE MODERNE · BISTRO Dans un quartier piétonnier, juste en face de la vieille église – transformée en centre culturel –, cette ancienne épicerie est devenue un charmant petit restaurant. On y privilégie l'agriculture raisonnée, au gré de plats bien troussés : par exemple, ce carpaccio de bœuf, jus aux cigales de mer, algues marinées et huîtres en beignet...

Menu 32 € (déjeuner)/49 €

51 place Louis-Giraud (face au centre culturel)
– 04 90 30 09 48 – www.aufildutemps84.blogspot.com –
Fermé lundi, mardi midi, mercredi midi, jeudi midi, dimanche

PÉRONNAS – 01 (Ain) → voir Bourg-en-Bresse

PÉROUGES

✉ 01800 (Ain) - Carte régionale n° **2**-B1

Carte Michelin 328-E5 - Guide Vert Michelin Lyon et sa région

Hostellerie du Vieux Pérouges

DEMEURE HISTORIQUE • HISTORIQUE Au cœur de ce charmant village médiéval, plusieurs admirables bâtisses évidemment... moyenâgeuses, réparties dans toute la cité. Lits à baldaquin, poutres et tomettes y côtoient le meilleur confort moderne. Préférez les chambres du Manoir et du Saint-Georges.

28 chambres - 136/257 € - 17 €

place du Tilleul - ☎ 04 74 61 00 88 - www.hostelleriedeperouges.com - Fermé 7-20 janvier

PERPIGNAN

✉ 66000 (Pyrénées-Orientales) - Carte régionale n° **21**-B3

Carte Michelin 344-I6

La Galinette (Christophe Comes)

CUISINE CRÉATIVE • DESIGN XX Pour composer de jolis menus uniques, Christophe Comes dispose de deux armes de choix : son talent, bien sûr, mais aussi son amour des beaux produits. Le poisson est issu de la pêche locale, et les légumes viennent du potager (3 ha !) entretenu avec soin par son père. Résultat ? Une cuisine franche, fine et fraîche !

→ Collection de tomates anciennes. Dorade de Méditerranée, raviole de cèpes. Dégustation de fraises gariguette

Menu 25 € (déjeuner), 48/54 €

Plan : C1-e - *23 rue Jean-Payra - ☎ 04 68 35 00 90 - www.restaurant-galinette.com - Fermé 1er-31 juillet, 20 décembre-5 janvier, lundi, dimanche*

Le Garriane

CUISINE MODERNE • SIMPLE X "Garriane" pour Garry et Ariane... L'originalité est ici de mise ! Aux fourneaux, Garry, venu d'Australie, concocte une cuisine de saison ouverte sur le monde, dans laquelle le produit est roi. Midi et soir, dégustation autour d'un menu unique. Surtout, n'oubliez pas de réserver : la salle est toute petite...

Menu 23 € (déjeuner), 32/45 €

Plan : A2-a - *15 rue Valette - ☎ 04 68 67 07 44 - Fermé 28 avril-12 mai, 11 août-1er septembre, lundi, mardi, mercredi midi, samedi midi, dimanche*

La Passerelle

POISSONS ET FRUITS DE MER • FAMILIAL XX En bord de rivière, une table sympathique et raffinée, menée par un jeune couple dynamique. On se régale d'une cuisine de produits de la mer, rehaussée de touches contemporaines, comme cette raviole d'huîtres, langoustines et bisque réduite. A l'arrière, les fenêtres regardent la rivière.

Menu 24 € (déjeuner), 45/75 €

Plan : C1-z - *1 cours Palmarole - ☎ 04 68 51 30 65 - Fermé 5-19 août, 23 décembre-6 janvier, lundi, dimanche*

Le Divil

VIANDES • CONVIVIAL X Entre le Castillet et la préfecture, un spécialiste des belles viandes maturées : le client choisit sa pièce au détail (côte de bœuf, entrecôte, faux-filet), qui est en ensuite pesée, grillée et accompagnée de bonnes frites maison. 300 références de vins pour arroser le tout.

Menu 18 € (déjeuner)/45 € - Carte 42/75 €

Plan : C2-r - *9 rue des Fabriques Nabot - ☎ 04 68 34 57 73 - www.restaurant-le-divil-66.com - Fermé dimanche*

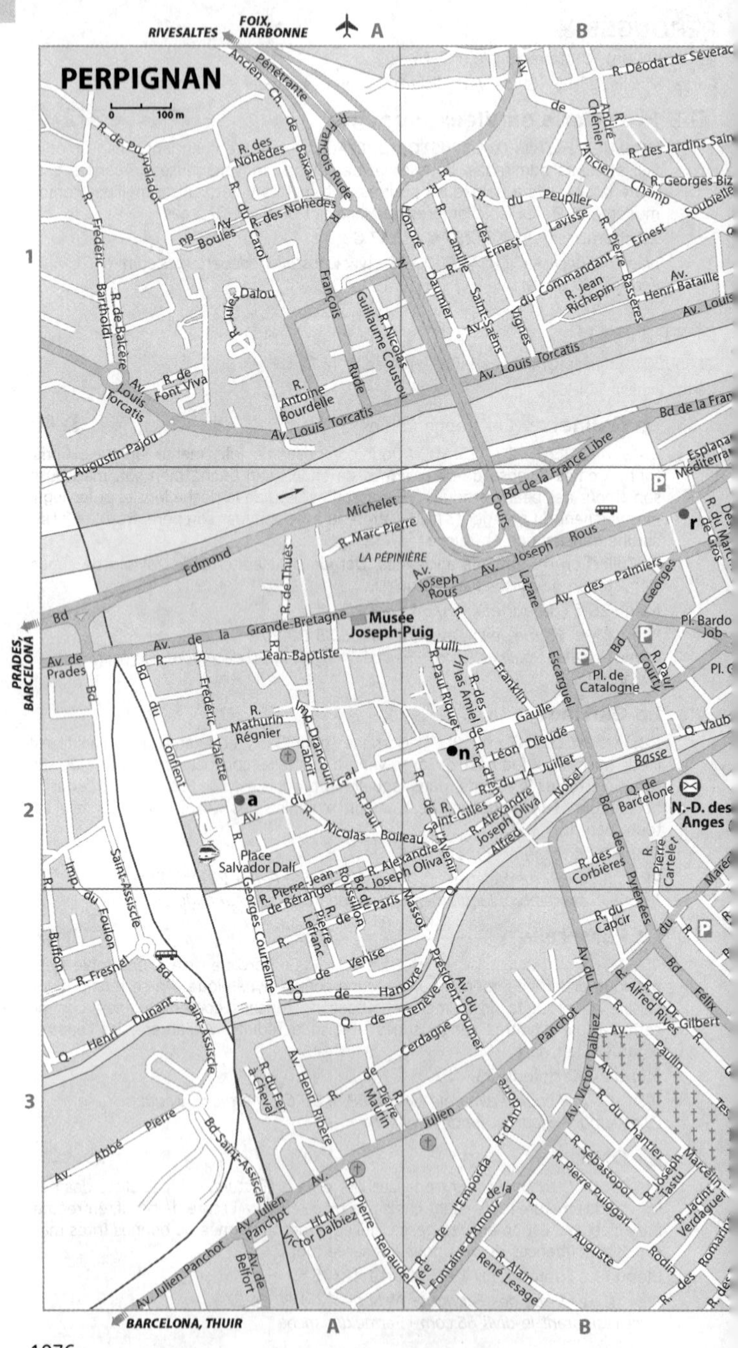
PERPIGNAN
0
100 m
RIVESALTES
FOIX, NARBONNE
A
B
1
2
3
PRADES, BARCELONA
BARCELONA, THUIR
Musée Joseph-Puig
LA PÉPINIÈRE
Place Salvador Dalí
Pl. de Catalogne
N.-D. des Anges
Pl. Bardo Job
Av. Louis Torcatis
Bd de la France Libre
Av. Joseph Rous
Av. de la Grande-Bretagne
Bd Edmond Michelet
Av. des Palmiers
Bd du Conflent
Av. Julien Panchot
Av. Victor Dalbiez
Bd Saint-Assiscle
Av. de Prades
R. Augustin Pajou
Av. Henri Ribère
R. Georges Courteline
Av. du Président Doumer
Cours Lazare Escarguel
Bd des Pyrénées
Q. de Barcelone
Q. Henri Dunant
Av. de l'Ancien Champ de Mars
a
n
r

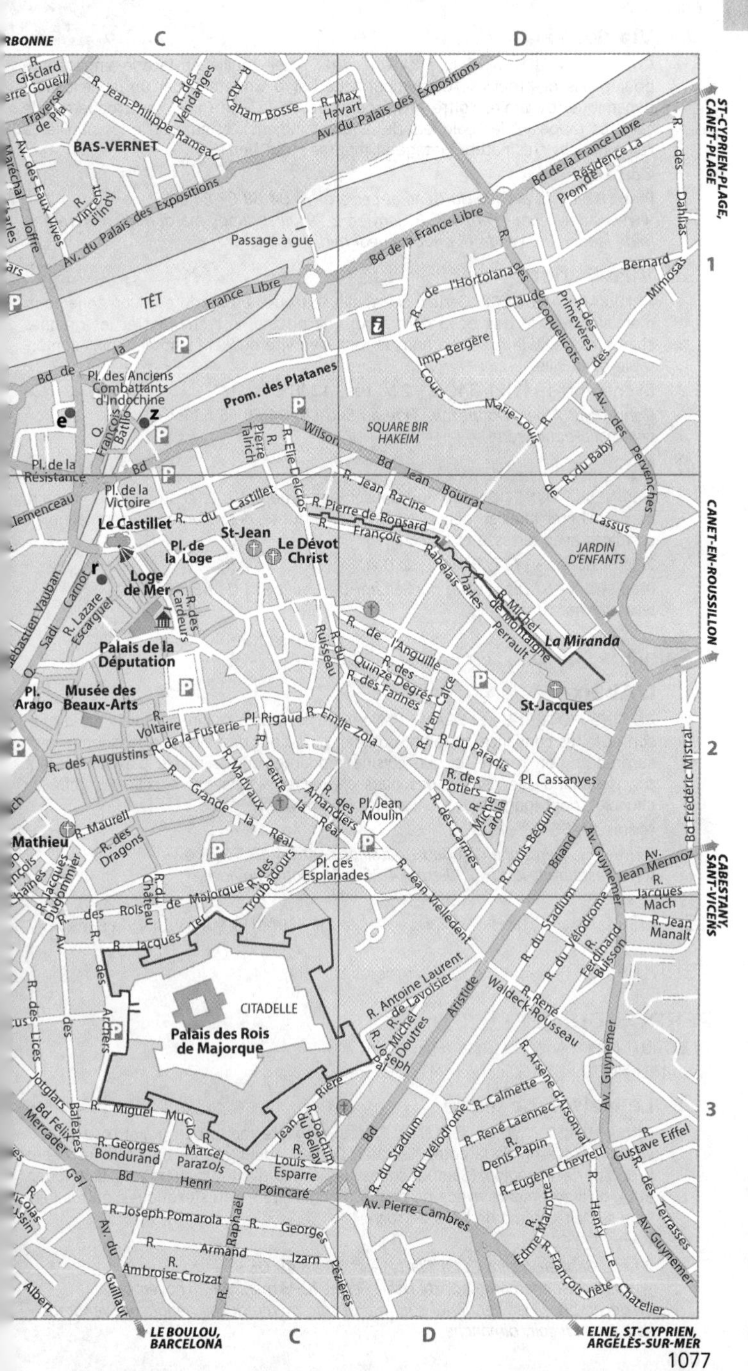
C
D
ST-CYPRIEN-PLAGE, CANET-PLAGE
CANET-EN-ROUSSILLON
CABESTANY, SANT-VICENS
LE BOULOU, BARCELONA
ELNE, ST-CYPRIEN, ARGELÈS-SUR-MER
1
2
3
BAS-VERNET
TÊT
Passage à gué
Prom. des Platanes
SQUARE BIR HAKEIM
Le Castillet
Pl. de la Loge
St-Jean
Le Dévot Christ
Loge de Mer
Palais de la Députation
Pl. Arago
Musée des Beaux-Arts
La Miranda
St-Jacques
JARDIN D'ENFANTS
Pl. Rigaud
Pl. Cassanyes
Pl. Jean Moulin
Pl. des Esplanades
CITADELLE
Palais des Rois de Majorque
Av. du Palais des Expositions
Bd de la France Libre
Bd Wilson
Bd Jean Bourrat
Bd Henri Poincaré
Av. Pierre Cambres
Av. Guynemer
Bd Aristide Briand
Bd Frédéric Mistral
Av. des Pervenches
R. Grande la Réal
R. Émile Zola
R. Jean Vielledent
R. Waldeck-Rousseau
R. du Stadium
R. du Vélodrome
R. des Augustins
Pl. de la Résistance
Pl. de la Victoire
Pl. des Anciens Combattants d'Indochine
Mathieu

Via del Vi

CUISINE TRADITIONNELLE • BAR À VIN Acier rouillé et façade engageante pour palais pas rouillés ! Ce sympathique bar à vins, tenu par un jeune couple dynamique, dynamite l'offre gastronomique de la ville (ainsi ces croquettes de carottes rappelant les beignets de légumes indiens), et émoustille les papilles à l'aide de jolis crus nature.Vintage et métissé : tout bon !

Carte 33/49 €

Plan : B2-r – *43 avenue du Général-Leclerc – ✆ 04 68 67 84 96 – www.viadelvi.com – Fermé 1er-29 janvier, 2-29 juillet, lundi, mardi midi, mercredi midi, jeudi midi, vendredi midi, samedi midi, dimanche*

Villa Duflot

FAMILIAL • ART DÉCO Certes, cette villa se trouve en bordure d 'une zone commerciale, mais le très beau parc arboré, la piscine, le restaurant et les grandes chambres de style Art déco nous le font bien vite oublier ! L'hôtel le plus confortable de la ville.

51 chambres – 121/340 € – 2 suites – 18 €

Rond-Point Albert-Donnezan, 3 km au Sud – ✆ 04 68 56 67 67 – www.villa-duflot.com

Nyx

BUSINESS • FONCTIONNEL Judicieusement situé entre le centre-ville et la gare, ce petit hôtel familial, décoré avec soin, propose des chambres irréprochables, certaines avec terrasse et balcon.

17 chambres – 77/160 € – 11 €

Plan : B2-n – *62 bis avenue du Général-De-Gaulle – ✆ 04 68 34 87 48 – www.nyxhotel.fr*

à Saleilles 5 km au Sud par rte d'Elne – ✉ 66280

L'AbSix

CUISINE MODERNE • ÉLÉGANT Ne vous fiez pas à l'allure coloniale de la maison et faites confiance au talent du chef, passé par de belles maisons, pour vous surprendre : on réalise ici une cuisine moderne, qui se révèle particulièrement précise quand elle revisite des plats classiques – ainsi cet excellent soufflé au chocolat, dont longtemps nos papilles s'émouvront.

Menu 39/55 €

2 rue de la Cerdagne (ZA Sud Roussillon) – ✆ 04 68 54 79 02 – www.restaurant-labsix.fr – Fermé 4-26 août, lundi, dimanche

LE PERREUX-SUR-MARNE – 94 (Val-de-Marne) → voir Autour de Paris

PERRIER – 63 (Puy-de-Dôme) → voir Issoire

PERROS-GUIREC

✉ 22700 (Côtes-d'Armor) – Carte régionale n° **7**-B1

Carte Michelin 309-B2 – Guide Vert Michelin Bretagne Nord

La Maison de Marie

CUISINE MODERNE • ÉLÉGANT Cette élégante maison en granit rose semble vibrer à l'unisson de la côte... Le chef, Daniel Jaguin, a pour boussole les beaux produits de la région (Saint-Jacques des Côtes-d'Armor, huîtres de Lanmodez, etc.), qu'il agrémente avec une pointe d'originalité – notes exotiques, épices lointaines. Clair comme de l'eau de roche !

Carte 33/55 €

24 rue Gabriel-Vicaire (à La Clarté) – ✆ 02 96 49 05 96 – www.lamaisondemarie-laclarte.bzh – Fermé 10-13 mars, 19-28 novembre, 20 décembre-13 janvier, lundi soir, mardi soir, mercredi soir, jeudi soir, vendredi soir, samedi soir, dimanche

Le Manoir du Sphinx

CUISINE MODERNE • ÉLÉGANT XX De la salle à manger de cette belle maison, élégante et feutrée, on surplombe le jardin et la côte rocheuse. Une vue panoramique à couper le souffle, qui ne donne que plus de relief à des plats privilégiant producteurs et pêcheurs locaux ; la cuisine unit terre et mer dans une jolie symphonie gustative.

Menu 25 € (déjeuner), 33/49 €

67 chemin de la Messe (plage de Trestignel) - ✆ 02 96 23 25 42 - www.lemanoirdusphinx.com - Fermé 27 janvier-7 mars, 17 novembre-12 décembre, lundi, vendredi midi

La Suite

CUISINE MODERNE • TENDANCE X Ouverte non-stop de midi à 1h du matin, cette agréable maison domine la plage du Trestaou. Sur la terrasse ou à l'intérieur, on sert aussi bien de beaux poissons grillés (sole, bar) que des plats d'inspiration asiatique ou des assiettes de fruits de mer. Les plats sont bien réalisés, les portions sont généreuses, l'ambiance est conviviale : on passe un bon moment.

Menu 21 € (déjeuner), 32/44 € - Carte 38/71 €

boulevard Joseph-Le-Bihan (plage du Trestaou) - ✆ 02 96 49 09 34 - Fermé 7-31 janvier

L'Agapa

LUXE • DESIGN Une impression de luxe zen se dégage de cet hôtel tout de verre, granit et acier. Offrant pour la plupart une magnifique vue sur la mer, les chambres, modernes, au design épuré, invitent à la détente ; un confort que l'on retrouve au spa.

45 chambres - 99/510 € - 1 suite

12 rue des Bons-Enfants - ✆ 02 96 49 01 10 - www.lagapa.com - Fermé 14-20 janvier

Le Manoir du Sphinx

TRADITIONNEL • CLASSIQUE Cette ravissante villa 1900 surplombant la mer n'a rien d'une énigme... Ses chambres, décorées dans un style classique plutôt cosy, contemplent à loisir la magnifique baie et les îles ; son charmant jardin dégringole jusqu'à la mer.

19 chambres - 96/138 € - 12 €

67 chemin de la Messe (plage de Trestignel) - ✆ 02 96 23 25 42 - www.lemanoirdusphinx.bzh - Fermé 27 janvier-6 mars, 17 novembre-11 décembre

Le Manoir du Sphinx - voir la sélection des restaurants

Ker Mor

FAMILIAL • CONTEMPORAIN Ces deux charmantes villas de 1905, typiques de la station, dominent la plage du Trestraou. Les chambres, sobres et épurées, sont parfaitement équipées ; de certaines d'entre elles, on contemple l'archipel des Sept-Îles, au large.

29 chambres - 88/186 € - 12 €

38 rue du Maréchal-Foch (plage de Trestraou) - ✆ 02 96 23 14 19 - www.hotel-ker-mor.com - Fermé 12 novembre-8 février

Hermitage

FAMILIAL • FONCTIONNEL Une grande bâtisse d'esprit balnéaire, au cœur d'un jardin arboré en centre-ville. Les chambres, qui jouent la carte de la fraîcheur et de la simplicité, se révèlent agréables. Et les nombreux habitués apprécient l'ambiance familiale des lieux...

14 chambres - 70/85 € - 9 €

20 rue des Frères-le-Montréer - ✆ 02 96 23 21 22 - www.hotelhermitage-22.com - Fermé 3 novembre-31 décembre

à Ploumanach 6 km à l'Ouest par D788 – ✉ 22700

La Table de mon Père

CUISINE MODERNE • TENDANCE XX Profiter, sur la plage de St-Guirec, des dernières lueurs du couchant, bien au chaud dans une salle design, en dégustant un menu dédié à un produit de saison (Saint-Jacques, homard, etc.)... Une cuisine au goût du jour, présentée avec soin, où l'on sent du sérieux et de l'application.

Menu 49/64 €

Castel Beau Site, plage de Saint-Guirec – ☎ 02 96 91 40 87 – www.castelbeausite.com – Fermé lundi midi, mardi midi, mercredi midi, jeudi midi, vendredi midi, samedi midi, dimanche midi

Restaurant des Rochers

POISSONS ET FRUITS DE MER • CONVIVIAL XX Cadre chaleureux, baies vitrées offrant une vue imprenable sur le port, boiseries aux murs et lambris au plafond : cet intérieur rappelle furieusement celui... d'un bateau ! La cuisine, au goût du jour, est aussi dans cet esprit : elle privilégie les produits de la mer, agrémentés de quelques notes créatives.

Menu 22/72 € – Carte 36/70 €

Hôtel des Rochers, 70 chemin de la Pointe (au port de Ploumanach) – ☎ 02 96 46 50 08 – www.hotel-desrochers-perros.com – Fermé lundi

Castel Beau Site

TRADITIONNEL • DESIGN Cette grande bâtisse en granit rose des années 1930 a presque les pieds dans l'eau ! À l'intérieur, un décor très design et réussi : couleurs tranchées, toiles contemporaines, douches à l'italienne, etc. Pour découvrir le Trégor autrement...

32 chambres – ††119/449 € – ☕ 20 €

plage de Saint-Guirec – ☎ 02 96 91 40 87 – www.castelbeausite.com

La Table de mon Père – voir la sélection des restaurants

Hôtel des Rochers

TRADITIONNEL • COSY Face au joli petit port de Ploumanach, cette maison cultive un bel esprit... marin. Les chambres, actuelles et cosy, sont bien insonorisées et affichent clairement la couleur : du bleu et du blanc. Le plus ? Deux junior suites dans l'esprit d'une cabine de yacht !

17 chambres – ††80/280 € – ☕ 12 €

70 chemin de la Pointe (au port de Ploumanach) – ☎ 02 96 91 67 54 – www.hotel-desrochers-perros.com

Restaurant des Rochers – voir la sélection des restaurants

PERTUIS

✉ 84120 (Vaucluse) – Carte régionale n° **24**-B2

Carte Michelin 332-G11 – Guide Vert Michelin Provence

Château Grand Callamand

FAMILIAL • NATURE Superbe bastide du 16ᵉ s. posée au cœur d'un domaine viticole. Accueil charmant, quiétude, piscine, terrasse face à la montagne Ste-Victoire et déco de bon goût dans les chambres.

3 chambres ☕ – ††140/230 €

route de la Loubière, 2 km par rue Léon-Arnoux – ☎ 04 90 09 61 00 – www.chateaugrandcallamand.com

PETITE-HETTANGE – 57 (Moselle) → voir Malling

LA PETITE-PIERRE

✉ 67290 (Bas-Rhin) – Carte régionale n° **10**-A1

Carte Michelin 315-H3

Au Lion d'Or

CUISINE TRADITIONNELLE • COSY XX Dans ce restaurant élégant, qui offre une vue panoramique sur la vallée, le chef régale avec une cuisine traditionnelle fortement marquée par le terroir alsacien. Pâté en croûte, bouchée à la reine, gibier en saison : c'est tout simplement bon. Chambres pour l'étape.

Menu 39/65 € - Carte 39/65 €

15 rue Principale - ✆ 03 88 01 47 57 - www.liondor.com - Fermé lundi

Au Grès du Marché

CUISINE TRADITIONNELLE • AUBERGE X L'excellent accueil est la première bonne impression, confirmée par le fumet venu des cuisines... Viandes de bœuf, de veau et de cochon sont d'une fraîcheur remarquable, accompagnées de gratin de pomme de terre et autre spaetzle. Formule réduite au déjeuner. La simplicité même !

Menu 38/44 € - Carte 24/50 €

19 rue du Château - ✆ 03 88 70 78 95 - www.augresdumarche.fr - Fermé lundi, mardi, mercredi

La Clairière

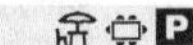

SPA ET BIEN-ÊTRE • NATURE Lové au cœur de la forêt, cet hôtel est dédié au bien-être : spa de 1 200 m^2, piscine ouverte sur la terrasse en teck, séances de yoga, salles de séminaire... et chambres spacieuses. Cuisine saine et vins bio au restaurant.

50 chambres - 170/310 € - 25 €

63 route d'Ingwiller - ✆ 03 88 71 75 00 - www.la-clairiere.com

à Graufthal 11 km au Sud-Ouest par D178 et D122 - ✉ 67320

Au Cheval Blanc

CUISINE TRADITIONNELLE • AUBERGE XX Une sympathique auberge, chaleureuse, à l'ambiance familiale, nichée au cœur du tranquille village troglodytique de Graufthal. Derrière les fourneaux, le chef, Gilles Stutzmann, concocte à sa façon une cuisine traditionnelle, soignée et savoureuse. En prime : un décor rustique à souhait.

Menu 25 € (déjeuner), 28/38 € - Carte 35/55 €

19 rue Principale - ✆ 03 88 70 17 11 - www.auchevalblanc.net - Fermé 2-16 janvier, 28 août-11 septembre, lundi soir, mardi, mercredi soir, jeudi soir

Au Vieux Moulin

CUISINE MODERNE • ÉLÉGANT XX Installez-vous dans cette maison familiale, nichée au fond de la vallée de Graufthal, pour déguster la cuisine pleine de peps de Guillaume Kassel. Œuf de poule de la ferme du Moulin et escargots du Steiberg, poitrine de canette, girolles sautées et cerises, etc. Et une carte des vins de plus de 200 références. Chambres avec vue sur l'étang.

Menu 18 € (déjeuner), 33/60 € - Carte 47/65 €

7 rue du Vieux-Moulin - ✆ 03 88 70 17 28 - www.auvieuxmoulin.eu - Fermé 18 février-7 mars, 17 juin-4 juillet, 18-27 novembre, lundi, mardi midi, dimanche soir

LE PETIT-PRESSIGNY

✉ 37350 (Indre-et-Loire) - Carte régionale n° **8**-B3

Carte Michelin 317-O7

La Promenade (Fabrice et Jacky Dallais)

CUISINE MODERNE • ÉLÉGANT XXX Ce restaurant invite à une jolie promenade ! Derrière les fourneaux, père et fils jouent, à quatre mains, une partition aux notes actuelles, à la fois savoureuse et gourmande. À déguster dans un cadre contemporain de belle facture. Une des meilleures tables de la région.

→ Bouillon de carotte aux fèves et sarriette. Lièvre à la royale, conchiglioni au foie gras. Paris-brest en éclair

Menu 49/98 € - Carte 90/130 €

11 rue du Savoureulx - ✆ 02 47 94 93 52 - www.restaurantdallaislapromenade.com - Fermé 2 janvier-2 février, 16 septembre-4 octobre, lundi, mardi, dimanche soir

LE PETIT-QUEVILLY - 76 (Seine-Maritime) → voir Rouen

LA PEYRATTE

✉ 79200 (Deux-Sèvres) - Carte régionale n° **20**-C1

La Forge à Fer

CUISINE DU MARCHÉ • **MAISON DE CAMPAGNE** Cette ancienne forge à fer du 17ème siècle, située au bord du Thouet, accueille la cuisine à quatre mains d'un couple franco-japonais ; monsieur, enfant du pays, madame, pâtissière, originaire de Tokyo. On se régale d'un croustillant de cuisse de canard confit, d'une pièce de bœuf rôtie, ou d'une tarte aux mirabelles dans un décor de pierres et tomettes. Jolie terrasse. L'ardoise change toutes les semaines.

Menu 36/47 €

15 La Forge à Fer, 3 km au Nord - ✆ 05 49 64 30 53 - www.laforgeafer.fr - Fermé 18 février-7 mars, mardi, mercredi

PÉZENAS

✉ 34120 (Hérault) - Carte régionale n° **21**-C2
Carte Michelin 339-F8

Restaurant De Lauzun (Matthieu De Lauzun)

CUISINE MODERNE • **CONTEMPORAIN** Au sein du domaine viticole, une nouvelle adresse où le jeune chef Matthieu De Lauzun, étoilé auparavant à Gignac, éclabousse les assiettes de tout son talent. Le beau cadre contemporain (pierre, bois, cuivre) se révèle l'écrin parfait pour accueillir sa cuisine du sud, fine et savoureuse, à l'instar d'un époustouflant agneau des Drailles, condiment tomate épicée et petit bonbon de pomme de terre à l'ail doux. Carte de vins étoffée.

→ Pastilla de volaille à l'orientale autour de la betterave. Saint-pierre grillé et gâteau d'aubergine. Sphère framboise et citron

Menu 32 € (déjeuner), 57/105 € - Carte 50/70 €

route de Nizas, au Prieuré St-Jean de Bébian, 2 km au Nord - ✆ 04 99 47 63 91 - www.restaurant-delauzun.com - Fermé lundi, dimanche

Le Pré St-Jean

CUISINE MODERNE • **BISTRO** La devanture en Corten - un acier à l'aspect de rouille - s'inscrit dans une belle façade en pierre, sur le boulevard circulaire de la ville. En cuisine, beau-père et gendre réalisent une cuisine inspirée, goûteuse et gourmande, sur laquelle viennent se greffer quelques plats bistrotiers. Une réussite !

Menu 33/69 € - Carte 55/90 €

18 avenue Maréchal-Leclerc - ✆ 04 67 98 15 31 - www.restaurant-leprestjean.fr - Fermé lundi, jeudi soir, dimanche soir

L'Entre Pots

CUISINE MODERNE • **TENDANCE** Voilà un jeu de mots justifié pour cet ancien entrepôt de vins dédié aux plaisirs du palais ! En cuisine, le chef mêle saveurs du terroir et touches créatives. En salle, les gourmands s'installent dans un cadre branché à la lumière tamisée. Belle sélection de crus régionaux. Le tout à prix doux.

Menu 34 € - Carte 34/34 €

8 avenue Louis-Montagne - ✆ 04 67 90 00 00 - www.restaurantentrepots.com - Fermé lundi, dimanche

à Montagnac 6,5 km au Nord-Est par D613 - ✉ 34530

Côté Mas

CUISINE MODERNE • **ÉLÉGANT** Au milieu des vignes, un restaurant chaleureux et joliment décoré : objets d'art contemporain, mobilier en bois exotique... et de jolies touches de l'océan Indien - épices, notamment - dans l'assiette. Belle carte de vins au verre (coin bistrot dans la boutique).

Menu 28 € (déjeuner), 33/74 € - Carte 45/60 €

route de Villeveyrac - ✆ 04 67 24 36 10 - www.cote-mas.fr - Fermé lundi, mardi, samedi midi, dimanche soir

PEZENS - 11 (Aude) ➜ voir Carcassonne

PFAFFENHEIM

✉ 68250 (Haut-Rhin) - Carte régionale n° **10**-A2

Carte Michelin 315-H9 - Guide Vert Michelin Alsace Vosges

La Maison d'Émilie

FAMILIAL • ÉLÉGANT Émilie et Guillaume ont rénové l'ancienne demeure de la grand-mère de ce dernier, pour en faire leur maison de famille... et l'ouvrir aux hôtes de passage. Alliance de poutres anciennes et de grand confort, salle de jeux pour enfants, joli jardin et bonne table d'hôte (Guillaume est chef de profession) : un vrai nid alsacien !

5 chambres ☕ - 👫105/130 €

3 rue du Moulin - ✆ 03 69 34 06 96 - www.maisondemilie.com - Fermé 1er-14 juillet, 21-28 novembre

PFAFFENHOFFEN

✉ 67350 (Bas-Rhin) - Carte régionale n° **10**-B1

Carte Michelin 315-J3

À l'Agneau

CUISINE TRADITIONNELLE • AUBERGE XX Dans cette auberge alsacienne (1769), la restauration est une affaire de famille. Deux sœurs (7e génération!) sont à la tête de l'établissement, où l'on sert une cuisine traditionnelle parsemée de touches de modernité, attentive aux saisons, dans une salle rajeunie.

Menu 20 € (déjeuner), 31/68 € - Carte 38/70 €

3 rue de Saverne
- ✆ 03 88 07 72 38 - www.hotel-restaurant-delagneau.com -
Fermé 11-19 mars, 24-30 juin, 9-27 septembre, lundi, mardi, dimanche soir

PFULGRIESHEIM - 67 (Bas-Rhin) ➜ voir Strasbourg

PHALSBOURG

✉ 57370 (Moselle) - Carte régionale n° **12**-D2

Carte Michelin 307-O6

Erckmann-Chatrian

CUISINE TRADITIONNELLE • COSY XX La table de l'hôtel Erckmann-Chatrian met les recettes traditionnelles à l'honneur. Ici, on privilégie les produits frais et le "fait maison"... Ainsi les "hors-d'œuvre riches", turbot au champagne, douceur de mangue et framboise, spécialités de la maison.

Menu 24/47 € - Carte 49/129 €

14 place d'Armes - ✆ 03 87 24 31 33 - www.erckmann-chatrian.net - Fermé lundi, mardi midi, dimanche soir

Erckmann-Chatrian

FAMILIAL • FONCTIONNEL Une maison typique de la région dont la façade fleurie ne manque pas de cachet. Les chambres sont relativement spacieuses, plutôt fonctionnelles, et adoptent un style classique. Parfait pour visiter l'ancienne cité fortifiée par Vauban ou pour se rendre, l'été venu, au festival littéraire Erckmann-Chatrian.

16 chambres - 👫66/82 € - ☕12 €

14 place d'Armes - ✆ 03 87 24 31 33 - www.erckmann-chatrian.net

Erckmann-Chatrian - voir la sélection des restaurants

PIANA - 2A (Corse-du-Sud) ➜ voir Corse

LE PIAN-MÉDOC

✉ 33290 (Gironde) - Carte régionale n° **18**-B1
Carte Michelin 335-H5

Golf du Médoc Hôtel & Spa

SPA ET BIEN-ÊTRE • CONTEMPORAIN Sur le site du golf du Médoc (320 ha), cet ensemble récent s'intègre parfaitement dans le paysage. Chambres spacieuses, fonctionnelles et chaleureuses ; agréable spa (soins esthétiques et modelages) ; club house et restaurant... Tout pour la détente !

79 chambres - 140/365 € - 22 €

Chemin de Courmateau, à Louens - ☎ 05 56 70 31 31 - www.golfdumedocresort.com

PIERREFONDS

✉ 60350 (Oise) - Carte régionale n° **14**-C2
Carte Michelin 305-I4

à St-Jean-aux-Bois 6 km par D85 - ✉ 60350

Auberge à la Bonne Idée

CUISINE CLASSIQUE • ÉLÉGANT XxX Plus qu'une bonne, une excellente idée qu'un repas en cette jolie auberge (pierres, poutres, cheminée...). La cuisine est raffinée et harmonieuse, soucieuse du respect des saveurs, des cuissons et des assaisonnements : on sent tout le travail d'une équipe animée par le désir de bien faire.

→ Ravioles de foie gras de canard, bouillon de poule crémé à la truffe. Ris de veau au vin jaune, purée de patate douce au foie gras. Crêpe à la crème légère flambée au kirsch, jus de griottines

Menu 39/89 € - Carte 60/90 €

3 rue des Meuniers - ☎ 03 44 42 84 09 - www.a-la-bonne-idee.fr - Fermé 2-25 janvier, lundi, mardi midi, dimanche soir

Auberge à la Bonne Idée

AUBERGE • COSY En plein cœur de la forêt de Compiègne, cette charmante auberge s'articule autour d'un jardin fleuri aux beaux jours. L'intérieur se pare de belles touches rustiques (poutres apparentes, grande cheminée) ; les chambres sont cosy et bien entretenues.

23 chambres - 120/170 € - 14 €

3 rue des Meuniers - ☎ 03 44 42 84 09 - www.a-la-bonne-idee.fr - Fermé 2-25 janvier

Auberge à la Bonne Idée - voir la sélection des restaurants

PIGNA - 2B (Haute-Corse) → voir Corse (Ile-Rousse)

LE PIN-AU-HARAS

✉ 61310 (Orne) - Carte régionale n° **17**-C2
Carte Michelin 310-J2 - Guide Vert Michelin Normandie Cotentin

La Tête au Loup

CUISINE TRADITIONNELLE • AUBERGE XX La faim chasse le loup du bois... Si l'animal peuplait encore la région, on pourrait le pister - à pas de loup - pour découvrir cette auberge traditionnelle, voisine du célèbre haras du Pin. En vieux loup de mer, le chef concocte de bonnes terrines maison et autres spécialités de poissons... Que du bon !

Menu 32/49 €

☎ 02 33 35 57 69 - www.lateteauloup.fr - Fermé 1er décembre-31 janvier, lundi, mardi, dimanche soir

LE PIN-LA-GARENNE - 61 (Orne) → voir Mortagne-au-Perche

PINSAGUEL

✉ 31120 (Haute-Garonne) - Carte régionale n° **22**-B2
Carte Michelin 343-G3

Le Gentiane

CUISINE MODERNE • **SIMPLE** XX Entre autres vertus, la gentiane est connue pour stimuler l'appétit... Comme cet endroit ! Après avoir tenu une épicerie fine à Toulouse, le couple Bachon a réalisé son rêve : ouvrir un restaurant aux airs de maison privée, où l'on se rend "comme chez des amis". À un détail près : ici, on est sûr de bien manger.

Menu 16 € (déjeuner), 32/50 €

7 rue du Cagire - ✆ 05 62 20 55 00 - www.legentiane.fr - Fermé 23 avril-2 mai, 12-25 août, lundi, mardi, dimanche soir

PISCIATELLO - 2A (Corse-du-Sud) ➜ voir Corse (Ajaccio)

PIZAY - 69 (Rhône) ➜ voir Belleville

LA PLAGNE

✉ 73210 (Savoie) - Carte régionale n° **2**-D2
Carte Michelin 333-N4 - Guide Vert Michelin Alpes du Nord

à Plagne-Bellecôte 4 km à l'Est - ✉ 73210

Carlina

FAMILIAL Ce grand chalet se niche sur les hauteurs, à Belle-Plagne. La vue depuis la terrasse n'en est que plus belle, sans parler de l'accès direct aux pistes... Les chambres se déclinent dans un esprit montagnard ou dans un style plus épuré. Une adresse fort sympathique.

46 chambres - ½ Pension seulement 416/748 €

à Belle-Plagne, 2 km - ✆ 04 79 09 78 46 - www.carlina-belleplagne.com - Fermé 27 avril-10 décembre

PLAIMPIED-GIVAUDINS

✉ 18340 (Cher) - Carte régionale n° **8**-C3
Carte Michelin 323-K5 - Guide Vert Michelin Limousin Berry

Aux Marais

CUISINE MODERNE • **RUSTIQUE** X Une cuisine réalisée à quatre mains... à Plaimpied ! Formés dans de belles maisons, Amandine et Stéphane Pasquier signent une carte fraîche et plutôt audacieuse, renouvelée tous les deux mois : mariage terre-mer, sucré-salé, etc. À déguster au coin du feu en hiver, et sur la terrasse fleurie pendant les beaux jours.

Menu 25/39 € - Carte 25/39 €

12 rue des Marais - ✆ 02 48 25 54 45 - restaurantauxmarais.fr - Fermé 15-28 février, 22 juillet-11 août, lundi, mercredi, dimanche soir

PLAINE-DE-WALSCH

✉ 57870 (Moselle) - Carte régionale n° **12**-D2
Carte Michelin 307-N6

Étable Gourmande

CUISINE MODERNE • **AUBERGE** XX Élégant et rustique, le cadre surprend d'abord agréablement. Puis viennent les délices du saumon fumé maison, de la belle charcuterie de cochon fermier, d'une cuisine généreuse et bien réalisée. Une étable - ou étape - effectivement gourmande ! Les chambres, agencées dans un esprit chalet, ne sont pas mal non plus...

Menu 24 € (déjeuner), 38/58 € - Carte 45/75 €

3 route du Stossberg, route de Vallerysthal - ✆ 03 87 25 66 34 - www.aubergedeletable.com - Fermé 5-25 août, 23 décembre-6 janvier, lundi midi, mardi midi, samedi midi, dimanche

LA PLAINE-SUR-MER

✉ 44770 (Loire-Atlantique) - Carte régionale n° **23**-A2
Carte Michelin 316-C5

✿✿ Anne de Bretagne (Mathieu Guibert)

CUISINE MODERNE • **DESIGN** XXX Sur la rive sud de l'estuaire de la Loire, en plein pays de Retz, cette grande maison aux lignes géométriques a quasiment les pieds dans l'eau. Aux fourneaux, on trouve un chef intelligent et discret, Mathieu Guibert, qui a plusieurs cordes à son arc : une connaissance exhaustive des producteurs de la région, un attachement aux valeurs humaines, ainsi qu'un grand respect pour les chefs qui l'ont formé tout au long de son parcours.
Sans surprise, la pêche locale tient ici les premiers rôles : ormeau sauvage de l'Atlantique juste coloré au beurre demi-sel, blettes cuisinées au vinaigre de Xérès ou encore bar de ligne braisé et caviar baeri, poireaux de la Milliassière en papillote et jus de coquillages légèrement crémé... Des alliances réussies, une relecture judicieuse des classiques : on jubile, d'autant que la cave à vins (créée par les anciens propriétaires) recèle de vraies pépites.

→ Moules de bouchot, tourteau du Croisic et crème de cuisson au safran. Sole meunière aux éclats de noisettes torréfiées, eryngii et sabayon au vin jaune. Chocolat infusé à l'armoise, macaron à l'estragon et crème brûlée au Zan

Menu 39 € (déjeuner), 77/155 € - Carte 126/153 €

au Port de la Gravette, 3 km au Nord-Ouest - ✆ 02 40 21 54 72 - www.annedebretagne.com - Fermé 1er-17 janvier, 11-19 mars, 4-12 novembre, lundi, mardi

Anne de Bretagne

LUXE • ÉLÉGANT Une grande bâtisse contemporaine, toute blanche, posée sur une dune. À l'horizon : le petit port de la Gravette et... rien que la mer ! Idéal pour une escale marine rassérénante, d'autant que le décor - au design épuré - repose les sens...

20 chambres - ††130/450 € - ☕ 26 €

Port de la Gravette, 3 km au Nord-Ouest - ✆ 02 40 21 54 72 - www.annedebretagne.com - Fermé 1er-17 janvier, 11-19 mars, 4-12 novembre

✿✿ **Anne de Bretagne** - voir la sélection des restaurants

PLAISIANS

✉ 26170 (Drôme) - Carte régionale n° **2**-B3
Carte Michelin 332-E8

Auberge de la Clue

CUISINE TRADITIONNELLE • **AUBERGE** X En montant vers ce village montagnard, arrêtez-vous devant la jolie Clue, goulet d'étranglement où les cours d'eau s'emballent. On vient de loin pour savourer cette cuisine du terroir face au mont Ventoux : caillette aux herbes, pieds et paquets, terrine de fromage de tête... Attention : de novembre à mars, l'auberge n'ouvre que les weekends.

Menu 30/36 € - Carte 35/44 €

place de l'Église - ✆ 04 75 28 01 17 - Fermé 15 février-15 mars, 24 octobre-4 novembre, lundi, dimanche soir

PLAISIR - 78 (Yvelines) → voir Autour de Paris

PLAN-DE-LA-TOUR

✉ 83120 (Var) - Carte régionale n° **24**-C3
Carte Michelin 340-O5

Mas des Brugassières

MAISON DE CAMPAGNE • PERSONNALISÉ Ce mas, situé au cœur des Maures, ne manque pas d'atouts ! Les chambres sont coquettes, décorées dans un esprit zen et nature, et certaines disposent d'une terrasse ; à toute heure, la piscine chauffée vous tend les bras...

7 chambres - ††112/235 € - 2 suites - ☕ 13 €

Mas des Brugassières, 1,5 km au Sud par rte de Grimaud - ✆ 04 94 55 50 55 - www.mas-des-brugassieres.com

PLAPPEVILLE - 57 (Moselle) ➜ voir Metz

PLAZAC

✉ 24580 (Dordogne) - Carte régionale n° **18**-D1
Carte Michelin 329-H5 - Guide Vert Michelin Périgord Quercy

Béchanou

MAISON DE CAMPAGNE • NATURE Vieille demeure en pierre située au bout d'un chemin pentu, qui offre tranquillité et vue imprenable sur la vallée. Les chambres sont sobres, fidèles à l'âme du lieu. Jolie piscine. À la table d'hôte, on se régale d'une alléchante cuisine familiale.

5 chambres ☕ - ††105/110 €

lieu-dit Béchanou, 4 km au Nord par D6 et route secondaire - ✆ 05 53 50 39 52 - www.bechanou.com

Petit déjeuner compris ? La tasse ☕ suit directement le nombre de chambres.

PLÉHÉDEL

✉ 22290 (Côtes-d'Armor) - Carte régionale n° **7**-C1

Mathieu Kergourlay (N)

CUISINE MODERNE • ÉLÉGANT XX Après cinq années passées au Manoir de Lan Kerellec, le chef Mathieu Kergourlay a investi - et modernisé - ce petit château non loin de la mer. Dans l'assiette, produits de qualité, dressages soignés, et jolies surprises, comme ces filets de caille laqués d'une délicieuse réduction de canard aux épices.

Menu 26 € (déjeuner), 35/75 € - Carte 55/76 €

Château de Boisgelin, Domaine de Boisgelin - ✆ 02 96 22 37 67 - www.mathieu-kergourlay.com - Fermé mercredi

Château de Boisgelin (N)

DEMEURE HISTORIQUE • COSY On vous dresse le tableau : un château du 15e s. avec sa tour d'angle, entouré d'un domaine de 400 hectares (avec un golf), des touches anciennes dans la déco des chambres (robinetterie rétro, meubles de style Directoire, scènes de chasse au mur)... Bref, du cachet !

14 chambres - ††89/108 € - ☕15 €

Domaine de Boisgelin - ✆ 02 96 22 37 67 - www.mathieu-kergourlay.com

Mathieu Kergourlay - voir la sélection des restaurants

PLÉNEUF-VAL-ANDRÉ

✉ 22370 (Côtes-d'Armor) - Carte régionale n° **7**-C1
Carte Michelin 309-G3 - Guide Vert Michelin Bretagne Nord

au Val-André 2 km à l'Ouest - ✉ 22370

Au Biniou

CUISINE TRADITIONNELLE • CLASSIQUE XX Ce Biniou résonne du vent du large... Dans cette petite maison blanche proche de la plage du Val-André, les produits de la mer et les saveurs fraîches et iodées ont la cote, pour le plaisir des amateurs.

Menu 28/39 € - Carte 45/50 €

121 rue Clemenceau - ✆ 02 96 72 24 35 - Fermé 9-27 février, mardi, mercredi

PLÉRIN - 22 (Côtes-d'Armor) ➜ voir St-Brieuc

LE PLESSIS-PICARD - 77 (Seine-et-Marne) ➜ voir Autour de Paris (Sénart)

PLOEMEUR

✉ 56270 (Morbihan) - Carte régionale n° **7**-B2
Carte Michelin 308-K8

à Lomener 4 km au Sud par D163 - ✉ 56270

Le Vivier

CUISINE TRADITIONNELLE • **CONVIVIAL** XX Dans cet établissement posé face au large, la cuisine est évidemment vouée à Neptune : les pieds presque dans l'eau, on fait le plein d'iode avec de très beaux produits de la pêche (entre autres). Le menu enfant ravit les petits gourmands.

Menu 32/75 € - Carte 52/85 €

9 rue de Beg-Er-Vir - ☎ 02 97 82 99 60 - www.levivier-lomener.com - Fermé 23 décembre-14 janvier

Le Vivier

TRADITIONNEL • **FONCTIONNEL** Imaginez tout l'océan, l'île de Groix, et encore tout l'océan, à perte de vue... Tel est le panorama unique offert par cette maison moderne ancrée sur un rocher ! On n'y entend que le bruit des vagues...

14 chambres - 112/156 € - 15 €

9 rue de Beg-Er-Vir - ☎ 02 97 82 99 60 - www.levivier-lomener.com - Fermé 23 décembre-14 janvier

Le Vivier - voir la sélection des restaurants

PLOËRMEL

✉ 56800 (Morbihan) - Carte régionale n° **7**-C2
Carte Michelin 308-Q7 - Guide Vert Michelin Bretagne Sud

Le Roi Arthur

CUISINE CLASSIQUE • **ÉLÉGANT** XXX Les chevaliers non pas de la Table ronde mais des Temps modernes se sentiront comme des rois dans ce restaurant baigné de lumière. Par les baies vitrées, on peut même contempler les flots. Au menu, cuisine classique et service sans fausse note. Une bonne adresse.

Menu 27 € (déjeuner), 38/44 € - Carte 47/70 €

Lac au Duc, 1,5 km par D8 - ☎ 02 97 73 64 64 - www.hotelroiarthur.com

Le Roi Arthur

TRADITIONNEL • **BORD DE LAC** En quête du Graal ? Il se cache peut-être ici, entre le lac au Duc et le golf... Les chambres sont confortables et d'esprit actuel, la majorité d'entre elles donnant sur le plan d'eau.

46 chambres - 152/262 €

Lac au Duc, 1,5 km par D8 - ☎ 02 97 73 64 64 - www.hotelroiarthur.com - Fermé 10-24 février

Le Roi Arthur - voir la sélection des restaurants

PLOMODIERN

✉ 29550 (Finistère) - Carte régionale n° **7**-A2
Carte Michelin 308-F5

L'Auberge des Glazicks (Olivier Bellin)

CUISINE CRÉATIVE • **TENDANCE** XXX La plage de Saint-Anne-La-Palud, Douarnenez, la pointe du Raz, Locronan et sa cité médiévale et, un peu plus au sud, Pont-Aven et la cité des peintres... Tels sont les paysages quotidiens du chef doublement étoilé Olivier Bellin. Il est vrai que la Bretagne a cette faculté unique de charmer l'imaginaire. À l'Auberge des Glazicks, on s'occupe aussi de vos papilles – et cela depuis le début du 20e siècle.

Cette ancienne maréchalerie (l'endroit où l'on ferrait les chevaux) s'est progressivement transformée en auberge. Alimenté par une ferme attenante, tenue par l'oncle d'Olivier Bellin (déjà!), le lieu attire ouvriers et habitants du coin, autour de menus simples et revigorants - soupe, bouchée à reine, gigot d'agneau... Mais c'est sous l'impulsion d'Olivier Bellin, de retour au pays en 1998, que l'Auberge familiale (où œuvraient sa grand-mère, puis sa mère) accomplit sa mue : première étoile en 2005, seconde en 2010. Inventif et touche-à-tout, Olivier Bellin n'a qu'une passion : cultiver le meilleur de la pêche locale et du terroir breton. Quelques chambres offrent une vue splendide sur la pointe de la Bretagne. Non loin plane encore la légende de la fontaine de l'Ermitage de Saint-Corentin, avec son poisson extraordinaire qui, après avoir été mangé, se reconstituait le lendemain. Avis aux chefs intéressés : il s'agit d'un mythe. Quoique...

→ Langoustine snackée, sang de boudin crémeux et jeune cresson acidulé. Homard, brioche, condiment pomme et pamplemousse. Gourmandise de sarrasin

Menu 60 € (déjeuner), 98/225 € - Carte 140/185 €

7 rue de la Plage - ✆ 02 98 81 52 32 - www.aubergedesglazick.com - Fermé 11-25 mars, lundi, mardi, dimanche soir

Une bonne table sans se ruiner ? Repérez les Bib Gourmand.

PLONÉOUR-LANVERN

✉ 29720 (Finistère) - Carte régionale n° **7**-A2
Carte Michelin 308-F7

Manoir de Kerhuel

CUISINE MODERNE • SIMPLE XX Dans ce cadre charmant, une table qui ne l'est pas moins ! On y déguste une jolie cuisine actuelle, réalisée à base de bons produits régionaux, et servie dans une salle avec vue sur la terrasse et le jardin.

Menu 27/45 € - Carte 48/65 €

route de Quimper - ✆ 02 98 82 60 57 - www.manoirdekerhuel.fr - Fermé 1er-6 janvier, 9-25 février, lundi midi, mardi midi, mercredi midi, jeudi midi, vendredi midi, samedi, dimanche

Manoir de Kerhuel

TRADITIONNEL • CONTEMPORAIN En bordure de route de campagne, dans un parc de 6 ha, ce manoir en pierre a fière allure ! Plusieurs chambres de style sobre et contemporain vous y attendent - dont une, insolite, dans le pigeonnier. Court de tennis et salle de jeux avec billard.

24 chambres - 70/160 € - 12 €

route de Quimper - ✆ 02 98 82 60 57 - www.manoirdekerhuel.fr - Fermé 1er-6 janvier, 9-25 février

Manoir de Kerhuel - voir la sélection des restaurants

PLOUBALAY

✉ 22650 (Côtes-d'Armor) - Carte régionale n° **7**-C1
Carte Michelin 309-J3 - Guide Vert Michelin Bretagne Nord

Restaurant de la Gare

CUISINE MODERNE • TENDANCE XX Si vous parcourez les stations de la Côte d'Émeraude, faites donc un arrêt dans cette Gare gourmande ! À travers une cuisine personnelle et savoureuse, Thomas Mureau joue sans excès avec la tradition régionale, la mer et la terre bretonnes. Évidemment, les menus s'adaptent aux opportunités du marché... qualité oblige.

Menu 22 € (déjeuner), 32/65 € - Carte 38/70 €

4 rue des Ormelets - ✆ 02 96 27 25 16 - www.restaurant-la-gare-ploubalay.com - Fermé 15 février-7 mars, 1er-11 juillet

PLOUBAZLANEC - 22 (Côtes-d'Armor) → voir Paimpol

PLOUER-SUR-RANCE

✉ 22490 (Côtes-d'Armor) - Carte régionale n° **7**-D2
Carte Michelin 309-J3 - Guide Vert Michelin Bretagne Nord

Manoir de Rigourdaine

TRADITIONNEL · CLASSIQUE Dominant l'estuaire de la Rance, cette ancienne ferme a été restaurée avec goût. Poutres ancestrales, cheminée et mobilier campagnard... Un décor de caractère, au grand calme !

19 chambres - 97/105 € - 10 €

à Rigourdaine, 3 km par route de Langrolay puis route secondaire - 02 96 86 89 96 - www.hotel-rigourdaine.fr - Fermé 4 novembre-4 avril

PLOUFRAGAN - 22 (Côtes-d'Armor) → voir St-Brieuc

PLOUGASNOU

✉ 29630 (Finistère) - Carte régionale n° **7**-B1
Carte Michelin 308-I2 - Guide Vert Michelin Bretagne Nord

La Maison de Kerdiès

CUISINE TRADITIONNELLE · CONVIVIAL XX Cette maison de la pointe du Trégor fut à l'origine un sémaphore, avant d'être transformée en colonie de vacances, puis en restaurant. De la salle, on profite d'une vue panoramique sur Roscoff et l'île de Batz... Mais on se recentre vite sur l'assiette, et sur cette généreuse cuisine de tradition, servie avec le sourire !

Menu 19 € (déjeuner), 24/33 €

5 route de Perherel, lieu dit St-Samson - 02 98 72 40 66 - www.maisonkerdies.com - Fermé 2 janvier-9 février, lundi, dimanche soir

PLOUGRESCANT

✉ 22820 (Côtes-d'Armor) - Carte régionale n° **7**-B1
Carte Michelin 309-C1 - Guide Vert Michelin Bretagne Nord

Manoir de Kergrec'h

DEMEURE HISTORIQUE · PERSONNALISÉ Ce superbe manoir épiscopal (17e s.), ancienne demeure des évêques de Tréguier, trône au milieu d'un parc majestueux qui descend jusqu'à la mer... Les chambres, claires et spacieuses, sont ornées de mobilier chiné ou de famille. Confort total et calme absolu.

11 chambres - 128/190 € - 16 €

Manoir de Kergrec'h - 02 96 92 59 13 - www.manoirdekergrech.com - Fermé 3 novembre-11 avril

PLOUHARNEL

✉ 56340 (Morbihan) - Carte régionale n° **7**-B3
Carte Michelin 308-M9 - Guide Vert Michelin Bretagne Sud

L'Hippocampe

POISSONS ET FRUITS DE MER · CONVIVIAL X Le calme de la campagne, la proximité de la mer, dont les embruns, parfois, s'invitent à table, et une assiette qui associe les deux, pour une traversée goûteuse du terroir régional et de ses produits (huîtres, homard, pêche du jour), à dos d'hippocampe. Une adresse dynamique et iodée.

Menu 19/33 € - Carte 32/46 €

Kerhueno - 02 97 29 10 17 - www.restaurant-lhippocampe.com - Fermé 4 novembre-1er février, lundi, mercredi midi, dimanche soir

Carnac Lodge

BOUTIQUE HÔTEL · CONTEMPORAIN Entre Carnac et Plouharnel, cet hôtel dispose de chambres au décor soigné, un brin branché (plexiglas, touches néobaroques, etc.). Agréable piscine ; jardin calme et verdoyant.

20 chambres - 89/209 € - 13 €

Kerhueno - 02 97 58 30 30 - www.carnaclodge.com

PLOUIDER

✉ 29260 (Finistère) – Carte régionale n° **7**–A1

Carte Michelin 308-F3

✿ La Table de La Butte (Nicolas Conraux)

CUISINE MODERNE • TENDANCE Fraîcheur, précision, parfums : c'est un véritable hommage aux produits de Bretagne que rend le chef, Nicolas Conraux, qui sait allier maîtrise technique et créativité. Dans l'assiette, c'est pétillant, c'est fin, bref... c'est tout ce qu'on aime ! Il faut aussi dire un mot du service, convivial et efficace, qui ajoute encore au plaisir des visiteurs.

→ Huîtres pochées, sarrasin et lait ribot. Ormeau d'élevage, dulse, pomme de terre et jus de volaille. Soufflé de far breton, crème glacée de caramel au beurre salé

Menu 36 € (déjeuner), 64/144 € - Carte 75/130 €

La Butte, 12 rue de la Mer – ✆ 02 98 25 40 54 – www.labutte.fr – Fermé 4 février-1er mars, lundi, mardi, samedi midi

Le Comptoir de La Butte

CUISINE TRADITIONNELLE • TENDANCE L'annexe de la table gastronomique vaut aussi son pesant de gourmandise. Le cadre moderne, avec cuisine ouverte et boutique, met en appétit ; confirmation ensuite dans l'assiette avec une cuisine de tradition généreuse, déclinée dans une formule efficace.

Menu 27 €

La Butte, 12 rue de la Mer – ✆ 02 98 25 40 54 – www.lecomptoir.labutte.fr – Fermé 4 février-1er mars

La Butte

TRADITIONNEL • CONTEMPORAIN Une saga familiale débutée en 1952... et qui n'est pas prête de se terminer ! Les chambres, contemporaines et épurées, donnent toutes sur la mer, et un spa est à disposition. Idéal pour se ressourcer au grand air...

33 chambres – 115/400 € – ☕ 20 €

12 rue de la Mer – ✆ 02 98 25 40 54 – www.labutte.fr – Fermé 4 février-1er mars

✿ **La Table de La Butte** • **Le Comptoir de La Butte** – voir la sélection des restaurants

PLOUMANACH – 22 (Côtes-d'Armor) → voir Perros-Guirec

LE POËT-LAVAL – 26 (Drôme) → voir Dieulefit

POINTE DE ST-MATHIEU – 29 (Finistère) → voir Conquet

POINTE-DU-RAZ

✉ 29770 (Finistère) – Carte régionale n° **7**–A2

Carte Michelin 308-C6 – Guide Vert Michelin Bretagne Sud

à La Baie des Trépassés 3,5 km par D784 et rte secondaire – ✉ 29770

Hôtel de la Baie des Trépassés

TRADITIONNEL • BORD DE MER Cette bâtisse semble avoir été déposée devant la plage de la baie des Trépassés, qu'encadrent les pointes du Raz et du Van. Les chambres, progressivement rénovées, sont fraîches et fonctionnelles ; l'école de surf voisine donnera peut-être des idées à certains...

24 chambres – 80/110 € – 2 suites – ☕ 16 €

Hôtel de la Baie des Trépassés – ✆ 02 98 70 61 34 – www.baiedestrepasses.com – Fermé 10 novembre-8 février

POINT-SUBLIME

✉ 04120 (Alpes-de-Haute-Provence) – Carte régionale n° **24**-C2
Carte Michelin 334-G10 – Guide Vert Michelin Alpes du Sud

Auberge du Point Sublime

CUISINE PROVENÇALE · **RUSTIQUE** X Un point de vue... sublime, au cœur des gorges du Verdon ! Cette sympathique auberge familiale propose une cuisine qui fleure bon le terroir (soupe au pistou, pieds et paquets à la provençale, nombreuses salades), dans un cadre à l'ancienne. Pratique : les petites chambres pour l'étape.

Menu 29/40 € – Carte 45/65 €

D952 – ✆ 04 92 83 60 35 – www.auberge-pointsublime.com –
Fermé 2 novembre-31 décembre, 5 novembre-29 avril, mercredi, jeudi midi

POISSON – 71 (Saône-et-Loire) ➜ voir Paray-le-Monial

POITIERS

✉ 86000 (Vienne) – Carte régionale n° **20**-C1
Carte Michelin 322-H5 – Guide Vert Michelin Poitou-Charentes

Les Archives

CUISINE MODERNE · **BRASSERIE** XX Premièrement, il faut planter le décor : une chapelle du 19e s. dont la nef, tout en colonnes et arcs, a été transfigurée par un aménagement contemporain saisissant ! Depuis la salle, on observe l'équipe s'affairer en cuisine. Les assiettes sont franches et goûteuses.

Menu 19 € (déjeuner), 26/48 € – Carte 36/53 €

Mercure Centre, 14 rue Édouard-Grimaux – ✆ 05 49 30 53 00 – www.lesarchives.fr

Toqué !

CUISINE TRADITIONNELLE · **BISTRO** X Ce bistrot moderne se porte à merveille, sous la houlette d'un jeune chef originaire du Nord. Sa cuisine, généreuse et sans artifice, ne manque pas de goût : pâté au piment d'Espelette – une recette de son grand-père ! –, steack tartare coupé au couteau et frites maison... On se régale.

Menu 16 € (déjeuner)/29 € – Carte 30/40 €

44 rue de la Cathédrale – ✆ 05 49 62 19 33 – www.bistro-toque.com –
Fermé 23 avril-1er mai, 19-30 août, lundi, samedi midi, dimanche

Mercure Centre

HISTORIQUE · DESIGN Au cœur de la ville, cet établissement prend ses aises dans une ancienne chapelle jésuite de 1854. Dans les chambres, confortables et fonctionnelles, le mobilier contemporain se marie aux chapiteaux et voûtes néo-gothiques : demandez celles situées dans la chapelle ! Le restaurant, lui, a été créé dans la nef. Original et réussi.

50 chambres – 👫125/280 € – ☕16 €

14 rue Edouard-Grimaux – ✆ 05 49 50 50 60 – www.hotelmercurepoitiers.com

Les Archives – voir la sélection des restaurants

Le Grand Hôtel

BUSINESS · FONCTIONNEL Dans une rue très animée du centre-ville, mais au calme sur une cour intérieure... Un établissement très bien tenu, aux chambres assez spacieuses et confortables. Agréable terrasse pour le petit-déjeuner.

41 chambres – 👫72/103 € – 6 suites – ☕13 €

28 rue Carnot – ✆ 05 49 60 90 60 – www.grandhotelpoitiers.fr

à Aslonnes 11 km au Sud-Ouest par D910, N10 et route secondaire – ✉ 86340

Le Moulin de Port Laverré

MAISON DE CAMPAGNE · PERSONNALISÉ Pour vivre au fil de l'eau, un site bucolique à souhait, baigné par une jolie rivière... Cannes à pêche et barques sont à disposition, et l'on peut aussi divaguer dans la piscine. Une belle propriété, mêlant vieilles pierres et esprit contemporain.

5 chambres ☕ – 👫100 €

17 le Port Laverré, route de Vaintray – ✆ 05 49 61 08 38 – www.moulinlaverre.com

à Croutelle 6 km au Sud-Ouest, sortie Hauts-de-Croutelle – ✉ 86240

La Chênaie

CUISINE TRADITIONNELLE • ÉLÉGANT Dans un jardin planté de... chênes. On admire leurs ramures centenaires à travers les grandes baies de la salle, en appréciant une cuisine généreuse et fraîches : ravioles de fruits de mer à l'effiloché de poireaux, parmentier de volaille et son escalope de foie gras poêlé, mille-feuille aux fraises...

Menu 21/49 € – Carte 46/88 €

N10, lieu-dit La Berlanderie, rue du Lejat – ✆ 05 49 57 11 52 – www.la-chenaie.com – Fermé 14 juillet-15 août, lundi, mercredi soir, dimanche soir

à Mignaloux-Beauvoir 10 km au Sud-Est par N147 et rte secondaire – ✉ 86550

Manoir de Beauvoir Garrigae

DEMEURE HISTORIQUE • PERSONNALISÉ Pour un week-end golf ou pour une parenthèse au calme, une demeure de style victorien (1872) sur le site du 18-trous de Poitiers. Confort et sobriété dans les chambres du Manoir au cachet indéniable avec sa terrasse-loggia, donnant sur le bassin et le golf ; kitchenettes côté "Résidence". Restaurant, club-house sur les greens.

40 chambres – ††89/146 € – 5 suites – ☕ 13 €

635 route de Beauvoir, au golf – ✆ 05 49 55 47 47 – www.manoirdebeauvoir.garrigae-resorts.fr – Fermé 6-20 janvier

Parc du Futuroscope 12 km au Nord – 86360 Chasseneuil-du-Poitou – ✉ 86360

Plaza Futuroscope

BUSINESS • CONTEMPORAIN Son architecture moderne s'intègre parfaitement au site du Futuroscope, à côté du palais des congrès. Du hall d'accueil aux chambres, on apprécie l'espace et le confort, le tout dans un style contemporain épuré et sobre. Sans oublier la piscine intérieure avec hammam, sauna et fitness !

268 chambres – ††90/179 € – ☕ 15 €

Téléport 1 – ✆ 05 49 49 07 07 – www.hotel-plaza-site-du-futuroscope.com

POLIGNY

✉ 39800 (Jura) – Carte régionale n° **6**-B3

Carte Michelin 321-E5 – Guide Vert Michelin Franche-Comté Jura

aux Monts de Vaux 4,5 km au Sud-Est par rte de Genève – ✉ 39800

Maison Zugno

DEMEURE HISTORIQUE • PERSONNALISÉ Cette maison du 17e s. au cachet bourgeois abrite des chambres confortables et personnalisées. Une adresse de renom emportée par l'enthousiasme d'un jeune couple, qui a redonné vie à cette bâtisse perdue dans la nature. La cuisine louche vers la bistronomie. Familial et attachant.

7 chambres – ††115/175 € – ☕ 10 €

route Nationale 5 – ✆ 03 84 53 10 31 – www.maison-zugno.com – Fermé 1er-15 janvier, 31 mars-9 avril, 2-10 septembre, 2-10 décembre

à Passenans 11 km au Sud-Ouest par D1083 et D57 – ✉ 39230

Domaine du Revermont

FAMILIAL • FONCTIONNEL Dans un environnement privilégié – champs et vignes –, une grande bâtisse ocre et jaune où règne un bel esprit détente et loisirs : piscine, tennis. Les chambres se déclinent dans un style contemporain ; recettes régionales au restaurant ! Et quel calme...

28 chambres – ††80/137 € – ☕ 14 €

600 route de Revermont – ✆ 03 84 44 61 02 – www.domaine-du-revermont.fr – Fermé 20 décembre-4 mars

POLLIAT

✉ 01310 (Ain) - Carte régionale n° **2**-B1
Carte Michelin 328-D3

Téjérina-Hôtel de la Place

CUISINE TRADITIONNELLE • CONTEMPORAIN XX L'auberge familiale par excellence, où l'on vous sert avec le sourire une goûteuse et généreuse cuisine du terroir. Tête de veau, poulet à la crème, soufflé aux foies de volaille et grenouilles sont à l'honneur ! Chambres bien tenues pour prolonger l'étape.

Menu 23/68 € - Carte 35/55 €

51 place de la Mairie - ✆ 04 74 30 40 19 - www.restaurant-tejerina-logis.fr - Fermé 22 juillet-13 août, 26 décembre-10 janvier, lundi, dimanche soir

POMEROL

✉ 33500 (Gironde) - Carte régionale n° **18**-C1
Carte Michelin 335-J5

La Table de Catusseau

CUISINE MODERNE • CONVIVIAL X A la tête de ce restaurant, Kendji Wongsodikromo, chef-patron né en Nouvelle Calédonie, tombé amoureux du Sud-Ouest... et de Nadège, son épouse, en salle. Le jeune couple, motivé, a du métier et cela se sent : en témoigne la belle cuisine du marché, mitonnée avec soin, goûteuse et régionale. Un jolie adresse.

Menu 21 € (déjeuner), 33/52 € - Carte 48/62 €

86 rue de Catusseau - ✆ 05 57 84 40 40 - Fermé 18 février-4 mars, lundi, samedi midi, dimanche soir

POMMARD - 21 (Côte-d'Or) ➜ voir Beaune

LA POMMERAYE

✉ 14690 (Calvados) - Carte régionale n° **17**-B2
Carte Michelin 303-J6

Château de la Pommeraye

DEMEURE HISTORIQUE • ÉLÉGANT Un palais vénitien au cœur de la Suisse normande ! Au cœur d'un domaine de 24 hectares, cette vaste demeure abrite cinq chambres luxueuses et harmonieuses, meublées avec goût : armoires bressanes, fauteuils 19e s., tapis et tableaux... Superbe et atypique.

5 chambres - 175/295 € - 19 €

Château de la Pommeraye - ✆ 02 31 69 87 86 - www.chateaudelapommeraye.com - Fermé 6 novembre-1er mars

POMMIERS

✉ 69480 (Rhône) - Carte régionale n° **3**-E1
Carte Michelin 327-H4 - Guide Vert Michelin Lyon et sa région

Les Terrasses de Pommiers

CUISINE MODERNE • CONVIVIAL XX Un beau travail d'architecte : entièrement vitrée, tout en lignes épurées et en tons bleu-gris - écho au ciel sur lequel elle ouvre en grand ? -, la salle domine les monts du Lyonnais et la vallée... Côté papilles, on savoure des plats qui font de l'œil à la méditerranée, comme ce risotto aux légumes ou gambas.

Menu 38/58 € - Carte 47/65 €

706 montée de Buisante - ✆ 04 74 65 05 27 - www.terrasses-de-pommiers.com - Fermé 18 février-6 mars, 21 octobre-11 novembre, mardi, mercredi, dimanche soir

PONS

✉ 17800 (Charente-Maritime) - Carte régionale n° **20**-B3
Carte Michelin 324-G6 - Guide Vert Michelin Poitou-Charentes

Bordeaux 

CUISINE MODERNE • CLASSIQUE XX Bonbon de joue de bœuf, filet de sandre aux graines de sésame, douceur mandarine, meringue crémeuse et mousse chocolat ... Une cuisine fort soignée, à la rencontre du marché et de l'inspiration du chef, pour un bon rapport plaisir-prix.

Menu 19/48 € - Carte 35/54 €

1 avenue Gambetta - 05 46 91 31 12 - www.hotel-de-bordeaux.com - Fermé 16-29 décembre, samedi midi, dimanche soir

PONTAUBERT - 89 (Yonne) ➜ voir Avallon

PONT-AUDEMER

27500 (Eure) - Carte régionale n° **17**-B3

Carte Michelin 304-D5 - Guide Vert Michelin Normandie Vallée de la Seine

Belle Isle sur Risle

MAISON DE MAÎTRE • PERSONNALISÉ Un environnement privilégié : cette maison de maître du 19e s., noyée sous la vigne vierge, se dresse sur une île de la Risle, transformée en un superbe jardin. Avec leurs mobilier de style, tentures et tapis, les lieux cultivent un classicisme intemporel... Espace bien-être (bassin en marbre, fitness, sauna) et plats de tradition au restaurant.

28 chambres - 115/345 € - 19 €

112 route de Rouen, à l'Est par D810 - 02 32 56 96 22 - www.bellile.com - Fermé 25 novembre-16 mars

PONT-AVEN

29930 (Finistère) - Carte régionale n° **7**-B2

Carte Michelin 308-I7 - Guide Vert Michelin Bretagne Nord

Sur le Pont ...

CUISINE MODERNE • BISTRO X Cette maison ancienne s'appuie en partie sur le vieux pont qui enjambe l'Aven... Un lieu plein de charme, au service d'une cuisine dans l'air du temps et concentrée sur le poisson : le chef l'accommode à toutes les sauces, avec ce qu'il faut d'originalité, sans jamais dénaturer le produit.

Menu 33 € - Carte 40/50 €

11 place Paul-Gauguin - 02 98 06 16 16 - www.surlepont-pontaven.fr - Fermé lundi, dimanche soir

Hôtel des Mimosas 

FAMILIAL • FONCTIONNEL Sur les quais de Pont-Aven, une maison de pays toute mignonne. Les chambres, lumineuses et bien tenues, offrent une vue imprenable sur les bateaux. Aux beaux jours, on se régale de fruits de mer sur la terrasse face au port.

10 chambres - 69/90 € - 9 €

1 square Théodore-Botrel - 02 98 06 00 30 - www.lesmimosas-pontaven.com - Fermé 22-31 décembre

PONTAVERT

02160 (Aisne) - Carte régionale n° **14**-D2

Carte Michelin 306-E6

Le Relais de Fleurette 

MAISON DE CAMPAGNE • PERSONNALISÉ Cet ancien corps de ferme joliment réhabilité en hôtel restaurant joue la carte du rustique chic, agrémenté de touches de modernité. La piscine couverte et le sauna constituent des atouts supplémentaires. Cuisine traditionnelle.

15 chambres - 69/150 € - 10 €

5 route de Craonnelle - 03 23 20 53 05 - www.relais-de-fleurette.fr

PONTCHARTRAIN

✉ 78760 (Yvelines) – Carte régionale n° **15**–A2
Carte Michelin 311-H3

Bistro Gourmand

CUISINE MODERNE · CONVIVIAL XX Au menu, une cuisine au goût du jour, pleine de peps, à déguster dans un cadre chaleureux et cosy... ou en terrasse (au calme) à l'été venu.

Menu 42 €

7 route du Pontel, N12 – ✆ 01 34 89 25 36 – www.bistrogourmand.fr – Fermé lundi, mercredi soir, dimanche soir

PONTCHÂTEAU

✉ 44160 (Loire-Atlantique) – Carte régionale n° **23**–A2
Guide Vert Michelin Pays de la Loire

Le 11 Bistrot Gourmand

CUISINE MODERNE · CONVIVIAL X Au cœur de Pontchâteau, ce bistrot minimaliste fait saliver la région. À sa tête, un chef qui a, comme on dit, du métier, et qui revient ici à plus de simplicité, avec des plats ancrés dans une jolie tradition gourmande (rillettes de maquereau et pain grillé, onglet de bœuf et légumes braisés, éclair passion-citron, etc.).

Menu 26 € (déjeuner)/33 €

11 rue de Verdun – ✆ 02 40 42 23 28 – www.restaurant-le11.fr – Fermé lundi soir, mercredi soir, dimanche

PONT-DE-BRIQUES – 62 (Pas-de-Calais) → voir Boulogne-sur-Mer

PONT-DE-DORE – 63 (Puy-de-Dôme) → voir Thiers

PONT-DE-FILLINGES – 74 (Haute-Savoie) → voir Bonne

PONT-DE-L'ARCHE

✉ 27340 (Eure) – Carte régionale n° **17**–D2
Carte Michelin 304-G6 – Guide Vert Michelin Normandie Vallée de la Seine

Aux Damps 2 km à l'Est, au bord de l'Eure – ✉ 27340

L'Auberge de la Pomme (William Boquelet)

CUISINE MODERNE · DESIGN XXX Un nom hautement normand, une façade à colombages typique de la région... mais l'image d'Épinal s'arrête là ! La maison cache un décor très contemporain, bien à l'image de la cuisine du chef, William Boquelet, aussi inventif que passionné. Ses assiettes, pleines de relief, mettent bien en valeur les producteurs locaux...

→ Cuisine du marché

Menu 35/88 € – Carte 85/95 €

44 route de l'Eure, 1,5 km au bord de l'Eure – ✆ 02 35 23 00 46 – www.laubergedelapomme.com – Fermé lundi, dimanche

PONT-DE-L'ISÈRE – 26 (Drôme) → voir Valence

PONT-DE-ROIDE

✉ 25150 (Doubs) – Carte régionale n° **6**–C2
Carte Michelin 321-K2 – Guide Vert Michelin Franche-Comté Jura

La Tannerie

CUISINE TRADITIONNELLE • FAMILIAL X Au menu de cette maison toute simple qui borde le Doubs, une cuisine traditionnelle bien tournée, où les produits locaux sont privilégiés. Aux beaux jours, profitez de la terrasse au-dessus de la rivière.

Menu 34 € - Carte 28/46 €

1 place du Général-de-Gaulle - ✆ 03 81 92 48 21 - www.restaurantlatannerie.com - Fermé 29 avril-8 mai, 23 décembre-9 janvier, lundi soir, mardi soir, mercredi, jeudi soir, vendredi soir, samedi midi, dimanche soir

PONT-DE-VAUX

✉ 01190 (Ain) - Carte régionale n° **2**-B1

Carte Michelin 328-C2 - Guide Vert Michelin Lyon et sa région

Le Raisin (Frédéric Michel)

CUISINE MODERNE • CLASSIQUE XXX Quelle bonne surprise... Comment imaginer, au menu de cette authentique maison bressane, une aussi belle cuisine, fine et travaillée, cultivant avec réussite la tradition comme l'originalité ? Frédéric Michel nous offre une expérience d'un excellent rapport qualité-prix ! Chambres confortables pour l'étape.

→ Foie gras de canard des Landes. Poulet de Bresse en deux façons. Déclinaison de chocolat guanaja

Menu 23 € (déjeuner), 34/88 € - Carte 56/81 €

2 place Michel-Poisat - ✆ 03 85 30 30 97 - www.leraisin.com - Fermé 6 janvier-7 février, lundi, mardi midi, dimanche

Les Platanes

CUISINE TRADITIONNELLE • AUBERGE XX L'enseigne de cette auberge régionale ne ment pas : elle jouit d'une terrasse... sous les platanes ! La cuisine est bressane, évidemment, mais le chef propose aussi quelques plats dans l'air du temps. Dans un cas comme dans l'autre, la générosité est là !

Menu 23/68 € - Carte 41/59 €

93 route de Mâcon - ✆ 03 85 30 32 84 - www.hotelplatanes.com - Fermé 20 février-20 mars, lundi, vendredi midi, dimanche soir

à St-Bénigne 2 km au Nord-Est par D2 - ✉ 01190

St-Bénigne

CUISINE TRADITIONNELLE • RUSTIQUE X Un vrai restaurant de campagne ! On vient ici pour les grenouilles au beurre et à la persillade, la spécialité de la maison, mais pas seulement : le chef, en bon artisan, travaille les produits locaux et maîtrise de nombreuses recettes de la région...

Menu 14 € (déjeuner), 24/44 € - Carte 30/53 €

995 route de St-Trivier - ✆ 03 85 30 96 48 - www.restaurant-le-saint-benigne.fr - Fermé 1er-10 avril, 1er-11 juillet, 30 septembre-10 octobre, lundi, mardi soir, mercredi soir, jeudi soir, vendredi soir, dimanche soir

PONT-D'OUILLY

✉ 14690 (Calvados) - Carte régionale n° **17**-B2

Carte Michelin 303-J6 - Guide Vert Michelin Normandie Cotentin

Pomme d'Ouilly 

CUISINE CRÉATIVE • BISTRO X Un bistrot typiquement parisien, en plein cœur de la Suisse normande... Qui l'eût cru ! Au bord de l'Orne, ce restaurant de poche est l'antre d'un chef autodidacte, authentique passionné. Sa cuisine, aussi personnelle qu'innovante, révèle aussi une jolie maîtrise technique, avec des saveurs bien marquées : autant dire qu'on se régale.

Menu 27 € - Carte 33/41 €

16 Grande-Rue - ✆ 02 31 69 44 26 - www.pommedouilly.fr - Fermé 22 décembre-5 mars, lundi, dimanche

PONT-DU-CASSE - 47 (Lot-et-Garonne) → voir Agen

PONT-DU-CHÂTEAU

✉ 63430 (Puy-de-Dôme) – Carte régionale n° **1**-B2
Carte Michelin 326-G8 – Guide Vert Michelin Auvergne

Auberge du Pont

CUISINE MODERNE • COSY XX Rodolphe Regnauld possède la fougue du vent breton (il a grandi dans la péninsule) comme le souci du détail et de la finesse : de là, des assiettes joliment travaillées, à la fois savoureuses et ludiques. Le cadre de cet ancien relais de batellerie (19e s.) séduit tout autant, comme la terrasse bordant l'Allier... Jolie sélection de vins.

Menu 31 € (déjeuner), 42/140 € – Carte 75/98 €

70 avenue du Docteur-Besserve – ✆ 04 73 83 00 36 – www.auberge-du-pont.com – Fermé 1er-9 janvier, 1er-30 mai, lundi, mercredi, dimanche soir

PONT-DU-GARD

✉ 30210 (Gard) – Carte régionale n° **21**-D2
Carte Michelin 339-M5

à Castillon-du-Gard 4 km au Nord-Est par D19 et D228 – ✉ 30210

Le Vieux Castillon

CUISINE MODERNE • CLASSIQUE XX Tout autour ce ne sont que ruelles médiévales et champs de lavande... Dans ce coin de Provence inondé de lumière, cette table élégante – aux couleurs du Sud – vit au rythme des saisons et des produits gorgés de soleil.

Menu 29 € (déjeuner), 55/70 € – Carte 57/78 €

rue Turion-Sabatier – ✆ 04 66 37 61 61 – www.vieuxcastillon.fr – Fermé 1er novembre-25 mars

L'Amphitryon

CUISINE MODERNE • COSY XX Voûtes, pierre brute et touches modernes composent le cadre de cette demeure ancienne. Joli patio pour l'été. Cuisine régionale actualisée, ambiance à la fois chic et conviviale.

Menu 58/75 €

place du 8-Mai-1945 – ✆ 04 66 37 05 04 – www.restaurant-lamphitryon.com – Fermé 23 février-11 mars, 19 octobre-4 novembre, mardi, mercredi

Le Vieux Castillon

LUXE • PERSONNALISÉ Au cœur de ce beau village médiéval, surplombant la région, un havre au luxe discret : vieilles pierres, patios, terrasses, décor provençal, grand confort... Le charme intemporel du Sud, à quelques encablures du pont du Gard.

32 chambres – 120/430 € – 2 suites – 23 €

rue Turion-Sabatier – ✆ 04 66 37 61 61 – www.vieuxcastillon.fr

Le Vieux Castillon – voir la sélection des restaurants

à Vers-Pont-du-Gard 3,5 km au Nord par D19 et D112 – ✉ 30210

La Bégude Saint-Pierre

MAISON DE CAMPAGNE • ÉLÉGANT À proximité du pont du Gard, autour d'une cour fermée, un charmant corps de bâtiment du 17e s. tout en vieilles pierres et toits de tuiles. L'ensemble a été rénové avec grand soin et joue avec réussite la sobriété contemporaine, entre design zen et luxe sage. Comment ne pas avoir le béguin pour cette Bégude ?

25 chambres – 127/385 € – 17 €

295 chemin des Bégudes (rive gauche du Gardon), D981 – ✆ 04 66 02 63 60 – www.hotel-begude-saint-pierre.com – Fermé 1er avril-30 octobre

LE PONTET – 84 (Vaucluse) → voir Avignon

PONTGIBAUD

⊠ 63230 (Puy-de-Dôme) - Carte régionale n° **1**-B2
Carte Michelin 326-E8 - Guide Vert Michelin Auvergne

Poste

CUISINE TRADITIONNELLE • **FAMILIAL** XX Les gourmands, au régime par exemple, pourront toujours cacher leur forfait en disant qu'ils vont à La Poste.... Dans cette maison de pays, au cœur d'un bourg tranquille, on se régale de recettes régionales à l'abri des regards. Chambres pour l'étape.

Menu 32/58 € - Carte 37/58 €

place de la République - ✆ 04 73 88 70 02 - www.hoteldelaposte-pontgibaud.com - Fermé 1er-29 janvier, 1er-16 octobre, lundi, mardi, dimanche soir

à La Courteix 4 km à l'Est par D941B - ⊠ 63230

L'Ours des Roches

CUISINE TRADITIONNELLE • **ÉLÉGANT** XXX Non loin de Vulcania, sous les voûtes d'une ancienne bergerie : un cadre de pierre pour une cuisine de douceur, signée par un chef amoureux du produit. Dans l'assiette, le terroir n'est jamais très loin et le rythme des saisons respecté. Une éruption de saveurs !

Menu 34/69 € - Carte 48/60 €

La Courteix - ✆ 04 73 88 92 80 - www.oursdesroches.com - Fermé 2-22 janvier, 1er-3 mai, 18 septembre-1er octobre, lundi, mardi, dimanche soir

PONTIVY

⊠ 56300 (Morbihan) - Carte régionale n° **7**-C2
Carte Michelin 308-N6 - Guide Vert Michelin Bretagne Sud

Al Dente

CUISINE MODERNE • **ÉLÉGANT** X Dans une rue calme proche du centre, ce bistrot propose une cuisine italienne de bonne facture, parsemée de touches françaises. Pâtes maison et risotto feront le plaisir des amateurs, d'autant que les assiettes sont présentées avec soin. Petite terrasse pour les beaux jours.

Menu 16 € (déjeuner), 27/33 €

22 rue de Lourmel - ✆ 02 97 25 85 24 - Fermé 10-27 février, 1er juillet-15 août, lundi, dimanche

PONT-L'ÉVÊQUE

⊠ 14130 (Calvados) - Carte régionale n° **17**-A3
Carte Michelin 303-N4 - Guide Vert Michelin Normandie Vallée de la Seine

Le Lion d'Or

TRADITIONNEL • **PERSONNALISÉ** Cet ancien relais de poste du 17e s. abrite des chambres fort confortables, au sobre décor (mobilier en fer forgé), la plupart en duplex, ainsi qu'un centre de soins (piscine couverte, hammam, sauna, etc.). Dans le salon, quelques objets chinés donnent un supplément d'âme au moment du petit-déjeuner.

25 chambres - ††79/259 € - 2 suites - ☕ 12 €

8 place du Calvaire - ✆ 02 31 65 01 55 - www.leliondorhotel.com

à St-Martin-aux-Chartrains 3 km par D677, direction Deauville - ⊠ 14130

Manoir le Mesnil

MAISON DE CAMPAGNE • **CONTEMPORAIN** À la sortie de Pont-l'Évêque, en plein cœur du pays d'Auge, cette belle demeure du 19e s. a été réaménagée avec beaucoup d'élégance. On profite de chambres amples et lumineuses, et l'accueil des propriétaires est très aimable : une douce étape...

5 chambres ☕ - ††125/175 €

750 route de Pont l'Evêque - ✆ 02 31 64 71 01 - www.manoirlemesnil.com - Fermé 20 décembre-31 janvier

PONTOISE - 95 (Val-d'Oise) → voir Autour de Paris, (Cergy-Pontoise)

PONT-STE-MARIE - 10 (Aube) → voir Troyes

PONT-SCORFF

✉ 56620 (Morbihan) - Carte régionale n° **7**-B2
Carte Michelin 308-K8 - Guide Vert Michelin Bretagne Sud

L'Art Gourmand

CUISINE MODERNE • TENDANCE X La maison célèbre l'art sous toutes ses formes. Les artistes locaux sont à l'honneur sur les murs et, en cuisine, le chef s'exprime à travers les bons produits, en particulier le poisson. Beaucoup de simplicité, presque de la modestie, mais également un certain sens du détail, ce qui est loin d'être l'enfance de l'art...

Menu 17 € (déjeuner), 24/32 € - Carte 44/48 €

14 place de la Maison des Princes - ✆ 02 97 32 65 08 - www.lartgourmand.com - Fermé mardi soir, mercredi, dimanche soir

LES PONTS-DE-CÉ - 49 (Maine-et-Loire) → voir Angers

LES PONTS-NEUFS - 22 (Côtes-d'Armor) → voir Hillion

PORNIC

✉ 44210 (Loire-Atlantique) - Carte régionale n° **23**-A2
Carte Michelin 316-D5 - Guide Vert Michelin Pays de la Loire

Auberge La Fontaine aux Bretons

CUISINE TRADITIONNELLE • RUSTIQUE XX Une superbe salle à manger à la mode d'autrefois, pour une cuisine du terroir saine et savoureuse, concoctée avec de bons produits et les légumes bio du jardin. A déguster dans une ancienne ferme (1867), entre mer et campagne, vignes et potager. Sans oublier l'enclos pour les animaux ! Sincère et bucolique.

Menu 25 € (déjeuner), 38/58 € - Carte 38/58 €

chemin des Noëlles, 3 km au Sud-Est par route de la Bernerie - ✆ 02 51 74 08 08 - www.auberge-la-fontaine.com

PORNICHET

✉ 44380 (Loire-Atlantique) - Carte régionale n° **23**-A2
Carte Michelin 316-B4 - Guide Vert Michelin Pays de la Loire

Château des Tourelles

LUXE • PERSONNALISÉ Sur le front de mer, difficile de manquer cette élégante demeure de 1850, avec ses tours, ses dépendances et son grand parc. On y trouve tout le confort souhaitable : piscine avec jacuzzi, plusieurs hammams et un sauna, des chambres luxueuses avec balcon donnant sur la mer... Tout simplement délicieux.

103 chambres - 149/495 € - 2 suites - 29 €

1 avenue Léon-Dubas - Pointe du Bec - ✆ 02 40 60 80 80 - www.thalasso-tourelles.com

Sud Bretagne

TRADITIONNEL • PERSONNALISÉ Entre port, commerces et plages, hôtel d'un certain cachet : chaque chambre a une vraie personnalité (design, classique, baroque, etc.) ; la moitié ouvre sur le grand jardin avec piscine. Salle à manger soignée, coquette terrasse et cuisine iodée.

30 chambres - 120/250 € - 15 €

42 boulevard de la République - ✆ 02 40 11 65 00 - www.hotelsudbretagne.com - Fermé 23 décembre-7 janvier

PORQUEROLLES (ÎLE DE) - 83 (Var) → voir Île de Porquerolles

PORSPODER

29840 (Finistère) - Carte régionale n° **7**-A1

Le Château de Sable

CUISINE MODERNE • ÉLÉGANT XX Le chef Anthony Hardy tient bon la barre de ce Château de Sable nord-finistérien. Il confirme le virage du locavorisme (priorité à la Bretagne) et régale sans sourciller : couteaux de plongée, crémeux à l'ail et caviar Sturia ; homard de nos côtes bretonnes, navet glacé et sauce homard... Un plaisir.

→ Couteaux de plongée, crémeux à l'ail, salicorne et caviar. Homard des côtes bretonnes, navet glacé, blette et chorizo, sauce homard. Soufflé et sorbet au citron

Menu 25 € (déjeuner), 49/89 € - Carte 70/100 €

38 rue de l'Europe - 02 29 00 31 32 - www.lechateaudesablehotel.fr

Le Château de Sable

BOUTIQUE HÔTEL • CONTEMPORAIN Face à la presqu'île St-Laurent - un lieu hors du temps -, un établissement à la pointe de la réglementation environnementale (bois, verre, etc.). Les chambres sont lumineuses, aux teintes douces et tournées en grande partie vers la côte sauvage et l'océan... Idéal pour se reposer entre deux châteaux de sable !

24 chambres - 90/250 € - 3 suites - 14 €

38 rue de l'Europe - 02 29 00 31 32 - www.lechateaudesablehotel.fr

Le Château de Sable - voir la sélection des restaurants

PORT-CAMARGUE - 30 (Gard) → voir Grau-du-Roi

PORT-DE-GAGNAC - 46 (Lot) → voir Bretenoux

PORT-DE-SECHEX - 74 (Haute-Savoie) → voir Thonon-les-Bains

PORT-EN-BESSIN

14520 (Calvados) - Carte régionale n° **17**-B2

Carte Michelin 303-H3 - Guide Vert Michelin Normandie Cotentin

Le Botaniste

CUISINE MODERNE • ÉLÉGANT XXX Panneaux de bois sculptés, superbe parquet, mobilier du 18e s. : un cadre plein de noblesse. La cuisine est aussi délicate, avec de jolies variations autour du terroir normand et d'agréables mariages de saveurs.

Menu 57/95 € - Carte 65/78 €

La Chenevière, 1,5 km au Sud par D6 - 02 31 51 25 25 - www.le-botaniste.com - Fermé 1er décembre-31 mars, lundi midi, mardi midi, mercredi midi, jeudi midi, vendredi midi, samedi midi, dimanche midi

La Marine

POISSONS ET FRUITS DE MER • ÉLÉGANT XX On ne peut rêver emplacement plus idéal, face à la Manche... qu'on retrouve dans l'assiette, dédiée comme il se doit aux produits de la mer : fraîcheur garantie ! Salle panoramique et agréable terrasse.

Menu 25/38 € - Carte 35/55 €

5 quai Letourneur - 02 31 21 70 08 - www.hoteldelamarine.fr - Fermé 6 janvier-28 février

La Chenevière

DEMEURE HISTORIQUE • ÉLÉGANT Un havre de paix... Cette demeure normande du 18e s. et ses dépendances entourées d'un parc - lequel mérite une promenade ! - allient grâce et grand confort. Entre tissus imprimés et mobilier de style, il règne même l'esprit d'un manoir anglais...

25 chambres - 260/600 € - 4 suites - 25 €

La Chenevière, 1,5 km au Sud par D6 - 02 31 51 25 25 - www.lacheneviere.com - Fermé 1er décembre-31 mars

Le Botaniste - voir la sélection des restaurants

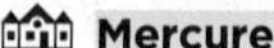

Mercure

RESORT • CONTEMPORAIN Un complexe parfait pour les golfeurs, directement situé sur les greens du golf d'Omaha Beach. Chambres spacieuses au style contemporain, et brunch très prisé.

74 chambres – 90/220 € – 18 €

chemin du Colombier (sur le golf), 2 km à l'Ouest par D514 – 02 31 22 44 44 – www.mercure.com – Fermé 1er décembre-8 février

PORT-GOULPHAR – 56 (Morbihan) → voir Belle-Ile-en-Mer

PORT-GRIMAUD

83310 (Var) – Carte régionale n° **24**–C3

Carte Michelin 340-O6 – Guide Vert Michelin Côte d'Azur

Suffren

URBAIN • PERSONNALISÉ Dans un secteur semi-piéton au cœur de la "Venise provençale", on trouve cet hôtel récent et bien entretenu. Patines à l'ancienne et couleurs du Sud égayent les chambres, dont la plupart ont leur propre balcon.

24 chambres – 125/330 € – 13 €

16 place du Marché – 04 94 55 15 05 – www.hotel-suffren.com – Fermé 3 novembre-20 mars

PORTICCIO – 2A (Corse-du-Sud) → voir Corse

PORTIVY – 56 (Morbihan) → voir Quiberon

PORT-JOINVILLE – 85 (Vendée) → voir Île d'Yeu

PORT-LESNEY

39330 (Jura) – Carte régionale n° **6**–B2

Carte Michelin 321-E4 – Guide Vert Michelin Franche-Comté Jura

Le Bistrot Pontarlier

CUISINE TRADITIONNELLE • BISTRO X Au bord de la Loue, un grand bistrot foisonnant de bibelots chinés, une terrasse digne d'une guinguette et... une ode au terroir : comté, truite de rivière, etc. Évidemment, c'est sur une nappe à carreaux que l'on savoure le repas, généreux et canaille à souhait !

Menu 29 €

place du 8-Mai-1945 – 03 84 37 83 27 – www.bistrotdeportlesney.com – Fermé mercredi, jeudi

Château de Germigney

CUISINE MODERNE • COSY XXX Dans cet élégant Château, cossu et chic comme il se doit, la Provence et le Jura se sont unis pour le meilleur... Dans la salle voûtée, à l'orangerie ou sur la terrasse, on sert une cuisine centrée autour de produits régionaux et méditerranéens.

Menu 45 € (déjeuner), 65/120 € – Carte 54/93 €

31 rue Edgar-Faure – 03 84 73 85 85 – www.chateaudegermigney.com – Fermé 6-22 janvier, 17-26 février, lundi midi, mardi midi

Château de Germigney

DEMEURE HISTORIQUE • ÉLÉGANT Bucolique ! Un parc superbe, une piscine écologique (l'eau d'un étang filtrée naturellement) et ce joli manoir, avec ses grandes chambres élégantes et pleines de charme. Tissus choisis, raffinement romantique, fumoir avec une cheminée monumentale... Tout cela pour vous donner une petite idée de la vie de château.

19 chambres – 150/450 € – 1 suite – 23 €

31 rue Edgar-Faure – 03 84 73 85 85 – www.chateaudegermigney.com – Fermé 6-23 janvier, 17-27 février

Château de Germigney – voir la sélection des restaurants

PORT-LOUIS

✉ 56290 (Morbihan) – Carte régionale n° **7**-B2
Carte Michelin 308-K8 – Guide Vert Michelin Bretagne Sud

Avel Vor (Patrice Gahinet)

CUISINE MODERNE • ÉLÉGANT XXX Un Avel Vor ("vent de mer" en breton) souffle sur cette table au cadre contemporain et raffiné. Cet air iodé sied visiblement à la cuisine, pleine de finesse et sublimant, entre autres, les poissons fraîchement pêchés... Belle carte des vins. Trois agréables chambres contemporaines pour l'étape.

→ Langoustines de petit bateau en coque d'ail et de persil. Filet de sole, julienne potagère et coulis de homard. Pomme caramélisée, caramel au beurre salé et glace vanille

Menu 31/98 € – Carte 75/105 €

25 rue de Locmalo – ☎ 02 97 82 47 59 – www.restaurant-avel-vor.com – Fermé 2-24 janvier, 24 juin-3 juillet, 21-31 octobre, lundi, mardi, dimanche soir

PORT-MANECH

✉ 29920 (Finistère) – Carte régionale n° **7**-B2
Carte Michelin 308-I8 – Guide Vert Michelin Bretagne Sud

Manoir Dalmore

HÔTEL PARTICULIER • ÉLÉGANT Un ravissant manoir de 1926, isolé au-dessus de la plage de Port-Manec'h... Une situation idyllique, avec un chemin d'accès direct à la mer ! Les chambres mêlent avec goût l'ancien (cheminées, mobilier de famille) et des notes plus épurées ; la cuisine fait la part belle aux produits de la mer.

10 chambres – 100/230 € – 14 €

7 corniche de Pouldon (plage de Port-Manec'h) – ☎ 02 98 06 82 43 – www.manoirdalmore.com – Fermé 7 janvier-1er février

PORT-NAVALO – 56 (Morbihan) → voir Arzon

PORTO-POLLO – 2A (Corse-du-Sud) → voir Corse

PORTO-VECCHIO – 2A (Corse-du-Sud) → voir Corse

PORTSALL

✉ 29830 (Finistère) – Carte régionale n° **7**-A1
Carte Michelin 308-C3 – Guide Vert Michelin Bretagne Nord

La Demeure Océane

FAMILIAL • PERSONNALISÉ Une agréable maison bourgeoise datant de la fin du 19e s., au-dessus du port. Les chambres sont fraîches et romantiques, un peu rêveuses (Violette, Jeanne et Victor, Napoléon, etc.). Une bonne adresse pour les amoureux de paysages sauvages et naturels.

5 chambres – 74/82 €

20 rue de Bar-Al-Lan – ☎ 02 98 48 77 42 – www.demeure-oceane.fr

PORT-SUR-SAÔNE

✉ 70170 (Haute-Saône) – Carte régionale n° **6**-B1
Carte Michelin 314-E6

à Vauchoux 3 km au Sud par D6 – ✉ 70170

Château de Vauchoux (Jean-Michel Turin)

CUISINE CLASSIQUE • ÉLÉGANT XXX Étonnant destin pour ce château, ancien relais de chasse de Louis XV devenu l'une des meilleures tables de la région ! La salle allie mobilier de style et pièces design. Dans l'assiette, en revanche, pas de mélange des genres avec une cuisine de tradition centrée sur le produit. Très belle sélection de vins.

→ Œufs brouillés aux truffes. Râble de lapereau farci "mère Jeanne". Carolines amandines glacées à la vanille Bourbon, pistache et chocolat noir

Menu 88/148 €

34 Grande-Rue, route de la vallée de la Saône – ☎ 03 84 91 53 55 – www.chateaudevauchoux.fr – Fermé 25 février-7 mars, lundi, mardi, mercredi

PORT-VENDRES

✉ 66660 (Pyrénées-Orientales) - Carte régionale n° **21**-B3
Carte Michelin 344-J7

Le Cèdre

CUISINE MODERNE • **COSY** XX Ici, la cuisine met en valeur l'incontestable richesse du terroir catalan, et varie librement au fil des saisons : impossible de se lasser ! Quant au cadre, il appelle à la rêverie : la baie vitrée donne sur la belle terrasse et, au-delà, le port et la mer... Ce Cèdre ne manque décidément pas d'attraits.

Menu 25 € (déjeuner), 33/49 € - Carte 57/64 €

Les Jardins du Cèdre, 29 route de Banyuls - ✆ 04 68 82 62 20 - www.restaurant-lecedre.com - Fermé 25 février-10 mars, lundi, mardi midi, mercredi midi

Côte Vermeille

POISSONS ET FRUITS DE MER • **CONVIVIAL** XX Sous l'égide de deux frères, une belle table marine ancrée sur le port ! On revendique ici une cuisine simple et fraîche, dans le respect absolu du produit : poissons de la pêche locale, en direct de petits bateaux de Port la Nouvelle.

Menu 28/48 € - Carte 50/70 €

quai du Fanal (en direction de la criée) - ✆ 04 68 82 05 71 - www.restaurantlacotevermeille.com - Fermé 18 février-11 mars, lundi, dimanche soir

Les Clos de Paulilles

CUISINE RÉGIONALE • **CONVIVIAL** X Prisonnier entre vignes et mer, à deux pas de la plage, le site laisse rêveur ; la maison Cazes - de grands vignerons de la région - a pris les rênes de ce domaine de 90 ha, pour le ravissement de nos sens. Les recettes, régionales, n'utilisent que des produits locaux. Ne manquez pas la superbe terrasse face aux vignes...

Menu 39/59 € - Carte 36/45 €

Baie de Paulilles - ✆ 04 68 81 49 79 - www.cazes-rivesaltes.com - Fermé 15 octobre-1er avril

Les Jardins du Cèdre

FAMILIAL • **FONCTIONNEL** Jolie piscine, palmiers, chambres simples - préférez celles donnant sur la mer - et... vieux cèdre du Liban : un hôtel agréable, malgré la route toute proche.

19 chambres - 86/156 € - 1 suite - ☕ 12 €

29 route de Banyuls - ✆ 04 68 82 01 05 - www.lesjardinsducedre.com - Fermé 25 février-10 mars

Le Cèdre - voir la sélection des restaurants

LA POTERIE - 22 (Côtes-d'Armor) → voir Lamballe

POUILLON

✉ 40350 (Landes) - Carte régionale n° **18**-B3
Carte Michelin 335-F13

L'Auberge du Pas de Vent

CUISINE TRADITIONNELLE • **RUSTIQUE** XX Il faut l'avouer, c'est presque réconfortant de découvrir cette cuisine à l'ancienne, insensible aux sirènes de la mode et aux gimmicks. Le jeune chef célèbre la tradition et le produit local (bœuf de Chalosse, alose, truite saumonée, breuil landais...) dans des assiettes franches et généreuses, qui vont droit au cœur. Bravo !

Menu 13 € (déjeuner)/27 € - Carte 41/52 €

281 avenue Pas-de-Vent - ✆ 05 58 98 34 65 - www.auberge-dupasdevent.com - Fermé lundi soir, mardi soir, mercredi, dimanche soir

POUILLY-EN-AUXOIS

✉ 21320 (Côte-d'Or) - Carte régionale n° **5**-C2
Carte Michelin 320-H6 - Guide Vert Michelin Bourgogne

à Chailly-sur-Armançon 6,5 km à l'Ouest par D977bis - ✉ 21320

L'Armançon

CUISINE MODERNE • ÉLÉGANT XXX En ce beau château des 15e-16e s., dames et damoiseaux viennent déguter les bons plats d'un chef d'expérience, entre tradition et modernité - œufs en meurette, escargots et bœuf bourguignon sont au menu. Le tout dans un cadre pour le moins... distingué !

Menu 49/90 € - Carte 66/78 €

Château de Chailly - ✆ 03 80 90 30 30 - www.chailly.com - Fermé 17 février-1er mars, lundi, mardi, mercredi midi, jeudi midi, vendredi midi, samedi midi, dimanche midi

Château de Chailly

DEMEURE HISTORIQUE • ÉLÉGANT Une riche façade Renaissance, une autre grandiose et médiévale : ce château a du style ! Ses hôtes pourront musarder dans le superbe parc, s'adonner aux joies du golf ou de la natation, profiter des deux restaurants... Vous avez dit "vie de château" ?

42 chambres - 159/459 € - 3 suites - ☕ 23 €

✆ 03 80 90 30 30 - www.chailly.com - Fermé 17 février-1er mars

L'Armançon - voir la sélection des restaurants

à Ste-Sabine 8 km au Sud-Est par D981, D977bis et D970 - ✉ 21320

Le Lassey

CUISINE MODERNE • ÉLÉGANT XXX Dans le cadre historique du château Sainte-Sabine, né au Grand Siècle, face au parc et à son plan d'eau, une table élégante et raffinée. Quenelle de brochet aux pâtes zita et écrevisses sauce homardine, soufflé au biscuit rose et ratafia : voici les belles spécialités du nouveau chef !

Menu 28 € (déjeuner), 45/80 € - Carte 60/85 €

Château Sainte-Sabine, 8 route de Semur - ✆ 03 80 49 22 01 - www.saintesabine.com - Fermé 6 janvier-8 mars, mercredi midi

Château Sainte-Sabine

DEMEURE HISTORIQUE • ÉLÉGANT L'art de vivre à la française imprègne ce beau château du 17e s., d'architecture classique. Chic et impeccables, les chambres jouent la carte d'une élégance intemporelle, dans une version plus "châtelaine" pour celles de la tour. Et l'on ne se lasse pas des belles échappées sur le parc environnant, où vagabondent des animaux en liberté...

22 chambres - 135/250 € - ☕ 14 €

8 route de Semur - ✆ 03 80 49 22 01 - www.saintesabine.com - Fermé 6 janvier-8 mars

Le Lassey - voir la sélection des restaurants

POUILLY-SOUS-CHARLIEU

✉ 42720 (Loire) - Carte régionale n° **2**-A1
Carte Michelin 327-D3

Restaurant de la Loire

CUISINE TRADITIONNELLE • CLASSIQUE XX Cette auberge, en bord de Loire, servait jadis de la friture... Aujourd'hui, c'est un joli restaurant, avec une terrasse côté jardin. On y apprécie une cuisine traditionnelle et soignée, qui privilégie les produits frais.

Menu 23 € (déjeuner), 34/71 € - Carte 39/80 €

rue de la Berge - ✆ 04 77 60 81 36 - www.restaurant-loire.fr - Fermé 2-24 janvier, 17-28 juin, 9-20 septembre, lundi, mardi, dimanche soir

POULDREUZIC

✉ 29710 (Finistère) - Carte régionale n° **7**-A2
Carte Michelin 308-E7 - Guide Vert Michelin Bretagne Sud

à Penhors 4 km à l'Ouest par D40 - ✉ 29710

Breiz Armor

FAMILIAL • FONCTIONNEL Ce grand bâtiment est idéalement situé près de la plage, face au large. Les chambres, assez spacieuses, disposent d'un équipement complet (écran plat, minibar, coffre-fort), et l'on profite aussi d'un espace bien-être et d'une salle de jeux.

36 chambres - 80/112 € - 10 €

à la plage - ✆ 02 98 51 52 53 - www.breiz-armor.fr - Fermé 2 janvier-13 février

POULIGNY-NOTRE-DAME - 36 (Indre) ➜ voir La Châtre

LE POUZIN

✉ 07250 (Ardèche) - Carte régionale n° **2**-B3
Carte Michelin 331-K5

La Cardinale

TRADITIONNEL • CLASSIQUE Un beau mas, un parc aux essences choisies, un élégant restaurant, une jolie piscine, des kiosques... c'est charmant ! Les chambres sont raffinées (salles de bains rétro), certaines de plain-pied dans l'annexe récente (avec terrasse). Un établissement de qualité.

8 chambres - 155/255 € - 16 €

quartier serre-Petou - ✆ 04 75 41 20 39 - www.hotel-restaurant-privas.com - Fermé 1er octobre-15 avril

PRADELLES-EN-VAL

✉ 11220 (Aude) - Carte régionale n° **21**-B3
Carte Michelin 344-G4

La Bourdasso

CUISINE ITALIENNE • VINTAGE Cette belle bâtisse traditionnelle perdue dans les Corbières, a été investie de la fougue d'une famille italienne, tombée amoureuse de la région. On y déguste une cuisine italienne authentique, dont une mozzarella artisanale divine, issue de leur exploitation de bufflonnes, importées d'Italie ! La large terrasse laisse apprécier la nature environnante. Très sympathique.

Carte 30/50 €

La Bourdasse - ✆ 04 68 78 08 31 - www.bourdasso.com - Fermé 7 janvier-25 février, mercredi soir, jeudi soir, vendredi soir, samedi soir, dimanche midi

PRADES

✉ 66500 (Pyrénées-Orientales) - Carte régionale n° **21**-B3
Carte Michelin 344-F7

à Clara 5 km au Sud par D35 - ✉ 66500

Les Loges du Jardin d'Aymeric

CUISINE TRADITIONNELLE • AUBERGE Au sein de ce village perché, il fait bon s'attabler dans cette maison typique de la région, lumineuse et élégante ! Le chef concocte une belle cuisine du marché avec de bons produits locaux et les légumes de son potager - son autre passion. Et s'il vous prend l'envie de rester, les chambres sont pleines de cachet...

Menu 20 € (déjeuner), 32/62 €

7 rue du Canigou - ✆ 04 68 96 08 72 - www.logesaymeric.com - Fermé 2-31 janvier, lundi midi, dimanche soir

LE PRADET

✉ 83220 (Var) - Carte régionale n° **24**-C3
Carte Michelin 340-L7 - Guide Vert Michelin Côte d'Azur

aux Oursinières 3 km au Sud par D86 - ✉ 83220

La Chanterelle

CUISINE PROVENÇALE • **ÉLÉGANT** XX Une cuisine provençale délicate et pleine d'arômes, que l'on déguste avec plaisir dans une jolie maison en pierre (plafond en bois sculpté, jardin fleuri). Quelques spécialités de la maison : queues de crevettes rouges sautées au caramel de framboise et tuile au parmesan ; maigre au fenouil, vinaigrette à l'orange...

Menu 24 € (déjeuner)/45 € - Carte 55/65 €

50 rue de la Tartane, port des Oursinières - ✆ 04 94 08 52 60 - www.restaurantlachanterelle.fr - Fermé 2 janvier-7 mars, lundi, mardi

PRATS-DE-MOLLO-LA-PRESTE

✉ 66230 (Pyrénées-Orientales) - Carte régionale n° **21**-B3
Carte Michelin 344-F8

Bellevue

CUISINE MODERNE • **ÉLÉGANT** XX Au pied des remparts, un plaisir sans cesse renouvelé... La carte fleure bon le terroir régional, et pour cause : le chef met en valeur les petits producteurs locaux, qui viennent dans la cité uniquement pour le livrer. Agneau catalan, fromage des Pyrénées : plus qu'une simple carte, c'est une ode à nos régions !

Menu 25/57 € - Carte 49/60 €

place du Foiral - ✆ 04 68 39 72 48 - www.hotel-le-bellevue.fr - Fermé 24 novembre-12 février, mardi, mercredi

Bellevue

FAMILIAL • **FONCTIONNEL** Cet hôtel trône sur la place du village, au pied des remparts médiévaux. Les chambres sont fonctionnelles. Idéal pour une étape dans cette pittoresque cité frontalière.

14 chambres - 58/91 € - ☕ 10 €

place du Foiral - ✆ 04 68 39 72 48 - www.hotel-le-bellevue.fr - Fermé 24 novembre-12 février

Bellevue - voir la sélection des restaurants

PRATZ

✉ 39170 (Jura) - Carte régionale n° **6**-B3
Carte Michelin 321-E8

Les Louvières

CUISINE MODERNE • **ÉPURÉ** X C'est au bout d'une petite route qu'apparaît cette ferme de pays, à l'environnement paisible, rénovée dans un esprit chic et contemporain, sans renier son cachet montagnard. Un endroit attachant, où l'on savoure une cuisine alléchante, tel ce ris de veau au Madère.

Menu 49 €

Les Louvières - ✆ 03 84 42 09 24 - www.leslouvieres.com - Fermé 1er janvier-10 février, 18 février-31 mars, 15 novembre-31 décembre, lundi, mardi, dimanche soir

LE PRAZ - 73 (Savoie) ➜ voir Courchevel

LES PRAZ-DE-CHAMONIX - 74 (Haute-Savoie) ➜ voir Chamonix-Mont-Blanc

PRAZ-SUR-ARLY

✉ 74120 (Haute-Savoie) - Carte régionale n° **4**-F1
Carte Michelin 328-M5

 **La Griyotire**

AUBERGE • TRADITIONNEL Un élégant chalet savoyard, à la fois central et paisible, avec des chambres charmantes et cosy. Piscine intérieure, sauna et massages : les vacances en version alpine, tout simplement !

16 chambres - 125/155 € - 5 suites - 16 €

route de La Tonnaz - 04 50 21 86 36 - www.griyotire.com - Fermé 1er avril-15 juin, 15 septembre-20 décembre

PRÉNERON - 32 (Gers) → voir Vic-Fezensac

PRENOIS - 21 (Côte-d'Or) → voir Dijon

LE PRÉ-ST-GERVAIS - 93 (Seine-Saint-Denis) → voir Autour de Paris

PRINGY - 74 (Haute-Savoie) → voir Annecy

PRINGY

✉ 77310 (Seine-et-Marne) - Carte régionale -
Carte Michelin 312-E4

 **L'Inédit** Ⓝ

CUISINE CLASSIQUE • TENDANCE XX C'est le chef Kévin Kowal, ancien de la galaxie Ducasse, qui a repris en 2018 les fourneaux de cette maison installée non loin de Melun. Sa cuisine a de forts accents classiques (en témoigne ce pigeonneau des douves en tourte royale, une réussite) avec quelques traits de modernité. Cuissons maîtrisées, saveurs marquées : du bon travail.

Menu 35 € (déjeuner), 46/125 € - Carte 71/97 €

20 avenue de Fontainebleau, D607 - 01 60 65 57 75 - www.linedit.fr - Fermé 30 juillet-28 août, 24 décembre-2 janvier, mardi, mercredi, dimanche soir

PRIVAS

✉ 07000 (Ardèche) - Carte régionale n° **2**-B3
Carte Michelin 331-J5 - Guide Vert Michelin Ardèche Drôme

La Boria

CUISINE MODERNE • CONVIVIAL X La Boria ? Une petite pépite, tout simplement ! Le jeune chef valorise le meilleur du terroir ardéchois dans des assiettes raffinées, résolument modernes, où le visuel et le goût vont toujours de pair. On profite de ces douceurs dans une salle à manger d'esprit rétro, joliment relookée, où l'on se sent vraiment bien.

Menu 19 € (déjeuner), 33/60 €

3 cours du Palais - 04 75 64 48 48 - www.la-boria.com - Fermé lundi, mardi soir, dimanche soir

PROJAN

✉ 32400 (Gers) - Carte régionale n° **22**-A2
Carte Michelin 336-A8

Le Château de Projan

DEMEURE HISTORIQUE • GRAND LUXE Ambiance de maison d'hôtes dans ce château blotti dans un parc au sommet d'une colline. Beau mobilier ancien et tableaux contemporains ornent chambres et salons. Lumineuse salle à manger prolongée d'une terrasse où l'on sert des plats régionaux. Cours de cuisine.

7 chambres - 130/200 € - 15 €

500 route du Château - 05 62 09 46 21 - www.chateau-de-projan.com - Fermé 15 janvier-15 mars

PROPRIANO - 2A (Corse-du-Sud) → voir Corse

PROVINS

✉ 77160 (Seine-et-Marne) - Carte régionale n° **15**-D2
Carte Michelin 312-I4 - Guide Vert Michelin Île-de-France

Aux Vieux Remparts

TRADITIONNEL • ÉLÉGANT Ces Vieux Remparts évoquent tout le charme de la cité médiévale : dans trois maisons attenantes, les chambres se révèlent raffinées et cosy - et plus loin du Moyen Âge, certaines adoptent même un agréable esprit contemporain, sans parler du spa. L'adresse comblera aussi les appétits, avec le Bistrot des Remparts !

42 chambres - 159/359 € - 18 €

3 rue Couverte - ville haute (cité médiévale) - 01 64 08 94 00 - www.auxvieuxremparts.com

Demeure des Vieux Bains

HISTORIQUE • ÉLÉGANT Bienvenue dans cette belle demeure seigneuriale (12ᵉ-17ᵉ s.) à flanc de colline. Le nom de chaque chambre évoque son élégant décor : Hortensia, Flamande, ou encore la Dolce Vita, spacieuse et contemporaine, qui peut accueillir une famille entière... Un lieu charmant.

5 chambres - 135/280 €

7 rue du Moulin-de-la-Ruelle (au pied de la cité médiévale) - 06 74 64 54 00 - www.demeure-des-vieux-bains.com

PUJAUDRAN - 32 (Gers) → voir L'Isle-Jourdain

PUJAUT

✉ 30131 (Gard) - Carte régionale n° **21**-D2
Carte Michelin 339-N4

Entre Vigne et Garrigue (Serge et Maxime Chenet)

CUISINE MODERNE • CLASSIQUE XXX Un cadre authentique - une ferme provençale isolée, entre falaises et vignobles - et une savoureuse cuisine du marché, bien dans son époque. Produits nobles, légumes et fruits de saison ont les faveurs des chefs, père et fils... Chambres au décor soigné, dans l'esprit d'une maison d'hôtes.

→ Croustillant de tête de veau et homard, vinaigrette de crustacés. Pigeonneau des Costières aux fines épices. Soufflé au citron et caramel d'orange

Menu 58/135 €

route de St-Bruno, 2 km au Sud-Ouest - 04 90 95 20 29 - www.vigne-et-garrigue.com - Fermé 6-28 janvier, 4-12 mars, 26 août-3 septembre, lundi, mardi

PUJOLS

✉ 33350 (Gironde) - Carte régionale n° **18**-C2
Carte Michelin 335-K6 - Guide Vert Michelin Aquitaine

La Poudette

CUISINE TRADITIONNELLE • AUBERGE X Dans le jardin courent poules et oies... Quoi de plus naturel dans une ancienne ferme ? Ici, on est vraiment à la campagne et l'on se régale d'une jolie cuisine de produits, fraîche et fine. Et pour se mettre au vert, il y a aussi deux confortables chambres - simples, mais au calme.

Menu 20 € (déjeuner), 35/40 € - Carte 20/40 €

1 Bernadigot - 05 57 40 71 52 - www.la-poudette.com - Fermé 1er décembre-1er avril, lundi midi, mardi midi, dimanche soir

Il fait beau ? Repérez le symbole et attablez-vous en terrasse...

PULIGNY-MONTRACHET

✉ 21190 (Côte-d'Or) - Carte régionale n° **5**-A3
Carte Michelin 320-I8 - Guide Vert Michelin Bourgogne

Le Montrachet

CUISINE CLASSIQUE · ÉLÉGANT XXX Classique et élégant : voilà qui qualifie à merveille ce restaurant – tout en poutres et pierres apparentes – et la cuisine de saison que l'on y sert... À noter également, la très belle cave de 1000 références dont plus de 200 grands crus.

Menu 32 € (déjeuner), 64/94 € - Carte 80/100 €

10 place du Pasquier-de-la-Fontaine (ex place des Marronniers) – ☎ 03 80 21 30 06 – www.le-montrachet.com – Fermé 24 novembre-31 décembre

La Maison d'Olivier Leflaive

LUXE · PERSONNALISÉ Au cœur d'un village viticole, cette imposante maison du 17e s. accueille des chambres élégantes et spacieuses, chacune ayant son propre style : Pop, Campagne, Baroque, Authentique ou Rétro. Un ensemble qui ne manque pas de cachet !

13 chambres - 140/275 € - ☕ 16 €

10 place du Monument – ☎ 03 80 21 95 27 – www.olivier-leflaive.com – Fermé 1er novembre-1er mars

Le Montrachet

TRADITIONNEL · CLASSIQUE Sur une place tranquille, une belle bâtisse en pierre de pays et ses dépendances ; en fait l'auberge du village peu à peu métamorphosée en hôtel cossu. Les chambres, spacieuses et classiques (plafonds à la française...), sont bien agréables.

31 chambres - 170/320 € - ☕ 21 €

10 place du Pasquier-de-la-Fontaine (ex place des Marronniers) – ☎ 03 80 21 30 06 – www.le-montrachet.com – Fermé 24 novembre-31 décembre

Le Montrachet - voir la sélection des restaurants

La Chouette

FAMILIAL · COSY Une maison paisible et chaleureuse, un jardin donnant sur les vignes, de grandes chambres au décor soigné : chouette ! Et le petit-déjeuner est délicieux, avec ses gâteaux et confitures maison, ses charcuteries et ses fromages...

6 chambres ☕ - 150/160 €

3 bis rue des Creux-de-Chagny – ☎ 03 80 21 95 60 – www.la-chouette.fr – Fermé 24 novembre-6 janvier

PUPILLIN - 39 (Jura) → voir Arbois

PUTEAUX - 92 (Hauts-de-Seine) → voir Autour de Paris

PUYCELCI

✉ 81140 (Tarn) - Carte régionale n° **22**-C2
Carte Michelin 338-C7

L'Ancienne Auberge

AUBERGE · PERSONNALISÉ Au cœur d'un village fortifié authentique et charmant, ce presbytère du 13e s. s'est mué en une auberge de caractère. Dans les chambres cohabitent meubles anciens et confort d'aujourd'hui et, au bistrot, la cheminée médiévale fait son petit effet : du style, c'est certain !

8 chambres - 85/125 € - ☕ 10 €

place de l'Église – ☎ 05 63 33 65 90 – www.ancienne-auberge.com – Fermé 1er février-1er mars

LE PUY-EN-VELAY

✉ 43000 (Haute-Loire) - Carte régionale n° **1**-C3
Carte Michelin 331-F3 - Guide Vert Michelin Ardèche Drôme

Bambou et Basilic

CUISINE MODERNE • CONVIVIAL XX Cette petite maison du centre historique mise tout sur la fraîcheur. Le credo des sympathiques propriétaires ? Miser sur le terroir, en l'agrémentant de ce qu'il faut de modernité, comme avec ce mignon de porc de Haute-Loire à la purée de panais et jus au vinaigre de framboise... Enfin, côté prix, on est loin du coup de bambou.

Menu 24 € (déjeuner), 30/65 € - Carte 46/56 €

18 rue Grangevieille - ✆ 04 71 09 25 59 - www.bambou-basilic.com - Fermé lundi, dimanche

Regina

CUISINE TRADITIONNELLE • FAMILIAL XX Dans cet hôtel agréable, le restaurant est en plein dans la tradition : sol en pierre ou bois, œuvres d'art au mur... sans oublier, au milieu de la pièce, un imposant jambon de San Daniele prêt à la découpe. La fraîcheur est au rendez-vous dans l'assiette, grâce aux bons produits du marché, et le tout est mis en valeur par une équipe très efficace.

Menu 23 € (déjeuner), 32/45 € - Carte 38/51 €

34 boulevard Maréchal-Fayolle - ✆ 04 71 09 14 71 - www.hotelrestregina.com

Tournayre

CUISINE TRADITIONNELLE • RUSTIQUE XX Croisées d'ogives, boiseries, fresques... Le cadre rare et charmant d'une ancienne chapelle du 16e s. ! La cuisine y est gardienne d'une certaine tradition, pour le meilleur (lentilles, veau du Velay, jambon cru d'Auvergne, fromages, etc.).

Menu 30/75 € - Carte 60/80 €

12 rue Chenebouterie - ✆ 04 71 09 58 94 - www.restaurant-tournayre.com - Fermé 25 juin-4 juillet, 3-13 septembre, 22 décembre-17 janvier, lundi, mardi, dimanche soir

Regina

FAMILIAL • FONCTIONNEL Ce bel immeuble (1905) flanqué d'une tourelle possède un indéniable cachet. Ses chambres, fonctionnelles et généralement spacieuses, sont décorées avec goût dans un style contemporain. Au restaurant, cuisine de tradition et plats méditerranéens.

25 chambres - 76/130 € - 14 €

34 boulevard Maréchal-Fayolle - ✆ 04 71 09 14 71 - www.hotelrestregina.com

Regina - voir la sélection des restaurants

à Espaly-St-Marcel 3 km au Nord-Ouest par N102 - ✉ 43000

L'Ermitage

CUISINE TRADITIONNELLE • ÉLÉGANT XX Cette ancienne grange a conservé son charme rustique et le côté naturel de ses origines. On y apprécie une cuisine de tradition fine et bien réalisée, avec notamment la découpe en salle de certains poissons et pièces de bœuf. N'oublions pas la cheminée, en hiver, et la sympathique terrasse aux beaux jours. Un vrai plaisir.

Menu 28 € (déjeuner), 38/60 € - Carte 40/60 €

73 avenue de l'Ermitage, rte de Clermont-Ferrand - ✆ 04 71 04 08 99 - Fermé 17 février-11 mars, 26 août-9 septembre, lundi, mercredi soir, dimanche soir

PUYLAROQUE

✉ 82240 (Tarn-et-Garonne) - Carte régionale n° **22**-C1
Carte Michelin 337-F6

Les Sens

CUISINE CRÉATIVE • AUBERGE X Situé sur la place du bourg, cette maison de village abrite un restaurant, dont la cuisine créative et les beaux produits ne sauraient laisser indifférent. Le chef se plaît à travailler légumes, fleurs et herbes du potager, situé en contre-bas de la terrasse ; sa source d'inspiration ! Menu truffe en saison.

Menu 26 € (déjeuner), 42/91 €

2 place de la Libération - ✆ 05 63 02 82 25 - www.restaurantlessens.com - Fermé 1er avril-8 août, lundi, mardi, dimanche midi

PUYLAURENS

✉ 81700 (Tarn) - Carte régionale n° **22**-C2
Carte Michelin 338-E9 - Guide Vert Michelin Midi Toulousain

Cap de Castel

CUISINE MODERNE · **COSY** X Sur l'agréable terrasse, toisant les Pyrénées lointaines et la Montagne noire toute proche, on déguste la délicate cuisine de Xavier Mannier. Saveurs et textures sont au rendez-vous, comme les bons produits locaux. Un avant-goût du paradis !

Menu 38/49 €

rue Cap-de-Castel - ✆ 05 63 70 21 76 - www.capdecastel.com - Fermé 1er-31 janvier, lundi midi, mardi midi, mercredi midi, jeudi midi, vendredi midi, samedi midi, dimanche

Cap de Castel

MAISON DE CAMPAGNE · PERSONNALISÉ Ici, tout est beau dans sa simplicité : l'accueil souriant, le charme d'une maison du pays, les chambres pleines de caractère réparties dans deux demeures historiques (16e et 18e s.)... Sans oublier la petite piscine et sa vue sur la campagne !

11 chambres - 96/180 € - 16 €

rue Cap-de-Castel - ✆ 05 63 70 21 76 - www.capdecastel.com - Fermé 1er-31 janvier

Cap de Castel - voir la sélection des restaurants

PUY-L'ÉVÊQUE

✉ 46700 (Lot) - Carte régionale n° **22**-B1
Carte Michelin 337-C4

Le Médiéval

CUISINE MODERNE · **COSY** X Le chef bourguignon Pierre Creuzet (ancien second de Jacques Lameloise), s'est installé dans cette petite adresse de la vieille ville, où il compose une attachante cuisine de qualité, entre recettes traditionnelles et préparations plus actuelles. En salle, son épouse Loren, sommelière de métier, l'épaule avec complicité. Rapport plaisir/prix imbattable !

Menu 15 € (déjeuner), 27/35 €

24 Grand'Rue - ✆ 09 86 31 80 88 - www.lemedieval-puyleveque.fr - Fermé 23 novembre-2 décembre, lundi, dimanche

PUYMIROL

✉ 47270 (Lot-et-Garonne) - Carte régionale n° **18**-C2
Carte Michelin 336-G4 - Guide Vert Michelin Aquitaine

Michel Trama

CUISINE CRÉATIVE · **ÉLÉGANT** XXX Michel Trama fête cette année ses 40 ans de présence, à Puymirol. Cet ex-champion de plongée et étudiant en Arts décoratifs à Montparnasse doit sa vocation à l'amour... de sa femme Maryse. C'est elle qui l'initie à la gastronomie. Celui qui multipliait les petits boulots se fixe et ouvre un bistrot rue Mouffetard, Sur le pouce. Un succès. La "Cuisine gourmande" de Guérard et l'Escoffier en guise de "maîtres à cuisiner", Michel devient chef Trama. La métamorphose s'accomplit à Puymirol, dans le Lot-et-Garonne, qui deviendra sa région d'adoption. Première étoile en 1981, la seconde en 2004. Le lieu est splendide. Une intense plénitude imprègne l'endroit. On s'installe sous les voûtes du 13e s. ou sur la plaisante terrasse, dans l'ancien cloître. Place aux agapes : épaule d'agneau confite en croûte d'herbes, côtelette juste poêlée, ratatouille, jus de romarin et, évidemment le célèbre hamburger de foie gras - un classique, qui dit tout du style Trama, entre terroir et invention.

→ Papillote de pomme de terre à la truffe. Pigeonneau rôti aux épices, carotte à l'orange. Cristalline de pomme verte

Menu 75/215 € - Carte 110/200 €

52 rue Royale - ✆ 05 53 95 31 46 - www.aubergade.com - Fermé 2-24 janvier, lundi, mardi midi, dimanche soir

La Poule d'Or

CUISINE TRADITIONNELLE • **BISTRO** X Au sein de sa maison mère – le célèbre restaurant de Michel Trama –, cette Poule d'Or a tout d'une auberge chic. Au menu, du grand classique de bistrot -parmentier de queue de bœuf, tête de veau sauce poulette, gros chou à la crème au caramel... Tout est maîtrisé, savoureux et gourmand. Une adresse en or !

Menu 32/42 €

Michel Trama, 52 rue Royale
– ✆ 05 53 95 31 46 – www.aubergade.com –
Fermé 2-25 janvier, lundi, mardi midi, dimanche soir

Michel Trama

HISTORIQUE • **PERSONNALISÉ** Drapés de soie, baldaquins, mobilier 19e s., tons cramoisi et pourpre, etc. Au cœur d'un village de la campagne agenaise, ce décor opulent et théâtral est signé Jacques Garcia. Étape luxueuse et onirique entre ces murs superbes des 13e-17e s. !

9 chambres – 220/420 € – 1 suite – 29 €

52 rue Royale
– ✆ 05 53 95 31 46 – www.aubergade.com –
Fermé 2-23 janvier

Michel Trama • **La Poule d'Or** – voir la sélection des restaurants

LE PUY-STE-RÉPARADE – 13 (Bouches-du-Rhône) → voir Aix-en-Provence

PYLA-SUR-MER – 33 (Gironde) → voir Bassin d'Arcachon

QUARRÉ-LES-TOMBES

✉ 89630 (Yonne) – Carte régionale n° **5**-B2

Carte Michelin 319-G7 – Guide Vert Michelin Bourgogne

Le Morvan

CUISINE MODERNE • **FAMILIAL** XX Un petit salon feutré et une salle cosy, des poutres apparentes, une belle horloge comtoise... Tout invite à la découverte du terroir, joliment revisité par le chef, au plus près des saisons. L'été, attablez-vous dans le jardin fleuri et musardez au soleil ! Une bonne étape à l'entrée du Parc naturel régional du Morvan.

Menu 26/60 € – Carte 42/61 €

6 rue des Écoles (face au parc municipal)
– ✆ 03 86 32 29 29 – www.le-morvan.fr –
Fermé 16 décembre-8 mars, lundi, mardi, mercredi midi

aux Lavaults 5 km au Sud-Est par D10 – ✉ 89630

Auberge de l'Âtre

CUISINE CLASSIQUE • **TRADITIONNEL** XXX Cette auberge de campagne installée dans un joli cadre arboré distille un charme rustique. Pour ne rien gâter, la carte célèbre les bons vins et le terroir (spécialité de champignons), et les desserts sont particulièrement soignés. Chambres très bien tenues, agréables pour un séjour.

Menu 30/65 € – Carte 35/70 €

✆ 03 86 32 20 79 – www.auberge-de-latre.com – Fermé 25 février-21 mars, 24 juin-3 juillet, lundi, mardi

LES QUELLES – 67 (Bas-Rhin) → voir Schirmeck

QUÉVEN – 56 (Morbihan) → voir Lorient

QUIBERON

✉ 56170 (Morbihan) - Carte régionale n° **7**-B3
Carte Michelin 308-M10 - Guide Vert Michelin Bretagne Sud

La Chaumine

CUISINE TRADITIONNELLE • **CONVIVIAL** XX Sur la route du port, c'est dans leur ancienne maison de famille qu'officient le chef et sa sœur - qui assure l'accueil. Une demeure lumineuse qui a l'esprit du large (mouettes en bois, coque de bateau, etc.), comme la cuisine, très iodée et gourmande... Un refuge idéal après une balade sur la Côte Sauvage !

Menu 33/52 € - Carte 41/57 €

79 rue de Port-Haliguen - ✆ 02 97 50 17 67 - www.restaurant-lachaumine.com - Fermé 12 novembre-12 mars, lundi, mardi midi, dimanche soir

Sofitel Diététique

THERMAL • CONTEMPORAIN Un hôtel parfait pour retrouver la ligne... Les chambres, sur le thème de l'eau, sont spacieuses et très confortables. On accède directement au spa de 1 000 m^2 et le restaurant propose des menus diététiques. Pas une goutte d'alcool, même au bar !

68 chambres - ††250/510 € - 5 suites - ☕ 27 €

Pointe de Goulvars - ✆ 02 97 50 20 00 - www.sofitel-quiberon-thalassa.com - Fermé 8-27 décembre

Sofitel Thalassa

SPA ET BIEN-ÊTRE • ÉLÉGANT Pour un séjour iodé et tonique, ce complexe hôtelier fait face à la plage et communique avec l'institut de thalassothérapie. Au programme : un décor résolument contemporain et un grand confort. Certaines chambres donnent sur les flots, tout comme les deux restaurants (produits de la mer).

104 chambres - ††119/510 € - 22 suites - ☕ 27 €

boulevard Louison-Bobet - ✆ 02 97 50 20 00 - www.sofitel.com - Fermé 8-27 décembre

Ker Noyal

FAMILIAL • CONTEMPORAIN Un hôtel tout blanc, typique du bord de mer, au calme dans un quartier résidentiel situé près du casino. Les chambres sont décorées avec goût dans un style contemporain.

17 chambres - ††68/135 € - ☕ 12 €

43 Chemin des Dunes - ✆ 02 97 50 33 31 - www.ker-noyal.com - Fermé 4 novembre-28 février

Ibis Styles

HÔTEL DE CHAÎNE • FONCTIONNEL À deux pas du port de plaisance d'Haliguen, animé l'été par des régates, cet hôtel récent accueille les amateurs d'air marin. Espace bien-être.

57 chambres ☕ - ††64/174 €

43 rue du Port-Haliguen - ✆ 02 97 58 35 80 - www.hotelibisstyles-quiberon.com - Fermé 25 novembre-28 mars

à Portivy 6 km au Nord par D768 et rte secondaire - ✉ 56510

Le Petit Hôtel du Grand Large (Hervé Bourdon)

CUISINE MODERNE • **BISTRO** X Un étonnant bistrot marin, tenu par un chef autodidacte amoureux de la mer et approvisionné chaque jour par un ami pêcheur ! Le poisson est remarquable de qualité et de fraîcheur, et il est accompagné des herbes, fleurs et légumes du potager de la maison. Les chambres, joliment décorées, donnent sur le petit port.

→ Herbes sauvages de la presqu'île. Légumes de notre potager. Dessert autour des fruits de saison

Menu 40 € (déjeuner), 60/95 €

11 quai St-Ivy - ✆ 02 97 30 91 61 - www.lepetithoteldugrandlarge.fr - Fermé 7 janvier-8 février, 24 juin-4 juillet, mardi, mercredi, dimanche soir

à St-Pierre-Quiberon 5 km au Nord par D768 – ✉ 56510

Hôtel de la Plage

FAMILIAL • FONCTIONNEL L'enseigne de cet hôtel familial dit la vérité : la plage est à vos pieds ! Chambres fonctionnelles et bien tenues, avec balcon côté baie. Cartes et menus typiques de la région ; saveurs iodées et vue superbe sur le large.

30 chambres – 70/147 € – 6 suites – 13 €

25 quai d'Orange – 02 97 30 92 10 – www.hotel-plage-quiberon.com – Fermé 1er octobre-4 avril

QUIMPER

✉ 29000 (Finistère) – Carte régionale n° **7**-B2
Carte Michelin 308-G7 – Guide Vert Michelin Bretagne Sud

Allium (Lionel Hénaff)

CUISINE CRÉATIVE • BRANCHÉ XXX Avec l'aide des internautes (sous la forme d'un financement participatif), Frédérique et Lionel Hénaff ont créé ici le restaurant de leurs rêves. La cuisine inventive du chef démontre qu'il n'a rien perdu de son savoir-faire ; elle s'accompagne d'une belle sélection de vins de petits propriétaires, sélectionnés par madame.

→ Langoustine "XXL crispy" et mayonnaise tiède. Poisson de ligne, légumes de nos maraîchers. Fruits de saison et chocolat grand cru

Menu 30 € (déjeuner), 55/95 €

88 boulevard de Creach-Gwen (ZA de Créac'h-Gwen) – 02 98 10 11 48 – www.restaurant-allium.com – Fermé 23 juin-9 juillet, lundi, dimanche

Auberge de Ti-Coz

CUISINE MODERNE • AUBERGE XX Comme un rêve de Bretagne : une charmante auberge en pierre, à la fois rustique, moderne et élégante. Le chef y prépare une savoureuse cuisine, qui fait la part belle aux meilleurs produits du terroir breton. En ancien sommelier passionné, il accompagne ses recettes d'une belle carte des vins (plus de 450 références).

Menu 33/60 € – Carte 63/75 €

4 Hent-Koz, Ty-Sanquer – 02 98 94 50 02 – www.restaurantticoz.com – Fermé lundi, dimanche soir

L'Ambroisie

CUISINE MODERNE • INTIME XX À la suite de la génération précédente, un jeune couple – l'un chef, l'autre sommelière – a repris en douceur les commandes de l'Ambroisie. Dans une salle réaménagée et modernisée, ils continuent de travailler des produits locaux de première fraîcheur et revisitent la tradition bretonne avec franchise. L'histoire continue.

Menu 29 € (déjeuner), 48/65 €

49 rue Elie-Fréron – 02 98 95 00 02 – www.ambroisie-quimper.com – Fermé 2-15 janvier, lundi, mercredi soir, dimanche

La Ferme de l'Odet

CUISINE MODERNE • CHAMPÊTRE XX Situation privilégiée pour cette ancienne ferme (1900) bordant l'Odet ; la terrasse, en particulier, ouvre sur les berges et les bois voisins... Un cadre champêtre qui se prête à la dégustation d'une cuisine actuelle bien tournée, avec une intéressante formule au déjeuner et des recettes plus pointues le soir.

Menu 24 € (déjeuner), 38/50 € – Carte 48/75 €

74 chemin de la Baie-de-Kerogan, 5 km par rte de Bénodet – 02 98 95 63 13 – www.lafermedelodet.fr – Fermé lundi soir, mardi soir, mercredi, dimanche soir

Océania

BUSINESS • FONCTIONNEL À proximité du centre-ville et juste derrière un centre commercial, cet hôtel est niché dans un îlot de verdure et propose des chambres spacieuses, dont les "Océane", joliment design et bien équipées. Petits plus : la cuisine traditionnelle du restaurant et la piscine.

92 chambres – 69/154 € – 16 €

17 rue du Poher, zone de Kerdrézec – 02 98 90 46 26 – www.oceaniahotels.com

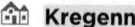

Kregenn

BUSINESS • PERSONNALISÉ Kregenn, pour "coquillage" en breton : un joli nom pour cet hôtel contemporain décoré avec goût. Dès la réception, on se sent bien ; impression qui perdure dans les chambres, à l'ambiance feutrée, ou dans la cour, près de la pièce d'eau. Bon accueil !

32 chambres - 89/189 € - 13 €

13 rue des Reguaires - 02 98 95 08 70 - www.hotel-kregenn.fr

Gradlon

TRADITIONNEL • PERSONNALISÉ Ce petit hôtel indépendant, situé en plein centre-ville, abrite des chambres au style "very british", fleuri et cosy à souhait. Un soin tout particulier est accordé aux détails, des rosiers du jardin à l'agréable véranda. Charming !

20 chambres - 60/230 € - 12 €

30 rue de Brest - 02 98 95 04 39 - www.hotel-gradlon.com - Fermé 6-28 janvier

Manoir-Hôtel des Indes

MAISON DE CAMPAGNE • PERSONNALISÉ Les Indes, où voyagea René Madec, aventurier quimpérois et ancien maître de ce manoir... C'est en souvenir de lui que les propriétaires ont décoré les chambres sur le thème de l'exotisme. Parc, espace bien-être avec bassin et massages : original et dépaysant.

13 chambres - 90/250 € - 15 €

allée de Prad-ar-C'hras, 4 km à l'Est par D765 - 02 98 55 48 40 - www.manoir-hoteldesindes.com

Le Logis du Stang

MAISON DE CAMPAGNE • ÉLÉGANT Romantique et bucolique : il est plaisant, ce manoir du 19e s, avec son ravissant jardin. Les quatre chambres sont réellement délicieuses, et pour s'isoler au calme en pleine campagne, il n'y a pas mieux.

4 chambres - 82/92 €

allée de Stang Youen, r. Ch-Le-Goffic et chemin de Linéostic, 4 km à l'Est du plan - 02 98 52 00 55 - www.logis-du-stang.com - Fermé 5 novembre-28 février

QUIMPERLÉ

29300 (Finistère) - Carte régionale n° **7**-B2

Carte Michelin 308-J7 - Guide Vert Michelin Bretagne Sud

La Cigale Égarée

CUISINE CRÉATIVE • CONVIVIAL Une cigale égarée en Bretagne, qui n'en finit pas de chanter dans son décor néoprovençal atypique : original ! À la carte : frivolités de demoiselle langoustine, la cloche de fumée, le black sandwich, etc. On l'aura compris, l'insecte est créatif.

Menu 28 € (déjeuner), 45/70 €

Villeneuve-Braouic, par rte de Lorient - 02 98 39 15 53 - www.lacigaleegaree.com - Fermé 9-25 février, 20 octobre-4 novembre, lundi, dimanche

Le Vintage

TRADITIONNEL • PERSONNALISÉ Au cœur de la vieille ville, on jette un œil admiratif sur la façade de cet ancien hôtel particulier de 1907. Tableaux, sculptures, escalier en bois et grandes chambres : ces lieux ont du caractère.

10 chambres - 95/128 € - 13 €

20 rue Bremond-d'Ars - 02 98 35 09 10 - www.hotelvintage.fr

QUINSON

04500 (Alpes-de-Haute-Provence) - Carte régionale n° **24**-C2

Carte Michelin 334-E10 - Guide Vert Michelin Alpes du Sud

 **Relais Notre-Dame**

FAMILIAL • COSY Sur la route des gorges du Verdon, près du musée de la Préhistoire, un hôtel familial avec jardin et piscine. Les chambres sont décorées dans un style provençal actuel et plaisant.

13 chambres – 88/109 € – 11 €

Relais Notre-Dame – ✆ 04 92 74 40 01 – www.relaisnotredame04.com – Fermé 11 novembre-1er avril

QUINT-FONSEGRIVES – 31 (Haute-Garonne) → voir Toulouse

RAGUENÈS-PLAGE – 29 (Finistère) → voir Névez

RAISMES – 59 (Nord) → voir Valenciennes

RAMATUELLE

✉ 83350 (Var) – Carte régionale n° **24**-C3
Carte Michelin 340-O6 – Guide Vert Michelin Côte d'Azur

La Voile

CUISINE MODERNE • **DESIGN** XXX La lumière, la nature, la mer… Au sein de cet hôtel exclusif s'il en est, le chef Éric Canino met à l'honneur les légumes, l'huile d'olive et les produits bio, à travers des recettes légères et enlevées, ainsi ce filet de vive au plancton, concombre acidulé et crispy de crevette.

→ Thon rouge aux épices. Loup confit à l'huile d'olive, huître pochée et caviar. Soufflé au tokaji

Menu 120/149 € – Carte 105/150 €

La Réserve Ramatuelle, chemin de la Quessine, au Sud-Est, direction Plage de l'Escalet et route secondaire – ✆ 04 94 44 94 44 – www.lareserve-ramatuelle.com – Fermé 1er janvier-14 avril, 15 octobre-31 décembre

La Réserve Ramatuelle

PALACE • ÉLÉGANT Un lieu caché, rare… Dès l'arrivée, le bâtiment éblouit : tout en transparence, comme suspendu au-dessus de la mer, avec la flore méditerranéenne pour écrin. Chaque chambre, au minimalisme racé, est un balcon sur la Grande Bleue ! Un sommet de luxe contemporain, qui capte l'essence de cette côte si azurée…

22 chambres – 1200/6000 € – 6 suites

chemin de la Quessine, au Sud-Est, direction Plage de l'Escalet et route secondaire – ✆ 04 94 44 94 44 – www.lareserve-ramatuelle.com – Fermé 15 octobre-14 avril

La Voile – voir la sélection des restaurants

RAMBOUILLET

✉ 78120 (Yvelines) – Carte régionale n° **15**-A2
Carte Michelin 311-G4 – Guide Vert Michelin Île-de-France

L'Orangerie des Trois Roys

POISSONS ET FRUITS DE MER • ÉLÉGANT XX Une salle à manger en véranda garnie de sculpltures, tableaux, plantes vertes : voici le ravissant cadre de cette Orangerie. Le chef fait la part belle aux poissons et fruits de mer – à l'instar de ces pâtes fraîches au homard et soufflé au Grand Marnier –, et son épouse concocte de délicieuses pâtisseries. Terrasse au calme.

Carte 52/100 €

4 rue Raymond-Poincarré – ✆ 01 30 88 69 95 – www.lorangeriedestroisroys.fr – Fermé lundi, dimanche

à Gazeran 5 km au Sud-Ouest par D906 – ✉ 78125

Villa Marinette

CUISINE MODERNE • ÉLÉGANT XXX Cette ancienne auberge cache un intérieur cossu, au décor soigné, et, l'été, une agréable terrasse dressée dans le joli jardin clos. Au menu, une cuisine au goût du jour rythmée par les saisons, signée par un jeune chef respectueux du produit. Accueil souriant.

Menu 36 € (déjeuner)/67 € – Carte 64/70 €

20 avenue du Général-de-Gaulle – ✆ 01 34 83 19 01 – www.villamarinette.fr – Fermé 5-27 août, lundi, mardi, dimanche soir

RANGUEIL - 31 (Haute-Garonne) ➜ voir Toulouse

RATHSAMHAUSEN - 67 (Bas-Rhin) ➜ voir Sélestat

RATTE - 71 (Saône-et-Loire) ➜ Voir Louhans-Châteaurenaud

RAYOL-CANADEL-SUR-MER

✉ 83820 (Var) - Carte régionale n° **24**-C3
Carte Michelin 340-N7

Le Relais des Maures

CUISINE TRADITIONNELLE • **RUSTIQUE** Cette grande auberge cultive le goût du Sud. Le chef y réalise une cuisine pétrie de tradition, calée sur le marché et bien ficelée, pour un excellent rapport plaisir/prix. Quelques chambres pour prolonger le séjour, avec vue sur la mer au 2e étage. Une adresse sympathique.

Menu 37/48 € - Carte 48/87 €

1 rue Charles-Koecklin, Le Canadel - ✆ 04 94 05 61 27 - www.lerelaisdesmaures.fr - Fermé 1er novembre-5 avril, lundi, dimanche soir

Le Bailli de Suffren

LUXE • BORD DE MER Superbe vue sur les îles d'Hyères depuis ce bel hôtel les pieds dans l'eau, entièrement rénové dans une veine contemporaine méditerranéenne jaune (sable, soleil) et bleu (mer et ciel). Plage privée, balcons et terrasses face aux flots, restaurants panoramiques... Ou comment vivre en intimité avec la mer ! Petit espace bien-être, avec salles de soins.

55 chambres - 210/750 € - 28 €

avenue des Américains - ✆ 04 98 04 47 00 - www.lebaillidesuffren.com - Fermé 14 octobre-19 avril

RÉ (ÎLE DE) - 17 (Charente-Maritime) ➜ voir Île de Ré

REHAUPAL

✉ 88640 (Vosges) - Carte régionale n° **12**-C3
Carte Michelin 314-I4

Domaine du Haut-Jardin

FAMILIAL • NATURE Dans ce petit village de la campagne vosgienne, une maison de pays tenue par un couple accueillant ; les chambres associent esprit rustique et confort, avec un soin notable. Et dans le parc, on découvre six magnifiques chalets avec spa privatif sur la terrasse... Cuisine traditionnelle au restaurant.

11 suites - 259/390 € - 9 chambres - 17 €

43 bis le Village - ✆ 03 29 66 37 06 - www.domaine-du-haut-jardin.com

REIGNIER

✉ 74930 (Haute-Savoie) - Carte régionale n° **4**-F1
Carte Michelin 328-k4

La Table d'Angèle

CUISINE TRADITIONNELLE • **BISTRO** Ce restaurant avec véranda propose une appétissante cuisine de bistrot dans un cadre contemporain. Toujours, à la carte, un plat mijoté comme ce lapin chasseur et polenta crémeuse. Agréable terrasse couverte.

Menu 20 € (déjeuner), 35/48 € - Carte 35/50 €

273 Grande-Rue - ✆ 04 50 31 16 16 - www.tabledangele.com - Fermé 11-21 août, 22-31 décembre, lundi, mardi midi, dimanche

Photononstop

ON AIME...

Le **Pavillon CG**, sa belle cuisine de saison et son élégante salle à manger en rotonde. Le **Jardin des Crayères**, "petite adresse" du Domaine du même nom, pour sa cuisine de saison et sa jolie situation dans une dépendance du parc...

REIMS

✉ 51100 (Marne) - Carte régionale n° **11**-B2
Carte Michelin 306-G7 - Guide Vert Michelin Champagne Ardenne

Restaurants

✿✿✿ Assiette Champenoise (Arnaud Lallement)

CUISINE CRÉATIVE • LUXE XxxX Arnaud Lallement a pour ainsi dire grandi à L'Assiette Champenoise, créée à l'origine par ses parents. Un terrain de jeu idéal pour le jeune garçon, qui se passionne d'entrée pour la gastronomie. C'est après une solide formation qu'il reprend la suite de son père, avec le succès que l'on sait : une étoile en 2001, une deuxième en 2005, puis trois en 2014.

Omniprésent en salle, pédagogue et truculent, l'"aubergiste" Lallement mitonne pour ses clients une cuisine de haute volée, pleine de caractère et d'évidence. Superbes produits traités avec amour (lors de notre dernier passage, asperges vertes du Vaucluse, homard bleu, saint-pierre), assiettes lisibles et rehaussées de sauces mémorables... Une partition synonyme de plaisir.

→ Caviar, haddock fumé et pomme de terre. Homard bleu "hommage à mon papa". Miel des sages et fruits jaunes confits

Menu 95 € (déjeuner), 185/285 € - Carte 165/245 €

Plan : A2-e - *40 avenue Paul-Vaillant-Couturier, à Tinqueux - ☎ 03 26 84 64 64 - www.assiettechampenoise.com - Fermé 10 février-9 mars, 4-21 août, mardi, mercredi*

✿✿ Le Parc Les Crayères

CUISINE MODERNE • LUXE XxXxX Qu'attendre d'autre, dans cette magnifique demeure nichée au cœur d'un parc, qu'un repas mémorable ? Bingo : le chef manceau Philippe Mille, à l'impressionnant CV (Ritz, Lasserre, Pré Catelan, Drouant), montre qu'il est un admirable artisan... et qu'il continue de progresser.

Son style de prédilection : le classique revisité avec élégance. Les produits nobles sont en bonne place sur la carte (homard, langoustine, foie gras, turbot), travaillés tout en délicatesse. Les mariages de saveurs ne doivent rien au hasard, les sauces et les jus se révèlent remarquables, les jeux de textures aussi... Au final, une partition envoûtante.

N'oublions pas, bien sûr (nous sommes à Reims !), une carte de champagnes à tomber de sa chaise : près de 750 références sélectionnées avec soin, dans une recherche permanente de cohérence avec la cuisine.

→ Le pinot noir et le foie gras de canard de Chalandray. Le champagne et le homard de Roscoff. Soufflé dans la tradition des Crayères

Menu 70 € (déjeuner), 140/290 € – Carte 160/210 €

Plan : F3-a – *Domaine Les Crayères, 64 boulevard Henry-Vasnier – ✆ 03 26 24 90 00 – www.lescrayeres.com – Fermé 23 décembre-15 janvier, lundi, mardi*

✿ Le Foch (Jacky Louazé)

CUISINE MODERNE • COSY XXX Le restaurant borde les Promenades, ces cours ombragés dessinés au 18e s. On y retrouve avec plaisir la cuisine volontiers inventive du chef, où les produits de qualité sont rois (homard, beaux poissons, etc.). Et plus de vingt ans d'existence !

→ Marinade de Saint-Jacques, truffe d'automne et potimarron. Pigeonneau en feuille de chou, lard et foie gras. Mi-figue mi-raisin, biscuit aux noix

Menu 35 € (déjeuner), 51/100 € – Carte 80/130 €

Plan : D1-a – *37 boulevard Foch – ✆ 03 26 47 48 22 – www.lefoch.com – Fermé 2-9 janvier, 7-15 avril, 28 juillet-26 août, lundi, samedi midi, dimanche soir*

✿ Le Millénaire (Laurent et Thibault Laplaige)

CUISINE MODERNE • ÉLÉGANT XXX Non loin de la place Royale, une table d'une prestance toute contemporaine, associant tons crème, chêne clair et lignes élégantes. Une véritable invitation à découvrir cette cuisine réalisée à quatre mains (père et fils), bien ancrée dans le siècle... et dans le Millénaire !

→ Langoustines à la plancha, tartare de tomates de couleur et jambon bellota. Saint-pierre rôti, artichaut barigoule et couteaux à la provençale. Baba au rhum, gel citron vert et sorbet mojito

Menu 39 € (déjeuner), 57/98 € – Carte 100/130 €

Plan : E2-s – *4 rue Bertin – ✆ 03 26 08 26 62 – www.lemillenaire.com – Fermé samedi midi, dimanche*

✿ Racine (Kazuyuki Tanaka)

CUISINE MODERNE • ÉPURÉ XX Au cœur de Reims, un petit restaurant (20 couverts au maximum) dans lequel on prend volontiers Racine... Le chef japonais réalise une cuisine française au fort accent de son pays natal : c'est vif, savoureux, très soigné, et d'autant meilleur que les produits utilisés sont de qualité.

→ Cuisine du marché

Menu 45 € (déjeuner), 75/100 €

6 place Godinot – ✆ 03 26 35 16 95 – www.racine.re – Fermé 26 février-15 mars, 13 août-6 septembre, mardi, mercredi, jeudi midi

Le Pavillon CG

CUISINE MODERNE • TENDANCE XX Cette maison bourgeoise (1850) abritait une banque avant d'être transformée en restaurant. Une valeur sûre pour apprécier une cuisine réalisée avec de beaux produits. On appréciera en outre la cave à vin, située dans l'ancien coffre-fort. Service aimable et élégante salle en rotonde.

Menu 33/73 €

Plan : D1-w – *7 rue Noël – ✆ 03 26 03 15 15 – www.le-pavillon-cg.com – Fermé 8-17 avril, 24 juillet-7 août, 23 décembre-2 janvier, mardi soir, mercredi, dimanche soir*

Le Jardin Les Crayères

CUISINE TRADITIONNELLE • TENDANCE X La "petite adresse" du Domaine Les Crayères est située dans une dépendance du parc : une brasserie chic, très contemporaine, avec sa jolie véranda et sa terrasse juste en face du jardin d'herbes aromatiques. On y apprécie une savoureuse cuisine de saison réalisée avec de beaux produits.

Menu 31/49 € – Carte 50/78 €

Plan : F3-b – *Domaine Les Crayères, 7 avenue du Général-Giraud – ✆ 03 26 24 90 90 – www.lescrayeres.com – Fermé 23 décembre-15 janvier*

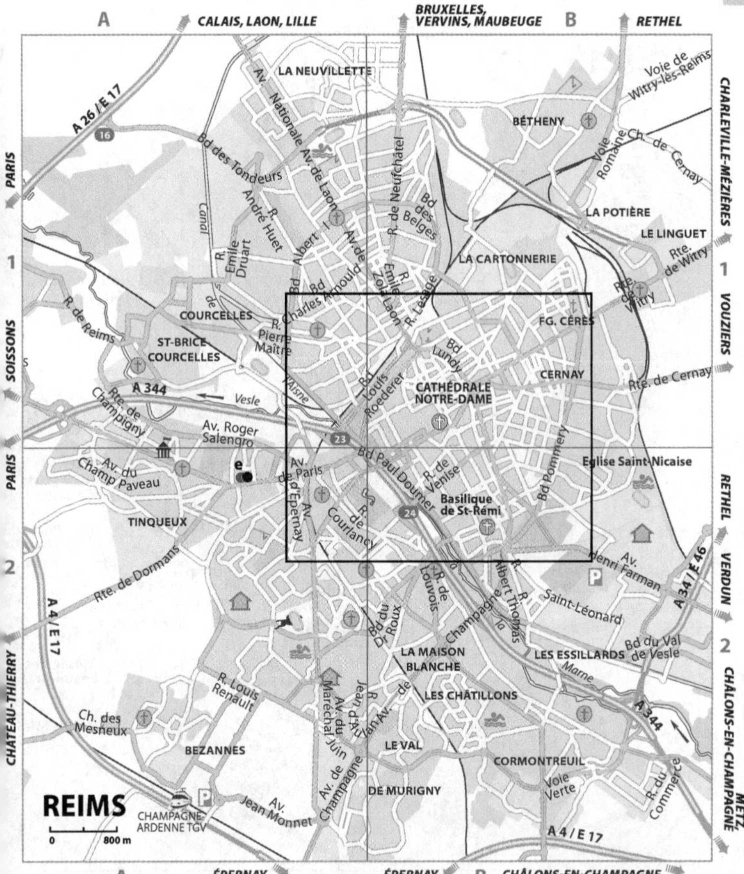

La Vigneraie

CUISINE MODERNE • **CLASSIQUE** XXX Charmant restaurant qui, comme son nom l'indique, rend hommage à la vigne. Les murs s'égayent de citations de grands auteurs. Parmi les spécialités de la maison : homard en capuccino, filet de bœuf Rossini et soufflé au Grand-Marnier. Beau choix de vins et de champagnes.

Menu 27/48 € - Carte 76/90 €

Plan : D2-a - *14 rue de Thillois - ✆ 03 26 88 67 27 - www.vigneraie.com - Fermé 16-25 février, 9-12 avril, 30 juillet-19 août, lundi, mercredi midi, dimanche soir*

Le Pré Champenois

CUISINE MODERNE • **COSY** XX À deux pas de l'hôtel de ville, ce Pré Champenois se révèle intime et feutré. On s'y régale de plats savoureux, fleurant bon l'air du temps ou plus classiques (comme cet œuf meurette ou les crêpes Suzette au Grand Marnier).

Menu 22 € (déjeuner)/36 € - Carte 50/80 €

Plan : D1-k - *1 rue Jean-Jacques-Rousseau - ✆ 03 26 24 27 15 - www.leprechampenois.fr - Fermé lundi, dimanche*

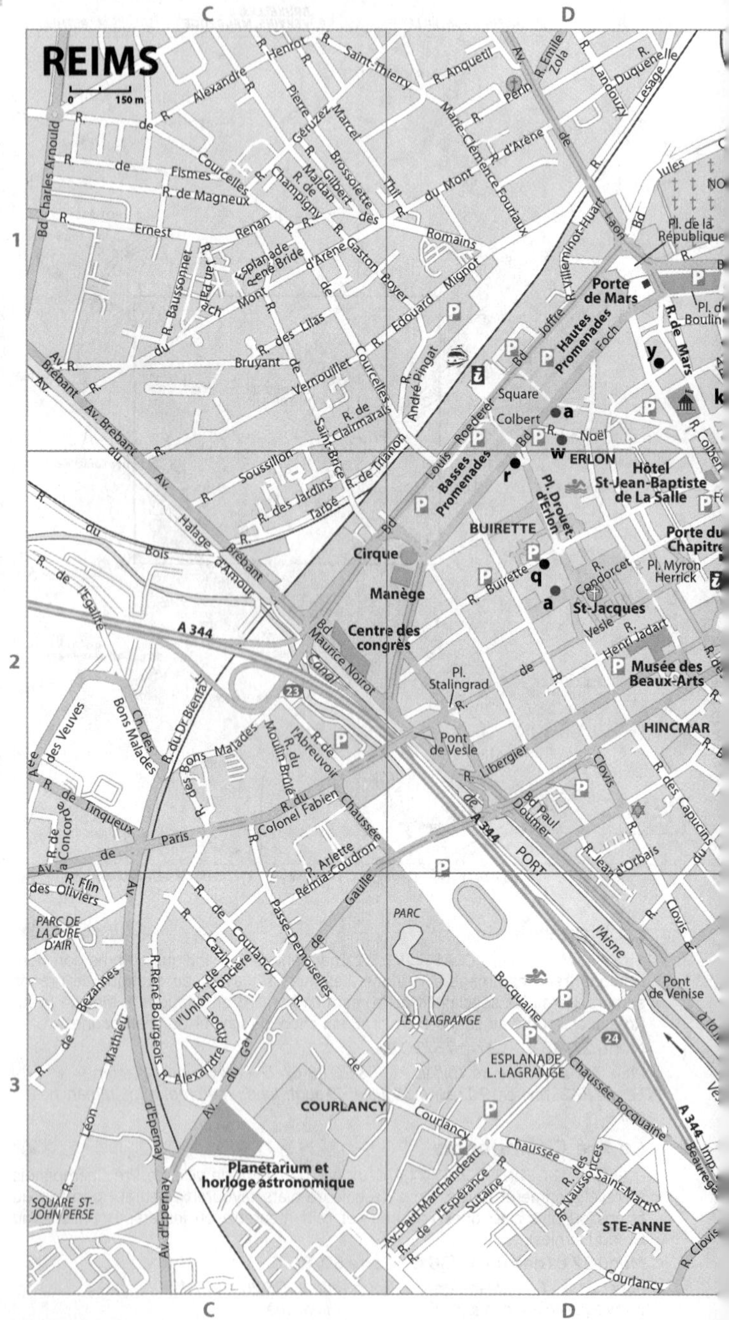
REIMS
0
150 m
C
D
1
2
3
Porte de Mars
Hautes Promenades
Basses Promenades
Square Colbert
ERLON
Hôtel St-Jean-Baptiste de La Salle
BUIRETTE
Pl. Drouet-d'Erlon
Porte du Chapitre
Pl. Myron Herrick
Cirque
Manège
Centre des congrès
St-Jacques
Musée des Beaux-Arts
HINCMAR
Pl. Stalingrad
Pont de Vesle
Pl. de la République
Canal
A 344
PARC DE LA CURE D'AIR
PARC
LÉO LAGRANGE
ESPLANADE L. LAGRANGE
COURLANCY
Planétarium et horloge astronomique
SQUARE ST-JOHN PERSE
STE-ANNE
Pont de Venise
Bd Charles Arnould
R. Alexandre Henrot
R. Saint-Thierry
R. Anquetil
R. Émile Zola
R. Landouzy
R. Duquenelle
R. Lesage
R. de Fismes
R. de Courcelles
R. de Magneux
R. Ernest Renan
R. Pierre Brossolette
R. Marcel Gérusez
R. Gilbert de Maldan
R. de Champigny
R. Marie-Clémence Fouriaux
R. du Mont d'Arène
R. des Romains
Esplanade René Bride
R. Gaston Boyer
R. Édouard Mignot
R. du Jan Palach
R. Baussonnet
R. des Lilas
R. Bruyant
R. Vernouillet
R. de Courcelles
R. de Clairmarais
R. André Pingat
Av. Brebant
R. Soussillon
R. des Jardins
R. de Trianon
R. Tarbé
Bd Louis Roederer
Bd Joffre
Bd Foch
R. Villeminot-Huart
R. de Laon
R. de Mars
R. Noël
R. Colbert
R. du Bois
R. de l'Égalité
Halage d'Amour
Bd Maurice Noirot
R. Buirette
R. Condorcet
R. de Vesle
R. Henri Jadart
R. Libergier
Bd Paul Doumer
R. Clovis
R. des Capucins
R. Jean d'Orbais
PORT
Ch. des Bons Malades
R. du Dr Bienfait
R. des Bons Malades
R. du Moulin Brûlé
R. de l'Abreuvoir
Chaussée
R. du Colonel Fabien
R. Arlette Rémia-Coudron
Av. de Paris
R. de Tinqueux
Allée des Veuves
R. de la Concorde
R. Flin
des Oliviers
R. de Cazin
R. de Courlancy
R. Passe-Demoiselles
Av. du Gal de Gaulle
R. de Bezannes
R. de Mathieu
R. Léon
R. René Bourgeois
R. de l'Union Foncière
R. Alexandre
R. Bocquaine
Chaussée Bocquaine
R. de Courlancy
Chaussée Saint-Martin
R. des Naussonces
Av. Paul Marchandeau
R. de l'Espérance
R. Sutaine
R. Clovis
Av. d'Épernay
Beauregard
l'Aisne
23
24

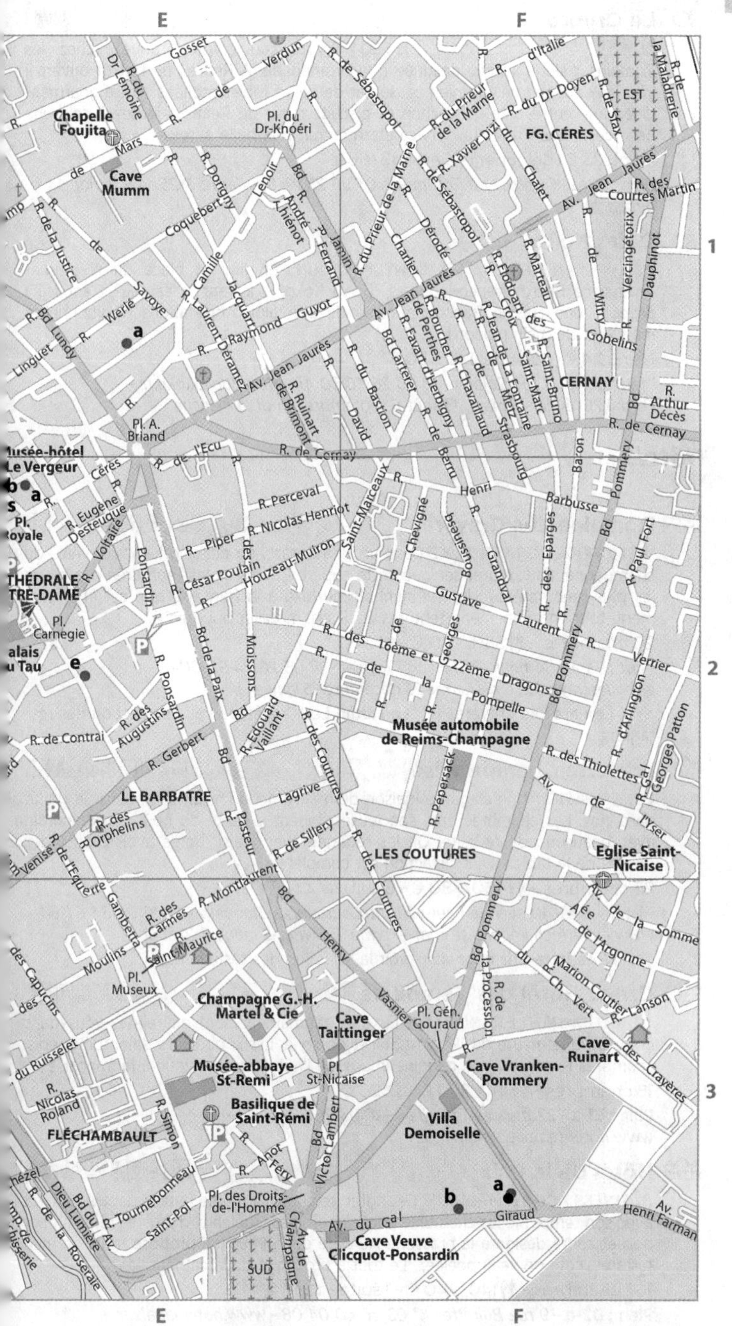
E
F
1
2
3
Chapelle Foujita
Cave Mumm
FG. CÉRÈS
CERNAY
Pl. A. Briand
Musée-hôtel Le Vergeur
Pl. Royale
Pl. Carnegie
LE BARBATRE
Musée automobile de Reims-Champagne
LES COUTURES
Eglise Saint-Nicaise
Pl. Museux
Champagne G.-H. Martel & Cie
Cave Taittinger
Pl. Gén. Gouraud
Cave Ruinart
Cave Vranken-Pommery
Musée-abbaye St-Remi
Pl. St-Nicaise
Basilique de Saint-Rémi
Villa Demoiselle
FLÉCHAMBAULT
Pl. des Droits-de-l'Homme
Cave Veuve Clicquot-Ponsardin
SUD
EST
Av. Jean Jaurès
Bd Pommery
Bd de la Paix
Bd Henry Vasnier
Bd Victor Lambert
Av. Henri Farman
R. de Cernay
R. Gustave Laurent
R. des 16ème et 22ème Dragons
R. de la Pompelle
R. des Thiolettes
Av. de l'Yser
Av. de la Somme
R. des Crayères
R. Lanson
R. Gambetta
R. Ponsardin
R. Gerbert
R. des Coutures
R. de Sébastopol
Bd Dauphinot
E
F

Le Crypto

CUISINE TRADITIONNELLE • BISTRO Crypto (ou cryptoportique) : chez les Romains, galerie voûtée destinée à la promenade. A Reims : un bistrot ouvert il y a deux ans par un cuisinier, passé par de belles tables étoilées. Notre gourmandise flâne entre côte de cochon et biscuits roses de Reims. Ajoutez à cela une belle carte des vins et un service attentionné. Très belle adresse.

Menu 23 € (déjeuner) – Carte 45/66 €

Plan : E2-a – *14 place du Forum – 03 26 25 27 81 – Fermé 3-25 août, lundi, dimanche*

Doko Koko

INFLUENCES ASIATIQUES • CONTEMPORAIN En lieu et place du restaurant Racine, ce bistrot franco-japonais (Doko Koko, signifiant "C'est où? C'est ici!") propose une cuisine franco-japonaise de bon aloi. Appellations traditionnelles mais tour de main nippon !

Menu 24 € (déjeuner), 33/50 €

Plan : E2-b – *8 rue Colbert – 03 26 36 30 41 – http://dokokoko.fr – Fermé 26 février-15 mars, 13 août-6 septembre, lundi, dimanche*

Hôtels

Domaine Les Crayères

HISTORIQUE • GRAND LUXE Dans un grand parc, un décor brillant comme... du champagne. Faut-il préciser que cette superbe demeure est entourée des caves les plus renommées ? Un vrai symbole du luxe à la française que cet établissement, tout en raffinement, tentures épaisses, mobilier bourgeois...

20 chambres – 380/770 € – 31 €

Plan : F3-a – *64 boulevard Henry-Vasnier – 03 26 24 90 00 – www.lescrayeres.com – Fermé 23 décembre-15 janvier*

Le Parc Les Crayères • **Le Jardin Les Crayères** – voir la sélection des restaurants

Assiette Champenoise

LUXE • DESIGN Une élégante maison de maître de la fin du 19e s., dans un grand parc clos. Les chambres, très spacieuses, jouent la carte du goût contemporain avec beaucoup de réussite. On les regagne avec plaisir après avoir profité des délices de la table... La satisfaction est complète.

25 chambres – 480/780 € – 8 suites – 33 €

Plan : A2-e – *40 avenue Paul-Vaillant-Couturier, à Tinqueux – 03 26 84 64 64 – www.assiettechampenoise.com – Fermé 10 février-9 mars, 4-21 août*

Assiette Champenoise – voir la sélection des restaurants

Grand Hôtel des Templiers N

TRADITIONNEL • GRAND LUXE Luxe et raffinement sont au rendez-vous dans cette belle demeure du 19e s. : mobilier de style, tissus opulents, salon bourgeois, chambres feutrées... Une certaine image de l'hôtellerie classique à la française.

18 chambres – 190/280 € – 26 €

Plan : E1-a – *22 rue des Templiers – 03 26 88 55 08 – www.hotel-templiers-reims.com*

Hôtel de la Paix

BUSINESS • CONTEMPORAIN Cet hôtel, tenu par la même famille depuis 1912, vit avec son temps : jolies chambres contemporaines (tableaux d'artistes rémois), bar pop et cadre design à la brasserie Au Café de la Paix, qui propose fruits de mer, tartares, côte de veau poêlée... Le tout à proximité de la cathédrale.

162 chambres – 140/240 € – 1 suite – 17 €

Plan : D2-q – *9 rue Buirette – 03 26 40 04 08 – www.hotel-lapaix.fr*

Grand Hôtel Continental

TRADITIONNEL · CLASSIQUE La belle façade de cet ancien hôtel particulier de 1862 dissimule des chambres décorées dans des styles variés (classique, ancien, actuel, etc.). Un ensemble bourgeois adapté au tourisme comme aux voyages d'affaires. Exigez une chambre rénovée ! Cuisine traditionnelle au Conti.

55 chambres - 180/450 € - 17 €

Plan : D2-r - *93 place Drouet-d'Erlon - 03 26 40 39 35 - www.grandhotelcontinental.com*

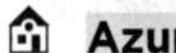

Azur

FAMILIAL · PERSONNALISÉ Quelques minutes suffisent pour rejoindre la gare ou l'hôtel de ville : une bonne situation pour ce petit hôtel familial, aux chambres simples et particulièrement bien tenues, aux prix sages. Agréable : en été, on sert le petit-déjeuner dans un patio fleuri.

19 chambres - 69/99 € - 10 €

Plan : D1-y - *9 rue des Ecrevées - 03 26 47 43 39 - www.hotel-azur-reims.com - Fermé 23 décembre-2 janvier*

à Montchenot 11 km au Sud par D951 - 51500

Le Grand Cerf (Dominique Giraudeau et Pascal Champion)

CUISINE CLASSIQUE · ROMANTIQUE XXX Au pied de la montagne de Reims, cette auberge affiche un style cossu... Un écrin élégant pour une belle cuisine classique, à déguster dans la belle salle à manger de bois clair, qui se pare, au soir venu d'un irrésistible romantisme. Produits nobles, menu truffe en saison, superbe carte de vins de Champagne.

→ Homard et poire en vinaigrette aigre-douce. Turbot aux huîtres, sauce champagne. Tarte sablée au chocolat

Menu 39 € (déjeuner), 118/138 € - Carte 100/155 €

50 route Nationale - 03 26 97 60 07 - www.le-grand-cerf.fr - Fermé 8-17 avril, 6-28 août, mardi, mercredi, dimanche soir

à Rilly-la-Montagne 14 km par D951 et D26 - 51500

Château de Rilly

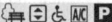

CUISINE CLASSIQUE · ÉLÉGANT XXX Ravioles d'escargots au champagne, dos de bar, soufflé glacé au Grand Marnier ; voilà de quoi s'émeuvent nos palais à cette table inspirée, imaginée par un chef au parcours international. Belle sélection de champagnes.

Menu 29 € (déjeuner), 62/82 € - Carte 55/95 €

38 rue de Reims - 03 26 07 53 21 - www.lechateauderilly.com - Fermé 1er-23 janvier, lundi, mardi midi, dimanche soir

Château de Rilly

DEMEURE HISTORIQUE · ÉLÉGANT Au centre de ce village de vignerons de la vallée de Reims, cette belle maison bourgeoise datant du 19e s. a été transformée en un hôtel charmant et intime, avec son élégant cadre classique (moulures, lustres à pampilles, mobilier de style), son jardin à la française, son spa...

15 chambres - 194/220 € - 22 €

38 rue de Reims - 03 26 07 53 21 - www.lechateauderilly.com - Fermé 1er-23 janvier

Château de Rilly - voir la sélection des restaurants

Les Bulles Dorées

LUXE · CONTEMPORAIN Dans un charmant village situé sur la route des vins, cette maison abrite de jolies chambres d'hôtes, luxueuses et contemporaines, aux équipements haut de gamme. Jardin verdoyant sur l'arrière et petit-déjeuner au champagne !

5 chambres - 160/195 €

32 rue de Reims - 06 03 20 33 20 - www.lesbullesdorees.com

à Sillery 11 km au Sud-Est par D944 et D8^E - ✉ 51500

Le Relais de Sillery

CUISINE TRADITIONNELLE • TENDANCE XXX Une auberge élégante dont la terrasse domine la Vesle. Le cadre est bucolique, la gastronomie classique : fricassée de rognon et ris de veau aux champignons, soufflé au Grand Marnier... La cave – aux prix étudiés – impressionne !

Menu 28/72 € - Carte 44/82 €

3 rue de la Gare - ✆ 03 26 49 10 11 - www.relaisdesillery.fr - Fermé 2-8 janvier, 18-26 février, 12 août-4 septembre, lundi, mardi, dimanche soir

à Vrigny 12 km à l'Ouest par A344 puis D27 - ✉ 51390

Le Clos des Terres Soudées

LUXE • ÉLÉGANT Un paisible petit village de deux cents âmes. Huit générations de vignerons. Un nom digne de Tolkien. On pénètre au Clos des Terres Soudées par un grand portail en fer forgé. Les chambres, chic, jouent du noir mat. Et pour les amateurs, dégustation du champagne de la propriété.

5 chambres - 245/395 €

25 rue Saint-Vincent - ✆ 03 26 03 61 65 - www.closdesterressoudees.fr - Fermé 1er octobre-11 avril

REMIREMONT

✉ 88200 (Vosges) - Carte régionale n° **12**-C3

Carte Michelin 314-H4

Le Clos Heurtebise

CUISINE MODERNE • ÉLÉGANT XX Cette engageante maison bourgeoise, tenue par un jeune couple sympathique, propose une cuisine au goût du jour parfumée, rythmée par les saisons – ainsi cette soupe à l'oignon aux escargots, truffes et foie gras poché. La terrasse d'été offre une jolie vue sur les ballons des Vosges.

Menu 31/69 € - Carte 47/53 €

13 chemin des Capucins - ✆ 03 29 62 08 04 - www.leclosheurtebise.com - Fermé 19 août-6 septembre, lundi, mercredi, dimanche soir

Poule ou Coq

CUISINE MODERNE • CONVIVIAL X Poule ou Coq ? Un jeu pratiqué par les enfants dans les villages vosgiens... et ce restaurant emmené par un jeune chef, pâtissier de formation. Il propose une cuisine du terroir gourmande et bien ficelée, réalisée à partir de produits de bonne qualité, à déguster dans un intérieur moderne mêlant bois, acier et béton.

Menu 32/45 € - Carte 44/51 €

56 rue Charles-de-Gaulle - ✆ 03 29 26 54 76 - www.restaurant-pouleoucoq.com - Fermé 7-14 janvier, 15-31 août, lundi, dimanche soir

La Quarterelle

CUISINE MODERNE • INTIME X C'est en couple qu'on préside à la destinée de cette Quarterelle. Monsieur concocte une cuisine mâtinée d'épices et madame vous accueille avec le sourire. Pensez à réserver !

Menu 23/39 € - Carte 16/57 €

3 rue de la Carterelle - ✆ 03 29 23 98 69 - Fermé lundi soir, mardi soir, mercredi, dimanche soir

Lorsque vous réservez une chambre d'hôtel, faites-vous bien préciser son prix et sa catégorie. On n'est jamais trop prudent...

à Dommartin-lès-Remiremont 5 km à l'Est par D23 – ✉ 88200

Le Karelian

CUISINE MODERNE • **CONTEMPORAIN** XX Une salle feutrée, épurée, écrin idéal d'une cuisine moderne et créative. Aux fourneaux, le chef n'a de cesse d'affiner son style culinaire. En salle, son épouse évolue avec prestance et professionnalisme. Le séduisant chariot de desserts ravira les amateurs de douceurs.

Menu 19 € (déjeuner), 32/62 € – Carte 17/28 €

36 rue du Cuchot – ✆ 03 29 62 44 05 – www.lekarelian.com – Fermé 15-22 avril, 29 juillet-12 août, lundi, dimanche soir

RENAISON

✉ 42370 (Loire) – Carte régionale n° **2**–A1
Carte Michelin 327-C3 – Guide Vert Michelin Lyon et sa région

Jacques Cœur

CUISINE TRADITIONNELLE • **COLORÉ** XX "À cœur vaillant, rien d'impossible !" La devise de Jacques Cœur accompagne le chef, qui ne manque pas d'allant lorsqu'il s'agit de mitonner de bons petits plats de tradition : tête de veau sauce gribiche, terrine de langoustines, etc.

Menu 25/63 € – Carte 42/54 €

15 rue de Roanne – ✆ 04 77 64 25 34 – www.restaurant-jacques-coeur.fr – Fermé 4-15 mars, 18-29 novembre, lundi, mardi, dimanche soir

St-Haon-le-Vieux 3 km au Nord par D8 – ✉ 42370

Auberge du Bon Accueil

CUISINE TRADITIONNELLE • **FAMILIAL** XX Dans le vignoble de la côte roannaise, en face des caves d'affinage d'un fromager Maître Ouvrier de France, cette agréable auberge, affublée d'un petit jardin et d'une terrasse ombragée, propose une cuisine dans l'air du temps où priment les saisons.

Menu 25/50 €

1301 route de Renaison (La Croix-Lucas) – ✆ 04 77 64 40 72 – www.restaurant-lebonaccueil.fr – Fermé 2-10 janvier, 23-30 avril, 24 juin-9 juillet, lundi, mardi soir, mercredi soir, jeudi soir, dimanche soir

RENESCURE

✉ 59173 (Nord) – Carte régionale n° **13**–B2
Carte Michelin 302-C3

La Table de Romain

CUISINE CLASSIQUE • **CONVIVIAL** X Située au cœur du bourg, en face du château de Zuthove, cette maison de village est le quartier-général d'un jeune chef plein d'allant. Il réalise une cuisine goûteuse, bien ancrée dans la région : recettes, produits, fournisseurs... Le tout dans un intérieur chic et convivial.

Menu 20 € (déjeuner)/31 €

1 rue Gaston-Robbe – ✆ 09 67 35 23 60 – www.tablederomain.kazeo.com – Fermé 1er-15 août, lundi, mardi soir, mercredi soir, jeudi soir, samedi midi, dimanche soir

Hussenot/SoFood/

ON AIME...

Ima, dont le chef s'inspire de la philosophie japonaise pour un résultat éblouissant. **Racines**, où la chef Virginie Giboire fait preuve d'une élégance certaine. Enfin, au cœur d'un jardin arboré, **La Fontaine aux Perles**, et sa cuisine fraîche et bonne...

RENNES

✉ 35000 (Ille-et-Vilaine) – Carte régionale n° **7**-D2
Carte Michelin 309-L6 – Guide Vert Michelin Bretagne Nord

Restaurants

✿ Racines (Virginie Giboire) ♿

CUISINE MODERNE • **COSY** XX La chef Virginie Giboire a du talent à revendre ! Elle compose une cuisine intelligente et limpide, qui tombe toujours juste, organisée autour d'une carte courte et de très bons produits. Jeux de textures intelligents, subtilité des associations de saveurs... Le tout dans une ambiance feutrée et intimiste, propice aux confidences.

→ Cuisine du marché

Menu 28 € (déjeuner), 48/58 €

12 rue de l'Arsenal – ✆ 02 99 65 64 21 – www.racines-restaurant.fr – Fermé 24 décembre-2 janvier, lundi, samedi midi, dimanche

✿ Ima (Julien Lemarié)

CUISINE MODERNE • **ÉPURÉ** X Ima, le "moment présent" en japonais, témoigne de la philosophie du chef, guidé par l'inspiration et les meilleurs produits du moment. Le résultat est épatant : menu surprise savoureux (inspiré du Japon, mais pas seulement), technique impeccable, bouillons et épices très aromatiques... Un coup de cœur.

→ Maquereau brûlé, tomate et huile de menthe. Saint-pierre nacré, pâte de citron au curcuma, poireau et piment d'Espelette. Yomogi, chocolat et lait ribot

Menu 30 € (déjeuner), 70/90 €

Plan : A3-n – *20 boulevard de la Tour-d'Auvergne – ✆ 02 23 47 82 74 – www.ima.restaurant – Fermé 28 juillet-21 août, lundi, mardi, dimanche*

Essentiel

CUISINE MODERNE • **CONTEMPORAIN** XX Sur le pittoresque canal d'Ille-et-Rance, un bâtiment original, tout de verre vêtu, prolongé d'une agréable terrasse face au canal. Bois, briques, tons gris : le lieu évoque un loft urbain. Bien installée aux commandes, la chef Blandine Lucas y propose d'alléchantes adresses dans l'air du temps.

Menu 22/44 €

Plan : A1-b – *11 rue Armand-Rébillon – ✆ 02 99 14 25 14 – www.restaurantessentiel.com – Fermé 17-25 février, 28 juillet-21 août, lundi, dimanche*

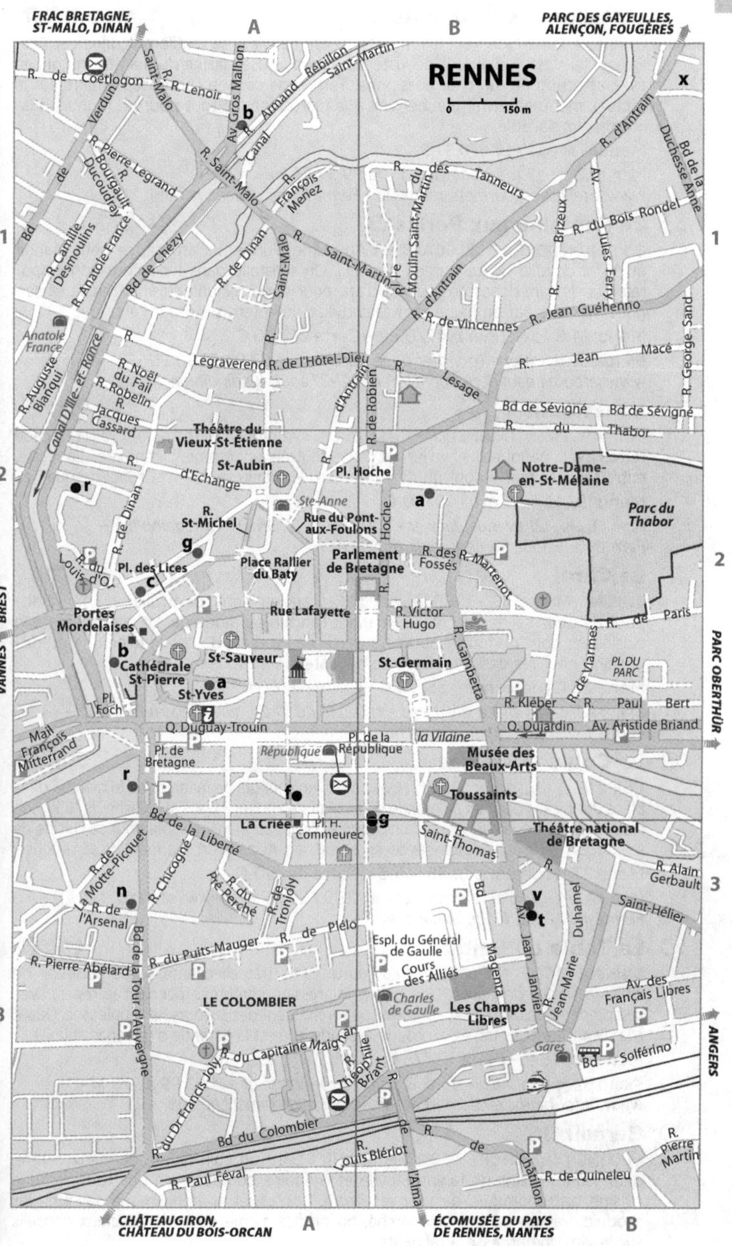
RENNES
FRAC BRETAGNE, ST-MALO, DINAN
PARC DES GAYEULLES, ALENÇON, FOUGÈRES
VANNES BREST
PARC OBERTHÜR
ANGERS
CHÂTEAUGIRON, CHÂTEAU DU BOIS-ORCAN
ÉCOMUSÉE DU PAYS DE RENNES, NANTES
Théâtre du Vieux-St-Étienne
St-Aubin
Pl. Hoche
Notre-Dame-en-St-Melaine
Parc du Thabor
Rue du Pont-aux-Foulons
Parlement de Bretagne
Place Rallier du Baty
Pl. des Lices
Rue Lafayette
Portes Mordelaises
Cathédrale St-Pierre
St-Sauveur
St-Germain
St-Yves
Musée des Beaux-Arts
Toussaints
La Criée
Théâtre national de Bretagne
LE COLOMBIER
Espl. du Général de Gaulle
Les Champs Libres
Bd de Sévigné
R. de Paris
Q. Duguay-Trouin
Q. Dujardin
Av. Aristide Briand
Bd de la Liberté
Bd du Colombier
R. Saint-Malo
R. d'Antrain
Bd de la Tour d'Auvergne
Av. Jean Janvier
Bd Magenta
R. Saint-Hélier
Bd Solférino
Gares
Pl. de la République
Pl. de Bretagne
Canal d'Ille-et-Rance

L'Atelier des Gourmets

CUISINE TRADITIONNELLE • **BISTRO** Les gourmets se faufileront dans cet Atelier qui leur est dédié pour déguster une savoureuse cuisine du marché, mitonnée avec affection par un chef passionné. Terrine de cochon (proposée entière sur la table !), merlu et caviar d'aubergine à la marocaine. Le tout pour un rapport qualité-prix implacable.

Menu 17 € (déjeuner)/31 €

Plan : A2-b – *12 rue Nantaise – ✆ 02 99 67 53 84 – www.lateliierdesgourmets-rennes.fr – Fermé lundi, dimanche*

La Fontaine aux Perles

CUISINE MODERNE • **ÉLÉGANT** Au calme d'un jardin arboré, ce petit manoir du 19e s. dévoile de savoureux fumets... On s'installe dans les salons contemporains et design, riches en œuvres d'art, pour déguster une cuisine fraîche et soignée, réalisée par un jeune chef talentueux. Jolie terrasse, pour l'été.

Menu 34 € (déjeuner), 47/89 € – Carte 60/90 €

96 rue de la Poterie (quartier de la Poterie) – ✆ 02 99 53 90 90 – www.lafontaineauxperles.com – Fermé 11-27 août, lundi, dimanche soir

Le Galopin

CUISINE TRADITIONNELLE • **COSY** Un sympathique restaurant à la façade rétro, avec banquettes, vivier, et salle feutrée entièrement rénovée. La carte, entre terre et mer – dont un menu homard –, manifeste un vrai souci de qualité.

Menu 19/43 € – Carte 40/70 €

Plan : B3-v – *21 avenue Janvier – ✆ 02 99 31 55 96 – www.legalopin.fr – Fermé 1er-15 août, samedi midi, dimanche*

Le Carré

CUISINE MODERNE • **HISTORIQUE** Cet ancien hôtel particulier du 17e s. dispose de deux salles principales, mariant l'ancien au moderne. Le chef réalise une cuisine au goût du jour, élaborée à partir de produits de choix, avec une prédisposition pour les desserts. Cave de dégustation au sous-sol.

Menu 24 € (déjeuner), 35/72 € – Carte 42/66 €

Plan : A2-c – *34 place des Lices – ✆ 02 23 40 21 21 – www.lecarrerennes.fr – Fermé 11-26 août, lundi, dimanche*

Le Cours des Lices

CUISINE MODERNE • **CONVIVIAL** Voilà un chef qui ne manquerait le marché de la place des Lices pour rien au monde ! Pourquoi s'en priver ? Dans sa maison de 1659, son restaurant est situé à deux pas : une source d'inspiration inépuisable pour sa cuisine de saison qui révèle un véritable savoir-faire d'artisan. Accueil fort charmant de son épouse.

Menu 23 € (déjeuner), 35/46 € – Carte 44/60 €

Plan : A2-g – *18 places des Lices – ✆ 02 99 30 25 25 – www.lecoursdeslices.fr – Fermé 4-27 août, lundi, dimanche*

La Table du Balthazar

CUISINE MODERNE • **COSY** La courte carte, très alléchante, laisse entrevoir de belles assiettes de saison. Une bonne impression confirmée pendant le repas, avec des préparations sobres et soignées, où retentissent des saveurs harmonieuses. Quant à la disposition des tables, au coude-à-coude, elle est la garantie d'un repas animé !

Menu 33/75 € – Carte 33/75 €

Plan : B2-g – *Balthazar Hôtel & Spa, 28 rue Vasselot – ✆ 02 99 32 76 14 – www.hotel-balthazar.com – Fermé samedi midi, dimanche soir*

Bercail

CUISINE DU MARCHÉ • **CONTEMPORAIN** Dans un coin animé du vieux centre, deux jeunes pleins de talent, Sibylle et Grégoire, composent à quatre mains une cuisine bistronomique de premier ordre. Les assiettes pétillent de saveurs, les produits varient au gré du marché, on profite même de leurs judicieux conseils sur le vin. Une adresse attachante.

Menu 22 € (déjeuner), 39/52 €

Plan : B2-a – *33 rue Saint-Melaine – ✆ 02 99 87 50 25 – www.bercail-restaurant.com – Fermé lundi, mardi midi, samedi midi, dimanche*

Crêperie La Saint-Georges

CUISINE BRETONNE • TENDANCE Dans une vieille rue piétonne du centre historique de Rennes, cette demeure du 17^{e}s. à colombages dissimule un petit paradis pour amateurs de galettes et de crêpes, traditionnelles ou originales, toutes cuites avec soin et parfumées. Si la crêperie affiche complet, même enseigne et même carte rue Jules Simon.

Carte 14/28 €

Plan : A2-a - *11 rue du Chapitre - 02 99 38 87 04 - www.creperie-saintgeorges.fr - Fermé 23 décembre-2 février, lundi, dimanche*

Le Quatre B

CUISINE MODERNE • DESIGN Sur une grande place, en cœur de ville, une maison engageante au décor rajeuni et prolongée d'une avenante véranda. Dans l'assiette, on trouve une cuisine au goût du jour, volontiers éclectique ; la carte et les menus évoluent au gré des saisons.

Menu 29 € (déjeuner) - Carte 30/50 €

Plan : A2-r - *4 place de Bretagne - 02 99 30 42 01 - www.quatreb.fr - Fermé samedi midi, dimanche*

Hôtels

Balthazar Hôtel & Spa

BOUTIQUE HÔTEL • ÉLÉGANT Inauguré mi-2014, l'établissement s'impose d'emblée comme le meilleur de la ville : derrière une belle façade classique, peinte de gris perle, les aménagements allient lignes élégantes et larges volumes, matières naturelles et ambiance feutrée, services de qualité et agréable spa... Un ensemble contemporain qui fera date.

56 chambres - 165/645 € - 25 €

Plan : B2-g - *19 rue du Maréchal-Joffre - 02 99 32 32 32 - www.hotel-balthazar.com*

La Table du Balthazar - voir la sélection des restaurants

Le Saint-Antoine

BOUTIQUE HÔTEL • PERSONNALISÉ Une grande façade de verre sur une avenue passante entre gare et centre-ville, pour cet hôtel ouvert en janvier 2016. Le décor des chambres joue la sobriété et la modernité. Au sous-sol, le joli spa propose sauna, hammam, et bassin de nage à contre-courant.

60 chambres - 120/300 € - 1 suite - 19 €

Plan : B3-t - *27 avenue Jean-Janvier - 02 23 44 33 33 - www.saint-antoine-hotel.fr*

Magic Hall

BOUTIQUE HÔTEL • PERSONNALISÉ Cet ancien bâtiment de l'armée, un temps transformé en cinéma, s'est réinventé en hôtel. Les chambres jouent sur l'originalité, autour de quatre thèmes : théâtre, cinéma, musique et danse. Il y a même un studio de répétition ! Le copieux petit-déjeuner achèvera de vous convaincre de la magie des lieux. Résolument atypique.

19 chambres - 70/180 € - 12 €

Plan : A2-r - *17 Rue de la Quintaine - 02 99 66 21 83 - www.lemagichall.com*

Hôtel de Nemours

URBAIN • PERSONNALISÉ Non loin de la Vilaine et du centre historique, cet hôtel rénové propose des petites chambres chaleureuses et personnalisées, aux tons ivoire et caramel. Ici, point d'extravagance mais un intérieur tout en sobriété et élégance.

41 chambres - 71/290 € - 8 suites - 11 €

Plan : A2-f - *5 rue de Nemours - 02 99 78 26 26 - www.hotelnemours.com*

à Cesson-Sévigné 6 km à l'Est - ✉ 35510

Zest

CUISINE MODERNE • SIMPLE La terrasse arborée, au bord de la Vilaine, est souvent prise d'assaut... et pour cause, on s'y sent bien ! Mais le succès de ce Zest tient surtout au travail d'un chef appliqué, qui régale les papilles à grands coups de recettes pétillantes et savoureuses. Service souriant et prévenant.

Menu 20 € (déjeuner), 31/52 €

32 cours de la Vilaine - ☎ 02 99 83 82 06 - www.restaurant-zest.fr - Fermé lundi, mardi soir, mercredi soir, dimanche

Le Germinal

CUISINE TRADITIONNELLE • TENDANCE Une terrasse aux airs de pont de bateau avec vue plongeante sur la rivière... Ah, la douceur champêtre d'un moulin sur la Vilaine ! Dans ce très sympathique restaurant, on savoure une cuisine traditionnelle bien tournée.

Menu 22 € (déjeuner), 33/43 €

9 cours de la Vilaine, au bourg - ☎ 02 99 83 11 01 - www.legerminal.com - Fermé 3-26 août, 22 décembre-6 janvier, samedi, dimanche

Le Germinal

AUBERGE • FONCTIONNEL Germinal, c'est le printemps et la renaissance de la nature... Un nom parfait pour cet ancien moulin familial posé sur un îlot de la Vilaine. Depuis les chambres, sobrement décorées, on observe les méandres de la rivière.

17 chambres - 65/130 € - 12 €

9 cours de la Vilaine, au bourg - ☎ 02 99 83 11 01 - www.legerminal.com

Le Germinal - voir la sélection des restaurants

à Noyal-sur-Vilaine 12 km à l'Est - ✉ 35530

Auberge du Pont d'Acigné (Sylvain Guillemot)

CUISINE MODERNE • ÉLÉGANT Une cuisine du terroir maîtrisée et inventive, qui témoigne d'un soin de tous les instants. Le cadre, élégant et lumineux, la terrasse en bord de la Vilaine, comme le service, très agréable, ajoutent au plaisir de cette parenthèse gastronomique. Très beau choix de vins.

→ Coques, asperges, ravioles d'eau de mer et beurre de yuzu. Saint-pierre au beurre d'algue, pâtissons verts et jaunes à la coriandre. Rhubarbe infusée à l'hibiscus, mousse de concombre et glace au miel

Menu 28 € (déjeuner), 55/115 €

lieu-dit Pont d'Acigné, 3 km au Nord par rte d'Acigné - ☎ 02 99 62 52 55 - www.auberge-du-pont-dacigne.com - Fermé 2-8 janvier, 8-18 avril, 5-22 août, lundi, mardi, dimanche soir

Les Forges

CUISINE TRADITIONNELLE • FAMILIAL Cette auberge, située au bord de la route, est installée dans les anciennes forges de la ville. On se restaure dans des salles sobres et blanches. Côté cuisine, on est en plein dans la tradition : tout est fait maison et le chef travaille comme un véritable artisan.

Menu 17 € (déjeuner), 26/36 € - Carte 30/46 €

22 avenue du Général-de-Gaulle - ☎ 02 99 00 51 08 - Fermé 5-25 août, vendredi soir, samedi midi

Le Rheu 8 km à l'Ouest par N24 et D129 - ✉ 35650

Les Tourelles

CUISINE MODERNE • ROMANTIQUE Bienvenue au château ! Installez-vous sous les plafonds en ogive et les boiseries pour découvrir une cuisine d'aujourd'hui, créative, valorisant les produits locaux. À déguster en terrasse, l'été, face au vaste parc.

Menu 29/80 € - Carte 60/60 €

Château d'Apigné, route de Chavagne - ☎ 02 99 14 80 66 - www.chateau-apigne.fr - Fermé 18-25 février, lundi, mardi midi, mercredi midi, samedi midi, dimanche soir

Château d'Apigné

DEMEURE HISTORIQUE • PERSONNALISÉ Envie de jouer les aristocrates le temps d'une escapade en Bretagne ? Dans ce cas, cet élégant château néo-Renaissance (1833), au cœur d'un parc immense, est fait pour vous ! Vous apprécierez les chambres alliant classicisme et raffinement : boiseries, moulures, parquet d'époque... Préférez le château au pavillon.

16 chambres - 90/300 € - 16 €

route de Chavagne - 02 99 14 80 66 - www.chateau-apigne.fr - Fermé 18-25 février

Les Tourelles - voir la sélection des restaurants

à St-Grégoire 3 km au Nord par D82 - 35760

Le Saison (David Etcheverry)

CUISINE MODERNE • ÉLÉGANT Ce pourrait être une simple longère aux portes de Rennes, c'est un petit havre de design contemporain, élégant et lumineux... Le repas n'en est que plus agréable, car le chef signe une cuisine de saison très soignée, centrée sur le produit et subtile dans ses effets !

→ Langoustines royales aller-retour, courgette, coco et tanaisie. Pigeonneau en feuille de figuier, infusion de raisins et caviar d'aubergine. Blanc-manger moderne, fruits de la passion et café moka infusé

Menu 36 € (déjeuner), 58/98 € - Carte 90/135 €

Les Patios, Impasse du Vieux-Bourg (près de l'église) - 02 99 68 79 35 - www.le-saison.com - Fermé lundi, dimanche soir

Les Patios

BOUTIQUE HÔTEL • ÉPURÉ Lassé par l'agitation de la ville ? Faites une pause dans cet hôtel situé à 6 km au nord de Rennes. Avec son joli jardin et son décor zen et épuré, l'endroit respire la sérénité. Et les chambres, immenses et très soignées, comptent incontestablement parmi les plus belles de la métropole rennaise...

5 chambres - 195/215 €

Impasse du Vieux-Bourg (près de l'église) - 02 99 68 79 35 - www.le-saison.com

Le Saison - voir la sélection des restaurants

LA RÉOLE

33190 (Gironde) - Carte régionale n° **18**-C2
Carte Michelin 335-K7 - Guide Vert Michelin Aquitaine

Aux Fontaines

CUISINE TRADITIONNELLE • FAMILIAL Dans cette petite ville des bords de Garonne, une belle maison de maître datant du 18e s., entourée d'un parc verdoyant : l'endroit est tout simplement charmant. Au calme de la terrasse, on déguste une cuisine traditionnelle branchée sur les saisons, accompagnée d'un bon vin de la région.

Menu 18 € (déjeuner), 29/42 €

8 rue de Verdun - 05 56 61 15 25 - www.restaurant-aux-fontaines.com - Fermé lundi, mercredi soir, dimanche soir

LA RÉPARA-AURIPLES - 26 (Drôme) → voir Crest

RESTONICA (GORGES DE LA) - 2B (Haute-Corse) → voir Corse (Corte)

RETHONDES - 60 (Oise) → voir Compiègne

REUGNY

✉ 03190 (Allier) - Carte régionale n° **1**-B1
Carte Michelin 326-C4

La Table de Reugny

CUISINE MODERNE • CONVIVIAL XX Dans les cuisines de cette jolie maison rose aux volets blancs, Jean-Luc Sanguillon a la main sûre. "Mon plus grand bonheur, explique-t-il, est de donner une émotion à mes convives." C'est plutôt réussi : les plats du terroir ne manquent ni d'énergie, ni de générosité.

Menu 24 € (déjeuner), 33/55 €

25 route de Paris - ✆ 04 70 06 70 06 - www.restaurant-reugny.com - Fermé 2-15 janvier, 16 août-17 septembre, lundi, mardi, dimanche soir

REUILLY

✉ 36260 (Indre) - Carte régionale n° **8**-C3
Carte Michelin 323-I4 - Guide Vert Michelin Limousin Berry

Les 3 Cépages

CUISINE MODERNE • TENDANCE XX En plein cœur du Berry, au centre du célèbre village viticole de Reuilly, cet ancien hôtel à la façade blanche a trouvé un second souffle sous la houlette d'un couple japonais passionné de cuisine française. On réalise ici une cuisine fine, savoureuse et bien maîtrisée, à partir de produits de belle qualité.

Menu 30/68 €

17 rue de la Gare - ✆ 02 54 03 23 13 - www.les-3-cepages.com - Fermé 2-31 janvier, lundi, mardi, dimanche soir

REUILLY-SAUVIGNY

✉ 02850 (Aisne) - Carte régionale n° **14**-C3
Carte Michelin 306-D8

Auberge Le Relais

CUISINE MODERNE • COSY XXX Cette auberge élégante, avec sa véranda tournée vers les vignes et la verdure, propose une cuisine honnête, entre tradition et modernité.

Menu 36/93 € - Carte 97/140 €

2 rue de Paris - ✆ 03 23 70 35 36 - www.relaisreuilly.com - Fermé 18 février-8 mars, 11-30 août, mardi, mercredi

REVEL

✉ 31250 (Haute-Garonne) - Carte régionale n° **22**-C2
Carte Michelin 343-K4

à Garrevaques 6 km au Nord-Ouest par D79^F, D145 puis D45 - ✉ 81700

Le Pavillon du Château

BUSINESS • PERSONNALISÉ Au cœur du pays cathare, dans un parc de 7 ha, ce bel hôtel occupe les écuries d'un château du 16e s. remanié au 19e s. Charme, authenticité et tableaux contemporains, meubles chinés et agréable spa, restaurant classique. Tout se mêle avec élégance.

15 chambres - 👥95/350 € - ☕ 15 €

Château de Garrevaques - ✆ 05 63 75 04 54 - www.garrevaques.com

REVIGNY-SUR-ORNAIN

✉ 55800 (Meuse) - Carte régionale n° **12**-A2
Carte Michelin 307-A6

La Maison Forte

HISTORIQUE • PERSONNALISÉ Cette demeure du 18e s. fut jadis la propriété du duc de Bar, puis du duc de Lorraine. Les chambres ont été personnalisées dans des tons doux, avec de jolis matériaux (pierre, tomettes) ; au petit-déjeuner, on se régale de confitures et tartes maison.

5 chambres ☕ - 👥80/145 €

6 place Henriot-du-Coudray - ✆ 06 63 46 03 26 - www.lamaisonforte.fr

RÉVILLE - 50 (Manche) ➜ Voir St-Vaast-la-Hougue

LE RHEU - 35 (Ille-et-Vilaine) ➜ voir Rennes

LE RHIEN - 70 (Haute-Saône) ➜ voir Ronchamp

RHINAU

✉ 67860 (Bas-Rhin) - Carte régionale n° **10**-B2
Carte Michelin 315-K7

Au Vieux Couvent (Alexis Albrecht)

CUISINE CRÉATIVE • **CONTEMPORAIN** On repère de loin cette engageante maison couleur terre, située près des berges fleuries du Brunnwasser. À l'intérieur, une salle baignée de lumière ; dans l'assiette, la cuisine du chef, pleine d'inventivité, qui met en avant les poissons des rivières alsaciennes... et les bons légumes du potager familial !

➜ Fines tranches de veau et homard bleu, valse d'herbes et de fleurs de notre culture. Matelote recuisinée. Festival des desserts

Menu 38/105 € - Carte 65/120 €

6 rue des Chanoines - ✆ 03 88 74 61 15 - www.vieuxcouvent.fr - Fermé 11-28 février, 8-25 juillet, lundi soir, mardi, mercredi

RIANS

✉ 83560 (Var) - Carte régionale n° **24**-B3
Carte Michelin 340-J4

La Roquette

CUISINE TRADITIONNELLE • **FAMILIAL** Une petite maison provençale sur la route de Manosque... Du pain aux pâtisseries, tout est fait maison, et le jardin potager fournit aux cuisines une partie des fruits et légumes. Aux beaux jours, les recettes régionales (terrine de foie gras maison, merlu de ligne à l'oseille) prennent de jolies couleurs sur la terrasse.

Menu 30/55 € - Carte 43/62 €

quartier la Roquette, 1 km par route de Manosque - ✆ 04 94 80 32 58 - www.laroquette-rians.com - Fermé 2-12 janvier, 26 août-7 septembre, mercredi, dimanche soir

RIBEAUVILLÉ

✉ 68150 (Haut-Rhin) - Carte régionale n° **10**-C2
Carte Michelin 315-H7

Au Relais des Ménétriers

CUISINE TRADITIONNELLE • **RUSTIQUE** Le temps est loin où les ménétriers, ces violonistes itinérants, allaient d'auberge en auberge... mais l'hospitalité est toujours la règle en ce relais, comme les bons plats ! Le chef concocte une bonne cuisine dans l'air du temps, qui met en valeur le terroir alsacien. Le résultat est là : générosité et goût.

Menu 17 € (déjeuner), 33/44 € - Carte 40/80 €

10 avenue du Général-de-Gaulle - ✆ 03 89 73 64 52 - www.restaurant-menetriers.com - Fermé 24 février-11 mars, 11-26 juillet, lundi, jeudi soir

Auberge du Parc Carola

CUISINE MODERNE • **CONVIVIAL** La jeune chef allemande, Michaela Peters, continue de régaler les gourmands à quelques pas de la source Carola. Avec son compagnon pâtissier, elle signe une cuisine sincère et inspirée, en utilisant de beaux produits de saison : champignons et gibier, truffe, asperges... Jolie terrasse sous les arbres.

Menu 25 € (déjeuner), 33/66 € - Carte 55/72 €

48 route de Bergheim - ✆ 03 89 86 05 75 - www.auberge-parc-carola.com - Fermé 4 février-6 mars, 19 août-4 septembre, 27 octobre-13 novembre, lundi soir, mardi, mercredi

Cheval Blanc

CUISINE TRADITIONNELLE • RUSTIQUE Ce Cheval Blanc a du caractère. Dans un décor de bistrot contemporain, l'ardoise et la carte mettent en valeur le terroir alsacien : coq au riesling, choucroute, assiette de munster... Le tout accompagné d'une bonne sélection de vins d'Alsace au verre.

Menu 22/43 € - Carte 28/66 €

122 Grand'Rue - 03 89 73 61 38 - www.cheval-blanc-alsace.fr - Fermé 7 janvier-13 février, 11-21 mars, mardi midi, mercredi

Wistub Zum Pfifferhüs

CUISINE ALSACIENNE • RUSTIQUE Cette charmante winstub est un modèle du genre (boiseries, vieilles poutres, fresques) ; la convivialité règne, surtout lors du Pfifferdaj (fête des ménétriers). Le chef tient à ce que tout soit fait maison et défend avec amour la cuisine du terroir.

Menu 26 € - Carte 34/50 €

14 Grand'Rue - 03 89 73 62 28 - Fermé mercredi, jeudi

Le Clos St-Vincent

TRADITIONNEL • PERSONNALISÉ Quelle vue sur la plaine d'Alsace ! Des vignes, des montagnes... Devant cette grande et belle maison, elles se déroulent à perte de vue. Les chambres y sont spacieuses, toutes personnalisées et confortables. Et pour se détendre, on file à l'espace bien-être pour profiter du sauna et du jacuzzi.

19 chambres - 175/375 € - 4 suites - 19 €

1 lieu dit Spiegel, 1,5 km au Nord-Est par rte secondaire - 03 89 73 67 65 - www.leclossaintvincent.com - Fermé 17 décembre-21 mars

La Tour

FAMILIAL • PERSONNALISÉ Face à la tour des Bouchers, sur la place du village, cet hôtel porte bien son nom ! Et on se sent bien dans cette confortable maison à colombages - une ancienne propriété viticole - au décor d'inspiration alsacienne.

31 chambres - 87/118 € - 11 €

1 rue de la Mairie - 03 89 73 72 73 - www.hotel-la-tour.com - Fermé 1er janvier-15 mars

Cheval Blanc

FAMILIAL • VINTAGE Une façade qui se couvre de fleurs en saison, des chambres fonctionnelles et confortables, une ambiance familiale, voilà qui n'est déjà pas si mal. Et si, en plus, vous ajoutez un très bon rapport qualité-prix, un agréable espace bien-être, vous pouvez être sûr d'avoir mis la main sur une bonne affaire !

19 chambres - 88/125 € - 11 €

122 Grand'Rue - 03 89 73 61 38 - www.cheval-blanc-alsace.fr - Fermé 7 janvier-13 février, 11-21 mars

Cheval Blanc - voir la sélection des restaurants

Hotel du Mouton

TRADITIONNEL • CONTEMPORAIN La déco des lieux, style loft contemporain, tranche avec l'apparence traditionnelle de la maison vue de l'extérieur. Les chambres sont confortables et bien équipées ; flammekueche et choucroute vous attendent au restaurant.

12 chambres - 77/105 € - 2 suites - 11 €

5 place de la Sinne - 03 89 73 60 11 - www.hoteldumouton.fr

LES RICEYS

10340 (Aube) - Carte régionale n° **11**-B3

Carte Michelin 313-G6 - Guide Vert Michelin Champagne Ardenne

Le Magny

CUISINE TRADITIONNELLE • AUBERGE Une auberge au cadre champêtre, où le chef aime travailler produits du terroir et poissons, clin d'œil à sa Bretagne natale. Sur la carte des vins, les champagnes de l'Aube ont la part belle. Une sympathique adresse.

Menu 17/55 € - Carte 30/55 €

38 rue du Général-Leclerc, D452 - 03 25 29 38 39 - www.hotel-lemagny.com - Fermé 6 janvier-2 mars, 26 août-1er septembre, mardi, mercredi

Le Marius

AUBERGE • COSY Ces quatre belles maisons du 16e s. ont appartenu à Marius, le grand-père de l'actuelle propriétaire. On est ici chez des vignerons ; poutres, cheminées et pierres apparentes donnent un vrai charme aux onze chambres dont les noms sont très... champenois. Une adresse où l'on se sent bien.

11 chambres - 65/160 € - 11 €

2 place de l'Eglise, Ricey-Bas - 03 25 29 31 65 - www.hotel-le-marius.com - Fermé 1er-13 janvier, 11 novembre-31 décembre

Le Magny

FAMILIAL • PERSONNALISÉ Cette belle maison en pierre à la sortie du village, riche de plusieurs corps de bâtiment, propose des chambres classiques et plutôt spacieuses, toujours tenues avec soin. Autre atout : on peut profiter de la piscine de plein air, chauffée...

12 chambres - 78/90 € - 12 €

38 rue du Général-Leclerc, D452 - 03 25 29 38 39 - www.hotel-lemagny.com - Fermé 6 janvier-2 mars, 26 août-1er septembre

Le Magny - voir la sélection des restaurants

RICHARDMENIL

54630 (Meurthe-et-Moselle) - Carte régionale n° **12**-B2
Carte Michelin 307-I7

Le Bon Accueil

CUISINE MODERNE • FAMILIAL XX A deux pas du canal de l'Est, ce restaurant peut s'enorgueillir d'exister depuis trois générations, autour d'une association inédite : frère aux fourneaux, sœur en salle, pour une cuisine dans l'air du temps. Jolie cave à vins et agréable terrasse en saison.

Menu 34/56 € - Carte 49/65 €

1 rue de Laval - 03 83 25 62 10 - www.aubonaccueil-restaurant.com - Fermé lundi, mercredi soir, dimanche soir

RICHERENCHES

84600 (Vaucluse) - Carte régionale n° **24**-A2
Carte Michelin 332-C7

O'Rabasse

CUISINE MODERNE • FAMILIAL X Au cœur de la "capitale de la truffe", une bonne table tenue par un jeune couple de Belges. Comment ne pas être séduit par la qualité des assiettes, très soignées et aux beaux produits frais, à l'image de cette tempura de ris de veau, petits pois et raifort ? Une véritable ode au marché et, en saison, au diamant noir local !

Menu 33/90 €

5 place de la Pompe - 09 52 97 34 93 - www.orabasse.com - Fermé 18 mars-3 avril, 8-16 octobre, mardi, mercredi

RIEC-SUR-BELON

29340 (Finistère) - Carte régionale n° **7**-B2
Carte Michelin 308-I7

Chez Jacky

POISSONS ET FRUITS DE MER • SIMPLE X La fraîcheur à l'état brut. On ne sert que des produits de la mer dans cette avenante maison d'ostréiculteur située au bord du Belon ; le bassin d'affinage d'huîtres est juste à côté ! Une adresse bien connue dans la région.

Menu 28/89 € - Carte 31/104 €

6 Port de Belon - 02 98 06 90 32 - www.chez-jacky.com - Fermé 1er octobre-31 mars, lundi, dimanche soir

RIEDISHEIM - 68 (Haut-Rhin) → voir Mulhouse

RIGNY - 70 (Haute-Saône) → voir Gray

RILLY-LA-MONTAGNE - 51 (Marne) ➜ voir Reims

RIMBACH-PRÈS-GUEBWILLER - 68 (Haut-Rhin) ➜ voir Guebwiller

RIMONT

✉ 09420 (Ariège) - Carte régionale n° **22**-B3
Carte Michelin 343-F7

Domaine de Terrac

FAMILIAL · PERSONNALISÉ C'est au milieu de nulle part, sur les contreforts des Pyrénées que cette ferme, joliment restaurée, a élu domicile. Les chambres sont personnalisées, et la vue sur les Pyrénées superbe. Jardin paysager, jacuzzi et sauna extérieur façon nordique. Idéal pour les écrivains et les âmes pensives.

5 chambres - 90/125 €

Domaine de Terrac, 4 km à l'Est par D117 et rte secondaire - ✆ 05 61 96 39 60 - www.domainedeterrac.com - Fermé 1er-27 décembre

RIOM

✉ 63200 (Puy-de-Dôme) - Carte régionale n° **1**-B2
Carte Michelin 326-F7 - Guide Vert Michelin Auvergne

Le Flamboyant

CUISINE MODERNE · INTIME XX Ce restaurant a été créé dans une ancienne école de filles. Que les gourmands se détendent, les interrogations écrites n'y ont plus cours depuis longtemps ! À présent, installé dans trois petites salles (dont une en mezzanine), on apprécie une cuisine... aux notes actuelles.

Menu 25 € (déjeuner)/38 €

21 bis rue de l'Horloge - ✆ 04 73 63 07 97 - www.restaurant-le-flamboyant.com - Fermé 1er-15 janvier, 1er-15 juillet, lundi, mercredi soir, dimanche soir

Le Moulin de Villeroze

CUISINE MODERNE · ÉLÉGANT XX Dans la salle élégante de ce moulin bâti à la fin du 19e s, près de la cheminée ou sur la terrasse, les gourmands apprécient des recettes dans l'air du temps. La carte est saisonnière, mais vous trouverez toute l'année le dessert emblématique de la maison, la pomme de Marsat, accompagnée d'une crème légère au beurre salé et tuiles de sésame.

Menu 29/61 € - Carte 56/74 €

144 route de Marsat, à 2km, au Sud-Ouest du plan par D83 - ✆ 04 73 38 62 23 - www.le-moulin-de-villeroze.fr - Fermé 22 avril-2 mai, 16 août-5 septembre, lundi, mercredi soir, dimanche soir

RIONS

✉ 33410 (Gironde) - Carte régionale n° **18**-B2
Carte Michelin 335-I6

Le Chaudron d'Anna

CUISINE TRADITIONNELLE · AUBERGE X Stéphane Floris a baptisé son restaurant en hommage à sa grand-mère Anna, qui lui mitonnait de bons petits plats lorsqu'il était gamin... et dont le portrait trône aujourd'hui près de l'entrée du restaurant ! Perpétuant cet héritage, il compose une cuisine de saison, imprégnée par le terroir régional, qu'il agrémente à sa manière très personnelle.

Menu 18 € (déjeuner), 28/39 € - Carte 40/54 €

4-5 place Cazeaux-Cazalet - ✆ 05 56 27 43 31 - www.lechaudrondanna.com - Fermé lundi, mardi soir, mercredi soir, dimanche soir

RIORGES - 42 (Loire) ➜ voir Roanne

RIQUEWIHR

✉ 68340 (Haut-Rhin) - Carte régionale n° **10**-C2
Carte Michelin 315-H8

La Table du Gourmet (Jean-Luc Brendel)

CUISINE CRÉATIVE • **COSY** Cette maison a du caractère – poutres et murs rouge vif – comme la cuisine de son chef, Jean-Luc Brendel. Inventif, il met en valeur des produits de qualité, souvent bio et même de son propre potager. De l'originalité et du tempérament.

→ Millefeuille végétal aux légumes du jardin. Filet de bœuf sur la braise, sauce choron et légumes du potager. Sensation de fraîcheur sucrée au fromage blanc et aux fruits de saison

Menu 38 € (déjeuner), 75/125 €

5 rue de la 1ère-Armée – ✆ 03 89 49 09 09 – www.jlbrendel.com – Fermé 7 janvier-13 février, 2-10 juillet, mardi, mercredi, jeudi midi

Au Trotthus

CUISINE MODERNE • **CONVIVIAL** Le chef a vécu plus de 20 ans à Kyoto, où il tenait un restaurant français. De là l'originalité de sa cuisine, qui mêle bons produits locaux et esprit japonisant. Terrine de foie gras cuit au torchon, maquereau au wakamé, tarte fine aux pommes sont les spécialités incontournables du chef. Agréable bar à sushi en sous-sol. Service attentionné.

Menu 33/110 € – Carte 66/134 €

9 rue des Juifs – ✆ 03 89 47 96 47 – www.trotthus.com – Fermé lundi midi, mardi midi, mercredi, dimanche soir

La Grappe d'Or

CUISINE TRADITIONNELLE • **FAMILIAL** Cette maison de 1554, toute fleurie, semble vous inviter à entrer. À l'intérieur, la décoration typique a tout le charme d'autrefois. Viennent ensuite les délices du terroir : choucroute, baeckeofe, jambonneau, paupiettes de truite...

Menu 22/38 € – Carte 32/56 €

1 rue des Ecuries-Seigneuriales – ✆ 03 89 47 89 52 – www.restaurant-grappedor.com – Fermé 7-17 janvier, 17-30 juin, jeudi, vendredi midi

d'Brendelstub

CUISINE ALSACIENNE • **CONVIVIAL** Dans la rue principale de cette jolie cité, on reconnaît cette maison vigneronne (14e s.) à sa façade lie-de-vin. Cette winstub moderne, au décor tendance, propose cuisine alsacienne et spécialités cuites au feu de bois ou à la rôtissoire.

Menu 21/43 € – Carte 30/60 €

48 rue du Général-de-Gaulle – ✆ 03 89 86 54 54 – www.jlbrendel.com – Fermé 7 janvier-8 février, mardi, mercredi

Le Schoenenbourg

FAMILIAL • **CONTEMPORAIN** Près de la route des vins et du cœur historique de Riquewihr, ces constructions modernes se dressent au pied des vignes, au grand calme. Les chambres sont confortables et bien tenues ; le matin, un copieux petit-déjeuner est servi sous forme de buffet. Parfait pour découvrir cette riche région.

69 chambres – 85/195 € – 3 suites – 14 €

2A rue de la Piscine – ✆ 03 89 49 01 11 – www.schoenenbourg.fr – Fermé 6 janvier-7 février

Le Riquewihr

FAMILIAL • **FONCTIONNEL** Une famille de vignerons tient cette vaste maison de style alsacien au bord d'une route traversant les parcelles de vignobles. Les chambres sont méticuleusement tenues et le petit-déjeuner, copieux, ne déçoit pas. En prime, un petit espace fitness permet de se détendre.

43 chambres – 78/105 € – 6 suites – 12 €

route de Ribeauvillé – ✆ 03 89 86 03 00 – www.hotel-riquewihr.fr – Fermé 3 janvier-7 février, 24-26 décembre

Le B. Suites

HISTORIQUE • DESIGN Cette magnifique maison au cœur du village date de la Renaissance... mais cultive avec art le luxe contemporain ! Design, racé et confortable : un ensemble très réussi. Les familles et les amoureux de charme bucolique apprécieront aussi le B. Cottage, et sa déco rétro, à l'écart dans le luxuriant jardin où s'épanouissent herbes et légumes oubliés...

5 chambres - 129/265 € - 3 suites - 18 €

48 rue du Général-de-Gaulle - 03 89 86 54 55 - www.jlbrendel.com - Fermé 6 janvier-8 février

à Zellenberg 1 km à l'Est par D3 - 68340

Maximilien (Jean-Michel Eblin)

CUISINE MODERNE • ÉLÉGANT XXX Nul doute : Jean-Michel Eblin sait travailler les bons produits, et signe une cuisine fine et savoureuse, rehaussée d'une belle carte des vins. De plus, cette grande maison adossée à la colline, en bordure de vignoble, se révèle élégante avec ses boiseries claires. Tous les ingrédients pour passer un très bon moment.

→ Foie gras de canard poêlé, rhubarbe confite et crue, fraises. Poitrine de pigeon rôti et homard, réduction à l'orange safranée. Mirabelles caramélisées, tuiles et crème, gel de citron

Menu 35 € (déjeuner), 55/99 € - Carte 87/102 €

19A route d'Ostheim - 03 89 47 99 69 - www.le-maximilien.com - Fermé 26 août-11 septembre, 23 décembre-9 janvier, lundi, vendredi midi, dimanche soir

Auberge du Froehn

CUISINE TRADITIONNELLE • RUSTIQUE X Ancien de la Vieille Forge, à Kaysersberg, le jeune chef revisite ici la tradition à sa sauce (filet de bœuf Rossini, gratin dauphinois), en toute simplicité. Les prix sont convenables, l'accueil charmant : on passe un bon moment.

Menu 25/47 € - Carte 35/50 €

5 route d'Ostheim - 03 89 47 81 57 - www.auberge-du-froehn-zellenberg.com - Fermé lundi, mardi midi, dimanche soir

RIVA-BELLA - 14 (Calvados) → voir Ouistreham-Riva-Bella

RIVEDOUX-PLAGE - 17 (Charente-Maritime) → voir Île de Ré

RIVESALTES

66600 (Pyrénées-Orientales) - Carte régionale n° **21**-B3
Carte Michelin 344-I6

La Table d'Aimé

CUISINE MODERNE • ÉLÉGANT X Le chef de cette adresse bucolique, installée dans les locaux d'une maison viticole, concocte une cuisine du marché inspirée, privilégiant les produits bio. Aux beaux jours, la terrasse ouverte sur les chais invite à prolonger l'instant de gourmandise. Sympathique carte des vins.

Menu 28 € (déjeuner)/33 €

4 rue Fransisco-Ferrer - 04 68 34 35 77 - www.latabledaime.com - Fermé 23 décembre-8 janvier, lundi, dimanche

LA RIVIÈRE - 33 (Gironde) → voir Libourne

RIXHEIM - 68 (Haut-Rhin) → voir Mulhouse

ROANNE

42300 (Loire) - Carte régionale n° **2**-A1
Carte Michelin 327-D3 - Guide Vert Michelin Lyon et sa région

✿ Aux Anges (Marco Viganò)

CUISINE ITALIENNE • **TENDANCE** XX Être ou ne pas être telle est la question; risotto souvenir au sein; vive la France ! Quand il s'agit d'énoncer ou de commenter ses plats, Marco, le chef italien, ne manque ni de fougue ni d'humour! Sa cuisine, créative et brute de décoffrage, se joue des conventions et ose les saveurs originales ; le tout est réalisé avec de délicieux produits... on est aux Anges !

→ Être ou ne pas être telle est la question. Ris de veau, palette à la milanaise et safran. Vive la France !

Menu 39 € (déjeuner), 59/85 € - Carte 70/90 €

6 place Georges-Clemenceau - ✆ 04 77 78 19 85 - www.aux-anges.com - Fermé 1er-8 janvier, 14-28 août, mercredi, dimanche

Le Central

CUISINE TRADITIONNELLE • **BRASSERIE** X L'adresse bis gourmande de la famille Troisgros. Michel et Marie-Pierre ont imaginé ce "bistrot-épicerie" dans un hôtel des années 1920. Original et chaleureux : tel est son décor, inspiré d'une échoppe d'autrefois. La carte, traditionnelle, épouse la courbe des saisons. L'affaire ne désemplit pas : un succès mérité.

Menu 24 € (déjeuner)/33 € - Carte 60/68 €

20 cours de la République (face à la gare) - ✆ 04 77 67 72 72 - www.troisgros.com - Fermé 4-26 août, 23 décembre-1er janvier, lundi, dimanche

L'Astrée Ⓝ

CUISINE MODERNE • **ÉLÉGANT** XXX Cette table réputée et appréciée sur Roanne a été reprise fin 2017 par l'ancien maître d'hôtel de la Maison Troisgros, qui assure ici un accueil et un service de grande élégance. Tout en conservant de solides bases classiques, le chef propose désormais une cuisine plus moderne, attentive aux saisons. Cadre chic et harmonieux.

Menu 25 € (déjeuner), 38/55 € - Carte 40/75 €

52 cours de la République (face à la gare) - ✆ 04 77 72 74 22 - www.lastree-restaurant.fr - Fermé lundi, dimanche

Le Tourdion

CUISINE MODERNE • **CONTEMPORAIN** XX Une déco contemporaine et épurée, bien en phase avec une cuisine qui fait la part belle aux produits, aux saveurs, aux couleurs... Les assiettes sont aussi jolies que bonnes, avec une pointe de raffinement qui achève de séduire. Très recommandable !

Menu 19 € (déjeuner), 29/54 € - Carte 43/63 €

17 rue de Sully - ✆ 04 77 70 84 58 - www.restaurant-letourdion.fr - Fermé mercredi soir, dimanche

au Coteau (rive droite de la Loire) - ✉ 42120

L'Auberge Costelloise

CUISINE MODERNE • **CONVIVIAL** XX Une déco originale - moderne et très colorée - pour ce restaurant gastronomique qui borde la Loire, où Napoléon aurait fait une étape. La carte épouse l'air du temps.

Menu 19/57 € - Carte 50/68 €

2 avenue de la Libération - ✆ 04 77 68 12 71 - www.auberge-costelloise.fr - Fermé lundi, mardi, dimanche soir

à Ouches 10 km au Sud-Ouest par D207 et D31 - ✉ 42155

✿✿✿ Troisgros - Le Bois sans Feuilles (Michel et César Troisgros)

CUISINE CRÉATIVE • **ÉLÉGANT** XXXX L'histoire familiale a commencé en 1930, lorsque Jean-Baptiste et Marie achètent l'hôtel-restaurant des Platanes, juste en face de la gare de Roanne. C'est l'acte de naissance d'une véritable lignée de toques, passant par Jean et Pierre (les fameux frères Troisgros), puis Michel... et aujourd'hui César.

En 2017, petite révolution de palais : les Troisgros quittent la maison historique pour investir un charmant domaine à Ouches, à quelques kilomètres de Roanne. Dans ce décor naturaliste et inspiré (le patio s'articule autour d'un grand chêne centenaire), Michel et César perpétuent l'héritage de superbe manière, avec une cuisine qui porte plus que jamais la "patte" Troisgros.
Ainsi ces langoustines de belle fraîcheur, accompagnées d'un jus fin et délicat aux herbes fraîches, ou encore ce tronçon d'anguille roulée à la texture agréable, avec une feuille de trévise panée qui apporte une touche d'amertume bienvenue... Produits sublimés, assiettes fines et aventureuses : plus que jamais, un restaurant d'exception.

→ Cervelle de veau "pour ne pas oublier". Ronde de saint-pierre et de truffe noire. Papillon

Menu 160 € (déjeuner), 280/470 € - Carte 170/260 €

Troisgros, 728 route de Villerest - ✆ 04 77 71 66 97 - www.troisgros.com - Fermé 1er-25 janvier, 5-16 août, lundi, mardi

Troisgros

LUXE · PERSONNALISÉ Bienvenue dans le nouvel univers de la maison Troisgros ! Dans un vaste domaine (17 hectares) de la campagne roannaise, le manoir de 1860 accueille des chambres élégantes et personnalisées, avec une jolie vue sur la campagne environnante... Délicieux et exclusif.

15 chambres - 300/630 € - 35 €

728 route de Villerest - ✆ 04 77 71 66 97 - www.troisgros.com - Fermé 1er-25 janvier, 5-16 août

✿✿✿ **Troisgros - Le Bois sans Feuilles** - voir la sélection des restaurants

à Riorges 3 km à l'Ouest par D31 - ✉ 42153

Le Bistro du Beaulieu

CUISINE MODERNE · CONVIVIAL C'est l'histoire d'amour entre un cuisinier et une pâtissière... et ce n'est pas du cinéma. Ce jeune couple en porte témoignage, qui se susurre des mots sucrés, entre ballotine de volaille et quasi de veau. Ici, pas de sentiments à basse température ! Une adresse très appréciée de la clientèle locale.

Menu 15 € (déjeuner), 28/35 €

10 rue St-André - ✆ 04 77 23 12 27 - www.beaulieu-riorges.com - Fermé 1er-15 août , lundi soir, mardi soir, mercredi soir, dimanche

à Villerest 6 km au Sud-Ouest par D53 - ✉ 42300

Château de Champlong

CUISINE MODERNE · ÉLÉGANT Moments aussi gourmands que charmants dans cette demeure du 18es. nichée dans la verdure ; on dîne d'une cuisine actuelle dans la "salle des peintures", sous les tableaux d'époque. Appétissante formule déjeuner et belle carte des vins.

Menu 28/105 € - Carte 50/75 €

100 chemin de la Chapelle (près du golf) - ✆ 04 77 69 69 69 - www.chateau-de-champlong.com - Fermé 1er-8 janvier, 10 février-6 mars, lundi, mardi midi, dimanche soir

Château de Champlong

DEMEURE HISTORIQUE · ÉLÉGANT Cette belle demeure du 18e s. est une respiration au cœur de la verdure. C'est élégant et feutré, original aussi, comme cette chambre au sol en verre transparent. Très beau spa et piscine extérieure chauffée.

12 chambres - 135/220 € - 20 €

100 chemin de la Chapelle (près du golf) - ✆ 04 77 69 69 69 - www.chateau-de-champlong.com - Fermé 11 février-5 mars, 28 octobre-12 novembre

Château de Champlong - voir la sélection des restaurants

ROCAMADOUR

✉ 46500 (Lot) - Carte régionale n° **22**-C1

Carte Michelin 337-F3

Jehan de Valon

CUISINE RÉGIONALE • CONTEMPORAIN XX Dans cet agréable restaurant, on déguste croustade aux truffes, magret rôti, ou un épatant gigot fermier du Quercy, découpé en salle au guéridon. Le tout accompagné (évidemment) de vins du Sud-Ouest ! En outre, les lieux offrent une jolie vue sur la vallée de l'Alzou.

Menu 28/46 € - Carte 45/65 €

Beau Site, rue Roland-le-Preux (Cité médiévale) - ✆ 05 65 33 63 08 - www.beausite-rocamadour.com - Fermé 1er janvier-8 février, 4 novembre-31 décembre

Beau Site

TRADITIONNEL • COSY Au cœur de la cité, cette maison du 15e s. abrite une réception d'inspiration médiévale et des chambres de style et de superficie variables. Celles de l'annexe, cosy et feutrées, offrent une jolie vue sur la vallée.

35 chambres - 90/170 € - 14 €

rue Roland-le-Preux (Cité médiévale) - ✆ 05 65 33 63 08 - www.beausite-rocamadour.com - Fermé 1er janvier-8 février, 4 novembre-31 décembre

Jehan de Valon - voir la sélection des restaurants

Le Troubadour

MAISON DE CAMPAGNE • PERSONNALISÉ Ferme joliment rénovée ceinte d'un beau jardin, très tranquille. On s'y repose dans des chambres rustiques ou plus actuelles. Original : la belle salle de billard dans l'ancien fournil. Cuisine du terroir, le soir, pour les résidents.

13 chambres - 75/145 € - 2 suites - 12 €

lieu-dit Belveyre - ✆ 05 65 33 70 27 - www.hotel-troubadour.com - Fermé 15 novembre-9 février

à l'Hospitalet - ✉ 46100

Les Esclargies

FAMILIAL • ÉCO-RESPONSABLE Dans une "esclargie" (petite clairière en occitan), à l'écart de l'animation touristique, construction contemporaine et sobre, mêlant le bois et la pierre dans un esprit "nature". Chambres spacieuses et épurées (tons sable, mobilier en chêne).

16 chambres - 82/162 € - 13 €

route de Payrac - ✆ 05 65 38 73 23 - www.esclargies.com - Fermé 16 décembre-28 février

LA ROCHE-BERNARD

✉ 56130 (Morbihan) - Carte régionale n° **7**-C3

Carte Michelin 308-R9 - Guide Vert Michelin Bretagne Sud

Auberge des Deux Magots

CUISINE MODERNE • CONVIVIAL XX Deux anciens du domaine de la Bretesche (à Missillac) ont repris cette ancienne auberge. Ils y proposent une cuisine soignée, parfumée et sagement créative, à des prix défiant toute concurrence. Et, par-dessus le marché, le chef fait le pain lui-même... Fraîcheur, saveurs : une renaissance appétissante !

Menu 24 € (déjeuner), 32/59 €

1 place du Bouffay - ✆ 02 99 90 60 75 - www.aubergedesdeuxmagots.fr - Fermé 8-15 avril, 1er-8 juillet, 24 décembre-7 janvier, lundi, dimanche soir

L'Auberge Bretonne 

CUISINE MODERNE • CLASSIQUE XXX Ne vous fiez pas aux apparences… Cette maison de granit n'a pas un cœur de pierre ! À l'image de la cuisine du chef, dans l'air du temps et respectant les saisons, qui console bien des gourmands. À cela s'ajoute le joli décor de la salle, donnant sur un petit jardin où poussent des herbes aromatiques. Attrayant !

Menu 29/62 €

1 Place Duguesclin - ✆ 02 99 90 60 28 - www.auberge-bretonne.com - Fermé 8-27 février, 16-27 novembre, lundi, dimanche

Le Domaine de Bodeuc

HISTORIQUE • VINTAGE Près de La Roche-Bernard, ce petit manoir du 19ᵉs. et ses dépendances se nichent dans un parc aux arbres centenaires, avec piscine ! Piano et cheminée confèrent aux salons un charme intime. Chambres plus spacieuses dans l'annexe. Restauration traditionnelle.

14 chambres - 85/184 € - 1 suite - 13 €

route de Redon, 6 km au Nord-Est par D34 et rte secondaire - ✆ 02 99 90 89 63 - www.hotel-bodeuc.com - Fermé 3 janvier-10 février

Le Manoir du Rodoir

TRADITIONNEL • PERSONNALISÉ Cette ancienne fonderie de 1870 est entourée d'un parc aux chênes centenaires. Les chambres sont spacieuses et confortables, décorées dans un style cosy. Au restaurant, on apprécie la cuisine du terroir.

24 chambres - 75/105 € - 12 €

4 le Rhodoir - ✆ 02 99 90 82 68 - www.lemanoirdurodoir.com - Fermé 21 décembre-7 janvier

ROCHECORBON - 37 (Indre-et-Loire) ➔ voir Tours

ROCHEFORT

✉ 17300 (Charente-Maritime) - Carte régionale n° **20**-B2

Carte Michelin 324-E4 - Guide Vert Michelin Poitou-Charentes

Roca Fortis

FAMILIAL • PERSONNALISÉ Deux maisons régionales datant du 18ᵉ s., autour d'un petit patio… pour un même hôtel, tenu par un couple charmant. Le petit-déjeuner est copieux et réserve une surprise bien fraîche : de délicieux smoothies concoctés par le patron.

16 chambres - 67/102 € - 10 €

14 rue de la République - ✆ 05 46 99 26 32 - www.hotel-rochefort.fr - Fermé 22 décembre-6 janvier

ROCHEFORT-EN-YVELINES

✉ 78730 (Yvelines) - Carte régionale n° **15**-B2

Carte Michelin 311-H4 - Guide Vert Michelin Île-de-France

L'Escu de Rohan

CUISINE TRADITIONNELLE • RUSTIQUE XX Dans les murs d'un relais de poste du 16ᵉ s., un charmant restaurant d'esprit rustique : charpente apparente, cheminée monumentale… Au menu, une bonne cuisine traditionnelle, avec pour spécialités la tête de veau sauce gribiche, le gibier en saison et les profiteroles au chocolat. Une adresse sympathique.

Menu 38 €

15 Rue Guy le Rouge - ✆ 01 30 41 31 33 - www.lescuderohan.com - Fermé 14-27 janvier, 31 juillet-24 août, lundi, mardi, dimanche soir

ROCHEGUDE

✉ 26790 (Drôme) - Carte régionale n° **2**-B3

Carte Michelin 332-B8

Château de Rochegude

CUISINE CLASSIQUE • **ÉLÉGANT** XxX Châtelain, classique, élégant... Un cadre plaisant, au service d'une agréable cuisine gastronomique, tenante d'un certain classicisme : ballottine de gibier et châtaignes, cassolette de homard et ris de veau, etc.
Menu 35 € (déjeuner), 49/95 € - Carte 70/90 €
place du Colombier - ✆ 04 75 97 21 10 - www.chateauderochegude.com - Fermé lundi

LA ROCHE-L'ABEILLE

✉ 87800 (Haute-Vienne) - Carte régionale n° **19**-B2
Carte Michelin 325-E7

Le Moulin de la Gorce (Pierre Bertranet)

CUISINE CLASSIQUE • **ÉLÉGANT** XxX Une institution dans le département... Dans ce moulin du 16e s., le chef réalise une cuisine classique revisitée, d'une belle finesse et respectueuse des produits. Pour prolonger l'étape en profitant du cadre bucolique - étang, parc romantique -, il y a les chambres cosy à souhait !
➜ Pied de cochon désossé, farce fine de volaille et vinaigrette à l'huile de truffe. Filet de bœuf limousin poêlé, mousseline de pomme de terre truffée. Puits d'amour aux framboises, crème légère à la vanille Bourbon et coulis de fraises
Menu 60/109 € - Carte 60/89 €
La Gorce - ✆ 05 55 00 70 66 - www.moulindelagorce.com - Fermé 5 novembre-7 février, lundi, mardi, mercredi midi

La Table du Moulin

CUISINE TRADITIONNELLE • **BISTRO** X Le chef du Moulin de la Gorce a transformé ce café de village en un charmant bistrot, mêlant patine rustique et élégance contemporaine. On s'y régale de petits plats traditionnels et canailles qui fleurent bon le terroir. Pas de doute, la gourmandise est au rendez-vous !
Menu 33/44 €
3 rue du 8-Mai-1945 - ✆ 05 55 00 22 03 - www.moulindelagorce.com - Fermé lundi, mardi, dimanche soir

H. Stuart/robertharding /age fotostock

ON AIME...

Christopher Coutanceau, et sa cuisine tournée vers l'océan. Dans un joli bourg, **L'Hysope**, dont le chef cultive sa différence avec talent. **Le Bouillon**, bistrot gourmand de la Pallice, un quartier en plein renouveau. **Le Bistrot des Bonnes Femmes**, pour sa carte alléchante, les produits des halles voisines... et sa grande rôtissoire.

LA ROCHELLE

✉ 17000 (Charente-Maritime) – Carte régionale n° **20**–A2

Carte Michelin 324-D3 – Guide Vert Michelin Poitou-Charentes

Restaurants

✿✿ Christopher Coutanceau

POISSONS ET FRUITS DE MER • ÉLÉGANT XXXX Sur la plage de la Concurrence, la devanture du restaurant annonce la couleur : "Christopher Coutanceau, cuisinier et pêcheur". Tout est dit ! La pêche, voici une passion qui court dans la famille depuis longtemps. Le grand-père, puis Richard, le père, étaient déjà des fondus de produits marins, et de poissons en particulier. Christopher, lui, va plus loin : en plus d'être un pêcheur assidu, il s'engage régulièrement en faveur de la pêche durable et contre le gaspillage.

Ses assiettes sont le prolongement de cet engagement. Il manipule les plus beaux produits de la mer (bar de ligne, turbot, sole, oursins, lotte et langoustines, huîtres, tourteaux et tant d'autres) avec tendresse et beaucoup d'imagination, en y associant les légumes du potager voisin. De l'entrée au dessert, c'est un régal pour les yeux et les papilles. D'autant que tout cela se déguste dans un intérieur aux lignes fluides, d'une grande élégance : on se laisse emporter.

→ Tout le homard. Sardine de la tête à la queue. Jonchée au cognac

Menu 72/155 € – Carte 140/230 €

Plan : A3-r – *plage de la Concurrence – ✆ 05 46 41 48 19 – www.coutanceaularochelle.com – Fermé 7-20 janvier, 11-24 mars, 20-27 octobre, lundi, dimanche*

🍴 Les Flots

CUISINE MODERNE • ÉLÉGANT XX Turbot sauvage crousti-moelleux en kadaïf, ris de veau et langoustine, légumes bio et sauce acidulée au balsamique : dans cette adresse du vieux port, la mer a des reflets d'argent ! Élégance dans l'assiette mais aussi dans le décor, entre authenticité d'un ancien estaminet et sobriété contemporaine.

Menu 32 € (déjeuner), 49/79 € – Carte 65/90 €

Plan : A2-g – *1 rue de la Chaîne – ✆ 05 46 41 32 51 – www.les-flots.com*

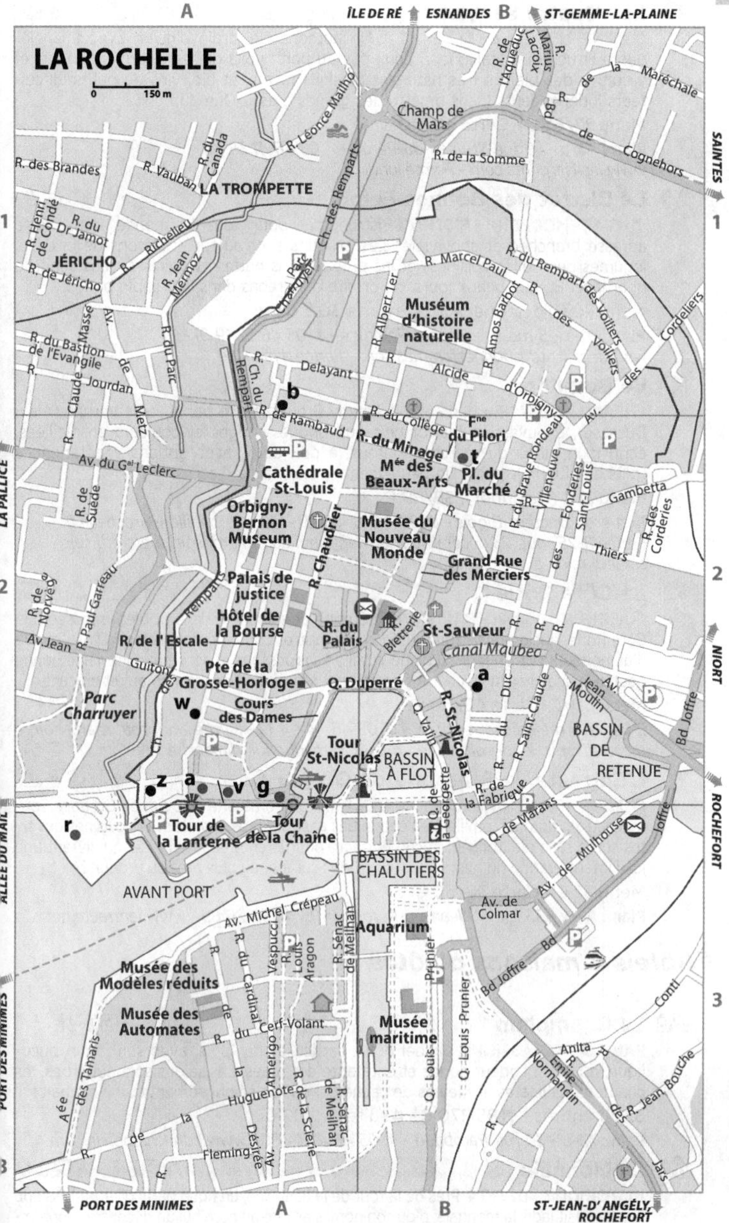

LA ROCHELLE
0
150 m
A
B
ÎLE DE RÉ
ESNANDES
ST-GEMME-LA-PLAINE
SAINTES
LA PALLICE
NIORT
ROCHEFORT
ALLÉE DU MAIL
PORT DES MINIMES
ST-JEAN-D' ANGÉLY, ROCHEFORT
LA TROMPETTE
JÉRICHO
Champ de Mars
Muséum d'histoire naturelle
Cathédrale St-Louis
Orbigny-Bernon Museum
Mée des Beaux-Arts
Pl. du Marché
Fne du Pilori
Musée du Nouveau Monde
Grand-Rue des Merciers
Palais de justice
Hôtel de la Bourse
R. de l' Escale
Pte de la Grosse-Horloge
Q. Duperré
Cours des Dames
St-Sauveur
Canal Maubec
Parc Charruyer
Tour St-Nicolas
BASSIN À FLOT
BASSIN DE RETENUE
Tour de la Lanterne
Tour de la Chaîne
BASSIN DES CHALUTIERS
AVANT PORT
Aquarium
Musée des Modèles réduits
Musée des Automates
Musée maritime
R. Chaudrier
R. du Minage
R. du Palais
R. St-Nicolas
R. de Rambaud
R. du Collège
R. des Brandes
R. Vauban
R. Léonce Mailho
Ch. des Remparts
R. de la Somme
Bd de Cognehors
R. Marcel Paul
R. du Rempart des Voiliers
Av. du Gal Leclerc
Av. Michel Crépeau
Bd Joffre
Av. de Mulhouse
Av. de Colmar
Q. de Marans
Q. Louis Prunier
1
2
3

Les Quatre Sergents

CUISINE MODERNE · ÉLÉGANT Un authentique jardin d'hiver, avec une élégante structure métallique, à deux pas du port : voilà qui est charmant… Le chef y cultive des plaisirs très naturels : produits locaux et bio, vins de petits viticulteurs indépendants (sans omettre les grands crus)… Que du bon !

Menu 27/65 € - Carte 40/110 €

Plan : A2-a - *49 rue St-Jean-du-Pérot - 05 46 41 35 80 - www.les4sergents.com - Fermé lundi*

Le Bistrot des Bonnes Femmes

CUISINE MODERNE · BISTRO Bistronomie pour tout le monde dans cette adresse branchée et conviviale ! Les produits sont au top (poissons de la criée, légumes des Halles voisines) et les préparations nettes et précises, sans superflu ni artifice. Et, aux beaux jours, on profite d'un repas dans l'agréable patio…

Menu 20 € (déjeuner)/30 € - Carte 30/50 €

Plan : B2-t - *5 rue des Bonnes-Femmes - 05 46 52 19 91 - www.lebistrotdesbonnesfemmes.com - Fermé dimanche*

Le Bouillon

CUISINE MODERNE · ÉLÉGANT Jemmy Brouet, passé par le Jules Vernes (Alain Ducasse), a ouvert ce bistrot chic aux briques rouges et couleurs ensoleillées, écrin d'un menu du marché goûteux, à prix doux, avec options végétariennes (plus ambitieux le soir). Un peu excentré, mais facile d'accès.

Menu 21 € (déjeuner), 38/89 €

15 rue du Docteur-Bigois - 05 46 42 05 29 - www.le-bouillon-larochelle.fr - Fermé 11-25 août, 23 décembre-2 janvier, lundi soir, mardi soir, mercredi soir, samedi midi, dimanche

La Côte Rôtie

CUISINE MODERNE · BAR À VIN Cuisine du marché fraîche et bien troussée à la Côte Rôtie, ancien relais routier rénové en bistrot contemporain coloré. On se régale d'un poisson frais du jour ou d'une volaille à la rôtissoire, à accompagner d'une bonne bouteille, que chacun va choisir directement à la cave… Service souriant et efficace.

Menu 30 € - Carte 40/50 €

2 boulevard Maréchal-Lyautey - 05 46 44 04 19 - Fermé lundi soir, mardi soir, mercredi soir, jeudi soir, vendredi soir, samedi midi, dimanche

L'Entracte, la Brasserie de Grégory

CUISINE TRADITIONNELLE · BRASSERIE Une brasserie chic signée Grégory Coutanceau, un nom de famille bien connu des gastronomes rochelais. Les cuisines ouvertes sur la salle n'autorisent aucun entracte pour le chef et sa brigade, qui livrent une jolie interprétation du genre, avec ce credo : cuisiner au plus près du produit !

Menu 32 € - Carte 30/50 €

Plan : A2-v - *35 rue St-Jean-du-Perot - 05 46 52 26 69 - www.lentracte.net*

Hôtels & maisons d'hôtes

Le Champlain

FAMILIAL · CLASSIQUE Un bel hôtel particulier du 19e s. avec son jardin bucolique, où plane l'odeur douce et entêtante des roses. Les salons sont superbes, les chambres délicates et pleines de cachet… Pour un séjour romantique à souhait !

32 chambres - 85/170 € - 4 suites - 12 €

Plan : A1-b - *30 rue Rambaud - 05 46 41 34 66 - www.hotelchamplain.com*

La Monnaie

HISTORIQUE · DESIGN Près de la tour de la Lanterne, un hôtel particulier du 17e s., où l'on frappait jadis la monnaie, d'où son nom. Il arbore aujourd'hui un décor très contemporain : design épuré, beaucoup de noir et blanc, des douches à l'italienne, un espace bien-être, une cour intérieure où l'on prend le petit-déjeuner l'été… Un bel ensemble !

37 chambres - 109/219 € - 3 suites - 18 €

Plan : A2-z - *3 rue de la Monnaie - 05 46 50 65 65 - www.hotelmonnaie.com*

St-Nicolas

URBAIN • FONCTIONNEL Cette bâtisse de la vieille ville, doublée d'une extension récente, abrite un hôtel bien agréable. Chambres modernes et fonctionnelles, entretien soigné et... petit-déjeuner gourmand. Autre point fort : le parking privé.

86 chambres – 99/244 € – 13 €

Plan : B2-a – *13 rue Sardinerie – 05 46 41 71 55 – www.hotel-saint-nicolas.com*

Le Manoir

HISTORIQUE • CONTEMPORAIN En léger retrait du centre-ville et du port, cet hôtel particulier datant du 19e s. a été entièrement rénové en 2011. C'est aujourd'hui un établissement plein de charme, géré en famille, où l'on se repose dans des chambres spacieuses et contemporaines.

18 chambres – 105/169 € – 13 €

8 avenue du Général-Leclerc – 05 46 67 47 47 – www.hotel-le-manoir.fr

Entre Hôtes

MAISON DE MAÎTRE • PERSONNALISÉ Une maison d'armateur du 18e s. avec un ravissant jardin à l'anglaise, le tout à cinq minutes à pied du centre historique de la ville... Les chambres, modernes et cosy, donnent sur le jardin et sont bien tenues. Fruits frais et confitures maison au petit-déjeuner.

5 chambres – 125/180 €

Plan : A2-w – *8 rue Réaumur – 05 16 85 93 33 – www.entre-hotes.com – Fermé 10-26 février*

à la Jarrie 13 km à l'Est par D939 – 17220

L'Hysope

CUISINE MODERNE • CONTEMPORAIN XX Dans un joli bourg, cette maison particulière abrite le talent d'un chef aussi discret que talentueux. Adepte d'une cuisine raffinée, ciselée, il met à l'honneur les légumes et plantes des maraîchers locaux, mais aussi les poissons de la criée de La Rochelle... Maîtrise et inspiration sont au rendez-vous dans l'assiette, pour notre plus grand plaisir.

→ Saumon d'Isigny mariné comme un mojito, caviar de courgette jaune et nougatine d'ail doux. Pavé de lotte à la plancha, betterave rouge au raifort et coulis de piquillos. Ma version du cheesecake au citron

Menu 27 € (déjeuner), 40/125 € – Carte 64/82 €

25 rue de l'Aurore – 05 46 68 52 21 – www.lhysope.com – Fermé 17 février-4 mars, 24 juin-8 juillet, lundi, mercredi soir, dimanche soir

à St-Rogatien 10 km à l'Est par D108 et D111 – 17220

La Pierrevue

CUISINE MODERNE • COSY XX Le poisson de la pêche locale, la viande des éleveurs de la région, les fruits et légumes du marché, les herbes aromatiques du jardin... Voici les beaux produits utilisés par Cécile Richard, la jeune chef de cette maison. Elle compose une cuisine nette et précise, aux saveurs marquées et harmonieuses : un régal.

Menu 26 € (déjeuner), 41/66 € – Carte 50/65 €

2 place de la Mairie – 05 46 31 67 08 – www.lapierrevue.fr – Fermé 9-27 août, 22 décembre-7 janvier, lundi, mardi soir, mercredi soir, dimanche

LA ROCHE-POSAY

86270 (Vienne) – Carte régionale n° **20**-D1

Carte Michelin 322-K4 – Guide Vert Michelin Poitou-Charentes

Les Loges du Parc

THERMAL • CLASSIQUE Au cœur de la station thermale, ce bel hôtel 1900 a été entièrement rénové en 2015. Les chambres sont confortables et fonctionnelles, avec notamment trois suites décorées par thèmes (le jazz, l'Égypte et le bois). Formule résidence à la semaine, idéale pour les curistes.

49 chambres – 130/250 € – 3 suites – 17 €

10 place de la République – 05 49 19 40 50 – www.resorthotel-larocheposay.info

LES ROCHES-DE-CONDRIEU

✉ 38370 (Isère) – Carte régionale n° **2**-B2
Carte Michelin 333-B5

Le Bellevue

FAMILIAL · FONCTIONNEL Une belle bâtisse de couleur ocre, posée sur les rives du Rhône, dont une partie des chambres offrent une vue dégagée sur les flots. Entretien soigné, bons équipements, et même un restaurant proposant une cuisine traditionnelle !

16 chambres – 95/110 € – 1 suite – 12 €

1 quai du Rhône – 04 74 56 41 42 – www.le-bellevue.net – Fermé 2-14 janvier

ROCHE-ST-SECRET-BECONNE

✉ 26770 (Drôme) – Carte régionale n° **2**-B3
Carte Michelin 332-D7

Mas de l'Adret

MAISON DE CAMPAGNE · DESIGN Cette ancienne bergerie, isolée dans les collines entre vignes et champs de lavandin abrite de luxueuses chambres design. Piscine ombragée, massage en plein air avec vue sur le vallon verdoyant... Et même une table d'hôtes sur demande, et des séjours truffes en hiver (Richerenches, "capitale de la truffe", n'est pas loin). Il ne manque rien. On dirait le sud.

5 chambres – 120/250 €

Chemin de l'Adret – 09 87 88 37 68 – www.mas-ladret.com – Fermé 31 octobre-1er avril

LA ROCHE-SUR-YON

✉ 85000 (Vendée) – Carte régionale n° **23**-B3
Carte Michelin 316-H7 – Guide Vert Michelin Pays de la Loire

L'Atable

CUISINE MODERNE · BISTRO Une cuisine "bistronomique" mettant en avant les produits de la région et les artisans du quartier, un joli cadre épuré : ouverte en 2013, cette maison n'a pas usurpé son excellente réputation ! Ne pas manquer la spécialité du chef : le crabe farci et escargots de Vendée à l'andouille... Le menu change tous les jours. Jolie sélection de vins.

Menu 28 € (déjeuner), 37/59 €

20 bis rue Raymond Poincaré – 02 51 36 21 35 – www.latable-larochesuryon.net – Fermé 22 juillet-13 août, lundi, dimanche

Mercure

HÔTEL DE CHAÎNE · FONCTIONNEL Idéalement situé entre la gare et la place Napoléon, un Mercure avec des chambres spacieuses et bien insonorisées, impeccablement rénovées.

67 chambres – 89/149 € – 17 €

117 boulevard Aristide-Briand – 02 51 46 28 00 – www.mercure-la-roche-sur-yon.com

ROCHETOIRIN – 38 (Isère) → voir La Tour-du-Pin

RODEZ

✉ 12000 (Aveyron) – Carte régionale n° **22**-C1
Carte Michelin 338-H4 – Guide Vert Michelin Lot Aveyron Vallée du Tarn

Les Jardins de l'Acropolis

CUISINE MODERNE · CONVIVIAL Les gourmands se donnent régulièrement rendez-vous dans ce restaurant contemporain, dont le chef concocte une cuisine du marché savoureuse, moderne et bien ficelée. Jarret de veau de lait confit, guimauve maison grillée au thé d'Aubrac... Des produits de qualité, des assaisonnements bien marqués : c'est frais et bon !

Menu 26 € (déjeuner), 33/60 € – Carte 30/40 €

rue d'Athènes, à Bourran – 05 65 68 40 07 – www.restaurant-acropolis.com – Fermé 21-25 mars, 24 mai-4 juin, 25 août-5 septembre, lundi soir, dimanche

Isabelle Auguy

CUISINE MODERNE • ÉLÉGANT Dans son fief ruthénois, Isabelle Auguy propose une cuisine parfumée, entre terroir et modernité, fondée sur des produits bien choisis : assiette de charcuterie de la maison Conquet, faux-filet d'aubrac à la sauce poivrade et aligot maison... Le tout est servi avec gentillesse et attention, pour ne rien gâcher !

Menu 28/46 € - Carte 37/55 €

154 rue Pierre-Carrère, parc d'activités La Gineste, à Bourran - 05 65 47 77 51 - www.restaurantisabelleauguy.fr - Fermé 6-20 janvier, 15-23 septembre, lundi, samedi midi, dimanche soir

ET

CUISINE MODERNE • CONVIVIAL Attention, voici un jeune couple plein d'avenir ! Formés auprès des meilleurs – Pierre Gagnaire et Michel Bras pour lui, Alain Ducasse pour elle –, ils se relaient aux fourneaux de cette maison en plein cœur de Rodez. Dans l'assiette c'est inventif, malin, les cuissons sont parfaites et les saveurs bien présentes, le tout réalisé avec les produits de la région.

Menu 25 € (déjeuner), 40/70 € - Carte 68/85 €

24 place du Bourg - 05 65 68 95 00 - www.restaurant-et.fr - Fermé lundi, mercredi soir, dimanche

Mercure Cathédrale

BUSINESS • CONTEMPORAIN Non loin de la cathédrale et du musée Soulages, un hôtel 1930 dont on a conservé les parties classées : mosaïques Art déco, grand escalier en bois massif, peintures...

36 chambres - 90/170 € - 15 €

1 avenue Victor-Hugo - 05 65 68 55 19 - www.mercure.com

à Onet-le-Château 4 km au Nord par D988 - 12850

Château de Canac

DEMEURE HISTORIQUE • HISTORIQUE Voilà un "château d'hôte" du 16ᵉs. de belle prestance, serti d'un vaste parc aux arbres centenaires. Vitraux d'époque, imposante cheminée, et trois chambres élégantes. Cuisine goûteuse à la table d'hôtes.

3 chambres - 160/270 € - 15 €

Impasse de Canac - 05 31 97 10 50 - www.chateaudecanac.com

à Onet-le-Château Village 6,5 km au Nord - 12850

Château de Labro

DEMEURE HISTORIQUE • PERSONNALISÉ Un château ravissant, avec des chambres romantiques (beaux meubles chinés) ou, pour les baroudeurs chics, une cabane dans un arbre. Le petit-déjeuner est servi au milieu des objets de brocante, il y a aussi une piscine dans les vignes et un petit spa... Un lieu délicieux !

20 chambres - 95/390 € - 2 suites - 16 €

Onet-Village, 7 km par D901 et D568 - 05 65 67 90 62 - www.chateaulabro.fr

ROHAN

56580 (Morbihan) - Carte régionale n° **7**-C2

Carte Michelin 308-06 - Guide Vert Michelin Bretagne Sud

L'Eau d'Oust

CUISINE MODERNE • CONTEMPORAIN Une ancienne ferme, située à la sortie du village, près du plan d'eau : le cadre n'est pas désagréable. Dans un intérieur contemporain et convivial, les propriétaires déclinent une cuisine franchement gourmande, avec quelques touches de créativité. Les produits sont frais et de qualité, le service est souriant : on passe un très bon moment.

Menu 18 € (déjeuner), 29/40 € - Carte 38/48 €

6 rue du Lac - 02 97 38 91 86 - www.leaudoust.fr - Fermé mardi soir, mercredi, dimanche soir

ROIFFÉ

✉ 86120 (Vienne) - Carte régionale n° **20**-C1
Carte Michelin 322-G2

Domaine de Roiffé

RESORT • HISTORIQUE On pénètre dans ce lieu atypique (une ancienne colonie pénitentiaire) par une large allée centrale bordée de cèdres, et de pavillons en pierre où sont logées les chambres contemporaines. Un golf complète cet ensemble de 120 hectares. Le restaurant "L'Alcôve" (sis dans d'anciennes cellules) propose une cuisine de saison, à déguster en terrasse, l'été.

51 chambres - 58/96 € - 12 €

lieu-dit St-Hilaire, rte de Fontevraud - ✆ 05 49 22 48 17 - www.domainederoiffe.fr

ROISSY-EN-FRANCE - 95 (Val-d'Oise) ➜ voir Autour de Paris

ROLLEBOISE

✉ 78270 (Yvelines) - Carte régionale n° **15**-A1
Carte Michelin 311-F1

Le Domaine de la Corniche

CUISINE MODERNE • ÉLÉGANT XxX Pas besoin de résider au Domaine de la Corniche pour apprécier ce restaurant contemporain, son belvédère et sa carte alléchante. Les produits nobles se succèdent dans l'assiette face aux méandres de la Seine, jusqu'au beau chariot de desserts...

➜ Langoustines de Bretagne cuites au beurre, champignons et sabayon aux senteurs des sous-bois. Ris de veau croustillant, tartare de cèpes, tomates confites et pignons. Cigarette de chocolat gianduja, amandes, noisettes et lait fumé

Menu 36 € (déjeuner), 47/95 € - Carte 85/112 €

5 route de la Corniche - ✆ 01 30 93 20 00 - www.domainedelacorniche.com - Fermé 4-24 novembre, lundi, mardi

Le Domaine de la Corniche

SPA ET BIEN-ÊTRE • DESIGN Quelle "folie" Léopold II de Belgique ne fit-il pas pour son dernier amour ! Le résultat est cette jolie demeure dominant la Seine. Les amoureux d'aujourd'hui apprécieront son intérieur design, les chambres avec vue, la piscine panoramique et le superbe spa...

44 chambres - 105/410 € - 22 €

5 route de la Corniche - ✆ 01 30 93 20 00 - www.domainedelacorniche.com

Le Domaine de la Corniche - voir la sélection des restaurants

ROMANÈCHE-THORINS

✉ 71570 (Saône-et-Loire) - Carte régionale n° **5**-C3
Carte Michelin 320-I12 - Guide Vert Michelin Bourgogne

Rouge & Blanc

CUISINE MODERNE • CONVIVIAL XX Rouge et (Georges) Blanc : le célèbre chef bressan est propriétaire de cet établissement où la tradition régionale est évidemment reine, de même que les vins locaux et le célèbre cru du village, le moulin-à-vent. Au cœur de la tradition de la bonne chère bourguignonne !

Menu 23 € (déjeuner), 25/57 € - Carte 40/75 €

Les Maritonnes Parc & Vignoble, 513 route de Fleurie (près de la gare) - ✆ 03 85 35 51 70 - www.lesmaritonnes.com

Les Maritonnes Parc & Vignoble

TRADITIONNEL • FONCTIONNEL Dans ce fameux village viticole, une escale toute trouvée pour les amateurs d'œnotourisme... et les autres. Le parc verdoyant et fleuri, la piscine, l'imposante maison avec ses chambres contemporaines, confortables et agréables, le beau buffet au petit-déjeuner : une douce villégiature bourguignonne...

41 chambres - 89/215 € - 20 €

513 route de Fleurie (près de la gare) - ✆ 03 85 35 51 70 - www.lesmaritonnes.com

Rouge & Blanc - voir la sélection des restaurants

ROMANS-SUR-ISÈRE

26100 (Drôme) – Carte régionale n° **3**-E2

Carte Michelin 332-D3 – Guide Vert Michelin Ardèche Drôme

L'Instant

CUISINE MODERNE • ÉLÉGANT XX Excentrée dans un quartier résidentiel proche de la gare, cette belle maison bourgeoise – datant des années 1930 – vous accueille dans un joli décor contemporain ; on vous sert une délicieuse cuisine du marché, réalisée à partir de bons produits frais. Des assiettes qui s'avalent... en un Instant !

Menu 26 € (déjeuner), 44/54 € – Carte 40/60 €

10 rue de Delay – 04 75 45 40 72 – www.restaurant-instant.com – Fermé 11-20 août, lundi, mardi soir, mercredi soir, jeudi soir, dimanche

Nature Gourmande

CUISINE MODERNE • INTIME X Entrez donc dans ce restaurant de poche et faites preuve d'une Nature Gourmande ! Madame reçoit avant de rejoindre monsieur, en cuisine, pour préparer les pâtisseries. Dans l'assiette, les bons produits du marché sont à l'honneur. Un régal...

Menu 37/63 €

37 place Jacquemart – 04 75 05 30 46 – www.restaurant-naturegourmande.com – Fermé 29 juillet-27 août, 22 décembre-6 janvier, lundi, dimanche

L'Orée du Parc

FAMILIAL • COSY À l'entrée de l'ancienne capitale du soulier, cette belle maison bourgeoise (début 20e s.) est entourée d'un joli jardin avec piscine. Les chambres, de bon confort, sont décorées avec soin. De quoi trouver chaussure à son pied !

16 chambres – 94/131 € – 13 €

6 avenue Gambetta – 04 75 70 26 12 – www.hotel-oreeparc.com – Fermé 26 décembre-3 janvier

à Granges-lès-Beaumont 6 km à l'Ouest – 26600

Les Cèdres (Jacques Bertrand)

CUISINE CLASSIQUE • ÉLÉGANT XXXX Il est des tables discrètes, qui cultivent l'excellence à l'abri du tumulte médiatique : incontestablement, les Cèdres font partie de cette catégorie-là. Entre Romans et Tain-l'Hermitage, dans la Drôme, on pénètre dans cette maison toute de vert vêtue, installée à l'ombre des... cèdres, donc, pour y découvrir le travail des frères Bertrand : Jacques en cuisine et Jean-Paul en salle.

Depuis 1988, les deux frangins ont développé leur restaurant à force de travail, d'humilité, avec un talent pour se remettre toujours en question. Le résultat ? Une cuisine noble, volontiers classique, qui plonge à deux mains dans les trésors de ce gigantesque marché à ciel ouvert qu'est le département de la Drôme.

On se souviendra de cette pomme de ris de veau dorée et cuite avec justesse, moelleuse en bouche, piquée d'un bâton de citronnelle et accompagnée de carottes fondantes et de petits oignons glacés... un plat de haute volée. Cerise sur le gâteau, l'accueil n'est pas en reste, chaleureux et efficace d'un bout à l'autre du repas.

→ Araignée de mer au naturel dans sa carapace, bavaroise de son corail. Poulette jaune pochée dans son bouillon, sauce Albufera. Pêche de vigne pochée puis laquée au cassis, sorbet cassis et meringue doigt de fée

Menu 50 € (déjeuner), 95/160 €

25 rue Henri-Machon – 04 75 71 50 67 – www.restaurantlescedres.fr – Fermé 8-18 avril, 19 août-3 septembre, 23 décembre-7 janvier, lundi, mardi, dimanche soir

ROMILLY-SUR-SEINE

✉ 10100 (Aube) – Carte régionale n° **11**-B2
Carte Michelin 313-C2

Auberge de Nicey

FAMILIAL • FONCTIONNEL À deux pas de la gare, cet établissement propose des chambres confortables, joliment meublées et bien insonorisées. Autres atouts : un espace détente avec piscine et fitness, et un restaurant traditionnel.

23 chambres – 134/152 € – 14 €

24 rue Carnot – ✆ 03 25 24 10 07 – www.denicey.com – Fermé 1er-3 janvier, 9-19 août, 22 décembre-6 janvier

ROMORANTIN-LANTHENAY

✉ 41200 (Loir-et-Cher) – Carte régionale n° **8**-C2
Carte Michelin 318-H7 – Guide Vert Michelin Châteaux de la Loire

Grand Hôtel du Lion d'Or

CUISINE MODERNE • ÉLÉGANT XXXX Une cuisine qui a fait ses preuves, traditionnelle, relevée de quelques notes d'ailleurs (épices, condiments...) et une belle carte de vins de Loire. Une table réputée en Sologne.

Menu 64 € (déjeuner), 110/155 € – Carte 138/180 €

69 rue Clemenceau – ✆ 02 54 94 15 15 – www.hotel-liondor.fr – Fermé 17 février-29 mars, mardi midi

Grand Hôtel du Lion d'Or

HISTORIQUE • CLASSIQUE Cette belle demeure Renaissance (avec des encadrements de pierre caractéristiques en façade) est un hôtel depuis 1774, et la récente rénovation a confirmé l'élégance du lieu : confort exquis, cour intérieure, espace...

13 chambres – 190/630 € – 3 suites – 26 €

69 rue Clemenceau – ✆ 02 54 94 15 15 – www.hotel-liondor.fr – Fermé 17 février-29 mars

Grand Hôtel du Lion d'Or – voir la sélection des restaurants

RONCE-LES-BAINS

✉ 17390 (Charente-Maritime) – Carte régionale n° **20**-A2
Carte Michelin 324-D5 – Guide Vert Michelin Poitou-Charentes

La Plage de la Ribaudière

CUISINE MODERNE • CONVIVIAL X Spécialités charentaises, retour de pêche, viandes et poulpes cuits au barbecue, salades savoureuses : en lisière de la plage, on se régale dans cette ancienne école de voile devenue un charmant bistrot. Une ambiance "pêcheur" que l'on retrouve jusqu'au dessert, avec ce paris-brest reconverti en... paris-plage !

Menu 26 € – Carte 33/69 €

52 avenue de la Cèpe – ✆ 05 46 36 60 01 – Fermé 4 novembre-16 avril

Le Brise-Lames

CUISINE TRADITIONNELLE • CLASSIQUE XX Soupe de poissons, huîtres de Marennes, soufflé chaud au Grand Marnier... Dans ce restaurant de bord de mer, la cuisine – traditionnelle et respectueuse des saisons – se révèle parfumée, bien faite et tout simplement bonne. Le cadre est classique, et la vue sur les flots imprenable !

Menu 31/59 € – Carte 30/60 €

Le Grand Chalet, 2 avenue de la Cèpe – ✆ 05 46 36 06 41 – www.legrandchalet.net – Fermé 12 novembre-12 février, lundi, mardi

Le Grand Chalet

TRADITIONNEL · BORD DE MER Ne vous fiez pas à ses airs de chalet tranquille, le lieu fut jadis un casino... surplombant la mer, avec un accès direct à la plage. Les chambres, rafraîchies progressivement, sont bien tenues – préférez celles côté Oléron, pour la vue ! Les viennoiseries "maison" servies au petit-déjeuner sont un régal.

26 chambres – 60/135 € – 12 €

2 avenue de la Cèpe – 05 46 36 06 41 – www.legrandchalet.net – Fermé 12 novembre-10 février

Le Brise-Lames – voir la sélection des restaurants

RONCHAMP

70250 (Haute-Saône) – Carte régionale n° **6**-C1

Carte Michelin 314-H6 – Guide Vert Michelin Franche-Comté Jura

La Maison d'Hôtes du Parc

MAISON DE MAÎTRE · PERSONNALISÉ Au pied de la colline de la chapelle Notre-Dame-du-Haut, cette belle maison de maître du 19e s. est nichée dans un joli parc au bord de la rivière... À l'intérieur, prime à l'élégance et au classicisme (mobilier de famille, papiers peints et tissus) sans une once de nostalgie ! Table d'hôtes avec produits du potager en saison.

5 chambres – 110/130 €

12-14 Rue du Tram – 03 84 63 93 43 – www.hotesduparc.com

à Champagney 4,5 km à l'Est par D4 – 70290

Le Pré Serroux

TRADITIONNEL · CLASSIQUE À deux pas de la Maison de la négritude et des Droits de l'homme – à laquelle Léopold Senghor accorda son patronage –, cet hôtel propose des chambres sobres et actuelles. Les amateurs de brocante apprécieront la décoration, fruit d'un long travail de chine.

23 chambres – 72/87 € – 12 €

4 avenue du Général-Brosset – 03 84 23 13 24 – www.lepreserroux.fr

au Rhien 3 km au Nord – 70250

Rhien Carrer

FAMILIAL · CONTEMPORAIN En pleine nature ! Dans cet agréable hôtel familial, on se repose dans des chambres joliment rénovées dans un esprit contemporain. À table, le terroir et les spécialités franc-comtoises sont à l'honneur. Terrasse dans un écrin... de verdure.

19 chambres – 79/89 € – 12 €

14 rue d'Orière – 03 84 20 62 32 – www.ronchamp.com

ROPPENHEIM

67480 (Bas-Rhin) – Carte régionale n° **10**-B1

Carte Michelin 315-M3

Auberge à l'Agneau

CUISINE TRADITIONNELLE · TAVERNE Généreuse table que celle de cette maison alsacienne du 18e s. En cuisine, les petits plats mijotent sous l'œil attentif du chef, amoureux de sa région. Dans l'assiette, on apprécie les spécialités du pays et de viandes. Simple et authentique !

Carte 24/71 €

11 rue Principale – 03 88 86 40 08 – www.auberge-agneau.com – Fermé lundi, mardi midi, mercredi midi, jeudi midi, vendredi midi, samedi midi, dimanche

ROQUEBRUNE-CAP-MARTIN

✉ 06190 (Alpes-Maritimes) – Carte régionale n° **25**–E2
Carte Michelin 341-F5 – Guide Vert Michelin Côte d'Azur

Voir plan de Menton

Les Deux Frères

CUISINE TRADITIONNELLE • **ROMANTIQUE** XX La falaise plonge dans la mer, les flots ondoient au soleil, Monaco se dessine à l'horizon... Quelle terrasse, quel panorama ! Le repas, ancré dans le Sud, n'en est que plus agréable.

Menu 32 € (déjeuner), 53/75 € – Carte 32/75 €

place des Deux-Frères (au village) – ✆ 06 80 86 22 41 – www.lesdeuxfreres.com – Fermé 1er-7 mars, lundi, mardi

Victoria

TRADITIONNEL • **DESIGN** Un décor tout en bleu et blanc : telle est la signature de cet hôtel balnéaire, idéalement situé sur le front de mer. On appréciera le confort contemporain des chambres, leurs grands balcons face aux flots, et la situation, idéale pour découvrir la côte, de Monaco à Menton.

32 chambres – 87/345 € – 14 €

Plan : A2-k – *7 promenade du Cap-Martin – ✆ 04 93 35 65 90 – www.hotel-victoria.fr – Fermé 2-20 décembre*

ROQUEFORT

✉ 40120 (Landes) – Carte régionale n° **18**–B2
Carte Michelin 335-J10 – Guide Vert Michelin Aquitaine

Le St-Vincent

CUISINE MODERNE • **CLASSIQUE** XX Originaire du Lot-et-Garonne, le jeune chef a voulu fêter son retour dans le Sud-Ouest en renouant avec la clientèle locale. Il a donc pris le parti d'une cuisine simple et efficace, accessible à toutes les bourses, mais... nullement oublieuse de la qualité des produits. Tout en saveurs, le pari est réussi !

Menu 24/42 €

76 rue Laubaner – ✆ 05 58 45 75 36 – www.lestvincent.com – Fermé jeudi, dimanche soir

Le St-Vincent

FAMILIAL • **PERSONNALISÉ** Cette maison de maître du 19e s. possède un indéniable cachet : beaux volumes, carrelages et parquets d'origine, murs en pierre, etc. À noter : les salles de bains sont équipées uniquement d'une douche. Espace bien-être avec jacuzzi et sauna.

7 chambres – 82/98 € – 12 €

76 rue Laubaner – ✆ 05 58 45 75 36 – www.lestvincent.com

Le St-Vincent – voir la sélection des restaurants

LA ROQUE-GAGEAC

✉ 24250 (Dordogne) – Carte régionale n° **18**–D3
Carte Michelin 329-I7 – Guide Vert Michelin Périgord Quercy

La Belle Étoile

CUISINE TRADITIONNELLE • **CLASSIQUE** XX Manger à La Belle Étoile en plein jour, c'est possible ! Rendez-vous donc dans cette demeure tournée vers la Dordogne... La cuisine réserve de belles surprises : savoureuse et gourmande, elle sait mettre le terroir en valeur et régale ! Et de petites chambres permettent de prolonger son séjour dans ce joli village.

Menu 29/50 €

Le Bourg – ✆ 05 53 29 51 44 – www.belleetoile.fr – Fermé 5 novembre-7 avril, lundi, mercredi midi

O'Plaisir des Sens

CUISINE MODERNE · COSY XX Bruno, chef passionné au beau parcours, imagine ici une cuisine actuelle très soignée, qui fait ressortir le meilleur du terroir : viande achetée sur carcasse, fruits et légumes de maraîchers locaux... Que ce soit côté gastronomique, ou bistrot à midi, on passe un excellent moment.

Menu 25 € (déjeuner), 33/65 € - Carte 45/90 €

Sous la Grande Vigne, à 3 km au Sud-Est par D 703 - ✆ 05 53 29 58 53 - www.o-plaisirdessens.com - Fermé 4-27 mars, mardi soir, mercredi, dimanche soir

LA ROQUE-SUR-PERNES

✉ 84210 (Vaucluse) - Carte régionale n° **25**-E1

Carte Michelin 332-D10

Château La Roque

DEMEURE HISTORIQUE Ce château du 11ᵉs. a été magnifiquement restauré. Chambres raffinées et spacieuses ; terrasses en restanques et belle piscine dans la roche. Vue provençale époustouflante ! Repas concoctés par le maître des lieux et pris dans la salle templière ou le jardin.

5 chambres - 135/320 € - 20 €

263 chemin du Château - ✆ 04 90 61 68 77 - www.chateaularoque.com - Fermé 3 janvier-28 février, 30 novembre-27 décembre

ROSCOFF

✉ 29680 (Finistère) - Carte régionale n° **7**-B1

Carte Michelin 308-H2 - Guide Vert Michelin Bretagne Nord

Le Brittany

CUISINE MODERNE · ÉLÉGANT XXX Ce Brittany est bien élégant avec sa grande cheminée en pierre et ses fenêtres voûtées s'ouvrant sur le spectacle splendide de la baie. Au menu : une belle gastronomie marine, portée par l'extrême qualité et la fraîcheur tout océane des produits de la région.

→ Araignée de mer, salmis de pigeonneau et vinaigrette de carcasse. Turbot grillé, girolles, artichaut poivrade, estragon, far noir et porc fumé. Tarte framboise au thym-citron et huile d'olive vierge glacée

Menu 59/149 € - Carte 75/145 €

boulevard Ste-Barbe - ✆ 02 98 69 70 78 - www.hotel-brittany.com - Fermé 4 novembre-7 février, lundi, mardi midi, mercredi midi, jeudi midi, vendredi midi, samedi midi, dimanche midi

Le Brittany

LUXE · PERSONNALISÉ Ce beau manoir du 17ᵉ s. fut démonté puis reconstruit à l'identique sur le port de la petite cité corsaire ! Chambres au charme discret, salons cossus, spa avec piscine, sens de l'accueil : tout est mis en œuvre pour que l'on se sente bien.

32 chambres - 132/495 € - 2 suites - 24 €

Boulevard Ste-Barbe - ✆ 02 98 69 70 78 - www.hotel-brittany.com - Fermé 10 novembre-6 février

Le Brittany - voir la sélection des restaurants

Le Temps de Vivre

LUXE · DESIGN Plusieurs maisons corsaires, pétries du charme âpre de la pierre, pour de grandes chambres épurées. Extrêmement raffinées dans leur dépouillement (pierre, wengé, chêne), elles s'enroulent autour d'un patio fleuri ; le confort est au rendez-vous.

15 chambres - 120/395 € - 17 €

19 place Lacaze-Duthiers - ✆ 02 98 19 33 19 - www.letempsdevivre.net - Fermé 13 janvier-8 février, 12 novembre-26 décembre

La Résidence des Artistes

TRADITIONNEL • CONTEMPORAIN Cette hôtel est situé dans une rue tranquille, tout près du port et de l'église. Il abrite des chambres élégantes et cosy, toutes rénovées avec goût. La tenue de l'ensemble est irréprochable ; on profite de bons produits locaux au petit-déjeuner.

28 chambres – 69/114 € – 13 €

14 rue des Johnnies – 02 98 69 74 85 – www.hotelroscoff-laresidence.fr – Fermé 21 décembre-11 février

Aux Tamaris

FAMILIAL • TRADITIONNEL Un hôtel un peu excentré, au calme, juste en face de la mer. Les chambres déclinent la panoplie du charme marin (voiles, phares, plancher en bois, etc.). L'ambiance est familiale et détendue, et l'on prend son petit-déjeuner devant l'île de Batz...

25 chambres – 65/119 € – 11 €

49 rue Édouard-Corbière – 02 98 61 22 99 – www.hotel-aux-tamaris.com

ROSENAU

68128 (Haut-Rhin) – Carte régionale n° **10**-B3
Carte Michelin 315-J11

Au Lion d'Or - Chez Théo

CUISINE MODERNE • AUBERGE XX Une auberge sympathique et élégante, tenue par la même famille depuis 1928. Le chef mêle avec brio saveurs d'aujourd'hui et richesses du terroir, sans exclure les spécialités des autres régions de France ! La sélection de vins au verre est courte, mais bien ficelée. Et l'été, on profite de la jolie terrasse.

Menu 23 € (déjeuner), 33/47 € – Carte 33/62 €

5 rue Village-Neuf – 03 89 68 21 97 – www.auliondor-rosenau.com – Fermé lundi, mardi

ROSHEIM

67560 (Bas-Rhin) – Carte régionale n° **10**-A2
Carte Michelin 315-I6

Hostellerie du Rosenmeer

CUISINE MODERNE • CONTEMPORAIN XXX La cuisine d'Hubert Maetz ? Une valeur sûre de la région. La carte fait la part belle aux produits de la terre d'Alsace, et aux poissons de Loctudy.

Menu 36 € (déjeuner), 52/85 € – Carte 65/80 €

45 avenue de la Gare, 2 km au Nord-Est par D35 – 03 88 50 43 29 – www.le-rosenmeer.com – Fermé 19 janvier-10 février, 22 juillet-8 août, lundi, mercredi, dimanche soir

Hostellerie du Rosenmeer

TRADITIONNEL • FONCTIONNEL Cet hôtel d'inspiration alsacienne borde le ruisseau qui lui a donné son nom. Les chambres sont de facture classique ou plus contemporaine. Et l'étape gastronomique est tentante...

22 chambres – 72/149 € – 12 €

45 avenue de la Gare, 2 km au Nord-Est par D35 – 03 88 50 43 29 – www.le-rosenmeer.com – Fermé 19 janvier-10 février, 22 juillet-8 août

Hostellerie du Rosenmeer – voir la sélection des restaurants

Se régaler sans se ruiner ? Repérez les Bib Gourmand. Ils vous aideront à dénicher les bonnes tables sachant marier cuisine de qualité et prix ajustés !

LA ROSIÈRE 1850

✉ 73700 (Savoie) – Carte régionale n° **2**–D2
Carte Michelin 333-O4 – Guide Vert Michelin Alpes du Nord

Hyatt Centric La Rosière (N)

LUXE · CONTEMPORAIN Cet hôtel haut de gamme, mariant harmonieusement contemporain et montagne chic, propose chambres confortables et suites d'exception, bénéficiant d'une superbe vue sur la vallée de la Tarentaise, digne d'une carte postale ! Agréable Spa de 420 m², piscine, jacuzzi (in et out) , hammam et sauna. Deux restaurants, une brasserie, et la Tavola (spécialités italiennes).

47 chambres – 220/420 € – 22 suites

Les Eucherts – ✆ 04 79 04 12 34 – www.hotellarosiere.com – Fermé 15 avril-1er juillet, 15 septembre-13 décembre

ROSTRENEN

✉ 22110 (Côtes-d'Armor) – Carte régionale n° **7**–B2
Carte Michelin 309-C5 – Guide Vert Michelin Bretagne Nord

Le Bistrot qui Coz

CUISINE TRADITIONNELLE · BISTRO Mobilier dépareillé, chaises chinées et ambiance chaleureuse : cette table, bien dans l'air du temps, joue la carte de la décontraction ! On y déguste de bons petits plats – camembert rôti, *fish and chips* – servis par une jeune équipe dynamique.

Menu 15 € (déjeuner), 26/33 € – Carte 30/40 €

3 place du Bourg-Coz – ✆ 02 96 29 10 71 – Fermé lundi, mardi soir, dimanche

ROUBAIX

✉ 59100 (Nord) – Carte régionale n° **13**–C2
Carte Michelin 302-H3

Accès et sorties : voir plan de Lille

Le Bô Jardin

CUISINE TRADITIONNELLE · BRASSERIE Au cœur du magnifique parc de Barbieux, une grande salle lumineuse et une terrasse donnant toutes les deux sur le plan d'eau – une vue très agréable. Salades et petits plats de saison sont à la carte ; ne manquez pas aussi l'un des classiques de la maison : la blanquette de veau revisitée. Belle sélection de grands crus bordelais.

Menu 34 € – Carte 35/45 €

avenue Le Nôtre (Parc Barbieux) – ✆ 03 20 20 61 85 – www.lebeaujardin.fr – Fermé lundi soir, mardi soir, mercredi soir, jeudi soir, vendredi soir, samedi soir, dimanche soir

ROUBION

✉ 06420 (Alpes-Maritimes) – Carte régionale n° **24**–D2
Carte Michelin 341-D3

Auberge Quintessence (Christophe Billau)

CUISINE MODERNE · MONTAGNARD Au col de la Couillole, en plein Mercantour, on trouve cet ancien refuge, aujourd'hui tenu par un jeune couple. Ces deux-là vous réservent une cuisine actuelle aux inspirations montagnardes (herbes, en particulier) : fraîcheur des ingrédients sans reproche, technique solide, beaux parfums... et de jolies chambres pour l'étape.

→ Collection de tomates et fromage frais au carvi de nos alpages. Paleron de veau braisé, jus de trompettes-de-la-mort et pomme de terre. Abricot rôti au miel d'ici, biscuit à la lavande de nos montagnes

Menu 39/65 €

route du Col de la Couillole, 5 km à l'Ouest par D30 – ✆ 04 93 02 02 60 – www.auberge-quintessence.com – Fermé mardi, mercredi

Ch. Rouffio/hemis.fr

ON AIME...

Rotomagus, le restaurant de viandes dont tout le monde parle. **Gill**, et les autres adresses de l'incontournable Gilles Tournadre. **L'Hôtel de Bourgtheroulde**, véritable joyau historique, pour son décor inimitable, ses deux restaurants et son impressionnante piscine couverte. Et toujours **Rodolphe**, et son jeune chef talentueux...

ROUEN

✉ 76000 (Seine-Maritime) – Carte régionale n° **17**–D2
Carte Michelin 304-G5 – Guide Vert Michelin Normandie Vallée de la Seine

Restaurants

✿✿ Gill (Gilles Tournadre)

CUISINE MODERNE • ÉLÉGANT XXXX La ferme familiale, le père et le grand-père pâtissiers tous deux, l'arrachage des pommes de terre, les allers-retours au poulailler, la coloration progressive du beurre dans la baratte... C'est dans son enfance normande, proche des produits et de la terre, que se niche l'origine de la vocation de Gilles Tournadre.
Rouennais de racine et de cœur, le chef porte haut les deux étoiles Michelin acquises en 1990. Dans un intérieur élégant, entre gris taupe, rouge cerise et chêne clair, il décline cette cuisine fine et délicate, où les grands classiques (pigeon à la rouennaise, millefeuille à la vanille bourbon) côtoient des plats plus inventifs. Prenons au hasard ces langoustines en carpaccio marinées au gingembre, avec mousse d'huîtres et gelée de crustacés : l'alliance idéale d'un beau produit, d'un assaisonnement sans ostentation, avec ce qu'il faut de relief et un sens aigu de l'équilibre des saveurs.

→ Huîtres snackées aux condiments et aux herbes, tuiles au sarrasin. Tournedos de pigeon à la rouennaise. Millefeuille à la vanille

Menu 45 € (déjeuner), 75/115 € – Carte 85/125 €

Plan : B2-a – *9 quai de la Bourse – ✆ 02 35 71 16 14 – www.gill.fr – Fermé 7-23 avril, 4-27 août, lundi, dimanche*

✿ Rodolphe (Rodolphe Pottier)

CUISINE MODERNE • TENDANCE XX "Aux âmes bien nées, la valeur n'attend point le nombre des années" : Corneille avait raison. Le jeune chef, originaire de l'Eure, enchante avec des préparations soignées, présentées dans le cadre d'un menu unique renouvelé tous les jours. Des recettes inspirées, des associations de saveurs pertinentes : Rodolphe n'a pas fini de nous surprendre !

→ Cuisine du marché

Menu 35 € (déjeuner), 65/90 €

Plan : B1-a – *35 rue Percière – ✆ 02 35 73 32 58 – www.restaurant-rodolphe.com – Fermé 1er-6 janvier, 30 avril-5 mai, 30 juillet-19 août, lundi, samedi midi, dimanche*

L'Odas (Olivier Da Silva)

CUISINE CRÉATIVE • CONVIVIAL De "L'Odas" dans ce bel hôtel particulier gothique du 16e s., où le chef Olivier Da Silva concocte une cuisine créative mettant en avant de beaux produits de saison, préparés avec justesse et maîtrise. Salon particulier panoramique pour repas privé. Service jeune, et proche du client.

→ Raviole de langoustine, aubergine fumée et parmesan, vieux vinaigre balsamique. Homard rôti au beurre, poitrine de cochon fondante laquée au soja et légumes de saison. Légèreté de framboise et de vanille, pistaches croustillantes

Menu 29 € (déjeuner), 49/69 € - Carte 80/90 €

Plan : C2-t - *4 passage Maurice-Lenfant - ✆ 02 35 73 83 24 - www.lodas.fr - Fermé lundi, dimanche soir*

Le Saint-Hilaire

CUISINE MODERNE • CONVIVIAL Laurence et Thomas Lemelle, les propriétaires de ce Saint-Hilaire, ont un talent rare : celui de s'attirer instantanément la sympathie de ceux qui franchissent la porte de leur restaurant. Lui, en cuisine, réalise des assiettes soignées, au gré des bons produits du marché ; elle, en salle, assure un service efficace et convivial. Bref, leur succès est amplement mérité !

Menu 22 € (déjeuner), 33/45 €

Plan : D2-n - *110 rue St Hilaire - ✆ 02 35 98 74 55 - www.le-saint-hilaire.com - Fermé 30 juillet-20 août, lundi, samedi midi, dimanche*

La Couronne

CUISINE TRADITIONNELLE • RUSTIQUE Superbement préservée, cette maison normande de 1345 serait "la plus vieille auberge de France". C'est en tout cas une grande institution, pleine d'âme, idéale pour savourer une cuisine empreinte de classicisme : sole meunière, canard à la rouennaise...

Menu 25 € (déjeuner), 37/80 € - Carte 53/110 €

Plan : B2-d - *31 place du Vieux-Marché - ✆ 02 35 71 40 90 - www.lacouronne.com.fr*

Les Nymphéas

CUISINE CLASSIQUE • ÉLÉGANT Dans le vieux Rouen, cette maison historique connaît bien ses classiques... et ose même les réinterpréter avec brio, à l'image de ce civet de homard. L'intérieur ouvre sur une terrasse intérieure garnie de verdure - idéal pour les beaux jours.

Menu 33/75 € - Carte 60/100 €

Plan : B2-h - *9 rue de la Pie - ✆ 02 35 89 26 69 - www.lesnympheas-rouen.fr - Fermé lundi, dimanche soir*

Le Réverbère

CUISINE MODERNE • DESIGN Près de la Seine, ce Réverbère illumine les papilles ! Nous sommes dans le repaire de José Rato, chef entier s'il en est, qui signe une cuisine à la fois généreuse et délicate. Côté décor, des lignes très modernes, des dominantes de rouge et de noir, et des chaises Starck : le ton est donné. Beau choix de bordeaux.

Menu 48/65 € - Carte 35/60 €

Plan : C2-e - *5 place de la République - ✆ 02 35 07 03 14 - www.le-reverbere-rouen.fr - Fermé 29 juillet-19 août, samedi midi, dimanche*

Gill Côté Bistro

CUISINE TRADITIONNELLE • BISTRO Sur la place du Vieux-Marché, le "côté bistro" du restaurant gastronomique de Gilles Tournadre. Tête de veau sauce gribiche, andouillette de campagne pur porc, saucisson chaud aux pistaches, ou encore côte de cochon, jus corsé, purée de pomme de terre à l'ail et aux herbes... Les produits frais sont à l'honneur. L'assurance de plaisirs francs et sincères !

Menu 30 €

Plan : B2-x - *14 place du Vieux-Marché - ✆ 02 35 89 88 72*

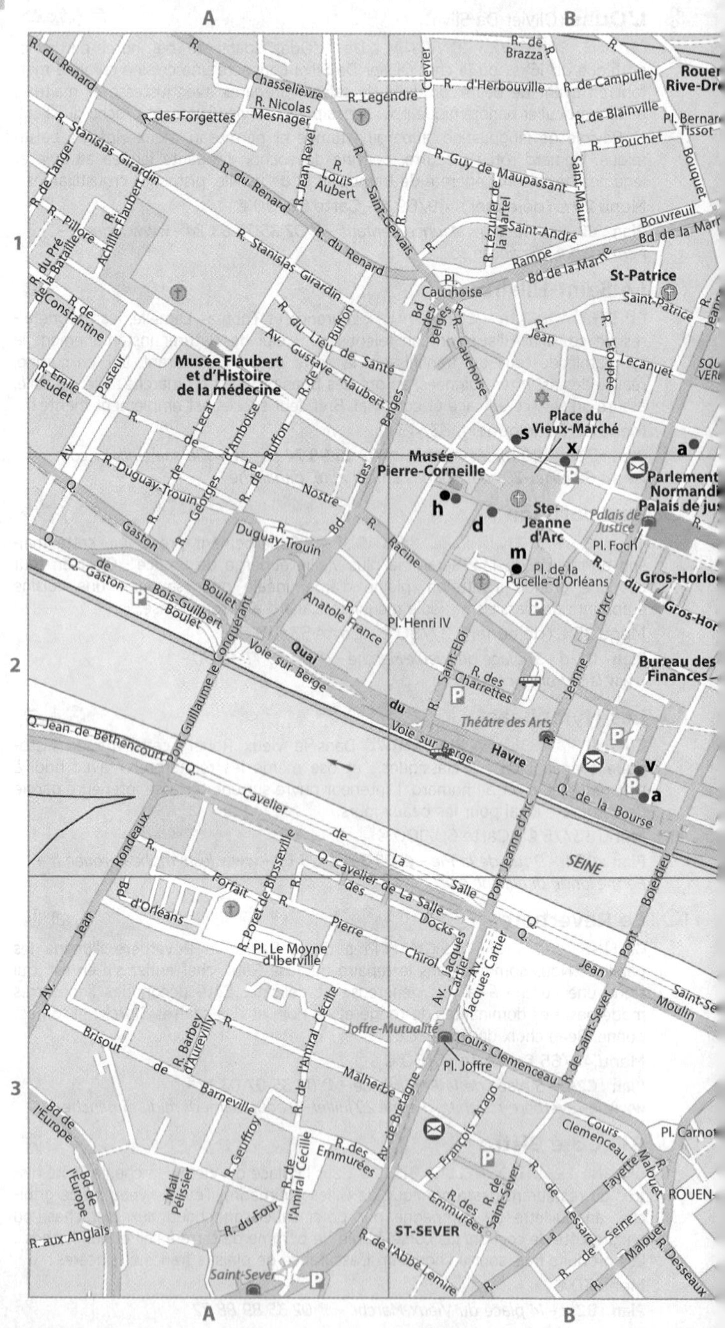
A
B
1
2
3
R. du Renard
R. des Forgettes
R. Chasselièvre
R. Nicolas Mesnager
R. Legendre
R. Crevier
R. d'Herbouville
R. de Brazza
R. de Campulley
Rouen Rive-Dr
R. de Blainville
Pl. Bernard Tissot
R. Pouchet
R. Bouquet
R. Stanislas Girardin
R. de Tanger
R. Pillore
R. Achille Flaubert
R. Jean Revel
R. Louis Aubert
R. Saint-Gervais
R. Guy de Maupassant
R. Saint-Maur
R. Lézurier de la Martel
Saint-André
Rampe
Bouvreuil
Bd de la Marne
R. du Pré de la Bataille
R. de Constantine
Pl. Cauchoise
St-Patrice
Saint-Patrice
R. Jean Lecanuet
R. Étoupée
R. du Lieu de Santé
Av. Gustave Flaubert
R. de Buffon
Bd des Belges
R. Cauchoise
Musée Flaubert et d'Histoire de la médecine
R. Emile Leudet
Pasteur
R. de Lecat
R. d'Amboise
Place du Vieux-Marché
s
x
a
Parlement Normandie Palais de justice
Musée Pierre-Corneille
h
d
Ste-Jeanne d'Arc
Palais de Justice
Pl. Foch
m
Pl. de la Pucelle-d'Orléans
R. du Gros-Horloge
Gros-Horloge
Av.
R. Duguay-Trouin
R. Georges
Le Nostre
R. Duguay-Trouin
Bd des Belges
R. Racine
Q. Gaston Boulet
Q. de Bois-Guilbert
R. Anatole France
Pl. Henri IV
R. Saint-Eloi
R. Jeanne d'Arc
Bureau des Finances
Quai du Havre
Voie sur Berge
R. des Charrettes
Théâtre des Arts
v
a
Q. de la Bourse
Pont Guillaume le Conquérant
Q. Jean de Béthencourt
Q. Cavelier de La Salle
SEINE
Pont Boieldieu
R. Rondeaux
R. Forfait
R. Poret de Blosseville
R. des Docks
R. Pierre Chirol
Pont Jeanne d'Arc
Q. Jean Moulin
Saint-Sever
Bd d'Orléans
Pl. Le Moyne d'Iberville
Av. Jacques Cartier
Av. Jean Rondeaux
R. Brisout de Barneville
R. Barbey d'Aurevilly
R. de l'Amiral Cécille
Joffre-Mutualité
Cours Clemenceau
Pl. Joffre
R. de Saint-Sever
R. Malherbe
Av. de Bretagne
R. François Arago
Pl. Carnot
Bd de l'Europe
R. Geuffroy
R. des Emmurées
R. Malouet
Fayette
ROUEN-
Mail Pélissier
R. du Four
R. de Lessard
La
R. de Seine
ST-SEVER
R. aux Anglais
R. de l'Abbé Lemire
R. Desseaux
Saint-Sever
P

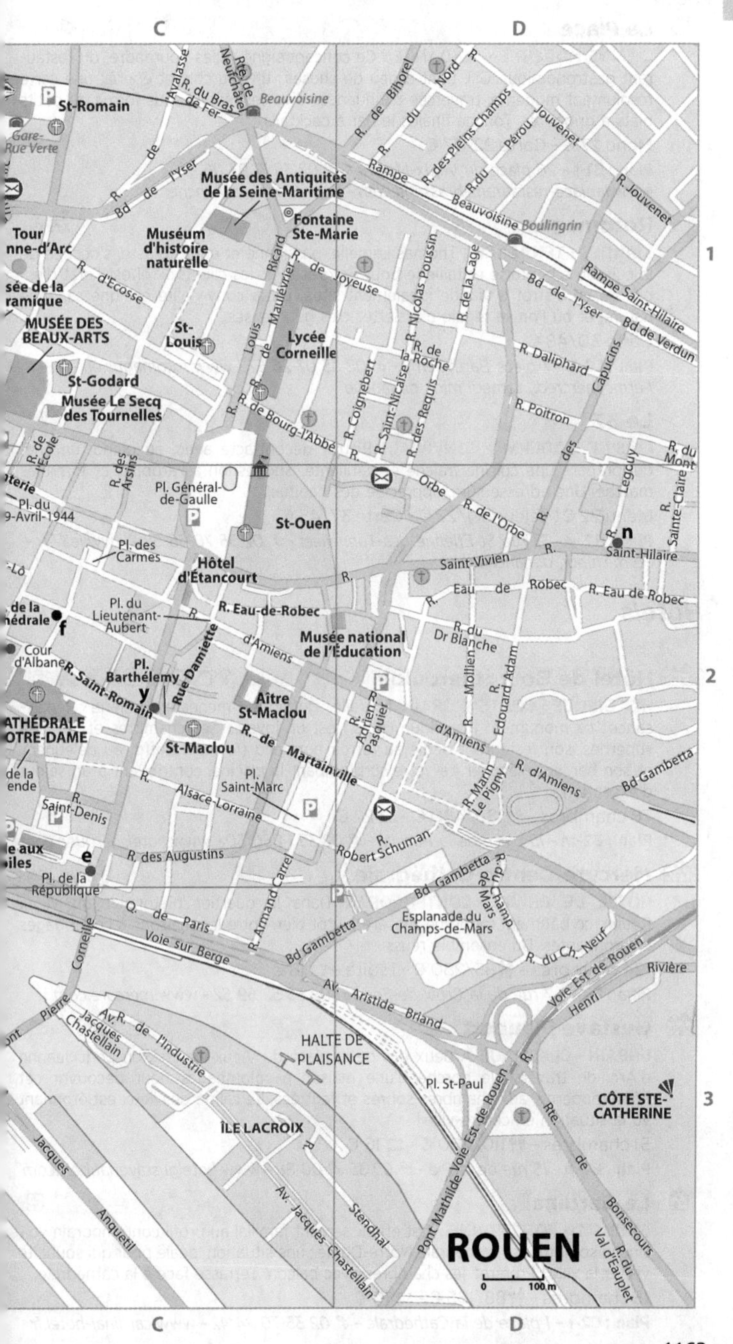
C
D
St-Romain
Gare-Rue Verte
Beauvoisine
Musée des Antiquités de la Seine-Maritime
Fontaine Ste-Marie
Tour Jeanne-d'Arc
Muséum d'histoire naturelle
Musée de la Céramique
MUSÉE DES BEAUX-ARTS
St-Louis
Lycée Corneille
St-Godard
Musée Le Secq des Tournelles
Boulingrin
Pl. Général-de-Gaulle
St-Ouen
Pl. des Carmes
Hôtel d'Étancourt
Pl. du Lieutenant-Aubert
R. Eau-de-Robec
Musée national de l'Éducation
Cour d'Albane
R. Saint-Romain
Pl. Barthélemy
Rue Damiette
Aître St-Maclou
CATHÉDRALE NOTRE-DAME
St-Maclou
Pl. Saint-Marc
R. de Martainville
R. des Augustins
Pl. de la République
Esplanade du Champs-de-Mars
HALTE DE PLAISANCE
Pl. St-Paul
CÔTE STE-CATHERINE
ÎLE LACROIX
ROUEN
0
100 m
1
2
3
Bd de l'Yser
Rampe Beauvoisine
Rampe Saint-Hilaire
Bd de Verdun
R. Jouvenet
R. Saint-Vivien
R. Saint-Hilaire
R. Eau de Robec
R. d'Amiens
Bd Gambetta
R. Robert Schuman
Q. de Paris
Voie sur Berge
Av. Aristide Briand
Voie Est de Rouen
Pont Mathilde Voie Est de Rouen
Rte. de Bonsecours
R. du Val d'Eauplet
Av. Jacques Chastellain
R. Stendhal
R. de l'Industrie
R. Armand Carrel
R. Alsace-Lorraine
R. Louis Ricard
R. de Joyeuse
R. de l'Orbe
R. des Capucins
R. Daliphard
R. Poitron
R. du Ch. Neuf
R. du Champ de Mars
R. du Dr Blanche
R. Edouard Adam
R. Marin Le Pigny
R. Adrien Pasquier
R. Mollien
R. de Bourg-l'Abbé
R. Coignebert
R. Saint-Nicaise
R. des Requis
R. Nicolas Poussin
R. de la Cage
R. de la Roche
R. d'Ecosse
R. de l'Ecole
R. des Arsins
Pl. du 19-Avril-1944
R. Saint-Denis
R. de Bihorel
R. du Nord
R. des Pleins Champs
R. du Pérou
R. de l'Avalasse
Rte. de Neufchâtel
R. du Bras de Fer
R. de Maulévrier
R. Legouy
R. Sainte-Claire
Corneille
Pierre
Rivière
Henri
Jacques Anquetil
n
f
y
e

La Place

CUISINE MODERNE · TENDANCE X Ce concept signé Gilles Tournadre, du restaurant gastronomique Gill, tient à peu de choses : un lieu chic et épuré ; une carte résolument moderne, traversée d'influences diverses, servie sous forme de petits plats à grignoter. Touche finale : le bar à cocktails.

Menu 27 € - Carte 22/37 €

Plan : B1-s - *26 place du Vieux-Marché - ✆ 02 35 71 97 06 - www.laplace-restaurant-brasserie.com - Fermé lundi, dimanche*

Rotomagus

VIANDES · TENDANCE X Thomas Lemelle, passionné et enthousiaste, s'occupe de la cuisson à la braise et taille le bout de gras avec les clients... Tel est l'état d'esprit de ce bistrot à viande idéalement situé, où la convivialité est une seconde nature, et où l'on se régale d'assiettes très généreuses.

Carte 30/48 €

Plan : C2-y - *7 place Barthélémy - ✆ 02 35 07 26 57 - www.rotomagus.eu - Fermé mercredi, samedi midi, dimanche*

Le 37

CUISINE MODERNE · CONVIVIAL X Bistrot décontracté avec, au piano, un chef qui prépare une cuisine fraîche et pétillante. Suggestion à l'ardoise, et formules marché. Une adresse sûre, appréciée des habitués.

Menu 22 € (déjeuner)/27 € - Carte 37/45 €

Plan : B2-v - *37 rue St-Etienne-des-Tonneliers - ✆ 02 35 70 56 65 - www.le37.fr - Fermé lundi, dimanche*

Hôtels

Hôtel de Bourgtheroulde

HISTORIQUE · CONTEMPORAIN Tourelle gothique, meneaux, galerie Renaissance : ce monument historique (16e s.) est un joyau... Ses chambres et son spa superbes, son restaurant dédié au terroir normand (formule buffet au déjeuner), et son bar, sur plancher de verre surplombant la piscine, contribuent à un séjour d'exception !

78 chambres - 185/480 € - 22 €

Plan : B2-m - *15 place de la Pucelle - ✆ 02 35 14 50 50 - www.hotelsparouen.com*

Mercure Centre Cathédrale

HÔTEL DE CHAÎNE · CONTEMPORAIN Dans le quartier piétonnier du vieux Rouen, ce bâtiment moderne s'insère plutôt bien entre les maisons à colombages environnantes. Un ensemble réussi.

124 chambres - 85/280 € - 1 suite - 18 €

Plan : C2-f - *7 rue de la Croix-de-Fer - ✆ 02 35 52 69 52 - www.mercure.com*

Gustave Flaubert

URBAIN · CLASSIQUE À deux pas de la place du Vieux-Marché, où périt Jeanne d'Arc, on traverse le porche d'une maison à colombages pour découvrir cet hôtel moderne, aux chambres sobres et feutrées. Le calme des lieux est étonnant vu la situation en centre-ville !

51 chambres - 110/260 € - 16 €

Plan : B2-h - *15 rue de la Pie - ✆ 02 35 71 00 88 - www.hotelgustaveflaubert.com*

Le Cardinal

FAMILIAL · FONCTIONNEL Cet établissement familial au profil contemporain voisine la somptueuse cathédrale Notre-Dame ; une situation idéale pour qui souhaite visiter la ville ! Préférez les chambres avec balcon. Terrasse face à la cathédrale.

15 chambres - 88/185 € - 10 €

Plan : C2-r - *1 place de la Cathédrale - ✆ 02 35 70 24 42 - www.cardinal-hotel.fr*

au Petit-Quevilly 3 km au Sud-Ouest - ✉ 76140

Les Capucines

CUISINE MODERNE • CONTEMPORAIN XXX Une maison rouennaise dans laquelle la famille Demoget cultive l'art de recevoir depuis trois générations ! Décor élégant et cuisine généreuse, ancrée dans notre époque.

Menu 29/60 € - Carte 50/89 €

16 rue Jean-Macé - ✆ 02 35 72 62 34 - www.les-capucines.fr - Fermé 2 janvier-9 février, 1er-21 août, lundi, dimanche

ROUFFACH

✉ 68250 (Haut-Rhin) - Carte régionale n° **10**-A3
Carte Michelin 315-H9

Philippe Bohrer

CUISINE MODERNE • ÉLÉGANT XXX Une belle demeure régionale à l'élégance bourgeoise et champêtre, pour une cuisine gastronomique associée à un judicieux choix de vins, notamment régionaux. Ambiance conviviale à la Brasserie Chez Julien, aménagée dans un ancien cinéma.

Menu 25/99 € - Carte 58/86 €

rue Poincaré - ✆ 03 89 49 62 49 - www.alavilledelyon.eu - Fermé lundi midi, mercredi midi, dimanche

Château d'Isenbourg

DEMEURE HISTORIQUE • TRADITIONNEL Ce château du 18e s., bordé de vignes, domine la vieille ville. Les chambres sont spacieuses et cossues, mais un peu anciennes. Pour se détendre sereinement, on profite de la piscine, du sauna et du restaurant...

40 chambres - 115/539 € - 1 suite - 25 €

route de Pfaffenheim - ✆ 03 89 78 58 50 - www.isenbourg.com

ROUFFIAC-TOLOSAN - 31 (Haute-Garonne) ➜ voir Toulouse

ROUFFIGNAC

✉ 24580 (Dordogne) - Carte régionale n° **18**-D1
Carte Michelin 329-G5 - Guide Vert Michelin Périgord Quercy

Manoir des Cèdres

MAISON DE MAÎTRE • CONTEMPORAIN Cette maison cossue est tranquillement installée parmi les cèdres bicentenaires d'un grand parc (un *arboretum*, plus précisément), où l'on trouve aussi une belle piscine et une aire de jeux pour enfants. Les chambres sont spacieuses et sobrement décorées : un bien agréable séjour.

23 chambres - 70/120 € - 10 €

Tourtel - ✆ 05 53 03 01 60 - www.manoirdescedres.com - Fermé 13 novembre-22 mars

LE ROUGET

✉ 15290 (Cantal) - Carte régionale n° **1**-A3
Carte Michelin 330-B5

Restaurant des Voyageurs

CUISINE TRADITIONNELLE • CONVIVIAL XX À l'arrière de l'hôtel du même nom, un restaurant à l'atmosphère fraîche et lumineuse. Attablé non loin de la piscine, on déguste une cuisine traditionnelle faisant la part belle au terroir : ris de veau braisé aux morilles, chaud-froid au Grand Marnier... On passe un bon moment.

Menu 15 € (déjeuner), 27/45 € - Carte 31/49 €

Hôtel des Voyageurs, 20 avenue du 15-Septembre-1945 - ✆ 04 71 46 10 14 - www.hotel-des-voyageurs.com - Fermé 15 février-12 mars, 30 septembre-14 octobre, mercredi soir, dimanche soir

Hôtel des Voyageurs

FAMILIAL · FONCTIONNEL Cet hôtel sympathique perpétue la tradition de l'hospitalité. Simples et cosy, les chambres adoptent plusieurs styles (montagnard, moderne ou british). Ne manquez pas l'espace bien-être avec sa douche à chromothérapie : idéal pour se détendre !

23 chambres - 74/80 € - 9 €

20 avenue du 15-Septembre-1945 - 04 71 46 10 14 - www.hotel-des-voyageurs.com - Fermé 15 février-12 mars, 30 septembre-14 octobre

Restaurant des Voyageurs - voir la sélection des restaurants

ROULLET - 16 (Charente) → voir Angoulême

LE ROURET

06650 (Alpes-Maritimes) - Carte régionale n° **25**-E2
Carte Michelin 341-D5

Le Clos St-Pierre (Daniel Ettlinger)

CUISINE PROVENÇALE · MÉDITERRANÉEN XX Face à l'église de ce village dédié aux parfums, cette charmante auberge... embaume ! Le chef, Daniel Ettlinger, a su imposer son style, que l'on découvre à travers des menus imposés (sans choix) imaginés avec les beaux produits du marché. Parfums de Provence...

→ Risotto piémontais au pigeon rôti, jus corsé. Filet de saint-pierre grillé dans une réduction de bouillabaisse. Pomme rôtie à la polenta, glace vanille

Menu 40 € (déjeuner), 57/69 €

place de la Mairie (quartier St-Pons) - 04 93 77 39 18 - www.le-clos-saint-pierre.com - Fermé 28 janvier-2 février, mardi, mercredi

Bistro du Clos

CUISINE TRADITIONNELLE · BISTRO X Bel intérieur épuré, terrasse à l'ombre des micocouliers... Dans la Maison du Terroir fondée par la mairie pour mettre en avant les produits de la région, ce bistro mitonne une délicieuse cuisine méditerranéenne, aux assiettes généreuses, le tout à prix doux.

Menu 26 € - Carte 30/40 €

9 route d'Opio (La Maison du Terroir) - 04 97 05 08 34 - www.hotel-du-clos.com/le-bistro-du-clos - Fermé lundi, dimanche

Hôtel du Clos

FAMILIAL · COSY Dans le haut du village, voilà bien un hôtel de charme... Un grand jardin planté d'oliviers centenaires et d'arbres fruitiers, des murs en pierre, des toits de tuiles, de jolies chambres toutes différentes, etc. : l'ensemble est résolument orienté côté Provence.

12 chambres - 129/260 € - 15 €

3 chemin des Ecoles - 04 93 40 78 85 - www.hotel-du-clos.com

LES ROUSSES

39220 (Jura) - Carte régionale n° **6**-B3
Carte Michelin 321-G8 - Guide Vert Michelin Franche-Comté Jura

Le Lodge

TRADITIONNEL · COSY En plein centre-ville, ce relais de poste sur la voie Paris-Genève est né en 1850, mais il a su rester jeune. Des pierres, du bois : un vrai chalet chic - douillet et chaleureux -, et des chambres confortables.

9 chambres - 98/118 € - 1 suite - 12 €

309 rue Pasteur - 03 84 60 50 64 - www.hotellelodge.com

Le Manoir des Montagnes

FAMILIAL · CONTEMPORAIN En retrait de la station et tout près des téléskis... en pleine nature ! Ce grand chalet dissimule des chambres vastes et apaisantes, autour d'un esprit montagnard chaleureux et décalé : tête de lit en vieux bois retravaillé, rideaux imitation peaux d'ours...

11 chambres - 95/220 € - 14 €

230 montée de Noirmont - 03 84 60 01 48 - www.manoirdesmontagnes.com

ROUSSILLON

✉ 84220 (Vaucluse) - Carte régionale n° **25**-E1

Carte Michelin 332-E10 - Guide Vert Michelin Provence

David

CUISINE MODERNE • ÉLÉGANT XX Qu'il fait bon, le soir venu, s'installer dans cette belle maison de village ! L'équipe revisite la tradition avec sérieux : ravioles de haddock, étuvée de courgettes, émulsion au fenouil ; ris de veau au beurre noisette, jus aux morilles... à déguster sous la glycine pendant les beaux jours. À midi, carte plus simple dans un esprit de bistrot.

Menu 38/47 € - Carte 40/70 €

Le Clos de la Glycine, place de la Poste - ✆ 04 90 05 60 13 - www.luberon-hotel.com - Fermé 3 janvier-13 février, mercredi midi

Le Clos de la Glycine

AUBERGE • PERSONNALISÉ Un hôtel-restaurant plein de charme, avec des chambres confortables et une vue magnifique sur la chaussée des Géants et le Ventoux. Très bon petit-déjeuner (fruits frais, yaourts fermiers).

9 chambres - 115/280 € - 1 suite - 15 €

place de la Poste - ✆ 04 90 05 60 13 - www.luberon-hotel.com - Fermé 3 janvier-13 février

David - voir la sélection des restaurants

ROUVRES-EN-XAINTOIS

✉ 88500 (Vosges) - Carte régionale n° **12**-B3

Carte Michelin 314-E3

Burnel

AUBERGE • PERSONNALISÉ Certaines chambres, façon chalet, donnent sur le jardin, tandis que d'autres, situées au-dessus du restaurant, adoptent l'esprit "savane". Au cœur d'un petit village, une auberge familiale bien tenue, reprise en main par la nouvelle génération. Cuisine du terroir au restaurant.

19 chambres - 75/105 € - 2 suites - 11 €

22 rue Jeanne-d'Arc - ✆ 03 29 65 64 10 - www.burnel.fr - Fermé 16-31 décembre

ROUVROIS-SUR-OTHAIN - 55 (Meuse) → voir Longuyon (Meurthe-et-Moselle)

ROYAN

✉ 17200 (Charente-Maritime) - Carte régionale n° **20**-A3

Carte Michelin 324-D6 - Guide Vert Michelin Poitou-Charentes

Les Filets Bleus

CUISINE TRADITIONNELLE • FAMILIAL XX En léger retrait du front de mer, ce restaurant se tourne logiquement vers les richesses de l'Atlantique pour composer sa carte. Le chef veille à n'y inscrire que des produits frais et de saison pour concocter des plats 100 % maison. Résultat ? Une cuisine traditionnelle agréable et bien iodée.

Menu 21 € (déjeuner), 30/62 € - Carte 50/90 €

14 rue Notre-Dame - ✆ 05 46 05 74 00 - Fermé 28 janvier-12 février, 24 juin-10 juillet, lundi, dimanche

Family Golf Hôtel

FAMILIAL • PERSONNALISÉ Un agréable hôtel sur le front de mer, avec des chambres impeccablement tenues, donnant pour moitié sur les flots. L'été, on prend son petit-déjeuner sur la terrasse, avant de filer à la plage.

30 chambres - 93/150 € - 13 €

28 boulevard Frédéric-Garnier - ✆ 05 46 05 14 66 - www.family-golf-hotel.com - Fermé 11 novembre-22 mars

à Breuillet 10 km au Nord - ✉ 17920

L'Aquarelle (Xavier Taffart)

CUISINE CRÉATIVE • ÉLÉGANT XX Dans la campagne royannaise, c'est en créateur sage et inspiré que Xavier Taffart travaille ses beaux produits locaux : il les agrémente avec une grande finesse et une technique solide. Dans l'assiette, évidence, couleurs et... plaisir ! Enfin, côté décor, dans la grande salle panoramique, le design prévaut.

→ Gambas cuites et crues, consommé des têtes au cognac vanillé. Côte de veau rôtie, chayotte au fumet de langoustine. Fleur d'ananas, sorbet piña colada

Menu 52/120 € - Carte 77/92 €

71 A route du Montil, 2 km au Sud par D140 - ✆ 05 46 22 11 38 - www.laquarelle.net - Fermé 1er-9 janvier, lundi, mardi midi, dimanche soir

à St-Palais-sur-Mer 5 km à l'Ouest - ✉ 17420

Restaurant de la Plage

CUISINE MODERNE • CONVIVIAL X La finesse est la qualité principale de la cuisine du chef, dont la passion et l'envie de bien faire se dévoilent dans chaque assiette : queues de langoustines rôties à la crème de petit pois, parfait glacé à la noisette et éclats de nougatine... Le tout dans un décor modernisé, lumineux et contemporain, avec vue sur la mer.

Menu 26/41 €

1 place de l'Océan - ✆ 05 46 23 10 32 - www.hoteldelaplage-stpalais.fr - Fermé 1er novembre-1er mars, lundi, dimanche soir

L'Arrosoir

CUISINE MODERNE • TENDANCE XX La situation magnifique, avec la belle terrasse donnant sur la plage de Nauzan, fait déjà de cette maison un lieu à part... mais on vient surtout pour découvrir le travail d'un jeune chef passionné : il célèbre la région – asperges de Nieulle-sur-Seudre, truite de Gensac, agneau du Poitou – dans des préparations soignées, tel un véritable artisan du goût. Bravo !

Menu 18 € (déjeuner)/41 €

73 avenue de Pontaillac (plage de Nauzan) - ✆ 05 46 02 12 41 - www.restaurant-l-arrosoir.com - Fermé 4 novembre-8 février, lundi, mardi midi, dimanche soir

à Vaux-sur-Mer 3 km à l'Ouest - ✉ 17640

Résidence de Rohan

FAMILIAL • COSY Jadis résidence d'été de la famille de Rohan, cette jolie demeure à l'architecture typique de la fin du 19e s. est douce et résolument feutrée : mobilier de style, chambres cosy... Même atmosphère dans les deux annexes au cœur du beau parc dominant la plage. Un vrai lieu de villégiature !

43 chambres - 90/189 € - 15 €

Conche-de-Nauzan - ✆ 05 46 39 00 75 - www.residence-rohan.com - Fermé 4 novembre-30 mars

ROYAT - 63 (Puy-de-Dôme) → voir Clermont-Ferrand

ROYE - 70 (Haute-Saône) → voir Lure

ROYE

✉ 80700 (Somme) - Carte régionale n° **14**-B2
Carte Michelin 301-J9

La Flamiche

CUISINE MODERNE • COSY XXX Rien d'étonnant à ce que ce restaurant, du nom de la fameuse spécialité locale, propose une cuisine à l'accent régional ! La salle à manger, juste rénovée, et la reprise de l'affaire par le chef laissent poindre de jolies ambitions...

Menu 37/60 € - Carte 56/132 €

20 place de l'Hôtel-de-Ville - ✆ 03 22 87 00 56 - www.laflamiche.fr - Fermé 10-20 août, lundi, mardi midi, dimanche soir

LE ROZIER

✉ 48150 (Lozère) - Carte régionale n° **21**-B1
Carte Michelin 330-H9

L'Alicanta

CUISINE MODERNE • FAMILIAL On connaît depuis longtemps cette Alicanta, nichée au bord de la rivière Jonte, dans le cadre exceptionnel des gorges du Tarn... Son chef y exécute une partition solide, où tout est fait maison ; la carte est renouvelée à chaque saison, à l'exception notable du rognon et des ris de veau poêlés, les incontournables de la maison... Miam, miam et re-miam !

Menu 28/39 €

route de Meyrueis - ✆ 05 65 62 60 25 - www.hotel-doussiere.com - Fermé 29 octobre-23 mars, lundi midi

Hôtel de la Muse et du Rozier

TRADITIONNEL • CONTEMPORAIN Dans le jardin de ce grand hôtel centenaire, une plage privée au bord du Tarn ! L'esprit des lieux ? Contemporain, sobre et zen, en harmonie avec les sublimes paysages environnants. Une certaine idée de l'élégance...

28 chambres - 135/340 € - 16 €

La Muse (à La Muse), D907 - ✆ 05 65 62 60 01 - www.hotel-delamuse.fr - Fermé 3 novembre-10 avril

RUEIL-MALMAISON - 92 (Hauts-de-Seine) ➜ voir Autour de Paris

RUNGIS - 94 (Val-de-Marne) ➜ voir Autour de Paris

LES SABLES-D'OLONNE

✉ 85100 (Vendée) - Carte régionale n° **23**-A3
Carte Michelin 316-F8 - Guide Vert Michelin Pays de la Loire

La Suite S'il Vous Plaît

CUISINE MODERNE • TENDANCE Située derrière le casino et les plages, cette table fait souffler un vent nouveau sur la restauration sablaise : dans un décor de bistrot moderne, la charmante jeune chef (ex-Robuchon) propose une cuisine subtile qui fait mouche, à l'image de ce cabillaud laqué au kumquat. Excellent rapport qualité-prix.

Menu 19 € (déjeuner), 31/50 €

Plan : C2-d - *20 boulevard Franklin-Roosevelt - ✆ 02 51 32 00 92 - www.lasuitesvp.com - Fermé 1er janvier-4 février, lundi, mardi midi, dimanche soir*

Cabestan

CUISINE TRADITIONNELLE • COSY Sur le quai animé du port, ce restaurant au look contemporain et cosy propose une cuisine de la mer, élaborée selon le retour de la criée des Sables, mais aussi des spécialités du terroir vendéen (volaille de Challans, côte de porc fermière...). La salle à manger la plus agréable de la ville.

Menu 26 € (déjeuner), 37/57 €

Plan : C2-b - *17 quai Guine - ✆ 02 51 95 07 50 - www.cabestan85.com - Fermé lundi, mardi soir, dimanche soir*

La Cuisine de Bertrand

CUISINE TRADITIONNELLE • COSY Face au port de pêche, ce petit restaurant assez discret mérite pourtant que l'on s'y attarde ! Deux courts menus, des produits frais de qualité... le chef va à l'essentiel et le fait bien. Son feuilleté de langoustines et son paris-brest sont les meilleurs témoignages d'une cuisine qui s'épanouit sans artifices.

Menu 32/42 €

Plan : C2-q - *22 quai de Franqueville - ✆ 02 51 95 37 07 - Fermé 8 janvier-8 février, 25 juin-10 juillet, mardi, mercredi*

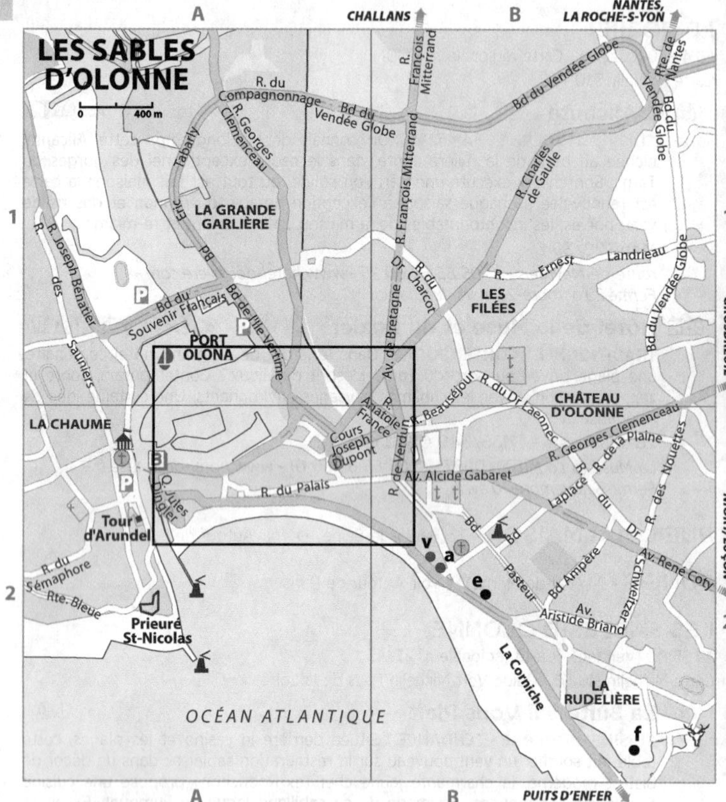

Le Quai des Saveurs

CUISINE CRÉATIVE • INTIME Sur le port de pêche, derrière une discrète façade, une table tenue par un jeune couple très professionnel. Le chef signe un menu unique (décliné en 3, 4 ou 5 plats) qui évolue au gré du marché. Une cuisine métissée, créative et soignée : ce Quai des Saveurs n'a pas volé son nom.

Menu 28 € (déjeuner), 49/67 € – Carte 50/70 €

Plan : C2-g – *10 quai Guiné – ✆ 02 51 23 84 91 – www.lequaidessaveurs.net – Fermé mercredi, jeudi, dimanche soir*

Côte Ouest Thalasso & Spa

SPA ET BIEN-ÊTRE • BORD DE MER Situé en retrait de la mer, dominant le lac de Tanchet, cet établissement nous plonge dans l'atmosphère élégante et feutrée des paquebots des années 1930, avec leurs belles malles et le mobilier d'époque… Et les chambres, spacieuses et impeccablement tenues, prolongent cette expérience.

97 chambres – 150/610 € – 23 €

Plan : B2-f – *Lac de Tanchet – ✆ 02 51 21 77 77 – www.restaurant-cote-ouest.fr*

Atlantic Hôtel

TRADITIONNEL • CONTEMPORAIN Un bâtiment des années 1970 sur le front de mer. Derrière sa façade récemment refaite, un décor contemporain de bon ton, particulièrement agréable quand les chambres donnent sur l'Atlantique. Et pour les amateurs d'eau douce, la piscine et le spa sont là !

34 chambres – 115/309 € – 15 €

Plan : B2-e – *5 promenade Georges-Godet – ✆ 02 51 95 37 71 – www.atlantichotel.fr*

Les Roches Noires

BUSINESS · FONCTIONNEL Face à la plage, ces Roches Noires proposent des chambres fonctionnelles et bien insonorisées, aux tons turquoise, blanc, gris, framboise... À noter : la salle des petits-déjeuners donne sur la mer.

36 chambres – 85/199 € – 13 €

Plan : B2-v – *12 promenade Clemenceau – 02 51 32 01 71 – www.hotel-lesrochesnoires.com*

à l'anse de Cayola 7 km au Sud-Est par la Corniche – 85180

Cayola

CUISINE MODERNE · ÉLÉGANT Dans la salle ou sur la terrasse, la vue sur l'Atlantique est superbe et l'on se prend à rêver de croisières au long cours. Mais l'évasion est déjà dans l'assiette, raffinée et iodée : les produits de la mer sont rois en ce royaume...

→ Langoustines rôties, fine gelée granny smith et verveine, jeunes oignons. Turbot de nos côtes, soba, artichaut poivrade et jus de barigoule. Trompe-l'œil mandarine et sorbet mandarine

Menu 39 € (déjeuner), 67/90 € – Carte 88/108 €

76 promenade de Cayola – 02 51 22 01 01 – www.le-cayola.com – Fermé lundi, mardi soir, mercredi soir, dimanche soir

à Château-d'Olonne 3 km à l'Est – 85180

La Ferme de Villeneuve

CUISINE MODERNE · COLORÉ Les amateurs de belles saveurs seront aux anges dans cette chaleureuse "Ferme" qui n'en a que le nom ! Déguster une daurade royale poêlée et sa fricassée d'artichauts dans un décor néo-baroque n'est pas donné à tout le monde... Maîtrise et produits de qualité : on se régale.

Menu 22/33 €

28 rue du Pré-Etienne, 5 km à l'Est par D36 et rte secondaire – 02 51 33 41 83 – Fermé 20 janvier-26 février, lundi, mardi

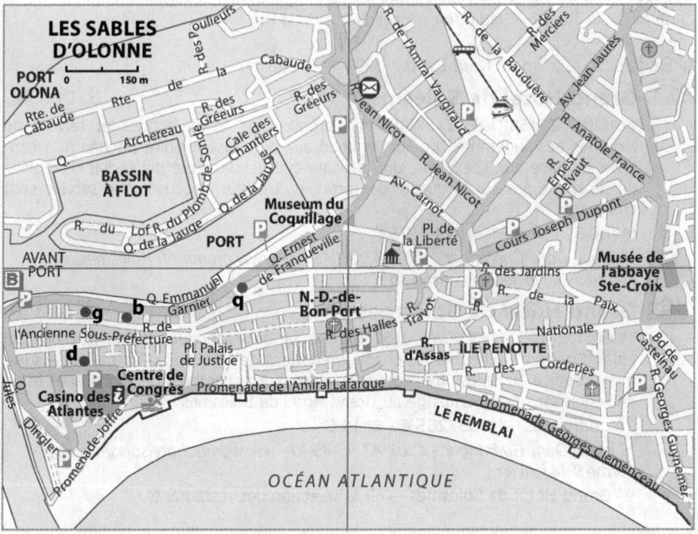

à L'Île-d'Olonne 10 km au Nord par D32 et D760 - ✉ 85340

Les Fermes de Terre Neuve - La Girardière

MAISON DE CAMPAGNE • ÉLÉGANT En retrait du littoral, cette ancienne ferme a été rénovée de la plus belle manière. Trois chambres spacieuses, romantiques à souhait, décorées par thème (Dame aux camélias, Kipling, Montgolfière), un beau salon tout en longueur avec mobilier ancien, imposante bibliothèque et piano... Quel charme !

3 chambres ☕ - 👥175/205 €

route de St-Mathurin - ✆ 06 16 72 74 50 - www.lesfermesdeterreneuve.com

SABLES-D'OR-LES-PINS

✉ 22240 (Côtes-d'Armor) - Carte régionale n° **7**-C1

Carte Michelin 309-H3 - Guide Vert Michelin Bretagne Nord

Hôtel de Diane

TRADITIONNEL • CONTEMPORAIN Au cœur de la station, à deux pas de la mer, l'Hôtel de Diane est né en 1921 comme l'atteste son architecture anglo-normande. Nulle nostalgie dans les chambres, au décor moderne de bon ton - certaines aux teintes ensoleillées, d'autres résolument contemporaines -, toutes parfaitement tenues. Restaurant traditionnel.

46 chambres - 👥70/230 € - ☕15 €

12 allée des Acacias - ✆ 02 96 41 42 07 - www.hoteldiane.fr

Le Manoir Saint-Michel

FAMILIAL • TRADITIONNEL Ce beau manoir du 16e s. domine la plage et l'on s'y sent vraiment bien : vaste parc avec plan d'eau (pêche autorisée), chambres douillettes au charme d'antan (mobilier rustique et breton), petit-déjeuner servi près de la cheminée ou dans l'orangerie... Au rythme des marées !

20 chambres - 👥70/155 € - ☕12 €

38 rue de la Carquois, 1,5 km à l'Est par D34 - ✆ 02 96 41 48 87 - www.manoirstmichel.com - Fermé 4 novembre-29 mars

SABLÉ-SUR-SARTHE

✉ 72300 (Sarthe) - Carte régionale n° **23**-C1

Carte Michelin 310-G7 - Guide Vert Michelin Pays de la Loire

à Solesmes 3 km au Nord-Est par D22 - ✉ 72300

Grand Hôtel de Solesmes

CUISINE CLASSIQUE • ÉLÉGANT XXX Carpaccio de Saint-Jacques et tartare de légumes au gingembre ; poulet de Loué aux écrevisses ; poire pochée à la cannelle et glace aux spéculos... Une délicate cuisine classique qui séduit d'emblée ; on ne triche pas sur la qualité des produits. De plus, l'accueil et le service sont charmants !

Menu 30/67 € - Carte 49/95 €

16 place Dom-Guéranger - ✆ 02 43 95 45 10 - www.grandhotelsolesmes.com - Fermé 9-14 janvier, dimanche soir

Grand Hôtel de Solesmes

TRADITIONNEL • PERSONNALISÉ Face à la belle abbaye St-Pierre, d'où l'on entend parfois s'échapper les chants grégoriens des moines, cet hôtel est assurément propice au repos : très confortable, avec des chambres personnalisées et un entretien sans faille. Louange au Grand Hôtel de Solesmes !

25 chambres - 👥105/265 € - ☕14 €

16 place Dom-Guéranger - ✆ 02 43 95 45 10 - www.grandhotelsolesmes.com - Fermé 9-14 janvier

Grand Hôtel de Solesmes - voir la sélection des restaurants

SACHÉ - 37 (Indre-et-Loire) → voir Azay-le-Rideau

SACY

51500 (Marne) - Carte régionale n° **11**-B2
Carte Michelin 306-F7 - Guide Vert Michelin Champagne Ardenne

Les Vignes

CUISINE MODERNE • TENDANCE XX Au cœur des vignes, découvrez la cuisine à la fois locale et méridionale d'un jeune chef au parcours solide. Des plats gourmands et bien ficelés, proposés dans un menu renouvelé tous les mois : voilà qui fait l'affaire ! Carte de champagne bien fournie.

Menu 38 €

Château de Sacy, rue des Croisettes - 03 26 07 60 38 - www.chateaudesacy-reims.fr

Château de Sacy

BOUTIQUE HÔTEL • ART DÉCO Nichée au cœur des vignes sur les hauteurs de Reims, cette bâtisse de 1850 abrite des chambres décorées avec goût (entre vintage et Art déco), avec une salle de fitness et des bains norvégiens... Une belle étape.

12 chambres - 210/500 € - 17 €

rue des Croisettes - 03 26 07 60 38 - www.chateaudesacy-reims.fr

Les Vignes - voir la sélection des restaurants

SAIGNON

- 84 (Vaucluse) → voir Apt

SAILLAGOUSE

66800 (Pyrénées-Orientales) - Carte régionale n° **21**-A3
Carte Michelin 344-D8

à Llo 3 km à l'Est par D33 - 66800

L'Atalaya Bel-Encanto

AUBERGE • PERSONNALISÉ Que dire du jardinet fleuri, des chambres romantiques et de tous ces objets chinés par la propriétaire ? Qu'ils ont du charme, tout simplement ! Cette bergerie perchée sur la montagne cerdane a tout le cachet des belles maisons d'hôtes, et l'accueil réservé est délicieux...

5 chambres - 98/160 €

3 carrer del Senyalo - 04 68 04 70 04 - www.atalaya66.com - Fermé 8 janvier-8 février, 1er mars-15 mai

ST-AFFRIQUE

12400 (Aveyron) - Carte régionale n° **22**-D2
Carte Michelin 338-J7

La Table de Jean

CUISINE MODERNE • TENDANCE X Les anciens propriétaires de l'hôtel Les Raspes (St-Rome-de-Tarn) ont ouvert ce restaurant dans le centre de St-Affrique. Un retour aux sources pour lui, cuisinier de formation ; il revisite la tradition avec finesse et montre de beaux accents méditerranéens.

Menu 30/42 € - Carte 40/60 €

7 boulevard Émile-Trémoulet - 05 65 49 50 05 - Fermé lundi, dimanche soir

ST-AFFRIQUE-LES-MONTAGNES

81290 (Tarn) - Carte régionale n° **22**-C2
Carte Michelin 338-F9

Domaine de Rasigous

MAISON DE CAMPAGNE • PERSONNALISÉ Au cœur d'un parc jalonné d'œuvres d'art - le propriétaire est un passionné -, cette demeure du 19e s. cultive un bel esprit maison d'hôtes. Parquet ancien, mobilier chiné, les chambres ont beaucoup de caractère ; à l'extérieur, l'espace bien-être vous tend les bras.

6 chambres - 90/200 € - 2 suites - 12 €

Lieu-dit Rasigous, 2 km au Sud par D85 - 05 63 73 30 50 - www.domainederasigous.com - Fermé 5 novembre-15 avril

ST-AIGNAN

✉ 41110 (Loir-et-Cher) – Carte régionale n° **8**-A2

Carte Michelin 318-F8 – Guide Vert Michelin Châteaux de la Loire

Le Mange-Grenouille

CUISINE TRADITIONNELLE • **AUBERGE** X Décoration baroque, mobilier chiné et grenouilles en tous genres offertes par les clients : cet ancien relais de poste ne manque pas de caractère ! On s'y régale d'une cuisine traditionnelle simple et bonne, qui évolue régulièrement, avec comme spécialité... les cuisses de grenouilles. Attachant !

Menu 19 € (déjeuner)/35 €

10 rue Paul-Boncour – ✆ 02 54 71 74 91 – www.lemangegrenouille.fr – Fermé 24 juin-10 juillet, 23 septembre-17 octobre, lundi, samedi midi, dimanche soir

ST-ALBAN-LES-EAUX

✉ 42370 (Loire) – Carte régionale n° **2**-A1

Carte Michelin 327-C3 – Guide Vert Michelin Lyon et sa région

Le Petit Prince

CUISINE MODERNE • **COSY** XX Ce charmant restaurant n'est pas tombé d'un astéroïde : il a été fondé en 1805 par les arrière-grand-tantes de l'actuel patron ! Sa cuisine, fraîche, colorée et inventive, combine légèreté et gourmandise. Ce Petit Prince saura vous apprivoiser... Belle cave à visiter.

Menu 38/90 €

Le bourg – ✆ 04 77 65 87 13 – www.restaurant-lepetitprince.fr – Fermé 2-31 janvier, lundi, mardi

ST-ALBAN-SUR-LIMAGNOLE

✉ 48120 (Lozère) – Carte régionale n° **21**-C1

Carte Michelin 330-I6

La Petite Maison

CUISINE TRADITIONNELLE • **RUSTIQUE** X Une table régionale où règne une atmosphère chaleureuse et rustique. Les spécialités de la maison ? La viande de bison d'Amérique (depuis 1992 !), la friture de truitelle, le whisky (400 références) et les vins du Languedoc-Roussillon. A quelques mètres, chambres d'antan dans une gentilhommière du 19^{e}s.

Menu 29/69 € – Carte 46/89 €

avenue de Mende – ✆ 04 66 31 56 00 – www.la-petite-maison.fr – Fermé 1er octobre-30 avril, lundi midi, mardi midi, mercredi midi, jeudi midi, vendredi midi, samedi midi

ST-AMAND-MONTROND

✉ 18200 (Cher) – Carte régionale n° **8**-C3

Carte Michelin 323-L6 – Guide Vert Michelin Limousin Berry

à Bruère-Allichamps 8,5 km au Nord-Ouest par rte de Bourges (D2144) – ✉ 18200

Les Tilleuls

CUISINE MODERNE • **CHAMPÊTRE** X Sur la route touristique longeant le Cher, une construction des années 1960 derrière un rideau de... tilleuls. Au menu : une cuisine dans l'air du temps, avec quelques recettes très originales.

Menu 18/26 €

45 route de Noirlac – ✆ 02 48 61 02 75 – www.sarl-les-tilleuls.fr – Fermé 18-24 février, 21 octobre-3 novembre, 23-29 décembre, samedi, dimanche

à Noirlac 4 km au Nord-Ouest par D2144 (rte de Bourges) et D35 – ✉ 18200

Auberge de l'Abbaye de Noirlac

CUISINE TRADITIONNELLE • CONVIVIAL Face à l'abbaye de Noirlac, cette auberge créée dans une chapelle du 12e s. rend hommage à la cuisine du terroir. En digne enfant du pays, le chef orchestre la cérémonie avec les produits de la région : fromage berrichon, poule noire... et côté vins : châteaumeillant, st-pourçain, sancerre, etc.

Menu 25/42 € – Carte 42/60 €

✆ 02 48 96 22 58 – aubergeabbayenoirlac.free.fr – Fermé 15 décembre-25 février, mardi soir, mercredi

ST-AMARIN

✉ 68550 (Haut-Rhin) – Carte régionale n° **10**–A3
Carte Michelin 315-G9

Auberge du Mehrbächel

FAMILIAL • CONTEMPORAIN En plein cœur des Vosges et sur le passage d'un GR, cette auberge a été largement rénovée : ses chambres jouent désormais la carte de la modernité, tout en sobriété. Et au petit-déjeuner, on se régale de produits de la ferme (beurre, confiture, fromage, etc.) !

19 chambres – 72/99 € – 10 €

4 km à l'Est par rte du Mehrbächel – ✆ 03 89 82 60 68 – www.auberge-mehrbachel.com – Fermé 11-22 mars, 28 juin-8 juillet, 28 octobre-11 novembre

ST-AMOUR-BELLEVUE

✉ 71570 (Saône-et-Loire) – Carte régionale n° **5**–C3
Carte Michelin 320-I12

Au 14 Février (Masafumi Hamano)

CUISINE CRÉATIVE • ÉLÉGANT Il est évidemment question d'amour au 14 Février : l'amour du produit, l'amour du geste, l'amour de la chose bien faite. Le chef japonais Masamufi Hamano cisèle des assiettes comme de véritables œuvres d'art : il trouve toujours l'ingrédient supplémentaire qui booste l'ensemble et fait la différence.

Le voici maître de cérémonie d'un mariage en grande pompe entre la France et le Japon (encore une histoire d'amour !), mariage auquel nous assistons avec une gourmandise non dissimulée. Darne de saumon mariné relevé d'une crème d'ail aux anchois et purée de céleri-rave ; foie de canard poêlé avec quartiers de mangue et feuilles d'endives croquantes ; ou encore cette lotte en piccata servie sur une carbonara de citron et pois chiche...

Produits irréprochables, cuissons parfaites, saveurs réglées au millimètre : on passe un moment exceptionnel. On parie que vous vous laisserez séduire ?

→ Foie gras de canard poêlé. Homard breton rôti. Dôme de chocolat blanc

Menu 65/120 €

Le Plâtre-Durand – ✆ 03 85 37 11 45 – www.sa-au14fevrier.com – Fermé 2-16 janvier , mardi, mercredi, jeudi midi, dimanche soir

Auberge du Paradis (Cyril Laugier)

CUISINE CRÉATIVE • ÉLÉGANT Dans un cadre cosy, une cuisine soignée, plutôt inventive, qui évolue selon l'inspiration du chef ; le tout réalisé avec de beaux produits, travaillés dans le respect des saisons.

→ Cuisine du marché

Menu 74 €

Le Plâtre-Durand – ✆ 03 85 37 10 26 – www.aubergeduparadis.fr – Fermé 31 décembre-17 janvier, lundi, mardi, mercredi midi, jeudi midi, vendredi midi

Auberge du Paradis

AUBERGE • ÉLÉGANT Un petit paradis en effet, aux chambres originales et contemporaines, décorées avec goût comme l'ensemble de l'établissement. Autres atouts : le couloir de nage, le salon de lecture, l'exceptionnel petit-déjeuner, et deux offres de restauration : créative au gastronomique, ou plus traditionnelle, au Bistrot Joséphine à Table (pâté en croûte etc.).

13 chambres - 185/285 € - 22 €

Le Plâtre-Durand - 03 85 37 10 26 - www.aubergeduparadis.fr - Fermé 31 décembre-17 janvier

Auberge du Paradis - voir la sélection des restaurants

ST-ANDRÉ-DE-NAJAC

12270 (Aveyron) - Carte régionale n° **22**-C2
Carte Michelin 338-E5

Relais Mont le Viaur

CUISINE TRADITIONNELLE • RUSTIQUE Le chef de cette jolie ferme régionale, chaleureuse et conviviale, a été auparavant sommelier dans plusieurs tables étoilées. Une chose le guide : la passion ! Il réalise ici une savoureuse cuisine du terroir : terrine de jarret de porc, foie gras maison, veau du Ségala... Pour l'étape, des chambres agréables.

Menu 24/45 € - Carte 36/65 €

La Croix-Grande - 05 65 65 08 68 - www.montleviaur.fr - Fermé 25 février-10 mars, 21 décembre-7 janvier, lundi, mardi, dimanche soir

ST-ANDRÉ-DE-ROQUELONGUE

11200 (Aude) - Carte régionale n° **21**-B3
Carte Michelin 344-I4

Demeure de Roquelongue

MAISON DE MAÎTRE • PERSONNALISÉ En plein cœur du village, cette belle demeure de vigneron (1885) a le charme des maisons de famille : mobilier chiné, patio verdoyant, salles de bains rétro... De l'âme et du style !

4 chambres - 120/140 €

53 avenue de Narbonne - 04 68 33 66 82 - www.demeure-de-roquelongue.com

ST-ANTONIN-DU-VAR

83510 (Var) - Carte régionale n° **24**-C3
Carte Michelin 340-M4

La Bastide du Clos d'Alari

MAISON DE CAMPAGNE • ORIGINAL Au sein du domaine viticole d'Alari, cette belle maison de famille est un écrin de silence et de verdure : chambres personnalisées, atmosphère provençale, baignades dans le bassin naturel. Le petit-déjeuner est servi sous le tilleul centenaire. Séjours à thème autour du vin, de l'olive, de la truffe. Un goût de paradis.

5 chambres - 145/165 €

717 route de Mappe, au Sud par D250 - 04 94 04 46 74 - www.leclosdalari.com - Fermé 1er novembre-1er avril

ST-ANTONIN-NOBLE-VAL

82140 (Tarn-et-Garonne) - Carte régionale n° **22**-C2
Carte Michelin 337-G7

Le Carré des Gourmets

CUISINE MODERNE • INTIME Sur les bords de l'Aveyron, un restaurant au cadre contemporain, tout en nuances de gris. Derrière les fourneaux, le chef concocte une cuisine dans l'air du temps riche de produits du terroir, comme ce veau du Ségala, noix snackée et épaule confite. Terrasse face à la rivière.

Menu 24 € (déjeuner), 30/40 €

13 boulevard des Thermes - 05 63 30 65 49 - www.carredesgourmets.fr - Fermé mardi soir, mercredi

ST-AUBIN - 22 (Côtes-d'Armor) ➜ voir Erquy

ST-AUBIN-DE-MÉDOC

✉ 33160 (Gironde) - Carte régionale n° **18**-B1
Carte Michelin 335-G5

Thierry Arbeau

CUISINE TRADITIONNELLE · ÉPURÉ XX Duo de foie gras aux fruits de saison, pigeonneau aux épices douces, côte de veau aux champignons... En plein dans le mille de la tradition, pour un moment gourmand dans un cadre lumineux et agréable.

Menu 29/59 €

Pavillon de St-Aubin, route de Picot - ✆ 05 56 95 98 68 - www.pavillonsaintaubin.com - Fermé 27 août-15 septembre, lundi, samedi midi, dimanche soir

Pavillon de St-Aubin

FAMILIAL · PERSONNALISÉ Sur la route du Médoc, un bâtiment moderne dont les chambres ont été aménagées dans un style frais et coquet ; le confort est au rendez-vous, l'atmosphère a ce je-ne-sais-quoi d'apaisant et les prix sont mesurés.

12 chambres - 92/102 € - 10 €

route de Picot - ✆ 05 56 95 98 68 - www.thierry-arbeau.com

Thierry Arbeau - voir la sélection des restaurants

ST-AUBIN-SUR-GAILLON - 27 (Eure) ➜ voir Gaillon

ST-AVÉ - 56 (Morbihan) ➜ voir Vannes

ST-AVIT-DE-TARDES - 23 (Creuse) ➜ voir Aubusson

ST-AVIT-SÉNIEUR

✉ 24440 (Dordogne) - Carte régionale n° **18**-C1
Carte Michelin 329-F7 - Guide Vert Michelin Périgord Quercy

La Table de Léo

CUISINE MODERNE · BISTRO X Une maison en pierre au cœur du village, avec une belle terrasse au-dessus de la place de l'église... L'ensemble cache une vraie bonne petite adresse, dont le chef ose sortir des sentiers battus des recettes régionales, et démontre une vraie attention aux produits, aux dressages et aux cuissons. De la légèreté, du goût...

Menu 33 €

Le Bourg - ✆ 05 53 57 89 15 - www.latabledeleo.fr - Fermé 3-21 janvier, 1er-7 juillet, lundi

ST-BEAUZEIL

✉ 82150 (Tarn-et-Garonne) - Carte régionale n° **22**-B1
Carte Michelin 337-B5

Château de l'Hoste

CUISINE MODERNE · RUSTIQUE XX La table du Château de l'Hoste est à l'image de l'établissement : élégante et authentique. Ainsi, le chef privilégie les légumes du potager bio - ici, la tendance est au locavorisme - pour ses recettes qui osent les accords sucrés-salés. L'été, on profite de la terrasse.

Menu 35 € - Carte 40/60 €

route d'Agen, D656 - ✆ 05 63 95 25 61 - www.chateaudelhoste.com - Fermé 10 octobre-20 avril, lundi, mardi midi, samedi midi

Château de l'Hoste

DEMEURE HISTORIQUE • PERSONNALISÉ Au cœur de la campagne quercynoise, dans un superbe jardin, une gentilhommière du 17e s. pleine de caractère et de confort. Que dire de la bibliothèque, du bar ou encore de la piscine ? Le temps d'un week-end ou d'un séjour plus long, on se rêve lady et gentleman-farmer...

22 chambres - 110/190 € - 15 €

route d'Agen, D656 - 05 63 95 25 61 - www.chateaudelhoste.com - Fermé 10 octobre-20 avril

Château de l'Hoste - voir la sélection des restaurants

ST-BÉNIGNE - 01 (Ain) → voir Pont-de-Vaux

ST-BENOÎT-SUR-LOIRE

45730 (Loiret) - Carte régionale n° **8**-C2

Carte Michelin 318-K5 - Guide Vert Michelin Châteaux de la Loire

Le Grand St-Benoît

CUISINE MODERNE • CLASSIQUE XX Une maison chaleureuse, avec une jolie terrasse, au cœur de ce village où repose le poète Max Jacob. Au menu, de délicieux petits plats joliment cuisinés, avec de subtils mariages de saveurs. De quoi trouver l'inspiration !

Menu 33 € - Carte 43/58 €

7 place St-André - 02 38 35 11 92 - www.restaurant-grand-saint-benoit.com - Fermé 15-25 février, 18 août-3 septembre, 22-29 décembre, lundi, dimanche soir

ST-BONNET-LE-CHÂTEAU

42380 (Loire) - Carte régionale n° **2**-A2

Carte Michelin 327-D7 - Guide Vert Michelin Lyon et sa région

La Calèche

CUISINE MODERNE • HISTORIQUE XX Cet hôtel particulier du 17e s., au décor coloré, abrite une table généreuse et habile à secouer les saveurs (truite fumée et andouille, carré de veau du Haut Forez et gnocchis aux écrevisses), avec juste ce qu'il faut de sophistication et d'audace. Cette Calèche augure d'une jolie promenade en gourmandise !

Menu 21 € (déjeuner), 33/66 € - Carte 42/60 €

2 place du Commandant-Marey - 04 77 50 15 58 - www.restaurantlacaleche.fr - Fermé 2-20 janvier, 3-16 septembre, lundi, mardi, mercredi soir, jeudi soir, dimanche soir

ST-BONNET-LE-FROID

43290 (Haute-Loire) - Carte régionale n° **1**-D3

Carte Michelin 331-I3

Régis et Jacques Marcon

CUISINE CRÉATIVE • DESIGN XXXX Chez les Marcon, je demande le père, Régis, auvergnat-transalpin autoproclamé, cuisinier d'exception, entrepreneur et sommité gastronomique (président des Bocuse d'Or France depuis 2013)... et le fils, Jacques, qui assure la relève avec aplomb et occupe une place grandissante dans la conception des assiettes.

Ici, les choses sont claires : c'est le marché et la cueillette qui dictent la carte. Il y en a pour tous les goûts : viandes du plateau, lentilles vertes du Puy, asperges, fèves, agrumes... et surtout champignons, la grande spécialité de la famille, qu'ils vont cueillir en automne dans l'intimité des sous-bois aux feuilles rougissantes.

Une cuisine enracinée, à l'identité très forte : voilà ce qu'on vient chercher ici. On se souviendra longtemps de ces grenouilles poêlées à l'ail des ours, de ce duo asperges et pleurotes : net et sans bavure. Sans oublier le beau plateau de fromages où salers, fourme et saint-nectaire nous font les yeux doux !

→ Chaud et froid de langoustines à la reine-des-prés. Omble chevalier en court bouillon de serpolet et velouté à la verveine. Feuillets croustillants à l'amande, compotée d'abricots et caramel de morilles

Menu 160/210 € – Carte 180/200 €

Larsiallas, sur les hauteurs du village – ✆ 04 71 59 93 72 – www.regismarcon.fr – Fermé 21 décembre-1er avril, mardi, mercredi

Bistrot la Coulemelle

CUISINE TRADITIONNELLE • RUSTIQUE XX Au cœur du village, voici la délicieuse "annexe bistrotière" du grand restaurant de Régis Marcon. Terrine de volaille aux pépites de foie gras, filet de daurade royale au basilic, fromages d'Ardèche et d'Auvergne : rien à dire, tout est généreux et diablement bon. Et les cuisines ouvertes ajoutent un côté chaleureux à l'ensemble...

Menu 32/50 €

Clos des Cimes-Découverte & Spa, 2 rue du Fanget – ✆ 04 71 65 63 62 – www.regismarcon.fr – Fermé 6 janvier-9 février, mardi, mercredi

Le Fort du Pré

CUISINE MODERNE • ÉLÉGANT XX St-Bonnet-le-Froid peut bien se targuer du titre de "village gourmand" si l'on en juge par l'existence de ce Fort du Pré ! On y propose une savoureuse cuisine d'aujourd'hui, mettant admirablement en valeur le travail des producteurs de la région. Le tout dans un environnement verdoyant... Une valeur sûre.

Menu 31/72 €

route du Puy – ✆ 04 71 59 91 83 – www.le-fort-du-pre.fr – Fermé 10 décembre, 15 mars, lundi, dimanche soir

Clos des Cimes-Découverte & Spa

AUBERGE • CONTEMPORAIN C'est ici que tout a commencé pour la famille Marcon ! Au cœur du village, une maison de pays accueillante et une annexe, la Découverte, avec 18 chambres simples et confortables. Sans oublier, à quelques centaines de mètres de là, le superbe spa ouvert sur la verdure, avec bassin à remous, parcours aquatique, saunas, hammam, jacuzzi, et on en passe...

30 chambres – 125/240 € – 15 €

2 rue du Fanget – ✆ 04 71 59 93 72 – www.regismarcon.fr – Fermé 6 janvier-9 février

Bistrot la Coulemelle – voir la sélection des restaurants

Le Fort du Pré

TRADITIONNEL • CONTEMPORAIN Un peu en dehors du village, cette maison de maître abrite des chambres contemporaines, privilégiant les matériaux bruts et les détails raffinés. N'hésitez pas à profiter des nombreux loisirs proposés (piscine, fitness, cours de cuisine...).

29 chambres – 97/137 € – 13 €

route du Puy – ✆ 04 71 59 91 83 – www.le-fort-du-pre.fr – Fermé 10 décembre-15 mars

Le Fort du Pré – voir la sélection des restaurants

ST-BRIAC-SUR-MER

✉ 35800 (Ille-et-Vilaine) – Carte régionale n° **7**-C1
Carte Michelin 309-J3 – Guide Vert Michelin Bretagne Nord

Les Deux Sardines

CUISINE DU MARCHÉ • BISTRO X Après une première expérience à Paris, Marie et Romain se sont lancés dans cette aventure en Bretagne Nord. La façade annonce clairement la couleur ("farine bio bretonne, charcuterie fermière bio, légumes du marché, cidres et vins nature") et les crêpes, gourmandes à souhait, tiennent toutes leurs promesses. Un super plan.

Menu 23 € (déjeuner) – Carte 40/60 €

2 boulevard de la Houle – ✆ 09 80 83 44 04 – Fermé 9 janvier-8 février, 26 juin-4 juillet, 23 septembre-3 octobre, mercredi, jeudi, vendredi midi

ST-BRICE

✉ 53290 (Mayenne) - Carte régionale n° **23**-C1
Carte Michelin 310-G7

Au Manoir des Forges

MAISON DE CAMPAGNE · PERSONNALISÉ Sur les hauteurs du village, petit manoir de 1570 au charme authentique : parc, plan d'eau où nagent des cygnes noirs... Chambres rustiques et cosy (tomettes, poutres, cheminée). Cuisine provençale et spécialités corses au coin du feu ou sous la tonnelle.

5 chambres - 138/198 €

Les Forges, 0,5 km à l'Est par D212 - ✆ 02 43 70 84 40 - www.manoirdesforges.fr - Fermé 1er septembre-26 avril

ST-BRICE-EN-COGLÈS

✉ 35460 (Ille-et-Vilaine) - Carte régionale n° **7**-D2
Carte Michelin 309-N4

Le Lion d'Or

AUBERGE · CONTEMPORAIN Dans la rue principale du village, cet ancien relais de diligence en granit abrite des chambres confortables et régulièrement rénovées. Restaurant traditionnel et, au déjeuner, espace brasserie.

42 chambres - 72/125 € - 11 €

6-8 rue Chateaubriand - ✆ 02 99 98 61 44 - www.hotel-leliondor.fr

ST-BRIEUC

✉ 22000 (Côtes-d'Armor) - Carte régionale n° **7**-C2
Carte Michelin 309-F3 - Guide Vert Michelin Bretagne Nord

Aux Pesked (Mathieu Aumont)

POISSONS ET FRUITS DE MER · TENDANCE XXX En ville... et déjà à la campagne : décorée dans un style résolument contemporain, cette maison offre une vue plongeante sur les rives verdoyantes du Gouët. Logiquement, les *pesked* ("poissons" en breton) sont à l'honneur, très frais et cuisinés avec soin ; pour les accords mets et vins, on suit les conseils judicieux de la patronne, qui tient les clés de la cave...

→ Ormeaux sauvages. Homard breton en deux services. Le citron en variation

Menu 29 € (déjeuner), 54/95 €

59 rue du Légué - ✆ 02 96 33 34 65 - www.auxpesked.com - Fermé 2-7 janvier, 9-17 février, lundi, samedi midi, dimanche soir

Ô Saveurs

CUISINE MODERNE · INTIME XX Difficile d'indiquer quelques-unes des spécialités du chef, car la carte, courte et de saison, change très souvent. Aujourd'hui, terrine de lapin et légumes "pickles"; cabillaud doré au beurre et risotto à l'encre de seiche ; ananas confit 7 heures et glace à la noisette... Les saveurs sont là, c'est l'essentiel.

Menu 29/58 € - Carte 41/54 €

10 rue Jules-Ferry - ✆ 02 96 94 05 34 - www.osaveurs-restaurant.com - Fermé 17-24 février, 11-28 août, lundi, mardi soir, mercredi soir, dimanche

L'Air du Temps

CUISINE MODERNE · BISTRO X Dans une petite rue en plein centre-ville, près des Halles, un bistrot dont le cachet mêle l'actuel et l'ancien (pierres apparentes, cheminée...). On y prépare une cuisine traditionnelle revisitée, mitonnée en cocotte : rognons de veau, Saint-Jacques, porc ibérique... accompagnée d'une jolie sélection de vins. Grand succès !

Menu 18 € - Carte 31/45 €

4 rue de Gouët - ✆ 02 96 68 58 40 - www.airdutemps.fr - Fermé 9-26 février, 6-23 juillet, lundi, dimanche

Novotel

HÔTEL DE CHAÎNE • CONTEMPORAIN Tout près de la gare, une ancienne caserne superbement réhabilitée. Beaux volumes dans les chambres ; piscine couverte et salle de fitness.

90 chambres - 80/250 € - 17 €

7 esplanade Georges-Pompidou - 02 57 67 08 88 - www.accorhotel.com

Edgar

URBAIN • CONTEMPORAIN Une belle maison ancienne en pierre du pays... qui fut la résidence d'un armateur avant de devenir l'hôtel de police. C'est aujourd'hui un établissement épuré et contemporain, dont les chambres sont bien équipées et fonctionnelles.

28 chambres - 75/150 € - 12 €

15 rue Jouallan - 02 96 60 27 27 - www.hotel-edgar.fr

Ker Izel

FAMILIAL • FONCTIONNEL Dans le cœur historique de St-Brieuc, c'est vraisemblablement le plus vieil hôtel de la ville. Les chambres sont plutôt petites, mansardées au 2e étage, et bien tenues. Avec son jardinet et sa piscine, l'adresse est d'un bon rapport qualité-prix.

22 chambres - 64/70 € - 9 €

20 rue de Gouët - 02 96 33 46 29 - www.hotel-kerizel.com - Fermé 20 décembre-6 janvier

à Cesson 3 km à l'Est par r. de Genève - 22000

La Croix Blanche

CUISINE MODERNE • ÉLÉGANT XxX Carpaccio de magret de canard fumé, faux-filet aux gnocchis et légumes de saison, soufflé à l'ananas... Dans ce plaisant restaurant ouvert sur un joli jardin, on déguste une cuisine d'aujourd'hui gourmande et raffinée. Un rapport plaisir-prix à marquer d'une croix blanche.

Menu 24 € (déjeuner), 37/47 €

61 rue de Genève - 02 96 33 16 97 - www.restaurant-lacroixblanche.fr - Fermé lundi, dimanche soir

à Plérin 3 km au Nord-Est par Port Légué et D24 - 22190

La Vieille Tour (Nicolas Adam)

CUISINE MODERNE • TENDANCE XX Le cadre, très contemporain, jouant sur la lumière et les matières (verre, wengé...), est en totale adéquation avec les saveurs fines et iodées de cette maison de pays, face au chenal. Les produits sont de belle qualité, les cuissons justes et l'harmonie des saveurs très convaincante. À votre Tour !

→ Grosses langoustines, carottes au curry et émulsion de lard de Colonnata. Turbot sauvage, pommes de terre fumées et tempura d'asperge. Demi-sphère chocolat, caramel au beurre salé et glace à la fève tonka

Menu 26 € (déjeuner), 48/79 €

75 rue de la Tour - 02 96 33 10 30 - www.la-vieille-tour.com - Fermé 10-26 février, 25 août-17 septembre, lundi, samedi midi, dimanche

à Ploufragan 5 km au Sud-Ouest par rte de Quintin - 22440

Le Brézoune

CUISINE MODERNE • CONVIVIAL X Un jeune couple formé à bonne école a repris cette adresse traditionnelle : si les pierres et poutres demeurent, la déco a pris un virage contemporain, comme la carte, où les produits du terroir breton se marient à des notes d'Asie. Originalité, fraîcheur et accueil charmant au menu !

Menu 19 € (déjeuner), 29/59 €

15 rue de la Poste - 02 96 01 59 37 - lebrezoune.fr - Fermé 2-29 janvier, 5-27 août, lundi, mercredi soir, samedi midi, dimanche soir

ST-CALAIS

⊠ 72120 (Sarthe) - Carte régionale n° **23**-D1
Carte Michelin 310-N7 - Guide Vert Michelin Pays de la Loire

Château de la Barre

DEMEURE HISTORIQUE • GRAND LUXE Le comte et la comtesse de Vanssay, vingtièmes du nom, vous accueillent dans leur château des 15e-18e s. Un bijou d'élégance à la française... Portraits ancestraux, meubles d'époque, imprimés foisonnants et, dans le parc, des jardins à thème (japonais, italien, inca, etc.). Une villégiature rêvée pour les amateurs !

5 chambres - 295/610 €

route de la Ferté-Bernard - 02 43 35 00 17 - www.chateaudelabarre.com - Fermé 10 janvier-1er mars

ST-CANNAT

⊠ 13760 (Bouches-du-Rhône) - Carte régionale n° **24**-B3
Carte Michelin 340-G4 - Guide Vert Michelin Provence

Le Mas Bottero

CUISINE MODERNE • ÉPURÉ XX Heureux d'être revenu dans le Sud (il était installé à Grenoble auparavant), Nicolas Bottero met les producteurs des alentours à contribution pour réaliser une cuisine entre Provence et Méditerranée, fidèle aux saisons et au terroir. Intérieur moderne et épuré.

Menu 29 € (déjeuner), 36/87 € - Carte 65/84 €

2340 route d'Aix-en-Provence, N7 - 04 42 67 19 18 - www.lemasbottero.com - Fermé lundi, mardi, dimanche soir

Mas de Fauchon

MAISON DE CAMPAGNE • ÉPURÉ Le calme à l'état pur avec pour seule musique le chant des cigales... En pleine campagne, autour d'une bergerie du 17e s., on découvre de grandes chambres d'un élégant style provençal, de plain-pied avec le jardin. Agréable piscine et espace détente. Restaurant traditionnel dans la bâtisse principale.

16 chambres - 130/240 € - 2 suites - 15 €

1666 chemin de Berre - 04 42 50 61 77 - www.mas-de-fauchon.fr - Fermé 18 février-12 mars

ST-CÉRÉ

⊠ 46400 (Lot) - Carte régionale n° **22**-C1
Carte Michelin 337-H2

Les Trois Soleils de Montal (Frédérik Bizat)

CUISINE MODERNE • CLASSIQUE XXX Un, deux, trois... soleil ! Le décor élégant d'abord, les menus annoncés de vive voix ensuite. Puis, la qualité des produits et la finesse d'exécution en clap de fin : vous pouvez faire un mouvement et déguster sans craindre, le rapport qualité-plaisir est excellent...

→ Soupe froide à la tomate, tourteau et sorbet aux herbes. Pigeonneau, légumes et champignons de saison. Tarte sablée aux agrumes et neige au basilic thaï

Menu 36 € (déjeuner), 58/88 €

Les Prés-de-Montal, St-Jean-Lespinasse, 2 km à l'Ouest par D673 - 05 65 10 16 16 - www.3soleils.fr - Fermé 2-15 janvier, 4 mars-15 avril, 30 septembre-4 octobre, 11 novembre-20 décembre, lundi, mardi midi, dimanche soir

L'Informel N

CUISINE TRADITIONNELLE • CONVIVIAL X L'annexe gourmande du restaurant étoilé "Les Trois Soleils de Montal". Le chef propose une cuisine traditionnelle généreuse et goûteuse, concoctée à base de produits frais et de saison. On pense notamment au gigotin d'agneau grillé au thym, d'une belle qualité. Convivial et informel.

Menu 20 € (déjeuner)/31 €

Les Trois Soleils de Montal, Les Prés-de-Montal, St-Jean-Lespinasse, 2 km à l'Ouest par D673 - 05 36 48 00 30 - www.3soleils.fr - Fermé lundi, jeudi soir, samedi midi

Les Trois Soleils de Montal

FAMILIAL • À LA CAMPAGNE Dans cette campagne lotoise si bucolique, qui plus est dans un parc charmant, à deux pas du château de Montal : l'adresse est idéale pour voir la vie en vert ! Chambres spacieuses et confortables, dans une veine plutôt moderne.

25 chambres – 95/185 € – 4 suites – 13 €

Les Prés-de-Montal, St-Jean-Lespinasse, 2 km à l'Ouest par D673 – 05 65 10 16 16 – www.3soleils.fr – Fermé 2-16 janvier, 4 mars-15 avril, 11 novembre-20 décembre

L'Informel • **Les Trois Soleils de Montal** – voir la sélection des restaurants

ST-CHAMAS

13250 (Bouches-du-Rhône) – Carte régionale n° **24**-A3
Carte Michelin 340-F4 – Guide Vert Michelin Provence

Le Rabelais

CUISINE MODERNE • AUBERGE XX Installé dans la jolie salle voûtée du 17e s. d'un vieux moulin à blé, un restaurant que n'aurait pas renié le héros de Rabelais, l'insatiable Gargantua ! On y sert une goûteuse cuisine, ancrée dans les saisons et préparée avec le plus grand soin. Pour faire étape, deux jolies chambres à l'étage.

Menu 30/49 €

8 rue Auguste-Fabre (centre-ville) – 04 90 50 84 40 – www.restaurant-le-rabelais.com – Fermé 27 août-9 septembre, lundi, mercredi soir, samedi midi, dimanche soir

ST-CHAMOND

42400 (Loire) – Carte régionale n° **2**-B2
Carte Michelin 327-G7 – Guide Vert Michelin Lyon et sa région

à St-Paul-en-Jarez 7,1 km à l'Est par D36 – 42740

Éclosion

CUISINE CRÉATIVE • CONTEMPORAIN XX Ayant fait son nid dans ce beau château 1905, le jeune chef Pierre Carducci propose une cuisine, aussi créative qu'audacieuse, où les produits bio, notamment les légumes de son père maraîcher, rayonnent particulièrement. Chambres épurées portant des noms de plantes poussant dans le parc.

Menu 29 € (déjeuner), 56/90 €

40 avenue du Château – 04 77 61 99 09 – www.restauranteclosion.fr – Fermé 5-13 août, lundi, mardi

ST-CHÉLY-D'APCHER

48200 (Lozère) – Carte régionale n° **21**-B1
Carte Michelin 330-H6

à La Garde 9 km au Nord par D809 – 48200

Château d'Orfeuillette

CUISINE MODERNE • ROMANTIQUE XX Atmosphère châtelaine, feutrée et romantique pour une table associant élégance des vieilles pierres et esprit très contemporain. Avec de bons produits locaux, le chef concocte une cuisine d'aujourd'hui, fine et plaisante.

Menu 52/99 €

Château d'Orfeuillette, échangeur A75 sortie 32 puis sur D809, suivre la Garde – 04 66 42 65 65 – www.chateauorfeuillette.com – Fermé 1er novembre-31 mars, lundi, mardi midi, mercredi midi, jeudi midi, vendredi midi, samedi midi

Le Rocher Blanc

CUISINE MODERNE • TENDANCE X Une auberge campagnarde et... branchée ! Le chef, fan de déco, aime bousculer les habitudes, dans le décor – aux styles mêlés – comme dans l'assiette. À la carte : goût du terroir et zeste d'audace (escargots de Massiac sautés avec une touche d'anis et de parmesan, pavés de lotte rôtis au vinaigre de Xérès...). Une réussite !

Menu 25/42 € – Carte 30/60 €

route du Gévaudan – 04 66 31 90 09 – www.lerocherblanc.com – Fermé lundi midi, mardi midi, mercredi, jeudi midi, vendredi midi

Château d'Orfeuillette

DEMEURE HISTORIQUE • PERSONNALISÉ Dans le parc paressent des ânes et des chevaux… Au cœur du Gévaudan, voilà bien un lieu paisible et raffiné : ce château de la fin du 19e s. mêle charme de l'ancien, mobilier design et touches baroques avec un caractère certain ! Également quelques chambres côté "Orangerie".

18 chambres - 85/390 € - 2 suites - 17 €

échangeur A75 sortie 32 puis sur D809, suivre la Garde - 04 66 42 65 65 - www.chateauorfeuillette.com - Fermé 1er novembre-31 mars

Château d'Orfeuillette - voir la sélection des restaurants

ST-CHÉLY-D'AUBRAC

12470 (Aveyron) - Carte régionale n° **22**-D1
Carte Michelin 338-J3

Hôtel des Voyageurs

CUISINE TRADITIONNELLE • AUBERGE Les villages perdus dans la campagne réservent de belles surprises ! Ici, on déguste une bonne cuisine familiale à l'accent aveyronnais (tripoux, chou farci, foie gras…) et l'on peut même faire des provisions, car le chef a ouvert une conserverie artisanale. Pour l'étape, des chambres simples et impeccables.

Menu 15/25 € - Carte 23/38 €

avenue d'Aubrac - 05 65 44 27 05 - www.hotel-conserverie-aubrac.fr - Fermé 13 octobre-10 avril, jeudi

ST-CIRQ-LAPOPIE

46330 (Lot) - Carte régionale n° **22**-C1
Carte Michelin 337-G5

Auberge du Sombral - Les Bonnes Choses

CUISINE DU TERROIR • AUBERGE Dans cette maison, au pied du château des Lapopie, on sait ce que sont Les Bonnes Choses ! La preuve : on y savoure une sympathique cuisine du terroir où les produits locaux ont la part belle (agneau, foie gras, fromages…). Quelques jolies chambres pour prolonger la visite de ce village dominant le Lot.

Menu 20 € (déjeuner)/33 €

05 65 31 26 08 - www.lesombral.com - Fermé 11 novembre-1er avril, lundi soir, mardi soir, mercredi, jeudi soir, vendredi soir, samedi soir, dimanche soir

à Tour-de-Faure 2 km à l'Est par D8 - 46330

Le Saint-Cirq

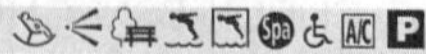

SPA ET BIEN-ÊTRE • COSY Face au cirque de Lapopie, cet hôtel récent s'inspire d'un hameau quercynois : pierre, bois, tommettes au sol, parc planté d'arbres fruitiers, etc. Les chambres, confortables, donnent envie de s'attarder… tout comme la piscine et le beau spa avec hammam et sauna.

25 chambres - 88/248 € - 14 €

Lieu-dit le Mas (face à St-Cirq-Lapopie) - 05 65 30 30 30 - www.hotel-lesaintcirq.com

ST-CLAIR - 83 (Var) → voir Le Lavandou

ST-CLAR

32380 (Gers) - Carte régionale n° **22**-B2
Carte Michelin 336-G6

La Garlande

MAISON DE MAÎTRE • PERSONNALISÉ Cette maison de maître du 18e s. est pleine de cachet : on accède aux chambres cosy par un escalier ouvert sur un puits de lumière ; le propriétaire, ancien marchand d'art, expose des toiles partout dans la maison. Ravissant jardin, qui se pare de fleurs à la belle saison.

3 chambres - 75/94 €

12 Pl. de la Mairie - 05 62 66 47 31 - www.lagarlande.com - Fermé 11 novembre-21 mars

ST-CLÉMENT-DES-BALEINES - 17 (Charente-Maritime) ➜ voir Île de Ré

ST-CLÉMENT-LES-PLACES

✉ 69930 (Rhône) - Carte régionale n° **2**-A1
Carte Michelin 327-F5

L'Auberge de Saint-Clément

CUISINE TRADITIONNELLE • AUBERGE Dans les monts du Lyonnais, cette paisible auberge offre, depuis la terrasse, une jolie vue sur la campagne. Les propriétaires, sympathiques et bons vivants, y servent une cuisine de bistrot préparée en toute simplicité. Ne manquez pas leur spécialité : la tarte aux pommes bien beurrée !

Menu 24 € (déjeuner)

Le Bourg - ☎ 04 74 26 03 83 - Fermé 1er-29 août, lundi soir, mardi soir, mercredi, jeudi soir, vendredi soir, samedi soir, dimanche soir

ST-CLOUD - 92 (Hauts-de-Seine) ➜ voir Autour de Paris

ST-COUTANT-LE-GRAND

✉ 17430 (Charente-Maritime) - Carte régionale n° **20**-B2
Carte Michelin 324-F4

Logis du Péré

DEMEURE HISTORIQUE • COSY Huit chambres douillettes et chaleureuses sont réparties dans ce domaine seigneurial du 14e s., installé en pleine nature. Le calme est olympien, les équipements modernes : bref, on s'y sent très bien.

8 chambres - 95/235 € - 14 €

lieu-dit Logis du Péré - ☎ 05 46 84 07 17 - www.logis-du-pere-.com - Fermé 6 janvier-1er février, 18 février-14 mars

ST-CRÉPIN

✉ 05600 (Hautes-Alpes) - Carte régionale n° **24**-C1
Carte Michelin 334-H4 - Guide Vert Michelin Alpes du Sud

Les Tables de Gaspard (Sébastien Corniau)

CUISINE MODERNE • ROMANTIQUE Ne vous attendez pas au cliché d'un grand restaurant "gastronomique" : ici, on se régale en toute simplicité d'une cuisine franche, sincère et généreuse ! Le jeune chef, Sébastien Corniau, est tout entier guidé par les saveurs... La salle, une ancienne étable, ne manque pas non plus de caractère, tout comme les chambres d'hôtes à l'étage.

➜ Cuisine du marché

Menu 36/69 €

rue Principale - ☎ 04 92 24 85 28 - www.lestablesdegaspard.com - Fermé 3-14 juin, 1er-10 octobre, 25 novembre-19 décembre, mardi, mercredi

ST-CYPRIEN

✉ 66750 (Pyrénées-Orientales) - Carte régionale n° **21**-B3
Carte Michelin 344-J7

à St-Cyprien-Sud 3 km - ✉ 66750

L'Almandin

CUISINE CRÉATIVE • ÉLÉGANT Au bord de la Méditerranée, dans un cadre contemporain, cette table enchante les palais ! Ici, on travaille exclusivement en local sur les viandes et légumes, les poissons proviennent de Palamos, et le talent du chef, finaliste MOF 2014, fait le reste... Savoureux et maîtrisé.

➜ Carabineros cuites en vapeur de sel à la verveine, fleur de courgette soufflée et moutarde de Crémone. Faux-filet de bœuf de Galice cuit sur des coquilles d'huîtres, pomme de terre en croûte d'algue et coulis de roquette. Chocolat jivara lacté, noix de pécan, bourgeons de sapin du Canigou et crème glacée fumée

Menu 55/108 € - Carte 90/105 €

L'Île de la Lagune, boulevard de l'Almandin (par av. Armand-Lanoux) - ☎ 04 68 21 01 02 - www.hotel-ile-lagune.com - Fermé lundi midi, mardi midi, mercredi midi, jeudi midi, vendredi midi, samedi midi

L'Île de la Lagune

SPA ET BIEN-ÊTRE • ÉLÉGANT Au bout d'une petite route, sur une marina artificielle et... au grand calme ! Le bâtiment, entièrement rénové en 2012, se dresse sur les rives. Au programme : thalasso, piscine sur le toit et plage... L'été, un bateau y conduit même les clients.

18 chambres – 190/420 € – 6 suites – 22 €

boulevard de l'Almandin (par av. Armand-Lanoux) – 04 68 21 01 02 – www.hotel-ile-lagune.com

L'Almandin – voir la sélection des restaurants

ST-CYR-AU-MONT-D'OR – 69 (Rhône) → voir Lyon

ST-CYR-EN-TALMONDAIS

85540 (Vendée) – Carte régionale n° **23**–B3

Carte Michelin 316-H9 – Guide Vert Michelin Pays de la Loire

Auberge de la Court d'Aron

CUISINE TRADITIONNELLE • AUBERGE XX Seconde vie pour les écuries du château... transformées en une charmante auberge rustique ! On y apprécie une cuisine traditionnelle simple dans son esprit, mais bien faite et concoctée avec de bons produits. Et pour rester pour la nuit, quatre très jolies chambres mêlant épure, esprit nature et chaleur du bois.

Menu 21 € (déjeuner), 27/45 € – Carte 28/49 €

1 Allée des Tilleuls – 02 51 30 81 80 – www.court-d-aron.com – Fermé 21 janvier-7 février, lundi, mardi soir, dimanche soir

ST-CYR-SUR-LOIRE – 37 (Indre-et-Loire) → voir Tours

ST-CYR-SUR-MER

83270 (Var) – Carte régionale n° **24**–B3

Carte Michelin 340-J6 – Guide Vert Michelin Côte d'Azur

Dolce Frégate Provence

LUXE • CONTEMPORAIN Calme et verdure dans cet établissement d'esprit resort. Superbe vue sur la mer, chambres et villas de style "provençal chic". Au Mas des Vignes, cuisine gastronomique et cadre cosy. Repas plus décontracté à la Restanque.

94 chambres – 150/1000 € – 69 suites – 25 €

lieu-dit Frégate, RD559, rte de Bandol – 04 94 29 39 39 – www.dolcefregate.com

ST-DENIS-LE-VÊTU

50210 (Manche) – Carte régionale n° **17**–A2

Carte Michelin 303-D6

La Baratte

CUISINE TRADITIONNELLE • AUBERGE XX Au cœur de la petite bourgade, cette maison en pierre du pays – ancien bar-épicerie – est devenue une coquette auberge familiale... Le cadre est délicieusement rustique, avec une agréable terrasse pour les beaux jours ; la cuisine, dans l'air du temps, s'ancre sur de solides bases traditionnelles et les producteurs locaux.

Menu 17 € (déjeuner), 33/40 €

Le Bourg – 02 33 45 45 49 – www.restaurant-labaratte.fr – Fermé 18-27 février, 3-17 avril, 3-10 juillet, lundi soir, mardi soir, mercredi, dimanche soir

ST-DIDIER-DE-LA-TOUR – 38 (Isère) → voir La Tour-du-Pin

ST-DONAT-SUR-L'HERBASSE

26260 (Drôme) – Carte régionale n° **3**–E2

Carte Michelin 332-C3 – Guide Vert Michelin Ardèche Drôme

Chartron

CUISINE MODERNE • **ÉLÉGANT** XXX Une institution locale au sein de ce village célèbre pour son festival Jean-Sébastien-Bach (en juillet). Les préparations, basées sur de bons produits, révèlent un savoir-faire certain ; le chef cuisine notamment les truffes en saison.

Menu 38/98 €

1 avenue Gambetta – ✆ 04 75 45 11 82 – www.restaurant-chartron.com – Fermé 30 avril-8 mai, 2-19 septembre, mardi, mercredi

La Mousse de Brochet

CUISINE TRADITIONNELLE • **FAMILIAL** X Après avoir admiré les orgues de la collégiale, faites une halte dans ce petit restaurant joliment rénové à la mode contemporaine. En véritable artisan à l'ancienne, le chef privilégie les produits frais, souvent de la région. Mention spéciale pour... la mousse de brochet, évidemment.

Menu 23 € (déjeuner), 30/35 € – Carte 30/40 €

*6 avenue du Commandant-Corlu
– ✆ 04 75 45 10 47 – www.restaurant-lamousse-stdonat.fr –
Fermé 2-12 janvier, 22 juin-13 juillet, lundi, mardi, mercredi soir, jeudi soir, vendredi soir*

ST-ÉMILION

✉ 33330 (Gironde) – Carte régionale n° **18**-C1
Carte Michelin 335-K5 – Guide Vert Michelin Aquitaine

✿✿ Hostellerie de Plaisance

CUISINE MODERNE • **ÉLÉGANT** XXXX L'hostellerie de Plaisance : quand Bretagne et Aquitaine se rencontrent au cœur de Saint-Émilion. Descendu de sa Chèvre d'Or, à Èze (06), le chef (et fils d'aubergiste) Ronan Kervarrec a pris place en 2016 aux fourneaux de cette institution locale, ancien couvent où des nonnes offraient protection aux pèlerins et aux voyageurs. C'est désormais au goût et aux produits que La Table de Plaisance donne le gîte et le couvert.
On retrouve la cuisine "authentique et franche, simple et lisible" de Ronan Kervarrec, au sein de laquelle il mêle ses origines bretonnes (fruits de mer "souvenirs de mon enfance"), son expérience méridionale (gnocchi farcis aux artichauts) et le terroir aquitain, avec une mise en avant des producteurs (champignons, fromage de chèvre, faïence, ostréiculteurs d'Arcachon, etc). Et des desserts, qui laissent pantois de béatitude, à l'instar de ce soufflé griotte à l'amaretto. Le tout arrosé (évidemment !) de vins du vignoble alentour... Le cadre est à tomber à la renverse.

→ Champignons blonds, volaille, vin jaune et fève tonka. Homard breton, artichaut, algue dulse et anis. Gavotte bretonne, chouchen, sarrasin et caramel

Menu 72 € (déjeuner), 139/210 € – Carte 150/200 €

*5 place du Clocher
– ✆ 05 57 55 07 55 – www.hostelleriedeplaisance.com –
Fermé 15 décembre-13 février, lundi, dimanche*

✿ Logis de la Cadène

CUISINE MODERNE • **ÉLÉGANT** XX Le chef, Alexandre Baumard, met à profit le meilleur du terroir pour composer une cuisine fine et inventive, éminemment personnelle, qu'il fait évoluer au fil des saisons. Pour accompagner ces douceurs, une superbe carte des vins contenant plus de 700 références. Agréable terrasse aux beaux jours.

→ Risotto de truffe au parmesan. Bar de ligne et caviar d'Aquitaine, variation autour de la pomme de terre. Fruits de saison dans l'esprit d'un vacherin, parfait vanille et crémeux au thym citron

Menu 39 € (déjeuner), 62/95 €

*3 place du Marché-au-Bois
– ✆ 05 57 24 71 40 – www.logisdelacadene.fr –
Fermé 9 décembre-12 février, lundi, dimanche*

Château Grand Barrail

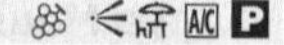

CUISINE MODERNE · HISTORIQUE XX Dans ce charmant domaine, une table non moins séduisante ! Les assiettes sont fraîches et bien réalisées : on passe un bon moment, dans l'une des charmantes salles à manger, ou sur la grande terrasse, tournée vers le jardin et les vignes, très plaisante aux beaux jours.

Menu 29 € (déjeuner), 55/65 € – Carte 58/80 €

route de Libourne – ✆ 05 57 55 37 00 – www.grand-barrail.com

La Terrasse Rouge

CUISINE TRADITIONNELLE · BISTRO X Adossée à l'ancienne maison de maître, habillée de lames en inox rouge, cette cathédrale écarlate est signée Jean Nouvel. On déjeune dans une vaste salle panoramique, aux baies vitrées tournées vers les vignobles de Saint-Emilion et de Pomerol. Bon rapport qualité-prix autour du menu déjeuner. Une expérience inédite.

Menu 28 € (déjeuner)/39 € – Carte 43/65 €

Château La Dominique, 5 km au Nord-Ouest par D243, D245 et D244 – ✆ 05 57 24 47 05 – www.laterrasserouge.com

Huitrier Pie

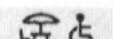

CUISINE MODERNE · COSY X Dans cette ruelle du pittoresque village, la courette est toujours aussi agréable aux beaux jours... et l'on profite désormais de la cuisine de Camille et Soufiane, les jeunes propriétaires. Assiettes modernes et contrastées, service solide et accueil courtois : on passe un bon moment.

Menu 34 € (déjeuner), 48/105 € – Carte 57/77 €

11 rue de la Porte-Bouqueyre – ✆ 05 57 24 69 71 – www.lhuitrier-pie.com – Fermé 2 janvier-13 février, mardi, mercredi

Hostellerie de Plaisance

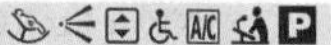

DEMEURE HISTORIQUE · ÉLÉGANT Ces trois demeures (deux situées au cœur de St-Émilion, la troisième nichée dans les vignes) offrent luxe, calme et douceur de vivre. Élégance feutrée, vignes alentour : délicieux ! Et à l'Envers du Décor, gourmande cuisine de bistrot et ambiance conviviale...

18 chambres – 395/595 € – 3 suites – 36 €

5 place du Clocher – ✆ 05 57 55 07 55 – www.hostelleriedeplaisance.com – Fermé 15 décembre-13 février

✿✿ **Hostellerie de Plaisance** – voir la sélection des restaurants

Château Grand Barrail

DEMEURE HISTORIQUE · PERSONNALISÉ Au milieu du vignoble, ce château édifié en 1902, d'allure si romantique. Le parc verdoyant ; le spa et la piscine pour se prélasser ; les chambres – douillettes, raffinées et pleines de caractère dans la bâtisse principale ; le restaurant gastronomique... tout ici a du cachet !

43 chambres – 200/350 € – 3 suites – 24 €

route de Libourne – ✆ 05 57 55 37 00 – www.grand-barrail.com

Château Grand Barrail – voir la sélection des restaurants

Logis de la Cadène

DEMEURE HISTORIQUE · ÉLÉGANT Sur une place du centre du village, impossible de ne pas succomber au charme de ces deux maisons anciennes (le logis, et la maison), typiques de Saint-Émilion. Les chambres y ont du caractère (mobilier chiné, vieux plancher) et l'on profite d'un restaurant (partie logis) et d'un espace "remise en forme" avec sauna et hammam (partie maison).

5 chambres – 200/330 € – 4 suites

3 place du Marché-au-Bois – ✆ 05 57 24 71 40 – www.logisdelacadene.fr – Fermé 9 décembre-12 février

✿ **Logis de la Cadène** – voir la sélection des restaurants

Auberge de la Commanderie

URBAIN • CONTEMPORAIN Elle a du charme, cette ancienne commanderie du 17e s, située en plein cœur de Saint-Émilion. Les petites chambres modernes adressent un clin d'œil aux vignobles.

17 chambres - 77/159 € - 13 €

2 rue Porte-Brunet - 05 57 24 70 19 - www.aubergedelacommanderie.com - Fermé 16 décembre-6 février

Clos de la Barbanne

MAISON DE CAMPAGNE • ÉLÉGANT Une maison girondine au cœur des vignes, et des propriétaires vignerons, qui vendent leur nectar en direct. Les chambres sont spacieuses et épurées. Sur demande, la maîtresse des lieux vous régalera de ses petits plats du terroir, que les amoureux dégusteront dans une petite salle à manger privée. Agréable jardin et piscine couverte.

4 chambres - 180/210 €

2 Les Grandes-Pièces, à 5 km au Nord-Est, rte de St-Christophe-des-Bardes puis rte de Parsac - 05 57 24 08 79 - www.closdelabarbanne.com - Fermé 9 novembre-1er février

ST-ESTÈPHE

33180 (Gironde) - Carte régionale n° **18**-C1

Carte Michelin 335-G3 - Guide Vert Michelin Aquitaine

Château Ormes de Pez

DEMEURE HISTORIQUE • CLASSIQUE Dans ce domaine où l'on produit un Saint-Estèphe réputé, une séduisante demeure construite au 18e s. Salon avec cheminée et piano, grand parc en lisière des vignes, chambres coquettes et romantiques... Le charme bourgeois dans toute sa splendeur.

5 chambres - 149/189 €

29 route des Ormes, 1 km - 05 56 59 30 05 - www.jmcazes.com - Fermé 1er décembre-1er mars

ST-ÉTIENNE

42000 (Loire) - Carte régionale n° **2**-A2

Carte Michelin 327-F7 - Guide Vert Michelin Lyon et sa région

Insens

CUISINE MODERNE • CONTEMPORAIN Un joli restaurant, simple et convivial, dont le nom évoque à la fois les cinq sens et le goût de l'insensé. Consommé de bœuf et raviole sur l'idée d'une soupe à l'oignon ; tarte fine d'escargots persillés etc. : son chef signe une cuisine pétillante, colorée et ludique, fondée sur un vrai tour de main. Sans doute le meilleur rapport plaisir-prix de Saint-Étienne. Ne vous en privez pas !

Menu 19 € (déjeuner), 28/60 € - Carte 31/45 €

Plan : B2-t - *10 rue de Lodi - 04 77 32 34 34 - www.insens-restaurant.fr - Fermé 21 juillet-19 août, 23 décembre-1er janvier, lundi, dimanche*

À la Table des Lys

CUISINE MODERNE • ÉLÉGANT Une table élégante et intime, idéale pour un dîner en ville. Vous aurez le choix entre trois salles évoquant de petits salons feutrés, pour déguster une cuisine éprise de fraîcheur, de légèreté et de finesse.

Menu 32/100 € - Carte 42/104 €

Plan : C3-q - *5 cours Fauriel - 04 77 25 48 55 - www.latabledeslys.fr - Fermé 1er-8 mai, 27 juillet-21 août, samedi, dimanche*

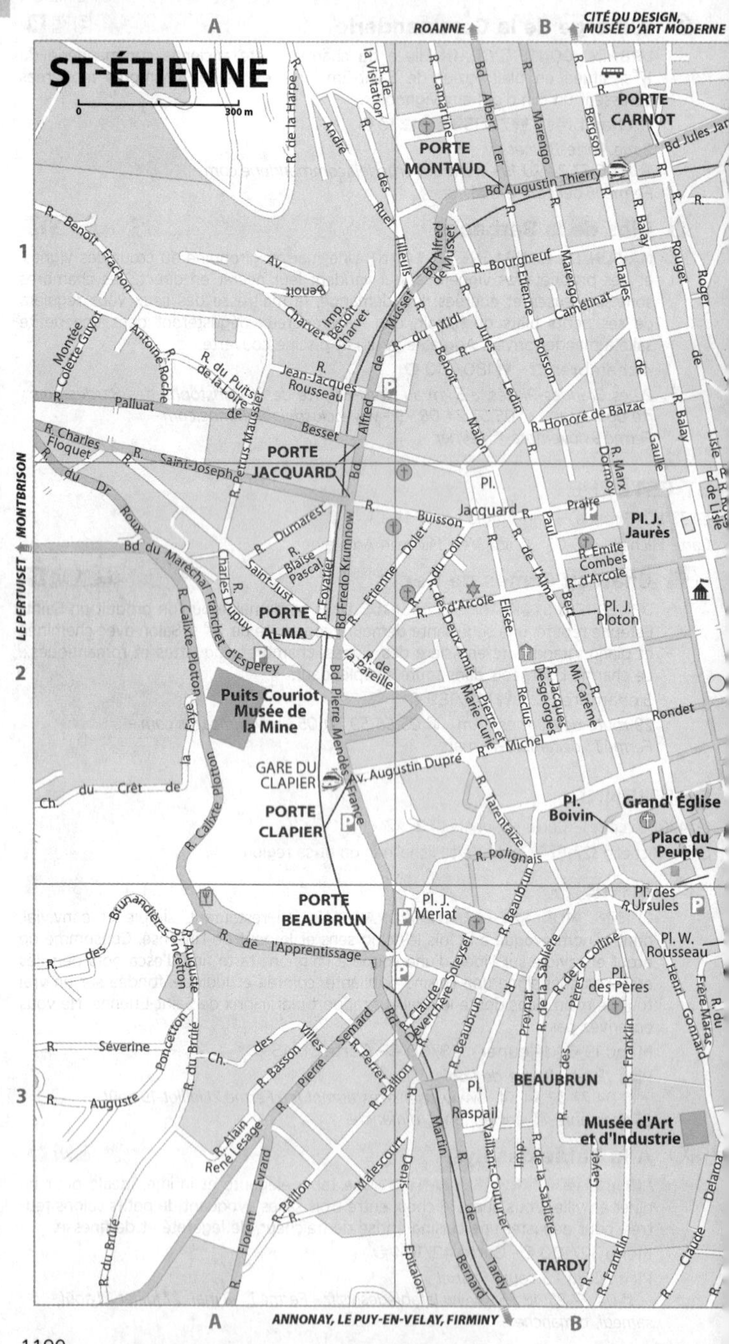
ST-ÉTIENNE
0
300 m
A
B
ROANNE
CITÉ DU DESIGN, MUSÉE D'ART MODERNE
LE PERTUISET MONTBRISON
ANNONAY, LE PUY-EN-VELAY, FIRMINY
1
2
3
PORTE MONTAUD
PORTE CARNOT
PORTE JACQUARD
PORTE ALMA
PORTE CLAPIER
PORTE BEAUBRUN
GARE DU CLAPIER
Puits Couriot Musée de la Mine
Pl. Jacquard
Pl. J. Jaurès
Pl. J. Ploton
Pl. Boivin
Grand' Église
Place du Peuple
Pl. des Ursules
Pl. W. Rousseau
Pl. des Pères
Pl. J. Merlat
Pl. Raspail
BEAUBRUN
TARDY
Musée d'Art et d'Industrie
Bd Augustin Thierry
Bd Jules Janin
Bd Albert 1er
Bd Alfred de Musset
Bd Fredo Krumnow
Bd Pierre Mendès France
Bd du Maréchal Franchet d'Esperey
Av. Augustin Dupré
Av. Benoît Charvet
R. Benoît Frachon
Montée Colette Guyot
R. Antoine Roche
R. du Puits de la Loire
R. Jean-Jacques Rousseau
R. Palluat de Besset
R. Charles Floquet
R. Saint-Joseph
R. du Dr Roux
R. Pétrus Maussier
R. Dumarest
R. Blaise Pascal
R. Saint-Just
R. Charles Dupuy
R. Fovatier
R. Étienne Dolet
R. Buisson
R. du Coin
R. des Deux Amis
R. d'Arcole
R. Émile Combes
R. de la Pareille
R. Calixte Plotton
R. de la Faye
Ch. du Crêt de
R. Pierre et Marie Curie
R. Michel Rondet
R. Élisée Reclus
R. Jacques Desgeorges
R. Mi-Carême
R. Bert
R. Paul de l'Alma
R. Marx Dormoy
R. Praire
R. de Lisle
R. Honoré de Balzac
R. Benoît Malon
R. Jules Ledin
R. Étienne Boisson
R. Marengo
R. Bourgneuf
R. Camélinat
R. du Midi
R. Charles de Gaulle
R. Balay
R. Rouget de Lisle
R. Roger
R. Bergson
R. Lamartine
R. de la Visitation
R. André
R. de la Harpe
R. des Tilleuls
R. Ruel
R. Tarentaize
R. Polignais
R. Beaubrun
R. Brunandières
R. Auguste Poncetton
R. de l'Apprentissage
R. Claude Odde
R. Soleysel
R. de la Sablière
R. Preynat
R. de la Colline
R. des Pères
R. Franklin
R. Henri Gonnard
R. du Frère Maras
R. Séverine
R. Auguste
R. du Brûlé
Ch. des Villes
R. Basson
R. Pierre Sémard
R. Perret
R. Paillon
R. Alain René Lesage
R. Florent Evrard
R. Malescourt
R. Denis Épitalon
R. Martin Bernard de Tardy
R. Vaillant-Couturier
Imp. Gayet
R. Claude Delaroa
R. des Docteurs Charcot

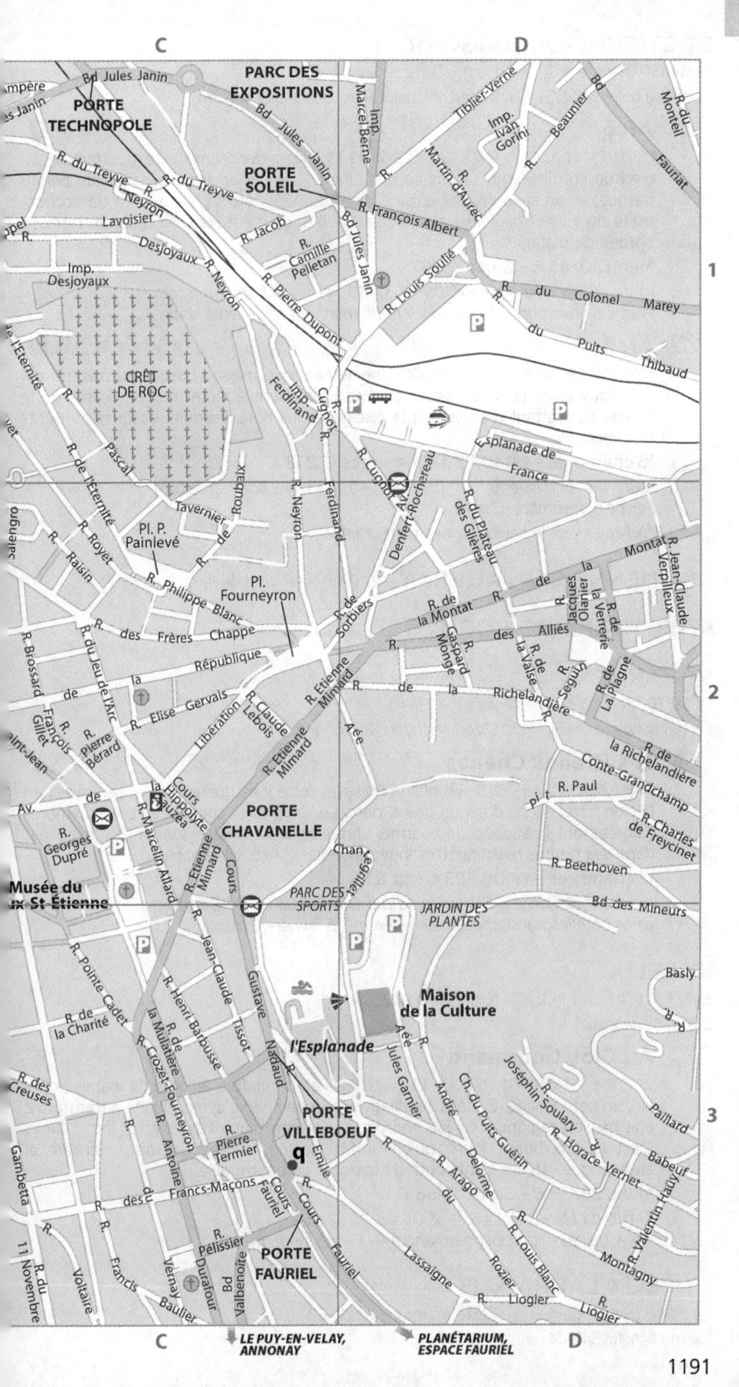
C
D
PARC DES EXPOSITIONS
PORTE TECHNOPOLE
PORTE SOLEIL
CRÊT DE ROC
Pl. P. Painlevé
Pl. Fourneyron
PORTE CHAVANELLE
PARC DES SPORTS
JARDIN DES PLANTES
Maison de la Culture
l'Esplanade
PORTE VILLEBOEUF
PORTE FAURIEL
Musée du
R. du Colonel Marey
R. du Puits Thibaud
Esplanade de France
R. de la République
R. de la Richelandière
Bd des Mineurs
1
2
3
LE PUY-EN-VELAY, ANNONAY
PLANÉTARIUM, ESPACE FAURIEL

ST-ÉTIENNE-DE-BAÏGORRY

✉ 64430 (Pyrénées-Atlantiques) – Carte régionale n° **18**-A3
Carte Michelin 342-D5 – Guide Vert Michelin Pays Basque et Navarre

Arcé

CUISINE TRADITIONNELLE • ÉLÉGANT XX Faites donc une halte gourmande au pied du col d'Ispéguy ! Dans ce restaurant – un ancien trinquet (salle de pelote basque) –, on savoure une cuisine bien tournée : tête de veau, pied de cochon, truite du vivier, religieuse au chocolat... L'été, on s'installe sur l'agréable terrasse bordée de platanes.

Menu 30/45 € – Carte 35/67 €

route du col d'Ispéguy – ✆ 05 59 37 40 14 – www.hotel-arce.com – Fermé 6 novembre-13 avril, lundi midi, mercredi midi, jeudi midi

Arcé

MAISON DE CAMPAGNE • COSY Une authentique maison basque au pied du col d'Ispéguy et de la Nive. Atouts charme : la passerelle métallique au-dessus de la rivière, permettant d'accéder à la piscine, et les bons produits basques au petit-déjeuner...

16 chambres – 140/180 € – 4 suites – 18 €

route du col d'Ispéguy – ✆ 05 59 37 40 14 – www.hotel-arce.com – Fermé 6 novembre-13 avril

Arcé – voir la sélection des restaurants

ST-ÉTIENNE-DU-VAUVRAY – 27 (Eure) → voir Louviers

ST-EUTROPE-DE-BORN – 47 (Lot-et-Garonne) → voir Cancon

ST-FARGEAU

✉ 89170 (Yonne) – Carte régionale n° **5**-A2
Carte Michelin 319-B6 – Guide Vert Michelin Bourgogne

Les Grands Chênes

FAMILIAL • CLASSIQUE En pleine Puisaye, cette jolie demeure bourgeoise est en fait un hôtel, niché dans un grand parc. Le salon avec cheminée et les chambres colorées ont beaucoup de charme, certaines d'entre elles sont même installées dans des petites maisonnettes indépendantes... Accueil aimable.

17 chambres – 106/129 € – 11 €

Les Berthes-Bailly, 4,5 km au Sud par D18 – ✆ 03 86 74 04 05 – www.hotellesgrandschenes.com – Fermé 15 février-10 mars

ST-FÉLIX

✉ 17330 (Charente) – Carte régionale n° **20**-C3
Carte Michelin 324-K7

Au Clos Gourmand

CUISINE TRADITIONNELLE • ÉLÉGANT X Il était une fois, à l'orée du marais poitevin, un petit village. Et dans ce village, un jeune couple sympathique a transformé une maison régionale en joli endroit, agrémenté d'une terrasse sur jardin fleuri. C'est là, aux beaux jours, qu'on profite de leur cuisine de saison, sincère et authentique. Ah, les petits pots d'escargots au beurre aillé...

Menu 28/39 € – Carte 41/56 €

51 rue du Marais-Poitevin – ✆ 05 46 26 52 06 – www.restaurantauclosgourmand.fr/ – Fermé lundi, mardi

ST-FÉLIX-LAURAGAIS

✉ 31540 (Haute-Garonne) – Carte régionale n° **22**-C2
Carte Michelin 343-J4

Auberge du Poids Public

CUISINE TRADITIONNELLE • CLASSIQUE XxX Depuis la terrasse panoramique de cette auberge familiale, on profite d'une jolie vue sur la plaine du Lauragais. La tradition est à l'honneur, tant dans le décor – mi-rustique, mi-contemporain – que dans ces belles assiettes revisitant le terroir. Chambres confortables.

Menu 28 € (déjeuner), 47/80 € – Carte 50/90 €

route de Toulouse – ✆ 05 62 18 85 00 – www.auberge-du-poids-public.fr – Fermé 2-16 janvier, lundi

ST-FIACRE-SUR-MAINE

✉ 44690 (Loire-Atlantique) – Carte régionale n° **23**-B2
Carte Michelin 316-H5 – Guide Vert Michelin Pays de la Loire

La Demeure de Saint-Fiacre

MAISON DE CAMPAGNE • DESIGN Cette Demeure est l'œuvre de Thomas, un jeune Allemand qui a entièrement rénové cette bâtisse ancienne, au cœur des vignes du muscadet sur lie. Espaces et volumes ne manquent pas de séduire, alliant vieilles pierres et aménagements très contemporains. Et au petit-déjeuner, on profite des œufs et du miel maison... Avis aux amateurs !

3 chambres ☕ – ††125/130 €

Les Gras-Moutons – ✆ 02 40 43 46 33 – www.lademeure.fr

ST-FIRMIN

✉ 54930 (Meurthe-et-Moselle) – Carte régionale n° **12**-B2
Carte Michelin 307-H8

Le Presbytère

CUISINE MODERNE • ÉLÉGANT X Derrière l'église, l'ancien presbytère, réhabilité par un couple de passionné, sert une cuisine moderne et raffinée sous forme de menu unique, réalisé devant vous par le chef Maye Cissoko, dans un bel écrin, contemporain et chic. Pour la nuit, deux chambres douillettes, où vous pourrez profiter de l'angélus joué à l'aube.

Menu 35 € (déjeuner)/56 €

13 place de l'Église – ✆ 07 83 31 43 86 – www.le-presbytere.fr – Fermé 1er-15 janvier, 1er-31 août, lundi, mardi, dimanche

ST-FLORENT – 2B (Haute-Corse) ➜ voir Corse

ST-FLOUR

✉ 15100 (Cantal) – Carte régionale n° **1**-B3
Carte Michelin 330-G4 – Guide Vert Michelin Auvergne

L'Ander

CUISINE TRADITIONNELLE • CONVIVIAL XX Pourquoi ne pas faire un tour dans la ville basse ? Ce sera l'occasion de découvrir ce restaurant chaleureux et coloré, où l'on sert une cuisine du terroir repensée, qui ne manque pas d'originalité.

Menu 22/55 € – Carte 30/45 €

6 avenue du Commandant-Delorme – ✆ 04 71 60 21 63 – www.hotel-ander.com – Fermé 20 février-31 mars, dimanche soir

à St-Georges 5 km à l'Est par D909 et rte secondaire – ✉ 15100

Le Château de Varillettes

DEMEURE HISTORIQUE • CLASSIQUE Ce beau château du 15e s. servit de résidence aux évêques de St-Flour. Depuis certaines des jolies chambres (mobilier de style), on contemple le jardin médiéval et son carré des simples ; parfait pour un tourisme vert en quelque sorte.

12 chambres – ††139/219 € – 1 suite – ☕ 17 €

Domaine des Vaux de Cernay, dir. Vabre – ✆ 04 71 60 45 05 – www.chateaudevarillettes.com – Fermé 30 septembre-27 avril

ST-FORGEUX-LESPINASSE

✉ 42640 (Loire) - Carte régionale n° **2**-A1
Carte Michelin 327-C3

L'Assiette Roannaise

CUISINE MODERNE • CONTEMPORAIN XX Voilà une table qui joue la carte de l'originalité ! À l'unisson de la déco, contemporaine, le chef est à l'affût des nouvelles tendances et techniques : ses assiettes se révèlent très esthétiques, privilégiant créativité et fraîcheur.

Menu 19 € (déjeuner), 30/75 € - Carte 35/60 €

place de Verdun - ✆ 04 77 65 65 99 - www.restaurant-assiette-roannaise.fr - Fermé 21 août-9 septembre, mardi, mercredi

ST-FRONT

✉ 43550 (Haute-Loire) - Carte régionale n° **1**-C3
Carte Michelin 331-G4

La Vidalle d'Eyglet

FAMILIAL • COSY Au cœur du plateau du Mézenc, une jolie ferme restaurée par un amoureux de la nature. Les chambres sont coquettes et rustiques, offrant une superbe vue sur les bêtes qui paissent aux alentours ; au salon, on s'assied au coin du feu, près de la bibliothèque... Confort garanti !

5 chambres ☕ - 👥100/125 €

La Vidalle, 7 km au Sud par D39, D500 et rte secondaire - ✆ 04 71 59 55 58 - www.vidalle.fr - Fermé 18 mars-30 avril, 12 novembre-10 janvier

ST-FRONT-DE-PRADOUX

✉ 24400 (Dordogne) - Carte régionale n° **18**-C1
Carte Michelin 329-D5

Château la Thuilière

DEMEURE HISTORIQUE • PERSONNALISÉ Dans son parc arboré, cet élégant châtelet dévoile de belles ambiances : très 19es. (boiseries, stucs) ou résolument contemporaines (lignes épurées, grand confort), tout en grâce et équilibre. Et la table d'hôte sait jouer la carte des produits locaux et... de la créativité.

5 chambres - 👥120/250 € - ☕ 12 €

La Thuilière - ✆ 06 45 35 36 82 - www.lathuiliere.net - Fermé 7-25 janvier

ST-GALMIER

✉ 42330 (Loire) - Carte régionale n° **2**-A2
Carte Michelin 327-E6 - Guide Vert Michelin Lyon et sa région

✿ La Source Ⓝ

CUISINE MODERNE • CONTEMPORAIN XXX Une cuisine fine et délicate, signée par un jeune chef aussi passionné que talentueux : voilà ce qui vous attend à La Source, le restaurant gastronomique de l'hôtel. Les produits du terroir local sont à l'honneur, bien mis en valeur au fil des saisons, et la technique est toujours au service de l'émotion gustative...

→ Daurade royale à l'aneth, sorbet de baies roses et vinaigre au citron. Pigeon rôti, brocolis, amande et pêche. Ananas et tonka comme un vacherin glacé

Menu 32 € (déjeuner), 46/70 €

La Charpinière, lieu-dit la Charpinière - 8 allée de la Charpinière - ✆ 04 77 52 75 00 - www.lacharpiniere.com - Fermé lundi, mardi, dimanche soir

La Charpinière

BUSINESS • CONTEMPORAIN À l'entrée de la ville, dans un environnement verdoyant, cette ex-gentilhommière tapissée de vigne vierge a été transformée en hôtel contemporain, pour tourisme ou business. Chambres sobres et fonctionnelles, piscine, tennis et spa. Deux restaurants, brasserie et gastronomique.

56 chambres - 👥146/161 € - 1 suite - ☕ 15 €

lieu-dit la Charpinière - 8 allée de la Charpinière - ✆ 04 77 52 75 00 - www.lacharpiniere.com

✿ **La Source** - voir la sélection des restaurants

Hostellerie du Forez

BUSINESS • CONTEMPORAIN Près de l'Hôtel de Ville, ce relais de poste du 19e s. arbore une façade avenante. Chambres confortables et de très bonne tenue, décorées dans un style sobre et contemporain.

24 chambres – 81/123 € – 11 €

6 rue Didier-Guetton – ✆ 04 77 54 00 23 – www.hostelleriedu forez.com

ST-GÉLY-DU-FESC

- 34 (Hérault) ➜ voir Montpellier

ST-GENIEZ-D'OLT

✉ 12130 (Aveyron) – Carte régionale n° **22**-D1

Carte Michelin 338-J4 – Guide Vert Michelin Midi-Pyrénées

Château de la Falque

HISTORIQUE • ÉLÉGANT Cet ancien couvent (17e s.), composé de plusieurs bâtisses en pierre, a été admirablement réhabilité. Les chambres, bien équipées, sont décorées avec goût (tableaux, sculptures, objets) et nous transportent du Maroc en Chine... Un hôtel plein de charme !

7 chambres – 90/165 € – 3 suites – 14 €

route de Prades – ✆ 05 65 62 45 60 – www.chateau-la-falque.fr – Fermé 2 janvier-12 mars, 4 novembre-8 décembre

ST-GEORGES

- 15 (Cantal) ➜ voir St-Flour

ST-GEORGES-DE-MONTAIGU

- 85 (Vendée) ➜ voir Montaigu

ST-GEORGES-DE-RENEINS

✉ 69830 (Rhône) – Carte régionale n° **2**-B1

Carte Michelin 327-H3

Hostellerie de Saint-Georges

CUISINE MODERNE • TRADITIONNEL X Entre cuisine du marché et plats du terroir, cette maison trace son sillon sous la houlette d'un chef d'expérience. Toutes les recettes s'appuient sur de bons produits frais, et même les glaces sont faites maison ! Gibier en saison. Terrasse appréciée aux beaux jours.

Menu 18 € (déjeuner), 26/42 € – Carte 40/65 €

27 Avenue Charles de Gaulle – ✆ 04 74 67 62 78 – www.hostellerie-saint-georges.com – Fermé 23 février-3 mars, lundi soir, mardi soir, mercredi, dimanche soir

ST-GERMAIN-DES-VAUX

✉ 50440 (Manche) – Carte régionale n° **17**-A1

Carte Michelin 303-A1

Le Moulin à Vent

POISSONS ET FRUITS DE MER • TENDANCE XX Sur une route qui domine la mer, on se réfugie avec plaisir dans cette ancienne auberge de pays : d'abord le bar, façon pub anglais très chaleureux ; puis la salle, toute blanche et élégante. Le jeune chef se fournit auprès des pêcheurs locaux – produits extrafrais – et signe une cuisine assez inventive.

Menu 39/77 € – Carte 50/60 €

10 route de Port Racine (Hameau Danneville), 1,5 km à l'Est par D45 – ✆ 02 33 52 75 20 – www.le-moulin-a-vent.fr – Fermé vendredi, samedi midi

L'Erguillère

FAMILIAL • COSY Direction le bout du monde... À la pointe de la Hague, au-dessus de la mer et de Port-Racine, un hôtel très cosy où se réfugier à la suite de Jacques Prévert, qui le fréquenta ; tout y respire le calme et la sérénité, jusqu'au charmant accueil des propriétaires.

10 chambres – 103/159 € – 16 €

Port Racine, 1,8 km à l'Est par D45 – ✆ 02 33 52 75 31 – www.hotel-lerguillere.com

ST-GERMAIN-DU-BOIS

✉ 71330 (Saône-et-Loire) – Carte régionale n° **5**-D3
Carte Michelin 320-L9 – Guide Vert Michelin Bourgogne

Hostellerie Bressane

CUISINE TRADITIONNELLE • CLASSIQUE XX Au cœur du village, face à la place du marché, une grande maison régionale (18e s.), avec une terrasse ponctuée de chaises colorées. Le cadre est sympathique pour apprécier une bonne cuisine de tradition : le chef aime les beaux produits, et exprime sa personnalité avec une gourmandise et une générosité clairement affichées !

Menu 22 € (déjeuner), 26/56 € – Carte 47/58 €

2 route de Sens – ✆ 03 85 72 04 69 – www.giot-hostelleriebressane.fr – Fermé lundi, mardi midi, dimanche soir

ST-GERMAIN-EN-LAYE – 78 (Yvelines) ➜ voir Autour de Paris

ST-GERMAIN-LÈS-ARLAY

✉ 39210 (Jura) – Carte régionale n° **6**-B3
Carte Michelin 321-D6

Hostellerie St-Germain

CUISINE MODERNE • ÉLÉGANT XXX Face à l'église, ce sympathique relais de poste du 17e s. a été entièrement rénové avec élégance dans un style sobre et lumineux. Le chef travaille des produits du terroir – souvent bio – et concocte une cuisine gourmande, accompagnée de bons vins du Jura. Pour l'étape, des chambres confortables, plus calmes côté terrasse.

Menu 30 € (déjeuner), 42/75 € – Carte 60/80 €

635 Grande-Rue – ✆ 03 84 44 60 91 – www.hostelleriesaintgermain.com – Fermé lundi, mardi midi, dimanche soir

ST-GERMAIN-SUR-AY

✉ 50430 (Manche) – Carte régionale n° **17**-A2
Carte Michelin 303-C4

La Ferme des Mares

TRADITIONNEL • COSY Isolé du reste du village, un ancien corps de ferme du 17e s. au cœur d'un parc de deux hectares... Les chambres, assez spacieuses et lumineuses, ont été rénovées dans un style contemporain, voire un brin design ; certaines sont plus cosy et feutrées. Cuisine actuelle – et chef britannique ! – au restaurant.

10 chambres – 86/150 € – 10 €

26 rue des Mares – ✆ 02 33 17 01 02 – www.la-ferme-des-mares.com – Fermé 1er janvier-1er février, 17-24 juin

ST-GERVAIS-LES-BAINS

✉ 74170 (Haute-Savoie) – Carte régionale n° **4**-F1
Carte Michelin 328-N5 – Guide Vert Michelin Alpes du Nord

Le Sérac (Raphaël Le Mancq)

CUISINE MODERNE • TENDANCE XX L'entrée, discrète, s'ouvre sur une grande salle lumineuse et épurée. La cuisine du chef revendique une inspiration saisonnière. Le menu partage permet de déguster de belles pièces de viande, ou de poisson.

➜ Omble chevalier façon gravlax, crémeux de champignons et gelée d'hibiscus. Pièce de bœuf cuite au feu de bois, laquée au soja, pommes de terre macaire aux truffes. Soufflé chaud aux fruits de saison

Menu 35 € (déjeuner), 45/65 €

22 rue de la Comtesse – ✆ 04 50 93 80 50 – www.3serac.fr – Fermé 2-30 juin, 20 octobre-2 décembre, lundi, dimanche

La Ferme de Cupelin

CUISINE RÉGIONALE • AUBERGE XX Dans cette superbe ferme, une table chaleureuse et accueillante ! Les saveurs du marché crépitent joyeusement dans l'assiette, pour notre plus grand plaisir : terrine de truite fumée maison, pavé d'omble chevalier et crème de vin blanc...

Menu 34/59 €

198 route du château, par rte de St-Nicolas-de-Véroce – ✆ 04 50 93 47 30 – www.lafermedecupelin.com – Fermé 14 avril-24 mai, 22 septembre-13 décembre, lundi midi, mardi, mercredi midi

Bistrotsérac

VIANDES • BISTRO X La deuxième adresse de Raphaël Le Mancq fait la part belle aux viandes cuites à la braise. À vous les belles entrecôtes d'Angus américain ou australien, de Hereford irlandais, ou encore de Galicia espagnol, bien maturées et savoureuses... De quoi réveiller vos instincts carnivores !

Menu 28 €

40 avenue du Mont-Paccard – ✆ 04 50 98 43 35 – www.3serac.fr – Fermé lundi, dimanche soir

Rond de Carotte

CUISINE MODERNE • CONVIVIAL X Elle vient de Nantes et lui des Alpes ; ils ont baptisé ce restaurant en clin d'œil au chanteur Thomas Fersen, qu'ils apprécient. Une façade façon chalet, un intérieur façon vintage, une carte courte réglée sur les saisons, des assiettes savoureuses, fines et bien maîtrisées : au final, une petite adresse vraiment sympathique.

Menu 30 € (déjeuner), 60/75 € – Carte 30/60 €

50 rue de la Vignette – ✆ 04 50 47 76 39 – www.ronddecarotte.fr – Fermé 5 mai-1er juin, 20 octobre-15 novembre, lundi, dimanche

La Ferme de Cupelin

TRADITIONNEL • MONTAGNARD Sur les hauteurs de Saint-Gervais, avec vue sur le massif du Mont-Blanc, cette ferme datant de 1870 porte haut le flambeau de l'esprit montagnard : le feu crépite dans la cheminée, les tableaux de gibier et autres peaux de bêtes habillent l'espace... et l'accueil est charmant.

7 chambres – 85/140 € – 14 €

198 route du château, par rte de St-Nicolas-de-Véroce – ✆ 04 50 93 47 30 – www.lafermedecupelin.com – Fermé 14 avril-24 mai, 22 septembre-13 décembre

La Ferme de Cupelin – voir la sélection des restaurants

La Féline Blanche

TRADITIONNEL • COSY Cet hôtel de la fin du 19e s., à la façade colorée, diffuse un charme cosy : la décoration contemporaine joue sur le blanc et le bois. Chambres confortables ; agréable salle des petits-déjeuners.

10 chambres – 88/168 € – 13 €

138 route du Mont-Blanc – ✆ 04 50 96 58 70 – www.lafelineblanche.com – Fermé 14 avril-17 mai, 1er-30 novembre

au Fayet 4 km au Nord-Ouest par D902 – ✉ 74190

Hôtel des Deux Gares

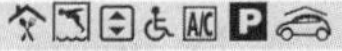

FAMILIAL • FONCTIONNEL Juste en face de la gare de départ du fameux tramway du Mont-Blanc, un chalet familial très sympathique, avec des chambres douillettes, une piscine couverte, un bar, une salle de jeux (billard, babyfoot...), etc. Excellent rapport qualité-prix.

23 chambres – 68/75 € – 8 €

50 impasse des Deux-Gares – ✆ 04 50 78 24 75 – www.hotel2gares.com – Fermé 1er-15 mai, 1er novembre-15 décembre

ST-GILDAS-DE-RHUYS

✉ 56730 (Morbihan) – Carte régionale n° **7**-A3
Carte Michelin 308-N9 – Guide Vert Michelin Bretagne Sud

Le Vert d'O

CUISINE MODERNE • COSY XX Installez-vous sur la belle terrasse avec vue sur la mer de cette coquette maison... et profitez d'une cuisine délicate et parfumée, mettant en valeur les produits locaux : riz au lait de tourteau et citron vert, crème à la seiche, cotriade de poissons et crustacés au safran de Bretagne. Coloré et goûteux.

Menu 28/48 €

94 Rue de Guernevé – ✆ 02 97 45 25 25 – www.levertdo.fr – Fermé 17 décembre-18 janvier, lundi, mardi, mercredi, dimanche soir

Mor Braz

POISSONS ET FRUITS DE MER • CONVIVIAL X Situé dans un coin sauvage de la presqu'île, ce petit restaurant convivial propose des produits de la mer de première fraîcheur. Une cuisine généreuse et iodée à déguster en terrasse, aux beaux jours, la narine chatouillée par les embruns.

Menu 20 € (déjeuner), 26/44 € – Carte 30/59 €

100 route du Rohu – ✆ 02 97 45 21 47 – Fermé 1er octobre-1er mars, lundi, dimanche soir

ST-GILLES-CROIX-DE-VIE

✉ 85800 (Vendée) – Carte régionale n° **23**-A3
Carte Michelin 316-E7 – Guide Vert Michelin Pays de la Loire

Boisvinet

CUISINE MODERNE • CONVIVIAL XX Une villa de bord de mer à la déco contemporaine et épurée... Un lieu avenant pour découvrir une cuisine fort appétissante, qui évolue au fil des saisons. Ah, que l'on aime ces recettes dans l'air du temps !

Menu 30/54 €

2 rue Louis-Cristau – ✆ 02 51 55 51 77 – www.boisvinet.com – Fermé mardi soir, mercredi, dimanche soir

Le Casier

POISSONS ET FRUITS DE MER • BISTRO X À deux pas des quais, un bistrot marin très convivial installé... dans une ancienne charcuterie ! Le propriétaire – ancien mareyeur à St-Gilles-Croix-de-Vie – et son chef proposent une cuisine sans chichis et pleine de fraîcheur, faisant la part belle aux produits de la mer. Accueil et service tout sourire.

Menu 15 € (déjeuner)/25 € – Carte 25/45 €

15 place du Vieux-Port – ✆ 02 51 55 01 08 – www.lecasier.com – Fermé 15 décembre-10 février

La Cotriade

CUISINE MODERNE • TENDANCE X En retrait de l'agitation touristique, un restaurant au cadre contemporain, où l'on déguste une séduisante cuisine du moment et quelques spécialités, à l'instar des anguilles sautées, ail et persil. Ajoutez à cela du poisson local extrafrais et un service au petits oignons, vous obtenez une charmante petite adresse !

Menu 21/28 € – Carte 30/50 €

8 rue Louis-Cristau – ✆ 02 51 55 09 62 – www.lacotriade-stgilles.com – Fermé 23 décembre-18 janvier, lundi, mercredi soir, dimanche soir

à Coëx 14 km à l' Est par D6 – ✉ 85220

Le Balata

CUISINE MODERNE • COSY XX Dos de maigre et émulsion de combawa, paleron de bœuf cuit 48 heures... Une cuisine raffinée et recherchée, dans une atmosphère contemporaine feutrée avec vue sur le green. Idéal pour se délecter d'une pause gourmande entre deux swings.

Menu 20 € (déjeuner)/29 € – Carte 37/58 €

golf des Fontenelles, 2 km à l'Ouest par D6 – ✆ 02 28 10 63 96 – www.lebalata.com – Fermé 26 décembre-10 février, lundi, mercredi soir, dimanche soir

ST-GIRONS

⊠ 09200 (Ariège) - Carte régionale n° **22**-B3
Carte Michelin 343-E7

Auberge d'Antan

CUISINE TRADITIONNELLE • **RUSTIQUE** X Dans l'ancienne grange du château, cette salle en impose par sa hauteur sous charpente ; jambons suspendus, pierres et poutres dégagent une belle atmosphère campagnarde. On retrousse ses manches au moment de s'attabler face à l'immense cheminée, où sont préparés grillades, plats traditionnels et cochons de lait...

Menu 31/44 € - Carte 37/50 €

Château de Beauregard, avenue de la Résistance - ✆ 05 61 64 11 02 - www.chateaubeauregard.net - Fermé 1er-16 janvier, lundi, samedi midi, dimanche soir

Château de Beauregard

HISTORIQUE • PERSONNALISÉ Au cœur d'un parc paisible, un petit château et ses dépendances (19e s.) avec des chambres patinées par les ans, entre rustique et tradition, et des suites de caractère. Et dans les anciennes granges, un espace bien-être avec hammam, sauna et possibilité de massage...

10 chambres - 65/220 € - 13 €

avenue de la Résistance - ✆ 05 61 66 66 64 - www.chateaubeauregard.net - Fermé 1er-16 janvier

Auberge d'Antan - voir la sélection des restaurants

à Lorp-Sentaraille 4 km au Nord-Ouest par D117 - ⊠ 09190

La Petite Maison

CUISINE MODERNE • **BISTRO** XX Le chef patron, la trentaine, au parcours solide (Marc Veyrat, Chèvre d'Or) propose une cuisine actuelle et travaillée, aux notes sucrées salées, à l'instar de ces gambas, lait de coco, fort goûteuses.

Menu 22 € (déjeuner), 28/70 € - Carte 50/70 €

route de Toulouse - ✆ 05 61 66 54 49 - www.lapetitemaison-ariege.fr - Fermé lundi, mardi

à St-Lizier 2 km au Nord-Ouest par D117 - ⊠ 09190

Le Carré de l'Ange

CUISINE MODERNE • **ÉLÉGANT** XX On doit laisser sa voiture pour accéder aux caves voûtées du palais épiscopal. Un cadre exceptionnel pour une cuisine tournée vers de beaux produits, souvent régionaux, à l'instar du foie gras du Plantaurel poêlé ou de l'agneau du pays cuit 7 h. La belle terrasse surplombe le village.

Menu 21 € (déjeuner), 31/59 € - Carte 48/53 €

route de L'Evêché - Palais des Evêques - ✆ 05 61 65 65 65 - www.lecarredelange.com - Fermé 1er-31 janvier, 15-30 novembre, lundi, mercredi soir, dimanche soir

ST-GRÉGOIRE - 35 (Ille-et-Vilaine) → voir Rennes

ST-GUÉNOLÉ

⊠ 29760 (Finistère) - Carte régionale n° **7**-A2
Carte Michelin 308-E8 - Guide Vert Michelin Bretagne Sud

Sterenn

POISSONS ET FRUITS DE MER • **TRADITIONNEL** XX Dans ce sympathique restaurant, posé sur la pointe de Penmarch, le chef récite une harmonieuse partition culinaire. Les produits de la mer dominent, avec des poissons issus de la pêche côtière locale, préparés avec attention et joliment présentés dans l'assiette. Excellent rapport qualité-prix.

Menu 29/69 € - Carte 40/90 €

route d'Eckmuhl - ✆ 02 98 58 60 36 - www.hotel-sterenn.com - Fermé 10 décembre-25 février, lundi, dimanche soir

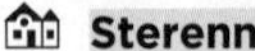

Sterenn

FAMILIAL • FONCTIONNEL Face à la plage, cette construction néobretonne des années 1970 a le charme des établissements familiaux. Les chambres sont simples, colorées et nettes ; la plupart donnent sur la mer. Pour une grande bouffée d'air iodé !

17 chambres - 76/190 € - 13 €

route d'Eckmuhl - 02 98 58 60 36 - www.hotel-sterenn.com - Fermé 10 décembre-25 février

Sterenn - voir la sélection des restaurants

ST-HAON-LE-VIEUX - 42 (Loire) → voir Renaison

ST-HERBLAIN - 44 (Loire-Atlantique) → voir Nantes

ST-HILAIRE-DE-BRETHMAS - 30 (Gard) → voir Alès

ST-HIPPOLYTE

25190 (Doubs) - Carte régionale n° **6**-C2

Carte Michelin 321-K3 - Guide Vert Michelin Franche-Comté Jura

Le Bellevue

CUISINE TRADITIONNELLE • VINTAGE XX Truite blanche, pieds de porc... Une agréable cuisine traditionnelle concoctée à quatre mains par un père et son fils. On la déguste dans un cadre rustique et cossu, ou sur la terrasse ombragée aux beaux jours.

Menu 17 € (déjeuner), 28/42 € - Carte 34/60 €

28 Grande-Rue - 03 81 96 51 53 - www.le-bellevue-hotel.com - Fermé 28 octobre-3 novembre, dimanche soir

ST-HIPPOLYTE

68590 (Haut-Rhin) - Carte régionale n° **10**-C1

Carte Michelin 315-I7

Joséphine

CUISINE MODERNE • ÉLÉGANT XXX Cœur de ris de veau aux écrevisses, sauce nantua ; suprême de pigeonneau contisé à la truffe ; Granny smith virtuelle et écume de manzana : raffinée, moderne sans extravagance, cette élégante Joséphine saura vous séduire...

Menu 48 € (déjeuner), 55/70 € - Carte 71/84 €

Le Parc, 6 rue du Parc - 03 89 73 00 06 - www.le-parc.com - Fermé 7-29 janvier, 24 juin-9 juillet, lundi, mardi, dimanche soir

Winstub Rabseppi-Stebel

CUISINE TRADITIONNELLE • RUSTIQUE X Une winstub conviviale, au sein de l'hôtel Le Parc. On s'y régale d'une cuisine authentique, généreuse et respectueuse des saisons, qui fait la part belle aux produits du terroir. Et pour parfaire le tout, on accompagne les recettes du chef de bons nectars du cru.

Menu 28/32 € - Carte 39/63 €

Le Parc, 6 rue du Parc - 03 89 73 00 06 - www.le-parc.com - Fermé 7-29 janvier, 24 juin-9 juillet, lundi, mardi midi

Le Parc

FAMILIAL • CONTEMPORAIN Un hôtel cosy où les chambres sont à la fois tendance et raffinées. Pour décompresser, on profite de l'espace détente et de la piscine avant de se régaler au restaurant ou à la winstub. Un programme des plus plaisants !

32 chambres - 105/200 € - 18 €

6 rue du Parc - 03 89 73 00 06 - www.le-parc.com - Fermé 7-29 janvier, 24 juin-9 juillet

Joséphine • **Winstub Rabseppi-Stebel** - voir la sélection des restaurants

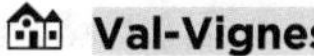

Val-Vignes

TRADITIONNEL · CONTEMPORAIN Cet imposant bâtiment historique (dont les fondations datent du 13e s.), situé en bordure des vignes, domine la ville. Les chambres, fonctionnelles, s'ouvrent sur la vallée ou le château du Haut-Kœnigsbourg. Espace bien-être et restaurant dans un esprit locavore.

46 chambres – 132/152 € – 13 €

23 chemin du Wall – 03 89 22 34 00 – www.valvignes.com

ST-JEAN-AUX-BOIS – 60 (Oise) ➜ voir Pierrefonds

ST-JEAN-CAP-FERRAT

06230 (Alpes-Maritimes) – Carte régionale n° **25**–E2

Carte Michelin 341-E5 – Guide Vert Michelin Côte d'Azur

Le Cap

CUISINE CRÉATIVE · LUXE XXXXX On met le Cap sur la bonne cuisine de Yoric Tièche – ancien chef du Belles Rives, à Juan-les-Pins –, qui met son inventivité au service des produits de la Méditerranée. Aux beaux jours, on profite de l'exceptionnelle terrasse panoramique, sûrement l'une des plus belles de la Côte...

➜ Grosses langoustines rôties au pan masala, pêches au nature et haricots verts extra fins. Blanc de turbot rôti au lard de Colonnata, fricassée d'artichauts poivrade et poulpe à l'ail noir. Soufflé au citron d'ici, coque givrée pour rafraîchir

Menu 198 € – Carte 150/230 €

Grand Hôtel du Cap Ferrat, 71 boulevard du Général-de-Gaulle (au Cap-Ferrat) – 04 93 76 50 50 – www.fourseasons.com/fr/capferrat – Fermé 30 septembre-8 mai, lundi midi, mardi midi, mercredi midi, jeudi midi, vendredi midi, samedi midi, dimanche midi

La Table du Royal

CUISINE MÉDITERRANÉENNE · ÉLÉGANT XXX Imaginez un peu : assis sur la terrasse, vous profitez de la mer à perte de vue. Sur un guéridon voisin, on est en train de découper l'un des superbes poissons du jour – turbot, loup – ou encore une belle pièce de bœuf écossais... La carte de saison, les présentations dans l'air du temps : vous allez adorer !

Menu 45 € (déjeuner), 70/100 € – Carte 80/170 €

Royal Riviera, 3 avenue Jean-Monnet – 04 93 76 31 00 – www.royal-riviera.com – Fermé 18 novembre-13 janvier

La Véranda

CUISINE MODERNE · ÉLÉGANT XXX Une salle à manger très élégante, une délicieuse terrasse (l'une des plus belles de la côte ?), une carte attrayante, une formule salon de thé l'après-midi... Cette Véranda ne manque pas d'atouts ! Et que dire de la cuisine ? Avec ses accents de Provence, elle séduit dès la première bouchée.

Carte 90/130 €

Grand Hôtel du Cap Ferrat, 71 boulevard du Général-de-Gaulle (au Cap-Ferrat) – 04 93 76 53 65 – www.fourseasons.com/fr/capferrat/ – Fermé 30 novembre-1er mars

La Voile d'Or

CUISINE MODERNE · CLASSIQUE XXX Une cuisine au goût du jour, d'inspiration méditerranéenne, réalisée avec de bons produits – et en particulier les poissons de la pêche locale –, voilà ce qui vous attend ici. La vue depuis la terrasse est superbe ; attention, fermeture à midi pendant l'été.

Menu 49 € – Carte 55/138 €

27 rue Jean-Mermoz (au port) – 04 93 01 13 13 – www.lavoiledor.fr – Fermé 1er octobre-1er mai

Grand Hôtel du Cap Ferrat

PALACE • ÉLÉGANT Époustouflant ! Le parc divin et ses superbes pins parasols, la vue sur la côte tout simplement sublime, le délicieux bassin à débordement, la gourmandise des restaurants, les suites avec leur piscine privée… L'élégance luxueuse d'un grand hôtel mythique, né en 1908. Tout ici est une invitation au farniente !

49 chambres – 310/3090 € – 24 suites – 48 €

71 boulevard du Général-de-Gaulle (au Cap-Ferrat) – 04 93 76 50 50 – www.fourseasons.com/fr/capferrat – Fermé 30 novembre-1er mars

Le Cap • **La Véranda** – voir la sélection des restaurants

Royal Riviera

LUXE • PERSONNALISÉ Une bâtisse construite en 1904 et son beau jardin au bord de l'eau. La plupart des chambres – contemporaines et raffinées – donnent sur la Grande Bleue et, dans l'Orangerie, elles adoptent un style atypique, provençal et branché… Plage privée, belle piscine, cuisine méditerranéenne au restaurant.

94 chambres – 190/490 € – 3 suites – 41 €

3 avenue Jean-Monnet – 04 93 76 31 00 – www.royal-riviera.com – Fermé 18 novembre-13 janvier

La Table du Royal – voir la sélection des restaurants

La Voile d'Or

LUXE • CLASSIQUE Ancré sur son rocher, face au port de plaisance, cet hôtel bénéficie d'une situation superbe : une véritable ode à la Méditerranée ! Chambres d'inspiration florentine, piscine d'eau de mer, plage… Une agréable étape.

45 chambres – 485/1200 €

27 rue Jean-Mermoz (au port) – 04 93 01 13 13 – www.lavoiledor.fr – Fermé 25 septembre-1er mai

La Voile d'Or – voir la sélection des restaurants

Brise Marine

FAMILIAL • VINTAGE Surplombant une rue calme, cette jolie villa de style italien (1878), chaleureuse et familiale (trois générations s'y sont succédées), possède ce supplément d'âme, propre aux maisons d'hôtes. Les chambres, sobres et bien tenues, donnent pour la moitié côté mer. On prend son petit-déjeuner sur la terrasse, en admirant le jardin en espaliers.

16 chambres – 180/234 € – 17 €

58 avenue Jean-Mermoz – 04 93 76 04 36 – www.hotel-brisemarine.com – Fermé 21 octobre-1er mars

Un important déjeuner d'affaires ou un dîner entre amis ?
Le symbole vous signale les salons privés.

ST-JEAN-D'ALCAS

12250 (Aveyron) – Carte régionale n° **22**-D2
Carte Michelin 338-K7

Le Moulin de Gauty

FAMILIAL • PERSONNALISÉ Au fond d'une vallée encaissée – on ne peut aller plus loin –, on quitte sa voiture pour enjamber le cours d'eau par une passerelle et rejoindre cet ancien moulin. Les chambres (dont une familiale) arborant une déco épurée, le petit-déjeuner avec de bons produits régionaux, le joli jardin : tout invite à la quiétude !

3 chambres – 92/130 €

Le Moulin de Gauty – 05 65 97 51 90 – www.moulindegauty.com – Fermé 2-31 janvier

ST-JEAN-DE-BEAUREGARD – 91 (Essonne) → voir Autour de Paris

ST-JEAN-DE-BLAIGNAC

✉ 33420 (Gironde) – Carte régionale n° **18**–C1

Carte Michelin 335-K6

✿ **Auberge St-Jean** (Thomas L'Hérisson) ♿ A/C

CUISINE CRÉATIVE • ÉLÉGANT XX Un jeune couple plein d'allant – et justifiant de solides antécédents – préside aux destinées de cette auberge nichée au bord de la Dordogne… et par lui placée sur l'orbite des belles saveurs ! Au programme : un menu qui marie avec finesse ingrédients d'ici et influences d'ailleurs…

➜ Raviole de langoustine à l'encre de seiche, bisque parfumée et radis façon thaï. Suprême de pigeon rôti, cuisse crousti-fondante, légumes du moment et jus de carcasse. Mousse glacée chocolat aux noix de cajou, caramel chocolat noir

Menu 60/72 €

8 rue du Pont – ✆ 05 57 74 95 50 – www.aubergesaintjean.com –
Fermé 19 février-13 mars, 21 août-4 septembre, mardi soir, mercredi, dimanche soir

ST-JEAN-DE-BRAYE – 45 (Loiret) ➜ voir Orléans

ST-JEAN-DE-LINIÈRES – 49 (Maine-et-Loire) ➜ voir Angers

FoodPhotography Eising/ ...

ON AIME...

L'Océan, sa cuisine délicate à déguster devant le coucher de soleil. **L'Instincts**, le petit dernier, tenu par un jeune couple motivé. **Le Kaïku**, son décor classé et ses assiettes ciselées. Enfin, **Le Brouillarta**, bien connu des locaux, une table gourmande installée face à l'océan...

ST-JEAN-DE-LUZ

✉ 64500 (Pyrénées-Atlantiques) – Carte régionale n° **18**-A3
Carte Michelin 342-C4 – Guide Vert Michelin Pays Basque et Navarre

Restaurants

✿ L'Océan

CUISINE MODERNE • **ÉLÉGANT** XXX Dans le cadre mythique du Grand Hôtel, on se régale d'une cuisine volontiers marine, iodée et savoureuse, où poissons et crustacés occupent une place de choix. Formule plus simple à midi, dans une veine de bistrot haut de gamme. Et toujours une splendide terrasse sur l'océan !

→ Langoustine, carotte mangue, papaye et sauce pimentée. Agneau fermier du Quercy confit, pommes de terre grenaille, champignons et jus au thym. Pain de Gênes, thé matcha et fruit de la passion

Menu 80/105 € - Carte 71/95 €

Plan : B1-d – *Grand Hôtel Thalasso & Spa, 43 boulevard Thiers – ✆ 05 59 26 35 36 – www.luzgrandhotel.fr – Fermé 24 novembre-8 décembre, lundi midi, mardi midi, mercredi midi, jeudi midi, vendredi midi, samedi midi, dimanche midi*

✿ Le Kaïku (Nicolas Borombo)

CUISINE MODERNE • **COSY** XX Au cœur de la station, on se réfugie avec plaisir dans ce restaurant cosy et élégant, qui s'abriterait dans la plus ancienne maison de la cité (16e s.). Rien de vieux cependant à la carte : Nicolas Borombo signe une belle cuisine, originale et raffinée, qui valorise les produits régionaux. Du beau travail... et un régal !

→ Langoustines "pêche au casier" rôties, émulsion coco et citron vert. Cochon façon teriyaki et chou pak-choï. L'instant yuzu et thé matcha

Menu 38 € (déjeuner)/76 € - Carte 80/95 €

Plan : A2-x – *17 rue de la République – ✆ 05 59 26 13 20 – www.kaiku.fr – Fermé 14-29 janvier, 1er-8 juillet, mardi, mercredi*

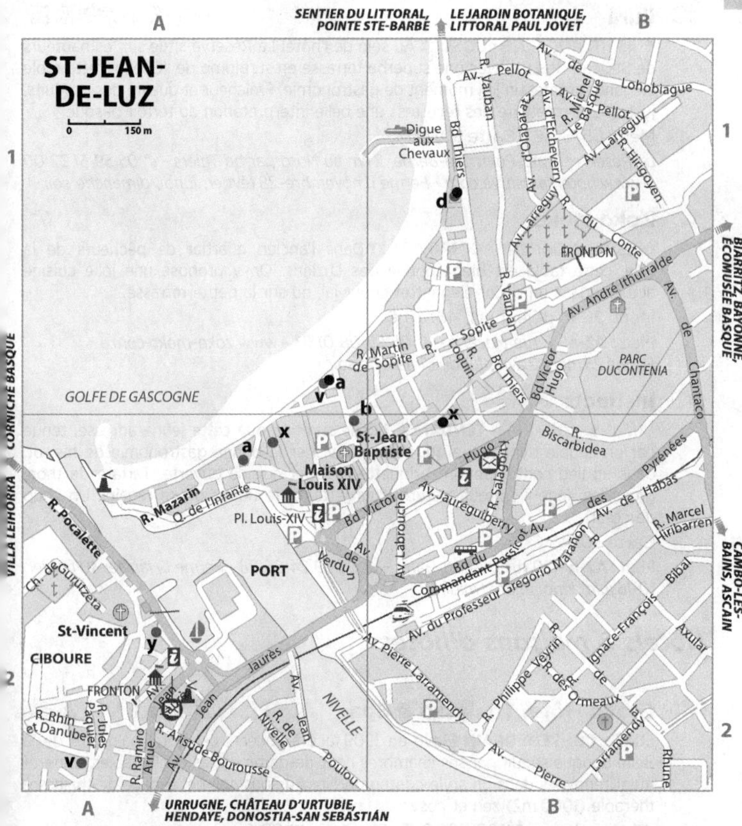

ST-JEAN-DE-LUZ

✿ Le Brouillarta

CUISINE MODERNE • CONVIVIAL XX Son nom évoque une "entrée maritime subite, accompagnée de nuages qui obscurcissent le ciel". C'est ici, le long de la promenade, que vous découvrirez cette pépite : son chef, sommelier de formation, signe une cuisine de haut vol, aussi fraîche que créative. Le Brouillarta peut menacer, il ne nous empêchera pas d'en profiter !

→ Cuisine du marché

Menu 25 € (déjeuner), 42/52 €

Plan : A1-v – *48 promenade J.-Thibaud – ✆ 05 59 51 29 51 – www.restaurant-lebrouillarta.com – Fermé 6 janvier-6 février, lundi, mardi*

Les Lierres

CUISINE MODERNE • BOURGEOIS XXX La table de l'hôtel Parc Victoria est à l'image de l'établissement : raffinée et élégante. Dans la salle Art déco ou au bord de la piscine, on savoure une cuisine bien en prise avec son époque. Carte plus simple le midi (grillades, salades).

Menu 53/65 € – Carte 65/95 €

Parc Victoria, 5 rue Cépé, par bd Thiers et rte du Quartier du Lac – ✆ 05 59 26 78 78 – www.parcvictoria.com – Fermé 15 novembre-14 mars, lundi midi, mardi midi, mercredi midi, jeudi midi, vendredi midi

Ilura

CUISINE MODERNE • COSY XX Au sein de l'hôtel La Réserve situé sur les hauteurs de St-Jean-de-Luz, avec une superbe terrasse en surplomb de l'Océan, cette table élégante promet un joli moment de gastronomie. Fraîcheur et qualité des produits, justesse et créativité des recettes : une belle interprétation du terroir basque.

Menu 65/80 € – Carte 50/80 €

La Réserve, Rond-Point Ste-Barbe, 2 km au Nord par bd Thiers – 05 59 51 32 00 – www.hotel-lareserve.com – Fermé 11 novembre-28 février, lundi, dimanche soir

Zoko Moko

CUISINE MODERNE • CONVIVIAL XX Dans l'ancien quartier de pêcheurs de la ville, cette table est bien connue des Luziens. On y propose une jolie cuisine actuelle dans un décor élégant et convivial, ou sur la petite terrasse.

Menu 26 € (déjeuner), 46/79 €

Plan : A2-a – *6 rue Mazarin – 05 59 08 01 23 – www.zoko-moko.com – Fermé 25 mars-2 avril, lundi, dimanche soir*

Instincts N

CUISINE MODERNE • TENDANCE X Belle surprise que cette jeune adresse, tenue par un couple dynamique qui s'en va revisiter la bonne gastronomie de bistrot, dans un lieu contemporain -briquette, bois, et cuisine ouverte. Tartare de thon, groseilles, fenouil ; bœuf maturé, courgette, olive noire : on se régale ! Un coup de cœur.

Carte 30/45 €

Plan : A2-b – *20 rue Joseph-Garat – 05 59 24 66 98 – Fermé 19 janvier-10 février, 10-16 juin, lundi, mardi midi*

Hôtels & maisons d'hôtes

Grand Hôtel Thalasso & Spa

LUXE • CONTEMPORAIN Élevé en 1909 face à l'océan, cet hôtel balnéaire de la Belle Époque séduit par ses chambres haut-de-gamme, très confortables, entièrement rénovées dans un style contemporain. Au sous-sol, bel espace de thalassothérapie (1000 m2) zen et cosy.

44 chambres – 160/1000 € – 8 suites – 29 €

Plan : B1-d – *43 boulevard Thiers – 05 59 26 35 36 – www.luzgrandhotel.fr – Fermé 24 novembre-8 décembre*

L'Océan – voir la sélection des restaurants

Parc Victoria

LUXE • ART DÉCO Cette villa fin 19ᵉs. et ses annexes nichent dans un parc luxuriant et très fleuri. Les chambres cultivent un superbe esprit Art déco : ce charme historique séduit et la piscine est superbe !

14 chambres – 195/520 € – 6 suites – 24 €

5 rue Cépé, par bd Thiers et rte du Quartier du Lac – 05 59 26 78 78 – www.parcvictoria.com – Fermé 15 novembre-14 mars

Les Lierres – voir la sélection des restaurants

Chantaco N

HÔTEL PARTICULIER • CONTEMPORAIN Cette institution de St-Jean-de-Luz a bénéficié d'un beau rafraîchissement, tout en gardant des clins d'œil au Chantaco ancienne version. Chambres élégantes, piscine, salle de fitness, jardins avec fontaines... Une étape plaisante.

24 chambres – 85/189 € – 16 €

route d'Ascain – 05 59 41 32 87 – www.lechantaco.com – Fermé 11 novembre-28 février

La Réserve

TRADITIONNEL · CONTEMPORAIN Au faîte des falaises de la pointe Ste-Barbe, à l'écart de la station, cette Réserve domine superbement l'Océan, que l'on observe à loisir en se promenant dans le grand jardin ou de la piscine à débordement... Vue sur les flots également de la majorité des chambres, confortables et cossues. L'Atlantique est à vous !

37 chambres – 120/430 € – 4 suites – 19 €

Rond-Point Ste-Barbe, 2 km au Nord par bd Thiers – 05 59 51 32 00 – www.hotel-lareserve.com – Fermé 11 novembre-28 février

Ilura – voir la sélection des restaurants

Les Almadies

FAMILIAL · CENTRAL Décor soigné dans ce charmant petit hôtel mêlant touches design et mobilier rustique. Chambres impeccables, terrasse fleurie.

7 chambres – 95/145 € – 14 €

Plan : B2-x – *58 rue Gambetta – 05 59 85 34 48 – www.hotel-les-almadies.com – Fermé 20 janvier-7 février*

Hôtel de la Plage

FAMILIAL · RÉGIONAL Comme son nom l'indique, cette grande bâtisse de style régional borde l'Océan. Cadre actuel et fonctionnel dans les chambres ouvrant en majorité sur la plage.

28 chambres – 99/189 € – 12 €

Plan : A1-a – *33 Rue Garat – 05 59 51 03 44 – www.hoteldelaplage.com – Fermé 6 janvier-14 février, 11 novembre-19 décembre*

Maison Tamarin

MAISON DE CAMPAGNE · ÉLÉGANT Il est des destins originaux... À l'image de celui du propriétaire dont les parents, originaires d'Écosse, sont tombés amoureux de la région en faisant du stop ! De la villa basque qu'ils ont construite, près de la plage, leur fils a fait un bien joli lieu de villégiature. Préférez les chambres avec vue sur l'Océan. Bon petit-déjeuner avec pâtisseries maison.

5 chambres – 120/300 €

chemin de kokotia (route des plages), 2,5 km au Nord – 05 59 47 59 60 – www.maisontamarin.com – Fermé 15 novembre-1er mars

à Ciboure 1 km à l'Ouest par D912 – 64500

L'Ephémère

CUISINE MODERNE · CONVIVIAL XX Voiles d'acier, murs gris métallisé, vaisselle design : la version moderniste du style nautique. La cuisine est tendance, foisonnante de saveurs et de contrastes – avec par exemple un très original dessert sans sucre. Un conseil d'ami : essayez la petite carte du bistrot, proposée midi et soir !

Menu 15 € (déjeuner), 19/58 € – Carte 30/45 €

Plan : A2-y – *15 quai Maurice-Ravel – 05 59 47 29 16 – www.lephemere-ciboure.fr – Fermé mardi soir, mercredi, vendredi midi*

Chez Mattin

CUISINE BASQUE · RUSTIQUE X Ambiance très familiale dans cette maison de pays rustique à souhait (poutres, cuivres...). Spécialités basques et suggestions au gré du marché, pour une cuisine spontanée, qui étonne et détonne. Le poisson est à l'honneur et c'est un vrai bonheur !

Carte 40/50 €

Plan : A2-v – *63 rue E.-Baignol – 05 59 47 19 52 – www.chezmattin.fr – Fermé 24 février-28 mars, 24 juin-4 juillet, 11-20 novembre, lundi, dimanche*

à Urrugne 4 km au Sud par D810 – ✉ 64122

Ferme Lizarraga

CUISINE MODERNE • CONTEMPORAIN Dans un bel environnement naturel – *lizarraga* signifie "forêt de frênes" en basque –, une auberge du 17e s. au caractère préservé, à la fois chic et champêtre. Le chef offre une version revisitée de la cuisine du marché : on en profite en terrasse, à l'ombre d'un noyer centenaire... Délicieux, tout simplement.

Menu 20 € (déjeuner), 38/50 € – Carte 42/49 €

chemin de Lizarraga – ✆ 05 59 47 03 76 – www.lizarraga.fr – Fermé lundi, mardi

Château d'Urtubie

HISTORIQUE • PERSONNALISÉ Sur la route de l'Espagne, ce château fort du 14e – remanié au cours des siècles – est la propriété de la même famille depuis 24 générations ! Aujourd'hui musée et hôtel, il abrite des chambres de caractère, garnies de mobilier ancien.

9 chambres – 95/180 € – 12 €

1 rue Bernard-de-Coral – ✆ 05 59 54 31 15 – www.chateaudurtubie.fr – Fermé 1er novembre-30 avril

ST-JEAN-DE-MONTS

✉ 85160 (Vendée) – Carte régionale n° **23**-A3

Carte Michelin 316-D7 – Guide Vert Michelin Pays de la Loire

Le Robinson

CUISINE TRADITIONNELLE • ÉLÉGANT Huitres chaudes "Vendée atlantique", fricassé de ris de veau braisé... Dans l'assiette de ce Robinson, on découvre une sympathique cuisine traditionnelle, un brin actualisée, qui privilégie les produits iodés. Pas sûr que l'on trouve tout cela sur une île déserte !

Menu 20/38 € – Carte 30/40 €

28 boulevard du Général-Leclerc – ✆ 02 51 59 20 20 – www.hotel-lerobinson.com – Fermé 25 novembre-2 février

Atlantic Thalasso

SPA ET BIEN-ÊTRE • FONCTIONNEL Confort et douceur dans cet hôtel, à deux pas de la plage, du golf et du centre de thalasso. Les chambres disposent toutes d'un balcon.

47 chambres – 77/184 € – 14 €

16 avenue des Pays-de-Monts – ✆ 02 51 59 15 15 – www.atlantic-thalasso-hotel.com

L'Espadon

TRADITIONNEL • BORD DE MER Sur une avenue reliant la plage au bourg, cet hôtel offre des chambres fonctionnelles, confortables, climatisées... la plupart avec balcon. Cuisine iodée au restaurant.

27 chambres – 65/140 € – 12 €

8 avenue de la Forêt – ✆ 02 51 58 03 18 – www.hotel-espadon.com – Fermé 23 décembre-13 janvier

Le Robinson

FAMILIAL • CONTEMPORAIN En retrait des plages, cet hôtel permet de se loger confortablement et à bon prix. Les chambres, entièrement rénovées il y a quelques années, sont agréables et fonctionnelles ; pour les inconditionnels de sport, il y a la piscine intérieure et la petite salle de musculation.

58 chambres – 65/133 € – 11 €

28 boulevard du Général-Leclerc – ✆ 02 51 59 20 20 – www.hotel-lerobinson.com – Fermé 25 novembre-2 février

Le Robinson – voir la sélection des restaurants

ST-JEAN-DE-TRÉZY

✉ 71490 (Saône-et-Loire) – Carte régionale n° **5**–C3
Carte Michelin 320-H8

Domaine de Rymska Ⓝ

CUISINE MODERNE • CONTEMPORAIN XX Le concept mêlant agriculture et hôtellerie fonctionne ici du tonnerre : à table, on se régale d'un menu unique ultra-local, où les produits de l'exploitation sont bien mis en valeur. Une cuisine de qualité, maîtrisée, sincère : on se régale en toute simplicité.

Menu 32 € (déjeuner), 49/70 €

1 rue du Château-de-la-Fosse – ✆ 03 85 90 01 01 – www.domaine-rymska.com – Fermé 16 décembre-19 janvier, lundi, dimanche

Domaine de Rymska Ⓝ

AGRITOURISME • CONTEMPORAIN Sur la route des vins, au cœur d'un domaine agricole de 80 hectares, ce bel établissement a trouvé l'équilibre du luxe (vastes chambres décorées avec goût, chacune portant le nom d'un cheval né sur l'exploitation) et du naturel. Service attentionné.

3 suites – € – 2 chambres

1 rue du Château-de-la-Fosse – ✆ 03 85 90 01 01 – www.domaine-rymska.com – Fermé 16 décembre-19 janvier

Domaine de Rymska – voir la sélection des restaurants

ST-JEAN-DU-BRUEL

✉ 12230 (Aveyron) – Carte régionale n° **22**–D2
Carte Michelin 338-M6

Midi-Papillon

CUISINE TRADITIONNELLE • CLASSIQUE XX Au bord de la Dourbie, une maison romantique où la famille Papillon choie ses hôtes depuis 1850... On produit presque tout sur place : légumes, fruits, lapins, volailles – sans oublier les cochons de la ferme voisine (délicieuses charcuteries) et les cèpes des bois alentour. Conclusion : une savoureuse cuisine du terroir !

Menu 15 € (déjeuner), 22/39 € – Carte 23/60 €

place du Manège – ✆ 05 65 62 26 04 – www.hoteldumidipapillon.fr – Fermé 11 novembre-13 avril

ST-JEAN-PIED-DE-PORT

✉ 64220 (Pyrénées-Atlantiques) – Carte régionale n° **18**–B3
Carte Michelin 342-E6 – Guide Vert Michelin Pays Basque et Navarre

Les Pyrénées (Philippe Arrambide)

CUISINE CLASSIQUE • FAMILIAL XXX Une institution à St-Jean-Pied-de-Port. Dans le décor comme dans l'assiette, ces Pyrénées cultivent le goût du Pays basque avec délicatesse et finesse. Renouvelées sur le fondement de produits de grande qualité, les assiettes sont pleines d'allure.

→ Langoustine en salade, rôtie, en ravioli et en beignet au curry. Pigeon rôti au lard, compression de chou vert et barbajuan aux abats. Soufflé chaud au fruit de la passion, sorbet kiwi-mangue

Menu 42/115 € – Carte 80/115 €

19 place Charles-de-Gaulle – ✆ 05 59 37 01 01 – www.hotel-les-pyrenees.com – Fermé 7 janvier-7 février, 12-29 novembre, mardi

Les Pyrénées

FAMILIAL • TRADITIONNEL Au cœur de ce joli village – dernière étape française pour les pèlerins de Compostelle –, ce relais de poste jouit d'un jardin luxuriant (avec piscine) et abrite des chambres sobres et modernes, bien confortables. Une bonne étape avant l'Espagne !

14 chambres – 105/255 € – 4 suites – 18 €

19 place Charles-de-Gaulle – ✆ 05 59 37 01 01 – www.hotel-les-pyrenees.com – Fermé 7 janvier-7 février, 12-29 novembre

Les Pyrénées – voir la sélection des restaurants

ST-JOACHIM

⊠ 44720 (Loire-Atlantique) – Carte régionale n° **23**-A2

Carte Michelin 316-C3 – Guide Vert Michelin Pays de la Loire

✿ La Mare aux Oiseaux (Eric Guérin)

CUISINE CRÉATIVE • ÉLÉGANT XXX Totalement immergé dans son terroir, Éric Guérin le réinterprète de superbe façon. Avec des ingrédients de premier choix, il compose une cuisine "nature" qui a de la personnalité, de l'allure, de la délicatesse, de la fraîcheur... et confine même à la poésie par instants. Le charme des lieux, la gentillesse et l'efficacité de l'accueil font le reste !

→ Poulpe betterave, rhubarbe. Pigeon de Mesquer rôti, chou-fleur à la crème, avocat-café. Chocotruffe, fourme d'Ambert, chocolat blanc, truffe

Menu 55 € (déjeuner), 78/110 €

223 rue du Chef-de-l'Île-Fedrun – ✆ 02 40 88 53 01 – www.mareauxoiseaux.fr – Fermé 2-31 janvier, lundi, mardi

La Mare aux Oiseaux

MAISON DE CAMPAGNE • ÉLÉGANT C'est un charmant village aux maisons à toit de chaume, sis dans le parc naturel régional de Brière, véritable paradis pour les oiseaux. La demeure se trouve au diapason de ce paysage idyllique. Dispersées en plusieurs endroits de la propriété (chaumière principale, maisons sur pilotis), les chambres sont douillettes et confortables - le mobilier provient des nombreux voyages d'Éric Guérin. Espace bien-être avec jacuzzi et sauna.

15 chambres – 100/235 € – 2 suites – 20 €

223 rue du Chef-de-l'Île-Fedrun – ✆ 02 40 88 53 01 – www.mareauxoiseaux.fr – Fermé 3 janvier-1er février

✿ **La Mare aux Oiseaux** – voir la sélection des restaurants

ST-JOUAN-DES-GUÉRETS

⊠ 35430 (Ille-et-Vilaine) – Carte régionale n° **7**-D1

Carte Michelin 309-K3

La Malouinière des Longchamps

TRADITIONNEL • CONTEMPORAIN Idéal pour un séjour reposant et champêtre ! Cette ancienne ferme et ses dépendances disposent de chambres confortables et bien tenues. Jardin fleuri, piscine, espace beauté et bien-être.

9 chambres – 69/229 € – 14 €

Les Longchamps, 1,5 km à l'Est par D204 – ✆ 02 99 82 74 00 – www.hotel-spa-saintmalo.com – Fermé 6 janvier-15 mars

ST-JOUIN-BRUNEVAL

⊠ 76280 (Seine-Maritime) – Carte régionale n° **17**-C1

Carte Michelin 304-A4

Le Belvédère

CUISINE TRADITIONNELLE • CONVIVIAL XX Délicieux croustillant de camembert fermier chaud, ou encore cabillaud rôti au four... Le chef, en vrai artisan, respecte ses produits. Le tout avec une vue à couper le souffle sur les falaises et le grand large. Mer à l'horizon !

Menu 27/47 € – Carte 40/75 €

route du Belvédère – ✆ 02 35 20 13 76 – www.restaurant-lebelvedere.com – Fermé 2 janvier-11 février, mercredi soir, jeudi, dimanche soir

ST-JULIEN-CHAPTEUIL

⊠ 43260 (Haute-Loire) – Carte régionale n° **1**-C3

Carte Michelin 331-G3 – Guide Vert Michelin Lyon Drôme Ardèche

Vidal

CUISINE DU TERROIR • ÉLÉGANT XXX Après un beau parcours (Guérard, Roth, Ducasse à Londres, Boulud à New York), le fils Vidal a rejoint son père aux fourneaux de la maison familiale. Le résultat est enthousiasmant : dressages soignés, recettes pleines de fraîcheur et de peps, comme avec ce maquereau mariné aux agrumes, ou ce saucisson poché aux cèpes... Accueil charmant.

Menu 31/80 € - Carte 64/74 €

18 place du Marché - ✆ 04 71 08 70 50 - www.restaurant-vidal.com - Fermé 15 janvier-15 février, lundi, mardi soir, dimanche soir

ST-JULIEN-DE-CONCELLES

✉ 44450 (Loire-Atlantique) - Carte régionale n° **23**-B2
Carte Michelin 316-H4

Clémence

CUISINE TRADITIONNELLE • CONVIVIAL XX C'est en cette auberge ligérienne que Clémence Lefeuvre (1860-1932) créa le fameux beurre blanc ! Le chef lui rend un savoureux hommage, mêlant tradition, produits frais et invention. Une bonne étape sur la route des bords de Loire.

Menu 21 € (déjeuner), 33/84 €

91 Levée-de-la-Divate - ✆ 02 40 36 03 18 - www.restaurantclemence.com - Fermé 4-18 août, 24 décembre-3 janvier, lundi, mardi soir, mercredi soir, jeudi soir, dimanche soir

ST-JULIEN-EN-GENEVOIS

✉ 74160 (Haute-Savoie) - Carte régionale n° **4**-F1
Carte Michelin 328-J4

Les Cocottes Porte de Genève

CUISINE TRADITIONNELLE • BISTRO X Ce restaurant (situé dans un casino) propose une cuisine traditionnelle gourmande, servie dans une décoration de style bistrot, sur le modèle des autres "Cocottes" (œuf mimosa de "Mamie Constant", tarte au chocolat etc.).

Menu 24 € (déjeuner), 33/60 € - Carte 33/55 €

route d'annecy (au casino) - ✆ 04 50 49 61 07 - www.maisonconstant.com

à Bossey 7 km à l'Est par D1206 - ✉ 74160

La Ferme de l'Hospital (Jean-Jacques Noguier)

CUISINE MODERNE • ÉLÉGANT XXX Ne vous fiez pas au caractère imposant de cette ferme (ancienne propriété de l'hôpital de Genève), l'intérieur est vraiment chaleureux. Le chef ne travaille que de beaux produits, sur des bases traditionnelles, mais il sait y apporter une note d'exotisme culinaire. On en sort comblé !

→ Ravioli de volaille aux cèpes, foie gras, morilles et émulsion des bois. Omble du lac, lie de vin de mondeuse et caviar de brochet. Gratin de fruits rouges et sabayon à l'eau de fleurs

Menu 38 € (déjeuner), 65/92 € - Carte 100/120 €

route du Golf - ✆ 04 50 43 61 43 - www.ferme-hospital.com - Fermé 10-26 février, 29 juillet-15 août, lundi, dimanche

ST-JULIEN-EN-VERCORS

✉ 26420 (Drôme) - Carte régionale n° **2**-C2
Carte Michelin 332-F3

Café Brochier

CUISINE TRADITIONNELLE • VINTAGE X Une institution dans ce village de 200 âmes, reprise en 2014 par un chef qui délaissa l'événementiel pour l'essentiel, la gastronomie ! Tête de veau sauce gribiche, omble chevalier au beurre blanc : son travail, fondé sur le produit frais, est généreux et bon - tout simplement !

Menu 29 €

place du Village - ✆ 04 75 48 20 84 - www.cafebrochier.com - Fermé 1er-26 avril, mardi, mercredi

ST-JUNIEN

✉ 87200 (Haute-Vienne) – Carte régionale n° **19**-A2

Carte Michelin 325-C5 – Guide Vert Michelin Limousin Berry

Lauryvan

CUISINE MODERNE • COSY XX Dans le cadre verdoyant d'un petit bois tout proche de la Vienne, on profite d'une cuisine moderne et inventive, réglée sur les saisons. L'été, on pourra même s'installer sur la jolie terrasse pour profiter de la vue sur l'étang… Un régal.

Menu 41/60 € – Carte 45/55 €

200 allée du Bois-au-Boeuf – ✆ 05 55 02 26 04 – www.lauryvan.fr – Fermé 23 septembre-7 octobre, lundi, mercredi soir, dimanche soir

Le Relais de Comodoliac

FAMILIAL • FONCTIONNEL Un hôtel bien situé, tout près de la route mais néanmoins au calme, dans un joli jardin. Les chambres, d'esprit contemporain, sont agréables et impeccablement tenues.

29 chambres – 80/94 € – 12 €

22 avenue Sadi-Carnot – ✆ 05 55 02 27 26 – www.comodoliac.fr – Fermé 26 décembre-3 janvier

ST-JUST-ST-RAMBERT

✉ 42170 (Loire) – Carte régionale n° **2**-A2

Carte Michelin 327-E7 – Guide Vert Michelin Lyon et sa région

Gare & Gamel

CUISINE TRADITIONNELLE • BISTRO X L'ancien Neuvième Art (déménagé à Lyon) est devenu un bistrot contemporain et convivial. La carte courte décline une cuisine traditionnelle, à l'instar de la tête de veau sauce gribiche, ou l'île flottante aux pralines. Les produits locaux ont aussi la part belle : en saison, on se régale d'un faux-filet de bœuf fin-gras du Mézenc.

Menu 16 € (déjeuner)/31 € – Carte 32/54 €

place du 19-mars-1962 – ✆ 04 77 06 51 05 – www.gare-gamel.fr – Fermé lundi soir, mardi soir, mercredi soir, dimanche

ST-LARY-SOULAN

✉ 65170 (Hautes-Pyrénées) – Carte régionale n° **22**-A3

Carte Michelin 342-N8

La Grange

CUISINE TRADITIONNELLE • RUSTIQUE XX Sur la route d'Autun, cette ancienne grange est aujourd'hui un restaurant chic et chaleureux, où règne une ambiance montagnarde. Dans l'assiette, une cuisine goûteuse et soignée, réalisée avec de beaux produits régionaux : tapas du terroir, côte de porc noir de Bigorre aux morilles… Une belle adresse.

Menu 26/46 € – Carte 40/53 €

quartier d'Autun – ✆ 05 62 40 07 14 – www.restaurant-saint-lary.com – Fermé mardi, mercredi

Aurélia

FAMILIAL • CONTEMPORAIN Près des thermes, une affaire familiale qui se distingue par l'accueil et l'écoute des clients ! Ajoutez à cela des chambres simples et bien tenues, une piscine et son fitness, vous obtenez une adresse attachante. Au restaurant, cuisine traditionnelle inspirée par le marché.

20 chambres – 60/80 € – 9 €

31 chemin de Saint Lary à Vielle-Aure, par D116 et D19 – ✆ 05 62 39 56 90 – www.hotel-aurelia.com – Fermé 28 avril-24 mai, 29 septembre-20 décembre

à Azet 6 km à l'Est par D116 – ✉ 65170

Maison Seignou

FAMILIAL • CONTEMPORAIN Au cœur d'un petit village situé au dessus de Saint-Lary, cette jolie maison d'hôtes propose 5 chambres dans un esprit contemporain. Charmant espace bien-être et bain nordique chauffé au feu de bois. Possibilité de se restaurer sur place.

5 chambres ☕ – 👥115 €

Au Village – ☎ 05 62 39 19 03 – www.maisonseignou.com – Fermé 31 mars-30 avril, 3-30 novembre

ST-LAURENT-DE-CERDANS

✉ 66260 (Pyrénées-Orientales) – Carte régionale n° **21**–B3

Carte Michelin 344-G8

Domaine de Falgos

TRADITIONNEL • COSY Sur la frontière espagnole, une ancienne ferme à plus de 1 000 m d'altitude ! Les chambres y sont spacieuses, cosy, bien équipées et... au grand calme. Les plus : le parcours de golf et le bel espace de remise en forme. Au restaurant, spécialités de brasserie et recettes traditionnelles. Terrasse face aux greens.

25 chambres – 👥139/229 € – ☕15 €

Domaine de Falgos – ☎ 04 68 39 51 42 – www.falgos.com

ST-LAURENT-DU-VAR

✉ 06700 (Alpes-Maritimes) – Carte régionale n° **25**–E2

Carte Michelin 341-E5 – Guide Vert Michelin Côte d'Azur

Holiday Inn Resort

HÔTEL DE CHAÎNE • CONTEMPORAIN Cet hôtel moderne joint l'utile à l'agréable avec ses chambres confortables et son bon emplacement en bord de mer, près du port de plaisance. On peut d'ailleurs profiter de la plage privée et de la belle terrasse les pieds dans le sable ! Préférez les chambres tournées vers les flots.

124 chambres – 👥99/500 € – ☕19 €

Port St-Laurent – ☎ 04 93 14 80 00 – www.ihg.com

ST-LAURENT-DU-VERDON

✉ 04500 (Alpes-de-Haute-Provence) – Carte régionale n° **24**–C2

Carte Michelin 334-E10

Le Moulin du Château

FAMILIAL • PERSONNALISÉ Dans ce charmant moulin à huile du 17^{e}s., l'ancienne meule a toujours sa place dans le décor très soigné ! Farniente au jardin et éthique écologique (citerne d'eau de pluie, produits bio...). Table d'hôte à la provençale (menu unique pour les résidents).

9 chambres – 👥92/132 € – 1 suite – ☕10 €

99 chemin d'Albiosc – ☎ 04 92 74 02 47 – www.moulin-du-chateau.com – Fermé 4 novembre-22 mars

ST-LAURENT-SUR-SAÔNE – 01 (Ain) ➜ voir Mâcon

ST-LIEUX-LÈS-LAVAUR

✉ 81500 (Tarn) – Carte régionale n° **22**–C2

Carte Michelin 338-C8

Le Colvert

CUISINE MODERNE • RUSTIQUE XX Longtemps, cette charmante maison de 1860, baignée de verdure, a été une boulangerie-épicerie ; aujourd'hui, c'est un repaire gourmand ! Le chef concocte une cuisine du marché au gré des saisons – canard colvert, suprême de pintade farci de brousse et trompettes de la mort –, et réserve de beaux crus pour accompagner ses plats.

Menu 15 € (déjeuner), 26/50 € – Carte 27/53 €

En Boyer – ☎ 05 63 41 32 47 – www.restaurantlecolvert.com – Fermé 1er-7 janvier, 24 février-4 mars, lundi, samedi midi, dimanche soir

ST-LIZIER - 09 (Ariège) ➜ voir St-Girons

ST-LÔ

✉ 50000 (Manche) - Carte régionale n° **17**-A2
Carte Michelin 303-F5 - Guide Vert Michelin Normandie Cotentin

Intuition (Mickaël Marion)

CUISINE CRÉATIVE • **ÉLÉGANT** XX À l'étage de la Brasserie Les Capucines, une table intime et feutrée. Le chef laisse aller sa créativité, et fait mouche : il marie avec subtilité d'excellents produits du terroir normand et des saveurs exotiques. Une table qui ne laisse pas indifférent.

➜ Homard du Cotentin, reine des prés et cassis du jardin. Agneau laiton de pays, aubergine et fromage frais. Flamme croquante meringuée, citron-coriandre feuille et persil plat

Menu 25 € (déjeuner), 39/67 €

1 rue Alsace-Lorraine (1er étage) - ✆ 02 33 05 14 91 - www.restaurant-intuition.com - Fermé lundi, mardi, mercredi, dimanche

Brasserie Les Capucines - voir la sélection des restaurants

Brasserie Les Capucines

CUISINE TRADITIONNELLE • **BRASSERIE** X Une salle de brasserie relookée à la mode contemporaine avec son long comptoir, ses mange-debout, ses couleurs actuelles - chocolat, crème et orange... Les plats sont à l'avenant : tartare, huîtres, salades, ou encore le pied de cochon grillé sauce béarnaise ou le paris-brest. Sans prétention, simplement bon !

Menu 19 € (déjeuner), 22/30 € - Carte 33/50 €

Intuition, 1 rue Alsace-Lorraine - ✆ 02 33 05 15 36 - www.brasserie-les-capucines.com - Fermé dimanche

Mercure

HÔTEL DE CHAÎNE • **FONCTIONNEL** À côté de la gare, ce grand bâtiment moderne, récemment rénové, propose des chambres bien tenues ; pour du calme, préférez celles côté remparts.

61 chambres - 92/170 € - 15 €

1 avenue Briovère - ✆ 02 33 05 10 84 - www.mercure-saint-lo.com

ST-LOUIS

✉ 68300 (Haut-Rhin) - Carte régionale n° **10**-B3
Carte Michelin 315-J11

Le Trianon

CUISINE MODERNE • **ÉLÉGANT** XXX Ici, tout est finesse et élégance. Le cadre a été entièrement modernisé dans une veine contemporaine ; quant à la cuisine du chef, qui mêle terroir et saveurs d'aujourd'hui, elle se révèle goûteuse et soignée.

Menu 32/74 € - Carte 44/61 €

46 rue de Mulhouse - ✆ 03 89 67 03 03 - Fermé 5-18 août, lundi, mercredi soir, dimanche soir

La Cave

CUISINE MODERNE • **CONVIVIAL** X En angle de rue, un bistrot chic et contemporain, convivial et chaleureux, où le chef décline des assiettes bistrotières à tendance canaille. Terrine de lapin aux noisettes et pistaches ; rognons, ris et quasi de veau aux légumes et réduction de suc... le tout accompagné d'une belle sélection de vins.

Menu 24 € (déjeuner)/34 € - Carte 38/78 €

La Villa K, 10 avenue de Bâle - ✆ 03 89 70 93 45 - www.bistrotlacave.com

La Villa K

BUSINESS • **CONTEMPORAIN** Cette belle demeure de maître fut l'élégante "maison Katz", dont le claquant K de la raison sociale perpétue le souvenir. Aujourd'hui, place à un décor mêlant très subtilement l'ancien et le contemporain, dans un esprit zen et design. Espace bien-être.

41 chambres - 105/280 €

10 avenue de Bâle - ✆ 03 89 70 93 40 - www.lavillak.com

La Cave - voir la sélection des restaurants

à Hésingue 4 km à l'Ouest par D419 – ✉ 68220

Au Bœuf Noir

CUISINE CLASSIQUE • CONVIVIAL Les produits frais de qualité rythment la vie de cette maison, de même que la fraîcheur et le goût dans les assiettes : risotto de homard façon paëlla, lièvre à la royale pendant la saison de la chasse... Jolie petite terrasse sur l'arrière, idéale aux beaux jours.

Menu 29 € (déjeuner), 49/67 € – Carte 63/83 €

2 rue Folgensbourg – ✆ 03 89 69 76 40 – www.auboeufnoir.fr – Fermé lundi, samedi midi, dimanche soir

à Huningue 2 km à l'Est par D469 – ✉ 68330

Philippe Schneider

CUISINE MODERNE • ÉLÉGANT Envie d'un repas dans un cadre feutré ? Optez pour ce restaurant ! Dans une salle élégante et confortable, on apprécie de belles recettes dans l'air du temps. Essayez par exemple cet œuf de poule "Création", ce turbot et risotto au romarin citron et émulsion anis, ou encore ce pigeonnau en croûte... Fameux !

Menu 17/89 € – Carte 29/66 €

Tivoli, 15 avenue de Bâle – ✆ 03 89 69 73 05 – www.tivoli.fr – Fermé 27 juillet-19 août, 20 décembre-6 janvier, samedi, dimanche

Tivoli

URBAIN • FONCTIONNEL À deux pas des frontières suisse et allemande, un hôtel confortable avec des chambres fonctionnelles (dans un style classique ou plus contemporain), et récemment rénovées pour la plupart. Avec, en plus, un agréable bistrot contemporain.

39 chambres – 69/99 € – 10 €

15 avenue de Bâle – ✆ 03 89 69 73 05 – www.tivoli.fr – Fermé 27 juillet-19 août, 20 décembre-6 janvier

Philippe Schneider – voir la sélection des restaurants

ST-LUNAIRE – 35 (Ille-et-Vilaine) ➜ voir Dinard

ST-LYPHARD

✉ 44410 (Loire-Atlantique) – Carte régionale n° **23**-A2

Carte Michelin 316-C3 – Guide Vert Michelin Pays de la Loire

Auberge le Nézil

CUISINE MODERNE • AUBERGE Une façade blanche percée de petites fenêtres et coiffée d'un lourd toit de chaume : voilà une auberge typique de la Brière ! Rien de passéiste cependant entre ses murs, dans le décor comme dans l'assiette, laquelle met en valeur des recettes originales et de bons produits (notamment anguilles et grenouilles).

Menu 33/42 €

route de St-Nazaire (lieu-dit le Nézil) – ✆ 02 40 91 41 41 – www.aubergelenezil.fr – Fermé lundi, mercredi soir, dimanche soir

à Bréca 6 km au Sud par D47 et rte secondaire – ✉ 44410

Auberge de Bréca

CUISINE TRADITIONNELLE • AUBERGE Cette maison a gagné en confort et en luminosité, tout en assumant fièrement son passé de relais de chasse – ah, ce toit de chaume ! Comme il se doit, le gibier – à plumes et à poils – est à l'honneur en saison, et le reste de la carte est une ode à la tradition : Saint-Jacques, anguilles, cuisses de grenouilles...

Menu 33/39 € – Carte 45/55 €

Auberge de Bréca, D47 – ✆ 02 40 91 41 42 – www.auberge-breca.com – Fermé 13 janvier-31 mars, lundi, dimanche soir

ST-MACAIRE – 33 (Gironde) ➜ voir Langon

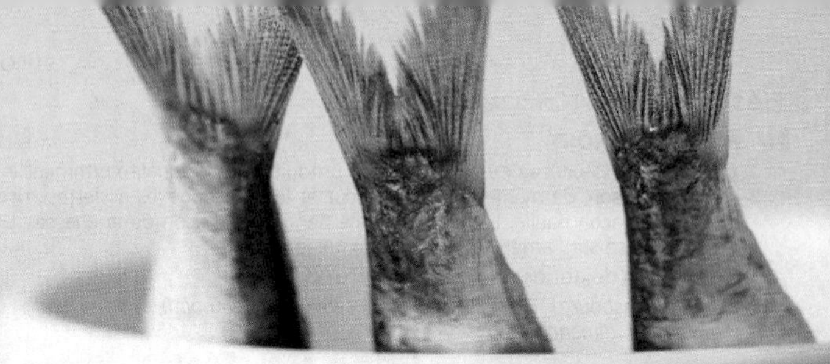

E. Ereza/age fotostock

ON AIME...

Se régaler au **Bistro Autour du Beurre**, mais pas n'importe lequel : celui de Jean-Yves Bordier. Goûter les délicieuses galettes au sarrasin du **Comptoir Breizh Café**, accompagnées d'une belle sélection de cidres. S'asseoir **Au Coude à Coude**, où l'assiette est fraîche et instinctive. Profiter enfin du centre de thalasso du **Grand Hôtel des Thermes**...

ST-MALO

✉ 35400 (Ille-et-Vilaine) – Carte régionale n° **7**-D1

Carte Michelin 309-J3 – Guide Vert Michelin Bretagne Nord

Intra muros - ✉ 35400

Le Bistrot du Rocher

CUISINE TRADITIONNELLE • **BISTRO** Un peu en retrait de l'animation malouine, ce bistrot gourmand est tenu par un jeune couple sérieux et passionné. Les saveurs sont bien maîtrisées, les cuissons et assaisonnements sans faille : de la bonne cuisine bistrotière comme on l'aime !

Menu 22 € (déjeuner) – Carte 30/45 €

Plan : E2-u – *19 rue de Toulouse – ✆ 02 99 40 82 05 – Fermé lundi soir, mardi soir, mercredi*

Le Cambusier

CUISINE MODERNE • **TENDANCE** Au cœur de la cité historique, bienvenue dans ce bar à vins lumineux et convivial. La patronne, charmante, se dit "Bretonne 100 % pur beurre" ! En cuisine, son mari réalise une cuisine créative avec les produits de la côte : maquereaux marinés aux poireaux et gingembre, tarte au citron revisitée...

Menu 22 € (déjeuner), 29/39 € – Carte 39/65 €

Plan : F2-h – *6 Rue des Cordiers – ✆ 02 99 20 18 42 – www.cambusier.fr*

Le Comptoir Breizh Café

CUISINE BRETONNE • **CONVIVIAL** Dans le dédale de l'intra-muros, une crêperie qui bat au rythme de la Bretagne. Les produits locaux (lard, andouilles, légumes) sont utilisés dans le respect de la tradition ; comme il se doit, le sarrasin et la pomme sont les deux piliers de l'établissement... sans oublier le cidre breton, mais aussi d'Italie et d'Allemagne.

Carte 19/44 €

Plan : F2-z – *6 rue de l'Orme – ✆ 02 99 56 96 08 – www.breizhcafe.com – Fermé lundi, mardi*

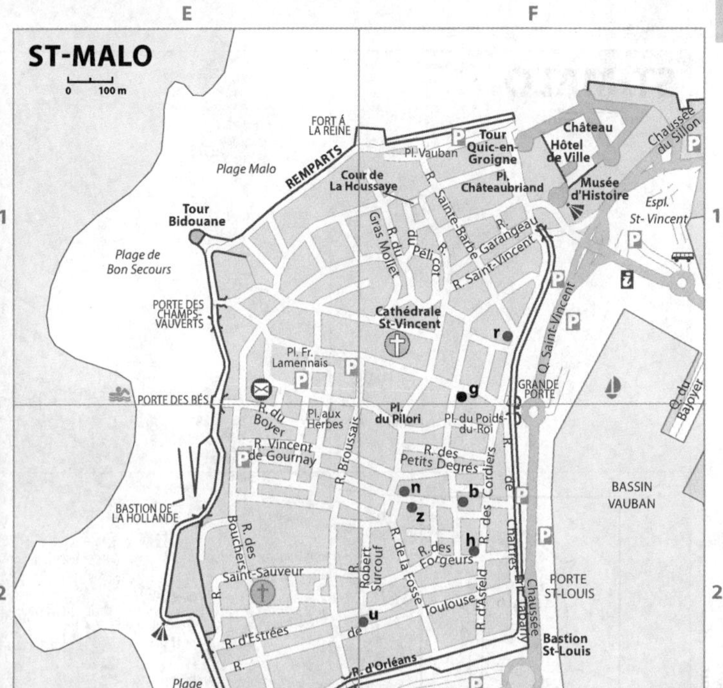

L'Ancrage

POISSONS ET FRUITS DE MER • CONVIVIAL Jetez l'ancre dans ce restaurant digne d'une cabine de bateau (boiseries sombres, lampes en laiton) ou dans sa salle voûtée ! Le chef prépare des recettes résolument tournées vers la mer. Une bonne adresse pour faire le plein d'iode sur les remparts.

Menu 25/36 € - Carte 36/65 €

Plan : F1-r - *7 rue Jacques-Cartier - ✆ 02 99 40 15 97 - Fermé 4 janvier-2 février, mardi, mercredi*

Bistro Autour du Beurre

CUISINE MODERNE • CONTEMPORAIN Le restaurant attenant à la célèbre maison Bordier, dont le beurre se retrouve sur les plus grandes tables. Sur la courte carte, la tradition domine, avec des plats pleins de fraîcheur... et une remarquable sélection de beurres. Et côté décor, des bouteilles de lait font des luminaires et une baratte une table...

Menu 22 € (déjeuner) - Carte 40/75 €

Plan : F2-n - *7 rue de l'Orme - ✆ 02 23 18 25 81 - www.lebeurrebordier.com - Fermé 7 janvier-4 février, 17 juin-4 juillet, lundi, mardi soir, mercredi soir*

Crêperie Grain Noir (N)

CUISINE BRETONNE • SIMPLE Voilà une crêperie digne de ce nom ! Ici, l'origine des produits est certifiée, et les galettes se révèlent fines et croustillantes, comme il se doit. On doit cette partition gourmande à une jeune chef dynamique et consciencieuse, qui est pour beaucoup dans la sympathique ambiance de ces lieux. Un vrai plaisir.

Carte 15/25 €

Plan : F2-b - *16 rue de la Herse - ✆ 02 23 17 56 79 - Fermé lundi, dimanche*

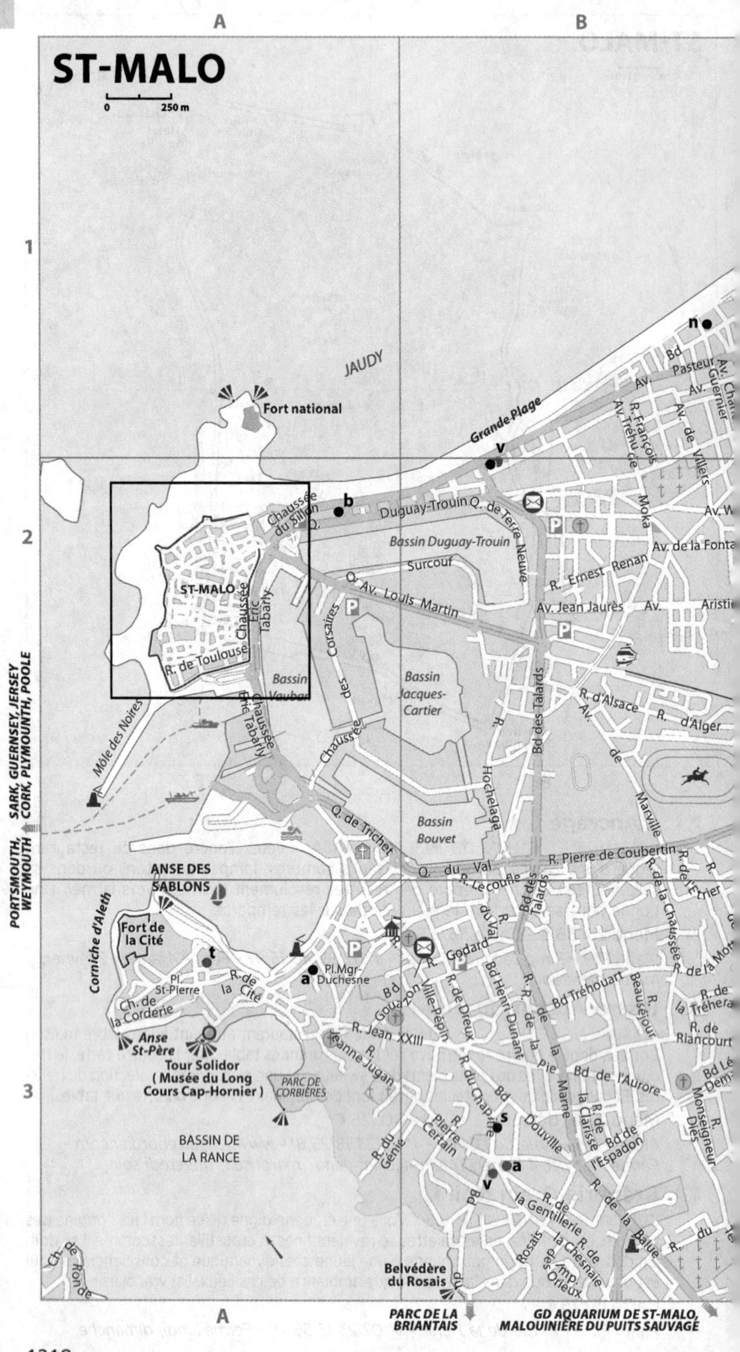

ST-MALO

0 250 m

A B

1 2 3

JAUDY
Fort national
Grande Plage
Chaussée du Sillon
Q. Duguay-Trouin
Q. de Terre Neuve
Bassin Duguay-Trouin
Surcouf
Q. Av. Louis Martin
ST-MALO
Chaussée Eric Tabarly
R. de Toulouse
Bassin Vauban
Chaussée des Corsaires
Bassin Jacques-Cartier
Bassin Bouvet
Q. de Trichet
Q. du Val
Môle des Noires
PORTSMOUTH, WEYMOUTH
SARK, GUERNSEY, JERSEY CORK, PLYMOUTH, POOLE
ANSE DES SABLONS
Corniche d'Aleth
Fort de la Cité
Pl. St-Pierre
R. de la Cité
Ch. de la Corderie
Anse St-Père
Tour Solidor (Musée du Long Cours Cap-Hornier)
PARC DE CORBIÈRES
BASSIN DE LA RANCE
Pl. Mgr-Duchesne
Bd Gouazon
R. Jean XXIII
R. Jeanne Jugan
R. Ville-Pépin
R. de Dreux
R. du Chapitre
R. du Génie
R. Pierre Certain
Bd Rosais
R. de la Gentillerie
R. de la Chesnaie
Imp. des Orieux
Belvédère du Rosais
PARC DE LA BRIANTAIS
GD AQUARIUM DE ST-MALO, MALOUINIÈRE DU PUITS SAUVAGE
Ch. de Ronde
R. Godard
R. Le Coufle
R. du Val
Bd Henri Dunant
R. de la Pie
R. de la Marne
Bd Douville
R. de la Clarisse
Bd de l'Espadon
R. de la Balue
R. du
Bd de l'Aurore
Bd Tréhouart
R. Beauséjour
R. de la Chaussée
R. Monseigneur Dies
R. de Riancourt
R. de la Tréhera
R. de la Mot
Bd Lé Dem
R. de l'Etrier
R. Pierre de Coubertin
Av. de Marville
R. d'Alsace
R. d'Alger
R. Hochelaga
Bd des Talards
Av. Jean Jaurès
Av. Aristi
R. Ernest Renan
Av. de la Fonta
Av. W
Moka
R. François
Av. Tréhu de
Av. de Villiers
Av. Guernier
Av. Char
Bd Pasteur
Av.

a b n s t v

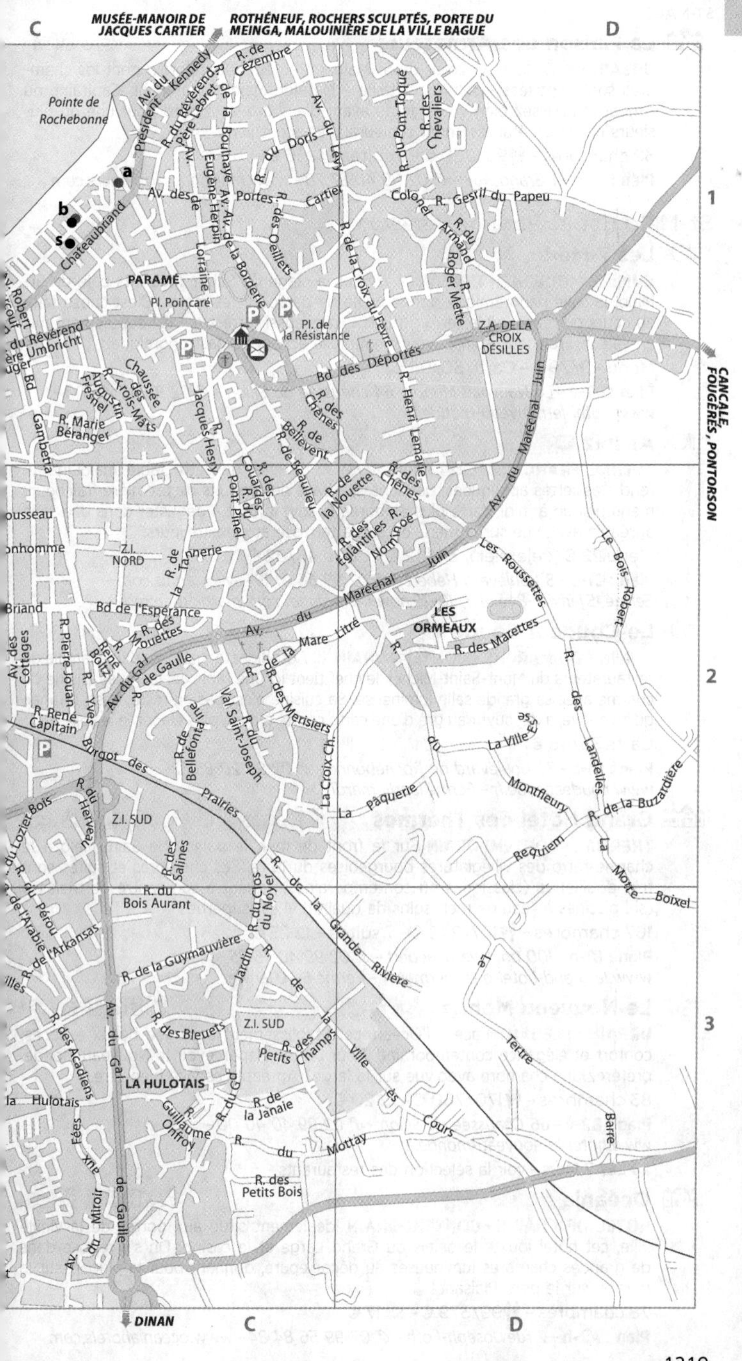
C
D
MUSÉE-MANOIR DE JACQUES CARTIER
ROTHÉNEUF, ROCHERS SCULPTÉS, PORTE DU MEINGA, MALOUINIÈRE DE LA VILLE BAGUE
CANCALE, FOUGÈRES, PONTORSON
DINAN
1
2
3
Pointe de Rochebonne
a
b
s
Av. du Président Kennedy
R. du Révérend Père Lebret
R. de Cézembre
R. de la Boulnaye
Av. Eugène Herpin
Av. de Lorraine
Av. de la Borderie
Av. des Portes Cartier
R. du Doris
Av. du Lévy
R. des Oeillets
R. du Pont Toqué
R. des Chevaliers
Colonel
R. Gesril du Papeu
R. du Roger Mette
R. Armand
R. de la Croix au Fèvre
Chateaubriand
PARAMÉ
Pl. Poincaré
Pl. de la Résistance
Z.A. DE LA CROIX DÉSILLES
R. du Révérend Père Umbricht
Bd des Déportés
R. Augustin Fresnel
Chaussée des Trois-Mâts
R. Marie Béranger
R. Jacques Hesry
R. des Chênes
R. de Bellevent
R. Henri Lemaître
Av. du Maréchal Juin
Bd Gambetta
R. des Couardes
R. du Pont Pinel
R. de Beaulieu
R. de la Nouette
R. des Chênes
R. des Eglantines
R. Nominoé
Z.I. NORD
R. de la Tannerie
Bd de l'Espérance
R. des Mouettes
Av. du Maréchal Juin
Les Roussettes
LES ORMEAUX
R. des Marettes
Le Bois Robert
R. Pierre Jouan
R. René Boltz
R. Yves
Av. des Cottages
Av. du Gal de Gaulle
R. de la Mare Litré
R. des Merisiers
R. de Bellefontaine
Val Saint-Joseph
R. du
R. René Capitain
Burgot des Prairies
R. du Herveau
La Croix Ch.
R. du La Ville Ezse
R. des Landelles
Montfleury
R. de la Buzardière
La Paquerie
Z.I. SUD
R. du Lozier Bois
R. des Salines
Requiem
La Motte Boixel
R. du Pérou
R. de l'Arabie
R. de l'Arkansas
R. du Bois Aurant
R. du Clos du Noyer
R. de la Grande Rivière
R. de la Guymauvière
Jardin
R. de la Ville es Cours
Le Tertre
R. des Acadiens
R. des Bleuets
Z.I. SUD
R. des Petits Champs
LA HULOTAIS
Hulotais
R. Guillaume Onfroy
R. du Gd
R. de la Janaie
Barre
R. du Mottay
Av. du Gal de Gaulle
R. des Petits Bois
Av. du Miroir
D
C

La Maison des Armateurs

URBAIN • ÉLÉGANT Au cœur de St-Malo, un hôtel contemporain dont les chambres sont baptisées – selon leur taille – Matelot, Major, Lieutenant, Capitaine ou Amiral : choisissez bien votre grade avant d'embarquer à bord pour une ou plusieurs nuits ! Un établissement chaleureux et accueillant.

39 chambres – 99/250 € – 6 suites – 16 €

Plan : F1-g – *1 Grand Rue – 02 99 40 87 70 – www.maisondesarmateurs.com*

St-Malo Est et Paramé – ✉ 35400

Les 7 Mers

CUISINE MODERNE • TENDANCE XXX Sur la plage du Sillon, face à la baie de St-Malo, la salle panoramique donne envie de parcourir les mers… C'est chose faite au cours du repas, où le terroir marin – mais aussi terrestre – est subtilement mis en valeur. Fraîcheur, soin, saveurs : une jolie échappée gastronomique.

Menu 49/79 € – Carte 50/95 €

Plan : B2-v – *Le Nouveau Monde, 64 chaussée du Sillon – 02 99 40 40 00 – www.hotel-le-nouveau-monde.fr*

Ar Iniz

CUISINE FRANÇAISE CRÉATIVE • COSY XX Le chef de cette table malouine se fend d'assiettes appliquées, pétillantes, à base de produits de première fraîcheur ; menu unique à midi, carte plus élaborée le soir, le tout à déguster dans une salle agréable avec vue sur la mer… ou sur la terrasse aux beaux jours.

Menu 22 € (déjeuner), 34/42 € – Carte 46/82 €

Plan : C1-b – *8 boulevard Hébert – 02 99 56 01 19 – www.ariniz.com – Fermé 15 janvier-8 février, 10-25 novembre, lundi soir, mardi, mercredi*

Le Coude à Coude

CUISINE DU MARCHÉ • CONTEMPORAIN XX Autodidacte mais issu d'une famille de restaurateurs du Mont-Saint-Michel, le chef tient ici une table chaleureuse, pleine de charme avec sa grande salle lumineuse. Sa cuisine n'est pas en reste, aussi raffinée qu'inventive, à découvrir au gré d'une carte courte à midi, plus élaborée le soir.

Carte 35/45 €

Plan : C1-a – *79 boulevard de Rochebonne – 02 99 20 85 52 – www.coudeacoude.fr – Fermé lundi, mardi*

Grand Hôtel des Thermes

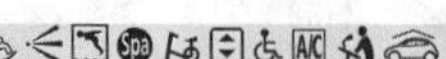

THERMAL • CONTEMPORAIN Sur le front de mer, le palace de Saint-Malo a le charme rétro des villégiatures bourgeoises du 19e s. Ses chambres et suites sont très douillettes (classiques ou contemporaines) ; quant à son centre de thalasso (six piscines à l'eau de mer, soins de qualité), il est superbe !

167 chambres – 187/242 € – 7 suites – 25 €

Plan : B1-n – *100 boulevard Hebert – 02 99 40 75 75 – www.le-grand-hotel-des-thermes.fr – Fermé 6-20 janvier*

Le Nouveau Monde

URBAIN • ÉLÉGANT Face à l'Océan, cet établissement conjugue beaux espaces, confort et élégance contemporaine. Pour tenter d'apercevoir le Nouveau Monde, préférez une chambre avec vue sur le large ! Agréable espace bien-être.

83 chambres – 170/760 € – 20 €

Plan : B2-v – *66 Chaussée du Sillon – 02 99 40 40 00 – www.hotel-le-nouveau-monde.fr*

Les 7 Mers – voir la sélection des restaurants

Océania

HÔTEL DE CHAÎNE • CONTEMPORAIN Idéalement situé aux portes de la vieille ville, cet hôtel jouxte le palais du Grand Large et le casino. On s'y repose dans de grandes chambres lumineuses au décor épuré, donnant pour la plupart sur la mer ou sur le port. Plaisant !

78 chambres – 99/379 € – 17 €

Plan : A2-b – *2 rue Joseph-Loth – 02 99 56 84 84 – www.oceaniahotels.com*

La Villefromoy

MAISON DE MAÎTRE • ÉLÉGANT Une belle bâtisse de 1880 et une villa balnéaire d'esprit 1900 mais datant en réalité de 1980 : deux lieux, une même atmosphère feutrée. Chambres confortables et cosy ; produits locaux et crêpes maison au petit-déjeuner.

26 chambres – 89/499 € – 15 €

Plan : C1-s – *7 boulevard Hebert – ✆ 02 99 40 92 20 – www.villefromoy.fr*

Ar Iniz

URBAIN • PERSONNALISÉ Ar Iniz, ce sont les "petites îles" dans la langue bretonne : voilà qui donne le "la" de ce restaurant installé devant la mer ! La déco joue la carte industrielle et moderne ; les petites chambres ouvrent majoritairement sur le large. Cuisine du marché au restaurant.

22 chambres – 70/170 € – 14 €

8 boulevard Hébert – ✆ 02 99 56 01 19 – www.ariniz.com – Fermé 20 janvier-13 février, 3-20 novembre

Ar Iniz – voir la sélection des restaurants

à St-Servan-sur-Mer – ✉ 35400

Le St-Placide (Luc Mobihan)

CUISINE MODERNE • DESIGN XXX En retrait de l'agitation touristique, un restaurant de poche dont le chef laisse libre cours à son imagination, concoctant une jolie cuisine en prise avec son époque. Accueil prévenant et belle carte des vins (Loire et Bourgogne).

→ Araignée de mer, noix de cajou et estragon. Turbot, sel fumé, comme un beurre blanc. Crêpe dentelle, framboise, eau de verveine

Menu 35 € (déjeuner), 52/112 €

Plan : B3-a – *6 place du Poncel – ✆ 02 99 81 70 73 – www.st-placide.com – Fermé 6-22 janvier, 23 juin-3 juillet, 11-27 novembre, lundi, mardi, dimanche soir*

Bistrot Solidor

CUISINE TRADITIONNELLE • BISTRO X Une ardoise alléchante qui privilégie les produits de saison, une jolie véranda permettant de profiter d'une vue sur la tour Solidor toute proche, une ambiance conviviale assurée par le truculent patron, le tout tenu avec soin... Cette table présente de solides atouts.

Menu 19 € (déjeuner)/40 €

Plan : A3-t – *1 place Saint-Pierre – ✆ 02 99 21 04 87 – www.lebistrotdesolidor.com – Fermé samedi midi, dimanche*

Bistrot Le Poncel

CUISINE TRADITIONNELLE • BISTRO X Ce restaurant bien connu des Malouins affiche souvent complet ! Il faut dire qu'au menu (le midi) comme à l'ardoise (le soir), fraîcheur des produits, simplicité et saveurs sont au rendez-vous. Le tout à savourer dans un décor résolument bistrot. Un bon moment en perspective...

Menu 26 € (déjeuner)/35 € – Carte 45/52 €

Plan : B3-v – *3 place du Poncel – ✆ 02 99 19 57 26 – www.restaurant-bistrot-le-poncel.fr – Fermé 24-30 juin, 21 octobre-4 novembre, 23 décembre-2 janvier, lundi soir, mardi soir, dimanche*

Manoir du Cunningham

TRADITIONNEL • CLASSIQUE Belle demeure du 17e s., aux allures de manoir anglo-normand, face à l'anse des Sablons. Grandes chambres cosy aux charmants noms d'îles paradisiaques, la plupart donnant sur la mer...

12 chambres – 69/212 € – 13 €

Plan : A3-a – *9 place Monseigneur-Duchesne – ✆ 02 99 21 33 33 – www.st-malo-hotel-cunningham.com – Fermé 15 novembre-28 février*

Ascott

HÔTEL PARTICULIER • COSY Heureux mariage de meubles contemporains et d'objets chinés (lustres à pendeloques, trumeaux) en cette demeure bourgeoise de 1890, entre hôtel et maison d'hôtes. Les chambres sont petites mais confortables. Et l'été, on prend le petit-déjeuner au jardin.

10 chambres – 89/239 € – 13 €

Plan : B3-s – *11 Rue du Chapitre – ✆ 02 99 81 89 93 – www.ascotthotel.com*

ST-MARCEL-LÈS-ANNONAY - 07 (Ardèche) ➜ voir Annonay

ST-MARCELLIN

✉ 38160 (Isère) - Carte régionale n° **3**-E2

Carte Michelin 333-E7 - Guide Vert Michelin Lyon et sa région

La Tivollière

CUISINE MODERNE • COSY XX Aménagé dans un château du 15e s. dominant la ville, ce restaurant dispose d'une belle terrasse donnant sur le Vercors. Au menu, une sympathique cuisine au goût du jour : foie gras de canard cuit au torchon, pain d'épices maison ; suprême de volaille rôti, crémeux de Saint Marcellin... C'est fin, goûteux et servi avec attention !

Menu 24 € (déjeuner), 38/48 € - Carte 38/55 €

Château du Mollard - ✆ 04 76 38 21 17 - www.lativolliere.com - Fermé 1er-8 janvier, 16-24 avril, 30 juillet-13 août, 21-29 octobre, lundi, mardi soir, mercredi soir, jeudi soir, dimanche soir

ST-MARTIAL-DE-NABIRAT

✉ 24250 (Dordogne) - Carte régionale n° **18**-D2

Carte Michelin 329-I7

Le St-Martial

CUISINE MODERNE • COSY XX Cette belle maison périgourdine fait la démonstration qu'un zeste de modernité peut magnifier l'authenticité des vieilles pierres ! Derrière les fourneaux, le chef réalise une cuisine en prise avec son époque : asperges vertes de Roques-Hautes et œuf mollet croustillant ; noisettes d'agneau du Lot à l'ail des ours...

Menu 39/95 €

Le Bourg - ✆ 05 53 29 18 34 - www.lesaintmartial.com - Fermé 17 février-5 mars, 30 juin-9 juillet, lundi, mardi

ST-MARTIN-AUX-CHARTRAINS - 14 (Calvados) ➜ voir Pont-L'Évêque

ST-MARTIN-DE-BELLEVILLE

✉ 73440 (Savoie) - Carte régionale n° **4**-F2

Carte Michelin 333-M5 - Guide Vert Michelin Alpes du Nord

✿✿✿ René et Maxime Meilleur

CUISINE CRÉATIVE • RÉGIONAL XXX René, le père, et Maxime, le fils. Meilleurs en duo, Meilleur tout court. Une combinaison d'exception, un yin et yang montagnard qui exprime l'âme d'un terroir et la quintessence d'une passion.

Côté ying, l'excellence commence par une attention scrupuleuse au produit et à son environnement. Une attention qui, pour René, repose sur des rituels solidement établis : "Je pars pour la cueillette aux herbes et aux baies, tous les matins quand la saison le permet."

Côté Yang, et parce que la sagesse sans la fougue serait moins enchanteresse, Maxime assure. De l'enthousiasme, de l'envie et du plaisir : "Une cuisine intelligente mais compréhensible." Ici, tout est imaginé en famille, puisque mère, fille, belle-fille et gendre travaillent ensemble en salle et à l'intendance. Comme souvent en Savoie, La Bouitte est avant tout une histoire d'hommes. Sachez enfin que l'on vous accueille aussi pour la nuit. Dans un chalet mitoyen, 8 chambres et 7 suites du dernier chic montagnard vous attendent.

➜ Filet de féra du lac Léman pané d'une fine feuille de pain croustillante, beurre blanc mousseux à la roussette. Ris de veau glacé, pomme de terre agria, cigarette russe au raifort et fumée de hêtre. Le lait dans tous ses états

Menu 159/325 € - Carte 225/290 €

La Bouitte, à St-Marcel, 2 km au Sud-Est - ✆ 04 79 08 96 77 - www.la-bouitte.com - Fermé 29 avril-14 juin, 2 septembre-6 décembre

Le Grenier

CUISINE TRADITIONNELLE • RUSTIQUE X Voilà une adresse qui n'est pas à remiser au grenier ! Dans la salle sous charpente, le décor, un brin rustique, colle à merveille avec les cocottes généreuses du chef. Terrasse en front de neige.

Menu 34 € – Carte 42/59 €

Saint-Martin, rue des Grangeraies – ✆ 04 79 00 88 00 – www.hotel-stmartin.com

La Bouitte

LUXE • MONTAGNARD Si vous avez fait la route pour profiter de l'excellence culinaire de la Bouitte, sachez que l'on vous y accueille aussi pour la nuit. Plusieurs chalets, huit chambres et sept suites du dernier chic montagnard vous attendent. Un véritable cocon !

8 chambres – 280/580 € – 7 suites – 35 €

La Bouitte, à St-Marcel, 2 km au Sud-Est – ✆ 04 79 08 96 77 – www.la-bouitte.com – Fermé 29 avril-14 juin, 2 septembre-6 décembre

✿✿✿ **René et Maxime Meilleur** – voir la sélection des restaurants

Saint-Martin

TRADITIONNEL • FONCTIONNEL Sur les hauteurs de ce village de montagne, un plaisant chalet au toit de lauzes, à deux pas des pistes. Les chambres, d'esprit contemporain, jouissent pour la plupart d'un balcon. Restauration traditionnelle.

19 chambres – ½ Pension seulement 310/470 € – 8 suites

rue des Grangeraies – ✆ 04 79 00 88 00 – www.hotel-stmartin.com

Le Grenier – voir la sélection des restaurants

ST-MARTIN-DE-LONDRES

✉ 34380 (Hérault) – Carte régionale n° **21**-C2
Carte Michelin 339-H6

L'Accent du Soleil

CUISINE CLASSIQUE • ÉLÉGANT XX Ancien chef du Château de Mercuès, dans le Lot, Philippe Combet sert ici une bonne cuisine de saison, qui met en valeur les produits de la région. Menu truffe ou asperges, agneau du Quercy... le tout servi en salle par son épouse avec gentillesse et professionnalisme.

Menu 29/69 € – Carte 18/39 €

19 route des Cévennes – ✆ 04 67 55 23 10 – www.laccentdusoleil.fr – Fermé lundi, mardi, dimanche soir

ST-MARTIN-DE-RÉ – 17 (Charente-Maritime) → voir Île de Ré

ST-MARTIN-DES-CHAMPS – 50 (Manche) → voir Avranches

ST-MARTIN-DU-FAULT – 87 (Haute-Vienne) → voir Limoges

ST-MARTIN-DU-TOUCH – 31 (Haute-Garonne) → voir Toulouse

ST-MARTIN-SUR-LA-CHAMBRE

✉ 73130 (Savoie) – Carte régionale n° **4**-F2
Carte Michelin 333-K5

✿ Le Clocher des Pères (Pierre Troccaz)

CUISINE CRÉATIVE • CONVIVIAL XX Dominant la vallée, cette ancienne maison forte (15e s.) toise la chaîne de Belledonne, dont le Clocher des Pères. Un lieu plein de cachet pour une cuisine séduisante : fine et créative, alliant élégance visuelle et gustative, elle porte la marque du chef, Pierre Troccaz. Accueil charmant et jolies chambres pour la nuit.

→ Cuisine du marché

Menu 45/74 €

Le Mollard – ✆ 04 79 59 98 06 – www.leclocherdesperes.com – Fermé 1er-17 janvier, 15 avril-2 mai, 21 octobre-7 novembre, lundi midi, mardi, mercredi, jeudi midi, vendredi midi

ST-MARTIN-VÉSUBIE

✉ 06450 (Alpes-Maritimes) – Carte régionale n° **24**-D2
Carte Michelin 341-E3 – Guide Vert Michelin Côte d'Azur

La Bonne Auberge

AUBERGE • CLASSIQUE Cette auberge, construite au 19e s. dans ce joli village de la Suisse niçoise, est gérée par la même famille depuis 1946. L'endroit possède un charme rustique certain, avec ses cuivres et sa grande cheminée, et ses chambres fraîches et colorées !

12 chambres – 69/85 € – 10 €

98 allée de Verdun – ✆ 04 93 03 20 49 – www.labonneauberge06.fr – Fermé 1er janvier-12 février, 15 novembre-31 décembre

ST-MAURICE-DE-SATONNAY

✉ 71260 (Saône-et-Loire) – Carte régionale n° **5**-C3
Carte Michelin 320-I11

Auberge des Grenouillats

CUISINE TRADITIONNELLE • BISTRO X Face à l'église, une jolie bâtisse en pierre apparente, avec sa terrasse à l'ombre des platanes... voici comment se présente ce bistrot centenaire, tenu aujourd'hui par un couple sympathique et travailleur. Au menu : une cuisine généreuse et sans fioritures.

Menu 26 €

Le Bourg – ✆ 03 85 33 40 50 – les-grenouillats-bourgogne.fr – Fermé mardi soir, mercredi, dimanche soir

ST-MAXIMIN-LA-STE-BAUME

✉ 83470 (Var) – Carte régionale n° **24**-B3
Carte Michelin 340-K5 – Guide Vert Michelin Provence

La Table de Bruno

CUISINE MODERNE • ÉPURÉ XX Après avoir fait les beaux jours de maisons provençales de qualité, Bruno Gazagnaire a créé cette table avec son épouse, elle-même pâtissière. Fleurs de courgettes farcies et risotto Arborio aux champignons de saison, etc. : la carte cultive avec délicatesse les codes de la gastronomie d'aujourd'hui.

Menu 28 € (déjeuner)/50 €

2 avenue Maréchal-Foch – ✆ 04 94 80 50 39 – Fermé lundi, dimanche soir

ST-MÉDARD

✉ 46150 (Lot) – Carte régionale n° **22**-B1
Carte Michelin 337-D4

✿✿ Le Gindreau (Pascal Bardet)

CUISINE CRÉATIVE • ÉLÉGANT XXX C'est un petit village surplombant les coteaux. Une ancienne école de village s'est réinventée en restaurant. Bienvenue au Gindreau, à Saint-Médard. Le chef Pascal Bardet, natif du Lot et ancien d'Alain Ducasse pendant 18 ans – notamment au Louis XV –, s'épanouit derrière les pianos. "En cuisine, rien n'est figé", glisse ce timide plein d'assurance. De fait, il met superbement en valeur les produits du terroir - en particulier la truffe en saison, dont il est un spécialiste. Installez-vous en terrasse sous les marronniers, pour déguster un veau piqué à l'ail, aubergine à la couleur légèrement rosée, qui évoque un coucher de soleil sur le Lot... Retour aux racines réussi pour l'enfant du pays.

→ Crousteline de pomme de terre, truffe et cébette au goût fumé. Suprême de pintade de St-Sever servi tiède, cou farci de cuisse effilochée et tartine de foie pilé. Chocolat jivara lacté infusé de réglisse et mûres de ronces, sorbet mûre

Menu 42 € (déjeuner), 63/153 €

✆ 05 65 36 22 27 – www.legindreau.com – Fermé 23 avril-7 mai, lundi, mardi, dimanche soir

ST-MICHEL-EN-L'HERM

✉ 85580 (Vendée) - Carte régionale n° **23**-B3
Carte Michelin 316-I9 - Guide Vert Michelin Pays de la Loire

La Rose Trémière

CUISINE TRADITIONNELLE • RUSTIQUE XX Deux en un : côté gastronomique, une table au cachet rustique au service d'une cuisine traditionnelle teintée de touches actuelles ; côté bistrot, déco contemporaine, convivialité et bons petits plats... pour les gourmets pressés qui peuvent observer, en prime, la brigade s'activer en cuisine. Plaisant !

Menu 29/59 €

4 rue de l'Église - ✆ 02 51 30 25 69 - www.restaurant-larosetremiere.fr - Fermé lundi, mardi, dimanche soir

ST-MICHEL-MONT-MERCURE

✉ 85700 (Vendée) - Carte régionale n° **23**-B3
Carte Michelin 316-K7 - Guide Vert Michelin Pays de la Loire

Château de la Flocellière

DEMEURE HISTORIQUE • CLASSIQUE Un superbe château, mêlant les styles et les siècles (12e, 15e, 17e et 19e s.) : de quoi se rêver preux chevalier ou gente dame ! Les chambres, raffinées, donnent sur le parc ; dans le donjon, la "Médiévale" est splendide. Et pour festoyer, les propriétaires organisent des dîners thématiques dans une salle du 16e s.

5 chambres ☕ - 👥160/230 €

30 rue du Château, 2 km à l'Est par D64 - ✆ 02 51 57 22 03 - www.chateaudelaflocelliere.com - Fermé 2 janvier-31 mars

ST-MIHIEL

✉ 55300 (Meuse) - Carte régionale n° **12**-B2
Carte Michelin 307-E5

à Heudicourt-sous-les-Côtes 15 km au Nord-Est par D901 et D133 - ✉ 55210

Lac de Madine

FAMILIAL • FONCTIONNEL Près du lac, une auberge familiale avec des chambres fonctionnelles et bien tenues, dont la plupart se trouvent dans une annexe aux airs de motel. Pratique aussi, le restaurant de tradition, pour manger sur le pouce.

42 chambres - 👥69/109 € - ☕14 €

22 rue Charles-de-Gaulle - ✆ 03 29 89 34 80 - www.hotel-lac-madine.com - Fermé 1er-14 janvier, 20-31 décembre

ST-NAZAIRE

✉ 44600 (Loire-Atlantique) - Carte régionale n° **23**-A2
Carte Michelin 316-C4 - Guide Vert Michelin Pays de la Loire

Le Sabayon 

CUISINE TRADITIONNELLE • DE QUARTIER X Sur une rue semi-piétonne, cette petite adresse familiale propose, dans un décor tout simple, une cuisine respectueuse de la tradition (préparations maison, produits frais).

Menu 22/50 € - Carte 30/50 €

7 rue de la Paix - ✆ 02 40 01 88 21 - Fermé 15-25 février, 1er-20 août, lundi, dimanche

Le Skipper 

CUISINE MODERNE • ÉLÉGANT X Situé face à une ancienne base sous-marine transformée en centre culturel, ce Skipper, imaginé par un ex-footballeur du FC Nantes, propose une cuisine particulièrement soignée et gourmande. Le chef, ancien du Fort de l'Océan (au Croisic), laisse voguer son inspiration, au gré des saisons. Le tout dans un cadre moderne.

Menu 35 € - Carte 39/57 €

1 avenue René-Coty - ✆ 02 40 22 20 03 - www.le-skipper.com - Fermé 24 décembre-2 janvier, samedi midi, dimanche

ST-NEXANS - 24 (Dordogne) ➜ voir Bergerac

ST-OMER

✉ 62500 (Pas-de-Calais) - Carte régionale n° **13**-B2
Carte Michelin 301-G3

à Tilques 10 km au Sud par D943 et rte secondaire - ✉ 62500

Château Tilques

CUISINE MODERNE · ÉLÉGANT XX Les anciennes écuries du château de Tilques vous tendent les bras ! Si l'antique cheminée est toujours à sa place (on y prépare des grillades et autres plats mijotés), le reste du décor a bénéficié d'un beau coup de jeune : murs blanc et bleu, mobilier moderne... Service agréable.

Menu 25 € (déjeuner)/45 €

rue du Château - ✆ 03 21 88 99 99 - www.tilques.najeti.fr

Château Tilques

DEMEURE HISTORIQUE · CLASSIQUE Ne soyez pas surpris de voir des paons se promener dans le parc de ce château du 19e s. ! Quiétude et nature sont les maîtres mots de cette adresse à deux pas du parc naturel des Caps et Marais d'Opale. Tentures fleuries et meubles de style dans les chambres ; décoration plus contemporaine dans l'annexe.

52 chambres - ††114/210 € - ☕ 16 €

rue du Château - ✆ 03 21 88 99 99 - www.tilques.najeti.fr

Château Tilques - voir la sélection des restaurants

ST-OUEN - 93 (Seine-Saint-Denis) ➜ voir Autour de Paris

ST-OUEN-LES-VIGNES - 37 (Indre-et-Loire) ➜ voir Amboise

ST-OUTRILLE

✉ 18310 (Cher) - Carte régionale n° **8**-C3
Carte Michelin 323-H4 - Guide Vert Michelin Limousin Berry

La Grange aux Dîmes

CUISINE MODERNE · COSY XX Une ancienne grange sur la place de la collégiale du 14e s. Le lieu a du cachet, sinon du charme. En cuisine, le jeune chef concocte des recettes dans l'air du temps, bien ficelées. Les beaux produits sont là, les saveurs aussi. Ainsi ne rechigne-t-on pas à verser la dîme à la fin du repas !

Menu 17 € (déjeuner), 28/41 €

2 place de l'Église - ✆ 02 48 71 84 93 - www.lagrangeauxdimes.com - Fermé 18 février-3 mars, 26 août-8 septembre, mardi, mercredi

ST-PAIR-SUR-MER - 50 (Manche) ➜ voir Granville

ST-PALAIS-SUR-MER - 17 (Charente-Maritime) ➜ voir Royan

ST-PATERNE - 72 (Sarthe) ➜ voir Alençon

ST-PATRICE-COTEAU SUR LOIRE - 37 (Indre-et-Loire) ➜ voir Langeais

ST-PAUL-DE-VENCE

✉ 06570 (Alpes-Maritimes) - Carte régionale n° **25**-E2
Carte Michelin 341-D5 - Guide Vert Michelin Côte d'Azur

La Table de Pierre

CUISINE MÉDITERRANÉENNE · ÉLÉGANT XXX Petits farcis niçois ; encornets cuits à la plancha, asperges vertes et riz vénéré façon risotto ... Une jolie cuisine de la Méditerranée à déguster dans un élégant mas ! Agréable terrasse ouverte sur le jardin et la piscine.

Menu 85 € - Carte 60/80 €

Le Mas de Pierre, 2320 route des Serres, 2 km au Sud - ✆ 04 93 59 00 10 - www.lemasdepierre.com - Fermé 4 novembre-28 février

Au Jardin de la Vague

CUISINE MODERNE • DESIGN XX Côté jardin, la grande salle lumineuse et contemporaine, encadrée de baies vitrées, accueille la table de l'hôtel. La courte carte alléchante se base sur de bons produits frais, avec quelques touches asiatiques par endroits ; elle s'accompagne d'une jolie carte des vins.

Menu 29 € (déjeuner), 49/69 € - Carte 50/70 €

La Vague de St-Paul, chemin des Salettes, 2 km par route de la Fondation Maeght - ✆ 04 92 11 20 00 - www.vaguesaintpaul.com - Fermé 15 novembre-15 mars

Le Tilleul

CUISINE PROVENÇALE • MÉDITERRANÉEN X Ce joli bistrot provençal à l'entrée du vieux village propose une cuisine traditionnelle aux parfums du sud, ainsi qu'une alléchante vitrine de pâtisseries maison. Grande terrasse sous un magnifique tilleul. Malgré l'emplacement archi-touristique, on s'obstine à faire de la qualité !

Menu 29/45 € - Carte 42/59 €

place du Tilleul - ✆ 04 93 32 80 36 - www.restaurant-letilleul.com

Le Mas de Pierre

LUXE • PERSONNALISÉ Au cœur d'un jardin méridional enchanteur, de superbes bastides avec des chambres raffinées : décor de maison bourgeoise, tableaux et tapis... et dehors, une agréable piscine. Et, au déjeuner, direction Lis Orto, bistrot au bon goût de Provence.

50 chambres - 215/1250 € - 4 suites - 29 €

2320 route des Serres, 2 km au Sud - ✆ 04 93 59 00 10 - www.lemasdepierre.com - Fermé 4 novembre-28 février

La Table de Pierre - voir la sélection des restaurants

Le Saint-Paul

LUXE • ÉLÉGANT Belles pierres, fresques champêtres, fontaine, chambres au charme feutré... Voilà le décor élégant de cette demeure provençale du 16e s. perchée dans le village médiéval.

13 chambres - 245/560 € - 3 suites - 29 €

86 rue Grande (au village) - ✆ 04 93 32 65 25 - www.lesaintpaul.com - Fermé 4 novembre-1er avril

La Colombe d'Or

AUBERGE • VINTAGE Cet hôtel-restaurant est un vrai musée ! Il abrite une superbe collection de peintures et de sculptures d'artistes ayant séjourné ici, tels Braque, Léger, Ben... Cadre "vieille Provence" et chambres au décor rustique, terrasse ombragée, et magnifique piscine en pâte de verre.

13 chambres - 325/555 € - 11 suites - 18 €

place Charles-de-Gaulle - ✆ 04 93 32 80 02 - www.la-colombe-dor.com - Fermé 7-18 janvier

La Vague de St-Paul

BUSINESS • CONTEMPORAIN Cette construction en forme de vague, conçue par André Minangoy dans les années 1970, laisse d'abord perplexe, puis séduit. À l'intérieur, grand hall lumineux très "seventies" ; belles chambres épurées et rehaussées de couleurs vives. Plaisant !

46 chambres - 110/210 € - 4 suites - 20 €

chemin des Salettes, 2 km par rte de la Fondation Maeght - ✆ 04 92 11 20 00 - www.vaguesaintpaul.com - Fermé 2 janvier-15 mars

Au Jardin de la Vague - voir la sélection des restaurants

Le Hameau

MAISON DE CAMPAGNE • VINTAGE Dans un jardin planté d'orangers et de cédrats, cette ancienne ferme diffuse le charme de l'authenticité. Tomettes, murs à la chaux, faïence locale : rien ne manque ! Sans parler de la bonne confiture maison dont on se régale au petit-déjeuner...

15 chambres - 130/355 € - 2 suites - 15 €

route de la Colle - ✆ 04 93 32 80 24 - www.le-hameau.com - Fermé 30 octobre-30 mars

Hostellerie des Messugues

MAISON DE CAMPAGNE • MÉDITERRANÉEN Une villa provençale dans une pinède... au calme. Parmi les curiosités du lieu, il y a la jolie piscine circulaire et les portes des chambres, qui proviennent d'une prison du 19e s. ! L'ensemble est plaisant et bien tenu. Plats signés Alain Lorca, servis au bord de la piscine, en saison.

16 chambres – 120/230 € – 15 €

impasse des Messugues, 1 km, quartier Gardettes par rte de la Fondation Maeght – 04 93 32 53 32 – www.alainllorca.com – Fermé 7 janvier-1er mars

Les Vergers de St Paul

TRADITIONNEL • CONTEMPORAIN À l'entrée du village, un hôtel niché dans un petit jardin. Du blanc, des moulures, des rayures pour un esprit assez contemporain : les chambres (avec terrasse ou balcon) sont agréables et certaines donnent de plain-pied sur la piscine.

17 chambres – 99/265 € – 14 €

940 route de la Colle – 04 93 32 94 24 – www.lesvergersdesaintpaul.com

ST-PAUL-EN-JAREZ – 42 (Loire) → voir St-Chamond

ST-PAUL-LÈS-DAX – 40 (Landes) → voir Dax

ST-PAUL-TROIS-CHÂTEAUX

26130 (Drôme) – Carte régionale n° **2**-B3
Carte Michelin 332-B7 – Guide Vert Michelin Ardèche Drôme

Villa Augusta

BOUTIQUE HÔTEL • PERSONNALISÉ Au pays des oliviers et de la lavande, cette jolie villa du 19e s., avec son jardin arboré, est parfaite pour une escapade provençale. Côté déco, couleurs vives, esprit méridional et style contemporain se succèdent dans les chambres cosy...

20 chambres – 99/598 € – 2 suites – 18 €

14 rue du Serre-Blanc – 04 75 97 29 29 – www.villaaugusta.fr – Fermé 20-27 décembre

ST-PÉE-SUR-NIVELLE

64310 (Pyrénées-Atlantiques) – Carte régionale n° **18**-A3
Carte Michelin 342-C4 – Guide Vert Michelin Pays Basque et Navarre

L'Auberge Basque (Cédric Béchade)

CUISINE CRÉATIVE • ÉLÉGANT XX Cette ferme cache une aile contemporaine, ouverte sur la Rhune et la campagne... et en cuisine, l'alchimie fonctionne tout autant : des produits basques de belle qualité, travaillés avec tout le soin qu'ils méritent ! Sans oublier, bien sûr, le "grand" petit-déjeuner tout en gourmandises. À midi en semaine, formule bistrot.

→ Piperade de Cédric au jambon Ibaïma. Marmitako des pêcheurs, eau de tomate au barbecue. Tarte chocolat Cuba, sarriette et soufflé Venezuela

Menu 46 € (déjeuner), 84/118 € – Carte 78/88 €

quartier Helbarron, D307 (ancienne rte de St-Pée à St-Jean-de-Luz) – 05 59 51 70 00 – www.aubergebasque.com – Fermé 13 janvier-8 février, lundi

Ttotta

CUISINE MODERNE • CONTEMPORAIN X Sur la route de St-Jean-de-Luz, ce sympathique restaurant fait honneur au Pays basque ! Dans un décor contemporain, on déguste une cuisine du terroir avec de beaux produits du marché. Mention spéciale pour la viande et la charcuterie locales. Le tout accompagné de vins du Sud-Ouest. Une bonne adresse.

Menu 15 € (déjeuner)/28 € – Carte 32/58 €

Espace Ibarrondoan, route de St-Jean-de-Luz, 1 km à l'Ouest par D918 – 05 59 47 03 55 – www.ttotta.fr – Fermé 15 février-7 mars, mardi soir, mercredi

ST-PHILIBERT

✉ 56470 (Morbihan) - Carte régionale n° **7**-A3

Carte Michelin 308-N9

Le Galet

TRADITIONNEL · CONTEMPORAIN Pour une escale tranquille à deux minutes de la Trinité-sur-Mer : un hôtel design entouré d'un joli jardin. Espace bien-être parfaitement conçu (soins du corps, sauna, jacuzzi).

18 chambres - 58/165 € - 2 suites - 13 €

route de la Trinité-sur-Mer, 1,2 km au Nord par D28 et D781 - ✆ 02 97 55 00 56 - www.legalet.fr - Fermé 2-18 janvier, 9-26 décembre

ST-PIERRE-D'ALBIGNY

✉ 73250 (Savoie) - Carte régionale n° **4**-F2

Carte Michelin 333-J4 - Guide Vert Michelin Alpes du Nord

Château des Allues

DEMEURE HISTORIQUE · PERSONNALISÉ Ce manoir du 19e s. a été rénové avec goût, dans un esprit mêlant subtilement ancien et contemporain : superbes boiseries, mobilier chiné, tissus raffinés... À la table d'hôte, on déguste les légumes du superbe potager bio - lequel est à découvrir.

5 chambres - 155/180 €

Lieu-dit Les Allues - ✆ 06 75 38 61 56 - www.chateaudesallues.com - Fermé 10 novembre-15 décembre

ST-PIERRE-DE-JARDS

✉ 36260 (Indre) - Carte régionale n° **8**-C3

Carte Michelin 323-H4

Les Saisons Gourmandes

CUISINE MODERNE · TRADITIONNEL XX Une terrasse fleurie, des poutres peintes en "bleu berrichon" : l'endroit est sympathique et la gourmandise y est au rendez-vous, sous l'égide du chef qui puise son inspiration dans la tradition et les produits de saison... ainsi ce foie gras poché au Reuilly, spécialité de la maison. Aux beaux jours, réservez une table en terrasse.

Menu 24/49 € - Carte 31/44 €

place des Tilleuls
- ✆ 02 54 49 37 67 - www.lessaisonsgourmandes.fr -
Fermé 2-16 janvier, 18-28 février, 21 octobre-7 novembre, lundi soir, mardi soir, mercredi, dimanche soir

ST-PIERRE-DU-MONT

✉ 14450 (Calvados) - Carte régionale n° **17**-B2

Carte Michelin 303-G3

Le Château Saint-Pierre

DEMEURE HISTORIQUE · TRADITIONNEL L'adresse idéale pour visiter les plages du Débarquement et la pointe du Hoc, accessible à pied, tout en profitant des charmes d'une demeure normande du 16e s. Au petit-déjeuner, on vous sert confitures maison et lait de ferme tout frais !

5 chambres - 80/105 €

CD 514, 1 km à l'Ouest par D514 - ✆ 02 31 22 63 79 - www.chambresdhotes-bayeuxarromanchesgrandcamp.com - Fermé 15 décembre-15 février

ST-PIERRE-QUIBERON - 56 (Morbihan) ➜ voir Quiberon

ST-POL-DE-LÉON

✉ 29250 (Finistère) - Carte régionale n° **7**-B1
Carte Michelin 308-H2 - Guide Vert Michelin Bretagne Nord

✿ Auberge La Pomme d'Api (Jérémie Le Calvez)

CUISINE CRÉATIVE • RUSTIQUE XX Le restaurant de Jérémie Le Calvez a déménagé au Clos Saint Yves, jolie maison en pierre datant du 17e s. La cuisine du chef, elle, demeure, qui joue résolument la carte des recettes d'aujourd'hui et de la fraîcheur. Les assiettes, fines et inventives, mettent en valeur les meilleurs produits du terroir breton, le tout au rythme des saisons.

→ Langoustine rôtie, courge et boudin noir, jus au lard. Saint-pierre, raviole de pied de porc et sauce au Noilly Prat. Sphère pamplemousse, poivre timut et granité au champagne

Menu 25 € (déjeuner), 49/105 € - Carte 85/100 €

5 rue St-Yves - ✆ 02 98 69 04 36 - www.aubergelapommedapi.com - Fermé lundi, dimanche soir

ST-PONS - 04 (Alpes-de-Haute-Provence) → voir Barcelonnette

ST-PRIEST - 69 (Rhône) → voir Lyon

ST-PRIVAT

✉ 19220 (Corrèze) - Carte régionale n° **19**-C3
Carte Michelin 329-N5

Auberge de la Xaintrie

TRADITIONNEL • CONTEMPORAIN Un hôtel installé en plein centre de cette agréable bourgade. Les chambres sont spacieuses, bien équipées et décorées dans un esprit contemporain ; pour vous requinquer, l'espace bien-être (sauna, hammam et jacuzzi) et le généreux restaurant traditionnel vous tendent les bras !

28 chambres - 75/90 € - 9 €

25 rue de la Xaintrie - ✆ 05 55 28 49 80 - www.aubergedelaxaintrie.fr - Fermé 4 janvier-2 février

ST-PRIX - 95 (Val-d'Oise) → voir Autour de Paris

ST-QUAY-PORTRIEUX

✉ 22410 (Côtes-d'Armor) - Carte régionale n° **7**-C1
Carte Michelin 309-F3 - Guide Vert Michelin Bretagne Nord

Ker Moor

TRADITIONNEL • COSY Dans l'extension moderne d'une belle villa d'inspiration mauresque, le long du chemin des douaniers, des chambres élégantes et confortables, au grand calme. Depuis leur terrasse, on dispose d'une vue sur toute la baie de St-Brieuc. Superbe situation !

30 chambres - 89/250 € - 15 €

13 rue du Président-Le-Sénécal - ✆ 02 96 70 52 22 - www.ker-moor.com

ST-QUENTIN

✉ 02100 (Aisne) - Carte régionale n° **14**-C2
Carte Michelin 306-B3

Auberge de l'Ermitage

CUISINE TRADITIONNELLE • COSY XX Un "ermitage" un peu à l'écart du centre-ville, à l'atmosphère contemporaine et feutrée. Le patron fait œuvre de tradition avec sérieux ; le filet de bœuf, le cœur de ris de veau et le foie gras de canard sont ses plats signatures.

Menu 31/70 €

331 route de Paris, 3 km au Sud-Ouest par D930 - ✆ 03 23 62 42 80 - www.aubergedelermitage.com - Fermé 5-29 août, lundi soir, mardi soir, mercredi, samedi midi, dimanche soir

ST-QUENTIN-DE-CAPLONG

✉ 33220 (Gironde) - Carte régionale n° **18**-C1
Carte Michelin 335-L6

La Girarde

MAISON DE CAMPAGNE • COSY Une belle maison en pierre ayant jadis appartenu à Jean Carrive, l'un des fondateurs du mouvement surréaliste. Nous sommes ici en pleine nature, entre vignobles et forêt ; les chambres, spacieuses et cosy, donnent envie de ne plus repartir... d'autant que la table d'hôte met à l'honneur les petits producteurs de la région !

5 chambres - 115/130 €

lieu-dit La Girarde, 4,5 km au Nord-Ouest par D128 et D18 rte de Gensac - ✆ 05 57 41 02 68 - www.lagirarde.com

ST-QUENTIN-EN-YVELINES - 78 (Yvelines) ➜ voir Autour de Paris

ST-QUENTIN-LA-POTERIE - 30 (Gard) ➜ voir Uzès

ST-QUENTIN-SUR-LE-HOMME - 50 (Manche) ➜ voir Avranches

ST-QUIRIN

✉ 57560 (Moselle) - Carte régionale n° **12**-D2
Carte Michelin 307-N7

Hostellerie du Prieuré

CUISINE TRADITIONNELLE • FAMILIAL XX Dans cet ancien couvent du 18e s., le chef s'en donne à cœur joie avec les produits du terroir (mirabelles, perche de Vasperviller, etc.) ; les portions sont généreuses, et les desserts de Maeva, la fille des patrons, savoureux. Spécialité de la maison : le ballotin de pied de porc, farci au foie gras. Quelques chambres bien pratiques.

Menu 15 € (déjeuner), 32/68 € - Carte 37/69 €

163 rue du Général-de-Gaulle - ✆ 03 87 08 66 52 - Fermé 1er-28 février, mardi soir, mercredi, samedi midi

ST-RAPHAËL

✉ 83700 (Var) - Carte régionale n° **24**-C3
Carte Michelin 340-P5 - Guide Vert Michelin Côte d'Azur

Accès et sorties : voir plan de Fréjus.

La Terrasse N

CUISINE PROVENÇALE • MÉDITERRANÉEN X Un lieu unique pour une partition gastronomique inspirée de la "cuisine provençale de tradition populaire" du poète René Jouveau. Le chef puise dans le terroir provençal en élaborant des recettes modernes, parfois inventives, goûteuses et aux dressages précis. Tout cela avec l'horizon et la grande bleue en ligne de mire... Tout simplement superbe.

➜ Cuisine du marché

Menu 92/132 €

Les Roches Rouges, 90 boulevard de la 36ème-Division-du-Texas, 7 km au Sud-Est par D558 - ✆ 04 89 81 40 60 - www.hotellesrochesrouges.com - Fermé 1er octobre-1er mai, lundi, mardi, mercredi midi, jeudi midi, vendredi midi, samedi midi, dimanche midi

Les Voiles

POISSONS ET FRUITS DE MER • BISTRO X Sur le port de plaisance, ce sympathique bistrot de la mer vous propose une traversée gourmande : au menu, une cuisine du marché soignée et parfumée, comme ce généreux carpaccio de saumon, ou ce filet de dorade grise au yuzu et caviar d'aubergines... Embarquez les yeux fermés.

Menu 33/41 €

101 quai Commandant-le-Prieur (au Port de Santa-Lucia - Palais des Congrès), au Sud-Est par D558 - ✆ 04 94 40 39 15 - Fermé lundi, mardi

Stéphane Léger

POISSONS ET FRUITS DE MER • ÉLÉGANT XXX La carte de Stéphane Léger est résolument axée sur les produits de la mer : plateaux d'huîtres, assiettes de bigorneaux, bulots, mais aussi poissons sauvages (loup, rouget de roche, sole meunière), préparés en toute simplicité, feront le bonheur des amateurs. Le produit, rien que le produit : de quoi mettre tout le monde d'accord.

Menu 39 € (déjeuner)/59 € - Carte 52/120 €

Parvis Kennedy (vieux port) - ✆ 04 94 40 96 46 - www.stephaneleger.com - Fermé 10-27 novembre, lundi, mardi

Le Lamparo

CUISINE TRADITIONNELLE • BRASSERIE X Dos de cabillaud, chorizo et haricots coco ; soupe de poissons de roche... sans oublier de belles viandes : une vraie cuisine de tradition pour cette brasserie de qualité, située de plain-pied sur les quais et associée au restaurant Stéphane Léger situé à l'étage. Avec, en prime, un *rooftop* avec DJ, pour prendre l'apéro face au port.

Menu 24/29 € - Carte 32/52 €

Parvis Kennedy (au vieux port) - ✆ 04 94 55 74 38 - www.stephaneleger.com

Les Roches Rouges N

LUXE • MÉDITERRANÉEN Face à l'île d'Or, un hôtel les pieds dans l'eau, avec la grande bleue pour seul horizon. Les chambres aux intérieurs épurés (béton armé et mobilier scandinave) invitent à la méditation. Plus qu'un hôtel, une philosophie. Un art de vivre décontracté et chic. Pas de télévision : elle empêcherait d'admirer la mer. Loin des ondes, plus près de l'onde.

45 chambres - 240/1045 €

90 boulevard de la 36ème-Division-du-Texas, 7 km au Sud-Est par D558 - ✆ 04 89 81 40 60 - www.hotellesrochesrouges.com - Fermé 1er octobre-1er mai

La Terrasse - voir la sélection des restaurants

Le Touring N

URBAIN • ART DÉCO Une belle renaissance pour cet hôtel à la situation idéale, au centre-ville, et décoré avec goût, dans le style Art Déco. Des tableaux d'art contemporain décorent couloirs et chambres, qui donnent toutes (exceptée la plus petite) sur le port de plaisance. Salle de fitness, hammam, et salle de massage. Une réussite.

8 chambres - 165/310 € - 2 suites - 18 €

1 quai Albert-1er - ✆ 04 94 55 01 50 - www.letouring.fr

à Boulouris 4 km au Sud-Est par D558 - ✉ 83700

La Villa Mauresque

LUXE • ÉLÉGANT En bord de mer, cette magnifique villa d'inspiration mauresque - datant de 1881 - ne manque pas d'atouts. Mobilier chiné, bibelots et tableaux orientaux habillent superbement les chambres, toutes différentes et baptisées d'après de grands artistes (Degas, Wilde, Rimbaud...). Une demeure d'exception !

17 chambres - 199/1255 € - 2 suites - 25 €

1792 route de la Corniche - ✆ 04 94 83 02 42 - www.villa-mauresque.com

à Valescure 5 km au Nord-Est - ✉ 83700

Le Jardin de Sébastien

CUISINE PROVENÇALE • ÉLÉGANT XX Près des golfs de Valescure, une villa méditerranéenne cernée par les pins et les mimosas. Le couple charmant qui préside à ses destinées concocte une cuisine aux parfums de Provence : croustillant d'agneau braisé aux aubergines confites, crêpes chaudes au caramel d'orange... À déguster sur la charmante terrasse.

Menu 30/50 € - Carte 45/60 €

595 avenue des Golfs - ✆ 04 94 44 66 56 - www.jardinsebastien.canalblog.com - Fermé lundi, mercredi midi, dimanche soir

Golf Hôtel de Valescure

BUSINESS • CONTEMPORAIN Ce complexe hôtelier, tout près des greens, propose de belles prestations : chambres spacieuses, décor contemporain, piscine, golf (bien sûr !), tennis et tir à l'arc... sans oublier deux restaurants, dont le Club House établi dans l'ancien pavillon de la Norvège pour l'Exposition universelle de 1900.

54 chambres – 90/245 € – 8 suites – 16 €

55 avenue Paul-l'Hermite (au golf) – 04 94 52 85 00 – www.valescure.najeti.fr

ST-RÈGLE – 37 (Indre-et-Loire) ➜ voir Amboise

ST-RÉMY – 71 (Saône-et-Loire) ➜ voir Chalon-sur-Saône

ST-RÉMY – 21 (Côte-d'Or) ➜ voir Montbard

Bernard/imageBROKER/age

ON AIME...

Le Restaurant Fanny Rey & Jonathan Wahid et son duo de choc et de charme. **L'Hôtel de Tourrel**, un hôtel particulier superbement restauré, et son **Restaurant** au cadre rétro, emmené par le jeune et talentueux Jérémy Scalia.

ST-RÉMY-DE-PROVENCE

✉ 13210 (Bouches-du-Rhône) – Carte régionale n° **25**–E1
Carte Michelin 340-D3 – Guide Vert Michelin Provence

Restaurants

✿ Restaurant de Tourrel (N) ♿ A/C

CUISINE MODERNE • **CHIC** XXX Au rez-de-chaussée du très bel hôtel de Tourrel, une table réjouissante. Jérémy Scalia, jeune chef au parcours régional éloquent (Une Table au Sud, L'Alcyone), fait du beau et du bon avec les produits de la région : une partition fraîche et séduisante, à déguster dans une ambiance joliment rétro, avec quelques touches Art déco.

→ Sardines grillées, ail des ours et ravioles de fromage de chèvre. Agneau de la Crau, anchois, ail, oignon et cébettes. Cerises de Provence, fleurs de sureau et sorbet fromage blanc

Menu 39 € (déjeuner), 49/79 € – Carte 69/85 €

Plan : A1-c – *Hôtel de Tourrel, 5 rue Carnot – ☎ 04 84 35 07 20 – www.detourrel.com – Fermé 5 janvier-1er mars, 3 novembre-23 décembre, lundi midi, mardi midi, jeudi midi, vendredi midi, samedi midi, dimanche midi*

✿ Fanny Rey & Jonathan Wahid

CUISINE MODERNE • **ÉLÉGANT** XX Fanny Rey, finaliste de Top Chef 2011, est aux fourneaux de cette vénérable Auberge et décline une savoureuse cuisine du marché, mettant superbement en valeur les produits des Alpilles. À ses côtés, on trouve nul autre que... Jonathan Wahid, son compagnon, pâtissier émérite et ancien champion de France du dessert. Un duo de choc !

→ Tomate ancienne farcie, riz de Camargue, laitue de mer et champignons des bois. Agneau des Alpilles, jus anisé intense. Desserts "signature"

Menu 55 € (déjeuner), 95/150 € – Carte 99/145 €

Plan : B1-d – *12 boulevard Mirabeau – ☎ 04 90 92 15 33 – www.aubergesaintremy.com – Fermé 4 mars-4 avril, mercredi, jeudi midi, vendredi midi, dimanche soir*

Le Vallon de Valrugues

CUISINE MODERNE • ÉLÉGANT XXX Une table d'une certaine élégance (cheminée monumentale, tables rondes) dont le chef, entouré d'une équipe motivée, propose une cuisine classique, mâtinée de modernité. Formule bistronomique au déjeuner ; agréable terrasse en saison.

Menu 39 € (déjeuner), 70/95 € – Carte 88/106 €

Le Vallon de Valrugues & Spa, chemin Canto-Cigalo, 1 km à l'Est par D99A – ✆ 04 90 92 04 40 – www.vallondevalrugues.com

Mas Valentine

CUISINE TRADITIONNELLE • TRADITIONNEL XX À la sortie de St-Rémy, cette charmante maison s'épanouit sous la houlette de son chef, Serge Alaimo. Avec de beaux produits locaux, il élabore une cuisine bistronomique aux doux parfums de Provence, raffinée et colorée : on passe un bon moment.

Menu 32 € (déjeuner)/45 € – Carte 46/61 €

44 route de Noves, 3 km par D30 – ✆ 04 90 90 14 91 – www.mas-valentine.com – Fermé lundi, mardi midi, dimanche soir

Hôtels & maisons d'hôtes

Le Château des Alpilles

DEMEURE HISTORIQUE • PERSONNALISÉ Superbe demeure du 19^{e}s. décorée avec goût, dans un parc aux platanes centenaires. Chambres classiques au château, contemporaines dans les annexes : mas, lavoir, chapelle... Impossible de ne pas trouver son bonheur !

18 chambres – 👥220/470 € – 2 suites – ☕ 26 €

Route du Rougadou, 2 km à l'Ouest par D31 – ✆ 04 90 92 03 33 – www.chateaudesalpilles.com – Fermé 6 janvier-14 mars

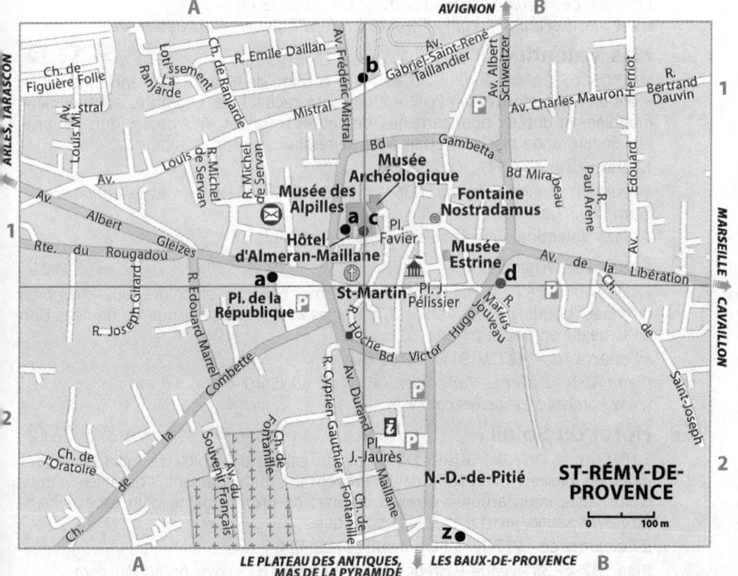

Hôtel de Tourrel

LUXE • DESIGN Ce superbe hôtel particulier du 17e s., au confort raffiné, possède l'élégance d'un palace. Le luxe discret des chambres dissimule toujours un atout – ici, une charpente apparente, là, une vue sur les toits… Exceptionnel, tout simplement.

9 chambres – 250/690 € – 15 €

Plan : A1-a – *5 rue Carnot – ✆ 04 84 35 07 20 – www.detourrel.com – Fermé 6 janvier-1er mars, 4 novembre-22 décembre*

Restaurant de Tourrel – voir la sélection des restaurants

Le Vallon de Valrugues & Spa

TRADITIONNEL • CONTEMPORAIN Dans un quartier résidentiel, une grande villa entourée d'un beau jardin arboré avec piscine. Les chambres contemporaines, le spa et le restaurant participent au sentiment d'exclusivité…

47 chambres – 220/1400 € – 1 suite – 24 €

Chemin Canto Cigalo, 1 km à l'Est par D99A – ✆ 04 90 92 04 40 – www.vallondevalrugues.com

Le Vallon de Valrugues – voir la sélection des restaurants

Gounod

URBAIN • PERSONNALISÉ Charles Gounod composa ici son opéra Mireille. En plein cœur de St-Rémy-de-Provence, ce charmant petit hôtel cosy aux couleurs apaisantes constitue une étape de choix. Chambres plus calmes côté jardin. Jardin, piscine et spa.

32 chambres – 119/225 € – 15 €

Plan : A1-a – *18 place de la République – ✆ 04 90 92 06 14 – www.hotel-gounod.com – Fermé 1er janvier-31 mars*

Le Mas des Carassins

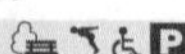

MAISON DE CAMPAGNE • PERSONNALISÉ Lavandes, citronniers, oliviers, fontaines et bassins, piscines… Dans un beau jardin se dressent ce mas du 19e s. aménagé avec goût – jolies chambres provençales – et son annexe contemporaine. Menu unique autour d'un produit (porc, bœuf, poisson) le soir au restaurant.

19 chambres – 113/237 € – 3 suites

1 chemin des Gaulois, 1 km au Sud – ✆ 04 90 92 15 48 – www.masdescarassins.com – Fermé 5 janvier-27 février, 1er-13 décembre

Mas Valentine

MAISON DE CAMPAGNE • ÉLÉGANT Sur la route de Noves, cette ancienne ferme – entièrement rénovée en 2012 – a un sacré cachet ! Les chambres sont joliment meublées et dotées, pour certaines, de petites terrasses. Aux beaux jours, on profite de la grande piscine. Parfait pour se ressourcer et tout oublier !

12 chambres – 200/260 €

44 route de Noves, 3 km par D30 – ✆ 04 90 90 14 91 – www.mas-valentine.com – Fermé 14-30 janvier

Mas Valentine – voir la sélection des restaurants

Sous les Figuiers

FAMILIAL • COSY Un petit hôtel de charme, baroque et coloré, aux chambres raffinées (boutis, meubles chinés), certaines avec terrasse… sous les figuiers. Bon petit-déjeuner, petite piscine.

14 chambres – 79/191 € – 15 €

Plan : A1-b – *3 avenue Taillandier – ✆ 04 32 60 15 40 – www.hotelsouslesfiguiers.com*

Hôtel du Soleil

FAMILIAL • CONTEMPORAIN Du soleil, du calme, des toits de tuiles, quelques murs en pierre… et l'esprit de la Provence. L'établissement s'organise autour d'une vaste cour, arborée et avec piscine ; on profite même d'un espace bien-être avec sauna, jacuzzi et soins esthétiques.

27 chambres – 70/139 € – 3 suites – 12 €

Plan : B2-z – *35 avenue Pasteur – ✆ 04 90 92 00 63 – www.hotelsoleil.com*

Mas des Figues

MAISON DE CAMPAGNE • INSOLITE Quatre mille rosiers, mille oliviers, des parterres de lavande, un vaste potager... on ne compte plus les atouts de cette belle propriété, également ornée des sculptures du maître des lieux. La demeure est pleine de charme et regarde les Alpilles. Quant à la table d'hôte, elle met en valeur les produits maison !

5 chambres - 115/250 € - 17 €

Vieux-Chemin d'Arles, 3 km par chemin de la Combette - 04 32 60 00 98 - www.masdesfigues.com - Fermé 15 octobre-19 avril

au Domaine de Bournissac 9 km à l'Est par D99, D30 et D29 - ✉ 13550

La Maison de Bournissac

CUISINE MÉDITERRANÉENNE • ÉLÉGANT XX Pour déguster une cuisine du Sud dans le calme de la campagne provençale, loin de tout... Les sens en éveil - sous les figuiers l'été -, on profite de saveurs méridionales : bouillabaisse le vendredi, homard le dimanche...

Menu 39 € (déjeuner), 55/92 € - Carte 87/110 €

Montée d'Eyragues - 04 90 90 25 25 - www.lamaison-a-bournissac.com - Fermé 1er-25 janvier

La Maison de Bournissac

MAISON DE CAMPAGNE • PERSONNALISÉ Un long chemin serpentant parmi vignes et oliviers... et tout en haut, ce mas du 14e s. qui domine le Luberon, les Alpilles et le Ventoux. Un ravissement ! Les chambres offrent le charme simple - et si séduisant - de la Provence.

10 chambres - 145/270 € - 3 suites - 17 €

Montée d'Eyragues - 04 90 90 25 25 - www.lamaison-a-bournissac.com - Fermé 1er-25 janvier

La Maison de Bournissac - voir la sélection des restaurants

à Eyragues 6,5 km au Nord par D571 - ✉ 13630

Le Pré Gourmand

CUISINE MODERNE • ÉLÉGANT XX Raviole végétale de homard fumé au foin ; volaille en viennoise de céréales, barbajuan de cuisse et cucurbitacées : voici deux exemples de ce qui se déguste dans cette sympathique adresse, située à la sortie du village. Et au bout du pré recouvert de fleurs, quelques jolies chambres vous attendent...

Menu 32/75 € - Carte 66/74 €

175 avenue Max-Dormoy - 04 90 94 52 63 - www.restaurant-lepregourmand.com - Fermé 7-27 janvier, lundi, samedi midi, dimanche soir

à Maillane 7 km au Nord-Ouest par D5 - ✉ 13910

L'Oustalet Maïanen

CUISINE PROVENÇALE • COSY XX Le chef de cette maison, Christian Garino, est un vrai passionné qui prend lui-même les commandes et fait parfois le service... Ici, on ne triche pas ! Sous la tonnelle de vigne vierge ou dans le patio, les Mireille d'aujourd'hui savourent ses créations gorgées de soleil, qui font la part belle aux produits régionaux.

Menu 33/55 € - Carte 40/53 €

16 avenue Lamartine - 04 90 95 74 60 - www.restaurant-saint-remy-de-provence.fr - Fermé 25 novembre-28 février, lundi, mardi, dimanche soir

ST-ROGATIEN - 17 (Charente-Maritime) → voir la Rochelle

ST-ROMAN-DE-BELLET - 06 (Alpes-Maritimes) → voir Nice

ST-ROMANS

38160 (Isère) – Carte régionale n° **3**–E2

Au Romans du Vercors

CUISINE MODERNE • SIMPLE Le cadre, simple, met en valeur des recettes de saison, goûteuses et travaillées – en témoignent l'intrusion d'herbes, de fleurs, d'épices lointaines ou de légumes (vraiment) oubliés tels l'héliantis, lointain cousin du topinambour, artisan d'une judicieuse association, autour d'un filet de canette et noix.

Menu 25 € (déjeuner), 38/75 € – Carte 58/70 €

321 Grande-Rue – 04 76 64 75 95 – www.restaurant-roman-du-vercors.com – Fermé 16 août-1er septembre, mardi, mercredi, dimanche soir

ST-ROME-DE-TARN

12490 (Aveyron) – Carte régionale n° **22**–D2

Carte Michelin 338-J6

Les Raspes

AUBERGE • COSY Derrière une façade en pierre, dans ce village perché au-dessus de la rivière, se cache cette petite auberge chaleureuse ; on s'y repose dans des chambres douillettes, sobres et soignées, et on profite du restaurant traditionnel, avant d'aller marcher dans le charmant jardin... le calme absolu !

16 chambres – 76/99 € – 11 €

avenue Denis-Affre – 05 65 58 11 44 – www.lesraspes12.com – Fermé 22 octobre-4 mars

ST-SATURNIN

63450 (Puy-de-Dôme) – Carte régionale n° **1**–B2

Carte Michelin 326-F9 – Guide Vert Michelin Auvergne

Château Royal de Saint-Saturnin

DEMEURE HISTORIQUE • PERSONNALISÉ L'histoire reste bien vivante dans ce noble château du 13e s. qui domine le village et la campagne auvergnate. Point de mœurs guerrières aujourd'hui, mais un cadre propice à chanter l'amour courtois : vieilles pierres, mobilier ancien, touches contemporaines... Beau parc.

5 chambres – 185/250 € – 18 €

place de l'Ormeau – 04 73 39 39 64 – www.chateaudesaintsaturnin.com – Fermé 11 novembre-28 mars

ST-SATURNIN-LÈS-APT

84490 (Vaucluse) – Carte régionale n° **25**–E1

Carte Michelin 332-F10 – Guide Vert Michelin Provence

Domaine des Andéols

LUXE • DESIGN Comment résumer un tel endroit ? L'environnement magnifique (un grand parc entouré de champs de lavande et de palmiers), les "junior suites" installées dans de petites maisons et décorées à la mode contemporaine, mais aussi le Platane, un bistrot niché à l'ombre d'un impressionnant platane multicentenaire... Saisissant !

16 suites – 400/1500 € – 3 chambres

D2 – 04 90 75 50 63 – www.andeols.com – Fermé 1er novembre-31 mars

ST-SAVIN – 65 (Hautes-Pyrénées) → voir Argelès-Gazost

ST-SAVIN

38300 (Isère) – Carte régionale n° **2**–B2

Carte Michelin 333-E4

Les 3 Faisans

CUISINE MODERNE • CONVIVIAL XX Aux pieds des vignes du côteau de la Rémonde, ce restaurant abrite deux petites salles chaleureuses ; on peut aussi s'installer sur la terrasse ombragée, pendant que mijotent de délicieux plats – œuf poché, crème de pomme de terre et coppa, magret d'oie au gingembre confit – servis avec le sourire.

Menu 32/60 € - Carte 45/55 €

100 rue des Auberges - ✆ 04 74 28 92 57 - www.les3faisans.fr - Fermé mardi, mercredi, dimanche soir

ST-SERNIN-DU-BOIS - 71 (Saône-et-Loire) ➜ voir le Creusot

ST-SERVAN-SUR-MER - 35 (Ille-et-Vilaine) ➜ voir St-Malo

ST-SULPICE-LE-VERDON

✉ 85260 (Vendée) - Carte régionale n° **23**-B3

Carte Michelin 316-H6 - Guide Vert Michelin Poitou Vendée Charentes

Thierry Drapeau

CUISINE MODERNE • ÉLÉGANT XXX En mars 1796, Charette était arrêté dans cette commune par les troupes républicaines, ce qui marqua la fin du soulèvement de la Vendée. Point de heurts aujourd'hui en ces lieux, où Thierry Drapeau met son sens de l'invention au service des saveurs.

➜ Asperges gratinées à la moelle, jus de lapin à la sarriette. Canard de Challans, mûres en sablé pistache. Fraises gariguette en coque meringuée au basilic et citron

Menu 58 € (déjeuner), 78/108 € - Carte 110/180 €

Le Logis de la Chabotterie, 3 km au Sud-Est par D18 - ✆ 02 51 09 59 31 - www.thierry-drapeau.fr - Fermé lundi, mardi, dimanche soir

Thierry Drapeau

LUXE • CONTEMPORAIN En pleine campagne, cette bâtisse toute de bois vêtue semble ne vouloir faire qu'un avec la nature. Les chambres, confortables et au grand calme, donnent sur la verdure ; pour se détendre, on se rend à l'espace bien-être avec sauna et jacuzzi. Un parfait complément à la table gastronomique de Thierry Drapeau !

14 chambres - 117/280 € - 28 €

Le Logis de la Chabotterie, 3 km au Sud-Est par D18 - ✆ 02 51 40 00 03 - www.thierry-drapeau.com

Thierry Drapeau - voir la sélection des restaurants

ST-SYLVESTRE-SUR-LOT - 47 (Lot-et-Garonne) ➜ voir Villeneuve-sur-Lot

ST-THIBAULT - 18 (Cher) ➜ voir Sancerre

ST-TROJAN-LES-BAINS - 17 (Charente-Maritime) ➜ voir Île d'Oléron

SIME/R. Rinaldi/Sime/

ON AIME...

La Petite Plage, sa vue sur les yachts et sa carte signée Éric Frechon. **Le Patio**, au sein de l'hôtel Yaca, pour ses spécialités italiennes autour de la piscine. **La Vague d'Or**, triple étoilé qu'on ne présente plus, emmené par l'excellent Arnaud Donckele. Et pour terminer, **Muse**, une enclave charmante et exclusive aux portes de la ville...

ST-TROPEZ

✉ 83990 (Var) – Carte régionale n° **24**–C3
Carte Michelin 340-O6 – Guide Vert Michelin Côte d'Azur

Restaurants

✿✿✿ La Vague d'Or

CUISINE CRÉATIVE • LUXE XXXX Arnaud Donckele, chef originaire de Normandie (Rouen, plus exactement), porte haut les trois étoiles Michelin décrochées en 2013. Installée dans un cadre enchanteur – un hôtel sous les pins, face au golfe de St-Tropez –, La Vague d'Or promet chaque jour à ses clients une expérience exceptionnelle.

L'assiette, en premier lieu, vaut bien des superlatifs. Avec les meilleurs produits (légumes du potager, poissons et crustacés des pêches locales), Donckele rend un magnifique hommage à ces contrées ensoleillées. Accords de saveurs enivrants, jus et sauces parfaits, travail méticuleux sur les textures... Comment rester insensible devant tant d'inspiration et d'exigence ?

On peut citer ce désormais classique tourton de légumes de Provence et sa langouste de Méditerranée, l'un des plats favoris du chef, où toute sa philosophie de cuisinier s'exprime librement. Quant au service, professionnel et discret, il mérite aussi bien des éloges. Si, avec cela, cette Vague d'Or n'emporte pas tout sur son passage...

→ Sériole et chair d'esquinado marinées au cédrat, bergamote, glace et sauce au corail des têtes. Saint-pierre cuit en immersion d'haliotis de la lagune de Thau, poireau crayon, charlotte et oignon rouge. Feuille à feuille de fruits rouges, chiboust au litchi

Menu 295/370 € – Carte 255/315 €

Résidence de la Pinède, plage de la Bouillabaisse, au Sud-Ouest par D98A – ✆ 04 94 55 91 00 – www.vaguedor.com – Fermé 7 octobre-15 mai, lundi midi, mardi midi, mercredi midi, jeudi midi, vendredi midi, samedi midi, dimanche midi

Un important déjeuner d'affaires ou un dîner entre amis ?
Le symbole ⇔ vous signale les salons privés.

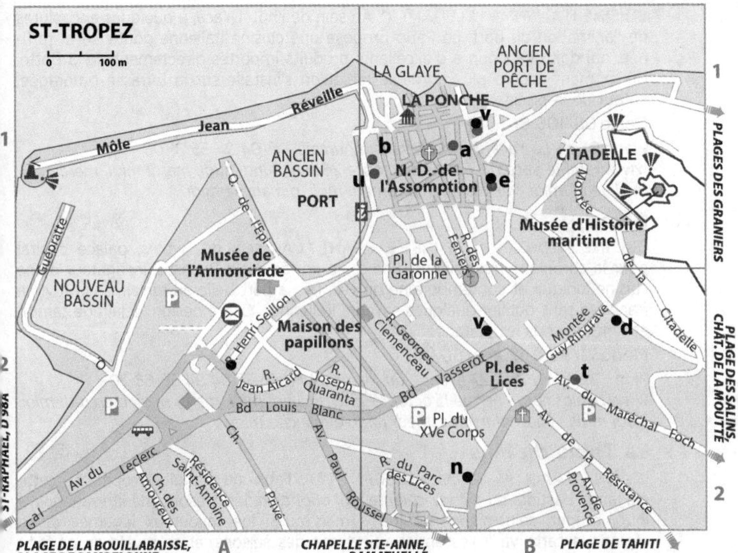

✿ L'Olivier

CUISINE MODERNE • ROMANTIQUE XXX Le Sud prend ses aises dans le cadre feutré de l'hôtel La Bastide... De beaux produits nobles (denti sauvage, homard bleu) sont mis à l'honneur dans des préparations équilibrées : chaque saveur est à la bonne place. A noter aussi, le Bistr'o, pour une cuisine méditerranéenne plus simple, mais tout aussi goûteuse.

→ Foie gras aux olives, câpres et anchois. Denti de Méditerranée, artichauts poivrade et bouillon d'oignon caramélisé. Tomate cœur de bœuf de Cogolin, glace à l'huile d'olive de Sicile

Menu 95 € – Carte 85/120 €

La Bastide de St-Tropez, 25 route des Carles, 1 km par av. P.- Roussel – ✆ 04 94 55 82 55 – www.bastidesaint-tropez.com – Fermé 1er janvier-14 février, lundi midi, mardi midi, mercredi midi, jeudi midi, vendredi midi, samedi midi, dimanche midi

Le Belrose

CUISINE MODERNE • LUXE XXX Situation exceptionnelle pour cette table, avec vue imprenable sur le golfe de Saint-Tropez. Dans l'assiette, la Méditerranée est à l'honneur : médaillons de lotte, artichaut rôti et écaille de pecorino, févettes croquantes et sauce au safran... Menu 100% italien en saison.

Menu 135/155 € – Carte 125/160 €

Villa Belrose, boulevard des Crêtes, à 3 km direction Gassin – ✆ 04 94 55 97 88 – www.villabelrose.com – Fermé 13 octobre-5 avril, lundi midi, mardi midi, mercredi midi, jeudi midi, vendredi midi, samedi midi

Dolce Vita

CUISINE MÉDITERRANÉENNE • ROMANTIQUE XXX Niché dans un parc de trois hectares, au pied de l'hôtel Villa Marie, un restaurant qui fait notre vie... plus douce ! De séduisantes recettes provençales et méditerranéennes : voilà les plaisirs qui nous attendent ici, avec une mention particulière pour le poisson (bouillabaisse notamment) et l'atmosphère romantique.

Carte 55/110 €

Villa Marie, 1100 chemin du Val-Rian, route de Ramatuelle – ✆ 04 94 97 40 22 – www.villamarie.fr – Fermé 7 octobre-10 mai

Le Patio

CUISINE ITALIENNE • ÉLÉGANT XX Au sein de l'hôtel Yaca, à quelques encablures de l'animation du port, ce Patio propose une cuisine italienne goûteuse et raffinée, qui doit beaucoup à d'excellents produits importés directement de la Botte. Un moment encore plus agréable lorsqu'on s'installe sur la terrasse ombragée, autour de la piscine...

Carte 65/105 €

Plan : B1-e – *Le Yaca, 1-3 boulevard d'Aumale – ☏ 04 94 55 81 00 – www.hotel-le-yaca.fr – Fermé 6 octobre-26 avril, lundi midi, mardi midi, mercredi midi, jeudi midi, vendredi midi, samedi midi, dimanche midi*

Rivea

CUISINE MÉDITERRANÉENNE • ÉLÉGANT XX Au sein du Byblos, palace capital pour la chronique tropézienne, une table griffée Alain Ducasse, instigateur d'une cuisine ludique et contemporaine qui, ici, fait la part belle au terroir de la Riviera française sans oublier quelques saveurs italiennes. Cadre design, éclairage tamisé et terrasse sous les platanes...

Menu 71/98 € – Carte 60/110 €

Plan : B2-t – *Byblos, 27 avenue du Maréchal-Foch – ☏ 04 94 56 68 20 – www.byblos.com – Fermé 15 octobre-15 avril, lundi midi, mardi midi, mercredi midi, jeudi midi, vendredi midi, samedi midi, dimanche midi*

La Table du Mas

CUISINE TRADITIONNELLE • ÉLÉGANT XX À l'abri du tumulte tropézien, cette élégante bastide du 17e s. célèbre au quotidien les trésors méditerranéens – loup, rouget, saint-pierre, poulpe – mais aussi les savoureux légumes de la région ; la carte va à l'essentiel au rythme des saisons, et se révèle en parfaite harmonie avec l'esprit de la maison, entre luxe et authenticité. Belle terrasse sous la tonnelle.

Menu 65/190 € – Carte 90/150 €

Mas de Chastelas, 2 chemin du Chastelas, quartier Bertaud, à 4 km direction Gassin – ☏ 04 94 56 71 71 – www.chastelas.com – Fermé 6 octobre-25 avril, lundi midi, mardi midi, mercredi midi, jeudi midi, vendredi midi, samedi midi, dimanche midi

La Ponche

CUISINE TRADITIONNELLE • MÉDITERRANÉEN XX Soupe de poissons de roche tropéziens, petits farcis provençaux, loup en croûte de sel, œuf cocotte aux truffes du haut Var : voici les indéboulonnables spécialités de ce bel établissement, qui cultive l'esprit méditerranéen sans nostalgie. La terrasse offre une agréable échappée sur la mer.

Menu 35 € (déjeuner) – Carte 60/100 €

Plan : B1-v – *5 rue des Remparts (place Revelin) – ☏ 04 94 97 09 29 – www.laponche.com – Fermé 29 octobre-17 avril*

La Table d'Augustin

CUISINE MÉDITERRANÉENNE • RUSTIQUE XX Langoustes, denti, pagres, dorade sauvage... Bienvenue au paradis des amateurs de poissons. Le chef travaille avec des pêcheurs locaux. Ici, tout est frais (légumes bio du potager des parents) et fait maison (huile d'olive, glaces). Du sur-mesure pour vos papilles !

Carte 50/90 €

La Ferme d'Augustin, 979 route de Tahiti – ☏ 04 94 55 97 00 – www.fermeaugustin.com – Fermé 4 novembre-12 avril

Les Graniers

CUISINE MÉDITERRANÉENNE • CONVIVIAL X Dépaysement assuré avec ce restaurant de plage au cadre idyllique, situé derrière la citadelle. Accents méditerranéens à la carte, avec des produits de qualité (poissons sauvages, notamment). C'est aussi un excellent point de départ pour rejoindre le sentier du littoral... Coup de cœur.

Carte 58/78 €

1 chemin des Graniers – ☏ 04 94 97 13 43 – Fermé 15 octobre-31 mars

La Petite Plage

CUISINE MÉDITERRANÉENNE • TENDANCE Dans ce restaurant du port du village, Eric Frechon signe la carte et la mer fait le reste. On se délecte d'une goûteuse cuisine méditerranéenne les pieds dans le sable face aux yachts. Le soir, en été, un DJ anime les lieux, Saint-Tropez oblige ! Une jolie découverte.

Carte 48/126 €

Plan : B1-b – *9 quai Jean-Jaurès – ✆ 04 94 17 01 23 – www.lapetiteplage-saint-tropez.com – Fermé 6 janvier-11 avril, 5 novembre-7 décembre*

Les Viviers du Pilon

POISSONS ET FRUITS DE MER • MÉDITERRANÉEN Le restaurant est pour ainsi dire un vivier à lui seul, car il est l'annexe d'une poissonnerie, qui plus est renommée ! Fruits de mer, homards, langoustes, poissons sauvages : la maison ne transige pas avec la qualité. Dernier atout : un cadre charmant, avec une vue imprenable sur le golfe de St-Tropez...

Carte 60/90 €

2 avenue du Général-de-Gaulle, port du Pilon au Sud-Ouest par D98A – ✆ 07 69 82 75 62 – www.viviers-dupilon-restaurant.com – Fermé 1er novembre-29 mars, mercredi

Le Banh Hoï

CUISINE ASIATIQUE • ROMANTIQUE Quel joli décor ! Lumière tamisée, atmosphère romantique, murs et plafonds laqués de noir, bouddhas stylisés servent d'écrin à une sympathique cuisine parfumée, vietnamienne et thaïlandaise.

Carte 60/73 €

Plan : B1-a – *12 rue Petit-St-Jean – ✆ 04 94 97 36 29 – www.banh-hoi.com – Fermé 7 octobre-5 avril, lundi midi, mardi midi, mercredi midi, jeudi midi, vendredi midi, samedi midi, dimanche midi*

Hôtels

Byblos

PALACE • PERSONNALISÉ Le palace mythique de St-Tropez, véritable village dans le village – un ensemble de maisons colorées entrelacées de jardins et de patios. Les chambres regorgent d'œuvres d'art, le spa est superbe, la boîte de nuit incontournable... L'alliance du luxe et de la convivialité.

50 suites – 910/3850 € – 41 chambres – 48 €

Plan : B2-d – *20 avenue Paul-Signac – ✆ 04 94 56 68 00 – www.byblos.com – Fermé 15 octobre-15 avril*

Rivea – voir la sélection des restaurants

Résidence de la Pinède

RESORT • PERSONNALISÉ Un beau bouquet de pins maritimes, une vue superbe sur le golfe, une plage privée avec son ponton. Et à l'intérieur, chambres d'un confort intense, bois sablé, lumière nacrée, spa Guerlain, cave à parfums... Tout a été refait à neuf, avec Wilmotte en chef d'orchestre, le céramiste Capron en guest star, et le bleu roi comme couleur rayonnante. Tous les délices de la Côte d'Azur, vécus dans la plus douce intimité qui soit. L'élégance absolue.

27 chambres – 500/3100 € – 6 suites

plage de la Bouillabaisse, au Sud-Ouest par D98A – ✆ 04 94 55 91 00 – www.residencepinede.com – Fermé 7 octobre-14 mai

La Vague d'Or – voir la sélection des restaurants

La Bastide de St-Tropez

LUXE • ROMANTIQUE Atmosphère chic et feutrée dans cette maison tropézienne et ses quatre mas : mobilier chiné, pointe de baroque et soupçon provençal relevés d'un luxuriant jardin méditerranéen. Un havre de paix et de charme à l'écart du centre-ville.

21 chambres - 260/1350 € - 5 suites - 30 €

25 route des Carles, 1 km par av. P.-Roussel - 04 94 55 82 55 - www.bastidesaint-tropez.com - Fermé 1er janvier-14 février

L'Olivier - voir la sélection des restaurants

Hôtel de Paris Saint-Tropez

LUXE • PERSONNALISÉ Le dernier-né des grands hôtels tropéziens n'a rien à envier à ses aînés. Ici triomphe la "design attitude". Un exemple ? Le patio, surmonté d'une piscine, avec vue sur le port. Les chambres, spacieuses, dévoilent des thématiques différentes : Paris, les arts, St-Tropez... Culte !

58 chambres - 720/1340 € - 32 suites - 35 €

Plan : A2-b - *1 Traverse de la Gendarmerie - 04 83 09 60 00 - www.hoteldeparis-sainttropez.com - Fermé 4 novembre-1er mars*

Muse

GRAND LUXE • DESIGN Les Muses pourraient élire domicile dans ce domaine au charme infini ! Architecture en pierres sèches, jardin au naturel, aménagements ultradesign et vastes suites aux lignes épurées : un sommet d'élégance contemporaine et la dernière enclave exclusive, aux portes de St-Tropez.

13 suites - 380/3850 € - 2 chambres

364 chemin de Val-de-Rian, route de Ramatuelle - 04 94 43 04 40 - www.muse-hotels.com - Fermé 7 octobre-16 avril

Sezz

LUXE • ÉLÉGANT Le Sezz à St-Tropez ? Ultramoderne, design et ouvert au maximum sur l'extérieur pour profiter du climat... Dans chaque chambre : matériaux naturels, terrasse et douche extérieure. Un art de vivre très tendance !

35 chambres - 290/960 € - 2 suites

151 route des Salins, à 2 km - 04 94 55 31 55 - www.saint-tropez.hotelsezz.com - Fermé 7 octobre-18 avril

Villa Belrose

GRAND LUXE • ÉLÉGANT Cette grande villa contemporaine embrasse la baie de St-Tropez ! Colorée et lumineuse, elle semble tutoyer le soleil... Les prestations sont superbes, soignées jusqu'au moindre détail (marbre italien, mobilier de style, grand confort, etc.).

40 chambres - 375/1575 € - 3 suites - 42 €

boulevard des Crêtes, à 3 km direction Gassin - 04 94 55 97 97 - www.villabelrose.com - Fermé 13 octobre-5 avril

Le Belrose - voir la sélection des restaurants

Villa Marie

LUXE • PERSONNALISÉ Raffinement, luxe et charme réunis sous le même toit en cette villa enchanteresse nichée dans une pinède dominant la baie de Pampelonne. Les chambres, soigneusement décorées dans un esprit de demeure bourgeoise provençale, ont un charme fou !

40 chambres - 346/1044 € - 5 suites

1100 chemin du Val-Rian, route de Ramatuelle - 04 94 97 40 22 - www.villamarie.fr - Fermé 7 octobre-10 mai

Dolce Vita - voir la sélection des restaurants

La Ferme d'Augustin

FAMILIAL • PERSONNALISÉ Dans ce vaste domaine arboré et fleuri, une demeure familiale délicieuse, où l'on cultive l'art de recevoir. Les chambres sont d'une élégante sobriété (murs blancs, tomettes lustrées). Un havre de douceur loin du bling-bling. Et si c'était cela, le vrai luxe ?

44 chambres – 255/855 € – 2 suites – 20 €

979 route de Tahiti – 04 94 55 97 00 – www.fermeaugustin.com – Fermé 4 novembre-12 avril

La Table d'Augustin – voir la sélection des restaurants

Mas de Chastelas

LUXE • MÉDITERRANÉEN Voilà un endroit où apprécier l'art de vivre provençal ! Dans un parc de 3 ha aux senteurs d'arbousiers, la bastide du 18e s. et ses deux villas abritent des chambres élégantes et cosy, la plupart dans un bel esprit méditerranéen, certaines très contemporaines. Piscine, restaurant... Parfait pour une escapade romantique.

16 chambres – 390/1320 € – 7 suites – 35 €

2 chemin du Chastelas, quartier Bertaud, à 4 km direction Gassin – 04 94 56 71 71 – www.chastelas.com – Fermé 6 octobre-25 avril

La Table du Mas – voir la sélection des restaurants

Pan Deï Palais

MAISON DE MAÎTRE • PERSONNALISÉ Une demeure construite en 1835, présent d'un général napoléonien à son épouse indienne. Ici règne un élégant parfum d'exotisme : tissus chamarrés, bois précieux, hammam, nombreux tableaux et autres bibelots... Un lieu pétri de charme, que l'on quitte à regret !

12 chambres – 250/1430 € – 1 suite – 36 €

Plan : B2-v – *52 rue Gambetta – 04 94 17 71 71 – www.pandei.com – Fermé 2 novembre-2 janvier*

Le Yaca

DEMEURE HISTORIQUE • À THÈME Cet hôtel de charme (18e s.), le premier de St-Tropez, fut et demeure le refuge des artistes et des célébrités (P. Signac, Colette, B. Bardot, etc.). Tomettes et meubles anciens : tel est le caractère des chambres, rénovées dans une veine italienne chic. Un coup de cœur !

32 chambres – 325/1035 € – 2 suites – 40 €

Plan : B1-e – *1-3 boulevard d'Aumale – 04 94 55 81 00 – www.hotel-le-yaca.fr – Fermé 6 octobre-26 avril*

Le Patio – voir la sélection des restaurants

La Ponche

TRADITIONNEL • MÉDITERRANÉEN Ces anciennes maisons de pêcheurs, dans le pittoresque quartier de la Ponche, firent le bonheur de Romy Schneider, entre autres personnalités. Mobilier, tissus, vue sur les toits de tuiles... l'esprit de la région s'exprime dans chaque chambre.

20 chambres – 240/670 € – 4 suites – 25 €

Plan : B1-v – *5 rue des Remparts (place Revelin) – 04 94 97 02 53 – www.laponche.com – Fermé 29 octobre-17 avril*

La Ponche – voir la sélection des restaurants

Pastis

FAMILIAL • COSY Chaque pièce de cet hôtel est superbe : mobilier ancien, provençal, contemporain, nombreux tableaux... Une véritable galerie d'art ! Les chambres sont élégantes et confortables ; dehors, un jardin avec palmiers centenaires et une piscine au calme.

11 chambres – 225/850 € – 20 €

75 avenue du Général-Leclerc, port du Pilon – 04 98 12 56 50 – www.pastis-st-tropez.com – Fermé 29 octobre-29 mars

Le Pré de la Mer

LUXE • ROMANTIQUE Il y a le ciel, le soleil et... le Pré de la Mer. Ambiance zen, terrasses privatives dans chaque chambre, jardin fleuri, belle piscine, fitness et hammam : un endroit nature et cosy, parfait pour une villégiature revigorante.

13 chambres – 290/720 € – 1 suite

route des Salins, à 2 km – 04 94 97 12 23 – www.lepredelamer.fr – Fermé 13 octobre-12 avril

Hôtel des Lices

FAMILIAL • CONTEMPORAIN Près de la place des Lices, cette adresse familiale distille une atmosphère chaleureuse et cossue, pleine de cachet et de vie. Nombreux sont les habitués à en avoir fait un lieu de villégiature privilégié !

41 chambres – 160/430 € – 17 €

Plan : B2-n – *10 avenue Augustin-Grangeon – 04 94 97 28 28 – www.hoteldeslices.com – Fermé 7 janvier-20 mars, 4 novembre-25 décembre*

ST-URCIZE

15110 (Cantal) – Carte régionale n° **1**–B3
Carte Michelin 330-G6 – Guide Vert Michelin Auvergne

La Fontaine de Grégoire

HISTORIQUE • CLASSIQUE Plafonds à la française, parquets massifs, murs en pierre apparente : cette ancienne demeure de notaire du 18e s. a été restaurée avec goût. Les cinq chambres empruntent leur nom à des personnages de la révolution française, et le vaste jardin paysagé ouvre sur les mont de l'Aubrac.

5 chambres – 160 €

2 rue de la Croix Grégoire – 04 71 23 20 02 – www.aubrac-chezremise.com

ST-VAAST-LA-HOUGUE

50550 (Manche) – Carte régionale n° **17**–A1
Carte Michelin 303-E2 – Guide Vert Michelin Normandie Cotentin

France et Fuchsias

CUISINE MODERNE • RUSTIQUE XX Les beaux produits normands, huîtres en tête, sont mis en valeur dans des assiettes actuelles et gourmandes. Trois possibilités pour en profiter : la salle à manger rustique ; la véranda sous verrière, ouverte sur un étonnant jardin planté de palmiers, de mimosas et d'eucalyptus ; et la jolie terrasse aux beaux jours.

Menu 32/42 € – Carte 46/64 €

20 rue du Maréchal-Foch – 02 33 54 40 41 – www.france-fuchsias.com – Fermé 3 janvier-13 février, lundi, mardi midi

à Réville 4 km au Nord par D1 – 50760

La Villa Gervaiserie

FAMILIAL • CONTEMPORAIN À la sortie de Réville, une construction contemporaine à toit plat, bordée d'un jardin verdoyant. Les chambres, spacieuses et sobrement décorées, ont toutes un balcon ou une terrasse donnant sur l'île de Tatihou.

10 chambres – 99/139 € – 10 €

17 route des Monts – 02 33 54 54 64 – www.lagervaiserie.com – Fermé 1er octobre-15 avril

Au Moyne de Saire

TRADITIONNEL • FONCTIONNEL Au cœur du village, cette agréable auberge propose des chambres bien tenues, dans un style actuel et fonctionnel ; côté restauration, on y trouve une cuisine traditionnelle, servie dans une salle claire et confortable... Plaisant !

19 chambres – 63/97 € – 11 €

15 rue du Général-de-Gaulle – 02 33 54 46 06 – www.au-moyne-de-saire.fr – Fermé 15 février-15 mars

ST-VALENTIN - 36 (Indre) ➜ voir Issoudun

ST-VALERY-EN-CAUX

✉ 76460 (Seine-Maritime) - Carte régionale n° **17**-C1

Carte Michelin 304-E2 - Guide Vert Michelin Normandie Vallée de la Seine

Le Port

POISSONS ET FRUITS DE MER · FAMILIAL XX Ce restaurant n'a pas volé son nom : il domine le quai, où oscillent les bateaux. La salle est parée de photos en noir et blanc des falaises du pays de Caux ; quant à la cuisine de la mer, elle est réalisée avec de bons produits - cabillaud, sole, turbot - achetés exclusivement auprès des pêcheurs locaux.

Menu 27/49 € - Carte 60/83 €

18 quai d'Amont - ✆ 02 35 97 08 93 - www.restaurant-du-port-76.fr - Fermé lundi, jeudi soir, dimanche soir

Hôtel du Casino

BUSINESS · CONTEMPORAIN Face au port de plaisance, cet hôtel impressionne par ses grands volumes, depuis le grand hall d'entrée jusqu'aux chambres, contemporaines et fonctionnelles. Une adresse très appréciée des clientèles d'affaires et touristique.

76 chambres - 94/150 € - 14 €

14 avenue Clemenceau - ✆ 02 35 57 88 00 - www.hotel-casino-saintvalery.com

ST-VALERY-SUR-SOMME

✉ 80230 (Somme) - Carte régionale n° **14**-A1

Carte Michelin 301-C6

La Table des Corderies

CUISINE MODERNE · TENDANCE X Sur les hauteurs de la ville, en surplomb du quartier médiéval, cette imposante maison vaut aussi pour son assiette ! Le chef, originaire de la baie de Somme, est un éminent "locavore" : il s'entoure exclusivement de producteurs des parages (pêcheurs, maraichers, mais aussi apiculteur, meunier...) et concocte une cuisine sincère, où le produit est bien mis en valeur.

Menu 45 € (déjeuner)/60 €

Les Corderies, 214 rue des Moulins - ✆ 03 22 61 30 61 - www.latabledescorderies.com - Fermé 6-27 janvier, lundi, mardi

Au Vélocipède

CUISINE MODERNE · BRANCHÉ X Dans la partie haute de la ville, pédalez jusqu'à ce fringant Vélocipède ! Il séduit autant sur la forme - une belle devanture contemporaine et, derrière, un intérieur vintage garni d'objets chinés - que sur le fond, avec une courte carte alléchante mettant en avant les petits producteurs locaux. Terrasse pour les beaux jours.

Carte 29/39 €

1 rue du Puits-Salé - ✆ 03 22 60 57 42 - www.auvelocipede.fr - Fermé 1er janvier-9 février, lundi soir, mardi, mercredi soir, jeudi soir, vendredi soir, samedi soir, dimanche soir

Les Corderies

SPA ET BIEN-ÊTRE · CONTEMPORAIN Un imposant hôtel blanc comme l'albâtre, sur les hauteurs de St-Valéry. Sobriété, design et confort : quel plaisir de regagner sa chambre après un passage à l'espace bien-être ou une balade sur la plage... surtout si l'on a opté pour la vue sur la baie !

18 chambres - 175/260 € - 18 €

214 rue des Moulins - ✆ 03 22 61 30 61 - www.lescorderies.com - Fermé 6-27 janvier

La Table des Corderies - voir la sélection des restaurants

 Les Pilotes

URBAIN • PERSONNALISÉ Sur les quais de la baie de Somme, un hôtel aux chambres petites mais bien aménagées, rétro à souhait, avec leur décoration qui fait des clins d'œil appuyés aux années 1960. Préférez celles côté baie : la vue y est superbe !

25 chambres – 110/200 € – 11 €

62 rue de la Ferté – 03 22 60 80 39 – www.lespilotes.fr

 Le Castel 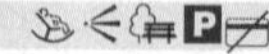

LUXE • COSY Au cœur de la ville haute, cette magnifique propriété est un ravissement... Son parc de 2 ha s'abrite derrière les anciens remparts du château médiéval, d'où l'on jouit d'une vue superbe sur la baie de Somme. La demeure (19e s.) a un charme fou : parquet à chevrons, cheminées, moulures, etc. Et l'accueil est charmant !

5 chambres – 175/195 €

rue du Castel – 03 22 60 45 79 – www.castel-baie-de-somme.com – Fermé 17 novembre-18 mars

ST-VÉRAN

05350 (Hautes-Alpes) – Carte régionale n° **24**-C1

Carte Michelin 334-J4 – Guide Vert Michelin Alpes du Sud

Le Roc Alto 

CUISINE MODERNE • CONTEMPORAIN XX Situé dans l'une des maisons de l'hôtel, en hauteur, cet élégant restaurant sous charpente dévoile une vue plongeante sur la cuisine. En coulisses, une équipe motivée, emmenée par un jeune chef passé chez Ducasse, concocte une jolie cuisine actuelle, qui flatte les produits régionaux... et notre gourmandise !

→ Cuisine du marché

Menu 65/115 €

L'Alta Peyra Hôtel & Spa, quartier haut de la ville – 04 92 22 24 00 – www.altapeyra.com – Fermé 1er avril-15 juin, 24 septembre-20 décembre, lundi, mardi midi, mercredi midi, jeudi midi, vendredi midi, samedi midi, dimanche

L'Alta Peyra Hôtel & Spa 

SPA ET BIEN-ÊTRE • MONTAGNARD Dans le parc naturel du Queyras, la plus haute commune d'Europe (2040 m !) peut s'enorgueillir d'un hôtel luxueux conçu comme un petit hameau. Deux restaurants – dont un gastronomique –, bar à vins, lounge bar, piscine extérieure chauffée, espace spa, jacuzzi, parking, ski shop...

55 chambres – 215/540 € – 4 suites

quartier haut de la ville – 04 92 22 24 00 – www.altapeyra.com – Fermé 1er avril-15 juin, 24 septembre-20 décembre

Le Roc Alto – voir la sélection des restaurants

ST-VICTOR – 03 (Allier) → voir Montluçon

ST-VINCENT-DE-COSSE

24220 (Dordogne) – Carte régionale n° **18**-D3

Carte Michelin 329-H6

La Table de Monrecour

CUISINE MODERNE • CONTEMPORAIN XXX Au sein de ce domaine dominant la campagne périgourdine, avec une véranda qui donne sur le château, une table gastronomique cultivant l'air du temps à travers des recettes de bonne facture et savoureuses. Une formule plus simple est proposée à midi, les jours de semaine.

Menu 19 € (déjeuner), 30/65 € – Carte 60/70 €

Château de Monrecour – 05 53 28 33 59 – www.monrecour.com – Fermé lundi midi

Château de Monrecour

DEMEURE HISTORIQUE • PERSONNALISÉ Il s'annonce de loin sur la route de Sarlat à St-Cyprien, ce noble château à l'altière architecture (16e s.-début du 20e s.). Au choix : grand classicisme dans le château, ou chambres fraîches et coquettes dans les dépendances...

31 chambres - 74/189 € - 13 €

05 53 28 33 59 - www.monrecour.com

La Table de Monrecour - voir la sélection des restaurants

ST-VINCENT-DE-TYROSSE

40230 (Landes) - Carte régionale n° **18**-B3

Carte Michelin 335-D13

Le Hittau (Yannick Duc)

CUISINE MODERNE • RUSTIQUE XX Cette ancienne bergerie avec charpente apparente, au décor plutôt classique, cache bien son jeu... On s'y régale d'une cuisine spontanée, pleine de vie, résolument moderne, qui privilégie les bons produits de saison, volontiers landais et (surtout !) poissons de la criée de Capbreton. À déguster en terrasse, aux beaux jours.

→ Cuisine du marché

Menu 28 € (déjeuner), 65/85 €

1 rue du Nouaou (avenue du Hittau) - 05 58 77 11 85 - Fermé 17 février-4 mars, 1er-8 juillet, 20 octobre-4 novembre, lundi, dimanche

ST-YBARD - 19 (Corrèze) → voir Uzerche

STE-ANNE-D'AURAY

56400 (Morbihan) - Carte régionale n° **7**-A3

Carte Michelin 308-N8 - Guide Vert Michelin Bretagne Sud

L'Auberge

CUISINE MODERNE • ÉLÉGANT XXX Ste-Anne-d'Auray est une ville pieuse et Jean-Paul II se serait arrêté au restaurant de l'Auberge en 1996. On aurait tort de croire la respectueuse maison tournée vers le passé : la jeune génération propose des assiettes savoureuses, avec une priorité aux produits de la mer de qualité, comme ce Saint-Pierre, semoule de chou-fleur, et cromesquis d'herbes. Ici, se régaler n'est pas un vœu pieux.

Menu 29/89 € - Carte 54/90 €

56 rue de Vannes - 02 97 57 61 55 - www.auberge-sainte-anne.com - Fermé 2-28 février, lundi, mardi midi, mercredi midi

L'Aubergine

CUISINE CLASSIQUE • CONVIVIAL X On rend ici hommage à la belle tradition, en toute simplicité : rognon de veau sauce moutarde, entrecôte au beurre persillé et pommes Anna, far à la pistache... et bons vins de toutes les régions de France. Tout simplement bon.

Menu 19 € (déjeuner), 25/35 € - Carte 30/40 €

8 rue de Vannes - 02 97 31 37 19 - www.restaurant-aubergine-56.com - Fermé 11-27 février, mardi soir, mercredi, dimanche soir

L'Auberge

TRADITIONNEL • ÉLÉGANT L'hôtel joue la carte Art nouveau : palissandre, loupe d'orme, reproductions de Mucha, pâtes de verre Lalique. Les chambres sont douillettes, avec de spacieuses salles de bains en marbre ; pour se restaurer, petit bistrot à vins à cent mètres de là.

14 chambres - 89/120 € - 2 suites - 12 €

56 rue de Vannes - 02 97 57 61 55 - www.auberge-sainte-anne.com - Fermé 2-28 février

L'Auberge - voir la sélection des restaurants

STE-ANNE-LA-PALUD (CHAPELLE DE)

29550 (Finistère) - Carte régionale n° **7**-A2
Carte Michelin 308-F6 - Guide Vert Michelin Bretagne Sud

La Plage

CUISINE MODERNE · ÉLÉGANT XXX La salle, panoramique, ouvre grand sur la plage et le va-et-vient des marées... Un cadre séduisant pour apprécier une cuisine mettant à l'honneur de beaux produits – en particulier de la mer – et exécutée avec attention. Le tout dans une veine classique.

Menu 62/126 € - Carte 82/150 €

02 98 92 50 12 - www.plage.com - Fermé 3 novembre-6 avril, lundi midi, mardi midi, mercredi midi, vendredi midi

La Plage

TRADITIONNEL · PERSONNALISÉ Un emplacement superbe, directement sur la plage, au pied de la chapelle ! Les chambres, cossues comme toute la demeure, donnent sur la baie ou sur le jardin fleuri. Mobilier de famille, antiquités, esprit contemporain... Comment mieux profiter de la plage ?

19 chambres - 196/410 € - 22 €

02 98 92 50 12 - www.plage.com - Fermé 3 novembre-6 avril

La Plage - voir la sélection des restaurants

STE-APOLLINE - 78 (Yvelines) → voir Autour de Paris (Plaisir)

STE-CÉCILE

71250 (Saône-et-Loire) - Carte régionale n° **5**-C3
Carte Michelin 320-H11

L'Embellie

CUISINE MODERNE · RUSTIQUE XX Un jeune couple motivé est aux commandes de ce restaurant installé dans une ancienne étable au cachet rustique – poutres, meubles en frêne, cheminée. La cuisine, actuelle, revisite certains plats du terroir : œufs en meurette, brioche d'escargot et émulsion de persil... Glaces maison et agréable terrasse d'été.

Menu 18 € (déjeuner), 28/50 € - Carte 41/100 €

le Bourg - 03 85 50 81 81 - www.lembellie.com - Fermé 2-9 janvier, 16 février-6 mars, 24 août-4 septembre, 19-31 octobre, mardi, mercredi, dimanche soir

STE-CÉCILE-LES-VIGNES

84290 (Vaucluse) - Carte régionale n° **24**-A2
Carte Michelin 332-C8

Campagne, Vignes et Gourmandises

CUISINE MODERNE · COSY X Avec son ambiance entre charme rustique (pierres apparentes, mobilier en bois peint) et modernité (tableaux contemporains), ce restaurant ne manque pas de cachet. Côté cuisine, le chef, Sylvain Fernandes, travaille des produits frais et célèbre avec délicatesse les parfums du Sud. Et le service est d'une grande gentillesse !

Menu 26/43 € - Carte 49/62 €

629 chemin des Terres (rte de Suze-la-Rousse) - 04 90 63 40 11 - www.restaurant-cvg.com - Fermé 23 septembre-9 octobre, 30 décembre-23 janvier, lundi, mardi, dimanche soir

STE-COLOMBE - 84 (Vaucluse) → voir Bédoin

STE-EULALIE

07510 (Ardèche) - Carte régionale n° **2**-A3
Carte Michelin 331-H5 - Guide Vert Michelin Ardèche Drôme

Hôtel du Nord

FAMILIAL · FONCTIONNEL Sympathique hostellerie appréciée des pêcheurs qui viennent ferrer le poisson dans la Loire, qui prend sa source à 5 km ! Chambres sobres, régulièrement rénovées. Cuisine du terroir au restaurant.

15 chambres – 70/80 € – 12 €

04 75 38 80 09 – www.hoteldunord-ardeche.com – Fermé 11 novembre-15 mars

STE-FOY-LA-GRANDE

33220 (Gironde) – Carte régionale n° **18**–C1

Carte Michelin 335-M5 – Guide Vert Michelin Aquitaine

Côté Bastide

CUISINE MODERNE · CONVIVIAL XX Légèrement en retrait du centre-ville, voici le fief de Laurence et Cédric : elle, en cuisine, réalise des plats gourmands réglés sur les saisons ; lui, sommelier de formation, choisit les meilleurs vins – notamment de Bordeaux – pour accompagner les plats concoctés par sa compagne. Un duo qui fonctionne à merveille !

Menu 27/35 € – Carte 32/52 €

4 rue de l'Abattoir – 05 57 46 14 02 – www.cote-bastide.org – Fermé 24 août-4 septembre, mercredi, dimanche

STE-GEMME-MORONVAL – 28 (Eure-et-Loir) → voir Dreux

STE-GENEVIÈVE-DES-BOIS – 91 (Essonne) → voir Autour de Paris

STE-JULIE – 01 (Ain) → voir Chazey-sur-Ain

STE-LUCIE-DE-PORTO-VECCHIO – 2A (Corse-du-Sud) → voir Corse

STE-MARIE-DE-RÉ – 17 (Charente-Maritime) → voir Île de Ré

STES-MARIES-DE-LA-MER – 13 (Bouches-du-Rhône) → voir après Saintes

STE-MARINE – 29 (Finistère) → voir Bénodet

STE-MAURE – 10 (Aube) → voir Troyes

STE-MAURE-DE-TOURAINE

37800 (Indre-et-Loire) – Carte régionale n° **8**–B3

Carte Michelin 317-M6 – Guide Vert Michelin Châteaux de la Loire

La Ciboulette

CUISINE MODERNE · CONTEMPORAIN XX À proximité de l'autoroute, de bonnes recettes sont servies dans un intérieur élégant ou sur la terrasse bordée d'un jardinet où vous trouverez peut-être... de la ciboulette. Les gourmands de passage ont aussi un faible pour l'île flottante de la maison.

Menu 32/67 € – Carte 34/70 €

78 route de Chinon (face à l'échangeur A 10, sortie n°25), à 2,5 km à l'Ouest par D760 – 02 47 65 84 64 – www.laciboulette.fr

Petit déjeuner compris ? La tasse suit directement le nombre de chambres.

STE-MAXIME

✉ 83120 (Var) - Carte régionale n° **24**-C3

Carte Michelin 340-O6 - Guide Vert Michelin Côte d'Azur

La Badiane

CUISINE MODERNE · ÉLÉGANT XX Voilà un chef végétarien cuisinant les légumes avec talent pour réaliser une cuisine bien-être, tournée vers le végétal (beurre et crème sont bannis). Mais que les amateurs de viande se rassurent : ils sont aussi les bienvenus ! Formule plus simple au déjeuner.

Menu 52/102 € - Carte 70/125 €

6 rue Fernand-Bessy - ✆ 04 94 96 53 93 - www.restaurant-la-badiane.fr - Fermé 7 janvier-1er février, lundi midi, mercredi midi, dimanche

Le Bistrot Paul Bert

CUISINE MODERNE · BISTRO X Ne vous trompez pas de porte ! Au milieu des attrape-touristes, dans une rue piétonne de la vieille ville, on trouve ce petit bistrot tenu par un couple du métier. Leurs spécialités : œuf cocotte au foie gras, tranche de thon rouge mi-cuit, ris de veau à la sauce morilles... à déguster en terrasse, aux beaux jours.

Menu 33 € - Carte 35/75 €

54 rue Paul Bert - ✆ 04 94 56 98 30 - www.lebistrotpaulbert.fr - Fermé 23 décembre-11 février, lundi, mardi midi, dimanche soir

Hostellerie la Belle Aurore

TRADITIONNEL · PERSONNALISÉ La Grande Bleue vient caresser ses murs, face à St-Tropez, et chaque chambre dispose d'une terrasse ou d'un balcon. L'impression d'avoir la mer pour soi ! Teintes chaleureuses, grand confort, ambiance paisible : une Belle Aurore...

16 chambres - 150/465 € - 1 suite - 20 €

5 boulevard Jean-Moulin, au Sud-Ouest par D559 - ✆ 04 94 96 02 45 - www.belleaurore.com - Fermé 15 octobre-13 avril

Villa les Rosiers

TRADITIONNEL · MÉDITERRANÉEN Une villa provençale aux murs roses, dans un jardin fleuri de... rosiers. De quoi embaumer la vue superbe sur le golfe de St-Tropez ! De grandes chambres blanches et élégantes, des sculptures et tableaux contemporains : beaucoup de raffinement. Repas en terrasse aux beaux jours.

12 chambres - 190/575 € - 27 €

94 chemin de Guerrevieille, 5 km au Sud-Ouest par D559 - ✆ 04 94 55 55 20 - www.villa-les-rosiers.com - Fermé 1er novembre-10 avril

Matisse Hôtel

BUSINESS · COSY Un hôtel idéalement situé en centre-ville. Le décor, contemporain, multiplie les clins d'œil à Matisse : le célèbre peintre était un habitué de la région. Les chambres sont chaleureuses et plus calmes sur l'arrière. Petit patio avec piscine.

28 chambres - 95/300 € - 13 €

11 boulevard Frédéric-Mistral - ✆ 04 94 96 18 33 - www.hotel-matisse.com

Royal Bon Repos

FAMILIAL · ÉLÉGANT Nichée dans une impasse proche d'une église et du musée de la Tour-Carrée, cette bâtisse de 1939 a tout de l'élégante demeure de famille : mobilier provençal, tableaux chinés, billard... Les chambres, avec leurs vieux parquets ou leurs tomettes, sont élégantes et décorées avec goût. Un bel hôtel de caractère.

22 chambres - 80/237 € - 18 €

11 rue Jean Aicard - ✆ 04 94 96 08 74 - www.hotelroyalbonrepos.fr

STE-MENÉHOULD

✉ 51800 (Marne) – Carte régionale n° **11**-C2

Carte Michelin 306-L8 – Guide Vert Michelin Champagne Ardenne

Le Cheval Rouge

CUISINE TRADITIONNELLE • AUBERGE XX Connaissez-vous le pied de cochon "à la Sainte-Ménehould" ? C'est en tout cas le moment de découvrir LA spécialité culinaire de cette auberge ouverte en 1873. Une véritable institution !

Menu 25/80 € – Carte 43/50 €

1 rue Chanzy – ✆ 03 26 60 81 04 – www.lechevalrouge.com – Fermé 29 juillet-11 août, 23-31 décembre, lundi, dimanche soir

Le Cheval Rouge

AUBERGE • FONCTIONNEL À deux pas de l'hôtel de ville, cette auberge propose des chambres fonctionnelles ; notre préférence irait à celles de l'annexe, plus confortables et contemporaines. Pour un repas express, la Brasserie vous tend les bras (ici, la spécialité, c'est le pied de cochon). Espace épicerie fine et cave à vins.

42 chambres – 70/75 € – 10 €

1 rue Chanzy – ✆ 03 26 60 81 04 – www.lechevalrouge.com – Fermé 29 juillet-11 août, 22 décembre-6 janvier

Le Cheval Rouge – voir la sélection des restaurants

à Futeau 13 km à l'Est par D603 et D2 – ✉ 55120

L'Orée du Bois

CUISINE CLASSIQUE • AUBERGE XX Ambiance rustique et familiale dans cette auberge entre Marne et Meuse. Avec des produits frais et de saison, le chef concocte une cuisine classique, dont les spécialités maison (foie gras poêlé aux pommes et cidre réduit ; langoustines en kadaïf au citron vert) ont la faveur des habitués.

Menu 32 € (déjeuner), 48/80 € – Carte 54/82 €

Courupt, 1 km au Sud – ✆ 03 29 88 28 41 – www.aloreedubois.fr – Fermé 25 novembre-27 janvier, lundi, mardi, dimanche soir

L'Orée du Bois

AUBERGE • CLASSIQUE Voilà une auberge accueillante, délicieusement isolée à la lisière de la grande forêt d'Argonne. Ici, parler de "tranquillité" est un euphémisme : dans les chambres, le calme n'est rompu que par le chant des oiseaux ! L'endroit idéal pour se mettre au vert. Préférez les chambres rénovées récemment.

14 chambres – 100/180 € – 15 €

Courupt, 1 km au Sud – ✆ 03 29 88 28 41 – www.aloreedubois.fr – Fermé 25 novembre-27 janvier

L'Orée du Bois – voir la sélection des restaurants

STE-NATHALÈNE – 24 (Dordogne) → voir Sarlat-la-Canéda

STE-PREUVE

✉ 02350 (Aisne) – Carte régionale n° **14**-D2

Carte Michelin 306-F5

Les Épicuriens

CUISINE MODERNE • ÉLÉGANT XXX Voilà bien une table destinée aux épicuriens ! Sérieux professionnel, le chef signe une cuisine raffinée, mêlant inspiration traditionnelle et méridionale : les assiettes ravissent l'œil comme le palais... Quant au cadre, il est élégant et ouvre sur la verdure. Service attentif.

Menu 30 € (déjeuner), 47/99 € – Carte 80/120 €

Domaine de Barive, 3 km au Sud-Ouest – ✆ 03 23 22 15 15 – www.domainedebarive.com

Domaine de Barive

DEMEURE HISTORIQUE • PERSONNALISÉ Une superbe bâtisse du 19e s. dans un immense parc : calme champêtre... Les chambres sont cosy (mansardées au 2e étage) et décorées avec soin ; on profite aussi de nombreux services (sauna, jacuzzi, tennis, salle de remise en forme) et d'un accueil prévenant.

15 chambres - 115/250 € - 7 suites

3 km au Sud-Ouest - 03 23 22 15 15 - www.domainedebarive.com

Les Épicuriens - voir la sélection des restaurants

Le Prieuré

FAMILIAL • COSY Calme et détente assurés en cette ancienne ferme qui allie beaux volumes, éléments vintage et confort contemporain, jusqu'au sauna et au jacuzzi. Les chambres, joliment décorées, sont toutes mansardées et donnent sur la nature environnante. Idéal pour un week-end au vert.

5 chambres - 155/185 €

Domaine de Barive - 03 23 22 15 15 - www.domainedebarive.com

SAINTES

17100 (Charente-Maritime) - Carte régionale n° **20**-B3

Carte Michelin 324-G5 - Guide Vert Michelin Poitou-Charentes

La Table du Relais du Bois St-Georges

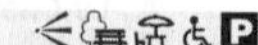

CUISINE MODERNE • CLASSIQUE XXX Les excellents produits - merlu de ligne de St-Jean, oignons de Roscoff, herbes du jardin - disent déjà beaucoup de la qualité de ce restaurant installé dans une ancienne ferme à l'extérieur de Saintes. Ils sont travaillés avec finesse et précision, et réunis au sein d'une carte entre bistronomie et gastronomie, au rythme des saisons... Plaisant !

Menu 33/70 € - Carte 53/82 €

Le Relais du Bois St-Georges, 132 cours Genet (Le Pinier-Parc Atlantique) - 05 46 93 50 99 - www.relaisdubois.com

Saveurs de l'Abbaye

CUISINE MODERNE • TENDANCE XX À deux pas de l'abbaye aux Dames, devenue "cité musicale", ce restaurant au décor épuré propose une cuisine légère, fraîche et spontanée, privilégiant les beaux produits locaux du marché, arpenté tous les jours, panier en main, par le chef Vincent Coiquaud. Pour la nuit, des chambres sobres et agréables.

Menu 19 € (déjeuner), 33/48 € - Carte 40/52 €

1 place St-Pallais - 05 46 94 17 91 - www.saveurs-abbaye.com - Fermé 14-28 avril, 28 octobre-17 novembre, lundi, dimanche

Le Parvis

CUISINE MODERNE • ÉLÉGANT XXX Dans cette jolie maison en bord de Charente, tout près du centre-ville, Pascal Yenk concocte de savoureux plats du terroir avec les produits achetés le matin même au marché. Tout est fait maison (et notamment les belles sauces), pour notre plus grand plaisir ! Aux beaux jours, on profite de la terrasse à l'abri des regards.

Menu 25 € (déjeuner), 35/65 € - Carte 50/70 €

12 quai de l'Yser (Petite-Rue-du-Bois-d'Amour) - 05 46 97 78 12 - www.restaurant-le-parvis.fr - Fermé lundi, dimanche

Le Relais du Bois St-Georges

TRADITIONNEL • CLASSIQUE Banquise, Tombouctou, Monte-Cristo, Cerisaie, Clef des champs... Les chambres, décorées par thèmes, se révèlent spacieuses et bien équipées. Si vous avez le temps, prenez le temps de vous promener dans le parc, le long des étangs.

30 chambres - 99/249 € - 19 €

132 cours Genet (Le Pinier-Parc Atlantique) - 05 46 93 50 99 - www.relaisdubois.com

La Table du Relais du Bois St-Georges - voir la sélection des restaurants

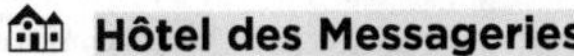

Hôtel des Messageries

FAMILIAL • COSY Dans cet ancien relais de poste (1792) du quartier historique règne une quiétude très "maison de famille". Les chambres sont confortables, dans une veine romantique. Et au petit-déjeuner, on se régale de bons produits charentais.

32 chambres – 92/101 € – 10 €

rue des Messageries – 05 46 93 64 99 – www.hotel-des-messageries.com

STE-SABINE – 21 (Côte-d'Or) → voir Pouilly-en-Auxois

STE-SABINE

24440 (Dordogne) – Carte régionale n° **18**–C2

Carte Michelin 329-F7

Étincelles - La Gentilhommière (Vincent Lucas)

CUISINE CRÉATIVE • RUSTIQUE XX Une chaleureuse maison périgourdine, dans un jardin aux arbres majestueux. Le concept : on réserve au plus tard la veille, car le chef ne travaille que des produits frais. Il propose un menu unique et sa créativité fait des étincelles ! Chambres thématiques (romantique, orientale, montagnarde...).

→ Cuisine du marché

Menu 47 € (déjeuner), 59/117 €

05 53 74 08 79 – www.gentilhommiere-etincelles.com – Fermé 1er-8 juillet, 20 octobre-31 janvier, lundi midi, mardi, mercredi, jeudi midi, vendredi midi, samedi midi, dimanche soir

STES-MARIES-DE-LA-MER

13460 (Bouches-du-Rhône) – Carte régionale n° **24**–A3

L'Estelle en Carmargue

CUISINE MODERNE • ÉLÉGANT XX Cette table n'est pas pour rien dans la réputation de l'hôtel qui l'accueille. On s'installe autour de la belle piscine pour le déjeuner, ou dans une salle à manger de style Art déco pour le dîner ; dans les deux cas, on se régale de préparations goûteuses et colorées, réalisées par un chef qui connaît bien son métier.

Menu 45/95 € – Carte 58/92 €

L'Estelle en Camargue, route du Petit-Rhône, 4 km au Nord-Ouest par D38 – 04 90 97 89 01 – www.hotelestelle.com – Fermé 3 janvier-6 février, 12 novembre-20 décembre, lundi

L'Estelle en Camargue

MAISON DE CAMPAGNE • CLASSIQUE Un hôtel-restaurant plein de charme, au bord du Petit-Rhône, avec la Camargue pour horizon. Les chambres, de style provençal ou contemporain, disposent d'une vue sur l'étang ou le jardin. Belle terrasse face à la piscine.

19 chambres – 190/490 € – 1 suite

route du Petit-Rhône, 4 km au Nord-Ouest par D38 – 04 90 97 89 01 – www.hotelestelle.com – Fermé 3 janvier-6 février, 12 novembre-20 décembre

L'Estelle en Carmargue – voir la sélection des restaurants

Mas de la Fouque

MAISON DE CAMPAGNE • PERSONNALISÉ Des étangs, des chevaux, des flamants roses... Ce domaine séduisant joue, à l'écart de tout, la carte de la décontraction chic pour une clientèle discrète ; on y trouve même trois chambres originales dans des roulottes. Une fois installé, il n'y a plus qu'à profiter du calme des lieux !

27 chambres – 187/641 €

route du Petit-Rhône, 4 km au Nord-Ouest par D38 – 04 90 97 81 02 – www.masdelafouque.com – Fermé 1er janvier-6 février

Mas de Cocagne

FAMILIAL • CONTEMPORAIN Sur la route d'Arles, cet hôtel de standing moderne propose des chambres fort bien tenues, au décor contemporain, avec terrasse privative. Agréable piscine. Des prestations de qualité.

19 chambres - 99/229 € - 20 €

route d'Arles - 04 90 97 96 17 - www.mas-cocagne.com - Fermé 3 janvier-1er mars, 12 novembre-26 décembre

STE-VERGE

- 79 (Deux-Sèvres) → voir Thouars

LES SAISIES

73620 (Savoie) - Carte régionale n° **2**-D1

Carte Michelin 333-M3 - Guide Vert Michelin Alpes du Nord

La Table des Armaillis

CUISINE MODERNE • CONTEMPORAIN XX Ici, le chef bourguignon Laurent Peugeot pioche allègrement dans le terroir savoyard, et en particulier celui du Beaufortain, qu'il parsème de légères touches venues d'ailleurs. Il en résulte des préparations modernes et élégantes, à l'instar de cette betterave en croûte de sel, radis noir, anchois, et jambon de pays. Belle carte des vins.

Menu 44 € (déjeuner), 55/95 €

97 rue des Prés - 04 79 89 26 15 - www.latabledesarmaillis.fr - Fermé 21 avril-21 juin, 13 septembre-20 décembre, lundi, mardi

SALEILLES

- 66 (Pyrénées-Orientales) → Voir Perpignan

SALERS

15140 (Cantal) - Carte régionale n° **1**-B3

Carte Michelin 330-C4 - Guide Vert Michelin Auvergne

Le Bailliage

CUISINE TRADITIONNELLE • TENDANCE XX Dans la région, tout le monde connaît ce Bailliage gourmand ! Les meilleurs éleveurs fournissent le restaurant en viande... de salers, et l'on se presse pour goûter ris de veau aux morilles, truite de Romanange fumée etc., et de délicieux fromages auvergnats, dont... le salers. Une cuisine du terroir généreuse et débordante de saveurs !

Menu 26/56 € - Carte 32/59 €

rue Notre-Dame - 04 71 40 71 95 - www.salers-hotel-bailliage.com - Fermé 15 novembre-10 février, lundi midi

L'Évasion

CUISINE MODERNE • AUBERGE X Au cœur de ce village, une adresse où la simplicité règne. Dans sa cuisine ouverte, le chef travaille les produits du terroir régional (circuits courts en priorité) mais aussi le poisson ; il en résulte des assiettes bien ficelées, avec une touche de modernité.

Menu 26 € - Carte 30/50 €

11 rue Notre-Dame - 04 71 40 74 56 - Fermé jeudi

Le Bailliage

FAMILIAL • COSY Cette grande demeure régionale constitue un point de chute plein de vie pour découvrir le village, si pittoresque. Les chambres, spacieuses et décorées avec goût, donnent sur le jardin ou la campagne ; certaines arborent un style plus moderne.

23 chambres - 75/170 € - 2 suites - 13 €

rue Notre-Dame - 04 71 40 71 95 - www.salers-hotel-bailliage.com - Fermé 15 novembre-10 février

Le Bailliage - voir la sélection des restaurants

Hôtel des Remparts

TRADITIONNEL • CONTEMPORAIN Une affaire familiale, que l'on se transmet de... mère en fille ! Ce bel hôtel est parfait pour découvrir ce fleuron du Cantal qu'est le village de Salers. D'autant que les chambres, chaleureuses et modernes, offrent un beau panorama sur la vallée de Fontanges...

15 chambres - 80/112 € - 11 €

esplanade de Barrouze - 04 71 40 70 33 - www.salers-hotel-remparts.com - Fermé 1er novembre-10 janvier

Saluces

FAMILIAL • PERSONNALISÉ Cette propriété appartenait au marquis de Lur Saluces, gouverneur de la cité au 17e s. Aujourd'hui, la maison affiche un style épuré, avec mobilier chiné et matériaux naturels (bois, marbre, ardoise). On appréciera également le petit-déjeuner sous le vieux marronnier !

8 chambres - 80/100 € - 13 €

rue de la Martille - 04 71 40 70 82 - www.hotel-salers.fr - Fermé 6 janvier-6 février

SALIES-DE-BÉARN

64270 (Pyrénées-Atlantiques) - Carte régionale n° **18**-B3

Carte Michelin 342-G4 - Guide Vert Michelin Aquitaine

Restaurant des Voisins

CUISINE MODERNE • TENDANCE XX Esprit design, œuvres contemporaines, cuisines ouvertes, etc. : voilà le décor, chic et éclectique, de cette maison qui serait la plus ancienne du village. Un jeune couple y propose une cuisine bien ficelée, gourmande et originale, accompagnée d'une belle carte des vins (du Sud-Ouest, surtout). Une adresse où l'on aimerait toujours pouvoir venir en voisin...

Menu 33/44 €

12 rue des Voisins - 05 59 38 01 79 - www.restaurant-des-voisins.fr - Fermé lundi, mardi

SALINS-LES-BAINS

39110 (Jura) - Carte régionale n° **6**-B2

Carte Michelin 321-F5 - Guide Vert Michelin Franche-Comté Jura

Grand Hôtel des Bains

TRADITIONNEL • FONCTIONNEL Il est des records qui méritent d'être soulignés, tel cet hôtel familial de 1850 (situé à proximité des thermes) cité dans le guide rouge depuis plus d'un siècle ! Les chambres, toutes rénovées, sont agréables.

29 chambres - 90/220 € - 12 €

2 place des Alliés - 03 84 37 90 50 - www.hotel-des-bains.fr - Fermé 7-31 janvier

SALLANCHES

74700 (Haute-Savoie) - Carte régionale n° **4**-F1

Carte Michelin 328-M5 - Guide Vert Michelin Alpes du Nord

Auberge de l'Orangerie

AUBERGE • CONTEMPORAIN Dans cette maison coquette, l'accueil est charmant et dans les chambres, douillettes et lambrissées, on songe, en regardant le mont Blanc. Une nouvelle annexe propose des chambres plus actuelles. Un petit tour à l'espace bien-être et la détente est totale. Cuisine traditionnelle au restaurant.

34 chambres - 107/114 € - 12 €

3 carrefour de la Charlotte, 2,5 km par D13, rte de Passy - 04 50 58 49 16 - www.orangeriemontblanc.fr

SALLES-ARBUISSONNAS-EN-BEAUJOLAIS

✉ 69460 (Rhône) – Carte régionale n° **3**-E1
Carte Michelin 327-G3

La Chanoinesse

DEMEURE HISTORIQUE • CLASSIQUE Passionné par l'histoire et les vieilles pierres, le propriétaire cultive ici un art de vivre très "Ancien Régime" et fait preuve d'un indéniable sens de l'accueil. La tenue est impeccable, les chambres, vastes, portent des noms tels que l'Angélus, le Prieuré ou le Chapitre ; on pourra même découvrir les merveilles (animaux empaillés, manuscrits) d'un étonnant cabinet de curiosités... Quel charme !

3 chambres – 95 €

99 rue du Chapitre – 06 76 91 08 17 – www.lachanoinesse.net – Fermé 20 octobre-30 mars

LES SALVAGES - 81 (Tarn) ➜ voir Castres

SALZUIT

✉ 43230 (Haute-Loire) – Carte régionale n° **1**-C3
Carte Michelin 331-C2

Domaine St Roch

DEMEURE HISTORIQUE • CLASSIQUE Au cœur de ce château du 19e s. qui surplombe le village, on se repose dans des chambres hautes de plafond, habillées de mobilier rustique. Entretien impeccable ; hammam, sauna et salle de musculation.

21 chambres – 85/115 € – 12 €

Le Château – 04 71 74 04 23 – www.hotel-auvergne-saintroch.com – Fermé 1er décembre-1er mars

LE SAMBUC - 13 (Bouches-du-Rhône) ➜ voir Arles

SAMOËNS

✉ 74340 (Haute-Savoie) – Carte régionale n° **4**-F1
Carte Michelin 328-N4 – Guide Vert Michelin Alpes du Nord

Le 8M des Monts

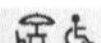

CUISINE MODERNE • BISTRO Une carte courte et efficace, une sélection de bons produits favorisant le bio et les circuits courts, un accueil charmant : voilà quelques-uns des (nombreux) atouts de ce petit restaurant installé sur la place du village. Autre avantage, les plats changent régulièrement : une bonne excuse pour revenir au plus vite !

Carte 40/50 €

place de l'Église – 04 50 21 30 01 – Fermé 27 avril-21 juin, 13 octobre-13 décembre, jeudi midi, dimanche

Neige et Roc

TRADITIONNEL • MONTAGNARD Légèrement en retrait du centre du village, cet imposant chalet est chaleureux et accueillant. Les chambres, spacieuses, jolies et montagnardes comme il se doit, ont toutes un balcon ; à l'annexe, on propose des studios avec cuisinette.

48 chambres – ½ Pension seulement 110/242 € – 16 €

255 route de Taninges – 04 50 34 40 72 – www.neigeetroc.com – Fermé 7 avril-8 juin, 14 septembre-20 décembre

Gai Soleil et Lodge le Grand Cerf

AUBERGE • MONTAGNARD Un petit hôtel familial posté à l'entrée du village. Huit chambres agréables ont été aménagées dans un esprit contemporain, tout en restant fidèle à l'esprit savoyard des lieux. Bar au coin du feu, spécialités régionales au restaurant, salle de jeux, sauna et piscine... Chaleureux et gai !

31 chambres – 79/180 € – 14 €

26 route de Taninges – 04 50 34 40 74 – www.hotel-samoens.com – Fermé 23 avril-7 juin, 15 septembre-20 décembre

SAMOUSSY - 02 (Aisne) ➜ voir Laon

SAMPANS - 39 (Jura) ➜ voir Dole

SANARY-SUR-MER

✉ 83110 (Var) - Carte régionale n° **24**-B3
Carte Michelin 340-J7 - Guide Vert Michelin Côte d'Azur

La P'tite Cour

CUISINE MODERNE • COSY XX La jeune patronne, pâtissière de formation, mitonne avec le plus grand soin une succulente cuisine du marché, que l'on déguste idéalement dans la p'tite cour ensoleillée, cachée à l'arrière de la maison. Belle spécialités de poisson, produits de saison soigneusement travaillés : on se régale... d'autant que le service est impeccable.

Menu 30/45 €

6 rue Barthélemy-de-Don - ✆ 04 94 88 08 05 - www.laptitecour.com - Fermé 23 décembre-10 janvier, mardi, mercredi

La Ptite Fabri'k

CUISINE MODERNE • BISTRO X Un bel emplacement sur le port de plaisance pour ce petit restaurant qui propose une cuisine aux accents du sud - ainsi, la soupe de melon froide à la verveine, chorizo et amandes, ou le thon rouge mi-cuit, poireaux confits, et salicornes au beurre de poutargue. Et l'on peut débuter le repas avec une sélection de produits à grignoter...

Carte 35/55 €

16 quai du Général-de-Gaulle - ✆ 04 94 74 02 17 - Fermé 11-27 février, mardi, mercredi

Hostellerie La Farandole

LUXE • BORD DE MER Face aux rondeurs de la baie, sur la plage de la Gorguette (entre Sanary et Bandol), un bâtiment géométrique, tout en pierre, bois et verre. Inaugurée en 2011, cette luxueuse hostellerie associe esprit Côte d'Azur et art de vivre contemporain, entre plage et spa.

25 chambres - ††108/898 € - 2 suites - ☕ 18 €

140 chemin de la Plage de la Gorguette, route de Toulon - ✆ 04 94 90 30 20 - www.hostellerielafarandole.com - Fermé 7-20 janvier

SANCERRE

✉ 18300 (Cher) - Carte régionale n° **8**-D2
Carte Michelin 323-M3 - Guide Vert Michelin Limousin Berry

La Pomme d'Or

CUISINE TRADITIONNELLE • AUBERGE X N'hésitez pas à croquer dans cette pomme ! Ici, le chef joue la carte de la tradition pour le plus grand bonheur des gourmands. Dans l'assiette, c'est parfumé et coloré. Le tout accompagné, cela va de soi, d'un verre de sancerre blanc, rosé ou rouge... selon votre envie.

Menu 25 € (déjeuner), 33/65 €

rue de la Panneterie - ✆ 02 48 54 13 30 - Fermé 1er-5 janvier, 9-15 septembre, mardi, mercredi, dimanche soir

La Tour

CUISINE MODERNE • CONVIVIAL XX Dans cette maison nichée au pied d'une tour du 14e s., au cœur du Sancerrois historique, le chef concocte une cuisine de caractère, basée sur de bons produits. Le tout se déguste dans une salle élégante et contemporaine, avec quelques touches d'époque : poutres, plafond, moulures...

Menu 30 € (déjeuner), 46/75 € - Carte 55/65 €

31 Nouvelle-Place - ✆ 02 48 54 00 81 - www.latoursancerre.fr - Fermé 2-19 janvier, lundi, dimanche soir

Auberge Joseph Mellot

CUISINE TRADITIONNELLE • AUBERGE Une efficace cuisine du terroir célébrant la tradition, des produits bien choisis, une exécution précise : on passe un beau moment gourmand dans cette Auberge, installée dans une demeure typique de la région. Bons vins du domaine en prime !

Menu 19/28 €

16 Nouvelle-Place – 02 48 54 20 53 – www.aubergejosephmellot.com – Fermé 30 novembre-15 janvier, mardi soir, mercredi, dimanche soir

Le Panoramic

BOUTIQUE HÔTEL • CONTEMPORAIN Bonne nouvelle : le Panoramic a fait peau neuve ! Il offre toujours le plus beau point de vue du Sancerrois sur les vignes ; on y dort dans des chambres modernes et confortables, décorées sur le thème du vin. Bar à vins, boutique et belle piscine.

52 chambres – 80/160 € – 6 suites – 15 €

Rempart des Augustins – 02 48 54 22 44 – www.panoramic-hotel.fr

à Chavignol 4 km au Nord par D955 et D183 – 18300

La Côte des Monts Damnés

CUISINE TRADITIONNELLE • COSY Fini les deux adresses distinctes : Jean-Marc Bourgeois recentre son travail autour d'un seul restaurant bistronomique, en synergie avec les vins du domaine. Certains classiques de la maison sont toujours à la carte (tagliatelles au crottin, tourte au chèvre et jambon de Sancerre, soufflé à la mirabelle) et se dégustent dans un décor modernisé.

Menu 19 € (déjeuner), 30/40 €

02 48 54 01 72 – www.montsdamnes.com – Fermé mardi, mercredi

La Côte des Monts Damnés

FAMILIAL • CONTEMPORAIN Un charmant hôtel au cœur de Chavignol, village vénéré pour son fameux "crottin". Les chambres, spacieuses et chaleureuses, adoptent une déco résolument contemporaine... Une adresse de caractère !

12 chambres – 97/180 € – 14 €

02 48 54 01 72 – www.montsdamnes.com

La Côte des Monts Damnés – voir la sélection des restaurants

à St-Thibault 4 km au Nord par D955 et D4 – 18300

Hôtel de la Loire

DEMEURE HISTORIQUE • PERSONNALISÉ Original et confortable ! Des chambres décorées sur le thème du voyage, en bord de Loire... Pour l'anecdote, c'est ici que Georges Simenon écrivit son roman Les Sœurs Lacroix. Tarifs très attractifs.

11 chambres – 75/95 €

2 quai de la Loire – 02 48 78 22 22 – www.hotel-de-la-loire.com

SAND

67230 (Bas-Rhin) – Carte régionale n° **10**-B2
Carte Michelin 315-J6

La Charrue

AUBERGE • FONCTIONNEL Au cœur du village, avec parking privé clos en léger retrait, cette hostellerie typiquement alsacienne (un relais de charretier du 19e s. rénové) propose des chambres traditionnelles confortables, et d'autres dans un esprit plus contemporain. Cuisine du terroir au restaurant.

23 chambres – 72/85 € – 12 €

4 rue du 1er-Décembre – 03 88 74 42 66 – www.lacharrue.com – Fermé 11-25 août, 23-27 décembre

SANILHAC – 07 (Ardèche) → voir Largentière

SAN-MARTINO-DI-LOTA – 2B (Haute-Corse) → voir Corse (Bastia)

SANTA-GIULIA (GOLFE DE) - 2A (Corse-du-Sud) ➔ voir Corse (Porto-Vecchio)

SANT'ANTONINO - 2B (Haute-Corse) ➔ voir Corse

SANTENAY

✉ 21590 (Côte-d'Or) - Carte régionale n° **5**-A3

Carte Michelin 320-I8 - Guide Vert Michelin Bourgogne

L'Ouillette

CUISINE TRADITIONNELLE • **CLASSIQUE** XX Un jeune couple motivé est aux commandes de cette auberge familiale, installée sur la place centrale du village. En cuisine, Simon navigue entre bonne tradition (œufs en meurette, jambon persillé, coq au vin) et recettes plus actuelles ; Maude, en salle, assure un service attentif et efficace. On passe un excellent moment : longue vie à cette Ouillette !

Menu 22 € (déjeuner), 28/58 € - Carte 41/60 €

place du Jet-d'Eau - ✆ 03 80 20 62 34 - www.ouillette.fr -
Fermé 28 janvier-27 février, 18-28 juin, 18-27 novembre, mardi, mercredi

Le Terroir

CUISINE TRADITIONNELLE • **COSY** XX Au cœur du village, une maison pimpante et chaleureuse au service d'une cuisine régionale appétissante : fricassée du braconnier, coq au vin rouge, parfait glacé au marc de Bourgogne... Joli choix de vins au verre.

Menu 28/65 € - Carte 44/64 €

19 place du Jet-d'Eau - ✆ 03 80 20 63 47 - www.restaurantleterroir.com -
Fermé 2-5 septembre, 5-13 décembre, jeudi, dimanche soir

Prosper Maufoux

HÔTEL PARTICULIER • **CLASSIQUE** Cette imposant hôtel particulier, bâti en 1835, a été investi en 1970 par la maison Prosper Maufoux. Les chambres, décorées avec raffinement, préservent l'esprit de l'époque : parquet à chevrons, mobilier de style, cheminées... Et le superbe caveau de dégustation accueillera les amateurs de bons vins.

3 chambres ☕ - 👥180/190 €

1 place du Jet-d'Eau - ✆ 03 80 20 68 71 - www.maufoux.com -
Fermé 31 décembre-14 janvier

LE SAPPEY-EN-CHARTREUSE

✉ 38700 (Isère) - Carte régionale n° **2**-C2

Carte Michelin 333-H6 - Guide Vert Michelin Alpes du Nord

Les Skieurs

CUISINE TRADITIONNELLE • **FAMILIAL** XX Une bonne auberge pour les skieurs certes, mais aussi pour les marmottes - le feu de cheminée crépite tout l'hiver - et plus encore pour les gourmands. Dans un décor tout en bois, on déguste de solides assiettes pétries des saveurs du terroir... avant de voir arriver un beau chariot de fromages et de desserts maison !

Menu 33 € - Carte 45/55 €

✆ 04 76 88 82 76 - www.lesskieurs.com - Fermé 1er-12 janvier, 15 avril-3 mai, lundi, mardi, dimanche soir

Les grandes villes bénéficient de plans situant hôtels et restaurants. Suivez leurs coordonnées (ex. **Plan : B1-v**) pour repérer facilement les établissements.

SARE

✉ 64310 (Pyrénées-Atlantiques) – Carte régionale n° **18**-A3
Carte Michelin 342-C5 – Guide Vert Michelin Pays Basque et Navarre

Olhabidea

CUISINE TRADITIONNELLE • FAMILIAL XX Une ferme basque du 16e s. où l'on propose une cuisine goûteuse, élaborée avec finesse et passion, qui s'appuie largement sur les fruits et légumes du potager du chef. Autour, on flâne dans un parc de quatre hectares planté d'érables, de conifères et de camélias… Quel charme !

Menu 45/55 €

quartier Sainte-Catherine (chemin d'Olha), 2 km à l'Est par D4 – ☎ 05 59 54 21 85 – www.olhabidea.fr – Fermé 30 novembre-1er février, lundi, mardi, mercredi midi, dimanche soir

Arraya

FAMILIAL • COSY Cet ancien relais de Compostelle, d'architecture traditionnelle, abrite des chambres coquettes (mobilier en bois, tissus cousus main), certaines ouvrant sur le jardin classé. Décor basque au restaurant, avec terrasse ombragée : plats régionaux et boutique gourmande.

16 chambres – 96/195 € – 13 €

place du Village – ☎ 05 59 54 20 46 – www.arraya.com – Fermé 4 novembre-26 avril

Lastiry

FAMILIAL • PERSONNALISE Derrière une façade typiquement basque, un hôtel chaleureux et familial. Les chambres sont confortables et soignées, certaines avec un petit cachet ancien. Au restaurant, recettes du terroir et ambiance rustique.

11 chambres – 90/145 €

place du Village – ☎ 05 59 54 20 07 – www.hotel-lastiry.com – Fermé 5 novembre-14 mars

SARLAT-LA-CANÉDA

✉ 24200 (Dordogne) – Carte régionale n° **18**-D3
Carte Michelin 329-I6 – Guide Vert Michelin Périgord Quercy

Le Grand Bleu (Maxime Lebrun)

CUISINE CRÉATIVE • COSY XX De son passage dans de grandes maisons, Maxime Lebrun a retenu l'amour du travail bien fait, un vrai sens de la générosité et l'esprit d'invention. Il signe une cuisine de l'instant, très fine et en phase avec les saisons, et n'hésite pas à alterner entre les incontournables de la maison et des préparations plus inventives.

→ Foie gras mi-cuit à la betterave, framboises et cardamome. Ris de veau caramélisé, jus à la sarriette. Macaron à l'olive noire, fraises du Périgord et crème d'asperge verte au basilic

Menu 26 € (déjeuner), 58/130 €

43 avenue de la Gare, au Sud par D704, rte de Domme et Bergerac – ☎ 05 53 31 08 48 – www.legrandbleu.eu – Fermé 4 novembre-15 avril, lundi, mardi midi, mercredi midi, dimanche soir

Plaza Madeleine

BOUTIQUE HÔTEL • ÉLÉGANT Emplacement avantageux pour cet hôtel de bonne facture, situé à l'entrée de la vieille ville. Les murs anciens de la demeure (19e s.), le chic contemporain des chambres, la bar à l'anglaise avec billard et lustres, le soin apporté à l'entretien des lieux : tout invite à un agréable séjour.

41 chambres – 120/250 € – 16 €

1 place de la Petite-Rigaudie – ☎ 05 53 59 10 41 – www.plaza-madeleine.com

Relais de Moussidière

FAMILIAL • CONTEMPORAIN Calme absolu dans cette maison de caractère bâtie à flanc de rocher, dont les lumineuses chambres sont au grand calme. Dans la journée, ou le soir venu, on se promène dans le parc dont les terrasses descendent jusqu'à l'étang. Un établissement idéal pour visiter les joyaux du Périgord noir !

35 chambres – 135/185 € – 15 €

route de Bergerac, 3 km au Sud – ☎ 05 53 28 28 74 – www.hotel-moussidiere.com – Fermé 1er novembre-15 avril

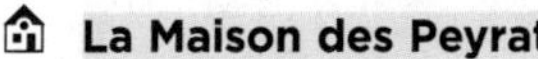

La Maison des Peyrat

MAISON DE CAMPAGNE • INSOLITE On se croirait dans une maison de famille à la campagne… Difficile de résister au charme de cette jolie demeure noyée sous la verdure, sur les hauteurs de Sarlat : vieilles pierres, poutres anciennes, joli jardin plein de recoins pour paresser, et accueil très chaleureux !

10 chambres – 59/125 € – 12 €

Lieu-dit La Plane Basse, à l'Est par chemin des Monges – 05 53 59 00 32 – www.maisondespeyrat.com – Fermé 18 novembre-28 mars

Le Mas de Castel

MAISON DE CAMPAGNE • CONTEMPORAIN À la campagne, un ancien corps de ferme devenu sympathique hostellerie. Dans les chambres, simplement mais joliment arrangées, les nuits sont paisibles – celles de la nouvelle extension offrent plus d'espace et un bel esprit contemporain… Parcours de santé, piscine chauffée.

19 chambres – 90/150 € – 11 €

Le Sudalissant, 5 km au Sud par route de Gourdon puis route de la Canéda – 05 53 59 02 59 – www.hotel-lemasdecastel.com – Fermé 4 novembre-5 avril

à Ste-Nathalène 8 km au Nord-Est par D47 – 24200

La Roche d'Esteil

MAISON DE CAMPAGNE • COSY Un domaine restauré avec goût, dans le respect de la tradition périgourdine. Les chambres sont joliment décorées dans un esprit de campagne chic ; le soir, ambiance conviviale et assiettes dans l'air du temps basées sur les produits du terroir.

5 chambres – 95/117 €

Lieu-dit La Croix d'Esteil – 05 53 29 14 42 – www.larochedesteil.com – Fermé 1er décembre-15 mars

SARPOIL – 63 (Puy-de-Dôme) → voir Issoire

SARRAS

07370 (Ardèche) – Carte régionale n° **3**-E2

Carte Michelin 331-K2

Le Vivarais

CUISINE CLASSIQUE • TRADITIONNEL XX Au menu de cette sympathique maison traditionnelle, on découvre une généreuse cuisine classique, réalisée par un chef qui connaît son sujet sur le bout des doigts ! Mention spéciale pour le chariot de desserts, toujours aussi appétissant… Une jolie étape sur la route des vacances.

Menu 19 € (déjeuner), 32/62 € – Carte 42/52 €

30 avenue du Vivarais – 04 75 23 01 88 – Fermé 18 février-12 mars, 29 juillet-21 août, lundi soir, mardi, dimanche soir

SARREBOURG

57400 (Moselle) – Carte régionale n° **12**-D2

Carte Michelin 307-N6 – Guide Vert Michelin Alsace Lorraine

L'Épicurien

CUISINE TRADITIONNELLE • FAMILIAL XX Ce restaurant, tenu par un couple du métier, sert une cuisine traditionnelle pleine de fraîcheur, dont quelque plats du Beaujolais, clin d'œil aux origines du chef. C'est frais, c'est bon, avis aux épicuriens !

Menu 15 € (déjeuner), 29/40 € – Carte 41/51 €

7 avenue Gambetta – 03 55 16 54 67 – wwwepicurien57.com – Fermé lundi soir, mardi soir, mercredi, dimanche soir

SARREGUEMINES

✉ 57200 (Moselle) - Carte régionale n° **12**-D1
Carte Michelin 307-N4

✿ **Auberge St-Walfrid** (Stephan Schneider)

CUISINE TRADITIONNELLE · ÉLÉGANT XXX Une bien jolie auberge, où l'on s'attable parmi les vitrines où brille la faïence de Sarreguemines. Le chef, Stephan Schneider, est un défenseur de la belle tradition ! Il aime travailler avec les maraîchers de la région et acheter des bêtes entières, pour les préparer lui-même. À la force du goût.

→ Langoustine royale frite et en tartare, légumes du moment. Turbot sauvage, artichaut en textures et sauce hollandaise. Tartelette feuilletée aux quetsches poêlées, crème glacée à la cannelle

Menu 42/128 € - Carte 65/105 €

58 rue de Grosbliederstroff, 2 km à l'Ouest par rte de Grosbliederstroff, St-Avold et Forbach - ✆ 03 87 98 43 75 - www.stwalfrid.com - Fermé 10-25 février, 28 juillet-12 août, lundi midi, samedi midi, dimanche

La Charrue d'Or

CUISINE TRADITIONNELLE · CONVIVIAL XX Le chef, sérieux et motivé, propose à la fois des classiques régionaux - gibier en saison, par exemple - et des propositions plus modernes. Goûtez à la banana split, clin d'œil aux années 1980 ! On passe un agréable moment.

Menu 23/45 € - Carte 42/82 €

21 rue Poincaré - ✆ 03 87 98 14 55 - www.lacharruedor.fr - Fermé 17-24 février, 7-29 juillet, samedi midi, dimanche

Le Petit Thierry

CUISINE MODERNE · TENDANCE X Cet ancien moulin, face à la Sarre, arbore le look d'un bistrot contemporain... mais conserve son imposant poêle en faïence ! On y apprécie une cuisine du marché à travers un menu-carte qui change régulièrement. Frais, coloré, et d'agréables fumets viennent titiller vos narines... Entrez donc !

Menu 39 €

135 rue de France, 1,5 km à l'Ouest par D910, St-Avold et Forbach - ✆ 03 87 98 22 59 - Fermé 15-31 janvier, 16-29 septembre, mercredi soir, jeudi

Auberge St-Walfrid

FAMILIAL · CLASSIQUE À la sortie de la ville, une belle maison en pierre où, depuis cinq générations, la même famille cultive l'art de recevoir. Dans les grandes chambres au parquet de chêne, on respire le charme discret de la bourgeoisie.

11 chambres - 115/158 € - 15 €

58 rue de Grosbliederstroff, 2 km à l'Ouest par rte de Grosbliederstroff, St-Avold et Forbach - ✆ 03 87 98 43 75 - www.stwalfrid.com - Fermé 10-25 février, 28 juillet-12 août

✿ **Auberge St-Walfrid** - voir la sélection des restaurants

à Wœlfling-lès-Sarreguemines 10 km au Sud-Est par D - ✉ 57200

Restaurant Dimofski

CUISINE MODERNE · VINTAGE XX Julien Dimofski est un chef motivé, et son enthousiasme se découvre au gré d'assiettes soignées et savoureuses, humant l'air du temps. Décor rustique et lumineux, à une dizaine de kilomètres de Sarreguemines.

Menu 30/90 € - Carte 60/102 €

2 Quartier de la Gare - ✆ 03 87 02 38 21 - Fermé 18 février-5 mars, 5-27 août, lundi, mardi, samedi midi, dimanche soir

SARTÈNE - 2A (Corse-du-Sud) → voir Corse

SARZEAU

✉ 56370 (Morbihan) – Carte régionale n° **7**-A3
Carte Michelin 308-O9 – Guide Vert Michelin Bretagne Sud

Le Kerstéphanie

CUISINE MODERNE • MAISON DE CAMPAGNE XX Cette ancienne ferme en pierres, recouverte de vigne vierge et entourée d'un parc arboré, propose une cuisine actuelle, joliment inventive. Tourteau au citron vert et siphon d'avocat ; poisson de ligne, tomate et réglisse à l'huile de basilic... que l'on déguste, aux beaux jours, sur la terrasse ombragée.

Menu 25 € (déjeuner), 35/55 €

route de Roaliguen – ✆ 02 97 41 72 41 – www.lekerstephanie.fr – Fermé mardi, mercredi

Le Manoir de Kerbot

CUISINE MODERNE • TRADITIONNEL XX Ce manoir du 16e s. (et ancien orphelinat) s'est réinventé en repaire de gastronomes : on y déguste une cuisine au goût du jour – huîtres du golfe pochées, pressé de homard et moules de bouchot, grenadin de veau à la tapenade d'olive verte... Le service est fort attentionné, et la terrasse très agréable.

Menu 32/65 € – Carte 40/55 €

lieu-dit Kerbot, 3,2 km au Nord-Est par D780 – ✆ 02 97 26 40 38 – www.kerbot.com – Fermé 7-29 janvier, lundi, dimanche soir

Le Manoir de Kerbot (N)

BOUTIQUE HÔTEL • CONTEMPORAIN Neuf grandes chambres contemporaines ont été aménagées dans les dépendances du Manoir : mobilier design, pierre apparente, vue sur le plan d'eau... Un ensemble qui ne manque pas de cachet.

9 chambres – 110/210 € – 18 €

lieu-dit Kerbot, 3,2 km au Nord-Est par D780 – ✆ 02 97 26 40 38 – www.hotelrestaurantkerbot.com – Fermé 7-24 janvier

Le Manoir de Kerbot – voir la sélection des restaurants

à Penvins 7 km au Sud-Est par D198 – ✉ 56370

La Pergola

CUISINE MODERNE • ROMANTIQUE XX Sise dans le charmant petit bourg de Penvins, cette coquette maison, devancée d'une jolie terrasse avec pergola, abrite une table de qualité. Les assiettes y sont savoureuses et parfumées, à l'instar de ces makis de sardines au blé noir et chèvre frais au haddock. Du cachet, du goût, un charme fou !

Menu 37/46 € – Carte 60/70 €

21 rue Ker-an-Poul – ✆ 02 97 67 40 80 – www.lapergola.penvins.com – Fermé 13 janvier-3 février, 24-30 juin, 30 septembre-13 octobre, lundi, mardi, dimanche soir

SASSETOT-LE-MAUCONDUIT

✉ 76540 (Seine-Maritime) – Carte régionale n° **17**-C1
Carte Michelin 304-D3

Le Relais des Dalles

CUISINE TRADITIONNELLE • AUBERGE XX Un Relais qui fleure bon la Normandie... La maison est rustique à souhait, mais notre préférence va au jardin, charmant (terrasse). La carte cultive la tradition, avec un beau choix de vins. Quelques jolies chambres dans la maison attenante.

Menu 36/65 € – Carte 48/69 €

6 rue Elisabeth-d'Autriche (près du château) – ✆ 02 35 27 41 83 – www.relais-des-dalles.fr – Fermé 7 décembre-16 janvier, lundi, mardi midi, mercredi midi

Château de Sissi

DEMEURE HISTORIQUE · CLASSIQUE Point de cinéma, mais une réalité historique : l'impératrice Sissi séjourna trois mois dans ce beau château du 18e s. Photos et tableaux permettent de se confronter à la vérité du mythe. Le parc est très agréable.

26 chambres – 75/350 € – 2 suites – 16 €

rue Elisabeth-d'Autriche – 02 35 28 00 11 – www.hotelchateaudesissi.com – Fermé 3 janvier-10 février

SAUBION - 40 (Landes) → voir Hossegor

SAUGUES

43170 (Haute-Loire) – Carte régionale n° **1**–C3

Carte Michelin 331-D4 – Guide Vert Michelin Auvergne

La Terrasse

CUISINE MODERNE · CLASSIQUE XX Le chef Benoît Fromager est bien installé aux fourneaux de cette Terrasse du centre du village, et ses intentions sont très claires : proposer une cuisine bien dans son temps, célébrant le terroir sans chercher à coller aux modes. Quant à l'intérieur, il est rustique et confortable...

Menu 19/30 €

cours du Docteur-Gervais – 04 71 77 83 10 – www.hotellaterrasse-saugues.com – Fermé 15 novembre-15 mars, lundi, mardi, dimanche soir

SAUJON

17600 (Charente-Maritime) – Carte régionale n° **20**–B3

Carte Michelin 324-E5 – Guide Vert Michelin Poitou-Charentes

Le Ménestrel

CUISINE MODERNE · ÉLÉGANT XX Sans verser dans la chanson épique, David Ménestrel laisse aller son imagination pour créer des plats actuels, qui célèbrent les produits de la région : agneau de lait, cagouilles, poissons de la Cotinière... Sa cuisine, ambitieuse et recherchée, se révèle aussi fine que savoureuse. Et l'été, on déguste tout cela en terrasse, sous les arbres !

Menu 30 € (déjeuner), 40/139 € – Carte 53/88 €

place Richelieu – 05 46 06 92 35 – www.restaurant-lemenestrel.com – Fermé 28 janvier-13 février, 17 juin-3 juillet, 21 octobre-6 novembre, mardi, mercredi

SAULES - 25 (Doubs) → voir Ornans

SAULGES

53340 (Mayenne) – Carte régionale n° **23**–C1

Carte Michelin 310-G7 – Guide Vert Michelin Pays de la Loire

L'Ermitage

TRADITIONNEL · FONCTIONNEL Cette maison ancienne se trouve dans un petit village connu pour ses grottes et son canyon. Les chambres sont coquettes et donnent sur la campagne ou le village, celles de l'annexe étant plus spacieuses et modernes. Possibilité de se restaurer sur place. Ne manquez pas de visiter la jolie petite chapelle (16e s.) qui se trouve à deux pas.

33 chambres – 78/118 € – 11 €

3 place St-Pierre – 02 43 64 66 00 – www.hotel-ermitage.fr – Fermé 26 juillet-4 août, 25 octobre-3 novembre, 20 décembre-12 janvier

SAULIEU

21210 (Côte-d'Or) – Carte régionale n° **5**–C2

Carte Michelin 320-F6 – Guide Vert Michelin Bourgogne

✿✿ Le Relais Bernard Loiseau

CUISINE MODERNE • ÉLÉGANT XXXX Voilà plus de 35 ans que Patrick Bertron a posé ses valises au Relais Bernard Loiseau. C'est lui, en 2003, qui a repris les rênes en cuisine après la brutale disparition du maître ; son mérite, toutes ces années, a été de rester fidèle à la philosophie de Loiseau, tout en enrichissant la carte de ses propres inspirations.
Justement, son inspiration, où la trouve-t-il ? Dans sa Bretagne natale, par exemple, avec ses merveilleux produits de la mer (homard, langoustine, turbot), mais aussi en Bourgogne, dont il a appris au fil des années à apprivoiser les trésors : champignons (girolles, cèpes), bœuf de Charolles, mais aussi truffe noire, asperges, et on en passe.
Ensuite, dans l'assiette, c'est l'expérience qui parle : langoustines royales poêlées, accompagnées d'un jus de têtes parfumé à la Cazette, ou encore cet agneau de l'Aveyron, selle et carré rôtis, avec quenelle de crème montée et fines tranches de brebis de Saulieu...

→ Jambonnettes de grenouilles à la purée d'ail et au jus de persil. Sandre à la peau croustillante, fondue d'échalote et sauce au vin rouge. Rose des sables à la glace pur chocolat, coulis d'orange confite

Menu 75 € (déjeuner), 150/245 € – Carte 155/245 €

2 rue d'Argentine – ✆ 03 80 90 53 53 – www.bernard-loiseau.com – Fermé 21 janvier-6 février, mardi, mercredi

Loiseau des Sens

CUISINE MODERNE • COSY X Dans un cadre zen et épuré, on déguste une "cuisine santé" fine et goûteuse, avec de nombreuses préparations bio ou sans gluten. Les cuissons sont maîtrisées, l'ensemble ne manque pas de subtilité ; on passe un bon moment.

Menu 35/65 € – Carte 84/84 €

Le Relais Bernard Loiseau, 4 avenue de la Gare – ✆ 03 45 44 70 00 – www.bernard-loiseau.com – Fermé 21 janvier-8 février, jeudi, vendredi

Le Relais Bernard Loiseau

LUXE • ÉLÉGANT Un Relais dans la grande tradition française, qui fait honneur à l'hospitalité bourguignonne. Murs du 18e s., poutres et colombages patinés par les ans, sols en terre cuite, mobilier ancien... mais aussi spa imposant et piscine idyllique. Intemporel et furieusement chic !

24 chambres – 99/395 € – 8 suites – ☕ 28 €

2 rue d'Argentine – ✆ 03 80 90 53 53 – www.bernard-loiseau.com – Fermé 21 janvier-6 février

✿✿ **Le Relais Bernard Loiseau** • **Loiseau des Sens** – voir la sélection des restaurants

Hostellerie de la Tour d'Auxois

FAMILIAL • TRADITIONNEL Un couvent ? Oui... et non ! Il y a bien longtemps que les cellules ont fait place à des chambres cosy et à de jolis duplex, mais le charme bucolique du lieu est demeuré intact. Jardin paysager, piscine, cuisine traditionnelle revisitée : une halte sympathique.

29 chambres – 85/159 € – ☕ 13 €

square Alexandre-Dumaine – ✆ 03 80 64 36 19 – www.tourdauxois.com – Fermé 15 décembre-15 février

deineka/iStock

ON AIME...

Le redoutable bœuf rouge des prés du **Bœuf Noisette**, juste derrière le théâtre. Le charmant hôtel **St-Pierre**, installé dans des maisons datant de 1740. Le savoir-faire et la passion qui animent l'équipe de **l'Escargot**.

SAUMUR

✉ 49400 (Maine-et-Loire) - Carte régionale n° **23**-C2
Carte Michelin 317-I5 - Guide Vert Michelin Châteaux de la Loire

Restaurants

Le Gambetta (Mickael Pihours)

CUISINE CRÉATIVE • **INTIME** XXX Dans cette table à l'écart du centre-ville, la créativité est au rendez-vous : paella revisitée à la sauce contemporaine, avec noix de Saint-Jacques d'Erquy ; au dessert, déclinaison sucrée de l'avocat... Service attentionné et décor intimiste.

➜ Version moderne de la tomate à la mozzarella di bufala et au basilic. Poitrine de pigeonneau aux saveurs orientales, jus à la bergamote et pain pita. Déclinaison sucrée de l'avocat au citron vert

Menu 29 € (déjeuner), 38/107 € - Carte 80/95 €

Plan : A1-w - *12 rue Gambetta - ✆ 02 41 67 66 66 - www.restaurantlegambetta.fr - Fermé 2-9 janvier, 27 juillet-13 août, 23-30 décembre, lundi, mercredi, dimanche soir*

L'Escargot

CUISINE TRADITIONNELLE • **COSY** X Agréable cadre contemporain et épuré pour une cuisine sans fioriture, qui va à l'essentiel, autour de plats phares comme les escargots farcis en coquilles à l'ail et au persil, le carré d'agneau rôti, ou en dessert, le"vrai" pain perdu d'antan. C'est goûteux, généreux, et les produits sont de premier choix. Un joli petit Escargot où prendre le temps de se restaurer... sur la jolie terrasse, en été.

Menu 21 € (déjeuner), 32/40 €

Plan : A2-a - *30 rue du Maréchal Leclerc - ✆ 02 41 51 20 88 - Fermé 21 février-6 mars, 13 août-4 septembre, 24 octobre-6 novembre, mardi, mercredi, samedi midi*

Les Ménestrels

CUISINE MODERNE • **ÉLÉGANT** XXX Près du château, troubadours de passage et autres trouvères apprécieront le raffinement de cette demeure ancienne. De beaux vins de Loire accompagnent la carte - une savoureuse cuisine de saison - ou la formule rapide.

Menu 25 € (déjeuner)/37 € - Carte 25/62 €

Plan : B2-u - *11 rue Raspail - ✆ 02 41 67 71 10 - www.restaurant-les-menestrels.com - Fermé lundi, dimanche midi*

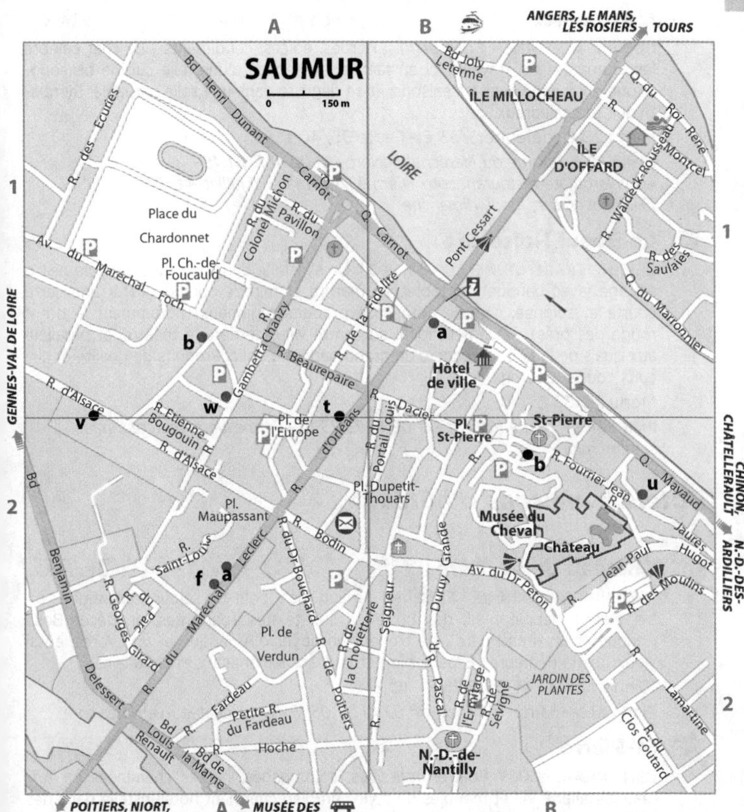

La Table du Château Gratien

CUISINE MODERNE • CHIC XX Dans le parc paysager des caves Gratien et Meyer, ce joli petit château de la fin du 19e s. séduit par son cachet – parquet en point de Hongrie, lustres à pampilles et mobilier contemporain. La cuisine met en valeur les beaux produits de la région – champignons, bœuf de race Parthenaise, anguille de Loire – avec soin et sans superflu. Herbes du potager, excellent pain maison, madeleines tièdes servies avec le café… Une bonne adresse.

Menu 44/70 € – Carte 54/80 €

94 route de Montsoreau (caves Gratien Meyer) – ✆ 09 88 18 70 75 – www.restaurant-saumur-gratien.fr – Fermé lundi midi, mardi midi, dimanche soir

L'Alchimiste

CUISINE MODERNE • DE QUARTIER X Dans ce petit restaurant contemporain, pas de cuisine moléculaire ou alchimiste, mais de bons petits plats cuisinés avec savoir-faire. Le rapport saveurs-prix est bon ! Mieux vaut réserver car l'établissement, bien que discret, est souvent complet…

Menu 24/37 € – Carte 29/49 €

Plan : A1-b – *6 rue de Lorraine – ✆ 02 41 67 65 18 – www.lalchimiste-saumur.fr – Fermé 16-25 février, lundi, dimanche*

L'Aromate

CUISINE MODERNE • CONVIVIAL Herbes, épices, condiments… Le chef célèbre les aromates ! On travaille ici en famille, au service d'une jolie cuisine bistronomique qui évolue avec les saisons, et se déguste dans une salle agréable. Sympathique et chaleureux.

Menu 20 € (déjeuner)/33 € – Carte 35/40 €

Plan : A2-f – *42 rue du Maréchal-Leclerc – 02 41 51 31 45 – www.laromate-restaurant.com – Fermé 17-24 mars, 21 juillet-4 août, 19-28 novembre, lundi, dimanche*

Le Boeuf Noisette

CUISINE TRADITIONNELLE • BISTRO On s'installe dans une salle de style bistro vintage, avec banquettes, tables en marbre et miroirs pour déguster une carte courte et soignée, centrée autour de produits régionaux (notamment le bœuf rouge des prés). Placement idéal au centre-ville, derrière le théâtre, et parallèle aux quais de la Loire, proche d'un grand parking public. Produits de qualité et circuits courts. Goûteux.

Menu 28/33 €

Plan : B1-a – *29 rue Molière – 09 81 73 73 10 – Fermé lundi, mercredi midi, samedi midi*

Hôtels & maisons d'hôtes

Château de Verrières

DEMEURE HISTORIQUE • ÉLÉGANT Le lieu idéal pour un séjour romantique : un bel édifice Napoléon III, des boiseries aux teintes apaisantes, un décor Belle Époque et un grand parc… où trônent un noyer d'Amérique et un cyprès, aussi vieux que la demeure ! Espace bien-être et accueil amical des châtelains.

10 chambres – 195/375 € – 21 €

Plan : A1-v – *53 rue d'Alsace – 02 41 38 05 15 – www.chateau-verrieres.com*

St-Pierre

HISTORIQUE • COSY Poutres massives, colombages, hautes cheminées en tuffeau, escalier à vis et meubles de style : un bien charmant hôtel installé dans des maisons datant de 1740 et joliment restaurées. Le bar feutré propose une séduisante collection de whiskys.

14 chambres – 110/265 € – 16 €

Plan : B2-b – *8 rue Haute-Saint-Pierre – 02 41 50 33 00 – www.saintpierresaumur.com*

Le Londres

TRADITIONNEL • CONTEMPORAIN Depuis quelques années, ses propriétaires ont su donner de la personnalité et un véritable coup de jeune à cet hôtel de 1837. Décors variés dans les chambres : anglais, lagon, prune, volupté… et formule repas à savourer dans une élégante salle sous verrière.

31 chambres – 69/115 € – 12 €

Plan : A1-t – *48 rue d'Orléans – 02 41 51 23 98 – www.lelondres.com*

Manoir Plessis Bellevue

MAISON DE CAMPAGNE • ROMANTIQUE Victor Hugo séjourna à plusieurs reprises dans ce beau manoir du 18e s., offrant une vue magistrale sur la Loire depuis les hauteurs de Saumur. Le jardin avec ses roses anciennes, la piscine panoramique, les chambres qui pourraient servir de décor à un film d'époque, tout exprime le bel art de vivre de la région…

5 chambres – 160/260 €

15 rue Allix (par la r. du Petit-Puy) – 02 41 51 32 73 – www.manoirplessisbellevue.com – Fermé 15 décembre-1er mars

SAUTERNES

✉ 33210 (Gironde) – Carte régionale n° **18**-B2

Carte Michelin 335-I7 – Guide Vert Michelin Aquitaine

La Chapelle au château Guiraud (N)

CUISINE TRADITIONNELLE • RÉGIONAL Le cadre de ce restaurant, situé sur la propriété viticole du château Guiraud (classé premier grand cru de Sauternes en 1855) laisse sans voix. On s'installe dans la salle à manger, sous de grosses poutres, pour goûter à une cuisine française traditionnelle. La terrasse, fort plaisante, bénéficie d'un environnement de vignes au grand calme. A la boutique du château, découvrez leur production cultivée en bio.

Menu 25 € (déjeuner)/39 € – Carte 36/65 €

5 Château Guiraud – ✆ 05 40 24 85 45 –
www.lachapelledeguiraud.com –
Fermé dimanche soir

La Sauternaise

MAISON DE MAÎTRE • ÉLÉGANT Au centre du célèbre village viticole, derrière la charmante église, cette demeure du 18^{e}s. rénovée avec goût sous l'impulsion d'un couple de la région, offre le confort des vieilles maisons bourgeoises, du coquet salon, égayé de meubles chinés, aux quatre chambres, inspirées de styles différents, dont nous vous laissons découvrir les noms... et l'attention portée aux salles de bain. Un charmante étape.

4 chambres – 120/135 €

14 rue Principale – ✆ 06 78 00 64 18 –
www.lasauternaise.com –
Fermé 1er-31 janvier, 19 août-1er septembre

à Bommes 2,5 km au Nord-Ouest – ✉ 33210

Lalique (N)

CUISINE CLASSIQUE • LUXE Ce château installé au cœur du vignoble accueille Jérôme Schilling, chef talentueux, au parcours immaculé (Joël Robuchon, Thierry Marx...). Il nous régale entre classicisme et spécialités régionales, dans un cadre inoubliable : une luxueuse salle à manger parée d'un lustre en feuille de cristal Lalique, et dont la verrière est ouverte sur les vignes...

→ Foie gras de canard poêlé et confit douze heures au vin de Sauternes. Cochon confit, lie de vin de Sauternes et risotto au chou-fleur. Feuillet au sarrasin, fruits des bois et glace vanille de Madagascar fumée

Menu 65 € (déjeuner), 95/245 € – Carte 92/111 €

Château Lafaurie-Peyraguey, Lieu-dit Peyraguey, au Nord 2 km par D125E1 –
✆ 05 24 22 80 11 –
www.lafauriepeyragueylalique.com –
Fermé 2-23 janvier, mardi, mercredi

Château Lafaurie-Peyraguey (N)

DEMEURE HISTORIQUE • ÉLÉGANT Au cœur du vignoble de Sauternes, ce château du 17e s. a été joliment rénové par son propriétaire. Chambres sobres aux tons apaisants, avec une décoration largement signée Lalique, vue sur les vignes et grand calme : posez vos valises et profitez, tout simplement !

10 chambres – 230/300 € – 3 suites

Lieu-dit Peyraguey, au Nord 2 km par D125E1 – ✆ 05 24 22 80 11 –
www.lafauriepeyragueylalique.com –
Fermé 1er-23 janvier

Lalique – voir la sélection des restaurants

SAUVAGNON – 64 (Pyrénées-Atlantiques) → voir Pau

SAUVE

✉ 30610 (Gard) – Carte régionale n° **21**–C2
Carte Michelin 339-I5

La Tour de Môle

CUISINE MODERNE • TRADITIONNEL Au cœur d'un charmant village médiéval, installez-vous sous la terrasse ombragée pour déguster une cuisine maîtrisée, à l'instar de ces lames de saint-pierre, vierge de tomates cerise. Travail sur les textures, attention aux saisons, bon rapport qualité-prix, accueil charmant : une très bonne adresse.

Menu 19 € (déjeuner), 30/42 €

Grand-Rue (déménagement prévu à Quissac au cours de l'été) – ☏ 04 66 77 02 45 – www.latourdemole.com – Fermé 20 décembre-31 janvier, mercredi, jeudi, vendredi midi

SAUVETERRE-DE-ROUERGUE

✉ 12800 (Aveyron) – Carte régionale n° **22**–C1
Carte Michelin 338-F5

Le Sénéchal (Michel Truchon)

CUISINE MODERNE • ÉLÉGANT Un poisson rouge en bocal sur chaque table, des œuvres d'art : le cadre sert à merveille la cuisine fine et délicate du chef, Michel Truchon. Il joue judicieusement sur les textures et les saveurs, proposant de beaux visuels, le tout avec des produits soigneusement choisis... Une cuisine généreuse et attentionnée !

→ Cuisine du marché

Menu 35/128 €

Le bourg – ☏ 05 65 71 29 00 – www.hotel-senechal.fr – Fermé 2 janvier-22 mars, lundi, mardi midi, jeudi midi, dimanche soir

Le Sénéchal

AUBERGE • CONTEMPORAIN Une auberge reconstruite dans le style du pays aux portes de cette bastide royale du 13e s. Les chambres sont spacieuses et confortables, certaines jouissant de belles terrasses. Un ensemble cossu et parfaitement tenu ; un beau représentant de la tradition hôtelière.

8 chambres – 135/240 € – 3 suites – 18 €

Le bourg – ☏ 05 65 71 29 00 – www.hotel-senechal.fr – Fermé 2 janvier-22 mars

Le Sénéchal – voir la sélection des restaurants

SAUVIGNY-LE-BOIS – 89 (Yonne) → voir Avallon

SAUXILLANGES – 63 (Puy-de-Dôme) → voir Issoire

LE SAUZE – 04 (Alpes-de-Haute-Provence) → voir Barcelonnette

SAUZON – 56 (Morbihan) → voir Belle-Ile-en-Mer

SAVERNE

✉ 67700 (Bas-Rhin) – Carte régionale n° **10**–A1
Carte Michelin 315-I4

Kasbür (Yves Kieffer)

CUISINE MODERNE • ÉLÉGANT Né en 1932, le Kasbür est lié à la famille Kieffer depuis trois générations. Force de l'héritage ou fruit d'une exigence jamais démentie ? Yves Kieffer propose produits de qualité, sauces parfumées, pointe d'inédit... Salle agréable ouverte sur la campagne. Une valeur sûre.

→ Tarte flambée de grenouilles aux girolles et cresson, espuma de bibeleskaes à l'huile de colza. Dodine de pigeon d'Anjou, cuisses en pastilla et frisée aux lardons. L'estragon du jardin et la framboise d'Alsace

Menu 25 € (déjeuner), 54/95 € – Carte 70/100 €

8 route de Dettwiller, à Monswiller – ☏ 03 88 02 14 20 – www.restaurant-kasbur.fr – Fermé 18 février-5 mars, 29 juillet-20 août, lundi, mardi, dimanche soir

Staeffele

CUISINE MODERNE • CONTEMPORAIN XX Une cuisine dans l'air du temps, attentive aux saisons et aux inspirations du chef, est proposée dans un cadre contemporain. Louis XV, Louis XVI ou encore Goethe – hôtes du château tout proche – auraient sans doute apprécié !

Menu 26 € (déjeuner), 45/59 €

1 rue Poincaré – ✆ 03 88 91 63 94 – www.staeffele.com – Fermé 5-25 août, lundi, mardi, dimanche soir

Taverne Katz

CUISINE ALSACIENNE • RUSTIQUE X Pour trouver ce restaurant, rien de plus simple : rendez-vous à l'hôtel de ville, c'est juste à côté ! Dans cette superbe maison à colombages (1605), on défend la cuisine locale dans une atmosphère conviviale.

Carte 33/50 €

80 Grand'Rue – ✆ 03 88 71 16 56 – www.tavernekatz.com – Fermé mardi

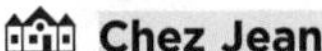

Chez Jean

TRADITIONNEL • FONCTIONNEL Un établissement traditionnel et familial entre gare et Château des Rohan. Les chambres les plus récentes sont spacieuses, mais les autres possèdent un certain cachet. Agréable petit espace détente. Cuisine traditionnelle et spécialités régionales servies à la winstub.

40 chambres – 90/115 € – 11 €

3 rue de la Gare – ✆ 03 88 91 10 19 – www.chez-jean.com

SAVIGNY-LÈS-BEAUNE – 21 (Côte-d'Or) → voir Beaune

SAVIGNY-SOUS-FAYE – 86 (Vienne) → voir Lencloitre

SAVIGNY-SUR-ORGE – 91 (Essonne) → voir Autour de Paris

SAVONNIÈRES

✉ 37510 (Indre-et-Loire) – Carte régionale n° **8**-B2

Carte Michelin 317-M4 – Guide Vert Michelin Châteaux de la Loire

La Maison Tourangelle

CUISINE MODERNE • ÉLÉGANT XX Le rustique marié au moderne, une délicieuse terrasse sur le Cher et une belle cuisine de produits, gourmande et précise : voilà les atouts – et non des moindres – qui font de cette maison tourangelle l'une des tables les plus courues du département.

Menu 33/95 €

9 route des Grottes-Pétrifiantes – ✆ 02 47 50 30 05 – www.lamaisontourangelle.com – Fermé 17 février-13 mars, 2-20 août, lundi, mardi, dimanche soir

La sélection de ce guide s'enrichit avec vous : vos découvertes et vos commentaires nous intéressent ! Coup de coeur ou coup de colère, écrivez-nous sur notre site Michelin Restaurants : restaurant.michelin.fr

SAZILLY – 37 (Indre-et-Loire) → voir L'Île-Bouchard

SCHERWILLER – 67 (Bas-Rhin) → voir Sélestat

SCHILTIGHEIM – 67 (Bas-Rhin) → voir Strasbourg

SCHIRMECK

✉ 67130 (Bas-Rhin) – Carte régionale n° **10**-A2
Carte Michelin 315-H6

aux Quelles 7,5 km au Sud-Ouest par D1420, D261 et rte forestière – ✉ 67130

Neuhauser

AUBERGE • NATURE Calme garanti dans cette auberge tapie dans un vallon de la forêt vosgienne, appartenant à la même famille depuis 4 générations. Chambres confortables de parfaite tenue, quelques chalets individuels au cachet montagnard. Au restaurant, cuisine régionale et... eau-de-vie de la distillerie familiale en digestif !

17 chambres – 96/146 € – 14 €

03 88 97 06 81 – www.hotel-neuhauser.com – Fermé 16 février-6 mars, 10-30 novembre

LA SCHLUCHT (COL DE) – 88 (Vosges) → voir Col de la Schlucht

SCHNELLENBUHL – 67 (Bas-Rhin) → voir Sélestat

SECLIN

✉ 59113 (Nord) – Carte régionale n° **13**-C2
Carte Michelin 302-G4

Auberge du Forgeron

CUISINE MODERNE • ÉLÉGANT XXX Une auberge familiale pleine de charme. Côté restaurant gastronomique, la carte épouse l'air du temps, et les spécialités du chef – poêlée de Saint-Jacques aux truffes noires, ris de veau au fenouil – font mouche. À l'heure du repos, on profite de chambres confortables et bien tenues.

Menu 32 € (déjeuner), 42/76 €

17 rue Roger-Bouvry – 03 20 90 09 52 – www.aubergeduforgeron.com – Fermé 5-18 août, samedi midi, dimanche

SEDAN

✉ 08200 (Ardennes) – Carte régionale n° **11**-C1
Carte Michelin 306-L4 – Guide Vert Michelin Champagne Ardenne

La Ronde des Sens

CUISINE MODERNE • CONVIVIAL XX Les sens sont à la fête dans ce restaurant du centre-ville, proche de la place de la Halle. La cuisine, généreuse et soignée, attentive aux saisons, évoque la Méditerranée. Excellent rapport qualité-prix. Profitez de la verrière.

Menu 16 € (déjeuner), 24/38 € – Carte 34/40 €

34 rue du Ménil – 03 24 33 57 27 – www.larondedessens.fr – Fermé 7-28 janvier, 15-31 août, lundi, jeudi soir, dimanche soir

Hôtel le Château Fort

HISTORIQUE • PERSONNALISÉ Cet impressionnant château fort du 15e s. surplombe la ville. Son ancien magasin à poudre s'est transformé en hôtel ! Dans les élégantes chambres et suites, de discrètes allusions médiévales évoquent le temps jadis. Les repas se déroulent dans l'ex-logis du lieutenant du roi. Cuisine aux influences asiatiques et ardennaises, à "La Tour d'Auvergne", ouvert le soir.

44 chambres – 104/179 € – 10 suites – 14 €

Porte des Princes – 03 24 26 11 00 – www.hotel-lechateaufort.fr

à Donchery 10 km à l'Ouest par D334 – ✉ 08350

Domaine Château du Faucon

DEMEURE HISTORIQUE • PERSONNALISÉ Ce joli château du 17e s., entouré d'un beau parc de 28 ha, distille une ambiance feutrée ; ses chambres mêlent élégamment classique et contemporain. On peut même aller voir les chevaux dans les écuries voisines !

30 chambres – 120/230 € – 3 suites – 15 €

route de Vrigne-aux-Bois – ✆ 03 24 41 87 83 – www.domaine-chateaufaucon.com

SÉGURET – 84 (Vaucluse) ➜ voir Vaison-la-Romaine

SEIGNOSSE

✉ 40510 (Landes) – Carte régionale n° **18**–A3

Carte Michelin 335-C12

Villa de l'Étang Blanc (David Sulpice)

CUISINE MODERNE • ROMANTIQUE Une salle grande ouverte sur l'étang, une jolie terrasse... Les joies de la nature, prolongées dans l'assiette qui donne la priorité aux beaux produits du terroir landais et au bio. C'est goûteux, sans superflu, tout dans cette cuisine sonne juste : on passe un super moment.

➜ Crème de courgette glacée et chantilly au haddock fumé. Bœuf de Chalosse grillé aux sarments de vigne, sauce miel et soja. Pavlova framboise et estragon

Menu 19 € (déjeuner), 37/55 €

2265 route de l'Étang-Blanc, 2,5 km au Nord par D185 et D432 – ✆ 05 58 72 80 15 – www.villaetangblanc.fr – Fermé 17 février-3 mars, mardi, mercredi

Villa de l'Étang Blanc

MAISON DE CAMPAGNE • COSY Dans la forêt, à deux pas de l'Étang Blanc, une jolie villa landaise idéale pour une escapade romantique : dans ce site naturel privilégié, d'une grande quiétude, la demeure joue la carte d'un esprit contemporain empreint de douceur... Un bel endroit !

7 chambres – 100/200 € – 10 €

2265 route de l'Étang-Blanc, 2,5 km au Nord par D185 et D432 – ✆ 05 58 72 80 15 – www.villaetangblanc.fr – Fermé 17 février-3 mars

Villa de l'Étang Blanc – voir la sélection des restaurants

SEILLANS

✉ 83440 (Var) – Carte régionale n° **24**–C3

Carte Michelin 340-O4 – Guide Vert Michelin Côte d'Azur

Hôtel des Deux Rocs

CUISINE DU MARCHÉ • ROMANTIQUE La salle a le charme de la région, la terrasse prend ses aises sur les pavés et... sous les platanes, et la cuisine du marché, imaginée par un chef qui honore la gastronomie provençale par de savoureuses recettes. Ces Deux Rocs cultivent une vraie douceur de vivre, avec une pointe de raffinement.

Menu 22 € (déjeuner) – Carte 36/46 €

1 place Font-d'Amont – ✆ 04 94 76 87 32 – www.hoteldeuxrocs.com – Fermé 8 novembre-10 mars, lundi, mardi midi

Chez Hugo

CUISINE TRADITIONNELLE • AUBERGE Cette petite auberge est tenue par deux enfants du pays, aubergistes de mère en fils. Hugo en cuisine, augmenté de Stéphane en salle, revisite le terroir de la Provence avec punch, signant une cuisine ensoleillée qui va à l'essentiel. Le duo, épatant, remporte tous les suffrages ; en témoignent les nombreux habitués, et la terrasse, qui l'été, affiche complet.

Carte 25/40 €

4 rue de l'Hospice – ✆ 04 94 85 54 70 – www.chezhugo.fr – Fermé lundi, mardi midi, dimanche soir

La Gloire de mon Père

CUISINE PROVENÇALE • BRASSERIE X L'atout de ce restaurant : sa terrasse dressée sur la place du village, entourant la belle fontaine et le lavoir. Au frais sous les vieux platanes, les plats traditionnels (bourride de poisson de roche, barigoule d'artichauts) n'en ont que plus de saveurs…

Menu 32/42 € – Carte 30/61 €

1 place du Thouron – ✆ 04 94 60 18 65 – www.lagloiredemonpere.fr – Fermé mercredi

Hôtel des Deux Rocs

AUBERGE • PERSONNALISÉ Il règne dans cette belle bastide de la fin du 16e s., postée sur les hauteurs du bourg, l'atmosphère et le charme des maisons d'antan : mobilier ancien, jolis objets chinés, salles de bains rétro… Pour une escapade dans la Provence d'autrefois !

14 chambres – 75/195 € – 15 €

1 place Font-d'Amont – ✆ 04 94 76 87 32 – www.hoteldeuxrocs.com – Fermé 8 novembre-10 mars

Hôtel des Deux Rocs – voir la sélection des restaurants

SEIN (ÎLE DE) – 29 (Finistère) → voir Île de Sein

SÉLESTAT

67600 (Bas-Rhin) – Carte régionale n° **10**-C1

Carte Michelin 315-I7

Au Bon Pichet

CUISINE TRADITIONNELLE • CONVIVIAL X Il fait bon se restaurer dans cette maison tenue par la même famille depuis quatre générations ! Comme hier, le chef concocte de bonnes recettes traditionnelles : jarret de porc fumé en choucroute de pommes de terre, quenelles de sandre et sauce matelote… L'accueil convivial et le décor de winstub confirment que les règles du bien vivre sont indémodables !

Menu 23 € (déjeuner)/33 € – Carte 40/60 €

10 place du Marché-aux-Choux – ✆ 03 88 82 96 65 – www.aubonpichet.fr – Fermé 5-21 juillet, 24 décembre-2 janvier, lundi, dimanche

La Vieille Tour

CUISINE TRADITIONNELLE • RUSTIQUE XX Au cœur du vieux Sélestat, dans cette chaleureuse maison alsacienne flanquée d'une tour (13e-15e s.), on propose une cuisine traditionnelle réalisée à partir de bons produits… le tout à prix raisonnables.

Menu 15 € (déjeuner), 33/40 € – Carte 32/56 €

8 rue de la Jauge – ✆ 03 88 92 15 02 – www.vieille-tour.com – Fermé lundi, dimanche soir

à Rathsamhausen 5 km à l'Est par D21 et D209 – 67600

Les Prés d'Ondine

AUBERGE • PERSONNALISÉ Atmosphère bucolique et cosy dans cette ancienne maison forestière transformée en hôtel de caractère : salon feutré, bibliothèque et chambres raffinées (mobilier chiné). Au restaurant, on profite de la vue sur l'Ill – qui borde le jardin – et de plats inspirés du marché.

12 chambres – 78/148 € – 13 €

5 route de Baldenheim – ✆ 03 88 58 04 60 – www.presdondine.com – Fermé 7 janvier-16 février

à Scherwiller 6 km au Nord-Ouest par route secondaire – ✉ 67750

Auberge Ramstein

CUISINE TRADITIONNELLE • AUBERGE XX Priorité à la tradition dans cette maison où l'on travaille en famille ! Les clients se régalent au gré de trois menus composés selon la saison, et le week-end, de menus thématiques (accords mets-vins ; truffe etc.), avec toujours l'ambition de réinterpréter le terroir alsacien.

Menu 37/69 €

1 rue du Riesling, direction Dambach-la-Ville – ✆ 03 88 82 17 00 – www.hotelramstein.fr – Fermé 4-24 mars, lundi, mardi midi, mercredi midi, jeudi midi, vendredi midi, samedi midi, dimanche soir

Le Schnellenbuhl 8 km au Sud-Est par D159 et D424 – ✉ 67600

Hôtel de l'Illwald

AUBERGE • COSY Ces jolies bâtisses régionales se trouvent en pleine forêt de l'Illwald, réserve naturelle depuis 1995. Les chambres, très confortables, sont décorées avec goût, mélange de boiseries et de meubles design. Espace bien-être avec salle de fitness. Agréable winstub.

16 chambres – 125/165 € – ☕ 18 €

✆ 03 90 56 11 40 – www.illwald.fr – Fermé 2-10 avril, 13-28 août, 24 décembre-9 janvier

SEMBLANÇAY

✉ 37360 (Indre-et-Loire) – Carte régionale n° **8**-B2
Carte Michelin 317-M4

La Mère Hamard

CUISINE MODERNE • TRADITIONNEL XX Une véritable institution que cette auberge née en 1903 ! Éminemment chaleureuse, elle se pare d'une charmante terrasse sous les glycines, où l'on déguste pigeon de Racan et civet de homard... L'accueil est attentionné, et l'on profite de jolies chambres pour prolonger l'étape.

Menu 35/79 € – Carte 55/80 €

2 rue du Petit Bercy – ✆ 02 47 56 62 04 – www.lamerehamard.com – Fermé 2-10 janvier

SEMUR-EN-AUXOIS

✉ 21140 (Côte-d'Or) – Carte régionale n° **5**-C2
Carte Michelin 320-G5 – Guide Vert Michelin Bourgogne

La Côte d'Or

TRADITIONNEL • PERSONNALISÉ Cette maison de caractère fut jadis le relais de poste de Semur. Entièrement rénovée, elle arbore un style frais, soigné et plaisant, mêlant le contemporain et les beaux matériaux anciens. Charme, tranquillité... que demander de plus ?

17 chambres – 105/147 € – 1 suite – ☕ 12 €

1 rue de la Liberté – ✆ 03 80 97 24 54 – www.auxois.fr

SÉNART – 77 (Seine-et-Marne) ➜ voir Autour de Paris

SÉNAS

✉ 13560 (Bouches-du-Rhône) – Carte régionale n° **25**-E1
Carte Michelin 340-F3

Le Bon Temps

CUISINE TRADITIONNELLE • CONVIVIAL X Au bord de la route, cette petite adresse ne paie pas de mine, et pourtant ! On y rencontre un couple de trentenaire attachants et pleins de bonne volonté, qui mitonnent une cuisine gourmande et généreuse. Fraîcheur des produits (légumes, en particulier), amour du travail bien fait, prix imbattables : il n'y a pas de mal à prendre un peu de Bon Temps...

Menu 26/35 €

Le Crillon, 2 km à l'Est par N7 – ✆ 04 90 73 24 47 – Fermé 27 juillet-13 août, 22 décembre-8 janvier, lundi, dimanche

SÉNÉ - 56 (Morbihan) ➔ voir Vannes

SENLIS

✉ 60300 (Oise) - Carte régionale n° **14**-B3
Carte Michelin 305-G5 - Guide Vert Michelin Île-de-France

Le Julianon

CUISINE CRÉATIVE • **BISTRO** Dans cette charmante petite maison du 17e s., le décor de bistrot contemporain invite à s'asseoir et à profiter du repas. Le chef propose une cuisine inventive, jouant avec tact sur les textures et les harmonies de saveurs ; il fait évoluer la carte au gré des saisons et de son inspiration du moment.

Menu 16 € (déjeuner), 36/56 €

5 place Gérard-de-Nerval - ✆ 03 44 32 12 05 - www.le-julianon.fr - Fermé 28 juillet-19 août, lundi, samedi midi, dimanche

Le Scaramouche

CUISINE TRADITIONNELLE • **BISTRO** Comme dans la Commedia dell'arte - dont Scaramouche est issu -, il se joue ici une sympathique pièce ! Terrine de canard à l'orange, blanquette d'agneau au riz pilaf et pignons de pin, des œufs à la neige à la praline rose... On se régale d'une cuisine bistrotière joliment réalisée, goûteuse et généreuse.

Menu 24 € - Carte 30/50 €

4 place Notre-Dame - ✆ 03 44 53 01 26 - www.le-scaramouche.fr - Fermé 4-26 août, lundi, dimanche

SENNECÉ-LÈS-MÂCON - 71 (Saône-et-Loire) ➔ voir Mâcon

SENONCHES

✉ 28250 (Eure-et-Loir) - Carte régionale n° **8**-B1
Carte Michelin 311-C4 - Guide Vert Michelin Normandie Vallée de la Seine

La Forêt

FUSION • **COSY** Au sein de l'hôtel du même nom, une table qui respire le dynamisme et l'envie de bien faire ! En utilisant de bons produits, locaux pour la plupart (Éleveurs de la Charentonne, salades de Virginia Corn), et les herbes de son propre potager, le chef compose des assiettes créatives aux influences multiples.

Menu 18/51 € - Carte 48/72 €

place du Champ-de-Foire - ✆ 02 37 37 78 50 - www.hoteldelaforet-senonches.com - Fermé 15-26 août, 23 décembre-6 janvier, mardi soir, dimanche soir

La Pomme de Pin

CUISINE TRADITIONNELLE • **RUSTIQUE** On vient dans cet ancien relais de poste pour ses belles spécialités traditionnelles, dont le pâté de Chartres au canard et au foie gras ou le médaillon de ris de veau aux morilles. Le lieu est engageant avec sa belle façade à colombages et l'on découvre, sur l'arrière, un joli parc avec plan d'eau. Chambres simples pour l'étape.

Menu 35/48 €

15 rue Michel-Cauty - ✆ 02 37 37 76 62 - www.restaurant-pommedepin.com - Fermé 17-26 février, 21 juillet-6 août, lundi, mardi midi, dimanche soir

La Forêt

AUBERGE • **CONTEMPORAIN** Résurrection réussie pour cette jolie maison à colombages. Déco de bon goût dans les chambres, espace bien-être avec hammam, sauna et bain balnéo, restaurant qui fait monter l'eau à la bouche... le Perche comme on l'aime.

14 chambres - 66/164 € - 10 €

place du Champ-de-Foire - ✆ 02 37 37 78 50 - www.hoteldelaforet-senonches.com - Fermé 15-26 août, 23 décembre-6 janvier

La Forêt - voir la sélection des restaurants

SENONES

✉ 88210 (Vosges) – Carte régionale n° **12**-C2
Carte Michelin 314-J2

Au Bon Gîte

CUISINE MODERNE • CONTEMPORAIN Sur la place centrale de cette bourgade, ancienne capitale de la principauté de Salm, cette auberge familiale fondée en 1874 abrite aujourd'hui un restaurant sobre et contemporain. La cuisine, actuelle, s'accompagne de quelques préparations traditionnelles : tripes au vin blanc d'Alsace, parmentier de homard aux œufs de truite, millefeuille à la vanille Bourbon...

Menu 23/40 € – Carte 35/50 €

3 place Vautrin – ✆ 03 29 57 92 46 – www.aubongite.fr – Fermé 4-24 mars, 2-23 septembre, lundi, dimanche soir

SENS

✉ 89100 (Yonne) – Carte régionale n° **5**-B1
Carte Michelin 319-C2 – Guide Vert Michelin Bourgogne

La Madeleine (Patrick Gauthier)

CUISINE MODERNE • CONVIVIAL La table de Patrick Gauthier s'est installée dans l'ancienne base nautique de l'île d'Yonne, au bord de la rivière. Le chef, grand passionné, "cuisinier avant tout", continue de présenter lui-même son menu du jour ; il signe une authentique cuisine de produits, très enlevée et pleine de saveurs.

→ Foie gras chaud aux girolles. Ris de veau au banyuls. Mousseline au chocolat

Menu 49 € (déjeuner), 68/125 €

35 quai Boffrand – ✆ 03 86 65 09 31 – www.restaurant-lamadeleine.fr – Fermé 9-25 juin, 13-27 août, 23 décembre-7 janvier, lundi, mardi midi, dimanche

Le Clos des Jacobins

CUISINE TRADITIONNELLE • CLASSIQUE Tout près de l'Yonne et de la cathédrale, dans un recoin plutôt discret, cette maison bien connue des Sénonais continue de mettre en avant la tradition, dans un cadre sobre et contemporain. On passe un agréable moment.

Menu 23 € (déjeuner), 32/45 € – Carte 35/60 €

49 Grande Rue – ✆ 03 86 95 29 70 – www.restaurantlesjacobins.com – Fermé 8-31 juillet, mardi soir, mercredi, dimanche soir

Au Crieur de Vin

CUISINE TRADITIONNELLE • BISTRO Un bistrot typique, où tradition et convivialité sont de mise. Aux fourneaux, la jeune chef maîtrise bien son sujet : sa cuisine, qui s'articule autour d'une courte carte, se révèle aussi fraîche que spontanée.

Menu 28/49 € – Carte 35/53 €

1 rue d'Alsace-Lorraine – ✆ 03 86 65 92 80 – www.patrickgauthier.fr – Fermé 9-25 juin, 11-27 août, lundi, mardi midi, dimanche

SÉRIGNAN

✉ 34410 (Hérault) – Carte régionale n° **21**-C2
Carte Michelin 339-E9

L'Harmonie

CUISINE MODERNE • TENDANCE Une maison ocre (1800) avec une terrasse au bord de l'Orb, à deux pas de la salle de spectacle La Cigalière. C'est dire qu'ici, on chante toute l'année, avec ou sans bise, mais toujours le plaisir de savoureuses assiettes aux notes méridionales. Et le rapport qualité-prix sait aussi contenter... les fourmis.

Menu 25 € (déjeuner), 35/85 € – Carte 62/90 €

chemin de la Barque, parking de la Cigalière – ✆ 04 67 32 39 30 – www.lharmonie.fr – Fermé lundi, samedi midi, dimanche soir

SÉRIGNAN-DU-COMTAT - 84 (Vaucluse) → voir Orange

SERRE-CHEVALIER

✉ 05330 (Hautes-Alpes) - Carte régionale n° **24**-C1

Carte Michelin 334-H3 - Guide Vert Michelin Alpes du Sud

à Chantemerle - ✉ 05330

Les Planches

CUISINE MODERNE · MONTAGNARD Situé face à la piste Luc Alphand, ce restaurant en met plein les pupilles, mais n'oublie pas les papilles : ancien de l'étoilé Pierre Reboul (Aix-en-Provence), le chef propose un menu-carte à base de produits régionaux, signé parfois d'une griffe plus exotique.

Menu 42 €

Grand Hôtel, place du Téléphérique - 04 92 24 15 16 - www.grandhotel.fr - Fermé 14 avril-1er juillet, 31 août-13 décembre

Grand Hôtel

TRADITIONNEL · ÉPURÉ Entièrement rénové, le Grand Hôtel mise sur une gamme imposante de services (spa avec jacuzzi, hammam, sauna et douche sensorielle, ski-shop, casiers à ski) et des chambres sobres et épurées, entre modernité et esprit montagnard.

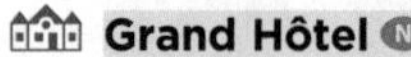

61 chambres - 130/390 € - 5 suites

place du Téléphérique - 04 92 24 15 16 - www.grandhotel.fr - Fermé 14 avril-27 juin, 1er septembre-13 décembre

Les Planches - voir la sélection des restaurants

au Monêtier-les-Bains - ✉ 05220

Maison Alliey

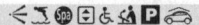

CUISINE MODERNE · MONTAGNARD Dans cet agréable intérieur montagnard et bourgeois, on déguste une cuisine pleine de parfums, variée et inventive, qui fait la part belle au terroir ; on l'accompagne de vins judicieusement sélectionnés par nos hôtes. Cerise sur le gâteau : l'accueil est sympathique !

Menu 28/39 € - Carte 39/51 €

Alliey, 11 rue de l'Ecole - 04 92 24 40 02 - www.alliey.com - Fermé 6 avril-15 juin, 7 septembre-14 décembre, lundi midi, mardi midi, mercredi midi, jeudi midi, vendredi midi, samedi midi, dimanche

La Table du Chazal

CUISINE MODERNE · MONTAGNARD Un charmant hameau, une ancienne grange, deux salles voûtées aux murs couverts de chaux... Le cadre, reposant, accueille la cuisine goûteuse d'un jeune chef ayant grandi à Briançon. Mention spéciale au baba !

Menu 35/60 €

Les Guibertes, 2,5 km au Sud-Est par route de Briançon - 04 92 24 45 54 - www.restaurant-chazal.fr - Fermé 5 novembre-11 décembre, lundi, mardi midi, mercredi midi, jeudi midi, vendredi midi, samedi midi

Alliey

FAMILIAL · PERSONNALISÉ Une simple maison de village ? Un véritable refuge, charmant et très chaleureux, tout en bois blond... En termes d'agrément, l'espace balnéo n'est pas en reste. Une adresse très recommandable pour un séjour dans cette belle station des Alpes du Sud !

20 chambres - 116/214 €

11 rue de l'École - 04 92 24 40 02 - www.alliey.com - Fermé 6 avril-15 juin, 7 septembre-14 décembre

Maison Alliey - voir la sélection des restaurants

à Villeneuve-la-Salle - ✉ 05240

Le Grand Aigle

TRADITIONNEL • DESIGN Dans un petit hameau au pied des pistes, cet hôtel haut de gamme propose des chambres confortables et bien équipées (coffre-fort, machine à café, etc.), ainsi qu'un agréable bar lounge avec cheminée.

57 chambres - 109/519 € - 3 suites

1 chemin du Cavaillou - ✆ 04 92 40 00 90 - www.hotelgrandaigle.com - Fermé 8 avril-28 juin

Rock Noir & Spa

BUSINESS • CONTEMPORAIN Cet hôtel situé au pied des pistes de "Serre-Che" devrait séduire les skieurs - et même les autres ! - avec sa décoration épurée mêlant bois brut, velours et fourrures, influences montagnardes et touches design... Confortable et original !

32 chambres - 118/525 € - 18 €

1 place de l'Aravet - ✆ 04 92 25 54 90 - www.rocknoir.fr - Fermé 16 avril-29 juin, 4 septembre-13 décembre

SERVON

✉ 50170 (Manche) - Carte régionale n° **17**-A3
Carte Michelin 303-D8

Auberge du Terroir

CUISINE TRADITIONNELLE • RUSTIQUE XX L'ancienne école de filles et l'ex-presbytère de Servon (fin 18e s.) prêtent désormais leurs murs à cette charmante auberge, où l'on se régale d'une cuisine traditionnelle bien gourmande. Pour l'étape, des chambres coquettes et champêtres.

Menu 23/46 € - Carte 32/75 €

Le Bourg - ✆ 02 33 60 17 92 - Fermé 3-13 mars, 24-30 juin, 20 novembre-10 décembre, mercredi, jeudi midi, samedi midi

SESSENHEIM

✉ 67770 (Bas-Rhin) - Carte régionale n° **10**-B1
Carte Michelin 315-L4

Auberge au Bœuf (Yannick Germain)

CUISINE MODERNE • COSY XXX On est forcément séduit par cette auberge alsacienne, avec ses bancs d'église, son petit musée dédié à Goethe... et son chef, la 4e génération de la famille ! Il propose une délicate cuisine de saison, tout en finesse et en maîtrise, en se basant sur des produits choisis avec soin. Accueil et service charmants.

→ Truite légèrement fumée, émulsion de pomme de terre et jaune d'œuf cuit au Melfor. Poitrine de pigeon rôtie, fine tartelette aux abattis et aux morilles, jus au pinot noir. Coing en jeu de textures

Menu 35 € (déjeuner), 59/92 € - Carte 81/103 €

1 rue de l'Église - ✆ 03 88 86 97 14 - www.auberge-au-boeuf.fr - Fermé 2-11 janvier, lundi, mardi

SÈTE

✉ 34200 (Hérault) - Carte régionale n° **21**-C2
Carte Michelin 339-H8

The Marcel (N)

CUISINE MÉDITERRANÉENNE • TENDANCE XX Cet ancien bistrot populaire est l'antre chic et gourmande du chef Fabien Fage, qui se plaît à magnifier les poissons de Méditerranée avec délicatesse. On se régale de recettes goûteuses et d'assiettes soignées : que demander de plus ? Comptoir séparé pour les tapas et concerts de jazz, en fin de semaine.

→ Poulpe de Frontignan moelleux et croustillant, vierge de tomates confites aux condiments. Rouget de roche, pain à l'encre de seiche et coquillages. Mousseline de chocolat araguani, crémeux guanaja et sorbet passion

Carte 56/81 €

5 rue Lazare-Carnot - ✆ 04 67 74 20 89 - www.the-marcel.fr - Fermé lundi, mardi midi, dimanche soir

Quai 17

CUISINE MODERNE • CLASSIQUE XX On s'installe dans une salle bourgeoise, sous des lustres à pampilles, pour déguster une cuisine de saison méditerranéenne qui fait la part belle au poisson. On peut citer par exemple ces goujonnettes de lotte, ou ce risotto de homard à la sétoise. Quand la magie de Sète s'invite dans l'assiette.

Menu 31/47 € – Carte 42/78 €

Le Grand Hôtel, 17 quai Maréchal-de-Lattre-de-Tassigny – ✆ 04 67 74 71 91 – www.legrandhotelsete.com – Fermé 23 décembre-6 janvier, samedi midi, dimanche

Paris Méditerranée

CUISINE MODERNE • BISTRO X L'enseigne rend hommage à Brassens, né à Sète, mais aussi au chef, originaire de Paris, ainsi qu'à son épouse sétoise. Ici, on réinvente les recettes locales selon l'humeur du chef et la pêche du jour. À deux pas, le bar à tapas Le Barbu, tenu par le même propriétaire, est très recommandable.

Menu 33/35 €

47 rue Pierre-Semard – ✆ 04 67 74 97 73 – Fermé 23 février-11 mars, lundi, samedi midi, dimanche

Le Petit Bistrot

CUISINE TRADITIONNELLE • SIMPLE X Un petit bistrot d'aujourd'hui, chaleureux et convivial, où les habitués aiment à se retrouver autour d'un patron plein de verve. Bons petits plats traditionnels : huîtres du bassin, supions à la plancha, salade d'artichaut et tartare de thon, entre autres.

Menu 20/33 € – Carte 29/102 €

14 route de la Corniche-de-Neubourg – ✆ 04 99 02 43 89 – Fermé lundi, dimanche soir

La Senne

POISSONS ET FRUITS DE MER • CONVIVIAL X Cette affaire, tenue par une famille de thoniers depuis les années 1950, propose un superbe étal de poissons, qui évolue au gré des arrivages. Ici, la spécialité, c'est le thon rouge, en sashimi, tartare, ventrèche, etc. mais aussi les fruits de mer et crustacés. Service avenant et fraîcheur incomparable : un régal.

Menu 25 € (déjeuner) – Carte 35/80 €

40 quai Maximin-Liciardi – ✆ 04 67 53 01 91 – Fermé 27 octobre-5 avril, lundi, mardi, dimanche soir

Le Grand Hôtel

DEMEURE HISTORIQUE • TRADITIONNEL Près de la maison natale de Brassens et face au canal, un élégant hôtel (1882) de style Belle Époque. Chambres raffinées mêlant ancien et moderne, joli patio sous verrière. Cuisine actuelle au restaurant décoré de fresques retraçant l'histoire maritime sétoise.

42 chambres – 99/153 € – 1 suite – 11 €

17 quai du Maréchal-de-Lattre-de-Tassigny – ✆ 04 67 74 71 77 – www.legrandhotelsete.com – Fermé 22 décembre-5 janvier

Quai 17 – voir la sélection des restaurants

L'Orque Bleue

FAMILIAL • CONTEMPORAIN Sur les quais, bel immeuble en pierre avec des balcons en fer forgé. Chambres confortables à choisir au calme côté patio ou côté canal pour découvrir les joutes sétoises !

30 chambres – 78/139 € – 10 €

10 quai Aspirant-Herbier – ✆ 04 67 74 72 13 – www.orquebleue.fr – Fermé 6-28 janvier

SEVENANS

SEVENANS – 90 (Territoire de Belfort) → voir Belfort

LA SEYNE-SUR-MER

✉ 83500 (Var) – Carte régionale n° **24**-B3

Carte Michelin 340-K7 – Guide Vert Michelin Côte d'Azur

Voir plan de Toulon

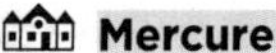

Mercure

BUSINESS • CONTEMPORAIN Quelle vue sur la rade de Toulon ! C'est l'indéniable atout de cet hôtel moderne, aux tons chaleureux et aux chambres épurées. Un établissement apprécié de la clientèle d'affaires et touristique.

95 chambres – 79/189 € – 1 suite – 15 €

Plan : A2-k – *1 quai du 19-Mars-1962 (au port) – 04 94 05 34 00*

à Fabrégas 4 km au Sud par rte de St-Mandrier et rte secondaire – ✉ 83500

Chez Daniel et Julia - Restaurant du Rivage

POISSONS ET FRUITS DE MER • VINTAGE XX Julia est l'âme de cette institution centenaire, nichée dans une charmante crique. En terrasse, à l'ombre des tamaris, on déguste bouillabaisse, pignate (ragoût aux fruits de mer), bourride – sur commande – ou poissons grillés. Cette maison historique a récemment donné naissance à un bouchon provençal, le Fabrègue, qui propose des plats plus simples, sardines grillées, soupe de roche etc.

Menu 23 € (déjeuner)/60 € – Carte 40/140 €

route de Fabrégas – 04 94 94 85 13 – www.chezdanieletjulia.com – Fermé 1er-30 novembre

aux Sablettes 4 km au Sud-Est – ✉ 83500

Horizon

CUISINE MODERNE • CHIC XXX Un bel écrin, cette salle en rotonde ouverte sur la mer... Horizon porte bien son nom ! Le chef propose une partition moderne et variée, qui fait de jolis clins d'œil à la région. Menu unique en plusieurs déclinaisons.

Menu 78/118 €

Grand Hôtel des Sablettes-Plage, 575 avenue Charles-de-Gaulle – 04 94 98 00 00 – Fermé lundi, dimanche soir

Grand Hôtel des Sablettes-Plage

BOUTIQUE HÔTEL • ÉLÉGANT Une bien jolie renaissance pour cet hôtel du début du 19e s., tout de blanc immaculé, face à la grande bleue. Les chambres, de grand confort, offrent (pour la plupart) une vue mer. Agréable suite avec jacuzzi particulier en terrasse. Une invitation au voyage de grande élégance.

59 chambres – 140/400 € – 15 suites – 22 €

575 avenue Charles-de-Gaulle – 04 94 17 00 00 – www.ghsplage.com

Horizon – voir la sélection des restaurants

SIERCK-LES-BAINS

✉ 57480 (Moselle) – Carte régionale n° **12**-C1
Carte Michelin 307-J2

à Montenach 3,5 km au Sud-Est sur D956 – ✉ 57480

Le K

CUISINE MODERNE • CONVIVIAL XX Une belle propriété située à quelques kilomètres seulement de la frontière commune entre l'Allemagne, le Luxembourg et la France. Piliers et voûtes en pierre... On se croirait dans de l'ancien, mais c'est tout neuf ! La cuisine, dans l'air du temps, met en valeur les produits de saison. Le lieu déborde de charme.

Menu 49/75 € – Carte 61/123 €

Le Domaine de la Klauss, 2 impasse du Klaussberg – 03 82 83 19 75 – www.domainedelaklauss.com – Fermé 6-18 janvier, lundi midi, mardi midi, mercredi midi, jeudi midi, vendredi midi, samedi midi, dimanche

Le Domaine de la Klauss

SPA ET BIEN-ÊTRE · CONTEMPORAIN Un belle propriété située à quelques kilomètres seulement de la frontière commune entre l'Allemagne, le Luxembourg et la France. Maisons en pierre naturelle, chambres chic et spacieuses, joli spa... Un lieu débordant de charme.

21 chambres – 154/277 € – 7 suites – 19 €

2 impasse du Klaussberg – 03 82 83 19 75 – www.domainedelaklauss.com – Fermé 6-18 janvier

Le K – voir la sélection des restaurants

SIERENTZ

68510 (Haut-Rhin) – Carte régionale n° **10**–A3

Carte Michelin 315-I11

Auberge St-Laurent (Laurent Arbeit)

CUISINE MODERNE · AUBERGE XXX Ce relais de poste du 18e s. est une institution locale, authentique et élégante. Aux fourneaux, Laurent Arbeit compose une cuisine harmonieuse et fine, aux saveurs bien équilibrées. Du travail d'orfèvre... Et pour prolonger l'étape, les chambres sont mignonnes et douillettes.

→ Foie gras de canard poêlé et abricot au miel de fleurs de Sierentz, girolles vinaigrées. Pigeonneau d'Alsace, croque-monsieur d'abattis et caviar d'aubergine. Soufflé chaud au whisky, glace café et crème fouettée cacao

Menu 33 € (déjeuner), 47/86 € – Carte 67/80 €

1 rue de la Fontaine – 03 89 81 52 81 – www.auberge-saintlaurent.fr – Fermé 7-15 janvier, 18-28 février, 8-18 juillet, 16-26 septembre, lundi, mardi

Winstub À Côté

CUISINE MODERNE · WINSTUB X Dans le prolongement de l'Auberge St-Laurent, cette winstub joue la carte alsacienne – tarte flambée au saumon d'Écosse mariné, spaetzle maison façon "grand-mère" – dans un décor franchement contemporain (mobilier et luminaires design, comptoir en cuivre). Attention : c'est souvent complet.

Menu 20 € (déjeuner) – Carte 33/43 €

2 rue Rogg-Haas – 09 83 37 16 80 – www.auberge-saintlaurent.fr – Fermé 7-15 janvier, 18-28 février, 8-18 juillet, 16-26 septembre, mardi, mercredi

SIGNY-LE-PETIT

08380 (Ardennes) – Carte régionale n° **11**–B1

Carte Michelin 306-H3 – Guide Vert Michelin Champagne Ardenne

Au Lion d'Or

TRADITIONNEL · FONCTIONNEL Un ancien relais de poste, face à l'église de Signy. Préférez les chambres situées dans l'ancienne et jolie maison du notaire du village, modernes et plus spacieuses. Cuisine traditionnelle et bon choix de vins au restaurant la Hulotte, emblème de la maison ; nous sommes non loin de la forêt.

18 chambres – 75/86 € – 10 €

place de l'Eglise – 03 24 53 51 76 – www.lahulotte-auliondor.fr – Fermé 2-18 août, 21 décembre-13 janvier

SILLERY – 51 (Marne) → voir Reims

SIMIANE-LA-ROTONDE

04150 (Alpes-de-Haute-Provence) – Carte régionale n° **24**–B2

Carte Michelin 334-B9 – Guide Vert Michelin Alpes du Sud

Le Chapeau Rouge

CUISINE DU TERROIR • AUBERGE X L'auberge est située en bas du village, et dévoile une jolie petite terrasse sous la tonnelle… Elle est tenue par un couple de passionnés : elle, en cuisine, célèbre le terroir avec des plats mijotés pleins de sincérité, tandis que son mari (un enfant du pays) distille d'excellents conseils sur les vins de la région.

Menu 25 € (déjeuner), 35/39 €

Les Granges – ✆ 04 92 74 22 86 – www.restaurantlechapeaurouge04.fr – Fermé lundi, mardi, mercredi soir, jeudi soir, vendredi soir, dimanche soir

SISTERON

✉ 04200 (Alpes-de-Haute-Provence) – Carte régionale n° **24**–B2

Carte Michelin 334-D7 – Guide Vert Michelin Alpes du Sud

Grand Hôtel du Cours

FAMILIAL • RÉGIONAL Tenu par la même famille depuis 1900, cet hôtel se trouve en plein centre historique, entre deux tours d'enceinte du 14e s. ! Préférez les chambres, plus calmes et spacieuses, sur l'arrière du bâtiment. Au restaurant, on apprécie la cuisine traditionnelle.

45 chambres – 82/97 € – 5 suites – 12 €

place de l'Église – ✆ 04 92 61 04 51 – www.hotel-lecours.com – Fermé 1er novembre-15 mars

SOCHAUX

✉ 25600 (Doubs) – Carte régionale n° **6**–C1

Carte Michelin 321-L1 – Guide Vert Michelin Franche-Comté Jura

Voir plan de Montbéliard agglomération.

à Étupes 4 km par D663 et D437 – ✉ 25460

Au Fil des Saisons

CUISINE MODERNE • DESIGN X Dans la jolie maison de Stéphane et Fabienne Robinne, le fil des saisons est bien sûr un leitmotiv, mais pas seulement : les beaux produits sont à l'honneur, mis en valeur à travers de judicieuses harmonies de saveurs et une certaine recherche esthétique. Respect de la tradition et sensibilité d'aujourd'hui !

Menu 26/40 € – Carte 40/64 €

3 rue de la Libération – ✆ 03 81 94 17 12 – www.aufildessaisons.eu – Fermé 28 juillet-19 août, 25 décembre-7 janvier, lundi, samedi midi, dimanche soir

SOCX

✉ 59380 (Nord) – Carte régionale n° **13**–B1

Carte Michelin 302-C2

Au Steger

CUISINE TRADITIONNELLE • AUBERGE XX Cette table traditionnelle s'est forgée une belle réputation dans la région, à raison : le chef est passionné par le vin et les terroirs. Parmi les spécialités maison, on se régale d'un potjeveesch, du waterzoï de poissons, ou d'un parfait glacé au spéculos, le tout dans un cadre contemporain et une ambiance conviviale. Une adresse pleine de dynamisme !

Menu 21 € (déjeuner), 28/39 € – Carte 26/60 €

27 route de St-Omer – ✆ 03 28 68 20 49 – www.restaurant-lesteger.com – Fermé 5-23 août, lundi soir, mardi soir, mercredi soir, jeudi soir, vendredi soir, dimanche soir

SOISSONS

✉ 02200 (Aisne) – Carte régionale n° **14**-C2
Carte Michelin 306-B6

Relais des Vignes

CUISINE MODERNE • **BRASSERIE** XX Dans un agréable décor façon brasserie chic, on apprécie une bonne cuisine de saison avec, par exemple, un menu du marché et des spécialités bistrotières concoctés avec des produits frais.

Menu 25 € (déjeuner), 30/45 € – Carte 43/55 €

Hôtel des Francs, 62 boulevard Jeanne-d'Arc – ✆ 03 60 71 40 00 – www.hoteldesfrancs.fr – Fermé samedi midi

Hôtel des Francs

BUSINESS • **CONTEMPORAIN** Une étape de choix sur les hauteurs de Soissons, face à l'ancienne abbaye de St-Jean-des-Vignes. Cet hôtel récent allie démarche écologique (normes HQE), décor contemporain et bons équipements. Un endroit séduisant, qui conviendra parfaitement à la clientèle d'affaires.

70 chambres – ††109/250 € – ☕ 14 €

62 boulevard Jeanne-d'Arc – ✆ 03 60 71 40 00 – www.hoteldesfrancs.fr

Relais des Vignes – voir la sélection des restaurants

SOLESMES – 72 (Sarthe) → voir Sablé-sur-Sarthe

SOLIGNAC-SOUS-ROCHE

✉ 43130 (Haute-Loire) – Carte régionale n° **1**-C3
Carte Michelin 331-F2

Lou Pinatou

CUISINE MODERNE • **RUSTIQUE** X Lui est né au Puy, elle de Marseille. Il aime les beaux produits et les saveurs franches, elle préfère la pâtisserie. L'auberge Lou Pinatou ("les pins" en patois local) a 150 ans, mais l'assiette est d'une irrésistible gourmandise, qui rend toute sa jeunesse à cet établissement historique. Terrasse avec vue sur la vallée.

Menu 13 € (déjeuner), 30/47 €

Le Bourg – ✆ 04 71 65 21 54 – www.auberge-loupinatou.fr – Fermé 3-14 juin, 2-13 septembre, 22 décembre-10 février, jeudi, dimanche soir

SOLUTRÉ-POUILLY

✉ 71960 (Saône-et-Loire) – Carte régionale n° **5**-C3
Carte Michelin 320-I12

La Courtille de Solutré

CUISINE MODERNE • **ÉLÉGANT** X Une jolie maison de pays, sa charmante terrasse à l'ombre d'un vieux marronnier... et ce jeune chef basque dynamique, qui travaille avec passion de fort bons produits, à accompagner d'une belle sélection de pouilly-fuissé ! Quelques chambres pour l'étape.

Menu 24 € (déjeuner), 40/56 € – Carte 32/60 €

route de la Roche – ✆ 03 85 35 80 73 – www.lacourtilledesolutre.fr – Fermé 19 août-3 septembre, 12-20 novembre, 23-30 décembre, lundi, mardi

SOMMIÈRES

✉ 30250 (Gard) – Carte régionale n° **21**-C2
Carte Michelin 339-J6

Le Patio by Lou Caléou Ⓝ

CUISINE MODERNE • **CONVIVIAL** X Ils ont travaillé ensemble dans des maisons de renom, et ont décidé d'ouvrir à Sommières ce restaurant au cadre minéral, avec un charmant patio pour l'été. Résultat : coup de cœur assuré ! Opéra de foie gras de canard et magret fumé ; pavé de filet de veau, sauce aux morilles ; Saint-Jacques rôties au topinambour et truffe... Un vrai délice.

Menu 33/72 €

23 place de la Libération – ✆ 04 66 77 50 98 – www.lou-caleou-next.com – Fermé lundi, mardi midi, dimanche

Chez Tibère

CUISINE TRADITIONNELLE • BISTRO Machines à coudre, tables de tailleur... Ce bistrot contemporain joue la carte post-industrielle version textile ! Point de cuisine cousue de fil blanc pour autant ; au contraire, des spécialités de brasserie concoctées à grand renfort de produits frais. Un conseil : ne passez pas à côté des pâtisseries maison.

Carte 30/42 €

1 rue Compane (parking du Vidourle) – ☎ 04 66 51 32 72 – Fermé 20 octobre-3 novembre, lundi, dimanche

à Villevieille 3 km au Nord par D6110 – ✉ 30250

La Canopée N

CUISINE MODERNE • HISTORIQUE Dans cette ancienne salle d'armes voûtée de style Renaissance (5m de haut, tout de même !), on découvre une cuisine à la gloire des terroirs cévenol et camarguais. Elle s'accompagne d'une jolie sélection de petits vins de la région.

Menu 29 € (déjeuner), 42/58 € – Carte 50/70 €

Château de Pondres, 2 allée du Pigeonnier – ☎ 04 66 35 97 20 – www.chateaudepondres.fr – Fermé lundi, dimanche soir

Château de Pondres

HISTORIQUE Tout proche du village médiéval de Sommières, un château d'aspect Renaissance entouré d'un joli parc de 15 ha et d'une rivière. Décoration "nature" et brute au restaurant (tommettes, luminaires en métal, bois), chambres dans l'esprit du lieu, avec vue sur le hameau ou les vignes et le pic Saint-Loup... un cachet indéniable.

9 chambres – 121/250 € – 1 suite – 18 €

2 allée du Pigeonnier – ☎ 04 66 35 97 20 – www.chateaudepondres.com

La Canopée – voir la sélection des restaurants

SORGES

✉ 24420 (Dordogne) – Carte régionale n° **18**-C1

Carte Michelin 329-G4 – Guide Vert Michelin Périgord Quercy

Auberge de la Truffe

CUISINE RÉGIONALE • FAMILIAL Le "diamant noir" est roi en Périgord blanc, et plus encore en cette auberge classique, où il est la star d'un menu spécial, incontournable pour les amateurs ! Plus largement, le terroir et les belles recettes classiques sont à l'honneur, à l'image de ce lièvre à la royale cuisiné dans les règles de l'art...

Menu 20 € (déjeuner), 27/115 € – Carte 35/90 €

par N21 – ☎ 05 53 05 02 05 – www.auberge-de-la-truffe.com – Fermé lundi midi, mercredi midi

Auberge de la Truffe

TRADITIONNEL • FONCTIONNEL À proximité de la Maison de la Truffe, cette auberge est une véritable institution locale ! Confortables et plutôt spacieuses, les chambres arborent des décors variés, du plus classique au plus contemporain, certaines ouvrant de plain-pied sur le jardin.

20 chambres – 67/133 € – 12 €

par N21 – ☎ 05 53 05 02 05 – www.auberge-de-la-truffe.com

Auberge de la Truffe – voir la sélection des restaurants

À la réservation, faites-vous bien préciser le prix et la catégorie de la chambre.

SORGUES

✉ 84700 (Vaucluse) - Carte régionale n° **25**-E1
Carte Michelin 332-C9

La Table de Sorgues

CUISINE TRADITIONNELLE • ÉLÉGANT XXX Au cœur de la localité, une belle maison de maître (1891) avec une terrasse dans une cour ombragée par deux grands pins. Idéal pour déguster de savoureux plats de saison, sans cesse réinventés au gré de l'inspiration du chef. Très belle sélection de Châteauneuf-du-Pape.

Menu 33 € (déjeuner), 38/67 € - Carte 52/52 €

Rue du 19 Mars 1962 (pl. de l'Hôtel-de-Ville) - ✆ 04 90 39 11 02 - www.latabledesorgues.fr - Fermé 19 août-8 septembre, 24 décembre-6 janvier, lundi, dimanche

SOUCHEZ

✉ 62153 (Pas-de-Calais) - Carte régionale n° **13**-B2
Carte Michelin 301-J5

Le Domaine des Loups (N)

GRAND LUXE • CONTEMPORAIN Dans un joli petit village proche de l'Anneau de la Mémoire, cette belle bâtisse en brique rouge abrite quatre chambres de grand standing. Équipements de qualité, terrasse ou balcon privatif dans chacune d'entre elle : le confort est total.

4 chambres ☕ - 👫129/149 €

31 rue du Docteur-Wagon - ✆ 06 78 72 60 64 - ledomainedesloups.com

SOUDORGUES

✉ 30460 (Gard) - Carte régionale n° **21**-C2
Carte Michelin 339-H4

La Balade Gourmande

CUISINE TRADITIONNELLE • AUBERGE X Situé au milieu de nulle part, à 500 m d'altitude, ce restaurant tenu par une chef autodidacte ne désemplit pas. L'équation gagnante ? Des produits de saison, de la générosité, une jolie salle voûtée en pierre... le tout pour un rapport qualité-prix imbattable. Et pour les amateurs, deux boulodromes. Réservez !

Menu 26 € (déjeuner)/35 € - Carte 32/38 €

place du Village - ✆ 04 66 85 43 94 - www.labaladegourmande.fr - Fermé 30 novembre-31 décembre, lundi, mardi

SOUILLAC

✉ 46200 (Lot) - Carte régionale n° **22**-B1
Carte Michelin 337-E2

Le Pavillon St-Martin

DEMEURE HISTORIQUE • PERSONNALISÉ Une maison de caractère (16e s.) face au beffroi. Le point fort de l'endroit : l'accueil des charmants propriétaires, qui vous renseigneront sans peine sur les trésors de la région ! Les chambres, décorées dans un style contemporain, sont agréables.

11 chambres - 👫81/115 € - ☕ 12 €

5 place St-Martin - ✆ 05 65 32 63 45 - www.hotel-saint-martin-souillac.com

SOULAC-SUR-MER

✉ 33780 (Gironde) - Carte régionale n° **18**-B1
Carte Michelin 335-E1 - Guide Vert Michelin Aquitaine

à l'Amélie-sur-Mer 5 km au Sud-Ouest par D101^E - ✉ 33780

Restaurant des Pins

CUISINE TRADITIONNELLE • VINTAGE XX La carte, dans une veine traditionnelle, privilégie le terroir et la région. On est servi dans une salle au charme "vintage", parmi de nombreux fidèles (de toutes nationalités) : l'atmosphère est agréable, autant que le repas.

Menu 31/44 € - Carte 37/75 €

Hôtel des Pins, 92 boulevard de l'Amélie - ✆ 05 56 73 27 27 - www.hotel-des-pins.com - Fermé 1er janvier-1er avril

Hôtel des Pins

FAMILIAL • TRADITIONNEL À 100 m de la plage – sable fin à perte de vue – et en lisière des pins, un hôtel balnéaire familial avec des chambres confortables et sobrement décorées. Atout de taille : les propriétaires sont aux petits soins !

29 chambres - 75/175 € - 13 €

92 boulevard de l'Amélie - ✆ 05 56 73 27 27 - www.hotel-des-pins.com - Fermé 1er janvier-1er avril

Restaurant des Pins – voir la sélection des restaurants

SOURSAC

✉ 19550 (Corrèze) - Carte régionale n° **19**-C3
Carte Michelin 329-O4

Le Soursacois

CUISINE TRADITIONNELLE • SIMPLE X Elle est bien jolie, cette maison de village avec sa terrasse pavée ; on y profite d'une cuisine de tradition bien pensée, parsemée de touches modernes et même, ça et là, d'épices. Velouté de petits pois et son flan de lard fumé, duo d'asperges de saison et œuf de caille, bons desserts de l'épouse du chef, pâtissière de formation : une affaire qui roule !

Menu 14 € (déjeuner), 23/36 € - Carte 27/41 €

22 Grand'Rue - ✆ 05 87 49 65 16 - www.le-soursacois.fr - Fermé 1er janvier-3 février, 1er-31 mai, lundi, mardi, dimanche soir

SOUSCEYRAC

✉ 46190 (Lot) - Carte régionale n° **22**-C1
Carte Michelin 337-I2

Au Déjeuner de Sousceyrac (Patrick Lagnès)

CUISINE CLASSIQUE • TRADITIONNEL XX Beaucoup de générosité, des produits qui honorent le terroir, des assiettes pleines de saveurs, un excellent rapport qualité-prix... Décidément, on quitte cette maison avec l'envie d'y revenir très vite ! À moins de prolonger le séjour dans l'une des chambres, bien tenues et abordables.
→ Foie gras de canard poché au safran. Râble de lapin confit, croûte de basilic. Savarin au chocolat grand cru, mousse au Carambar et sorbet banane

Menu 30/70 € - Carte 80/80 €

rue Pierre-Benoit - ✆ 05 65 33 00 56 - www.au-dejeuner-de-sousceyrac.com - Fermé 15 novembre-1er mars, lundi, dimanche soir

SOUSTONS

✉ 40140 (Landes) - Carte régionale n° **18**-B2
Carte Michelin 335-D12 - Guide Vert Michelin Aquitaine

Auberge Batby

CUISINE TRADITIONNELLE • CONVIVIAL XX Un restaurant situé juste au bord du lac, où l'on favorise le terroir : ravioles de langoustine, poularde farcie au foie gras, pibales (alevins d'anguilles)... C'est goûteux, généreux, et les prix sont très doux. Quelques chambres agréables permettent de prolonger l'étape.

Menu 18 € (déjeuner), 29/42 €

63 avenue Galleben - ✆ 05 58 41 18 80 - www.aubergebatby.fr - Fermé 27 mai-7 juin, lundi, mardi soir, dimanche soir

LA SOUTERRAINE

✉ 23300 (Creuse) – Carte régionale n° **19**–B1

Carte Michelin 325-F3 – Guide Vert Michelin Limousin Berry

à Fursac 11 km au Sud par rte de Fursac (D1) – ✉ 23290

Nougier

CUISINE MODERNE • ÉLÉGANT XX Depuis trois générations, cette réjouissante auberge cultive l'art du bon accueil et du bien manger. Le chef, très attaché aux herbes et aux agrumes, concocte des plats soignés, comme autant d'hommages aux saisons. Alors, attablez-vous et commandez en confiance.

Menu 29/59 € – Carte 48/65 €

2 place de l'Église – ✆ 05 55 63 60 56 – www.hotelnougier.fr – Fermé 1er décembre-15 mars, lundi, mardi midi, dimanche soir

Nougier

FAMILIAL • COSY Cette auberge du bas du village, installée sur une placette face à l'église, est tenue en famille depuis trois générations. On vous accueille dans dix chambres spacieuses et confortables, joliment décorées à la mode contemporaine. Coquet petit jardin avec terrasse et piscine.

10 chambres – ††86/114 € – ☕ 10 €

2 place de l'Eglise – ✆ 05 55 63 60 56 – www.hotelnougier.fr

Nougier – voir la sélection des restaurants

SOUVIGNY

✉ 03210 (Allier) – Carte régionale n° **1**–B1

Carte Michelin 326-G3 – Guide Vert Michelin Auvergne

Auberge des Tilleuls

CUISINE TRADITIONNELLE • AUBERGE X Située à deux pas du célèbre prieuré St-Pierre (11e-15e s.), cette auberge traditionnelle, reprise par un jeune chef, joue la carte du terroir avec goût et passion : foie gras d'Auvergne, espadon aux tomates et poivrons marinés, aumônière à la tome de la maison Déret...

Menu 26/52 € – Carte 34/56 €

Place St-Eloy – ✆ 04 70 43 60 70 – Fermé mercredi, dimanche soir

SOYAUX – 16 (Charente) → voir Angoulême

STEIGE

✉ 67220 (Bas-Rhin) – Carte régionale n° **10**–C1

Carte Michelin 315-H6

Auberge Chez Guth

CUISINE CRÉATIVE • COSY XX Dans la vallée de Villé, sur les hauteurs du village de Steige, cette ancienne ferme auberge est la toile sur laquelle le jeune chef Yannick Guth déroule ses créations gastronomiques – ainsi l'œuf de poule crousti-coulant et son velouté fumé, ou la volaille marbrée noire et émulsion coco. Parfois surprenant, toujours audacieux.

Menu 28 € (déjeuner), 40/72 €

5A rue des Bas-des-Monts – ✆ 03 88 58 12 05 – www.auberge-chez-guth.fr – Fermé 21 janvier-13 février, 8 juillet-15 août, 30 septembre-15 octobre, lundi, mardi

STIRING-WENDEL – 57 (Moselle) → voir Forbach

ST-JEAN-DE-THOUARS – 79 (Deux-Sèvres) → voir Thouars

J.-D. Sudres/hemis.fr

ON AIME...

Le **Crocodile**, son équipe de choc et son service haut de gamme. **Umami**, pour découvrir le travail remarquable d'un chef seul aux fourneaux. **Le Bistrot d'Antoine**, qui incarne le renouveau de la tradition bistrotière. L'hôtel **Hannong**, et son patron à la passion communicative. Enfin, **In Vino Veritas**, un bar à vins pas comme les autres...

STRASBOURG

✉ 67000 (Bas-Rhin) – Carte régionale n° **10**-B1
Carte Michelin 315-K5 – Guide Vert Michelin Alsace Vosges

Restaurants

✿ Au Crocodile

CUISINE CLASSIQUE • ÉLÉGANT XxxX Le Crocodile est en passe de retrouver ses couleurs d'antan. Sous sa houlette, Franck Pelux (ex-finaliste Top Chef 2017), a pour ambition de moderniser le terroir. Le service mené d'une main de maîtresse par Sarah, compagne du chef, met en valeur une cuisine délicate : ingrédients au top, subtilité et maîtrise des saveurs, recettes bien pensées... Douces retrouvailles !

→ Origami de chair de tourteau vivifiée au pamplemousse rose, poudre d'algue. Sandre poché, mousse de pomme de terre fermentée et extraction de choucroute. Dans l'esprit d'une forêt-noire, mousse chocolatée manjari et crème glacée au kirsch

Menu 48 € (déjeuner), 108/148 € – Carte 105/130 €

Plan : 5 K2-x – *10 rue de l'Outre – ✆ 03 88 32 13 02 – www.au-crocodile.com – Fermé lundi, mardi midi, dimanche*

✿ 1741

CUISINE MODERNE • COSY XxX Face au palais Rohan, chef-d'œuvre du classicisme achevé en 1741, cette table cultive un esprit boudoir aussi intime qu'élégant. Un cadre très séduisant pour une cuisine tout en finesse, savoureuse et parfumée, et accompagnée d'une belle sélection de vins d'Alsace (grands crus, bio, etc.). On quitte l'endroit à regret...

→ Langoustine en deux services. Barbue des côtes bretonnes, poireau et jus de coquillages. Alchimie de chocolat et de fruits exotiques

Menu 42 € (déjeuner), 99/129 € – Carte 100/125 €

Plan : 6 L3-p – *22 quai des Bateliers – ✆ 03 88 35 50 50 – www.1741.fr – Fermé 22-30 janvier, 30 juillet-13 août, mardi, mercredi*

Le symbole vous garantit des nuits au calme : juste le chant des oiseaux au petit matin...

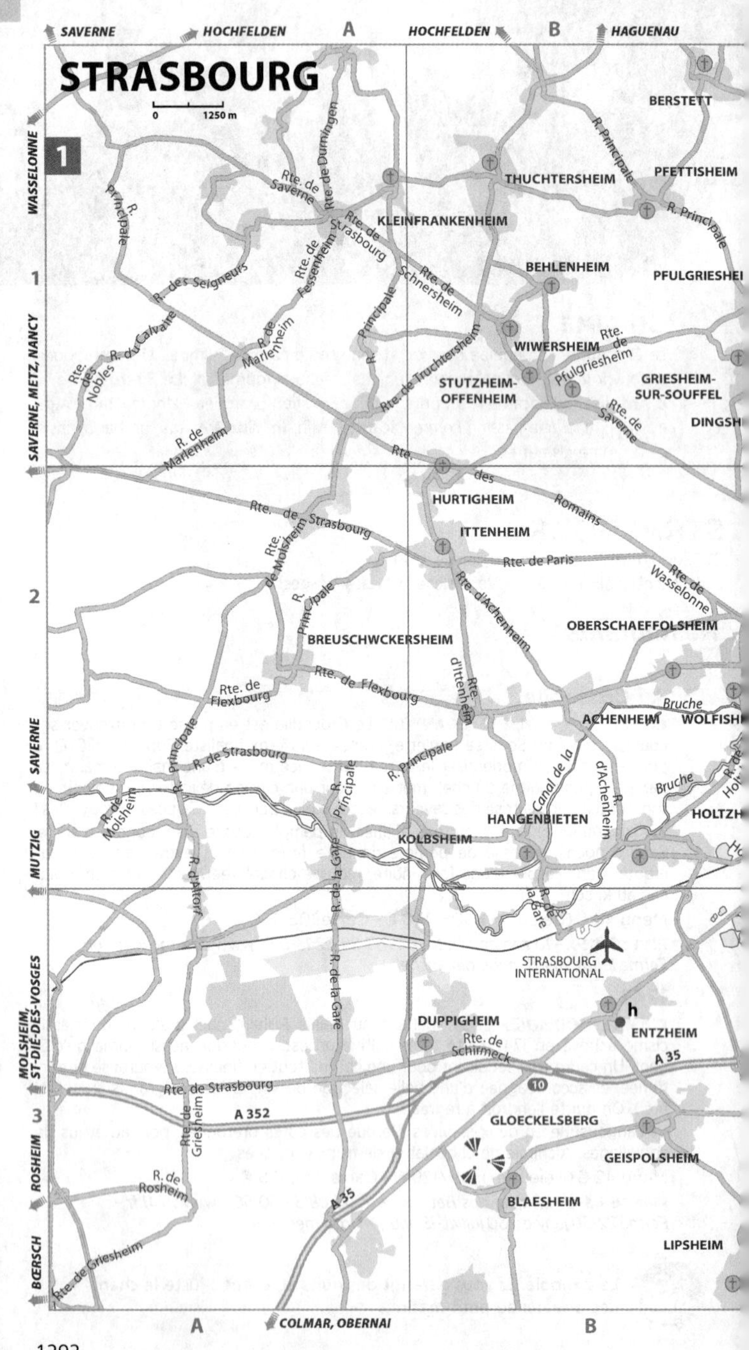

STRASBOURG
0
1250 m
SAVERNE
HOCHFELDEN
HOCHFELDEN
HAGUENAU
WASSELONNE
SAVERNE, METZ, NANCY
SAVERNE
MUTZIG
MOLSHEIM, ST-DIÉ-DES-VOSGES
ROSHEIM
BŒRSCH
COLMAR, OBERNAI
A
B
1
2
3
BERSTETT
THUCHTERSHEIM
PFETTISHEIM
KLEINFRANKENHEIM
BEHLENHEIM
PFULGRIESHEI
WIWERSHEIM
STUTZHEIM-OFFENHEIM
GRIESHEIM-SUR-SOUFFEL
DINGSH
HURTIGHEIM
ITTENHEIM
OBERSCHAEFFOLSHEIM
BREUSCHWCKERSHEIM
ACHENHEIM
WOLFISH
HANGENBIETEN
HOLTZH
KOLBSHEIM
STRASBOURG INTERNATIONAL
DUPPIGHEIM
ENTZHEIM
GLOECKELSBERG
GEISPOLSHEIM
BLAESHEIM
LIPSHEIM
A 35
A 352
10
h
R. Principale
Rte. de Saverne
R. de Durningen
Rte. de Strasbourg
Rte. de Fessenheim
Rte. de Schnersheim
R. des Seigneurs
R. du Calvaire
Rte. des Nobles
R. de Marlenheim
R. Principale
Rte. de Truchtersheim
R. de Marlenheim
Rte. des Romains
Rte. de Pfulgriesheim
Rte. de Saverne
Rte. de Strasbourg
Rte. de Molsheim
Rte. de Paris
Rte. de Wasselonne
R. Principale
Rte. d'Achenheim
Rte. de Flexbourg
Rte. de Flexbourg
Rte. d'Ittenheim
R. Principale
R. de Strasbourg
R. Principale
R. Principale
Bruche
Canal de la Bruche
R. d'Achenheim
R. de Molsheim
R. d'Altorf
R. de la Gare
R. de la Gare
R. de la Gare
R. de Holtz
Rte. de Schirmeck
Rte. de Strasbourg
Rte. de Griesheim
R. de Rosheim
Rte. de Griesheim

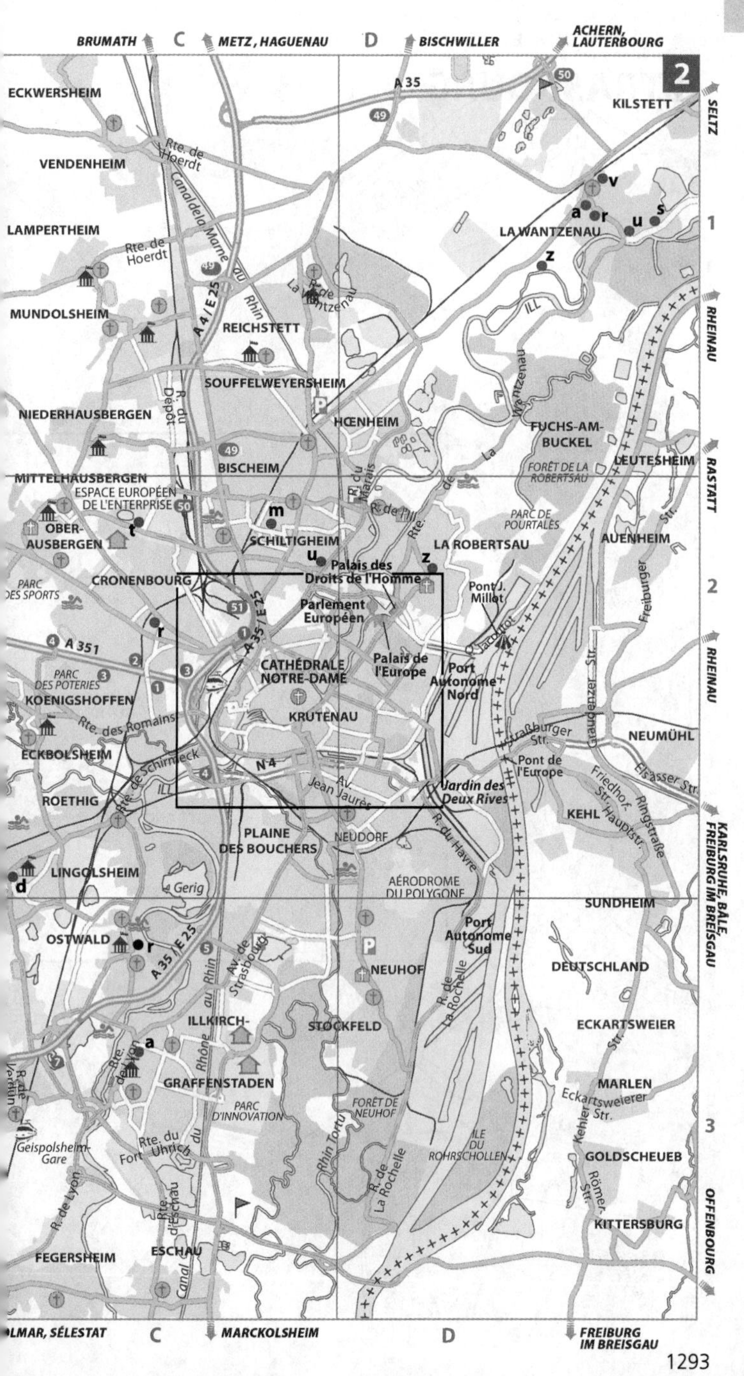
BRUMATH
C
METZ, HAGUENAU
D
BISCHWILLER
ACHERN, LAUTERBOURG
2
SELTZ
RHEINAU
RASTATT
RHEINAU
KARLSRUHE, BÂLE, FREIBURG IM BREISGAU
OFFENBOURG
1
2
3
ECKWERSHEIM
VENDENHEIM
LAMPERTHEIM
MUNDOLSHEIM
REICHSTETT
SOUFFELWEYERSHEIM
NIEDERHAUSBERGEN
HŒNHEIM
BISCHEIM
MITTELHAUSBERGEN
ESPACE EUROPÉEN DE L'ENTERPRISE
OBER-AUSBERGEN
SCHILTIGHEIM
CRONENBOURG
PARC DES SPORTS
Palais des Droits de l'Homme
Parlement Européen
CATHÉDRALE NOTRE-DAME
Palais de l'Europe
Port Autonome Nord
KRUTENAU
KOENIGSHOFFEN
PARC DES POTERIES
ECKBOLSHEIM
ROETHIG
PLAINE DES BOUCHERS
NEUDORF
LINGOLSHEIM
AÉRODROME DU POLYGONE
OSTWALD
Port Autonome Sud
NEUHOF
ILLKIRCH-
GRAFFENSTADEN
STOCKFELD
PARC D'INNOVATION
FORÊT DE NEUHOF
ILE DU ROHRSCHOLLEN
Geispolsheim-Gare
FEGERSHEIM
ESCHAU
KILSTETT
LA WANTZENAU
FUCHS-AM-BUCKEL
LEUTESHEIM
FORÊT DE LA ROBERTSAU
PARC DE POURTALÈS
LA ROBERTSAU
AUENHEIM
Pont J. Millot
NEUMÜHL
Pont de l'Europe
Jardin des Deux Rives
KEHL
SUNDHEIM
DEUTSCHLAND
ECKARTSWEIER
MARLEN
GOLDSCHEUEB
KITTERSBURG
A 35
A 4 / E 25
A 35 / E 25
A 351
N 4
Rte. de Hoerdt
Canal de la Marne au Rhin
R. du Dépôt
R. de La Wantzenau
R. de l'Ill
R. du Marais
Rte. des Romains
Rte. de Schirmeck
Av. Jean Jaurès
R. du Havre
Av. de Strasbourg
Rhône au Rhin
R. de La Rochelle
Rhin Tortu
Rte. du Fort Uhrich
Rte. d'Eschau
R. de Lyon
Rte. de Lyon
Canal du Rhône au Rhin
Gerig
ILL
Straßburger Str.
Elsasser Str.
Friedhof Str.
Hauptstr.
Ringstraße
Freiburger Str.
Graudenzer Str.
Eckartsweierer Str.
Kehler Str.
Römer-Str.
Q. Jacoutot
LMAR, SÉLESTAT
MARCKOLSHEIM
FREIBURG IM BREISGAU

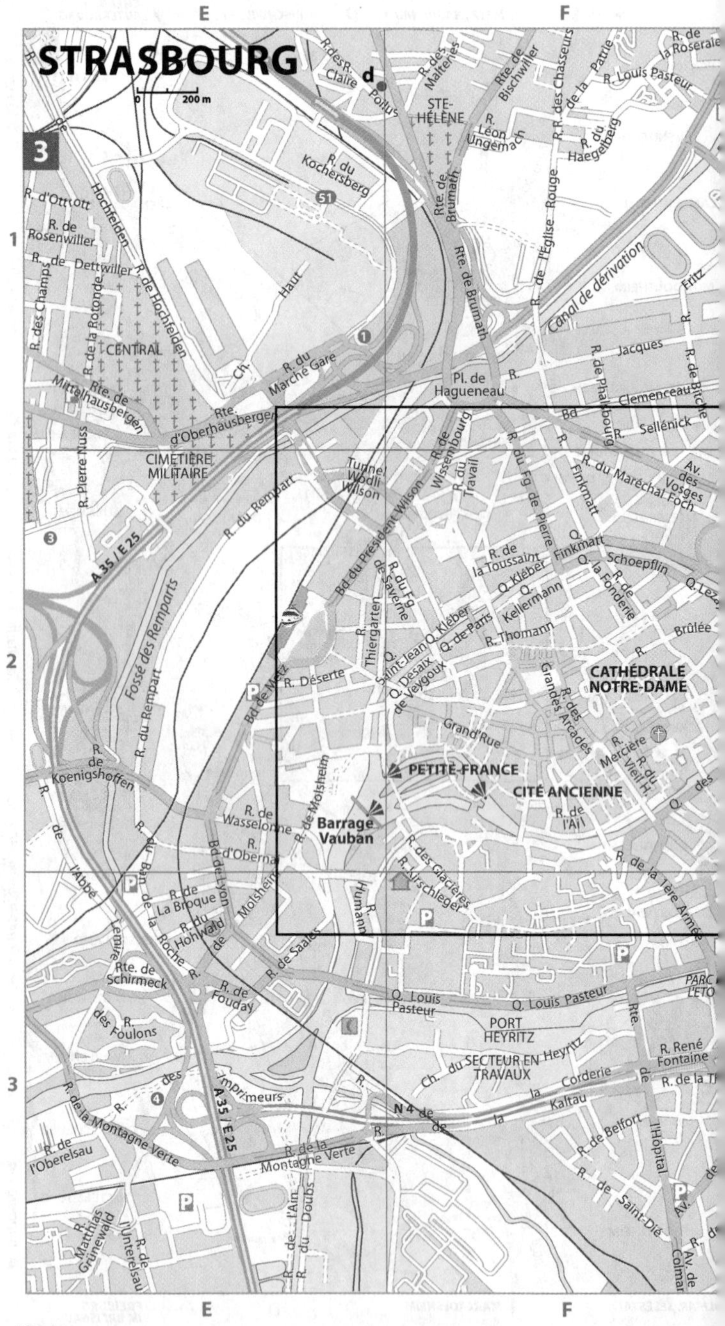

STRASBOURG
0
200 m
3
E
F
1
2
3
STE-HÉLÈNE
CENTRAL
CIMETIÈRE MILITAIRE
CATHÉDRALE NOTRE-DAME
PETITE-FRANCE
CITÉ ANCIENNE
Barrage Vauban
PORT HEYRITZ
SECTEUR EN TRAVAUX
Canal de dérivation
Fossé des Remparts
Tunnel Wodli Wilson
Bd du Président Wilson
Bd de Metz
Bd de Lyon
Pl. de Hagueneau
Bd Clemenceau
Av. des Vosges
R. du Maréchal Foch
Grand'Rue
Q. Louis Pasteur
R. Louis Pasteur
Rte. de Brumath
Rte. de Bischwiller
R. des Chasseurs
R. du Kochersberg
R. du Marché Gare
Rte. d'Oberhausbergen
Rte. de Mittelhausbergen
R. de Hochfelden
R. de Rosenwiller
R. de Dettwiller
R. d'Ottrott
R. Pierre Nuss
R. du Rempart
R. Déserte
R. de Koenigshoffen
R. de Wasselonne
R. d'Obernai
R. de Molsheim
R. de Saales
Rte. de Schirmeck
R. de Fouday
R. des Foulons
R. des Imprimeurs
R. de la Montagne Verte
R. de l'Oberelsau
R. de l'Unterelsau
R. Matthias Grünewald
R. de l'Ain
R. du Doubs
R. de Belfort
R. de Saint-Dié
Rte. de l'Hôpital
Av. de Colmar
R. de la 1ère Armée
R. des Glacières
R. Kirschleger
R. Humann
R. Thomann
Q. Kléber
Q. Kellermann
Q. Finkmatt
R. Finkmatt
Q. Saint-Jean
Q. Desaix
Q. de Paris
Q. de la Fonderie
R. de la Toussaint
R. des Grandes Arcades
R. Mercière
R. de l'Ail
R. de Phalsbourg
R. Jacques
R. Sellénick
R. de Wissembourg
R. du Travail
R. du Fg de Pierre
R. du Fg de Saverne
R. Thiergarten
R. Schoepflin
R. Brûlée
R. René Fontaine
R. de la Kaltau
R. de la Corderie
Ch. du Heyritz
A 35 / E 25
N 4
PARC L'ETO

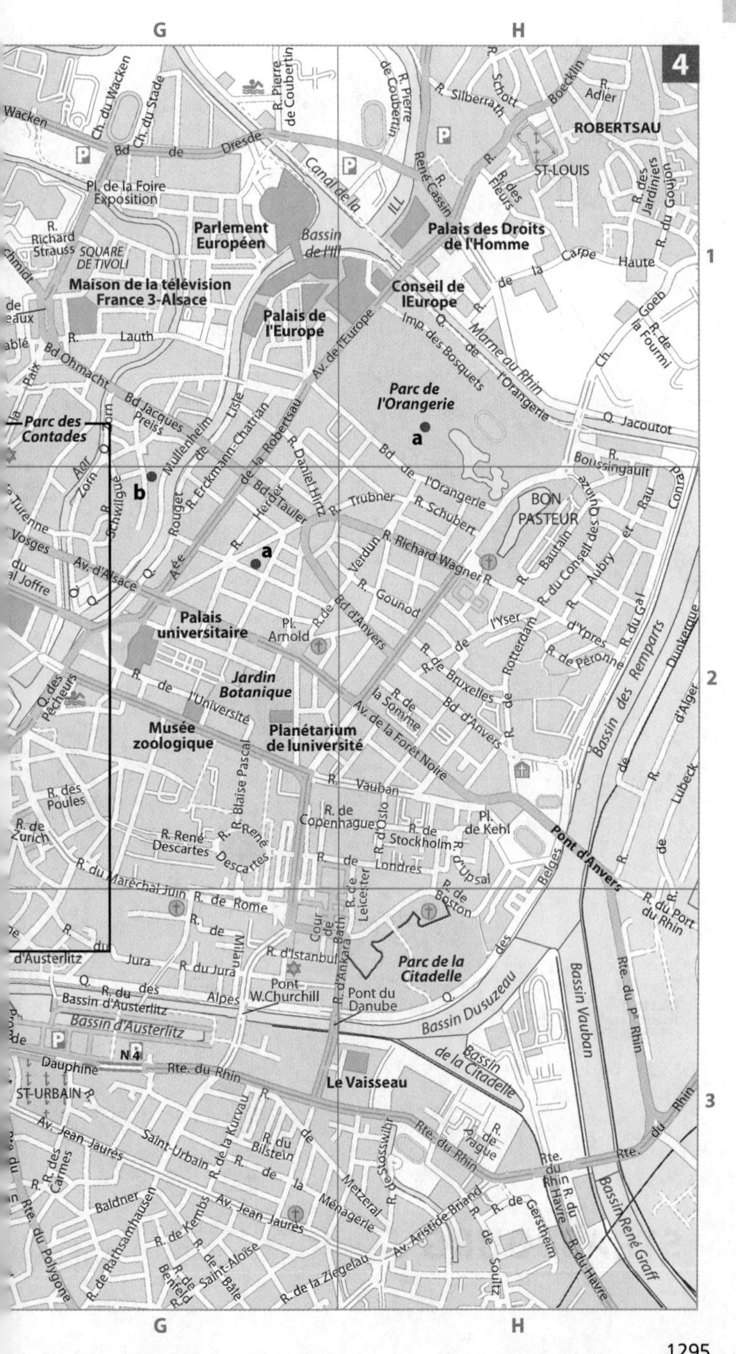

G
H
4
1
2
3
ROBERTSAU
ST-LOUIS
Parlement Européen
Bassin de l'Ill
Palais des Droits de l'Homme
Conseil de lEurope
Palais de l'Europe
Maison de la télévision France 3-Alsace
SQUARE DE TIVOLI
Pl. de la Foire Exposition
Parc de l'Orangerie
Parc des Contades
BON PASTEUR
Palais universitaire
Pl. Arnold
Jardin Botanique
Musée zoologique
Planétarium de luniversité
Pl. de Kehl
Pont d'Anvers
Parc de la Citadelle
Pont W.Churchill
Pont du Danube
Bassin d'Austerlitz
Bassin Dusuzeau
Bassin de la Citadelle
Bassin Vauban
Bassin des Remparts
Bassin René Graff
Le Vaisseau
ST-URBAIN
N 4
Canal de la Marne au Rhin
Bd de Dresde
Av. de l'Europe
Av. d'Alsace
Av. de la Forêt Noire
Av. Jean Jaurès
Av. Aristide Briand
Rte. du Rhin
Rte. du Pt Rhin
Bd d'Anvers
Bd de l'Orangerie
Bd Tauler
Bd Jacques Preiss
Bd Ohmacht
R. Richard Wagner
R. Vauban
R. de Copenhague
R. de Stockholm
R. de Londres
R. de Rome
R. du Jura
R. d'Istanbul
R. de Bruxelles
R. de Rotterdam
R. de Péronne
R. d'Ypres
R. du Marechal Juin
R. René Descartes
R. Blaise Pascal
Q. Jacoutot
Q. des Pêcheurs
Q. des Alpes
Q. du Bassin d'Austerlitz

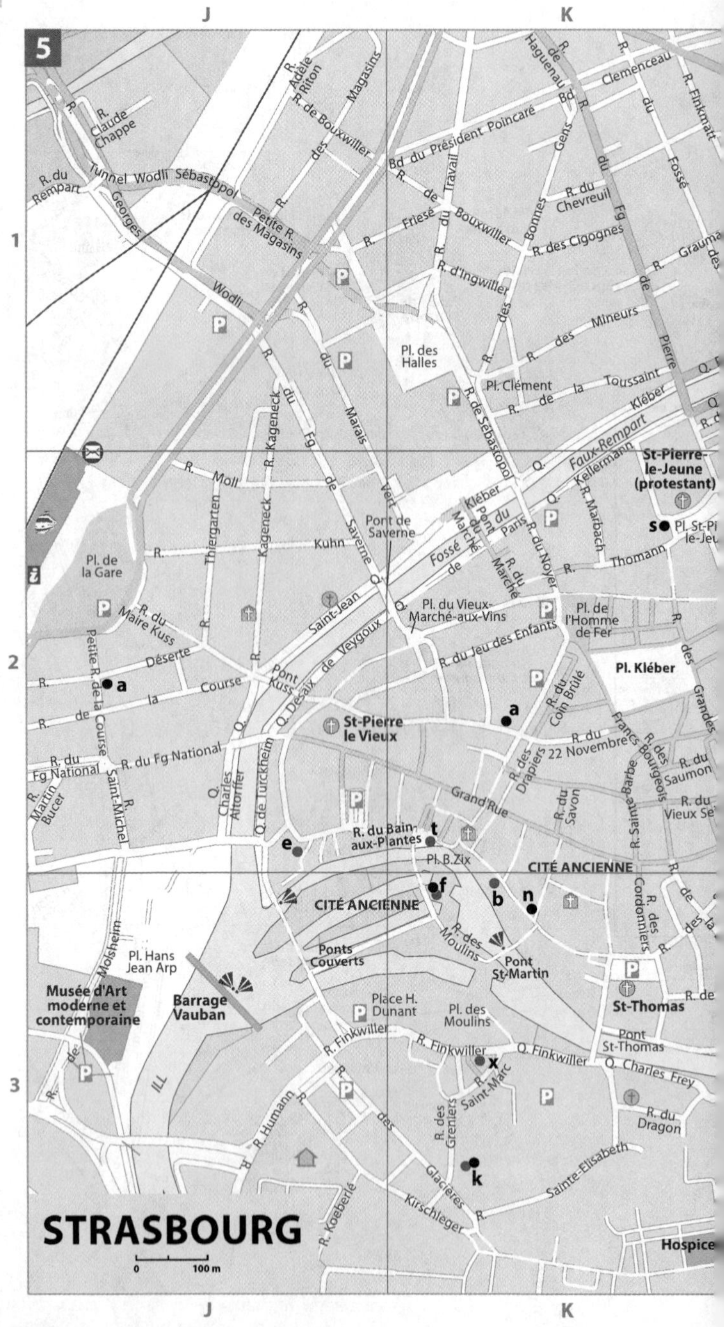

STRASBOURG
5
J
K
1
2
3
0
100 m
Tunnel Wodli Sébastopol
R. du Rempart
R. Claude Chappe
R. Georges Wodli
Petite R. des Magasins
R. Adèle Riton
R. de Bouxwiller
R. des Magasins
Bd du Président Poincaré
Bd Clemenceau
R. de Haguenau
R. du Fg de Pierre
R. Finkmatt
R. du Fossé des Tanneurs
R. Friesé
R. du Travail
R. de Bouxwiller
R. des Bonnes Gens
R. du Chevreuil
R. des Cigognes
R. d'Ingwiller
R. des Mineurs
R. de la Toussaint
Pl. des Halles
Pl. Clément
R. de Sébastopol
R. du Marais Vert
R. du Fg de Saverne
R. Kageneck
R. Moll
R. Thiergarten
R. Kuhn
Pl. de la Gare
R. du Maire Kuss
Petite R. de la Course
R. Déserte
R. de la Course
Pont Kuss
Q. Saint-Jean
Pont de Saverne
Q. Kléber
Faux-Rempart
Q. Kellermann
R. du Fossé de Marché
Pont du Marché
Q. de Paris
R. du Marché
R. du Noyer
R. Marbach
R. Thomann
St-Pierre-le-Jeune (protestant)
Pl. St-Pierre-le-Jeune
s
Pl. du Vieux-Marché-aux-Vins
Pl. de l'Homme de Fer
Pl. Kléber
R. des Grandes Arcades
R. du Jeu des Enfants
Q. Desaix
Q. de Veygoux
St-Pierre le Vieux
a
R. du Coin Brûlé
R. du 22 Novembre
R. des Francs Bourgeois
R. des Drapiers
R. du Fg National
R. du Fg National
R. Martin Bucer
R. Saint-Michel
Q. Charles Altorffer
Q. de Turckheim
Grand'Rue
R. du Savon
R. Sainte-Barbe
R. des Saumons
R. du Vieux Seigle
R. du Bain-aux-Plantes
t
e
Pl. B.Zix
CITÉ ANCIENNE
CITÉ ANCIENNE
f
b
n
R. des Cordonniers
R. des Moulins
Pont St-Martin
Ponts Couverts
R. de Molsheim
Pl. Hans Jean Arp
Musée d'Art moderne et contemporaine
Barrage Vauban
Place H. Dunant
Pl. des Moulins
St-Thomas
Pont St-Thomas
R. Finkwiller
R. Finkwiller
Q. Finkwiller
x
Q. Charles Frey
R. Saint-Marc
R. des Greniers
R. du Dragon
ILL
R. Humann
R. des Glacières
k
R. Sainte-Elisabeth
R. Kirschleger
R. Koeberlé
Hospices

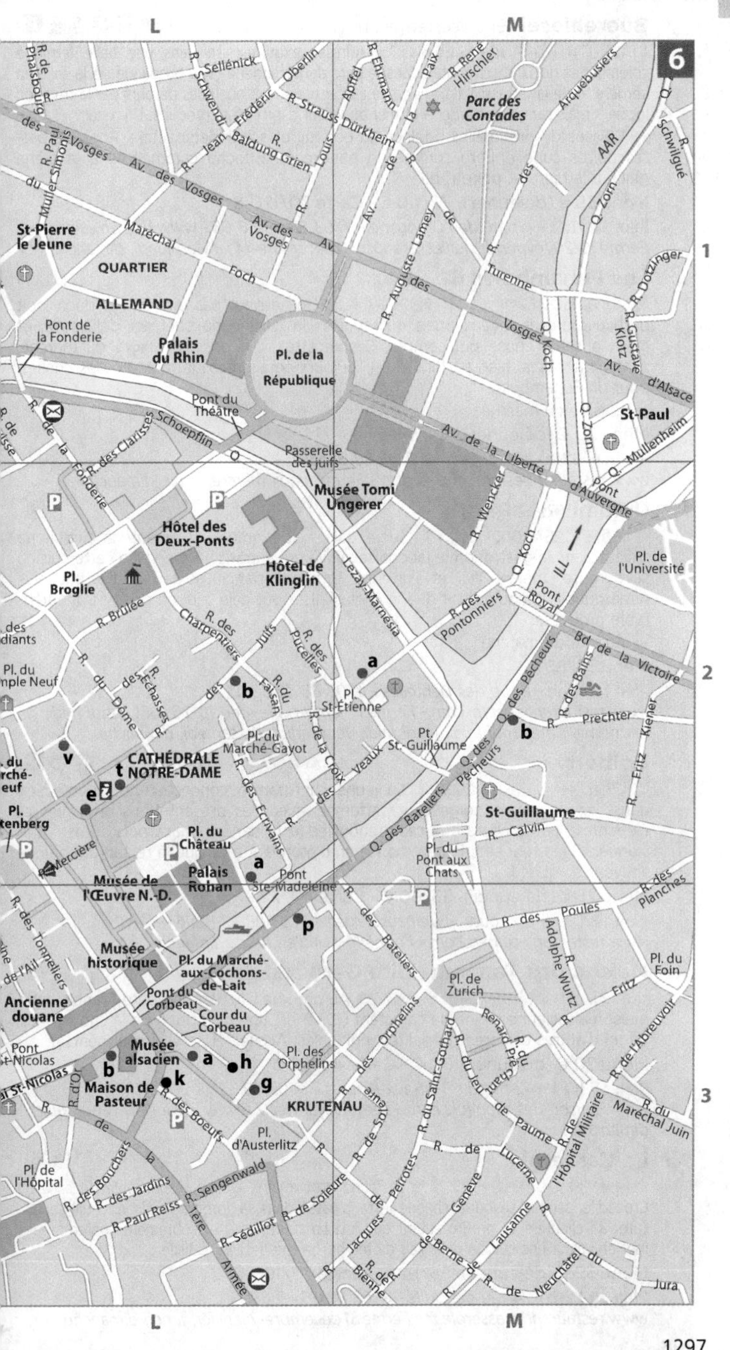

L
M
6
1
2
3
Parc des Contades
St-Pierre le Jeune
QUARTIER ALLEMAND
Palais du Rhin
Pl. de la République
Pont de la Fonderie
Pont du Théâtre
Passerelle des juifs
Musée Tomi Ungerer
Hôtel des Deux-Ponts
Hôtel de Klinglin
Pl. Broglie
St-Paul
Pl. de l'Université
Pont Royal
Pl. St-Étienne
Pt. St-Guillaume
Pl. du Marché-Gayot
CATHÉDRALE NOTRE-DAME
St-Guillaume
Pl. du Château
Palais Rohan
Pont Ste-Madeleine
Musée de l'Œuvre N.-D.
Pl. du Pont aux Chats
Musée historique
Pl. du Marché-aux-Cochons-de-Lait
Pont du Corbeau
Cour du Corbeau
Ancienne douane
Musée alsacien
Maison de Pasteur
Pl. des Orphelins
KRUTENAU
Pl. de Zurich
Pl. du Foin
Pl. d'Austerlitz
Pl. de l'Hôpital
Av. des Vosges
Av. de la Liberté
Av. d'Alsace
Bd de la Victoire
Q. des Bateliers
Q. des Pêcheurs
Q. Koch
Q. Zorn
Q. Mullenheim
Pont d'Auvergne
ILL
AAR
R. de la Paix
R. Strauss Dürkheim
R. Oberlin
R. Sellénick
R. Schwendi
R. Jean Frédéric
R. Baldung Grien
R. Louis Apffel
R. Ehrmann
R. Auguste Lamey
R. de Turenne
R. des Arquebusiers
R. René Hirschler
R. Schwilgué
R. Dotzinger
R. Gustave Klotz
R. Paul Muller Simonis
R. de Phalsbourg
Av. du Maréchal Foch
R. des Clarisses
Q. Schoepflin
R. de la Fonderie
R. Wencker
Lezay-Marnésia
R. des Pontonniers
R. Brulée
R. des Charpentiers
R. des Juifs
R. des Pucelles
R. du Faisan
R. du Dôme
R. des Échasses
R. de la Croix
R. des Veaux
R. des Écrivains
R. Mercière
R. des Tonneliers
R. de l'Ail
R. des Bains
R. Prechter
R. Kiener
R. Fritz
R. Calvin
R. des Poules
R. des Planches
R. Adolphe Wurtz
R. de l'Abreuvoir
R. des Bateliers
R. des Orphelins
R. du Saint-Gothard
R. Renard Prêchant
R. du Jeu de Paume
R. de l'Hôpital Militaire
R. du Maréchal Juin
R. de Lucerne
R. de Genève
R. de Lausanne
R. de Neuchâtel
R. du Jura
R. de Berne
R. de Bienne
R. Jacques Peirotes
R. de Soleure
R. Sédillot
R. Sengenwald
R. Paul Reiss
R. des Jardins
R. des Bouchers
R. de la 1ère Armée
R. des Boeufs
R. d'Or
Q. St-Nicolas
Pont St-Nicolas
Pl. du Temple Neuf
Pl. Gutenberg
a
b
v
t
e
p
h
g
k

✿ **Buerehiesel** (Eric Westermann)

CUISINE MODERNE • ÉLÉGANT XXX Adresse exquise, sise dans une belle ferme à colombages du 17e s., remontée dans le parc de l'Orangerie (vue bucolique de la salle en verrière et de la terrasse). La cuisine, fine et actuelle, fait quelques détours par la tradition locale – mais sans s'y attarder – et met en valeur d'excellents produits. Un régal.

→ Cuisses de grenouilles poêlées au cerfeuil et schniederspaetzle. Poulette pattes noires cuite entière comme un baeckeofe. Brioche caramélisée à la bière, glace à la bière et poire rôtie

Menu 39 € (déjeuner), 72/110 € – Carte 70/120 €

Plan : 4 H1-a – *4 parc de l'Orangerie – ✆ 03 88 45 56 65 – www.buerehiesel.fr – Fermé 10-20 février, 28 juillet-19 août, 30 décembre-14 janvier, lundi, dimanche*

✿ **Les Funambules** Ⓝ

CUISINE MODERNE • CONTEMPORAIN XX On ne peut pas dire que le décor soit particulièrement joyeux, mais qu'importe : la cuisine du chef est délicieuse, et c'est la seule chose qui compte. Ses recettes, composées au gré du marché, sont généreuses, bien parfumées et toujours équilibrées : la moindre des choses, pour un Funambule !

→ Cuisine du marché

Menu 20 € (déjeuner), 44/54 €

Plan : 4 G2-a – *17 rue Geiler – ✆ 03 88 61 65 41 – www.restaurantlesfunambules.com – Fermé lundi, mercredi soir, dimanche*

✿ **Umami** (René Fieger)

CUISINE CRÉATIVE • COSY XX Sucré, salé, acide, amer... et *umami*, la cinquième saveur dans la gastronomie japonaise : voilà qui annonce à merveille cette cuisine savoureuse, mêlant l'ici et l'ailleurs. Une expérience gustative d'autant plus remarquable lorsqu'on sait que le chef réalise tout cela seul en cuisine : une véritable prouesse.

→ Cuisine du marché

Menu 55/85 €

Plan : 5 K3-b – *8 rue des Dentelles – ✆ 03 88 32 80 53 – www.restaurant-umami.com – Fermé 1er janvier-3 février, 10-26 août, lundi midi, mardi midi, mercredi midi, jeudi midi, vendredi midi, samedi, dimanche*

Colbert

CUISINE MODERNE • COSY XX Le jeune chef-patron concocte une cuisine bien dans l'air du temps, soignée et parfumée, avec des présentations originales et élégantes : on ne citera que ces grenouilles juste panées, macaronis et jus émulsionné... C'est tout simplement bon : rien d'étonnant à ce que le restaurant affiche souvent complet !

Menu 25 € (déjeuner), 33/60 € – Carte 49/72 €

Plan : 2 C2-r – *127 route Mittelhausbergen – ✆ 03 88 22 52 16 – www.restaurant-colbert.com – Fermé 14-31 juillet, lundi, dimanche*

Maison des Tanneurs dite Gerwerstub

CUISINE ALSACIENNE • ÉLÉGANT XXX Au bord de l'Ill, dans la Petite France, cette maison alsacienne pleine de caractère (1572) est une institution de la choucroute, parmi d'autres célèbres spécialités régionales. Accueil et service charmants.

Menu 20 € (déjeuner)/30 € – Carte 40/75 €

Plan : 5 K2-t – *42 rue du Bain-aux-Plantes – ✆ 03 88 32 79 70 – www.maison-des-tanneurs.com – Fermé 13 janvier-7 février, 28 juillet-5 août, lundi, dimanche*

La Casserole

CUISINE MODERNE • COSY XX Le jeune propriétaire, ancien responsable de salle au Crocodile, semble savourer chaque instant passé dans sa "propre" maison... qu'il se rassure : sa clientèle en profite autant que lui ! Le cadre, cosy et sobrement contemporain, met en valeur une cuisine dans l'air du temps, fraîche et bien réalisée.

Menu 39 € (déjeuner), 55/112 € – Carte 79/100 €

Plan : 6 L2-b – *24 rue des Juifs – ✆ 03 88 36 49 68 – www.restaurantlacasserole.fr – Fermé 31 décembre-7 janvier, lundi, dimanche*

Le Pont Tournant

CUISINE MODERNE • ÉLÉGANT XX L'emplacement au cœur de la Petite France est séduisant ; la cuisine, talentueuse, marie de bons produits frais. Par beau temps, on dîne sur la terrasse en teck, installée au bord du canal et d'une écluse : de quoi réconcilier n'importe quel couple ! Attention : le restaurant n'est ouvert qu'au dîner.

Carte 46/61 €

Plan : 5 K3-f – *Régent Petite France & Spa, 5 rue des Moulins – ✆ 03 88 76 43 00 – www.regent-petite-france.com – Fermé lundi, mardi midi, mercredi midi, jeudi midi, vendredi midi, samedi midi, dimanche*

Gavroche

CUISINE MODERNE • INTIME XX Dans cette maison du centre historique de Strasbourg, on sent le souci de satisfaire les clients, en salle comme en cuisine. Les assiettes sont honnêtes, précises techniquement, et basées sur de bons produits. Accueil aimable.

Menu 35 € (déjeuner)/65 € – Carte 67/91 €

Plan : 6 L3-g – *4 rue Klein – ✆ 03 88 36 82 89 – www.restaurant-gavroche.com – Fermé 5-13 janvier, 20 juillet-4 août, 28 octobre-3 novembre, samedi, dimanche*

Maison Kammerzell

CUISINE ALSACIENNE • HISTORIQUE XX À côté de la cathédrale, cette maison strasbourgeoise du 16ᵉs. classée dégage une authentique ambiance médiévale : vitraux, fresques, bois sculpté, voûtes gothiques. Cuisine du terroir, avec en spécialité la choucroute aux trois poissons créée en 1970.

Menu 30/48 € – Carte 36/55 €

Plan : 6 L2-e – *16 place de la Cathédrale – ✆ 03 88 32 42 14 – www.maison-kammerzell.com*

Villa Casella

CUISINE ITALIENNE • MÉDITERRANÉEN XX Fermez les yeux, vous voilà en Italie ! Derrière les fourneaux, le chef, venu du sud de la Botte, met beaucoup de cœur à défendre la cuisine de ses origines. Pour preuve, il réalise lui-même ses pâtes... Que l'on dévore parmi les habitués, dans une ambiance méditerranéenne, ou en terrasse si le temps le permet.

Menu 21 € (déjeuner), 40/70 € – Carte 45/60 €

Plan : 5 K3-a – *5 rue du Paon – ✆ 03 88 32 50 50 – www.villacasella.fr – Fermé 18 février-1er mars, 12-26 août, dimanche*

Le Violon d'Ingres

CUISINE CLASSIQUE • INTIME XX Cette maison alsacienne est l'une des plus anciennes du quartier de la Robertsau, par-delà le Parlement européen. À la carte, une cuisine classique teintée de modernité, avec homard, foie gras, poisson, gibier en saison, etc. À déguster dans l'élégante salle à manger ou en terrasse, à l'ombre d'un imposant marronnier...

Menu 36 € (déjeuner), 58/64 € – Carte 64/71 €

Plan : 2 D2-z – *1 rue du Chevalier-Robert, à La Robertsau – ✆ 03 88 31 39 50 – www.violondingres.com – Fermé lundi, samedi midi, dimanche soir*

Zuem Ysehuet

CUISINE MODERNE • CONTEMPORAIN XX Dans un quartier huppé au bord de l'Ill, cette jolie auberge est recouverte de vigne vierge. L'intérieur est résolument contemporain ; quant aux recettes, elles font la part belle aux produits de saison (légumes du potager), que l'on accompagne de l'une des 700 références présentes sur la carte des vins. Agréable terrasse au calme.

Menu 30 € (déjeuner), 40/82 €

Plan : 4 G2-b – *21 quai Mullenheim – ✆ 03 88 35 68 62 – www.zuem-ysehuet.com – Fermé 27 avril-8 mai, 10-25 août, samedi, dimanche*

La Brasserie des Haras

CUISINE MODERNE • DESIGN Sous la tutelle du grand chef Marc Haeberlin, une table élégante et raffinée, au sein des anciens haras nationaux construits sous Louis XV. On y apprécie de belles recettes traditionnelles, sans oublier quelques plats du terroir local. Et le superbe décor contemporain, avec cuisines ouvertes, vaut le coup d'œil !

Menu 31 € (déjeuner)/71 € - Carte 35/60 €

Plan : 5 K3-k - *23 rue des Glacières - 03 88 24 00 00 - www.les-haras-brasserie.com - Fermé 28 juillet-16 août*

Le Banquet des Sophistes N

CUISINE DE SAISON • TENDANCE Difficile d'obtenir une table dans cette adresse qui ne désemplit pas, située dans le nouveau quartier "qui bouge" de la Krutenau. Succès mérité pour ce bistrot de bel aloi, qui propose un menu imbattable au déjeuner et une carte plus élaborée le soir. Préparations travaillées, fraîches et parfumées, dans un esprit éclectique discrètement inventif, aux frontières de la cuisine fusion. Stimulant pour les papilles, et convivial. Qui dit mieux ?

Menu 19 € (déjeuner) - Carte 45/52 €

Plan : 6 L3-a - *5 rue d'Austerlitz - 03 88 68 59 67 - https://le-banquet.com/ - Fermé 19 août-3 septembre, lundi, dimanche*

Le Bistrot d'Antoine N

CUISINE DU MARCHÉ • BISTRO Près de la place Saint-Étienne et de la rue des Frères, un super bistrot qui réunit tous les ingrédients de la réussite : goûteux produits de saison, assiettes généreuses, ambiance conviviale, judicieuse carte de vins nature et en biodynamie... sans oublier le bon rapport qualité-prix.

Menu 33 € - Carte 43/59 €

Plan : 6 M2-a - *3 rue de la Courtine - 03 90 24 93 25 - www.lebistrotdantoine.com - Fermé 6-12 mai, 4-19 août, lundi, samedi midi, dimanche*

In Vino Veritas

CUISINE ITALIENNE • BISTRO Situation superbe pour ce restaurant italien, situé au pied de la majestueuse cathédrale. Carte courte pour préparations gourmandes et généreuses, au service de sa majesté le produit : vitello tonnato, antipasti, gnocchi, tiramisu... La terrasse est très prisée aux beaux jours. Très belle carte des vins.

Carte 45/76 €

Plan : 6 L2-t - *25 place de la Cathédrale - 03 88 32 75 85 - www.restaurant-invinoveritas.fr - Fermé dimanche*

Mademoiselle 10 N

CUISINE MODERNE • CONVIVIAL Père et fille travaillent de concert dans ce sympathique bistrot, qui célèbre la tradition et régale ses convives à prix très raisonnables (surtout à midi). Terrine de volaille ; filet de merlu rôti, riz noir, cèpes et girolles ; millefeuille aux pommes et noix de pécan... aussi simple que gourmand.

Menu 22 € (déjeuner)/40 €

Plan : 6 M2-b - *10 quai des Pêcheurs - 03 88 35 10 60 - www.mlle10.fr - Fermé 30 décembre-14 janvier, lundi, samedi midi, dimanche*

Pierre Bois & Feu

CUISINE TRADITIONNELLE • BISTRO Dans une ruelle proche des quais, ce petit bistrot contemporain est abrité dans une maison datant du 17e s. Tables en bois brut, cuisine ouverte : l'endroit a du charme. À la carte, de beaux produits (légumes bio, notamment) avec pour spécialité la viande de salers... cuite au fer à repasser. Tout cela, associé à la convivialité et la passion du chef, donne envie de revenir !

Menu 54 €

Plan : 6 L2-a - *6 rue du Bain-aux-Roses - 03 88 36 25 59 - Fermé 1er-6 janvier, lundi midi, mercredi midi, dimanche*

La Vieille Tour

CUISINE TRADITIONNELLE • DE QUARTIER Cette adresse, toute proche de la Petite France, cultive le goût de la tradition, au gré du marché (ardoise). Décor simple, relevé d'affiches humoristiques sur l'Alsace.

Menu 29 € (déjeuner)/40 € - Carte 40/66 €

Plan : 5 J2-e - *1 rue Adolphe-Seyboth - 03 88 32 54 30 - Fermé lundi, dimanche*

Winstubs :

dégustation de vins et cuisine du pays, ambiance typiquement alsacienne

Au Pont du Corbeau

CUISINE ALSACIENNE • WINSTUB À côté du Musée alsacien dédié à l'art populaire, une savoureuse manière de passer à la pratique ! Tout séduit dans cette authentique winstub tenue en famille : le décor traditionnel (éléments Renaissance, affiches), le choix de vins et, bien sûr, la cuisine alsacienne, appuyée sur un réseau de producteurs locaux... Coup de cœur !

Menu 31 € - Carte 29/52 €

Plan : 6 L3-b - *21 quai St-Nicolas - 03 88 35 60 68 - Fermé 24 juillet-21 août, samedi, dimanche midi*

Fink'Stuebel

CUISINE ALSACIENNE • WINSTUB Tranche de terrine de foie gras de canard, choucroute traditionnelle, kouglof glacé au kirsch... pas de confusion possible ici, on célèbre bien la tradition alsacienne ! Les produits sont de qualité, les portions plus que généreuses : la maison mérite amplement sa réputation.

Carte 30/65 €

Plan : 5 K3-x - *26 rue Finkwiller - 03 88 25 07 57 - www.restaurant-finkstuebel.com - Fermé 20-28 avril, 1er-31 août, lundi, dimanche*

S'Burjerstuewel - Chez Yvonne

CUISINE ALSACIENNE • WINSTUB Atmosphère animée dans cette winstub qui fait figure d'institution (photos et dédicaces de stars à l'appui). On y mange au coude à coude et la carte respecte la plus pure tradition alsacienne. Ne passez pas à côté de l'une des spécialités maison : le coq au riesling. Une belle adresse.

Carte 29/46 €

Plan : 6 L2-v - *10 rue du Sanglier - 03 88 32 84 15 - www.chez-yvonne.net*

Hôtels

Régent Petite France & Spa

LUXE • PERSONNALISÉ Dans la Petite France, une grande et belle adresse, aménagée dans les ex-glacières des bords de l'Ill. Intérieurs confortables, modernes et chic, sans ostentation ; chambres agréablement feutrées, dont 17 récemment ouvertes dans le "Pavillon", un bâtiment datant du 15e s...

75 chambres - 195/530 € - 10 suites - 25 €

Plan : 5 K3-f - *5 rue des Moulins - 03 88 76 43 43 - www.regent-petite-france.com*

Le Pont Tournant - voir la sélection des restaurants

Sofitel

LUXE • CONTEMPORAIN Le premier Sofitel au monde (ouvert en 1964 !) est devenu un fleuron de l'hôtellerie strasbourgeoise. Ouvert sur la ville par le biais d'un bar réputé et de son restaurant Terroirs & Co, il se révèle un pied-à-terre idéal au cœur de la capitale européenne.

146 chambres - 140/396 € - 4 suites - 27 €

Plan : 5 K2-s - *4 place St-Pierre-le-Jeune - 03 88 15 49 00 - www.sofitel-strasbourg.com*

 **Le Bouclier d'Or** 

HISTORIQUE · PERSONNALISÉ Cet établissement prend ses aises dans un ancien hôtel particulier dont la partie la plus ancienne remonte au 16e s. Chambres spacieuses de charme, avec plusieurs ambiances – alsacienne, bourgeoise, etc.

16 chambres – 156/350 € – 6 suites – 22 €

Plan : 5 K3-n – *1 rue du Bouclier – 03 88 13 73 55 – www.lebouclierdor.com*

 **Cour du Corbeau**

HISTORIQUE · ÉLÉGANT Près du pont du Corbeau, cet hôtel s'épanouit dans plusieurs superbes maisons anciennes. Mais ce qui le distingue surtout, c'est sa cour intérieure Renaissance, avec ses coursives en bois héritées du temps jadis...

63 chambres – 179/500 € – 24 €

Plan : 6 L3-h – *6 rue des Couples – 03 90 00 26 26 – www.cour-corbeau.com*

 **Hannong**

TRADITIONNEL · PERSONNALISÉ Un hôtel familial sur le site de la faïencerie Hannong (18e s.). Façade néoclassique, salon sous verrière, décoration sur le thème des années 1930 : l'ensemble est accueillant et parfaitement tenu. Agréable espace terrasse et élégant bar à vin.

72 chambres – 99/399 € – 16 €

Plan : 5 K2-a – *15 rue du 22-Novembre – 03 88 32 16 22 – www.hotel-hannong.com – Fermé 2-6 janvier*

 **Les Haras**

HISTORIQUE · CONTEMPORAIN Au cœur de Strasbourg, l'établissement, imaginé dans les anciens haras nationaux du 18e s., bénéficie d'un cadre exceptionnel, où le moindre détail est réfléchi. Les chambres, au décor épuré, sont spacieuses (17 à 35 m^2). Un lieu rare.

55 chambres – 150/600 € – 24 €

Plan : 5 K3-k – *23 rue des Glacières – 03 90 20 50 00 – www.les-haras-hotel.com*

 **Beaucour**

TRADITIONNEL · COSY Deux maisons alsaciennes du 18e s. autour d'une charmante cour fleurie. Les lieux dégagent un réel cachet, à l'instar des chambres aux ambiances variées : chambre d'écrivain, jardin d'hiver, romantique... et l'accueil de la propriétaire, souriante et empathique, fait le reste !

49 chambres – 89/189 € – 14 €

Plan : 6 L3-k – *5 rue des Bouchers – 03 88 76 72 00 – www.hotel-beaucour.com*

 **Gutenberg**

URBAIN · FONCTIONNEL Dans ce bâtiment qui date de 1745, au cœur du vieux Strasbourg, les chambres affichent un bel esprit contemporain, osant même les touches design. Service courtois et efficace.

42 chambres – 89/340 € – 15 €

Plan : 6 L2-f – *31 rue des Serruriers – 03 88 32 17 15 – www.hotel-gutenberg.com*

 **Graffalgar** N

BOUTIQUE HÔTEL · INSOLITE Dans le quartier de la gare, un petit hôtel arty et tendance, où chacune des 38 chambres a été décorée par un artiste-graffeur. Esprit urbain et alternatif, programme d'activités (projection, atelier musical, apéro voyageur) : une adresse hype et attachante.

38 chambres – 100/120 € – 10 €

Plan : 5 J2-a – *17 rue Déserte – 03 88 24 98 40 – www.graffalgar.com*

ENVIRONS

à Entzheim 12 km par A35 (sortie n° 8), D400 et D392 - ✉ 67960

Steinkeller

CUISINE ALSACIENNE • RUSTIQUE Une belle winstub, une grande véranda, un caveau en pierre (d'où ce nom de "Steinkeller"), etc. : un vrai univers alsacien, regorgeant de bois sculpté, de vitraux, de mobilier traditionnel... Flammekueche, presskopf et autres recettes traditionnelles portent aussi haut les couleurs de la région ! Prix mesurés.

Menu 28 € - Carte 26/45 €

Plan : 1 B3-h - *34 route de Strasbourg - ✆ 03 88 68 91 65 - www.hotel-perebenoit.com - Fermé 28 juillet-18 août, lundi midi, samedi midi, dimanche*

à Illkirch-Graffenstaden 5 km au Sud - ✉ 67400

Estaminet à l'Agneau

CUISINE TRADITIONNELLE • BISTRO Bouchées à la reine, pot-au-feu de skrei, tartare de bœuf au couteau, crêpes flambées et éclair façon paris-brest... Dans un intérieur digne d'un bistrot parisien, Guillaume Kern régale désormais ses clients avec des petits plats du marché goûteux, généreux et variés. Le tout à prix doux !

Carte 30/40 €

Plan : 2 C3-a - *185 route de Lyon - ✆ 03 88 66 06 58 - www.agneau-illkirch.fr - Fermé 5-25 août, 29 décembre-5 janvier, lundi, samedi midi, dimanche soir*

à Lingolsheim 5 km au Sud-Ouest - ✉ 67380

L'ID

CUISINE MODERNE • CONTEMPORAIN Une belle maison de maître, décorée avec goût - tons gris et noisette, magnifique escalier en bois datant du 18e s. À l'ardoise, une bonne cuisine du marché rythmée par les saisons, avec une place importante accordée au poisson... À déguster sur l'agréable terrasse aux beaux jours.

Menu 32 € (déjeuner) - Carte 38/51 €

Plan : 2 C2-d - *11 rue du Château - ✆ 03 88 78 40 48 - www.restaurant-id.fr - Fermé 17-24 février, 4-18 août, lundi soir, dimanche*

à Ostwald 7 km au Sud-Ouest - ✉ 67540

Château de l'Ile

DEMEURE HISTORIQUE • CLASSIQUE Dans un parc baigné par l'Ill, un petit château à l'architecture éclectique (19e s.) entouré de bâtiments dans un style alsacien traditionnel. Ils abritent des chambres spacieuses et confortables, tout en tissus imprimés et mobilier de style. Restaurant gastronomique et winstub.

60 chambres - 129/399 € - 2 suites - 24 €

Plan : 2 C3-r - *4 quai Heydt - ✆ 03 88 66 85 00 - www.chateau-ile.fr*

à Pfulgriesheim 10 km au Nord-Ouest - ✉ 67370

Bürestubel

CUISINE ALSACIENNE • AUBERGE Cette ferme à colombages respire l'Alsace ! Joli décor régional et spécialités (très) locales : flammekueche, lewerknepfle, sirops et sorbets réalisés avec les fruits du verger... Ici, on aime la simplicité et le travail bien fait. Une adresse sûre.

Menu 20 € (déjeuner) - Carte 28/48 €

Plan : 2 C1-a - *8 rue de Lampertheim - ✆ 03 88 20 01 92 - www.restaurantburestubel.fr - Fermé 7-20 février, 1er-15 août, lundi, dimanche*

à Schiltigheim 4 km au Nord – ✉ 67300

La Carambole

CUISINE MODERNE • CONTEMPORAIN XXX Dans ce quartier d'affaires, un élégant restaurant au 3e étage d'un immeuble contemporain. Le jeune chef, passé par de bonnes maisons, démontre un joli savoir-faire, le tout porté par un choix de vins avisé. Une adresse de qualité.

→ Cuisses de grenouilles poêlées et escargots du Birkenwald, oignons nouveaux et émulsion d'ail. Agneau fumé au thym, fleur de courgette farcie à l'épaule d'agneau confite, curry et jus d'agneau. Déclinaison autour de la framboise, crumble à la pistache, sorbet framboise et basilic

Menu 35 € (déjeuner), 62/75 € – Carte 50/80 €

Plan : 2 C2-u – *14 avenue Pierre-Mendes-France – ✆ 03 88 47 44 44 – www.restaurant-lacarambole.com – Fermé 3-25 août, 22 décembre-2 janvier, dimanche*

Côté Lac

CUISINE MODERNE • CONTEMPORAIN XX Dans une zone d'activité du nord de la ville, on est surpris de découvrir ce parallélépipède de béton brut et de verre, posé au bord d'un petit lac. L'intérieur a tout du loft moderne, avec ses éclairages modernes et ses tableaux contemporains ; on y déguste une cuisine actuelle, soignée, qui évolue régulièrement.

Menu 30 € (déjeuner)/69 € – Carte 50/55 €

Plan : 2 C2-t – *2 place de Paris (Espace Européen de l'Entreprise) – ✆ 03 88 83 82 81 – www.cote-lac.com – Fermé lundi soir, samedi midi, dimanche*

La Fabrique

CUISINE MODERNE • ÉLÉGANT X Des recettes hautes en couleur, une belle maîtrise des cuissons, une pointe de créativité sans excès : on doit cette belle partition culinaire à un jeune chef au solide parcours, qui donne ici un aperçu de l'étendue de son talent.

Menu 26 € (déjeuner)/55 € – Carte 50/65 €

Plan : 2 C2-m – *32 rue de la Gare – ✆ 03 88 83 93 83 – www.lafabrique-restaurant.com – Fermé 14-23 avril, 21 juillet-14 août, 23 décembre-2 janvier, lundi, dimanche*

Les Plaisirs Gourmands (N)

CUISINE MODERNE • CONTEMPORAIN X Bonne nouvelle : le chef Guillaume Scheer (ex-1741, à Strasbourg) est désormais installé à son compte aux portes de la ville. Bons produits de saison, assaisonnements et cuissons justes, service aimable : tout est réuni pour passer un agréable moment.

Menu 26 € (déjeuner), 39/55 €

Plan : 3 F1-d – *35 route du Général-de-Gaulle – ✆ 03 88 83 55 55 – www.les-plaisirs-gourmands.com – Fermé 1er-15 janvier, 1er-15 juillet, lundi, samedi midi, dimanche soir*

à La Wantzenau 12 km au Nord-Est – ✉ 67610

Relais de la Poste

CUISINE MODERNE • ÉLÉGANT XXX Une partition classique aux touches alsaciennes, une institution vénérable : voilà les principaux atouts de cette maison. Le décor, avec boiseries et véranda face à la terrasse, se révèle plutôt agréable, et l'accueil est de qualité.

Menu 35 € (déjeuner), 55/98 € – Carte 70/90 €

Plan : 2 D1-a – *21 rue du Général-de-Gaulle – ✆ 03 88 59 24 80 – www.relais-poste.com – Fermé 29 juillet-10 août, lundi, samedi midi, dimanche soir*

Au Moulin

CUISINE CLASSIQUE • COSY XX Un cadre élégant et lumineux, dans les dépendances d'un ancien moulin posté au bord de l'Ill. La terrasse profite du calme de la campagne environnante. Cuisine classique.

Menu 24/74 € - Carte 30/75 €

Plan : 2 D1-z - *2 impasse du Moulin, 1,5 km au Sud par D468 - ✆ 03 88 96 20 01 - www.restaurant-moulin-wantzenau.fr - Fermé 8-30 juillet, 27 décembre-3 janvier, lundi, mardi, dimanche soir*

Au Pont de l'Ill

POISSONS ET FRUITS DE MER • BRASSERIE XX Fruits de mer et poissons jouent les vedettes sur la carte de cette brasserie très fréquentée, abritant pas moins de cinq salles (au choix : style marin, Art nouveau, etc.). À deux pas de Strasbourg, vous voilà au bord de la mer !

Menu 28/43 € - Carte 10/57 €

Plan : 2 D1-u - *2 rue du Général-Leclerc - ✆ 03 88 96 29 44 - www.aupontdelill.com - Fermé samedi midi*

Le Jardin Secret

CUISINE MODERNE • COSY XX Face à la petite gare, un accueillant restaurant tenu par une jeune équipe. Le cadre est contemporain, et la cuisine... bien d'aujourd'hui et ambitieuse. Et pour jardin secret, une terrasse sur l'arrière de la maison.

Menu 30 € (déjeuner), 54/63 € - Carte 56/68 €

Plan : 2 D1-v - *32 rue de la Gare - ✆ 03 88 96 63 44 - www.restaurant-jardinsecret.fr - Fermé 19-27 août, 24 décembre-2 janvier, lundi, mardi midi, samedi midi, dimanche soir*

Les Semailles

CUISINE MODERNE • COSY XX Jolie petite graine que cette maison alsacienne chatoyante, dressée dans une petite rue calme. Au menu : des produits de qualité, de justes cuissons, et une association pertinente de saveurs. L'été venu, profitez de la terrasse ombragée sous une glycine centenaire...

Menu 29 € (déjeuner), 39/92 € - Carte 40/72 €

Plan : 2 D1-s - *10 rue du Petit-Magmod - ✆ 03 88 96 38 38 - www.semailles.fr - Fermé 14-30 août, mercredi, jeudi, dimanche soir*

Zimmer

CUISINE TRADITIONNELLE • CLASSIQUE XX Indifférente aux modes, cette maison au glorieux passé continue de décliner une belle cuisine de tradition, teintée de notes plus actuelles : blanquette de poussin aux petits oignons et champignons, gratin de macaronis au parmesan ; matelote de poissons au riesling, fricassée de pâtes... Terrasse aux beaux jours.

Menu 28/65 € - Carte 41/60 €

Plan : 2 D1-r - *23 rue des Héros - ✆ 03 88 96 62 08 - www.restaurant-zimmer.fr - Fermé 15 février-7 mars, 24 juillet-10 août, lundi, dimanche soir*

SULLY-SUR-LOIRE

45600 (Loiret) - Carte régionale n° **8**-C2

Carte Michelin 318-L5 - Guide Vert Michelin Châteaux de la Loire

Burgevin

TRADITIONNEL • CONTEMPORAIN À 200 m du château de Sully-sur-Loire, cet hôtel existe depuis 1898 ! Pas de quoi concurrencer le monument historique, mais idéal pour poser ses bagages : l'établissement est confortable et l'on s'y sent vraiment bien. Service aux petits soins et très bon petit-déjeuner.

16 chambres - 96/140 € - 2 suites - 15 €

11 rue du Faubourg-Saint-Germain - ✆ 02 38 38 13 12 - www.hotelburgevin.fr

La Closeraie

FAMILIAL • PERSONNALISÉ Dans cette maison du 19e s., on peut jouer sur le vieux piano ou bouquiner dans la bibliothèque en attendant le soir. Les chambres, romantiques à souhait, sont décorées avec goût et simplicité. Parfait pour un week-end en amoureux.

11 chambres - 85/139 € - 10 €

14 rue Porte-Berry - 02 38 05 10 90 - www.hotel-la-closeraie.com - Fermé 17-31 août

SURESNES - 92 (Hauts-de-Seine) ➜ voir Autour de Paris

SURVILLE

27400 (Eure) - Carte régionale n° **17**-D2
Carte Michelin 304-G6

Manoir de Surville

HISTORIQUE • ÉCO-RESPONSABLE Au cœur de la Normandie, un jeune couple passionné propose "d'être au manoir comme à la maison", et ça fonctionne ! Un ancien corps de ferme du 16es., des chambres luxueuses (dont deux suites) certaines mansardées, portes en chêne massif, dalles de Bourgogne... Cuisine du marché au restaurant.

9 chambres - 180/275 € - 2 suites

82 rue Bernard-Petel - 02 32 50 99 89 - www.manoirdesurville.com - Fermé 21 décembre-6 janvier

TAILLADES

84300 (Vaucluse) - Carte régionale n° **25**-E1
Carte Michelin 332-D10

L'Atelier L'Art des Mets

CUISINE MODERNE • SIMPLE Le jeune chef propose une cuisine actuelle et personnelle, dont l'acteur principal est l'herbe sauvage, qu'il a appris à connaître auprès d'une cueilleuse de la région. Chénopode, mélisse sauvage, pourpier, armoise... il y a de la poésie dans ses préparations - et du goût, à l'instar de ce suprême de poulet jaune fermier à l'armoise, cuit à basse température, et artichauts en barigoule. On en redemande !

Menu 17 € (déjeuner), 32/49 €

500 route de Robion, 1 km au Nord-Ouest par D2 - 04 90 72 37 55 - www.latelierlartdesmets.fr - Fermé mercredi soir, dimanche

L'Auberge des Carrières

CUISINE MODERNE • AUBERGE Au pied du Luberon, une auberge tenue par un charmant couple belge, installé en Provence depuis dix ans. Le temps de prendre place sur la jolie terrasse, et voilà déjà notre assiette ; la cuisine sent bon la Méditerranée, avec notamment la grande spécialité du chef : le ris de veau poêlé...

Menu 22 € (déjeuner), 42/49 € - Carte 51/60 €

place de la Mairie - 04 32 50 19 97 - www.aubergedescarrierres.com - Fermé 6-21 janvier, 17-25 février, lundi, dimanche

TAIN-L'HERMITAGE

26600 (Drôme) - Carte régionale n° **3**-E2
Carte Michelin 332-C3 - Guide Vert Michelin Ardèche Drôme

Maison Gambert

CUISINE MODERNE • CONVIVIAL Cette ancienne ferme rénovée, prolongée d'une jolie terrasse ombragée et entourée de vignes, a été reprise par Mathieu Chartron, chef au joli parcours. Résultat : des préparations goûteuses et soignées, des cuissons justes - au four à bois pour les viandes et certains poissons... On passe un bon moment.

Menu 31 € - Carte 40/60 €

2 rue de la Petite-Pirelle - 04 75 09 19 85 - www.maisongambert.com - Fermé lundi, mardi

Le Mangevins

CUISINE MODERNE • BISTRO Ici, la déco mêle esprit de bistrot et modernité, quant à la cuisine, aucune inquiétude : elle célèbre plus que jamais le marché, et se révèle soignée. Belle sélection de crus de la région.

Menu 33/45 €

7 rue des Herbes – 04 75 08 00 76 – Fermé 6-20 avril, 3-19 août, 28 décembre-5 janvier, samedi, dimanche

Le Quai

CUISINE TRADITIONNELLE • BRASSERIE On pourrait rester à quai pendant des heures, à admirer le Rhône et les vignobles... En terrasse ou dans la salle, très lumineuse, on se croirait presque sur un paquebot ! Et dans ce bistrot des temps modernes, les assiettes sont généreuses. Une bonne adresse.

Menu 24/42 € – Carte 40/61 €

17 rue Joseph-Peala – 04 75 07 05 90 – www.maisonchabran.com – Fermé 4-18 août

Vineum N

CUISINE TRADITIONNELLE • BAR À VIN La cave à vins du Domaine Paul Jaboulet Aîné abrite ce restaurant/bar à vins au cadre traditionnel fort cosy, où le joli plafond boisé évoque la chaleur d'antan, quand les hommes, au coin du feu, racontaient des fables de vie. En soirée, vous grignoterez charcuterie et fromages. Sachez que le vin servi au restaurant est vendu au prix de la cave, avis aux amateurs !

Menu 27 € (déjeuner)/34 €

25 Place du Taurobole – 04 75 09 26 20 – www.vineum.blogspot.com – Fermé lundi, mardi soir, mercredi soir, jeudi soir, vendredi soir, samedi soir, dimanche soir

TALENCE – 33 (Gironde) ➜ voir Bordeaux

TALLOIRES

74290 (Haute-Savoie) – Carte régionale n° **4**-F1

Carte Michelin 328-K5 – Guide Vert Michelin Alpes du Nord

Jean Sulpice

CUISINE CRÉATIVE • CONTEMPORAIN Le risque était énorme, la récompense n'en est que plus méritée. Jean Sulpice, le chef mythique de L'Oxalys (depuis 2002), a délaissé son fief de Val Thorens pour s'en aller tenter fortune à la mythique Auberge du Père Bise, à Talloires – sur les rives argentées du lac le plus pur d'Europe.

Le natif d'Aix-les-Bains est né dans un chaudron, ou presque : dès l'enfance, ce petit-fils d'hôteliers goûte, hume, se cherche. Très jeune, il entre chez Pierre Marin, le chef de l'auberge Lamartine au Bourget-du-Lac, avant de déclarer sa fougue à Marc Veyrat, dans une longue lettre. Il a 18 ans : "Chez Marc, j'ai appris à travailler dans le détail." Leçon retenue.

Aujourd'hui, il doit mener à bon port un véritable porte-avions : le restaurant gastronomique Jean Sulpice, deux étoiles en 2018 ; le bistrot 1903 (date de création de l'auberge), mais aussi huit chambres et bientôt un Spa. On retrouve les recettes signature qui firent son succès, tel son Beaufort esprit d'un alpage (mousse de beaufort, éclats de noisettes du Piémont, herbes fraîches, graines de carvi).

➜ Plin d'escargots de Haute-Savoie et beurre aux herbes. Omble chevalier et beurre maître d'hôtel au sapin. Chocolat, myrtille et génépi

Menu 105/225 € – Carte 155/190 €

Auberge du Père Bise, 303 route du Port – 04 50 60 72 01 – www.perebise.com – Fermé 15 décembre-10 février, mardi, mercredi

Le Cottage

CUISINE CLASSIQUE • ÉLÉGANT XXX Un restaurant cossu et bourgeois, une terrasse avec le lac pour horizon et de belles saveurs classiques, avec des touches actuelles : par exemple, gambas au cresson, mangue, fleurs et bulbes... On passe ici un moment gastronomique bien sympathique.

Menu 38 € (déjeuner), 47/75 € - Carte 68/68 €

Le Port - ✆ 04 50 60 71 10 -
www.cottagebise.com - Fermé 1er octobre-22 avril

L' Abbaye de Talloires

CUISINE MODERNE • ROMANTIQUE XX Les produits du terroir sont en bonne place à la carte (cochon, fera, sérac...) travaillés par le chef dans des préparations gorgées de soleil. L'été, il fait bon savourer ces douceurs en terrasse, face au lac, en les arrosant d'un bon vin (800 références).

Menu 49/140 € - Carte 68/103 €

L'Abbaye de Talloires, chemin des Moines - ✆ 04 50 60 77 33 -
www.abbaye-talloires.com - Fermé lundi, mardi, mercredi midi, jeudi midi, vendredi midi

1903

CUISINE TRADITIONNELLE • CONVIVIAL X Un environnement privilégié, au pied du lac... Le bistrot 1903, dont le nom rend hommage à l'année de création de la maison, propose plats emblématiques (ainsi l'incontournable quenelle de brochet sauce Nantua) et spécialités du terroir.

Menu 44/48 € - Carte 58/92 €

Auberge du Père Bise, 303 route du Port - ✆ 04 50 60 72 01 -
www.perebise.com - Fermé 15 décembre-10 février, lundi

Auberge du Père Bise

LUXE • CONTEMPORAIN Un environnement féerique, au pied du lac. L'âme de l'auberge est toujours présente, même si l'ensemble a été réaménagé avec goût. Tout y est feutré, et les chambres sont d'un luxe sobre, équipées pour la plupart de terrasses et balcons. Le tout bénéficiant de l'enthousiasme d'un jeune couple motivé, et ravi d'être là !

20 chambres - 259/679 € - 3 suites - 33 €

303 route du Port - ✆ 04 50 60 72 01 -
www.perebise.com - Fermé 15 décembre-15 février

Jean Sulpice • **1903** - voir la sélection des restaurants

L'Abbaye de Talloires

HISTORIQUE • CLASSIQUE Cette abbaye a traversé l'histoire, au point fêter ses mille ans d'existence en 2018 ! Le calme et la vue sur le lac en sont les principaux atouts, sans oublier les chambres d'un classicisme raffiné, le jardin face aux flots avec ponton privé... Un dépaysement total.

33 chambres - 121/483 € - 3 suites - 25 €

chemin des Moines - ✆ 04 50 60 77 33 -
www.abbaye-talloires.com - Fermé 11 novembre-8 février

L' Abbaye de Talloires - voir la sélection des restaurants

Le Cottage

TRADITIONNEL • CLASSIQUE Face à l'embarcadère, ces maisons des années 1930 ont des airs de... cottage chic. Vue sur le lac, le jardin ou la montagne ; décor soigné et frais : les chambres, cosy et dans l'air du temps, ont toutes ce petit quelque chose qu'on nomme le charme !

29 chambres - 150/310 € - 7 suites - 21 €

Le Port - ✆ 04 50 60 71 10 -
www.cottagebise.com - Fermé 1er octobre-25 avril

Le Cottage - voir la sélection des restaurants

 **Beau Site**

HÔTEL PARTICULIER • CONTEMPORAIN En plus d'une situation idéale – au bord de l'eau, avec plage privée et parc –, cet hôtel a bénéficié d'une rénovation d'ampleur : on y loge dans des chambres chaleureuses et naturelles, décorées avec goût, dont certaines donnent sur le lac.

32 chambres – 120/320 € – 20 €

118 rue André-Theuriet – 04 50 27 00 65 – www.beausite-talloires.com – Fermé 4 novembre-3 avril

 **Chalet Christine** 

MAISON DE CAMPAGNE • MONTAGNARD Cette jolie maison surplombant le lac propose des chambres contemporaines, confortables et bien tenues. Pour une détente optimale, on profite de la piscine couverte, du sauna ou du hammam... Terrasse donnant sur le potager.

5 chambres – 195/310 €

181 Le Thoron – 04 50 02 03 03 – www.chaletchristine.com

à Angon 2 km au Sud par D909a – 74290

 **Les Grillons** 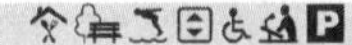

FAMILIAL • CLASSIQUE Un hôtel-restaurant traditionnel tenu par la même famille depuis trois générations. Accueil charmant par un jeune couple, belle piscine, petit-déjeuner maison, chambres fraîches donnant presque toutes sur le lac... aucun doute, ces Grillons portent bonheur.

32 chambres – ½ Pension seulement 150/210 €

1199 route d'Angon – 04 50 60 70 31 – www.hotel-grillons.com – Fermé 30 septembre-29 avril

TALUYERS

69440 (Rhône) – Carte régionale n° **2**-B2

Carte Michelin 327-H6

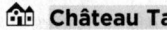

 **Château Talluy** 

HISTORIQUE • PERSONNALISÉ Bienvenue dans cet hôtel confortable, créé en 2011 dans un ancien château du 18e s. transformé un temps en orphelinat. Les chambres, originales, sont toutes décorées sur le thème d'un art : cinéma, théâtre, peinture, sculpture, etc.

10 chambres – 119/219 € – 12 €

144 rue du Pensionnat – 04 78 19 19 00 – www.chateautalluy.com

TAMNIÈS

24620 (Dordogne) – Carte régionale n° **18**-D3

Carte Michelin 329-H6 – Guide Vert Michelin Périgord Quercy

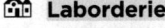

 **Laborderie** 

TRADITIONNEL • À LA CAMPAGNE Dans cette ancienne ferme périgourdine, tout est paisible ! Chambres fraîches et coquettes, plus actuelles dans l'annexe tournée vers la vallée. Au restaurant, on apprécie une généreuse cuisine régionale ; à la belle saison, direction la terrasse.

44 chambres – 68/118 € – 12 €

Le Bourg – 05 53 29 68 59 – www.hotel-laborderie.com – Fermé 4 novembre-30 mars

LA TANIA – 73 (Savoie) → voir Courchevel

TARARE

✉ 69170 (Rhône) - Carte régionale n° **2**-A1

Carte Michelin 327-F4 - Guide Vert Michelin Lyon et sa région

Jean Brouilly

CUISINE CLASSIQUE • ÉLÉGANT XXX Dans un grand parc arboré bordant la route de Roanne, une belle maison bourgeoise datant de 1906 : un décor tout indiqué pour honorer la tradition. Le classicisme culinaire est ici de mise, comme la générosité et la gentillesse. Une valeur sûre.

Menu 30/78 € - Carte 50/90 €

3ter rue de Paris - ✆ 04 74 63 24 56 - www.restaurant-brouilly.com - Fermé 4-19 mars, 29 juillet-13 août, lundi, mardi, dimanche soir

Burnichon

TRADITIONNEL • FONCTIONNEL À l'entrée de la ville, une grosse bâtisse avec des chambres fraîches et fonctionnelles ; plus au calme sur l'arrière où se trouve la piscine, appréciée dès les beaux jours. Cuisine traditionnelle au restaurant. Une adresse sympathique et bon marché.

36 chambres - 60/70 € - 10 €

La Grange Cléat, 1,5 km à l'Est par D307 - ✆ 04 74 63 44 01 - www.hotel-burnichon.com - Fermé 1er-6 janvier

TARASCON-SUR-ARIÈGE

✉ 09400 (Ariège) - Carte régionale n° **22**-C3

Carte Michelin 343-H7

Saveurs du Manoir

CUISINE TRADITIONNELLE • BISTRO XX Posté sur la route qui va de Toulouse à l'Espagne, ce Manoir d'Agnès était jadis le restaurant attitré des cadres de l'usine Péchiney locale. On y revisite aujourd'hui la cuisine ariégeoise : les assiettes regorgent de trouvailles et les saveurs sont au rendez-vous.

Menu 20 € (déjeuner), 29/52 € - Carte 34/60 €

Le Manoir d'Agnès, 2 rue St-Roch - ✆ 05 61 64 76 93 - www.manoiragnes.com - Fermé 7-21 janvier, 18 novembre-1er décembre, lundi, dimanche soir

Le Manoir d'Agnès

HÔTEL PARTICULIER • ÉLÉGANT Un beau manoir du 19e s., situé le long de la route menant en Andorre. Les chambres, de facture sobre et contemporaine, séduisent avec leurs quelques touches de couleur… Un établissement bien dans l'air du temps !

15 chambres - 102/127 € - 12 €

2 rue St-Roch - ✆ 05 61 02 32 81 - www.manoiragnes.com

Saveurs du Manoir - voir la sélection des restaurants

TARBES

✉ 65000 (Hautes-Pyrénées) - Carte régionale n° **22**-A3

Carte Michelin 342-M5

L'Ambroisie

CUISINE MODERNE • BOURGEOIS XX Face à la cathédrale, cet ancien presbytère de 1882, doté d'une agréable terrasse, abrite un restaurant de bon aloi, qui propose une cuisine classique : une visite chez Daniel Labarrère, c'est toujours une bonne nouvelle pour nos papilles…

Menu 20 € (déjeuner) - Carte 40/55 €

48 rue de l'Abbé-Torné - ✆ 05 62 93 09 34 - Fermé lundi, dimanche

L'Arpège

CUISINE CRÉATIVE • CONTEMPORAIN Ce couple de chefs japonais signe une jolie cuisine créative aux touches nippones, dans laquelle bouillons, algues et assaisonnements mettent en valeur des produits de bonne qualité. Le cadre est à l'image de l'assiette : élégant et contemporain.

Menu 26 € (déjeuner) – Carte 54/65 €

22 place de Verdun – 05 62 51 15 76 – www.restaurant-arpege.com – Fermé lundi, mardi midi, dimanche soir

L'Empreinte

CUISINE MODERNE • CONTEMPORAIN Ce petit restaurant cosy, avec sa cuisine ouverte sur la salle, est désormais le repaire d'un chef-patron à la technique irréprochable, qui actualise avec talent la tradition : en témoigne ce pigeonneau rustanais, conchiglioni farcis des cuisses, mousseline betterave et framboise.

Menu 17 € (déjeuner), 30/57 € – Carte 49/59 €

2 rue Gaston-Manent – 05 62 44 97 48 – www.restaurant-empreinte.com – Fermé lundi, mardi midi, dimanche soir

Le Fil à la Patte

CUISINE TRADITIONNELLE • BISTRO L'atmosphère est conviviale et sans chichis dans ce restaurant où l'on s'attable coude à coude autour de plats du marché et de saveurs qui fleurent bon le terroir. Le chef puise son inspiration dans les produits de qualité.

Menu 20 € – Carte 20/32 €

30 rue Georges-Lassalle – 05 62 93 39 23 – Fermé 7-13 janvier, 15-30 juillet, lundi, mardi midi, dimanche

Le Petit Gourmand

CUISINE MODERNE • BISTRO Sur une avenue proche du centre-ville de Tarbes, ce restaurant porte bien son nom. Derrière les fourneaux, le chef réalise une savoureuse cuisine du marché avec de beaux produits du terroir. On se régale du début à la fin !

Menu 23 €

62 avenue B.-Barère – 05 62 34 26 86 – lepetitgourmand.eatbu.com – Fermé 1er-15 août, lundi, samedi midi, dimanche soir

Le Rex Hôtel

URBAIN • CONTEMPORAIN Envie d'une nuit très branchée ? L'adresse est toute trouvée avec cette audacieuse architecture en verre qui s'anime de jeux de lumière la nuit. Dans les chambres cohabitent créations design et confort dernier cri. Une réussite.

74 chambres – 99/195 € – 18 €

10 cours Gambetta – 05 62 54 44 44 – www.lerexhotel.com

Foch

URBAIN • CONTEMPORAIN Idéalement situé en plein centre-ville, l'établissement propose des chambres bien rénovées dans un esprit contemporain. Accueil charmant.

30 chambres – 85/130 € – 9 €

18 place de Verdun – 05 62 93 71 58 – www.hotel-foch.eu – Fermé 1er-15 août, 22 décembre-6 janvier

TARNAC

19170 (Corrèze) – Carte régionale n° **19**-C2

Carte Michelin 329-M1 – Guide Vert Michelin Limousin Berry

Hôtel des Voyageurs

CUISINE TRADITIONNELLE • CLASSIQUE Au bord du plateau de Millevaches, un chef autodidacte met la tradition dans tous ses états ! Dans l'assiette, c'est bon, généreux, résolument gourmand, notamment grâce aux fleurs et légumes du potager maison. L'accueil est du même tonneau, simple et agréable, et quelques chambres sont disponibles : les voyageurs seront ravis.

Menu 32/42 € – Carte 51/65 €

18 avenue de la Mairie – 05 55 95 53 12 – www.hotelcorreze.com – Fermé 1er janvier-2 mars, 24 novembre-31 décembre, lundi, dimanche soir

TAVEL

✉ 30126 (Gard) - Carte régionale n° **21**-D2
Carte Michelin 339-N4

La Courtille

CUISINE TRADITIONNELLE · SIMPLE Cette ancienne magnanerie en pierres blanches propose une bonne cuisine régionale et méditerranéenne. Langue de veau sauce gribiche, rillettes de maquereau citron et aneth, rognons de veau... se dévorent toute l'année et se dégustent en été sur la jolie terrasse, abritée sous un cèdre ancien. Prix imbattables à midi.

Menu 18 € (déjeuner) - Carte 38/45 €

208 chemin de Cravailleux (Au Clos de la Genestière) - ✆ 04 66 82 37 19 - www.restaurant-la-courtille.business.site - Fermé 1er octobre-1er avril, samedi, dimanche

TAVERS - 45 (Loiret) ➜ voir Beaugency

TENCIN

✉ 38570 (Isère) - Carte régionale n° **4**-F2
Carte Michelin 333-I6

La Tour des Sens (Jérémie Izarn)

CUISINE CRÉATIVE · CONTEMPORAIN Sur les hauteurs de Tencin, cette Tour saura combler vos cinq sens ! Jérémie Izarn (vainqueur Top Chef 2017) se fend d'une cuisine créative et inspirée, proche de la nature, qui s'épanouit sous forme de menus (Inspiration, Tour d'Horizon, Diapason, Sensation). Et s'il fait beau, direction la terrasse avec sa vue superbe sur le massif de la Chartreuse...

➜ Cuisine du marché

Menu 40/89 € - Carte 65/78 €

lieu-dit La Tour, 1 km route de Theys - ✆ 04 76 04 79 67 - www.latourdessens.fr - Fermé 12 août-8 septembre, lundi, mardi midi, mercredi midi, dimanche

TENDE

✉ 06430 (Alpes-Maritimes) - Carte régionale n° **24**-D2
Carte Michelin 341-G3 - Guide Vert Michelin Côte d'Azur

à Casterino 15 km au Nord-Ouest par D91 - ✉ 06430

Chamois d'Or

CUISINE RÉGIONALE · RUSTIQUE Installez-vous sous les boiseries de cette belle salle d'esprit rustique, non loin de la cheminée, pour déguster une cuisine régionale, parfois d'inspiration italienne (pâtes maison). On accompagne ces réjouissances d'une belle sélection de vins du Piémont, auxquels le patron voue un véritable culte.

Menu 25/30 € - Carte 32/47 €

✆ 04 93 04 66 66 - www.hotelchamoisdor.net - Fermé 1er-30 avril, 4 novembre-20 décembre

Les Mélèzes

CUISINE RÉGIONALE · AUBERGE Retiré au bout d'une petite route sinueuse - idéal pour aller randonner dans la vallée des Merveilles ! -, on trouve ce chalet au décor montagnard. On vous y sert une bonne cuisine traditionnelle qui tire le meilleur du terroir (orties et champignons ramassés par le chef). Prix doux et accueil sympathique.

Menu 27/40 € - Carte 36/60 €

✆ 04 93 04 95 95 - www.hotelrestaurant-lesmelezes.fr - Fermé 18 novembre-26 décembre, mardi soir, mercredi midi

Chamois d'Or

AUBERGE • MONTAGNARD Cette auberge montagnarde est un bon point de chute pour découvrir la vallée des Merveilles : les amoureux de la nature apprécieront. Les chambres, au décor montagnard, sont impeccablement tenues ; l'accueil est familial et chaleureux.

29 chambres – 90/140 € – 15 €

04 93 04 66 66 – www.hotelchamoisdor.net – Fermé 1er-30 avril, 4 novembre-20 décembre

Chamois d'Or – voir la sélection des restaurants

TERRAUBE

32700 (Gers) – Carte régionale n° **22**-B2
Carte Michelin 336-F6

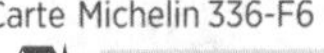

Maison Ardure

MAISON DE CAMPAGNE • PERSONNALISÉ Une superbe demeure gasconne du 17e s. entourée d'un joli parc planté d'arbres fruitiers. Les chambres sont décorées avec goût par la propriétaire, qui allie de beaux matériaux aux pierres apparentes et à la charpente. Jacuzzi, hammam, fitness et massages.

4 chambres – 125/145 € – 1 suite

lieu-dit Ardure, 2 km par D42 rte de Lectoure – 05 62 68 59 56 – www.ardure.fr – Fermé 30 septembre-25 avril

TEYSSODE

81220 (Tarn) – Carte régionale n° **22**-C2
Carte Michelin 338-D9

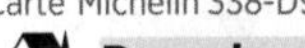

Domaine d'En Naudet

FAMILIAL • À LA CAMPAGNE Perchée sur sa colline, cette propriété de caractère domine la campagne environnante... Les chambres distillent charme champêtre et confort, de nombreuses activités sont proposées pour les enfants, et, au petit-déjeuner, on se régale des œufs de la ferme... Quiétude bucolique et bel accueil en prime !

5 chambres – 99/109 €

route de Pratviel, 3 km par D143 et D43 – 05 63 70 50 59 – www.domainenaudet.com – Fermé 22 décembre-2 janvier

THANN

68800 (Haut-Rhin) – Carte régionale n° **10**-A3
Carte Michelin 315-G10

Le Parc

SPA ET BIEN-ÊTRE • PERSONNALISÉ Dans un parc arboré, une belle maison bourgeoise du 19e s. aux allures de petit palais : salon noble et raffiné ; fresques, statues, lustres italiens ; jolies chambres cossues (toutes différentes) et restaurant classique. Bel espace bien-être.

21 chambres – 69/189 € – 16 €

23 rue Kleber – 03 89 37 37 47 – www.alsacehotel.com

THANNENKIRCH

68590 (Haut-Rhin) – Carte régionale n° **10**-C2
Carte Michelin 315-H7

Le Clos des Sources

TRADITIONNEL • PERSONNALISÉ Dans le village, l'imposante bâtisse abrite des chambres confortables, décorées dans une veine montagnarde modernisée, et a adopté pour le reste un style contemporain du meilleur effet... Sans oublier sa piscine et son espace bien-être et spa de 1000 m^2.

33 chambres – 105/235 € – 15 €

2 route du Haut-Koenigsbourg – 03 89 73 10 01 – www.leclosdessources.com – Fermé 6 janvier-22 mars

 **Auberge La Meunière** 

FAMILIAL • PERSONNALISÉ À quelques encablures de la route des vins, une auberge familiale ravissante, au grand calme dans un petit village. Les jolies chambres offrant de belles échappées sur la campagne ; pour mieux contempler le paysage, préférez celles avec un balcon !

25 chambres - 90/125 €

30 rue Ste-Anne - 03 89 73 10 47 - www.aubergelameuniere.com - Fermé 22 décembre-25 mars

THARON-PLAGE

44730 (Loire-Atlantique) - Carte régionale n° **23**-A2
Carte Michelin 316-C5

 **Le Belem**

CUISINE MODERNE • CONTEMPORAIN XX Une maquette du Belem, célèbre trois-mâts français datant de 1896, attire le regard, dans la salle à manger de cet élégant restaurant situé à deux pas de la mer. On profite de saveurs iodées (lotte rôtie, filets de rougets grillés), dans deux salles lumineuses, décorées dans un esprit marin. Il y a même du gibier en saison - le chef est chasseur.

Menu 25 € (déjeuner), 33/79 € - Carte 47/64 €

56 avenue de la Convention - 02 40 64 90 06 - www.restaurantlebelem.fr - Fermé lundi, mercredi soir, dimanche soir

THENAY

36800 (Indre) - Carte régionale n° **8**-B3
Carte Michelin 323-E7

Auberge de Thenay

CUISINE TRADITIONNELLE • AUBERGE X Une véritable auberge, accueillante et chaleureuse, où l'on se régale notamment de viandes rôties à la broche. Le propriétaire a vécu en Grande-Bretagne et organise des soirées irlandaises et écossaises (jolie carte de whiskys). Les chambres sont agréables et originales : leur thème commande celui... du petit-déjeuner !

Menu 14/42 €

23 rue René-d'Helbingue - 02 54 47 99 00 - www.auberge-de-thenay.fr - Fermé lundi, mardi midi, dimanche soir

THÉOULE-SUR-MER

06590 (Alpes-Maritimes) - Carte régionale n° **25**-E2
Carte Michelin 341-C6 - Guide Vert Michelin Côte d'Azur

à Miramar 5 km par D6098 rte de St-Raphaël - 06590

L'Or Bleu

CUISINE MODERNE • ROMANTIQUE XX Depuis la terrasse, la vue somptueuse sur les roches rouges de l'Esterel et la mer devrait vous occuper quelques instants. Puis, l'assiette arrive : place à une cuisine méridionale légère et bien parfumée, avec quelques touches d'inventivité bien maîtrisées... un équilibre qui ne manque pas de séduire !

Menu 59/75 € - Carte 65/90 €

Tiara Yaktsa, 6 boulevard de l'Esquillon - 04 92 28 60 30 - www.tiara-hotels.com - Fermé 15 octobre-15 avril, lundi midi, mardi midi, mercredi midi, jeudi midi, vendredi midi

Un classement passé en rouge désigne une maison particulièrement charmante : .

Tiara Miramar Beach Hotel & Spa

LUXE · MÉDITERRANÉEN Au cœur du massif de l'Esterel et au creux d'une calanque de roches rouges, les pieds dans l'eau. Depuis les chambres, parées de couleurs chatoyantes et de touches orientales, on distingue la jolie plage privée, en contrebas... La Méditerranée (presque) pour soi seul.

55 chambres - 230/1100 € - 4 suites

47 avenue de Miramar - 04 93 75 05 05 - www.tiara-hotels.com

Tiara Yaktsa

LUXE · PERSONNALISÉ Accrochée à la falaise, cette demeure abrite des chambres élégantes qui marient l'Orient et la Méditerranée. Un cadre sublime avec, notamment, une piscine à débordement bordée de transats et de lits balinais... d'où l'on profite d'une superbe vue sur le massif de l'Esterel.

20 chambres - 250/1100 € - 1 suite

6 boulevard de l'Esquillon - 04 92 28 60 30 - www.tiara-hotels.com - Fermé 15 octobre-15 avril

L'Or Bleu - voir la sélection des restaurants

La sélection des hôtels et des restaurants change tous les ans. Chaque année, changez de guide MICHELIN !

THIERS

63300 (Puy-de-Dôme) - Carte régionale n° **1**-C2

Carte Michelin 326-I7 - Guide Vert Michelin Auvergne

La Table du Clos

CUISINE MODERNE · CONTEMPORAIN Jolie surprise que cette Table du Clos, qui propose une cuisine fine et soignée, réalisée à base de bons produits, toujours en phase avec les saisons : langoustines de nos côtes simplement poêlées, légumes crus et cuits. A déguster, aux beaux jours, sur l'agréable terrasse.

Menu 23 € (déjeuner), 44/68 € - Carte 54/85 €

Le Clos St-Eloi, 49 avenue du Général-de-Gaulle - 04 73 53 80 80 - www.clos-st-eloi.fr

Le Clos St-Eloi

BUSINESS · CONTEMPORAIN Aux portes de la ville, et facilement accessible par l'A89, cet hôtel propose des chambres sobres et actuelles, bien équipées (écrans plats, douches à l'italienne). Un agréable parc ceint l'ensemble : une mise au vert salutaire.

31 chambres - 89/149 € - 14 €

49 avenue du Général-de-Gaulle - 04 73 53 80 80 - www.clos-st-eloi.fr

La Table du Clos - voir la sélection des restaurants

à Pont-de-Dore 6 km au Sud-Ouest par D2089 - 63920

Eliotel

FAMILIAL · FONCTIONNEL Voyez la vie en rose ! À l'image de la façade de cet hôtel-restaurant familial où les chambres sont actuelles et bien tenues. Côté restaurant, le chef mitonne recettes auvergnates et... spécialités bretonnes !

17 chambres - 65/95 € - 10 €

51 route de Maringues - 04 73 80 10 14 - www.eliotel.fr - Fermé 6-14 avril, 3-25 août, 22 décembre-6 janvier

THIONNE

✉ 03220 (Allier) - Carte régionale n° **1**-C1
Carte Michelin 326-I4

La Maison du Lac

MAISON DE CAMPAGNE · FONCTIONNEL Du calme et de la verdure en cette bien nommée Maison du Lac, une jolie bâtisse aux allures de fermette. Chambres sobres, fonctionnelles et lumineuses. Au restaurant, le patron concocte une sympathique cuisine traditionnelle... Agréable terrasse face à l'étang.

8 chambres - 75/85 € - 9 €

Les Clayeux, 4 km au Nord par D161, rte de Chapeau - ✆ 04 70 34 74 23 - www.hotel-maisondulac.com - Fermé 18 octobre-4 novembre, 1er décembre-13 février

THIONVILLE

✉ 57100 (Moselle) - Carte régionale n° **12**-B1
Carte Michelin 307-I2

Aux Poulbots Gourmets

CUISINE CLASSIQUE · ÉLÉGANT XXX On connaissait les poulbots de Montmartre, il faut désormais compter avec ceux de Thionville ! De grandes baies vitrées, des chaises Lloyd Loom et des lustres modernes participent au charme contemporain du lieu, où l'on dîne d'une salade de homard et légumes de saison, ou d'une poêlée de grenouilles...

Menu 50/70 € - Carte 57/82 €

9 place aux Fleurs - ✆ 03 82 88 10 91 - www.poulbotsgourmets.com - Fermé 26 août-15 septembre, lundi, mardi, dimanche soir

Black-White

CUISINE TRADITIONNELLE · CONVIVIAL X Après plusieurs années passées à la tête d'une auberge vosgienne, ce couple mosellan a décidé de revenir au pays. Leur nouvelle adresse propose de bons plats du terroir.

Menu 22 € (déjeuner), 32/42 € - Carte 50/70 €

23 rue du Luxembourg - ✆ 03 82 53 62 96 - black-white-restaurant.fr - Fermé lundi, mercredi soir, dimanche soir

Kyriad Prestige

HÔTEL DE CHAÎNE · FONCTIONNEL En plein centre-ville, un hôtel récent qui propose des chambres contemporaines et fonctionnelles (couettes, grandes douches), ainsi qu'une salle de réunion. Sans oublier un espace bien-être avec une terrasse dédiée !

60 chambres - 99/235 € - 16 €

9 allée Raymond-Poincaré - ✆ 03 82 50 34 67 - www.kyriad-prestige-thionville.com

à Manom 4 km au Nord-Est - ✉ 57100

Les Étangs

CUISINE MODERNE · TENDANCE XX À la sortie de Manom, prenez donc la route de Garche, vous tomberez sur cette bâtisse des années 1970, et sa terrasse au bord de l'eau. La cuisine, soignée et précise, se déguste dans une salle à dîner chic et tendance. De belles viandes maturées font de l'œil aux carnivores, depuis un frigo...

Menu 45/55 € - Carte 55/69 €

route de Garche - ✆ 03 82 53 26 92 - www.restaurantlesetangs.com - Fermé lundi, mardi, dimanche soir

THIRON-GARDAIS

✉ 28480 (Eure-et-Loir) - Carte régionale n° **8**-B1
Carte Michelin 311-C6 - Guide Vert Michelin Normandie Vallée de la Seine

ꕕ Auberge de l'Abbaye

CUISINE MODERNE • AUBERGE X Un doux moment à la campagne... Deux jeunes professionnels ont pris leurs quartiers dans cette jolie maison en pierre, qui jouxte l'abbaye et le collège royal de Thiron-Gardais. Dans l'assiette, plats de saison et recettes revisitées sans esbroufe, avec une bonne maîtrise des cuissons et des saveurs affirmées. Sympathique !

Menu 15 € (déjeuner), 29/36 € - Carte 32/46 €

15 rue du Commerce - ☎ 02 37 37 04 04 - www.aubergedelabbaye.fr - Fermé 24 décembre-9 janvier, lundi soir, mardi, mercredi, dimanche soir

THIZY

✉ 69240 (Rhône) - Carte régionale n° **2**-A1

Carte Michelin 327-E3

La Terrasse

AUBERGE • PERSONNALISÉ Une ancienne usine textile dans un village perché, cela donne parfois un bien agréable hôtel, avec de jolies chambres décorées – et parfumées – sur le thème des plantes aromatiques et ouvertes sur le jardin. Frais, coloré et chaleureux !

10 chambres - ††70 € - ☕ 9 €

Le Bourg Marnand, 2 km au Nord-Est par D94 - ☎ 04 74 64 19 22 - www.laterrasse-marnand.com - Fermé 16 février-4 mars

THOIRAS - 30 (Gard) ➜ voir Anduze

THOIRY

✉ 78770 (Yvelines) - Carte régionale n° **15**-A2

Carte Michelin 311-G2

ÀTable ! Chez Éric Léautey

CUISINE MODERNE • CONVIVIAL XX On se sent bien chez Eric Léautey : le petit porche prépare à la dégustation, on s'aiguise les papilles devant la carte. Les suggestions, volontiers canailles, s'en vont taquiner les saisons et chatouiller le terroir, comme cette côte de veau, tendre et juteuse à souhait. Qu'attendez-vous donc ? À table !

Menu 20 € (déjeuner)/27 € - Carte 60/80 €

28 rue Porte-St-Martin - ☎ 01 34 83 88 73 - www.ericleautey.com - Fermé 1er-14 mars, 13 août-5 septembre, mardi, mercredi

THOIRY

✉ 01710 (Ain) - Carte régionale n° **2**-C1

Carte Michelin 328-I3

Les Cépages

CUISINE CLASSIQUE • ÉLÉGANT XXX Dans cette maison bourgeoise des années 1830, continuité assurée autour d'une cuisine de facture classique, en accord avec des crus choisis – 1 200 références en cave ! Une cuisine généreuse, riche en beaux produits.

Menu 40 € (déjeuner), 89/159 € - Carte 90/120 €

rue Briand-Stresemann - ☎ 04 50 20 83 85 - www.lescepages.com - Fermé lundi, mardi, dimanche soir

LE THOLONET - 13 (Bouches-du-Rhône) ➜ voir Aix-en-Provence

THONON-LES-BAINS

✉ 74200 (Haute-Savoie) - Carte régionale n° **4**-F1

Carte Michelin 328-L2 - Guide Vert Michelin Alpes du Nord

Raphaël Vionnet

CUISINE MODERNE • BRANCHÉ XX À quelques mètres du port de Thonon, ce restaurant moderne offre une belle vue sur le Léman. Raphaël Vionnet, le chef, donne le maximum de lui-même à chaque service. Les produits sont bien mis en valeur.

→ Foie gras et féra fumée. Omble chevalier du lac Léman à la grenobloise. Fruit de saison en coque de sucre soufflé

Menu 33 € (déjeuner), 58/115 € - Carte 79/108 €

43 avenue du Général Leclerc - ✆ 04 50 72 24 61 - www.raphaelvionnet.fr - Fermé 1er-31 janvier, 11-28 novembre, lundi, mardi

Savoie Léman

CUISINE CLASSIQUE • ÉLÉGANT XX Une agréable cuisine traditionnelle à déguster dans un cadre cossu, celui de l'École hôtelière de Thonon, centenaire.

Menu 22 € (déjeuner), 28/48 €

40 boulevard Carnot - ✆ 04 50 81 13 50 - www.ecole-hoteliere-thonon.com/hotel-restaurants - Fermé 16 février-4 mars, 13-29 avril, 6 juillet-2 septembre, 21 décembre-6 janvier, samedi, dimanche

Arc en Ciel

TRADITIONNEL • CONTEMPORAIN Près du centre-ville, cet établissement propose des chambres fonctionnelles, spacieuses et bien équipées (kitchenette pour certaines) ; toutes disposent d'un balcon ou d'une terrasse. Pour l'agrément, il y a même une petite piscine dans le jardinet.

37 chambres - 79/110 € - ☕ 10 €

18 place de Crête - ✆ 04 50 71 90 63 - www.hotelarcencielthonon.com - Fermé 20 décembre-13 janvier

Savoie Léman

TRADITIONNEL • CONTEMPORAIN Cet hôtel d'application de l'École hôtelière de Thonon a beau être né en 1935, il n'a pas pris une ride. Les chambres y sont spacieuses, confortables et bien équipées ; préférez celles côté Léman. À conseiller aux amateurs d'institutions locales ! Accueil fort sympathique.

29 chambres - 110/120 € - 2 suites - ☕ 9 €

40 boulevard Carnot - ✆ 04 50 81 13 50 - www.ecole-hoteliere-thonon.com/hotel-restaurants - Fermé 16 février-4 mars, 13-29 avril, 6 juillet-2 septembre, 21 décembre-6 janvier

Savoie Léman - voir la sélection des restaurants

à Anthy-sur-Léman 6 km au Sud-Ouest par D33 - ✉ 74200

L'Auberge d'Anthy

CUISINE TRADITIONNELLE • AUBERGE X Ce petit hôtel-restaurant-café traditionnel mise tout sur des joies simples ! L'adresse est idéale pour apprécier le poisson du lac Léman (féra et omble), fourni par des pêcheurs locaux. Et le chef aime aussi mettre en valeur les charcuteries et fromages du terroir chablaisien.

Menu 25/46 € - Carte 30/60 €

2 rue des Ecoles - ✆ 04 50 70 35 00 - www.auberge-anthy.com - Fermé 15-24 avril, lundi, dimanche soir

au Port-de-Séchex 7 km au Sud-Ouest - ✉ 74200

Le Clos du Lac

CUISINE MODERNE • TRADITIONNEL XX Dans cette vieille ferme restaurée, on a certes conservé les mangeoires en pierre, mais tout est feutré et élégant. Le chef réalise une cuisine soignée et bien sentie, mettant en avant ses trouvailles du marché et les beaux produits régionaux. Quant aux chambres, colorées et contemporaines, elles sont bien agréables.

Menu 35/55 € - Carte 50/70 €

2 route des Meules - ✆ 04 50 72 48 81 - www.restaurant-leclosdulac.com - Fermé 2-17 janvier, 24 juin-5 juillet, 14-24 octobre, lundi, mardi, dimanche soir

Le Jolla

CUISINE TRADITIONNELLE • SIMPLE X Les yeux dans le Léman ! Face au lac, dans la petite salle ou sur la vaste terrasse surmontée d'une pergola, cette belle adresse propose une cuisine généreuse et goûteuse, autour des produits du lac, dont les fameuses féras...

Menu 35/43 € - Carte 43/62 €

Port de Sechex (Au port) - ✆ 04 50 72 63 06 - www.lejolla.com - Fermé 15 octobre-15 avril, mardi

LE THOR

✉ 84250 (Vaucluse) - Carte régionale n° **25**-E1
Carte Michelin 332-C10 - Guide Vert Michelin Provence

La Bastide Rose

FAMILIAL • PERSONNALISÉ Non loin d'Avignon, cette belle bastide est un vrai lieu culturel - musée à la mémoire du journaliste Pierre Salinger, expos - avec le charme d'une maison de famille : élégance, confort, vue sur le parc. Bien davantage qu'un simple hôtel !

3 chambres - 160/220 € - 2 suites - 17 €

99 chemin des Croupières - ✆ 04 90 02 14 33 - www.bastiderose.com - Fermé 7 janvier-29 mars

THORIGNÉ-SUR-DUÉ

✉ 72160 (Sarthe) - Carte régionale n° **23**-D1
Carte Michelin 310-M6

Le Saint-Jacques

CUISINE MODERNE • TRADITIONNEL XX Un jeune couple est aux commandes de cette maison où la décoration plutôt traditionnelle est rehaussée de touches actuelles. Le chef est passionné et cela se sent ! Sa cuisine, rythmée par les saisons, privilégie les produits du terroir local.

Menu 32/60 €

place du Monument - ✆ 02 43 89 95 50 - www.hotel-sarthe.fr - Fermé 11-19 août, 21 octobre-4 novembre, lundi, mardi midi, dimanche soir

Le Saint-Jacques

AUBERGE • FONCTIONNEL À l'entrée du village, cet hôtel-restaurant dispose de chambres simples et bien tenues ; le grand jardin à l'arrière est agréable. Une sympathique petite étape !

15 chambres - 68/110 € - 10 €

place du Monument - ✆ 02 43 89 95 50 - www.hotel-sarthe.fr - Fermé 11-25 août, 21 octobre-4 novembre

Le Saint-Jacques - voir la sélection des restaurants

LE THOU

✉ 17290 (Charente-Maritime) - Carte régionale n° **20**-B2
Carte Michelin 324-E3

L'Instant Z

CUISINE MODERNE · CONVIVIAL X L'Instant Z, comme... Zanchetta, le patronyme du chef. Avec le meilleur du marché et des petits producteurs bio du coin, il mitonne des assiettes aux influences métissées, avec ce qu'il faut de raffinement dans la présentation. Même le pain, au levain naturel, est fait maison ! Le décor est chaleureux et convivial, le service sympathique : un vrai plaisir.

Menu 20/60 €

1 bis rue du Château-de-Cigogne - ✆ 05 46 68 58 87 - www.restaurant-linstantz.com - Fermé mardi soir, mercredi, dimanche soir

THOUARS

✉ 79100 (Deux-Sèvres) - Carte régionale n° **20**-B1
Carte Michelin 322-E3 - Guide Vert Michelin Poitou-Charentes

à Ste-Verge 4 km au Nord - ✉ 79100

Le Logis de Pompois

CUISINE TRADITIONNELLE · CLASSIQUE XXX Prenant ses aises dans l'ancien chai d'un élégant domaine viticole des 18e-19e s., le restaurant est associé à un centre d'aide par le travail. On joint donc l'utile à l'agréable en dégustant une cuisine d'aujourd'hui, accompagnée d'un beau choix de vins du Val de Loire.

Menu 30/50 € - Carte 36/50 €

13 rue de la Gosselinière - ✆ 05 49 96 27 84 - www.logis-de-pompois.com - Fermé lundi, mardi

à St-Jean-de-Thouars 3 km au Sud par D938 - ✉ 79100

Hôtellerie St-Jean

CUISINE CLASSIQUE · CONVIVIAL XX Cette bâtisse des années 1970 cache une table très gourmande : le mérite en revient au chef, homme passionné, soucieux de dénicher les meilleurs produits et de les cuisiner avec soin. Son père cultive un grand potager dans les environs et lui fournit fruits et légumes. Excellent rapport tradition-prix ! Une adresse comme on les aime.

Menu 20 € - Carte 30/53 €

25 route de Parthenay - ✆ 05 49 96 12 60 - www.hotellerie-st-jean.com - Fermé 16-24 février, 6-12 mai, 5-18 août, lundi, dimanche soir

THUIR

✉ 66300 (Pyrénées-Orientales) - Carte régionale n° **21**-B3
Carte Michelin 344-H7

Arbequina

CUISINE MODERNE · RUSTIQUE X La cuisine du chef, méditerranéenne, parfumée et savoureuse, démontre son talent pour mettre en valeur le produit. Au hasard de la carte, on opte pour un pavé de morue fraiche, céleri et pommes de terre façon risotto ... D'un bout à l'autre, un vrai régal !

Menu 18 € (déjeuner)/32 € - Carte 38/45 €

21 rue de la République - ✆ 04 68 34 46 64 - www.arbequina-restaurant.com - Fermé 10-24 juin, 24 décembre-21 janvier, lundi, mardi

Le Patio Catalan

CUISINE TRADITIONNELLE • RUSTIQUE XX De la tradition, de la simplicité, des produits bien choisis : voilà la recette du chef. Les habitués ont investi ce charmant restaurant rustique (juste en face des caves Byrrh et leurs énormes cuves) et ne le quittent plus !

Menu 18 € (déjeuner), 28/48 € - Carte 25/56 €

4 place du Général-de-Gaulle - ✆ 04 68 53 57 28 -
http://restaurant-patio-catalan.fr/ -
Fermé 23 août-7 septembre, 23 décembre-5 janvier, mercredi, jeudi

THURY

✉ 21340 (Côte-d'Or) - Carte régionale n° **5**-C2
Carte Michelin 320-H7

Manoir Bonpassage

FAMILIAL • À LA CAMPAGNE Une ancienne ferme avicole en pleine campagne tenue par un couple hollandais très accueillant. De vrais airs de maison d'hôtes (dîner sans chichis pour les résidents), une jolie piscine et des chambres d'une tenue parfaite... Sympathique !

8 chambres - 63/93 € - 10 €

5 rue du Moulin, 1 km au Sud par D36 et rte secondaire - ✆ 03 80 20 26 16 -
www.bonpassage.com -
Fermé 1er novembre-31 mars

TIGNES

✉ 73320 (Savoie) - Carte régionale n° **2**-D2
Carte Michelin 333-O5 - Guide Vert Michelin Alpes du Nord

Les Suites du Montana

LUXE • ÉLÉGANT Sur les hauteurs de la station, ce "hameau" de cinq chalets allie tranquillité et proximité des pistes du fameux Espace Killy. De grandes suites - de style savoyard, tyrolien ou provençal - vous y attendent, avec balcon et même sauna ou jacuzzi ! Le plus bel hôtel de Tignes.

27 suites - 430/700 € - 1 chambre

Les Almes - ✆ 04 79 40 01 44 -
www.village-montana.com -
Fermé 15 avril-15 décembre

Les Campanules

FAMILIAL • CLASSIQUE Ce beau chalet est tenu par une famille aux petits soins... On propose des chambres douillettes et très confortables, ainsi que de superbes suites (dont certaines en duplex). Le must : se baigner dans la piscine extérieure - chauffée à 32° C - en regardant les pistes !

25 chambres - 190/430 € - 14 suites

Le Rosset - ✆ 04 79 06 34 36 -
www.campanules.com -
Fermé 1er juin-6 juillet, 19 août-30 novembre

Le Taos

LUXE • ÉPURÉ Sur les hauteurs de Tignes, cet hôtel à la façade de bois clair et de pierres propose des chambres et appartements dans un style montagnard (table basse en tronc, peau de vache au sol...) - et quelle vue ! Espace bien-être, accès direct aux pistes. Possibilité de restauration sur place.

52 chambres - 130/445 € - 22 €

route du Rosset - ✆ 04 79 06 27 81 -
www.hotel-le-taos.com - Fermé 1er mai-1er juillet, 1er septembre-1er décembre

au Val Claret 2 km au Sud-Ouest – ✉ 73320

Ursus (Clément Bouvier)

CUISINE CRÉATIVE • CHIC XXX Troncs d'arbre, plafond déguisé en forêt, magnifiques tables en noyer, éclairage intimiste... un écrin de choix pour la cuisine créative de Clément Bouvier, fils de la maison, revenu après un périple dans la capitale. Produits du terroir, respect des saisons, et chariot de fromages tout Savoie, assorti d'une belle carte de vins.

→ Polenta crémeuse, beaufort d'alpage et crémeux aux cèpes. Truite de Savoie à la reine-des-prés. Soupe soufflée au chocolat

Menu 88/108 € – Carte 80/130 €

Maison Bouvier - Les Suites, rue du Val-Claret – ✆ 04 79 01 11 43 – www.maison-bouvier.com – Fermé 1er mai-29 juin, 24 août-23 novembre, lundi midi, mardi midi, mercredi midi, jeudi midi, vendredi midi, samedi midi, dimanche

La Table de Jeanne (N)

CUISINE RÉGIONALE • MONTAGNARD XX Cette agréable table montagnarde imaginée par la famille Bouvier (Les Suites, Ursus, Panoramic) propose une cuisine généreuse, mettant en valeur les produits du terroir, le tout dans une ambiance chaleureuse. Jolis vins et prix raisonnables.

Menu 39/70 €

14 avenue de la Grande-Motte – ✆ 04 79 06 99 90 – www.maison-bouvier.com – Fermé 1er mai-29 juin, 24 août-1er octobre, lundi midi, mardi midi, mercredi midi, jeudi midi, vendredi midi

Le Panoramic

CUISINE TRADITIONNELLE • COSY X On accède en funiculaire à ce restaurant d'altitude qui tutoie le ciel (3032 m !), pour un bol d'air et de gourmandise. Dans un intérieur douillet, tout de bois vêtu, une équipe en costume traditionnel nous sert une authentique cuisine au feu de bois, typique du terroir savoyard. Dépaysement garanti.

Carte 50/110 €

glacier de la Grande Motte (accès piéton par le funiculaire de Tignes-Val-Claret) – ✆ 04 79 06 47 21 – www.jeanmichelbouvier.com – Fermé lundi soir, mardi soir, mercredi soir, jeudi soir, vendredi soir, samedi soir, dimanche soir

Maison Bouvier - Les Suites

LUXE • CONTEMPORAIN Original, cet hôtel donne à voir l'univers montagnard dans le plus pur style contemporain : tronçons de bois massif, blocs de pierre, béton, tons sombres, etc. Le luxe à l'état brut, pour amateurs avertis : chambres et suites de 25 à 75m 2, bar élégant, spa... et même un salon de coiffure !

24 chambres – 250/1340 €

rue du Val-Claret – ✆ 04 79 41 68 30 – www.maison-bouvier.com – Fermé 1er mai-29 juin, 31 août-28 septembre

Ursus – voir la sélection des restaurants

TILQUES – 62 (Pas-de-Calais) → voir St-Omer

TOMINO – 2B (Haute-Corse) → voir Corse

TOUL

✉ 54200 (Meurthe-et-Moselle) – Carte régionale n° **12**-B2
Carte Michelin 307-G6

Brasserie K

CUISINE TRADITIONNELLE • TENDANCE XX Dans l'enceinte de l'ancienne usine Kléber, une brasserie au cadre contemporain : banquettes en velours, espace lounge-bar... Dans l'assiette, escargots au chablis, sole meunière et tartare au couteau sont les classiques de la maison.

Menu 20 € – Carte 30/45 €

route de Pont-à-Mousson (ZI Croix de Metz), rte de Pont-à-Mousson-2 km au Nord – ✆ 03 83 62 46 95 – Fermé lundi soir, mardi soir, mercredi soir, samedi midi, dimanche soir

Le Commerce

CUISINE TRADITIONNELLE • BRASSERIE X Juste devant la place de la République, cette brasserie née en 1895 a su conserver son esprit Belle Époque : superbes faïences murales, jolies banquettes en velours et... cuisine de brasserie : tête de veau sauce ravigote et canard de la Meuse, préparé selon l'humeur du chef !

Menu 21 € (déjeuner) - Carte 22/45 €

10 place de la République - 03 83 43 00 41 - www.restaurant-lecommerce.fr - Fermé lundi, dimanche

à Lucey 5 km au Nord-Ouest par D908 - 54200

Auberge du Pressoir

CUISINE MODERNE • TENDANCE XX L'ancienne gare du village est devenue un restaurant simple et moderne, bien en phase avec la cuisine du chef. Les menus ("Vigneron", "Pressoir", "Terminus") déclinent une cuisine résolument actuelle. En été, on se presse en terrasse pour profiter du soleil !

Menu 19 € (déjeuner), 26/60 € - Carte 39/59 €

7 rue des Pachenottes - 03 83 63 81 91 - www.aubergedupressoir.com - Fermé 17-23 février, 19 août-8 septembre, lundi, mardi soir, mercredi soir, dimanche soir

TOULON

83000 (Var) - Carte régionale n° **24**-C3

Carte Michelin 340-K7 - Guide Vert Michelin Côte d'Azur

Carré 2 Vigne

CUISINE MODERNE • CONVIVIAL X L'adresse passe presque inaperçue dans la vieille ville, mais une fois la porte franchie, on est conquis par son esprit accueillant... Le chef aime cuisiner les tomates de plein champ, et les champignons, qu'il s'en va cueillir à l'automne. Tout est fait sur place, glace et pain compris. Courez-y !

Menu 29/49 € - Carte 40/49 €

Plan : F2-x - *14 rue de Pomet - 04 94 92 98 21 - www.carre2vigne.com - Fermé lundi, dimanche*

Le Local N

CUISINE MODERNE • BISTRO X Voilà une adresse, discrète et savoureuse, telle qu'on les aime. Aux commandes, un jeune couple élabore une partition authentique, autour d'un menu ultra court, faisant la part belle aux produits locaux - ainsi le gaspacho de courgettes jaunes, mozzarella di bufala et chorizo bellota. Service des plus bienveillants.

Menu 31 €

Plan : B2-b - *455 Littoral Frédéric-Mistral - 04 94 20 61 32 - www.restaurant-lelocal.fr - Fermé lundi, mardi midi, dimanche soir*

Au Sourd

POISSONS ET FRUITS DE MER • TENDANCE XX Une véritable institution toulonnaise, créée par un artilleur de Napoléon III, rendu sourd au combat ! Mais pas question de rester sourd aux arguments du chef : sa cuisine attire des bancs entiers d'amateurs de poisson (bouillabaisse et bourride sur commande) dans une atmophère chic et contemporaine...

Menu 28 € (déjeuner)/37 € - Carte 38/100 €

Plan : F2-w - *10 rue Molière - 04 94 92 28 52 - www.ausourd.com - Fermé lundi, dimanche*

La sélection des hôtels et des restaurants change tous les ans.
Chaque année, changez de guide MICHELIN !

L'Arganier

CUISINE MAROCAINE • ORIENTAL Latifa, autodidacte originaire d'Agadir, cuisine avec passion et générosité des ingrédients de qualité. Légumes croquants, viandes moelleuses : un restaurant oriental dans les règles de l'art. Couscous, tajine, avec une mention spéciale à la superbe crème brûlée à la fleur d'oranger. Le Maroc, à l'ombre de l'Opéra de la ville : qui dit mieux ?

Carte 29/65 €

Plan : F2-a – *1 rue Corneille – 04 83 57 41 97 – www.larganier-toulon.com – Fermé 14 juillet-21 août, 23 décembre-2 janvier, lundi, dimanche*

au Cap Brun – 83000

Les Pins Penchés

CUISINE TRADITIONNELLE • MÉDITERRANÉEN Un must : la terrasse en balcon au-dessus de la mer et du cap Brun. Palmiers, mimosas, agrumes ou eucalyptus se découvent en arpentant le jardin enchanteur. Ce n'est pas le moindre attrait de cette élégante villa du 19e s., parfaite pour un repas gastronomique et très romantique.

Menu 68/78 €

Plan : C2-a – *3182 avenue de la Résistance – 04 94 27 98 98 – www.lespinspenches.com – Fermé lundi, mardi midi, dimanche soir*

au Mourillon – 83000

Tables et Comptoir

CUISINE MODERNE • BISTRO Une salle plutôt rétro, des banquettes, des miroirs... Aucun doute : voilà un bistrot ! Le chef, originaire de Roanne, est un passionné et a déjà une longue expérience derrière lui ; il compose une bonne cuisine du marché où la fraîcheur des produits est le critère n° 1.

Menu 20 € (déjeuner)/42 € – Carte 39/65 €

Plan : B2-t – *3 boulevard Eugène-Pelletan – 04 94 10 83 29 – Fermé lundi, samedi midi, dimanche*

La Corniche

FAMILIAL • CONTEMPORAIN Près du port St-Louis et des plages du Mourillon, au départ de la route de la Corniche qui domine la baie, un hôtel toujours en ville mais déjà à la mer... La plupart des chambres, élégantes et confortables, ouvrent sur la Méditerranée. Le tout fort bien tenu : on sent que la famille propriétaire s'investit beaucoup !

27 chambres – 100/300 € – 3 suites – 18 €

Plan : B2-a – *17 littoral Frédéric-Mistral – 04 94 41 35 12 – www.hotel-corniche.com*

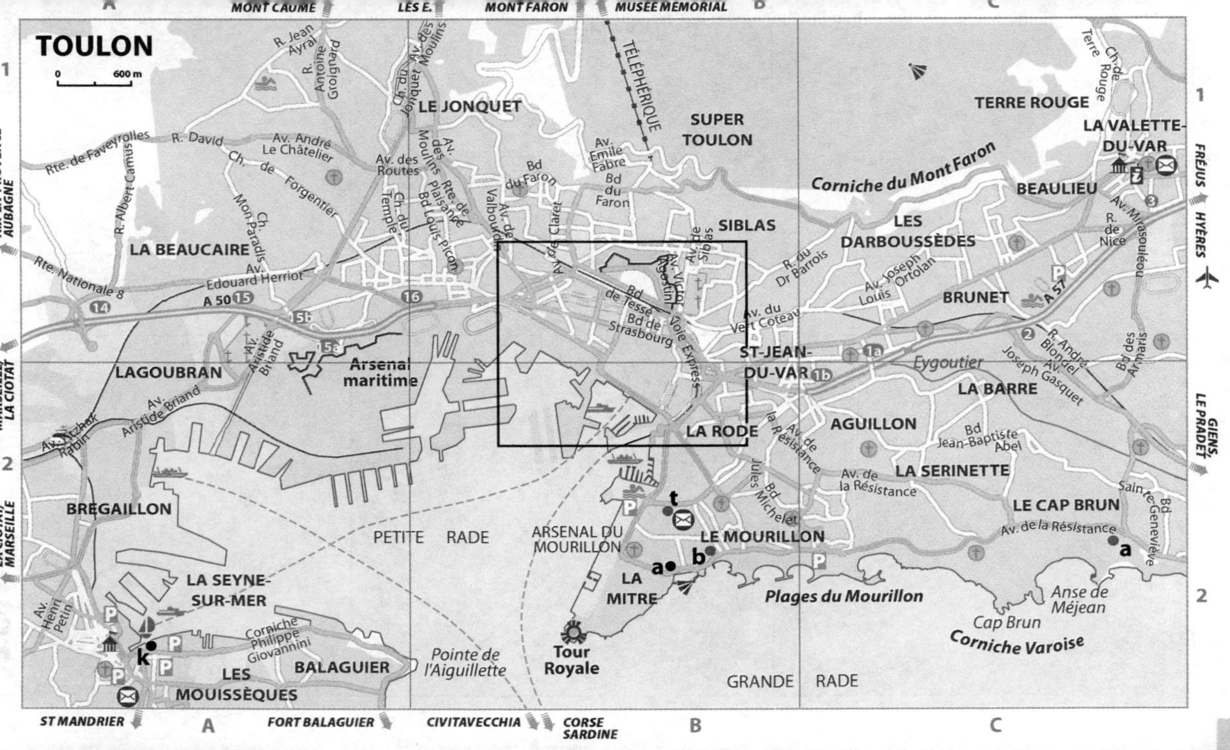
TOULON
0
600 m
MONT CAUME
LES E.
MONT FARON
MUSÉE MEMORIAL
AIX-EN-PROVENCE AUBAGNE
MARSEILLE, LA CIOTAT
LA CIOTAT, MARSEILLE
FRÉJUS
HYÈRES
GIENS, LE PRADET
ST MANDRIER
FORT BALAGUIER
CIVITAVECCHIA
CORSE SARDINE
A
B
C
1
2
LE JONQUET
SUPER TOULON
TÉLÉPHÉRIQUE
TERRE ROUGE
LA VALETTE-DU-VAR
BEAULIEU
Corniche du Mont Faron
SIBLAS
LES DARBOUSSÈDES
BRUNET
LA BEAUCAIRE
LAGOUBRAN
Arsenal maritime
ST-JEAN-DU-VAR
Eygoutier
LA BARRE
LA RODE
AGUILLON
LA SERINETTE
LE CAP BRUN
BREGAILLON
PETITE RADE
ARSENAL DU MOURILLON
LE MOURILLON
LA MITRE
LA SEYNE-SUR-MER
Plages du Mourillon
Anse de Méjean
Cap Brun
Corniche Varoise
Pointe de l'Aiguillette
Tour Royale
LES MOUISSÈQUES
BALAGUIER
GRANDE RADE
R. Jean Ayral
R. Antoine Groignard
Ch. du Jonquet
Av. des Moulins
Rte. de Faveyrolles
R. David
Av. André Le Châtelier
Ch. de Forgentier
Av. des Routes
Av. des Moulins
Rte. de Plaisance
Bd Louis Picon
Ch. du Temple
Ch. Mon Paradis
R. Albert Camus
Rte. Nationale 8
Av. Edouard Herriot
A 50
Av. Aristide Briand
Av. Itzhak Rabin
Av. de Valbourdin
Bd du Faron
Av. Emile Fabre
Av. de Claret
Av. de Siblas
Av. Victor Agostini
Bd de Tessé
Bd de Strasbourg
Voie Express
Av. du Vert Coteau
R. du Dr Barrois
Av. Joseph Ortolan
Av. Louis
A 57
R. de Nice
Av. Mirasouléou
Ch. de Terre Rouge
R. André Blondel
Av. Joseph Gasquet
Bd des Armaris
Av. de la Résistance
Bd Jean-Baptiste Abel
Bd Jules Michelet
Bd Sainte-Geneviève
Av. Henri Petin
Corniche Philippe Giovannini
a
b
t
k

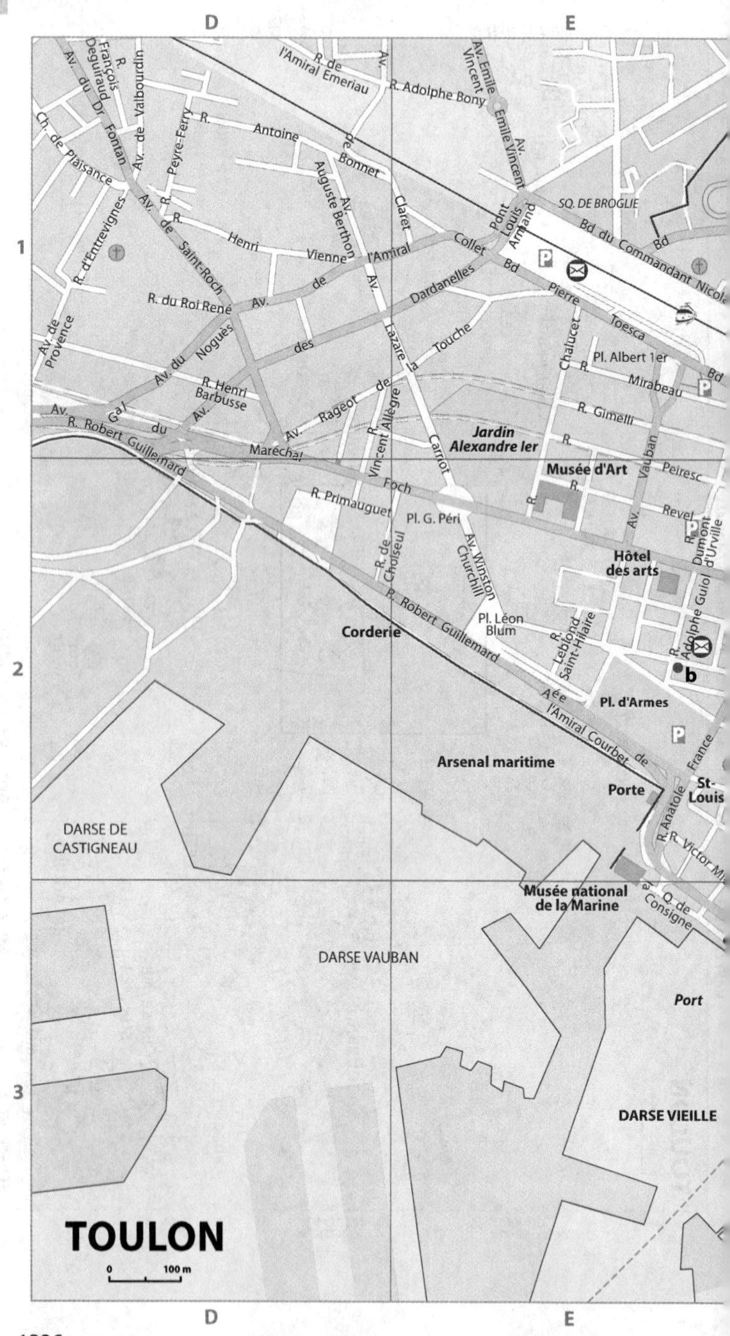

D
E
1
2
3
TOULON
0
100 m
Jardin Alexandre Ier
Musée d'Art
Hôtel des arts
Corderie
Arsenal maritime
Porte
St-Louis
Pl. d'Armes
Musée national de la Marine
DARSE DE CASTIGNEAU
DARSE VAUBAN
DARSE VIEILLE
Port
SQ. DE BROGLIE
Bd du Commandant Nicolas
Bd Pierre Toesca
Pl. Albert 1er
R. Mirabeau
R. Gimelli
R. Peiresc
R. Revel
Pl. G. Péri
R. Primauguet
Av. Winston Churchill
Pl. Léon Blum
R. Robert Guillemard
Av. Gal du Maréchal Foch
Av. de l'Amiral Collet
Av. des Dardanelles
Av. Lazare Carnot
Av. Vincent Allègre
R. de Choiseul
R. Henri Barbusse
R. du Roi René
Av. de Saint-Roch
Av. du Dr Fontan
Av. de Valbourdin
R. François Deguiraud
Ch. de Plaisance
R. d'Entrevignes
Av. de Provence
Av. du Nogues
R. Peyre-Ferry
R. Antoine de Bonnet
Av. Auguste Berthon
R. Henri Vienne
R. Claret
R. de l'Amiral Emeriau
R. Adolphe Bony
Av. Emile Vincent
Pont Louis Armand
R. Chalucet
Av. Vauban
R. Dumont d'Urville
R. Adolphe Guiol
R. Lebiond Saint-Hilaire
Aée de l'Amiral Courbet
R. Anatole France
R. Victor Mi
Q. de Consigne
Av. Rageot de la Touche
b

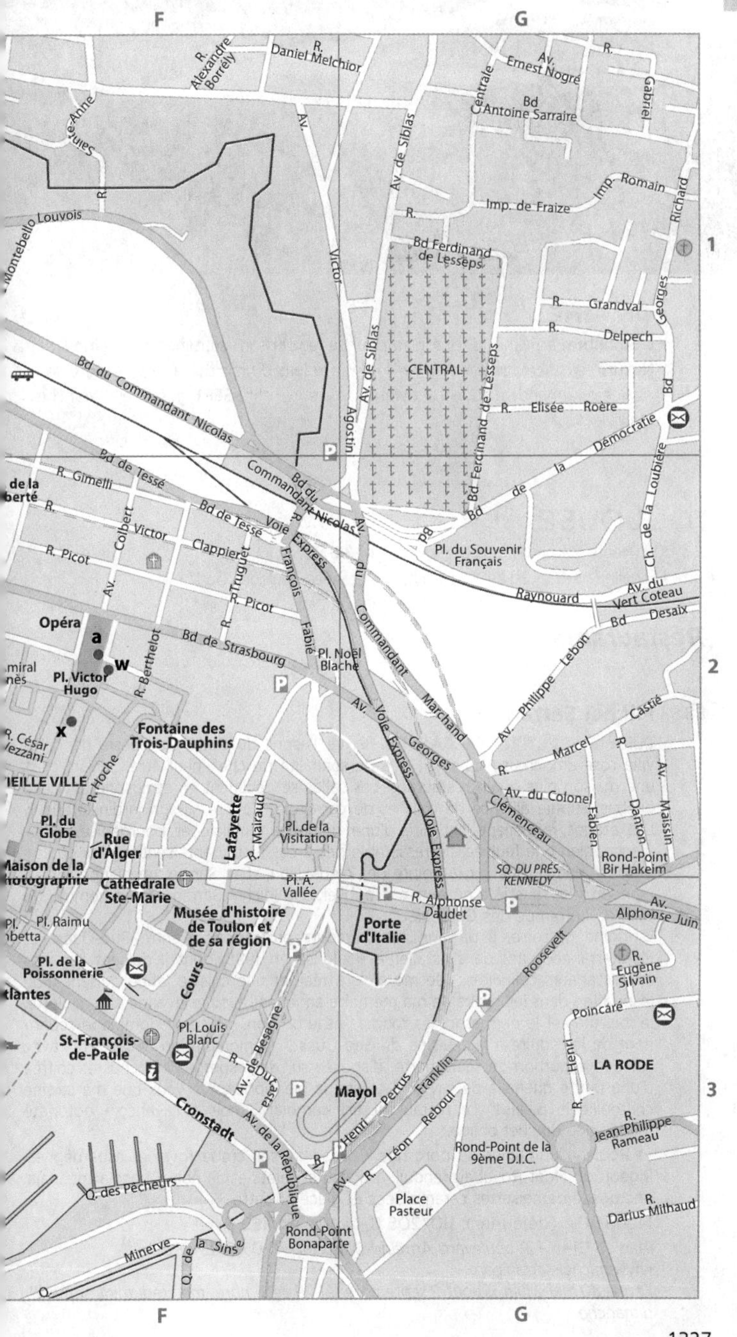
F
G
1
2
3
Opéra
Pl. Victor Hugo
Fontaine des Trois-Dauphins
Pl. du Globe
Rue d'Alger
Cathédrale Ste-Marie
Musée d'histoire de Toulon et de sa région
Pl. de la Poissonnerie
St-François-de-Paule
Pl. Louis Blanc
Lafayette
Cours
Pl. de la Visitation
Pl. A. Vallée
Porte d'Italie
Mayol
Pl. Noël Blache
Pl. du Souvenir Français
CENTRAL
SQ. DU PRÉS. KENNEDY
Rond-Point Bir Hakeim
LA RODE
Rond-Point de la 9ème D.I.C.
Place Pasteur
Rond-Point Bonaparte
Bd du Commandant Nicolas
Bd de Tessé
Bd de Strasbourg
R. Gimelli
R. Picot
Voie Express
Av. du Commandant Marchand
Av. Georges Clémenceau
Av. Alphonse Juin
R. Alphonse Daudet
Av. de la République
Cronstadt
Q. des Pêcheurs
Av. de Sibilas
Av. Victor Agostin
Bd Ferdinand de Lesseps
Bd de la Démocratie
R. Grandval
R. Delpech
R. Elisée Roère
Imp. de Fraize
Imp. Romain
Bd Antoine Sarraire
Av. Ernest Nogré
R. Daniel Melchior
R. Alexandre Borrély
Montebello Louvois
Av. Philippe Lebon
Bd Desaix
Av. du Vert Coteau
Raynouard
Av. du Colonel Fabien
R. Marcel Castié
R. Danton
Av. Maissin
Roosevelt
R. Eugène Silvain
Poincaré
R. Henri
R. Jean-Philippe Rameau
R. Darius Milhaud
R. Henri Pertus
Franklin
R. Léon Reboul
R. Mairaud
R. Truguet
R. Berthelot
R. Hoche
Av. Colbert
Victor Clappier
François Fabié
Minerve
la Sinse
Q. de

B. Boensch/imageBROKER/

ON AIME...

L'Équilibre, à Balma, LE bon plan pour se régaler sans se ruiner. **En Pleine Nature**, et sa créativité branchée sur les produits du marché. **Genty Magre**, cuisine gourmande à souhait et vrai coup cœur. Enfin, **SEPT**, ses saveurs franches et ciselées.

TOULOUSE

✉ 31000 (Haute-Garonne) - Carte régionale n° **22**-B2

Carte Michelin 343-G3 - Guide Vert Michelin Pyrénées Toulouse Gers

Restaurants

✿✿ Michel Sarran

CUISINE CRÉATIVE • ÉLÉGANT XXX Est-ce l'esprit du Sud ? La poésie de cette ville rose amoureuse du soleil ? La personnalité du chef, peut-être. Sarran, c'est une maison plus qu'un restaurant. Les salles se déclinent en atmosphères : celle du bas, subtile alliance de bois et de carrelage, s'ouvre sur un jardin intérieur. Les étages rappellent l'intimité d'une demeure familiale et bourgeoise. L'ambiance, bien que feutrée, ne ressemble pas à ces restaurants sentencieux où l'on propose une cuisine sur la pointe des pieds. Non, chez Sarran, on mange certes, mais on y vit aussi ! Il ne faut pas oublier que Michel Sarran est un homme du Sud, de la trempe des Gascons.

D'origine gersoise, il partage son parcours professionnel entre Sud-Ouest et Méditerranée avant de s'installer à Toulouse en 1995, dont il devient l'un des ambassadeurs culinaires : "Je me plais à réaliser une cuisine latine puisant mon inspiration dans les tiroirs de ma mémoire en jouant avec la lavande et la violette, le foie gras et le parmesan, les rougets et le potiron..." Il serait dommage cependant de le réduire à la "cuisine du Sud-Ouest." Démonstration "à la carte" avec cette jolie portion de saint-pierre, disposée sur des asperges blanches et coiffée d'une petite quenelle de caviar d'Aquitaine bien iodée. "Je veux que ma cuisine chatouille le palais !" Le restaurant est complet 3 mois à l'avance - notoriété médiatique du chef oblige.

→ Rouleau printanier de porc noir Gascon au sel, crabe royal et espardègnes. Pigeon du Mont Royal au fenouil, artichauts violets et ail noir. Chocolat guanaja, onctuosité de noisettes caramélisées et glace noisette

Menu 60 € (déjeuner), 110/205 € - Carte 114/163 €

Plan : 3 E1-m - *21 boulevard Armand-Duportal - ✆ 05 61 12 32 32 - www.michel-sarran.com -*
Fermé 30 mai-2 juin, 3 août-2 septembre, 21-29 décembre, mercredi midi, samedi, dimanche

✿ Le Cénacle

CUISINE MODERNE • ÉLÉGANT XXX L'atmosphère feutrée – superbe cheminée, reproduction d'une toile du Caravage – invite à s'attarder dans ce Cénacle... Une intuition confirmée par la cuisine réjouissante, entre classicisme, tradition régionale et touches plus contemporaines. Menu déjeuner à prix imbattable.

➔ Foie gras de canard et bœuf gascon, mini-légumes et bouillon gingembre-citronnelle. Pithiviers de pigeon du Quercy et foie gras, mesclun champêtre et chutney de truffe, jus de pigeon. Le chocolat au lait, fenouil confit, espuma au Cachou Lajaunie et glace au lait

Menu 39 € (déjeuner), 69/135 € – Carte 90/120 €

Plan : 4 G2-h – *La Cour des Consuls Hôtel & Spa, 46 rue des Couteliers – ✆ 05 67 16 19 99 – www.lacourdesconsuls.com – Fermé samedi midi, dimanche*

✿ Stéphane Tournié - Les Jardins de l'Opéra

CUISINE MODERNE • ÉLÉGANT XXX Stéphane Tournié va à l'essentiel et le fait bien : de beaux produits (bio de préférence), des cuissons maîtrisées, de la finesse et du goût... À deux pas de la place du Capitole – dans une belle cour intérieure coiffée d'une verrière –, sa table est une valeur sûre.

➔ Foie gras de canard poché aux huîtres, bouillon onctueux à la citronnelle et au gingembre. Cœur de ris de veau, sauce blanquette au citron et langoustine rôtie. La "brique toulousaine"

Menu 32 € (déjeuner), 65/109 € – Carte 97/100 €

Plan : 4 G2-q – *1 place du Capitole – ✆ 05 61 23 07 76 – www.lesjardinsdelopera.fr – Fermé 1er-7 janvier, lundi, dimanche*

✿ Py-r (Pierre Lambinon)

CUISINE MODERNE • DESIGN XX Dans une ruelle du vieux Toulouse, un superbe restaurant contemporain dans lequel le blanc domine... Aux fourneaux, le jeune chef Pierre Lambinon réalise une cuisine du marché inventive, savamment composée. Ici, on a le culte des saisons et de l'improvisation : c'est l'anti-routine !

➔ Cuisine du marché

Menu 58/78 €

Plan : 4 G2-f – *19 descente de la Halle-aux-Poissons – ✆ 05 61 25 51 52 – www.py-r.com – Fermé 3-25 août, lundi midi, samedi, dimanche*

✿ SEPT (Guillaume Momboisse)

CUISINE MODERNE • COSY XX Une belle maison toulousaine, colorée et chaleureuse, dont la terrasse donne sur la basilique chère à Nougaro. Féru de produits asiatiques et d'agrumes, Guillaume Momboisse compose ici une cuisine précise et inspirée, goûteuse et visuellement très aboutie.

➔ Cuisine du marché

Menu 32 € (déjeuner), 78/108 €

Plan : 4 G1-v – *7 place St-Sernin – ✆ 05 62 30 05 30 – www.restaurant-sept.fr – Fermé lundi, samedi midi, dimanche*

Monsieur

CUISINE MODERNE • DESIGN X Cadre contemporain et cuisine du marché pour cette adresse tendance, qui mise sur une carte changeante toujours maîtrisée : tartare de veau, coques et couteaux ; lotte, ragoût de chou et miso... Et un excellent baba au rhum présenté en trois étages ! Quelques tables sur la petite mezzanine.

Menu 21 € (déjeuner)/33 €

Plan : 4 G2-n – *40 rue des Filatiers – ✆ 05 61 25 07 07 – www.maisonmarius.com – Fermé samedi, dimanche*

Si vous recherchez un hébergement particulièrement agréable pour un séjour de charme, préférez les établissements signalés en rouge : 🏠...🏠🏠🏠.

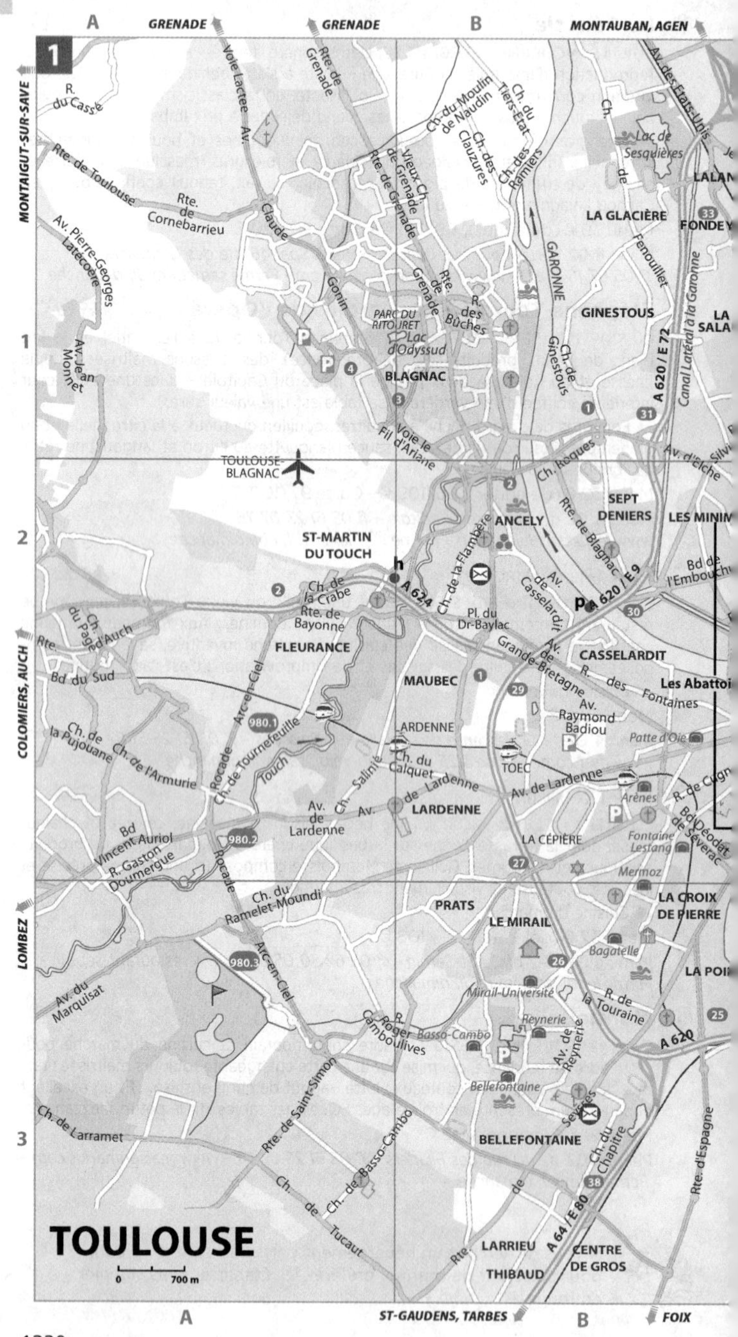

A
GRENADE
GRENADE
B
MONTAUBAN, AGEN
1
MONTAIGUT-SUR-SAVE
COLOMIERS, AUCH
LOMBEZ
1
2
3
BLAGNAC
TOULOUSE-BLAGNAC
ST-MARTIN DU TOUCH
LA GLACIÈRE
GINESTOUS
SEPT DENIERS
LES MINIM
ANCELY
FLEURANCE
MAUBEC
CASSELARDIT
Les Abattoi
ARDENNE
TOEC
LARDENNE
LA CÉPIÈRE
PRATS
LE MIRAIL
LA CROIX DE PIERRE
BELLEFONTAINE
LARRIEU
THIBAUD
CENTRE DE GROS
GARONNE
A 620 / E 72
A 620 / E 9
A 624
A 620
A 64 / E 80
TOULOUSE
0
700 m
A
ST-GAUDENS, TARBES
B
FOIX

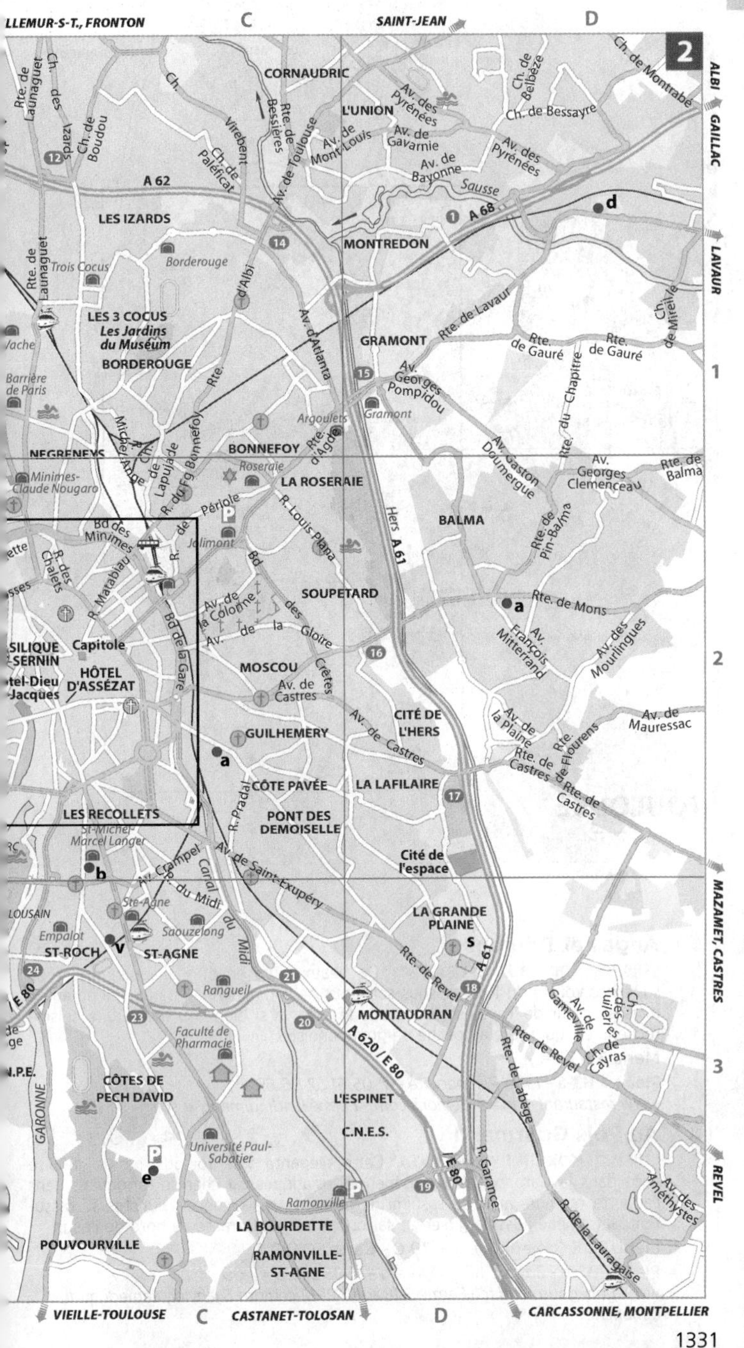
LLEMUR-S-T., FRONTON
C
SAINT-JEAN
D
2
ALBI
GAILLAC
LAVAUR
MAZAMET, CASTRES
REVEL
CORNAUDRIC
L'UNION
LES IZARDS
MONTREDON
LES 3 COCUS
Les Jardins du Muséum
BORDEROUGE
GRAMONT
BONNEFOY
LA ROSERAIE
BALMA
SOUPETARD
MOSCOU
CITÉ DE L'HERS
GUILHEMERY
CÔTE PAVÉE
LA LAFILAIRE
PONT DES DEMOISELLE
LES RECOLLETS
Capitole
HÔTEL D'ASSÉZAT
Cité de l'espace
LA GRANDE PLAINE
ST-ROCH
ST-AGNE
MONTAUDRAN
CÔTES DE PECH DAVID
L'ESPINET
C.N.E.S.
LA BOURDETTE
RAMONVILLE-ST-AGNE
POUVOURVILLE
A 62
A 68
A 61
A 620 / E 80
Av. de Castres
Rte. de Revel
Rte. de Mons
Av. de Saint-Exupéry
1
2
3
VIEILLE-TOULOUSE
C
CASTANET-TOLOSAN
D
CARCASSONNE, MONTPELLIER

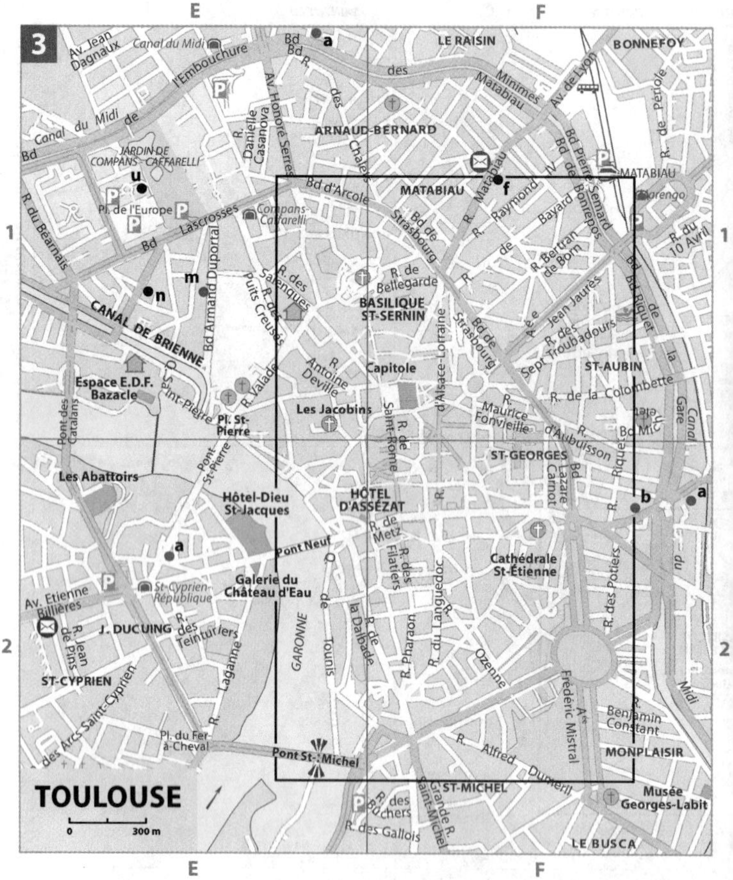

3 TOULOUSE

Anges et Démons

CUISINE MODERNE · ÉLÉGANT XXX De beaux murs en brique apparente et de superbes voûtes du 16^{e}s. au sous-sol : nous ne sommes ni au paradis ni en enfer, mais au cœur de Toulouse, à laquelle le rose va si bien ! Au menu, une cuisine recherchée, qui prête au péché de gourmandise...

Menu 55/79 €

Plan : 4 H3-a – *1 rue Perchepinte – ✆ 05 61 52 66 69 – www.restaurant-angesetdemons.com – Fermé lundi, dimanche soir*

Au Pois Gourmand

CUISINE MODERNE · ÉLÉGANT XX Cette élégante villa toulousaine de 1869 se mire dans la Garonne... Les expériences asiatiques du chef se retrouvent dans l'assiette (comme avec ce sashimi de homard), mais que les puristes se rassurent : il mitonne aussi le gibier en saison ! Agréable terrasse au bord de l'eau.

Menu 28 € (déjeuner), 45/79 € – Carte 50/70 €

Plan : 1 B2-p – *3 rue Emile-Heybrard – ✆ 05 34 36 42 00 – www.pois-gourmand.fr – Fermé 5-18 août, 23 décembre-5 janvier, samedi midi, dimanche*

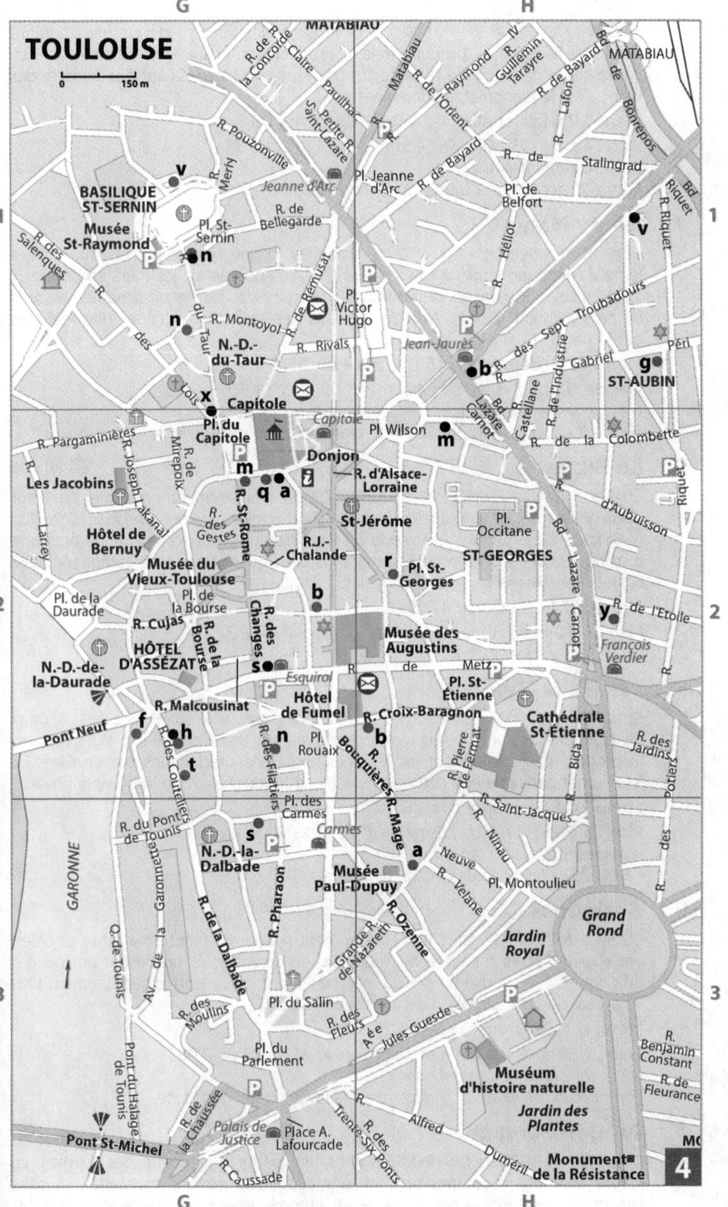
TOULOUSE
0
150 m
G
H
1
2
3
MATABIAU
BASILIQUE ST-SERNIN
Musée St-Raymond
N.-D.-du-Taur
Capitole
Pl. du Capitole
Les Jacobins
Hôtel de Bernuy
Musée du Vieux-Toulouse
Donjon
St-Jérôme
ST-GEORGES
Musée des Augustins
HÔTEL D'ASSÉZAT
N.-D.-de-la-Daurade
Hôtel de Fumel
Cathédrale St-Étienne
N.-D.-la-Dalbade
Musée Paul-Dupuy
Grand Rond
Jardin Royal
Muséum d'histoire naturelle
Jardin des Plantes
Monument de la Résistance
ST-AUBIN
Pl. Jeanne d'Arc
Pl. Victor Hugo
Pl. Wilson
Pl. Occitane
Pl. St-Georges
Pl. St-Étienne
Pl. Montoulieu
Pl. Rouaix
Pl. des Carmes
Pl. du Salin
Pl. du Parlement
Place A. Lafourcade
Pont Neuf
Pont St-Michel
GARONNE
4

Émile

CUISINE DU TERROIR • BISTRO XX Belle carte des vins, solide cuisine traditionnelle 100 % maison – produits frais et producteurs locaux sont à l'honneur – et, cerise sur le gâteau, jolie terrasse sur une agréable place. Quant à la vedette des lieux, c'est le cassoulet, évidemment !

Menu 22 € (déjeuner), 42/60 € – Carte 49/63 €

Plan : 4 H2-r – *13 place St-Georges – ✆ 05 61 21 05 56 – www.restaurant-emile.com – Fermé 22 décembre-2 janvier, lundi midi, dimanche*

Genty Magre

CUISINE CLASSIQUE • COSY XX Ce restaurant lorgne vers l'esprit bistrot, et mêle le neuf (déco moderne) à l'ancien (les poutres apparentes, les murs en brique...). Côté cuisine, on revisite joyeusement le terroir avec de beaux produits, assortis de crus joliment choisis. À déguster dans des assiettes en céramique réalisées par le patron !

Menu 22 € (déjeuner)/45 € – Carte 50/56 €

Plan : 4 G2-b – *3 rue Genty-Magre – ✆ 05 61 21 38 60 – www.legentymagre.com – Fermé 1er-7 janvier, 4-27 août, lundi, mercredi midi, dimanche*

Le Bibent

CUISINE TRADITIONNELLE • BRASSERIE X Un emplacement privilégié, au cœur de la Ville rose, et un superbe décor Belle Époque : le chef Christian Constant (originaire de Montauban) a rendu à l'établissement tout son lustre de brasserie historique. On s'y presse pour ses grands classiques : terrine de campagne, cassoulet montalbanais, tarte au chocolat...

Menu 32/47 € – Carte 47/56 €

Plan : 4 G2-m – *5 place du Capitole – ✆ 05 34 30 18 37 – www.maisonconstant.com*

Les P'tits Fayots

CUISINE MODERNE • BRANCHÉ X Ce restaurant cosy et élégant, disposé sur deux niveaux, propose une cuisine moderne et créative, au centre de laquelle se trouve le produit, particulièrement les légumes, issus des productions bio du Gers. Le jeune chef-patron anime cette adresse de sa fougue, et d'une indéniable envie.

Menu 24 € (déjeuner), 46/65 €

Plan : 4 G1-n – *8 rue de l'Esquile – ✆ 05 61 23 20 71 – www.lesptitsfayots.com – Fermé 29 juillet-19 août, samedi, dimanche*

Antipodes (N)

CUISINE MODERNE • BISTRO X Un bon petit restaurant monté par deux associés, anciens de l'école hôtelière de Toulouse. Au déjeuner, ils proposent un menu à prix honnête, composé au gré du marché ; le soir, des recettes sensiblement plus voyageuses. C'est simple, c'est frais : ça nous plaît.

Menu 17 € (déjeuner) – Carte 27/40 €

Plan : 3 E2-a – *9 rue du Pont Saint-Pierre – ✆ 05 32 02 24 92 – www.antipodes-restaurant.com – Fermé 26 juillet-19 août, 22 décembre-6 janvier, lundi, dimanche*

Au Bon Servant

CUISINE MODERNE • BISTRO X Sis dans une petite rue proche des Carmes, ce bistrot aux tons modernes propose une cuisine du marché spontanée, et dans l'air du temps. Circuits courts, excellent rapport qualité prix, carte appétissante ; ce Bon Servant a de la suite dans les idées.

Menu 20 € (déjeuner)/32 €

Plan : 4 G2-t – *22 rue des Couteliers – ✆ 05 62 75 58 25 – Fermé lundi, dimanche*

Bàcaro

CUISINE MODERNE • BAR À VIN Mi bar à vin, mi bistrot, ce chaleureux établissement à l'atmosphère urbaine, animé par un autodidacte (diplômé en mathématique) passionné de vins, propose une cuisine actuelle aux touches créatives, que l'on accompagne d'un bon cru, choisi parmi les 600 références de la carte. Un coup de cœur.

Menu 20 € (déjeuner)/35 € - Carte 30/40 €

Plan : 3 F2-a - *20 rue du Pont-Guilhemery - ✆ 06 84 58 30 80 - www.bacaro-toulouse.fr - Fermé lundi, samedi midi, dimanche*

Chez Fifi

CUISINE MODERNE • CONTEMPORAIN Poussez la porte de ce sympathique restaurant du vieux Toulouse : Philippe Braun, un chef plein de métier y officie, signant une cuisine du marché savoureuse et joliment maîtrisée. La devise ? "Cuisine familiale et un peu plus..." Avis aux gourmets curieux.

Menu 25 € (déjeuner), 40/50 € - Carte 35/50 €

Plan : 4 H2-b - *17 rue Croix-Baragnon - ✆ 05 61 53 34 24 - www.chez-fifi.fr - Fermé 14 juillet-20 août, lundi, dimanche*

Chez Yannick

CUISINE MODERNE • BISTRO Une façade minuscule dans une ruelle à deux pas de la place Dupuy : discrète entrée en matière ! La cuisine, elle, se distingue sans peine : le chef, Yannick Roux - qui a travaillé avec Mathieu Viannay et Christian Têtedoie - compose une belle cuisine du moment, tout en couleurs et en contrastes. Un régal !

Menu 19 € (déjeuner)/30 €

Plan : 4 H2-y - *3 rue Delacroix - ✆ 05 34 40 67 17 - www.chez-yannick.fr - Fermé 3-25 août, samedi, dimanche*

Les Complices (N)

CUISINE MODERNE • CONVIVIAL Les atouts de ce bistrot créé par trois complices ? Son ambiance décontractée, mais surtout sa cuisine de saison sans fioritures, où les saveurs annoncées au menu se retrouvent effectivement dans l'assiette. Ne manquez pas le menu en cinq temps, qui remporte tous les suffrages... et la tarte au citron, le tube de la maison !

Menu 20 € (déjeuner), 31/35 € - Carte 20/25 €

Plan : 3 F2-b - *13 place Dominique-Martin-Dupuy - ✆ 05 31 48 69 91 - www.restaurant-lescomplices.com - Fermé 29 juillet-20 août, 23 décembre-1er janvier, lundi, mardi soir, dimanche*

Hedone (N)

CUISINE CRÉATIVE • ÉPURÉ Ici, tout est unique. Table unique (12 couverts) et 4 places au comptoir en cuisine, menu unique (beaux produits de saison) et expérience....unique dans cette nouvelle adresse emmenée avec enthousiasme par le jeune et décidément unique Balthazar Gonzalez !

Menu 32 € (déjeuner)/67 €

Plan : 2 C2-a - *2 impasse Saint-Félix - ✆ 05 82 74 60 55 - Fermé lundi, dimanche*

Le Pic Saint Loup 

CUISINE MODERNE • SIMPLE Le cadre est volontairement dépouillé, car ici c'est l'assiette qui est reine : filet de Saint-Pierre au citron confit et noix, purée de chou-rave ; millefeuille au caramel et chocolat au lait, sorbet poire. Sympathique terrasse au calme dans la cour à l'arrière.

Menu 18 € (déjeuner), 30/55 € - Carte 28/56 €

Plan : 2 C2-b - *7 rue Saint-Léon - ✆ 05 61 53 81 51 - www.restaurantlepicsaintloup.com - Fermé 10 août-1er septembre, lundi, dimanche*

Les Planeurs

CUISINE DU MARCHÉ • BISTRO Un chef japonais et son associé ont ouvert ce lieu atypique dans un décor volontiers bohème et décalé. On y déguste une cuisine française contemporaine précise, bien pensée, originale, équilibrée et parfumée, à l'instar de ces asperges blanches, tataki de bonite, sauce pesto. Bon rapport qualité-prix. Une belle adresse.

Menu 19 € (déjeuner), 38/50 €

Plan : 3 E1-a - *56 boulevard des Minimes - 09 86 51 56 95 - www.lesplaneurs.com - Fermé 3-18 août, 22 décembre-4 janvier, mercredi midi, samedi, dimanche*

Les Sales Gosses

CUISINE MODERNE • BISTRO Ces Sales Gosses déclinent sur de grandes ardoises des plats bistrotiers de bon aloi. On les doit au chef Bruno, qui a troqué le bonnet d'âne pour une toque de premier de la classe ! Et si l'adresse affiche complet, place au plan B : le Bistrot, non loin de là, rue de l'Industrie.

Menu 22 € (déjeuner)/33 €

Plan : 4 H1-g - *81 rue Riquet - 09 67 15 31 64 - www.lessalesgosses.fr - Fermé 22 juillet-13 août, 23 décembre-1er janvier, samedi, dimanche*

Sixty-Two

CUISINE MODERNE • TENDANCE On se restaure d'une carte bistronomique, dans une petite salle à manger aux murs décorés d'œuvres de Street art d'artistes parfois mondialement connus. Carte plus léchée le soir (thon mi-cuit pané au sésame ; bar rôti au citron confit). Petite terrasse sur gazon synthétique.

Menu 24 € (déjeuner)/45 €

Plan : 4 G1-n - *Villa du Taur, 62 rue du Taur - 05 34 25 28 82 - www.sixty-2.fr - Fermé lundi, dimanche*

Solides

CUISINE CRÉATIVE • BISTRO Sise en lieu et place de la Rôtisserie des Carmes (une institution toulousaine), face au marché du même nom, cette adresse décontractée se distingue surtout par l'imagination débordante de son chef, comme avec cette sardine des vendangeurs espagnols, raisin de Moissac, noisettes et oronges... Vins bio et service informel.

Menu 22 € (déjeuner), 42/59 €

Plan : 4 G3-s - *38 rue des Polinaires - 05 61 53 34 88 - www.solides.fr - Fermé lundi, samedi, dimanche*

La Table de William

CUISINE MODERNE • DESIGN À l'abri d'une maison typiquement toulousaine, ce jeune restaurant possède déjà une clientèle d'habitués - c'est tout dire. Aux fourneaux, William Perucca vit enfin sa première passion autour d'une "cuisine de convivialité" aux influences régionales, méditerranéennes ou asiatiques. L'ardoise change toutes les semaines.

Menu 19 € (déjeuner), 32/39 €

Plan : 2 C3-v - *90 rue St-Roch - 05 67 33 34 99 - www.latabledewilliam.com - Fermé 2-25 août, lundi soir, mardi soir, mercredi soir, samedi, dimanche*

Hôtels

Pullman Centre

HÔTEL DE CHAÎNE • CONTEMPORAIN Immeuble toulousain en briques roses, vaste hall, lignes épurées : cette adresse irréprochable propose des chambres fonctionnelles et spacieuses, mais aussi des salles de séminaires et un espace fitness. Idéal pour la clientèle d'affaires. Parking souterrain.

119 chambres - 129/370 € - 6 suites - 26 €

Plan : 4 H1-v - *84 allées Jean-Jaurès - 05 61 10 23 10 - www.pullmanhotels.com*

La Cour des Consuls Hôtel & Spa

LUXE • CONTEMPORAIN Dans un ancien hôtel particulier du 16ᵉ s. du quartier des Carmes, un beau mariage de styles ! Les éléments d'époque (parquets, cheminées) frayent avec une déco franchement contemporaine ; les chambres, spacieuses, témoignent d'un luxe sans faute de goût.

26 chambres - 190/550 € - 6 suites - 26 €

Plan : 4 G2-h - *46 rue des Couteliers* - *05 67 16 19 99* - *www.lacourdesconsuls.com*

Le Cénacle - voir la sélection des restaurants

Grand Hôtel de l'Opéra

HISTORIQUE • COSY En sortant d'une représentation de Verdi au Théâtre du Capitole, vous traverserez la place pour découvrir ce couvent du 17ᵉ s. plein de charme, qui regorge d'éléments historiques ! Dans les chambres, le mobilier acajou côtoie des tentures en velours rouge ou jaune... Un classicisme délicieux.

52 chambres - 129/400 € - 5 suites - 19 €

Plan : 4 G2-a - *1 place du Capitole* - *05 61 21 82 66* - *www.grand-hotel-opera.com*

Hôtel de Brienne

URBAIN • DESIGN À deux pas du canal du même nom, en bordure d'une avenue boisée, cet établissement contemporain offre un confort optimal. L'accueil est charmant. Bref, on s'y sent bien !

77 chambres - 75/230 € - 15 €

Plan : 3 E1-n - *20 boulevard Maréchal-Leclerc* - *05 61 23 60 60* - *www.hoteldebrienne.com*

Novotel Centre Compans Caffarelli

BUSINESS • FONCTIONNEL Des chambres très confortables, fonctionnelles et parfaitement équipées, idéales pour la clientèle d'affaires. Au "Gourmet Bar", choix de tapas, burgers, salades...

135 chambres - 90/175 € - 2 suites - 17 €

Plan : 3 E1-u - *5 place Alfonse-Jourdain* - *05 61 21 74 74* - *www.accorhotels.com*

Le Grand Balcon

HISTORIQUE • DESIGN Il accueillit les plus grandes légendes de l'Aéropostale. La déco – design et créative – leur rend hommage, et la chambre n° 32 reproduit fidèlement celle qu'occupait Saint-Exupéry dans les années 1930. Une adresse mythique !

47 chambres - 130/420 € - 18 €

Plan : 4 G2-x - *10 rue Rominguières* - *05 34 25 44 09* - *www.grandbalconhotel.com*

Citiz

BUSINESS • CONTEMPORAIN En plein centre (près de la place Wilson), un hôtel urbain et design, avec un salon de thé pour grignoter. Dans les chambres, le décor est épuré et contemporain, idéal pour un voyage d'affaires ou un week-end citadin.

56 chambres - 85/250 € - 18 €

Plan : 4 H1-b - *18 allée Jean-Jaurès* - *05 61 11 18 18* - *www.citizhotel.fr*

Mercure Wilson

HÔTEL DE CHAÎNE • PERSONNALISÉ Près de la place Wilson, l'hôtel se dévoile par sa façade rouge, typiquement toulousaine. Quand l'été est là, on prend son petit-déjeuner sur la terrasse intérieure.

91 chambres - 77/195 € - 4 suites - 18 €

Plan : 4 H2-m - *7 rue Labeda* - *05 34 45 40 60* - *www.mercure-toulouse-wilson.com*

Mermoz

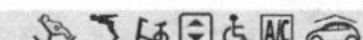

URBAIN · CONTEMPORAIN Mermoz, héros de l'Aéropostale... Cet hôtel à la décoration épurée évoque par touches subtiles cette aventure du 20e s. Les chambres sont feutrées et confortables ; côté cour, un coin de verdure abrite la piscine chauffée à débordement. Un îlot de tranquilité au coeur de la ville !

51 chambres - 88/250 € - 17 €

Plan : 3 F1-f - *50 rue Matabiau - 05 61 63 04 04 - http://mermoz.privilegetoulouse.com*

Le Père Léon

URBAIN · FONCTIONNEL Dans le centre historique, cet hôtel propose des chambres confortables et bien tenues. Idéal pour les touristes ou la clientèle d'affaires qui ne souhaitent pas prendre leur voiture... Ici, tout est accessible à pied !

41 chambres - 92/150 € - 11 €

Plan : 4 G2-s - *2 place Esquirol - 05 61 21 70 39 - www.pere-leon.com*

Villa du Taur

BOUTIQUE HÔTEL · PERSONNALISÉ Idéalement situé au cœur du quartier historique, non loin de la Place du Capitole, ce boutique-hôtel sur le thème du Street art, propose des chambres personnalisées. Bel accueil par une équipe très proche de la clientèle.

17 chambres - 109/270 € - 19 €

Plan : 4 G1-n - *62 Rue du Taur - 05 34 25 28 82 - www.villadutaur.com*

Sixty-Two - voir la sélection des restaurants

à Auzeville-Tolosane 13 km au Sud par D813 - 31320

La Table d'Auzeville

CUISINE CLASSIQUE · CONVIVIAL XX Dans la banlieue de Toulouse, cette maison blanche propose de jolies recettes de tradition, réalisées par un chef enthousiaste au parcours impeccable - dont plusieurs maisons trois étoiles ! Risotto aux coquillages et copeaux de parmesan, filet de canette rôtie aux groseilles acidulées... Un régal à petit prix.

Menu 19 € (déjeuner)/33 € - Carte 42/63 €

35 chemin de l'Eglise - 05 61 13 42 30 - www.la-table-dauzeville.fr - Fermé 1er-8 janvier, 1er-7 mai, 19 août-10 septembre, lundi, mardi, dimanche soir

à Balma 5 km à l'Est par D50 - 31130

L'Équilibre N

CUISINE MODERNE · CONTEMPORAIN X Formidable succès pour ce restaurant tenu par un couple trentenaire, qui fait dans le bon et le simple. Le chef agrémente les produits frais du marché avec bonheur, comme en témoigne cet œuf coulant parfaitement cuit, avec crème de poireau au gingembre, haddock et pickles de carottes... Rapport qualité-prix exceptionnel. Un sans-faute.

Menu 25 € (déjeuner), 32/55 €

Plan : 2 D2-a - *10 place de la Libération - 05 61 45 70 43 - www.restaurant-lequilibre.fr - Fermé 25 août-10 septembre, 30 décembre-15 janvier, lundi, dimanche*

à Castanet-Tolosan 14 km au Sud par D813 - 31320

La Table des Merville (Thierry Merville)

CUISINE MODERNE · ÉLÉGANT XX Une extension tout en verre sur une jolie place avec terrasse, des cuisines ouvertes sur la salle donnant l'impression que le chef travaille parmi les clients : Claudie et Thierry Merville ont su créer un lieu original... Et les assiettes, aussi joliment contemporaines et soignées, dégagent ce même parfum de "Mervilleux" !

→ Eau verte du Midi, copeaux de pavé toulousain et truite des Pyrénées fumée par nos soins. Médaillon de porc noir de Bigorre cuit à la braise, cromesquis de poulpe au safran. Millefeuille croustillant à la gousse de vanille, fruits de saison

Menu 30 € (déjeuner), 40/80 € - Carte 72/94 €

3 place Pierre-Richard - 05 62 71 24 25 - www.table-des-merville.fr - Fermé 4-19 août, lundi, dimanche

à Colomiers 12 km à l'Ouest par A624 - ✉ 31770

✿ L'Amphitryon (Yannick Delpech)

CUISINE CRÉATIVE • ÉLÉGANT XXX Près du site aéronautique, un bel endroit cerné par la verdure, lumineux et au chic très contemporain. Yannick Delpech y propose une cuisine fine et soignée, dans laquelle il ose des associations de saveurs inattendues ; le tout est servi par un choix de produits judicieux, où le Sud-Ouest domine...

→ Homard, girolles et sauce corail. Ris de veau, langoustine, café et citron. Tomate confite, sésame noir, nougat et cocktail fraîcheur

Menu 38 € (déjeuner), 79/165 € - Carte 110/120 €

chemin de Gramont - ✆ 05 61 15 55 55 - www.lamphitryon.com - Fermé lundi, dimanche

à Lacroix-Falgarde 13 km au Sud par D4 - ✉ 31120

Le Bellevue

CUISINE CLASSIQUE • COSY XX Quand on s'promène au bord de l'eau... Le Gabin de la "Belle Équipe" n'aurait pas renié cette charmante adresse, pas guindée pour un sou. Le sympathique chef mitonne une cuisine classique mais ouverte au changement ; aux beaux jours, la terrasse, perchée au bord de l'Ariège et ombragée, est un régal.

Menu 22 € (déjeuner), 33/45 € - Carte 45/70 €

1 avenue des Pyrénées - ✆ 05 61 76 94 97 - www.restaurant-lebellevue.com - Fermé mardi, mercredi

à Montrabé 8 km au Nord-Ouest par D112 - ✉ 31850

✿ L'Aparté

CUISINE MODERNE • CONVIVIAL XX Cette ancienne Toulousaine s'est refait une beauté contemporaine pour accueillir le talent d'un jeune chef prometteur, qui aime taquiner la langoustine, son plat fétiche, et nous joue des airs plutôt audacieux : son association volaille et homard est un vrai petit moment de bonheur gustatif. Agréable patio terrasse.

→ Cuisine du marché

Menu 31 € (déjeuner), 48/88 € - Carte 77/93 €

Plan : 2 D1-d - *21 rue de l'Europe (Parc d'activités du Terlon) - ✆ 05 34 26 43 44 - www.restaurant-laparte.fr - Fermé 1er-7 janvier, 5-13 mai, 4-26 août, lundi, dimanche*

L'Instant...

CUISINE MODERNE • BRANCHÉ X L'Instant... d'une parenthèse gourmande non loin de Toulouse ! On s'installe dans un intérieur cosy et confortable. Derrière les fourneaux, le chef régale avec les produits de la région, et s'autorise même quelques touches asiatiques. Ne manquez pas le menu "L'instant gourmet" !

Menu 18 € (déjeuner), 27/45 € - Carte 26/52 €

chemin du Logis Vieux - ✆ 05 61 48 25 24 - www.restaurant-linstant.fr - Fermé 5-18 août, lundi, mardi soir, dimanche

à Quint-Fonsegrives 8 km à l'Est par D826 - ✉ 31130

✿ En Pleine Nature (Sylvain Joffre)

CUISINE MODERNE • DESIGN XX Ici, pas de menu : le jeune chef, Sylvain Joffre, se laisse la liberté de cuisiner selon ses envies, puisant dans la nature, invitant à une balade sur terre ou en mer... Le voyage séduit. De la finesse, du goût, de l'enthousiasme ! Un plaisir pour les papilles et les pupilles.

→ Cuisine du marché

Menu 30 € (déjeuner), 52/78 €

6 place de la Mairie - ✆ 05 61 45 42 12 - www.en-pleine-nature.com - Fermé 27 avril-9 mai, 3 août-2 septembre, lundi, samedi, dimanche

à Rangueil 6 km au Sud - ✉ 31400

Mas de Dardagna

CUISINE TRADITIONNELLE • RUSTIQUE Voilà une cuisine respectueuse des produits, simple et bien faite... Aucun doute, cette ancienne ferme – typiquement toulousaine – est un joli repaire gourmand ! Et aux beaux jours, on peut même s'installer sous les canisses...

Menu 23 € (déjeuner), 32/55 €

Plan : 2 C3-e – *1 chemin de Dardagna (près de l'hôpital Rangueil) –*
✆ 05 61 14 09 80 – www.masdedardagna.com –
Fermé 4 août-3 septembre, samedi, dimanche

à Rouffiac-Tolosan 12 km au Nord-Est par D888 – ✉ 31180

Ô Saveurs (David Biasibetti)

CUISINE MODERNE • COSY Désormais seul aux fourneaux de cette maison proche de Toulouse, David Biasibetti décline une cuisine simple et bonne, bien dans l'air du temps. Pâtissier à l'origine, le chef avoue une passion pour le chocolat... que l'on retrouve dans ses desserts. Aux beaux jours, petite terrasse en bordure de place, face à la fontaine...

→ Cuisine du marché

Menu 28 € (déjeuner), 48/98 € – Carte 85/120 €

8 place des Ormeaux (au village) – ✆ 05 34 27 10 11 – www.o-saveurs.com –
Fermé 25 février-3 mars, 29 avril-5 mai, 12 août-4 septembre, lundi, samedi midi, dimanche soir

à St-Martin-du-Touch 7 km à l'Ouest par D2B – ✉ 31100

Le Cantou

CUISINE MODERNE • CONVIVIAL On se croirait à la campagne et l'on est pourtant à deux pas de la ville et des pistes de l'aéroport. Découvrez donc cette ancienne ferme et son immense jardin, ainsi que la brique et le bois qui habillent chaleureusement son intérieur. Au menu : une cuisine calée sur le marché et une sélection de vins de plus de 1500 références !

Menu 35/65 € – Carte 51/68 €

Plan : 1 A2-h – *98 rue Velasquez, D2B – ✆ 05 61 49 20 21 – www.cantou.fr –*
Fermé 6-28 août, samedi, dimanche

à l'Union 7 km au Nord-Est par D888 – ✉ 31240

La Bonne Auberge

CUISINE TRADITIONNELLE • RUSTIQUE Dans une ancienne grange rénovée, toute proche de la départementale, on découvre cette auberge au cadre rustique et chaleureux : l'endroit rêvé pour déguster une généreuse cuisine du terroir !

Menu 20 € (déjeuner), 31/60 € – Carte 42/57 €

2 bis rue Autan-Blanc, D888 – ✆ 05 61 09 32 26 – www.bonneauberge31.fr –
Fermé 12 août-1er septembre, 24 décembre-6 janvier, lundi, dimanche

LE TOUQUET-PARIS-PLAGE

✉ 62520 (Pas-de-Calais) – Carte régionale n° **13**-A2

Carte Michelin 301-C4

❀ Le Pavillon

CUISINE CRÉATIVE • ÉLÉGANT XXX Dans le cadre chic et classique de l'hôtel Westminster, beau palace des années 1930, on déguste une cuisine volontiers inventive, mettant en valeur des produits de qualité. La carte des vins, remarquable, est bien digne d'une bonne table.

→ Cuisine du marché

Menu 65/155 € - Carte 100/115 €

Westminster Barrière, avenue du Verger - ✆ 03 21 05 48 48 - www.hotelsbarriere.com - Fermé 30 décembre-5 avril, lundi midi, mardi, mercredi, jeudi midi, vendredi midi, samedi midi, dimanche midi

Côté Sud

CUISINE MODERNE • CONVIVIAL XX On a beau être au Nord, on n'en a pas moins le soleil dans le cœur : la preuve avec Côté Sud ! Accueil sympathique dans ce restaurant situé le long de la digue du Touquet, face à la mer. Les gourmands y savourent une cuisine dans l'air du temps, honorant le poisson, dans un cadre aux teintes douces et reposantes...

Menu 26 € (déjeuner)/36 € - Carte 40/58 €

187 boulevard Docteur-Pouget - ✆ 03 21 05 41 24 - Fermé 10-28 février, 1er-15 décembre, lundi midi, mercredi, dimanche soir

Le Paris

CUISINE MODERNE • CONVIVIAL XX À quelques rues du bord de mer, une table en prise sur le marché et les saisons, très appréciée des gourmets de la station ! Les associations y sont heureuses et goûteuses, comme avec ces asperges, œuf, morilles et pancetta, ou encore ce maigre accompagné de câpres et épinards. Accueil charmant.

Menu 24/38 € - Carte 46/65 €

88 rue de Metz - ✆ 03 21 05 79 33 - www.restaurant-leparis.com - Fermé 18-28 février, 24 juin-3 juillet, mardi, mercredi

Les Cimaises

CUISINE TRADITIONNELLE • BRASSERIE X Cette brasserie a été décorée dans l'esprit des années 1930. On y vient pour les buffets d'entrées et de desserts, les plats de poisson et la cuisine d'inspiration régionale.

Menu 43 € - Carte 50/85 €

Westminster Barrière, avenue du Verger - ✆ 03 21 06 74 95 - www.hotelsbarriere.com

Westminster Barrière

LUXE • ART DÉCO Ce séduisant palace de style anglo-normand est posté entre la mer et la pinède. L'intérieur est du même acabit : superbes ascenseurs dans le hall ; chambres de style Art déco et bar rétro chic. Sans oublier le très beau spa !

114 chambres - 175/649 € - 1 suite - 20 €

avenue du Verger - ✆ 03 21 05 48 48 - www.hotelsbarriere.com

❀ **Le Pavillon** • **Les Cimaises** - voir la sélection des restaurants

Castel Victoria

TRADITIONNEL • COSY Non loin du front de mer, cette ancienne pension de famille du début du 20e s. est devenue un bel hôtel design et contemporain, avec notamment des salles de bains ouvertes dans la plupart des chambres. Même si certaines sont petites (les "Cosy"), elles sont idéales pour se reposer après la plage. Agréable bar lounge.

24 chambres - 85/195 € - 1 suite - 12 €

11 rue de Paris - ✆ 03 21 90 01 00 - www.castelvictoria.com

TOURBES

✉ 34120 (Hérault) - Carte régionale n° **21**-C2
Carte Michelin 339-F8

La Maison

CUISINE MODERNE • CONVIVIAL X Lui est irlandais, elle aveyronnaise : ils ont investi cette ancienne maison vigneronne avec passion et enthousiasme, qualités qui se lisent dans la cuisine du chef, aux influences méridionales (superbe bouillabaisse!). Le chef a l'amour des beaux poissons qu'il va chercher à Agde. A l'été, on s'installe sur la terrasse, ombragée de platanes. Epatant.

Menu 20 € (déjeuner), 32/38 €

9 avenue de la Gare - ✆ 04 67 98 86 95 - www.restaurant-lamaison.fr - Fermé 25 février-12 mars, 23-30 août, lundi, mardi soir, mercredi soir, dimanche soir

TOURCOING

✉ 59200 (Nord) - Carte régionale n° **13**-C2
Carte Michelin 302-G3 - Guide Vert Michelin Nord Pas-de-Calais

La Baratte

CUISINE TRADITIONNELLE • TENDANCE XX Une petite maison en briques dans un quartier résidentiel de Tourcoing. Surprise à l'intérieur : on découvre une salle résolument contemporaine et élégante, avec une agréable vue sur le jardin et sa terrasse en teck. Côté cuisine, le chef fait montre d'inventivité... pour le bonheur du produit frais !

Menu 34/53 € - Carte 60/80 €

395 rue du Clinquet - ✆ 03 20 94 45 63 - www.la-baratte.com - Fermé 29 avril-6 mai, 12-26 août, lundi, samedi midi, dimanche soir

Villa Paula

MAISON DE MAÎTRE • ART DÉCO À l'entrée de la ville, cette jolie maison en brique, datant de 1929, a fière allure... Et son intérieur est d'une richesse incomparable : collection de photos, objets chinés, avec même un tigre blanc qui trône, majestueux, dans le salon. L'été, on prend son petit-déjeuner dans le superbe jardin.

4 chambres ☕ - 👥150/220 €

44 rue Ma-Campagne - ✆ 06 12 95 97 97 - www.villapaula.fr

TOUR-DE-FAURE - 46 (Lot) ➜ voir St-Cirq-Lapopie

LA TOUR-DU-PIN

✉ 38110 (Isère)
Carte Michelin 333-F4 - Guide Vert Michelin Lyon et sa région

à Rochetoirin 4 km au Nord-Ouest par N6 et D92 - ✉ 38110

Le Rochetoirin

CUISINE CRÉATIVE • TENDANCE XX Dans une grande salle avec pergola, on se laisse emporter par le travail d'une équipe ambitieuse ! Quasi de veau, salsifis rôtis et coquillettes aux trompettes ; spéculos, chocolat noir, effluves de whisky... Fraîcheur, couleur et mouvement.

Menu 22 € (déjeuner), 25/58 € - Carte 38/53 €

10 route du Village - ✆ 04 74 97 60 38 - www.lerochetoirin.fr - Fermé 16-31 août, 22 décembre-13 janvier, lundi, mercredi soir, samedi midi, dimanche soir

à St-Didier-de-la-Tour 3 km à l'Est par N6 – ✉ 38110

✿ **Ambroisie** (André Taormina)

CUISINE MODERNE • ÉLÉGANT XXX Larges baies vitrées ouvertes sur le lac, atmosphère feutrée, tables en chêne massif, charmante terrasse entourée de beaux platanes... Quoi de plus apaisant ? Ce cadre est idéal pour découvrir une cuisine fine, délicate et savoureuse, où chaque saveur est à sa place : une partition réjouissante.

→ Tourteau, pressé de chou rouge et écume de citron. Pigeon, blette et foie gras. Ma vision du citron

Menu 30 € (déjeuner), 55/85 € – Carte 75/95 €

64 route du Lac – ✆ 04 74 97 25 53 – www.restaurant-ambroisie.fr – Fermé 2-8 janvier, 23 avril-3 mai, 12-30 août, lundi, mardi, dimanche soir

TOURNON-SUR-RHÔNE

✉ 07300 (Ardèche) – Carte régionale n° **3**-E2

Carte Michelin 332-B3 – Guide Vert Michelin Ardèche Drôme

Le Cerisier

CUISINE MODERNE • CONVIVIAL XX Ne vous laissez pas dérouter par la rue sans charme, et la façade grise : à l'intérieur, la carte de ce petit restaurant est aussi alléchante que les plats sont réussis, à l'image de la spécialité maison, le pâté en croûte. Belle carte des vins de la vallée du Rhône et de Bourgogne.

Menu 31/45 € – Carte 39/65 €

1 rue Saint-Joseph – ✆ 04 75 08 91 02 – www.lecerisier-restaurant.fr – Fermé 2-15 janvier, 17 juin-8 juillet, lundi, mercredi midi, dimanche soir

Le Tournesol

CUISINE MODERNE • CONVIVIAL XX Un restaurant chaleureux, aux murs habillés de pierre ou de bois. Comme le tournesol, ici, la carte suit le soleil et les saisons. Les amateurs de vins apprécieront la belle sélection de côtes-du-rhône exposés dans une cave vitrée. Prix attractifs.

Menu 29/49 € – Carte 36/54 €

44 avenue Maréchal-Foch, par D86 – ✆ 04 75 07 08 26 – www.letournesol.net – Fermé 22 juillet-15 août, mardi, mercredi, dimanche soir

Le Chaudron

CUISINE TRADITIONNELLE • VINTAGE X Un petit bistrot sympathique, dans une ruelle du centre-ville. Boiseries, banquettes... et dans le chaudron du chef, les produits du marché. Les gosiers affamés se délecteront de sa spécialité : les ris de veau travaillés sous différentes formes, selon la saison. Joli choix de vins du Rhône. Terrasse ombragée.

Menu 25/43 € – Carte 33/57 €

7 rue St-Antoine – ✆ 04 75 09 63 67 – Fermé 5-19 août, 23 décembre-6 janvier, mardi soir, jeudi soir, dimanche

Hôtel de la Villeon

DEMEURE HISTORIQUE • ÉLÉGANT Au cœur du village, ce palais du 18e s. abrite un luxe sobre et discret, d'une élégance rare. On est particulièrement séduit par le jardin suspendu, sa glycine centenaire et ses terrasses avec vue sur le clocher de l'église de St-Julien et les collines de l'Hermitage... Superbe !

16 chambres – ††95/330 € – ☕ 20 €

2 rue Davity – ✆ 04 75 06 97 50 – www.hoteldelavilleon.com

TOURNUS

✉ 71700 (Saône-et-Loire) – Carte régionale n° **5**–C3
Carte Michelin 320-J10 – Guide Vert Michelin Bourgogne

✿ **Greuze** (Yohann Chapuis)

CUISINE CRÉATIVE • ÉLÉGANT XXX Jean Ducloux s'était promis de faire de cet ancien orphelinat un restaurant ; il a tenu son pari avec le succès que l'on sait... Aujourd'hui, Yohann Chapuis porte l'emblème en signant une cuisine fine et délicate, inventive et aux visuels remarquables, avec un menu revisitant les plats emblématiques des lieux : pâté en croûte, quenelle de sandre...

→ Œuf aux champignons du moment. Volaille de Bresse. Soufflé chaud au Grand Marnier

Menu 43/120 € – Carte 80/120 €

1 rue Albert-Thibaudet – ✆ 03 85 51 13 52 – www.restaurant-greuze.fr – Fermé mardi, mercredi

✿ **Aux Terrasses** (Jean-Michel Carrette)

CUISINE MODERNE • CONTEMPORAIN XX Une étape de charme ! Un intérieur de pierre et de bois, de grandes tables en chêne massif, un jardin paisible, un accueil attentionné... et un chef passionné, entretenant une délicieuse complicité avec le terroir, notamment végétal. Qualité des produits, précision des cuissons : ces Terrasses ont du bon !

→ Cuisine du marché

Menu 26 € (déjeuner), 40/95 € – Carte 76/96 €

18 avenue du 23-Janvier – ✆ 03 85 51 01 74 – www.aux-terrasses.com – Fermé 2-20 janvier, 27 mai-6 juin, 20 octobre-7 novembre, lundi, dimanche

Quartier Gourmand

CUISINE MODERNE • CLASSIQUE XXX Cuisine actuelle et de saison, dans un cadre classique et bourgeois : un joyeux paradoxe dont nos papilles s'accommodent avec aise. Pour les inconditionnels : quenelles de brochet et poularde de Bresse, spécialités un tantinet revisitées.

Menu 32/58 € – Carte 67/82 €

Le Rempart, 2 avenue Gambetta – ✆ 03 85 51 10 56 – www.lerempart.com – Fermé lundi, mardi

Meulien

CUISINE MODERNE • CONTEMPORAIN XX Nouveau chapitre pour Meulien mais même univers avec l'arrivée d'un chef soucieux de mettre en valeur le terroir : le père aux fourneaux, le fils en pâtisserie, et une cuisine du moment, à déguster dans un cadre chaleureux et design.

Menu 35 € (déjeuner), 62/98 € – Carte 61/96 €

1bis rue des Alpes – ✆ 03 85 51 20 86 – www.meulien.com – Fermé lundi, mardi, dimanche soir

Le Terminus

CUISINE MODERNE • CONTEMPORAIN X À la carte de cet ancien buffet de gare 1900, une cuisine au goût du jour qui place la fraîcheur au-dessus de toutes les vertus ! On déjeune ou on dîne côté brasserie, dans une salle intime et cosy. À l'étage, quelques chambres.

Menu 33 € – Carte 40/70 €

21 avenue Gambetta – ✆ 03 85 51 05 54 – www.hotel-terminus-tournus.com – Fermé mercredi, dimanche

Greuze

TRADITIONNEL • CLASSIQUE Entre l'abbaye St-Philibert (10e-11e s.) et le centre-ville, une belle demeure bressane avec une agréable terrasse où l'on prend son petit-déjeuner aux beaux jours. Les chambres se révèlent spacieuses et raffinées, d'esprit Louis XVI, Directoire, Empire...

17 chambres – 119/329 € – 2 suites – 14 €

5 place de l'Abbaye – ✆ 03 85 51 77 77 – www.hotelgreuze.fr

Le Rempart

TRADITIONNEL • CLASSIQUE En 1956, lorsque le père du propriétaire a fondé cet hôtel sur les anciens remparts de Tournus, ce n'était qu'une affaire familiale toute simple... qui a crû et embelli au fil des ans. Aujourd'hui, cette maison a su conserver son élégance. Les clients ont le choix entre restauration gastronomique ou bistrotière.

33 chambres – 129/229 € – 8 suites – 14 €

2 avenue Gambetta – 03 85 51 10 56 – www.lerempart.com

Quartier Gourmand – voir la sélection des restaurants

Aux Terrasses

TRADITIONNEL • CONTEMPORAIN Un hôtel familial qui prend du galon ! Ici, c'est simple et efficace : on prend ses quartiers dans des chambres fonctionnelles, bien tenues, et les tarifs sont raisonnables. Pour un confort supérieur, on peut dormir "sous les toits", dans de magnifiques chambres contemporaines.

20 chambres – 120/250 € – 17 €

18 avenue du 23-Janvier – 03 85 51 01 74 – www.aux-terrasses.com – Fermé 2-20 janvier, 27 mai-6 juin, 20 octobre-7 novembre

Aux Terrasses – voir la sélection des restaurants

La Tour du Trésorier

HISTORIQUE • PERSONNALISÉ Dans cette belle maison médiévale, le charme historique le dispute à l'épure contemporaine et au raffinement. Le magnifique jardin domine la Saône ; à l'heure des gourmandises, on profite d'un "plateau du voyageur" (charcuteries, fromages, dessert maison) accompagné d'une belle carte des vins – 250 références environ.

5 chambres – 155/225 €

9 place de l'Abbaye – 03 85 27 00 47 – www.tour-du-tresorier.com

à Brancion 14 km à l'Ouest par D14 – 71700

La Montagne de Brancion

TRADITIONNEL • CONTEMPORAIN Les vignes et les monts du Mâconnais à perte de vue : cette charmante demeure est si paisible... Côté déco, l'esprit zen et contemporain domine pour des chambres tout bonnement exquises. N'oublions pas, enfin, le beau jardin arboré et la piscine.

15 chambres – 120/170 € – 3 suites – 16 €

La Montagne de Brancion, au col de Brancion – 03 85 51 12 40 – www.lamontagnedebrancion.com – Fermé 1er novembre-31 mars

à Cuisery 7 km à l'Est par D975 – 71290

Hostellerie Bressane

TRADITIONNEL • FONCTIONNEL Une hostellerie de tradition dans une bâtisse du 19e s. Les chambres, fonctionnelles et bien tenues, sont plus spacieuses dans le bâtiment annexe, qui donne sur le jardin. Quant au restaurant, sans prétention, il propose une cuisine d'inspiration bourguignonne et bressane.

15 chambres – 65/110 € – 11 €

56 route de Tournus – 03 85 32 30 66 – www.hostellerie-bressane.fr – Fermé 1er-20 janvier

à Jugy 5 km au Nord par D182 – 71240

Le Crot Foulot

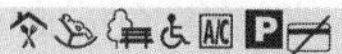

MAISON DE CAMPAGNE • CONTEMPORAIN Cette maison de vigneron a été joliment restaurée par ses propriétaires, un couple de Belges tombés amoureux de la région. Résultat : des pierres, des poutres et une décoration contemporaine raffinée, entre épure et nature. Monsieur, ancien chef amoureux du poisson et des vins locaux, règne sur la table d'hôte.

5 chambres – 110/140 €

Le Crot Foulot – 03 85 94 81 07 – www.crotfoulot.com – Fermé 15 octobre-15 février

à Ozenay 6 km au Sud-Ouest par D14 – ✉ 71700

Le Relais d'Ozenay

CUISINE MODERNE • CONTEMPORAIN XX Dans un village pittoresque, ne manquez pas ce restaurant au décor moderne et élégant. Le chef, passé par de bien belles maisons dont celle de Bernard Loiseau, travaille des produits de qualité, souvent bio et locaux. Résultat : une cuisine savoureuse, accompagnée de bons vins du Mâconnais. Le tout à prix sage !

Menu 24 € (déjeuner), 33/75 €

Le Bourg – ✆ 03 85 32 17 93 – www.le-relais-dozenay.com –
Fermé 1er-25 janvier, 20-30 octobre, mardi, mercredi

à Le Villars 4 km au Sud par N6 et D210 – ✉ 71700

L'Auberge des Gourmets

CUISINE CLASSIQUE • COSY XX Une jolie petite auberge jaune aux volets bleus, cosy avec ses pierres et ses poutres apparentes. Par la lucarne, on peut observer le chef s'affairer aux fourneaux… avant d'apprécier ses recettes classiques et bien tournées : jambon persillé maison et salade aux noix, pigeonneau du Louhannais rôti aux épices…

Menu 28/68 € – Carte 40/75 €

9 place de l'Eglise – ✆ 03 85 32 58 80 – www.laubergedesgourmets.com –
Fermé 6-29 janvier, 17-26 juin, 4-13 novembre, mardi, mercredi, dimanche soir

TOURRETTES

✉ 83440 (Var) – Carte régionale n° **24**-C3
Carte Michelin 340-P4 – Guide Vert Michelin Côte d'Azur

Faventia

CUISINE MODERNE • LUXE XXXX Délicieux moment au sein du luxueux domaine hôtelier de Terre Blanche, qui semble si protégé du monde extérieur ! En terrasse, le panorama est superbe, toute l'équipe est pleine d'attentions pour les clients, et la cuisine est dans la droite ligne de cet art de vivre dit à la française…

→ Rouget de roche cuit en feuille de citronnelle, poichichade, méchouia de légumes. Côtes d'agneau fermier fumées aux herbes de nos collines, fleurs à la brousse de brebis. Transparence d'ananas, dacquoise à la noix de coco, compotée mangue-passion

Menu 75/185 €

Terre Blanche, 3100 route de Bagnols-en-Forêt (Domaine de Terre Blanche) –
✆ 04 94 39 90 00 – www.terre-blanche.com –
Fermé 7 octobre-25 avril, lundi, mardi midi, mercredi midi, jeudi midi, vendredi midi, samedi midi, dimanche

Terre Blanche

GRAND LUXE • DESIGN Sentiment d'exclusivité sur les hauteurs de l'arrière-pays, entre St-Raphaël et Cannes… Tout semble idyllique dans ce domaine de 301 ha, dédié au repos des sens : luxe sans ostentation (beaux matériaux naturels), espace (vastes suites disséminées dans 45 villas), piscines, deux golfs 18 trous, plusieurs restaurants… Mention spéciale au spa, sommet du genre !

115 suites – 340/840 € – 46 €

3100 route de Bagnols-en-Forêt (Domaine de Terre Blanche)
– ✆ 04 94 39 90 00 – www.terre-blanche.com –
Fermé 11 novembre-1er mars

Faventia – voir la sélection des restaurants

TOURRETTES-SUR-LOUP

✉ 06140 (Alpes-Maritimes) – Carte régionale n° **25**-E2

Carte Michelin 341-D5 – Guide Vert Michelin Côte d'Azur

✿ **Clovis** (Julien Bousseau)

CUISINE MODERNE · BISTRO X Dans ce bistrot au cœur du village médiéval, on peut commencer par boire un apéritif au bar à vins – en l'accompagnant de charcuterie et autres grignotages. Mais on vient surtout découvrir le travail d'un chef respectueux du produit (courgette, ombrine, etc.), qu'il décline avec soin et simplicité. Accueil chaleureux et prix raisonnables.

→ Cuisine du marché

Menu 49/105 €

21 Grande-Rue (accès piéton) – ✆ 04 93 58 87 04 – www.clovisgourmand.fr – Fermé 6-25 février, mardi, mercredi, samedi midi

 **Les 4 Éléments**

MAISON DE CAMPAGNE · CONTEMPORAIN Sur les hauteurs de Tourrettes, le grand jardin domine mer et collines : un panorama exceptionnel. Entourée de palmiers et d'oliviers, la bastide accueille quatre chambres sobres et confortables, décorées sur le thème des quatre éléments. Douceur et raffinement !

4 chambres ☕ – 👥200/240 €

765 route de la Madeleine – ✆ 06 72 31 59 51 – www.les4elements.eu

Jacques Palut/Fotolia.com

ON AIME...

Le Saint-Honoré, où l'on se régale au fil des saisons. Les différentes tables d'**Olivier Arlot**, l'un des porte-voix de la bistronomie tourangelle. **La Roche le Roy**, hissée par Maximilien Bridier parmi les meilleures tables de la ville. La cuisine fraîche et colorée des **Bartavelles**.

TOURS

✉ 37000 (Indre-et-Loire) – Carte régionale n° **8**–B2
Carte Michelin 317-N4 – Guide Vert Michelin Châteaux de la Loire

Restaurants

Le Saint-Honoré

CUISINE MODERNE • **RUSTIQUE** X Installé dans une ancienne boulangerie de 1625 qui a conservé son four et, au sous-sol, une belle cave voûtée, ce restaurant a tout pour plaire aux amateurs d'authenticité. Le chef fait pousser ses légumes dans son potager et signe une cuisine délicate, gourmande, pleine de saveurs... servie avec le sourire. Pensez à réserver : l'adresse a du succès !

Menu 30/50 € – Carte 48/57 €

Plan : F1-a – *7 place des Petites-Boucheries* – *02 47 61 93 82* – *Fermé 18-23 février, 5-19 août, 23 décembre-1er janvier, samedi, dimanche*

Charles Barrier

CUISINE MODERNE • **ÉLÉGANT** XXX Cette institution, dont Charles Barrier a fait le renom dans les années 1970, demeure l'illustration du grand restaurant avec ses lustres en cristal, ses boiseries, ses tentures, son jardin fleuri... Côté cuisine, si la carte reste ancrée dans la tradition gastronomique, l'équipe n'hésite pas à en bousculer les codes.

Menu 37 € (déjeuner), 50/105 € – Carte 65/90 €

Plan : A1-e – *101 avenue de la Tranchée* – *02 47 54 20 39* – *www.charles-barrier.fr* – *Fermé samedi midi, dimanche*

La Roche Le Roy

CUISINE TRADITIONNELLE • **ÉLÉGANT** XXX La table qui monte à Tours ! À deux minutes du centre-ville, dans cette charmante gentilhommière bien connue des Tourangeaux, Maximilien Bridier travaille le produit avec passion et se fend de belles assiettes classiques, précises et sans superflu. Accueil et service charmants.

Menu 35 € (déjeuner), 60/75 € – Carte 67/94 €

Plan : B3-r – *55 route de St-Avertin* – *02 47 27 22 00* – *www.larocheleroy.com* – *Fermé 18-25 février, 29 juillet-19 août, lundi, dimanche*

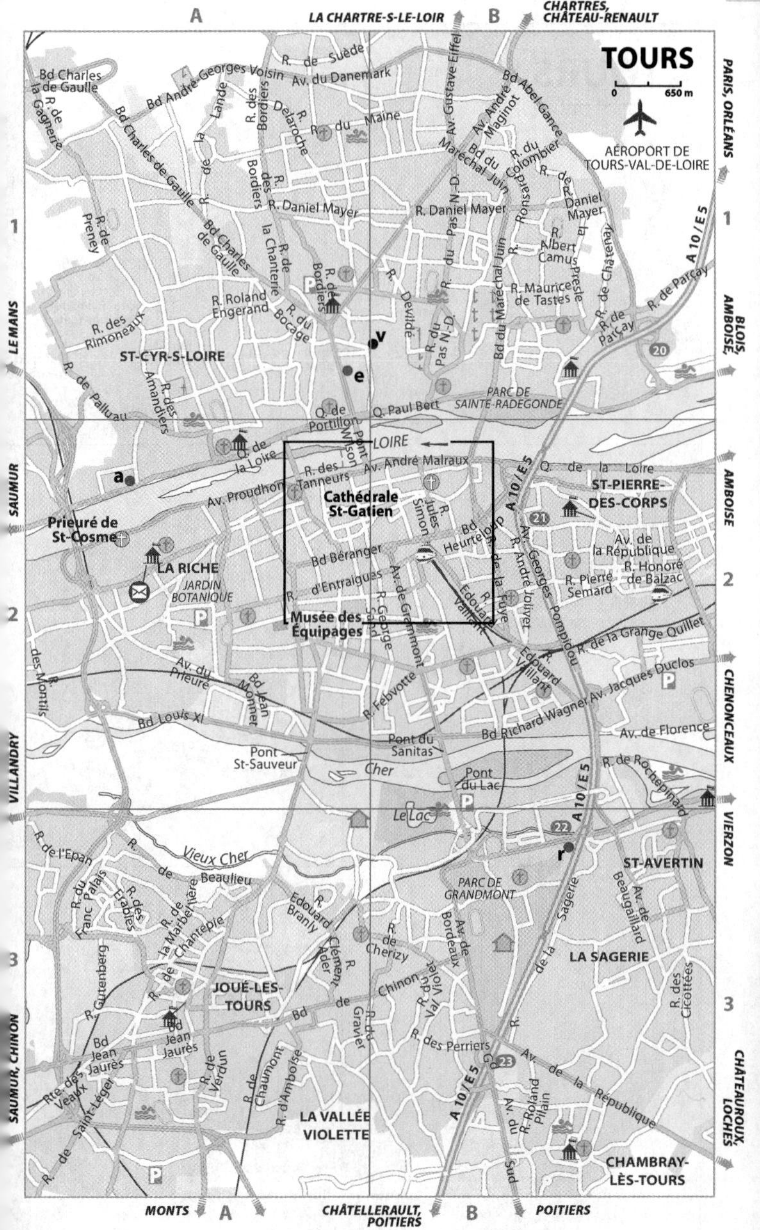
TOURS
0
650 m
AÉROPORT DE
TOURS-VAL-DE-LOIRE
LA CHARTRE-S-LE-LOIR
CHARTRES,
CHÂTEAU-RENAULT
PARIS, ORLÉANS
BLOIS,
AMBOISE,
AMBOISE
CHENONCEAUX
VIERZON
CHÂTEAUROUX,
LOCHES
POITIERS
CHÂTELLERAULT,
POITIERS
MONTS
SAUMUR, CHINON
VILLANDRY
SAUMUR
LE MANS
ST-CYR-S-LOIRE
PARC DE
SAINTE-RADEGONDE
LOIRE
Cathédrale
St-Gatien
ST-PIERRE-
DES-CORPS
Prieuré de
St-Cosme
LA RICHE
JARDIN
BOTANIQUE
Musée des
Équipages
Cher
Le Lac
PARC DE
GRANDMONT
ST-AVERTIN
LA SAGERIE
JOUÉ-LES-
TOURS
LA VALLÉE
VIOLETTE
CHAMBRAY-
LÈS-TOURS
A10/E5

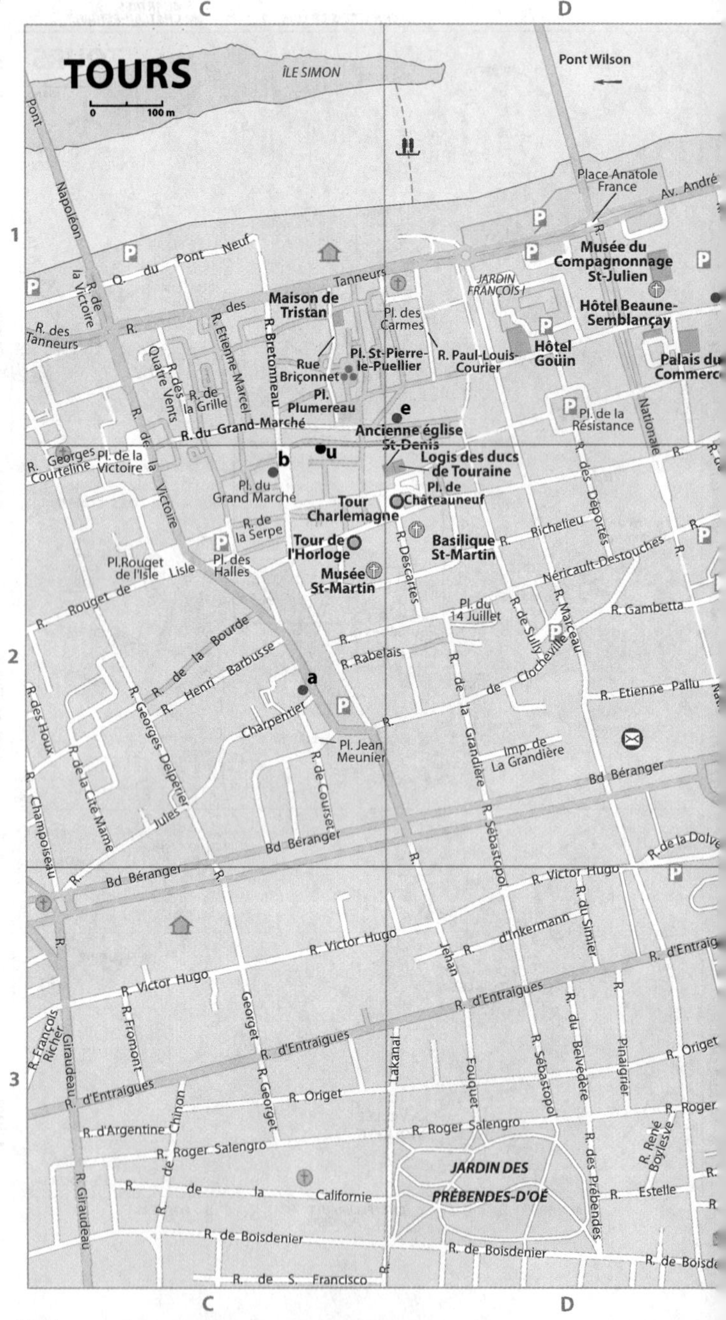
TOURS
ÎLE SIMON
Pont Wilson
Place Anatole France
Av. André
Pont Napoléon
Musée du Compagnonnage St-Julien
Hôtel Beaune-Semblançay
Hôtel Goüin
Palais du Commerce
JARDIN FRANÇOIS I
Maison de Tristan
Pl. des Carmes
R. Paul-Louis-Courier
Pl. St-Pierre-le-Puellier
Rue Briçonnet
Pl. Plumereau
R. du Grand-Marché
Ancienne église St-Denis
Logis des ducs de Touraine
Pl. de Châteauneuf
Tour Charlemagne
Tour de l'Horloge
Musée St-Martin
Basilique St-Martin
Pl. du Grand Marché
Pl. de la Victoire
Pl. Rouget de l'Isle
Pl. des Halles
Pl. de la Résistance
Pl. du 14 Juillet
Pl. Jean Meunier
R. Richelieu
R. Néricault-Destouches
R. Gambetta
R. Rabelais
R. de Clocheville
R. Etienne Pallu
Imp. de La Grandière
Bd Béranger
R. Victor Hugo
R. d'Inkermann
R. d'Entraigues
R. Origet
R. Roger Salengro
JARDIN DES PRÉBENDES-D'OÉ
R. de Boisdenier
R. de S. Francisco
R. de la Californie
R. Giraudeau
R. d'Argentine
R. Fromont
R. Georget
R. Lakanal
R. Fouquet
R. Sébastopol
R. du Belvédère
R. Pinaigrier
R. René Boylesve
R. des Prébendes
R. Estelle
R. Jehan
R. du Simier
R. de la Grandière
R. Descartes
R. de Sully
R. Marceau
R. des Déportés
R. Nationale
R. de Coursel
R. Charpentier
R. Georges Delpérier
R. de la Cité Mame
R. des Houx
R. Champoiseau
R. Jules
R. Henri Barbusse
R. de la Bourde
R. Rouget de Lisle
R. de la Serpe
R. Georges Courteline
R. de la Victoire
R. Bretonneau
R. Etienne Marcel
R. des Quatre Vents
R. de la Grille
R. des Tanneurs
Q. du Pont Neuf
R. François Richer
R. de Chinon
R. de la Dolve
R. Roger

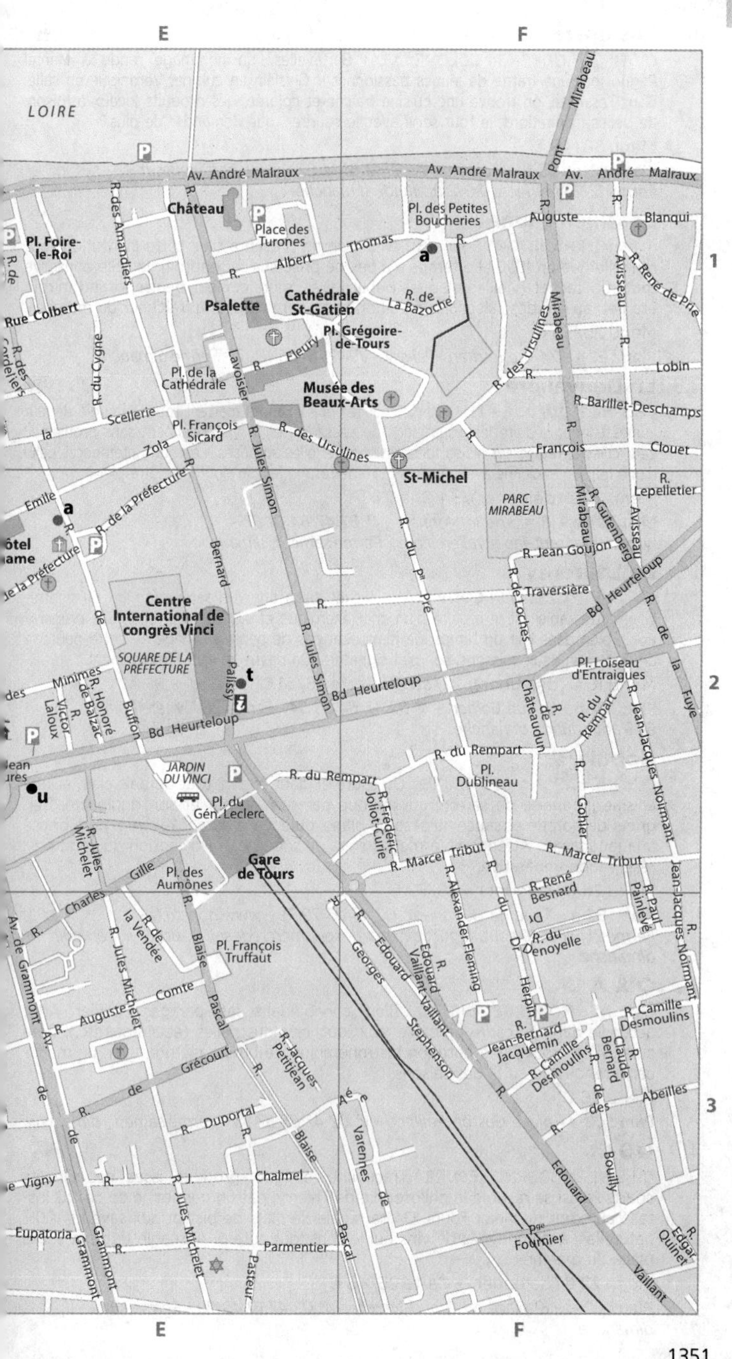
E
F
LOIRE
Av. André Malraux
Pont Mirabeau
Château
Place des Turones
Pl. Foire-le-Roi
R. des Amandiers
R. Albert Thomas
Pl. des Petites Boucheries
R. Auguste Blanqui
Rue Colbert
Psalette
Cathédrale St-Gatien
R. de La Bazoche
Pl. Grégoire-de-Tours
R. Fleury
R. du Cygne
R. des Cordeliers
Pl. de la Cathédrale
Lavoisier
Musée des Beaux-Arts
R. des Ursulines
R. Mirabeau
R. Avisseau
R. René de Prie
R. Lobin
R. Barillet-Deschamps
R. François Clouet
R. de la Scellerie
Pl. François Sicard
R. Émile Zola
St-Michel
R. Jules Simon
R. de la Préfecture
R. Bernard Palissy
PARC MIRABEAU
R. Lepelletier
R. Gutenberg
R. Jean Goujon
R. de Loches
R. Traversière
Bd Heurteloup
R. du Pt Pré
Centre International de congrès Vinci
SQUARE DE LA PRÉFECTURE
R. des Minimes
R. Honoré de Balzac
R. Victor Laloux
R. de Buffon
Pl. Loiseau d'Entraigues
R. de Châteaudun
R. du Rempart
R. Jean-Jacques Noirmant
R. de la Fuye
Pl. Dublineau
JARDIN DU VINCI
Pl. du Gén. Leclerc
Gare de Tours
R. Frédéric Joliot-Curie
R. Marcel Tribut
R. Gohier
R. Jules Michelet
R. Charles Gille
Pl. des Aumônes
R. de la Vendée
R. Alexander Fleming
R. du Dr Herpin
R. René Besnard
R. Paul Painlevé
R. du Denoyelle
R. Georges Stephenson
R. Édouard Vaillant
Pl. François Truffaut
R. Blaise Pascal
R. Auguste Comte
Av. de Grammont
R. de Grécourt
R. Jacques Petitjean
R. Jean-Bernard Jacquemin
R. Camille Desmoulins
R. Claude Bernard
R. des Abeilles
R. de Bouilly
R. Duportal
Allée de Varennes
R. de Vigny
R. J. Chalmel
R. Eupatoria
R. Parmentier
R. Pasteur
Pge Fournier
R. Edgar Quinet
1
2
3

Les Bartavelles Ⓝ

CUISINE MODERNE · COLORÉ XX Les Bartavelles : un hommage rendu à Marcel Pagnol par une fratrie de jeunes passionnés – Ghislain en cuisine, Véronique en salle. Dans l'assiette, on trouve une cuisine fraîche et colorée, des produits locaux à foison, de belles inspirations, le tout servi avec le sourire... que demander de plus ?

Menu 38/49 €

Plan : D1-a – *33 rue Colbert – ✆ 02 47 61 14 07 – www.bartavelles.fr – Fermé 12-26 février, 3-20 août, lundi, dimanche*

Le Chien Jaune

CUISINE TRADITIONNELLE · BISTRO X On ne présente plus cette institution tourangelle née en 1930 ! Le temps n'a pas de prise sur cet endroit : la salle conserve tout son cachet (vieilles plaques publicitaires, murs couleur beurre, grand miroir, etc.) et, au gré des saisons, la tradition bistrotière respire la fraîcheur du marché...

Menu 25/35 €

Plan : E2-t – *74 rue Bernard-Palissy – ✆ 02 47 05 10 17 – Fermé dimanche*

La Deuvalière

CUISINE MODERNE · TENDANCE X Julien et Alexandra mettent toute l'énergie de leur jeunesse pour séduire les gourmands de passage... et ils y parviennent sans problème ! Leur cuisine, réglée sur les saisons, réserve de jolies surprises. Le cadre intemporel, celui d'une maison ancienne avec poutres et tomettes, ne fait qu'ajouter à notre plaisir.

Menu 22 € (déjeuner)/34 €

Plan : D1-e – *18 rue de la Monnaie – ✆ 02 47 64 01 57 – www.restaurant-ladeuvaliere.com – Fermé samedi, dimanche*

Le Laurenty

CUISINE MODERNE · CONVIVIAL X Nichée dans une rue semi-piétonne du centre-ville, cette table est le repaire d'un chef énergique et sûr de sa cuisine. Ses préparations, bien dans l'air du temps, ne manquent pas de peps, à l'image de cette poulette de Racan en deux cuissons, son plat signature. On passe un excellent moment.

Menu 16 € (déjeuner), 22/38 € – Carte 36/51 €

Plan : E1-b – *54 rue Colbert – ✆ 02 47 64 56 54 – Fermé 26 février-11 mars, 6-19 août, lundi, dimanche*

Nobuki Ⓝ

CUISINE JAPONAISE · ÉPURÉ X Un cadre élégant et zen, tout de bois clair, et une cuisine japonaise de saison, qui marque par sa fraîcheur et son originalité. Beignets de dorade et sauce au sésame blanc, ou encore *butanokakuni* – porc braisé à la japonaise... Attention : fermé les soirs de semaine, à l'exception du vendredi : réservation impérative.

Menu 25 € (déjeuner), 38/52 €

Plan : E2-a – *3 rue de Buffon – ✆ 02 47 05 79 79 – www.nobuki.fr – Fermé 21 juillet-19 août, lundi soir, mardi soir, mercredi soir, jeudi soir, samedi, dimanche*

O & A Ⓝ

CUISINE MODERNE · BISTRO X Bien connu dans les parages, Olivier Arlot accueille dans un cadre agréable, aux touches industrielles (éclairage, etc.). Côté cuisine, on trouve une partition bistronomique de bonne facture, avec un menu-carte renouvelé au fil des saisons.

Menu 36 €

Plan : C2-a – *place Gaston-Paillhou – ✆ 02 47 55 87 73 – Fermé samedi, dimanche*

QG Ⓝ

CUISINE MODERNE · ÉPURÉ X Traçabilité, éthique, produits issus des circuits courts : ainsi se résume la philosophie de Thierry, patron passionné de ce QG installé au cœur du vieux Tours. On se régale de plats de bistrot aux saveurs 100% naturelles, accompagnés de vins qui le sont tout autant. Agréable terrasse sur la place du marché.

Menu 22 € (déjeuner) – Carte 25/45 €

Plan : C2-b – *19 place du Grand-Marché – ✆ 02 47 61 49 29 – Fermé lundi, dimanche*

Hôtels

Océania L'Univers

HISTORIQUE • ART DÉCO Accueil en grande pompe, dans le hall, avec une fresque représentant les plus célèbres clients de l'hôtel : Fernandel, Gainsbourg, Piaf... Depuis 1846, le meilleur établissement de Tours reçoit dans un esprit "petit palace". Le must : siroter un cocktail au bar !

87 chambres – 135/280 € – 4 suites – 15 €

Plan : E2-u – *5 boulevard Heurteloup – 02 47 05 37 12 – www.oceaniahotels.com*

Château Belmont

BUSINESS • PERSONNALISÉ Cet hôtel, avec son salon-véranda donnant sur le petit parc et ses chambres confortables, se révèle un véritable havre de paix. De surcroît, l'établissement abrite un spa avec sauna et hammam.

56 chambres – 129/195 € – 4 suites – 19 €

Plan : B1-v – *57 rue Groison – 02 47 46 65 00 – www.chateaubelmont.com*

L'Adresse

FAMILIAL • COSY Dans le quartier historique du Plumereau, cette bâtisse du 18e s. est idéale pour une escapade. Pierres et poutres apparentes, dessus-de-lit en boutis, tons pastel... La déco, tout en simplicité et fraîcheur, met bien en valeur le charme des lieux. Cosy et chaleureux !

17 chambres – 88/125 € – 10 €

Plan : C2-u – *12 rue de la Rôtisserie – 02 47 20 85 76 – www.hotel-ladresse.com*

à Fondettes 7 km au Nord-Ouest par D952 – 37230

Auberge de Port Vallières

CUISINE TRADITIONNELLE • CLASSIQUE XX Entre Tours et Angers, voici une halte toute trouvée ! Une savoureuse cuisine d'inspiration tourangelle vous attend dans ce restaurant élégant et chaleureux, dont le chef affectionne les beaux produits : civet de homard, ris de veau braisé, tarte fine aux pommes... Service attentionné et belle carte des vins.

Menu 20 € (déjeuner), 33/68 € – Carte 50/80 €

195 quai des Bateliers, D952, route des bords de Loire – 02 47 42 24 04 – www.auberge-de-port-vallieres.fr – Fermé 7-21 janvier, 19 août-5 septembre, lundi, dimanche soir

à Parçay-Meslay 9 km au Nord par A10, D129 et D77 – 37210

L'Arche de Meslay

CUISINE MODERNE • TRADITIONNEL XX On oublie très vite le quartier (une zone commerciale) pour se concentrer sur la cuisine fine et fraîche, véritablement pleine de saveurs... À l'image de la spécialité du chef breton : la bouillabaisse à la tourangelle – rouget, rascasse, rillons et andouillette !

Menu 22/60 € – Carte 40/80 €

14 rue des Ailes – 02 47 29 00 07 – www.larchedemeslay.fr – Fermé 5-27 août, lundi, dimanche

à Rochecorbon 6 km à l'Est par D140 – 37210

Les Hautes Roches

CUISINE TRADITIONNELLE • ÉLÉGANT XXX Aux beaux jours, la terrasse qui domine le "fleuve royal" est incontournable, et rivalise avec l'élégance épurée de la salle. Le chef, breton d'origine, marie les influences océanes aux produits régionaux. Une cuisine franche et maîtrisée.

→ Homard rôti et fumé aux sarments, cocos et sucs au banyuls. Turbot cuit sur le gril, béarnaise retour des Indes. Soufflé au Grand Marnier

Menu 65/125 € – Carte 85/115 €

86 quai de la Loire – 02 47 52 88 88 – www.leshautesroches.com – Fermé 17 février-1er avril, lundi, dimanche

Les Hautes Roches

DEMEURE HISTORIQUE · CONTEMPORAIN Installé dans un ancien monastère en partie troglodyte, face à la Loire, cet hôtel creusé dans le tuffeau a du caractère ! Seules les fenêtres percées dans la falaise indiquent la présence de chambres. Une adresse insolite pour une expérience inédite.

14 chambres - 170/350 € - 21 €

86 quai de la Loire - 02 47 52 88 88 - www.leshautesroches.com - Fermé 15 février-4 avril

Les Hautes Roches - voir la sélection des restaurants

Arthotel

DEMEURE HISTORIQUE · ORIGINAL En bordure de Loire, l'établissement est installé dans les murs du splendide château de la Taisserie, datant de 1898. Une noble ascendance, que l'on oublie aussitôt en découvrant l'intérieur : mobilier contemporain, contrastes noir-blanc, chambres actuelles... Saisissant !

28 chambres - 147/312 € - 19 €

19 quai de la Loire - 02 47 22 24 44 - www.art-hotel-tours.com

à St-Cyr-sur-Loire 2 km à l'Ouest par D952 - 37540

L'Atelier d'Olivier Arlot

CUISINE MODERNE · BRANCHÉ X Installé par Olivier Arlot sur les quais de la Loire, ce bistrot joue la modernité sur les deux tableaux : dans le décor et dans l'assiette. L'exemple même d'une bistronomie futée, vivante, avec plancha de rigueur, et renouvellement très régulier de la carte. Excellent rapport qualité-prix.

Menu 33/39 €

Plan : A2-a - *55 quai des Maisons-Blanches - 02 47 73 18 63 - Fermé 19-25 février, 1er-19 août, 24 décembre-2 janvier, lundi, dimanche*

TOURTOUR

83690 (Var) - Carte régionale n° **24**-C3

Carte Michelin 340-M4 - Guide Vert Michelin Côte d'Azur

La Table

CUISINE MODERNE · INTIME X Charmant petit restaurant contemporain situé à l'étage d'une maison en pierre. La cuisine, savoureuse, valorise les produits du marché, notamment les légumes (excellent menu végétarien, à prix doux). À déguster sur la terrasse ombragée. L'accueil est aussi chaleureux que le service, dynamique.

Menu 28/45 € - Carte 50/82 €

1 Traverse de Jas, Les Ribas - 04 94 70 55 95 - www.latable.fr - Fermé mardi

La Bastide de Tourtour

AUBERGE · TRADITIONNEL Quel site ! Cette bastide - aux allures de château - domine le massif des Maures et... toute la région. Une partie des chambres, avec balcon, ouvrent sur ce fabuleux panorama. Cependant, beaux matériaux et grand confort dessinent une dimension... toute humaine. Agréable petit spa, idéal pour la détente.

23 chambres - 165/380 € - 21 €

route de Flayosc (au village) - 04 98 10 54 20 - www.bastidedetourtour.com

La Petite Auberge

FAMILIAL · PERSONNALISÉ En retrait du village, face au massif des Maures, un mas entouré de végétation... et ouvert sur l'horizon côté piscine. Les chambres ne sont pas dénuées de romantisme ! On dîne dans un décor élégant d'une savoureuse cuisine traditionnelle.

14 chambres - 126/166 € - 1 suite - 13 €

route de Flayosc, 1,5 km par D77 - 04 98 10 26 16 - www.petiteauberge.net - Fermé 14 octobre-6 avril

LA TOUSSUIRE

✉ 73300 (Savoie) - Carte régionale n° **4**-F2
Carte Michelin 333-K6 - Guide Vert Michelin Alpes du Nord

Le Beausoleil

FAMILIAL • CONTEMPORAIN Un beau chalet refait à neuf, parfait pour profiter du domaine skiable des Sybelles : il se trouve dans un quartier calme, à deux pas du départ des pistes et du centre de la station. Les lieux revisitent l'esprit montagne dans une belle veine contemporaine et avec un vrai souci du bien-être : un ensemble agréable...

19 chambres - 128/236 €

Le Beausoleil - ✆ 04 79 56 74 59 - www.beausoleilhotel.com

TRAENHEIM

✉ 67310 (Bas-Rhin) - Carte régionale n° **10**-A1
Carte Michelin 315-I5

Zum Loejelgucker

CUISINE TRADITIONNELLE • RUSTIQUE XX Dans un village viticole au pied des Vosges, cette ferme alsacienne du 18e s. ne manque pas de charme : bons plats régionaux avec quelques suggestions plus actuelles, boiseries sombres, fresques et cour fleurie l'été. Une maison sérieuse.

Menu 28/45 € - Carte 30/55 €

17 rue Principale - ✆ 03 88 50 38 19 - www.loejelgucker-auberge-traenheim.com - Fermé 24 décembre-5 janvier, lundi soir, mardi soir

LA TRANCHE-SUR-MER

✉ 85360 (Vendée) - Carte régionale n° **23**-B3
Carte Michelin 316-H9 - Guide Vert Michelin Pays de la Loire

Le Pousse-Pied (Anthony Lumet)

CUISINE MODERNE • CONTEMPORAIN X Ancien collaborateur d'Alexandre Couillon à Noirmoutier – il était un temps aux fourneaux de la Table d'Élise –, le jeune Anthony Lumet décline ici une cuisine nette et épurée, sans artifices d'aucune sorte, au fil de la saison et des arrivages. Trois saveurs maxi, des dressages simples, des cuissons parfaites, le tout à prix raisonnable : on se pince !

→ Cuisine du marché

Menu 19 € (déjeuner), 37/65 €

84 boulevard des Vendéens - ✆ 02 51 56 23 95 - www.lepoussepied.fr - Fermé 11-20 mars, lundi soir, mardi, mercredi

Les Dunes

FAMILIAL • BORD DE MER Une grande maison face aux flots, avec sa véranda et son agréable piscine. Certaines chambres ont un balcon donnant sur la mer ; toutes sont fonctionnelles et impeccablement tenues.

45 chambres - 57/170 € - 10 €

68 avenue Maurice-Samson - ✆ 02 51 30 32 27 - www.hotel-les-dunes.com - Fermé 1er octobre-29 mars

TRÈBES - 11 (Aude) → voir Carcassonne

TRÉBEURDEN

✉ 22560 (Côtes-d'Armor) - Carte régionale n° **7**-B1
Carte Michelin 309-A2 - Guide Vert Michelin Bretagne Nord

Manoir de Lan-Kerellec

POISSONS ET FRUITS DE MER • CLASSIQUE XXX Un cadre magique : la salle est couverte d'une splendide charpente en forme de carène de bateau renversée, et la vue porte sur la Manche et les îles... Parfait pour profiter d'une cuisine créative, mettant en avant les produits de la mer.

Menu 30 € (déjeuner), 60/94 € - Carte 82/118 €

allée centrale de Lan-Kerellec - ✆ 02 96 15 00 00 - www.lankerellec.com - Fermé 1er janvier-15 mars, lundi midi, mardi midi, mercredi midi, jeudi midi

Ti al Lannec

CUISINE CLASSIQUE · ÉLÉGANT XXX Un restaurant bourré de charme avec ses beaux salons bourgeois. Dans la salle à manger panoramique, le spectacle vaut le coup d'œil et les produits de la mer valent... le coup de fourchette ! Judicieuse sélection de vins (bordeaux, appellations du Val de Loire...).

Menu 30 € (déjeuner), 48/81 € - Carte 50/120 €

14 allée de Mezo Guen - 02 96 15 01 01 - www.tiallannec.com - Fermé 19 novembre-8 mars

Manoir de Lan-Kerellec

LUXE · PERSONNALISÉ Dominant les îles de la Côte de Granit rose, ce noble manoir breton du début du 20e s. est bourré de charme : vastes chambres aux tissus chatoyants avec balcon ou terrasse, jardin luxuriant et atmosphère familiale... Que demander de plus ?

19 chambres - 204/570 € - 22 €

allée centrale de Lan-Kerellec - 02 96 15 00 00 - www.lankerellec.com - Fermé 1er janvier-15 mars

Manoir de Lan-Kerellec - voir la sélection des restaurants

Ti al Lannec

TRADITIONNEL · ÉLÉGANT Voilà l'adresse idéale pour profiter de Trébeurden dans une atmosphère luxueuse et feutrée, aux délicieux salons. Juchée sur une colline face à la mer, cette grande villa Belle Époque (1906) distille un charme sûr. Des meubles anciens, des tentures fleuries, un spa : délectable.

27 chambres - 215/400 € - 6 suites - 19 €

14 allée de Mezo Guen - 02 96 15 01 01 - www.tiallannec.com - Fermé 19 novembre-8 mars

Ti al Lannec - voir la sélection des restaurants

TRÉBOUL - 29 (Finistère) → voir Douarnenez

TREFFORT-CUISIAT

01370 (Ain) - Carte régionale n° **2**-B1

Carte Michelin 328-F3 - Guide Vert Michelin Lyon et sa région

L'Embellie

CUISINE MODERNE · FAMILIAL X Une maison en pierre sur la place principale du village... L'affaire est menée par un jeune couple "de retour au pays". Le chef, très soucieux de conserver le goût de chaque produit travaillé (dont de belles volailles de Bresse), signe une jolie cuisine. Quelle Embellie ! Chambres simples pour l'étape.

Menu 33/50 € - Carte 30/58 €

9 place du Champ de Foire - 04 74 42 35 64 - www.lembellie.org - Fermé 10-24 juin, 24 décembre-7 janvier, lundi, samedi midi, dimanche soir

Voyages des sens

CUISINE MODERNE · AUBERGE XX Cette maison de vigneron en pierre invite au voyage des sens. Laissez-vous emporter par l'enthousiasme de ce jeune couple : cuisine au goût du jour, carte courte, produits locaux. Et menu ouvrier le midi. Voyage réussi !

Menu 14 € (déjeuner), 31/46 € - Carte 45/65 €

33 rue Principale - 04 74 51 39 94 - www.voyagedessens.com - Fermé lundi, mardi midi, dimanche soir

TRÉGASTEL

22730 (Côtes-d'Armor) - Carte régionale n° **7**-B1

Carte Michelin 309-B2 - Guide Vert Michelin Bretagne Nord

Le Macareux

POISSONS ET FRUITS DE MER · TRADITIONNEL XX Point besoin d'être un macareux pour se poser dans cette sympathique longère bretonne, il vous suffit d'être amateur de bonne cuisine. Spécialités du chef : les ormeaux, le homard et les fruits de mer, avec un coup de projecteur sur la pêche locale. On fait le plein d'iode ! En bonus : une terrasse face à... la mer.

Menu 56/70 € - Carte 40/75 €

21 rue des Plages - ✆ 02 96 23 87 62 - Fermé 1er janvier-10 février, 15 octobre-10 février, lundi, mardi, mercredi soir, jeudi soir, vendredi soir

TRÉGUIER

✉ 22220 (Côtes-d'Armor) - Carte régionale n° **7**-B1

Carte Michelin 309-C2 - Guide Vert Michelin Bretagne Nord

Aigue Marine

CUISINE MODERNE · FAMILIAL XX L'aigue-marine : une pierre fine que l'on portait en talisman au moment de partir en mer... et une table où Stanislas Laisney, qui fut longtemps second de la maison, perpétue la tradition océane. Produits de la mer et légumes de petits producteurs sont joliment travaillés : avis aux amateurs de saveurs iodées !

→ Langoustine, boudin noir, aubergine et abricot. Turbot et cocos de Paimpol. Chocolat blanc, chou-fleur et mélisse

Menu 21 € (déjeuner), 49/93 € - Carte 80/90 €

5 rue Marcelin-Berthelot (sur le port) - ✆ 02 96 92 97 00 - www.aiguemarine-hotel.com - Fermé 11 novembre-15 mars, lundi, dimanche

Aigue Marine

TRADITIONNEL · FONCTIONNEL Les familles apprécieront à coup sûr cet hôtel aux chambres fonctionnelles - souvent avec balcon -, à choisir côté port ou côté piscine et jardin. Le matin, le petit-déjeuner est soigné et copieux !

48 chambres - 70/140 € - 17 €

5 rue Marcelin-Berthelot (sur le port) - ✆ 02 96 92 97 00 - www.aiguemarine-hotel.com - Fermé 6 janvier-4 mars, 10-25 novembre

Aigue Marine - voir la sélection des restaurants

Kastell Dinec'h

FAMILIAL · PERSONNALISÉ Une maison en pierre comme on les aime, tout droit sortie du 17e s., hésitant entre la ferme et le manoir... Les chambres y sont cosy et soignées ; cuisine de qualité (producteurs locaux, bio, etc.) sur réservation.

16 chambres - 65/135 € - 14 €

route de Lannion - ✆ 02 96 92 92 92 - www.kastelldinech.com - Fermé 16 décembre-10 mars

TREILLES

✉ 11510 (Aude) - Carte régionale n° **21**-B3

Carte Michelin 344-I5

L'Atelier Acte 2

CUISINE MODERNE · CONVIVIAL X Ah, cette terrasse bordée de pins sur les hauteurs de Leucate, en plein cœur du vignoble de Fitou... Le chef vous y sert des plats régionaux savoureux, dont sa spécialité : l'épaule d'agneau en croûte d'aïoli. Il y a des accents catalans dans cette cuisine d'artisan, simple mais soignée, qui n'a d'autre prétention que celle de vous régaler.

Menu 24 € (déjeuner)/35 € - Carte 47/74 €

6 route des Corbières - ✆ 04 68 33 08 59 - www.atelier-acte2.com - Fermé lundi, dimanche soir

TREMBLAY-EN-FRANCE - 93 (Seine-Saint-Denis) → voir Autour de Paris

LE TREMBLAY-SUR-MAULDRE

✉ 78490 (Yvelines) - Carte régionale n° **15**-A2
Carte Michelin 311-H3

✿ Numéro 3 (Laurent Trochain)

CUISINE MODERNE • DESIGN XXX Une métamorphose ! Oubliées les poutres, la cheminée et même la façade traditionnelle ; place à un cadre éminemment contemporain, géométrique et design. La cuisine respecte ses fondamentaux : beaux produits, geste soigné et recettes nouvelles.

→ Tempura de légumes du jardin, vinaigrette d'oseille. Poule de Houdan en déclinaison. Feuilleté au caramel, crème glacée au Picon

Menu 49/85 €

3 rue du Général-de-Gaulle - ✆ 01 34 87 80 96 - www.restaurant-numero3.fr - Fermé 2-9 janvier, 29 avril-7 mai, 12-27 août, lundi, mardi

Les Chambres du Numéro 3

AUBERGE • CONTEMPORAIN Cette maisonnette de village et sa grange accueillent trois belles chambres confortables et spacieuses, tout en beaux matériaux (bois, pierre). L'une d'entre elles, en duplex, domine la jolie cour pavée. Un ensemble élégant et accueillant, à l'unisson du restaurant Numéro 3 dont il dépend.

3 chambres - 👥135 € - ☕ 17 €

4 rue du Général-de-Gaulle - ✆ 01 34 87 80 96 - www.restaurant-numero3.fr - Fermé 2-8 janvier, 29 avril-7 mai, 12-27 août

TREMBLAY-VIEUX-PAYS - 93 (Seine-Saint-Denis) → voir Tremblay-en-France - Autour de Paris

TRÉMOLAT

✉ 24510 (Dordogne) - Carte régionale n° **18**-C3
Carte Michelin 329-F6 - Guide Vert Michelin Périgord Quercy

✿ Le Vieux Logis

CUISINE MODERNE • ÉLÉGANT XXX Une valeur sûre que cette table de tradition, dont le cadre - un ancien séchoir à tabac, tout en pierre et bois peint - est tout à fait charmant. Le chef sait choisir ses produits et les accommoder avec justesse ; il propose à midi un menu dans un esprit tapas, à un prix intéressant. De la gastronomie en mouvement !

→ Foie gras et rhubarbe, gingembre et monbazillac. Filet mignon de veau truffé, raviole de jaune d'œuf coulant. Soufflé à la vieille prune du Périgord, glace à la vanille

Menu 60 € (déjeuner), 90/130 € - Carte 100/120 €

Le Bourg - ✆ 05 53 22 80 06 - www.vieux-logis.com

Bistrot de la Place

CUISINE TRADITIONNELLE • BISTRO X Une adresse pour se restaurer dans le village où Claude Chabrol tourna le film Le Boucher (1970). Vieilles pierres, poutres et réjouissante cuisine régionale, avec notamment un menu "tout canard" qui ravira les amateurs du célèbre palmipède... Un moment très sympathique.

Menu 20 € (déjeuner), 27/37 € - Carte 40/47 €

Le Bourg - ✆ 05 53 22 80 69 - www.vieux-logis.com

Le Vieux Logis

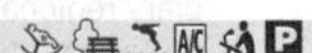

HISTORIQUE • ÉLÉGANT Cet ancien prieuré est le vivant récit de l'histoire de la famille des propriétaires, vieille de presque cinq siècles ! Les chambres sont meublées avec goût et le jardin est superbe. Un Logis extrêmement chaleureux.

25 chambres - 👥210/495 € - ☕ 25 €

Le Bourg - ✆ 05 53 22 80 06 - www.vieux-logis.com

✿ **Le Vieux Logis** - voir la sélection des restaurants

LE TRÉPORT

✉ 76470 (Seine-Maritime) - Carte régionale n° **17**-D1

Carte Michelin 304-I1 - Guide Vert Michelin Normandie Vallée de la Seine

Le Saint-Yves

TRADITIONNEL · CLASSIQUE Sur l'avant-port (il suffit d'emprunter la passerelle pour rejoindre le centre-ville), un hôtel traditionnel où l'on vous reçoit avec la plus grande amabilité. L'intérieur, de style bourgeois, est particulièrement net et soigné.

22 chambres - 78/87 € - 3 suites - 10 €

7 place Pierre-Semard - 02 35 86 34 66 - www.hotellesaintyves.com

LA TRINITÉ-SUR-MER

✉ 56470 (Morbihan) - Carte régionale n° **7**-B3

Carte Michelin 308-M9 - Guide Vert Michelin Bretagne Sud

L'Azimut

CUISINE MODERNE · COSY Ambiance maritime tous azimuts dans la salle à manger et agréable terrasse offrant une échappée sur le port... À la carte, de très beaux poissons et fruits de mer (dont un menu homard) et un joli choix de vins de plus de 500 appellations. L'une des meilleures tables des environs.

Menu 28 € (déjeuner), 38/65 € - Carte 51/75 €

1 rue du Men-Du - 02 97 55 71 88 - www.lazimut-latrinite.com - Fermé mardi, mercredi

L'Arrosoir

POISSONS ET FRUITS DE MER · BISTRO On entre dans ce restaurant par sa terrasse en teck grande ouverte sur la mer. À l'intérieur, c'est un coquet décor de bistrot marin qui sert d'écrin à une jolie cuisine océane.

Menu 23 € (déjeuner) - Carte 35/60 €

4 place Yvonne-Sarcey - 02 97 30 13 58 - www.leshortensias.info - Fermé mardi midi, mercredi midi

Le Surcouf

CUISINE MODERNE · BISTRO Bienvenue dans ce bistrot convivial et chaleureux, qui emprunte son patronyme au célèbre corsaire breton Robert Surcouf. L'attrait du restaurant doit beaucoup à son jeune chef-patron, qui réalise une cuisine vivante et goûteuse avec de bons produits frais. On vous conseille le petit menu de midi, très attractif !

Menu 16 € (déjeuner)/20 € - Carte 25/45 €

21 rue des Résistants - 02 90 61 39 03 - Fermé 1er-27 janvier, lundi, dimanche soir

Le Lodge Kerisper

TRADITIONNEL · COSY Les bâtiments de cette ancienne ferme du 19e s. ont beaucoup de cachet : intérieur tout en matériaux nobles, meubles chinés et parquets bruts. Ajoutez à cela un salon cosy, des chambres fraîches, et cocooning. Un véritable "boutique hôtel" !

17 chambres - 90/240 € - 3 suites - 14 €

4 rue du Latz - 02 97 52 88 56 - www.lodgekerisper.com - Fermé 6-24 janvier, 24 novembre-15 décembre

Le guide MICHELIN est aussi sur la Toile : retrouvez toute la sélection sur www.restaurant.michelin.fr

TRIZAY

✉ 17250 (Charente-Maritime) – Carte régionale n° **20**-B2

Carte Michelin 324-E4 – Guide Vert Michelin Poitou-Charentes

Les Jardins du Lac

CUISINE MODERNE • ÉLÉGANT XXX Cette table est le repaire du jeune chef Johann Suire, dont les assiettes très personnelles tirent le meilleur des bons poissons de l'Atlantique et des plantes aromatiques de son jardin : rouget confit au sel, filet de canette rosé et compotée d'oignons...

Menu 28/65 € – Carte 64/93 €

Lac du Bois Fleuri, 2,5 km – ✆ 05 46 82 03 56 –
www.jardins-du-lac.com –
Fermé 17 février-8 mars, lundi, dimanche soir

Les Jardins du Lac

TRADITIONNEL • PERSONNALISÉ Des chambres spacieuses, contemporaines et cossues, dont les terrasses (ou balcons) donnent directement sur le lac... Voilà ce qui vous attend dans ce domaine situé au grand calme de la campagne charentaise. Un séjour délicieux !

15 chambres – 125/250 € – 1 suite – 17 €

Lac du Bois Fleuri – ✆ 05 46 82 03 56 –
www.jardins-du-lac.com –
Fermé 17 février-8 mars

Les Jardins du Lac – voir la sélection des restaurants

LE TRONCHET

✉ 35540 (Ille-et-Vilaine) – Carte régionale n° **7**-D2

Carte Michelin 309-K4 – Guide Vert Michelin Bretagne Nord

Le Jardin de l'Abbaye (N)

CUISINE ACTUELLE • COSY X Aux fourneaux de cette table au sein de l'Abbaye, un jeune chef met la bistronomie à l'honneur de belle manière : filet de saint-pierre à la plancha, sauce vierge et petits légumes ; carré d'agneau en croûte d'herbes... Le tout dans un décor plaisant : sol en chêne clair, plafond noir, chaises en rotin, cave vitrée.

Menu 30/52 € – Carte 30/52 €

L'Abbaye, L'Abbatiale – ✆ 02 99 16 94 41 –
www.hotel-de-labbaye.fr/le-restaurant/ –
Fermé 18 novembre-15 février, lundi, mardi midi, mercredi midi, jeudi midi, vendredi midi, samedi midi, dimanche midi

L'Abbaye

DEMEURE HISTORIQUE • CONTEMPORAIN En pleine campagne, au bord d'un étang, cette ravissante abbaye du 12e s. a été rénovée avec beaucoup de goût. Belle cour encadrée de bâtisses en pierre, chambres confortables et résolument modernes, qui ne manquent pas d'élégance, et dont certaines disposent d'une terrasse privative... Tout simplement charmant !

44 chambres – 99/230 € – 1 suite – 15 €

L'Abbatiale – ✆ 02 99 16 94 41 – www.hotel-de-labbaye.fr –
Fermé 18 novembre-15 février

La Table de l'abbaye – voir la sélection des restaurants

TROUVILLE-SUR-MER

✉ 14360 (Calvados) – Carte régionale n° **17**-A3

Carte Michelin 303-M3 – Guide Vert Michelin Normandie Vallée de la Seine

1912

CUISINE CRÉATIVE • CONTEMPORAIN XXX Harmonie et relief définissent les créations de Johan Thyriot, qui laisse voguer son inspiration (avec quelques détours par le Japon, mais aussi le Sud-Ouest) et fait bon usage de toutes sortes de plantes et d'épices rares. Il en résulte une cuisine engagée, subtile et convaincante, qui ne laissera personne indifférent.

→ Sèche étuvée et marinée au jus de légumes, vinaigrette de tagète et sorbet avocat. Homard bleu et tomate ancienne bio. Maïs en différentes textures au piment d'Espelette, marmelade de fruits rouges

Menu 70/110 € - Carte 67/115 €

Plan : A2-r - *Les Cures Marines, boulevard de la Cahotte - ✆ 02 31 14 25 90 - www.le1912.com - Fermé lundi, mardi, mercredi, jeudi midi, vendredi midi, samedi midi*

La Petite Auberge

CUISINE TRADITIONNELLE • FAMILIAL X Dans une rue au cœur de Trouville, une Petite Auberge conviviale et vraiment mignonne où l'on se sent tout de suite bien. La table valorise le terroir et les produits régionaux. Dans l'assiette, c'est généreux, gourmand et savoureux. En bref, une adresse sympathique !

Menu 31 € (déjeuner)/43 € - Carte 50/70 €

Plan : A2-f - *7 rue Carnot - ✆ 02 31 88 11 07 - www.lapetiteaubergesurmer.fr - Fermé 15-30 janvier, 15-30 juin, lundi soir, mardi, mercredi*

Les Cures Marines

SPA ET BIEN-ÊTRE • GRAND LUXE Cet hôtel, installé dans un imposant bâtiment néoclassique (1912) entre port et plage, en plein cœur de Trouville, signe le retour du balnéaire chic ! Tout y respire l'élégance et le confort, avec ce vaste hall superbement décoré, ces chambres lumineuses, et ce spa marin unique en son genre... Exceptionnel.

97 chambres - 195/850 € - 6 suites - 27 €

boulevard de la Cahotte - ✆ 02 31 14 26 00 - www.lescuresmarines.com - Fermé 6-10 janvier

1912 - voir la sélection des restaurants

Hostellerie du Vallon

TRADITIONNEL • PERSONNALISÉ En léger retrait des quais, au calme, cette hostellerie de style normand offre un joli panorama sur la station balnéaire. Et pour se détendre : chambres spacieuses (certaines avec balcon), piscine couverte, hammam...

60 chambres - 135/280 € - 16 €

Plan : B3-v - *12 rue Sylvestre-Lasserre - ✆ 02 31 98 35 00 - www.hostellerie-du-vallon.fr*

Le Central

TRADITIONNEL • PERSONNALISÉ La halle aux poissons est en face ! Les chambres jouent la sobriété (tons harmonieux, mobilier en bois blanc patiné) et offrent, au choix, une vue sur le port, la rue ou les hauteurs de la station. La brasserie, très touristique, s'inspire des années 1930.

23 chambres - 109/165 € - 11 €

Plan : A2-n - *5 et 7 rue des Bains - ✆ 02 31 88 80 84 - www.le-central-trouville.com*

Les 2 Villas

BOUTIQUE HÔTEL • CONTEMPORAIN Dans une rue au calme, non loin des plages, ces deux maisons trouvillaises forment un hôtel tout à fait recommandable. Les chambres, confortables et cosy, se parent d'éléments vintage (appliques en tissu froissé, lampes de bureau industrielles), et l'ensemble est très bien tenu.

24 chambres - 70/148 € - 14 €

Plan : A2-d - *25 rue St-Germain - ✆ 02 31 49 09 19 - www.les2villas.fr*

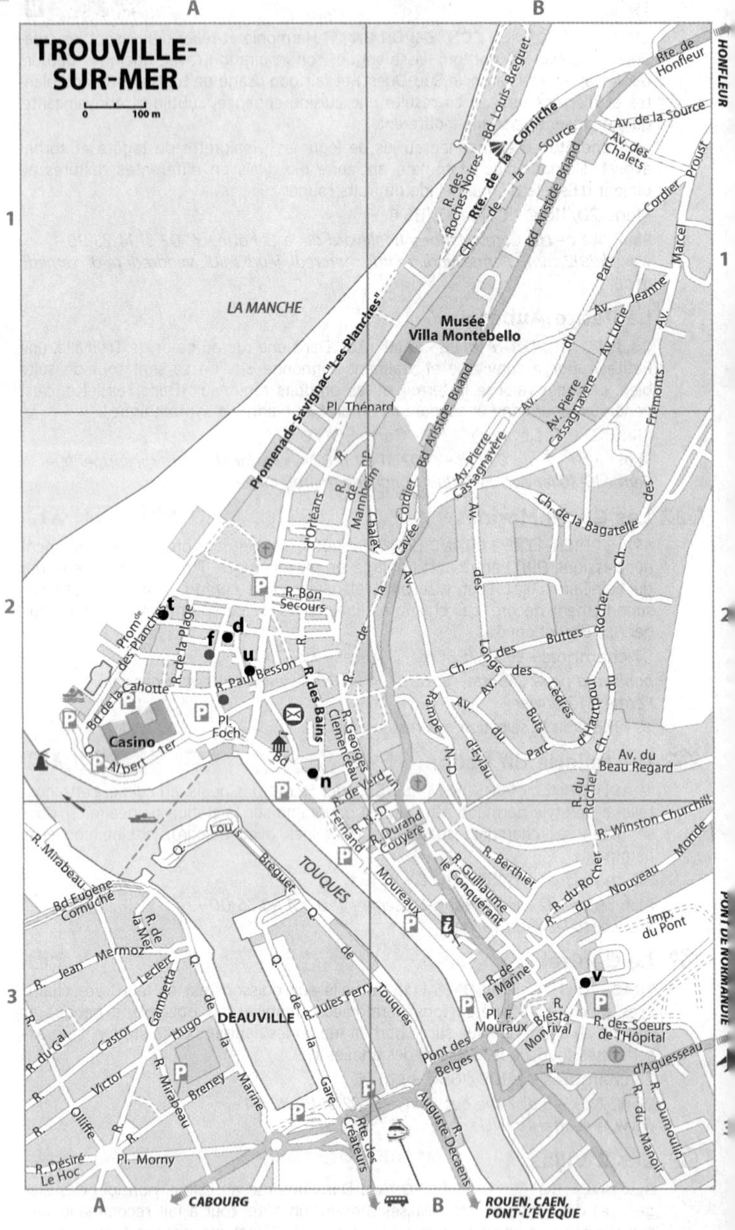
TROUVILLE-SUR-MER
0
100 m
LA MANCHE
Musée Villa Montebello
Casino
DEAUVILLE
TOUQUES
HONFLEUR
PONT DE NORMANDIE
CABOURG
ROUEN, CAEN, PONT-L'ÉVÊQUE
Promenade Savignac "Les Planches"
Rte. de la Corniche
Bd Aristide Briand
Pl. Thénard
Pl. Foch
Pl. F. Mouraux
Pont des Belges
Pl. Morny
R. des Bains
R. Paul Besson
R. de la Plage
Bd de la Cahotte
R. Bon Secours
Ch. de la Bagatelle
Av. du Beau Regard
R. Winston Churchill
R. des Soeurs de l'Hôpital
Rte. de Honfleur
Av. de la Source
Av. des Chalets
Q. Louis Breguet
Bd Eugène Cornuché
R. Jean Mermoz
R. Désiré Le Hoc
Rte. des Créateurs
R. Auguste Decaens
A
B
1
2
3

Le Fer à Cheval

URBAIN • PERSONNALISÉ On reconnaît cet établissement familial au cœur de Trouville à sa jolie façade typique. Les chambres sont confortables et feutrées, et l'on apprécie la proximité du casino et de la plage. Sans oublier l'accueil, plein de gentillesse !

34 chambres – 83/132 € – 13 €

Plan : A2-u – *11 rue Victor-Hugo – 02 31 98 30 20 – www.hotel-trouville.com*

Le Flaubert

FAMILIAL • BORD DE MER Il suffit de poser un pied dehors pour fouler les célèbres "planches" : cette villa à colombages très romantique (1936) est quasiment posée sur la plage ! Les chambres, plutôt classiques, disposent pour la moitié d'une jolie vue sur la mer.

31 chambres – 129/209 €

Plan : A2-t – *2 rue Gustave-Flaubert – 02 31 88 37 23 – www.flaubert.fr – Fermé 11 novembre-7 février*

TROYES

10000 (Aube) – Carte régionale n° **11**-B3

Carte Michelin 313-E4 – Guide Vert Michelin Champagne Ardenne

La Mignardise

CUISINE TRADITIONNELLE • CLASSIQUE XX Au cœur de la ville, cette maison à colombages (16e s.) se révèle chaleureuse : poutres, briques, tableaux contemporains, terrasse pour les beaux jours... On y apprécie une cuisine traditionnelle de qualité, dont les spécialités maison, langoustines rôties, Saint-Pierre grillé, ou tournedos Rossini.

Menu 32/65 € – Carte 45/95 €

Plan : C2-e – *1 ruelle des Chats – 03 25 73 15 30 – www.lamignardise.eu – Fermé lundi, dimanche soir*

Valentino

CUISINE MODERNE • INTIME XX A l'intérieur de cette jolie maison à colombages, située dans le renfoncement d'une ruelle piétonne de la vieille ville, toiles contemporaines et vivier à homards offrent un cadre original pour apprécier une cuisine axée sur les produits de la mer, qui fait le bonheur des Troyens. Les suggestions du chef sont toujours bienvenues.

Menu 29 € (déjeuner), 39/58 € – Carte 57/73 €

Plan : C2-s – *35 rue Paillot-de-Montabert – 03 25 73 14 14 – www.levalentino.com – Fermé 17 août-9 septembre, lundi, dimanche*

Au Jardin Gourmand

CUISINE TRADITIONNELLE • COSY X Dans cette ruelle pittoresque du vieux Troyes, le patron vous accueille avec bonne humeur. Il sait vous conseiller ses bons plats du terroir – dont l'andouillette et le bœuf à la ficelle – ou des recettes plus actuelles. Sous les glycines, la terrasse !

Menu 26 € (déjeuner)/36 € – Carte 31/45 €

Plan : C2-s – *31 rue Paillot-de-Montabert – 03 25 73 36 13 – Fermé 11-25 mars, 9-30 septembre, lundi midi, dimanche*

Aux Crieurs de Vin

CUISINE MODERNE • BISTRO X Briques nues, mobilier bistrot, concept branché : on choisit sa bouteille dans la cave, avant de l'accompagner d'un bon petit plat centré sur le produit (charcuterie artisanale, viande fermière, fromages de chez Bordier, etc.). Le patron s'adresse à chacun de ses clients, avec la jubilation non feinte du passionné de vins ! Un plaisir.

Carte 31/42 €

Plan : C2-n – *4 place Jean-Jaurès – 03 25 40 01 01 – www.auxcrieursdevin.fr – Fermé lundi, dimanche*

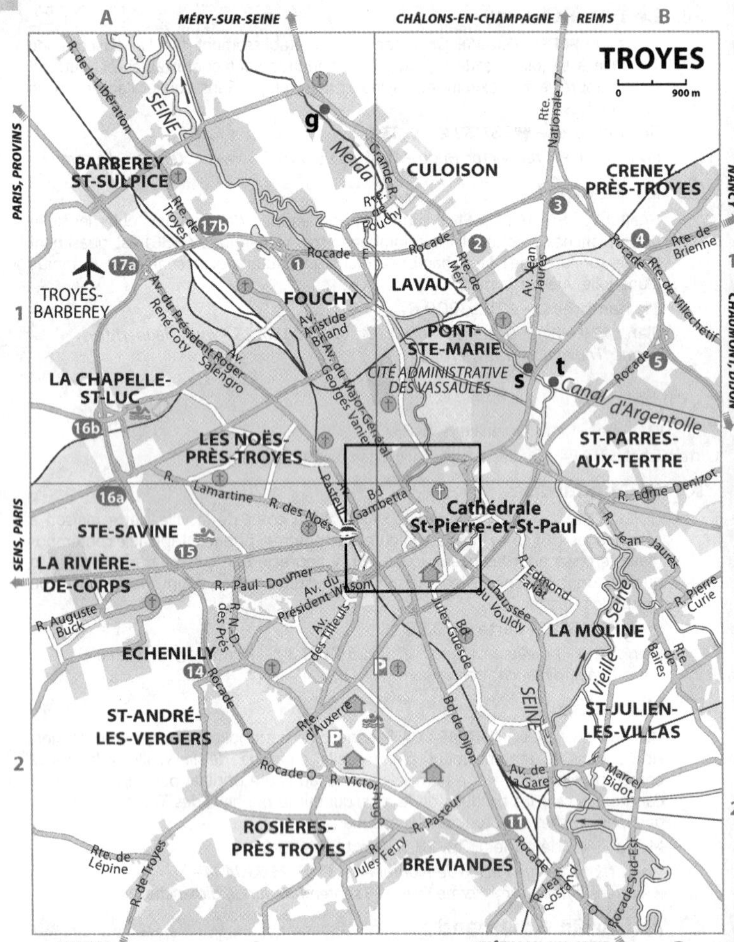

Caffè Cosi

CUISINE ITALIENNE · FAMILIAL Cette trattoria à l'italienne a pris ses quartiers dans une ancienne galerie d'art, ouverte sur une cour pavée. Produits d'épicerie à emporter et terrasse appréciable aux beaux jours.

Menu 24 € (déjeuner), 44/48 € – Carte 40/50 €

Plan : C2-z – *5 rue Marie-Pascale-Ragueneau* – *03 25 76 61 34* –
Fermé 17 février-4 mars, 10 août-2 septembre, lundi, mardi soir, mercredi soir, dimanche

Le Champ des Oiseaux

HISTORIQUE · ÉLÉGANT Dans ces trois maisons des 15e-16e s., on aime à s'attarder près du feu qui crépite en hiver ou dans la ravissante cour pavée aux beaux jours. La magie se prolonge dans les chambres : pierre de Bourgogne, tomettes, linge de qualité...

9 chambres – 199/249 € – 2 suites – 23 €

Plan : D1-e – *20 rue Linard-Gonthier* – *03 25 80 58 50* –
www.champdesoiseaux.com

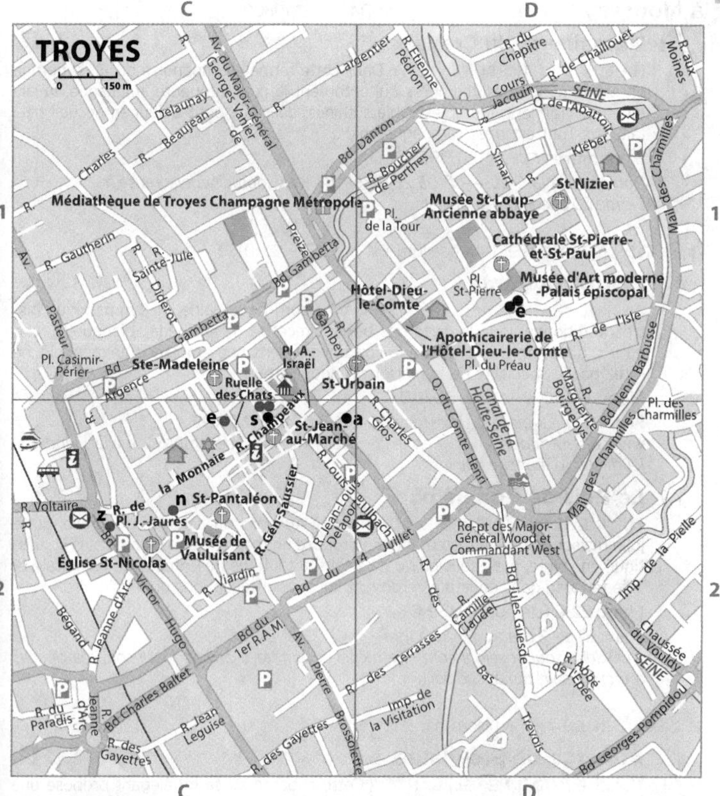

La Maison de Rhodes

HISTORIQUE · PERSONNALISÉ Ces belles demeures du 17e s. nichent dans une ruelle pavée du vieux Troyes. Poutres, pierres, torchis, tomettes, mobilier ancien ou contemporain s'y marient avec élégance. Le soir, on peut profiter de l'intimité du restaurant pour un dîner à base de produits bio.

7 chambres – 209/269 € – 4 suites – 23 €

Plan : D1-e – *18 rue Linard-Gonthier – 03 25 43 11 11 – www.maisonderhodes.com*

Hôtel de la Poste

TRADITIONNEL · PERSONNALISÉ Au cœur de la ville, près du secteur piétonnier, un ancien relais de poste entièrement rénové. La déco, imaginée sur la thématique du cheval, rend hommage aux fiacres qui y séjournaient. La plupart des chambres sont actuelles et cosy. Même ambiance feutrée au salon et dans la salle du petit-déjeuner.

30 chambres – 119/169 € – 2 suites – 16 €

Plan : C2-a – *35 rue Emile-Zola – 03 25 73 05 05 – www.hotel-de-la-poste.com*

Le Relais St-Jean

FAMILIAL · PERSONNALISÉ Une jolie ruelle, une bâtisse à colombages du 16e s., voilà qui a du cachet. Sous les poutres, les chambres, modernes, ont un charme feutré. Les petits plus : le jacuzzi dans une charmante cave voûtée et l'accueil prévenant.

23 chambres – 98/215 € – 16 €

Plan : C2-s – *51 rue Paillot-de-Montabert – 03 25 73 89 90 – www.hotel-relais-saint-jean.com*

à Moussey 10 km au Sud par D671 et D444 – ✉ 10800

Domaine de la Creuse

MAISON DE CAMPAGNE • COSY Dans cette ferme champenoise du 18e s. perdue en pleine nature, les chambres qui entourent la cour intérieure aménagée en jardin sont vraiment adorables. Objets chinés, délicieux petit-déjeuner, accueil parfait, etc. Tout est très "campagne chic"...

5 chambres – 120/195 €

Domaine de la Creuse – ☎ 03 25 41 74 01 – www.domainedelacreuse.fr – Fermé 20 décembre-5 janvier

à Pont-Ste-Marie 3 km au Nord-Est par D77 – ✉ 10150

Bistrot DuPont

CUISINE TRADITIONNELLE • BISTRO Au bord de la Seine, ce sympathique bistrot traditionnel joue la carte des bonnes recettes à l'ancienne : blanquette, coq au vin, suprême de volaille, que l'on dévore dans une ambiance animée... Et ne ratez pas la spécialité de la maison : l'andouillette.

Menu 19/40 € – Carte 30/60 €

Plan : B1-s – *5 place Charles-de-Gaulle – ☎ 03 25 80 90 99 – www.bistrotdupont.com – Fermé 26 juillet-19 août, 23 décembre-2 janvier, lundi, jeudi soir, dimanche soir*

Le Bois de Bon Séjour

CUISINE TRADITIONNELLE • CONVIVIAL Au bord du canal d'Argentolle, cette jolie maison abrite un restaurant, qui propose un menu unique le midi, plus sophistiqué en soirée, mais soucieux des saisons, à toute heure ! Ambiance conviviale et jolie terrasse dans un jardin verdoyant. Idéal pour réceptions ou séminaires.

Menu 22 € (déjeuner)/39 €

Plan : B1-t – *2 rue Roger Salengro – ☎ 03 25 81 04 54 – www.leboisdubonsejour.com – Fermé 24 décembre-6 janvier, lundi soir, mardi soir, mercredi soir, dimanche soir*

à Ste-Maure 7 km au Nord par D78 – ✉ 10150

Auberge de Ste-Maure

CUISINE MODERNE • ÉLÉGANT Cette auberge au cadre élégant propose une cuisine inventive, à l'instar des spécialités maison, cuisses de grenouilles à l'ail fumé ou ris de veau, meunière estragon-citron. Pour passer la nuit : trois roulottes en bois blond invitent à un voyage immobile.

Menu 30/60 € – Carte 50/80 €

Plan : B1-g – *99 route de Méry – ☎ 03 25 76 90 41 – www.auberge-saintemaure.fr – Fermé lundi, dimanche soir*

TRUN

✉ 61160 (Orne) – Carte régionale n° **17**-C2
Carte Michelin 310-J1

La Villageoise

MAISON DE CAMPAGNE • COSY Ses origines se perdent entre le 13e et le 17e s., mais sa vocation reste intacte : cet ancien relais de poste se montre très accueillant – de surcroît avec un vrai esprit de maison de famille, simple et frais. Voyez la chambre "Tourterelle"...

3 chambres – 80 €

66 rue de la République – ☎ 06 79 49 49 64 – www.lavillageoise.fr – Fermé 1er novembre-1er avril

TULLE

✉ 19000 (Corrèze) – Carte régionale n° **19**-C3
Carte Michelin 329-L4 – Guide Vert Michelin Limousin Berry

Les 7

CUISINE MODERNE · TENDANCE X Cette adresse de poche (25 couverts au maximum) est le fief d'un jeune couple plein d'allant. Les assiettes sont dressées avec beaucoup de soin, les saveurs et textures sont complémentaires : noix de Saint-Jacques rôties, betteraves et anguille fumée ; joue de bœuf confite, chou et foie gras... et n'oublions pas le service, absolument charmant.

Menu 21 € (déjeuner), 31/42 €

32 quai Baluze – ✆ 05 44 40 94 89 – www.restaurant-les7.fr – Fermé lundi, mercredi soir, dimanche soir

Le Bouche à Oreille

CUISINE TRADITIONNELLE · CONVIVIAL X On découvre ici le travail d'un chef aimable et discret, aussi modeste que bon cuisinier. Ses préparations font la part belle aux produits de saison, à l'instar de cet œuf parfait, endives à la crème de parmesan et viande des grisons, ou de ce confit de canard, légumes d'un pot-au-feu et sauce au raifort... C'est goûteux et bien ficelé : on se régale.

Menu 25 € (déjeuner)/35 €

39 avenue Charles de Gaulle – ✆ 05 44 40 40 30 – www.leboucheaoreille-tulle.com – Fermé lundi soir, mardi soir, dimanche soir

LA TURBALLE

✉ 44420 (Loire-Atlantique) – Carte régionale n° **23**-A2

Carte Michelin 316-A3 – Guide Vert Michelin Pays de la Loire

Le Terminus

POISSONS ET FRUITS DE MER · CONVIVIAL XX On y descend pour la vue sur le port de La Turballe, dont on jouit depuis toutes les tables ! La cuisine explore évidemment les produits de la mer.

Menu 40 € – Carte 28/80 €

18 quai Saint-Paul – ✆ 02 40 23 30 29 – www.laturballe.com/restaurant-terminus – Fermé 18 février-2 mars, lundi, mardi

LA TURBIE

✉ 06320 (Alpes-Maritimes) – Carte régionale n° **25**-E2

Carte Michelin 341-F5 – Guide Vert Michelin Côte d'Azur

Hostellerie Jérôme (Bruno Cirino)

CUISINE MÉDITERRANÉENNE · ÉLÉGANT XXX Oh, la noble hostellerie ! Oh, le pimpant décor à l'italienne ! Oh, l'incroyable cave de 40 000 bouteilles ! Chez Bruno Cirino, on s'exclame avant même d'avoir pris place. Et ce n'est que le début. Il est vrai que son restaurant, l'ancien réfectoire d'une annexe de l'abbaye de Lérins, a de l'allure : vaste hauteur sous plafond, voûte peinte, fresques fruits et légumes façon Pompéi, beau carrelage et cheminée du 17e s. Une petite terrasse fleurie profite d'une échappée vers la mer. Nous attendons désormais les assiettes, tous sens éveillés.

Bruno Cirino symbolise l'homme méridional dans toute sa splendeur : généreux, tenace, plein de caractère et s'exprimant avec autant de gestes que de mots. Sa cuisine, locavore (pêche d'à côté, légumes des paysans), a un pied en France et l'autre en Italie. Le grand terroir méditerranéen est son terrain de jeu. Prenons ses fines ravioles farcies, à la purée de févettes, à la ricotta et à la truffe noire, assorties de belles queues d'écrevisses et de savoureuses têtes de grosses asperges violettes, parfaitement croquantes et goûteuses. Tout le Sud est là.

→ Gamberoni viola di Oneglia rôti, jus Bellini à la verveine. Mostelle, carpaccio de cèpes, amanites des césars et infusion de girolles. Figue blanche rôtie à l'anis, la noire en sorbet aux feuilles de figuier

Menu 96/158 € – Carte 130/160 €

20 rue Comte-de-Cessole – ✆ 04 92 41 51 51 – www.hostelleriejerome.com – Fermé 15 novembre-13 février, lundi, mardi midi, mercredi midi, jeudi midi, vendredi midi, samedi midi, dimanche

Café de la Fontaine

CUISINE TRADITIONNELLE • BISTRO X Repas au coude-à-coude entre des habitués gouailleurs et des gourmands ravis, atmosphère très conviviale : pas de doute, on est dans un authentique café de village. Ode aux terroirs ensoleillés, la cuisine – bistrotière et généreuse à souhait – est réalisée avec les meilleurs produits du marché et cela se sent ! Réservation conseillée.

Carte 30/45 €

4 avenue du Général-de-Gaulle – ✆ 04 93 28 52 79 – www.hostelleriejerome.com

TURENNE

✉ 19500 (Corrèze) – Carte régionale n° **19**-B3

Carte Michelin 329-K5 – Guide Vert Michelin Périgord Quercy

Maison des Chanoines

HISTORIQUE • PERSONNALISÉ Au cœur de ce beau village corrézien, cette demeure du 16e s. allie charme historique et confort, non sans évoquer une véritable maison d'hôtes (mobilier ancien, tableaux, etc.). Avis aux gourmets : la table gastronomique est très soignée, ne vous en privez pas...

7 chambres – 85/140 € – 12 €

Rue Joseph Rouveyrol – ✆ 05 55 85 93 43 – www.maison-des-chanoines.com – Fermé 1er janvier-19 avril, 14 octobre-31 décembre

UCHAUX

✉ 84100 (Vaucluse) – Carte régionale n° **24**-A2

Carte Michelin 332-B8

Côté Sud

CUISINE MODERNE • ROMANTIQUE XX Un jeune couple au beau parcours concocte une cuisine simple, et des recettes bien ficelées, aux inspirations régionales. Vous passerez un moment plaisant dans cette maison en pierre, son jardin et son agréable terrasse. Service charmant.

Menu 26/40 € – Carte 50/55 €

route d'Orange – ✆ 04 90 40 66 08 – www.restaurantcotesud.com – Fermé mardi, mercredi

Château de Massillan

CUISINE MODERNE • CHIC XX Filets de rougets barbet, carré d'agneau de Provence... le chef rend un hommage malicieux à la cuisine provençale et aux produits locaux, souvent bio. En été, installez-vous dans la magnifique cour du château, autour d'une fontaine, face au jardin. *So romantic.*

Menu 29 € (déjeuner), 45/79 € – Carte 50/80 €

Hauteville, 3 km au Nord par D11 et rte secondaire – ✆ 04 90 40 64 51 – www.chateaudemassillan.fr – Fermé 17 février-12 mars, 27 octobre-13 novembre, lundi, mardi midi, dimanche soir

Le Temps de Vivre

CUISINE PROVENÇALE • TRADITIONNEL XX Chant des cigales, garrigue, vignes... Cette maison en pierre du 18e s. – mais au décor contemporain – invite à prendre le temps de vivre, en particulier sur sa terrasse ombragée. Le chef est un sérieux professionnel : il suffit de le voir préparer un fond de veau. Au menu : la générosité de la Provence, avec les légumes du beau-père en saison !

Menu 25 € (déjeuner), 32/48 € – Carte 51/59 €

322 route de Bollène (Les Farjons), 3,5 km au Nord par D11 – ✆ 04 90 40 66 00 – www.letempsdevivre-uchaux.com – Fermé mercredi, jeudi

Château de Massillan

DEMEURE HISTORIQUE · PERSONNALISÉ Diane de Poitiers aurait séjourné dans ce châtelet des 16e-17e s. niché dans un magnifique parc entouré de vignes... Pierres et poutres d'époque, tentures et mobilier élégants : l'ensemble est splendide, et pour les esprits zen, annexe dans un esprit bio et naturel.

28 chambres - 140/335 € - 19 €

Hauteville, 3 km au Nord par D11 et rte secondaire - 04 90 40 64 51 - www.chateaudemassillan.fr - Fermé 18 février-10 mars

Château de Massillan - voir la sélection des restaurants

L'UNION - 31 (Haute-Garonne) → voir Toulouse

UNTERMUHLTHAL - 57 (Moselle) → voir Baerenthal

UPAIX

05300 (Hautes-Alpes) - Carte régionale n° **24**-B2
Carte Michelin 334-D7

Le Beau Soleil

CUISINE MODERNE · AUBERGE En pleine campagne, cette maison est littéralement illuminée par le sourire d'Amélie, la patronne ! En cuisine, son mari met à profit la production maraîchère de la vallée de la Durance, les fromages locaux et l'agneau de Sisteron ; sa cuisine séduit dans un style simple et moderne.

Menu 17 € (déjeuner), 26/46 € - Carte 45/60 €

hameau de Rourebeau, 3 km à l'Est sur D22 - 04 92 22 31 36 - www.lebeausoleil.net - Fermé 23 juin-1er juillet, lundi, dimanche soir

URÇAY

03360 (Allier) - Carte régionale n° **1**-B1
Carte Michelin 326-C3

L'Étoile d'Urçay

CUISINE TRADITIONNELLE · AUBERGE Après une balade dans la forêt de Tronçais toute proche, arrêtez-vous dans ce restaurant familial. Au son de la musique d'ambiance, on s'installe dans un décor classique pour apprécier des recettes traditionnelles bien ficelées. Le chef sélectionne les meilleurs produits et, dans l'assiette, cela se sent !

Menu 43 € - Carte 40/50 €

42 route Nationale - 04 70 06 92 66 - letoiledurcay.eatbu.com - Fermé 15 février-11 mars, lundi, mardi soir, mercredi soir, jeudi soir, dimanche soir

URIAGE-LES-BAINS

38410 (Isère) - Carte régionale n° **2**-C2
Carte Michelin 333-H7 - Guide Vert Michelin Alpes du Nord

Maison Aribert (Christophe Aribert)

CUISINE CRÉATIVE · ÉLÉGANT Enfin chez lui ! Christophe Aribert s'est installé dans une belle maison du 19e s. adossée à la colline, au cœur du parc d'Uriage. Cet amoureux fou de la nature, qui a forgé ses armes à la Tour d'Argent puis aux Ambassadeurs (la table de l'Hôtel de Crillon), affirme encore davantage son attachement à ces montagnes magiques dont il extrait herbes et racines, véritable ponctuation de sa cuisine, à l'image de la benoite urbaine (famille du fraisier) ou de l'Antésite (concentré à base de réglisse). Une attention identique est portée aux produits (féra, truite, livèche), au service, jusqu'au pain, imaginé par le grand-père du chef, boulanger de son état, sur la base d'un levain, avec de l'eau de source, du gros sel gris de Guérande et une pincée de levure.

Menu 75 € (déjeuner), 120/189 €

229 chemin du Cheval-Perdu - 04 58 17 48 30 - www.maisonaribert.com - Fermé 19 août-3 septembre, 22 décembre-22 janvier, lundi, mardi, mercredi midi, jeudi midi, dimanche soir

La Tour Maline

CUISINE MODERNE • COSY En bordure du magnifique parc thermal, c'est une curiosité que ce restaurant construit dans une jolie tour ronde en brique rouge, surmontée d'un petit toit conique. Le chef, passionné, cuisine selon l'humeur du moment : filet de truite confit et crème acidulée au raifort ; filet de bœuf poêlé, jus au porto, pomme dauphine et céleri... Du très sérieux !

Menu 29 € (déjeuner), 52/62 € – Carte 50/65 €

allée des Cèdres – ✆ 04 76 89 15 04 – www.la-tour-maline.fr – Fermé 1er janvier-15 avril, mardi, mercredi

Grand Hôtel & Spa

TRADITIONNEL • PERSONNALISÉ Véritable institution d'Uriage, ce bel hôtel Napoléon III, relié au centre thermal, invite à un voyage au pays des arts... D'un grand raffinement, les chambres répondent aux noms de Coco Chanel, Colette, Mistinguett, Pierre Bonnard, etc., autant d'hôtes illustres dont elles perpétuent le souvenir.

38 chambres – 140/220 € – 3 suites – 18 €

place Déesse-Hygie – ✆ 04 76 89 10 80 – www.grand-hotel-uriage.com – Fermé 23 décembre-15 janvier

URMATT

✉ 67280 (Bas-Rhin) – Carte régionale n° **10**-A2
Carte Michelin 315-H5

La Poste

CUISINE TRADITIONNELLE • AUBERGE Les amateurs de tradition seront heureux de découvrir cette auberge familiale installée en face de l'ancienne mairie. Gibier en saison, truite au bleu, tournedos de bœuf Rossini, foie gras d'oie et autres terrines de campagne... La cuisine est généreuse et l'ambiance sympathique.

Menu 13 € (déjeuner), 20/42 € – Carte 30/54 €

74 rue du Général-de-Gaulle – ✆ 03 88 97 40 55 – www.hotel-rest-laposte.fr – Fermé 25 février-10 mars, 15 juillet-1er août, 24 décembre-1er janvier, lundi, dimanche soir

URRUGNE – 64 (Pyrénées-Atlantiques) ➜ voir St-Jean-de-Luz

URVILLE-NACQUEVILLE

✉ 50460 (Manche) – Carte régionale n° **17**-A1
Carte Michelin 303-B1

Le Landemer

CUISINE MODERNE • COSY Dans cette belle maison en pierre, au toit en schiste et au charme indéniable, on concocte une cuisine au goût du jour, orientée produits de la mer. Fraîcheur garantie.

Menu 25 € (déjeuner), 43/59 € – Carte 48/64 €

2 rue des Douanes – ✆ 02 33 04 05 10 – www.le-landemer.com – Fermé 18 décembre-21 janvier, lundi, mardi midi, dimanche soir

Le Landemer

TRADITIONNEL • COSY Au pied de la falaise, cette ravissante maison a vu passer du beau monde (Boris Vian, Françoise Sagan, Édith Piaf et Marcel Cerdan) et ce n'est pas un hasard : ses chambres, cosy et confortables, offrent une vue imprenable sur la Manche. Un établissement plein de charme.

10 chambres – 94/184 € – 17 €

2 rue des Douanes – ✆ 02 33 04 05 10 – www.le-landemer.com – Fermé 18 décembre-16 janvier

Le Landemer – voir la sélection des restaurants

URZY – 58 (Nièvre) ➜ voir Nevers

USCLADES-ET-RIEUTORD

✉ 07510 (Ardèche) – Carte régionale n° **2**–A3
Carte Michelin 331-G5

à Rieutord – ✉ 07510

Ferme de la Besse

CUISINE TRADITIONNELLE • RUSTIQUE X Les volailles, veaux et brebis de la ferme familiale sont la matière première d'un jeune chef sympathique et bosseur, qui ne ménage pas ses efforts. Des recettes pleines de fraîcheur et de peps, une ambiance naturelle et conviviale : un vrai plaisir.

Menu 24 € (déjeuner), 32/45 €

✆ 04 75 38 80 64 – www.aubergedelabesse.com –
Fermé 15 décembre-15 mars

USSEL

✉ 19200 (Corrèze) – Carte régionale n° **19**–D2
Carte Michelin 329-O2 – Guide Vert Michelin Limousin Berry

Auberge de l'Empereur

CUISINE TRADITIONNELLE • VINTAGE X Au milieu de la verdure, cette ancienne grange est devenue une auberge coquette et chaleureuse. Cheminée, charpente en coque de bateau renversée : l'endroit a beaucoup de cachet ! Dans l'assiette, de jolis produits travaillés avec soin et générosité : morilles de l'empereur, carré d'agneau au foin...

Menu 26 € (déjeuner), 33/60 € – Carte 40/80 €

La Goudouneche (parc d'activité de l'Empereur), 5 km au Sud-Ouest par D1089 –
✆ 05 55 46 04 30 – www.aubergedelempereur.com –
Fermé lundi, dimanche soir

UTELLE

✉ 06450 (Alpes-Maritimes) – Carte régionale n° **24**–D2
Carte Michelin 341-E4 – Guide Vert Michelin Côte d'Azur

Bellevue

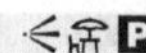

CUISINE TRADITIONNELLE • AUBERGE X Cette auberge rustique va si bien à ce village du bout du monde, avec sa terrasse sous les platanes, sa vue imprenable sur la vallée et les montagnes, et ses petits plats du terroir de l'arrière-pays niçois ! Et l'on peut louer un gîte pour profiter du calme, si loin de l'agitation de la côte...

Menu 22/40 € – Carte 25/58 €

5 avenue René-Millo – ✆ 04 93 03 17 19 – www.lebellevue-martinon.com –
Fermé 7 janvier-16 février, lundi soir, mardi soir, mercredi, jeudi soir, vendredi soir, samedi soir, dimanche soir

UZER

✉ 07110 (Ardèche) – Carte régionale n° **2**–A3
Carte Michelin 331-H6

Château d'Uzer

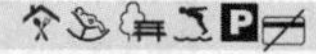

FAMILIAL • PERSONNALISÉ La fibre décorative des propriétaires, leur hospitalité, le mélange des styles, la piscine, le petit-déjeuner maison : ce château médiéval a tout pour plaire... sans oublier le "cabanon" et les deux roulottes, où vous pouvez passer la nuit ! Table d'hôtes ouverte sur réservation.

5 chambres ☕ – 👥150/240 €

Château d'Uzer – ✆ 04 75 36 89 21 – www.chateau-uzer.com –
Fermé 7 janvier-31 mars

UZERCHE

✉ 19140 (Corrèze) – Carte régionale n° **19**–B3
Carte Michelin 329-K3 – Guide Vert Michelin Limousin Berry

La Treille Muscate

CUISINE MODERNE • ÉLÉGANT Au diapason de la demeure qui l'abrite, ce restaurant ne manque ni de grâce ni d'élégance ; sous de beaux luminaires et un plafond à la française, on savoure une cuisine actuelle, réalisée avec des produits bien choisis – locaux pour la plupart. Le bouche-à-oreille fonctionne à plein : un succès mérité !

Menu 30/45 €

Joyet de Maubec, place des Vignerons – ✆ 05 55 97 20 60 – www.hotel-joyet-maubec.com – Fermé 1er-26 janvier, 1er-7 juin, 29 septembre-5 octobre, lundi, mardi midi, dimanche soir

Joyet de Maubec

HISTORIQUE • COSY Cet ancien hôtel particulier, redécoré avec beaucoup de goût et de très beaux matériaux, n'a rien perdu de son caractère d'antan. Le charme y est niché dans tous les coins, depuis le parterre pavé de l'accueil jusqu'aux chambres spacieuses et délicieusement rétro.

11 chambres – 95/240 € – 16 €

place des Vignerons – ✆ 05 55 97 20 60 – www.hotel-joyet-maubec.com – Fermé 1er-26 janvier, 1er-7 juin, 29 septembre-5 octobre

La Treille Muscate – voir la sélection des restaurants

à St-Ybard 6 km au Nord-Ouest par D920 et D54 – ✉ 19140

Auberge Saint-Roch

CUISINE TRADITIONNELLE • CONVIVIAL Dans le village, une maison en pierre très engageante, avec sa terrasse abritée par une superbe glycine... Le chef réalise une cuisine fraîche et bien ficelée, où l'on trouve aussi bien des bons plats de tradition – tête de veau, sandre au beurre blanc – que des recettes plus actuelles.

Menu 24 € (déjeuner), 28/35 €

2 rue du Château – ✆ 05 55 73 00 05 – www.aubergesaintroch.com – Fermé 23 juin-7 juillet, 23 décembre-20 janvier, lundi, mardi soir, dimanche

UZÈS

✉ 30700 (Gard) – Carte régionale n° **21**–D2
Carte Michelin 339-L4 – Guide Vert Michelin Provence

La Table d'Uzès

CUISINE MODERNE • COSY Un chef épanoui et plein d'allant, des tables dressées avec soin, un décor élégant, des saveurs fraîches et franches : cette table possède tous les atouts pour charmer vos papilles. Par beau temps, on s'installe dans le patio, autour du tilleul. Un vrai plaisir de gastronome.

→ Le meilleur de la pêche selon arrivage. Selle d'agneau de Provence rôtie aux parfums de garrigue, jus aux pignons torréfiés. Pavlova aux fruits de saison

Menu 34 € (déjeuner), 59/115 €

La Maison d'Uzès, 18 rue du Docteur-Blanchard – ✆ 04 66 20 07 00 – www.lamaisonduzes.fr – Fermé lundi

L'Artemise

CUISINE CRÉATIVE • DESIGN Côté cuisine, ce beau mas du 16e s. est plus que jamais dans le vent ! Les produits frais de la région sont mis en avant dans de jolis menus de saison. Magnifiques chambres, piscine et spa... pour transformer l'étape gourmande en séjour de charme.

Menu 55/80 €

chemin de la Fontaine-aux-Boeufs, 1 km au Nord-Est par D982 – ✆ 04 66 63 94 14 – www.lartemise.com – Fermé 14 octobre-15 mars, lundi midi, mardi, mercredi midi, jeudi midi, vendredi midi, samedi midi, dimanche midi

Le Comptoir du 7

CUISINE MODERNE • CONTEMPORAIN A l'entrée de la ville, dans un ancien tunnel où circulaient les fiacres, ce bistrot contemporain sert une cuisine décomplexée, concoctée à base de produits frais et préparée avec professionnalisme, comme cette selle d'agneau, purée d'artichaut, et asperges. Une bonne adresse.

Menu 29 € (déjeuner) – Carte 39/57 €

7 boulevard Charles-Gide – 04 66 22 11 54 – www.maisonsaintgeorges.com – Fermé 27 janvier-4 février, 3-27 novembre, lundi, dimanche

Le 80 Jours

CUISINE TRADITIONNELLE • CLASSIQUE Voûtes et vieilles pierres, décor ethnique, joli patio ombragé : il fait bon s'attabler dans cette brasserie moderne dont l'enseigne évoque Jules Verne et... les voyages du maître des lieux. De quoi donner envie de voguer, à son tour, vers d'autres horizons – mais seulement après un bon repas.

Menu 23 € (déjeuner), 29/39 € – Carte 45/50 €

2 place Albert-1er – 04 66 22 09 89 – Fermé lundi, dimanche

La Maison d'Uzès

HISTORIQUE • PERSONNALISÉ Dans la vieille ville, cet hôtel particulier du 17e s. accueille les voyageurs dans une atmosphère cosy et feutrée ; les chambres, aux noms poétiques – L'Écrin, Les Trois Lucarnes, La Dérobée, etc. –, sont confortables. Une charmante étape !

9 chambres – 142/299 € – 1 suite – 23 €

18 rue du Docteur-Blanchard – 04 66 20 07 00 – www.lamaisonduzes.fr

La Table d'Uzès – voir la sélection des restaurants

L'Artemise

LUXE • DESIGN Bienvenue dans ce superbe mas du 16e s., installé dans un petit parc à la sortie d'Uzès. La déco marie vieilles pierres, mobilier design et une belle collection photographique ; les chambres sont bien équipées et confortables. Agréable piscine.

12 chambres – 240/380 € – 18 €

chemin de la Fontaine-aux-Boeufs, 1 km au Nord-Est par D982 – 04 66 03 13 81 – www.lartemise.com – Fermé 30 octobre-15 avril

L'Artemise – voir la sélection des restaurants

à Argilliers 4km au Sud-Est par D981 – 30210

Le Tracteur

CUISINE MODERNE • CONVIVIAL Restaurant, cave à vin, mais aussi épicerie et centre d'exposition : ce lieu tendance ne se laisse pas distraire par son originalité. Le chef y réalise une cuisine d'instinct, où le marché, comme souvent, dicte sa loi. Grande terrasse, à l'ombre de voiles tendues... Et jus de fruits artisanaux vendus sur place.

Carte 27/33 €

quartier Bord Nègre – 04 66 62 17 33 – Fermé 20 décembre-3 janvier, lundi soir, mardi soir, mercredi soir, jeudi soir, samedi midi, dimanche

à Baron 12,8 km au Nord-Ouest par D931 – 30700

La Maison d'Ulysse

MAISON DE CAMPAGNE • DESIGN Cette ancienne magnanerie du 16e s. a délaissé l'élevage des vers à soie pour un lieu, dont l'élégance champêtre invite à se sentir du côté de chez soi. Jardin provençal, belle piscine, élégants volumes des chambres, mobilier design ou art déco : tout ici évoque le luxe tranquille, et sans afféterie. La table propose une cuisine au goût des jours et des saisons. Mais aussi : terrain de boule, hammam...

6 suites – 289/509 € – 3 chambres

20 place Ulysse-Dumas – 04 66 81 38 41 – www.lamaisondulysse.com – Fermé 1er octobre-1er avril

à Montaren-et-St-Médiers 6 km au Nord-Ouest par D337 – ✉ 30700

La Table 2 Julien

CUISINE MODERNE • BISTRO Les passions du jeune chef ? Les légumes, la cuisine virevoltante et les voyages. Il en résulte ces bons plats aux touches créoles ou asiatiques, à l'instar de ces gambas dans une raviole chinoise, lait de coco et curry. Terrasse sur deux niveaux à l'arrière. Accueil charmant !

Menu 28 € (déjeuner)/35 €

12 route d'Uzès – ✆ 04 66 03 75 38 –
Fermé lundi, mardi, dimanche

Domaine de Fos

DEMEURE HISTORIQUE • À LA CAMPAGNE Elle a de l'allure, cette bastide provençale nichée en pleine nature tout près d'Uzès, on croirait presque une villa toscane ! Un patio-cloître charmant, des chambres confortables, une piscine chauffée autour de laquelle on déguste une salade, l'été... Un vrai petit paradis.

4 chambres – 140/220 € – 1 suite

119 chemin de Fos – ✆ 04 66 62 34 38 – www.domainedefos.com –
Fermé 28 janvier-5 avril, 12 novembre-26 décembre

à St-Quentin-la-Poterie 5 km au Nord par D5 – ✉ 30700

La Table du Clos

CUISINE MODERNE • TENDANCE Dès que la météo le permet, prenez la direction de la terrasse face au jardin, véritable belvédère sur la vallée... Un horizon verdoyant, fort agréable pour déguster une cuisine gastronomique à l'accent régional, mais avant tout originale et soucieuse du bon produit !

Menu 29/39 € – Carte 42/62 €

Clos de Pradines, place du Pigeonnier – ✆ 04 66 20 04 89 –
www.clos-de-pradines.com –
Fermé 1er janvier-1er février, 15-30 novembre, lundi

Clos de Pradines

FAMILIAL • PERSONNALISÉ Sur les hauteurs du village, un hôtel-restaurant paisible, proposant de jolies chambres de style néoprovençal, avec miniterrasse ou balcon orienté plein sud. Bon niveau de confort.

19 chambres – 79/195 € – 1 suite – 14 €

place du Pigeonnier – ✆ 04 66 20 04 89 – www.clos-de-pradines.com –
Fermé 1er-31 janvier, 15-30 novembre

La Table du Clos – voir la sélection des restaurants

VAGNAS

✉ 07150 (Ardèche) – Carte régionale n° **2**-A3
Carte Michelin 331-I7

La Bastide d'Iris

FAMILIAL • CONTEMPORAIN Un jardin de roses, de lavande et d'oliviers ; une terrasse où l'on peut prendre son petit-déjeuner ; des chambres agréables (dont huit grandes à l'annexe, avec terrasse ou jardinet) : tels sont les atouts de cette bastide de construction récente, située à la sortie du village.

21 chambres – 98/229 € – 15 €

D579 – ✆ 04 75 88 44 77 – www.labastidediris.com –
Fermé 16 décembre-14 janvier

VAGNEY

✉ 88120 (Vosges) – Carte régionale n° **12**-C3
Carte Michelin 314-I4

Les Lilas

CUISINE MODERNE • COSY XX Dans cette localité au pied des Vosges, impossible de manquer la grande bâtisse rose saumon sur le bord de la route ! Vous serez chaleureusement accueillis par Armelle, dans la salle aux belles verrières Art déco tandis que Lionel, en cuisine, réalise de bons plats actuels, augmentés parfois de quelques touches créatives. Agréable terrasse.

Menu 19 € (déjeuner), 29/52 € - Carte 33/55 €

12 rue du Général-de-Gaulle - ✆ 03 29 23 69 47 - www.restaurantleslilas.fr - Fermé 8-23 janvier, 6-16 mai, 19 août-5 septembre, lundi soir, mardi soir, mercredi

VAILHAN

✉ 34320 (Hérault) - Carte régionale n° **21**-C2

Carte Michelin 339-E7

Äponem - Auberge du Presbytère (Amélie Darvas)

CUISINE MODERNE • ÉLÉGANT XX Cette auberge, installée dans un ancien presbytère du Haut-Languedoc, distille une indéniable sérénité. "Revenir aux produits sans intermédiaires" : tel est le souhait de la chef Amélie Darvas, qui travaille les produits du marché et de son potager en permaculture, tandis que son associée, sommelière de formation, présente de beaux vins de la région. Plus qu'un restaurant, un (savoureux) projet de vie.

→ Tomate du potager marinée au miel, poivre timut et sorbet pamplemousse. Pigeon rôti sur coffre, compotée de lentilles au café et jus corsé. Meringue marbrée au charbon végétal

Menu 38 € (déjeuner), 55/75 €

3 impasse de l'Église - ✆ 04 67 24 76 49 - www.aponem-aubergedupresbytere.fr - Fermé 1er-28 février, mardi, mercredi

VAILLY

✉ 74470 (Haute-Savoie) - Carte régionale n° **4**-F1

Carte Michelin 328-M3

Le Moulin de Léré (Frédéric Molina)

CUISINE MODERNE • RUSTIQUE X Au cœur de la vallée du Brevon, cet ancien moulin du 17e s., tout de pierre et de bois, abrite un restaurant cosy de style montagnard. Ici, priorité à la fraîcheur, et aux produits du terroir local. L'assiette, savoureuse, tient ses promesses. Cinq chambres de charme incitent à l'escale bucolique. Accueil charmant. On en redemande !

→ Cuisine du marché

Menu 44/70 € - Carte 50/60 €

270 route de Léré, Sous la Côte - ✆ 04 50 73 61 83 - www.moulindelere.com - Fermé 2-18 juin, lundi, mardi, mercredi midi, jeudi midi, dimanche soir

VAISON-LA-ROMAINE

✉ 84110 (Vaucluse) - Carte régionale n° **24**-B2

Carte Michelin 332-D8 - Guide Vert Michelin Provence

Bistro du'O

CUISINE MODERNE • CONVIVIAL XX "Bistro du'O" car l'adresse se trouve dans la ville haute (et même dans les anciennes écuries du château de Vaison, aux belles voûtes du 12e s.) et est tenue par... un jeune duo complice. Elle en salle, lui aux fourneaux, cuisinant au plus près des saisons et des producteurs locaux. Nous voilà... en haut de la gourmandise !

Menu 28 € (déjeuner), 38/68 €

rue Gaston-Gevaudan - ✆ 04 90 41 72 90 - www.bistroduo.fr - Fermé 3-25 novembre, lundi, dimanche

Le Bateleur

CUISINE MODERNE • CONVIVIAL À un jet de lances du pont romain, aux pieds de la ville médiévale, le jeune chef propose une cuisine du marché, attentive aux saisons et concentrée sur les produits provençaux... à déguster en terrasse, sous des cieux cléments. Une belle étape pour découvrir la cuisine régionale !

Menu 37/57 €

1 place Théodore Aubanel - 04 90 36 28 04 - www.restaurant-lebateleur.com - Fermé lundi, dimanche

Le Jour et la Nuit

MAISON DE CAMPAGNE • CONTEMPORAIN Emmitouflée dans son silence, entourée de vignobles, cette ferme du 16e s., située entre Roaix et Vaison-la-Romaine, propose des chambres sobres et spacieuses. Relaxez-vous autour de la piscine, ou partez à l'assaut des beaux villages alentour. Rien ne presse, après tout, ni le jour, ni la nuit...

5 chambres - 90/125 €

1205 chemin des Ruches, 3 km au Nord-Ouest par D975 et rte secondaire - 06 80 48 66 47 - www.journuitvaison.fr

Les Tilleuls d'Élisée

FAMILIAL • TRADITIONNEL Entre le site antique et la cathédrale, cette belle ferme de 1880, entourée d'oliviers et d'arbres fruitiers, offre le confort de chambres simples et fraîches. Possibilité de garer sa voiture, ou de partir en promenade, à pied. Deux cerises sur ce beau gâteau : l'accueil charmant et les confitures maison...

5 chambres - 65/80 €

1 avenue Jules-Mazen (chemin du Bon-Ange) - 04 90 35 63 04 - www.vaisonchambres.info

à Séguret 10 km au Sud-Ouest par D977 et D88 - 84110

Domaine de Cabasse

TRADITIONNEL • FONCTIONNEL Au pied des Dentelles de Montmirail et du beau village de Séguret, au cœur d'un domaine viticole en activité – visites et dégustations sont proposées –, il n'est qu'à profiter de la quiétude des lieux, des senteurs et du soleil de la Provence... Chambres confortables et agréables ; joli restaurant où sont proposés les vins de la propriété.

23 chambres - 89/185 € - 14 €

route de Sablet - 04 90 46 91 12 - www.cabasse.fr - Fermé 6-21 janvier

VALADY

12330 (Aveyron) - Carte régionale n° **22**-C1
Carte Michelin 338-G4

Auberge de l'Ady

CUISINE MODERNE • CONVIVIAL Au cœur d'un village rural de l'Aveyron, une agréable auberge, épurée et contemporaine. On y sert une cuisine fraîche, savoureuse et bien dans son époque, dressée avec soin et privilégiant les produits bio... Avec 200 références de vins au choix !

Menu 19 € (déjeuner), 33/72 € - Carte 50/69 €

1 avenue du Pont-de-Malakoff (près de l'église) - 05 65 72 70 24 - www.auberge-ady.com - Fermé 2-22 janvier, 1er-8 juillet, lundi, mardi soir, mercredi soir, dimanche soir

LE VAL-ANDRÉ - 22 (Côtes-d'Armor) → voir Pléneuf-Val-André

VALAURIE

26230 (Drôme) - Carte régionale n° **2**-B3
Carte Michelin 332-B7

Le Moulin de Valaurie

MAISON DE CAMPAGNE À l'extérieur du village, prenez un chemin bordé de vignes pour accéder à ce beau moulin du 19ᵉ s. Les chambres, décorées dans un esprit provençal (objets et meubles chinés), sont des plus charmantes. Restaurant traditionnel.

19 chambres - 130/325 € - 19 €

Le Foulon - 04 75 97 21 90 - www.lemoulindevalaurie.com - Fermé 16 février-16 mars

VALBERG

06470 (Alpes-Maritimes) - Carte régionale n° **24**-D2
Carte Michelin 341-C3 - Guide Vert Michelin Alpes du Sud

L'Étable

CUISINE DU TERROIR • RUSTIQUE Ce petit restaurant du cœur de station n'a pas usurpé sa bonne réputation ! Non content de proposer de goûteuses spécialités montagnardes (fondues, raclettes etc.), l'Étable concocte aussi de bons petits plats mijotés, dans un décor alpin et une atmosphère conviviale. Excellents fromages des fermes voisines.

Carte 28/50 €

1 avenue St-Bernard - 04 93 02 68 20 - Fermé 15 avril-30 mai, 15 octobre-1ᵉʳ décembre, lundi, dimanche soir

Le Chalet Suisse

FAMILIAL • MONTAGNARD Un vrai chalet de montagne, tenu en famille depuis trois générations, au cœur de cette petite station. Confort et détente au hammam et sauna, bain de soleil sur la terrasse, pause au bar ou au restaurant... Pour des vacances-plaisir dans les Alpes du Sud !

23 chambres - 90/135 € - 12 €

4 avenue Valberg - 04 93 03 62 62 - www.chaletsuisse.fr - Fermé 15 avril-15 juin, 15 septembre-15 décembre

VALBONNE

06560 (Alpes-Maritimes) - Carte régionale n° **25**-E2
Carte Michelin 341-D6 - Guide Vert Michelin Côte d'Azur

Lou Cigalon - Maison Martin (Christophe Martin)

CUISINE MODERNE • ÉLÉGANT Dans cette maison du 18ᵉ s., le chef, passé chez Ducasse (Italie, Monaco, Moustiers) réalise une cuisine précise, sans fioriture, d'une simplicité trompeuse, à base de produits locaux ; légumes et poissons sont particulièrement bien travaillés. Prix raisonnables.

→ Fines ravioles de joue de bœuf au jus. Agneau de Sisteron cuisiné au sautoir. Clafoutis aux fruits

Menu 35 € (déjeuner), 61/75 € - Carte 78/106 €

6 boulevard Carnot - 04 93 12 01 61 - www.loucigalon.fr - Fermé lundi, dimanche

Daniel Desavie

CUISINE PROVENÇALE • ÉLÉGANT La clientèle locale apprécie cette adresse dont la cuisine honore les saveurs provençales : fleurs de courgettes, loup aux artichauts, tarte au citron revisitée... Un classicisme qui a de l'allure ! On peut aussi opter pour le petit bistrot attenant, à petit prix, avec une carte renouvelée chaque semaine.

Menu 42/62 € - Carte 70/90 €

1360 route d'Antibes - 04 93 12 29 68 - www.restaurantdanieldesavie.fr - Fermé lundi, dimanche

Le Ciste

CUISINE MODERNE • CONTEMPORAIN XX Une petite faim après 18 trous ? En soirée, venez découvrir une belle carte gastronomique composée avec soin, et mettant en avant les produits de la région. À déguster près de la cheminée, dans une salle sobre et élégante, ou sur la terrasse donnant sur les greens du golf...

Menu 45/95 € – Carte 68/107 €

Château de la Bégude, route de Roquefort-les-Pins, au golfd'Opio-Valbonne, 2 km – ✆ 04 93 12 37 00 – www.chateau-begude.com – Fermé 1er novembre-31 mars, lundi, mardi midi, mercredi midi, jeudi midi, vendredi midi, samedi midi, dimanche

La Table by Richard Mebkhout

CUISINE MODERNE • BISTRO X Au centre de ce village pittoresque, un restaurant de poche animé par un chef passé par de belles maisons. Ce dernier signe une jolie cuisine du marché, déclinée dans un menu-carte qui change toutes les trois semaines, le tout à des prix raisonnables.

Menu 28/63 € – Carte 50/80 €

6 rue de la Fontaine – ✆ 04 92 98 07 10 – Fermé 21-29 avril, lundi, dimanche

Château de la Bégude

TRADITIONNEL • MÉDITERRANÉEN Les amateurs de swing vont se régaler ! Cette bastide du 17 es., flanquée de sa bergerie, est située au beau milieu du très réputé golf d'Opio. Les chambres, d'inspiration provençale ou plus contemporaines, ne manquent pas de cachet ; le midi, on déguste de bons plats de brasserie.

40 chambres – 110/370 € – 3 suites – 20 €

route de Roquefort-les-Pins, au golf d'Opio-Valbonne, à 2 km – ✆ 04 93 12 37 00 – www.chateau-begude.com – Fermé 18 novembre-27 décembre

Le Ciste – voir la sélection des restaurants

Seventeen

BUSINESS • CONTEMPORAIN Un établissement très contemporain qui propose... 21 chambres et suites. Tout respire l'épure et la nouveauté : matériaux modernes, sobriété des couleurs (beige et taupe)... En prime, la terrasse permet de profiter de la douceur du climat provençal. Grande piscine et tennis en terre battue.

13 chambres – 145/195 € – 8 suites – 15 €

241 chemin Font-de-Cuberte, rte de Cannes – ✆ 04 93 12 37 70 – www.seventeenhotel.com – Fermé 9-24 février, 22 décembre-6 janvier

La Bastide de Valbonne

TRADITIONNEL • MÉDITERRANÉEN La demeure d'inspiration provençale, fleurie et pimpante, avec ses murs jaunes et ses volets bleus. Les chambres, parfaitement tenues, disposent parfois d'une terrasse. Et, pour se détendre, on ne se refuse pas un plongeon dans la piscine. Parfait pour le farniente.

31 chambres – 95/175 € – 15 €

107 chemin Font-Cuberté, rte de Cannes – ✆ 04 93 12 33 40 – www.bastidedevalbonne.com – Fermé 9-24 février, 22 décembre-7 janvier

VAL-CLARET – 73 (Savoie) → voir Tignes

VALDAHON

✉ 25800 (Doubs) – Carte régionale n° **6**-C2
Carte Michelin 321-I4

Relais de Franche Comté

CUISINE RÉGIONALE • TRADITIONNEL XX La gastronomie franc-comtoise à portée de bourse : terrines maison, gibier, sauce au vin jaune et aux morilles, fromages locaux (comté, bleu de Gex), vins d'Arbois... Simplicité et authenticité au menu !

Menu 16 € (déjeuner), 25/49 € – Carte 26/49 €

1 rue Charles-Schmitt – ✆ 03 81 56 23 18 – www.relais-de-franche-comte.com – Fermé 1er-13 janvier, 29 avril-5 mai, 25 août-1er septembre, 21-31 décembre, vendredi soir, samedi midi, dimanche soir

LE VAL-D'AJOL

✉ 88340 (Vosges) – Carte régionale n° **12**-C3
Carte Michelin 314-G5

La Résidence

MAISON DE MAÎTRE • TRADITIONNEL Adossée à un beau parc arboré et fleuri, cette grande maison bourgeoise du milieu du 19e s. aux chambres spacieuses et confortables, et aux installations bien pensées (piscine couverte, sauna, "chellos" dans le parc !) propose aussi une cuisine moderne axée sur le terroir, à déguster dans une plaisante salle de restaurant.

48 chambres – 75/107 € – 13 €

5 rue des Mousses, par route de Hamanxard – ✆ 03 29 30 68 52 – www.la-residence.com – Fermé 1er-14 mars, 1er-26 décembre

VAL-DE-SAANE

✉ 76890 (Seine-Maritime) – Carte régionale n° **17**-C1
Carte Michelin 304-F3

Auberge de La Mère Duval

CUISINE TRADITIONNELLE • CONTEMPORAIN XX Un jeune couple mène cette jolie petite auberge de pays, fondée en son temps par la mère Duval... Si le chef rend parfois hommage à cet héritage, c'est sans aucune nostalgie ; d'ailleurs, sa cuisine se révèle de plus en plus personnelle avec le temps.

Menu 25/45 € – Carte 36/60 €

place Daniel-Boucour – ✆ 02 35 32 30 13 – www.auberge-mere-duval.com – Fermé lundi soir, mardi, mercredi

VAL-D'ISÈRE

✉ 73150 (Savoie) – Carte régionale n° **2**-D2
Carte Michelin 333-O5 – Guide Vert Michelin Alpes du Nord

✿✿ L'Atelier d'Edmond

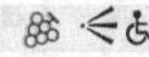

CUISINE CRÉATIVE • MONTAGNARD XXX La vue des lieux laisse rêveur. Un beau chalet au toit en lauze, tout droit sorti d'une gravure. Le restaurant, auquel on accède par un ascenseur vitré, dévoile un cadre rustique, boisé, organisé autour de la majestueuse cheminée centrale. Un demi-étage plus haut, quelques tables en noyer occupent la salle dite "de l'atelier", à cause des vieux outils agricoles exposés. Pas de doute, nous sommes à la montagne. Et l'esbroufe n'est pas le genre de la maison.

Le chef Benoît Vidal, natif de Perpignan, formé auprès de Michel Guérard (Eugénie-les-Bains) et Michel Trama (Puymirol), concocte une cuisine savoureuse pleinement ancrée dans le présent, à l'instar de ces rissoles d'escargots et cochon fermier, crémeux de racine de persil relevé au raifort. Prenez le digestif en mezzanine, dans le petit salon cosy. L'authenticité a du génie.

→ Écrevisses et citron confit, bouillon des têtes infusées à l'aspérule odorante. Suprême de pigeon mi-fumé et rôti, jus des abats aux fèves de cacao, salsifis et sarrasin grillé. Feuille à feuille de pain craquant au chocolat, crème glacée au foin

Menu 55 € (déjeuner), 125/185 € – Carte 120/135 €

Le Fornet, 2 km à l'Est, route de l'Iseran – ✆ 04 79 00 00 82 – www.atelier-edmond.com – Fermé 29 avril-3 décembre, lundi, mardi midi

Bistrot Gourmand – voir la sélection des restaurants

Si vous recherchez un hébergement particulièrement agréable pour un séjour de charme, préférez les établissements signalés en rouge : ...

La Table de l'Ours

CUISINE MODERNE • ÉLÉGANT XXX À l'unisson du charme de ce luxueux hôtel, une table agréable où le jeune chef, passionné et consciencieux, travaille dans le strict respect du produit. Recettes savoureuses et sans chichis, toujours bien ficelées, accords de saveurs qui tombent juste : une réussite !

→ Gratinée de crozets à la truffe d'hiver, champignons acidulés et mousse de diot fumé. Sole braisée au plat, ragoût de légumes et cazette. Chocolat grand cru crémeux, croquant et glacé

Menu 95/160 € – Carte 110/175 €

Les Barmes de l'Ours, chemin des Carats – ✆ 04 79 41 37 00 – www.hotellesbarmes.com – Fermé 22 avril-6 décembre, lundi, mardi midi, mercredi midi, jeudi midi, vendredi midi, samedi midi, dimanche

Bistrot Gourmand

CUISINE TRADITIONNELLE • MONTAGNARD X Le bistrot est situé au rez-de-chaussée du restaurant gastronomique, mais notre gourmandise, elle, atteint des sommets ! Le jeune chef, originaire de Perpignan, mijote une cuisine de grand-mère savoureuse (délicieuse soupe de potimarron), volontiers canaille. Et pour en profiter, une terrasse plein sud.

Menu 33 €

L'Atelier d'Edmond, Le Fornet, 2 km à l'Est, rte de l'Iseran – ✆ 04 79 00 21 42 – www.atelier-edmond.com – Fermé 29 avril-2 juillet, 31 août-30 novembre, lundi, mardi soir, mercredi soir, jeudi soir, vendredi soir, samedi soir, dimanche soir

La Table des Neiges

CUISINE MODERNE • COSY XXX Les gourmands de Val-d'Isère connaissent bien cette adresse ! Dans la belle salle sous charpente, un foie gras snacké et son tatin de pommes voisinent un cabillaud confit aux agrumes. De bons produits frais sont à l'honneur ; la carte est renouvelée régulièrement.

Menu 60/85 € – Carte 73/90 €

Le Tsanteleina, avenue Olympe – ✆ 04 79 06 12 13 – www.tsanteleina.com – Fermé 1er mai-1er décembre, lundi midi, mardi midi, mercredi midi, jeudi midi, vendredi midi, samedi midi, dimanche midi

La Baraque

CUISINE MODERNE • CONVIVIAL X Salle profonde, cadre boisé, touches trendy : tel est le décor de La Baraque, qui propose une carte brasserie au déjeuner, et une cuisine plus travaillée en soirée. Les produits sont de belle qualité. Concerts live tous les soirs. Une adresse branchée.

Carte 50/80 €

avenue Olympique – ✆ 04 79 06 18 19 – www.restolabaraque.com – Fermé 1er mai-21 juin, 1er septembre-15 novembre

La Luge

FROMAGES, FONDUES-RACLETTES • RUSTIQUE X Quoi de plus amusant qu'une descente en luge ? Belle ambiance dans cette auberge typiquement savoyarde, où l'on déguste évidemment... des spécialités fromagères, mais aussi des viandes rôties à la broche devant les clients. Effet garanti !

Menu 50/75 € – Carte 50/75 €

Le Blizzard, avenue Olympe – ✆ 04 79 06 68 58 – www.hotelblizzard.com – Fermé 1er mai-3 décembre

La Table d'Yvonne

CUISINE TRADITIONNELLE • MONTAGNARD X Tartare de truite marinée aux herbes ; magret de canard poêlé, fondue de choux et polenta : servie dans un décor rustique, la carte, courte et appétissante, reprend les grands classiques de la cuisine de famille. Original : le mercredi soir, le restaurant propose un "goûter/dîner", équivalent du brunch en soirée. Brunch le dimanche.

Menu 26 € (déjeuner)/36 € – Carte 47/55 €

Les 5 Frères, rue Nicolas-Bazile – ✆ 04 79 06 00 03 – www.les5freres.com – Fermé 1er mai-23 juin, lundi midi, mardi midi, mercredi midi, jeudi midi, vendredi midi

Les Barmes de l'Ours

GRAND LUXE · ÉLÉGANT Différentes ambiances dans cet hôtel idéalement situé au pied des pistes... une véritable invitation au voyage. Les aménagements sont luxueux et le confort à son apogée, depuis le bar au coin du feu jusqu'au restaurant gastronomique et à la rôtisserie. Hibernation en vue !

56 chambres - 295/1550 € - 20 suites

chemin des Carats - 04 79 41 37 00 - www.hotellesbarmes.com - Fermé 22 avril-5 décembre

La Table de l'Ours - voir la sélection des restaurants

Christiania

TRADITIONNEL · CLASSIQUE Charme indéniable pour cet hôtel familial ouvert en 1950. Salon avec fumoir, bar et restaurant, le tout décoré dans un esprit de paquebot. Chambres confortables, de tailles diverses. Après quelques descentes sur les pistes, vous aimerez vous installer devant la cheminée du salon ou sur la belle terrasse panoramique.

68 chambres - 665/1362 € - 1 suite

rue du Parc-des-Sports - 04 79 06 08 25 - www.hotel-christiania.com - Fermé 14 avril-14 décembre

Avenue Lodge

BOUTIQUE HÔTEL · MONTAGNARD "Noir, c'est noir" : tel pourrait être le nom de ce chalet où dominent les couleurs sombres. Dans les chambres, tissus "peau de bête", bois wengé et petit coin salon semblent réinventer l'imaginaire de l'hiver... Bistrot, agréable bar et spa complet.

51 chambres - 435/1035 € - 3 suites

avenue Olympique - 04 79 00 67 67 - www.hotelavenuelodge.com - Fermé 21 avril-10 décembre

L'Aigle des Neiges

RESORT · CONTEMPORAIN Comme l'oiseau à qui il emprunte son nom, cet hôtel est perché au cœur de la station, à deux pas des pistes... Contemporain, confortable, disposant de nombreux services de qualité (espace enfants, piscine, salle de massage), il se révèle une étape fort agréable.

109 chambres - 249/599 €

rue de la Poste - 04 79 06 18 88 - www.hotelaigledesneiges.com - Fermé 28 avril-28 novembre

Le Blizzard

LUXE · CONTEMPORAIN Blizzard, vous avez dit Blizzard ? Ici, point de tempête de neige, mais des chambres cosy, la plupart rénovées dans un esprit contemporain (certaines avec cheminée ou poêle). Très beau spa. Carte classique au restaurant, spécialités fromagères à La Luge.

64 chambres - 460/1170 € - 6 suites

avenue Olympique - 04 79 06 02 07 - www.hotelblizzard.com - Fermé 1er mai-1er décembre

La Luge - voir la sélection des restaurants

Le Tsanteleina

SPA ET BIEN-ÊTRE Du nom du plus haut sommet au-dessus de Val-d'Isère, un agréable hôtel, au cœur de l'animation de la mythique station. Les chambres sont spacieuses et chaleureuses, avec, côté sud, vue sur la piste olympique de Bellevarde ! Superbe espace bien-être.

35 chambres - 242/697 € - 19 suites

avenue Olympe - 04 79 06 12 13 - www.tsanteleina.com - Fermé 1er mai-1er décembre

La Table des Neiges - voir la sélection des restaurants

Le Yule

TRADITIONNEL · MONTAGNARD Yule, c'est la fête du solstice d'hiver, dans les pays scandinaves. C'est aussi le nom de cet hôtel de luxe de Val-d'Isère, situé au pied des pistes, face aux pics de la Solaise et de Bellevarde. Matériaux bruts (avec une prédominance du bois), suites avec vue sur les pistes, spa, et piscine intérieure.

33 chambres - 250/1685 € - 8 suites

Front de Neige - 04 79 06 11 73 - www.leyule.fr

Les 5 Frères

FAMILIAL · COSY Les deux jeunes femmes propriétaires des lieux ont su offrir une âme à cet hôtel, au décor contemporain et soigné, et aux chambres spacieuses. Ici, on ne renie pas boiseries ni héritage montagnard. Repos assuré... Une vraie maison de famille !

17 chambres - 245/365 €

rue Nicolas-Bazile - 04 79 06 00 03 - www.les5freres.com - Fermé 1er mai-23 juin

La Table d'Yvonne - voir la sélection des restaurants

Avancher

TRADITIONNEL · CONTEMPORAIN Avancher s'affranchit avec brio des codes habituels de la station : une déco élégante et épurée qui conserve l'esprit montagnard sans jouer la carte "luxe", des chambres et suites chaleureuses... avec, en prime, un espace bien-être et un salon de coiffure. Spécialités savoyardes au restaurant.

36 chambres - 250/440 € - 1 suite

avenue du Prariond - 04 79 06 02 00 - www.avancher.com - Fermé 1er mai-1er décembre

VALENÇAY

36600 (Indre) - Carte régionale n° **8**-B3

Carte Michelin 323-F4 - Guide Vert Michelin Châteaux de la Loire

à Veuil 6 km au Sud par D15 et rte secondaire - 36600

Auberge St-Fiacre

CUISINE MODERNE · RUSTIQUE XX Le couple à la tête de cette sympathique auberge réalise un travail admirable : tout est fait maison - y compris le pain - et les préparations culinaires se révèlent fines et goûteuses. Une belle étape !

Menu 23/52 € - Carte 45/65 €

5 rue de la Fontaine - 02 54 40 32 78 - www.aubergesaintfiacre.com - Fermé 1er janvier-1er février, 2-27 septembre, lundi, mardi, dimanche soir

andresr/iStock

ON AIME...

Le travail d'Anne-Sophie au **Pic**, dont chaque plat est une leçon... mais aussi au bistrot **André**, où elle rend hommage aux grands classiques de la famille. Les flatteuses saveurs de **Flaveurs**. **L'Espace Gourmand**, enclave festive et décontractée au sein de la maison Chabran. **La Cachette**, où un chef japonais sublime les produits de la Drôme...

VALENCE

✉ 26000 (Drôme) – Carte régionale n° **3**-E2
Carte Michelin 332-C4 – Guide Vert Michelin Ardèche Drôme

Restaurants

✿✿✿ **Pic** (Anne-Sophie Pic)

CUISINE CRÉATIVE • LUXE XXXXX La Maison Pic, dans la Drôme, c'est d'abord une atmosphère particulière, "une bulle hors du temps, intime et douillette". Salle tamisée, où la lumière n'éclaire que l'assiette ; créations florales ; moquette épaisse qui suspend le pas de la brigade, mixte, en tenue classique. Ici, on sert à l'ancienne, à l'assiette clochée en porcelaine... Il faut dire que l'histoire de la maison remonte à 1889 ! C'est en 1997, suite au décès de son père Jacques, qu'Anne-Sophie Pic en a repris les commandes avant d'y décrocher trois étoiles en 2007.

Langoustine marinée au miel de bruyère blanche, dashi de langoustines, kororima, angélique, zestes de yuzu en surmaturité... On retrouve là les sublimes obsessions – culte du Japon, souci de l'assemblage inédit – de celle que l'on a surnommé "la funambule des saveurs". La seule femme triple étoilée du monde est devenue un modèle pour beaucoup d'aspirantes cuisinières ; très engagée, elle dirige aujourd'hui la fondation "Donnons du goût à l'enfance". Au-delà de son talent débordant, un indispensable symbole.

➜ Berlingots au banon, thé matcha bergamote. Bœuf Hereford au gin fumé au café libérica, poivres millésimés. Chocolat en nid d'abeille et miel amer

Menu 120 € (déjeuner), 180/340 €

Plan : A2-f – *285 avenue Victor-Hugo* – *✆ 04 75 44 15 32* – *www.anne-sophie-pic.com* – *Fermé 26 décembre-15 janvier, lundi, mardi midi, dimanche soir*

Les maisons d'hôtes ne proposent pas les mêmes services qu'un hôtel : l'accueil, l'atmosphère, la décoration des lieux font son caractère et son charme, qui reflètent la personnalité de ses propriétaires.

Flaveurs (Baptiste Poinot)

CUISINE MODERNE • INTIME XXX Dans un décor coloré et chaleureux, une belle table gastronomique où chaque assiette atteste une réflexion mûrie, avec des produits excellents et une technique soignée. Ces flaveurs sont flatteuses !

→ Truite du Diois fondante, salmorejo de tomates, terre croustillante au curry noir. Veau de l'Ardèche cuit en douceur, aubergine brûlée, jus corsé à la myrtille. Chocolat grand cru et le pain, évocation d'un goûter d'enfance

Menu 38 € (déjeuner), 58/98 €

Plan : C1-b – *32 Grande-Rue – ✆ 04 75 56 08 40 – www.flaveurs-restaurant.com – Fermé 1er-14 janvier, 28 juillet-19 août, lundi, mercredi midi, dimanche*

La Cachette (Masashi Ijichi)

CUISINE CRÉATIVE • INTIME XX Dans la ville basse, une Cachette qui gagne à être découverte ! Le chef, d'origine japonaise, prépare une cuisine inventive, fine et délicate. Quand le terroir drômois rencontre l'esprit d'Asie... les papilles frétillent !

→ Tartare de ventrèche de thon de Méditerranée, gelée de consommé de tomates et verveine. Pigeon de la Drôme rôti, sauce aux épices douces. Tarte aux fraises mara des bois, sorbet basilic

Menu 45 € (déjeuner), 70/120 €

Plan : C1-x – *16 rue des Cévennes – ✆ 04 75 55 24 13 – Fermé lundi, dimanche*

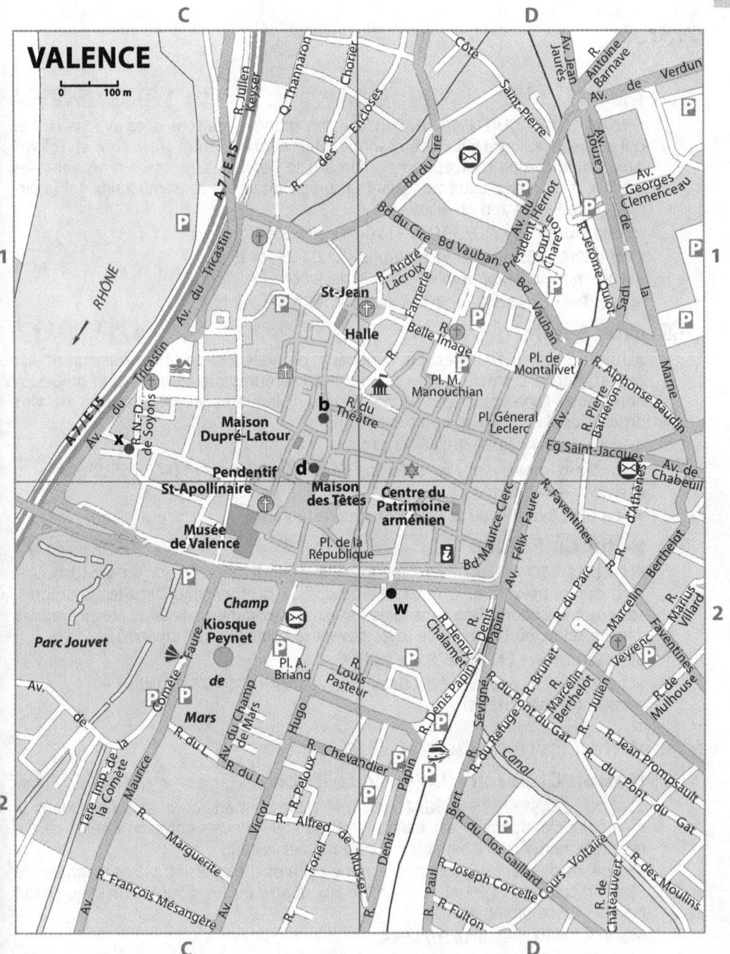

André

CUISINE TRADITIONNELLE · CONVIVIAL X Ce bistrot chargé d'histoire célèbre dans l'assiette les recettes-phares de chaque génération de la famille Pic. Du gratin de queues d'écrevisses d'André, le grand-père, jusqu'au pigeon de la Drôme en croûte de noix, l'un des (déjà !) classiques d'Anne-Sophie... Un savoureux voyage autour de la planète Pic.

Menu 33 € – Carte 42/66 €

Pic, 285 avenue Victor-Hugo – ✆ 04 75 44 15 32 – www.anne-sophie-pic.com

Le Clos Syrah

CUISINE TRADITIONNELLE · CLASSIQUE XX Ici, on découpe sur guéridon viandes et poissons entiers ! Les recettes, bien exécutées, s'accordent à la superbe carte des vins de la région des Côtes du Rhône septentrionaux. On passe un moment fort agréable.

Menu 29 € – Carte 45/60 €

Clos Syrah, boulevard Pierre-Tezier, rte de Montéléger – ✆ 04 75 55 52 52 – www.clos-syrah.fr – Fermé samedi midi, dimanche

Hôtels

Pic

GRAND LUXE • CONTEMPORAIN L'une des grandes maisons nées avec la N 7 et qui accueille aujourd'hui... une clientèle internationale, entre New York et Tokyo ! Aura d'une cuisine d'exception et d'un art de l'accueil sans cesse renouvelé : les lieux sont d'un chic extrême, valant un précis de styles contemporains, tel le jardin, véritable îlot zen en ville...

15 chambres – 210/390 € – 1 suite – 33 €

Plan : A2-f – *285 avenue Victor-Hugo – 04 75 44 15 32 – www.anne-sophie-pic.com – Fermé 26 décembre-15 octobre*

Pic • **André** – voir la sélection des restaurants

Clos Syrah

AUBERGE • FONCTIONNEL En périphérie de Valence, cet hôtel-restaurant est apprécié de la clientèle d'affaires pour ses chambres pratiques et bien tenues. A noter aussi l'agréable salon, le bar rouge vif laqué et les dégustations de vins organisées dans la cave, en sous-sol.

46 chambres – 99/199 € – 14 €

Plan : B2-b – *boulevard Pierre-Tezier, rte de Montéléger – 04 75 55 52 52 – www.clos-syrah.com*

Le Clos Syrah – voir la sélection des restaurants

Hôtel de France

BUSINESS • CONTEMPORAIN Joli immeuble moderne situé sur un grand boulevard du centre-ville et à deux pas de l'office de tourisme. Dans les chambres, cosy et à l'insonorisation sans faille, on se sent comme dans un cocon. De même dans le salon, où l'on peut se lover devant la cheminée (à l'éthanol) !

50 chambres – 134/278 € – 16 €

Plan : D2-w – *16 boulevard du Général-de-Gaulle – 04 75 43 00 87 – www.hotel-valence.com*

à Pont-de-l'Isère 9 km au Nord par N7 – 26600

Maison Chabran - La Grande Table

CUISINE CLASSIQUE • ÉLÉGANT XXX Une table de tradition bien connue dans la région. Le classicisme y est maître, ainsi que les vins des côtes du Rhône, ce qui ne gâche rien. Accueil aimable pour couronner le tout.

→ Cuisses de grenouilles sautées, crème et chips d'ail, persil frit. Dos d'agneau de Sisteron cuit sur l'os, purée de carotte aux quatre épices. Soufflé chaud au Grand Marnier, glace plombières

Menu 69/159 € – Carte 91/135 €

Michel Chabran, 26 avenue du 45ème-Parallèle, N7 – 04 75 84 60 09 – www.maisonchabran.com – Fermé 1er janvier-31 mars, 1er juillet-31 août, 23 décembre-3 janvier, lundi, mardi, mercredi, dimanche soir

Maison Chabran - Espace Gourmand

CUISINE MODERNE • CONVIVIAL X Un "espace gourmand" au sein de la maison Chabran, véritable institution de la gastronomie régionale. Une sympathique alternative à la table gastronomique, autour de formules volontairement festives et décontractées, à l'image des petites portions à partager...

Menu 32/79 € – Carte 42/61 €

26 avenue du 45ème-Parallèle, N7 – 04 75 84 60 09 – www.maisonchabran.com

VALENCE-D'AGEN

82400 (Tarn-et-Garonne) – Carte régionale n° **22**-B2
Carte Michelin 337-B7

L'Entracte

CUISINE TRADITIONNELLE • CONVIVIAL Un bistrot chaleureux et un chef passionné : voilà qui augure un agréable Entracte ! En scène : une généreuse cuisine du marché où les produits régionaux tiennent le premier rôle et sont travaillés avec savoir-faire. Ajoutez-y une ambiance conviviale et des petits vins bien choisis... et vous avez le clou du spectacle.

Menu 18 € (déjeuner) – Carte 33/48 €

20 rue des Limousins (pl. Sylvain-Domont - à côté du cinéma Apollo) – 05 63 39 06 02 – Fermé lundi, samedi midi, dimanche

VALENCIENNES

59300 (Nord) – Carte régionale n° **13**-C2
Carte Michelin 302-J5

Le Musigny (Emmanuel Hernandez)

CUISINE MODERNE • ÉLÉGANT Si le chef, passé par de grandes maisons, a choisi ce discret point de chute valenciennois, sa cuisine délicate a rapidement conquis la ville. Produits choisis et recettes joliment inspirées des saisons, le tout à déguster dans un décor entièrement rénové, ou sur la terrasse : la garantie d'un moment délicieux.

→ Assiette autour de la langue Lucullus. Ris de veau poêlé, linguine et crème aux morilles. Dessert du Ch'ti

Menu 40 € (déjeuner), 49/90 € – Carte 42/120 €

90 avenue de Liège – 03 27 41 49 30 – www.lemusigny.fr – Fermé lundi, samedi midi, dimanche soir

Le Grand Hôtel

TRADITIONNEL • CONTEMPORAIN Cet établissement des années 1920 appartient à la même famille depuis 1936, laquelle perpétue l'héritage avec professionnalisme ! Les chambres sont confortables et classiques, peu à peu rénovées dans un style contemporain. Au menu du restaurant : choucroute et viandes à la rôtissoire.

77 chambres – 80/145 € – 6 suites – 14 €

Plan : A1-d – *8 place de la Gare – 03 27 46 32 01 – www.grand-hotel-de-valenciennes.fr*

Mercure

HÔTEL DE CHAÎNE • CONTEMPORAIN Une réussite que ce Mercure dernière génération, qui associe design épuré (béton brut et bois blond), fonctionnalité et confort. Copieux petit-déjeuner.

87 chambres – 89/185 € – 17 €

Plan : B1-f – *5 rue du Saint-Cordon – 03 27 23 50 60 – www.mercure.com*

Le Grand Duc

MAISON DE MAÎTRE • PERSONNALISÉ Cette maison bourgeoise a une âme d'artiste, comme son propriétaire. Non seulement elle mêle les styles avec goût (seventies, baroque...), mais elle accueille en son sein des soirées jazz et théâtre, sans oublier les cours de cuisine et la table d'hôte. Et le joli parc à l'anglaise se prête lui aussi à la fantaisie !

5 chambres – 97/105 € – 12 €

104 avenue de Condé – 03 27 46 40 30 – www.legrandduc.fr – Fermé 1er-31 août

à Artres 11 km au Sud par D958 et D400 – 59269

La Gentilhommière

CUISINE MODERNE • ROMANTIQUE Le restaurant est installé dans les anciennes écuries du domaine : la salle voûtée, avec ses briques rouges et sa cheminée crépitante, ne manque pas d'élégance ! Quant à la cuisine, elle célèbre les beaux produits de la région.

Menu 26/56 € – Carte 13/34 €

2 rue de l'Église – 03 27 28 18 80 – www.hotel-lagentilhommiere.com – Fermé 18-24 février, 5-21 août, 26-30 décembre, lundi midi, mardi midi, mercredi midi, samedi midi, dimanche soir

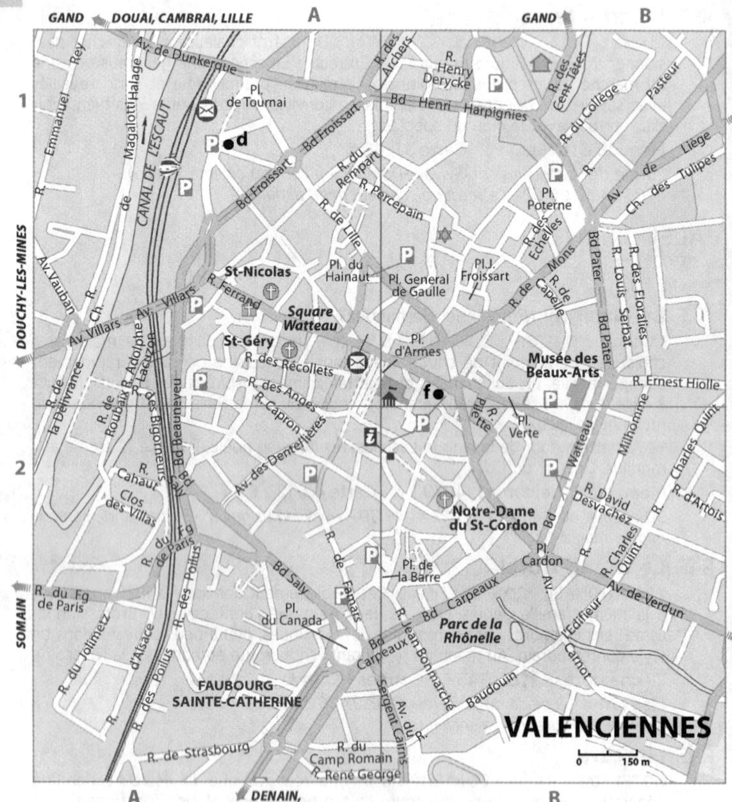

La Gentilhommière

AUBERGE · PERSONNALISÉ Passé le porche, on découvre cette jolie ferme seigneuriale de 1756. Les chambres, spacieuses et agréables, donnent sur le jardin intérieur... Évidemment, on vient d'abord pour la quiétude, mais on peut aussi profiter du restaurant, de bonne tenue (cuisine actuelle), et du village, qui a servi de lieu de tournage au film Germinal.

10 chambres – 85/100 € – 11 €

2 rue de l'Église – 03 27 28 18 80 – www.hotel-lagentilhommiere.com – Fermé 18-24 février, 5-21 août, 26-30 décembre

La Gentilhommière – voir la sélection des restaurants

à Raismes 5 km au Nord-Ouest par D169 – 59590

La Grignotière

CUISINE MODERNE · TENDANCE XxX Dans cette petite localité près de Valenciennes, on prend place dans une enfilade de salles contemporaines aux tons clairs ; les assiettes, d'une grande simplicité, laissent le produit parler de lui-même. Terrasse pour les beaux jours.

Menu 39/80 € – Carte 51/84 €

6 rue Jean-Jaurès – 03 27 36 91 99 – www.la-grignotiere.com – Fermé 2-6 janvier, 9-21 avril, lundi, mercredi soir, samedi midi, dimanche soir

VALESCURE - 83 (Var) → voir St-Raphaël

VALLAURIS - 06 (Alpes-Maritimes) → voir Golfe-Juan

VALLIÈRES-LES-GRANDES

✉ 41400 (Loir-et-Cher) - Carte régionale n° **8**-A1
Carte Michelin 318-D7

Les Closeaux

CUISINE TRADITIONNELLE • AUBERGE X Sous l'Ancien Régime, ces Closeaux - avec leur domaine de 10 hectares - faisaient office de relais de chasse pour les rois de France. Aujourd'hui, le chef des lieux privilégie les producteurs locaux et les circuits courts, et réalise une bonne cuisine traditionnelle.

Menu 23/32 € - Carte 30/50 €

lieu-dit les Closeaux, 3,5 km au Nord-Ouest par D28 et rte secondaire - ✆ 02 47 57 32 73 - www.lescloseaux.com - Fermé 12-22 novembre, mardi, mercredi

VALLOIRE

✉ 73450 (Savoie) - Carte régionale n° **2**-D2
Carte Michelin 333-L7 - Guide Vert Michelin Alpes du Nord

Christiania

FAMILIAL • MONTAGNARD Belle situation au pied des pistes pour cet hôtel, le plus confortable de la station. Sous ses airs de grand chalet traditionnel, il cache des chambres originales, revisitant le style alpin dans une veine on ne peut plus cosy et chaleureuse... Avec son restaurant et son espace bien-être, voilà une "pension" idéale entre la Vanoise et le Galibier.

20 chambres - 89/189 € - 15 €

rue de Tigny - ✆ 04 79 59 00 57 - www.christiania-hotel.com - Fermé 15 avril-15 juin, 15 septembre-15 décembre

VALLON-EN-SULLY

✉ 03190 (Allier) - Carte régionale n° **1**-B1
Carte Michelin 326-C3 - Guide Vert Michelin Auvergne

Auberge des Ris

CUISINE MODERNE • AUBERGE XX Ici, tonneaux et pressoir font partie du décor. Derrière les fourneaux, le chef concocte une bonne cuisine, mêlant tradition et recettes dans l'air du temps, à base de produits choisis.

Menu 30/56 € - Carte 40/60 €

lieu-dit Les Ris, 2 km par D2144, rte de Bourges - ✆ 04 70 06 51 12 - www.aubergedesris.com - Fermé 17-26 juin, lundi, mardi

VALLON-PONT-D'ARC

✉ 07150 (Ardèche) - Carte régionale n° **2**-A3
Carte Michelin 331-I7 - Guide Vert Michelin Ardèche Drôme

Restaurant de Chames (N)

CUISINE CRÉATIVE • MAISON DE CAMPAGNE X Un jeune chef ambitieux propose ici une cuisine de qualité, qui met en avant le terroir ardéchois et la saisonnalité. Présentations soignées, couleurs et parfums : le plaisir est au rendez-vous dans l'assiette. Et n'oublions pas la terrasse, qui offre une vue de carte postale sur les falaises et l'Ardèche...

Menu 32/54 € - Carte 55/70 €

route des Gorges - ✆ 06 07 66 17 09 - www.restaurantdechames.com - Fermé 20 octobre-20 mars, lundi, mardi midi

Belvédère

FAMILIAL · CONTEMPORAIN À quelques centaines de mètres du célèbre pont d'Arc, creusé par l'Ardèche, cette imposante bâtisse est le point de départ idéal pour une excursion dans les gorges ! Ambiance feutrée dans les chambres (couleurs chaudes, terre cuite, meubles en bois peint) et piscine chauffée.

30 chambres – 65/135 € – 11 €

route des Gorges – 04 75 88 00 02 – www.hotel-ardeche-beveldere.com – Fermé 30 octobre-30 mars

VALLOUX - 89 (Yonne) ➜ voir Avallon

VALMONT

76540 (Seine-Maritime) – Carte régionale n° **17**-C1

Carte Michelin 304-D3 – Guide Vert Michelin Normandie Vallée de la Seine

Le Bec au Cauchois (Pierre Caillet)

CUISINE CRÉATIVE · ÉPURÉ XX Meilleur Ouvrier de France 2011, le jeune chef s'avère un excellent technicien, qui dévoile aussi une vraie sensibilité. Jeux sur les textures et les saveurs, produits d'ici et d'ailleurs, et une utilisation des légumes du potager, loin d'être un alibi : dans cette auberge du 19e s., le terroir normand arbore de nouvelles couleurs !

➜ Pâté en croûte au homard et aux girolles. Canard de Rouen, légumes du potager. Dessert autour de la courge

Menu 35 € (déjeuner), 49/93 €

22 rue André-Fiquet, 1,5 km à l'Ouest par rte de Fécamp – 02 35 29 77 56 – www.lebecaucauchois.com – Fermé 24 décembre-24 janvier, mardi, mercredi, dimanche soir

VALMOREL

73260 (Savoie) – Carte régionale n° **4**-F2

L'Oxygène

CUISINE MODERNE · MONTAGNARD XX On est ravis de présenter ce duo d'associés, Benjamin (en cuisine) et Cyril (en salle), qui ont quitté les gorges du Verdon pour rejoindre les hauteurs de Valmorel... et ont déjà fait de ce restaurant d'hôtel une adresse tout à fait attachante. Assiettes soignées et savoureuses, ambiance de chalet cosy : à découvrir au plus vite.

Menu 29/59 € – Carte 39/55 €

La Charmette – 04 79 09 81 80 – www.oxygene-hotel.fr – Fermé 15 avril-30 juin, 1er septembre-15 décembre, lundi midi, mardi midi, mercredi midi, jeudi midi

VALOGNES

50700 (Manche) – Carte régionale n° **17**-A1

Carte Michelin 303-D2 – Guide Vert Michelin Normandie Cotentin

Manoir de Savigny

MAISON DE CAMPAGNE · COSY Dans la campagne valognaise, une allée de peupliers mène à cette ferme-manoir du 16e s. nichée dans un vaste parc. On emprunte un bel escalier de pierre pour gagner les chambres, toutes charmantes ("Rustique", "Baroque", etc.). Quiétude...

5 chambres – 90/130 €

Lieu-dit Savigny, 3 km au Sud-Est par D976 et rte secondaire – 06 84 81 23 94 – www.manoir-de-savigny.fr

VALS-LES-BAINS

07600 (Ardèche) – Carte régionale n° **2**-A3

Carte Michelin 331-I6 – Guide Vert Michelin Ardèche Drôme

✿ Le Vivarais

CUISINE MODERNE · ÉLÉGANT XXX La table d'un vrai artisan, scrupuleux dans le choix de ses produits (fournisseurs locaux), rigoureux et élégant dans l'exécution de ses recettes... et entier dans son envie de satisfaire les clients. Stéphane Polly a hissé son restaurant parmi les meilleurs du département ; tout le terroir ardéchois est gagnant !

→ Cuisine du marché

Menu 31 € (déjeuner), 47/99 € – Carte 60/100 €

Helvie, 5 avenue Claude-Expilly – ✆ 04 75 94 65 85 – www.hotel-helvie.com – Fermé lundi, samedi midi, dimanche soir

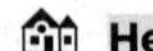

Helvie

TRADITIONNEL · CLASSIQUE À proximité du parc et du casino, cet hôtel Belle Époque conserve tout son éclat d'antan, chic et feutré. Chambres confortables, salon cossu, belle piscine et restaurant de qualité : le plaisir est complet !

27 chambres – 99/199 € – 14 €

5 avenue Claude-Expilly – ✆ 04 75 94 65 85 – www.hotel-helvie.com

✿ **Le Vivarais** – voir la sélection des restaurants

Château Clément

DEMEURE HISTORIQUE · GRAND LUXE Sur les hauteurs de la ville, cette belle maison de maître est avant tout une demeure de famille... celle de Marie-Antoinette et de ses enfants. La chambres d'hôtes compte parmi les plus charmantes qui soient : superbes décors 19e s., jardin de rocailles, terrasse panoramique, table bio... Un lieu rare !

5 chambres – 180/400 €

La Châtaigneraie – ✆ 04 75 88 33 53 – www.auchateauclement.com – Fermé 12 novembre-12 avril

VAL-THORENS

✉ 73440 (Savoie) – Carte régionale n° **4**-F2

Carte Michelin 333-M6 – Guide Vert Michelin Alpes du Nord

✿ Les Explorateurs

CUISINE MODERNE · COSY XX Au cœur du sublime hôtel Pashmina, pensé comme un refuge de luxe, ces Explorateurs nous réservent de belles surprises. Le repas monte crescendo au fil de créations simples et inspirées, qui montrent une évidente maîtrise technique et la volonté forte de n'être pas qu'un "énième" restaurant d'hôtel de luxe... Pari réussi !

→ Carpaccio de Saint-Jacques en marinade de légumes et gingembre. Suprême de volaille truffé, sauce Albufera, purée de céleri et salsifis truffés. Nuage de sérac de brebis et miel de la vallée de Belleville

Menu 92/135 € – Carte 100/140 €

Pashmina, place du Slalom – ✆ 04 79 00 09 99 – www.hotelpashmina.com – Fermé 2 mai-1er décembre, lundi, mardi midi, mercredi midi, jeudi midi, vendredi midi, samedi midi, dimanche midi

Le Diamant Noir

CUISINE MODERNE · ÉLÉGANT XX Dans ce récent hôtel perché au sommet de la station (2 400m), un Bistrot baigné de lumière, avec sa charpente en bois et ses hauts plafonds. Une carte actuelle, pas forcément régionale. Le diamant noir rend hommage à la truffe noire proposée sur de nombreux plats, à la carte toute la saison.

Menu 49/160 € – Carte 85/100 €

Koh-I Nor, rue Gébroulaz – ✆ 04 79 31 00 00 – www.hotels-kohinor.com – Fermé lundi midi, mardi midi, mercredi midi, jeudi midi, vendredi midi, samedi midi, dimanche midi

Fitz Roy Ⓝ

CUISINE MODERNE • CONTEMPORAIN XX Sourcer les produits du terroir savoyard, dresser des assiettes avec soin, aligner les saveurs avec une certaine jubilation : voici résumé en quelques traits le travail de José Bailly dans cet hôtel de Val-Thorens, où il a embarqué une bonne partie de son équipe de Saint-Raphaël. Le soir, sa formule gastronomique en met plein les papilles.

Carte 60/100 €

place de l'Église – ✆ 04 79 00 04 78 – www.hotelfitzroy.com – Fermé 22 avril-30 novembre

Chalet de la Marine

CUISINE TRADITIONNELLE • MONTAGNARD X Impossible de rester insensible au charme de ce chalet situé à 2 500 m d'altitude : jolie salle tout en bois, objets agrestes, flambée dans la cheminée... Dans ce restaurant, tout est fait maison ; on se régale de bons plats traditionnels et d'un généreux buffet de desserts. Cette adresse a vraiment une âme !

Carte 60/100 €

Piste les Dalles, accès à ski par le télésiège des Cascades – ✆ 04 79 00 11 90 – www.chaletmarine.com – Fermé 2 mai-9 décembre

Altapura

LUXE • DESIGN Né au début des années 2010, l'établissement rivalise de luxe et d'élégance. Dans les chambres, le charme montagnard côtoie l'épure contemporaine. Le must : un spa de 1 000 m², où une salle igloo permet de goûter aux bienfaits des soins nordiques. Pour une délicieuse parenthèse au pays des neiges...

72 chambres – 242/1002 € – 16 suites

route du Soleil (à l'entrée de la station) – ✆ 04 80 36 80 36 – www.altapura.fr – Fermé 26 avril-22 novembre

Pashmina

LUXE • TENDANCE C'est un projet fou et insolite pour ceux qui associent la montagne au luxe. Les chambres, très spacieuses, offrent un confort absolu. Hammam privé dans certaines suites, superbe spa de 450m², piscine intérieure... et même la possiblité de passer une nuit à la belle étoile dans un igloo refuge !

33 chambres – ½ Pension seulement 240/880 € – 22 suites

place du Slalom – ✆ 04 79 00 09 99 – www.hotelpashmina.com – Fermé 9 mai-23 novembre

Les Explorateurs – voir la sélection des restaurants

Koh-I Nor

LUXE • ÉLÉGANT Cet hôtel des 3-Vallées a été baptisé d'après un célèbre diamant, et l'on comprend pourquoi : tout en haut de la station, l'imposant bâtiment, de bois et de verre, resplendit ! Intérieur moderne et lumineux, service attentionné et convivial... et vue sur les sommets.

60 chambres – 250/1100 € – 3 suites

rue Gebroulaz – ✆ 04 79 31 00 00 – www.hotel-kohinor.com

Le Diamant Noir – voir la sélection des restaurants

Fitz Roy

LUXE • FONCTIONNEL Cette paisible institution, installée à 2 300 m d'altitude, a bénéficié d'un lifting complet ! Décoration en pierre et chêne dans les parties communes, style montagnard contemporain dans les chambres ; certaines d'entre elles donnent directement sur les pistes.

53 chambres – 310/800 € – 5 suites

place de l'Église – ✆ 04 79 00 04 78 – www.hotelfitzroy.com – Fermé 22 avril-30 novembre

Fitz Roy – voir la sélection des restaurants

Fahrenheit Seven Val Thorens Ⓝ

BOUTIQUE HÔTEL · VINTAGE Ce Fahrenheit Seven se distingue par une déco moderne et branchée, quasiment dans l'esprit d'un boutique-hôtel : un coup de jeune dans la station ! Cinq bars aux thèmes différents, grand espace bien-être avec sauna, fontaine de glace et hammam...

109 chambres - 200/400 €

place de la Lombarde - 04 79 00 04 04 - www.fahrenheitseven.com - Fermé 28 avril-23 novembre

Trois Vallées

FAMILIAL · MONTAGNARD Un petit hôtel familial pour profiter du domaine des 3-Vallées. Entièrement rénovées dans un esprit montagnard chic, les chambres sont chaleureuses et confortables. Au bar, on sirote un verre en admirant les sommets... Quel charme !

28 chambres - 150/525 €

Grande Rue - 04 79 00 01 86 - www.hotel3vallees.com - Fermé 30 avril-1er décembre

LE VALTIN - 88 (Vosges) ➜ voir Gérardmer

LA VANCELLE - 67 (Bas-Rhin) ➜ voir Lièpvre

ON AIME...

Le marché du mercredi et du samedi matin dans les vieilles rues du centre, avec étape obligatoire à la **halle aux poissons**. **Les Vénètes**, à Arradon, pour se régaler avec les pieds dans l'eau. Trois tables étoilées qui font de la ville un vrai rendez-vous gastronomique : **Roscanvec, La Gourmandière - La Table d'Olivier, Le Pressoir**...

VANNES

✉ 56000 (Morbihan) – Carte régionale n° **7**-A3

Carte Michelin 308-O9 – Guide Vert Michelin Bretagne Sud

Restaurants

✿ La Gourmandière - La Table d'Olivier (Olivier Samson) ✿ A/C P

CUISINE MODERNE • **CONTEMPORAIN** XX Une vraie Gourmandière ! Reprise par un chef chevronné, cette ancienne ferme installée à la sortie de la ville s'impose comme un refuge de belle gastronomie : fraîcheur océanique, notes fruitées, délices sucrés... à travers un menu qui change deux fois par mois.

→ Cuisine du marché

Menu 59/88 €

rue de Poignant, 3 km, sortie St-Avé – ✆ 02 97 47 16 13 – www.la-gourmandiere.fr – Fermé 7-17 avril, 16 août-4 septembre, lundi midi, mardi, mercredi, jeudi midi, vendredi midi, dimanche soir

🍴 **La Gourmandière - Le Bistr'Aurélia** – voir la sélection des restaurants

✿ Roscanvec (Thierry Seychelles)

CUISINE CRÉATIVE • **TENDANCE** XX Une maison à colombages près de la cathédrale... Classique ? On découvre pourtant un vrai décor contemporain (avec vue sur les fourneaux au rez-de-chaussée) et surtout une fine cuisine qui cultive franchement le goût de l'époque, avec un beau respect des saveurs – le recours aux épices, par exemple, est tout en équilibre...

→ Ormeau doré au beurre, viennoise d'ail et persil et jus de viande tranché au vinaigre de xérès. Homard cuit au barbecue, pomme de terre diamant, girolles et sabayon à l'ail noir. Pomme confite, caramel au beurre salé et cacahouètes grillées, glace au kouign amann

Menu 32 € (déjeuner), 55/92 € – Carte 80/105 €

Plan : A2-s – *17 rue des Halles – ✆ 02 97 47 15 96 – www.roscanvec.com – Fermé 14-30 janvier, lundi, dimanche soir*

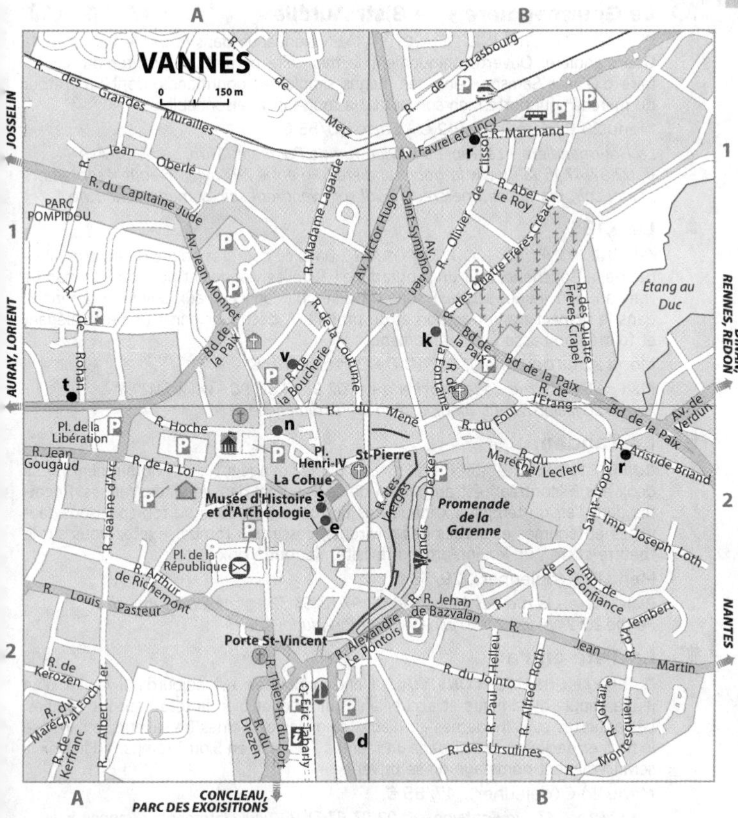

L'Arlequin

CUISINE MODERNE • ÉLÉGANT XX On est tout de suite séduit par l'élégant intérieur de cet Arlequin : salle à manger lumineuse et contemporaine, extension coiffée d'une petite verrière... Quant à l'assiette, elle nous en fait toujours voir de toutes les saveurs : avec un œil sur la tradition, le chef concocte une cuisine bien ancrée dans son époque.

Menu 44 € – Carte 38/54 €

3 allée Denis-Papin, parc d'activités de Botquelen – ✆ 02 97 40 41 41 – Fermé lundi, mercredi soir, samedi midi, dimanche soir

L'Annexe

CUISINE MODERNE • BISTRO X Élise et David, deux jeunes professionnels pleins d'allant, tiennent les rênes de cette maison conviviale. La cuisine met l'accent sur la fraîcheur des produits, majoritairement issus de producteurs locaux, dont le nom est même affiché fièrement à la carte. Beaux accords mets et vins.

Menu 24 € (déjeuner), 38/55 € – Carte 40/63 €

Plan : A2-n – *18 rue Émile-Burgault – ✆ 02 97 42 58 85 – https://restaurantlannexe.eatbu.com/ – Fermé 28 janvier-11 février, 24 juin-9 juillet, 28 octobre-3 novembre, lundi, dimanche*

La Gourmandière - Le Bistr'Aurélia

CUISINE TRADITIONNELLE • CONVIVIAL X Bienvenue dans la partie bistrot de la Gourmandière. Ouverte uniquement le midi, elle permet de profiter du savoir-faire d'Olivier Samson dans des menus simples et gourmands, dont un "retour du marché" qui porte bien son nom... le tout à prix raisonnables.

Menu 26 € (déjeuner)/42 € - Carte 40/55 €

La Gourmandière - La Table d'Olivier, rue de Poignant, 3 km, sortie St-Avé - ✆ 02 97 47 16 13 - www.la-gourmandiere.fr - Fermé 7-17 avril, 16 août-4 septembre , lundi soir, mardi soir, mercredi, jeudi soir, vendredi soir, samedi, dimanche

Le K19

CUISINE MODERNE • CONTEMPORAIN X Dans ce coin très calme du centre-ville - rue de la Boucherie, tout un programme ! -, belles viandes et poissons du marché (merlan, lieu jaune, sabre...) sont travaillés par un chef aux solides références, dans le respect de la tradition et du produit. À découvrir dans un décor élégant et feutré : on passe un bon moment.

Menu 22 € (déjeuner), 32/40 € - Carte 38/48 €

Plan : A1-v - *19 rue de la Boucherie - ✆ 02 97 61 50 90 - www.lek19.fr - Fermé 20 juillet-6 août, lundi, samedi midi, dimanche*

Le Tandem

CUISINE MODERNE • CONVIVIAL X Un couple voyageur (ils ont notamment passé deux ans à Montréal) est au guidon de ce Tandem, dans le vieux Vannes. Recettes dans l'air du temps aux influences bretonnes, produits au top (poissons sauvages et légumes et herbes des environs), desserts à tomber - jetez-vous sur le "beurre-sucre", un kouign-amann revisité... le tout à prix juste.

Menu 19 € (déjeuner), 29/35 €

Plan : A2-e - *13 rue des Halles - ✆ 02 97 63 53 37 - www.letandem.bzh - Fermé 20-24 mars, 24-30 juin, 9-13 octobre, lundi, mardi*

La Tête en l'air

CUISINE MODERNE • CONVIVIAL X L'ancien Boudoir est aujourd'hui le fief d'un jeune couple dynamique et accueillant, qui a bel et bien la tête... sur les épaules. Les assiettes sont modernes en diable, soignées et pleines de saveurs, à l'ardoise le midi et déclinées le soir dans un menu à l'aveugle en 5 ou 7 temps. Vu le prix, il serait vraiment dommage de se priver.

Menu 24 € (déjeuner), 47/65 €

Plan : B1-k - *43 rue Fontaine - ✆ 02 97 67 31 13 - www.lateteenlair-vannes.fr - Fermé mardi, mercredi, samedi midi*

Le Vent d'Est

CUISINE ALSACIENNE • BISTRO X Un Vent d'Est souffle sur la côte Ouest : face au port, cette véritable winstub transporte en Alsace ! Flammekueche, choucroute, kougelhopf, etc. Les spécialités de la région trônent à la carte, avec quelques incursions dans le terroir breton. Ou comment deux régions se rencontrent... à petits prix et avec gourmandise.

Menu 18 € (déjeuner)/27 € - Carte 29/48 €

Plan : A2-d - *25 Rue Ferdinand le Dressay - ✆ 02 97 01 34 53 - www.leventdest.fr - Fermé 11-22 juin, lundi, dimanche*

Hôtels

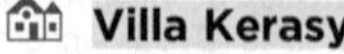

Villa Kerasy

TRADITIONNEL • ÉLÉGANT Pondichéry, Cadix... les chambres évoquent les différentes escales de la légendaire Compagnie des Indes. Jardin japonais, espace bien-être inspiré par l'ayurveda, etc. Voilà un agréable établissement où l'élégance le dispute à la sérénité !

15 chambres - 99/363 €

Plan : B1-r - *20 avenue Favrel-et-Lincy - ✆ 02 97 68 36 83 - www.villakerasy.com*

Best Western Vannes Centre

BUSINESS · FONCTIONNEL Hôtel récent à deux pas du centre historique, idéal pour une clientèle d'affaires. Chambres sobres et contemporaines ; salle de réunion et espace fitness. Au restaurant, on apprécie la cuisine traditionnelle.

58 chambres - 79/210 € - 14 €

Plan : A1-t - *6 place de la Libération - ✆ 02 97 63 20 20 - www.bestwestern-vannescentre.com*

Marébaudière

BUSINESS · FONCTIONNEL En bordure du centre-ville, une bâtisse bretonne des années 1970. Les chambres, fonctionnelles, spacieuses et confortables, déclinent le thème des quatre saisons... Cet établissement s'adapte aussi bien à la clientèle d'affaires que touristique.

41 chambres - 95/130 € - 13 €

Plan : B2-r - *4 rue Aristide-Briand - ✆ 02 97 47 34 29 - www.marebaudiere.com*

à Arradon 7 km à l'Ouest par D101, D101^{A} et D127 - ✉ 56610

Les Vénètes

CUISINE TRADITIONNELLE · ÉLÉGANT XX Pour manger les pieds dans l'eau ! On s'installe dans la salle, superbement située au bord de la *mor bihan* ("petite mer" en breton). Une vue qui met en valeur de beaux produits iodés : huîtres et palourdes du golfe, poissons du jour... avec même un menu autour du homard. Quelques chambres pour prolonger le moment.

Menu 49/79 € - Carte 70/100 €

à la pointe, 2 km - ✆ 02 97 44 85 85 - www.lesvenetes.com - Fermé 18 novembre-1er décembre, lundi, dimanche soir

Le Parc er Gréo

TRADITIONNEL · ÉLÉGANT On se sent bien dans cette jolie maison entourée de verdure et postée à une centaine de mètres du chemin des douaniers. Maquettes de bateaux et mobilier chiné dans le salon, chambres raffinées et coquettes, piscine couverte. Charmant !

13 chambres - 79/174 € - 1 suite - 15 €

9 rue Mané-Guen - ✆ 02 97 44 73 03 - www.parcergreo.com - Fermé 1er janvier-15 février

à Conleau 4,5 km au Sud-Est - ✉ 56000

Le Roof

BUSINESS · CONTEMPORAIN La presqu'île de Conleau domine une anse peuplée de voiliers... et c'est là que se dresse cet hôtel-restaurant construit en 1989. Baignées de lumière, la majorité des chambres ouvrent sur les flots et les rives constellées de pins qui font le charme si pittoresque du golfe du Morbihan.

40 chambres - 89/225 € - 14 €

10 allée des Frères-Cadoret - ✆ 02 97 63 47 47 - www.le-roof.com

à St-Avé 6 km au Nord par D767 (près du centre hospitalier spécialisé) - ✉ 56890

Le Pressoir (Vincent David)

CUISINE MODERNE · INTIME XXX Une véritable institution que cette table vannetaise ! Le chef, Vincent David, signe une vraie cuisine d'auteur, inspirée et soignée, où des produits de belle qualité sont conjugués avec équilibre... Un établissement tout indiqué pour les gourmets à la recherche de belles saveurs.

→ Langoustine, foie gras et artichaut aux cinq vinaigres. Ris de veau et homard, caramel d'oignon. Chocolat noir, passion, cacahouète et nuage de lait

Menu 34 € (déjeuner), 49/105 € - Carte 75/95 €

7 rue de l'Hôpital, à 1,5 km par rte de Plescop - ✆ 02 97 60 87 63 - www.le-pressoir.fr - Fermé lundi, dimanche soir

à Séné 3 km au Sud-Est par N165 – ✉ 56860

Le Puits des Saveurs

CUISINE MODERNE • CONVIVIAL ✗ On oublie tout de la zone commerciale peu avenante où se trouve le restaurant dès que l'on en découvre l'élégant et chaleureux décor, en camaïeu de gris et bois clair. Le plaisir de l'assiette fait le reste : présentations soignées, saveurs enlevées, produits de qualité… le chef puise son inspiration à la source du bon.

Menu 22 € (déjeuner), 33/44 €

rte de Nantes, Le Poulfanc – ✆ 02 97 42 60 69 –
Fermé lundi, mercredi soir, dimanche soir

LES VANS

✉ 07140 (Ardèche) – Carte régionale n° **2**–A3
Carte Michelin 331-G7 – Guide Vert Michelin Ardèche Drôme

Likoké (Piet Huysentruyt)

CUISINE CRÉATIVE • CONVIVIAL ✗ Après une belle carrière en Belgique (en partie à la télévision), Piet Huysentruyt poursuit sa route en Ardèche… et c'est tant mieux ! Des saveurs bien marquées, une vraie harmonie dans les textures, des plats qui célèbrent le terroir, la fête, le savoir-vivre, bref : voilà une table bien dans sa peau, pleine de plaisir.

→ Cuisine du marché

Menu 50 € (déjeuner), 95/145 €

7 route de Païolive – ✆ 04 75 88 09 74 – www.likoke.com –
Fermé 2 novembre-21 mars, lundi, dimanche

La Seigneurie de Naves

HISTORIQUE • PERSONNALISÉ Sur les hauteurs d'un village médiéval préservé, cette seigneurie tout en pierre et toits de tuiles offre un havre des plus charmants ! Escalier à vis, chambres personnalisées sur le thème du terroir, jardin verdoyant et piscine : l'alliance subtile du caractère et de la sérénité…

5 chambres ☕ – 👫120/140 €

Village de Naves – ✆ 06 62 04 45 11 – www.seigneuriedenaves.com –
Fermé 12 novembre-18 mars

VARADES

✉ 44370 (Loire-Atlantique) – Carte régionale n° **23**–B2
Carte Michelin 316-J3

La Closerie des Roses

CUISINE CLASSIQUE • TENDANCE ✗✗ Ce restaurant est ancré depuis 1938 en bord de Loire : un site ravissant, presque en symbiose avec le fleuve… Et de la salle panoramique, on admire l'abbatiale de St-Florent-le-Vieil, illuminée le soir. Le chef achète son poisson aux pêcheurs du coin et concocte une délicieuse cuisine régionale. Le plaisir est complet.

Menu 32/66 € – Carte 49/59 €

455 La Haute-Meilleraie, 1,5 km au Sud par route de Cholet – ✆ 02 40 98 33 30 – www.lacloseriedesroses.com –
Fermé 18 février-6 mars, 26 août-4 septembre, 21 octobre-6 novembre, lundi soir, mardi soir, mercredi, dimanche soir

VARETZ – 19 (Corrèze) → voir Brive-la-Gaillarde

VARS

✉ 05560 (Hautes-Alpes) – Carte régionale n° **24**–C1
Carte Michelin 334-I5 – Guide Vert Michelin Alpes du Sud

aux Claux - ✉ 05560

FAMILIAL • COSY À 150 m des pistes, un beau chalet de bois blond, noyé sous les fleurs l'été... et la neige l'hiver. On est tout de suite conquis par l'ambiance chaleureuse des lieux, du salon avec cheminée jusqu'aux chambres très cosy. Une adresse qui sort du lot.

20 chambres - ½ Pension seulement 70/218 € - ☕ 11 €

allée Pierre-Lelong - ✆ 04 92 46 50 72 - www.hotelecureuil.com - Fermé 22 avril-30 juin, 1er septembre-10 décembre

VASTERIVAL - 76 (Seine-Maritime) → voir Dieppe

VAUCHOUX - 70 (Haute-Saône) → voir Port-sur-Saône

VAUDEVANT

✉ 07410 (Ardèche) - Carte régionale n° **2**-B2
Carte Michelin 331-J3

La Récré

CUISINE MODERNE • CONVIVIAL Installé dans l'ancienne école de garçons du village, dont il a conservé les vestiges - tableau noir, cartes de géographie -, ce restaurant ne pouvait mieux porter son nom. On y découvre des créations pétillantes, qui piochent allègrement dans les produits du terroir ; et c'est encore meilleur lorsqu'on est attablé dans la cour ombragée...

Menu 28/38 €

70 route de Satillieu - ✆ 04 75 06 08 99 - www.restaurant-la-recre.com - Fermé 2-8 septembre, 12 novembre-13 février, lundi, mardi, dimanche soir

VAULT-DE-LUGNY - 89 (Yonne) → voir Avallon

VAUX-EN-BEAUJOLAIS

✉ 69460 (Rhône) - Carte régionale n° **3**-E1
Carte Michelin 327-G3 - Guide Vert Michelin Lyon et sa région

Auberge de Clochemerle (Romain Barthe)

CUISINE MODERNE • CONTEMPORAIN On se sent bien à l'auberge de Clochemerle ; la reception spacieuse ouvre sur une salle à manger bourgeoise avec poutres et cheminées. Il ne manquerait plus que le chef soit talentueux... et c'est le cas ! Son menu surprise, misant sur les produits de saison, enthousiasme autant les habitués que les clients de passage.

→ Cuisine du marché

Menu 48/88 €

rue Gabriel-Chevallier - ✆ 04 74 03 20 16 - www.aubergedeclochemerle.fr - Fermé mardi, mercredi

Les grandes villes bénéficient de plans situant hôtels et restaurants. Suivez leurs coordonnées (ex. Plan : 12-BMe) pour repérer facilement les établissements.

VAUX-LE-PÉNIL - 77 (Seine-et-Marne) → voir Melun

VAUX-SUR-MER - 17 (Charente-Maritime) → voir Royan

VELLUIRE - 85 (Vendée) → voir Fontenay-le-Comte

VENCE

✉ 06140 (Alpes-Maritimes) - Carte régionale n° **25**-E2
Carte Michelin 341-D5 - Guide Vert Michelin Côte d'Azur

✿ Le Saint-Martin

CUISINE MODERNE · LUXE XXXX Un cadre modernisé, une vue à couper le souffle sur les collines de Vence et la Méditerranée... mais, par-dessus tout, une cuisine qui est un ravissement pour les papilles : le chef marie joliment les saveurs dans des assiettes fines et délicates, en s'appuyant sur des produits de grande qualité.

→ Œuf mollet en coque de brioche, légumes de saison. Bar de ligne en croûte de pistaches, polenta aux olives et artichaut poivrade. Chocolat façon opéra, crémeux café et framboises fraîches

Menu 45 € (déjeuner), 58/130 € - Carte 95/135 €

Château Saint-Martin & Spa, 2490 avenue des Templiers, 3 km par rte du col de Vence (D2) - ✆ 04 93 58 02 02 - www.chateau-st-martin.com - Fermé 14 octobre-19 avril

✿ Les Bacchanales (Christophe Dufau)

CUISINE CRÉATIVE · BRANCHÉ XX A l'écart de la ville, cette adresse réjouira les partisans du bio, qu'ils soient carnivores ou locavores, puisque les produits sont choisis dans un rayon de 250 km à la ronde. A l'arrivée, une cuisine du marché créative, pleine de fraîcheur et sans cesse renouvelée, autour de menus en quatre, cinq, sept ou neuf plats.

→ Cuisine du marché

Menu 65 € (déjeuner), 75/130 €

27 avenue de Provence - ✆ 04 93 24 19 19 - www.lesbacchanales.com - Fermé 28 janvier-7 février, mardi, mercredi, jeudi midi

La Farigoule

CUISINE TRADITIONNELLE · COSY XX La farigoule ? Du côté de Vence, c'est comme cela que l'on appelle le thym, pardi ! À l'image de l'aromate, le restaurant ne manque ni de fraîcheur ni de parfums : pressé de chèvre frais aux herbes, courgettes grillées et tomates confites ; dos de cabillaud rôti, ratatouille et riz à l'Arménienne... On redécouvre la Provence. Joli patio.

Carte 45/60 €

15 Avenue Henri Isnard - ✆ 04 93 58 01 27 - www.lafarigoule-vence.fr - Fermé 24 février-27 mars, lundi, mardi

L'Oliveraie

CUISINE RÉGIONALE · MÉDITERRANÉEN X L'endroit idéal pour déguster une cuisine gourmande et estivale - pissaladières et pizzas au feu de bois, viandes au barbecue, poissons à la plancha -, dans un cadre idyllique : en terrasse, au calme, face au vaste parc et à ses oliviers... Attention : le restaurant n'est pas ouvert en cas de mauvais temps, réservez !

Carte 60/90 €

Château Saint-Martin & Spa, 2490 avenue des Templiers, 3 km par rte du col de Vence (D2) - ✆ 04 93 58 02 02 - www.chateau-st-martin.com - Fermé 14 octobre-19 avril, lundi soir, mardi soir, mercredi soir, jeudi soir, vendredi soir, samedi soir, dimanche soir

Les Agapes

CUISINE MODERNE · CONVIVIAL X Carré d'agneau rôti, quinoa comme un risotto ; turbot en viennoise aux citrons confits... à l'ardoise, toute la fraîcheur des saisons. De belles agapes dans ce petit restaurant sympathique et contemporain !

Menu 24 € (déjeuner)/35 € - Carte 30/50 €

4 place Clemenceau - ✆ 04 93 58 50 64 - www.les-agapes.net - Fermé 2-9 juin, lundi, dimanche

Auberge des Seigneurs

CUISINE PROVENÇALE • RUSTIQUE Dans une aile du château de Villeneuve, cette authentique auberge rustique appartient à la même famille depuis cent ans ! On se régale de plats provençaux et de viandes à la broche et, pour l'étape, les chambres sont simples et bien tenues. Jolie terrasse.

Menu 36 € - Carte 40/55 €

1 rue du Dr-Binet - 04 93 58 04 24 - www.auberge-seigneurs.fr - Fermé lundi, dimanche

La Cassolette

CUISINE PROVENÇALE • TRADITIONNEL Sur une ravissante place pavée de la vieille ville, face à la mairie, ce restaurant intimiste est tenu par un chef expérimenté. Il compose une cuisine du marché goûteuse, aux accents provençaux, que l'on déguste dans une jolie salle ou en terrasse, sur la place. Le tout à prix doux !

Menu 25 € (déjeuner)/40 € - Carte 45/70 €

10 bis place Clemenceau - 04 93 58 84 15 - www.restaurant-lacassolette-vence.com - Fermé mardi, mercredi

Comme Chez Soi

CUISINE MODERNE • CONVIVIAL Un restaurant de poche avec, au mur, des photos de Louis de Funès dans le Grand Restaurant. Le chef s'inspire de ses voyages (en Angleterre, notamment) et de son Portugal natal pour concocter une généreuse cuisine du marché : endives caramélisées, salade de poires et sauce roquefort ; gratin de morue ; abricots rôtis au miel...

Menu 29 € - Carte 26/43 €

8 avenue Marcellin-Maurel - 09 81 19 97 27 - Fermé 7 septembre-2 octobre, lundi, mardi midi, mercredi midi, jeudi midi, dimanche

Château Saint-Martin & Spa

GRAND LUXE • CLASSIQUE Cadre d'exception pour ce luxueux hôtel provençal dominant Vence et la mer depuis son vaste parc planté d'oliviers. Décor d'un parfait confort ; villas nichées dans la verdure ; superbe piscine et spa délicieux... Un endroit divin.

51 chambres - 330/740 € - 8 suites - 40 €

2490 avenue des Templiers, 3 km par rte du col de Vence (D2) - 04 93 58 02 02 - www.chateau-st-martin.com - Fermé 14 octobre-19 avril

Le Saint-Martin • **L'Oliveraie** - voir la sélection des restaurants

Cantemerle

TRADITIONNEL • MÉDITERRANÉEN Un jardin du Sud calme et délicat, deux piscines - dont une couverte, pour les frileux -, de grandes chambres à l'élégance épurée (souvent en duplex) et un bel espace bien-être... Les vacances et le farniente, tout simplement. Au restaurant, cuisine à base de produits du terroir.

27 chambres - 150/587 € - 1 suite - 22 €

258 chemin Cantemerle, au Sud-Est par av. Col.-Meyère - 04 93 58 08 18 - www.cantemerle-hotel-vence.com - Fermé 15 octobre-31 mars

La Maison du Frêne

HÔTEL PARTICULIER • PERSONNALISÉ Une belle demeure du 18e s., son escalier en fer forgé, ses tomettes superbes et, partout, des œuvres d'art contemporain... C'est pop et design, frais, atypique et très ludique. Le temps d'un séjour au chic décalé, les propriétaires - collectionneurs chevronnés - sauront vont faire partager leur passion.

4 chambres - 135/160 €

1 place du Frêne - 06 88 90 49 69 - www.lamaisondufrene.com

VENDÔME

✉ 41100 (Loir-et-Cher) – Carte régionale n° **8**–B2

Carte Michelin 318-D5 – Guide Vert Michelin Châteaux de la Loire

✿ Pertica (Guillaume Foucault)

CUISINE CRÉATIVE • ÉPURÉ X C'est dans le Perche ("Pertica" en latin), sa région d'origine, que le chef puise son inspiration. Il décline une cuisine dynamique et inventive, qu'il conçoit en plongeant dans les souvenirs de son enfance ; il l'agrémente d'influences glanées ici et là (en Asie, notamment) avec un plaisir manifeste. Plaisir partagé !

→ Foie gras nature et oignon en saumure. Filet de saosnoise typée percheronne au garum des sources du Perche. Pomme à la pousse d'épine noire

Menu 25 € (déjeuner), 48/110 €

15 place de la République – ✆ 02 54 23 72 02 – www.restaurantpertica.com – Fermé 1er-5 janvier, 9-13 avril, 13-17 août, 3-7 septembre, lundi, mercredi midi, dimanche

Le Vendôme

FAMILIAL • COSY À deux pas de la vieille ville, un hôtel à la fois coquet et cosy (mobilier et objets chinés), entièrement rénové dans un style contemporain du meilleur effet. Accueil charmant.

31 chambres – 80/175 € – 15 €

15 faubourg Chartrain – ✆ 02 54 77 02 88 – www.hotelvendome.fr

VENTABREN

✉ 13122 (Bouches-du-Rhône) – Carte régionale n° **24**–B3

Carte Michelin 340-G4 – Guide Vert Michelin Provence

✿ Dan B. - La Table de Ventabren (Dan Bessoudo)

CUISINE MODERNE • DESIGN XX Assurément l'un des restaurants les plus élégants de la région, au cœur d'un village pittoresque. Pour le cadre, mobilier scandinave et vue panoramique sur l'étang de Berre. Dans l'assiette, une cuisine fraîche et follement créative (les menus se nomment "bois" ou "béton"), à base de produits locaux, choisis avec précision.

→ Tomates de pays, huile d'olive d'ici, vinaigre de tomate et meringue verte. Demi-pigeon rôti et désossé, raviole de courge et figue, gel verveine. Ganache noix de coco-vanille et capsule mangue-passion

Menu 48 € (déjeuner), 79/115 € – Carte 84/118 €

1 Rue Frédéric Mistral – ✆ 04 42 28 79 33 – www.danb.fr – Fermé 1er-31 janvier, 28 octobre-5 novembre, 23-30 décembre, lundi, mardi midi

VERDUN

✉ 55100 (Meuse) – Carte régionale n° **12**–A1

Carte Michelin 307-D4

Les Jardins du Mess

DEMEURE HISTORIQUE • CONTEMPORAIN Cet ancien mess de sous-officiers, bâti à la fin du 19e s. sur les quais de la Meuse, a été entièrement rénové : on s'y repose aujourd'hui dans des chambres contemporaines et bien aménagées, côté ville pour la vue ou côté jardin pour le calme. Bar plaisant.

40 chambres – 99/349 € – 16 €

22 quai de la République – ✆ 03 29 80 14 18 – www.lesjardinsdumess.fr

aux Monthairons 13 km au Sud par D34 – ✉ 55320

Hostellerie du Château des Monthairons

CUISINE MODERNE • CLASSIQUE XXX Émincé de canette au verjus de mirabelle ; parfait glacé à la dragée de Verdun : cette table châtelaine, tenue en famille, permet d'apprécier une cuisine mêlant joliment bases classiques et touches plus actuelles. Et, comme on l'imagine, le cadre est superbe : moulures, vieux parquet, tentures épaisses...

Menu 49/102 € – Carte 68/80 €

26 route de Verdun – ✆ 03 29 87 78 55 – www.chateaudesmonthairons.fr – Fermé 2 janvier-8 février, 21-27 octobre, lundi, mardi midi

Hostellerie du Château des Monthairons

DEMEURE HISTORIQUE • CLASSIQUE La Meuse forme un joli méandre au bord du parc qui entoure ce château (19e s.). Il règne ici un esprit évidemment aristocratique, et les chambres, suites et duplex sont élégants et confortables. Pour la détente : hammam, sauna, jacuzzi, etc.

22 chambres – 115/265 € – 3 suites – 18 €

26 route de Verdun – ✆ 03 29 87 78 55 – www.chateaudesmonthairons.fr – Fermé 2 janvier-8 février, 21-27 octobre

Hostellerie du Château des Monthairons – voir la sélection des restaurants

VERDUN-SUR-LE-DOUBS

✉ 71350 (Saône-et-Loire) – Carte régionale n° **5**-B3

Carte Michelin 320-K8 – Guide Vert Michelin Bourgogne

Hostellerie Bourguignonne

CUISINE TRADITIONNELLE • ÉLÉGANT XX Une charmante bâtisse champêtre, au cœur d'un joli jardin fleuri. À la carte, une superbe sélection de bourgognes, qui accompagnent à merveille les belles assiettes traditionnelles et régionales du chef. Ne manquez pas la spécialité locale : la pôchouse verdunoise (une matelote de poissons de rivière).

Menu 30/75 € – Carte 76/88 €

2 avenue du Président-Borgeot – ✆ 03 85 91 51 45 – www.hostelleriebourguignonne.com – Fermé 21 octobre-3 novembre, mardi, mercredi, dimanche soir

VERFEIL

✉ 31590 (Haute-Garonne) – Carte régionale n° **22**-C2

Carte Michelin 343-H3

✿ La Promenade (Nicolas Thomas)

CUISINE CRÉATIVE • CONVIVIAL XX Autant le dire : on se régale lors cette promenade gastronomique, entraîné par un chef passionné, ancien violoncelliste professionnel, ayant quitté le monde de la musique pour... un piano de cuisson ! Cette belle bâtisse toulousaine abrite un petit miracle créatif réunissant finesse, fraîcheur et inspiration : une très belle adresse.

→ Cuisine du marché

Menu 30 € (déjeuner), 70/100 €

2 promenade Jean-Jaurès – ✆ 05 34 27 85 42 – www.la-promenade.net – Fermé lundi, mardi, mercredi midi, dimanche soir

Ne confondez pas les couverts X et les étoiles ✿ !
Les couverts définissent une catégorie de confort et de service, tandis que l'étoile couronne uniquement la qualité de la cuisine, quel que soit le standing de la maison.

VERGONCEY

50240 (Manche) - Carte régionale n° **17**-A3
Carte Michelin 303-D8

Château de Boucéel

DEMEURE HISTORIQUE • GRAND LUXE En pleine campagne normande, un très beau château (1763) au cœur d'un parc à l'anglaise. Pour les âmes romantiques, rien de tel qu'une balade autour des étangs avant de regagner la quiétude raffinée des chambres... Mobilier ancien, superbe parquet, portraits d'ancêtres : du style !

5 chambres - 180/300 €

lieu-dit Boucéel, 4 km à l'Est par D108, D40 et D308 - 02 33 48 34 61 - www.chateaudebouceel.com

VERGONGHEON

43360 (Haute-Loire) - Carte régionale n° **1**-C2
Carte Michelin 331-B1

La Petite École

CUISINE MODERNE • VINTAGE X Ce restaurant a remplacé l'ancienne école du village voilà quelques années. La cuisine, fine et savoureuse, mérite un A sans hésitation. Copie parfaite pour ces créations précises et savoureuses, que l'on doit à un chef amoureux du bon produit. Une cantine de choix, sans fausse note, doublée d'un excellent rapport qualité-prix.

Menu 33/48 €

La Petite École, à Rilhac, 3 km au Sud-Est par D174 - 04 71 76 97 43 - www.restaurant-lapetiteecole.com - Fermé 2-16 janvier, 19-29 juin, 2 septembre-6 octobre, lundi, mardi midi, samedi midi, dimanche soir

VERN-D'ANJOU

49220 (Maine-et-Loire) - Carte régionale n° **23**-C2
Carte Michelin 317-E3

Le Pigeon Blanc

CUISINE MODERNE • TENDANCE XX Créé en 1962, ce Pigeon Blanc n'a pas fini de voltiger... Avec Sylvain, c'est aujourd'hui la troisième génération de la famille Belouin qui est aux commandes. Le jeune homme est tombé du nid très tôt pour aller se former chez les plus grands (Troisgros, Coutanceau) : sa cuisine, créative et généreuse, séduit.

Menu 23 € (déjeuner), 33/70 €

13 rue de l'Église - 02 41 61 41 25 - www.lepigeonblanc.com - Fermé lundi soir, mardi soir, mercredi, dimanche soir

VERNET-LES-BAINS

66820 (Pyrénées-Orientales) - Carte régionale n° **21**-B3
Carte Michelin 344-F7

Princess

FAMILIAL • FONCTIONNEL Au pied du vieux Vernet, cette bâtisse dévoile un intérieur chaleureux et coloré... Les chambres, récemment rénovées et joliment décorées, ont presque toutes un balcon donnant sur la montagne.

38 chambres - 71/131 € - 11 €

rue des Lavandières - 04 68 05 56 22 - www.hotel-princess.fr - Fermé 20 novembre-23 mars

VERNEUIL-SUR-AVRE

27130 (Eure) - Carte régionale n° **17**-C3
Carte Michelin 304-F9 - Guide Vert Michelin Normandie Vallée de la Seine

Le Clos

CUISINE MODERNE • ÉLÉGANT XXX Un jeune chef est aux fourneaux de cette maison où le classicisme le dispute à l'élégance : parquets anciens, tapis persans, moulures, trompe-l'œil, tables dressées dans les règles de l'art... Comme auparavant, l'assiette célèbre le terroir normand, avec une poignée de recettes plus audacieuses.

Menu 62/97 € – Carte 67/92 €

98 rue de la Ferté-Vidame – ✆ 02 32 32 21 81 – www.leclos-normandie.com – Fermé lundi midi, mardi midi, mercredi midi, jeudi midi, vendredi midi, samedi midi

Le Clos

LUXE • PERSONNALISÉ Ce castel normand cultive, derrière sa belle façade en briques polychromes, un luxe jusque dans les détails. Les équipements de pointe, le superbe parc, l'étonnante véranda de style Eiffel, mais aussi la passion et l'enthousiasme des hôtes : tout garantit un séjour délicieux.

10 chambres – 220/320 € – 5 suites – 25 €

98 rue de la Ferté-Vidame – ✆ 02 32 32 21 81 – www.leclos-normandie.com – Fermé 1er-28 février

Le Clos – voir la sélection des restaurants

VERNON

27200 (Eure) – Carte régionale n° **17**-D2

Carte Michelin 304-I7 – Guide Vert Michelin Normandie Vallée de la Seine

Le Bistro des Fleurs

CUISINE TRADITIONNELLE • BISTRO X Un ancien bistrot de campagne, avec un beau comptoir où s'accoudent les clients pressés et une incontournable ardoise du jour. Courte, traditionnelle et alléchante, celle-ci atteste le parti pris de la chef : rien que du frais, au gré du marché et de ses envies ! Dernière fleur : un excellent choix de vins au verre...

Menu 21/40 € – Carte 25/40 €

73 rue Carnot – ✆ 02 32 21 29 19 – Fermé 28 juillet-21 août, lundi, dimanche

L'Estampille by Erisay

CUISINE MODERNE • COSY X Ce restaurant, proche des quais de Seine, sert une cuisine au goût du jour, émaillée de trouvailles ; ainsi le menu Claude Monet, adapté aux amoureux de l'impressionnisme, en pèlerinage à Giverny, comme aux appétits classiques... A déguster sur la jolie terrasse.

Menu 28/39 € – Carte 30/40 €

6 place de Paris – ✆ 02 77 19 00 12 – www.restaurantlestampille.fr – Fermé lundi, dimanche soir

Normandy

BUSINESS • FONCTIONNEL Dans le centre-ville, un hôtel aux chambres plutôt spacieuses et confortables, fraîchement rénovées. Pratique à l'occasion d'une visite de la cité ou de Giverny et de la maison de Claude Monet, à moins de 5 km.

50 chambres – 98/178 € – 11 €

1 avenue Pierre-Mendes-France – ✆ 02 32 51 97 97 – http://normandy-hotel.fr/

VERNOUILLET – 28 (Eure-et-Loir) → voir Dreux

VERRUYES – 79 (Deux-Sèvres) → Voir Mazières-en-Gâtine

VERS

46090 (Lot) – Carte régionale n° **22**-C1

Carte Michelin 337-F5

La Truite Dorée

FAMILIAL • TRADITIONNEL Au bord du Vers – où fraie peut-être quelque truite dorée –, l'adresse bénéficie d'un cadre très mignon... Les chambres sont confortables, et certaines d'entre elles jouissent même d'une terrasse au bord de la rivière. Cuisine traditionnelle au restaurant.

28 chambres – 82/102 € – 10 €

rue de la Barre – ✆ 05 65 31 41 51 – www.latruitedoree.fr – Fermé 20 décembre-20 février

VERSAILLES - 78 (Yvelines) ➜ voir Autour de Paris

VERS-PONT-DU-GARD - 30 (Gard) ➜ voir Pont-du-Gard

VERT-BOIS - 17 (Charente-Maritime) ➜ voir Île d'Oléron

VERTOU - 44 (Loire-Atlantique) ➜ voir Nantes

VERTUS

✉ 51130 (Marne) - Carte régionale n° **11**-B2
Carte Michelin 306-G9 - Guide Vert Michelin Champagne Ardenne

Le Vendangeoir

CUISINE MODERNE • **BISTRO** Au cœur de la célèbre "Côte des Blancs", ce bistrot contemporain a pris ses quartiers de gourmandise à l'intérieur de l'ancien vendangeoir du grand-père de l'actuelle propriétaire. On se régale de l'entrée au dessert : les produits sont choisis avec minutie et la pâtissière japonaise est excellente. Petite carte de Champagne, du village de Vertus. Courez-y !

Menu 39/52 € - Carte 53/73 €

25 boulevard Carnot - ✆ 03 26 53 84 99 - www.le-vendangeoir.com - Fermé lundi, mardi, jeudi soir, dimanche soir

à Bergères-les-Vertus 3,5 km au Sud par D9 - ✉ 51130

Hostellerie du Mont-Aimé

CUISINE TRADITIONNELLE • **CLASSIQUE** Un cadre cossu et bourgeois, pour une cuisine traditionnelle généreuse qui valorise notamment les produits nobles (ainsi ce cœur de ris de veau au jus de truffe). Autre plaisir, la belle carte des vins et ses nombreuses références de champagne.

Menu 45/90 € - Carte 64/83 €

4-6 rue de Vertus - ✆ 03 26 52 21 31 - www.hostellerie-mont-aime.com - Fermé 12-18 août, 23-31 décembre, dimanche soir

Hostellerie du Mont-Aimé

TRADITIONNEL • **FONCTIONNEL** Une étape que l'on a toutes les raisons... d'aimer ! En plein cœur du vignoble champenois, un hôtel en deux parties (le Mont-Aimé et les Dames de Champagne), aux chambres spacieuses, confortables et bien tenues, pour un maximum de confort. Les plus : une piscine couverte et un espace détente.

57 chambres - 125/170 € - 15 €

4-6 rue de Vertus - ✆ 03 26 52 21 31 - www.hostellerie-mont-aime.com - Fermé 12-18 août, 23-31 décembre

Hostellerie du Mont-Aimé - voir la sélection des restaurants

VESC

✉ 26220 (Drôme) - Carte régionale n° **2**-B3
Carte Michelin 332-D6

Chez Mon Jules

CUISINE DU TERROIR • **BISTRO** Au cœur du village, voilà une sympathique adresse ! Dans une salle où objets chinés, tables et chaises en bois font bon ménage, on se régale d'une savoureuse cuisine du terroir, tels la caillette maison au foie gras ou l'agneau de pays confit 7h. Aux beaux jours, profitez de la terrasse à l'ombre des canisses.

Menu 33/55 €

5 rue Étienne-de-Vesc - ✆ 04 75 04 20 74 - www.chezmonjules.com - Fermé 2-31 janvier, lundi, mardi, mercredi, dimanche soir

VESOUL

✉ 70000 (Haute-Saône) - Carte régionale n° **6**-B1
Carte Michelin 314-E7 - Guide Vert Michelin Franche-Comté Jura

Le Caveau du Grand Puits

CUISINE MODERNE • CONVIVIAL X Dans cet ancien relais de diligence, nul besoin de voyager pour être le bienvenu ! Entrez donc dans la salle voûtée ou faufilez-vous dans la cour intérieure pour apprécier la goûteuse cuisine de saison du chef. Service jeune et décontracté.

Menu 21 € (déjeuner), 29/60 € - Carte 25/40 €

3 place du Grand Puits - 03 84 76 66 12 - Fermé 22-30 décembre, mercredi soir, samedi midi, dimanche

à Épenoux 5 km au Nord rte de St-Loup-sur-Semouse et D10 - 70000

Château d'Épenoux

DEMEURE HISTORIQUE • CLASSIQUE Petit château du 18e s. dans un parc planté d'arbres centenaires. Dans les chambres, à la tenue irréprochable, rien ne semble avoir changé depuis le Siècle des lumières : parquet, boiseries, moulures... La quintessence d'un cadre bourgeois.

5 chambres - 149/179 €

5 rue Ruffier-D'Epenoux - 03 84 75 19 60 - www.chateau-epenoux.com - Fermé 21 décembre-28 février

VEUIL - 36 (Indre) ➜ voir Valençay

VEULES-LES-ROSES

76980 (Seine-Maritime) - Carte régionale n° **17**-C1
Carte Michelin 304-E2 - Guide Vert Michelin Normandie Vallée de la Seine

Douce France

HISTORIQUE • COSY Sur les bords de la Veules, cet ancien relais de poste (17e s.), restauré dans les règles de l'art par des Compagnons, est absolument charmant. Dans les chambres, mobilier chiné et confort sont au rendez-vous. Et l'après-midi, on profite du joli salon de thé.

20 chambres - 102/250 € - 5 suites - 14 €

13 rue Docteur-Pierre-Girard - 02 35 57 85 30 - www.doucefrance.fr - Fermé 13 janvier-8 février

VEUVES

41150 (Loir-et-Cher) - Carte régionale n° **8**-A1
Carte Michelin 318-D7

L'Auberge de la Croix Blanche

CUISINE TRADITIONNELLE • RUSTIQUE X Point de voitures à cheval devant cet ancien relais de poste (1888), mais un décor suggestif qui n'est pas sans évoquer les folles équipées d'antan... On y déguste une généreuse cuisine traditionnelle, avec des produits de saison. Terrasse au jardin.

Menu 27/38 € - Carte 35/55 €

2 avenue de la Loire - 02 54 70 23 80 - www.auberge-delacroixblanche.fr - Fermé lundi, mercredi midi, dimanche soir

VEYNES

05400 (Hautes-Alpes) - Carte régionale n° **24**-B1
Carte Michelin 334-C5 - Guide Vert Michelin Alpes du Sud

La Sérafine

CUISINE MODERNE • CONVIVIAL XX Dans un hameau, cette jolie bergerie tout en pierre, datée du 18e s., conserve le nom de sa propriétaire... La chef, d'origine vietnamienne, réalise une cuisine moderne et instinctive, avec quelques plats de tradition. Intérieur élégant et raffiné.

Menu 39/54 €

Les Paroirs, 2 km à l'Est par rte de Gap et D20 - 04 92 58 06 00 - www.restaurantserafine.com - Fermé mardi, mercredi

VEYRIER-DU-LAC - 74 (Haute-Savoie) ➜ voir Annecy

VÉZAC - 15 (Cantal) → voir Aurillac

VÉZELAY

✉ 89450 (Yonne) - Carte régionale n° **5**-B2

Carte Michelin 319-F7 - Guide Vert Michelin Bourgogne

Les Glycines

MAISON DE MAÎTRE · ROMANTIQUE À 50 m de la Basilique, cette ancienne propriété du menuisier du roi abrite un hôtel de charme dont le cachet historique, le joli salon cossu et les agréables chambres mansardées dessinent un lieu de bon goût. Les petits-déjeuners se prennent sur la terrasse, aux beaux jours.

13 chambres - 80/185 € - 12 €

33 rue Saint-Pierre - 03 86 47 29 81 - www.vezelay-laterrasse.com - Fermé 6 janvier-15 mars

VIADUC DE GARABIT

✉ 15100 (Cantal) - Carte régionale n° **1**-B3

Carte Michelin 330-H5 - Guide Vert Michelin Auvergne

Beau Site

CUISINE TRADITIONNELLE · FAMILIAL XX Au pied du célèbre viaduc - la salle panoramique offre une vue imprenable sur l'édifice -, le chef compose une bonne cuisine revisitant la tradition : suprême de volaille en croûte de moutarde de Charroux, filet de sandre en écaille de pomme de terre et sauce au saint-pourçain blanc...

Menu 20 € (déjeuner), 28/42 € - Carte 25/50 €

N9 - 04 71 23 41 46 - www.beau-site-hotel.com - Fermé 1er janvier-22 mars

Beau Site

FAMILIAL · PERSONNALISÉ Le célèbre ouvrage de Gustave Eiffel, le lac ou le jardin : à vous de choisir la vue ! Les chambres, coquettes et confortables, osent une déco d'une élégante sobriété. Pour le reste, c'est cuisine régionale, tennis, piscine et aire de jeux pour les enfants.

18 chambres - 62/87 € - 3 suites - 13 €

N9 - 04 71 23 41 46 - www.beau-site-hotel.com - Fermé 16 novembre-22 mars

Beau Site - voir la sélection des restaurants

VIC-EN-BIGORRE

✉ 65500 (Hautes-Pyrénées) - Carte régionale n° **22**-A2

Carte Michelin 342-M4

Le Réverbère

CUISINE TRADITIONNELLE · CONVIVIAL X Venez vous régaler à la lumière de ce plaisant Réverbère, dont l'intérieur -entièrement relooké - se révèle moderne et lumineux. On vient y profiter des créations du chef, au plus près du terroir : il travaille avec de nombreux producteurs locaux pour un résultat généreux et goûteux, plein de saveurs.

Menu 16 € (déjeuner), 26/39 €

rue d'Alsace - 05 62 96 78 16 - www.hotellereverbere.com - Fermé samedi, dimanche soir

VIC-FEZENSAC

✉ 32190 (Gers) - Carte régionale n° **22**-A2

Carte Michelin 336-D7

à Préneron 6 km au Sud-Ouest par N124, D157 et rte secondaire - ✉ 32190

Auberge La Baquère

CUISINE TRADITIONNELLE • **SIMPLE** X Cette ferme-auberge a beau être isolée en pleine campagne, les clients sont nombreux. Et pour cause : canard, ramier, truite et anguille y sont cuisinés avec style. Une bonne maison.

Menu 18/55 € - Carte 39/49 €

lieu-dit la Baquère - ☎ 05 62 06 42 75 - www.aubergelabaquere.com - Fermé lundi

VICHY

✉ 03200 (Allier) - Carte régionale n° **1**-C1

Carte Michelin 326-H6 - Guide Vert Michelin Auvergne

Maison Decoret (Jacques Decoret)

CUISINE CRÉATIVE • **ÉLÉGANT** XXX Une bâtisse du 19ᵉs., une grande véranda cubique jouant sur la transparence : tel est le décor voulu par Jacques Decoret. Recherche esthétique et finesse sont au rendez-vous dans l'assiette, autour de très beaux produits. Et quelques chambres style maison d'hôtes rappellent l'esprit contemporain du lieu.

→ Fines tranches de veau de l'Allier, crues et cuites, poutargue et huile de thon. Poulette du Bourbonnais rôtie, graines de boulgour, jus de roquette et artichaut cardinal. Fuseau noisette, riz au lait, glace muscovado

Menu 45 € (déjeuner), 75/125 €

Plan : A2-b - *15 rue du Parc - ☎ 04 70 97 65 06 - www.maisondecoret.com - Fermé 19 février-6 mars, 15 août-9 septembre, mardi, mercredi*

La Table d'Antoine

CUISINE MODERNE • **ÉLÉGANT** XX Voyageur invétéré, le chef aime manier les épices et livre une cuisine gourmande et parfumée. On sent la générosité du passionné… Quant au décor, entre pierre de Volvic, verrière incrustée de motifs végétaux et cuir de Salers, il joue sur une évocation contemporaine de l'Auvergne. Original !

Menu 27 € (déjeuner), 33/69 € - Carte 58/78 €

Plan : A2-d - *8 rue Burnol - ☎ 04 70 98 99 71 - www.latabledantoine.com - Fermé 15 février-12 mars, lundi, dimanche soir*

La Table de Marlène

CUISINE MODERNE • **DESIGN** XX Une soucoupe posée sur un lac, voilà qui n'est pas banal ! À fleur d'eau, dans un décor de verre et d'acier, les bons produits sont préparés avec justesse et les saveurs sont au rendez-vous. L'été, le bistrot permet même de profiter de la terrasse. La vérité n'est pas ailleurs : elle est dans l'assiette.

Menu 33/69 € - Carte 68/80 €

Plan : A1-a - *Boulevard de Lattre-de-Tassigny (La Rotonde) - ☎ 04 70 97 85 42 - www.restaurantlarotonde-vichy.com - Fermé 1ᵉʳ-31 janvier, lundi, mardi*

L'Alambic

CUISINE TRADITIONNELLE • **CLASSIQUE** X Jean-Jacques et Marie-Ange se l'étaient promis : dans leur restaurant, il y aurait peu de couverts, pour pouvoir mieux régaler les clients. Pari réussi ! Sur une base traditionnelle, le chef marie les produits de saison avec gourmandise. C'est goûteux, parfumé et généreux… sans être alambiqué.

Menu 30/52 € - Carte 35/55 €

Plan : B1-u - *8 rue Nicolas-Larbaud - ☎ 04 70 59 12 71 - Fermé 17 février-6 mars, 13 août-7 septembre, lundi, mardi, dimanche soir*

L'Hippocampe

A/C

POISSONS ET FRUITS DE MER • ÉLÉGANT XX Près du parc des Sources, cet Hippocampe-là est un digne représentant de la mer ! Homard breton, médaillon de lotte, bouillabaisse... Tout est frais et bien préparé. Joli décor contemporain avec vue directe sur les cuisines.

Menu 23 € (déjeuner), 32/42 € – Carte 40/66 €

Plan : A2-z – *3 boulevard de Russie – ✆ 04 70 97 68 37 – Fermé 17 juin-11 juillet, lundi, mardi midi, dimanche soir*

Pour bien utiliser votre guide, consultez son mode d'emploi situé en pages d'introduction : symboles, classements, abréviations et autres signes n'auront plus de mystère pour vous !

Les Caudalies

CUISINE TRADITIONNELLE · COLORÉ Ces Caudalies vichyssoises ont tout pour plaire : une salle d'esprit Napoléon III avec de belles tables dressées en toute simplicité ; au mur, quelques toiles où les fruits et légumes sont à l'honneur... et dans l'assiette, une cuisine fleurant bon les produits du marché. Jolie carte des vins en prime – et pour cause, le chef et son épouse sont de véritables passionnés !

Menu 24 € (déjeuner), 34/90 € – Carte 40/60 €

Plan : B2-a – *7 rue Besse – 04 70 32 13 22 – www.les-caudalies-vichy.fr – Fermé 19 août-8 septembre, lundi, mercredi soir, dimanche soir*

La Truffade

CUISINE MODERNE · BISTRO Malgré son nom, pas de spécialités auvergnates dans cette petite table du centre-ville, mais une cuisine du marché savoureuse et efficace, réglée sur les saisons. L'épouse du chef assure en salle un service convivial et efficace. Réservation indispensable.

Menu 16 € (déjeuner), 28/31 €

Plan : B2-b – *16 rue Ravy-Breton – 04 70 98 28 57 – www.restaurant-la-truffade.fr – Fermé 3-18 juin, 6-22 octobre, lundi, mardi soir, mercredi soir, jeudi soir, dimanche soir*

Vichy Spa Hôtel Les Célestins

THERMAL · CONTEMPORAIN Hôtel moderne, au milieu du parc des Sources, à recommander aux curistes pour son accès direct au spa Vichy. Chambres très spacieuses et piscine panoramique. Gastronomie et diététique sont à l'honneur au N 3, qui bénéficie d'une jolie terrasse.

122 chambres – 150/375 € – 7 suites – 25 €

Plan : A1-e – *111 boulevard des Etats-Unis – 04 70 30 82 00 – www.vichy-spa-hotel.fr*

Pavillon d'Enghien

TRADITIONNEL · CONTEMPORAIN Sympathique adresse dans un bâtiment du début du 20e s. disposant de chambres tendance, décorées avec beaucoup de goût. On est conquis par le joli petit jardin avec piscine, et la terrasse où l'on déguste les tajines de la patronne... Un endroit accueillant et plein de charme !

20 chambres – 90/125 € – 12 €

Plan : A1-b – *32 rue Callou – 04 70 98 33 30 – www.pavillondenghien.com*

La Demeure d'Hortense

MAISON DE MAÎTRE · CONTEMPORAIN Ambiance marocaine ou asiatique, décor maritime ou ode à la féminité... Il y a autant de thèmes que de chambres dans cette belle maison de maître datant de 1880, avec son jardin où l'on prend son petit-déjeuner en été. Et la propriétaire sera de bon conseil pour une visite de la ville.

5 chambres – 125/155 €

Plan : B1-t – *62 avenue du Président-Doumer – 04 70 96 73 66 – www.demeure-hortense.fr*

à Bellerive-sur-Allier 3,5 km au Sud par D1093 – 03700

Château du Bost

CUISINE MODERNE · CONTEMPORAIN La table du Château du Bost nous accueille dans un cadre épuré, où de jolies toiles colorées attirent le regard. On y profite d'une cuisine classique et parfaitement maîtrisée, à l'image de cette poitrine de veau confite et poêlée à la plancha, ou du plateau de fromages joliment composé... Délicieux.

Menu 23 € (déjeuner), 32/80 €

27 Rue de Beauséjour – 04 70 59 59 59 – www.chateau-du-bost.com – Fermé lundi, dimanche soir

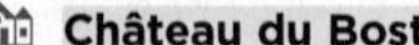

Château du Bost

HÔTEL PARTICULIER • PERSONNALISÉ À l'extérieur de Vichy, dans un parc très paisible, ce château avec tours et douves en eau (15e-19e s.) a été restauré dans un esprit contemporain original, à l'image des grandes verrières qui ont été percées dans ses murs. On y trouve des chambres élégantes, zen et nature, offrant tout le confort nécessaire. Une réussite !

8 chambres – 90/190 € – 13 €

27 Rue de Beauséjour – 04 70 59 59 59 – www.chateau-du-bost.com

Château du Bost – voir la sélection des restaurants

VICQ

03450 (Allier) – Carte régionale n° **1**-B1
Carte Michelin 326-F6

Sur le Chemin des Buvats

FAMILIAL • PERSONNALISÉ En pleine nature, cette ferme du 19e s respire la quiétude ! Sa transformation en maison d'hôtes est l'œuvre d'un chef qui souhaitait se reconvertir et de sa compagne. Une réussite : la maison a été remarquée dans plusieurs magazines de déco (esprit zen, belle piscine, bain norvégien, etc.) et sa table d'hôte, avec les légumes du jardin, est très gourmande !

5 chambres – 110/130 €

8 chemin des Buvats – 04 70 41 26 75 – www.chemindesbuvats.com – Fermé 20 octobre-3 novembre, 22-27 décembre

VIC-SUR-CÈRE

15800 (Cantal) – Carte régionale n° **1**-B3
Carte Michelin 330-D5 – Guide Vert Michelin Auvergne

Beauséjour

FAMILIAL • TRADITIONNEL Parfait pour se mettre au vert, même si on est là pour affaires. Bien que datant des années 1830, ce grand établissement est toujours aussi pimpant, avec des chambres et des suites spacieuses et impeccablement tenues. Le parc est bien agréable.

42 chambres – 71/110 € – 4 suites – 12 €

4 avenue André-Mercier – 04 71 47 50 27 – www.beausejour-vic.fr – Fermé 1er octobre-1er mai

Au Col de Curebourse 6 km au Sud-Est par D54 – 15800

Hostellerie Saint-Clément

CUISINE TRADITIONNELLE • CHAMPÊTRE XX Aucun bandit de grand chemin ne rôde autour de cet établissement posé sur le col de Curebourse. Pressé de porc et lentilles, marmite du pêcheur (rouget, lotte, daurade, crevettes) : père et fils concoctent une cuisine pleine de goût et de saveurs, précise et gourmande, où les cuissons sont toujours justes.

Menu 32/65 €

Col de Curebourse – 04 71 47 51 71 – www.hotelstclementcantal.com – Fermé 5 novembre-29 mars, lundi, dimanche soir

Hostellerie Saint-Clément

FAMILIAL • FONCTIONNEL Il faut aller à 1 000 m d'altitude pour trouver cette grande bâtisse dans le style du pays. Depuis les chambres – qui disposent toutes d'un balcon –, on jouit d'une vue plongeante sur la vallée ou sur le jardin. Bien loin des bruits de la ville...

19 chambres – 68/85 € – 9 €

Col de Curebourse – 04 71 47 51 71 – www.hotelstclementcantal.com – Fermé 5 novembre-29 mars

Hostellerie Saint-Clément – voir la sélection des restaurants

VIENNE

38200 (Isère) – Carte régionale n° **2**-B2
Carte Michelin 333-C4 – Guide Vert Michelin Lyon et sa région

✿✿ La Pyramide - Patrick Henriroux

CUISINE MODERNE • ÉLÉGANT XXXX L'institution viennoise a été rendue célèbre par le mythique Fernand Point, formateur d'une foule de toques d'élite : Bocuse, frères Troisgros et frères Haeberlin, Chapel... C'est en 1989 que la famille Henriroux a repris la maison, et l'a ramenée sur le chemin des étoiles : une dès l'ouverture, deux en 1992. Entre autres qualités, la cuisine de Patrick Henriroux se distingue par sa précision et sa sobriété. Homard en trois façons (pinces en salpicon, bisque en raviole, queue rôtie aux douces épices et cassis), soufflé à la vieille chartreuse réalisé dans les règles de l'art : les preuves d'un savoir-faire aussi discret qu'imparable. Le tout dans un décor très design, d'une élégance extrême : on ne peut qu'applaudir !

→ Crème soufflée de crabe dormeur au caviar, émietté de tourteau et croquant d'artichaut comme en Provence. Trois façons de déguster le homard. Piano au chocolat praliné, sauce au café grillé

Menu 69 € (déjeuner), 149/180 € - Carte 140/200 €

14 boulevard Fernand-Point, cours de Verdun, au Sud du plan - ✆ 04 74 53 01 96 - www.lapyramide.com - Fermé 5 février-7 mars, 13-21 août, mardi, mercredi

Le Bec Fin

CUISINE TRADITIONNELLE • CLASSIQUE XX Si ce n'est pas de la passion ! Voilà plus de quarante ans que le chef, Roger Jolivet, régale sa clientèle de délicieuses recettes traditionnelles. Pieds paquets, terrine maison aux foies de volailles... Cette cuisine généreuse s'inscrit dans la grande tradition gastronomique de la région lyonnaise. Salutaire.

Menu 29/53 € - Carte 40/82 €

7 place St-Maurice - ✆ 04 74 85 76 72 - Fermé lundi, mardi soir, mercredi soir, jeudi soir, dimanche soir

L'Espace PH3

CUISINE MODERNE • COSY XX Au sein de la Pyramide, voici la seconde table de la famille Henriroux. Le décor ? Chic et contemporain, feutré et intime. En cuisine règnent le wok et la plancha, et tout est mené tambour battant par une équipe dont la motivation est communicative... Que d'énergie, que de saveurs !

Menu 25 € (déjeuner) - Carte 50/57 €

La Pyramide - Patrick Henriroux, 14 boulevard Fernand-Point, cours de Verdun, Sud du plan - ✆ 04 74 53 01 96 - www.lapyramide.com - Fermé 5 février-7 mars, 4-12 août

L'Estancot

CUISINE TRADITIONNELLE • BISTRO X Une valeur sûre en ville que ce bistrot contemporain sympathique et généreux ! Les habitués apprécient les criques - des galettes de pommes de terre -, spécialités de la maison, garnies par exemple de foie gras poêlé ou de noix de Saint-Jacques et gambas.

Menu 27/36 € - Carte 25/50 €

4 rue de la Table-Ronde - ✆ 04 74 85 12 09 - Fermé lundi, mardi midi, dimanche

Saveurs du Marché

CUISINE TRADITIONNELLE • BISTRO X Un bistrot joliment moderne et très vivant... tout au service des saveurs du marché, bien entendu ! On aurait tort de se priver de cette cuisine très fraîche, soignée et savoureuse, rehaussée par une belle carte de vins de la vallée du Rhône. Et le couple de propriétaires est charmant...

Menu 16 € (déjeuner), 28/45 € - Carte 30/60 €

34 cours de Verdun - ✆ 04 74 31 65 65 - www.lessaveursdumarche.fr - Fermé 1er juillet-5 août, samedi, dimanche

La Pyramide - Patrick Henriroux

LUXE • PERSONNALISÉ Sur la N7, une adresse historique rénovée dans un style contemporain et une dynamique écolo-responsable. L'ensemble est élégant, avec ses parties communes, ses confortables chambres et ses matériaux choisis avec soin. Une belle adresse pour l'étape.

19 chambres - ††210/250 € - 4 suites - ☕ 28 €

14 boulevard Fernand-Point, cours de Verdun, Sud du plan - ✆ 04 74 53 01 96 - www.lapyramide.com - Fermé 5 février-7 mars

✿✿ **La Pyramide - Patrick Henriroux** • **L'Espace PH3** - voir la sélection des restaurants

à Chonas-l'Amballan 9 km au Sud par N7 – ✉ 38121

La Table de Philippe Girardon

CUISINE MODERNE • ÉLÉGANT XXX Cette élégante demeure du 18e s., nichée dans un parc de trois hectares, fut jadis une villégiature pour les évêques de Lyon. C'est dans un cadre chaleureux que l'on déguste une cuisine raffinée et subtile, qui révèle toute la saveur de produits de qualité. Belle partition !

→ Truite de l'Isère confite et fumée au concombre et caviar. Ris de veau de lait braisé au viognier, petits pois et girolles, effluves de vanille. Soufflé chaud à la Chartreuse et chocolat et infusion de verveine rafraîchie

Menu 35 € (déjeuner), 70/137 €

Les Jardins de Clairefontaine, chemin des Fontanettes – ✆ 04 74 58 81 52 – www.domaine-de-clairefontaine.fr – Fermé 16 décembre-21 janvier, lundi, mardi

Le Cottage

CUISINE TRADITIONNELLE • BRANCHÉ X Le restaurant du Cottage est emmené par Philippe Girardon, chef dont la passion et l'expérience sont incontestables ; il réalise ici une cuisine bistrotière à base de beaux produits frais, que l'on dévore dans la grande salle à manger ou en terrasse, à l'ombre des platanes...

Menu 29 € – Carte 35/55 €

Le Cottage de Clairefontaine, 616 chemin du Marais – ✆ 04 74 58 83 28 – www.domaine-de-clairefontaine.fr – Fermé 16 février-4 mars

Les Jardins de Clairefontaine

TRADITIONNEL • PERSONNALISÉ Tranquillité, espace et verdure : un environnement de choix pour ces chambres aménagées dans les anciennes écuries du domaine. Charme champêtre et atmosphère apaisante font leur effet...

18 chambres – 145/185 € – 17 €

chemin des Fontanettes – ✆ 04 74 58 81 52 – www.domaine-de-clairefontaine.fr – Fermé 17 décembre-17 janvier

La Table de Philippe Girardon – voir la sélection des restaurants

Le Cottage de Clairefontaine

BUSINESS • CONTEMPORAIN Ce Cottage – en fait une ancienne ferme – est niché dans le calme d'un petit hameau sur les hauteurs du Rhône. Passé le grand hall de réception, on découvre des chambres bien agencées, décorées dans les tons blanc et gris, avec du mobilier contemporain.

11 chambres – 95/130 € – 13 €

616 chemin du Marais – ✆ 04 74 58 83 28 – www.domaine-de-clairefontaine.fr – Fermé 16 février-4 mars

Le Cottage – voir la sélection des restaurants

à Estrablin 8 km à l'Est par D41 – ✉ 38780

La Gabetière

FAMILIAL • PERSONNALISÉ Dans leur parc, ce charmant manoir du 16e s. et ses annexes ont un petit air bucolique. Les chambres adoptent des styles variés et soignés (bonbonnière, provençal, ancien...). Pour les loisirs : une piscine et une aire de jeux.

12 chambres – 82/90 € – 12 €

269 le Logis Neuf, sur D502 – ✆ 04 74 58 01 31 – www.la-gabetiere.com – Fermé 31 décembre-27 janvier

VIENNE-LE-CHÂTEAU

✉ 51800 (Marne) – Carte régionale n° **11**-C2

Carte Michelin 306-L7

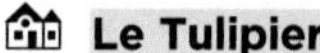

Le Tulipier

TRADITIONNEL · FONCTIONNEL Sur les hauteurs du village, les amateurs de calme et de nature apprécieront cet hôtel bordant la forêt d'Argonne. En plus de sa piscine couverte, c'est un bon point de chute pour des activités de plein air. Cuisine traditionnelle et régionale au restaurant. Une bonne adresse !

35 chambres – 99/115 € – 11 €

rue St-Jacques, route de Binarville, à 1 km – 03 26 60 69 90 – www.letulipier.com

VIERZON

18100 (Cher) – Carte régionale n° **8**–C2

Carte Michelin 323-I3 – Guide Vert Michelin Limousin Berry

Les Petits Plats de Célestin

CUISINE TRADITIONNELLE · BRASSERIE "Des petits plats réconfortants, qu'on aime retrouver" : voilà ce que défend ce Célestin. La terrine et le saumon fumé comptent parmi les incontournables de la maison, et l'on peut aussi se régaler d'un croustillant de pied de cochon ou d'un tajine d'agneau... à déguster dans une jolie rotonde vitrée, avec vue sur le jardin public.

Menu 27 € (déjeuner), 31/45 €

20 avenue Pierre-Semard (face à la gare) – 02 48 83 01 63 – www.lespetitsplatsdecelestin.com – Fermé 18 août-4 septembre, lundi, dimanche

à Méreau 4 km au Sud par D918, rte d'Issoudun – 18120

Château le Briou d'Autry

FAMILIAL · À LA CAMPAGNE Cette gentilhommière du 19e s. cultive l'esprit maison de famille. "Rodin", "George Sand"... chaque chambre honore la mémoire d'un artiste. Aux beaux jours, on profite du parc.

5 chambres – 94/126 €

31 rue d'Autry – 06 88 49 98 98 – www.lebrioudautry.fr – Fermé 10-25 août

VIGNIEU

38890 (Isère) – Carte régionale n° **2**–B2

Carte Michelin 333-F4

Le Capella

CUISINE MODERNE · CLASSIQUE Présentations soignées, jeux sur les textures, utilisation de bons produits : voici les savoureux arguments de ce Capella. Le cadre n'est pas en reste : deux salles voûtées en pierre, et une terrasse face à la piscine et au jardin. Carte des vins pointue, avec 450 références (surtout de la vallée du Rhône).

Menu 29 € (déjeuner), 42/82 € – Carte 70/90 €

Château de Chapeau Cornu, 312 rue de la Garenne – 04 74 27 79 00 – www.lecapella.com – Fermé 22 décembre-10 janvier, lundi midi, mardi midi, mercredi, dimanche soir

Château de Chapeau Cornu

HISTORIQUE · ROMANTIQUE Dans un cadre verdoyant, au sein d'un parc arboré, ce château du 13e s. vous accueille dans des chambres romantiques et personnalisées, plutôt spacieuses (certaines ont même un baldaquin !). La belle piscine chauffée est un plus indéniable : une adresse idéale pour se mettre au vert.

13 chambres – 119/269 € – 18 €

312 rue de la Garenne – 04 74 27 79 00 – www.chateau-chapeau-cornu.fr – Fermé 22 décembre-10 janvier

Le Capella – voir la sélection des restaurants

VIGNOUX-SUR-BARANGEON

✉ 18500 (Cher) – Carte régionale n° **8**–C3
Carte Michelin 323-J3

Le Prieuré

CUISINE MODERNE • TRADITIONNEL XX Dans cet ancien presbytère du 19e s., la gourmandise est loin d'être un péché ! On y apprécie une cuisine dans l'air du temps : trilogie d'huîtres cuisinées, filet de daurade royale rôti au citron vert... À déguster dans un décor clair, presque monacal. Belle terrasse.

Menu 27 € (déjeuner), 30/55 € – Carte 41/48 €

route de Saint-Laurent – ✆ 02 48 51 58 80 – www.leprieurehotel.fr – Fermé 18-27 février, 13-22 mai, 26 août-4 septembre, mardi, mercredi

VIGNY-LES-PARAY – 71 (Saône-et-Loire) ➜ voir Digoin

VIGOULET-AUZIL

✉ 31320 (Haute-Garonne) – Carte régionale n° **22**–B2
Carte Michelin 343-G3

Château d'Arquier

HISTORIQUE • À LA CAMPAGNE Sur un coteau arboré, cette bâtisse typiquement toulousaine recèle le charme bourgeois des maisons de famille (mobilier de style, peintures murales de Marc Saint-Saëns...). Sur l'arrière, on profite d'une belle vue sur le vaste parc. Quel calme !

3 chambres – 105/115 €

17 avenue des Pyrénées – ✆ 05 61 75 80 76 – www.arquier.com

VILLARD-DE-LANS

✉ 38250 (Isère) – Carte régionale n° **2**–C2
Carte Michelin 333-G7 – Guide Vert Michelin Alpes du Nord

La Doline

CUISINE TRADITIONNELLE • CONVIVIAL X Sous l'égide d'un jeune chef autodidacte, dans un décor associant montagne et modernité, cette petite table propose une cuisine traditionnelle – ainsi ce filet de truite fumée, le confit de canard maison ou les cèpes du Vercors.

Menu 29/45 € – Carte 39/55 €

La Roseraie, 309 avenue du Professeur-Nobecourt – ✆ 04 76 95 11 99 – www.ladoline.com – Fermé 1er avril-25 mai, 29 septembre-15 décembre, lundi midi, mardi midi, mercredi midi, jeudi midi, vendredi midi, samedi midi, dimanche midi

La Ferme du Bois Barbu

CUISINE TRADITIONNELLE • FAMILIAL X Non loin des pistes de ski de fond et des chemins de randonnée, dans un environnement préservé – que la région est pittoresque ! –, une adresse sympathique, montagnarde mais nullement rude : au cœur de l'hiver, par exemple, le bon feu de cheminée va si bien à la cuisine du terroir...

Menu 16/29 €

à Bois-Barbu, 3 km – ✆ 04 76 95 13 09 – www.fermeboisbarbu.com – Fermé 1er-28 avril, mercredi, dimanche soir

Les Trente Pas

CUISINE MODERNE • TRADITIONNEL X À une trentaine de pas de l'église de Villard, un restaurant de poche au décor soigné. Dans une jolie salle à manger, l'œil s'attarde sur les tableaux d'un artiste local... Derrière ses fourneaux, le chef honore les produits (notamment du Vercors) au gré du marché et de son inspiration. Un travail soigné.

Menu 20 € (déjeuner), 30/55 € – Carte 30/50 €

16 rue des Francs-Tireurs – ✆ 04 76 94 06 75 – www.lestrentepas.fr – Fermé 23-29 avril, 17-23 juin, lundi soir, mardi, mercredi soir

La Roserie

FAMILIAL • MONTAGNARD Un joli rendez-vous à l'écart du village... Dans les étages, la vue sur le Vercors est une invitation à la promenade. On aime autant les chambres, cosy et bien décorées, que le restaurant, qui invite à la gourmandise.

17 chambres – 110/165 € – 13 €

309 avenue du Professeur-Nobecourt – 04 76 95 11 99 – www.hotellaroseraie.com – Fermé 1er-13 avril, 4 novembre-13 décembre

La Doline – voir la sélection des restaurants

au Balcon de Villard 4 km au Sud-Est par D215 et D215B – ✉ 38250

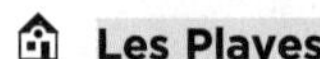

Les Playes

FAMILIAL • FONCTIONNEL Un grand chalet avec des chambres coquettes, sous la houlette de deux frères ayant repris l'affaire à la suite de leurs parents. L'un d'entre eux, passionné de marche, vous donnera de bons conseils de rando ! L'autre, en cuisine, est l'inventeur de la spécialité maison : les nems de truite rose et d'écrevisse... Sinon, carte traditionnelle.

20 chambres – 98/145 € – 13 €

Les Pouteils Côte 2000 – 04 76 95 14 42 – www.hotel-les-playes.com – Fermé 7 avril-8 mai, 22 septembre-14 décembre

à Corrençon-en-Vercors 6 km au Sud par D215 – ✉ 38250

Palégrié

CUISINE MODERNE • MONTAGNARD XX Superbes produits régionaux, plantes, herbes et légumes des environs... C'est avec tout cela que le chef, Guillaume Monjuré, réalise des assiettes à la fois fines et goûteuses, s'autorisant des pointes de créativité bien maîtrisée. Le tout est accompagné des bons vins sélectionnés par Chrystel Barnier, son associée.

→ Cuisine du marché

Menu 68 € (déjeuner), 45/88 €

Hôtel du Golf, Les Ritons – 04 76 95 84 84 – www.hotel-du-golf-vercors.fr – Fermé 1er avril-17 mai, 15 octobre-15 décembre, lundi midi, mardi midi, mercredi midi, jeudi midi, vendredi midi

Hôtel du Golf

FAMILIAL • PERSONNALISÉ Quelle métamorphose pour ce qui n'était il y a cinquante ans qu'une minuscule auberge... L'œuvre de trois générations successives, qui ont créé un bel établissement sans perdre l'esprit de famille (aujourd'hui, le benjamin de la fratrie, menuisier, assure le travail du bois !). Espace, calme, grand confort, prestations variées : on quitte les lieux à regret...

17 chambres – 111/215 € – 5 suites – 16 €

Les Ritons – 04 76 95 84 84 – www.hotel-du-golf-vercors.fr – Fermé 31 mars-1er mai, 15 octobre-19 décembre

Palégrié – voir la sélection des restaurants

Les Clarines

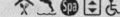

TRADITIONNEL • MONTAGNARD L'ambiance est chaleureuse dans ce petit hôtel situé au centre du village, à deux pas de l'église. Dans un décor montagnard actuel et élégant, on se prélasse au coin du feu ou dans l'espace spa, moderne et confortable (avec sauna, hammam et jacuzzi).

16 chambres – 100/185 € – 15 €

Les Ravauds – 04 76 95 81 81 – www.lesclarines.com – Fermé 8 avril-4 mai, 4 novembre-14 décembre

LE VILLARS – 71 (Saône-et-Loire) → voir Tournus

VILLARS

✉ 84400 (Vaucluse) – Carte régionale n° **25**–E1
Carte Michelin 332-F10

La Table de Pablo

CUISINE MODERNE • CONVIVIAL Pour goûter une cuisine délicate et volontiers créative, à base de beaux produits régionaux, ce restaurant entre vignes et cerisiers est tout trouvé : en témoigne ce pigeon en deux cuissons, plat signature de la maison... Mention spéciale pour la paisible terrasse bercée par le chant des cigales !

Menu 33 € – Carte 45/51 €

Hameau Les Petits-Cléments – ✆ 04 90 75 45 18 – www.latabledepablo.com – Fermé 9 décembre-14 février, mercredi, jeudi midi, samedi midi

LA VILLE-BLANCHE – 22 (Côtes-d'Armor) ➜ voir Lannion

VILLEBLEVIN

✉ 89340 (Yonne) – Carte régionale n° **5**–A1
Carte Michelin 319-B2

Auberge L'Escale 87

CUISINE TRADITIONNELLE • COSY Une bien chaleureuse auberge au bord de l'ancienne N6, dont l'intérieur coquet se pare de divers objets agrestes et de mobilier rustique. La tradition est de mise dans les assiettes, goûteuses, colorées, et servies avec le sourire par-dessus le marché : on passe un moment très agréable.

Menu 24 € (déjeuner), 34/51 € – Carte 40/63 €

Le Petit-Villeblevin, D606, rte de Paris – ✆ 03 86 66 42 56 – Fermé 5-25 août, 22-31 décembre, lundi soir, mardi, mercredi, jeudi soir, dimanche soir

VILLECHAUD – 58 (Nièvre) ➜ voir Cosne-Cours-sur-Loire

VILLECOMTAL-SUR-ARROS

✉ 32730 (Gers) – Carte régionale n° **22**–A2
Carte Michelin 336-D9

Le Rive Droite

CUISINE MODERNE • CLASSIQUE George Sand séjourna dans cette élégante chartreuse (18e s.) située au bord de la rivière. L'ancien et le contemporain s'y mêlent avec brio, et la cuisine honore la tradition autant qu'elle ose une audacieuse créativité. Une adresse de grande qualité.

Menu 25/44 €

1 chemin Saint-Jacques – ✆ 05 62 64 83 08 – www.lerivedroite.com – Fermé 1er-8 mai, 3-10 juillet, 6-20 novembre, lundi, mardi, mercredi midi

VILLE-D'AVRAY – 92 (Hauts-de-Seine) ➜ voir Autour de Paris

VILLEDIEU-LES-POÊLES

✉ 50800 (Manche) – Carte régionale n° **17**–A2
Carte Michelin 303-E6 – Guide Vert Michelin Normandie Cotentin

Manoir de l'Acherie

CUISINE TRADITIONNELLE • RUSTIQUE Au cœur du bocage, on se réfugie avec plaisir dans la chaleur de ce manoir du 17e s. Les plats du terroir régional sont à l'honneur, comme les grillades au feu de bois dans la grande cheminée en pierre... Un vrai moment gourmand, version pomme et crème fraîche !

Menu 23/52 € – Carte 30/62 €

37 rue Michel-de-l'Epinay (à Ste-Cécile), 3,5 km à l'Est par D975 et D554 – ✆ 02 33 51 13 87 – www.manoir-acherie.fr – Fermé 11-24 février, 14 novembre-6 décembre, lundi

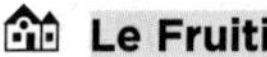

Le Fruitier

TRADITIONNEL · FONCTIONNEL Dans le centre de la "cité du cuivre", cette hôtellerie familiale a su donner à la plupart de ses chambres un look contemporain. On pourra profiter du restaurant traditionnel (avec une formule bistrot au déjeuner en semaine).

48 chambres - 60/133 € - 10 €

3 rue Jules Ferry (pl. des Costils) - 02 33 90 51 00 - www.le-fruitier.com - Fermé 20 décembre-8 janvier

Manoir de l'Acherie

AUBERGE · TRADITIONNEL Non loin de Villedieu-les-Poêles, ce manoir du 17e s. accueille les voyageurs dans une ambiance familiale et rustique : le bois des poutres et des meubles se mêle à la paille des chaises et à la pierre d'une grande cheminée... Jolie étape dans le bocage normand !

18 chambres - 70/120 € - 12 €

37 rue Michel de l'épiney (à Ste-Cécile), 3,5 km à l'Est par D975 et D554 (sortie 38 sur A84) - 02 33 51 13 87 - www.manoir-acherie.fr - Fermé 11-24 février, 14 novembre-6 décembre

Manoir de l'Acherie - voir la sélection des restaurants

VILLEDIEU-SUR-INDRE

36320 (Indre) - Carte régionale n° **8**-B3

Carte Michelin 323-F5

La Gourmandine

CUISINE MODERNE · ÉLÉGANT XX Toujours un plaisir de fréquenter cette maison chaleureuse, aussi élégante que feutrée. Le patron donne beaucoup et concocte une cuisine très alléchante. Une carte volontairement courte, de beaux produits : on ne manque pas d'appétit ! Trois jolies chambres pour l'étape.

Menu 18 € (déjeuner), 32/44 € - Carte 40/60 €

1 avenue de la Gare - 02 54 29 87 91 - www.lagourmandine36.fr - Fermé lundi, mercredi soir, dimanche soir

VILLE-DU-PONT - 25 (Doubs) → voir Montbenoît

VILLEFRANCHE-DE-ROUERGUE

12200 (Aveyron) - Carte régionale n° **22**-C1

Carte Michelin 338-E4

Côté Saveurs

CUISINE MODERNE · COSY XX L'ancienne caserne des pompiers a été revisitée à la mode contemporaine, et le résultat est à la hauteur ! Quant à la cuisine, elle met en valeur le terroir aveyronnais de fort belle manière : pavé de veau de l'Aveyron, salsifis et moelleux de patate douce, tarte au citron revisitée à la crème citron vert...

Menu 23 € (déjeuner), 33/65 € - Carte 45/65 €

place Fontange (La Caserne, 1er étage) - 05 65 65 83 64 - www.cote-saveurs.fr - Fermé 22 juin-15 juillet, lundi, dimanche

Univers

CUISINE CRÉATIVE · TENDANCE X Au bord de la rivière, cette table ne désemplit pas... et c'est bien mérité ! Deux anciens de Top Chef, Quentin Bourdy et Noémie Honiat, s'y partagent les tâches : lui, côté salé, compose des assiettes spontanées et créatives ; elle, pâtissière de formation, imagine de savoureux desserts.

Menu 18 € (déjeuner), 33/54 €

place de la République (1er étage) - 05 65 45 15 63 - www.lunivers-villefranche.com - Fermé 8-15 janvier, 30 juin-10 juillet, lundi, dimanche

 **Les Fleurines**

BUSINESS • CONTEMPORAIN À deux pas de la chapelle des Pénitents-Noirs, deux engageantes bâtisse en pierre (l'une d'entre elles arbore un mur végétal), avec des chambres contemporaines - dont une partie plus haut-de-gamme. Sobre et design, mais néanmoins très cosy : le meilleur hôtel du centre-ville.

28 chambres - 59/119 € - 2 suites - 12 €

17 boulevard Haute-Guyenne - 05 65 45 86 90 - www.lesfleurines.com

 **Les Terrasses de la Maison Pago** 

FAMILIAL • PERSONNALISÉ Installée dans une ancienne conserverie de champignons et huile de noix, cette maison d'hôtes en a conservé l'atmosphère (rouages, monte-charge traversant le salon) ; l'ensemble est résolument contemporain et ne manque pas de charme, jusqu'aux chambres, joliment décorées.

3 chambres - 86/96 €

29 rue Montlauzeur - 05 65 81 59 26 - www.maisonpago.fr - Fermé 22 décembre-15 janvier

au Farrou Nord 4 km par D1^{E} - 12200

Relais de Farrou 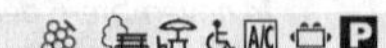

CUISINE MODERNE • ÉLÉGANT XX Cette maison est chargée d'histoire : c'était autrefois un relais de poste, c'est désormais un relais gourmand ! Demi-pigeon de la Coulonnière et jus corsé aux airelles, veau de l'Aveyron à l'aligot et caviar d'aubergine : on se régale de jolis petits plats accompagnés de vins bien choisis.

Menu 25/59 € - Carte 50/65 €

Relais de Farrou - 05 65 45 18 11 - www.relaisdefarrou.com - Fermé lundi, samedi midi, dimanche soir

 **Relais de Farrou** 

FAMILIAL • PERSONNALISÉ Entre route et rivière, ce relais de poste né en 1792 a su rester jeune et frais ! Les chambres sont contemporaines et confortables, et la liste des équipements est longue : tennis, minigolf, piscine, fitness... et même un héliport !

26 chambres - 84/154 € - 14 €

34 route Haute de Farrou - 05 65 45 18 11 - www.relaisdefarrou.com

Relais de Farrou - voir la sélection des restaurants

VILLEFRANCHE-SUR-MER

06230 (Alpes-Maritimes) - Carte régionale n° **25**-E2
Carte Michelin 341-E5 - Guide Vert Michelin Côte d'Azur

La Mère Germaine 

POISSONS ET FRUITS DE MER • RUSTIQUE XX Poisson frais et fruits de mer depuis 1938 : la Mère Germaine est une institution locale, où Cocteau avait ses habitudes. En été, la jet-set presse ses yachts à l'abordage du restaurant ; attablé en terrasse face au port, on passe effectivement un agréable moment... si l'on n'est pas trop regardant sur le prix.

Menu 49 € - Carte 70/120 €

9 quai Amiral Courbet - 04 93 01 71 39 - www.meregermaine.com - Fermé 12 novembre-10 février

 **Welcome** 

FAMILIAL • PERSONNALISÉ Welcome : un nom tout trouvé pour cet hôtel accueillant et confortable, jadis fréquenté par Jean Cocteau, qui décora la chapelle St-Pierre voisine. L'emplacement est idéal : face aux flots, chaque chambre, façon cabine de bateau, dispose d'un balcon envahi par le soleil...

32 chambres - 149/415 € - 3 suites - 20 €

3 quai Amiral Courbet - 04 93 762 762 - www.welcomehotel.com

VILLEFRANCHE-SUR-SAÔNE

69400 (Rhône) - Carte régionale n° **3**-E1
Carte Michelin 327-H4 - Guide Vert Michelin Lyon et sa région

La Ferme du Poulet

CUISINE CLASSIQUE • ÉLÉGANT XX Joli endroit que cette ferme du 17e s. tout en pierre, transformée en hôtel-restaurant. L'établissement est le repaire d'un couple de bons professionnels (le chef est champion du monde 2016 de pâté en croûte !), qui ont modernisé le décor et y servent une cuisine axée sur les produits de la région.

Menu 20 € (déjeuner), 32/67 € - Carte 48/82 €

180 rue Georges Mangin - ✆ 04 74 62 19 07 - www.lafermedupoulet.com - Fermé 5-25 août, 24 décembre-1er janvier, lundi, dimanche

Belooga

CUISINE TRADITIONNELLE • BRASSERIE XX Une brasserie chic, supervisée par les chefs Hervé Raphanael et Guy Lassausaie. Tout y est fait maison, des amuse-bouche aux desserts, et le "semainier" (le menu hebdomadaire) est attendu avec impatience tous les jeudis par les habitués de la maison...

Menu 34 € (déjeuner), 56/66 € - Carte 50/70 €

Mercure Ici & Là, 384 boulevard Louis-Blanc - ✆ 04 37 55 09 09 - www.hotelicietla.com

Mercure Ici & Là

URBAIN • DESIGN Un hôtel récent, créé à deux pas du centre-ville. Le bâtiment, très contemporain, répond aux normes Haute Qualité Environnementale ; les chambres se révèlent spacieuses, fonctionnelles et bien insonorisées. Une adresse agréable, ici et nulle part ailleurs.

78 chambres - 90/180 € - 18 €

384 boulevard Louis-Blanc - ✆ 04 37 55 09 09 - www.hotelicietla.com

Belooga - voir la sélection des restaurants

à Jassans-Riottier 4 km à l'Est par D904 - ✉ 01480

L'Embarcadère

CUISINE TRADITIONNELLE • BRASSERIE X "Cuisine de campagne au bord de l'eau" : voilà le credo de cette adresse griffée Georges Blanc, au bord de la Saône, entre guinguette chic et brasserie contemporaine. Quand la tradition se fait tendance... Embarquement immédiat !

Menu 22 € (déjeuner), 25/57 € - Carte 40/65 €

15 avenue de la Plage - ✆ 04 74 07 07 07 - www.lespritblanc.com

VILLEGENON

✉ 18260 (Cher) - Carte régionale n° **8**-C2
Carte Michelin 323-L2

La Récréation Gourmande

CUISINE TRADITIONNELLE • CONVIVIAL X Dans cette ancienne école du début du 20 e s., où trône un vieux poêle surmonté d'un bonnet d'âne, les mauvais élèves ne sont pas mis au pain sec et à l'eau ! Quel que soit le niveau de la classe, tout le monde se régale d'une cuisine de produits généreuse et goûteuse. Une agréable Récréation Gourmande...

Menu 13 € (déjeuner), 23/32 € - Carte 31/40 €

3 rue de l'Ancienne Ecole (Le bourg) - ✆ 02 48 73 45 36 - www.la-recreation-gourmande.com - Fermé 6-25 juillet, 24 décembre-10 janvier, lundi soir, mardi soir, mercredi, dimanche soir

VILLEMAGNE-L'ARGENTIÈRE - 34 (Hérault) ➜ voir Bédarieux

VILLEMUR-SUR-TARN

✉ 31340 (Haute-Garonne)

L'Alto

CUISINE MODERNE • RÉGIONAL XX Dans ce joli château de brique rose niché en pleine campagne, Gérald Garcia (ancien chef du Château de la Pomarède, dans l'Aude) travaille de bons produits avec professionnalisme. Le terroir est à l'honneur dans les assiettes – foie gras, boudin, pigeon –, travaillé dans une veine moderne : on passe un bon moment.

Menu 25 € (déjeuner), 45/100 € – Carte 62/85 €

740 Chemin de Pellausy – ✆ 05 61 37 10 23 – www.restaurant-alto.com – Fermé 1er-21 août, lundi, dimanche

VILLENEUVE

✉ 12260 (Aveyron) – Carte régionale n° **22**-C1

Carte Michelin 338-E4 – Guide Vert Michelin Lot Aveyron Vallée du Tarn

Le Jardin des Causses

CUISINE MODERNE • CONVIVIAL XX Peu importe la sécheresse des plateaux quercynois : le chef tient ici un Jardin très hospitalier ! Dans l'assiette, le veau de l'Aveyron s'encanaille avec les plantes aromatiques et autres tomates cultivées dans le potager de son père ; les recettes sont bien ficelées, avec d'agréables associations de textures et des cuissons précises. Une bonne adresse.

Menu 19 € (déjeuner), 32/42 €

✆ 05 65 65 84 95 – www.lejardindescausses.com – Fermé lundi soir, mardi, dimanche soir

VILLENEUVE-DE-BERG

✉ 07170 (Ardèche) – Carte régionale n° **2**-B3

Carte Michelin 331-J6 – Guide Vert Michelin Ardèche Drôme

Auberge de Montfleury (Richard Rocle)

CUISINE MODERNE • ÉLÉGANT XX Le chef, un véritable passionné, compose de très belles assiettes entre terroir et modernité ; les produits sont de qualité et les recettes témoignent d'une véritable envie de faire plaisir. Son épouse n'est pas en reste, assurant, dans l'élégant cadre contemporain de la salle, un service à la fois efficace et chaleureux.

→ Maquereau cuit à la flamme, légumes crus et cuits. Suprême de pigeon de la Drôme poché et poêlé, la cuisse confite en tempura. Biscuit viennois cacao, ganache montée au chocolat blanc et mousse tanariva

Menu 20 € (déjeuner), 48/67 €

route des Cépages, 4 km à l'Ouest par N102, route d'Aubenas – ✆ 04 75 94 74 13 – www.auberge-de-montfleury.fr – Fermé 13-22 janvier, lundi, mardi, dimanche soir

La Table de Léa

CUISINE MODERNE • CLASSIQUE XX Dans cette ancienne grange, la chef élabore une cuisine du marché assez personnelle. Pendant ce temps-là, on profite de la belle terrasse sous les marronniers...

Menu 28/67 € – Carte 56/56 €

Le Petit Tournon, 1,5 km au Sud-Ouest par D558 – ✆ 04 75 94 70 36 – www.restaurant-table-lea.com – Fermé 10-22 mars, 4-30 novembre, lundi midi, mardi midi, mercredi, jeudi midi

VILLENEUVE-LA-SALLE – 05 (Hautes-Alpes) → voir Serre-Chevalier

VILLENEUVE-LÈS-AVIGNON

✉ 30400 (Gard) – Carte régionale n° **21**-D2

Carte Michelin 339-N5 – Guide Vert Michelin Provence

Voir Plan d'Avignon

Le Prieuré

CUISINE MODERNE • ÉLÉGANT XXX Une seule prière pour cette table bucolique : des produits de saison, mis en valeur au fil du calendrier... Les préparations sont fines et délibérément simples. Entre rosiers et glycine séculaire, la terrasse se révèle charmante.

→ Langoustine rôtie, émulsion Champagne, tartare d'huître et concombre à l'aneth et citron vert. Saint-pierre glacé d'un sabayon citron, courgette fleur au jus de coquillages. Citron, confiture de koshi, praliné aux pignons de pin et sorbet lime vanillé

Menu 52 € (déjeuner), 80/110 € - Carte 109/120 €

7 place du Chapitre - ✆ 04 90 15 90 15 - www.leprieure.com

La Magnaneraie

CUISINE TRADITIONNELLE • ÉLÉGANT XXX La Provence s'invite à la table de ce bel établissement des environs d'Avignon ! Terrine de foies de volaille, pavé de thon grillé et sa ratatouille, autant de préparations goûteuses et soignées que l'on déguste dans une salle élégante, éclairée par un puits de jour.

Menu 28 € (déjeuner)/34 € - Carte 45/57 €

37 rue Camp-de-Bataille - ✆ 04 90 25 11 11 - www.magnaneraie.najeti.fr - Fermé 1er janvier-1er mars, 1er novembre-31 décembre, lundi midi, samedi midi, dimanche

Le Prieuré

LUXE • PERSONNALISÉ Le palais des Papes n'est pas si loin... Au cœur de la cité médiévale de Villeneuve, ce prieuré du 14e s. distille un je-ne-sais-quoi d'exclusivité. Vieilles pierres, dernier chic contemporain, superbe jardin... à l'écart du monde.

26 chambres - 150/656 € - 13 suites - ☕ 27 €

7 place du Chapitre - ✆ 04 90 15 90 15 - www.leprieure.com

Le Prieuré - voir la sélection des restaurants

La Suite

BOUTIQUE HÔTEL • CONTEMPORAIN Au cœur de la ville, ce petit hôtel de charme se niche dans une ancienne biscuiterie du 17e s. Les chambres et les suites ont chacune leur univers : ethnique, années pop, urbain... Bel espace détente et joli jardin. Une adresse à croquer !

6 chambres - 126/269 € - 3 suites - ☕ 10 €

65 rue de la République - ✆ 04 90 21 51 07 - www.hotellasuite.fr - Fermé 13 octobre-18 avril

VILLENEUVE-LOUBET

✉ 06270 (Alpes-Maritimes) - Carte régionale n° **25**-E2

Carte Michelin 341-D6 - Guide Vert Michelin Côte d'Azur

à Villeneuve-Loubet-Plage - ✉ 06270

La Flibuste-Martin's

CUISINE MODERNE • ÉLÉGANT XXX Vous n'allez pas reconnaître la Flibuste ! Tout y a été repensé, du décor (fauteuils modernes, cave à vins vitrée) à la cuisine. La jeune chef, Eugénie Béziat, joue une partition gastronomique et contemporaine : œuf parfait sauce hollandaise kalamansi et citron ; lotte farcie à la pistache, fumet d'écorce de combava...

Menu 35 € (déjeuner), 49/85 € - Carte 66/106 €

chemin de la Batterie (port Marina Baie-des-Anges) - ✆ 04 93 20 59 02 - www.restaurantlaflibuste.fr - Fermé lundi, samedi midi, dimanche soir

Villa Azur

BUSINESS · CONTEMPORAIN Hôtel contemporain les pieds dans l'eau, tout près de la célèbre marina Baie des Anges, complexe architectural labellisé "Patrimoine du 20e s." Le soir, on dîne sur la terrasse, en profitant d'une magnifique vue sur le littoral. Préférez les chambres côté mer.

24 chambres - 95/290 €

1399 avenue de la Batterie - 04 93 73 08 88 - www.villa-azur.com

VILLENEUVE-SUR-LOT

47300 (Lot-et-Garonne) - Carte régionale n° **18**-C2

Carte Michelin 336-G3 - Guide Vert Michelin Aquitaine

Mercure Le Moulin de Madame

HÔTEL DE CHAÎNE · PERSONNALISÉ Un hôtel atypique, abrité dans un ancien moulin. Les chambres sont réparties dans des maisonnettes récentes - préférez celles côté Lot. Sympathique terrasse.

30 chambres - 90/240 € - 14 €

route de Casseneuil, 2 km au Nord par D242 - 05 53 36 14 40 - www.lemoulindemadame.fr

à St-Sylvestre-sur-Lot 8 km par D911 - 47140

Le Jasmin

CUISINE MODERNE · ÉLÉGANT XXX Dans un cadre opulent de miroirs et nappages froufroutants, entre baroque et rococo, on déguste cette délicieuse cuisine dans l'air du temps, qui met à l'honneur des produits nobles et classiques - homard, foie gras, ris de veau, etc.

→ Foie gras de canard mi-cuit, betterave déclinée, melba dorée. Ris de veau fermier braisé, girolles, vin jaune. Soufflé au chocolat grand cru, confit de poire williams, safran

Menu 30 € (déjeuner), 55/95 € - Carte 70/80 €

Le Stelsia, Lieu-dit Lalande - 05 53 01 14 86 - www.lestelsia.com - Fermé 7-29 janvier, lundi, mardi, dimanche soir

Le Bistrot du Stelsia

CUISINE TRADITIONNELLE · DESIGN X Dans la première partie du château, ce joli bistrot contemporain au cadre détonnant (murs noirs, tables en bois clair, petits fauteuils colorés) propose une goûteuse cuisine, aux accents canailles ; ravioles de foie gras, poireau vinaigrette, souris d'agneau... Très agréable terrasse ombragée, tournée vers le parc.

Menu 20 € (déjeuner)/28 €

Le Stelsia, lieu-dit Lalande - 05 53 01 14 86 - www.lestelsia.com

Le Stelsia

DEMEURE HISTORIQUE · PERSONNALISÉ Les origines du château remontent au Moyen Âge ; une fois les grilles franchies, l'histoire laisse place à la féérie (façades chatoyantes, œuvres d'art, etc.). À l'intérieur, l'univers très rococo accueille des chambres dignes de contes de fées. Et aussi : le plus grand mini-golf d'Europe (5000m^2 et 18 trous), dans un parc de 27 hectares.

29 chambres - 180/260 € - 2 suites - 20 €

lieu-dit Lalande - 05 53 01 14 86 - www.lestelsia.com

Le Bistrot du Stelsia · **Le Jasmin** - voir la sélection des restaurants

VILLENEUVE-TOLOSANE

31270 (Haute-Garonne) - Carte régionale n° **22**-B2

Carte Michelin 343-G3

D'Cadei

CUISINE MODERNE • TENDANCE XX Avec son nouveau décor élégant et moderne – tapisseries claires, baies vitrées, mobilier contemporain –, la table de Damien Cadei est méconnaissable ! On s'y régale toujours de bonnes assiettes réglées sur les saisons : Saint-Jacques en croûte de noisette, texture de betterave ; bœuf charolais, jus de veau truffé ; sphère au chocolat grand cru, sorbet cacao...

Menu 18 € (déjeuner), 27/57 € – Carte 45/70 €

8 place de l'Hôtel-de-Ville – ✆ 05 61 92 72 68 – www.dcadei.fr – Fermé lundi, mercredi soir, dimanche

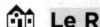

VILLEREST – 42 (Loire) ➜ voir Roanne

VILLERS-COTTERÊTS

✉ 02600 (Aisne) – Carte régionale n° **14**-C3

Carte Michelin 306-A7

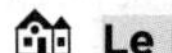

Le Régent

TRADITIONNEL • PERSONNALISÉ Relais de poste du 18e s., organisé autour d'une cour pavée où trône un bel abreuvoir. Chambres au charme d'antan (meubles anciens) agrémentées de petites touches contemporaines.

30 chambres – 105/135 € – 8 €

26 rue du Général-Mangin – ✆ 03 23 96 01 46 – www.hotel-leregent.com

VILLERSEXEL

✉ 70110 (Haute-Saône) – Carte régionale n° **6**-C1

Carte Michelin 314-G7 – Guide Vert Michelin Franche-Comté Jura

La Terrasse

AUBERGE • VINTAGE À deux pas de l'office de tourisme, cette coquette maison appartient à la même famille depuis 1921. Les chambres, sobres et élégantes, arborent désormais des tons clairs, tout en conservant le mobilier d'époque.

10 chambres – 74/85 € – 9 €

1 rue du Quai-Militaire, rte de Lure – ✆ 03 84 20 52 11 – www.laterrasse-villersexel.com – Fermé 31 décembre-15 janvier

VILLERS-LE-LAC

✉ 25130 (Doubs) – Carte régionale n° **6**-C2

Carte Michelin 321-K4 – Guide Vert Michelin Franche-Comté Jura

Le France (Hugues Droz)

CUISINE MODERNE • ÉLÉGANT XXX Maîtrise technique, justesse des associations de saveurs, terroir et invention : Hugues Droz délivre une jolie leçon de cuisine. En salle, son épouse assure un accueil des plus charmants. Une valeur sûre. Chambres pour l'étape.

➜ Homard, fleur de caviar, poivre kampot et quinoa bio. Menu morilles. Palette de sorbets, bricelet à l'absinthe et chantilly au sureau

Menu 22 € (déjeuner), 39/98 € – Carte 55/80 €

8 place Cupillard – ✆ 03 81 68 00 06 – www.hotel-restaurant-lefrance.com – Fermé 28 octobre-3 novembre, 22 décembre-22 janvier, lundi, dimanche soir

VILLERVILLE – 14 (Calvados) ➜ voir Honfleur

VILLESÈQUE-DES-CORBIÈRES

✉ 11360 (Aude) – Carte régionale n° **21**–B3
Carte Michelin 344-I4

Place des Marchés

CUISINE MODERNE • RUSTIQUE Dans ce village perdu des Corbières, une maison jaune abrite le bistrot d'Éric Delalande, passionné de fraîcheur, de produits locaux… et de vins des Corbières ! L'assiette se laisse porter par les humeurs du chef et du marché. Rustique, convivial : bref, très recommandable.

Menu 14 € (déjeuner), 28/32 € – Carte 31/46 €

8 avenue de la Mairie – ✆ 04 68 70 09 13 – www.placedesmarches-restaurant.com – Fermé 25 mars-9 avril, lundi, mardi, dimanche soir

Château Haut Gléon

HISTORIQUE • PERSONNALISÉ Dans la vallée du paradis, ce domaine de 260 hectares (dont 35 de vignes) s'offre au visiteur comme un havre de paix absolu. Le château (fondé au 13e s.) et la demeure des vendangeurs abritent des chambres confortables. Profitez de la piscine et de la vue splendide sur les vignes !

5 chambres – 90/180 €

Gléon-le-Haut, 7 km au Nord-Est par D611 rte de Portel-des-Corbières – ✆ 04 68 48 85 95 – www.hautgleon.com

VILLETOUREIX

✉ 24600 (Dordogne) – Carte régionale n° **18**–C1
Carte Michelin 329-D4 – Guide Vert Michelin Périgord Quercy

Le Moulin de Larcy

MAISON DE CAMPAGNE • PERSONNALISÉ Le murmure de la rivière, la végétation luxuriante, l'intérieur élégant mis en scène par un propriétaire décorateur : ce moulin du 18es. est un havre de paix ! Chambres avec salon et cuisine privée. Massages et table d'hôte sur demande.

3 chambres – 220/295 €

Le Moulin de Larcy, à 1,5 km – ✆ 05 53 91 23 89 – www.le-moulin-de-larcy.com

VILLEVIEILLE – 30 (Gard) → voir Sommières

VILLIÉ-MORGON

✉ 69910 (Rhône) – Carte régionale n° **3**–E1
Carte Michelin 327-H3 – Guide Vert Michelin Lyon et sa région

à Morgon 2 km au Sud par D68 – ✉ 69910

Le Morgon

CUISINE RÉGIONALE • RUSTIQUE Escargots de Bourgogne au beurre d'ail, escalope de ris de veau au jus de raisin, île flottante aux pralines… Un repas ancré dans le terroir et la tradition : voilà ce que propose cette sympathique auberge à l'intérieur rustique, située au cœur de ce village viticole du Beaujolais. L'hiver, réservez donc une table au coin du feu !

Menu 21/47 € – Carte 31/46 €

Le Morgon – ✆ 04 74 69 16 03 – www.restaurantlemorgon.fr – Fermé 1er janvier-1er février, mardi soir, mercredi, dimanche soir

VILLIERS-LE-MAHIEU

✉ 78770 (Yvelines) – Carte régionale n° **15**–A2
Carte Michelin 311-G2

Château de Villiers-le-Mahieu

DEMEURE HISTORIQUE • ÉLÉGANT Cerné de tours et de douves en eau, ce château du 17e s. (fondations du 13e s.) mêle charme du passé et goût du confort. Belles prestations dans les chambres (plusieurs annexes aux styles variés), spa de 700 m^2. Ambiance lounge au restaurant, cuisine actuelle.

93 chambres - 180/475 € - 22 €

rue du Centre - 01 34 87 44 25 - www.chateauvilliers.com - Fermé 22 décembre-7 janvier

VILLIERS-SUR-MARNE

52320 (Haute-Marne) - Carte régionale n° **11**-C3
Carte Michelin 313-K4

La Source Bleue

CUISINE TRADITIONNELLE • COSY XX On peut aimer les retours aux sources sans pour autant rejeter son époque ! Ici, les gourmands apprécient une cuisine traditionnelle revisitée. Les recettes sont maîtrisées et accompagnées d'un choix de vins astucieux. Aux beaux jours, profitez de la terrasse les pieds dans l'eau.

Menu 22 € (déjeuner), 35/55 € - Carte 40/50 €

La Papeterie, 2 km au Sud par D194 - 03 25 94 70 35 - www.hotelsourcebleue.com - Fermé 21 décembre-10 janvier, lundi midi, mardi midi, mercredi midi, jeudi midi, vendredi midi, dimanche soir

La Source Bleue

MAISON DE CAMPAGNE • COSY Un joli moulin à eau du 18e s. dans un grand parc baigné par une rivière. Les chambres se trouvent dans une bâtisse plus récente ; décorées dans un esprit Art déco, spacieuses et bien tenues, elles jouissent d'une terrasse privative face à l'étang ou la verdure. En prime : deux belles roulottes pour les amateurs !

13 chambres - 85/140 € - 1 suite - 14 €

La Papeterie, 2 km au Sud par D194 - 03 25 94 70 35 - www.hotelsourcebleue.com

La Source Bleue - voir la sélection des restaurants

VINAY - 51 (Marne) → voir Épernay

VINCELOTTES - 89 (Yonne) → voir Auxerre

VINCENNES - 94 (Val-de-Marne) → voir Autour de Paris

VIOLAY

42780 (Loire) - Carte régionale n° **2**-A1
Carte Michelin 327-F4

Loïc Picamal

CUISINE TRADITIONNELLE • AUBERGE XX Un jeune couple est aux commandes de ce restaurant convivial, installé dans un ancien bar-tabac. La cuisine est franche, avec un penchant pour le travail du poisson, qu'il se fait livrer en direct de Bretagne...

Menu 28/53 € - Carte 38/63 €

8 route de Boussuivre - 04 74 63 95 74 - www.loic-picamal.com - Fermé 2-14 février, 15-19 avril, 12 août-5 septembre, mardi soir, mercredi, dimanche soir

VIRE

✉ 14500 (Calvados) - Carte régionale n° **17**-B2
Carte Michelin 303-G6 - Guide Vert Michelin Normandie Cotentin

Manoir de la Pommeraie

CUISINE MODERNE • AUBERGE XX Non loin de Vire, une maison du 18e s. rustique en apparence, délicate en réalité, avec sa belle véranda qui ouvre sur le parc... Aux fourneaux œuvre un couple à la scène comme à la ville : Masako, japonaise et pâtissière, et Julien, qui affine d'année en année des créations tout en harmonie et en belles trouvailles. Une bonne table !

Menu 33/57 € - Carte 45/52 €

L'Auvère, rte de Flers, à 2,5 km - ✆ 02 31 68 07 71 - www.manoirdelapommeraie.com - Fermé lundi, mercredi soir, dimanche soir

VIRÉ

✉ 71260 (Saône-et-Loire) - Carte régionale n° **5**-C3
Carte Michelin 320-J11

Frédéric Carrion Cuisine Hôtel

CUISINE MODERNE • COSY XX L'élégante salle à manger associe le cachet de cet ancien relais de poste (parquet, cheminée) à des notes plus cosy et feutrées. Le chef travaille les beaux produits régionaux dans des préparations volontiers créatives. On accompagne le tout d'une jolie sélection de vins, en particulier de viré-clessés. Jolies chambres et espace bien-être pour agrémenter un séjour d'oenotourisme.

Menu 65/96 € - Carte 39/110 €

place André-Lagrange - ✆ 03 85 33 10 72 - www.hotel-restaurant-carrion.fr - Fermé 14-29 janvier, 11-20 mars, 17-26 juin, 30 septembre-15 octobre, lundi, mardi, mercredi midi, jeudi midi, vendredi midi, samedi midi

VISCOS

✉ 65120 (Hautes-Pyrénées) - Carte régionale n° **22**-A3
Carte Michelin 342-L7

La Grange aux Marmottes

FAMILIAL • MONTAGNARD À la recherche du calme absolu ? Vous serez séduit par cette ancienne grange en pierre située aux portes du parc national des Pyrénées. Les chambres sont douillettes et mignonnes : idéal pour dormir comme une marmotte en pays toy.

15 chambres - 77/180 € - 12 €

au village - ✆ 05 62 92 88 88 - www.grangeauxmarmottes.com - Fermé 10 novembre-22 décembre

VITRAC

✉ 15220 (Cantal) - Carte régionale n° **1**-A3
Carte Michelin 330-B6

Auberge de la Tomette

FAMILIAL • COSY Une agréable auberge appréciée pour ses chambres claires et actuelles, son environnement fleuri, ses jeux pour enfants et son espace relaxation (sauna, hammam). Ne manquez pas la chambre dans une roulotte au fond du jardin, et la superbe cabane dans les arbres sur deux étages... avec jacuzzi !

18 chambres - 71/92 € - 12 €

Auberge de la Tomette - ✆ 04 71 64 70 94 - www.auberge-la-tomette.com - Fermé 28 octobre-28 mars

VITRÉ

✉ 35500 (Ille-et-Vilaine) - Carte régionale n° **7**-D2
Carte Michelin 309-O6 - Guide Vert Michelin Bretagne Sud

Le Petit Bouchon

CUISINE DU TERROIR • CONVIVIAL Non loin du centre historique, cette ancienne forge en pierre est devenue le rendez-vous des gastronomes locaux. On les comprend : le chef s'attache à travailler les bons produits du pays (volaille de Janzé, andouille du Coglais...), qu'il met en valeur dans des créations soignées et savoureuses. Le tout à prix doux !

Menu 16 € (déjeuner), 26/52 € – Carte 25/60 €

37 rue du Petit-Rachapt – ✆ 02 99 74 52 01 – www.lepetitbouchon.com – Fermé 12-18 août, lundi soir, mardi soir, mercredi soir, jeudi soir, samedi midi, dimanche

VIUZ-EN-SALLAZ

✉ 74250 (Haute-Savoie) – Carte régionale n° **4**–F1

Carte Michelin 328-L4 – Guide Vert Michelin Alpes du Nord

La Table d'Emilie

CUISINE CRÉATIVE • SIMPLE À la barre de ce sympathique restaurant, on trouve un jeune couple bien décidé à mettre en valeur de beaux produits. À déguster dans la nouvelle salle, et par beau temps, sur l'agréable jardin-terrasse, également rénovée ! Belle sélection de vins.

Menu 40/65 €

1069 avenue de Savoie – ✆ 04 50 36 67 84 – www.latabledemilie.fr – Fermé lundi, mercredi soir, dimanche soir

VOISINS-LE-BRETONNEUX – 78 (Yvelines) → voir Autour de Paris (St-Quentin-en-Yvelines)

VOLLORE-VILLE

✉ 63120 (Puy-de-Dôme) – Carte régionale n° **1**–C2

Carte Michelin 326-I8

Château de Vollore

DEMEURE HISTORIQUE • CLASSIQUE Aujourd'hui propriété des descendants du général de La Fayette, le château offre une belle vue sur le Sancy. Salons en enfilade, plafond vertigineux et chambres avec lits à baldaquin... Les historiens, chevronnés ou non, apprécieront.

5 chambres – 200/300 €

Château de Vollore – ✆ 04 73 53 71 06 – www.chateauvollore.com

VOLMUNSTER

✉ 57720 (Moselle) – Carte régionale n° **12**–D1

Carte Michelin 307-P4

L'Argousier

CUISINE MODERNE • CONTEMPORAIN Dans ce restaurant à la jolie décoration contemporaine, la cuisine du jeune chef valorise les produits de saison. Les cuissons et assaisonnements sont justes, les présentations soignées, la cuisine en mouvement : on ne s'ennuie jamais. Quant au service, il est aux petits oignons ! Très beau choix de vieux rhums.

Menu 28 € (déjeuner), 38/80 € – Carte 50/62 €

1 rue de Sarreguemines – ✆ 03 87 96 28 99 – www.largousier.fr – Fermé lundi soir, mardi, mercredi

VOLNAY – 21 (Côte-d'Or) → voir Beaune

VONNAS

✉ 01540 (Ain) – Carte régionale n° **3**-E1
Carte Michelin 328-C3 – Guide Vert Michelin Bourgogne

✿✿✿ Georges Blanc

CUISINE CRÉATIVE • ÉLÉGANT XXXX Quel destin pour l'enfant de Bourg-en-Bresse, dont les ancêtres étaient limonadiers et marchands de charbon ! Il est vrai que sa propre grand-mère avait été sacrée meilleure cuisinière du monde par Curnonsky. Georges Blanc est aujourd'hui à la tête d'un petit empire à Vonnas : hôtel du Bois Blanc, restaurant la Terrasse des Étangs... D'une demeure de 100 mètres carrés, il a bâti un domaine de plusieurs hectares, qui emploie presque 200 personnes sur 35 maisons.
L'inspiration de Georges Blanc, c'est la Bresse et son emblématique poularde AOP, les sauces aux goûts profonds, les cuissons savantes qui révèlent les saveurs, comme cette embrouillade de grenouilles "rana esculenta" à l'oseille du jardin, servie froide. "L'ingrédient indispensable pour faire de la bonne cuisine familiale, dit-il, c'est l'amour envers ceux pour qui vous cuisinez". La maison Georges Blanc est l'établissement le plus anciennement étoilé au monde, avec la première étoile acquise en 1929.
→ Huître "terre et mer" au caviar. Poularde de Bresse et sauce au champagne, royale de foie blond aux sucs de crustacés et crêpe vonnassienne. "Architexture" de chocolat, crème glacée aux fèves de cacao et fleur de sel légèrement fumée

Menu 220/295 € – Carte 200/290 €

place du Marché – ✆ 04 74 50 90 90 – www.georgesblanc.com – Fermé 2 janvier-8 février, lundi, mardi, mercredi midi, jeudi midi

La Terrasse des Étangs

CUISINE TRADITIONNELLE • CONVIVIAL XX Au sein du château du 13e s. aux allures toscanes, situé entre deux étangs, le restaurant propose des jolis plats bien ficelés, à l'instar de ce mignon de veau mimosa à la ventrèche de thon, à déguster sous la véranda ou en terrasse.

Menu 31/52 € – Carte 43/76 €

Hôtel du Bois Blanc, route de Mezeriat – ✆ 04 74 42 42 42 – www.georgesblanc.com – Fermé lundi, mardi, dimanche soir

L'Ancienne Auberge

CUISINE TRADITIONNELLE • AUBERGE X Un décor rétro à la mémoire de l'auberge – ex-fabrique de limonade – ouverte par la famille Blanc à la fin du 19e s. Photos d'époque, affiches anciennes, etc. Ici, on cultive une certaine nostalgie... qui sied à merveille aux spécialités bressannes proposées par le chef.

Menu 25 € (déjeuner), 39/64 € – Carte 15/38 €

place du Marché – ✆ 04 74 50 90 50 – www.georgesblanc.com – Fermé 2 janvier-8 février

Georges Blanc

GRAND LUXE • ÉLÉGANT D'une génération à l'autre, Vonnas est devenu... Blanc. Cette hôtellerie de grande tradition cultive l'art de recevoir à la bressane ! Luxe sans ostentation, bois, pierre, superbe parc : une image du terroir qui sait vivre avec son temps.

27 chambres – 180/535 € – 14 suites – 35 €

place du Marché – ✆ 04 74 50 90 90 – www.georgesblanc.com – Fermé 2 janvier-8 février

✿✿✿ **Georges Blanc** – voir la sélection des restaurants

Hôtel du Bois Blanc

HISTORIQUE • CONTEMPORAIN Au sein du domaine d'Epeyssoles, sur un parc de 16 ha, ce château du 13e s. aux allures toscanes abrite des chambres spacieuses avec terrasses privatives, réparties dans trois villas autour de la piscine chauffée. Joli restaurant (fresques et plafonds à la française) et terrasse. La nuit, le château s'illumine !

18 chambres – 109/250 € – 25 €

route de Mezeriat – ✆ 04 74 42 42 42 – www.georgesblanc.com

La Terrasse des Étangs – voir la sélection des restaurants

Résidence des Saules

TRADITIONNEL • CONTEMPORAIN Cette très jolie maison fleurie de géraniums est un peu l'annexe de l'hôtel Georges Blanc situé de l'autre côté de la place. Au-dessus de la boutique, les chambres sont confortables et ont même un balcon tandis que celles situées à l'arrière, plus récentes, sont résolument contemporaines.

16 chambres - 109/270 € - 4 suites - 35 €

place du Marché - 04 74 50 90 90 - www.georgesblanc.com - Fermé 2 janvier-8 février

VOSNE-ROMANEE

21700 (Côte-d'Or) - Carte régionale n° **5**-D1

Carte Michelin 320-J7 - Guide Vert Michelin Bourgogne

Le Richebourg

BUSINESS • CONTEMPORAIN Au cœur de ce village aux crus si célèbres, un hôtel actuel avec des chambres spacieuses et sobres. Il y a même une salle de séminaire. Et côté détente, rien ne manque : institut de beauté, sauna, hammam...

24 chambres - 120/370 € - 2 suites - 19 €

ruelle du Pont - 03 80 61 59 59 - www.hotel-lerichebourg.com - Fermé 7-17 janvier

VOUGEOT

21640 (Côte-d'Or) - Carte régionale n° **5**-D1

Carte Michelin 320-J6 - Guide Vert Michelin Bourgogne

à Flagey-Échezeaux 3 km au Sud-Est par D971 et D109 - 21640

Christian Quenel

CUISINE TRADITIONNELLE • CONTEMPORAIN Dans cette sympathique auberge au cœur du village, on mange bien et à bon compte. Le chef concocte une appétissante cuisine de tradition, bien ancrée localement, qui ravit touristes et fidèles. On accompagne ces assiettes d'une belle sélection de vins de la côte de Nuits ; l'été, on profite de la jolie terrasse.

Menu 25 € (déjeuner), 35/80 € - Carte 64/81 €

12 place de l'Église - 03 80 62 88 10 - www.restaurant-christianquenel.com - Fermé 18 février-3 mars, mercredi, dimanche soir

Losset

TRADITIONNEL • CLASSIQUE Face à l'église, un hôtel familial avec des chambres confortables, dans un style chaleureux (poutres, mobilier d'ébéniste, parquet...). Note gourmande : le petit-déjeuner est très copieux... avis aux amateurs !

7 chambres - 89/115 € - 12 €

place de l'Église - 03 80 62 46 00 - www.hotel-losset-bourgogne.com

à Gilly-lès-Cîteaux 2 km à l'Est par D251 - 21640

Le Clos Prieur

CUISINE TRADITIONNELLE • ÉLÉGANT Dans cette belle salle voûtée d'ogives - jadis cellier des moines (14e s.) -, on savoure une agréable cuisine gastronomique - tendance bourguignonne - et l'on se sent vite d'humeur romantique et châtelaine.

Menu 36 € (déjeuner), 54/74 € - Carte 50/75 €

Château de Gilly, 2 place du Château - 03 80 62 89 98 - www.restaurant-closprieur.fr

Château de Gilly

DEMEURE HISTORIQUE · CLASSIQUE Dans cet ensemble cistercien des 14e-17e s. règne la plus grande quiétude ! On musarde dans le parc à la française, on fait quelques brasses, puis on paresse près du bassin à truites... avant de trouver un parfait repos dans l'une des chambres – absolument charmantes – ou des suites.
46 chambres – 119/439 € – 2 suites – 25 €
2 place du Château – 03 80 62 89 98 – www.chateau-gilly.com
Le Clos Prieur – voir la sélection des restaurants

VOUGY – 74 (Haute-Savoie) → voir Bonneville

VOUVRAY

37210 (Indre-et-Loire) – Carte régionale n° **8**-B2
Carte Michelin 317-N4 – Guide Vert Michelin Châteaux de la Loire

Les Gueules Noires

CUISINE CLASSIQUE · RUSTIQUE La salle à manger troglodytique, la cheminée crépitante en hiver, la terrasse sous la glycine aux beaux jours : on succombe tout de suite au charme discret de cette adresse. Au menu : une cuisine franche et goûteuse, basée sur les produits du terroir tourangeau et accompagnée de bons vins de Loire. Réservation conseillée.
Carte 40/60 €
66 rue de la Vallée-Coquette, 2 km au Nord-Ouest par rte de Tours D952 et rte secondaire – 02 47 52 62 18 – www.gueulenoirevouvray.wixsite.com/les-gueules-noires- – Fermé 30-16 janvier, lundi, mardi, dimanche soir

VRIGNY – 51 (Marne) → voir Reims

VRON

80120 (Somme) – Carte régionale n° **14**-A1
Carte Michelin 301-D6

L'Hostellerie du Clos du Moulin

CUISINE MODERNE · AUBERGE Le chef réalise ici une sympathique cuisine au goût du jour sur des bases traditionnelles. Ses recettes dévoilent parfois une identité plus méditerranéenne, comme ces risottos qu'il affectionne – ce qui s'explique sans doute par son parcours professionnel sur la côte d'Azur.
Menu 37/42 €
1 rue du Maréchal-Leclerc – 03 22 23 74 75 – www.leclosdumoulin.fr

WAMBRECHIES

59118 (Nord) – Carte régionale n° **13**-C2
Carte Michelin 302-G3 – Guide Vert Michelin Nord Pas-de-Calais

Balsamique

CUISINE MODERNE · CONTEMPORAIN Ce bistrot familial est installé juste en face d'une jolie église en brique, dans ce village célèbre pour sa distillerie de genièvre. Le cadre est contemporain, la cuisine est soignée : trilogie de foie gras de canard, ris de veau à la réglisse, menu truffe noire en hiver... avec un beaux choix de champagnes, la passion du chef.
Menu 32/71 € – Carte 50/65 €
13 place du Général-de-Gaulle – 03 20 93 68 55 – www.balsamique-restaurant.com – Fermé lundi, dimanche

Si vous recherchez un hébergement particulièrement agréable pour un séjour de charme, préférez les établissements signalés en rouge : ...

WANGENBOURG

✉ 67710 (Bas-Rhin) – Carte régionale n° **10**–A1
Carte Michelin 315-H5

Parc Hôtel

TRADITIONNEL • CLASSIQUE Cette grande maison vosgienne se dresse dans un parc peuplé d'arbres centenaires, propice à la sérénité... Accueil chaleureux, chambres spacieuses et confortables (modernes ou de style), complété d'un bel espace bien-être. Cuisine traditionnelle dans un cadre cossu.

28 chambres – 90/123 € – 12 €

39 rue du Général-de-Gaulle – ✆ 03 88 87 31 72 – www.parchotelalsace.com – Fermé 5 novembre-5 avril

LA WANTZENAU – 67 (Bas-Rhin) ➜ voir Strasbourg

WESTHALTEN

✉ 68250 (Haut-Rhin) – Carte régionale n° **10**–A3
Carte Michelin 315-H9

Auberge du Cheval Blanc

CUISINE MODERNE • ÉLÉGANT XXX Une maison cossue, tenue par la même famille depuis 1785. Dans la jolie salle contemporaine, le repas s'accompagne de charmants vins d'Alsace, dont ceux de la propriété. Le style culinaire s'affine, les produits sont beaux, les dressages élégants.La volonté de bien faire est communicative : on en sort ragaillardis. Chambres pour l'étape.

Menu 28 € (déjeuner), 47/91 € – Carte 63/118 €

20 rue de Rouffach – ✆ 03 89 47 01 16 – www.auberge-chevalblc.com – Fermé 1er-24 janvier, 1er-17 juillet, lundi, mardi

Auberge au Vieux Pressoir

CUISINE TRADITIONNELLE • RUSTIQUE XX Au cœur du vignoble, cette maison de vigneron a bénéficié d'une modernisation bienvenue ; sa salle à manger garde toutefois son atmosphère d'autrefois, attachante et pleine de cachet. Cuisine du terroir et dégustations de vins de la propriété.

Menu 27/88 € – Carte 40/100 €

Domaine de Bollenberg – ✆ 03 89 49 60 04 – bollenberg.com – Fermé 14 janvier-6 février, 23-29 décembre, lundi

WETTOLSHEIM – 68 (Haut-Rhin) ➜ voir Colmar

WEYERSHEIM

✉ 67720 (Bas-Rhin) – Carte régionale n° **10**–B1
Carte Michelin 315-K4

Auberge du Pont de la Zorn

CUISINE ALSACIENNE • AUBERGE X Marqueteries d'art de l'Atelier Spindler, objets anciens, poutres éclaircies et tables en bois brut : la salle s'éclaire de couleurs alsaciennes ! Dans l'assiette, de savoureuses spécialités régionales (à l'image de ce bœuf gros sel) et tartes flambées servies le soir. Bucolique terrasse en bord de Zorn. Une adresse au succès mérité.

Menu 32/42 € – Carte 29/48 €

2 rue de la République – ✆ 03 88 51 36 87 – www.pontdelazorn.fr – Fermé 18 février-3 mars, 19 août-6 septembre, lundi midi, mardi midi, mercredi, jeudi midi, vendredi midi, samedi midi

WIERRE-EFFROY

✉ 62720 (Pas-de-Calais) – Carte régionale n° **13**–A2
Carte Michelin 301-D3

La Ferme du Vert

CUISINE MODERNE • **AUBERGE** X Dans le cadre de cette ancienne ferme du 19e s., sous l'égide de trois frères, une fromagerie artisanale en activité (vente à emporter) et cet agréable restaurant où l'on déguste des petits plats traditionnels soignés et savoureux ! Le tout à prix doux.

Menu 32/58 € – Carte 36/56 €

rue du Vert – ✆ 03 21 87 67 00 –
www.fermeduvert.com – Fermé 8 janvier-8 février, lundi midi, samedi midi, dimanche

La Ferme du Vert

AUBERGE • TRADITIONNEL Le calme et la campagne réunis dans ce corps de ferme typiquement boulonnais (1809). Les chambres sont décorées avec goût et simplicité : idéal pour un séjour au vert. À noter pour les amateurs : on y vend la production de la fromagerie voisine !

15 chambres – 79/155 € – 1 suite – 15 €

rue du Vert – ✆ 03 21 87 67 00 –
www.fermeduvert.com – Fermé 8 janvier-8 février

La Ferme du Vert – voir la sélection des restaurants

WIHR-AU-VAL – 68 (Haut-Rhin) → voir Munster

WILLGOTTHEIM

✉ 67370 (Bas-Rhin) – Carte régionale n° **10**–A1
Carte Michelin 315-J4

La Cour de Lise

CUISINE CLASSIQUE • **ROMANTIQUE** XX Une auberge devenue ferme, puis retournée à ses premières amours. Dans une salle coquette, on savoure une cuisine classique et goûteuse. La carte change deux fois par mois. Pour l'étape, des chambres en pierre apparente et mobilier chiné, romantiques et accueillantes.

Menu 22 € (déjeuner), 55/65 € – Carte 54/60 €

26 rue Principale – ✆ 03 88 64 93 36 –
www.lacourdelise.fr – Fermé 1er-15 janvier, 3-11 juin, 9-17 septembre, lundi, mardi, dimanche soir

WIMEREUX

✉ 62930 (Pas-de-Calais) – Carte régionale n° **13**–A2
Carte Michelin 301-C3

La Liégeoise (Benjamin Delpierre)

CUISINE MODERNE • **TENDANCE** XXX En étage, sur la digue : impossible d'échapper au panorama sur la mer ! Le nouveau décor, dans un style vintage, se révèle séduisant, de même que la saisissante cuisine de la mer réalisée par Benjamin Delpierre, avec la bénédiction de son père Alain – en charge, pour sa part, de la brasserie au rez-de-chaussée.

→ Tartare de veau, bouille de poissons, artichauts poivrade et gel de citron. Turbot, échalote confite, risotto de sarrasin iodé et pesto de fanes de radis. Abricot, gaspacho, jasmin et tuile aux amandes

Menu 49/90 € – Carte 70/100 €

Atlantic Hôtel, 6 rue Notre-Dame – ✆ 03 21 32 41 01 –
www.atlantic-delpierre.com – Fermé 3-24 février, lundi, mardi, mercredi midi, jeudi midi, vendredi midi, dimanche soir

L'Aloze

CUISINE TRADITIONNELLE • BRASSERIE XX La brasserie de l'Hôtel Atlantic se distingue par sa cuisine d'une grande fraîcheur, largement basée sur les produits de la pêche locale. Présentations soignées, cuissons et assaisonnements maîtrisés, saveurs bien présentes : un moment agréable.

Menu 29 € - Carte 32/55 €

Atlantic Hôtel, 6 rue Notre-Dame (façade de mer) - ✆ 03 21 32 41 01 - www.atlantic-delpierre.com - Fermé 3-24 février

Atlantic Hôtel

TRADITIONNEL • FONCTIONNEL Sur la digue du front de mer, cet hôtel toise la Manche ! On observe les flots à loisir depuis toutes les chambres, qu'elles soient romantiques, de style balnéaire chic ou très contemporaines.

18 chambres - 147/250 € - 16 €

6 rue Notre-Dame - ✆ 03 21 32 41 01 - www.atlantic-delpierre.com - Fermé 3-24 février

La Liégeoise • **L'Aloze** - voir la sélection des restaurants

WINGEN-SUR-MODER

67290 (Bas-Rhin) - Carte régionale n° **10**-A1
Carte Michelin 315-I3

Villa René Lalique

CUISINE CRÉATIVE • LUXE XXXX Peu connu du grand public, René Lalique fut le joaillier le plus en vue du tournant du siècle et du mouvement Art nouveau. Son héritage perdure à Wingen-sur-Moder avec un musée, un hôtel de grand standing... et cette table où l'on célèbre l'art subtil des saveurs. Aujourd'hui, Jean-Georges Klein et Paul Stradner conduisent à quatre mains la partition culinaire de cette noble maison, entourés d'une brigade de haut niveau.
Remarquables amuse-bouches entre France, Espagne et Japon ; émulsion de pommes de terre et lamelles de truffes (un grand classique de JGK) ; pomme de ris de veau, douceur de maïs au parmesan et citronnelle ; cubisme de coings et fruits de la passion, crème mascarpone vanillée, etc. Des créations remarquables de finesse et d'intelligence, une créativité savamment dosée, des saveurs savamment distillées qui montent en puissance au fil du repas... Superbe.

→ Émulsion de pomme de terre et truffe. Côte de veau de lait en transparence, pomme de terre fondante et girolles acidulées. Opéra revisité façon Lalique, glace à l'orge torréfié

Menu 78 € (déjeuner), 109/189 € - Carte 105/230 €

18 rue Bellevue - ✆ 03 88 71 98 98 - www.villarenelalique.com - Fermé 23 juillet-7 août, 30 décembre-23 janvier, mardi, mercredi, samedi midi

Château Hochberg

CUISINE MODERNE • CHIC XX On profite ici de produits frais travaillés au fil des saisons, dans le respect des saveurs. Arnaud Barberis interprète une goûteuse cuisine de saison, sans négliger ses classiques : saumon d'Isigny fumé maison, rognon de veau poêlé, oignons doux des Cévennes et jus au Madère, bouchée à la Reine royale. Simple et sans chichis. Jolie terrasse pour les soirées estivales.

Menu 22 € (déjeuner), 35/45 € - Carte 43/58 €

2 rue de Château-Teutsch - ✆ 03 88 00 67 67 - www.chateauhochberg.com - Fermé 1er-29 janvier, lundi, mardi

Château Hochberg

DEMEURE HISTORIQUE • DESIGN Situé en face du musée Lalique, cette splendide demeure du 19e s. entièrement rénovée offre le confort de chambres raffinées, dont les plus personnalisées se déclinent en harmonies de couleurs, Ombelle, Venise et Dahlia. Un endroit à part.

15 chambres - 140/320 € - 18 €

2 rue de Château-Teutsch - ✆ 03 88 00 67 67 - www.chateauhochberg.com - Fermé 1er-29 janvier

Château Hochberg - voir la sélection des restaurants

WINKEL

✉ 68480 (Haut-Rhin) - Carte régionale n° **10**-A3
Carte Michelin 315-H12

Au Cerf

CUISINE TRADITIONNELLE · FAMILIAL XX À deux pas de la source de l'Ill, cette auberge accueillante prend des allures de winstub cossue. On y savoure une agréable cuisine traditionnelle ; pour l'étape, les chambres, situées sous les combles, sont plaisantes.

Carte 42/70 €

3 rue Principale - ✆ 03 89 40 85 05 - www.aucerf.chez-alice.fr - Fermé 15 février-10 mars, 5 novembre-10 décembre, lundi, mardi, jeudi, dimanche soir

WISSEMBOURG

✉ 67160 (Bas-Rhin) - Carte régionale n° **10**-B1
Carte Michelin 315-L2

Au Pont M

CUISINE MODERNE · CONTEMPORAIN XX Au cœur du quartier de la "Petite Venise", l'ancienne boucherie du coin est devenue un point de rendez-vous pour profiter des trouvailles du chef, un véritable amoureux du produit. Le nec plus ultra ? Prendre son repas sur la terrasse au bord de la Lauter, ou dans la salle avec vue sur l'église St-Pierre-et-St-Paul...

Menu 20 € (déjeuner), 33/50 € - Carte 40/57 €

3 rue de la République - ✆ 03 88 63 56 68 - www.aupontm.com - Fermé lundi, mardi, dimanche soir

Hostellerie du Cygne

CUISINE TRADITIONNELLE · CLASSIQUE XX Une salle classique largement boisée d'un côté, une salle de style alsacien Renaissance de l'autre, et dans les deux cas, une savoureuse cuisine traditionnelle. Une chose est sûre, le chant du cygne n'est pas près de se faire entendre... et ce ne sont pas les gourmands qui s'en plaindront ! Quelques chambres confortables pour l'étape.

Menu 15 € (déjeuner), 35/75 € - Carte 35/75 €

3 rue du Sel - ✆ 03 88 94 00 16 - www.hostellerie-cygne.com - Fermé 17 février-3 mars, 30 juin-15 juillet, mercredi, jeudi midi, dimanche soir

Au Moulin de la Walk

TRADITIONNEL · FONCTIONNEL Idyllique et champêtre, bordé par la rivière : tel est cet hôtel-restaurant traditionnel, tenu par la même famille depuis... 1949 ! Les chambres, fraîches et très confortables, sont réparties sur deux bâtiments, dont l'un est situé sur les vestiges d'un ancien moulin.

25 chambres - ††86/92 € - ☕13 €

2 rue de la Walk - ✆ 03 88 94 06 44 - www.moulin-walk.com - Fermé 1er-24 janvier, 4-24 juillet

à Altenstadt 2 km au Sud par D3 - ✉ 67160

Rôtisserie Belle Vue

CUISINE TRADITIONNELLE · CLASSIQUE XX Dans cette grande maison familiale, on est reçu chaleureusement et on savoure une cuisine traditionnelle dans une atmosphère cossue.

Menu 35/48 € - Carte 32/60 €

1 rue Principale - ✆ 03 88 94 02 30 - www.bellevue-wiss.fr - Fermé 18 février-7 mars, 5-29 août, lundi, mardi, dimanche soir

WŒLFLING-LES-SARREGUEMINES - 57 (Moselle) ➜ Voir Sarreguemines

XONRUPT-LONGEMER - 88 (Vosges) ➜ voir Gérardmer

YERRES - 91 (Essonne) ➜ voir Autour de Paris

YERVILLE

✉ 76760 (Seine-Maritime) - Carte régionale n° **17**-C1
Carte Michelin 304-F4

Hostellerie des Voyageurs

CUISINE TRADITIONNELLE · RUSTIQUE XX Une authentique hostellerie de tradition, que cette belle maison à colombages, ancien relais de diligences fondé en 1875. Dans un cadre rustique et chaleureux, le chef concocte une cuisine traditionnelle goûteuse et généreuse. Un vrai travail de cuisinier, à base de produits de parfaite fraîcheur !

Menu 29/44 € - Carte 52/59 €

3 rue Jacques-Ferny - ✆ 02 35 96 82 55 - www.hostellerie-voyageurs.com - Fermé lundi, mardi soir, dimanche soir

YEU (ÎLE D') - 85 (Vendée) ➜ voir Île d'Yeu

YGRANDE

✉ 03160 (Allier) - Carte régionale n° **1**-B1
Carte Michelin 326-E3 - Guide Vert Michelin Auvergne

Château d'Ygrande

DEMEURE HISTORIQUE · HISTORIQUE Charme et élégance règnent dans ce château de 1854. Des séjours à thème sont proposés (équitation, randonnée) et le panorama sur la campagne est exquis. Les poètes apprécieront les belles hauteurs sous plafond, propices aux pensées en apesanteur, et les affamés, le restaurant...

19 chambres - 109/305 € - 16 €

Le Mont - ✆ 04 70 66 33 11 - www.chateauygrande.fr - Fermé 1er janvier-22 février

YSSINGEAUX

✉ 43200 (Haute-Loire) - Carte régionale n° **1**-C3
Carte Michelin 331-G3 - Guide Vert Michelin Lyon Drôme Ardèche

Le Bourbon

CUISINE DU TERROIR · TRADITIONNEL XX Passé par de belles maisons - dont celle de Michel Chabran à Pont-de-l'Isère -, Rémy Michelas propose ici une carte alléchante, qui fait la part belle aux producteurs auvergnats et célèbre le gibier en saison. Deux univers au choix (gastronomique, ou bistrot le midi) et un seul mot d'ordre : le plaisir !

Menu 24/63 € - Carte 53/82 €

5 place de la Victoire - ✆ 04 71 59 06 54 - www.le-bourbon.com - Fermé 1er-7 juillet, 21-27 octobre, 26 décembre-10 janvier, lundi, dimanche soir

YVOIRE

✉ 74140 (Haute-Savoie) - Carte régionale n° **4**-F1
Carte Michelin 328-K2 - Guide Vert Michelin Alpes du Nord

Les Jardins du Léman

CUISINE MODERNE · ÉLÉGANT XX Au cœur de la cité médiévale, cette vénérable auberge propose des plats gourmands, joliment travaillés, et un sympathique menu gibier à l'automne. Le plus ? Une somptueuse terrasse panoramique sur le lac Léman, où vous vous attablerez les soirs d'été.

Menu 25 € (déjeuner), 33/47 € - Carte 50/75 €

Grande-Rue - ✆ 04 50 72 80 32 - www.lesjardinsduleman.com - Fermé 20 novembre-2 février, mercredi

Le Pré de la Cure

CUISINE TRADITIONNELLE • CONVIVIAL XX Une plongée dans le Léman ! Évidemment, il y a la vue, superbe, mais pas seulement... Le chef réalise une cuisine axée sur les produits de la pêche du lac et concocte des petits plats régionaux bien gourmands. Selon l'arrivage, brochets, truites ou encore perches peuvent être de la fête. On se régale !

Menu 54 € - Carte 41/59 €

place de la Mairie - 04 50 72 83 58 - www.pre-delacure.com - Fermé 28 octobre-7 mars

Vieille Porte

CUISINE TRADITIONNELLE • RUSTIQUE XX Maison du 14e s. appartenant à la même famille depuis 1587. Tomettes, poutres et pierres, terrasse à l'ombre des remparts : rien ne manque, et tout cela accompagne à merveille la sympathique cuisine traditionnelle et régionale du chef. Belle sélection de bordeaux à prix raisonnable.

Menu 29/45 € - Carte 45/65 €

2 place de la Mairie - 04 50 72 80 14 - www.la-vieille-porte.com - Fermé 11 novembre-9 février, lundi, dimanche soir

Villa Cécile

FAMILIAL • COSY Non loin de la cité médiévale, une villa agréable et cossue. Piscines, jacuzzi, sauna, hammam et sympathique restaurant : détente assurée et... repos mérité dans l'une des très confortables chambres (lits king size) d'esprit marin. Merci Cécile !

20 chambres - 190/440 € - 19 €

156 route de Messery - 04 50 72 27 40 - www.villacecile.com - Fermé 23 décembre-27 janvier

Le Pré de la Cure

TRADITIONNEL • CONTEMPORAIN À l'entrée de la cité médiévale, cet établissement familial dispose de chambres spacieuses, contemporaines et épurées ; toutes ont vue sur le lac ou le jardin. Et pour se détendre on profite de la piscine couverte, du jacuzzi, du sauna ou du hammam !

25 chambres - 78/130 € - 12 €

place de la Mairie - 04 50 72 83 58 - www.pre-delacure.com - Fermé 28 octobre-7 mars

Le Pré de la Cure - voir la sélection des restaurants

YVOY-LE-MARRON

41600 (Loir-et-Cher) - Carte régionale n° **8**-C2
Carte Michelin 318-I6

Auberge du Cheval Blanc

CUISINE TRADITIONNELLE • AUBERGE XX Après une balade en forêt solognote, installez-vous à la table du Cheval Blanc... Tomettes, poutres, trophées de chasse et bois sombre : tout un idéal champêtre ressuscité ! Terrine de foie gras de canard, fricassée de rognons de veau à la berrichonne : le patron rend hommage à la tradition avec un soin tout particulier.

Menu 32/54 € - Carte 45/98 €

1 place du Cheval Blanc - 02 54 94 00 00 - www.aubergeduchevalblanc.com - Fermé 24 février-29 mars, lundi, mardi midi, mercredi midi

YZEURES-SUR-CREUSE

37290 (Indre-et-Loire) - Carte régionale n° **8**-B3
Carte Michelin 317-O8

Relais de La Mothe

CUISINE TRADITIONNELLE • COSY XX Dans cette maison d'angle, juste à côté de l'église, on est accueilli dans une ambiance familiale et chaleureuse. En cuisine, tout est fait maison, au goût du jour – par exemple, salade d'artichauts barigoule, pintade à l'estragon – sous la direction d'un chef au solide parcours.

Menu 14 € (déjeuner), 27/38 € – Carte 30/45 €

1 Place du 11 Novembre – 02 47 91 49 00 – www.relaisdelamothe.com – Fermé dimanche soir

Relais de La Mothe

TRADITIONNEL • À LA CAMPAGNE Nouveau départ pour ce relais de poste de 1880 joliment rénové. Les chambres sont spacieuses et confortables, et il fait bon se ressourcer à l'espace détente ou prendre un verre dans le salon au coin de la cheminée. Idéal pour un séjour au vert.

22 chambres – 69/109 € – 10 €

1 place du 11-Novembre – 02 47 91 49 00 – www.relaisdelamothe.com – Fermé 14 janvier-7 février

Relais de La Mothe – voir la sélection des restaurants

ZELLENBERG – 68 (Haut-Rhin) → voir Riquewihr

ZIMMERBACH

68230 (Haut-Rhin) – Carte régionale n° **10**-C2

Carte Michelin 315-H8

Au Raisin d'Or

CUISINE TRADITIONNELLE • CONVIVIAL X Cette auberge à la bonne franquette a profité d'un petit relooking, mais n'a rien changé à ses habitudes. Les habitués sont toujours là et se régalent des propositions du jour et des classiques du chef (tête de veau, quenelles de foie, bœuf gros sel, etc.).

Menu 16 € (déjeuner), 28/43 € – Carte 31/53 €

1 rue de l'Eglise – 03 89 71 05 69 – www.raisindor.fr – Fermé 1er-9 janvier, mardi

ZOUFFTGEN

57330 (Moselle) – Carte régionale n° **12**-B1

Carte Michelin 307-H2

La Lorraine (Lucien Keff)

CUISINE MODERNE • ÉLÉGANT XXX Sous la grande véranda de cette maison bourgeoise, dont le sol vitré laisse apparaître la cave à vin, on apprécie une cuisine au goût du jour, inspirée du terroir lorrain. Petits plats du terroir dans l'annexe, La Stuff, façon winstub.

→ Fricassée d'escargots, compotée de tomate, émulsion de pommes de terre et coulis de persil. Cochon de lait rôti, galette de pommes de terre au lard. Œuf au chocolat noir, sabayon au rhum

Menu 45/120 € – Carte 85/95 €

80 rue Principale – 03 82 83 40 46 – www.la-lorraine.fr – Fermé 21 janvier-5 mars, 9-24 septembre, lundi, mardi

Jacopo Ventura/iStock

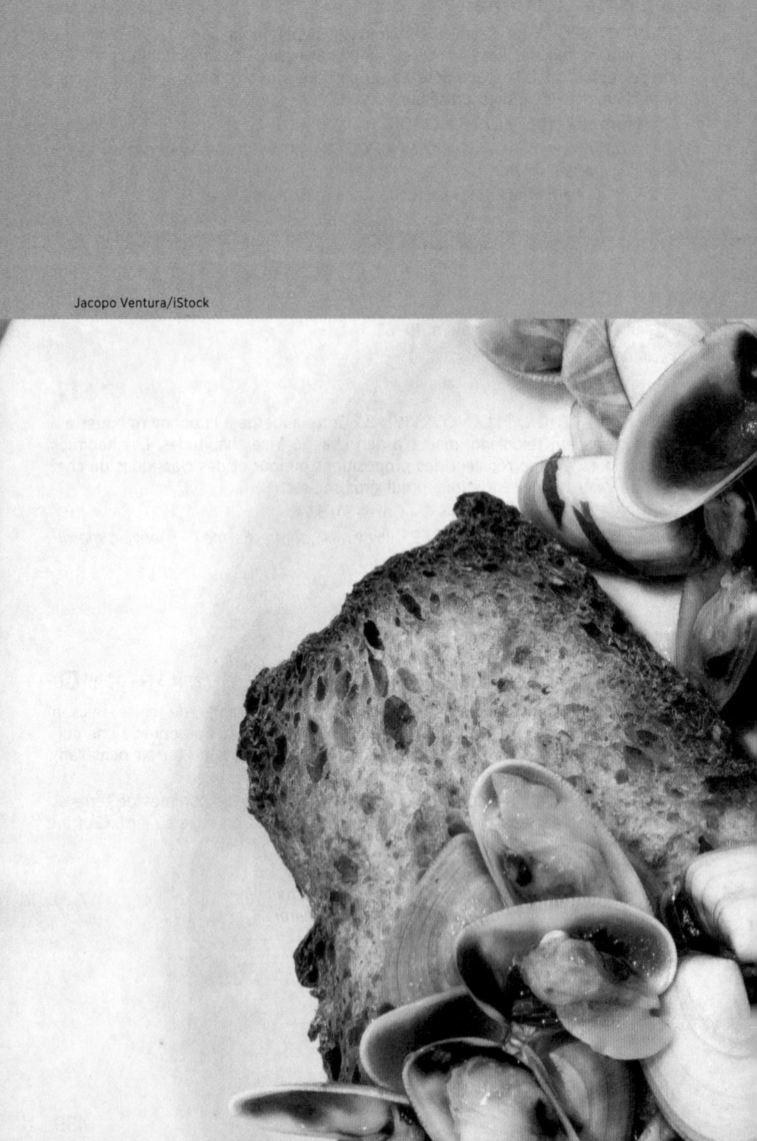

PRINCIPAUTÉ **DE MONACO**

MONACO Capitale de la Principauté

✉ 98000 (Monaco) - Carte régionale n° **25**-E2

à Fontvieille - ✉ 98000

Beefbar

VIANDES • TENDANCE XX Un "bar à viandes"... de bœuf (en provenance d'Europe, d'Amérique du Sud ou des États-Unis) réservé aux carnivores. Cadre tendance, très prisé de la clientèle locale, tout comme les belles vitrines de maturation des viandes !

Carte 60/130 €

42 quai Jean-Charles-Rey - ✆ 97 77 09 29 - monaco.beefbar.com

MONTE-CARLO Centre Mondain de la Principauté

✉ 98000 (Monaco) - Carte régionale n° **25**-E2
Carte Michelin 341-F5

Le Louis XV - Alain Ducasse à l'Hôtel de Paris

CUISINE MÉDITERRANÉENNE • LUXE XXXXX Difficile de présenter le Louis XV sans évoquer Alain Ducasse. Son existence se conjugue au superlatif. L'enfant d'Orthez, aux amours méditerranéennes, chef et homme d'affaires brillant, devenu citoyen monégasque, se trouve à la tête d'un empire de plus de 20 établissements, et 1 400 employés sur tous les continents du monde. Il n'a que 33 ans lorsqu'il décroche trois étoiles au Louis XV pour un niveau qui ne se démentira jamais. Et ce n'est pas un hasard si les menus autour de la "Naturalité", proposés au Plaza Athénée aujourd'hui, s'inspirent du menu "Jardin de Provence" à Monaco autour des légumes, lancé le 27 mai 1987. La signature Alain Ducasse est ici mise en scène par son fidèle lieutenant, Dominique Lory. On y célèbre la vérité du produit et la déesse Méditerranée, avec maestria, toujours.

→ Gamberonis de San Remo, fine gelée de poissons de roche et caviar. Loup de Méditerranée aux agrumes du mentonnais. Baba au rhum de votre choix, crème mi-montée

Menu 165 € (déjeuner), 240/360 € - Carte 224/348 €

Plan : E1-y - *Hôtel de Paris, place du Casino - ✆ 98 06 88 64 - www.alain-ducasse.com - Fermé 5-27 février, 26 novembre-27 décembre, mardi, jeudi midi*

Joël Robuchon Monte-Carlo

CUISINE MODERNE • ÉLÉGANT XXXX Par où commencer ? Tout ici respire l'élégance et le style. À tout seigneur tout honneur, commençons par la précision des assiettes de Christophe Cussac, où se rencontrent des produits magnifiques sélectionnés auprès des meilleurs producteurs du monde entier. Parlons aussi de l'imposant chariot de desserts, et d'une carte des vins à vous donner le tournis - dont plusieurs grands vins en magnums... tout cela se savoure dans le cadre cossu et raffiné de l'hôtel Métropole, véritable joyau monégasque. N'hésitez pas à venir au déjeuner, le prix du menu est plutôt raisonnable. Service aimable et aux petits soins.

→ Caviar d'aubergine et jeunes légumes croquants. Raviolis truffés de langoustine à l'étuvée de chou vert. Chariot de desserts

Menu 62 € (déjeuner), 99/220 € - Carte 120/290 €

Plan : E1-z - *Métropole, 4 avenue de la Madone - ✆ 93 15 15 10 - www.metropole.com - Fermé 16 février-3 mars, mercredi*

Le Grill

CUISINE CLASSIQUE • CHIC XXX Rénovation réussie pour le Grill, au huitième étage de l'Hôtel de Paris : décoration modernisée, confort amélioré... et toujours cette vue à couper le souffle ! Dans l'assiette, la cuisson au charbon de bois est de mise, et millimétrée : minestrone printanier, turbot côtier en tronçon, carré d'agneau à la sarriette, poussin fermier au doux parfum de Provence... On se régale.

→ Gamberoni et courgette trompette en fleur. Poussin fermier aux herbes des collines. Soufflé au Grand Marnier

Menu 60 € (déjeuner)/135 € - Carte 115/222 €

Hôtel de Paris, place du Casino - ✆ 98 06 88 88 - www.hoteldeparismontecarlo.com - Fermé 7 janvier-28 février

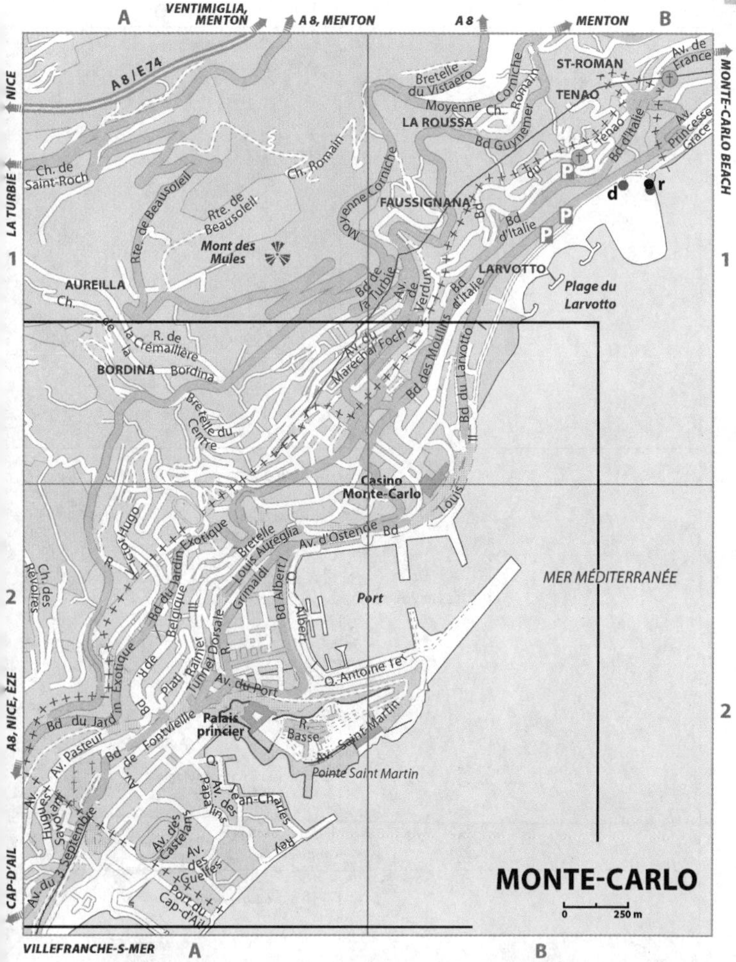

Vistamar

CUISINE MODERNE • ÉLÉGANT XXX Votre plat idéal ? Produits, cuissons, garnitures : ici, le chef et sa brigade vous composent une assiette "sur mesure"... et savent exaucer vos souhaits ! Beau décor moderne : teintes douces et terrasse regardant le port.

→ Pâté en croûte, volaille et foie gras. Bouillabaisse en trois services. Soufflé Grand Marnier, agrumes et melon, glace calisson

Menu 59 € (déjeuner), 78/140 € - Carte 95/200 €

Plan : E1-r – *Hermitage, square Beaumarchais – ✆ 98 06 98 98 – www.montecarloresort.com – Fermé samedi midi, dimanche midi*

Suivez les inspecteurs du guide MICHELIN sur Twitter
Stout au long de l'année : @guideMichelinFR

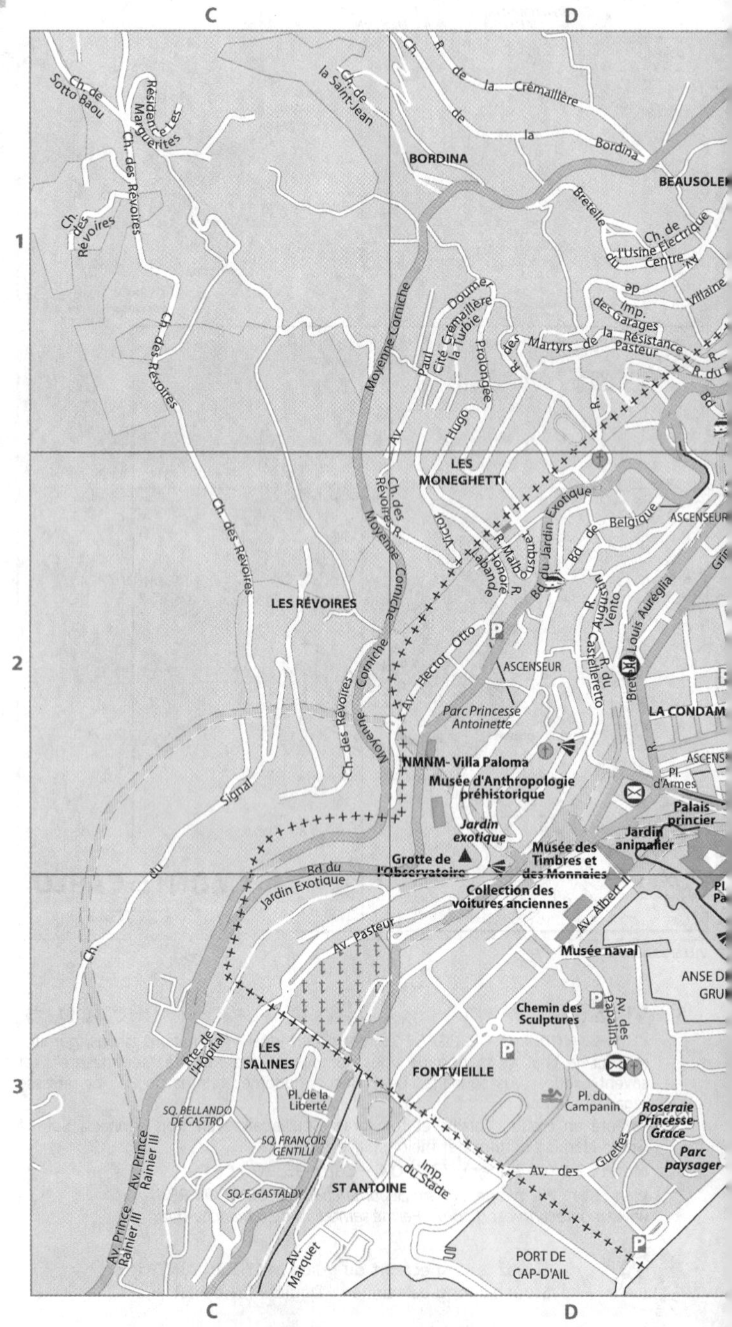

C
D
1
2
3
BORDINA
BEAUSOLEI
LES MONEGHETTI
LES RÉVOIRES
LA CONDAM
Parc Princesse Antoinette
NMNM- Villa Paloma
Musée d'Anthropologie préhistorique
Jardin exotique
Grotte de l'Observatoire
Musée des Timbres et des Monnaies
Collection des voitures anciennes
Palais princier
Jardin animalier
Musée naval
ANSE DE GRU
Chemin des Sculptures
LES SALINES
FONTVIEILLE
Pl. de la Liberté
SQ. BELLANDO DE CASTRO
SQ. FRANÇOIS GENTILLI
SQ. E. GASTALDY
ST ANTOINE
Pl. du Campanin
Roseraie Princesse-Grace
Parc paysager
PORT DE CAP-D'AIL
ASCENSEUR
Ch. des Révoires
Moyenne Corniche
Bd du Jardin Exotique
Av. Pasteur
Av. Prince Rainier III
Av. des Guelfes
Av. Hector Otto
Av. Albert II
Bd de Belgique
Ch. de la Crémaillère
C
D

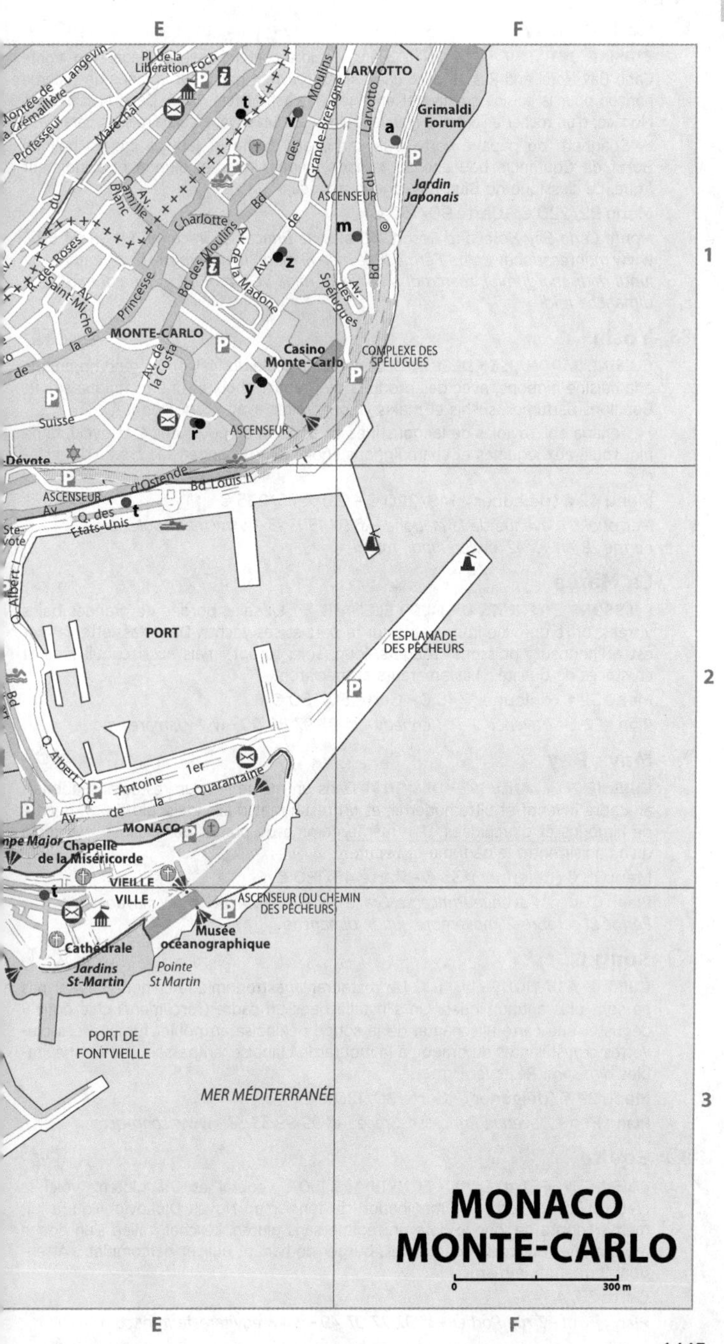
E
F
LARVOTTO
Grimaldi Forum
Jardin Japonais
ASCENSEUR
Pl. de la Libération Foch
MONTE-CARLO
Casino Monte-Carlo
COMPLEXE DES SPÉLUGUES
Bd des Moulins
Av. de la Madone
Av. des Spélugues
Bd Louis II
Q. des États-Unis
PORT
ESPLANADE DES PÊCHEURS
Q. Albert Ier
Q. Antoine 1er
Av. de la Quarantaine
MONACO
Chapelle de la Miséricorde
VIEILLE VILLE
ASCENSEUR (DU CHEMIN DES PÊCHEURS)
Musée océanographique
Cathédrale
Jardins St-Martin
Pointe St Martin
PORT DE FONTVIEILLE
MER MÉDITERRANÉE
MONACO
MONTE-CARLO
0
300 m
1
2
3

Le Blue Bay

CUISINE CRÉATIVE • DESIGN XXX Dans le cadre contemporain et élégant du Monte Carlo Bay Hotel and Resort, avec une terrasse ouvrant grand sur la mer... Un superbe horizon pour la cuisine créative et engagée du chef, Marcel Ravin. De la Martinique à Monaco, d'un rocher à l'autre, il nous entraîne dans un voyage culinaire sans pareil.

→ Spaghetti de papaye verte à la carbonara, truffe et jabugo iberico bellota. Bœuf de Coutancie boucané au tamarin, cèpes, igname, oignon et condiment figue. Le classique du Blue Bay, choco-maracuja

Menu 92/220 € – Carte 90/150 €

Monte Carlo Bay Hotel and Resort, 40 avenue Princesse-Grace – ✆ 98 06 03 60 – www.montecarlobay.com – Fermé 18 février-19 mars, 18 novembre-17 décembre, lundi midi, mardi midi, mercredi midi, jeudi midi, vendredi midi, samedi midi, dimanche midi

Yoshi

CUISINE JAPONAISE • DESIGN XX La seconde table du Métropole rend hommage à la cuisine nippone, avec des produits de premier choix et une technique solide. Bouillons parfumés, sushis et makis y sont traités avec Yoshi ("bonté").

→ Tenaga ebi, ravioles de langoustines au bouillon de poule épicé. Usuyaki, faux-filet roulé aux légumes et champignons enoki. Blanc-manger à la crème de pistache

Menu 42 € (déjeuner), 149/220 € – Carte 75/235 €

Métropole, 4 avenue de la Madone – ✆ 93 15 13 13 – www.metropole.com – Fermé 28 janvier-12 février, lundi, mardi

La Marée

POISSONS ET FRUITS DE MER • ÉLÉGANT XXX La salle, bordée de grandes baies vitrées, offre une vue imprenable sur le port et ses yachts. Dans l'assiette, la mer est à l'honneur : poissons (rougets, loup, sole, turbot) mais aussi coquillages et crustacés de qualité... Les amateurs apprécieront.

Menu 32 € (déjeuner)/45 € – Carte 50/150 €

Plan : E2-t – *7 avenue J.-F.-Kennedy – ✆ 97 97 80 00 – www.lamaree.mc*

Maya Bay

CUISINE THAÏLANDAISE • DESIGN XX Dans un même lieu, un restaurant japonais au cadre inventif et ultramoderne, et un restaurant thaïlandais, plus cosy, décoré de kimonos et d'orchidées. Une même gamme de prix et de qualité ; il ne reste qu'à choisir entre le parfumé et l'épure.

Menu 18 € (déjeuner)/35 € – Carte 45/180 €

Plan : B1-d – *24 avenue Princesse-Grace – ✆ 97 70 74 67 – www.mayabay.mc – Fermé 21 octobre-20 novembre, lundi, dimanche*

Song Qi

CUISINE ASIATIQUE • LUXE XX Un restaurant gastronomique chinois ; ces termes ne sont plus antinomiques. On s'installe dans un cadre (forcément) chic pour y déguster une carte alléchante, de la soupe pékinoise au poulet fumé, à ces crevettes croustillantes du dragon à la moutarde chinoise, en passant par les inévitables *dim sum*. Réservez !

Menu 29 € (déjeuner) – Carte 80/120 €

Plan : F1-a – *7 avenue Princesse-Grace – ✆ 99 99 33 33 – www.song-qi.mc*

Eqvita

CUISINE VÉGÉTALIENNE • CONVIVIAL X 100% végétal et 0% gluten : voici le credo d'Eqvita, sorti de l'imagination du tennisman Novak Djokovic – qui a lui-même adopté de longue date un régime sans gluten. Le chef italien s'en donne à cœur joie : gnocchis de légumes, burger de haricot noir et riz complet... Attention, fermeture le mardi.

Carte 33/45 €

Plan : F1-m – *7 rue Portier – ✆ 97 77 07 49 – www.eqvitarestaurant.com*

Loga

CUISINE TRADITIONNELLE • FAMILIAL La cuisine vitrée donne sur une salle à manger coquette et chaleureuse : on est déjà séduit. En véritable passionné, le chef travaille viandes, poissons et pâtes avec la même dévotion ; ne manquez pas sa spécialité : l'escalope milanaise "oreille d'éléphant", aplatie jusqu'à atteindre 27 cm de long...

Menu 38 € - Carte 36/76 €

Plan : E1-v - *25 boulevard des Moulins - 93 30 87 72 - www.loga.mc - Fermé 9-24 février, 9-27 août, mercredi soir, dimanche*

La Montgolfière-Henri Geraci

CUISINE MODERNE • CONVIVIAL Dans une ruelle piétonne du rocher, à deux pas du palais princier, ce petit restaurant familial est un parfait contrepied à toutes les adresses branchées et "bling-bling" de Monaco ! En toute simplicité, le chef signe une cuisine soignée et goûteuse, parfois mâtinée d'influences asiatiques. Accueil charmant.

Menu 49/56 € - Carte 35/55 €

Plan : E3-t - *16 rue Basse - 97 98 61 59 - www.lamontgolfiere.mc - Fermé 27 janvier-4 mars, mercredi, dimanche*

Hermitage

GRAND LUXE • CLASSIQUE Derrière une foisonnante façade 1900, une coupole signée Eiffel, un déluge de mosaïques, moulures, pampilles... Confort extrême, à la pointe de l'élégance contemporaine dans les deux ailes rénovées. Beaux équipements pour séminaires. Petite restauration et salon de thé au Limun Bar.

244 chambres - 368/2925 € - 34 suites - 42 €

Plan : E1-r - *square Beaumarchais - 98 06 40 00 - www.montecarloresort.com*

Vistamar - voir la sélection des restaurants

Hôtel de Paris

GRAND LUXE • ÉLÉGANT Luxe et élégance, chambres superbes, équipements dernier cri : après une rénovation de fond en comble, le plus prestigieux des palaces monégasques continue d'enchanter les voyageurs de passage. Ainsi perdure le mythe de ce fleuron de la Côte d'Azur...

152 chambres - 440/2865 € - 55 suites - 46 €

Plan : E1-y - *place du Casino - 98 06 30 00 - www.hoteldeparismontecarlo.com*

Le Louis XV - Alain Ducasse à l'Hôtel de Paris • **Le Grill** - voir la sélection des restaurants

Métropole

GRAND LUXE • PERSONNALISÉ Luxe et raffinement à tous les étages de ce palace (1886) situé tout près du casino et relooké par Jacques Garcia. Les beaux salons, le décor cossu et volontiers baroque des chambres, le magnifique spa, le bar feutré, le restaurant en période estivale : les superlatifs manquent !

64 chambres - 400/2975 € - 62 suites - 43 €

Plan : E1-z - *4 avenue de la Madone - 93 15 15 15 - www.metropole.com*

Joël Robuchon Monte-Carlo • **Yoshi** - voir la sélection des restaurants

Monte Carlo Bay Hotel and Resort

LUXE • CONTEMPORAIN Ce palace monégasque s'étend sur quatre hectares gagnés sur la mer... Un univers en soi, avec une extraordinaire "piscine-lagon" (bassin à fond de sable), des jardins méditerranéens, de superbes chambres contemporaines, plusieurs restaurants et un casino !

312 chambres - 405/1470 € - 22 suites - 36 €

Plan : B1-r - *40 avenue Princesse-Grace - 98 06 02 00 - www.montecarlobay.com*

Le Blue Bay - voir la sélection des restaurants

à Monte-Carlo-Beach (France Alpes-Mar.) 2,5 km au Nord-Est – ✉ 06190

✿ Elsa

CUISINE MÉDITERRANÉENNE • DESIGN XX On se noie dans les yeux de cette Elsa-là, qui offre une vue superbe sur la mer... et honore avec grande finesse la cuisine méditerranéenne. Le chef mise sur des produits 100 % bio et des poissons de première fraîcheur : ses recettes se révèlent très parfumées, sans fioritures ; le repas est un vrai plaisir.

➜ Bio sama, tous les légumes et herbes du jardin. Rougets de roches doucement rôtis, purée de févettes et petits légumes du jardin. Rencontre de deux grands classiques : le saint-honoré et le tiramisu

Menu 55 € (déjeuner), 120/160 € – Carte 117/162 €

Monte-Carlo Beach, Avenue Princesse Grace – ✆ 04 93 28 66 57 – www.monte-carlo-beach.com – Fermé 15 octobre-14 mars

Monte-Carlo Beach

LUXE • PERSONNALISÉ Ce luxueux hôtel né dans les années 1930 dresse toujours sa belle façade couleur terracotta au-dessus de la mer... L'atmosphère des chambres, ouvertes sur les flots, évoque l'esprit des croisières (tons bleu et blanc, mobilier marin), et l'on peut profiter de l'impressionnant complexe balnéaire pour la détente.

26 chambres – 445/1420 € – 14 suites – ☕ 42 €

Avenue Princesse-Grace – ✆ 04 93 28 66 66 – www.monte-carlo-beach.com – Fermé 15 octobre-14 mars

✿ **Elsa** – voir la sélection des restaurants

Carnet de notes

Index thématiques

Thematic index

LES TABLES ÉTOILÉES ✿

N Établissement nouvellement distingué
Newly awarded distinction

AUVERGNE-RHÔNE-ALPES

Alleyras (43)	Le Haut-Allier ✿	
Ambierle (42)	Le Prieuré ✿	
Ambronay (01)	Auberge de l'Abbaye ✿	
Annecy (74)	Le Clos des Sens ✿✿✿	**N**
Annecy (74)	L'Esquisse ✿	
Annecy/ Veyrier-du-Lac (74)	Yoann Conte ✿✿	
Bagnols (69)	1217 ✿	
Bourg-en-Bresse/ Péronnas (01)	La Marelle ✿	
Le Bourget-du-Lac (73)	Atmosphères ✿	
Le Bourget-du-Lac (73)	Lamartine ✿	
Bourgoin-Jallieu/ La Grive (38)	L'Émulsion ✿	
Bourgoin-Jallieu (38)	Domaine des Séquoias ✿	
Chamonix-Mont-Blanc (74)	Albert 1er ✿✿	
Charmes-sur-Rhône (07)	Le Carré d'Alethius ✿	
Chasselay (69)	Guy Lassausaie ✿	
Chaudes-Aigues (15)	Serge Vieira ✿✿	
Chazelles-sur-Lyon (42)	Château Blanchard ✿	
Clermont-Ferrand/ Chamalières (63)	Radio ✿	
Clermont-Ferrand (63)	Apicius ✿	
Clermont-Ferrand (63)	Jean-Claude Leclerc ✿	
Clermont-Ferrand (63)	L'Ostal ✿	**N**
Clermont-Ferrand (63)	Le Pré - Xavier Beaudiment ✿✿	
Courchevel/ Courchevel 1850 (73)	Baumanière 1850 ✿	
Courchevel/ Courchevel 1850 (73)	Le Chabichou ✿✿	
Courchevel/ Courchevel 1850 (73)	Le Kintessence ✿✿	
Courchevel/ Courchevel 1850 (73)	Le 1947 ✿✿✿	
Courchevel/ Courchevel 1850 (73)	Le Montgomerie ✿✿	
Courchevel/ Courchevel 1850 (73)	Sarkara ✿	**N**
Crest (26)	Le Kléber ✿	
Les Deux-Alpes (38)	Le P'tit Polyte ✿	
Douvaine (74)	Ô Flaveurs ✿	
Évian-les-Bains (74)	Les Fresques ✿	
Grignan (26)	Le Clair de la Plume ✿	
Issoire (63)	L'Atelier Yssoirien ✿	
Jongieux (73)	Les Morainières ✿✿	
Courchevel/ La Tania (73)	Le Farçon ✿	
Lyon/ Charbonnières-les-Bains (69)	La Rotonde ✿	
Lyon/ Collonges-au-Mont-d'Or (69)	Paul Bocuse ✿✿✿	
Lyon (69)	Auberge de l'Île Barbe ✿	
Lyon (69)	Au 14 Février ✿	
Lyon (69)	Jérémy Galvan ✿	
Lyon (69)	Les Loges ✿	
Lyon (69)	La Sommelière ✿	**N**
Lyon (69)	Les Terrasses de Lyon ✿	
Lyon (69)	Têtedoie ✿	

Lyon (69) Mère Brazier ✿✿
Lyon (69) Prairial ✿
Lyon (69) Les Trois Dômes ✿
Lyon (69) Le Gourmet de Sèze ✿
Lyon (69) Miraflores ✿
Lyon (69) Le Neuvième Art ✿✿
Lyon (69) Le Passe Temps ✿
Lyon (69) Takao Takano ✿✿
Machilly (74) Le Refuge des Gourmets ✿
Manigod (74) La Maison des Bois - Marc Veyrat ✿✿
Marcolès (15) Auberge de la Tour ✿
Megève (74) 1920 ✿✿
Megève (74) Prima ✿ **N**
Megève (74) La Table de l'Alpaga ✿
Megève/ Leutaz (74) Flocons de Sel ✿✿✿
Méribel (73) L'Ekrin by Laurent Azoulay ✿
Pont-de-Vaux (01) Le Raisin ✿
Roanne (42) Aux Anges ✿
Roanne/ Ouches (42) Troisgros - Le Bois sans Feuilles ✿✿✿
Romans-sur-Isère/ Granges-les-Beaumont (26) Les Cèdres ✿✿
Saint-Julien-en-Genevois/ Bossey (74) La Ferme de l'Hospital ✿
Saint-Bonnet-le-Froid (43) Régis et Jacques Marcon ✿✿✿
Saint-Galmier (42) La Source ✿ **N**
Saint-Gervais-les-Bains (74) Le Sérac ✿
Saint-Martin-de-Belleville (73) René et Maxime Meilleur ✿✿✿
Saint-Martin-sur-la-Chambre (73) Le Clocher des Pères ✿
Talloires (74) Jean Sulpice ✿✿
Tencin (38) La Tour des Sens ✿ **N**
Thonon-les-Bains (74) Raphaël Vionnet ✿
Tignes/ Val-Claret (73) Ursus ✿ **N**
La Tour-du-Pin/ Saint-Didier-de-la-Tour (38) Ambroisie ✿ **N**
Uriage-les-Bains (38) Maison Aribert ✿✿
Vailly (74) Le Moulin de Léré ✿ **N**
Val-d'Isère (73) L'Atelier d'Edmond ✿✿
Val-d'Isère (73) La Table de l'Ours ✿ **N**
Valence (26) La Cachette ✿
Valence (26) Flaveurs ✿
Valence (26) Pic ✿✿✿
Valence/ Pont-de-l'Isère (26) Maison Chabran - La Grande Table ✿
Vals-les-Bains (07) Le Vivarais ✿
Val-Thorens (73) Les Explorateurs ✿
Les Vans (07) Likoké ✿
Vaux-en-Beaujolais (69) Auberge de Clochemerle ✿
Vichy (03) Maison Decoret ✿
Vienne (38) La Pyramide - Patrick Henriroux ✿✿
Vienne/ Chonas-l'Amballan (38) La Table de Philippe Girardon ✿

Villard-de-Lans/ Corrençon-en-Vercors (38) Palégrié ✿
Villeuneuve-de-Berg / Saint-Germain (07) Auberge de Montfleury ✿ **N**
Vonnas (01) Georges Blanc ✿✿✿

BOURGOGNE-FRANCHE-COMTÉ

Arbois (39) Maison Jeunet ✿✿
Avallon/ Vault-de-Lugny (89) Château de Vault de Lugny ✿ **N**
Beaune (21) Le Bénaton ✿
Beaune (21) Le Carmin ✿
Beaune (21) Le Jardin des Remparts ✿
Beaune (21) Loiseau des Vignes ✿
Beaune/ Levernois (21) Hostellerie de Levernois ✿
Belfort/ Danjoutin (90) Le Pot d'Étain ✿
Bonnétage (25) L'Étang du Moulin ✿
La Bussière-sur-Ouche (21) 1131 ✿
Chagny (71) Maison Lameloise ✿✿✿
Chaintré (71) La Table de Chaintré ✿
Chalon-sur-Saône/ Saint-Rémy (71) L'Amaryllis ✿
Chamesol (25) Mon Plaisir ✿
Charolles (71) Frédéric Doucet ✿
Chassagne-Montrachet (21) Ed.Em ✿
Courban (21) Château de Courban ✿
Dijon (21) L'Aspérule ✿ **N**
Dijon (21) Loiseau des Ducs ✿
Dijon (21) Stéphane Derbord ✿
Dijon (21) William Frachot ✿✿
Dijon/ Prenois (21) Auberge de la Charme ✿
Dole (39) La Chaumière ✿
Dole/ Sampans (39) Château du Mont Joly ✿
Fleurville/ Mirande (71) La Marande ✿
Joigny (89) La Côte Saint-Jacques ✿✿
Mâcon (71) Pierre ✿
Mâcon/ Fuissé (71) L'O des Vignes ✿
Malbuisson (25) Le Bon Accueil ✿
Montbéliard (25) Le St-Martin ✿
Montceau-les-Mines (71) Jérôme Brochot ✿
Port-sur-Saône/ Vauchoux (70) Château de Vauchoux ✿
Saint-Amour-Bellevue (71) Auberge du Paradis ✿
Saint-Amour-Bellevue (71) Au 14 Février ✿✿
Saulieu (21) Le Relais Bernard Loiseau ✿✿
Sens (89) La Madeleine ✿
Tournus (71) Aux Terrasses ✿
Tournus (71) Greuze ✿
Villers-le-Lac (25) Le France ✿

BRETAGNE

Auray (56)	Terre-Mer	✿	
Bénodet/ Sainte-Marine (29)	Les Trois Rochers	✿	
Billiers (56)	Domaine de Rochevilaine	✿	
Brest (29)	Le M	✿	
Cancale (35)	Le Coquillage	✿✿	**N**
Cancale (35)	La Table Breizh Café	✿	
Carantec (29)	Patrick Jeffroy	✿✿	
Carnac (56)	Côté Cuisine	✿	**N**
Dinard (35)	Le Pourquoi Pas	✿	**N**
La Gouesnière (35)	La Gouesnière	✿	
Guer (56)	Auberge Tiegezh	✿	
Lannion (22)	L'Anthocyane	✿	**N**
Lannion/ la Ville Blanche (22)	La Ville Blanche	✿	
Le Conquet/ Pointe de Saint-Mathieu (29)	Hostellerie de la Pointe St-Mathieu	✿	**N**
Lorient (56)	L'Amphitryon	✿	
Mûr-de-Bretagne (22)	Auberge Grand'Maison	✿	
Plomodiern (29)	L'Auberge des Glazicks	✿✿	
Plouider (29)	La Table de La Butte	✿	
Porspoder (29)	Le Château de Sable	✿	
Port-Louis (56)	Avel Vor	✿	
Quiberon/ Portivy (56)	Le Petit Hôtel du Grand Large	✿	
Quimper (29)	Allium	✿	
Rennes (35)	Ima	✿	
Rennes (35)	Racines	✿	**N**
Rennes/ Noyal-sur-Vilaine (35)	Auberge du Pont d'Acigné	✿	
Rennes/ Saint-Grégoire (35)	Le Saison	✿	
Roscoff (29)	Le Brittany	✿	
Saint-Brieuc (22)	Aux Pesked	✿	
Saint-Brieuc/ Plérin (22)	La Vieille Tour	✿	
Saint-Malo/ Saint-Servan-sur-Mer (35)	Le St-Placide	✿	
Saint-Pol-de-Léon (29)	Auberge La Pomme d'Api	✿	
Tréguier (22)	Aigue Marine	✿	
Vannes (56)	La Gourmandière - La Table d'Olivier	✿	
Vannes (56)	Roscanvec	✿	
Vannes/ Saint-Avé (56)	Le Pressoir	✿	

CENTRE-VAL DE LOIRE

Amboise (37)	Château de Pray	✿	
Les Bézards / Boismorand (45)	Auberge des Templiers	✿	
Blois (41)	Assa	✿	
Bourges (18)	Le Cercle	✿	
Chartres (28)	Le Georges	✿	

Gien (45)	Côté Jardin ✿	
Issoudun/ Saint-Valentin (36)	Au 14 Février ✿	
Montbazon (37)	L'Évidence ✿	**N**
Montlivault (41)	La Maison d'à Côté ✿✿	**N**
Onzain (41)	Domaine des Hauts de Loire ✿✿	
Orléans (45)	Le Lièvre Gourmand ✿	
Orléans/ Ardon (45)	La Table d'à Côté ✿	**N**
Le Petit-Pressigny (37)	La Promenade ✿	
Tours/ Rochecorbon (37)	Les Hautes Roches ✿	
Vendôme (41)	Pertica ✿	

CORSE

Calvi (2B)	La Signoria ✿	**N**
Porto-Vecchio/ Golfe de Santa Giulia (2A)	U Santa Marina ✿	
Porto-Vecchio (2A)	Casadelmar ✿✿	
Propriano (2A)	Le Lido ✿	
Murtoli (2A)	La Table de la Ferme ✿	

GRAND-EST

Altkirch (68)	L'Orchidée ✿	**N**
Ammerschwihr (68)	Julien Binz ✿	
Baerenthal/ Untermuhlthal (57)	L'Arnsbourg ✿	
Bitche (57)	Le Strasbourg ✿	
Châlons-en-Champagne (51)	Jérôme Feck ✿	
Colmar (68)	L'Atelier du Peintre ✿	
Colmar (68)	Girardin - Gastronomique ✿	
Colmar (68)	JY'S ✿✿	
Colombey-les-Deux-Églises (52)	Hostellerie la Montagne ✿	
Épernay (51)	Les Berceaux ✿	
Épernay / Champillon (51)	Le Royal ✿	**N**
Épinal (88)	Les Ducs de Lorraine ✿	
Faulquemont (57)	Toya ✿	
Forbach/ Stiring-Wendel (57)	La Bonne Auberge ✿	
Hagondange (57)	Quai des Saveurs ✿	
Illhaeusern (68)	Auberge de l'Ill ✿✿	
Kaysersberg (68)	L'Alchémille ✿	
Kaysersberg (68)	La Table d'Olivier Nasti ✿✿	
Languimberg (57)	Chez Michèle ✿	
Laubach (67)	La Merise ✿	
Lembach (67)	Auberge du Cheval Blanc ✿✿	
Lièpvre/ La Vancelle (67)	Auberge Frankenbourg ✿	
Lunéville (54)	Château d'Adoménil ✿	

Marlenheim (67)	Le Cerf ✿
Metz (57)	Maison Dufossé - La Table ✿
Mulhouse (68)	Il Cortile ✿
Mulhouse/ Riedisheim (68)	Maison Kieny ✿
Mulhouse/ Rixheim (68)	Le 7ème Continent ✿
Munster/ Wihr-au-Val (68)	La Nouvelle Auberge ✿
Nancy (54)	La Maison dans le Parc ✿
Nancy (54)	Transparence - La Table de Patrick Fréchin ✿
Obernai (67)	Thierry Schwartz - Le Restaurant ✿
Obernai (67)	La Fourchette des Ducs ✿✿
Reims (51)	Assiette Champenoise ✿✿✿
Reims (51)	Le Foch ✿
Reims (51)	Le Millénaire ✿
Reims (51)	Le Parc Les Crayères ✿✿
Reims (51)	Racine ✿
Reims/ Montchenot (51)	Le Grand Cerf ✿
Rhinau (67)	Au Vieux Couvent ✿
Riquewihr (68)	La Table du Gourmet ✿
Riquewihr/ Zellenberg (68)	Maximilien ✿
Sarreguemines (57)	Auberge St-Walfrid ✿
Saverne (67)	Kasbür ✿
Sessenheim (67)	Auberge au Bœuf ✿
Sierentz (68)	Auberge St-Laurent ✿
Strasbourg (67)	Buerehiesel ✿
Strasbourg (67)	Au Crocodile ✿
Strasbourg (67)	Les Funambules ✿ **N**
Strasbourg (67)	1741 ✿
Strasbourg (67)	Umami ✿
Strasbourg/ Schiltigheim (67)	La Carambole ✿ **N**
Wingen-sur-Moder (67)	Villa René Lalique ✿✿
Zoufftgen (57)	La Lorraine ✿

HAUTS-DE-FRANCE

Armentières (59)	Nature ✿ **N**
Belle-Église (60)	La Grange de Belle-Église ✿
Béthune/ Busnes (62)	Meurin ✿✿
Boeschepe (59)	Auberge du Vert Mont ✿
Boulogne-sur-Mer (62)	La Matelote ✿
Cassel (59)	Haut Bonheur de la Table ✿
Chantilly (60)	La Table du Connétable ✿
Clermont/ Étouy (60)	L'Orée de la Forêt ✿
Lille (59)	Rozo ✿ **N**
Lille (59)	La Table ✿
Lille/ Bondues (59)	Val d'Auge ✿
Montreuil/ La Madelaine-sous-Montreuil (62)	La Grenouillère ✿✿

Pierrefonds/ Saint-Jean-aux-Bois (60) Auberge à la Bonne Idée ✿
Le Touquet-Paris-Plage (62) Le Pavillon ✿
Valenciennes (59) Le Musigny ✿
Wimereux (62) La Liégeoise ✿

ÎLE-DE-FRANCE

Aulnay-sous-Bois (93) Auberge des Saints Pères ✿
Bougival (78) Le Camélia ✿
Boulogne-Billancourt (92) Jean Chauvel ✿
Cergy-Pontoise/ Méry-sur-Oise (95) Le Chiquito ✿
Cergy-Pontoise/ Pontoise (95) L'Or Q'idée ✿ **N**
Couilly-Pont-aux-Dames (77) Auberge de la Brie ✿
Dampierre-en-Yvelines (78) La Table des Blot - Auberge du Château ✿
Dampmart (77) Le Quincangrogne ✿
Fontainebleau (77) L'Axel ✿
Marly-le-Roi (78) Le Village ✿
Meudon (92) L'Escarbille ✿
Paris 1er Le Baudelaire ✿
Paris 1er Carré des Feuillants ✿
Paris 1er La Dame de Pic ✿
Paris 1er Le Grand Véfour ✿✿
Paris 1er Les Jardins de l'Espadon ✿
Paris 1er Jin ✿
Paris 1er Kei ✿✿
Paris 1er Le Meurice Alain Ducasse ✿✿
Paris 1er La Poule au Pot ✿ **N**
Paris 1er Restaurant du Palais Royal ✿
Paris 1er Sur Mesure par Thierry Marx ✿✿
Paris 1er La Table de l'Espadon ✿✿
Paris 1er Yam'Tcha ✿
Paris 2e Accents Table Bourse ✿ **N**
Paris 2e ERH ✿ **N**
Paris 2e Frenchie ✿ **N**
Paris 2e Passage 53 ✿✿
Paris 2e Pur' - Jean-François Rouquette ✿
Paris 2e Racines ✿ **N**
Paris 2e Saturne ✿
Paris 2e Sushi B ✿
Paris 4e L'Ambroisie ✿✿✿
Paris 4e Benoit ✿

Paris 4e	Restaurant H ✿	
Paris 5e	Alliance ✿	
Paris 5e	Baieta ✿	**N**
Paris 5e	Mavrommatis ✿	
Paris 5e	Oka ✿	**N**
Paris 5e	Sola ✿	**N**
Paris 5e	Tour d'Argent ✿	
Paris 6e	Armani Ristorante ✿	
Paris 6e	Guy Savoy ✿✿✿	
Paris 6e	Marsan - Hélène Darroze ✿	
Paris 6e	Quinsou ✿	
Paris 6e	Relais Louis XIII ✿	
Paris 6e	Yoshinori ✿	**N**
Paris 6e	Ze Kitchen Galerie ✿	
Paris 7e	Aida ✿	
Paris 7e	Arpège ✿✿✿	
Paris 7e	L'Atelier de Joël Robuchon - St-Germain ✿✿	
Paris 7e	Auguste ✿	
Paris 7e	Les Climats ✿	
Paris 7e	David Toutain ✿✿	**N**
Paris 7e	Divellec ✿	
Paris 7e	ES ✿	
Paris 7e	Loiseau rive Gauche ✿	
Paris 7e	Nakatani ✿	
Paris 7e	Pertinence ✿	
Paris 7e	Sylvestre ✿✿	
Paris 7e	Tomy & Co ✿	**N**
Paris 7e	Le Violon d'Ingres ✿	
Paris 8e	L'Abysse au Pavillon Ledoyen ✿	**N**
Paris 8e	Akrame ✿	
Paris 8e	Alain Ducasse au Plaza Athénée ✿✿✿	
Paris 8e	Alléno Paris au Pavillon Ledoyen ✿✿✿	
Paris 8e	Apicius ✿	
Paris 8e	L'Arôme ✿	
Paris 8e	L'Atelier de Joël Robuchon - Étoile ✿	
Paris 8e	114, Faubourg ✿	
Paris 8e	Le Chiberta ✿	
Paris 8e	Le Cinq ✿✿✿	
Paris 8e	Le Clarence ✿✿	
Paris 8e	Copenhague ✿	
Paris 8e	Dominique Bouchet ✿	
Paris 8e	L'Écrin ✿	
Paris 8e	Épicure au Bristol ✿✿✿	
Paris 8e	Le Gabriel ✿✿	
Paris 8e	Le George ✿	
Paris 8e	Le Grand Restaurant - Jean-François Piège ✿✿	
Paris 8e	Helen ✿	

Paris 8e	Il Carpaccio ✿
Paris 8e	Lasserre ✿
Paris 8e	Laurent ✿
Paris 8e	Lucas Carton ✿
Paris 8e	L'Orangerie ✿
Paris 8e	Penati al Baretto ✿
Paris 8e	Pierre Gagnaire ✿✿✿
Paris 8e	La Scène ✿✿ **N**
Paris 8e	Le Taillevent ✿
Paris 9e	La Condesa ✿ **N**
Paris 9e	Louis ✿ **N**
Paris 9e	NESO ✿ **N**
Paris 10e	Abri ✿ **N**
Paris 11e	Automne ✿ **N**
Paris 11e	Le Chateaubriand ✿
Paris 11e	Qui plume la Lune ✿
Paris 11e	Septime ✿
Paris 12e	Table - Bruno Verjus ✿
Paris 12e	Virtus ✿ **N**
Paris 14e	Cobéa ✿
Paris 14e	Montée ✿
Paris 15e	Neige d'Été ✿
Paris 15e	Pilgrim ✿ **N**
Paris 15e	Le Quinzième - Cyril Lignac ✿
Paris 16e	L'Abeille ✿✿
Paris 16e	Alan Geaam ✿
Paris 16e	Antoine ✿
Paris 16e	L'Archeste ✿
Paris 16e	Astrance ✿✿
Paris 16e	Comice ✿
Paris 16e	Étude ✿
Paris 16e	La Grande Cascade ✿
Paris 16e	Nomicos ✿
Paris 16e	Pages ✿
Paris 16e	Le Pergolèse ✿
Paris 16e	Le Pré Catelan ✿✿✿
Paris 16e	Shang Palace ✿
Paris 17e	Agapé ✿
Paris 17e	Frédéric Simonin ✿
Paris 17e	Maison Rostang ✿✿
Paris 17e	La Scène Thélème ✿
Paris 18e	L'Arcane ✿
Paris 18e	Ken Kawasaki ✿
Paris 18e	La Table d'Eugène ✿
Rolleboise (78)	Le Domaine de la Corniche ✿
Le Tremblay-sur-Mauldre (78)	Numéro 3 ✿
Versailles (78)	Gordon Ramsay au Trianon ✿

Versailles (78)	La Table du 11	✿
Ville-d'Avray (92)	Le Corot	✿
Vincennes (94)	L'Ours	✿ **N**

NORMANDIE

Argentan (61)	La Renaissance	✿
Bagnoles-de-l'Orne (61)	Le Manoir du Lys	✿
Barneville-Carteret/ Carteret (50)	La Marine	✿
Bayeux (14)	Château de Sully	✿
Beuvron-en-Auge (14)	Le Pavé d'Auge	✿
Blainville-sur-Mer (50)	Le Mascaret	✿
Le Bourg-Dun (76)	Auberge du Dun	✿
Caen (14)	À Contre Sens	✿
Caen (14)	Initial	✿
Caen (14)	Ivan Vautier	✿
Caen (14)	Stéphane Carbone	✿
Caudebec-en-Caux (76)	G.a. au Manoir de Rétival	✿
Cherbourg-en-Cotentin (50)	Le Pily	✿
Clères/ Frichemesnil (76)	Au Souper Fin	✿
Deauville (14)	L'Essentiel	✿
Deauville (14)	Maximin Hellio	✿
Dieppe (76)	Les Voiles d'Or	✿
Dieppe/ Offranville (76)	Le Colombier	✿
Flers/ La Ferrière-aux-Étangs (61)	Auberge de la Mine	✿
Giverny (27)	Le Jardin des Plumes	✿
Le Havre (76)	Jean-Luc Tartarin	✿✿
Honfleur (14)	SaQuaNa	✿✿
Lyons-la-Forêt (27)	La Licorne Royale	✿
Pont-de-l'Arche/ Les Damps (27)	L'Auberge de la Pomme	✿
Rouen (76)	Gill	✿✿
Rouen (76)	L'Odas	✿
Rouen (76)	Rodolphe	✿
Saint-Lô (50)	Intuition	✿
Trouville-sur-Mer (14)	1912	✿
Valmont (76)	Le Bec au Cauchois	✿

NOUVELLE-AQUITAINE

Agen (47)	Mariottat	✿
Agen/ Moirax (47)	Auberge Le Prieuré	✿
Ainhoa (64)	Ithurria	✿
Bassin d'Arcachon/ Arcachon (33)	Le Patio	✿
Bassin d'Arcachon/ Pyla-sur-Mer (33)	Le Skiff Club	✿

Bergerac/ Moulin de Malfourat (24)	La Tour des Vents ❁
Biarritz (64)	L'Impertinent ❁
Biarritz (64)	Les Rosiers ❁
Bidart (64)	La Table des Frères Ibarboure ❁
Bordeaux (33)	Garopapilles ❁
Bordeaux (33)	La Grande Maison de Bernard Magrez ❁❁
Bordeaux (33)	Le Pavillon des Boulevards ❁
Bordeaux (33)	Le Pressoir d'Argent - Gordon Ramsay ❁❁
Bordeaux (33)	La Table d'Hôtes - Le Quatrième Mur ❁
Bordeaux/ Bouliac (33)	Le Saint-James ❁
Bordeaux/ Lormont (33)	Le Prince Noir - Vivien Durand ❁
Bordeaux/ Martillac (33)	La Grand'Vigne ❁❁
Brantôme (24)	Le Moulin de l'Abbaye ❁
Brantôme/ Champagnac-de-Belair (24)	Le Moulin du Roc ❁
Brive-la-Gaillarde (19)	La Table d'Olivier ❁
Eugénie-les-Bains (40)	Les Prés d'Eugénie - Michel Guérard ❁❁❁
Guéthary (64)	Brikéténia ❁
Jarnac/ Bourg-Charente (16)	La Ribaudière ❁
Limoges/ Saint-Martin-du-Fault (87)	Chapelle Saint-Martin ❁
Magescq (40)	Relais de la Poste ❁❁
Massignac (16)	Dyades au Domaine des Étangs ❁
Monestier (24)	Les Fresques ❁
Mont-de-Marsan (40)	Les Clefs d'Argent ❁
Pauillac (33)	Château Cordeillan-Bages ❁
Périgueux (24)	L'Essentiel ❁
Périgueux (24)	Un Parfum de Gourmandise ❁ **N**
Puymirol (47)	Michel Trama ❁❁
La Roche-l'Abeille (87)	Le Moulin de la Gorce ❁
La Rochelle (17)	Christopher Coutanceau ❁❁
La Rochelle/ La Jarrie (17)	L'Hysope ❁
Royan/ Breuillet (17)	L'Aquarelle ❁
Saint-Émilion (33)	Hostellerie de Plaisance ❁❁
Saint-Émilion (33)	Logis de la Cadène ❁
Saint-Jean-de-Blaignac (33)	Auberge St-Jean ❁
Saint-Jean-de-Luz (64)	Le Brouillarta ❁ **N**
Saint-Jean-de-Luz (64)	Le Kaïku ❁
Saint-Jean-de-Luz (64)	L'Océan ❁
Saint-Jean-Pied-de-Port (64)	Les Pyrénées ❁
Saint-Pée-sur-Nivelle (64)	L'Auberge Basque ❁
Saint-Vincent-de-Tyrosse (40)	Le Hittau ❁
Sainte-Sabine (24)	Étincelles - La Gentilhommière ❁
Sarlat-la-Canéda (24)	Le Grand Bleu ❁
Sauternes/ Bommes (33)	Lalique ❁ **N**
Seignosse (40)	Villa de l'Étang Blanc ❁ **N**
Trémolat (24)	Le Vieux Logis ❁
Villeneuve-sur-Lot/ Saint-Sylvestre-sur-Lot (47)	Le Jasmin ❁

OCCITANIE

Assignan (34)	La Table de Castigno	❁	**N**
Aumont-Aubrac (48)	Cyril Attrazic	❁	
Aureville (31)	En Marge	❁	
Banyuls-sur-Mer (66)	Le Fanal	❁	
Belcastel (12)	Vieux Pont	❁	
Bélesta (66)	La Coopérative	❁	
Bozouls (12)	Le Belvédère	❁	
Cahors/ Mercuès (46)	Le Duèze	❁	
Cajarc (46)	L'Allée des Vignes	❁	**N**
Carcassonne (11)	Domaine d'Auriac	❁	
Carcassonne (11)	Le Parc Franck Putelat	❁❁	
Carcassonne (11)	La Barbacane	❁	
Collioure (66)	La Balette	❁	
Condom (32)	La Table des Cordeliers	❁	
Conques (12)	Hervé Busset	❁	
Fontjoncouse (11)	Auberge du Vieux Puits	❁❁❁	
L'Isle-Jourdain/ Pujaudran (32)	Le Puits St-Jacques	❁❁	
Lacave (46)	Château de la Treyne	❁	
Lacave (46)	Pont de l'Ouysse	❁	
Laguiole (12)	Bras	❁❁	
Lastours (11)	Le Puits du Trésor	❁	
Leucate (11)	Le Grand Cap	❁	
Montner (66)	Auberge du Cellier	❁	
Montpellier (34)	La Réserve Rimbaud	❁	
Narbonne (11)	La Table Saint-Crescent	❁	
Nîmes (30)	Jérôme Nutile - Le Mas de Boudan	❁	
Nîmes (30)	Skab	❁	
Nîmes/ Garons (30)	Alexandre	❁❁	
Perpignan (66)	La Galinette	❁	
Pézenas (34)	Restaurant De Lauzun	❁	**N**
Pujaut (30)	Entre Vigne et Garrigue	❁	
Saint-Cyprien (66)	L'Almandin	❁	
Saint-Céré (46)	Les Trois Soleils de Montal	❁	
Saint-Médard (46)	Le Gindreau	❁❁	
Sauveterre-de-Rouergue (12)	Le Sénéchal	❁	
Sète (34)	The Marcel	❁	**N**
Sousceyrac (46)	Au Déjeuner de Sousceyrac	❁	
Toulouse (31)	Le Cénacle	❁	**N**
Toulouse (31)	Michel Sarran	❁❁	
Toulouse (31)	Py-r	❁	
Toulouse (31)	SEPT	❁	
Toulouse (31)	Stéphane Tournié - Les Jardins de l'Opéra	❁	
Toulouse/ Castanet-Tolosan (31)	La Table des Merville	❁	
Toulouse/ Colomiers (31)	L'Amphitryon	❁	
Toulouse/ Fonsegrives (31)	En Pleine Nature	❁	

Toulouse/ Montrabé (31)	L'Aparté ✿	
Toulouse/ Rouffiac-Tolosan (31)	Ô Saveurs ✿	
Uzès (30)	La Table d'Uzès ✿	
Vailhan (34)	Äponem - Auberge du Presbytère ✿	**N**
Verfeil (31)	La Promenade ✿	
Villeneuve-lès-Avignon (30)	Le Prieuré ✿	

PAYS DE LA LOIRE

Angers (49)	Le Favre d'Anne ✿	
Angers (49)	Une Île ✿	
Angers (49)	Lait Thym Sel ✿	**N**
Brem-sur-Mer (85)	Les Genêts ✿	
Brétignolles-sur-Mer (85)	Jean-Marc Pérochon ✿	
Le Champ-sur-Layon (49)	La Table de la Bergerie ✿	
La Flèche (72)	Le Moulin des Quatre Saisons ✿	
Fontevraud-l'Abbaye (49)	Fontevraud Le Restaurant ✿	
Île de Noirmoutier / L'Herbaudière (85)	La Marine ✿✿	
Le Mans (72)	L'Auberge de Bagatelle ✿	
Le Mans (72)	Le Beaulieu ✿	
Mayenne (53)	L'Éveil des Sens ✿	
Montaigu (85)	La Robe ✿	
Nantes (44)	L'Atlantide 1874 - Maison Guého ✿	
Nantes (44)	Lulu Rouget ✿	**N**
Nantes/ Haute-Goulaine (44)	Manoir de la Boulaie ✿✿	
La Plaine-sur-Mer (44)	Anne de Bretagne ✿✿	
Les Sables-d'Olonne (85)	Cayola ✿	
Saint-Joachim (44)	La Mare aux Oiseaux ✿	
Saint-Sulpice-le-Verdon (85)	Thierry Drapeau ✿	
Saumur (49)	Le Gambetta ✿	
La Tranche-sur-Mer (85)	Le Pousse-Pied ✿	

PRINCIPAUTÉ DE MONACO

Monte-Carlo (MC)	Le Blue Bay ✿	
Monte-Carlo (MC)	Elsa ✿	
Monte-Carlo (MC)	Le Grill ✿	**N**
Monte-Carlo (MC)	Joël Robuchon Monte-Carlo ✿✿	
Monte-Carlo (MC)	Le Louis XV - Alain Ducasse à l'Hôtel de Paris ✿✿✿	
Monte-Carlo (MC)	Vistamar ✿	
Monte-Carlo (MC)	Yoshi ✿	

PROVENCE-ALPES-CÔTE D'AZUR

Aix-en-Provence/ Le Puy-Sainte-Réparade (13)	Louison	✽	
Aix-en-Provence/ Le Tholonet (13)	Le Saint-Estève	✽	
Aix-en-Provence (13)	Pierre Reboul	✽	
Ansouis (84)	La Closerie	✽	
Antibes (06)	Le Figuier de St-Esprit	✽	
Antibes/ Cap d'Antibes (06)	Les Pêcheurs	✽	
Les Arcs (83)	Le Relais des Moines	✽	
Arles (13)	L'Atelier de Jean-Luc Rabanel	✽✽	
Arles/ Le Sambuc (13)	La Chassagnette	✽	
Avignon (84)	La Mirande	✽	**N**
Avignon (84)	Restaurant Christian Étienne	✽	
Bandol (83)	Les Oliviers	✽	**N**
Les Baux-de-Provence (13)	L'Oustau de Baumanière	✽✽	
Les Baux-de-Provence (13)	L'Aupiho	✽	
Beaulieu-sur-Mer (06)	Restaurant des Rois	✽	
Biot (06)	Les Terraillers	✽	
Bonnieux (84)	La Bastide de Capelongue	✽✽	
Bormes-les-Mimosas (83)	La Rastègue	✽	
La Cadière-d'Azur (83)	Hostellerie Bérard	✽	
Callas (83)	Hostellerie Les Gorges de Pennafort	✽	
Cannes (06)	La Palme d'Or	✽✽	
Cannes/ Le Cannet (06)	Villa Archange	✽✽	
Cassis (13)	La Villa Madie	✽✽	
Cavaillon (84)	Maison Prévôt	✽	
La Celle (83)	Hostellerie de l'Abbaye de la Celle	✽	
Château-Arnoux-Saint-Auban (04)	La Bonne Étape	✽	
La Ciotat/ Le Liouquet (13)	La Table de Nans	✽	
La Colle-sur-Loup (06)	Alain Llorca	✽	
La Croix-Valmer/ Gigaro (83)	La Palmeraie	✽	
Cucuron (84)	La Petite Maison de Cucuron	✽	
Èze (06)	La Chèvre d'Or	✽✽	
Èze-Bord-de-Mer (06)	La Table de Patrick Raingeard	✽	
Forcalquier/ Mane (04)	Le Cloître	✽	
Gigondas (84)	L'Oustalet	✽	**N**
Gordes (84)	Les Bories	✽	
Gordes (84)	Pèir	✽	
Grasse (06)	La Bastide St-Antoine	✽	
Île de Porquerolles (83)	L'Olivier	✽	
L'Isle-sur-la-Sorgue (84)	Le Vivier	✽	
Joucas (84)	Xavier Mathieu	✽	
Juan-les-Pins (06)	La Passagère	✽	
Lagarde-d'Apt (84)	Le Bistrot de Lagarde	✽	
Lauris (84)	Le Champ des Lunes	✽	
Le Castellet/ Circuit Paul Ricard (83)	Christophe Bacquié	✽✽✽	

Lorgues (83) — Bruno ✿
Lorgues (83) — Le Jardin de Benjamin ✿
Lourmarin (84) — Auberge La Fenière ✿
Mandelieu/ La Napoule (06) — L'Oasis ✿
Manosque (04) — Dominique Bucaille ✿
Marseille (13) — Alcyone ✿
Marseille (13) — AM par Alexandre Mazzia ✿✿ **N**
Marseille (13) — L'Épuisette ✿
Marseille (13) — Le Petit Nice ✿✿✿
Marseille (13) — Saisons ✿ **N**
Marseille (13) — Une Table au Sud ✿
Maussane-les-Alpilles/ Paradou (13) — La Table du Hameau ✿ **N**
Menton (06) — Mirazur ✿✿✿ **N**
Mougins (06) — Le Candille ✿
Mougins (06) — Paloma ✿
Moustiers-Sainte-Marie (04) — La Bastide de Moustiers ✿
Nice (06) — L'Aromate ✿
Nice (06) — Le Chantecler ✿✿
Nice (06) — Flaveur ✿✿
Nice (06) — JAN ✿
Ramatuelle (83) — La Voile ✿
Roubion (06) — Auberge Quintessence ✿ **N**
Le Rouret (06) — Le Clos St-Pierre ✿
Saint-Crépin (05) — Les Tables de Gaspard ✿
Saint-Jean-Cap-Ferrat (06) — Grand Hôtel du Cap Ferrat ✿
Saint-Raphaël (83) — La Terrasse ✿ **N**
Saint-Rémy-de-Provence (13) — Fanny Rey & Jonathan Wahid ✿
Saint-Rémy-de-Provence (13) — Restaurant de Tourrel ✿ **N**
Saint-Tropez (83) — L'Olivier ✿
Saint-Tropez (83) — La Vague d'Or ✿✿✿
Saint-Véran (05) — Le Roc Alto ✿
Tourrettes (83) — Faventia ✿
Tourrettes-sur-Loup (06) — Clovis ✿
La Turbie (06) — Hostellerie Jérôme ✿✿
Valbonne (06) — Lou Cigalon - Maison Martin ✿
Vence (06) — Les Bacchanales ✿
Vence (06) — Le Saint-Martin ✿
Ventabren (13) — Dan B. - La Table de Ventabren ✿

BIB GOURMAND

N Établissement nouvellement distingué
Newly awarded distinction

AUVERGNE-RHÔNE-ALPES

Albertville/ Monthion (73)	Les 16 Clochers
Annecy (74)	Café Brunet
Annecy (74)	Le Denti
Annecy (74)	Minami
Annecy (74)	1er Mets
Anse (69)	Au Colombier
Aoste (38)	Au Coq en Velours
Aubenas (07)	L'Aubépine
Aubenas (07)	Les Coloquintes
Aurillac (15)	Quatre Saisons
Bâgé-le-Châtel (01)	La Table Bâgésienne
La Bâtie-Divisin (38)	L'Olivier
Belleville (69)	Le Beaujolais
Bessas (07)	Auberge des Granges **N**
Billy (03)	Auberge du Pont
Bonneville/ Vougy (74)	Le Bistro du Capucin
Boudes (63)	Le Boudes La Vigne
Bourg-en-Bresse (01)	Mets et Vins
Bressieux (38)	Auberge du Château
Cevins (73)	La Fleur de Sel
Chamonix-Mont-Blanc (74)	Atmosphère
Chamonix-Mont-Blanc (74)	La Maison Carrier
Chamonix-Mont-Blanc (74)	La Télécabine
Charlieu (42)	Relais de l'Abbaye
Charroux (03)	Ferme Saint-Sébastien
Chaudes-Aigues (15)	Sodade **N**
Clermont-Ferrand (63)	Le Bistrot d'à Côté **N**
Clermont-Ferrand (63)	Le Chardonnay **N**
Clermont-Ferrand (63)	L'Écureuil
Clermont-Ferrand (63)	Un Grain de Saveur **N**
Clermont-Ferrand (63)	Le Saint-Eutrope
Clermont-Ferrand (63)	Smørrebrød
Clermont-Ferrand/ Lempdes (63)	B2K6
Clermont-Ferrand/ Orcines (63)	Auberge de la Baraque
Clermont-Ferrand/ Orcines (63)	Auberge de la Fontaine du Berger
Clermont-Ferrand/ Royat (63)	La Flèche d'Argent
Coligny (01)	Au Petit Relais
Crest (26)	Len' K
Crolles (38)	La Maison Haute **N**
Évian-les-Bains (74)	Au Jardin d'Eden
Évian-les-Bains (74)	Le Muratore **N**
Faverges (74)	Le Chalet d'Églantine
Grenoble (38)	Gillio
Grignan (26)	Le Bistro Chapouton

Lans-en-Vercors (38)	Le Bois des Mûres
Lent (01)	Auberge Lentaise
Lyon (69)	Ani
Lyon (69)	Aromatic **N**
Lyon (69)	Augusto
Lyon (69)	Balthaz'art
Lyon (69)	Le Bistrot des Voraces
Lyon (69)	Le Canut et les Gones
Lyon (69)	Daniel et Denise Créqui
Lyon (69)	Danton
Lyon (69)	Le Garet
Lyon (69)	Le Jean Moulin **N**
Lyon (69)	Le Kitchen Café
Lyon (69)	M Restaurant
Lyon (69)	Racine **N**
Lyon (69)	Saku Restaurant
Lyon (69)	Sauf Imprévu
Lyon (69)	Sémantème **N**
Lyon (69)	Substrat
Lyon (69)	La Table 101
Lyon (69)	33 Cité
Lyon/ Dardilly (69)	Bol d'Air
Menthon-Saint-Bernard (74)	Le Confidentiel
Méribel (73)	Le Cèpe
Mirmande (26)	La Capitelle **N**
Montanges (01)	L'Auberge du Pont des Pierres
Montarcher (42)	Le Clos Perché
Montmarault (03)	France
Moulins (03)	Le Bistrot de Guillaume
Néris-les-Bains (03)	Côté Toqués **N**
Notre-Dame-de-Bellecombe (73)	La Ferme de Victorine
Nyons/ Condorcet (26)	La Charrette Bleue
Pailherols (15)	L'Auberge des Montagnes
Plaisians (26)	Auberge de la Clue
Polliat (01)	Téjérina-Hôtel de la Place
Privas (07)	La Boria
Le Puy-en-Velay (43)	Bambou et Basilic
Le Puy-en-Velay (43)	Regina
Roanne (42)	Le Central
Saint-Bonnet-le-Froid (43)	Bistrot la Coulemelle
Saint-Bonnet-le-Froid (43)	Le Fort du Pré
Saint-Étienne (42)	Insens
Saint-Julien-Chapteuil (43)	Vidal
Solignac-sous-Roche (43)	Lou Pinatou
Tain-l'Hermitage (26)	Maison Gambert
Tain-l'Hermitage (26)	Le Mangevins
Tain-l'Hermitage (26)	Le Quai **N**

La Tour-du-Pin/ Rochetoirin (38)	Le Rochetoirin	
Tournon-sur-Rhône (07)	Le Cerisier	
Treffort (01)	L'Embellie	
Val-d'Isère (73)	Bistrot Gourmand	
Valence (26)	André	
Valence/ Pont-de-l'Isère (26)	Maison Chabran - Espace Gourmand	
Valmorel (73)	L'Oxygène	**N**
Vaudevant (07)	La Récré	
Vesc (26)	Chez Mon Jules	**N**
Vic-sur-Cère/ Col de Curebourse (15)	Hostellerie Saint-Clément	
Vichy (03)	L'Alambic	
Vichy (03)	La Table d'Antoine	
Vichy (03)	La Table de Marlène	
Vienne/ Chonas-l'Amballan (38)	Le Cottage	
Villefranche-sur-Saône/ Jassans-Riottier (01)	L'Embarcadère	
Villefranche-sur-Saône (69)	La Ferme du Poulet	**N**
Yssingeaux (43)	Le Bourbon	
Yvoire (74)	Les Jardins du Léman	

BOURGOGNE-FRANCHE-COMTÉ

Arbois/ Pupillin (39)	Le Grapiot
Avallon/ Chastellux-sur-Cure (89)	Le Chastellux
Avallon/ Valloux (89)	Auberge des Chenêts
Belfort (90)	Les Capucins
Bonlieu (39)	La Poutre
Bonnétage (25)	Le Bistrot
Bourgvilain (71)	Auberge Larochette
La Bussière-sur-Ouche (21)	Le Bistrot des Moines
Chagny (71)	Pierre & Jean
Chalon-sur-Saône (71)	Le Bistrot
Chambolle-Musigny (21)	Le Millésime
Cluny (71)	Hostellerie d'Héloïse
Combeaufontaine (70)	Le Balcon
Le Creusot (71)	Au Cochon Ventru
Le Creusot/ Montcenis (71)	Le Montcenis
Dijon (21)	DZ'envies
Dijon (21)	L'Essentiel
Dijon (21)	So
Dijon/ Messigny-et-Vantoux (21)	Auberge des Tilleuls
Dole (39)	Grain de Sel
Dole (39)	Iida-Ya
Gevrey-Chambertin (21)	Bistrot Lucien
Gevrey-Chambertin (21)	Chez Guy

Irancy (89)	Le Soufflot
Mâcon (71)	Épikure
Meursault (21)	Le Chevreuil
Montbard/ Saint-Rémy (21)	La Mirabelle
Noyers (89)	Les Millésimes **N**
Nuits-Saint-Georges (21)	La Cabotte
Ornans (25)	Le Courbet
Ornans/ Saules (25)	La Griotte
Port-Lesney (39)	Le Bistrot Pontarlier
Quarré-les-Tombes (89)	Le Morvan
Saint-Germain-du-Bois (71)	Hostellerie Bressane
Sainte-Cécile (71)	L'Embellie
Sochaux/ Étupes (25)	Au Fil des Saisons
Tournus/ Ozenay (71)	Le Relais d'Ozenay

BRETAGNE

Baden (56)	Le Gavrinis
Cancale (35)	Côté Mer
Cancale (35)	L'Ormeau **N**
Concarneau (29)	Le Flaveur
Crozon (29)	Le Mutin Gourmand
Crozon/ Le Fret (29)	Hostellerie de la Mer
Dinard (35)	Au Bouchon Breton
Dinard/ Saint-Lunaire (35)	Le Décollé
Fouesnant/ Cap-Coz (29)	Belle-Vue
Fouesnant/ Cap-Coz (29)	La Pointe du Cap Coz
Guidel (56)	La Table D'eux - Laurent Le Berrigaud
Guilvinec (29)	Le Poisson d'Avril
Guingamp (22)	Le Clos de la Fontaine
Kervignac (56)	Chai l'amère Kolette
Landéda (29)	Le Vioben
Langoëlan (56)	L'Atelier Bistrot **N**
Lannion (22)	Le Brélévenez **N**
Locronan (29)	Comptoir des Voyageurs
Lorient (56)	Le Sabayon
Lorient (56)	Le Tire Bouchon
Perros-Guirec (22)	La Maison de Marie
Perros-Guirec (22)	Le Manoir du Sphinx
Ploubalay (22)	Restaurant de la Gare
Plougasnou (29)	La Maison de Kerdiès
Pont-Aven (29)	Sur le Pont ...
Pont-Scorff (56)	L'Art Gourmand
Quiberon (56)	La Chaumine
Quimper / Ty-Sanquer (29)	Auberge de Ti-Coz

Rennes (35) L'Atelier des Gourmets
Rennes (35) Essentiel **N**
Rennes/ Cesson-Sévigné (35) Zest **N**
La Roche-Bernard (56) Auberge des Deux Magots
Rohan (56) L'Eau d'Oust **N**
Saint-Brieuc (22) L'Air du Temps
Saint-Brieuc (22) Ô Saveurs
Saint-Brieuc/ Ploufragan (22) Le Brézoune
Saint-Gildas-de-Rhuys (56) Le Vert d'O
Saint-Guénolé (29) Sterenn
Saint-Malo (35) Le Bistrot du Rocher
Saint-Malo (35) Le Cambusier **N**
Saint-Malo (35) Le Comptoir Breizh Café **N**
Vannes/ Séné (56) Le Puits des Saveurs

CENTRE-VAL DE LOIRE

Aubigny-sur-Nère (18) La Chaumière
Azay-le-Rideau (37) L'Aigle d'Or
Azay-le-Rideau (37) Auberge Pom'Poire
Bourges (18) Le Beauvoir
Bracieux (41) Le Rendez-vous des Gourmets
Brou (28) L'Ascalier
Châteaudun (28) Aux Trois Pastoureaux
Châteauroux (36) Jeux 2 Goûts
Chédigny (37) Le Clos aux Roses
Chilleurs-aux-Bois (45) Le Lancelot
Chinon (37) Au Chapeau Rouge
Dreux/ Cherisy (28) Le Vallon de Chérisy
Gien (45) Le P'tit Bouchon
L'Île-Bouchard (37) Auberge de l'Île
Langeais (37) Au Coin des Halles
Montlivault (41) Côté Bistro
Nérondes (18) Le Lion d'Or
Neuillé-le-Lierre (37) Auberge de la Brenne
Onzain (41) Bistrot des Hauts de Loire **N**
Orléans (45) La Dariole
Orléans (45) L'Hibiscus
Orléans (45) La Parenthèse
Oucques (41) Ô en Couleur
Saint-Benoît-sur-Loire (45) Le Grand St-Benoît
Sancerre (18) La Pomme d'Or
Savonnières (37) La Maison Tourangelle
Tours (37) Le Saint-Honoré
Tours/ Fondettes (37) Auberge de Port Vallières

Tours/ Parçay-Meslay (37)	L'Arche de Meslay
Tours/ Saint-Cyr-sur-Loire (37)	L'Atelier d'Olivier Arlot
Valençay/ Veuil (36)	Auberge St-Fiacre
Villedieu-sur-Indre (36)	La Gourmandine
Villegenon (18)	La Récréation Gourmande

CORSE

Bastia/ San-Martino-di-Lota (2B)	La Corniche
L'Île-Rousse/ Pigna (2B)	A Mandria di Pigna

GRAND-EST

Berrwiller (68)	L'Arbre Vert
Blienschwiller (67)	Le Pressoir de Bacchus
La Bresse (88)	La Table d'Angèle
Charleville-Mézières/ Montcy-Notre-Dame (08)	L'Auberge du Laminak
Charleville-Mézières (08)	La Table d'Arthur
Colmar/ Ingersheim (68)	La Taverne Alsacienne
Delme (57)	À la 12
Écouviez (55)	Les Épices Curiens
Épernay (51)	Cook'in
Épernay (51)	La Grillade Gourmande
Épernay (51)	Le Théâtre
Épinal (88)	In Extremis
Feldbach (68)	Cheval Blanc
Fouday (67)	Julien
Fréland (68)	Restaurant du Musée
Gundershoffen (67)	Le Cygne
Haguenau (67)	Le Jardin **N**
Hattstatt (68)	L'Altévic
Hegeney (67)	Belle Vue
Itterswiller (67)	Winstub Arnold
Kaysersberg (68)	La Vieille Forge
Kaysersberg (68)	Winstub
Kruth/ Le Frenz (68)	Les Quatre Saisons
Labaroche (68)	La Rochette
Matignicourt-Goncourt (51)	Ô Délices des Papilles
Muhlbach-sur-Munster (68)	Perle des Vosges
Nancy (54)	La Toq'
Nancy (54)	V Four
Natzwiller (67)	Auberge Metzger

Niedersteinbach (67)	Au Cheval Blanc
La Petite-Pierre/ Graufthal (67)	Au Cheval Blanc
La Petite-Pierre/ Graufthal (67)	Au Vieux Moulin
Reims (51)	Le Jardin Les Crayères
Reims (51)	Le Pavillon CG
Remiremont (88)	Le Clos Heurtebise
Ribeauvillé (68)	Auberge du Parc Carola
Ribeauvillé (68)	Au Relais des Ménétriers
Riquewihr (68)	Au Trotthus
Rosenau (68)	Au Lion d'Or - Chez Théo
Saint-Quirin (57)	Hostellerie du Prieuré
Sarreguemines/ Wœlfling-lès-Sarreguemines (57)	Restaurant Dimofski
Sélestat (67)	Au Bon Pichet **N**
Sierentz (68)	Winstub À Côté
Strasbourg (67)	Au Pont du Corbeau
Strasbourg (67)	Colbert
Strasbourg/ Illkirch-Graffenstaden (67)	Estaminet à l'Agneau
Strasbourg/ Pfulgriesheim (67)	Bürestubel **N**
Troyes/ Pont-Sainte-Marie (10)	Bistrot DuPont
Weyersheim (67)	Auberge du Pont de la Zorn
Zimmerbach (68)	Au Raisin d'Or

HAUTS-DE-FRANCE

Aire-sur-la-Lys/ Isbergues (62)	Le Buffet
Amiens/ Dury (80)	La Bonne Auberge
Argoules (80)	Auberge du Coq-en-Pâte
Beauvais (60)	La Baie d'Halong
Bermicourt (62)	La Cour de Rémi
Béthune/ Busnes (62)	Le Jardin d'Alice
Boulogne-sur-Mer (62)	L'Îlot Vert
Calais (62)	Au Côte d'Argent
Calais (62)	Histoire Ancienne
Chantilly/ Apremont (60)	Auberge La Grange aux Loups
Douai/ Brebières (62)	Air Accueil
Dunkerque/ Coudekerque-Branche (59)	Le Soubise
Favières (80)	La Clé des Champs **N**
Godewaersvelde (59)	L'Estaminet du Centre
Laon (02)	Zorn - La Petite Auberge
Liessies (59)	Le Carillon
Lille (59)	Gabbro
Wierre-Effroy (62)	La Ferme du Vert

ÎLE-DE-FRANCE

Bois-Colombes (92)	Le Chefson
Châtillon (92)	Barbezingue
La Garenne-Colombes (92)	Le Saint Joseph
Paris 1er	Mee
Paris 1er	Zen
Paris 2e	Dépôt Légal **N**
Paris 2e	Itacoa **N**
Paris 2e	L'Oseille **N**
Paris 2e	Restaurant des Grands Boulevards **N**
Paris 5e	Cucina **N**
Paris 5e	Kokoro
Paris 6e	La Méditerranée
Paris 6e	Le Timbre
Paris 7e	Au Bon Accueil
Paris 7e	Chez les Anges
Paris 7e	Le Clos des Gourmets
Paris 7e	Les Cocottes - Tour Eiffel
Paris 7e	La Laiterie Sainte-Clotilde
Paris 7e	Pottoka
Paris 7e	20 Eiffel
Paris 8e	Kisin
Paris 8e	Mandoobar
Paris 8e	Le Mermoz **N**
Paris 8e	Pomze
Paris 9e	Abri Soba
Paris 9e	Le Caillebotte
Paris 9e	Les Canailles Pigalle
Paris 9e	I Golosi
Paris 9e	Le Pantruche
Paris 9e	Richer
Paris 10e	52 Faubourg St-Denis
Paris 10e	Mamagoto
Paris 10e	Les Résistants
Paris 11e	Auberge Pyrénées Cévennes **N**
Paris 11e	Clamato
Paris 11e	Le Villaret
Paris 12e	Jouvence
Paris 13e	Impérial Choisy
Paris 13e	Pho Tai
Paris 13e	Tempero
Paris 14e	Aux Enfants Gâtés
Paris 14e	Bistrotters
Paris 14e	L'Empreinte
Paris 14e	Origins 14
Paris 15e	L'Antre Amis

Paris 15e	L'Atelier du Parc
Paris 15e	Biscotte **N**
Paris 15e	Le Casse Noix
Paris 15e	L'Os à Moelle
Paris 15e	Le Radis Beurre
Paris 15e	Le Troquet
Paris 15e	Le Vitis
Paris 16e	N° 41
Paris 17e	Comme Chez Maman
Paris 17e	L'Envie du Jour
Paris 17e	Graindorge
Paris 17e	Le Petit Verdot du 17ème
Paris 18e	L'Esquisse
Paris 18e	Etsi
Paris 18e	Le Réciproque
Paris 19e	Mensae
Paris 20e	Les Canailles Ménilmontant
Paris 20e	Le Desnoyez
Paris 20e	Le Jourdain
Puteaux (92)	Saperlipopette !
Sainte-Geneviève-des-Bois (91)	La Table d'Antan
Tremblay-en-France/ Tremblay-Vieux-Pays (93)	La Jument Verte
Versailles (78)	Le Bistrot du 11
Yerres (91)	Bird **N**

NORMANDIE

Argentan/ Fontenai-sur-Orne (61)	La Table de Catherine
Aumale (76)	Villa des Houx
Avranches/ Saint-Quentin-sur-le-Homme (50)	Le Gué du Holme
Bagnoles-de-l'Orne (61)	Ô Gayot
Bayeux (14)	L'Angle Saint-Laurent
Bayeux (14)	Au Ptit Bistrot
Bellême/ (61)	Auberge des 3 J
Caen (14)	Le Dauphin
Caen/ Hérouville-Saint-Clair (14)	L'Espérance - Stéphane Carbone
Cherbourg-en-Cotentin (50)	Le Vauban
Clères (76)	Auberge du Moulin
Cormeilles (27)	Gourmandises
Deauville (14)	La Flambée
Dieppe (76)	Bistrot du Pollet
Évreux (27)	La Gazette
Falaise (14)	Ô Saveurs
Flers (61)	Au Bout de la Rue
Gasny (27)	Auberge du Prieuré Normand

Hambye (50)	Auberge de l'Abbaye
Le Havre (76)	Le Bouche à Oreille
Le Havre (76)	La Petite Auberge
Heugueville-sur-Sienne (50)	Athome
Honfleur (14)	Le Bréard
Honfleur (14)	La Fleur de Sel
Houlgate (14)	L'Éden
Jumièges (76)	L'Auberge des Ruines
Lisieux/ Coquainvilliers (14)	Sogni D'Italia
Louviers/ Saint-Étienne-du-Vauvray (27)	La Ferme de la Haute Crémonville
Mortagne-au-Perche/ Le Pin-la-Garenne (61)	La Croix d'Or
Ouistreham (14)	La Table d'Hôtes
La Pernelle (50)	Le Panoramique
Le Pin-au-Haras (61)	La Tête au Loup
Rouen (76)	Le Saint-Hilaire
Saint-Lô (50)	Brasserie Les Capucines
Saint-Vaast-la-Hougue (50)	France et Fuchsias
Servon (50)	Auberge du Terroir
Villedieu-les-Poêles (50)	Manoir de l'Acherie
Vire (14)	Manoir de la Pommeraie

NOUVELLE-AQUITAINE

Agen (47)	L'Atelier	
Beaulieu-sur-Dordogne (19)	Le Turenne	
Bergerac (24)	Le Bistro d'en Face	**N**
Bidart (64)	Ahizpak Le Restaurant des Sœurs	
Bordeaux (33)	L'Air de Famille	
Bordeaux (33)	Le Bistrot du Gabriel	
Bordeaux (33)	Influences	
Bordeaux (33)	Mets Mots	**N**
Bordeaux (33)	Racines by Daniel Gallacher	
Briscous (64)	Maison Joanto	
Brive-la-Gaillarde (19)	En Cuisine	
Brive-la-Gaillarde (19)	La Toupine	
Châtelaillon-Plage (17)	Les Flots	
Coulombiers (86)	Auberge Le Centre Poitou	
Coulon (79)	Le Central	
Daglan (24)	Le Petit Paris	
Dax (40)	L'Amphitryon	
Les Eyzies-de-Tayac (24)	Le Bistro des Glycines	
Guéthary (64)	Briket' Bistrot	**N**
Guiche (64)	Le Gantxo	
Irissarry (64)	Art'zain	**N**

Limoges (87)	Le Vanteaux
Milhac-d'Auberoche (24)	La Vieille Forge
Montbron (16)	Moulin de la Tardoire
Montendre (17)	La Quincaillerie
Montgibaud (19)	Le Tilleul de Sully
Montmorillon (86)	Le Lucullus
Niort (79)	Le P'tit Rouquin **N**
Pau (64)	Lou Esberit **N**
Pauillac (33)	Café Lavinal
Périgueux/ Champcevinel (24)	La Table du Pouyaud **N**
Périgueux/ Chancelade (24)	La Verrière
Poitiers (86)	Les Archives
Pomerol (33)	La Table de Catusseau
Pons (17)	Bordeaux
Pouillon (40)	L'Auberge du Pas de Vent
Puymirol (47)	La Poule d'Or
Rions (33)	Le Chaudron d'Anna
La Roche-l'Abeille (87)	La Table du Moulin
Roquefort (40)	Le St-Vincent
La Roque-Gageac (24)	La Belle Étoile
La Roque-Gageac (24)	O'Plaisir des Sens
Royan (17)	Les Filets Bleus
Royan/ Saint-Palais-sur-Mer (17)	Restaurant de la Plage
Saint-Avit-Sénieur (24)	La Table de Léo
Saint-Étienne-de-Baïgorry (64)	Arcé
Saint-Pée-sur-Nivelle (64)	Ttotta
Sainte-Foy-la-Grande (33)	Côté Bastide
Saintes (17)	Saveurs de l'Abbaye
Saintes (17)	La Table du Relais du Bois St-Georges
Salies-de-Béarn (64)	Restaurant des Voisins
Saint-Jean-de-Thouars (79)	Hôtellerie St-Jean
La Souterraine/ Fursac (23)	Nougier
La Tremblade (17)	La Plage de la Ribaudière
Tulle (19)	Les 7

OCCITANIE

Albi (81)	L'Épicurien
Albi (81)	La Table du Sommelier
Alès (30)	Épices et Tout
Argelès-Gazost/ Saint-Savin (65)	Le Viscos
Argelès-sur-Mer (66)	La Bartavelle
Auch (32)	Domaine de Baulieu **N**
Auvillar/ Bardigues (82)	Auberge de Bardigues
Ax-les-Thermes (09)	Le Chalet

Bagnères-de-Bigorre (65)	Le Jardin des Brouches
Berlou (34)	Le Faitout
Le Boulou/ Montesquieu-des-Albères (66)	Le Cabaret
Bozouls (12)	À la Route d'Argent
Cahors (46)	L'Ô à la Bouche
Cahors/ Cieurac (46)	La Table de Haute-Serre
Cajarc (46)	Jeu de Quilles
Carcassonne/ Aragon (11)	La Bergerie
Castéra-Verduzan (32)	Le Florida
Castres (81)	La Part des Anges
Castres/ Les Salvages (81)	Les Mets d'Adélaïde
Caussade/ Monteils (82)	Le Clos Monteils
Cruzy (34)	Le Terminus
Dunes (82)	Les Templiers
Espalion (12)	Le Méjane
Florac (48)	L'Adonis
Font-Romeu (66)	La Chaumière
Générac (30)	L'Instant du Sud
Lamalou-les-Bains/ Combes (34)	Auberge de Combes
Laroque-des-Albères (66)	Côté Saisons
Lavaur/ Ambres (81)	Chez John
Lectoure (32)	L'Auberge des Bouviers
Martel (46)	Relais Ste-Anne
Martres-Tolosane (31)	Le Castet
Mende (48)	Restaurant de France
Mende/ Chabrits (48)	La Safranière
Montauban/ Montech (82)	Bistrot Constant
Montpellier (34)	Anga
Montpellier (34)	L'Artichaut
Montpellier (34)	Le Bistro Urbain **N**
Montpellier/ Castries (34)	Disini
Narbonne (11)	Gaïa
Nîmes (30)	Aux Plaisirs des Halles
Nîmes (30)	Le Lisita
Nîmes (30)	La Pie qui Couette **N**
Palavas-les-Flots (34)	Le St-Georges
Perpignan (66)	Le Garriane
Pézenas (34)	Le Pré St-Jean
Prats-de-Mollo-la-Preste (66)	Bellevue
Puy-l'Évêque (46)	Le Médiéval **N**
Rivesaltes (66)	La Table d'Aimé
Rodez (12)	Isabelle Auguy
Rodez (12)	Les Jardins de l'Acropolis
Le Rozier (48)	L'Alicanta
Saint-Girons/ Lorp-Sentaraille (09)	La Petite Maison
Saint-Lieux-lès-Lavaur (81)	Le Colvert
Sauve (30)	La Tour de Môle

Sète (34)	Paris Méditerranée
Sète (34)	Quai 17
Sommières (30)	Le Patio by Lou Caléou **N**
Thuir (66)	Arbequina
Toulouse (31)	Monsieur
Toulouse/ Auzeville-Tolosane (31)	La Table d'Auzeville
Toulouse / Balma (31)	L'Équilibre **N**
Toulouse/ Lacroix-Falgarde (31)	Le Bellevue
Toulouse/ Montrabé (31)	L'Instant...
Tourbes (34)	La Maison
Valady (12)	Auberge de l'Ady
Vic-Fezensac/ Préneron (32)	Auberge La Baquère
Villefranche-de-Rouergue (12)	Côté Saveurs
Villefranche-de-Rouergue (12)	Univers

PAYS DE LA LOIRE

Aizenay (85)	La Sittelle
Ancenis (44)	La Toile à Beurre
Angers/ Saint-Jean-de-Linières (49)	Auberge de la Roche
Beauvoir-sur-Mer (85)	Auberge des Étiers
La Bernerie-en-Retz (44)	L'Artimon
Challans/ La Garnache (85)	Le Petit St-Thomas
Château-Thébaud (44)	Auberge La Gaillotière
Cholet (49)	L'Ourdissoir **N**
Couëron (44)	Le François II
Le Croisic (44)	L'Estacade **N**
La Ferté-Bernard (72)	Restaurant du Dauphin
Fontenay-le-Comte/ Velluire (85)	Auberge de la Rivière
Geneston (44)	Le Pélican
Les Herbiers (85)	L'Envers du Décor
Île de Noirmoutier / L'Herbaudière (85)	La Table d'Élise
Le Lude (72)	La Renaissance
Mesquer (44)	La Vieille Forge
Nantes (44)	L'Instinct Gourmand
Nantes (44)	L'Océanide **N**
Pontchâteau (44)	Le 11 Bistrot Gourmand
Les Sables-d'Olonne (85)	La Suite S'il Vous Plaît
Les Sables-d'Olonne/ Château-d'Olonne (85)	La Ferme de Villeneuve
Saint-Gilles-Croix-de-Vie/ Coëx (85)	Le Balata
Saint-Lyphard (44)	Auberge le Nézil
Saumur (49)	L'Escargot
Thorigné-sur-Dué (72)	Le Saint-Jacques
Varades (44)	La Closerie des Roses
Vern-d'Anjou (49)	Le Pigeon Blanc

PROVENCE-ALPES-CÔTE D'AZUR

Arles (13)	Bistro À Côté
Avignon (84)	L'Agape
Avignon (84)	Italie là-bas
Bandol (83)	L'Espérance
Beaulieu-sur-Mer (06)	La Table de la Réserve **N**
Bormes-les-Mimosas/ La Favière (83)	Mimosa **N**
Briançon (05)	Au Plaisir Ambré
Cairanne (84)	Coteaux et Fourchettes
Cannes/ Le Cannet (06)	Bistrot des Anges
Cannes/ Le Cannet (06)	Bistrot St-Sauveur
Caromb (84)	Le 6 à Table
Châteauneuf-de-Gadagne (84)	La Maison de Celou
Cogolin (83)	La Grange des Agapes **N**
Draguignan/ Flayosc (83)	Le Nid
Fayence (83)	La Table d'Yves
Fontaine-de-Vaucluse (84)	Philip
Fréjus (83)	L'Amandier
Gassin (83)	Bello Visto
Gassin (83)	La Verdoyante
Gémenos (13)	Les Arômes
Grasse (06)	Lougolin **N**
Hyères (83)	L'Arum **N**
Hyères (83)	La Colombe
L'Isle-sur-la-Sorgue (84)	La Balade des Saveurs **N**
Laragne-Montéglin (05)	L'Araignée Gourmande
Lauris (84)	La Cuisine d'Amélie
Lorgues (83)	Le Bistrot
Marseille (13)	L'Arôme
Marseille (13)	La Cantinetta
Marseille (13)	Madame Jeanne
Marseille (13)	Otto
Marseille (13)	Schilling
Montferrat (83)	Le Clos Pierrepont **N**
Mougins (06)	L'Amandier de Mougins
Nice (06)	Au Rendez-vous des Amis
Nice (06)	Bistrot d'Antoine
Nice (06)	Fine Gueule
Nice (06)	La Merenda
Nice (06)	Olive et Artichaut
Nice (06)	Vegan Gorilla **N**
Peillon (06)	Les Plaisirs **N**
Le Rouret (06)	Bistro du Clos
Saint-Chamas (13)	Le Rabelais

Saint-Raphaël (83)	Les Voiles
Saint-Rémy-de-Provence/ Maillane (13)	L'Oustalet Maïanen
Sainte-Cécile-les-Vignes (84)	Campagne, Vignes et Gourmandises
Sanary-sur-Mer (83)	La P'tite Cour
Taillades (84)	L'Atelier L'Art des Mets **N**
Toulon (83)	Carré 2 Vigne
Toulon (83)	Le Local **N**
Tourtour (83)	La Table
La Turbie (06)	Café de la Fontaine
Uchaux (84)	Côté Sud
Villars (84)	La Table de Pablo

NOS PLUS BEAUX HÔTELS

HÔTELS & MAISONS D'HÔTES DE CHARME

AUVERGNE-RHÔNE-ALPES

Allex (26)	La Petite Aiguebonne
Alpe-d'Huez (38)	Au Chamois d'Or
Ambierle (42)	Demeure Bouquet
Ambronay (01)	La Maison d'Ambronay
Annecy (74)	Le Boutik Hôtel
Annecy (74)	Le Clos des Sens
Annecy (74)	L'Impérial Palace
Annecy/ Veyrier-du-Lac (74)	Yoann Conte
Les Arcs/ Bourg-Saint-Maurice (73)	Aiguille Grive Chalets Hôtel
Arzay (38)	Château d'Arzay
Avoriaz (74)	Les Dromonts
Bagnols (69)	Château de Bagnols
Banne (07)	Auberge de Banne
Belleville/ Pizay (69)	Château de Pizay
Bourbon-l'Archambault (03)	Grand Hôtel Montespan-Talleyrand
Bourg-en-Bresse (01)	Le Griffon d'Or
Les Carroz-d'Arâches (74)	Les Servages d'Armelle
Chambéry (73)	Petit Hôtel Confidentiel
Chamonix-Mont-Blanc/ Chamonix-Mont-Blanc (74)	Refuge du Montenvers
Chamonix-Mont-Blanc/ Le Lavancher (74)	Les Chalets de Philippe
Chamonix-Mont-Blanc/ Les Praz-de-Chamonix (74)	Le Castel
Chamonix-Mont-Blanc (74)	Grand Hôtel des Alpes
Chamonix-Mont-Blanc (74)	Hameau Albert 1er
Chamonix-Mont-Blanc (74)	Mont-Blanc
Châtillon-sur-Chalaronne (01)	La Tour
Chaussenac (15)	La Fournio
Chavagnac (15)	Instants d'Absolu
Chazey-sur-Ain/ Sainte-Julie (01)	Les Chambres de la Renaissance
Clermont-Ferrand/ Royat (63)	Princesse Flore
Cliousclat (26)	La Treille Muscate
La Clusaz (74)	Au Cœur du Village
Coise-Saint-Jean-Pied-Gauthier (73)	Château de la Tour du Puits
Condrieu (42)	Hôtellerie Beau Rivage
Cordon (74)	Les Roches Sweet Hôtel & Spa
Courchevel/ Courchevel 1850 (73)	Les Airelles
Courchevel/ Courchevel 1850 (73)	L'Apogée
Courchevel/ Courchevel 1850 (73)	Cheval Blanc
Courchevel/ Courchevel 1850 (73)	Le K2
Courchevel/ Courchevel 1850 (73)	Le K2 Altitude
Courchevel/ Courchevel 1850 (73)	Le K2 Djola
Courchevel/ Courchevel 1850 (73)	Le Lana
Courchevel/ Courchevel 1850 (73)	La Sivolière
Courchevel/ Courchevel 1850 (73)	Le Strato
Courchevel/ Courchevel 1850 (73)	White 1921
Crozet (01)	Jiva Hill Resort
Cruseilles/ Les Avenières (74)	Château des Avenières-La Maison des Écureuils
Les Deux-Alpes (38)	Chalet Mounier

Divonne-les-Bains/ Grilly (01) Les Lumières de Genève
Divonne-les-Bains (01) Le Grand Hôtel
Duingt (74) Clos Marcel
Évian-les-Bains/ Maxilly-sur-Léman (74) La Maison de Mathilde
Évian-les-Bains (74) Ermitage
Évian-les-Bains (74) Royal
Les Gets (74) Alpina
Les Gets (74) Crychar
Gex/ Col de La Faucille (01) La Mainaz
Le Grand-Bornand (74) Le Chalet 1864
Le Grand-Bornand/ Le Chinaillon (74) Les Cimes
Grenoble (38) Le Grand Hôtel
Grenoble (38) Park Hôtel
Grignan (26) Le Clair de la Plume
Grignan (26) Le Pré de l'Aube
Hauteluce (73) La Ferme du Chozal
Jongieux (73) Château de la Mar
Lamastre (07) Château d'Urbilhac
Lezoux/ Bort-l'Étang (63) Château de Codignat
Lyon/ Charbonnières-les-Bains (69) Le Pavillon de la Rotonde
Lyon (69) Collège
Lyon (69) Cour des Loges
Lyon (69) Fourvière Hôtel
Lyon (69) Villa Florentine
Lyon (69) Villa Maïa
Lyon (69) Carlton
Lyon (69) Le Royal
Lyon (69) Mama Shelter
Manigod (74) Chalet Hôtel Croix-Fry
Manigod (74) La Maison des Bois - Marc Veyrat
Marmanhac (15) Château de Sédaiges
Megève (74) Alpaga
Megève (74) Chalet du Mont d'Arbois
Megève (74) Le Chalet Zannier
Megève (74) Le Fer à Cheval
Megève (74) Les Fermes de Marie
Megève (74) Four Seasons Megève
Megève (74) Lodge Park
Megève (74) M de Megève
Megève (74) Mont-Blanc
Megève/ Leutaz (74) Flocons de Sel
Méribel (73) Allodis
Méribel (73) Le Grand Cœur & Spa
Méribel (73) L'Hélios
Méribel (73) Le Kaïla
Montailleur (73) Suites de la Tour

Montélimar/ Malataverne (26)	Le Domaine du Colombier
Montélimar/ Malataverne (26)	Le Trésor des Templiers
Montmeyran (26)	La Grande Maison
Morzine (74)	Bergerie
Moulins (03)	Le Clos de Bourgogne
Moulins (03)	Hôtel de Paris
Pailherols (15)	L'Auberge des Montagnes
La Plagne/ Plagne-Bellecôte (73)	Carlina
Roanne/ Ouches (42)	Troisgros
Roanne/ Villerest (42)	Château de Champlong
Roche-Saint-Secret-Béconne (26)	Mas de l'Adret
Romans-sur-Isère (26)	L'Orée du Parc
Saint-Gervais-les-Bains (74)	La Ferme de Cupelin
Saint-Martin-de-Belleville (73)	La Bouitte
Saint-Paul-Trois-Châteaux (26)	Villa Augusta
Saint-Pierre-d'Albigny (73)	Château des Allues
Saint-Saturnin (63)	Château Royal de Saint-Saturnin
Saint-Urcize (15)	La Fontaine de Grégoire
Salers (15)	Le Bailliage
Salers (15)	Saluces
Salles-Arbuissonnas-en-Beaujolais (69)	La Chanoinesse
Talloires (74)	Auberge du Père Bise
Talloires (74)	Chalet Christine
Tignes/ Val-Claret (73)	Maison Bouvier - Les Suites
Tournon-sur-Rhône (07)	Hôtel de la Villeon
Uriage-les-Bains (38)	Grand Hôtel & Spa
Uzer (07)	Château d'Uzer
Valaurie (26)	Le Moulin de Valaurie
Val-d'Isère (73)	Avenue Lodge
Val-d'Isère (73)	Les Barmes de l'Ours
Val-d'Isère (73)	Les 5 Frères
Valence (26)	Pic
Vals-les-Bains (07)	Château Clément
Val-Thorens (73)	Altapura
Val-Thorens (73)	Fitz Roy
Val-Thorens (73)	Pashmina
Les Vans (07)	La Seigneurie de Naves
Vichy (03)	La Demeure d'Hortense
Vichy/ Bellerive-sur-Allier (03)	Château du Bost
Vicq (03)	Sur le Chemin des Buvats
Vienne (38)	La Pyramide - Patrick Henriroux
Vollore-Ville (63)	Château de Vollore
Vonnas (01)	Georges Blanc
Vonnas (01)	Hôtel du Bois Blanc
Ygrande (03)	Château d'Ygrande
Yvoire (74)	Villa Cécile

BOURGOGNE-FRANCHE-COMTÉ

Chassy (89) Domaine du Roncemay
Arbois (39) Closerie les Capucines
Autun (71) Moulin Renaudiots
Auxerre/ Appoigny (89) Le Puits d'Athie
Avallon/ Vault-de-Lugny (89) Château de Vault de Lugny
Beaune (21) Le Cep
Beaune (21) Hostellerie Le Cèdre
Beaune (21) L'Hôtel
Beaune (21) Les Jardins de Loïs
Beaune (21) Maison Fatien
Beaune/ Challanges (21) Château de Challanges
Beaune/ Levernois (21) Hostellerie de Levernois
Beaune/ Levernois (21) Le Parc
Beaune/ Savigny-lès-Beaune (21) Le Hameau de Barboron
La Bussière-sur-Ouche (21) Abbaye de la Bussière
Chablis (89) Hostellerie des Clos
Chablis (89) Hôtel du Vieux Moulin
Chagny (71) Maison Lameloise
Charolles (71) Le Clos de l'Argolay
Charolles (71) Maison Doucet
Chassagne-Montrachet (21) Château de Chassagne-Montrachet
Cluny (71) Maison Tandem
Courban (21) Château de Courban
Dole (39) La Chaumière
Faverney/ Breurey-lès-Faverney (70) Château de la Presle
Gray/ Rigny (70) Château de Rigny
Joigny (89) La Côte Saint-Jacques
Leugny (89) La Borde
Louhans-Châteaurenaud/ Bruailles (71) La Ferme de Marie-Eugénie
Lusigny-sur-Ouche (21) La Saura
Meursault (21) Château de Cîteaux - La Cueillette
Montbenoït/ La Longeville (25) Le Crêt l'Agneau
Morey-Saint-Denis (21) Castel de Très Girard
Port-Lesney (39) Château de Germigney
Pouilly-en-Auxois/ Sainte-Sabine (21) Château Sainte-Sabine
Puligny-Montrachet (21) La Chouette
Puligny-Montrachet (21) La Maison d'Olivier Leflaive
Ronchamp (70) La Maison d'Hôtes du Parc
Saint-Amour-Bellevue (71) Auberge du Paradis
Saint Jean de Trézy (71) Domaine de Rymska
Santenay (21) Prosper Maufoux
Saulieu (21) Le Relais Bernard Loiseau

Tournus (71)	Greuze
Tournus (71)	La Tour du Trésorier
Tournus/ Jugy (71)	Le Crot Foulot
Vesoul/ Pusy-et-Épenoux (70)	Château d'Épenoux
Vézelay (89)	Les Glycines

BRETAGNE

Arzon/ Port du Crouesty (56)	Miramar la Cigale
Baden (56)	Le Val de Brangon
Le Petit Cosquet (56)	La Désirade
Bazouges-la-Pérouse (35)	Château de la Ballue
Bénodet/ Sainte-Marine (29)	La Ferme Saint-Vennec
Bénodet/ Sainte-Marine (29)	Villa Tri Men
Billiers (56)	Domaine de Rochevilaine
Saint-Méloir-des-Ondes (35)	La Ferme du Vent
Cancale (35)	Hostellerie de la Motte Jean
Cancale (35)	Les Maisons de Bricourt - Château Richeux
Cancale (35)	Les Rimains
Carantec (29)	Hôtel de Carantec
Concarneau (29)	Sables Blancs
Dinan (22)	La Maison Pavie
Dinard (35)	Castelbrac
Dinard (35)	Royal Emeraude
Dinard (35)	Villa Reine Hortense
Dol-de-Bretagne/ Mont-Dol (35)	Château de Mont-Dol
Douarnenez/ Tréboul (29)	Ty Mad
Guingamp (22)	La Demeure
Groix (56)	Le Sémaphore de la Croix
Kervignac (56)	Château de Locguénolé
Locquirec (29)	Le Grand Hôtel des Bains
Logonna-Daoulas (29)	Le Domaine de Moulin Mer
Moëlan-sur-Mer (29)	Manoir de Kertalg
Moëlan-sur-Mer (29)	Les Moulins du Duc
Perros-Guirec/ Ploumanach (22)	Castel Beau Site
Perros-Guirec (22)	Le Manoir du Sphinx
Plougrescant (22)	Manoir de Kergrec'h
Porspoder (29)	Le Château de Sable
Port-Goulphar (56)	Castel Clara Thalasso & Spa
Port-Manech (29)	Manoir Dalmore
Quiberon (56)	Sofitel Diététique
Quiberon (56)	Sofitel Thalassa
Quimper (29)	Kregenn

Rennes (35) Balthazar Hôtel & Spa
Rennes (35) Magic Hall
Rennes/ Saint-Grégoire (35) Les Patios
Roscoff (29) Le Brittany
Roscoff (29) Le Temps de Vivre
Saint-Malo/ Paramé (35) Ar Iniz
Saint-Malo/ Paramé (35) Le Nouveau Monde
Sainte-Anne-la-Palud (29) La Plage
Sarzeau (56) Le Manoir de Kerbot
Trébeurden (22) Manoir de Lan-Kerellec
Trébeurden (22) Ti al Lannec
La Trinité-sur-Mer (56) Le Lodge Kerisper
Le Tronchet (35) L'Abbaye
Vannes (56) Villa Kerasy
Vannes/ Arradon (56) Le Parc er Gréo

CENTRE-VAL DE LOIRE

Alluyes (28) Moulin de la Ronce
Amboise (37) Au Charme Rabelaisien
Amboise (37) Château de Pray
Amboise (37) Le Manoir Les Minimes
Amboise/ Saint-Règle (37) Château des Arpentis
Aubigny-sur-Nère (18) La Grange des Cardeux
Azay-le-Rideau (37) Hôtel de Biencourt
Boismorand (45) Auberge des Templiers
Blois (41) La Maison du Carroir
Chambord (41) Relais de Chambord
Chartres (28) Jehan de Beauce
Chenonceaux (37) Auberge du Bon Laboureur
Chinon/ Marçay (37) Château de Marçay
Houx (28) La Bergerie de l'Aqueduc
Langeais/ Saint-Patrice (37) Château de Rochecotte
Veigné (37) Domaine de la Tortinière
Oinville-sous-Auneau (28) Moulin de Lonceux
Onzain (41) Domaine des Hauts de Loire
Orléans (45) Empreinte
Sully-sur-Loire (45) La Closeraie
Tours/ Rochecorbon (37) Arthotel
Tours/ Rochecorbon (37) Les Hautes Roches
Vendôme (41) Le Vendôme
Yzeures-sur-Creuse (37) Relais de La Mothe

CORSE

Ajaccio (2A)	Les Mouettes
Ajaccio (2A)	Le Week End
Bastelica (2A)	Artemisia
Bonifacio (2A)	A Cheda
Bonifacio (2A)	Genovese
Bonifacio (2A)	U Capu Biancu
Bonifacio (2A)	Version Maquis Citadelle
Bonifacio (2A)	Version Maquis Santa Manza
Calvi (2B)	La Signoria
Calvi (2B)	La Villa
Corte/ Gorges-de-la Restonica (2B)	Dominique Colonna
Erbalunga (2B)	Castel Brando
L'Île-Rousse/ Monticello (2B)	A Piattatella
L'Île-Rousse/ Pigna (2B)	Palazzu Pigna
Levie (2A)	A Pignata
Muro (2B)	Casa Théodora
Oletta (2B)	La Dimora
Oletta (2B)	U Palazzu Serenu
Olmeto (2A)	Marinca
Porticcio (2A)	Le Maquis
Porto-Vecchio/ Cala Rossa (2A)	Grand Hôtel de Cala Rossa
Porto-Vecchio/ Presq'île de Benedettu (2A)	La Plage Casadelmar
Porto-Vecchio (2A)	Le Belvédère
Porto-Vecchio (2A)	Les Bergeries de Palombaggia
Porto-Vecchio (2A)	Casadelmar
Porto-Vecchio (2A)	Don Cesar
Propriano (2A)	Miramar Boutique Hôtel
Saint-Florent (2B)	Demeure Loredana
Tomino (2B)	Le Tomino

GRAND-EST

Baerenthal/ Untermuhlthal (57)	L'Arnsbourg
Barr (67)	5 Terres Hôtel & Spa
Colmar (68)	Hostellerie Le Maréchal
Colmar (68)	La Maison des Têtes
Colmar (68)	Quatorze
Colombey-les-Deux-Églises (52)	Hostellerie la Montagne
Colroy-la-Roche (67)	Hostellerie La Cheneaudière
Épernay (51)	Hôtel Jean Moët
Épernay (51)	La Villa Eugène
Épernay/ Avize (51)	Les Avisés

Champillon (51)	Royal Champagne
Épernay/ Vinay (51)	Hostellerie La Briqueterie
Flavigny-sur-Moselle (54)	La Brunerie
Fouday (67)	Julien
Fréland (68)	La Haute Grange
Gérardmer (88)	Le Manoir au Lac
Gérardmer/ Bas-Rupts (88)	Les Bas-Rupts
Guebwiller/ Murbach (68)	Le Schaeferhof
Gundershoffen (67)	Le Moulin
Illhaeusern (68)	Hôtel des Berges
Jungholtz (68)	Les Violettes
Lapoutroie (68)	Les Alisiers
Lunéville (54)	Château d'Adoménil
Lunéville (54)	Domaine de Stanislas
Mulhouse (68)	Peonia at Home
Mulhouse (68)	Villa Éden
Nancy (54)	Hôtel d'Haussonville
Nancy (54)	Maison de Myon
Nancy (54)	La Villa 1901
Obernai (67)	Le Parc
Obernai/ Ottrott (67)	Hostellerie des Châteaux
Osthouse (67)	À la Ferme
Reims (51)	Assiette Champenoise
Reims (51)	Domaine Les Crayères
Reims/ Rilly-la-Montagne (51)	Les Bulles Dorées
Reims/ Vrigny (51)	Le Clos des Terres Soudées
Revigny-sur-Ornain (55)	La Maison Forte
Ribeauvillé (68)	Le Clos St-Vincent
Les Riceys (10)	Marius
Riquewihr (68)	Le B. Suites
Saint-Louis (68)	La Villa K
Sélestat/ Rathsamhausen (67)	Les Prés d'Ondine
Sélestat/ Le Schnellenbuhl (67)	Hôtel de l'Illwald
Sierck-les-Bains/ Montenach (57)	Le Domaine de la Klauss
Strasbourg (67)	Le Bouclier d'Or
Strasbourg (67)	Cour du Corbeau
Strasbourg (67)	Hannong
Strasbourg (67)	Les Haras
Strasbourg (67)	Régent Petite France & Spa
Troyes (10)	Le Champ des Oiseaux
Troyes (10)	La Maison de Rhodes
Troyes (10)	Le Relais St-Jean
Troyes/ Moussey (10)	Domaine de la Creuse
Verdun/ Les Monthairons (55)	Hostellerie du Château des Monthairons
Villiers-sur-Marne (52)	La Source Bleue
Wingen-sur-Moder (67)	Château Hochberg

HAUTS-DE-FRANCE

Arras (62)	La Corne d'Or
Arras (62)	Hôtel Particulier
Béthune/ Busnes (62)	Le Château de Beaulieu
Boulogne-sur-Mer (62)	La Matelote
Chantilly (60)	Auberge du Jeu de Paume
La Chapelle-en-Serval (60)	Mont Royal
Courcelles-sur-Vesle (02)	Château de Courcelles
Danizy (02)	Domaine Le Parc
Fère-en-Tardenois (02)	Château de Fère
Hardelot-Plage (62)	Les Jardins d'Hardelot
Hesdin/ Gouy-Saint-André (62)	Le Clos de la Prairie
Lille (59)	Barrière Lille
Lille (59)	Clarance
Lille (59)	L'Hermitage Gantois
Lumbres (62)	Hôtel du Golf
Montreuil (62)	Château de Montreuil
Montreuil/ La Madelaine-sous-Montreuil (62)	La Grenouillère
Neuville-Bosc (60)	Le Clos des Vignes
Omiécourt (80)	Château d'Omiécourt
Saint-Omer/ Tilques (62)	Château Tilques
Saint-Valery-sur-Somme (80)	Le Castel
Saint-Valery-sur-Somme (80)	Les Corderies
Sainte-Preuve (02)	Domaine de Barive
Sainte-Preuve (02)	Le Prieuré
Souchez (62)	Le Domaine des Loups
Le Touquet-Paris-Plage (62)	Westminster Barrière
Tourcoing (59)	Villa Paula
Valenciennes (59)	Le Grand Duc

ÎLE-DE-FRANCE

L'Isle-Adam (95)	La Villa de l'Écluse
Paris 1er	Le Burgundy
Paris 1er	Costes
Paris 1er	Mandarin Oriental
Paris 1er	Le Meurice
Paris 1er	Molière
Paris 1er	Nolinski
Paris 1er	Ritz
Paris 1er	Le Roch
Paris 2e	Hôtel des Grands Boulevards
Paris 2e	The Hoxton
Paris 2e	La Maison Favart

Paris 2e	Park Hyatt Paris-Vendôme
Paris 2e	St-Marc
Paris 3e	Jules et Jim
Paris 3e	Pavillon de la Reine
Paris 3e	Le Petit Moulin
Paris 4e	Hôtel de Jobo
Paris 5e	Atmosphères
Paris 5e	Les Dames du Panthéon
Paris 5e	Hôtel des Grands Hommes
Paris 5e	La Lanterne
Paris 5e	Le Lapin Blanc
Paris 5e	Monge
Paris 5e	Le Petit Paris
Paris 5e	Seven
Paris 6e	L'Abbaye
Paris 6e	Apostrophe
Paris 6e	La Belle Juliette
Paris 6e	Esprit St-Germain
Paris 6e	L'Hôtel
Paris 6e	Hôtel d'Aubusson
Paris 6e	Legend
Paris 6e	Lutetia
Paris 6e	Odéon St-Germain
Paris 6e	Récamier
Paris 6e	Relais Christine
Paris 6e	Relais St-Germain
Paris 7e	Le Bellechasse
Paris 7e	Le Cinq Codet
Paris 7e	Juliana
Paris 7e	Le Narcisse Blanc
Paris 7e	Le Saint
Paris 7e	St-Dominique
Paris 7e	Thoumieux
Paris 8e	Le Bristol
Paris 8e	Champs-Élysées Plaza
Paris 8e	Chavanel
Paris 8e	Crillon
Paris 8e	Ekta
Paris 8e	Fouquet's Barrière
Paris 8e	Four Seasons George V
Paris 8e	Hôtel de Sers
Paris 8e	Hôtel du Ministère
Paris 8e	L'Hôtel Fauchon
Paris 8e	Idol
Paris 8e	Marquis Faubourg Saint-Honoré

Paris 8e	Le Pavillon des Lettres
Paris 8e	Plaza Athénée
Paris 8e	Prince de Galles
Paris 8e	La Réserve
Paris 8e	Le Royal Monceau
Paris 8e	Splendide Royal
Paris 8e	Vernet
Paris 9e	Adèle & Jules
Paris 9e	Athénée
Paris 9e	Banke
Paris 9e	The Chess Hotel
Paris 9e	Hôtel de Nell
Paris 9e	Hôtel Panache
Paris 9e	Maison Nabis
Paris 9e	Monsieur Cadet
Paris 9e	Parister
Paris 9e	Relais Madeleine
Paris 10e	Providence
Paris 11e	Bastille Boutet
Paris 11e	Fabric
Paris 11e	Maison Bréguet
Paris 13e	Henriette
Paris 14e	Niepce
Paris 15e	Ares
Paris 15e	Platine
Paris 16e	Dokhan's
Paris 16e	Félicien
Paris 16e	Molitor
Paris 16e	The Peninsula
Paris 16e	Raphael
Paris 16e	St-James Paris
Paris 16e	Shangri-La
Paris 16e	Square
Paris 17e	B Montmartre
Paris 17e	Hidden
Paris 17e	Hôtel de Banville
Paris 17e	Regent's Garden
Paris 18e	Déclic
Paris 18e	L'Hôtel Particulier Montmartre
Paris 18e	Terrass' Hôtel
Paris 20e	Mama Shelter
Paris 20e	Scarlett
Provins (77)	Demeure des Vieux Bains
Saint-Germain-en-Laye (78)	La Forestière
Saint-Germain-en-Laye (78)	Pavillon Henri IV

Saint-Ouen (93)	MOB Hôtel Paris Les Puces
Saint-Prix (95)	Hostellerie du Prieuré
Le Tremblay-sur-Mauldre (78)	Les Chambres du Numéro 3
Versailles (78)	Trianon Palace
Ville-d'Avray (92)	Les Étangs de Corot
Villiers-le-Mahieu (78)	Château de Villiers-le-Mahieu

NORMANDIE

Avranches (50)	La Ramade
Bagnoles-de-l'Orne (61)	Bois Joli
Bagnoles-de-l'Orne (61)	Le Manoir du Lys
Barneville-Carteret/ Carteret (50)	Hôtel des Ormes
Barneville-Carteret/ Carteret (50)	La Marine
Bayeux (14)	Château de Sully
Bayeux (14)	Le Petit Matin
Bayeux (14)	Tardif Noble Guesthouse
Bayeux (14)	Villa Lara
Bayeux/ Audrieu (14)	Château d'Audrieu
Caudebec-en-Caux (76)	Manoir de Rétival
Connelles (27)	Le Moulin de Connelles
Crépon (14)	Ferme de la Rançonnière
Deauville (14)	Manoir de Benerville
Deauville (14)	Normandy Barrière
Deauville (14)	Royal Barrière
Dieppe/ Vastérival (76)	La Terrasse
Eu (76)	Manoir de Beaumont
Fleury-sur-Andelle (27)	Château de Bonnemare
Fontaine-sous-Jouy (27)	Clos de Mondétour
Le Havre (76)	Vent d'Ouest
Sainte-Adresse (76)	Les Voiles
Honfleur (14)	À L'École Buissonnière
Honfleur (14)	La Chaumière
Honfleur (14)	L'Écrin
Honfleur (14)	La Ferme St-Siméon
Honfleur (14)	La Maison de Lucie
Honfleur (14)	Les Maisons de Léa
Honfleur/ Barneville-la-Bertran (14)	Auberge de la Source
Lyons-la-Forêt (27)	Le Grand Cerf
Lyons-la-Forêt (27)	La Licorne
Moutiers-au-Perche (61)	Villa Fol Avril
Négreville (50)	Château de Pont Rilly
Néville (76)	Nature et Lin

La Pommeraye (14)	Château de la Pommeraye
Port-en-Bessin (14)	La Chenevière
Rouen (76)	Hôtel de Bourgtheroulde
Surville (27)	Manoir de Surville
Trouville-sur-Mer (14)	Les Cures Marines
Urville-Nacqueville (50)	Le Landemer
Vergoncey (50)	Château de Boucéel
Verneuil-sur-Avre (27)	Le Clos
Veules-les-Roses (76)	Douce France

NOUVELLE-AQUITAINE

Agen/ Pont-du-Casse (47)	Château de Cambes
Ahetze (64)	Harretchea
Angoulême (16)	Le Saint-Gelais
Bassin d'Arcachon/ Arcachon (33)	Ville d'Hiver
Aubusson (23)	La Beauze
La Bastide-Clairence (64)	Maison Maxana
Bazas/ Bernos-Beaulac (33)	Dousud
Brivezac (19)	Château de la Grèze
Beaumont-du-Périgord (24)	Le Coteau de Belpech
Bergerac/ Saint-Nexans (24)	La Chartreuse du Bignac
Biarritz (64)	Beaumanoir
Biarritz (64)	Hôtel de Silhouette
Biarritz (64)	Hôtel du Palais
Biarritz (64)	Le Regina
Bidarray (64)	Ostapé
Bidart (64)	Hostellerie des Frères Ibarboure
Bidart (64)	Villa L'Arche
Biscarrosse/ Biscarrosse-Plage (40)	Grand Hôtel de la Plage
Blaye (33)	Clos Réaud de la Citadelle
Bonnat (23)	L'Orangerie
Bordeaux (33)	Le Clos d'Émile
Bordeaux (33)	Hôtel des Quinconces
Bordeaux (33)	InterContinental - Le Grand Hôtel
Bordeaux (33)	La Maison Bord'Eaux
Bordeaux (33)	Mama Shelter
Bordeaux (33)	Yndo
Bordeaux/ Bouliac (33)	Le Saint-James
Bordeaux/ Martillac (33)	Château Le Thil
Bordeaux/ Martillac (33)	Les Sources de Caudalie
Brantôme (24)	Les Jardins de Brantôme
Brantôme (24)	Le Moulin de l'Abbaye

Brantôme (24)	Moulin de Vigonac
Brantôme/ Champagnac-de-Belair (24)	Le Moulin du Roc
Brive-la-Gaillarde/ Lissac-sur-Couze (19)	Château de Lissac
Brive-la-Gaillarde/ Varetz (19)	Château de Castel Novel
Carsac-Aillac (24)	La Villa Romaine
Châtelaillon-Plage (17)	La Grande Terrasse Mgallery
Châtellerault (86)	La Gourmandine
Cognac (16)	Chais Monnet
Cognac (16)	François Premier
Cognac/ Châteaubernard (16)	L'Yeuse
Dissay (86)	Château de Dissay
Dolus-d'Oléron/ La Remigeasse (17)	Le Grand Large
Domme (24)	Le Manoir du Rocher
Domme (24)	1 Logis à Domme
Eugénie-les-Bains (40)	La Maison Rose
Eugénie-les-Bains (40)	Les Prés d'Eugénie
Fouras (17)	Le Grand Hôtel des Bains
Guéthary (64)	Arguibel
Hossegor (40)	Villa Seren
Hossegor/ Saubion (40)	Les Échasses
Jarnac (16)	Ligaro
Latillé (86)	La Gentilhommière
Libourne/ La Rivière (33)	Château de La Rivière
Limoges/ Saint-Martin-du-Fault (87)	Chapelle Saint-Martin
Listrac-Médoc (33)	Les Cinq Sens du Château Mayne Lalande
Lugon-et-l'Île-du-Carnay (33)	Manoir d'Astrée
Magescq (40)	Relais de la Poste
Margaux/ Labarde (33)	Château Giscours
Marquay (24)	Maison de Marquay
Massignac (16)	Le Domaine des Étangs
Mauzac (24)	La Métairie
Mirambeau (17)	Château de Mirambeau
Monestier (24)	Château des Vigiers
Monpazier (24)	Edward 1er
Montignac (24)	Hôtel de Bouilhac
Moulon (33)	5 Lasserre
Moumour (64)	Château de Lamothe
Nantheuil (24)	Domaine de la Brugère
Néac (33)	La Maison de Tournefeuille
Niort (79)	La Chamoiserie
Pauillac (33)	Château Cordeillan-Bages
Périgueux/ Annesse-et-Beaulieu (24)	Château de Lalande
Plazac (24)	Béchanou
Poitiers/ Aslonnes (86)	Le Moulin de Port Laverré
Puymirol (47)	Michel Trama

Bassin d'Arcachon/ Pyla-sur-Mer (33)	La Co(o)rniche
Bassin d'Arcachon/ Pyla-sur-Mer (33)	Ha(a)ïtza
La Rochelle (17)	Entre Hôtes
La Rochelle (17)	Le Manoir
La Rochelle (17)	La Monnaie
Saint-Martin-de-Ré (17)	La Baronnie Hôtel & Spa
Saint-Martin-de-Ré (17)	Clos St-Martin
Saint-Martin-de-Ré (17)	Hôtel de Toiras et Villa Clarisse
Saint-Coutant-le-Grand (17)	Logis du Péré
Saint-Émilion (33)	Château Grand Barrail
Saint-Émilion (33)	Clos de la Barbanne
Saint-Émilion (33)	Hostellerie de Plaisance
Saint-Émilion (33)	Logis de la Cadène
Saint-Estèphe (33)	Château Ormes de Pez
Saint-Étienne-de-Baïgorry (64)	Arcé
Saint-Front-de-Pradoux (24)	Château la Thuilière
Saint-Jean-de-Luz (64)	Grand Hôtel Thalasso & Spa
Saint-Jean-de-Luz (64)	Maison Tamarin
Saint-Jean-de-Luz (64)	Parc Victoria
Saint-Quentin-de-Caplong (33)	La Girarde
Sare (64)	Arraya
Sarlat-la-Canéda/ Sainte-Nathalène (24)	La Roche d'Esteil
Sauternes (33)	La Sauternaise
Sauternes/ Bommes (33)	Château Lafaurie-Peyraguey
Trémolat (24)	Le Vieux Logis
Turenne (19)	Maison des Chanoines
Uzerche (19)	Joyet de Maubec
Villeneuve-sur-Lot/ Saint-Sylvestre-sur-Lot (47)	Le Stelsia
Villetoureix (24)	Le Moulin de Larcy

OCCITANIE

Aigues-Mortes (30)	Villa Mazarin
Albi (81)	Alchimy
Albi (81)	L'Autre Rives
Albi (81)	La Réserve
Alès/ Saint-Hilaire-de-Brethmas (30)	Comptoir St-Hilaire
Argelès-sur-Mer (66)	Château Valmy
Bagnères-de-Bigorre (65)	Les Petites Vosges
Bagnols-sur-Cèze (30)	Château de Montcaud
Barbotan-les-Thermes (32)	La Bastide en Gascogne
Barjac (30)	Le Mas du Terme
Bélesta (66)	Riberach

Béziers (34)	L'Hôtel Particulier
Le Boulou (66)	Relais des Chartreuses
Cahors/ Mercuès (46)	Château de Mercuès
Cahuzac-sur-Vère (81)	Château de Salettes
Camon (09)	L'Abbaye-Château de Camon
Carcassonne (11)	Domaine d'Auriac
Carcassonne (11)	Hôtel du Château
Carcassonne (11)	Pont Levis Hôtel - Franck Putelat
Carcassonne (11)	Hôtel de La Cité
Cauterets (65)	Lion d'Or
Céret (66)	Le Mas Trilles
Conques (12)	Hervé Busset
Cucugnan (11)	La Tourette
Cuzance (46)	Manoir de Malagorse
Gaillac (81)	Domaine de Perches
La Garde-Guérin (48)	Auberge Régordane
Ille-sur-Têt (66)	Les Buis
Lacave (46)	Château de la Treyne
Lacave (46)	Pont de l'Ouysse
Lascabanes (46)	Le Domaine de Saint-Géry
Le Grau-du-Roi/ Port-Camargue (30)	L'Oustau Camarguen
Lectoure (32)	Hôtel Particulier Guilhon
La Malène (48)	Château de la Caze
Marciac (32)	La Villa Toscane
Marseillan (34)	Le Domaine Tarbouriech
Martignargues (30)	La Maison du Passage
Mazamet (81)	La Villa de Mazamet
Mende (48)	Hôtel de France
Saint-Jean-de-Cornac (82)	Le Manoir St-Jean
Molitg-les-Bains (66)	Château de Riell
Molitg-les-Bains (66)	Le Grand Hôtel
Montcuq (46)	Four
Montesquiou (32)	Maison de la Porte Fortifiée
Montpellier (34)	Baudon de Mauny
Montpellier/ Castelnau-le-Lez (34)	Domaine de Verchant
Najac (12)	Château de Longcol
Nasbinals (48)	La Borie de l'Aubrac
Nîmes (30)	Jardins Secrets
Nîmes (30)	La Maison de Sophie
Nïmes/ Garons (30)	Le Mas de l'Espérance
Pont-du-Gard/ Castillon-du-Gard (30)	Le Vieux Castillon
Pont-du-Gard/ Vers-Pont-du-Gard (30)	La Bégude Saint-Pierre
Puylaurens (81)	Cap de Castel
Rocamadour (46)	Le Troubadour
Rodez/ Onet-le-Château (12)	Château de Canac

Rodez/ Onet-le-Château Village (12) Château de Labro
Saint-Chély-d'Apcher/ La Garde (48) Château d'Orfeuillette
Saint-Cirq-Lapopie/ Tour-de-Faure (46) Le Saint-Cirq
Saint-Cyprien (66) L'Île de la Lagune
Saint-André-de-Roquelongue (11) Demeure de Roquelongue
Saint-Geniez-d'Olt (12) Château de la Falque
Tarbes (65) Le Rex Hôtel
Terraube (32) Maison Ardure
Toulouse (31) La Cour des Consuls Hôtel & Spa
Toulouse (31) Le Grand Balcon
Uzès (30) L'Artemise
Uzès (30) La Maison d'Uzès
Baron (30) La Maison d'Ulysse
Uzès/ Montaren-et-Saint-Médiers (31) Domaine de Fos
Villefranche-de-Rouergue (12) Les Terrasses de la Maison Pago
Villeneuve-lès-Avignon (30) Le Prieuré
Villeneuve-lès-Avignon (30) La Suite
Villesèque-des-Corbières (11) Château Haut Gléon
Viscos (65) La Grange aux Marmottes

PAYS DE LA LOIRE

Alençon/ Saint-Paterne (72) Château de Saint-Paterne
Angers (49) 21 Foch
Angers/ Briollay (49) Château de Noirieux
La Baule (44) Castel Marie-Louise
La Baule (44) Hermitage Barrière
Beaulieu-sur-Layon (49) Château Soucherie
Chambretaud (85) Château du Boisniard
Champigné (49) Château des Briottières
Cholet (49) Demeure l'Impériale
Le Croisic (44) Le Fort de l'Océan
La Flèche (72) Le Gentleman
Fontevraud-l'Abbaye (49) Fontevraud L'Hôtel
L'Herbaudière (85) La Maison Moizeau
Les Sables-d'Olonne/ L'Île-d'Olonne (85) Les Fermes de Terre Neuve - La Girardière
Montsoreau (49) La Marine de Loire
Nantes (44) Sozo
Noirmoutier-en-l'Île (85) Général d'Elbée
La Plaine-sur-Mer (44) Anne de Bretagne
Pornichet (44) Château des Tourelles
Les Sables-d'Olonne (85) Côte Ouest Thalasso & Spa

Conflans-sur-Anille (72)	Château de la Barre
Saint-Joachim (44)	La Mare aux Oiseaux
La Flocellière (85)	Château de la Flocellière
Saint-Sulpice-le-Verdon (85)	Thierry Drapeau
Saumur (49)	Château de Verrières
Saumur (49)	Manoir Plessis Bellevue
Saumur (49)	St-Pierre

PRINCIPAUTÉ DE MONACO

Monte-Carlo (MC)	Hermitage
Monte-Carlo (MC)	Hôtel de Paris
Monte-Carlo (MC)	Métropole
Monte-Carlo (MC)	Monte Carlo Bay Hotel and Resort

PROVENCE-ALPES-CÔTE D'AZUR

Aix-en-Provence/ Le Puy-Sainte-Réparade (13)	Villa La Coste & Spa
Aix-en-Provence/ Le Tholonet (13)	Les Lodges Sainte-Victoire
Aix-en-Provence (13)	Le Pigonnet
Aix-en-Provence (13)	Villa Gallici
Alleins (13)	Domaine de Méjeans
Antibes/ Cap d'Antibes (06)	Cap d'Antibes Beach Hôtel
Antibes/ Cap d'Antibes (06)	Hôtel du Cap-Eden-Roc
Antibes/ Cap d'Antibes (06)	Impérial Garoupe
Apt/ Saignon (84)	Chambre de Séjour avec Vue
Arles (13)	Cloître
Arles (13)	L'Hôtel Particulier
Arles/ Le Sambuc (13)	Le Mas de Peint
Aups/ Moissac-Bellevue (83)	Bastide du Calalou
Avignon (84)	La Divine Comédie
Avignon (84)	La Mirande
Bandol (83)	Île Rousse - Thalazur
Barcelonnette/ Jausiers (04)	Villa Morelia
Le Barroux (84)	Aube Safran
Les Baux-de-Provence (13)	Baumanière
Les Baux-de-Provence (13)	Benvengudo
Les Baux-de-Provence (13)	Domaine de Manville
Beaulieu-sur-Mer (06)	La Réserve de Beaulieu & Spa
Bonnieux (84)	La Bastide de Capelongue

Bonnieux (84)	Le Clos du Buis
Boulbon (13)	La Bastide de Boulbon
Briançon (05)	La Chaussée
La Cadière-d'Azur (83)	Hostellerie Bérard & Spa
Cagnes-sur-Mer/ Haut-de-Cagnes (06)	Château Le Cagnard
Callas (83)	Hostellerie Les Gorges de Pennafort
Cannes (06)	Majestic Barrière
Cannes (06)	Martinez
Carpentras/ Beaumes-de-Venise (84)	Le Clos Saint Saourde
Carpentras/ Mazan (84)	Château de Mazan
Cassis (13)	Les Roches Blanches
Cavalière (83)	Le Club de Cavalière & Spa
La Celle (83)	Hostellerie de l'Abbaye de la Celle
Château-Arnoux (04)	La Bonne Étape
Châteauneuf-Villevieille (06)	La Parare
La Colle-sur-Loup (06)	Alain Llorca
La Colmiane (06)	Le Green
Crillon-le-Brave (84)	Crillon le Brave
Cucuron (84)	Le Pavillon de Galon
Draguignan (83)	La Source Saint-Michel
Èze (06)	Château de la Chèvre d'Or
Èze (06)	Château Eza
Èze-Bord-de-Mer (06)	Cap Estel
Fontaine-de-Vaucluse (84)	Hôtel du Poète
Forcalquier (04)	Auberge Charembeau
Forcalquier (04)	La Bastide Saint Georges
Forcalquier/ Mane (04)	Le Couvent des Minimes & Spa
Fréjus (83)	La Bastide du Clos des Roses
Fuveau (13)	Villa Rampale
Gargas (84)	Coquillade - Provence Village
Gordes (84)	La Bastide de Gordes
Gordes (84)	Les Bories & Spa
Gordes (84)	La Ferme de la Huppe
Gordes (84)	Ferme Oléicole Les Callis
Grasse (06)	La Bastide St-Antoine
Grimaud (83)	Le Verger Maelvi
Guillestre/ Mont-Dauphin (05)	La Maison du Guil
Hyères (83)	Le Mas du Langoustier
L'Isle-sur-la-Sorgue (84)	Grand Hôtel Henri
L'Isle-sur-la-Sorgue (84)	La Maison sur la Sorgue
Joucas (84)	Hostellerie Le Phébus & Spa
Joucas (84)	Le Mas des Herbes Blanches
Juan-les-Pins (06)	Belles Rives
Juan-les-Pins (06)	Juana
Juan-les-Pins (06)	Mademoiselle

Juan-les-Pins (06) La Villa Cap d'Antibes

La Croix-Valmer/ Gigaro (83) Château de Valmer

La Croix-Valmer/ Gigaro (83) La Pinède-Plage

Lauris (84) Domaine de Fontenille

Le Castellet/ Circuit Paul Ricard (83) Hôtel & Spa du Castellet

Lorgues (83) Château de Berne

Lorgues (83) Villa de Lorgues

Marseille (13) C2

Marseille (13) Grand Hôtel Beauvau

Marseille (13) Hôtel 96

Marseille (13) Intercontinental-Hôtel Dieu

Marseille (13) Mama Shelter

Marseille (13) Le Petit Nice

Maussane-les-Alpilles/ Paradou (13) B design & Spa

Maussane-les-Alpilles/ Paradou (13) Du Côté des Olivades

Maussane-les-Alpilles/ Paradou (13) Hameau des Baux

Ménerbes (84) La Bastide de Marie

Monaco/ Monte-Carlo-Beach (06) Monte-Carlo Beach

Mougins (06) Le Mas Candille

Moustiers-Sainte-Marie (04) La Bastide de Moustiers

Moustiers-Sainte-Marie (04) La Ferme Rose

Nice (06) Boscolo Exedra

Nice (06) Excelsior

Nice (06) Hyatt Regency Palais de la Méditerranée

Nice (06) Le Negresco

Nice (06) La Pérouse

Nice (06) Spity Hôtel

Nice/ Saint-Roman-de-Bellet (06) Villa Kilauea

Orgon (13) Le Mas de la Rose

Les Orres (05) Cimes

Pertuis (84) Château Grand Callamand

Plan-de-la-Tour (83) Mas des Brugassières

Ramatuelle (83) La Réserve Ramatuelle

Rayol-Canadel-sur-Mer (83) Le Bailli de Suffren

La Roque-sur-Pernes (84) Château La Roque

Le Rouret (06) Hôtel du Clos

Saint-Raphaël/ Boulouris (83) La Villa Mauresque

Saint-Jean-Cap-Ferrat (06) Grand Hôtel du Cap Ferrat

Saint-Jean-Cap-Ferrat (06) Royal Riviera

Saint-Jean-Cap-Ferrat (06) La Voile d'Or

Saint-Laurent-du-Verdon (04) Le Moulin du Château

Saint-Paul-de-Vence (06) Le Mas de Pierre

Saint-Paul-de-Vence (06) Le Saint-Paul

Saint-Raphaël (83) Les Roches Rouges

Saint-Raphaël (83) Le Touring

Saint-Rémy-de-Provence (13)	Le Château des Alpilles
Saint-Rémy-de-Provence (13)	Hôtel de Tourrel
Saint-Rémy-de-Provence (13)	Mas des Figues
Saint-Rémy-de-Provence (13)	Sous les Figuiers
Saint-Rémy-de-Provence (13)	Le Vallon de Valrugues & Spa
Saint-Saturnin-lès-Apt (84)	Domaine des Andéols
Saint-Tropez (83)	La Bastide de St-Tropez
Saint-Tropez (83)	Byblos
Ramatuelle (83)	La Ferme d'Augustin
Saint-Tropez (83)	Hôtel de Paris Saint-Tropez
Gassin (83)	Mas de Chastelas
Ramatuelle (83)	Muse
Saint-Tropez (83)	Pan Deï Palais
Saint-Tropez (83)	Pastis
Saint-Tropez (83)	Le Pré de la Mer
Saint-Tropez (83)	Résidence de la Pinède
Saint-Tropez (83)	Sezz
Gassin (83)	Villa Belrose
Ramatuelle (83)	Villa Marie
Saint-Tropez (83)	Le Yaca
Sainte-Maxime (83)	Royal Bon Repos
Seillans (83)	Hôtel des Deux Rocs
Serre-Chevalier/ Chantemerle (05)	Grand Hôtel
Théoule-sur-Mer/ Miramar (06)	Tiara Miramar Beach Hotel & Spa
Théoule-sur-Mer/ Miramar (06)	Tiara Yaktsa
Le Thor (84)	La Bastide Rose
Tourrettes (83)	Terre Blanche
Tourrettes-sur-Loup (06)	Les 4 Éléments
Tourtour (83)	La Bastide de Tourtour
Uchaux (84)	Château de Massillan
Vence (06)	Château Saint-Martin & Spa
Vence (06)	La Maison du Frêne

Votre avis est essentiel pour améliorer nos produits.

Aidez-nous en répondant à notre questionnaire sur le site :

satisfaction.michelin.com

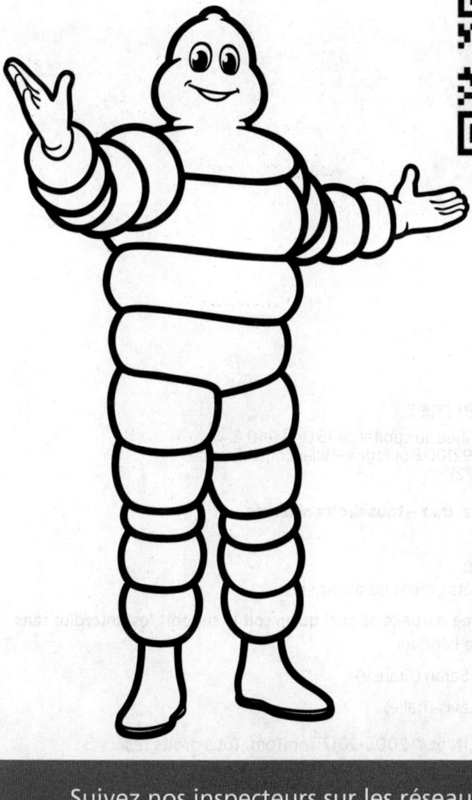

Suivez nos inspecteurs sur les réseaux sociaux :

 @guideMICHELINfr

 @guideMichelinFR

 michelinguide

Michelin Travel Partner
Société par actions simplifiée au capital de 15 044 940 €
27 cours de l'Ile Seguin - 92100 Boulogne -Billancourt (France)
R.C.S. Nanterre 433 677 721

Dépôt légal : 12-2018
Imprimé en Italie 12-2018
Sur du papier issu de forêts gérées durablement

Compogravure : JOUVE, Saran (France)

Imprimeur : Lego Print, Lavis (Italie)

L'équipe éditoriale a apporté le plus grand soin à la rédaction de ce guide et à sa vérification. Toutefois, les informations pratiques (formalités administratives, prix, adresses, numéros de téléphone, adresses Internet...) doivent être considérées comme des indications du fait de l'évolution constante de ces données : il n'est pas totalement exclu que certaines d'entre elles ne soient plus, à la date de parution du guide, tout à fait exactes ou exhaustives. Avant d'entamer toutes démarches (formalités administratives et douanières notamment), vous êtes invités à vous renseigner auprès des organismes officiels. Ces informations ne sauraient de ce fait engager notre responsabilité.